Stefano Prandi

La vita immaginata

Storia e Testi della Letteratura italiana

1B

Quattrocento e Cinquecento

A. MONDADORI SCUOLA

www.mondadorieducation.it

Prima edizione: gennaio 2019

Edizioni

11 10 9 8 7 6 5 4 3 2
2023 2022 2021 2020 2019

Questo volume è stampato da:
La Tipografica Varese S.r.l. - Varese
Stampato in Italia - Printed in Italy

Il Sistema Qualità di Mondadori Education S.p.A. è certificato da Bureau Veritas Italia S.p.A. secondo la Norma UNI EN ISO 9001.

Hanno collaborato:
FRANCESCA D'ALESSANDRO (stesura testi)

Silvia Albesano (*Lingua madre*) - Riccardo Merlante (schede di approfondimento) - Elena Frontaloni (*Voci dal Novecento*) - Maria Monteleone (*Biblioteca europea, Il testo in scena*) - Francesco Staderini (*Costruisci la tua analisi*) - Giuliana Zeppegno (*Biblioteche europee*) - Italo Rosato (*Niccolò Machiavelli*) - Matteo Billeri (*Le nostre parole, La tua lezione, La tua bacheca*) - Johnny Bertolio (*Verso il Nuovo Esame di Stato*) - Simone Vezzoli (*Visualizza i concetti, Guida al ripasso*) - Silvia Pagni (*Officina*)

Daniela Giani e Biancamaria Gismondi (inserti di lessico ed esercizi; con opportuni adattamenti, gli inserti sono tratti dal *Nuovo Devoto-Oli*, di G. Devoto, G.C. Oli, L. Serianni e M. Trifone, e dall'*Etimologico*, di Alberto Nocentini)

Si ringraziano per la consulenza:
Nerella Botta, Gisella Turazza, Nadia Andolina, Alessandra Di Bella, Annamaria Ferraro, Domenica Gioiosa, Maria Lucci

Redazione	Adelio Fusé, Idalgo Baldi
Progetto grafico	Alfredo La Posta
Impaginazione	Graficando, Milano
Direzione artistica sistema visivo delle copertine	46xy studio
Realizzazione della copertina	Alfredo La Posta
Ricerca iconografica	Martina Giorgi

Referenze iconografiche Archivio Mondadori Education - Album/Fine Art Images/Mondadori Portfolio - Album/Oronoz/ Mondadori Portfolio - DEA/ A. Dagli Orti/De Agostini/Getty Images - DeAgostini/Getty Images - Foto Scala, Firenze - Getty Images - Mondadori Portfolio - Mondadori Portfolio/AKG - Mondadori Portfolio/Archivio Lensini/Fabio e Andrea Lensini - Mondadori Portfolio/De Agostini/A. Dagli Orti - Mondadori Portfolio/De Agostini/G. Dagli Orti - Mondadori Portfolio/De Agostini/G. Nimatallah - Mondadori Portfolio/De Agostini Picture Library - Mondadori Portfolio/Electa - Mondadori Portfolio/ Electa/Sergio Anelli - Mondadori Portfolio/Leemage - VCG Wilson/Corbis via Getty Images

Contenuti digitali

Progettazione	Fabio Ferri, Simona Ravalico
Scrittura	Matilde Presotto, Silvia Sferruzza
Realizzazione	EICON s.r.l., IMMAGINA s.r.l.

Servizio Clienti Mondadori Education
e-mail *servizioclienti.edu@mondadorieducation.it*
numero verde **800 123 931**

Presentazione dell'opera

«All'inizio di tutto c'è la meraviglia [...] piena di scintillante attesa» - ha affermato lo scrittore ceco Bohumil Hrabal - che si compie nella «grande gioia» di percepire e riconoscere «che c'è qualcosa al di fuori di te». Hrabal sta parlando del processo creativo dello scrittore, ma quanto dice non è meno vero per il lettore. È in questione, in entrambi i casi, un'esperienza di *apertura*, in cui si realizza un incontro decisivo, che trasforma dall'interno chi la sperimenta, proprio come accade all'inizio del romanzo *La nuova vita* dello scrittore turco Orhan Pamuk: «Un giorno lessi un libro» - afferma il protagonista - «e tutta la mia vita cambiò».

La meraviglia è anche, come testimonia la storia del pensiero scientifico da Aristotele a Einstein, la condizione iniziale di ogni vero processo di conoscenza, di cui la letteratura rappresenta una forma particolarmente singolare. La letteratura, infatti, ha al suo attivo una risorsa straordinaria, l'immaginazione, attraverso cui sperimenta continuamente ipotesi di realtà, crea *mondi possibili* sempre nuovi che mettono alla prova la nostra intelligenza e la nostra capacità di giudizio. L'immaginazione ci mette davanti agli occhi il pensiero, ce lo fa quasi toccare. Nello stesso tempo essa riesce a coinvolgere nel profondo la nostra sfera emotiva: la letteratura parla di noi, *ci riguarda* come poche altre cose, anche se tratta di argomenti molto lontani dal nostro tempo. Proprio per questo la letteratura "non serve a nulla" perché non è "al servizio" di nessun'altra disciplina e non può essere ridotta a strumento illustrativo di alcun valore, anche se intrattiene spesso un dialogo con la storia, l'arte, la musica, la religione o la filosofia; la sua caratteristica è piuttosto quella di educare alla libertà e di offrirci l'occasione di riconoscere chi siamo veramente. Restituendoci la nostra identità, la letteratura ci dà pieno diritto di cittadinanza nel mondo. Per questo si può dire che la letteratura sia in grado di esprimere la condizione umana con una complessità e una completezza che nessun'altra opera d'ingegno ha mai posseduto: davvero essa si mostra «pinta de la nostra effigie», come Dante scrive nella *Commedia*.

Il progetto editoriale attorno a cui è nata questa storia letteraria si fonda sui principi appena esposti e li traduce in una proposta didattica coerente. Si intitola *La vita immaginata* perché mette al centro quell'esperienza concreta e coinvolgente che il lettore realizza nel suo incontro con i testi e in dialogo con gli scrittori che li hanno composti: un contatto reso possibile dall'immaginazione, che da un lato mette in comunicazione, all'interno della biografia degli autori, gli aspetti materiali dell'esperienza e quelli speculativi, e dall'altro, come un arco teso nel tempo, rende possibile che sentimenti, idee, simboli si trasmettano anche a distanza di secoli per essere fatti propri dai lettori di ogni epoca.

L'opera scommette fortemente su altri due punti, riassunti dal sottotitolo, *Storia e testi della letteratura italiana*. Il primo è quello relativo alle linee di continuità della storia letteraria, la cui narrazione ha l'intento di evidenziare con chiarezza, in primo luogo, un canone della tradizione rispetto a cui risultino più nette le discontinuità (come accade ad esempio nelle sezioni del volume dedicate alla poesia comico-realistica medievale o all'anticlassicismo rinascimentale). La costante ricostruzione dei contesti, che lega tra loro autori, temi, forme espressive, ha permesso di evitare il più possibile una storia letteraria concepita come galleria di grandi ritratti, "isole" attorniate dal mare dell'indistinto. A questo scopo l'opera è organizzata in modo da favorire una lettura *trasversale*, che cioè individua la persistenza di un tema o di una data forma espressiva nella tradizione, e *dialogica*, centrata sugli aspetti relazionali (per esempio il rapporto tra la letteratura italiana e quelle straniere, oppure tra letteratura, arti e scienze).

Il secondo punto è quello della centralità del testo, di cui si è avuto cura innanzitutto, nelle analisi, di esplicitare analiticamente il significato letterale e la conformazione argomentativa, per fondare poi su questa le considerazioni formali e infine i rilievi di carattere tematico e storico. Anche nell'approccio al testo lo sforzo è stato quello di renderne evidente il carattere marcatamente individuale: ogni testo ha un volto che ci parla del suo autore. Nello stesso tempo il testo è una dimora aperta a più visitatori, è il luogo della pluralità, in cui si raccolgono una serie di suggestioni esterne e che ne irradia molte altre. In questa dimora si realizza l'incontro del lettore con l'autore, qui si genera il desiderio che fonda, per l'appunto, il piacere del testo. Che questo possa accadere anche in un'aula scolastica è esperienza diretta dell'autore del presente volume, sia nei panni di studente che in quelli di insegnante: l'intento che l'ha guidato è quello di trasmetterne il senso e gli effetti alle più giovani generazioni.

Stefano Prandi

HUBSCUOLA.IT

L'AMBIENTE INTERATTIVO PER LA DIDATTICA DIGITALE.

HUB Scuola è il centro del sistema per la didattica digitale.
La piattaforma digitale per lo studio e l'insegnamento che permette al docente e allo studente di fruire del libro digitale e delle risorse multimediali integrate nel libro; consente inoltre di condividere i contenuti multimediali disponibili sulla piattaforma.

HUB Young è la App per usare la versione digitale del libro di testo. Il libro diventa pratico e intuitivo, stimola le dinamiche di apprendimento, favorisce l'inclusione e potenzia i risultati individuali.

I contenuti digitali integrativi che arricchiscono ed espandono il libro di testo sono raccolti in **HUB Kit**: audio, video, esercizi interattivi, materiali aggiuntivi e contenuti scaricabili, mappe concettuali, laboratori digitali e gallerie d'immagini.

HUB Smart è l'App per guardare i video e ascoltare gli audio del libro di testo, oltre a consentire agli studenti di allenarsi con i Test, direttamente dallo smartphone.

*NOVITÀ

HUB Test è la piattaforma per docenti e studenti, per creare verifiche e mettersi alla prova. Contiene un ricco database di quesiti disponibili ed è utilissima anche per l'allenamento individuale.

*NOVITÀ

HUB Campus è il portale disciplinare ricco di risorse per il docente.

Come accedere a HUB Scuola?

Vai su www.hubscuola.it e accedi con le tue credenziali Mondadori Education. Non sei registrato?

Vai su www.hubscuola.it, clicca su "registrati" e compila il form.

Scarica HUB Young

Scarica l'App da HUB Scuola o dai principali store online per fruire del tuo libro e di tutte le risorse multimediali integrate.

Lancia l'App, effettua il login e nella libreria troverai tutti i libri che hai attivato.

hub SMART

Video, Audio e Test sempre a portata di mano.

HUB Smart è l'App gratuita che permette di fruire di molti contenuti digitali del libro di testo direttamente dallo smartphone e dal tablet, senza necessità di registrazione.

HUB Smart è intuitiva: l'applicazione rende la didattica digitale alla portata di tutti.

Usare HUB Smart è facile: verifica che sulla quarta di copertina del tuo libro di testo ci sia l'icona HUB Smart. Scarica l'App gratuita dai principali store online.

Lancia HUB Smart e clicca sullo schermo per attivare la videocamera. Puoi inquadrare il QRCode presente nelle pagine del libro e fruire del contenuto digitale a disposizione.

Se i contenuti digitali del tuo libro sono molti, troverai un unico QRCode nelle pagine di apertura dell'unità: inquadrandolo, vedrai l'elenco dei video, audio e Test dell'unità e potrai fruirne da subito.

I contenuti digitali sono sempre a disposizione nella Cronologia e puoi salvarli tra i Preferiti.

hub TEST

HUB Test è la nuova piattaforma semplice e intuitiva che consente al docente di creare verifiche personalizzate per tutte le esigenze della classe. HUB Test permette di costruire verifiche scegliendo l'ordine scolastico, la materia e l'argomento.

Con HUB Test puoi:

- scegliere un Test tra le moltissime verifiche già pronte,
- creare Test da zero scegliendo tra quesiti di varia tipologia: risposta multipla, vero/falso, completamento, trova l'errore, raggruppamento e risposta aperta,
- utilizzare singoli quesiti per verifiche personalizzate,
- infine, ritrovare sempre i test salvati nel tuo archivio.

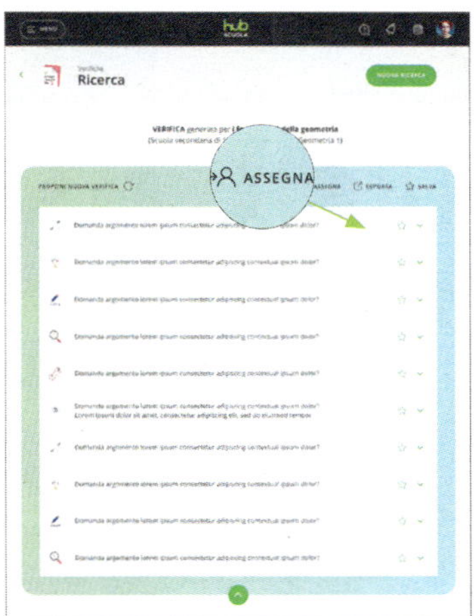

La piattaforma permette di generare automaticamente le verifiche, fino a tre versioni differenti per file diverse.
La verifica è pronta: può essere assegnata alla Classe Virtuale, oppure stampata e consegnata agli studenti.

HUB Test è una risorsa validissima anche per gli studenti che possono allenarsi nelle varie materie e tenere traccia dei propri progressi.
Il sistema infatti restituisce il Test corretto con feedback.

INVALSI

INVALSI

L'ambiente in cui lo studente può prepararsi alle prove ufficiali: è creato per avvicinare l'alunno all'interfaccia della piattaforma INVALSI e gli consente di svolgere le prove in modalità Computer Based.
Su HUB Scuola sono a disposizione esercitazioni in italiano, matematica e inglese come previsto dalla normativa INVALSI.

LINK UTILI

- La piattaforma per la didattica digitale: **hubscuola.it**
- Il portale con le nostre novità: **mondadorieducation.it**
- L'assistenza per tutti: **assistenza.hubscuola.it**

IL PROGETTO DIDATTICO

COMPRENSIONE DELLA STORIA LETTERARIA

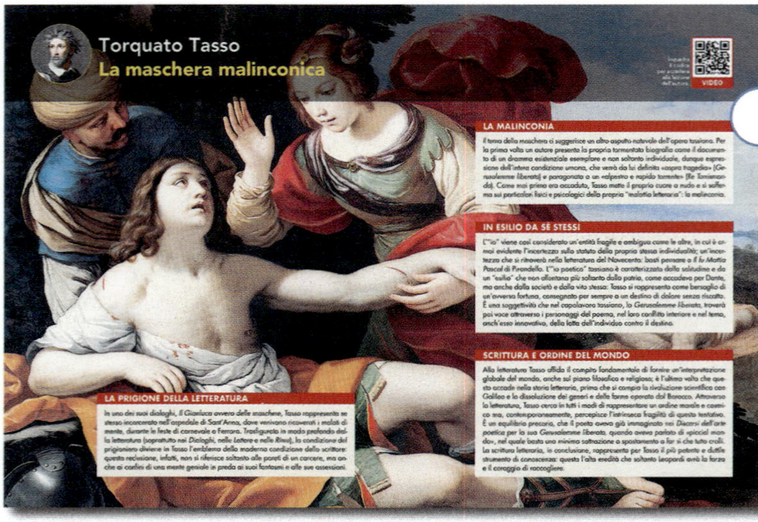

CHIAVI DI LETTURA

Nelle aperture, sintetiche chiavi di lettura per la comprensione e l'interpretazione dei grandi autori, accompagnate da videolezione.

LAVORO SUI TESTI E PREPARAZIONE AL NUOVO ESAME DI STATO

ANALISI DEL TESTO SVOLTE

Divise in tre parti:

- *Struttura*
- *Lingua e stile*
- *Temi*

La parte di *Struttura* serve a imparare ad analizzare l'articolazione, anche argomentativa, dei testi.

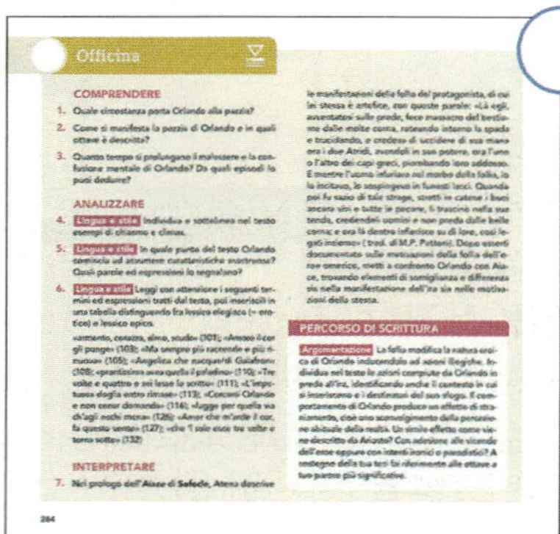

APPARATO DIDATTICO AI TESTI

Allenamento in quattro fasi:

- *Comprendere*
- *Analizzare*
- *Interpretare*
- ***Percorso di scrittura*** per esercitarsi su riassunto, parafrasi e riscritture.

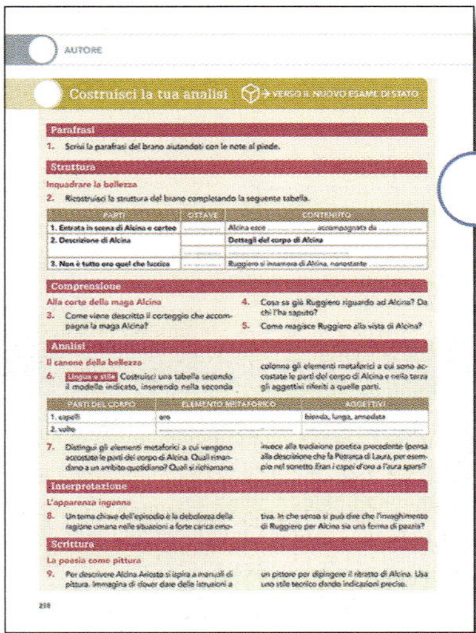

ANALISI DEL TESTO GUIDATE

Costruisci la tua analisi: su alcuni testi, un percorso che in diversi passaggi, dalla sintesi o parafrasi, all'analisi e interpretazione, infine alla scrittura, accompagna lo studente nella preparazione alla prova di Analisi e interpretazione del testo letterario.

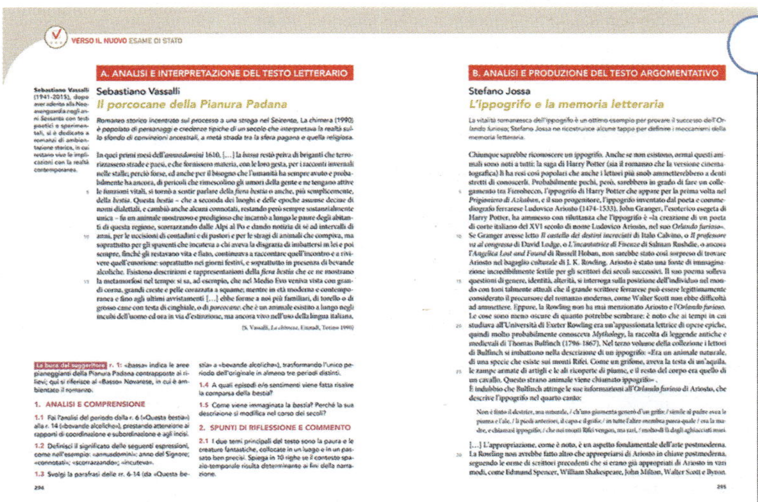

LABORATORI PER IL NUOVO ESAME DI STATO

Sezioni dedicate a un allenamento completo alle tre tipologie della prima prova scritta, per abituare gli studenti fin dal primo anno a lavorare anche su testi contemporanei, su testi argomentativi e su tematiche di attualità.

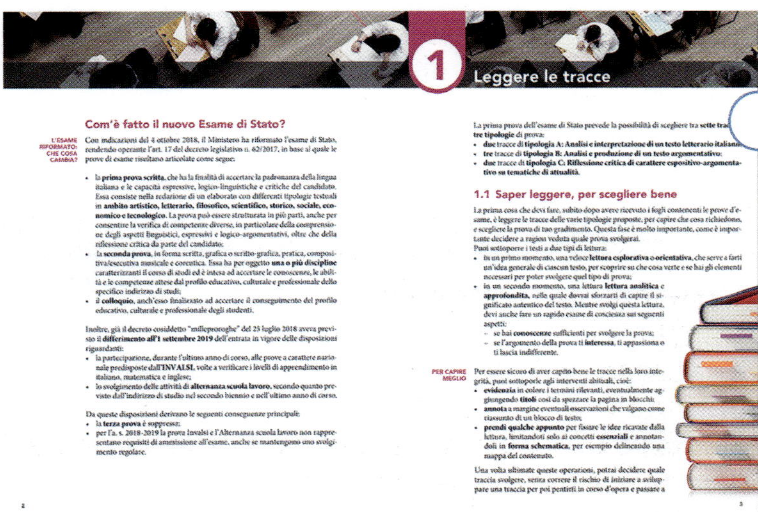

VOLUME *IL NUOVO ESAME DI STATO*

Un prezioso aiuto per affrontare al meglio tutte le prove d'Esame e le prove INVALSI.

IL PROGETTO DIDATTICO

ESPOSIZIONE ORALE

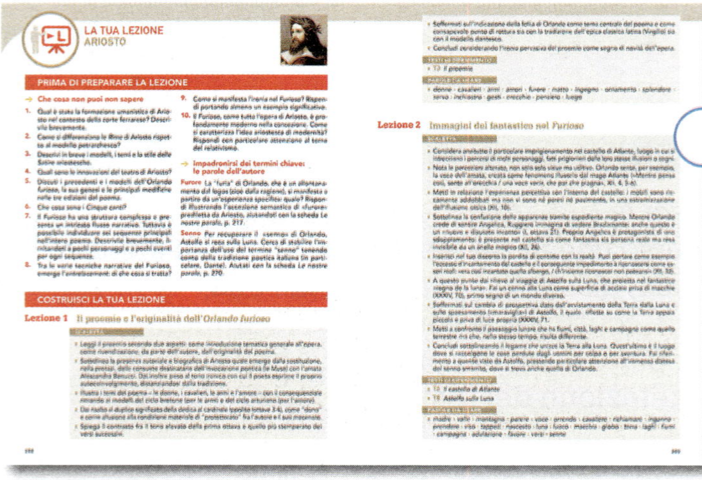

LA TUA LEZIONE

Lavoro per imparare a esporre oralmente, con suggerimenti di scaletta da seguire e parole-chiave da usare.

INTERDISCIPLINARITÀ E ATTUALIZZAZIONE

LA TUA BACHECA

Percorsi tematici interdisciplinari con collegamenti ad arte, cinema, altre letterature, fumetto, storia, scienza. La bacheca si espande online, con tanti altri contenuti interattivi.

VOCI DAL NOVECENTO

I grandi romanzi da leggere per anticipare il programma dell'ultimo anno e appassionarsi alla letteratura del Novecento.

COMPETENZA LINGUISTICA E LESSICALE

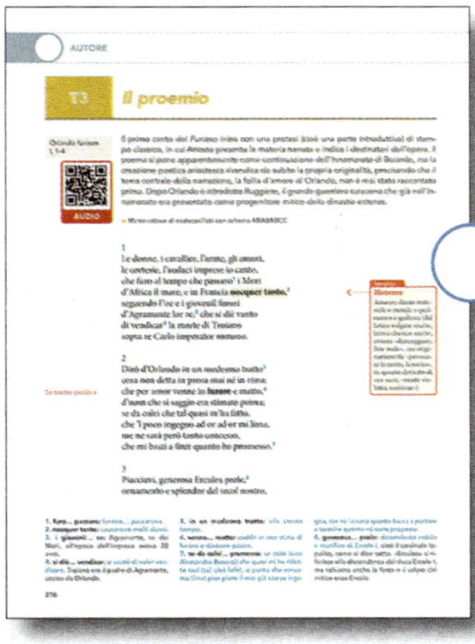

AMPLIAMENTO DEL LESSICO

A margine dei testi vengono spiegate alcune parole per ampliare il lessico di base. Riprese in un esercizio, le voci sono tratte, con opportuni adattamenti, dal *Nuovo Devoto-Oli*.

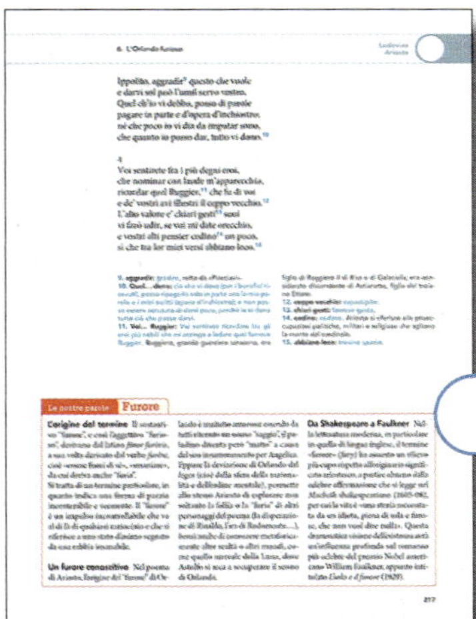

CONSAPEVOLEZZA LINGUISTICA

Le schede *Le nostre parole* raccolgono un repertorio di parole-chiave (*gentile*, *salute*, *pazzia*, *meraviglia*...), delle quali vengono spiegate l'origine, l'importanza e il significato nella nostra storia letteraria e l'evoluzione nel tempo fino ai giorni nostri.

STORIA DELLA LINGUA

Nelle sezioni *Lingua madre*, il racconto delle tappe fondamentali della storia della lingua italiana.

INDICE

L'UMANESIMO: LA RINASCITA DEL MONDO ANTICO

INDICE

IL RINASCIMENTO: PRIMAVERA DELLE LETTERE E DELLE ARTI

CONTENUTI DIGITALI INTEGRATIVI

Video
→ La cultura del Rinascimento

INDICE

CONTENUTI DIGITALI INTEGRATIVI

Biblioteca digitale
- → Pietro Bembo, *La fera che scolpita nel cor tengo*
- → Gaspara Stampa, *Se 'l cibo, onde i suoi servi nutre Amore*
- → Veronica Franco, *Rimpianto di un antico amore*
- → Michelangelo Buonarroti, *Giunto è già 'l corso della vita mia*

Audio
- → Gaspara Stampa, *Amor m'a fatto tal ch'io vivo in foco (Rime)*
- → Vittoria Colonna, *Sovra del mio mortal, leggera e sola (Rime spirituali)*
- → Michelangelo Buonarroti, *O notte, o dolce tempo (Rime)*

CONTENUTI DIGITALI INTEGRATIVI

INDICE

INDICE

CONTENUTI DIGITALI INTEGRATIVI

Biblioteca digitale
→ Teofilo Folengo, *Il ritratto di Cingar* (*Baldus*)
→ Anton Francesco Doni, *Il mondo savio e pazzo*

Audio
→ Francesco Berni, *Chiome d'argento fino, irte e attorte*

IL SECONDO CINQUECENTO: L'ETÀ DELLA NORMA

CONTENUTI DIGITALI INTEGRATIVI

Biblioteca digitale

→ Giovanni Della Casa, *Sul modo di «usare le genti»* (*Galateo*)
→ Giovanni Della Casa, *Le regole della vita associata* (*Galateo*)

INDICE

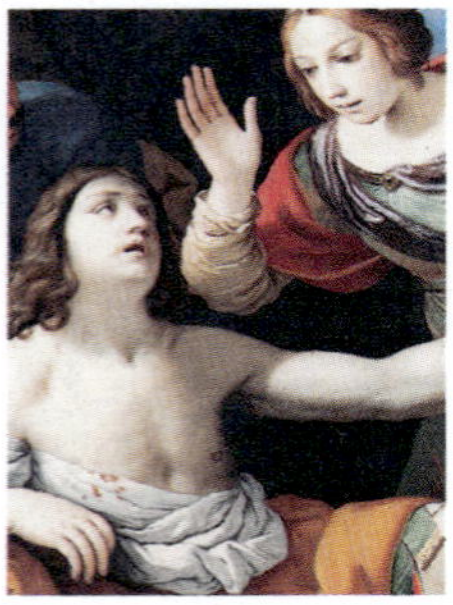

Costruisci la tua analisi ▶

L'UMANESIMO: LA RINASCITA DEL MONDO ANTICO

SACRO ROMANO IMPERO

Nel XIV secolo il Sacro Romano Impero, che ha il proprio centro nei territori tedeschi, rimane diviso in numerosi domini feudali e perde peso politico sulla scena europea. Dalla metà del XV secolo il titolo imperiale viene assegnato agli Asburgo.

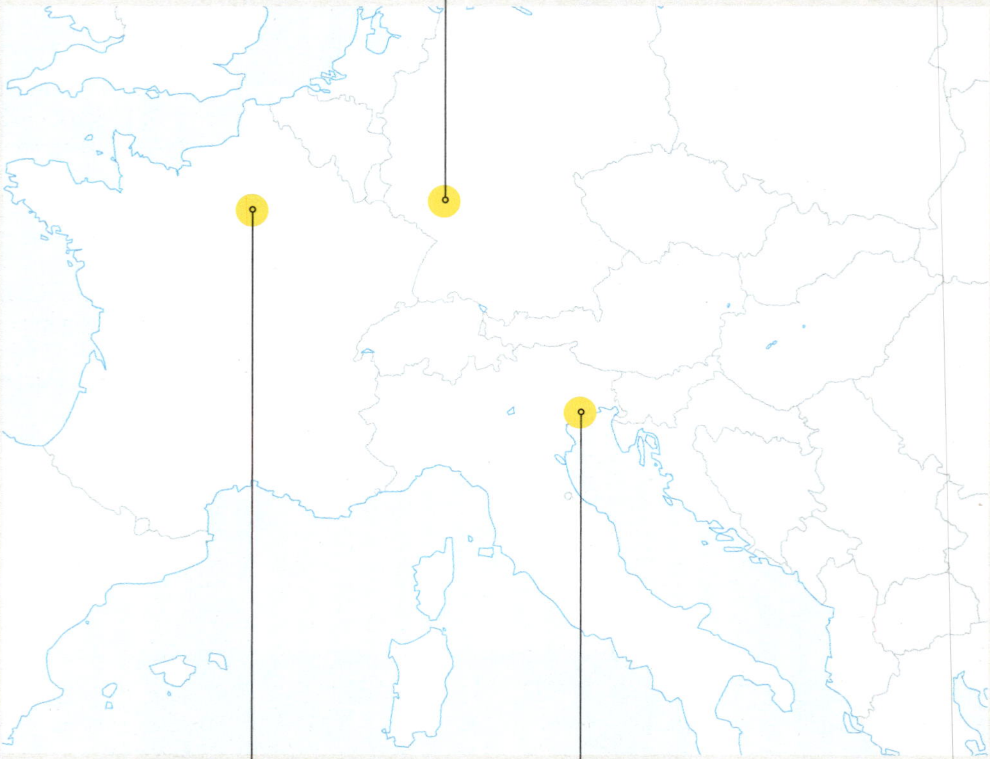

FRANCIA

La Francia guida il processo di consolidamento delle monarchie nazionali, da cui discendono i moderni Stati europei. Altri modelli di rafforzamento del potere centrale e delle strutture statali sono l'Inghilterra e la Spagna.

ITALIA

L'Italia del XV secolo è frammentata in signorie e principati in conflitto fra loro. Dopo la caduta della Repubblica fiorentina nel 1434 e l'instaurazione della signoria dei Medici, Venezia è l'unica a conservare le istituzioni repubblicane.

STORIA

1378-18

Grande Scisma d'Occidente
La lotta all'interno della Chiesa fra sostenitori e detrattori della supremazia del papa porta a due sedi pontifice contrapposte, Roma e Avignone.

1453

Conquista ottomana di Costantinopoli
Ai confini orientali dell'Europa si afferma l'Impero ottomano, con cui gli Stati europei saranno in conflitto per tutta l'Età moderna.

1454

Pace di Lodi
Promossa da Francesco Sforza, signore di Milano, e da Lorenzo dei Medici, signore di Firenze, inugura per l'Italia un periodo di relativa stabilità.

1492

Scoperta del continente americano
Il viaggio di Cristoforo Colombo apre scenari nuovi, che pongono l'Europa al centro di una supremazia politica ed economica su scala mondiale.

1494

Discesa in Italia di Carlo VIII, re di Francia
La frammentazione italiana in diverse entità statali espone la penisola alle mire espansionistiche delle potenze europee.

LETTERATURA, ARTI E SCIENZE

1397

Studio della lingua greca
Il costantinopolitano Manuele Crisolora si trasferisce a Firenze e avvia presso l'Università lo studio della lingua greca.

1416

Brunelleschi e la prospettiva lineare centrica
L'architetto fiorentino Filippo Brunelleschi mette a punto l'applicazione della prospettiva lineare centrica, prospettiva a punto unico di fuga.

1433

Traduzione latina di Epicuro
Il monaco camaldolese Ambrogio Traversari conclude la sua traduzione latina di Epicuro, contribuendo a diffonderne il pensiero in epoca umanistico-rinascimentale.

1440

***La dotta ignoranza* di Cusano**
Il filosofo tedesco Nicola Cusano pubblica la sua opera maggiore, un trattato in cui si teorizza l'inconoscibilità di Dio rispetto alle limitate capacità dell'uomo.

1453

Invenzione della stampa
Nella sua tipografia di Magonza lo stampatore tedesco Johannes Gutenberg realizza il primo libro a stampa, una Bibbia *in folio*.

1471

Prima edizione della Bibbia in italiano
Esce a stampa la prima Bibbia in italiano, nella traduzione del monaco camaldolese Nicolò Malerbi.

1483

Musica europea presso gli Sforza
Il grande compositore franco-fiammingo Josquin Desprez entra al servizio della corte milanese degli Sforza, fra le corti culturalmente più vivaci del Nord Italia.

1498

***L'ultima cena* di Leonardo**
Leonardo da Vinci conclude l'affresco dell'*Ultima cena* nel convento milanese di Santa Maria delle Grazie.

VIDEO

Inquadra il codice per accedere alla lezione sull'Umanesimo.

CONTESTO

QUADRO STORICO

1. La situazione politica

Una cesura tra due epoche

Il periodo storico compreso tra la fine del XIV secolo e l'inizio del XV secolo è caratterizzato da **rilevanti trasformazioni** politiche, sociali, religiose e culturali. Anche se non vanno trascurati importanti elementi di continuità con le epoche precedenti, i cambiamenti sono di tale entità che fanno di questo momento una sorta di cesura storica. E proprio alla nuova cultura che si sviluppa nel XV secolo – la corrente detta **Umanesimo**, di cui tratteremo in questa sezione – risale la periodizzazione storica che attribuisce a quest'epoca il ruolo di **concludere l'Età medievale** e di **dare avvio all'Età detta moderna**.

Le monarchie nazionali

Un primo fenomeno, di tipo politico, che caratterizza questo periodo è l'affermazione di forme statali che prendono il nome di **monarchie nazionali**. Le monarchie nazionali si sviluppano in Francia, in Inghilterra, in Spagna. Le modalità sono in parte diverse nelle varie aree citate, ma l'elemento che accomuna questi processi è la capacità, da parte dei sovrani, di accentrare progressivamente il potere politico nelle proprie mani, di unificare territori in precedenza divisi tra poteri feudali locali e, infine, di gestire tali territori tramite un apparato di funzionari civili e di un esercito, per il cui mantenimento la monarchia impone la regolare riscossione di tasse. Le monarchie nazionali – la cui origine risale ai secoli precedenti – limitano il potere dei grandi feudatari e segnano il primo passo verso quel tipo di Stato, detto "moderno", da cui discendono gli attuali Stati europei. L'inclusione e la stabilità delle popolazioni entro i confini delle monarchie nazionali avviano il processo di creazione delle attuali **identità nazionali** (gli inglesi, i francesi ecc.), caratterizzate da una sostanziale uniformità linguistica, culturale e spesso anche religiosa.

L'Impero e l'Italia

Questo processo di accentramento del potere, tuttavia, non interessa due aree dell'Europa occidentale: il **Sacro Romano Impero** e la **penisola italiana**.

L'Impero – che nel corso del XIV secolo abbandona definitivamente il sogno universalistico medievale di subordinare a sé gli altri poteri politici europei – resta diviso in moltissimi **domini feudali autonomi**. A differenza delle monarchie nazionali, che sono ereditarie, il titolo di imperatore è elettivo e viene conferito da un piccolo gruppo di principi feudali e prelati tedeschi. Dalla metà del XV secolo, il titolo viene sempre assegnato a un esponente della famiglia degli **Asburgo**, ma l'effettivo potere imperiale resta piuttosto debole.

In Italia, a partire dal Trecento, le istituzioni comunali, alcune delle quali – come Firenze e Milano – avevano assunto dimensioni territoriali estese molto oltre l'ambito cittadino, si evolvono verso forme monarchiche. La **democrazia comunale** si esaurisce e il potere si accentra nelle mani di singoli esponenti appartenenti alle famiglie illustri della città (come a Firenze) oppure a intraprendenti comandanti militari (come a Milano). Il termine con cui si indica questa situazione politica è **signoria**. Quando il signore della città riceveva dall'imperatore (a cui formalmente l'Italia settentrionale ancora apparteneva) il riconoscimento del titolo, la signoria assumeva il nome di **principato**.

FLIPPED CLASSROOM

A casa
- Guarda il video *L'Umanesimo*.
- Leggi il paragrafo *L'Umanesimo e la riscoperta dei classici* (pp. 8-11) e rispondi: perché nell'Umanesimo l'uomo è al centro della storia?

In classe
- Confrontate le vostre risposte.
- La Biblioteca Capitolare di Verona è una delle più antiche e fu visitata anche da Petrarca. Cercate online informazioni sulla biblioteca e sui manoscritti qui conservati.

La frammentazione politica italiana

L'Italia del XV secolo appare così divisa in diverse entità territoriali, tra le quali la repubblica di **Firenze** – "signoria" della famiglia Medici a partire dal 1434 –, il Ducato di **Milano**, lo Stato della **Chiesa**, il Regno aragonese di **Napoli** e la Repubblica di **Venezia**, unica a conservare le istituzioni repubblicane, anche se dominate dall'aristocrazia. Accanto a questi cinque Stati si collocavano altri principati importanti, come il dominio degli **Este** a Ferrara o quello dei **Gonzaga** a Mantova, il cui prestigio era dovuto soprattutto alla vita culturale di cui si facevano promotori, un aspetto questo che contraddistingue tutta l'epoca dell'Umanesimo.

Nella prima metà del XV secolo gli Stati italiani sono impegnati in **frequenti conflitti**, nei quali ciascuna parte mira a estendere i propri confini a scapito delle altre. Questa situazione danneggia fortemente le finanze degli Stati, dal momento che le guerre erano combattute con truppe mercenarie, e trova una soluzione provvisoria nell'azione politica equilibratrice del signore di Milano, Francesco Sforza, e di quello di Firenze, Lorenzo de' Medici. La **pace di Lodi**, firmata nel 1454, inaugura per l'Italia un cinquantennio di relativa pace, che termina nel 1494, quando i deboli Stati della penisola divengono oggetto delle mire espansionistiche del sovrano angioino di Francia, Carlo VIII. L'assenza in Italia di una forte monarchia nazionale destina il Paese a una **secolare sottomissione** alle maggiori potenze europee: Francia, Spagna, Impero.

Alla debolezza politica e militare fa tuttavia riscontro una straordinaria e diffusa fioritura artistica e culturale. I signori italiani accolgono infatti alla loro corte artisti e scrittori e gareggiano nel **mecenatismo**; le opere d'arte diventano un modo per attestare al mondo una potenza che spesso non trova riscontro sul piano politico-militare o su quello economico.

Mecenatismo
L'attività, sostenuta da privati cittadini o da istituzioni pubbliche, di promozione e di supporto delle arti e della letteratura attraverso il sostegno economico.

L'ITALIA DOPO LA PACE DI LODI

2. Le inquietudini religiose

La crisi del papato

Un secondo importante fenomeno, politico e culturale, riguarda la crisi dell'altra istituzione universale, il **papato**, che ha ripercussioni anche sulla dimensione religiosa. All'inizio del XIV secolo, il papato si era trovato di fatto subordinato alla politica di una delle monarchie nazionali, quella francese, che aveva di forza trasferito la sede pontificia ad Avignone ("cattività avignonese", dal 1309 al 1377). Durante il periodo avignonese, la Chiesa si organizza al suo interno come una delle monarchie nazionali, eliminando i privilegi delle Chiese locali, accentrando nella curia tutte le nomine di vescovi e abati e la riscossione dei tributi.

Le esigenze di riforma religiosa

Di fronte a una Chiesa subordinata a una monarchia e fortemente accentrata, molti fedeli manifestano un'esigenza di **rinnovamento morale** che riconduca l'istituzione ai più autentici valori evangelici. Quando la sede apostolica è finalmente riportata a Roma, nel 1377, i cardinali francesi e spagnoli eleggono un papa alternativo a quello ufficiale "romano". Tra il 1378 e il 1418 la cristianità assiste sconcertata alla coesistenza di due – e in alcuni anni persino tre – papi: è il periodo del cosiddetto **Grande scisma d'Occidente**. Anche negli anni successivi, tuttavia, la Chiesa è travagliata da lotte tra fautori della supremazia papale e fautori della supremazia dei concili dei vescovi. Nella disputa prevalgono i primi e la Chiesa assume, così, quella **fisionomia di "monarchia assoluta"** (politica e spirituale) che avrebbe mantenuto nei secoli successivi.

Riportata a Roma, a partire dalla seconda metà del XV secolo e nei primi decenni del XVI, la sede pontificia si affianca alle altre corti italiane nella ricerca del fasto e del prestigio e diviene una delle principali sedi del mecenatismo letterario e artistico. Grazie ad esso, Roma si trasforma, divenendo una vera e propria città d'arte. Resta tuttavia irrisolta l'esigenza di una riforma morale della Chiesa, sfociata nei primi anni del XVI secolo nella **Riforma luterana**, che rappresenta il vero punto di rottura con il Medioevo: da quel momento la Chiesa universale cessa di esistere lasciando il posto a un proliferare di confessioni.

Melozzo da Forlì, *Sisto IV nomina Bartolomeo Platina prefetto della Biblioteca vaticana*, 1477 circa. Città del Vaticano, Musei vaticani. Papa Sisto IV della Rovere è stato uno dei protagonisti del rilancio di Roma nel XV secolo. A lui si devono la costruzione e le prime decorazioni pittoriche della Cappella Sistina.

3. La fine dell'Impero d'Oriente e la scoperta del Nuovo mondo

La fine dell'Impero d'Oriente e la potenza ottomana

Sempre nel XV secolo, si verificano altri eventi ai quali gli storici assegnano valore periodizzante, cioè di spartiacque tra Medioevo ed Età moderna: la crisi finale dell'Impero romano d'Oriente, culminata nella caduta di Costantinopoli (1453); l'apertura delle nuove rotte navali oceaniche e la scoperta del nuovo continente americano (1492). Lungo i secoli del Medioevo, a causa dell'espansione dell'Islam, l'Impero romano d'Oriente era già stato privato di gran parte dei suoi territori nordafricani e mediorientali. A partire dal XIV secolo e lungo tutto il XV, le tribù turche islamizzate degli Ottomani conquistano progressivamente gli ultimi territori imperiali dell'Anatolia e della penisola balcanica, fino a espugnare la stessa capitale Costantinopoli nel **1453**. L'evento assume un chiaro valore simbolico, dal momento che cessa di esistere l'ultimo erede diretto dell'antico Impero romano, ma ha anche importanti ripercussioni politiche e militari: ai confini orientali dell'Europa si afferma un nuovo protagonista, l'**Impero ottomano**, con cui gli Stati europei intrattengono per tutta l'Età moderna un rapporto prevalentemente conflittuale, fatto di continui tentativi di rintuzzarne l'espansione verso Occidente.

Le esplorazioni geografiche e le conquiste

Proprio le conquiste ottomane causano serie difficoltà ai traffici marittimi degli Stati europei, che utilizzavano le rotte del Mediterraneo per i loro commerci con l'Oriente. L'impossibilità di passare attraverso i territori turchi determina dunque la necessità di cercare **nuove vie commerciali per le Indie**. Gli esploratori portoghesi circumnavigano l'Africa, mentre la spedizione di **Cristoforo Colombo**, sostenuta dalla Spagna, approda sull'allora sconosciuto continente americano. Il mondo fino a quel momento noto si amplia in modo inaspettato. Le conseguenze sono certamente di tipo materiale, visto che alle scoperte dei nuovi territori segue poi la loro conquista, che conduce alla creazione degli imperi coloniali e a una **prima forma di "globalizzazione" economica**. Ma le ripercussioni sono anche di tipo culturale. Gli Europei entrano in contatto con popoli nuovi, che vivono ancora allo stato di natura e la cui esistenza relativizza molte certezze. Ne derivano dibattiti sui "selvaggi" e sulla presunta superiorità della società europea, con prese di posizione contrapposte.

portoghesi cercano spezie, pepe e schiavi

4. L'invenzione della stampa

L'invenzione di Gutenberg e la laicizzazione della cultura

Sarebbe difficile sottovalutare l'**invenzione della stampa**, opera del tedesco **Johannes Gutenberg**. Modi di riprodurre in serie su carta o tela immagini o scritte intagliate nel legno o su pietra (xilografia, litografia) erano già note da secoli, ma l'invenzione di Gutenberg faceva compiere alla tecnica dell'impressione un enorme salto di qualità. Servendosi di **caratteri metallici mobili** (e perciò riutilizzabili) che componevano la pagina e successivamente inchiostrati, Gutenberg poté stampare nel **1455** quello che a ragione viene considerato il primo libro moderno, una preziosa Bibbia.
Nel giro dei trenta anni successivi furono stampati in Europa circa 30.000 titoli. Le ricadute sulla cultura e sulla comunicazione del sapere furono dirompenti. La stampa consentiva di amplificare la diffusione della cultura e di diffonderla presso nuovi ceti sociali a condizioni economiche sempre meno onerose. L'oggetto libro perdeva il suo carattere artigianale e in un certo senso "sacrale" e favoriva una progressiva **laicizzazione della cultura**.

FISSA I CONCETTI

- In quale contesto storico-politico si sviluppa l'Umanesimo?
- Quali sono gli eventi decisivi di questo periodo?

CONTESTO

QUADRO CULTURALE

1. L'Umanesimo e la riscoperta dei classici

Il significato del termine

Vita umanistica è antropocentrica

Il termine **Umanesimo** fu coniato alla metà del secolo XIX dallo storico tedesco Georg Voigt (la parola che usò, di stampo latineggiante, era *Humanismus*), uno dei massimi studiosi, all'epoca, della cultura italiana del XV secolo. Proprio al XV secolo risale, invece, il termine *humanista*, introdotto per indicare l'uomo di cultura che coltivava le ***humanae litterae***: la retorica, la grammatica, la letteratura, la poesia, la storia e la filosofia morale che, nella concezione degli antichi Romani, costituivano il perno della migliore educazione dell'essere umano. I termini "umanistico" e "umanista" sono rimasti nel lessico intellettuale, non solo italiano, per designare le discipline letterarie (per esempio l'inglese *Humanities*) e chi le coltiva.

Con Umanesimo si indica la corrente culturale sorta tra la seconda parte del XIV secolo e il XV secolo che, partendo da un'ammirata riscoperta del patrimonio letterario dell'antichità classica, sviluppa una **concezione antropocentrica della realtà**: l'uomo, capace di "progettare se stesso" (E. Garin), è posto al centro del cosmo e della storia. In questa nuova prospettiva la vita terrena assume piena dignità e importanza. La concezione umanistica è **alternativa a quella medievale** di stampo teocentrico, che subordinava l'essere umano a un più vasto disegno di origine divina e per la quale l'esistenza terrena non era che una provvisoria tappa in vista della vita eterna.

Il punto di partenza: i classici

La riscoperta del **patrimonio letterario dei classici** va intesa anzitutto in senso letterale, come vera e propria caccia ai manoscritti di quelle opere della latinità che nel Medioevo erano rarissime, quando non addirittura sconosciute, ma che tuttavia si erano salvate dalla crisi dell'Alto Medioevo nascoste in biblioteche monastiche o capitolari. Tra i primi ricercatori possiamo ricordare i padovani **Lovato Lovati** (1241-1309) e **Albertino Mussato** (1261-1309), ma soprattutto **Petrarca**, che perlustrò le biblioteche di Francia e d'Europa riuscendo a procurarsi parti sconosciute dei *Libri ab Urbe condita* (*Libri dalla fondazione di Roma*) dello storico Tito Livio (opera di cui realizzò una pionieristica edizione critica), Properzio e molti testi di Cicerone. **Boccaccio** seguì le sue orme.

> **Biblioteca capitolare**
> Biblioteca gestita da un capitolo, vale a dire un'assemblea di sacerdoti o di religiosi che fa capo a un'istituzione ecclesiastica.

Qualche decennio dopo **Poggio Bracciolini**, uno dei protagonisti dell'Umanesimo quattrocentesco, in Svizzera e in Francia ritrovò orazioni perdute di Cicerone, un manoscritto completo dell'opera di Quintiliano, l'intero *De rerum natura* di Lucrezio e la *Cena di Trimalcione* di Petronio. Le opere ritrovate di Quintiliano e di Lucrezio ebbero un grande peso sulla cultura umanistica, le prime per le concezioni pedagogiche, le seconde per la diffusione delle tematiche epicuree.

Un atteggiamento scientifico: la filologia

A cominciare da Petrarca, gli umanisti si rivolgono ai testi latini con atteggiamento non solo di venerazione, ma anche **scientifico**: avere più manoscritti della stessa opera significava poterli confrontare, colmare le lacune eventualmente presenti in un testo ed eliminare quegli errori che inevitabilmente i copisti vi avevano introdotto. L'Umanesimo segna quindi la nascita della moderna **filologia** e sviluppa le basi della **critica testuale**, la disciplina che si pone l'obiettivo di restituire la lezione di un testo più vicina all'originale.

LETTURA CRITICA

Il senso del recupero umanistico dell'antichità

L'Umanesimo attinge allo straordinario patrimonio di conoscenze e di valori della classicità per fronteggiare con maggiore consapevolezza le imponenti trasformazioni della propria epoca, ben sapendo che la verità non è acquisita per sempre, ma è il frutto di un lungo travaglio storico.

Il significato [...]; attribuito [dagli umanisti] al «ritorno degli antichi» non si ridusse mai a una mera pratica imitativa [...]. Al contrario, il richiamo ai paradigmi classici, in ogni àmbito della cultura e della vita intellettuale, intese riaffermare il diritto della ragione e dell'«arte» umane a far proprio uno straordinario patrimonio di conoscenze, moduli linguistici e tecniche di ogni genere di cui si avvertiva la particolare attualità, in un periodo di imponenti trasformazioni storiche e in presenza di eventi che stavano mutando, con crescente rapidità, gli assetti tradizionali dell'antico 'scibile'. In questo senso, anche la costante insistenza umanistica sulla 'centralità' del linguaggio [...] esprime un nuovo modo di intendere il compito dei «dotti», in connessione con l'ampliarsi e il mutare del loro uditorio, l'emergere di interessi filosofici assai diversi e la nascita di altre «forme» e «professioni» intellettuali. Soprattutto, chi legge senza pregiudizi i più tipici documenti del culto umanistico dell'antichità, vi riconosce spesso l'implicita consapevolezza che molte certezze e credenze un tempo indiscutibili sono ormai riposte in discussione, che la «verità» ha perso la sua dimensione «atemporale» per diventare piuttosto il frutto di un lungo travaglio storico, e che la stessa antichità costituisce un mirabile «esempio», ma è anche un'epoca definitivamente conclusa, dalla quale ci separano non solo i «secoli oscuri», ma più ancora la consapevolezza di appartenere a un'altra civiltà.

Si può quindi comprendere perché il significato davvero peculiare della «renascentia» umanistica non consista soltanto nel rinnovato amore per i massimi rappresentanti della cultura classica, e neppure nel possesso sempre più ricco e raffinato di un vasto patrimonio di conoscenze filologiche ed erudite, quanto piuttosto nel modo di leggere e interpretare gli *auctores* e i loro testi come «documenti» fondamentali per la comprensione di un mondo storico che si vuole conoscere nella sua effettiva integrità. [...]

Ecco perché – come scrisse Leonardo Bruni – gli umanisti si propongono veramente di parlare «con Omero, Platone, Demostene e gli altri filosofi ed oratori tante e sì mirabili cose si dicono»; e perché vogliono leggerli «faccia a faccia», apprendendo la loro lingua, verificando la loro «tradizione», cercando di porre rimedio ai guasti che il tempo e l'incuria umana hanno recato alle loro parole e all'intelligenza dei loro discorsi. Non meraviglia che essi si entusiasmino per le scoperte di antichi codici, rinvenuti prima nei fondi delle grandi biblioteche monastiche dell'Occidente, poi da avventurosi letterati e mercanti che percorrono le terre dell'antico impero bizantino, riportandone testi e documenti tra i più preziosi. Né, del resto, il loro fervore si limita allo studio dei massimi esempi delle letterature classiche, ai «grandi» già noti ai dotti medievali. Il catalogo della biblioteca mentale degli umanisti si arricchisce, al contrario, ogni giorno, di nuovi autori e di nuovi titoli; la loro ricerca non è circoscritta ai testi dei poeti, dei retori, degli oratori, degli storici e dei filosofi, bensì si estende alle testimonianze di tutte le scienze e delle tecniche dell'antichità, si volge ai geografi ed ai matematici, ai medici ai teorici delle arti, agli studiosi dell'agricoltura e agli autori delle grandi enciclopedie del sapere naturale, e ancora a tutta la documentazione – reperti archeologici, monete e medaglie, opere d'arte e testi giuridici, testimonianze storiche e atti politici e amministrativi, epigrafi e oggetti d'uso comune – dalla quale possa emergere il vero volto dell'antichità.

Cesare Vasoli, *Il recupero degli «auctores», in Storia della letteratura italiana*, vol. III, Roma, Salerno, 1996, pp. 56-57

La storicità della lingua e dei testi: quale latino?

La frequentazione assidua dei testi latini dell'età classica sviluppa negli umanisti la percezione della **storicità della lingua**. Il latino era rimasto per tutto il Medioevo la lingua della cultura e della parola scritta; ma quale latino? Gli umanisti, primi storici della lingua, impararono a distinguere in modo scientifico che il latino degli inizi della civiltà romana non era quello "aureo" dell'età di Virgilio e Cicerone, e nemmeno quello dei primi secoli dopo Cristo o quello normalmente usato – per esempio – dalla filosofia scolastica medievale o dalla cultura ecclesiastica.

Gli umanisti sentono inoltre che tra il latino in uso al loro tempo e i grandi modelli del passato si è prodotto un profondo scarto. Essi cercano perciò di riprendere i modelli dell'età aurea, senza tuttavia rinunciare alla **dimensione viva e comunicativa della lingua**. Il latino degli umanisti raggiunge, così, un livello di efficacia e specializzazione mai conosciuto sino a quel momento, che si traduce sia in raffinati esiti poetici, sia nell'uso di una lingua spontanea, colloquiale, capace di riprodurre ogni sfumatura del linguaggio quotidiano, come nelle *Facetiae* di Poggio Bracciolini (una raccolta di brevi racconti comici) o nelle *Intercoenales* di Leon Battista Alberti (una raccolta di varie narrazioni da leggere per intrattenere i commensali).

Fu grazie a questo approccio moderno che **Lorenzo Valla** poté dimostrare la falsità della ***Donazione di Costantino***, il documento esibito dalla Chiesa per provare la legittimità del possesso temporale di terreni e beni: l'analisi della lingua della *Donazione*, infatti, mostrava che essa era troppo "moderna" per essere stata scritta nel IV secolo d.C., ovvero al tempo di Costantino, e che doveva essere necessariamente di un'epoca posteriore e, dunque, contraffatta.

> L'orgoglioso mito della rinascita, della luce che fuga le tenebre, dell'antico che ritorna, nella sua forza polemica sottolinea un animo nuovo, una forma nuova, uno sguardo nuovo rivolto alle cose; sottolinea, soprattutto, la coscienza desta di questo nuovo nascimento dell'uomo a se stesso.
>
> E. Garin

Il predominio del latino

La nuova cultura sceglie il **latino come lingua quasi esclusiva** della propria produzione non solo scientifica (i trattati morali, la storiografia, la pedagogia, le dissertazioni filologiche e filosofiche), ma anche letteraria (la poesia, la narrazione, l'epistolografia). Occorre dunque riflettere sulle conseguenze che questa scelta ha avuto sulla storia della letteratura in volgare, una letteratura, non va dimenticato, ancora relativamente giovane, con alle spalle appena un secolo e mezzo di vita.

Si può dire che il movimento umanistico provocò una **crisi del volgare** come strumento letterario e come veicolo di alta cultura. Lo sforzo compiuto da Dante per nobilitare la lingua parlata e per giustificare il suo impiego nel trattare degnamente qualsiasi argomento sembra vanificato in età umanistica. La prima parte del Quattrocento vede all'opera quelli che il critico Gianfranco Contini chiama «umanisti esclusivi», che compongono opere solo o quasi solo in latino: Coluccio Salutati, Poggio Bracciolini, Francesco Filelfo, Lorenzo Valla.

La sopravvivenza del volgare e la sua rinascita

Naturalmente il volgare proseguiva la sua strada, continuando a essere utilizzato nelle scritture mercantili, private, religiose e nei generi letterari popolari, ma – rispetto alla grande fioritura letteraria del Trecento affidata alla *Commedia*, al *Can-*

zoniere e al *Decameron* – nella prima parte del nuovo secolo **il suo uso letterario è drasticamente ridotto**.
La situazione cambia verso la metà del secolo e l'epicentro della svolta è anzitutto Firenze. Qui nel 1441 il grande architetto e letterato Leon Battista Alberti organizza il **certame coronario**, un concorso di poesia in volgare – patrocinato dal signore Piero de' Medici – sul tema dell'amicizia. La corona destinata al vincitore non viene assegnata perché le opere concorrenti appaiono troppo modeste, ma l'episodio indica che il volgare ritornava al centro dell'interesse. Proprio alla corte medicea operano negli anni successivi validi poeti che in alcuni casi (Poliziano) sono anche grandi umanisti, in altri casi (Luigi Pulci) seguono il gusto popolare dei cantari. La rinascita letteraria del volgare si manifesta anche alla corte di Ferrara con l'opera di Boiardo e a Napoli con quella di Sannazaro. È tuttavia vero che nel complesso, al di fuori di Firenze, l'atteggiamento della maggior parte degli umanisti verso il volgare resta di sostanziale svalutazione.

La riscoperta del greco

L'Umanesimo è anche l'epoca della **riscoperta della lingua e della cultura greca**, che nel Medioevo erano pressoché sconosciute. Dante e lo stesso Petrarca ignoravano il greco; Boccaccio ne aveva appena alcuni rudimenti. Una cattedra di greco viene istituita nel 1397 a Firenze, dall'umanista Coluccio Salutati, che era anche cancelliere della Repubblica. A quella scuola si forma Leonardo Bruni, traduttore di Platone, Aristotele, Senofonte, Demostene, Aristofane.
Nei primi decenni del XV secolo, la perfetta conoscenza del greco diviene un requisito essenziale per la cultura dei maggiori umanisti: Valla, Ficino (traduttore e divulgatore di Platone), Poliziano, che era in grado di scrivere perfetti componimenti poetici in quella lingua. Alla nuova vita di questa lingua e delle opere di quella cultura contribuisce, inoltre, il passaggio in Italia di molti dotti bizantini dopo la caduta di Costantinopoli (1453).

FISSA I CONCETTI

- Quali fattori influenzano la riscoperta dei classici?
- Elabora una definizione di Umanesimo.

Una nuova stagione per la filosofia platonica

La conoscenza del greco porta alla **riscoperta dell'opera integrale di Platone**, considerata una valida alternativa al pensiero aristotelico; quest'ultimo, interpretato in chiave cristiana, aveva costituito il perno della filosofia scolastica medievale, avversata dagli umanisti. Il pensiero di Platone, infatti, presentava diversi motivi di fascino. Anzitutto si tratta di un pensiero "poetico", che cioè si esprime attraverso miti e narrazioni; è inoltre dialogico, poiché fa emergere le proprie "verità" nel confronto tra gli interlocutori. Infine, il platonismo permette agli umanisti di saldare in modo nuovo **filosofia antica e religione cristiana**: seguendo le interpretazioni che di Platone avevano dato i filosofi neoplatonici del III secolo d.C., l'anima dell'uomo assume nella creazione una posizione centrale e intermedia tra Dio e le cose materiali. Una concezione, questa, che ribadisce con forza la centralità dell'uomo nel creato.
Il **neoplatonismo** gravitava intorno a un'istituzione culturale fondata a Firenze da **Marsilio Ficino** per incarico di Cosimo de' Medici (1462), denominata appunto, **Accademia neoplatonica**. Per i maestri del neoplatonismo, Pico della Mirandola e lo stesso Ficino, l'essere umano si pone come anello di congiunzione tra Dio e gli animali irrazionali e ha anche, unica creatura vivente, la piena libertà di decidere se tendere verso l'uno o verso gli altri.

Neoplatonismo
Corrente filosofica, vitale dal II al VI secolo d.C., che integra nel pensiero platonico classico elementi provenienti da altre dottrine e anche da esperienze religiose. In età umanistica il neoplatonismo conobbe una rinascita grazie all'opera di Ficino.

Le scoperte dei codici della letteratura classica

L'idea che la riscoperta dei classici sia un fenomeno dell'Umanesimo è in parte inesatta. Alcune grandi opere della tradizione antica, infatti, furono studiate con continuità tra Medioevo e Rinascimento; è vero, però, che molti altri testi giacevano dimenticati nelle biblioteche dei monasteri. Il clima comincia a cambiare con il XIV secolo: Petrarca è modello di un nuovo fervore di studio e ricerca dei testi classici, insieme ad altri suoi contemporanei, tra cui Boccaccio. Questo interesse culmina nel XV secolo con studiosi come Guarino Veronese e Poggio Bracciolini, "cacciatore" di manoscritti per eccellenza, che viaggia per i monasteri dell'Europa continentale alla ricerca di opere sconosciute.

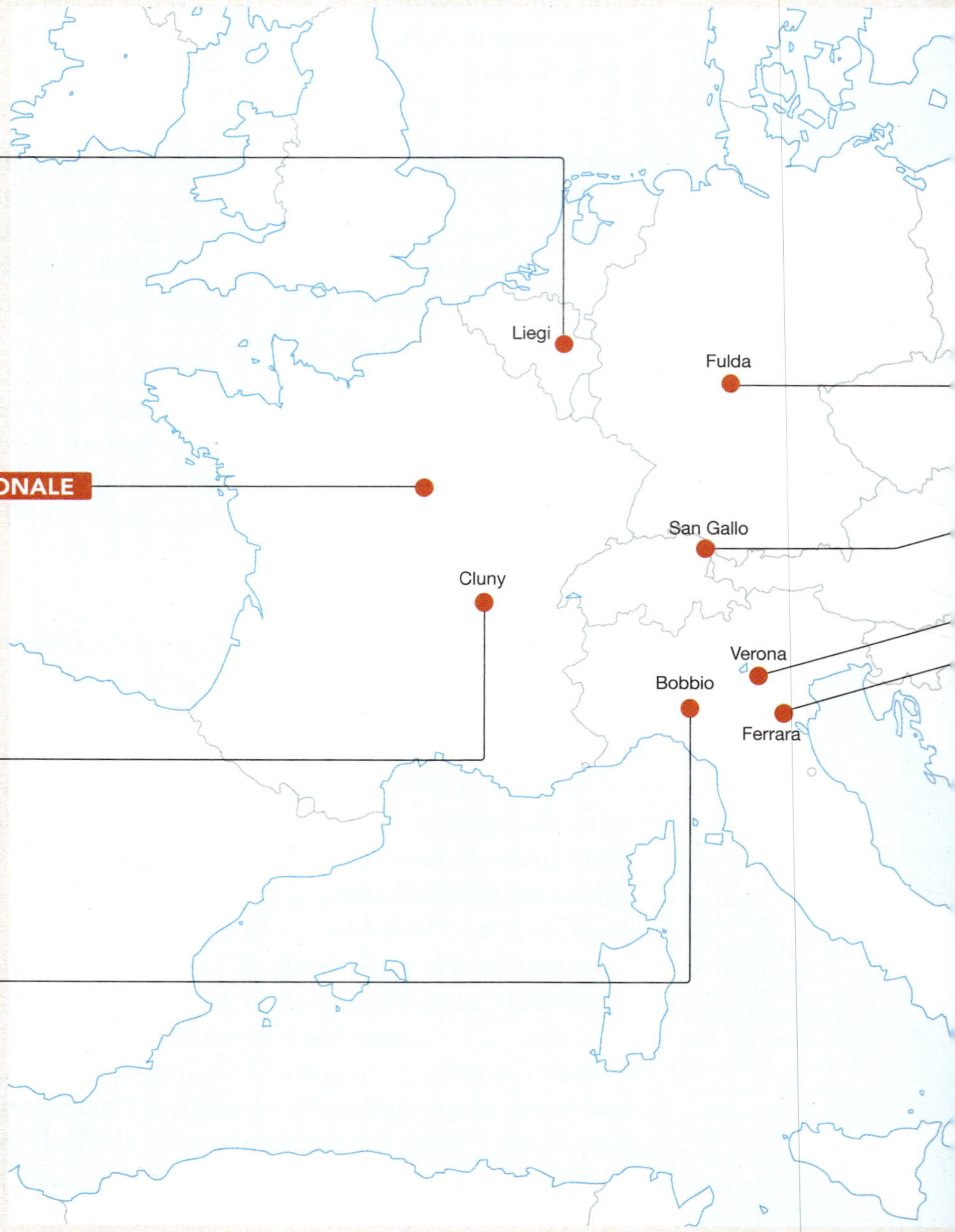

LIEGI

A Liegi (Belgio) **Francesco Petrarca** trova nel 1333 l'orazione *Pro Archia* di Cicerone, di cui in seguito scopre, a Verona, anche parte dell'epistolario.

FRANCIA CENTRO-SETTENTRIONALE

Nella Francia centro-settentrionale **Jacopo Sannazaro**, al seguito di Federico d'Aragona, mandato in esilio nel 1501, scopre alcuni importanti codici, tra cui quello del geografo latino Solino.

CLUNY

Nel convento di Cluny **Poggio Bracciolini** trova nel 1415 alcune orazioni sconosciute di Cicerone.

BOBBIO

Nel monastero di Bobbio (Piacenza) l'umanista **Giorgio Merula** scopre nel 1493 molti importanti manoscritti, tra cui gli *Inni* del poeta cristiano Prudenzio, l'opera di Rutilio Namaziano, vari commenti a Virgilio e opere di grammatica.

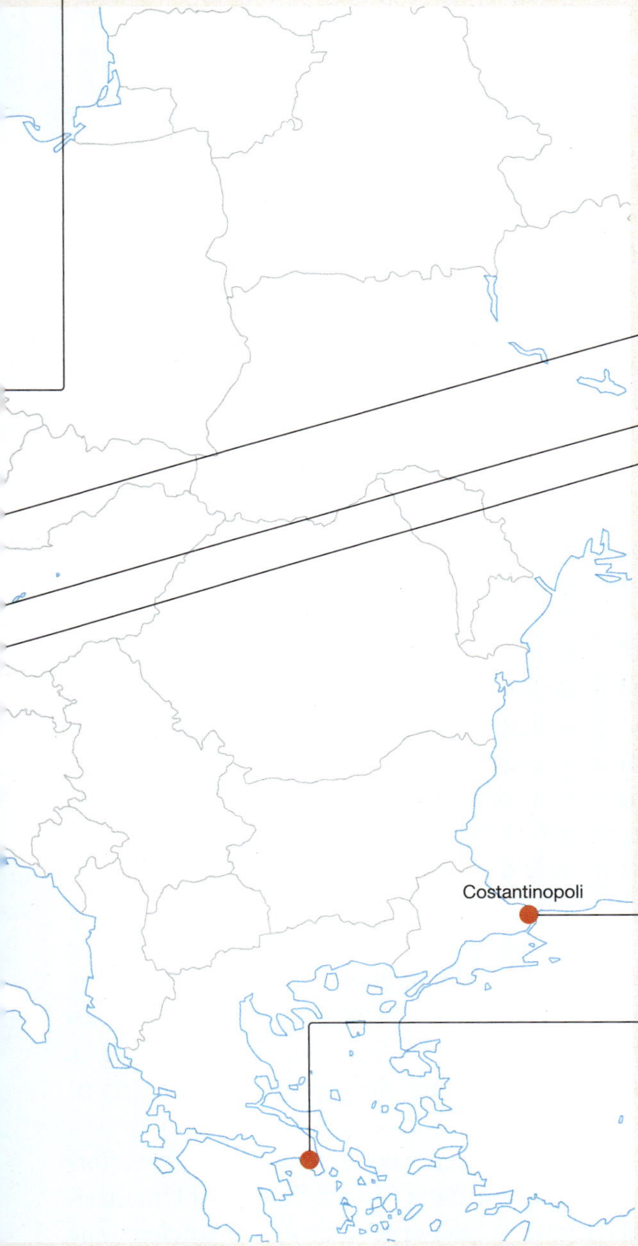

FULDA

Nel monastero di Fulda (Germania), nel 1417, **Poggio Bracciolini** fa due scoperte eccezionali: il *De rerum natura* di Lucrezio e l'opera dello storico Ammiano Marcellino.

SAN GALLO

Nella biblioteca del monastero di San Gallo, **Poggio Bracciolini** nel 1416 riporta alla luce l'*Institutio oratoria* di Quintiliano. Dalla stessa biblioteca provengono opere di età Flavia: le *Silvae* di Stazio, i *Punica* di Silio Italico e le *Argonautiche* di Valerio Flacco.

VERONA / FERRARA

A Verona **Guarino Veronese** intorno al 1420 scopre l'epistolario di Plinio il Giovane. Veronese si sposta poi a Ferrara, dove svolge ricerche su edizioni manoscritte di recente ritrovamento, tra cui un manoscritto di commedie di Plauto.

COSTANTINOPOLI

Nell'atica sede dell'Impero romano d'Oriente, **Guarino Veronese**, con la collaborazione di **Manuele Crisolora**, primo insegnante di greco a Firenze, scopre negli anni '90 del XIV secolo l'opera di Senofonte; Poggio Bracciolini, trova, i *Problemi* di Aristotele, mentre Francesco Filelfo Omero, Esiodo e Teocrito.

GRECIA

In seguito ai continui viaggi in Grecia, il poeta e mercante **Giovanni Aurispa** nel 1413 reca in Italia quasi trecento codici, tra cui molte tragedie (Euripide, Sofocle), gli *Inni omerici*, le orazioni di Demostene, lo storico Tucidide, il geografo Strabone, Callimaco, Pindaro.

2. Una rivoluzione culturale

La cultura laica

Il **ritorno ai classici** da parte degli umanisti era sostenuto da motivazioni profonde, che andavano oltre la sola dimensione letteraria e investivano una intera concezione del mondo e della vita, una concezione che a quei classici si ispirava ed era radicalmente diversa da quella medievale. Anche gli uomini del Medioevo avevano letto e amato gli autori latini (basta solo pensare al rapporto che lega Dante a Virgilio), ma la loro lettura era sempre fortemente influenzata dall'ottica religiosa: il messaggio degli antichi – quando appariva contraddittorio rispetto alla verità rivelata, e ciò accadeva spesso – doveva essere "moralizzato", interpretato allegoricamente e cristianizzato. Invece, a questa nuova generazione di dotti i classici suggeriscono un diverso modo di essere uomini, una *humanitas* laica basata su valori indipendenti da quelli del cristianesimo medievale.

La centralità dell'uomo

L'Umanesimo, infatti, afferma la **centralità dell'uomo** e la valorizzazione di tutte le sue prerogative e persino delle sue fragilità. Differente era la visione medievale, che sottolineava sempre la natura inferiore, imperfetta e transitoria della vita umana, macchiata per sempre dalla colpa di Adamo ed Eva e minacciata continuamente dal peccato. Persino nella **concezione del corpo** le differenze sono enormi: mentre opere medievali come il *De contemptu mundi* (*Il disprezzo del mondo*, l'opera ascetica scritta da papa Innocenzo III nel XII secolo) presentano il corpo umano con descrizioni ripugnanti, che continuamente mettono in evidenza la sua corruttibilità e la sua soggezione alla morte, i testi umanistici, per esempio il *De dignitate et excellentia hominis* (*La dignità e l'eccellenza dell'uomo*, 1452) di Giannozzo Manetti, ne esaltano la bellezza: «era necessario che l'uomo nascesse così [si fa riferimento al neonato che viene alla luce nudo] proprio per la sua grazia e bellezza; [...] la natura non avrebbe mai lasciato nascosto sotto un diverso indumento il corpo umano, la più bella di tutte le sue opere».

Lo sguardo umano e il piacere

Non stupisce, quindi, che da una simile concezione si originino gli interessi di Leonardo da Vinci per l'**anatomia** e nella pittura nasca la **prospettiva**, come forma di un sguardo compiutamente umano che modella il mondo e impone il suo ordine. All'interno della letteratura umanistica emerge anche l'importanza del **tema del piacere**, che per la prima volta non viene considerato una colpa, ma una prerogativa naturale dell'uomo: così, per esempio, nel dialogo *De voluptate* (*Il piacere*) Valla attacca l'ascetismo cristiano e la rigida morale degli stoici per bocca di uno dei suoi interlocutori.

La prima secolarizzazione della cultura

Si vede bene, dunque, che i cambiamenti introdotti dall'Umanesimo sono di tale portata da presentarsi come una **rivoluzione culturale**, che mette in discussione le basi ideologiche e l'intero assetto delle discipline formatosi lungo i secoli del Medioevo. Alcune di queste discipline perdono importanza, mentre altre, in precedenza dimenticate, ne acquistano fino a diventare centrali.
Per la prima volta nella storia della cultura dell'Occidente cristiano, gli umanisti affermano la centralità di una cultura laica, indipendente dalla Chiesa. Solo con l'Umanesimo, infatti, si avvia un processo di **secolarizzazione del sapere**, cioè di emancipazione

dal dogma religioso, un processo che ancora in Petrarca si mostra incompiuto (ricordiamo gli scrupoli del poeta quando, dialogando con sant'Agostino nel *Secretum*, biasima il proprio amore per Laura). Nella cultura umanistica prevale l'esercizio del libero **confronto delle idee**, che non ammette alcun principio di autorità disceso dall'alto. Non a caso, uno dei temi diffusi nella letteratura umanistica (per esempio nel *De avaritia*, "*L'avarizia*", di Poggio Bracciolini o nel *De professione religiosorum*, "*I voti religiosi*", di Lorenzo Valla) è la polemica contro l'ignoranza fratesca e i costumi corrotti della Chiesa. Questo non significa che gli umanisti fossero avversi al cristianesimo o professassero l'ateismo (salvo alcune eccezioni). Molti di loro si proclamavano anzi fedeli cristiani, ma su basi diverse rispetto al passato.

CROCEVIA

La calligrafia

Una pagina del *De varietate fortunae* di Poggio Bracciolini, scritta in *littera antiqua*, XV secolo. Città del Vaticano, Biblioteca vaticana.

La gotica medievale

Oltre alle tante scoperte di codici antichi, si deve a Poggio Bracciolini la riforma della grafia. La scrittura del basso Medioevo era la gotica, una grafia di lettere affilate e di aspetto monumentale, che ricordava le cattedrali gotiche, leggibile – per la difficoltà del tratto – soltanto dagli specialisti. Secondo gli umanisti, queste forme grafiche erano state imposte dai "barbari" germani allo scopo di degradare e sottomettere culturalmente i discendenti dalla latinità. Attorno alla lingua e alla scrittura si concentrano quindi i grandi temi della consapevolezza culturale e della dignità nazionale.

Poggio Bracciolini e la riforma della grafia

Bracciolini si fa portatore di tali valori e li traduce nella perizia tecnica con la quale diviene artefice di una rivoluzione grafica. I suoi sforzi vanno nella direzione di una maggiore semplicità del *ductus* (cioè del tratto grafico), per garantire una migliore leggibilità del testo. L'esito di tale riforma è dato dalla nascita della *littera antiqua*, emblema del passaggio dal Medioevo alla modernità, in quanto derivata dal modello della scrittura carolingia e prototipo della attuale corsiva. La nuova forma di scrittura assume un duplice valore: simbolico, perché rende chiari il tratto grafico e lo stile e testimonia il ricongiungimento del presente con l'età antica; e democratico, perché con la sua maggior chiarezza tenta di invitare alla lettura un pubblico più vasto, non circoscritto al sapere specialistico delle aule universitarie.

Un nuovo sistema delle scienze

Questo spostamento di interessi porta a un **nuovo assetto del sistema delle scienze e delle arti**. La **teologia** non viene più considerata la "regina delle scienze", e anzi le sue sottigliezze concettuali cominciano a essere criticate in modo crescente dagli umanisti: basti pensare che nell'*Elogio della follia* di Erasmo da Rotterdam la pazzia più profonda è considerata proprio quella dei teologi. Anche la **logica** viene svalutata (già a partire da Petrarca) come una forma di conoscenza troppo schematica e rozza sul piano dell'uso del latino. Al loro posto acquisiscono un valore centrale soprattutto le arti della parola: la **retorica**, come strumento discorsivo che consente la piena formazione dell'individuo e l'esercizio della libera discussione, e la **filologia**, con la rinnovata attenzione alla storicità della lingua di cui abbiamo parlato.

La storiografia

L'Umanesimo contribuisce a "creare" anche discipline che in precedenza non esistevano, prima fra tutte la **storiografia**, intesa in senso moderno, cioè come una ricerca storica fondata non sulla passiva trasmissione di credenze ereditate dal passato, ma su un metodo basato sul ricorso a testimonianze verificabili. Le opere storiche medievali, infatti, avevano un'impostazione universalistica: partivano quasi sempre da Adamo per arrivare sino all'età contemporanea all'autore. Inoltre, inquadravano gli eventi in un contesto trascendente, svalutando le vicende umane a fronte dell'intervento divino. Quelle umanistiche, invece, prendono in considerazione in genere spazi e segmenti temporali limitati: così, per esempio, l'*Historia Florentini populi* di Leonardo Bruni, che inizia la sua narrazione dall'epoca medievale e arriva al 1404.

La pedagogia

Ulteriore punto di forza della cultura umanistica è l'attenzione alla formazione integrale dell'individuo a partire dalla fanciullezza, un'attenzione che consente la nascita di un'altra disciplina moderna, ovvero la **pedagogia**. La pedagogia umanistica si basa sulla centralità assoluta delle *humanae litterae* (la grammatica, la retorica, la poesia, la storia) e sul rapporto tra maestro e allievo. Questo rapporto è fondato su una consuetudine didattica che oggi si chiamerebbe "tempo pieno": cioè una convivenza prolungata del gruppo dei docenti e degli scolari, uniti da un ideale comune (la ***sodalitas***) che consente ai primi di proporsi ai giovani come modello morale oltre

Vincenzo Foppa, *Fanciullo che legge Cicerone*, 1464 circa. Londra, Wallace Collection. Questo affresco, in origine proveniente dal Banco mediceo presente a Milano, attesta l'attenzione degli umanisti per Cicerone, ammirato e celebrato quale massimo prosatore latino.

che intellettuale. Le scuole umanistiche più celebri per la loro capacità formativa furono quella mantovana di Vittorino da Feltre e quella ferrarese di Guarino Veronese. I testi più importanti della pedagogia umanistica (di Pier Paolo Vergerio, Maffeo Vegio, Leon Battista Alberti e altri ancora) propongono un armonioso sviluppo dell'individuo e un rafforzamento della sua capacità critica, evitando metodi che comportino il ricorso alla coercizione: saranno proprio gli umanisti i primi a condannare la pratica delle punizioni corporali per i fanciulli.

Il ruolo attivo dell'uomo di cultura nella società

Da un simile approccio laico alla cultura e dal ricorso alla parola come strumento di confronto emerge il profilo del **nuovo intellettuale**, così come immaginato dal cosiddetto Umanesimo civile: l'uomo di cultura non rimane isolato nel suo studiolo, dedito alla sola vita contemplativa, ma assume un **ruolo attivo nella società** e pone la sua formazione e il suo sapere al servizio dei regimi repubblicani, delle signorie o dei principati. L'umanista trova in genere la sua collocazione professionale in uno spazio che gli consente una certa indipendenza dal potere, come l'Università, e talvolta gli sono attribuite anche importanti cariche di governo, come avviene per Coluccio Salutati e Leonardo Bruni, cancellieri della Repubblica di Firenze. Non sarà un caso che gli umanisti riprendano il tema dantesco della **vera nobiltà**: non certo quella che deriva dal possesso di un titolo o che si eredita dalla propria stirpe, ma quella che si dimostra nell'esercizio delle virtù morali e intellettuali.

Il confronto delle idee: il dialogo e la lettera

Summa

Nel Medioevo, esposizione sintetica e completa delle dottrine fondamentali elaborate in un determinato campo del sapere (diritto, teologia, filosofia).

La cultura umanistica si fonda sulla condivisione e sul confronto delle idee, che si accompagna sempre al profondo rispetto dell'altro e della diversità dei punti di vista, anche quando fossero completamente divergenti. Non a caso i due generi più frequenti della letteratura umanistica sono il **dialogo** e la **lettera**: generi che appunto implicano uno scambio tra due o più interlocutori e una ricerca della verità basata sulla cooperazione, non aprioristicamente determinata ma da scoprire passo passo, per tentativi. È un approccio molto diverso da quello della cultura medievale, che si presentava nella struttura enciclopedica delle *Summae* come **monologica**, cioè fondata su un'unica voce, e sulla costruzione di una gerarchia predeterminata di argomenti di dignità discendente (Dio, gli angeli, l'uomo, gli animali...).

L'accettazione della condizione umana

Per tutti questi motivi la letteratura umanistica diffida di ogni discorso che pretenda di incarnare un punto di vista superiore, e il suo approccio tipico è quello dello **smascheramento dei falsi valori**, della critica profonda a ogni uso fuorviante del linguaggio. L'Umanesimo assume una profondità di sguardo che scende coraggiosamente nelle parti più segrete del cuore dell'uomo, sia quando cerca di rivelare l'ipocrisia dei frati, sia quando mostra come vacue ed esteriori le pretese di superiorità dei nobili, sia quando rappresenta la lotta feroce per il predominio e il possesso dei beni materiali che si nasconde sotto l'apparente benevolenza dei rapporti sociali e familiari. A differenza del Medioevo, però, di fronte alle fragilità e alle contraddizioni umane non c'è mai un giudizio di condanna, poiché a essere sottoposto a giudizio è anche colui che giudica: in altre parole, per quanta importanza gli umanisti diano alla parola e alla cultura, non fanno mai di esse un idolo assoluto. Questa **consapevolezza dei limiti** umani e della propria stessa natura troverà il suo culmine più significativo nel tema della **follia**, sviluppato dall'*Elogio della follia* di Erasmo e dall'*Orlando furioso* di Ariosto (➤ p. 204).

CROCEVIA

L'arte a misura d'uomo

Nel corso del Quattrocento anche le arti visive riscoprono l'uomo come fonte primaria di ispirazione. Gli artisti cercano di rendere le opere più aderenti al modo in cui l'occhio percepisce la realtà materiale, ma provano anche a scoprire l'armonia del corpo umano, secondo precise proporzioni e simmetrie.
Tra questi spicca Leonardo da Vinci interessato a raffigurare l'uomo come un microcosmo che riflette in sé l'ordine divino del macrocosmo.

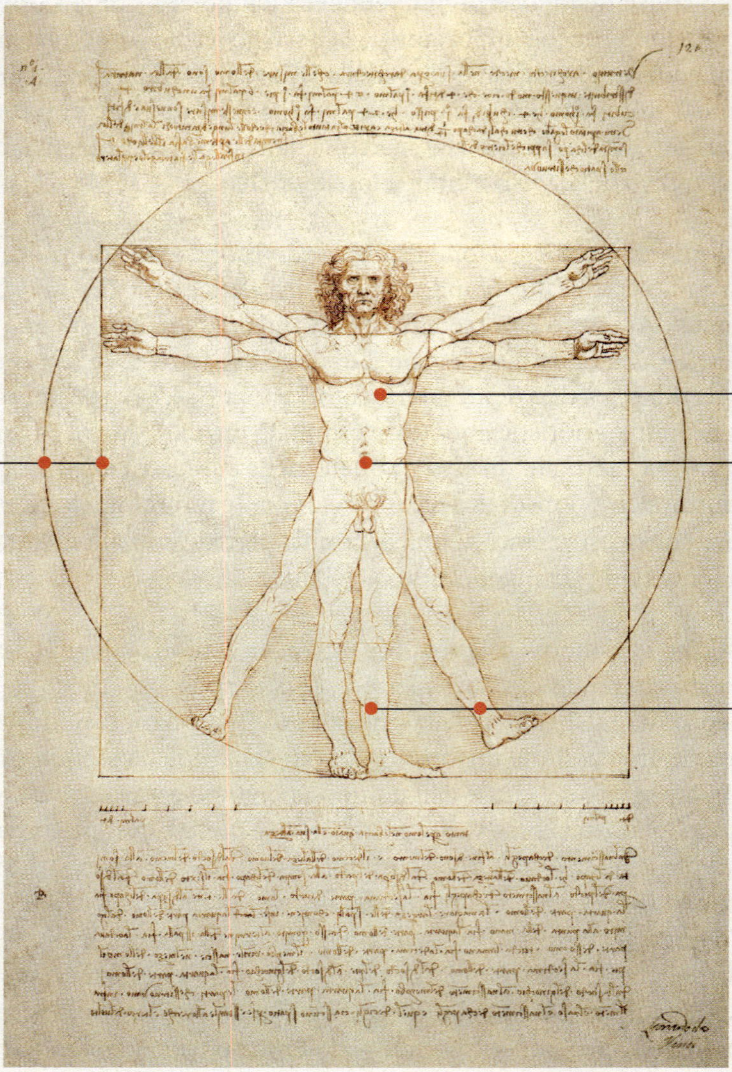

Leonardo da Vinci, *L'uomo vitruviano*, 1490 circa, disegno, Gabinetto dei Disegni e delle Stampe, Venezia.

Riprendendo un testo di Vitruvio, architetto romano del I secolo a.C., Leonardo colloca il corpo umano all'interno di un cerchio e di un quadrato, per mostrare, attraverso una raffigurazione geometrica, l'equilibrio delle parti. Proprio da Vitruvio deriva l'aggettivo "vitruviano" del titolo.

Il cerchio simboleggia il cielo, quindi la dimensione divina, mentre il quadrato rimanda alla realtà terrena: inscrivere l'uomo entro un cerchio e un quadrato significa dunque rappresentarne il ruolo di intermediario fra la realtà mondana (a cui egli appartiene con il corpo) e la realtà oltremondana (a cui egli appartiene invece con l'anima).

Seguendo le indicazioni contenute nel testo di Vitruvio, Leonardo adotta l'ombelico come centro del cerchio in cui è inscritta la figura umana.

Leonardo rappresenta il corpo umano in due pose diverse: una con le gambe divaricate, a formare un triangolo equilatero, e le braccia lateralmente distese e sollevate verso l'alto; l'altra, invece, con le gambe chiuse e aderenti e le braccia in orizzontale.

3. I centri dell'Umanesimo

Una "rivoluzione unitaria"

Secondo uno dei maggiori storici della letteratura italiana, Carlo Dionisotti, tra la fine del Trecento e la prima metà del Quattrocento «la rivoluzione dell'Umanesimo» si sarebbe sviluppata «nell'Italia divisa e discorde come un **moto nazionale e unitario**, atto a superare, sulla base della nuova latinità, differenze e contrasti regionali e municipali, che la sola tradizione toscana, dantesca, non era in grado di superare a quella data». L'affermazione di Dionisotti è importante: ci dice che la "rivoluzione" umanistica coinvolge, almeno in una prima fase, tutti i principali centri intellettuali della penisola («nazionale») e dà luogo a una **produzione complessivamente omogenea** («unitario»), anche in virtù dei frequenti spostamenti degli intellettuali da un centro all'altro. Accanto alle università, che hanno finalità di formazione professionale, in molte città sorgono le **accademie**, un'istituzione tipica di questa fase storica. Si tratta di associazioni di intellettuali – sostenute in genere dai governi – in cui discutere liberamente di temi letterari, politici e morali. Sulla base di una lingua assolutamente non popolare ed esclusiva (il latino), l'Umanesimo precede l'altro grande movimento di unificazione culturale che, tra la seconda metà del Quattrocento e il Cinquecento, avviene grazie alla diffusione del volgare toscano quale lingua di cultura per tutti i letterati italiani.
Moto unitario non vuol dire tuttavia che tra i diversi centri non ci siano state differenze, che si traducono in particolare nell'opposizione tra un **Umanesimo civile**, legato a un contesto politico ancora repubblicano (tra la fine del XIV secolo e gli inizi del XV secolo a Firenze e per ceti aspetti a Venezia), e quello delle **corti padane e meridionali**.

3.1 Il Veneto: dal Preumanesimo all'Umanesimo

Il Preumanesimo di Lovati e Mussato

È a Padova, città universitaria, che fra Due e Trecento affondano le origini di un percorso culturale che prefigura l'Umanesimo e che alcuni storici definiscono Preumanesimo. Si distingue nella passione per la poesia latina **Lovato Lovati** (1241-1309), che conosce molti autori come Catullo, Lucrezio, Tibullo parecchi anni prima di Petrarca. Suo erede culturale è **Albertino Mussato** (1262-1329); sul modello di Seneca, Mussato compone l'*Ecerinis*, una tragedia che mette in scena le nefandezze del tiranno padovano Ezzelino da Romano e fa rivivere, legandolo a vicende storiche recenti, un certo spirito romano repubblicano. Va tenuto presente che fino al 1405 Padova non era ancora parte della repubblica veneziana ed era gelosa della sua indipendenza. A consolidare la posizione di Padova come antesignana dell'Umanesimo non va dimenticato il ruolo di Petrarca, che in quella città visse e operò nei suoi ultimi anni. Al lavoro di Petrarca si lega quello dell'umanista padovano **Pietro Paolo Vergerio il Vecchio** (1377-1444), che pubblica un'edizione del suo poema latino l'*Africa*.

Umanesimo civile, filosofia ed editoria

Dopo l'annessione alla Repubblica di Venezia, l'umanesimo padovano e quello della Serenissima procedono entrambi lungo la linea dei **valori civili**, seguendo una tendenza che si manifesta anche nell'altra realtà italiana repubblicana, cioè Firenze. Il moto umanistico veneto è così caratterizzato da un forte interesse per la pedagogia, in cui si distingue **Guarino Veronese** (1374-1460), e per la storiografia: lo studio della classicità, infatti, deve servire a rendere i giovani delle famiglie patrizie grandi uomini di Stato e in questo senso la riscoperta della storiografia greca e romana è funzionale all'esaltazione dei valori patriottici e repubblicani.

Nella seconda metà del Quattrocento l'Umanesimo veneto sposta i suoi interessi, ancora una volta in parallelo a quanto accade a Firenze, verso la **filosofia** e verso la **riflessione religiosa**, nel tentativo di conciliare cristianesimo, platonismo e aristotelismo. Esponente maggiore di questa fase è **Ermolao Barbaro** (1454-93). Sempre sul finire del secolo, Venezia diventa la capitale dell'**editoria**, grazie all'opera di **Aldo Manuzio**, che pubblica splendide edizioni tascabili dei classici.

3.2 Firenze: l'Umanesimo civile e l'Umanesimo mediceo

La fase dell'Umanesimo civile

A Firenze il movimento umanistico prende le mosse dall'opera di Petrarca e di Boccaccio. In ambito fiorentino si è soliti distinguere due fasi dell'Umanesimo: uno "civile" e uno "mediceo". Tra gli esponenti dell'Umanesimo civile si distinguono **Coluccio Salutati** (1332-1406) e **Leonardo Bruni** (1370-1444). Per questi intellettuali, lo studio della classicità e l'ideale della centralità dell'uomo assumono significato politico: la cultura umanistica è per loro la base di una vita attiva al servizio della propria comunità urbana. Così Salutati, sul modello degli antichi Romani, rivendica la *libertas* e la costituzione di Firenze contro la tirannide di altre realtà cortigiane (per esempio i Visconti milanesi), mentre Bruni fa risalire le origini di Firenze alla storia della Repubblica romana.

L'Umanesimo mediceo

Con il passaggio della città nelle mani dei Medici (di Cosimo prima, nel 1434, poi di Piero, infine di Lorenzo nel 1469), la stagione dell'Umanesimo civile volge al declino. Non però gli studi umanistici, che il nuovo potere mediceo promuove con l'intento di rafforzare il prestigio della propria corte. Gli interessi si spostano decisamente verso un approfondimento degli **studi filologici e** soprattutto **filosofici**. È la grande stagione del platonismo fiorentino, legato ai nomi di **Marsilio Ficino** (1433-98) e dell'emiliano Giovanni **Pico della Mirandola** (chiamato a Firenze da Lorenzo il Magnifico). Tanto Ficino quanto Pico esaltano la **centralità dell'uomo** in quanto punto di mediazione tra le creature spirituali e quelle totalmente materiali e irrazionali.

Angelo Poliziano

La figura più importante dell'epoca medicea, a cavallo tra Umanesimo e letteratura volgare, è però senz'altro quella di **Angelo Poliziano** (1454-94), filologo, insegnante, perfetto conoscitore delle due lingue classiche e autore di poesia in entrambe (➤ p. 72). Se le sue *Miscellanee*, in latino, sono un altissimo esempio di filologia e critica umanistica, la fama di Poliziano è però legata soprattutto al suo progetto di una **rinascita della lirica in volgare**, basata sulla tradizione illustre della poesia classica. Il progetto prende forma nel raffinatissimo poemetto in ottave le *Stanze per la giostra* e nell'opera teatrale *Fabula di Orfeo* (in realtà composta a Mantova), ispirata al mito del cantore che strappa la sua sposa agli Inferi in virtù della sua poesia. Dopo il tentativo intrapreso da **Leon Battista Alberti** con il Certame coronario (➤ p. 48), con Poliziano Firenze riacquista in epoca rinascimentale il ruolo guida nella storia della letteratura italiana che già aveva assunto nel XIV secolo.

3.3 L'area lombarda e padana: Milano e Ferrara

La corte di Milano tra Visconti e Sforza

Il principale centro umanistico dell'area padana è il Ducato di Milano, posto prima sotto la signoria dei **Visconti** e poi degli **Sforza** (dalla metà del XV secolo, dopo una breve parentesi repubblicana). Anche a Milano l'Umanesimo prende avvio dalla presenza

di Petrarca, che aveva soggiornato presso la corte viscontea per alcuni anni, dal 1352 al 1360. Un primo gruppo di umanisti che erano stati in contatto col maestro toscano arricchiscono di libri antichi le biblioteche milanesi e pavesi.
I Visconti scorgono ben presto nella nuova cultura uno strumento per accrescere il prestigio dello Stato. A differenza di quello veneziano e fiorentino, l'Umanesimo lombardo acquista perciò **caratteri spiccatamente cortigiani**. Diversi uomini di cultura scrivono opere encomiastiche del regime visconteo o direttamente del signore: questi autori si pongono così in una posizione opposta rispetto alle esaltazioni della *libertas* fiorentina, pur attingendo allo stesso patrimonio della storiografia greca e romana.
La dimensione cortigiana non implica, però, un giudizio negativo sul valore del lavoro filologico, critico e di traduzione degli umanisti lombardi. La cattedra universitaria pavese, presso cui operano per alcuni anni il maestro di greco Emanuele Crisolora e il grande **Lorenzo Valla** (1407-57), assume un ruolo culturale di solida importanza. A cavallo tra età sforzesca e viscontea, una figura rilevante è quella di **Francesco Filelfo** (1398-1481), autore di opere encomiastiche dei suoi protettori, di poesie latine e buon traduttore dal greco.

La Ferrara degli Este

Ancora in area settentrionale, occorre ricordare la corte di **Ferrara**, i cui signori, la dinastia d'Este, svolgono una politica di sostegno alla cultura umanistica ai fini della legittimazione del proprio potere. Uno dei principali studiosi dell'università ferrarese, chiamato nella città emiliana dalla repubblica veneta, è **Guarino Veronese** (1370-1460). In conformità con quanto accade a Firenze, gli ultimi decenni del secolo fanno registrare anche nell'area padana un rinnovato interesse per la letteratura volgare. A Milano è attivo il poeta **Serafino Aquilano**; a Mantova tra il 1479 e il 1480 **Poliziano** (provvisoriamente in fuga da Firenze) scrive la sua già ricordata *Fabula di Orfeo*; a Ferrara **Matteo Maria Boiardo** avvia la grande tradizione del poema epico in volgare.

3.4 L'Umanesimo a Roma

La rinascita culturale contro la crisi

Nel pieno della crisi costituita dal Grande scisma d'Occidente (1378-1417), anche la sede pontificia intende servirsi della nuova cultura umanistica per rilanciare il suo prestigio e per accreditarsi agli occhi del mondo cattolico quale unica e legittima sede apostolica, opponendosi alle pretese avignonesi sostenute dalla Francia. Risolto lo scisma, verso la metà del secolo, Roma assume i caratteri di un **centro culturale prestigioso e cosmopolita**, capace di attrarre alcune tra le maggiori figure di studiosi.

La figura di Poggio Bracciolini

Fra loro è il toscano **Poggio Bracciolini** (1380-1459 ➤ p. 25), allievo di Leonardo Bruni, che si trasferisce da Firenze a Roma e vi resta oltre venti anni, fino a raggiungere, pur da laico, la carica di segretario apostolico. Bracciolini è stato il **principale scopritore di classici antichi**: Quintiliano, Lucrezio, testi di Cicerone, Stazio e molti altri. Poggio approfitta della sua partecipazione al Concilio di Costanza (1414-18, convocato per porre termine allo scisma) per esplorare con profitto molte biblioteche tedesche. Spirito libero da vincoli con l'autorità ecclesiastica, i suoi scritti, tutti in prosa, sono pervasi dai valori di umanità e tolleranza: avversa l'ipocrisia, l'avarizia fratesca, la morale troppo rigida degli stoici e guarda persino con una certa simpatia l'eretico Girolamo da Praga, discepolo del riformatore boemo Jan Hus, condannato al rogo proprio dalla Chiesa.

L'Umanesimo romano annovera tra i suoi esponenti anche la singolare figura di **Enea Silvio Piccolomini** (1405-64). Dopo una fase "libertina" sul piano intellettuale (in cui scrive carmi e narrazioni erotiche) e politicamente antiromana (si adopera all'elezione di uno dei tanti antipapi), Piccolomini si converte e viene addirittura eletto papa con il nome di Pio II, in onore del *pius* Enea virgiliano: supremo omaggio, anche sul soglio di Pietro, alla poesia classica.

3.5 L'Umanesimo napoletano

La corte aragonese

Nell'unico grande centro urbano dell'Italia meridionale, **Napoli**, l'Umanesimo si sviluppa attorno all'iniziativa del sovrano spagnolo Alfonso V d'Aragona, che diventa re nel 1443 dopo aver sconfitto gli Angioini. La corte attrae numerosi umanisti e proprio a Napoli vengono composte opere fondamentali dell'Umanesimo italiano. Concepito come strumento di **rafforzamento della politica aragonese**, il movimento umanistico napoletano assume una rilevanza intellettuale di primo piano. I suoi principali esponenti sono Lorenzo Valla, Giovanni Pontano e Jacopo Sannazaro.

Il periodo napoletano di Valla

Dopo l'insegnamento pavese, **Lorenzo Valla** opera lungamente a Napoli, dal 1435 al 1448 (➤ p. 26). Qui diventa segretario del re e scrive la sua opera maggiore, le *Elegantiae linguae latinae* (*L'eleganza della lingua latina*), miscellanea di interventi filologici, storico-linguistici e stilistici. Oltre che esperto **filologo**, Valla è profondamente interessato alla **filosofia morale**: si sforza di conciliare epicureismo e dottrina cristiana e prende posizione contro l'ascetismo esagerato di certi ordini religiosi, che di rimando lo accusano di eresia. Coraggiosamente antitradizionalista, Valla applica la filologia anche ai testi sacri e scrive la dissertazione nella quale dimostra falsa la *Donazione di Costantino*, sulla quale era basato il potere temporale del papato (**T2** ➤ p. 30): un testo dirompente, che per prudenza l'autore lascia inedito (viene pubblicato solo nel 1517). Lo spirito critico di Valla non impedisce che egli sia chiamato a Roma alla corte pontificia, dove assume la carica di scrittore apostolico.

Pontano e Sannazaro

Un'altra grande personalità della corte napoletana è l'umbro **Giovanni Pontano** (1429-1503), che in quella città diventa reggente dell'Accademia alfonsina (poi Accademia pontaniana), ma ricopre anche cariche amministrative di primissimo piano per i re aragonesi, salvo poi offrire i suoi servigi a Carlo VIII di Francia quando questi occupa brevemente Napoli. Gli interessi di Pontano sono assai variegati e spaziano dalla poesia, alla disquisizione brillante sui casi di attualità, alla trattatistica morale e politica; una sua opera, il *De principe*, anticipa la trattazione machiavelliana.
Anche **Jacopo Sannazaro** (1458-1530 ➤ p. 48) si lega alla corte aragonese e stringe col re Federico I un'amicizia così profonda da seguirlo addirittura in esilio in Francia, quando questi perde il trono, per assisterlo fino alla morte. Tornato a Napoli nel 1504, vive in disparte, senza collaborare con i nuovi dominatori. È autore di una raffinatissima produzione latina, la cui fama gli vale l'ingresso nell'Accademia pontaniana. La sua opera più celebre, l'*Arcadia*, propone come interessi principali di Sannazaro la **centralità della natura**, sentita come un rifugio e un porto di pace, e l'amore per la letteratura classica, che proprio dei paesaggi idilliaci aveva fissato forme esemplari. Ma notevoli sono anche le sue *Elegie* e gli *Epigrammi*, che mostrano il ritratto profondamente umano di un intellettuale malinconico e inquieto.

FISSA I CONCETTI

- Quali sono le caratteristiche della nuova cultura umanistica?
- Quali sono i principali centri culturali dell'Umanesimo?

La centralità dell'uomo: temi e protagonisti dell'Umanesimo

TEMI E GENERI

1. Oltre la tradizione: filologia e coscienza civile

I classici perduti

VIDEO

Inquadra il codice per accedere alla lezione dell'autore

L'elemento fondamentale dell'Umanesimo è il rinnovato amore e quasi la venerazione per gli autori dell'antichità classica, assunti come modelli non solo di cultura e di pensiero, ma anche di vita. Un primo aspetto di questo amore si concretizza nella ricerca dei **codici manoscritti** delle opere perdute degli autori latini. Una parte non piccola della letteratura latina, infatti, era andata dispersa durante l'Alto Medioevo tra i secoli V e VIII, sia per fattori politici e sociali (le invasioni barbariche, la dissoluzione del sistema scolastico nell'Impero d'Occidente), sia per fattori culturali e religiosi: nei primi secoli del cristianesimo, molti autori pagani furono considerati poco interessanti, quando non dannosi. Le loro opere smisero di essere trascritte e i codici di pergamena che le contenevano vennero ridotti a semplice materiale scrittorio, cioè trasformati in "palinsesti": il testo originale veniva abraso e le pagine riutilizzate per ospitare opere didattiche o religiose.

Alcuni autori, come Seneca, Virgilio, Cicerone, Ovidio, Terenzio continuarono a circolare – anche se parzialmente – perché ritenuti compatibili con il pensiero cristiano; altri, come Catullo o Plauto o Lucrezio, sui quali gravava una censura morale, scomparvero quasi completamente. Stessa sorte toccò a Quintiliano e al suo manuale di retorica, fino ad allora impiegato per la formazione scolastica.

Scriptorium
Il locale dei monasteri nel quale era organizzata ed eseguita l'opera di trascrizione dei codici, di solito collocato nella biblioteca o vicino a essa.

Tuttavia, anche nei secoli dell'Alto Medioevo, e soprattutto durante la rinascita culturale legata al regno di Carlo Magno, alcuni ***scriptoria*** di monaci continuarono a ricopiare testi classici. La maggior parte della letteratura latina è giunto fino a noi proprio attraverso manoscritti dei secoli tra l'VIII e il X. Questi codici però non avevano, in pratica, circolazione. Pochi erano in grado di leggerli e di apprezzarli ed essi giacevano «ibernati», in attesa che qualcuno li riportasse in vita – secondo la suggestiva definizione di L. Reynolds e N. Wilson.

Scena della commedia *Andria* di Terenzio, manoscritto del IX secolo. Parigi, Biblioteca nazionale. L'opera di Terenzio (II secolo a.C.), che è una contaminazione di due commedie dell'autore greco Menandro (IV-III secolo a.C.), si segnala per la novità rappresentata dal prologo, nel quale non viene esposto il contenuto, ma l'autore si dedica alla polemica letteraria per difendersi dall'accusa di plagio.

Poggio Bracciolini: i classici ritrovati e rivissuti

La prima fase dell'Umanesimo è dunque contraddistinta dalla **ricerca delle opere smarrite**, di cui restava notizia attraverso la "tradizione indiretta": riassunti ed **epitomi**, oppure giudizi e citazioni contenuti in altre opere sopravvissute.

Epitome
Compendio di un'opera vasta, di solito redatto a fini didattici o divulgativi.

Dopo Petrarca, l'umanista che più di tutti si distingue nell'attività di ricerca, è **Poggio Bracciolini** (Terranova in Valdarno 1380 – Firenze 1459). Formatosi a Firenze, per mantenersi agli studi il giovane Poggio copiava codici utilizzando una scrittura elegante e nitida, detta "umanistica" (Crocevia ➤ p. 15). Lasciata Firenze, la sua carriera si svolge per gran parte a Roma, come "scrittore" della curia pontificia; dopo un soggiorno in Inghilterra, in epoca medicea Poggio torna a Firenze nei suoi ultimi anni, ricoprendo l'incarico di **cancelliere**. Quella di Poggio è dunque una vita non solo di studio, ma anche attiva, ricca di viaggi e di contatti ad alto livello. Proprio grazie alla sua posizione nella curia romana, Poggio segue il papa in Germania, partecipando al Concilio di Costanza (1414-18) che ricompone lo Scisma d'Occidente. Il viaggio diventa per lui un'esperienza intellettuale profonda, di scoperta e trascrizione di testi perduti, che egli testimonia con emozione in diverse epistole ad amici e corrispondenti (➤ **T1**). Tra il 1414 e il 1417 Bracciolini ritrova nelle biblioteche di Francia, Germania e Svizzera un consistente "tesoro": diverse orazioni di Cicerone, tutto Quintiliano, tutto Lucrezio, Ammiano Marcellino, Silio Italico, Stazio. Nelle sue lettere, parla di questi **antichi maestri come amici** che bisognava liberare dalla prigione.

> In Poggio l'antico diventa un modo di sentire, e un mezzo per scoprire e intendere il presente.
>
> E. Garin

Le opere di Poggio Bracciolini

A una **nuova idea di umanità**, ispirata a una sensibilità classica, serena e libera da preconcetti, si ispirano le principali opere di Poggio: il trattato in forma di dialogo *De avaritia* (*Sull'avarizia*, del 1428-29) e il pamphlet polemico *Contra hypocritas* (*Contro gli ipocriti*, del 1447-48), in cui prende di mira le degenerazioni della vita monastica (in particolare l'ozio e la distanza tra la morale predicata e l'agire spesso furbesco e disonorevole degli uomini di chiesa). In altri trattati, Poggio riflette su concetti morali e politici, come la nobiltà, il compito dei principi, la diversità della sorte umana. Di primaria importanza l'**epistolario**, in cui Poggio manifesta la sua capacità di osservare il reale, per esempio riguardo ai diversi usi e costumi dei popoli conosciuti (come nella lettera sui Bagni di Baden, in cui descrive i liberi costumi dei Germani ➤ **T3**). La stessa vivacità Poggio esprime nella sua opera più famosa, il *Liber facetiarum* (ossia *Le facezie*): una raccolta di aneddoti, racconti brevi e motti di spirito scritta in un latino fresco ed elegante che in ambito umanistico conosce una straordinaria fortuna.

Dalle scoperte di codici alla filologia

Dopo la riscoperta dei classici, un secondo pilastro dell'Umanesimo è la capacità di accostarsi a questi testi con uno **spirito nuovo e scientifico**, ossia filologico. Se lo scopo della ricerca dei manoscritti era stato riportare alla luce gli antichi "ibernati", l'obiettivo della **filologia** è quello di restituire la loro autentica fisionomia.
Come scrive Eugenio Garin, per l'Umanesimo la filologia è una autentica "filosofia", cioè un modo di porsi di fronte alla realtà. E, aggiunge Garin, questa "filosofia" ha significato l'acquisizione di una "coscienza storica"; in altre parole, a differenza che nel Medioevo, i classici sono visti dagli umanisti come qualcosa da comprendere, ma con

la piena consapevolezza che il loro mondo, la loro cultura e persino il loro latino non sono gli stessi del presente. Il Medioevo non aveva piena coscienza di questa distanza, poiché era imbevuto di una visione finalistica secondo cui la rivelazione cristiana era al centro della storia: per questo motivo si poteva credere senza porsi troppe domande che Virgilio avesse annunciato la venuta di Gesù (nella IV egloga delle *Bucoliche*) o che Seneca si fosse scambiato lettere con San Paolo. I filologi umanisti sono invece animati dallo spirito del dubbio e cercano sempre conferme razionali.

Lorenzo Valla e la filologia militante

Uno dei massimi maestri della filologia umanistica è **Lorenzo Valla** (1405-57). Di famiglia piacentina, Valla nasce e si forma a Roma, da cui presto si sposta per seguire le occasioni professionali. Insegna a Pavia e dopo brevi soggiorni in altre città, nel 1435 diventa segretario di re Alfonso d'Aragona a Napoli. Nel 1448 il papa Martino V lo richiama a Roma come scrittore apostolico (lo stesso incarico ricoperto da Poggio) dove termina la sua carriera.

Valla non trascura di occuparsi di **questioni etiche, civili, morali e filosofiche**, per esempio attaccando la cultura fratesca, contestando in certa misura l'idea del libero arbitrio, sostenendo infine una forma di epicureismo conciliabile con il cristianesimo (➤ p. 34). La sua opera principale sono però le *Elegantiarum linguae latinae libri sex* (*I sei libri delle eleganze del latino*), una raccolta di interventi su correzioni di testi, questioni linguistiche e di stile relativi a diversi autori classici.

In Valla la filologia diventa sforzo "militante" contro l'accettazione passiva della tradizione, sia quando si tratta di discutere di passi ciceroniani, sia quando affronta questioni ben più rilevanti dal punto di vista politico. Nell'opuscolo *De falso credita et ementita Constantini donatione* (*La donazione di Costantino contraffatta e falsamente giudicata vera*, del 1440 circa), attraverso elementi storici, linguistici e stilistici Valla dimostra la non autenticità di questo documento, il fondamento sul quale i papi basavano la presunta legittimità del loro potere temporale, vale a dire la cosiddetta "donazione di Costantino" (➤ **T2**). Non a caso questo testo "eversivo" resta inedito e viene pubblicato solo nel 1517 dai protestanti luterani, nel pieno della battaglia politico-religiosa contro i pontefici.

FISSA I CONCETTI

- Perché molti testi antichi erano andati perduti?
- Chi sono i protagonisti della riscoperta di questi testi?

L'imperatore Costantino offre a papa Silvestro I la tiara, simbolo del potere temporale, affresco del XIII secolo. Basilica dei Santi Quattro Coronati, Oratorio di San Silvestro, Roma.

T1 Poggio Bracciolini *Quintiliano ritrovato*

Epistola a Guarino da Verona

Il brano è tratto da una lettera di Bracciolini a Guarino da Verona (1374-1460), umanista e pedagogo. Poggio annuncia all'amico di aver ritrovato, nel monastero di San Gallo in Svizzera, un codice contenente una copia integrale delle *Institutiones oratoriae* di Quintiliano (35-95 d.C.). La lettera, scritta in latino, data 15 dicembre 1416.

E, molti essendo stati gli autori latini, come sai, egregi nell'arte di perfezionare e adornare il discorso, fra tutti illustre ed eccellente fu M. Fabio Quintiliano, il quale così chiaramente e compiutamente, con diligenza somma, espone le doti necessarie a formare un oratore perfetto, che non mi sembra gli manchi cosa alcuna, a mio giudizio, per raggiungere una somma dottrina o una singolare eloquenza. Se egli solo rimanesse, anche se mancasse il padre dell'eloquenza Cicerone, raggiungeremmo una scienza perfetta nell'arte del dire. Ma egli presso di noi italiani era così lacerato, così mutilato, per colpa, io credo, dei tempi, che in lui non si riconosceva più aspetto alcuno, abito alcuno d'uomo. Finora avevamo dinanzi un uomo «con la bocca crudelmente dilacerata, il volto e le mani devastati, le orecchie strappate, le nari sfregiate da orrende ferite».[1] Era penoso, e a mala pena sopportabile, che noi avessimo, nella mutilazione di un uomo sì grande, tanta rovina dell'arte oratoria; ma quanto più grave era il dolore e la pena di saperlo mutilato, tanto più grande è ora la gioia, poiché la nostra diligenza gli ha restituito l'antico abito e l'antica dignità, l'antica bellezza e la perfetta salute. Ché se Marco Tullio si rallegrava tanto per il ritorno di Marcello dall'esilio,[2] e in un tempo in cui a Roma di Marcelli ce n'erano tanti, ugualmente egregi ed eccellenti in pace e in guerra, che devono fare i dotti, e soprattutto gli studiosi di eloquenza, ora che noi abbiamo richiamato, non dall'esilio, ma quasi dalla morte stessa, tanto era lacero e irriconoscibile, questo singolare ed unico splendore del nome romano, estinto il quale restava solo Cicerone? E infatti, per Ercole, se non gli avessi recato aiuto, era ormai necessariamente vicino al giorno della morte. Poiché non c'è dubbio che quell'uomo splendido, accurato, elegante, pieno di qualità, pieno di arguzia, non avrebbe più potuto sopportare quel turpe carcere, lo squallore del luogo, la crudeltà dei custodi. Era infatti triste e sordido come solevano essere i condannati a morte, con la barba squallida e i capelli pieni di polvere,[3] sicché con l'aspetto medesimo e con l'abito mostrava di essere destinato a un'ingiusta condanna. Sembrava tendere le mani, implorare la fede dei Quiriti[4] che lo proteggessero da un ingiusto giudizio; e indegnamente colui che una volta col suo soccorso, con la sua eloquenza, aveva salvato tanti, soffriva ora, senza trovare neppur un difensore che avesse pietà della sua sventura, che si adope-

1. **«con la bocca... ferite»:** si tratta delle citazioni dei versi 496-498 del VI libro dell'*Eneide* di Virgilio.
2. **Ché se... esilio:** nel 46 a.C. Cicerone parlò in Senato ringraziando Cesare di avere concesso a Marco Claudio Marcello, esponente di quell'opposizione senatoria a cui lo stesso Cicerone apparteneva, di ritornare dall'esilio.
3. **Era infatti... polvere:** ancora una citazione virgiliana (*Eneide* II, v. 227); nel poema «con la barba squallida e i capelli pieni di polvere» era il fantasma di Ettore.
4. **Quiriti:** cioè i cittadini di Roma. Quiriti era il termine, derivato dal dio Quirino, con cui i Romani designavano se stessi.

rasse per la sua salvezza, che gli impedisse di venire trascinato a un ingiusto supplizio. Ma, come dice il nostro Terenzio, quanto inopinatamente avvengono spesso le cose che non oseresti sperare.[5]

Un caso fortunato per lui, e soprattutto per noi, volle che, mentre ero ozioso a Costanza, mi venisse il desiderio di andar a visitare il luogo dove egli era tenuto recluso. V'è infatti, vicino a quella città, il monastero di S. Gallo, a circa venti miglia. Perciò mi recai là per distrarmi, ed insieme per vedere i libri di cui si diceva vi fosse un gran numero. Ivi, in mezzo a una gran massa di codici che sarebbe lungo enumerare, ho trovato Quintiliano ancor salvo ed incolume, ancorché tutto pieno di muffa e di polvere. Quei libri infatti non stavano nella biblioteca, come richiedeva la loro dignità, ma quasi in un tristissimo ed oscuro carcere, nel fondo di una torre, in cui non si caccerebbero neppure dei condannati a morte. Ed io son certo che chi per amore dei padri andasse esplorando con cura gli ergastoli in cui questi grandi son chiusi, troverebbe che una sorte uguale è capitata a molti dei quali ormai si dispera.

(trad. di E. Garin)

5. **quanto... sperare:** citazione della commedia terenziana *Formione* (atto V).

Analisi del testo

Struttura

Elogio e ritrovamento di Quintiliano Nel brano della lettera di Poggio a Guarino sono individuabili due nuclei tematici. Nel primo (rr. 1-32) Poggio tesse le lodi di Quintiliano, giudicato pari a Cicerone come maestro di eloquenza, ma lamenta anche le tristi condizioni di "mutilazione" in cui versava, ossia il fatto che non si disponeva di una copia completa della sua opera. L'elogio è funzionale a introdurre la notizia che costituisce il secondo nucleo (rr. 33-43), ovvero l'annuncio di aver ritrovato un Quintiliano «incolume»: un vero e proprio salvataggio dall'incuria della storia e degli uomini.

Lingua e stile

La personificazione L'atteggiamento di Bracciolini nei confronti di Quintiliano è ben evidenziato dall'impiego di un'ampia gamma di espressioni che personificano il testo antico, facendone un individuo vivo. La figura retorica della metonimia viene per così dire animata e trasposta retoricamente su un piano letterale: «era così lacerato, così mutilato, […] che in lui non si riconosceva più aspetto alcuno, abito alcuno d'uomo» (rr. 7-9); «Era infatti triste e sordido come solevano

Pagina miniata delle *Institutiones oratoriae* di Quintiliano, 1477 circa. Firenze, Biblioteca medicea laurenziana.

essere i condannati a morte, con la barba squallida e i capelli pieni di polvere» (rr. 23-25). La scoperta del manoscritto viene paragonata alla liberazione di un individuo reale dall'esilio (il Marcello ricordato attraverso le parole di Cicerone; rr. 15-17); la sua permanenza nelle biblioteche a un soggiorno in un carcere o in un ergastolo. I campi semantici della sofferenza e della carcerazione e le figure retoriche attestano la vicinanza di Poggio ai classici e la partecipazione emotiva con cui egli vive il suo rapporto con i maestri.

Temi

L'importanza e il ruolo di Quintiliano Quintiliano era molto noto nel Medioevo, ma circolava quasi sempre incompleto, in quanto il suo ruolo di testo scolastico era stato assunto da altri manuali di retorica meno ampi e impegnativi. L'interesse degli umanisti per questo autore e il suo inserimento nell'orizzonte ideologico della nuova cultura appare ben motivato. Nelle *Institutiones oratoriae* (*Fondamenti di oratoria*), infatti, si enunciano non solo le tecniche che il buon oratore deve possedere, ma anche un canone delle discipline necessarie (tra cui la filosofia) e una serie di importanti principi pedagogici e morali. In Quintiliano, l'oratoria è posta al servizio della pedagogia e l'arte oratoria deve insegnare, fin da bambini, la *virtus* («virtù»). Contestualmente, l'educazione deve essere rispettosa del fanciullo, mai umiliante, e il maestro deve assumere anche un ruolo quasi paterno di esempio morale. È questo un punto cruciale di sintonia con la pedagogia umanistica, di cui Guarino da Verona, il destinatario della lettera, era uno dei maggiori esponenti. La considerazione per Quintiliano investe anche il suo stile. L'ammirazione che manifesta Poggio («non mi sembra gli manchi cosa alcuna, a mio giudizio, per raggiungere una somma dottrina o una singolare eloquenza», rr. 4-5) verrà addirittura superata da Valla, per il quale Quintiliano poteva stare a pari di Cicerone sul piano del perfetto stile latino.

Officina

COMPRENDERE

1. In cosa Quintiliano assomiglia a Cicerone? In cosa invece ne differisce?
2. In quali circostanze avviene il ritrovamento del testo di Quintiliano?

ANALIZZARE

3. Individua e sottolinea nel testo tutti i termini e le espressioni che Bracciolini impiega per descrivere Quintiliano. Cosa vuole comunicare al lettore insistendo su questi aspetti?
4. Rintraccia nel testo i termini e le espressioni che si riferiscono al ritrovamento del codice. Quali considerazioni puoi desumerne? In che modo Bracciolini intende caratterizzare la propria scoperta?
5. **Lingua e stile** Buona parte del testo è giocata sull'uso della metonimia e della metafora. Che effetto cerca di ottenere l'autore in questo modo?

INTERPRETARE

6. Rileggi il testo soffermandoti sulle parti in cui emerge la personalità dell'autore. Da quali sentimenti ti sembra mosso? Quali sue caratteristiche ti pare che siano messe in evidenza? Quali aspetti della sua personalità concorrono a definirlo un umanista?

PERCORSO DI SCRITTURA

Argomentazione Dopo aver risposto alla domanda 3 sintetizza illustra in un breve testo (massimo 30 righe) quali caratteristiche di Quintiliano rendono così importante il ritrovamento del suo testo.

COMPETENZE DEL XXI SECOLO

Competenze digitali Immagina di usare i moderni mezzi di comunicazione per annunciare il ritrovamento del **codice di Quintiliano**.
Quale social media utilizzeresti e come costruiresti la notizia? Prima di pubblicarla elabora un piano di lavoro e ricordati di impiegare un linguaggio incisivo, ricorrendo anche all'uso di immagini o video.

T2 Lorenzo Valla
La donazione di Costantino è falsa

La donazione di Costantino
4-5, 35, 59

La donazione di Costantino era un documento col quale l'imperatore Costantino (272-337 d.C.) concedeva al pontefice romano Silvestro I un gran numero di privilegi: tra questi il primato sulle chiese orientali, la giurisdizione civile su Roma e sui territori dell'Impero d'Occidente e persino (attraverso l'offerta del diadema e delle insegne imperiali) la supremazia papale sullo stesso potere imperiale. Il documento originale non esisteva più, ma nel Medioevo si prestava fede alla sua trascrizione presente in alcuni manoscritti giuridici, tra i quali un testo del giurista Graziano intitolato *Decretum*; qui però si riteneva che ci fossero state integrazioni di un altro autore di nome Palea.
Prima di Valla la presunta *Donazione* era stata contestata da Dante (nella *Monarchia*), che le negava valore giuridico in quanto l'imperatore non avrebbe potuto alienare legittimamente parte del suo impero; quasi nessuno, però, aveva osato metterne in dubbio l'autenticità. Valla demolisce invece alla radice le pretese che la Chiesa fondava sulla *Donazione*, dimostrando che il documento è un falso realizzato in epoca posteriore a Costantino. La dissertazione di Valla è una delle pagine in cui la cultura umanistica mostra tutta la sua forza corrosiva nei confronti della tradizione.

lessico
Svellere
Divellere, asportare; rimuovere con violenza; estirpare; in italiano antico, nella forma riflessiva, andarsene.

[4] Non mi accingo a scrivere per vanità di accusare e lanciare filippiche:[1] questa che sarebbe una turpe azione, sia lontana da me; scrivo, invece, per **svellere** l'errore dalle menti, per allontanare, con moniti e rimproveri, dalle colpe e dai delitti. Io, per me, non mi permetterei mai di augurarmi che altri sulla mia scia poti con le armi la vigna di Cristo,[2] cioè la sede papale, troppo rigogliosa di rami inutili, e le faccia dare non selvatici racemi[3] senza vita, ma dei grappoli gonfi. Ma, se lo facessi, chi vorrebbe turarmi la bocca o chiudere i propri orecchi o spaventarmi con la visione di supplizi e di morte? Come dovrò chiamarlo io, foss'egli anche il papa? Buon pastore o non piuttosto sordo aspide,[4] che non vuole ascoltare la voce dell'incantatore e vuole morderne e avvelenarne le membra? [5] Mi accorgo che si aspetta ormai di sapere qual delitto io imputi ai romani pontefici: un delitto, per vero, grandissimo commesso o per supina ignoranza o per sconfinata avarizia, che è una forma di soggezione a idoli, o per vano desiderio di dominare, cui sempre si accompagna la crudeltà. Essi, per tanti secoli, o non compresero la falsità della *Donazione di Costantino* o crearono essi stessi il falso; altri, seguendo le orme degli antichi pontefici, difesero come vera quella donazione che sapevano falsa, disonorando, così, la maestà del papato, la memoria degli antichi pontefici, la religione cristiana e causando a tutto il mondo stragi, rovine, infamie. Dicono essere loro Roma, loro il regno di Sicilia e di Napoli, loro Italia, Francia, Spagna, Germania, Inghilterra: tutta l'Europa

1. **filippiche:** le *Filippiche* sono orazioni in cui l'oratore greco Demostene si scagliava contro Filippo di Macedonia. Vennero chiamate *Filippiche* anche alcune orazioni ciceroniane pronunciate contro Antonio. Per estensione, "filippica" vale "aspra polemica".
2. **la vigna di Cristo:** l'espressione "vigna del Signore" è biblica, e poi evangelica, per indicare la comunità dei fedeli oppure la Chiesa stessa.
3. **racemi:** termiche botanico; equivale a "grappolo" e si lega al campo semantico (metaforico) della vigna di Cristo.
4. **aspide:** serpente velenoso.

Scuola di Raffaello Sanzio, *La donazione di Costantino*, 1520-1524 circa. Città del Vaticano, Musei vaticani. La scena è rappresentata in un edificio che ricorda l'antica basilica paleocristiana di San Pietro. L'imperatore Costantino dona a papa Silvestroo I una statua dorata della Dea Roma, simbolo della sovranità sulla città.

occidentale, in una parola.[5] Tale pretesa si conterrebbe nel testo della *Donazione*. Ah, sì! Sono tuoi tutti questi Stati? hai intenzione, sommo pontefice, di ricuperarli tutti? spogliare tutti i sovrani dell'Occidente delle loro città o costringerli a pagarti tributi annuali? invece io penso che sia più giusto ai sovrani spogliare te di tutto ciò che possiedi. Dimostrerò, infatti, che la *Donazione* dalla quale i sommi pontefici vantano i loro diritti, fu sconosciuta e a Costantino e a Silvestro. [...]

[35] Prima di tutto debbo accusare di disonestà quel pseudo Graziano,[6] che fece delle interpolazioni a Graziano, e di ignoranza quelli che credono trovarsi in Graziano il testo del privilegio, cosa che i dotti non hanno creduto. Il testo non si trova nei più antichi manoscritti del *Decretum*. Se Graziano avesse ricordato la *Donazione*, non l'avrebbe collocata dove la mettono costoro, rompendo l'ordine della distribuzione della materia, ma l'avrebbe collocata dove tratta del patto di Ludovico il Pio.[7] Vi sono innumerevoli passi nel *Decretum* in contraddizione con questa *Donazione* [...]. Alcuni ritengono che l'autore dell'interpolazione[8] sia Palea, detto così o perché tale fosse veramente il suo nome o perché le sue aggiunte si possono ritenere paglia[9] al confronto del frumento di Graziano. Sia come si vuole, resta sempre che sarebbe sconveniente alla grandezza di Graziano il supporre che egli o ignorasse la *Donazione* o (se l'avesse veramente inserita lui) ne avesse fatto gran conto e l'avesse giudicata vera. Bene; basta: ho vinto. Prima di tutto, Graziano non la riporta come affermavano bugiardamente costoro; anzi in molti passi la nega e la confuta. Poi sono costretti a tirare in campo un solo autore e ignoto e di nessuna autorità, e per giunta così sciocco da attribuire a Graziano cose che stanno in contrasto con altri suoi detti. Dunque voi mettete avanti

5. **Dicono... parola:** il punto cruciale della *Donazione* era proprio la cessione da parte di Costantino al pontefice romano del potere civile su tutti i territori dell'Impero d'Occidente. In tal modo, i papi potevano rivendicare la supremazia su tutta l'Europa occidentale.
6. **pseudo Graziano:** Valla introduce qui la questione relativa alla presenza della *Donazione* nel *Decretum* di Graziano: il testo della *Donazione* era stato infatti aggiunto a quello del *Decretum* da un ignoto autore, chiamato qui pseudo Graziano (cioè "falso Graziano") per distinguerlo dal vero Graziano.
7. **patto di Ludovico il Pio:** Ludovico detto il Pio (778-840), uno dei figli legittimi di Carlo Magno, succedette al padre come imperatore e nell'anno 817 emanò una *Ordinatio imperii* con la quale divideva l'impero stesso fra i suoi tre figli. Valla sostiene che se il testo della *Donazione* fosse stato davvero noto a Graziano, questi l'avrebbe collocato vicino agli altri atti che parlano dell'ordinamento imperiale.
8. **interpolazione:** in un testo, l'aggiunta di frasi o passi non originali.
9. **paglia:** in latino *palea* vuol dire «paglia». Valla gioca ironicamente sul significato letterale del nome dell'interpolatore.

tale autorità? Vi fate forti della sola testimonianza di costui? Riferite il solo testo dato da costui a riprova di un fatto tanto importante mentre di contro ci sono tante innumerevoli prove? E dire che io mi sarei aspettato che mi mostraste sigilli di oro, iscrizioni lapidarie, molti storici. [...]

[59] «Abbiamo decretato anche questo, che egli e i suoi successori debbano godere del diadema, cioè della corona che ci siamo tolta dal capo per darla a lui, fatta di oro purissimo e di gemme preziose, in onore di san Pietro». Di nuovo interpreta la parola *diadema* – parlava con barbari e facili a dimenticare – e aggiunge: «di oro purissimo», perché nessuno potesse credere che fossero miste all'oro scorie o anche bronzo. E quando parla delle gemme aggiunge «preziose» per lo stesso timore che non si sospetti che abbia regalato cose di poco valore. Perché non ha detto le gemme preziosissime come dell'oro ha detto purissimo? C'è più differenza infatti tra gemma e gemma che tra oro e oro. E quando avrebbe dovuto dire: «incastonato di gemme» disse «fatto di gemme». Chi non vede che la frase è presa da quel luogo biblico che il sovrano pagano non aveva potuto leggere: «Hai posto sul suo capo una corona di pietre preziose»?[10] così avrebbe parlato l'imperatore nella vanità di lodare una sua corona, se pure gli imperatori venivano coronati? Avrebbe offeso se stesso quando temeva che gli uomini potessero credere, se non l'avesse esplicitamente detto, portar lui una corona non di oro purissimo con gemme. Perché parla sempre di onorare san Pietro, come se Cristo non sia la più alta pietra angolare, sulla quale fu costruito il tempio della Chiesa, ma san Pietro (e ciò ripete dopo)? Se voleva riverire tanto san Pietro, perché non dedicò a lui invece che a san Giovanni Battista una basilica in Roma? Ma che dico? Quel modo barbaro di esprimersi non attesta che codesta cantilena non è stata fatta nell'età di Costantino, ma in quella consecutiva? «Decrevimus quod uti debeant» invece di dire: «decernimus ut utantur». così ora gli ignoranti del latino dicono comunemente e scrivono «iussi quod deberes venire» invece di «iussi ut venires». E «decrevimus» et «concessimus» come se le cose di cui si tratta non avvengano allora quando se ne parla, ma siano state fatte in un altro tempo.

(trad. di G. Pepe)

10. **Hai posto... preziose:** è un passo di un Salmo (20, 4). A Valla appare improbabile che fosse noto a Costantino, detto "sovrano pagano" perché battezzato appena prima di concedere la *Donazione*.

Analisi del testo

Struttura e temi

L'intento riformatore I tre estratti della lunga dissertazione di Valla rendono bene l'idea del suo metodo filologico. Nei paragrafi 4 e 5 Valla enuncia l'intenzione che anima il suo scritto. Dimostrando falsa la *Donazione*, egli intende «svellere l'errore» in cui, per «avarizia», cioè per brama di potere, sarebbe caduta la Chiesa e che porterebbe quest'ultima a voler "spogliare" dei loro regni i legittimi sovrani d'Europa. Valla nega di voler aprire la strada ai nemici della Chiesa, ma dichiara anche che in nome della verità è disposto a subirne la persecuzione. In diversi passi successivi, lo scrittore oppone a una Chiesa reale, assetata di potere temporale, i passi evangelici in cui Gesù predica l'umiltà e la povertà. È un atteggiamento esplicitamente riformatore, che portò Valla a essere accusato di eresia, per sua fortuna senza vere conseguenze pratiche. E non è un caso se il testo è stato pubblicato per la prima volta nel 1517 dai protestanti, che vedevano nell'umanista un antesignano delle loro battaglie anticattoliche.

Le armi della filologia Nei due successivi paragrafi, il 35 e il 59, si possono osservare all'opera le "armi" affilate con cui Valla filologo ritiene di poter demolire l'autenticità della *Donazione*. Un primo ordine di argomenti (35) riguarda l'esame della tradizione manoscritta. L'originale del documento non esiste. Valla osserva allora che la *Donazione* manca nei manoscritti più antichi del *Decretum* di Graziano e che il suo inserimento, attribuito a Palea, è verosimilmente un'aggiunta più tarda. Ciò risulta ancora più evidente dal fatto che questa aggiunta è collocata in un luogo poco adatto nel *Decretum*, un errore che il vero Graziano – che Valla giudica autorevole – non avrebbe commesso.
Un secondo ordine di argomenti (59) prende in esame la lingua e lo stile del testo. Valla mostra che la rozzezza stilistica e persino le forme sintattiche usate, proprie del latino medievale, non possono risalire all'età di Costantino. Molto acuta è anche l'osservazione che prende in considerazione la cultura dell'imperatore: a proposito di una formula biblica, infatti, Valla giudica inverosimile che Costantino, di formazione pagana, potesse avere tanta familiarità con il testo sacro.

Lingua e stile

Le scelte espressive Il tono dello scritto è stilisticamente sostenuto, ma questo è prevedibile nelle pagine di uno degli scrittori umanistici più colti ed eleganti. Più significativo è invece osservare che l'intero testo è animato da una vivace carica polemica e ironica, che si concretizza nell'uso costante delle interrogative retoriche («Come dovrò chiamarlo io [...]», «Dunque voi mettete avanti tale autorità?» ecc.), della satira (il gioco di parole sul nome dell'interpolatore: Palea / paglia), di un linguaggio tendenzioso per accreditare la propria tesi («modo barbaro», «cantilene»). Valla sta interpretando il suo ruolo di filologo in modo militante e il suo stile argomentativo si adegua all'intento.

Officina

COMPRENDERE

1. Quali motivazioni spingono Lorenzo Valla a scrivere la sua dissertazione? In quale parti del testo lo si afferma?
2. Con quali argomentazioni Valla dimostra la falsità della *Donazione*?

ANALIZZARE

3. **Lessico** Riscrivi le frasi seguenti, sostituendo il verbo «svellere» con un sinonimo:
   a. «Un alto pino al primo crollo svelse». (L. Ariosto)
   b. «Con molto pensiero indi si svelse». (F. Petrarca)
4. **Lingua e stile** Nel paragrafo 5 è presente un'apostrofe. Individuala e spiegane la funzione.

INTERPRETARE

5. Individua e sottolinea nel testo tutti i riferimenti al papato e alla Chiesa. Quale giudizio ne emerge? Confronta la posizione di Valla con quella di Dante, facendo riferimento nello specifico a quanto delineato nella *Monarchia*.

PERCORSO DI SCRITTURA

Riassunto Il testo è diviso in quattro paragrafi: dai a ciascuno un titolo esemplificativo, quindi sintetizza ciascun paragrafo in massimo 2 righe. Infine, assembla un riassunto complessivo della lunghezza massima di 15 righe.

COMPETENZE DEL XXI SECOLO

Comunicazione e collaborazione Provate a ricreare in classe il dibattito relativo alla ***Donazione di Costantino***. Dividetevi in tre gruppi: uno rappresentante l'accusa (Valla e i suoi collaboratori), uno la difesa (la Chiesa) e un altro ancora la magistratura, chiamata a esprimersi con un giudizio sul caso della *Donazione di Costantino*. La difesa e l'accusa dovranno utilizzare le argomentazioni desunte dal testo; quindi la magistratura esprimerà il proprio parere e sentenzierà il verdetto, con un'eventuale pena.

2. La rinascita di Epicuro

La riscoperta di Lucrezio

La ripresa quattrocentesca dell'interesse per la filosofia epicurea si inscrive appieno nella nuova sensibilità laica che caratterizza l'Umanesimo.
Anche in questo caso si parte da una scoperta. Nel 1417, durante una visita al monastero tedesco di Fulda (esplorato mentre era a Costanza per il concilio), Poggio Bracciolini recupera una **copia del *De rerum natura***, il poema con cui Lucrezio si proponeva di divulgare a Roma la filosofia di Epicuro. Poco più di un decennio più tardi, nel 1433, il monaco camaldolese Ambrogio Traversari (1386-1439), teologo e umanista, traduce dal greco in latino *Le vite dei filosofi* di **Diogene Laerzio**, il cui ultimo libro è dedicato proprio a Epicuro. Entrambe le riscoperte danno un impulso decisivo a una conoscenza più fedele dell'epicureismo e alla sua diffusione. Nel Medioevo, infatti, con il termine di "epicurei" si indicavano i fautori di un materialismo radicale e sostanzialmente ateo, che negava l'immortalità dell'anima e di conseguenza la vita eterna.

La rivalutazione dell'etica epicurea

Nel **nuovo approccio all'epicureismo**, la conoscenza diretta di Lucrezio e di Diogene Laerzio da un parte conferma la forte componente materialistica di questo pensiero, dall'altra smentisce che l'epicureismo inviti a dedicarsi sfrenatamente ai piaceri carnali. Anzi, gli umanisti possono mettere in luce la **concezione morale** della dottrina, caratterizzata dal distacco (**"atarassia"**) dalle passioni violente e da una equilibrata ricerca del piacere, che permettono al saggio di mantenere la condizione di serenità. L'idea che il piacere non sia più concepito come una colpa ma sia parte dell'esistenza umana è l'insegnamento epicureo più innovativo recepito da una parte della cultura umanistica.

L'amore della vita in Poggio

L'accettazione del piacere conduce a un nuovo **amore della vita**, colta nei suoi aspetti fisici e naturali, che permea molti scritti di Poggio Bracciolini. Tra questi, la lettera inviata nel 1416 all'amico Niccolò Niccoli in cui Poggio descrive la naturalità, il candore e lo stato di piacere che caratterizza gli uomini e le donne che frequentano i **Bagni di Baden** (➤ **T3**) e il cui modo di vita viene paragonato a quello della "scuola di Epicuro". In realtà Poggio non è, dal punto di vista filosofico, un sostenitore della dottrina epicurea; pare anzi che, dopo la sua scoperta del codice di Lucrezio, lo abbia inviato proprio al Niccoli senza leggerlo. Il richiamo all'epicureismo, però, agisce in Poggio come una suggestione culturale fra le numerose altre citate nella lettera, e documenta comunque uno spirito predisposto ad accettare che il piacere sia parte essenziale della vita.

L'epicureismo in Lorenzo Valla

Diverso è l'atteggiamento di Valla, che all'epicureismo dedica un interesse sistematico, in seguito a una riflessione comparativa sulle filosofie morali ereditate dal mondo classico. In diversi scritti (dalle *Elegantiae* al *De vero falsoque bono*, "*Sul vero e falso bene*" ➤ **T4**) Valla difende il **primato del piacere** sulla virtù e conclude che la dottrina epicurea è paradossalmente più vicina al cristianesimo dello stoicismo, che pure nel Medioevo godeva di buona considerazione per sua esaltazione dell'ascesi e del sacrificio. A suo parere, il sommo bene e quindi il supremo "piacere" per un cristiano consistono nel godere di Dio, così come già aveva asserito Petrarca, sulle orme di Platone e sant'Agostino. Il sommo bene risulta così più prossimo alla *voluptas* («piacere») epicurea che alla *honestas* («virtù») degli stoici.

FISSA I CONCETTI

- Quali circostanze portano alla riscoperta dell'epicureismo?
- Chi ne favorisce la rinascita?

T3 Poggio Bracciolini
Una lettera dai Bagni di Baden

Lettera a Niccolò Niccoli

Scritta nel 1416 mentre Poggio si trova oltralpe per partecipare al Concilio di Costanza, la lettera rivela in modo esemplare la curiosità intellettuale e l'interesse quasi "antropologico" di Bracciolini per una cultura molto diversa da quella a cui è abituato. In un latino vivace ed elegante, l'umanista descrive all'amico Niccoli gli svaghi che caratterizzano i Bagni termali di Baden, i cui frequentatori non hanno problemi a immergersi nelle vasche nudi, sia uomini sia donne. L'atmosfera è così pacifica e senza malizia che Poggio vagheggia il modello utopistico già tracciato nella *Repubblica* di Platone e riconosce in questo modo equilibrato di godere dei piaceri il paradigma di vita della "scuola di Epicuro".

Poggio saluta il suo Niccolò.[1]

Spero che tu stia bene; io sto bene. Per mezzo di un mio compagno ti mandai da Costanza,[2] mi pare il 23 di febbraio, una lettera che, se ti è arrivata, ti ha fatto certo ridere. Era infatti lunghetta e piena di scherzi salaci; parlavo molto dei miei studi ebraici a cui attendevo, e mi burlavo del mio maestro, uomo superficiale, stupido e incostante, come sono quelli che dall'ebraismo si convertono al cristianesimo; mi divertivo a scherzare sulla sua cultura scarsa, sommaria e primitiva. Ma credo che quella lettera, e un'altra indirizzata a Leonardo,[3] non siano giunte a destinazione.

Perché certamente, buon corrispondente come sei, mi avresti risposto, non foss'altro per congratularti meco di questi miei nuovi studi che tanto spesso mi hai consigliato, e che se mi sembrano privi di utilità dal punto di vista filosofico, portano invece un contributo alla mia cultura letteraria, specialmente perché mi pongono in grado di conoscere il metodo di Gerolamo[4] nella traduzione delle Scritture.

Io ti scrivo ora dai bagni, dove mi son recato per curare un'infermità alle articolazioni delle mani, ritenendo che valga la pena di descriverti la posizione e la bellezza dei luoghi, i costumi degli abitanti, le abitudini dei bagnanti.

Dagli scrittori classici si parla molto dei bagni di Pozzuoli, dove il popolo romano affluiva quasi al completo per divertirsi; ma non credo che raggiungessero l'atmosfera gaia di questi, né che a questi fossero paragonabili. I diletti di Pozzuoli derivavano più dalla bellezza dei luoghi e dal lusso delle ville, che non dall'allegria delle persone e dalle consuetudini di vita. Questi luoghi invece non offrono risorse naturali, o per lo meno ne offrono poche, mentre tutto il resto è motivo di divertimento, tanto da far credere molto spesso che Venere da Cipro[5] e ogni altra delizia da ogni altro luogo si siano trasferite qui. [...]

1. **Niccolò:** Niccolò Niccoli, amico di Leonardo Bruni (che lo pone, con Salutati, fra gli interlocutori del *Dialogo a Pietro Paolo Vergerio*), oltre che dello stesso Bracciolini.
2. **Costanza:** località dove si stanno svolgendo i lavori del concilio (1414-18).
3. **Leonardo:** si tratta di Leonardo Bruni, umanista e cancelliere della Repubblica di Firenze (➤ p. 20).
4. **Gerolamo:** san Gerolamo (347-419/420), teologo, padre e dottore della Chiesa, tradusse in latino parte dell'Antico Testamento greco e, successivamente, l'intera Scrittura ebraica.
5. **Venere:** Venere, secondo il mito nativa di Cipro, è assunta qui come emblema del piacere.

Lucas Cranach il Giovane, *La fontana della giovinezza*, 1546. Berlino, Gemäldegalerie.

A giudicare dal nome e dalla posizione favorevole (è infatti su un'altura sovrastante un fiume che attraverso un ponticino congiunge la Gallia alla Germania)[6] credo che la località fosse in origine un campo romano. In questo tratto del viaggio vedemmo la cascata del Reno dall'alto del monte, rotta da scogli, fremente e sonante, sì da far credere che il fiume stesso lamentasse dolorosamente la propria caduta. [...]

Si trova poi la città di Baden, che in tedesco vuol dire bagno, abbastanza prospera, situata in una valle circondata di monti, su un grosso fiume di rapidissima corrente che a sei miglia dalla città si getta nel Reno. A circa mezzo miglio da Baden è la bellissima città balneare, costruita sul fiume. Nel mezzo v'è un'area molto vasta e intorno magnifici alberghi capaci di ospitare gran numero di persone. Le singole case hanno all'interno bagni privati, dove si tuffano solo quelli che vi alloggiano. I bagni pubblici e privati sono circa in numero di trenta; ci sono tuttavia ai due lati della piazza due bagni pubblici scoperti per il basso popolo, e ci vanno a lavarsi uomini e donne, ragazzi e ragazze, e in genere tutti gli elementi più volgari. Qui un basso steccato, messo su alla buona, divide gli uomini dalle donne. È ridicolo vedere le vecchiette decrepite e al tempo stesso le ragazzine entrar in acqua nude, davanti agli uomini, mostrando ogni parte del corpo; più di una volta ho riso perché questo eccezionale spettacolo mi faceva pensare ai ludi floreali,[7] e dentro di me ammiravo la semplicità di questa gente, che non bada a queste cose e non vi porta nulla di equivoco o di malizioso.

I bagni delle case private poi sono pulitissimi, e anch'essi comuni a uomini e donne; una divisione separa queste ultime, ma con molte basse finestrine attraverso le qua-

6. **un... Germania:** si tratta del fiume Limmat, ricco di sorgenti termali, sulla cui riva sinistra sorge Baden.

7. **ludi floreali:** durante le feste (*ludi*) in onore della dea Flora, che si svolgevano in primavera, erano previste rappresentazioni in cui delle attrici (*mimae*) recitavano nude.

li possono bere insieme, parlarsi, vedersi e darsi la mano, come è loro uso frequente. In alto questi bagni sono recinti da una ringhiera in cui gli uomini sostano a osservare e a parlare. A chiunque è permesso andare e fermarsi nei bagni altrui, per far visita, conversare, divertirsi, svagarsi, mentre le donne si fanno vedere a entrare e uscir dall'acqua col corpo quasi completamente nudo. Tuttavia non ci sono né custodi, né porte, né sospetti di male; in molti luoghi l'ingresso al bagno è comune per uomini e donne, sì che spessissimo accade a un uomo di imbattersi in una donna seminuda e a una donna in un uomo nudo.

I maschi si servono solo di un cinto, le donne portano delle corte vesti di tela fino alle gambe, aperte ai lati in modo da non coprire né il collo, né il petto, né le braccia, né le spalle.

Spesso nell'acqua mangiano a comuni spese, su una mensa galleggiante a cui son soliti partecipare gli uomini. Anche noi, nella casa dove ci bagnavamo, fummo sollecitati a prender parte a questa consuetudine [...].

Io dalla ringhiera osservavo tutto, badando agli usi, ai costumi, alla piacevole maniera di vivere dovuta alla libertà estrema delle abitudini. È meraviglioso vedere con quale semplicità vivano, con che fiducia. Vedevano le loro mogli trattare con stranieri, e non se la pigliavano, non ci facevano caso, prendendo tutto in buona parte. Non c'è niente di tanto scabroso che nei loro costumi non diventi semplice. Avrebbero potuto vivere senz'altro nella repubblica di Platone, mettendo tutto in comune,[8] giacché anche senza conoscerne la dottrina erano così pronti ad accettare i principii di quella scuola. In alcuni bagni i maschi stanno con le donne legate a loro da vincoli di sangue o di amicizia; ogni giorno entrano nei bagni tre o quattro volte, passandovi la maggior parte del tempo in canti, in simposi, in danze. Infatti suonano accoccolandosi un poco nell'acqua, ed è molto bello vedere ragazze già in età di prender marito, splendide e cortesi, in vista, in abito e aspetto di dee. Suonando esse rialzano un poco la parte posteriore della veste lasciandola ondeggiare sull'acqua, sì che le crederesti Veneri alate. È costume delle donne, quando gli uomini le osservano dall'alto, chieder loro per scherzo l'elemosina. Così vengon gettate delle monetine e specialmente alle più belle; in parte esse le colgono a volo con le mani, in parte stendendo le vesti, spingendosi l'un l'altra; e in questo gioco si scoprono anche le più riposte parti del corpo. Si gettano anche corone di fiori variopinti, di cui si ornano la testa mentre si bagnano.

Attratto da tanta festevole gaiezza di vita, siccome mi bagnavo solo due volte al giorno, passavo il resto del mio tempo visitando i bagni altrui, gettando spesso monete e corone come facevano gli altri. Né mi rimaneva tempo per leggere o coltivarmi fra tante sinfonie, flauti, cetre e canti che da ogni parte risuonavano; sì che il solo desiderio di comportarsi da savi era il colmo della follia; specialmente per uno come me che, non avendo nulla di comune con quel Menedemo tormentatore di se stesso, essendo uomo non reputo estraneo a me niente di umano.[9]

8. **nella repubblica... comune:** nella sua opera filosofica *La Repubblica*, Platone disegna uno Stato ideale in cui la famiglia è abolita e in cui le donne, con diritti quasi pari a quelli degli uomini, vengono messe in comune tra i cittadini e sono libere di scegliersi i compagni che preferiscono.

9. **specialmente... umano:** i riferimenti sono al pensiero di Terenzio, al *Punitore di se stesso* della omonima commedia (il cui protagonista è Menedemo) e alla massima: *homo sum nihil humani mihi alienum puto* («Sono uomo e non reputo a me estraneo nulla di ciò che è umano»).

Perché il mio piacere fosse perfetto mancava la conversazione, che è la cosa più importante. Non mi restava dunque di meglio che soddisfare la vista, andar dietro per svago alle mie compagne, accompagnarle e riaccompagnarle; potevo anche corteggiarle e con tanta libertà da non temere di passare i limiti permessi.

Oltre a tutti questi svaghi c'è un'altra non piccola attrazione; dietro la villa, accanto al fiume, c'è un gran prato protetto da molti alberi; là convengono tutti dopo cena e vi si fanno giuochi diversi. C'è chi si diverte a ballare, alcuni cantano; moltissimi giocano a palla, ma non secondo il nostro sistema; uomini e donne si lanciano a vicenda una palla piena di sonaglini, gettandola alla persona che preferiscono; allora si corre da ogni parte per afferrare la palla; chi la prende è il vincitore; questi, a sua volta, la getta a chi preferisce e, mentre molti la reclamano tendendo le mani, fa finta di buttarla ora a questo ora a quella.

Si fanno pure molti altri giochi di cui sarebbe lungo parlare; ho raccontato questo per farti capire in breve come fiorisca qui la scuola di Epicuro,[10] e credo sia questo il luogo dove fu creato il primo uomo e che gli Ebrei chiamano Ganeden, cioè giardino del piacere. Che se il piacere può render felice la vita, non vedo che cosa manchi a questo luogo per una felicità perfetta e sotto ogni rispetto compiuta.

Se poi vuoi conoscere qual sia la virtù di queste acque, essa è varia e molteplice, ma in una cosa è mirabile e veramente divina: in nessun luogo del mondo ci son bagni più propizi alla fecondità delle donne. Così, molte che vengono ai bagni per guarire della sterilità, ne sperimentano la mirabile efficacia; infatti osservano scrupolosamente le prescrizioni con le quali si curano quelle che non possono concepire.

Ma merita fra l'altro far menzione del fatto che una smisurata moltitudine di persone d'ogni condizione viene qui da distanze di duecento miglia, non tanto per la salute quanto per il piacere; tutti gli amanti, tutti i vagheggini, tutti coloro che ripongono nei piaceri lo scopo della vita, si danno convegno qui per godere degli agognati beni; fingono molte malattie del corpo mentre soffrono per le passioni dell'animo. Così vedrai innumerevoli belle senza mariti o congiunti, con due cameriere e un servo, e al massimo una lontana parente, qualche vecchietta che è più facile ingannare che saziare. Alcune secondo le loro possibilità vengono ornate di vesti lussuose, d'oro, d'argento, di gemme, tanto da far credere che vadano a nozze sontuosissime e non ai bagni. Qui sono anche vergini vestali o, per meglio dire, floreali; qui abati, monaci, frati, sacerdoti, vivono con una licenza superiore al consueto, prendendo a volte il bagno con donne ed ornandosi il capo di ghirlande, senza fare il minimo conto della propria condizione di religiosi. Tutti hanno in mente una cosa sola: di sfuggire la tristezza, di cercar l'allegria, di non preoccuparsi di niente se non di viver lieti e di godersi i piaceri. Qui non si tratta di dividere i beni comuni, ma di mettere in comune le cose divise. Strano a dirsi, in tanta moltitudine – ci son circa mille persone –, in tanta varietà di costumi, in una folla così eccitata, non nascono mai bisticci, tumulti, dissidi, mormorazioni, maldicenze. I mariti vedon le mogli corteggiate, le vedon conversare con i forestieri, e a volte da solo a sola; non se la prendono, non si meravigliano, pensano che tutto questo si faccia con innocente amicizia. La taccia di geloso, che qualche volta ha colpito da noi quasi tutti i mariti, qui non ha ragion d'essere; del tutto sconosciuta è

10. la scuola di Epicuro: il richiamo al filosofo è esplicito nella lettera, ma al tempo stesso piuttosto generico ed è significativamente accostato ad altre suggestioni culturali: Platone, Terenzio, l'Eden biblico.

la stessa parola; ignorando la passione non hanno un termine per indicarla. E c'è da meravigliarsi che manchi il nome di una cosa, là dove manca la cosa stessa? Né mai fra costoro si è trovato ancora alcuno che fosse geloso. O costumi diversi dai nostri, che sempre volgiamo tutto al peggio, che ci dilettiamo di calunnie e maldicenze fino al punto di trasformare subito in una piena testimonianza di colpa la prima ombra di sospetto! Molto spesso invidio questa pace e detesto la perversità dell'animo nostro, per cui sempre siamo volti al guadagno, agli appetiti; per cui mettiamo a soqquadro cielo, terra e mare per trarne danaro, mai contenti dei nostri utili, del nostro lucro. Nel timore di guai futuri ci mettiamo continuamente nei guai e negli affanni, e per non essere un giorno miseri non smettiamo mai di esserlo; sempre assetati di ricchezze, mai ci preoccupiamo del corpo, mai dell'anima. Costoro invece, contenti di poco, vivono alla giornata; tutti i giorni per loro sono festivi; non desiderando ricchezze che non verranno mai, godono secondo i loro mezzi, non temono il futuro; e se capita qualcosa di male, la prendono di buon animo. Così sono ricchi secondo la massima che ognuno ha vissuto nella misura in cui ha goduto. Ma lasciamo andare! Non mi propongo né di lodar loro, né di biasimare noi. Voglio che tutta la lettera sia piena di cose allegre, perché anche tu, da lontano, partecipi un poco, attraverso questa mia, a quel piacere che ho goduto ai bagni.

Addio, mio carissimo Niccolò, e leggi queste pagine a Leonardo (fra gli amici tutto è comune).
Saluta da parte mia Nicola e Lorenzo dei Medici, e porgi il mio ossequio a Cosimo.

Dai Bagni di Baden, 18 maggio1416

(trad. di E. Garin)

Analisi del testo

Struttura

La descrizione dei bagni La lettera può essere considerata una sorta di inno all'amicizia, alla vita e al piacere. Si apre con la menzione della brigata di umanisti (Niccolò Niccoli, Leonardo Bruni e lo stesso Poggio) legati dal comune gusto per la libertà intellettuale, per lo spregiudicato rifiuto di ogni pregiudizio moralistico e di ogni grettezza nella ricerca del profitto e delle vane sicurezze economiche.

In apertura l'autore fa riferimento ai suoi studi di ebraico, volti a perfezionare la ricostruzione filologica e la traduzione dei testi sacri (rr. 2-13), ma subito si immerge nella descrizione dell'atmosfera spensierata e festosa dei bagni, paragonati a quelli romani di Pozzuoli ma meno sofisticati, privi di lusso, adatti a una serena allegria (rr. 14-24). Offre poi una precisa notizia circa l'ubicazione geografica del luogo, posto tra Francia e Germania, non lontano dal corso del Reno (rr. 30-33). Si dilunga, infine, nella minuziosa descrizione delle strutture termali e delle usanze dei bagnanti, assolutamente prive di qualsiasi malizia rispetto alla nudità maschile e femminile (rr. 35-77). Tra giochi e danze, catturato dalla innocente leggerezza dell'atmosfera "balneare", Poggio rinuncia persino alle amate letture e alle conversazioni, per abbandonarsi lieto ai piaceri della vita (rr. 78-121). Tuttavia l'epistola si conclude con una comparazione piena di malinconia – sentimento non raro nelle opere di Poggio – tra la felicità che esiste in una vita "naturale" che si "contenta di poco" e la vita civilizzata a cui lui stesso e i suoi amici sono abituati: oppressa dall'ansia del lucro e sempre timorosa del futuro (rr. 130-145).

Temi

Il motivo del piacere La lettera, il cui avvio appare a prima vista divagante e aneddotico, trova il suo centro nella riflessione sul piacere e sul senso dell'esistenza, e testimonia quella disposizione di «amore della vita» (A. Tenenti) che è stata una delle grandi innovazioni culturali dell'Umanesimo.

È importante notare come anche in questo testo Poggio non riesca a osservare la realtà se non attraverso il filtro della sua raffinatissima ed eclettica cultura: le "delizie del luogo" lo fanno pensare alla Venere di Cipro; la nudità esibita ai *ludi floreali*; la condizione delle donne alla *Repubblica* di Platone; la sua curiosità per uomini e cose è ricondotta al celebre motto terenziano; lo stato di felicità all'Eden biblico e contemporaneamente a Epicuro. Il filosofo del piacere non assume un ruolo particolare, ma risulta in definitiva una delle numerose suggestioni attive nella biblioteca mentale di Bracciolini.

Lingua e stile

Eleganza e semplicità Le pagine sono caratterizzate dalla discorsività piana e gioviale dello stile epistolare, che tuttavia è costantemente ispirato all'elegante latino dei modelli classici, mediati dalla ripresa di Petrarca. Si tratta, quindi, di una prosa stilisticamente molto controllata, ricca di rimandi colti e di preziosismi retorici (per esempio: «sì da far credere che il fiume stesso lamentasse dolorosamente la propria caduta»), pur mitigati dal tono spesso leggero, confidenziale e festoso del racconto di una esperienza da condividere con gli amici più cari.

Officina

COMPRENDERE

1. Quali sono le caratteristiche dei Bagni di Baden nella descrizione di Bracciolini?
2. Quali aspetti dei bagni colpiscono particolarmente l'autore?
3. In che modo Poggio trascorre il proprio soggiorno ai bagni?

ANALIZZARE

4. Individua e sottolinea nel testo tutti i termini e le espressioni che rendono evidente il rapporto di amicizia fra Bracciolini e Niccoli.
5. **Lingua e stile** Individua gli elementi del testo tipici del genere epistolare.

INTERPRETARE

6. Il giudizio di Bracciolini sugli uomini e le donne che frequentano i bagni e sui loro comportamenti è a tuo avviso positivo o negativo? Perché?
7. Nella celebre orazione (*Prima Catilinaria*) in cui denunciava la congiura di Catilina ai danni della Repubblica romana, l'oratore **Cicerone** lamentava la depravazione dei costumi romani, di cui la congiura rappresentava l'apice, con una frase divenuta proverbiale: *O tempora! O mores!* («Ahi che tempi, ahi che costumi!»). Dopo esserti documentato sul testo ciceroniano, metti a confronto questa esclamazione con le parole di Bracciolini: rr. 60-66. Noti in Poggio lo stesso atteggiamento di condanna che aveva ispirato Cicerone? Credi che in qualche modo da parte dell'autore ci sia il desiderio di richiamare il passo ciceroniano?

PERCORSO DI SCRITTURA

Riscrittura Immagina di dover pubblicizzare i Bagni di Baden per un soggiorno turistico. Descrivine le caratteristiche in un testo di massimo 700 battute, ipotizzando che la destinazione dell'annuncio sia lo spazio pubblicitario di un giornale.

T4 Lorenzo Valla
La felicità dell'uomo

Del vero e del falso bene

Il dialogo *De vero falsoque bono* (*Del vero e del falso bene*) si occupa della felicità dell'uomo. Gli interlocutori del dibattito sono quattro umanisti lombardi: Catone Sacco, Maffeo Vegio, Antonio da Rho e Guarino da Verona, nelle vesti di moderatore. Nel dialogo si contrappongono le tesi di Catone Sacco e di Maffeo Vegio. Il primo sostiene le posizioni dello stoicismo e propugna la rinuncia al piacere in nome della ricerca della virtù (*honestas*). Il secondo, orientato all'epicureismo, considera lecito il piacere (*voluptas*), anche quello del corpo, perché legato alle caratteristiche e alle necessità della natura umana. È il terzo interlocutore, Antonio da Rho, a tentare una sintesi delle due posizioni in chiave cristiana: bisogna moderare gli eccessi di stoicismo ed epicureismo e preferire il vero piacere, che consiste nel godimento delle realtà spirituali.
In questo brano Vegio mostra come l'atteggiamento dell'Umanesimo sia completamente opposto rispetto a quello del Medioevo per quanto riguarda le realtà mondane.

Il mio Epicuro vuole che dopo la dissoluzione dell'essere animato non resti alcunché;[1] e chiama animato tanto l'uomo quanto il leone, il lupo, il cane e gli altri esseri che respirano. Pure io la penso così. Quelle bestie mangiano, e noi pure mangiamo; bevono, e noi pure beviamo; dormono, e noi altrettanto; in modo non diverso dal nostro generano, concepiscono, partoriscono, nutriscono; esse hanno una parte di ragione e di memoria, le une più delle altre e noi qualcosa più di esse: quasi in tutto siamo simili ad esse.[2] Infine, esse muoiono e noi pure moriamo, completamente esse e noi. Ma questo sapremo quando saremo usciti di vita, o piuttosto non lo sapremo.[3] Ora, intanto, facciamo ciò che sappiamo essere il solo bene umano, serviamo il piacere. E anche se ci promettono i campi Elisi,[4] stimo cosa stoltissima lasciare le cose certe per le incerte, specialmente quando sono di questa specie; e poiché affermano che i beni del corpo non ci sono per i defunti, perché dobbiamo ascoltarli? Essi ci escludono dai piaceri del corpo, mentre proprio attraverso questo piacere corporeo si passa a quelle, se dobbiamo credere ai poe-ti, future **voluttà** dell'Elisio. Non lasciamo dunque perdere questi beni del corpo, che sono indubitati, che non possono mai essere ricuperati in un'altra vita; finché si può, e almeno si potesse più a lungo! E per quanto possiamo, e possiamo molto, accontentiamo con la massima benignità gli occhi, le orecchie, il palato, le narici, le mani, i piedi e le altre membra, cosa che fareste, spero, anche senza la mia esortazione. [...]

lessico
Voluttà
Piacere intenso, legato alla soddisfazione di un desiderio o di un bisogno.

1. non resti alcunché: secondo il filosofo greco Epicuro (342-270 a.C.), tanto il corpo quanto l'anima sono composte di particelle di materia dette atomi. Con la morte, ogni organismo – umano o animale – formato di corpo e anima si disgrega e i suoi atomi tornano a formare nuovi organismi. Per i viventi, quindi, non esiste una sopravvivenza individuale e di conseguenza una vita ultraterrena, nemmeno beata (le «future voluttà dell'Elisio»).

2. quasi... esse: Epicuro introduce nella filosofia antica l'idea di una comune natura tra uomo e animali: tanto il primo quanto i secondi sono esseri senzienti. All'essere umano Epicuro conferisce un primato in termini di consapevolezza, ma invita a rispettare gli animali. Pur non vietando espressamente di cibarsi di carne, Epicuro praticava personalmente il vegetarianismo.

3. non lo sapremo: in quanto con la morte l'anima non sopravvive e cessa ogni consapevolezza individuale.

4. i campi Elisi: secondo il mito è il luogo riservato alle anime beate amate dagli dèi.

Non solo le leggi, delle quali ho disputato prima, sono state escogitate per l'utilità che genera il piacere, ma pure le città e gli stati, nei quali, perciò che si riferisce alla magistratura, nessun principe, amministratore, re fu scelto senza che da lui gli uomini si attendessero una grande utilità. Ricorderò tante, innumerevoli, arti, oltre a quelle che dicono liberali, sia attinenti alla necessità sia riguardanti la eleganza e l'ornamento della vita, come l'agricoltura [...], come l'architettura, la tessitura, la pittura, l'arte navale, la statuaria, la tintura? Ha mai sognato dell'onestà, qualcuna di queste? E le stesse arti liberali?[5] Forse che i numeri, la misura o il canto informano le virtù dell'onestà? E la medicina? coloro che vi si dedicano non cercano altro che la salute degli altri e il proprio guadagno, anche se siano i medici di sé stessi. Aggiungi pure la dignità, ricercata in maniera simile anche dai giuristi. Quanto ai poeti, essi, come dice Orazio, vogliono giovare o dilettare gli altri, e a sé procurare la gloria. Simili a questi sono gli storici, anche se talvolta agli uni e agli altri tocchi qualche emolumento. L'arte oratoria, che è detta la regina delle cose, ha tre generi di discorsi, due dei quali hanno l'ufficio di insegnare e di commuovere, e sapete a che si riferiscono; il terzo, che ha il fine di dilettare, è spiegato dal suo stesso nome [...].

Del resto il matrimonio stesso e l'unione tra il maschio e la femmina appaiono esser nati dalla matrice del piacere medesimo. Così, se consigliamo di agire piamente e benevolmente in vantaggio dei genitori, dei figli, dei parenti e degli altri uomini, non accampiamo l'onestà, come pensano alcuni, ma tentiamo di muovere l'affetto, in modo cioè che la cosa sia gioconda a coloro che la fanno, o indichiamo ad essi ciò che sembravano ricordare meno, sentire di meno, comprendere di meno. E non è lecito neppure tacere di voi, o dei immortali! Mi appello alla vostra leale testimonianza, se mai qualcuno vi pregò di concedergli l'onestà, se mai per conseguirla formulò voti, anzi vi si impegnò, per speranza di essa visitò i vostri templi, li adornò, li costruì: per conto mio sono sicuro di non aver mai implorato una cosa simile.

(trad. di G. Radetti)

5. **arti liberali:** a partire dall'età antica erano considerate "arti liberali" le discipline che non richiedevano lavoro fisico e perciò, nella concezione antica, degne dell'uomo "libero". Il canone delle arti liberali fu definito nel corso del Medioevo e ne prevedeva sette: la grammatica, la retorica (e quindi lo studio delle lettere), la dialettica (cioè la filosofia), l'aritmetica, la geometria, l'astronomia e la musica. Le prime tre componevano il cosiddetto "trivio", le successive quattro il "quadrivio".

Analisi del testo

Struttura

L'argomentazione di Maffeo Vegio Punto di forza dell'argomentazione di Maffeo Vegio è la constatazione che è «cosa stoltissima lasciare le cose certe per le incerte» (r. 10): se dunque quello che possiamo vedere, udire, gustare, odorare e toccare a questo mondo lo abbiamo davanti a noi, mentre la beatitudine della vita oltremondana ci è sconosciuta, perché dovremmo scegliere la seconda (rr. 11-12)? Nella seconda parte («Non solo le leggi», rr. 19-34) si mostra come il bene seguito non sia tanto l'onesto, come pensano gli stoici, quanto l'utile, che si ottiene tenendo come principio guida appunto la ricerca del piacere. Persino le più nobili attività umane, le arti e le scienze, l'arte oratoria e la poesia, dipendono in qualche modo dal piacere. Nella terza e ultima parte («Del resto il matrimonio stesso», rr. 35-40) si mostra come nello stesso sacramento del matrimonio sia il piacere che genera la vita, permettendo all'umanità di non estinguersi, e tiene unita la coppia (altrove però Vegio pronuncerà un alto elogio dell'adulterio). Il finale del discorso (rr. 40-44) riprende la tipica ironia socratica: chi mai si rivolge agli dèi, si chiede Vegio, per ottenere in premio l'onestà? Mentre possiamo supporre che si chieda ben più frequentemente qualcosa che riguardi il piacere e l'utile. Valla qui rielabora e rinnova, in modo provocatorio, una discussione molto frequente nelle opere degli autori classici (in particolare Cicerone), che avevano già parlato della potenziale conflittualità tra "onesto" e "utile", assegnando tuttavia la priorità al primo.

Temi

L'"edonismo cristiano" di Valla La posizione di Vegio non è quella di Valla. L'originalità di quest'ultima, espressa per bocca di Antonio da Rho, consiste nel tentativo di conciliare le verità del cristianesimo con l'edonismo. A conclusione del dialogo, infatti, si sottolinea come per l'uomo i piaceri supremi siano la ricerca spirituale e la fede in Dio. La stessa beatitudine cristiana è una *voluptas* che coinvolge tanto l'anima quanto i corpi. Antonio da Rho, dunque, disegna una visione che riconcilia il bene spirituale con il benessere della vita materiale, attraverso un rifiuto della separazione fra corpo e spirito: nella sua concezione, infatti, la natura e la divinità sono in un'armonia perfetta e complementare. Avviene così un radicale rovesciamento da una prospettiva teologica a una antropologica, che sfocia nel rifiuto della verginità a favore del matrimonio e dove la natura si manifesta come una santa manifestazione del volere divino.

Officina

COMPRENDERE

1. Qual è la posizione del personaggio di Vegio nei confronti del piacere?
2. Quali principi guidano l'uomo secondo Vegio? Quali esempi adduce come argomentazione?

ANALIZZARE

3. **Lessico** Ritieni che nelle seguenti citazioni le parole sottolineate siano sinonimo di "voluttà"? Motiva la tua risposta, poi scegli una delle citazioni e fanne la parafrasi, usando il sinonimo adeguato al posto della parola sottolineata:
   a. «Amor, ch'a nullo amato amar perdona, mi prese del costui piacer sì forte, che, come vedi, ancor non m'abbandona» (D. Alighieri, *Inferno* V).
   b. «Ma, perché tu non mi creda libero ormai da tutti gli umani errori, sappi che ancora mi possiede una insaziabile brama, che fino ad oggi non ho potuto davvero né voluto frenare: infatti mi scuso entro di me col dirmi che la brama di cose degne non è da ritenersi indegna. Aspetti che io ti dica di che genere di malattia si tratta? Ecco: non riesco a saziarmi di libri» (F. Petrarca, *Lettera a G. Anchiseo*).
   c. «Ben provide Natura al nostro stato, / quando de l'Alpi schermo / pose fra noi et la tedesca rabbia; ma 'l desir cieco, e 'ncontra 'l suo ben fermo, / s'è poi tanto ingegnato, / ch'al corpo sano à procurato scabbia» (F. Petrarca, *Italia mia, benché 'l parlar sia indarno*).
4. **Lingua e stile** La prima parte del testo (rr. 1-12) è basata sull'enumerazione (per es. «il leone, il lupo, il cane e gli altri esseri che respirano»). Sapresti individuarne altri esempi?

INTERPRETARE

5. La visione di Vegio sul piacere e sull'utile appare per certi versi "moderna". Ripercorri le **posizioni di Dante e Petrarca** su questo tema: pensi che questi due autori potrebbero condividere la posizione di Vegio? Perché? Usa a sostegno della tua risposta i testi studiati.

PERCORSO DI SCRITTURA

Riassunto e argomentazione Schematizza i vari punti del ***discorso di Vegio***, seguendo le sue argomentazioni, quindi scrivi il riassunto del testo in massimo 15 righe, aiutandoti con la scaletta che hai elaborato.

3. La società del dialogo

Il dialogo su temi concreti

La civiltà dell'Umanesimo si fonda sul **libero scambio di opinioni** tra interlocutori di pari dignità, che affrontano le divergenze di vedute con attenzione e rispetto per l'opinione altrui.

Questa forma di comunicazione è anche lo stile di un pensiero contrario al dogmatismo e disposto, pertanto, a mettere in discussione se stesso. Il genere letterario del dialogo è la sua modalità espressiva privilegiata. Uno dei maestri del dialogo filosofico dell'antichità, **Cicerone**, costituiva appunto un modello di conversazione garbata ed elegante tra eguali che si rivela particolarmente influente in epoca umanistica. Anche in questo caso spicca la differenza rispetto all'età medievale, in quanto là prevaleva la necessità di imporre la verità, anche nella forma aggressiva della controversia, il cui scopo era far trionfare la verità sulla menzogna (per esempio nell'interpretazione dottrinale).

Gli argomenti dei dialoghi umanistici riguardano di preferenza **temi legati alla morale e alla vita attiva**: il ruolo dell'intellettuale nella politica, l'educazione, la vera nobiltà ecc. Soprattutto rifacendosi all'opera di Petrarca, l'Umanesimo sviluppa un approccio concreto alla discussione, attento alla dimensione interiore dell'uomo e alla realizzazione dei suoi ideali e della sua felicità. È in questo ambito che l'uomo manifesta la sua **libera capacità decisionale**.

Bruni e il dialogo nella repubblica fiorentina

Non è un caso che al genere del dialogo si dedichi una delle figure principali del cosiddetto Umanesimo civile, **Leonardo Bruni** (detto Leonardo Aretino; Arezzo 1370 - Firenze 1444). Allievo di Coluccio Salutati, Bruni gli succede come capo della prima cancelleria di Firenze. Inserito attivamente nella vita politica della sua città, Bruni scrive una *Historia florentini populi* (*Storia del popolo fiorentino*) dalle origini al 1404, una *Laudatio* (*Elogio*) della sua città e, in greco, un'orazione *Sulla costituzione della città di Firenze* nella quale contrappone la *libertas* fiorentina alla sudditanza di Milano (ai Visconti). Grecista esperto, traduce Aristotele e diversi dialoghi platonici.

I *Dialogi ad Petrum Paulum Histrum* (*Dialoghi a Pier Paolo Vergerio*, 1406, ➤ **T5**), in due libri, documentano uno degli snodi importanti del primo Umanesimo: il **rapporto tra volgare e latino** e il giudizio sui grandi scrittori volgari dell'ultima fase del Medioevo.

Un'ala del movimento umanistico, disdegnando l'uso del volgare, trascina nella condanna anche le Tre Corone, Dante, Petrarca e Boccaccio; nel dialogo bruniano questa posizione è rappresentata da Niccolò Niccoli (che nel primo libro attacca i tre scrittori, anche se nel secondo rivede le sue posizioni). L'altro interlocutore del dialogo, invece, Coluccio Salutati, e lo stesso Bruni, sono su posizioni radicalmente diverse. In questa disputa tra antichi e moderni, il loro atteggiamento resta di grande **rispetto per le glorie letterarie toscane**. Per Bruni, il culto dei classici antichi non deve far disconoscere la grandezza dei moderni.

T5 Leonardo Bruni
I vantaggi della libera discussione

Dialogo a Pier Paolo Vergerio, Libro I

Sono riportate qui le parole con le quali Salutati accoglie gli amici in apertura del primo libro: Bruni affida a Salutati un vero e proprio elogio del confronto dialettico fra gli umanisti, necessario per tenere vive le relazioni interpersonali e il reciproco scambio di opinioni. L'abitudine alla discussione salva l'intellettuale dall'isolamento, lo preserva da una eccessiva spinta verso l'erudizione fine a se stessa e garantisce l'utilità del sapere per il bene comune.

Non posso dire, miei giovani amici, quanto piacere mi faccia incontrarmi e stare con voi, che per le abitudini, per gli studi comuni, per la vostra devozione per me, prediligo di particolare affetto. In un solo punto, ma importantissimo, io tuttavia meno vi approvo: infatti, mentre in tutte le altre cose che riguardano i vostri studi io noto che voi ponete tutta quella cura e quell'attenzione, che si convengono a quanti vogliono esser detti accurati e diligenti, vedo che una cosa invece trascurate senza preoccuparvene abbastanza per il vostro profitto; e questa è l'abitudine e la consuetudine della discussione, di cui non so se vi possa esser qualcosa di più proficuo per i vostri studi. Che cosa può esservi infatti, in nome degli dèi immortali, di più giovevole, per afferrare a pieno sottili verità, della discussione, quando sembra che più occhi osservino da ogni parte l'argomento posto in mezzo, in modo che nulla ne resti che possa sfuggire, o rimaner nascosto, o ingannare lo sguardo di tutti? Che cosa c'è, quando la mente è stanca e abbattuta, e quasi disgustata dalla lunga e assidua occupazione, che meglio la rinfreschi e rinnovi, dei discorsi scambiati in comune, mentre la gloria, se si superano gli altri, o la vergogna, se si è superati, spingono con maggior vigore a studiare e a imparare? Che cosa può esservi di più adatto ad aguzzar l'ingegno, a renderlo abile e sottile, della discussione, quando è necessario in un istante applicarsi alla questione, riflettere, esaminare i termini, raccogliere, concludere? Onde facilmente si comprende come lo spirito, eccitato da tale esercizio, sia reso più rapido a discernere ogni altro argomento. E non c'è bisogno di dire quanto tutto ciò affini il nostro dire, e ci renda pronti padroni del discorso; voi stessi potete vedere come molti che si professano letterati e leggono libri, non avendo praticato tale genere di esercizio, non possono parlare latino che con i loro libri.

Perciò io che mi preoccupo del vostro bene, e desidero vedervi profittare al massimo dei vostri studi, non a torto mi sdegno con voi perché trascurate questa consuetudine a discutere, da cui derivano tanti vantaggi. Ed è assurdo parlare seco stessi e molte questioni esaminare tra quattro pareti e in solitudine, e poi nelle radunanze degli uomini tacere come se nulla si sappia; e cercare con gran fatica quel che è di limitata utilità, trascurando poi a cuor leggero cose da cui derivano moltissimi benefici. A quel modo infatti che conviene biasimare l'agricoltore il quale, potendo coltivare tutta sua terra, va arando sterili dirupi e lascia incolta la parte più pingue e più fertile del campo, così nel bisogno rimproverare chi, pur potendo compiere tutti gli studi, si impegna con la massima cura nei più tenui, e disprezza e trascura l'esercizio della discussione, da cui possono cogliersi tanti e così splendidi frutti.

Mi ricordo che ancor giovinetto, in Bologna, dove studiavo grammatica, avevo l'abitudine ogni giorno di non lasciar momento in cui non discutessi, ora sfidando i compagni, ora chiedendo ai maestri. Né quel che facevo da giovinetto ho mai tralasciato anche in seguito, col passare degli anni; in nessun momento della mia vita nulla mi fu più gradito, nulla ho cercato di più che l'incontrarmi, quando era possibile, con uomini dotti ed esporre loro quel che avevo detto e meditato, e su cui avevo dei dubbi, per sentire la loro opinione in proposito. (trad. di E. Garin)

Analisi del testo

Struttura e temi

L'importanza del confronto Sin dal suo primo apparire nell'opera, Coluccio Salutati si rivela in tutta la sua grandezza di maestro e di umanista, che ha avuto la fortuna di conoscere e frequentare personalmente Petrarca. Salutati accoglie i suoi allievi nella sua casa fiorentina, li loda per gli studi appassionati e affettuosamente ne rimprovera le carenze, per ottenere da loro i frutti migliori del loro cammino letterario e intellettuale. Con molta partecipazione retorica, Salutati illustra i benefici di una cultura continuamente stimolata dalla discussione con gli altri e dall'energia proveniente da un reciproco confronto. Coluccio mette in guardia da un sapere soltanto libresco, lontano dalla dimensione relazionale, fondato sugli studi solitari e non animato da una curiosità didascalica e da un intento pedagogico ed etico, che miri a garantire la circolazione e la condivisione dei grandi valori dell'uomo.

Lingua e stile

Il modello ciceroniano La forma dialogo è qui ispirata alle opere di Cicerone e ha la funzione di stimolare il pensiero e rendere l'ingegno abile e sottile, attraverso il confronto con gli altri. Nel dialogo umanistico, tuttavia, prevale sul confronto dialettico la tensione verso la conciliazione: la disputa non approda mai a conclusioni definitive, ma punta a un congedo amichevole fra persone rese più simili dal confronto stesso.

Officina

COMPRENDERE

1. Quale mancanza rimprovera Bruni ai suoi amici?
2. Quali sono, secondo Bruni, i pregi della discussione?
3. In base a quale esperienza Bruni può definirsi esperto nel campo del confronto e della discussione fra studiosi?

ANALIZZARE

4. Attraverso quali termini ed espressioni Bruni esprime la propria condanna per le mancanze degli amici?
5. **Lingua e stile** Quale artificio retorico è impiegato nella parte centrale della lettera (rr. 12 ss.) per enfatizzare l'importanza della discussione come momento fondamentale di formazione?

INTERPRETARE

6. Dopo aver risposto alla domanda 3, rifletti sull'atteggiamento tenuto da Bruni nei confronti degli amici. Come lo definiresti?

PERCORSO DI SCRITTURA

Riassunto Dividi la lettera in tre sequenze, dai a ciascuna un breve titolo significativo e sintetizzala in massimo 2 righe.

COMPETENZE DEL XXI SECOLO

Cittadinanza La lettera elogia il confronto come strumento di conoscenza, crescita e arricchimento. Questo atteggiamento è alla base delle migliori esperienze educative e riguarda anche, naturalmente, la vita civile. La nostra stessa Costituzione, per esempio, è la sintesi di posizioni differenti, e del resto, a proposito della sua redazione, si è parlato di "scrittura collettiva". Svolgi in rete una ricerca su come si è giunti al testo definitivo della Costituzione italiana e riassumi le fasi principali in un testo che non superi le 2000 battute.

4. Grandezza e fragilità dell'uomo

Potenzialità e limiti della condizione umana

All'interno della storia culturale e letteraria europea l'Umanesimo costituisce un momento fondamentale: è da questo momento che la cultura acquisisce una piena **consapevolezza dell'autonomia e della dignità dell'uomo**, delle potenzialità del suo ingegno, della sua capacità di essere artefice della propria sorte. La visione umanistica dell'essere umano non è però uniformemente ottimista. All'esaltazione delle potenzialità fa riscontro la **percezione della fragilità e dei limiti** della condizione umana e delle sue opere.

Il platonismo e la posizione dell'uomo nel cosmo

Nella prima fase dell'Umanesimo, quella civile, la grandezza dell'uomo si associa alla «libera costruzione umana di una città terrena» (E. Garin). Questo legame implica un forte coinvolgimento dei dotti anche sul versante pubblico e politico. Procedendo lungo il secolo XV, con la crisi del regime repubblicano fiorentino e l'instaurarsi della signoria, la riflessione si sposta sul piano strettamente filosofico.
La filosofia di riferimento è il **platonismo**, rivisitato alla luce degli scritti di Plotino (neoplatonismo). È questa la corrente che domina nella Firenze medicea, dove viene fondata anche un'Accademia platonica, e il cui maggiore esponente è **Marsilio Ficino** (1433-99). Per il neoplatonismo il creato, che emana da Dio, ha una costruzione gerarchica nella quale esistono diversi gradi di perfezione. In un cosmo così concepito **l'essere umano ha un ruolo centrale**, in quanto partecipa contemporaneamente del finito e dell'infinito: l'uomo ha un corpo fisico e mortale, ma anche un'anima spirituale e immortale che può ricongiungersi a Dio.

Pico della Mirandola e la dignità umana

Il tema della centralità dell'uomo viene sviluppato in chiave morale dal modenese **Pico della Mirandola** (1463-1494), che è amico di Ficino, di Poliziano e degli esponenti platonici fiorentini, membro egli stesso dell'Accademia. Uomo di cultura vastissima (e memoria proverbiale), filosofo eclettico, conoscitore non solo del platonismo ma anche della mistica ebraica, Pico scrive nel 1486 la celebre orazione *De hominis dignitate* (*Sulla dignità dell'uomo* ➤ **T6**), destinata a servire da premessa alla sua opera maggiore, le *Conclusiones philosophicae*. Con l'orazione Pico si propone di dimostrare che, grazie al **dono dell'intelletto**, l'uomo consegue la propria suprema dignità, si pone al centro dell'universo ed è in grado di essere artefice del proprio destino. La dignità e la libertà dell'uomo derivano direttamente dalla creazione divina, perché la creatura plasmata da Dio non ha una natura predeterminata (come accade per gli angeli o per gli animali), ma è libera di autodeterminarsi: né solo celeste né solo terrestre, capace di riconoscere a suo piacimento la bellezza del cosmo e di lodarne l'artefice. In nome del libero arbitrio, Pico nega anche valore all'astrologia e quindi alla possibilità, a cui molti umanisti credevano, che le stelle determinassero il destino umano.

> La natura determinata
> degli altri è contenuta entro
> leggi da me prescritte.
> Tu te la determinerai,
> da nessuna barriera costretto,
> secondo il tuo arbitrio,
> alla cui potestà ti consegnai.
>
> Pico della Mirandola

L'amaro realismo di Alberti

Ma l'Umanesimo manifesta anche un punto di vista sulla natura umana più pessimistico e amaro, in base al quale le cose sono rappresentate non "come dovrebbero essere" ma "come effettivamente sono". La libertà di scelta, il destino non predeterminato possono sottoporre l'essere umano al prevalere di **logiche egoistiche** o di **vizi distruttivi** per la convivenza sociale, come l'invidia.
Questo tema circola nelle opere di **Leon Battista Alberti** (Genova 1404 - Roma 1472), una delle figure più suggestive e poliedriche dell'età umanistica. Alberti è cancelliere apostolico a Roma e autore di opere latine, tra cui le prose delle ***Intercoenales*** (➤ **T7**) e l'opera satirica *Momus*. In una fase successiva della sua carriera Alberti si dedica all'architettura (tra le sue opere, la facciata di Santa Maria Novella a Firenze e il Tempio malatestiano di Rimini) e alla letteratura volgare, organizzando il Certame coronario. Umanista non esclusivamente latino, compone in volgare i ***Libri della famiglia***, un dialogo nel quale il tema della felicità umana viene legato all'istituto familiare. Tanto nei *Libri della famiglia* quanto nelle *Intercoenales* e nel *Momus* è presente una vena amara, di sarcasmo e di denuncia delle ingiustizie del mondo.

Lo sguardo elegiaco di Sannazaro

Oltre alla prospettiva satirica, lo sguardo dell'Umanesimo sulla fragilità dell'uomo presenta anche un approccio che potremmo chiamare elegiaco, caratterizzato da un profondo **senso di malinconia** per la natura effimera di tutte le opere umane. Se uno dei grandi temi degli umanisti è quello della gloria, cioè della fama immortale che l'uomo può ottenere attraverso l'esercizio del proprio ingegno, non manca anche la rappresentazione dello smarrimento e della tristezza di fronte alle rovine di grandi civiltà, spettacolo che suggerisce la **transitorietà** di tutto ciò che viene prodotto dall'uomo.
Questo tema caratterizza in parte la produzione di **Jacopo Sannazaro** (1456 circa - 1504), per esempio nelle *Elegiae*, pervase dal senso della morte e della precarietà umana, come in questa descrizione delle rovine di Cuma: «E là dove erano nascosti i segreti della profetica Sibilla, ora il pastore della sera chiude le pecore sazie. Quella curia, che un tempo raccoglieva i venerabili anziani, è diventata dimora di serpenti e uccelli. Gli atri, pieni di tante illustri statue di cera, ora giacciono distrutti dal loro stesso peso».

FISSA I CONCETTI

- Quale idea dell'uomo si diffonde in età umanistica grazie al platonismo?
- Chi ne è il principale portavoce?
- Quali altri atteggiamenti si diffondono nei confronti della natura umana e della realtà?

Michelangelo Buonarroti, *Sibilla cumana*, affresco della volta della Cappella Sistina, dettaglio, 1508-1510 circa. Città del Vaticano, Musei vaticani. Le sibille erano leggendarie profetesse, mediatrici fra l'umano e il divino. Nella raffigurazione di Michelangelo la Sibilla cumana è inserita nella serie dei Veggenti e la sua posizione nella campata centrale della volta intende rimarcarne la fondamentale profezia, riportata da Virgilio nella IV Egloga delle *Bucoliche*, in cui si preannuncia la nascita di un «bambino divino» che avrebbe dato origine a una nuova età dell'oro.

T6 Pico della Mirandola *L'uomo al centro del cosmo*

Orazione sulla dignità dell'uomo

L'*Orazione*, scritta in latino nel 1486, esalta l'intelligenza dell'essere umano e la sua capacità conoscitiva, grazie alle quali ciascuno afferma la propria libertà e determina in buona parte il proprio futuro. Per questa suprema capacità, l'uomo si distingue dagli altri esseri viventi come le piante o gli animali. Quella di Pico della Mirandola è una vera e propria esortazione affinché l'essere umano diventi superiore rispetto agli altri esseri in virtù della sapienza e della filosofia. Solo così egli potrà elevarsi e aspirare all'altezza di Dio e degli angeli.

Già il sommo Padre, Dio creatore, aveva foggiato, secondo le leggi di un'arcana sapienza, questa dimora del mondo, quale ci appare, tempio augustissimo della divinità. Aveva abbellito con le intelligenze l'iperuranio,[1] aveva avvivato di anime eterne gli eterei globi,[2] aveva popolato di una turba di animali d'ogni specie le parti vili e turpi del mondo inferiore. Senonché, recata l'opera a compito,[3] l'artefice desiderava che vi fosse qualcuno capace di afferrare la ragione di un'opera sì grande, di amarne la bellezza, di ammirarne l'immensità. Perciò, compiuto ormai il tutto [...], pensò da ultimo a produrre l'uomo. Ma [...] dei tesori uno ve n'era da elargire in retaggio al nuovo figlio, né dei posti di tutto il mondo uno ne rimaneva su cui sedesse codesto contemplatore dell'universo. Tutti ormai erano pieni; tutti erano stati distribuiti, nei sommi, nei medi, negli infimi gradi. Ma non sarebbe stato degno della paterna potestà venir meno quasi impotente nell'ultima opera; non della sua sapienza rimanere incerta nella necessità per mancanza di consiglio; non del suo benefico amore, che colui che era destinato a lodare negli altri la divina liberalità fosse costretto a biasimarla in se stesso. Stabilì finalmente l'ottimo artefice che a colui, cui nulla poteva dare di proprio, fosse comune tutto ciò che singolarmente aveva assegnato agli altri. Accolse perciò l'uomo come opera di natura indefinita e postolo nel cuore del mondo così gli parlò: «Non ti ho dato, Adamo, né un posto determinato, né un aspetto tuo proprio, né alcuna prerogativa tua, perché quel posto, quell'aspetto, quelle prerogative che tu desidererai, tutto appunto, secondo il tuo voto e il tuo consiglio, ottenga e conservi. La natura determinata degli altri è contenuta entro leggi da me prescritte. Tu te la determinerai, da nessuna barriera costretto, secondo il tuo arbitrio, alla cui potestà ti consegnai. Ti posi nel mezzo del mondo, perché di là tu meglio scorgessi tutto ciò che è nel mondo. Non ti ho fatto né celeste né terreno, né mortale né immortale, perché di te stesso quasi libero e sovrano artefice ti plasmassi e ti scolpissi nella forma che tu avessi prescelto. Tu potrai degenerare nelle cose inferiori, che sono i bruti; tu potrai rigenerarti, secondo il tuo volere, nelle cose superiori che sono divine». O suprema liberalità di

1. **iperuranio:** secondo Platone, è la parte più alta dei cieli che contiene il mondo delle Idee, le pure sostanze intelligibili.
2. **globi:** le sfere celesti. L'idea del cosmo di Pico tiene unite la filosofia neoplatonica e la concezione astronomica tolemaica (quella che anche Dante assume nella sua *Commedia*), che distingue appunto differenti sfere celesti.
3. **compito:** compimento.

Dio padre! O suprema e mirabile felicità dell'uomo! A cui è concesso di ottenere ciò che desidera, di essere ciò che vuole.

I bruti nel nascere recano seco dal seno materno [...] tutto quello che avranno. Gli spiriti superni o dall'inizio o poco dopo furono ciò che saranno nei secoli dei secoli. Nell'uomo nascente il Padre ripose semi d'ogni specie e germi d'ogni vita. E secondo che ciascuno li avrà coltivati, quelli cresceranno e daranno in lui i loro frutti.

(trad. di E. Garin)

Analisi del testo

Struttura

La creazione dell'uomo In apertura, l'autore propone una rielaborazione mitica della *Genesi* biblica e ritrae Dio nell'atto di contemplare la sua creazione, nella quale Egli ha posto a un estremo le intelligenze celesti e a un altro, le piante, gli animali e ogni genere di creatura vivente (rr. 1-5). L'opera divina viene completata con la creazione dell'uomo, al quale Dio assegna la prerogativa di prendere coscienza della meraviglia dell'universo e di cantare le lodi del sommo artefice (rr. 5-8). Di fronte alla scala variegata delle creature, dalle infime, terrestri, alle sublimi, celesti, il Creatore decide di non assegnare all'uomo nessuna appartenenza specifica, ma di fargli dono di tutte le caratteristiche degli altri esseri viventi, perché sapesse farne uso a propria scelta (rr. 8-27). La felicità della creatura umana consiste dunque nella potenzialità infinita, in virtù della quale essa può scegliere liberamente di essere ciò che vuole. Pico fonda su questa libertà così il concetto di dignità umana (rr. 27-33).

Temi

Un'anticipazione della modernità La concezione espressa da Pico anticipa le elaborazioni filosofiche contemporanee (ottocentesche e soprattutto novecentesche) dell'esistenzialismo, che concepisce l'uomo come realtà capace di determinarsi da sé. Attraverso le posizioni dei suoi diversi esponenti, l'esistenzialismo mette in evidenza ora il valore positivo della condizione umana (libertà, capacità di realizzazione), ora quello tragicamente negativo (solitudine, inevitabilità dello scacco e della morte).

Officina

COMPRENDERE

1. Da chi e come è stato concepito l'essere umano?
2. In cosa si differenzia l'uomo rispetto agli altri esseri?
3. In che cosa consiste la felicità dell'uomo?

ANALIZZARE

4. **Lingua e stile** Individua e sottolinea nel testo tutti i termini tipici del linguaggio filosofico. Quali possono richiamare la dottrina platonica?

INTERPRETARE

5. Rileggi l'orazione e cerca di individuare come Pico della Mirandola concili religione e filosofia. In che relazione stanno, a tuo avviso, questi due aspetti nella concezione dell'umanista?

PERCORSO DI SCRITTURA

Argomentazione Spiega in un testo di 1000 battute massimo in che modo Pico, descrivendo il rapporto dell'uomo con Dio, giunge a definire il concetto di «dignità umana».

T7 Leon Battista Alberti *La virtù disprezzata*

Intercoenales I, 1

Le *Intercoenales* sono piccole prose in latino concepite dall'autore per accompagnare i banchetti. Gli argomenti sono assai diversi, ma risultano accomunati dalla polemica e dal sarcasmo nello smascheramento delle ipocrisie sociali: la condizione degli esuli, la sfortuna dei poveri mariti, la furbizia della donna, la fama, la sventura, la povertà, la virtù. Il brano qui riportato narra il dialogo accorato tra Mercurio (M. nel testo) e la Virtù (V.), che dopo aver subito un grave affronto dalla dea Fortuna, cerca invano di essere vendicata dalle divinità dell'Olimpo. La risposta di Mercurio definisce senza attenuazioni la tremenda realtà nella quale l'uomo – scopertosi unico arbitro della propria sorte – viene ormai irrimediabilmente a trovarsi: la sua condizione è quella di una creatura fragile, in balìa del caso e dell'imponderabile, al quale sembra inutile opporre sia il coraggio, sia l'argine del controllo razionale e della saldezza morale.

M. La dea Virtù mi ha scritto per darmi appuntamento qui. Mi avvicino per chiedere cosa voglia da me; in un momento sarò di ritorno da Giove.

V. Salve, Mercurio! Ti ringrazio: la tua pietà e generosità verso di me fanno sì che non sia del tutto disprezzata dal **consesso** intero delle divinità.

> **lessico**
> **Consesso**
> Riunione di persone, per lo più importanti (dal latino *consessum*, «il sedersi insieme, riunione», derivato del verbo latino *considĕre*, «mettersi seduto»).

M. Aspetto il tuo racconto; ma cerca di essere breve. Giove mi ha ordinato di tornare subito.

V. Neanche con te potremo sfogarci, rivelando le nostre sventure? Chi sarà allora il vendicatore delle mie offese, se non solo mi si nega la possibilità di lamentarmi con il sommo Giove, ma non posso dolermi nemmeno con te, che ho ritenuto sempre un fratello carissimo? Sventurata che sono! A chi posso rivolgermi? A chi chiederò aiuto? Così disprezzata, preferirei essere un pezzo di legno che una dea!

M. Vieni al dunque, ora che ti sto a sentire.

V. Subito. Vedi come sono nuda e sporca? È la conseguenza della barbara ingiuria della dea Fortuna. Me ne stavo stimata e rispettata nei Campi Elisi in mezzo ai miei vecchi amici: Platone, Socrate, Demostene,[1] Cicerone, Archimede,[2] Policleto,[3] Prassitele[4] e altri sapienti e artisti come loro, che da vivi mi avevano tributato un culto esemplare. In quel luogo, quando già molti erano venuti a renderci omaggio, comparve all'improvviso la dea Fortuna, insolente, audace, gonfia, prepotente, cinta da una turba grandissima di armati, e si avventò su di noi, tutta vanagloriosa, dicendo: «Ehi, plebea, non ti fai da parte quando si avvicinano divinità più potenti?». Quell'insulto immeritato mi rincrebbe e risposi un po' irritata: «Non perderò la mia nobiltà per queste tue parole, grandissima dea; se bisogna cedere il passo a chi ci è superiore, non penso di doverlo cedere

1. **Demostene:** politico e oratore ateniese (382-336 a.C.).
2. **Archimede:** matematico, ingegnere e fisico, nato a Siracusa nel 287 a.C. (circa) e morto nel 212 a.C.
3. **Policleto:** scultore della Grecia antica, nato ad Argo nel V secolo a.C.
4. **Prassitele:** scultore greco antico, vissuto nell'età classica (IV secolo a.C.).

a te: sarebbe una vergogna!». Replicò con un torrente di ingiurie, che non voglio neppure riferire. Allora il filosofo Platone cominciò una disquisizione sui doveri delle divinità. La Fortuna perse le staffe ed esclamò: «Levati di torno, chiacchierone! Non sta bene che gli schiavi assumano il patrocinio delle divinità». Anche l'oratore Cicerone aveva iniziato una concione,[5] ma dalla schiera degli armati uscì fuori insolente Marco Antonio,[6] mostrando quei suoi fianchi da gladiatore, e sferrò un pugno violentissimo sulla faccia di Cicerone. Allora gli altri miei amici, terrorizzati, cercarono scampo nella fuga. Difatti ben poco si potevano difendere Policleto con il pennello, Fidia[7] con lo scalpello, Archimede con l'oroscopo e gli altri virtuosi disarmati, se dovevano combattere contro quei soldati arditissimi abituati a predare, a uccidere, a guerreggiare. Così, disgraziata!, anche tutte le altre divinità e gli uomini presenti mi piantarono in asso e i seguaci della Fortuna mi riempirono di pugni e di calci, mi lacerarono le vesti, mi lasciarono a terra in mezzo al fango e se ne andarono cantando vittoria. Io, così malridotta, appena mi fu possibile salii quassù per informare dell'accaduto Giove Ottimo Massimo. Ho già trascorso un mese aspettando che mi si facesse entrare; mi raccomando a tutti gli dèi che vanno e vengono dall'Olimpo perché intercedano in mio favore, ma quelli hanno sempre qualche scusa pronta per non farne nulla. Dicono infatti che gli dèi devono far fiorire a tempo le zucche o badare a rendere più variopinte le ali delle farfalle. E allora? Avranno sempre qualche nuova occupazione per tenermi fuori dalla porta e non badare a me. Le zucche sono fiorite da un pezzo, le farfalle volano ed è uno spettacolo magnifico. A evitare che le zucche muoiano di sete ci pensa già il contadino: di noi non si curano né gli dèi né gli uomini. Perciò ti prego e scongiuro caldissimamente, Mercurio, tu che sei sempre stato l'avvocato degli uomini davanti agli dèi, prendi le difese di questa mia causa giustissima e santissima. A te mi raccomando, a te rivolgo le mie suppliche, tu sei la mia sola speranza di salvezza. Datti da fare, ti prego, perché non diventi ridicola perfino agli occhi dei mortali, standomene, come sto, chiusa qui fuori alla porta dell'Olimpo. Anche se sono l'ultima delle divinità, sarebbe una vergogna per tutta la categoria degli dèi se gli uomini, questi esseri insignificanti, mi mancassero di rispetto.

M. Ho udito le tue lagnanze e sono davvero dispiaciuto. Lascia però che ti dia un consiglio d'amico: hai preso a sostenere contro la Fortuna una causa troppo dura e difficile. Lo stesso Giove – per non parlare degli altri dèi – sa di essere grandemente obbligato alla Fortuna per i benefizi ricevuti; inoltre la strapotenza della dea gli incute un grande timore. È la Fortuna, infatti, che manda al cielo gli dèi e, quando volesse, potrà espellerli valendosi dei propri sgherri. Perciò, se sei saggia, te ne starai nascosta tra le divinità plebee, finché non si sia placato l'odio della Fortuna nei tuoi confronti.

V. Allora devo starmene nascosta in eterno. E così me ne vado nuda e disprezzata.

(trad. di F. Bacchelli - L. D'Ascia)

5. concione: arringa.
6. Marco Antonio: nel suo tentativo di assumere il potere che era stato di Giulio Cesare, Marco Antonio si scontrò con il partito senatorio e quindi col suo maggiore esponente, Cicerone, che indirizzò contro di lui violente orazioni dette *Filippiche* (tra il 44 e il 43 a.C.). Antonio si vendicò di Cicerone inserendolo nelle liste di proscrizione e poi ordinando il suo assassinio.
7. Fidia: scultore e architetto ateniese, attivo dal 470 a.C.

Analisi del testo

Struttura e temi

Il triste destino della virtù Il dialogo offre un triste autoritratto della Virtù, che si descrive nuda, negletta, lacera, dopo aver subito la barbara ingiuria della Fortuna. Inizialmente la Virtù risiedeva nei Campi Elisi in splendida compagnia di intellettuali, artisti, oratori dell'età classica; da qui viene scacciata dalla Fortuna, che sostituisce la brutalità e la violenza al pensiero, all'ordine morale e alla bellezza (rr. 1-18). Di fronte alla decisa reazione degli uomini di lettere e degli artisti, la risposta spietata della Fortuna (rr. 18-29) dissipa ogni illusione umana e divina di contrapporre un argine razionale alla casualità travolgente della vita reale. Il pugno sferrato da Marco Antonio a Cicerone (rr. 29-38) fa rivivere uno degli episodi più cruenti della storia romana e sembra preparare il terreno allo spietato dualismo di virtù e fortuna tipico del pensiero machiavelliano, che ha il proprio punto di forza nel ribaltamento dell'utopia ciceroniana (un mondo fondato sulla sola virtù; ➤ p. 310). Quando anche il sommo Giove si riconosce succube della Fortuna, la Virtù comprende di dover rimanere in eterno nascosta e dimenticata dagli dèi e dagli uomini (rr. 38-64).

Lingua e stile

I modelli L'impianto del brano è fortemente influenzato dai modelli classici. Per lo stile satirico Alberti è debitore del retore greco Luciano di Samosata (II secolo d.C.), autore di dialoghi di natura morale e filosofica caratterizzati da una decisa forza polemica. Dal mondo greco e latino provengono inoltre tutti i personaggi, sia gli interlocutori del dialogo, sia gli illustri esponenti della cultura classica, che divengono bersagli inermi e innocenti del feroce accanirsi della prepotenza della Fortuna.

Officina

COMPRENDERE

1. Perché Virtù si rivolge a Mercurio?
2. Di cosa è colpevole la dea Fortuna?
3. Qual è la reazione di Mercurio di fronte al racconto di Virtù?

ANALIZZARE

4. **Lessico** In quali delle seguenti frasi si può impiegare «consesso» come sinonimo della parola sottolineata?
   a. All'apertura del convegno, il rettore si dichiarò onorato di trovarsi in un gruppo di così tanti luminari.
   b. Mentre ci trovavamo al museo, ci imbattemmo in una moltitudine di turisti.
   c. Ho sempre provato ammirazione per chi partecipa ai raduni di tal genere, dallo sport estremo a quello meno impegnativo.
   d. Oggi il preside ha convocato il collegio dei docenti per promuovere l'iniziativa proposta dall'Università di Pisa.
5. **Lingua e stile** «Replicò con un torrente di ingiurie, che non voglio neppure riferire» (r. 25). Quale figura retorica è usata qui? Come ne spieghi l'uso?
6. **Lingua e stile** Individua nel testo tutti i termini e le espressioni appartenenti al registro alto. A chi appartengono soprattutto? Come spieghi questa prevalenza?

INTERPRETARE

7. Rileggi il finale del brano. Ritieni che Alberti sia pessimista nelle sue considerazioni? Qual è a tuo avviso il suo punto di vista? Lo trovi incline all'uso dell'ironia, alla satira o pensi mantenga serietà o indifferenza sull'argomento?

PERCORSO DI SCRITTURA

Riscrittura In un testo di 500 battute massimo riscrivi l'episodio dal punto di vista della dea Fortuna, esponendo le sue ragioni contro le accuse che le vengono rivolte da Virtù. Poni l'accento sulla ragione principale indicata da Fortuna.

GUIDA AL RIPASSO

La centralità dell'uomo: temi e protagonisti dell'Umanesimo

MAPPA

UMANESIMO

- riscoperta della **classicità latina**
  - ricerca dei codici perduti
  - lettura filologica dei testi
    - **Lorenzo Valla**, *La donazione di Costantino*
      - carattere "militante" della filologia
      - inautenticità della *Donazione di Costantino*
  - consapevolezza storica nello studio del passato
  - rinascita di Epicuro
    - migliore comprensione delle dottrine epicuree
    - **Poggio Bracciolini**, lettera a Niccolò Niccoli
celebrazione del piacere e dell'amicizia
    - **Lorenzo Valla**, *Del vero e falso bene*
vicinanza tra piacere epicureo e sommo bene cristiano
  - interesse per il dialogo filosofico antico
    - **Leonardo Bruni**, *Dialogo a Pier Paolo Vergerio*
dialogo come riflessione e confronto su morale e vita attiva
- celebrazione della **dignità dell'uomo**
  - **Pico della Mirandola**, *Orazione sulla dignità dell'uomo*
    - capacità conoscitiva
    - libertà e possibilità di autodeterminazione
    - superiorità sulle altre creature e centralità nell'universo

VS

- denuncia della **fragilità dell'uomo**
  - **Leon Battista Alberti**, *Intercenali*
    - egoismo, ipocrisia, vizio
    - transitorietà dell'esistenza e caducità delle opere
    - incapacità di opporsi alla sorte

BIBLIOTECA EUROPEA

Erasmo da Rotterdam, *Elogio della Follia*

Un umanista cristiano **Erasmo da Rotterdam** (1466-1536) è uno dei maggiori umanisti della generazione vissuta tra il XV e il XVI secolo. Grande viaggiatore, sacerdote, studioso di testi classici e religiosi, Erasmo propugna la conciliazione fra i valori umani della **cultura classica** e i principi spirituali del **cristianesimo**: nel suo pensiero questi due aspetti si uniscono per dare forma a un modello di vita cristiana tollerante e non dogmatica. E proprio l'istanza della **tolleranza** e della non-violenza trattiene Erasmo dall'adesione alla Riforma protestante (1517), anche se la sua ammirazione intellettuale per Lutero lo rende inviso alla Chiesa cattolica, che ne proibisce le opere.

"Chi" è la Follia Nella sua opera più famosa, l'*Elogio della Follia,* quest'ultima, figlia di Ricchezza e Giovinezza, tesse il proprio autoelogio: la Follia è indispensabile alla felicità degli esseri umani, perché la loro vita sarebbe triste e disumana se fossero mossi solo dalla razionalità. La Follia è benefica, inoltre, perché consente di percepire la dimensione del divino, che per Erasmo è parte essenziale dell'uomo. Il discorso della Follia è anche l'occasione per smascherare **vizi e contraddizioni della società e della politica** del tempo, nonché della Chiesa: nella parte finale, si passano in rassegna gli abusi degli ecclesiastici e le pericolose assurdità dei teologi ignoranti.

T1

Elogio della Follia

La ragione e la passione

La Follia tesse l'elogio delle "passioni", contrapponendole all'eccesso di rigore tipico di filosofi antichi, come Seneca e Platone, che vedono nel governo esclusivo della ragione l'unica via della saggezza.

È ormai stabilito che tutte le passioni appartengono al regno della Follia. Questa è del resto la caratteristica che distingue il savio dal pazzo, giacché questo obbedisce alle sue passioni, quello alla ragione, tanto che gli Stoici[1] si tengono lontani da ogni passione come da una malattia. Ciò nonostante, le passioni non soltanto fanno da piloti per il porto della saggezza, ma si trovano anche in tutte le azioni secondo virtù, come degli sproni stimolanti a fare il bene. Tutto questo benché l'arcistoico Seneca[2] neghi assolutamente che un savio possa nutrire passioni di sorta; tuttavia, così facendo, egli fa del suo filosofo non un uomo, ma piuttosto una nuova specie di divinità, mai esistita e che mai esisterà. Per parlare più chiaramente, fabbrica una sorta di marmorea statua umana, insensibile e senz'anima. Quindi, se questo può far loro piacere, si godano pure il loro sapiente, e lo amino senza paura di rivali, e vadano ad abitare insieme a lui nella Repubblica di Platone,[3] o, se lo preferiscono, nel regno delle Idee o nei giardini di Tantalo.[4] Perché chi non fuggirebbe inorridito, come davanti a un mostro o ad un fantasma, alla vista

1. **gli Stoici:** il movimento filosofico detto stoicismo fu fondato in Grecia da Zenone di Cizico verso il 300 a.C. Proclama che l'uomo saggio deve farsi guidare dalla razionalità e saper controllare tutte le passioni irrazionali.
2. **l'arcistoico Seneca:** Lucio Anneo Seneca (4 a.C.-65 d.C.), celebre filosofo e scrittore romano, fu seguace dello stoicismo.
3. **nella Repubblica di Platone:** nel dialogo *La Repubblica* Platone immagina uno Stato ideale governato dai filosofi, che meglio di chiunque altro sarebbero in grado di portare al popolo verità e giustizia. Anche il successivo riferimento al mondo delle Idee allude alla filosofia platonica. Per Platone esiste un mondo, l'iperuranio, in cui si trovano le idee eterne e immutabili che danno forma alla realtà inferiore del mondo terreno. Il mondo delle idee è raggiungibile solo con il puro intelletto.
4. **nei giardini di Tantalo:** Tantalo era stato condannato dagli dèi a essere eternamente tormentato dalla fame e dalla sete. Il richiamo al mito di Tantalo è probabilmente una ulteriore allusione a una figura di saggio che non soddisfa mai i suoi bisogni, in perpetua astinenza dalla vita.

di un uomo simile, sordo ad ogni voce della natura, insensibile alle passioni e all'amore, che neppure la pietà potesse commuovere [...], onnisciente, infallibile, investigatore, a mo' di Linceo,[5] su ogni minima cosa, insensibile al perdono? Giacché un essere simile sarebbe contento solo di sé, crederebbe ricco, sano, potente, libero, insomma fornito di tutte le qualità soltanto sé, ma naturalmente sarebbe l'unico a crederlo. Degli amici non si cura, e quindi non ne ha; crede di poter comandare persino agli dei, e schernisce tutto quello che si fa nella vita comune come una giostra di folli. Poiché questo è il ritratto del saggio sciolto da ogni passione. Ora ditemi: se la cosa dovesse decidersi per suffragio, quale Stato vorrebbe scegliersi un magistrato di quella fatta, o quale esercito un generale simile? Quale donna accetterebbe un marito di questo genere, quale ospite desidererebbe un commensale di tal fatta, o quale servo tollererebbe un padrone di tali costumi? Chi non preferirebbe uno qualunque, preso a caso dalla folla dei più stolti, che da folle possa ben comandare ad altri folli od obbedir loro, che vada a genio ai suoi simili, vale a dire a quasi tutta l'umanità, che sia buon marito per sua moglie, buon compagno per gli amici, piacevole nei banchetti, insomma un vero uomo con tutte le sue debolezze? Ma è un pezzo ormai che ne ho abbastanza di questo sapiente; perciò tornerò a parlare dei piaceri della vita.

(E. da Rotterdam, *Elogio della Follia*, a cura di N. Petruzzellis, trad. di E. Linder, Mursia 1986)

5. **a mo' di Linceo:** personaggio della mitologia greca. Fu uno degli Argonauti; la sua vista era così acuta da poter vedere attraverso i muri.

CHIAVI DI LETTURA

Il rovesciamento del senso comune La Follia rivendica energicamente l'appartenenza delle passioni «al [suo] regno» e, provocatoriamente, rovescia la tradizionale equazione "ragione = positività / passione = negatività", attribuendo addirittura alle passioni la funzione di guida verso la saggezza. La logica di questo rovesciamento poggia sull'accezione con cui la Follia-Erasmo intende le passioni. Le passioni, infatti, non sono le pulsioni irrefrenabili che impediscono all'uomo di controllare le sue azioni, ma sono le emozioni: queste, muovendosi entro i confini della morale («secondo virtù»), lo rendono sensibile e permeabile all'amore, alla pietà, al perdono e a tutte quelle qualità senza le quali non è possibile parlare di "umanità".

La polemica contro il razionalismo filosofico Questa ridefinizione delle passioni offre a Erasmo l'occasione per polemizzare ironicamente contro l'eccesso di rigore tipico di filosofie come lo stoicismo e la filosofia platonica. Secondo queste dottrine la virtù può essere raggiunta solo attraverso una severa repressione delle passioni e il governo unico della razionalità, lontano dalle imperfezioni umane. Un concetto di virtù che secondo la Follia-Erasmo, conduce inevitabilmente all'intolleranza. In questo senso la polemica contro le filosofie antiche assume un tratto di estrema attualità: Erasmo mette in guardia da un controllo della società totalmente razionale, ma anche dai dogmatismi e dal rigorismo di tanta parte della Chiesa, che in nome della ragione unica arriva a giustificare manifestazioni disumane di violenza, come la condanna al rogo degli eretici.

PER APPROFONDIRE

INTERTESTUALITÀ

Il motivo politico dello Stato retto dal «saggio sciolto da ogni passione» è il tema centrale di un altro scritto di Erasmo, *La formazione del principe cristiano* (1516), che viene comunemente contrapposto a *Il Principe* di Machiavelli (1513). Dividendo la classe in due gruppi, fate una ricerca sulle due figure di principe delineate in Erasmo e Machiavelli e discutete delle loro differenze.

INTERDISCIPLINARITÀ

Molti studiosi ritengono che l'*Elogio* di Erasmo tragga ispirazione dall'opera satirica *La nave dei folli* di Sebastian Brandt (1494), pubblicato nello stesso anno in cui vedono la luce due dipinti di Hieronymus Bosch dedicati allo stesso tema: la *Nave dei folli* e *Estrazione della pietra della follia*. Fai una ricerca sui due dipinti: come viene rappresentata la follia? A quale tipo di follia allude Bosch?

LINGUA MADRE

Lezione 3 **Il latino e il volgare nella riflessione degli umanisti**

Benedetto Crespi, *Ritratto di Leonardo Bruni (detto Leonardo Aretino)*, XVI secolo. Milano, Pinacoteca Ambrosiana.

1. La riscoperta dei classici e la crisi del volgare

All'inizio del Quattrocento il **lavoro filologico degli umanisti** conduce alla riscoperta del latino "classico", quello dei grandi autori del periodo repubblicano e della prima età imperiale. L'interesse dei dotti, adesso, si concentra su questa lingua, la lingua degli *studia humanitatis*, mentre si genera un atteggiamento di sfiducia nei confronti del volgare come lingua letteraria e scientifica. Per il riscatto e la valorizzazione della lingua delle Tre Corone (Dante, Petrarca, Boccaccio) bisognerà attendere oltre quarant'anni dall'inizio del secolo: a farsene convinti promotori saranno Leon Battista Alberti, Lorenzo il Magnifico e i letterati della corte medicea a Firenze.

2. La disputa tra Flavio Biondo e Leonardo Bruni

Appassionati **cultori della civiltà romana**, gli umanisti si interrogano sulla lingua in uso nell'antica Roma, e sulle cause che ne hanno decretato il declino insieme al crollo dell'Impero. A questo riguardo appare significativa, e ricca di conseguenze anche per il volgare, una discussione tenuta a Firenze nel 1435 tra Flavio Biondo e Leonardo Bruni, i cui assunti principali vengono poi fissati dai due contendenti anche per iscritto.

Bruni sostiene che a Roma, fin dall'antichità, non ci si serviva di una lingua unica e omogenea, ma che esistevano **due differenti livelli di latino**: uno più elevato, letterario, e uno più basso, popolare, dal quale si sarebbe poi sviluppato il volgare. Secondo **Biondo**, invece, il latino era uno soltanto, benché si fosse corrotto per una causa esterna, extralinguistica: le invasioni barbariche. Secondo questa concezione, che raccoglie all'epoca i più ampi consensi, il volgare è il prodotto della **contaminazione del latino con le lingue dei barbari** invasori, in particolare Goti e Longobardi. È dunque un idioma corrotto, impuro, e come tale inadatto a veicolare contenuti alti o ad ambire a una perfezione

formale pari a quella raggiunta dai grandi autori latini.
Questo giudizio negativo sul volgare, dovuto soprattutto alle circostanze della sua nascita, si è tradotto in due sostanziali conseguenze: da una parte nel rifiuto di usarlo negli scritti che non fossero di natura pratica o commerciale, dall'altra in una squalifica della letteratura volgare precedente, incluse le opere non in latino delle Tre Corone (➤ p. 44).

3. Leon Battista Alberti e la nascita di un Umanesimo volgare

Tra coloro che accolgono la tesi di Biondo vi è anche Leon Battista Alberti (➤ p. 48), autore in latino e in volgare, architetto e studioso tra i più eclettici, di ascendenze fiorentine benché nato a Genova. Alberti, tuttavia, è persuaso che il volgare, nonostante la sua origine "corrotta", si sia ormai riscattato e possa così ambire a diventare una lingua di cultura. Si impegna pertanto a promuoverlo, sul piano sia pratico sia teorico, inaugurando il cosiddetto **Umanesimo volgare**.
Uno dei più significativi contributi teorici è senz'altro il Proemio al terzo dei *Libri della famiglia* (1437), non a caso scritti in volgare, nel quale si legge:

> Ben confesso quella antiqua latina lingua essere copiosa molto e ornatissima, ma non però veggo in che sia la nostra oggi toscana tanto d'averla in odio, che in essa qualunque benché ottima cosa scritta ci dispiaccia. [...] E sia quanto dicono quella antica apresso di tutte le genti piena d'autorità, solo perché in essa molti dotti scrissero, simile certo sarà la nostra s'e' dotti la vorranno molto con suo studio e vigile essere e limata e polita.

Nel 1441, auspicando appunto che gli scrittori contribuiscano con le loro opere alla nobilitazione del volgare, Alberti organizza a Firenze il **Certame coronario**, una gara poetica in volgare sul tema dell'amicizia, a cui partecipa egli stesso proprio per

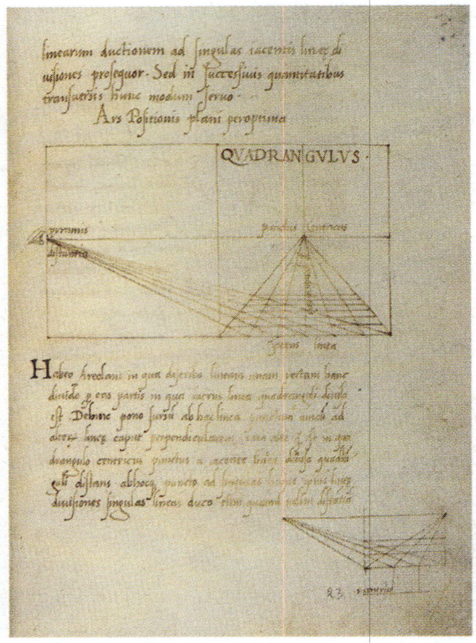

Leon Battista Alberti, pagina del *De pictura*, XVI secolo. Lucca, Biblioteca Statale.

Pittore anonimo, *Ritratto di Leon Battista Alberti*, XVI secolo. Firenze, Galleria degli Uffizi.

Giorgio Vasari, *Lorenzo il Magnifico tra filosofi e letterati, XVI secolo*. Firenze, Palazzo Vecchio. Da sinistra: Marullo Tracagnotto, Giovanni Lascari, Leonardo Bruni, Leon Battista Alberti, Cristofano Landino, Marsilio Ficino, Gentile da Urbino, Demetrio Calcondila, Francesco Accolti, Pico della Mirandola, Agnolo Poliziano, Luigi Pulci.

dimostrare che i versi volgari possono emulare quelli latini, di cui ripropongono la struttura metrica.
Un'iniziativa ancora più singolare è la compilazione della ***Grammatichetta vaticana*** (1438-41 circa), una vera e propria descrizione sistematica del toscano (la prima che sia mai stata allestita di una lingua volgare moderna): il suo scopo è non tanto di facilitare l'apprendimento di regole grammaticali, bensì, ancora una volta, attestare la pari dignità di latino e volgare. In quest'opera Alberti mette in parallelo le strutture delle due lingue e cerca di mostrare in tal modo la regolarità e l'eleganza anche del volgare.
Dettate dalle stesse intenzioni sono anche le **prove di autotraduzione in volgare** di opere scritte originariamente in latino, come il trattato *De pictura* (*Sulla pittura*) e i dialoghi *Naufragus* (*Il naufrago*) e *Uxoria* (*Sulle mogli*).
Sebbene la giuria del Certame si rifiuti di decretare infine un vincitore, e della *Grammatichetta* si sia conservato un solo esemplare manoscritto (segno di una scarsissima fortuna), ad Alberti va riconosciuto il merito di aver posto le premesse per il recupero della lingua e della tradizione volgare.

4. Lorenzo il Magnifico, Poliziano e l'epistola dedicatoria della *Raccolta aragonese*

Come dimostra il coinvolgimento appassionato di Alberti, la **disputa sul valore letterario degli autori volgari** e sulla legittimità di usare il volgare come lingua di cultura è molto sentita soprattutto a Firenze, dove le Tre Corone sono considerate parte integrante del patrimonio cittadino. Nei disegni egemonici di **Lorenzo il Magnifico** il primato nella lingua diviene inoltre un perfetto attributo del «fiorentino imperio», ed egli si adopera attivamente per conseguirlo, promuovendo la **diffusione del volgare e della letteratura toscani** anche al di fuori dei confini regionali.
Lo assistono nell'impresa alcuni letterati vicini alla corte medicea, come l'umanista **Cristoforo Landino**, autore di un commento dantesco e di una traduzione in volgare della *Naturalis historia* di Plinio, e Angelo Poliziano (➤ p. 72), autore di versi e prose volgari, ma anche di epigrammi in greco, di elegie, odi e inni in latino, nonché traduttore, sempre in latino, dell'*Iliade*. Proprio a **Poliziano** è attribuita l'epistola dedicatoria che accompagna un'importante antologia di versi in volgare dalle origini fino a Lorenzo stesso (➤ p. 65), la ***Raccolta*** o ***Silloge aragonese*** (1477). L'opera è così chiamata perché viene inviata dal Magnifico «allo illustrissimo signore Federico D'Aragona, figliolo del re di Napoli», con il quale l'anno prima, a Pisa, Lorenzo si era intrattenuto conversando di poesia. Nella lettera di accompagnamento, Poliziano sottolinea le potenzialità del toscano, degno di esprimere anche i contenuti più

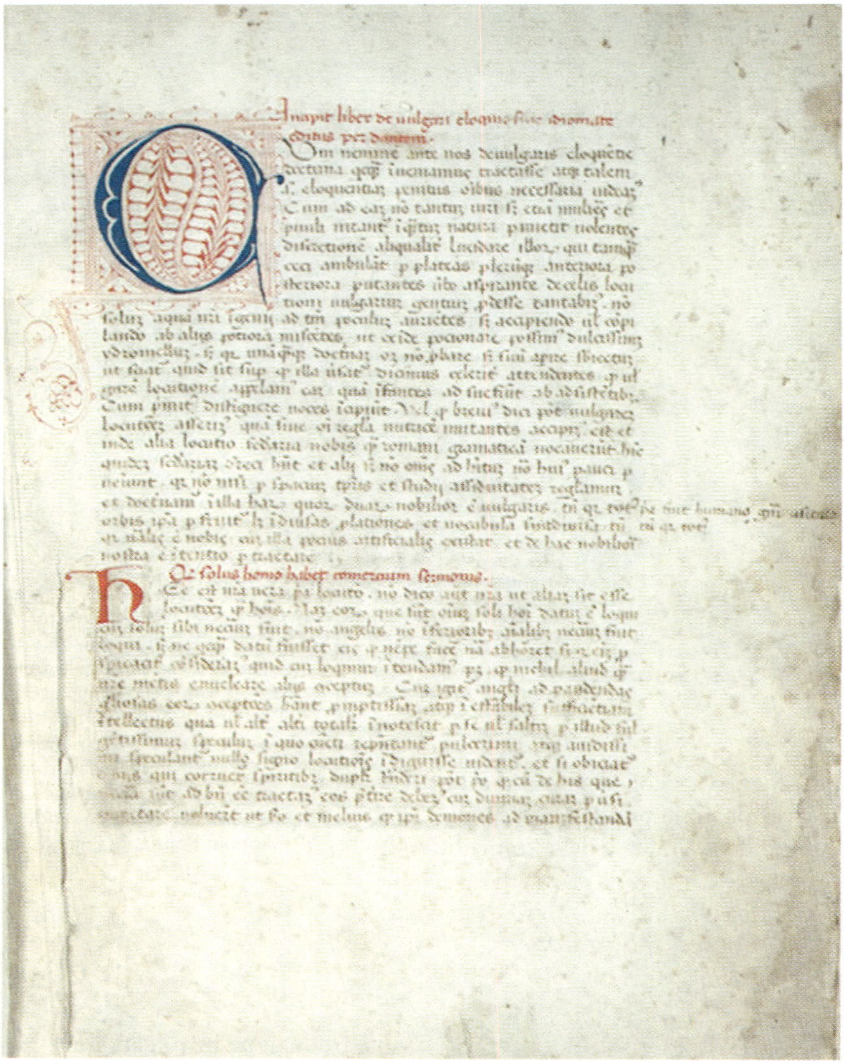

Pagina del Codice Trivulziano 1088, contenente il *De vulgari eloquentia* di Dante, fine XIV secolo. Milano, Biblioteca Trivulziana.

alti e impegnativi dal punto di vista concettuale. Lo dimostrano, secondo Poliziano, le opere dei «molti venerabili poeti», inclusi Dante e Petrarca, i «due primi» che nei secoli hanno provveduto a dissodare e coltivare «il diserto [dopo il naufragio della civiltà greco-latina] campo della toscana lingua»:

> Erano similmente in questo fortunoso naufragio molti venerabili poeti, li quali primi il diserto campo della toscana lingua cominciorono a cultivare in guisa tale, che in questi nostri secoli tutta di fioretti e d'erba è rivestita. [...] Né sia però nessuno che quella toscana lingua come poco ornata e copiosa disprezzi. Imperocché sì bene e giustamente le sue ricchezze ed ornamenti saranno estimati, non povera questa lingua, non rozza, ma abundante e pulitissima sarà reputata. Nessuna cosa gentile, florida, leggiadra, ornata; nessuna acuta, distinta, ingegnosa, sottile; nessuna alta, magnifica, sonora; nessuna finalmente ardente, animosa, concitata si puote immaginare, della quale non pure in quelli duo primi, Dante e Petrarca, ma in questi altri ancora, i quali tu, signore [Federico d'Aragona], hai suscitati [cioè hai salvato dall'oblio ispirando la realizzazione della silloge], infiniti e chiarissimi esempli non risplendino.

5. Dal *De vulgari eloquentia* al dibattito umanistico: elementi di continuità e rottura

Nonostante il contesto culturale completamente differente, la posizione degli umanisti fautori di una letteratura in volgare presenta alcuni importanti punti di contatto con la riflessione teorica sulla lingua affidata da Dante al *De vulgari eloquentia*. **Dante e i dotti quattrocenteschi** sono molto distanti sul modo di percepire il latino: nel *De vulgari eloquentia*, infatti, il latino è considerato, in sostanza, una lingua artificiale, mentre gli umanisti ne riconoscono la storicità. Riguardo al volgare, invece, sia Dante sia gli umanisti considerano la sua mutevolezza un elemento negativo, riconducibile a una originaria catastrofe: la punizione divina dopo l'episodio babelico, secondo Dante, e le invasioni barbariche per gli umanisti seguaci di Biondo. Condivisa è anche l'opinione che per ovviare a questo difetto intrinseco del volgare sia fondamentale l'apporto degli scrittori, che assumono quindi una funzione esemplare.

Nei secoli a venire, questi due elementi, ovvero la percezione della **frammentarietà** e dell'**instabilità del volgare** rispetto al latino dei classici, e la necessità di individuare dei **modelli linguistici di riferimento** per poterla superare, riaffioreranno costantemente nell'ambito della cosiddetta "**questione della lingua**". Ciò che varierà, a seconda dei momenti, sarà il peso attribuito alla componente letteraria, decisiva nella proposta avanzata da Pietro Bembo nel primo Cinquecento (➤ p. 142), ma ridimensionata, per esempio, in quella manzoniana all'indomani dell'Unità d'Italia.

L'amore per la vita: la letteratura in volgare

1. I generi

1.1 La prosa

Tra latino e volgare

Come abbiamo visto l'Umanesimo è caratterizzato dalla riscoperta e dall'amore per la letteratura classica, che permette di dare vita a una stagione culturale del tutto nuova (➤ p. 24). Sulla scia degli *studia humanitatis*, per tutta la prima metà del secolo gli umanisti optano decisamente per l'uso del latino, la **lingua dotta** in cui circolano non solo trattati ed epistole, ma anche un certo numero di produzioni poetiche. Il volgare non è certamente scomparso, ma il suo uso arretra in tutta Italia, con l'eccezione di Firenze e della Toscana dove la tradizione trecentesca delle Tre Corone (Dante, Petrarca e Boccaccio) resiste con forza.

Il nuovo impulso al volgare

È solo a partire dalla **metà del Quattrocento** che il volgare riacquista gradualmente vigore: un volgare non ancora uniforme ma frammentato, perché legato alle componenti regionali delle corti signorili. Sono infatti i signori e i principi della variegata realtà politica italiana a dare nuovo impulso alla produzione letteraria in volgare, a partire dall'esperienza dei **Medici a Firenze**: sono loro che nel 1441 patrocinano il Certame coronario indetto da Leon Battista Alberti (➤ p. 58) e che con Lorenzo il Magnifico, si circondano a corte di scrittori in volgare.

La prosa in volgare

Il maggior prestigio del latino è responsabile di un sensibile ridimensionamento nei generi della prosa in volgare. Mentre nella lingua dei dotti fiorisce una produzione assai varia (dai trattati alle epistole, dalla storiografia alla memorialistica e alla pedagogia), il volgare viene impiegato per testi destinati a un pubblico che non conosce il latino e al quale rivolgere messaggi ideologicamente chiari e facilmente comprensibili. Per questo motivo a scrivere in volgare sono, per esempio, alcuni **grandi predicatori** del Quattrocento, come **Girolamo Savonarola** (1452-98), che spesso scrive in latino e poi traduce personalmente i suoi discorsi e trattati. Fra i testi religiosi destinati al popolo figurano anche i **libri devozionali**, ancora fortemente debitori della tradizione medievale. La prosa in volgare resiste anche nei documenti privati, come i **libri di memorie** e le **lettere**, ma è soprattutto nella **novellistica** che trova una prosecuzione ininterrotta a partire dal modello trecentesco di Boccaccio.

Teatro e sacre rappresentazioni

Oltre alla prosa, il volgare è anche la lingua dei **volgarizzamenti teatrali** di classici latini (Plauto e Terenzio), che sempre più incontrano il gusto delle corti. Qui, in occasione delle feste, si allestivano spettacoli, in cui gli originali venivano spesso rimaneggiati e riscritti dai poeti cortigiani. È proprio in questo ambito che **Poliziano** elabora la sua *Fabula di Orfeo*, nel quale si trovano temi e miti della tradizione classica riletti in modo nuovo alla luce della filosofia umanistica (*Il testo in scena* ➤ pp. 124 ss.). Di gusto popolare sono invece le **sacre rappresentazioni**, in cui attori dilettanti mettono in scena episodi dall'Antico o dal Nuovo Testamento oppure le vite dei santi. Soprattutto in Toscana questo tipo di spettacolo ha ampia diffusione, fino a trasformarsi in vero e proprio genere letterario.

1.2 La lirica

L'importanza della corte

Anche nell'ambito della lirica, fino a tutta la prima metà del XV secolo, la concorrenza con il latino non consente alla poesia in volgare di assumere un ruolo rilevante. Soltanto dopo la pace di Lodi (1454), si assiste a un cambiamento dei presupposti politici e culturali tale da favorire una diversa produzione letteraria. Questa svolta coincide con la **trasformazione della città-stato signorile in Stato regionale**, con profonde ripercussioni sulla composizione delle corti, che divengono veri e propri centri di potere, sede del governo centrale e delle attività amministrative, nonché spazio della vita mondana e fulcro degli eventi culturali. La **nuova corte** necessita sempre più di un vocabolario comune e di un insieme di valori condivisibili, che possano costituire un patrimonio collettivo nel quale riconoscersi.

Il binomio poesia-corte

Se è vero che Petrarca rimane il modello di riferimento per la lirica in volgare, bisogna però precisare che, di fatto, il suo esempio incide ben poco su questa poesia, **ecletticamente aperta** ai più disparati influssi letterari e a un ventaglio di temi molto maggiore e vario. Dal modello trecentesco vengono riprese soprattutto la centralità del rapporto amoroso e la ripresa dei **valori cortesi**, elementi che stavano contribuendo al successo della letteratura cavalleresca in tutte le sue forme (➤ p. 88). Proprio in continuità con l'antica tradizione cortese nasce in Italia la poesia cortigiana, una poesia che da questo momento acquisisce una sua **dimensione sociale**, divenendo un bene di consumo mondano per le raffinate cerchie di dame e gentiluomini.

La caratteristiche della poesia di corte

L'eclettismo e l'estrema varietà di generi, di forme, di temi sembrano dunque contraddistinguere l'insieme della poesia in volgare del Quattrocento.

Ottavio Vannini, *Lorenzo il Magnifico tra gli artisti*, affresco, 1635. Firenze, Palazzo Pitti, Museo degli Argenti. A destra della scena compare il giovane Michelangelo che mostra a Lorenzo la testa di un fauno. L'episodio è stato reso celebre da Giorgio Vasari in *Le vite de' più eccellenti pittori, scultori e architettori* (1550), dove si racconta di Michelangelo che presenta a Lorenzo una scultura da lui realizzata ma presentandola come antica.

Occorre però distinguere alcune linee principali di sviluppo. Una prima si ricollega a **personaggi coltissimi** come Poliziano e Lorenzo de' Medici, che mantengono costantemente, anche nelle loro poesie di ispirazione più popolare, un raffinato gioco allusivo con gli autori classici. C'è poi la **linea burlesca e comico-realistica** (Burchiello, Luigi Pulci), che guarda piuttosto - sia come lingua sia come ambientazione - alle realtà locali. Infine, nell'ultimo quarto del Quattrocento, c'è anche quella **lirica cortigiana**, che prolungherà la sua fortuna fin quando Bembo non codificherà l'uso di un linguaggio letterario fedele al modello petrarchesco (➤ p. 152). In sintesi le peculiarità della poesia cortigiana possono essere così riassunte:

- una grande **varietà metrica**, che include anche forme non presenti nel *Canzoniere* petrarchesco;
- la presenza di **temi molto differenziati**, spesso legati all'occasionalità della vita di corte (feste, giochi ecc.), mentre nel *Canzoniere* il tema prevalente è l'amore e gli altri argomenti hanno carattere "alto" (l'amicizia, la politica, la corruzione della Chiesa ecc.);
- la **natura spesso encomiastica** dei componimenti, che si lega strettamente a figure precise (principesse e principi, uomini di corte) con un esplicito valore dedicatorio (aspetto assente nel *Canzoniere*);
- la presenza di **riferimenti di carattere interdisciplinare**, che alludono, per esempio, alle arti (aspetto assai circoscritto nel *Canzoniere*);
- il ricorso ad **argomentazioni concettose** e a metafore argute, che mettono in evidenza l'aspetto ludico della poesia (mentre in Petrarca prevale la drammatica coincidenza "vita-letteratura");
- il ricorso a **espedienti formali artificiosi** e allusivi come l'acrostico e altre forme di scrittura cifrata (per esempio le lettere iniziali dei primi 14 componimenti degli *Amorum libri* del Boiardo formano il nome della donna amata dal poeta, Antonia Caprara).

FISSA I CONCETTI

- Quali sono, nel Quattrocento, i principali generi letterari in lingua volgare?
- Quali sono le caratteristiche della lirica in volgare di età umanistica?
- Che importanza ha la corte nell'evoluzione della poesia?

VISUALIZZA I CONCETTI

La rinascita della letteratura in volgare nella seconda metà del XV secolo

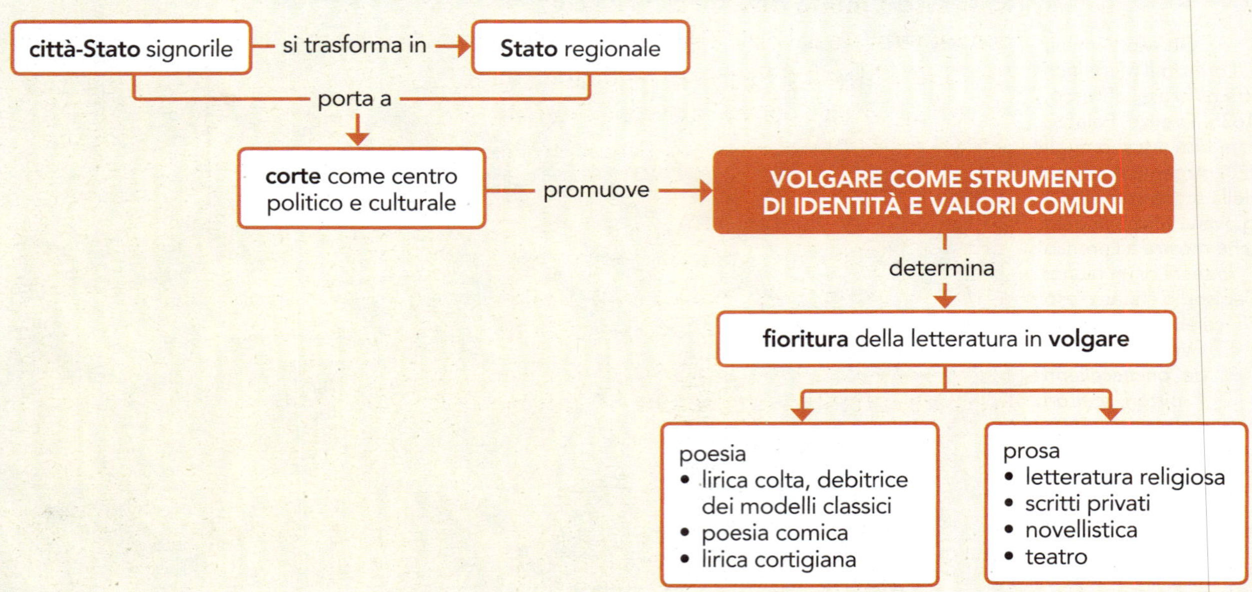

2. La poesia nella Firenze medicea

2.1 Lorenzo de' Medici, tra carnevale e amor platonico

La vita e gli interessi culturali

La formazione e la signoria su Firenze

Nato a Firenze nel **1449**, Lorenzo de' Medici, detto il Magnifico, è nipote di Cosimo il Vecchio, fondatore della dinastia de' Medici, e figlio di Pietro de' Medici. Sin da piccolo riceve un'educazione umanistica (che comprende anche lo studio del greco) e, a partire dal 1457, beneficia dell'insegnamento di Marsilio Ficino, che lo inizia alla filosofia neoplatonica. Già sedicenne rivela la sua precoce **abilità di uomo politico** svolgendo svariate missioni diplomatiche in diverse sedi (Napoli, Roma e Venezia). Nel **1469**, anno della morte del padre e del matrimonio con Clarice Orsini, diviene signore di Firenze: Lorenzo mostra di essere non solo un fine diplomatico e un accorto politico, ma anche uno statista assai capace, riuscendo a trasformare in profondità l'ordinamento interno dello Stato fiorentino e ottenendo, in tal modo, un potere più saldo e più legittimo.

La politica diplomatica

L'azione politica di Lorenzo si fonda su una visione realistica del contesto storico, lontana da ambiziosi piani espansionistici e caratterizzata, invece, dal **ricorso all'arte diplomatica**: numerose sono le alleanze strette in quegli anni sia con realtà politiche più piccole (come Lucca, Siena o Perugia), sia con le potenze maggiori dello scacchiere italiano (il Ducato di Milano, lo Stato pontificio o il Regno di Napoli). In questo periodo Lorenzo si dimostra il vero **ago della bilancia** d'Italia, contribuendo a costruire una politica di equilibrio in tutta la penisola e garantendo a Firenze alcuni decenni di pace e prosperità. Muore nella sua villa di Careggi, a Firenze, nel **1492**.

Gli interessi culturali

Lorenzo il Magnifico è caratterizzato da una personalità ecclettica, liberale e gaudente, intelligente e accorta, che lo conduce a radunare attorno a sé **figure di intellettuali e di scrittori molto diversi**: alla sua corte si possono trovare dal platonismo di Cristoforo Landino e Marsilio Ficino all'erudizione di Pico della Mirandola; dalla perizia filologica di Angelo Poliziano al realismo comico toscano di Luigi Pulci.

Lorenzo cerca di ridare **impulso al volgare** in poesia e di potenziare la vita intellettuale in ogni campo del sapere. Egli, infatti, oltre a essere un grande mediatore politico, fu elogiato per il suo generoso mecenatismo: aveva infiniti interessi culturali, e fu anche poeta, seppur non eccellente.

Benozzo Gozzoli, *Presunto ritratto di Lorenzo de' Medici da giovane*, 1459, particolare dell'affresco del *Corteo dei Magi* nell›omonima cappella. Firenze, Palazzo Medici Riccardi.

L'Accademia neoplatonica

Uno dei grandi meriti di Lorenzo è aver dato nuovo vigore all'**Accademia neoplatonica**, già fondata da **Ficino** nel 1462 (➤ p. 47): tra gli accademici nasce una profonda comunione dell'intelletto e dello spirito, che lega Lorenzo e il fratello Giuliano a Cristoforo Landino, a Poliziano, allo stesso Ficino.
Ficino si dedica a un imponente lavoro di traduzione dal greco al latino di Platone, di Plotino e di tutti i neoplatonici minori (Giamblico, Proclo, Psello ecc.). Quest'opera permette a Ficino di comporre il *Libro de lo amore*, in cui propone una mediazione filosofica delle varie correnti del neoplatonismo. Nel *Libro* Ficino descrive il processo secondo cui l'uomo desidera contemplare prima la bellezza dei corpi e della natura e poi, via via, quella delle realtà immateriali e intelligibili, ascendendo una sorta di scala di perfezione. La bellezza conduce necessariamente all'amore, anch'esso progressivamente orientato dalla terra al cielo, dal creato a Dio. Ma nella cosmologia di Ficino questo amore torna poi, in una circolazione armoniosa, da Dio verso le creature, stabilendo un vincolo nel quale l'uomo occupa una posizione centrale. L'amore, già partendo da quello terreno, costituisce dunque un processo di **nobilitazione spirituale**, di educazione graduale al divino.
La fortuna di questa concezione ficiniana sarà enorme e vi si ispireranno non soltanto le *Stanze* di Poliziano (➤ p. 73) e gran parte della lirica tra Quattro e Cinquecento, ma anche i due principali manifesti della nuova letteratura in volgare del primo Cinquecento: gli *Asolani* di Pietro Bembo e *Il libro del cortegiano* di Baldassarre Castiglione (➤ p. 144 e 411).

Domenico Ghirlandaio, *Gli umanisti Marsilio Ficino, Cristofano Landino, Agnolo Poliziano e Gentile de' Becchi*, dettaglio dell'affresco *Apparizione dell'angelo a Zaccaria*, 1486-1490. Firenze, basilica di Santa Maria Novella, Cappella Tornabuoni.

La poesia di Lorenzo

Una poesia popolare

Biblioteca digitale *Il lamento di Vallera (Nencia da Barberino)*

Al tempo di Lorenzo, l'ambiente letterario fiorentino si presenta permeato dagli interessi del primo Umanesimo latino, ma anche aperto alla vivezza del volgare. Questa caratteristica si rispecchia nella **versatilità letteraria** di Lorenzo il Magnifico, capace di toccare le varie gamme dell'espressione popolare, da quella comica e realistica della *Nencia da Barberino* (scritta fra il 1469 e il 1473), a quella edificante della sacra rappresentazione, sulla scia del rinnovamento morale promosso da Savonarola (1452-1498). La sua produzione poetica si discosta, dunque, dall'intellettualismo della élite umanistica ed è capace di guardare alla dimensione quotidiana della Firenze di fine Quattrocento, per porsi come «rifugio letterario», nel quale riposare l'animo affaticato dalle cure politiche (E. Bigi).

Il nuovo primato del volgare

A partire dagli anni Settanta, la **poesia in volgare** conosce un nuovo sviluppo che punta sui modelli trecenteschi (Dante, Petrarca e Boccaccio), riveduti e corretti non solo da un rapporto più maturo con gli autori classici, ma anche da una sensibilità filosofica di orientamento neoplatonico. Non c'è dubbio che il recupero della tradizione lirica in volgare rientri in un progetto non solo culturale, ma anche politico, di Lorenzo, volto a imporre definitivamente il **primato del fiorentino come lingua colta** presso gli altri potentati italiani. A questo scopo egli fa redigere da Poliziano la *Raccolta aragonese*, in cui raduna testi poetici in volgare dal Duecento fino al suo tempo, con l'obiettivo di dimostrare l'importanza fondativa dei modelli di Dante e Petrarca sulla lirica successiva.

Il *Canzoniere*

Il *Canzoniere* del Magnifico (formato da 2 ballate, 5 sestine, 8 canzoni e 151 sonetti) copre l'arco di più di un decennio (1465-1477): questa raccolta mostra l'evoluzione della sua **vena comico-realistica** degli esordi fino al **platonismo** dei componimenti più tardi. Lorenzo guarda al *Canzoniere* petrarchesco inizialmente come serbatoio ricchissimo di materiale lessicale, che tuttavia contamina con la vena popolaresca, feudale e cortese del *Decameron*, modello insuperato di realismo toscano. Via via, però, la sua produzione si sposta sempre più verso la filosofia neoplatonica, che lo porta a una poesia amorosa di elevato spessore morale. Non a caso, all'inizio degli anni Settanta, Lorenzo scrive il *De sommo bono* (*Sul Sommo bene*), in cui tratta dell'amore platonico, e le *Selve d'amore*, ispirate alle *Silvae* di Stazio (poeta del I secolo d.C.), dove si narrano le più diverse vicende amorose della mitologia.

Il doppio binario poetico della maturità

Col passare del tempo, dunque, Lorenzo tende a privilegiare la **poesia colta**, superando la vena popolaresca ispirata da Pulci, e questo cambiamento è determinato anche dall'assunzione in prima persona del potere. A partire dal 1480, infatti, il Magnifico si concentra su una produzione che possa essere specchio degli umori e della sensibilità di Firenze, facendo proprio lo **spirito civico** con notevole tatto psicologico. Questa scelta determina due polarità nella sua produzione: da un lato l'**atteggiamento contemplativo religioso**, dall'altro il **baldanzoso clima festivo** del carnevale fiorentino, ritratto nei *Canti carnascialeschi* (1490), di cui fa parte la celeberrima *Canzona di Bacco* (➤ **T1**).

FISSA I CONCETTI

- Qual è l'importanza storica e culturale di Lorenzo il Magnifico?
- Quali sono le caratteristiche della sua poesia?

T1 Canzona di Bacco

Canti carnascialeschi

AUDIO

Si tratta del più famoso dei *Canti carnascialeschi*, composti per essere eseguiti con musica e in forma corale durante le feste del Carnevale, descrivendo e accompagnando lo sfilare di carri mascherati di argomento mitologico. La ballata risale probabilmente al 1490 – due anni prima della morte dell'autore – e tratta del tema laurenziano per eccellenza: l'esortazione a godere pienamente delle gioie della vita (i sensi, la bellezza, l'amore) nella consapevolezza della loro fugacità. Rimane nella memoria il suo ritornello ritmato, intenso, ossessivo, quasi una formula magica e salvifica per compiere il miracolo di fermare il tempo e la luce della giovinezza.

- Metro ballata piccola di ottonari (proposta: xyyx; strofa: ababby; ripresa: yyx)

Quant'è bella giovinezza
che si fugge tuttavia![1]
Chi vuole esser lieto, sia,
di doman non c'è certezza.

Quest'è Bacco e Arïanna,[2]
belli, e l'un dell'altro ardenti;[3]
perché 'l tempo fugge e inganna,
sempre insieme stan contenti.
Queste ninfe e altre genti
sono allegri tuttavia.
Chi vuole esser lieto, sia,
di doman non c'è certezza.

Questi lieti satiretti,
delle ninfe innamorati,
per caverne e per boschetti
han lor posto cento agguati;
or da Bacco riscaldati,[4]
ballon, salton tuttavia.
Chi vuole esser lieto, sia:
di doman non c'è certezza.

Queste ninfe anche hanno caro
da lor essere ingannate:[5]

1. **tuttavia:** senza sosta.
2. **Bacco e Arïanna:** dopo essere stata abbandonata da Teseo (che grazie al suo aiuto aveva sconfitto il Minotauro) sull'isola di Nasso, Arianna viene consolata da Bacco e si unisce al suo seguito di baccanti e di satiri (nominati al v. 13).
3. **ardenti:** innamorati.
4. **da Bacco riscaldati:** cioè ebbri di vino, la bevanda di cui Bacco era la divinità.
5. **Queste... ingannate:** queste ninfe traggono maliziosamente piacere dagli inganni dei satiri.

non può fare a Amor riparo,
se non gente rozze e ingrate;[6]
ora insieme mescolate
suonon, canton tuttavia.
Chi vuole esser lieto, sia:
di doman non c'è certezza.

Questa soma,[7] che vien drieto
sopra l'asino, è Sileno:[8]
così vecchio è ebbro e lieto,
già di carne e d'anni pieno;
se non può star ritto, almeno
ride e gode tuttavia.
Chi vuole esser lieto, sia:
di doman non c'è certezza.

Mida vien drieto[9] a costoro:
ciò che tocca, oro diventa.
E che giova aver tesoro,
s'altri poi non si contenta?

6. non... ingrate: rifiuta l'amore soltanto chi ha l'animo rozzo e privo di grazia.
7. soma: carico (in groppa all'asino).
8. Sileno: satiro nato dall'unione di Pan e di una ninfa, al quale fu affidata l'educazione di Dioniso (Bacco).
9. Mida vien drieto: Mida viene dietro. Mida era il re della Frigia che secondo il mito aveva ottenuto da Dioniso di trasformare in oro tutto quanto avesse toccato, compreso il cibo, che non poté più mangiare.

Tiziano Vecellio, *Bacco e Arianna*, 1520-1523. Londra, National Gallery. La scena rappresenta l'incontro fra Arianna, che si aggira disperata per la partenza di Teseo, e Bacco. Alla vista di Arianna, il dio balza dal carro trainato da due ghepardi e seguito da un corteo di satiri, baccanti, animali e fauni.

Che dolcezza vuoi che senta
chi ha sete tuttavia?
Chi vuole esser lieto, sia:
di doman non c'è certezza.

Ciascun apra ben gli orecchi,
di doman nessun si paschi,[10]
oggi sìan, giovani e vecchi,
lieti ognun, femmine e maschi.
Ogni tristo pensier caschi:[11]
Le nostre parole › facciam **festa** tuttavia.
Chi vuol esser lieto, sia:
di doman non c'è certezza.

Ciascun suoni, balli e canti,
arda di dolcezza il core:
non fatica, non dolore!
Ciò che ha esser, convien sia.
Chi vuole esser lieto, sia:
di doman non c'è certezza.

10. si paschi: si nutra.
11. caschi: svanisca.

Le nostre parole Festa

L'origine del termine Il sostantivo "festa" deriva dall'omonimo latino *festa*, «festività», plurale del neutro *festum*, usato di solito in unione con *dies*, «giorno», nella locuzione *dies festus*, «giorno festivo». Il latino *festa* deriva della radice *fēs-*, la stessa che ha dato origine anche a *ferĭa*, «giorno festivo o di mercato», da cui derivano le parole italiane "ferie" e "feriale". Secondo alcuni studiosi *fēs-* sarebbe un ampliamento della radice indoeuropea *dhē-/dhə-*, «porre, stabilire», confrontabile con termini analoghi della sfera sacrale e rituale, come il greco *thémis*, «norma, uso» e il sanscrito *dhāma*, «istituzione». La "festa", infatti, è in origine la celebrazione di una ricorrenza religiosa, che gli antichi celebravano seguendo un preciso cerimoniale, con l'esecuzione di sacrifici, accompagnati e seguiti da canti, danze e banchetti.

La secolarizzazione della festa Nell'epoca antica e medievale era centrale la concezione della festa come momento sacrale, e dunque della "festività" che la caratterizzava, termine oggi di significato per lo più religioso. Già a partire dal primo Rinascimento, però, si è cominciata a celebrare l'idea di una festa più laica, vista come tripudio di allegria e socialità: è questa l'accezione che si riscontra nella poesia laurenziana. In epoca a noi contemporanea, accanto agli spazi del religioso e dei suoi rituali, si nota la frequenza di feste laiche, per esempio capodanno, carnevale, Halloween e, soprattutto, l'emergere di una dimensione "privata" della festa.

Locuzioni, sinonimi e modi di dire Moltissime le locuzioni per il termine "festa": per esempio, "fare festa", ovvero non andare al lavoro; "vestirsi a festa", cioè indossare l'abito da cerimonia; "suonare a festa" le campane di una chiesa. Festa è spesso sinonimo di "vacanza", quando specialmente declinato al plurale, in riferimento a festività e ricorrenze religiose popolari come il Natale o la Pasqua. L'espressione "fare le feste a qualcuno" può significare, letteralmente, celebrarlo; ma nella maggior parte dei casi è usata in via ironica e antifrastica per indicarne il contrario, cioè "eliminarlo", "farlo fuori", persino "ucciderlo".

Analisi del testo

Struttura

Un invito alla gioia tramite esempi mitici Questa ballata popolare canta la fugacità della giovinezza ed esorta a godere delle gioie del presente, attraverso la descrizione di vari quadri a sfondo mitologico, affidati alle strofe di otto versi ottonari, scanditi da altrettanti ritornelli. Il testo presenta una successione di personaggi come in una sfilata carnevalesca: Bacco e Arianna (strofa 2), i satiri e le ninfe (strofe 3-4), Sileno, vecchio ma ancora capace di godere (strofa 5), e infine il re Mida (strofa 6), incapace di accontentarsi e di cogliere l'attimo. La forma della ballata dà al componimento una struttura ciclica: dapprima l'assunto della strofa iniziale (nell'incertezza del futuro è bene godere del presente), poi i tre esempi che incarnano il valore positivo della spensieratezza (Bacco-Arianna, i satiri e le ninfe), poi il modello negativo (Mida), infine le ultime due strofe che ribadiscono, rinforzandola, la tesi iniziale («di doman nessun si paschi»; «arda di dolcezza il core»).

Lingua e stile

Il ritmo e il lessico Le scelte stilistiche si adeguano alla cantabilità facile dello stile popolaresco, anche se i riferimenti letterari di Lorenzo sono "alti" (Ovidio ed Euripide). Rilevante, in questo senso, è l'immediatezza delle immagini, presentate come successive apparizioni di personaggi del corteo.

Il ritmo e il lessico La semplicità del componimento trova espressione nel ritmo martellante dell'ottonario e nella scelta di rime facili. Il ritmo è scandito anche da un uso moderato degli *enjambements* che accentua la cantabilità. Il lessico è semplice, caratterizzato da un tono medio.

Temi

Tra festa e mito Questa cultura popolare del carnevale ha sullo sfondo i riferimenti a una tradizione colta. Prima di tutto la vicenda di Arianna che, abbandonata da Teseo, incontra Bacco e ne viene consolata. Ci sono poi i satiri, creature dei boschi dai piedi caprini, sempre vogliosi, le seducenti ninfe, la triste figura di re Mida, emblema dell'impossibilità di desiderare. Così la leggerezza frivola e spensierata della sfilata dei carri allegorici, nella Firenze laurenziana rimanda alla classicità così cara al Magnifico.

Officina

COMPRENDERE

1. Quala esortazione caratterizza la *Canzona*? Che significato ha? Invito alla gioia
2. In quale contesto sono inseriti i personaggi mitici che compaiono nella poesia?

ANALIZZARE

3. Sottolinea nel testo tutti i termini che richiamano l'atmosfera di festa, cerchia invece le espressioni relative agli aspetti negativi della vita.
4. **Lingua e stile** Attraverso quali accorgimenti retorici Lorenzo conferisce il ritmo al testo? Trovi impiegate assonanze, rime, allitterazioni, enjambement?

INTERPRETARE

5. Individua nel testo tutti i riferimenti a Bacco. Perché è menzionato? Di cosa è simbolo?

COMPETENZE DEL XXI SECOLO

Pensiero critico Dopo esserti informato sulla produzione letteraria di Lorenzo de' Medici e in particolare sul poemetto ***Nencia da Barberino*** (si può trovare facilmente in rete), rifletti sul giudizio critico relativo all'autore dato da **Emilio Bigi**: «Si deve pur riconoscere la singolare difficoltà di orientarsi fra molteplici aspetti psicologici, culturali, e tecnici che sembrano intrecciarsi nella sua opera letteraria. Certo da tempo si è d'accordo nel vedere in questa molteplicità il segno non tanto di una eccezionale complessità spirituale e artistica [...] quanto piuttosto di una disposizione genialmente eclettica». A tuo parere, quali caratteristiche (contenutistiche, stilistiche, di genere) della *Nencia da Barberino* e del *Trionfo di Bacco* confermano questa interpretazione critica?

POLIZIANO!!!

2.2 Poliziano: dallo studio dei classici alla poesia in volgare

La vita e le opere

La giovinezza e il rapporto con i Medici

Angelo Ambrogini, detto **Poliziano**, nacque a Montepulciano (oggi in provincia di Siena) nel **1454** e si trasferì a Firenze a dieci anni, dopo la morte del padre. Qui intraprese gli studi, venendo a contatto con i maggiori rappresentanti del panorama culturale della città, come Marsilio Ficino e i greci Giovanni Argiropulo e Demetrio Calcondila. Già nel 1470, all'età di sedici anni, iniziò la **traduzione dell'*Iliade*** di Omero dal greco al latino, rivelando fin da subito il **rigore filologico** e l'uso raffinatissimo della parola che sarebbero stati caratteristiche costanti della sua opera. Poliziano dedicò i primi due libri della traduzione a Lorenzo de' Medici, che fu a tal punto colpito dal giovane talento, da prenderlo sotto la sua protezione: nel 1475 il Magnifico lo designò come precettore del figlio Piero, affidandogli anche l'incarico di suo segretario personale. Due anni più tardi Poliziano, mentre si dedicava alla scrittura delle *Elegie* latine e degli *Epigrammi* latini e greci, fu nominato Priore della chiesa di San Paolo Apostolo e fu ordinato sacerdote.
In questi stessi anni, su impulso di Lorenzo, Poliziano curò la *Raccolta aragonese*, una collezione di poesie in volgare, per la quale scrisse anche l'epistola proemiale e che fu poi inviata al re di Napoli, e iniziò la stesura delle *Rime*. Sempre nel 1475 cominciò la composizione delle *Stanze per la giostra*, poemetto in ottave dedicato a Giuliano de' Medici, fratello di Lorenzo: considerata il principale tra i lavori di Poliziano, l'opera rimase incompiuta a causa della morte dello stesso Giuliano, che fu assassinato il 26 aprile 1478 durante la cosiddetta congiura dei Pazzi.

L'allontanamento da Firenze e il ritorno

In seguito a dissapori con la moglie di Lorenzo, Clarice Orsini, verso la fine del 1478 Poliziano lasciò Firenze e viaggiò per l'Italia settentrionale. Ma già nel 1480, colto dalla nostalgia per la sua città, Poliziano indirizzò una lettera al Magnifico, che lo richiamò in Toscana affidandogli un incarico di **insegnamento presso lo Studio Fiorentino**. Qui iniziò l'attività di filologo e di commentatore di testi latini e greci (lavoro confluito nella raccolta dei *Miscellanea*) e strinse un profondo sodalizio intellettuale con **Giovanni Pico della Mirandola**, arrivato nella cerchia degli intellettuali fiorentini nel 1483. Nel periodo di insegnamento allo Studio, Poliziano redasse numerose *Epistole* (poi raccolte in dodici libri), e a partire dal 1482 scrisse alcuni testi poetici in latino, tra cui le *Sylvae* (*Selve*), prolusioni in esametri ai corsi universitari.
Poliziano morì nella notte tra il 28 e il 29 settembre del **1494**, mentre la **spedizione di Carlo VIII di Francia** aveva risvegliato il clima di ostilità contro i Medici e in città ferveva la predicazione del frate domenicano Girolamo Savonarola.

La poesia di Poliziano

Il latino, il volgare e il concetto di imitazione

L'opera di Poliziano coniuga principalmente due aspetti: lo **studio dei classici latini**, basato sul metodo filologico (Quintiliano, Stazio) e sul commento approfondito (Virgilio, Ovidio, Persio, ancora Stazio), e la **passione per la poesia volgare**, dove affiorano riferimenti agli autori non solo di lingua latina ma anche greca, che Poliziano padroneggia perfettamente.

Per comprendere appieno questo continuo dialogo tra cultura classica e volgare, occorre far riferimento allo scambio di lettere tra Poliziano e il romano **Paolo Cortesi**. Il tema del confronto verte sull'**imitazione**: secondo Cortesi è necessario far riferimento a un solo modello - Virgilio per la poesia, Cicerone per la prosa - e su quello perfezionare al massimo il proprio stile. Poliziano, invece, si batte per una **libertà espressiva** che non vincoli a un solo scrittore, anche se grande, ma permetta di prendere il meglio da vari autori per conquistare il proprio stile personale («Tu non ti esprimi come Cicerone, dice qualcuno. Ebbene? Io non sono Cicerone; io esprimo me stesso»). È esattamente ciò che Poliziano fa nei propri componimenti, in cui, a seconda delle esigenze, si trovano richiami alla poesia greca e latina, ai maestri della letteratura in volgare come Dante e Petrarca e alle forme popolari.

> L'opera di Poliziano coniuga principalmente due aspetti: lo studio dei classici latini e la passione per la poesia volgare.

Le *Stanze per la giostra* e le *Rime*

In qualità di poeta mediceo, nel 1475 Poliziano comincia a comporre le *Stanze per la giostra* (➤ **T2**), un poemetto in ottave rimasto incompiuto e dedicato a Giuliano, per celebrarne la vittoria in un torneo (la "giostra" appunto). Poliziano traspone l'occasione celebrativa in una dimensione mitica, che gli conferisce un andamento epico e narrativo. La ricchezza di motivi e immagini dell'opera appare in perfetta sintonia con la cultura fiorentina dell'epoca e racchiude i valori simbolici che il pensiero neoplatonico riconosce all'amore, sia sul versante etico sia su quello sociale. La tessitura poetica è raffinatissima, fitta di rimandi alle **fonti classiche e moderne**, ricca di preziosismi e composta in una sicura perfezione formale.

Alla stagione matura della sua esperienza poetica (tra il 1478 e il 1487) risalgono anche le numerose *Rime* in volgare (➤ **T3**), costituite da componimenti di carattere occasionale in metri facili, che tuttavia il poeta tratta con **raffinatezza umanistica**, equiparandoli alla poesia epigrammatica latina. Poliziano dà qui prova di un notevole sperimentalismo e di libertà imitativa, con la quale si accosta alle più antiche fonti di Cavalcanti o di Petrarca, facendole convivere con le reminiscenze dei contemporanei, come il Magnifico.

La *Fabula di Orfeo*, primo esempio di teatro profano

Nel periodo di lontananza da Firenze, mentre risiede a Mantova, Poliziano compone anche la *Fabula di Orfeo*, un'opera teatrale di argomento mitologico che si lega al contesto festivo di corte. Quest'opera è il primo esempio italiano di **teatro profano**: fino a quel momento, infatti, il modello teatrale era costituito, anche a Firenze, dalla sacra rappresentazione. Poliziano, invece, omette qualsiasi riferimento religioso sostituendolo con una serie di allusioni al mondo classico, prima fra tutte il mito di Orfeo. La vicenda del prodigioso cantore aveva goduto di una straordinaria fortuna nell'**interpretazione del neoplatonismo** fiorentino, poiché simboleggiava la superiorità dell'anima sul corpo e la vittoria dell'arte sulla morte: Orfeo, infatti, era considerato il capostipite di tutti i poeti ed era stato capace con la sua poesia di riportare in vita l'amata Euridice. Anche nella *Fabula di Orfeo* Poliziano mette in mostra il suo **ecclettismo**, ricorrendo a una grande varietà di generi metrici (ottava, terzina, strofa di endecasillabi e settenari) a seconda degli interlocutori e delle situazioni espressive, senza che manchi tuttavia la consueta ispirazione dotta nutrita di cultura classica.

FISSA I CONCETTI

- Come si evolve nel tempo il rapporto fra Poliziano e la corte medicea?
- Quali sono le opere principali di Poliziano?

T2 Venere sorge dalle acque

Stanze I, 99-103

Biblioteca digitale
Iulio disprezza l'amore (*Stanze*)

Nelle *Stanze per la giostra* Poliziano riprende con forza sempre maggiore i valori cortesi e cavallereschi, con un rinnovato interesse per le giostre e i tornei. Si tratta di un'opera encomiastica, che ha per dedicatario-protagonista Giuliano de' Medici, chiamato Iulio. La sua vicenda biografica diventa oggetto di un racconto idillico, ambientato in una sorta di età dell'oro, in cui domina incontrastata la legge dell'amore, un amore interpretato in chiave neoplatonica come strumento di elevazione morale.
Le ottave seguenti descrivono gli intagli che decorano le porte del palazzo di Venere, dove Cupido si reca per dare alla madre la notizia dell'avvenuto innamoramento di Iulio per Simonetta. Si tratta di una sequenza di carattere descrittivo (ecfrastico), fitta di intarsi di fonti classiche e moderne, con la quale l'autore ritrae la scena della nascita di Venere dalle acque dell'Egeo, in un'atmosfera analoga a quella dell'omonimo dipinto di Botticelli, che appunto ai versi di Poliziano si era ispirato, ritraendo lo stesso tipo di *Venere pudica* (vedi 101, 3).

- METRO ottave di endecasillabi (schema metrico ABAB ABCC)

99 Nel tempestoso Egeo in grembo a Teti[1]
si vede il frusto genitale accolto,[2]
sotto diverso volger di pianeti
errar per l'onde in bianca schiuma avolto;
e drento nata in atti vaghi e lieti
una donzella non con uman volto,
da zefiri lascivi spinta a proda,
gir sovra un nicchio,[3] e par che 'l cel ne goda.

100 Vera la schiuma e vero il mar diresti,
e vero il nicchio e ver soffiar di venti;
la dea negli occhi folgorar vedresti,
e 'l cel riderli a torno e gli elementi;
l'Ore[4] premer l'arena in bianche vesti,
l'aura incresparle e crin[5] distesi e lenti;
non una, non diversa esser lor faccia,
come par ch'a sorelle ben **confaccia**.

101 Giurar potresti che dell'onde uscissi
la dea premendo colla destra il crino,
coll'altra il dolce pome[6] ricoprissi;

lessico
Confarsi
Essere adatto, adeguato, appropriato; essere di giovamento, giovare (derivato del verbo *fare*, preceduto dal prefisso *con-*).

1. **Teti:** la dea del mare.
2. **frusto genitale:** si fa riferimento al mito di Urano (personificazione del cielo in quanto elemento di fecondità), mentre il figlio Crono (avuto da Gea, la Terra) evira il padre con una falce ricevuta dalla madre stessa. Dai suoi genitali caduti in mare presso Cipro e dalla spuma marina prodotta nasce Venere. «Frusto» sta per "reciso".
3. **nicchio:** conchiglia.
4. **Ore:** le stagioni, figlie di Zeus e di Temi, erano tre: Tallo rappresentava la fioritura della primavera, Auso l'abbondanza dell'estate, Carpo il raccolto autunnale.
5. **crin:** i capelli (anche in 101, 2 «crino»).
6. **pome:** il seno.

e, stampata dal piè sacro e divino,
d'erbe e di fior l'arena si vestissi;
Le nostre parole ›
poi, con **sembiante** lieto e peregrino,
dalle tre ninfe[7] in grembo fussi accolta,
e di stellato vestimento involta.

102 Questa con ambe man le tien sospesa
sopra l'umide trezze[8] una ghirlanda
d'oro e di gemme orientali accesa,
questa una perla alli orecchi accomanda;
l'altra al bel petto e' bianchi omeri intesa,
par che ricchi monili intorno spanda,
de' quai solien cerchiar lor proprie gole,
quando nel ciel guidavon le carole.[9]

103 Indi paion, levate inver le spere[10]
seder sovra una nuvola d'argento:
l'aier tremante ti parria vedere
nel duro sasso,[11] e tutto il cel contento;
tutti li dei di sua biltà[12] godere,
e del felice letto aver talento:[13]
ciascun sembrar nel volto meraviglia,
con fronte crespa e rilevate ciglia.[14]

7. tre ninfe: le Ore.
8. trezze: trecce.
9. de quai... carole: dei quali erano solite adornare (*cerchiar*) i loro colli (*gole*) quando guidavano le danze (*carole*) in cielo.
10. levate... spere: sollevatesi verso i cieli.
11. duro sasso: il portale di pietra del palazzo di Venere in cui è intagliata la scena.
12. biltà: bellezza.
13. del felice... talento: provare piacere per la bella dimora (*letto*).
14. con fronte... ciglia: con la fronte corrugata e le sopracciglia alzate, segni esteriori della meraviglia provata.

Le nostre parole — Sembiante

L'origine del termine Il sostantivo e aggettivo "sembiante" è un prestito dal provenzale *semblan*, participio presente del verbo *semblar*, «sembrare, apparire», da cui deriva anche il verbo italiano "sembrare". Il verbo provenzale viene dal latino tardo *similāre*, «essere simile», derivato dall'aggettivo *simĭlem*, «simile, somigliante». Deriva dall'aggettivo *simĭlem* anche il verbo latino *simulāre*, «far finta, fingere», entrato in italiano come prestito dotto, senza mutamenti formali.

Sembiante Come aggettivo, "sembiante" ha valore di "somigliante"; come sostantivo, quello di "aspetto esteriore", in particolare di "volto". Di qui, il "sembiante" può talora indicare anche l'espressione stessa del volto, come nel caso del verso di Poliziano («con sembiante lieto e peregrino»). L'espressione, in uso nell'italiano antico e letterario, "senza mutar sembiante" voleva dire appunto "senza cambiare espressione". Ancora relativamente al volto, erano in uso espressioni quali "in sembiante", o ancora meglio al plurale "in sembianti", per indicare "nell'espressione" della faccia, e quindi a livello esteriore e in pura apparenza. Così, infine, la locuzione "far sembianti", che valeva "mostrare con il volto".

Sembiare/sembianza Curioso notare che nella lingua letteraria e nell'italiano standard prevalgono, fin dalle origini, le forme di "sembrare" per il verbo e di "sembianza" per il sostantivo. Minoritarie, infatti, sono le varianti "sembiare" e "sembranza" già nell'italiano antico. "Sembianza" è termine semidotto e poetico, oggi sostituito dal più comune sinonimo di "rassomiglianza". Talora si usa, nell'italiano scritto, la locuzione "sotto le sembianze di", o "assumere le sembianze di" per intendere "mascherarsi da qualcuno o qualcosa", "imitare".

Analisi del testo

Struttura

Una messa a fuoco progressiva La tecnica descrittiva consiste nel rivelare le fattezze della dea un poco alla volta: prima il lettore-spettatore vede i genitali tagliati di Urano e la schiuma, poi una «donzella» dal profilo ancora indeterminato (ottava 99); nella scena successiva i particolari si limitano a descrivere lo sguardo folgorante e i capelli mossi dal vento (100). Appare infine la bellezza di Venere, che si dispiega completamente, dall'alto al basso, ovvero dalla testa (il «crino») al seno (il «dolce pome») al «piè sacro e divino» (101). La messa a fuoco si sposta poi sulle Ore, che offrono i loro doni a Venere e ascendono al cielo: la scena si chiude così in modo corale, con Venere e le Ore osservate dal consesso degli dèi (102-103).

Lingua e stile

Poesia e pittura La tecnica poetica di Poliziano presenta numerose affinità con la tecnica pittorica degli artisti a lui contemporanei, come Botticelli, rifacendosi all'ideale oraziano della «pittura come poesia» (*ut pictura poësis*). La sua ottava morbida, scorrevole, senza asprezze, trasporta su di sé un tenue racconto, facendolo apparire come un insieme di quadri appesi alle pareti di un sontuoso palazzo. L'unità del verso è spesso spezzata in più unità ritmiche minori grazie alla sintassi, che fonde espressioni popolareggianti con l'uso di stilemi retorici più ricercati, come il chiasmo e il parallelismo. L'ardua congiunzione umanistica «fra antico e moderno ha indubbiamente trovato nelle *Stanze* il suo punto di equilibrio più alto» (A. Asor Rosa).

Temi

L'interpretazione filosofica del mito La scena si apre con la fecondazione delle acque di Cipro, dalle cui spume nasce la dea dell'amore e della bellezza: al suo sorgere dalle onde, tutto l'universo gioisce e le tributa omaggio, le brezze l'accarezzano, le stelle le offrono delle vesti, il cielo sembra congiungersi con la terra, mentre gli dèi le porgono gioielli e godono del suo splendore. Il regno di Venere, dove Cupido giunge nelle ultime ottave del primo libro, è raffigurato a immagine del regno platonico delle idee, dove la pluralità del mondo reale può essere ricondotta a un'origine razionale e ordinata, da cui discendono tutte le manifestazioni della realtà stessa. Il viaggio verso questo regno esprime l'allontanamento dell'uomo dalla dimensione materiale e il suo cammino verso la conoscenza. La figura di Venere riveste infatti una fondamentale importanza nelle *Stanze*, dove rappresenta (secondo le teorie cosmogoniche di Marsilio Ficino) il fondamento del cosmo, la forza del principio creatore e la guida delle creature verso il divino artefice.

Officina

COMPRENDERE

1. Come si manifesta Venere nella sua prima apparizione?
2. Chi accoglie Venere e con quali azioni?

ANALIZZARE

3. **Lessico** Completa le seguenti frasi con la forma adatta del verbo "confarsi":
   a. Non condivido le tue parole: certi epiteti non ti si ....!
   b. È un racconto da principiante: quanto narrato non è assolutamente .... all'epoca di ambientazione.
   c. Il nuovo taglio di capelli di Giulia certo non si .... al suo viso.
4. **Lingua e stile** Che tipo di narratore è presente nel testo?

PERCORSO DI SCRITTURA

Parafrasi Dopo aver sottolineato i verbi e numerato l'ordine delle parole, scrivi la parafrasi delle stanze 100 e 101, ricordandoti di impiegare sinonimi per i termini più rari e meno comprensibili.

T3 *I' mi trovai, fanciulle, un bel mattino*

Rime

AUDIO

È questa forse una delle ballate più famose di Poliziano. Una fanciulla racconta di essere stata in un giardino meraviglioso, pieno di fiori e di profumi inebrianti: commossa da tanta bellezza, la ragazza invita a cogliere l'amore e i piaceri della vita, prima che sfioriscano e siano per sempre perduti. Poliziano riprende qui un tema molto diffuso nella letteratura classica e molto sfruttato dagli autori del Quattrocento, sia in latino sia in volgare (dal Magnifico ➤ **T1**).

- METRO ballata piccola di endecasillabi, formata da una ripresa di due versi e da quattro sestine, con schema della rima XX, ABABBX

I' mi trovai, fanciulle, un bel mattino
di mezzo maggio[1] in un verde giardino.

Eran d'intorno violette e gigli
fra l'erba verde, e vaghi fior novelli[2]
azzurri gialli candidi e **vermigli**:
ond'io porsi la mano a côr[3] di quelli
per adornar e' mie' biondi capelli
e cinger di grillanda el vago crino.[4]

I' mi trovai, fanciulle, un bel mattino
di mezzo maggio in un verde giardino.

Ma poi ch'i' ebbi pien di fiori un lembo,[5]
vidi le rose e non pur[6] d'un colore:
io colsi allor per empir tutto el grembo,
perch'era sì soave il loro odore
che tutto mi senti' destar el core
di dolce voglia e d'un piacer divino.[7]

I' mi trovai, fanciulle, un bel mattino
di mezzo maggio in un verde giardino.

I' posi mente: quelle rose allora
mai non vi potre' dir quant'eran belle:

lessico

Vermiglio

Deriva dal francese *vermeil*, che viene dal latino *vermicŭlum*, «vermicello», con riferimento alla cocciniglia, ovvero l'insetto dal quale si ricavava un colorante rosso intenso.

1. **di mezzo maggio:** a metà maggio.
2. **novelli:** appena sbocciati.
3. **côr:** cogliere (forma sincopata).
4. **e... crino:** e cingere con una ghirlanda i capelli leggiadri («grillanda», forma popolare per "ghirlanda").
5. **lembo:** della veste.
6. **non pur:** non solo.
7. **di... divino:** di un dolce desiderio e di un piacere divino.

quale scoppiava della boccia ancora;
qual'eron un po' passe e qual novelle.[8]
Amor mi disse allor: «Va', co'[9] di quelle
che più vedi fiorite in sullo spino».

I' mi trovai, fanciulle, un bel mattino
di mezzo maggio in un verde giardino.

Quando la rosa ogni suo' foglia spande,
quando è più bella, quando è più gradita,
allora è buona a mettere in ghirlande,
prima che sua bellezza sia fuggita:
sicché fanciulle, mentre è più fiorita,
cogliàn[10] la bella rosa del giardino.

I' mi trovai, fanciulle, un bel mattino
di mezzo maggio in un verde giardino.

8. quale… novelle: quali ancora in boccio, quali appena appassite e quali fresche.
9. co': cogli.
10. scogliàn: cogliamo.

Analisi del testo

Struttura

L'invito a godere dell'amore Poliziano in questa ballata celebra l'amore e la bellezza femminile e invita a godere della giovinezza prima che questa fugga e sia impossibile abbandonarsi ai piaceri amorosi. Il poeta presta la sua voce a una fanciulla che si rivolge alle compagne e racconta loro una sua esperienza (vv. 1-2, i due versi ripresi come ritornello dopo ogni strofa): la ragazza è stata in un meraviglioso giardino (il *locus amoenus* della tradizione classica e stilnovista) colmo di fiori, nel pieno della primavera che è anche la stagione degli amori (vv. 3-16). La fanciulla ferma allora la sua attenzione («I' posi mente», v. 19) e vede che le rose sono in tre fasi di fioritura (vv. 21-22): sono queste le fasi che corrispondono alle età della donna, ovvero la prima adolescenza (quando le rose sono appena sbocciate), la giovinezza (quando distendono i petali) e la maturità (quando cominciano ad appassire). È lo stesso Amore a invitare la ragazza a cogliere le rose nel momento del loro massimo splendore (vv. 23-24), un insegnamento che la fanciulla condivide con le compagne che la ascoltano (vv. 27-32).

Lingua e stile

Semplicità e dolcezza La ballata presenta, come già *La canzone di Bacco* di Lorenzo il Magnifico (➤ **T1**), un ritmo cantabile e uno stile popolare. Il poeta adatta la propria lingua alla struttura metrica, costruendo frasi brevi e semplici, che quasi sempre coincidono con la misura del verso. Anche il lessico è improntato alla semplicità, come per rispecchiare l'ingenuità della fanciulla protagonista. Le parole-rima, in particolare, sono selezionate per realizzare una delicata musicalità (come, per esempio, i suoni dolci che caratterizzano le rime della prima strofa.

Temi

La serenità dell'abbandono al piacere L'atmosfera è piuttosto trasognata e la scena è descritta con grande delicatezza, tanto che è difficile dire se l'esperienza narrata dalla fanciulla sia reale o soltanto un sogno. Questo sereno abbandono ai piaceri dei sensi è il segno più evidente della novità della poesia umanistica rispetto alla letteratura precedente, quando anche in Petrarca permaneva una certa inquietudine religiosa per la vanità degli amori terreni e dei piaceri materiali in genere.

La bellezza femminile Come è tipico per Poliziano, la scrittura fresca e a tratti popolaresca della ballata è impreziosita da sottili e raffinati rimandi letterari. L'accostamento tra la bellezza femminile e i fiori profumati e variopinti ha una lunghissima tradizione prima di Poliziano, codificata in volgare dallo Stilnovo. L'immagine della giovane che riempie un lembo della veste coi fiori raccolti per farne una ghirlanda ricorda il personaggio dantesco di Matelda (*Purg.* XXVIII) e soprattutto la Laura petrarchesca di *Chiare, fresche et dolci acque* (*Canzoniere* CXXVI).

La simbologia della rosa Anche l'invito a "cogliere la rosa" per approfittare della bellezza e dell'amore ha una lunghissima tradizione letteraria, che risale sino a Catullo: la rosa è il simbolo della giovinezza che dura poco e svanisce presto, per cui va goduta quando è più bella e fiorita. Questa stessa immagine tornerà, ma con un ironico rovesciamento, nel discorso di Sacripante nel canto I dell'*Orlando furioso* di Ariosto (➤ p. 231), quando il re pagano rimpiange di non aver goduto dei favori della bella Angelica, nonché nell'allocuzione del pappagallo a Carlo e Ubaldo nel canto XVI della *Gerusalemme Liberata* di Tasso (➤ p. 582). Ma lo stesso invito a godere dell'amore finché si è giovani ricorre anche nella *Canzona di Bacco* di Lorenzo de' Medici (➤ **T1**), in cui tuttavia esso è velato di tristezza per il pensiero del futuro, che invece qui è totalmente assente.

Sandro Botticelli, *Ritratto idealizzato di giovane donna*, 1480-1485 circa. Francoforte, Städel Museum.

Officina

COMPRENDERE

1. Che caratteristiche ha il giardino?
2. Cosa accade nel giardino?

ANALIZZARE

3. Quali elementi del testo ti permettono di capire che il narratore è una donna?
4. **Lingua e stile** Nel testo prevalgono le sequenze narrative o descrittive? Come lo spieghi?

INTERPRETARE

5. Il testo di Poliziano presenta alcune caratteristiche in comune con *Chiare, fresche et dolci acque* di **Francesco Petrarca** e con *Il trionfo di Bacco e Arianna* di **Lorenzo il Magnifico**. Rileggi queste poesie e metti a confronto i tre testi: esplicita gli elementi di somiglianza e cerca di spiegare quelle che posson essere, a tuo avviso, le ragioni di queste affinità.

PERCORSO DI SCRITTURA

Riassunto Individua per ciascuna strofa un verso esemplificativo e, tenendo presente il ritornello (di per sé già una sintesi descrittiva del luogo con l'indicazione della protagonista), riassumi la ballata in un testo che non superi le 500 battute.

2.3 Il linguaggio comico di Burchiello

Un barbiere poeta

Figlio di un legnaiolo e di una filatrice, Domenico di Giovanni, detto il **Burchiello** (Firenze, 1404 – Roma, 1449), esercitò in via Calimala, a Firenze, la professione di barbiere e ben presto fece della sua bottega un luogo di ritrovo per la vita intellettuale cittadina. Non ebbe, per sua stessa ammissione, alcuna formazione scolastica e passò gli anni tra scherzi e burle. La sua bottega era frequentata da un **circolo di letterati e artisti** (tra i quali anche Leon Battista Alberti), nonché da **politici** che si opponevano allo strapotere mediceo. Per questo motivo venne esiliato (1434) da Cosimo il Vecchio e cominciò una vita travagliata: andò prima a Siena, dove nel 1439 scontò alcuni mesi di prigionia, poi nel 1443 a Roma, con l'intenzione di aprire una nuova bottega di barbiere, ma morì in miseria pochi anni dopo il suo arrivo.

La composizione "alla burchia"

La sua è un'esperienza letteraria del tutto atipica, che si distingue per una ricca produzione di sonetti caudati di **argomento comico**. Questi testi si caratterizzano soprattutto per la contaminazione di temi e stili molto diversi, che comprendono la tradizione comica e quella novellistica, la parodia letteraria e spunti autobiografici. Nella poesia di Burchiello si trova quindi l'accumulazione caotica di soggetti disparati e un lessico imprevedibile, un modo di comporre, questo, detto **"alla burchia"** (cioè a vanvera), da cui il suo soprannome. La struttura metrica e sintattica dei suoi sonetti è coerente e ordinata, ma Burchiello vi nasconde allusioni, ora oscene, ora politiche, non sempre evidenti né di facile interpretazione.

Una veduta di Firenze nel 1470 circa, dettaglio della *Carta della Catena* realizzata da Francesco di Lorenzo Rosselli. Firenze, Museo di Firenze com'era. Nel corso del Quattrocento Firenze conosce una trasformazione urbanistica che ne migliora l'edilizia abitativa: le case di legno vengono sostituite da costruzioni in muratura più solide e sicure. Le famiglie più importanti della città, come i Medici, gli Strozzi e i Rucellai, affidano ai migliori architetti la costruzione di residenze signorili che devono manifestare il prestigio del committente.

T4 La poesia combatte col rasoio

Il sonetto è tra i più famosi del Burchiello e ben rivela la sua vena grottesca e comico-realistica, che sfocia in una invenzione linguistica imprevedibile. Il suo gusto comico e maldicente raccoglie gli umori e i sentimenti dei clienti della sua bottega e dà vita a versi fatti di giochi fonico-ritmici e di invenzioni metaforiche, che talvolta sconfinano nel *nonsense*. Nella tenzone della Poesia e del Rasoio, il poeta mette in scena la contrapposizione fra arte (la "poesia") e vita (il "rasoio"): la loro contrapposizione si esplicita nella dialettica fra l'allusione a situazioni biografiche reali, presentate in una luce grottesca e affabulatoria, e citazioni colte più o meno nascoste.

- Metro sonetto caudato di schema ABBA ABBA CDC ECE eFF

La poesia combatte col rasoio
e spesso hanno per me di gran quistioni;
ella dicendo a lui: «*Per* che cagioni
mi cav'il mio Burchiel dello scrittoio?».[1]

Ed ei ringhiera fa del colatoio[2]
e va in bigoncia[3] a dir le sue ragioni,
e comincia: «*Io* ti prego mi perdoni,
donna, s'alquanto nel parlar ti noio.[4]

S'io non foss'io, e l'acqua e 'l ranno[5] caldo,
Burchiel si rimarrebbe in su 'l colore
d'un moccolin di cera di smeraldo».[6]

Ed ella a lui: «*Tu* se' in gran errore,
d'un tal desio porta il suo petto caldo,
ch'egli non ha in sì vil bassezza[7] il core».

Ed io: «*Non* più romore,[8]
che non ci corra la secchia e 'l bacino;[9]
ma chi meglio mi vuol[10] mi paghi il vino».

1. **mi... scrittoio:** mi tieni lontano il mio Burchiello dalla scrivania.
2. **Ed ei ringhiera... colatoio:** E lui (il rasoio) fa del colatoio una ringhiera, cioè una tribuna a cui appoggiarsi per tenere un'arringa. Il «colatoio» è una vaso di terracotta usato per colare e filtrare liquidi.
3. **bigoncia:** alto recipiente di legno fatto a doghe; rovesciato, poteva essere usato come una "tribuna".
4. **noio:** annoio.
5. **ranno:** miscuglio filtrato di cenere e acqua bollente per lavare i panni.
6. **si rimarrebbe... smeraldo:** rimarrebbe del colore di un moccolo consumato di cera verde, cioè rimarrebbe al verde e pallido come cera per la fame.
7. **in sì vil bassezza:** cioè nel vile desiderio di denaro.
8. **Non più romore:** Basta con la discussione.
9. **non ci corra... bacino:** non corrano pericolo di rompersi il secchio e il catino.
10. **chi meglio mi vuol:** chi mi vuole più bene.

Analisi del testo

Struttura

Un contrasto metaforico Il sonetto della Poesia e del Rasoio si incentra sul contrasto verbale che il poeta mette in bocca alla personificazione delle sue attività quotidiane, quella della bottega di barbiere e quella dello scrittoio di poeta comico. Nella prima quartina prende la parola la Poesia che rimprovera il Rasoio di sottrarre tempo all'esercizio poetico; ma subito la replica del Rasoio (vv. 5-11) mette in campo il realismo amaro di chi sa che la poesia non garantisce il sostentamento (secondo l'antico motto *carmina non dant panem*, «la poesia non dà pane»): il Rasoio si pone come l'unico attrezzo che evita al povero poeta di cadere in miseria. Di fronte al tentativo della poesia di riscattare la bassezza di un mestiere di bottega (vv. 12-14), Burchiello risponde con un guizzo ironico, chiedendo soltanto che almeno uno dei due gli garantisca un buon bicchiere di vino (vv. 15-17).

Lingua e stile

La manipolazione della lingua Burchiello impiega sempre per le sue composizioni il sonetto caudato, i cui prolungamenti ben si adattano alla sua tendenza ad accumulare e amplificare il ritmo e le immagini. In questo sonetto si assiste a una profonda manipolazione del linguaggio, in cui gli oggetti "bassi" e quotidiani del lavoro di barbiere vengono impiegati per significare elementi del tutto estranei a quel contesto: è il caso, per esempio, del «colatoio» e della «bigoncia» che servono al Rasoio come ringhiera di una tribuna per le arringhe (vv. 5-6).

Il gioco dei registri espressivi In questo gioco linguistico Burchiello inserisce anche un ironico contrappunto dei registri espressivi, per mezzo del quale l'autenticità del vissuto convive con richiami alla tradizione più elevata. Il Rasoio, infatti, prima di ricordare che il poeta rimarrebbe "al verde" senza il rasoio stesso e il «ranno caldo» (vv. 9-11), si serve di un'eloquenza forbita, chiamando la Poesia «donna» (elemento della tradizione cortese stilnovistica) e chiedendo perdono se la annoierà con il suo discorso (vv. 7-8). La stessa Poesia risponde che il poeta «non ha in sì vil bassezza il core» (v. 14), per sentirsi dire però da Burchiello stesso che in realtà ciò che gli sta veramente a cuore è poter avere da bere (v. 17).

Officina

COMPRENDERE

1. Quali "personaggi" si confrontano nel sonetto e con quali posizioni?
2. Come e grazie a chi si conclude il dibattito?

ANALIZZARE

3. **Lingua e stile** Individua e classifica nella tabella i termini riferibili all'arte e quelli relativi al mestiere di barbiere.

ARTE	MESTIERE

4. Nella battuta finale emerge l'io poetico, che nel testo è anticipato dal altri elementi. Ritrovali e prova poi a delineare un ritratto dell'autore così come emerge dal componimento.

INTERPRETARE

5. Riguardo alla poesia di Burchiello il critico **Romano Luperini** ha scritto che «mescola alla rinfusa riferimenti alla tradizione classica e toni plebei». Cerca nel sonetto gli elementi che si riferiscono a questi due differenti aspetti, poi prova a spiegare perché il poeta ha adottato due differenti registri in questo sonetto.

PERCORSO DI SCRITTURA

Riscrittura Immagina che Burchiello esprima oggi le sue idee su arte e denaro nella forma dell'intervista a un giornale. Proponi un titolo e un occhiello per l'articolo, rielabora i contenuti poetici e ricordati di indicare la destinazione editoriale.

3. La poesia pastorale: Jacopo Sannazaro

La poesia pastorale nel '400

La poesia bucolica in volgare vive nel Quattrocento un periodo di grande fertilità, partendo dai due maggiori centri toscani, Firenze e Siena. A Firenze nasce un'Accademia dedita alla poesia pastorale, nella quale occupa un ruolo centrale lo stesso Magnifico: a lui è dedicato il primo volgarizzamento poetico delle *Bucoliche* virgiliane, risalente alla metà degli anni Sessanta del Quattrocento.
A Siena, le *Bucoliche* di **Jacopo Fiorino de' Buoninsegni** (1468) rappresentano uno dei primi e più interessanti esempi del nuovo genere. L'autore, senese di nascita e rifugiato a Firenze dopo l'esilio, compone quattro egloghe dedicate ad Alfonso d'Aragona e una quinta a Lorenzo de' Medici. I componimenti sono caratterizzati da **uno stile fortemente allegorico,** spesso oscuramente allusivo a episodi politici e ricco di suggestioni dantesche.

La vita e le opere di Sannazaro

La tradizione bucolica raggiunge il suo culmine, in area aragonese, nell'opera di **Jacopo Sannazaro**. Nato a Napoli tra il 1456 e il 1458, dopo una buona formazione retorica entra nell'Accademia Pontaniana (➤ p. 431). A lungo ospite dei conti Cavaniglia nel palazzo di Montella, probabilmente scrive qui la sua *Arcadia*, ispirato dai monti Picentini. Grazie alla sua opera ottiene rapidamente la **fama di poeta** e riceve in dono da Federico d'Aragona la residenza di campagna di Villa Mergellina, nei pressi di Napoli. Quando il suo mecenate viene costretto a rifugiarsi in Francia, nel 1501, Sannazaro decide di seguirlo e non ritorna a Napoli prima della morte di Federico nel 1504.
Tra le sue opere in volgare, la più nota è senz'altro l'*Arcadia*, composta fra il 1480 e il 1504, ma Sannazaro è autore anche di *Rime* di forte ispirazione petrarchesca, uscite nel 1530 (anno della sua morte), contemporaneamente a quelle di Pietro Bembo (➤ p. 148).

L'Arcadia, autobiografia sentimentale e intellettuale

> L'*Arcadia* è interamente percorsa dalla viva percezione della fragilità umana e dalla fugacità della vita.

L'opera di Sannazaro è interamente percorsa dalla viva percezione della fragilità umana e dalla fugacità della vita. Con l'*Arcadia*, un prosimetro poetico-narrativo di ambientazione pastorale, Sannazaro fonda un **genere nuovo** nella tradizione letteraria europea. La sua fonte principale sono senz'altro le *Bucoliche* virgiliane, di cui il poeta è appassionato cultore.
L'opera racconta la vicenda del poeta che abbandona Napoli in seguito a una delusione amorosa, per trasferirsi nella regione greca dell'Arcadia, dove assume il nome di Sincero. Qui vive alla maniera dei **poeti-pastori**, dediti al pascolo e al canto, e realizza in tal modo una simbiosi fra la propria interiorità e la natura. Sullo sfondo classico della bucolica Arcadia, infatti, fatta di greggi, di pastori e ameni paesaggi, sono descritti dialoghi e canti pastorali dove si narrano pene e vicende amorose, tra le quali il poeta cela anche quelle autobiografiche. Dopo un sogno tremendo, interpretato come in-

fausto presagio, Sincero decide di fare ritorno a Napoli, dove apprende la notizia della morte prematura dell'amata.

Ma l'*Arcadia* descrive anche una **trasfigurazione allegorica** della vita del poeta. L'opera riflette la progressiva dissociazione fra attività letteraria e militanza politico-intellettuale, che contraddistingue questi **anni travagliati della cultura napoletana**: nel passaggio dalla dinastia aragonese alla dominazione castigliana (fra il 1480 e il 1504), infatti, Sannazaro segue Federico d'Aragona in Francia, allontanandosi dalla corte e non rientrandovi nemmeno dopo il suo ritorno a Napoli.

Struttura e stile

L'Arcadia è articolata in un Prologo, seguito da dodici prose alternate ad altrettante egloghe di varia forma metrica, e si conclude con un Congedo. La forma del prosimetro risulta decisamente inusuale per il tempo e si riallaccia al **modello dantesco** della *Vita nuova* e soprattutto alle **fonti boccacciane** della *Comedia delle Ninfe fiorentine* e del *Filocolo*, sul quale sono modellate le parti in prosa.

Sull'opera l'autore esercita un costante controllo stilistico, che unisce armoniosamente l'eredità classica (Teocrito, Virgilio, Tibullo, Ovidio) con la **tradizione volgare** e con **quella dell'Umanesimo** contemporaneo.

Anche sotto l'aspetto linguistico, l'esperimento di Sannazaro si rivela molto interessante: nelle diverse fasi elaborative dell'opera, egli si avvicina sempre più al lessico petrarchesco, costituendo un precoce modello di scrittura toscaneggiante fuori dalla Toscana. Per questa via l'*Arcadia* ambisce a porsi come componimento italiano in senso assoluto, in grado di superare la **frammentazione quattrocentesca** e di aprire la strada al classicismo rinascimentale.

FISSA I CONCETTI

- Di cosa parla l'*Arcadia*?
- Quali caratteristiche presenta quest'opera?

Jacopo Bassano, *Scena pastorale*, 1568 circa. Budapest, Museo di Belle Arti.

T5 Il tormento di Ergasto

Arcadia
Egloga I, 1-54

I versi della prima egloga sono introdotti da una prosa che descrive la bellezza di un bosco posto sulla sommità di Partenio, uno dei monti della regione dell'Arcadia. Qui è ambientato il dialogo fra Selvaggio ed Ergasto, che (secondo una tendenza ricorrente anche nelle altre egloghe) mette a nudo la crudezza delle leggi di natura: le pecore scacciano il montone sconfitto, il lupo predatore miete vittime tra le greggi, mentre i cani continuano a dormire. Tuttavia la quiete del paesaggio invita alla serenità e con l'avvento della primavera Cupido ricomincia a trafiggere i cuori degli amanti.

SELVAGGIO

Ergasto mio, perché solingo[1] e tacito
pensar ti veggio? Oimè, che mal si lassano
le pecorelle andare a lor ben placito![2]
Vedi quelle che 'l rio varcando passano;
vedi quei duo monton che 'nsieme correno
come in un tempo per urtar s'abassano.
Vedi c'al vincitor tutte soccorreno
e vannogli da tergo,[3] e 'l victo[4] scacciano
e con sembianti schivi ognor l'aborreno.[5]
E sai ben tu che i lupi, ancor che tacciano,
fan le gran prede; e i can dormendo stannosi,
però che i lor pastor non vi s'impacciano.[6]
Già per li boschi i vaghi[7] ucelli fannosi
i dolci nidi, e d'alti monti cascano
le nevi, che pel sol tutte disfannosi.[8]
E par che i fiori per le valli nascano,
et ogni ramo abbia le foglia[9] tenere,
e i puri agnelli per l'erbette pascano.
L'arco ripiglia il fanciullin di Venere,[10]
che di ferir non è mai stanco, o sazio
di far de le medolle arida cenere.[11]
Progne ritorna a noi per tanto spazio[12]

1. **solingo:** solitario.
2. **che... placito!:** non conviene lasciare che le pecorelle vadano al pascolo a loro piacimento.
3. **soccorreno... tergo:** accorrono e gli vanno dietro.
4. **victo:** vinto (latinismo).
5. **l'aborreno:** lo rifiutano.
6. **non vi s'impacciano:** non li sorvegliano.
7. **vaghi:** graziosi.
8. **disfannosi:** si sciolgono.
9. **le foglia:** plurale latineggiante.
10. **fanciullin di Venere:** Cupido.
11. **medolle... cenere:** incenerire le viscere con la passione amorosa.
12. **Progne... spazio:** Le rondini (Progne) tornano da lontano. In questo e nei due versi successivi Sannazaro allude al mito di Tereo, Procne (qui «Progne») e Filomela, raccontato da Ovidio nelle *Metamorfosi*: Tereo aveva sposato Progne, ma si era poi invaghito di Filomela, sorella di Progne, l'aveva fatta rapire e la teneva nascosta in un bosco, dove la fanciulla veniva violentata. Tereo aveva tagliato a Filomela la lingua perché non rivelasse a nessuno le sue azioni, ma la ragazza riuscì comunque a comunicare l'accaduto alla sorella tessendone le immagini su di una tela. Procne, per vendetta, fece a pezzi suo figlio Iti e lo diede in pasto a Tereo, che tentò di uccidere la moglie e la sorella. Prima che si compisse la strage, gli dèi trasformarono Filomela in usignolo, Procne in rondine e Tereo in un'upupa.

con la sorella sua dolce cecropia[13]
a lamentarsi de l'antico strazio.[14]
A dire il vero, oggi è tanta l'inopia[15]
di pastor che cantando all'ombra seggiano,
che par che stiamo in Scitia[16] o in Etiopia.
Or poi che o nulli o pochi ti pareggiano[17]
a cantar versi sì leggiadri e frottole,[18]
deh canta omai, che par che i tempi il cheggiano.[19]

ERGASTO

Selvaggio mio, per queste oscure grottole[20]
Filomena né Progne vi si vedono,
ma meste strigi[21] et importune nottole.[22]
Primavera e suoi dì per me non riedono,[23]
né truovo erbe o fioretti che **mi gioveno**,
ma solo pruni e stecchi[24] che 'l cor ledono.[25]
Nubbi[26] mai da quest'aria non si moveno,
e veggio, quando i dì son chiari e tepidi,
notti di verno, che tonando pioveno.
Perisca il mondo, e non pensar ch'io trepidi;[27]
ma attendo sua ruina, e già considero
che 'l cor s'adempia[28] di pensier più lepidi.[29]
Caggian baleni e tuon quanti ne videro
i fier giganti in Flegra,[30] e poi sommergasi
la terra e 'l ciel, ch'io già per me il desidero.
Come vuoi che 'l prostrato mio cor ergasi[31]
a poner cura in gregge umile e povero,
ch'io spero che fra' lupi anzi dispergasi?[32]
Non truovo tra gli affanni altro ricovero[33]
che di sedermi solo appiè d'un acero,
d'un faggio, d'un abete o ver d'un sovero;[34]
ché pensando a colei che 'l cor m'ha lacero[35]
divento un ghiaccio, e di null'altra curomi,
né sento il duol ond'io mi struggo e macero.

lessico
Giovare
Apportare un rimedio efficace o procurare un beneficio durevole; essere o rivelarsi utile.

13. cecropia: ateniese, le due sorelle venivano infatti da Atene, il cui mitico fondatore era stato Cecrope.
14. l'antico strazio: il riferimento è ai terribili eventi del mito.
15. inopia: povertà.
16. Scitia: la Scizia, ampia area euro-asiatica anticamente abitata dagli Sciti, terra abitualmente considerata come "barbara", come pure l'Etiopia menzionata subito dopo.
17. ti pareggiano: ti eguagliano.
18. frottole: composizioni di vario metro e rime, basate sulla narrazione di vicende personali dai nessi talvolta oscuri.
19. il cheggiano: lo richiedano.
20. grottole: piccole grotte.
21. strigi: uccelli notturni da preda.
22. nottole: civette.
23. riedono: tornano.
24. pruni e stecchi: rovi e spine.
25. ledono: feriscono.
26. Nubbi: raddoppiamento meridionale per "nubi".
27. trepidi: mi spaventi.
28. s'adempia: si empia.
29. lepidi: piacevoli.
30. Flegra: penisola della Macedonia. Il riferimento mitologico è alla battaglia di Flegra, in cui Giove abbatté coi fulmini i giganti ribelli e al diluvio che sommerse la terra.
31. ergasi: si sollevi.
32. dispergasi: si disperda.
33. ricovero: ristoro.
34. sovero: sughero (forma dilettale).
35. lacero: lacerato.

Analisi del testo

Struttura e temi

Idillio e tormento I versi iniziali dell'egloga appaiono segnati da una bipartizione in due blocchi tonali distinti: all'atmosfera bucolica del canto di Selvaggio (vv. 1-30) segue l'andamento patetico della risposta di Ergasto, che proietta sul paesaggio le ombre oscure dei propri tormenti amorosi (vv. 31-54). Quasi in forma di contrasto, Ergasto riprende i motivi ameni di Selvaggio e li ribalta a uno a uno: nelle grotte oscure e fredde del suo animo, abitate dagli uccelli notturni, la primavera non può giungere, con il suo seguito di erbe e fiori. Addirittura il pastore rovescia sull'ambiente circostante l'atmosfera cupa e orrida della selva dantesca dei suicidi («solo pruni e stecchi, che 'l cor ledono», *Inferno* XIII, v. 36), per poi approdare al presagio apocalittico di una prossima fine del mondo, quando tempeste violentissime e fiere selvagge disperderanno finalmente le greggi e, con esse, ogni serena quiete agreste dell'Arcadia.

Lingua e stile

Il doppio registro linguistico Alla bipartizione tematica corrisponde una differente caratterizzazione linguistica, che mantiene un tono classicheggiante e composto nella parte bucolica (con vari latinismi: «victo», «le foglia»), mentre si fa più impegnativa e involuta nei patetici versi di Ergasto: infatti, la parola-rima del primo verso nella risposta di Ergasto («grottole», v. 31) impone l'andamento delle terzine sdrucciole, tese a sottolineare l'inquietudine del personaggio.

Benozzo Gozzoli, *Giovane pastore*, particolare degli affreschi della Cappella dei Magi, 1459-1460. Firenze, Palazzo Medici Riccardi.

Officina

COMPRENDERE

1. Da cosa prende avvio il dialogo?
2. Cosa risponde Ergasto?
3. Qual è l'unico sollievo per Ergasto?

ANALIZZARE

4. **Lessico** Costruisci una frase con il verbo "giovare" per questi contesti: medico, scolastico, politico.
5. **Lingua e stile** La descrizione della natura compare nelle battute di entrambi i pastori, ma con funzione diversa. Riassumine le caratteristiche e prova a spiegarne le differenze.
6. Come spieghi l'inserimento del mito ai versi 19-24?
7. **Lingua e stile** Il discorso di Ergasto è basato sull'iperbole. Cerca nel testo esempi di questa figura retorica e poi spiegane la funzione.

INTERPRETARE

8. Gli ultimi versi fanno eco al sonetto *Pace non trovo et non o da far guerra* di **Petrarca**. Rileggi questa poesia, cerca le riprese linguistiche, poi rifletti sul differente atteggiamento di Petrarca e di Sannazaro per la sofferenza d'amore e sull'eventuale sollievo dal dolore.

PERCORSO DI SCRITTURA

Parafrasi Parafrasa la risposta di Selvaggio: ordina la sintassi e la punteggiatura; sostituisci i termini difficili con altri d'uso comune e chiarisci eventuali metafore.

4. Dal cantare al poema cavalleresco

4.1 La tradizione canterina

Una poesia orale

Il **genere del cantare** era espressamente **popolare** nelle forme e soprattutto nelle modalità di diffusione. I testi, infatti, venivano eseguiti sulla pubblica piazza con accompagnamento musicale – andato del tutto perso nei manoscritti – da esecutori detti **"canterini"** o **"cantambanchi"** perché recitavano su un bancone di legno allestito per l'occasione. I canterini erano a volte gli stessi autori del testo che eseguivano; in altri casi riprendevano un testo già esistente, ma quasi sempre lo adattavano ai gusti propri e del pubblico, o lo tagliavano a seconda delle esigenze di recitazione. In genere una recitazione pubblica arrivava alla misura di 40-50 ottave. Per queste ragioni, ogni esemplare manoscritto di cantare è unico, in quanto rispecchia una data versione di un determinato cantambanco e non è la copia fedele di un testo già fissato e ripetuto in quella forma.

Giullari e canterini

Rispetto ai **giullari** dei secoli precedenti, i canterini presentano **affinità e differenze**. Affinità, in quanto eseguivano pubblicamente opere in versi destinate all'intrattenimento del pubblico; differenze, in quanto i canterini erano più "borghesi" e meno girovaghi dei giullari: grazie al grande successo del genere, in alcune città i canterini ricevevano dal Comune un regolare stipendio. A Firenze si giunse a costituire persino delle scuole o "botteghe artigianali" in cui era possibile imparare l'arte del "cantare". Il fatto che dei cantari siano rimasti in effetti molti testi, anche a stampa, rispecchia l'interesse di alcuni circoli intellettuali e di corte per la letteratura in volgare; interesse che crebbe nel corso del Quattrocento e portò alle opere di Pulci e di Boiardo.

> Il fatto che dei cantari siano rimasti in effetti molti testi, anche a stampa, rispecchia l'interesse di alcuni circoli intellettuali e di corte per la letteratura in volgare.

Le storie dei cantari

La materia dei cantari è assai varia, ma quasi tutta deriva dalla **tradizione letteraria alta**: dall'epica carolingia provengono le storie di Orlando e degli altri cavalieri di Carlo Magno; dal romanzo bretone o di argomento storico le avventure di Lancillotto, Ginevra, Tristano, le vicende della guerra di Troia, degli antichi Greci e Romani; attraverso poemetti francesi le storie di Florio e Biancifiore o della Dama del Vergiù; il *Decameron* pure offre materia al genere, né mancano cantari di argomento mitologico classico. Uno sviluppo autonomo dalla letteratura "alta" ebbero solo i cantari di argomento religioso, ispirati alle storie dei santi o della Vergine Maria.

Dalla piazza al libro

I cantari sono dunque un fenomeno variegato e frammentario, nel quale è tuttavia possibile individuare alcuni **caratteri costanti**, temi ricorrenti e formule fisse, che spesso derivano dalla loro originaria destinazione orale e permettono di ricondurli a un genere comune. Nonostante ciò, risulta comunque difficile tracciare una linea di demarcazione fra la produzione canterina vera e propria (legata alla rappresentazione di piazza) e le prime apparizioni del "romanzo cavalleresco". Ancor più arduo risulta stabilire il momento preciso in cui questi testi si svincolano dalla recitazione pubblica e divengono **oggetto di lettura privata**. Nei testi canterini, infatti, anche quando la piazza non è più lo spazio reale di riferimento, la dimensione pubblica continua a rimanere il punto di riferimento ideale per un ascoltatore che tende sempre più a trasformarsi in lettore.

Lo stile del parlato

Il cantare mantiene quindi **tracce** costanti **di oralità** ed è condizionato dalla recitazione giullaresca che ne ha determinato l'origine. Per questo motivo vi si trovano ripetizioni, ridondanze, anacronismi narrativi, iperboli e, nelle ottave di apertura, il particolare uso dell'invocazione a Dio o alla Vergine, che affonda le proprie radici nella tradizione delle laudi e nella memoria dantesca. Terminata l'invocazione, il narratore si rivolge direttamente al suo pubblico, invitandolo all'ascolto con apostrofi di comando o di invocazione.

Le caratteristiche formali

La narrazione è fondata sulla pura successione dei fatti, dove non esiste una vera e propria dimensione temporale, né una nitida relazione cronologica fra gli eventi, se non per accenni generici e formulari (giorno-notte; prima-poi). Proprie dei formulari canterini sono anche quelle espressioni metaforiche che prevedono l'impiego di un **lessico attinente alla realtà quotidiana** (monete, frutti, verdure, oggetti inusuali), secondo un uso ampiamente ripreso da Pulci (➤ p. 90). Allo stesso modo, sono destinate a passare nei successivi poemi epico-cavallereschi **formule testimoniali**, cioè il ricorso dichiarato ed esplicito a fonti autorevoli (spesso mescolate in modo anacronistico, mettendo insieme Omero, Virgilio, Ovidio e Dante), impiegate per attestare la veridicità dei fatti narrati.

Lorenzo Costa il Vecchio, *Un concerto*, 1485-1495 circa. Londra, National Gallery.

La questione delle origini

La questione della **nascita del cantare** – che poi non è altro, formalmente, se non un poemetto in ottava rima – si incrocia con quella delle sue origini popolari. Il primo cantare di cui è possibile datare il manoscritto è quello di *Florio e Biancifiore*, presente in un codice toscano del 1343 o 1345, ma che potrebbe attingere a un testo veneto più antico. Dal punto di vista cronologico, però, il **primo poemetto in ottave** di cui abbiamo certa documentazione è di **Giovanni Boccaccio**: si tratta del *Filostrato*, risalente agli anni intorno al 1335, che tratta degli amori infelici di Troiolo per Criselda. Anche Boccaccio, inoltre, tratta dell'amore di Florio e Biancifiore nel suo testo in prosa *Filocolo*, che presenta anche delle parti in ottave. Il *Filocolo* è stato datato tra 1336 e 1339, prima quindi del manoscritto esistente di *Florio e Biancifiore*. Secondo il filologo Monteverdi sarebbe stato il cantare a riprendere Boccaccio e non viceversa, ma più recenti studi (Balduino) sostengono che è stato Boccaccio ad attingere a un cantare più antico e perduto. La questione resta dunque assai controversa.

4.2 Luigi Pulci e il *Morgante*

La vita e l'opera

Luigi Pulci (Firenze 1432 - Padova 1484), figlio di una nobile famiglia decaduta, conduce a Firenze una giovinezza irrequieta, angustiata dalle ristrettezze economiche, finché viene introdotto presso la famiglia Medici nel 1461. Qui entra **nelle grazie del giovane Lorenzo**, con il quale condivide lo spirito giocoso delle sue prime opere poetiche: la *Beca di Dicomano*, parodia della *Nencia da Barberino* di Lorenzo (➤ p. 67), a sua volta rivisitazione ironica dell'amor cortese. In quegli stessi anni riceve l'incarico da **Lucrezia Tornabuoni**, madre di Lorenzo, di scrivere un poema di materia cavalleresca e intraprende così la composizione del ***Morgante***, che sarebbe stato completato soltanto nel 1470.

Biblioteca digitale *Costor che fan sì gran disputazione*

Verso la metà degli anni '70 il clima della corte medicea, dapprima molto influenzato dal suo umore bizzarro e giocoso, viene segnato dalla crescente importanza dei filosofi platonici dell'Accademia (Ficino, Pico, Landino): Pulci entra in conflitto con questa cerchia di intellettuali, arrivando addirittura a condurre un'aspra **polemica con Ficino** sull'immortalità dell'anima. Lentamente emarginato dalla corte e a causa di difficoltà finanziarie, Pulci deve allontanarsi da Firenze ed entrare al servizio del condottiero Roberto di San Severino, che seguì in varie spedizioni (Milano, Pisa e Venezia). Ammalatosi durante un viaggio, muore a Padova nel 1484.

Il *Morgante*

L'intento di Lucrezia Tornabuoni nel commissionare a Pulci **un poema in volgare** era quello di contribuire alla **diffusione del fiorentino** come lingua letteraria. Nell'accingersi all'impresa, Pulci lascia prevalere la sua vena burlesca, pungente e spregiudicata, e compone una parodia del poema cavalleresco. Il *Morgante* è incentrato sulla **materia carolingia** e si compone di 28 canti in ottave, suddivisi in due parti: la prima (di 23 canti, pubblicata nel 1478) è molto probabilmente derivata dall'*Orlando*, un cantare popolaresco dell'epoca; la seconda parte, di soli 5 canti (pubblicati nel 1483), ha per tema le drammatiche vicende della rotta di Roncisvalle.
Si tratta di **un poema prevalentemente comico**, che trae il titolo dalla originale figura di Morgante, un gigante convertito al cristianesimo e divenuto poi scudiero di Orlando, benché l'intera trama risulti imperniata sulle avventure dei paladini di Carlo Ma-

gno. La narrazione è debitrice della tradizione orale dei cantari e procede, infatti, in modo discontinuo, per giustapposizioni di colpi di scena. La prima parte del poema si rivela più burlesca, libera e spregiudicata nello stile e nella struttura; la seconda parte invece è nettamente di tono più serio, visto che è incentrata sulle vicende eroiche dei paladini e sulla morte di Orlando.

LA TRAMA

La vicenda narra delle peripezie di Orlando, dopo il suo allontanamento dalla corte di Carlo Magno, alla volta delle terre non cristianizzate dell'Asia. Giunto in un convento, Orlando combatte con tre giganti, li sconfigge e fa prigioniero Morgante, che prontamente si converte al cristianesimo e comincia a combattere al suo fianco. Durante le loro avventurose peregrinazioni, Morgante incontra Margutte, un gigante rimasto a metà della crescita e si unisce a lui in una vita di beffe e banchetti. La morte di entrambi avviene (in perfetta coerenza con il tono del poema) per motivi assurdi e grotteschi: Margutte viene stroncato dal troppo ridere e Morgante dal semplice morso di un piccolo granchio, prima che anche Orlando cada nella rotta di Roncisvalle.

Un nuovo genere letterario

Alcuni studiosi hanno voluto riconoscere nella «macchina del poema» di Pulci un'**allegoria del cammino terrestre dell'anima** umana, articolato secondo una progressione simile a quella delle tre cantiche della *Commedia*, con una diversità di registri che passano dallo stile comico a quello "mezzano", a quello tragico del finale. Pulci, infatti, attinge costantemente al modello dantesco e (in misura minore) petrarchesco, con l'intento di fondare un **nuovo genere letterario**, che si radichi nella tradizione canterina per superarla definitivamente. Il poeta è ben consapevole di compiere una riscrittura dei cantari preesistenti, ma ci tiene a rendere manifesto che la sua riscrittura è tesa all'innalzamento stilistico e alla nobilitazione letteraria.

Una parodia dantesca

Dante rappresenta una **fonte culturale e sapienziale**, ma soprattutto una ***auctoritas***, che garantisce credibilità alle storie narrate e consente di stringere un legame sempre più stretto con il recente passato culturale fiorentino. Questo modello agisce su due diversi piani: quello linguistico, per allontanare la lingua del *Morgante* dalla piatta dizione canterina, e quello narrativo, per dare voce a un narratore dotato di **forza polemica**, di profondità morale e di intuito profetico. Nel corso del poema le riprese dantesche divengono sempre più organiche e riguardano soprattutto alcune caratteristiche, come il pluristilismo, l'accostamento fra il comico e il tragico, e il gusto per il gioco di parole e per il proverbio.

Siamo di fronte a una divertita e originale creazione, frutto di un temperamento anticonformista e provocatorio.

Spesso Pulci tende a recuperare dalla *Commedia* delle sentenze proverbiali, trascinandole però in un contesto diverso e sottoponendole a un inevitabile processo di degradazione. Ciò comporta che nel *Morgante*, mentre il Dante comico è ulteriormente comicizzato, il Dante sublime è inesorabilmente abbassato di tono: siamo di fronte a una divertita e originale creazione, frutto di un temperamento anticonformista e provocatorio, che consente a Pulci di valorizzare il suo estro comico e la sua inesauribile **vivacità linguistica**.

FISSA I CONCETTI

- Che origine hanno i cantari?
- Quali sono i loro principali caratteri?
- Quali sono i contenuti e i modelli del *Morgante*?

T6 *Il Credo di Margutte*

Morgante
XVIII, 112-120

Dopo aver condiviso avventure in Asia e in Francia, Orlando e Morgante si sono separati, il primo impegnato in una guerra a Babilonia, il secondo intento a scortare una giovane di nome Meridiana, convertitasi al cristianesimo. Morgante decide però di riunirsi a Orlando e incontra sulla sua strada Margutte, un aspirante gigante che ha tuttavia interrotto la sua crescita. Morgante prende in simpatia il nuovo compagno e gli chiede una "professione di fede", enunciata ai limiti della blasfemia.

- Metro ottave di endecasillabi (con schema metrico ABABABCC)

112 Giunto Morgante un dì in su 'n un crocicchio,
uscito d'una valle in un gran bosco,
vide venir di lungi, per ispicchio,[1]
un uom che in volto parea tutto fosco.[2]
Dètte del capo del battaglio un picchio[3]
in terra, e disse: «Costui non conosco»;
e posesi a sedere in su 'n un sasso,
tanto che questo capitò e al passo.

113 Morgante guata le sue membra tutte
più e più volte dal capo alle piante,[4]
che gli pareano strane, orride e brutte:
– Dimmi il tuo nome, – dicea – vïandante.
– Colui rispose: – Il mio nome è Margutte;
ed ebbi voglia anco io d'esser **gigante**,
poi mi pentì quando al mezzo fu' giunto:
vedi che sette braccia sono appunto.[5] –

Le nostre parole ›

1. **per ispicchio:** di scorcio.
2. **fosco:** scuro.
3. **Dètte... picchio:** Diede un colpo dall'estremità del batacchio di una campana, che usava come arma.
4. **piante:** dei piedi.
5. **vedi... appunto:** vedi che sono alto sette braccia per l'appunto. Sette braccia sono circa quattro metri, quindi Margutte è "basso" per gli standard di un gigante.

Le nostre parole — Gigante

L'origine del termine Il sostantivo "gigante" ha origine dal latino *gĭgas gĭgantis*, che viene a sua volta dal greco *gígas gígantos*. Nella mitologia greca i Giganti erano esseri mostruosamente grandi, con corpo di serpente dalla cintola in giù. Figli di Gaia, la dea della Terra, e di Urano, fin dalla loro nascita si dimostrarono ribelli, cominciando a scagliare massi contro il cielo per costringere gli dèi dell'Olimpo a liberare i Titani dal mondo infero dei Tartari, dove Giove li aveva rinchiusi. Si scatenò così una guerra, chiamata *Gigantomachia*, vinta dagli dèi dell'Olimpo, anche grazie al determinante aiuto di Ercole, l'eroe mortale.

La «Gigantomachia» In epoca romana, la battaglia tra Giganti e dèi fu interpretata allegoricamente come la vittoria dell'intelligenza sulla forza bruta quale premessa dell'incivilimento umano. Virgilio, nell'*Eneide*, pone i Giganti entro i confini del Tartaro. Anche la *Bibbia* menziona delle creature gigantesche tra l'umano e il sovrumano, sia prima che dopo il Diluvio universale, e le pone nella parte più profonda degli abissi.

Gli usi moderni Il sostantivo, usato oggi anche come aggettivo, ha spesso significati trasfigurati. "Gigante", per esempio, può chiamarsi una personalità di eccezionale livello nelle arti o nella letteratura ("Michelangelo è un gigante della scultura"), così come un Paese che abbia raggiunto risultati invidiabili in uno o più settori ("Gli Stati Uniti sono un gigante dell'informatica"). Tra le locuzioni in maggiore uso, quella di "fare passi da gigante" (fare enormi progressi). Assai impiegato è l'aggettivo derivativo "gigantesco".

114 Disse Morgante: – Tu sia il ben venuto:
ecco ch'io arò pure un fiaschetto allato,[6]
che da due giorni in qua non ho beuto;
e se con meco sarai accompagnato,
io ti farò a camin quel che è dovuto.[7]
Dimmi più oltre: io non t'ho domandato
se se' cristiano o se se' saracino,
o se tu credi in Cristo o in Apollino.[8] –

115 Rispose allor Margutte: – A dirtel tosto,
io non credo più al nero ch'a l'azzurro,[9]
ma nel cappone, o lesso o vuogli arrosto;
e credo alcuna volta anco nel burro,
nella cervogia,[10] e quando io n'ho, nel mosto,
e molto più nell'aspro che il mangurro;[11]
ma sopra tutto nel buon vino ho fede,
e credo che sia salvo chi gli crede;

116 e credo nella torta e nel tortello:
l'uno è la madre e l'altro è il suo figliuolo;
e 'l vero paternostro è il fegatello,
e posson esser tre, due ed un solo,
e diriva dal fegato almen quello.
E perch'io vorrei ber con un ghiacciuolo,[12]
se Macometto il mosto vieta e biasima,[13]
credo che sia il sogno o la fantasima;[14]

117 ed Apollin debbe essere il farnetico,[15]
e Trivigante[16] forse la tregenda.[17]
La fede è fatta come fa il solletico:
per **discrezion** mi credo che tu intenda.[18]

lessico
Discrezione
Capacità di distinguere e giudicare le situazioni per scegliere al meglio; senso del limite e della misura, moderazione, riservatezza.

6. ch'io... allato: che io allora avrò un fiaschetto di fianco. Margutte in altre parole arriva all'altezza della cintola di Morgante, dove sta appeso un piccolo fiasco.
7. io... dovuto: durante il cammino ti tratterò come si deve.
8. in... Apollino: in Cristo o nelle divinità pagane.
9. io... azzurro: in altre parole Margutte non crede in nessuna divinità.
10. cervogia: una specie di birra fatta con orzo.
11. aspro... mangurro: Margutte preferisce il mosto aspro a quello dolce («mangurro»). Nella frase c'è anche un gioco di parole, visto che l'«aspro» era una moneta turca d'argento mentre il «mangurro» era di rame e, quindi, di minor valore.
12. ghiacciuolo: recipiente per il ghiaccio.
13. se... biasima: riferimento al divieto di bere vino per i musulmani.
14. fantasima: immaginazione.
15. farnetico: uno che delira.
16. Trivigante: nome dato a un'immaginaria divinità che gli europei credevano fosse adorata dai musulmani.
17. tregenda: allucinazione. Margutte sta dicendo che le manifestazioni religiose, di qualsiasi tipo, sono solo frutto della mente.
18. La fede... intenda: cioè come il solletico si può soffrire oppure no, anche la fede alcuni la possiedono e altri ne sono privi. «Discrezion» sta qui per "buon senso".

Pieter Brueghel il Giovane, *L'ubriaco sull'uovo*, XVI-XVII secolo. Collezione privata.

Or tu potresti dir ch'io fussi eretico:
acciò che invan parola non ci spenda,[19]
vedrai che la mia schiatta non traligna[20]
e ch'io non son terren da porvi vigna.[21]

118 Questa fede è come l'uom se l'arreca.[22]
Vuoi tu veder che fede sia la mia?,
che nato son d'una monaca greca
e d'un papasso[23] in Bursia,[24] là in Turchia.
E nel principio sonar la ribeca[25]
mi dilettai, perch'avea fantasia
cantar di Troia e d'Ettore e d'Achille,
non una volta già, ma mille e mille.

119 Poi che m'increbbe il sonar la chitarra,
io cominciai a portar l'arco e 'l turcasso.[26]
Un dì ch'io fe' nella moschea poi sciarra,[27]
e ch'io v'uccisi il mio vecchio papasso,
mi posi allato questa scimitarra[28]
e cominciai pel mondo andare a spasso;
e per compagni ne menai con meco
tutti i peccati o di turco o di greco;

120 anzi quanti ne son giù nello inferno:
io n'ho settanta e sette de' mortali,
che non mi lascian mai lo state o 'l verno;
pensa quanti io n'ho poi de' venïali!
Non credo, se durassi il mondo etterno,
si potessi commetter tanti mali
quanti ho commessi io solo alla mia vita;
ed ho per alfabeto ogni partita.[29]

Biblioteca digitale *Dialogo di Malagigi e Astarotte*

19. acciò… spenda: per non farti sprecare fiato invano.
20. la mia… traligna: la mia origine non inganna.
21. non son… vigna: ovvero non posso essere convertito.
22. se l'arreca: se la porta dietro (per tradizione).
23. papasso: prete cristiano o musulmano.
24. Bursia: una città del Sud della Turchia.
25. ribeca: antico strumento ad arco.
26. turcasso: faretra. Da cantastorie divenne guerriero.
27. sciarra: rissa.
28. scimitarra: spada ricurva usata dai Saraceni.
29. ho… partita: conosco bene (*ho per alfabeto*) ogni tipo di gioco (quindi di peccato).

Analisi del testo

Struttura e temi

Un peccatore impenitente Margutte si presenta come un personaggio deforme e paradossale, cresciuto a metà, tanto da arrivare alla cintola di Morgante (ottave 112-113). È un peccatore irredimibile che, alla esplicita domanda di Morgante sulla sua appartenenza religiosa (114), recita un improbabile e blasfemo credo culinario, nel quale afferma di riporre la sua fede unicamente nel cibo e nel vino (115-116). Il passo è celebre per il suo tono canzonatorio e sacrilego, che ha scatenato su Pulci le accuse di eresia per le quali gli fu poi negata la sepoltura in terra consacrata. Margutte rivela senza mezzi termini di essere frutto dell'unione sacrilega fra una monaca e un sacerdote (118), e altrettanto schiettamente manifesta le proprie convinzioni e la propria natura di peccatore (119-120).

La parodia blasfema degli articoli di fede Egli sostituisce, nell'impeto grottesco e sovversivo del suo credo personale, la torta e il tortello a Maria e al figlio Gesù (116, 1-2); e il fegato e i fegatelli alla trinità (116, 3-5). Non sorprende, dato il tono dell'opera, che in qualche modo Pulci (con un riso amaro) faccia del piccolo gigante deforme una sorta di controfigura del cantastorie, del poeta che declama per anni i versi dei poemi classici, prima di diventare parricida e intraprendere la vita errante del soldato.

Lingua e stile

Comicità ed espressionismo La scrittura di Pulci nasce da una sintesi tra la lingua povera, ripetitiva e stereotipata dei cantari con il lessico, le immagini e gli stilemi provenienti da Dante e Petrarca, oltre che dalla tradizione classica e romanza («parea tutto fosco»; «strana orrida e brutta»; «dalla valle in un gran bosco»; «dimmi più oltre»; «non una volta già ma mille e mille»). L'esito è quello di una forte espressività linguistica, caratterizzata da elementi comici e grotteschi, che prendono spesso la forma di immagini basse e popolari, in particolare gastronomiche («ma nel cappone, o lesso o vuogli arrosto»; «e credo nella torta e nel tortello»; «'l vero paternostro è il fegatello»; «come fa il solletico»).

Officina

COMPRENDERE

1. Dove e come avviene l'incontro fra Morgante e Margutte?
2. Su quali argomenti ruota la conversazione fra i due personaggi?

ANALIZZARE

3. **Lingua e stile** Sottolinea nel testo tutti gli elementi grotteschi.
4. **Lessico** Nelle frasi che seguono indica quando "discrezione" è usato nel senso di «capacità di distinguere e giudicare» e quando significa «riservatezza, tatto», poi sostituisci "discrezione" con il sinonimo giusto in ciascuna frase.
   a) Mi affido alla tua discrezione.
   b) Ti lascio un po' di soldi per le tue vacanze, usali con discrezione!
   c) Gli avvocati hanno dibattuto a lungo, ora la decisione è affidata alla discrezione del giudice.

INTERPRETARE

5. Metti a confronto le stanze 112-113 con i versi 61-66 del canto I dell'*Inferno*, in cui Dante incontra Virgilio: trovi che ci siano somiglianze linguistiche e di ambientazione nei due brani? Ed eventualmente come le spieghi?

COMPETENZE DEL XXI SECOLO

Competenze digitali Immagina che Margutte debba presentare il suo "credo" attraverso i social: crea un suo profilo Facebook attraverso il quale far emergere la sua storia e la sua personalità. Puoi usare foto, frasi significative, messaggi di stato e quant'altro tu ritenga opportuno per rendere rappresentativa del personaggio la sua pagina. Aiutati anche cercando in rete altro materiale sul personaggio o altri testi del *Morgante* in cui compare il gigante.

4.3 Matteo Maria Boiardo e l'*Orlando innamorato*

La vita e le opere

La vita

Matteo Maria Boiardo nasce nel **1441** a Scandiano (Reggio Emilia), possesso feudale della sua nobile famiglia, e trascorre l'infanzia e la giovinezza a Ferrara, dove studia sotto la guida di Guarino Veronese e si inserisce nella cerchia di letterati e artisti che gravitano intorno alla corte estense. Morto il padre, torna a Scandiano dove regge il feudo familiare, compiendo di tanto in tanto alcuni incarichi per conto degli Estensi, con i quali ha uno stretto rapporto. Boiardo, infatti, diviene **consigliere e uomo di fiducia del duca Ercole d'Este**, grande estimatore di ogni forma d'arte e mecenate, per il quale cura il volgarizzamento di numerose opere classiche. All'inizio degli anni Settanta del secolo, al seguito di Borso e poi di Sigismondo d'Este, Boiardo compie viaggi a Roma e a Napoli; ricopre poi l'incarico di governatore di Modena e di Reggio, dove rimane fino al **1494**, anno della sua morte.

Le opere

È negli anni '70 che Boiardo comincia a elaborare l'idea di un poema cavalleresco in ottave che tratti le storie dei paladini di Carlo Magno, tema particolarmente apprezzato nella cerchia estense. All'interno dell'opera, infatti, egli inserisce un **motivo encomiastico**, includendo tra i personaggi il capostipite degli Este, Ruggero. Il poema in due libri, dal titolo *Orlando innamorato* o meglio *Inamoramento de Orlando*, viene terminato nel 1483; ai primi due libri ne segue un terzo di soli 9 canti, perché il poeta, sempre più pressato dai doveri politici, non ha il tempo di completarlo prima della sua morte.
Boiardo è anche autore di numerosi **sonetti** e **ballate**, dedicati secondo l'uso del tempo a una gentildonna (Antonia Caprara), poi raccolti negli *Amorum libri tres*, di chiaro influsso petrarchesco. All'interno della sua produzione vanno ricordati inoltre otto *Epigrammata latini*, una commedia e numerose lettere, quasi tutte in volgare.

L'*Orlando innamorato*

Il contesto culturale

L'**ambiente culturale ferrarese** risulta molto ricco e vitale: la corte estense favorisce una notevole circolazione di stimoli provenienti dalla Francia, attraverso edizioni e volgarizzamenti di opere del ciclo carolingio e bretone e, in genere, della letteratura cavalleresca d'oltralpe, che si uniscono al vivace filone dei cantari popolareschi (➤ p. 88).
In questo ambiente riprende vigore la **tradizione cortese**, che gradualmente innesta nel genere epico alcuni elementi narrativi avventurosi e romanzeschi, più rispondenti alle esigenze di intrattenimento del pubblico cortigiano.
In questo contesto si inscrive l'*Orlando innamorato*, posto tra la fine della stagione quattrocentesca, fatta di difficili equilibri diplomatici, e la discesa di Carlo VIII in Italia nel 1494, destinata a dare inizio ai conflitti tra Francia e Spagna che sconvolsero la penisola. Il poema di Boiardo si pone dunque a un **punto di svolta**, a un crocevia dove convergono le linee delle diverse tradizioni letterarie del tempo, da quella umanistica, legata ai classici greci e latini, a quella più propriamente volgare, di area romanza.

L'amore come principio ispiratore

Nella sua incompiuta redazione finale, pubblicata nel 1495, il poema si compone di tre libri, formati rispettivamente da 29, 31 e 9 canti, tutti incentrati sul **tema amoroso**, che costituisce la **forza propulsiva** delle azioni dei protagonisti. L'intera trama,

Francesco del Cossa, *Borso d'Este, circondato dai membri della sua corte, ricompensa il buffone Scoccola*, 1470 circa. Il ciclo di affreschi realizzato nel Salone dei Mesi di Palazzo Schifanoia a Ferrara, rivela gli interessi culturali di una corte del Quattrocento, in cui vengono coltivate l'astrologia, le scienze e la letteratura, ma testimonia anche la volontà dei committenti di usare l'arte a fini propagandistici.

costellata da avventure e colpi di scena, ha per filo conduttore la fuga di Angelica dall'accampamento di Carlo Magno, dove era giunta dall'Oriente inseguita da Orlando e da molti cavalieri.

In questo ambito Boiardo dispiega tutta la verve innovatrice del suo talento: il poeta intende **rifondare il genere** letterario del poema epico-cavalleresco, introducendo all'interno della tradizione carolingia l'elemento amoroso, come principio ispiratore irrinunciabile e motore narrativo essenziale. Sin dal proemio, Boiardo conferisce proprio all'amore il ruolo di vincitore assoluto e incontrastato, cui si deve piegare anche l'invitto Orlando.

LA TRAMA

Nella prima parte del poema Angelica, accompagnata dal fratello Argalia, giunge alla corte di Carlo Magno, dove si svolge un torneo di cavalieri, e propone ai partecipanti di andare in sposa a chi riuscirà a battere in duello il fratello. Argalia però possiede armi magiche che gli assicurano sempre la vittoria; le armi gli vengono rubate e Argalia viene così sconfitto dal saraceno Ferraguto. Angelica, però, scappa per non dover sposare il saraceno, e alcuni cavalieri, innamorati della giovane, decidono di seguirla: tra questi ci sono anche Orlando e suo cugino Ranaldo. Durante la fuga di Angelica, Ranaldo si abbevera a una fonte magica che muta i suoi sentimenti: il giovane inizia a odiare Angelica, mentre quest'ultima, dissetatasi alla fonte dell'amore, si innamora di lui. Orlando, accecato dall'amore, si scontra con il cugino Ranaldo, deciso a distoglierlo dal suo desiderio per Angelica. Infine non desiste e lo sfida, ma la principessa, infatuata di lui, allontana Orlando mandandolo a combattere contro la maga Fallerina.

Nella seconda parte del poema il regno di Francia è minacciato dal re pagano Agramante. Quest'ultimo non affronta i cristiani prima di essersi assicurato l'aiuto di Ruggero, che viene liberato dalle mani del mago Atlante grazie al ladro Brunello, che si appropria dell'anello magico posseduto da Angelica. Nel frattempo Ranaldo e Angelica si scambiano ancora una volta i ruoli: l'uno ricomincia ad amarla, mentre l'altra inizia a odiarlo. Si rinnova allora la contesa amorosa tra Orlando e Ranaldo. Interviene quindi il re Carlo, che promette di consegnare la ragazza a chi dei due combatterà con maggior vigore l'esercito pagano che si appresta ad attaccare. Nel terzo libro, incompiuto, inizia lo scontro tra i due eserciti e si assiste alla storia d'amore tra Ruggero e Bradamante, da cui discenderanno gli Estensi.

Una sintesi innovativa

> Il poeta intende rifondare il genere letterario del poema epico-cavalleresco, introducendo all'interno della tradizione carolingia l'elemento amoroso.

Boiardo giunge così ad aprire nella biografia di Orlando lo spazio imprevedibile dell'innamoramento, come dichiarato fin dal titolo del poema, anche se l'eroe era da sempre rappresentato come un paladino castissimo e irreprensibile. Tale scelta, ardita e innovativa, introduce nella vicenda un **conflitto**, non soltanto nella psicologia del personaggio, dilaniato fra **le imprese militari e l'incontenibile passione d'amore**, ma anche nella dinamica narrativa.

Orlando, infatti, a causa della passione per Angelica lascia lo sfondo guerresco del campo di battaglia, tipico del ciclo carolingio, per entrare in un'altra dimensione del racconto, quella bretone delle avventure magiche e meravigliose.

Boiardo mette così in atto una vera e propria **forte innovazione letteraria**: la materia di Bretagna (inserita nel tessuto carolingio) e l'esaltazione dell'amor cortese acquistano un primato senza precedenti, capace di far rivivere nella moderna corte estense i valori della più nobile tradizione cavalleresca. In questo disegno totalmente originale, dove convivono materiali e registri diversi e dove la ripresa dell'antico si fonda soprattutto sul patrimonio della letteratura romanza, anche i richiami alle fonti classiche greche e latine vengono adattati al colore romanzesco dominante.

Biblioteca digitale
Amor, che me scaldava al suo bel sole (*Amorum libri*)

Il poema boiardesco si pone come una **risposta immediata di Ferrara** al tentativo di Firenze di affermare (con Pulci e Poliziano) la propria egemonia, anche nel genere per eccellenza padano della poesia epico-cavalleresca. Infatti, dopo aver accolto la tradizione lirica toscana negli *Amorum libri*, nel poema Boiardo sceglie consapevolmente una lingua influenzata dal **sostrato padano**, in aperta opposizione alla centralità del toscano. Si tratta di una lingua di corte, che in parte addolcisce i tratti dialettali più grevi, pur mantenendo connotati regionali marcati (le scempie al posto delle doppie, come in «mezo» per "mezzo" e la chiusura delle vocali finali).

In questo senso l'*Innamorato*, incompiuto, resta sul limitare dell'età nuova e apre le porte a **numerose riscritture successive**, soprattutto in forma di revisioni linguistiche. Nel breve tempo immediatamente successivo alla sua circolazione, la forma stessa del poema, costruito su una continua proliferazione di episodi, e la sua condizione di incompiutezza danno l'avvio a una serie numerosa di «**giunte**», cioè di continuazioni, la più famosa delle quali va rintracciata nell'*Orlando furioso* di Ariosto (➤ p. 204).

FISSA I CONCETTI

- In quale contesto viene composto l'*Orlando innamorato*?
- Quali sono i principali elementi di novità dell'opera?

T7 La fontana dell'amore e del disamore

Orlando innamorato
III, 32-42

Biblioteca digitale
Proemio
L'apparizione di Angelica

La fuga di Angelica, inseguita dal paladino innamorato, rappresenta il filo conduttore che tiene uniti numerosi e disparati eventi dell'intreccio: anche nelle ottave che seguono, Orlando, Ranaldo e Ferraguto vagano per la foresta in cerca della donna amata. Accade, però, che Ranaldo per dissetarsi beve alla fontana del disamore (divenuta tale per un incantesimo di Merlino), proprio nello stesso momento in cui Angelica beve a quella dell'amore. La situazione si rovescia all'improvviso e ora è la donna a inseguire il barone, che la evita.

■ METRO ottave di endecasillabi con schema metrico ABABABCC

32 Dentro alla selva[1] il barone amoroso[2]
guardando intorno se mette a cercare:
vede un boschetto d'arboselli ombroso,
che in cerchio ha un fiumicel con onde chiare.
Preso alla vista del loco zoioso,[3]
in quel subitamente ebbe ad intrare,
dove nel mezo vide una fontana,[4]
non fabricata mai per arte umana.

33 Questa fontana tutta è lavorata
de un alabastro candido e polito,[5]
e d'ôr sì riccamente era adornata,
che rendea lume[6] nel prato fiorito.
Merlin[7] fu quel che l'ebbe edificata,
perché Tristano,[8] il cavalliero ardito,
bevendo a quella lasci la regina,
che fu cagione al fin di sua ruina.

34 Tristano isventurato, per sciagura
a quella fonte mai non è arivato,
benché più volte andasse alla ventura,[9]
e quel paese tutto abbia cercato.

1. **selva:** la selva Ardenna, dove erano giunti i cavalieri inseguendo la bella Angelica.
2. **barone amoroso:** Ranaldo, innamorato di Angelica.
3. **zoioso:** gioioso.
4. **fontana:** la fontana del disamore.
5. **polito:** raffinato.
6. **rendea lume:** rischiarava.
7. **Merlin:** il mago Merlino, una figura di rilievo nella tradizione arturiana: secondo la leggenda, allevò Artù e ne fu consigliere.
8. **Tristano:** era il cavaliere della tavola rotonda che, bevendo un filtro d'amore, si innamorò di Isotta, destinata in sposa al re Marco di Cornovaglia. La fontana era stata costruita da Merlino per spezzare l'incanto magico che univa i due, ma il cavaliere non riuscì mai a trovarla, come si racconta nei versi seguenti.
9. **alla ventura:** errando.

Questa fontana avea cotal natura,
che ciascun cavalliero inamorato,
bevendo a quella, amor da sé cacciava,
avendo in odio quella che egli amava.

35 Era il sole alto e il giorno molto caldo,
quando fu giunto alla fiorita riva
pien di sudore il principe Ranaldo;
ed invitato da quell'acqua viva
del suo Baiardo[10] dismonta di saldo,[11]
e de sete e de amor tutto se priva;
perché, bevendo quel freddo liquore,
cangiosse[12] tutto l'amoroso core.

36 E seco stesso pensa la viltade
che sia a seguire una cosa sì vana;
né aprezia[13] tanto più quella beltade,
ch'egli estimava prima più che umana,
anci[14] del tutto del pensier li cade;
tanto è la forza de quella acqua strana!
E tanto nel voler se tramutava,
che già del tutto Angelica odïava.

37 Fuor della selva con la mente altiera[15]
ritorna quel guerrer senza paura.
Così pensoso, **gionse** a una riviera[16]
de un'acqua viva, cristallina e pura.
Tutti li fior che mostra primavera,
avea quivi depinto la natura;
e faceano ombra sopra a quella riva
un faggio, un pino ed una verde oliva.

38 Questa era la rivera dello amore.
già non avea Merlin questa incantata;
ma per la sua natura quel liquore
torna la mente incesa[17] e inamorata.
Più cavallieri antiqui per errore
quella unda maledetta avean gustata;
non la gustò Ranaldo, come odete,
però che al fonte se ha tratto la sete.[18]

lessico
Giungere
Dal latino *iungĕre*, «unire, congiungere», che propriamente significava «mettere il giogo, aggiogare». In italiano il significato di «arrivare» nasce da frasi come «giunsi il fine», letteralmente «mi congiunsi all'obiettivo».

10. Baiardo: il cavallo di Ranaldo.
11. di saldo: rapidamente.
12. cangiosse: si mutò.
13. aprezia: apprezza.
14. anci: anzi.
15. altiera: orgogliosa, superba.
16. riviera: corso d'acqua.
17. incesa: infiammata d'amore.
18. non... sete: non la bevve Ranaldo, come udite, perché già si era dissetato alla fontana.

39 Mosso dal loco, il cavalier gagliardo
destina quivi alquanto riposare;
e tratto il freno al suo destrier Bagliardo,
pascendo intorno al prato il lascia andare.
Esso alla ripa senz'altro riguardo
nella fresca ombra s'ebbe adormentare.
Dorme il barone, e nulla se sentiva;
ecco ventura[19] che sopra gli ariva.

40 Angelica, dapoi che fu partita
dalla battaglia orribile ed acerba,
gionse a quel fiume, e la sete la invita
di bere alquanto, e dismonta[20] ne l'erba.
Or nova cosa che averite odita![21]
Ché Amor vôl castigar questa superba.
Veggendo quel baron nei fior disteso,
fu il cor di lei subitamente acceso.

41 Nel pino atacca il bianco palafreno,
e verso di Ranaldo se avicina.
Guardando il cavallier tutta vien meno,
né sa pigliar partito la meschina.
Era dintorno al prato tutto pieno
di bianchi gigli e di rose di spina;
queste disfoglia, ed empie ambo le mano,
e danne in viso al sir de Montealbano.[22]

42 Pur presto si è Ranaldo disvegliato,
e la donzella ha sopra a sé veduta,
che salutando l'ha molto onorato.
Lui ne la faccia subito se muta,
e prestamente nello arcion montato
il parlar dolce di colei rifiuta.
Fugge nel bosco per gli arbori spesso:[23]
lei monta il palafreno e segue apresso.

19. ventura: evento inatteso.
20. dismonta: scende da cavallo.
21. averite odita: avrete udito.
22. sir de Montealbano: Ranaldo.
23. spesso: fitto.

Analisi del testo

Struttura e temi

La simmetria del testo Le dieci ottave del testo risultano simmetricamente divise fra la descrizione di ciascuna delle due fontane e delle azioni legate a queste: la fontana del disamore (e il relativo intarsio della storia di Merlino e Tristano), presso cui giunge Ranaldo per dissetarsi (ottave 32-36; «e de sete e de amor tutto se priva»); la fontana dell'amore (ottave 37-42), dove giunge prima il barone per riposare e poi Angelica, a bere quell'acqua.
Nel primo blocco di ottave, domina la descrizione di elementi d'artificio e d'arte («Merlin fu quel che l'ebbe edificata»); nel secondo blocco domina l'incanto della meraviglia naturale («Tutti li fior che mostra primavere, / avea quivi depinto la natura»).

Artificio e natura Vista la centralità dell'amore, ancora più significativa appare la contrapposizione fra la fontana dell'odio e quella dell'amore. Una contrapposizione che appare sostanziale, se si considera la diversa natura dei due fenomeni: il primo viene da un artificio ingannevole, quale il sortilegio compiuto da Merlino per salvare Tristano da un amore rovinoso; il secondo scaturisce soltanto dalla meraviglia della natura. Lo stesso Boiardo fa riferimento esplicito al precedente letterario arturiano, per rivelare come un amore capace di portare alla rovina e alla morte sia comunque frutto di un incantesimo e sia quindi innaturale, così come si rivela contro natura l'odio, in quanto contrario esatto del motore della vita.

Officina

COMPRENDERE

1. Chi ha costruito la fontana e per quali ragioni?
2. Quale effetto ha su Ranaldo l'acqua della fontana?
3. Come reagisce Angelica alla vista di Ranaldo? E Ranaldo alla vista di lei?

ANALIZZARE

4. Che tipo di narratore trovi nel testo? Motiva la tua risposta.
5. Quali caratteristiche di Ranaldo emergono dal testo? Delineane un ritratto.
6. **Lingua e stile** Analizza le azioni che caratterizzano Angelica e gli aggettivi che le sono associati. Trovi una corrispondenza tra gesti e parole? Perché?

INTERPRETARE

7. Quale idea dell'amore ti sembra che emerga dal brano? A tuo avviso qual è il giudizio dell'autore su Angelica?

PERCORSO DI SCRITTURA

Riscrittura Riscrivi il testo dal punto di vista di Ranaldo, immaginando che sia lui a raccontare i fatti che lo riguardano. Puoi partire da "E così vagando nel cercarla mi trovai dentro alla selva, quand'ecco che...".

COMPETENZE DEL XXI SECOLO

Comunicazione e collaborazione In gruppo con altri tre compagni lavora sul testo: uno si occuperà dell'analisi dei personaggi, uno delle loro azioni, l'altro del contesto. Elaborate ciascuno una sintesi accurata del vostro argomento, lavorando anche con le immagini; quindi mettete insieme le vostre idee e realizzate un trailer del brano, volto a incuriosire il pubblico e interessarlo al seguito delle vicende, poi proiettatelo in classe. Ricordatevi di usare immagini, musica o altri elementi, ma condensate tutto in un video di massimo 3 minuti.

T8 Un'Italia in fiamme: il finale del poema

Orlando innamorato
IX, 1-10 e 24-26

Sono qui riportate le ottave conclusive del poema, che restano improvvisamente tronche sulla notizia della discesa di Carlo VIII in Italia: i versi lasciano aperta la speranza di riprendere il racconto, ma la morte dell'autore, avvenuta poco dopo, era destinata a renderla vana. Giunto all'episodio dell'incontro fra Bradamante addormentata e Fiordespina, Boiardo sente la necessità di dare solennità alla vicenda con un nuovo esordio e un'invocazione ad Amore. Fiordespina, credendo Bradamante un cavaliere, se ne innamora perdutamente; quando, al risveglio, Bradamante si accorge di aver perduto il cavallo, Fiordespina le viene in soccorso facendole dono del suo destriero. Durante la descrizione delle due donne, l'autore lancia il suo grido disperato per le sorti dell'Italia, messa a ferro e fuoco dagli eserciti francesi.

- METRO ottave di endecasillabi con schema metrico ABABABCC

1 Poi che il mio canto tanto a voi dileta,
chè ben ne vedo nela faza[1] il segno,
io vo' trar for la citera più eleta[2]
e le più argute corde che abia in scrigno.[3]
Or vien, Amor, e qua meco te aseta,
e se io ben son di tal richiesta indigno,
perché e mirti al mio capo non se avoltano,
degni ne son costor che intorno ascoltano.[4]

2 Come nanti l'aurora, al primo albore,[5]
splendono stelle chiare e matutine,
tal questa corte luce[6] in tant'onore
de cavallieri e dame **peregrine**,[7]
che tu pôi ben dal ciel scendere, Amore,
tra queste genti angeliche e divine;
se tu vien' tra costoro, io te sciò dire
che starai nosco e non vorai partire.[8]

lessico

Peregrino/ Pellegrino

"Pellegrino" deriva dal latino tardo *pelegrīnum*, variante di *peregrīnus*, da cui viene direttamente "peregrino"; entrambe le varianti significavano «straniero, forestiero, esotico». In italiano "pellegrino" si è affermata soprattutto con il significato di «chi compie un pellegrinaggio», "peregrino" con quello di «strano, bizzarro, raro».

1. **faza:** volto.
2. **io vo'... eleta:** voglio estrarre la cetra più preziosa.
3. **e le più... scrigno:** e la corde (cioè le note) più raffinate che ho in serbo.
4. **Or... ascoltano:** Adesso, Amore, vieni qui accanto a me e siediti: so bene di essere ormai indegno di tale richiesta, perché i mirti non circondano più il mio capo, ma ne sono degni coloro che mi ascoltano. Il mirto è la pianta sacra a Venere, dea dell'Amore, qui invocato.
5. **nanti... albore:** prima dell'alba, alla prima luce.
6. **luce:** risplende.
7. **peregrine:** di rara virtù e bellezza.
8. **se... partire:** se tu vieni tra costoro io ti so dire che poi resterai con noi e non vorrai partire («nosco», latinismo).

3 Qui trovarai un altro Paradiso;
or vieni adunque e spirami, di gratia,
il tuo dolce diletto e 'l dolce riso,
sì che cantando a questi satisfaccia
de Fiordespina, che mirando in viso
a Bradamante par che se disfaccia
e del disio se strugga[9] a poco a poco,
come rugiada al sole o cera al foco.

4 E non potea da tal vista levarsi:[10]
quanto più mira, de mirar più **brama**,
sì come e farfallin, sin che sono arsi,
non se sanno spiccar mai dalla fiama.[11]
Erano i cacciatori intorno sparsi,
e qual suo cane e qual suo falcon chiama,
con corni e cridi[12] menando tempesta;
onde al romor la fia de Amon se desta.[13]

5 Sì come gli occhi aperse, incontinente[14]
una luce ne ussite,[15] uno splendore,
che abbagliò Fiordespina primamente,
poi per la vista li passò nel core;
e ben ne dimostrò segno evidente,
tingendo la sua faccia in quel colore
che fa la rosa, alorché aprir se vôle
nella bella alba, allo apparir del sole.

6 Già Bradamante se era rilevata,[16]
e perché a gli atti e allo habito[17] comprese
quest'altra esser gran dama e apregïata,[18]
la salutò con modo assai cortese;
e dove la iumenta avia legata,
quando da prima in su il fiume discese,
ne venne, ché trovarvela vi crede;
ma non la trova ed ove sia non vede,[19]

lessico
Bramare
Desiderare ardentemente. Deriva dal germanico *brammōn*, «muggire». Il muggito forte e ripetuto dell'animale veniva interpretato come un richiamo sessuale, quindi un'espressione di desiderio.

9. **se strugga:** si disfi.
10. **levarsi:** distogliersi.
11. **sì... fiama:** come le farfalline che non si sanno allontanare dal fuoco finché non vengono bruciate.
12. **cridi:** gridi.
13. **la... desta:** la figlia di Amone (Bradamante) si sveglia.
14. **incontinente:** subito.
15. **ussite:** uscì.
16. **rilevata:** rialzata.
17. **ali... habito:** dal contegno e dall'abbigliamento.
18. **apregïata:** importante.
19. **ne... vede:** e si reca dove aveva legato la sua giumenta e crede di trovarla là, ma non la trova e non vede dove sia.

T9 Masuccio Salernitano *Notturno con gli impiccati*

Novellino XIX

La novella XIX, penultima della seconda parte del *Novellino* di Masuccio Salernitano, narra un caso di credulità popolare destinato a risolversi in un inaspettato guadagno per due dei protagonisti. Due abitanti di Cava dei Tirreni, località nel Napoletano, decidono di andare a lavorare a Napoli e si mettono in cammino. Sopraggiunta la notte, uno dei due si ferma a Torre del Greco, l'altro invece procede e si ferma alla dogana del ponte Ricciardo, dove vengono impiccati i malavitosi. In quella zona passa un commerciante amalfitano, al quale il cavese si rivolge credendolo il compagno rimasto indietro. In un gioco di equivoci, l'amalfitano scambia il cavese per un impiccato sceso dalla forca per aggredirlo e fugge a gambe levate, lasciando per terra il sacco che contiene la mercanzia: bottino che i due amici cavesi ritrovano e si spartiscono.

Argomento

Dui caùti[1] vanno a Napoli; l'uno resta stracco a la Torre,[2] e l'altro gionge a tardi a ponte Riziardo[3] e ivi se giace;[4] un altro, amalfitano, passa da quindi[5] la notte; ha pagura degli appiccati, chiama l'appiccato;[6] il caùto se crede il compagno[7] e corregli appresso; cullui crede che sia l'appiccato; fugge; quello il seque; getta il sacco; il caùto il piglia, scontrase col compagno[8] e retornansi a casa.

lessico
Rammentare
Richiamare alla mente, propria o altrui, tenere a mente, far venire in mente (derivato di *mente*, con prefisso di valore intensivo e di avvicinamento *ra(d)-*).

Esordio

Volendome nel mio novellare degli perfetti amici recordare, e ne la mia operetta i lor nomi con perpetua memoria scolpire, sono da tale debito costritto, prima che più ultre vada, de tanto perfetto e singularissimo amico **rammentandome**, la presente novelletta de faceta materia[9] composta a te[10] intitulare; per la quale, ultra la sua piacevolezza, nel cominciamento intenderai in parte la genologia degli quasi nostri compatrioti caùti, a tale che tu, prodentissimo presente loro potestà e rettore, possi perfetto iudicio donare, si gli moderni haveno devuto dagli antiqui loro vestigii diviare.[11]

Narrazione

La Cava, citate[12] multo antiqua fidelissima, e novamente in parte devenuta nobile, como è già noto, fu sempre abundantemente fornita de singulari maestri moraturi e tesseturi,[13] de la cui arte o vero mistieri loro v'era sì bene avvenuta,[14] che in dinari

1. **caùti:** cavesi, abitanti di Cava dei Tirreni, nei pressi di Napoli.
2. **l'uno... Torre:** uno si ferma per la stanchezza a Torre (del Greco).
3. **ponte Riziardo:** vedi la nota 28.
4. **se giace:** si addormenta.
5. **da quindi:** da queste parti.
6. **ha pagura... appiccato:** ha paura degli impiccati e si rivolge all'impiccato.
7. **se... compagno:** crede che a parlare sia il suo compagno.
8. **scontrase col compagno:** s'imbatte casualmente nel compagno.
9. **de faceta materia:** d'argomento piacevole.
10. **a te:** a Bernardo de Rogieri, podestà di Cava.
11. **possi... diviare:** possa correttamente giudicare, se i moderni cavesi abbiano deviato dagli esempi che precedono.
12. **citate:** città.
13. **moraturi e tesseturi:** muratori e tessitori.
14. **v'era sì bene avvenuta:** aveva avuto un tale prosperare.

contanti e altri beni mobili erano in manera arriccati,[15] che per tutto ’l nostro regno non si ragionava d’altra recchezza che de quelle de’ caùti. De che se gli figlioli avessero seguiti gli vestigii de’ patri loro, e andati dietro l’orme de’ loro antiqui avuli, non serebbono redutti in quella povertà estrema e fore de mesura, ne la quale al presente già sono. Ma fuorsi[16] loro dispregiando le ricchezze acquistate in tal fatichevole mistiero, e quelle como a beni de la fortuna e transitorii avendo a nulla,[17] sequendo la vertù e nobilità como cose incommutabile[18] e perpetue, universalmente si sono dati a deventareno[19] legisti e medici e notari, e altri armigeri, e quali cavaleri, per modo tale che non vi è casa niuna, che, dove prima altro che artegliaria da tessere e da morare[20] non vi se trovava, adesso, per scambio de quelle, staffe, speroni e centure indorate in ogne lato vi se vedeno. Il che de le due supraditte vie quale avessero devuto fuggire o sequire, lo lasso non sulo a te, ma a colloro che, non avendo altre faccende, leggendo la presente novella ne possano iusta sentencia donare.

E io, sequendo la istoria, dico che nel tempo che ’l famoso maestro Onofrio de Iordano avea pigliata la impresa del mirabile edificio del Castello Novo,[21] la maiore parte de’ maestri e manipuli de la Cava se conduceano a Napoli, per lavorare a la ditta opera; ove tra gli altri fuorno dui giovini del casale de Priato, quali, non meno disiderosi de vedere Napoli, ché anco stati non vi erano, che per vaghezza[22] de guadagno, una domenica matina dietro ad un maestro se avviarno. E caminando con multi altri caùti a la sfilazzata,[23] avvenne che costoro, che de caminare non erano usi, remasero una gran via dietro, e per la pista degli altri,[24] ancora che non sapessero il camino, tanto si affaticorno, che quasi a tardi gionsero a la Torre del Greco. E uno de loro, ch’era assai più de l’altro stracquo,[25] prepuose ivi allebergare;[26] l’altro, dandose core, e credendosi fuorsi giongere[27] i compagni, affrettando il passo quanto possea, non ebbe tanto potere, che tra ’l mezzo camino fra la Torre e Napoli non gli supragiongesse scura notte. De che lui, multo pentito d’avere il compagno lassato, pur trottando, senza sapere ove si fusse, gionse al dritto de ponte Riziardo;[28] del quale vidづendo le mure e la porta, se crese albergo,[29] e vinto da stracchizza,[30] e anco per fuggire una menuta pioggia che facea in quella ora, se accostò al detto uschio, e avendo con un sasso pur assai picchiato, e niuno respondendoli, convertito il bisogno in pazienzia, sentatosi[31] in terra e appoggiata la testa a la porta, con diliberazione infino al matino ivi aspettare il compagno, con debole sonno se adormentò.

Era per aventura quel medesmo dì partito d’Amalfi un poveretto sarto, con uno sacco

15. **arriccati:** arricchiti.
16. **fuorsi:** forse.
17. **avendo a nulla:** giudicando quei beni senza valore.
18. **incommutabile:** insostituibili oppure immutabili.
19. **dati a deventareno:** dati a diventare (infinito coniugato come forma finita, tipica del volgare napoletano quattrocentesco).
20. **artegliaria... morare:** attrezzatura per tessere e murare.
21. **nel tempo... Castello Novo:** Castel Nuovo, edificato sotto Carlo I d’Angiò (1279-84), subì per volere di Alfonso d’Aragona una radicale ristrutturazione; ne fu dato incarico nel 1451, per le parti strutturali, a Onofrio Giordano, originario di Cava.
22. **vaghezza:** desiderio.
23. **a la sfilazzata:** disordinatamente, a gruppetti sparsi.
24. **per la pista degli altri:** sulla strada già percorsa dagli altri.
25. **stracquo:** stanco.
26. **prepuose ivi allebergare:** propose di fermarsi lì a riposare.
27. **fuorsi giongere:** forse raggiungere.
28. **al dritto... Riziardo:** alla casa della dogana (dove veniva per l’appunto esatto il dritto, o diritto, di gabella) del ponte Ricciardo.
29. **se crese albergo:** credette fosse una casa presso cui riparare.
30. **stracchizza:** stanchezza.
31. **sentatosi:** sedutosi.

in spalla de giopponi,[32] per venderli la sequente matina a Napoli in sul mercato; al quale similemente la notte e la stracchizza lo avea a la Torre supragionto, e ivi albergato, con proposito de la matina a buona ora retrovarse a luoco e a tempo de spacciare sua povera mercanzia. Ed essendo poco più che passata mezza notte, se destò, e ingannato da la luna, credendosi esser vicino al dì, intrò in camino;[33] e caminando tuttavia[34] e non vidindividendo farsi giorno, cominciò ad intrare a l'arena passati gli Orti, e ivi essendo, sintì sonare matutino[35] de' frati, per la quale accagione s'accorse anco esservi gran parte de notte. E in questo se venne recordando degli appiccati che erano a ponte Riziardo, e, como colui che amalfitano era, che de natura sono timidi e de poco core,[36] cominciò a temere forte, e, con lento passo caminando, non ardeva[37] de passare, e de volgerse indietro avea gran paura; e cossì abbagliato[38] e pauroso, che ad ogne passo gli parea che uno degli appiccati gli se facesse intorno, venuto appresso al sospetto luoco, ed essendo de rimpetto a le furche, e anco non veduto niuno appiccato moverse, gli parve avere già una gran parte de periculo passata; e per dare pur a se medesmo animo, disse:

«O appiccato, vòi venire a Napoli?».

Il caùto, che avea male e poco dormito, avendo sentito prima la pista[39] e credutose il compagno, e poi udendosi invitare a lo andare a Napoli, lo ebbe per certissimo,[40] e subito respuose:

«Eccome che vengo!».

Quando l'amalfitano si sentì respondere, tenne per fermo che fusse l'appiccato; per la cui accagione fu de tanta paura territo,[41] che portò periculo de lì cascare morto.

Pur, in sé tornando, e vedendo cului verso de sé venire, non gli parve tempo d'aspettare, e bottato via il sacco, cominciò fieramente a fuggire verso la Maddalena, sempre con alte voci gridando Iesù. Il caùto, udendo il gridare e lo sì rattamente correre, credea che da alcun altro fusse stato assalito; e sequendolo appresso, pur gridando, dicea:

«Èccome a te, aspettame, non dubitare!».

Quale parole davano al fuggente de maiore timore accagione. Il caùto, puro sequendolo, se trovò dinanzi il sacco da collui gittato; e quello priso, ed estimandolo de megliore roba[42] pieno, e sapiendo che 'l compagno non avea tale sacco, cognobbe cului che fuggea non esser desso;[43] e non corandose più ultre,[44] col fatto guadagno se ne retornò dove la notte con non piccolo disagio era dimorato, e quivi sentatosi, aspettava in sul fare del giorno o dal compagno o d'altri essere a Napoli condutto.

Lo malfitano, con spaventivoli gridi e silluzzi[45] assai, gionse a le taberne del ponte, al quale fattisi incontro gli gabelloti,[46] il domandarno de l'accagione del suo gridare; a' quali lui affermava del certo[47] avere visto uno appiccato moverse da le forche e dargli la caccia infino a l'urlo[48] del fiume. Il che da tutti fu facilmente creduto, e, non meno

32. giopponi: giubbe.
33. intrò in camino: si avviò.
34. caminando tuttavia: continuando a camminare.
35. matutino: mattutino, la prima parte dell'ufficio divino, che veniva annunciata ed eseguita ben prima dell'alba.
36. de poco core: paurosi.
37. ardeva: ardiva.
38. abbagliato: impressionato.
39. avendo sentito prima la pista: avendo udito prima le peste, cioè il rumore dei passi.
40. lo ebbe per certissimo: ne fu certo (che si trattasse del compagno).
41. territo: atterrito.
42. megliore roba: roba di buona qualità.
43. desso: quello (il compagno).
44. non corandose più ultre: non curandosi più di ciò (cioè, di inseguire il fuggitivo).
45. silluzzi: singhiozzi.
46. gabelloti: doganieri.
47. del certo: di certo.
48. a l'urlo: all'orlo, alla sponda.

Pisanello, *San Giorgio e la principessa*, particolare con impiccati, 1433-1435. Verona, basilica di Sant'Anastasia.

de lui impauriti, il racolsero dentro, e serrate le porte, e signatisi de croce,[49] infino a dì chiaro non uscero de casa. Il compagno caùto, che remasto era a la Torre insiemi con un altro pur de la Cava, essendo omai dì, arrivarno al dritto de ponte Riziardo; a' ragionamenti[50] de' quali furono dal compagno cognosciuti, e fattosi loro incontro, racontò il suo avvinimento. De che l'altro, che prattico al paese era, subito estimò como il fatto possea essere intravenuto,[51] e per non perdere la preda del sacco, dilibera-ro per la via de Somma retornarsene a casa; e cossì fecero; e diviso tra loro il bottino, non dopo multo a Napoli si retornarno. La novella in pochi dì fo per tutto 'l paese divulgata, e de vero[52] se recontava che gli appiccati de notte davano la caccia agli uomini che suli[53] passavano per ponte Riziardo, ognuno supra de ciò componendo varie e diverse favole; per accagione de le quale, non v'era paesano alcuno, che per quello luoco avanti dì passasse, che non signasse la[54] bestia e lui, e con croci e altri assai percanti[55] passava il piriglioso[56] passo.

Masuccio

Diverse e strane sono le paure che gli morti sogliono agli vivi donare, sì como ogne dì infinite esperienzie se ne veggono; ove tal volte accade che alcuni, andando de notte ed essendono da tale soverchio timore assaliti, trasvedono in manera che più volte iudicano una cosa per un'altra, e dopo supra a quello componeno le più nove e maravigliose favole che mai se vedessero; de che in parte la passata novella ce ne ha data noticia. La quale me ha già retornato a memoria[57] de farme un'altra natura de paura appresso scrivere,[58] tanto differente da la recontata, quanto[59] lo 'mpaurito, da le calente[60] fiamme d'amore speronato,[61] andò volentariamente a trovare la paura, dietro a la quale ne sequiro multe notivole[62] piacevolezze, che nel venente trascorso[63] seranno declarate.

49. signatisi de croce: fattisi il segno della croce.
50. a' ragionamenti: alle parole, alla voce.
51. intravenuto: avvenuto.
52. de vero: come cosa vera.
53. suli: soli.
54. signasse la: facesse il segno della croce alla.
55. percanti: incantesimi.
56. piriglioso: pericoloso.
57. retornato a memoria: rammemorato.
58. de farme... scrivere: di farmi descrivere di seguito un altro tipo di paura.
59. quanto: in quanto.
60. calente: calde.
61. speronato: come spinto a colpi di sperone.
62. notivole: notevoli.
63. venente trascorso: seguente corso (del narrare).

Analisi del testo

Struttura

Argomento, esordio, narrazione e conclusione Le novelle di Masuccio Salernitano seguono uno schema preciso, nel quale il testo narrativo vero e proprio è incorniciato da porzioni di testo che possono essere definiti «paratesti», ossia discorsi relativi al testo stesso. Prima di tutto compare l'Argomento, che espone in forma sintetica la vicenda e che in questo caso concentra in poche righe una trama piuttosto complessa e articolata. All'Argomento segue l'Esordio, cioè la dedica: il destinatario è qui il podestà di Cava dei Tirreni e questo spiega la scelta dei protagonisti della vicenda (i due lavoratori cavesi) e, soprattutto, la premessa che apre la Narrazione e che consiste in un lungo discorso dedicato alla trasformazione delle attività dei cavesi nel corso del tempo. Infine, la novella si conclude con una parte che porta il nome dello stesso Masuccio: il narratore/autore riprende esplicitamente la parola per commentare la novella appena narrata (sottolineando, qui, come le paure diano origine alle superstizioni) e introdurre il tema di quella successiva.

Lingua e stile

Tra registro elevato e stile comico La lingua del *Novellino* non è un napoletano puro, ma un volgare medio caratterizzato da elementi regionali (fonetici, come «moraturi» e «tesseturi» o «sulo» e «suli»; morfologici, come «accagione» per "cagione" o «sentatosi»; lessicali, come «a la sfilazzata» o «percanti»). Nelle parti iniziali e finali, in cui la voce è quella dell'autore, il tono è piuttosto elevato, come si può notare per esempio nella costruzione sintattica elaborata e nel lessico ricercato dell'*Esordio*. Traspare qui la volontà dell'autore di elevare la prosa sul modello di Boccaccio. Nella narrazione vera e propria prevalgono invece gli intenti comici e una maggiore semplicità della sintassi.

Temi

La superstizione, vera protagonista della narrazione All'interno del *Novellino*, la novella appartiene al gruppo tematico della beffa, nella sezione dedicata alle beffe «economiche». In questo caso, si tratta di una beffa nella quale non intervengono affatto l'ingegno, l'abilità progettuale e retorica, l'intento consapevole di schernire e ridicolizzare, come invece accadeva nel modello boccacciano. Qui, infatti, sia la vittima (l'amalfitano che perde il carico) sia i due cavesi (che se ne appropriano) sono in realtà strumenti passivi del caso e della superstizione: i protagonisti sono gli attori inconsapevoli di un complesso gioco di equivoci e coincidenze. Nella trama, il ruolo fondamentale viene svolto dal timore irrazionale di pericoli inesistenti che assale di solito le persone in particolari circostanze. Il tema dell'incontro con il morto viene così privato di ogni significato morale (nella tradizione medievale, invece, il morto impartiva di solito lezioni morali) e anche di ogni connotazione macabra, per conservare solo tratti grotteschi.

Officina

COMPRENDERE

1. In quali luoghi e quando si svolgono le vicende?
2. Quali equivoci portano allo scambio?
3. Qual è la reazione dei cittadini alla notizia del terribile incontro dell'amalfitano?

ANALIZZARE

4. **Lingua e stile** Sottolinea nel testo tutti gli elementi utili a definirne l'ambientazione.
5. Qual è la funzione dell'intervento finale di Masuccio?

INTERPRETARE

6. Confronta la figura dell'amalfitano con quella di Andreuccio da Perugia, protagonista dell'omonima novella del ***Decameron***: come sono ritratti? E come spieghi le scelte dei due autori nel contesto storico e in relazione al crescente peso sociale ricoperto dai mercanti?

PERCORSO DI SCRITTURA

Scrittura Il racconto si basa sull'equivoco e lo scambio di persona. Racconta un episodio simile, basato sul fraintendimento e con esito comico, di cui sei stato protagonista.

5.2 I trattati d’arte e Leonardo da Vinci

I trattati d’arte

Al punto di confluenza fra sapere retorico-letterario e dimensione artistica, si collocano **i trattati di pittura**. Queste opere nascono dalla profonda consapevolezza che l’arte ha una sua forza conoscitiva ed è capace di ricreare la natura riproducendone le leggi. La rappresentazione artistica, infatti, viene ricondotta alla capacità dell’uomo di dominare il reale e riunisce in sé l’astrattezza della matematica e la concretezza della percezione. L’arte figurativa si pone, allora, come una **forma di conoscenza razionale** in grado di rappresentare la struttura nascosta del mondo e le sue manifestazioni visibili; di rintracciare il “non visibile” nel veduto e di riportarlo finalmente alla luce.

Leon Battista Alberti

In questa direzione si orienta l’opera di **Leon Battista Alberti** (1404-1472), umanista dai molteplici e vasti interessi, architetto, poeta, filosofo, linguista e matematico. Il suo trattato in tre libri *Della pittura* vede la luce a Firenze fra il 1435 e il 1436: qui Alberti giunge a porre sullo stesso piano l’artista e il letterato, accomunati da un lavoro intellettuale equiparabile. Per questa via egli fornisce uno statuto scientifico all’opera d’arte, per il quale si avvale di molti modelli della cultura classica, da Vitruvio a Quintiliano. Alberti costruisce in tal modo la figura dell’artista-intellettuale, che affianca una profonda competenza tecnica a una notevole sensibilità morale e sociale, conciliando i criteri di utilità e bellezza. Il merito di Alberti sta anche nell’aver individuato e rafforzato il **legame fra la retorica e le arti figurative**. Nel trattato *Della pittura*, egli per la prima volta definisce la composizione artistica come l’armonizzazione di singoli elementi, che vanno a costituire la visione d’insieme e a coniugare le parti con il tutto in una cornice razionale. In questa visione, etica ed estetica si sostengono a vicenda, perché, secondo Alberti, è la natura stessa a stabilire la somma legge dei mortali.

Leonardo da Vinci

Leonardo da Vinci nasce ad Anchiano il 15 aprile 1452, dove riceve una prima educazione, disordinata e discontinua, nella casa di campagna dei nonni. Scoperta la sua spiccata inclinazione per il disegno, viene inviato (nel 1469) nella bottega di Andrea Verrocchio. Attorno al 1485 entra alla corte di Ludovico il Moro a Milano, per il quale realizza **opere**

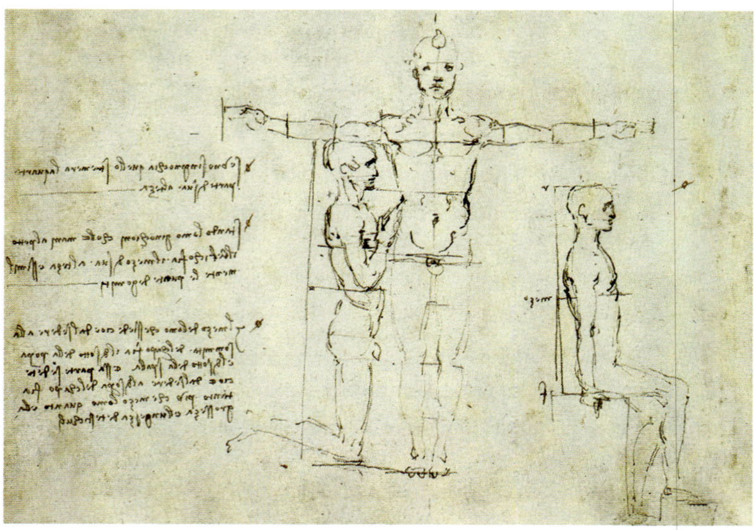

Leonardo da Vinci, *Le proporzioni di un uomo in piedi, seduto e inginocchiato*, 1490. Londra, Royal Trust Collection.

di meccanica, idraulica, pittura e scenografia. Qui, tra il 1491 e il 1493 riceve dal convento di Santa Maria delle Grazie la commissione per decorare una parete del refettorio dei Domenicani. Lavora così all'*Ultima cena*, dove sperimenta **nuove tecniche per l'affresco**. Ma ormai la signoria vacilla: il 6 ottobre del 1499, Luigi XII, re di Francia, entra a Milano. In dicembre, Leonardo lascia la città e comincia un periodo di peregrinazioni tra Firenze, Mantova e Venezia. Di ritorno in Toscana, nell'aprile del 1503, Leonardo riceve da Pier Soderini (allora gonfaloniere della nuova Repubblica fiorentina) l'incarico di decorare una delle pareti del Salone dei Cinquecento, a Palazzo Vecchio: inizia la *Battaglia di Anghiari*, destinata tuttavia a rimanere incompiuta. Nel settembre del 1514 – accompagnato da Francesco Melzi, uno dei suoi allievi più cari – si trasferisce a Roma, dove si dedica a studi scientifici, di ottica, geometria, geologia e anatomia. Nel 1517, Leonardo parte per la Francia, dove viene accolto con grandi onori da Francesco I e dalla sua corte. Prende alloggio nel castello di Clos-Lucé, presso Amboise: qui si spegne, il 2 maggio del 1519.

Il *Libro di pittura* e la scrittura di Leonardo

Nel corso della sua vita, Leonardo non ha mai stampato nessuno dei suoi scritti: negli anni, ha tentato almeno due imprese letterarie che sarebbero dovute sfociare nel *Libro della pittura* (introdotto dal *Paragone delle arti*) e in un Atlante anatomico.
Proprio nel *Libro di pittura* ritroviamo la concezione dell'arte già propugnata da Leon Battista Alberti: Leonardo è egualmente propenso a connotare la pittura di una **portata conoscitiva**, **filosofica ed etica**, riscattandola dalla qualifica di «arte meccanica» cui era stata relegata. Il testo è formato da una raccolta di scritti leonardeschi, riuniti dall'allievo Francesco Melzi. Il *Libro* è vivacizzato dalla narrazione dell'autore, emotivamente partecipe nel contemplare i fenomeni della luce, del movimento e del colore; non mancano l'**efficacia didascalica** e la forza retorica che provengono dal rivolgersi costantemente a un ipotetico interlocutore. L'argomentazione di Leonardo si fonda in modo del tutto originale sull'**osservazione dei fenomeni** e sull'esperienza. La sua scrittura si rivela affine alla sua tecnica del disegno, poiché procede per abbozzi, per tentativi e rinunce, fino alla messa a fuoco dei più minuti particolari. La scrittura agisce per Leonardo come uno strumento conoscitivo continuamente teso a spingersi oltre il sapere già acquisito, in direzione di un autentico progresso della conoscenza.

FISSA I CONCETTI

- Quale aspetto accomuna il trattato *Della pittura* di Alberti e il *Libro della pittura* di Leonardo?
- Qual è il tratto peculiare della scrittura di Leonardo?

Leonardo da Vinci, *Studio prospettico per lo sfondo dell'"Adorazione dei Magi"*, 1481. Firenze, Galleria degli Uffizi, Gabinetto dei disegni e delle stampe.

T10 L'eccellenza della pittura

Libro di pittura
Parte prima, 2-4, 8-9

Biblioteca digitale *L'arte è conoscenza*

L'intento di Leonardo è di riscattare la pittura dall'esclusione dalle arti liberali (di cui invece faceva parte la poesia) e di affrancarla dal ruolo di arte meccanica. La pittura, a suo parere, raggiunge una nitidezza e una icasticità di immagini impossibile da ottenere con la parola; e presenta inoltre il vantaggio di essere utile, diffondibile e comunicabile (persino più di qualunque scienza), senza bisogno di alcuna traduzione. La pittura consente inoltre (al contrario della poesia, che richiede un tempo narrativo e descrittivo) una simultaneità istantanea nella visione di ogni particolare, tale da generare una perfetta armonia delle parti, come la musica. La pittura – spiega Leonardo – può aspirare a una profonda funzione conoscitiva, che le consente di andare ben oltre la superficie del fenomeno che rappresenta, al pari della filosofia.

2. Esempio e differenza tra pittura e poesia

Tal proporzione è dalla immaginazione all'effetto, qual è dall'ombra al corpo ombroso, e la medesima proporzione è dalla poesia alla pittura, perché la poesia pone le sue cose nella immaginazione di lettere, e la pittura le dà realmente fuori dell'occhio, dal quale occhio riceve le similitudini, non altrimenti che s'elle fossero naturali, e la poesia le dà senza essa similitudine, e non passano all'impressiva per la via della virtù visiva come la pittura.[1]

3. Quale scienza è più utile, ed in che consiste la sua utilità

Quella scienza è più utile della quale il frutto è più comunicabile, e così per contrario è meno utile quella ch'è meno comunicabile. La pittura ha il suo fine comunicabile a tutte le generazioni dell'universo, perché il suo fine è subietto[2] della virtù visiva, e non passa per l'orecchio al senso comune col medesimo modo che vi passa per il vedere. Adunque questa non ha bisogno d'interpreti di diverse lingue, come hanno le lettere, e subito ha satisfatto all'umana specie, non altrimenti che si facciano le cose prodotte dalla natura. E non che alla specie umana, ma agli altri animali, come si manifestano in una pittura imitata da un padre di famiglia, alla quale facean carezze i piccioli figliuoli, che ancora erano nelle fasce, e similmente il cane e la gatta della medesima casa, ch'era cosa maravigliosa a considerare tale spettacolo.[3]
La pittura rappresenta al senso con più verità e certezza le opere di natura, che non fanno[4] le parole o le lettere, ma le lettere rappresentano con più verità le parole al senso, che non fa la pittura. Ma dicemmo essere più mirabile quella scienza che rappresenta

1. **Tal... pittura:** Esiste tra l'immagine e la realtà (*effetto*), e tra l'ombra e il corpo che la produce la stessa proporzione che corre fra la poesia e la pittura, perché la poesia pone gli oggetti nella suggestione (*immaginazione*) delle parole, mentre la pittura le pone di fronte all'occhio, dal quale ha ricevuto le immagini reali, che la poesia non sfrutta (*le dà senza essa similitudine*): con la poesia (al contrario della pittura) esse non giungono alla memoria (*impressiva*) tramite la vista.
2. **subietto:** soggetto.
3. **E... spettacolo:** E non solo dagli uomini ma anche dagli animali, come è accaduto per un ritratto di un padre di famiglia al quale facevano carezze i figli piccoli ancora in fasce, allo stesso modo del cane e della gatta di quella casa: era davvero uno spettacolo mirabile da osservare.
4. **che non fanno:** di quanto non facciano.

le opere di natura, che quella che rappresenta le opere dell'operatore, cioè le opere degli uomini, che sono le parole, com'è la poesia, e simili, che passano per la umana lingua.

4. Delle scienze imitabili, e come la pittura è inimitabile, però è scienza

Le scienze che sono imitabili sono in tal modo, che con quelle il discepolo si fa eguale all'autore, e similmente fa il suo frutto; queste sono utili all'imitatore, ma non sono di tanta eccellenza, quanto sono quelle che non si possono lasciare per eredità, come le altre sostanze. Infra le quali la pittura è la prima; questa non s'insegna a chi natura nol **concede**,[5] come fan le matematiche, delle quali tanto ne piglia il discepolo, quanto il maestro gliene legge. Questa non si copia, come si fa le lettere, che tanto vale la copia quanto l'origine.[6] Questa non s'impronta, come si fa la scultura, della quale tal è la impressa qual è l'origine in quanto alla virtù dell'opera. Questa non fa infiniti figliuoli come fa i libri stampati; questa sola si resta nobile, questa sola onora il suo autore, e resta preziosa e unica, e non partorisce mai figliuoli eguali a sé. E tal singolarità la fa più eccellente che quelle che per tutto sono pubblicate. [...]

lessico
Concedere
Dal latino *concedĕre*, «andarsene, ritirarsi di fronte a qualcuno», letteralmente «tirarsi indietro» senza lottare per negare qualcosa a qualcuno.

8. Come chi sprezza la pittura non ama la filosofia, né la natura

Se tu sprezzerai la pittura, la quale è sola imitatrice di tutte le opere evidenti[7] di natura, per certo tu sprezzerai una sottile invenzione, la quale con filosofica e sottile speculazione considera tutte le qualità delle forme: mare, siti, piante, animali, erbe, fiori, le quali sono cinte di ombra e lume. E veramente questa è scienza e legittima figlia di natura, perché la pittura è partorita da essa natura; ma per dir più corretto, diremo nipote di natura, perché tutte le cose evidenti sono state partorite dalla natura, dalle quali cose è nata la pittura. Adunque rettamente la chiameremo nipote di essa natura e parente d'Iddio.[8]

9. Come il pittore è signore d'ogni sorta di gente e di tutte le cose

Il pittore è padrone di tutte le cose che possono cadere in pensiero all'uomo, perciocché s'egli ha desiderio di vedere bellezze che lo innamorino, egli è signore di generarle, e se vuol vedere cose mostruose che spaventino, o che sieno buffonesche e risibili, o veramente compassionevoli, ei n'è signore e creatore. E se vuol generare siti deserti, luoghi ombrosi o freschi ne' tempi caldi, esso li figura, e così luoghi caldi ne' tempi freddi. Se vuol valli, il simile; se vuole dalle alte cime di monti scoprire gran campagna, e se vuole dopo quelle vedere l'orizzonte del mare, egli n'è signore; e così pure se dalle basse valli vuol vedere gli alti monti, o dagli alti monti le basse valli e spiaggie. Ed in effetto ciò che è nell'universo per essenza, presenza o immaginazione, esso lo ha prima nella mente, e poi nelle mani, e quelle sono di tanta eccellenza, che in pari tempo generano una proporzionata armonia in un solo sguardo qual fanno le cose.

5. **a... concede:** a colui al quale la natura non lo concede.
6. **l'origine:** l'originale.
7. **evidenti:** visibili.
8. **parente d'Iddio:** in quanto origine del creato.

Analisi del testo

Struttura

Il rigore argomentativo In queste pagine Leonardo impiega una notevole forza argomentativa per sottolineare il valore conoscitivo delle arti figurative. Tale difesa, risoluta e decisa, passa per il rigore delle motivazioni, espresse con esattezza logica e sperimentale, grazie alle quali è possibile riconoscere alla pittura la stessa utilità e forza divulgativa della scienza (rr. 9-10); nonché la stessa acutezza speculativa della filosofia (rr. 37-40). Essa permette (molto più della parola) di riprodurre la realtà davanti agli occhi con le giuste forme e colori (rr. 9-12); risulta assolutamente comunicabile, senza il ricorso ad alcuna traduzione (rr. 13-15); può essere praticata soltanto da chi possiede il talento adeguato (rr. 28-30); opera una quantità enorme di collegamenti e implicazioni, al di sotto della superficie dell'apparenza fenomenica (rr. 36-39); consente al pittore di signoreggiare le cose e può dirsi in tal modo «nipote di essa natura e parente d'Iddio» (rr. 43-44); può, infine, esprimere una molteplicità di particolari e di vicende simultaneamente, nell'istantaneità di un unico sguardo, generando una «proporzionata armonia».

Lingua e stile

Il rapporto tra lingua e argomentazione La sperimentazione di Leonardo sul terreno della scrittura lo porta ad amalgamare la passione argomentativa con l'intento didascalico, riconoscibile nella presenza dell'interlocutore fittizio («Se tu sprezzerai la pittura»), che accompagna costantemente la sua prosa. Leonardo riesce a superare la trasmissione libresca del sapere analizzando a fondo le proprie intuizioni e adottando una terminologia media tra il linguaggio matematico e il linguaggio filosofico (C. Scarpati). Il suo lessico è fondato sull'osservazione e sull'esperienza, e l'emozione di una nuova scoperta si traduce in similitudine e narrazione («E non che alla specie umana, ma agli altri animali, come si manifestano in una pittura imitata da un padre di famiglia, alla quale facean carezze i piccioli figliuoli, che ancora erano nelle fasce, e similmente il cane e la gatta della medesima casa, ch'era cosa maravigliosa a considerare tale spettacolo»; rr. 15-18).

La scrittura come mezzo di conoscenza Leonardo procede per approfondimenti successivi e in tal modo, nelle sue mani, la scrittura diventa uno straordinario strumento conoscitivo (come ha notato Calvino). Attraverso questo mezzo l'autore compone una sequenza di argomentazioni, ciascuna delle quali aggiunge nozioni e particolari alla precedente e riflette un processo di penetrazione sempre più profondo verso il cuore della questione, un procedimento scandito talvolta da insistite anafore («questa non s'insegna»; «Questa non si copia»; «Questa non s'impronta»; «Questa non fa»).

Officina

COMPRENDERE

1. Quale differenza c'è fra pittura e poesia?
2. Quale utilità ha la pittura? Perché chi non ama la pittura disprezza la natura?

ANALIZZARE

3. **Lingua e stile** «Adunque rettamente la chiameremo nipote di essa natura e parente d'Iddio»: quale figura retorica c'è in questa frase? Perché Leonardo la usa?

INTERPRETARE

4. Vasari scrisse Di Leonardo: «e tanta si è fatta poi la virtú, che dovunque l'animo volse nelle cose difficili, con facilità le rendeva assolute [risolte]». Prendendo spunto da questa citazione commenta lo stile del trattato.

COMPETENZE DEL XXI SECOLO

Competenze digitali Dopo esserti documentato su internet sulla figura di Leonardo elabora e condividi con la tua classe un'infografica o una mappa che possa servire a sintetizzare i suoi contributi sia in ambito artistico che scientifico. Puoi partire dai link: www.museoleonardiano.it; www.treccani.it.

GUIDA AL RIPASSO

L'amore per la vita: la letteratura in volgare

MAPPA

LETTERATURA IN VOLGARE

- è connessa a → nascita degli Stati regionali
- **poesia**
  - lirica **colta**
    - **Lorenzo "il Magnifico" de' Medici**
      - poesie sul tema del carnevale (*Canti carnascialeschi*)
      - poesie di ispirazione filosofica e religiosa
    - **Poliziano**, *Stanze per la giostra* e *Rime*
      stile raffinato e rimandi a fonti classiche e moderne
    - **Domenico di Giovanni, il Burchiello**
      poesia comica, commistione di stili e temi differenti
  - poesia **bucolica**
    - **Jacopo Sannazaro**, *Arcadia*
      - prosimetro poetico-narrativo di ambientazione pastorale
      - ispirazione a modelli latini (classici e moderni) e volgari
      - trasfigurazione allegorica della vita del poeta
  - **cantare**
    - poesia popolare concepita per la recitazione in pubblico
    - struttura, stile e forma espressiva improntata all'oralità
    - temi religiosi o tipici della tradizione letteraria "alta"
  - **epica** e **romanzo cavalleresco**
    - **Luigi Pulci**, *Morgante*
      - poema burlesco che parodia l'epica cavalleresca
      - influenza dei cantari, dei classici, di Dante e Petrarca
      - allegoria del cammino terrestre dell'anima umana
    - **Matteo Maria Boiardo**, *Orando innamorato*
      - commistione tra poema epico e romanzo cavalleresco
      - lingua colta di matrice padana, che attenua i tratti dialettali ma conserva i connotati regionali
      - amore come motore narrativo
- **prosa**
  - **novella**
    - **Masuccio Salernitano**, *Novellino*
      - contaminazione tra registro elevato e stile comico
      - riflessione morale
  - **trattato**
    - **Leonardo da Vinci**, *Libro di pittura*
      - scrittura improntata alla tecnica del disegno
      - fondamento dell'analisi su osservazione ed esperienza
      - portata conoscitiva, filosofica ed etica della pittura

LA TUA LEZIONE
UMANESIMO

PRIMA DI PREPARARE LA LEZIONE

→ Che cosa non puoi non sapere

1. Quali sono, nella letteratura in volgare del Quattrocento, i maggiori generi della prosa, e quali invece, le principali linee della scrittura poetica?
2. Illustra in breve il contesto culturale in cui vive e opera Lorenzo de' Medici.
3. Quali sono le caratteristiche principali della produzione poetica di Lorenzo de' Medici? Considera come il *Canzoniere* laurenziano si rapporta con i modelli di Petrarca e Boccaccio.
4. Descrivi brevemente la poesia in volgare di Poliziano, concentrandoti sulle *Stanze per la giostra* e sulle *Rime*.
5. Come si caratterizza la poesia comica di Burchiello e cosa significa «alla burchia»?
6. In che senso si può affermare che l'*Arcadia* di Jacopo Sannazzaro appartenga a un nuovo genere letterario? Descrivi brevemente la struttura e lo stile dell'opera.
7. Descrivi le origini e le caratteristiche formali della tradizione canterina.
8. Qual è l'importanza del *Morgante* di Luigi Pulci rispetto al genere del poema, nonché ai suoi modelli di riferimento, in particolare Dante?
9. Descrivi brevemente il contesto culturale in cui Boiardo scrive l'*Orlando innamorato*.
10. Perché l'*Orlando innamorato* rappresenta una sorta di «rivoluzione letteraria»? E in che senso si può dire che il poema sia autonomo rispetto all'egemonia fiorentina?

→ Impadronirsi dei termini chiave: le parole dell'autore

Festa Il sostantivo "festa" è centrale nella poetica laurenziana, che celebra l'invito a cogliere la gioia esuberante del vivere. Tuttavia "festa" aveva originariamente un uso soprattutto religioso. Illustra la progressiva laicizzazione del termine, aiutandoti con la scheda *Le nostre parole*, p. 70.

Sembiante Il termine "sembiante" ha diverso valore a seconda che venga usato come aggettivo o come sostantivo. Illustra in particolare le valenze semantiche di "sembiante" in quanto sostantivo così come si configurano in Poliziano e nell'italiano antico, aiutandoti con la scheda *Le nostre parole*, p. 75.

Gigante Figura centrale nel *Morgante*, il termine "gigante" ha perso oggi il significato concreto che aveva nell'italiano antico. Illustra la differenza tra le fonti antiche e gli usi moderni del termine, aiutandoti con la scheda *Le nostre parole*, p. 92.

COSTRUISCI LA TUA LEZIONE

Lezione 1 Invito poetico ai piaceri della vita: il Magnifico e Poliziano

SCALETTA

- Per cominciare, considera la festosità tematica (a sfondo mitologico) e linguistica della *Canzona di Bacco* di Lorenzo de' Medici, scritta per essere accompagnata con musica durante le celebrazioni del Carnevale.
- Sottolinea l'esortazione di Lorenzo de' Medici a godere delle gioie del vivere (il piacere dei sensi, la bellezza, la giovinezza, l'amore).
- Dai risalto all'impiego, nella poesia laurenziana, di un ritornello quasi magico («Chi vuol esser lieto, sia: / di doman non c'è certezza»), che ritualizza l'attimo della vita da godere appieno.

- Analizza la semplicità e la cantabilità dello stile laurenziano, ottenute con versi ottonari e rime facili.
- Ora esponi in che modo il nucleo tematico della poesia laurenziana si riflette in Poliziano. Nella ballata *I' mi trovai, fanciulle, un bel mattino* l'invito a cogliere l'attimo presente giunge dalla protagonista, una fanciulla che fa visita a un giardino fiorito in primavera.
- Rimarca i riferimenti classici di Poliziano, sia al tema del *carpe diem* sia a quello del *locus amoenus* ricorrente in tanta letteratura greca e latina.
- Valuta, in chiave tematica, l'insistenza metaforica di Poliziano sulla rosa, allusione alla giovinezza nel suo massimo splendore e da vivere appieno.
- Infine, nota la predilezione in Poliziano, come già in Lorenzo, di uno stile semplice e cantabile, con rime dolci e musicali, a suggerire la piacevolezza del vivere che sta al centro del messaggio testuale.

TESTI DI RIFERIMENTO

- **T1** *Canzona di Bacco*
- **T3** *I' mi trovai, fanciulle, un bel mattino*

PAROLE DA USARE

- *giovinezza • certezza • ardente • riscaldare • ballare • ninfa • tesoro • domani • dolore • lieto • mattino • giardino • rosa • vermiglio • novello • piacere • divino • core • maggio • verde*

Lezione 2 La novità del tema amoroso nell'*Orlando innamorato* di Matteo Maria Boiardo

SCALETTA

- Considera anzitutto la centralità della tematica amorosa nel poema di Boiardo e la concezione dell'amore come forza propulsiva delle azioni dei protagonisti.
- Soffermati sulla fuga di Angelica (oggetto d'amore dei paladini) come principio ispirativo e motore narrativo essenziale dell'intero poema.
- Prendi in esame (T7) la contrapposizione tra la fontana dell'odio o del disamore e la fontana dell'amore: la prima, effetto di un artificio (un sortilegio compiuto da Merlino); la seconda, di orgine naturale.
- Valuta quale significato attribuire alla ripresa del tema amoroso nel finale del poema (T8), con l'invocazione allo stesso Amore e l'allusione all'amore tra Fiordespina e Bradamante («ambe tanto legiadre, ambe sì belle, / che avrian di due bellezze il mondo adorno. L'una de l'altra accesa è nel disio», IX, 25)».

TESTI DI RIFERIMENTO

- **T7** *La fontana dell'amore e del disamore*
- **T8** *Il finale bruscamente interrotto*

PAROLE DA USARE

- *amoroso • cercare • ombroso • onde • fontana • chiaro • adornato • fiorito • sciagura • mente • primavera • natura • liquore • errore • innamorata • sete • spina • mano • ascoltare • scrigno • Amore • bello*

LA TUA BACHECA
UMANESIMO

Consulta online la versione della tua bacheca arricchita di tanti altri contenuti: video, testi, link e proposte di attività.

IL TEMA

In dialogo con i classici

La **parabola culturale dell'Umanesimo** ha coinciso con un fenomeno rivoluzionario non solo per le sorti della letteratura intesa come produzione di testi ma anche per lo **sviluppo dell'educazione letteraria**: la riscoperta dei classici. Attraverso il recupero dei codici antichi e la loro riedizione, gli intellettuali umanisti andavano creando un autentico culto dell'autore classico, centrato sull'importanza che rivestono la lettura e l'**interpretazione delle grandi opere del passato**. Da questo nucleo concettuale possiamo avviare una libera indagine sulle riletture, riappropriazioni o rivisitazioni di testi, personaggi, artisti e scrittori considerati classici, sia antichi sia moderni. Di rilievo è la **diversità degli approcci** che l'autore classico sembra stimolare: dall'omaggio appassionato di uno scrittore a un altro fino alla più scoperta parodia, passando per reinterpretazioni semiautobiografiche o accattivanti reinterpretazioni pop.

LETTERATURA
Omaggio a Virginia Woolf: *Le ore* di Michael Cunningham

In *The Hours* (*Le ore*, 1998), romanzo dello scrittore statunitense **Michael Cunningham**, rivive come personaggio la scrittrice inglese **Virginia Woolf**, a fianco di altre due donne dislocate in tempi e luoghi diversi (dalla Los Angeles degli anni Cinquanta alla New York contemporanea), ma partecipi di una più vasta e raffinata **riscrittura del romanzo woolfiano** *Mrs Dalloway* (1925). L'opera di Cunningham, che ha avuto una trasposizione cinematografica nel 2002, è un'intrigante rivisitazione di un classico moderno, che al contempo si interroga sul processo stesso della scrittura.

BREVE STORIA DELLA CRITICA

La fortuna storiografica dei concetti di Umanesimo e Rinascimento si radica già nel secondo Trecento. Il mito della "rinascita" del mondo classico si affermò parallelamente all'idea che si era ormai chiusa un'intera epoca della storia segnata dalla caduta della civiltà greco-latina e dall'avvento del Medioevo. L'autore responsabile di una precoce valorizzazione dello studio delle *humanae litterae* classiche (da cui il termine "umanista") è senza dubbio **Francesco Petrarca**. Nel Quattrocento i letterati Coluccio Salutati, Leonardo Bruni, Poggio Bracciolini e Lorenzo Valla sono da menzionare tra i maggiori **padri dell'Umanesimo**. Se ancora nel Cinquecento si ha la concezione di una rinascita che mantiene un tono politico e civile, si dovrà attendere l'**Illuminismo settecentesco** perché si operi una rivalutazione storiografica dell'Umanesimo, di cui si mettono in luce le grandi scoperte scientifiche e i progressi filosofici raggiunti. In **età romantica** l'esaltazione culturale del Medioevo e un sostanziale anti-illuminismo portarono a una svalutazione della cultura rinascimentale. Ma nel 1860, con *La civiltà del Rinascimento in Italia*, lo studioso svizzero **Jacob Burckhardt** rivalutò il carattere estetico e paganeggiante del periodo.

ARTE
Venere pop: Botticelli secondo Andy Warhol

Nel 1984 **Andy Warhol**, l'artista più rappresentativo della *Pop Art* americana, realizza una serie di dipinti con soggetti tratti da celebri opere del Rinascimento italiano, tra cui quelle di **Sandro Botticelli**. Isolando e stilizzando il volto della **Venere botticelliana**, Warhol lavora su una combinazione di colori e di linee fino a creare un'immagine volutamente stereotipata ai limiti del *cliché*, se non del logo grafico. Riprodotto in altre varianti cromatiche, *Details of Renaissance Paintings: Sandro Botticelli* è diventato uno dei dipinti più celebri di Warhol e al contempo un mezzo di promozione del nome di Botticelli, con il rischio, tuttavia, di ridurre il pittore rinascimentale all'autore di un solo, iconico lavoro.

TELEVISIONE
Manzoni parodiato: i *Promessi sposi* e la satira

Quando un autore o un'opera, divenuti dei classici della letteratura, raggiungono un elevato livello di fama, la loro presenza nell'immaginario collettivo può consolidarsi fino a essere oggetto di gustose **parodie**. Così è avvenuto con *I promessi sposi* di **Alessandro Manzoni**, che nel corso del Novecento sono stati spesso riletti con ironia o dissacrante sarcasmo. L'esito più felice si è avuto con una miniserie tv, di grande successo, del trio di attori Anna Marchesini, Tullio Solenghi e Massimo Lopez, trasmessa dalla Rai in prima serata nel 1990. Celebre la rappresentazione di **Lucia Mondella** munita di un copricapo fatto di luci elettriche, a suggerire, in termini scopertamente *kitsch*, un'aureola di santità.

Nel Novecento il maggiore rappresentante del discorso critico sull'Umanesimo è l'italiano **Eugenio Garin**, autore di un testo fondamentale quale *L'umanesimo italiano* (1965), classico del pensiero filosofico in cui si promuove un'interpretazione civile e culturale della parabola umanistica, sottolineandone le innovazioni sia in sede politica sia in direzione di sapienza popolare, colta nelle varie manifestazioni di magia e astrologia. Insieme a Garin è doveroso ricordare lo studioso tedesco-americano **Hans Baron**, che nel 1955 dà alle stampe il celebre volume sulla *Crisi del primo Rinascimento italiano*, in cui si afferma l'importanza delle origini dell'Umanesimo, distogliendo l'attenzione dal tardo patronato dei Medici, e riscoprendo invece la cultura repubblicana di Firenze, dominata dall'intelletto di Leonardo Bruni. Dalla seconda metà del Novecento a oggi gli studiosi si sono orientati su ulteriori aspetti del periodo rinascimentale, investigando, per esempio, la nascita della filologia o le origini di un protoumanesimo. Tra i lavori più recenti sono da menzionare *L'Umanesimo italiano da Petrarca a Valla* (2010), di **Guido Cappelli**, e *Sulle tracce degli antichi. Padova, Firenze e le origini dell'umanesimo* (2005), di **Ronald G. Witt**.

IL TESTO IN SCENA

Il teatro del Quattrocento e la *Fabula di Orfeo*

Jacopo del Sellaio, Orfeo, *Euridice e Aristeo* (particolare), 1475-1480. Rotterdam, Museum Boijmans.

La rinascita del teatro in Età moderna

Secondo Antonia Tissoni, «il teatro moderno nasce nel Quattrocento» e riprende il suo posto tra i generi della letteratura dopo un lungo periodo di oblio. Nel **Medioevo** non mancavano del tutto occasioni e forme di rappresentazione, ma si trattava soprattutto di spettacoli che presentavano elementi di drammatizzazione: dalle **esecuzioni giullaresche** di testi narrativi o lirici alle **rappresentazioni sacre**, dalle passioni di Cristo che si recitavano in occasione delle ricorrenze pasquali alle laudi. Sul **teatro in quanto genere autonomo**, come era conosciuto dal mondo classico, pesò a lungo la diffidenza della cultura ecclesiastica e poi della cultura laica: il teatro era un'esperienza giudicata immorale o troppo vicina alle dimensioni popolari e folcloriche.

Teatro umanista, teatro di corte

L'Età umanistica segna il passaggio dalle forme di teatralità al teatro vero e proprio, con i suoi generi e le sue codificazioni. Nei primi decenni del **Quattrocento** umanisti come Paolo Vergerio, Leon Battista Alberti o Enea Silvio Piccolomini compongono in latino commedie ispirate ai modelli classici o a novelle boccacciane. A poco a poco, anche grazie alla riscoperta delle commedie di Plauto e alla diffusione dei commenti medievali a Terenzio, l'**interesse per la commedia latina** cresce e alle imitazioni si preferiscono gli originali, che cominciano a essere messi in scena negli ambienti di corte. È qui, infatti, che nascono le **prime forme di teatro in volgare**, di argomento non più religioso ma classico e mitologico. E in effetti la corte, con le sue feste, si pone come lo spazio privilegiato di queste primitive forme drammatiche: abbastanza erudite e raffinate da non confondersi con le **farse di origine popolare**, ma anche abbastanza leggere da intrattenere piacevolmente un pubblico che nel suo complesso non si compone di letterati di professione ma di nobili, di proprietari e mercanti, di funzionari e dame.

La *Fabula di Orfeo*

Appartiene a questo filone la *Fabula di Orfeo* di Angelo Poliziano, che è considerato il **primo testo teatrale in volgare**. Commissionata dal cardinal Francesco Gonzaga, la *Fabula* viene scritta in due soli giorni «intra continui tumulti» per la corte di Mantova, durante il periodo in cui Poliziano si è allontanato da Firenze (➤ p. 73). La **trama** è **tratta dal mito** narrato nel IV libro delle *Georgiche* di Virgilio e nei libri X e XI delle *Metamorfosi* di Ovidio. La sposa del cantore Orfeo, Euridice, viene morsa da un serpente e muore. Per riaverla, Orfeo scende agli Inferi e con il suo canto commuove Plutone e Proserpina, dèi del regno dei morti, che acconsentono alla liberazione di Euridice a patto che Orfeo non si volti a guardarne il volto prima di essere tornato sulla terra. Orfeo manca al suo impegno e perde per sempre la sposa. Poiché dopo questa avventura Orfeo dice di non voler più amare nessuna donna ma solo fanciulli, il cantore viene ucciso dalle Baccanti (le seguaci di Diòniso) e il suo corpo viene fatto a pezzi. La *Fabula* termina proprio con il coro delle Baccanti che dopo avere ucciso Orfeo inneggiano a Bacco e all'ebrezza.

T1

Il lamento di Orfeo e la vendetta delle Baccanti

Fabula di Orfeo
270-333

Orfeo, dopo avere definitivamente perduto la sua sposa, giura di non amare più nessuna donna e viene per questo ucciso e straziato dalle Baccanti che concludono l'opera con un canto di tipo "carnascialesco", improntato all'elogio sfrenato e grottesco del vino e dell'ebbrezza.

- METRO vv. 270-317: ottave ABABABCC; vv. 318-333: strofette di ottonari

Orfeo si duole della sua sorte

Qual sarà mai sì miserabil canto
che pareggi el dolor del mio gran danno?
O come potrò mai lacrimar tanto,
che sempre pianga il mio mortale affanno?
Staròmmi mesto e sconsolato in pianto
per fin che i cieli in vita mi terranno;
e poi che sì crudele è mia fortuna,
già mai non voglio amar più donna alcuna.

Da qui innanzi io vo côrre[1] i fior novelli,
la primavera del sesso migliore,[2]
quando son tutti leggiadretti e snelli:
quest'è più dolce e più suave amore.
Non sia chi mai di donna mi favelli,
poi ch'è morta colei ch'ebbe il mio core.
Chi vuol commercio aver de' miei sermoni,[3]
di femminile amor non mi ragioni.

Quanto è misero l'uom che cangia voglia
per donna, o mai per lei s'allegra o dole,
o qual per lei di libertà si spoglia,[4]
o crede a suo' sembianti o sue parole!
Ché sempre è più legger ch'al vento foglia,
e mille volte il dì vuole e disvuole:
segue chi fugge; a chi la vuol s'asconde;
e vanne e vien come alla riva l'onde.

Fanne di questo Giove intera fede,
che dal dolce amoroso nodo avvinto
si gode in ciel il suo bel Ganimede;
e Febo in terra si gode Iacinto:
a questo santo amor Ercole cede,
che vinse il mondo e dal bell'Ila è vinto.[5]
Conforto e maritati a far divorzio,
e ciascun fugga il femminil consorzio.

1. **côrre:** cogliere.
2. **sesso migliore:** è da intendersi qui come il maschile.
3. **Chi... sermoni:** Chi vuole ancora discorrere con me.
4. **o qual... spoglia:** o chi per lei rinuncia alla propria libertà (legandosi in uno stabile rapporto d'amore).
5. **Fanne... vinto:** Poliziano cita tre esempi di celebri amori del mito aventi i giovani per oggetto. Il primo è il rapimento del bellissimo Ganimede da parte di Giove, che volle farne il coppiere degli dèi. Il secondo è l'amore di Apollo (Febo) per il giovanetto Giacinto. Il terzo è l'amore di Ercole per il giovane Ila, per il quale tralasciò la ricerca del vello d'oro intrapresa da Giasone.

Una Baccante indignata invita le compagne alla morte d'Orfeo

Ecco quel che l'amor nostro disprezza!
O, o, sorelle! O, o! diamogli morte.
Tu scaglia il tirso;[6] e tu quel ramo spezza;
tu piglia un sasso o fuoco, e getta forte;
tu corri, e quella pianta là scavezza.
O, o! facciam che pena 'l tristo porte.
O, o! caviamgli el cor del petto fora.
Mora lo scellerato, mora, mora!

Torna la Baccante con la testa di Orfeo e dice così

O, o! O, o! morto è lo scellerato!
Evoè, Bacco, Bacco! Io ti ringrazio.
Per tutto 'l bosco l'abbiamo stracciato,
tal ch'ogni sterpo è del suo sangue sazio:
l'abbiamo a membro a membro lacerato
in molti pezzi con crudele strazio.
Or vada e biasmi la teda legittima![7]
Evoè Bacco, accetta questa vittima.

Sacrificio delle Baccanti in onore di Bacco

Ognun segua, Bacco, te!
Bacco, Bacco, evoè!

Chi vuol bever, chi vuol bevere,
vegna a bever, vegna qui.
Voi imbottate come pevere.[8]
Io vo' bever ancor mi.
Gli è del vino ancor per ti.
Lassa bever prima a me.

Ognun segua, Bacco, te!

Io ho vòto già il mio corno:[9]
dammi un po' il bottazzo in qua.
Questo monte gira intorno,
el cervello a spasso va.
Ognun corre in qua e in là,
come vede fare a me.

Ognun segua, Bacco, te!

6. **tirso:** il bastone rituale del culto di Dioniso, di cui le Baccanti sono sacerdotesse, era costituito da un ramo avvolto di vite o edera.
7. **la teda legittima:** la «teda» è la fiaccola rituale usata in tutte le cerimonie nuziali; Poliziano usa il termine per metonimia a indicare le nozze stesse.
8. **Voi... pevere:** Voi ingollate (vino) come una conca o un imbuto.
9. **il mio corno:** il boccale fatto di corno in cui si versava il vino.

CHIAVI DI LETTURA

La mescolanza dei toni Il contenuto dovrebbe essere tragico (la morte, Orfeo fatto a brandelli), ma per molti versi appare grottesco, specialmente il coro finale "carnascialesco" delle Baccanti sempre più ubriache, che ricorda *Il trionfo di Bacco e Arianna* di Lorenzo de' Medici. Il finale contrasta dunque decisamente col tono elegiaco, che invece caratterizza altre parti dell'opera. Questa mescolanza di registri ha indotto alcuni commentatori a parlare di "satira", nel senso originario del termine, ovvero come un componimento che mescola tragedia e commedia, stile alto e stile basso. Al registro della commedia appartiene certamente l'improvvisa professione di fede di Orfeo nell'amore omosessuale e, soprattutto, la satira antifemminile dei vv. 286 ss., in cui si riprendono di peso intere ottave delle *Stanze per la giostra* (➤ p. 73).

La rinuncia alla donna Il motivo della rinuncia alla donna e dell'amore per i giovani ha fatto discutere i commentatori. C'è stato chi ha voluto vedervi risvolti autobiografici: per esempio un riferimento all'amore non fortunato di Poliziano per la dottissima poetessa del circolo mediceo Alessandra Scala; oppure persino una non troppo celata indulgenza per l'eros omosessuale che, almeno sul piano filosofico, i circoli neoplatonici fiorentini hanno sottratto alla consueta e totale condanna medievale. L'accusa di sodomia colpisce Poliziano e vale alla sua *Fabula* l'ostracismo durante la breve parentesi del governo di Savonarola.

Antonio Tempesta, *La morte di Orfeo*, 1606. New York, Metropolitan Museum of Art.

PER APPROFONDIRE

interdisciplinarità/indagine/creatività

Leonardo da Vinci nel 1508 collabora a una messa in scena dell'*Orfeo* di Poliziano, progettando in particolare una macchina che apre le colline e fa apparire il regno di Plutone. Approfondisci questo argomento e, dopo aver letto per intero il testo di Poliziano, prova a inventare degli effetti speciali in grado di dare maggior forza d'impatto alla rappresentazione.

interdisciplinarità/comunicazione e collaborazione

«Mentre Mantegna dipingeva l'Orfeo dilaniato dalle menadi nella Camera degli sposi, a Mantova veniva messa in scena la *Fabula di Orfeo* di Agnolo Poliziano, la prima tragedia moderna, non a caso nell'ultimo giorno di Carnevale; la musica doveva aver avuto in questa rappresentazione, dato il carattere del mito e del protagonista della favola, Orfeo, un musico che vive fra una dimensione apollinea e una dimensione dionisiaca» (C. Cieri Via). Prendendo spunto dall'osservazione citata, dividetevi in due gruppi: uno si occuperà di svolgere una ricerca sulle fonti figurative che Poliziano poteva aver presenti al momento della composizione dell'opera; l'altro si documenterà sulle versioni in musica che si sono ispirate alla *Fabula di Orfeo*. Confrontatevi poi in classe e, tutti insieme, costruite una presentazione in cui le immagini trovate e selezionate siano accompagnate dalla musica ispirata all'opera di Poliziano.

comunicazione e collaborazione

Dopo aver diviso la classe in gruppi, a ogni gruppo verrà assegnato il compito di realizzare una brevissima rappresentazione del brano qui proposto in una diversa versione: versione musical, versione tragica, versione metropolitana, versione comica, versione cronaca nera...
Il testo di Orfeo andrà riscritto e riadattato a seconda del genere, dovrete scegliere l'ambientazione, distribuire le parti, trovare un titolo adatto e, infine, andare in scena. Potete riprendere le varie scene e condividerle poi con le altre classi.

LINGUA MADRE

Lezione 3 **Il plurilinguismo del Quattrocento**

Incisone di un'edizione dell'*Hypnerotomachia Poliphili* di Francesco Colonna, 1499. Windsor, Royal Collection Trust.

1. Un approccio alla lingua ricettivo e curioso

Nel Quattrocento, gli **ambiti d'uso del volgare** conoscono una progressiva espansione e il tentativo di ovviare alla frammentazione dei vari idiomi municipali si accompagna a un atteggiamento di grande apertura verso gli apporti da altre lingue, prima fra tutte il latino. Non solo, è questo un periodo caratterizzato anche da uno **spiccato sperimentalismo**, che induce gli scrittori ad attingere a strati di lingua e modelli eterogenei per forgiarsi lo strumento linguistico di volta in volta più idoneo al genere letterario praticato.

2. Latino e volgare: compresenza e contaminazioni

A voler scindere in modo netto la storia del latino e quella del volgare, si incontrerebbero in questo secolo particolari difficoltà. Le vicende delle due lingue sono infatti strettamente connesse: se la riscoperta e il rinnovato **culto del latino dei classici** determina una **condanna del volgare** come lingua di cultura da parte degli umanisti più intransigenti, l'impiego di quest'ultimo si rafforza in ambiti extraletterari: nelle cancellerie, nelle scritture pratiche ed epistolari pubbliche e private, e nella predicazione, importante tramite di educazione linguistica popolare. In ambito letterario, d'altro canto, anche chi sceglie di scrivere principalmente in volgare è per lo più **bilingue** – come gran parte del **pubblico più colto** – e ha all'attivo una produzione giovanile o parallela in latino.
Inoltre sia nella predicazione sia in alcune scritture pratiche (lettere, diari, ricettari) viene percepito come naturale che le due lingue coesistano all'interno di uno stesso testo o discorso: il latino sotto forma di citazioni bibliche, formule di saluto, singole parole o nessi inseriti occasionalmente (come *maxime*, *quondam*, *cum*), il volgare anche nelle sue varianti più popolari. Sul finire del secolo, poi, si segnalano alcune contaminazioni dotte, che perseguono soprattutto finalità espressionistiche e comiche. È questo il caso, per esempio, del **macaronico di Teofilo Folengo** (➤ p. 451), che prevede la latinizzazione di termini o locuzioni dialettali, in genere di estrazione bassa, o il travestimento dialettale di parole latine a scopo parodico (*guardabat*, *zobiam* per «giovedì»). Fenomeno per certi versi speculare è il **«polifilesco»**, che prende il nome dall'*Hypnerotomachia Poliphili* di Francesco Colonna (1499), gioiello dell'arte tipografica per le bellissime xilografie di cui è corredato: qui, in un tessuto sintattico volgare alto, di

impronta boccaccesca, vengono incastonati moltissimi latinismi provenienti soprattutto dal latino tardo. Nato come esperimento individuale, il «polifilesco» verrà poi ripreso nel **Cinquecento** per caratterizzare linguisticamente il **personaggio del pedante nella commedia dell'arte**, assumendo la denominazione di «pedantesco».
Spesso, inoltre, in testi di natura anche molto varia, letterari e non, i latinismi servono a colmare le lacune lessicali di coloro che, non toscani d'origine, desiderano discostarsi dal proprio volgare materno ed evitare il ricorso a termini dialettali.

3. Corti e cancellerie come fucine linguistiche

Uno degli ambienti in cui si avverte con forza l'urgenza di smussare i tratti più municipali dei diversi volgari sono le cancellerie degli Stati signorili (per esempio Milano, Mantova, Ferrara, Urbino), dove il volgare, fin dai primi anni del secolo, è ormai adottato per tutte le questioni inerenti l'**amministrazione della giustizia**, i rapporti diplomatici con l'esterno, i discorsi pubblici ecc. Per i **funzionari** che vi operano, il latino è il modello linguistico più immediato a cui guardare per sprovincializzare i rispettivi volgari, che si trasformano in vere e proprie *koinè* («lingue comuni») sovraregionali, latineggianti soprattutto nella grafia (*iustitia* per *giustizia*, *et* per *e*, *facto* per *fatto*).
D'altro canto questi stessi funzionari, segretari, cancellieri sono anche i **fruitori** – e in alcuni casi gli autori – **della letteratura in volgare** che viene prodotta nelle corti, una letteratura da cui pure si cerca di bandire i tratti linguistici più municipali, guardando principalmente, ma non in modo esclusivo, all'esempio dei **grandi autori toscani del Trecento**. Tra la lingua delle cancellerie, la lingua d'uso nelle conversazioni dotte a corte e la lingua della letteratura, che in quelle stesse corti si produce e consuma, c'è dunque una fitta trama di scambi e reciproche influenze. Ed è proprio in questo contesto che, nel secolo successivo, matureranno le **teorie linguistiche** dette appunto **cortigiane**.

4. Il genere lirico e l'espansione del toscano letterario

A Firenze, negli ultimi decenni del secolo, la **corte medicea** intraprende un vero e proprio programma per **promuovere il volgare toscano**, considerato un elemento chiave a sostegno dell'ascesa politica di Lorenzo sulla scena italiana (➤ p. 20). Ma la lingua delle **Tre Corone** ha già cominciato a diffondersi oltre i confini regionali anche in modo indipendente, sulla scia dello straordinario successo di Dante, Petrarca, Boccaccio. Proprio le loro opere vengono ben presto imitate da coloro che, non essendo di origine toscana, desiderano scrivere in volgare di cose alte, rivolgendosi a un pubblico ampio. L'ambito in cui l'imitazione si rivela più agevole è senza dubbio quello della lirica, in cui il *Canzoniere* petrarchesco costituisce un modello lin-

Andrea Mantegna, *La famiglia e la corte di Ludovico III Gonzaga*, 1465-1474. Mantova, Castello di San Giorgio.

Nicholas Abbot, *Paesaggio con Matteo Maria Boiardo che scrive il suo poema*, 1540-1543. Modena, Galleria Estense.

guistico indiscusso e ben circoscrivibile, data l'assenza di grammatiche e strumenti normativi condivisi.

Rispetto al rigoroso petrarchismo tipico del Cinquecento, tuttavia, quello quattrocentesco presenta caratteristiche meno compatte, più soggettive e sperimentali, come si può vedere, per esempio, negli ***Amorum libri*** di **Matteo Maria Boiardo** (➤ p. 96), emiliano, già poeta in latino. Il tema e le forme metriche sono fedelmente improntati al *Canzoniere*, e anche la lingua, rispetto a quella impiegata dall'autore in altre opere, presenta un alto grado di toscanizzazione, soprattutto lessicale. Eppure non mancano **elementi eterogenei**: termini predanteschi, soprattutto siciliani e stilnovistici (come i sostantivi in *-anza* ed *-enza*), voci dantesche (come l'aggettivo *vermiglio* o verbi come *concrear*), latinismi, anche fonetici (*summo*, *simplice*).

Questo **approccio**, che non tiene conto dell'evoluzione della lingua nel tempo, è stato definito **«acronico»**, ed è tipico di coloro che ricorrono, scrivendo, a un sistema linguistico estraneo, appreso sui libri. Analoghe difficoltà incontra un autore meridionale come **Jacopo Sannazaro**, che sottopone la prima redazione "napoletana" della sua *Arcadia* (1484-86; ➤ p. 83) a una revisione ventennale, prima di stamparla nel 1504.

5. La poesia narrativa

Il caso di un autore come Boiardo si presta bene a illustrare come, nel Quattrocento, i modelli di riferimento e gli esiti linguistici possano variare anche nella produzione di uno stesso scrittore, a seconda del genere letterario praticato. Se negli *Amorum libri*, il suo canzoniere lirico, si registra il massimo sforzo di adeguamento al modello di Petrarca, nel **poema cavalleresco** l'***Inamoramento de Orlando*** (➤ p. 96), invece, Boiardo guarda all'epica popolaresca in ottava rima. Per quanto riguarda le scelte linguistiche, inoltre, la finzione della recita orale del racconto gli consente di accostare con disinvoltura stilemi epico-cortesi (*prodo e cortese*, *matutina stella*) a sintagmi della tradizione lirica alta (*sbigottito e smorto*); termini del lessico guerresco, tecnicismi e locuzioni legati ai cavalli (*a briglia tratta*, *a spron battuti*); improperi (*bruta canaglia*, *sacconaccio di letame pieno*); schietti dialettalismi (*barbotare* per "borbottare", *insprocare* per "infilzare"). Anche dal punto di vista fonetico il testo presentava marcati tratti settentrionali (*mità*, *mischino*, *soperbia*, *giazo* per "ghiaccio", *maia* per "maglia").

Una simile apertura a termini provenienti da registri stilistici e ambiti lessicali diversi si osserva anche in un altro poema cavalleresco, opera questa volta di un autore fiorentino, il *Morgante* (1478) di **Luigi Pulci**. Pulci manifesta una spiccata curiosità linguistica, tanto da allestire, a uso personale, il ***Vocabulista***, una singolare lista di oltre settecento vocaboli con relativa spiegazione (grecismi, latinismi, ebraismi, nomi mitologici, termini dotti, popolari, dialettali, tecnicismi), e addirittura comporre sonetti parodici del milanese e del napoletano, e una lettera in gergo furbesco. Nel ***Morgante***, su una base fiorentina popolare, vengono inseriti e accostati in modo imprevedibile tecnicismi militari e marinareschi, accentuandone volutamente i contrasti; denominazioni di animali fantastici; orientalismi (*talacimanno* per "muezzin"); espressioni proverbiali dal tono allusivo e scherzoso (*far come l'asino del pentolaio*, "sostare continuamente"); giochi di parole (*La casa cosa parea bretta e brutta*) e neoconiazioni, come la sequenza *crai e postcrai e postscrigno e postquacchera*, che convivono con citazioni dantesche e petrarchesche.

IL RINASCIMENTO: PRIMAVERA DELLE LETTERE E DELLE ARTI

ITALIA

Le ambizioni di Venezia sono ridimensionate dalla battaglia di Agnadello (1509), vinta da una coalizione composta dal papa, Francia e Spagna.

FRANCIA

La monarchia francese indirizza le proprie mire espansionistiche verso la penisola italiana. Nel 1494 Carlo VIII organizza con successo una spedizione in Italia.

ITALIA

Centro nevralgico della contesa franco-spagnola, conquistato dai Francesi (1500), il Ducato di Milano passa agli Spagnoli dopo la battaglia di Pavia (1525).

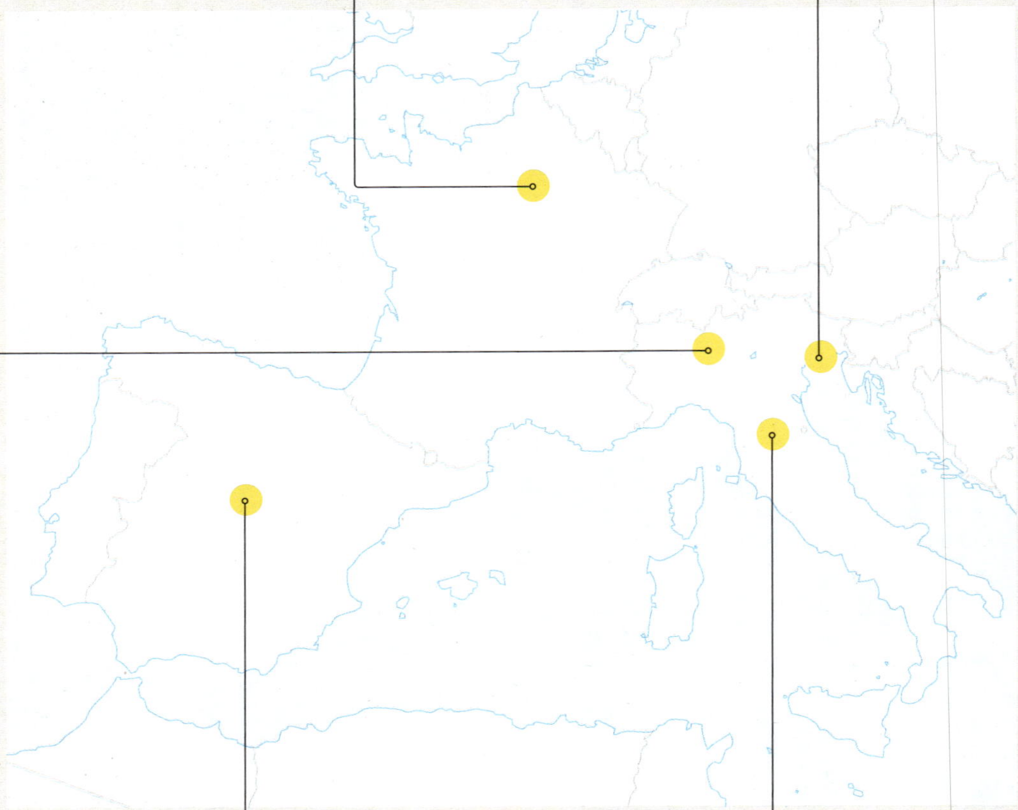

SPAGNA

Carlo V d'Asburgo re di Spagna (1516) e imperatore del Sacro Romano impero (1519) si scontra con la Francia per la supremazia in Europa; la penisola italiana, inedebolita dalle divisioni interne, diviene un luogo di conquista.

ITALIA

Cacciati dopo la discesa di Carlo VIII e l'instaurazione della repubblica (di Savonarola prima e di Pier Soderini poi), i Medici riprendono il potere con l'aiuto di Carlo V (1530).

STORIA

1517

95 Tesi di Lutero
Sanciscono la contrapposizione di Lutero con la Chiesa di Roma e la nascita ufficiale della Riforma protestante

1527

Sacco di Roma
Roma è devastata dai lanzichenecchi, i mercenari tedeschi arruolati dall'imperatore Carlo V d'Asburgo.

1541

Colloqui di Ratisbona
Tentano inutilmente una ricomposizione fra cattolici e protestanti

1542

Inquisizione
Tribunale che esercita il controllo su teorie contrarie all'ortodossia cattolica

1555

Pace di Augusta
Sancisce la divisione fra prìncipi protestanti e prìncipi cattolici secondo la formula *cuius regio eius religio* («di chi è la regione, di lui sia la religione»).

1559

Pace di Cateau-Cambrésis
Trattato di pace che mette fine al conflitto tra Spagna e Francia in Italia (Guerre d'Italia), avviando la supremazia spagnola nella penisola italiana.

LETTERATURA, ARTI E SCIENZE

1508-11

Affreschi di Raffaello nella Stanza della Segnatura
Raffaello Sanzio affresca la Stanza della Segnatura presso la residenza del pontefice Giulio II in Vaticano.

1516

***De immortalitate animae* di Pomponazzi**
Il filosofo mantovano Pietro Pomponazzi pubblica il trattato *De immortalitate animae*, in cui si mette in dubbio la natura eterna dell'anima umana dopo la morte.

1532

Edizione definitiva dell'*Orlando furioso* e primo libro del *Gargantua e Pantagruele* di Rabelais
Esce la terza e ultima edizione dell'*Orlando furioso* di Ludovico Ariosto e il primo libro del futuro *Gargantua e Pantagruele* dello scrittore francese François Rabelais.

1541

Giudizio Universale di Michelangelo
Michelangelo Buonarroti conclude i grandiosi affreschi del Giudizio Universale presso la Cappella Sistina.

1543

***La fabbrica del corpo umano* di Vesalio**
Il medico fiammingo Andrea Vesalio pubblica *La fabbrica del corpo umano*, primo atlante di anatomia umana.

***De revolutionibus orbium coelestium* di Copernico**
L'astronomo polacco Nicolò Copernico pubblica il *De revolutionibus orbium coelestium*, in cui, contrariamente alle opinioni del tempo, si sostiene che è la Terra a girare attorno al Sole.

1548

***Esercizi spirituli* di Loyola**
Sono pubblicati a Roma gli *Esercizi spirituali*, scritti dallo spagnolo Ignazio di Loyola, fondatore dell'Ordine dei Gesuiti.

1554

Messe di Palestrina
Il compositore Giovanni Pierluigi da Palestrina pubblica il suo primo libro delle *Messe*.

VIDEO

Inquadra il codice per accedere alla lezione sul Rinascimento

CONTESTO

QUADRO STORICO

1. La situazione europea e italiana

Uno sguardo generale

Il contesto storico che fa da sfondo al periodo di massima fioritura letteraria e artistica della civiltà europea appare variegato e complesso. Nella **prima metà del Cinquecento**, infatti, si assiste a una serie di **trasformazioni profonde** in ambito culturale e religioso: il continente europeo viene lacerato nella sua unità spirituale dalla **Riforma protestante** e dalla **Controriforma cattolica**. Intanto prende forma l'ambizioso **progetto imperiale** di **Carlo V** di Spagna, che dà inizio allo scontro con la potente monarchia nazionale francese. A seguito delle **grandi scoperte geografiche**, l'asse economico e finanziario si sposta dal Mediterraneo all'Atlantico, mentre si instaura definitivamente il sistema eliocentrico copernicano, confermato dalle circumnavigazioni del pianeta. Tutto questo contribuisce a modificare in modo indelebile la concezione che l'uomo elabora di sé e del mondo: si fa strada la consapevolezza sempre più marcata della responsabilità nel determinare il proprio destino, ma anche un senso crescente di smarrimento e di fragilità.

La scoperta dell'America e l'economia europea

I primi decenni del secolo sono caratterizzati da una forte espansione verso il Nuovo Continente e verso le zone costiere dell'Africa e dell'Asia, esplorate e percorse da navigatori e commercianti, subito seguiti da soldati e missionari. A questa espansione corrisponde una **rapida crescita economica**, che determina un ricorrente **processo inflazionistico**, legato sia alla massiccia **affluenza di metalli preziosi dall'America** sia a una inadeguata risposta dell'offerta a una domanda in costante aumento. Questo fenomeno rappresenta un sintomo innegabile della vitalità economica del Vecchio Continente, che si orienta a vantaggio della **borghesia commerciale e finanziaria**, e determina, soprattutto in Francia e in Inghilterra, un notevole accumulo di capitali nei settori della manifattura e dell'intermediazione commerciale.

Inflazione

Dal latino *inflatio* «gonfiatura», indica l'aumento dei prezzi e la diminuzione del potere d'acquisto.

All'inizio del Cinquecento l'Italia è ancora uno dei luoghi più fiorenti, con grandi città e corti sfarzose, che costituiscono altrettanti centri d'arte e di cultura. La debolezza politica e militare degli Stati regionali, tuttavia, rende la penisola estremamente vulnerabile e la trasforma nel terreno di scontro fra la potenza nazionale francese e quella imperiale di Carlo V (**Guerre d'Italia**, 1500-58). Per questi motivi, pur mantenendo il suo primato culturale, l'**Italia** occupa ben presto una **posizione marginale**, sia nelle dinamiche politiche sia nello sviluppo commerciale. In particolare, sin dalla fine del Quattrocento, la penisola viene contesa tra le grandi potenze. Questo processo si apre nel 1494 con la **discesa di Carlo VIII**, re di Francia, quando con la morte del Magnifico (1492), di Pico della Mirandola e di Angelo Poliziano termina idealmente la civiltà umanistica. Seguono altre spedizioni francesi, di Luigi XII (1500 e 1513) e di Francesco I (1515). Con l'intervento di **Carlo V d'Asburgo**, re di Spagna (1516) e poi imperatore del Sacro Romano Impero (1519), il territorio italiano diventa teatro di lunghe guerre e di episodi violenti, come il **sacco di Roma** (1527) per mano dei lanzichenecchi, mercenari tedeschi arruolati dall'imperatore. Quando si giunge a un equilibrio, con la **pace di Cateau-Cambrésis** (1559), l'ordinamento politico europeo è ormai profondamente mutato e in Italia ha inizio il secolare predominio spagnolo.

FLIPPED CLASSROOM

A casa
- Guarda il video *Il Rinascimento.*
- Leggi il paragrafo *La curia romana e l'editoria* (p. 139) e rispondi: perché l'invenzione della stampa rende più accessibile la cultura?

In classe
- Confrontate le vostre risposte.
- Figura di spicco dell'editoria rinascimentale, Aldo Manuzio ebbe, tra gli altri, il merito di diffondere i classici greci e latini. Ricostruite la sua vita con un PowerPoint in cinque slide.

L'Italia e Carlo V

Nel corso del Cinquecento avvengono notevoli trasformazioni all'interno degli Stati regionali italiani. A **Firenze**, dopo la discesa di Carlo VIII, si assiste alla cacciata dei Medici e all'instaurarsi della Repubblica di Savonarola, seguita poi dalla seconda Repubblica di Pier Soderini, dopo la morte sul rogo del frate predicatore nel 1498. Nel 1512 i Medici rientrano in città e rafforzano il loro potere con l'ascesa al soglio pontificio di due membri della loro casata, Leone X e Clemente VII. Dopo un nuovo tentativo di instaurare la repubblica, i Medici vengono definitivamente riportati in città nel 1530, scortati dalle truppe di Carlo V.

Più drammatica la situazione di **Milano**, vero e proprio centro strategico delle contese franco-spagnole: conquistata dai Francesi (nel 1500) e definitivamente perduta dopo la **battaglia di Pavia** (1525), la città è oggetto di saccheggi, manovre militari e occupazioni di truppe, fino a perdere del tutto la sua autonomia e a divenire zona periferica dell'Impero, governata da funzionari spagnoli a partire dal 1535.

Il ridimensionamento di Venezia

Dopo aver raggiunto un grado elevato di indipendenza economica, militare e politica, rispetto alla penisola, Venezia viene umiliata con la **sconfitta di Agnadello** (1509) e bloccata nelle sue mire espansionistiche sulla terraferma dalle forze congiunte di papa, Francia e Spagna. La sua abilità diplomatica la mantiene tuttavia nel ruolo di baluardo difensivo contro la **minaccia dei Turchi**, che culminerà nella **battaglia di Lepanto** del 1571, vinta dalla *Lega Santa*, coalizione promossa da Pio V.

Le conseguenze dei conflitti in Italia

Sono numerose le conseguenze dei complessi conflitti dinastici, diplomatici e politici che interessano l'Italia in questi decenni. Innanzitutto la sua emarginazione: la penisola è ormai assoggettata alle maggiori potenze europee e isolata dalle grandi trasformazioni in atto nel Vecchio Continente. Inoltre il predominio spagnolo, l'uso degli eserciti mercenari, le frequenti congiure di palazzo e l'approfondirsi del divario fra i ceti popolari e i ceti dominanti aprono un **solco insanabile fra società urbana e politica delle corti**. Diffusa e profonda è la consapevolezza che un'età felice e serena si è definitivamente conclusa: inizia la transizione in un'epoca più problematica, destinata a segnare profondamente le generazioni del secondo Cinquecento. Inizia così in questo momento l'Età moderna, densa di contrasti e contraddizioni.

Anonimo, *La morte sul rogo di Savonarola in piazza della Signoria a Firenze*, XVI secolo. Firenze, Museo di San Marco.

2. La Chiesa e la Riforma

La Riforma protestante

L'esigenza di una riforma della Chiesa era già stata più volte sollecitata dagli umanisti nella seconda metà del XV secolo, ed era sentita anche in Italia. Se a Roma il malcontento per lo sfarzo e il **nepotismo dei papi e dei cardinali** trovava uno sfogo immediato nella poesia satirica delle Pasquinate (➤ p. 461), una risposta radicale alle esigenze spirituali che attraversavano da tempo l'Europa viene dalla Riforma protestante, sviluppatasi in prima battuta in Germania nel 1517, con l'affissione delle ***95 Tesi* a Wittenberg** da parte del monaco agostiniano **Martin Lutero**. Secondo la tradizione l'elenco, che costituisce l'atto di nascita ufficiale della Riforma protestante, viene esposto da Lutero sul portone della chiesa del castello di Wittemberg. Nei suoi sermoni Lutero aveva già preso posizione contro la Chiesa di Roma. Il motivo all'origine del conflitto, oltre a quelli dottrinali, riguardava la **vendita delle indulgenze**, cioè la remissione dei peccati commessi in cambio di denaro.

Con Lutero inizia a diffondersi un vasto movimento di indipendenza rispetto alla Chiesa romana che si trasmette dapprima nella Svizzera tedesca e francese, con **Huldrych Zwingli** e **Giovanni Calvino** per propagarsi poi in altri Paesi europei. Pur all'interno di alcune differenze, i Protestanti erano accomunati, rispetto alla dottrina cattolica, dal rifiuto di accettare il clero come necessario intermediario tra il fedele e Dio (e per questo Lutero promuove la traduzione della Bibbia in tedesco, che esce già nel 1522); dalla convinzione che la salvezza eterna si ottiene solo per fede e non attraverso il ben operare; dal ripudio del culto dei santi e delle reliquie; dalla negazione dell'esistenza del purgatorio. L'affermazione del protestantesimo non è senza conflitti, sia esterni – che oppongono i principi riformati tedeschi a Carlo V – sia interni, come la repressione della sanguinosa rivolta dei contadini guidata da **Thomas Müntzer** nel 1525 o le molte controversie teologiche. A chiudere questa fase turbolenta viene la **pace di Augusta** (1555), che sancisce la divisione fra principati protestanti e principati cattolici, secondo il principio di adeguamento dei sudditi alla religione seguita dal sovrano. Questo principio è sintetizzato nella formula latina ***cuius regio eius religio***, «di chi è la regione, di lui sia la religione».

La situazione italiana

In Italia, nel quadro conflittuale e caotico delle guerre tra Francia e Spagna, il conflitto tra impero e papato conosce momenti drammatici come il **sacco di Roma** del **1527** da parte dei mercenari tedeschi, che suscita un'eco enorme in tutta la cristianità occidentale. Tuttavia, almeno fino al 1542, una parte della Chiesa, i cosiddetti **evangelici**, cerca di aprire un dialogo con la Riforma, mostrandosi disposta ad accogliere alcune delle istanze formulate: si distinguono in particolare alcune figure di cardinali, italiani, come Gasparo Contarini, o come l'inglese Reginald Pole, poi ultimo arcivescovo cattolico di Canterbury.

Questa fase giunge al suo esaurimento dopo il fallimento dei **Colloqui di Ratisbona** del 1541, durante i quali il legato papale tenta inutilmente di evitare la frattura fra cattolici e protestanti. Nel 1542 viene istituita l'**Inquisizione** con lo scopo di indagare i sostenitori di teorie contrarie all'ortodossia cattolica e la stretta sulla libertà religiosa si fa sentire in modo evidente, sia attraverso il controllo sui libri a stampa sia attraverso la pratica della confessione e della delazione. Non è per caso che, proprio nel 1542, fuggano all'estero molti intellettuali vicini alla Riforma, come Celio Secondo Curione (➤ p. 464) e il predicatore Bernardino Ochino in Svizzera o Pier Martire Vermigli in Inghilterra.

FISSA I CONCETTI

- Quali sono le ragiioni dello scontro di Lutero con la Chiesa di Roma?
- Che cosa stabilisce la pace di Augusta?
- Che cosa avviene con i colloqui di Ratisbona?

CONTESTO

QUADRO CULTURALE

1. Il Rinascimento

Le basi umanistiche

La riscoperta della cultura e dell'arte classiche compiuta dagli umanisti nel Quattrocento (➤ p. 24) conduce, nella prima metà del secolo successivo, all'adozione dell'**antichità greco-latina come modello di riferimento** estetico e morale. Si afferma così il concetto di "rinascita", civile e culturale, rispetto al Medioevo, considerato come un periodo di grave crisi in tutti i campi, una parentesi di buio tra la classicità e la sua successiva ripresa. Gli artisti e gli intellettuali rinascimentali ricorrono all'imitazione delle grandi opere greco-latine con lo scopo di raggiungere un nuovo ideale di bellezza, che rifugge gli eccessi e persegue invece una forma di equilibrio razionale e armonioso.

Regole in cerca di un perfetto equilibrio

La ricerca di questa nuova misura è condotta attraverso un metodo che privilegia l'aspetto dell'**innovazione creativa** rispetto a quello della fissazione di **norme prestabilite**, che sarà proprio della seconda metà del Cinquecento. Per comprendere questo atteggiamento basta paragonare due grandi autori di poemi cavallereschi come Ludovico Ariosto, che non scrive una riga di commento al suo *Orlando furioso*, e Torquato Tasso, continuamente sollecitato alla riflessione teorica sulla sua *Gerusalemme liberata* (➤ p. 544 e **T6** ➤ p. 546).
La straordinaria fioritura artistica, letteraria e musicale del primo Rinascimento sembra maturare (considerata la fase storica di continui conflitti interni tra Stati e dall'occupazione straniera) come un frutto miracoloso assolutamente spontaneo. Ciò accade perché l'attività creativa segue un principio che si potrebbe così riassumere: la vera arte consiste nel nascondere l'arte, cioè gli artifici e la tecnica attraverso cui essa si offre al pubblico. Ecco perché le opere del primo Rinascimento danno quell'impressione di suprema naturalezza, sintetizzabile nella formula «**amore della vita**» (A. Tenenti).

Raffaello Sanzio, *Scuola di Atene*, 1509-1510. Città del Vaticano, Musei Vaticani, Stanza della Segnatura. La scena raffigura l'interno del Tempio della Saggezza. Qui le figure dei sapienti e dei filosofi, tra cui spiccano al centro Platone e Socrate, rimandano alle correnti di pensiero dell'antichità classica. Il sistema di strutturazione dell'immagine simboleggia l'universo armonico del Sapere.

2. Gli intellettuali e le corti

Gli intellettuali italiani e i grandi modelli culturali europei

Una delle più rilevanti conseguenze delle guerre d'Italia riguarda la svolta nella condizione dell'intellettuale e la centralità della corte, che diventa ormai la committente dell'opera d'arte e, allo stesso tempo, lo spazio della stessa elaborazione artistica. Si rinsalda, infatti, **il rapporto fra intellettuale e centro del potere politico**: i committenti della corte chiedono agli artisti e agli uomini di lettere di costruire e impersonare l'ideale di **uomo perfetto**. Si sviluppa, quindi, la produzione di opere letterarie, figurative e musicali che sappiano incarnare i valori di equilibrio e armonia, di aspirazione al godimento della bellezza che sono alla base del Rinascimento. Questo porta, inoltre, al progressivo attenuarsi della distinzione fra le arti, in quanto tutte trovano il loro obiettivo e la loro dignità nel farsi veicolo dell'ideale di proporzione e di nuova classicità. Contemporaneamente **si allargano i confini geografici** del pubblico, che non è più ristretto alla singola corte locale, ma si estende a quello di ogni altra corte italiana o europea; un pubblico, però, che deve essere dotato di una base comune di idee e modelli umanistici cui fare riferimento. L'ideale di perfezione non si limita all'ambito delle arti, ma si estende alla **dimensione etica dell'uomo**: in questo senso Machiavelli disegna un modello di principe accorto, capace di arginare razionalmente la minaccia oscura degli eventi; Vasari diffonde l'ideale di eccellenza della vita degli artisti; Castiglione delinea il tipo ideale di uomo di corte (➤ p. 412), consigliere del principe e diplomatico, dotato di equilibrio, eleganza, onestà.

Il ruolo di Venezia e Padova

Negli anni Trenta, i grandi centri di Roma e Firenze cedono pian piano il loro primato a **Venezia,** soprattutto per il suo ruolo in ambito editoriale (➤ p. 20), e a **Padova**, sede di uno Studio universitario di fama europea, che mantiene vive le indagini sulla filosofia naturale di Aristotele, in contrapposizione al platonismo fiorentino. Nella convinzione che l'unico oggetto della filosofia sia la natura e l'unico mezzo di indagine sia la ragione, l'aristotelismo padovano si orienta soprattutto agli studi di fisica e di logica, piuttosto che a quelli di metafisica e teologia. Anche le principali opere letterarie trovano fertile terreno di crescita nell'area padano-veneta, nelle cui **corti** nascono i principali poemi cavallereschi (soprattutto a Ferrara con Ariosto ➤ p. 182) e i trattati più diffusi a livello europeo (come gli *Asolani* di Bembo ➤ p. 144 e il *Cortegiano* di Castiglione).

Dall'umanista all'uomo di corte

FISSA I CONCETTI

- Che cosa s'intende con il termine Rinascimento?
- Quali sono le caratteristiche fondamentali delle corti?
- Qual è il ruolo degli intellettuali in età rinascimentale?

Nel corso del Cinquecento a poco a poco perdono vigore le comunità cittadine in cui, nel secolo precedente, era nata la figura dell'umanista: le grandi famiglie lottano per il potere assoluto, mentre il clero aspira a una posizione di preminenza politica. In questo processo, non privo di travagli, l'intellettuale soffre la propria condizione di sradicamento e si accorge di dover fare i conti con la sempre maggiore invadenza del dominio politico. La corte diviene un elemento insostituibile della nuova società: l'umanista depone il suo abito erudito e **acquista la versatilità del cortigiano**, per il quale il principe agisce da imprenditore, conferendogli onori e remunerazioni.
Questo comporta una sempre crescente distinzione fra l'intellettuale e il pubblico esterno alle corti, mentre anche i luoghi di ritrovo degli intellettuali vengono gerarchizzati e posti sotto il diretto controllo del potere e delle istituzioni. Le Accademie, che nel Quattrocento avevano custodito lo sviluppo di una vita intellettuale fervida, libera e rigogliosa, si adeguano nel Cinquecento a un maggior **ossequio nei confronti del principe**, al servizio del quale i letterati pongono le loro competenze.

3. La curia romana e l'editoria

L'allargamento del pubblico e il mercato librario

Nella vita culturale diviene fondamentale il ruolo esercitato dall'editoria, che favorisce la diffusione delle idee riformatrici e delle informazioni più disparate. La **moltiplicazione delle tipografie** trasforma l'editoria in una vera produzione manifatturiera, che consente a un pubblico allargato di usufruire di un vasto patrimonio culturale, grazie anche alla diminuzione dei prezzi dei libri.

La stampa **cambia il concetto di pubblico**, che non coincide più con la cerchia ristretta dei membri di una corte, ma si estende ai lettori potenziali d'Italia e d'Europa. Dal canto suo anche l'autore comincia a trarre profitto dal proprio lavoro di scrittore, all'interno della **logica di mercato dell'industria libraria**.

La curia romana come polo d'attrazione culturale

Sin dal Quattrocento, nel pieno della diffusione della cultura laica, fortemente ancorata alle istituzioni civili, la Chiesa diviene nuovamente capace di attirare al proprio servizio uomini colti, scrittori e umanisti, che trovano nel suo alveo un impiego congeniale alle proprie ambizioni. Nel corso del Cinquecento la situazione si evolve ulteriormente in questa direzione, tanto che **numerosi intellettuali** raggiungono una posizione di prestigio **nelle gerarchie ecclesiastiche**, divenendo vescovi e cardinali (come Giovanni della Casa).

A questo proposito sono esemplari le biografie di Pietro Bembo e Baldassarre Castiglione, che rinunciano rispettivamente alla vita del gentiluomo di corte e alla carriera di magistrato, per entrare nei ranghi della Chiesa. Altri, come Ludovico Ariosto, godono di benefici ecclesiastici pur rimanendo laici. Per molti aspetti, dunque, la carriera ecclesiastica si rivela congeniale a chi vuole dedicarsi alle lettere, più di quanto non lo sia la prospettiva di restare subordinato al servizio di un principe.

FISSA I CONCETTI

- In che senso il mercato libraio cambia il concetto di pubblico?
- Perché la curia romana ha un'importanza culturale?

Giovanni Stradano, *Stamperia*, incisione tratta da *Nova Reperta (Nuove invenzioni dei tempi moderni)*, fine XVI secolo. New York, Metropolitan Museum of Art.

La rivoluzione tipografica: i grandi centri editoriali in Italia e in Europa

A metà del XVI secolo Johannes Gutenberg produce in Germania il primo libro stampato con caratteri mobili metallici. L'impatto dell'invenzione è epocale: la diffusione dei libri e della cultura è ora possibile a costi meno elevati e in tempi più brevi, permettendo la ristampa di testi in numeri prima impensabili. In pochi anni la stampa si diffonde in Europa. Si stampano testi in latino, in greco e in volgare, e alcuni editori – come Aldo Manuzio a Venezia, o gli Estienne a Parigi – diventano veri e propri artisti del mestiere, noti per l'erudizione e la qualità delle loro produzioni.

PARIGI

A Parigi apre la **tipografia degli Estienne**, una famiglia di studiosi che opera prima in Francia e poi a Ginevra tra il XVI e il XVII secolo, responsabile di monumentali lavori di erudizione come il *Thesaurus linguae Graecae* e il *Thesaurus linguae Latinae*.

MAGONZA

A Magonza l'orafo **Johannes Gutenberg** pubblica tra il 1452 e il 1456 la "Bibbia delle 42 linee" (dal numero di linee di testo su ogni pagina), il primo testo stampato.

NORIMBERGA

Norimberga, dove **Anton Koberger** apre una grande impresa editoriale, è il più importante centro tipografico tedesco durante il XV secolo.

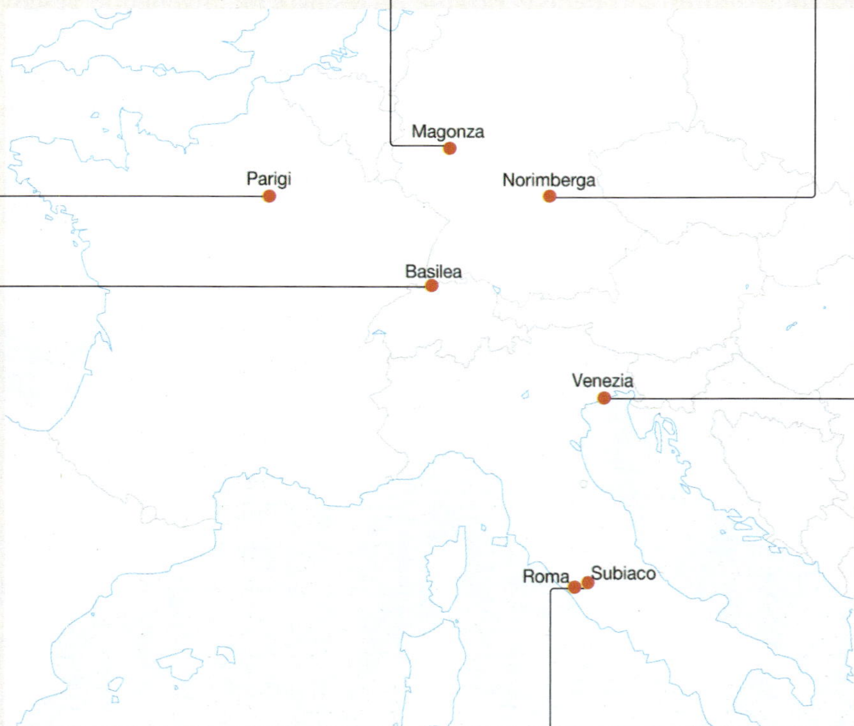

VENEZIA

La prima stamperia apre a Venezia nel 1467, ma è con **Aldo Manuzio**, che inizia la sua attività all'inizio XVI secolo, che Venezia diventa il più importante centro in Italia, rinomato per le sue edizioni in greco, latino, e volgare e per le innovazioni alla tecnica tipografica.

BASILEA

Basilea è un centro rinomato per la qualità delle sue stampe. L'impresa più importante è quella gestita dalla **famiglia Froben**, che ha per amico e consigliere Erasmo da Rotterdam, di cui pubblica anche le opere.

SUBIACO / ROMA

A Subiaco due chierici tedeschi aprono nel 1465 quella che è probabilmente la **prima tipografia italiana**. L'attività si sposta poi a Roma, dove diventa una delle più fiorenti d'Italia.

La regola e l'eccezione: Pietro Bembo e altra lirica del Cinquecento

GENERE

1. Pietro Bembo tra classicismo e neoplatonismo

1.1 La vita

Poesia e lingua

Il nome di Pietro Bembo si lega ad almeno due aspetti fondamentali della letteratura e della storia culturale del Cinquecento, che grazie a lui risultano indissolubilmente intrecciati: quello dell'**evoluzione della poesia** e quello noto come **"questione della lingua"** (➤ p. 60). Questi aspetti oltre a trovare nelle sue opere una sistemazione teorica (nelle *Prose della volgar lingua*), si traducono in stimoli alla creazione letteraria (negli *Asolani* e nelle *Rime*).

La formazione

Discendente da una delle più illustri famiglie dell'aristocrazia veneta, Pietro Bembo nasce a Venezia il 20 maggio 1470, figlio di un importante uomo politico dotato di buona cultura umanistica. La sua estrazione sociale e il modello paterno lo spingono a dotarsi di una **solida formazione**. Negli anni in cui segue il padre nei suoi spostamenti conosce così alcune delle corti italiane più attive culturalmente: la Firenze dei Medici, la Ferrara degli Estensi. Si reca anche a Messina (negli anni 1492-93) per studiare il greco. Nel frattempo, si manifestano in lui una **precoce vocazione letteraria** e interessi da filologo, che lo mettono presto in contatto con uno dei più famosi editori del tempo, Aldo Manuzio.

Le prime esperienze editoriali

Con Manuzio, Bembo intraprende una fruttuosa collaborazione, che si concretizza nel lavoro per l'edizione dei componimenti volgari di Petrarca (usciti nel 1501) e della *Commedia* dantesca (del 1502). L'**edizione** delle *Cose volgari di Messer Francesco Petrarca* si caratterizza per l'insolito **formato tascabile**, per il nuovo ed elegante carattere corsivo, e soprattutto per l'aver lasciato la pagina libera dai sovrabbondanti commenti quattrocenteschi, che erano disposti attorno al testo. Bembo intende presentare il testo di Petrarca come un'opera a cui il lettore è chiamato ad accostarsi senza mediazioni. È il primo passo verso quell'attenzione a Petrarca che caratterizzerà il ruolo esercitato da Bembo sulla poesia.

La poesia d'amore

Durante un breve soggiorno alla **corte di Ferrara**, Pietro ha le prime esperienze amorose con Lucrezia Borgia (allora duchessa di Ferrara), a cui dedica alcuni componimenti poetici e anche gli *Asolani*, un'opera organica e complessa pubblicata nel 1505 (da Aldo Manuzio). L'anno dopo si reca alla **corte di Urbino**, dove conosce Baldassarre Castiglione (➤ p. 410), partecipa alla vita mondana e organizza le sue rime in un primo canzoniere che dedica a Elisabetta Gonzaga, moglie del duca.

La carriera ecclesiastica tra Roma e Padova

Nel 1512 sposta la sua residenza nella **Roma di Leone X** (Giovanni de' Medici), che lo nomina **segretario "ai brevi"** (lettere pontificie redatte in latino).
Dopo la morte del padre (1519), Bembo torna a Venezia e si stabilisce poi a **Padova**, dove nel 1522 assume la **condizione clericale**, seguendo una consuetudine diffusa tra gli umanisti del tempo (come anche Castiglione e Della Casa).

Le Prose della volgar lingua e le Rime

È a Padova che Bembo porta a termine la sua opera più importante, le *Prose della volgar lingua*, data alle stampe nel **1525** dopo lunga elaborazione e destinata a diventare una pietra miliare nello sviluppo della lingua letteraria italiana. Nel 1530 vedono la luce le *Rime*, in cui la lingua poetica si conforma in modo unitario attorno al modello petrarchesco. In quello stesso anno, al culmine della fama, viene nominato **storiografo e bibliotecario della Repubblica di Venezia**; Bembo si cimenta inoltre in una *Historia Veneta*, che rivela però le sue scarse doti di storiografo.

Gli ultimi anni

Nel 1539, quasi settantenne, viene **nominato cardinale** da papa Paolo III Farnese. L'ultima parte della sua vita è spesa in una continua dedizione alla letteratura. In questi anni si impegna anche nella sistemazione del suo ricchissimo epistolario, che viene pubblicato postumo (1548-53). Bembo si spegne a Roma, il 18 gennaio 1547.

1.2 Il pensiero e le opere

La necessità di una lingua unitaria

L'opera di Bembo è caratterizzata fin dagli inizi da una consapevolezza, e cioè che fosse necessario definire e procurarsi uno **strumento linguistico stabile** e unitario. L'Italia era ancora priva di questo strumento, data la condizione frammentaria del volgare del tardo Quattrocento, frantumato nei diversi dialetti regionali. Questa necessità si presenta a Bembo attraverso l'esperienza diretta della scrittura, e si trova già anticipata in una lettera a Giovan Francesco Pico della Mirandola del 1512 (le *Prose* usciranno solo nel 1525).

La difesa della dignità del volgare

Bembo non si rassegna al prevalere del latino sul volgare, un indirizzo che nel Quattrocento aveva contraddistinto la produzione letteraria di registro più elevato. Egli, invece, si preoccupa di **restituire dignità al volgare** usato dai tre grandi autori del Trecento (Dante, Petrarca e Boccaccio): per lui, infatti, il valore di una lingua dipende dall'esistenza di scrittori e poeti che si sono espressi in quella stessa lingua. Per questo scopo, le sue scelte letterarie sono basate sull'imitazione degli autori che avevano raggiunto le vette di perfezione stilistica e di purezza linguistica, vale a dire **Petrarca per la poesia** e **Boccaccio per la prosa.** E all'imitazione di queste eccellenze Bembo conforma lo stile delle sue opere.

Il petrarchismo: le sue ragioni, i suoi limiti

La prima conseguenza diretta del concetto bembiano di imitazione sfocia nella pratica del **petrarchismo**, vale a dire assumere in poesia il modello di Petrarca per la scelta di temi, lingua e metrica. Questa pratica viene esplorata nei componimenti degli *Asolani*, poi è teorizzata nelle *Prose della volgar lingua* (1525) e, infine, viene esemplificata nelle *Rime* (1530).
Con l'imitazione del Petrarca volgare, Bembo contribuisce a creare un **codice letterario sovraregionale**, che riunisce attorno a sé il mondo intellettuale italiano.

> È adunque da scriver bene più che si può, perciò che le buone scritture, prima a' dotti e poi al popolo del loro secolo piacendo, piacciono altresì e a' dotti e al popolo degli altri secoli parimente.
>
> *Prose della volgar lingua*

Gli influssi neoplatonici

Ma la poesia petrarchesca non è solo uno strumento linguistico. Per Bembo, infatti, si presta anche a veicolare la filosofia neoplatonica (➤ p. 65), secondo la quale l'**amore** ricopre un ruolo imprescindibile nell'**elevazione spirituale**. Questo influsso genera nella poesia bembiana una costante tensione verso la **perfezione ideale**, verso la bellezza e l'armonia, che si concretizzano nella ripresa del lessico prezioso del *Canzoniere* e dello stile melodico e simmetrico adottato da Petrarca, fitto di parallelismi, antitesi, anafore e fondato su un ricco tessuto metaforico. Le conseguenze peggiori di queste scelte si riscontrano in una **produzione poetica codificata** e vincolata a temi prefissati e a un decoro formale elevato, ma molto distante dall'autenticità del reale.

VISUALIZZA I CONCETTI

La poetica di Bembo

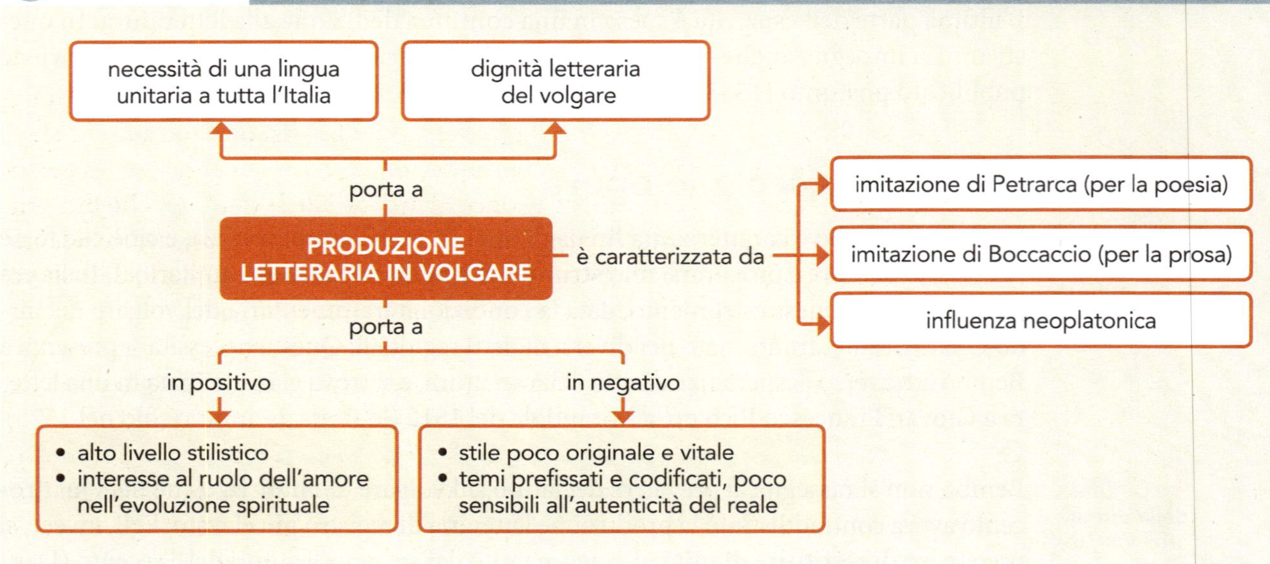

1.3 Gli *Asolani*

L'impianto e i contenuti

Gli *Asolani* sono un trattato in volgare sulla natura e sulla **fenomenologia dell'amore**. L'opera è **in forma di dialogo**, composta da 3 libri (scritti tra il 1497 e il 1502) in cui sono inseriti anche componimenti poetici, si tratta quindi di un prosimetro (come la *Vita nova* di Dante). Protagonisti sono tre giovani e tre gentildonne, che discorrono fra loro per tre giorni, ad Asolo (da cui l'opera prende il titolo), alla corte di Caterina Cornaro, regina di Cipro. L'argomento del dialogo è tipico della letteratura cortigiana, ma del tutto nuova è la scelta di affidarlo a una trattazione in prosa volgare: in questo senso vi si può ritrovare un precedente nel *Cortegiano* di Castiglione, in cui lo stesso Bembo è uno degli interlocutori (➤ p. 411).

Il libro I si apre con la questione se l'amore sia causa di bene o male, e si arriva a presentarlo come la principale causa delle sofferenze dell'uomo; nel II, al contrario, viene esaltata la forza dell'amore fisico come ragione di piacere; nel libro III si arriva a una sorta di sintesi, in cui si descrive l'amore spirituale, depurato dagli aspetti di sensualità e caratterizzato dalla tensione verso la bellezza metafisica, come la forma perfetta dell'amore. A poco a poco, dunque, la conversazione eleva lo statuto del **sentimento amoroso**, fino a condurlo a una **concezione alta e spirituale**. Si tratta di una esaltazione dell'amore platonico, che diverrà il perno della produzione lirica del Cinquecento, trovando veicolo naturale nell'imitazione di Petrarca.

FISSA I CONCETTI

- Riassumi le tappe fondamentali della vita di Bembo.
- Qual è la posizione di Bembo riguardo l'uso poetico del volgare?
- Sintetizza struttura e contenuto degli *Asolani*.

T1 L'elogio di Amore di Gismondo

Asolani II, XXXIII

Mentre nel libro I il giovane Perottino, amante infelice, aveva denigrato l'amore, nel libro II, Gismondo, amante corrisposto, tesse con cuore infiammato le lodi del sentimento amoroso. Nel suo elogio l'amore è luce, energia vitale, salute dell'anima, armoniosa consonanza dei cuori e delle menti, gioiosa pienezza e partecipazione profonda al mistero meraviglioso del creato.

Dicono i sonatori, quando sono due liuti[1] bene e in una medesima voce[2] accordati, che l'un tocca, dove l'altro gli sia vicino e a fronte, amendue rispondono ad un modo, e quel suono che fa il tocco, quello stesso fa l'altro non tocco e non percosso da persona.[3] O Amore, e qua' liuti o qua' lire più concordemente si rispondono, che due anime che s'amino delle tue? Le quali, non pur quando vicine sono e alcuno accidente[4] l'una muove, amendue rendono un medesimo concento,[5] ma ancor lontano e non più mosse l'una che l'altra, fanno dolcissima e conformissima armonia.[6]
Pensa della sua cara donna il lontano amante volentieri quando e' può, e vedela e odela[7] col pensarvi, né ella con più diletto a veruna cosa giammai volge l'animo che a lui, e sono certi ciascuno che quello che l'uno fa, faccia l'altro tuttavia parimente. [...]
Perciò che Amore, sì come il sole, quantunque cangi segno,[8] sempre chiaro si mostra però a' mortali, così egli, benché alle volte muti paese con noi, pur tuttavia in ogni luogo de' suoi doni ci fa sentire. Egli[9] in piano, egli in monte, egli in terra, egli in mare, egli ne' porti e nelle sicurezze, egli nelle fortune e ne gli arrischiamenti, egli ad uomini, egli a donne, sì come la sanità, sempre è piacevole, sempre giova. [...]
Pasce[10] i giovani, sostiene gli attempati, diletta gli uni e gli altri; e sovente fa quello che cotanto pare a vedere meraviglioso, con ciò sia cosa che egli nelle vecchie scorze ritorna[11] il **vigore** delle fanciulle[12] piante e, sotto le bionde e lisce cotenne, insegna essere innanzi tempo mille vizzi e canuti[13] pensieri. Piace a' buoni, diletta i saggi, è salutevole a tutti. Scaccia la tristezza, toglie la maninconia,[14] rimuove le paure, compone le liti, fa le nozze, accresce le famiglie. Insegna parlare, insegna tacere, insegna cortesia. Dolci ci fa le dipartenze, perciò che più cari e di più viva forza pieni ci apparecchia[15] i ritorni loro; dolcissimi i ritorni e le dimore, i quali col pensiero delle lor gioie ci fanno poi essere ogni nostra lontananza soave.

lessico
Vigore
Forza fisica o spirituale, vitalità; in senso figurato, specialmente in ambito giuridico, validità (dal latino *vigor*, derivato dal verbo *vigēre*, «avere forza»).

1. **liuti:** antichi strumenti musicali a corde simili alla chitarra, con cassa armonica panciuta.
2. **voce:** tono.
3. **e quel... persona:** il suono che emette il liuto pizzicato viene ripetuto dall'altro non toccato e non pizzicato da alcuno.
4. **accidente:** accadimento.
5. **concento:** armonia, risultante dal suono concorde di più voci o strumenti.
6. **conformissima armonia:** armonia consonante.
7. **vedela e odela:** la vede e la sente.
8. **cangi segno:** si sposti.
9. **Egli:** inaugura la serie di soggetti riferiti ad Amore.
10. **Pasce:** nutre.
11. **ritorna:** riporta.
12. **fanciulle:** giovani.
13. **vizzi e canuti:** avvizziti e vecchi.
14. **maninconia:** malinconia.
15. **apparecchia:** prepara.

Tiziano Vecellio, *Venere e un suonatore di liuto*, 1565-1570 circa. New York, Metropolitan Museum of Art.

Lietissimi ci mena i giorni, ne' quali ci fanno luce e risplendono spesse volte due soli; ma le notti ancor più, sì come quelle che il nostro sole non ci togliono perciò sempre. Il che quando pure non aviene, egli non manca per lo più che il sonno cortese quelle medesime feste non ci apporti e non ci doni, che alle vigilie vengono tolte e negate; e così ci miriamo noi, così ragioniamo insieme, così le nostre ragioni contiamo, così per mano ci prendiamo, come quelli fanno che più veracemente l'appruovano quando che sia. Crescono ogni giorno le dolcezze, avanzano ogni notte le venture;[16] né per quello che sopravengono, mancano o scemano le sottostanti, anzi, sì come belle nevi da belle nevi sopragiunte, più fresche e più morbide si mantengono in quella maniera, così de gli amorosi sollazzi,[17] sotto le dolci copriture[18] de gli ultimi, più dolci si conservano i primieri.[19] [...] Sole bastano, accompagnate crescono. Una mille ne fa, e delle mille in brieve tempo mille ne nascono per ciascuna. Sono aspettate giocondissime, sono non aspettate venturose.[20] Sono care agevoli, ma disagevoli vie più care,[21] in quanto le vittorie con alcuna fatica e con alcun sudore acquistate fanno il trionfo maggiore. Donate, rubate, guadagnate, guiderdonate,[22] sospirate, lagrimate, rotte, reintegrate, prime, seconde, false, vere, lunghe, brievi, tutte sono dilettevoli, tutte sono graziose.[23] E in brieve, sì come nella primavera prati, campi, selve, piagge, valli, monti, fiumi, laghi, ogni cosa che si vede è vaga: ride la terra, ride il mare, ride l'aria, ride il cielo; di lumi, di canti, d'odori, di dolcezze, di tiepidezze ogni parte, ogni cosa è pieno; così in Amore ciò che si dice, ciò che si fa, ciò che si pensa, ciò che si mira, tutto è piacevole, tutto è caro. Di feste, di sollazzi, di giuochi, d'allegrezze, di piacimenti, di venture, di gioia, di riposo, di pace ogni stato, ogni anima è ripiena.

16. venture: avventure.
17. sollazzi: divertimenti.
18. copriture: coperture.
19. primieri: precedenti.
20. Sono... venturose: Sono assai piacevoli (le dolcezze d'Amore) se attese, se non attese, eccitanti.
21. Sono... più care: Quando sono facili sono care, ma ancor più care quando si rivelano difficili.
22. guiderdonate: donate.
23. graziose: portatrici di grazia.

Analisi del testo

Struttura e temi

L'armonia prodotta da Amore L'elogio di Gismondo si inquadra in una visione neoplatonica dell'amore e inizia con l'immagine di due strumenti a corde che risuonano in armonia l'uno grazie all'altro. Come i due liuti, anche gli amanti vibrano reciprocamente per simpatia, l'uno in risposta all'altro, fino alla certezza della comunione di intenti e desideri, anche a distanza (rr. 1-10).

L'amore diventa così fonte imprescindibile di una universale armonia, alla quale risponde tutto il creato: è un sole che rischiara anche le tenebre notturne; è salute e nutrimento spirituale in ogni età della vita; è custode della giovinezza e della virtù; è garanzia di gioia e di coraggio; è sorgente inesauribile di sogni e di speranze. Come una primavera senza fine, sorride nella natura, dà principio e senso alla vita; irradia luce sconfinata (rr. 11-35).

Lingua e stile

Tra Boccaccio e Cicerone Bembo adotta qui uno stile elevato, che prende a modello la prosa in volgare di Boccaccio, ma si rifà al latino di Cicerone. Ne deriva una scrittura molto articolata e complessa, ricca di simmetrie, di espressioni liriche e di serrate argomentazioni, rese con ricorrenti forme correlative («l'uno...l'altro»; «sì come...così»); di iterazioni e anafore («egli»; «sono»; «sempre»; «insegna»; «così»; «dolci»; «ride»; «ciò che»), di espressioni magniloquenti («mille...mille...mille»; «tutto...tutto») e climax (Dolci...dolcissimi).

Officina

COMPRENDERE

1. Perché due innamorati corrispondono a due liuti accordati allo stesso tono?
2. Quali effetti ha Amore sugli uomini?
3. Che cos'ha Amore in comune con il sole? E con la primavera?

ANALIZZARE

4. **Lingua e stile** Individua e sottolinea nel testo tutti i riferimenti agli effetti dell'Amore. Dal punto di vista sintattico come sono presentati? Si ricorre a un lungo e semplice elenco o a un periodare complesso?
5. **Lingua e stile** Individua e sottolinea nel testo tutti i termini e le espressioni che comunicano dolcezza.
6. **Lessico** Scrivi tre frasi in ciascuna delle quali devi usare, associato a "vigore", uno dei verbi qui sotto; poi indica se una delle tre frasi è di ambito giuridico: *entrare*, *dare*, *rifiutare*.

INTERPRETARE

7. «Di feste, di sollazzi, di giuochi, d'allegrezze, di piacimenti, di venture, di gioia, di riposo, di pace ogni stato, ogni anima è ripiena» (rr. 45-46). Confronta questo passo del brano con la prima terzina del sonetto di **Ludovico Ariosto** *Aventuroso carcere soave*: «Ma benigne accoglienze, ma complessi licenziosi, ma parole sciolte da ogni fren, ma risi vezzi e giochi». Credi che gli autori manifestino la stessa concezione dell'erotismo?

PERCORSO DI SCRITTURA

Riassunto Dividi il testo in tre sequenze, assegna a ognuna un titolo e sintetizzala in massimo due righe, quindi svolgi un riassunto che non occupi più di 7 righe.

COMPETENZE DEL XXI SECOLO

Comunicazione e collaborazione Nel brano l'amore viene presentato come un fattore positivo e benefico. Credi che questa concezione sia realistica? L'amore porta doni e piacere, come afferma Gismondo, oppure ha anche degli aspetti negativi e dolorosi? Confrontati con i compagni in un dibattito in classe, tenendo conto non solo delle vostre personali esperienze, ma anche di quanto leggete in rete o sui giornali oppure vedete in televisione.

1.4 Le *Prose della volgar lingua*

La genesi dell'opera

La prima idea delle *Prose della volgar lingua* risale ai primi anni del Cinquecento, quando Bembo è impegnato nelle edizioni di Petrarca e di Dante. La stesura dei due libri iniziali viene ultimata già nel 1512, nei primi mesi del suo soggiorno romano, quando giunge a compimento l'elaborazione e lo sviluppo del suo pensiero. Le *Prose* vengono terminate soltanto nel 1524 e pubblicate per la prima volta, a Venezia, nel 1525.

La struttura e i temi

Le *Prose* (in tre libri) sono un **trattato in volgare, in forma di dialogo**. L'opera è ambientata a Venezia, nella casa di Carlo Bembo (fratello dell'autore), nel 1502, e dedicata a Giuliano de' Medici. Il dialogo, sostenuto da quattro personaggi, ruota attorno alla riflessione circa la **dignità del volgare** rispetto alle lingue classiche e si preoccupa, quindi, di ricostruire la tradizione letteraria dell'italiano, fondandola sui **pilastri esemplari di Petrarca e Boccaccio**.
Nel dibattito vengono messe a confronto tutte le posizioni preminenti nella cultura di primo Cinquecento. Ciascuno dei **quattro interlocutori** sostiene una diversa posizione: Ercole Strozzi sostiene il primato del latino classico e umanistico sul volgare; Federico Fregoso si dichiara a favore della diffusione della lingua aristocratica in uso nelle corti; Giuliano de' Medici illustra i pregi della lingua fiorentina contemporanea; Carlo Bembo, infine, si fa portavoce del pensiero del fratello Pietro e teorizza il primato dei grandi autori del Trecento, ai quali si deve guardare per ottenere qualunque risultato letterario degno di questo nome (sull'opera *Lingua madre* ➤ p. 177).

1.5 Le *Rime*

Storia editoriale, struttura e influenza del *Canzoniere*

La prima raccolta organica delle *Rime* di Bembo viene stampata nel 1530, benché molti componimenti avessero avuto ampia circolazione prima di questa data, influenzando notevolmente la poesia contemporanea. Successivamente, Bembo allestisce altre due edizioni (uscite rispettivamente nel 1535 e nel 1548, quest'ultima postuma), riunendovi un totale di 165 liriche (molte meno del modello del *Canzoniere*, che conta 366 componimenti).
Le *Rime* sono per lo più di **tema amoroso, encomiastico o funebre**, comprese fra un sonetto proemiale e un componimento finale di pentimento e di lode a Dio. Tuttavia, a differenza che nel *Canzoniere*, le *Rime* bembiane si rivolgono a una pluralità di donne e non alla singola amata ideale.
Più che su quello strutturale, dunque, l'imitazione di Petrarca è attiva sul **piano linguistico e stilistico**. Bembo concentra il suo discorso amoroso sulla esatta definizione di pochi particolari della donna amata, con un controllo rigoroso delle metafore e delle antitesi, uno stile poetico uniforme e una tendenza al sontuoso e al sublime.
Se con le *Prose della volgar lingua* Bembo mette definitivamente a punto una proposta teorica sul versante linguistico e retorico, con le *Rime* scende nella **pratica testuale**, fatta di **imitazione** ma anche di personale **sperimentazione**.
Il petrarchismo nato dai precetti di Bembo genera un esercizio di variazioni continue su pochi elementi dell'immaginario poetico e diviene un fenomeno destinato a durare a lungo nella tradizione lirica italiana moderna, fino a Leopardi e a Carducci.

FISSA I CONCETTI

- Qual è la struttura delle *Prose della volgar lingua*?
- Quali tematiche affronta l'opera?
- In quale relazione sono le *Rime* con le *Prose della volgar lingua*?

T2 Crin d'oro crespo

Rime

Biblioteca digitale *La fera che scolpita nel cor tengo*

In questo sonetto, uno dei suoi più famosi, Bembo canta l'amata (probabilmente Lucrezia Borgia), descrivendola secondo il canone petrarchesco. La bellezza della donna si rivela nei capelli biondi, negli occhi luminosi, nel sorriso e nella voce armoniosa, che rendono felice chi la ammira e che sono doni dispensati a pochi dalla generosità del cielo. Tutto ciò ha acceso il cuore del poeta.

- METRO sonetto con schema ABBA, ABBA, CDE, DEC

Crin d'oro crespo e d'ambra tersa e pura,
ch'a l'aura su la neve ondeggi e vole,[1]
occhi soavi e più chiari che 'l sole,
da far giorno seren la notte oscura,[2]

riso, ch'acqueta ogni aspra pena e dura,[3]
rubini e perle, ond'escono parole
sì dolci, ch'altro ben l'alma non vòle,[4]
man d'avorio, che i cor distringe e fura,[5]

Le nostre parole ›

cantar, che sembra d'**armonia** divina,
senno maturo a la più verde etade,
leggiadria non veduta unqua fra noi,[6]

1. **Crin…vole:** Capelli biondi e ondulati (che sembrano) ambra chiara e pura, che tu fai ondeggiare e volare al vento sul (viso candido come) neve. Il primo verso proviene da «l'oro terso et crespo» di Petrarca (*Canzonierie* CLX, 14); il secondo verso è invece simile a «La testa òr fino, et calda neve il volto» (*Canzoniere* CLVII, 9).
2. **occhi… oscura:** occhi dolci e più luminosi del sole, tali da rendere come giorno sereno anche la notte più oscura.
3. **riso… dura:** sorriso che lenisce ogni dolore duro e tremendo.
4. **rubini… vòle:** labbra rosse (*rubini*) e denti candidi (*perle*) da dove escono parole così dolci che l'anima non desidera altro bene. L'immagine dei rubini e delle perle (v. 6) ricorda di nuovo Petrarca («perle et rose vermiglie, ove l'accolto / dolor formava ardenti voci et belle», *Canzoniere* CLVII, 12-13).
5. **man… fura:** una mano d'avorio che stringe e rapisce i cuori. La «man d'avorio» riprende «la man ch'avorio et neve avanza» del petrarchesco *Canzoniere* CLXXXI, 11.
6. **cantar… noi:** un canto che sembra un'armonia divina, una saggezza matura per un'età così giovane, una grazia mai (*unqua*) vista tra i mortali.

Le nostre parole Armonia

L'origine del termine Il sostantivo "armonia" deriva dal greco *harmonía* che significa propriamente «adattamento, giuntura», quindi anche «connessione, collegamento». A sua volta, il sostantivo deriva dal verbo *harmózō*, «connetto, congiungo, aggiusto». L'armonia dunque è la sintesi di più parti che, accostate, formano un tutto coerente ed elegante.

La connotazione musicale Come nel caso del sonetto di Bembo, il termine "armonia" è spesso usato nella poesia italiana antica e moderna con riferimenti al lessico musicale. Per esempio in Dante («come viene ad orecchia / dolce armonia da organo», *Paradiso* XVII, 43) o in Leopardi («Passero solitario, alla campagna / cantando vai finché non muore il giorno; / ed erra l'armonia per questa valle»). Del resto, nel linguaggio tecnico musicale l'armonia indica proprio una equilibrata consonanza di voci e strumenti oppure una combinazione di accordi, con l'effetto di una impressione gradevole all'ascolto.

Gli altri usi Nel gergo architettonico, si parla di "armonia" di linee o di forme per sottolineare la corrispondenza coerente tra le diverse parti di un edificio. In senso più generico, nel linguaggio comune si parla di armonia per sottolineare i differenti gesti, stili o modi di porsi che coesistono in una persona. Nel gergo biblico, invece, si chiama «armonia evangelica» l'accordo tra i quattro Vangeli, accordo verificato tramite indici sinottici e confronti tra le varie parti dei testi.

giunta a somma beltà somma onestade,
fur l'esca del mio foco, e sono in voi
grazie, ch'a poche il ciel largo destina.[7]

7. giunta… destina: una suprema onestà unita a una suprema bellezza: tutto ciò è stato l'esca al mio fuoco (d'amore) e in voi sono delle grazie che il cielo generoso attribuisce a poche donne. L'«esca» del v. 13 riprende i versi di *Erano i capei d'oro a l'aura sparsi*: «i' che l'esca amorosa al petto avea, / qual meraviglia se di sùbito arsi?» (*Canzoniere* XC, 7-8). Il verso 14 è quasi una ripresa letterale dell'apertura del sonetto 213 del *Canzoniere* («Grazie ch'a pochi il ciel largo destina»).

Analisi del testo

Struttura e temi

La bellezza fisica e quella morale Lucrezia Borgia, dedicataria del sonetto, fu conosciuta da Bembo nel 1502 a Ferrara. Il poeta descrive e celebra la sua bellezza, elencandone le molte caratteristiche e riprendendo i motivi tipici della tradizione letteraria, dallo Stilnovo a Petrarca: i capelli sono biondi e ondulati, simili all'ambra, e risaltano sul biancore della pelle, candida come la neve (vv. 1-4); le labbra rosse e i denti bianchi sono paragonati a rubini e perle, mentre la mano è d'avorio, tutti elementi preziosi e nobili (vv. 5-8); la donna inoltre è detta matura e saggia, tutte qualità che il Cielo non attribuisce certo a molte donne (vv. 9-14). Tutto questo è stato «esca» al fuoco della passione di Bembo, cioè lo ha

Bartolomeo Veneto, *Ritratto di Lucrezia Borgia*, 1505. Francoforte, Stäedelsches Kunstinstitut.

Giovanni Bellini, *Giovane donna nuda allo specchio*, 1515. Vienna, Kunsthistorisches Museum.

fatto innamorare perdutamente. Il sonetto delinea un amore platonico che riprende le teorie filosofiche espresse negli *Asolani* e le distribuisce in modo da affidare alle quartine l'elenco delle bellezze fisiche e alle terzine la descrizione delle virtù morali, di cui le prime sono specchio.

Lingua e stile

Il petrarchismo di Bembo La lingua del sonetto è fortemente letteraria, ricca di memorie petrarchesche, e costituisce pertanto uno degli esempi più significativi di petrarchismo. Bembo, infatti, varia temi e immagini tratti dal *Canzoniere*, con alcune riprese testuali vere e proprie. È attraverso il filtro di questo modello letterario che trovano posto le emozioni e le esperienze dell'autore.

Il componimento, inoltre, è costellato di preziosismi metrici e figure retoriche: una rima equivoca («vole» da volare e «vòle» da volere) lega fra loro i versi 2 e 7; al verso 11 «unqua» è latinismo per "mai". Al verso 3 è presente un chiasmo («occhi soavi... / chiari... sole»). L'intera poesia è costituita da un unico periodo (idealmente racchiuso entro le polarità freddo-caldo, «neve»-«foco», dei versi 2-13), con un lungo elenco di soggetti il cui verbo reggente è «fur» (v. 13).

Il sonetto è talmente paradigmatico della maniera poetica petrarchista, che sarà parodiato da Francesco Berni nella lirica *Chiome d'argento fino* (➤ p. 439), attraverso il rovesciamento di ogni singolo elemento lessicale e stilistico.

Officina

COMPRENDERE

1. Quali caratteristiche della donna vengono messe in luce dal poeta?
2. Quale effetto hanno il riso e le parole della donna sul poeta?
3. Che cosa ha fatto innamorare il poeta?

ANALIZZARE

4. Individua nel testo le espressioni o i termini riferiti alla donna che richiamano la poetica stilnovista e quelli che richiamano il modello petrarchesco. Poi classificali nella tabella.

MODELLO STILNOVISTA	MODELLO PETRARCHESCO

5. **Lingua e stile** L'espressione «esca del mio foco» (v. 13) è costruita con una figura retorica: prova a individuarla e a spiegarne l'uso.
6. **Lingua e stile** Individua e sottolinea nel testo tutti i riferimenti agli elementi "preziosi" che caratterizzano la donna.

INTERPRETARE

7. Confronta questo sonetto con la canzone di **Francesco Petrarca** *Erano i capei d'oro*, soffermandoti in particolare sull'inizio e sulla fine del componimento. Trovi una somiglianza d'immagini? Come la spieghi?
8. Confronta il sonetto di Bembo con le prime due quartine del sonetto di **Guido Guinizzelli** *Io voglio del ver la mia donna laudare*: «Io voglio del ver la mia donna laudare / ed asembrarli [paragonare a lei] la rosa e lo giglio: / più che stella dïana [la stella di Venere] splende e pare, / e ciò ch'è lassù [in cielo] bello a lei somiglio. / Verde river' [prato] a lei rasembro e l'âre, / tutti color di fior', giano e vermiglio [giallo e rosso], / oro ed azzurro e ricche gioi per dare [i lapislazzuli e gioielli tanto preziosi da poter essere donati]: / medesmo Amor per lei rafina meglio [diviene più perfetto]». Trovi che Bembo recuperi alcune tematiche stilnovistiche?

PERCORSO DI SCRITTURA

Parafrasi Fai la parafrasi del sonetto: ricostruisci l'ordine sintattico dei versi, poi con l'aiuto di un dizionario e delle note spiega le parole più difficili e sostituiscile con sinonimi di uso comune. Se alcuni versi sono ellittici (cioè con alcuni elementi sottintesi) inserisci tra parentesi gli elementi mancanti.

TEMI E GENERI

Scrivere poesia prima di Bembo: la lirica cortigiana

Le regole introdotte da Bembo si giustificano con l'estrema e disordinata varietà linguistica (erede del plurilinguismo prevalente nel secondo Quattrocento) e stilistica della lirica di corte del primo venticinquennio del XVI secolo. Bembo realizza un "ritorno a Petrarca" che intende richiamarsi a ragioni più alte e impegnate della scrittura letteraria, di contro al carattere più occasionale e frivolo della lirica cortigiana.

Si propone qui una tabella in cui le caratteristiche della poesia cortigiana vengono contrapposte a quelle della poesia petrarchesca.

LIRICA CORTIGIANA	PETRARCA E BEMBO
1. Grande varietà metrica, che include anche forme strofiche non presenti nel *Canzoniere*	Canzone, sonetto, sestina, madrigale e ballata (in Bembo e nei petrarchisti ulteriore restrizione, soprattutto alle prime due forme)
2. Presenza di temi molto differenziati, spesso legati all'occasionalità della vita di corte (feste, giochi ecc.)	Centralità della tematica amorosa, con, in subordine, quella politico-religiosa, di carattere comunque elevato
3. Natura spesso encomiastica dei componimenti, consacrata all'elogio di figure precise (principesse e principi, uomini di corte). Presente un esplicito valore dedicatorio	Assenza di toni encomiastici e di dedicatari
4. Presenza di allusioni metapoetiche, che cioè rimandano alla realtà del libro di poesia nelle sue varie componenti (carte, rime, versi ecc.), con l'eventuale ricorso alla figura della personificazione	È un aspetto presente anche nel *Canzoniere* petrarchesco ma in misura più limitata e senza che il libro di rime venga personificato
5. Alta frequenza di riferimenti di carattere interdisciplinare, che mettono in relazione il testo soprattutto con opere d'arte, per esempio ritratti	Aspetto che ha solo sporadiche testimonianze in Petrarca (per esempio nei testi che alludono all'opera del pittore Simone Martini) e in Bembo (sonetto su un ritratto della sua donna compiuto da Giovanni Bellini)
6. Ricorso ad argomentazioni concettose e a metafore argute che mettono in evidenza l'aspetto ludico del fare poetico	In Petrarca e in Bembo prevale, al contrario, la tematica seria della coincidenza *vita - letteratura*
7. Ricorso ad artifici come l'*acrostico** e ad altre forme di scrittura cifrata	Nel *Canzoniere* Petrarca si limita ad associare il nome di *Laura* al *lauro* (l'alloro poetico)

* [Componimento in cui le lettere iniziali dei primi versi, letti verticalmente, formano una parola di senso compiuto (nella poesia cortigiana di solito il nome della donna amata)].

Un testo esemplare che risponde pienamente al canone della lirica cortigiana è il componimento iniziale delle *Rime* del poeta ferrarese Antonio Tebaldeo (1462-1537):

Vedendo in foco le mie membra poste,
volea[1] che meco ogni mia rima ardesse,[2]
parendo a me che a lor più convenesse
tal fin per esser roze[3] e mal composte.

Fugiron quelle et erano disposte[4]
non ritornare e, pria ch'io le reavesse,
forza fu[5] che giurando io prometesse
de tenirle da me longe e discoste;[6]

e per servar la fé,[7] che hoggi è tra nui
sì rara, e per celar l'opra mia inculta,[8]
a te la do, de cui preceptor fui.[9]

Forza è, Isabella, tu la tenghi occulta[10]
per non esser ruina de ambedui,[11]
ché mia gloria e mio biasmo in te resulta.[12]

Il sonetto di Tebaldeo mostra un andamento narrativo ispirato a un concettismo dietro a cui non è difficile scorgere il gioco cortigiano, lo sfoggio brillante di un'allusività divertita. Tebaldeo si richiama qui a un doppio campo metaforico: da un lato quello, consueto, della fiamma della passione amorosa, dall'altro il motivo virgiliano del rogo a cui è destinata l'opera che l'autore considera imperfetta. La prima quartina mette in campo i due protagonisti, il poeta e il suo libro di poesia: le fiamme d'amore che minacciano il primo fanno sì che questi decida di ardere il secondo. L'analogia giustifica l'arguzia della seconda quartina: il libro, personificato, fugge dal poeta che vuol darlo alle fiamme, e ritorna solo sotto la promessa che questi si terrà lontano da lui. Lo scopo di tutta questa movimentata pantomima è rivelato dalle terzine, in cui viene espressa la volontà di dedicare il libro di rime a Isabella d'Este Gonzaga duchessa di Mantova: sarà lei a custodire l'opera imperfetta, trattenendola presso di sé. L'autorevolezza della duchessa promuoverà la raccolta dalla sua condizione iniziale e imperfetta di "rime disperse" a quella definitiva di "libro di poesia": una concezione che si trova agli antipodi dell'idea petrarchesca di letteratura, che riconosce solo in sé stessa le ragioni della propria esistenza.
Rispetto alla tabella che si è presentata, il sonetto di Tebaldeo riprende i punti 3, 4 e 6.

1. **Vedendo... volea:** il soggetto è il poeta stesso.
2. **meco... ardesse:** che il mio libro di poesie subisse il mio stesso destino, essere destinato alle fiamme.
3. **roze:** rozze; l'assenza della doppia (vedi anche «Fugiron», «prometesse») è tipica dell'area padano-veneta. Sono tutte particolarità linguistiche che saranno normalizzate da Bembo sull'esempio toscano. Le rime meritano di bruciare perché il poeta le considera imperfette.
4. **erano disposte:** erano intenzionate.
5. **forza fu:** fu necessario.
6. **longe e discoste:** lontane da me (endiadi).
7. **fé:** fedeltà alla parola data (alla duchessa).
8. **per celar... inculta:** Tebaldeo finge per modestia di essere interessato a nascondere le sue poesie, mentre sa bene che, consegnandole alla duchessa, favorirà la loro divulgazione.
9. **preceptor:** precettore, come effettivamente Tebaldeo fu della duchessa.
10. **Forza... occulta:** è necessario che tu la tenga nascosta.
11. **per... ambedui:** la divulgazione corrisponderebbe, nella finzione immaginata dal Tebaldeo, alla rovina della reputazione del poeta (per la scarsa qualità del componimento) e a quella della duchessa (che avrebbe meritato ben altro).
12. **ché... resulta:** perché la mia gloria e il mio biasimo dipendono da te.

Leonardo da Vinci, *Ritratto di Isabella d'Este*, 1500 circa. Parigi, Museo del Louvre.

2. Le poetesse cinquecentesche

L'emergere della lirica femminile

Il panorama letterario italiano del primo Cinquecento vede emergere un nuovo fenomeno, fino ad allora inedito nella storia culturale della penisola: l'affermarsi della **lirica femminile**. Nei primi secoli della letteratura in volgare, infatti, le donne non avevano mai praticato i generi maggiori, né in prosa né in poesia. C'erano stati, invece, **rari casi di autrici religiose**, che componevano opere in prosa a scopo edificante – tra queste, per esempio, la madre di Lorenzo il Magnifico, Lucrezia Tornabuoni (1425-82). Del resto nella civiltà tardomedievale e umanistica le donne erano state fonte di ispirazione e destinatarie di poesia o di opere in prosa (per esempio del *Decameron*), ma non avevano avuto la possibilità di svolgere un ruolo letterario attivo.
Le donne avevano invece trovato già da tempo una propria voce poetica in volgare in altre culture europee, in particolare in Francia. Qui, infatti, già nel XII secolo c'era stato il caso famoso di **Maria di Francia**; sempre nel XII secolo si colloca l'attività di alcune poetesse trobadoriche (come la **Contessa di Dia**), che talvolta misero anche in musica i propri componimenti.

Le cortigiane

In Italia le cose cambiarono sullo scorcio tra Quattrocento e Cinquecento, soprattutto grazie alla vivacità culturale dell'ambiente di corte. È proprio nelle corti, infatti, che si ritrovano le due categorie di donne alle quali appartenevano le prime autrici di versi. La prima è quella delle **cortigiane**, prostitute d'alto bordo che si distinguevano per la loro ampia **preparazione intellettuale**, dal momento che era richiesta loro anche la capacità di intrattenere conversazioni brillanti su un gran numero di temi, in particolare musica e letteratura. A questo contesto sociale appartenevano anche **figure di artiste e poetesse** come **Gaspara Stampa**, che non si prostituivano come le cortigiane, ma rientravano comunque in una categoria sociale ambigua, al di fuori delle rigide norme morali cattoliche. Cortigiane e artiste ricorrevano alla poesia lirica come mezzo di comunicazione delle proprie **esperienze amorose**, spesso ribaltando il tradizionale rapporto tra i due sessi: nei loro componimenti sono gli uomini a essere oggetto di desiderio e di idealizzazione, ma anche causa di dolore per comportamenti scorretti e non allineati alle leggi di Amore.

Le nobildonne

L'altro ambito di provenienza delle poetesse cinquecentesche era quello delle **nobildonne colte**, che cominciarono a creare attorno a sé dei circoli culturali e allo stesso tempo si impegnarono in prima persona nella produzione letteraria, scegliendo di comporre poesie liriche nel solco del **petrarchismo contemporaneo**. La tematica erotica è presente anche nella poesia di queste autrici di estrazione elevata, ma resta per lo più ancorata alla dimensione dell'**amore matrimoniale**, tributato al proprio marito, a cui si professa eterna fedeltà; altri componimenti si aprono invece ad argomenti di natura moraleggiante e religiosa, con sconfinamenti nel campo della **poesia mistica** (è il caso per esempio di **Vittoria Colonna** ➤ p. 161).
Voci a volte originali, specie per i temi affrontati, le poetesse cinquecentesche rimasero comunque ampiamente nell'alveo tracciato da Pietro Bembo, per scelte sia linguistiche sia stilistiche, e alcune di loro furono riconosciute già dai contemporanei tra i maggiori rappresentanti del petrarchismo.

FISSA I CONCETTI

- A quale tipo di letteratura si dedicano le donne in età cinquecentesca? E con quali esiti?
- Quali sono le tipologie di poetesse?

2.1 Gaspara Stampa

La vita

Nata a Padova tra il 1520 e il 1525, Gaspara Stampa viene educata a Venezia, dove si era trasferita con la famiglia dopo la morte del padre. Grazie alla sua bellezza e al suo talento artistico, entra a far parte della società più colta e raffinata, dove si guadagna la fama di cantante e suonatrice di liuto oltre che di poetessa, ed entra a far parte dell'Accademia dei Dubbiosi. Ben presto la casa della famiglia Stampa comincia a essere frequentata dai migliori pittori, letterati e musicisti e diviene uno dei **salotti letterari** più famosi di Venezia. Gaspara muore nella città lagunare nel 1554.

Le *Rime*

Il canzoniere di Gaspara Stampa (pubblicato nel 1554) è ispirato per gran parte dall'amore per il conte Collaltino di Collalto. Le *Rime* comprendono 311 componimenti e, pur aderendo ai canoni del petrarchismo, sono dotate un fascino originale grazie all'**impronta fortemente autobiografica**. Stampa affida spesso ai suoi versi quasi delle "confessioni" personali, dando immediatezza ai suoi testi ed evitando un'elaborazione formale troppo complessa.

Biblioteca digitale
Se 'l cibo, onde i suoi servi nutre Amore

T3 *Amor m'ha fatto tal ch'io vivo in foco*

Rime CCVIII

AUDIO

In questo sonetto, Gaspara Stampa canta la sua passione amorosa, paragonata a fuoco inestinguibile, che la brucia senza consumarla.

- METRO sonetto con schema ABBA, ABBA, CDC, DCD

Amor m'ha fatto tal ch'io vivo in foco,[1]
qual nova salamandra[2] al mondo, e quale
l'altro di lei non men stranio animale,
che vive e spira nel medesmo loco.[3]

Le mie delizie son tutte e 'l mio gioco
viver **ardendo** e non sentire il male,
e non curar ch'ei che m'induce a tale[4]
abbia di me pietà molto né poco.

A pena era anche estinto il primo ardore,
che accese l'altro Amore, a quel ch'io sento
fin qui per prova,[5] più vivo e maggiore.

Ed io d'arder amando non mi pento,[6]
pur che chi m'ha di novo tolto[7] il core
resti de l'arder mio pago e contento.[8]

lessico

Ardere

Con funzione transitiva, mettere a fuoco, bruciare; con funzione intransitiva, essere a fuoco, bruciare; in senso figurato, di sentimenti o passioni, essere molto intensi (dal latino *ardēre*, «bruciare»).

1. **Amor... foco:** l'*incipit* richiama l'attacco del sonetto di Tebaldeo (➤ **T3**) e riprende il motivo classico e petrarchesco dell'amore come fuoco di passione ardente «e temo e spero; e ardo e sono un ghiaccio» (*Canzoniere* 134, 2).
2. **salamandra:** nell'antichità classica si credeva che questi animali anfibi potessero vivere nel fuoco e spegnerne le fiamme.
3. **l'altro... loco:** l'altro animale non meno estraneo a lei, che vive nello stesso luogo. Probabilmente la fenice, favoloso uccello, cui si attribuiva la capacità di bruciare e di rinascere dalle proprie ceneri.
4. **e non... tale:** e non preoccuparmi che colui che mi riduce così (l'amato conte Collaltino).
5. **a quel... prova:** a quello che provo per esperienza.
6. **Ed io... pento:** E non mi dispiace di bruciare d'amore.
7. **tolto:** strappato dal petto.
8. **pago e contento:** completamente appagato (endiadi).

Analisi del testo

Struttura e temi

Amore e fuoco Il sonetto è interamente incentrato sull'immagine del fuoco, che ricorre per tutto il testo declinata in diversi modi («foco», «ardendo», «ardore», «accese», «arder»). Le quartine sono impiegate per descrivere la condizione interiore della poetessa, paragonata agli animali che resistono alle fiamme e tratteggiata come incurante verso l'intensità con cui l'amato la corrisponde. Le terzine abbozzano una breve narrazione della relazione amorosa, dal suo nascere alla pienezza travolgente della condizione attuale.

Lingua e stile

Una passione ardente Il sonetto è interamente incentrato sulla metafora Amore-fuoco, che ha origine classica ed è ampiamente usata da Petrarca nel suo *Canzoniere*. La costante presenza di termini relativi all'area semantica dell'ardore rende il componimento vibrante e patetico: l'autrice svela senza schermi la sua passione travolgente e manifesta l'inclinazione a donarsi incondizionatamente all'amato, espressa sia nella seconda quartina sia nella terzina conclusiva.

Benvenuto Tisi detto il Garofalo, *Allegoria dell'Amore*, 1527-1539 circa. Londra, National Gallery.

Officina

COMPRENDERE

1. Perché la poetessa vive «in foco»?
2. Come vive la poetessa la condizione in cui si trova?
3. Quale differenza viene messa in evidenza fra la prima e la seconda esperienza amorosa?

ANALIZZARE

4. **Lingua e stile** Individua e sottolinea nel testo tutti i termini che rimandano alla sfera semantica del fuoco. Si sovrappongono alla dimensione erotica? Perché?
5. Attraverso quali termini ed espressioni la poetessa descrive la propria dimensione interiore?
6. **Lessico** In ciascuna delle seguenti frasi inserisci la locuzione verbale o il verbo più opportuno, scegliendoli tra "bruciare", "ardere", "struggersi", "prendere una cotta".

   a. .... per lei!
   b. Savonarola .... vivo.
   c. Il bosco .... da giorni ormai.
   d. La sua fronte .... per la febbre.

INTERPRETARE

7. A tuo parere, questo sonetto si può definire una manifestazione dell'io poetico? Perché? Argomenta con opportuni riferimenti al testo.

PERCORSO DI SCRITTURA

Riscrittura Trasforma il sonetto di Gaspara Stampa in una pagina di diario in cui la poetessa esprime le proprie sensazioni d'amore. Scrivi in prima persona e non superare le 500 battute.

TEMI E GENERI

Biblioteca digitale
Veronica Franco, *Rimpianto di un antico amore*

Il duello dei sessi (in punta di penna): Veronica Franco e Marco Venier

La misoginia nel Cinquecento

Anche se nel Cinquecento la lirica femminile di argomento amoroso (profano e sacro) ottenne il riconoscimento di autori come Ariosto (che nell'*Orlando furioso* elogia alcune scrittrici illustri come Vittoria Colonna), tuttavia non vennero meno le invettive contro le donne, con i consueti luoghi comuni dell'insaziabilità di sesso e di averi, della volubilità di carattere, della natura ciarliera. Una categoria femminile particolarmente bersagliata era quella delle cortigiane (➤ p. 154), donne di raffinata cultura, spesso musiciste e poetesse.

Veronica Franco, Marco e Maffio Venier

Venezia era allora celebre per la presenza delle cortigiane: la più nota tra loro fu la poetessa Veronica Franco (1546-91), che per la sua fama venne ammessa a frequentare il prestigioso salotto di Ca' Venier, dove conobbe Domenico Venier, erede dell'autorità di Bembo tra i petrarchisti veneziani. Presto Veronica si legò al cugino di Domenico, Marco Venier, diplomatico e poeta, con il quale scambiò vari componimenti. Veronica entrò poi in contatto con un altro Venier, il nipote di Domenico, Maffio; anch'egli era uno scrittore, ma il suo spirito turbolento gli ispirava una poesia in dialetto decisamente antipetrarchesca, piena di riferimenti triviali e osceni.

Una poesia per Veronica

Particolarmente interessante è lo scambio di due componimenti tra Marco Venier e Veronica Franco: il primo scrive *S'io v'amo al par de la mia propria vita*, e Veronica replica con *S'esser del vostro amor potessi certa*. Venier inizia dando fondo al repertorio petrarchesco: confessa di essere sul punto di morire d'amore e protesta per la crudeltà dell'amata. Sin qui l'elogio è superlativo e coinvolge sia le virtù dell'animo sia quelle del corpo. Venier, poi, passa a una considerazione sulla bellezza dell'amante: «nasce e spar [scompare] la beltà più che baleno» (v. 35); la bellezza di Veronica è un bene caduco, un fiore delicato che appassirà presto. A questo punto l'elogio si concentra su una parte simbolica, la mano della donna, che permette sia di decantarne i pregi come scrittrice sia come amante (vv. 79-81 e 106-107).

Le vere intenzioni di Venier

In questo crescendo di riferimenti a carattere sensuale attraverso cui l'amante si rappresenta come vittima sofferente: Venier può mostrare le sue vere intenzioni e dar voce alla sua volontà di dominio (vv. 121-126):

> Prenderei con le mani il forbito [nitido] oro
> de le trecce, tirando de l'offesa,
> pian piano, in mia vendetta il fin tesoro.
> Quando giacete ne le piume [nel letto] stesa,
> che soave assalirvi! e in quella guisa [modo]
> levarvi ogni riparo, ogni difesa!

L'amante, tirando i capelli della donna, si vendica della sua passata ritrosia; egli immagina ora di assumere il pieno controllo. Arriva poi l'esortazione finale (vv. 161-162): Veronica non commetta l'errore di lasciare Venere (cioè l'amore che lui le offre) per Apollo (l'attività poetica della scrittrice).

La risposta della poetessa

La risposta di Veronica è spiazzante, perché dichiara fin dalle prime battute di voler strappare all'amante l'ambigua maschera petrarchesca (vv. 28-30). Veronica fa sul serio: è davvero innamorata e non cerca «favole» (v. 40); è senz'altro disposta a dedicarsi più a Venere che ad Apollo, e lo farà con tutta sé stessa, con un trasporto e un'intensità capace di far impallidire qualsiasi poesia d'amore (vv. 53-55):

> Certe proprietati in me nascose [aspetti nascosti di me]
> vi scovrirò d'infinita dolcezza,
> che prosa o verso altrui mai non espose.

La poetessa gioca a carte scoperte: non cela affatto la sua «profession» di cortigiana (v. 100), ma dichiara anche di non essere minimamente interessata alle ricchezze di Venier o ai suoi doni e annuncia la nobile causa che la spinge all'offerta totale e passionale di sé stessa, la poetessa dimostra di essere superiore al suo amante.

2.2 Isabella di Morra

Una vita tragica

Isabella di Morra (1520-46) ha una **vita breve e tragica**: di origini nobili, cresce in solitudine nelle proprietà di famiglia, mentre il padre era dovuto fuggire in Francia per sottrarsi a persecuzioni politiche. Qui, oppressa dai fratelli, comincia a scrivere versi in cui denuncia la sua sensazione di **emarginazione e isolamento**, aspirando a un riscatto attraverso la gloria letteraria. Innamoratasi del nobile spagnolo Diego Sandoval De Castro, marito della nobildonna napoletana Antonia Caracciolo, intreccia con lui una fitta comunicazione epistolare. Scoperta dai fratelli, Isabella viene da loro uccisa, insieme al precettore che aveva favorito la relazione clandestina e allo stesso De Castro.
Della limitata produzione di Isabella ci rimangono solo 10 sonetti e 3 canzoni. In queste poesie i canoni del petrarchismo trovano a tratti più ampio respiro in riflessioni esistenziali che vanno al di là della mera dimensione autobiografica in cui si inscrivono.

T4 *I fieri assalti di crudel Fortuna*

Rime I

In questo sonetto ritorna una delle principali tematiche della produzione poetica di Isabella di Morra, cioè la crudeltà della propria sorte, che l'ha relegata in un castello isolato sotto l'implacabile controllo dei fratelli. In questo contesto asfittico e privo di prospettive la poesia si presenta come mezzo di emancipazione: dopo la liberazione della morte, infatti, una gloria letteraria postuma riscatterà la poetessa da una vita di frustrazioni e sofferenze.

- METRO sonetto con schema metrico ABBA (quartine) CDC DCD

I fieri assalti di crudel Fortuna[1]
scrivo piangendo, e la mia verde etate;[2]
me che 'n sì vili ed **orride** contrate[3]
spendo il mio tempo senza loda alcuna.

Degno il sepolcro, se fu vil la cuna,[4]
vo procacciando con le Muse amate;[5]
e spero ritrovar qualche pietate
malgrado de[6] la cieca aspra importuna,[7]

lessico
Orrido
Che genera orrore, ribrezzo, spavento, detto specialmente di luoghi (dal latino *horrĭdus*, «aspro, irto, selvaggio» e «spaventoso», derivato dal verbo *horrēre*, «essere irto» e «rabbrividire, inorridire»).

1. **Fortuna:** qui Fortuna è *vox media* (cioè non ha in sé un significato né positivo né negativo); la poetessa ricorre al maiuscolo perché qui Fortuna è personificazione della sorte.
2. **verde etate:** la giovinezza, l'età verde come la primavera.
3. **sì vili... contrate:** in luoghi così brutti e incivili. Si tratta della valle del fiume Siri, in mezzo ai monti tra Basilicata e Calabria, dove sorgeva il castello del padre in cui Isabella trascorse tutta la propria esistenza. Si tratta di una zona particolarmente isolata e lontano dalla civiltà cortigiana dell'epoca.
4. **cuna:** culla. Qui sta per «nascita», contrapposta alla morte rappresentata dal «sepolcro».
5. **con le Muse amate:** con i versi. Le Muse sono, secondo la mitologia classica, le divinità protettrici dei poeti.
6. **malgrado de:** nonostante.
7. **cieca aspra importuna:** tutti epiteti tradizionali della sorte, qui lasciata sottintesa.

e col favor de le sacrate Dive,[8]
se non col corpo, almen con l'alma sciolta[9]
essere in pregio a più felice rive.[10]

Questa spoglia, dov'or mi trovo involta,[11]
forse tale alto Re[12] nel mondo vive
che 'n saldi marmi[13] la terrà sepolta.

8. sacrate Dive: sempre le Muse.
9. sciolta: liberata dal corpo (dopo la morte).
10. felice rive: i fiumi dell'aldilà.
11. questa... involta: il corpo (che avvolge di sé l'anima, la parte più autentica di una persona).
12. alto Re: il re di Francia Francesco I, presso la cui corte Isabella dediderava essere accolta.
13. 'n saldi marmi: in una resistente tomba di marmo. Il marmo, materiale durevole, rappresenta il perdurare della fama di Isabella grazie alla gloria poetica.

Analisi del testo

Struttura

Il lamento sulla sorte Il sonetto si divide tra una prima parte, racchiusa nella prima quartina, in cui Isabella si lamenta della propria sorte sventurata, e una seconda parte, che occupa la seconda quartina e le terzine, nelle quali la poesia e la morte sono presentate come uniche possibilità di riscatto per un'esistenza terribilmente oppressiva.
La natura strettamente autobiografica del componimento si unisce al motivo tradizionale della poesia come fonte di gloria, anche postuma: il verbo «scrivo», infatti, apre in posizione forte il secondo verso ed è significativamente accompagnato dal gerundio «piangendo», a sottolineare il carattere di lamentela del sonetto.

La ricerca della gloria poetica L'antitesi all'inizio della seconda quartina tra «sepolcro» e «cuna» è la chiave di volta del componimento, marcando il passaggio al motivo della poesia come fonte di gloria, in opposizione alla vita «senza loda» lamentata in chiusura della prima quartina. Entrano in scena quindi le Muse, le divinità protettrici dei poeti, che Isabella menziona due volte in chiusura di verso, contrapponendole così in modo significativo alla crudele Fortuna, a sua volta citata due volte, al verso 1 e al verso 8.
Nelle terzine la contrapposizione vita/morte, prima espressa attraverso la coppia «sepolcro» e «cuna», viene ripresa con il contrasto tra il corpo e l'anima: questa è destinata a sopravvivere e a godere di miglior fortuna nelle «felice rive» dell'aldilà, mentre la «spoglia» mortale, Isabella si augura che verrà conservata in modo onorevole in una tomba di marmo per iniziativa di un imprecisato «alto Re», rimasto colpito dai versi della poetessa.

Lingua e stile

Il dramma dell'io poetico Isabella di Morra conferisce vivacità drammatica al sonetto tramite il ricorso alla personificazione della «Fortuna», l'appello alle Muse della poesia e la finale allusione a un imprecisato «alto Re». In questo modo l'autrice inscrive la propria vicenda autobiografica in una sorta di dramma, nel quale l'io poetico si allea con le Muse per rispondere agli assalti della «crudel Fortuna» e vagheggia un atto di giustizia da parte di un re da fiaba, che le renda il giusto onore dopo una morte liberatoria.
È l'aggettivazione a chiarire gli orientamenti delle forze che gravitano intorno alla figura della poetessa: il campo ostile della Fortuna è connotato con termini fortemente negativi (i suoi attacchi sono «fieri»; è definita «crudel» e quindi «cieca», «aspra», «importuna»; le «contrate» in cui Isabella trascorre la giovinezza sono «vili» e «orride»); al contrario agli alleati della poetessa sono rivolti termini altamente positivi (le Muse sono «amate» e «sacrate Dive», il Re è «alto»).
L'altro contrasto che percorre il componimento, quello tra una vita frustrante e una morte liberatoria, è espresso invece per mezzo di metafore e immagini simboliche: la giovinezza è definita «verde etate» (ossia la primavera dell'esistenza); la nascita è simboleggiata dalla «cuna» (la culla), mentre la morte è evocata dal «sepolcro» e dai «saldi marmi» della tomba.

Temi

Il rapporto con il modello petrarchesco Il tema del sonetto (la poesia come riscatto da una vita tediosa e asfittica) rappresenta uno stacco rispetto al repertorio, prevalentemente amoroso, del modello petrarchesco, che viene però ripreso con puntuali recuperi del primo sonetto del *Canzoniere*: «scrivo piangendo» (I, 2) / «piango e ragiono» (I, 5); «verde etate» (I, 2) / «giovanile errore» (I, 3); «spero ritrovar qualche pietate» (I, 7) / «spero trovar pietà» (I, 8).

L'allusione intertestuale al sonetto programmatico di Petrarca è chiara, ma, rispetto al modello, cambia profondamente la tematica trattata. Isabella, infatti, non riflette sul proprio «giovanile errore» (la passione amorosa) e sul pentimento che prova a riconsiderarlo in età matura, bensì lamenta le sofferenze della propria giovinezza e ambisce alla gloria per mezzo della poesia. Un motivo, quest'ultimo, tradizionale della lirica ma assente nel *Canzoniere* petrarchesco.

Officina

COMPRENDERE

1. Cosa lamenta la poetessa circa la propria condizione?
2. Quali speranze ripone Isabella nella poesia?
3. Dove spera che le proprie spoglie trovino sepoltura? Perché?

ANALIZZARE

4. **Lingua e stile** Individua e sottolinea nel testo tutti i termini e le espressioni collegati alla Fortuna. Quale concetto ne emerge?
5. **Lessico** Con l'aiuto del dizionario, prova a spiegare la differenza di significato e di uso che corre tra "orrido" e "orribile", poi scrivi una frase per ciascuno, usandoli in maniera appropriata.

INTERPRETARE

6. Confronta il sonetto con la seconda strofe della canzone di **Francesco Petrarca** *Chiare, fresche et dolci acque* in merito al tema della speranza («Tempo verrà anchor forse / ch'a l'usato soggiorno / torni la fera bella et mansüeta [cioè Laura], / et là 'v'ella mi scorse / nel benedetto giorno, / volga la vista disïosa [desiderosa] et lieta, / cercandomi: et, o pieta!, / già terra infra le pietre [che sono diventato già terra tra le pietre, cioè sono morto] / vedendo, Amor l'inspiri / in guisa che sospiri / sì dolcemente che mercé m'impetre [chieda per me il perdono], / et faccia forza [costringa] al cielo, / asciugandosi gli occhi col bel velo»). Come viene affrontato questo motivo da Petrarca e da Isabella di Morra? Ci sono differenze nell'elaborazione dei concetti e nelle modalità espressive?

PERCORSO DI SCRITTURA

Riscrittura Immagina di dover sviluppare le tematiche del sonetto da un'ottica esterna: riscrivine dunque i contenuti come se a parlare fosse una persona non coinvolta nella vicenda biografica di Isabella.

COMPETENZE DEL XXI SECOLO

Comunicazione e collaborazione In gruppo con altri due compagni documentati sulla figura della poetessa, partendo dai seguenti link: www.enciclopediatreccani.it; http://www.enciclopediadelledonne.it/biografie/isabella-morra/. Selezionate il materiale utile a rappresentare i fatti più singolari della sua particolare vicenda biografica ed elaborate uno storytelling: dopo aver isolato le notizie più importanti stilate una scaletta dei contenuti, quindi realizzate un breve video che abbia come finalità quella di promuovere lo studio di questa poetessa.

2.3 Vittoria Colonna

La vita

Vittoria Colonna (1490-1547) nasce da famiglia dell'alta nobiltà, a Marino, sui colli Albani, e nel 1509 sposa Francesco Ferrante d'Avalos, marchese di Pescara e capitano generale dell'esercito spagnolo in Italia.

Nel 1525 il marito muore a Milano e Vittoria vive da questo momento in stretta vedovanza, dedita esclusivamente alla **poesia** e alla **pratica religiosa**, in stretta osservanza dell'ortodossia cattolica.

In questi anni stringe una profonda **amicizia con Michelangelo Buonarroti**, che le dedica una serie di rime spirituali. Conduce un'esistenza quasi monacale, nei conventi di San Paolo a Orvieto, di Santa Caterina a Viterbo, di San Silvestro e Sant'Anna, a Roma, dove muore nel 1547.

Le *Rime spirituali*

La sua produzione poetica presenta una forte aderenza al modello petrarchesco proposto da Bembo, in particolare alla seconda parte del *Canzoniere* (quella in morte di Laura), nella quale l'autrice trova un rispecchiamento della propria condizione di vedovanza. Nei suoi componimenti – specialmente nelle cosiddette *Rime spirituali* – vengono però trattate anche **tematiche mistico-religiose**, che segnano un'apertura inusuale rispetto al ridotto repertorio tematico del petrarchismo. In questi componimenti si trova un originale impiego di immagini e motivi della poesia amorosa per esprimere l'intenso rapporto della poetessa con Dio e la realtà trascendente.

Cristoforo Roncalli detto Pomarancio, *Studio per angelo in volo*, XVI secolo. New York, Metropolitan Museum of Art.

T5 *Sovra del mio mortal, leggera e sola*

Rime spirituali

AUDIO

In questo sonetto, tratto dalle *Rime spirituali*, l'autrice immagina di elevarsi al di sopra dei propri limiti sensibili, consentendo all'anima (in una sorta di prefigurazione della beatitudine eterna) di attingere alla sorgente divina. Grazie a questo momento di estasi, la poetessa relativizza i beni terreni, caduchi e fragili, per lasciarsi abbagliare dalla luce celeste, che riassorbe in sé ogni oscurità e contraddizione.

- METRO sonetto a rime incrociate (ABBA, ABBA) e tre rime diverse (CDE CED)

Sovra del mio mortal,[1] leggera e sola,
aprendo intorno l'aere spesso e nero,[2]
con le ali del desio[3] l'alma[4] a quel vero
Sol,[5] che più l'arde ognor, **sovente** vola,[6]

e là su ne la sua divina scola
impara cose ond'io non temo o spero
che 'l mondo toglia o doni,[7] e lo stral fero
di morte sprezzo, e ciò che 'l tempo invola,[8]

ché 'n me dal chiaro largo e vivo fonte[9]
ov'ei[10] si sazia tal dolcezza stilla[11]
che 'l mel m'è poi via più ch'assenzio amaro,[12]

e le mie pene a lui noiose e conte[13]
acqueta alor che con un lampo chiaro[14]
di pietade e d'amor tutto sfavilla.[15]

lessico

Sovente

È un avverbio di registro elevato che significa «spesso, frequentemente» (dal francese antico *sovent*, francese moderno *souvent*, che viene dal latino *subinde*, «subito dopo» o «ripetutamente»).

1. **mortal:** corpo.
2. **aprendo… nero:** aprendomi (un varco) nel cielo opprimente e oscuro.
3. **con… desio:** con le ali del desiderio (discende dal dantesco «sua disianza vuol volar senz'ali» della preghiera alla Vergine, *Paradiso* XXXIII, 15, ma anche da Petrarca, *Canzoniere* XXXVII, 30: «Col desio non possendo mover l'ali».
4. **alma:** è il soggetto della frase; il predicato verbale, «vola», si trova alla fine del verso 4.
5. **vero Sol:** cioè Dio.
6. **che… vola:** che tanto più arde più spesso vola (soggetto è l'anima attratta dalla luce).
7. **impara… doni:** impara cose per le quali non temo ciò che il mondo toglie e non desidero ciò che il mondo offre.
8. **e lo stral… invola:** e disprezzo la feroce freccia della morte e quanto il tempo rapisce.
9. **fonte:** Dio.
10. **ei:** il sole, che trae la propria luce da Dio.
11. **stilla:** scende in gocce. Di nuovo una ripresa del lessico di Petrarca, *Canzoniere* CCCXXII, 6: «dal ciel tanta dolcezza stille».
12. **che… amaro:** che il miele mi è molto più amaro dell'assenzio (una pianta dalla quale si trae un liquore amaro). Ancora consonanza con Petrarca, *Canzoniere* CCXV, 14: «e 'l mel amaro, et addolcir assentio».
13. **e… conte:** e le mie pene a Dio dolorose e note.
14. **lampo chiaro:** luce divina.
15. **sfavilla:** risplende.

Analisi del testo

Struttura e temi

La prima quartina del sonetto è occupata dal motivo del volo e della leggerezza, che con lo sforzo del desiderio consente di trascendere la pesantezza del corpo per librarsi verso il divino («leggera», «ali del desio», «vola»). L'anima è ancora pervasa dall'oscurità e dalla lontananza («sola», «aere spesso e nero»), che pian piano sono destinate a diradarsi fino allo splendore che inonda le terzine. Nella seconda quartina si compie il distacco, il passaggio fra la terra e il cielo (il dantesco "transumanare"), fra il luogo della caducità e lo spazio dell'eterno. Le due terzine costituiscono lo sviluppo del *Salmo* XXXV, dove Dio è invocato come fonte di vita (il «vivo fonte» della prima terzina) e come luce inestinguibile (il «lampo chiaro» della seconda).

Lingua e stile

Il testo riesce a trovare un equilibrio mirabile tra il lessico, le immagini e i temi petrarcheschi e danteschi con il linguaggio biblico e salmistico.
Con finezza stilistica le figurazioni metaforiche si distendono sui versi con nitidezza ed efficacia: si pensi alla figurazione del volo, iterata nel «leggera» del verso 1, nelle «ali del desio» (v. 3) e nel «vola» (v. 4), che è parola rima, amplificata nell'inclusiva «involа» del verso 8.

Pietro Vannucci detto il Perugino, *Padre Eterno*, dettaglio della lunetta con sibille e profeti, 1500. Perugia, Palazzo dei Priori.

Officina

COMPRENDERE

1. In che cosa consiste l'esperienza narrata dalla poetessa nel sonetto?
2. Che cosa afferma Vittoria Colonna riguardo alle esperienze terrene?

ANALIZZARE

3. **Lingua e stile** Individua nel testo tutti i termini e le espressioni riferiti alla leggerezza e quelli che riguardano Dio, poi classificali nella tabella.

LEGGEREZZA	DIO

4. Con quali termini ed espressioni la poetessa si riferisce alla propria condizione? Quale ritratto ne emerge?

INTERPRETARE

5. Nel sonetto proemiale del *Canzoniere*, nell'ultimo verso, **Francesco Petrarca** afferma «che quanto piace a mondo è breve sogno». Questa concezione si trova anche nel sonetto di Vittoria Colonna: identifica nel testo i versi che riguardano questo aspetto. Poi metti a confronto l'esperienza biografica della poetessa con quella di Petrarca: trovi analogie che potrebbero aver influenzato tale concezione?

PERCORSO DI SCRITTURA

Parafrasi Fai la parafrasi del sonetto: ricostruisci l'ordine sintattico dei versi, poi con l'aiuto di un dizionario e delle note spiega le parole più difficili e sostituiscile con sinonimi di uso comune. Se alcuni versi sono ellittici, inserisci tra parentesi gli elementi mancanti.

3. Due lirici indipendenti: Michelangelo e Della Casa

3.1 Michelangelo Buonarroti

Michelangelo poeta

Michelangelo Buonarroti (1475-1564) affianca alla straordinaria attività artistica di pittore, scultore e architetto, una **cospicua produzione poetica**, che lo rende degno di essere ricordato nella storia della letteratura italiana.
Sin dall'età giovanile Michelangelo si dedica saltuariamente alla scrittura in versi, sotto l'influsso delle letture di Dante, Petrarca, Lorenzo il Magnifico, Luigi Pulci. Soltanto nel corso della maturità e della vecchiaia si dedica con costanza e più consapevolmente alla scrittura, tanto che nel 1546 riunisce un certo numero di componimenti in vista di una stampa che però non avverrà in vita (solo nel 1623 saranno pubblicate da un nipote).

Le *Rime*

Michelangelo predilige la forma breve del sonetto e soprattutto del madrigale. I suoi versi si distinguono per l'uso concreto del lessico, da cui scaturisce un **vigore espressivo** nuovo rispetto alla convenzionalità del petrarchismo contemporaneo, ma anche a volte per l'oscurità dello stile. Tra le rime, spiccano quelle destinate a **Vittoria Colonna** (conosciuta e frequentata fra il 1538 e il 1544), per la quale Michelangelo nutre sentimenti profondi, alimentati da una intensa corrispondenza spirituale. Queste, così come le rime più tarde, risultano percorse da una **sincera ispirazione religiosa**, tormentata e inquieta.
Altrettanto interessanti e molto originali si rivelano i testi nei quali Michelangelo riflette sui **fondamenti teorici e morali dell'arte** e sulla propria personale concezione estetica.

Biblioteca digitale
Giunto è già 'l corso della vita mia

Michelangelo Buonarroti, *Giudizio Universale*, dettaglio, 1535-1541. Città del Vaticano, Musei Vaticani, Cappella Sistina. Gli spiriti eletti e i dannati si separano: i primi vengono sospinti verso il cielo dai Santi e dai Beati, i secondi (nell'angolo in basso a destra) vengono trascinati nelle viscere della Terra dai demoni.

T6 O notte, o dolce tempo

Rime 102

AUDIO

Questo sonetto è parte di un gruppo di componimenti, tutti ispirati al tema della notte, molto diffuso in età classica e nel Rinascimento. Probabilmente è stato composto negli anni in cui Michelangelo lavorava al *Giudizio universale* della Cappella Sistina (tra il 1535 e il 1541). I versi sono percorsi dalla lode del tempo notturno, che porta sollievo, pace e riposo, sospensione degli affanni e consolazione delle pene, nei sogni. Tuttavia l'aspetto più caratteristico del testo è quello di assegnare al motivo della notte una profondità filosofica inedita, che lo pone in rapporto con la morte.
Il tema della notte in relazione con la morte ha avuto in Michelangelo una traduzione artistica con le statue scolpite per il sarcofago di Giuliano de' Medici (*Crocevia* ➤ p. 169).

■ METRO sonetto di schema ABBA (quartine) CDE (terzine)

O notte, o dolce tempo, benché nero,
con pace ogn' opra sempr' al fin assalta;[1]
ben vede e ben intende[2] chi t'esalta,
e chi t'onor' ha l'intelletto intero.[3]

Tu mozzi e tronchi[4] ogni stanco pensiero;
ché l'umid' ombra ogni quiet' appalta,[5]
e dall'infima parte alla più alta
in sogno spesso porti,[6] ov'ire spero.

O ombra del morir,[7] per cui si ferma[8]
ogni miseria a l'alma, al cor nemica,
ultimo delli afflitti e buon rimedio;

tu rendi sana nostra carn' inferma,
rasciughi i pianti e posi[9] ogni fatica,
e furi[10] a chi ben vive ogn'ira e **tedio**.

lessico
Tedio
Senso di noia, profondo e quasi esistenziale, spesso doloroso e opprimente (dal latino *taedium*, derivato di *taedĕre*, «provare noia, disgusto»)

1. **con... assalta:** ogni attività trova pace nel suo esito (l'interpretazione di questo passaggio è controversa).
2. **ben... intende:** giudica e vede con ragione e con giudizio.
3. **intero:** integro.
4. **mozzi e tronchi:** recidi bruscamente (dittologia).
5. **appalta:** prende su di sé.
6. **dall'infima... porti:** in sogno, porti dalle miserie terrene alla beatitudine celeste.
7. **o... morir:** immagine, prefigurazione della morte.
8. **si ferma:** cessa.
9. **posi:** plachi.
10. **furi:** porti via.

Costruisci la tua analisi

VERSO IL NUOVO ESAME DI STATO

Parafrasi

1. Scrivi la parafrasi del sonetto, aiutandoti con le note e con i suggerimenti elencati di seguito.

v. 2 attento all'iperbato (➤ Glossario) «con pace... assalta»; secondo l'interpretazione più accreditata la frase è parentetica e il soggetto di «assalta» è la notte, mentre «ogn'opra» è complemento oggetto.

v. 6 «ché» sta per "perché" e introduce una proposizione causale; «umid'ombra» sono le tenebre rinfrescanti della notte (soggetto).

v. 8 «ire» = "andare".

v. 10 nota l'iperbato: «miseria... nemica».

v. 11 anche qui iperbato: «ultimo... e buon».

Struttura

Invocare e lodare

2. Basandoti sui suggerimenti riportati di seguito, ricostruisci in una tabella la struttura del sonetto.

- È possibile individuare nel sonetto due parti: una in cui Michelangelo apostrofa la notte, una in cui ne espone le qualità. A quali versi corrisponde ciascuna parte?
- Le due parti ricorrono in modo alternato e sono introdotte ogni volta dagli stessi termini: quali?

Comprensione

I motivi dell'elogio

3. Perché Michelangelo elogia la notte?

4. A cosa viene paragonata la notte? Perché?

Analisi

Lingua e stile Una lode ambigua

Una delle figure retoriche che connotano il sonetto è l'ossimoro.

5. Individua i due ossimori presenti nella prima quartina (vv. 1-4).

Interpretazione

Notti di riposo e notti insonni

Al tema della notte dedica un sonetto anche Giovanni Della Casa (➤ **T8**, p. 171), ma con un approccio differente rispetto a quello di Michelangelo.

6. Leggi, aiutandoti con le note e l'analisi del testo, il sonetto di Della Casa. Segna quindi se sono vere V o false F le seguenti affermazioni. Nel caso in cui siano false, correggile per iscritto.

a. Entrambi i sonetti sono propriamente sul sonno. V F

b. Per entrambi gli autori il sonno è sempre ristoratore. V F

c. In entrambi i componimenti la notte è esplicitamente figura della morte. V F

d. Sia Michelangelo sia Della Casa invocano la personificazione della notte e del sonno per avanzare delle richieste. V F

e. Il sonetto di Della Casa è legato a una situazione specifica, mentre quello di Michelangelo contiene considerazioni generiche. V F

Scrittura

Poeti a dialogo

7. Confrontando i sonetti di Michelangelo e Della Casa immagina che i due autori si incontrino e discutano sul tema della notte e del sonno. Ispirandoti al genere del dialogo filosofico (Leonardo Bruni ➤ **T5**, p. 45; Leon Battista Alberti ➤ **T7**, p. 51; Pietro Bembo ➤ **T1**, p. 145), scrivi, in massimo 500 parole, la discussione tra Michelangelo e Della Casa. Ricordati di contestualizzare la scena (il luogo dell'incontro potrebbe essere Roma).

T7 Non ha l'ottimo artista

Rime 151

Questo sonetto ha ottenuto fama precoce già nel corso del Cinquecento. Molto probabilmente la destinataria dei versi è Vittoria Colonna: questa considerazione permetterebbe di datare il sonetto fra il 1538 e il 1544. Si tratta di una meditazione di Michelangelo sulla natura e sulla sostanza della propria arte, in qualche modo paragonata (per il tramite delle dottrine platoniche) alla propria esperienza amorosa.

- Metro Sonetto con schema ABBA ABBA CDE CDE

Le nostre parole ›

Non ha l'ottimo artista alcun **concetto**
c'un marmo solo in sé non circonscriva
col suo superchio, e solo a quello arriva
la man che ubbidisce all'intelletto.[1]

Il mal ch'io fuggo, e 'l ben ch'io mi prometto,
in te, donna leggiadra, altera e diva,[2]
tal si nasconde;[3] e perch'io più non viva,
contraria ho l'arte al disïato effetto.[4]

Amor dunque non ha, né tua beltate
o durezza o fortuna o gran disdegno,
del mio mal colpa, o mio destino o sorte;[5]

se dentro del tuo cor morte e pietate
porti in un tempo, e che 'l mio basso ingegno
non sappia, ardendo, trarne altro che morte.[6]

1. **Non...intelletto:** L'ottimo artista non concepisce alcuna idea (di figura) che già non si trovi racchiusa nel marmo (circondata da materia) in eccesso (*soperchio*); e ad essa può arrivare solo la mano che segue l'idea suscitata dalla mente.
2. **diva:** divina (latinismo).
3. **tal si nasconde:** si nasconde nello stesso modo; male e bene sono racchiusi nella donna come il concetto nel marmo.
4. **perch'io... effetto:** il poeta sa trarre dalla donna solo il contrario di ciò che desidera, cioè il male che rifugge e non il bene che si ripromette; e questo gli procura angoscia mortale.
5. **Amor... sorte:** Non sono dunque causa del mio male né l'amore, né la bellezza o l'alterigia (*durezza*), la fortuna, il disprezzo o il mio destino (in endiadi con «sorte»).
6. **se... morte:** poiché nel tuo cuore hai contemporaneamente morte e pietà, e il mio ingegno inadeguato (*basso*) sa trarre dalla passione amorosa (*ardendo*) soltanto morte.

Le nostre parole — Concetto

L'origine del termine Il sostantivo "concetto" deriva dal latino *conceptus*, participio passato del verbo *concipĕre*, «accogliere in sé, ricevere» e, con valore figurato, «concepire un'idea, comprendere». In origine il significato proprio del termine era quello di "concepimento", ovvero «il generarsi nell'utero materno» e «l'essere vivente generato, il figlio». In senso più generico, il concetto è l'idea che si è maturata di una certa cosa.

Il concetto tra arte e ragione L'uso che Michelangelo fa del termine "concetto" è ricco di sfumature. Anche se la prima quartina del sonetto è di ispirazione neoplatonica, il "concetto" michelangiolesco tradisce una derivazione aristotelica, in quanto è il risultato della fusione tra ragione e ispirazione artistica: il poeta-scultore può creare solo quando il pensiero razionale contribuisce a definire l'ideale artistico.

Gli usi moderni Nell'italiano contemporaneo il termine "concetto" non gode di molta fortuna. Per lo più, il suo uso è limitato all'ambito scolastico, come sinonimo di "aspetto del pensiero" di un autore o di un filosofo. Assai più usato è il termine "idea", anche se "concetto" mantiene un suo impiego nel linguaggio colloquiale, quando si vuole indagare l'opinione di qualcuno ("spiegami questo concetto").

Analisi del testo

Struttura e temi

Arte e amore Questi versi sgorgano dalla tensione interiore dell'artista, proteso verso il meglio e costantemente portato a ricadere nel suo errore. La prima quartina descrive mirabilmente la concezione artistica di Michelangelo, definita poi come "arte del levare": lo scultore "vede" una figura che già si trova nel marmo e che soltanto la mano può tentare di raggiungere, togliendo la materia in eccesso (il «superchio», v. 3) e perseguendo l'idea mentale.

L'atto creativo, come la passione amorosa, consiste in una aspirazione mai appagata verso la perfezione raffigurata dalla mente, ma non realizzabile sul piano della materia («contraria ho l'arte al disiato effetto», v. 8). La minaccia del fallimento (artistico e amoroso) porta con sé l'idea della colpa (v. 11), che riappare come spia del tormento morale e del senso acuto del peccato, che Michelangelo esprime in molte rime.

Lingua e stile

Le parole chiave Il sonetto presenta una sintassi spesso ellittica e una struttura definita da alcune parole chiave che ne riassumono il senso profondo. Le prime parole compaiono nella prima quartina (artista, mano, intelletto), a cui corrispondono, quasi in forma chiastica, altre tre parole nella seconda quartina (male, bene, arte). L'«artista» e l'«arte» si contrappongono, perché il primo è quello in grado di realizzare l'operazione descritta all'inizio, mentre l'«arte» del poeta, applicata all'amore, ottiene l'effetto contrario a quello sperato. Di qui vengono il «mal» e la «colpa» della prima terzina, che dilaga fino a sprofondare l'«ingegno» della seconda nel dominio della «morte».

Officina

COMPRENDERE

1. In cosa sono simili arte e amore?
2. Quali sono le caratteristiche della donna? E a quali termini di paragone ricorre l'autore?
3. Qual effetto produce la passione in Michelangelo?.

ANALIZZARE

4. **Lingua e stile** Individua nel testo i termini e le espressioni riferibili all'arte e quelli riconducibili all'amore, poi classificali nella tabella.

ARTE	AMORE

5. Rifletti sull'uso delle parole individuate nell'esercizio precedente: come sono distribuite nel sonetto?

INTERPRETARE

6. A chi attribuisce Michelangelo la colpa del proprio dolore? Confronta le considerazioni delle ultime due terzine con le ultime due terzine del sonetto di **Francesco Petrarca** *Voi ch'ascoltate* (Ma ben veggio or sì come al popol tutto / favola fui gran tempo, onde sovente / di me medesmo meco mi vergogno; / et del mio vaneggiar vergogna è 'l frutto, / e 'l pentersi, e 'l conoscer chiaramente / che quanto piace al mondo è breve sogno): in che modo i due poeti giustificano il loro dolore d'amore?

PERCORSO DI SCRITTURA

Riscrittura Immagina che Michelangelo voglia comunicare la propria convinzione artistico/filosofica tramite i moderni mezzi di comunicazione social: riscrivi i contenuti del sonetto in un breve testo twitter, ricordandoti di non superare le 280 battute, di usare gli hashtag per raggiungere un pubblico più ampio e di isolare i concetti chiave.

CROCEVIA

«Però non mi destar»: Michelangelo tra poesia e scultura

Genio multiforme, Michelangelo viene riconosciuto già dai contemporanei come uno dei maggiori artisti dell'epoca. Secondo quanto racconta lo storico dell'arte Giorgio Vasari (1511-1574), alcuni poeti affiggevano sulle sue opere – in particolare le sculture – componimenti di elogio, per lodarne, soprattutto, lo straordinario realismo. A Michelangelo queste attestazioni di stima non erano però sempre gradite, in quanto eccessive e adulatorie.
Ci è nota almeno un'occasione in cui l'artista rispose, a sua volta in versi, a una di queste poesie elogiative, con una quartina ingegnosa, di un umorismo sottile e garbato, ma molto efficace. Nel 1545 circa la Sagrestia Nuova nella basilica di San Lorenzo, a Firenze, fu aperta al pubblico, che poté finalmente ammirare le sculture che Michelangelo aveva scolpito una ventina d'anni prima per decorare il sarcofago di Giuliano de' Medici. Tra queste, fu soprattutto la rappresentazione allegorica della notte sotto forma di donna dormiente a impressionare Giovanni Strozzi, intellettuale e poeta, membro dell'Accademia Fiorentina, che le dedicò i seguenti versi:

La Notte che tu vedi in sì dolci atti
Dormir, fu da un Angelo scolpita
in questo sasso: e perché dorme, ha vita.
Destala, se no 'l credi, e parleratti [= ti parlerà].

La poesia è tutta giocata sul concetto che la scultura è così realistica da sembrare viva e che quindi il suo autore è un artista divino (un «Angelo» di nome e di fatto), in grado di infondere la vita in una materia inerte come il «sasso».
Nel rispondere, Michelangelo cede la parola alla statua, che si rivolge direttamente a chi l'ha invitata a parlare:

Caro m'è il sonno, e più l'esser di sasso,
mentre che 'l danno e la vergogna dura;
non veder, non sentir m'è gran ventura [= fortuna]:
però [= perciò] non mi destar, deh, parla basso.

Nella quartina Michelangelo riprende uno dei temi ricorrenti nella sua produzione poetica, quello del riposo notturno come ristoro dagli affanni dell'esistenza e figura della morte (➤ T7). Ma a questo motivo esistenziale si unisce il rovesciamento ironico delle lodi esagerate di Strozzi: la statua, anziché svegliarsi e prendere vita, preferisce la sua condizione di insensibilità che la sottrae al «danno» e alla «vergogna» che caratterizzano il difficile frangente storico della Firenze di quegli anni; anzi, nell'ultimo verso, esorta il suo estimatore troppo loquace a non disturbare il suo riposo e a parlar «basso». Ovviamente un invito rivolto dallo stesso Michelangelo agli adulatori affinché limitino le proprie dediche poetiche, spesso insincere e dettate da interesse personale.

Michelangelo Buonarroti, *La notte*, Sagrestia Nuova, Basilica di San Lorenzo, Firenze (1526-31)

3.2 Giovanni Della Casa

La vita e le opere

Giovanni Della Casa (1503-56) nasce in Toscana e si stabilisce a Roma nel 1534, dopo una rigorosa **formazione umanistica**, ricevuta tra Bologna, Firenze e Padova. A Roma, Della Casa intraprende la **carriera ecclesiastica** e politica, che lo porta a essere nominato prima vescovo di Benevento e poi nunzio apostolico a Venezia (fino al 1549). Nel 1551, cade in disgrazia e si ritira a vita privata a Nervesa, nel trevigiano, dove si dedica con maggiore intensità all'attività letteraria.
Le sue opere più note sono le *Rime* e il *Galateo*, un piccolo trattato di comportamento (pubblicato postumo nel 1558), che deve il suo titolo al nome latinizzato di Galeazzo Florimonte, vescovo di Sessa, che aveva promosso l'opera. Il *Galateo* contiene una precettistica dettagliata (su come comportarsi a tavola o nella conversazione), esposta in una prosa debitrice del modello boccacciano. Nell'opera vengono esaltati i valori di **misura, discrezione, cortesia e decoro** propri del Rinascimento, ma ormai calati in una realtà meno grandiosa e ideale rispetto a quella del *Cortegiano* (➤ p. 411): lo sfondo di riferimento, infatti, si sposta dalla corte alla città e il perfetto cortigiano diviene un semplice gentiluomo (➤ p. 503).

Le *Rime*

Grazie alle *Rime* (pubblicate nel 1558), Della Casa può essere considerato il **maggiore poeta lirico dell'età compresa fra Ariosto e Tasso**. I componimenti che formano la sua raccolta sono in tutto 64: un numero esiguo, che rivela un lavoro tutto concentrato su una rigorosa selezione e su una tecnica compositiva raffinata. Rispetto al modello petrarchesco proposto da Bembo, la raccolta di Della Casa presenta molte **originali innovazioni**.
Queste ultime riguardano innanzitutto la struttura, che si organizza intorno a **tre temi**: **amoroso**, ricerca della **gloria letteraria**, ricerca degli **onori mondani** (Della Casa tentò vanamente di divenire cardinale). La principale novità stilistica consiste invece nell'evocazione della *gravitas*, un registro sublime e drammatico che mette in luce il **tormento dell'*io* poetico**; essa si fonda sia su una metrica che privilegia l'incontro delle vocali tra le parole – come nell'ultimo testo della raccolta, *Questa vita mortal, che 'n una o 'n due* (**T10** ➤ p. 173), sia su una sintassi che, infrangendo il tradizionale confine del verso con l'impiego diffuso di **numerosi *enjambement***, spezza anche le unità strofiche di quartine e terzine nel sonetto.

Biblioteca digitale
Questa vita mortal, che 'n una o 'n due

Giorgione, *Le tre età dell'uomo*, 1500-1501 circa. Firenze, Galleria Palatina.

T8 O Sonno, o de la queta, umida, ombrosa

Rime

Il sonetto, probabilmente composto attorno al 1554, nasce da un'invocazione al Sonno di tradizione classica, che introduce il motivo del dolore fisico e spirituale. Nonostante la grande diffusione di questo tema in epoca rinascimentale, l'autore riesce a connotarlo di una notevole originalità: grazie a una più stretta adesione ai modelli latini (Ovidio e Seneca), l'invocazione al Sonno non è legata solo alle pene d'amore, ma ai più generici mali che affliggono l'esistenza.

- METRO sonetto con schema ABBA ABBA CDC DCD

O Sonno, o de la queta, umida, ombrosa
notte placido figlio, o de' mortali
egri[1] conforto, oblio dolce de' mali
sì gravi ond'è la vita aspra e **noiosa**,[2]

Le nostre parole ›

soccorri al core omai che langue e posa
non ave,[3] e queste membra stanche e frali[4]
solleva: a me ten vola,[5] o Sonno, e l'ali
tue brune sovra me distendi e posa.

Ov'è 'l silenzio[6] che 'l dì fugge e 'l lume?[7]
E i lievi[8] sogni che con non secure
vestigia[9] di seguirti han per costume?[10]

Lasso,[11] che 'n van te chiamo e queste oscure
e gelide ombre in van lusingo: o piume[12]
d'asprezza colme!, o notti acerbe e dure!

1. **egri:** malati (latinismo).
2. **ond'è... noiosa:** per i quali la vita è dura e dolorosa.
3. **posa non ave:** non ha pace.
4. **frali:** fragili.
5. **a me ten vola:** vola verso di me.
6. **silenzio:** dalla mitologia era posto a scorta del Sonno.
7. **che... lume?:** che fugge la luce del giorno (endiadi).
8. **lievi:** senza peso.
9. **vestigia:** passi.
10. **costume:** abitudine.
11. **Lasso:** Infelice.
12. **piume:** letto (sineddoche).

Le nostre parole Noioso

L'origine del termine L'aggettivo "noioso" deriva dall'occitanico *enojos*, che a sua volta viene dal tardo latino *inodiōsum*, composto da *in* più *odio*, tratto da espressioni tipo *in odio habere*, cioè "avere in antipatia, detestare". Non soprende, data l'origine da *odium*, "odio", che in antico la parola avesse il valore di «odioso, insopportabile, spiacevole», attenuatosi poi in quello di «tedioso, monotono».

Noioso/annoioso Nell'italiano antico l'aggettivo "noioso" ebbe subito più fortuna del latineggiante "molesto" (da *molestus*). A volte, specialmente nella poesia delle origini, si usava la variante "annoioso", che curiosamente rimase fino all'inizio del Novecento (per esempio, nelle traduzioni dall'inglese all'italiano fatte da Joyce, in cui si legge: «è così annoioso ignorare queste cose», dove il termine aveva anche un'assonanza con l'inglese *annoying*). È opportuno ricordare che nel lessico antico i termini "noia", "noioso", "annoioso" e "inoioso" potevano implicare un profondo disgusto morale.

L'uso moderno Assai spesso, oggi, si usa l'aggettivo "noioso" in funzione sostantivale ("quell'uomo è un noioso"), anche riferendosi ai bambini ("Smetti di fare il noioso!"). La carica semantica che il termine rivestiva nell'italiano antico (quella appunto di un qualcosa di grave, tragico o doloroso) si è del tutto perduta: oggi il concetto di noia ha assunto i connotati di una "condizione" di immobilità psicologica più che di una molestia del destino o delle circostanze.

Analisi del testo

Struttura e temi

Un'invocazione inascoltata Le quartine sono interamente occupate dall'invocazione al Sonno, che il poeta sviluppa articolando sapientemente prima l'elenco dei benefici del Sonno (prima quartina), poi gli imperativi che scandiscono la seconda quartina («soccorri», «solleva», «vola», «distendi e posa»).

Nelle terzine, invece, si fa strada la percezione che il desiderio di pace e di riposo del poeta sia irrealizzabile: né il silenzio, né i sogni giungono a consolarlo, mentre le ore notturne, del tutto prive del conforto del sonno, divengono aspre e tormentose.

Lingua e stile

Tra tradizione e originalità L'invocazione al Sonno rientra nel solco della tradizione lirica umanistica e rinascimentale, che prende forma con il Magnifico e Sannazaro, e prosegue poi lungo tutto il Cinquecento fino a Bernardo Tasso (padre di Torquato). Sin dall'*incipit*, tuttavia, Della Casa rimarca la sua originalità, mettendo in evidenza il suo legame con la mitologia classica (il Sonno, figlio della Notte).

Nei primi quattro versi, occupati dagli epiteti, prevalgono aggettivi e sostantivi, mentre nei secondi quattro, racchiusi dalla rima equivoca («posa», «posa») si concentrano i verbi (i cinque reggenti e il sesto della subordinata). La prima terzina è percorsa dal *pathos* delle interrogative retoriche; l'ultima, invece, dalla rassegnazione disillusa della vanità dei desideri. Nel sonetto, il ricorrere delle invocazioni, interrogazioni, esclamazioni e ripetizioni contribuisce a conferire ai versi un andamento grave.

Giorgione e Tiziano Vecellio, *Venere dormiente*, 1507-1510 circa. Dresda, Gemäldegalerie.

Officina

COMPRENDERE

1. Che cosa chiede Della Casa al Sonno?
2. Che cosa lamenta il poeta?
3. Il poeta riesce a dare conforto alle proprie speranze?

ANALIZZARE

4. **Lingua e stile** Identifica e sottolinea nel testo i termini usati dal poeta per descrivere il suo malessere.

INTERPRETARE

5. Confronta il sonetto di Della Casa e quello di Michelangelo *O notte, o dolce tempo* (➤ **T7**): quale differenza di atteggiamento noti nella modalità con cui i due poeti vivono il momento della notte e del sonno?
6. Confronta questo sonetto con quello di Isabella di Morra (*I fieri assalti di crudel Fortuna* ➤ **T4**) circa la descrizione degli affanni: noti il ricorso allo stesso lessico e alle stesse espressioni?

PERCORSO DI SCRITTURA

Parafrasi Fai la parafrasi del sonetto: ricostruisci l'ordine sintattico delle strofe, poi con l'aiuto del vocabolario e delle note spiega le parole più difficili e sostituiscile con sinonimi di uso comune. Se alcuni versi sono ellittici inserisci tra parentesi gli elementi mancanti.

T9 Questa vita mortal

Rime

Questo sonetto chiude il canzoniere di Della Casa. Il poeta elogia l'azione creatrice di Dio, constatando allo stesso tempo la brevità della vita terrena. Il componimento è interamente giocato sulla polarità luce/tenebre, caldo/freddo, alla quale corrispondono rispettivamente la potenza divina incorruttibile e l'oscurità della materia; la forza vitale e l'abisso della morte; l'ordine celeste e il disordine terreno.

- METRO sonetto di schema ABBA ABBA CDE CED

Questa vita mortal,[1] che 'n una o 'n due
brevi e notturne ore trapassa,[2] oscura[3]
e fredda, involto avea fin qui la pura
parte di me ne l'atre nubi sue.[4]

Or a mirar le grazie[5] tante tue
prendo, ché frutti e fior', gielo e arsura,
e sì dolce del ciel legge e misura,
eterno Dio, tuo magisterio fue;[6]

anzi 'l dolce aer[7] puro e questa luce
chiara, che 'l mondo a gli occhi nostri scopre,[8]
traesti tu d'abissi oscuri e misti,[9]

e tutto quel che 'n terra o 'n ciel riluce
di tenebre era chiuso[10] e tu l'apristi,[11]
e 'l giorno e 'l sol de le tue man' sono opre.

lessico

Trarre

Muovere qualcosa trascinandolo, tirare; condurre qualcuno in un determinato luogo; portare qualcuno in una certa condizione; indurre (da latino *trahĕre*, «tirare, trascinare»).

1. **vita mortal:** sintagma petrarchesco.
2. **trapassa:** ancora memoria petrarchesca («la vita che trapassa a sì gran salti», *Canzoniere* 148, 11).
3. **oscura:** come Petrarca («vita oscura», *Canzoniere* 305, 3).
4. **involto... sue:** aveva avvolto finora la parte migliore di me nelle sue nubi nere.
5. **grazie:** i doni gratuiti di Dio.
6. **ché... fue:** perché frutti e fiori, caldo e freddo, e le armoniose leggi e misura del cielo, o eterno Dio, furono opera della tua mente creatrice (*magisterio*).
7. **dolce aer:** come il «dolce aer sereno» di Petrarca (*Canzoniere* 145, 6).
8. **scopre:** rivela.
9. **misti:** mescolati per il caos primordiale.
10. **di tenebre era chiuso:** era avvolto nelle tenebre.
11. **apristi:** traesti alla luce.

Analisi del testo

Struttura e temi

La tenebra umana e la luce divina Nella prima quartina il poeta denuncia la propria condizione di creatura dalla vita effimera, come tutti gli altri uomini, e annebbiata dalle tenebre dell'errore («involto avea fin qui la pura / parte di me ne l›atre nubi sue», vv. 3-4). Nella seconda egli comincia ad ammirare il creato, nel suo ordine spaziale e temporale (l'espressione «frutti e fior', gielo e arsura» del v. 6 corrisponde alle quattro stagioni, autunno, primavera, inverno e estate) e a riconoscere la mano infallibile dell'artista divino, capace di far scaturire la vita dal nulla: gli «abissi oscuri e misti» del v. 11 sono quelli dell'inizio del *Genesi*. Così la grandezza divina riscatta la fragilità del poeta, e la raccolta si può chiudere nel modo più solenne.

Lingua e stile

Tasso commentatore di Della Casa Il testo ha un andamento salmodiante, dettato soprattutto dalle iterazioni («tue», «tuo», «tu») e inaugurato dal sintagma iniziale (derivante da Petrarca *Canzoniere* 8, 5-6 e 331, 25; *Trionfo del Tempo* 61). Nel commento dedicato a questo sonetto da Torquato Tasso (durante una lezione tenuta presso l'Accademia di Ferrara attorno al 1570), vengono posti in evidenza i caratteri di originalità e il superamento del modello bembiano: la particolare arditezza fonica delle rime, il frequente uso dell'inarcatura, la sapiente architettura sintattica, complessa e spezzata, degna del tema cosmogonico affrontato.
La continua tensione fra poli opposti si concretizza stilisticamente nell'impiego frequente di coppie di aggettivi («brevi e notturne», «oscura e fredda», «oscuri e misti») o di sostantivi («frutti e fior», «gielo e arsura», «legge e misura», «'l giorno e 'l sol»), destinati a dare vita alle antitesi e al chiasmo degli ultimi versi.

Officina

COMPRENDERE

1. Quali caratteristiche ha la vita mortale secondo il poeta?
2. A quale attività intende dedicarsi il poeta e perché?
3. Qual è l'effetto dell'azione di Dio?

ANALIZZARE

4. **Lingua e stile** Il testo è giocato sull'antitesi fra poli positivi e poli negativi. Identifica i termini negativi e quelli positivi classificandoli nella tabella.

ELEMENTI POSITIVI	ELEMENTI NEGATIVI

5. **Lingua e stile** Individua e sottolinea nel testo tutti i termini e le espressioni che si riferiscono all'azione di Dio
6. **Lessico** Per ciascuna delle seguenti espressioni in cui è impiegato il verbo "trarre" cerca un opportuno sinonimo (per esempio, "trarre in salvo", salvare): **a.** trarre giovamento; **b.** trarre in inganno; **c.** trarre deduzioni; **d.** trarre profitto.

INTERPRETARE

7. Confronta questo sonetto con i versi centrali del *Cantico delle creature* di **san Franceco d'Assisi**: «Laudato si', mi' Signore, per frate vento / et per aere et nubilo et sereno et onne tempo, / per lo quale a le tue creature dài sustentamento. / Laudato si', mi' Signore, per sor'aqua, / la quale è multo utile et humile et pretiosa et casta. / Laudato si', mi' Signore, per frate focu, / per lo quale ennallumini la nocte: / ed ello è bello et iocundo et robustoso et forte. / Laudato si', mi' Signore, per sora nostra matre terra, / la quale ne sustenta et governa, / et produce diversi fructi con coloriti flori et herba». Trovi elementi simili nella descrizione del creato? Pensi che Della Casa possa essersi ispirato a questa lauda nel comporre il suo sonetto?

PERCORSO DI SCRITTURA

Riassunto Sintetizza il contenuto di ogni strofa in una frase di un rigo, poi cuci insieme le quattro frasi in modo da formare un riassunto del sonetto.

GUIDA AL RIPASSO

La regola e l'eccezione: Pietro Bembo e altra lirica del Cinquecento

MAPPA

Pietro Bembo

- utilizzo del volgare, a imitazione di Petrarca (per la poesia) e Boccaccio (per la prosa)
- stile raffinato ma poco originale e vitale
- temi prefissati e codificati
- tematiche amorose (amore come mezzo di elevazione spirituale)

Asolani → prosimetro che riflette sulla natura dell'amore e ne propone una fenomenologia

Prose della volgar lingua → trattato sulla dignità del volgare

Rime → liriche di tema amoroso, encomiastico e funebre

codifica

PETRARCHISMO CINQUECENTESCO

è seguito da

lirica femminile (di cortigiane o nobildonne)

Gaspara Stampa *Rime* → tematiche amorose, dal carattere autobiografico e di "confessione" personale

Isabella di Morra sonetti e canzoni → tematiche di carattere esistenziale

Vittoria Colonna *Rime spirituali* → tematiche amorose e mistico-spirituali

è superato in

Michelangelo Buonarroti sonetti e madrigali

- stile vigoroso ed espressivo, a volte ellittico e oscuro
- tematiche amorose, riflessioni esistenziali, religiose ed estetiche

Giovanni della Casa *Rime*

- innovazioni metrico-sintattiche, ricorso ad artifici retorici, attenzione al valore fonico delle parole
- tematiche come la caducità della vita, lo stupore per le meraviglie del creato, il tormento interiore legato a disinganno e colpa

Lezione 3 La questione della lingua nel Cinquecento

LINGUA MADRE

Agnolo Bronzino, *Ritratto di giovane uomo con libro*, XVI secolo. Collezione privata.

1. La «rivoluzione della lingua»

Nella prima metà del Cinquecento si realizza in Italia quella che il critico **Carlo Dionisotti** ha definito una «vera e propria rivoluzione della lingua», sottratta alle «iniziative individuali o di gruppi regionali», dotata «né più né meno che il latino, [di] una sua rigida disciplina» e dedotta dalle opere dei grandi autori del Trecento, in particolare Petrarca e Boccaccio. Vinte le **resistenze dei dotti**, il **volgare** può così affermarsi anche in ambiti che fino ad allora gli erano stati preclusi, come le scienze, le arti applicate e la trattatistica storiografica, inaugurata da Machiavelli e Guicciardini.

2. Il dibattito sulla norma

Nei primi decenni del secolo, furono molto accese le discussioni su quale dovesse essere il modello di riferimento per liberarsi dagli impasti linguistici regionali quattrocenteschi (➤ p. 143), densi di latinismi e dialettismi. Un problema, questo, la cui urgenza era stata acuita dalla diffusione della stampa (➤ p. 7) e dalla conseguente necessità di avere regole grammaticali e ortografiche condivise. Quest'ultimo aspetto, in particolare, era avvertito dai letterati non toscani d'origine, consapevoli di non poter fare affidamento su un volgare materno dotato di una consolidata tradizione letteraria che gli conferisse stabilità.

Nel confronto si delinearono **tre posizioni principali**, che per comodità possiamo etichettare rispettivamente come tesi **classicista**, **cortigiana**, **fiorentinista**.

3. I classicisti

Per i classicisti, il cui esponente più illustre è il veneziano **Pietro Bembo** (➤ p. 142), il volgare poteva affrancarsi dalla tara originaria (l'origine dovuta alle invasioni barbariche) e poteva ambire all'eccellenza imitando un canone estremamente selettivo di autori eccellenti e insuperati del Trecento toscano: in particolare, per la lirica il Petrarca del *Canzoniere*, per la prosa il Boccaccio della cornice del *Decameron* – la parte più sostenuta e distante dal parlato. Nette sono invece le riserve su Dante, specie sul Dante della *Commedia*, come sostiene Bembo nelle *Prose della volgar lingua* (1525), il testo cardine per la codificazione del nuovo modello di lingua letteraria:

> Che mentre che egli di ciascuna delle sette arti e della filosofia e, oltre acciò, di tutte le cristiane cose maestro ha voluto mostrar d'essere nel suo poema, egli men sommo e meno perfetto è stato nella poesia. Con ciò sia cosa che affine di poter di qualunque cosa scrivere, che ad animo gli veniva, quantunque poco acconcia e malagevole a caper nel verso, egli molto spesso ora le latine voci, ora le straniere, che non sono state dalla Toscana ricevute, ora le vecchie del tutto e tralasciate, ora le non usate e rozze, ora le immonde e brutte, ora le durissime usando, e allo 'ncontro le pure e gentili alcuna volta mutando e guastando, e talora, senza alcuna scielta o regola, da sé formandone e fingendone, ha in maniera operato, che si può la sua *Comedia* giustamente rassomigliare ad un bello e spazioso campo di grano, che sia tutto d'avene e di logli e d'erbe sterili e dannose mescolato. (*Prose* I, 20)

4. Gli esponenti della teoria cortigiana

Nell'ambito della corrente cortigiana, più composita e diversificata, si possono citare almeno le posizioni di **Vincenzo Calmeta**, nato in Grecia ma di origini lombarde, e Baldassarre Castiglione, mantovano (➤ p. 410). Il *Della volgar poesia* di Calmeta è perduto e ne conserviamo solo testimonianze indirette grazie a Bembo, che nelle *Prose* cita le teorie di Calmeta per confutarle.

Calmeta eleggeva a modello la **lingua in uso alla corte papale**, in cui confluivano personalità eccellenti provenienti da tutte le regioni d'Italia (e non solo), ma non negava la base fiorentina della lingua auspicata come comune, una fiorentinità da acquisirsi attraverso lo studio delle opere dei grandi autori del passato.

Nella *Dedica* del suo *Cortegiano* (1528) **Baldassarre Castiglione** fa riferimento a una **lingua «commune»**. Questa lingua non disdegna l'imitazione di grandi del Trecento toscano, ma si regola anche sulla «consuetudine del parlare dell'altre città nobili d'Italia, dove concorrono omini savi, ingeniosi ed eloquenti. Castiglione rivendica il diritto di «farmi più tosto conoscere per lombardo parlando lombardo, che per non toscano parlando troppo toscano».

5. Gian Giorgio Trissino e la riscoperta del *De vulgari eloquentia*

Di «lingua italiana» *tout court* parla invece **Gian Giorgio Trissino** nel suo dialogo *Il castellano* (1529), in cui si appella direttamente al *De vulgari eloquentia* di Dante, che lui stesso aveva riscoperto e infine tradotto sotto falso nome (1529). Trissino aveva divulgato l'opera dantesca a Firenze, nella cerchia degli Orti Oricellari frequentata anche da Machiavelli, e a Roma, dove Bembo se ne fece trascrivere una copia. Ne *Il castellano*, in realtà, l'autore tradisce la vera essenza del pensiero dantesco, secondo il quale le uniche tracce di volgare illustre si ritroverebbero nelle opere poetiche di una ristretta rosa di autori: Trissino ne fa, invece, un «parlare eletto da tutte le lingue d'Italia» e riporta nel *Castellano* ampi stralci della sua traduzione dantesca:

> Dante poi (come nel predetto capitolo [I XII] appare) si sforza di mostrare che 'l proprio parlare del paese di Sicilia non è quel volgare che in Italia è bellissimo; e manco vole che 'l sia il toscano, ma dice egli è un parlare eletto da tutte le lingue d'Italia; et il modo di eleggerlo insegna nel settimo capitolo del secondo libro. E dice anchora che questo tale parlare si chiama volgare italiano illustre e cortigiano et anchora di altri nomi [cardinale, aulico] lo segna, come appare ne l'ultimo capitolo del primo libro.

6. Machiavelli e la tesi fiorentinista

In evidente polemica con Trissino, e con la sua convinzione che Dante avesse scritto la *Commedia* osservando i princìpi formulati nel *De vulgari eloquentia*, è Niccolò Machiavelli, che difende il **primato linguistico di Firenze e dei fiorentini**. Nel suo *Discorso o dialogo intorno alla nostra lingua* (1524-25, ma rimasto inedito fino al 1730), Machiavelli convoca a colloquio Dante stesso e lo coinvolge in un serrato interrogatorio sulle scelte linguistiche adottate nel poema, al termine del quale lo costringe ad ammettere che la *Commedia* è scritta in fiorentino, per poi concludere:

> Udito che Dante ebbe queste cose, le confessò vere, e si partì, e io mi restai tutto contento, parendomi d'averlo sgannato. Non so già s'io mi sgannerò coloro che sono sì poco conoscitori de' beneficii ch'egli hanno auti dalla nostra patria, che e' vogliono accomunare con essa lei nella lingua Milano, Vinegia e Romagna, e tutte le bestemmie di Lombardia.

7. La proposta vincente e le prime grammatiche: Fortunio e Bembo

Il modello linguistico che infine si impose, non solo a livello teorico, ma nella pratica, fu quello classicista. Indicando pochi e precisi riferimenti da imitare, si dimostrò facilmente traducibile in una serie di strumenti normativi (grammatiche, dizionari) che formalizzarono «quanto era avvenuto nella prassi: il volgare si era diffuso in tutt'Italia come lingua della letteratura attraverso una più o meno cosciente imitazione dei grandi trecentisti» (**Claudio Marazzini**).

La prima grammatica volgare di impronta classicista si deve al friulano **Giovan Francesco Fortunio**, autore delle *Regole grammaticali della volgar lingua* (1516), un testo snello e facilmente fruibile che ebbe una enorme fortuna editoriale: se ne contano una ventina di edizioni entro il 1562. Del 1525, invece, sono le *Prose della volgar lingua* di **Pietro Bembo**, un dialogo che vede protagonisti il fratello Carlo Bembo, suo portavoce, Ercole Strozzi, sostenitore delle ragioni del latino, il fiorentino Giuliano de' Medici e Federico Fregoso, che si incarica degli *excursus* storico-letterari. In quest'opera fondamentale, certo la più ampia e sistematica riflessione sulla lingua volgare dai tempi del *De vulgari eloquentia*, la trattazione grammaticale vera e propria si "mescola" con il dialogo ed è condensata nel III libro. Nel I e nel II, invece, si dibattono questioni più generali, che spaziano dai rapporti tra volgare e latino, alla confutazione del primato fiorentino, all'individuazione del canone di autori da imitare.

Ludovico Ariosto
Il sogno della modernità

UN'"OPERA-MONDO"

Rare sono, nella storia della letteratura, le "opere-mondo", cioè quelle che riescono a presentarsi come un mondo in sé compiuto e a offrire, da sole, le caratteristiche di un'intera epoca culturale. All'interno della tradizione letteraria italiana una di queste è senza dubbio la *Commedia* di Dante. Per trovare una visione del mondo completamente alternativa, dobbiamo rivolgerci al capolavoro di Ludovico Ariosto, l'*Orlando furioso*.

TRA FANTASIA E REALTÀ

Il *Furioso* si presenta, all'apparenza, come una semplice appendice di un genere di successo, il poema cavalleresco, ma in realtà si rivela una complessa macchina, che genera interpretazioni e visioni del mondo capaci di scuotere dalle fondamenta tutte le certezze acquisite nelle epoche precedenti, in ambito amoroso, etico e religioso. Sbocciato dal fertile terreno della cultura umanistica, con la sua concezione laica e il suo richiamo ai limiti della ragione umana, il *Furioso* nasce nell'epoca delle prime moderne armi da fuoco e della prima fase industriale della stampa. È un'epoca in cui agli scrittori era richiesto soprattutto un impegno assiduo come funzionari di corte, così da rendere inconcepibile e inattuale la rivendicazione di un ozio letterario. Ariosto risponde al trauma di questa nuova condizione del letterato immaginando nel suo poema un mondo apparentemente aereo e svagato, perduto nelle più bizzarre traiettorie della fantasia (di cui è emblema il volo di Astolfo a cavallo dell'ippogrifo), ma in realtà ben attento alla storia, agli inganni del potere, alle leggi segrete dell'animo umano.

Inquadra il codice per accedere alla lezione dell'autore.

VIDEO

LA FRAGILITÀ UMANA

Nei labirinti del suo vasto e complicato intreccio, fra eroi che inseguono incessantemente i propri desideri senza mai raggiungerli, il lettore compie un vero e proprio percorso di conoscenza di sé e del mondo, scoprendo a poco a poco quanto illusoria sia ogni certezza umana, quanto labile il confine tra apparenza e realtà. E l'autore rimane sempre lì, vicino a lui e ai suoi personaggi, di cui può sorridere con bonaria ironia ma che mai giudica dall'alto. Alla fine il lettore capisce che la fragilità cui dà voce il poema non è più, come accadeva nel Medioevo, un segno di inferiorità, da riscattare con il pentimento e la conversione, ma un segno di solidale fratellanza.

UN SOGNO A OCCHI APERTI

Opera di transizione fra la tradizione epica e quella del moderno romanzo, il *Furioso* reinventa tutti i grandi classici, dall'*Eneide* virgiliana alla *Commedia* di Dante, al *Decameron* di Boccaccio. È una grandiosa, originale costruzione in cui tutto, come in un labirinto di specchi, è riflesso attraverso la mediazione della parola letteraria: una costruzione talmente coraggiosa da suggerirci – come accade nell'episodio del viaggio di Astolfo nel Paradiso Terrestre – di non credere nemmeno a lei stessa. Quello di Ariosto è davvero un sogno anticipatore della coscienza moderna fatto a occhi aperti.

REGGIO EMILIA

Ariosto nasce a Reggio Emilia nel settembre del 1474.

GARFAGNANA

Il poeta giunge in Garfagnana nel 1522, per ricoprire il difficile incarico di governatore della regione. Ariosto, accompagnato dal figlio Virginio, vi rimane fino al 1525, quando può finalmente rientrare nella sua amata Ferrara.

FERRARA

Trasferitosi con la famiglia a Ferrara nel 1484, Ariosto inizia a frequentare la corte degli Estensi a partire dal 1497. Nel 1503 entra al servizio del cardinale Ippolito, figlio del duca Ercole I. Si allontana diverse volte da Ferrara, spesso per missioni diplomatiche a Roma. Dopo il rifiuto di seguire il cardinale Ippolito in Ungheria, dal 1517 passa al servizio del duca Alfonso I. Il poeta si allontana di nuovo dalla città durante il periodo del governatorato in Garfagnana, ma ritorna stabilmente a Ferrara nel 1525 e vi muore nel 1533.

FIRENZE

Ariosto vi soggiorna in svariate occasioni; in particolare nel 1513, di ritorno da Roma, coglie l'occasione per dichiarare il suo amore ad Alessandra Benucci, che diverrà la sua musa.

ROMA

Ariosto si trova a Roma, presso la corte pontificia, in diverse occasioni. Tra il 1509 e il 1510, come ambasciatore del duca Alfonso I presso papa Giulio II, e anche in seguito a partire dal 1513 sotto il pontificato di Leone X.

VITA

- **1474** Nasce a Reggio Emilia l'8 settembre
- **1484** Si trasferisce a Ferrara
- **1498** Entra tra gli stipendiati degli Estensi
- **1500** Muore il padre
- **1503** Entra al servizio del cardinale Ippolito
- **1504** Diventa chierico
- **1509-10** Missioni diplomatiche a Roma
- **1513** È a Roma per festeggiare Leone X; a Firenze incontra Alessandra Benucci
- **1517** Rifiuta di seguire Ippolito in Ungheria; entra al servizio del duca Alfonso I
- **1522** È governatore della Garfagnana
- **1525** Rientra a Ferrara
- **1527** Si sposa con Alessandra Benucci
- **1533** Muore il 6 luglio nella sua casa nella contrada di Mirasole

OPERE

- **1494** *Compone la tragedia Tisbe*
- **1508** *Cassaria*
- **1509** *Suppositi*
- **1516** Prima edizione dell'*Orlando Furioso*
- **1517-24** Composizione delle *Satire*
- **1520** *Il negromante*
- **1521** Seconda edizione del *Furioso*
- **1528** *Lena*; riscrittura in versi della *Cassaria* e dei *Suppositi*
- **1532** Terza edizione del *Furioso*

STORIA

- **1492** Muore Lorenzo il Magnifico; scoperta dell'America
- **1494** Carlo VIII scende in Italia; Savonarola caccia i Medici e instaura la Repubblica a Firenze
- **1498** Savonarola è condannato a morte; Machiavelli è segretario della Repubblica fiorentina
- **1503** Inizia il papato di Giulio II
- **1504** Gli Spagnoli si impadroniscono del regno di Napoli
- **1513** I Medici rientrano a Firenze
- **1517** Lutero pubblica le 95 tesi
- **1520** Inizia il conflitto tra Carlo V e Francesco I
- **1525** Battaglia di Pavia tra Francesi e Spagnoli
- **1527** Sacco di Roma a opera dei mercenari di Carlo V

LETTERATURA, ARTI E SCIENZE

- **1495** Viene pubblicato, postumo, il primo importante poema cavalleresco di area padana, l'*Orlando innamorato* di Matteo Maria Boairdo.
- **1501** L'editore veneziano Aldo Manuzio pubblica *Le cose volgari* di Francesco Petrarca che raccolgono *Canzoniere* e *Trionfi*, con la collaborazione di Pietro Bembo.
- **1506** Il cartografo Giovanni Matteo Contarini disegna il primo planisfero a proiezione conica.
- **1515** Niccolò Machiavelli compone la commedia *Mandragola*.
- **1518** Erasmo da Rotterdam scrive l'*Elogio della follia*.
- **1524** Dosso Dossi dipinge *Melissa*, ispirata alla maga ariostesca dell'*Orlando furioso*.
- **1525** Pietro Bembo pubblica le *Prose della volgar lingua*, in cui regolamenta la lingua letteraria in prosa e in poesia.

AUTORE

1. Un intellettuale alla ricerca di quiete

VIDEO

Inquadra il codice per accedere alla lezione su Ariosto.

Ludovico Ariosto – primogenito di dieci fratelli – nasce a Reggio Emilia l'8 settembre del 1474, da Nicolò, capitano di guarnigione al servizio degli Estensi, e Daria Malaguzzi. A circa dieci anni, inizia un corso di **studi di indirizzo giuridico a Ferrara**, dove il padre era stato trasferito. A partire dagli anni '90, Ludovico partecipa alla vita della **corte di Ercole I** e, dal 1493, entra in una compagnia creata dal duca per organizzare **rappresentazioni teatrali**, componendo anche una *Tragedia di Tisbe* (ora perduta). In questo periodo abbandona gli studi giuridici e si dedica alla poesia latina, finché viene accolto nel 1498 tra gli stipendiati della famiglia d'Este. A corte Ariosto ha la possibilità di coltivare i suoi **interessi letterari**, appassionandosi al teatro, agli autori classici e, soprattutto, all'*Orlando innamorato* di Boiardo (➤ p. 96) e alla lirica volgare di Petrarca.

Al servizio degli Estensi

Alla morte improvvisa e prematura del padre Nicolò, la responsabilità della numerosa famiglia ricade su Ludovico, che accetta incarichi ufficiali da parte degli Estensi e, nel 1503, entra al servizio del **cardinale Ippolito**, figlio di Ercole, e diviene chierico per poter usufruire dei benefici ecclesiastici degli ordini minori. Ha inizio un periodo di fatiche e amarezze legate alla sua **condizione di cortigiano**, che lo porta in varie città italiane (a Bologna, a Mantova e a Roma, presso la curia pontificia) e che non gli consente di dedicarsi come vorrebbe all'attività letteraria. A **Roma**, in particolare, Ludovico, in qualità di ambasciatore, si trova al centro dei difficili rapporti tra la corte ferrarese e il papato di Giulio II Della Rovere, al punto che nel 1510 è costretto a fuggire a seguito delle minacce del papa e a raggiungere il cardinale Ippolito a Firenze. Pur assorbito dalle attività diplomatiche, Ariosto riesce a scrivere e a mettere in scena due commedie in volgare (la *Cassaria* e *I suppositi)* e, tra il 1506 e il 1507, concepisce l'idea del suo capolavoro, l'*Orlando furioso*, dando avvio alla stesura del poema.

L'amore per Alessandra Benucci

Nella primavera del 1513 Ludovico torna a Roma per festeggiare l'ascesa al soglio pontificio del cardinale Giovanni de' Medici con il nome di **Leone X**, dal quale spera invano di ottenere un incarico di prestigio, meno gravoso di quello ricoperto presso gli Estensi. A giugno, tornato a Firenze, si innamora di **Alessandra Benucci**, moglie del ferrarese Tito Strozzi, destinata a divenire la musa e la donna della vita: a lei si legherà dopo la morte del marito, sposandola in segreto (per ragioni patrimoniali) tra il '28 e il '30. I due non vissero mai insieme.

L'addio al cardinale Ippolito

Di ritorno nella sua Ferrara, ha inizio per Ariosto un periodo di intenso lavoro poetico destinato a sfociare nella **prima edizione** dei quaranta canti dell'*Orlando furioso* (**1516**), dedicato al **cardinale Ippolito**, che tuttavia non sembrò apprezzare particolarmente l'omaggio. L'anno successivo il cardinale decide di trasferirsi in Ungheria (ad Agria), dove però il poeta si rifiuta di seguirlo per non allontanarsi, come si legge nella *Satira* I, dai suoi studi e dai suoi affetti. Lo trattiene dal partire anche il profondo legame con Alessandra Benucci, ormai vedova (il marito era morto nel 1515).

Governatore in Garfagnana

A seguito della rottura con Ippolito, nel 1518 il fratello del cardinale Alfonso I (divenuto duca nel 1505) assume Ariosto tra i suoi stipendiati, con la promessa di concedergli la quiete necessaria per dedicarsi completamente all'attività letteraria. Giunge così a compimento la terza commedia, *Il negromante*, inviata nel 1521 a papa Leone X. Nel febbraio del **1521** vede la luce anche la **seconda edizione del *Furioso***, ma ben presto questa parentesi di serenità si interrompe per un nuovo, gravoso incarico affidatogli da Alfonso I. Il duca, infatti, lo nomina commissario e **governatore della Garfagnana** (sottratta dagli Estensi ai lucchesi e ai fiorentini), una regione dell'Appennino emiliano turbata da brigantaggio, disordini e lotte intestine: Ariosto accetta l'incarico, esprimendo nella *Satira IV* tutta la sua preoccupazione per questa sofferta decisione. Si inaugura così il **triennio più difficile** e doloroso della sua esistenza, segnato dalla lontananza dagli affetti, dalla difficoltà del compito e dalla privazione dell'attività letteraria; un periodo nel quale il poeta ha comunque modo di dimostrare grandi doti di umanità e di equilibrio, oltre che di sperimentare gli aspetti più vari ed estremi della natura umana, come testimoniano le lettere di questi anni.

Il ritorno a Ferrara

Quando finalmente, nel 1525, riesce a rientrare a Ferrara, Ariosto acquista una piccola casa appartata e modesta, in **contrada Mirasole**, alla quale aggiunge presto un giardino ricavato da un cortile attiguo. Questa abitazione, come rivela l'iscrizione incisa sul cotto del muro di ingresso (*parva sed apta mihi*, "piccola ma adatta a me"), incarna il suo ideale di sobrietà e concretezza e si carica agli occhi del poeta di un profondo significato simbolico, personale e letterario. Qui Ariosto prosegue instancabile la revisione del suo poema, fino alla **terza edizione** dell'ottobre **1532**, scrive la sua ultima commedia, *La Lena* (1528), e si dedica ad alcune traduzioni del commediografo latino Plauto, intrecciando l'attività letteraria con quella diplomatica. Rivolge alla poesia la stessa cura amorevole dedicata al suo giardino, nel coltivare il quale (racconta il figlio Virginio) «teneva il modo medesimo che nel far de' versi».

> Una vita per niente avventurosa quella dell'Ariosto, quietamente compartita tra gli affetti e gli obblighi familiari e i cari studi, per la maggior parte circoscritta entro le mura di una città.
>
> L. Caretti

Gli ultimi anni

Benché comincino ormai a rivelarsi i sintomi dei disturbi gastrici che gli saranno fatali, nel 1531 Ariosto compie ancora un viaggio a Venezia, dove lo ritrae Tiziano, e nel 1532 a Mantova, per rendere omaggio all'imperatore Carlo V. Per l'inesorabile aggravarsi della malattia, il poeta muore il 6 luglio 1533, nella sua dimora ferrarese, quando ormai la sua fama letteraria è al culmine, e viene sepolto nel monastero di San Benedetto.

FISSA I CONCETTI

- In che modo Ariosto entra alla corte degli Estensi? Come si pone nei confronti del suo protettore?
- Quando e perché Ariosto si stabilisce in Garfagnana?

Particolare di un'illustrazione di Girolamo Porro Paduano per un'edizione dell'*Orlando furioso*, 1584. New York, Metropolitan Museum of Art.

2. Le ragioni della fantasia

2.1 La formazione umanistica

Ferrara, la corte estense e la formazione filosofica

La corte di Ferrara, tra la fine del Quattrocento e i primi anni del Cinquecento, è un crocevia letterario e culturale assai ricco: qui la **tradizione cavalleresca** dei cantari, sfociata nell'esperienza di Boiardo (➤ p. 96), si intreccia con la **tradizione umanistica**, con il gusto per il teatro e la lirica latina. La formazione e la successiva attività letteraria di Ariosto risentono proprio di questi stimoli. Nonostante la sua inclinazione lo conducesse verso una vita ritirata, il poeta fu a lungo funzionario di corte presso Ippolito e Alfonso d'Este e le sue opere scaturirono dalle circostanze biografiche più disparate: le commedie, le *Rime* e le *Satire* e l'*Orlando furioso*, che lo impegnò su un arco trentennale e gli garantì nei secoli fama europea.
Un documento importante della giovinezza intellettuale del poeta è costituito dalla lettera inviata il 5 gennaio 1498 all'editore e umanista Aldo Manuzio: qui Ariosto ricorda l'insegnamento di Sebastiano dell'Aquila dedicato a Platone e alla filosofia accademica, che lo ha avvicinato alla lettura delle opere di **Marsilio Ficino** (➤ pp. 11 e 66). Da questa epistola si ricava che Ariosto, oltre a essere sensibile ai richiami del **neoplatonismo**, ne ha attivamente promosso la diffusione a Ferrara. Sempre a Ferrara, il poeta ha modo di condividere questa passione filosofica con **Pietro Bembo**, che in quegli anni (1498-1503) vi soggiorna più volte.

2.2 La lirica, le *Satire* e le commedie

Gli inizi del percorso poetico ariostesco

Gli **esordi letterari** di Ariosto si possono ricondurre a quella che Giosue Carducci chiamò una «giovinezza tutta latina», nutrita dai modelli di Orazio e dei lirici greci. Da queste suggestioni Ariosto sviluppa la sua predilezione soprattutto per alcuni temi tipici della **tradizione satirica ed elegiaca**: il rifiuto della fama e della ricchezza, il rinnegamento della logica mondana e cortigiana per seguire il richiamo irresistibile della poesia, la narrazione fantastica, l'amore e l'esplorazione della realtà e dell'animo umano.

> Lo studio e l'uso della poesia latina disciplinò e addestrò Ariosto.
>
> G. Carducci

Sono queste le caratteristiche che orientano l'intera esperienza compositiva di Ariosto verso il poema di Orlando, cui egli dedica ben trent'anni della propria vita: l'*Orlando furioso*, infatti, è al centro di una ricca e varia costellazione di altre opere, che ne costituiscono in qualche modo il controcanto e il banco di prova.

Le *Rime*

Scaturite da circostanze spesso autobiografiche e in buona parte incentrate sull'amore per Alessandra Benucci, le rime in volgare presentano alcuni aspetti originali nel panorama della lirica di primo Cinquecento (➤ p. 63). Il poeta, infatti, vi fonde gli spunti ricavati dalla **lirica latina** classica (Catullo, Virgilio, Orazio, Tibullo, Ovidio) con l'**eredità di Petrarca**. Questa contaminazione gli permette di controbilanciare il modello petrarchesco con una scelta più ampia di temi: Ariosto dedica uno sviluppo maggiore al **motivo erotico**, piuttosto esplicito, al disincanto e alla delusione verso la **natura ingannevole del reale**.

Le *Satire* e le commedie

Ancora più orientate verso la realtà e verso la vita, le *Satire* (in versi) si presentano come una vera e propria **autobiografia morale**. Con altrettanto vigore, nella scrittura teatrale Ariosto sviluppa l'umorismo e il gusto per il racconto, attraverso l'elaborazione di uno stile ereditato dalla tradizione latina di Plauto e Terenzio (➤ p. 62).
Le commedie, infatti, rappresentano il luogo ideale dove mettere alla prova le proprie doti nell'osservare i vizi e i costumi dei più diversi tipi umani e ambiti sociali: il poeta li mette in scena attraverso la **lingua viva dell'uso quotidiano**, dell'oralità e della conversazione utilizzata nel discorso diretto, nelle battute di dialogo, anche allusive, gergali e triviali.

Il realismo ariostesco

Le commedie e le satire presentano quadri ricchi di dettagli della più minuta realtà quotidiana, che lasciano spesso intravedere la crudele lotta della vita. In questi testi, tuttavia, traspare anche il forte **senso di giustizia** dell'autore, esperto dei rapporti di forza che reggono i comportamenti a livello personale e collettivo. Si rivelano qui l'autenticità e il **profondo realismo** di Ariosto, con tratti che Lanfranco Caretti accosta al quasi coetaneo Machiavelli.

Nicolò dell'Abate, *Cortigiani giocano ai tarocchi*, 1550-1552. Bologna, Museo di Palazzo Poggi.

Dosso Dossi, *Paesaggio di campagna con figure. Una città sullo sfondo*, 1518-1519 circa. Collezione privata.

2.3 Ariosto e il suo tempo: l'intellettuale e il potere

Il valore conoscitivo della poesia e la dignità dell'intellettuale

I legami che l'opera di Ariosto intrattiene con singole circostanze biografiche sono molto frequenti: queste connessioni possono rivelarsi dirette, come accade nelle *Satire* o nelle *Rime*, oppure trasfigurate in chiave fantastica nell'*Orlando furioso*. Questa attitudine garantisce un'**autenticità della scrittura** ariostesca, che si pone sempre come momento di riflessione sul proprio vissuto, pur nella molteplicità dei generi e dei registri. L'attività compositiva di Ariosto, infatti, trova sempre la sua motivazione profonda nella volontà di **reinterpretare l'esperienza**, sia per comprenderla meglio sia per riprodurla nella sua complessità o per contestarla, oppure infine per cantarne la bellezza. Per il poeta l'uso della parola rappresenta un «inseguimento perpetuo» delle cose (secondo le parole di Italo Calvino), un adeguamento alla loro infinita varietà. La poesia, dunque, è uno strumento insostituibile di **conoscenza della realtà** quotidiana, dove l'osservazione attenta di fatti, eventi, fenomeni e comportamenti si fonde con le voci della tradizione, ereditata dalla lettura degli autori del passato.

Deciso difensore della dignità e della **libertà dell'intellettuale e del poeta**, Ariosto non ha paura di contrastare con vigore le bassezze della vita cortigiana, spesso orientata alla logica del potere e irrispettosa delle esigenze della vocazione letteraria. Come era già accaduto con gli esponenti della tradizione umanistica e allo stesso modo di Castiglione (➤ p. 410) – più o meno suo contemporaneo – Ariosto prende le distanze da una prassi sociale fondata sull'adulazione, sulla maldicenza e sull'ipocrisia. Al contrario, egli punta sull'ampiezza di visione che contraddistingue l'uomo di cultura, grazie alla quale è possibile **armonizzare le esigenze intellettuali e quelle etiche**, necessarie per il vivere sociale.

FISSA I CONCETTI

- Quali autori hanno influenzato maggiormente la formazione di Ariosto?
- Qual è il rapporto di Ariosto con la letteratura classica?
- Quale significato assumono in Ariosto i concetti di «relativismo» e «realismo»?

Il compromesso tra letteratura e potere

Proprio a questo proposito Ariosto introduce anche un elemento di riflessione critica assai moderno. Se alla poesia era tradizionalmente attribuito il compito di perpetuare la memoria delle azioni magnanime e delle gesta gloriose, l'*Orlando furioso* (soprattutto nel canto XXXV ➤ **T9**) mostra con disincanto e ironia una realtà diversa: non sono gli scrittori a scegliere i potenti da elogiare, quanto piuttosto i potenti a servirsi dei poeti (e a pagarli) perché li celebrino. Nelle ottave ariostesche, emerge chiaramente la consapevolezza che la condizione degli scrittori è ormai cambiata. Ariosto accetta, ma allo stesso tempo denuncia il **"patto cortigiano"** (la protezione signorile in cambio della celebrazione poetica) e i rischi che derivano da una letteratura intesa come **strumento di propaganda politica** e di legittimazione del potere.

Poesia e verità

Questa nuova presa di coscienza che riguarda il ruolo della letteratura coinvolge anche il problematico **rapporto fra poesia e verità**. Per Ariosto la poesia non ha più la funzione civilizzatrice che gli attribuiva la concezione classica, ovvero il compito di condurre l'uomo dalla *feritas* all'*humanitas*, dalla brutalità all'umanità, ma ormai assolve a una funzione di **utilità politica**. Non scompare, dunque, il riconoscimento del valore della poesia, ma questo riconoscimento è pienamente consapevole della logica dello scambio cortigiano, che vuole l'elogio offerto in cambio di un favore economico. Un rapporto che peraltro Ariosto, per quanto riguarda se stesso, presenta in perdita: il motto con cui si conclude il *Furioso*, infatti, è *pro bono malum* («male in cambio del bene»).

2.4 Ariosto e la coscienza moderna

Molteplicità e relativismo

La modernità di Ariosto può essere riconosciuta nella libertà e nella leggerezza con cui (nonostante tutto) accoglie e **rappresenta la molteplicità** aggrovigliata e talvolta assurda del mondo e della storia; ma anche nell'**ironia** con la quale si confronta con le delusioni più cocenti. Nel fittissimo intreccio del *Furioso*, nell'inesauribile soffio vitale della

Lorenzo Costa, *Allegoria della corte d'Isabella d'Este*, 1505-1506 circa. Parigi, Museo del Louvre. Isabella d'Este, marchesa di Mantova, era dotata di una raffinata educazione umanistica; collezionò quadri e oggetti d'arte in una corte frequentata dai più bei nomi delle lettere e delle arti del tempo: Leonardo da Vinci, Andrea Mantegna, il Correggio, Baldassarre Castiglione e Ludovico Ariosto che nell'*Orlando furioso* la definì «Isabella liberale e magnanima».

sua invenzione, nel ritmo incalzante delle sue ottave, il lettore ha quasi l'impressione di smarrirsi. Eppure, nell'apparente perdita di certezze Ariosto ritrova il filo conduttore del proprio cammino, là dove constata la **relatività di qualunque ideale**: il poeta avverte i rischi che derivano dalla pretesa di verità e di assolutezza rivendicate dall'uomo, che lo conducono spesso al fanatismo e alla **follia**. Ariosto indica la via difficile dell'accettazione del limite, consapevole della caducità di ogni umano progetto.

Realismo e saggezza

La sua opera – compreso il poema – non rappresenta (come per un certo tempo si è creduto) una forma pur raffinata di evasione, di fuga dal reale, di rinuncia alle proprie responsabilità. Anzi, rimanendo saldamente ancorato al suo tempo, Ariosto decide, con **discrezione**, **realismo e concretezza**, di salvaguardare la propria libertà e la propria vocazione poetica. Con solida saggezza, egli rifugge sia dalle ambizioni troppo alte sia dalle passioni troppo brucianti e dalle aspirazioni irrealizzabili, per costruirsi un'esistenza il più possibile semplice e ritirata, protetta dal pudore, colma di affetti, di libri e di amici.

Il poeta del *Furioso* non smette di rivelare qualcosa di nuovo ancora oggi, grazie al coraggio del suo sguardo sul mondo disincantato ma non freddamente distaccato o giudicante. In modo analogo a Machiavelli, egli coglie le motivazioni che dettano l'agire di ciascuno, indaga il **significato dell'esistenza** nei gesti del singolo, mette a punto la conoscenza del mondo da una sorprendente varietà di prospettive. La sua attitudine rimane quella di porsi di fronte alla realtà, senza rinnegarla e senza lasciarsene sopraffare, con l'arma tagliente di un vigile senso critico e di una inesauribile capacità inventiva. È questo atteggiamento che plasma anche l'armonia delle ottave ariostesche: non semplice fatto formale, ma specchio di un'armonia morale.

FISSA I CONCETTI

- Come intende Ariosto la libertà dell'intelletuale?
- Qual è la relazione fra letteratura e verità secondo Ariosto?
- In che modo Ariosto cerca di salvaguardare l'attività letteraria?

VISUALIZZA I CONCETTI

Il valore della letteratura secondo Ariosto

3. Le *Rime*

Un *corpus* composito

Il titolo generico di *Rime* identifica tutta l'eterogenea attività di Ariosto come poeta in volgare (a esclusione delle *Satire* e del *Furioso*). La prima edizione a stampa dei suoi versi vide la luce postuma e non curata dall'autore, presso l'editore Coppa a Venezia nel 1546. Di questo multiforme *corpus* fanno parte 41 sonetti, 12 madrigali, 5 canzoni e 27 capitoli in terza rima.

La cronologia

La produzione in versi di Ariosto è distribuita lungo quasi tutta la sua vita, si fa più intensa negli anni della maturità, in coincidenza con l'innamoramento per **Alessandra Benucci**, e procede parallela ai numerosi altri generi ai quali il poeta lavorava: la poesia latina, il teatro, le *Satire* e il poema cavalleresco. Infatti, tra il poema e i diversi componimenti presenti nelle *Rime* è possibile scorgere riprese verbali e tematiche, oltre che quel misto di ironia e malinconia, saggezza e meraviglia che rende inconfondibile il *Furioso*.

Una raccolta frammentaria e l'originalità di Ariosto

Nei primi decenni del Cinquecento qualsiasi esperienza di poesia in volgare doveva confrontarsi con il **modello petrarchesco**; Ariosto ne subì in parte l'influenza, ma solo per le scelte linguistiche e stilistiche, che gli consentivano di evitare il ricorso a quella varietà padana che caratterizzava l'esperienza lirica di un autore come Boiardo. Per quanto riguarda invece la volontà di costituire un "canzoniere" unitario, questa non si realizzò mai: Ariosto anzi si oppose sempre alla diffusione delle proprie poesie, conscio del loro carattere provvisorio, anche se tentò almeno in un caso di ricapitolare la propria vicenda biografica all'interno di una piccola raccolta di componimenti (come attesta un manoscritto conservato presso la Biblioteca Vaticana, che presenta 48 testi).

Vi sono comunque molti elementi che conferiscono originalità alle *Rime* ariostesche e le rendono autonome rispetto al petrarchismo più ortodosso. Dal punto di vista formale, Ariosto impiega **metri**, come il **capitolo**, che Petrarca non usava e che erano tipici delle corti settentrionali (e non solo) del secondo '400.

FISSA I CONCETTI

- Come sono organizzate le *Rime*?
- Quali elementi di originalità e modernità le caratterizzano?

Dal punto di vista tematico, a differenza del poeta trecentesco in perenne conflitto tra amore profano e amore divino, Ariosto non si pente della sua passione terrena. Anzi, alcuni dei testi più belli di Ariosto cantano un amore serenamente esaudito, che non nasconde la **gioia dei sensi**, come il sonetto *Aventuroso carcere soave*.

Paolo Veronese, *Allegoria della Virtù e del Vizio*, 1565 circa. New York, The Frick Collection.

T1 Aventuroso carcere soave

Rime XIII

La felice esperienza dell'amore per Alessandra Benucci conduce Ariosto a riprendere l'immagine petrarchesca del carcere amoroso, per capovolgerla in un luogo di soave dolcezza: la prigione è lo spazio segreto dove i due amanti possono abbandonarsi alle effusioni appassionate. La sensualità che pervade le due terzine, con ricordi classici di Properzio e Catullo, indica la decisa presa di distanza del poeta dalla concezione astratta del rapporto amoroso.

- METRO sonetto con schema rimico ABBA ABBA CDE EDC

Aventuroso[1] carcere **soave**,[2]
dove né per furor né per dispetto,[3]
ma per amor e per pietà distretto
la bella e dolce mia nemica m'ave;[4]

gli altri prigioni[5] al volger de la chiave
s'attristano, io m'allegro: ché diletto
e non martir,[6] vita e non morte aspetto,
né giudice sever né legge grave,

ma[7] benigne accoglienze, ma complessi
licenziosi,[8] ma parole sciolte
da ogni fren, ma risi, vezzi e giochi;

ma dolci baci, dolcemente impressi[9]
ben mille e mille e mille e mille volte[10]
e, se potran contarsi, anche fien pochi.[11]

lessico

Soave

Che genera sensazioni piacevoli e delicate (dal latino *suāvem*, «dolce, gradito», connesso con il verbo *suadēre*, «consigliare, convincere», da cui derivano tra gli altri anche "persuadere", "dissuadere" e i loro derivati).

1. **Aventuroso:** felice, fortunato.
2. **carcere soave:** ossimòro che indica la condizione contraddittoria e lacerata dell'innamorato.
3. **dispetto:** odio, vendetta.
4. **distretto... m'ave:** dove la bella e dolce mia nemica (antitesi petrarchesca) mi ha rinchiuso.
5. **prigioni:** prigionieri.
6. **martir:** sofferenze, torture.
7. **ma:** l'avversativa immette nell'atmosfera sensuale delle terzine.
8. **complessi licenziosi:** abbracci audaci.
9. **dolci... impressi:** figura etimologica, che esprime la sensazione di una infinita dolcezza.
10. **ben... volte:** ripresa quasi letterale dei versi di Catullo: *Da mi basia mille, deinde centum, / dein mille altera* [...] / *deinde usque altera mille* («Dammi mille baci, poi cento, quindi altri mille [...] poi ancora altri mille», *Carmina* V, 7-9).
11. **se... pochi:** citazione da Properzio (*omnia si dederis oscula, pauca dabis*, «anche se mi avrai dato tutti i tuoi baci, saranno ancora pochi», *Elegiae* II, 15, v. 50).

Analisi del testo

Struttura

Un unico pensiero d'amore La sintassi ampia e distesa del sonetto non si lascia contenere dallo schema di quartine e terzine, che sono legate tra loro con il fluire di un unico pensiero. Con fine scandaglio psicologico, il sonetto risulta tuttavia ritmato in fasi successive: la presentazione della condizione di prigionia amorosa, l'unicità dello stato d'animo del poeta, la sospensione dell'attesa (nelle quartine), che si abbandona a una immaginazione più fervida, accesa e sensuale (nelle terzine).

Lingua e stile

Il rovesciamento del modello petrarchesco Pur nella compattezza della struttura, dal punto di vista stilistico il sonetto risulta quasi nettamente bipartito: nelle quartine, infatti, Ariosto ricorre all'immaginario spirituale della tradizione petrarchesca, mentre nelle terzine riecheggia l'elegia d'amore latina (Catullo e Properzio). Tuttavia, anche se lampanti, le riprese da Petrarca sono impiegate in un consapevole rovesciamento: per esempio le «accoglienze» del verso 9, qui apertamente sensuali, nel *Canzoniere* sono «caste e pie» (*Canzoniere* CCCXLIII, 9), mentre la coppia riso/gioco, con cui Ariosto allude alle gioie di cui godono in tutta tranquillità gli amanti, in Petrarca serve invece a contrapporre l'agire umano al volere celeste (*Canzoniere* CCLXX, 79-80). Anche un semplice aggettivo come «sciolte» (v. 10), che indica la "sfrenata" libertà delle «parole», in Petrarca si riferisce, all'opposto, o all'azione liberatoria della morte o all'affrancamento dalla passione amorosa.

Temi

La forza vitale dell'amore In questi versi Ariosto dà voce con energia incontenibile ai desideri più naturali di ogni uomo, che prendono forma in immagini di piacere, dolcezza, godimento, pienezza di gioia e libertà, trionfo dell'amore sopra ogni ombra di tristezza e di angustia. La solare leggerezza del sonetto discende dall'abbandono senza inibizioni alla forza dell'istinto, all'attrazione irresistibile, benché consapevole della propria precarietà, verso la bellezza, bene troppo prezioso e irripetibile per lasciarselo sfuggire.

Officina

COMPRENDERE

1. Perché il poeta si trova rinchiuso nel «carcere soave»?
2. Come il poeta vive l'esperienza del carcere?
3. Chi è «la bella e dolce mia nemica»? Perché Ariosto l'associa al carcere?

ANALIZZARE

4. **lingua e stile** Al verso 12 è contenuta la figura etimologica «dolci… dolcemente», mentre al verso 13 si trova l'iterazione di «mille». Come ne spieghi l'uso? Quale effetto intendono perseguire?
5. **lingua e stile** Individua nel testo tutti i termini legati alla sfera semantica dell'amore e a quella del carcere.
6. **lessico** Fra i sinonimi qui elencati individua quello a tuo avviso più opportuno per sostituire «soave» al verso 1: dolce, gentile, tenero, gradevole, profumato, sincero, suadente, sensuale.

INTERPRETARE

7. Anche in ***Pace non trovo et non ò da far guerra*** di **Francesco Petrarca** è presente la metafora del carcere amoroso: rileggila soffermandoti sulla seconda quartina e mettila a confronto con questa poesia, soffermandoti in particolare sui sentimenti provati dal poeta, sui dati descrittivi della prigione e sulla sintassi dei versi. Credi che in questa poesia Ariosto possa consapevolmente aver voluto riecheggiare Petrarca? Se sì con quale effetto?

PERCORSO DI SCRITTURA

Parafrasi Svolgi la parafrasi completa della poesia. Dopo aver individuato i verbi, ordina la sintassi in forma prosastica e sciolta, quindi sostituisci i termini più difficili con sinonimi più semplici. Ricordati di mantenere la prima persona.

4. Le *Satire*

4.1 Tra serio e faceto

I modelli di Ariosto

Prerogativa fondamentale della poesia ariostesca è uno sguardo che non esita a smascherare i difetti e le **fragilità dell'uomo e della società**. La satira, una composizione a carattere morale e comico volta a criticare i comportamenti e la politica, è un genere reso grande dai poeti latini Orazio, Giovenale e Persio, studiati e commentati dagli umanisti. Ariosto, erede di quella cultura, inaugura, con la sua prima satira del 1517, la **tradizione satirica in volgare**. Da Orazio Ariosto riprende uno stile poetico fondato sulla caratterizzazione umile e autoironica dell'"io" parlante, mentre mette in secondo piano l'aspro tono critico rivolto al campionario dei vizi e delle situazioni aberranti della società di Giovenale e Persio.

Poesia, potere e quotidianità

D'altra parte il discorso satirico è, per sua natura, libero da condizionamenti e consente al poeta di formulare giudizi sinceri, persino irriverenti. Ariosto pone poi una certa enfasi sui **risvolti autobiografici**, rivelando particolari della sua vita privata. La satira, essendo caratterizzata da uno stile umile, alza il sipario su un **mondo domestico**, lontano dalla retorica celebrativa della letteratura ufficiale di corte.

La crisi dell'intellettuale

Le *Satire* di Ariosto non sono un semplice divertimento letterario, ma anche la testimonianza della **crisi dell'intellettuale di corte** nel primo Cinquecento. Per questo nelle *Satire* è assai frequente la **contrapposizione tra falsi valori** – quelli cortigiani dell'onore e della reputazione – che stanno a cuore al principe, **e valori autentici** – quelli della cultura e della serenità d'animo – che invece rivendica l'autore. In questo senso le *Satire* posso essere considerate lo sfondo nascosto dietro le quinte dell'*Orlando furioso*, uno spazio in cui l'autore non è soggetto ad alcuna necessità encomiastica e può per questo esprimersi in modo più libero ed esplicito.

La datazione delle sette *Satire*

Tra il 1517 e il 1525, in piena fase di rielaborazione del *Furioso* (➤ p. 205), Ariosto compone sette satire. Per realizzare appieno in lingua volgare le potenzialità della tradizione satirica, la scelta di Ariosto cade sulla **terzina** a rime incatenate, resa celebre dalla *Commedia* di Dante. Nelle *Satire*, però, l'accento si sposta dal piano della narrazione di un evento straordinario (di materia alta e divina) a quello della **conversazione quotidiana e dimessa**.

4.2 Una voce in cerca dell'altro

Le *Satire* come dialoghi e lettere

La **modalità comunicativa** delle *Satire* è quella **del dialogo e della lettera**, ovvero di uno stile espressivo che non rimane centrato sull'io, ma si rivolge continuamente a un "tu". La presenza di interlocutori concreti aiuta a rappresentare lo scambio di opinioni, idee e informazioni. Proprio perché nella satira l'efficacia comunicativa risulta prioritaria, il poeta si avvale di un registro linguistico adatto a designare anche gli oggetti bassi, le realtà fisiche umili e quotidiane.

L'imitazione del linguaggio parlato

Lo sforzo principale di Ariosto è quello di **riprodurre il più possibile la comunicazione orale**, con le sue incertezze, le sue divagazioni, le sue asimmetrie argomentative. La sin-

FISSA I CONCETTI

- Quali temi affrontano le *Satire*?
- Quali sono le loro principali caratteristiche stilistiche?
- A quali modelli si ispira Ariosto?

tassi delle *Satire*, dunque, ricorre spesso a frasi incidentali che interrompono il filo del ragionamento e riproducono il sopravvenire casuale dei pensieri e di ripetizioni tipiche della comunicazione orale ma impensabili nello stile lirico. Accade spesso, inoltre, che l'autore ceda la parola a un **interlocutore reale o immaginario**, la cui voce risuona nel testo in **discorso diretto o indiretto**. Si tratta di una delle caratteristiche salienti delle *Satire*. La comunicazione schietta e diretta è testimoniata anche dall'uso di un **lessico popolare**: «tuoi versi getta / con la lira in un *cesso*» (I 115-116). Per rendere più affabile e condiviso il discorso, Ariosto ricorre infine a **forme proverbiali** e apologhi, **piccoli racconti di carattere morale** che hanno quasi sempre protagonisti gli animali.

LE *SATIRE* DI ARIOSTO

	DATA	DESTINATARIO	EPISODIO AUTOBIOGRAFICO	RAGIONI MORALI
satira I	autunno 1517	il fratello Alessandro e l'amico Ludovico da Bagno (al seguito di Ippolito)	rifiuto di seguire Ippolito in Ungheria	rivendicazione della propria libertà e di una vita modesta dedita agli affetti e agli studi
satira II	autunno 1517	il fratello Galasso	necessità di un alloggio a Roma	denuncia della corruzione e dell'avidità della curia pontificia
satira III	maggio 1518	il cugino Annibale Malaguzzi	nuovo impiego presso il duca Alfonso	vantaggi di una vita sobria e tranquilla; ricchezza inesauribile della fantasia e dell'interiorità
satira IV	1523	il cugino Sigismondo Malaguzzi	difficili mansioni come governatore nella Garfagnana	rammarico per la lontananza dall'amata Alessandra e dalla poesia
satira V	1519-23	il cugino Annibale Malaguzzi	nozze dello stesso Annibale	scettico distacco verso il matrimonio e la volubile natura femminile
satira VI	1524-25	Pietro Bembo	richiesta di un insegnante di greco per il figlio Virginio	difficoltà di trovare un maestro di retti costumi: spesso l'erudizione conduce al vizio anziché alla virtù
satira VII	primavera 1524	il cancelliere ducale Bonaventura Pistofilo	rifiuto dell'incarico di ambasciatore estense presso Clemente VII	libertà dalle ambizioni mondane e preferenza per il proprio mondo

T2 *Libertà individuale e vincoli cortigiani*

Satira I vv. 1-21, 88-108, 139-150, 160-165, 217-225 e 247-265

Biblioteca digitale *La felicità delle piccole cose* (*Satira* III)

Nell'ottobre 1517 il cardinale Ippolito I d'Este parte per prendere possesso di un beneficio ecclesiastico in Ungheria, il vescovato di Eger (Agria), che temeva di perdere dopo la morte del re Ladislao II Jagellone. Ippolito teneva molto a questa diocesi perché non imponeva alcun obbligo di residenza e lo lasciava libero di tornare a suo piacimento in Italia, che rimaneva il centro dei suoi interessi politici. In quanto suo cortigiano, Ariosto fu invitato a seguirlo. Tuttavia, nonostante l'insistenza e addirittura le minacce del cardinale, il poeta decise di opporre un rifiuto; andarono invece Ludovico da Bagno, segretario di Ippolito e padrino di uno dei figli del poeta, e un suo fratello minore, Alessandro, ai quali è dedicata la *Satira* I. Ai due Ariosto affida il compito di intercedere in suo favore presso il cardinale.

■ METRO terzine di endecasillabi a rima incatenata ABA BCB CDC ecc. (capitolo ternario)

A Messer Alessandro Ariosto et a Messer Ludovico da Bagno

Io desidero intendere[1] da voi,
Alessandro fratel, compar[2] mio Bagno,
s'in corte è ricordanza più di noi;[3]
se più il signor me accusa;[4] se compagno
per me si lieva e dice la cagione
per che, partendo gli altri, io qui rimagno;[5]
o, tutti dotti ne la **adulazione**[6]
(l'arte che più tra noi si studia e cole[7]),
l'aiutate a biasmarme oltra ragione.[8]
Pazzo[9] chi al suo signor contradir vole,
se ben dicesse c'ha veduto il giorno
pieno di stelle e a mezzanotte il sole.
O ch'egli lodi, o voglia altrui far scorno,[10]
di varie voci subito un concento

lessico
Adulazione
Comportamento di chi elogia in modi e toni eccessivi per compiacere qualcuno e ricavarne un vantaggio personale.

1. intendere: sapere.
2. compar: Ludovico da Bagno era stato il padrino di Virginio, secondogenito del poeta; «compare» è appunto ancor oggi chiamato, in alcune regioni, il padrino del battezzato.
3. s'in corte… noi: se nella corte sono ancora tenuto presente.
4. se più… accusa: se il signor (Ippolito) mi porta ancora (*più*) rancore (*me accusa*).
5. se compagno… rimagno: se qualche amico interviene a mio favore (*si lieva*, cioè si alza in piedi a difendermi) e dice i motivi per cui (*per che*) io rimango qui, mentre gli altri partono.
6. tutti… adulazione: tutti esperti nell'arte di adulare. L'uso dell'aggettivo "dotti" per un'attività così poco dignitosa non è senza ironia.
7. cole: si coltiva (dal lat. *colere*). Va notato che, mentre il poeta sembra quasi mettere in dubbio la lealtà di Alessandro e Ludovico (vedi verso successivo), non esclude sé stesso dal numero dei potenziali adulatori: dice infatti «tra noi», e non «tra voi».
8. l'aiutate… ragione: lo aiutate (cioè il cardinale) nel criticarmi oltre il limite del giusto (*ragione*).
9. Pazzo: va letto in relazione al «dotti» del v. 8, in tal modo crea uno strano effetto di rovesciamento dell'opinione comune: Ariosto, rifiutando di eseguire l'ordine del suo padrone, è dunque «pazzo», mentre «dotti», sono coloro che sostengono le opinioni più inverosimili (vedi i due versi successivi) solo per dar ragione al loro signore.
10. O ch'egli… scorno: Sia che (*O che*) (il signore) lodi qualcuno (*altrui*), sia che intenda offenderlo (*far scorno*).

s'ode accordar di quanti n'ha dintorno;[11]
e chi non ha per umiltà ardimento
la bocca aprir,[12] con tutto il viso applaude
e par che voglia dir: – anch'io consento[13] –.
Ma se in altro **biasmarme**, almen dar laude
dovete che,[14] volendo io rimanere,
lo dissi a viso aperto e non con fraude.[15]
[…]

lessico
Biasimare
Formulare un giudizio negativo, perlopiù di carattere morale, esprimendo condanna e disapprovazione (dal provenzale *blasmar*, derivato del latino ecclesiastico *balsphemāre*, «oltraggiare, bestemmiare»).

Le nostre parole ›

Apollo, tua **mercé**, tua mercé, santo
collegio de le Muse, io non possiedo
tanto per voi, ch'io possa farmi un manto.[16]
– Oh! il signor t'ha dato… – io ve 'l conciedo,[17]
tanto che fatto m'ho più d'un mantello;
ma che m'abbia per voi dato non credo.[18]

11. di varie… d'intorno: subito si sente un coro (*un concento s'ode accordar*) di varie voci concordi (nel dar ragione al signore) tra coloro che lo circondano. Anche qui l'ironia è percepibile: l'armonia («concento») in cui voci diverse si accordano è semplicemente il piatto adeguarsi all'opinione del signore.
12. e chi… aprir: nell'ambiente di corte prevale la simulazione; la muta approvazione di questi "umili" risulta forse ancora più manifesta adulazione rispetto a quella di coloro che la esprimono a parole (vedi il verso successivo).
13. consento: sono d'accordo.
14. Ma se… che: Ma se voi intendete biasimarmi per altri motivi (*in altro*), almeno dovete lodarmi perché (*che*).
15. con fraude: con l'inganno, cioè inventando scuse fittizie.
16. Apollo… manto: Grazie a te (*tua mercé*), Apollo, e grazie a voi, sacro consiglio (*collegio*) delle Muse, io non ho nemmeno di che comprarmi un mantello (*farmi un manto*). Ariosto ripropone l'invocazione ad Apollo e alle Muse, solo per mettere a nudo le contraddizioni della poesia, attività nobile ma che può non trovare alcun riconoscimento presso coloro (come il cardinale Ippolito) che dovrebbero sostenerla.
17. Oh, il signor… conciedo: sono qui Apollo stesso e le Muse a rispondere a quanto Ariosto lamentava nella terzina precedente, obiettando che egli ha avuto dal cardinale compensi sufficienti a comprare più di un mantello.
18. ma che… non credo: è la replica dell'autore; i compensi li ha sì avuti, ma non grazie ad Apollo e alle Muse («per voi»), cioè alla poesia, ma per i suoi servigi di funzionario di corte.

Le nostre parole — Mercede

L'origine del termine Il sostantivo "mercede" deriva dall'accusativo latino *mercedem* (nominativo, *merces*), a sua volta derivante da *merx, mercis*, ovvero «merce». Sia *merx* che *merces* rimandano probabilmente alla stessa radice del verbo latino *merēre*, «guadagnare, ricevere come compenso». Per questo, letteralmente, la "mercede" è il prezzo che si paga per una ricompensa. Ma l'espressione «chiedere mercede», nell'italiano antico, voleva dire «rimettersi alla volontà di qualcuno», dunque "chiedere una grazia".

La "mercé" Il termine "mercé", che deriva dal troncamento del sostantivo "mercede", era anticamente impiegato proprio nel senso di "chiedere grazia" a qualcuno. Ma l'espressione non voleva soltanto indicare la richiesta di aiuto o di pietà. Anzi, significava rimettersi, consapevolmente, alla volontà di un potente che era anzitutto una figura di prestigio nella società. La stessa "mercé" ha finito per diventare anche una preposizione con il significato di "grazie a" (per esempio, "mercé lui", ovvero "grazie a lui").

Mercede e misericordia Nella cultura cattolica, la "mercede" è usata come sinonimo diretto di "misericordia", e riveste un ruolo determinante nel culto mariano. Si pensi, infatti, all'iconologia della Madonna della Mercede, originatasi dalla visione di Maria Vergine che ebbe nel 1218 il futuro fondatore dell'ordine mendicante dei "Mercedari". Nella tradizione pittorica italiana antica, da Piero della Francesca al Ghirlandaio, la Madonna della Mercede è rappresentata in piedi con l'ampio mantello dispiegato a proteggere i fedeli.

Egli l'ha detto: io dirlo a questo e a quello[19]
voglio anco, e i versi miei posso a mia posta
mandare al Culiseo per lo suggello.[20]
Non vuol che laude[21] sua da me composta
per opra degna di mercé si pona;
di mercé degno è l'ir correndo in posta.[22]
A chi nel Barco e in villa[23] il segue, dona,
a chi lo veste e spoglia, o pona i fiaschi
nel pozzo per la sera in fresco a nona;[24]
vegghi la notte, in sin che i Bergamaschi
se levino a far chiodi, sì che spesso
col torchio in mano addormentato caschi.[25]
S'io l'ho con laude ne' miei versi messo,[26]
dice ch'io l'ho fatto a piacere e in ocio;[27]
più grato fòra essergli stato appresso.[28]
[...]

Ruggier, se alla progenie tua mi fai
sì poco grato, e nulla mi prevaglio
che li alti gesti e tuo valor cantai,[29]
che debbio far io qui? poi ch'io non vaglio
smembrar su la forcina in aria starne,

19. Egli... quello: Ippolito ha dichiarato esplicitamente il suo disinteresse per la poesia e dunque Ariosto, attraverso la poesia stessa, può rendere pubblico l'atteggiamento del proprio signore («dirlo a questo e a quello»).
20. e i versi... suggello: e posso a mio piacere (*a mia posta*) mandare i miei versi a quel paese (*in Culiseo per lo suggello*). «Culiseo» per Colosseo è un gioco di parole di significato triviale; il «suggello» è il timbro che, riferito al «Culiseo», completa il valore allusivo della frase. Se la poesia non trova adeguato sostegno in chi avrebbe il dovere di promuoverla, il suo autore può prendersi la libertà di mandarla in malora.
21. Non... laude: il soggetto è sempre il cardinal Ippolito, il cui elogio («laude») già era presente nella prima edizione dell'*Orlando furioso* (1516 ➤ p. 205).
22. per opra... posta: sia considerata (*si pona per*) opera degna di ricompensa (*mercé*), mentre è considerato degno di ricompensa viaggiare di corsa cambiando ogni volta cavallo alle stazioni di posta (*correndo in posta*). Uno dei compiti del cortigiano era quello di seguire il signore nei suoi lunghi viaggi di rappresentanza o di piacere.
23. nel Barco e in villa: la "delizia estense" del Barco di Belfiore, a Ferrara, un grande parco in cui la corte si recava per svago; la «villa» era la residenza di campagna di Ippolito.
24. o pona... nona: o metta (*pona*) in fresco il vino (*fiaschi*) nel pozzo di primo pomeriggio (*a nona*, cioè alle tre). Si tratta di compiti servili, che non richiedono alcuna particolare abilità o competenza.
25. vegghi... caschi: (il cardinale dona) a chi sta sveglio (*vegghi*) di notte, fino a che i (fabbri) bergamaschi si alzino (*se levino*) a forgiare i chiodi, tanto che spesso casca dal sonno con la torcia (*torchio*) in mano. La maggior parte dei fabbri a Ferrara era allora reclutata a Bergamo.
26. S'io... messo: riprende il «laude» del v. 97 (➤ nota 21).
27. a piacere e in ocio: per mia soddisfazione (*piacere*) e in ozio (*in ocio*, cioè scrivendo in una condizione di completo riposo). Le parole del cardinale rivelano la sua incompetenza riguardo al lungo e difficile lavoro richiesto dalla scrittura poetica.
28. più grato... appresso: avrebbe ritenuto segno di maggiore gratitudine (*più grato fòra*) essergli stato vicino (*appresso*, nei suoi viaggi).
29. Ruggier... cantai: Ruggiero, se mi rendi così poco gradito alla tua discendenza (*progenie*), e non mi dà alcun beneficio (*nulla mi prevaglio*) l'aver cantato le tue eroiche azioni (*alti gesti*) e il tuo valore. Nel *Furioso* Ruggero era presentato come il progenitore della stirpe estense a cui appartiene Ippolito. Anche in questo caso, come ai vv. 91-93, il poeta dialoga direttamente con presenze indicate come interlocutori reali.

né so a sparvier, né a can metter guinzaglio?[30]
Non feci mai tai cose e non so farne:
alli usatti,[31] alli spron, perch'io son grande,[32]
non mi posso adattar per porne o trarne.[33]
Io non ho molto gusto di vivande
che scalco io sia;[34] fui degno essere al mondo
quando viveano gli uomini di giande.[35]
[...]

Più tosto che arricchir, voglio quiete:
più tosto che occuparmi in altra cura,[36]
sì che inondar lasci il mio studio a Lete.[37]
Il qual,[38] se al corpo non può dar pastura,[39]
lo dà alla mente con sì nobil ésca[40]
che merta di non star senza cultura.[41]
[...]

Io son de dieci il primo, e vecchio fatto
di quarantaquattro anni, e il capo calvo
da un tempo in qua sotto il cuffiotto appiatto.[42]
La vita che mi avanza me la salvo
meglio ch'io so: ma tu che diciotto anni
dopo me t'indugiasti a uscir de l'alvo,[43]

lessico

Piuttosto che

Più che, invece di, anziché, con valore comparativo e avversativo («preferisco il mare piuttosto che la montagna»; «meglio che mi critichi piuttosto che mi ignori»); pur di non, con valore condizionale («piuttosto che arrendersi, gioca fino allo sfinimento»); è improprio, anche se molto comune, l'uso disgiuntivo di questa locuzione con il significato di «o, oppure».

30. che debbio... guinzaglio?: che ci sto a fare (*che debbio far*) io (in corte), visto che non sono capace (*non vaglio*) di smembrare le starne (a tavola) sollevandole (*in aria*) con la forchetta (*forcina*), né so tener legato (*metter guinzaglio*) un falco (*sparvier*) o un cane? Il poeta menziona due momenti fondamentali della vita di corte: quello conviviale (i pasti comuni a tavola) e la caccia. La «forcina» era una specie di piccolo spiedo a due rebbi; la moderna forchetta si diffuse solo a partire dal XVIII secolo.

31. usatti: stivali. Da indossare durante le battute di caccia.

32. grande: alto.

33. per porne o trarne: per metterli o toglierli.

34. Io non ho... sia: Io non sono un esperto di cucina come se fossi uno scalco. Lo «scalco» era il maestro di cucina responsabile dell'organizzazione dei banchetti di corte.

35: fui degno... giande: sarei stato a mio agio (*fui degno*) se fossi vissuto quando gli uomini vivevano di ghiande, cioè durante l'età dell'oro, quando la terra produceva spontaneamente i frutti e tutti gli uomini si accontentavano dell'essenziale.

36. cura: preoccupazione.

37. sì che... Lete: in modo che le mie opere (*il mio studio*) vengano sommerse nell'oblio (*inondar... a Lete*). Nella mitologia classica il Lete era il fiume che aveva il potere di cancellare ogni ricordo in tutti coloro che vi si immergevano. Poiché le Muse erano figlie della memoria (Mnemosyne), il Lete rappresentava la minaccia più grave per la poesia.

38. Il qual: sott. lo studio.

39. pastura: nutrimento.

40. esca: cibo (latinismo). Dopo aver parlato di banchetti e di vivande, Ariosto passa a trattare di un sostentamento dell'uomo molto più importante, quello intellettuale.

41. merta... cultura: merita di non rimanere senza coltivazione (*cultura*). Al tempo di Ariosto la parola "cultura" era riferita al lavoro dei campi e non aveva ancora il significato oggi usuale.

42. Io sono...appiatto: Io sono il più vecchio (*il primo*) di dieci (fratelli), e già vecchio (*vecchio fatto*) a quarantaquattro anni, la calvizie nascosta (*appiatto*) da un po' di tempo in qua sotto il berretto (*cuffiotto*).

43. ma tu... alvo: ma tu che hai aspettato (*t'indugiasti*) diciotto anni rispetto a me a essere partorito (*a uscir de l'alvo*). Si sta rivolgendo al più giovane fratello Alessandro.

gli Ongari[44] a veder torna e gli Alemanni,
per freddo e caldo segui il signor nostro,
servi per amendua, rifà i miei danni.[45]
[...]

Uno asino[46] fu già, ch'ogni osso e nervo
mostrava di magrezza, e entrò, pel rotto[47]
del muro, ove di grano era uno acervo;[48]
e tanto ne mangiò, che l'epa[49] sotto
si fece più d'una gran botte grossa,
fin che fu sazio, e non però di botto.[50]
Temendo poi che gli sien péste l'ossa,[51]
si sforza di tornar dove entrato era,
ma par che 'l buco più capir nol possa.[52]
Mentre s'affanna, e uscire indarno spera,
gli disse un topolino: – Se vuoi quinci[53]
uscir, tràtti, compar, quella panciera:[54]
a vomitar[55] bisogna che cominci
ciò c'hai nel corpo, e che ritorni macro,[56]
altrimenti quel buco mai non vinci[57] –.
Or, conchiudendo, dico che, se 'l sacro
Cardinal comperato avermi stima[58]
con li suoi doni, non mi è acerbo et acro
renderli, e tòr la libertà mia prima.[59]

44. gli Ongari: gli Ungheresi.
45. servi... danni: servi (il cardinale) a nome di tutti e due (*amendua*), rimedia ai danni (che ho fatto rifiutando di seguire Ippolito).
46. Un asino: in Esopo (*Favole* 30) e Orazio (*Lettere* VII, 29-33) la protagonista è una volpe: la sostituzione dell'animale tradizionalmente associato all'astuzia (benché qui si riveli incauto) con l'umile figura dell'asino è la testimonianza più evidente dell'autoironia del poeta.
47. pel rotto: da una crepa.
48. uno acervo: un mucchio.
49: l'epa: la pancia.
50. e non... botto: e (ciò non accadde) d'improvviso. Il poeta tiene a precisare che l'asino rimane a lungo a mangiare, senza accorgersi che il proprio stomaco si gonfia sempre più.
51: gli sien... l'ossa: di essere bastonato.
52. più capir... possa: non possa più contenerlo (cioè permettere all'asino di passargli attraverso).
53. quinci: da qui.
54. tratti... panciera: togliti via, amico mio, quell'armatura per la pancia. Il topolino chiama così, ironicamente, la "parte aggiunta" che impedisce all'asino di andarsene.
55. a vomitar: mentre in Esopo e Orazio il dimagrimento è un processo lento (tanto è vero che, nel primo autore, la conclusione morale è «il tempo risolve le difficoltà»), qui esso avviene in modo istantaneo e violento: possiamo forse considerare questo particolare il segno di un'impaziente volontà di indipendenza.
56. macro: magro.
57. non vinci: non attraverserai.
58. se 'l sacro... stima: se il santo cardinale crede (stima) di avermi comprato. L'uso dell'aggettivo «sacro» in questo contesto è ancora fortemente ironico. La rima (invertita) "sacro – macro" si ritrova nella *Divina commedia* (*Paradiso* XXV, 1-6), dove Dante annuncia che il suo poema «sacro», il cui lavoro lo ha duramente messo alla prova fino a renderlo «macro», lo riscatterà dall'esilio. I temi sono in parte simili: anche qui la rinuncia al sostegno da parte del potere è compiuta in nome dell'amore per la poesia e per la propria libertà.
59. non mi è... prima: non è per me difficile e spiacevole (*acerbo et acro*) renderglieli, e riprendere (*tòr*) la mia precedente libertà.

Analisi del testo

Struttura

Una conversazione a più voci La *Satira* I è un esempio chiarissimo del modo in cui Ariosto riprende e rinnova questo genere poetico. Un aspetto comune a tutto il testo è la forma del dialogato, di una conversazione quotidiana che chiama continuamente in causa il "tu" e il "voi": gli interlocutori possono essere reali e storicamente dati, come i dedicatari (vv. 1-2; vv. 221-222), oppure presenze fittizie, come Apollo e le Muse (vv. 88-90) o il Ruggiero dell'*Orlando furioso* (vv. 139-142). L'andamento dell'argomentazione, proprio come accade nelle conversazioni, è volutamente discontinuo. Per esempio la sequenza dei versi 1-9, che prosegue poi nei versi 19-21 (v. 9: «l'aiutate a *biasmarme* [...]»; v. 19: «Ma se in altro *biasmarme*»), viene spezzata dalla digressione dei versi 10-18. Essa appare quasi una riflessione "a voce alta" dell'autore, che ci fa assistere a una scena dal carattere fortemente teatrale. Così, nel dialogo a botta e risposta tra il poeta, Apollo e le Muse dei versi 88-93, si inserisce subito come terza persona il cardinale Ippolito (v. 91: «il *signor*»; v. 94: «*Egli* l'ha detto»). Segue una rassegna di anonimi cortigiani caratterizzati soltanto dalle loro mansioni (v. 100: «il segue»; v. 101: «lo veste e spoglia», «pona i fiaschi»; v. 103: «vegghi»). Il discorso riprende poi al v. 106, sulla base della contrapposizione tra la parola di Ippolito (v. 94: «Egli *l'ha detto*»; v. 107: «*dice* ch'io l'ho fatto») e quella del poeta (v. 95: «i *versi miei*»; v. 106: «ne' *miei versi*»).

Una filosofia di vita È questo contrasto tra i valori del cardinale (tutti fondati su basi materiali e sull'obbedienza) e quelli dell'autore (di carattere intellettuale e rivolti all'indipendenza) che tende a costituire il comune denominatore argomentativo della *Satira*, apparentemente divagante: Ariosto distribuisce in campi contrapposti da una parte tutto ciò che è "materiale", «pastura» del corpo, dall'altra ciò che invece è nutrimento per la mente (vv. 163-164). Anche l'apologo finale dell'asino e del topolino (vv. 247 ss.) non è una pura sosta narrativa, ma l'illustrazione concreta di una filosofia di vita esplicitamente enunciata nel finale (vv. 262-265): è meglio accontentarsi di poco, se in tal modo si guadagna la libertà.

Lingua e stile

Lingua quotidiana e sintassi spezzata Coerentemente alla scelta di riprodurre nelle *Satire* una conversazione quotidiana, il lessico rappresenta spesso oggetti comuni (v. 92: «mantello»; v. 101: «fiaschi»; v. 104: «chiodi»; v. 143: «forcina»; v. 144: «guinzaglio»; v. 146: «usatti», «spron»; v. 219: «cuffiotto»), oppure ricorre ad allusioni di carattere osceno (v. 96: «mandare al Culiseo per lo suggello») o a espressioni popolari e triviali (vv. 250-251: «[...] l'epa sotto / si fece più d'una gran botte grossa»; v. 259: «a vomitar bisogna che cominci»). Questi termini convivono tranquillamente, com'era caratteristico del genere satirico, con altri più aulici derivati dal latino («acervo», «alvo», «cole», «epa», «esca» ecc.). L'andamento sintattico non è fluido e armonioso, ma volutamente spezzato da frasi parentetiche (v. 8), battute in discorso diretto (vv. 18, 91, 257) o digressioni varie. Talvolta l'unità della frase "sconfina" al di là del limite della terzina (vv. 141-142, 264-265), dando l'impressione di un ragionamento libero, non vincolato alla misura della strofa. Anche la metrica contribuisce a movimentare il discorso, con frequenti *enjambements* che rendono più incalzante la narrazione (come ai vv. 5-6). Le rime sono talvolta aspre e dissonanti, come accade nella tradizione "comica" (vv. 2, 4, 6: *-agno*; 11, 13, 15: *-orno*; 101, 103, 105: *-aschi*; 247, 249: *-ervo*; 248, 250, 252: *-otto*; 260, 262, 264: *-acro*).

Temi

La problematica autonomia dell'intellettuale Ariosto rivendica la sua indipendenza di poeta rispetto al potere: questo motivo è ripreso dall'autore classico che può essere considerato l'iniziatore del genere delle *Satire*, Quinto Orazio Flacco (I secolo a.C.), sostenuto economicamente dal ricco Mecenate. Lo spunto, però, è calato nella realtà tutta rinascimentale della corte: una realtà verso cui Ariosto polemizza vivacemente ma che non viene mai messa davvero in discussione. L'autore non rifiuta in assoluto gli incarichi e gli obblighi che la vita di corte comporta (ne assumerà molti, e di grande responsabilità), ma non accetta che a lui, poeta, si richiedano soltanto quelli più frivoli e materiali. Ariosto si rende perfettamente conto che, nella condizione di bisogno in cui si trova, una totale «libertà» (v. 265) è solo una bella utopia; egli passerà infatti, alla morte di Ippolito, al servizio del duca Alfonso I d'Este.

Simulazione sociale e verità dell'io Nonostante ciò, si può dire che il testo si costituisca sulla base di una contrapposizione tra la finzione del mondo della corte e la verità dell'io ariostesco. Da un lato stanno gli effetti, simulati e decisamente teatrali, dell'adulazione esercitata di fronte al cardinal Ippolito (vv. 13-18), dall'altro la sincerità di un autore che parla «a viso aperto» (v. 21) e confessa il suo impaccio nel districarsi tra i rituali della vita cortigiana (vv. 142-147). La modestia richiamata come ideale di vita (vv. 149-150) si riflette anche nella rappresentazione autoironica dell'"io", di cui abbiamo un ritratto tutt'altro che trionfalistico nelle immagini dell'uomo precocemente invecchiato e calvo dei versi 217-219 e nell'identificazione dell'autore con l'asino nell'apologo finale. Ciò non significa che Ariosto non esprima piena consapevolezza del proprio ruolo di poeta e dell'importanza dell'attività intellettuale (vv. 161-165): è proprio questa, anzi, che lo spinge a protestare più vivacemente per il suo mancato riconoscimento (vv. 88-96; 139-144).

Officina

COMPRENDERE

1. Da quale circostanza prende avvio la satira?
2. A quale condizione di vita ideale aspira il poeta? E perché?

ANALIZZARE

3. **Lingua e stile** Quali elementi formali richiamano il genere della satira e quali invece quello della lettera?
4. **Lingua e stile** Rintraccia e sottolinea nel testo tutti i termini e le espressioni che possono essere associate al lessico cortigiano. Ve ne sono alcuni che ricorrono più volte? Che importanza hanno?
5. **Lessico** Fra le seguenti frasi individua quella in cui puoi impiegare "adulazione" come sinonimo delle parole sottolineate:
   - **a.** Ha ricevuto molti elogi dai professori per il tema.
   - **b.** Il rettore fatto grandi lodi alla tesi di mio fratello di fronte alla commissione.
   - **c.** È inutile che tenti di convincermi: non cederò alle tue lusinghe!
6. **Lessico** In alcune delle seguenti frasi il verbo "biasimare" viene utilizzato a sproposito, talvolta per ragioni di stilistiche, altre per il significato e la costruzione. Con l'aiuto del dizionario, correggi queste frasi, sostituendo "biasimare" con il verbo giusto; motiva le tue scelte:
   - **a.** Quando va in bestia, la mamma biasima se lascio in disordine.
   - **b.** Il Papa ha biasimato la diffusa indifferenza per le sofferenze altrui.
   - **c.** Il giudice ha biasimato l'imputato per il reato di cui era accusato.
   - **d.** La commissione ha biasimato la proposta.
   - **e.** Dopo gli ultimi atti bullismo, persino gli amici hanno biasimato la sua condotta.
   - **f.** I tifosi hanno biasimato Paolo con parolacce di tutti i generi.

INTERPRETARE

7. Come spieghi la presenza della favola ai versi 247-261? In quale relazione si pone rispetto alla vicenda personale di Ariosto e al tema della satira?

PERCORSO DI SCRITTURA

Riassunto Sintetizza il contenuto di ogni strofa in 2 righe; quindi utilizza le tue sintesi come una sorta di scaletta per scrivere un riassunto della *Satira* che non superi le 15 righe.

COMPETENZE DEL XXI SECOLO

Pensiero critico Nel commentare lo stile delle *Satire* **Natalino Sapegno** ha affermato che «questo vario contenuto morale e polemico s'intona, nei singoli componimenti pur con varia gradazione, all'umore discreto e temperato dell'Ariosto, per cui la moralità non è mai oratoria né pedantesca, e la polemica di rado si fa scoperta e quasi in nessun punto animosa e acre». Sei d'accordo con le parole dello studioso? Ritrovi queste caratteristiche nella *Satira* che hai letto? Come descriveresti l'atteggiamento del poeta e lo stile adottato?

5. Le commedie

5.1 I volgarizzamenti e il nuovo teatro di corte

L'interesse per la commedia classica

Volgarizzamento
Traduzione e adattamento di un testo latino al volgare, o anche da una lingua volgare a un'altra. Oggi il termine indica l'esposizione piana e accessibile di argomenti propri di un ambito specialistico.

Il Rinascimento non segna soltanto la riscoperta del teatro classico, ma fa dell'attività scenica un elemento importante della vita pubblica: si può parlare in questo senso di **nascita del teatro moderno**. La drammaturgia rinascimentale si basa su tre tipi di produzione: la commedia in lingua latina degli umanisti quattrocenteschi; le rappresentazioni di commedie di Plauto e Terenzio (ovvero i **volgarizzamenti**); la commedia in lingua italiana che prende direttamente il posto di quella umanistica in latino (➤ p. 62). Con i volgarizzamenti delle commedie plautine e terenziane della seconda metà del Quattrocento si può parlare di vera e propria attività teatrale, in cui il testo tradotto era pensato per la scena, e non solo per la lettura. Le rappresentazioni prendono piede per lo più a Firenze, a Roma e a Ferrara, dove Ercole I d'Este (padre di Ippolito e Alfonso) condivide il suo entusiasmo per il teatro soprattutto con le figlie Isabella e Beatrice.

Corte, teatro e città

La commedia cinquecentesca ha nella corte il suo luogo essenziale e determinante. La ripresa moderna delle forme teatrali antiche acquista il suo significato più pieno proprio nel **contesto festivo e celebrativo della vita cortigiana**: lo sguardo verso il mondo classico porta dentro lo spettacolo un segno di distinzione e di prestigio e, allo stesso tempo, l'ambiente cortigiano influenza la rappresentazione con l'apertura a **costumi e realtà contemporanei**. Questo comporta una sempre più marcata coscienza dell'alterità del mondo antico e, contemporaneamente, l'allargarsi dello sguardo dal luogo della corte e dello spettacolo verso la città e la sua vita. Proprio l'**intreccio città-teatro** risulta imprescindibile per il nuovo teatro rinascimentale: esso trova la sua origine nella commedia latina, che aveva rappresentato appunto vicende urbane.

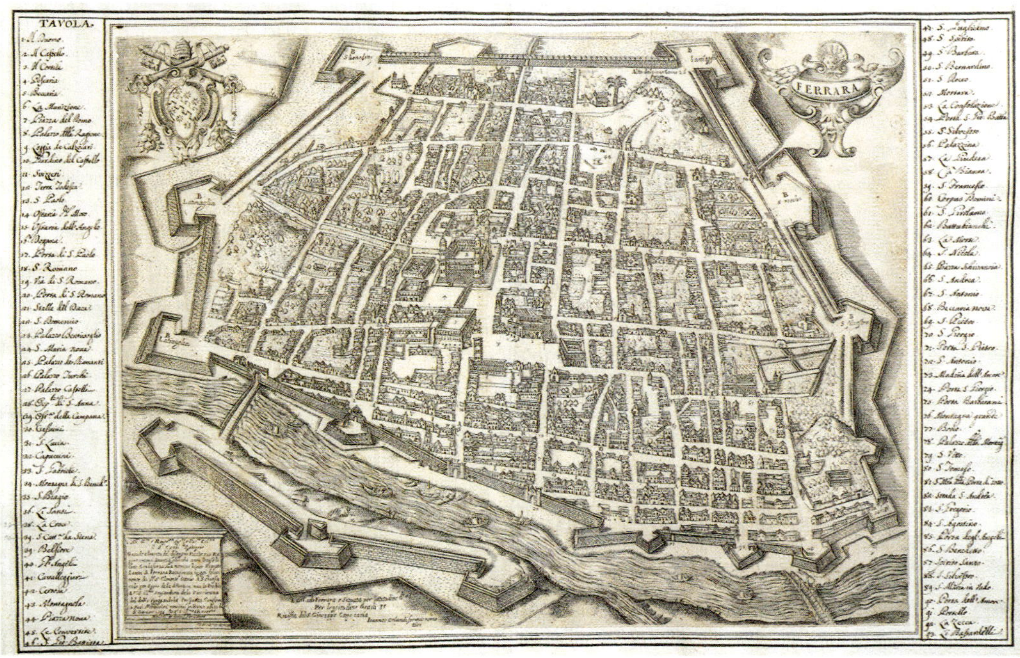

Mappa di Ferrara, fine XVI secolo.

5.2 Le innovazioni di Ariosto

Ariosto e l'esperienza teatrale

Su questo sfondo matura la vocazione teatrale di Ariosto, che si dedica alle rappresentazioni drammatiche sin dalla giovinezza, quando svolge ruoli attivi, non solo come **autore**, ma anche come **attore** e **regista**. L'ambito drammaturgico costituisce per lui uno spazio che può rispecchiare – in forma comica – dinamiche, comportamenti e personaggi della realtà quotidiana, e contemporaneamente può rispondere alle aspettative ludiche e celebrative della corte estense. Per questo le commedie ariostesche, anche se sono chiaramente riconducibili a modelli latini, al tempo stesso lasciano spazio alla **tradizione volgare**, dalla novellistica (soprattutto Boccaccio) alla produzione teatrale contemporanea (la *Calandria* del Bibbiena o la *Mandragola* di Machiavelli ➤ pp. 360 e 361).

Le cinque commedie

Ariosto compone nell'arco di una ventina d'anni (tra il 1508 e il 1528/29) cinque commedie. Le prime due sono inizialmente in prosa, poi trasposte in versi: si tratta della ***Cassaria***, che prende il nome dalla "cassa" al centro degli intrighi di due giovani per riscattare le due belle schiave di cui sono innamorati, e ***I suppositi***, cioè "Gli scambiati", con riferimento allo scambio di persona messo in atto da un giovane per ottenere, anche in questo caso, l'amore di una ragazza. Le altre tre sono state composte direttamente in versi.

LE COMMEDIE DI ARIOSTO

	DATA	ARGOMENTO	AMBIENTAZIONE	FONTI
Cassaria	1508 (in prosa); prima a Ferrara, Palazzo Ducale; 1528 (in versi)	tentativo di due giovani di riscattare le fanciulle di cui sono innamorati	Metelino (antica città greca)	Plauto e Terenzio
I suppositi	1509 (in prosa); prima a Roma, alla presenza di Leone X, nel 1519; 1528 (in versi)	amore impossibile di uno studente per la ricca Polinesta; equivoci e scambi di persona	Ferrara	Terenzio e Boccaccio
Il negromante	1509-10, primo abbozzo; terminata nel 1520 e inviata a Leone X	le vicende di un mago impostore: satira sui costumi e sulle credenze popolari	Cremona	Bernardo Dovizi (*La calandria*); Machiavelli (*La Mandragola*)
La Lena	1527-28; prima a Ferrara, Palazzo Ducale	storia amorosa a lieto fine: ambiente gretto e corrotto di commercianti, faccendieri e bottegai	Ferrara	Plauto e Terenzio
Gli studenti	1518-19 abbozzo incompiuto, interrotto all'atto IV	sotterfugi di due studenti per raggiungere l'amata	Ferrara	Plauto e Terenzio; ripresa di *Cassaria* e *Suppositi*

La prospettiva cittadina

Novellistica

Nella *Cassaria*, la città della scena si proietta in un passato indefinito (la greca Metelino), e tuttavia, per la prima volta, il consueto **sfondo scenico** stilizzato è sostituito da una prospettiva cittadina, dipinta per l'occasione da Pellegrino da Udine. È una città dunque lontana nel tempo, ma piena di **particolari della vita cortigiana e contemporanea**. Nei *Suppositi* la città della scena è la **Ferrara contemporanea**, con riferimenti circostanziati e realistici a luoghi concreti (come anche negli *Studenti* e nella *Lena*, pure ambientate a Ferrara, mentre *Il negromante* si svolge a Cremona).

Luoghi, linguaggio e personaggi

Tra la prima e le successive commedie di Ariosto si assiste dunque a una **progressiva definizione del luogo** di ambientazione, con un sempre maggiore realismo nella raffigurazione delle strade e delle piazze cittadine e una vivida freschezza nelle **battute di dialogo colte dal vivo.** Gli intrecci rimangono spesso meccanici e dispersivi per l'eccessivo numero dei personaggi, benché ricchi di equivoci e colpi di scena, frutto della naturale inclinazione dell'autore verso le vicende avventurose e imprevedibili. Lo stereotipo narrativo, però, non impedisce una sempre crescente caratterizzazione delle singole individualità che – soprattutto nella *Lena* – raggiungono un **approfondimento realistico** senza precedenti, nella raffigurazione gretta di commercianti, faccendieri e bottegai corrotti e avidi, il cui unico movente pare essere il denaro. Le commedie, come anche le *Satire*, infatti, rappresentano per Ariosto il luogo dove sviluppare le proprie doti di **acuto osservatore** dei vizi, delle storture e dei costumi dei più diversi tipi umani e ambiti sociali.

FISSA I CONCETTI

- Come si spiega la ripresa del genere teatrale in età rinascimentale e in Ariosto in particolare?
- Quali sono i contenuti principali del teatro ariostesco? E quali gli elementi di novità?

Benvenuto Tisi detto il Garofalo, *Cortigiani*, affresco nella Sala del Tesoro di Palazzo Costabili a Ferrara, 1503-1506. Il palazzo fu commissionato dall'aristocratico Antonio Costabili, personalità di spicco alla corte del duca di Ferrara Ercole I d'Este, segretario di Ludovico il Moro e ambasciatore degli Estensi a Milano.

6. L'Orlando furioso

6.1 I paladini a corte

La ripresa della letteratura cavalleresca

Nella corte estense la vita militare e gli onori guerreschi hanno grande rilievo, sullo sfondo dei ripetuti scontri, in terra padana, tra gli eserciti stranieri. Tale contesto favorisce la ripresa e la diffusione dei poemi, nati in Età medievale, incentrati sulle gesta dei **paladini di Carlo Magno** e sulla celebrazione delle virtù eroiche. Tra questi va ricordata in particolare la *Chanson de Roland*, che narra il celebre episodio della rotta dell'esercito francese a Roncisvalle e la morte del paladino Orlando. A questo filone narrativo, chiamato **carolingio**, si intreccia quello del **ciclo di Bretagna**, con le imprese di re Artù, gli incantesimi di mago Merlino e gli amori di Isotta e di Ginevra.
Nella seconda metà del Quattrocento, le corti si appropriano anche dei romanzi cavallereschi: soprattutto **a Ferrara** circola ampiamente una tradizione "canterina" (➤ p. 88) fondata sulla recitazione orale nelle pubbliche piazze.

Il poema di Boiardo

La biblioteca degli Estensi, soprattutto a partire da Ercole I (duca dal 1471 al 1505), ospitava moltissimi codici di letteratura cavalleresca, anche in francese antico e in franco-provenzale: una materia di grande moda tra gli esponenti della corte, apprezzata in particolare dalle dame. Questa produzione, insieme a quella dei cantari in ottave e in volgare, potrebbe oggi essere classificata come "letteratura di intrattenimento". Da queste tradizioni deriva la sintesi di **Matteo Maria Boiardo**: con il suo *Inamoramento de Orlando*, pubblicato postumo e incompiuto nel 1495 (➤ p. 96), il poeta intendeva nobilitare la tradizionale **materia cavalleresca medievale** con una nuova e più raffinata consapevolezza della **tradizione classica**, che gli derivava dalla sua formazione umanistica. Boiardo non si rivolgeva ormai più al pubblico delle piazze, bensì a quello, più esigente, della corte.

I "testi orlandiani"

Quando il giovane Ariosto comincia a dedicarsi agli studi letterari e all'attività teatrale, l'opera di Boiardo è al culmine di un successo enorme: il favore del pubblico dà origine, fra il 1505 e il 1521, a numerosi **tentativi di completamento** e di ampliamento del poema, noti come "testi orlandiani", dai quali L'*Orlando furioso* si distingue nettamente per la **superiorità** del dettato poetico e la complessità della costruzione.
È importante sottolineare che Ariosto, per il *Furioso*, non diversamente da quanto aveva fatto **Boccaccio** con il *Decameron*, decide di affidare la propria fama a un'opera dai contenuti apparentemente "minori": in Boccaccio la **novella di carattere comico**, in **Ariosto** una poesia appartenente a quel **genere di consumo tanto di moda nelle corti**; la lingua prescelta da entrambi non è il latino dei dotti (per il ferrarese Ariosto quello della tradizione umanistica), bensì il **volgare**.
Provocatoria sarà, dunque, la definizione che Ariosto darà del suo *Furioso* come una semplice **«gionta»** ("prolungamento") dell'*Orlando innamorato* di Boiardo: in realtà il poeta vuole dimostrare che, proprio ispirandosi a una materia priva di novità e prestigio, egli è in grado di **realizzare il suo capolavoro**, un'opera del tutto innovativa, che rispecchia profondamente la propria visione del mondo.

6.2 La genesi dell'opera e le sue fasi di sviluppo

Il primo progetto

Un primo originario nucleo del lavoro ariostesco è riconducibile al biennio **1505-07**. La più antica testimonianza si trova in una lettera, in cui Ariosto parla di un racconto della trama fatto nel 1507 alla sorella del cardinale Ippolito, **Isabella**, per intrattenerla durante la convalescenza seguita al parto. La prima destinataria reale del poema è quindi proprio una di quelle nobildonne con cui si apre il proemio («Le donne, i cavallier, l'arme, gli amori» ➤ **T3**). Nel 1512 il lavoro si mostra già strutturato: l'autore ne abbozza un profilo scrivendo al marchese di Mantova Francesco Gonzaga.

La prima e la seconda edizione

Da qui comincia una fase sempre più intensa di correzione e revisione, che sfocia nel felice esito della **prima edizione** ferrarese, il **22 aprile 1516**, dedicata al cardinale Ippolito e subito inviata a Isabella. Poco più tardi, mentre le copie (circa 1500) del poema vanno a ruba, tramite una serie di incontri e di scambi epistolari con **Pietro Bembo**, Ariosto viene coinvolto nello spinoso dibattito sulla questione della lingua (➤ p. 143). Si avvia così la **revisione stilistica e linguistica** che lo conduce alla **seconda edizione**, il **13 febbraio 1521**. L'intento è quello di conformarsi sempre più ai modelli toscani di fine Quattrocento come le *Stanze* di Poliziano (➤ p. 73), attenuando o eliminando del tutto i **barbarismi**, i termini tecnici e le coloriture municipali del lessico. Ne deriva un'opera che non è più soltanto il frutto maturo delle cultura letteraria padana, ma il compimento di **un poema finalmente "italiano"**, che si è lasciato alle spalle le proprie origini regionali.

> Il poema ariostesco, nato dall'opera del Boiardo, si è arricchito di una moltitudine di elementi, raccolti da ogni dove.
>
> P. Rajna

Barbarismo
Parola o locuzione di origine straniera, che viola le norme di una determinata lingua o è estranea all'uso di questa.

La terza edizione: la struttura e la lingua; i riferimenti all'attualità e i *Cinque canti*

In vista della **terza edizione**, apparsa a Ferrara nell'**ottobre del 1532**, Ariosto si concentra soprattutto su tre ambiti: la **struttura**, la **lingua**, lo **stile**. Per quanto riguarda la struttura, la ricerca di una migliore **simmetria narrativa** si risolve con l'aggiunta di quattro nuovi episodi, che dilatano il poema da 40 a 46 canti (Olimpia, canti IX-XI; la Rocca di Tristano, XXXII-XXXIII; Drusilla e Marganorre, XXXVII; il duello tra Ruggiero e Leone, XLIV-XLVI). Da un punto di vista linguistico, Ariosto approda a un maggior **equilibrio espressivo**, secondo le norme enunciate da Bembo, e accoglie il suggerimento di guardare al modello petrarchesco, riservandosi però un ampio margine di libertà, grazie al quale giunge a un impasto linguistico vario e vivace, con frequente ripresa di voci derivate dalla *Commedia* dantesca.

Da quando l'avventura del *Furioso* era cominciata a quando giunge al porto della terza edizione, **molto è cambiato sulla scena politica** italiana. Nel *Furioso* compaiono richiami alle vicende dell'ultimo decennio, proiettate ormai su un orizzonte più ampio di quello cortigiano, via via inesorabilmente sgretolato. Alla sua morte, nel luglio del 1533, Ariosto stava ancora proseguendo il lavoro di correzione e, a quanto rivela il fratello Galasso in una lettera a Bembo, progettava una nuova ulteriore edizione. Tra i nuclei inediti di ottave lasciati dal poeta, i cosiddetti ***Cinque canti*** hanno colpito i lettori per il tono di disincanto, amarezza e desolazione, così lontano dalla solare vitalità del *Furioso*.

FISSA I CONCETTI

- Come si pone il *Furioso* rispetto all'*Orlando innamorato* di Boiardo?
- Quali motivazioni inducono Ariosto alla revisione del *Furioso*?
- Per quali ragioni il *Furioso* può definirsi un'opera moderna?

6.3 Le vicende del poema

Da un punto di vista molto generale, **due sono le vicende principali** dell'*Orlando furioso*: **Orlando che insegue l'amata Angelica**, diviene folle (di qui il titolo) per la gelosia, ma riesce poi a recuperare il senno; l'**amore tra la guerriera cristiana Bradamante e il pagano Ruggiero**, sempre divisi da qualche imprevisto; dall'unione tra i due è destinata a sorgere la dinastia degli Estensi, i signori di Ariosto.
La trama complessiva del *Furioso*, quindi, si fonda su un equilibrio tra due differenti modalità narrative che corrispondono a distinte tradizioni: quella "romanzesca" dell'avventura, di origine **arturiana**, che spinge i personaggi a un **continuo girovagare** per motivi quasi sempre riconducibili all'amore o all'intervento della magia, e quella epica di influenza **carolingia**, che ha il suo **motivo dominante nella guerra** e mantiene un saldo baricentro tematico e narrativo.
Alcuni studiosi hanno proposto un'utile scansione delle vicende del poema in **sei sequenze**:

- **I (canti I-XIII)**: l'azione inizia senza che venga narrato alcun antefatto e si caratterizza per una serie di vani tentativi di incontro: nella selva fuori dall'accampamento cristiano Orlando e Rinaldo inseguono Angelica, la bellissima principessa del Catai; Bradamante insegue Ruggiero e ode la profezia dello spirito del mago Merlino sull'origine della stirpe degli Estensi dal suo futuro matrimonio con l'amato. Nel frattempo Ruggiero raggiunge l'isola della maga Alcina sull'ippogrifo, un cavallo alato, e si lascia sedurre da lei, ma viene alla fine liberato dalla buona maga Melissa. Quest'ultima ridona forma umana anche al paladino Astolfo, in precedenza trasformato in mirto, offrendogli in dono l'ippogrifo. Nel frattempo, mentre Orlando salva la principessa di Selandia, Olimpia, Ruggiero salva Angelica: entrambe le fanciulle erano state offerte come vittime sacrificali alla terribile orca marina nell'isola di Ebuda. Tutti i personaggi si ritrovano poi nel palazzo incantato di Atlante, dove ognuno è attratto dal fantasma di un proprio desiderio senza mai riuscire a raggiungerlo.

- **II (canti XIII-XVIII)**: infuria la guerra con l'assedio di Parigi da parte di Agramante e dei suoi soldati. Vengono introdotti due nuovi personaggi, i guerrieri pagani Rodomonte e Mandricardo; quest'ultimo, in cerca di Orlando di cui vuole vendicarsi, si imbatte nella promessa sposa di Rodomonte, Doralice, e tra i due nasce l'amore. Astolfo incontra i due cavalieri cristiani Aquilante e Grifone: si narrano le vicende di quest'ultimo e della sua infedele amata, Orrigille. In questa sequenza compare anche la guerriera saracena Marfisa, che si rivelerà poi sorella di Ruggiero. Intanto i Mori si ritirano da Parigi.

- **III (canti XIX-XXIX)**: è una sequenza dominata dalle vicende parallele di Orlando e della coppia Ruggiero-Bradamante che, dopo un breve incontro, sono nuovamente costretti a separarsi. Angelica si imbatte nel soldato saraceno Medoro e fugge con lui. Marfisa e Astolfo approdano intanto all'isola delle femmine omicide. Bradamante raggiunge la famiglia a Montalbano, sempre tormentata dal pensiero di Ruggiero. Orlando, dopo avere permesso il ricongiungimento dei due amanti Zerbino e Isabella, si scontra con Mandricardo, ma viene a conoscenza della fuga di Angelica con Medoro e impazzisce. Nel frattempo Rodomonte e Mandricardo, si affrontano per amore di Doralice, ma Agramante li richiama a Parigi, dove riprendono i combattimenti. Dio invia l'arcangelo Michele presso la Discordia, perché introduca contrasti tra i saraceni; così accade, e dopo che Doralice ha scelto come amante Mandricardo, Rodomonte abbandona sdegnato Agramante e i suoi e si imbatte in Orlando impazzito, che terrorizza Angelica.

- **IV (canti XXX-XXXIX)**: Mandricardo è ucciso in duello da Ruggiero, che suscita la gelosia di Bradamante perché si accompagna a Marfisa. Mentre Rinaldo, fratello di Bradamante, compie una strage di saraceni ancora accampati a Parigi, la sorella, pure diretta a Parigi, raggiunge la rocca di Tristano. Astolfo per contrastare Agramante sul fronte africano, giunge con l'ippogrifo in Nubia presso il re Senapo. Grazie al suo corno incantato, scaccia le Arpie che tormentano Senapo e, inseguendole, visita gli Inferi; sale poi al Paradiso Terrestre, dove incontra san Giovanni, che gli rivela che dovrà ascendere sino al vallone lunare per recuperare il senno di Orlando. Bradamante, accecata dalla gelosia, sfida Marfisa e lo stesso Ruggiero, ma viene poi a sapere dallo spirito del mago Atlante, protettore di Ruggiero, che questi e Marfisa sono fratello e sorella. A questo punto Marfisa si fa battezzare e diviene cristiana, mentre Ruggiero raggiunge Agramante, che intende affidare le sorti della guerra a un duello finale tra Rinaldo e Ruggiero. Il duello viene però interrotto dall'intervento della maga Melissa che, assumendo le sembianze di Rodomonte, convince Agramante ad attaccare in massa i cristiani.

- **V (canti XL-XLII)**: Agramante salpa per l'Africa ma subisce una sconfitta dalla flotta cristiana. Intanto l'esercito di Carlo Magno espugna Biserta, mentre Agramante e un altro fortissimo guerriero saraceno, Gradasso, sfidano Orlando a un duello nell'isola di Lampedusa. Ruggiero nel frattempo, diretto in Africa, fa naufragio e viene convertito al cristianesimo da un eremita, che lo battezza. Orlando, ormai rinsavito, uccide Agramante e Gradasso, mentre Rinaldo, bevendo alla fontana del disamore, si libera finalmente della passione per Angelica, ormai sposa di Medoro.

- **VI (canti XLIII-XLVI)**: Orlando, Rinaldo e Ruggiero si riuniscono e partono per Marsiglia, dove li raggiunge anche Astolfo. I genitori di Bradamante non intendono però acconsentire alle nozze con Ruggiero, avendo già promesso la fanciulla al figlio dell'imperatore greco Costantino, Leone. Ruggiero parte per l'Oriente e, in incognito, combatte a fianco dei Bulgari, nemici di Costantino, in modo talmente valoroso che Leone diventa suo amico e lo libera dopo che il padre lo aveva catturato e condannato a morte. Nel frattempo Bradamante dichiara che potrà sposare solo colui che riuscirà a batterla in duello; a quel punto Leone chiede al misterioso cavaliere, come contraccambio per averlo liberato, di prendere il suo posto nel combattimento contro Bradamante. Ruggiero obbedisce e, nascondendo la propria identità sotto l'armatura di Leone, resiste agli assalti della guerriera: il matrimonio tra Bradamante e Leone viene così annunciato. Ma Leone, saputo che il cavaliere è il promesso sposo di Bradamante e commosso dalla nobiltà del suo gesto, rinuncia alla donna. Il matrimonio tra Bradamante e Ruggiero, nel frattempo divenuto re di Bulgaria, può così essere celebrato, ma giunge da ultimo Rodomonte, che aveva vissuto un anno da eremita dopo essere stato sconfitto da Bradamante, e sfida a duello Ruggiero. Il poema si conclude con un cruento scontro tra i due e con la finale uccisione del saraceno.

CROCEVIA

Le interpretazioni figurative dei personaggi e degli episodi del *Furioso*

Ariosto e le arti figurative

Già i trattati d'arte del Cinquecento attribuivano ad Ariosto la capacità di tradurre in vivaci particolari visivi sia le descrizioni fisiche dei personaggi, come la bellezza di Alcina, sia quelle ambientali. Nel *Furioso*, inoltre, non mancano rassegne dedicate a cicli pittorici (come gli affreschi di Merlino del canto XXXIII) o a opere di scultura (la fontana in cui sono riprodotti personaggi illustri del tempo del poeta, nel canto XLII).

Le edizioni illustrate

Questo interesse di Ariosto per le arti figurative risulterà del tutto ricambiato. Se le prime pubblicazioni dell'*Orlando furioso*, a partire dal 1516, presentano semplici ornamentazioni grafiche, presto l'apparato iconografico rientrerà nel corredo classico delle edizioni del poema, come per esempio nell'edizione veneziana di Niccolò d'Aristotile detto Zoppino (1536, **fig. 1**). In seguito le illustrazioni tenderanno a ripetersi nelle varie edizioni con qualche modifica. Costantemente ripreso è anche il ritratto di Ariosto disegnato da Tiziano, apparso per la prima volta nella terza edizione pubblicata nel 1532 a Ferrara a cura di Francesco Rosso da Valenza (**fig. 2**).

Le edizioni del XVII e XVIII secolo

Una delle più pregevoli edizioni figurate del *Furioso* è quella pubblicata a Venezia nel 1776 (datata però 1773) dal tipografo di Birmingham John Baskerville per conto

fig. 1 Xilografia relativa al canto VI del *Furioso* dell'edizione Zoppino (1536), con Astolfo tramutato in arbusto, Ruggiero e l'ippogrifo.

fig. 2 L'*Orlando furioso* nell'edizione pubblicata a Ferrara nel 1532, in cui appare il ritratto di Ariosto disegnato da Tiziano e inciso da Francesco Marcolini, racchiuso in una cornice riccamente illustrata.

fig. 3 Tavola di Filippo Pistrucci per l'edizione Bettoni (1821).

fig. 4 Tavola di Giovanni Battista Cipriani per l'edizione Baskerville (1773).

della Ditta libraria dei Fratelli Molini (fig. 3). Corredata da 46 illustrazioni a piena pagina, opera di vari artisti italiani, francesi e inglesi, essa costituirà il principale punto di riferimento editoriale fino al 1821, quando Nicolò Bettoni pubblicherà a Milano un'edizione figurativamente originale grazie alle cinquecento tavole di Filippo Pistrucci (fig. 4).
L'*Orlando furioso* più popolare rimane quello pubblicato da Hachette a Parigi nel 1879 (ristampato in Italia nel 1881 dai fratelli Treves di Milano, con prefazione di Giosue Carducci), che si avvale di ottanta tavole e oltre cinquecento vignette del celebre illustratore Gustave Doré (figg. 5-6).

I personaggi

A singoli personaggi ed episodi del *Furioso* si sono ispirati artisti di grande valore, a cominciare da Dosso Dossi, contemporaneo di Ariosto (elogiato nel *Furioso* XXXIII, 2), che in un dipinto del 1516 (Roma, Galleria Borghese) raffigurò una maga identificata a lungo con Circe prima che, nel 1900, Julius von Schlosser riconoscesse in lei la buona maga Melissa. A Pieter Paul Rubens si deve invece il dipinto *Angelica e l'eremita* (Vienna, Kunsthistorische Museum). In seguito, molti affreschi di ville settecentesche trassero ispirazione dal *Furioso*, come l'episodio di Angelica e Medoro dipinto da Giambattista Tiepolo nel 1757 nella Stanza dell'*Orlando furioso* a Villalmarana di Vicenza. Tra gli artisti del secolo XIX vanno ricordati Eugène Delacroix, che dipinse una Marfisa (1852, Baltimora, Walters Art Museum) e Jean-Auguste-Dominique Ingres, alle prese con uno dei soggetti più frequentati del poema, la liberazione di Angelica dall'orca da parte di Ruggiero a cavallo dell'ippogrifo (episodio ispirato al mito di Perseo e Andromeda; 1839 circa, Londra, National Gallery). Particolarmente interessato al poema, Arnold Böcklin (1871-74) ne trasse ispirazione per varie opere, tra cui il celebre dipinto sulla follia di Orlando (1885, Lipsia, Museum der Bildenden Künste).

Il '900

Nel Novecento la fortuna figurativa mantiene intatta la sua vitalità, manifestandosi tra l'altro anche in ambito fumettistico (per esempio nelle opere di Pino Zac *alias* Giuseppe Zaccaria, 1930-85 e di Grazia Nidasio, 1931-), illustratrice de L'Orlando furioso *raccontato da Italo Calvino*.

figg. 5-6 Gustave Doré, illustrazioni per l'edizione Hachette, Parigi 1879.

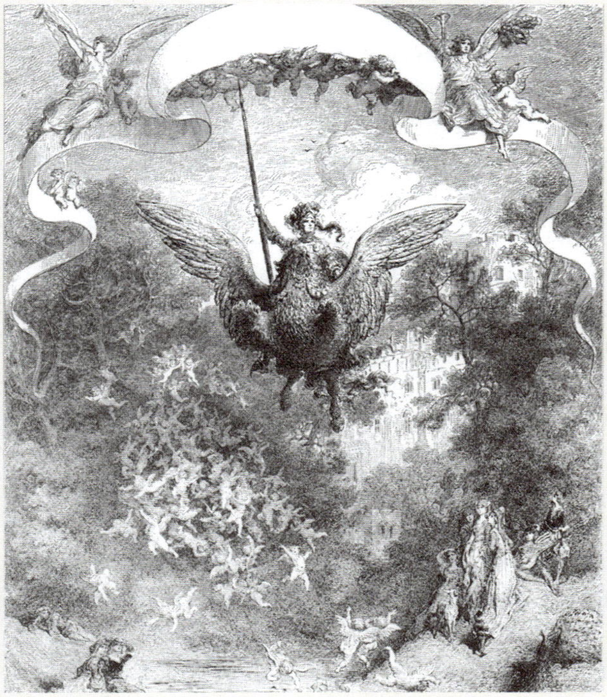

6.4 La struttura del poema e le tecniche narrative

Il *Furioso* "opera aperta"

Due sono le caratteristiche più evidenti nella struttura complessiva dell'*Orlando furioso*. Innanzitutto esso appare come un **poema aperto** che non ha un vero e proprio inizio né una vera conclusione, continuamente rielaborato con aggiunte successive e approdato a un traguardo provvisorio dal quale ripartire, sia dal punto di vista editoriale sia narrativo, poiché l'uccisione finale di Rodomonte non segna la vera conclusione delle vicende. La costruzione stessa dell'intreccio, che procede per **continui salti narrativi** da un gruppo di personaggi all'altro, con **repentini cambiamenti degli scenari spazio-temporali** sembra configurarsi come una tela potenzialmente espandibile all'infinito.

In secondo luogo il *Furioso*, come ha suggerito Italo Calvino, si annuncia dal primo canto come il **poema del movimento**, dalla struttura policentrica e provvisoria, in cui la narrazione si alimenta proprio grazie all'impulso continuo offerto dall'incontro-scontro dei propri personaggi, in un processo che pare governato dal caso (e non, come nella *Commedia* di Dante, dalla volontà divina), ma che in realtà risponde alla regia sapiente dell'autore. Il suo statuto rimane quello del ***work in progress***, dove ogni sosta è una conclusione provvisoria e l'istante si prolunga in durata, nel *continuum* del racconto. L'ambizione di Ariosto è in realtà quella di raccogliere nel suo capolavoro tutto il pensabile, la **molteplicità dell'esperienza umana**, rappresentata dall'incrocio delle voci e dei registri più disparati. Il *Furioso* può dunque essere considerato **il poema dei *mondi possibili***, tutti abbracciati dall'attento sguardo dell'autore.

Lo spazio: i movimenti interni al *Furioso*

È soprattutto il modello spaziale il fondamento sul quale si articola la fantasia ariostesca. Esso consente di giustificare la pluralità simultanea delle azioni, che si intersecano in un proliferare di avventure, continuamente riprese e abbandonate dall'autore. La **simultaneità spaziale**, da cui viene generata anche la dimensione temporale, è la condizione che favorisce la **molteplicità delle azioni e dei punti di vista**. In questo senso la selva del canto iniziale appare lo spazio simbolico più significativo, perché si caratterizza non in modo negativo come accade nella *Commedia* di Dante, ma come il luogo di tutti i possibili crocevia, da cui si dipartono tutti i percorsi del grande labirinto del poema.

In tutta la prima parte dell'opera domina un movimento centrifugo di allontanamento dei principali protagonisti dal centro del conflitto, cioè Parigi assediata da Agramante: è una fase contrassegnata dall'erranza e dal **capriccioso dominio del Caso**, che sembra divertirsi a giocare con i personaggi. Nella seconda parte, dopo che i saraceni battuti a Parigi si ritirano ad Arles, tutti i personaggi cominciano a convergere verso quel punto; si moltiplicano, in questi canti, i combattimenti e le uccisioni dei saraceni, così da permettere all'autore di andare verso una risoluzione del conflitto a favore dei crociati.

Il tempo tra passato mitico e storia presente

A livello temporale il poema si sviluppa su due dimensioni: quella della **favola cavalleresca**, di un passato mitico trasfigurato dalla fantasia, e quella della storia presente, segnata dalle **guerre cinquecentesche** e dall'invasione di eserciti stranieri in Italia. A parte i riferimenti encomiastici alla famiglia d'Este, il poema presenta ricorrenti allusioni e digressioni sulla storia politica e militare italiana ed europea: per esempio, nel canto XIV è ricordata la grande vittoria francese di Ravenna contro l'esercito della Lega santa guidato dagli Spagnoli (1525); nel XVII le guerre fratricide tra nazioni cristiane; nel XXXIII si trova un'ampia rassegna di storia europea fino al 1528. Tra la prima (1516) e l'ultima (1532) redazione del *Furioso* si assiste a un sensibile cambiamento dell'**atteggiamento politico di Ariosto** che, da chiare simpatie filofrancesi, si avvicina a poco a poco a posizioni filoimperiali (anche per ragioni strategiche di opportunità dovute al suo legame con gli Estensi, soprattutto dopo l'incoronazione imperiale di Carlo V nel 1530).

L'*entrelacement*

Il meccanismo che guida il vorticoso andirivieni di personaggi ed episodi è l'***entrelacement*** (dal francese «intreccio», «incastro»), cioè la tecnica che consiste nello **sviluppo parallelo di più vicende narrative** che coinvolgono differenti gruppi di personaggi in tempi e luoghi variabili, in un complesso gioco di interruzioni e riprese. L'autore sposta di volta in volta la sua attenzione all'uno o all'altro dei suoi personaggi, spesso con **formule di stacco narrativo** come «Lasciànlo [lasciamolo] andar [...] / e torniamo a [...]». E non a caso egli si paragona all'**esperto tessitore** che intreccia i diversi fili di stoffa (II, 30, 5-6). Gli stacchi interrompono di norma azioni verbali molto urgenti («combattere, ferire, colpire»): nel momento più intenso dell'avventura, l'eroe viene tolto dalla scena, lasciando aperta e irrisolta l'attesa.

L'inchiesta

L'*entrelacement* era una tecnica già conosciuta, ma Ariosto la rinnova profondamente legandola alla situazione dell'**«inchiesta»** (*quête*), cioè alla **ricerca dell'oggetto del desiderio** (tipica della tradizione arturiana) diverso per ciascuno dei protagonisti. Poiché questo desiderio non appare mai del tutto raggiungibile e la sua realizzazione è sempre differita, l'azione risulta continuamente sospinta in avanti, in un movimento centrifugo di dispersione narrativa, senza mai conoscere un momento di riposo. Il narratore stesso, quasi trascinato dai suoi personaggi, dovrà essere "errante", adeguandosi alla struttura labirintica e digressiva della sua opera, tanto che talvolta, con fine autoironia, dichiara di correre il rischio di perdersi e sbagliare («Ma d'un parlar ne l'altro, ove sono ito / sì lungi dal camin ch'io faceva ora?», XVII, 80, 1-2).

La presenza del narratore

La presenza di Ariosto come narratore è evidente fin dalle ottave proemiali, dove egli introduce sé stesso nel poema nella **doppia veste di poeta** degno di ammirazione («Dirò d'Orlando in un medesmo tratto / cosa non detta in prosa mai né in rima», I, 2, 1-2) **e di personaggio** degno di compassione (con il riferimento alla sua donna, Alessandra Benucci, «che 'l poco ingegno ad or ad or mi lima», cioè mi rende pazzo d'amore proprio come Orlando, I, 2, 6). Il momento in cui Ariosto prende la parola in prima persona è, di norma, quello delle **prime ottave di ogni canto**. Qui egli si sofferma su argomenti assai vari, di carattere amoroso (la passione, la gelosia, la fedeltà), morale e politico (la simulazione, l'adulazione, la violenza sulle donne, la ricchezza come occasione di corruzione, la tirannia come flagello inviato da Dio per punizione, le nefaste conseguenze delle guerre d'Italia) o altri temi più generali (la pazzia, l'ira, l'avarizia, l'elogio della pittura, la cortesia, la trasmissione della virtù nelle stirpi).

La finzione dell'oralità

Già nelle *Satire* Ariosto aveva sperimentato tutti i vantaggi dello "**stile orale**", che gli consentiva sia un'estrema spontaneità e fluidità discorsiva sia una particolare concretezza e immediatezza nella formulazione dei contenuti.

Nel *Furioso* il poeta riproduce ad arte quelle formule caratteristiche della **letteratura "canterina"** che fanno riferimento al contesto orale della recitazione di piazza; esse si concentrano soprattutto nei versi finali dei canti: «Ma troppo è lungo ormai, Signor, il canto, / e forse ch'anco l'ascoltar vi grava: / sì ch'io differirò l'istoria mia / in altro tempo che più grata sia» (X, 115); «Non più, Signor, non più di questo canto; / ch'io son già rauco, e vo' posarmi alquanto» (XIV, 134).
In questi esempi risulta chiaro come Ariosto intenda riprodurre una **situazione comunicativa di tipo dialogico**, che cioè comporti la presenza di un interlocutore: non più il popolo che ascolta in piazza, ma Ippolito, la corte e, attraverso loro, il pubblico dei lettori, a cui l'autore intende pure rivolgersi.

L'ottava ariostesca

Assai importante è, infine, comprendere la **tecnica narrativa** affidata all'ottava ariostesca. In questa misura strofica, la connessione del discorso è resa attraverso le **ripetizioni**, le riprese all'interno di una stessa strofa o tra una strofa e l'altra, la funzione risolutiva o connettiva dei distici finali dell'ottava. Il modo in cui quest'ultima è strutturata rivela la logica della strategia argomentativa dello scrittore, ovvero come il metro incide nel racconto. Rispetto all'*Innamorato* di Boiardo, Ariosto adotta una concezione linguistica petrarchesca che contribuisce a saldare il rapporto tra narrazione e ottava, con l'uso frequente della **strofa aperta** e dell'***enjambement***. Questa apertura inattesa crea un effetto di mutamento improvviso nel ritmo e un'accelerazione: il lettore si aspetta un discorso diviso, là dove invece è continuo. L'ottava aperta diviene un elemento insostituibile dal punto di vista costruttivo, perché consente di creare nuove combinazioni negli incastri e nella disposizione del racconto.

VISUALIZZA I CONCETTI

Caratteristiche generali dell'*Orlando furioso*

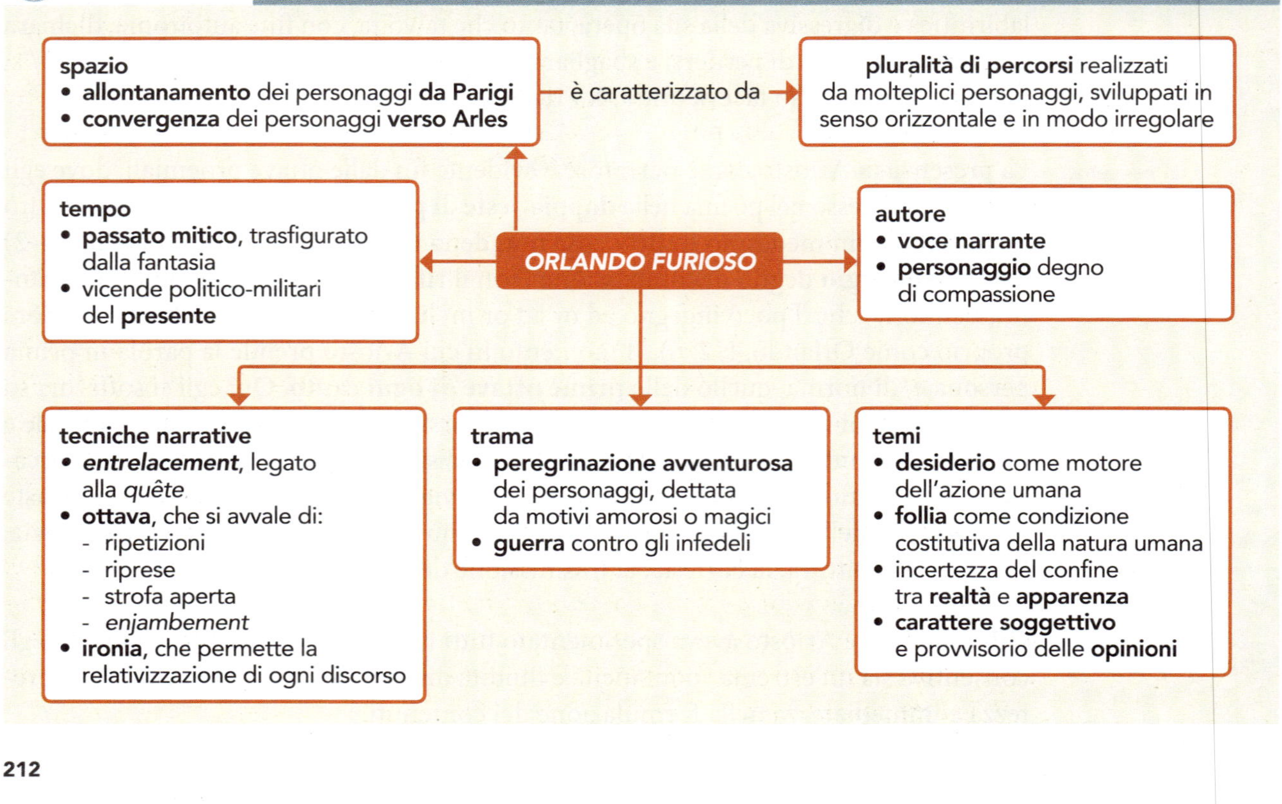

6.5 Il sorriso di Ariosto

L'ironia come visione del mondo

Decisivo per comprendere il *Furioso* è l'uso dell'ironia, con la quale l'autore interviene spesso a controbilanciare gli eccessi delle situazioni tragiche, patetiche o sublimi. L'ironia permette di osservare gli eventi da un'altra prospettiva e a distanza, e perciò di relativizzarli, **contrastando** così **ogni discorso dogmatico e assoluto** e rispecchiando la visione del mondo dell'autore. Non vengono risparmiati né il fascino della bellissima Angelica né la devozione religiosa, se questa si presenta nella forma degenerata della superstizione, come nell'episodio dell'incontro di Astolfo con il re etiope Senapo, che tributa al paladino omaggi smisurati credendolo un Messia.

Ironia, poesia e verità

La forma più sottile e penetrante di ironia è quella che Ariosto riserva alla poesia stessa. Nel **canto XXXV** (➤ **T9**), dopo che Astolfo ha recuperato sulla Luna il senno di Orlando, si narra come alcune anime elette ottengano un destino di fama eterna grazie all'intervento di due cigni che pescano nel fiume Lete (simbolo dell'eterno oblio) i contrassegni con incisi i nomi di queste anime e li consegnano poi al tempio della fama. È all'interno di questo episodio che l'autore celebra l'elogio del suo signore, il cardinale Ippolito. San Giovanni spiega come i cigni rappresentino i poeti, e il discorso sembra avviarsi verso il solito tema della funzione eternatrice della poesia. Ma ecco che a questo punto Ariosto introduce un elemento che sovverte quanto finora detto: i signori, aggiunge Giovanni, fanno bene a garantirsi la compiacenza dei poeti che, per ottenere vantaggi, onoreranno nei loro scritti i propri mecenati garantendo loro fama immortale.
Si spezza, dunque, l'equivalenza tra **poesia e verità**, e il dubbio sulla natura interessata degli elogi dei grandi coinvolge, in modo paradossale, anche le figure dei più celebri eroi e degli autori sommi che ne hanno cantato le gesta come Omero e Virgilio: Enea non fu affatto pietoso, Achille non fu così forte, Penelope non fu per niente fedele ma una «meretrice» (XXXV, 27). Che dovrà pensare a questo punto il lettore dell'elogio di Ippolito che Ariosto ha realizzato nei versi precedenti? È evidente che qui egli non intende screditare la poesia e il poeta, ma introdurre un elemento di riflessione e di allarme su un rapporto, quello tra poesia e verità, che rischiava di snaturarsi per le condizioni di dipendenza e di **asservimento degli scrittori ai potenti**.

Ariosto e Turpino

Il gioco ironico di Ariosto coinvolge anche il "mitico" **Turpino**, il **monaco franco** che avrebbe accompagnato Carlo Magno nella spedizione di Spagna del 778, una figura già evocata da Boiardo come testimone informato degli eventi narrati. In Ariosto il ricorso all'autorevolezza di Turpino acquisisce un valore fortemente ironico, poiché alla sua responsabilità di cronachista vengono attribuiti fatti del tutto incredibili. Più in generale, a Turpino l'autore attribuisce la fittizia responsabilità delle transizioni narrative («Ma parlar più di ciò lascia Turpino»), delle omissioni («Non scrive Turpino»), delle imprecisioni e lacune («Turpin non le seppe nominare). L'appello all'autorità di Turpino è una **delega ironica di responsabilità**, utilizzata soltanto per sottolineare come, al contrario, nel testo non c'è nulla che non sia frutto della libera scelta del suo autore. La funzione assolta da Turpino mette a nudo le **regole del meccanismo letterario**: attraverso questo personaggio, il racconto esibisce paradossalmente la propria natura di finzione, e Turpino diviene così il sorridente, divertito **travestimento dell'errore romanzesco**.

6.6 La modernità del *Furioso*

Una visione disincantata

Biblioteca digitale
Orlando e l'archibugio

Il *Furioso* è l'opera di uno scrittore disincantato e perfettamente consapevole che tutto un mondo sta rapidamente scomparendo sotto l'incalzare della modernità: quella stessa modernità che si stava imponendo nei campi di battaglia con la diffusione delle armi da fuoco (l'«abominoso ordigno» dell'archibugio menzionato in IX, 91, 1). E questo **mondo** non è soltanto quello **mitico dei paladini**, ma anche quello dell'**Umanesimo quattrocentesco**, in cui l'intellettuale godeva di un privilegio speciale presso il principe-mecenate, spesso, a sua volta, raffinato cultore delle lettere. Adesso, invece, il ritratto del nuovo uomo di lettere è quello, autobiografico, che Ariosto ci fornisce nelle *Satire*: sempre trafelato tra una missione diplomatica e l'altra o alle prese con mansioni pratiche legate alle cerimonie di corte, alla perenne ricerca di un poco di tranquillità per riuscire a dedicarsi alla propria poesia.

Tra poema e romanzo

In una situazione simile, il modello epico ed eroico della narrazione cavalleresca non poteva più rappresentare una visione credibile del mondo. Ecco allora che Ariosto, attraverso il **meccanismo digressivo** della continua "erranza" dei suoi paladini, si incammina verso la formula più libera e fluida che poi troverà sviluppo nel moderno romanzo in prosa (anticipato proprio da un testo che si ispira al mondo cavalleresco, il *Don Chisciotte* di Cervantes). Da questo punto di vista, il *Furioso* si presenta come una sorta di **rovescio della *Commedia* dantesca**, di cui riprende però l'ambizione di porsi come "opera-mondo": in Dante si assiste a un percorso lineare e verticale attraverso un mondo gerarchizzato e unificato nella figura dell'autore protagonista, mentre nel poema ariostesco siamo di fronte a una **pluralità di percorsi** realizzati da una molteplicità di protagonisti, sviluppati in senso orizzontale e secondo un disegno irregolare che assomiglia a quello di un arabesco.

Il relativismo del *Furioso*

Sin dalle prime battute del poema le disavventure del conte Orlando si pongono come prova della **relatività e problematicità del giudizio umano** («Ecco il giudicio uman come spesso erra!», I, 7, 2 ➤ **T3**). Questo è soltanto il primo indizio in una successione di vicende ed episodi tesi a mettere in evidenza la fragilità di ogni convinzione. Il poeta ricorre più volte, nel corso del racconto, a una serie di vocaboli che si possono ricondurre alla sfera semantica del giudizio umano: «parere, credere, errare, sembrare, stimare». I personaggi sono fatalmente portati, per la forza prepotente dei loro desideri, a dar credito a opinioni illusorie e ad accantonare una prospettiva puramente razionale. È l'autore stesso che, celandosi dietro le trame della narrazione, riesce a presentare indirettamente al lettore il **carattere soggettivo e provvisorio di ogni opinione** e l'inaffidabilità dell'umano discernimento. L'emblema più evidente di quest'inconsistenza, che spinge l'uomo a considerare i propri sogni più fondati della realtà, è il castello di Atlante descritto nel canto XII (➤ **T6**), luogo fittizio nel quale i personaggi non si possono incontrare tra loro perché troppo intenti a **inseguire il fantasma del proprio desiderio**.

Il tema della follia

Alla problematicità del giudizio è connessa la consapevolezza del continuo **divario fra "essere" e "sembrare"**, che si rivela come un momento imprescindibile del disordinato e contraddittorio ritmo della vita. Ariosto riprende qui uno spunto tipicamente umanistico, ma lo rende assai più moderno: mentre, infatti, nell'Umanesimo i due livelli risultavano perfettamente distinguibili (per esempio la vera nobiltà, quella dell'animo, che si contrapponeva a quella fittizia, fondata sul principio ereditario), nel *Furioso* i **confini tra apparenza e realtà** si rendono talvolta incerti e sfumati.

FISSA I CONCETTI

- Quali sono le due principali tecniche narrative a cui Ariosto ricorre e in cosa consistono?
- Qual è la funzione dell'ironia in Ariosto?
- Perché per Ariosto i giudizi e le opinioni sono sempre provvisori?

Dal momento che il controllo razionale dell'esperienza risulta così problematico e il giudizio umano tanto incerto e relativo, il *Furioso* potrà assumere la **follia come condizione emblematica** della tendenza dell'uomo a illudersi e a compiere i più grandi (e spesso ridicoli) sforzi per cercare di esaudire i propri desideri. Assai importante è sottolineare però che l'autore non si richiama al tema della follia per scopi satirici (come pure aveva fatto la stessa cultura umanistica), cioè per criticare coloro che non si conformano ai suoi valori. Al contrario, Ariosto considera la follia uno stato connaturato alla condizione umana, dunque comune a tutti, lui compreso. E infatti, subito dopo aver descritto Orlando uscito di senno, l'autore ammette di soffrire dello stesso tipo di "malattia amorosa" e di non avere alcuna speranza di guarigione (XXIV, 3, 7-8 ➤ **T7**). Per tutte queste ragioni il poema ariostesco si presenta come un testo di straordinaria modernità, capace ancor oggi di educare all'esame critico delle certezze date per acquisite.

LETTURA CRITICA

Dal poema cavalleresco al romanzo contemporaneo

Lanfranco Caretti (1915-95), critico che unisce l'analisi storica a quella filologica, sottolinea nel *Furioso* non solo tutti gli elementi culturali che stanno prima e intorno alla scrittura, ma anche il modo preciso in cui il poema è strutturato al suo interno.

Se ci si persuaderà che la vera materia del *Furioso* non è costituita dalle antiche istituzioni cavalleresche ormai scadute nella coscienza cinquecentesca, ma propriamente da quella moderna concezione della vita e dell'uomo che in ogni pagina del poema è presente e liberamente celebrata [...], apparirà chiaro che l'Ariosto non è affatto indifferente alla propria materia, ma partecipa ad essa con tutto il suo impegno. Anzi, è egli stesso che la suscita, la foggia e la definisce, trasformando così il poema cavalleresco in romanzo contemporaneo, nel romanzo cioè delle passioni e delle ispirazioni degli uomini del suo tempo. [...]
Proprio questa apertura verso il mondo, che caratterizza l'atteggiamento fondamentale dello spirito ariostesco, induceva il poeta a rivolgersi con interesse ugualmente vivo a ogni manifestazione umana, a ogni sentimento, senza tuttavia risolversi in nessuno di essi in particolare [...].
A un'arte siffatta sembra ozioso rimproverare l'assenza di personaggi di forte rilievo e di complessa psicologia, così come di un sentimento dominante. Non è difficile infatti rispondere che l'Ariosto non mirava a figure autonome, alla creazione di caratteri veri e propri [...]. Egli intendeva piuttosto creare delle figure che, di volta in volta, riflettessero soltanto un aspetto tipico della natura umana [...]. Agiva dunque nei confronti dei personaggi con intenti riduttivi e semplificatori, senza preoccuparsi di una circostanziata definizione sentimentale (del ritratto a tutto tondo, in piena luce), ma curando soprattutto la coerenza dei loro atteggiamenti nell'orditura complessiva dell'opera.
Perciò la vita affettiva dei personaggi ariosteschi non è mai approfondita, se non per scorci rapidissimi essenziali, nella sua interna dialettica. [...] Parlerei, al contrario, di una intensa vita di relazione, cioè di rapporti continui tra ciascun personaggio e gli altri personaggi, sì che le figure, anziché fare argine allo svolgimento della vicenda o addirittura evaderne, ne vengono costantemente a rappresentare i protagonisti attivi o le vittime.

(L. Caretti, *Ariosto e Tasso*, Einaudi, Torino, 1961)

T3 Il proemio

Orlando furioso
I, 1-4

AUDIO

Il primo canto del *Furioso* inizia con una protasi (cioè una parte introduttiva) di stampo classico, in cui Ariosto presenta la materia narrata e indica i destinatari dell'opera. Il poema si pone apparentemente come continuazione dell'*Innamorato* di Boiardo, ma la creazione poetica ariostesca rivendica da subito la propria originalità, precisando che il tema centrale della narrazione, la follia d'amore di Orlando, non è mai stato raccontato prima. Dopo Orlando è introdotto Ruggiero, il grande guerriero saraceno che già nell'*Innamorato* era presentato come progenitore mitico della dinastia estense.

■ METRO ottave di endecasillabi con schema ABABABCC

1
Le donne, i cavallier, l'arme, gli amori,
le cortesie, l'audaci imprese io canto,
che furo al tempo che passaro[1] i Mori
d'Africa il mare, e in Francia **nocquer tanto**,[2]
seguendo l'ire e i giovenil furori
d'Agramante lor re,[3] che si diè vanto
di vendicar[4] la morte di Troiano
sopra re Carlo imperator romano.

2
Dirò d'Orlando in un medesmo tratto[5]
cosa non detta in prosa mai né in rima:
che per amor venne in **furore** e matto,[6]
d'uom che sì saggio era stimato prima;
se da colei che tal quasi m'ha fatto,
che 'l poco ingegno ad or ad or mi lima,
me ne sarà però tanto concesso,
che mi basti a finir quanto ho promesso.[7]

Le nostre parole ›

3
Piacciavi, generosa Erculea prole,[8]
ornamento e splendor del secol nostro,

lessico
Nuocere
Arrecare danno materiale o morale a qualcuno o a qualcosa (dal latino volgare *nocēre*, latino classico *nocēre*, ovvero «danneggiare, fare male», ma originariamente «provocare la morte, la rovina», in quanto derivato di *nex necis*, «morte violenta, uccisione»).

1. **furo... passaro:** furono... passarono.
2. **nocquer tanto:** causarono molti danni.
3. **i giovenil... re:** Agramante, re dei Mori, all'epoca dell'impresa aveva 22 anni.
4. **si diè... vendicar:** si vantò di voler vendicare. Troiano era il padre di Agramante, ucciso da Orlando.
5. **in un medesmo tratto:** allo stesso tempo.
6. **venne... matto:** cadde in uno stato di furore e divenne pazzo.
7. **se da colei... promesso:** se colei (cioè Alessandra Benucci) che quasi mi ha ridotto così (*tal*, cioè folle), al punto che consuma (*lima*) pian piano il mio già scarso ingegno, me ne lascerà quanto basta a portare a termine quanto mi sono proposto.
8. **generosa... prole:** discendente nobile e munifico di Ercole I, cioè il cardinale Ippolito, come si dice sotto. «Erculea» si riferisce alla discendenza dal duca Ercole I, ma richiama anche la forza e il valore del mitico eroe Ercole.

Ippolito, aggradir[9] questo che vuole
e darvi sol può l'umil servo vostro.
Quel ch'io vi debbo, posso di parole
pagare in parte e d'opera d'inchiostro;
né che poco io vi dia da imputar sono,
che quanto io posso dar, tutto vi dono.[10]

4
Voi sentirete fra i più degni eroi,
che nominar con laude m'apparecchio,
ricordar quel Ruggier,[11] che fu di voi
e de' vostri avi illustri il ceppo vecchio.[12]
L'alto valore e' chiari gesti[13] suoi
vi farò udir, se voi mi date orecchio,
e vostri alti pensier cedino[14] un poco,
sì che tra lor miei versi abbiano loco.[15]

9. aggradir: gradire, retto da «Piacciavi».
10. Quel... dono: ciò che vi devo (per i benefici ricevuti), posso ripagarlo solo in parte con le mie parole e i miei scritti (*opera d'inchiostro*); e non posso essere accusato di darvi poco, perché io vi dono tutto ciò che posso darvi.
11. Voi... Ruggier: Voi sentirete ricordare fra gli eroi più nobili che mi accingo a lodare quel famoso Ruggier. Ruggiero, grande guerriero saraceno, era figlio di Ruggiero II di Risa e di Galaciella; era considerato discendente di Astianatte, figlio del troiano Ettore.
12. ceppo vecchio: capostipite.
13. chiari gesti: famose gesta.
14. cedino: cedano. Ariosto si riferisce alle preoccupazioni politiche, militari e religiose che agitano la mente del cardinale.
15. abbiano loco: trovino spazio.

Le nostre parole **Furore**

L'origine del termine Il sostantivo "furore", e così l'aggettivo "furioso", derivano dal latino *fŭror furōris*, a sua volta derivato dal verbo *furĕre*, cioè «essere fuori di sé», «smaniare», da cui deriva anche "furia".
Si tratta di un termine particolare, in quanto indica una forma di pazzia incontenibile e veemente. Il "furore" è un impulso incontrollabile che va al di là di qualsiasi raziocinio e che si riferisce a uno stato d'animo segnato da una rabbia insanabile.

Un furore conoscitivo Nel poema di Ariosto, l'origine del "furore" di Orlando è anzitutto amorosa: essendo da tutti ritenuto un uomo "saggio", il paladino diventa però "matto" a causa del suo innamoramento per Angelica. Eppure la deviazione di Orlando dal *logos* (cioè dalla sfera della razionalità e dell'ordine mentale), permette allo stesso Ariosto di esplorare non soltanto la follia o la "furia" di altri personaggi del poema (la disperazione di Rinaldo, l'ira di Rodomonte...), bensì anche di conoscere metaforicamente altre realtà o altri mondi, come quello surreale della Luna, dove Astolfo si reca a recuperare il senno di Orlando.

Da Shakespeare a Faulkner Nella letteratura moderna, in particolare in quella di lingua inglese, il termine «furore» (*fury*) ha assunto un rilievo più cupo rispetto all'originario significato ariostesco, a partire almeno dalla celebre affermazione che si legge nel *Macbeth* shakespeariano (1605-08), per cui la vita è «una storia raccontata da un idiota, piena di urla e furore, che non vuol dire nulla». Questa drammatica visione dell'esistenza avrà un'influenza profonda sul romanzo più celebre del premio Nobel americano William Faulkner, appunto intitolato *L'urlo e il furore* (1929).

Analisi del testo

Struttura

Una protasi canonica La protasi del poema è articolata in tre momenti canonici: la proposizione (ottave 1-2, 4), in cui Ariosto presenta la materia narrata; l'invocazione (ottava 2, 5-8), rivolta, anziché alle tradizionali Muse, all'amata Alessandra Benucci; la dedica al cardinale Ippolito (ottave 3-4), come celebrazione della casata estense attraverso la vicenda di Ruggiero e Bradamante.

La proposizione Nella proposizione dell'argomento i versi 1-2 evocano il tema delle armi («cavallieri», «arme», «audaci imprese»), che si riconnette al ciclo bretone di Carlo Magno, e il tema dell'amore («donne», «amori», «cortesie»), che invece richiama il ciclo arturiano, qui fusi insieme, come anche nella tradizione precedente ad Ariosto. L'epoca dei fatti, indicata ai versi 3-4, è del tutto immaginaria: l'assedio di Parigi da parte dei Mori, infatti, storicamente si colloca al tempo di Carlo Martello e di Pipino, predecessori di Carlo Magno, che fu incoronato imperatore la notte di Natale dell'anno 800.
L'antefatto della vicenda bellica è riassunto brevemente ai versi 5-8: Agramante, desideroso di vendicare l'uccisione del padre Troiano da parte di Orlando in Borgogna, aveva radunato trentadue re vassalli e con questo esercito aveva mosso guerra all'impero di Carlo Magno. Ariosto presenta poi (ottava 2, 1-4) il tema centrale dell'opera, ovvero la follia di Orlando, riallacciandosi alla tradizione precedente: già Boiardo, infatti, aveva raffigurato per la prima volta il valoroso guerriero, colpito dalla passione amorosa; Ariosto conduce alle estreme conseguenze la sua malattia d'amore fino alla follia.

L'invocazione L'invocazione (2, 5-8), è rivolta all'amata Alessandra e non alle Muse, una particolarità che ha nel *Filostrato* di Boccaccio un illustre precedente. Contrariamente alla tradizione anteriore, Ariosto assume qui un tono ironico, dal momento che coinvolge direttamente anche sé stesso nella vicenda che riguarda Orlando: proprio come il paladino, infatti, anche il poeta è sottoposto alla legge irrazionale dell'amore, cui sottomette il suo ingegno, e si pone come prova vivente dell'incombere della pazzia sulla vita dell'uomo.

La dedica Le ottave 3-4, infine, assolvono il compito di presentare l'opera al proprio protettore, il cardinale Ippolito, al cui servizio Ariosto rimase dal 1503 al 1517. La dedica stabilisce il carattere del dono, qualificandolo come atto di gratitudine (3, 3-4), ma c'è qui anche un'allusione esplicita al rapporto contrattuale di tipo economico che lega Ariosto al suo signore («pagare», 3, 6).

Lingua e stile

L'*incipit* solenne Coerentemente con l'intento affidato al proemio, ovvero presentare la propria opera originale al pubblico della corte, il tono delle prime ottave è accortamente studiato e la sua architettura sapientemente meditata. La prima ottava, in particolare, ha un andamento solenne ed epico, costruita com'è in un unico periodo ricco di *enjambements* (vv. 3-4, 5-6, 6-7, 7-8). Il primo verso, del resto, dichiara immediatamente quale sia l'ambizione del *Furioso* con l'imitazione di Virgilio e Dante, i due sommi modelli della poesia epica: Virgilio, con il celebre *incipit* dell'Eneide *Arma virumque cano* («Canto le armi e l'uomo»), e Dante, con ben due luoghi della *Commedia*, «Le donne antiche e' cavalieri» (*Inferno* V, 71) e «Le donne, i cavallier, gli affanni e gli agi / che ne invogliava amore e cortesia» (*Purgatorio* XIV, 109-110). Non solo, la disposizione delle parole nel verso isola agli estremi i termini connessi al tema amoroso («donne / amori») e mette al centro quelli relativi ai fatti di guerra («cavallier / arme»), formando un potente chiasmo, una figura retorica consacrata dalla tradizione classica. Il chiasmo, inoltre, si estende al verso successivo, legando nuovamente i temi di amore e guerra con le coppie «arme / audaci imprese» e «amori / cortesie», e dando a questo *incipit* una complessità compositiva che preannuncia la grande elaborazione formale del poema.

L'abbassamento del registro Già a partire dalla seconda ottava, tuttavia, il tono elevato si stempera nella presentazione del protagonista, Orlando, e della sua vicenda: il *Furioso*, infatti, che si pone in competizione con il più alto *epos* classico (Virgilio) e cristiano (Dante), tratta un argomento del tutto nuovo («cosa non detta in prosa mai né in rima», 2, 2), quello della follia del paladino. Alla rivendicazione di questa novità corrisponde un cambio di registro a livello stilistico: l'ottava, dunque, si spezza in più periodi, rimane un solo *enjambement* (vv. 1-2) e il lessico si abbassa al livello colloquiale, come testimonia l'uso di «matto» (v. 3) e il tono quasi intimo della seconda parte dell'ottava, con il riferimento ironico agli effetti dell'amore per Alessandra su Ariosto stesso.

Temi

L'ironia Proprio l'ironia, uno degli elementi che caratterizzano il poema, fa subito capolino in queste prime ottave. Ariosto comincia la sua opera con un ammiccamento ironico verso la veridicità delle fonti che avevano magnificato per secoli la saggezza di Orlando, destinato invece nel poema a diventare "pazzo furioso" («venne in furore e matto», 2, 3). La stessa sottile e dissacrante ironia pare investire anche l'encomiastica connotazione di Ippolito come «splendore del secol nostro»: una lode iperbolica che nasconde, in realtà, un rapporto sempre meno soddisfacente con il suo protettore, e destinato a interrompersi del tutto appena l'anno seguente la pubblicazione del *Furioso* (1516). Il tono velatamente ironico torna di nuovo nella chiusa del proemio, quando Ariosto schernisce la sua attività poetica augurandosi che i suoi versi «abbiano loco» tra gli «alti pensier» del cardinale, un augurio questo che letto alla luce delle *Satire* (soprattutto la prima ➤ p. 194) rivela chiaramente come il poeta, al contrario, ritenesse le occupazioni della vita cortigiana tutt'altro che "alte". Ma questa ironia si rivolge anche, fin da subito, all'autore stesso, che si paragona (2) esplicitamente ad Orlando, impazzito per amore, e si augura di poter conservare ancora un poco di senno per poter concludere la propria opera.

Poesia e potere Proprio il difficile rapporto tra poesia e potere politico emerge con forza nei versi dedicati all'encomio di Ippolito. L'ammissione di poter pagare il debito di riconoscenza con il cardinale solo «in parte» è, infatti, carica di ambiguità, perché deriva dalla profonda coscienza di un divario che Ariosto con disincanto ritiene ormai incolmabile: il divario fra il parametro con cui l'intellettuale misura il valore della poesia e quello di cui dispone il destinatario, abituato a valutarla solo attraverso il paradigma dell'utile.

Officina

COMPRENDERE

1. Qual è la materia narrativa del proemio? E in quale parte del testo viene menzionata?
2. A chi è dedicato il proemio e con quali finalità? Dove lo si afferma? Chi è Ruggiero?

ANALIZZARE

3. **Lingua e stile** Attraverso quali elementi testuali emerge l'io poetico?
4. **Lingua e stile** Individua nel testo tutti i termini relativi al campo semantico dell'amore e della guerra.

INTERPRETARE

5. Quali termini dell'esercizio precedente sono riferibili sia all'amore sia alla guerra? Perché Ariosto associa questi due temi?
6. La prima prova epica di Ariosto fu la commissione dell'*Obizzeide*, un poema, poi interrotto, che intendeva omaggiare Obizzo III d'Este, avo della casata Ferrarese, di cui tale era l'*incipit*:

   «Canterò l'arme, canterò gli affanni d'amor,
   ch'un cavallier sostenne gravi,
   peregrinando in terra e 'n mar molti anni.»

   Metti a confronto questi versi con le prime due ottave del proemio del *Furioso*: quali somiglianze e differenze riscontri dal punto di vista metrico-ritmico, sintattico e di presentazione dell'argomento?

PERCORSO DI SCRITTURA

Parafrasi Modifica nelle ottave 3 e 4 aggettivi, sostantivi e verbi con sinonimi di uso più comune: «O generoso discendente di Ercole, orgoglio del nostro tempo, possa a voi piacere...»

COMPETENZE DEL XXI SECOLO

Comunicazione e collaborazione In gruppo con altri compagni ripercorri le tematiche principali del proemio: lo scopo è realizzare un trailer che possa promuovere la lettura del *Furioso*. Dopo aver definito le sequenze del vostro video (della durata massima di 3 minuti), dividete fra voi la stesura del testo che affiderete a una voce fuori campo, il lavoro di ricerca delle immagini, la scelta della colonna sonora, il montaggio definitivo del trailer. Concluso il lavoro, condividetelo con la classe.

T4 La fuga di Angelica

Orlando furioso
I, 5-47

Affidata la protasi con la presentazione del poema e la sua dedica alle prime quattro ottave (1-4) e impiegate le successive (5-9) per riallacciarsi alla conclusione dell'*Orlando innamorato* di Boiardo, il canto accoglie la vicenda originale di Ariosto dalla decima ottava, dove si snoda la fuga di Angelica dal campo cristiano. L'incontro di Angelica prima con Rinaldo e Ferraù e poi con Sacripante mette in moto l'inarrestabile azione del poema.

■ METRO ottave di endecasillabi con schema ABABABCC

5
Orlando, che gran tempo inamorato
fu de la bella Angelica,[1] e per lei
in India, in Media, in Tartaria[2] lasciato
avea infiniti et immortal trofei,[3]
in Ponente[4] con essa era tornato,
dove sotto i gran monti Pirenei
con la gente di Francia e de Lamagna[5]
re Carlo era attendato alla campagna,[6]

6
per far al re Marsilio e al re Agramante
battersi ancor del folle ardir la guancia,
d'aver condotto, l'un, d'Africa quante
genti erano atte a portar spada e lancia;
l'altro, d'aver spinta la Spagna inante
a destruzion del bel regno di Francia.[7]
E così Orlando arrivò quivi a punto:[8]
ma tosto[9] si pentì d'esservi giunto;

7
che vi fu tolta[10] la sua donna poi:
ecco il giudicio uman come spesso erra!
Quella che dagli esperii ai liti eoi[11]
avea difesa con sì lunga guerra,
or tolta gli è fra tanti amici suoi,

1. **la bella Angelica:** Angelica è personaggio di invenzione boiardesca: figlia del re del Catai ➤ p. 206).
2. **India, Media, Tartaria:** l'India indicava l'Asia meridionale, la Media, la regione centrale a sud del mar Caspio, la Tartaria quella a ovest del Catai. Ariosto intende qui, genericamente, tutto l'Oriente.
3. **infiniti e immortal trofei:** numerose e gloriose vittorie.
4. **Ponente:** Occidente.
5. **Lamagna:** Germania, aferesi per Alamagna.
6. **attendato a la campagna:** accampato per la guerra.
7. **per… Francia:** per far pentire (*battersi la guancia*) il re (di Spagna) Marsilio e il re (d'Africa) Agramante della sconsiderata decisione (*folle ardir*), l'uno (Agramante), di avere portato dall'Africa quanti più uomini armati potesse, l'altro, di aver spinto la Spagna a portare distruzione nel bel regno di Francia.
8. **a punto:** a proposito.
9. **tosto:** subito.
10. **che vi fu tolta:** perché qui gli fu portata via.
11. **dagli esperii… eoi:** dai lidi occidentali (Espero è una stella di Ponente) a quelli orientali (Eos, nome greco dell'Aurora, sorge a Levante), cioè ovunque.

senza spada adoprar, ne la sua terra.
Il savio imperator, ch'estinguer vòlse
un grave incendio, fu che gli la tolse.[12]

8
Nata pochi dì inanzi era una gara
tra il conte Orlando e il suo cugin Rinaldo;[13]
che ambi avean per la bellezza rara[14]
d'amoroso disio l'animo caldo.
Carlo, che non avea tal lite cara,[15]
che gli rendea l'aiuto lor men saldo,
questa donzella, che la causa n'era,
tolse, e diè in mano al duca di Bavera;[16]

9
in premio promettendola a quel d'essi,
ch'in quel conflitto, in quella gran giornata,[17]
degli infideli più copia uccidessi,[18]
e di sua man prestasse opra più grata.[19]
Contrari ai voti poi furo i successi;
ch'in **fuga** andò la gente battezzata, Le nostre parole ›
e con molti altri fu 'l duca prigione,
e restò abbandonato il padiglione.[20]

12. **Il savio... tolse:** Carlo è "savio" in contrapposizione alla follia d'amore: è suo il tentativo di spegnere il divampare delle passioni (*incendio*) che metteva l'uno contro l'altro i suoi paladini.
13. **suo cugin Rinaldo:** personaggio centrale del ciclo carolingio (Ranaldo nell'*Innamorato*), dotato di un carattere forte e volitivo; era figlio di Milone, fratello del padre di Orlando.
14. **bellezza rara:** di Angelica.
15. **non... cara:** non gradiva affatto quella contesa.
16. **duca di Bavera:** è Namo, amico e consigliere dell'imperatore.
17. **gran giornata:** battaglia campale.
18. **più... uccidessi:** uccidesse il maggior numero.
19. **prestasse... grata:** facesse azione più gradita.
20. **Contrari... padiglione:** L'esito della battaglia (*i successi*) fu contrario alle speranze (*voti*), perché i cristiani (*la gente battezzata*) furono messi in fuga e con molti altri il duca (Namo) fu fatto prigioniero, e la (sua) tenda (*padiglione*) rimase abbandonata.

Le nostre parole **Fuga**

L'origine del termine Il sostantivo "fuga" deriva dal verbo latino *fugĕre*, cioè «fuggire». La "fuga" indica dunque l'atto del fuggire soprattutto in modo improvviso e precipitoso ("darsi alla fuga", "prendere la fuga", "mettere in fuga"). La locuzione "fuga in avanti" allude invece al porsi obiettivi spesso irraggiungibili.
Nel linguaggio sportivo "fuga" indica l'azione con la quale uno o più ciclisti accelerano "staccando", cioè distanziando il resto del gruppo.

La fuga prospettica Nel lessico pittorico e architettonico, il "punto di fuga" indica quel punto in cui le linee di una prospettiva sembrano convergere. Nella decorazione di interni, la "fuga di stanze" è una serie di stanze disposte in sequenza e in preciso allineamento, comunicanti fra loro attraverso porte che, quando aperte, si succedono tutte sulla medesima linea.

La fuga musicale Nella lingua italiana compare nel gergo musicale, dove per "fuga" si intende una composizione in cui una stessa idea tematica viene abbandonata e ripresa più volte, in contrappunto. La "fuga" musicale, almeno nella sua struttura primaria, si è affermata tra il XV e il XVI secolo.

10
Dove, poi che rimase la donzella
ch'esser dovea del vincitor mercede,[21]
inanzi al caso[22] era salita in sella,
e quando bisognò le spalle diede,
presaga che quel giorno esser rubella
dovea Fortuna alla cristiana fede:[23]
entrò in un bosco, e ne la stretta via
rincontrò un cavallier ch'a piè venìa.

11
Indosso la corazza, l'elmo in testa,
la spada al fianco, e in braccio avea lo scudo;
e più leggier correa per la foresta,
ch'al pallio rosso il villan mezzo ignudo.[24]
Timida pastorella mai sì presta
non volse piede inanzi a serpe crudo,
come Angelica tosto il freno torse,
che del guerrier, ch'a piè venía, s'accorse.[25]

12
Era costui quel **paladin** gagliardo,
figliuol d'Amon, signor di Montalbano,
a cui pur dianzi il suo destrier Baiardo
per strano caso uscito era di mano.[26]
Come alla donna egli drizzò lo sguardo,
riconobbe, quantunque di lontano,
l'angelico sembiante[27] e quel bel volto
ch'all'amorose reti il tenea involto.[28]

13
La donna il palafreno[29] a dietro volta,
e per la selva a tutta briglia il caccia;
né per la rara più che per la folta,

lessico
Paladino
Ciascuno dei dodici cavalieri di Carlo Magno; oggi, sostenitore valoroso e coraggioso di un ideale ("i paladini della libertà"). Viene dalla locuzione del latino medievale *(comes) palatinus*, «(conte) del palazzo», da *Palatium*, il «colle Palatino» a Roma, ma anche il "palazzo dei Cesari, il palazzo imperiale", dal momento che Augusto vi fece costruire la propria dimora.

21. Dove... mercede: Dove, poiché vi era rimasta (sola) la fanciulla che doveva essere la ricompensa (*mercede*) del vincitore (cioè Angelica).
22. inanzi al caso: prima dell'avvenimento, cioè la sconfitta cristiana.
23. quando... fede: quando fu opportuno, diede le spalle (cioè fuggì), presagendo che quel giorno la sorte sarebbe stata ostile (*rubella*) ai cristiani.
24. più leggier... ignudo: scappava attraverso la foresta più veloce del villano mezzo nudo quando corre la gara del palio rosso (il drappo, *palium*, assegnato in premio al vincitore nelle corse cittadine medievali).
25. Timida...s'accorse: Una timida pastorella, di fronte a un terribile (*crudo*) serpente, non volse mai così velocemente il piede (cioè fuggì), come Angelica girò il morso (*il freno torse*), non appena (*tosto... che*) si accorse del guerriero che veniva a piedi. Angelica fugge perché riconosce, nel cavaliere, Rinaldo, che lei detesta dopo aver bevuto alla fontana dell'odio (episodio narrato da Boiardo).
26. Era... di mano: si tratta di Rinaldo. Come racconta Boiardo, durante la battaglia Rinaldo affronta Ruggiero, ma vedendolo appiedato scende per cortesia dal suo cavallo Baiardo, che fugge nella foresta. Il cavallo Baiardo discende dalla tradizione cavalleresca in cui è celebre per la sua velocità, agilità e potenza.
27. sembiante: aspetto. Questi versi sono caratterizzati dal ricorso al linguaggio lirico petrarchesco.
28. il tenea involto: lo teneva legato.
29. palafreno: cavallo da parata; mentre il "destriero" è quello da battaglia.

la più sicura e miglior via procaccia:[30]
ma pallida, tremando, e di sé tolta,[31]
lascia cura al destrier che la via faccia.[32]
Di sù di giù, ne l'alta selva fiera[33]
tanto girò, che venne a una riviera.[34]

14
Su la riviera Ferraù trovosse[35]
di sudor pieno e tutto polveroso.
Da la battaglia dianzi lo rimosse
un gran disio di bere e di riposo;
e poi, mal grado suo, quivi fermosse,[36]
perché, de l'acqua ingordo e frettoloso,
l'elmo nel fiume si lasciò cadere,
né l'avea potuto anco[37] rïavere.

15
Quanto potea più forte,[38] ne veniva
gridando la donzella ispaventata.
A quella voce salta in su la riva
il Saracino, e nel viso la guata;[39]
e la conosce subito[40] ch'arriva,
ben che di timor pallida e turbata,
e sien più dì che non n'udì novella,[41]
che senza dubbio ell'è Angelica bella.

16
E perché era cortese, e n'avea forse
non men dei dui cugini il petto caldo,[42]
l'aiuto che potea, tutto le porse,
pur come[43] avesse l'elmo, **ardito** e baldo:
trasse la spada, e minacciando corse
dove poco di lui temea Rinaldo.
Più volte s'eran già non pur veduti,
m'al paragon de l'arme conosciuti.[44]

lessico
Ardito
Che agisce con coraggio, con audacia; coraggioso, intrepido, fiero; anche, originale, innovativo; talvolta, sfacciato, sfrontato. Participio passato, con funzione di aggettivo, di "ardire", condivide con il verbo da cui deriva il registro stilistico elevato (dall'antico francese *hardi*, «coraggioso», che viene dal verbo francone (la lingua dei Franchi) *hardjan*, «rendere coraggioso», propriamente «rendere duro», in quanto derivato dal germanico *hard*, «duro»).

30. né per... procaccia: e non si procura la via più sicura e la migliore, (andando) per la (selva) rada piuttosto che per quella folta.
31. di sé tolta: fuori di sé.
32. lascia... faccia: lascia che sia il cavallo a decidere la via.
33. alta selva fiera: profonda e selvaggia foresta.
34. riviera: fiume.
35. Ferraù trovosse: si trovò Ferraù. Ferraù è il nipote di re Marsilio. Quando, alla corte di Carlo Magno, incontrò Angelica, se ne innamorò, combatté contro il fratello di lei Argalia e lo uccise.
36. fermosse: si fermò.
37. anco: ancora.
38. più forte: si riferisce al grido della donna spaventata.
39. guata: guarda.
40. la conosce subito: la riconosce non appena.
41. e sien... novella: e siano più giorni che non avesse notizia.
42. e n'avea... caldo: e ne era innamorato (*n'avea il petto caldo*) non meno dei due cugini (Orlando e Rinaldo).
43. pur come: come se.
44. Più volte... conosciuti: Più volte non solo (*pur*) si erano visti, ma conosciuti nel confronto con le armi.

17
Cominciâr quivi una crudel battaglia,
come a piè si trovâr, coi brandi ignudi:[45]
non che le piastre e la minuta maglia,
ma ai colpi lor non reggerian gl'incudi.[46]
Or, mentre l'un con l'altro si travaglia,[47]
bisogna al palafren che 'l passo studi;[48]
che quanto può menar de le calcagna,[49]
colei lo caccia al bosco e alla campagna.

18
Poi che s'affaticâr gran pezzo invano
i duo guerrier per por l'un l'altro sotto,[50]
quando non meno era con l'arme in mano
questo di quel, né quel di questo dotto;[51]
fu primiero il signor di Montalbano,
ch'al cavallier di Spagna[52] fece motto,[53]
sì come quel c'ha nel cor tanto fuoco,
che tutto n'arde e non ritrova loco.[54]

19
Disse al pagan: – Me sol creduto avrai,
e pur avrai te meco ancora offeso:[55]
se questo avvien perché i fulgenti **rai**
del nuovo sol[56] t'abbino il petto acceso,
di farmi qui tardar che guadagno hai?
che quando ancor tu m'abbi morto o preso,
non però tua la bella donna fia;[57]
che, mentre noi tardian,[58] se ne va via.

20
Quanto fia meglio, amandola tu ancora,
che tu le venga a traversar la strada,
a ritenerla e farle far dimora,[59]
prima che più lontana se ne vada!

lessico
Raggio
Deriva dal latino *radĭus*, «raggio; bacchetta appuntita» ed è riconducibile alla radice indoeuropea *wrād-*, «ramo» e «radice», la stessa di *radix radīcis*, «radice», per l'appunto. Dal significato fondamentale di «ramo», in quanto elemento sottile che parte da un nucleo, si è sviluppato quello traslato di "raggio". Oltre a "raggio", derivano dal latino *radĭus* anche "razzo", "radioso" e "irradiare".

45. brandi ignudi: spade sguainate.
46. non che... incudi: ai (loro) colpi, non solo le piastre e la maglia, ma nemmeno le incudini avrebbero retto. Le «piastre» sono lamine di ferro che costituivano l'armatura, mentre la «maglia» era la sottile maglia di ferro che si portava sotto l'armatura.
47. si travaglia: si affanna.
48. che 'l passo studi: che affretti l'andatura.
49. quanto... calcagna: quanto più può spronarlo.
50. per por... sotto: per prevalere l'uno sull'altro.
51. quando... dotto: poiché l'uno non era meno abile (*dotto*) dell'altro a maneggiare le armi.
52. signor... Spagna: rispettivamente Rinaldo e Ferraù.
53. fece motto: parlò.
54. loco: pace.
55. Me sol... offeso: Credi di aver offeso me soltanto, ma, con me, avrai danneggiato anche te stesso.
56. i fulgenti... sol: metafora per indicare gli occhi lucenti di Angelica, descritti con lessico petrarchesco.
57. fia: sarà.
58. tardian: indugiamo.
59. ritenerla... dimora: trattenerla e farla fermare.

Come l'avremo in potestate, allora
di ch' esser de' si provi con la spada:[60]
non so altrimenti,[61] dopo un lungo affanno,
che possa riuscirci altro che danno.

21
Al pagan la proposta non dispiacque:
così fu differita la tenzone;[62]
e tal tregua tra lor subito nacque,
sì l'odio e l'ira va in oblivïone,[63]
che 'l pagano al partir da le fresche acque
non lasciò a piedi il buon figliuol d'Amone:
con preghi invita, et al fin toglie in groppa,
e per l'orme d'Angelica galoppa.[64]

22
Oh gran bontà de' cavallieri antiqui![65]
Eran rivali, eran di fé diversi,
e si sentian degli aspri colpi iniqui
per tutta la persona anco dolersi;[66]
e pur per selve oscure e calli obliqui[67]
insieme van senza sospetto aversi.[68]
Da quattro sproni il destrier punto arriva
ove una strada in due si dipartiva.[69]

23
E come quei che non sapean se l'una
o l'altra via facesse la donzella
(però che senza differenzia alcuna
apparia in amendue l'orma novella),[70]
si messero ad arbitrio di fortuna,[71]
Rinaldo a questa, il Saracino a quella.[72]
Pel bosco Ferraù molto s'avvolse,[73]
e ritrovossi al fine onde si tolse.[74]

60. Come… spada: Quando l'avremo in nostro potere, si decida con la spada di chi dei due debba essere.
61. altrimenti: diversamente.
62. differita la tenzone: rimandato lo scontro.
63. oblivione: dimenticanza.
64. con prieghi… galoppa: Ferraù prende Rinaldo in groppa al proprio cavallo ed entrambi si lanciano all'inseguimento di Angelica.
65. Oh… antiqui: intervento ironico del poeta, che torna a far sentire la propria presenza vigile e distaccata sulla materia che narra.
66. e si… dolersi: ancora si sentivano doloranti per tutto il corpo per i colpi violenti ed eccessivi (*iniqui*).
67. calli obliqui: sentieri tortuosi.
68. senza… aversi: senza dubitare l'uno dell'altro.
69. ove… dipartiva: cioè un bivio. Si apre davanti a loro un percorso labirintico, governato dal caso.
70. però… novella: perché appariva senza differenze in entrambe (*amendue*) l'impronta fresca (del cavallo).
71. si messero… fortuna: si misero nelle mani della sorte.
72. a questa… a quella: sottinteso "via".
73. s'avvolse: girò.
74. onde si tolse: da dove era partito.

24
Pur[75] si ritrova ancor su la riviera,
là dove l'elmo gli cascò ne l'onde.
Poi che la donna ritrovar non spera,
per aver l'elmo che 'l fiume gli asconde,
in quella parte onde caduto gli era
discende ne l'estreme umide sponde:[76]
ma quello era sì fitto[77] ne la sabbia,
che molto avrà da far prima che l'abbia.

25
Con un gran ramo d'albero rimondo,[78]
di ch'avea fatto una pertica lunga,
tenta[79] il fiume e ricerca sino al fondo,
né loco lascia ove non batta e punga.
Mentre con la maggior stizza del mondo
tanto l'indugio[80] suo quivi prolunga,
vede di mezzo il fiume un cavalliero
insino al petto uscir, d'aspetto fiero.[81]

26
Era, fuor che la testa, tutto armato,
et avea un elmo ne la destra mano:
avea il medesimo elmo che cercato
da Ferraù fu lungamente invano.
A Ferraù parlò come adirato,
a disse: – Ah mancator di fé, marano![82]
perché di lasciar l'elmo anche t'aggrevi,[83]
che render già gran tempo mi dovevi?[84]

27
Ricordati, **pagan**, quando uccidesti
d'Angelica il fratel (che son quell'io),
dietro all'altr'arme tu mi promettesti
gittar fra[85] pochi dì l'elmo nel rio.[86]

lessico
Pagano
Che non appartiene alla religione cristiana (dal latino *pagānus*, «campagnolo» e «borghese, civile», quindi opposto a «militare»; il significato religioso nasce dalla contrapposizione con l'espressione *miles Christi*, «soldato di Cristo»).

75. **Pur:** Finalmente.
76. **ne l'estreme… sponde:** all'etremità della sponda già lambita dalle acque.
77. **fitto:** conficcato.
78. **rimondo:** sfrondato.
79. **tenta:** scandaglia.
80. **indugio:** sosta.
81. **vede… fiero:** situazione eroicomica, nella quale il cavaliere stizzito si affanna per strappare al fondale l'elmo perduto e intanto appare il fantasma di Argalia, fratello di Angelica, che si manifesta proprio come il Farinata dantesco («Vedi là Farinata che s'è dritto: / da la cintola in su tutto 'l vedrai», *Inferno* X, 32-33).
82. **mancator… marano!:** traditore, marrano!. Il termine «marano» era assai dispregiativo ("porco") ed era usato per riferirsi a ebrei e musulmani spagnoli convertiti, ma sospettati di continuare a praticare in segreto i loro riti.
83. **t'aggrevi:** ti dispiaci.
84. **mi dovevi:** Ferraù, dopo aver sconfitto Argalia in duello, aveva promesso di seppellire il guerriero con tutte le armi nel fiume. Avendo perso il suo elmo aveva ottenuto di prendere in prestito quello di Argalia, a patto di restituirlo al fiume dopo pochi giorni.
85. **fra:** entro.
86. **rio:** fiume.

Or se Fortuna (quel che non volesti
far tu) pone ad effetto[87] il voler mio,
non ti turbare; e se turbar ti déi,
turbati che di fé mancato sei.[88]

28
Ma se desir pur hai d'un elmo fino,[89]
trovane un altro, et abbil[90] con più onore;
un tal ne porta Orlando paladino,
un tal Rinaldo, e forse anco migliore:
l'un fu d'Almonte, e l'altro di Mambrino:
acquista un di quei duo col tuo valore;[91]
e questo, ch'hai già di lasciarmi detto,
farai bene a lasciarmi con effetto.[92]

29
All'apparir che fece all'improvviso
de l'acqua l'ombra,[93] ogni pelo arricciossi,
e scolorossi al Saracino il viso;[94]
la voce, ch'era per uscir, fermossi.
Udendo poi da l'Argalia, ch'ucciso
quivi avea già (che l'Argalia nomossi),
la rotta fede così improverarse,[95]
di scorno[96] e d'ira dentro e di fuor arse.[97]

30
Né tempo avendo a pensar altra scusa,
e conoscendo ben che 'l ver gli disse,
restò senza risposta a bocca chiusa;
ma la vergogna il cor sì gli trafisse,
che giurò per la vita di Lanfusa[98]
non voler mai ch'altro elmo lo coprisse,
se non quel buono che già in Aspramonte
trasse del capo Orlando al fiero Almonte.

87. **pone ad effetto:** compie.
88. **di fe' mancato sei:** non hai mantenuto la promessa.
89. **fino:** di buona qualità.
90. **abbil:** tienilo.
91. **trovane...valore:** Argalia incita Ferraù a procurarsi l'elmo strappandolo in duello a Rinaldo o a Orlando, che, dopo aver ucciso Almonte, ne aveva tenuto come trofeo l'elmo e la famosa spada Durlindana.
92. **con effetto:** davvero.
93. **l'ombra:** il fantasma.
94. **ogni...viso:** la descrizione del terrore del saraceno fa uso di espressioni dantesche («Già mi sentia tutti arricciar li peli / de la paura», *Inferno* XXIII, 19; «scolorocci il viso», *Inferno* V, 35).
95. **Udendo... improverarse:** Sentendosi poi rimproverare la mancata promessa (*rotta fede*) da quell'Argalia che aveva ucciso in quello stesso luogo (che [da quel momento] si chiamò l'Argalia).
96. **scorno:** vergogna.
97. **di fuor arse:** arrossì vistosamente.
98. **Lanfusa:** è la madre di Ferraù.

31
E servò meglio questo giuramento,[99]
che non avea quell'altro fatto prima.
Quindi si parte tanto malcontento,
che molti giorni poi si rode e lima.[100]
Sol di cercare è il paladino[101] intento
di qua di là, dove trovarlo stima.
Altra ventura[102] al buon Rinaldo accade,
che da costui tenea diverse strade.

32
Non molto va Rinaldo, che si vede
saltare inanzi il suo **destrier** feroce:[103]
– Ferma, Baiardo mio, deh, ferma il piede!
che l'esser senza te troppo mi nuoce. –
Per questo[104] il destrier sordo, a lui non riede[105]
anzi più se ne va sempre veloce.
Segue Rinaldo, e d'ira si distrugge:
ma seguitiamo Angelica che fugge.[106]

lessico
Destriero
Cavallo da battaglia o da torneo dei cavalieri medievali; oggi, ottimo cavallo da sella (dal francese antico *destrier*, derivato di *destre*, «mano destra», perché lo scudiero camminava a fianco del cavallo che il cavaliere avrebbe cavalcato in combattimento, tenendo le briglie con la destra).

33
Fugge tra selve spaventose e scure,
per lochi inabitati, ermi[107] e selvaggi.
Il mover de le frondi e di verzure,[108]
che di cerri sentia, d'olmi e di faggi,
fatto le avea con subite paure
trovar di qua di là strani vïaggi;[109]
ch'ad ogni ombra veduta o in monte o in valle,
temea Rinaldo aver sempre alle spalle.

34
Qual pargoletta o damma o capriuola,[110]
che tra le fronde del natio boschetto
alla madre veduta abbia la gola
stringer dal pardo,[111] o aprirle 'l fianco o 'l petto,

99. servò... giuramento: mantenne questa promessa in modo migliore.
100. si rode e lima: si strugge e consuma, endiadi.
101. paladino: si tratta di Orlando, di cui Ferraù si mette in cerca.
102. Altra ventura: cambio di focalizzazione sull'altra vicenda, quella di Rinaldo.
103. feroce: gagliardo e focoso.
104. Per questo: Nonostante ciò.
105. riede: ritorna.
106. ma... fugge: altro stacco e relativo cambio di azione, sempre simultanea rispetto alle altre.
107. ermi: solitari.
108. verzure: germogli.
109. fatto... vïaggi: le aveva fatto con le paure improvvise prendere percorsi tortuosi senza meta.
110. Qual... capriola: Come una piccola daina o capriola.
111. pardo: ghepardo.

di selva in selva dal crudel s'invola,[112]
e di paura triema e di sospetto:
ad ogni sterpo che passando tocca,
esser si crede all'empia fera[113] in bocca.

35
Quel dì e la notte e mezzo l'altro giorno
s'andò aggirando, e non sapeva dove.
Trovossi al fine in un boschetto adorno,[114]
che lievemente la fresca aura muove.
Duo chiari rivi,[115] mormorando intorno,
sempre l'erbe vi fan tenere e nuove;
e rendea ad ascoltar dolce concento,
rotto tra picciol sassi, il correr lento.[116]

36
Quivi parendo a lei d'esser sicura
e lontana a Rinaldo mille miglia,
da la via stanca e da l'estiva arsura,
di riposare alquanto si consiglia:[117]
tra' fiori smonta, e lascia alla pastura[118]
andare il palafren senza la briglia;
e quel va errando intorno alle chiare onde,
che di fresca erba avean piene le sponde.

37
Ecco non lungi[119] un bel cespuglio vede
di prun[120] fioriti e di vermiglie rose,
che de le liquide onde al specchio siede,[121]
chiuso[122] dal sol fra l'alte quercie ombrose;
così vòto[123] nel mezzo, che concede
fresca stanza fra l'ombre più nascose:[124]
e la foglia coi rami in modo è mista,
che 'l sol non v'entra, non che minor vista.[125]

112. s'invola: fugge. Il soggetto è ancora la «damma o capriuola».
113. empia fera: malvagia fiera.
114. in un boschetto adorno: dopo aver girovagato per un giorno, una notte e parte del giorno seguente, Angelica passa dalla selva orrida e spaventosa al luogo idillico della tradizione lirica e bucolica (*locus amoenus*).
115. Duo chiari rivi: Due limpidi ruscelli.
116. rendea... lento: e lo scorrere lento (dell'acqua), infrangendosi tra i piccoli sassi, produceva un'armonia dolce da ascoltare.
117. si consiglia: decide.
118. tra' fiori... pastura: scende da cavallo in mezzo ai fiori e lascia libero di brucare (il cavallo).
119. lungi: lontano.
120. prun: biancospino.
121. che de... siede: che si specchia nelle chiare acque.
122. chiuso: riparato.
123. vòto: vuoto, cioè senza piante.
124. fresca... nascose: fresca dimora fra le ombre nascoste.
125. e la foglia... vista: le foglie e i rami si intrecciano in modo tale da impedire al sole, nonché alla vista di alcuno, di penetrarvi.

38
Dentro letto vi fan tenere erbette,
ch'invitano a posar chi s'appresenta.[126]
La bella donna in mezzo a quel si mette;
ivi si corca[127] et ivi s'addormenta.
Ma non per lungo spazio così stette,
che un calpestio le par che venir senta:[128]
cheta si leva,[129] e appresso alla riviera
vede ch'armato un cavallier giunt'era.

39
Se gli è amico o nemico non comprende:
tema e speranza il dubbio cor le scuote;[130]
e di quella aventura il fine attende,
né pur d'un sol sospir l'aria percuote.[131]
Il cavalliero in riva al fiume scende
sopra l'un braccio a riposar le gote;[132]
e in un suo gran pensier tanto penètra,
che par cangiato in insensibil pietra.[133]

40
Pensoso più d'un'ora a capo basso
stette, Signore,[134] il cavallier dolente;
poi cominciò con suono afflitto e lasso[135]
a lamentarsi sì soavemente,
ch'avrebbe di pietà spezzato un sasso,
una tigre crudel fatta clemente.
Sospirando piangea, tal ch'un ruscello
parean le guancie, e 'l petto un Mongibello.[136]

41
– Pensier (dicea) che 'l cor m'aggiacci[137] et ardi,
e causi il duol che sempre il[138] rode e lima,
che debbo far, poi ch'io son giunto tardi,
e ch'altri a côrre[139] il frutto è andato prima?

Giovanni Gerolamo Savoldo,
Ritratto di cavaliere, 1525 circa.
Washington D.C., National Gallery of Art.

126. ch'invitano...s'appresenta: che invitano a coricarsi chi vi giunge.
127. corca: corica.
128. le par che venir senta: le sembra di sentir arrivare.
129. cheta si leva: si alza in silenzio.
130. tema... scuote: timore e speranza le agitano il cuore dubitante.
131. di quella aventura... percuote: attende l'esito di quell'evento fortuito e non muove l'aria nemmeno con un sospiro.
132. sopra... gote: per far riposare il capo (*gote*, metonimia) sopra un braccio.
133. in un suo... pietra: è talmente immerso in un suo pensiero amoroso che pare trasformato in un insensibile sasso.
134. Signore: Ariosto si rivolge al dedicatario, il cardinale Ippolito, seguendo la tradizione "canterina" popolare, che interpella di tanto in tanto gli uditori per avere la loro attenzione.
135. suono afflitto e lasso: voce triste e dolente.
136 Sospirando... Mongibello: il cavaliere piange copiose lacrime ed emana sospiri ardenti di passione, come i vapori di un'eruzione vulcanica (il Mongibello è l'Etna).
137. aggiacci et ardi: rendi di ghiaccio e bruci. Antitesi propria del linguaggio amoroso, come l'endiadi «rode e lima» del verso seguente.
138. il: lo.
139. côrre: cogliere, si intende la bellezza di Angelica.

a pena avuto io n'ho parole e sguardi,
et altri n'ha tutta la spoglia opima.[140]
Se non ne tocca a me frutto né fiore,
perché affligger per lei mi vuo' più[141] il core?

42
La verginella è simile alla rosa,[142]
ch'in bel giardin su la nativa spina[143]
mentre sola e sicura si riposa,
né gregge né pastor se le avicina;[144]
l'aura soave e l'alba rugiadosa,
l'acqua, la terra al suo favor[145] s'inchina:
gioveni vaghi[146] e donne inamorate
amano averne e seni e tempie ornate.

43
Ma non sì tosto[147] dal materno stelo
rimossa viene e dal suo ceppo verde,
che quanto avea dagli uomini e dal cielo
favor, grazia e bellezza, tutto perde.
La vergine che 'l fior, di che più **zelo**
che de' begli occhi e de la vita aver de',
lascia altrui côrre,[148] il pregio ch'avea inanti
perde nel cor di tutti gli altri amanti.

44
Sia vile agli altri, e da quel solo amata
a cui di sé fece sì larga copia.[149]
Ah, Fortuna crudel, Fortuna ingrata!
trionfan gli altri, e ne moro io d'inopia.[150]
Dunque esser può che non mi sia più grata?[151]
dunque io posso lasciar mia vita propia?
Ah, più tosto oggi manchino i dì miei,[152]
ch'io viva più, s'amar non debbo lei!

lessico
Zelo
Impegno sollecito, diligente e scrupoloso nello svolgere un compito o un'attività; atteggiamento fervido e appassionato. Appartiene alla stessa famiglia di parole anche l'aggettivo "zelante", con gli stessi significati (dal latino *zelus*, che viene dal greco *zêlos*, «ardore», «emulazione, gara», ma anche «invidia, gelosia»).

140. spoglia opima: ricco bottino, quasi che la conquista della donna fosse equiparabile a un saccheggio.
141. mi vuo' più: mi vuoi ancora.
142. La verginella... rosa: il paragone è ripreso da Catullo (*Carmina* LXII, 39-58), ma in Ariosto è pervaso da un turbamento che la fonte non ha: il prezioso richiamo letterario è messo infatti in bocca al saraceno Sacripante, che nasconde sotto le spoglie della tradizione lirica la violenza passionale del proprio desiderio.
143. nativa spina: fusto spinoso su cui è nata.
144. se le avicina: le si avvicina.
145. al suo favor: alla sua bellezza.
146. gioveni vaghi: giovani belli.
147. non sì tosto: non appena.
148. La vergine... côrre: la vergine che lascia cogliere a un altro il fiore, di cui deve aver cura più dei suoi stessi occhi e della sua stessa vita.
149. Sia... copia: Sia disprezzata dagli altri e amata solo da colui al quale fece così grande dono di sé.
150. inopia: privazione.
151. che... grata: si riferisce alle lusinghe con cui Angelica probabilmente lo aveva illuso, come sua abitudine.
152. manchino i dì miei: vengano meno i miei giorni, cioè possa morire.

Scuola di Anversa, *Foresta con fiume*, XVII secolo. Collezione privata.

45
Se mi domanda alcun chi costui sia,
che versa sopra il rio lacrime tante,
io dirò ch'egli è il re di Circassia,
quel d'amor travagliato Sacripante;[153]
io dirò ancor, che di sua pena ria
sia prima e sola causa essere amante,
e pur un[154] degli amanti di costei:
e ben riconosciuto fu da lei.

46
Appresso ove il sol cade, per suo amore
venuto era dal capo d'Orïente;
che seppe in India con suo gran dolore,
come ella Orlando sequitò in Ponente:[155]
poi seppe in Francia che l'imperatore
sequestrata[156] l'avea da l'altra gente,
per darla all'un de' duo che contra il Moro
più quel giorno aiutasse i Gigli d'oro.[157]

47
Stato era in campo, e inteso avea di quella
rotta **crudel**[158] che dianzi ebbe re Carlo:
cercò vestigio[159] d'Angelica bella,
né potuto avea ancora ritrovarlo.
Questa è dunque la trista e ria novella
che d'amorosa doglia fa penarlo,
affligger, lamentare e dir parole
che di pietà potrian fermare il sole.[160]

lessico
Crudele
Di persona, che infligge tormenti fisici e spirituali senza provare pietà o rimorso; che causa dolore, sofferenza (dal latino *crudēlis*, «crudele, spietato», originariamente «sanguinario», derivato di *crūdus*, «crudo, acerbo», connesso alla radice indoeuropea *krū-/kreu-*, «carne sanguinante» ed era originariamente riferito alla carne cruda).

153. **Sacripante:** saraceno, re di Circassia, che aveva aiutato angelica durante l'assedio di Albracca difendendo la sua verginità.
154. **e pur un:** e per giunta uno solo.
155. **Appresso... Ponente:** Era venuto per amore di lei da Occidente all'estremo Oriente (*Appresso ove il sol cade*), dove aveva appreso in India con suo gran dolore che ella aveva seguito Orlando in Occidente.
156. **sequestrata:** separata.
157. **Gigli d'oro:** i Francesi. È un evidente anacronismo, forse volontario, perché i gigli campeggiano nello stemma nazionale francese solo dall'età di Luigi VII (XII secolo).
158. **rotta crudel:** sconfitta disastrosa.
159. **vestigio:** traccia.
160. **che di pietà... sole:** iperbole, con sfumatura ironica.

Analisi del testo

Struttura

Una fuga interrotta Dopo la protasi (➤ **T3**) il punto di saldatura al racconto di Boiardo viene rapidamente riassunto nelle ottave iniziali (5-9), per poi dipanarsi nella vicenda originale a partire dalla decima ottava, quando Angelica si lancia nel bosco, uno spazio labirintico, luogo di incontri e sparizioni, desideri e frustrazioni, apparizioni e smarrimenti. L'azione è tutta sostenuta da verbi di moto e la fuga di Angelica è destinata a una lunga serie di arresti e di cambi di direzione per fuggire alla schiera di spasimanti che incontra nella sua corsa: prima Rinaldo (ottava 11), poi Ferraù (ottave 13-14), infine Sacripante (ottava 38).

Il dinamismo spaziale e narrativo Ariosto crea un movimentato assai dinamico nello spazio e nel tempo fin dall'apparire di Rinaldo, sospinto a piedi dalla sua foga di recuperare il cavallo perduto (11-12): Angelica si ferma immediatamente e si allontana, rimanendo sullo sfondo, mentre il cavaliere, quasi con effetto "cinematografico" resta solo in primo piano. Una nuova svolta avviene fra le ottave 13 e 14, dove nella fuga Angelica si imbatte in un altro guerriero, Ferraù, sudato e polveroso lungo il fiume alla ricerca dell'elmo perduto: si inaugura qui un nuovo quadro del racconto, occupato dallo scontro fra Rinaldo e Ferraù (ottave 17-18), presto differito per inseguire il comune oggetto del desiderio. Alla fine dell'ottava 22, dove la strada nella selva si biforca, i cammini dei due si separano nuovamente: la vicenda di Ferraù si snoda fino alla 31, nel distico conclusivo della quale si dà spazio all'«altra ventura» di Rinaldo, che attraversa la scena di corsa come una meteora (32). Dall'ottava 33 torna il motivo centrale della fuga di Angelica, temporaneamente sospesa fra le «tenere erbette» (38), lungo il fiume, dove fa la sua comparsa Sacripante con un lungo monologo.

Lingua e stile

Il ritmo della narrazione I rapidi mutamenti di prospettiva prevedono il mantenimento continuo dei legami fra i tempi e le azioni dei diversi personaggi. A livello stilistico, questo si realizza spesso con l'uso di varie forme di iterazione come per esempio le anadiplosi, che scandiscono e sottolineano il ritmo della narrazione e i suoi snodi più importanti, saldando i vari momenti del racconto: «venne a una riviera; su la riviera Ferraù» (13, 8 e 14, 1); «Angelica che fugge. Fugge tra selve spaventose (32, 8 e 33, 1). I verbi di movimento e le forme deittiche si collocano generalmente nella parte finale di ciascuna ottava: il distico a rima baciata diviene così il centro dell'azione e prepara allo svolgimento ulteriore (per esempio, 10, 7-8; 11, 7-8; 31, 7-8; 32, 7-8).

Temi

Privazione ed erranza Terminata la protasi, il poeta accoglie e sviluppa l'immagine boiardesca dell'imbattersi di Angelica, nel bosco, in un «un cavallier ch'a piè venía» (10, 8); Ariosto però lo trasforma e amplifica l'effetto straniante della situazione, quella paradossale di un cavaliere cui è stata tolta la cavalcatura, come emblema della condizione dei personaggi ariosteschi: figure tormentate dalla privazione e dalla mancanza, alla ricerca dell'oggetto del loro desiderio. Qui, appunto,

Massimo D'Azeglio, *Ferraù vuol ripescare l'elmo*, 1839. Milano, Accademia di Belle Arti di Brera.

Rinaldo senza cavallo, Ferraù senza elmo e Sacripante senza Angelica. Proprio la donna in fuga nella selva, inafferrabile, attrae e distrae i cavalieri nella loro ricerca, lungo la direttrice più prepotente del desiderio.
Il movimento frenetico e casuale dei protagonisti del primo canto si realizza all'interno di una «selva» che non rappresenta più, come nella *Commedia* di Dante, il peccato, ma la debolezza e la fallacia della ragione, come Ariosto dirà subito: «ecco il giudicio uman come spesso *erra*!» (7). Di questa incertezza che predispone a un'*erranza* che è anche propensione all'*errore* sono testimoni i protagonisti del canto. Rinaldo e Ferraù, nemici mortali, sono disposti a dimenticare il loro odio reciproco, un attimo dopo avere combattuto furiosamente, soltanto per inseguire Angelica (21). La stessa Angelica vagherà senza una direzione precisa («s'andò aggirando, e non sapeva dove», 35), e persino il suo cavallo «va *errando*» (36).

Il rovesciamento del codice cavalleresco Questi ingredienti forniscono al poeta l'occasione per ironizzare sui fondamenti stessi del codice cavalleresco, quali il valore nel combattimento e la lealtà verso le donne, e sui suoi protagonisti. Rinaldo è costretto a inseguire goffamente a piedi il suo cavallo (11, 3-4); lui e Ferraù, poi, saliranno in due su una sola cavalcatura all'inseguimento di Angelica, provocando il commento ironico dell'autore: «Oh gran bontà de' cavallieri antiqui!» (22); l'inno alla verginità, infine, è messo maliziosamente in bocca al saraceno Sacripante, che vorrebbe renderne priva Angelica.

Officina

COMPRENDERE

1. Di quale situazione approfitta Angelica per fuggire?
2. Quali personaggi incontra Angelica durante la fuga? Qual è il loro comportamento? E quello della principessa?
3. Tutti i personaggi che compaiono in questi versi fuggono; spiega di ciascuno le ragioni del movimento.

ANALIZZARE

4. Quali aspetti del personaggio di Ferraù allontanano il cavaliere dallo statuto eroico tradizionale?
5. **Lingua e stile** Individua e sottolinea nel testo tutti i termini e le espressioni che concorrono alla descrizione di Angelica: che ritratto ne emerge?
6. **Lingua e stile** Individua e sottolinea nel testo tutti i termini che si riferiscono alla sfera semantica della fuga e dell'inseguimento.

INTERPRETARE

7. «Angelica – avvicinata – si abbassa: quella che, intravista, rende immagine di dea, veduta da vicino rivela la sua natura di donna»: così **Attilio Momigliano**, in un celebre saggio sull'*Orlando furioso*, descrive il personaggio di Angelica. Rileggi il brano proposto: anche a tuo parere vi sono 'due Angeliche', una idealizzata e una più reale? Nelle caratteristiche qui presentate la ritieni più vicina alla Beatrice di Dante o alla Laura di Petrarca? Per quali ragioni?
8. Metti a confronto le descrizioni dell'ambiente naturale e di Angelica nelle ottave 36-38 con quelle della natura e di Laura in *Chiare, fresche et dolci acque* di Petrarca. Trovi somiglianze lessicali o la presenza di immagini simili? La relazione che s'instaura fra la donna e il luogo è la stessa?

PERCORSO DI SCRITTURA

Riassunto Sintetizza il brano in un massimo di 15 righe, utilizzando le seguenti parole "fuga", "campo di battaglia", "bosco", "accordo", "incontro", "riposo", "elmo", "amore".

COMPETENZE DEL XXI SECOLO

Pensiero critico In un celebre lavoro sul poema cavalleresco, **Italo Calvino** si pronunciò sul personaggio di Angelica definendola come «una figurina di profilo disegnata sullo sfondo finito d'un arazzo. Intorno a lei vorticano tre cavalieri che si chiamano Rinaldo, Ferraù, Sacripante, ma che potrebbero avere anche nomi diversi, dato che [...] la loro funzione è solo quella d'eseguire giravolte e schermaglie come in un balletto». Prova a rileggere il testo alla luce di queste osservazioni, individuando i passi che potrebbero essere portati a sostegno della tesi calviniana.

T5 La bellezza di Alcina

Orlando furioso VII, 9-16

Dopo un fantastico volo sull'ippogrifo (canto IV), Ruggiero approda su un'isola bellissima e incontra Astolfo, un tempo paladino di Francia e ora trasformato in una pianta di mirto: questi narra a Ruggiero le sue avventure e gli rivela la perfidia della maga Alcina, usurpatrice di quella terra e responsabile della sua trasformazione (canto VI). Il cavaliere, dopo una serie di peripezie, giunge alla reggia di Alcina: qui viene conquistato dalle grazie della maga, che gli fanno dimenticare gli ammonimenti di Astolfo e l'amore per Bradamante, che lo sta cercando ovunque.
Le ottave seguenti descrivono la seducente bellezza della maga, inducendo nel lettore una crescente attesa sensuale: il ritratto della donna segue il ritmo di una rappresentazione analitica e ordinata, tesa a ricostruire l'armonica proporzione delle parti. Questi versi instaurano un canone di bellezza femminile, in cui confluiscono la memoria delle descrizioni petrarchesche e quella della tradizione classica e novellistica.

- Metro ottave di endecasillabi con schema ABABABCC

9
La bella Alcina venne un pezzo inante,[1]
verso Ruggier fuor de le prime porte,
e lo raccolse in signoril sembiante,[2]
in mezzo bella et onorata corte.
Da tutti gli altri tanto onore e tante
riverenzie fur fatte al guerrier forte,[3]
che non ne potrian far più, se tra loro
fosse Dio sceso dal superno coro.[4]

10
Non tanto il bel palazzo era eccellente,
perché vincesse ogn'altro di ricchezza,
quanto ch'avea la più piacevol gente
che fosse al mondo e di più gentilezza.[5]
Poco era l'un da l'altro differente
e di fiorita etade e di bellezza:[6]
sola di tutti Alcina era più bella,
sì come è bello il sol più d'ogni stella.

1. **inante:** avanti.
2. **raccolse... sembiante:** accolse in modo regale (*signoril sembiante*).
3. **Da tutti... forte:** l'autore insiste sull'onore (ribadito due volte, ai vv. 4-5) e sulla riverenza, amplificata dall'*enjambement* e dall'iterazione «tanto... tante».
4. **che... coro:** che non avrebbero potuto (*potrian*) farne di più, se tra loro fosse sceso dal coro degli angeli (*superno coro*) lo stesso Dio.
5. **quanto... gentilezza:** quanto perché vi si trovavano le persone più piacevoli e più cortesi (*di più gentilezza*) che vi fossero al mondo.
6. **Poco... bellezza:** L'uno dall'altro differivano poco sia per giovinezza (*fiorita etade*) che per bellezza.

11
Di persona era tanto ben formata,[7]
quanto me' finger san pittori industri;[8]
con bionda chioma lunga et annodata:[9]
oro non è che più risplenda e lustri.[10]
Spargeasi per la guancia delicata
misto color di rose e di ligustri;[11]
di terso avorio[12] era la fronte lieta,
che lo spazio finia con giusta meta.[13]

12
Sotto duo negri e sottilissimi archi[14]
son duo negri occhi, anzi duo chiari soli,
pietosi a riguardare, a mover parchi;[15]
intorno cui par ch'Amor scherzi e voli,
e ch'indi tutta la faretra scarchi
e che visibilmente i cori involi:[16]
quindi il naso per mezzo il viso scende,
che non truova l'invidia ove l'**emende**.[17]

13
Sotto quel[18] sta, quasi fra due vallette,
la bocca sparsa di natio cinabro;[19]
quivi due filze son di perle elette,[20]
che chiude et apre un bello e dolce labro:
quindi[21] escon le cortesi parolette[22]
da render molle ogni cor rozzo e scabro;[23]
quivi si forma quel suave riso,
ch'apre a sua posta[24] in terra il paradiso.

lessico
Emendare
Correggere, eliminare imperfezioni e difetti; nel linguaggio giuridico, apportare emendamenti, ovvero correzioni e modifiche, al testo di un disegno di legge nel corso della discussione parlamentare (dal latino *emendāre*, derivato di *mendum*, «difetto, errore» con il prefisso *ex-*, «fuori»).

7. Di persona... formata: Di corpo (*persona*) era tanto bella (*ben formata*). Ha inizio qui la descrizione di Alcina, apparsa con nobile incedere sin dalla ottava 9.
8. quanto... industri: quanto di meglio (*me'*) sanno rappresentare (*finger san*) i pittori abili (*industri*).
9. con bionda... annodata: l'immagine è debitrice nel lessico al celebre *incipit* petrarchesco «Erano i capei d'oro a l'aura sparsi / che 'n mille dolci nodi gli avolgea» (*Canzoniere* XL, 1-2).
10. oro... lustri: non esiste oro che brilli e risplenda (*lustri*) di più.
11. ligustri: gigli.
12. terso avorio: candore luminoso.
13. che... meta: limite, che delimitava (*finia*) lo spazio (del volto) con una giusta proporzione (*meta*). Cioè la fronte non era né troppo alta né troppo stretta.
14. archi: sopracciglia.
15. pietosi... parchi: pieni di compassione nel rivolgere lo sguardo (*riguardare*), lenti (*parchi*) nei movimenti.
16. e ch'indi... involi: e che qui (Amore) consumi tutte le frecce della sua faretra (*faretra scharchi*) e faccia volare a sé (*involi*) in modo evidente tutti i cuori.
17. che... l'emende: che l'invidia non trova come (*ove*) correggere (*emende*).
18. quel: cioè il naso.
19. natio cinabro: rosso naturale. Il cinabro è un minerale di colore rosso vermiglio; indica, nel linguaggio poetico, il trucco delle donne.
20. quivi... elette: qui ci sono due file (*filze*) di perle scelte (*elette*). Le «perle» sono i denti, con riferimento al loro puro candore.
21. quindi: da qui.
22. cortesi parolette: questo nesso riecheggia le dantesche «sorrise parolette brevi» di *Paradiso* I, 95.
23. da render... scabro: che ammorbidiscono (*render molle*) ogni cuore rozzo e ruvido (*scabro*).
24. a sua posta: a suo piacimento.

14
Bianca nieve è il bel collo, e 'l petto latte;
il collo è tondo, il petto colmo e largo:
due pome acerbe,[25] e pur d'avorio fatte,
vengono e van come onda al primo margo,[26]
quando piacevole aura il mar combatte.[27]
Non potria l'altre parti veder Argo:
ben si può giudicar che corrisponde
a quel ch'appar di fuor quel che s'asconde.[28]

15
Mostran le braccia sua misura giusta;
e la candida man spesso si vede
lunghetta alquanto e di larghezza angusta,[29]
dove né nodo appar, né vena escede.[30]
Si vede al fin de la persona augusta
il breve, asciutto e ritondetto piede.[31]
Gli angelici sembianti nati in cielo
non si ponno celar sotto alcun velo.[32]

16
Avea in ogni sua parte un laccio teso,[33]
o parli o rida o canti o passo muova:
né maraviglia è se Ruggier n'è preso,
poi che tanto benigna se la truova.[34]
Quel che di lei già avea dal mirto[35] inteso,
com'è perfida e ria, poco gli giova;
ch'inganno o tradimento non gli è aviso
che possa star con sì soave riso.[36]

25. **pome acerbe:** pomi acerbi, vale a dire che i seni («pome») sono sodi come frutti acerbi.
26. **primo margo:** margine estremo (della spiaggia). Cioè il seno ondeggia morbidamente come placide onde sulla spiaggia.
27. **quando... combatte:** quando un vento leggero (*piacevole aura*) muove il mare.
28. **Non potria... asconde:** Nemmeno Argo potrebbe vedere le altre parti (del corpo): (ma) si può a ragione (*ben*) giudicare che quanto si nasconde (*s'asconde*) corrisponda a ciò che si vede (*appar di fuor*). Argo è un mostro mitologico, dotato di cento occhi: una venatura maliziosa percorre questi versi, lasciando intendere e immaginare quanto alluso e non visto, né detto.
29. **larghezza angusta:** sottile, affusolata.
30. **escede:** sporge.
31. **ritondetto piede:** piede tornito e minuto.
32. **Gli angelici... velo:** Gli aspetti (*sembianti*) simili a quelli degli angeli, nati in cielo, non si possono nascondere sotto nessun velo. Vale a dire che non è possibile tenere nascosta tanta bellezza.
33. **Avea... teso:** Ariosto vuol dire che ogni parte del corpo di Alcina, data la sua bellezza, rappresenta una trappola pronta a scattare, in cui appunto Ruggiero cade immediatamente.
34. **tanto... truova:** la trova tanto cortese nei propri confronti.
35 **dal mirto:** cioè da Astolfo, che lo aveva messo in guardia.
36. **ch'inganno... riso:** perché pensa (*gli è aviso*) che inganno e tradimento non possano accordarsi (*star*) con un sorriso così dolce.

Costruisci la tua analisi

VERSO IL NUOVO ESAME DI STATO

Parafrasi

1. Scrivi la parafrasi del brano aiutandoti con le note al piede.

Struttura

Inquadrare la bellezza

2. Ricostruisci la struttura del brano completando la seguente tabella.

PARTI	OTTAVE	CONTENUTO
1. Entrata in scena di Alcina e corteo	....	Alcina esce .... accompagnata da ....
2. Descrizione di Alcina		**Dettagli del corpo di Alcina**
	....	....
3. Non è tutto oro quel che luccica	....	Ruggiero si innamora di Alcina, nonostante ....

Comprensione

Alla corte della maga Alcina

3. Come viene descritto il corteggio che accompagna la maga Alcina?

4. Cosa sa già Ruggiero riguardo ad Alcina? Da chi l'ha saputo?

5. Come reagisce Ruggiero alla vista di Alcina?

Analisi

Il canone della bellezza

6. **Lingua e stile** Costruisci una tabella secondo il modello indicato, inserendo nella seconda colonna gli elementi metaforici a cui sono accostate le parti del corpo di Alcina e nella terza gli aggettivi riferiti a quelle parti.

PARTI DEL CORPO	ELEMENTO METAFORICO	AGGETTIVI
1. capelli	oro	bionda, lunga, annodata
2. volto	....	....

7. Distingui gli elementi metaforici a cui vengono accostate le parti del corpo di Alcina. Quali rimandano a un ambito quotidiano? Quali si richiamano invece alla tradizione poetica precedente (pensa alla descrizione che fa Petrarca di Laura, per esempio nel sonetto *Eran i capei d'oro a l'aura sparsi*?

Interpretazione

L'apparenza inganna

8. Un tema chiave dell'episodio è la debolezza della ragione umana nelle situazioni a forte carica emotiva. In che senso si può dire che l'invaghimento di Ruggiero per Alcina sia una forma di pazzia?

Scrittura

La poesia come pittura

9. Per descrivere Alcina Ariosto si ispira a manuali di pittura. Immagina di dover dare delle istruzioni a un pittore per dipingere il ritratto di Alcina. Usa uno stile tecnico dando indicazioni precise.

T6 *Il castello di Atlante*

Orlando furioso
XII, 1-34

Continua, nel canto XII, l'amorosa inchiesta di Orlando alla ricerca di Angelica: il paladino crede finalmente di averla incontrata, ma in realtà si tratta soltanto di un fantasma creato ad arte dal mago Atlante per attirare l'eroe nel labirinto del suo palazzo incantato. Proprio nel palazzo, Orlando è raggiunto dalla vera Angelica, resa invisibile da un anello magico: la donna si rivela a Orlando e rompe l'incantesimo di Atlante, ma poi fugge di nuovo.

- METRO ottave di endecasillabi con schema ABABABCC

1
Cerere, poi che da la madre Idea
tornando in fretta alla solinga valle,
là dove calca la montagna Etnea
al fulminato Encelado le spalle,
la figlia non trovò dove l'avea
lasciata fuor d'ogni segnato calle;
fatto ch'ebbe alle guancie, al petto, ai crini
e agli occhi danno, al fin svelse duo pini;[1]

2
e nel fuoco gli[2] accese di Vulcano,
e diè lor[3] non potere esser mai spenti:
e portandosi questi uno per mano
sul carro che tiravan dui serpenti,[4]
cercò le selve, i campi, il monte, il piano,
le valli, i fiumi, li stagni, i torrenti,
la terra e 'l mare; e poi che tutto il mondo
cercò di sopra, andò al tartareo fondo.[5]

3
S'in poter fosse stato Orlando pare
all'Eleusina dea, come in disio,[6]
non avria, per Angelica cercare,[7]

1. Cerere... duo pini: Cerere, dopo essere tornata in fretta dalla madre Cibele (*madre Idea*, perché venerata sul monte Ida) nella valle solitaria, là dove il monte Etna grava (*calca*) le spalle al (titano) Encelado fulminato (da Giove), non trovò la figlia (Proserpina) dove l'aveva lasciata, lontano da ogni via battuta (*fuor d'ogni segnato calle*); dopo essersi colpita (*fatto ch'ebbe*) le guance, il petto, i capelli (*crini*) e gli occhi, alla fine sradicò due pini. Ottava dalla sintassi complessa che si riferisce al mito del rapimento di Proserpina da parte di Plutone.
2. gli: li.
3. diè lor: concesse loro.
4. dui serpenti: due draghi.
5. tartareo fondo: nel profondo degli Inferi (il Tartaro è il fiume dell'Ade).
6. S'in poter... disio: Se Orlando fosse stato uguale (*pare*) in potere alla dea Eleusina (cioè Cerere), come lo era nel desiderio (di ritrovare l'oggetto amato). Cerere è detta Eleusina dal nome dei misteri di Eleusi, a lei sacri. Si tratta di un *adynaton*.
7. per Angelica cercare: il parallelismo fra l'inchiesta di Cerere e quella di Orlando, getta un alone mitico sulla vicenda apparentemente storica del paladino.

lasciato o selva o campo o stagno o rio
o valle o monte o piano o terra o mare,
il cielo, e 'l fondo de l'eterno oblio;[8]
ma poi che 'l carro e i draghi non avea,
la già[9] cercando al meglio che potea.

4
L'ha cercata per Francia: or s'apparecchia[10]
per Italia cercarla e per Lamagna,[11]
per la nuova Castiglia e per la vecchia,
e poi passare in Libia il mar di Spagna.[12]
Mentre pensa così, sente all'orecchia
una voce venir, che par che piagna:[13]
si spinge inanzi; e sopra un gran destriero
trottar si vede inanzi un cavalliero,

5
che porta in braccio e su l'arcion[14] davante
per forza una **mestissima** donzella.
Piange ella, e si dibatte, e fa sembiante[15]
di gran dolore; et in soccorso appella
il valoroso principe d'Anglante;[16]
che come mira[17] alla giovane bella,
gli par colei, per cui la notte e il giorno
cercato Francia avea dentro e d'intorno.

6
Non dico ch'ella fosse, ma parea
Angelica gentil ch'egli tant'ama.
Egli, che la sua donna e la sua dea
vede portar sì addolorata e grama,[18]
spinto da l'ira e da la furia rea,[19]
con voce orrenda[20] il cavallier richiama;
richiama il cavalliero e gli[21] minaccia,
e Brigliadoro a tutta briglia caccia.[22]

7
Non resta quel fellon,[23] né gli risponde,
all'alta preda,[24] al gran guadagno intento,

lessico
Mesto
Che prova o dimostra uno stato d'animo di profondo ma contenuto dolore e di afflizione; che provoca o suscita questo stato d'animo (deriva dal latino *maestus*, participio passato di *maerēre*, «affliggersi, addolorarsi»).

8. **fondo de l'eterno oblio:** perifrasi a indicare gli Inferi.
9. **già cercando:** andava cercando.
10. **s'apparecchia:** si prepara.
11. **Lamagna:** Germania.
12. **per la nuova... Spagna:** attraverso la nuova Castiglia (al centro, con Toledo e Madrid), la vecchia (a settentrione, con capitale Burgos), per poi passare lo stretto di Gibilterra (*mar di Spagna*), verso la Libia.
13. **piagna:** pianga.
14. **arcion:** sella.
15. **fa sembiante:** fa mostra, esibisce.
16. **in soccorso... Anglante:** chiama in aiuto (*in soccorso appella*) il signore di Anglante (cioè Orlando).
17. **mira:** volge lo sguardo.
18. **addolorata e grama:** triste e mesta, endiadi.
19. **rea:** terribile.
20. **orrenda:** spaventosa.
21. **gli:** lo.
22. **a tutta briglia caccia:** sprona a briglia sciolta. Brigliadoro, il cavallo di Orlando, dalle doti eccezionali.
23. **non resta quel fellon:** non si ferma quel fellone.
24. **alta preda:** prezioso ostaggio.

e sì ratto ne va per quelle fronde,
che saria tardo a seguitarlo il vento.[25]
L'un fugge, e l'altro caccia; e le profonde
selve s'odon sonar d'alto lamento.
Correndo, usciro in un gran prato; e quello
avea nel mezzo un grande e ricco ostello.[26]

8
Di vari marmi con suttil[27] lavoro
edificato era il palazzo altiero.[28]
Corse dentro alla porta messa d'oro[29]
con la donzella in braccio il cavalliero.
Dopo non molto giunse Brigliadoro,
che porta Orlando disdegnoso e fiero.
Orlando, come è dentro, gli occhi gira;
né più il guerrier, né la donzella mira.[30]

9
Subito smonta, e fulminando passa
dove più dentro il bel tetto s'alloggia:[31]
corre di qua, corre di là, né lassa
che non vegga ogni camera, ogni loggia.[32]
Poi che i segreti d'ogni stanza bassa[33]
ha cerco[34] invan, su per le scale poggia;[35]
e non men perde anco a cercar di sopra,
che perdessi di sotto, il tempo e l'opra.[36]

10
D'oro e di seta i letti ornati vede:
nulla de muri appar né de pareti;[37]
che quelle, e il suolo ove si mette il piede,
son da cortine ascose e da tapeti.[38]
Di su di giù va il conte Orlando e riede;[39]
né per questo può far gli occhi mai lieti
che riveggiano Angelica, o quel ladro
che n'ha portato il bel viso leggiadro.

25. sì ratto... vento: e se ne va così veloce (*ratto*) attraverso quel bosco (*fronde*), che il vento sarebbe lento (*tardo*) nell'inseguirlo.
26. ostello: palazzo.
27. suttil: raffinato.
28. altiero: maestoso.
29. messa d'oro: dorata.
30. mira: vede.
31. fulminando... s'alloggia: con sguardo minaccioso entra (*fulminando passa*) dove all'interno il palazzo è abitato (*il bel tetto s'alloggia*).
32. né lassa... loggia: non tralascia di vedere ogni camera, ogni portico.
33. bassa: a pian terreno.
34. ha cerco: ha frugato.
35. poggia: sale.
36. e non... l'opra: e non perde meno tempo e fatica (*opra*) a cercare anche di sopra, di quanto non ne abbia perso (*che perdessi*) giù, a pian terreno.
37. nulla... pareti: non si vede nulla né dei muri maestri, né dei tramezzi (*pareti*).
38. da cortine... tapeti: nascoste da arazzi (*cortine*) e da tappeti.
39. riede: torna sui suoi passi.

11
E mentre or quinci or quindi[40] invano il passo
movea, pien di **travaglio**[41] e di pensieri,
Ferraù, Brandimarte e il re Gradasso,
re Sacripante[42] et altri cavallieri
vi ritrovò, ch'andavano alto e basso,[43]
né men facean di lui vani sentieri;
e si ramaricavan del malvagio
invisibil signor di quel palagio.

12
Tutti cercando il van, tutti gli dànno
colpa di furto alcun che lor fatt'abbia:[44]
del destrier che gli ha tolto, altri è in affanno;
ch'abbia perduta altri la donna, arrabbia;
altri d'altro l'accusa:[45] e così stanno,
che non si san partir di quella gabbia;[46]
e vi son molti, a questo inganno presi,
stati le settimane intiere e i mesi.

13
Orlando, poi che quattro volte e sei[47]
tutto cercato ebbe il palazzo strano,[48]
disse fra sé: - Qui dimorar potrei,
gittare il tempo e la fatica invano:
e potria il ladro aver tratta costei
da un'altra uscita, e molto esser lontano.
Con tal pensiero uscí nel verde prato,
dal qual tutto il palazzo era aggirato.[49]

14
Mentre circonda la casa silvestra,[50]
tenendo pur a terra il viso chino,
per veder s'orma appare, o da man destra
o da sinistra, di nuovo camino;[51]
si sente richiamar da una finestra:

lessico
Travaglio
Sofferenza acuta e tormentosa, per lo più di ordine spirituale; la fase che precede il parto (dal francese *travail*, che deriva dal latino volgare *tripalĭum*, composto di *tri-*, «tre» e *palus*, «palo» e attestato in francese nel sec. VI d.C. con il significato di «strumento di tortura»).

40. or quinci or quindi: ora di qua ora di là.
41. travaglio: preoccupazione.
42. Ferraù... Sacripante: Ferraù, Gradasso e Sacripante sono saraceni, mentre Brandimarte è cristiano. Ariosto non racconta come questi personaggi siano finiti nel castello.
43. alto e basso: su e giù per le scale.
44. cercando il van: tutti lo cercano (*cercando il van*, cioè il signore del palazzo, Atlante), tutti lo accusano di aver commesso ai loro danni (*lor*) un furto.
45. del destrier... accusa: qualcuno è in affanno perché gli è stato sottratto il cavallo, qualcuno è pieno di rabbia (*arrabbia*) perché ha perduto la donna, qualcuno (lo) accusa d'altro (furto).
46. partir di quella gabbia: allontanare da quella prigione.
47. quattro volte e sei: molte volte.
48. tutto...strano: ebbe perlustrato il palazzo misterioso.
49. era aggirato: era circondato.
50. circonda... silvestra: gira attorno alla casa nel bosco (*silvestra*).
51. tenendo... nuovo camino: tenendo sempre chino (*pur*) a terra lo sguardo per vedere se trova (*appare*) a destra o a sinistra l'orma di un recente passaggio.

e leva gli occhi; e quel parlar divino
gli pare udire, e par che miri il viso,
che l'ha, da quel che fu, tanto diviso.[52]

15
Pargli Angelica udir, che supplicando
e piangendo gli dica: - Aita, aita![53]
la mia virginità ti raccomando
più che l'anima mia, più che la vita.
Dunque in presenzia del mio caro Orlando
da questo ladro mi sarà rapita?
Più tosto di tua man dammi la morte,
che venir lasci a sì infelice sorte.[54]

16
Queste parole una et un'altra volta
fanno Orlando tornar per ogni stanza,
con passïone e con fatica molta,
ma temperata pur d'alta speranza.[55]
Talor si ferma, et una voce ascolta,
che di quella d'Angelica ha sembianza[56]
(e s'egli è da una parte, suona altronde[57]),
che chieggia aiuto; e non sa trovar donde.[58]

17
Ma tornando a Ruggier, ch'io lasciai quando
dissi che per sentiero ombroso e fosco
il gigante e la donna seguitando,[59]
in un gran prato uscito era del bosco;
io dico ch'arrivò qui dove Orlando
dianzi arrivò, se 'l loco riconosco.[60]
Dentro la porta il gran gigante passa:
Ruggier gli è appresso, e di seguir non lassa.[61]

18
Tosto che[62] pon dentro alla soglia il piede,
per la gran corte e per le loggie mira;
né più il gigante né la donna vede,

52. che l'ha... diviso: che l'ha reso tanto diverso (*diviso*) da come era prima (*quel che fu*), ricorda il sonetto proemiale di Petrarca: «Quand'era in parte altr'uom da quel ch'i' sono» (*Canzoniere* I, 4).
53. Aita, aita!: Aiuto, aiuto!.
54. più tosto... sorte: piuttosto uccidimi tu stesso (*di tua man*) che mi abbandoni (*venir lasci*) a una sorte così infelice.
55. con passione... speranza: con angoscia e travaglio, tuttavia addolciti da una grande speranza.
56. ha sembianza: assomiglia.
57. altronde: da un'altra parte.
58. chieggia... donde: chiede aiuto; ma non sa capire da dove (provenga).
59. seguitando: inseguendo. Ariosto riprende le fila della vicenda di Ruggiero, anch'egli ingannato da un'illusione magica.
60. se 'l loco riconosco: Ariosto abbandona il punto di vista del narratore onnisciente, per mettersi nelle condizioni dei suoi stessi personaggi smarriti.
61. non lassa: non smette.
62. tosto che: non appena. Questa ottava e le seguenti ripetono il meccanismo narrativo già impiegato per Orlando.

e gli occhi indarno or quinci or quindi aggira.
Di su di giù va molte volte e riede;[63]
né gli succede mai quel che desira:[64]
né si sa imaginar dove sì tosto
con la donna il fellon si sia nascosto.

19
Poi che revisto ha quattro volte e cinque
di su di giù camere e logge e sale,
pur di nuovo ritorna, e non relinque
che non ne cerchi[65] fin sotto le scale.
Con speme[66] al fin che sian ne le propinque[67]
selve, si parte: ma una voce, quale
richiamò Orlando, lui chiamò non manco;[68]
e nel palazzo il fe' ritornar anco.[69]

20
Una voce medesma, una persona
che paruta era Angelica ad Orlando,
parve a Ruggier la donna di Dordona,[70]
che lo tenea di sé medesmo in bando.[71]
Se con Gradasso o con alcun ragiona
di quei ch'andavan nel palazzo errando,
a tutti par che quella cosa sia,
che più ciascun per sé brama e desia.[72]

21
Questo era un nuovo e disusato incanto
ch'avea composto[73] Atlante di Carena,
perché Ruggier fosse occupato tanto
in quel travaglio, in quella dolce pena,
che 'l mal'influsso n'andasse da canto,[74]
l'influsso ch'a morir giovene il mena.
Dopo il castel d'acciar, che nulla giova,
e dopo Alcina, Atlante ancor fa pruova.[75]

63. riede: ritorna.
64. desira: desidera.
65. non relinque... cerchi: non tralascia (*relinque*) di cercare.
66. spene: speranza.
67. propinque: vicine.
68. non manco: anche.
69. anco: di nuovo.
70. la donna di Dordona: Bradamante.
71. lo tenea... in bando: lo teneva fuori di sé (*di sé in bando*).
72. a tutti... desia: a tutti pare che la stessa cosa sia, ciò che ciascuno desidera per sé con tutte le sue forze.
73. composto: escogitato.
74. mal... da canto: il cattivo influsso (degli astri) fosse reso vano (*n'andasse da canto*). Come si spiega nei versi successivi, una profezia aveva predetto che Ruggiero sarebbe morto in giovane età se avesse sposato Bradamante; il mago Atlante, suo tutore, escogita tutti i suoi incantesimi proprio per proteggere Ruggiero da questo destino.
75. Dopo... fa pruova: si allude alle vicende narrate nei canti IV (il castello magico, abbattuto proprio da Bradamante) e VII (l'inganno di Alcina ➤ **T5**). «Fa pruova» vale "si dà da fare".

22
Non pur[76] costui, ma tutti gli altri ancora,
che di valore in Francia han maggior fama,
acciò che di lor man Ruggier non mora,
condurre Atlante in questo **incanto** trama.
E mentre fa lor far quivi dimora,
perché di cibo non patischin brama,[77]
sì ben fornito avea tutto il palagio,
che donne e cavallier vi stanno ad agio.[78]

23
Ma torniamo ad Angelica,[79] che seco
avendo quell'annel mirabil tanto,
ch'in bocca a veder lei fa l'occhio cieco,[80]
nel dito, l'assicura[81] da l'incanto;
e ritrovato nel montano speco[82]
cibo avendo e cavalla e veste e quanto
le fu bisogno,[83] avea fatto disegno
di ritornare in India al suo bel regno.

24
Orlando volentieri o Sacripante
voluto avrebbe in compania: non ch'ella
più caro avesse l'un che l'altro amante;
anzi di par fu a' lor disii ribella:[84]
ma dovendo, per girsene in Levante,[85]
passar tante città, tante castella,
di compagnia bisogno avea e di guida,
né potea aver con altri la più fida.[86]

25
Or l'uno or l'altro andò molto cercando,
prima ch'indizio ne trovasse o spia,[87]
quando in cittade, e quando in ville, e quando
in alti boschi, e quando in altra via.
Fortuna al fin là dove il conte Orlando,
Ferraù e Sacripante era, la invia,
con Ruggier, con Gradasso et altri molti
che v'avea Atlante in strano intrico avolti.[88]

lessico

Incanto

Incantesimo, sortilegio; in senso figurato, atmosfera o situazione suggestiva; fascino, seduzione («l'incanto di una notte stellata»; «l'incanto dei suoi occhi») oppure cosa o persona incantevole (dal verbo "incantare", derivato del latino *incantāre*, da *cantāre*, «recitare formule magiche» con il prefisso *in-*).

76. pur: solo.
77. perché... brama: perché non soffrano la fame (di cibo *brama*).
78. ad agio: a loro agio.
79. torniamo ad Angelica: Ariosto si ricollega qui alla vicenda di Angelica, lasciata in sospeso nel canto XI.
80. ch'in bocca... cieco: che rende invisibile (*fa l'occhio cieco*) lei, che lo tiene in bocca.
81. l'assicura: la protegge.
82. speco: caverna.
83. quanto le fu bisogno: ciò di cui aveva bisogno.
84. anzi... ribella: fu anzi ugualmente (*di par*) ribelle (cioè non soddisfece) ai loro desideri.
85. girsene in Levante: andarsene a Oriente.
86. né potea... fida: né avrebbe potuto trovare con altri (guida) più fidata (*fida*).
87. spia: traccia.
88. in strano intrico avolti: imprigionati in una magica trappola.

26
Quivi entra, che veder non la può il mago,
e cerca il tutto,[89] ascosa[90] dal suo annello;
e truova Orlando e Sacripante vago
di lei cercare invan per quello ostello.[91]
Vede come, fingendo la sua imago,[92]
Atlante usa gran fraude[93] a questo e a quello.
Chi tor debba di lor, molto rivolve
nel suo pensier, né ben se ne risolve.[94]

27
Non sa stimar chi sia per lei migliore,
il conte Orlando o il re dei fier Circassi.[95]
Orlando la potrà con più valore
meglio salvar nei perigliosi passi:[96]
ma se sua guida il fa, sel fa signore;
ch'ella non vede come poi l'abbassi,
qualunque volta, di lui sazia, farlo
voglia minore,[97] o in Francia rimandarlo.

28
Ma il Circasso depor, quando le piaccia,
potrà, se ben l'avesse posto in cielo.[98]
Questa sola cagion vuol ch'ella il faccia
sua **scorta**, e mostri avergli fede e zelo.[99]
L'annel trasse di bocca, e di sua faccia
levò dagli occhi a Sacripante il velo.[100]
Credette a lui sol dimostrarsi, e avenne
ch'Orlando e Ferraù le sopravenne.[101]

29
Le sopravenne Ferraù et Orlando;
che l'uno e l'altro parimente giva[102]
di su di giù, dentro e di fuor cercando
del gran palazzo lei, ch'era lor diva.[103]
Corser di par tutti alla donna, quando

lessico
Scorta
Accompagnamento a scopo di guida, sorveglianza o protezione; guardia del corpo; riserva di viveri, beni o denaro in vista di necessità futura (femminile sostantivato dell'aggettivo arcaico "scorto", «prudente, accorto», participio passato di "scorgere").

89. il tutto: dappertutto.
90. ascosa: nascosta.
91. vago... ostello: desideroso (*vago*) di cercarla, inutilmente, in quel palazzo (*ostello*).
92. fingendo la sua imago: creando una sua immagine illusoria.
93. usa gran fraude: inganna del tutto.
94. Chi tor... risolve: Molto medita dentro di sé su chi di loro debba prendere (*tor*) con lei, e non si decide (*risolve*).
95. re... Circassi: Sacripante.
96. perigliosi passi: momenti di pericolo.
97. ma se sua... minore: ma se lo fa sua guida, lo fa (diventare) suo signore, ella non vede poi come possa diminuirne il potere (*l'abbassi*), ogni volta che, stanca (*sazia*) di lui, voglia renderlo meno forte (*minore*).
98. Ma il Circasso... cielo: Ma potrà abbassare il Circasso (Sacripante) in qualsiasi momento, anche se lo avrà innalzato fino in cielo.
99. Questa... zelo: Questa sola ragione (*cagion*) la induce a sceglierlo come sua scorta e a mostrargli fedeltà e affetto (*zelo*).
100. velo: quello dell'incantesimo: Angelica decide di mostrare il suo volto a Sacripante.
101. le sopravenne: le sopraggiunsero davanti.
102. giva: andava.
103. diva: dea.

nessuno incantamento gli impediva:[104]
perché l'annel ch'ella si pose in mano,
fece d'Atlante ogni disegno vano.

30
L'usbergo[105] indosso aveano e l'elmo in testa
dui di questi guerrier, dei quali io canto;
né notte o dì, dopo ch'entraro in questa
stanza, l'aveano mai messo da canto;
che facile a portar, come la vesta,
era lor, perché in uso l'avean tanto.
Ferraù il terzo era anco armato, eccetto
che non avea né volea avere elmetto,

31
fin che quel non avea, che 'l paladino
tolse Orlando al fratel del re Troiano;
ch'allora lo giurò, che l'elmo fino
cercò de l'Argalia nel fiume invano:[106]
e se ben quivi Orlando ebbe vicino,
né però Ferraù pose in lui mano;[107]
avenne, che conoscersi tra loro
non si potêr, mentre là dentro fôro.[108]

32
Era così incantato quello albergo,
ch'insieme riconoscer non poteansi.
Né notte mai né dì, spada né usbergo
né scudo pur dal braccio rimoveansi.[109]
I lor cavalli con la sella al tergo,[110]
pendendo i morsi da l'arcion, pasceansi[111]
in una stanza, che presso all'uscita,
d'orzo e di paglia sempre era fornita.

33
Atlante riparar[112] non sa né puote,
ch'in sella non rimontino i guerrieri
per correr dietro alle vermiglie gote,
all'auree chiome et a' begli occhi neri
de la donzella, ch'in fuga percuote
la sua iumenta,[113] perché volentieri

104. Corser... impediva: Corsero tutti insieme (*di par*) dalla donna, dal momento che nessun incantesimo lo impediva loro.
105. usbergo: corazza.
106. fin che... invano: finché non riusciva ad avere quello (l'elmo) che il paladino Orlando tolse al fratello del re Troiano (Almonte); lo giurò quando perse nel fiume il bell'elmo di Argalia (si riferisce al canto I).
107. pose in lui mano: lo attaccò.
108. fôro: furono.
109. rimoveansi: si toglievano.
110. al tergo: sul dorso.
111. pendendo... pasceansi: pendendo le briglie dalla parte anteriore della sella, si nutrivano.
112. riparar: evitare.
113. iumenta: cavalla da soma.

non vede li tre amanti in compagnia,
che forse tolti un dopo l'altro avria.[114]

34
E poi che dilungati[115] dal palagio
gli ebbe sì, che temer più non dovea
che contra lor l'incantator malvagio
potesse oprar la sua fallacia rea;[116]
l'annel, che le schivò più d'un disagio,
tra le rosate labra si chiudea:
donde lor sparve subito dagli occhi,
e gli lasciò come insensati e sciocchi.[117]

114. che forse... avria: che forse avrebbe scelti (*tolti*) (come guida), ma in ordine successivo (*un dopo l'altro*).
115. dilungati: allontanati.
116. fallacia rea: colpevole inganno.
117. insensati e sciocchi: storditi e attoniti.

Analisi del testo

Struttura

Il paragone mitico Il canto XII si apre con l'ampio e complesso paragone mitico tra Orlando, alla ricerca dell'amata Angelica, e la dea Cerere, alla ricerca della figlia Persefone. Il tono è solenne ed epico e intende nobilitare le peripezie di Orlando ponendole sul piano della tradizione classica. La struttura di questa parte iniziale risente apertamente di tale intenzione: si basa, infatti, su quattro ottave simmetricamente ripartite fra la dea Cerere e il paladino, entrambi presentati come protagonisti di una dolorosa inchiesta, per la quale sono disposti ad azioni iperboliche e impossibili, fino a frugare nel profondo dell'inferno.

Il trionfo dell'illusione Dalla seconda parte della quarta ottava («Mentre pensa così») Ariosto ripristina il movimentato andamento romanzesco, nel momento in cui Orlando crede di sentire la voce lamentosa dell'amata, che in realtà è un'illusione creata dal mago Atlante. A partire da questo momento si assiste progressivamente a un vero e proprio trionfo dell'illusione e dell'apparenza, che culminano nell'ottava 26: qui Angelica subisce addirittura uno sdoppiamento, trovandosi nel castello sia come fantasma sia come personaggio reale, sebbene invisibile. L'ingresso nel labirinto delle apparenze si può indicare nel primo verso della sesta ottava («Non dico ch'ella fosse, ma parea»). Sono queste parole a fornire la chiave di lettura delle vicende seguenti, tutte ancorate a una girandola di desideri inappagati e di miraggi, inseguendo i quali molti cavalieri finiscono nello spazio ingannevole del castello.

Le svolte nella narrazione L'intreccio dei percorsi di questi personaggi, poi, converge nell'ottava 12, nella quale i protagonisti sono accomunati dall'ira contro Atlante («Tutti cercando il van, tutti gli danno / colpa di furto alcun»), che li ha privati dell'oggetto del loro desiderio. Orlando nel frattempo prosegue la sua vana ricerca, in un movimento bidirezionale che va dall'alto al basso e dall'interno all'esterno finché, all'ottava 17, con una svolta tipica dello stile ariostesco («Ma tornando a Ruggier»), compare sulla scena l'altro guerriero, chiamato a reiterare lo stesso percorso di Orlando. Parallelamente, l'ottava 23 opera una nuova svolta («Ma torniamo ad Angelica»): ritorna sulla scena la vera Angelica con la sua forza di seduzione, motore dell'azione. La donna, prima invisibile e poi palesata, riesce a sciogliere il sortilegio di Atlante e a disperdere nuovamente, come in un moto centrifugo, i cavalieri; ma l'apparizione dura poco, Angelica svanisce un'altra volta dalla vista dei suoi inseguitori, lasciandoli «come insensati e sciocchi» (34, 8).

Lingua e stile

La solennità delle prime ottave L'andamento solenne delle prime ottave è reso possibile da Ariosto attraverso una sintassi ampia e latineggiante: il soggetto della prima ottava («Cerere») si trova in posizione iniziale, ma è separato dal verbo principale («svelse») dall'intera strofa, in cui si susseguono una serie di subordinate; la narrazione, però, non riesce a contenersi nella misura dell'ottava e sconfina nella seguente. Qui ha inizio una serie di anafore che accelerano il ritmo dell'azione: queste sono affidate a una lunga serie di verbi, il più rilevante dei quali («cercò») sottolinea con insistenza lo svolgersi affannoso delle inchieste della dea e di Orlando (ottave 2-4; il verbo è ripetuto in anafora, poi in parola-rima [«cercare»] e infine in sequenza temporale [«già cercando», «l'ha cercata»]).

L'accelerazione narrativa Da questo momento l'accelerazione narrativa diventa vertiginosa: l'inseguimento di Orlando si fa precipitoso, come sottolinea l'*enjambement* fra le ottave 4 e 5, mentre l'illusione dell'incantesimo è affidata alla ripetizione di termini appartenenti all'area semantica dell'inganno («par, fa sembiante, parea, invano, il van, inganno, gli pare, pargli, indarno, invan, fingendo»). Coerentemente con la rapidità d'azione, Ariosto usa una fitta serie di deittici (soprattutto indicatori di luogo), che hanno la funzione di esprimere l'ostinazione e il moto oscillante e vano dei cavalieri dentro e attorno al palazzo («di qua, di là, di su di giù, di sopra, di sotto, or quindi or quinci, di su di giù, dentro e di fuor»).

Temi

Fra realtà e menzogna Il castello di Atlante è il luogo in cui si intersecano le strade di molti personaggi, condotti e trattenuti là dal richiamo invincibile di passioni, sogni, desideri irrealizzati: è il punto di convergenza tra verità e illusione, tra razionale e fantastico. Tutti i cavalieri, infatti, vi entrano segnati da una condizione di insoddisfazione e di inquietudine, e il castello, posto fuori dal tempo, amplifica questa condizione vanificando la loro inchiesta. La convergenza delle vicende comporta una ripetizione delle azioni di un unico schema narrativo: le singole azioni ripetute non sono altro che variazioni di un'unica costante, che accomuna tutti i personaggi. I protagonisti perdono il contatto con la realtà, varcano la soglia dell'inesistente, smarriscono ciò che già possiedono e rischiano di perdere addirittura sé stessi: l'immagine del desiderio tanto più si allontana quanto più ciascuno la insegue. Il palazzo prende sempre più la forma di una gabbia, di un labirinto, dal quale risulta impossibile uscire, anche se, a dire il vero, nessuno ha la reale intenzione di fuggire. Ciascuno vi rimane murato dal proprio desiderio insoddisfatto, incapace di desistere dall'inseguimento, proteso in una inutile tensione drammatica.

Officina

COMPRENDERE

1. In che modo Orlando giunge al castello di Atlante?
2. Il castello è frutto di un incantesimo. Chi lo ha escogitato? E a favore di quale personaggio?
3. Come si manifesta la presenza di Angelica nel castello?

ANALIZZARE

4. **Lingua e stile** Individua le ottave relative alle azioni di Angelica e sottolineane i movimenti e le conseguenze che ne derivano.
5. **Lingua e stile** Anafora, iterazione e allitterazione occupano la quarta strofa. Rintracciale e sottolineale nel testo, poi spiegane l'uso.
6. **Lessico** Quali dei seguenti aggettivi può essere usato come sinonimo di "mesto" nel significato **1.** Che prova o dimostra dolore e afflizione, come in «persona mesta, sorriso mesto», quali nel significato **2.** Che provoca o suscita dolore e afflizione, come in «atmosfera mesta, canzone mesta» e quali in entrambi i casi?:
cupo, afflitto, amareggiato, lugubre, cimiteriale, desolante, avvilito, sconsolato, triste, prostrato.

INTERPRETARE

7. Ripercorri nel testo le strofe che si riferiscono all'apparizione di Angelica e al tentativo di salvarla da parte di Orlando. Dopo aver analizzato le principali azioni compiute da Orlando, opera un confronto con quanto narrato in *Lancillotto* (vol. I, **T2**). Ti sembra che i due cavalieri si comportino allo stesso modo? Quali effetti sortiscono le loro azioni?

PERCORSO DI SCRITTURA

Riscrittura Prova a riscrivere gli avvenimenti dal punto di vista del mago Atlante, in un testo che non superi le 20 righe. Puoi iniziare così: «E lo adescai, il primo così: con la voce suadente di lei...».

LETTURA CRITICA

Il castello di Atlante come cifra del poema

Nella sua raccolta di saggi sulle grandi opere della letteratura, Italo Calvino dedica pagine penetranti al significato e all'importanza del magico castello di Atlante. Luogo tra i più simbolici del poema, il castello rappresenta lo spazio illusorio in cui i personaggi si perdono nel vano tentativo di appagare i loro desideri. Allo stesso tempo, però, il castello rappresenta un abile espediente narrativo, con cui Ariosto può temporaneamente sottrarre alcuni dei protagonisti al fitto intreccio del poema per seguire le vicende di altri eroi.

La magia di Atlante

Occorre dire che lo spazio del poema ha anche un altro centro di gravità, un centro in negativo, un trabocchetto, una specie di vortice che inghiotte a uno a uno i principali personaggi: il palazzo incantato del mago Atlante. La magia d'Atlante si compiace d'architetture illusionistiche: già al canto IV fa sorgere, tra le giogaie dei Pirenei, un castello tutto d'acciaio e poi lo fa dissolvere nel nulla; tra il XII e il XXII canto vediamo elevarsi, non lontano dalle coste della Manica, un palazzo che è un vortice di nulla, nel quale si rifrangono tutte le immagini del poema. A Orlando in persona, mentre va in cerca di Angelica, capita di restare vittima dell'incantesimo, secondo un procedimento che si ripete pressoché identico per ognuno di questi prodi cavalieri: vede rapire la sua bella, insegue il rapitore, entra in un misterioso palazzo, gira e gira per androni e corridoi deserti. Ossia: il palazzo è deserto di quel che si cerca, ed è popolato solo di cercatori.

Il regno dell'illusione

Questi che vagano per logge e per sottoscale, che frugano sotto arazzi e baldacchini sono i più famosi cavalieri cristiani e mori: tutti sono stati attratti nel palazzo dalla visione d'una donna amata, d'un nemico irraggiungibile, d'un cavallo rubato, d'un oggetto perduto. E ora non possono più staccarsi da quelle mura: se uno fa per allontanarsene, si sente richiamare, si volta e l'apparizione invano inseguita è là, la dama da salvare è affacciata a una finestra, che implora soccorso. Atlante ha dato forma al regno dell'illusione; se la vita è sempre varia e imprevista e cangiante, l'illusione è monotona, batte e ribatte sempre sullo stesso chiodo. [...]

Atlante o Ariosto?

Anche Astolfo capita nel palazzo, inseguendo – ossia: credendo d'inseguire – un contadinello che gli ha rubato il cavallo Rabicano. Ma con Astolfo non c'è incantesimo che valga. Egli possiede un libro magico dove è spiegato tutto sui palazzi di quel tipo. [...] Il mago Atlante, vedendosi a mal partito, era ricorso a un ultimo incantesimo: far apparire Astolfo ai vari prigionieri del palazzo come l'avversario inseguendo il quale ciascuno di loro era entrato là dentro. Ma ad Astolfo basta dar fiato al suo corno per disperdere mago e magia e vittime della magia. Il palazzo, ragnatela di sogni e desideri e invidie, si disfa: ossia cessa d'essere uno spazio esterno a noi, con porte e scale e mura, per ritornare a celarsi nelle nostre menti, nel labirinto dei pensieri. Atlante ridà libero corso per le vie del poema ai personaggi che aveva sequestrato. Atlante o Ariosto? Il palazzo incantato si rivela un astuto stratagemma strutturale del narratore che, per l'impossibilità materiale di sviluppare contemporaneamente un gran numero di vicende parallele, sente il bisogno di sottrarre, per la durata di alcuni canti, dei personaggi all'azione, di mettere da parte delle carte per continuare il suo gioco e tirarle fuori al momento opportuno. L'incantatore che vuol ritardare il compiersi del destino e il poeta-stratega che ora accresce ora assottiglia le fila dei personaggi in campo, ora li aggruppa e ora li disperde, si sovrappongono fino a identificarsi.

(I. Calvino, *La struttura dell'«Orlando»*,
in Perché leggere i classici, Mondadori, Milano, 1991)

T7 La pazzia di Orlando

Orlando furioso
XXIII, 100-117, 124-136;
XXIV, 1-13

AUDIO

Nel cuore del poema Ariosto colloca l'episodio cui fa capo l'azione principale del racconto, enunciata sin dal titolo e dalla protasi (➤ **T3**): la perdita del senno da parte del protagonista, come conseguenza della passione amorosa e della gelosia.
Lasciati Isabella e Zerbino, finalmente ricongiunti per merito suo, Orlando si ritrova nel bosco che è stato da poco dolce teatro degli amori di Angelica e Medoro: di fronte agli indizi sempre più inequivocabili di quel legame, il cavaliere nutre inizialmente i sentimenti del sospetto e della gelosia, che tenta invano di allontanare. Ma l'ambiente di idillio pastorale gli rivela particolari sempre più laceranti della felicità degli amanti. Pian piano l'illusione del paladino crolla al contatto brutale con una realtà che non lascia scampo: il paesaggio diviene progressivamente un'ossessione, finché la disperazione prevale sul controllo razionale.

- Metro ottave di endecasillabi con schema ABABABCC

Canto XXIII

100
Lo strano corso che tenne il cavallo
del Saracin[1] pel bosco senza via,
fece ch'Orlando andò duo giorni in fallo,[2]
né lo trovò, né poté averne spia.[3]
Giunse ad un rivo che parea cristallo,
ne le cui sponde un bel pratel fioria,
di nativo color vago[4] e dipinto,
e di molti e belli arbori distinto.[5]

101
Il merigge facea grato l'orezzo
al duro armento et al pastore ignudo;[6]
sì che né Orlando sentia alcun ribrezzo,[7]
che la corazza avea, l'elmo e lo scudo.
Quivi egli entrò per riposarvi in mezzo;
e v'ebbe travaglioso albergo e crudo,[8]
e più che dir si possa empio[9] soggiorno,
quell'infelice e sfortunato giorno.

1. **Saracin:** Mandricardo.
2. **andò… fallo:** vagò a vuoto (*in fallo*) per due giorni. Il poeta sottolinea l'assoluta casualità (seguire lo «strano corso» del cavallo di un altro) che conduce Orlando verso il suo destino.
3. **spia:** indizio.
4. **di nativo color vago:** bello di un colore naturale.
5. **distinto:** delimitato.
6. **Il merigge… ignudo:** L'ora meridiana rendeva gradevole l'ombra fresca (*orezzo*) al gregge resistente alla fatica (*duro armento*) e al pastore nudo (per il caldo).
7. **ribrezzo:** brivido di freddo.
8. **travaglioso… crudo:** dimora dolorosa e crudele.
9. **empio:** funesto.

102
Volgendosi ivi intorno, vide scritti
molti arbuscelli in su l'ombrosa riva.
Tosto che fermi v'ebbe gli occhi e fitti,[10]
fu certo esser di man de la sua **diva**.[11]
Questo era un di quei lochi già descritti,
ove sovente con Medor veniva
da casa del pastore indi[12] vicina
la bella donna del Catai regina.

103
Angelica e Medor con cento nodi
legati insieme, e in cento lochi vede.
Quante lettere son,[13] tanti son chiodi
coi quali Amore il cor gli punge e fiede.[14]
Va col pensier cercando in mille modi
non creder quel ch'al suo dispetto[15] crede:
ch'altra Angelica sia, creder si sforza,
ch'abbia scritto il suo nome in quella scorza.[16]

104
Poi dice: – Conosco io pur queste note:[17]
di tal'[18] io n'ho tante vedute e lette.
Finger[19] questo Medoro ella si puote:
forse ch'a me questo cognome[20] mette. –
Con tali opinïon dal ver remote[21]
usando fraude[22] a sé medesmo, stette
ne la speranza il malcontento Orlando,
che si seppe a se stesso ir procacciando.[23]

105
Ma sempre più raccende e più rinuova,
quanto spenger più cerca, il rio sospetto:[24]
come l'incauto augel che si ritrova
in ragna o in visco[25] aver dato di petto,
quanto più batte l'ale e più si prova
di disbrigar,[26] più vi si lega stretto.

lessico
Diva
In italiano antico e letterario, divinità pagana femminile, dea oppure donna di eccezionale bellezza; oggi, attrice teatrale o cinematografica molto famosa (dal latino *diva*, femminile di *divus*, «divino»).

10. Tosto... fitti: Non appena ebbe soffermato e fissato gli occhi. Si noti la precisione della tecnica narrativa, che segue i movimenti fisici e psicologici in successione strettissima di fotogrammi.
11. sua diva: Angelica.
12. indi: di là.
13. Quante...son: Per ognuna delle lettere di cui sono composti i loro nomi.
14. fiede: ferisce, lacera.
15. al suo dispetto: suo malgrado.
16. scorza: corteccia.
17. note: caratteri.
18. di tal': di simili.
19. Finger: immaginare (con la fantasia).
20. cognome: soprannome.
21. dal ver remote: molto lontane dalla verità.
22. usando fraude: ingannando.
23. che... procacciando: (speranza) che da solo seppe procurare a sé stesso.
24. Ma sempre... sospetto: Ma quanto più cerca di spegnerlo, sempre più alimenta e rinnova il crudele sospetto.
25. in ragna o in visco: in una rete o nel vischio.
26. disbrigar: liberarsi.

Orlando viene ove s'incurva il monte
a guisa d'arco in su la chiara fonte.[27]

106
Aveano in su l'entrata il luogo adorno
coi piedi storti edere e viti erranti.[28]
Quivi soleano al più cocente giorno
stare abbracciati i duo felici amanti.
V'aveano i nomi lor dentro e d'intorno,
più che in altro dei luoghi circonstanti,
scritti, qual con carbone e qual con gesso,
e qual con punte di coltelli impresso.

107
Il mesto conte a piè quivi discese;
e vide in su l'entrata de la grotta
parole assai, che di sua man distese
Medoro avea, che parean scritte allotta.[29]
Del gran piacer che ne la grotta prese,
questa sentenza in versi avea ridotta.[30]
Che fosse culta[31] in suo linguaggio io penso;
et era ne la nostra[32] tale il senso:

108
Liete piante, verdi erbe, limpide acque,
spelunca opaca e di fredde ombre grata,[33]
dove la bella Angelica che nacque
di Galafron,[34] da molti invano amata,
spesso ne le mie braccia nuda giacque;
de la commodità[35] che qui m'è data,
io povero Medor ricompensarvi
d'altro non posso, che d'ognior lodarvi:[36]

109
e di pregare ogni signore amante,
e cavallieri e damigelle, e ognuna
persona, o paesana o vïandante,[37]
che qui sua volontà meni[38] o Fortuna;

27. **ove... fonte:** dove il monte, come un arco, forma una curva sopra la limpida fonte. È la grotta che ospitò i convegni amorosi di Angelica e Medoro, come si narra nel canto XIX.
28. **Aveano... erranti:** All'ingresso avevano adornato il luogo con rami intrecciati (*piedi storti*) edere e viti rampicanti.
29. **allotta:** allora.
30. **Del gran... ridotta:** Aveva messo in versi questa riflessione dal grande piacere goduto nella grotta.
31. **culta:** scritta con arte.
32. **ne la nostra:** nella nostra lingua. Medoro, infatti, parla e scrive (come si precisa in 109, 1) in arabo.
33. **spelunca... grata:** grotta oscura e gradevole per la frescura delle ombre.
34. **Galafron:** il re del Catai, padre di Angelica.
35. **commodità:** piacere.
36. **ricompensarvi... lodarvi:** non posso ricompensarvi in altro modo che lodandovi sempre (*ognior*).
37. **paesana o viandante:** autoctona o forestiera.
38. **meni:** conduca.

ch'all'erbe, all'ombre, all'antro, al rio, alle piante
dica: benigno abbiate e sole e luna,
e de le ninfe il coro, che proveggia
che non conduca a voi pastor mai greggia.[39]

110
Era scritto in arabico, che 'l conte
intendea così ben come latino:[40]
fra molte lingue e molte ch'avea pronte,[41]
prontissima avea quella il paladino;
e gli schivò più volte e danni et onte,
che si trovò tra il popul saracino:
ma non si vanti, se già n'ebbe frutto;[42]
ch'un danno or n'ha, che può scontargli[43] il tutto.

111
Tre volte e quattro e sei lesse lo scritto
quello infelice, e pur[44] cercando invano
che non vi fosse quel che v'era scritto;
e sempre lo vedea più chiaro e piano:[45]
et ogni volta in mezzo il petto afflitto
stringersi il cor sentia con fredda mano.
Rimase al fin con gli occhi e con la mente
fissi nel sasso, al sasso indifferente.[46]

112
Fu allora per uscir del sentimento,
sì tutto in preda del dolor si lassa.[47]
Credete a chi n'ha fatto esperimento,[48]
che questo[49] è 'l duol che tutti gli altri passa.
Caduto gli era sopra il petto il mento,
la fronte priva di baldanza e bassa;
né poté aver (che 'l duol l'occupò tanto)
alle **querele** voce, o umore al pianto.[50]

113
L'impetuosa doglia entro rimase,
che volea tutta uscir con troppa fretta.
Così veggiàn restar l'acqua nel vase,[51]

lessico
Querela
In italiano antico e letterario, rimostranza, lagnanza per un danno o un'ingiustizia subita; lamento; nel linguaggio giuridico, denuncia all'autorità competente contro un reato non perseguibile d'ufficio (dal latino *querēla*, «lamentela, lagnanza», derivato di *queri*, «lamentarsi»).

39. che... greggia: che provveda (*proveggia*) che nessun pastore non porti mai il suo gregge fino a voi (per non profanare la quiete del luogo).
40. latino: la lingua volgare.
41. pronte: conosciute bene. La tradizione cavalleresca, con Pulci, attribuisce al paladino la conoscenza di svariate lingue.
42. frutto: vantaggio.
43. scontargli: fargli scontare.
44. pur: sempre.
45. piano: esplicito.
46. fissi... indifferente: fissi nel sasso, (lui stesso) non differente dal sasso. Verso in forma chiastica a descrivere Orlando impietrito dal dolore.
47. si lassa: si abbandona.
48. credete... esperimento: ricorrente cenno autobiografico di Ariosto che, sin dal canto I, si assimila al destino di Orlando.
49. questo: cioè la gelosia.
50. alle querele... pianto: voce per i lamenti (*querele*), o lacrime (*umore*) per il pianto.
51. vase: vaso.

che largo il ventre e la bocca abbia stretta;
che[52] nel voltar che si fa in su la base,
l'umor che vorria uscir, tanto s'affretta,
e ne l'angusta via tanto s'intrica,
ch'a goccia a goccia fuore esce a fatica.

114
Poi ritorna in sé alquanto, e pensa come
possa esser che non sia la cosa vera:[53]
che voglia alcun così infamare il nome
de la sua donna e crede e brama e spera,[54]
o gravar lui d'insoportabil some
tanto di gelosia, che se ne pèra;[55]
et abbia quel, sia chi si voglia stato,
molto la man di lei bene imitato.

115
In così poca, in così debol speme
sveglia gli spirti e gli rifranca[56] un poco;
indi al suo Brigliadoro il dosso preme,[57]
dando già il sole alla sorella loco.[58]
Non molto va, che da le vie supreme
dei tetti[59] uscir vede il vapor del fuoco,[60]
sente cani abbaiar, muggiare armento:[61]
viene alla villa, e piglia alloggiamento.

116
Languido[62] smonta, e lascia Brigliadoro
a un discreto[63] garzon che n'abbia cura;
altri il disarma, altri gli sproni d'oro
gli leva, altri[64] a forbir[65] va l'armatura.
Era questa la casa ove Medoro
giacque ferito, e v'ebbe alta avventura.
Corcarsi Orlando e non cenar domanda,[66]
di dolor sazio e non d'altra vivanda.

52. che: perché.
53. come... vera: in che modo possa non essere vera la cosa.
54. e crede... spera: la disposizione dei verbi è graduale in senso discendente (anticlimax).
55. o gravar... pera: o gravare lui dell'insopportabile peso (*some*) della gelosia tanto che ne muoia (*pèra*).
56. in così... rinfranca: con una speranza così debole rianima i suoi spiriti e li rinfranca.
57. il dosso preme: sale in groppa.
58. dando... loco: lasciando il Sole posto alla sorella (cioè la Luna, Diana sorella di Apollo).
59. da le vie... tetti: dai comignoli (riprende il verso di Virgilio: «e già fumano di lontano le cime delle case», *Egloga* I, v. 82).
60. il vapor del fuoco: fumo.
61. muggiare armento: muggire le mandrie.
62. Languido: Debole.
63. discreto: sollecito.
64. altri... altri... altri: iterazione che pone l'accento sull'agire degli altri, a indicare la totale perdita di identità e volontà da parte di Orlando.
65. forbire: lucidare.
66. Corcarsi... domanda: Orlando chiede di potersi coricare e non di cenare.

117
Quanto più cerca ritrovar quïete,
tanto ritrova più travaglio e pena;
che de l'odiato scritto ogni parete,
ogni uscio, ogni finestra vede piena.
Chieder ne vuol: poi tien le labra chete;[67]
che teme non si far troppo serena,
troppo chiara la cosa che di nebbia
cerca offuscar, perché men nuocer debbia.[68]

[...]

124
Quel letto, quella casa, quel pastore
immantinente in tant'odio gli casca,[69]
che senza aspettar luna, o che l'albóre
che va dinanzi al nuovo giorno nasca,
piglia l'arme e il destriero, et esce fuore
per mezzo il bosco alla più oscura frasca;[70]
e quando poi gli è aviso[71] d'esser solo,
con gridi et urli apre le porte al duolo.

125
Di pianger mai, mai di gridar non resta;[72]
né la notte né 'l dì si dà mai pace.
Fugge cittadi e borghi, e alla foresta
sul terren duro al discoperto giace.[73]
Di sé si meraviglia ch'abbia in testa
una fontana d'acqua sì vivace,[74]
e come sospirar possa mai tanto;
e spesso dice a sé così nel pianto:

126
– Queste non son più lacrime, che fuore
stillo dagli occhi con sì larga vena.
Non suppliron[75] le lacrime al dolore:
finîr, ch'a mezzo era il dolore a pena.[76]
Dal fuoco spinto ora il vitale umore
fugge per quella via ch'agli occhi mena;

lessico
Fuggire
I verbi "fuggire" e "scappare" significano entrambi «allontanarsi furtivamente e precipitosamente». "Scappare", però, ha anche molte accezioni espressive e colloquiali che "fuggire" e i tanti suoi derivati in genere non hanno («mi scappa da ridere», «gli scappò uno strafalcione»). D'altra parte, mentre "fuggire" viene dal latino classico *fugĕre*, «fuggire», "scappare" deriva dal latino volgare *excappare*, formato da *cappa*, «cappa», con il prefisso *ex-*, ovvero «liberarsi della cappa» per fuggire più rapidamente.

67. chete: silenziose.
68. debbia: debba.
69. immantinente... casca: improvvisamente gli viene in così grande odio.
70. per mezzo... frasca: nel profondo della foresta dove la vegetazione è più fitta e oscura.
71. gli è aviso: è sicuro.
72. resta: smette.
73. al discoperto giace: dorme all'aperto.
74. vivace: inesauribile; iperbole per indicare il pianto dirotto; «vivace» ha qui il senso di "eterno", come in Dante («se' di speranza fontana vivace», *Paradiso* XXXIII, 12).
75. suppliron: bastarono (a colmare).
76 finir... pena: finirono quando il dolore era appena a metà.

et è quel che si versa, e trarrà insieme
e 'l dolore e la vita all'ore estreme.[77]

127
Questi ch'indizio fan del mio tormento,
sospir non sono, né i sospir sono tali.
Quelli han triegua talora; io mai non sento
che 'l petto mio men la sua pena esali.[78]
Amor che m'arde il cor, fa questo vento,
mentre dibatte intorno al fuoco l'ali.[79]
Amor, con che miracolo lo fai,
che 'n fuoco il tenghi, e nol consumi mai?[80]

128
Non son, non sono io quel che paio in viso:
quel ch'era Orlando è morto et è sotterra;
la sua donna ingratissima l'ha ucciso:
sì, mancando di fé, gli ha fatto guerra.
Io son lo spirto suo da lui diviso,[81]
ch'in questo inferno tormentandosi erra,
acciò[82] con l'ombra sia, che sola avanza,[83]
esempio a chi in Amor pone speranza.

129
Pel bosco errò tutta la notte il conte;
e allo spuntar de la dïurna fiamma[84]
lo tornò[85] il suo destin sopra la fonte
dove Medoro insculse l'epigramma.[86]
Veder l'ingiuria sua scritta nel monte[87]
l'accese sì, ch'in lui non restò dramma[88]
che non fosse odio, rabbia, ira e furore;
né più indugiò, che trasse il brando fuore.

130
Tagliò lo scritto e 'l sasso, e sin al cielo
a volo alzar fe' le minute schegge.
Infelice quell'antro, et ogni stelo[89]
in cui Medoro e Angelica si legge!
Così restâr quel dì, ch'ombra né gielo
a pastor mai non daran più, né a gregge:

77. et è... estreme: ed è quello (l'umore vitale) che si versa e che porterà alla fine (*all'ore estreme*) sia il dolore sia la vita.
78. men... esali: sfoghi meno la sua pena.
79. fa... l'ali: è l'amore a produrre i sospiri («vento») con il risultato di attizzare (facendo vento appunto) ancor più la fiamma che consuma Orlando.
80. che... mai: che lo tieni nel fuoco ma non lo consumi mai? L'oggetto dei congiuntivi è il *cor* (di 127, 5).
81. da lui diviso: separato dal suo corpo.
82. acciò: affinché.
83. avanza: rimane di lui.
84. diurna fiamma: il Sole.
85. tornò: ricondusse.
86. insculse l'epigramma: scolpì l'iscrizione.
87. nel monte: all'ingresso della caverna.
88. non restò dramma: non rimase neppure la più piccola parte (*dramma*).
89. stelo: tronco.

e quella fonte, già si chiara e pura,
da cotanta ira fu poco sicura;

131
che rami e ceppi e tronchi e sassi e zolle
non cessò di gittar ne le bell'onde,
fin che da sommo ad imo sì turbolle[90]
che non furo mai più chiare né monde.
E stanco al fin, e al fin di sudor molle,[91]
poi che la lena vinta non risponde[92]
allo sdegno, al grave odio, all'ardente ira,
cade sul prato, e verso il ciel sospira.

132
Afflitto e stanco al fin cade ne l'erba,
e ficca gli occhi al cielo, e non fa motto.[93]
Senza cibo e dormir così si **serba**,[94]
che[95] 'l sole esce tre volte e torna sotto.
Di crescer non cessò la pena acerba,
che fuor del senno al fin l'ebbe condotto.
Il quarto dì, da gran furor commosso,[96]
e maglie e piastre[97] si stracciò di dosso.

133
Qui riman l'elmo, e là riman lo scudo,
lontan gli arnesi, e più lontan l'usbergo:[98]
l'arme sue tutte, in somma vi concludo,
avean pel bosco differente albergo.[99]
E poi si squarciò i panni, e mostrò ignudo
l'ispido[100] ventre e tutto 'l petto e 'l tergo;[101]
e cominciò la gran follia, sì orrenda,
che de la più non sarà mai ch'intenda.[102]

134
In tanta rabbia, in tanto furor venne,
che rimase offuscato in ogni senso.
Di tor[103] la spada in man non gli sovenne;
che fatte avria mirabil cose, penso.[104]
Ma né quella, né scure, né bipenne[105]
era bisogno al suo vigore immenso.

lessico

Serbare

Tenere da parte, conservare; in senso figurato, continuare a nutrire un sentimento nei confronti di qualcuno, usato in genere in frasi negative («non gli serbo rancore»), oppure custodire nell'animo («serbo un bel ricordo di quei giorni»). È parola di registro elevato (dal latino *servāre*, «conservare, custodire», derivato di *servus* nel significato originario di «garzone, guardiano di pecore»).

90. da sommo... turbolle: dalla cima al fondo le intorbidò a tal punto.
91. molle: bagnato.
92. la lena... risponde: la forza sfinita non reagisce.
93. non fa motto: non parla.
94. si serba: rimane fermo.
95. che: finché.
96. commosso: spinto.
97. maglie e piastre: l'intera armatura.
98. lontan... usbergo: lontano i bracciali (o guanti di ferro) e più lontano la corazza.
99. albergo: posizione.
100. ispido: peloso.
101. tergo: schiena.
102. che... ch'intenda: che nessuno sentirà mai cosa più grande (*de la più*).
103. tor: prendere.
104. penso: inciso in cui l'autore siede fra gli spettatori-lettori, prendendo distacco dalla materia narrata.
105. bipenne: ascia a due lame.

Quivi fe' ben de le sue prove eccelse,
ch'un alto pino al primo crollo svelse:[106]

135
e svelse dopo il primo altri parecchi,
come fosser finocchi, ebuli o aneti;[107]
e fe' il simil di querce e d'olmi vecchi,
di faggi e d'orni e d'illici[108] e d'abeti.
Quel ch'un ucellator che s'apparecchi
il campo mondo, fa, per por le reti,
dei giunchi e de le stoppie e de l'urtiche,
facea de cerri e d'altre piante antiche.[109]

136
I pastor che sentito hanno il fracasso,
lasciando il gregge sparso alla foresta,
chi di qua, chi di là, tutti a gran passo
vi vengono a veder che cosa è questa.
Ma son giunto a quel segno il qual s'io passo
vi potria la mia istoria esser molesta;
et io la vo' più tosto diferire,
che v'abbia per lunghezza a fastidire.

Canto XXIV

1
Chi mette il piè su l'amorosa pania,
cerchi ritrarlo, e non v'inveschi l'ale;[110]
che non è in somma amor, se non insania,[111]
a giudizio de' savi universale:[112]
e se ben come Orlando ognun non smania,
suo furor mostra a qualch'altro segnale.[113]
E quale è di pazzia segno più espresso
che, per altri voler, perder se stesso?

2
Varii gli effetti son, ma la pazzia
è tutt'una però, che li fa uscire.
Gli è come una gran selva, ove la via

106 ch'un alto... svelse: che sradicò un alto pino alla prima scossa (*crollo*).
107. ebuli o aneti: sambuco o anice. Sono piante dal fusto tenero.
108. orni, illici: frassini, lecci.
109. Quel... antiche: Quello che un cacciatore di uccelli, che si prepari il campo ripulito (*mondo*, dalla vegetazione) per mettere le trappole (*reti*), fa delle canne, dei cespugli e delle ortiche, (così) faceva (Orlando) dei cerri e delle altre piante secolari.
110. Chi... l'ale: Chi mette il piede nella trappola (*pania*) tesa da amore, cerchi di toglierlo e non se ne lasci invischiare.
111. insania: follia (latinismo).
112. a giudizio... universale: a comune giudizio dei saggi.
113. suo... segnale: manifesta la sua pazzia con qualche altro indizio.

conviene a forza, a chi vi va, fallire:[114]
chi su, chi giù, chi qua, chi là travia.
Per concludere in somma, io vi vo' dire:
a chi in amor s'invecchia, oltr'ogni pena,
si convengono i ceppi e la catena.[115]

3
Ben mi si potria dir: – Frate, tu vai
l'altrui mostrando, e non vedi il tuo fallo.
Io vi rispondo[116] che comprendo assai,
or che di mente ho lucido intervallo;[117]
et ho gran cura (e spero farlo ormai)
di riposarmi e d'uscir fuor di ballo:[118]
ma tosto far, come vorrei, nol posso;
che 'l male è penetrato infin all'osso.

4
Signor, ne l'altro canto io vi dicea
che 'l forsennato e furïoso Orlando[119]
trattesi l'arme e sparse al campo avea,
squarciati i panni, via gittato il brando,
svelte le piante, e risonar facea
i cavi sassi e l'alte selve; quando
alcun' pastori al suon trasse in quel lato
lor stella, o qualche lor grave peccato.[120]

5
Viste del pazzo l'incredibil prove
poi più d'appresso e la possanza estrema,[121]
si voltan per fuggir, ma non sanno ove,
sì come avviene in subitana tema.[122]
Il pazzo dietro lor ratto[123] si muove:
uno ne piglia, e del capo lo scema[124]
con la facilità che torria alcuno
da l'arbor pome, o vago fior dal pruno.[125]

114. Gli... fallire: È come un grande bosco, dove, chi vi vada, è costretto a sbagliare strada. Torna il tema ricorrente della selva, come metafora del vivere, fitto di strade intricate e luoghi oscuri.
115. a chi... catena: a chi persevera (*s'invecchia*) in amore occorre che sia legato in ceppi e catene (come un pazzo).
116. Ben... vi rispondo: introduzione di battute di dialogo con un interlocutore fittizio, tipico dello stile satirico ariostesco (➤ p. 193).
117. lucido intervallo: intervallo di lucidità.
118. uscir fuor di ballo: lasciare tutto.
119. furioso Orlando: calco del titolo del poema.
120. trattesi... peccato: si era tolto le armi e le aveva sparpagliate per il campo, si era stracciato le vesti, aveva gettato via la spada, aveva sradicato le piante, faceva risuonare delle sue grida le caverne (*cavi sassi*) e i fitti boschi (*alte selve*), quando la loro stella (cioè il destino) o qualche loro grave peccato attirò alcuni pastori verso quel rumore. Il poeta si riferisce alla triste sorte che attende i pastori.
121. possanza estrema: forza smisurata.
122. subitana tema: spavento improvviso.
123. ratto: veloce.
124. lo scema: lo priva.
125. con... pruno: con la stessa facilità con cui qualcuno coglierebbe (*torria*) una mela dall'albero o un bel fiore dal pruno. Rovesciamento della quiete dolce e idillica dell'atmosfera pastorale.

6
Per una gamba il grave tronco prese,[126]
e quello usò per mazza adosso al resto:
in terra un paio addormentato stese,
ch'al novissimo dì forse fia desto.[127]
Gli altri sgombraro subito il paese,
ch'ebbono il piede e il buono aviso presto.[128]
Non saria stato il pazzo al seguir lento,
se non ch'era già volto al loro armento.[129]

7
Gli agricultori, **accorti** agli altru' esempli,
lascian nei campi aratri e marre[130] e falci:
chi monta su le case e chi sui templi
(poi che non son sicuri olmi né salci[131]),
onde l'orrenda furia si contempli,
ch'a pugni, ad urti, a morsi, a graffi, a calci,
cavalli e buoi rompe, fraccassa e strugge;
e ben è corridor chi da lui fugge.[132]

lessico

Accorto

Che agisce con astuzia e prudenza; avveduto, abile («un accorto uomo d'affari»; «una persona accorta nelle scelte»). La locuzione "essere, stare accorto" significa «fare attenzione» («è sempre molto accorto quando guida»). L'aggettivo è il participio passato di "accorgersi", dal latino volgare *accorrigĕre*, derivato di *corrigĕre*, «correggere» con il prefisso *ad-*.

8
Già potreste sentir come ribombe
l'alto rumor ne le propinque ville[133]
d'urli e di corni, rusticane[134] trombe,
e più spesso che d'altro, il suon di squille;[135]
e con spuntoni et archi e spiedi e frombe[136]
veder dai monti sdrucciolarne[137] mille,
et altritanti andar da basso ad alto,
per fare al pazzo un villanesco[138] assalto.

9
Qual venir suol nel salso lito[139] l'onda
mossa da l'austro[140] ch'a principio scherza,
che maggior de la prima è la seconda,
e con più forza poi segue la terza;
et ogni volta più l'umore abonda,[141]
e ne l'arena più stende la sferza:[142]
tal contra Orlando l'empia turba cresce,
che giù da balze scende e di valli esce.

126. grave tronco: pesante cadavere decapitato.
127. un paio... desto: Orlando ne uccise (*addormentato stese*) due che forse (in senso ironico) si risveglieranno il giorno del giudizio universale (*novissimo dì*).
128. piede... presto: che ebbero rapide le gambe e buona l'intelligenza.
129. non... armento: non sarebbe stato il pazzo lento a seguirli se non si fosse già avventato sul gregge.
130. marre: zappe.
131. salci: salici.
132. ben... fugge: è esperto nella corsa chi riesce a sfuggirgli.
133. propinque ville: fattorie vicine.
134. rusticane: pastorali.
135. e... squille: e il suono delle campane, più frequente degli altri.
136. e... frombe: e con aste dalla punta in ferro e altri arnesi da caccia (archi, fionde).
137. sdrucciolarne: venir giù a precipizio.
138. villanesco: cioè non organizzato.
139. salso lito: il mare.
140. austro: vento del Sud.
141. più l'umore abonda: la quantità d'acqua cresce.
142. ne l'arena... sferza: flagella sempre più la sabbia.

10
Fece morir diece persone e diece,
che senza ordine[143] alcun gli andaro in mano:
e questo chiaro esperimento[144] fece,
ch'era assai più sicur starne lontano.
Trar sangue da quel corpo a nessun lece,[145]
che lo fere e percuote il ferro invano.
Al conte il re del ciel tal grazia[146] diede,
per porlo a guardia di sua santa fede.

11
Era a periglio di morire Orlando,
se fosse di morir stato capace.
Potea imparar ch'era a gittare il brando,
e poi voler senz'arme essere audace.[147]
La turba già s'andava ritirando,
vedendo ogni suo colpo uscir fallace.[148]
Orlando, poi che più nessun l'attende,
verso un borgo di case il camin prende.

12
Dentro non vi trovò piccol né grande,
che 'l borgo ognun per tema[149] avea lasciato.
V'erano in copia[150] povere vivande,
convenïenti a un pastorale stato.
Senza il pane discerner da le giande,[151]
dal digiuno e da l'impeto cacciato,[152]
le mani e il dente lasciò andar di botto
in quel che trovò prima, o crudo o cotto.

13
E quindi errando per tutto il paese,
dava la caccia e agli uomini e alle fere;
e scorrendo pei boschi, talor prese
i capri isnelli e le damme[153] leggiere.
Spesso con orsi e con cingiai[154] **contese**,
e con man nude li pose a giacere:[155]
e di lor carne con tutta la spoglia[156]
più volte il ventre empì con fiera voglia.

lessico

Contendere

Essere in contrasto, litigare; gareggiare, competere (deriva dal latino *contendĕre*, «contrastare», derivato di *tendĕre*, «tendere con tutte le proprie forze»; con il prefisso *con-*, con valore di reciprocità, «contendersi qualcosa, fare a gara per ottenerla».

143. senza ordine: a caso.
144. esperimento: prova.
145. Trar... lece: A nessuno è lecito ferirlo.
146. tal grazia: cioè di renderlo invulnerabile.
147. Potea... audace: Avrebbe potuto imparare quanto era pericoloso gettare via la spada e poi pretendere di essere audace senza le armi.
148. uscir fallace: andare a vuoto.
149. per tema: per paura.
150. in copia: in abbondanza.
151. Senza... giande: Senza distinguere il pane dalle ghiande.
152. cacciato: spinto.
153. i capri... damme: i caprioli... le daine.
154. cingiai: cinghiali.
155. pose a giacere: atterrò.
156. spoglia: pelle.

Analisi del testo

Struttura

Il rovesciamento della quiete idillica Il primo momento della narrazione (ottave 100-110) introduce il personaggio di Orlando in un quadro di serena quiete agreste: è il teatro degli amori felici di Angelica e Medoro (raccontato nel canto XIX), dove comincia ad agire sul protagonista, come una lima sottile, la forza erosiva della gelosia, in un fine gioco psicologico di rimandi tra la realtà esterna e la sfera emotiva interna, tra gli oggetti e i pensieri. Ariosto qui gioca con il lettore e nelle ottave 102-103, dove Orlando riconosce le scritte lasciate dai due amanti, riprende quasi parola per parola il momento in cui Angelica e Medoro avevano inciso proprio quelle scritte (XIX, 36):

XIX, 36	XXIII, 102-103
ovunque un arbor dritto vedesse ombrare o fonte o rivo puro, v'avea spillo o coltel subito fitto	vide scritti molti arbuscelli in su l'ombrosa riva. Tosto che fermi v'ebbe gli occhi e fitti
et era fuori in mille luoghi scritto; in vari modi legati insieme di diversi nodi	Angelica e Medor con cento nodi legati insieme, e in cento lochi vede

Se però nel canto XIX il punto di vista era quello dell'appagamento e della felicità amorosa, qui la situazione si rovescia tragicamente e il punto di vista di Orlando trasforma gli "spilli" e i "coltelli" con cui gli amanti hanno inciso i loro nomi in "chiodi" crudeli che gli feriscono l'anima, fino a lacerarla.

L'esplosione della pazzia Un tormento interiore che prosegue fino al tentativo di ingannare sé stesso, fingendo che la realtà sia diversa da quella che con tutta evidenza gli si pone di fronte (117). Da questo momento ha inizio la peregrinazione di Orlando nella selva (124-136), accompagnata da alti lamenti e pianto copioso. La disperazione sfocia nella totale negazione di sé («Non son, non sono io», 128, 1) e nell'abbandono sull'erba: disfatto da una stanchezza mortale (132), Orlando esplode in una furia devastatrice (133-136) e lascia libero sfogo a una ferinità selvaggia che lo priva della sua umanità e lo restituisce, nudo, alla natura come forza primordiale e distruttiva (XXIV, 1-13).

Lingua e stile

L'umanizzazione di Orlando Il tema della follia di Orlando è trattato da Ariosto con una tecnica finemente elaborata: l'autore sa che il caso individuale del personaggio deve essere presentato al lettore nella sua esemplarità. Scelta dunque la più diffusa delle passioni, la gelosia, come condizione estrema dell'innamoramento, Ariosto avvia un processo di umanizzazione dell'eroe. A questo scopo, anche di fronte agli aspetti più sconvolgenti della furia di Orlando, il poeta prosegue sul filo della parziale identificazione di sé con il suo paladino. La riflessione condotta da Ariosto a margine del racconto sfocia spesso in uno stile sentenzioso e in cadenze di proverbio (per esempio in 112, 3-4: «Credete a chi n'ha fatto esperimento, / che questo è 'l duol che tutti gli altri passa»).

Realismo descrittivo La follia è presentata da Ariosto con notevole sensibilità psicologica, evidente anche nella struttura linguistica e retorica: le azioni vengono narrate senza circonlocuzioni o eufemismi. Si può dire che forse è l'unico caso in cui il lettore si trova di fronte a una descrizione fisica realistica e non convenzionale del protagonista. Tale impressione di realismo coincide con l'uso frequente dell'accumulazione e dell'enumerazione, che cercano di perseguire una oggettività descrittiva. Anche la maggior parte delle figure retoriche del testo risponde a questa intenzione: persino l'iperbole, che potrebbe sembrare la più distante dalla visione realistica, risulta, invece, funzionale alla descrizione concreta di una follia smisurata e inimmaginabile («sì orrenda, / che de la più non sarà mai ch'intenda», 133, 7-8).

Temi

La follia e la perdita di sé Ariosto, nel presentare la perdita della ragione da parte di Orlando, rielabora in profondità gli elementi della tradizione e li arricchisce di significati nuovi. Studi recenti hanno rilevato l'influenza sul poeta di Erasmo da Rotterdam circa la concezione della follia: questa va intesa non semplicemente come una generica condizione di irragionevolezza, ma come perdita del contatto con la realtà. Sotto questa luce, l'eroe recupera la sua fragilità umana, minacciata dalle passioni, dai desideri irrealizzabili e dalle aspirazioni impossibili.
Nel gioco dei rapporti fra realtà e apparenza, nel *Furioso* (➤ **T6**) esercita un ruolo fondamentale proprio l'illusione d'amore, a cui è strettamente legata la follia, intesa come mancanza, perdita o confusione. Degli argomenti annunciati da Ariosto nei primi versi del poema (➤ **T3**), cioè armi e amori, avventure e battaglie, sin dal titolo di-

viene centrale quello dell'assenza d'amore, causa della follia. Il titolo del poema, del resto, qui è esplicitamente richiamato all'inizio del canto XXIV, ottava 4, 2, dove Ariosto, per indicare la condizione del suo protagonista, usa proprio il termine «furioso»: più di altri aggettivi, questo si rivela adatto a descrivere lo stadio immediatamente precedente a quello estremo della follia, vale a dire l'innamoramento e l'errore che da esso discende.

L'erranza della ragione Questo errore aveva già fatto capolino nel canto XII, 86, 3-4, dove Ariosto dice che Orlando «sì come era uscito di se stesso, / uscì di strada»: nel poema sempre più frequentemente all'errare nello spazio si andrà sovrapponendo l'errare della mente, fino alla necessità di un viaggio meraviglioso in un mondo lontanissimo (la Luna ➤ **T8**) per recuperare il senno perduto. Sorte analoga tocca al poeta, che si assimila con ironia al protagonista del poema: l'ingegno di Ariosto, infatti, «se ne va errando» (XXXV, 2, 7 ➤ **T9**) dietro alle bellezze dell'amata, sempre minacciato dal disordine, dalla discordia e dalla disarmonia.

Officina

COMPRENDERE

1. Quale circostanza porta Orlando alla pazzia?
2. Come si manifesta la pazzia di Orlando e in quali ottave è descritta?
3. Quanto tempo si prolungano il malessere e la confusione mentale di Orlando? Da quali episodi lo puoi dedurre?

ANALIZZARE

4. **Lingua e stile** Individua e sottolinea nel testo esempi di chiasmo e climax.
5. **Lingua e stile** In quale punto del testo Orlando comincia ad assumere caratteristiche mostruose? Quali parole ed espressioni lo segnalano?
6. **Lingua e stile** Leggi con attenzione i seguenti termini ed espressioni tratti dal testo, poi inseriscili in una tabella distinguendo fra lessico elegiaco (= erotico) e lessico epico.

   «armento, corazza, elmo, scudo» (101); «Amore il cor gli punge» (103); «Ma sempre più raccende e più rinuova» (105); «Angelica che nacque/di Galafron» (108); «prontissima avea quella il paladino» (110); «Tre volte e quattro e sei lesse lo scritto» (111); «L'impetuosa doglia entro rimase» (113); «Corcarsi Orlando e non cenar domanda» (116); «fugge per quella via ch'agli occhi mena» (126); «Amor che m'arde il cor, fa questo vento» (127); «che 'l sole esce tre volte e torna sotto» (132)

INTERPRETARE

7. Nel prologo dell'*Aiace* di **Sofocle**, Atena descrive le manifestazioni della follia del protagonista, di cui lei stessa è artefice, con queste parole: «Là egli, avventatosi sulle prede, fece massacro del bestiame dalle molte corna, roteando intorno la spada e trucidando, e credeva di uccidere di sua mano ora i due Atridi, avendoli in suo potere, ora l'uno o l'altro dei capi greci, piombando loro addosso. E mentre l'uomo infuriava nel morbo della follia, io lo incitavo, lo sospingevo in funesti lacci. Quando poi fu sazio di tale strage, stretti in catene i buoi ancora vivi e tutte le pecore, li trascinò nella sua tenda, credendoli uomini e non preda dalle belle corna; e ora là dentro infierisce su di loro, così legati insieme» (trad. di M.P. Pattoni). Dopo esserti documentato sulle motivazioni della follia dell'eroe omerico, metti a confronto Orlando con Aiace, trovando elementi di somiglianza e differenza sia nella manifestazione dell'ira sia nelle motivazioni della stessa.

PERCORSO DI SCRITTURA

Argomentazione La follia modifica la natura eroica di Orlando inducendolo ad azioni illogiche. Individua nel testo le azioni compiute da Orlando in preda all'ira, identificando anche il contesto in cui si inseriscono e i destinatari del suo sfogo. Il comportamento di Orlando produce un effetto di straniamento, cioè uno sconvolgimento della percezione abituale della realtà. Un simile effetto come viene descritto da Ariosto? Con adesione alle vicende dell'eroe oppure con intenti ironici o parodistici? A sostegno della tua tesi fai riferimento alle ottave a tuo parere più significative.

TEMI E GENERI

La malattia d'amore dal Medioevo ad Ariosto

La teoria degli umori

Nel poema di Ariosto la passione d'amore per Angelica provoca la follia di Orlando: il paladino cade in uno stato di furore, i cui sintomi corrispondono a quelli che una lunga tradizione medico-scientifica e filosofica aveva attribuito al mal d'amore. Sin dai tempi di Ippocrate (fondatore, nel V secolo a.C., di una celebre scuola medica greca), il mal d'amore (detto anche *amor hereos*) e i suoi effetti venivano studiati ricorrendo alla teoria degli umori. Secondo questa teoria, la salute dipendeva dal giusto equilibrio all'interno del corpo di quattro fluidi (sangue, flegma, bile gialla e bile nera): se uno di questi era troppo abbondante, insorgeva una malattia. Un'attenzione particolare veniva rivolta al trattamento dell'umore malinconico, determinato da un eccesso di bile nera. Chi ne soffriva presentava i sintomi più gravi ed evidenti sul piano sia mentale (inquietudine, depressione, follia) sia fisiologico (insonnia, tremore, balbuzie, pallore, inappetenza, fino all'estremo della licantropia). Per gli antichi, anche il mal d'amore – che si genera quando l'immaginazione si fissa sul proprio oggetto d'amore senza poterne ottenere appagamento – provocava gli stessi disturbi.

La lezione dei Padri della Chiesa

Durante tutto il Medioevo la scienza medica continua a considerare la malinconia, il mal d'amore e la follia come fenomeni patologici strettamente connessi. Anche i Padri della Chiesa si sono interessati alla questione. A loro giudizio, la passione amorosa va interpretata come un'alterazione organica che svia l'uomo dal retto cammino della virtù. Se la parte razionale dell'anima non sempre riesce a controllare le passioni, ciò è dovuto al peccato originale che ha allontanato gli uomini da Dio. L'unica cura per sconfiggere la concupiscenza risiede nella pratica della *charitas*, ovvero l'amore spirituale che ha per oggetto Dio. Le riflessioni su questi temi si rincorrono in testi latini, arabi e bizantini e infine confluiscono, nel XIII secolo, nel *De amore heroico* del domenicano spagnolo Arnaldo da Villanova, primo trattato specifico sull'*amor hereos*, espressione qui definitivamente codificata.

Il mal d'amore in letteratura

Fin dalle origini, lo sviluppo di queste dottrine si incrocia e si fonde con l'esperienza letteraria. Tra il XII e il XIII secolo, la letteratura in volgare ha come tema chiave l'amore. Andrea Cappellano ne offre un compendio nel trattato *De Amore*. Fondamentale in questo ambito è il tema dell'amore-passione, i cui sintomi ed effetti nocivi vengono descritti in numerosi testi (dalle storie di Tristano e Isotta di Thomas e Béroul ai romanzi cortesi) in termini corrispondenti a quelli presenti nella tradizione medica e filosofica. Nella lirica d'amore italiana, inoltre, Guido Cavalcanti menziona tutti i sintomi (sospiri, tremori, pallore, debolezza) per dimostrare la negatività della passione d'amore, che ottenebra la ragione e può condurre a morte. Da questa concezione prenderà le distanze Dante nella *Vita nuova*, sottolineando non i limiti, ma le potenzialità nobilitanti dell'amore, capaci di avvicinare l'uomo a Dio. Nonostante Dante, il mal d'amore ricompare in tutta la letteratura successiva: per esempio nel sonetto XXXV del *Canzoniere* di Petrarca *Solo e pensoso i più deserti campi*, o nella novella del *Decameron* (IV, 8) di Boccaccio di Girolamo e Salvestra, in cui l'amante muore di crepacuore accanto a Salvestra, che nel frattempo si era sposata con un altro uomo.

L'*Orlando furioso*

Nell'*Orlando furioso* è in particolare la gelosia d'amore a causare la follia del paladino. Dopo aver letto lo scritto di Medoro nella grotta, Orlando conosce dapprima l'insonnia (XXIII, 116 ss.), poi un pianto torrenziale (122 ss.), poi un'erranza senza meta (125 ss.). Precipita infine in un cieco furore che lo porta a distruggere tutto ciò che lo circonda e a strapparsi di dosso la sua armatura divenendo e mostrando su di sé segni molto simili a quelli della licantropia.

T8 *Astolfo sulla Luna*

Orlando furioso
XXXIV, 70-87

AUDIO

Il canto XXXIV si riallaccia al precedente, sulla scia delle Arpie in fuga, che offrono l'occasione al poeta per una riflessione amara sulla violenza e la rapacità dominante nel proprio tempo. Astolfo segue i mostruosi uccelli fin dentro una grotta, che è l'ingresso dell'inferno: un ambiente indistinto, dove nulla è visibile a causa del denso fumo che tutto avvolge e dove l'unico peccato punito è quello di una donna, Lidia, che non ha ricambiato un amore appassionato. Ha poi inizio la risalita di Astolfo verso il paradiso terrestre in sella all'ippogrifo, dove incontra l'evangelista Giovanni. Questi rivela all'eroe la sua missione di recuperare il senno di Orlando, la cui pazzia è una punizione divina per aver amato una donna pagana, e lo scorta verso la Luna sul carro di fuoco del profeta Elia. Qui si trovano una lunga serie di oggetti perduti e, tra questi, una grandissima distesa del senno umano, da cui Astolfo recupera il proprio e quello del conte Orlando.

- METRO ottave di endecasillabi con schema ABABABCC

70
Tutta la sfera varcano[1] del fuoco,
et indi[2] vanno al regno de la luna.
Veggon per la più parte esser quel loco
come un acciar[3] che non ha macchia alcuna;
e lo trovano uguale, o minor poco
di ciò ch'in questo globo si raguna,
in questo ultimo globo de la terra,
mettendo il mar che la circonda e serra.[4]

71
Quivi ebbe Astolfo doppia maraviglia:
che quel paese appresso[5] era sì grande,
il quale a un picciol tondo rassimiglia
a noi che lo miriam da queste bande;[6]
e ch'aguzzar conviengli ambe le ciglia,
s'indi la terra e 'l mar ch'intorno spande,
discerner vuol; che non avendo luce,
l'imagin lor poco alta si conduce.[7]

1. varcano: Astolfo si trova sul carro guidato da san Giovanni e lanciato verso la zona infuocata del cielo.
2. indi: da lì.
3. Veggon... acciar: Vedono che quel luogo è perlopiù come una superficie di acciaio. Anche la Luna dantesca aveva figura di una nube «lucida, spessa, solida e pulita, / quasi adamante che lo sol ferisse» (*Par.* II, vv. 32-33).
4. e... serra: e lo trovano uguale o di poco inferiore (al volume) di ciò che compone la terra (*in questo globo si raguna*), comprendendo (*mettendo*) il mare che la circonda interamente.
5. appresso: (visto) da vicino.
6. lo miriam... bande: da queste parti, cioè dalla nostra Terra.
7. e ch'aguzzar... conduce: e che si deve aguzzare la vista, se di lì (dalla Luna) vuol distinguere la Terra e il mare che la circonda (*intorno spande*); perché non avendo luce (propria, come una stella) la sua immagine giunge poco lontana.

72
Altri fiumi, altri laghi, altre campagne
sono là su, che non[8] son qui tra noi;
altri piani, altre valli, altre montagne,
c'han le cittadi, hanno i castelli suoi,[9]
con case de le quai mai le più magne[10]
non vide il paladin prima né poi:
e vi sono ample[11] e solitarie selve,
ove le ninfe ognor cacciano belve.

73
Non stette il **duca** a ricercar[12] il tutto;
che là non era asceso a quello effetto.[13]
Da l'apostolo santo[14] fu condutto
in un vallon fra due montagne istretto,
ove mirabilmente era ridutto[15]
ciò che si perde o per nostro diffetto,
o per colpa di tempo o di Fortuna:
ciò che si perde qui, là si raguna.[16]

lessico
Duca
Titolo nobiliare che nella gerarchia araldica è inferiore a quello di principe e superiore a quello di marchese; nel linguaggio letterario, guida oppure condottiero (dal greco bizantino *dúkas*, dal latino *dux dŭcis*, «condottiero, capo»).

74
Non pur di regni o di ricchezze parlo,
in che la ruota instabile lavora;[17]
ma di quel ch'in poter di tor, di darlo
non ha Fortuna, intender voglio ancora.[18]
Molta fama è là su, che, come tarlo,
il tempo al lungo andar qua giù divora:
là su infiniti prieghi e voti stanno,
che da noi peccatori a Dio si fanno.

75
Le lacrime e i sospiri degli amanti,
l'inutil tempo che si perde a giuoco,
e l'ozio lungo d'uomini ignoranti,[19]
vani disegni che non han mai loco,[20]
i vani desidèri sono tanti,
che la più parte ingombran di quel loco:
ciò che in somma qua giù perdesti mai,
là su salendo ritrovar potrai.

8. Altri... che non: Diversi... rispetto a quelli che.
9. suoi: loro.
10. più magne: più grandi
11. ample: vaste.
12. ricercar: esaminare.
13. effetto: scopo.
14. apostolo santo: san Giovanni Evangelista.
15. mirabilmente era ridutto: era radunato miracolosamente.
16. raguna: raduna.
17. Non... lavora: Non dico (che vi si trovino) solo regni o ricchezze, sui quali agisce la ruota volubile (della Fortuna).
18. ma di quel... ancora: ma voglio dire (che vi si trova) ciò che la Fortuna non ha il potere di togliere o di concedere.
19. l'ozio... ignoranti: il poeta tiene a distinguere, con una velata polemica nei confronti del suo signore, fra l'*otium litterarum* e lo spreco inutile di tempo.
20. loco: compimento.

76
Passando il paladin per quelle biche,[21]
or di questo or di quel chiede alla guida.
Vide un monte di tumide vesiche,[22]
che dentro parea aver tumulti e grida;
e seppe ch'eran le corone[23] antiche
e degli Assiri e de la terra lida,[24]
e de' Persi e de' Greci, che già furo
incliti,[25] et or n'è quasi il nome oscuro.

77
Ami d'oro e d'argento appresso vede
in una massa, ch'erano quei doni
che si fan con speranza di mercede[26]
ai re, agli avari principi, ai patroni.[27]
Vede in ghirlande ascosi lacci;[28] e chiede,
et ode che son tutte adulazioni.
Di cicale scoppiate[29] imagine hanno
versi ch'in laude dei signor si fanno.

78
Di nodi d'oro e di gemmati ceppi[30]
vede c'han forma i mal seguiti[31] amori.
V'eran d'aquile artigli; e che fur, seppi,
l'autorità ch'ai suoi[32] danno i signori.
I mantici ch'intorno han pieni i greppi,[33]
sono i fumi[34] dei principi e i favori
che danno un tempo ai ganimedi[35] suoi,
che se ne van col fior degli anni[36] poi.

79
Ruine di cittadi e di castella
stavan con gran tesor quivi sozzopra.[37]
Domanda, e sa che son trattati, e quella
congiura che sì mal par che si cuopra.[38]

21. biche: mucchi.
22. tumide vesiche: sacche accentuatamente rigonfie.
23. corone: regni.
24. terra lida: la Lidia.
25. incliti: famosi.
26. mercede: ricompensa.
27. patroni: signori potenti.
28. ascosi lacci: trappole nascoste.
29. cicale scoppiate: per il troppo e inutile cantare adulatorio.
30. ceppi: sono arnesi di legno per immobilizzare i piedi dei prigionieri (linguaggio metaforico amoroso).
31. mal seguiti: cioè che hanno richiesto spreco di tempo ed energie.
32. ai suoi: ai loro sottoposti.
33. han... greppi: hanno riempito i pendii scoscesi (della valle lunare).
34. i fumi: gli onori (dati dai principi insieme ai favori).
35. ganimedi: favoriti, così detti per antonomasia dal bellissimo mitico coppiere di Giove.
36. col fior degli anni: insieme con la giovinezza.
37. sozzopra: alla rinfusa.
38. Domanda... cuopra: Domanda (a san Giovanni) e apprende che sono i trattati (violati) e le congiure che si scoprono così facilmente.

Vide serpi con faccia di donzella,
di monetieri[39] e di ladroni l'opra:
poi vide bocce rotte di più sorti,
ch'era il servir de le misere corti.[40]

80
Di versate minestre una gran massa
vede, e domanda al suo dottor ch'importe.[41]
– L'elemosina è (dice) che si lassa
alcun, che fatta sia dopo la morte.[42] -
Di vari fiori ad un gran monte passa,
ch'ebbe già buono odore, or putia[43] forte.
Questo era il dono (se però dir lece)
che Costantino al buon Silvestro fece.[44]

81
Vide gran copia di panie con visco,[45]
ch'erano, o donne, le bellezze vostre.
Lungo sarà, se tutte in verso ordisco[46]
le cose che gli fur quivi dimostre;[47]
che dopo mille e mille io non finisco,
e[48] vi son tutte l'**occurrenzie**[49] nostre:
sol la pazzia non v'è poca né assai;[50]
che sta qua giù, né se ne parte mai.

82
Quivi ad alcuni giorni e fatti sui,
ch'egli già avea perduti, si converse;[51]
che se non era interprete con lui,
non discernea le forme lor diverse.[52]
Poi giunse a quel che par sì averlo a nui,[53]
che mai per esso a Dio voti non fêrse;[54]

lessico
Occorrenza
Necessità, bisogno che potrebbe manifestarsi; circostanza, situazione (termine derivato da "occorrere", dal latino *occurrĕre*, «correre incontro; presentarsi, comparire», derivato di *currĕre*, «correre», con il prefisso *ob-*, «incontro, verso»).

39. monetieri: falsari.
40. bocce... corti: vasi di vetro rotti, che rappresentavano il servizio dei cortigiani nelle tristi corti.
41. ch'importe: che cosa significhi.
42. L'elemosina... morte: Dice che si tratta di quell'elemosina che qualcuno lascia, perché sia data in beneficenza, dopo la sua morte (quindi non meritoria).
43. putia: puzzava.
44. Questo... fece: Questo era il dono, se è lecito dirlo, che Costantino fece a papa Silvestro. Dalla *Donazione di Costantino* ebbe inizio (dimostrata falsa già da Lorenzo Valla) il potere temporale della Chiesa che fu causa, sin dall'opinione di Dante, di corruzione spirituale e soprusi.
45. panie con visco: trappola per uccelli fatta con rami cosparsi di sostanza appiccicosa.
46. ordisco: tesso, nel senso di "elenco".
47. dimostre: mostrate.
48. e: con valore causale, perché.
49. l'occurrenzie: i casi, le vicende che accadono agli uomini.
50. non v'è... assai: solo di pazzia ce n'è poca o per niente.
51. converse: rivolse.
52. se non... diverse: se non ci fosse stata una guida (san Giovanni) con lui, non avrebbe riconosciuto le loro sembianze (ormai) diverse.
53. quel... nui: quello che a noi pare di avere (il senno).
54. non fêrse: non si fecero (cioè con presunzione da parte dell'uomo).

Le nostre parole ›

io dico il **senno**: e n'era quivi un monte,
solo assai più che l'altre cose conte.[55]

83
Era come un liquor suttile e molle,
atto a esalar,[56] se non si tien ben chiuso;
e si vedea raccolto in varie ampolle,
qual più, qual men capace, atte a quell'uso.
Quella è maggior di tutte, in che del folle
signor d'Anglante[57] era il gran senno infuso;
e fu da l'altre conosciuta, quando[58]
avea scritto di fuor: «Senno d'Orlando».

84
E così tutte l'altre avean scritto anco
il nome di color di chi fu il senno.
Del suo gran parte vide il duca franco;[59]
ma molto più maravigliar lo fenno
molti ch'egli credea che dramma manco
non dovessero averne,[60] e quivi denno
chiara notizia[61] che ne tenean poco;
che molta quantità n'era in quel loco.

55. solo... conte: che da solo era molto maggiore delle altre cose elencate.
56. suttile... esalar: inconsistente e leggero, volatile.
57. signor d'Anglante: Orlando.
58. quando: dal momento che.
59. franco: valoroso, paladino di Carlo, cioè Astolfo stesso.
60. ma... averne: ma lo fecero (*fenno*) meravigliare molto di più i tanti che egli credeva che non dovessero averne nemmeno un poco di meno. La «dramma» è l'ottava parte dell'oncia, sinonimo di piccola quantità.
61. notizia: indizio.

Le nostre parole Senno

L'origine del termine Il sostantivo "senno" deriva dal germanico *sinn*, «senso, direzione; inclinazione mentale». La parola germanica si confronta con il latino *sentīre*, «sentire» e il suo derivato *sensus*, «senso, facoltà mentale, significato», che inducono a ipotizzare una radice comune con un significato primitivo di «dirigersi», da cui «fare attenzione, pensare a». Il "senno" è dunque il pensiero nell'accezione più vasta: la "ragione", il "giudizio", il "buon senso". Per estensione, è anche termine che indica la "sapienza" e la "prudenza".

Il senno antico Nella poesia italiana delle origini la parola "senno" ha ampio riscontro. Nelle *Rime* di Dante, per esempio, il termine sembra quasi un requisito "scolastico", una parola da usare per dovere poetico, visto che il suo uso si attribuiva al poeta Dante da Maiano, corrispondente di Alighieri. Assente poi nella *Vita nuova*, il "senno" dantesco trova una sua profonda ricollocazione nella *Commedia*, dove è visto come una virtù quasi eroica, sebbene spesso insufficiente a contrastare il potere della fortuna.

Il "senno" di Jane Austen Il secondo romanzo della celebre scrittrice inglese Jane Austen è intitolato in lingua originale *Sense and Sensibility* (1811). Può essere interessante dare uno sguardo alle varie traduzioni italiane di questo titolo: nel 1945 Evelina Levi traduceva *sense* con «buonsenso» (invertendo, poi, le due parole nel titolo, *Sensibilità e buonsenso*), mentre soltanto nel 1961 la traduzione più accurata di Beatrice Boffito Serra ripristinava il titolo in *Senno e sensibilità*. In tempi più recenti, il romanzo è stato ritradotto varie volte con il titolo di *Ragione e sentimento*. Tuttavia il *sense* inglese è il corrispettivo esatto del «senno» italiano, assai diverso dalla "ragione".

Julius Schnorr von Carolsped, *Astolfo sulla Luna con il carro di Elia*, affresco della stanza dell'Ariosto a Villa Massimo a Roma, 1822-1827.

85
Altri in amar lo perde, altri in onori,
altri in cercar, scorrendo il mar, ricchezze;
altri ne le speranze de' signori,
altri dietro alle magiche sciocchezze;
altri in gemme, altri in opre di pittori,
et altri in altro che più d'altro aprezze.[62]
Di sofisti[63] e d'astrologhi raccolto,
e di poeti ancor ve n'era molto.

86
Astolfo tolse[64] il suo; che gliel concesse
lo scrittor de l'oscura Apocalisse.[65]
L'ampolla in ch'era al naso sol si messe,
e par che quello al luogo suo ne gisse:[66]
e che Turpin da indi in qua confesse
ch'Astolfo lungo tempo saggio visse;[67]
ma ch'uno error,[68] che fece poi, fu quello
ch'un'altra volta gli levò il cervello.

87
La più capace[69] e piena ampolla, ov'era
il senno che solea far savio il conte,
Astolfo tolle;[70] e non è sì leggiera,
come stimò, con l'altre essendo a monte.[71]

62. **et altri... aprezze:** e altri in altro che apprezzano più di altre cose (poliptoto, a sottolineare la varietà irriducibile dei desideri umani).
63. **sofisti:** filosofi.
64. **tolse:** prese.
65. **lo scrittor... Apocalisse:** l'apostolo Giovanni, considerato autore dell'*Apocalisse*.
66. **L'ampolla... gisse:** Si mise da solo l'ampolla in cui era (il suo senno) al naso e pare che quello se ne tornasse alla giusta sede (il cervello, attraverso il naso).
67. **e che... visse:** e (pare) che Turpino da allora in poi ammettesse che Astolfo fosse vissuto saggiamente. Turpino è l'autorità riconosciuta circa la presunta storicità delle vicende cavalleresche, trattata da Ariosto anche qui, come altrove, con ironia e sovrana libertà.
68. **uno error:** raccontato da Ariosto nei *Cinque canti* (IV, vv. 54 ss): Astolfo si innamora della moglie di un castellano, che lo getta in mare, dove viene divorato da una balena.
69. **capace:** capiente.
70. **tolle:** prende.
71. **come... monte:** come stimò quando la vide ammucchiata con le altre.

Analisi del testo

Struttura

La descrizione della Luna Il brano comincia con un parallelismo fra il mondo lunare e quello terrestre (ottave 70-72), di cui Ariosto si serve per creare un effetto di straniamento: ciò che vediamo abitualmente non corrisponde alla realtà, come dimostrano le dimensioni e la conformazione del mondo lunare, così simili a quello terrestre. L'enfasi sul rapporto di somiglianza e alterità tra Terra e Luna raggiunge il culmine nell'ottava 72: qui l'insistita anastrofe di «altri» e «altre» crea un senso di specularità distorta, perché gli spazi dell'esperienza quotidiana (fiumi, laghi, campagne ecc.) vengono usati per descrivere un luogo in realtà completamente diverso e amplificato («de le quai mai le più magne / non vide il paladin» 72, 5-6). Questo effetto serve a preparare lo smascheramento delle varie "follie" che caratterizzano la condizione dell'uomo, come mostrerà poi la rassegna di oggetti smarriti sulla Luna.

Gli oggetti smarriti Dalle ottave 73-74, infatti, si sviluppa la descrizione di quanto l'uomo ha perduto o interrotto o dimenticato, per mancanza propria o per colpa del tempo e della sorte. Dopo la rassegna dei mucchi di cose rotte e inservibili, come le azioni e gli eventi che rappresentano (potere, adulazione, amori, onori, bellezza, monumenti, eredità, ricchezze, ottave 76-81), Astolfo si trova davanti all'immensa quantità di senno smarrito, indizio dell'altrettanto smisurato numero di pazzi che abitano la terra, credendosi o facendosi stimare saggi ed equilibrati (ottave 82-84).

Lingua e stile

Metafore e allusioni Il parallelismo straniante tra i due mondi diviene ancor più evidente nella rassegna di oggetti smarriti. Le azioni e egli eventi a cui diamo valore sulla Terra, infatti, sono traslati sulla Luna in simboli concreti, attraverso un abile uso metaforico di parole della lingua quotidiana: i regali interessati sono «Ami» (77, 1); le adulazioni, «lacci» nascosti nelle ghirlande (77, 5); i versi di lode, «cicale scoppiate» (77, 7); i favori dei principi, «mantici» colmi di esalazioni fumose (78, 5); le servitù cortigiane, «bocce rotte» (79, 7); il potere temporale della Chiesa; il senno stesso, «liquor suttile e molle, / atto a esalar» (83, 1-2). Non manca neppure un cenno molto chiaro alla situazione politica contemporanea, segnata dalle congiure e dalle rotture dei trattati («Ruine di cittadi e di castella / [...] sa che son trattati, e quella congiura», 79, 1-4), dal dilagare del disordine economico e sociale provocato da ladri e falsari («monetieri» e «ladroni», 79, 6). Anche l'uso di deittici («là su», «qua giù»), soprattutto nelle ottave 74-75, tende a dare la sensazione dell'altrove e della vertiginosa distanza fra Terra e Luna, attraverso la polarità tra alto-basso.

Temi

La parodia del modello dantesco Il viaggio di Astolfo si colloca nel genere letterario dei viaggi nell'oltremondo, il cui precedente più famoso è senz'altro quello della *Commedia* dantesca. Rispetto alla monumentale costruzione di Dante, tuttavia Ariosto si pone obiettivi molto meno ambiziosi, limitando il viaggio del suo paladino sia negli intenti (recuperare il senno perduto di Orlando) sia nell'estensione (la discesa infernale viene interrotta dal fumo denso; la salita ai cieli non va oltre la Luna). Ariosto, inoltre, trascura del tutto gli elementi dottrinali e teologici, che invece erano fondativi per Dante, e punta piuttosto alla deformazione ironica, fino al grottesco. Questo risulta chiaro anche dalla figura dell'evangelista Giovanni, in cui gli studiosi hanno visto un *alter ego* di Virgilio e di Cacciaguida della *Commedia* dantesca, guida il primo e rivelatore della missione provvidenziale il secondo. È chiaro tuttavia che questa ripresa avviene nel *Furioso* in chiave parodica e disincantata: l'avventura straordinaria e miracolosa, infatti, viene qui riportata su un piano quotidiano e quasi prosaico, addirittura quello dei bisogni naturali essenziali.

La meraviglia di Astolfo L'atteggiamento di Astolfo, in tutto l'episodio, resta quello della meraviglia, propria del personaggio ingenuo e istintivo, abituato a fare un uso limitato della propria ragione: questo aspetto è messo in evidenza nel testo dal ricorrere non casuale di espressioni come «ammira, attonito riman di meraviglia, fece meravigliare, doppia meraviglia». Anche mentre vive il non comune privilegio di contemplare, nel vallone della Luna, le debolezze, le vanità e gli errori umani, Astolfo sembra passeggiare a cuor leggero, facendoli oggetto del più ingenuo stupore e dell'istintivo desiderio di vedere. Questa caratteristica del personaggio assicura e accentua il carattere del meraviglioso e dell'avventuroso, anche se proprio qui è più esplicita l'intenzione del poeta di calare nel racconto la propria visione del reale: in questi versi, infatti, si trova una spregiudicata rappresentazione della società contemporanea, di cui Ariosto si fa acuto e implacabile interprete, ma allo stesso tempo la narrazione si mantiene su un registro comico e ironico, che alleggerisce, senza vanificarne il senso, la denuncia del poeta.

L'autoironia Proprio l'ironia, che pervade tutta l'opera, trova qui una sua mirabile espressione. Lo sguardo di Ariosto sulla fragilità umana è certamente obiettivo e disincantato, ma l'autore non esita, come al solito, a guardare con indulgenza a questa debolezza: lui stesso si pone tra coloro che hanno smarrito il senno («Di sofisti e d'astrologhi raccolto, / e di poeti ancor ve n'era molto», 85, 7-8), facendo ricorso all'autoironia che lo assimila al protagonista del suo poema.

Tiziano Vecellio, *Ritratto maschile detto l'Ariosto*, 1510 circa. Londra, National Gallery.

Officina

COMPRENDERE

1. Che cosa trova Astolfo sulla Luna?
2. Come appare ad Astolfo il senno degli umani? E come può riconoscere quello di Orlando?
3. Da quali aspetti della Luna risulta particolarmente colpito Astolfo?

ANALIZZARE

4. **Lingua e stile** Nell'ottava 72 la reiterazione dell'indefinito «altri» è impiegata all'interno di una comparazione fra la Luna e la Terra. Qual è la funzione di questa forma ripetuta?
5. **Lingua e stile** Nel verso 3 dell'ottava 87 Ariosto utilizza il verbo «tolle» (dal latino *tollere*, «togliere», «prendere») che appartiene a un tipo di registro alto. Come ne spieghi l'uso?

INTERPRETARE

6. Nelle ottave dalla 74 alla 80 compare l'enumerazione: Ariosto riporta una lunga lista di tutto ciò che Astolfo vede sulla Luna. Perché il poeta insiste sull'elencazione e sulla descrizione di una quantità tanto vasta? In realtà il poeta espone gli intenti dell'enumerazione in due ottave: quali?
7. Nell'ottava 75 ricorre due volte l'aggettivo «vani», associato ai progetti e ai desideri umani. La vanità delle intenzioni umane è tematica ricorrente in **Petrarca** (vedi, come esempio, il **sonetto proemiale del *Canzoniere***, *Voi ch'ascoltate in rime sparse il suono*): quali differenze riscontri fra i due autori? In quale dei due la tematica ti sembra predominante? Infine, in Ariosto trovi una qualche relazione fra il motivo della *quête* e la vanità delle azioni umane?

PERCORSO DI SCRITTURA

Riassunto Racconta il viaggio di Astolfo sulla Luna in un testo di 15 righe, assumendo come filo conduttore la meraviglia con la quale il personaggio vive la propria esperienza.

CROCEVIA

La Luna come luogo dell'"altrove"

La Luna come luogo letterario

Per la ricchezza dei richiami mitologici e dei suoi valori simbolici, la Luna è uno dei temi letterari più frequentati in ogni epoca. I poeti, in particolare, vi hanno rispecchiato la propria interiorità, sentendola di volta in volta come silenziosa ma confortante presenza amica, sorella, complice, ispiratrice, ma anche testimone indifferente della storia e, per la sua mutevolezza, rivelatrice dell'incostanza e della precarietà umana. Piuttosto raramente invece, al di là delle personificazioni, la Luna è stata considerata nella sua concreta dimensione spaziale e quindi descritta come un effettivo "altrove" rispetto alla Terra.

Luciano di Samosata

Il primo ad andare in questa direzione è lo scrittore greco Luciano di Samosata (II secolo d.C.) nella *Storia vera*, in cui il protagonista narratore, a bordo di una nave spinta da un fortissimo vento, approda su una sorta di isola aerea che a poco a poco egli scoprirà essere la Luna. Questa è governata da un re di nome Endimione (personaggio mitologico amato da Selene, nome greco della dea lunare) ed è abitata da una varietà di incredibili esseri, accuratamente descritti nell'aspetto e nei loro usi e costumi. Lo stesso Luciano, nel dialogo satirico *Icaromenippo*, sviluppa poi il tema della specularità di Terra e Luna. L'astro, su cui il protagonista è giunto in volo, costituisce non un mondo a sé ma un luogo da cui osservare le insensate vicende umane e smentire i vaneggiamenti dei filosofi riguardo alla Luna e ai cieli.

Alberti e Ariosto

La satira di Luciano verrà presa a modello, in età umanistica, da Leon Battista Alberti nelle *Intercoenales*, brevi prose latine composte tra il 1424 e il 1439. Proprio agli episodi lunari di Alberti si rifà Ariosto per l'episodio di Astolfo nel canto XXXIV del *Furioso* (dall'*Intercenale* intitolata *Somnium*): nel poema Ariosto trasferisce sulla Luna ciò che Alberti aveva ambientato nel mondo dei sogni. In Ariosto Luna e Terra

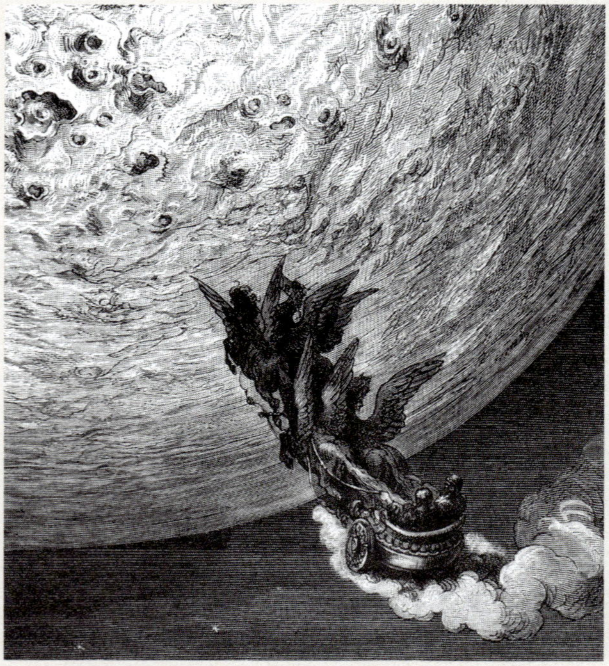

Gustave Doré, *Astolfo sulla Luna*, 1879.

Gustave Doré, *Astolfo sulla Luna*, 1879.

sono speculari (la Luna è come «un acciar che non ha macchia alcuna», XXXIV, 70, 4) e complementari: da un lato, la Luna è una sorta di mondo platonico degli archetipi, in cui sono prestabiliti gli accadimenti umani (XXXV, 18); dall'altro, in essa si raduna tutto ciò che va perduto sulla Terra, soprattutto il senno degli uomini.

Il XVII e il XVIII secolo

Il fantastico viaggio di Astolfo contribuisce al definitivo affermarsi del tema lunare nella letteratura occidentale. Levania è il nome dato alla Luna dall'astronomo Giovanni Keplero nel *Somnium* (1634), opera in cui gli elementi fantastici si affiancano ai dati scientifici. Un mondo "altro", opposto a quello terrestre, è il Paese della Luna descritto da Cyrano de Bergerac nel romanzo *L'Altro mondo o Gli Stati e gli Imperi della Luna* (1657). Cyrano inventa un mondo rovesciato, abitato da esseri dalle strane abitudini, che mettono in evidenza i difetti e i limiti del mondo umano. Nel romanzo *Le avventure del barone di Münchausen* (1785), Rudolph Erich Raspe dilata in direzione fantastica gli spunti presenti nei testi sopra citati, come per esempio il viaggio aereo per nave, la Luna come isola celeste o le caratteristiche strane dei suoi abitanti.

Henri de Montaut, illustrazione per *Attorno alla luna* di Jules Verne (1870).

L'Ottocento e il Novecento

Quando infine, nel secondo Ottocento, nascerà il genere fantascientifico, la Luna sarà al centro di romanzi come *Dalla Terra alla Luna* (1865) e *Attorno alla Luna* (1870) di Jules Verne e *I primi uomini sulla Luna* (1901) di Herbert George Wells, che descrive in toni ironici e grotteschi il mondo lunare come una sorta di utopia negativa. Ricordiamo infine il grande interesse mostrato da Italo Calvino nei confronti della Luna, tanto nella sua dimensione poetica e simbolica quanto in quella fantastico-scientifica, come nei quattro racconti a essa dedicati nelle *Cosmicomiche* (1984: *La distanza della Luna*; *La molle Luna*; *Le figlie della Luna*; *La Luna come un fungo*).

Illustrazione di Henriot [Henri Maigrot] per un'edizione del 1900 di Cyrano de Bergerac, *L'Altro mondo o Gli Stati e gli Imperi della Luna* (1657).

T9 L'oblio e la poesia

Orlando furioso
XXXV, 10-28

Una volta recuperato il senno di Orlando (➤ **T8**) Astolfo viene condotto da san Giovanni nel palazzo delle Parche, le figure preposte alla "filatura" della vita degli uomini, determinandone la durata. A ogni filo posto sull'arcolaio delle Parche è attaccata una lamina metallica che reca inciso il nome del suo proprietario. Mentre Astolfo osserva questa scena vede andare e venire di corsa un vecchio, che raccoglie nel suo mantello le piastrine con i nomi e le porta via (così si conclude il canto XXXIV). Ad apertura del nuovo canto Ariosto pone un nuovo piccolo proemio, in cui si rivolge prima alla sua amata Alessandra Benucci, per poi dedicare alcune ottave all'elogio di Ippolito d'Este. Le fila del racconto si riannodano dalla decima ottava, quando Astolfo e san Giovanni, usciti dal palazzo delle Parche ritrovano il misterioso vecchio sulla riva del fiume Lete.

- METRO ottave di endecasillabi con schema ABABABCC

10
Così venìa l'imitator di Cristo[1]
ragionando col duca: e poi che tutte
le stanze del gran luogo[2] ebbono visto,
onde l'umane vite eran condutte,[3]
sul fiume[4] usciro, che d'arena misto
con l'onde discorrea[5] turbide e brutte;
e vi trovâr quel vecchio[6] in su la riva,
che con gl'impressi nomi[7] vi veniva.

11
Non so se vi sia a mente, io dico quello
ch'al fin de l'altro canto vi lasciai,[8]
vecchio di faccia, e sì di membra snello,
che d'ogni cervio[9] è più veloce assai.
Degli altrui nomi egli si empìa[10] il mantello;
scemava il monte,[11] e non finiva mai:
et in quel fiume che Lete si noma,[12]
scarcava, anzi perdea la ricca soma.[13]

1. **l'imitator di Cristo:** san Giovanni, che sta accompagnando Astolfo nella sua missione sulla Luna.
2. **gran luogo:** vasto palazzo. Si tratta del palazzo delle Parche, in cui Astolfo era stato condotto alla fine del canto XXXIV (ottava 87)
3. **onde... condutte:** da cui erano portate le vite umane (alle Parche), che filavano poi il loro destino.
4. **fiume:** è il Lete, fiume dell'oblio, che scorre di fianco al palazzo delle Parche. Profondamente diverso nell'aspetto e nella funzione rispetto a quello dantesco: tanto limpido è nella *Commedia* (*Purgatorio* XXVIII, 28-30), con lo scopo di purificare dai peccati, quanto torbido e opaco è qui nel *Furioso*, dove inghiotte la memoria di molte vite e le cancella per sempre.
5. **discorrea:** scorreva.
6. **quel vecchio:** rappresenta il Tempo (cfr. ottava 18); Astolfo e san Giovanni lo hanno visto alla fine del canto precedente.
7. **con gl'impressi nomi:** Astolfo e la sua guida avevano visto il vecchio raccogliere le piastre di ferro, argento o oro, ammucchiate dalle Parche e che recano incisi i nomi di ciascuno.
8. **Non... lasciai:** sutura tipicamente ariostesca con il canto precedente.
9. **cervio:** cervo.
10. **empìa:** riempiva.
11. **scemava il monte:** riduceva il mucchio.
12. **si noma:** si chiama.
13. **scarcava... soma:** scaricava, anzi perdeva l'enorme peso.

12
Dico che, come arriva in su la sponda
del fiume, quel prodigo[14] vecchio scuote
il lembo[15] pieno, e ne la turbida onda
tutte lascia cader l'impresse note.[16]
Un numer senza fin se ne profonda,[17]
ch'un minimo uso aver non se ne puote;[18]
e di cento migliaia che l'arena
sul fondo involve,[19] un se ne serva a pena.

13
Lungo e d'intorno quel fiume volando
givano corvi et avidi avoltori,[20]
mulacchie[21] e vari augelli, che gridando
facean discordi[22] strepiti e romori;
et alla preda correan tutti, quando
sparger vedean gli amplissimi tesori:
e chi nel becco, e chi ne l'ugna torta
ne prende; ma lontan poco li porta.

14
Come vogliono alzar per l'aria i voli,
non han poi forza che 'l peso sostegna;
sì che convien che Lete pur involi[23]
de' ricchi[24] nomi la memoria degna.
Fra tanti augelli son duo cigni soli,[25]
bianchi, Signor,[26] come è la vostra insegna,[27]
che vengon lieti riportando in bocca
sicuramente[28] il nome che lor tocca.

15
Così contra i pensieri[29] empi e maligni
del vecchio che donar li vorria[30] al fiume,
alcuno ne salvan gli augelli benigni:[31]
tutto l'avanzo oblivïon consume.[32]
Or se ne van notando[33] i sacri cigni,
et or per l'aria battendo le piume,
fin che presso alla ripa del fiume empio
trovano un colle, e sopra il colle un tempio.

14. prodigo: perché disperde la memoria di molti.
15. lembo: del mantello.
16. le impresse note: le targhette incise.
17. se ne profonda: affonda.
18. Un numer… puote: Cosicché non se ne può ricavare alcun utile.
19. involve: ricopre.
20. avoltori: avvoltoi.
21. mulacchie: una specie di cornacchie, che qui raffigurano i cortigiani adulatori.
22. discordi: dissonanti.
23. convien… involi: è destino che il Lete continui a farli sparire (nelle sue acque).
24. ricchi: famosi.
25. duo cigni: sono i poeti autentici. Prosegue l'allegoria, fino all'ottava 22, distinguendo i poeti degni dagli altri.
26. Signor: Ariosto si rivolge al cardinal Ippolito.
27. vostra insegna: il vostro stemma. Quello degli Estensi raffigurava un'aquila bianca in campo azzurro.
28. sicuramente: con sicurezza, senza che cada come agli altri.
29. penseri: intenzioni.
30. vorria: vorrebbe.
31. augelli benigni: cioè i due cigni.
32. tutto… consume: tutto il resto lo consuma la dimenticanza.
33. notando: nuotando.

16
All'Inmmortalitade il luogo è sacro,
ove una bella ninfa giù del colle
viene alla ripa del leteo lavacro,[34]
e di bocca dei cigni i nomi tolle;[35]
e quelli affige[36] intorno al simulacro[37]
ch'in mezzo il tempio una colonna estolle,[38]
quivi li sacra, e ne fa tal governo,
che vi si pôn veder tutti in eterno.[39]

17
Chi sia quel vecchio, e perché tutti al rio[40]
senza alcun frutto i bei nomi dispensi,[41]
e degli augelli, e di quel luogo pio
onde la bella ninfa al fiume viensi,[42]
aveva Astolfo di saper desio[43]
i gran misteri e gl'incogniti sensi;[44]
e domandò di tutte queste cose
l'uomo di Dio, che così gli rispose:

18
– Tu déi saper che non si muove fronda[45]
là giù[46] che segno qui non se ne faccia.[47]
Ogni effetto convien che corrisponda
in terra e in ciel, ma con diversa faccia.[48]
Quel vecchio, la cui barba il petto inonda,
veloce sì che mai nulla l'impaccia,[49]
gli effetti pari e la medesima opra
che 'l **Tempo** fa là giù, fa qui di sopra.[50]

Le nostre parole ›

Jacopo Pontormo, *San Giovanni Evangelista*, 1525. Firenze, Chiesa di Santa Felicita.

Le nostre parole **Tempo**

L'origine del termine Il sostantivo "tempo" deriva dal latino *tempus*, sulla cui origine non c'è accordo tra gli studiosi. Per alcuni *tempus*, «intervallo di tempo», e *tempus*, «tempia», riconducono alla radice verbale indoeuropea *(s)temb-*, «percuotere, battere», con riferimento alle pulsazioni sanguigne: le tempie sono il punto in cui si sente il battito del cuore che scandisce il passare del tempo. Secondo altri il termine si ricollega alla radice del verbo greco *temno* («separare, «dividere»), che giustificherebbe l'idea del tempo come «periodo», «stagione», oppure «epoca».

I molteplici significati Il termine è naturalmente usatissimo nella nostra lingua, dove assume significati disparati. Il "tempo", per esempio, può essere la misurazione di una qualsiasi durata, oppure la successione di giorni e di mesi. Ma il "tempo" è anche l'insieme dei fenomeni atmosferici. In senso più lato il "tempo" significa anche "opportunità" oppure "occasione" per fare qualcosa e raggiungere uno scopo, come nel motto "Chi ha tempo non aspetti tempo" (cioè, si deve cogliere un'opportunità quando ci si presenta).

"Padre Tempo" Nella letteratura antica e nella produzione mitologica il "tempo" è personificato nel Padre Tempo, rappresentato nelle arti come un uomo vecchio, dalla lunga barba, che regge nella mano una clessidra. Nel mito greco il dio del Tempo era Kronos, padre di Zeus e dei primi dèi dell'Olimpo. Nella religione romana fu Saturnus, antica divinità forse di origine etrusca, a essere identificato con il dio greco Kronos. Nell'iconografia popolare, il Padre Tempo viene spesso raffigurato mentre tiene in braccio il simbolico neonato dell'anno nuovo.

19
Volte che son le fila in su la ruota,[51]
là giù la vita umana arriva al fine.[52]
La fama là, qui ne riman la nota;[53]
ch'immortali sariano ambe e divine,
se non che qui quel da la irsuta gota,
e là giù il Tempo ognor ne fa rapine.[54]
Questi le getta, come vedi, al rio;
e quel l'immerge ne l'eterno **oblio**.

20
E come qua su i corvi e gli avoltori
e le mulacchie e gli altri varii augelli
s'affaticano tutti per trar fuori
de l'acqua i nomi che veggion[55] più belli:
così là giù ruffiani, adulatori,
buffon, cinedi,[56] accusatori,[57] e quelli
che viveno alle corti e che vi[58] sono
più grati assai che 'l virtuoso e 'l buono,

21
e son chiamati cortigian gentili,[59]
perché sanno imitar l'asino e 'l ciacco;[60]
de' lor signor, tratto che n'abbia i fili
la giusta Parca, anzi Venere e Bacco,[61]
questi di ch'io ti dico, inerti e vili,
nati solo ad empir di cibo il sacco,[62]
portano in bocca qualche giorno il nome;[63]
poi ne l'oblio lascian cader le some.[64]

lessico
Oblio
Scomparsa completa e duratura del ricordo. Si distingue dalla "dimenticanza", che è momentanea e provocata da una distrazione o da un provvisorio difetto di memoria. "Oblio" è parola di registro elevato.

34. ove… lavacro: dove una bella ninfa scende dal colle fino alla sponda del leteo lavacro (il Lete). La «bella ninfa» è la Fama.
35. tolle: toglie.
36. affige: attacca.
37. simulacro: statua, quella dell'Immortalità.
38. estolle: solleva in alto.
39. quivi… eterno: qui li consacra e li dispone in modo tale (*fa tal governo*) che vi si possano vedere tutti per sempre.
40. rio: fiume.
41. senza… dispensi: inutilmente getti (nel fiume) i bei nomi.
42. onde… viensi: da cui… viene.
43. desio: desiderio. Si manifesta la solita stupefatta e ingenua curiosità di Astolfo.
44. incogniti sensi: i significati nascosti.
45. fronda: ramo.
46. là giù: sulla Terra. Prosegue la corrispondenza speculare fra la Terra e la Luna.
47. che… faccia: senza che qui non si verifichi un segno (corrispondente).
48 faccia: aspetto. Ariosto svela, per bocca dell'Evangelista, la natura della rappresentazione allegorica.
49. l'impaccia: lo ostacola.
50. gli effetti… sopra: compie quassù (sulla Luna) gli stessi effetti e la stessa opera che il Tempo fa giù (sulla Terra).
51. Volte… ruota: Una volta che i fili (della vita) sono stati avvolti sull'arcolaio (delle Parche).
52. al fine: alla fine.
53. nota: scritta, cioè la piastra col nome.
54. ch'immortali… rapine: entrambe (la *fama* e la *nota*) sarebbero immortali e divine, ma qui quello dalla guancia barbuta (*irsuta gota*, cioè il vecchio) e là il Tempo le sottraggono (agli uomini).
55. veggion: vedono.
56. cinedi: dissoluti. Il termine indicava propriamente i maestri di ballo del mondo antico, associati col tempo ad atteggiamenti lascivi e corrotti.
57. accusatori: spie.
58. vi: là, cioè nelle corti.
59. e son… gentili: al nome non corrisponde la realtà. Di fronte a tanta ipocrisia, sperimentata personalmente, lo sdegno di Ariosto si arroventa e raggiunge toni satirici.
60. ciacco: porco.
61. Venere e Bacco: cioè la lussuria e la gola. Ariosto intende dire che a determinare la vita dei signori delle corti non è il destino filato dalle Parche, ma la dedizione ai vizi.
62. sacco: ventre.
63. il nome: quello del loro signore.
64. le some: il peso, come gli uccelli appena visti. In altre parole i cortigiani magnificano a parole i loro signori solo finché fa loro comodo, poi li dimenticano.

22
Ma come i cigni che cantando lieti
rendeno salve le medaglie[65] al tempio,
così gli uomini degni da' poeti
son tolti da l'oblio, più che morte empio.[66]
Oh bene accorti principi e discreti,
che seguite di Cesare l'esempio,
e gli scrittor vi fate amici, donde
non avete a temer di Lete l'onde![67]

23
Son, come i cigni, anco i poeti rari,[68]
poeti che non sian del nome indegni;
sì perché il ciel degli uomini preclari
non pate mai che troppa copia regni,[69]
sì per gran colpa dei signori avari
che lascian mendicare i sacri ingegni;
che le virtù premendo, et esaltando
i vizii, caccian le buone arti in bando.[70]

24
Credi che Dio questi ignoranti ha privi[71]
de lo 'ntelletto, e loro offusca i lumi;[72]
che de la poesia gli ha fatto schivi,[73]
acciò che morte il tutto ne consumi.[74]
Oltre che del sepolcro uscirian vivi,
ancor ch'avesser tutti i rei costumi,
pur che sapesson farsi amica Cirra,
più grato odore avrian che nardo o mirra.[75]

25
Non sì pietoso Enea, né forte Achille
fu, come è fama, né sì fiero Ettorre;[76]
e ne son stati e mille a mille e mille
che lor si puon[77] con verità anteporre:

65. medaglie: targhette, recanti i nomi incisi e messe in salvo dai cigni.
66. così… empio: così gli uomini degni sono salvati dai poeti dall'oblio, sacrilego più della morte.
67. Oh… onde: O principi saggi e prudenti, che seguite l'esempio di Cesare (Augusto), fatevi amici gli scrittori, così da non dover temere le onde del Lete.
68. Son… rari: Anche i veri poeti sono rari come i cigni.
69. perché… regni: perché il cielo non permette (*pate*) mai che ci sia un'eccessiva abbondanza di uomini degni.
70. che… bando: i quali (sovrani avari) schiacciando le virtù ed esaltando i vizi, cacciano in esilio le arti.
71. ha privi: ha privato.
72. lumi: ragione.
73. schivi: estranei.
74. acciò… consumi: affinché la morte li consumi del tutto, cioè la loro memoria sparisca del tutto con la loro morte.
75. Oltre… mirra: Uscirebbero vivi inoltre dal sepolcro, benché abbiano avuto tutti i vizi, purché si sapessero attirare le simpatie dei poeti (Cirra, monte del Parnaso sacro alle Muse), emanerebbero profumo migliore del nardo e della mirra (essenze molto preziose).
76. Non… Ettorre: eroi omerici e virgiliani.
77. si puon: si possono.

ma i donati palazzi e le gran ville
dai descendenti lor, gli ha fatto porre
in questi senza fin sublimi onori
da l'onorate man degli scrittori.[78]

26
Non fu sì santo né benigno Augusto
come la tuba di Virgilio suona.[79]
L'aver avuto in poesia buon gusto
la proscrizion iniqua gli perdona.[80]
Nessun sapria se Neron fosse ingiusto,
né sua fama saria forse men buona,
avesse avuto e terra e ciel nimici,
se gli scrittor sapea tenersi amici.[81]

27
Omero Agamennón vittorïoso,
e fe' i Troian parer vili et **inerti**;
e che Penelopea fida al suo sposo
dai Prochi mille oltraggi avea sofferti.[82]
E se tu vuoi che 'l ver non ti sia ascoso,[83]
tutta al contrario l'istoria converti:[84]
che i Greci rotti,[85] e che Troia vittrice,
e che Penelopea fu meretrice.[86]

28
Da l'altra parte odi che fama lascia
Elissa,[87] ch'ebbe il cor tanto pudico;
che riputata viene una bagascia,[88]
solo perché Maron[89] non le fu amico.
Non ti maravigliar ch'io n'abbia ambascia,[90]
e se di ciò diffusamente[91] io dico.
Gli scrittori amo, e fo il debito mio;
ch'al vostro mondo fui scrittore anch'io.[92]

lessico
Inerte
Inoperoso, inattivo; immobile, rigido; di sostanza, che non presenta reattività chimica (dal latino *iners inertis*, «inabile, incapace; pigro, inoperoso», derivato di *artem*, «arte», con il prefisso negativo *in*, quindi «senza arte»).

78. ma...scrittori: ma i palazzi e le grandi ville, donati dai loro discendenti, hanno fatto sì che si tributassero loro continuamente (*senza fin*) gli onori più alti da parte delle mani degli scrittori beneficati.
79. Non... suona: Augusto non fu retto e benevolo come lo canta la tromba (*tuba*) di Virgilio. Qui la «tuba» indica la poesia epica.
80. la proscrizione... perdona: gli perdona (ad Augusto) le dure leggi di proscrizione. Erano leggi emanate durante il triumvirato (stipulato nel 43 a.C.) di Ottaviano con Antonio e Lepido, che miravano all'eliminazione degli avversari politici.
81. Nessun... amici: il riferimento è alla pessima fama storica dell'imperatore Nerone.
82. Omero... sofferti: Fu Omero a far credere che Agamennone fosse uscito vittorioso, e che i Troiani fossero inetti e deboli, e che Penelope si fosse mantenuta fedele al suo sposo e avesse subito dai Proci pretendenti infiniti oltraggi. Il riferimento è alle due saghe mitiche per eccellenza: l'*Iliade* con Agamennone e l'*Odissea* con Penelope.
83. ascoso: nascosto.
84. tutta... converti: rivolgi la storia tutta al contrario.
85. rotti: sconfitti.
86. meretrice: prostituta.
87. Elissa: cioè Didone, vedova di Sicheo, protagonista del libro IV dell'*Eneide*, nel quale si narrano i suoi amori con Enea.
88. bagascia: prostituta. La parodia giunge al lessico scurrile da commedia.
89. Maron: Publio Virgilio Marone, autore dell'*Eneide*.
90. ambascia: dolore, perché la poesia è negletta e trascurata.
91. diffusamente: a lungo.
92. Gli... anch'io: parla l'Evangelista che, in quanto tale, fu scrittore a sua volta, eletto pertanto da Ariosto a rappresentante della categoria di cui si sente parte.

Analisi del testo

Struttura

Astolfo e san Giovanni Dopo un nuovo piccolo proemio dedicato all'amata Alessandra Benucci (ottave 1-2) e un nuovo encomio del cardinal Ippolito (ottave 4-9), Ariosto riannoda il canto XXXV al precedente riprendendo l'avventura di Astolfo nel punto in cui l'aveva lasciata. Il cavaliere, in compagnia di san Giovanni, ha appena visitato il palazzo delle Parche, dove si fila la vita degli uomini, quando esce sulle rive del fiume Lete e vede nuovamente la misteriosa figura di un vecchio, che reca le lamine con incisi i nomi degli uomini (ottava 10). Comincia qui, fino all'ottava 16, la descrizione delle azioni del vecchio e degli uccelli attorno al fiume Lete e al tempio dell'Immortalità, una descrizione allegorica che sarà poi spiegata da san Giovanni in un secondo momento (ottave 17-22) e seguita dalle sue ironiche e amare considerazioni sul rapporto tra poesia e verità (ottave 23-28).

L'allegoria e la sua spiegazione Il vecchio getta i nomi degli uomini nel fiume, consegnandoli all'oblio; alcuni di questi vengono recuperati in modo effimero da uccelli rapaci, mentre pochissimi vengono messi in salvo da due cigni, che li consegnano alla Fama nel tempio dell'Immortalità (ottave 12-16). La curiosità di Astolfo lo spinge a chiedere spiegazioni di quel che ha appena visto (ottava 17) e san Giovanni chiarisce il significato della visione richiamando prima l'analogia tra mondo lunare e mondo terrestre: ciò che accade sulla Terra ha un corrispettivo evento sulla Luna, pertanto le azioni del vecchio corrispondono all'azione del Tempo nel nostro mondo (ottave 18-19). Gli uccelli rapaci che per breve tempo salvano dall'oblio i nomi rappresentano i cortigiani approfittatori e ingrati (ottave 20-21), mentre i cigni simboleggiano i poeti, quelli «che non sian del nome indegni», spesso disprezzati dai potenti (22-23) ma che hanno il potere di rendere immortali.

Bernardo Strozzi, *Le tre Parche*, 1635 circa.
Milano, Collezione Bonomi.

Il potere della poesia A questo punto Ariosto, per bocca di san Giovanni, dopo aver esaltato la funzione eternatrice della poesia e la sua funzione etica, le attribuisce anche la forza di rovesciare la verità: non solo più grandi eroi del passato (Enea, Achille ed Ettore, ottava 25), ma anche i più celebri personaggi storici (Augusto e Nerone, ottava 26) in realtà non erano come noi li conosciamo. Sono i poeti che, per ottenere benefici, hanno cantato di loro cose non vere. Così, la storia è andata al contrario di quel che sappiamo: i Troiani furono vincitori, Penelope non fu fedele a Ulisse e Didone ebbe il «cor pudico» (ottave 27-28).

Lingua e stile

***Correctio* e negazione** Rispetto all'inizio del canto, caratterizzato dal tono intimo delle ottave per la Benucci e da quello solenne per le strofe encomiastiche, a partire dall'ottava 10 lo stile si fa più disteso nello scioglimento del significato profondo delle scene descritte, facendo ricorso soprattutto alla similitudine (ottave 20 e 22). Quando poi si rivela il "doppio fondo" del ragionamento di Giovanni, cioè la rivelazione del carattere infido della poesia encomiastica, l'incalzare delle sue argomentazioni è dato soprattutto dalla forma retorica della *correctio* (non X ma Y) e, più in generale, della negazione: «Non sì pietoso… né forte… / né sì fiero… / ma…» (25, 1, 2 e 5).; «Non fu sì santo» (26, 1). Il tutto per arrivare a un capovolgimento totale delle narrazioni ufficiali e delle certezze consolidate: «tutta al contrario l'istoria converti» (27, 6).

Temi

Poesia, immortalità e funzione etica Il tema dell'oblio e della forza immortalatrice della poesia («così gli uomini degni da' poeti / son tolti da l'oblio, 22, 3-4) determina la simbologia della parte conclusiva della sequenza lunare del *Furioso*. Ariosto prima compie la celebrazione dell'utilità della poesia e ne riscatta la funzione anche agli occhi dei potenti, che la considerano superflua ed effimera, ma poi si spinge oltre e, forte del potere contrattuale del suo ruolo, avvia qui l'apostrofe ai signori e ai principi che non tengono gli scrittori nella debita considerazione sociale e culturale (22, 5-8). La posizione del poeta è netta: egli attribuisce alla poesia (e anche al mecenatismo che le consente di sopravvivere) un'indiscussa funzione etica e civilizzatrice (23, 7-8).

Poesia, potere e storia Al culmine del vigore argomentativo, tuttavia il discorso dell'autore si fa provocatorio e trasgressivo, attribuendo alla poesia un'utilità eternatrice che scavalca la giustizia e la verità (24, 5-8), tanto da arrivare a negare le convinzioni più incrollabili e a rovesciare gli eroi più famosi dagli "altari" sui quali sono stati per secoli celebrati (Enea, Achille ed Ettore). Si giunge addirittura al grottesco, al rovesciamento demitizzante, secondo il quale i protagonisti dell'*Eneide*, dell'*Iliade* e dell'*Odissea* si sarebbero indirettamente comprati quella fama (25, 5-8). Anzi, la poesia viene investita del potere di cancellare le scelleratezze infamanti sul piano politico, persino quelle di Nerone, se solo si fosse accattivato l'amicizia degli scrittori. Non è tanto la veridicità della poesia ad essere messa in discussione: Ariosto intende piuttosto esibire la forza incontrovertibile e la libertà incrollabile della scrittura, capace persino di mettersi in discussione (se necessario) e di mostrare piena consapevolezza e denunciare dall'interno le proprie debolezze.

Officina

COMPRENDERE

1. Nella prima parte del testo compare un vecchio: di chi si tratta? Quali azioni compie?
2. Che cosa differenzia l'azione dei cigni da quella dei corvi e degli avvoltoi?
3. Perché «Son, come i cigni, anco i poeti rari» secondo quanto affermato nell'ottava 23?

ANALIZZARE

4. **Lingua e stile** Individua e sottolinea nel testo tutti gli interventi del narratore. Che effetto perseguono?
5. **Lessico** Completa le seguenti frasi, inserendo opportunamente "oblio" o "dimenticanza"; talvolta dovrai inserirei anche la preposizione articolata che precede "oblio":
   a. Le sue esortazioni, i suoi scritti, tutto era destinato a cadere ....!
   b. Nel tema c'erano troppi salti logici e ....
   c. Nel Settecento i resti di Pompei sono stati sottratti ....
   d. Non sono andato all'appuntamento con Leo per ....

INTERPRETARE

6. Rileggi la descrizione del vecchio e di quanto accade intorno al Lete contenuta nelle ottave 2-5 mettendola a confronto con quella di Caronte e delle anime raccolte lungo l'Acheronte ai vv. 70-120 del **III canto dell'*Inferno* dantesco**. Riscontri somiglianze fra i due personaggi e fra gli avvenimenti intorno al fiume? Noti inoltre dei richiami sul piano lessicale? Motiva la tua risposta.

PERCORSO DI SCRITTURA

Parafrasi Esponi il contenuto delle ottave 18-23, utilizzando come inizio le parole: «In queste ottave san Giovanni spiega ad Astolfo l'analogia fra gli eventi lunari e quelli terrestri, chiarendo i dubbi del paladino. In particolare...»

COMPETENZE DEL XXI SECOLO

Competenze digitali Immagina che Ariosto voglia esprimere la propria concezione della poesia, così come viene delineata in questo canto del *Furioso*, servendosi dei nuovi mezzi di comunicazione: rielaborane dunque i contenuti adattandoli a un blog, a una pagina Facebook, a un video. Ricorda di rendere il più avvincente possibile e fruibile il tuo lavoro, nello stile della comunicazione in rete.

VOCI DAL NOVECENTO

Il cavaliere inesistente di Italo Calvino: la conquista dell'identità personale

Italo Calvino

LE RAGIONI DI UNA VICINANZA

Cavalieri in crisi

La predilezione dello scrittore Italo Calvino (1923-85) per Ariosto, campione di energia narrativa e di levigatezza del dire, è testimoniata in tutta la sua opera. Ne sono esempi la **trilogia filosofico-allegorica** *I nostri antenati*, costituita dai romanzi *Il visconte dimezzato* (1952), *Il barone rampante* (1957), *Il cavaliere inesistente* (1959), e l'*Orlando furioso di Ludovico Ariosto raccontato da Italo Calvino* (1970).

Nel *Cavaliere inesistente*, ambientato nel Medioevo fantastico dei paladini di Carlo Magno, Calvino si rifà alla stessa tradizione (il **romanzo di cavalleria**) e allo stesso espediente narrativo (l'***entrelacement***) a cui aveva fatto ricorso Ariosto. Il risultato è un libro avventuroso, imprevedibile, comico. Un libro, però, che desidera anche far riflettere. Calvino mette in scena le avventure di un cavaliere con l'armatura ma senza corpo, un **personaggio simbolo del conformismo e dell'alienazione dell'uomo moderno**, che deve procedere a una nuova conquista di sé e della propria identità personale se non vuole ridursi a un puro ruolo, cioè un'armatura senza nessuno dentro.

IL POSTO NEL CANONE

Il gusto dell'avventura

Il primo romanzo di Italo Calvino esce nel 1947, s'intitola *Il sentiero dei nidi di ragno* e **racconta la Resistenza** attraverso le avventure e gli occhi selvatici di Pin, bambino-ragazzo sboccato, furbo ma sempre fuori posto, troppo adulto fra i coetanei e troppo ingenuo fra gli adulti. Appena pubblicato, il romanzo viene recensito dallo scrittore Cesare Pavese, il quale coglie un **«sapore ariostesco»**, per la vivacità del racconto e l'imprevedibilità dello sguardo attraverso cui vengono narrati fatti e catastrofi. In Calvino, Pavese riconosce uno degli obiettivi principali della letteratura: «la pagina non deve essere un doppione della vita, sarebbe perlomeno inutile; deve averla, questo sì».

Esemplare, in questo senso, è proprio la trilogia *I nostri antenati*, pubblicata in volume unico nel 1960. I tre romanzi che compongono la trilogia hanno in comune l'atteggiamento descritto dalla narratrice del *Cavaliere inesistente*, una certa suor Teodora. Questa figura, che alla fine del romanzo si rivela un'eroina del libro stesso (la fuggitiva Bradamante), scrive:

> La pagina ha il suo bene quando la volti e c'è la vita dietro che spinge e scompiglia tutti i fogli del libro. La penna corre spinta dallo stesso piacere che ti fa correre le strade. Il capitolo che attacchi e non sai ancora quale storia racconterà è come l'angolo che svolterai uscendo dal convento e che non sai se ti metterà a faccia con un drago, un'isola incantata, un nuovo amore.

RITRATTO DELL'AUTORE

Toglier peso, dare spazio

Figlio di un agronomo e di una botanica, Italo Calvino nasce nel 1923 a Santiago di Las Vegas, nell'isola di Cuba, ma dopo due anni si trasferisce a Sanremo, città natale del padre. Frequentato il liceo classico, partecipa alla Resistenza e, nel dopoguerra, si trasferisce a Torino, si laurea in lettere con una tesi su Joseph Conrad e inizia a collaborare come redattore con la casa editrice Einaudi. Fra gli anni Cinquanta e Sessanta inizia una **riflessione sull'universo della fiaba e dell'epica**: escono i volumi *Fiabe italiane* (1956), la trilogia degli *Antenati*, la raccolta di **favole moderne a sfondo ecologico** *Marcovaldo ovvero le stagioni in città*. Fra gli anni Sessanta e gli anni Settanta viaggia, vive a Parigi e si interessa al rapporto fra **letteratura e scienza**: sono gli anni delle *Cosmicomiche* (1965) e di *Ti con zero* (1967), racconti fantascientifici dedicati a temi come l'origine del mondo e l'evoluzione della vita.

Di poco successivi alcuni romanzi che sperimentano **tecniche innovative**: il *Castello dei destini incrociati* (1969, serie di racconti creati a partire dalle carte dei tarocchi), *Le città invisibili* (1972, descrizioni di città immaginarie raccontate da Marco Polo al Kublai Kan), *Se una notte d'inverno un viaggiatore* (1979, storia di un lettore che incappa in una copia difettosa di un libro di Calvino e si mette alla ricerca del finale, senza successo). Chiamato a tenere una serie di conferenze in America, Calvino poco prima di morire (nel 1985) pronuncia le sue *Lezioni americane*, dedicate alle parole chiave da tenere presente per la letteratura del futuro. Fra queste, la parola *Leggerezza*, dote supremamente posseduta dall'autore più amato: Ludovico Ariosto.

IL LIBRO DA LEGGERE

Il cavaliere inesistente

Storia di un paladino ai tempi di Carlo Magno, privo di corpo ma con l'armatura, tutto compreso nel proprio ruolo ma senza la qualità di esistere come soggetto visibile, *Il cavaliere inesistente* è la tappa finale di un progetto di scrittura che comprende due romanzi precedenti: *Il Visconte dimezzato* (ambientato alla fine del Seicento, durante la guerra tra Cristiani e Turchi), storia del visconte Medardo di Terralba, diviso da un colpo di cannone in due parti, una onesta e una malvagia; *Il barone rampante* (ambientato nel Settecento illuministico), storia del ragazzo Cosimo Piovasco di Rondò, che all'età di dodici anni, per protesta contro il padre autoritario, va a vivere su un albero.
In una nota introduttiva alla trilogia Calvino tratteggia un possibile significato dei tre romanzi:

> Ho voluto fare una trilogia d'esperienze sul come realizzarsi esseri umani: nel *Cavaliere inesistente* la conquista dell'essere, nel *Visconte dimezzato* l'aspirazione a una completezza al di là delle mutilazioni imposte dalla società, nel *Barone rampante* una via verso una completezza non individualistica da raggiungere attraverso la fedeltà a un'autodeterminazione individuale: tre gradi d'approccio alla libertà. E nello stesso tempo ho voluto che fossero tre storie, come si dice, 'aperte', che innanzitutto stiano in piedi come storie, per la logica del succedersi delle loro immagini, ma che comincino la loro vera vita nell'imprevedibile gioco d'interrogazioni e risposte suscitate nel lettore. Vorrei che potessero essere guardate come un albero genealogico degli antenati dell'uomo contemporaneo, in cui ogni volto cela qualche tratto delle persone che ci sono intorno, di voi, di me stesso.

Marino Marini, *Cavallo e cavaliere*, 1968. Collezione privata.

UN ESTRATTO

Fanno un bel paio, ve lo dico io!

Nel terzo capitolo del *Cavaliere inesistente*, l'esercito dei Franchi incontra Gurdulù-Ornobò, che soffre la malattia opposta di Agilulfo: il cavaliere, assolutamente preciso, composto e tanto consapevole del suo ruolo da diventare antipatico a tutti gli altri paladini, sa di esserci e invece non c'è, mentre il matto del villaggio c'è ma non sa di esserci, e per questo si confonde con tutto quel che c'è in giro.

Agilulfo, cavalcando nel gruppo, ogni tanto spiccava una piccola corsa avanti, poi si fermava ad aspettare gli altri, si girava indietro a controllare che la truppa seguisse compatta, o si voltava verso il sole come calcolando dall'altezza sull'orizzonte l'ora. Era impaziente. Lui solo, lì in mezzo, aveva in mente l'ordine di marcia, le tappe, il luogo al quale dovevano arrivare avanti notte. Quegli altri paladini, ma sì, marcia d'avvicinamento, dar forte o andar piano è sempre avvicinarsi, e con la scusa che l'imperatore è vecchio e stanco a ogni taverna erano pronti a fermarsi per bere. Altro per via non vedevano che insegne di taverne e deretani di serve, tanto per dire quattro impertinenze; per il resto, viaggiavano come chiusi in un baule. [...]
La cavalcata fiancheggiava un frutteto di peri. I frutti erano maturi. Con le lance i guerrieri infilzavano pere, le facevano sparire nel becco degli elmi, poi sputavano i torsoli. In fila in mezzo ai peri, chi vedono? Gurdulù-Omobò. Stava con le braccia alzate tutte contorte, come rami, e nelle mani e in bocca e sulla testa e negli strappi del vestito aveva pere.
– Guardalo che fa il pero! – diceva Carlomagno, ilare.
– Ora lo scuoto! – disse Orlando, e gli menò una botta.

GUIDA AL RIPASSO

AUDIO

Profilo biografico

Nato a Reggio Emilia nel 1474, Ariosto si trasferisce intorno ai dieci anni a Ferrara con la famiglia. Da adolescente intraprende **studi giuridici**, che poi abbandona per la poesia. Nel 1498 entra **al servizio degli Estensi** e nel 1503 diventa **chierico**, così da garantirsi una certa sicurezza economica. **Incarichi diplomatici** lo costringono per alcuni anni a viaggiare per l'Italia: in uno dei soggiorni a Firenze conosce Alessandra Benucci, con la quale inizia una relazione che sfocerà anni dopo in un matrimonio segreto. Gli **obblighi lavorativi** impediscono ad Ariosto di dedicarsi come vorrebbe all'**attività letteraria**, che pure non cessa di coltivare: compone liriche, satire, opere teatrali e le prime due versioni dell'*Orlando furioso*. Tra il 1522 e il 1525, ricopre il ruolo di governatore della Garfagnana; rientrato a Ferrara, acquista una casa modesta e appartata dove trascorre gli ultimi anni di vita. Muore nel 1533, poco dopo aver terminato la terza versione del suo capolavoro.

L'intellettuale e la corte

Di carattere schivo e riservato, Ariosto soffre la propria condizione di uomo di corte al servizio del principe. Avverso ai valori cortigiani legati alla mondanità e all'adulazione, promuove per contro quelli connessi all'interiorità e alla cultura. Difensore della dignità e della **libertà dell'intellettuale**, assume nei confronti del **"patto cortigiano"** – che prevede la protezione signorile in cambio della celebrazione poetica – un atteggiamento ambivalente ma realistico: se da un lato lo accetta, dall'altro ne denuncia i rischi per la letteratura, che viene così ridotta a strumento di propaganda politica e legittimazione del potere. Da qui il continuo sforzo di Ariosto per conciliare le esigenze dell'esistenza concreta con quelle intellettuali ed etiche, sforzo che viene avvertito come indispensabile per la vita sociale.

Il ruolo della letteratura

Ariosto concepisce la **letteratura come uno strumento di comprensione** della realtà in generale e del proprio vissuto individuale in particolare. Attraverso la scrittura, Ariosto riflette sul mondo che lo circonda: constata la natura ingannevole della realtà, la **relatività di ogni ideale** e la **caducità dei progetti umani**; ciò lo porta all'accettazione dei limiti umani. Attraverso una poesia (specialmente quella delle *Rime* e delle *Satire*) dal forte carattere autobiografico, analizza la propria esperienza personale, per meglio comprenderla e, a seconda delle situazioni, celebrarla o contestarla. Tanto l'indagine sulla realtà quanto quella sul vissuto si caricano di un **significato morale**, che rende la letteratura uno strumento di riflessione etica.

L'ironia

Tra gli elementi peculiari della poetica di Ariosto c'è il ricorso all'ironia, caratteristico di tutte le sue opere e in modo particolare dell'*Orlando furioso*. L'ironia svolge una **duplice funzione**: **controbilancia gli eccessi** di situazioni tragiche, patetiche o sublimi; permette di osservare da una **prospettiva diversa e a distanza** sia gli argomenti trattati sia la pratica stessa della poesia. L'ironia diviene così una **visione del mondo**: contrapposta a ogni dogmatismo, mette in crisi l'equivalenza tra poesia e verità e considera i vari aspetti della realtà con **consapevolezza critica** e disincanto.

Anselm Feuerbach, *Ritratto di un poeta (Ariosto)*, 1850 circa. Collezione privata.

Ludovico Ariosto

MAPPA

OPERE PRINCIPALI

Rime (1546)

- sonetti, madrigali, canzoni e capitoli in terza rima in volgare
- progetto di un canzoniere sul modello petrarchesco
- carattere autobiografico
- temi vari, tra i quali spicca quello amoroso
- celebrazione dell'amore esaudito e fonte di gioia sensuale

Satire (1517-1525)

- 7 composizioni in volgare, scritte in terzine a rima incatenata
- forme del dialogo e della lettera
- stile espressivo che imita l'oralità
- registro linguistico umile, dal lessico basso e popolare
- argomenti autobiografici e temi politico-sociali
- dimensione morale
- smascheramento di difetti e vizi dell'uomo e della società
- denuncia del patto tra principe e intellettuale di corte
- valori cortigiani *vs* valori legati a cultura e interiorità

opere teatrali (1508-1528/1529)

- 5 commedie in volgare, influenzate dal teatro latino e dalla letteratura contemporanea
- intreccio meccanico e dispersivo, ricco di colpi di scena
- rappresentazione realistica del contesto sociale cittadino e dei suoi vizi

Orlando furioso (1516; 1521; 1532)

- poema epico-cavalleresco in volgare, che si rifà all'epica carolingia e al romanzo arturiano
- tre edizioni con differenze di struttura, lingua e stile
- utilizzo dell'ottava, che si avvale di ripetizioni, riprese, strofa aperta ed *enjambement*
- *entrelacement* (legato alla *quête*) e ironia come tecniche narrative
- autore come voce narrante e personaggio da compatire

- ambientazione in un passato mitico con riferimenti al presente
- trama incentrata su guerra contro gli infedeli e peregrinazione avventurosa dei personaggi
- pluralità dei percorsi dei personaggi, organizzati secondo un duplice movimento (via da Parigi; verso Arles)
- desiderio come motore dell'azione umana
- follia come condizione costitutiva della natura umana
- incertezza del confine tra realtà e apparenza
- carattere soggettivo e provvisorio delle opinioni

LA TUA LEZIONE
ARIOSTO

PRIMA DI PREPARARE LA LEZIONE

→ Che cosa non puoi non sapere

1. Qual è stata la formazione umanistica di Ariosto nel contesto della corte ferrarese? Descrivila brevemente.
2. Come si differenziano le *Rime* di Ariosto rispetto al modello petrarchesco?
3. Descrivi in breve i modelli, i temi e lo stile delle *Satire* ariostesche.
4. Quali sono le innovazioni del teatro di Ariosto?
5. Discuti i precedenti e i modelli dell'*Orlando furioso*, la sua genesi e le principali modifiche nelle tre edizioni del poema.
6. Che cosa sono i *Cinque canti*?
7. Il *Furioso* ha una struttura complessa e presenta un intricato flusso narrativo. Tuttavia è possibile individuare sei sequenze principali nell'intero poema. Descrivile brevemente, limitandoti a pochi personaggi e a pochi eventi per ogni sequenza.
8. Tra le varie tecniche narrative del Furioso, emerge l'*entrelacement*: di che cosa si tratta?
9. Come si manifesta l'ironia nel *Furioso*? Rispondi portando almeno un esempio significativo.
10. Il *Furioso*, come tutta l'opera di Ariosto, è profondamente moderno nella concezione. Come si caratterizza l'idea ariostesca di modernità? Rispondi con particolare attenzione al tema del relativismo.

→ Impadronirsi dei termini chiave: le parole dell'autore

Furore La "furia" di Orlando, che è un allontanamento dal *logos* (cioè dalla ragione), si manifesta a partire da un'esperienza specifica: quale? Rispondi illustrando l'accezione semantica di «furore» prediletta da Ariosto, aiutandoti con la scheda *Le nostre parole*, p. 217.

Senno Per recuperare il «senno» di Orlando, Astolfo si reca sulla Luna. Cerca di stabilire l'importanza dell'uso del termine "senno" tenendo conto della tradizione poetica italiana (in particolare, Dante). Aiutati con la scheda *Le nostre parole*, p. 270.

COSTRUISCI LA TUA LEZIONE

Lezione 1 Il proemio e l'originalità dell'*Orlando furioso*

SCALETTA

- Leggi il proemio secondo due aspetti: come introduzione tematica generale all'opera, come rivendicazione, da parte dell'autore, dell'originalità del poema.
- Sottolinea la presenza autoriale e biografica di Ariosto quale emerge dalla sostituzione, nella protasi, delle consuete destinatarie dell'invocazione poetica (le Muse) con l'amata Alessandra Benucci. Dai inoltre peso al tono ironico con cui il poeta esprime il proprio autocoinvolgimento, distanziandosi dalla tradizione.
- Illustra i temi del poema – le donne, i cavalieri, le armi e l'amore – con il consequenziale rimando ai modelli del ciclo bretone (per le armi) e del ciclo arturiano (per l'amore).
- Dai risalto al duplice significato della dedica al cardinale Ippolito (ottave 3-4), come "dono" e come allusione alla condizione materiale di "protettorato" fra l'autore e il suo mecenate.
- Spiega il contrasto fra il tono elevato della prima ottava e quello più stemperato dei versi successivi.

- Soffermati sull'indicazione della follia di Orlando come tema centrale del poema e come consapevole punto di rottura sia con la tradizione dell'epica classica latina (Virgilio) sia con il modello dantesco.
- Concludi considerando l'ironia pervasiva del proemio come segno di novità dell'opera.

TESTI DI RIFERIMENTO

- **T3** *Il proemio*

PAROLE DA USARE

- *donne • cavalieri • armi • amori • furore • matto • ingegno • ornamento • splendore • servo • inchiostro • gesti • orecchio • pensiero • luogo*

Lezione 2 Immagini del fantastico nel *Furioso*

SCALETTA

- Considera anzitutto il particolare imprigionamento nel castello di Atlante, luogo in cui si intrecciano i percorsi di molti personaggi, fatti prigionieri dalle loro stesse illusioni o sogni.
- Nota le percezioni alterate, non solo solo visive ma uditive. Orlando sente, per esempio, la voce dell'amata, creata come fenomeno illusorio dal mago Atlante («Mentre pensa così, sente all'orecchia / una voce venir, che par che piagna», XII, 4, 5-6).
- Metti in relazione l'esperienza percettiva con l'interno del castello: i mobili sono riccamente addobbati ma non vi sono né pareti né pavimento, in una estremizzazione dell'illusione ottica (XII, 10).
- Sottolinea la confusione delle apparenze tramite espediente magico. Mentre Orlando crede di sentire Angelica, Ruggiero immagina di vedere Bradamante: anche questo è un «nuovo e disusato incanto» (I, ottava 21). Proprio Angelica è protagonista di uno sdoppiamento: è presente nel castello sia come fantasma sia persona reale ma resa invisibile da un anello magico (XII, 26).
- Inserisci nel tuo discorso la perdita di contatto con la realtà. Puoi portare come esempio l'eccesso d'incantamento del castello e il conseguente impedimento a riconoscersi come esseri reali: «era così incantato quello albergo, / ch'insieme riconoscer non poteansi» (XII, 32).
- A questo punto dai rilievo al viaggio di Astolfo sulla Luna, che proietta nel fantastico «regno de la luna». Fai un cenno alla Luna come superficie di acciaio priva di macchie (XXXIV, 70), primo segno di un mondo diverso.
- Soffermati sul cambio di prospettiva dato dall'avvistamento della Terra dalla Luna e sullo spaesamento («maraviglia») di Astolfo, il quale riflette su come la Terra appaia piccola e priva di luce propria (XXXIV, 71.
- Metti a confronto il paesaggio lunare che ha fiumi, città, laghi e campagne come quello terrestre ma che, nello stesso tempo, risulta differente.
- Concludi sottolineando il legame che unisce la Terra alla Luna. Quest'ultima è il luogo dove si raccolgono le cose perdute dagli uomini per colpa o per sventura. Fai riferimento a quanto visto da Astolfo, prestando particolare attenzione all'immensa distesa del senno smarrito, dove si trova anche quello di Orlando.

TESTI DI RIFERIMENTO

- **T6** *Il castello di Atlante*
- **T8** *Astolfo sulla Luna*

PAROLE DA USARE

- *madre • valle • montagna • parere • voce • orrendo • cavaliere • richiamare • inganno • prendere • viso • tappeti • nascosto • luna • fuoco • macchia • globo • terra • laghi • fiumi • campagna • adulazione • favore • versi • senno*

LA TUA BACHECA
ARIOSTO

Consulta online la versione della tua bacheca arricchita di tanti altri contenuti: video, testi, link e proposte di attività.

IL TEMA

L'allunaggio e altre esperienze spaziali

Sebbene la prima discesa di un uomo sul suolo lunare sia avvenuta soltanto nel 1969, per opera dell'astronauta americano Neil Armstrong dell'Apollo 11, la letteratura antica e moderna ha da sempre immaginato di poter raggiungere la Luna. Quello di Astolfo nell'*Orlando furioso* resta certamente fra i più canonici: e da qui possiamo partire per un ulteriore **viaggio interdisciplinare nello spazio cosmico**, non confinandolo necessariamente alla Luna. Se la letteratura del Novecento ha sviluppato un fecondo **sottogenere di fantascienza «filosofica»**, l'arte contemporanea ha indagato, spesso con ironico distacco, l'ossessione dell'uomo per la conquista spaziale. Il cinema, da parte sua, ha sempre immaginato, con "effetti" via via sempre più spettacolari, le missioni umane nello spazio interstellare. Nello stesso tempo, tuttavia, è di sicuro interesse considerare le missioni spaziali così come sono avvenute nella realtà, per esempio attraverso il resoconto giornalistico.

LETTERATURA
Filosofie spaziali: *Solaris* di Stanislaw Lem

Pubblicato nel 1961, il romanzo *Solaris* dello scrittore polacco Stanislaw Lem resta tra i pochi capolavori fantascientifici "rispettati" dalla critica letteraria, che ha da sempre guardato con sospetto alla fantascienza. *Solaris* è, anzitutto, un'indagine filosofica che riflette sulla **memoria umana** e sull'inadeguatezza della **comunicazione fra specie umana e specie non-umane**.
La narrazione segue i tentativi di avvicinamento al pianeta Solaris (ricoperto da una misteriosa superficie oceanica) compiuti da una *équipe* di ricercatori. Dal romanzo sono sono state ricavate due versioni cinematografiche, la prima del regista russo Andrej Tarkovskij (1972), la seconda dello statunitense Steven Soderbergh.

BREVE STORIA DELLA CRITICA

La **fama di Ariosto**, grazie all'*Orlando furioso*, è immediata, e presto si accompagna a edizioni, come quelle a cura di Girolamo Ruscelli e Ludovico Dolce, corredate da repertori iconografici, annotazioni e commenti. Nella **seconda metà del Cinquecento** il poema ariostesco viene contrapposto alla *Gerusalemme liberata* di Torquato Tasso in una violenta polemica che vede antagoniste due differenti idee della narrazione cavalleresca.

Con l'imporsi del razionalismo e del gusto classicistico, alla **fine del Seicento** i favori dei critici vanno ancora più ad Ariosto per l'equilibrio dello stile, mentre Tasso viene criticato per la sua tendenza al concettismo e alla scrittura artificiosa.
Nel **Settecento Gian Vincenzo Gravina** apprezza, nella sua *Ragion poetica* (1708), l'analisi dei costumi e degli affetti umani elaborata nel *Furioso*.

Nell'**Ottocento Francesco De Sanctis** esprime un giudizio limitativo su Ariosto, facendone il prototipo dell'artista indifferente alla materia delle vicende che narra, alla morale e alla religione, interessato solo ai voli della propria fantasia. **Pio Raina** poi, nel suo *Le fonti dell'"Orlando furioso"* (1876), conduce importanti ricerche sui collegamenti fra il poema e i suoi precedenti della letteratura romanza medievale.

ARTE
Le «reliquie» spaziali di Vincent Fournier

Sebbene non vi sia più, oggi, quell'interesse vivo con cui furono accolte le spedizioni spaziali negli anni della Guerra fredda, un gruppo di artisti (tra cui Sylvie Fleury, Jane e Louise Wilson, e Aleksandra Mir) sta da tempo conducendo un'interessante riflessione sulla insaziabile volontà umana di conquista spaziale. Particolarmente affascinanti sono anche le creazioni del fotografo Vincent Fournier, che si dedica a **temi di fantascienza e utopia**.
Nel 2007 ha completato un progetto di fotografia di oggetti appartenuti a vari astronauti, come nel caso dei guanti provenienti da un centro cosmonautico russo, che l'artista ha fotografato, quasi come delle reliquie, contro un'ottocentesca carta da parati, creando un provocatorio **effetto di straniamento**.

STORIA E POLITICA
***Quel giorno sulla Luna*: i *reportage* di Oriana Fallaci**

Assunta giovanissima come inviata dell'«Europeo», Oriana Fallaci aveva trascorso quattro anni a diretto contatto con gli astronauti americani impegnati nella missione dell'Apollo 11, intervistando non solo gli specialisti tecnici, ma anche gli scrittori di fantascienza. Il risultato è stato una serie di ricchi e minuziosi ***reportage***, pubblicati prima, durante e dopo l'allunaggio del 1969, che oggi sono raccolti nel volume *Quel giorno sulla Luna*, e che si leggono con il gusto di una piacevole riscoperta. Disincantata è la descrizione che Fallaci fa degli astronauti: «E chi sono loro? Diciamolo subito: borghesi di provincia. Non ti aspettare da essi un'intelligenza pari alla responsabilità che hanno, o una visione nuova della vita».

Nel **Novecento** è **Benedetto Croce** (*Ariosto, Shakespeare e Corneille*, 1918) a riprendere la tesi desanctisiana, aggiungendo un'annotazione stilistica relativa alla superiore «Armonia» di Ariosto, che altro poi non sarebbe se non il riflesso della sua distaccata «serenità» rispetto alla realtà del suo tempo.
Fondamentale dal punto di vista metodologico è il saggio di **Gianfranco Contini** *Come lavorava l'Ariosto* (1937), mentre fra gli studi successivi si ricorda il volume *Ariosto e Tasso* (1961) di **Lanfranco Caretti**. Importanti, a partire dalle *Esperienze ariostesche* (1966), anche i contributi di **Cesare Segre**, a cui si deve l'edizione critica del *Furioso* (1960).
Volumi assai significativi sono quelli di **Mario Santoro**, *Letture ariostesche* (1973) e di **Gennaro Savarese**, *Il "Furioso" e la cultura del Rinascimento* (1984), mentre gli studi di **Albert Russell Ascoli** sfatano il mito desanctisiano-crociano di un poeta imperturbabile. Una più approfondita conoscenza delle antiche stesure del poema è stata offerta da **Alberto Casadei** nel suo *Il percorso del* Furioso: *ricerche intorno alle redazioni del 1516 e del 1521* (1993). Disponiamo ora di un'impeccabile edizione della prima stampa del poema grazie a **Marco Dorigatti**: *"Orlando furioso" secondo la princeps del 1516* (2006).

A. ANALISI E INTERPRETAZIONE DI UN TESTO LETTERARIO

Ludovico Ariosto

Il matrimonio di Angelica e Medoro

Scampato a uno scontro che stava per costargli la vita, il saraceno Medoro viene accudito da Angelica, che si imbatte per caso nel giovane ferito e se ne innamora. Ospiti di un umile pastore, i due si sposano.

- Metro ottave di endecasillabi con schema ABABABCC

33
Angelica a Medor la prima rosa
coglier lasciò, non ancor tocca inante:[1]
né persona fu mai sì aventurosa,
ch'in quel giardin potesse por le piante.[2]
Per adombrar, per onestar la cosa,
si celebrò con cerimonie sante
il matrimonio, ch'auspice ebbe Amore,
e pronuba la moglie del pastore.

34
Fêrsi[3] le nozze sotto all'umil tetto
le più solenni che vi potean farsi;
e più d'un mese poi stêro[4] a diletto
i duo tranquilli amanti a ricrearsi.
Più lunge non vedea del giovinetto
la donna, né di lui potea saziarsi;
né per mai[5] sempre pendergli dal collo,
il suo disir[6] sentia di lui satollo.

35
Se stava all'ombra o se del tetto usciva,
avea dì e notte il bel giovine a lato:
matino e sera or questa or quella riva
cercando andava, o qualche verde prato:
nel mezzo giorno un antro li copriva,
forse non men di quel commodo e grato,
ch'ebber, fuggendo l'acque, Enea e Dido,
de' lor secreti testimonio fido.

1. Non ancor tocca inante: Non ancora toccata, intatta prima di allora.
2. por le piante: entrare.
3. Fêrsi: Si fecero.
4. stêro: stettero.
5. mai: rafforza il significato di «sempre».
6. disir: desiderio.

36

Fra piacer tanti, ovunque un arbor[7] dritto
vedesse ombrare[8] o fonte o rivo puro,
v'avea spillo o coltel subito fitto;[9]
così, se v'era alcun sasso men duro:
et era fuori in mille luoghi scritto,
e così in casa in altritanti[10] il muro,
«Angelica e Medoro», in varii modi
legati insieme di diversi nodi.

(L. Ariosto, *Orlando furioso* XIX, 33-36)

7. **arbor:** albero.
8. **ombrare:** fare ombra a.
9. **fitto:** piantato dentro per incidere (i loro nomi).
10. **altritanti:** altrettanti.

La buca del suggeritore **ottava 33:** nel mondo antico l'«àuspice», o paraninfo, era colui che, amico o parente dello sposo, organizzava il matrimonio e conduceva i coniugi a casa la sera delle nozze; la «prònuba» era la donna che assisteva la sposa e l'accompagnava alle nozze.

ottava 35: come racconta Virgilio nell'*Eneide*, il troiano Enea e la regina cartaginese Didone consumarono il loro amore in una grotta in cui si erano rifugiati a causa di un temporale («fuggendo l'acque»).

1. COMPRENSIONE DEL TESTO

1.1 Ricostruisci il testo secondo il comune ordine delle parole: soggetto, verbo e complemento/i diretto e indiretto/i: tieni presente che è Angelica il soggetto sottinteso di «usciva», «avea», «cercando andava» (ottava 35) e di «vedesse», «avea ... fitto» (ottava 36).

1.2 Spiega il significato dei seguenti termini e indicane la funzione grammaticale.
adombrar (ottava 33): *coprire, dissimulare* (*verbo*).
onestar (ottava 33): .... (......................).
lunge (ottava 34): .... (......................).
satollo (ottava 34): .... (......................).
antro (ottava 35): .... (......................).
fido (ottava 35): .... (......................).
rivo (ottava 36): .... (......................).

1.3 Svolgi la parafrasi delle quattro ottave e assegna a ciascuna un titolo riassuntivo.

2. ANALISI DEL TESTO

2.1 Dove e con quale rito viene celebrato il matrimonio di Angelica e Medoro? Chi vi assiste?

2.2 Come i due innamorati trascorrono il primo mese di nozze?

2.3 Che cosa incide Angelica sugli alberi, sui sassi e sulle pareti della casa del pastore? Perché è un dettaglio importante per il seguito del poema (➤ **T7**, p. 265)?

2.4 Nell'ottava 33 attraverso quale figura retorica Ariosto esprime l'avvenuta unione fra Angelica e Medoro?

2.5 La sintassi riflette l'amore fra i due protagonisti mediante strutture binarie, come parallelismi, antitesi, dittologie sinonimiche, coordinate per asindeto oppure attraverso nessi copulativi o disgiuntivi («Per adombrar, per onestar»; «auspice... Amore, / e pronuba la moglie», ottava 33): rileggi le ottave 35-36 e fornisci qualche esempio.

3. RELAZIONE CON IL CONTESTO STORICO E CULTURALE

3.1 Gli amori segreti, consumati di nascosto e, almeno all'inizio, lontani da occhi e orecchi indiscreti, affascinano: Enea e Didone, Lancillotto e Ginevra, Paolo e Francesca («soli eravamo»)... Basandoti sulle tue conoscenze di lettore e/o spettatore, rifletti sull'esperienza dell'amore proibito istituendo un confronto tra l'episodio di Angelica e Medoro e una storia immortalata dalla letteratura, dai fumetti o dal cinema a te cara.

3.2 La metafora della rosa per la verginità femminile ha una lunga tradizione, risalente almeno al poeta latino Catullo (I secolo a.C.). Rifletti sulla matrice culturale e sulla strategia espressiva alla base di quest'immagine, facendo altri esempi da Ariosto (➤ **T1**, p. 180, ottave 41-44) e da autori antichi e moderni (come Cielo d'Alcamo, gli stilnovisti, Petrarca e Tasso ➤ **T10**, p. 574).

3.3 Ariosto descrive una fase ben precisa dell'amore: quella iniziale, dell'innamoramento. In una decina di righe, commenta le modalità con cui il tema viene affrontato nelle ottave. Nel modo in cui Ariosto racconta l'amore tra Angelica e Medoro ci sono elementi che trovi attuali? Alcune delle frasi, delle espressioni, delle azioni sarebbero possibili anche oggi?

B. ANALISI E PRODUZIONE DI UN TESTO ARGOMENTATIVO

Italo Calvino

Ferrara capitale della poesia epica

Lo scrittore Italo Calvino dimostrò a più riprese la sua passione per l'opera di Ariosto (vedi p. 284), tanto da proporre anche una sua versione in prosa del poema. In questo passo, Calvino tratteggia il contesto storico-culturale della Ferrara nella quale nacquero i principali poemi epico-cavallereschi del Rinascimento.

Per più d'un secolo Ferrara fu la capitale della poesia epica. I tre maggiori poemi del Rinascimento – l'*Orlando innamorato*, l'*Orlando furioso*, e pure la *Gerusalemme liberata* del sorrentino Torquato Tasso – nacquero alla Corte degli Estensi. Perché questa terra padana fu tanto feconda d'ottave risonanti colpi di lancia e scalpitio di destrieri? In così imponderabile materia nessun tentativo di spiegazione sarà mai esauriente, ma alcuni dati di fatto possono esser tenuti presenti: quella ferrarese era una società ricca, portata al lusso, gaudente; era una società colta, che aveva fatto della propria università un importante centro di studi umanistici; ed era soprattutto una società militare, che s'era costruito e difeso un suo Stato, tra Venezia e Stato della Chiesa e Ducato di Milano: una fetta di territorio ragguardevole, situata nel cuore di quel campo di perpetua guerra europea che era allora la pianura del Po, e perciò parte in causa in tutte le contese tra Francia e Spagna per la supremazia sul continente. Ma nell'epoca di Francesco I e Carlo V è il nuovo tipo di grande Stato accentratore che prende forma, mentre l'ideale italiano della città-principato è in declino. L'*Orlando furioso* nasce in una Ferrara in cui la gloria guerriera è ancora il fondamento d'ogni valore, ma che ormai sa d'essere solo una pedina d'un gioco diplomatico e militare molto più grosso. Il poema si sdoppia continuamente su due piani temporali: quello della favola cavalleresca e quello del presente politico-militare; una corrente d'impulsi vitali si trasmette dal tempo dei paladini (dove ormai il fondo epico-storico carolingio sparisce assorbito dall'arabesco fantastico) alle guerre italiane cinquecentesche (dove all'apologia delle imprese estensi sempre più vanno sovrapponendosi gli accenti d'amarezza per gli strazi dell'Italia invasa).

(Orlando furioso, *di Ludovico Ariosto raccontato da Italo Calvino con una scelta del poema*, Einaudi, Torino, 1970)

Dopo un'attenta lettura, componi un testo di analisi e commento, utilizzando anche i seguenti punti.

1. COMPRENSIONE E ANALISI

1.1 Riassumi l'argomentazione di Calvino riguardo al ruolo di Ferrara nella creazione di poemi epici.
1.2 Evidenzia la tesi che indica nella struttura dell'Orlando furioso il nesso con il contesto storico-culturale.
1.3 Individua la funzione argomentativa dei due incisi, segnalati dalle parentesi tonde.

2. COMMENTO

Elabora un testo nel quale sviluppi le tue opinioni sulla questione affrontata da Calvino, alla luce delle tue conoscenze sulla biografia di Ariosto, sulla sua produzione letteraria (in particolare le Satire) e sul contesto storico.

B. ANALISI E PRODUZIONE DI UN TESTO ARGOMENTATIVO

Stefano Jossa

L'ippogrifo e la memoria letteraria

La vitalità romanzesca dell'ippogrifo è un ottimo esempio per provare il successo dell'*Orlando furioso*; Stefano Jossa ne ricostruisce alcune tappe per definire i meccanismi della memoria letteraria.

Chiunque saprebbe riconoscere un ippogrifo. Anche se non esistono, ormai questi animali sono noti a tutti: la saga di Harry Potter (sia il romanzo che la versione cinematografica) li ha resi così popolari che anche i lettori più snob ammetterebbero a denti stretti di conoscerli. Probabilmente pochi, però, sarebbero in grado di fare un collegamento tra Fierobecco, l'ippogrifo di Harry Potter che appare per la prima volta nel *Prigioniero di Azkaban*, e il suo progenitore, l'ippogrifo inventato dal poeta e commediografo ferrarese Ludovico Ariosto (1474-1533). John Granger, l'esoterico esegeta di Harry Potter, ha ammesso con riluttanza che l'ippogrifo è «la creazione di un poeta di corte italiano del XVI secolo di nome Ludovico Ariosto, nel suo *Orlando furioso*». Se Granger avesse letto *Il castello dei destini incrociati* di Italo Calvino, o *Il professore va al congresso* di David Lodge, o *L'incantatrice di Firenze* di Salman Rushdie, o ancora l'*Angelica Lost and Found* di Russell Hoban, non sarebbe stato così sorpreso di trovare Ariosto nel bagaglio culturale di J. K. Rowling. Ariosto è stato una fonte di immaginazione incredibilmente fertile per gli scrittori dei secoli successivi. Il suo poema solleva questioni di genere, identità, alterità, si interroga sulla posizione dell'individuo nel mondo con toni talmente attuali che il grande scrittore ferrarese può essere legittimamente considerato il precursore del romanzo moderno, come Walter Scott non ebbe difficoltà ad ammettere. Eppure, la Rowling non ha mai menzionato Ariosto e l'*Orlando furioso*.
Le cose sono meno oscure di quanto potrebbe sembrare: è noto che ai tempi in cui studiava all'Università di Exeter Rowling era un'appassionata lettrice di opere epiche, quindi molto probabilmente conosceva *Mythology*, la raccolta di leggende antiche e medievali di Thomas Bulfinch (1796-1867). Nel terzo volume della collezione i lettori di Bulfinch si imbattono nella descrizione di un ippogrifo: «Era un animale naturale, di una specie che esiste sui monti Rifei. Come un grifone, aveva la testa di un'aquila, le zampe armate di artigli e le ali ricoperte di piume, e il resto del corpo era quello di un cavallo. Questo strano animale viene chiamato ippogrifo» .
È indubbio che Bulfinch attinge le sue informazioni all'*Orlando furioso* di Ariosto, che descrive l'ippogrifo nel quarto canto:

> Non è finto il destrier, ma naturale, / ch'una giumenta generò d'un grifo: / simile al padre avea la piuma e l'ale, / li piedi anteriori, il capo e il grifo; / in tutte l'altre membra parea quale / era la madre, e chiamasi ippogrifo; / che nei monti Rifei vengon, ma rari, / molto di là dagli aghiacciati mari.

[...] L'appropriazione, come è noto, è un aspetto fondamentale dell'arte postmoderna. La Rowling non avrebbe fatto altro che appropriarsi di Ariosto in chiave postmoderna, seguendo le orme di scrittori precedenti che si erano già appropriati di Ariosto in vari modi, come Edmund Spencer, William Shakespeare, John Milton, Walter Scott e Byron.

Ma anche Ariosto, in fondo, si è appropriato della tradizione a lui precedente. A partire dal cavallo alato della mitologia greca, Pegaso, di cui si serve Perseo per liberare Andromeda dalle grinfie di un mostro marino. Il paragone è tanto più evidente se si pensa che è proprio cavalcando un ippogrifo che Ruggero libera Angelica, anche lei abbandonata alla mercé di un mostro marino, in questo caso un'orca. Una parola simile a ippogrifi («ippogipi») era presente anche nella *Storia vera* dello scrittore satirico greco Luciano di Samosata (II sec. d.C.), dove sono uomini in groppa a grandi avvoltoi che usano gli uccelli al posto dei cavalli, una sorta di variante celeste dei centauri. Il fatto che appaiano sulla Luna nell'undicesimo capitolo della *Storia vera* rende il collegamento con Ariosto ancora più plausibile, dato che è l'ippogrifo a portare Astolfo sulla Luna.

Dunque l'intertestualità rowlingiana mostra la letteratura come un tessuto, spesso inconsapevole ma inevitabile, di testi intrecciati fra loro. Lo scrittore argentino Jorge Luis Borges (1899-1986) sognava di sostituire il mondo reale con un mondo di libri, un universo dalle interconnessioni più inesauribili [...].

Invece di continuare ad aggrapparsi all'idea del genio creativo, un'invenzione del Romanticismo, dovremmo essere consapevoli che tutto il mondo è una ragnatela, e che sono i fili di questa ragnatela a rendere affascinanti le nostre vite. Questa è una lezione che Ariosto ha da insegnarci.

(S. Jossa, *Ma quanto Ariosto c'è in Harry Potter*, trad. it. di F. Galimberti, www.repubblica.it, 23/4/2016)

LE PAROLE DELLA CRITICA LETTERARIA

Dopo aver individuato nel brano queste espressioni, scrivi la definizione di «bagaglio culturale».

- **«esoterico esegeta»:** interprete che punta alla ricerca di significati nascosti e misteriosi;
- **«bagaglio culturale»:** ....;
- **«precursore»:** anticipatore, più o meno consapevole;
- **«appropriazione»:** impadronirsi di qualcosa, in questo caso di un testo, e rielaborarlo con maggiore o minore libertà inventiva;
- **«arte postmoderna»:** etichetta che definisce i movimenti artistici della seconda metà del Novecento, tesi tra l'altro a rivalutare il passato contro una vuota idea di progresso e di nuovo;
- **«intertestualità»:** rapporti di parentela letteraria tra testi dello stesso autore o di epoche a lui vicine o lontane nel tempo.

1. COMPRENSIONE E ANALISI

1.1 L'*Orlando furioso* ha solamente ispirato altri autori o a sua volta si è servito della tradizione precedente? L'ippogrifo, in particolare, si può considerare un'invenzione di Ariosto?

1.2 Come avviene l'appropriazione letteraria di un testo? Serve una lettura diretta oppure anche mediata da altri testi? Rifletti sull'esempio dell'ippogrifo e su come da Ariosto è arrivato a J. K. Rowling.

1.3 In che modo la teoria del «genio» e della libera ispirazione si contrappone a quella della «ragnatela» che lega fra loro i testi?

1.4 Individua nel saggio le varie sequenze che costituiscono l'ossatura argomentativa del discorso:
- introduzione ed enunciazione della tesi (l'ippogrifo deriva da Ariosto): rr. 1-......;
- prova 1, di carattere generale (Ariosto ha ispirato molti scrittoti): rr. ......-......;
- prova 2, di carattere particolare (Rowling si è ispirata a una raccolta a sua volta basata su Ariosto): rr. ......-......;
- prova 3, di carattere generale (anche Ariosto si è ispirato ad altri scrittori): rr. ......-......;
- ampliamento della tesi con citazione esemplificativa da Borges (il caso dell'ippogrifo dimostra come funziona la memoria letteraria): rr. ......-......;
- enunciazione rapida dell'antitesi (la teoria del «genio») e conclusione: rr. ......-.......

1.5 Dopo aver individuato la tesi del brano, riassumila in un paragrafo di 5 righe.

2. COMMENTO

Nella parte finale del brano viene rapidamente confutata la tesi del «genio», che tanto successo ha avuto nella storia. Anche tu pensi che questa concezione della letteratura possa essere liquidata come poco attendibile? Oppure può spiegare l'estro creativo di alcuni scrittori particolarmente ispirati? Elabora le tue riflessioni a sostegno oppure contro la teoria del genio in un testo di circa 20 righe. Puoi seguire questa scaletta.

Sezione	Righe	Argomento	Possibile svolgimento
1. Introduzione	2-3	Presentazione per riagganciarsi al saggio	*Nel suo saggio su Ariosto, lo studioso Stefano Jossa sostiene che...*
2. Tesi	3-4	Riformulazione della tesi / enunciazione della tesi alternativa	*Da un'attenta lettura dell'*Orlando furioso *è possibile ricavare che l'autore componeva tenendo presente la tradizione precedente / contando unicamente sulla propria libera ispirazione.*
3. Prova a sostegno	5-6	Prova a sostegno della tesi della «ragnatela» testuale / del «genio»	*Alla corte di Ferrara si erano cimentati nel poema epico-cavalleresco già altri autori, come Boiardo. / Nonostante i poemi su Orlando fossero noti fin dal Medioevo, Ariosto si discosta completamente dalla tradizione.*
4. Esempio	3-4	Citazione di un passo dell'*Orlando furioso*	il proemio ➤ **T3**, p. 216
5. Conclusione	2-3	Conferma della tesi	*Tutto ciò dimostra la fondatezza della tesi di Jossa / del genio, sempre valida.*

C. RIFLESSIONE CRITICA DI CARATTERE ESPOSITIVO-ARGOMENTATIVO SU TEMATICHE DI ATTUALITÀ

1. Il filone amoroso dell'*Orlando furioso* alimenta unioni costantemente rimandate e infine realizzate: spiccano il matrimonio di Angelica e Medoro (canto XIX, ottave 33-36 ➤ p. 263) e, alla fine del poema, quello di Ruggiero e Bradamante (➤ pp. 206-207). Per molto tempo in Italia il matrimonio è rimasto vincolato alla dimensione religiosa e a uno squilibrio di ruoli a vantaggio del marito. Nel 2016 il riconoscimento delle unioni civili ha non solo creato un nuovo istituto giuridico, ma ha confermato un cambiamento nel costume e nella mentalità. Sulla base delle tue personali conoscenze e convinzioni, rifletti sull'evoluzione del modello familiare in Italia negli ultimi decenni: quali cambiamenti sono stati introdotti e con quali conseguenze socio-culturali?

2. Per celebrare il loro amore Angelica e Medoro (canto XIX, ottava 36 ➤ p. 293) scrivono ovunque i loro nomi: la pratica del graffito, insieme a quella dei lucchetti sui ponti delle principali città d'arte (Ponte Vecchio a Firenze, Ponte Milvio a Roma, Ponte dell'Accademia a Venezia), è un'abitudine tipicamente italiana. Per quanto poetica possa sembrare, essa incontra il biasimo delle autorità in quanto danneggia opere d'arte e aree di interesse pubblico. Pensi che si tratti soltanto di un atto di vanità oppure vandalismo? O forse nasconde motivazioni individuali più profonde, come il desiderio di lasciare una traccia? Rifletti su queste pratiche giovanili, analizzandone sia i risvolti concreti sia le ragioni che le alimentano.

Niccolò Machiavelli
La forza dei fatti

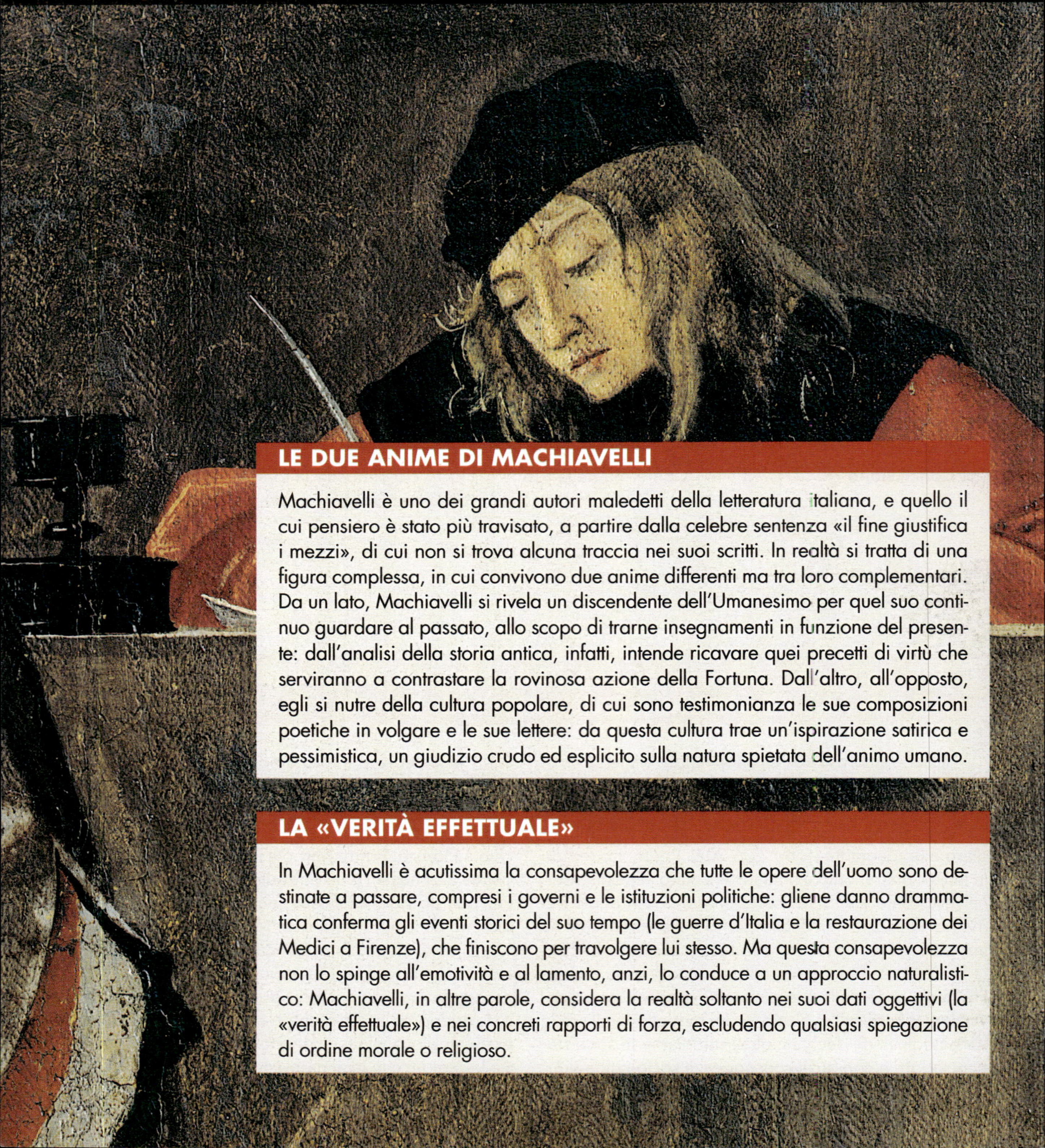

LE DUE ANIME DI MACHIAVELLI

Machiavelli è uno dei grandi autori maledetti della letteratura italiana, e quello il cui pensiero è stato più travisato, a partire dalla celebre sentenza «il fine giustifica i mezzi», di cui non si trova alcuna traccia nei suoi scritti. In realtà si tratta di una figura complessa, in cui convivono due anime differenti ma tra loro complementari. Da un lato, Machiavelli si rivela un discendente dell'Umanesimo per quel suo continuo guardare al passato, allo scopo di trarne insegnamenti in funzione del presente: dall'analisi della storia antica, infatti, intende ricavare quei precetti di virtù che serviranno a contrastare la rovinosa azione della Fortuna. Dall'altro, all'opposto, egli si nutre della cultura popolare, di cui sono testimonianza le sue composizioni poetiche in volgare e le sue lettere: da questa cultura trae un'ispirazione satirica e pessimistica, un giudizio crudo ed esplicito sulla natura spietata dell'animo umano.

LA «VERITÀ EFFETTUALE»

In Machiavelli è acutissima la consapevolezza che tutte le opere dell'uomo sono destinate a passare, compresi i governi e le istituzioni politiche: gliene danno drammatica conferma gli eventi storici del suo tempo (le guerre d'Italia e la restaurazione dei Medici a Firenze), che finiscono per travolgere lui stesso. Ma questa consapevolezza non lo spinge all'emotività e al lamento, anzi, lo conduce a un approccio naturalistico: Machiavelli, in altre parole, considera la realtà soltanto nei suoi dati oggettivi (la «verità effettuale») e nei concreti rapporti di forza, escludendo qualsiasi spiegazione di ordine morale o religioso.

Inquadra il codice per accedere alla lezione dell'autore.

VIDEO

POLITICA E MORALE

Quel relativismo, quello sguardo scettico che Ariosto aveva tradotto in bonaria ironia sulla società umana, in Machiavelli diviene analisi rigorosa che, dal *Principe* ai *Discorsi*, arriverà a rendere indipendente l'agire politico da qualsiasi considerazione morale. La politica è la sfera privilegiata della sua riflessione perché da lui intesa come il luogo del conflitto, cioè di quell'incessante processo che si mostra come la più fedele rappresentazione della realtà.

REALTÀ E SCRITTURA

Più in generale, al centro della riflessione machiavelliana sta la vita umana nella sua immediatezza, nel suo elementare vigore, come mostra la sua prosa scattante, dalle svolte argomentative improvvise, che rovesciano in un colpo le opinioni consolidate dalla tradizione. Lo stile di Machiavelli si nutre di antitesi perché esprime lo sforzo di mettere ordine nel caos degli eventi umani; di imporre uno schema interpretativo per ricavare un insegnamento dai tumultuosi fatti della storia, i quali trascinano nella «ruina» (parola machiavelliana per eccellenza) gli Stati e gli uomini più potenti. Allo stesso tempo, però, pochi autori come Machiavelli percepiscono con altrettanta forza la realtà nel suo concreto accadere, e ne restituiscono tutta la vitalità attraverso la scrittura. Tanto che di lui si potrebbe ripetere quello che il poeta Francesco Berni, rivolgendosi agli altri letterati del suo tempo, diceva di Michelangelo: «e' [egli] dice cose, e voi dite parole».

TIROLO

Tra il 1507 e il 1509 Machiavelli, insieme con Francesco Vettori, è ambasciatore presso l'imperatore Massimiliano d'Asburgo.

3 PARIGI

Machiavelli è ambasciatore presso Luigi XII, re di Francia, prima nel 1500 e poi nel 1510.

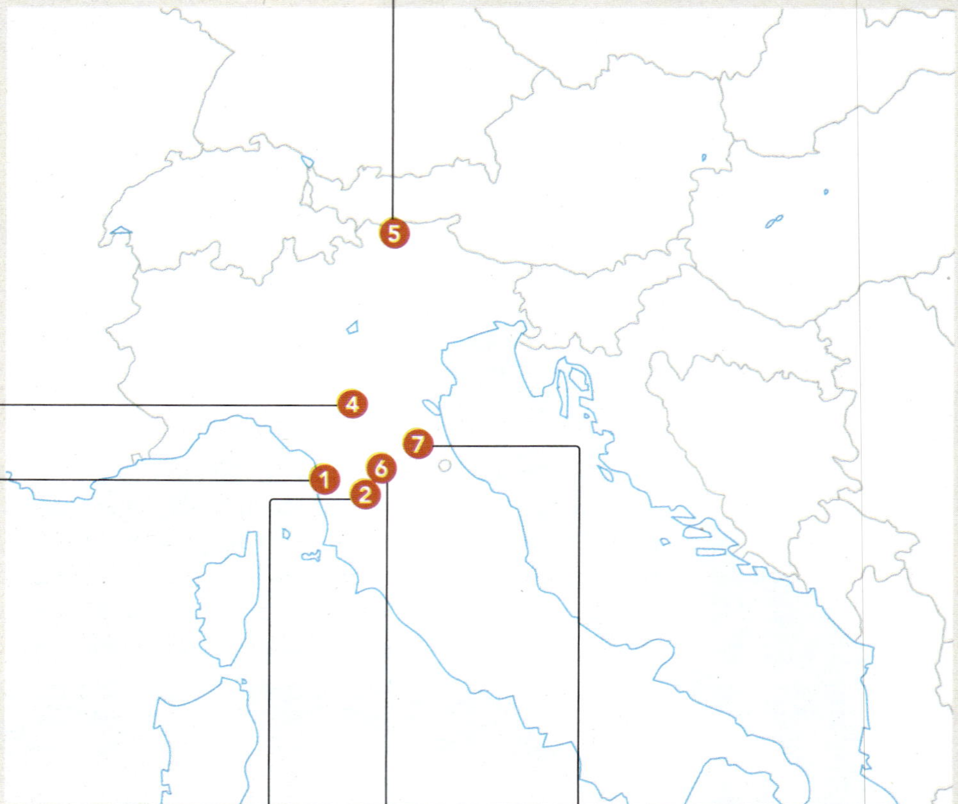

ROMAGNA

Machiavelli incontra qui Cesare Borgia, detto il Valentino, tra il 1502 e il 1503.

FIRENZE

Machiavelli nasce a Firenze nel maggio del 1469. La città è teatro della sua formazione e della sua lunga esperienza politica. Nel 1498 viene nominato segretario della Cancelleria della Repubblica.

PISA

Il primo incarico di Machiavelli (1499) lo vede impegnato nella guerra di Firenze contro Pisa.

CARPI

Nel 1521, durante una delle ultime missioni diplomatiche, Machiavelli incontra Francesco Guicciardini.

TENUTA DELL'ALBERGACCIO

Machiavelli si ritira in questa località nei pressi di Firenze a partire dal 1512, quando viene estromesso dalla vita politica fiorentina in seguito al rientro dei Medici. È il luogo di composizione del *Principe*.

VITA

- **1469** Nasce a Firenze il 3 maggio
- **1498** È nominato segretario della Seconda cancelleria
- **1499** Primo incarico nella guerra contro Pisa
- **1500** Prima missione in Francia
- **1502-03** Missioni in Romagna e incontro con il Valentino
- **1506** È nominato tra i Nove ufficiali dell'ordinanza
- **1507-09** Missioni in Tirolo
- **1510** Seconda missione in Francia
- **1512** Viene esiliato da Firenze in seguito al ritorno dei Medici
- **1515** Inizia la frequentazione degli Orti Oricellari
- **1521** Incontro con Francesco Guicciardini
- **1527** Muore a Firenze il 21 giugno

OPERE

- **1502-21** *Discorsi sopra la prima Deca di Tito Livio*
- **1503** *Del modo tenuto dal duca Valentino per ammazzar Vitellozzo Vitelli, Oliverotto da Fermo, il signor Paolo e il Duca di Gravina Orsini in Senigallia*
- **1504** *Decennale primo*
- **1506** *Discorso dell'ordinare lo Stato di Firenze alle armi*
- **1510-12** *Ritracto di cose di Magna; Ritracto di cose di Francia*
- **1513** *Il Principe*
- **1517** *L'asino*
- **1518** *Mandragola*
- **1518-27** *Belfagor Arcidiavolo*
- **1519-20** *Arte della guerra*
- **1520-25** *Istorie fiorentine*

STORIA

- **1469** Ascesa al potere di Lorenzo il Magnifico
- **1478** Congiura antimedicea dei Pazzi
- **1492** Morte di Lorenzo il Magnifico; scoperta dell'America; pontificato di Alessandro VI
- **1494** Carlo VIII scende in Italia; Savonarola caccia i Medici e instaura la Repubblica a Firenze
- **1498** Savonarola è condannato a morte
- **1503** Inizia il papato di Giulio II
- **1504** Gli Spagnoli si impadroniscono del Regno di Napoli
- **1513** I Medici rientrano a Firenze
- **1517** Lutero pubblica le 95 tesi
- **1520** Inizia il conflitto tra Carlo V e Francesco I
- **1525** Battaglia di Pavia tra Francesi e Spagnoli
- **1527** Sacco di Roma a opera dei mercenari di Carlo V

LETTERATURA, ARTI E SCIENZE

- **1476** Lorenzo de' Medici invia a Federico d'Aragona la *Raccolta aragonese*, silloge di testi della letteratura in volgare italiana dei primi secoli.
- **1502** L'editore veneziano Aldo Manuzio pubblica un'importante edizione degli storici greci Erodoto e Tucidide.
- **1503** Michelangelo Buonarroti e Leonardo da Vinci sono incaricati dal gonfaloniere di Firenze Pier Soderini di affrescare due grandi pareti del Salone dei Cinquecento a Firenze.
- **1505** Vengono pubblicate, postume, le prediche di Girolamo Savonarola.
- **1513** Baldassar Castiglione inizia a comporre il *Libro del Cortegiano*.
- **1520** Il Pontormo (Jacopo Carucci) dipinge il *Ritratto di Cosimo il Vecchio de' Medici*.

AUTORE

1. Una vita tra politica e letteratura

La famiglia e la formazione

Niccolò Machiavelli nasce a **Firenze** il 3 maggio **1469**. Il padre Bernardo e la madre Bartolomea de' Nelli appartengono a una famiglia di "popolani grassi", cioè borghesi di media agiatezza, che si erano trasferiti a Firenze dalla Val di Pesa.

L'infanzia e l'adolescenza di Machiavelli non sono agiate. Bernardo, dottore in legge, per integrare le poche rendite provenienti dai terreni di famiglia, svolge la professione di avvocato e anche di "redattore": appassionato lettore, accetta di compilare gli indici di un'edizione di Tito Livio per ottenere in cambio un esemplare completo di quell'opera. Il padre di Niccolò si preoccupa di trasmettere al figlio la sua passione e gli fa impartire una buona **educazione umanistica**: Machiavelli apprende perfettamente il latino e si dedica con passione allo studio degli autori classici. Oltre a **Livio**, che è una delle letture che segnano la sua formazione, legge con interesse anche gli altri storici antichi e quelli contemporanei.

VIDEO

Inquadra il codice per accedere alla lezione su Machiavelli

La giovinezza: tra i Medici e Savonarola

La sua giovinezza si svolge a Firenze, in un'**epoca densa di avvenimenti e di rivolgimenti**: nel 1469 l'ascesa di Lorenzo il Magnifico e la sua capacità di tenere Firenze al riparo dalle guerre fino alla sua morte (1492); nel 1478 la congiura antimedicea guidata dalla famiglia dei Pazzi, nella quale viene ucciso Giuliano de' Medici, fratello di Lorenzo; nel 1492 l'ascesa al papato di uno dei pontefici più discussi e attivi in politica, lo spagnolo Alessandro VI (Rodrigo Borgia); nel 1494 la discesa in Italia del re di Francia Carlo VIII, con la successiva caduta dello Stato mediceo e l'instaurazione della Repubblica a opera di fra Girolamo Savonarola in nome della libertà popolare e dei principi morali.

Machiavelli è un fautore del **governo popolare**, ma non apprezza l'idea savonaroliana di uno Stato al servizio della religione. Nella sua città, il giovane Machiavelli impara a conoscere la durezza della politica e le difficoltà di governare, soprattutto all'interno di istituzioni complicate e instabili.

L'ingresso in politica

Girolamo Savonarola muore bruciato sul rogo in piazza della Signoria nel **1498**; pochi giorni dopo ha inizio l'attività politica e amministrativa di Machiavelli, che viene nominato **segretario** della Seconda cancelleria della Repubblica fiorentina. La Repubblica era guidata allora da **Pier Soderini** (➤ p. 135), un uomo con cui Niccolò stringerà nel tempo un solido rapporto umano e professionale. Poco dopo diviene anche segretario dei cosiddetti Dieci di Balìa, un organo istituzionale che si occupa di questioni belliche e militari. Inizia per il ventinovenne Machiavelli la vera "scuola dello Stato" (cioè dell'arte di governo).

Le prime missioni: Pisa

I suoi incarichi comportano una fitta serie di impegni diplomatici e politici, che lo conducono nei punti nevralgici della politica del tempo. Una delle prime missioni, nel 1499, consiste nel seguire le operazioni militari nella **guerra contro Pisa**, che sarebbe finita solo nel 1509 con la resa pisana. Questa guerra è in un certo senso esemplificativa della **politica italiana tra Quattrocento e Cinquecento**, poiché ne possiede tutti gli elementi caratterizzanti: la volontà di dominio degli Stati più grandi (in questo caso Firenze) a danno dei minori; il coinvolgimento dei principali Stati italiani (Milano e Venezia); le alleanze continuamente ridiscusse e mercanteggiate; l'opportunità di muoversi solo con l'assenso delle potenze straniere più forti (Francia, Spagna, Impero asburgico); ma soprattutto l'impiego delle **truppe mercenarie**, costose, scarsamente disposte a sacrificarsi e inaffidabili.

La prima missione in Francia

Proprio le milizie mercenarie sono l'oggetto della prima missione di Machiavelli all'estero, nel **1500**, un incarico che lo porta alla **corte di Luigi XII**, re di Francia. Qui Machiavelli ha modo di conoscere e ammirare certi aspetti dello Stato francese, tra cui il potere reale del sovrano e la sua forza militare. Il Segretario viene mandato a lamentarsi delle milizie svizzere al seguito dei Francesi in Italia – Luigi XII aveva da poco conquistato lo Stato di Milano –: quei mercenari costavano e non si battevano, per cui Machiavelli tratta una riduzione dei loro stipendi. La missione viene documentata in **numerose lettere** inviate al governo fiorentino, interessanti sul piano politico, ma utili anche a conoscere l'arguzia e la determinazione di Machiavelli.

L'incontro con il Valentino

Negli stessi primi anni del nuovo secolo irrompe nella politica italiana un personaggio destinato a produrre una forte impressione in Machiavelli, che lo avrebbe ritratto in un capitolo del *Principe*: **Cesare Borgia**, duca di Valentinois, chiamato all'italiana "**Valentino**". Il Valentino, figlio naturale di papa Alessandro VI, contando sull'aiuto del potente padre, intendeva costruire quasi da zero un nuovo Stato a partire da alcuni possedimenti nella Romagna.

Anonimo, *Ritratto di Cesare Borgia il Valentino e Niccolò Machiavelli in conversazione davanti al cardinale Pedro Loys Borgia e al segretario don Micheletto Corella*, XVI secolo. Collezione privata.

Il Valentino è determinato, imprevedibile, coraggioso e fortunato. Minaccia anche le frontiere di Firenze, esigendo diritti di passaggio e, naturalmente, denaro. **Machiavelli lo incontra due volte** per trattative nel 1502 e nel 1503 e, in seguito, scrive una relazione su come il Duca abbia sventato una congiura contro di sé, uccidendo i capitani di ventura e i notabili che l'avevano organizzata (*Del modo tenuto dal duca Valentino per ammazzar Vitellozzo Vitelli, Oliverotto da Fermo, il signor Paolo e il Duca di Gravina Orsini in Senigallia*).
Nonostante l'abilità personale, il **progetto statale del Valentino fallisce** con la morte del padre (1503) e l'elezione a pontefice di Giulio II Della Rovere.

I nuovi incarichi e la questione militare

L'anno successivo Machiavelli è di nuovo impegnato nella guerra contro Pisa (➤ p. 302), che continuava con pochi successi: dapprima si adopera, con la consulenza di Leonardo da Vinci, per deviare il corso dell'Arno e tagliare così i rifornimenti alla città nemica; poi si impegna per dotare Firenze di un esercito proprio, più affidabile delle milizie mercenarie. Sempre nel 1504 si dedica alla scrittura del primo dei due ***Decennali***, poemetti in terzine dantesche dedicati alla storia fiorentina (dal 1494 al 1504 e dal 1504 al 1509: il secondo è incompiuto).
Nel 1506 Firenze crea una speciale magistratura per gli affari militari (i "Nove ufficiali dell'ordinanza") e ne affida la guida a Machiavelli, che nel *Discorso dell'ordinare lo Stato di Firenze alle armi* sostiene la necessità di **arruolare soldati-cittadini** nelle campagne per evitare il ricorso ai mercenari. Lo Stato fiorentino esitava a rafforzare il suo esercito, per timore di colpi di Stato militari. Machiavelli, invece, esorta a porre la **questione militare** al centro dell'azione di governo, come presupposto indispensabile per la sopravvivenza della repubblica in tempi difficili.

Le missioni in Germania e in Francia

Durante il 1507 e il 1508, e poi nel 1509, Machiavelli è in **Tirolo**, con l'amico Francesco Vettori, come ambasciatore presso l'imperatore **Massimiliano d'Asburgo**. La prima di queste missioni intendeva sondare le reali intenzioni del sovrano, che minacciava di scendere in Italia per cacciare i Francesi, alleati di Firenze. L'incarico è delicato: il piccolo Stato fiorentino non poteva certo dissuadere Massimiliano, ma doveva almeno capire se era possibile rimanere neutrale, al limite pagando un tributo. Le osservazioni di Machiavelli sul popolo tedesco e sulle sue tradizioni politiche confluiranno poi (1512) nel *Ritracto di cose di Magna* (cioè dell'*Allemagna*, la Germania).
Il **1510** vede Machiavelli di nuovo in **Francia**, esperienza che gli ispira il *Ritracto di cose di Francia*. L'anno seguente la Francia si sarebbe scontrata con la Lega santa, l'alleanza promossa da Giulio II tra lo Stato pontificio, Venezia, i cantoni svizzeri e, soprattutto, gli Aragonesi, la dinastia spagnola che regnava nell'Italia del Sud. Nella **battaglia di Ravenna** (1512) l'alleato francese viene sconfitto e i Fiorentini sono a loro volta battuti dalle truppe pontificie a Prato.

L'esilio e l'interruzione dell'attività politica

La sconfitta determina la caduta della Repubblica. Nell'agosto del **1512 i Medici tornano a Firenze**, sostenuti dagli Spagnoli: l'esperienza repubblicana faticosamente conquistata e mantenuta per più di un decennio finisce in modo brusco e drammatico. Machiavelli viene addirittura **incarcerato** e **sottoposto a tortura** per due settimane, con l'accusa di aver fatto parte di una congiura contro il cardinale Giovanni de' Medici. Soltanto l'elezione dello stesso cardinale al soglio pontificio, con il nome di Leone X,

Alberto Fontana, *La battaglia di Ravenna combattuta l'11 aprile 1512 durante la guerra della Lega di Cambrai*, disegno, XVI secolo. Vienna, Albertina Museum.

determina l'amnistia per i prigionieri politici e restituisce a Machiavelli la libertà. Egli viene allora estromesso dalla vita pubblica e **confinato nella sua tenuta dell'Albergaccio**, in Sant'Andrea in Percussina, nei pressi di San Casciano in Val di Pesa, a una ventina di chilometri da Firenze.
L'esistenza di Machiavelli è sconvolta da questi avvenimenti. Dopo circa quindici anni di attività diplomatica, tanto intensa quanto appassionante, si sente isolato e inutile. Teme, senza sbagliare, che i Medici non si serviranno più della sua opera al servizio dello Stato. Solo nel **1521** il governo riprenderà ad affidargli qualche incarico, ma di non grande importanza. Il periodo della **forzata inattività politica** gli impone un isolamento che pesa anche sul piano personale.

Il carteggio con Vettori

La volontà di non interrompere la sua riflessione storico-politica è alla base del **fitto carteggio** che prende forma negli anni dopo il 1512. In particolare tra il 1512 e il 1515 sono molte le lettere che scambia con l'amico **Francesco Vettori**, ambasciatore di Firenze presso la curia papale. Le lettere sono occasione di scherzi arguti, richieste di raccomandazioni, ironia amara sul proprio ritiro forzato in campagna (➤ **T1**).
In questo periodo Machiavelli legge, studia gli autori antichi e scrive. È proprio in una lettera all'amico, datata **10 dicembre 1513** (➤ **T1**), che troviamo per la prima volta notizia della **stesura del *Principe***, composto probabilmente di getto, in pochi mesi, a partire dal marzo del 1513 (ma pubblicato postumo).

> Mangiato che ho, ritorno nell'osteria, m'ingaglioffo per tutto dì giocando a cricca, a trich-trac. Così rinvolto entro questi pidocchi traggo el cervello di muffa, et sfogo questa malignità di mia sorte.
>
> Lettera a Francesco Vettori

Le grandi opere

Le opere di questo periodo (*Il Principe* e, poco più tardi, i *Discorsi sopra la prima Deca di Tito Livio*) sono pervase da un atteggiamento ispirato a un estremo pragmatismo: Machiavelli è intento a cogliere i profondi rivolgimenti del suo tempo per adattarvisi, adeguando i propri convincimenti (non senza amarezza) alle sollecitazioni sempre diverse della storia. Così, nonostante la sua preferenza per i governi repubblicani, decide di **dedicare le sue pagine ai Medici**, che ai suoi occhi rappresentano l'unica casata al momento dotata della potenza necessaria per garantire a Firenze e a buona parte dell'Italia pace e prosperità. Il centro d'interesse di Machiavelli rimane dunque lo Stato: l'arte di governarlo e conservarlo. Le sue riflessioni prendono la forma di un commento in tre libri all'opera storica di Livio (i ***Discorsi sopra la prima Deca di Tito Livio***, anche questi pubblicati postumi), in cui confluiscono i materiali di una originaria «opera sulle repubbliche» scritta negli anni dell'attività politica (1502-12).

Il teatro

Risale probabilmente al 1515 l'inizio della frequentazione degli **Orti Oricellari** (i giardini del palazzo appartenente alla famiglia fiorentina dei Rucellai), dove si riuniscono i giovani dell'aristocrazia fiorentina per discutere di letteratura, storia e politica. Qui Machiavelli, che i giovani stimano e ascoltano con attenzione, trova spunto per arricchire le sue competenze letterarie e umanistiche: si dedica al **teatro** con una traduzione da Terenzio (l'*Andria*, del 1517) e un rifacimento da Plauto (la *Clizia*, del 1524) e compone nel 1518 o nel 1519 la commedia ***Mandragola***, rappresentata circa due anni dopo, alla presenza di Leone X.

Le opere satiriche

Machiavelli si cimenta anche in altri generi letterari. Nel 1517 scrive il poemetto in terzine ***L'asino*** (ispirato all'*Asino d'oro* di Apuleio). Tra il 1518 e il 1527 sperimenta la novellistica, con ***Belfagor arcidiavolo***, racconto satirico e antifemminista sul tema tradizionale del diavolo che prende moglie. Agli anni tra il 1515 e il 1525 risalirebbe il ***Discorso o dialogo intorno alla nostra lingua***, opera di cui però diversi studiosi rifiutano la paternità machiavelliana. L'autore interviene nel dibattito cinquecentesco sulla lingua letteraria eccellente, sostenendo il primato del fiorentino parlato sul fiorentino trecentesco, che era invece la tesi del veneto Bembo (➤ p. 143).

Vittore Carpaccio, *Storie di Sant'Orsola, La partenza degli ambasciatori*, dettaglio, 1495. Venezia, Gallerie dell'Accademia

L'ultima stagione

Tra il 1519 e il 1520 Machiavelli scrive la sua unica opera politica pubblicata in vita, l'***Arte della guerra***, che tratta il tema, a lui particolarmente caro, dell'organizzazione militare. Nell'autunno del 1520, lo Studio fiorentino, guidato dal cardinale Giulio de' Medici, incarica Machiavelli di scrivere la storia delle vicende più significative di Firenze: egli si impegna così nella stesura delle ***Istorie fiorentine***, un affresco nitido e drammatico che copre un arco cronologico compreso fra il 1215 il 1492. L'anno successivo, a Carpi, conosce personalmente **Francesco Guicciardini** (➤ p. 382), con il quale intrattiene un vivace scambio epistolare.

Intanto, nel 1523, il cardinale Giulio de' Medici viene eletto papa con il nome di Clemente VII: con il nuovo pontefice Machiavelli può finalmente ritornare alla **vita politica attiva**, che dura tuttavia soltanto lo spazio di un biennio (1525-27). Dopo l'evento traumatico del sacco di Roma (➤ p. 134), infatti, a Firenze si insediano di nuovo le istituzioni repubblicane, che escludono Machiavelli da ogni incarico pubblico a causa dei suoi nuovi legami con i Medici.

Muore, deluso e amareggiato, il 21 giugno **1527** e viene sepolto in Santa Croce.

FISSA I CONCETTI

- Qual è stata la formazione di Machiavelli?
- Quali sono i più importanti incarichi politici di Machiavelli?
- Quali ragioni portano Machiavelli all'esilio? Come lo affronta?

RITRATTO D'AUTORE

L'utilità e la giustizia: Manzoni su Machiavelli

Nel XIX secolo le interpretazioni più contraddittorie degli scritti machiavelliani ne davano l'immagine di un cinico predicatore della violenza e dell'inganno. Manzoni, invece, ne fornisce la giusta chiave di lettura: l'attenersi di Machiavelli alla «verità de' fatti» è garanzia non solo di un'onesta registrazione della realtà, ma anche di profondità nell'indagine dell'animo umano. A Machiavelli è dedicato un ampio spazio nell'Appendice al capitolo III delle *Osservazioni sulla morale cattolica*, dove riflette sulla relazione fra giustizia e utilità: per Manzoni, Machiavelli è consapevole del valore della giustizia, eppure necessariamente orientato all'utile e alla realizzabilità pratica di ogni progetto politico. Una posizione che Manzoni condivide, nei casi in cui l'utilità non venga anteposta alla rettitudine.

Il Machiavelli non voleva l'ingiustizia, sia astuta, sia violenta, come un mezzo né unico, né primario, ai fini proposti. Voleva l'utilità, e la voleva, o con la giustizia, o con l'ingiustizia, secondo gli pareva che richiedessero i diversi casi. E non si può dubitare che il suo animo non fosse inclinato a preferire la prima.[1] Senza ricorrere al testimone della sua condotta, e come politico, e come privato, la cosa appare da' suoi scritti medesimi: poiché, se nel lodare o nel consigliare l'ingiustizia è sottile; nel maledirla, e nel lodare e consigliare il contrario, è anche eloquente e qualche volta affettuoso.[2] [...]

Quanta sagacità nel discernere e nel connettere le cagioni[3] degli avvenimenti, nel vedere la concordanza o il contrasto tra gl'intenti degli uomini e la forza delle cose![4] Quanti consigli nobilmente avveduti, quanti umani e generosi intenti, in tutti quegli scritti, ogni volta che la giustizia c'è, o rettamente predicata, o semplicemente sottintesa! E che mirabile e feconda unità non si sarebbe formata ne' concetti di quella mente, se quello della giustizia ci avesse sempre tenuto, o nell'una o nell'altra maniera, il suo posto!

(A. Manzoni, *Osservazioni sulla morale cattolica*)

1. **la prima:** la giustizia.
2. **affettuoso:** appassionato.
3. **cagioni:** cause.
4. **gl'intenti... cose!:** tra la volontà libera e la necessità!

2. Il pensiero di Machiavelli: uno snodo della modernità

Le coordinate generali

Prima di analizzare i contenuti delle opere maggiori di Machiavelli, conviene inquadrare il suo pensiero attraverso alcune coordinate:

- lo scenario storico in cui nasce e si sviluppa;
- gli elementi di novità, ma anche quelli di continuità rispetto alle correnti di pensiero passate e contemporanee, per evitare il rischio di far apparire l'autore come un genio singolare, del tutto staccato dai suoi tempi e dagli autori che lo hanno preceduto;
- la presenza di una riflessione anche di carattere antropologico, relativa cioè alla **concezione della natura umana**.

La costruzione dello Stato: il caso italiano

Lo scenario storico in cui si muove Machiavelli è quello della costruzione del cosiddetto "Stato moderno": un organismo sufficientemente vasto e con una organizzazione del potere progressivamente accentrata, che superi la frammentazione politica e istituzionale di tipo feudale caratteristica del Basso Medioevo.
Machiavelli compie missioni che gli permettono di conoscere da vicino da un lato la monarchia francese, gli Aragonesi di Spagna e l'imperatore Massimiliano d'Asburgo, dall'altro le corti e le repubbliche italiane tra Quattrocento e Cinquecento. Grazie a queste esperienze non può che constatare lo squilibrio di forza – non solo militare – tra i due tipi di realtà: Machiavelli è tra i primi ad accorgersi della divergenza tra la **situazione italiana**, in cui permaneva la **frammentazione**, e le maggiori monarchie europee, che avevano unificato i loro territori e potevano perciò aspirare anche al dominio sui più deboli Stati italiani. In questo scenario Machiavelli attribuisce molta colpa della debolezza italiana al **potere temporale del papa**: il suo Stato è troppo debole per unificare l'Italia, ma abbastanza forte per impedire che altre potenze regionali (Firenze, Milano, Venezia) realizzino quell'opera.

> La politica è, per Machiavelli, la realtà prima della vita umana, l'unico scopo che l'uomo sia «necessitato» a perseguire, con il sacrificio, se occorra, della sua stessa anima.
>
> G. Sasso

L'autonomia dello Stato dalla morale tradizionale

Per Machiavelli chiunque detenga il potere deve rendersi conto che **l'arte del governo ha suoi princìpi autonomi**, che trascendono le categorie morali e religiose di male o di bene. In determinate circostanze, dunque, chi governa può o addirittura deve agire in un modo che è "male" secondo la morale corrente, ma che è "bene" nell'ottica dello Stato. Da questa idea è derivata la celebre semplificazione con cui il pensiero machiavelliano è stato consegnato ai posteri, quella del «fine che giustifica i mezzi», una frase in realtà mai scritta da Machiavelli in questi termini.
Nel Medioevo europeo, soltanto una corrente minoritaria del pensiero politico aveva in qualche modo anticipato questa idea e scisso i princìpi fondanti dello Stato da quelli della morale ispirata alla religione. Questi elementi di novità fanno di Machiavelli, non a torto, uno dei **capostipiti del pensiero politico moderno**, che assume come uno dei suoi punti di partenza la natura laica dell'azione di governo.

Un'idea pessimistica dell'essere umano

Secondo Machiavelli lo **Stato** costituisce un **argine al disordine**, che nascerebbe se nella vita associata si dispiegassero liberamente le forze distruttive insite nell'indole dei singoli individui: gli **uomini**, infatti, sono **inclini al male piuttosto che al bene**. L'antropologia del pensatore fiorentino, quindi, è negativa e segna un ulteriore punto di rottura rispetto alla tradizione del pensiero medievale (secondo san Tommaso, per esempio, l'uomo è rivolto naturalmente al bene). La sua riflessione semmai si avvicina – su un piano laico, non teologico – a quella di un suo grande contemporaneo, il teologo tedesco **Martin Lutero** (1483-1546), che prende le mosse proprio dalla malvagità dell'uomo, causata dal peccato originale. Se per Lutero, però, la possibilità di salvezza degli esseri umani è individuale e deriva dalla grazia divina, per Machiavelli tale salvezza è collettiva e dipende dallo Stato.
In ogni caso è importante sottolineare come entrambe queste antropologie negative, quella di Lutero e quella di Machiavelli, si sviluppino nella fase storica della fondazione e del rafforzamento dello Stato europeo e richiamino la necessità che il singolo si sottometta al potere politico.

Machiavelli e la storia

La novità dell'opera di Machiavelli è di grande impatto rispetto alle teorizzazioni politiche quattrocentesche, che spesso prendevano la forma degli *specula principis* («specchi del principe», trattati sulle buone qualità che il principe avrebbe dovuto avere). Machiavelli, infatti, fonda la sua riflessione sulla «**verità effettuale**», vale a dire su ciò che osserva o deduce razionalmente dai fatti di cui ha avuto **esperienza diretta**, quella maturata sul campo nel corso delle sue numerose ambascerie e legazioni.
Oggi un indirizzo politico pragmatico si baserebbe anche sulla statistica e sull'indagine sociologica. Al tempo di Machiavelli, invece, oltre che l'esperienza, è la storia che fornisce **il materiale da osservare**, classificare e valutare per ricavarne delle costanti. In particolare quella del mondo classico e ancora più in specifico quella romana, i cui esempi ricorrono in tutte le principali opere politiche dello

VISUALIZZA I CONCETTI

Il pensiero politico di Machiavelli

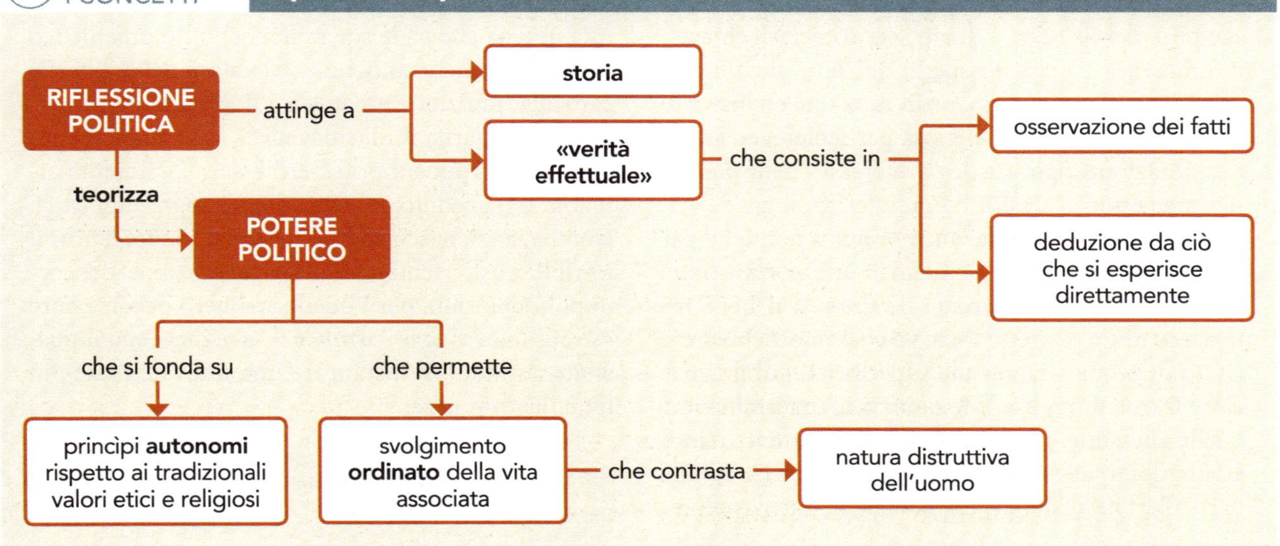

scrittore fiorentino. In questo senso Machiavelli partecipa pienamente alla temperie dell'Umanesimo, non tanto per l'importanza attribuita alla retorica e all'eleganza formale, quanto perché è convinto della **continuità tra mondo antico e presente**. Rimane molto più in ombra, invece, la storia del Medioevo, quasi come se l'autore volesse marcare la propria distanza da quell'epoca, che pure non era stata priva di vicende interessanti.

Secondo Machiavelli, dunque, per guidare e orientare l'operato politico non ci sono princìpi astratti o razionali, c'è solo la storia, che a volte è gloriosa, a volte brutale. È la storia a mostrare come gli organismi politici nascano, si evolvano in certe direzioni, decadano o si riprendano per una nuova forma di esistenza. Le leggi della storia non sono quelle della razionalità naturale o della moralità.

La storia, infine, mostra quanto conti nelle opere umane la **fortuna**, cioè il caso. Questo è un altro elemento che riallaccia Machiavelli al Rinascimento: un'epoca che non credeva più alla Provvidenza (cioè l'intervento divino), ma di più (e di nuovo) agli astri e a forze che era ancora difficile controllare e a cui era difficile anche dare un nome.

FISSA I CONCETTI

- Quali sono i punti fondamentali della visione politica di Machiavelli?
- Illustra la concezione della storia di Machiavelli.

LETTURA CRITICA

Machiavelli umanista e realista

Il Machiavelli descritto dallo storico della filosofia Cesare Vasoli (1924-2013) si distacca sotto molti punti di vista dal ritratto del politologo esclusivamente concentrato sul concetto di utilità: pur rimanendo fedele a una visione realistica dell'esistenza, Machiavelli è un uomo permeato da ideali umanistici, che garantiscono alla sua opera un'innegabile vocazione etica.

Un esame sistematico dei passi essenziali dei *Discorsi* e pure del *Principe* e di altri scritti del Machiavelli dimostra [...] che il rispetto dei 'fatti', il rifiuto di considerare le azioni umane in funzione esclusiva di una tradizione etica e religiosa particolare, ed anche l''esplorazione' rigorosa degli interessi e delle passioni umane non si trasforma mai nell'apologia del 'cinismo' politico, utile per tutti i regimi politici e per tutte le occasioni ed ancor meno in una teoria astratta dell''arte politica' indifferente al valore ed al 'bene' intrinseco di un progetto logico e coerente. Sebbene si rifiuti di pronunziarsi sulla superiorità morale delle varie forme di regime che non siano, naturalmente, quelle «pessime», e riconosca più importante il loro adattamento alle diverse situazioni storiche ed alle particolari necessità di «occasioni», il Machiavelli resta pur sempre legato ad una concezione della comunità umana che ha le sue radici nel mito umanistico delle repubbliche antiche e nel valore della 'libertà', caro alla tradizione umanistica fiorentina. [...]

Né, d'altra parte, il Machiavelli [...] ha mai creduto che i suoi propositi potessero essere facilmente attuabili o ha ceduto all'attrazione di sogni utopistici. Non ha, anzi, nascosto a se stesso ed ai suoi lettori il terribile costo richiesto dalla 'rigenerazione' dei corpi politici insani, per i quali sarebbero occorse cure «straordinarie» e le «armi» e il «sangue», con il possibile risultato di instaurare una nuova e forse più temibile tirannide.

(C. Vasoli, *Machiavelli 'inventore' della 'ragion di stato'?*, in *Ficino, Savonarola, Machiavelli. Studi di storia della cultura*, Aragno, Torino 2006)

3. Le lettere

Le legazioni e le lettere ufficiali

Durante l'esercizio dei suoi incarichi di cancelleria (tra il 1498 e il 1512), Machiavelli scrive **centinaia di lettere ufficiali in volgare**, con le quali comunica ai rappresentanti della Repubblica fiorentina, con incarichi in diverse città, le decisioni del governo centrale. Ancora più interessanti sono le lettere che Machiavelli scrive nel corso delle sue **missioni in Italia e all'estero**: le legazioni in Francia, in Romagna, presso Cesare Borgia, alla corte papale e a quella imperiale.
In queste lettere, quasi mai burocratiche ma spesso ricche di **osservazioni vive e acute** su persone e situazioni, Machiavelli analizza le debolezze degli Stati italiani e i rischi di una politica che non tenga conto della «verità effettuale», discute di questioni militari, richiama al realismo e mostra una franca ammirazione per quei personaggi, anche ostili a Firenze come il Valentino, capaci di agire con determinazione e persino con spietatezza. Si tratta di scritti legati a specifiche occasioni pratiche, ai quali tuttavia si affidano osservazioni ed esperienze che costituiranno un supporto vitale per le opere dell'età matura.

L'epistolario privato e il carteggio con Francesco Vettori

Estese su un arco di tre decenni (1497-1527), le **lettere private** di Machiavelli sono poco meno di ottanta, scritte in volgare. Non sono state concepite dall'autore con l'intenzione di formare una raccolta unitaria e destinata alla pubblicazione (secondo la tradizione umanistica di Petrarca, Bracciolini e Poliziano), quindi non sono riordinate né riscritte.
All'interno di questo *corpus*, spicca il **carteggio con Francesco Vettori**, nobile fiorentino di parte medicea, diplomatico presso il papa dopo la caduta della Repubblica. È costituito da quasi una trentina di epistole, ricco di spunti letterari, di testimonianze di vita privata e di riflessioni politiche sulle vicende cruciali del suo tempo. Molto **varia è la natura dei temi trattati**: dalla gravità composta delle considerazioni politiche e morali, alla giocosità burlesca e scanzonata dei racconti di avventure erotiche, a bizzarri resoconti di vita quotidiana.

Il carteggio con Guicciardini

Biblioteca digitale
«Una cosa da pazzi»: una lettera a Guicciardini

Un altro nucleo importante delle lettere private di Machiavelli è costituito dalle **ventotto missive** destinate **a Francesco Guicciardini** (➤ p. 382), scritte fra il maggio del 1521 e il novembre del 1526. Le lettere sono posteriori a un incontro avvenuto a Carpi, nel maggio del 1521, dove Machiavelli era stato inviato per reclutare un predicatore francescano per Firenze. Conoscendo le posizioni di Niccolò sui religiosi, Guicciardini ironizza su questo improbabile incarico, e Machiavelli risponde per le rime (quelli di Firenze, scrive, vorrebbero «un predicatore che insegnasse loro la via del Paradiso, et io vorrei trovarne uno che insegnassi loro la via di andare a casa del diavolo»). Dopo il loro primo incontro, tra i due nasce una reciproca confidenza che si trasforma in un'**amicizia consolidata dalla stima intellettuale**, nonostante le tante differenze: il primo è ormai anziano e Guicciardini è di quattordici anni più giovane; Machiavelli è di modesta condizione, Guicciardini, invece, appartiene a una delle ricche famiglie dei magnati fiorentini; Niccolò è ai margini della vita pubblica, mentre Francesco è nel pieno della carriera (ambasciatore al servizio del papa).
Il rapporto epistolare è spesso condito di comicità e di aneddoti, ma dietro questo aspetto superficiale c'è, come scrive il critico G. Inglese, un «patrimonio di serietà» che riguarda i temi politici e storici. Un terreno sul quale i due grandi fiorentini – spesso considerati agli antipodi – rivelano non poche consonanze.

FISSA I CONCETTI

- Come si possono classificare le lettere di Machiavelli?
- Qual è l'importanza dell'epistolario per comprendere il suo pensiero?

T1 Dall'osteria allo scrittoio: la lettera a Vettori del 10 dicembre 1513

dalle *Lettere*

Del carteggio con Francesco Vettori fa parte una delle più famose lettere della storia letteraria italiana, quella del 10 dicembre 1513, nella quale per la prima volta Machiavelli – dal suo esilio dell'Albergaccio – dà notizia della composizione del *Principe*. La lettera nasce come risposta all'amico, che gli aveva narrato una delle sue giornate di diplomatico presso la curia romana. Allo sfoggio, da parte di Vettori, di frequentazioni illustri, lusso e piaceri, tra i quali viene esibito il possesso di molti classici, Machiavelli contrappone un racconto della propria giornata di esule: autoironico, ma amaro e realistico.

Magnifico oratori Florentino Francisco Vectori apud Summum Pontificem et benefactori suo. Romae[1]

Magnifico ambasciatore. Tarde non furon mai grazie divine.[2] Dico questo, perché mi pareva haver perduta no, ma smarrita la grazia vostra, sendo stato voi assai tempo senza scrivermi; ed ero dubbio donde potessi nascere la cagione.[3] [...]
Io mi sto in villa; e poi che seguirono quelli miei ultimi casi,[4] non sono stato, ad accozzarli tutti, venti dì a Firenze.[5] Ho insino a qui uccellato a' tordi di mia mano.[6] Levavomi innanzi dì, impaniavo,[7] andavone oltre[8] con un fascio di gabbie addosso, che parevo el Geta quando e' tornava da porto con i libri di Amphitrione;[9] pigliavo el meno dua, el più sei tordi. E così stetti tutto settembre. Di poi questo badalucco ancorché dispettoso e strano,[10] è mancato[11] con mio dispiacere: e quale la vita mia[12] vi dirò. Io mi lievo la mattina con el sole, vòmmene[13] in un mio bosco che io fo tagliare, dove sto dua ore a rivedere l'opere[14] del giorno passato, e a passar tempo con quegli tagliatori,[15] che hanno sempre qualche sciagura alle mani[16] o fra loro o co' vicini. [...]

1. ***Magnifico... Romae***: A Francesco Vettori, magnifico ambasciatore fiorentino presso il Sommo Pontefice e suo benefattore. Roma. L'intestazione della lettera è in latino.
2. **Tarde... divine:** La grazia di Dio non viene mai troppo tardi; Machiavelli cita a memoria dal *Trionfo dell'Eternità* di Petrarca («ma tarde non fur mai grazie divine», v. 13), per ironizzare sul ritardo della risposta dell'amico.
3. **ed... cagione:** mi chiedevo (*ero dubbio*) quale fosse la causa di tanto ritardo.
4. **e... casi:** dopo che mi successero quelle mie ultime vicende (*casi*), con allusione all'allontanamento dalla vita politica, alla prigione e alla tortura.
5. **non... Firenze:** se anche li contassi tutti, non son stato venti giorni a Firenze.
6. **Ho... mano:** Finora io stesso (*di mia mano*) ho dato la caccia ai tordi. Questo indica le difficili condizioni economiche dell'autore, costretto a fare un lavoro che di solito spetta ai servi.
7. **Levavomi... impaniavo:** Mi alzavo prima del sorgere del sole e impanicavo, cioè "spalmavo di vischio appiccicoso le canne che formano le gabbie" (si riferisce a una particolare tecnica di caccia in uso al tempo).
8. **andavone oltre:** mi incamminavo.
9. **el Geta... Amphitrione:** Machiavelli, carico di gabbie, si paragona allo schiavo Geta, caricato di libri dal padrone Anfitrione, mentre i due tornano da Atene. Si tratta del ricordo di un cantare quattrocentesco (*Geta e Birria*) di argomento plautino, molto diffuso al tempo.
10. **questo... strano:** questo passatempo (*badalucco*), benché insolito e causa di amarezza (*dispettoso*).
11. **è mancato:** si è concluso.
12. **e... mia:** ricordo ironico delle dolorose parole messe da Dante in bocca a Piccarda Donati («Iddio si sa qual poi mia vita fusi», *Paradiso* 3, 108), costretta con la forza a lasciare il convento dove era suora e poi a sposarsi contro la sua volontà.
13. **vommene:** me ne vado.
14. **opere:** il lavoro.
15. **tagliatori:** i boscaioli, addetti a tagliare legna da ardere per la vendita.
16. **qualche... mani:** qualche lite (*sciagura*) in corso.

Partitomi del bosco, io me ne vo ad una fonte, e di quivi in un mio uccellare.[17] Ho un libro sotto,[18] o Dante o Petrarca, o uno di questi poeti minori,[19] come Tibullo, Ovidio e simili: leggo quelle loro amorose passioni, e quelli loro amori ricordomi de' mia:[20] gòdomi un pezzo in questo pensiero. Transferiscomi poi in sulla strada, nell'hosteria: parlo con quelli che passono, dimando delle nuove[21] de' paesi loro; intendo varie cose, e noto varii gusti e diverse fantasie[22] d'huomini. Viene in questo mentre[23] l'hora del desinare, dove con la mia brigata[24] mi mangio di quelli cibi che questa povera villa[25] e paululo[26] patrimonio comporta. Mangiato che ho, ritorno nell'hosteria: quivi è l'hoste, per l'ordinario,[27] un beccaio,[28] un mugnaio, dua fornaciai. Con questi m'ingaglioffo[29] per tutto dì giuocando a cricca, a trich-trac[30] e poi,[31] dove nascono mille contese e infiniti dispetti di parolo iniuriose;[32] e il più delle volte si combatte un quattrino, e siamo sentiti non di manco gridare da San Casciano.[33] Così, rivolto in tra questi pidocchi, traggo el cervello di muffa,[34] e sfogo questa malignità di questa mia sorta,[35] sendo contento mi calpesti per questa via, per vedere se la se ne vergognassi.[36]

Venuta la sera, mi ritorno a casa ed entro nel mio scrittoio; e in sull'uscio mi spoglio quella veste cotidiana, piena di fango e di loto,[37] e mi metto panni reali e curiali,[38] e rivestito condecentemente[39] entro nelle antique corti delli antiqui huomini; dove, da loro ricevuto amorevolmente, mi pasco di quel cibo che solum è mio e ch'io nacqui per lui;[40] dove io non mi vergogno parlare con loro e domandarli della ragione delle loro azioni; e quelli per loro humanità mi rispondono; e non sento per quattro hore di tempo alcuna noia, sdimentico ogni affanno, non temo la povertà, non mi sbigottisce la morte: tutto mi trasferisco in loro. E perché Dante dice che non fa scienza senza lo ritenere lo havere inteso,[41] io ho notato quello di che per la loro conversazione ho fatto capitale, e composto un opuscolo *De Principatibus*;[42] dove io mi profondo quanto

17. uccellare: piccola riserva di caccia.
18. sotto: sotto al braccio.
19. poeti minori: non per il valore poetico, ma per i temi amorosi dei loro versi.
20. de' mia: dei miei amori. Machiavelli parla delle sue letture diurne, fatte per diletto, dalle quali trae godimento immedesimandosi nei racconti dei poeti.
21. nuove: notizie.
22. diverse fantasie: strane passioni.
23. Viene... mentre: Giunge nel frattempo.
24. mia brigata: la famiglia. Detto affettuosamente.
25. questa... villa: si tratta della tenuta all'Albergaccio.
26. paululo: esiguo (latinismo).
27. per l'ordinario: di solito.
28. un beccaio: un macellaio.
29. m'ingaglioffo: mi abbrutisco. Termine di grande efficacia espressiva, creato da Machiavelli.
30. cricca, trich-trach: il primo è un gioco di carte, mentre il secondo è chiamato "tavola reale", che si svolge su una tavoletta con frecce bianche e nere, due schieramenti di pedine avversarie e dadi. Scopo del gioco è portare le proprie pedine in campo avversario.
31. e poi: eccetera.
32. parole iniuriose: insulti.
33. si combatte... San Casciano: litighiamo per una irrisoria quantità di denaro (*un quattrino*) e si sentono le nostre urla fino a San Casciano (distante qualche chilometro).
34. traggo... muffa: metaforicamente "tengo la mente desta", "non gli do il tempo di fare la muffa".
35. sorta: sorte, destino.
36. sendo... vergognassi: essendo lieto che mi calpesti fino a questo punto (*per questa via*), per vedere se arriva a vergognarsene.
37. di fango e di loto: dittologia. «Loto» è latinismo per "fango".
38. reali e curiali: cioè adatti a comparire al cospetto di un re o in una corte.
39. condecentemente: adeguatamente.
40. solum... lui: che è soltanto mio e per il quale sono nato. Si noti la forza espressiva dell'anacoluto: il cambio di soggetto, dal «cibo» (soggetto della subordinata relativa) a «io», che riporta in primo piano i narratore. «Solum» è latinismo.
41. Dante... inteso: Dante dice che capire (*avere inteso*) senza ricordare (*lo ritenere*) non basta a costituire la sapienza. Il riferimento è ai versi di *Paradiso* 5, 41-42 («ché non fa scienza / sanza lo ritenere, avere inteso»).
42. ho... *De Principatibus*: ho annotato quello di cui ho fatto tesoro (*capitale*) durante le conversazioni con loro e ho composto un opuscolo (dal titolo) *De Pricipatibus*. Machiavelli dichiara qui il suo forte legame con la tradizione letteraria precedente e dichiara di aver scritto *Il principe*.

io posso nelle cogitazioni di questo subietto,[43] disputando[44] che cosa è principato, di quale spezie sono, come e' si acquistono, come e' si mantengono, perché e' si perdono.[45] E se vi piacque mai alcuno mio ghiribizzo,[46] questo non vi dovrebbe dispiacere; e a un principe, e massime a un principe nuovo,[47] doverrebbe essere accetto:[48] però io lo indirizzo alla magnificentia di Giuliano.[49] [...]

Io ho ragionato con Filippo[50] di questo mio opuscolo, se gli era ben darlo o non lo dare; e, sendo ben darlo, se gli era bene che io lo portassi, e che io ve lo mandassi.[51] Il non lo dare mi faceva dubitare che da Giuliano e' non fussi, non che altro, letto; e che questo Ardinghelli si facesse onore di questa ultima mia fatica.[52] El darlo mi faceva la necessità che mi caccia,[53] perché io mi logoro, e lungo tempo non posso stare così che io non diventi per povertà contennendo.[54] Appresso al desiderio harei[55] che questi signori Medici mi cominciassino adoperare, se dovessino cominciare a farmi voltolare un sasso;[56] perché, se poi non me gli guadagnassi, io mi dorrei di me;[57] e per questa cosa, quando la fussi letta, si vedrebbe che quindici anni, che io sono stato a studio all'arte dello stato, non gli ho ne' dormiti né giuocati;[58] e doverebbe ciascheduno haver caro servirsi di uno che alle spese di altri fussi pieno di esperienza.[59] E della fede mia[60] non si doverebbe dubitare, perché, havendo sempre observato la fede, io non debbo imparare hora a romperla; e chi è stato fedele e buono quarantatré anni, che io ho, non debbe poter mutare natura; e della fede e bontà mia ne è testimonio la povertà mia.[61]

Desidererei adunque, che voi ancora mi scrivessi quello che sopra questa materia vi paia. E a voi raccomando. *Sis felix. Die 10 Decembris 1513.*[62]

Niccolò Machiavelli in Firenze

43. dove... subietto: dove approfondisco il più possibile le riflessioni su questo argomento.
44. disputando: discutendo, con vigore critico e polemico.
45. che cosa... perdono: Machiavelli fornisce una sorta di sommario dei primi undici capitoli del trattato, gli unici scritti fino ad allora.
46. ghiribizzo: invenzione bizzarra, di poco conto. La modestia cela a stento la consapevolezza del valore dell'opera.
47. e... nuovo: soprattutto a un principe nuovo, cioè non ereditario, ma divenuto tale da privato cittadino.
48. accetto: gradito.
49. Giuliano: il terzo figlio di Lorenzo il Magnifico, cui al tempo era dedicato *Il Principe*.
50. Filippo: Filippo Casavecchia, amico comune di Machiavelli e di Vettori.
51. se... mandassi: se fosse bene farlo giungere (nelle mani di Giuliano) oppure no, e se sì (*sendo ben darlo*), se fosse meglio portarglielo di persona o per mezzo d'altri (*ve lo mandassi*).
52. Il non... fatica: Mi portava a credere che sarebbe stato meglio non presentarglielo il dubbio che Giuliano non l'avrebbe neppure letto e che, se l'avessi dato, Filippo Ardinghelli (segretario del papa, ostile a Machiavelli) si sarebbe preso il merito di questa mia fatica.
53. El darlo... caccia: A darlo mi spingeva la necessità economica.
54. contennendo: spregevole.
55. Appresso... harei: Oltre al desiderio che avrei.
56. mi cominciassino... sasso: cominciassero a servirsi di me, anche se dovessero cominciare a farmi rotolare un sasso, cioè per un incarico umile e insignificante.
57. se... di me: se poi non dovessi riuscire a ottenere la loro stima, mi rammaricherei (*dorrei*) solo di me stesso.
58. e per... giuocati: quando venisse letta la mia opera, si capirebbe che ho messo a frutto i miei quindici anni (1498-1512) di esperienza nell'arte di governo.
59. che... esperienza: che avesse formato il proprio bagaglio di esperienze stando al servizio (*alle spese*) di altri.
60. fede mia: fedeltà ai miei doveri.
61. e della fede... mia: la mia povertà rende testimonianza della mia rettitudine e della mia bontà.
62. *Sis... 1513*: Sii felice. Il giorno 10 dicembre 1513. Formula augurale latina, posta a chiusura delle lettere.

Analisi del testo

Struttura

La giornata di Machiavelli Dopo un esordio con il saluto all'amico Vettori, la lettera si articola in tre momenti: il racconto della giornata in campagna (rr. 1-28); il ritiro serale nello «scrittoio» e il colloquio con gli antichi (rr. 29-38); l'annuncio del *Principe*, le riflessioni sulla destinazione del libro e la perorazione della propria abilità politica (rr. 38-59). La quotidianità di Machiavelli è vissuta tra il bosco, dal quale l'autore ricava legna da vendere e cacciagione per la mensa; la strada e l'osteria, dove avvengono gli incontri con i viandanti e i paesani. Queste scene assumono a tratti un tono colloquiale e colorito, da commedia o da novella; tono che si accentua a mano a mano che il girovagare per le strade polverose e i campi conduce Machiavelli all'incontro e al gioco chiassoso con i nuovi compagni, tanto diversi da quelli di un tempo: l'oste, il macellaio, il mugnaio, il fornaio. Anche durante le rustiche attività diurne, però, c'è spazio per qualche lettura, condotta presso una fonte o in un boschetto: libri di poeti, con i quali lo scrittore alimenta, si direbbe, la nostalgia dei propri amori passati.

L'incontro con i grandi autori Al calare della sera, avviene la svolta decisiva della giornata. Machiavelli sottolinea questo momento con il gesto simbolico di rivestirsi di panni «reali e curiali», i soli adatti all'incontro con i protagonisti della storia antica, con i quali entrare in relazione, per porre loro domande ed ascoltarne i consigli, in un colloquio che travalica il tempo e lo spazio.

L'annuncio del *Principe* Nella terza parte dell'epistola, l'autore dice di avere tratto profitto («ho fatto capitale») da quelle conversazioni e di avere composto *Il Principe*, di cui offre in estrema sintesi il contenuto. L'opera non viene presentata come un semplice ozio letterario, anzi negli ultimi paragrafi emerge con forza l'intenzione che anima Machiavelli: proporre il libro al «principe nuovo», cioè a Giuliano de' Medici, per persuadere la casata che regge Firenze della sua utilità.

La lontananza dalla politica Nelle ultime righe il tono si colora di una forte tensione psicologica: chi parla è un uomo in crisi per la lontananza dalla politica e spaventato dalla povertà, frutto dell'inattività. Machiavelli, consapevole della sua compromissione con il passato regime repubblicano, si appella all'unico argomento che potrebbe far valere agli occhi dei Medici: la «fede», cioè la fedeltà disinteressata ai doveri del proprio ufficio, con il quale non si è procurato ricchezze.

Lingua e stile

Le costanti stilistiche Nonostante la varietà di registri, la lettera presenta alcuni tratti stilistici costanti. La descrizione dello svolgersi della giornata vede il ricorrere – quasi ossessivo – degli elementi linguistici indicanti possesso o azione dell'io narrante, che afferma così la propria centralità. Il racconto abbonda di aggettivi possessivi e di pronomi personali di prima persona («mi», «me», «mio», «mia», «miei», «mie») e di verbi riflessivi («mi sto», «Levavomi», «mi lievo», «vòmmene», «Partitomi», «io me ne vo», «godomi», «transferiscomi», «mi mangio», «m'ingaglioffo», «mi ritorno», «mi spoglio», «mi pasco», «mi rispondono», «mi sbigottisce», «mi trasferisco»). Un'altra notazione generale riguarda il passaggio da un momento all'altro della giornata, dove ricorre sempre l'uso del participio passato, che ricapitola quanto già narrato e introduce nel nuovo segmento temporale («Partitomi del bosco», «Mangiato che ho», «Venuta la sera»).

Cambi di registro Accanto a queste costanti vi sono, però, forti oscillazioni di tono e vistose escursioni di stile e registro. L'esordio, rivolto all'amico Vettori, è ispirato a una retorica sostenuta, che non nasconde una certa ironia. La parte centrale della lettera, occu-

Lucas Van Leyden, *Giocatori di carte*, 1520 circa. Madrid, Museo Nacional Thyssen-Bornemisza.

pata dal racconto vero e proprio della giornata, è a sua volta caratterizzata dalla varietà di tono e di mezzi stilistici che connotano i diversi momenti e la disposizione emotiva dell'autore. In altre parole, ai differenti nuclei narrativi (il bosco, la lettura diurna, l'osteria, l'incontro serale con gli antichi) corrispondono livelli stilistici specifici. Così, il ricordo della caccia e l'escursione al bosco presentano un tono colloquiale ed espressioni popolaresche («badalucco», «tagliatore», «sciagure per le mani»). Il tono, invece, si fa idillico nel breve cenno alle letture diurne, che sono il preludio al grandioso incontro con i classici, descritto più oltre. La narrazione del tempo trascorso fra la strada e l'osteria è contraddistinta da una notevole forza espressiva e da un registro basso, basato sul lessico dell'oralità («m'ingaglioffo», «cricca», «trich-trac», «pidocchi», «si combatte un quattrino», «traggo el cervello di muffa»).

Tono solenne e tono patetico Lo stile diviene invece solenne ed elevato nella scena del colloquio serale con gli antichi, imperniato su metafore, preziosismi e latinismi («mi pasco di quel cibo che solum è mio e ch'io nacqui per lui»). Si riscontra qui un rovesciamento puntuale e simmetrico dei momenti della vita diurna: dall'abito dimesso ai panni regali; dal povero cibo per il sostentamento del corpo al nutrimento intellettuale della conoscenza; dagli incontri con viandanti campagnoli al colloquio grave con i grandi uomini del passato; dall'osteria sudicia alla corte. L'ultima parte della lettera, contenente la perorazione della propria abilità politica, onestà e fedeltà, abbandona il registro sostenuto per assumerne uno medio o addirittura patetico. È significativo che si moltiplichino in questa parte i condizionali e le espressioni indicanti dubbio («mi faceva dubitare», «al desiderio harei», «io mi dorrei», «doverebbe dubitare», «desidererei»): spie linguistiche dell'incertezza che Machiavelli nutre sul proprio futuro.

Temi

I modelli letterari A differenza di altre lettere private di Machiavelli, questa al Vettori appare non solo attentamente costruita e sorvegliata dal punto di vista retorico e stilistico, ma anche densa di richiami a modelli letterari importanti, conformi al *topos* della descrizione della giornata. Questo tema è diffuso fra gli autori sia classici sia umanistici. Fra i primi bisogna ricordare Orazio e soprattutto l'Ovidio delle *Epistole dal Ponto*, che contengono il drammatico resoconto dell'esilio del poeta fra gente rozza e lontana, tanto dalla politica, quanto dalla cultura. Come modelli più recenti, Machiavelli ha presenti Petrarca ma anche Boccaccio, con la sua lettera a Pino de' Rossi, dove l'autore tesse – a consolazione dell'amico esule – la lode di una quiete campestre, idillica e fervida negli studi.
Anche il tema della letteratura come nutrimento spirituale e come incontro a distanza – nella forma di una conversazione mediata dal testo – è ripreso da alcune delle lettere familiari di Petrarca, indirizzate a Boccaccio e agli scrittori della classicità latina (Seneca, Tito Livio, Cicerone, Virgilio).

Officina

COMPRENDERE

1. Quali attività occupano la giornata di Machiavelli?
2. Quali dubbi ha Machiavelli relativamente all'opera che sta scrivendo?

ANALIZZARE

3. **Lingua e stile** Individua e sottolinea nel testo le metafore e spiegane l'uso.

INTERPRETARE

4. Rileggi la lettera alla luce del rapporto fra Machiavelli e Vettori. Quale atteggiamento ti sembra abbia Machiavelli nei confronti dell'amico? Utilizza elementi del testo per argomentare la tua risposta.

PERCORSO DI SCRITTURA

Riassunto Dividi il testo in tre sequenze, attribuendo a ciascuna di esse un titolo significativo e sintetizzandola in 3 righe massimo. Poi riporta i contenuti in un breve riassunto che non superi le 10 righe.

4. *Il Principe*

4.1 La genesi e la composizione

Le fasi di composizione

Il Principe è l'opera più nota e più letta di Machiavelli e una delle più discusse, ammirate o avversate della letteratura politica di tutti i tempi.
Sulle sue fasi di composizione non c'è un parere unanime degli studiosi. Grazie alla testimonianza della lettera all'amico Vettori (➤ **T1**), in cui Machiavelli allude a un trattato chiamato in latino *De principatibus* (*Sui principati*), si può dedurre che **i primi undici capitoli** siano stati composti nell'esilio all'Albergaccio fra il marzo e il dicembre del **1513**. Su questo blocco di capitoli l'autore conta di operare una revisione stilistica e di ampliarne alcune parti, per poi inviare il frutto delle sue fatiche in lettura all'amico. È verosimile che gli ulteriori capitoli derivino da una **seconda fase compositiva**, da collocarsi secondo alcuni studiosi entro il maggio del 1514 oppure, secondo altri, al 1517-18.

Il dedicatario e la congiuntura politica

Nella lettera a Vettori Machiavelli indica come destinatario Giuliano de' Medici, fratello del nuovo papa Leone X (al secolo Giovanni di Lorenzo de' Medici, figlio di Lorenzo il Magnifico), anche se poi l'opera viene dedicata e inviata al giovane nipote di Leone, **Lorenzo de' Medici**, duca d'Urbino.
Machiavelli manifesta l'**urgenza di scrivere *Il Principe***, anche a costo di interrompere un lavoro di commento allo storico romano Tito Livio (si tratta dei *Discorsi sopra la prima deca* di Tito Livio ➤ **T8**). Questa urgenza sarebbe sorta a causa di un'indiscrezione: il papa, infatti, avrebbe voluto favorire la creazione di un nuovo Stato per i suoi parenti fiorentini, o l'ampliamento dei loro possedimenti, in analogia con l'impresa tentata qualche anno prima da papa Borgia con il suo figlio naturale, il Valentino. In questo contesto, mentre Machiavelli è momentaneamente escluso dalla vita pubblica, un trattato che insegnava l'arte di governo avrebbe costituito l'occasione per ritornare in gioco, conquistandosi l'ammirazione dei Medici e proponendosi in veste di consigliere politico. *Il Principe* viene invece **accolto freddamente** dal giovane Lorenzo: oltre alla diffidenza per lo stesso Machiavelli, che era stato il braccio destro dell'odiato Soderini al timone della Repubblica, non piaceva nemmeno la scelta di proporre come modello il famigerato Valentino.
Il *Principe* viene dato alle stampe soltanto dopo la morte dell'autore, a Roma, nel gennaio del 1532, ma prima della pubblicazione ha comunque goduto di una certa circolazione: dei circa venti manoscritti oggi noti, infatti, quattro sono anteriori alla morte di Machiavelli.

4.2 La struttura

I quattro blocchi tematici

Nella dedica a Lorenzo, Machiavelli spiega, non senza orgoglio, che il suo lavoro è frutto di «una lunga esperienza delle cose moderne et una continua lezione delle antique» (➤ **T3**); poi, fin dalle prime righe del primo capitolo il trattato dichiara immediatamente il suo oggetto: il «principato», cioè lo Stato non repubblicano.
L'opera non presenta partizioni interne, ma i suoi ventisei capitoli (i cui titoli sono in latino) possono essere divisi in **quattro blocchi argomentativi**.

I. Le tipologie di principato e il modo di ottenerli e conservarli (capitoli I-XI)

Principati «nuovi» e «misti»

I **capitoli I-XI** si concentrano sui diversi tipi di principato (ereditario, misto, nuovo, civile, ecclesiastico) e sul modo di ottenerli. Risulta subito evidente che il maggiore interesse, in linea con le finalità del libro, è rivolto ai **principati** che Machiavelli chiama «nuovi», cioè non ereditati, e a quelli «misti», cioè costituiti da una parte ereditata e da altre parti effetto di annessioni e conquiste. A questi due tipi sono dedicati ben sette dei nove capitoli di questa prima parte. Per illustrare le caratteristiche di questi principati e le circostanze che ne consentono l'acquisizione, il governo, la conservazione (con la fortuna, con la virtù, con le armi proprie o altrui, con le scelleratezze), Machiavelli ricorre a innumerevoli esempi, tratti dalla storia antica e contemporanea.

Il principe e la fondazione dello Stato

In questa opera di **fondazione dello Stato** il ruolo di assoluto primo piano è ricoperto dal principe; i popoli, le aristocrazie, le dinamiche economiche e sociali restano sullo sfondo, sono piuttosto materia da plasmare o resistenze da vincere. L'immagine che questi capitoli restituiscono al lettore è quella di una **lotta continua e senza quartiere**: quasi sempre, il principe deve affermarsi tra infinite difficoltà, ostacoli, opposizioni, congiure di nemici interni e assalti di nemici esterni. A volte vince rispettando individui e popoli, ma in altri casi anche intimorendo, blandendo, ingannando (➤ **T4**). Il quadro rispecchia la realtà della politica italiana contemporanea, ben conosciuta da Machiavelli, ma il ricorso a esempi di altre epoche eleva la situazione storica contingente a una dimensione assoluta.

L'esempio del Valentino

Machiavelli valuta l'azione di vari principi e fondatori: dal re di Francia a Francesco Sforza (primo duca di Milano), da Alessandro Magno a Ciro, e perfino i leggendari Mosè, Teseo e Romolo. Tra questi campeggia la figura del **duca Valentino**, le cui "virtù" – coraggio, determinazione, astuzia – si accompagnano a caratteristiche di segno opposto, come crudeltà e tradimento. Tuttavia, Machiavelli non esita a spiegare che anche **alcuni comportamenti "negativi"** possono essere **necessari**: un uomo feroce (per esempio il tiranno siracusano Agatocle) non sarà mai considerato «glorioso», ma potrebbe avere successo. Il duca Valentino, infatti, non ha fallito per la sua «ferocitate», ma per precisi errori e, soprattutto, per non avere avuto dalla sua la «**fortuna**», entità tanto misteriosa quanto importante in questa visione agonistica e individuale del grande gioco del potere.

II. La questione delle milizie (capitoli XII-XIV)

Il problema dei mercenari

Questa breve sezione approfondisce la **questione delle milizie**, un tema molto caro a Machiavelli, che se ne era ampiamente occupato quando era al servizio della Repubblica. Secondo l'autore un principato che vuole affermarsi e poi conservarsi deve ricorrere alle proprie armi, cioè a sudditi o cittadini armati, e non affidarsi ai mercenari (➤ **T5**).

III. Le qualità del principe (capitoli XV-XXIII)

La «verità effettuale»

Questo blocco di capitoli verte sul **comportamento del principe** una volta raggiunto il potere, e su alcune questioni specifiche attinenti al governo. Il tema è messo nitidamente a fuoco all'inizio del **capitolo XV**. Qui *Il Principe* si differenzia nettamente rispetto a una lunga tradizione di opere, da Platone ai trattati medievali e poi umanistici, che delineavano le qualità ideali di un principe in modo del tutto astratto, senza tenere conto di quella che egli chiama la «verità effettuale» (➤ **T6**). Machiavelli non seguirà l'esempio di chi immagina Stati che non esistono e insegna al principe come "dovrebbe" comportarsi, cioè con bontà, in un mondo in cui «tanti [...] non sono buoni», perché questo equivarrebbe alla rovina.

Le caratteristiche del principe

I titoli dei capitoli non devono trarre in inganno (XVI: liberalità e parsimonia; XVII: crudeltà e pietà; essere temuti o amati; XVIII: come il principe deve mantenere i patti; XIX: come evitare odio e disprezzo; XXI: che cosa conviene al principe perché sia stimato): la **disamina** di questi argomenti, infatti, è **spregiudicata**. L'argomentazione ricorrente è che sarebbe certamente preferibile attenersi ai princìpi morali o a quelle che tutti riconoscono come qualità positive, ma all'occorrenza (se «necessitato») il principe deve essere **capace anche di «entrare nel male»**. E nel campo della politica, dice Machiavelli con ironia, le occasioni non mancano.
Esemplare in tal senso è il **capitolo XVIII**. Machiavelli ricorre prima a una metafora mitologica, quella del **centauro Chirone** – metà uomo e metà animale – che ai suoi discepoli famosi (Esculapio, Achille, Teseo, Giasone) insegnava a usare «l'una e l'altra natura». A questa segue l'altra celebre immagine del principe che deve essere «golpe»

Louis Jean François Lagrenée, *Il centauro Chirone educa Achille*, XVIII secolo. Collezione privata.

(volpe) e «leone», cioè astuto e brutale e che delle buone qualità deve avere certamente l'apparenza, ma deve anche saperle abbandonare «per mantenere lo Stato», anche solo fingendo di averle (➤ **T7**).

Le spregiudicate novità della trattazione

È soprattutto in questa parte dell'opera – non per caso la più discussa negli anni immediatamente posteriori – che emergono alcuni dei principali punti di novità e di scandalo del *Principe* (sopra ➤ p. 312): l'idea della **politica come sistema autonomo** dalla morale tradizionale; l'ammissione di **comportamenti immorali** per salvaguardare lo Stato, la cui esistenza non ha bisogno di giustificazioni; la presa d'atto della **natura non buona** dell'essere umano.

IV. Venture e sventure dell'Italia (capitoli XXIV-XXVI)

La dialettica tra virtù e fortuna

Il quarto breve blocco si focalizza sull'Italia. Nel capitolo XXIV Machiavelli cerca di rispondere alla domanda sul perché diversi principi italiani abbiano perduto il proprio Stato. L'autore risponde che è stata la loro «ignavia» e non la «fortuna». È proprio in questa sezione finale dell'opera che Machiavelli torna a mettere a fuoco una delle opposizioni concettuali fondamentali dell'opera, quella tra «virtù» e «fortuna». Se la prima è l'**insieme delle capacità dell'essere umano** (forza, intelligenza, intraprendenza, valore militare), la fortuna è l'**insieme delle circostanze non dominabili** dall'uomo: il caso, i fattori che non dipendono da lui e che possono ergersi come un ostacolo all'azione della virtù.

La fortuna e la storia

Il ragionamento sulla fortuna occupa l'intero **capitolo XXV**: «Quanto possa la fortuna nelle cose umane e in che modo le si possa resistere». Machiavelli ammette che la situazione storica dell'Italia, particolarmente negativa, induce molti a credere che le sorti umane siano determinate «dalla fortuna e da Dio», ma non accetta questa tesi che metterebbe in crisi tutto il progetto politico del *Principe*. La fortuna gioca certamente un ruolo importante, ma non determinante: per Machiavelli, infatti, l'uomo saggio, il principe previdente può mettere in atto una serie di strategie per **arginare la fortuna**, che alla fine è responsabile solo "della metà" delle azioni umane.
Il ragionamento sulla fortuna è uno dei punti dell'opera in cui la razionalità di Machiavelli sembra vacillare; egli conclude, infatti, con un argomento che appare più retorico (una similitudine o una personificazione) che logico: la fortuna è donna, bisogna perciò dominarla, essere «impetuosi» ed è perciò meglio essere giovani. Il richiamo alla giovinezza è una *captatio benevolentiae* nei confronti del destinatario dell'opera, e prepara il terreno al capitolo finale (XXVI) in cui si esorta, in nome del «valore italico» a «prendere l'Italia e liberarla dai barbari», cioè dagli stranieri.

La fortuna e l'Italia

Può essere significativo che il tema della fortuna si intrecci ai **capitoli sull'Italia**, che Machiavelli vorrebbe – almeno in parte – riunita sotto le insegne del suo nuovo principe. È pure significativo che qui si citino veri e propri miracoli grazie ai quali piccole potenze hanno potuto prevalere contro grandi potenze (per esempio gli Ebrei riscattati da Mosè contro gli Egiziani, con l'apertura del mar Rosso e l'acqua che sgorga da una pietra; oppure gli Ateniesi contro i Persiani).
Questi elementi irrazionali segnalano di fatto l'improbabilità del compito storico assegnato al principe: portare a compimento una costruzione statale "italiana" che si opponga alla potenza dei grandi Stati europei.

4.3 La storia, il rapporto con la tradizione e la natura umana

La storia come guida

Uno degli aspetti importanti dell'opera (e dell'intera concezione machiavelliana) è il ricorso alla storia – insieme all'esperienza diretta, fatta sul campo – come chiave di lettura per interpretare in maniera razionale le vicende politiche.
Nel *Principe* le fonti storiche a cui si fa riferimento, più o meno esplicito, sono relativamente poche: domina senz'altro **Tito Livio**, al quale si affiancano Tacito, Cicerone, Svetonio e Plutarco. Il ricorso alla storia non è un espediente retorico né un semplice ossequio al passato, naturale da parte di un autore formatosi nell'età dell'Umanesimo. Machiavelli, infatti, vede nelle vicende degli Stati e nelle forme dello Stato (monarchia, repubblica) dei **processi ciclici naturali**, secondo un modello razionale elaborato dai Greci e che verrà approfondito nei *Discorsi sopra la prima Deca di Tito Livio* (➤ p. 349). Se esistono delle leggi, dunque, si apprendono proprio dalla **storia**, che serve **come guida affidabile** per l'azione del politico, in quanto i fatti storici offrono un esteso repertorio di esempi concreti.

Un metodo scientifico

L'altro elemento che rende razionale l'osservazione del passato è la **concezione della natura e della psicologia umana**: poiché, secondo Machiavelli, entrambe non mutano nel tempo, è possibile conoscere i loro meccanismi e le loro caratteristiche tramite l'esperienza e le conferme della storia. Ciclicità e immutabilità sono dunque gli elementi razionali dei processi storici, grazie ai quali Machiavelli può adottare un metodo che per alcuni aspetti richiama la scienza moderna, fatta di osservazioni esperienziali, generalizzazioni ("leggi") e quindi ripetibilità dei comportamenti tesi a ottenere un risultato.

VISUALIZZA I CONCETTI

La struttura del *Principe*

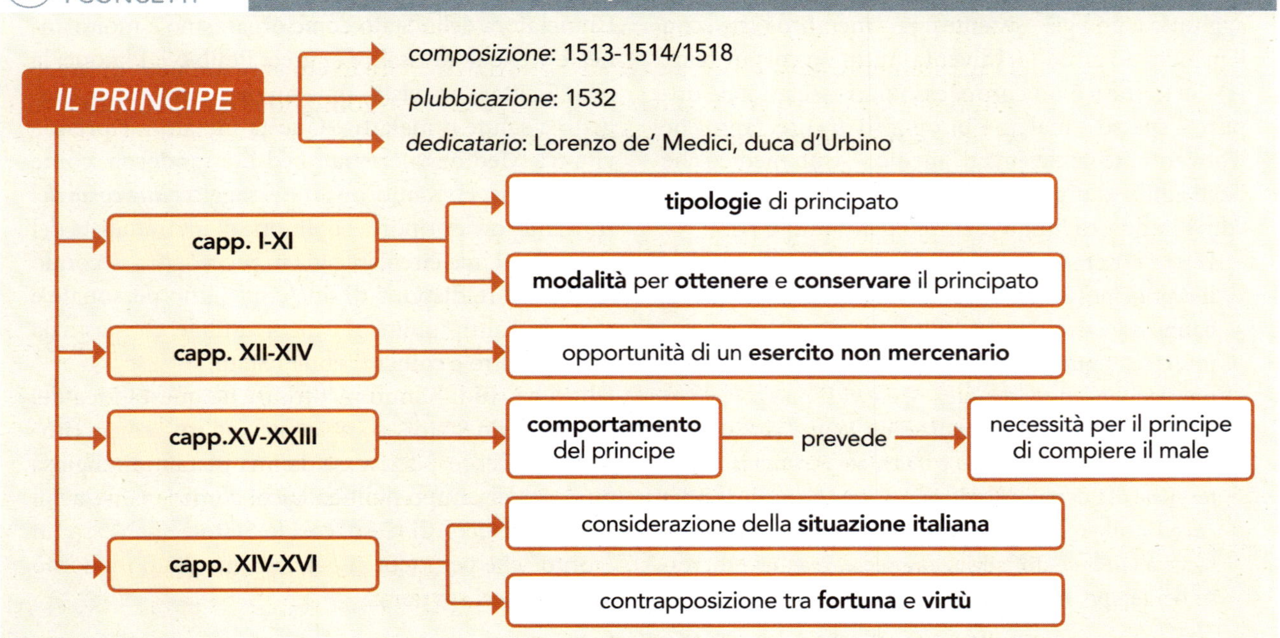

TEMI E GENERI

Le metafore mediche nel linguaggio politico di Machiavelli

Il linguaggio metaforico

Nella sua trattazione dello Stato e delle vicende politiche Machiavelli fa spesso ricorso a un linguaggio vivacemente metaforico, come ha osservato F. Chiappelli, che al linguaggio del *Principe* ha dedicato studi approfonditi. Le metafore per riferirsi allo Stato sono di varia natura. Accanto a quelle "architettoniche" (il principe come «architettore» e lo Stato come «edifizio», con i suoi «fondamenti», «edificazioni» ma anche rischi di crollo), quelle biologiche e naturalistiche appaiono particolarmente ricorrenti. Lo Stato viene implicitamente paragonato a una pianta: «Gli stati che *vengono* [germogliano] subito, come tutte le altre cose della natura che nascono e crescono presto, non possono avere le *barbe* [radici]».

La terminologia medica

All'interno del campo lessicale naturalistico, negli scritti di Machiavelli il linguaggio medico assume una rilevanza speciale in quanto lo Stato è visto come un corpo vivente. Per esempio, uno Stato nuovo aggiunto a uno già esistente è un «membro» che «con il principato antiquo, [diventa] tutto un corpo» (cap. II). Se lo stato è un corpo, esso può essere vitale oppure – spesso – malato e bisognoso di cure, tanto che il governante ne diventa il "medico", e un medico che deve agire "d'urgenza" e fornire medicine e rimedi, come in questo lungo esempio del capitolo III:

> Perché e' Romani feciono, in questi casi, quello che tutti e' principi savi debbono fare: li quali, non solamente hanno ad avere riguardo alli scandoli presenti, ma a' futuri, et a quelli con ogni industria ovviare; perché, prevedendosi discosto, facilmente vi si può *rimediare*; ma, aspettando che ti si appressino, *la medicina* non è a tempo, perché la *malattia* è diventata *incurabile*. Et interviene di questa come dicono e' *fisici* [= medici] dello *etico* [= tubercoloso], che nel principio del suo *male* è facile a *curare* e difficile a conoscere, ma, nel progresso del tempo, non l'avendo in principio conosciuta né *medicata*, diventa facile a conoscere e difficile a *curare*. Così interviene nelle cose di stato; perché, conoscendo discosto, il che non è dato se non a uno prudente, e' mali che nascono in quello, si *guariscono* presto; ma quando, per non li avere conosciuti si lasciono crescere in modo che ognuno li conosce, non vi è più *remedio*.

Il politico come medico

Perché il politico fosse assimilato proprio a un medico dipende dalla concezione della politica che si era fatta strada fra XIV e XVII secolo. La politica era vista come un'arte "empirica" e pratica, che procedeva caso per caso, così come secondo il greco Ippocrate faceva la medicina. L'uso machiavelliano dell'immagine medica non è quindi un *unicum*; al contrario si colloca all'interno di una corrente culturale che accompagna la formazione e lo sviluppo dello Stato moderno in Europa e di cui il Segretario fiorentino è uno dei principali esponenti italiani.

Il corpo dello Stato

La metafora dello Stato come organismo è molto antica e viene fatta risalire ai greci Polibio e Platone: la *polis* («città») era vista come un corpo collettivo, soggetto a salute o malattia. Questa metafora riprende vita tra Medioevo cristiano ed Età moderna, come spiega Ernst H. Kantorowicz nel saggio *I due corpi del re*. Kantorowicz riporta l'opinione di un trattatista del secolo XVI, ma circolante già in precedenza, secondo la quale il re dispone di due corpi: uno personale e mortale, l'altro "politico" e incorruttibile, che passa da un re all'altro e coincide con lo Stato.

Ulteriori studi hanno mostrato che questa idea del «corpo dello Stato», coincidente con un «corpo (immortale) del re», derivasse da una metafora religiosa trasferita al campo politico laico: come la Chiesa è il "corpo mistico" di Gesù, così lo Stato è anch'esso un "corpo" che per i teorici del nascente Stato moderno appartiene al sovrano.

4.4 Lo stile e la lingua del *Principe*

La sintesi dello stile

La peculiarità stilistica del *Principe* è fondata sulla **concentrazione**, sulla capacità cioè di condensare nel minor numero di parole il massimo di informazioni e di argomentazioni. Molti aspetti della scrittura di Machiavelli, infatti, derivano dalla lunga pratica della **prosa cancelleresca** (lettere e relazioni di Stato), che deve essere breve, secca ed efficace.

Le opposizioni binarie

L'impianto logico della sua argomentazione procede di solito per opposizioni binarie, sottolineate da **congiunzioni disgiuntive** («o…o»). Ecco un esempio significativo, tratto dal capitolo I:

> Tutti gli stati, tutti e' dominii che hanno avuto e hanno imperio sopra gli uomini, sono stati e sono **o** repubbliche **o** principati. E' principati sono **o** ereditari [...] **o** sono nuovi. E' nuovi, **o** e' sono nuovi tutti, come fu Milano a Francesco Sforza, **o** sono come membri aggiunti allo stato ereditario del principe che gli acquista, come è el regno di Napoli al re di Spagna. Sono questi dominii così acquistati **o** consueti a vivere sotto uno principe **o** usi a essere liberi; e acquistonsi **o** con le armi d'altri **o** con le proprie, **o** per fortuna **o** per virtù.

Non sarebbe difficile trasformare questo paragrafo in uno schema che metta in luce il procedimento binario della classificazione:

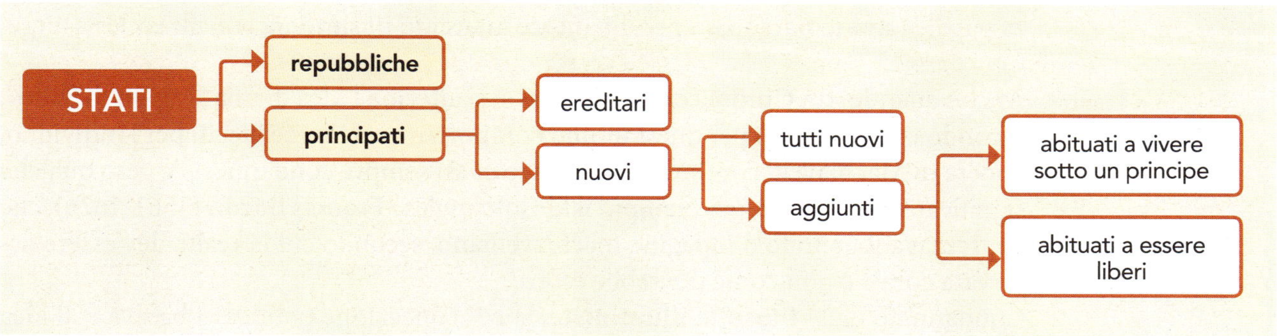

L'argomentazione logica

Nel *Principe*, inoltre, ogni volta che si presenta un problema, si prospettano di solito **due soluzioni** delle quali solo una va scelta: il compromesso e la mediazione non sono graditi.

> E' principali fondamenti che abbino tutti li stati [...] sono le buone legge e le buone arme. E perché non può essere buona legge dove non sono buone arme, e dove sono buone arme conviene sieno buone legge, io lascerò indrieto el ragionare della legge e parlerò delle arme. (cap. XII)

FISSA I CONCETTI

- Quali sono i temi principali del *Principe*?
- Quali elementi di novità e modernità caratterizzano il *Principe*?

Una prosa così logicamente serrata ricorre ampiamente ai nessi che rimarcano i **procedimenti deduttivi**, per esempio lo sviluppo premessa-conseguenza («dunque, perché, pertanto» ecc.), e quelli che sottolineano le opposizioni («anzi, invece, ma» ecc.).

Il rovesciamento delle opinioni comuni

Tipico del *Principe*, inoltre, è l'uso della congiunzione «nondimanco» ("nondimeno"), con cui a una premessa apparentemente inevitabile o ovvia Machiavelli oppone una circostanza che la contraddice. Quest'impiego serve per rovesciare un'opinione comune o per lasciare uno spazio all'azione, ma soprattutto per mettere in risalto l'importanza imprescindibile della realtà effettuale: il «nondimanco» sottolinea la **forza dei fatti**, il predominio della realtà sul sogno o sulle idee. Ecco qualche esempio:

> Era tenuto Cesare Borgia crudele: nondimanco quella sua crudeltà aveva racconcia la Romagna, unitola, ridotta in pace. (cap. XVI)
> Quanto sia laudabile in uno principe mantenere la fede [...] ciascuno lo intende; nondimanco si vede per esperienza ne' nostri tempi, quelli principi avere fatto gran cose, che della fede hanno tenuto poco conto. (cap. XVIII)

4.5 Sfortune e fortune del *Principe*

Le reazioni del mondo religioso

Fin da subito l'opera di Machiavelli fu letta e tradotta in tutta Europa, suscitando **fortissime polemiche**. Scontata era l'**avversione della Chiesa cattolica** per una teoria politica che si rendeva autonoma dalla morale (per di più frutto di un autore che avversava la Chiesa come organismo politico), cosicché *Il Principe* e le altre opere di Machiavelli furono poste tra i libri proibiti fin dal 1559. La cosiddetta immoralità del *Principe* si attirò anche la condanna di molta parte del **mondo protestante**, che lo considerava un esempio di perfidia italiana, frutto di una cultura corrotta dall'influenza papale (strano paradosso per un autore mai stato in sintonia con gli ecclesiastici).

Dal Cinquecento all'Ottocento

Anche quando, tra **Cinquecento e Seicento**, si afferma l'idea di una "ragion di Stato", secondo cui sono leciti per quest'ultimo comportamenti invece illeciti per l'individuo, l'opera di Machiavelli continua a riscuotere quasi sempre condanne. C'è però qualche significativa eccezione, per esempio il filosofo inglese **Francis Bacon** (1561-1626), che apprezzava il metodo d'indagine machiavelliano, secondo cui la realtà dev'essere osservata com'è e non come dovrebbe essere.
Condannato dalle **filosofie illuministe**, la cui concezione politica si basava sull'idea del "contratto sociale" e dei "diritti dell'uomo", Machiavelli viene invece apprezzato dai **filosofi idealisti** tedeschi del XIX secolo, Hegel e Fichte, interessati all'idea di una razionalità intrinseca alla storia.
Nell'ambito del **Risorgimento**, l'interesse è catalizzato sull'idea alla base del *Principe*: la ricerca dell'unità nazionale, della "patria".

Il Principe e Gramsci

Alcuni decenni dopo l'unità nazionale, durante la dittatura fascista, *Il Principe* diventa centrale nelle riflessioni scritte in carcere da uno dei maggiori pensatori marxisti italiani, **Antonio Gramsci** (1891-1937), fondatore del Partito comunista. Gramsci osserva che nell'epoca contemporanea l'opera politica di un singolo individuo carismatico (come gli esempi nefasti di Mussolini e di Hitler) può favorire una restaurazione conservatrice e non il progresso sociale. Secondo Gramsci occorre che il ruolo di "principe" costruttore di un nuovo tipo di Stato venga assunto non da un individuo, sia pure di eccezionali qualità, ma da una istituzione collettiva, cioè dal partito politico.

T2 Un dono per il principe: la dedica a Lorenzo de' Medici

Il Principe, Lettera dedicatoria

La lettera di apertura rivolta al dedicatario del trattato sottolinea la preziosità di un omaggio particolare e insolito: non di arazzi, armi e cavalli si tratta, ma di un libro ricco di consigli e considerazioni del tutto nuovi. Machiavelli ben conosce la portata e l'originalità dei suoi pensieri, e ancora meglio conosce il metodo di indagine dal quale discendono: si tratta di due forze complementari, un'interazione costante fra l'esperienza diretta e lo studio degli storici antichi, grazie ai quali comprendere e imitare le azioni dei grandi.

Nicolaus Maclavellus ad Magnificum Laurentium Medicem
[Niccolò Machiavelli al Magnifico Lorenzo de' Medici]

Sogliono, el più delle volte, coloro che desiderano acquistare grazia appresso uno Principe, farseli incontro con quelle cose che infra le loro abbino più care, o delle quali vegghino lui più delettarsi;[1] donde si vede molte volte essere loro presentati[2] cavalli, arme, drappi d'oro, prete preziose[3] e simili ornamenti, degni della grandezza di quelli. Desiderando io adunque, offerirmi, alla vostra Magnificenzia con qualche testimone della servitù mia[4] verso di quella, non ho trovato intra la mia suppellettile[5] cosa, quale io abbia più cara o tanto esístimi[6] quanto la cognizione delle azioni delli uomini grandi, imparata con una lunga esperienzia delle cose moderne et una continua lezione[7] delle antique: le quali avendo io con gran diligenzia lungamente escogitate et esaminate,[8] et ora in uno piccolo volume ridotte, mando alla Magnificenzia Vostra. E benché io iudichi questa opera indegna della presenza di quella,[9] tamen[10] confido assai che per sua umanità[11] li debba essere accetta,[12] considerato come da me non li possa esser fatto maggiore dono, che darle facultà di potere in brevissimo tempo intendere tutto quello che io in tanti anni[13] e con tanti mia disagi e periculi ho conosciuto. La quale opera io non ho ornata né ripiena di clausule[14] ample,[15] o di parole ampullose[16] e magnifiche, o di qualunque altro lenocinio[17] o ornamento estrinseco[18] con li quali molti sogliono le loro cose descrivere et ornare; perché io ho voluto, o che veruna[19] cosa la onori, o

1. Sogliono… dilettarsi: Coloro che desiderano entrare nelle grazie di un principe, spesso sono soliti andargli incontro con quegli oggetti che più amano o dei quali vedano che lui più si diletta.
2. presentati: offerti.
3. drappi… preziose: arazzi ricamati d'oro e pietre preziose.
4. testimone… mia: testimonianza della mia devozione.
5. la… suppellettile: i miei averi.
6. esístimi: stimi (dal latino *existimo*).
7. lezione: lettura.
8. escogitate et esaminate: meditate con attenzione (dittologia sinonimica).
9. della… quella: di essere presentata a quella, cioè alla "Magnificenza Vostra" nominata poco prima.
10. tamen: tuttavia (latinismo).
11. umanità: benevolenza, nobiltà d'animo.
12. li… accetta: debba essergli gradita.
13. in… anni: nei quasi quindici anni, compresi fra il 1498 e il 1512, della sua attività politica e diplomatica.
14. clausule: conclusioni di frase caratterizzate da un particolare ritmo.
15. ample: ridondanti.
16. ampullose: pompose.
17. lenocinio: vale qui per "decoro retorico", "abbellimento artificioso" (latinismo).
18. estrinseco: cioè non necessario alla comprensione della materia trattata.
19. veruna: nessuna.

che solamente la varietà della materia e la gravità[20] del subietto la facci grata.[21] Né voglio sia reputata presunzione se uno uomo di basso et infimo stato ardisce discorrere e regolare[22] e' governi de' principi; perché, cosí come coloro che disegnono e' paesi si pongano bassi nel piano a considerare la natura de' monti e de' luoghi alti, e per considerare quella de' bassi si pongano alto sopra monti, similmente, a conoscere bene la natura de' populi, bisogna essere principe, et a conoscere bene quella de' principi, bisogna essere populare.[23]

Pigli, adunque, Vostra Magnificenzia questo piccolo dono con quello animo che[24] io lo mando; il quale se da quella fia diligentemente considerato e letto,[25] vi conoscerà drento[26] uno estremo[27] mio desiderio, che Lei pervenga a quella grandezza che la fortuna e le altre sue qualità li promettano. E, se Vostra Magnificenzia dallo **apice**[28] della sua altezza qualche volta volgerà li occhi in questi luoghi bassi, conoscerà quanto io indegnamente[29] sopporti una grande e continua malignità di fortuna.

lessico
Apice
Cima, vertice, più comune in senso figurato, il momento culminante di un evento o di un processo, culmine (dal latino *apex apĭcis*, «punta»).

20. gravità: altezza e serietà. Questo concetto deriva direttamente da quello di *gravitas* latina.
21. la facci grata: la renda gradevole. Alla veste retorica esteriore viene sostituita l'importanza e la profondità dell'argomento trattato.
22. discorrere e regolare: esaminare e dettare regole.
23. populare: uomo del popolo.
24. con quello... che: con quello spirito con cui.
25. se... letto: se verrà letto con attenzione dalla Magnificenza Vostra (*quella*).
26. vi... drento: scoprirà all'interno dell'opera.
27. estremo: grandissimo.
28. apice: culmine.
29. indegnamente: immeritatamente.

Analisi del testo

Struttura

Un dono dell'ingegno La lettera di dedica, preliminare all'intera opera, è articolata secondo un rigore logico e un ordine argomentativo ai quali sono improntati anche tutti i capitoli successivi. Machiavelli inizia con una considerazione generale circa le usanze normalmente seguite per offrire un dono a un principe, e stila un breve catalogo di oggetti di valore (cavalli, armi, arazzi, pietre preziose), adeguati agli omaggi negli ambienti di corte (rr. 3-6). Dopo questa osservazione l'autore presenta subito la sua differente posizione, umilmente accettata, eppure orgogliosamente esibita: la povertà della sua condizione di esule non gli impedisce di considerare il frutto migliore del suo ingegno come un oggetto prezioso da offrire al principe (rr. 6-12).

Comprendere la storia Si tratta di un piccolo volume, che contiene la sintesi delle lunghe meditazioni di Machiavelli sulle azioni compiute dai grandi della storia: il suo scopo è comprendere meglio le trame politiche contemporanee, attraverso il filtro della lunga esperienza acquisita sul campo, in anni di fatiche e disagi. L'essenzialità e l'asciuttezza del linguaggio usato sono garanzia – spiega l'autore – dell'autenticità e dell'utilità di quanto scritto (rr. 12-20).
Il finale della dedica, con l'invito al destinatario a volgere gli occhi ai «luoghi bassi» e alla «malignità di fortuna» che ha colpito l'autore, è un elemento autobiografico che richiama le dolorose considerazioni sulla propria sorte contenute nella lettera a Vettori (➤ **T1**).

Lingua e stile

Una dedica "alta" Consapevole della funzione di apertura e di dedica che questa pagina assume nell'economia dell'opera, Machiavelli le conferisce una certa altezza di tono, garantita da diversi elementi: memorie letterarie antiche e recenti, costrutti sintattici latineggianti, alcuni latinismi nel lessico («esistimi», «lezione», «tamen», «lenocinio», «ampullose», «apice»), alcune dittologie sinonimiche («escogitate et esaminate», «considerato e letto»). A questi espedienti si aggiunge anche l'ampia ed elegante similitudine che paragona l'indagine di

Machiavelli allo sguardo del geografo, per il quale la migliore conoscenza dei luoghi si può ottenere grazie a un opportuno dislivello fra l'osservatore e il punto osservato.

La *captatio benevolentiae* Qui l'autore inserisce una *captatio benevolentiae* («acquisizione di benevolenza») nei confronti del destinatario, basata sulla diminuzione di sé («uomo di basso e infimo stato») e sull'esaltazione della grandezza medicea, che culmina nell'invito a considerare il valore politico e letterario del proprio operato e, di contro, la malignità della propria sorte.

Un annuncio programmatico Proprio in questo punto del testo Machiavelli colloca l'annuncio di quale stile intende adottare («la quale opera io non ho ornata né ripiena di clausule ample, o di parole ampullose e magnifiche, o di qualunque altro lenocinio o ornamento estrinseco», rr. 16-18). Pagina dopo pagina il lettore si troverà di fronte a una scrittura essenziale, rigorosa e a tratti ruvida, ma estremamente efficace: attraverso questo stile i precetti di varietà e gravità, suggeriti dalla retorica classica, verranno affidati all'altezza e all'originalità della materia trattata, piuttosto che a calcolate figure di suono e di ritmo.

Temi

Da Giuliano a Lorenzo: una speranza per unificare l'Italia Sappiamo che l'iniziale dedicatario del *Principe* sarebbe dovuto essere Giuliano de' Medici, fratello di papa Leone X, cui il pontefice neoeletto aveva deciso di affidare uno Stato, probabilmente in Emilia. Da subito Machiavelli pensa a lui come al principe "nuovo", sul modello del Valentino (di cui tratta nel capitolo VII ➤ **T4**), nonostante Giuliano avesse una natura mite, incline più alle lettere che alla politica. Man mano, tuttavia, l'attenzione di Machiavelli si concentra sempre più sul giovane Lorenzo, figlio di Piero e nipote del Magnifico, a cui viene affidato il governo fiorentino, dapprima probabilmente nella forma di principato civile (vale a dire di governo sostanzialmente monarchico esercitato all'interno di uno Stato repubblicano). Negli anni successivi Lorenzo assume il comando delle milizie fiorentine e il Ducato di Urbino, e aspira a farsi principe assoluto di Firenze. Quella del principato appare a Machiavelli l'unica forma di governo capace di risolvere la crisi di Firenze e di cacciare i dominatori stranieri, riportando l'Italia all'unità. Proprio a Lorenzo, dunque, torna a rivolgersi Machiavelli nell'esortazione finale dell'opera (➤ **T7**) e lo invita a compiere un'impresa di unificazione nazionale (sia pur parziale), resa possibile dal fatto che ormai fosse già nelle sue mani l'intera Italia centrale, compresi i domini della Chiesa.

Officina

COMPRENDERE

1. Perché Machiavelli dedica l'opera a un Medici?
2. Quali caratteristiche distinguono l'opera di Machiavelli?

ANALIZZARE

3. **Lessico** Cerca nel dizionario i vari usi del termine "apice", poi crea quattro frasi che contengano il termine, due in senso generico e due con accezione specifica.
4. **Lingua e stile** Nel testo è impiegata una similitudine, individuala e sottolineala, poi spiegane l'uso.
5. **Lingua e stile** Identifica nel testo tutti i termini e le espressioni di cui Machiavelli si serve per la sua *captatio benevolentiae*.

INTERPRETARE

6. Metti a confronto la lettera dedicatoria del *Principe* con la **Satira I di Ariosto** (➤ p. 194). Ti sembra che l'atteggiamento dei due autori nei confronti del "signore" sia lo stesso? Quali aspetti della vita e dell'attività di corte emergono da entrambi?

PERCORSO DI SCRITTURA

Riscrittura Prova a trasformare la dedica del *Principe* in un'intervista a Machiavelli su argomenti, destinatario e funzione della sua opera: dopo aver individuato i punti centrali all'interno del testo, riscrivili in forma di domande e risposte.

T3 Virtù e fortuna: una visione politica spregiudicata

Il Principe VI, 1-15; VII, 1-9; VIII, 9-12

Con il capitolo VI, e fino a tutto il capitolo IX, si inaugura la parte dell'opera dedicata a uno dei cardini del discorso machiavelliano: l'azione del principe «nuovo», colui cioè che diviene tale non per eredità ma conquistando ruolo e titolo. La natura dell'impresa induce Machiavelli a ricorrere a molti esempi della storia, antica e contemporanea: per chi si incammina lungo questa via, i modelli che devono guidare la sua azione, anche se inarrivabili, sono pur sempre necessari.
Nei tre capitoli di cui proponiamo alcuni estratti Machiavelli esamina il caso dei principati che si acquistano con le armi e meriti («virtute») propri (cap. VI); con armi e «fortuna» di altri (cap. VII); infine il caso particolare di acquisti fatti «per scelera», ovvero compiendo azioni spregevoli (cap. VIII).

De principatibus novis qui armis propriis et virtute acquiruntur
[De' Principati nuovi che s'acquistano con l'arme proprie e virtuosamente]

Non si maravigli alcuno se, nel parlare che io farò de' principati al tutto nuovi e di principe e di stato, io addurrò grandissimi esempli; perché, camminando li uomini quasi sempre per le vie battute da altri, e procedendo nelle azioni loro con le imitazioni, né si potendo le vie d'altri al tutto tenere, né alla virtù di quelli che tu imiti aggiugnere,[1] debbe uno uomo prudente intrare sempre per vie battute da uomini grandi, e quelli che sono stati eccellentissimi[2] imitare, acciò che, se la sua virtù non vi arriva, almeno ne renda qualche odore:[3] e fare come li arcieri prudenti, a' quali parendo el loco dove disegnono ferire[4] troppo lontano, e conoscendo fino a quanto va la virtù del loro arco, pongono la mira assai più alta che il loco destinato, non per aggiugnere con la loro freccia a tanta altezza, ma per potere, con lo aiuto di sì alta mira, pervenire al disegno[5] loro. Dico adunque, che ne' principati tutti nuovi, dove sia uno nuovo principe, si trova a mantenerli più o meno difficultà, secondo che più o meno è virtuoso colui che li acquista. E perché questo evento[6] di diventare di privato principe, presuppone o virtù o fortuna, pare che l'una o l'altra di queste dua cose mitighi in parte molte difficultà: nondimanco, colui che è stato meno sulla fortuna, si è mantenuto più. Genera ancora facilità essere el principe constretto, per non avere[7] altri stati, venire personaliter ad abitarvi.
Ma, per venire a quelli che per propria virtù e non per fortuna sono diventati principi, dico che li più eccellenti sono Moisè, Ciro, Romulo, Teseo[8] e simili. E benché di Moisè

1. **né... aggiugnere:** non potendo raggiungere.
2. **eccellentissimi:** i migliori.
3. **renda... odore:** renda qualche sentore del suo profumo.
4. **disegnano ferire:** intendono colpire.
5. **disegno:** progetto.
6. **evento:** esito (regge la dichiarativa che segue).
7. **per non avere:** non avendo.
8. **Moisè... Teseo:** attingendo alle fonti bibliche (il libro dell'*Esodo*) e storiche (Erodoto, Livio, Plutarco), oltre che ai racconti mitologici, Machiavelli accosta quattro figure esemplari: Mosè, che guidò la fuga degli Ebrei dall'Egitto, dopo lunghi anni di schiavitù; Ciro, fondatore dell'Impero persiano, morto nel 528 a.C.; Romolo, fondatore di Roma, nel 753 a.C.; Teseo, figlio di Egeo, che avrebbe realizzato l'unificazione dei borghi dell'Attica sotto Atene.

lessico
Mero
Puro, non mischiato ad altre sostanze; semplice (dal latino *mĕrus*, «puro, schietto»).

non si debba ragionare, sendo suto uno **mero** esecutore delle cose che li erano ordinate da Dio, tamen debbe essere ammirato solum[9] per quella grazia che lo faceva degno di parlare con Dio. Ma consideriamo Ciro e li altri che hanno acquistato o fondato regni: li troverrete tutti mirabili; e se si considerranno[10] le azioni et ordini loro particulari, parranno non discrepanti[11] da quelli di Moisè, che ebbe sì gran precettore.[12] Et esaminando le azioni e vita loro, non si vede che quelli avessino altro dalla fortuna che la **occasione**; la quale dette loro materia a potere introdurvi drento quella forma che parse[13] loro; e sanza quella occasione la virtù dello animo loro si sarebbe spenta,[14] e sanza quella virtù la occasione sarebbe venuta invano.

Le nostre parole ›

Era dunque necessario a Moisè trovare el populo d'Isdrael, in Egitto, stiavo[15] et oppresso dalli Egizii, acciò che quelli, per uscire di servitù, si disponessino a seguirlo. Conveniva che Romulo non capessi[16] in Alba, fussi stato esposto al nascere, a volere che diventassi re di Roma e fondatore di quella patria. Bisognava che Ciro trovassi e' Persi malcontenti dello imperio de' Medi,[17] e li Medi molli et effeminati per la lunga pace. Non posseva Teseo dimonstrare la sua virtù, se non trovava li Ateniesi dispersi. Queste occasioni, per tanto, feciono questi uomini felici,[18] e la eccellente virtù loro fece quella occasione esser conosciuta;[19] donde la loro patria ne fu nobilitata e diventò felicissima.

9. solum: anche solo (latinismo).
10. considerranno: considereranno.
11. discrepanti: differenti.
12. sì... precettore: cioè Dio stesso.
13. parse: parve.
14. spenta: fiaccata.
15. stiavo: schiavo.
16. non capessi: non trovasse accoglienza. Romolo e Remo, figli di Rea Silvia, furono abbandonati lungo il Tevere, per ordine del prozio Amulio, che aveva usurpato il trono di Alba (la vicenda è narrata da Livio, I, 4).
17. Medi: popolo iranico che vinse gli Assiri, estese il dominio in Mesopotamia e fu poi sconfitto dai Persiani di Ciro, dopo una pace durata circa quarant'anni.
18. feciono... felici: resero fortunati questi uomini.
19. fece... conosciuta: fece sì che si conoscesse quella circostanza favorevole.

Le nostre parole — Occasione

L'origine del termine Il sostantivo "occasione" deriva dal latino *occasĭo*, che a sua volta viene da *occasus*, participio passato di *occidĕre*, cioè «accadere». Il verbo è formato da *ob*, cioè «davanti» o «contro», e *cadĕre*, cioè «cadere». Pertanto, l'"occasione" è un qualcosa che cade al momento giusto, un'opportunità che si manifesta a proposito.

L'«occasione» machiavelliana Concetto chiave del pensiero machiavelliano, l'"occasione" si inserisce nel più ampio dibattito, in corso fin dal Medioevo, sulla fortuna e la virtù. Secondo Machiavelli l'occasione rimane sostanzialmente legata alla sorte: solo di fronte all'incertezza degli eventi, per l'uomo di potere si può manifestare l'opportunità da cogliere. All'idea di "occasione" Machiavelli dedicò anche uno dei suoi *Capitoli* poetici in terza rima, in cui l'Occasione è personificata in una donna incostante, che non ha sembianze mortali, né si fa riconoscere dagli uomini («Io sono l'Occasione, a pochi nota; e la cagion, che sempre mi travagli, / è perché io tengo un piè sopra una rota»).

Gli usi contemporanei Il valore filosofico che Machiavelli riservava al termine "occasione" si è oggi perduto nella lingua dell'uso. Infatti, "occasione" indica di solito opportunità o circostanze di più ridotta entità. Spesso, infatti, il sostantivo è impiegato in espressioni quali "in occasione di...", a indicare il proposito di un evento o della realizzazione di un prodotto (da qui anche la definizione di «scritti d'occasione», cioè per una precisa ricorrenza); "oggetti d'occasione", a significare cose usate o scontate; "una vera occasione", a sottolineare la convenienza di un acquisto. Inoltre, assai spesso "occasione" è impiegato col significato di "pretesto", "motivo valido" per attuare qualcosa ("l'occasione di punirlo", "occasioni di lite"). Le "grandi occasioni", infine, sono sinonimo di eventi importanti o solenni ("il vestito delle grandi occasioni", che si indossa nelle cerimonie).

De principatibus novis qui alienis armis et fortuna acquiruntur
[De' principati nuovi che s'acquistano con le armi e fortuna di altri]

Coloro e' quali solamente per fortuna diventano, di privati principi, con poca fatica diventano, ma con assai si mantengano; e non hanno alcuna difficultà fra via,[20] perché vi volano;[21] ma tutte le difficultà nascono quando sono posti. E questi tali sono quando[22] è concesso ad alcuno uno stato o per danari o per grazia di chi lo concede: come intervenne[23] a molti in Grecia, nelle città di Ionia e di Ellesponto,[24] dove furono fatti principi da Dario,[25] acciò le tenessino per sua sicurtà[26] e gloria; come erano fatti ancora quelli imperatori che, di privati, per corruzione[27] de' soldati, pervenivano allo imperio. Questi stanno semplicemente in sulla[28] voluntà e fortuna di chi lo ha concesso loro, che sono dua cose volubilissime et instabili; e non sanno e non possano tenere quel grado: non sanno, perché, se non è uomo di grande ingegno e virtù, non è ragionevole che, sendo sempre vissuto in privata fortuna,[29] sappi comandare; non possano, perché non hanno forze[30] che li possino essere amiche e fedeli. Di poi, li stati che vengono subito,[31] come tutte l'altre cose della natura che nascono e crescono presto, non possono avere le barbe e correspondenzie[32] loro in modo che[33] 'l primo tempo avverso le spenga;[34] se già[35] quelli tali, come è detto, che sì de repente[36] sono diventati principi, non sono di tanta virtù che quello che la fortuna ha messo loro in grembo, e' sappino subito prepararsi a conservarlo, e quelli fondamenti che li altri hanno fatto avanti che[37] diventino principi, li faccino poi.

Io voglio all'uno et all'altro di questi modi detti, circa el diventare principe per virtù o per fortuna, addurre dua esempli stati ne' dì della memoria nostra: e questi sono Francesco Sforza e Cesare Borgia. Francesco,[38] per li debiti mezzi e con una gran virtù, di privato diventò duca di Milano; e quello che con mille affanni aveva acquistato, con poca fatica mantenne. Dall'altra parte Cesare Borgia,[39] chiamato dal vulgo duca Valentino,[40] acquistò lo stato con la fortuna del padre, e con quella[41] lo perdé;

20. **fra via:** lungo la via, cioè lungo il cammino di conquista del potere.
21. **vi volano:** giungono al principato con fulminea leggerezza.
22. **sono quando:** e questi sono tali quando (proposizione temporale con valore esplicativo).
23. **intervenne:** accadde.
24. **nelle... Ellesponto:** nelle città greche dell'Asia minore.
25. **dove... Dario:** Dario I, che tenne l'Impero persiano dal 522 a.C. al 485 a.C., secondo il racconto di Erodoto diede a Coes la città di Mitilene e a Licareto quella di Lemno.
26. **acciò... sicurtà:** affinché le governassero per la sicurezza dell'Impero persiano.
27. **per corruzione:** corrompendo (con valore mediale, non causale).
28. **stanno... sulla:** si reggono solamente grazie a.
29. **privata fortuna:** condizione di privato cittadino.
30. **forze:** cioè risorse militari e politiche.
31. **vengono subito:** crescono rapidamente e all'improvviso (detto di organismi vegetali, come conferma il seguito del discorso).
32. **barbe e correspondenzie:** le radici e altre parti affini, con funzione di collegamento con il terreno.
33. **in modo che:** di qualità tale che.
34. **le spenga:** le abbatta.
35. **se già:** se pure.
36. **de repente:** all'improvviso.
37. **avanti che:** prima che.
38. **Francesco:** Francesco Sforza (1401-66) divenne famoso per la sua abilità militare e sposò Bianca Maria Visconti, figlia del duca di Milano. Alla morte del duca, egli seppe abilmente, con la forza e con l'astuzia, conquistarsi la signoria della città.
39. **Cesare Borgia:** (1475-1507), figlio di Rodrigo Borgia, divenuto papa con il nome di Alessandro VI. Il padre lo nominò arcivescovo di Valencia e cardinale, finché dal re di Francia ottenne anche il Ducato di Valentinois.
40. **duca Valentino:** appellativo che gli deriva da entrambi i titoli, laico (duca di Valentinois) ed ecclesiastico (arcivescovo di Valencia).
41. **con quella:** ovvero lo perse quando anche il padre perse la sua fortuna.

non ostante che per lui[42] si usassi ogni opera e facessinsi[43] tutte quelle cose che per uno prudente e virtuoso uomo si doveva fare, per mettere le barbe sua in quelli stati che l'arme e fortuna di altri li aveva concessi. Perché, come di sopra si disse,[44] chi non fa e' fondamenti prima, li potrebbe con una gran virtù farli poi, ancora che si faccino con disagio dello architettore[45] e periculo dello edifizio. Se adunque, si considerrà[46] tutti e' progressi del duca, si vedrà lui aversi fatti gran fondamenti alla futura potenzia; li quali non iudico superfluo discorrere, perché io non saprei quali precetti mi dare migliori a uno principe nuovo, che lo esemplo delle azioni sua: e se li ordini[47] sua non li profittorono, non fu sua colpa, perché nacque da una estraordinaria et estrema malignità di fortuna.

De his qui per scelera ad principatum pervenere
[Di quelli che per scelleratezze sono venuti al principato]

Chi considerassi adunque le azioni e virtù di costui,[48] non vedrà cose, o poche, le quali possa attribuire alla fortuna; con ciò sia cosa,[49] come di sopra è detto, che non per favore d'alcuno, ma per li gradi della milizia, li quali con mille disagi e periculi si aveva guadagnati, pervenissi al principato, e quello di poi con tanti partiti animosi e periculosissimi[50] mantenessi. Non si può ancora[51] chiamare virtù ammazzare li sua cittadini, tradire li amici, essere sanza fede,[52] sanza piatà, sanza religione; li quali modi possono fare acquistare imperio,[53] ma non gloria. Perché, se si considerassi la virtù di Agatocle nello intrare e nello uscire de' periculi,[54] e la grandezza dello animo suo nel sopportare e superare le cose avverse, non si vede perché elli abbia ad essere iudicato inferiore a qualunque eccellentissimo capitano. Non di manco, la sua efferata[55] crudeltà e inumanità, con infinite scelleratezze, non consentono che sia infra li eccellentissimi uomini celebrato. Non si può, adunque, attribuire alla fortuna o alla virtù quello che sanza l'una e l'altra fu da lui conseguito.

42. per lui: da parte sua.
43. facessinsi: si facessero.
44. come... disse: nel capitolo IV, 18.
45. disagio dello architettore: difficoltà per l'architetto.
46. considerrà: considererà.
47. ordini: modi di procedere, nella direzione del controllo progettuale della realtà.
48. costui: il tiranno siciliano Agatocle.
49. con ciò sia cosa: poiché.
50. tanti... periculosissimi: tante scelte coraggiose e molto rischiose.
51. ancora: d'altra parte.
52. fede: fedeltà.
53. imperio: potere.
54. nello... periculi: nell'affrontare vittoriosamente i pericoli.
55. efferata: disumana, brutale.

Altobello Melone, *Ritratto di gentiluomo detto Cesare Borgia*, 1520 circa. Bergamo, Galleria d'arte moderna e contemporanea.

Analisi del testo

Struttura

Virtù e fortuna Nell'esaminare sistematicamente le diverse possibilità che si presentano a un principe «nuovo», che si appresta cioè a costruire un proprio dominio, Machiavelli soppesa l'importanza di virtù e di fortuna, due categorie fondamentali, destinate ad attraversare tutto il suo trattato. Virtù e fortuna sono poste continuamente in relazione fra loro e in questi capitoli le enunciazioni di principio sono seguite da esempi chiarificatori, tratti dalla storia antica o da quella recente, di cui Machiavelli ha fatto diretta esperienza.

Lo Stato acquisito per virtù Nel capitolo VI l'autore constata che i principati acquistati per virtù (cioè per autonoma capacità) sono quelli che si conservano meglio perché in questi casi la fortuna, che è sempre mutevole, ha avuto meno peso. La fortuna ha fornito l'occasione, cioè la «materia», ma è stata la virtù a plasmarla e introdurvi «forma». Machiavelli adduce gli esempi di quattro grandi fondatori di Stati: Mosè (Israele), Ciro (Impero persiano), Romolo (Roma) e Teseo (Atene).

La fortuna: l'esempio del Valentino Per contro, quando la fortuna ha avuto un peso iniziale determinante nell'acquisire un principato (capitolo VII), per esempio con armi e fortuna altrui, lo Stato è più difficile da mantenere. Usando un termine dell'agricoltura, Machiavelli dice che non hanno radici («barbe», r. 53). Stavolta gli esempi sono contrastanti: Francesco Sforza è diventato duca di Milano per virtù propria e, quindi, ha mantenuto il ducato a lungo e senza particolare fatica; il Valentino, invece, divenuto principe grazie alla potenza del padre, ha perduto lo Stato a causa di «malignità di fortuna», nonostante fosse dotato di grande virtù e costituisca un modello per ogni principe nuovo.

Gli atti spregevoli Il caso del Valentino, principe notoriamente feroce e spietato, induce Machiavelli a porre la questione dei principati acquistati con atti spregevoli (capitolo VIII). È possibile che atti come uccidere o tradire gli amici portino a un successo, come nel caso del tiranno Agatocle di Siracusa, ma mai alla gloria.

Lingua e stile

Sintesi e chiarezza Il capitolo VI ha un tono elevato, con costrutti sintattici complessi, ampie similitudini e memoria di fonti bibliche e storiche (Plutarco, Erodoto, Tito Livio). Il capitolo VII, invece, presenta una

Dirk Volckertszoon Coornhert, *La Fortuna usa l'uomo come balocco*, incisione, 1560. New York, Metropolitan Museum of Art. Dalla fine del Quattrocento l'iconografia della Fortuna si presenta con numerose varianti. Questa rappresentazione della Fortuna, ispirata a Venere marina, mostra una fanciulla che si muove sulle acque reggendo un timone, a dimostrazione di come la Fortuna possa governare gli eventi e deciderne il corso.

narrazione serrata ed essenziale: Machiavelli racconta le vicende di cronaca in modo asciutto, quasi ridotto all'osso, per far sì che sia più semplice e immediato comprendere le scelte e le azioni dei protagonisti. Capire le ragioni che muovono l'agire umano costituisce uno degli obiettivi più forti di Machiavelli: per questo a una citazione sintetica dei fatti, corrisponde un costante tentativo di chiarire i processi mentali che li hanno determinati.

Metafore ricorrenti In questi capitoli prende forma il lessico specifico della scrittura machiavelliana: «evento», «virtù», «fortuna», «occasione», «necessario», «necessitato» sono le parole che reggono il sistema concettuale del *Principe*. Il linguaggio di questi capitoli contiene anche alcuni termini metaforici ricorrenti nell'opera. Tra le immagini create da Machiavelli, una riguarda la concezione naturalistica dello Stato, che lo assimila a un organismo vegetale: si parla così delle sue radici («barbe») e del suo sviluppo, simile a quello delle piante («come tutte le altre cose della natura che nascono e crescono presto, non possono avere le barbe e corrispondenzie loro», rr. 52-53). Accanto a questa metafora, ne nasce un'altra, più ricorrente nel trattato, che vede lo Stato come un edificio da costruire e da difendere (con il conseguente proliferare di termini relativi a questa area semantica: «architettore», «fondamenti», «ruinare», «edifizio»).

Temi

Tra caso e ragione: il senso della storia Machiavelli intende rintracciare nella millenaria vicenda umana alcune costanti, delle quali servirsi per dare una lettura razionale dell'apparente casualità dei fatti, per comprenderne meglio la direzione e per compiere poi le giuste scelte. Mosè, Ciro, Romolo e Teseo, pur nella loro diversità, sono accomunati dalla capacità di ribaltare una condizione iniziale negativa (la schiavitù degli Ebrei in Egitto, il malcontento dei Persiani, l'abbandono di Romolo alla nascita, la dispersione degli Ateniesi) e trasformarla in occasione favorevole per esercitare la propria virtù.
Il tentativo di razionalizzare la storia in una sintesi ordinata pone di nuovo sotto gli occhi di Machiavelli l'operato oscuro del caso, la «fortuna», imponderabile e sottile, sfuggente a ogni tentativo di analisi; lo stesso caso che innalza e rovina a suo piacimento anche chi (come Cesare Borgia) pare meglio dotato di forza e di astuzia. Da queste considerazioni, Machiavelli conclude che il politico saggio è colui che sa adeguarsi alla mutabilità della situazione, misurandosi sempre con il rischio di una rovina possibile.

Officina

COMPRENDERE

1. Che cosa accomuna Ciro, Mosè, Teseo e Romolo?
2. Perché Francesco Sforza e Cesare Borgia possono essere presi come esempi?
3. Che giudizio dà Machiavelli su coloro che hanno ottenuto il potere in modo crudele?

ANALIZZARE

4. **Lessico** Individua fra le seguenti frasi quelle in cui l'aggettivo in corsivo può essere sostituito da «mero»:
   a. Mi ha chiesto informazioni per *semplice* curiosità.
   b. Durante il banchetto bevvero vino *schietto*.
   c. S'incontrarono per *puro* caso e fu subito amore.
   d. Il mio amore nei tuoi confronti è *sincero*, credimi!
5. **Lingua e stile** Sottolinea nel testo le figure retoriche esemplari a cui ricorre Machiavelli e spiega le finalità del loro utilizzo.
6. **Lingua e stile** Nel capitolo VI sono presenti una metafora e una similitudine. Identificale e spiegane l'uso.

INTERPRETARE

7. Prova a tracciare una sintesi del pensiero di Machiavelli sulla Fortuna facendo riferimento a questo testo. Come agisce? E quale peso ha l'uomo negli eventi?

PERCORSO DI SCRITTURA

Riassunto Sintetizza ciascuno dei tre capitoli in massimo 3 righe, quindi unisci le parti in un riassunto che abbia lunghezza massima di 10 righe.

T4 *Le milizie mercenarie e le armi proprie*

Il Principe XII 4-9; 23-25; XIII, 15-17; 26-27

In questi capitoli Machiavelli affronta uno dei temi a lui più cari, oggetto di riflessione di tutta la sua vita politica: la polemica contro le milizie mercenarie e l'impegno per organizzare una forza militare dipendente dallo Stato e disposta a servirlo con fedeltà e abnegazione.
La questione era complessa. Da un lato, i sudditi in genere non desideravano arruolarsi e i governanti temevano, costringendoli, di alienarsi il loro consenso; dall'altro, come Machiavelli stesso sperimentò quando era funzionario della Repubblica, era diffuso il timore che un corpo armato stabile avrebbe potuto alterare gli equilibri politici della fragile repubblica. L'esperienza nella guerra contro Pisa (➤ p. 304), tuttavia, lo rafforza nell'idea che i militari-cittadini sono preferibili ai soldati di mestiere.

Quot sint genera militiae et de mercennariis militibus
[Di quante ragioni sia la milizia, e de' soldati mercennarii]

Dico, adunque, che l'arme con le quali uno principe defende el suo stato, o le sono proprie o le sono mercennarie, o ausiliarie o miste.[1] Le mercennarie et ausiliarie sono inutile e periculose;[2] e, se uno tiene lo stato suo fondato in sulle arme mercennarie, non starà mai fermo né sicuro; perché le sono disunite, ambiziose, sanza disciplina, infedele; gagliarde fra' li amici;[3] fra 'nimici,[4] vile; non timore di Dio, non fede con li uomini,[5] e tanto si differisce la ruina quanto si differisce lo assalto;[6] e nella pace se' spogliato[7] da loro, nella guerra da' nimici. La cagione[8] di questo è, che le non hanno altro amore né altra cagione che le tenga in campo, che uno poco di stipendio,[9] il quale non è sufficiente a fare che voglino morire per te. Vogliono bene[10] essere tuoi soldati mentre che tu non fai guerra; ma, come la guerra viene, o fuggirsi o andarsene. La qual cosa doverrei durare poca fatica a persuadere, perché ora la ruina di Italia non è causata da altro che per essere in spazio di molti anni riposatasi in sulle arme mercennarie. [...] E' Viniziani, se si considerrà e' progressi loro,[11] si vedrà quelli avere securamente e gloriosamente operato mentre ferono la guerra loro proprii:[12] che fu avanti[13] che si

1. o le sono... miste: o sono composte da cittadini arruolati («proprie»), o da soldati stipendiati provenienti da altri Stati («mercennarie»), o sono un corpo militare estero con a capo un capitano di ventura («ausiliarie») o sono frutto della mescolanza fra soldati propri e mercenari («miste»).
2. inutile... periculose: Machiavelli si ricollega all'antica polemica sulle milizie mercenarie, iniziata da Petrarca («che fan qui tante pellegrine spade?», *Canzoniere* CXXVIII, 20).
3. fra' li amici: in tempo di pace.
4. fra' nimici: contro il nemico.
5. non... uomini: senza lealtà, cioè rispetto della parola data.
6. e... assalto: tanto si posticipa la disfatta, quanto lo scontro. Machiavelli intende dire che con i mercenari ogni guerra si risolve in un disastro.
7. spogliato: dilapidato nelle sostanze.
8. cagione: ragione.
9. che... stipendio: di nuovo un concetto anticipato da Petrarca («che'n cor venale amor cercate o fede», *Canzoniere* CXXVIII, 25).
10. bene: certo.
11. E'... loro: Se si considerano le azioni dei Veneziani.
12. ferono... proprii: combatterono con armi proprie.
13. che... avanti: il che avvenne prima.

volgessino con le loro imprese in terra: dove co' gentili uomini[14] e con la plebe armata operorono virtuosissimamente; ma, come cominciorono a combattere in terra, lasciorono questa virtù,[15] e seguitorono e' costumi delle guerre di Italia. E nel principio dello augumento[16] loro in terra, per non vi avere molto stato e per essere in grande reputazione, non aveano da temere molto de' loro capitani; ma, come eglino ampliorono,[17] che fu sotto el Carmignola,[18] ebbono uno saggio di questo errore. Perché, vedutolo virtuosissimo, battuto che ebbono sotto il suo governo el duca di Milano, e conoscendo da altra parte come elli era raffreddo[19] nella guerra, iudicorono con lui non potere più vincere, perché non voleva, né potere licenziarlo, per non riperdere ciò che aveano acquistato; onde che furono necessitati, per assicurarsene,[20] ammazzarlo.

De militibus auxiliariis, mixtis et propriis
[De' soldati ausiliarii, misti e proprii]

Voglio ancora ridurre a memoria una figura[21] del Testamento Vecchio fatta a questo proposito. Offerendosi David a Saul di andare a combattere con Golia, provocatore filisteo,[22] Saul, per dargli animo, l'armò dell'arme sua, le quali, come David ebbe indosso, recusò,[23] dicendo con quelle non si potere bene valere di sé stesso, e però[24] voleva trovare[25] el nimico con la sua fromba[26] e con il suo coltello. In fine, l'arme d'altri, o le ti caggiono[27] di dosso o le ti pesano o le ti stringano. [...]
Concludo, adunque, che, sanza avere arme proprie, nessuno principato è sicuro; anzi è tutto obligato alla **fortuna**, non avendo virtù che nelle avversità lo difenda. E fu sempre opinione e sentenzia delli uomini savi, *quod nihil sit tam infirmum aut instabile quam fama potentiae non sua vi nixa.*[28] E l'arme proprie son quelle che sono composte o di sudditi o di cittadini o di creati[29] tua: tutte l'altre sono o mercennarie o ausiliarie.

lessico
Fortuna
Dal latino *fortuna*, derivato di *fors fortis*, «caso, destino», per la precisione dall'ablativo *forte*, «per caso». Da *fors fortis* deriva anche "forse", composto di *fors*, «caso», e *sit*, «sia», quindi letteralmente «sia il caso».

14. gentili uomini: nobili.
15. lasciorono... virtù: abbandonarono questo modo virtuoso di combattere.
16. augumento: espansione (latinismo).
17. eglino ampliorono: essi si espansero ulteriormente.
18. el Carmignola: il capitano di ventura Francesco Bussone, detto il Carmagnola, conte di Castelnuovo Scrivia (1380-1432). Dopo un lungo servizio presso Filippo Maria Visconti, passa al soldo dei Veneziani e sconfigge i suoi antichi padroni, a Maclodio, nel 1427. Nel 1431-32, dopo aver fallito nella conquista di Lodi e Cremona ed essersi per giunta mostrato clemente con i prigionieri di guerra, viene accusato di tradimento dal senato della Repubblica veneziana e giustiziato.
19. era raffeddo: si era raffreddato.
20. per assicurarsene: cioè perché non potesse nuocere loro in alcun modo.
21. figura: Machiavelli intende una narrazione da interpretare in chiave storico-allegorica: la tradizione esegetica della Sacra Scrittura prevede che gli episodi biblici possano essere letti come un'anticipazione simbolica degli eventi fondamentali della storia della salvezza.
22. provocatore filisteo: sfidante del popolo dei Filistei.
23. recusò: rifiutò.
24. però: perciò.
25. trovare: affrontare.
26. fromba: fionda.
27. caggiono: cadono.
28. quod... nixa: che niente sia così fermo e instabile come è una fama di potenza non fondata sulle forze proprie (la citazione è tratta da Tacito, *Annali* XIII, 19).
29. creati: vassalli.

Analisi del testo

Struttura

L'esempio del Carmagnola Facendo propria una convinzione antica, espressa anche da Petrarca circa due secoli prima, nel capitolo XII Machiavelli individua la rovina degli Stati italiani nell'impiego di truppe mercenarie, poco disposte a rischiare la vita per «uno poco di stipendio» (r. 10), fedeli in pace e infedeli in guerra, buone solo a reclamare denaro.
Tra gli esempi addotti per mostrare quanto sia pericoloso il ricorso ai soldati di ventura, spicca quello del capitano Francesco Bussone, detto il Carmagnola, una figura controversa ma dotata di grande fascino, sulla quale Machiavelli torna più volte, anche nelle *Istorie fiorentine*.
Dopo un lungo e glorioso servizio sotto il duca di Milano, il Carmagnola passa alle dipendenze dei Veneziani. Una volta al loro comando, il capitano sconfigge i suoi antichi signori a Maclodio, nel 1427. Nel giro di pochi anni, insospettito dalla magnanimità del Carmagnola nei confronti dei prigionieri di guerra e dalla mancata conquista di Lodi e Cremona, il governo veneziano ne ordina la cattura e ne decreta la condanna a morte.

L'esempio di Davide Nel capitolo XIII Machiavelli corrobora la sua analisi anche con un originale ed efficace esempio biblico: il giudeo Davide sceglie di combattere il filisteo Golia con armi proprie (la fionda e il coltello), dopo aver rifiutato quelle più potenti, ma non proprie, che Saul gli offriva. La conclusione del ragionamento è che nessuno Stato è solido se non si decide ad armare i propri cittadini.

Temi

Petrarca e Machiavelli Il nucleo argomentativo del capitolo XII può essere considerato una sorta di sviluppo in prosa dei fulminei versi che Petrarca dedica al problema delle milizie mercenarie nella *Canzone all'Italia* («Che fan qui tante pellegrine spade? [...] che'n cor venale amor cercate o fede?», *Canzoniere* CXXVIII, 20, 25). A questo interrogativo risponde Machiavelli, denunciando l'infedeltà dei soldati di ventura che ripongono il loro cuore nel denaro dell'ingaggio («Non timore di Dio, non fe' con li uomini [...], le non hanno altro amore né altra cagione che le tenga in campo, che uno poco di stipendio», rr. 7-10). Il ragionamento sul rapporto fra leggi e armi, tra sfera politica e militare, sfocia nel racconto drammatico della vicenda del Carmagnola. Machiavelli comunque non prende posizione sulla sua colpevolezza o fedeltà, anche se in altre occasioni lo presenta come condottiero leale.

Officina

COMPRENDERE

1. Quanti tipi di milizia identifica Machiavelli?
2. Quali sono i difetti delle milizie mercenarie?
3. Che cosa spiega l'esempio di David e Saul?.

ANALIZZARE

4. In quali parti del testo Machiavelli interviene in prima persona? Perché?
5. **Lingua e stile** Individua nel testo modi e tempi verbali maggiormente usati, quindi spiegane la funzione.

INTERPRETARE

6. Confronta il testo con ***La canzone all'Italia* di Petrarca** in merito al contesto storico e alla visione politica dell'autore. Quali analogie e differenze puoi riscontrare?
7. Alla fine del testo è presente una **citazione di Tacito**. Perché Machiavelli la inserisce? Qual è la sua funzione?

COMPETENZE DEL XXI SECOLO

Cittadinanza Dopo esserti documentato sulle forze armate italiane e sugli articoli della Costituzione che le riguardano, elabora una sintesi sulla loro organizzazione e sulla loro funzione oggi. Qual è l'autorità più alta a cui rispondono? Principalmente in quali attività sono impiegati i nostri soldati e come? Ritieni che il loro impiego sia sempre in linea con l'**articolo 11 della Costituzione**? Esprimi le tue considerazioni in massimo 20 righe.

T5 La «verità effettuale»

Il Principe XV

Si inaugura qui una sezione (estesa fino al capitolo XVIII) dedicata alla riflessione sul comportamento del principe e sulle caratteristiche etiche della sua personalità. Visto il carattere quasi proemiale, pertanto, Machiavelli apre il capitolo con il tono di un esordio e vi colloca una dichiarazione di modestia, che gli permette di rivendicare, in tutta franchezza, l'originalità irriducibile del proprio metodo e della propria riflessione. Se in passato questa trattatistica si fondava su modelli morali astratti, *Il Principe* parte da presupposti del tutto diversi: al discorso vago di quanti hanno parlato di repubbliche e principati immaginari e mai esistiti, queste pagine contrappongono l'analisi lucida e concreta dei fatti accaduti e constatabili; alla perfezione astratta di «come si doverrebbe vivere», oppongono la durezza realistica di «come si vive».

De his rebus quibus homines et praesertim principes laudantur aut vituperantur
[Di quelle cose per le quali li uomini, e specialmente i principi, sono laudati o vituperati]

Resta ora a vedere quali debbano essere e' modi e governi di uno principe con sudditi o con li amici. E, perché io so che molti[1] di questo hanno scritto, dubito, scrivendone ancora[2] io, non essere tenuto prosuntuoso, partendomi,[3] massime[4] nel disputare questa materia, dalli ordini[5] delli altri. Ma, sendo l'intento mio scrivere cosa utile a chi la intende, mi è parso più conveniente andare drieto alla verità effettuale[6] della cosa, che alla immaginazione di essa. E molti[7] si sono immaginati repubbliche e principati che non si sono mai visti né conosciuti essere in vero; perché gli è[8] tanto discosto da come si vive a come si doverrebbe vivere, che colui che lascia quello che si fa per quello che si doverrebbe fare,[9] impara più presto[10] la ruina che la preservazione[11] sua: perché uno uomo che voglia fare in tutte le parte professione di buono, conviene[12] rovini infra tanti che non sono buoni. Onde è necessario a uno principe, volendosi mantenere, imparare a potere essere non buono, et usarlo[13] e non usare secondo la necessità. Lasciando adunque indrieto le cose circa uno principe immaginate, e discorrendo quelle che sono vere, dico che tutti li uomini, quando se ne parla, e massime e' principi, per essere posti più alti, sono notati[14] di alcune di queste qualità che arrecano loro o biasimo o laude. E questo è[15] che alcuno è tenuto liberale,[16] alcuno misero (usando uno termine toscano, perché *avaro*[17] in nostra lingua è ancora colui che per rapina desidera

1. **molti:** si riferisce ai numerosi autori di trattati sul comportamento del principe, quasi tutti orientati all'astrattezza utopica della teoria.
2. **ancora:** anche.
3. **partendomi:** allontanandomi.
4. **massime:** soprattutto.
5. **ordini:** forme di ragionamento.
6. **effettuale:** concreta ed effettiva.
7. **molti:** le schiere dei trattatisti teorici.
8. **gli è:** è (impersonale con pronome pleonastico).
9. **lascia... fare:** cioè "trascura i dati della realtà, per seguire i dettami della perfezione astratta".
10. **più presto:** piuttosto.
11. **preservazione:** salvezza.
12. **conviene:** è inevitabile che.
13. **et usarlo:** e agire con malizia.
14. **sono notati:** mostrano.
15. **e questo è:** vale a dire.
16. **liberale:** generoso.
17. **avaro:** avido, rapace.

lessico
Fedifrago
Che viene meno ai patti, o non mantiene la promessa fatta, infedele (dal latino *foedifrăgus*, composto di *foedus*, «patto» e della radice del verbo *frangĕre*, «rompere», quindi letteralmente «chi rompe un patto»).

di avere, *misero*[18] chiamiamo noi quello che si astiene troppo di usare il suo); alcuno è tenuto donatore, alcuno rapace; alcuno crudele, alcuno piatoso; l'uno **fedifrago**, l'altro fedele; l'uno effeminato e pusillanime, l'altro feroce et animoso; l'uno umano, l'altro superbo; l'uno lascivo, l'altro casto; l'uno intero,[19] l'altro astuto; l'uno duro[20], l'altro facile; l'uno grave l'altro leggieri;[21] l'uno religioso, l'altro incredulo, e simili. Et io so che ciascuno confesserà[22] che sarebbe laudabilissima cosa uno principe trovarsi[23] di tutte le soprascritte qualità, quelle che sono tenute[24] buone: ma, perché non si possono avere né interamente osservare, per le condizioni umane che non lo consentono, è necessario essere tanto prudente che sappia fuggire l'infamia di quelle che li torrebbono[25] lo stato, e da quelle che non gliene tolgano guardarsi, se elli è possibile; ma, non possendo, vi si può con meno respetto[26] lasciare andare. Et etiam non si curi di incorrere nella infamia di quelli vizii sanza e' quali possa difficilmente salvare lo stato; perché, se si considerrà bene tutto, si troverrà qualche cosa che parrà virtù, e seguendola sarebbe[27] la ruina sua; e qualcuna altra che parrà vizio, e seguendola ne riesce la sicurtà[28] et il bene essere suo.

18. **misero:** tirchio.
19. **intero:** schietto, leale, integro.
20. **duro:** severo.
21. **l'uno… leggieri:** l'uno profondo, l'altro superficiale.
22. **confesserà:** ammetterà.
23. **uno… trovarsi:** che un principe si trovi ad avere.
24. **tenute:** reputate.
25. **torrebbono:** toglierebbero.
26. **respetto:** scrupolo.
27. **seguendola sarebbe:** se la seguisse procurerebbe.
28. **sicurtà:** sicurezza.

Costruisci la tua analisi

VERSO IL NUOVO ESAME DI STATO

Struttura

Il "secondo prologo"

1. Il capitolo XV è considerabile come un "secondo prologo", che introduce il blocco di capitoli (XV-XXIII) dedicato alle qualità caratteriali del principe. Ricostruisci la struttura del brano completando la seguente tabella.

	PARTE DEL BRANO	CONTENUTO
Prima parte: prologo	**1. Introduzione di un nuovo argomento**	I prossimi capitoli saranno dedicati a .... nei rapporti con ....
	2. Riferimento ad autori precedenti e un atto di modestia	I precedenti autori hanno trattato l'argomento immaginando ....
	3. Una precisazione di metodo	Machiavelli invece prenderà in considerazione solo .... perché ....
Seconda parte: argomentazione	**4. Osservazione di partenza ed esemplificazione**	Tutti gli uomini presentano .... I principi non fanno eccezione: per esempio possono essere ....
	5. Enunciazione della tesi	I principi non possono essere buoni in ogni caso, perché ....
	6. Conclusione	Per questo i principi, rispetto a virtù e vizi, dovranno: **a.** perseguire sempre le virtù che non mettano a rischio lo stato **b.** .... **c.** ....

Comprensione

Essere e dover essere

2. In cosa consiste la novità di Machiavelli rispetto agli scrittori politici che l'hanno preceduto?
3. Per quale scopo Machiavelli dice di aver composto Il principe?
4. Da cosa può essere provocata la «ruina» di un principe?
5. Cosa deve cercare di conservare il principe tramite la «prudenza»?

Analisi

Argomentare con parole precise: lingua e stile

Lo stile argomentativo di Machiavelli nel *Principe* (incluso il capitolo XV) è caratterizzato dal ricorso a opposizioni binarie, che vengono espresse attraverso termini appartenenti ad ambiti semantici opposti.

5. Completa la seguente tabella, inserendo nella seconda colonna i termini semanticamente affini a quelli elencati (se presenti), nella terza, invece, i termini di significato opposto.

TERMINE	TERMINI AFFINI	TERMINI OPPOSTI	TERMINE	TERMINI AFFINI	TERMINI OPPOSTI
ruina			fedele		
vizio			umano		
laude			intero		
liberale			grave		

6. Uno dei termini chiave di tutto il trattato, presente anche in questo capitolo, è "prudenza"/ "prudente".Con l'aiuto di un dizionario, ricostruiscine l'etimologia e spiega perché, rispetto al suo uso corrente, quello che ne fa Machiavelli è più pregnante e con finalità tecniche.

Interpretazione

Relativismo morale

La sezione del *Principe* introdotta da questo capitolo è quella che ha subito maggiori critiche da parte dei lettori, perché sembra contenere una visione della politica svincolata dalla morale comune e guidata da soli principi di opportunità.

7. Tenendo in considerazione in particolare il secondo paragrafo, trovi che la seguente affermazione sia corretta o sbagliata? Sostieni la tua risposta con opportune argomentazioni, in massimo 10 righe.

Machiavelli è un sostenitore del relativismo morale, ovvero dell'idea che non esistano valori e regole valide in assoluto, per tutti e in ogni occasione, ma che i comportamenti umani vadano giudicati di volta in volta, in base alle circostanze, secondo un criterio di utilità.

Scrittura

Come conservare lo Stato

Nel *Principe* Machiavelli non rivolge i propri consigli direttamente al destinatario (un ipotetico principe), apostrofandolo con il "tu", ma mantiene i toni di un trattato teorico.

8. Prova a racchiudere il capitolo in un elenco di cinque consigli rivolti da Machiavelli al principe. Aiutati con il riassunto che puoi ricavare dall'esercizio 1. Dai un titolo all'elenco e spiega in due righe l'argomento su cui vertono i consigli.

T6 L'astuzia del principe e il mito del centauro

Il Principe XVIII

Biblioteca digitale *Le qualità del Principe: liberalità o parsimonia?*

AUDIO

La contrapposizione descritta nel capitolo XV (➤ **T5**) tra la perfezione auspicabile e la situazione reale trova nelle pagine seguenti il proprio esito estremo. L'esperienza rivela il successo politico di quei principi che sono venuti meno alla parola data e hanno usato l'astuzia senza esitazione, quando si è reso necessario. In modo esplicito e provocatorio Machiavelli capovolge i precetti tramandati dalla tradizione e invita il principe nuovo a usare la natura umana o quella animale a seconda delle circostanze, come il mitico centauro Chirone insegnava ai propri allievi. Il principe per Machiavelli deve saper essere forte come il leone e astuto come la volpe. Il sovrano prudente è capace di rendersi conto della fragilità della natura umana, che spesso lo costringe a non tener fede alla parola data, a ordire inganni o a usare violenza per salvare lo Stato dagli invasori e difendere il bene dei cittadini. Sul terreno politico, infatti, conta soltanto l'esito favorevole delle proprie azioni, ottenuto anche a costo di impiegare mezzi illeciti, non conformi ai dettami della morale corrente.

Quomodo fides a principibus sit servanda
[In che modo e' principi abbino a mantenere la fede]

Le nostre parole ›

Quanto sia laudabile in uno principe mantenere la fede[1] e vivere con integrità e non con **astuzia**,[2] ciascuno lo intende: nondimanco[3] si vede, per esperienzia ne' nostri tempi, quelli principi avere fatto gran cose che della fede hanno tenuto poco conto, e

1. fede: parola data.
2. con... astuzia: corrisponde alla contrapposizione del capitolo XV: «l'uno intero, l'altro astuto» (➤ nota 19).
3. nondimanco: tuttavia.

Le nostre parole Astuzia

L'origine del termine Il sostantivo "astuzia" deriva dal latino *astus*, che significa appunto «astuzia», «progetto astuto», e che fin dall'antichità è stato ricondotto al termine *astū*, «città». La forma si spiega come un ablativo di modo che indicava «con fare cittadino, alla cittadina», tipico del gergo dei teatranti, passato poi a significare «con accortezza, con furbizia». Il concetto di "astuzia", quindi, è etimologicamente legato all'intraprendenza e alla flessibilità mentale degli abitanti urbani, secondo un luogo comune di antica origine ritenuti più maliziosi di quelli del contado.

L'ambiguità dell'astuzia Nel lessico del *Principe*, il termine astuzia è impiegato in modo ambiguo: è, infatti, coincidente con un'idea di disonestà, come diretto opposto di «integrità», emblema dell'onestà morale. Per Machiavelli, l'«integrità» è una qualità tanto positiva quanto negativa è quella di «astuzia», la quale però viene riabilitata come risorsa vincente per il principe. Nei *Discorsi*, invece, Machiavelli impiega «astuzia» in senso più distesamente positivo, definendola come eccellente soluzione militare che garantisce ai combattenti di approfittare delle debolezze del nemico.

Astuzia o furbizia? Il provocatorio concetto di astuzia come qualità "negativa" proposto da Machiavelli nel *Principe* si è traslato, nell'italiano contemporaneo, in quello di "furbizia". Infatti, oggi "astuzia" ha mantenuto soltanto il significato primario di quella "sottigliezza d'ingegno" che si adotta in senso propositivo, per volgere a proprio favore una situazione svantaggiosa. Altra cosa, assai meno positiva, è invece la sottigliezza implicata nel termine "furbizia", ovvero la qualità dell'esser furbo, dell'esercitare uno spregiudicato opportunismo che potrebbe ricollegarsi appunto all'idea di "astuzia" machiavellica.

che hanno saputo con l'astuzia aggirare[4] e' cervelli delli uomini; et alla fine hanno superato quelli che si sono fondati in sulla lealtà.

Dovete adunque sapere come sono dua generazioni di combattere:[5] l'uno con le leggi, l'altro con la forza: quel primo è proprio dello uomo, quel secondo delle bestie:[6] ma, perché el primo molte volte non basta, conviene ricorrere al secondo. Per tanto a uno principe è necessario sapere bene usare la bestia e lo uomo. Questa parte è suta[7] insegnata a' principi copertamente[8] dalli antichi scrittori; li quali scrivono come Achille, e molti altri di quelli principi antichi, furono dati a nutrire a Chirone centauro,[9] che sotto la sua disciplina li custodissi.[10] Il che non vuol dire altro, avere per precettore uno mezzo bestia e mezzo uomo,[11] se non che bisogna a uno principe sapere usare l'una e l'altra natura; e l'una sanza l'altra non è durabile.[12]

Sendo adunque, uno principe necessitato sapere bene usare la bestia, debbe di quelle pigliare la golpe e il lione;[13] perché il lione non si defende da' lacci, la golpe non si difende da' lupi. Bisogna, adunque, essere golpe a conoscere e' lacci, e lione a sbigottire[14] e' lupi. Coloro che stanno semplicemente in sul lione,[15] non se ne intendono. Non può per tanto uno signore prudente, né debbe, osservare la fede, quando tale osservanzia li torni contro[16] e che sono spente le cagioni che la feciono promettere.[17] E, se li uomini fussino tutti buoni, questo **precetto** non sarebbe buono; ma perché sono tristi,[18] e non la[19] osservarebbano a te, tu etiam[20] non l'hai ad osservare a loro. Né mai a uno principe mancorono ragioni legittime di colorire la inosservanzia.[21] Di questo se ne potrebbe dare infiniti esempli moderni e monstrare quante pace, quante promesse sono state fatte irrite e vane[22] per la infedelità de' principi: e quello che ha saputo meglio usare la golpe, è meglio capitato.[23] Ma è necessario questa natura saperla bene colorire,[24] et essere gran simulatore e dissimulatore: e sono tanto semplici[25] li uomini, e tanto ubbidiscono alle necessità presenti, che colui che inganna troverrà sempre chi si lascerà ingannare.

Io non voglio, delli esempli freschi, tacerne uno. Alessandro VI[26] non fece mai altro, non pensò mai ad altro, che ad ingannare uomini: e sempre trovò subietto[27] da poterlo fare. E non fu mai uomo che avessi maggiore efficacia in asseverare, e

lessico

Precetto

Regola, principio (dal latino *praeceptum*, a sua volta da *praecipĕre*, «ordinare, insegnare»).

4. aggirare: raggirare.
5. dua… combattere: due maniere di lottare.
6. l'uno… bestie: il richiamo è a Cicerone (*Dei doveri* I, 34): «poiché ci sono due modi di combattere, uno attraverso la trattativa, l'altro con la forza; essendo quello proprio dell'uomo, questo delle bestie».
7. suta: stata.
8. copertamente: cioè nascosta sotto il velo del racconto mitologico.
9. nutrire… centauro: allevare dal centauro Chirone. I centauri sono cavalli con il busto e la testa di uomo. Anche Dante ne parla: «il gran Chiron, il qual nodrì Achille» (*Inferno* XII, 70-71). Secondo il mito, oltre che di Achille, Chirone fu maestro anche di Esculapio, Teseo, Giasone ed Ercole.
10. custodissi: educasse.
11. avere… uomo: esplicita «il che» dell'inizio frase.
12. durabile: durevole.
13. la… lione: la volpe e il leone. Altro richiamo a Cicerone: «poiché infatti l'ingiuria può essere compiuta in due modi, cioè con la forza o con l'inganno; l'inganno pare proprio della volpe, la forza del leone» (*Dei doveri* I, 41).
14. sbigottire: spaventare.
15. stanno… leone: si comportano solo come il leone.
16. torni contro: si riveli dannosa.
17. che… promettere: quando sono decadute le ragioni per le quali si era fatta la promessa.
18. tristi: malvagi.
19. la: si riferisce alla parola data («fede»).
20. etiam: anche (latinismo).
21. Né… inosservanzia: Né mancarono mai a un principe buone ragioni con le quali camuffare (*colorire*) il tradimento.
22. fatte irrite e vane: rese prive di valore (espressione propria del linguaggio giuridico).
23. è… capitato: si è trovato meglio.
24. colorire: mascherare.
25. semplici: ingenui.
26. Alessandro VI: Rodrigo Borgia, padre del duca Valentino, divenuto papa nel 1492 con il nome di Alessandro VI.
27. subietto: soggetto, cioè chi si lasciasse ingannare.

con maggiori giuramenti affermassi una cosa, che l'osservassi meno;[28] non di meno sempre li succederono li inganni ad votum,[29] perché conosceva bene questa parte del mondo.

A uno principe, adunque, non è necessario avere in fatto tutte le soprascritte[30] qualità, ma è bene necessario parere di averle. Anzi ardirò di dire questo, che, avendole et osservandole sempre, sono dannose, e parendo di averle, sono utili: come[31] parere pietoso, fedele, umano, intero, religioso, ed essere; ma stare in modo edificato[32] con l'animo, che, bisognando non essere, tu possa e sappi mutare el contrario. Et hassi ad intendere questo, che uno principe, e massime uno principe nuovo, non può osservare tutte quelle cose per le quali li uomini sono tenuti[33] buoni, sendo spesso necessitato, per mantenere lo stato, operare contro alla fede, contro alla carità, contro alla umanità, contro alla religione. E però bisogna che elli abbi uno animo disposto a volgersi[34] secondo ch'e' venti e le variazioni della fortuna li comandono, e, come di sopra dissi, non partirsi dal bene, potendo, ma sapere intrare nel male, necessitato.

Debbe, adunque, avere uno principe gran cura che non li esca mai di bocca una cosa che non sia piena delle soprascritte cinque[35] qualità, e paia, a vederlo et udirlo, tutto pietà, tutto fede, tutto integrità, tutto religione. E non è cosa più necessaria a parere di avere[36] che questa ultima qualità. E li uomini in universali[37] iudicano più alli occhi che alle mani; perché tocca[38] a vedere a ognuno, a sentire[39] a pochi. Ognuno vede quello che tu pari, pochi sentono quello che tu se'; e quelli pochi non ardiscano opporsi alla opinione di molti che abbino la maestà dello stato che li difenda: e nelle azioni di tutti li uomini, e massime de' principi, dove non è iudizio a chi[40] reclamare, si guarda al fine.[41] Facci[42] dunque uno principe di vincere e mantenere lo stato: e' mezzi saranno sempre iudicati onorevoli, e da ciascuno laudati; perché el vulgo[43] ne va preso con quello che pare[44] e con lo evento della cosa; e nel mondo non è se non vulgo; e li pochi non ci hanno luogo[45] quando li assai[46] hanno dove appoggiarsi. Alcuno principe[47] de' presenti tempi, quale non è bene nominare, non predica mai altro che pace e fede, e dell'una e dell'altra è inimicissimo; e l'una e l'altra, quando e' l'avessi osservata, li arebbe più volte tolto e la riputazione e lo stato.[48]

28. che… meno: la capacità di rispettare un giuramento era inversamente proporzionale alla serietà e all'importanza di quanto giurato.
29. ad votum: nel modo desiderato (latinismo).
30. soprascritte: elencate prima, nel capitolo XV e riprese qui di seguito.
31. come: come (per esempio).
32. edificato: disposto.
33. tenuti: considerati.
34 volgersi: orientarsi.
35. cinque: quelle elencate sopra.
36. più… avere: che sia più necessario sembrare di avere.
37. in universali: in genere (latinismo).
38. tocca: è concesso.
39. sentire: percepire nel profondo, toccare con mano.
40. non… chi: non c'è tribunale presso cui.
41. fine: l'esito, quello che poco oltre è chiamato «evento della cosa».
42. facci: faccia in modo.
43. el vulgo: la massa incapace di giudicare.
44. ne… pare: viene conquistata dalle apparenze.
45. non… luogo: non hanno spazio.
46. li assai: i più.
47. alcuno principe: molto probabilmente il re di Spagna Ferdinando il Cattolico, morto nel 1516 ma ancora vivo nel 1513 quando il *Principe* veniva composto.
48. e… lo stato: il prestigio e il potere.

Analisi del testo

Struttura

Il mito del centauro: la «golpe» e il «lione» Machiavelli approfondisce il discorso avviato nel capitolo XV su vizi e virtù esaminandone uno in particolare: l'importanza di mantenere la parola data (nel titolo in latino *fides*). Il ragionamento si riconnette (senza citarlo) a un passo di Cicerone (*Dei doveri* I, 34) in cui si contrappongono due modelli incompatibili di comportamento: quello basato sulle trattative, la diplomazia e le leggi, proprio degli uomini; quello fondato sulla forza e sulla violenza, tipico della vita animale. Machiavelli capovolge l'auspicio di Cicerone (quello cioè di veder prevalere l'umanità nell'agire), per introdurre invece una idea di principe che sappia far valere tanto doti umane quanto caratteri ferini, in base alla necessità. Secondo l'autore, l'invito a praticare entrambe le nature, animale e umana, è nascosto nel mito del centauro-maestro Chirone: un insegnamento dato «copertamente» dagli antichi e adesso rivelato (rr. 11-14). Ma quale animale deve saper incarnare il principe? La prima immagine animalesca del centauro ne genera così immediatamente altre due: il principe deve saper essere «golpe» e «lione» (rr. 17-18), ovvero astuto e violento. Machiavelli allude ancora (di nuovo senza citarla) all'opera di Cicerone (*Dei doveri* I, 41), per contraddirla in modo definitivo.

L'esempio di Alessandro VI A partire da queste premesse, il discorso procede serrato da un punto di vista logico. Dato che gli uomini non sono tutti buoni (➤ **T5**), il principe non deve sempre e in ogni circostanza essere sincero e fedele alla parola data, ma al contrario deve saper essere «simulatore» e «dissimulatore» perché quegli stessi uomini «non buoni» sono in realtà anche ingenui e disposti a essere ingannati. L'esempio storico è stavolta rappresentato dal papa Borgia, Alessandro VI, il padre del Valentino, che ingannava sempre e sempre trovava chi ingannare (rr. 32-34).

L'elogio della dissimulazione L'ultima parte del capitolo è probabilmente una delle più sconcertanti dell'opera, con la sua totale negazione dei valori convenzionali. Machiavelli sembra tessere un elogio della dissimulazione necessaria al principe per il suo successo politico. Ci sono cinque qualità – pietà, fede, integrità, umanità, religione – che il principe deve osservare, ma solo esteriormente, perché gli uomini giudicano «più alli occhi che alle mani» (r. 54), badano cioè all'apparenza e non alla sostanza. L'importante per il principe è il fine: vincere e mantenere lo Stato; se riesce, i mezzi saranno sempre giudicati buoni.

Lingua e stile

Il ribaltamento delle fonti In questo capitolo è facile rintracciare le fonti letterarie di cui si serve Machiavelli. Il suo scopo è ricondurre il discorso nel solco della tradizione, per poi mostrare la distanza incolmabile che il suo ragionamento determina. Innanzitutto c'è il duplice riferimento a Cicerone, già segnalato (➤ sopra e note 6 e 13). A questi richiami si intrecciano due ricordi danteschi, a proposito del centauro Chirone che «nodrì Achille» (*Inferno* XII, 70-71) e delle opere «non leonine, ma di volpe» di Guido da Montefeltro (*Inferno* XXVII, 73-75). Si tratta di reminiscenze letterarie usate con il chiaro intento di capovolgerne il

Pompeo Batoni, *Teti affida Achille al centauro Chirone*, 1761 circa. Parma, Galleria Nazionale.

messaggio e di contrapporvi un concetto opposto, basato sulla «verità effettuale», per offrire al testo una coloritura del tutto nuova.

Un linguaggio logico-deduttivo In queste pagine Machiavelli ricorre spesso a parole che riguardano l'area semantica della necessità («necessario» e «necessitato» si alternano più volte). L'autore vi insiste per sottolineare la presente condizione di emergenza e di pericolo, che rende indispensabili scelte estreme. Nasce così il "vocabolario della necessità", fondato su elementi linguistici vincolati al dovere («Dovete», «è necessario», «Bisogna»). A queste formule ricorrenti, si aggiunge l'uso di connettivi conclusivi, che rendono stringente il meccanismo deduttivo del ragionamento («adunque», «dunque», «per tanto»).

Temi

Il fine e i mezzi: un equivoco da chiarire Il capitolo XVIII rappresenta senz'altro uno dei più controversi, quello che ha suscitato maggiore indignazione fra i lettori contemporanei e fra i posteri. Da queste pagine ha preso corpo il (falso) mito di un Machiavelli predicatore di violenza e tradimento, incurante della morale, cinico sostenitore dell'impiego spregiudicato di qualunque mezzo per garantire il raggiungimento del proprio scopo ("il fine giustifica i mezzi"). Questa interpretazione, tuttavia, non tiene conto di alcuni fattori che non possono essere trascurati per una giusta comprensione del pensiero machiavelliano. Prima di tutto occorre precisare che, con la parola "fine", Machiavelli non intende lo "scopo", ma semplicemente l'"esito" dell'azione intrapresa (indicato anche poco oltre come «evento della cosa»). Bisogna poi considerare che i drastici suggerimenti custoditi nel *Principe* sono dettati da una convinzione, quella della prevalente iniquità della natura umana, portata a riconoscere soltanto le ragioni di chi vince. In particolare, è la condizione di pericolo in cui versano Firenze e l'Italia in quegli anni a spingere Machiavelli a queste considerazioni. Queste, pertanto, non sono da intendersi come dettami universali, validi in qualunque situazione. Tant'è vero che il concetto di necessità, continuamente ripetuto dall'autore, è di natura giuridica, non etica: è il diritto, infatti, a contemplare lo stato di necessità, ovvero una circostanza di grave pericolo. Solo in questo contesto non si può considerare imputabile chi commette un delitto per salvare qualcuno seriamente minacciato. Il *Principe* si configura così come un agile trattato militante, nato in precise circostanze politiche, che ne garantiscono il significato e ne giustificano l'urgenza.

Officina

COMPRENDERE

1. Cosa significa che al principe conviene «bene usare la bestia e l'uomo»?
2. In cosa consiste l'essere «golpe» e «lione» del principe?
3. Cosa chiariscono l'esempio del Centauro e quello di Alessandro VI?.

ANALIZZARE

4. **Lessico** Costruisci una frase in cui sia contenuto il sostantivo "precetto" per ciascuno dei seguenti ambiti: religioso, scolastico, giudiziario.
5. **Lingua e stile** Quali figure retoriche rappresentano «centauro», «golpe» e «lione»? Che funzione hanno?

INTERPRETARE

6. Sotto il pontificato di Paolo IV, nel 1559, *Il Principe* fu inserito nell'**Indice dei libri proibiti**. A tuo avviso perché? Rifletti su quali elementi del testo potrebbero averne indotto la condanna cercando di spiegare le motivazioni di questa censura.

PERCORSO DI SCRITTURA

Riassunto Riassumi il brano in massimo 10 righe, utilizzando le parole-chiave "principe", "astuzia", "forza", "potere", "contingenza".

COMPETENZE DEL XXI SECOLO

Competenze digitali Ricerca online i passi del ***De Officiis* di Cicerone** citati nell'analisi del testo. Dopo averli letti attentamente elabora un'infografica o una mappa, sintetizzando i punti di divergenza e contatto fra il brano di Machiavelli e quelli ciceroniani.

T7 Un «redentore» per la patria

Il Principe XXVI, 1-15; 20-22; 26-29

Nel capitolo conclusivo del *Principe* Machiavelli riprende le fila del suo discorso e considera l'obiettivo più importante: rendere indipendente l'Italia dal dominio straniero e realizzare la sua unità politica. Si tratta di un'invocazione al principe perché crei uno Stato forte, probabilmente collocato nella parte centrale d'Italia, già in buona parte nelle mani dei Medici.
Il tono assume qui il fremito della partecipazione emotiva: la lucida ricognizione dei fatti diviene una vera e propria esortazione, mirata a convincere il principe nuovo (Lorenzo de' Medici) a redimere la patria dallo sfacelo nel quale è caduta. Il *pathos* è così profondo che il capitolo – e il libro – si conclude con una citazione letteraria molto significativa, la canzone petrarchesca *All'Italia*.

Exhortatio ad capessendam Italiam[1] *in libertatemque a barbaris vindicandam*
[Esortazione a pigliare la Italia e liberarla dalle mani de' barbari]

Considerato, adunque, tutte le cose di sopra discorse, e pensando meco medesimo se, in Italia al presente, correvano tempi da onorare uno nuovo principe, e se ci era materia che dessi occasione a uno prudente e virtuoso di introdurvi forma che facessi onore a lui e bene alla università delli uomini di quella,[2] mi pare corrino tante cose in benefizio[3] d'uno principe nuovo, che io non so qual mai tempo fussi più atto[4] a questo. E se, come io dissi,[5] era necessario, volendo vedere la virtù di Moisè, che il populo d'Isdrael fussi stiavo in Egitto, et a conoscere la grandezza dello animo di Ciro, ch'e' Persi fussino oppressati[6] da' Medi e la eccellenzia di Teseo, che li Ateniensi fussino dispersi; cosí al presente, volendo conoscere la virtù d'uno spirito italiano, era necessario che la Italia si riducessi nel termine[7] che ell'è di presente, e che la fussi più stiava che li Ebrei, più serva ch'e' Persi, più dispersa che li Ateniensi, sanza capo, sanza ordine; battuta, spogliata, lacera, corsa, et avessi sopportato d'ogni sorte ruina.
E benché fino a qui si sia mostro qualche spiraculo[8] in qualcuno, da potere iudicare che fussi ordinato da Dio per sua redenzione,[9] tamen[10] si è visto da poi come, nel più alto corso[11] delle azioni sua, è stato dalla fortuna reprobato.[12] In modo che, rimasa sanza vita,

1. capessendam Italiam: l'espressione riprende i versi di Virgilio: *Sed nunc Italiam magnam Gryneus Apollo, / Italiam Lyciae iussere capessere sortes; / hic amor, haec patria est* («Ma ora Apollo Grineo e gli oracoli della Licia / mi ordinano di raggiungere la grande Italia; / questo è il desiderio, questa la patria», *Eneide* IV, 345-47). Viene così affiancato idealmente Enea a Mosè, tra gli esempi di eroi redentori della patria.
2. e se... quella: se c'era (in Italia) una condizione effettiva (*materia*) tale da poter offrire l'occasione a un (principe) saggio e coraggioso (*prudente e virtuoso*) di modificare le cose ordinandole secondo la propria visione politica (*introdurvi forma*), in modo da ricavare onore per sé e beneficio alla collettività dei cittadini d'Italia (*quella*).
3. in benefizio: a favore.
4. atto: adatto.
5. come... dissi: nel capitolo VI (➤ T3).
6. oppressati: oppressi.
7. nel termine: in condizioni estreme.
8. mostro... spiraculo: mostrato qualche spiraglio (latinismo) di virtù.
9. sua redenzione: salvezza dell'Italia.
10. tamen: tuttavia (latinismo).
11. nel... corso: nel momento più favorevole e decisivo.
12. reprobato: respinto (latinismo). Allude probabilmente al duca Valentino.

espetta qual possa esser quello che sani[13] le sue ferite, e ponga fine a' sacchi[14] di Lombardia, alle taglie del Reame e di Toscana,[15] e la guarisca di quelle sue piaghe già per lungo tempo infistolite.[16] Vedesi come la prega Dio, che le mandi qualcuno che la redima da queste crudeltà et insolenzie barbare. Vedesi ancora tutta pronta e disposta a seguire una bandiera, pur che ci sia uno che la pigli. Né ci si vede, al presente in quale lei possa più sperare che nella illustre Casa Vostra,[17] quale con la sua fortuna e virtù, favorita da Dio e dalla Chiesa, della quale è ora principe,[18] possa farsi capo di questa redenzione. Il che non fia[19] molto difficile, se vi recherete innanzi le azioni e vita dei soprannominati.[20] E benché quelli uomini sieno rari e maravigliosi,[21] non di manco furono uomini, et ebbe ciascuno di loro minore occasione[22] che la presente: perché l'impresa loro non fu più iusta di questa, né più facile, né fu a loro Dio più amico che a voi. Qui[23] è iustizia grande: *iustum enim est bellum quibus necessarium, et pia arma ubi nulla nisi in armis spes est.*[24] Qui è disposizione[25] grandissima; né può essere, dove è grande disposizione, grande difficultà, pur che quella pigli delli ordini di coloro che io ho proposti per mira. Oltre a questo, qui si veggano estraordinarii sanza esemplo[26] condotti da Dio: el mare s'è aperto; una nube vi ha scòrto el cammino; la pietra ha versato acqua; qui è piovuto la manna;[27] ogni cosa è concorsa nella vostra grandezza.[28] El rimanente dovete fare voi. Dio non vuole fare ogni cosa, per non ci tòrre el libero arbitrio[29] e parte di quella gloria che tocca a noi. [...]
Volendo dunque la illustre Casa Vostra seguitare quelli eccellenti uomini che redimerno[30] le provincie loro, è necessario, innanzi a tutte le altre cose, come vero fondamento d'ogni impresa, provvedersi d'arme proprie; perché non si può avere né più fidi, né più veri, né migliori soldati. E, benché ciascuno di essi sia buono,[31] tutti insieme diventeranno migliori, quando si vedranno comandare dal loro principe e da quello onorare e intrattenere.[32] È necessario, per tanto, prepararsi a queste arme, per potere con la virtù italica[33] defendersi dalli esterni. [...]
Non si debba, adunque, lasciare passare questa occasione, acciò che l'Italia, dopo tanto tempo, vegga uno suo redentore. Né posso esprimere con quale amore e' fussi[34] ricevuto in tutte quelle provincie che hanno patito per queste illuvioni[35] esterne; con che

13. sani: guarisca.
14. sacchi: saccheggi.
15. alle... Toscana: alle imposte straordinarie del regno di Napoli e del granducato di Toscana.
16. infistolite: incancrenite, infette.
17. Casa Vostra: la casata dei Medici.
18. della... principe: dal marzo del 1513, Giovanni de' Medici era papa, con il nome di Leone X.
19. non fia: non sarà.
20. se... soprannominati: se terrete presenti gli esempi raccontati di sopra (Mosè, Ciro e Teseo).
21. maravigliosi: mirabili.
22. minore occasione: occasione meno favorevole.
23. Qui: In questa impresa.
24. iustum... est: è giusta infatti quella guerra che è necessaria e pietose quelle armi, dove non si dà altra speranza al di fuori di quelle. La frase è tratta, con qualche imprecisione, da Tito Livio (IX, 1) e poi tradotta dallo stesso Machiavelli nelle *Istorie fiorentine* (V, 8).
25. disposizione: occasione propizia.
26. estraordinarii... esemplo: miracoli, eventi eccezionali senza precedenti.
27. el mare... manna: sono i miracoli compiuti da dio per il popolo ebraico: si è aperto il mar Rosso dinanzi ai fuggiaschi (*Esodo* 14, 21); una nuvola ha guidato la marcia del popolo d'Israele (13, 21); la roccia dell'Horeb, percossa, ha dato acqua (17, 6); è piovuto dal cielo il nutrimento della manna (16, 15).
28. ogni... grandezza: allude alla elezione di Leone X.
29. torre... arbitrio: alienare il libero arbitrio.
30. redimerno: portarono alla redenzione.
31. sia buono: sia valoroso e fedele.
32. onorare e intrattenere: lodare e trattare affabilmente.
33. virtù italica: anticipa i versi di Petrarca con i quali si conclude il capitolo.
34. fussi: sarebbe.
35. illuvioni: alluvioni (allude, in senso metaforico, alla discesa in Italia degli eserciti stranieri). Di nuovo un richiamo alla *Canzone all'Italia* di Petrarca: «O diluvio raccolto / di che deserti strani, / per inondar i nostri dolci campi!» (*Canzoniere* CXXVIII, 28-30).

lessico

Ossequio

Deferente nei confronti di chi è sentito come superiore (dal latino *obsequĭum*, derivato del verbo *obsĕqui*, «conformarsi, obbedire», a sua volta da *sĕqui*, «seguire» con il prefisso *ob-*).

sete di vendetta, con che ostinata fede, con che pietà, con che lacrime. Quali porte se li serrerebbono?[36] quali populi li negherebbano la obedienza? quale invidia se li opporrebbe? quale Italiano li negherebbe l'**ossequio**? A ognuno puzza questo barbaro dominio. Pigli, adunque, la illustre casa vostra questo assunto con quello animo e con quella speranza che si pigliano le imprese iuste; acciò che, sotto la sua insegna, e questa patria ne sia nobilitata, e, sotto e' sua auspizi,[37] si verifichi[38] quel detto del Petrarca:

Virtù contro a furore
prenderà l'armi, e fia el combatter corto;
ché l'antico valore
nell'italici cor non è ancor morto.[39]

36. se li serrerebbono: gli si chiuderebbero.
37. e' sua asupizi: il suo appoggio.
38. si verifichi: si realizzi. Machiavelli attribuisce ai poeti autentiche doti profetiche.
39. *Virtù... morto*: Il coraggio eroico (*virtù*) si armerà contro la violenza (*furore*) e il combattimento sarà breve, perché l'antico valore non si è ancora spento nel cuore degli Italiani. I versi sono tratti dalla canzone *Italia mia* di Petrarca (*Canzoniere* CXXVIII, 93-96).

Analisi del testo

Struttura

I Medici e il riscatto dell'Italia Nel capitolo finale si cerca di verificare la realizzabilità immediata di quanto discusso e prospettato lungo tutto *Il Principe*: Machiavelli individua in Lorenzo de' Medici il principe nuovo, destinato a restituire alla comunità dei cittadini un'epoca di prosperità, sicurezza e pace.
Per l'autore la difficoltà della situazione presente può portare auspici favorevoli: il culmine della decadenza è anche il tempo giusto per il riscatto. Per sostenere questa tesi sono citati ancora una volta esempi illustri: Mosè, Ciro, Teseo, con un paragone tra gli Ebrei servi in Egitto, i Persiani oppressi dai Medi, gli Ateniesi dispersi e l'Italia schiava, battuta e spogliata (rr. 8-14). L'Italia trafitta aspetterebbe quindi con ansia chi sani le sue ferite e la guarisca dalle sue piaghe. A questo quadro disperato Machiavelli oppone le condizioni della casata medicea, che presenta le caratteristiche di un disegno divino favorevole alla buona riuscita dell'impresa: il papato nelle sue mani, un esercito forte, solidità politica. L'occasione necessaria al manifestarsi della virtù del principe sembra ormai giunta: egli non deve esitare a prendere le armi, nella convinzione che sia possibile combattere una guerra giusta. Secondo le parole di Tito Livio (rr. 28-29) l'uso delle armi è giustificato quando non esiste altra speranza di riprendersi il territorio occupato dallo straniero.

L'intervento di Dio nella storia Qui il laico Machiavelli sembra recuperare una concezione provvidenzialistica della storia. Se Dio non ha esitato a compiere i miracoli per il suo popolo (gli Ebrei in fuga dall'Egitto, rr. 29-34), tuttora egli sostiene chi è destinato a grandi imprese. Dio esige tuttavia l'assenso dell'uomo, per non intaccare il libero arbitrio e concedergli la conquista dei giusti meriti («ogni cosa è concorsa nella vostra grandezza. El rimanente dovete farlo voi. Dio non vuole fare ogni cosa», rr. 33-35)

«L'antico valor nell'italici cor» Ora, in Italia, il valore delle armi sembra irrimediabilmente spento, perché nessuno ha creato nuove strutture militari; eppure il coraggio e la virtù sono ancora vivi tra la popolazione. È necessario, dunque, ricorrere all'impiego di milizie proprie, con le quali difendersi, sfruttando le debolezze degli stranieri (gli Spagnoli temono la cavalleria, gli Svizzeri la fanteria). Sorgerà finalmente il tempo del nuovo redentore della patria, amato e accolto da tutti gli Italiani, indignati dal dominio dei barbari e desiderosi di far rivivere l'antico valore e le giuste imprese, rievocati con le parole di Petrarca (rr. 52-55).

Lingua e stile

Il grido di dolore dell'Italia Questo capitolo si distingue per il tono vibrante della perorazione: dal primo paragrafo, infatti, la tensione logica e deduttiva del ragionamento viene incrinata dalla passione esortativa e sfocia nel grido di dolore per le condizioni dell'Italia. Questo grido è preparato da tre paragoni con i popoli schiavi e dispersi, prima della liberazione (Ebrei, Persiani, Ateniesi), cui segue una enumerazione tragica relativa alla rovina della patria («sanza capo, sanza ordine; battuta, spogliata, lacera»). Qui già si trova quella personificazione dell'Italia, esausta, piagata e dolente («rimasa come sanza vita», che aspetta chi «sani le sue ferite», chi la «guarisca dalle sue piaghe già per lungo tempo infistolite»), che porta al culmine la tensione patetica segnata dall'anafora («Qui è iustizia grande», «Qui è disposizione grandissima»).

La conclusione Nel finale, l'esortazione raggiunge il suo punto di forza più intenso, nel grido di speranza che riprende la personificazione della patria e il tema del redentore, con un moltiplicarsi di parallelismi, anafore, domande retoriche («Quali porte se li serrerebbono? quali populi li negherebbano la obedienza? quale invidia se li opporrebbe? quale Italiano li negherebbe l'ossequio?», rr. 46-48). Il cumulo incalzante di domande e affermazioni è concluso da una sentenza lapidaria («A ognuno puzza questo barbaro dominio», rr. 48-49), in cui la parola plebea «puzza» esprime la rabbia per la servitù della patria. Poi l'appello torna a un tono nobile ed eroico, fino a fare proprie le parole drammatiche e profetiche di Petrarca, che sigillano l'opera.

Temi

La gloria e le imprese giuste Tra i temi ripresi nelle pagine conclusive del *Principe*, spicca quello relativo alla gloria, solo parzialmente svolto nel capitolo VIII (➤ **T3**). Là, infatti, si dice che le azioni scellerate e inique ottengono potere, ma non gloria («Non si può ancora chiamare virtù ammazzare li sua cittadini, tradire li amici, essere sanza fede, sanza pietà, sanza religione; li quali modi possono fare acquistare imperio, ma non gloria»). Si spiega dunque che cosa la gloria non è; cioè si spiega che la gloria non può discendere da scelte politiche delittuose e che, pertanto, non coincide semplicemente con il successo. Qui, nel capitolo XXVI, Machiavelli riprende questa linea di pensiero, per completarla e precisarla: la gloria consiste nella felice realizzazione di un progetto politico giusto, che l'uomo intraprende in assoluta libertà, in armonia con il disegno divino.

Il filone biblico del *Principe* Nel *Principe* gli esempi tratti dalla Bibbia sono vari e ricorrenti e riguardano soprattutto le figure di Mosè e di Davide (qui e nel cap. VI ➤ **T3**). Machiavelli legge la Bibbia «sensatamente» (come lui stesso dice nei *Discorsi* III, 30), vale a dire dal punto di vista prevalentemente storico e politico. Questo non esclude del tutto riconoscere nel testo sacro una dimensione trascendente: a Mosè si attribuisce infatti la «grazia che lo faceva degno di parlare con Dio» (VI, 8) e si raccontano, qui nel capitolo conclusivo, tutti i miracoli con i quali ha potuto liberare il popolo d'Israele dalla schiavitù in Egitto (l'apertura di un passaggio fra le acque del mar Rosso, la manna nel deserto, le acque sgorgate dalla roccia percossa del monte Horeb).

Officina

COMPRENDERE

1. Cosa chiede Machiavelli alla casata Medici e in particolare a Lorenzo?
2. Quali sono i punti di forza e le debolezze dell'Italia? In quale sezione vengono delineati?
3. Quale occasione dovrebbe sfruttare il principe per liberare l'Italia?

ANALIZZARE

4. **Lingua e stile** Machiavelli ricorre nel brano alla personificazione dell'Italia. Individua il passo in questione e spiega le ragioni di questo espediente retorico.
5. **Lingua e stile** Rileggi le righe 43-55. Cerca le figure retoriche e classificale in una tabella come anafore, esortazioni, metafore e allegorie.

INTERPRETARE

6. Come spieghi il ricorso alla citazione petrarchesca? Quale funzione assume all'interno del testo?
7. Nel **VI Canto del *Purgatorio*** Dante inserisce ai vv. 76 ss. un'invettiva all'Italia. Cerca il testo online e confrontalo con il brano di Machiavelli. In cosa differisce la visione politica di Machiavelli da quella di Dante? E quali somiglianze trovi dal punto di vista retorico?

COMPETENZE DEL XXI SECOLO

Competenza digitale Realizza uno storytelling digitale (della durata massima di 5 minuti) dei testi del *Principe* qui presentati partendo dalla figura di **Lorenzo de' Medici**, a cui l'opera è dedicata, e ricordandoti di non tralasciare la figura dell'io narrante.

5. I *Discorsi sopra la prima Deca di Tito Livio*

5.1 La genesi e la vicenda editoriale

La prima fase

A differenza del *Principe*, il cui nucleo centrale viene composto in pochi mesi del 1513 e sulla spinta di una urgenza storica e personale (➤ p. 317), i *Discorsi sopra la prima Deca di Tito Livio*, in tre libri, conoscono una **elaborazione** molto più lunga e **in fasi successive**. Probabilmente nascono a partire da un'opera sulle Repubbliche, cui Machiavelli lavora durante l'impegno nella Cancelleria fiorentina (tra il 1502 e il 1512), coincidente con **i primi diciotto capitoli** del libro I (dotati di una chiara autonomia strutturale e tematica).

La seconda fase e gli Orti Oricellari

Il lavoro su Livio sarebbe stato interrotto nel 1513-14, per lasciare posto al *Principe*, e poi ripreso di buona lena **a partire dal 1515**, quando Machiavelli comincia a frequentare gli Orti Oricellari. Qui legge ai giovani aristocratici passi dei suoi scritti a mano a mano che li va componendo. L'esperienza è così stimolante e gratificante per l'autore che l'opera finita viene dedicata ai **due principali membri della compagnia** degli Orti: Zanobi Buondelmonti e il padrone di casa, Cosimo Ruccellai. Dalla sintonia di Machiavelli con questi ambienti deriverebbe, secondo alcuni critici, l'accentuazione dei toni filomedicei riscontrabili in certe parti dell'opera.

La pubblicazione postuma

L'impegno sui *Discorsi* dura probabilmente fin verso il 1521, ma l'opera non viene pubblicata a stampa prima della morte dell'autore. La prima edizione, postuma, risale al **1531**, con l'approvazione di papa Clemente VII, ovvero Giulio de' Medici, lo stesso che a Machiavelli aveva commissionato le *Istorie fiorentine* e che non aveva avuto alcuna obiezione alla pubblicazione del *Principe*.

5.2 Titolo, genere e caratteri

Il titolo e il genere

Il titolo *Discorsi sopra la prima Deca di Tito Livio* rispecchia l'andamento dei libri: l'opera, infatti, non è un commento sistematico ai primi dieci libri (la «prima Deca») dell'opera storica liviana *Ab urbe condita*; è, invece, un insieme di **divagazioni e riflessioni** («discorsi», appunto), anche molto libere, che prendono spunto da passi di **Livio**, senza però trascurare gli apporti di **altri storici** (Senofonte, Erodoto, Tucidide ecc). È difficile ricondurre i *Discorsi* a un genere preciso, perché sono diversi dall'esegesi umanistica e sono, semmai, più vicini alla tradizione dei commenti alla *Commedia* di Dante elaborati da Boccaccio e da Cristoforo Landino.

Il rapporto con la storia

L'opera si presenta come una grande riflessione, basata sulla storia, la **nascita**, lo **sviluppo**, la **decadenza** e (talvolta) la **rinascita degli Stati**. L'interesse reale è però, come nel *Principe*, non storico in senso stretto, ma rivolto alla **politica del presente**. Come nel *Principe*, la storia antica fornisce modelli ed esempi a chi voglia comprendere le cose per operare nel proprio tempo.

Un'opera frammentaria

Benché frutto di una lunga elaborazione l'opera presenta un certo carattere frammentario e disorganico molto diverso rispetto alla compattezza del *Principe*. La mancanza di unitarietà si riscontra anche nell'**incertezza dell'ideale politico** di fondo: nonostante sia prevalente l'orientamento repubblicano non mancano toni filomedicei, come già ricordato. In questo senso, i *Discorsi* rispecchiano la tormentata storia degli atteggiamenti politici assunti da Machiavelli durante la sua vita, corrispondenti alle disparate e spesso drammatiche vicende cui si è trovato di fronte, e della sua intera parabola politica e intellettuale.

5.3 La struttura

Il rapporto con l'opera di Livio

L'opera è divisa in **tre libri** il cui **impianto** è **sostanzialmente tematico** e non segue quasi in alcun modo l'ordine espositivo di Livio, i cui primi dieci libri trattano le vicende di Roma dalle origini fino alla fine delle guerre sannitiche (280 a.C. ca.): è l'epoca in cui l'Urbe nasce come monarchia, si trasforma in repubblica, vede sorgere e poi comporsi i contrasti tra patrizi e plebei e avvia con successo la sua espansione territoriale in Italia. In realtà l'opera di Machiavelli sconfina oltre i limiti cronologici della prima *Deca* liviana, riferendosi anche a fatti e personaggi posteriori nel tempo (per esempio Annibale, Scipione, Mario e Silla), e proponendo confronti con eventi e figure della storia recente (come il re di Francia, di Spagna, il papa, Pier Soderini).

Il contenuto

Nel **libro I** (60 capitoli) si tratta delle «deliberazioni fatte da' Romani, pertinenti al di dentro della città» (con termine moderno si direbbe della "politica interna"): le leggi, la religione e il suo peso nella vita degli Stati (qui si trovano riflessioni importanti sul ruolo della Chiesa in Italia), le magistrature e l'ordinamento dello Stato.
Nel **libro II** (33 capitoli) si tratta delle «deliberazioni [...] pertinenti allo augumento dello imperio», cioè della "politica estera", in particolare dell'ordinamento militare.
Nel **libro III** (49 capitoli) ci si propone di illustrare «quanto le azioni degli uomini particulari facessono grande Roma». Tuttavia i capitoli non parlano solo – come ci si aspetterebbe – di azioni gloriose di personaggi famosi, ma riprendono anche i consueti temi di politica interna ed estera: di nuovo i contrasti interni allo Stato, le guerre, le milizie.

> «Religione, leggi, esercito» nomina Machiavelli come le tre pietre miliari dello Stato.
> F. Meinecke

5.4 Quale idea di Stato?

Differenze rispetto al *Principe*

Gli interessi di Machiavelli nei *Discorsi* non si discostano molto da quelli del *Principe*, ma c'è una differenza importante. Qui la riflessione dell'autore non si limita a uno Stato nuovo da costruire pressoché da zero, ma abbraccia l'insieme delle questioni politiche relative alla **gestione degli Stati**, siano essi repubbliche o "principati" (dove il termine indica governi di uno solo, quindi anche la monarchia romana). Non si parla solo di **fondazione**, ma anche di **conservazione** di uno Stato, della sua capacità di affrontare le crisi e di svilupparsi. Di conseguenza, l'osservazione si allarga a elementi che *Il Principe* trascurava, per esempio il ruolo dei popoli, delle comunità dei cittadini, delle loro lotte interne.

Repubblica e principato: la teoria ciclica degli Stati

Secondo alcuni interpreti dei *Discorsi* questa differenza di impostazione dipenderebbe dal ritorno di Machiavelli alle sue radici repubblicane, a scapito della preferenza accordata in precedenza al principato. Eppure questa opposizione non esiste in modo così netto, se si considera che i *Discorsi* sviluppano una **teoria politica generale**. La fase monarchica e quella repubblicana fanno entrambe parte della vita degli Stati, secondo una **concezione ciclica della storia** che Machiavelli trae dagli storici ellenistici, per esempio Polibio (II secolo a.C.).

Proprio all'inizio del libro I, Machiavelli riprende la teoria dello Stato che nasce monarchico ("principato"), si sviluppa come repubblica aristocratica ("ottimati") e passa a repubblica "popolare". Ma, data la natura ciclica del processo, accade quasi inevitabilmente che nella lunga vita di uno Stato da una forma di governo si ritorni a una precedente. Per esempio quella che Machiavelli chiama **«corruzione» delle repubbliche** spinge a un risanamento che passa attraverso l'opera di un singolo (e dunque attraverso una fase monarchica), ed è il caso specifico dell'Italia del suo tempo, «corrotta» e bisognosa dell'intervento del «principe nuovo».

La preferenza per la repubblica

Escluse le necessità imposte dalle varie e particolari situazioni storiche, Machiavelli accorda la sua preferenza allo **Stato «libero»**, cioè repubblicano, per due ragioni principali. In primo luogo in un ordinamento di questo tipo le istituzioni hanno maggiore durata, visto che non sono interessate dai rischi della successione. Inoltre Machiavelli rileva come uno Stato repubblicano sia più attrezzato per unificare e **armonizzare gli interessi particolari** che al suo interno si contrappongono, garantendo una maggiore coesione e stabilità.

FISSA I CONCETTI

- Come sono strutturati i *Discorsi*? Perché hanno carattere frammentario?
- Quali sono le principali differenze fra i *Discorsi* e *Il Principe* in merito al concetto di Stato?

Giovanni Stradano, *Le truppe di Carlo V e le truppe pontificie assediano Firenze nel 1530*, affresco. Firenze, Palazzo Vecchio, Sala di Clemente VII. Voluta da Cosimo de' Medici, la Sala di Clemente VII (Giuliano de' Medici) fa parte di un ciclo celebrativo della casata medicea. Gli affreschi alle pareti raffigurano vari episodi bellici legati alla presa di Firenze da parte delle truppe pontificie e imperiali. L'assedio di Firenze segnò la fine della Repubblica di Firenze e l'inizio del Ducato mediceo.

T8 Gli esempi degli antichi

Discorsi I, Proemio

Il proemio dei *Discorsi* presenta subito la novità del percorso proposto e richiama l'importanza dell'esperienza e della cultura, quali fondamenti del sapere. La storia antica è, per Machiavelli, un repertorio di esempi e azioni da meditare e imitare (così come all'imitazione ricorrono l'arte, il diritto e la medicina). I contemporanei però non hanno della storia la «vera cognizione» e la profonda conoscenza che permetterebbe l'imitazione politica e militare dei grandi del passato, in modo da mantenere e amministrare gli Stati nel modo migliore. Per questo Machiavelli decide di dedicarsi alla rilettura e al commento di Tito Livio, con l'obiettivo di rintracciare in quella narrazione delle vicende antiche una chiave di lettura per i problemi dell'Età contemporanea.

Ancora che,[1] per la invida[2] natura degli uomini, sia sempre suto[3] non altrimenti[4] pericoloso trovare modi ed ordini nuovi,[5] che si fusse cercare acque e terre incognite, per essere[6] quelli[7] più pronti a biasimare che a laudare le azioni d'altri; nondimanco,[8] spinto da quel naturale desiderio che fu sempre in me di operare, sanza alcuno rispetto,[9] quelle cose che io creda rechino comune benefizio a ciascuno, ho deliberato entrare per una via, la quale, non essendo suta ancora da alcuno trita,[10] se la mi arrecherà fastidio e difficultà, mi potrebbe ancora arrecare premio, mediante quelli che umanamente[11] di queste mie fatiche il fine considerassino.[12] E se lo ingegno povero, la poca esperienzia delle cose presenti e la debole notizia[13] delle antique faranno questo mio conato difettivo[14] e di non molta utilità; daranno almeno la via ad alcuno che, con più virtù, più discorso e iudizio, potrà a questa mia intenzione satisfare:[15] il che, se non mi arrecherà laude, non mi doverebbe partorire[16] biasimo.

Considerando adunque quanto onore si attribuisca all'antiquità, e come molte volte, lasciando andare infiniti altri esempli, un frammento d'una antiqua statua sia suto comperato gran prezzo,[17] per averlo appresso di sé, onorarne la sua[18] casa e poterlo fare imitare a coloro che di quella arte si dilettono; e come quegli dipoi con ogni industria[19] si sforzono in tutte le loro opere rappresentarlo; e veggendo, da l'altro canto, le virtuosissime operazioni[20] che le storie ci mostrono, che sono state operate da regni e republiche antique, da e re,[21] capitani, cittadini, latori di leggi,[22] ed altri che si sono per la loro patria affaticati, essere più presto ammirate che imitate; anzi, in tanto da ciascuno in ogni minima cosa fuggite, che di quella antiqua virtù non ci è rimasto alcun segno;[23] non posso fare che insieme non me ne maravigli e dolga. E tanto più, quanto io veggo nelle differenzie[24] che intra cittadini civilmente[25] nascano, o nelle malattie nelle quali li uomini

1. **ancora che:** sebbene.
2. **invida:** invidiosa.
3. **suto:** stato.
4. **non altrimenti:** non diversamente.
5. **ordini nuovi:** nuovi ordinamenti (riferito alle forme di governo).
6. **per essere:** essendo.
7. **quelli:** cioè gli invidiosi.
8. **nondimanco:** nonostante questo.
9. **sanza… rispetto:** senza alcun timore.
10. **trita:** percorsa.
11. **umanamente:** con benevolenza.
12. **considerassino:** considerassero.
13. **debole notizia:** scarsa conoscenza.
14. **conato difettivo:** tentativo imperfetto.
15. **che… satisfare:** che con più coraggio (*virtù*), capacità di argomentare (*discorso*) e senso critico (*iudizio*) potrà raggiungere la meta che io mi sono posto.
16. **partorire:** arrecare.
17. **sia… prezzo:** sia stato comperato a caro prezzo.
18. **la sua:** la propria.
19. **industria:** impegno, sforzo.
20. **operazioni:** imprese, gesta.
21. **e re:** i re.
22. **latori di leggi:** legislatori.
23. **segno:** traccia.
24. **differenzie:** disaccordi.
25. **civilmente:** in ambito civile.

lessico

Incorrere

Cadere in una situazione spiacevole e spesso imprevista (dal latino *incurrĕre*, derivato di *currĕre* con il prefisso locativo *in-*, quindi letteralmente «correre verso»).

incorrono, essersi sempre ricorso a quelli iudizii[26] o a quelli remedii[27] che dagli antichi sono stati iudicati o ordinati: perché le leggi civili non sono altro che sentenze date dagli antiqui iureconsulti,[28] le quali, ridotte in ordine,[29] a' presenti nostri iureconsulti iudicare insegnano.[30] Né ancora la medicina è altro che esperienze fatte dagli antiqui medici, sopra le quali fondano e' medici presenti e' loro iudizii. Nondimanco,[31] nello ordinare le republiche, nel mantenere li stati, nel governare e' regni, nello ordinare la milizia ed amministrare la guerra, nel iudicare e' sudditi, nello accrescere l'imperio, non si truova principe né republica che agli esempli delli antiqui ricorra. Il che credo che nasca non tanto da la debolezza nella quale la presente religione[32] ha condotto el mondo, o da quel male che ha fatto[33] a molte provincie e città cristiane uno ambizioso ozio,[34] quanto dal non avere vera cognizione delle storie,[35] per non trarne, leggendole, quel senso né gustare di loro quel sapore che le[36] hanno in sé. Donde nasce che infiniti che le leggono, pigliono piacere di udire quella varietà degli accidenti[37] che in esse si contengono, sanza pensare altrimenti di imitarle, iudicando la imitazione non solo difficile ma impossibile; come se il cielo, il sole, li elementi, li uomini, fussino variati di[38] moto, di ordine e di potenza, da quello che gli erono antiquamente.

Volendo, pertanto, trarre li uomini di questo errore, ho giudicato necessario scrivere, sopra tutti quelli libri di Tito Livio che dalla malignità de' tempi non ci sono stati intercetti,[39] quello che io, secondo le cognizione delle antique e moderne cose, iudicherò essere necessario per maggiore intelligenzia di essi, a ciò che coloro che leggeranno queste mia declarazioni,[40] possino più facilmente trarne quella utilità per la quale si debbe cercare la cognizione delle istorie. E benché questa impresa sia difficile, nondimanco, aiutato da coloro che mi hanno, ad entrare sotto questo peso confortato,[41] credo portarlo in modo, che ad un altro resterà breve cammino a condurlo a loco destinato.

26. iudizii: sentenze.
27. remedi: medicine.
28. iureconsulti: legislatori.
29. ridotte in ordine: adeguate alle condizioni.
30. iudicare insegnano: insegnano a giudicare.
31. Nondimanco: Nonostante ciò.
32. presente religione: cioè la religione cristiana.
33. da... fatto: da quel male che ha fatto.
34. ambizioso ozio: è un ossimoro che indica una "sete smodata di potere congiunta con viltà e inettitudine".
35. cognizione delle storie: conoscenza delle vicende del passato.
36. le: esse (le storie).
37. accidenti: vicende.
38. fussino variati di: fossero cambiati nei.
39. intercetti: sottratti.
40. declarazioni: riflessioni.
41. da... confortato: da coloro che mi hanno incoraggiato a intraprendere questa fatica (*peso*), cioè gli amici degli Orti Oricellari.

Analisi del testo

Struttura

Originalità e utilità Il proemio ai *Discorsi* si articola in modo coerente e ordinato: a partire dalla dichiarazione della originalità di intenti dell'opera, il discorso si affida al giudizio paziente e obiettivo del potenziale lettore e culmina nel sottolineare la dignità e il rigore scientifico del pensiero politico, posto sullo stesso piano del diritto e della medicina. La riflessione, infine, sfocia nell'auspicio che la lettura commentata della storia di Livio possa risultare utile a quanti vogliano avvalersene.

La concezione pedagogica della storia La novità della proposta di Machiavelli consiste nel propugnare una concezione pedagogica della storia: il passato e la storia sono come un repertorio di esempi, atti e situazioni da conoscere, meditare e imitare costantemente. Proprio sul principio di imitazione (al quale si attengono tutte le arti e le scienze), deve fondarsi un proficuo rinnovamento dei criteri che guidano le azioni politiche e militari di ogni tempo. Del resto la natura umana presenta tratti costanti e immutati nei secoli, come immutati permangono i cieli, il corso degli astri, gli elementi e l'ordine del cosmo.

I *Discorsi* e *Il Principe* Come Machiavelli aveva scritto nella lettera a Vettori del 10 dicembre 1513 (➤ **T1**), anche qui la lettura assidua della storia è paragonata a un irrinunciabile nutrimento intellettuale («gustare di loro quel sapore», rr. 34-35). Tale affinità contribuisce a legare a doppio filo il proemio dei *Discorsi* a quello del *Principe*, in cui si trova un analogo invito a considerare le vicende del passato e le gesta dei grandi in ogni decisione e giudizio sulla politica presente.

Lingua e stile

Lo studio della storia come via inesplorata L'attacco del Proemio trae la sua altezza di tono dal paragone tra la ricerca di nuovi traguardi del pensiero e l'avventurosa esplorazione di terre e mari sconosciuti, con tutti i pericoli che comporta la diffidenza dei lettori verso qualsiasi forma di novità. Del resto, nonostante la dichiarazione di modestia prevista nella retorica proemiale («lo ingegno povero, la poca esperienzia delle cose presenti e la debole notizia delle antique», rr. 8-9), Machiavelli riconosce pienamente l'importanza e l'utilità della sua indagine, raffigurata come una strada mai percorsa prima, lungo la quale finalmente addentrarsi.

Il lessico Si colloca a questo punto la fitta serie di parole appartenenti al campo semantico dell'antichità, della storia e dell'imitazione («antique», «antiqua statua», «imitare», «republiche antiche», «antichi», «antiqui iureconsulti», «antiqui medici», «esempli delli antiqui», «cognizione delle storie», «imitarle», «imitazione», «antiquamente», «antique e moderne cose», «cognizione delle istorie»).
Questa serie trova il suo centro ideale nell'espressione «antiqua virtù» (r. 21), che rimanda al Petrarca della *Canzone all'Italia*, già citata a conclusione del *Principe* (➤ **T8**).

Temi

Che cosa significa imitare? Già messo a punto da Petrarca, il concetto di imitazione costituisce uno dei fondamenti del pensiero rinascimentale. L'imitazione è nettamente distinta dalla "copia": imitare non significa, infatti, ripetere pedissequamente le opere e i modelli del passato, ma nutrirsene per compiere, nel proprio tempo, qualcosa di nuovo e di diverso. Tra modello e nuova creazione rimane il legame costante con il magistero del passato, anche nel continuo superamento verso un futuro diverso e migliore.
Questa idea viene applicata sia alle arti sia alle scienze sia alla politica. Si fonda sulla convinzione che nulla possa essere compiuto senza la precisa coscienza di appartenere a una civiltà, cioè a un'identità collettiva, fatta di memoria condivisa e basata su un patrimonio culturale comune da ereditare e tramandare.

Officina

COMPRENDERE

1. In quali occasioni gli uomini ricorrono agli esempi degli antichi? E in quali no?
2. Perché Machiavelli commenta il testo di Livio?
3. Quali motivazioni spingono Machiavelli alla redazione dei *Discorsi*?

ANALIZZARE

4. Individua e sottolinea nel testo tutti i punti in cui Machiavelli interviene in prima persona. Dove e come l'autore è maggiormente presente?
5. **Lingua e stile** Cerca e sottolinea nel testo tutte le enumerazioni.

INTERPRETARE

6. Confronta il brano con la lettera dedicatoria del *Principe* in merito a stile, lingua e modalità dell'argomentazione.
7. Quale giudizio esprime Machiavelli sul rapporto fra Stato e religione? Ti sembra una visione moderna? Perché?

PERCORSO DI SCRITTURA

Riscrittura Riscrivi il brano in terza persona, come se si trattasse di un articolo in cui il giornalista presenta i *Discorsi sopra la prima deca di Tito Livio* a un pubblico di lettori. Usa il linguaggio giornalistico e non superare le 1500 battute.

T9 La Chiesa e l'unità d'Italia

Discorsi I, 12

A questo punto della trattazione Machiavelli si interroga sul ruolo della Chiesa negli affari politici italiani. Contro l'opinione di chi ritiene la presenza della Santa Sede causa di molti vantaggi, l'autore mostra i motivi concreti per i quali, invece, tale presenza avrebbe intralciato uno sviluppo fecondo della pace, del benessere e dell'unità nazionale. Le ragioni di questo giudizio negativo sono essenzialmente due: la corruzione della curia romana, che avrebbe causato un inarrestabile indebolimento del senso religioso della popolazione, con conseguente disordine morale, politico e sociale; la responsabilità che il potere temporale della Chiesa ha avuto nel turbare gli equilibri politici italiani e nell'impedire che si potesse trovare una forma unitaria di governo. La Chiesa stessa non è stata in grado di garantire unità, perché troppo debole per realizzarla con le proprie forze, troppo potente per rinunciare ai propri possedimenti e troppo influente per soccombere, senza aver chiesto l'intervento di una potenza straniera alleata.

lessico
Ripugnanza
Resistenza, ribrezzo, avversione; contrasto (dal latino *repugnantĭa*, derivato del verbo *repugnāre* «contrastare; essere incompatibile», da *pugnāre* «combattere», che a sua volta viene da *pugna*, «battaglia»)

Perché molti sono d'opinione, che il bene essere delle città d'Italia nasca dalla Chiesa romana, voglio contro a essa discorrere quelle ragioni che mi occorrono:[1] e ne allegherò due potentissime ragioni le quali, secondo me, non hanno **repugnanzia**.[2] La prima è, che, per gli esempli rei di quella corte,[3] questa provincia[4] ha perduto ogni divozione e ogni religione: il che si tira dietro infiniti inconvenienti e infiniti disordini; perché, così come dove è religione si presuppone ogni bene, così, dove quella manca, si presuppone il contrario. Abbiamo, adunque, con la Chiesa e con i preti noi Italiani questo primo obligo,[5] di essere diventati sanza religione e cattivi: ma ne abbiamo ancora uno maggiore, il quale è la seconda cagione della rovina nostra. Questo è che la Chiesa ha tenuto e tiene questa provincia divisa. E veramente, alcuna provincia non fu mai unita o felice, se la non viene tutta alla ubbidienza d'una repubblica o d'uno principe,[6] come è avvenuto alla Francia ed alla Spagna. E la cagione che la Italia non sia in quel medesimo termine,[7] né abbia anch'ella o una repubblica o uno principe che la governi è solamente la Chiesa: perché, avendovi quella abitato e tenuto imperio temporale,[8] non è stata sì potente né di tanta virtù che l'abbia potuto occupare la tirannide d'Italia e farsene principe;[9] e non è stata, dall'altra parte, sì debole, che, per paura di non perdere il dominio delle sue cose temporali, la non abbia potuto convocare[10] uno potente che la difenda contro a quello che in Italia fusse diventato troppo potente: come si è veduto anticamente per assai esperienze, quando, mediante Carlo Magno, la ne cacciò i Longobardi.[11]

1. **voglio… occorrono:** voglio, contro questa opinione (*essa*), esaminare quegli argomenti che mi vengono in mente (*occorrono*).
2. **non… repugnanzia:** le quali non ammettono obiezioni.
3. **gli… corte:** i cattivi esempi di quella corte (la curia romana).
4. **questa provincia:** l'Italia.
5. **obligo:** debito (in senso sarcastico).
6. **se… principe:** se non si unifica tutta sotto il potere di una sola repubblica o di un solo sovrano.
7. **in termine:** nella medesima condizione di unità della Francia e della Spagna.
8. **avendovi… temporale:** avendo stabilito la sua sede in Italia e avendovi ottenuto un dominio territoriale.
9. **occupare… principe:** cioè prendere il potere e divenire padroni di tutta Italia.
10. **convocare:** chiamare in aiuto.
11. **mediante… Longobardi:** entrati in Italia nel 568 d.C., i Longobardi ne occuparono via via le regioni settentrionali e centrali. Quando giunsero a minacciare i domini della Chiesa, i papi invocarono l'aiuto dei Franchi. La sconfitta definitiva fu inflitta da Carlo Magno, chiamato in Italia da papa Adriano I, all'ultimo re dei Longobardi, Desiderio.

Analisi del testo

Struttura

L'argomentazione logica Questa pagina rappresenta una delle zone più intense del capitolo e dell'intera opera, dove si accende il calore polemico e il vigore argomentativo dell'autore. L'articolazione del discorso parte dalla esplicita presa di distanza dalle opinioni correnti (la Chiesa ha giovato all'Italia, rr. 1-3); poi, si snoda con il rigore logico abituale nella scrittura machiavelliana, fondata qui su coppie oppositive e ampliamenti. La prima coppia è composta dalle ragioni di dissenso nei confronti della Chiesa, causa di danno morale (perdita del senso religioso) e politico (disordini pubblici, ostacoli nel raggiungimento dell'unità, rr. 3-13). Dal secondo membro della prima coppia (il danno politico), si sviluppa una nuova coppia di motivi di scompenso determinato dalla Chiesa: l'ingerenza sul piano politico interno e sul versante dell'equilibrio internazionale (l'aver favorito l'ingresso di eserciti stranieri in Italia, rr. 13-19).

Lingua e stile

Logica e sintassi Il procedere serrato del pensiero determina un periodare fitto di concatenazioni logiche, cui corrispondono altrettanti nessi sintattici. Prevalgono le relative («il che», «il quale»), le correlative («così come...così»), i parallelismi marcati dalle anafore («Abbiamo...ne abbiamo ancora»; «non è stata...e non è stata») e dalle iterazioni («ogni...ogni», «infiniti...e infiniti»).

Temi

Il ruolo politico della Chiesa: una questione controversa Machiavelli tocca in questo brano un problema spinoso, emerso più volte nella riflessione di numerosi autori italiani. Egli ha ben presente lo sdegno di Dante per la corruzione della curia romana e per il potere temporale dei papi, ripreso anche da Petrarca in alcuni punti infiammati del *Canzoniere*. Machiavelli si addentra anche in un'altra questione dibattuta, quella relativa al peso che il pontefice avrebbe avuto nel favorire l'ingresso degli eserciti stranieri in Italia, come era avvenuto già nell'VIII secolo, quando Adriano I aveva chiamato in soccorso i Franchi di Carlo Magno per arginare il dominio dei Longobardi, guidati da re Desiderio.

Officina

COMPRENDERE

1. Quali sono le due colpe di cui Machiavelli accusa la Chiesa?
2. Quali fattori hanno comportato la divisione dell'Italia?

ANALIZZARE

3. **Lessico** Quali di queste espressioni è la più corretta?
   A "indurre ripugnanza" C "suscitare ripugnanza"
   B "fare ripugnanza" D "provocare ripugnanza"
4. **Lingua e stile** Individua le due figure retoriche contenute nella frase: «Abbiamo, adunque, con la Chiesa e con i preti noi Italiani questo primo obligo».

INTERPRETARE

5. Nel testo Machiavelli fa precisi riferimenti al potere temporale della Chiesa. Confronta la sua visione con quella delineata da **Dante** nella ***Monarchia***.
6. Come spieghi il riferimento a Carlo Magno alla fine del testo?

PERCORSO DI SCRITTURA

Riscrittura Immagina che Machiavelli affidi le sue parole di condanna sul ruolo della Chiesa nelle vicende politiche italiane a un tweet: sintetizza dunque il contenuto del testo in massimo 280 caratteri.

COMPETENZE DEL XXI SECOLO

Comunicazione e collaborazione In gruppo rifletti sul ruolo della Chiesa nel pensiero di **Dante, Boccaccio** e **Machiavelli**: elaborate una sintesi del pensiero di ciascun autore sul ruolo e la condizione della Chiesa nella loro epoca. Poi istituite un confronto fra autori, per individuare punti di contatto. Sintetizzate i risultati in una presentazione multimediale da condividere alla classe. Avete a disposizione 10 slide in cui dovrete menzionare anche i testi che sostengono le vostre argomentazioni.

T10 Un'idea eroica della religione

Discorsi II, 2

La narrazione di Livio consente all'autore un confronto fra la religione antica, praticata nel mondo classico, e la religione cristiana. Machiavelli ne mette in luce le due opposte concezioni circa il ruolo della gloria e dell'eroismo, poi esprime un vivo rammarico per l'indebolimento degli animi e l'arrendevolezza ai prepotenti, discesi da una errata lettura dei valori cristiani. Mentre denuncia gli effetti devastanti del comportamento troppo remissivo dei giusti, che lascerebbero il potere nelle mani degli scellerati, Machiavelli suggerisce un'interpretazione dei princìpi del cristianesimo diversa da quella corrente, capace di esaltare la forza d'animo, la risolutezza, il coraggio, il desiderio di difendere la patria.

lessico

Abiezione

Stato di vergognosa degradazione; condizione di bassezza d'animo, di indegnità e meschinità (dal latino *abiectĭo abiectiōnis*, derivato di *abiectus*, participio passato di *abicĕre*, «gettare via»).

La religione antica, oltre a di questo,[1] non beatificava se non uomini pieni di mondana[2] gloria; come erano capitani di eserciti e principi di repubbliche. La nostra religione ha glorificato più gli uomini umili e contemplativi, che gli attivi. Ha dipoi posto il sommo bene nella umiltà, **abiezione**,[3] e nel dispregio delle cose umane: quell'altra lo poneva nella grandezza dello animo,[4] nella fortezza del corpo, ed in tutte le altre cose atte a fare gli uomini fortissimi. E se la religione nostra richiede che tu abbi in te fortezza, vuole che tu sia atto a patire[5] più che a fare una cosa forte.[6] Questo modo di vivere, adunque, pare che abbi renduto[7] il mondo debole, e datolo in preda agli uomini scelerati; i quali sicuramente lo possono maneggiare, veggendo come l'università degli uomini, per andare in Paradiso, pensa più a sopportare le sue battiture[8] che a vendicarle. E benché paia che si sia effeminato[9] il mondo, e disarmato il Cielo, nasce più sanza dubbio dalla viltà degli uomini, che hanno interpretato la nostra religione secondo l'ozio, e non secondo la virtù. Perché, se considerassono come la ci permette la esaltazione e la difesa della patria, vedrebbono come la vuole che noi l'amiamo ed onoriamo, e prepariamoci a essere tali che noi la possiamo difendere.

1. **questo:** la pratica del sacrificio cruento, di cui ha parlato poco prima.
2. **mondana:** terrena.
3. **abiezione:** povertà.
4. **grandezza dello animo:** magnanimità.
5. **patire:** sopportare.
6. **cosa forte:** azione eroica.
7. **renduto:** reso.
8. **battiture:** soprusi, umiliazioni.
9. **effeminato:** indebolito.

Giovanni Bellini, *Festino degli dei*, 1514. Washington D.C., National Gallery of Art.

Analisi del testo

Struttura e temi

La condanna dei valori "deboli" In ambito sociale e culturale, l'avvento del cristianesimo ha imposto come valori l'umiltà, la mitezza e la modestia, discesi dall'attitudine alla contemplazione e al misticismo. Machiavelli è fermo e risoluto nel denunciare le conseguenze sul piano politico di tale atteggiamento, che rende il mondo debole e lo consegna nelle mani dei prepotenti, dei tiranni, degli scellerati. Altrettanto fermo si leva allora il monito a non fare dei dettami evangelici un pretesto per scegliere una vita tranquilla e senza pericoli, ma a lasciarsi penetrare dalla forza travolgente dei principi di «religione antica», che invitano ad agire, incuranti del pericolo, per il bene della comunità.

Lingua e stile

Le opposizioni Tutto il passo è attraversato dal confronto fra la «religione antica» e la «nostra religione» (rr. 1-3), che determina due opposte polarità, cui fanno capo una serie di coppie oppositive: «umiltà» / «grandezza dello animo»; «dispregio delle cose umane» / «fortezza del corpo»; «patire» / «fare una cosa forte»; «sopportare» / «vendicare»; «ozio» / «virtù». Queste sfociano in una difesa strenua dell'agire con risolutezza e coraggio, ribadita con tenacia contro la debolezza di una società ormai infiacchita, che Machiavelli descrive con l'efficacia dell'espressione metaforica («paia che si sia effeminato il mondo, e disarmato il Cielo», r. 11).

Officina

COMPRENDERE

1. Qual è la differenza fra la religione antica e quella cristiana?
2. In che modo la religione ha influenzato la politica?
3. In che rapporto si pone la religione con la patria?

ANALIZZARE

4. **Lingua e stile** Analizza l'uso dei tempi verbali nel testo, quindi spiegane l'uso.
5. **Lingua e stile** Quali figure retoriche compaiono nell'espressione «paia che si sia effeminato il mondo, e disarmato il Cielo». Che cosa significano?
6. Come spieghi il ricorso al "tu" impersonale nella frase «E se la religione nostra richiede che tu abbi in te fortezza, vuole che tu sia atto a patire più che a fare una cosa forte»?

INTERPRETARE

7. *Tantum religio potuit suadere malorum* («Tanto male poté suggerire la religione», trad. di L. Canali), afferma **Lucrezio** in un celebre passo del ***De rerum natura*** (1, 101) relativo al sacrificio di Ifigenia da parte del padre Agamennone. Dopo esserti documentato sulla vicenda mitica menzionata e sul passo del poema di Lucrezio, credi che questo episodio del mito possa supportare l'argomentazione machiavelliana secondo cui la religione antica era volta alla «mondana gloria» e volta a «fare gli uomini fortissimi»?

PERCORSO DI SCRITTURA

Riassunto Dopo aver identificato le parole chiave del testo, impiegale per svolgere una sintesi che non occupi più di 7 righe.

COMPETENZE DEL XXI SECOLO

Cittadinanza Nella parte finale del testo Machiavelli affronta il tema dell'amor di patria, giustificando il ricorso alle armi per la difesa anche dal punto di vista religioso. Ti trovi d'accordo con quanto affermato da Machiavelli o la difesa della patria ti sembra inconciliabile con i princìpi del cristianesimo? Ti sembra poi che l'amore per la patria sia un tema ancora oggi attuale? Esprimi le tue considerazioni al riguardo in un testo che non superi le 30 righe.

6. Le *Istorie fiorentine*

La composizione

Machiavelli si occupa di storiografia fin dagli anni giovanili, quando in qualità di segretario di Cancelleria doveva assolvere all'obbligo di redigere gli annali cittadini, un compito che si era interrotto dopo la caduta della Repubblica (1512). Machiavelli riprende a scrivere storia nel 1520, dopo avere ricevuto l'**incarico da parte dello Studio fiorentino** (dietro suggerimento di Giulio de' Medici) di compilare una storia di Firenze. Tale lavoro, composto di **8 libri**, viene presentato allo stesso Giulio (diventato papa Clemente VII), nel maggio del 1525, a Roma.

Il contenuto

Scritte in tempi piuttosto rapidi, le *Istorie* si aprono con un libro introduttivo sugli eventi italiani dei secoli precedenti, ovvero con un sommario della storia generale d'Italia, dal crollo dell'Impero romano al 1434, data in cui si insediano stabilmente i Medici a Firenze. Il libro II, tuttavia, incentrato sulle **vicende fiorentine**, non riprende la narrazione dove si interrompe quella del libro precedente, ma da molto prima. Dopo un breve racconto della fondazione della città, infatti, la narrazione comincia dal 1215, ossia dall'assassinio di Buondelmonte de' Buondelmonti, da cui sono discese le secolari rivalità cittadine. Tale apparente incongruenza deriva dall'effettivo interesse di Machiavelli per l'origine della interminabile serie di vendette e discordie sociali a Firenze, poi sfociate nella **divisione tra Guelfi e Ghibellini**.

Il progetto politico delle *Istorie*

FISSA I CONCETTI

- Quali sono contenuto e struttura delle *Istorie Fiorentine*?

Così facendo, Machiavelli si ricollega saldamente alla tradizione delle cronache medievali e si aggancia anche alle vicende biografiche di Dante. L'interesse per questo aspetto della storia fiorentina è funzionale al progetto politico affidato alle *Istorie*: una volta stabilite le cause delle rivalità ancor vive a Firenze, infatti, Machiavelli intende far emergere la **figura di un saggio ordinatore**, cui è data l'occasione irripetibile di rendere libero e stabile il governo pubblico. Si può dunque dire che in quest'opera (come sempre avviene negli scritti machiavelliani), sul semplice interesse storiografico prevale l'urgenza di un **disegno politico** che si adatti alla situazione contingente.

Scuola fiorentina, *Battaglia davanti alle mura di una città*, seconda metà del XV secolo. Los Angeles, J. Paul Getty Museum.

7. La Mandragola

Il teatro machiavelliano

La *Mandragola* è una **commedia** in prosa, divisa in **cinque atti** e preceduta da un Prologo in versi. Viene composta probabilmente nel **1518**, durante il periodo della frequentazione degli Orti Oricellari, e rappresentata a Roma nel 1520, alla presenza di Leone X. Del resto non si tratta dell'unica opera teatrale di Machiavelli, che ha al suo attivo una commedia perduta, *Le maschere* (1504), la traduzione dell'*Andria* di Terenzio (1517) e, più tardi, la composizione della *Clizia* (1524).

LA TRAMA

Protagonista della commedia è il giovane Callimaco, tormentato dalla passione per la bella Lucrezia, moglie di Nicia, un anziano sciocco e presuntuoso. Callimaco confida il suo dramma al mezzano Ligurio, che decide di ordire una beffa ai danni di Nicia. Quest'ultimo desidera avere un figlio, così Ligurio suggerisce a Callimaco di fingersi medico e di prescrivere a Nicia una pozione di erba mandragola, da somministrare alla moglie. La pozione la guarirà dalla sterilità, ma ucciderà il primo uomo che giacerà con lei dopo la somministrazione. Sarà quindi necessario trovare un ragazzo ingenuo che possa unirsi alla donna.
Callimaco e Ligurio corrompono allora il confessore fra Timoteo, affinché, con l'appoggio di Sostrata, madre di Lucrezia, convinca la giovane. La beffa può così compiersi e il giovane scelto è ovviamente Callimaco, che da quella notte ne diviene l'amante. Nel finale, la notte dell'adulterio viene narrata secondo i diversi punti di vista dei vari protagonisti. In particolare, il racconto di Callimaco rivela come Lucrezia si convinca a corrispondere l'amore del giovane. La donna ammette che non avrebbe mai tradito il marito, se non ci fosse stata portata con l'inganno, e trova un modo per rendere questo amore stabile e duraturo, senza intaccare la sua onestà morale. Callimaco, infatti, diverrà padrino del bambino da loro stessi concepito e potrà continuare a frequentare la casa in qualità di amante di Lucrezia, lasciando salve le apparenze e non turbando le convenzioni sociali.

I caratteri della commedia

La forza e l'efficacia della *Mandragola* sta nella **sapienza psicologica e drammaturgica** con cui sono congeniati i dialoghi e nella mirabile **abilità linguistica**, capace di caratterizzare i singoli personaggi e di trasporre sulla pagina la vivezza colorita dell'oralità. Sono proprio i pochi personaggi a garantire ritmi d'azione incalzanti e sostenuti, senza rallentamenti. La beffa, infatti, è ordita ai danni dei protagonisti, che appaiono così soltanto elementi di un ingranaggio inesorabilmente orientato all'inganno. Questa scelta consente la rappresentazione amara di una **società meschina e corrotta**, dove nessuno si distingue per una propria levatura morale.

La *Mandragola* e *Il Principe*

Proprio in questa **visione disincantata e pessimistica** dell'ambiente sociale dei personaggi si possono trovare punti di contatto stringenti tra la *Mandragola* e *Il Principe*. L'osservazione del mondo come è e non come dovrebbe essere (la «verità effettuale»), l'uso strumentale della religiosità, l'inganno come modo per ottenere risultati e la disponibilità di altri a essere ingannati, la ricerca dell'utile sono tutti elementi che rappresentano la continuità del pensiero machiavelliano nel tempo e attraverso i vari generi letterari.

Tra antichi e moderni

La *Mandragola* è composta sui grandi **modelli latini** di Plauto e, soprattutto, di Terenzio e si confronta al tempo stesso con gli **esempi recenti** delle commedie di Ariosto (*Cassaria* e *Suppositi* del 1508-09 ➤ p. 202) e di Bernardo Dovizi da Bibbiena (*Calandria* del 1513). Ai due suoi contemporanei, Machiavelli guarda per la scelta della prosa, per l'ambientazione moderna, per la mescolanza di suggestioni latine e boccacciane. Da **Boccaccio** discende in prevalenza la caratterizzazione dei personaggi, attraverso una tecnica combinatoria che trae coloriture diverse contemporaneamente da svariate novelle.

La lingua

Addirittura virtuosistica si rivela la **differenziazione linguistica** dei personaggi: spiccano in particolare i timbri contrapposti di Callimaco e di Nicia. Il primo obbedisce allo stereotipo dell'amante infelice, con un tono stilisticamente sostenuto, incline a slanci patetici ed effusioni liriche. Il secondo tocca punte di straordinaria comicità, con un lessico vernacolare e municipale, basso e volgare, teso a rendere la sua rozzezza e presunzione, la sua angusta caratura intellettuale, la sua ottusa volgarità.

T11 *La speranza e l'astuzia*

Mandragola
Atto I, scena I

In questa scena, la prima dell'opera, il giovane Callimaco racconta al servo Siro come si è innamorato di madonna Lucrezia ed espone così gli antefatti che innescano l'azione drammatica. Callimaco era partito da Firenze quando era ancora piccolo e si era trasferito a Parigi, dove viveva assai bene. A farlo innamorare, e quindi a dare avvio all'intreccio, è una figura molto machiavelliana, la "fortuna".

CALLIMACO Ma, parendo alla Fortuna che io avessi troppo bel tempo, fece che e' capitò a Parigi uno Cammillo Calfucci.

SIRO Io comincio a indovinarmi del male vostro.

CALLIMACO Costui, come li altri fiorentini, era spesso convitato da me; e, nel ragionare insieme, accadde un giorno che noi venimo in disputa dove erano più belle donne, o in Italia o in Francia.[1] E perché io non potevo ragionare delle italiane, sendo sì piccolo quando mi parti', alcuno altro fiorentino, che era presente, prese la parte franzese,[2] e Cammillo la italiana; e, dopo molte ragione assegnate da ogni parte, disse Cammillo, quasi che irato, che, se tutte donne italiane fussino monstri, che una sua parente era per riavere l'onore loro.[3]

SIRO Io sono or chiaro di quello che voi volete dire.

CALLIMACO E nominò madonna Lucrezia, moglie di messer Nicia Calfucci: alla quale e' dètte tante laude e di bellezze e di costumi, che fece restar stupidi[4] qualunque di noi,

FISSA I CONCETTI

- Delinea la trama della *Mandragola*.
- Quali sono gli elementi di modernità della *Mandragola*?

1. **accadde… Francia:** un giorno capitò di venire a discutere dove si trovavano le donne più belle, se in Italia o in Francia.
2. **prese la parte franzese:** cioè sosteneva che le più belle fossero in Francia.
3. **disse… loro:** Camillo Calfucci, irritato, disse che se anche tutte le italiane erano bruttissime (*monstri*) c'era una sua parente che poteva riscattare il loro onore.
4. **stupidi:** meravigliati.

ed in me destò tanto desiderio di vederla, che io, lasciando ogni altra deliberazione, né pensando più alle guerre o alle pace d'Italia, mi messi a venire qui.[5] Dove arrivato, ho trovato la fama di madonna Lucrezia essere minore assai che la verità, il che occorre rarissime volte, e sommi[6] acceso in tanto desiderio d'esser seco, che io non truovo loco.[7]

Siro Se voi me n'avessi parlato a Parigi, io saprei che consigliarvi; ma ora non so che mi vi dire.

Callimaco Io non ti ho detto questo per voler tua consigli, ma per sfogarmi in parte, e perché tu prepari l'animo adiutarmi, dove el bisogno lo ricerchi.

Siro A cotesto son io paratissimo; ma che speranza ci avete voi?

Callimaco Ehimè! Nessuna.

Siro O perché?

Callimaco Dirotti. In prima mi fa guerra[8] la natura di lei, che è onestissima ed al tutto aliena dalle cose d'amore; l'avere el marito ricchissimo, e che al tutto si lascia governare da lei, e, se non è giovane, non è al tutto vecchio, come pare; non avere parenti o vicini, con chi ella convenga ad alcuna vegghia[9] o festa o ad alcuno altro piacere, di che si sogliono dilettare le giovane. Delle persone **meccaniche**[10] non gliene capita a casa nessuna; non ha fante né famiglio,[11] che non triemi di lei: in modo che non c'è luogo ad alcuna corruzione.

lessico
Meccanico
Che riguarda le macchine o la parte della fisica che si occupa del moto; in senso figurato si usa per indicare un atto svolto senza pensare, in automatico (dal latino *mechanĭcus*, dal greco *mēkhanós*, derivato di *mēkhané*, «congegno, ordigno, apparecchio»).

Siro Che pensate, adunque, di poter fare?

Callimaco E' non è mai alcuna cosa sì disperata, che non vi sia qualche via da poterne sperare; e benché la fussi debole e vana, e la voglia e 'l desiderio, che l'uomo ha di condurre la cosa, non la fa parere così.

Siro Infine, e che vi fa sperare?

Callimaco Dua cose: l'una, la semplicità di messer Nicia, che, benché sia dottore,[12] egli è 'l più semplice ed el più sciocco uomo di Firenze; l'altra, la voglia che lui e lei hanno d'aver figliuoli, che, sendo lei stata sei anni a marito e non avendo ancora fatti, ne hanno, sendo ricchissimi, un desiderio che muoiono.

5. **mi... qui:** mi disposi a venire qui.
6. **sommi:** mi sono.
7. **non... loco:** non trovo pace.
8. **mi fa guerra:** si oppone (alle mie aspirazioni).
9. **con... vegghia:** con il quale lei si rechi a qualche veglia.
10. **persone meccaniche:** gli artigiani. Callimaco esclude forse la possibilità di travestirsi da artigiano per entrare in casa e conoscere così Lucrezia.
11. **non... lei:** non c'è nessuno dei suoi servitori o garzoni che non abbia una tremenda paura di lei, cosicché non c'è nemmeno da immaginare di corromperne qualcuno (per recapitare messaggi, o regali, o per conoscere le sue abitudini).
12. **dottore:** altrove si dice che Nicia era laureato in legge.

Analisi del testo

Struttura

Gli antefatti e la situazione presente Callimaco espone a Siro gli antefatti e la sua sofferenza d'amore per la donna irraggiungibile. Quindi espone minuziosamente tutte le difficoltà che si frappongono anche solo a un corteggiamento: la donna è «onestissima» (r. 25) e non pensa a intrighi amorosi; il marito è ricchissimo e neanche troppo vecchio (il sottinteso è che non si può far leva né sulla povertà né sull'insoddisfazione di Lucrezia); la donna conduce vita ritirata; in casa non è possibile entrare in veste di artigiano e i servi sono incorruttibili. Situazione disperata? Certamente, ma Callimaco si appella a tutto ciò che possa rovesciare la situazione e trova almeno due appigli: la stupidità di Nicia e il desiderio dei coniugi di avere figli. Questi due fattori gli serviranno per ordire l'inganno e ottenere una insperata vittoria.

Lingua e stile

Lo stereotipo del linguaggio d'amore Il personaggio di Callimaco ricalca lo stereotipo dell'amante infelice e anche il registro stilistico del suo discorso riprende toni e forme sostenute, di derivazione boccacciana, e persino qualche stilema della lirica d'amore: «io non truovo loco», «mi fa guerra» (per esempio Petrarca, *Canzoniere*, CXXXIV: «Pace non trovo e non ò da far guerra»), l'endecasillabo «in tanto desiderio d'esser seco». Pure dalla lirica d'amore, e precisamente dal provenzale Jaufré Rudel, è ripreso il *topos* dell'innamoramento che inizia "da lontano" (*de lonh*), basato sulla lode che qualcuno fa della bellezza della donna.

Callimaco e la logica machiavelliana In realtà, dietro questa patina di innamorato tradizionale, Callimaco possiede un animo ben diverso: esamina logicamente la situazione e, come nelle argomentazioni più tipiche del *Principe*, trova una potenziale soluzione, che del *Principe* ricalca anche l'argomentazione binaria: «Dua cose: l'una, la semplicità di messer Nicia, che, benché sia dottore, egli è 'l più semplice ed el più sciocco uomo di Firenze; l'altra, la voglia che lui e lei hanno d'aver figliuoli» (rr. 37-39).

Temi

Il rovesciamento dei valori In analogia con l'azione politica, che talvolta richiede la violazione dei valori tradizionali, anche la soluzione di Callimaco implica un inganno sciagurato. La *Mandragola* misura quindi una sostanziale differenza rispetto alla gran parte dei modelli comici classici, plautini e terenziani, in cui il lieto fine viene conseguito senza alterare l'ordine morale. Il felice epilogo, per così dire, della *Mandragola* si colloca su un piano diverso, che trascina anche l'«onestissima» Lucrezia ad accettare le leggi di un mondo che salva le apparenze, ma che è in realtà dominato da forze brutali. Callimaco stesso compendia questa situazione, riferendo le parole che Lucrezia gli ha detto dopo che è stata ingannata (atto V, scena IV): «Poi che l'astuzia tua, la sciocchezza del mio marito, la semplicità di mia madre e la tristizia del mio confessoro [frate Timoteo] mi hanno condutto a fare quello che mai per me medesima arei fatto, io voglio giudicare che venga da una celeste disposizione, che abbi voluto così. [...] Però, io ti prendo per signore, patrone, guida; tu mio padre, tu mio difensore, e tu voglio che sia ogni mio bene; e quel che mio marito ha voluto per una sera, voglio ch'egli abbi per sempre».

Officina

COMPRENDERE

1. Quali eventi stimolano l'interessamento di Callimaco nei confronti di Lucrezia?
2. Perché Callimaco confida a Siro i suoi sentimenti?
3. Da quali contrastanti sentimenti è guidato Callimaco circa la possibilità di sedurre la donna?

ANALIZZARE

4. **Lingua e stile** Analizza la sintassi della seconda battuta di Callimaco. Prevale l'ipotassi o la paratassi? Che effetto ottiene così l'autore?
5. **Lingua e stile** Analizza le battute di Siro dal punto di vista lessicale. Il lessico è semplice o ricercato? Il registro è alto, medio o basso?
6. Individua e sottolinea nel testo tutti i termini e le espressioni liriche.

INTERPRETARE

7. «E non è mai alcuna cosa sì disperata, che non vi sia qualche via da poterne sperare; e benché la fussi debole e vana, e la voglia e 'l desiderio, che l'uomo ha di condurre la cosa, non la fa parere così» (rr. 33-35). Ritieni che questa massima di tono proverbiale pronunciata da Callimaco possa rientrare nel pensiero machiavelliano? Nell'ottica di Callimaco in quale relazione sono «Virtù» e «Fortuna»?
8. Rileggi la terza battuta di Callimaco (rr. 12-17): trovi qualche legame con la lirica erotico-amorosa che hai studiato?

PERCORSO DI SCRITTURA

Riscrittura Riscrivi l'episodio in forma di racconto con un narratore esterno. Se vuoi caratterizzare i personaggi o i luoghi, attieniti alla coerenza testuale, tenendo presenti anche i caratteri della commedia esposti alle pp. 360-361.

T12 Gli scrupoli di Lucrezia

Mandragola
Atto III, scene IX-XI

Dopo un lungo lavoro di tessitura dell'inganno ordito ai danni dello sciocco Nicia, narrato nei primi due atti, nel terzo l'azione tocca il suo snodo cruciale: il mezzano Ligurio (con l'appoggio dell'inconsapevole Nicia) corrompe fra' Timoteo perché convinca Lucrezia, saggia e onesta, a giacere con uno sconosciuto. Il frate, cinico e disonesto, si avvale dell'aiuto di Sostrata, la madre di Lucrezia, che non manca della malizia e della spregiudicatezza necessarie per indurre la figlia a un adulterio non colpevole, perché voluto dallo stesso marito.
Il motore di questa scena è incarnato dall'astuto frate, disposto a piegare i princìpi religiosi al proprio utile e ad ammantare di santità, sacrificio e coerenza il più bieco degrado morale. Più volte il discorso del frate è percorso da allusioni maliziose, che contribuiscono a determinare il gusto della comicità amara di questa commedia.

lessico
Indurre
Spingere a un determinato comportamento o atteggiamento; riferito a sensazioni fisiche o spirituali, significa «determinare» («farmaco che induce sonnolenza»). Si costruisce con le preposizione *a* o *in*, in frasi come «indurre qualcuno all'errore»; «non indurre in tentazione».

[*Fra' Timoteo solo*]
FRA' TIMOTEO Io non so chi si abbi giuntato l'uno l'altro.[1] Questo tristo di Ligurio ne venne a me con quella prima novella, per tentarmi,[2] acciò, se io li consentivo quella,[3] m'**inducessi** più facilmente a questa; se io non gliene consentivo, non mi arebbe detta questa, per non palesare e' disegni loro sanza utile,[4] e di quella che era falsa[5] non si curavano. Egli è vero che io ci sono suto giuntato; nondimeno, questo giunto[6] è con mio utile. Messer Nicia e Callimaco sono ricchi, e da ciascuno, per diversi rispetti, sono per trarre[7] assai; la cosa convien stia[8] secreta, perché l'importa così a loro, a dirla, come a me. Sia come si voglia, io non me ne pento. È ben vero che io dubito non ci avere difficultà,[9] perché madonna Lucrezia è savia e buona: ma io la giugnerò in sulla bontà.[10] E tutte le donne hanno alla fine poco cervello; e come ne è una sappi dire dua parole, e' se ne predica,[11] perché in terra di ciechi chi vi ha un occhio è signore.[12] Ed eccola con la madre, la quale è bene una bestia,[13] e sarammi uno grande adiuto[14] a condurla alle mia voglie.

1. **chi... l'altro:** chi dei due abbia ingannato (*giuntato*) l'altro.
2. **prima... tentarmi:** Ligurio aveva dapprima ingannato fra Timoteo, chiedendogli aiuto per un caso di aborto e promettendogli una sostanziosa ricompensa. Attratto dal riscontro economico, il frate aveva accettato. Soltanto dopo, Ligurio l'aveva coinvolto nella faccenda di Callimaco, perché si adoperasse a convincere Lucrezia.
3. **se... quella:** se io accettavo di compiere quella.
4. **per... utile:** per non rivelare loro piani senza frutto.
5. **e di... falsa:** si riferisce alla storia della ragazza da far abortire.
6. **giunto:** beffa.
7. **per trarre:** guadagnare.
8. **convien stia:** è necessario che rimanga.
9. **io... difficultà:** credo di avere difficoltà, secondo la costruzione latina.
10. **ma... bontà:** ma io la ingannerò facendo leva sulla sua bontà.
11. **e' se ne predica:** se ne dice bene.
12. **in terra... signore:** è una ripresa del proverbio latino medievale *Beati monoculi in terra orbarum* («beati quelli che hanno un occhio solo, nella terra dei ciechi»).
13. **la... bestia:** cioè è una poveretta, ottusa e ignorante.
14. **adiuto:** aiuto.

[Sostrata, Lucrezia]

SOSTRATA Io credo che tu creda, figliuola mia, che io stimi l'onore ed el bene tuo quanto persona del mondo,[15] e che io non ti consiglierei di cosa che non stessi bene. Io ti ho detto e ridicoti,[16] che se fra' Timoteo ti dice che non ti sia carico di conscienzia, che tu lo faccia sanza pensarvi.

LUCREZIA Io ho sempre mai[17] dubitato[18] che la voglia, che messer Nicia ha d'avere figliuoli, non ci facci fare qualche errore; e per questo, sempre che[19] lui mi ha parlato di alcuna cosa, io ne sono stata in gelosia e sospesa,[20] massime poi che m'intervenne quello che vi sapete, per andare a' Servi.[21] Ma di tutte le cose, che si son tentate, questa mi pare la più strana, di avere a sottomettere el corpo mio a questo vituperio,[22] ad esser cagione che uno uomo muoia per vituperarmi:[23] perché io non crederrei, se io fussi sola rimasa nel mondo e da me avessi a risurgere l'umana natura,[24] che mi fussi simile partito[25] concesso.

SOSTRATA Io non ti so dire tante cose, figliuola mia. Tu parlerai al frate, vedrai quello che ti dirà, e farai quello che tu dipoi sarai consigliata da lui, da noi, da chi ti vuole bene.

LUCREZIA Io sudo per la passione.[26]

[Fra' Timoteo, Lucrezia, Sostrata]

FRA' TIMOTEO Voi siate le ben venute. Io so quello che voi volete intendere da me,[27] perché messer Nicia m'ha parlato. Veramente, io sono stato in su' libri più di dua ore a studiare questo caso, e, dopo molte examina,[28] io truovo di molte cose che, ed in particulare ed in generale, fanno per noi.

LUCREZIA Parlate voi da vero o motteggiate?[29]

FRA' TIMOTEO Ah, madonna Lucrezia! Sono, queste, cose da motteggiare? Avetemi voi a conoscere ora?[30]

LUCREZIA Padre, no; ma questa mi pare la più strana cosa che mai si udissi.

FRA' TIMOTEO Madonna, io ve lo credo, ma io non voglio che voi diciate più così. E' sono molte cose che discosto[31] paiano terribili, insopportabili, strane, che, quando tu ti appressi loro, le riescono[32] umane, sopportabili, dimestiche, e però si dice che sono maggiori li spaventi che e mali: e questa è una di quelle.

LUCREZIA Dio el voglia![33]

15. **persona del mondo:** nessuno al mondo.
16. **ridicoti:** te lo dico di nuovo.
17. **sempre mai:** sempre.
18. **dubitato:** temuto.
19. **sempre che:** ogni volta che.
20. **in gelosia e sospesa:** sospettosa e preoccupata.
21. **per... Servi:** Lucrezia era stata costretta a rompere il voto di assistere alla messa ogni mattina, perché insidiata da alcuni frati, come racconta Nicia, nell'atto III, scena II.
22. **vituperio:** vergogna.
23. **vituperarmi:** svergognarmi. La stessa parola usa Machiavelli, a proposito dell'Italia, nel capitolo XXVI del *Principe*.
24. **se... natura:** se io fossi rimasta l'ultima donna del mondo e da me si dovesse ricostruire l'intero genere umano. Fra' Timoteo sfrutterà poco dopo questo argomento, per convincere Lucrezia.
25. **partito:** scelta.
26. **passione:** angoscia.
27. **volete... me:** volete sapere da me.
28. **examina:** esami. il latinismo serve per dare solennità ed efficacia al suo consiglio, facendo valere la superiorità culturale del frate.
29. **da... motteggiate?:** sul serio o scherzate?.
30. **avetemi... ora?:** mi conoscete forse da ora?.
31. **discosto:** da lontano, con funzione avverbiale.
32. **le riescono:** risultano.
33. **Dio el voglia:** Volesse il cielo.

Fra' Timoteo Io voglio tornare a quello, ch'io dicevo prima. Voi avete, quanto alla conscienzia, a pigliare questa generalità,[34] che, dove è un bene certo ed un male incerto, non si debbe mai lasciare quel bene per paura di quel male. Qui è un bene certo, che voi ingraviderete, acquisterete una anima a messer Domenedio;[35] el male incerto è che colui che iacerà, dopo la pozione, con voi, si muoia; ma e' si truova anche di quelli che[36] non muoiono. Ma perché la cosa è dubia, però è bene che messer Nicia non corra quel periculo. Quanto allo atto, che sia peccato, questo è una favola, perché la volontà è quella che pecca, non el corpo; e la cagione del peccato[37] è dispiacere al marito, e voi li compiacete;[38] pigliarne piacere,[39] e voi ne avete dispiacere. Oltr'a di questo, el fine si ha a riguardare in tutte le cose:[40] el fine vostro si è riempiere una sedia in paradiso, e contentare el marito vostro. Dice la Bibbia che le figliuole di Lotto,[41] credendosi essere rimase sole nel mondo, usorono con[42] el padre; e, perché la loro intenzione fu buona, non peccorono.[43]

Lucrezia Che cosa mi persuadete voi?

Sostrata Làsciati persuadere, figliuola mia. Non vedi tu che una donna, che non ha figliuoli, non ha casa? Muorsi[44] el marito, resta come una bestia, abandonata da ognuno.

Fra' Timoteo Io vi giuro, madonna, per questo petto sacrato, che tanta conscienzia[45] vi è ottemperare in questo caso al marito vostro, quanto vi è mangiare carne el mercoledì, che è un peccato che se ne va con l'acqua benedetta.[46]

Lucrezia A che mi conducete voi, padre?

Fra' Timoteo Conducovi a cose, che voi sempre arete cagione di pregare Dio per me; e più vi satisfarà[47] questo altro anno che ora.[48]

Sostrata Ella farà ciò che voi volete. Io la voglio mettere stasera al letto io. Di che hai tu paura, moccicona?[49] E' ci è cinquanta donne, in questa terra, che ne alzerebbono le mani al cielo.

Lucrezia Io sono contenta: ma io non credo mai[50] essere viva domattina.

Fra' Timoteo Non dubitar, figliuola mia: io pregherrò Iddio per te, io dirò l'orazione dell'Angiolo Raffaello,[51] che ti accompagni. Andate, in buona ora, e preparatevi a questo misterio, ché si fa sera.

Sostrata Rimanete in pace, padre.

Lucrezia Dio m'aiuti e la Nostra Donna,[52] che io non càpiti male.

Biblioteca digitale
Callimaco trionfante

34. generalità: indicazione generale.
35. acquisterete... Domenedio: genererete un'anima per il Signore (dal latino *Dominus Deus*).
36. è... che: si trovano anche alcuni che.
37. la cagione: la causa.
38. li compiacete: gli fate piacere.
39. pigliare piacere: sottinteso "la cagione del peccato è".
40. el fine... cose: espressione analoga usa Machiavelli nel capitolo XVIII del *Principe*: «in tutte le cose si guarda al fine».
41. la Bibbia... Lotto: l'episodio è narrato nel libro della *Genesi* (19, 30-37).
42. usorono con: si accoppiarono con.
43. dice... peccorono: il frate cerca falsi precedenti teologici, per fondare la sua opinione e renderla persuasiva.
44. muorsi: se ne muore.
45. conscienzia: colpa.
46. è un peccato... benedetta: la battuta contiene una precisa eco del *Decameron*: «i peccati [...] se n'andranno con l'acqua benedetta» (III, 4).
47. vi satisfarà: vi farà piacere.
48. questo... anno: agli occhi di Lucrezia, il frate intende dire quando avrà già il figlio. In realtà vi si può leggere un'intenzione maliziosa, che si riferisce alla gioia di avere un amante (come poi di fatto avverrà).
49. moccicona?: bambinona (voce idiomatica municipale).
50. non credo mai: non credo proprio.
51. Angiolo Raffaello: la preghiera dell'angelo Raffaele che accompagna Tobia a prendere la sua sposa, nell'omonimo libro biblico.
52. Nostra Signora: la Madonna.

Costruisci la tua analisi → VERSO IL NUOVO ESAME DI STATO

Struttura

Lucrezia sotto assedio

1. Ricostruisci la struttura del brano, completando la seguente tabella.

SCENA	CONTENUTO
IX Fra' Timoteo: da ingannato a ingannatore	**L'antefatto:** il frate ricorda che Ligurio .... **Il proposito:** il frate si prefigge di ....
X La malizia di Sostrata, l'ingenuità di Lucrezia	**Le parole di Sostrata:** la madre raccomanda alla figlia di .... **Gli scrupoli di Lucrezia:** la giovane teme che ....
XI L'arte dialettica di fra' Timoteo	**L'argomentazione del frate:** Lucrezia non commetterebbe peccato perché: 1. in generale, ... 2. in particolare, nel suo caso il bene è certo perché ...., il male incerto perché .... 3. anche nella Bibbia troviamo un episodio significativo: ....

Comprensione

Ingannati e ingannatori

2. Come è stato ingannato fra' Timoteo dal servo Ligurio? Perché il frate dice che l'inganno subito è tornato a suo vantaggio?

3. Quali sono gli scrupoli di Lucrezia? Cosa le dice la madre Sostrata al riguardo?

Analisi

Le parole dell'inganno

Lingua e stile

4. Una delle parole chiave del passo è «giuntare», che, nell'italiano cinquecentesco, significa "ingannare". Con l'aiuto di un dizionario, ricostruisci l'etimologia del termine. Trova quindi nel testo le altre parole che rientrano nell'area semantica di "ingannare", "tramare contro qualcuno".

5. Individua nel discorso di fra' Timoteo nella scena XI (rr. 48-60) termini ed espressioni della filosofia e della teologia e prova a spiegare perché vengono usate dal frate in modo tendenzioso.

Interpretazione

Il criterio dell'utile

6. Fra' Timoteo segue una morale simile a quella che Machiavelli adotta nel *Principe*: per quale ragione? Rispondi alla domanda in max 10 righe, dopo aver riletto la lettera dedicatoria al *Principe* (**T2** ➤ p. 325) e **T5** (➤ p. 337).

Scrittura

L'arte della persuasione

7. Riscrivi il discorso di fra' Timoteo nella scena XI (rr. 48-60) sotto forma di testo argomentativo. Per prima cosa enuncia la tesi da dimostrare, poi presenta i vari argomenti a sostegno e infine concludi con un caso esemplare.

VOCI
DAL NOVECENTO

Il giorno della civetta di Leonardo Sciascia: la verità dei fatti

Leonardo Sciascia

Attraverso libri narrativi e d'inchiesta che cercano di svelare gli **oscuri meccanismi** di episodi passati e presenti **della storia italiana** (la mafia, l'inquisizione, il caso Moro), critico nei confronti del potere Sciascia riconosce nella ricerca della verità una disperata prova di speranza:

> quale più bella prova d'ottimismo di quella che continuo a dare scrivendo su ciò che Machiavelli chiamava la "verità effettuale" delle cose ed incassando per questo le reazioni più violente degli imbecilli, per non dire di più? Il vero pessimismo sarebbe di non scrivere più, di lasciare libero corso alla menzogna. Se non lo faccio, vuole dire, in definitiva, che sono incurabilmente ottimista.

LE RAGIONI DI UNA VICINANZA

La verità effettuale delle cose

«Notissimo da sempre Machiavelli per la sua praticità… notissimo oggi Sciascia per altrettanta praticità *nero su nero*, ma non per questo pessimistica, quella della mafia…»: così sosteneva **Goffredo Parise** a proposito delle possibili analogie tra due grandi scrittori politici della letteratura italiana. L'accostamento è suggestivo e fondato. Prima di esporre il trattamento che un principe deve riservare a sudditi e amici (capitolo XV del *Principe*), Machiavelli premette che si discosterà dalle analisi scritte da altri autori perché vuole scrivere un'**opera "utile"**, dunque si atterrà esclusivamente alla «verità effettuale della cosa». Pochi mesi prima di morire, intervistato da Benedetta Craveri su «Le Monde», Leonardo Sciascia (1921-89) ripropone la **lezione di Machiavelli**.

IL POSTO NEL CANONE

Libri per tutti

Scrittore militante, lettore e alunno degli **illuministi francesi** come del **Manzoni** tragico e autore della ***Storia della colonna infame***, Leonardo Sciascia diventa famoso negli anni Sessanta con ***Il giorno della civetta*** (1961). Primo libro di successo sulla mafia e sulle **collusioni tra Stato e mafia**, il romanzo si rivolge e giunge al grande pubblico. Per denunciare davanti a un numero il più possibile ampio di persone gli errori della società e della politica, Sciascia fa ricorso a **generi letterari** considerati **di consumo** (il poliziesco, nel caso del *Giorno della civetta*) e opta per uno stile piano e razionale, di immediata comprensione.

RITRATTO DELL'AUTORE

Un siciliano per il mondo

Nato a Recalmuto in Sicilia, nel 1921, Sciascia studia a Caltanissetta e si avvicina precocemente agli **ambienti antifascisti**, specialmente al Partito comunista clandestino. Dopo la guerra, pubblica il libro *Favole della dittatura* (1950; brevi testi ispirati a Fedro, ma la cui morale è legata alle storture del Ventennio fascista da poco concluso) e *Le parrocchie di Regalpetra* (1956). Questi ultimi sono racconti e riflessioni sulla vita in un piccolo paese siciliano, e mostrano «quanto lontana sia questa vita dalla libertà e dalla giustizia, cioè dalla ragione». Per Sciascia si tratta dello stesso male di cui l'Italia tutta ha sofferto nel passato e soffre nel presente. Ed è questo male che continua a indagare nella sua opera.
Dopo la pubblicazione de *Il giorno della civetta*, Sciascia scrive, sullo stesso argomento, ***A ciascuno il suo*** (1966) e ***Una storia semplice*** (1985), quest'ultimo su mafia e traffico di droga. L'indagine sulle ingiustizie e le violenze del passato frutta libri come ***Morte dell'inquisitore*** (1964), storia basata su documenti di prima mano di un eretico del XVII secolo che uccide durante un interrogatorio il suo inquisitore, e ***La strega e il capitano***, su un processo per stregoneria realmente avvenuto e citato velocemente da Manzoni nel capitolo 31 dei *Promessi Sposi*.
Già eletto consigliere comunale per la lista del Partito comunista italiano nel 1975, abbandona la carica nel 1977; dal 1979 è in parlamento come deputato del Partito radicale e partecipa alla commissione di inchiesta sul Caso Moro, l'esponente della Democrazia cristiana rapito e ucciso dalle Brigate Rosse nel 1978 (sull'argomento aveva scritto il *pamphlet* d'inchiesta ***L'affaire Moro***, il primo libro che analizza seriamente le lettere spedite *da* Moro durante la prigionia). Muore a Palermo nel 1989.

IL LIBRO DA LEGGERE

Il giorno della civetta

Sciascia termina di scrivere *Il giorno della civetta* nel 1960 e nel 1961 lo pubblica per Einaudi. Stando alle dichiarazioni dello stesso Sciascia, l'idea del libro nasce da un **fatto di cronaca**: l'uccisione a Sciacca, in provincia di Agrigento, nel 1947, del sindacalista comunista Accursio Miraglia per mano della mafia. Il titolo dell'opera viene da un **verso di Shakespeare** riportato in epigrafe, «come la civetta quando di giorno compare» (*Enrico VI*), che paragona il modo di agire mafioso al volo di una civetta in pieno giorno: paradossale eppure sfrontato, evidente, anche grazie alla complicità della politica.

Il testo racconta le indagini del capitano Bellodi, ex partigiano, sull'omicidio di Salvatore Colasberna, presidente di una piccola cooperativa edilizia, ucciso da due colpi di lupara. A seguito di una lettera anonima, Bellodi decide di indirizzare le indagini nel settore degli appalti edilizi e della mafia, che li controlla. Testimoni e persone che hanno fatto i nomi di mafiosi scompaiono o vengono trovate morte. Bellodi non si ferma: con astuzia mette i mafiosi l'uno contro l'altro, mentre la vicenda diventa sempre più di interesse nazionale, e arriva a interrogare Mario Arena, il capomafia, mettendolo di fronte alle sue responsabilità. Il risultato di questo lavoro è l'invio di un mandato d'arresto per tre persone: i mafiosi Rosario Pizzuco e Diego Marchica (il sicario), oltre allo stesso intoccabile Mariano Arena.

Nel frattempo, però, gli **alti organismi dello Stato** remano in direzione contraria: durante una seduta della Camera dei deputati, l'intera vicenda è liquidata come delinquenza comune, e vengono respinte le accuse di collusione con la «cosiddetta mafia», «la quale, ad opinione del governo, non esiste se non nella fantasia dei socialcomunisti».

Allontanato dalla Sicilia, Bellodi viene a sapere che le sue accuse sono state integralmente smontate e che nulla di quanto avvenuto è stato riportato alla luce del sole. Si ripromette di tornare in Sicilia, nonostante l'amara vicenda di ingiustizia. Conversando con un amico, si sente dire: «Forse tutta l'Italia va diventando Sicilia».

Fotogramma del film *Il giorno della civetta* (1968), diretto da Damiano Damiani nel 1968 e tratto dall'omonimo romanzo di Sciascia. La scena raffigura l'omicidio di Salvatore Colasberna, impresario edile ucciso a colpi di lupara dal malavitoso Zecchinetta per essersi rifiutato di cedere un appalto a una ditta protetta della mafia.

UN ESTRATTO

Il silenzio degli onesti e dei disonesti

La pagina forse più nota del libro è l'interrogatorio al capomafia Mariano Arena da parte del Commissario Bellodi. Lo scambio di battute, dove Arena alterna velate minacce e seduttivi complimenti allo stremato capitano, dimostra che il comportamento mafioso nasce, si sviluppa e cresce a partire da tre basi: l'assenza del diritto, la corruzione, l'omertà.

Don Mariano fece un gesto di noncuranza.
«Abbiamo anche copia della sua denuncia dei redditi e della cartella di esattoria: lei ha denunciato un reddito...»
«Uguale al mio», intervenne il brigadiere.
«... e paga di tasse...»
«Un po' meno di me» disse ancora il brigadiere.
«Vede?» disse il capitano. «Ci sono molte cose da chiarire, che lei deve spiegare...»
Di nuovo don Mariano fece un gesto di noncuranza.
"Questo è il punto – pensò il capitano – su cui bisognerebbe far leva. È inutile tentare di incastrare nel penale un uomo come costui: non ci saranno mai prove sufficienti, il silenzio degli onesti e dei disonesti lo proteggerà sempre. [...] Bisognerebbe, di colpo, piombare sulle banche; mettere mani esperte nelle contabilità, generalmente a doppio fondo, delle grandi e delle piccole aziende; revisionare i catasti. [...] Soltanto così a uomini come don Mariano comincerebbe a mancare il terreno sotto i piedi... In ogni altro paese del mondo, una evasione fiscale come questa che sto constatando sarebbe duramente punita: qui don Mariano se ne ride, sa che non gli ci vorrà molto ad imbrogliare le carte".

GUIDA AL RIPASSO

AUDIO

Profilo biografico

Machiavelli nasce a Firenze nel 1469, da genitori appartenenti alla borghesia di media agiatezza. Dopo aver ricevuto un'**educazione umanistica**, nel 1498 intraprende l'**attività politica per la Repubblica** come segretario della Seconda cancelleria e dei Dieci di Balìa. Negli anni successivi è impegnato in una serie di missioni per conto della città: a Pisa, in Francia, presso Cesare Borgia detto il Valentino e in Germania. Con il ritorno in città dei Medici, nel 1512 viene estromesso dalla vita pubblica e per un breve periodo anche incarcerato. Negli anni seguenti si dedica prevalentemente alla **scrittura**, terminando o componendo le sue **opere principali**. A partire dal 1521 riprende l'attività pubblica, per conto del nuovo governo, con incarichi di modesta importanza. Costretto nuovamente al ritiro nel 1527 con la restaurazione della Repubblica, muore nello stesso anno.

L'importanza dell'attività politica

Le missioni compiute per conto della Repubblica fiorentina in Italia e all'estero permettono a Machiavelli di constatare la **specificità della situazione italiana** rispetto alle nazioni confinanti: mentre queste ultime sono impegnate nella costruzione dello Stato moderno, l'Italia è caratterizzata da una frammentarietà politica e istituzionale di tipo ancora feudale. In parte responsabile di questa fragilità è lo Stato pontificio, troppo debole per unificare la penisola ma abbastanza forte per impedire ad altre potenze regionali di realizzare una simile opera.

«Verità effettuale» e storia

Ispirata dalla sua attività pubblica, la **riflessione politica di Machiavelli** che emerge dai trattati e dalle lettere si fonda su due elementi. Il primo è lo **studio della storia** (specialmente romana), che permette di ricavare delle costanti in grado di orientare l'azione politica futura. Il secondo è la **«verità effettuale»**, che consiste nell'osservazione dei fatti o nella deduzione da ciò che si esperisce direttamente.

La concezione del potere politico e dello Stato

Secondo Machiavelli l'azione politica si fonda su princìpi autonomi, indipendenti dai tradizionali valori etici e religiosi. Tale azione permette di contrastare la natura distruttiva degli esseri umani e assicurare lo svolgimento ordinato della vita associata. Nel ***Principe*** il potere politico è esercitato dal principe, che per costruire e salvaguardare lo Stato deve sia esercitare le proprie buone qualità sia all'occorrenza «entrare nel male». L'insieme delle capacità del principe costituiscono le sue virtù: con queste tenta di contrastare la **«Fortuna»**, cioè l'insieme delle circostanze che non possono essere dominate dall'uomo. Nei ***Discorsi sopra la prima Deca di Tito Livio***, Machiavelli assume invece una prospettiva più generale: studia la vita degli Stati (repubblicani o monarchici) dalla loro origine al loro declino. Lo sviluppo di uno Stato appare come un **processo ciclico**: da una forma di governo si passa a una successiva e differente per ritornare poi a quella precedente. Le preferenze di Machiavelli vanno per lo **Stato repubblicano**: rispetto a quello monarchico, la repubblica è dotata di istituzioni più longeve ed è maggiormente in grado di unificare e armonizzare gli interessi particolari che la animano all'interno.

Il teatro

Machiavelli scrive quattro opere per il teatro, la più celebre delle quali è la commedia ***Mandragola***. Modellata tanto sugli esempi latini di Plauto e Terenzio quanto su quelli moderni di Ariosto e Dovizi da Bibbiena, la commedia è affine a *Il Principe* per l'interesse mostrato nei confronti della «verità effettuale» e per il ricorso all'inganno e al male come mezzi per ottenere risultati.

Niccolò Machiavelli

MAPPA

OPERE

- **lettere**
  - **carteggio privato** (1497-1527)
    - poco meno di 80 lettere in lingua volgare
    - carteggi con Vettori e Guicciardini
- **trattati**
  - ***Il Principe*** (1513-1514/1518; 1532)
    - lingua volgare
    - struttura logico-argomentativa che procede per opposizioni binarie
    - utilizzo di «nondimanco»

    - modalità per ottenere e conservare un principato
    - opportunità di un esercito non mercenario
    - qualità del principe
    - fortuna *vs* virtù
    - storia come guida per l'azione politica
  - ***Discorsi sopra la prima Deca di Tito Livio*** (1502?-1521; 1531)
    - lingua volgare
    - carattere frammentario e disorganico dell'opera

    - storia di Roma dalle origini fino al 280 a.C. circa
    - teoria politica generale che considera nascita, sviluppo e decadenza degli Stati
  - ***Istorie fiorentine*** (1498?-1525)
    - lingua volgare

    - storia di Firenze dal 1215
    - problema dei disordini sociali cittadini
- **teatro**
  - ***Mandragola*** (1518; 1520)
    - commedia di 5 atti in prosa, in lingua volgare
    - differenziazione linguistica dei personaggi

    - rappresentazione disincantata e pessimistica della società

LA TUA LEZIONE
MACHIAVELLI

PRIMA DI PREPARARE LA LEZIONE

→ Che cosa non puoi non sapere

1. Riassumi gli eventi salienti della vita professionale di Machiavelli: le sue missioni dopo l'ingresso in politica, l'incontro con Cesare Borgia, l'esilio e l'interruzione dell'attività politica.
2. Qual è il pensiero di Machiavelli intorno alla Stato e come si contestualizza entro le dinamiche della formazione dello Stato moderno?
3. Illustra l'idea pessimistica che Machiavelli aveva maturato degli esseri umani.
4. Quale importanza ha l'epistolario nella vita e nell'opera di Machiavelli? Rispondi portando l'esempio di una lettera significativa.
5. Spiega brevemente la genesi compositiva del *Principe*, la scelta del destinatario e il "movente" all'origine della stesura.
6. *Il Principe* è fra i capolavori letterari e filosofici del Cinquecento e, nonostante la sua brevità, si presenta come un denso studio sulla natura del potere. È possibile individuare nel testo quattro blocchi tematici principali: illustrali in breve.
7. Qual è il metodo che Machiavelli adotta nel *Principe*?
8. Discuti le scelte stilistiche e linguistiche del *Principe*, soffermandoti anche sulla dinamica delle opposizioni binarie che si ripetono nel testo del trattato.
9. Illustra in breve la genesi, il titolo, il genere letterario e la struttura dei *Discorsi sopra la prima Deca di Tito Livio*.
10. Perché la *Mandragola* è una commedia importante, a livello tematico, nell'ambito dell'intera opera machiavelliana e, particolarmente, in relazione alle tematiche del *Principe*?

→ Impadronirsi dei termini chiave: le parole dell'autore

Occasione Nel *Principe* Machiavelli elabora un'idea di "occasione" mettendola in stretta correlazione con il concetto di fortuna. Ripercorri questo nucleo tematico, accennando anche all'importanza che il termine "occasione" assume nell'opera machiavelliana al di là del *Principe*. Rispondi aiutandoti con la scheda *Le nostre parole*, p. 329.

Astuzia Termine chiave dell'opera machiavelliana, "astuzia" ricorre sia nel *Principe* sia nei *Discorsi*. Tuttavia il sostantivo è usato ambiguamente nel *Principe*: in che modo? Rispondi aiutandoti con la scheda *Le nostre parole*, p. 340.

COSTRUISCI LA TUA LEZIONE

Lezione 1 Un modello di nuovo *Principe*: il mito del centauro

SCALETTA

- Per cominciare, considera l'importanza del capitolo XVIII del *Principe* come illustrazione teorica del modello di un nuovo e perfetto principe, dopo che l'autore ha chiarito, nei capitoli precedenti, le diverse tipologie di sovrano e le varie dinamiche del potere, condizionate da agenti esterni come la fortuna.
- Dai rilievo alla dichiarazione controcorrente rispetto all'impiego dell'astuzia da parte del nuovo principe, qualità – l'astuzia – vista come necessaria sebbene in sé negativa.
- Spiega la distinzione fra i due modi di combattetre: con le leggi e con la forza» e la conseguente indicazione del necessario ricorso alla forza quando la legalità non è sufficiente.

- Fai riferimento alla mitologia del centauro Chirone (metà uomo e metà cavallo) come precettore di Achille: così deve essere istruito il nuovo principe, la cui personalità è doppia, dotata sia della ragione sia di impulsi irrazionali.
- Esemplifica quale «natura bestiale» dovrà procurarsi il nuovo principe: quella di leone e di volpe. Leone come simbolo di forza e potenza, volpe come simbolo di astuzia e intelligenza.
- Illustra il caso concreto di papa Alessandro VI, figura di «ingannatore» protetta nel suo intento dalla sua profonda conoscenza degli uomini.
- Concludi analizzando la legittimazione dell'inganno nel principe, il quale deve mostrarsi capace di pietà, fede, integrità morale e ossequio religioso anche se privo di queste prerogative.

TESTI DI RIFERIMENTO

- **T6** *Il principe «necessitato» e il mito del centauro*

PAROLE DA USARE

- *astuzia* • *fede* • *aggirare* • *lealtà* • *combattere* • *centauro* • *leone* • *volpe* • *esempio* • *inganno* • *dannoso* • *qualità* • *fedele* • *umano* • *pietoso* • *intero* • *religioso*

Lezione 2 Astuzia e inganno a teatro: la *Mandragola*

SCALETTA

- Esponi in cosa consiste il piano architettato dall'amante infelice Callimaco per ingannare Lucrezia, la donna di cui si è innamorato.
- Spiega perché Callimaco agisce come portavoce della «logica machiavelliana», quindi come osservatore di una realtà difficile (la conquista di Lucrezia impedita dalla riservatezza della donna e dalla ricchezza del marito Nicia) per la quale è lecito trovare anche soluzioni basate sull'inganno (strumentalizzazione della semplicità di pensiero di Nicia e della volontà frustrata di quest'ultimo e di Lucrezia di avere figli).
- Considera l'impiego, sul piano stilistico-formale, dell'opposizione binaria, tipica del procedimento discorsivo del *Principe*.
- Confronta il piano di Callimaco, detatto dall'inganno e dunque portatore di un rovesciamento di valori morali, con la tradizione della commedia classica, dove il lieto fine è attuato senza lo scardinamento della morale corrente.
- Analizza, a questo punto, il monologo di fra' Timoteo come emblema del clero corrotto e della sua abitudine all'inganno.
- Concludi dando rilievo alla grande abilità retorica del frate nell'elaborazione della trappola persuasiva tesa alle spalle di Lucrezia, affinché la giovane accetti di giacere con uno sconosciuto.

TESTI DI RIFERIMENTO

- **T11** «Non è mai una cosa sì disperata...»
- **T12** *I dubbi di Lucrezia*

PAROLE DA USARE

- *disputa* • *donne* • *mostri* • *bellezza* • *costumi* • *amore* • *ricco* • *semplicità* • *figliuoli* • *falso* • *segreto* • *cervello* • *madre* • *aiutare* • *gelosia* • *passione*

LA TUA BACHECA
MACHIAVELLI

Consulta online la versione della tua bacheca arricchita di tanti altri contenuti: video, testi, link e proposte di attività.

IL TEMA

Le forme del potere

Nella nostra letteratura ***Il Principe* di Machiavelli** costituisce **il libro politico per eccellenza**. Strumentalizzato fin dal suo apparire da fazioni e persone di potere, esaltato suo malgrado da molti dittatori (Benito Mussolini sottolineò più volte l'influenza del trattato sulla propria concezione politica), il testo machiavelliano rimane un punto di partenza importante per un discorso più ampio sulle **dinamiche del potere**, dalla letteratura impegnata del Novecento al cinema italiano più politicizzato, dall'arte contemporanea incentrata sull'analisi dell'élite alla riflessione di filosofi e politologi. Tematica sfuggente e difficilmente definibile, il potere non si identifica, necessariamente, nell'esercizio della politica, anche se è questo il veicolo tradizionale della sua trasmissione.
In forme più o meno dichiarate il potere agisce a tutti i livelli del **vivere sociale**, fondandosi su **gerarchie e privilegi** attivi anche nel nucleo famigliare.

LETTERATURA
Il controllo della vita sociale: *1984* di George Orwell

A seguito delle dittature novecentesche, dal fascismo al nazismo e al comunismo, molti scrittori affrontano nelle loro opere varie forme di totalitarismo: si pensi a *Il Maestro e Margherita* (1966-1967) del russo **Michail Bulgakov** o a *Fahrenheit 451* (1953) dello statunitense **Ray Bradbury**. Ma lo scrittore più celebre resta l'inglese **George Orwell**, autore di *La fattoria degli animali* (1947), sorta di parabola in cui una rivoluzione comunista si capovolge in una dittatura; e, soprattutto, di ***1984*** (1949), romanzo fantapolitico che prefigura un futuro dominato da un potere pervasivo, fino ad avere il controllo sul pensiero degli individui.

BREVE STORIA DELLA CRITICA

La fama di Niccolò Machiavelli è legata soprattutto alle reazioni conseguenti alla pubblicazione del *Principe* (1532), opera poi inclusa nell'***Indice dei Libri proibiti*** da papa Paolo IV nel **1559**.
Nel **secondo Cinquecento** e nel **Seicento** il pensiero di Machiavelli è variamente associato, ora per analogia ora per contrasto, a quello dello storico latino Cornelio Tacito, mentre le interpretazioni negative, al di fuori dei confini nazionali, vengono assunte come esempio paradigmatico di una pretesa malizia e propensione all'inganno da parte degli italiani.
Il **Settecento illuministico** non segna un'inversione di tendenza nella valutazione generalmente negativa di Machiavelli: ormai la virtù politica è affidata più alla capacità di garantire il diritto naturale all'interno della società che all'abilità di un singolo principe quale Machiavelli lo intende.
A rovesciare completamente la prospettiva di lettura è, nella seconda metà dell'**Ottocento Francesco De Sanctis**, per il quale Machiavelli diviene una delle figure chiave grazie a cui si avvia quel lungo processo che porterà, con l'unità d'Italia, alla formazione di uno Stato laico. Tutto questo in virtù di uno sguardo nuovo sul proprio tempo che porta Machiavelli a «subordinare il mondo dell'immaginazione, come religione e come arte, al mondo reale, quale ci è posto dall'esperienza e dall'osservazione».

CINEMA
Le trame nascoste della politica: *Il Divo* di Paolo Sorrentino

Premio Oscar come miglior film straniero con ***La grande bellezza*** (2013), spaccato di una società ambiziosa e vuota che vive accanto al potere romano, in un film precedente, ***Il Divo*** (2008), il regista **Paolo Sorrentino** ricostruisce invece un triennio (1991-1993) del governo di Giulio Andreotti, quando le collusioni con la mafia stanno per diventare oggetto di processi. L'originalità di Sorrentino sta nell'attualizzare il linguaggio filmico, attraverso numerosi espedienti tecnici quali, per esempio, il soliloquio di un politico potente come Andreotti sull'esercizio del potere, al quale si deve sacrificare anche, e soprattutto, la verità.

ARTE
Le pareti del potere: Tina Barney, fotografa dell'*élite*

L'arte contemporanea ha offerto una larga testimonianza delle diverse forme del potere. La fotografa statunitense **Tina Barney** ha esposto nella mostra ***Ritratti del potere***, ospitata a Palazzo Strozzi a Firenze nel 2010. Una delle sue fotografie più celebri, *The Brocade Walls, Le pareti di broccato* (2004), fa parte della serie ***The Europeans***, nella quale figurano varie famiglie altolocate. Barney ritrae i nuclei famigliari come farebbe un pittore antico, ma ciò che le interessa non è tanto mostrare la ricchezza di quel contesto, quanto indagare, con l'occhio oggettivo della fotocamera, le dinamiche gerarchiche dei soggetti ritratti.

Nel **Novecento** lo storico **Federico Chabod**, a partire dagli **anni Venti**, ripropone e rinnova, da una prospettiva militante, l'idea di un Machiavelli come figura fondativa dello Stato liberale: i suoi scritti saranno raccolti presso Einaudi nel 1966. Grande attenzione a Machiavelli dedica, negli **anni Trenta**, anche **Antonio Gramsci**, sottolineando come nell'autore l'analisi storica non sia fredda elucubrazione ma passione e partecipazione politica.

Negli **anni Cinquanta** vanno ricordati la ricchissima biografia di Roberto Ridolfi, *Vita di N. Machiavelli* (1954) e Fredi Chiappelli, *Studi sul linguaggio di Machiavelli* (1952).
Sugli **aspetti ideologici** del pensiero machiavelliano sono da vedere Felix Gilbert, *Nicolò Machiavelli e la vita culturale del suo tempo* (1964); Gennaro Sasso, *Nicolò Machiavelli: storia del suo pensiero politico* (1980); Emanuele Cutinelli-Rèndina, *Chiesa e religione in Machiavelli* (1998); Maurizio Viroli, *Il Dio di Machiavelli e il problema morale dell'Italia* (2005).
Per la storia delle **controversie suscitate dal *Principe*** sono invece consigliati Rodolfo De Mattei, *Dal premachiavellismo all'antimachiavellismo* (1969) e Carlo Dionisotti, *Machiavellerie. Storia e fortuna di Machiavelli* (1980). Si segnala infine l'"Introduzione" di **Giorgio Inglese** alla sua nuova **edizione critica del *Principe*** (2013).

A. ANALISI E INTERPRETAZIONE DI UN TESTO LETTERARIO

Niccolò Machiavelli
I pensieri di un frate

Il giovane Callimaco può finalmente incontrare l'amata Lucrezia. L'episodio non viene rappresentato, ma lasciato intuire dalle parole di Fra' Timoteo, il quale, dopo aver favorito l'inganno, è impaziente di conoscerne l'esito.

Atto quarto, scena decima [e ultima]

FRA' TIMOTEO [*solo*] E' sono intanati[1] in casa, ed io me n'andrò al convento. E voi, spettatori, non ci appuntate, perché in questa notte non ci dormirà persona,[2] sì che gli Atti non sono interrotti dal tempo: io dirò l'uffizio;[3] [...] Callimaco e madonna Lucrezia non dormiranno, perché io so, se io fussi lui e se voi fussi lei, che noi non dormiremo.

Canzone dopo il quarto atto [...]

Atto quinto, scena prima

FRA' TIMOTEO [*solo*] Io non ho potuto questa notte chiudere occhio, tanto è el desiderio che io ho d'intendere come Callimaco e gli altri l'abbino fatta.[4] Ed ho atteso a consumare el tempo in varie cose: io dissi mattutino,[5] lessi una vita de' Santi Padri, andai in chiesa ed accesi una lampana[6] che era spenta, mutai un velo ad una Nostra Donna, che fa miracoli.[7] Quante volte ho io detto a questi frati che la tenghino pulita! E si maravigliono poi se la divozione manca! Io mi ricordo esservi cinquecento immagine,[8] e non ve ne sono oggi venti: questo nasce da noi, che non le abbiamo saputa mantenere la reputazione. Noi vi solavamo ogni sera doppo la compieta andare a procissione, e facevànvi cantare ogni sabato le laude.[9] Botavànci[10] noi sempre quivi, perché vi si vedessi delle immagine fresche; confortavamo[11] nelle confessioni gli uomini e le donne a botarvisi. Ora non si fa nulla di queste cose, e poi ci maravigliamo che le cose vadin fredde! Oh, quanto poco cervello è in questi mia frati! Ma io sento un gran romore da casa messer Nicia. Eccogli, per mia fè! [...] e' si fa appunto l'alba. Io voglio stare ad udire quel che dicono sanza scoprirmi.

(N. Machiavelli, *Mandragola*, IV, 10; V, 1)

1. **intanati:** si sono rifugiati.
2. **non ci dormirà persona:** nessuno.
3. **uffizio:** funzione liturgica (la preghiera della sera).
4. **l'abbino fatta:** siano riusciti nell'impresa.
5. **mattutino:** la preghiera che si dice all'alba.
6. **lampana:** lampada a olio.
7. **una Nostra Donna, che fa miracoli:** statua miracolosa della Madonna.
8. **immagine:** immagini votive (ex voto).
9. **laude:** lodi (altra preghiera del mattino).
10. **botavànci:** facevamo voti.
11. **confortavamo:** esortavamo.

La buca del suggeritore **atto IV, scena 10**: Fra' Timoteo si rivolge agli spettatori per confermare il rispetto dell'unità di tempo, apparentemente violata dallo scivolamento della trama all'alba del giorno dopo, e alludere maliziosamente all'amore tra Callimaco e Lucrezia che nel frattempo si sarà consumato.

atto IV, scena 10: conclude ogni atto (tranne l'ultimo), una canzone in versi che funge da intermezzo.

atto V, scena 1: dalla casa di Nicia, marito di Lucrezia, viene cacciato fuori Callimaco, travestito da vagabondo come stabilito nel piano di inganno a cui anche il frate aveva preso parte.

1. COMPRENSIONE DEL TESTO

1.1 Indica il significato delle seguenti parole e specificane la funzione grammaticale, come nell'esempio: sono quasi tutte di ambito religioso. Tra le varie definizioni del dizionario cerca dunque quella corrispondente:
«non ci appuntate»: non ci biasimate (verbo);

«compieta»: .... (.....................);

«procissione» (processione): ....
(.....................);

«quivi»: .... (.....................);

«confessioni»: .... (.....................);

«per mia fè!»: .... (.....................).

1.2 Svolgi la parafrasi del testo, adeguando forme, desinenze verbali e terminazioni tipiche del fiorentino cinquecentesco all'uso moderno (per esempio: fussi, "fossi"; el, "il"; abbino, "abbiano" ecc.).

2. ANALISI DEL TESTO

2.1 Come passa il tempo fra' Timoteo durante e dopo l'inganno della mandragola?

2.2 Che cosa rimpiange il frate del "buon tempo antico"? A chi dà la colpa della miscredenza contemporanea?

2.3 Quale caratterizzazione emerge del frate da queste due scene? Tieni presente che è stato lui, spinto dal denaro, a vincere gli scrupoli di Lucrezia a concedersi (**T12** ➤ pp. 365-366).

2.4 Perché il frate si scusa con gli spettatori («non ci appuntate»)? Quale consuetudine drammaturgica, tipica del teatro moderno, viene così adottata?

2.5 Il testo presenta tratti linguistici tipicamente fiorentini (nel dibattito sulla questione della lingua Machiavelli si era schierato per il fiorentino a lui contemporaneo, non quello trecentesco). Soffermati sulle forme verbali e forniscine qualche esempio dalla prima scena dell'Atto quinto.

3. RELAZIONE CON IL CONTESTO STORICO E CULTURALE

3.1 I critici hanno visto in Fra' Timoteo un seguace dei consigli rivolti da Machiavelli al principe ideale. Il frate infatti, mosso dalla ricerca dell'utile, indossa la maschera del simulatore per ingannare, proprio come suggerito nel *Principe*: «sono tanto semplici li uomini, e tanto ubbidiscono alle necessità presenti, che colui che inganna troverrà sempre chi si lascerà ingannare» (*Il Principe*, cap. XVIII ➤ **T6**, p. 340). Rifletti su questo aspetto del personaggio alla luce dell'immagine machiavelliana della «golpe» in circa 8 righe, con riferimenti puntuali ai passi del *Principe* a te noti.

3.2 Il personaggio del religioso compromesso con gli aspetti più terreni dell'esistenza, dalla condotta non propriamente esemplare, ha un'antica tradizione. Ne troviamo esempi anche nel *Decameron* di Boccaccio. Rileggi alcune novelle in cui compare questo personaggio (ti segnaliamo, tra le altre: *Ser Ciappelletto*, I, 1; *Frate Cipolla*, VI, 10; *Madonna Belcolore*, VIII, 2) e, in circa 10 righe, approfondisci l'argomento, confrontando le diverse tipologie di religioso che emergono dalla letteratura medievale e rinascimentale.

3.3 All'inizio dell'Atto V, Fra' Timoteo si lancia in un'invettiva contro la miscredenza dei fedeli e contro lo scarso impegno dei confratelli, meno attivi che in passato. Questa tendenza a celebrare il passato come un'epoca migliore del presente ti è familiare? I commenti sulla decadenza del presente, corrotto e irrimediabile, sono sempre fondati? Oppure si basano su una idealizzazione del passato, rappresentato come ciò che si vorrebbe, non come ciò che è stato realmente?

B. ANALISI E PRODUZIONE DI UN TESTO ARGOMENTATIVO

Francesco Bausi

L'evoluzione ideologica del Principe: dall'«ordine civile» a quello «assoluto»

Il saggio illustra la posizione politica di Machiavelli, che supera l'idea di un ordinamento «civile» a favore di un principato «assoluto». Secondo Francesco Bausi, la nuova prospettiva, suggerita dal capitolo finale del *Principe* (**T7** ➤ pp. 345-347), è influenzata dal momento storico e dal ruolo sempre più preponderante assunto da Lorenzo de' Medici nella vita politica italiana.

Il *Principe* reca manifesti i segni di temi e motivi che l'attualità politica ha imposto via via all'attenzione di Machiavelli, spingendolo a riprendere in mano pagine già scritte per renderle più rispondenti alla situazione del momento (anche a costo di compromettere in maniera irrimediabile la linearità originaria del pensiero): e ciò avviene non solo nei capp. III e VII, ma anche nell'ultimo, quella *Exhortatio ad capessendam Italiam in libertatemque a barbaris vindicandam* [Esortazione a prendere l'Italia e a reclamarne la libertà dai dominatori stranieri] che – ove non si voglia ridurla a mera esercitazione retorica, a slancio utopistico o comunque a semplice scatto della volontà – è concepibile soltanto nel contesto storico degli anni 1517-'18, quando Lorenzo, capitano già da alcuni anni delle milizie fiorentine, da poco insignoritosi di Urbino, aspirava [...] a farsi principe assoluto di Firenze, vincendo le resistenze del prudente Leone X. Questa, e solo questa, può essere l'«occasione» irripetibile di cui Machiavelli parla in questo capitolo conclusivo, invitando Lorenzo a farsi capo dell'Italia e promotore della sua liberazione dall'oppressione straniera, portando a compimento un'impresa di cui nessuno era stato fino ad allora capace; un'impresa che si rendeva possibile nel momento in cui un principe stava per diventare signore di un forte Stato che abbracciava (comprendendovi anche i dominî della Chiesa) tutta l'Italia centrale, e che poteva per di più contare sull'appoggio del pontefice. Ma quel che più importa è il grande e coraggioso "passo" che l'ex segretario compie, sul piano teorico e politico, nel momento in cui indirizza al giovane Lorenzo una simile *exhortatio*. Essa, infatti, presuppone l'abbandono della tradizionale ideologia repubblicana fiorentina, nell'àmbito della quale lo stesso Machiavelli si era formato, per sposare senza indugi la causa di un «principato assoluto» finalmente considerato come l'unica forma di governo capace sia di risolvere la crisi di Firenze (restituendo alla città un ruolo di guida politica e militare), sia di consentire la cacciata dei dominatori stranieri e di conseguenza la riunificazione dell'Italia (trasformando quest'ultima in una grande potenza europea, paragonabile alla Francia e alla Spagna).

È questo il punto d'arrivo del *Principe*, ossia di un trattato nato con due precisi e circoscritti obiettivi politici (appoggiare il governo «civile» di Lorenzo a Firenze, e sostenere i progetti principeschi di Giuliano, cui il papa sembrava sul punto, fra 1513 e 1515, di concedere uno Stato nell'Italia centro-settentrionale), e trasformatosi poi in un acceso *pamphlet* a supporto dell'ascesa del medesimo Lorenzo dall'«ordine civile» all'«assoluto». E questa è anche la grandezza, davvero "rivoluzionaria", dell'opuscolo, capace di superare l'*impasse* in cui si dibattevano – prigionieri del glorioso repubblicanesimo cittadino – i teorici fiorentini primo-cinquecenteschi (a cominciare da Francesco Guicciardini), e che ancora caratterizza gli stessi *Discorsi* [*sopra la prima Deca di Tito Livio*], nei quali la via d'uscita alla crisi della repubblica è individuata nel principato civile [...]. L'ultimo capitolo del *Principe* getta, retrospettivamente, una luce tutta particolare sull'operetta, facendone l'espressione di una precisa fase della riflessione politica machiavelliana, ossia del breve momento in cui tutto sembrava all'ex segretario propizio per un'azione energica e decisa, per un'iniziativa ardita e spregiudicata, tale da produrre un taglio netto rispetto al passato; e il rapido tramonto di questa eccezionale «occasione» determinò anche – con la prematura morte, nel 1519, di Lorenzo – il definitivo accantonamento del trattato.

(F. Bausi, *Machiavelli*, Roma, Salerno, 2005)

LE PAROLE DELLA CRITICA LETTERARIA

Inserisci, anche con l'aiuto del dizionario, i significati delle due parole francesi elencate. Con le altre, esse fanno parte del lessico specialistico o sono immagini tipiche della critica letteraria.

- **temi e motivi:** il tema è l'argomento, il soggetto fondamentale di un'opera artistica (per esempio, il tema del principe dissimulatore in Machiavelli); il motivo è un'idea centrale che tende a ripresentarsi e attorno alla quale ruota la trama o l'esposizione di un'opera (per esempio, il motivo del principato assoluto nella trattatistica);
- **esercitazione retorica:** brano letterario scritto per mero esercizio, come pezzo di bravura, senza reale convinzione o adesione ai concetti esposti;
- **ex segretario:** perifrasi sinonimica che evita di ripetere «Machiavelli», già segretario della Repubblica fiorentina prima del ritorno dei Medici (1498-1512).
- **pamphlet:** ....;
- **impasse:** ....;
- **getta, retrospettivamente, una luce:** illumina, spiega a posteriori; in questo caso, la lettura dell'ultimo capitolo del *Principe* chiarisce i concetti elaborati nelle pagine precedenti.

1. COMPRENSIONE E ANALISI

1.1 Di quale «occasione» favorevole dovrebbe approfittare Lorenzo de' Medici per farsi vendicatore della libertà italiana?

1.2 In che modo rivoluzionario Machiavelli risolve l'*impasse* di altri teorici politici del suo tempo?

1.3 Quali circostanze storiche, legate alla famiglia Medici, hanno modificato la visione politica di Machiavelli?

1.4 Individua nel saggio le varie parti che costituiscono l'ossatura argomentativa del discorso:

- Presentazione dell'argomento (importanza delle circostanze storiche), fonti documentarie (capp. III, VII e XXVI), possibile obiezione (mero esercizio retorico? sogno? auspicio?): rr. ...-...;
- Esemplificazione (l'auspicabile impresa di Lorenzo): rr. ...-...;
- Tesi centrale e suoi presupposti (il passo teorico di Machiavelli): rr. ...-...;
- Riepilogo (concezione originaria alla base del trattato): rr. ...-...;
- Conclusione (il *Principe* come tappa del pensiero dell'autore): rr. ...-... .

1.5 Dopo aver individuato la struttura argomentativa del saggio, sintetizza le varie sequenze in circa mezza pagina, mantenendone la scansione. A ciascun paragrafo assegna inoltre un titolo riassuntivo.

2. COMMENTO

2.1 Il saggio analizza la svolta "rivoluzionaria" del pensiero politico machiavelliano: qual è la tesi centrale di Bausi? In che senso *Il Principe* inizialmente doveva sostenere l'ordinamento civile di Lorenzo de' Medici e in seguito abbracciò i propositi assolutistici dello stesso Lorenzo? In 5 righe riformula la posizione di Bausi.

2.2 I due Medici a cui Machiavelli si rivolge dovrebbero fondare un principato nuovo. Quali misure sono indispensabili per garantire al principato maggiore stabilità e durevolezza? Ripensa al capitolo VII del *Principe* (➤ **T3**, pp. 328) e in 8 righe riassumi in che senso Machiavelli cita l'azione di Cesare Borgia.

2.3 Le speranze di Machiavelli in Giuliano e poi in Lorenzo de' Medici come possibili candidati "principi" erano ben riposte? Alla luce della realtà storica e dell'accoglienza riservata al *Principe*, ritieni che il pensiero politico di Machiavelli abbia trovato nei due Medici dei possibili seguaci? Ripercorri i punti del saggio che si soffermano su questo aspetto in un testo argomentativo di circa 20 righe. Puoi servirti della scaletta proposta per strutturare il tuo discorso, aderendo o meno alla tesi del critico.

Sezione	Righe	Argomento	Possibile svolgimento
1. Introduzione	2-3	Presentazione per riagganciarsi al saggio	*Francesco Bausi ripercorre le due tappe fondamentali del pensiero politico machiavelliano: dall'iniziale... alla svolta...*
2. Tesi e antitesi	3-4	Formulazione di tesi e antitesi	*Alla luce degli eventi storici contemporanei si può notare che le speranze dell'autore nei due Medici erano ben riposte / che l'invito dell'autore non fu accolto.*
3. Prova a sostegno	5-6	Speranze ben riposte / Invito caduto nel vuoto	Le reali ambizioni espansionistiche dei Medici / L'isolamento politico e personale di Machiavelli
4. Ampliamento della tesi	3-4	Dedica del *Principe* (➤ **T2**, p. 325)	*Machiavelli aveva rapporti diretti con i politici della sua città. /* Il Principe *non ebbe riscontri immediati nella politica di casa Medici.*
5. Conclusione	2-3	Conferma della tesi	*Si può dunque concludere che la proposta machiavelliana abbia avuto una ricaduta storica immediata. / nonostante la sua portata rivoluzionaria, non sia stata accolta.*

C. RIFLESSIONE CRITICA DI CARATTERE ESPOSITIVO-ARGOMENTATIVO SU TEMATICHE DI ATTUALITÀ

Nella chiesa di Fra' Timoteo è venerata una statua miracolosa, circondata da ex voto (*Mandragola*, Atto V, scena I, p. 376). Questo atteggiamento verso il sacro appartiene a una tradizione antica, non soltanto cattolica, che si riscontra in ogni continente. Attingendo alle tue conoscenze, considera le ragioni che sottendono questi fenomeni culturali, riflettendo anche sul dibattito che spesso si crea non solo tra i credenti e i non credenti ma anche tra i credenti e la gerarchia ufficiale. Dai un titolo al tuo elaborato e suddividilo in paragrafi seguendo questo esempio di scaletta: introduzione / parte espositiva (la capillare diffusione dei luoghi sacri) / esempi (località a te note) / possibile spiegazione del fenomeno (in base alla tua sensibilità ed esperienza) / conclusioni.

Francesco Guicciardini

Le ragioni del «particulare»

AUTORE

1. Vita di un politico di successo

La formazione e l'attività giuridica

Guicciardini nasce a Firenze il **6 marzo 1483**, terzogenito di una famiglia aristocratica e agiata, dedita a una fiorente attività commerciale e bancaria. Francesco intraprende gli studi giuridici, tra Ferrara, Padova e Pisa, dove si laurea in diritto civile (nel 1505).

Rientrato a Firenze, inizia una splendida carriera avvocatizia. Nel 1508 sposa Maria Salviati, figlia di un illustre uomo politico a cui fa capo la fazione oligarchica, nemica dell'allora gonfaloniere Pier Soderini, proprio negli anni in cui Machiavelli è segretario della Seconda cancelleria della Repubblica (➤ p. 302). In questo periodo l'**attività giuridica** gli permette di stabilire importanti relazioni con clienti facoltosi ed enti pubblici, grazie ai quali ottiene i primi **incarichi diplomatici**.

Tra lavoro storiografico e diplomazia

A partire dal 1509 si dedica alla sua **prima opera storiografica**, nota come *Storia fiorentina*, che narra le vicende della città comprese fra il tumulto dei Ciompi (1348) e gli avvenimenti contemporanei, seguiti alla morte di Lorenzo il Magnifico e all'instaurarsi della Repubblica. Qui Guicciardini prende le distanze sia dall'assolutismo della politica medicea, sia dalla politica filopopolare di Soderini: le sue speranze politiche – ancora molto accese a quell'epoca – si legano a **idee decisamente aristocratiche** che auspicano, per Firenze, un governo oligarchico affidato a pochi «savi e prudenti».

Nel 1512 riceve il primo incarico diplomatico di rilievo, quando viene nominato **ambasciatore della Repubblica fiorentina in Spagna** presso Ferdinando il Cattolico. Dalla permanenza nella penisola iberica nascono il *Diario del viaggio in Spagna* e la *Relazione di Spagna*, composti fra il 1512 e il 1514, ed è anche questo il periodo in cui comincia la stesura dei *Ricordi*.

Il ritorno a Firenze

Non appena il governo di Firenze passa di nuovo nelle mani dei Medici, Guicciardini fa ritorno in città (1514), sicuro di ottenere qualche cospicuo vantaggio personale. Nel giro di un paio d'anni, infatti, riceve da papa Leone X (Giovanni de' Medici) la nomina a **governatore di Modena, di Reggio Emilia e di Parma**. Proprio mentre si trova a Modena (nel 1521), incontra Machiavelli e stringe con lui una vivace amicizia, testimoniata dal loro scambio epistolare (➤ p. 311).

Inizia in questo periodo a redigere la sua opera politica più importante, il *Dialogo del reggimento di Firenze*, dove mette a frutto la sua esperienza di governatore severo e imparziale, attento all'affermazione della legalità e della giustizia.

Da consigliere a luogotenente del papa

Dopo la breve parentesi di Adriano VI (il papa tedesco), torna al soglio pontificio un altro rampollo della famiglia Medici e amico personale di Guicciardini, **Clemente VII**, che lo tiene accanto a sé come consigliere. Da questa posizione privilegiata Guicciardini intraprende una fitta attività diplomatica volta ad arginare le ingerenze di Carlo V in Italia. Questa iniziativa sfocia nella costituzione della **Lega di Cognac** (1526), un'alleanza anti-imperiale tra Firenze, Milano, Genova e la Francia.

Proprio la formazione della Lega rappresenta però il preludio della rovina: nel breve volgere di qualche mese, le truppe dei lanzichenecchi (i mercenari di Carlo V) devastano la Lombardia (dove si trova Guicciardini stesso, come luogotenente dell'esercito papale) e la Toscana, per dirigersi verso Roma. Avviene così, nel maggio del **1527**, un nuovo **sacco di Roma**, uno degli episodi più terribili della storia italiana ed europea.

L'allontanamento da Firenze

Una immediata conseguenza di queste circostanze politiche è la nuova cacciata dei Medici da Firenze, dove torna a instaurarsi la Repubblica. Il governo della città è affidato a un gonfaloniere avverso a Guicciardini, che preferisce rimanere lontano dal teatro politico. Si ritira allora nella sua **tenuta di Finocchieto**, vicino a Firenze, dove si dedica a una **intensa attività letteraria**. Scrive infatti due *Orazioni* (*Oratio accusatoria* e *Oratio defensioria*), con l'obiettivo di analizzare i propri trascorsi politici e di difendersi dalla accuse degli avversari. Riprende inoltre a **lavorare ai *Ricordi*** (iniziati nel 1512), e si dedica alla stesura delle ***Considerazioni sui discorsi di Machiavelli*** (fra il 1528 e il 1530), dove critica il ruolo esemplare assegnato da Machiavelli alle gesta dell'antica Roma.

L'ultima stagione

Quando Firenze passa nelle mani dei repubblicani più radicali, Guicciardini subisce la **confisca dei beni** e si rifugia presso Clemente VII a Roma. Poco dopo (agosto 1530), con la definitiva caduta del governo repubblicano, Guicciardini rientra a Firenze al seguito dei Medici, che gli conferiscono vari incarichi. Dopo la nomina di Cosimo I (1537), tuttavia, la sua parabola politica volge al **declino**, a causa della posizione filoimperiale del nuovo duca mediceo.

Da questo momento Guicciardini si ritira nella sua villa di Santa Margherita in Montici, ad Arcetri, dove si dedica alla **composizione della *Storia d'Italia***, definitivamente lontano da qualunque impegno politico. La morte lo coglie il **22 maggio 1540**.

FISSA I CONCETTI

- Quali incarichi pubblici ricopre Guicciardini?
- Qual è la relazione tra formazione, compiti istituzionali e attività letteraria di Guicciardini?

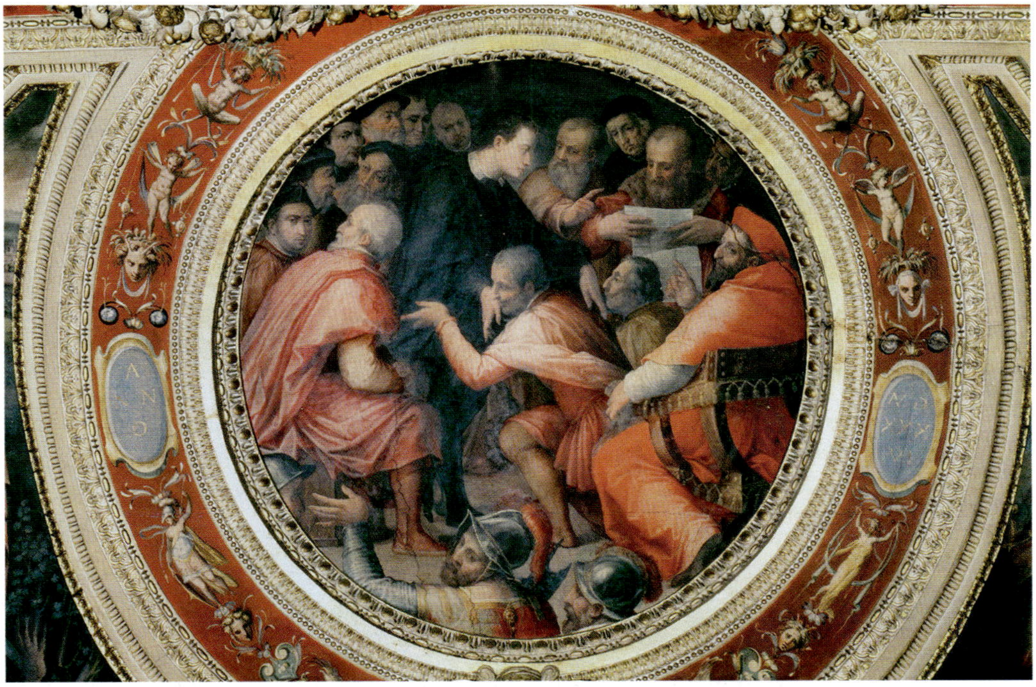

Giorgio Vasari, *Cosimo I eletto duca di Firenze nel 1537*, XVI secolo. Firenze, Palazzo Vecchio.

2. Una visione disincantata: la natura umana e la logica politica

Tra diritto, storiografia e politica

Il pensiero di Guicciardini nasce dalla sua **formazione giuridica** coniugata alla sua **attività politico-diplomatica**, condotta per decenni ad alti livelli. Ai suoi occhi, ordine giuridico e ordine politico sono contrassegnati da una comune tensione morale, saldamente ancorata alla **concretezza dell'esperienza** vissuta. Proprio come per Machiavelli, infatti, la partecipazione diretta alle vicende politiche europee gli consente di penetrare a fondo nei meccanismi spietati del potere e di esplorare le dinamiche complesse dell'animo umano. Anche l'**interesse storico** ha per Guicciardini l'unico scopo di raccogliere elementi utili a comprendere meglio la difficile situazione italiana del suo tempo.

Il primato dell'esperienza

Dalla propria esperienza, Guicciardini impara a diffidare di qualunque tentativo di incasellare la realtà in schemi precostituiti. A suo parere, la storia non è guidata da alcun disegno provvidenziale, anzi Guicciardini sottolinea con forza la discontinuità e la netta **incomparabilità della condizione presente con il passato**. È dunque inaccettabile il metodo di indagine di quanti (come Machiavelli) hanno indicato nei trascorsi gloriosi della storia romana una serie di modelli e di esempi cui rifarsi per affrontare i problemi della contemporaneità. La storia è soltanto il risultato del convergere e dell'**intrecciarsi casuale delle azioni umane**. Risulta pertanto impossibile interpretare in modo unitario e coerente il succedersi degli eventi: i fatti determinano una **realtà frammentaria e discontinua**, che ci si deve limitare a registrare. L'unica forma di conoscenza possibile, quindi, passa attraverso **il primato dell'esperienza**, che rende l'uomo consapevole della distanza incolmabile che separa teoria e prassi, pensiero e azione.
Per comprendere la realtà all'uomo resta soltanto l'uso della «**discrezione**», vale a dire la prudenza, che consiste nel saper valutare la specificità di ciascuna situazione, una qualità questa che riunisce acutezza, perspicacia e lungimiranza (miste a un sano pragmatismo).

Un pensiero in evoluzione

Nei suoi primi scritti, Guicciardini è ancora acceso da una viva passione politica, ma via via che sperimenta la crudezza degli eventi, soprattutto dopo il sacco di Roma, sembra cedere all'affermarsi di una realtà ostile. Con il passare degli anni, Guicciardini evita di proporre soluzioni e si limita a constatare **la triste condizione presente**, le cause che l'hanno determinata, l'inesorabile **instabilità della sorte umana.** Mentre Machiavelli non smette di credere in una soluzione politica e di battersi per questa, Guicciardini, invece, sembra spesso rassegnarsi alla impossibilità da parte dell'uomo di modificare la storia.

La logica del «particulare»

In un contesto storico molto difficile, dunque, Guicciardini sperimenta in prima persona il fallimento di ogni progetto politico e, pertanto, propugna la difesa del «**particulare**», vale a dire dell'**interesse privato**. Ciascun uomo è chiamato a restringere il proprio ambito d'azione all'utile personale, attraverso il quale conservare i privilegi e risolvere i problemi contingenti. Dalla durezza dell'esperienza, dunque, si impara ad abbondonare uno slancio progettuale fondato sugli ideali, si comprende che è vano sperare in un proficuo cambiamento della condizione presente e si apprende a limitarsi alla sola **difesa del vantaggio personale**.

Da questo orizzonte desolato, deriva un atteggiamento che non va confuso con un bieco opportunismo, dal momento che l'amore di sé e dei propri beni deve essere volto per Guicciardini a salvaguardare la sicurezza della propria famiglia e della propria patria.

L'uomo e la fortuna

Rimane, tuttavia, in Guicciardini una "**nostalgia" umanistica**, cioè una visione in qualche modo positiva dell'uomo, per natura inclinato al bene, ma fragile e portato a deviare, se tentato da cause esterne. Pur nella precarietà di questa condizione, ogni individuo è chiamato ad **agire nella storia**: il senso dell'esistenza consiste nel contrapporsi attivamente agli ostacoli della sorte, anche se non si può sfuggire al proprio destino.
Per l'uomo, infatti, il futuro resta imprevedibile e oscuro, segnato dalla **casualità irrazionale della fortuna**: saggio è chi sa assecondare il corso degli eventi e cogliere le occasioni favorevoli, quando queste si presentano. Guicciardini respinge l'idea che le imprese giuste siano favorite dalla sorte: l'esito dipende soltanto dalla capacità di assecondare la fortuna, con prudenza, tenacia e coraggio, capacità che forse è maggiore in quanti sanno lottare con rettitudine per una causa buona.
Sulla base di queste considerazioni, Guicciardini si mostra scettico nei confronti di un pensiero filosofico o teologico che cerchi di penetrare ciò che va oltre il controllo razionale. Quanti si addentrano nelle speculazioni sul trascendente corrono il rischio di smarrirsi, perché si allontanano dal piano della concretezza e della realtà. Le relazioni tra la casualità della fortuna e un ipotetico disegno provvidenziale, infatti, sono **misteri insondabili** che all'uomo non è dato comprendere.
La sua ostilità non è pertanto rivolta alla religione in genere, né al cristianesimo, quanto piuttosto alla Chiesa, che spesso ha fatto della religione uno strumento di potere, dietro al quale celare la propria corruzione e la propria avidità.

FISSA I CONCETTI

- Spiega i concetti di "discrezione" e di "particolare".
- Qual è, secondo Guicciardini, la relazione fra uomo e fortuna?

VISUALIZZA I CONCETTI

L'uomo e la storia

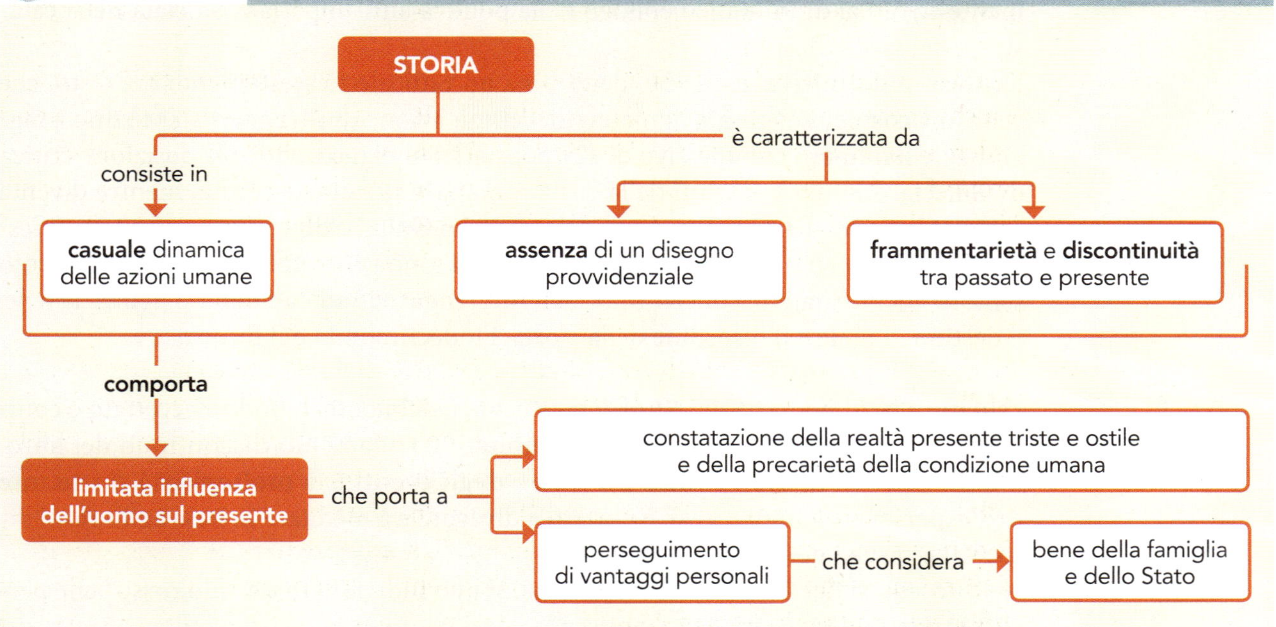

3. I *Ricordi*

La novità di un genere antico

Nell'opera conosciuta con il titolo *Ricordi*, confluiscono i pensieri di argomento etico, politico, storico, giuridico ed esistenziale, che Guicciardini ha elaborato nell'arco di **quasi due decenni** cruciali della sua vita (1512-30). Si tratta di una raccolta di **riflessioni brevi**, massime, aforismi che nell'intenzione originaria dell'autore dovevano essere destinati a **un uso privato**, come ammonimenti rivolti ai membri della propria famiglia, secondo una consuetudine diffusa negli ambienti mercantili fin dall'età comunale. In realtà Guicciardini riesce a dare vita nuova a questo genere antico e frammentario, rendendolo una vera e propria forma d'arte, più incisiva e più profonda.
Nel corso del Cinquecento la circolazione dell'opera risulta soltanto parziale: il titolo stesso non è stato stabilito da Guicciardini, che non l'ha pubblicata in vita. Il nome *Ricordi* deriva dal fatto che questa parola ricorre frequentemente nel testo, dove assume una **duplice accezione**: da una parte si riferisce alla **memoria** di ciò che è stato, dall'altra è un **avvertimento** di ordine morale, sul comportamento da tenere nelle circostanze più diverse.

Le redazioni del testo

Le **prime due redazioni** dell'opera risalgono entrambe al **1512**: Guicciardini assembla un nucleo inziale di tredici frammenti; nel giro di pochi mesi, poi, questa embrionale raccolta viene ampliata con altri sedici ricordi. In questa fase, i motivi ricorrenti sono il primato dell'esperienza sulla cultura libresca, l'importanza della prudenza nella vita politica, la **dialettica fra teoria e prassi**, fra regola ed eccezione, fra astrazione e concretezza.
Nel **1525** si colloca la **terza redazione**, molto ampliata, composta di 161 ricordi, tra i quali sopravvivono ben pochi dei ventinove originari: dal taglio più marcatamente pratico dell'inizio, si passa a un andamento **più speculativo** e concettuale, riguardo soprattutto alla caducità della natura umana e all'imprevedibilità della fortuna.
Una **quarta redazione** è del **1528** e comprende alcuni brevi nuovi pensieri, amaramente rivolti al drammatico epilogo della politica anti-imperiale, sfociata nella catastrofe del sacco di Roma.
La **stesura definitiva**, del **1530**, determina un radicale riassestamento del testo, che vede una cospicua aggiunta di materiali, l'eliminazione di altri preesistenti, fino a raggiungere il numero complessivo di 221 pensieri. Sul piano politico la posizione critica di Guicciardini nei confronti della curia romana si fa ferma e severa, mentre diventa centrale la figura del principe, a cui in precedenza Guicciardini aveva preferito la riflessione su Firenze e sulle dinamiche del potere. Il tono generale assume un andamento sempre più meditativo, concentrato sugli **interrogativi radicali dell'esistenza**: la fede, il destino, il male e il disordine della storia, l'indecifrabilità del futuro.

Il rapporto tra autore e realtà

La natura frammentaria dei *Ricordi* rispecchia fedelmente il modo sfaccettato e complesso con cui Guicciardini guarda al mondo. L'andamento discontinuo del libro, infatti, riflette l'**inafferrabilità del flusso degli eventi** e la **molteplicità fluttuante dell'esperienza**: l'autore, così, è portato a divagare e a meditare in base agli spunti disparati e casuali della quotidianità.
Nel succedersi dei singoli ricordi, tuttavia, si può individuare un "filo rosso" che percorre tutta l'opera e che ne garantisce la coesione interna e l'originalità: si tratta del

problematico rapporto fra lo sguardo dell'autore e la realtà, **fra l'io e il mondo**. Questo rapporto mette al centro Guicciardini stesso e il suo sforzo di conoscere e comprendere ciò che lo circonda, basandosi sull'**osservazione empirica dei particolari**.

Cultura ed esperienza

Proprio in questo consiste la novità dell'opera: l'io scrivente è sempre in primo piano e la scrittura, nonostante la sua frammentarietà, produce un'**autobiografia intellettuale**, fatta di cultura e di esperienza. Sono proprio questi due poli, la cultura e l'esperienza, a dare forma ai *Ricordi*: dalla sua formazione giuridica, Guicciardini deduce un principio generale per osservare la realtà (la «regula»). L'efficacia della **«regula»**, però, si rivela limitata, in quanto incapace di contemplare tutti i casi; è a questo punto che interviene l'ausilio dell'esperienza, con la quale vagliare di volta in volta la situazione particolare, grazie alla **«discrezione»** dell'osservatore-interprete.

I temi ricorrenti

Non manca, tuttavia, anche una serie di **motivi ricorrenti** interni ai *Ricordi*. Questi determinano un intreccio di linee che congiungono a distanza alcuni nuclei tematici disseminati qua e là, ma che riaffiorano, a tratti, nel discorso. Questo consente di **percorrere il testo trasversalmente**, seguendo alcuni filoni di ragionamento, centrati sullo scontro fra l'intenzione dell'uomo e la durezza spietata degli ingranaggi politici; sulla natura del potere e il suo mantenimento; sulla corruzione degli ecclesiastici; sul valore della fede e della morale; sulla portata di quanto eccede il controllo razionale.

La dissimulazione delle fonti

Nei *Ricordi* Guicciardini tende a non citare quasi mai altri autori, perché a suo parere nel discorso conta non tanto la provenienza, quanto la sostanza concettuale dell'argomento trattato. Il **confronto dialettico con i modelli** è quindi molto libero e le fonti sono le più disparate (si va dalla tradizione letteraria elevata al proverbio popolare). Non mancano forti legami con i **modelli classici**, greci (Luciano ed Epitteto) e latini (Tacito e Seneca), le **riprese dantesche** e i rimandi a **opere più recenti**, come l'*Elogio della follia* di Erasmo da Rotterdam, *Il Principe* di Machiavelli e il *Libro del cortegiano* di Baldassar Castiglione, soprattutto a proposito dei meccanismi del potere e dei rapporti fra il principe e i consiglieri.

Lo stile dei *Ricordi*

A un primo sguardo, i *Ricordi* per la brevità e la capacità di sintesi che li contraddistinguono, non sembrano differenziarsi dalle comuni raccolte di massime e aforismi. Questi pensieri hanno però un tratto distintivo, che è la **caratteristica specifica** della forma del ricordo: un avvertimento che presuppone costantemente un destinatario cui rivolgersi, chiamato ad accogliere la lezione dell'autore. Molti dei *Ricordi*, infatti, sono introdotti da un **imperativo** o da un **esortativo** o da una **forma esclamativa** («non si confidi»; «quanto si ingannano»; «pregate Dio»); ma anche quelli che non presentano questi tratti stilistici manifestano la stessa inclinazione, nel tono e nell'immediatezza sintattica con i quali sono espressi gli insegnamenti e le prescrizioni.

La lingua

Dal punto di vista linguistico, i *Ricordi* rivelano la presenza di **spinte diverse** e persino contrastanti: il parziale adeguamento alla teoria di Bembo (➤ p. 142) convive con l'affiorare dei latinismi cancellereschi e con le coloriture del fiorentino parlato, secondo l'abitudine di Machiavelli.
Nei *Ricordi*, ricorrono più volte alcuni **termini chiave** che costituiscono i cardini del vocabolario morale e politico di Guicciardini: la «discrezione», ovvero la capacità di

FISSA I CONCETTI

- Qual è il genere letterario dei *Ricordi*?
- Quali tematiche affrontano?

discernimento dei differenti e molteplici aspetti delle cose; l'«esperienza», quale fondamento della conoscenza umana e mezzo sicuro di giudizio; il «particulare», come salvaguardia della propria posizione sociale e dignità personale; la «fortuna», la forza oscura e imprevedibile che condiziona l'agire; la «prudenza», quale capacità di discernere fra le innumerevoli situazioni particolari.

T1 *L'agire dell'uomo e la realtà*

Ricordi 1, 6, 10, 30, 80, 110, 117, 142, 147

Questo gruppo di pensieri presenta una riflessione sul comportamento dell'uomo nelle situazioni più diverse e suggerisce un modo di rapportarsi alla realtà per far fronte agli ostacoli. Dalla concatenazione di questi ricordi emergono alcuni concetti chiave del pensiero di Guicciardini: i limiti delle regole generali per decifrare la storia e il presente; il valore insostituibile dell'esperienza; il potere della fortuna e l'importanza dell'occasione nelle scelte e nelle azioni; il confronto ingannevole con gli esempi del passato; la necessità di perseguire l'utile personale.

1

Quello che dicono le persone spirituali,che chi ha fede conduce cose grandi[1] e, come dice lo evangelio, chi ha fede può comandare a' monti ecc.,[2] procede perché la fede fa ostinazione.[3] Fede non è altro che credere con openione ferma e quasi certezza le cose che non sono ragionevole, o se sono ragionevole, crederle con più resoluzione che non persuadono le ragione. Chi adunche ha fede diventa ostinato in quello che crede, e procede al cammino suo intrepido e resoluto, sprezzando le difficultà e periculi, e mettendosi a sopportare ogni estremità:[4] donde nasce che, essendo le cose del mondo sottoposte a mille casi e accidenti, può nascere per molti versi nella lunghezza del tempo aiuto insperato a chi ha perseverato nella ostinazione, la quale essendo causata dalla fede, si dice meritamente:[5] chi ha fede ecc. Essemplo a' dì nostri ne è grandissimo questa ostinazione de' Fiorentini che, essendosi contro a ogni ragione del mondo messi a aspettare la guerra del papa e imperadore sanza speranza di alcuno soccorso di altri, disuniti e con mille difficultà, hanno sostenuto in sulle mura già sette mesi gli esserciti,[6] e quali non si sarebbe creduto che avessino sostenuti sette dì, e condotto le cose in luogo che, se vincessino, nessuno più se ne meraviglierebbe, dove prima da tutti erano giudicati perduti: e questa ostinazione ha causata in gran parte la fede di non potere perire, secondo la predizione di fra Ieronimo da Ferrara.[7]

1. **persone... grandi:** i credenti, cioè che chi ha fede compie grandi imprese.
2. **come... ecc.:** si riferisce al detto evangelico secondo cui chi ha fede può comandare ai monti di spostarsi e questi gli obbediranno.
3. **procede... ostinazione:** deriva dal fatto che la fede rende ostinati.
4. **estremità:** difficoltà insormontabile.
5. **meritamente:** a ragione.
6. **de' Fiorentini... esserciti:** i Fiorentini hanno resistito eroicamente all'assedio delle truppe imperiali del principe di Orange, che voleva riportare al potere i Medici, a seguito degli Accordi di Bologna, fra Clemente VII e Carlo V. L'assedio dura quasi un anno, dall'ottobre del 1529 all'agosto del 1530: quando Guicciardini scrive, continua da 7 mesi e non si è ancora concluso.
7. **fra... Ferrara:** Girolamo Savonarola, arso sul rogo nel 1498.

6

È grande errore parlare delle cose del mondo indistintamente e assolutamente e, per così dire, per regola:[8] perché quasi tutte hanno distinzione e eccezione[9] per la varietà delle circunstanze, le quali non si possono fermare[10] con una medesima misura: queste distinzione e eccezione non si trovano scritte in su' libri, ma bisogna le insegni la **discrezione**.

Le nostre parole ›

10

Non si **confidi** alcuno tanto nella prudenza naturale che si persuada quella bastare sanza l'accidentale[11] della esperienza, perché ognuno che ha maneggiato faccende, benché prudentissimo, ha potuto conoscere che con la esperienza si aggiugne[12] a molte cose, alle quali è impossibile che el naturale[13] solo possa aggiugnere.

lessico

Confidare

Avere piena fiducia, sperare fermamente; dire, rivelare qualcosa in confidenza, facendo affidamento sulla riservatezza dell'interlocutore (dal latino volgare *confidāre*, «aver fiducia», variante del latino classico *confidĕre*, a sua volta connesso con il sostantivo *fides*, «fede, fiducia»).

30

Chi considera bene, non può negare che nelle cose umane la fortuna ha grandissima potestà,[14] perché si vede che a ognora[15] ricevono grandissimi moti[16] da accidenti fortuiti, e che non è in potestà degli uomini né a prevedergli né a schifargli:[17] e benché lo accorgimento e sollicitudine[18] degli uomini possa moderare molte cose, nondimeno sola non basta, ma gli bisogna ancora la buona fortuna.

8. **per regola:** cioè secondo uno schema teorico astratto.
9. **distinzione e eccezione:** differenza e incomparabilità.
10. **fermare:** determinare.
11. **accidentale:** contingente.
12. **si aggiugne:** si giunge (a comprendere e ad agire).
13. **naturale:** l'ingegno innato.
14. **potestà:** potere.
15. **a ognora:** ogni momento.
16. **moti:** rivolgimenti imprevisti.
17. **schifargli:** evitarli.
18. **accorgimento e sollicitudine:** attenta sollecitudine (endiadi).

Le nostre parole — Discrezione

L'origine del termine Il sostantivo "discrezione" deriva dal latino *discretĭo*, che a sua volta viene dall'aggettivo *discretus*, participio passato di *discerno*, cioè «distinguere». Infatti la discrezione è, etimologicamente, la capacità di osservare e giudicare con correttezza qualcosa. In senso lato indica la prudenza con cui si affronta una situazione o si considera una cosa, seguendo un criterio di opportunità e convenienza (ancora più che di giustezza morale).

Il significato rinascimentale Parola chiave del lessico guicciardiniano, la «discrezione» è una delle molteplici varianti con cui, a seconda dell'autore e del contesto, si è riflettuto sul concetto di "misura" e "buon gusto" nella letteratura del Rinascimento italiano: dalla «sprezzatura» e «grazia» di Castiglione (➤ p. 413) all'«essere costumato» di Della Casa (➤ p. 503). Tuttavia, la «discrezione» di Guicciardini non implica soltanto considerazioni estetiche, ma anche significati più strutturali e politici: questa caratteristica, infatti, salva gli uomini di potere dalla pericolosa conseguenza del generalizzare, garantendo loro invece un'acuta osservazione, logica ed equilibrata, della realtà.

Discrezione/discreto Nell'italiano contemporaneo, "discrezione" è una parola usata con parsimonia e quasi sempre con il significato di «facoltà di mantenere un segreto», ovvero dell'abilità di comportarsi con diplomazia nella trasmissione o nella gestione di certe informazioni (di qui, l'espressione comune "affidarsi alla discrezione di qualcuno"). Il significato di «libero volere, arbitrio» che troviamo nella locuzione «essere alla discrezione di qualcuno», cioè rimettersi al potere o alla decisione di un'altra persona, è invece poco usato. Assai più comune è l'aggettivo "discreto", quasi sempre usato, però, per esprimere un moderato giudizio positivo ("il film era discreto", "quello scrittore ha discrete doti letterarie", "il tempo ieri è stato discreto").

80
Felici veramente sono coloro a chi una medesima occasione torna più che una volta, perché la prima la può perdere o male usare uno ancora[19] che sia prudente; ma chi non la sa conoscere o usare la seconda volta è imprudentissimo.

110
Quanto si ingannano coloro che a ogni parola allegano[20] e' Romani! Bisognerebbe avere una città condizionata[21] come era loro, e poi governarsi secondo quello esemplo: il quale a chi ha le qualità disproporzionate è tanto disproporzionato, quanto sarebbe volere che uno asino facessi el corso[22] di uno cavallo.

lessico
Perspicace
Acuto, intuitivo; intelligente (dall'aggettivo latino *perspicax perspicācis*, propriamente «che ha sguardo acuto»).

117
È fallacissimo el giudicare per gli essempli, perché, se non sono simili in tutto e per tutto, non servono, conciosia che[23] ogni minima varietà nel caso può essere causa di grandissima variazione nello effetto: e el discernere queste varietà, quando sono piccole, vuole[24] buono e **perspicace** occhio.

142
Una delle maggiore fortune che possino avere gli uomini è avere occasione di potere mostrare che, a quelle cose che loro fanno per interesse proprio, siano stati mossi per causa di publico bene. Questa fece gloriose le imprese del re Catolico,[25] le quali, fatte sempre per sicurtà o grandezza sua, parvono spesso fatte o per augumento[26] della fede cristiana o per difesa della Chiesa.

147
Erra[27] chi crede che la vittoria delle imprese consista nello essere giuste o ingiuste, perché tutto dì[28] si vede el contrario: che non la ragione, ma la prudenza, la forza e la buona fortuna danno vinte[29] le imprese. È ben vero che in chi ha ragione nasce una certa confidenza,[30] fondata in sulla openione che Dio dia vittoria alle imprese giuste,[31] la quale fa gli uomini arditi e ostinati:[32] dalle quali due condizione nascono talvolta le vittorie. Così l'avere la causa giusta può per indiretto[33] giovare, ma è falso che lo faccia indirettamente.

19. **uno ancora:** persino uno.
20. **allegano:** riportano l'esempio.
21. **condizionata:** organizzata.
22. **corso:** corsa.
23. **conciosia che:** per il fatto che.
24. **vuole:** esige.
25. **re Catolico:** il re spagnolo Ferdinando d'Aragona, presso il quale Guicciardini fu ambasciatore, a partire dal 1512.
26. **augumento:** accrescimento.
27. **erra:** sbaglia.
28. **tutto dì:** sempre (francesismo).
29. **danno vinte:** fannno in modo che siano vinte.
30. **confidenza:** fiducia in sé.
31. **imprese iuste:** al contrario di quanto afferma Machiavelli, che nel capitolo XXVI del *Principe*, ancora crede in un disegno provvidenziale che favorisce le «imprese iuste» (➤ p. 347).
32. **arditi e ostinati:** coraggiosi e tenaci.
33. **per indiretto:** in modo obliquo.

Analisi del testo

Struttura

La fede Il ricordo che apre la raccolta (1) presenta subito una visione amara e disincantata sulla fede. Questa, infatti, opera miracoli non perché favorisce un intervento divino nella storia, ma perché rende tenaci e ostinati – oltre ogni ragionevole aspettativa – quanti credono nella bontà e nella giustizia del loro agire. In questo modo la fede permette di affrontare qualunque pericolo, come è avvenuto per i Fiorentini che hanno resistito eroicamente all'assedio delle truppe imperiali, dall'ottobre del 1529 all'agosto del 1530.

La storia Dalla continua considerazione degli imprevisti, Guicciardini ha compreso che le vicende umane non sono governate da nessuna regola, ma si presentano come eccezioni non codificate nei libri (6): può decifrarle soltanto la «discrezione», che consiste nel sapersi adeguare alle circostanze specifiche (10). È questa riflessione a differenziare nettamente la sfiducia di Guicciardini nell'esemplarità della storia dalla appassionata fiducia che aveva invece Machiavelli (criticato per questo anche nelle *Considerazioni sui discorsi di Machiavelli*). Qui è esplicita la critica al continuo rifarsi alle imprese dell'antica Roma (110), senza tenere conto della distanza tra i fatti contemporanei e quelli del passato. L'autore dei *Ricordi* sostituisce alla "conversazione" con gli antichi (celebrata da Machiavelli nella lettera a Vettori ➤ p. 312) il dialogo diretto con i vivi.

Le imprese umane Quasi a cerchio, il ricordo 147 si salda con il primo, nella constatazione che le «imprese giuste» non sono destinate a trionfare grazie all'appoggio di un disegno provvidenziale. Anzi, Guicciardini sostiene che sono destinate a soccombere, travolte dalla sorte avversa. Anche in questo caso è totale l'opposizione con Machiavelli, che a conclusione del *Principe* aveva dichiarato che Dio sostiene le «imprese iuste» (➤ p. 345).

Temi

Esperienza, fortuna e occasione Una salda cultura non basta per comprendere la realtà e agire di conseguenza. Occorre inoltre considerare che ogni progetto umano trova un limite invalicabile nella fortuna, cieca e imprevedibile (30). È importante saper cogliere l'occasione favorevole, nella speranza che possa presentarsi più di una volta, a beneficio di chi l'avesse lasciata sfuggire al suo primo proporsi (80). Queste osservazioni portano ad affermare il primato del vantaggio personale, dell'utile privato, che in ambito politico occorre dissimulare sotto l'apparente perseguimento del bene comune o nascondere dietro l'esibizione di alti ideali (142).

Officina

COMPRENDERE

1. Che cos'è la fede? E come agisce sull'uomo? Rispondi concentrandoti sul ricordo 1.
2. Quale ruolo gioca la fortuna nelle vicende umane? Rispondi con riferimento ai ricordi 30, 80, 142.

ANALIZZARE

3. **Lessico** Inserisci nelle seguenti frasi la preposizione corretta, poi sostituisci il verbo "confidare" con uno dei sinonimi forniti. Se il sinonimo regge una preposizione diversa da quella di "confidare", sostituisci anche quella.
   sfogarsi; confessare; contare; affidarsi
   a. Confido .... clemenza della corte;
   b. Confidava .... arrivare in tempo;
   c. Ti farà bene confidarti .... un amico;
   d. Non è stata una grande idea confidare .... tutti gli amici un fatto così privato.

INTERPRETARE

4. Confronta i ricordi 110 e 117 con la **lettera di Machiavelli a Vettori** (➤ p. 312) e con il brano **T8** dei ***Discorsi*** (➤ p. 352): in quali aspetti il pensiero di Guicciardini si differenzia da quello di Machiavelli?

PERCORSO DI SCRITTURA

Argomentazione Presenta in modo organico i concetti di "esperienza", "fortuna", "occasione": spiega se sono fra loro correlati e in che modo; chiarisci poi qual è la loro importanza nella vita dell'uomo; infine sintetizza le conclusioni di Guicciardini in merito.

T2 La natura umana

Ricordi 41, 60, 63, 96, 134, 176, 179

La trama meditativa che percorre questi ricordi ha molti tratti in comune con le basi del pensiero machiavelliano, che riemerge in più punti. Questa consonanza è l'esito estremo e inevitabile della constatazione della condizione umana, tema che accomuna questo gruppo di pensieri.

41

Se gli uomini fussino buoni[1] e prudenti, chi è preposto a altri legittimamente arebbe a usare più la dolcezza che la severità: ma essendo la più parte o poco buoni o poco prudenti, bisogna fondarsi più in sulla severità: e chi la intende altrimenti, si inganna. Confesso bene che, chi potessi mescolare e condire[2] bene l'una con l'altra, farebbe quello ammirabile concento[3] e quella armonia, della quale nessuna è più suave: ma sono grazie che a pochi el cielo largo destina[4] e forse a nessuno.

60

Lo ingegno più che mediocre è dato agli uomini per loro infelicità e tormento, perché non serve loro a altro che a tenergli con molte più fatiche e ansietà che non hanno quegli che sono più positivi.[5]

63

Vedesi che e vecchi sono più avari che e giovani, e dovrebbe essere el contrario, perché avendo a vivere meno, basta loro manco.[6] La ragione si dice essere perché sono più timidi:[7] non credo sia vera, perché ne veggo anche molti più crudeli, più libidinosi,[8] se non di atto, di desiderio, dolere loro più la morte che a' giovani. La ragione credo sia che quanto più si vive più si fa abito,[9] e più si appiccano[10] gli uomini alle cose del mondo: però vi hanno più affezione e più se ne muovono.[11]

96

È antico proverbio che tutti e savî sono timidi, perché conoscono tutti e pericoli, e però temono assai. Io credo che questo proverbio sia falso, perché non può più essere chiamato savio, chi stima uno pericolo più che non merita essere stimato; savio chiamerò quello che conosce quanto pesi el pericolo e lo teme a punto quanto si debbe. Però più presto si può chiamare savio uno animoso che uno timido; e presupposto che tutt'e dua vegghino assai, la differenza dall'uno all'altro nasce perché el timido mette a entrata tutti e percoli che conosce che possono essere, e presuppone sempre el peggio de' peggi; l'animoso, che ancora lui gli conosce tutti, considerando quanti se ne possono schifare dalla industria degli uomini, quanti ne fa smarrire el caso per se stesso, non si lascia confondere da tutti, ma entra nelle imprese con fondamento e con speranza che non tutto quello che può essere abbia a essere.

1. **se... buoni:** espressione identica nel *Principe* (XVIII, 9).
2. **mescolare e condire:** mitigare e addolcire (endiadi).
3. **concento:** consonanza.
4. **grazie... destina:** citazione tratta dall'inizio di un componimento di Petrarca (*Canzoniere* CCXIII, 1). «Largo» vale "ampiamente".
5. **positivi:** comuni.
6. **manco:** di meno.
7. **timidi:** spaventati.
8. **libidinosi:** lussoriosi.
9. **si fa abito:** ci si abitua.
10. **si appiccano:** si attaccano.
11. **muovono:** turbano.

134
Gli uomini tutti per natura sono inclinati più al bene che al male, né è alcuno el quale, dove altro rispetto[12] non lo tiri in contrario, non facessi più volentieri bene che male; ma è tanto fragile la natura degli uomini e sì spesse nel mondo le occasione che invitano al male, che gli uomini si lasciano facilmente deviare dal bene. E però[13] savî legislatori trovorono e premi e le pene: che non fu altro che con la speranza e col timore volere tenere fermi gli uomini nella **inclinazione** loro naturale.

lessico
Inclinazione
Posizione obliqua rispetto a un asse; in senso figurato, disposizione naturale, attitudine; anche, propensione, simpatia (dal sostantivo latino *inclinatĭo*, derivato del verbo *inclīnāre*, «piegare; volgere verso»).

176
Pregate Dio sempre di trovarvi dove si vince, perché vi è data laude[14] di quelle cose ancora di che non avete parte alcuna: come per el contrario chi si truova dove si perde è imputato di infinite cose delle quali è inculpabilissimo.[15]

179
Io mi feci beffe da giovane del sapere sonare, ballare, cantare e simile leggiadrie: dello scrivere ancora bene, del sapere cavalcare, del sapere vestire accomodato,[16] e di tutte quelle cose che pare che diano agli uomini più presto ornamento che sustanza.[17] Ma arei poi desiderato el contrario, perché se bene è inconveniente perdervi troppo tempo e però forse nutrirvi e giovani, perché non vi deviino, nondimeno ho visto esperienza che questi ornamenti e el sapere fare bene ogni cosa danno degnità e riputazione agli uomini etiam bene qualificati,[18] e in modo che si può dire che, a chi ne manca, manchi qualche cosa. Sanza che, lo abondare di tutti gli intrattenimenti[19] apre la via a' favori de' prìncipi, e in chi ne abonda è talvolta principio o cagione di grande profitto e essaltazione,[20] non essendo più el mondo e e prìncipi fatti come dovrebbono, ma come sono.

12. **rispetto:** causa.
13. **però:** perciò.
14. **laude:** merito.
15. **inculpabilissimo:** del tutto innocente.
16. **accomodato:** con eleganza.
17. **più... sostanza:** più decoro esteriore che ricchezza morale.
18. **etiam... qualificati:** anche (*etiam*, latino) dotati di ogni altro pregio.
19. **intrattenimenti:** le buone maniere.
20. **essaltazione:** prestigio sociale.

Analisi del testo

Struttura

I limiti della natura umana Questa serie di pensieri si sofferma sui limiti e sulle fragilità della natura umana. A malincuore, Guicciardini è costretto ad ammettere la necessità di avvalersi di una disciplina rigorosa nell'arte del governo, non temperata da atteggiamenti morbidi e tolleranti (41).
Si duole poi della sofferenza e dell'inquietudine, causate da una intelligenza non mediocre (60) e dalla consapevolezza dell'abbrutimento nel quale ogni uomo può cadere. Più si vive – osserva l'autore – e più si diventa schiavi delle ricchezze e dei piaceri, mentre cresce l'egoismo in ogni sua forma (63).

L'inclinazione al bene Tuttavia, anche di fronte alla meschinità dell'uomo, a tratti sembra prevalere una tensione umanistica a superare la grettezza e il senso del limite. Pur con cautela, viene dunque esaltata la capacità di agire con coraggio: il vero saggio non è timido ma «animoso», cioè intraprende azioni grandi con la speranza che molte minacce possano essere sventate dall'operosità umana (96).
Guicciardini, inoltre, non smette di credere nella sostanziale bontà istintiva benché offuscata e deviata dalle spinte più disparate (134).

La realtà dei fatti Riaffiorino così, inesorabili, le conclusioni machiavelliane: vincere è il solo modo per ottenere il consenso del mondo, che sempre dà torto a chi viene sconfitto. L'unico parametro a cui rifarsi va ricercato nella realtà dei fatti, da considerarsi così com'è, non come dovrebbe essere (176, 179).

Temi

La lezione di Machiavelli: tra disincanto e speranza Proprio *Il Principe*, in particolare con i capitoli XV e XVIII, è la filigrana attraverso cui leggere questo gruppo di ricordi. Attraverso un percorso riflessivo tormentato, Guicciardini è costretto ad allinearsi con le argomentazioni di questi capitoli: anche là, infatti, veniva allontanata come impossibile l'ipotesi della bontà dell'uomo («Se gli uomini fussino buoni», 41), e veniva consigliata al sovrano una condotta severa, che lo facesse temere (piuttosto che amare) dai sudditi.
A stemperare questa riflessione desolata giungono i ricordi 96 e 134, anch'essi in qualche modo debitori della lezione di Machiavelli. Il primo esalta la forza della prudenza e di chi agisce con coraggio e riecheggia la massima del capitolo XXV del *Principe* («meglio essere impetuoso che respettivo»). Il secondo torna a difendere la naturale inclinazione al bene di ogni essere umano, ma subito deve riconoscerne la fragilità: solo la legge è un rimedio a questa instabilità etica, concetto che lo stesso Machiavelli afferma nei *Discorsi* (I, 3).

Guicciardini e la «verità effettuale» Accorato è il grido del fulmineo ricordo 176, che sintetizza il nocciolo concettuale del controverso capitolo XVIII del *Principe* («Facci dunque uno principe di vincere e mantenere lo stato: e' mezzi saranno sempre iudicati onorevoli, e da ciascuno laudati» ➤ p. 342): il mondo attribuisce meriti e ragioni soltanto a chi vince e riversa tutte le colpe sullo sconfitto, benché innocente. La dura lezione della «verità effettuale» (del capitolo XV del *Principe* ➤ p. 337) riemerge anche nel ricordo 179, nel valutare persino la più frivola educazione dell'uomo di corte, costretto a sapersi fregiare di stile e di eleganza nel vestire, nel conversare e nel danzare, per ottenere i favori del principe.

Lorenzo Lotto, *Ritratto di giovane gentiluomo nel suo studio*, 1530. Venezia, Gallerie dell'Accademia.

Officina

COMPRENDERE

1. Quali pregi e difetti Guicciardini riconosce agli uomini?
2. Che cosa biasima circa la sua vita passata? Perché?

ANALIZZARE

3. **Lingua e stile** Individua nel testo tutte le congiunzioni, le locuzioni congiuntive o gli avverbi utilizzati da Guicciardini per sviluppare il suo pensiero. Quale di questi elementi testuali è prevalente? Che valore ha? Come si può spiegare questo uso in relazione alla finalità dei *Ricordi*?
4. **Lessico** Inserisci nelle frasi la preposizione corretta, poi sostituisci il sostantivo "inclinazione" con uno dei sinonimi forniti: *propensione; simpatia; attitudine*. Se il sinonimo regge una preposizione diversa da quella di "inclinazione", sostituisci anche quella.
   a. Cerca di avere un po' più di inclinazione .... perdonare.
   b. Non ha alcuna inclinazione .... studiare.
   c. Ho sempre avuto una certa inclinazione .... Marta.

INTERPRETARE

5. Quale giudizio dà Guicciardini sull'uomo? Nell'argomentare la tua interpretazione fai precisi riferimenti al testo.
6. Basandoti su questa citazione «non essendo più el mondo e e prìncipi fatti come dovrebbono, ma come sono», quali considerazioni puoi desumere circa la concezione di Guicciardini del potere e del mondo? Ti pare si tratti di un giudizio fortemente critico e motivato, di una semplice constatazione, o di uno spunto ironico? Rispondi tenendo conto anche di quanto emerso dalla tua risposta alla domanda precedente.

T3 *Tra etica e religione*

Ricordi 28-29, 159-160

Questo gruppo di ricordi è composto da un doppio dittico, incentrato – il primo – sul ruolo della Chiesa nel panorama politico nazionale e – il secondo – sul senso dell'agire umano, di fronte alla morte e al trascendente.

lessico
Caterva
Insieme numeroso ed eterogeneo di persone o cose (dal latino *caterva*, «gruppo disordinato di persone, banda», con particolare riferimento alle tribù barbariche).

28
Io non so a chi dispiaccia più che a me la ambizione, la avarizia e la mollizie[1] de' preti: sì perché ognuno di questi vizî in sé è odioso, sì perché ciascuno e tutti insieme si convengono poco a chi fa professione[2] di vita dependente da Dio, e ancora perché sono vizî sì contrari che non possono stare insieme se non in uno subietto molto strano.[3] Nondimeno el grado[4] che ho avuto con più pontefici[5] m'ha necessitato a amare per el particulare mio la grandezza loro; e se non fussi questo rispetto,[6] arei amato Martino Luther quanto me medesimo: non per liberarmi dalle legge indotte[7] dalla religione cristiana nel modo che è interpretata e intesa communemente, ma per vedere ridurre questa **caterva** di scelerati a' termini debiti, cioè a restare o sanza vizî o sanza autorità.

29
Ho detto molte volte, e è verissimo, che più è stato difficile a Fiorentini a fare quello poco dominio che hanno, che a' Viniziani el loro grande: perché e' Fiorentini sono in una provincia che era piena di libertà,[8] le quali è difficillimo a estinguere[9] – però si vincono con grandissima fatica e, vinte, si conservano con non minore –. Hanno di poi la Chiesa vicina, che è potente e non muore mai, in modo che se qualche volta travaglia,[10] risurge alla fine el suo diritto[11] più fresco che prima. E Viniziani hanno avuto a pigliare terre use a servire, le quali non hanno ostinazione né nel difendersi né nel ribellarsi, e per vicini hanno avuto prìncipi secolari, la vita e la memoria de' quali non è perpetua.

159
Non biasimo e digiuni, le orazioni e simile opere pie che ci sono ordinate dalla Chiesa o ricordate[12] da' frati. Ma el bene de' beni è – e a comparazione di questo tutti gli altri sono leggieri[13] – non nuocere a alcuno, giovare in quanto tu puoi a ciascuno.

160
È certo gran cosa che tutti sappiamo avere a morire, tutti viviamo come se fussimo certi avere sempre a vivere. Non credo sia la ragione di questo perché ci muova più quello che è innanzi agli occhi e che apparisce al senso[14] che le cose lontane e che non si veggono: perché la morte è propinqua[15] e si può dire che per la esperienza quitidiana

1. **mollizie:** mollezza.
2. **professione:** scelta di vita consacrata.
3. **uno... strano:** in una persona del tutto abnorme.
4. **grado:** posizione di responsabilità (Guicciardini è stato, tra l'altro, consigliere e luogotenente dei papi).
5. **più potefici:** Leone X e Clemente VII, i due papi della famiglia Medici.
6. **rispetto:** motivo.
7. **indotte:** predicate.
8. **libertà:** Stati indipendenti.
9. **difficillimo a estinguere:** assai difficile conquistare.
10. **travaglia:** è in crisi.
11. **diritto:** potere.
12. **ricordate:** consigliate.
13. **leggieri:** di poco conto.
14. **apparisce al senso:** è immediatamente percepito.
15. **propinqua:** vicina.

ci apparisca a ogni ora. Credo proceda[16] perché la natura ha voluto che noi viviamo secondo che ricerca[17] el corso overo ordine di questa machina mondana:[18] la quale non volendo resti come morta e sanza senso, ci ha dato proprietà di non pensare alla morte, alla quale se pensassimo, sarebbe pieno el mondo di ignavia[19] e di torpore.

16. **proceda:** avvenga.
17. **ricerca:** richiede.
18. **machina mondana:** ingranaggi del mondo.
19. **ignavia:** è l'incapacità di prendere posizione e agire di conseguenza.

Analisi del testo

Struttura e temi

Il ruolo della Chiesa e la politica italiana Nel primo ricordo (28) Guicciardini presenta la propria visione realistica e spregiudicata della Chiesa e ribadisce l'inadeguatezza dell'istituzione ecclesiastica al ruolo che dovrebbe esercitare. I cattivi costumi e la dissolutezza del clero divengono spunto per una condanna senza appello. Il ruolo di funzionario pontificio, di governatore di terre ecclesiastiche e luogotenente dell'esercito papale rende lo sguardo dell'autore spietato e lucido nella denuncia; Guicciardini giunge addirittura a constatare cinicamente la necessità di salvaguardare il proprio vantaggio particolare, anche a costo di simulare fedeltà alla curia di Roma e rinnegare le proprie simpatie filoluterane. L'autore rivolge poi lo sguardo alla geografia e alla storia italiane, per comprendere le cause della crisi del suo tempo: sullo sfondo delle espansioni territoriali di Firenze e di Venezia, ancora aleggia la presenza minacciosa e inquietante della Chiesa, che regge saldamente le fila della politica nazionale ed europea (29).

La preghiera e la morte La seconda coppia di ricordi rivela invece una visione morale che allarga i propri orizzonti, fino a considerare il valore della preghiera e la meditazione sulla morte. Guicciardini manifesta il proprio disappunto nei confronti di una devozione fatta di orazioni, digiuni e pratiche pie, prediligendo una preghiera delle azioni e delle opere, indirizzate al bene degli altri (159).
Su questa riflessione si innesta il pensiero sulla vita umana che si ribella contro l'incombere inesorabile della morte. Nonostante la certezza della fine, la natura ha dotato gli individui di un'istintiva energia vitale, che li rende capaci di desideri e speranze da proiettare costantemente nell'avvenire (160).

Officina

COMPRENDERE

1. Che cosa Guicciardini condanna della Chiesa? Fai riferimento anche alle vicende politiche contemporanee all'autore.
2. Riguardo a cosa Guicciardini è d'accordo con Martin Lutero? E in cosa ne prende le distanze?
3. In quale relazione sono natura, uomo e morte?

ANALIZZARE

4. **Lingua e stile** Individua e sottolinea nel testo tutti i termini, i riferimenti e le espressioni relativi alla Chiesa. In quale di questi è implicito un giudizio negativo?

INTERPRETARE

5. Poni a confronto la visione religiosa di Guicciardini con quella di Machiavelli (come emerge dai testi **T9** e **T10** ➤ pp. 355 e 357): secondo i due autori, qual è la funzione della religione nella vita dell'uomo e come deve incidere questa sulla politica?

PERCORSO DI SCRITTURA

Riscrittura Rileggi i ricordi 28 e 29 e individua le principali argomentazioni di Guicciardini circa la condanna della Chiesa. Riscrivi il testo in massimo 10 righe, in forma impersonale e per punti.

4. La *Storia d'Italia*

La genesi

Fra il 1537 e il 1540 Guicciardini scrive la *Storia d'Italia* quando, escluso definitivamente dalla vita politica, si è ormai ritirato nella sua villa nei pressi di Arcetri. Si tratta dell'unica opera **destinata alla stampa**, già nelle intenzioni originarie dell'autore, alla quale egli affida la memoria della propria figura di storico, di uomo politico e di scrittore.
In queste pagine Guicciardini compone una monumentale ricostruzione delle vicende della **storia italiana recente**, viste attraverso il filtro della propria diretta esperienza e della partecipazione personale alla vita politica e diplomatica contemporanea. Il suo obiettivo è quello di rintracciare con chiarezza le cause che hanno condotto l'Italia, dagli splendori del XV secolo, alla **decadenza inarrestabile** del suo tempo, culminata nel sacco di Roma.

La struttura e le fonti

Divisa in venti libri, ripartiti secondo un andamento **annalistico**, la *Storia* racconta gli eventi più importanti accaduti fra la morte di Lorenzo il Magnifico, nel **1492**, e l'elezione al soglio pontificio di Paolo III Farnese, nel **1534**. Sin dall'apertura, l'autore delinea un **quadro desolato di rovina inarrestabile**, di scorrerie straniere sul territorio italiano, di devastazioni e saccheggi: Guicciardini tenta di fornire le ragioni di questa situazione, ripercorrendo le vicende diplomatiche, politiche e militari in una prospettiva nazionale ed europea.

Annali
Narrazione di avvenimenti storici e politici, impostata su una scansione cronologica suddivisa per anni. Questo tipo di storiografia ebbe inizio nell'antichità romana.

La narrazione risulta molto accurata e precisa, tesa costantemente alla **ricerca della verità** dei fatti, accertati sia attraverso una vasta conoscenza della storiografia precedente, sia tramite il prelievo dei dati negli archivi o nelle pratiche diplomatiche riservate, cui egli solo poteva avere accesso.

Le linee tematiche

L'opera è caratterizzata da una meditazione addolorata di fronte al declino inesorabile di un'età felice e alla **precarietà della condizione umana**, miseramente in balìa dei capricci della fortuna e delle **azioni sconsiderate dei potenti**. Su queste ultime si appunta il giudizio severo dell'autore, che attribuisce alle ambizioni smodate di principi e pontefici molte delle cause del declino italiano. Per prevalere gli uni sugli altri, essi hanno stretto insensate alleanze con gli stranieri, aprendo le porte dell'Italia ai loro eserciti e alla loro prepotenza.
L'analisi del carattere individuale dei diversi protagonisti è affidata a innumerevoli ritratti (Ludovico il Moro, Leone X, Clemente VII), nei quali emerge una straordinaria capacità di **penetrazione psicologica**. In questo modo, Guicciardini non si limita al resoconto dettagliato dei fatti, ma ne indaga le cause nelle inclinazioni e nell'indole dei protagonisti. C'è, quindi, una forte saldatura fra il **racconto delle vicende** e il **giudizio sugli uomini**, sempre fondato su dati e informazioni oggettivi e incontrovertibili.
Ne emerge una **visione drammatica e oscura** della storia, presentata come un groviglio inestricabile di spinte contrastanti, di ambizioni e soprusi, di illusioni e violenze, in un quadro di progressivo declino e di decadenza generale.

Lo stile storiografico di Guicciardini

Dal punto di vista stilistico, la *Storia* è contraddistinta da una sintassi complessa, fatta di periodi lunghi. Guicciardini cerca di rappresentare simultaneamente i singoli particolari – in primo piano – e la trama generale – sullo sfondo. Ottiene così **una prosa**

monumentale, spesso lenta nel ritmo narrativo, priva degli scatti fulminei della narrazione machiavelliana.
La *Storia d'Italia* mostra diversi caratteri peculiari della storiografia umanistica. Primo fra tutti, l'uso di **ampie orazioni**, messe in bocca ai personaggi: Guicciardini cerca di creare un dibattito di opinioni contrastanti, in cui ricavare uno spazio per il suo giudizio personale. Altri tratti marcatamente umanistici sono la continua presenza del tema bellico e la solennità con cui il proemio dichiara la materia. In questo Guicciardini si ispira ai modelli alti e prestigiosi dell'antichità (Cesare, Sallustio, Tucidide), ma così facendo contraddice in parte le premesse teoriche, nelle quali aveva negato l'esemplarità della storia romana (sostenuta da Machiavelli).

Debito con gli antichi, pessimismo e nascita della storiografia moderna

Con i classici, il racconto di Guicciardini condivide anche altri aspetti: la contemporaneità della storia, narrata da **testimone diretto**, e la connotazione negativa del percorso storico, evidente nel ricorrente motivo della guerra, dei tumulti e delle perturbazioni. La continua negatività degli esempi proposti dalla storia tradisce **il disincanto e l'amarezza** dell'autore, che narra una crisi irreversibile e un declino senza soluzione. Diversamente da Machiavelli, che nella chiusa del *Principe* lanciava un appello accorato per la salvezza dell'Italia, Guicciardini non sa proporre vie d'uscita e si limita a narrare, con lucidità sconsolata, uno sfacelo irrimediabile.
Secondo l'opinione di alcuni fra i maggiori studiosi del Cinquecento, per esempio Felix Gilbert e Federico Chabod, la *Storia d'Italia* si pone come la **prima grande opera della storiografia moderna**. Il metodo di Guicciardini, infatti, risulta nuovo per i tempi, perché si fonda sul **confronto costante tra fonti e testimonianze**: l'autore le integra con l'esperienza diretta e mette a frutto la propria dote di penetrazione psicologica e capacità di analisi.
La narrazione prende le distanze dalla retorica e dal moralismo, frequenti nella storiografia precedente, e si concentra piuttosto sulla ricostruzione esatta delle dinamiche politiche, che sono alla base degli eventi trattati.

FISSA I CONCETTI

- Quali sono la struttura e i temi della *Storia d'Italia*?
- Come si caratterizza lo stile storiografico di Guicciardini?
- Perché con la *Storia d'Italia* nasce la storiografica moderna?

I FONDAMENTI DELLA RIFLESSIONE POLITICA DI GUICCIARDINI E MACHIAVELLI

	GUICCIARDINI	MACHIAVELLI
strumenti per capire la realtà	• osservazione empirica dei dati particolari • discrezione	• storia • «verità effettuale»
rapporto passato-presente	discontinuità, incomparabilità	continuità, ciclicità
concezione del passato	passato come risultato del casuale convergere e intrecciarsi delle azioni umane	esistenza di costanti in grado di orientare l'azione politica futura
considerazioni sul presente	constatazione della precarietà della condizione umana e della tristezza e ostilità della realtà	constatazione della difficoltà del presente ma fiducia verso un miglioramento futuro
azioni sul presente	• impossibilità di contrastare la fortuna • sfruttamento delle occasioni favorevoli in vista di vantaggi personali	• possibilità per la virtù di contrastare la fortuna • possibilità di modificare la realtà storico-politica

LETTURA CRITICA

Guicciardini e il realismo toscano

Guicciardini appartiene alla grande scuola del realismo toscano, la stessa di Dante e Boccaccio, Machiavelli e Galilei. Dalla *Storia d'Italia*, capolavoro della storiografia moderna, proviene una lezione di «concretezza estrema e si direbbe inesorabile».

Papa Clemente VII assediato dai lanzichenecchi a Castel Sant'Angelo durante il sacco di Roma nel 1527. Miniatura del XVI secolo. Londra, British Library.

Alla grande scuola del realismo toscano, che da Dante attraverso il Boccaccio e l'Umanesimo fiorentino (specie L.B. Alberti) era pervenuto al Machiavelli, si è educato il temperamento di Francesco Guicciardini. [...] Con la *Storia d'Italia* il Guicciardini ha dato alla nostra letteratura il capolavoro della storiografia moderna. Lo si può paragonare soltanto all'opera di Tucidide, il più grande storico dell'antichità. Sul terreno storiografico il Guicciardini è superiore al Machiavelli, senza cui però non è possibile pensarne la formazione intellettuale e la sensibilità politica. Mentre il Machiavelli tendeva a forzare gli eventi per interpretarli alla luce della propria concezione, il Guicciardini arriva alla cognizione politica attraverso il più coscienzioso rispetto della storia e della vita. Nei suoi confronti il primo, che pure ha introdotto nella storiografia il metodo del realismo, potrebbe sembrare un teorico e un idealista. La lezione che si ricava dalla storia del Guicciardini, oltre al rigore scientifico di cui è mirabilmente dotata, è di una concretezza estrema e si direbbe inesorabile. Del resto, l'epoca narrata e valutata nella *Storia d'Italia* era la più tragica della nostra esperienza politica: dalla discesa di Carlo VIII [1494] fino al sacco di Roma (nel 1527), cioè, circa trent'anni di invasioni, guerre, stragi, dispendi, carestie, con la perdita irreparabile dell'indipendenza e il definitivo insediamento nel suolo nazionale delle potenze straniere. La visione storica del Guicciardini è fatta di vigorose sintesi e di penetranti analisi. Egli è il primo storico che abbia esteso il proprio sguardo su una prospettiva internazionale e abbia concepito il gioco degli eventi come serrata dialettica di forze storiche e d'interventi individuali, di grandi correnti politiche e di azioni particolaristiche. Dietro l'apparente obiettività della narrazione, egli scruta l'animo e i moventi degli attori, le ragioni riposte, le motivazioni più intrinseche, il mondo degl'interessi personali e dei tanti egoismi (d'individui, di partiti, di caste, di gruppi, di classi sociali). In tal modo la storia e la vita psicologica si annodano continuamente e sfuggono all'immobilità delle teorie e non si fanno imbrigliare da astratte o pietose idealità. Rispetto al Guicciardini, il realismo del Machiavelli risulta utopistico. Il concetto della storia e della politica, quale si affida al *Principe*, ai *Discorsi* e alle *Storie fiorentine*, può sembrare, in definitiva, assiomatico, risente ancora della schematicità d'un trattato, ha la rigidezza d'un canone aristotelico. Nel Machiavelli la politica è ancora teoria, nonostante il bagno di forte realismo in cui è immersa; nel Guicciardini la storia è già 'scienza della natura'.

Anche il Guicciardini è un pessimista e un accanito eversore di fantasmi ideologici, anzi in misura maggiore del Machiavelli. La cognizione della storia e dell'uomo risulta nel Guicciardini più spietata, anche perché egli aveva visto cadere tutti i suoi idoli liberali. [...] E perciò la trama della storia è per il Guicciardini un ordito complicato e subdolo di avvenimenti problematici e di volontà ambigue. Pertanto uno dei temi più studiati dal suo intuito storiografico è la diplomazia, interrogata e inquisita nel giro tortuoso delle sue fila, nel fondo celato delle sue simulazioni e dissimulazioni, nei reconditi meccanismi della psiche, nelle più sottili reazioni individuali.

(S. Battaglia, *La storia come natura. L'uomo e la circostanza*, 1968)

T4 Le origini della decadenza italiana

Storia d'Italia I, 1

Il capitolo d'apertura della *Storia d'Italia* offre subito al lettore il quadro della tremenda situazione in cui versa l'Italia, dopo che le armi straniere – chiamate dagli stessi sconsiderati principi italiani – hanno preso a muoversi da dominatrici sul territorio della penisola. Guicciardini rivela qui la sua intenzione di ricostruire gli avvenimenti drammatici di cui è stato spettatore e, talvolta, protagonista.
Enunciata la materia, l'autore propone i due obiettivi dell'opera: rintracciare le cause della decadenza e fornire una testimonianza che resti come monito per i posteri. La pagina iniziale mette quindi l'accento sulla instabilità delle cose umane, in balìa della fortuna, dell'ira divina e degli errori degli uomini.

Io ho deliberato[1] di scrivere le cose accadute alla memoria nostra[2] in Italia, dappoi[3] che l'armi de' franzesi, chiamate da' nostri prìncipi medesimi,[4] cominciorono con grandissimo movimento a perturbarla:[5] materia, per la varietà e grandezza loro,[6] molto memorabile e piena di atrocissimi accidenti;[7] avendo patito tanti anni Italia tutte quelle calamità con le quali sogliono i miseri mortali, ora per l'ira giusta d'Iddio ora dalla empietà e sceleratezze[8] degli altri uomini, essere vessati.[9] Dalla cognizione de' quali casi, tanto vari e tanto gravi, potrà ciascuno, e per sé proprio e per bene publico,[10] prendere molti salutiferi documenti[11] onde[12] per innumerabili esempli evidentemente apparirà a quanta instabilità, né altrimenti[13] che uno mare concitato[14] da' venti, siano sottoposte le cose umane; quanto siano perniciosi,[15] quasi sempre a se stessi ma sempre a' popoli, i consigli male misurati[16] di coloro che dominano, quando, avendo solamente innanzi agli occhi o errori vani o le cupidità presenti,[17] non si ricordando delle spesse[18] variazioni della fortuna, e convertendo in detrimento altrui la potestà conceduta loro per la salute comune, si fanno, per poca prudenza o per troppa ambizione, autori di nuove turbazioni.[19]
Ma le calamità d'Italia (acciocché io faccia noto quale fusse allora lo stato suo, e insieme le cagioni[20] dalle quali ebbeno l'origine tanti mali) cominciorono con tanto maggiore dispiacere e spavento negli animi degli uomini quanto[21] le cose universali[22] erano allora più liete e più felici. Perché manifesto[23] è che, dappoi che lo imperio romano,

1. **deliberato:** deciso.
2. **alla memoria nostra:** nel nostro passato recente.
3. **dappoi:** dopo.
4. **principi medesimi:** i nostri stessi principi. In particolare, Ludovico il Moro aveva inviato Carlo VIII a mandare i suoi eserciti in Italia, nel 1494, per sconvolgere i piani di Ferdinando d'Aragona.
5. **perturbarla:** sconvolgerla.
6. **loro:** cioè delle cose accadute.
7. **atrocissimi accidenti:** sciagure terribili.
8. **empietà e sceleratezze:** malvagità e cattiverie.
9. **vessati:** tormentati.
10. **per sé...publico:** per il bene proprio e a vantaggio dello Stato.
11. **salutiferi documenti:** insegnamenti utili.
12. **onde:** dai quali.
13. **né altrimenti:** in modo non diverso.
14. **concitato:** agitato.
15. **perniciosi:** pericolosi.
16. **consigli… misurati:** decisioni imprudenti.
17. **cupidità presenti:** ambizioni incalzanti.
18. **spesse:** frequenti.
19. **turbazioni:** sconvolgimenti.
20. **cagioni:** cause.
21. **quanto:** introduce il secondo termine di paragone (è correlato a «tanto maggiore»).
22. **cose universali:** cioè la situazione politica generale.
23. **manifesto:** evidente.

indebolito principalmente per la mutazione degli antichi costumi, cominciò, già sono più di mille anni, di quella grandezza a declinare alla quale con maravigliosa virtù e fortuna era salito,[24] non aveva giammai sentito Italia tanta prosperità,[25] né provato stato tanto desiderabile quanto era quello nel quale sicuramente si riposava[26] l'anno della salute cristiana mille quattrocento novanta, e gli anni che a quello e prima e poi furono congiunti.[27] Perché, ridotta tutta in somma pace e tranquillità, coltivata non meno ne' luoghi più montuosi e più sterili che nelle pianure e regioni sue più fertili, né sottoposta a altro imperio che de' suoi medesimi,[28] non solo era abbondantissima d'abitatori,[29] di mercatanzie[30] e di ricchezze; ma illustrata[31] sommamente dalla magnificenza di molti prìncipi, dallo splendore di molte nobilissime e bellissime città, dalla sedia e maestà della religione,[32] fioriva d'uomini **prestantissimi**[33] nella amministrazione delle cose publiche, e di ingegni molto nobili in tutte le dottrine e in qualunque arte preclara[34] e industriosa; né priva secondo l'uso di quella età[35] di gloria militare e ornatissima di tante doti, meritamente appresso a tutte le nazioni nome e fama chiarissima riteneva.[36]

lessico

Prestante

Dotato di un fisico armonioso e robusto; con significato arcaico, eccellente, esimio (dal latino *praestans*, «eccellente», participio presente del verbo *praestāre*, «eccellere, primeggiare», propriamente «stare davanti a tutti», in quanto derivato di *stāre*, «stare», con il prefisso *prae-* «davanti»).

24. di quella... salito: a decadere da quello splendore al quale era giunto con straordinaria forza d'animo e favore della sorte.
25. prosperità: ricchezza.
26. sicuramente si riposava: si trovava stabilmente.
27. l'anno... congiunti: l'anno della salvezza 1490 e gli anni che a quello immediatamente precedevano e seguivano.
28. né... medesimi: non soggetta ad altro dominio che quello dei suoi legittimi signori.
29. abitatori: abitanti.
30. mercatanzie: merci e beni materiali.
31. illustrata: resa illustre.
32. dalla sedia... religione: dalla sede maestosa della religione cristiana (la Santa Sede di Roma).
33. prestantissimi: eccellenti.
34. preclara: illustre (latinismo).
35. secondo... età: in base ai riferimenti dell'epoca.
36. nome... riteneva: godeva di fama e di considerazione mirabile.

L'entrata delle truppe francesi di Carlo VIII a Napoli il 22 febbraio 1495. Miniatura dalla *Cronaca figurata* di Melchiorre Ferraiolo, 1498 circa. New York, Pierpont Morgan Library. Carlo VIII di Francia scende in Italia nel 1494 rivendicando il Regno di Napoli in quanto legittimo erede dinastico degli Angioini. Grazie all'alleanza con alcuni dei più importanti signori italiani, tra cui Ludovico Sforza e Piero de' Medici, sconfigge facilmente Ferdinando II d'Aragona.

Nella quale felicità, acquistata con varie occasioni, la conservavano molte cagioni: ma trall'altre, di consentimento comune,[37] si attribuiva laude non piccola alla industria[38] e virtù di Lorenzo de' Medici,[39] cittadino tanto eminente sopra 'l grado privato[40] nella città di Firenze che per consiglio suo si reggevano[41] le cose di quella republica, potente più per l'opportunità del sito,[42] per gli ingegni degli uomini e per la prontezza de' danari,[43] che per grandezza di dominio. E avendosi egli nuovamente congiunto con parentado, e ridotto a prestare fede non mediocre a' consigli suoi Innocenzo ottavo[44] pontefice romano, era per tutta Italia grande il suo nome, grande nelle deliberazioni delle cose comuni l'autorità.[45] E conoscendo che alla republica fiorentina e a sé proprio[46] sarebbe molto pericoloso se alcuno de' maggiori potentati[47] ampliasse più la sua potenza, procurava con ogni studio che le cose d'Italia in modo bilanciate si mantenessino che più in una che in un'altra parte non pendessino:[48] il che, senza la conservazione della pace e senza vegghiare[49] con somma diligenza ogni accidente[50] benché minimo, succedere[51] non poteva. Concorreva nella medesima inclinazione[52] della quiete comune Ferdinando di Aragona re di Napoli,[53] principe certamente prudentissimo e di grandissima estimazione;[54] con tutto che[55] molte volte per l'addietro[56] avesse dimostrato pensieri ambiziosi e alieni da' consigli della pace,[57] e in questo tempo fusse molto stimolato[58] da Alfonso duca di Calavria suo primogenito,[59] il quale malvolentieri tollerava che Giovan Galeazzo Sforza duca di Milano, suo genero, maggiore già di venti anni, benché di intelletto incapacissimo, ritenendo solamente il nome ducale fusse depresso e soffocato da Lodovico Sforza suo zio:[60] il quale, avendo più di dieci anni prima, per la imprudenza e impudichi costumi della madre madonna Bona, presa la tutela di lui e con questa occasione ridotte a poco a poco in potestà propria le fortezze, le genti d'arme, il tesoro e tutti i fondamenti dello stato, perseverava nel governo; né come tutore o governatore, ma, dal titolo di duca di Milano in fuora, con tutte le dimostrazioni e azioni da principe.[61] E nondimeno[62]

37. consentimento comune: di comune accordo.
38. industria: operosità.
39. Lorenzo de' Medici: signore di Firenze dal 1469.
40. sopra... privato: rispetto alla condizione di privato cittadino.
41. reggevano: governavano.
42. l'opportunità del sito: la favorevole posizione geografica.
43. prontezza de' danari: disponibilità economica.
44. Innocenzo ottavo: papa dal 1484, si era imparentato con i Medici, perché il figlio aveva sposato Maddalena, figlia del Magnifico.
45. grande... autorità: grande era la sua autorevolezza in tutte le decisioni di interesse comune.
46. a sé proprio: i suoi interessi privati.
47. potentati: potenze politiche.
48. in modo... pendessino: in modo che si mantenessere in equilibrio, senza pendere a favore di uno o dell'altro.
49. vegghiare: vigilare.
50. accidente: accadimento imprevisto.
51. succedere: accadere.
52. concorreva... inclinazione: collaborava nella medesima inclinazione.
53. Ferdinando...Napoli: Ferdinando I d'Aragona, re di Napoli, dal 1458 al 1494.
54. estimazione: stima.
55. con tutto che: benché.
56. per l'addietro: in passato.
57. alieni... pace: estranei alle decisioni a favore della pace.
58. stimolato: sobillato.
59. Alfonso... primogenito: il primo figlio di Ferdinando, Alfonso d'Aragona (1448-95), duca di Calabria.
60. malvolentieri... zio: il quale mal tollerava che suo genero, Giovan Galeazzo Sforza, duca di Milano (sposo della figlia di Alfonso d'Aragona, Isabella), di età maggiore di vent'anni, benché fosse ancora minorenne, e conservasse soltanto il titolo ducale (quindi senza alcun effettivo potere), fosse schiacciato e umiliato da suo zio, Ludovico Sforza, detto il Moro (1452-1508).
61. il quale... principe: poiché egli, più di dieci anni prima, sfruttando la sconsideratezza e l'immoralità di Bona di Savoia (madre di Gian Galeazzo), aveva preso lo stesso Gian Galeazzo sotto la sua tutela, e in questo modo aveva ridotto in suo potere le fortezze, i soldati, le ricchezze e tutti i beni dello Stato, e continuava a esserne il signore, non come semplice tutore o governatore, ma – all'infuori del titolo di duca – come vero e proprio principe negli onori e nelle azioni.
62. nondimeno: tuttavia.

Ferdinando, avendo più innanzi agli occhi l'utilità presente che l'antica inclinazione o la indegnazione del figliuolo,[63] benché giusta, desiderava che Italia non si alterasse;[64] o perché, avendo provato pochi anni prima, con gravissimo pericolo, l'odio contro a sé de' baroni e de' popoli suoi, e sapendo l'affezione che per la memoria delle cose passate molti de' sudditi avevano al nome della casa di Francia, dubitasse che le discordie italiane non dessino occasione a' franzesi di assaltare il reame di Napoli; o perché, per fare contrapeso alla potenza de' viniziani, formidabile allora a tutta Italia, conoscesse essere necessaria l'unione sua con gli altri, e specialmente con gli stati di Milano e di Firenze.[65] Né a Lodovico Sforza, benché di spirito inquieto e ambizioso, poteva piacere altra deliberazione,[66] soprastando non manco a quegli che dominavano a Milano che agli altri il pericolo dal senato viniziano, e perché gli era più facile conservare nella tranquillità della pace che nelle molestie della guerra l'autorità usurpata.[67] E se bene gli fussino sospetti sempre i pensieri di Ferdinando e di Alfonso d'Aragona, nondimeno, essendogli nota la disposizione di Lorenzo de' Medici alla pace e insieme il timore che egli medesimamente aveva della grandezza loro,[68] e persuadendosi che, per la diversità degli animi e antichi odii tra Ferdinando e i viniziani, fusse vano il temere che tra loro si facesse fondata congiunzione,[69] si riputava assai sicuro che gli Aragonesi non sarebbono accompagnati da altri a tentare contro a lui quello che soli non erano bastanti a ottenere.[70]

Essendo adunque in Ferdinando, Lodovico e Lorenzo, parte per i medesimi parte per diversi rispetti,[71] la medesima intenzione alla pace, si continuava facilmente una confederazione contratta in nome di Ferdinando re di Napoli, di Giovan Galeazzo duca di Milano e della republica fiorentina, per difensione de' loro stati;[72] la quale, cominciata molti anni innanzi e dipoi interrotta per vari accidenti, era stata nell'anno mille quattrocento ottanta, aderendovi quasi tutti i minori potentati[73] d'Italia, rinnovata per venticinque anni: avendo per fine principalmente di non lasciare diventare più potenti i viniziani; i quali, maggiori senza dubbio di ciascuno de' confederati ma molto minori di tutti insieme, procedevano con consigli separati da' consigli comuni, e aspettando di crescere della altrui disunione e travagli, stavano attenti e preparati a valersi di ogni accidente che potesse aprire loro la via allo imperio[74] di tutta Italia: al quale che aspirassino si era in diversi tempi conosciuto molto chiaramente; e specialmente quando, presa occasione dalla morte di Filippo Maria Visconte duca di Milano,[75] tentorono,[76] sotto colore[77] di difendere la libertà del popolo milanese, di farsi signori di

63. antica... figliuolo: la passata ambizione o la pur giusta indignazione del figlio (Alfonso).

64. non si alterasse: non venisse turbata (nel suo equilibrio).

65. o perché... Firenze: o perché sapeva che, per contrapporsi alla potenza di Venezia, allora temibile in tutta Italia, fosse necessaria l'alleanza con gli altri Stati, e specialmente con Milano e Firenze.

66. deliberazione: strategia.

67. soprastando... usurpata: sia perché la minaccia di Venezia incombeva sui signori di Milano, non meno che su tutti gli altri, sia perché il potere che egli aveva usurpato poteva essere conservato meglio in una condizione di pace, piuttosto che negli sconvolgimenti di una guerra.

68. della grandezza loro: cioè del potere degli Aragonesi.

69. fondata congiunzione: salda alleanza.

70. si riputava... ottenere: si riteneva del tutto certo che gli Aragonesi non avrebbero avuto altri alleati nell'osare contro di lui, quello che da soli non erano riusciti a ottenere.

71. parte... rispetti: in parte per le medesime ragioni, in parte per ragioni differenti.

72. per... stati: per la difesa dei rispettivi Stati (il Regno di Napoli, il Ducato di Milano e la Repubblica di Firenze).

73. potentati: Stati.

74. imperio: dominio.

75. Filippo... Milano: Filippo Maria Visconti, duca di Milano dal 1412.

76. tentorono: tentarono.

77. sotto colore: con il pretesto.

quello stato; e più frescamente[78] quando, con guerra manifesta,[79] di occupare il ducato di Ferrara si sforzorono.[80] Raffrenava facilmente questa confederazione la cupidità del senato viniziano, ma non congiugneva[81] già i collegati in amicizia sincera e fedele: conciossiacosaché,[82] pieni tra se medesimi di emulazione[83] e di gelosia, non cessavano di osservare assiduamente gli andamenti[84] l'uno dell'altro, sconciandosi[85] scambievolmente tutti i disegni per i quali a qualunque di essi accrescere si potesse o imperio o riputazione:[86] il che non rendeva manco[87] stabile la pace, anzi destava in tutti maggiore prontezza a procurare di spegnere sollecitamente tutte quelle faville che origine di nuovo incendio essere potessino.[88]

78. frescamante: di recente.
79. manifesta: dichiarata.
80. si sforzorono: tentarono.
81. congiugneva: legava.
82. conciossiacosaché: dal momento che.
83. emulazione: invidia.
84. andamenti: vicende.
85. sconciandosi: guastandosi.
86. imperio o riputazione: potere o fama.
87. manco: minimamente.
88. destava... potessino: destava in tutti i membri dell'alleanza maggiore attenzione a intervenire per spegnere in fretta tutte quelle scintille (*faville*) che avrebbero potuto causare un nuovo incendio.

Analisi del testo

Struttura e temi

Il proemio: la storia e la fortuna Il capitolo è introdotto da una prima parte che svolge una funzione proemiale: qui Guicciardini annuncia l'oggetto e la materia della sua narrazione e rivela il metodo tenuto per ricostruire i fatti storici posteriori al 1490 (rr. 1-15). Questa parte è destinata a presentare l'atmosfera caratteristica dell'intera opera, tesa fra l'instabilità delle sorti umane e le continue variazioni di fortuna.
Dalle primissime battute, Guicciardini rivela con esattezza il tempo e il luogo della narrazione (ambientata soprattutto in Italia, nel passato recente), e il suo progetto di ripercorrere i drammatici eventi di cui è stato testimone (gli «atrocissimi accidenti» e le «calamità»). La precarietà delle vicende umane sfocia in una delle poche immagini di cui si colora la prosa guicciardiniana («uno mare concitato da' venti», r. 9), per rendere la violenza di una tempesta determinata sia dallo scatenarsi delle forze oscure della sorte, sia dalla insensata ambizione e imprudenza dei principi.

La felicità perduta Guicciardini sottolinea la tragicità della condizione presente raccontando l'epoca di una prosperità perduta, circondata da un alone mitico, che per l'autore coincide con una nuova età dell'oro (rr. 16-34). Era un'età in cui l'Italia non era sottoposta al dominio straniero, e a questa condizione di «pace e tranquillità» si accompagnava l'operosità (l'«industria»), un'altra grande dote molto cara a Guicciardini, come emerge spesso anche nei *Ricordi*. Il rimpianto per quella felicità, ormai perduta e consegnata a un'aura mitica, si esplica in una descrizione elegiaca della ricchezza di valli fertili e regioni montuose, di città operose, nel massimo splendore della gloria, delle arti e delle lettere. Uno splendore che Guicciardini paragona a quello che l'Impero romano ottenne a suo tempo, con «maravigliosa virtù e fortuna». L'età descritta da Guicciardini è quella di Lorenzo il Magnifico. A lui è attribuita una straordinaria virtù politica, che – grazie al favore della fortuna – gli ha consentito di mantenere in Italia un difficile equilibrio diplomatico (rr. 35-77).
La parte finale del capitolo (rr. 78-100) lascia spazio ai colori scuri che offuscano l'inesorabile tramonto di questa stagione splendida. La cupidigia e l'avidità, l'invidia e la superbia dei potenti cominciano a insinuare discordie e ad accendere «tutte quelle faville che origine di nuovo incendio essere potessino» (rr. 99-100).

Lingua e stile

Una sintassi ampia e complessa Nel proemio della sua opera Guicciardini sottolinea la propria scelta stilistica: come già Machiavelli nel *Principe*, l'autore mira ad aderire alla verità dei fatti. A partire dalla nuda essenza dei fatti, poi, lo storico può poi far confluire nel racconto i caratteri retorici della varietà e della gravità. Se nel *Principe* questi caratteri sfociavano in uno stile sobrio e spoglio, nella *Storia d'Italia* Guicciardini non rinuncia a un periodare ampio e complesso, debitore della tradizione classica. È un esempio di questo tipo di prosa la descrizione dello splendore e della prosperità dei tempi trascorsi, che raduna la raffigurazione in un unico grande periodo («Perché, ridotta tutta... fama chiarissima riteneva», rr. 25-34). I nuclei del periodo sono la proposizione principale e le sue due coordinate, attorno a cui si dispongono le ragioni e i modi di tanto benessere, anticipati nel periodo per creare una sospensione. La principale, infatti, è preparata da tre serie di participi concordati con il soggetto sottinteso; allo stesso modo, la prima coordinata è preparata da un participio articolato con tre specificazioni d'agente.

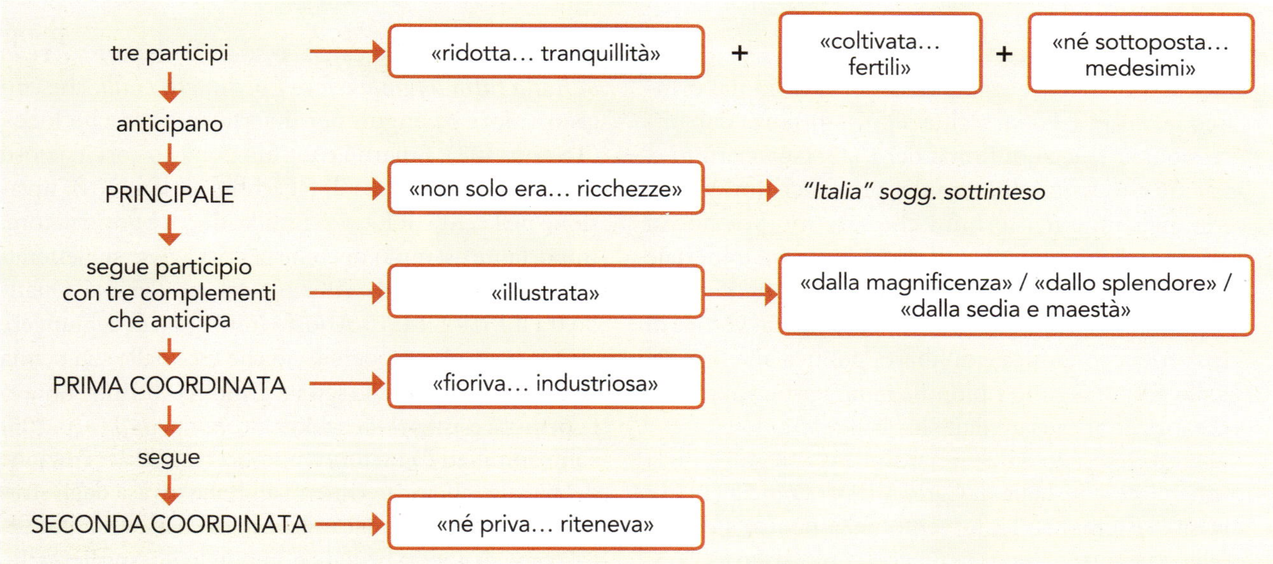

Le parole chiave Dal punto di vista lessicale, queste pagine appaiono interessanti per l'uso di parole significative, destinate a comparire ripetutamente nel corso dell'opera: l'«instabilità» della «fortuna» e le sue «spesse variazioni», la «virtù», l'«industria», la poca «prudenza» e troppa «ambizione», per citare i casi più evidenti.

Officina

COMPRENDERE

1. Qual è l'oggetto dell'opera di Guicciardini?
2. Qual è l'obiettivo di Guicciardini?
3. Quando, secondo l'autore, l'Italia è vissuta in un periodo di prosperità e perché?

ANALIZZARE

4. Dopo aver cercato tutti i termini derivati dal latino *sollicito* (verbi, sostantivi, aggettivi, aggettivi) e legati all'avverbio "sollecitamente", costruisci con ciascuno una frase, compreso "sollecitamente".
5. **Lingua e stile** Spiega l'espressione «uno mare concitato da' venti» (r. 9). Quale figura retorica vi è impiegata?

INTERPRETARE

6. Poni a confronto il capitolo d'apertura della *Storia d'Italia* con la lettera dedicatoria del ***Principe*** (➤ p. 325), elaborando un breve testo che tenga conto di tematiche, finalità dell'opera e presenza dell'autore.

PERCORSO DI SCRITTURA

Riassunto Dopo aver suddiviso il testo in quattro sequenze, riassumi ciascuna in 3 righe, quindi elabora una sintesi globale in modo da non superare le 15 righe.

TEMI E GENERI

Splendori e decadenza dell'Italia

Il quadro della decadenza

Il tema della decadenza italiana domina fin dal principio la *Storia d'Italia*, scritta a poca distanza dall'impressionante sacco di Roma del 1527. Guicciardini è, insieme a Machiavelli, uno dei primi scrittori a porre la questione nei termini che saranno poi ripresi nell'Ottocento: dopo gli splendori di Roma imperiale l'Italia scivola nella crisi dell'Alto Medioevo; riemerge da questa crisi, raggiungendo un provvisorio vertice di prosperità economica e di libertà politica alla fine del secolo XV; in seguito ripiomba in un vortice di guerre e devastazioni causato dalle invasioni straniere.
Il quadro tracciato da Guicciardini è veritiero. Dopo la prima discesa in Italia di Carlo VIII di Francia (1494), diventa sistematico l'intervento nella penisola di due potenze straniere, Francia e Spagna (unita sotto Carlo V al Sacro Romano Impero). Nei primi anni del Cinquecento la Francia si impadronisce del Ducato di Milano e la Spagna del Regno di Napoli. Tra il 1508 e il 1509 un'alleanza promossa da papa Giulio II Della Rovere sconfigge le ambizioni della Repubblica veneta, lo Stato italiano più potente, forse l'unico che avrebbe potuto fronteggiare il predominio straniero nella penisola. Nel 1527 le truppe imperiali saccheggiano Roma per punire papa Clemente VII, colpevole di avere promosso una lega di Stati italiani favorevole alla Francia. Tre anni dopo, nel 1530, gli imperiali abbattono la Repubblica fiorentina e impongono un nuovo regime mediceo a loro favorevole. Quando la tempesta si placa, con la pace di Cateau-Cambrésis (1559), gli Stati italiani entrano stabilmente nell'area di influenza spagnola.

I primi segni della crisi: Boiardo e Ariosto

I primi segni di una crisi, tuttavia, erano stati già colti da diversi letterati. Il fatto che il mondo reale non fosse solo amori, avventure e cavalleria traspare, per esempio, nelle ottave finali del libro II dell'*Orlando innamorato* di Boiardo, lasciato in sospeso dalla guerra tra il Ducato estense e Venezia. Boiardo riprende con fatica il poema, ma poi si interrompe definitivamente proprio nel 1494, a causa della discesa di Carlo VIII: «Mente che io canto, o Iddio redentore, / *vedo la Italia tutta a fiama e foco* / *per questi Galli*, che con gran valore / vengon per disertar non so che loco» (**T8** ➤ p. 103). Boiardo è un funzionario coscienzioso e muore mentre cerca di far fronte ai danni dell'invasione nella città di Reggio Emilia, di cui è governatore. Importante esempio di come la crisi agisse sui letterati è anche la vicenda di Ariosto e del suo *Furioso*. Quando tra il 1519 e il 1521 Ariosto immagina di aggiungere alcune parti al suo poema, ciò che esce dalla sua penna non ha più molto della serena armonia che improntava l'opera già esistente. I cosiddetti *Cinque canti* (➤ p. 205) sono dominati da un tono cupo, accenni alla corruzione del papato, chiari riferimenti all'Italia invasa dagli stranieri, invettive contro le milizie mercenarie e, soprattutto, scene di guerra brutali: non più duelli cavallereschi, ma autentiche carneficine che avvengono tra armate di massa. Anche Ariosto, soffriva della crisi italiana, nonostante la registrasse in modo meno diretto di Boiardo.

L'idea della libertà della patria

L'impostazione storiografica di Guicciardini è quasi esclusivamente politica: anche se nella sua *Storia* si fa cenno ad aspetti economici, il punto fondamentale è la libertà, cioè il fatto che l'Italia non fosse «sottoposta a altro imperio che de' suoi medesimi [signori]». Questa

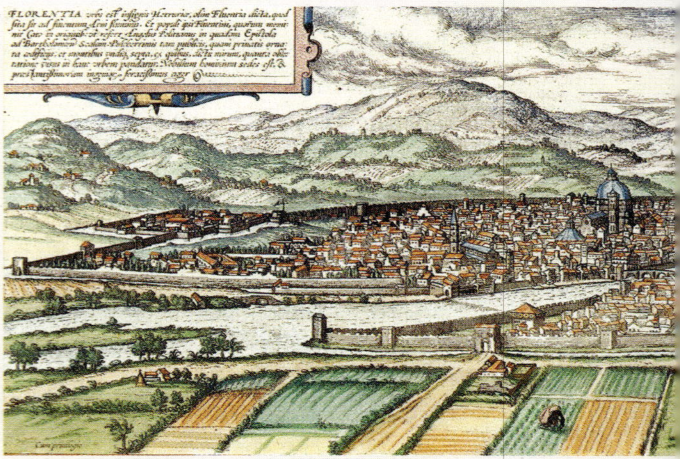

libertà per Guicciardini dipendeva dall'abile politica di equilibrio garantita da Lorenzo il Magnifico; dopo la sua scomparsa, nel 1492, si era aperta la fase di guerre di conquista che abbiamo appena descritto.
In modo non molto diverso riguardo la libertà italiana si era espresso Machiavelli nel *Principe*, quando aveva esortato il dedicatario dell'opera, Lorenzo de' Medici il Giovane, a farsi «redentore» dell'Italia contro le «insolenze barbare» (cap. XXVI ➤ p. 345).

L'Italia dei letterati

Come si vede, l'idea della decadenza – così come quella di rinascita – si accompagna al concetto di una patria comune, da cui discende di conseguenza l'opposizione fondamentale tra "Italiani" e "barbari". È interessante vedere come e quando tali concetti si siano sviluppati. Benché l'Italia non costituisse più un'entità politica dai tempi dell'Impero, la coscienza di una "unità" ben distinta dai Paesi circostanti si sviluppa gradualmente nei secoli successivi al 1000, a dispetto di tutte le divisioni politiche. In Dante le parlate di questa Italia vengono analizzate nel *De vulgari eloquentia* e, nell'*Inferno* (IX), il poeta traccia anche i confini settentrionali della penisola (prossimi a quelli attuali): a ovest la Provenza e a est l'Istria. Per Petrarca (*Canzoniere* CXXVIII, *Italia mia*) l'Italia comprende il Tevere, l'Arno e il Po, mentre le Alpi fanno «schermo» alla «tedesca rabbia». È importante sottolineare che in Petrarca l'italianità viene fatta coincidere con la latinità: secondo il poeta, il «latin sangue gentile» (v. 74) che deve levarsi di dosso il peso della dominazione straniera accomuna i popoli dell'Italia stessa.

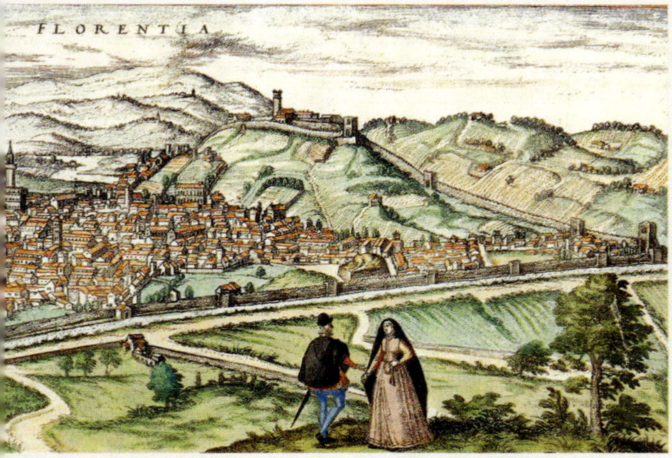

Il mito dei latini e dei barbari

Nasce così, con Petrarca, il mito secondo cui tutti gli Italiani sono discendenti della civiltà latina e tutti i non-Italiani sono potenzialmente "barbari". Questo mito si rafforza attraverso gli umanisti. Per Coluccio Salutati, per esempio, sono barbari anche i soldati francesi al servizio del papa. Gli umanisti fiorentini, in particolare, considerano barbari i soldati e gli imperatori tedeschi che attentano alla loro libertà. In questo quadro la Chiesa viene collocata in modo quasi naturale dalla parte della latinità.

Lo Stato e gli Stati

Nel passaggio dall'età comunale a quella delle signorie, questa Italia aveva trovato una stabilità fondata su un delicato equilibrio politico: le potenze locali riuscivano a sussistere e a fiorire, conservando un'autonomia politica ereditata dall'epoca comunale e gelosamente difesa. In Italia, dunque, è solo su una scala territoriale ridotta che fa le sue prove la formazione del cosiddetto "Stato moderno", che prevedeva un'autorità di tipo monarchico ereditario, un certo grado di accentramento politico, lo sviluppo di una burocrazia di funzionari e di eserciti di mestiere. Non nasce cioè uno Stato "italiano", ma molti Stati che discendono dalle forme di indipendenza cittadine o regionali dell'età comunale. Questi microcosmi non possono reggere all'urto delle grandi monarchie nazionali e, a partire dalla discesa di Carlo VIII, sono destinati a essere assorbiti nel più grande gioco delle potenze europee. Gli Stati italiani sussistono, ma perdono libertà e autonomia.
Questo processo assume agli occhi degli intellettuali italiani i caratteri della decadenza. E tuttavia se la diagnosi è corretta, la terapia non viene nemmeno impostata in termini realistici. Né Guicciardini né Machiavelli immaginano una vera unificazione dell'Italia sotto un unico principe. Anche quando Machiavelli esorta all'azione il suo «redentore», difficilmente concepisce qualcosa di diverso da una federazione di Stati autonomi coalizzata, nel momento del pericolo, attorno al nuovo principe. Questa visione sarebbe durata fino al secolo XIX, cioè fino al processo storico di unificazione italiana che ha preso il nome di Risorgimento.

Frans Hogenberg, *Veduta di Firenze nel XVI secolo*.
Illustrazione dal *Civitates Orbis Terrarum* (1570), atlante realizzato sotto la direzione del cartografo tedesco Georg Braun.

GUIDA AL RIPASSO

Francesco Guicciardini

MAPPA

PENSIERO E OPERE

- **profilo biografico**
  - Firenze, 1483 - Arcetri, 1540
  - famiglia d'origine di estrazione aristocratica, dedita ad attività commerciali e bancarie
  - formazione giuridica
  - carriera politica
    - incarichi pubblici prima per la Repubblica fiorentina e poi per conto dei Medici
    - governatore per conto dei Medici
    - consigliere di Clemente VII
  - attività storiografica
- **pensiero e poetica**
  - osservazione empirica del particolare e discrezione come strumenti per capire la realtà
  - storia come risultato della casuale dinamica delle azioni umane
  - impossibilità di modificare la realtà storico-politica
    - constatazione della precarietà della condizione umana e della realtà triste e ostile
    - sfruttamento delle occasioni favorevoli in vista di vantaggi personali
- ***Ricordi* (1512-30)**
  - lingua volgare; prosa espressiva e strutturata in frasi non troppo complesse
  - duplice significato di "ricordo"
  - raccolta di riflessioni brevi, massime e aforismi di argomento etico, politico, storico, giuridico, esistenziale
    - **è incentrata su**
      - problematizzazione del rapporto io-mondo
      - binomio cultura-esperienza
- ***Storia d'Italia* (1537-40)**
  - lingua volgare; prosa monumentale dai lunghi periodi e dalla sintassi complessa
  - storia d'Italia dal 1492 al 1535, raccontata con andamento annalistico
    - ricorso al moderno metodo storiografico
    - analisi delle cause del declino italiano
    - analisi del carattere dei protagonisti della storia italiana

Baldassarre Castiglione

La «forma del vivere»

AUTORE

1. Vita di un cortigiano

La formazione milanese

Figlio di Cristoforo e Aloisia Gonzaga, Baldassarre Castiglione nasce il **6 dicembre 1478**, a Casatico, nei pressi di Mantova. La sua prima formazione letteraria avviene a Milano, alla **corte sforzesca** di Ludovico il Moro, dove impara il latino e il greco.

L'approdo a Urbino e le missioni diplomatiche

Nel 1499, dopo l'ingresso dei Francesi a Milano, Castiglione torna a Mantova e riceve svariati incarichi diplomatici. Nel 1504 è a Urbino, dove entra al servizio di **Guidubaldo da Montefeltro**. Sono questi gli anni, i luoghi e gli incontri destinati a essere ritratti nelle pagine del *Libro del Cortegiano*.
Nel 1505 soggiorna di nuovo a **Roma**, con Guidubaldo: alloggiato presso la curia pontificia, riceve una pessima impressione dal lusso sfrenato e dalla frivolezza dei prelati. Alla fine di quello stesso 1505 si reca a **Londra**, presso Enrico VII, dove contribuisce a consolidare i rapporti diplomatici fra il re d'Inghilterra e il Ducato di Urbino. Proprio a Enrico VII, Castiglione indirizzerà qualche anno dopo (1508) la *Lettera sulla vita e sulle imprese di Guidubaldo duca di Urbino*. Nella *Lettera* emerge il ritratto del **principe letterato**, dotato di grazia e di eleganza, che in qualche modo anticipa la figura dell'uomo di corte proposta nel *Cortegiano*. Alla morte di Guidubaldo, il Ducato di Urbino passa nelle mani di Francesco Maria della Rovere.

La parentesi romana

Castiglione torna poi nella Roma di Leone X, sempre più ricca di splendore intellettuale: a partire dal **1513**, lavora alla prima redazione del ***Cortegiano***, frequenta Pietro Bembo e stringe amicizia con Raffaello. Quando, nel giugno del 1516, Leone X strappa il Ducato di Urbino dalle mani dei della Rovere, per affidarlo al nipote (Lorenzo de' Medici, il dedicatario del *Principe*), Castiglione rimane molto amareggiato e torna in esilio a Mantova.

Da uomo di corte a nunzio pontificio

Nel 1521, Castiglione decide di assumere la condizione di **ecclesiastico** ed entra a far parte della curia romana. Circa tre anni dopo, nel 1524, Clemente VII gli affida una missione diplomatica come nunzio pontificio a **Madrid**, presso Carlo V. Si tratta di un incarico delicatissimo e quasi insostenibile data l'ambigua politica papale nei confronti dell'imperatore durante il conflitto tra Francia e Spagna.
Dopo il sacco di Roma (1527), infatti, Castiglione è costretto ad arrendersi all'**inadeguatezza dei suoi sforzi** e al fallimento della politica di equilibrio che aveva perseguito. Profondamente amareggiato, cerca di salvare dall'oblio almeno qualcosa di sé e decide di **dare alle stampe** l'opera di una vita, nell'aprile del 1527. *Il libro del Cortegiano* uscirà soltanto l'anno successivo, pochi mesi prima della morte, avvenuta a Toledo l'**8 febbraio 1529**.

> Castiglione è una delle figure più schiettamente rappresentative del Rinascimento italiano, così nei riguardi morali, come in quelli letterari e politici.
>
> V. Cian

FISSA I CONCETTI

- Attraverso quali luoghi ed esperienze si svolge la vita di Castiglione?
- Sintetizza genesi, struttura e contenuto del *Libro del Cortegiano*.

2. Il *Libro del Cortegiano*

La genesi del testo

La scrittura del *Libro del Cortegiano* si estende per circa **due decenni** (1508-27): prende avvio poco dopo la morte di Guidubaldo da Montefeltro, per terminare nell'imminenza del sacco di Roma. Scandiscono l'arco di questo ventennio **tre redazioni principali**: la prima, realizzata fra il 1515 e il 1516 e corretta nuovamente fra il 1518 e il 1520; la seconda, completata fra il 1520 il 1521; la terza, terminata nel maggio del 1524, a Roma.

La cornice del libro

Il Cortegiano è strutturato come il **resoconto di una serie di conversazioni** tenute, nell'arco di quattro serate, nello splendido spazio della corte di Urbino, attorno alla duchessa Elisabetta Gonzaga. Secondo la finzione narrativa, questi dibattiti si sarebbero svolti al principio di marzo del **1507**, mentre l'autore si trova in missione diplomatica in Inghilterra. I personaggi convocati sulla scena del testo (Ludovico di Canossa, Cesare Gonzaga, Federico Fregoso, Giuliano de' Medici, Gaspare Pallavicino, Pietro Bembo, Bernardo Dovizi da Bibbiena) sono tutti reali e consentono così un radicamento profondo e concreto nella storia, anche se sono improntati all'idealizzazione.

La struttura e il contenuto

Il Cortegiano è diviso in **quattro libri**, dedicati ad Alfonso Ariosto, diplomatico e letterato delle corti padane. Tuttavia, immediatamente a ridosso della pubblicazione, al dialogo è premessa una nuova dedica all'umanista Michel de Silva, in cui Castiglione spiega le ragioni dell'opera e compie una sorta di bilancio intellettuale e affettivo della

Ambrosius Benson, *Compagnia di cortigiani con musicisti*, XVI secolo. Collezione privata.

sua vita (➤ T1). *Il Cortegiano* è, di fatto, una "enciclopedia comportamentale", fedele all'ideale educativo dell'Umanesimo: il tema centrale del dialogo, infatti, è la **figura del perfetto uomo di corte**, la sua perfezione morale, le forme e i modi che ne manifestano la dignità e la capacità comunicativa. A ciascuno dei quattro libri è affidato un argomento specifico.
Il **libro I** si propone di definire l'**essenza del cortigiano**: vengono presentati qui i valori della grazia, dell'amabilità, della «sprezzatura» (➤ p. 420), dell'affabilità e dell'autoironia. Cospicuo spazio viene dato alla discussione circa la **questione della lingua**.
Il **libro II** scende sul piano delle **relazioni interpersonali**, improntate alla cautela e alla prudenza, alla modestia, al rispetto dell'opinione altrui. Un ampio inciso è dedicato alla trattazione del **"comico"**.
Il **libro III** è il primo testo della letteratura italiana dedicato alla difesa della **dignità della donna**, alla quale viene riconosciuto un ruolo fondamentale negli equilibri dei rapporti comunicativi. A lei sono richieste affabilità, fedeltà, misura, pudore, lealtà, in un contesto animato da conversazioni sulla letteratura, sulla musica e sulle arti. In questo libro c'è anche una dura **invettiva contro i religiosi** ipocriti.
Il **libro IV** ruota attorno ai due grandi temi della **dottrina politica** e della **teoria dell'amore**. Nella prima parte, infatti, si discute dei rapporti fra il principe e l'uomo di corte; nella seconda, alla voce di Pietro Bembo (➤ p. 142) è affidata una dissertazione di impronta platonica che riguarda la forza dell'esperienza amorosa e i suoi esiti spirituali.

VISUALIZZA I CONCETTI

La struttura del *Libro del Cortegiano*

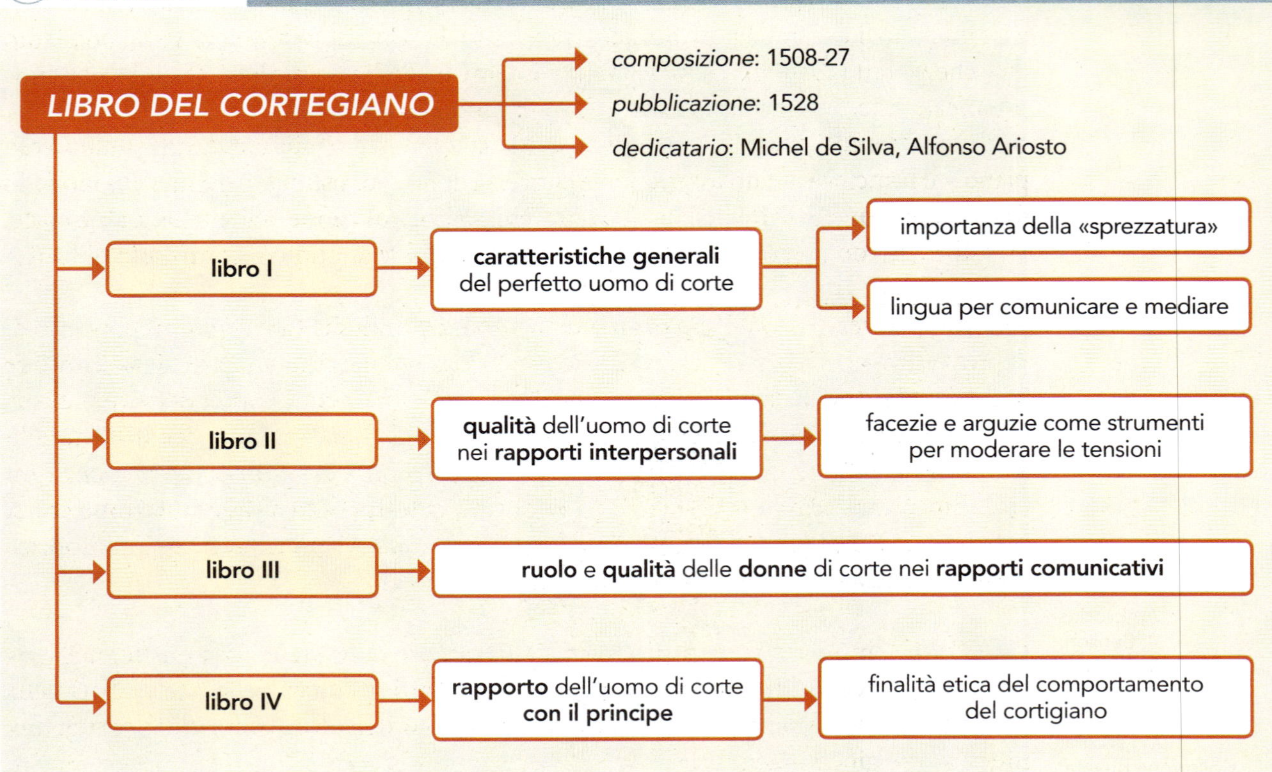

Lo specchio delle corti

Il nucleo centrale del pensiero di Castiglione si forma e cresce all'interno delle **corti rinascimentali**, centri dove il potere politico si intreccia con un'alta levatura culturale e con una fiorente attività artistica e letteraria. Nelle corti si trovano raffinatezza, eleganza, misura e gusto, a cui si ispirano i comportamenti del signore, degli aristocratici e delle nobildonne che lo circondano. Castiglione stesso sperimenta e interpreta il **ruolo del cortigiano**, colto e piacevole nella conversazione, ma anche capace di sostenere difficili incarichi diplomatici e politici. Egli tocca con mano il massimo splendore di alcune corti italiane, ma è destinato allo stesso tempo a constatarne l'**inesorabile declino**, **sullo sfondo delle guerre franco-spagnole**, dei saccheggi e delle epidemie. Dapprima, ancora adolescente, a Milano (con l'ingresso dei Francesi, nel 1499), poi a Urbino (dopo la morte di Guidubaldo).

Il ritratto di un'assenza

È questo lo sfondo in cui si ambienta il dialogo, eppure, sin dalla dedica a Michel de Silva, l'autore preannuncia che l'intero racconto è caratterizzato dalla **distanza** e dall'**assenza**. Quando, infatti, Castiglione decide di pubblicare la sua opera, sono passati già vent'anni dal momento in cui i fatti sono ambientati: quasi tutti **i protagonisti sono morti** e lo stesso autore è lontanissimo dalla corte urbinate, dal momento che si trova in Inghilterra, in missione diplomatica. *Il Cortegiano*, allora, evoca una memoria. Propone un modello ed esalta un ruolo sociale, quello del cortigiano, su uno sfondo storico che ormai ha decretato **la fine di quel mondo** per cui era stato concepito.

Il modello e l'esempio

Il libro del cortegiano è un testo composito, tematicamente molto vario (si parla di politica, di onore, di amore, di letteratura e di arte e di altro ancora) proprio perché non si richiede all'uomo di corte alcuna specializzazione esclusiva. Poiché rappresenta una conversazione elegante e arguta attraverso un dialogo tra interlocutori realmente esistiti e all'interno di un'ambientazione storica precisa, la corte di Urbino del 1508, possiamo dire che si tratta di un libro che fissa delle **norme teoriche esemplari** offrendo, contemporaneamente, l'esempio concreto della loro attuazione (o infrazione).
Allo stesso tempo questo dialogo pone tendenzialmente le opinioni di tutti sullo stesso piano – il principe è infatti assente dalla conversazione –, e costituisce dunque un **modello di discorso non autoritario** che ben rappresenta la mediazione dell'intellettuale a corte. Per «formar con parole un perfetto cortigiano» occorre appunto il contributo di tutti.

La «sprezzatura»

A questo universo di valori fa capo uno dei nodi centrali del *Cortegiano*: il concetto di «**sprezzatura**» (➤ **T2**). Con questo neologismo, Castiglione esprime l'arte di **nascondere la fatica e lo studio** che sono all'origine di ogni gesto e di ogni parola del vivere a corte. La «sprezzatura», dunque, consiste nella naturalezza dell'azione, che maschera lo sforzo compiuto per raggiungere un risultato di armonia e di grazia e presuppone un costante autocontrollo interiore. In altre parole, si tratta di una dissimulazione che si presenta come naturale: il cortigiano deve **far sembrare spontaneo** ogni comportamento artificiale, ogni manifestazione della sua "grazia".

L'armonia del gioco ingegnoso: il comico e la burla

L'ideale di armonia sotteso a questo comportamento consiste nella medietà, nella via del "**giusto mezzo**". Le facezie e le arguzie sono tratti peculiari della vita a corte, della piacevole conversazione, e costituiscono il nocciolo della formazione del cortigiano, intesa come gioco ingegnoso.

L'operare del cortigiano si regge su **equilibri fragilissimi**, improntati a cautela e discrezione. In coerenza con l'idea di autoironia associata alla «sprezzatura», si suggerisce un atteggiamento disposto a evitare le contese, i diverbi e le maldicenze, capace di modestia, alleggerimento delle tensioni, attenuazione dei propri meriti. Per questo, nella conversazione, il ricorso al faceto e alla burla deve essere calibrato e mantenersi lontano dalla deformità e dalla sconvenienza, per non scadere nel comico.

La lingua dell'uso, tra oralità e scrittura

All'idea di sprezzatura è profondamente legata anche la **discussione sulla lingua**, che si affaccia nel *Cortegiano* sin dalla dedica al de Silva, dove l'autore prende le distanze dall'imitazione del Boccaccio (proposto invece da Bembo come modello di prosa volgare ➤ p. 143). Questa posizione si basa su due motivazioni fondamentali: la prima è legata all'arcaismo della lingua boccacciana, fatta di parole ormai superate nell'uso corrente del Cinquecento; la seconda deriva dalla diversità e novità del genere letterario del dialogo, rispetto alla narrazione novellistica decameroniana. Castiglione, infatti, si preoccupa di delineare una **lingua della comunicazione**, necessaria come strumento di conversazione e di mediazione (anche diplomatica) nelle corti. Di qui la sua costante attenzione a una lingua che si attenga alla **naturalezza** dell'uso corrente e quotidiano, garantita dal buon giudizio e dal gusto, più che dalla tradizione. Castiglione insiste sulle possibilità di evoluzione della lingua volgare: si rivela, dunque, grande l'apertura nei riguardi dei vocaboli stranieri, assoluta la libertà verso il modello toscano, deciso il rifiuto degli arcaismi. Tutto questo, secondo un'idea di **continuità fra linguaggio parlato e linguaggio scritto**, inconciliabile con l'idea di un modello linguistico immutabile.

La dimensione civile della letteratura e delle arti

In modo coerente alla riflessione sulla lingua e alla prospettiva umanistica, Castiglione è convinto che le **qualità morali** dell'uomo di corte abbiano una ricaduta immediata sul piano della comunicazione. Il *Cortegiano* affronta, dunque, anche il ruolo della **cultura letteraria**, che secondo alcuni in Italia aveva indebolito il valore militare e l'eroismo patriottico. Castiglione accetta con amarezza di riconoscere questa debolezza militare, ma tuttavia rifiuta di connetterla con l'esercizio delle lettere, a cui affida, invece, un compito essenziale sul piano civile e politico. L'arte e la poesia, infatti, hanno il ruolo di custodire la **memoria delle imprese magnanime**, fondamentale per risvegliare e tenere desto il desiderio della gloria nei posteri.

Il perfetto cortigiano e il principe

Nel corso della sua riflessione e della sua esperienza amministrativa e diplomatica nelle corti, Castiglione mette a fuoco sempre meglio la **funzione etica** della formazione umanistica del cortigiano. A questo proposito nel dialogo si delinea il **rapporto tra l'uomo di corte e il principe**, un rapporto basato sulla franchezza della comunicazione e sulla incondizionata onestà reciproca (➤ **T3**). Il cortigiano deve dire al principe la verità su ogni questione d'interesse e deve far valere la sua raffinatezza e la sua eleganza, per indirizzarlo sulla via della perfezione morale. In questo modo, l'uomo di cultura si pone di fronte al politico su un piano di assoluta parità, in una conversazione fondata su un confronto veritiero e se necessario anche sul contrasto di opinioni, lontano da qualsiasi forma di adulazione. La grazia e la ricchezza intellettuale del cortigiano vengono così a costituire il «fiore» da cui si genera il «frutto» del **governo giusto di un principe colto**, sottomesso alla ragione e pacifico, secondo i modelli del pensiero utopico rinascimentale.

FISSA I CONCETTI

- Che cosa s'intende con il termine «sprezzatura»?
- Qual è la posizione di Castiglione riguardo al dibattito sulla lingua?

T1 Il libro come ritratto di pittura

Cortegiano Dedica; Libro I, 2

La dedica a Michel de Silva si apre con la narrazione delle circostanze che hanno ispirato l'opera, circa due decenni prima. Il lettore è quindi chiamato a sapere da subito che la narrazione e i protagonisti appartengono a una stagione di splendore e prosperità ormai irrimediabilmente conclusa.
Questa lettera, dunque, è pervasa da un velo di malinconica nostalgia, alimentata dal doloroso elenco dei personaggi scomparsi. L'atmosfera presente è ormai quella drammatica dei conflitti che squassano l'Europa, in prossimità del tragico epilogo del sacco di Roma, mentre Castiglione si trova a Madrid come nunzio apostolico e riceve notizia che la sua opera circola già in forma manoscritta. Decide così di porre rimedio a quella diffusione dando alle stampe le sue pagine, dopo una attenta revisione.

Al reverendo ed illustre signor Don Michel de Silva, vescovo di Viseo[1]

I

Quando il signor Guid'Ubaldo di Montefeltro,[2] duca d'Urbino, passò di questa vita, io insieme con alcun'altri cavalieri che l'aveano servito restai alli servizi del duca Francesco Maria della Rovere,[3] erede e successor di quello nel stato; e come nell'animo mio era recente l'odor[4] delle virtù del duca Guido e la satisfazione che io quegli anni aveva sentito della amorevole compagnia di così eccellenti persone, come allora si ritrovarono nella corte d'Urbino, fui stimulato da quella memoria a scrivere questi libri del Cortegiano; il che io feci in pochi giorni, con intenzione di castigar[5] col tempo quegli errori, che dal desiderio di pagar tosto questo debito erano nati.
Ma la fortuna già molt'anni m'ha sempre tenuto oppresso in così continui travagli, che io non ho mai potuto pigliar spazio di ridurgli[6] a termine, che il mio debil giudicio ne restasse contento. Ritrovandomi adunque in Ispagna[7] ed essendo di Italia avvisato che la Signora Vittoria dalla Colonna,[8] marchesa di Pescara, alla quale io già feci copia[9] del libro, contra la promessa sua ne avea fatto transcrivere una gran parte, non potei non sentirne qualche fastidio, dubitandomi di molti inconvenienti,[10] che in simili casi possono occorrere; nientedimeno mi confidai che l'ingegno e prudenzia di quella Signo-

1. **Don... Viseo:** nobile portoghese, letterato e diplomatico, vissuto a lungo in Italia. Fu vescovo a Viseo, in Portogallo, fino al 1541, quando ottenne la porpora cardinalizia. Morì a Roma nel 1556.
2. **Guid'Ubaldo di Montefeltro:** duca di Urbino, figlio di Federico. Nacque nel 1472 e succedette al padre all'età di soli dieci anni. Sposò Elisabetta Gonzaga e morì nel 1508.
3. **Francesco... Rovere:** nipote di Guidubaldo, succedette allo zio al governo del Ducato di Urbino, alla sua morte. Fu spodestato dal ducato (tra il 1516 e il 1521) da Leone X, che lo affidò al nipote, Lorenzo de' Medici (il dedicatario del *Principe*). Durante quegli anni, Castiglione si avvicinò ai Gonzaga e perse così il feudo di Novellara, che il Della Rovere gli aveva concesso nel 1513.
4. **odor:** ricordo vivo.
5. **castigar:** correggere.
6. **ridurgli:** portarli.
7. **in Ispagna:** Castiglione era a Madrid dal 1525, come nunzio pontificio alla corte di Carlo V.
8. **Vittoria Colonna:** poetessa molto nota e moglie del marchese di Pescara, Ferdinando Francesco d'Avalos.
9. **feci copia:** diedi in lettura una copia manoscritta.
10. **dubitandomi... inconvenienti:** temendo le molte imperfezioni, dovute alla mancata revisione dell'opera.

ra, la virtù della quale io sempre ho tenuto in venerazione come cosa divina, bastasse a rimediare[11] che pregiudicio alcuno non mi venisse dall'aver obedito a' suoi comandamenti.[12] In ultimo seppi che quella parte del libro si ritrovava in Napoli in mano di molti; e, come sono gli omini sempre cupidi di novità, parea che quelli tali tentassero di farla imprimere.[13] Ond'io, spaventato da questo periculo, diterminaimi[14] di riveder sùbito nel libro quel poco che mi comportava il tempo, con intenzione di publicarlo; estimando men male lasciarlo veder poco castigato per mia mano che molto lacerato per man d'altri. Così, per eseguire questa deliberazione cominciai a rileggerlo; e sùbito nella prima fronte,[15] ammonito dal titulo, presi non mediocre tristezza, la qual ancora nel passar più avanti molto si accrebbe, ricordandomi la maggior parte di coloro, che sono introdutti nei ragionamenti, esser già morti. [...]

E perché voi né della signora Duchessa[16] né degli altri che son morti, fuor che del duca Iuliano[17] e del Cardinale di Santa Maria in Portico,[18] aveste noticia in vita loro, acciò che, per quanto io posso, l'abbiate dopo la morte, mandovi questo libro come un ritratto di pittura della corte d'Urbino, non di mano di Rafaello o Michel Angelo, ma di pittor ignobile e che solamente sappia tirare le linee principali, senza adornar la verità de vaghi colori o far parer per arte di prospettiva quello che non è. E come ch'io mi sia sforzato di dimostrar coi ragionamenti le proprietà[19] e condicioni di quelli che vi sono nominati, confesso non avere, non che espresso, ma né anco accennato le virtù della signora Duchessa; perché non solo il mio stile non è sufficiente ad esprimerle, ma pur l'intelletto ad imaginarle; e se circa questo o altra cosa degna di riprensione (come ben so che nel libro molte non mancano) sarò ripreso, non contradirò alla verità.

II

Ma perché talor gli omini tanto si dilettano di riprendere, che riprendono ancor quello che non merita riprensione, ad alcuni che mi biasimano perch'io non ho imitato il Boccaccio, né mi sono obligato alla consuetudine del parlar toscano d'oggidì,[20] non restarò di dire che, ancor che 'l Boccaccio fusse di gentil ingegno, secondo quei tempi, e che in alcuna parte scrivesse con discrezione ed industria,[21] nientedimeno assai meglio scrisse quando si lassò guidar solamente dall'ingegno ed instinto suo naturale, senz'altro studio o cura di limare i scritti suoi, che quando con diligenzia e fatica si sforzò d'esser più culto e castigato.[22] [...]

Se adunque io avessi imitato quella manera di scrivere che in lui è ripresa[23] da chi nel resto lo lauda, non poteva fuggire almen quelle medesime calunnie,[24] che al proprio[25] Boccaccio son date circa questo; ed io tanto maggiori le meritava, quanto che l'error

11. rimediare: evitare.
12. comandamenti: richieste (di scrivere sulla figura del cortigiano).
13. imprimere: stampare.
14. diterminaimi: mi decisi.
15. prima fronte: frontespizio.
16. signora Duchessa: Elisabetta Gonzaga, moglie di Guidubaldo, morta nel 1526.
17. Iuliano: Giuliano de' Medici, figlio di Lorenzo (1479-1516).
18. Cardinale... Portico: Bernardo Dovizi, detto il Bibbiena, autore della *Calandria* (1470-1520). Come Castiglione, anch'egli era passato dalla condizione di laico a quella di ecclesiastico.
19. proprietà: doti.
20. non ho... oggidì: Castiglione sceglie la lingua parlata nelle corti italiane, con forte venatura settentrionale, lontana dalla imitazione della prosa del *Decameron*.
21. discrezione ed industria: misura e perizia.
22. culto e castigato: letterario e intellettualmente controllato.
23. è ripresa: è criticata.
24. calunnie: accuse.
25. al proprio: allo stesso.

suo allor fu credendo di far bene ed or il mio sarebbe stato conoscendo di far male. Se ancora avessi imitato quel modo che da molti è tenuto per bono e da esso fu men apprezzato, parevami con tal imitazione far testimonio d'esser discorde di giudicio da colui che io imitava; la qual cosa, secondo me, era inconveniente. E quando ancora questo rispetto non m'avesse mosso,[26] io non poteva nel subietto[27] imitarlo, non avendo esso mai scritto cosa alcuna di materia simile a questi libri del Cortegiano; e nella lingua, al parer mio, non doveva, perché la forza e vera regula del parlar bene consiste più nell'uso che in altro, e sempre è vizio[28] usar parole che non siano in consuetudine. Perciò non era conveniente ch'io usassi molte di quelle del Boccaccio, le quali a' suoi tempi s'usavano ed or sono disusate dalli medesimi Toscani. [...]

III

Altri dicono che, essendo tanto difficile e quasi impossibile trovar un omo così perfetto come io voglio che sia il cortegiano, è stato superfluo il scriverlo perché vana cosa è insegnare quello che imparare non si po. A questi rispondo che mi contentarò aver errato con Platone, Senofonte e Marco Tullio,[29] lassando il **disputare** del mondo intelligibile e delle idee; tra le quali, sì come, secondo quella opinione, è la idea della perfetta republica e del perfetto re e del perfetto oratore, così è ancora quella del perfetto cortegiano; alla imagine della quale s'io non ho potuto approssimarmi col stile, tanto minor fatica averanno i cortegiani d'approssimarsi con l'opere al termine e mèta, ch'io col scrivere ho loro proposto; e se con tutto questo non potran conseguir quella perfezion, qual che ella si sia, ch'io mi son sforzato d'esprimere, colui che più se le avvicinarà sarà il più perfetto, come di molti arcieri che tirano ad un bersaglio, quando niuno è che dia nella brocca,[30] quello che più se le accosta senza dubbio è miglior degli altri. Alcuni ancor dicono ch'io ho creduto formar[31] me stesso, persuadendomi che le condizioni, ch'io al cortegiano attribuisco, tutte siano in me. A questi tali non voglio già negar di non aver tentato tutto quello ch'io vorrei che sapesse il cortegiano; e penso che chi non avesse avuto qualche notizia delle cose che nel libro si trattano, per erudito che fosse stato, mal avrebbe potuto scriverle; ma io non son tanto privo di giudicio in conoscere me stesso, che mi presuma saper tutto quello che so desiderare. La diffesa adunque di queste accusazioni e, forse, di molt'altre rimetto io per ora al parere della commune opinione; perché il più delle volte la moltitudine, ancor che perfettamente non conosca, sente però per instinto di natura un certo odore del bene e del male e, senza saperne rendere altra ragione, l'uno gusta ed ama e l'altro rifiuta ed odia. Perciò, se universalmente il libro piacerà, terrollo per bono e pensarò che debba vivere; se ancor non piacerà, terrollo per malo e tosto crederò che se n'abbia da perdere la memoria. E se pur i mei accusatori di questo commun giudicio non restano satisfatti, contentinsi almeno di quello del tempo; il quale d'ogni cosa al fin scuopre gli occulti diffetti e, per esser padre della verità e giudice senza passione, suol dare sempre della vita o morte delle scritture giusta sentenzia.

lessico

Disputare

Discutere, contendere; gareggiare, competere (dal latino *disputāre*, «discutere; valutare i pro e i contro»).

26. questo... mosso: questo scrupolo non mi avesse spinto (a rifiutare di imitare il Boccaccio).
27. subietto: materia, argomento.
28. vizio: errore stilistico.
29. mi...Marco Tullio: mi basterà sapere di aver fatto lo stesso errore di Platone (che, nella *Repubblica*, descrive lo Stato perfetto), di Senofonte (che, nella *Ciropedia*, parla del perfetto sovrano), di Marco Tullio Cicerone (che, nel *De oratore*, presenta la figura del perfetto oratore).
30. dia... brocca: colpisca il bersaglio.
31. formar: raffigurare.

Libro I, 2

Alle pendici dell'Appennino, quasi al mezzo della Italia verso il mare Adriatico, è posta, come ognun sa, la piccola città d'Urbino; la quale, benché tra monti sia, e non così ameni come forse alcun'altri che veggiamo in molti lochi, pur di tanto avuto ha il cielo favorevole, che intorno il paese è fertilissimo e pien di frutti; di modo che, oltre alla salubrità dell'aere, si trova abundantissima d'ogni cosa che fa mestieri[32] per lo vivere umano. [...]

Il duca Federico[33] [...], tra l'altre cose sue lodevoli, nell'aspero sito[34] d'Urbino edificò un palazzo, secondo la opinione di molti, il più bello che in tutta Italia si ritrovi; e d'ogni oportuna cosa sì ben lo fornì, che non un palazzo,[35] ma una città in forma de palazzo esser pareva; e non solamente di quello che ordinariamente si usa, come vasi d'argento, apparamenti[36] di camere di ricchissimi drappi d'oro, di seta e d'altre cose simili, ma per ornamento v'aggiunse una infinità di statue antiche di marmo e di bronzo, pitture singularissime, instrumenti musici d'ogni sorte; né quivi cosa alcuna volse, se non rarissima ed eccellente. Appresso con grandissima spesa adunò un gran numero di eccellentissimi e rarissimi libri greci, latini ed ebraici, quali tutti ornò d'oro e d'argento, estimando che questa fusse la suprema eccellenzia del suo magno palazzo.

32. **fa mestieri:** è necessario.
33. **Federico:** il padre di Guidubaldo, lo stesso effigiato nel famoso ritratto di Piero della Francesca conservato agli Uffizi.
34. **aspero sito:** luogo aspro e montuoso.
35. **un palazzo:** il palazzo ducale, costruito secondo il progetto del Laurana.
36. **apparamenti:** arredi.

Analisi del testo

Struttura e temi

Tra passato e presente La lettera di dedica è scandita in tre parti. Sin dalle prime battute Castiglione delinea i due piani temporali dell'opera: il passato, l'età irrimediabilmente trascorsa in cui si svolgono le conversazioni narrate nel dialogo (rr. 1-10); il presente, il tempo in cui l'autore viene a sapere che una copia del suo libro – data in lettura a Vittoria Colonna – comincia a circolare senza il suo consenso (rr. 11-28). Segue una sorta di lode funebre, in cui si ricordano i protagonisti del dialogo ormai morti, un elenco che culmina con la definizione dell'opera come ritratto di pittura della corte urbinate, prima della morte del duca Guidubaldo.

La questione della lingua Nella seconda parte Castiglione sente la necessità di giustificare le proprie scelte linguistiche e stilistiche, consapevolmente in contrasto con la teoria bembiana esposta nelle *Prose della volgar lingua* (del 1525 ➤ p. 148). Mentre Bembo indica nell'imitazione di Boccaccio l'unica via possibile per una scrittura in prosa, Castiglione sostiene una forma espressiva dettata da naturalezza e buon gusto. Queste due caratteristiche discendono dall'impiego di una lingua che rispecchi la consuetudine dell'uso e sia priva di arcaismi e termini desueti. Inoltre – spiega Castiglione – il genere letterario cui appartiene il suo trattato ha esigenze stilistiche ben diverse da quelle del *Decameron*. È una sorta di difesa delle proprie posizioni, non solo sul versante della lingua, ma anche su quello ideologico e metodologico, teso a definire il perfetto gentiluomo di corte (rr. 55-61).

La risposta alle critiche Nella terza parte l'autore risponde alle critiche che gli sono state mosse: aspirare a un modello di perfezione, fondato su ideali astratti, potrebbe infatti essere considerata un'utopia («vana cosa è insegnare quello che imparare non si po», rr. 64-65). La replica chiama in causa tre modelli della trattatistica antica: la *Repubblica* di Platone, la *Ciropedia* di Senofonte, il *De oratore* di Cicerone, dove vengono delineati altrettanti esempi di perfezione (lo Stato ideale, il perfetto sovrano, l'oratore ineccepibile; rr. 65-68). Trova spazio qui una delle metafore più efficaci del libro, quella dell'arciere che si approssima con la freccia al bersaglio (rr. 71-75): la perfezione non può essere raggiunta, ma bisogna avvicinarsi a essa il più possibile, mirando come a un bersaglio. Non sapendo quale potrà essere la reazione dei lettori al suo libro, Castiglione si rimette al verdetto del tempo, padre della verità e giudice imparziale (rr. 85-90).

Il mito di Urbino e della corte In apertura del libro I, dopo aver enunciato la materia del trattato, prende forma la costruzione del mito di Urbino e della corte dei Montefeltro: con una solennità degna degli storici classici, viene preparato lo spazio geografico in cui il duca Federico fa erigere il meraviglioso palazzo ducale (rr. 98-101). La descrizione si sofferma sull'ampiezza delle sale, sull'eleganza degli arredi, per restringersi sempre più alle testimonianze artistiche delle statue, degli affreschi, dei quadri, degli strumenti musicali. L'ultimo e più importante tassello della scena è rappresentato dal cuore pulsante dello "studiolo", ricco di libri rari provenienti da ogni parte del mondo. Questi, agli occhi dei duchi, costituiscono il bene più prezioso, un vero e proprio tesoro intellettuale senza il quale perderebbero significato tutte le altre ricchezze (rr. 105-108).

Il vero valore della letteratura Questa raffigurazione colloca Castiglione nella stessa linea di pensiero che da Petrarca, attraverso gli umanisti del Quattrocento, giunge fino a Machiavelli: le arti figurative lasciano una splendida testimonianza delle gesta eroiche del passato, ma, ancora di più, i libri narrano le vicende e descrivono gli stati d'animo. Non a caso, nella dedica del *Principe* (➤ p. 325), Machiavelli offre al sovrano la sua «suppellettile» intellettuale, l'opera letteraria ormai consapevole di valere più degli arazzi, degli scudi e dei cavalli che generalmente si è soliti donare al principe.

Officina

COMPRENDERE

1. Come, quando e perché Castiglione decide di scrivere *Il Cortegiano*?
2. Quali sono le accuse che Castiglione ipotizza possano esser mosse alla sua opera? E come vengono confutate?
3. Perché la posizione di Urbino è particolarmente favorevole?

ANALIZZARE

4. In diversi passi Castiglione sembra sminuire il valore della propria opera, con il ricorso al *topos modestiae*. Individua e sottolinea nel testo tutti i casi in cui il poeta parla della propria opera con semplicità, sottolineandone anche i limiti.
5. **Lingua e stile** Individua e sottolinea nel testo tutti i superlativi impiegati per descrivere la corte di Urbino e spiega quale funzione hanno.
6. **Lessico** Il verbo «disputare» in italiano può avere valore intransitivo [I], transitivo [T] e transitivo pronominale (con valore reciproco; [TP]). Con quale valore è utilizzato il verbo nelle frasi seguenti? C'è tra le frasi proposte una frase scorretta?

   a. I due concorrenti disputavano per la prova finale. [I] [T] [TP]
   b. Sembrano due cani che si disputano un osso. [I] [T] [TP]
   c. Lo sfidante disputerà la corona dei pesi massimi al campione in carica. [I] [T] [TP]
   d. I senatori disputano la riforma economica. [I] [T] [TP]

INTERPRETARE

7. Quale giudizio sulla lingua di Boccaccio emerge dalle parole di Castiglione?

PERCORSO DI SCRITTURA

Riscrittura Soffermandoti sul paragrafo 3, ripercorri i principali capi d'accusa a Castiglione e la sua difesa. Riscrivi poi i contenuti sotto forma di intervista doppia, in cui compaiano l'accusatore (che identificherai con un personaggio della corte o un intellettuale fittizio o dell'epoca) e Castiglione stesso. Puoi iniziare con una introduzione da parte del giornalista, finalizzata a presentare l'opera e il dibattito critico che ha suscitato.

T2 La «sprezzatura»: una difficile conquista

Cortegiano I, 26

In questa parte del libro I si descrivono le doti di cui l'uomo di corte deve disporre per intrattenere rapporti affabili con quanti lo circondano. Queste si riassumono in due caratteristiche fondamentali: la «grazia» e la «sprezzatura». La prima consiste nell'amabilità, nella capacità di rendersi graditi e piacevoli; la seconda nella disinvoltura e nella naturalezza di comportamento. La prima comporta la necessità di apprendere e imitare gli aspetti migliori dei propri simili; la seconda deve temperare l'ostentazione di quanto si è appreso e nascondere lo studio e la fatica nell'esercizio di qualunque disciplina.

Chi adunque vorrà esser bon discipulo,[1] oltre al far le cose bene, sempre ha da metter ogni diligenzia per assimigliarsi[2] al maestro e, se possibil fosse, transformarsi in lui. E quando già si sente aver fatto profitto,[3] giova molto veder diversi omini di tal professione[4] e, governandosi con quel bon giudicio che sempre gli ha da esser guida,[5] andar scegliendo or da un or da un altro varie cose. E come la pecchia[6] ne' verdi prati sempre tra l'erbe va carpendo[7] i fiori, così il nostro cortegiano averà da rubare questa grazia da que' che a lui parerà che la tenghino[8] e da ciascun quella parte che più sarà laudevole; e non far come un amico nostro, che voi tutti conoscete, che si pensava esser molto simile al re Ferrando minore d'Aragona,[9] né in altro avea posto cura d'imitarlo, che nel spesso[10] alzare il capo, torzendo[11] una parte della bocca, il qual costume il re avea contratto così da infirmità.[12] E di questi molti si ritrovano, che pensan far assai, pur che sian simili a un grand'omo in qualche cosa; e spesso si appigliano a quella che in colui è sola viciosa.[13] Ma avendo io già più volte pensato meco[14] onde nasca questa grazia, lasciando quelli che dalle stelle l'hanno,[15] trovo una regula universalissima,[16] la qual mi par valer circa questo[17] in tutte le cose umane che si facciano o dicano più che alcuna altra, e ciò è fuggir quanto più si po, e come un asperissimo e pericoloso scoglio, la **affettazione**;[18] e, per dir forse una nova parola, usar in ogni cosa una certa sprezzatura,[19] che nasconda l'arte[20] e dimostri ciò che si fa e dice venir fatto senza

Le nostre parole ›

1. discipulo: allievo.
2. assimigliarsi: imitare.
3. aver fatto profitto: essere migliorato.
4. di tal professione: del proprio rango.
5. governandosi... guida: agendo con la giusta facoltà di giudizio da cui si deve sempre essere governati.
6. pecchia: ape.
7. carpendo: raccogliendo (il polline).
8. da que'... tenghino: da coloro che a lui sembreranno possederla (la grazia).
9. re... d'Aragona: Ferdinando II d'Aragona, re di Napoli.
10. spesso: frequente.
11. torzendo: storcendo (lombardismo).
12. infirmità: malattia.
13. E di questi... viciosa: E molte volte si incontrano persone di questo tipo, che credono di aver ottenuto un grande risultato (*far assai*) quando riescono a essere simili a un uomo famoso per qualcosa; e spesso, tuttavia, si appigliano solo a ciò che in costui è errato (*cosa viciosa*).
14. meco: tra me.
15. dalle stelle l'hanno: cioè la possiedono per natura.
16 universalissima: generale.
17. circa questo: a questo proposito.
18. fuggir... affettazione: evitare, quanto più possibile, quasi si trattasse di uno scoglio impervio e pericoloso, l'ostentazione (*affettazione*).
19. sprezzatura: con questo neologismo Castiglione intende un'eleganza noncurante, una disinvolta naturalezza.
20. l'arte: la tecnica studiata (contrapposta alla spontaneità).

fatica e quasi senza pensarvi. Da questo credo io che derivi assai la grazia; perché delle cose rare e ben fatte ognun sa la difficultà, onde in esse la facilità genera grandissima maraviglia; e per lo contrario il sforzare e, come si dice, tirar per i capegli dà somma disgrazia e fa estimar poco ogni cosa, per grande ch'ella si sia.[21] Però si po dir quella esser vera arte che non pare esser arte;[22] né più in altro si ha da poner studio, che nel nasconderla: perché se è scoperta,[23] leva in tutto il credito[24] e fa l'omo poco estimato. E ricordomi io già aver letto[25] esser stati alcuni antichi oratori eccellentissimi, i quali tra le altre loro industrie[26] sforzavansi di far credere ad ognuno sé non aver notizia alcuna di lettere;[27] e dissimulando il sapere mostravan le loro orazioni esser fatte simplicissimamente, e più tosto secondo che loro porgea la natura e la verità, che 'l studio e l'arte;[28] la qual se fosse stata conosciuta, arìa dato dubbio negli animi del populo di non dover esser da quella ingannati.[29] Vedete adunque come il mostrar l'arte ed un così intento[30] studio levi la grazia d'ogni cosa. Qual di voi è che non rida quando il nostro messer Pierpaulo[31] danza alla foggia sua,[32] con que' saltetti[33] e gambe stirate[34] in punta di piede, senza mover la testa, come se tutto fosse un legno,[35] con tanta

21. perché… si sia: perché ognuno sa quanto sia difficile fare bene le cose straordinarie e mirabili; perciò la naturalezza (*facilità*) in queste circostanze genera grande stupore; e, al contrario, mostrare lo sforzo, come se quel che si ottiene fosse – per così dire – tirato per i capelli, genera un'impressione spiacevole (*disgrazia*), che fa stimare l'esito raggiunto, per quanto grande esso sia.
22. si… arte: si può dire che la vera arte sia quella che non appare come arte.
23. scoperta: evidente.
24. credito: merito.
25. e… letto: nel *De oratore* di Cicerone.
26. industrie: artifici.
27. non… lettere: di non avere conoscenze letterarie.
28. più… l'arte: seguendo ciò che dettavano (*porgea*) loro la natura e la semplice verità, piuttosto che lo studio e l'arte.
29. la qual… ingannati: la quale (arte), se si fosse rivelata, avrebbe suscitato negli animi della gente il sospetto di essere ingannati.
30. intento: intenso.
31. messer Pierpaulo: uno dei servitori della corte di Urbino.
32. alla foggia sua: alla sua maniera.
33. saltetti: saltelli.
34. stirate: tese in modo innaturale.
35. un legno: un pezzo di legno.

Le nostre parole — Affettazione

Le origini del termine Il sostantivo "affettazione" deriva dal latino *affectatĭo*, che in origine aveva il significato di «aspirazione, desiderio». A sua volta, *affectatĭo* derivava dal verbo *affectāre*, cioè «desiderare di raggiungere un obiettivo in ogni modo». Se inizialmente il termine significò soprattutto «spinta» verso una certa cosa o un certo obiettivo da conquistare, con il tempo è passato a indicare un modo artificioso di comportarsi o di parlare per procurarsi lusinghe.

Negatività di una parola Contrario alla «sprezzatura», il termine «affettazione» usato da Castiglione indica l'opposto di una virtù, «un asperissimo e pericoloso scoglio» che deve essere fuggito con «grazia». Dunque, la descrizione del concetto di "affettazione" serve anzitutto a Castiglione per definire attraverso il loro contrario le virtù di «grazia» e «sprezzatura», che non possono essere esplicate, ma solo illustrate in opposizione all'idea di come "non" si dovrebbe parlare o comportarsi.

Gli usi moderni Nell'italiano contemporaneo il sostantivo "affettazione" è usato in misura lievemente minore rispetto all'aggettivo "affettato", e a ogni modo in contesti lessicali limitati. Si può parlare, per esempio, di una affettazione di voce o di modi, o anche di stile, per sottolineare l'artificiosa ricercatezza di una persona. Più frequente è l'aggettivo "affettato" nel senso di ricercato, appariscente, specialmente se riferito al modo di vestire ("la sua eleganza è affettata").

Lucas van Valckenborch, *Banchetto*, XVI secolo. Katowice, Silesian Museum.

attenzione, che di certo pare che vada numerando[36] i passi? Qual occhio è così cieco, che non vegga in questo la disgrazia della affettazione? E la grazia in molti omini e donne che sono qui presenti, di quella sprezzata desinvoltura (ché nei movimenti del corpo molti così la chiamano), con un parlar o ridere o adattarsi, mostrando non estimar e pensar più ad ogni altra cosa che a quello, per far credere a chi vede quasi di non saper né poter errare?[37]

36. numerando: calcolando.
37. E la grazia... errare?: E (*qual occhio è così cieco da non vedere*) che in molti uomini e donne presenti in questa corte, la grazia che deriva dalla elegante (*sprezzata*) disinvoltura – perché a proposito dei movimenti del corpo molti la chiamano così – nel parlare, nel ridere e nel comportarsi (*adattarsi*) consiste nel mostrare noncuranza, come se si pensasse a tutto, tranne che a quello che si sta facendo, per far credere a chi ci vede che quasi non si sappia o non si possa sbagliare?.

Analisi del testo

Struttura e temi

Il cortigiano come l'ape Fin dalle prime battute il capitolo si ricollega all'obiettivo del libro, cioè formare il perfetto uomo di corte. L'apertura illustra, infatti, le caratteristiche necessarie di un «buon discipulo», disposto a fare proprio l'esempio del maestro e a riconoscere, contemporaneamente, i tratti migliori del comportamento di quanti si attengono alla misura e al buon gusto (rr. 1-5). A questo punto si sviluppa la metafora delle api che traggono il nettare da vari fiori, così come il cortigiano deve trarre la grazia dalla propria molteplice e varia esperienza. Si tratta di un'immagine in uso nell'antichità classica e poi ripresa e sviluppata da Petrarca per chiarire il concetto di imitazione: la novità e l'originalità derivano dal rielaborare gli spunti che provengono dalla tradizione (rr. 5-8).

«Grazia» e «sprezzatura» Nel tentativo di definire la «grazia», Castiglione parte dal suo contrario, mostrando quasi con accenti grotteschi che all'origine della "dis-grazia" (cioè la negazione della grazia) c'è l'«affettazione». Con questo termine si intende l'eccesso, l'enfasi, l'esibizione dello sforzo e della fatica (rr. 13-19).

Solo a questo punto, viene introdotta la dote essenziale del cortigiano, definita dal neologismo «sprezzatura». Questa virtù consiste nella difficile conquista di un equilibrio mai stabile, nel quale convivono la studiata noncuranza, la disinvoltura e la naturalezza, con il dominio razionale dei propri impulsi. La grazia nel gesto e nella parola si ottiene soltanto con una naturalezza e una spontaneità capaci di nascondere l'arte, lo studio e la fatica necessari per conseguire risultati eccellenti nella vita sociale (rr. 19-24).

Qui, poi, Castiglione colloca il concetto controverso della dissimulazione («dissimulando il sapere», r. 27), che non va intesa come spinta verso l'inganno e la falsità, ma piuttosto come garanzia di veridicità («la qual [arte] se fosse stata conosciuta, arìa dato dubbio negli animi del populo di non dover essere da quella ingannati», rr. 29-30).

Lingua e stile

Le opposizioni semantiche Tutto il brano risulta teso fra la duplice polarità delle aree semantiche relative al nascondere/apparire, al dissimulare/rappresentare, al celare/rivelare, all'implicito/esplicito. Ciò che si è appreso in anni di disciplina rigorosa deve essere assimilato, fino a diventare una seconda natura, in grado di mettere al riparo dalla presunzione e dall'esibizionismo sfrenato.

Una «sprezzata» raffinatezza Proprio con lo stesso distacco e naturalezza l'autore scrive queste pagine, in cui convivono il richiamo alle fonti classiche (Cicerone, Ovidio, Petrarca) e l'aneddoto scherzoso sull'atteggiamento affettato di alcuni signori della corte (l'intero discorso è racchiuso come in una cornice tra due esempi di affettazione: il primo dello sconosciuto imitatore del re Ferdinando d'Aragona, il secondo del cortigiano «messer Pierpaulo»).

Non a caso in questo passo coesistono e si alternano metafore di memoria letteraria («la pecchia ne' verdi prati sempre tra l'erbe va carpendo i fiori», rr. 5-6) con espressioni colloquiali e colorite del parlare quotidiano («tirar per i capegli», r. 21).

Officina

COMPRENDERE

1. Cosa deve perseguire il buon cortigiano e come?
2. Che cos'è l'«affettazione»?
3. Che cos'è la «sprezzatura»?

ANALIZZARE

4. Individua e sottolinea nel testo tutte le immagini impiegate per descrivere l'affettazione. Quali aspetti ne sono messi in luce?
5. **Lingua e stile** Nel testo è inserita una similitudine. Individuala e spiegane il significato: perché Castiglione la usa? Quali aspetti vuole mettere in evidenza?
6. **Lingua e stile** Individua e sottolinea nel testo tutti i termini che si riferiscono alla buona condotta del cortigiano e alle qualità che deve avere.

INTERPRETARE

7. Quale quadro della corte emerge dai riferimenti sparsi nel testo? Tracciane un profilo.
8. A tuo avviso, cosa spinge Castiglione a corredare la sua argomentazione con l'esempio di Ferdinando II d'Aragona e quello del servitore della corte di Urbino?

PERCORSO DI SCRITTURA

Riassunto Dividi il testo in sequenze, di ciascuna seleziona le informazioni principali, sintetizzale e riformulale in terza persona, poi riassumi il brano in un testo di 200 parole. Utilizza le seguenti parole chiave: «sprezzatura», «affettazione», «cortigiano».

T3 Il fiore e il frutto della «cortegiania»

Cortegiano IV, 5-6, 9

La formazione del perfetto cortigiano trova il suo riscontro etico in un obiettivo di grande responsabilità, sul piano sociale e civile: assolvere alla funzione di consigliere saggio e colto, capace di esprimere con franchezza il proprio pensiero, anche a costo di contraddire il sovrano.

V

Il fin adunque del perfetto cortegiano, del quale insino a qui non s'è parlato, estimo io che sia il guadagnarsi per mezzo delle condicioni attribuitegli da questi signori[1] talmente la benivolenzia e l'animo di quel principe a cui serve, che possa dirgli e sempre gli dica la verità d'ogni cosa che ad esso convenga sapere, senza timor o periculo di despiacergli; e conoscendo la mente di quello[2] inclinata a far cosa non conveniente, ardisca di contradirgli, e con gentil modo valersi della grazia acquistata con le sue bone qualità per rimoverlo[3] da ogni intenzion viciosa ed indurlo al camin della virtù; e così avendo il cortegiano in sé la bontà, come gli hanno attribuita questi signori, accompagnata con la prontezza d'ingegno e piacevolezza e con la prudenzia e notizia di lettere[4] e di tante altre cose, saprà in ogni proposito[5] destramente[6] far vedere al suo principe quanto onore ed utile nasca a lui ed alli suoi dalla giustizia, dalla liberalità, dalla magnanimità, dalla mansuetudine e dall'altre virtù che si convengono a bon principe; e, per contrario, quanta **infamia** e danno proceda dai vicii oppositi a queste. Però io estimo che come la musica, le feste, i giochi e l'altre condicioni piacevoli son quasi il fiore, così lo indurre o aiutare il suo principe al bene e spaventarlo[7] dal male, sia il vero frutto della cortegiania. E perché la laude del ben far consiste precipuamente in due cose, delle quai l'una è lo eleggersi un fine dove tenda la intenzion nostra, che sia veramente bono, l'altra il saper ritrovar mezzi opportuni ed atti per condursi a questo bon fine desegnato, certo è che l'animo di colui, che pensa di far che 'l suo principe non sia d'alcuno ingannato, né ascolti gli adulatori, né i malèdici e bugiardi, e conosca il bene e 'l male ed all'uno porti amore, all'altro odio, tende ad ottimo fine.

lessico
Infamia
Disonore, biasimo; azione riprovevole (dal latino *infamĭa*, «cattiva fama, disonore», che a sua volta viene dall'aggettivo latino *infāmis*, «malfamato; disonorevole», derivato di *fama*, «gloria, buona reputazione» con il prefisso negativo *in-*, quindi propriamente «cattiva reputazione»).

VI

Parmi ancora che le condicioni attribuite al cortegiano da questi signori possano esser bon mezzo da pervenirvi; e questo perché dei molti errori ch'oggidì veggiamo in molti dei nostri prìncipi, i maggiori sono la ignoranzia e la persuasion di se stessi;[8] e la radice di questi dui mali non è altro che la bugia; il qual vicio meritamente è odioso a Dio ed agli omini e più nocivo ai principi che ad alcun altro; perché essi più che d'ogni altra cosa hanno carestia[9] di quello di che più che d'ogni altra cosa saria bisogno[10] che

1. **per... signori:** attraverso l'applicazione delle qualità attribuitegli dagli interlocutori della conversazione.
2. **di quello:** del principe.
3. **rimoverlo:** allontanarlo.
4. **notizia di lettere:** conoscenza della letteratura.
5. **in ogni proposito:** in ogni circostanza particolare.
6. **destramente:** con abilità.
7. **spaventarlo:** tenerlo lontano.
8. **ignoranzia... stessi:** ignoranza e presunzione.
9. **carestia:** mancanza.
10. **saria bisogno:** sarebbe necessario.

avessero abundanzia, cioè di chi dica loro il vero e ricordi il bene; perché gli inimici non son stimulati dall'amore a far questi offici, anzi han piacere che vivano sceleratamente né mai si correggano; dall'altro canto, non osano calunniargli publicamente per timor d'esser castigati; degli amici poi, pochi sono che abbiano libero adito[11] ad essi, e quelli pochi han riguardo a riprendergli dei loro errori così liberamente come riprendono i privati, e spesso, per guadagnar grazia e favore, non attendono ad altro che a propor cose che dilettino e dian piacere all'animo loro, ancora che siano male e disoneste; di modo che d'amici divengono adulatori e, per trarre utilità da quel stretto commercio, parlano ed oprano sempre a complacenzia[12] e per lo più fannosi la strada con le bugie, le quali nell'animo del principe partoriscono la ignoranzia non solamente delle cose estrinseche,[13] ma ancor di se stesso; e questa dir si po la maggior e la più enorme bugia di tutte l'altre, perché l'animo ignorante inganna se stesso e mentisce dentro a se medesimo.

IX

Dico adunque che, poiché oggidì i prìncipi son tanto corrotti dalle male consuetudini e dalla ignoranzia e falsa persuasione di se stessi, e che tanto è difficile il dar loro notizia della verità ed indurgli alla virtù, e che gli omini con le bugie ed adulazioni e con così viciosi modi cercano d'entrar loro in grazia, il cortegiano, per mezzo di quelle gentil qualità che date gli hanno il conte Ludovico e messer Federico, po facilmente e deve procurar d'acquistarsi la benivolenzia ed adescar tanto l'animo del suo principe, che si faccia adito libero[14] e sicuro di parlargli d'ogni cosa senza esser molesto; e se egli sarà tale come s'è detto, con poca fatica gli verrà fatto, e così potrà aprirgli sempre la verità di tutte le cose con destrezza;[15] oltra di questo, a poco a poco infundergli nell'animo la bontà ed insegnarli la continenzia, la fortezza, la giustizia, la temperanzia, facendogli gustar quanta dolcezza sia coperta da quella poca amaritudine, che al primo aspetto s'offerisce a chi contrasta[16] ai vicii; li quali sempre sono dannosi, dispiacevoli ed accompagnati dalla infamia e biasimo, così come le virtù sono utili, giocunde e piene di laude; ed a queste eccitarlo[17] con l'esempio dei celebrati capitani e d'altri omini eccellenti, ai quali gli antichi usavano di far statue di bronzo e di marmo e talor d'oro; e collocarle ne' lochi publici, così per onor di quegli, come per lo stimulo degli altri, che per una onesta invidia avessero da sforzarsi di giungere essi ancor a quella gloria.[18]

11. **libero adito:** confidenza.
12. **a complacenzia:** per compiacere.
13. **cose estrinseche:** degli eventi e del mondo.
14. **adito libero:** confidenza e libero ardire.
15. **destrezza:** qui si intende abilità retorica ed efficacia morale.
16. **contrasta:** si oppone.
17. **eccitarlo:** spingerlo.
18. **con l'esempio... gloria:** l'esortazione alla gloria, tramite l'imitazione dei grandi uomini della storia, favorita dalla memoria dei monumenti e tramandata dai racconti dei libri, discende dalla tradizione latina (da Sallustio giunge a Petrarca e riemerge nel pensiero di Machiavelli).

Analisi del testo

Struttura e temi

Il fine etico del *Cortegiano* Secondo Castiglione, per evitare la corruzione dei costumi e l'ignavia che caratterizza il popolo italiano, l'unico modo è indirizzare la raffinata eleganza del cortigiano a un fine di alto profilo morale: guadagnarsi la stima del principe, a tal punto da potergli dire sempre la verità, senza timore di dispiacergli o di suscitare la sua collera. Si raggiunge qui il culmine dell'intera trattazione: la lucida consapevolezza dei limiti della realtà cortigiana e lo sdegno per la corruzione presente si traducono in risolutezza etica, fiera e incrollabile.

Il rapporto tra il cortigiano e il signore La dignità umanistica del gentiluomo di Castiglione, il suo stesso sapere – prevalentemente letterario – si pongono come baluardi a difesa della civiltà, della prosperità e della pace. L'uomo di lettere, abile nel conversare come nell'esercizio delle armi, si pone di fronte al signore in un rapporto di parità e di reciproca fiducia, con l'intento di spingerlo al bene, anche a costo di contraddirlo. Questo è il frutto migliore che deve maturare dal «fiore» delle abilità del cortigiano.

Il cortigiano come consigliere Attraverso questo percorso si rivela anche la vera natura ed efficacia della sprezzatura, che poteva generare l'equivoco della falsità. Castiglione vuole dissipare l'oscuro diffondersi dell'adulazione, uno dei mali più diffusi nei centri di potere di ogni tempo. Il superamento dell'ipocrisia e dell'inganno passa per la sconfitta dell'ignoranza e della presunzione, che si annidano nell'animo del principe, accecato dalla falsità e dalla bugia, sia sulle cose del mondo, sia su sé stesso.
Castiglione indica nel cortigiano una figura di consigliere scelto e degno, la voce adatta per scongiurare l'inganno e l'arroganza. In quanto uomo di lettere, infatti, il cortigiano ha il compito di custodire e tramandare la memoria delle gesta del passato, per accendere nell'animo del principe il desiderio di emularle, a vantaggio del bene comune.

Officina

COMPRENDERE

1. Qual è l'obiettivo del buon cortigiano?
2. Da cosa deve rifuggire il principe?
3. Che rapporto deve esserci fra principe e cortigiano?

ANALIZZARE

4. Cerca nel testo tutte le virtù riferite al principe. Riguardano l'ambito politico o quello etico? Perché?
5. Sottolinea tutti i termini che rappresentano la "cortigiania". Quale quadro della relazione cortigiano/signore ne emerge?
6. **Lingua e stile** Individua e sottolinea nel testo tutti i termini e le espressioni in opposizione. Qual è la funzione del ricorso alla struttura binaria?
7. **Lessico** Con l'aiuto di un vocabolario etimologico ricostruisci l'etimologia dei termini "infamia" e "infame". Da dove derivano? Da quali elementi sono composti? Qual era il loro significato originale? Individua poi almeno tre termini della lingua italiana che derivano da "infame" e spiega di ciascuno il significato.

INTERPRETARE

8. Metti a confronto la figura del principe delineata da Castiglione con quella definita da **Machiavelli nel *Principe***. Quali analogie e differenze riscontri?
9. Rileggi il testo soffermandoti sulla descrizione della corte: quale quadro ne emerge? Ti sembra che Castiglione esalti gli aspetti positivi del contorno di collaboratori del principe o che metta in luce le difficoltà e i rischi di chi detiene il potere? Come spieghi tali considerazioni nell'ottica cortigiana?

PERCORSO DI SCRITTURA

Argomentazione Immagina di essere Castiglione e di dover rispondere alla domanda: "Perché e in che modo il principe può avvalersi dell'aiuto del buon cortigiano?". Utilizza i contenuti del testo per sostenere la tua argomentazione, scrivendo una risposta che non superi le 20 righe.

DIALOGHI

L'adulazione e la gloria tra Machiavelli e Castiglione

Principe e *Cortegiano*

Tra il *Principe* di Machiavelli e il *Libro del Cortegiano* di Baldassarre Castiglione corre una profonda differenza di intenzione e di metodo. Mentre *Il Principe* nasce come opuscolo militante, legato a circostanze politiche contingenti, il *Cortegiano* tende a un ideale di perfezione; là dove Machiavelli si attiene alla «verità effettuale», Castiglione aspira al "dover essere"; se Machiavelli si occupa dei principati, di come si acquisiscono e si mantengono, Castiglione parla della corte e della formazione del consigliere del principe. Mentre pare improbabile che Machiavelli abbia potuto leggere uno dei manoscritti del *Cortegiano*, sembra invece possibile l'inverso: Castiglione deve avere avuto tra le mani il manoscritto del *Principe*, circolante a partire dal 1517, tramite uno di quegli amici comuni che hanno fatto da ponte con l'ambiente fiorentino, come Giuliano de' Medici, Leone X, oppure Bernardo Dovizi da Bibbiena.

L'arciere prudente: due metodi a confronto

Queste opere, pur così distanti, presentano alcuni importanti punti di contatto. Questa connessione si attua inizialmente attraverso l'immagine dell'arciere, impiegata in entrambe per spiegare la necessità di tendere a un modello, ben sapendo di non poterlo realizzare pienamente. Scrive Machiavelli nel capitolo VI del *Principe*: «[...] fare come li arcieri prudenti, a' quali parendo el loco dove disegnono ferire troppo lontano, e conoscendo fino a quanto va la virtù del loro arco, pongono la mira assai più alta che il loco destinato, non per aggiugnere con la loro freccia a tanta altezza, ma per potere, con lo aiuto di sì alta mira, pervenire al disegno loro». In modo simile, Castiglione osserva nella Dedica del *Cortegiano*: «[...] colui che più se le avvicinarà sarà il più perfetto, come di molti arcieri che tirano ad un bersaglio, quando niuno è che dia nella brocca, quello che più se le accosta senza dubbio è miglior degli altri».

Le lettere e la gloria

Uno dei temi comuni tra le due opere è l'idea che la dimestichezza con la letteratura sia indispensabile agli uomini di governo e ai condottieri, e non sia affatto causa della loro crescente debolezza. Sia Machiavelli sia Castiglione, infatti, ritengono che le opere letterarie abbiano il merito di tenere viva la memoria delle gesta eroiche e della gloria dei grandi del passato, alimentando nei contemporanei il coraggio e la virtù. Nel capitolo XIV del *Principe*, si trova l'esortazione ad affiancare la lettura dei libri all'esercizio delle armi: «Ma quanto allo esercizio della mente, debbe el principe *leggere le istorie*, et in quelle *considerare le azioni delli uomini eccellenti*, vedere come si sono governati nelle guerre, esaminare le cagioni della vittoria e perdite loro, per potere queste fuggire, e quelle imitare». Affine appare la posizione di Castiglione, nel libro I del *Cortegiano*: «Ma chi non sente la dolcezza *delle lettere*, saper ancor non po quanta sia *la grandezza della gloria* così lungamente da esse conservata, e solamente quella misura con la età d'un omo, o di dui, perché di più oltre non tien memoria».

L'adulazione

Un ultimo punto di contatto riguarda la necessità da parte del principe di tenersi lontano dagli adulatori. Come Machiavelli incita l'uomo di governo a sceglierśi un gruppo di saggi, a cui dare libero potere di contraddirlo, così per Castiglione il centro morale del suo discorso è l'onestà del consigliere e delle sue opinioni circa l'operato del principe. Scrive Machiavelli, nel capitolo XXIII del *Principe*: «Per tanto uno principe prudente debbe tenere uno terzo modo, *eleggendo* nel suo stato *uomini savi*, e solo a quelli *debbe dare libero adito a parlarli la verità*, e di quelle cose sole che lui domanda, e non d'altro; ma debbe domandarli d'ogni cosa, e le opinioni loro udire». Sembra fargli eco, a distanza, Castiglione, nel IV libro del *Cortegiano*: «[Il cortegiano] po facilmente e deve procurar d'acquistarsi la benivolenzia ed adescar tanto l'animo del suo principe, che si faccia *adito libero e sicuro di parlargli* d'ogni cosa senza esser molesto; e se egli sarà tale come s'è detto, con poca fatica gli verrà fatto, e così potrà *aprirgli sempre la verità* di tutte le cose con destrezza».

GUIDA
AL RIPASSO

Baldassarre Castiglione

MAPPA

OPERE

- **profilo biografico**
  - Casatico, 1478 - Toledo, 1529
  - formazione umanistica a Milano presso gli Sforza
  - ordinazione sacerdotale (1521)
  - incarichi pubblici
    - uomo di corte a Mantova presso i Gonzaga, con incarichi diplomatici
    - uomo di corte a Urbino presso i Montefeltro e i della Rovere, con incarichi diplomatici
    - nunzio pontificio per Clemente VII
- ***Libro del Cortegiano*** **(1508-27; 1528)**
  - ricorre a
    - lingua volgare, che si pone in continuità con il linguaggio parlato
    - prosa elegante e rispettosa del buon gusto
    - rifiuto di arcaismi
  - mette in scena
    - discussione ambientata nel 1507 tra 7 personaggi realmente esistiti
  - delinea
    - condotta del perfetto uomo di corte
      - è caratterizzata da
        - grazia, amabilità, affabilità
        - «sprezzatura»
        - ricorso a facezie e arguzie
        - cautela, prudenza, rispetto delle opinioni altrui
      - mira a
        - orientamento dei principi verso un governo giusto
  - possiede
    - finalità etica
  - tematizza
    - lingua come strumento di comunicazione e mediazione
    - ruolo e qualità delle donne di corte nei rapporti comunicativi
    - corte come centro di potere e di attività artistiche e culturali

Controrinascimento: parodie, inquietudini, protesta religiosa

TEMI E GENERI

1. Le nuove figure di intellettuale

La crisi e le sue cause

Negli anni compresi **fra il 1527 e il 1530**, cioè fra il sacco di Roma e l'assedio di Firenze da parte di Carlo V (che riporta i Medici al potere), si acuisce la crisi che già serpeggiava nei primi due decenni del Cinquecento. Sono questi due traumatici eventi, infatti, che mettono fine all'equilibrio preesistente, rendendo **instabili le istituzioni politiche e religiose**. La crisi politica, poi, si traduce immediatamente in una conseguente **incertezza economica**, che diffonde nei diversi strati sociali un continuo senso di precarietà e di inquietudine. I fattori che contribuiscono a destabilizzare l'equilibrio raggiunto nel primo quarto del secolo sono molteplici:

- il peso crescente dei **rapporti di forza economici**, ormai nelle mani di chi detiene il potere: il **lavoro intellettuale** diviene un obbligo contrattuale o una **merce di scambio**;
- la diffusione del **mercato dell'editoria**, con Venezia come polo principale, che conquista nuove fasce di lettori (per esempio il pubblico femminile). Questo scenario impone agli intellettuali nuovi ruoli professionali, non più in posizioni stabili e prestigiose come università, corti o curia pontificia, ma in condizioni di **precarietà** e di continuo mutamento di funzioni e di interlocutori;
- le **inquietudini religiose**, dovute alla diffusione anche in Italia della Riforma protestante, attraverso la traduzione degli scritti di Lutero, Calvino e altri. Questa circolazione di libri e di idee prosegue fino all'inizio degli anni Quaranta, quando l'operato dell'Inquisizione si fa più pressante e costringe alla fuga molti eterodossi.

Due strade per l'intellettuale

Queste condizioni pongono le premesse per l'apertura di una fase assolutamente nuova. Finora i letterati avevano cercato di proporre un modello di interpretazione del mondo e, nel rapporto con le istituzioni e il potere, avevano ambito a riconoscersi una funzione di ausilio e di guida per l'attività di governo. Ma, a partire dal 1530, la cultura vede inesorabilmente ristretti i propri margini d'autonomia e gli intellettuali avvertono acutamente questa condizione di crisi personale e professionale. Nel suo rapporto con le istituzioni, il letterato può percorrere due strade: si trasforma in funzionario, in scrittore **al servizio della propaganda del potere**, oppure tenta la **via dell'indipendenza**, cambiando spesso protettore e divenendo un **"poligrafo"**, cioè dedicandosi alle svariate attività dell'editoria (traduzioni, adattamenti ecc.). Se, per esempio, Pietro Aretino (➤ p. 444) riesce a guadagnare una notevole fama scegliendo la seconda strada, tanto da vedersi attribuire da Ariosto il soprannome di "Frusta dei principi", molti altri intellettuali rimangono emarginati, minacciati anche da ristrettezze di ordine economico.

Le accademie

Gli intellettuali, dunque, si trovano di fronte al problema di **fare della cultura un vero e proprio lavoro**, un'attività regolarmente retribuita. A molti di loro Venezia appare subito come un fertile mercato: è una città cosmopolita, in grado di offrire un impiego anche prestigioso, grazie al valore del suo centro librario, ma per raggiungerla occorre fabbricarsi alcune irrinunciabili credenziali di fama e notorietà. Molto spesso queste credenziali si ottengono passando per le **accademie** (Atlanti ➤ p. 431).

Le accademie del Cinquecento

Le accademie, centri culturali alternativi alle corti e alle università – da cui si differenziano per la maggiore informalità e per l'uso più frequente del volgare invece del latino – si sviluppano nel corso del Cinquecento in molte aree del territorio italiano. Esse rappresentano uno spazio privilegiato per riunirsi e discutere, che si tratti di questioni erudite o di argomenti disimpegnati.

PADOVA

A Padova l'**Accademia degli Infiammati** (1540) si caratterizza per la vastità di interessi (letteratura classica, teologia, filosofia, leggi, medicina), e per l'uso dell'italiano contro il latino. Fondata da Leone Orsini, ha come membri Pietro Aretino e Angelo Beolco detto il Ruzante. A Padova è importante anche l'**Accademia degli Eterei** (1540), istituita da Scipione Gonzaga nel 1564, a cui attività partecipa anche Torquato Tasso.

VENEZIA

A Venezia, sulla scia dell'esperienza di Aldo Manuzio, l'**Accademia della Fama** (1557) propone il volgarizzamento di molte opere classiche.

FERRARA

A Ferrara l'**Accademia degli Elevati** (1540) produce una varietà di scritti eclettici, satirici, morali, utopistici, sia in latino sia in volgare.

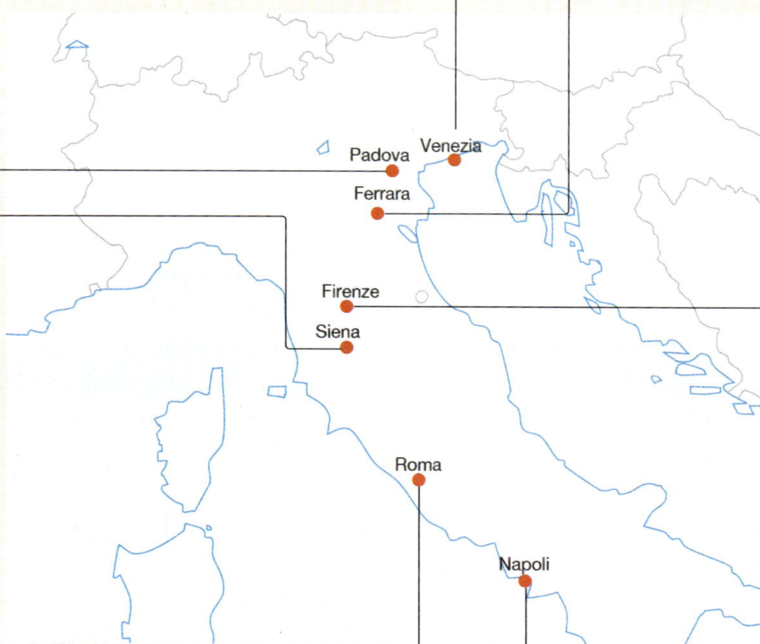

SIENA

A Siena l'**Accademia degli Intronati** (1525) è animata da una particolare vocazione teatrale: il primo testo che le si riconosce è la commedia *Gl'ingannati*, attribuita al grammatico Ludovico Castelvetro.

FIRENZE

A Firenze l'**Accademia degli Umidi** (1540) poi **Accademia Fiorentina** (1541) proclama il valore della lingua viva in contrapposizione al classicismo, dedicandosi alla traduzione di opere dal latino e da altre lingue al volgare. Sempre a Firenze, nel 1583 ha poi inizio, per impulso di Leonardo Salviati, l'**Accademia della Crusca**, che rivestirà un ruolo di primo piano nella riflessione sulla lingua italiana.

ROMA

A Roma l'**Accademia dei Vignaiuoli** (1539) propone un laboratorio della poesia burlesca ispirata da Francesco Berni; vi prendono parte, tra gli altri, Giovanni Della Casa e Agnolo Firenzuola.

NAPOLI

A Napoli l'**Accademia pontaniana** (1548) ha nel poeta Giovanni Pontano il principale promotore. Diretta dal 1526 al 1532 da Jacopo Sannazaro, viene soppressa nel 1542 dal vicerè nominato dalla Spagna Pedro Álvarez de Toledo per motivi religiosi.

Il volgare e la stampa

Il denominatore comune fra questi circoli diviene sempre più un impegno costante e deciso **a favore del volgare**, coltivato anche nei rapporti con i tipografi. In questo modo gli intellettuali realizzano con consapevolezza crescente l'impegno linguistico dei centri cui appartengono: essi assumono il ruolo di **operatori culturali**, di divulgatori, commentatori, redattori, traduttori, oltre che di autori in proprio. È un ruolo di secondo piano, ma certo decisivo. In questo universo della parola scritta, ogni autore sente l'esigenza di affidarsi sempre più spesso a un tecnico consulente, allo stampatore e, prima ancora, all'editore e al curatore del testo. Nelle tipografie di pieno Cinquecento emerge, dunque, la **figura del redattore editoriale**, che si delinea come un ruolo tecnico insostituibile, in grado di svolgere una sorta di mediazione culturale.

La condizione dell'intellettuale

In una situazione così connotata, i letterati avvertono le difficoltà di una condizione precaria che li porta a temere anche il plagio e che li espone agli attacchi dei detrattori. Si diffonde un alone di **pessimismo e sfiducia nelle lettere**; affiorano sempre più spesso le riflessioni sulla vanità delle arti e la relatività del sapere, il rimpianto della cultura umanistica ora divenuta inutile, il rifiuto di una poesia che si compiace della propria raffinatezza culturale.

In uno dei suoi più significativi *Paradossi*, il poligrafo **Ortensio Lando** cerca di dimostrare quanto sia preferibile essere ignorante piuttosto che dotto: con esempi tratti dalla letteratura, dalla filosofia, dalla Sacra Scrittura, Lando conclude che le lettere causano effetti dolorosi e nocivi alla salute del corpo e dell'anima, tanto da privare l'uomo della felicità. Con ragionamenti che paiono rovesciare quelli dei maggiori trattati del tempo (come il *Cortegiano* di Castiglione o *Il Principe* di Machiavelli), Lando sostiene che la letteratura non giova né alla perizia militare né alla formazione dei principi o delle matrone. È evidente l'amarezza con la quale l'autore testimonia quanto le lettere siano cadute in disgrazia, con quanta violenza siano scherniti gli intellettuali, tacciati di pedanteria se solo si fossero azzardati a parlare in latino, costretti a mendicare il pane di porta in porta.

FISSA I CONCETTI

- A partire dal 1530, quali sono i cambiamenti culturali in Italia che riguardano intellettuali, luoghi di cultura e produzione letteraria?

VISUALIZZA I CONCETTI

La figura dell'intellettuale nel XVI secolo

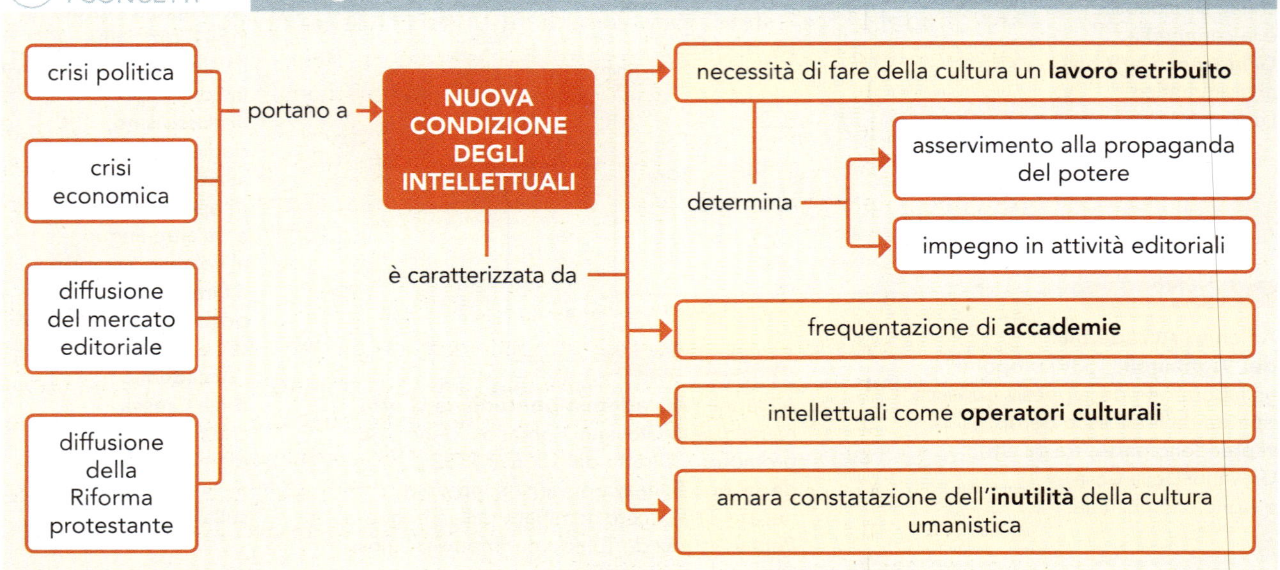

2. Francesco Berni e la poesia comica

Il primo periodo romano

L'opera di **Francesco Berni** (1496 ca.-1535) è animata da una grande forza polemica e dalla volontà di scardinare i fondamenti della logica comune, sia nei suoi **versi satirici** sia nella sua **poesia giocosa** (soprattutto con i capitoli di "lode paradossale", per la quale si può considerare il fondatore di un vero e proprio genere). Cresciuto a Firenze e trasferitosi poi a Roma nel 1517, sotto la protezione del cardinale Bernardo Dovizi da Bibbiena, Berni può contare su una solida formazione umanistica. La produzione di questo periodo è caratterizzata dall'accostamento fra il tema del paradosso e il verso volgare derivato dalle maschere carnevalesche della Firenze del XV secolo. Berni manifesta così, con il travestimento fantastico e illusorio, scandito dal libero gioco delle parole, il suo desiderio di fuga da una realtà sgradevole. In tal modo questa poesia dimostra di non disporre degli strumenti per manifestare un dissenso aperto con il mondo e ripiega pertanto nella **deformazione grottesca**.

Da Roma a Verona

Datario apostolico
Ecclesiastico responsabile della Dataria, ufficio della curia romana che a partire dal XV secolo si occupava di benefici ecclesiastici e di grazie (cioè dei provvedimenti di clemenza individuale in caso di condanna).

Quando, nel 1524, si trova al servizio del **datario apostolico** Gian Matteo Giberti, Berni passa dalla più leggera esperienza cortigiana a un lavoro di maggiore responsabilità: la sua poesia si riallaccia allora al tema del controverso **rapporto fra il letterato e l'istituzione politica** (già affrontato da Ariosto pochi anni prima nelle sue *Satire* ➤ p. 192). Nonostante nei due poeti sia diverso il concetto di "ozio" a cui aspirare (quello letterario per Ariosto, quello fisico per Berni), entrambi rivelano la sofferenza per un rapporto subordinato e servile con un potente che non comprende la portata della loro energia intellettuale. A questi anni risale anche il *Dialogo contra i poeti* (1526), dove con tono irridente Berni **condanna senza appello i poeti cortigiani**, privi di etica e di cultura: una condanna che contiene i germi di un'accusa contro l'Umanesimo ormai in declino.
Dopo il sacco di Roma del 1527, Berni segue Giberti a Verona. In questo frangente il poeta si raffigura amareggiato perché non gli è dato il tempo di leggere, ma soltanto di scrivere lettere d'ufficio (e non capitoli o sonetti), in una triste dimora. Risale a questi anni, fino al 1531, lo sforzo ambizioso di misurarsi con la grande poesia, affrontato nel **rifacimento dell'*Orlando innamorato*** di Matteo Maria Boiardo (➤ **T1**). Non si tratta di una semplice "traduzione" in volgare toscano, ma di una vera e propria riscrittura. A fronte delle mutate circostanze politiche e sociali, tuttavia, Berni si accosta alla materia cavalleresca con un tono di più cupa tristezza: la corte splendida che faceva da sfondo al canto boiardesco diventa «un covo di cannibali e ribaldi», al quale imputare malumori e mortificazioni.

La poesia comica di Berni

FISSA I CONCETTI
- Delinea le principali caratteristiche della poesia di Berni.

Due sono i punti fondamentali attorno ai quali ruota la poesia comica inaugurata da Berni: l'opposizione nei confronti del modello della classicità solenne e lo spostamento della **prospettiva dall'alto verso il basso**, dall'astrattezza intellettuale alla concretezza corporea. Egli osserva tutto attraverso uno **sguardo corrosivo** e impietoso, anche nei confronti di sé stesso: nella sua poesia c'è un profondo ridimensionamento delle proprie capacità e aspirazioni letterarie e la dichiarazione di inadeguatezza rispetto al registro, ai toni e ai temi della poesia alta. Di verso in verso il poeta comico finisce così per ricevere la qualifica di **"antipoeta"**.

T1 Lo sconcertante autoritratto di Berni

Orlando innamorato III, VII, 37, 39-43, 46

In queste ottave del suo rifacimento dell'*Orlando innamorato* di Boiardo, Berni fornisce di sé un ritratto fisico e morale di sorprendente esattezza e ironia. Il brano si apre con il racconto dettagliato della biografia, dalla nascita fiorentina, fino al servizio del cardinal Bibbiena a Roma e poi del datario apostolico Gian Matteo Giberti.

- METRO ottave di endecasillabi con schema ABABABCC

37
Costui ch'io dico a Lamporecchio nacque,[1]
ch'è famoso castel per quel Masetto;[2]
poi fu condotto in Fiorenza, ove giacque
fin a diciannove anni poveretto:[3]
a Roma andò dipoi, com'a Dio piacque,
pien di molta speranza e di concetto
d'un certo suo parente cardinale,[4]
che non gli fece mai né ben né male. [...]

39
Credeva il pover uom di saper fare
quello esercizio, e non ne sapea straccio:[5]
il padron non poté mai contentare,
e pur non uscì mai di quello impaccio:

Bottega di Vincenzo Campi, *Allegoria dell'ipocrisia*, XVI secolo. Collezione privata.

quanto peggio facea, più aveva da fare,
aveva sempre in seno e sotto il braccio,
dietro e innanzi di lettere un fastello,[6]
e scriveva, e stillavasi il cervello.[7]

40
Quivi anche, o fusse la disgrazia, o 'l poco
merito suo, non ebbe troppo bene:
certi beneficioli aveva loco,
nel paesel, che gli eran **brighe** e pene:[8]
or la tempesta, or l'acqua, ed or il foco,
or il diavol l'entrate gli ritiene,[9]
e certe magre pensioni aveva,
onde mai un quattrin non riscoteva.

lessico
Briga
Noia, fastidio; questione intricata; lite, contesa (dal gallico *briga*, «forza, lena», che poi ha acquisito il significato negativo di «prepotenza»).

41
Con tutto ciò viveva allegramente,
né mai troppo pensoso o tristo stava;
era assai ben voluto dalla gente,
di quei signor di corte ognun l'amava,
ch'era faceto, e capitoli a mente
d'orinali e d'anguille recitava,[10]
e certe altre sue magre poesie,
ch'eran tenute[11] strane bizzarrie.

42
Era forte collerico e sdegnoso,
della lingua e del cor libero e sciolto,
non era avaro, non ambizioso,
era fedele ed amorevol molto:
degli amici amator miracoloso;
così anche chi in odio aveva tolto,
odiava a guerra finita e mortale,
ma più pronto era amar ch'a voler male.

1. **Costui... nacque:** l'autore parla di sé in terza persona. Lamporecchio è una località vicino a Pistoia, dove Berni nacque nel 1496-97.
2. **Masetto:** il protagonista della novella del *Decameron* (III, 1) in cui un giovane di Lamporecchio si finge muto e sciocco per poter godere dell'amore di un gruppo di monache; la novella non sembra scelta a caso, poiché ripropone quella condizione di finta passività che l'autore attribuisce a sé stesso.
3. **poi... poveretto:** poi fu portato a Firenze, dove rimase, in condizione di povertà, fino a diciannove anni.
4. **parente cardinale:** è Bernardo Dovizi da Bibbiena, con il quale Berni si trasferisce a Roma nel 1517.
5. **non... straccio:** non sapeva niente (*straccio*) di quanto richiesto per quell'incarico.
6. **fastello:** un mucchio.
7. **stillavasi il cervello:** si arrovellava la mente.
8. **certi... pene:** godeva di certi piccoli benefici al suo paesello natale, Lamporecchio, che gli erano più di fastidio e di incomodo.
9. **l'entrate gli ritiene:** gli impedisce di riscuotere il danaro (dei «beneficioli») v. 3, cioè delle sue piccole rendite.
10. **ch'era... recitava:** perché era spiritoso e recitava a memoria alcuni suoi capitoli in lode di anguille e orinali. Berni richiama qui la sua produzione burlesca concentrata sugli oggetti umili e volgari della quotidianità, in particolare il *Capitolo dell'anguilla* e il *Capitolo dell'orinale*.
11. **tenute:** ritenute.

43
Di persona era grande, magro e schietto,
lunghe e sottil le gambe forte aveva,
e 'l naso grande, e 'l viso largo, e stretto
lo spazio che le ciglia divideva:
concavo l'occhio aveva, azzurro e netto,
la barba folta quasi li nascondeva,
se l'avesse portata, ma il padrone
aveva con le barbe aspra quistione.[12] […]

46
Tanto era dallo scriver stracco e morto,
sì i membri e i sensi aveva strutti ed arsi,[13]
che non sapeva in più tranquillo porto
da così tempestoso mar ritrarsi;[14]
né più conforme antidoto e conforto
dar a tante fatiche, che lo starsi,
che starsi in letto e non far mai niente,
e così il corpo rifare e la mente.

12. **ma… quistione:** il padrone detestava l'uso della barba.
13. **strutti e arsi:** distrutti e inceneriti (endiadi).
14. **che… ritirarsi:** Berni riscrive, abbassandolo e deformandolo, il tema petrarchesco della solitudine angosciosa (*Canzoniere* CCXXXIV, *O cameretta, che già fosti un porto*).

Analisi del testo

Struttura

Una vita di compromessi Su tutta la descrizione aleggia il sorriso amaro del poeta, che constata la miseria della propria condizione ed è costretto a rinnegare le inclinazioni del suo animo libero, per sottomettersi alla servitù cortigiana. Nonostante la fierezza del carattere di Berni, i versi sono però orientati allo svago e al divertimento, come ristoro dalle incombenze più serie.

Il poeta dichiara gli oggetti ai quali si è rivolta nel tempo la sua ispirazione («d'orinali e d'anguille recitava», 41, 6), producendo «strane bizzarrie» in opposizione alla lirica alta. Il ritratto, poi, indugia sul carattere dell'autore, del quale appaiono i tratti di schiettezza e generosa apertura verso gli amici, benché non privi di momenti di collera e di sdegno.

Il poeta e le istituzioni Qui si incontra la riflessione sul rapporto difficile e controverso fra il letterato e l'istituzione politica. Questo tema era già stato enunciato all'ottava 39, dove Berni rimarca, combinando afflizione e ironia, la sua inadeguatezza nello svolgere le mansioni istituzionali richieste («e scriveva, e stillavasi il cervello», 39, 8).

L'autoritratto di Berni costituisce, in definitiva, la più netta presa di distanza dai valori del tempo, tanto quelli della cortigiania, quanto l'ozio letterario, che ha rappresentato il cuore della figura dell'umanista.

Lingua e stile

Effetti di comicità Il testo è caratterizzato da una lingua di livello basso o medio, comica, proverbiale e popolaresca («non ne sapea straccio»; «fastello»; «d'orinali e d'anguille recitava»).

Spesso l'effetto comico viene ottenuto con l'abbassamento di una citazione proveniente dalla tradizione alta, calata in un contesto feriale e quotidiano, spesso legato ai bisogni corporei. Ne è un chiaro esempio l'ottava 46, in cui la memoria delle metafore petrarchesche serve per alludere al ristoro di infilarsi nel letto, «e non far mai niente, / e così il corpo rifare e la mente» (46, 7-8).

Temi

Tra Ariosto e Berni: il poeta e l'istituzione Un illustre precedente di autoritratto fedele e dettagliato si trova nelle satire di Ariosto, dove viene introdotta la descrizione anche fisica del poeta, secondo i canoni dell'abbassamento ironico e della inadeguatezza («Io son de dieci il primo, e vecchio fatto / di quarantaquattro anni, e il capo calvo / da un tempo in qua sotto il cuffiotto appiatto», *Satira* I, 217-21 ➤ p. 194). Ma i legami del ritratto di Berni con il modello ariostesco sono imitativi solo in apparenza.
Questo ritratto, infatti, assume un valore metaforico: con le sue poche qualità, le sue molte rozzezze, la sua indolenza, la sua povertà, il poeta del riso può portare il frutto della sua arte solo nel regno del comico, che è il regno del negativo, del capovolgimento e, solo talvolta, del riscatto.
Occorre tuttavia rilevare che soprattutto nel *Furioso* Ariosto mostra ancora una ben precisa coscienza del proprio ruolo sociale, ruolo che intende ritagliarsi a ogni costo, consapevole del proprio valore, anche contrattuale. Molto più rassegnata e disincantata, la posizione di Berni si limita al sorriso agrodolce e divertito sulle proprie miserie, che gli impediscono di dedicarsi a qualunque interesse («Piacevangli i cavalli / assai; ma si pasceva nel vedere, / che modo non avea da comperalli», 45, 3-5), ma non gli impediscono di concedersi il riposo fisico, per nulla equiparabile alla quiete studiosa dell'intellettuale umanista.

Antonio Tempesta, *L'amorosa Angelica*, XVI secolo. San Francisco, Fine Arts Museum. La rilettura comica dei personaggi dell'*Orlando furioso* realizzato dal pittore e incisore fiorentino Antonio Tempesta annulla l'idealizzazione dei personaggi del poema di Ariosto. Il ritratto di profilo evoca la ritrattistica aulica del primo Rinascimento, ma capovolge i canoni della bellezza classicistica.

Officina

COMPRENDERE

1. In quali attività si impegna il protagonista? E con quali risultati?
2. Quali sono le principali caratteristiche fisiche e caratteriali che Berni mette in luce di sé?
3. Come si relaziona il personaggio con la corte presso la quale soggiorna?

ANALIZZARE

4. Nel testo Berni fa uso dell'ironia, ricorrendo spesso a espressioni che generano comicità poiché sono l'effetto contrario di ciò che il lettore si aspetterebbe di trovare.
Individua e sottolinea nel testo tutti i termini e le espressioni ironiche.
5. **Lingua e stile** Individua nel testo e classifica nella tabella i termini di registro alto e quelli, invece, di registro colloquiale.

Registro alto	Registro colloquiale

INTERPRETARE

6. Quali considerazioni puoi desumere dal testo circa la relazione fra l'autore artista e la corte?
7. Prova a spiegare perché qui Berni gioca con l'autoironia. Quali finalità persegue?

PERCORSO DI SCRITTURA

Parafrasi Svolgi la parafrasi delle ottave 40 e 41. Ricostruisci l'ordine sintattico dei versi; individua, poi, con l'aiuto del dizionario e delle note, le parole più difficili e sostituiscile con sinonimi di uso comune.

3. In forma di parodia

La critica al petrarchismo

La parodia, ovvero l'imitazione burlesca di un'opera con fine satirico o umoristico, per sua stessa natura «non può avere per oggetto se non le cose migliori», come sosteneva lo scrittore novecentesco Carlo Dossi. In altre parole, attraverso la parodia implicitamente si riconosce il valore del testo parodiato e se ne ratifica il successo.
Il genere parodico conosce una rinnovata vitalità nel Cinquecento, quando la cosiddetta linea "anticlassicista" **prende a bersaglio il petrarchismo** (➤ p. 143). Si tratta di un filone poetico che critica apertamente una pratica compositiva ormai vuota e sterile, in cui si riprendono in modo meccanico e formulare lessico, stilemi e temi del modello trecentesco. L'autore della parodia modifica e trasforma l'originale, ma fa in modo che le sue caratteristiche specifiche rimangano riconoscibili, nonostante i mutamenti di tono, struttura e significato con intenti comici e burleschi.

Il rovesciamento della lirica amorosa

La parodia antipetrarchista assume una palese **funzione polemica** diretta non contro Petrarca ma contro i suoi imitatori cinquecenteschi. Con gli stessi ingredienti della lirica petrarchista, infatti, si può ottenere un testo del tutto antitetico a quello che dovrebbe essere: non per esaltare una bellezza celestiale, ma per celebrare con divertito paradosso la bruttezza e l'abiezione. In queste parodie si mantiene immutata l'"invenzione" (cioè la scelta di parole e concetti) ma si varia maliziosamente la "disposizione" (ovvero l'ordine di parole e concetti). In altre parole il linguaggio amoroso tradizionale si presta ormai a tutti gli usi, persino agli impieghi più clamorosi e imprevedibili.

FISSA I CONCETTI

- Quali sono le caratteristiche e i temi principali delle parodie cinquecentesche?

Quentin Massys, *Gli amanti male assortiti*, 1520-1525. Washington, National Gallery of Art.

T2 Francesco Berni
Chiome d'argento fino, irte e attorte

Sonetto XXXI

AUDIO

Questo sonetto di Berni (➤ p. 433) è un celebre esempio di rovesciamento del petrarchismo. Il componimento nasce come controcanto parodico a un sonetto di Pietro Bembo, *Crin d'oro crespo e d'ambra tersa e pura* (➤ p. 149). Quest'ultimo, forse dedicato a Lucrezia Borgia, costituiva una sorta di manifesto dell'amore cortese e platonico, su cui si fonda la base concettuale del petrarchismo. Lasciando in apparenza intatte le caratteristiche del componimento bembiano, carico di citazioni dal *Canzoniere* di Petrarca, Berni riproduce il modello con apparente fedeltà. In realtà il rispecchiamento è solo allusivo, tanto da ottenere un rovesciamento dei fondamenti della lirica tradizionale.
La somma bellezza e l'altezza morale della donna cantata da Bembo si trasformano, sotto la penna di Berni nella descrizione di una vecchia brutta e arrogante.

■ METRO sonetto con schema metrico ABBA ABBA CDE, DEC

Chiome d'argento fino,[1] irte e attorte
senz'arte[2] intorno ad un bel viso d'oro;[3]
fronte crespa, u' mirando io mi scoloro,[4]
dove spunta i suoi strali Amor e Morte.[5]

Occhi di perle vaghi,[6] luci torte
da ogni obietto diseguale a loro;[7]
ciglie di neve,[8] e quelle, ond'io m'accoro,[9]
dita e man dolcemente grosse e corte;

labra di latte,[10] bocca ampia e celeste;[11]
denti d'ebeno rari e pellegrini;[12]
inaudita **ineffabile** armonia;[13]

costumi alteri e gravi:[14] a voi, divini
servi d'amor,[15] palese fo che queste
son le bellezze della donna mia.

lessico
Ineffabile
Che non si può esprimere a parole né definire (dal latino *ineffabĭlis*, «indicibile», derivato di *effabĭlis*, «che si può dire», con il prefisso negativo *in-*, quindi, propriamente, «che non si può dire»).

1. Chiome d'argento fino: capelli di argento puro, e quindi "chiome canute, bianche di una vecchia". L'argento è un metallo prezioso, ma ciò che conta qui è soltanto il suo colore.
2. attorte senz'arte: annodate e spettinate.
3. bel viso d'oro: cioè "viso giallo, smorto", detto quindi con ironia, visto che l'espressione, a prima vista, lascia pensare allo splendore dell'oro.
4. fronte... scoloro: fronte rugosa, per la quale impallidisco (non per amore ma per il disgusto).
5. dove... Morte: di fronte a cui Amore e Morte spuntano le loro frecce, cioè sono impotenti. Anche l'immagine degli strali è tipica del linguaggio lirico tradizionale.
6. Occhi di perle vaghi: Occhi appannati da perle, forse lacrime, oppure cisposi e ambiguamente anche avidi di ricchezze. Le perle nel lessico petrarchesco sono spesso menzionate per indicare il candore dei denti.
7. luci... loro: occhi strabici, distolti da ogni oggetto diverso dagli occhi stessi.
8. di neve: bianche. La neve era tradizionalmente un attributo per il candore e la morbidezza del seno femminile.
9. m'accoro: soffro.
10. di latte: pallide.
11. bocca ampia e celeste: bocca grande come la volta del cielo (potrebbe sembrare: "bocca da cui si irradia un sorriso celestiale").
12. denti... pellegrini: denti scuri (*d'ebeno*) cariati e malfermi. L'ebano in Petrarca designa le ciglia nere della giovane donna. La coppia «rari e pellegrini» esprime in sé un valore positivo, perché significa "straordinari", ma qui è usata in senso letterale, per indicare la scarsità di denti nell'«ampia» bocca della vecchia.
13. inaudita... armonia: voce mai sentita, tale da non poter essere detta con parole (in senso negativo, ovviamente, di voce sgraziata).
14. alteri e gravi: arroganti e disdegnosi.
15. divini... d'amor: i poeti d'amore secondo i canoni del petrarchismo, primo fra tutti Bembo, obiettivo della parodia.

Analisi del testo

Struttura e temi

Parodia sottile e maliziosa Ricalcati sulla struttura del sonetto bembiano, i versi di Berni contengono il catalogo delle "grazie" e delle "virtù" della donna amata. La parodia è tanto più sottile ed efficace quanto più si fonda sull'ambiguità e sull'inganno: Berni stravolge la formula consueta della lode della giovane bella e virtuosa, per indirizzarla alla descrizione di una vecchia repellente. Tuttavia, a un primo sguardo, il testo sembra conservare i caratteri di un componimento d'amore tradizionale: la forma è ricostruita così attentamente sulla preziosità del tono lirico, da nascondere a prima vista l'intento trasgressivo. Il rovesciamento è attuato in modo malizioso: non deriva mai dal capovolgimento esplicito della situazione, ma si genera dal riuso delle stesse immagini e degli stessi materiali linguistici, disposti secondo un accostamento diverso ma calcolato con altrettanta cura.

Il riuso degli elementi tradizionali Le componenti del testo appartengono al repertorio consueto della lirica d'amore, ma nuova e diversa è la maniera con la quale sono accostate: l'argento per i capelli, invece del tradizionale oro; le perle sono usate per gli occhi e non per i denti; la neve e il latte, impiegati di solito per il candore della pelle, sono accostati alle ciglia e alle labbra, per completare il ritratto repellente di un volto smorto ed esangue; la preziosità della dittologia «rari e pellegrini» (v. 10) è applicata a denti cariati e malfermi; l'«armonia» viene ambiguamente e ironicamente citata per alludere al suo contrario.

Lingua e stile

Scomposizione e ricomposizione dei modelli Per comprendere a fondo il senso della parodia di Berni e la sua tecnica letteraria, bisogna confrontare in modo più analitico i modelli di Bembo e di Petrarca. Il sonetto di Bembo *Crin d'oro crespo* si rifaceva all'inizio del sonetto XC del *Canzoniere* («Erano i capei d'oro a l'aura sparsi / che 'n mille dolci nodi gli avolgea») e alla canzone CXXVI (*Chiare, fresche et dolci acque*, in particolare i vv. 47-49: «su le treccie bionde, / ch'oro forbito et perle / eran quel dì a vederle»). Berni sfrutta questi elementi per descrivere la vecchiezza della donna, combinandone gli elementi: «Chiome d'argento» (v. 1); «viso d'oro» (v. 2); «fronte crespa» (v. 3), in cui si trasformano anche i «mille dolci nodi» del petrarchesco sonetto XC in chiome «irte e attorte / senz'arte». Con la stessa tecnica, il candore cantato da Bembo («ch'a l'aura su la neve ondeggi», v. 2), fedele al modello petrarchesco («più biancha et più fredda che neve», *Canzoniere* XXX, 2), viene attribuito da Berni alla canizie delle ciglia («ciglie di neve», v. 7). Ancora, «i rubini e perle» (labbra vermiglie e bianchezza lucente dei denti) e il «cantar, che sembra d'armonia divina» del modello bembiano, discesi di nuovo da Petrarca («la bella bocca angelica, di perle / piena et di rose et di dolci parole», *Canzoniere* CC, 3-4), divengono qui «Occhi di perle vaghi» (v. 5), «labra di latte», «denti d'ebeno» (neri e guasti) e «inaudita e ineffabile armonia» (voce sgraziata e stizzosa).

Officina

COMPRENDERE

1. Quali caratteristiche fisiche contraddistinguono la donna cantata dal poeta?
2. Quale comportamento la caratterizza?

ANALIZZARE

3. **Lingua e stile** Individua nel testo tutti i riferimenti ai colori. Quale effetto producono?
4. **Lessico** A quale delle seguenti parole può essere associato e riferito "ineffabile" (es. «un'ineffabile gioia», cioè che non si può esprimere)? Dopo aver fatto le combinazioni, sostituisci in ciascuna l'aggettivo "ineffabile" con un suo sinonimo:
a. abito; **b.** espressione; **c.** tempo; **d.** dolore; **e.** cibo; **f.** mistero.

PERCORSO DI SCRITTURA

Parafrasi Dopo aver introdotto i verbi reggenti necessari, aver riorganizzato la sintassi e aver impiegato sinonimi e spiegazioni dove necessario, svolgi la parafrasi della poesia.

T4 Pietro Aretino *Dialogo*

Dialogo

Edito nel 1536, il *Dialogo* riporta i consigli offerti dalla prostituta Nanna alla figlia Pippa, che vuole seguire le orme della madre. Le raccomandazioni di Nanna sono corredate dai più minuti segreti del mestiere e dalla esaltazione dell'arte della ruffianeria.

NANNA Fatte le cerimonie[1] secondo che si richiede, quello col quale tu hai a dormire, la prima cosa te si farà sedere a lato, e nel pigliarti la mano accarezzarà[2] me che, per far correre[3] il volto dei convitati nel tuo viso, terrò sempre fitti gli occhi ne la tua faccia,[4] facendo vista[5] di stupire de le tue bellezze. E così cominciarà a dirti: «Madonna vostra madre ha ben ragione di adorarvi, perché le altre fanno[6] donne, ed ella angeli»; e si avviene che dicendo simili parole si chini per basciarti l'occhio o la fronte, rivolgetigli dolcemente e sfodera un sospiretto che appena sia inteso da lui: e si fosse possibile che in cotal atto tu ti facessi le guance del rosato che io dico, lo coceresti al primo.[7]
PIPPA Sì, eh?
NANNA Madesì[8].
PIPPA La ragione?

1. **cerimonie:** sono dimostrazioni reciproche di rispetto e omaggio, usanze di origine spagnola diffuse nelle corti.
2. **accarezzarà:** cioè "sarà come se facesse un gesto affettuoso nei miei confronti", in senso metaforico.
3. **correre:** volgere.
4. **fitti… faccia:** gli occhi fissi sul tuo viso.
5. **facendo vista:** mostrando.
6. **fanno:** partoriscono.
7. **lo… primo:** lo faresti innamorare al primo colpo.
8. **Madesì:** Ma certamente, espressione formata dalle parole "mai", "Dio", "sì".

Jan Sanders van Hemessen, *Società dissoluta o il figliol prodigo all'osteria con due meretrici*, 1545-1550 circa. Karlsruhe, Staatliche Kunsthalle Karlsruhe.

Nanna La ragione è che il sospirare e lo arrossare insieme, sono segni amorosi e un principiar di martello;[9] e perché ognuno si contiene stando in sul tirato,[10] colui che ha a goderti la seguente notte cominciarà a darsi ad intendere che tu sia guasta di lui:[11] e tanto più il crederà quanto più lo perseguitarai con gli sguardi; e ragionando tuttavia teco, ti tirarà a poco a poco in un cantone: e con le più dolci parole e con le più accorte che potrà, entraratti su le ciance.[12] Qui ti bisogna risponder a tempo; e con boce soave sforzati di dire alcuna parola che non pizzichi nel **chiasso**.[13] Intanto la brigata, che si starà giorneando[14] meco, si accostarà a te come bisce che si sdrucciolano[15] su per l'erba; e chi dirà una cosa e chi un'altra, ridendo e motteggiando: e tu in cervello;[16] e tacendo e parlando, fà sì che il favellare e lo star queta paia bello ne la tua bocca; e accadendoti di rivolgerti ora a questo e ora a quell'altro, miragli senza lascivia,[17] guardandogli come guardano i frati le moniche osservantine;[18] e solamente lo amico che ti dà cena e albergo pascerai di sguardi ghiotti e di parole attrattive.[19] E quando tu vuoi ridere, non alzar le boci puttanescamente spalancando la bocca, mostrando ciò che tu hai in gola: ma ridi di modo che niuna fattezza del viso tuo non diventi men bella; anzi accrescile grazia sorridendo e ghignando, e lasciati prima cadere un dente che un detto laido;[20] non giurar per Dio né per santi, ostinandoti in dire «Egli non fu così», né ti adirare per cosa che ti si dica da chi ha piacere di pungere le tue pari: perché una che sta sempre in nozze debbe vestirsi più di piacevolezza che di velluto, mo-

Le nostre parole ›

9. **principiar di martello:** cioè l'inizio di passione amorosa.
10. **stando... tirato:** stando trattenuto.
11. **guasta di lui:** innamorata cotta di lui.
12. **entraratti... ciance:** a fare complimenti.
13. **con... chiasso:** con voce soave sforzati di dire parole che non siano sguaiate e volgari.
14. **giorneando:** intrattenendosi.
15. **sdrucciolano:** scivolano.
16. **in cervello:** lucida.
17. **miragli... lascivia:** guardali con pudore.
18. **moniche osservandine:** monache osservanti, cioè le suore francescane che sostenevano una fedeltà assoluta alla Regola.
19. **attrattive:** seducenti.
20. **detto laido:** una frase volgare.

Le nostre parole Chiasso

Le origini del termine Il sostantivo "chiasso", nel suo significato di «vicolo», deriva dal latino *classem*, «classe, gruppo», con slittamento di senso in «sezione di un abitato, vicolo». In seguito la parola ha preso a indicare anche il postribolo, per la frequente collocazione delle case di piacere in vicoli nascosti. Probabilmente da "postribolo" la parola è passata poi a indicare un luogo caotico e poi la confusione stessa. Da qui l'origine di "chiasso" nel significato diffuso di «rumore, schiamazzo», con un'evoluzione simile a quella di "bordello" e "casino".

L'accezione antica Nella letteratura di Aretino "chiasso" è usato in modo ambiguo, con riferimento all'accezione del termine in quanto "bordello". Nella *Cortigiana*, per esempio, il fraintendimento tra il paese lombardo di nome Chiasso (ora città svizzera del Canton Ticino) e il "chiasso" in quanto luogo di prostituzione è intenzionale. Sempre in Aretino si riscontra la locuzione «andare in chiasso», con il significato di "andare all'inferno" (anche se, propriamente, voleva dire "andare alle case delle meretrici"). Nell'italiano antico "andare in chiasso" valeva anche "andare in malora", mentre la locuzione "predicare la castità in chiasso" significava fare cosa inopportuna.

Gli usi moderni Il termine è usato ancora oggi con il significato originario di "cortile" o "viuzza", nel fiorentino vivo, ma in tale accezione è quasi scomparso nell'italiano standard. Tuttavia, sebbene anche la seconda accezione di "bordello" non sia quasi più registrata, è frequente sentirne l'uso nel senso di "baraonda" o "vocio". La locuzione "fare chiasso" è ancora attiva nella lingua di oggi, specialmente se riferita a bambini ("Non fate troppo chiasso!").

strando del signorile in ogni atto; e ne lo essere chiamata a cena, se bene sarai sempre la prima a lavarti le mani e andare a tavola, fattelo dire più d'una volta: perché se ringrandisce ne lo umiliarsi.

Pippa Lo farò.

Nanna E venendo la insalata, non te le avventare come le vacche al fieno: ma fà i boccon piccin piccini, e senza ungerti appena le dita póntigli[21] in bocca; la quale non chinarai, pigliando le vivande, fino in sul piatto come talor veggo fare ad alcuna poltrona: ma statti in maestà, stendendo la mano galantemente; e chiedendo da bere, accennalo con la testa; e se le guastade[22] sono in tavola, tòtene[23] da te stessa; e non empire il bicchiere fino a l'orlo, ma passa il mezzo di poco: e ponendoci le labbra con grazia, nol ber mai tutto.

Pippa E s'io avessi gran sete?

Nanna: Medesimamente beene[24] poco, acciò che non te si levi un nome di golosa e di briaca.[25] E non masticare il pasto a bocca aperta, biasciando[26] fastidiosamente e sporcamente: ma con un modo che appena paia che tu mangi; e mentre ceni favella men che tu puoi: e se altri non ti dimanda, fà che non venga da te il ciarlare;[27] e se te si dona o ala o petto di cappone o di starna da chi siede al desco dove tu mangi, accettalo con riverenzia, guardando perciò l'amante con un gesto che gli chiegga **licenza** senza chiederla;[28] e finito di mangiare, non ruttare, per l'amor d'Iddio!

lessico
Licenza
Permesso, facoltà di fare qualcosa; con senso negativo, libertà eccessiva, abuso delle norme della decenza (dal latino *licentĭa*, «libertà, facoltà; eccesso, sfrenatezza», derivato del verbo *licēre*, «essere permesso, consentito, lecito»).

21. **pontigli:** poniteli.
22. **guastade:** caraffe.
23. **tòtene:** prendine.
24. **beene:** bevine.
25. **briaca:** ubriaca.
26. **biasciando:** biascicando, cioè passare cibo da una parte all'altra della bocca salivandolo a lungo.
27. **mentre... ciarlare:** mentre ceni parla il meno che puoi: e se qualcun altro non ti interpella, non chiacchierare di tua iniziativa. Si noti l'alternanza di «favellare», in stile più elevato, e di «ciarlare», in registro comico.
28. **gli... chiederla:** gli chieda il permesso senza parere di farlo.

Analisi del testo

Struttura

Una formazione ingannevole In questa parte il dialogo fra Nanna e la figlia si sofferma sul comportamento che la cortigiana deve tenere quando incontra il "gentiluomo" e si intrattiene con lui prima di concedergli una notte di piacere.

I consigli consistono, quindi, in un vero e proprio catalogo di precetti circa i gesti, gli sguardi, la voce, le parole e gli atti, tutti fondati sulla necessità di apparire. Questi precetti, dunque, non sono orientati alla formazione della gentildonna di palazzo, dotata di grazia, di misura e di pudore, piacevole conversatrice, retta di costumi ed elegante nei modi, secondo l'ideale di Castiglione, che intende la cortigiania come il raggiungimento e l'affermazione del buono e dell'onesto. I precetti di Nanna risultano piuttosto dettati dall'arte della simulazione e della finzione, che prescinde da qualunque principio etico, per ottenere un'apparenza di modi gentili nobili e aggraziati, volti esclusivamente a piacere al signore, a fargli perdere la testa e a scatenare in lui le più sfrenate passioni.

Lingua e stile

Uno stile ricco e controllato Quello di Aretino è uno stile versatile e mimetico, ispirato alla lingua parlata, ma arricchito con esuberanza di immagini e metafore per rappresentare tutti gli aspetti – soprattutto i più infimi – della società. Soprattutto nella prosa egli rifiuta i canoni della tradizione, senza tuttavia abbandonarsi alla spontaneità ingenua e incontrollata. L'elaborazione formale è raffinata, ma sfrutta anche come risorse stilistiche il lessico popolare («in sul tirato», «guasta di lui», «sulle ciance», «giorneando», «pizzichi nel chiasso», «in cervello», «briaca», «biasciando»). Così l'autore riesce a ottenere una scrittura originale, un prodotto letterario costruito su fondamenti antiletterari.

Stessi modi per fini diversi La descrizione dell'incontro e del convito a corte è proiettata su un piano comico e allusivo, dove ogni gesto, rossore o sospiro viene accompagnato con la spiegazione del fine a cui mira («se… tu ti facessi le guance del rosato che io dico, lo coceresti al primo», r. 8; «colui che ha a goderti la seguente notte cominciarà a darsi ad intendere che tu sia guasta di lui: e tanto più il crederà quanto più lo perseguitarai con gli sguardi», rr. 13-15). In questo si compie la vera parodia dei trattati di comportamento, cioè nel modo in cui a un'apparente identità di eleganza e raffinatezza corrispondono opposti scopi: nei primi la perfezione morale, nel *Dialogo* il conseguimento dell'utile personale (il danaro guadagnato con l'attività di prostituzione).

Temi

L'utile e la realtà: fra Aretino e Machiavelli Sin dall'inizio il *Dialogo* si pone sotto il segno dell'utile, inteso in senso gretto come il conseguimento del proprio vantaggio economico e sociale, e sotto il segno della bugia, come mezzo indispensabile al raggiungimento di questo utile («e solamente lo amico che ti dà cena e albergo pascerai di sguardi ghiotti e di parole attrattive», rr. 23-24: lusinghe e seduzione come merce di scambio). L'opera nasce, dunque, dall'intento di ritrarre la natura e i costumi degli uomini e delle donne del tempo, senza la "maschera" delle convenzioni sociali, e di rivelare a ogni costo la realtà ambigua e corrotta, fino all'abiezione. Questo intento, tuttavia, non si basa sull'aderenza machiavelliana alla «verità effettuale» (➤ p. 337), ma è ispirato da uno sguardo disincantato agli aspetti più torbidi della vita di corte, orientata al godimento sfrenato, al soddisfacimento delle passioni e dei piaceri. Machiavelli impiegava le sue capacità di osservatore per penetrare le dinamiche di causa-effetto delle azioni umane e comprendere così la politica e la storia, con l'obiettivo di realizzare il bene migliore per la collettività. Aretino, invece, preferisce situazioni e battute da parodia e da commedia, incentrate sull'erotismo, l'oscenità, la lascivia e l'inganno.

Officina

COMPRENDERE

1. Quali sono i segni della passione amorosa secondo Nanna?
2. Che cosa consiglia Nanna a Pippa sull'atteggiamento da tenere a tavola? E per sedurre l'amante?

ANALIZZARE

3. **Lingua e stile** Nel testo è contenuta una similitudine. Individuala e sottolineala, poi spiega a quale ambito appartiene e chiariscine il significato e l'uso.
4. **Lessico** Nelle seguenti frasi, sostituisci "licenza" con il sinonimo corretto, scegliendolo tra quelli forniti (attenzione: alcuni sinonimi possono essere usati in più frasi, altri invece non sono corretti). Motiva le tue scelte. *permesso; confidenza; autorizzazione; arbitrio; congedo*
   a. Non puoi usare questo programma se non hai la licenza d'uso.
   b. Lo scrittore si è concesso molte licenze poetiche.
   c. Non puoi prenderti certe licenze con me!
   d. Chiedo licenza di parlare.

INTERPRETARE

5. L'arte della finzione sembra particolarmente importante per Nanna, così come lo era per **Niccolò Machiavelli** e per **Baldassarre Castiglione**. Metti a confronto i tre autori su questo tema, mettendo in luce analogie e differenze.

PERCORSO DI SCRITTURA

Riassunto Riassumi i consigli di Nanna in un testo di 200 parole. Dividi il testo in sequenze, seleziona le informazioni principali, sintetizzale e riformulale in terza persona. Puoi cominciare in questo modo: "Per sedurre l'amante occorre…".

4. Immaginare e desiderare: le utopie

Il significato di "utopia"

Uno degli aspetti caratteristici del pensiero politico del Rinascimento è senz'altro l'utopia. Questa consiste nella tendenza a rappresentare gli assetti civili e sociali di una città o di uno Stato secondo **schemi razionali o fantastici** e mira a definire un ordine diverso da quello esistente, ispirandosi a norme logiche, morali, religiose o addirittura estetiche astratte. Quest'ordine è, tuttavia, difficile o impossibile da realizzare. Di qui il nome, coniato dall'inglese Thomas More (1478-1535), di "utopia", che deriva dal greco e significa appunto «nessun luogo».
Il più delle volte, la formulazione di programmi così irrealizzabili, collocati addirittura in **paesi immaginari**, esprime il disagio e rivendica urgenti **esigenze di riforma** di ordine politico, sociale o religioso.

I modelli del pensiero utopico

Uno dei modelli più influenti per queste rappresentazioni è senz'altro il dialogo *La Repubblica* di **Platone**, in cui si delinea un'organizzazione sociale armonica sotto la guida dei filosofi, che provvedono alla retta educazione dei cittadini. A questa influenza si aggiunge quella del **viaggio fantastico** (perché le società ideali si trovano sempre in luoghi lontani e difficilmente raggiungibili, come le isole), che fa capo allo scrittore greco **Luciano di Samosata** (I secolo d.C.).
Nei secoli XV e XVI questi due modelli vengono arricchiti dagli impulsi del razionalismo umanistico, in particolare dopo la scoperta del *De architectura* di **Vitruvio**. Questa scoperta contribuì in modo decisivo allo sviluppo del concetto di **"città ideale"**, una città, cioè, a misura d'uomo.

Uno Stato perfetto

Si procede, per questa via, a una diffusa opera di **razionalizzazione** di tutti gli aspetti dell'esistenza, indicando norme generali di condotta e regolamentando ogni aspetto della vita pratica. Nascono allora i trattati sul perfetto ministro, sul perfetto cortigiano, sul perfetto principe, sui modelli di urbanistica. Questi ultimi già contengono alcune forme di utopia, in quanto prospettano la costruzione di entità del tutto razionali, che attendono una (forse impossibile) realizzazione pratica. È quanto il grande storico del Rinascimento Jakob Burkhardt ha chiamato «Stato come opera d'arte», attribuendo all'Italia il ruolo di prima grande maestra della civiltà europea.
Questa idealizzazione utopica dello Stato mira a conseguire un **assetto stabile e pacifico**, minacciato il meno possibile da guerre e rivalità, con ordinamenti civili equi e giusti. Allo stesso tempo si configurano modelli di **società fortemente regolate** e fondate sulla divisione del lavoro e delle funzioni sociali. Non si tratta di un "paese di Cuccagna", dove domina l'ozio e il piacere, ma di organismi politici perfetti, in cui più importante della libertà individuale è il **benessere della collettività**. Molta letteratura utopica anticipa certi modelli ideologici novecenteschi, prevedendo l'abolizione della proprietà privata e, in certi casi, quella del nucleo familiare.

Il senso del fantastico

Ma non ci sono soltanto i modelli classici e le teorie politiche. Accanto a questi, altri elementi contribuiscono al sorgere dell'utopia: primo fra tutti il **senso del fantastico**, del romanzesco, del meraviglioso, dal quale scaturisce la costruzione di mondi perfetti dove risulta impossibile qualsiasi conflitto sociale. Probabilmente, su que-

sto versante la fantasia di molti scrittori di utopie ha ricevuto spunti notevoli dalle **notizie dei viaggiatori** che descrivevano terre nuove, paesi e mondi meravigliosi e mai visti prima.
In un'epoca che risultava sempre più fiaccata dalla crisi, dal disorientamento, dalla paralisi politica e dalla rassegnazione, le utopie contengono una **scintilla in qualche modo rivoluzionaria**, là dove si fanno portatrici di ideali politici e sociali alternativi.

L'utopia di Anton Francesco Doni

Biblioteca digitale *Il mondo savio e pazzo*

La constatazione della gravità del conflitto economico e morale fra i ricchi e i poveri diviene talmente pressante nel pensiero di Anton Francesco Doni (1513-74), da indurlo a immaginare il «mondo savio e pazzo», cioè **una città dove non ci sono divari sociali**, dove tutto è in comune, regolato e disciplinato in modo da evitare qualunque ingiustizia. Frutto del suo temperamento bizzarro e stravagante, *I mondi* (1552) hanno un significato non solo letterario, ma anche sociale. Lo stesso Doni osserva, infatti, che la formulazione di programmi fantastici e la descrizione di mondi immaginari deriva da quell'elemento mitico prodotto dalla fantasia popolare, quando è in attesa di eventi nuovi, che tardano ad accadere.
Doni elabora un **modello utopistico** di città ideale e perfetta, dalla quale sono banditi il governo statale, la proprietà privata, il matrimonio e la guerra, e dove la religiosità è ridotta alla sola etica. In questo l'autore risulta debitore all'**esempio di Thomas More**, della cui opera egli fu editore a Venezia.

FISSA I CONCETTI

- Quali sono le caratteristiche del genere letterario riconducibili all'utopia?

VISUALIZZA I CONCETTI

Il genere utopico nel Cinquecento

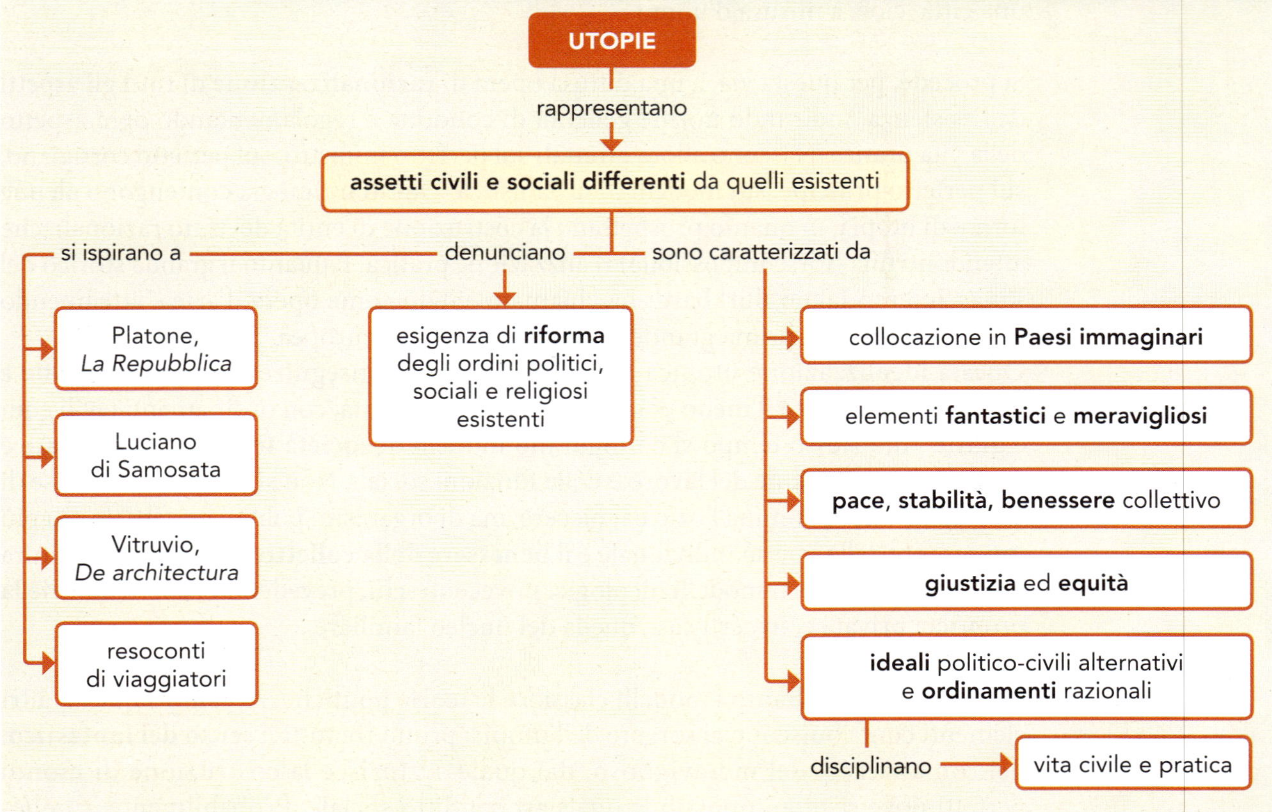

5. Mondi alla rovescia, fantasticherie, sguardo dal basso

5.1. Teofilo Folengo

Lo sguardo dal basso

Nel primo Cinquecento, l'opera di **Teofilo Folengo** (1491-1544) si pone come un caso esemplare di trasgressione "carnevalesca", offrendo un repertorio vivo e inesauribile di parodie. Folengo osserva il mondo rurale con minuziosa attenzione alla realtà, e nelle sue opere recupera molte componenti popolareggianti legate all'esperienza della vita contadina. Folengo adotta, quindi, uno **sguardo dal basso**, che si fissa sulla materialità e sulla rozzezza del corpo, esplorato e investigato nelle sue funzioni più basse.

La lingua macaronica

L'elemento che desta il maggior interesse nella sua esperienza letteraria è la lingua, definita **macaronico** (da «macarone», "gnocco", "pasticcio di vari elementi"), un impasto di **latino e dialetto** (mantovano, bresciano, veneto) con il quale l'autore ottiene risultati di straordinaria comicità, espressività e virtuosismo stilistico. La lingua stessa di Folengo può essere considerata una parodia vivente, che adatta la morfologia del latino al lessico volgare, dialettale e gergale, con intento dissacrante nei confronti della

Bottega di Frans Verbeeck, *Il dileggio delle follie umane*, dettaglio, 1550-1570 circa. Collezione privata.

cultura classica e umanistica. Quella folenghiana è una lingua dotata di straordinaria forza eversiva: non è latino, non è volgare, ma un comico e geniale incrocio fra i due. Stilisticamente, l'autore ricorre alla **parodia** costante dei modelli e dei generi letterari della tradizione latina (la poesia bucolica e l'*Eneide* di Virgilio) e volgare (la lirica petrarchesca e il poema cavalleresco).

Il Baldus

L'opera più nota di Folengo è il ***Baldus***, un poema epico in 25 canti, che narra le gesta eroiche di Baldo, un giovane scapestrato, trasgressivo e violento, che presume di sconfiggere le forze del male con una masnada di compagni di avventura.
L'ambientazione del poema è rusticana e le avventure narrate sono fantastiche, mentre gli episodi sono spesso derivati dalla tradizione popolare. Questi elementi, inseriti in una cornice epico-cavalleresca, fanno del poema un'opera di notevole originalità, impossibile da classificare in un preciso genere letterario. L'autore, che si cela sotto lo pseudonimo di **Merlin Cocai**, unisce una vasta cultura letteraria, latina e volgare, con suggestioni della tradizione popolare e satirica. Tra le fonti "alte" spicca Virgilio, che si affianca a Pulci, Ariosto, Dante e Boccaccio. L'immaginario popolare, invece, fornisce a Folengo il materiale per il suo "espressionismo": la corporalità dominante, spinta fino all'iperbole; il trionfo del cibo; l'affiorare della superstizione e della stregoneria. Da tutti questi fattori si origina una struttura volutamente caotica, non unitaria, con frequenti digressioni, varietà tematica, assenza di conclusione dell'azione.

> Lo spirito del *Baldus* è antiletterario, anticortigiano, anticurialesco; il *Baldus* è una rappresentazione della vita di natura, una negazione continua del galateo e delle ipocrisie.
>
> A. Momigliano

FISSA I CONCETTI

- Che cos'è la lingua macaronica? Che funzione ha?

LA TRAMA

Il *Baldus*

Baldo intraprende con i suoi seguaci un viaggio che lo condurrà in luoghi magici e grotteschi: distese marine, isole misteriose, caverne e cunicoli sotterranei da cui spuntano mostri che la banda di Baldo si impegna a combattere. È un percorso di iniziazione, di discesa nel male, tra incanti e demoni, figure deformi e popoli strani. Dopo aver incontrato lo stesso poeta Merlin Cocai, gli eroi si dirigono verso l'inferno, ma sembrano cadere in una sorta di torpore. Un venticello li sospinge, privi di peso, nell'antro della Fantasia dove incontrano le personificazioni di Grammatica, Logica, Dialettica, con le quali intrattengono serrate discussioni. Qui vengono presi dalla follia, e raggiungono una gigantesca zucca, secca e vuota all'interno, casa degli astrologi, dei cantori e dei poeti, sottoposti a tortura da tremila barbieri, intenti a strappare loro i denti. Nella zucca si trova anche l'autore che, in preda ai dolori del supplizio, interrompe improvvisamente il racconto.

Seguace di Hieronymus Bosch, *I tormenti dell'Inferno*, prima metà del XVI secolo. Collezione privata.

T5 Il proemio del Baldus

Baldus I, 1-20

L'apertura del poema si attiene secondo il canone alla proposizione dell'argomento (vv. 1-4) e alla invocazione alle Muse (vv. 5-16), ridicolizzate in una deformazione parodica sfrenata e paradossale.

Le nostre parole ›

Phantasia mihi plus quam phantastica venit
Historiam Baldi grassis cantare Camoenis.
Altisonam cuius phamam, nomenque gaiardum
terra tremat, baratrumque metu sibi cagat adossum.
Sed prius altorium vestrum chiamare bisognat,
o macaroneam Musae quae funditis artem.
An poterit passare maris mea gundola scoios,
quam recomandatam non vester aiuttus habebit?
Non mihi Melpomene, mihi non menchiona Thalia,
non Phoebus grattans chitarrinum carmina dictent;
panzae namque meae quando ventralia penso,
non facit ad nostram Parnassi chiacchiara pivam.
Pancificae tantum Musae, doctaeque sorellae,
Gosa, Comina, Striax, Mafelinaque, Togna, Pedrala,
imboccare suum veniant macarone poëtam,
dentque polentarum vel quinque vel octo cadinos.
Hae sunt divae illae grassae, nymphaeque colantes,
albergum quarum, regio, propiusque terenus
clauditur in quodam mundi cantone remosso,
quem spagnolorum nondum garavella catavit.

Le nostre parole Fantasia

Le origini del termine Il sostantivo "fantasia" deriva dal greco *phantasía* («apparizione»), che viene a sua volta dal verbo *phantázomai*, cioè «far apparire, immaginare, figurarsi». La fantasia è la forza dell'immaginazione ed è costituita dalle visioni scaturite dall'interiorità di un soggetto. In senso lato il termine è anche sinonimo di «immagine» o «mescolanza di immagini».

Le diverse accezioni antiche Nel lessico religioso, per esempio negli *Atti degli apostoli*, si trova «fantasia» nell'accezione di "maestosità arrogante", quasi di "esibizionismo", mentre ancora nell'ambito della lingua sacra il termine può ricoprire il significato di «idolo», persino di «immagine del diavolo». Nell'italiano antico, "fantasia" era spesso l'equivalente di un'elevata immaginazione. Da distinguere, però, "fantasia" da "fantasticheria" nel senso di "sogno a occhi aperti" oppure nel senso di "sospettare" nei comportamenti altrui motivazioni invece assenti.

Gli usi moderni Nell'italiano contemporaneo "fantasia" è usato non solo come sinonimo di immaginazione, ma anche come variante di "capriccio" o "bizzarria" ("gli è venuta la fantasia di tingersi i capelli di biondo"). "Fantasia" può essere anche una falsa invenzione, una bugia "non c'è niente di vero in quello che dici: sono solo fantasie tue!". Nel gergo specifico della moda il "tessuto fantasia" serve a indicare un tipo di stoffa a colori vivacissimi, eccentrici, spesso confusi l'uno con l'altro in un gioco di vistosa astrazione.

M'è venuta la fantasia, più che bizzarra, di cantare la storia di Baldo con le grasse Camene.[1] Per la sua fama altisonante, il suo nome gagliardo, la terra trema di spavento e l'inferno se la fa addosso per il timore. Ma prima bisogna invocare il vostro aiuto, o Muse che scodellate l'arte macaronica. O che potrà forse la mia gondola districarsi in mezzo agli scogli del mare, se non l'avrà protetta il vostro aiuto? Non Melpomene,[2] non Talia[3] minchiona, non Febo[4] che gratta il chitarrino[5] mi dettino i carmi; se infatti considero le cavità della mia pancia... non si conviene alla nostra poesia il chiacchiericcio del Parnaso.[6] Soltanto le Muse panciute, le dotte sorelle Gosa, Comina, Strega, Mafelina, Togna, Pedrala vengano ad imboccar di macaroni il loro poeta e gli diano da cinque a otto vassoi di varie polente. Queste sono le famose Dee grasse, le ninfe che colano unto, la cui residenza, il paese, il territorio loro proprio è nascosto in un remoto angolo del mondo, che nessuna caravella degli spagnoli ha ancora scoperto.

Biblioteca digitale
Il ritratto di Cingar

1. **Camene:** le Camene sono divinità romane, poi identificate con le Muse greche.
2. **Melpomene:** Melpomene è la Musa della tragedia.
3. **Talia:** Talia, invece, è Musa della commedia.
4. **Febo:** Apollo, condottiero delle Muse, dio della lirica classica.
5. **chitarrino:** la rozza zampogna del poeta.
6. **Parnaso:** è il monte consacrato al culto di Apollo e delle Muse.

Analisi del testo

Struttura e temi

Rovesciamento e parodia L'invocazione si rivolge a Muse grasse, grossolane e ben nutrite, come si conviene all'arte macaronica, mentre Baldo, con la sua fama altisonante, incute timore alla terra e agli Inferi, tanto che anche il demonio lo teme. L'autore non invoca il soccorso della Musa della tragedia e neppure di quella della commedia, né di Apollo, dio della lirica classica, ridotto (deposta la sua lira) a strimpellare un chitarrino.

Il poeta, invece, attinge al grottesco realismo della poesia popolaresca e riconosce che alla sua rozza zampogna non si addicono i versi del Parnaso (degradati a chiacchiericcio). Le Muse che sceglie come guide sono grasse e tranquillamente panciute. Sono sei, con nomi plebei di connotazione regionalistica e con venature dialettali d'area lombarda («Gosa», gozzuta, «Comina», Giacomina, «Striax», strega, v. 14).

La scelta trasgressiva è anticipata con l'irrisione parodica che riguarda la metafora del viaggio per mare, usata nella tradizione per rappresentare il faticoso percorso del poema (dal *Purgatorio* dantesco al *Furioso* di Ariosto): l'imbarcazione del poeta è, infatti, una modesta «gondola».

Lingua e stile

Il macaronico Il macaronico di Folengo non è una semplice mescolanza di lingue (latino e dialetti), ma una vera e propria contaminazione anche all'interno della parola e del verso. Per esempio, a volte una parola italiana subisce un travestimento latino (come «Pancificae», v. 13, che mescola *pancia* a *pacificus*); oppure vengono usate espressioni coniate sul volgare ma inesistenti in latino («sibi cagat addossum», v. 4; «grattans chitarrinum», v. 10; «et medii pazzi, mediique balordi»).

Uno strumento al servizio della fantasia Questo "plurilinguismo" ha una grandissima espressività, che nasce dalla distanza fra le nuove formazioni lessicali e sintattiche e i regolari modelli del latino, producendo un effetto straniante e comico. Folengo, inoltre, riesce a dare alla sua lingua varietà e ricchezza di toni: dal plebeo allo scurrile, al fantastico, all'invettiva, alla grandiosità epica, all'idillio. La lingua diventa per Folengo uno strumento insostituibile per la sua profonda capacità di osservazione e per la sua inesauribile fantasia.

Hieronymus Bosch, *Trittico del giardino delle delizie*, pannello centrale, 1500-1505. Madrid, Museo del Prado. La scena, fortemente visionaria, rappresenta una cavalcata intorno alla Fontana della giovinezza in groppa ad animali tratti dal repertorio dei bestiari medievali, mentre le donne che si bagnano nella fontana hanno sul capo alcuni uccelli simbolici: corvi (incredulità), pavoni (vanità) ecc.

Officina

COMPRENDERE

1. A chi si rivolge il poeta? E perché?
2. Perché le Muse del Parnaso non sono adatte ad aiutare il poeta nella sua opera?
3. Quale effetto ha nel mondo la fama di Baldus?

ANALIZZARE

4. **Lingua e stile** Individua e sottolinea nel testo, poi classifica nella tabella tutti i termini e le espressioni di registro epico e quelli che invece appartengono al registro basso.

Registro epico	Registro colloquiale

5. **Lingua e stile** Individua e sottolinea nel testo tutti i termini e le espressioni concrete, legate alla realtà. Perché sono impiegate?

INTERPRETARE

6. Confronta il proemio del *Baldus* con il proemio dell'*Eneide* (vv. 1-11) e con i versi 4-9 del canto II dell'*Inferno* dantesco. Quali analogie e quali differenze riscontri fra i testi? Rifletti in merito a *incipit*, esposizione dell'argomento, invocazione e funzione del canto.

PERCORSO DI SCRITTURA

Riassunto Riassumi il proemio in un testo di massimo 7 righe. Puoi cominciare in questo modo: "Nel proemio del *Baldus* il poeta chiede aiuto nel comporre il canto...".

COMPETENZE DEL XXI SECOLO

Competenze digitali Immagina che Folengo debba oggi presentare la sua opera con gli strumenti informatici e digitali dei nostri giorni: recupera i contenuti del proemio e realizza un documento multimediale utile al lancio del *Baldus*, per esempio un video, una pagina Facebook o altro.

TEMI E GENERI

Scherzi di natura e mondi alla rovescia nell'arte del Rinascimento

L'arte "irregolare"

Esiste un Rinascimento "irregolare" anche nelle arti figurative, con alcune forme e stili che non seguono i parametri di ordine, proporzionalità, coerenza e decoro che connotano il modello classicista.

Infatti, nella pittura, nei giardini, nelle fontane, nelle decorazioni architettoniche, negli emblemi, diviene frequente la presenza di esseri mostruosi e demoniaci, di maschere grottesche e di varie meraviglie. Questo aspetto evidenzia l'esigenza di una maggiore spontaneità e libertà creativa, al di fuori delle regole e dell'influenza dei modelli illustri e in contrasto con la rigidità del classicismo. Queste forme espressive, così, hanno dato vita a una concezione dell'arte alternativa, che attinge tuttavia a elementi già presenti nell'antichità e sempre vivi nell'immaginario popolare. Mentre però in Età medievale il fantastico era subordinato al sacro ed era funzionale all'iconografia religiosa, nel Rinascimento acquista una propria autonomia, un gusto per il meraviglioso basato sull'accostamento di arte e natura.

Bruegel e Bosch

A tale ambito appartiene, per esempio, l'idea di "mondo alla rovescia", la cui più celebre raffigurazione artistica è quella dei *Proverbi fiamminghi* (1559, dipinto noto anche come *Mondo alla rovescia*) di Pieter Bruegel il Vecchio: un dipinto in cui sono concentrate numerosissime situazioni (circa 120) apparentemente assurde, che sono la trasposizione iconografica di altrettanti modi di dire popolari (**fig. 1**). Ancora più bizzarri sono i cosiddetti "grilli" (così chiamati per la forma che ricorda tali insetti) di Hieronymus Bosch, figure mostruose con la testa innestata su gambe o zampe in infinite varianti e associazioni umano-animalesche, già note all'antichità e utilizzate nel Medioevo con valore magico e taumaturgico. Nelle *Tentazioni di Sant'Antonio* (**fig. 2**), in particolare, c'è una straordinaria concentrazione di figure mostruose, che hanno dato origine a svariate interpretazioni in chiave magica, mistica, alchemica o taumaturgica (qualcuno ha persino pensato che il quadro sia stato dipinto sotto l'effetto di sostanze allucinogene).

fig. 1 Pieter Bruegel il Vecchio, *Proverbi fiamminghi*, 1559. Berlino, Gemäldegalerie.

Le grottesche

Un ricco repertorio di figure fantastiche è presente poi nella pittura detta "a grottesca", che ebbe origine alla fine del Quattrocento, dopo la scoperta a Roma delle stanze rimaste sepolte (dette pertanto "grotte") della *Domus Aurea* neroniana. Le pareti di queste stanze erano state affrescate con motivi fantastici: paesaggi, fiori, animali, ma anche sfingi, sirene e altri mostri mitologici, mascheroni ghignanti, figure bizzarre, deformi, oscene, irriverenti. Prima studiati e copiati, poi liberamente variati dagli artisti del Cinquecento, questi soggetti (detti anche "chimere") ebbero una enorme fortuna nel Rinascimento, come mostrano gli affreschi della scuola di Raffaello alle Logge Vaticane (**fig. 3**) e a Villa Madama, o quelli di Palazzo Farnese a Caprarola, e a Firenze quelli di Giorgio Vasari a Palazzo Vecchio (**fig. 4**) e di Antonio Tempesta alla Galleria degli Uffizi (**fig. 5**).

fig. 2 Hieronymus Bosch, *Le tentazioni di Sant'Antonio*, 1500-1525, pannello centrale del trittico. Lisbona, Museo Nacional de Arte Antiga.

fig. 3 Scuola di Raffaello, Decorazione a grottesca della Loggetta del cardinal Bibbiena, 1519. Città del Vaticano, Palazzo Apostolico.
fig. 4 Giorgio Vasari e aiuti, Decorazione a grottesca nella Sala di Cosimo il Vecchio, 1556-58. Firenze, Palazzo Vecchio.
fig. 5 Antonio Tempesta, Decorazione a grottesca, 1579-80. Firenze, Galleria degli Uffizi.

5.2 Angelo Beolco detto il Ruzante

La materialità dell'esistenza

Lo spessore intellettuale di **Ruzante** non appare molto diverso da quello di Folengo: entrambi sono uomini di raffinata cultura umanistica, che si oppongono al petrarchismo e al classicismo dominanti. Nelle sue opere Ruzante polemizza con gli eccessi e gli artifici dell'ambiente letterario e trova un antidoto nel mondo contadino e popolare, caratterizzato dalla "naturalità", cioè da una vivace **adesione ai bisogni materiali** dell'esistenza. L'uso del dialetto "pavano" (padovano) è il frutto di una precisa scelta in favore della lingua più adeguata a questa poetica. Nei ***Dialoghi rustici*** (detti anche *Parlamento de Ruzante*), due capolavori della sua produzione teatrale, è marcata la rappresentazione realistica della cruda realtà contadina, segnata da amarezza e disillusione.

> Le figure, i sentimenti, il linguaggio di questi personaggi sono scavati con la dura forza della loro umanità ora dolente, ora cruda e amara.
>
> C. Grabher

FISSA I CONCETTI

- Quale realtà sociale viene rappresentata da Ruzante?

T6 *Dialogo primo (Parlamento de Ruzante)*

Dialogo primo, scena III

Il primo dialogo narra la storia di Ruzante che, reduce dal campo militare, torna a Venezia a trovare la moglie Gnua. Quest'ultima, in sua assenza, si è trasferita dalla campagna in città, dove vive sotto la protezione di un poco di buono e gode di migliori condizioni economiche. Per questo motivo Gnua decide di non tornare più con il marito, che nel frattempo è diventato più povero di quando è partito. Il dialogo è tutto giocato sulla totale incomunicabilità fra i due: i valori messi in campo da Ruzante (lealtà, amore e fedeltà) sono oggetto di derisione feroce da parte della donna, che ormai si attiene soltanto alla logica crudele della sopravvivenza quotidiana: «No sètu che agno dì se magna?» ("Non sai che ogni giorno si mangia?") è la frase che meglio riassume il nodo centrale del suo pensiero.

Gnua Ruzante, sètu chi me vol ben? Chi me 'l mostra.

Ruzante Mei sì, che a' no te l'he mé mostrò...

Gnua Che me fa che te me l'ebi mostrò, e che te no me 'l puossi mostrare adesso, ché adesso a' he anche de besogno? No sètu che agno dì se magna? Se me bastasse un pasto a l'ano, te porissi dire. Mo el besogna che a' magne ogni dì, e perzò besognerae che te me 'l poìssi mostrare anche adesso, ché adesso he de besogno.

Ruzante Poh, mo el se de' pur far deferinçia da om a omo. Mi, com te sè, a' son om da ben e om compìo...

Gnua *(interrompendolo)*. Mo a' la fazo ben! Mo el ghe è an deferinçia da star ben a star male. Aldi, Ruzante: s'a' cognossesse che te me poìssi mantegnire - che me fa a mi? - a' te vorae ben mi, intiènditu? Mo com a' penso che te si' pover'om, a' no te posso veere. No che a' te vuogie male, mo a' vuogio male a la to sagura: ché a' te vorae veere rico, mi, azò, a' stassém ben mi e ti.

lessico
Leale
Che non inganna, affidabile (dal provenzale *leial*, esito popolare del latino *legālis*, «conforme alla legge, legale»).

Ruzante *(avvilito)*. Mo, se a' son povereto, a' son almanco **leale**...
Gnua Mo che me fa ste tuò lealtè, s'te no le può mostrare? Che vuotu darme? Qualche peogion, an?
Ruzante Mo te sè pure che, se aesse, a' te darae, com t'he zà dò. Vuotu ch'a' vaghe a robare e a farme apicare? Me consegeretu mo?
Gnua Mo vuotu ch'a' viva de agiere? e che a' staghe a to speranza? e che a' muora a l'ospeale? Te n'iè tropo bon compagno, a la fe', Ruzante. Me consegieretu mo mi?
Ruzante Pota! Mo a' he pur gran martelo de ti, mo a' sgangolisso! Mo no hetu piatè?
Gnua E mi he pur gran paura de morir de fame, e ti no te 'l pinsi. Mo n'hetu consinçia?
[...]
Ruzante *(scoppiando)*. O morbo a la roba e chi la fè mé!

Gnua	Ruzante, sai chi mi vuol bene? Chi me lo dimostra.[1]
Ruzante	Ebbene, (forse) non te l'ho mai dimostrato?
Gnua	Che mi importa che tu me l'abbia dimostrato; il fatto è che tu non me lo puoi dimostrare adesso, perché adesso sono ancora nel bisogno. Non sai che ogni giorno si mangia? Se mi bastasse un pasto all'anno tu potresti parlare. Ma bisogna che mangi ogni giorno, e perciò bisognerebbe che tu me lo mostrassi ancora adesso, perché adesso sono nel bisogno.
Ruzante	Ma si deve fare differenza da uomo a uomo. Io, come sai, sono uomo dabbene e uomo costumato...
Gnua	Non lo metto in dubbio: ma c'è anche differenza fra star bene e star male.[2] Ascolta, Ruzante: se sapessi che tu mi potresti mantenere – che mi importa – ti vorrei bene, lo intendi? Ma quando penso che sei pover uomo, non ti posso vedere. Non che ti voglia male, ma voglio male alla tua sfortuna: perché ti vorrei vedere ricco, io, acciò che stessimo bene io e tu.
Ruzante	Ma, se sono poveretto, almeno sono leale...
Gnua	Ma che mi fanno queste tue lealtà, se tu non le puoi mostrare? Che vuoi darmi? Qualche pidocchione, eh?
Ruzante	Via, tu sai che, se avessi, ti darei come ti ho già dato. Vuoi che vada a rubare per farmi impiccare? Mi consiglierai così?
Gnua	E vuoi che io viva d'aria? E che stia alla tua speranza? E che muoia all'ospedale?[3] Neppure tu sei troppo buon compagno, in fede, Ruzante: mi consiglierai così?
Ruzante	Potta, eppure ho una gran passione di te, spasimo! Ma non hai pietà?
Gnua	E io pure ho gran paura di morir di fame, e tu non lo pensi. Ma non hai coscienza? [...]
Ruzante	Oh, maledetta la roba e a chi l'ha inventata![4]

1. **Ruzante... dimostra:** l'affetto che non si concretizza in benefici non ha riscontro presso la donna.
2. **differenza... male:** nell'orizzonte pragmatico di Gnua trova posto un sistema di valori elementari e primari, che non riguardano le qualità morali ma il soddisfacimento dei bisogni essenziali.
3. **ospedale:** l'ospedale aveva anche funzione di ricovero dei più poveri.
4. **maledetta... inventata:** è l'imprecazione di Ruzante contro le stringenti ragioni economiche che gli hanno alienato per sempre l'affetto della propria moglie.

Analisi del testo

Struttura e temi

Sentimenti e bisogni materiali In questo dialogo i protagonisti sembrano parlare due linguaggi completamente diversi: Ruzante afferma di voler bene a Gnua, ma la donna replica che occorre dimostrarlo in concreto, per esempio procurandole da mangiare ogni giorno. Dal momento che Ruzante è un pover'uomo, continua la moglie, l'onestà e l'integrità diventano lussi insignificanti, adatti semmai a un ricco. Anche l'amore è un lusso da ricchi, un sentimento che (come tutti i sentimenti), nel mondo ruzantesco, è subordinato alle condizioni materiali: Gnua ha smesso di provare affetto per il marito, nel momento in cui egli è venuto meno alla promessa di tornare ricco dalla guerra. Di fronte all'annientamento di qualunque valore ideale, Ruzante esclama (r. 24): «O morbo a la roba e chi la fè mé!» ("Oh, maledetta la roba e a chi l'ha inventata!"): è la prima volta che nella letteratura italiana entrano con tanta durezza le ragioni crudeli della necessità.

Lingua e stile

Nel dialogo fra Ruzante e Gnua, l'autore realizza un contrasto, dove i due universi incompatibili dei protagonisti si scontrano attraverso due registri opposti: la voce di Ruzante adotta una sorta di registro lirico, pur se rudimentale e contadino («amore», «gran martelo», cioè "passione"); le risposte di Gnua rispondono alla dura legge della necessità economica. Nel suo discorso tornano insistentemente i termini gretti del bisogno, del guadagno e della ricchezza («agno dì se magna», «besogno», «mantegnire», «te vorae veere rico»).

Officina

COMPRENDERE

1. Di che cosa ha bisogno Gnua? E perché rifiuta l'amore di Ruzante?
2. Perché Ruzante non è in grado di realizzare le richieste di Gnua? Cosa può offrirle?
3. Cosa temono Ruzante e Gnua?

ANALIZZARE

4. **Lingua e stile** Individua e sottolinea nel testo tutti i termini e le espressioni assimilabili al registro lirico e quelle del registro colloquiale, classificandole poi nella tabella seguente.

Registro lirico	Registro colloquiale

5. **Lessico** Quale tra "onesto", "probo", "fido", "fedele", "diretto" non è un sinonimo di «leale»? Quale invece tra "infido", "sleale", "subdolo", "capzioso", "parziale" non è un contrario di «leale»?
6. Analizza le battute dei personaggi e il ritmo del dialogo. Quali considerazioni puoi trarne? Ritieni che le battute siano lunghe, i dialoghi serrati o il ritmo piano?

INTERPRETARE

7. Confronta le tematiche, lo stile e l'aspetto parodico del testo con questo sonetto di Cecco Angiolieri, elaborando un commento che non superi le 1300 battute.

Becchin'amor! – Che vuo', falso tradito?
– Che mi perdoni. – Tu non ne se' degno.
– Merzé, per Deo! – Tu vien' molto gecchito.
– E verrò sempre. – Che sarammi pegno?

– La buona fé. – Tu ne se' mal fornito.
– No inver' di te. – Non calmar, ch'i' ne vegno.
– In che fallai? – Tu sa' ch'i' l'abbo udito.
– Dimmel', amor. – Va', che ti vegn'un segno!

– Vuo' pur ch'i' muoia? – Anzi mi par mill'anni.
– Tu non di' ben. – Tu m'insegnerai.
– Ed i' morrò. – Omè che tu m'inganni!

– Die tel perdoni. – E che, non te ne vai?
– Or potess'io! – Tègnoti per li panni?
– Tu tieni 'l cuore. – E terrò co' tuoi' guai.

6. La satira: protesta antiecclesiastica

La critica alla Chiesa e ai costumi corrotti

Nella prosa umanistica è presente una forte tendenza satirica che tende a scagliarsi contro l'istituzione ecclesiastica. Testi come il *Contra hypocritas* (*Contro gli ipocriti*) di Poggio Bracciolini, il *Cynicus* di Leon Battista Alberti, il *Charon* di Pontano, i *Colloquia* di Erasmo da Rotterdam e alcuni punti delle satire di Ariosto sono esempi significativi di questa satira. L'attitudine polemica è rivolta sia nei confronti delle **abitudini gaudenti di molti frati** sia verso l'**avidità del clero** assetato di ricchezze, da ottenere con i benefici, la vendita delle indulgenze, le messe per i defunti e altro ancora.
Nei testi in prosa spesso gli attacchi nei confronti dell'istituzione ecclesiastica assumono la forma del dialogo satirico, oppure, ma soprattutto in poesia, si incontrano le Pasquinate, una forma di vituperio e invettiva contro la corruzione dei costumi.

Le pasquinate

La **pasquinata** deriva il nome da un busto di marmo chiamato Pasquino, scoperto dal cardinale Oliviero Carafa nel XVI secolo a Roma, in prossimità della piazza di Parione. La statua, esposta nel punto del ritrovamento, divenne in breve il simbolo del **malcontento popolare** contro la curia romana e il papa: personaggi anonimi o autori conosciuti, infatti, lasciavano attaccati sul busto biglietti (cartigli) in cui manifestavano il proprio dissenso soprattutto con **satire in versi**. Queste composizioni, chiamate pasquinate, tendono con il tempo ad assumere le forme di un'arma politica e moralizzatrice, attraverso la fustigazione della corruzione ecclesiastica. Sempre più Pasquino diventa il censore dei vizi della corte pontificia, dei raggiri politici, delle congiure.

> Pasquino finì con l'impersonare la satira anonima romana, dotta e popolaresca, perché in suo nome furono composti libelli in latino e in volgare, in verso e in prosa contro i papi e il loro governo, contro i cardinali e la curia.
>
> V. Rossi

Le pasquinate di Pietro Aretino

Tra le innumerevoli espressioni di Pasquino, si distingue una voce, sempre clandestina ma d'autore, che conferisce una sorta di dignità letteraria a questi componimenti. Si tratta delle composizioni di **Pietro Aretino** (➤ p. 444), che scrive una raccolta di cinquanta sonetti, in gran parte caudati e un capitolo ternario, in occasione del conclave seguito alla morte di Leone X. Questi sonetti prendono di mira gli amori di prelati e cardinali e la corruzione di preti e frati scaltri e gaudenti, inclini a cedere ai piaceri della carne.
I componimenti così concepiti offrono ad Aretino l'occasione per spostarsi dall'invenzione letteraria alla **cronaca**, per di più alla vigilia di un difficile conclave come quello svoltosi fra il 27 dicembre 1521 e il 9 gennaio 1522, che portò alla elezione di Adriano VI. Aretino fu poi costretto a lasciare temporaneamente Roma dopo l'elezione del nuovo pontefice e, definitivamente, dopo aver subito un attentato che gli costò quasi la vita, nel 1525.

FISSA I CONCETTI

- Come si caratterizzano le pasquinate?

T7 Pietro Aretino
Non ti maravigliar, Roma, se tanto

Sonetti

In questa pasquinata (un sonetto caudato), Aretino stende un catalogo feroce, allusivo e pieno di dettagli, riguardo ai vizi e alle turpitudini commesse dal clero.

- METRO sonetto caudato con schema metrico ABBA ABBA CDC DCD dEE eFF

Non ti maravigliar, Roma, se tanto
s'indugia a far del papa la elezione,
perché, fra' cardinal Pier,[1] con ragione,
non truova chi sie degno del suo manto.[2]

La cagion è che sempre ha moglie acanto
questo, e quel volentier tocca il garzone,
l'altro a mensa disputa d'un boccone
e quel d'inghiottir pesche si dà vanto.[3]

Uno è falsario e l'atro è adulatore,
questo è ladro e pieno di **eresia**,
e chi di Giuda è assai più traditore.

Chi è di Spagna e chi di Francia spia,
e chi ben mille volte a tutte l'ore
Dio venderebbe per far simonia.[4]

Sì che truovisi via
di far un buon pastore fuor di conclavi,[5]
che di san Pietro riscuota le chiavi,[6]

e quest'uomini pravi,[7]
che la Chiesa di Dio stiman sì poco,
al ciel per cortesia sbalzi col fuoco.

lessico
Eresia
Dottrina che si oppone a una verità rivelata della Chiesa cattolica; opinione errata, assurda o sovversiva e scandalosa; sproposito (dal greco *haíresis*, «scelta», derivato del verbo *hairéomai* «scegliere; abbracciare un'opinione»).

1. **Pier:** si intende san Pietro.
2. **degno del suo manto:** cioè sia degno di divenire papa.
3. **e quel... dà vanto:** si allude alla sodomia.
4. **simonia:** la vendita delle indulgenze.
5. **fuor di conclavi:** fuori dal conclave, cioè non appartenente alla gerarchia ecclesiastica (il "conclave" è l'assemblea dei cardinali che elegge il pontefice).
6. **di san... chiavi:** le chiavi di san Pietro sono simbolo dell'autorità del papa sulla Chiesa.
7. **pravi:** dannati, con memoria dantesca («Guai a voi, anime prave!», *Inferno* III, 84).

Analisi del testo

Struttura

I peccati dei cardinali Sotto la maschera deformante di Pasquino, Aretino impiega la sua forza comica e polemica per enumerare i vizi e la corruzione dell'alto clero. Il sonetto si apre con un'apostrofe alla città di Roma, in cui si vive una lunga attesa per l'elezione del nuovo papa.
Segue immediatamente l'elenco preciso dei peccati, strutturato per livelli progressivi di colpa, che ricordano l'architettura dell'*Inferno* dantesco. Ne discende una vera e propria casistica del malcostume di cui ogni cardinale è degno rappresentante, senza che manchi nulla al turpe catalogo di peccati.
La coda del sonetto (vv. 15-20) contiene invece una sdegnata e velenosa invettiva, in cui il poeta propone provocatoriamente di cercare un papa degno, fuori dalla cerchia dei legittimi candidati, pronti ormai soltanto per la condanna eterna.

Lingua e stile

Un catalogo osceno Aretino si avvale qui di un repertorio lessicale e tematico fortemente debitore della poesia erotica e oscena, che tuttavia non è fine a sé stesso, ma ottiene l'effetto di invettiva amara nei confronti della Roma papalina. La struttura del sonetto, nella forma del catalogo, è scandita dal susseguirsi di pronomi correlati, spesso in posizione anaforica («questo, e quel»; «l'altro»; «Uno...l'altro»; «Chi»), a ciascuno dei quali corrisponde una particolare colpa (lussuriosi, sodomiti, golosi, falsari, adulatori, ladri, eretici, traditori, simoniaci).

Willem van Nieulandt II, *Piazza San Pietro a Roma con una processione di cardinali e canonici*, fine XVI secolo – inizio XVII secolo. Collezione privata.

Officina

COMPRENDERE

1. A chi è rivolto il sonetto e con qual fine?
2. In quali versi si trovano accuse alla curia romana? E in cosa consistono?
3. Qual è l'augurio con cui si chiude il sonetto?

ANALIZZARE

4. **Lingua e stile** Individua e sottolinea nel testo tutti i pronomi che introducono i vari peccati. Mediante quale procedimento retorico sono presentati i vizi? A che scopo?

INTERPRETARE

5. Metti a confronto questo sonetto con *S'io fossi Foco* di Cecco Angiolieri: trovi dei punti in comune in merito a contenuti, registro linguistico e aspetto metrico? Elabora le tue considerazioni in un testo che non superi le 1500 battute.
6. Nell'elenco di Aretino sono compresi peccati puniti da **Dante** nell'***Inferno***. Ripercorrili uno per uno e prova a rintracciarli nell'*Inferno* dantesco con indicazioni circa il canto di riferimento, la posizione infernale, la punizione e i personaggi illustri menzionati da Dante fra i dannati.

PERCORSO DI SCRITTURA

Parafrasi Svolgi la parafrasi del sonetto. Ricostruisci l'ordine sintattico delle frasi, individua con l'aiuto del vocabolario e delle note le parole più difficili e sostituiscile con sinonimi di uso comune. Spiega tutte le espressioni che ti sembrano poco comprensibili.

Il Pasquino in estasi di Curione

Il ***Pasquino in estasi*** viene composto da **Celio Secondo Curione** nel 1542 in due stesure, in latino e in italiano, e successivamente, dopo la fuga dell'autore in Svizzera, è ampliato e tradotto in tedesco, francese, inglese e olandese. Con quest'opera Curione riprende la pasquinata come strumento di **disputa religiosa**, derivante dalla tradizione umanistica e anticlericale europea e ispirata ai fermenti di rinnovamento della **Riforma protestante**. L'autore impiega la formula del viaggio nell'Aldilà e crea un'architettura complessa, in cui il protagonista Pasquino si trova ad attraversare il «cielo de' papi». Grazie a questo espediente Curione ricapitola tutti i dogmi cattolici non ammessi dalla fede riformata e che, da questo punto di vista, rappresentano un tradimento del messaggio cristiano: il culto dei santi, la fede nel purgatorio, la presenza del clero regolare e secolare ecc.
La **descrizione grottesca** e terribile del cielo dei papi fatta da Pasquino – che somiglia a una sorta di inferno – ha l'obiettivo di annunciare la dissoluzione inarrestabile dell'istituzione ecclesiastica, minata ormai dalla sua stessa corruzione e incalzata dall'azione dei riformatori tedeschi e svizzeri.

T8 Celio Secondo Curione
L'ascesa all'empireo

Pasquino in estasi

Con l'aiuto di un certosino, che gli suggerisce alcune formule magiche per cadere in estasi, Pasquino inizia la sua ascesa fantastica all'empireo, sul carro di fuoco di Elia. Pasquino racconta questa straordinaria esperienza a Marforio, un ecclesiastico che ammette infine la necessità di convertirsi, come lo stesso Pasquino, alla fede luterana. In questo brano Pasquino descrive la visione della città che domina il cielo dei papi.

Pasquino Assisi[1] che fummo, il carro ci portò per l'aria infino al globo de l'elemento del fuoco. Quivi, mutando carro, seguimmo il nostro viaggio e, già appressandoci[2] al globo de la Luna, l'Angelo dice non voler passar più in su e volge le briglie verso settentrione, scostandoci molto dal Sole. Io li dico: – Dove andiam noi, signore? –. Esso mi rispose: – Al cielo de' Papi, che è in questa parte, percioché il cielo del Signore è a l'Oriente meridionale, che è la più alta parte del cielo, sì come questa è la più bassa. E questa sta dirimpetto[3] a quella, sì come gli antipodi stanno a la vostra terra, di maniera che sono dirittamente opposti –. E, così parlando, io veggo di lontano una città tanto grande, che pareva che Venezia, Costantinopoli, Roma, il Cairo e Parigi fussero unite insieme. La forma sua era come di Babilonia: ella, ascendendo come lumaca,[4] faceva nuovi cori, nuove piazze, e nuove contrade, e ne la cima aveva una grandissima rocca e, stando della città, ella si vedeva tutta. E si sarebbon potute numerare tutte le sue contrade ma non si poteva veder persona, e questo perché tutte le contrade e tutte le piazze erano circondate da muri altissimi che vietavano il vedere. Ma le mura de la città erano molto piene di torri, e ciascuna torre aveva la sua porta, fatta con una sì meravigliosa arte, che non c'è labirinto alcuno che lor si possa agguagliare. Vidi entrare e uscire per queste porte molti spiriti, i quai soli sanno l'intricco[5] di esse.
[*Il portiere rifiuta di far entrare Pasquino dalla porta principale, conoscendolo per fama*]

Lucas Cranach il Giovane e Pancratius Kempff, *La differenza tra la vera religione di Cristo e il falso insegnamento idolatrico dell'Anticristo nelle sue caratteristiche principali*, 1546. Berlino, Staatliche Museen zu Berlin.

L'Angelo stette un poco sopra di sé[6] e poi disse ch'ei sapeva una certa mina,[7] conosciuta da pochi, che aveva fatto Lutero per rovinar questo cielo, la quale era poi stata da più altri aggrandita. [...]

MARFORIO Adunque questo cielo sta in gran pericolo.

PASQUINO Penso certo ch'egli abbia ad andar tosto in ruvina, perché egli ha le fondamenta molto debili e fatte con un poco giudicio per una fabbrica così grande.

MARFORIO Vedestù, per tua fé, di che materia eran fatti quei fondamenti?

PASQUINO Oh, assai ne vidi, perché coloro che cavavano me ne mostravano per miracolo, stupendosi come fusse possibile che così gran città fusse stata tanto in piede.

MARFORIO Dimi un poco, ti prego, che materia era quella di quei fondamenti.

PASQUINO Erano capucci, rosari, vesti succide,[8] capelli tagliati, veli di monache, e mille fogge di vesti, mille di scarpe, mille di berette, mille di colori; e appresso vi erano pesci fracidi,[9] erbaggi, ligumi, lasagne, mitre pontificali, corone di tre doppi,[10] varii libelli e cose tali, le quai tutte erano impastate col tufo e con la calzina.[11] E questa era la basa di tutte le fondamenta, la quale, acciò che non uscisse di sotto, per ciò che era materia molto molle, ella era sostentata da quattro man di mura. Il primo di questi muri era detto Superstizione, il secondo Persuasione, il terzo Ignoranza, il quarto **Ipocrisia**. E tra l'uno e l'altro di questi muri era tutto pieno di quella materia de le fondamenta. Non è adunque da dubitare che la fabbrica non sia per andare a ruvina, perché è molta sconvenevolezza tra la materia con che si edifica e la grandezza del peso de l'edificio e, oltre a ciò, perché quivi regna una grandissima avarizia e più non si spende in edificare, ma tutti mettono insieme di gran dannari,[12] come coloro che son tosto per abbandonare il proprio paese e andarsene ad abitare altrove.

lessico
Ipocrisia
Simulazione di virtù e buoni propositi, finzione, soprattutto nei rapporti sociali e affettivi o nell'atteggiamento morale e religioso (dal greco *hypokrisía*, «simulazione», derivato di *hypokritēs*, «attore», che nel greco biblico significava «simulatore»).

1. **Assisi:** Seduti.
2. **appressandoci:** mentre ci avvicinavamo.
3. **dirimpetto:** di fronte.
4. **lumaca:** a spirale, come la chiocciola.
5. **intricco:** groviglio.
6. **sopra di sé:** sopra pensiero.
7. **mina:** minaccia.
8. **succide:** sporche.
9. **fracidi:** marci.
10. **corone... doppi:** un tipo di monete.
11. **calzina:** calce.
12. **ma... dannari:** raccolgono molto denaro. L'avidità è indicata come causa e conseguenza della rovina ormai prossima.

Analisi del testo

Struttura e temi

La polemica contro la Chiesa Domina nel testo la figura di Pasquino, che incarna la libertà di parola della tradizione romana e anima un'acuta polemica religiosa, denunciando la debolezza dell'istituzione ecclesiastica, minata ormai dalla corruzione. Pasquino, dunque, mantiene nel tempo la sua funzione di portavoce delle ragioni dei deboli contro i potenti.

Agli antipodi del paradiso, Pasquino scopre il mondo alla rovescia del "cielo dei papi", descritto come un luogo assai simile a un purgatorio: esso appare nella forma di una città enorme divisa in contrade, che si estende a spirale come un labirinto, le cui fondamenta sono però fragili e costituite da feticci della superstizione popolare.

Lingua e stile

L'intento didascalico Più che l'ambientazione fantastica, a Curione interessa l'impiego di un registro grottesco, con l'intento esplicito di convertire quanti più lettori possibili alla religione riformata. Lo stile si rifà a quello dei testi carnevaleschi, alle visioni del mondo alla rovescia, ed è contrassegnato però non dal riso, ma dall'indignazione e dalla condanna. Nel dialogo prevale l'intenzione didascalica, che deve guidare il lettore alla scoperta autonoma e progressiva della verità: attraverso di essa si rivela l'avvento imminente dell'Anticristo e la precarietà dell'istituzione ecclesiastica romana, destinata ormai all'annientamento («una certa mina, conosciuta da pochi, che aveva fatto Lutero per rovinar questo cielo»). La forma dialogica nasconde quindi un'esigenza illustrativa di carattere trattatistico, dove ricorre frequentemente l'enumerazione: «di suppliche, di rosari, di corone, di cera, di oglio, di incenso, d'oro, d'argento...»; «Erano capucci, rosari, vesti succide, capelli tagliati, veli di monache, e mille fogge di vesti, mille di scarpe, mille di berette, mille di colori; e appresso vi erano...».

Officina

COMPRENDERE

1. Quali caratteristiche ha la città che Pasquino vede dall'alto?
2. Per quale ragione la città risulta fragile?
3. Da chi è stato minacciato il cielo, secondo quanto riporta l'Angelo?

ANALIZZARE

4. **Lingua e stile** Rileggi la descrizione della città e delle sue fondamenta, sottolineandone gli elementi principali: perché sono impiegati accumulazione e ripetizione?
5. **Lessico** Con l'aiuto del dizionario spiega le differenze di significato tra "ipocrisia", "menzogna" e "finzione". Poi scrivi tre frasi con queste parole.

INTERPRETARE

6. Metti a confronto la descrizione del "cielo dei papi" con quella della città di Dite contenuta nei versi 67-84 del canto VIII dell'***Inferno* dantesco**: riscontri delle somiglianze riguardo ai luoghi nominati? E come viene condotta la descrizione dai due autori?

PERCORSO DI SCRITTURA

Argomentazione Trasforma il contenuto del brano in un testo argomentativo (massimo 500 parole), sottolineando i pericoli cui è sottoposta la città che domina il "cielo dei papi". Sostieni la tesi relativa alla straordinarietà del luogo mettendola a confronto con l'antitesi (con riferimento ai pericoli) e concludi il testo con una sintesi delle diverse posizioni.

COMPETENZE DEL XXI SECOLO

Cittadinanza Il testo, come quello precedente di Aretino (**T7** ➤ p. 462), ha un atteggiamento polemico nei confronti della Chiesa. Oggi uno dei maggiori argomenti critici nei confronti della Chiesa riguarda la sua influenza sulle questioni morali e politiche. Qual è la tua posizione in proposito? Confrontati con i compagni in un dibattito in classe, dopo esserti documentato con una ricerca in rete sui rapporti fra Stato e Chiesa (articoli 7 e 8 della Costuzione e Concordato del 1984).

GUIDA AL RIPASSO

Controrinascimento: parodie, inquietudini, protesta religiosa

MAPPA

CONTRORINASCIMENTO è caratterizzato da
- **nuova figura d'intellettuale**
  - cultura come lavoro retribuito
  - intellettuali come operatori culturali
- **espansione e sviluppo del lavoro editoriale**

- **poesia comica di Francesco Berni**
  - opposizione al classicismo solenne
  - spostamento dal registro alto al registro basso
  - paradosso e deformazione grottesca
  - riflessione sul rapporto tra letterato e istituzione politica
  - lingua di livello medio-basso, proverbiale e popolaresca
- **parodie**
  - parodia antipetrarchista
    - Francesco Berni, *Chiome d'argento fino, irte e attorte*
    - Nicolò Franco, *Il petrarchista*
  - parodia dei trattati di comportamento
    - Pietro Aretino, *Dialoghi* e *Ragionamenti*
- **utopie**
  - assetti civili e sociali differenti da quelli esistenti
  - ideali politico-civili alternativi (equità, giustizia, stabilità, benessere collettivo)
  - vita civile e pratica disciplinata da norme generali e ordinamenti razionali
  - collocazione in Paesi immaginari e presenza del fantastico
- **mondi alla rovescia e fantasticherie**
  - Teofilo Folengo, *Baldus*
    - lingua macaronica
    - sguardo dal basso
    - mondo popolare con elementi fantastici
  - Angelo Beolco detto il Ruzante, *Dialoghi rustici*
    - dialetto padovano
    - materialità di bisogni e sentimenti
    - mondo popolare *vs* ambiente letterario
- **satire antiecclesiastiche**
  - polemica contro avidità, corruzione e vizi del clero
    - pasquinate di Pietro Aretino
    - Celio Secondo Curione, *Pasquino in estasi*

BIBLIOTECA EUROPEA

François Rabelais *Gargantua e Pantagruel*

La vita Francois Rabelais (1494-1553) è il più originale scrittore del Rinascimento francese. Frate francescano prima, medico poi, partecipa con entusiasmo alla diffusione delle **idee umanistiche** e al rinato interesse per gli studi classici. **Ammiratore di Erasmo da Rotterdam**, Rabelais ne condivide il tentativo di conciliare il cristianesimo con la cultura classica e con la gioia di vivere, ispirata alla **naturalità tipica del Rinascimento**. Questa prospettiva, riflessa nelle sue opere, non manca di procurargli problemi con le autorità ecclesiastiche, in quel periodo particolarmente attente ad arginare le tendenze riformatrici ed eretiche.

Il grande romanzo: la trama Il capolavoro di Rabelais è il romanzo in cinque libri *Gargantua e Pantagruel* (1532-64) condannato dal mondo ecclesiastico, ma accolto con enorme favore e successo dal pubblico.
Il **libro I** ha **tre nuclei tematici**: la **nascita del gigante Gargantua**, figlio del re del paese di Utopia e della regina Garamella (che lo partorisce da un orecchio); la sua **istruzione**, prima secondo l'educazione scolastica (che lo fa diventare strambo e scemo), poi secondo i **princìpi umanistici** (che lo restituiscono alla salute di corpo e mente); la guerra tra Utopia e il re Picrocole, che Gargantua vince con l'aiuto del furbo bevitore frate Fracassatutto, a beneficio del quale fonda l'abbazia di Thélème, dal motto "fa' ciò che vuoi".
Nel **libro II** Gargantua succede al padre nel reame di Utopia, sposa Badabec e dal loro legame nasce Pantagruel, di cui viene narrata l'infanzia e l'educazione ispirata alla natura, alla libertà e alla cultura umanistica e civile. Pantagruel incontra e fa amicizia con Panurge (in greco "che può fare tutto"), figura buffonesca e scaltra, capace di ogni eccesso. Pantagruel e Panurge vincono insieme la guerra contro gli "Assetati" – allusione all'esaltazione del vino –, dei quali Pantagruel diventa re.
Nel **libro III** Panurge, volendo prendere moglie, per fare la scelta giusta consulta numerosi oracoli e dotti finché, su consiglio del matto Triboulet, decide di recarsi a consultare l'**oracolo della "Dea Bottiglia"** insieme a frate Fracassatutto e Pantagruel.
Il **libro IV** narra le **avventure per mare** che portano Pantagruel e Panurge presso il popolo dei "Mangiaprocessi" (allusione satirica ai giuristi, sempre pronti a fare cause), poi dei Papafichi (i protestanti) e dei Papimani (i cattolici), messi tutti alla berlina.
Nel **libro V** (nella sua versione definitiva pubblicato postumo, 1564), dopo ulteriori viaggi e incontri, la ricerca si conclude e la **sacerdotessa della Dea Bottiglia** dà il suo responso: "Bevi", un invito a soffocare i dubbi nel vino ma, simbolicamente, a saziare la sete di verità bevendo alle fonti del sapere anziché a quelle dell'ignoranza e della superstizione.

Il grande romanzo: i temi Se la tipologia dei personaggi e la trama si rifanno all'**epica romanzesca medievale**, a caratterizzare il romanzo è la **poetica del riso**. La comicità di Rabelais attinge al **filone popolare e "carnevalesco"**, caratterizzato dallo "sguardo dal basso" (➤ p. 451), dal trionfo degli aspetti realistici, corporei e "volgari", e da una dimensione in cui vengono capovolte le scale di valori tradizionali (il **"mondo alla rovescia"** di Folengo ➤ p. 451). Il "ridere" non è tuttavia fine a se stesso, ma costituisce la risposta a un mondo reale che è pieno di storture sociali, assurde regole, ingiustizie e dolore. La **comicità del romanzo** ha dunque una doppia utilità: da una parte offre, attraverso il riso, un **rimedio contro le afflizioni umane**; dall'altra, attraverso **parodia e satira**, mette in ridicolo le certezze della tradizione scolastica, invitando il lettore a ragionare sulle verità profonde che si celano dietro il senso letterale comico e su ogni aspetto della realtà.

La varietà e l'invenzione linguistica Coerentemente con la varietà dei temi, registro e lessico del *Gargantua* spaziano dalla lingua colta a quella popolare e dialettale, con una frequente **esagerazione burlesca** nell'uso delle parole. In più punti Rabelais interrompe la narrazione per fare posto alla costruzione di **sterminati "cataloghi"** di termini o modi di dire relativi a un certo campo semantico: il catalogo dei giochi del piccolo Gargantua, in cui è nominato praticamente ogni tipo gioco esistente all'epoca; l'esilarante catalogo degli strumenti che Gargantua sperimenta per nettarsi il sedere (al termine del quale opta per un "papero ben piumato: purché si abbia l'avvertenza di tenergli la testa in mezzo alle zampe"); i cataloghi di medicina o dell'arte della guerra o di giurisprudenza, pieni di titoli greci e latini i cui contenuti sono riportati in modo grottesco e deformato. L'impressione è che Rabelais abbia voluto incorporare nella sua opera tutto il sapere a lui contemporaneo per creare una **sorta di "enciclopedia"** – parola che nella lingua francese ricorre per la prima volta proprio con Rabelais –, ma rovesciata e trasferita dalla dimensione seria a quella comica.

T1

Gargantua e Pantagruel

Il mondo capovolto del piccolo Gargantua

Un esempio di catalogazione comica è il passo del libro I (capitolo XI) che ha per protagonista Gargantua bambino. Il padre di Gargantua, Grangola, lascia che il piccolo faccia le sue esperienze senza troppi controlli e più tardi, dopo fallimentari tentativi con pedagoghi tradizionali, improntera la sua educazione a libertà e buon senso, secondo i nuovi princìpi umanistici. Qui la comicità nasce, come vedremo, sia dall'accettazione di ciò che ai bambini si proibisce, sia dal rovesciamento di tutte le tradizionali norme di saggezza.

L'adolescenza di Gargantua

Gargantua dai tre ai cinque anni fu allevato e istruito in ogni disciplina conveniente all'età, per ordine di suo padre; egli passò quel tempo come gli altri bambini del paese, vale a dire: nel bere, mangiare e dormire, mangiare, dormire e bere, dormire, bere e mangiare.

Si ruzzolava sempre nel fango, si sporcava il naso, si impiastricciava la faccia, scalcagnava le scarpe, sbadigliava spesso alle mosche, correva volentieri dietro ai farfalloni dei quali suo papà aveva l'Imperio.[1] Si pisciava sulle scarpe, cacava nella camicia, si puliva il naso coi gomiti, smocciava nella minestra, e pasticciava dappertutto, e beveva nella pantofola, e si grattava il ventre di solito con un paniere. Si aguzzava i denti con uno zoccolo, si lavava le mani col brodo, si pettinava con un bicchiere, si sedeva fra due sgabelli col culo per terra, si copriva se aveva freddo con un sacco bagnato, beveva mentre ingoiava la zuppa; mangiava il companatico senza pane, mordeva ridendo, rideva mordendo,[2] sputava spesso nel piatto, scorreggiava bagnato; pisciava contro vento, si cacciava nell'acqua per difendersi dalla pioggia, batteva il ferro a freddo, calcolava a vuoto, faceva lo smorfioso, e faceva spesso i fuochi d'artificio con la bocca; diceva il paternoster delle scimmie,[3] tornava ai suoi montoni,[4] dava le perle ai porci, picchiava il basto invece dell'asino, metteva il carro davanti ai buoi, si grattava dove non gli prudeva, insegnava ai gatti a rampicare, voleva troppo e non stringeva niente, spegneva il fuoco con la stoppa, ferrava le cicale, si faceva il solletico per farsi ridere, adoperava le pentole per tamburi, scherzava coi santi e lasciava stare i fanti [...], metteva le ali ai piedi, gettava i soldi dalla finestra, faceva i conti senza l'oste, seminava vento e raccoglieva tempesta, prendeva i fiaschi per fischi e le lucciole per lanterne, versava due vini da una sola bottiglia, si fingeva scemo per non pagar dazio, dopo il dito si lasciava prendere il braccio, voleva acchiappar le tortore col sale sulla coda; non ammetteva che una goccia dopo l'altra riempia il barile, a caval donato guardava sempre in bocca, saltava di pal in frasca, metteva la pera marcia con le buone [...], faceva di necessità virtù, rendeva pan per focaccia, metteva tutte le erbe in un sol fascio, e si riempiva la sera per vomitare al mattino. I cagnolini di suo papà mangiavano nella sua scodella, e lui mangiava nelle loro. Lui mordeva a loro le orecchie, e loro gli graffignavano il naso, lui gli soffiava sotto la coda, e loro gli leccavano il mostaccio.[5]

(F. Rabelais, *Gargantua e Pantagruele*, trad. di M. Bonfantini, Einaudi, Torino 1953)

1. **correva... Imperio:** l'allusione è a una certa rilassatezza dei costumi. I «farfalloni» sui quali il re Grangola ha autorità potrebbero essere gli uomini sempre in cerca di avventure amorose.
2. **rideva mordendo:** probabile allusione colta a un passo del *Cortegiano* di Castiglione, in cui si sconsiglia la pratica di "ridere mordendo", cioè di usare a corte un'ironia che possa offendere.
3. **diceva... scimmie:** l'espressione è di significato dubbio: può voler dire che biascicava a memoria e senza capire il *paternoster* oppure (secondo un uso attestato in Pulci) che bestemmiava.
4. **tornava... montoni:** l'espressione "torniamo ai nostri montoni" equivale a "torniamo a bomba", "torniamo al punto" e proviene da una farsa francese del XV secolo.
5. **il mostaccio:** la faccia.

CHIAVI DI LETTURA

Il mondo capovolto dell'infanzia: la nuova pedagogia umanistico-rinascimentale La prima infanzia di Gargantua è descritta nei termini di un mondo alla rovescia, in cui le regole della buona educazione e della convenienza sociale vengono puntualmente stravolte verso il basso, la corporeità e l'irrazionalità: in ogni attività del piccolo Gargantua dominano il sudicio, gli escrementi, una fisicità istintiva e animalesca. L'effetto è di straniamento e di grande comicità ma, come in tutto il romanzo, di una comicità che cela un piano di lettura profondo e tutt'altro che assurdo: l'attenzione verso il reale funzionamento del mondo dell'infanzia e il modo di essere specifico dei bambini, votati al gioco, al soddisfacimento dei bisogni elementari e all'esplorazione della realtà attraverso il corpo, lontano dalle regole della comunità civile "adulta". Ed è un'attenzione che accomuna fortemente Rabelais agli altri umanisti: è infatti con la cultura umanistico-rinascimentale che nasce la pedagogia focalizzata sui bisogni individuali e su uno sviluppo naturale e graduale della personalità, che preveda regole diverse per ogni fase della maturazione della persona.

L'infanzia e lo stile: l'irrazionalità della lingua e il rovesciamento del sapere L'effetto di straniamento e di comicità, così come l'immagine della illogicità del comportamento infantile, sono resi attraverso un uso della lingua straordinariamente creativo. Lo stile incalzante, con frasi brevissime che si snocciolano una dopo l'altra collegate da paratassi, riproduce la rapidità con cui i bambini si muovono, corrono, cambiano gioco e anche la volubilità delle loro idee e dei loro umori. Il lessico è concreto e oggettivo, rimanda alla realtà delle cose, degli oggetti, delle azioni quotidiane, ma gli accostamenti dei termini e le immagini sono spesso paradossali e assurdi («cacava nella camicia, beveva nella pantofola»), come i giochi, i pensieri e i discorsi dei bambini piccoli. Allo stesso scopo di esprimere l'irrazionalità infantile e la sua lontananza dalle convenzioni del mondo adulto e dal buon senso obbedisce anche l'elenco di proverbi e modi dire: il piccolo Gargantua fa l'opposto di quanto prescrive la saggezza consolidata nelle massime popolari e fa diventare azioni reali le espressioni metaforiche usate nei proverbi («sputava nel piatto [in cui mangiava]», «pisciava controvento», «scherzava con i santi e lasciava stare i fanti», «batteva il ferro quando è freddo» ecc.).

PER APPROFONDIRE

INTERDISCIPLINARITÀ

Nel tardo Rinascimento il pittore Pieter Bruegel il Vecchio dipinge un olio su tela dal titolo *Proverbi fiamminghi*, opera del 1559, quindi realizzata negli stessi anni anni in cui Rabelais scrive il suo romanzo, chiamata anche *Mondo alla rovescia* (p. 456).
Fai una ricerca iconografica e rintraccia quali, fra i proverbi illustrati dal pittore, sono nominati anche nella descrizione dell'infanzia di Gargantua. Ecco un dettaglio del dipinto di Bruegel che corrisponde a un proverbio presente anche nel brano di Rabelais.

INTERTESTUALITÀ

Rifletti sul passo seguente del *Cortegiano* di Baldassarre Castiglione (II, 46): «Il loco adunque e quasi il fonte onde nascono i ridiculi consiste in una certa deformità; perché solamente si ride di quelle cose che hanno in sé disconvenienza e par che stian male, senza però star male». Discutete in classe in che modo tali affermazioni trovano riscontro nel testo di Rabelais.

Pieter Bruegel, *Proverbi fiamminghi*, 1559. Il dettaglio rimanda al proverbio «Dare rose ai maiali», la cui alternativa è «Dare perle ai porci», cioè fare buone azioni per chi non se le merita.
La versione «Dare perle ai porci» deriva da una raccomandazione rivolta da Gesù ai suoi discepoli: «Non date ciò che è santo ai cani e non gettate le vostre perle ai porci».

IL SECONDO CINQUECENTO: L'ETÀ DELLA NORMA

INGHILTERRA

Salita sul trono alla morte della cattolica Maria la Sanguinaria, Elisabetta I ristabilisce il primato della Chiesa anglicana. Sconfitta l'Invincibile Armata (1588), la flotta spagnola allestita proprio in funzione anti-inglese, l'Inghilterra si avvia a divenire una grande potenza coloniale.

PAESI BASSI

I Paesi Bassi, avviati con l'Inghilterra a subentrare alla Spagna e al Portogallo nel dominio dei mari, ottengono l'indipendenza dalla corona spagnola nel 1648 (pace di Westfalia). La loro situazione politica interna risente però della divisione tra le regioni settentrionali del Paese, filoprotestanti, e quelle meridionali del Paese, filocattoliche.

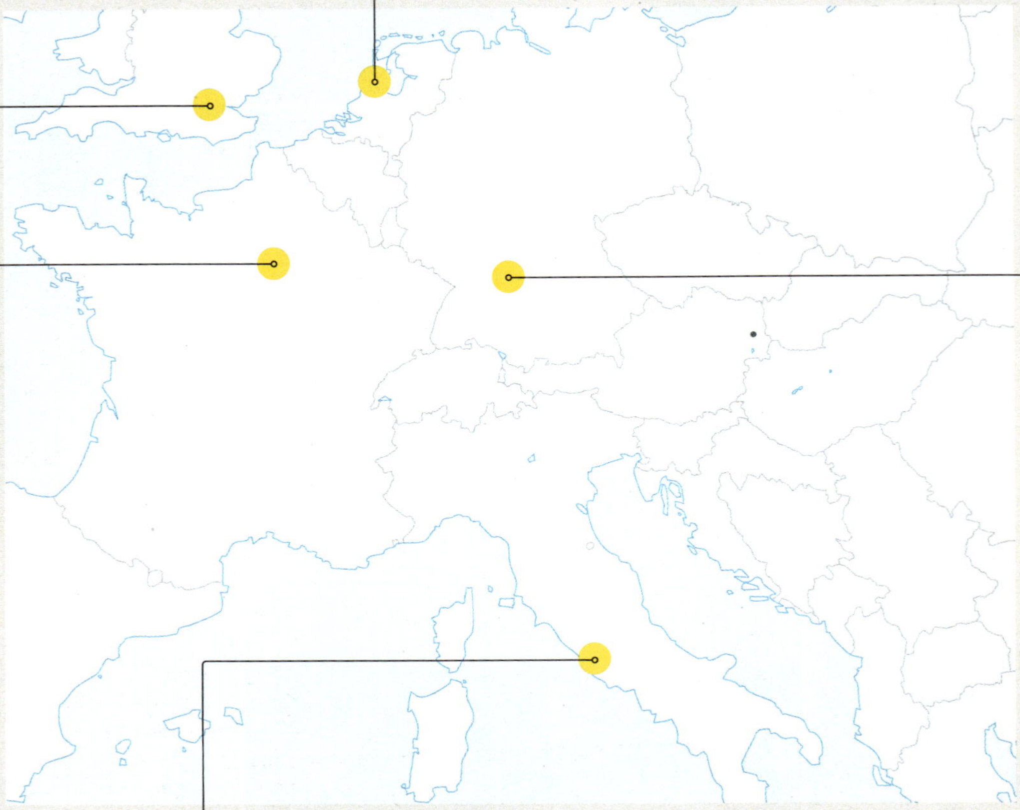

FRANCIA

Nella seconda metà del XVI secolo la Francia è attraversata dalle guerre di religione tra cattolici e ugonotti (i protestanti francesi) e dalla guerra detta dei «tre Enrichi», che contrappone il cattolico Enrico di Guisa al protestante Enrico di Navarra, quest'ultimo sostenuto dal re cattolico Enrico III di Valois.

ITALIA

La crisi dei principali poli dell'Umanesimo e del primo Rinascimento come Firenze, Milano, Urbino e il ridimensionamento di Venezia rendono Roma protagonista incontrastata della vita politica e culturale italiana.

SACRO ROMANO IMPERO GERMANICO

Dopo la pace di Augusta tra cattolici e protestanti (1555) il Sacro Romano Impero Germanico conosce un periodo di stabilità, a cui si accompagnano, tuttavia, una generale decadenza e una crisi economica che impoverisce i centri urbani più delle campagne.

STORIA

1563

Concilio di Trento
Avviato nel 1545, il Concilio di Trento si conclude dopo diciotto anni di lavori. Per contrastare la Riforma protestante, la Chiesa dispone un controllo capillare sulla vita sociale e culturale. Inizia l'Età della Controriforma.

1571

Congregazione dell'Indice
La Chiesa istituisce un organismo preposto all'aggiornamento costante dell'Indice dei libri proibiti, opere ritenute contrarie alla fede alla morale cattoliche.

Battaglia di Lepanto
La flotta della Lega Santa, promossa dal papa Pio V, sconfigge quella musulmana dell'Impero turco-ottomano.

1572

Strage di San Bartolomeo
A Parigi, nella notte di San Bartolomeo, la fazione cattolica uccide diverse migliaia di ugonotti (protestanti francesi).

1598

Editto di Nantes
Pone fine alle guerre di religione in Francia.

LETTERATURA, ARTI E SCIENZE

1580

***Saggi* di Montaigne**
Esce la prima edizione dei *Saggi* del francese Michel de Montaigne.

1582

***Discorso intorno alle immagini sacre e profane* di Paleotti**
Il cardinale bolognese Gabriele Paleotti scrive il trattato *Discorso intorno alle immagini sacre e profane*, che regolamenta la rappresentazione artistica dei soggetti sacri.

1583

***La difesa della poesia* di Sidney**
Il poeta inglese Philip Sidney scrive *La difesa della poesia*.

1586

***La sepoltura del conte di Orgaz* di El Greco**
El Greco (Domínikos Theotokópoulos) dipinge *La sepoltura del conte di Orgaz*, fra gli esempi più impressionanti di pittura manierista.

1590

***Idea del Tempio della pittura* di Lomazzo**
Il pittore manierista Giovanni Paolo Lomazzo pubblica il trattato *Idea del Tempio della pittura*, in cui viene teorizzata la superiorità del modello ideale nella mente dell'artista sulla natura rappresentata.

1595

***Sogno di una notte di mezza estate* di Shakespeare**
William Shakespeare mette in scena la commedia *Sogno di una notte di mezza estate*.

CONTESTO

QUADRO STORICO

1. La dominazione spagnola in Italia

La situazione dopo Cateau-Cambrésis

Dopo la **pace di Cateau-Cambrésis** (1559), che sancisce la fine del conflitto tra Francia e Spagna nella penisola (➤ p. 134), l'Italia rientra quasi completamente nell'area del **dominio spagnolo**, in particolare il Ducato di Milano, i Regni di Napoli, di Sicilia e di Sardegna. Restano indipendenti soltanto le Repubbliche di Genova e di Venezia, il Ducato di Savoia, il Granducato di Toscana e lo Stato pontificio, anche se inseriti comunque nella sfera di influenza spagnola. Pochi anni prima, dopo l'abdicazione di Carlo V nel 1556, la corona spagnola era passata a Filippo II, appartenente alla casata degli **Asburgo**, che regneranno in Italia meridionale fino al XVIII secolo. Filippo impone una politica di uniformità religiosa e costituisce la Lega santa, grazie alla quale verranno sconfitti i Turchi nella **battaglia di Lepanto** (1571), un evento presentato in Occidente come epocale, perché interpretato come vittoria della cristianità sugli invasori musulmani. Pur conservando una formale autonomia, gli Stati italiani vengono governati da funzionari spagnoli, facenti capo a un supremo consiglio con sede a Madrid. Il ceto politico locale perde la sua autonomia e la popolazione viene oppressa da continue vessazioni fiscali.

I centri autonomi

La crisi dei grandi centri dell'Umanesimo e del primo Rinascimento come Firenze, Milano, Urbino e il ridimensionamento di Venezia portano **Roma**, in quanto sede della curia papale, a costituirsi come la principale **protagonista della vita politica e culturale italiana** del secondo Cinquecento.

Enrico II di Francia e Filippo II di Spagna siglano la pace di Cateau-Cambrésis nel 1559. Raffigurazione su una biccherna senese del XVI secolo. Siena, Archivio di Stato.

Venezia si schiera su una linea antispagnola e antiromana, ma non riesce a contrastare la potenza marittima spagnola e perde così la possibilità di gestire il monopolio delle spezie americane, avviandosi a una lenta decadenza economica.

Le **corti padane** risultano ancora centri vitali, ma si mantengono solo grazie a una politica di fragile equilibrio, che a Ferrara, per esempio, viene meno nel 1598, con l'annessione del Ducato allo Stato della Chiesa. Al contrario, sarà proprio grazie agli appoggi ecclesiastici che i Farnese, duchi di Parma e Piacenza, vivranno un periodo di prosperità e di splendore culturale.

FISSA I CONCETTI

- Quale situazione europea delinea il trattato di Chateau-Cambrésis?

Il **Ducato di Savoia** prosegue nella politica accorta con Francia e Spagna. Nel 1563 la capitale del Ducato viene trasferita a Torino, e i Savoia si avviano a costituire uno Stato fortemente militarizzato. In seguito, Carlo Emanuele I inizierà una serie di campagne per allargare il dominio.

2. Il primato di Roma e il Concilio di Trento

L'azione sociale della Chiesa

L'influenza della cattolicissima Spagna in Italia viene a sommarsi alla già consolidata egemonia della Chiesa, che dai primi anni Quaranta riorganizza la propria azione di controllo sulla società. Nel 1542 viene ristrutturato il **Tribunale dell'Inquisizione** (➤ p. 136), mentre nel 1549 Giovanni Della Casa (➤ p. 502) prepara un elenco di opere proibite per Venezia, la città più importante per l'editoria italiana. Tra queste figurano trattati di autori protestanti, traduzioni della Bibbia in volgare, testi ritenuti irrispettosi verso la religione o, per il loro contenuto erotico, verso la morale (come alcune novelle del *Decameron*). Non tutti questi libri sono proibiti, ma alcuni vengono "purgati", modificando o eliminando le parti problematiche.

Sarebbe errato, tuttavia, giudicare l'azione della Chiesa solo in termini di repressione. Una parte delle alte gerarchie ecclesiastiche, infatti, appare favorevole a un dialogo con la Riforma protestante, come testimoniano i **Colloqui di Ratisbona** (➤ p. 136).

La difesa del cattolicesimo

Il **Concilio di Trento**, inaugurato nel 1545 e concluso soltanto nel 1563, ha appunto tra le sue motivazioni iniziali il tentativo di dare risposte concrete all'esigenza di una profonda riforma della Chiesa, spirito che aveva mosso in origine il movimento protestante. Tra i **provvedimenti** presi dal concilio troviamo il divieto di cumulare cariche e benefici ecclesiastici, l'obbligo di residenza per i vescovi, l'istituzione di seminari per la formazione del clero e l'obbligo del celibato. Con il tempo, però, si affermano soprattutto esigenze difensive rispetto alla Riforma protestante, le cui idee sono giudicate eretiche e isolate come una sorta di "infezione" (questa la metafora sempre evocata dall'Inquisizione). Si assiste a una fitta e articolata serie di iniziative per **consolidare il potere ecclesiastico**, un processo, questo, che prende il nome di **Controriforma**.

FISSA I CONCETTI

- Con quali strumenti la Chiesa esercita il primato politico-culturale nella seconda metà del Cinquecento?

La Chiesa romana stabilisce così un **controllo sempre più capillare** sulla società e sulla cultura. Nel 1558 Paolo IV promulga il primo **Indice dei libri proibiti**, poi aggiornato dall'**Indice tridentino** (1564) e, nel 1571, dall'istituzione della **Congregazione dell'Indice**. Nel 1564 Pio IV impone agli studenti universitari un giuramento di fedeltà alla fede cattolica, provvedimento che causa la fuga di molti stranieri dagli atenei italiani.

3. La situazione europea

Francia e Inghilterra

In Europa i conflitti religiosi si presentano intrecciati con quelli politici e militari. La **Francia** è attraversata da sanguinosi **contrasti tra cattolici e ugonotti** che culminano nella **strage di San Bartolomeo** (1572) e nella **guerra detta «dei tre Enrichi»**, in cui il cattolico Enrico di Guisa si contrappone, per la successione sul trono di Francia, al protestante Enrico di Navarra. Quest'ultimo nonostante la diversa confessione religiosa, è appoggiato dal re Enrico III di Valois, cattolico e privo di eredi naturali. La crisi religiosa in Francia troverà una composizione soltanto con l'**Editto di Nantes** (1598).
In **Inghilterra**, dove l'anglicanesimo viene proclamato religione di Stato (1534), Maria la Sanguinaria, moglie di Filippo II di Spagna, guida la reazione cattolica; in seguito, **Elisabetta I** ristabilisce il primato della liturgia anglicana, mantenendosi, però, saggiamente lontana dalle questioni teologiche e dalle polemiche confessionali. Sotto la guida lungimirante di questa sovrana, l'Inghilterra si avvia a stabilire il suo dominio sui mari e a divenire una **grande potenza coloniale**, specialmente dopo la disfatta dell'Invincibile Armata (1588), la flotta che la Spagna aveva allestito proprio in funzione anti-inglese.

Paesi Bassi e Germania

I **Paesi Bassi**, che pure si avviano a divenire una potenza coloniale a scapito della Spagna e del Portogallo, sono in lotta per l'indipendenza dalla corona spagnola, indipendenza raggiunta soltanto nel 1648 con la pace di Westfalia; la situazione è resa più complessa dalla divisione tra le regioni settentrionali del Paese, filoprotestanti, e quelle meridionali, filocattoliche.
Il **Sacro Romano Impero Germanico**, infine, sotto Ferdinando I (1556-64), Massimiliano II (1564-76) e Rodolfo II (1576-1612), conosce un lungo **periodo di stabilità** dopo la pace di Augusta tra cattolici e protestanti (1555); tale condizione si accompagna, tuttavia, a una generale decadenza e alla crisi economica dei centri urbani.

FISSA I CONCETTI

- Dove avvengono i principali conflitti religiosi e per quali ragioni?

François Dubois, *La strage degli Ugonotti a Parigi nella notte di San Bartolomeo, tra il 23 e il 24 agosto 1572*, 1756. Losanna, Musée d'Art et d'Histoire. "Ugonotti" è l'appellativo dato ai protestanti francesi di confessione calvinista. Dalla seconda metà del Cinquecento la Francia è lacerata da violenti scontri religiosi tra la maggioranza cattolica e la minoranza ugonotta, sfociati in eventi tragici come la strage avvenuta a Parigi nella notte di San Bartolomeo, nella quale perdono la vita diverse migliaia di ugonotti.

CONTESTO

QUADRO CULTURALE

1. La civiltà dell'onore e il «gentiluomo»

L'onore

Il **concetto di "onore"** è uno dei tratti dominanti della società italiana del secondo Cinquecento. Anche per l'influenza spagnola, infatti, nelle corti italiane e presso i ceti più elevati cominciano a diffondersi lo **sfarzo e la passione per le cerimonie**, contraddistinte dall'imporsi dei valori che fanno capo proprio a questo concetto. L'onore è una prerogativa rivendicata soprattutto dall'aristocrazia per confermare la propria superiorità sugli altri ceti, ma si richiama a una funzione militare - quella cavalleresca medievale - ormai anacronistica: le armi non sono più da molto tempo la caratteristica saliente della nobiltà. L'importante, ora, non è tanto dare prova di una serie di qualità positive, magari di natura intellettuale, ma unicamente non perdere la fama di "uomo d'onore" mostrandosi pusillanime.

L'onore, dunque, dipende dalla pubblica opinione, ma al tempo stesso viene considerato un bene strettamente individuale. Questo comporta la necessità di rispondere alle offese alla propria persona secondo un **codice cavalleresco** ben preciso, che molto spesso porta alla **sfida a duello**. Nel tardo Rinascimento proliferano un gran numero di trattati sul duello, nei quali si parla addirittura di «religione d'onore» (Fausto da Longiano): nei confronti di questo valore si crea un culto assoluto e quasi fanatico, a cui, non a caso, la Chiesa si opporrà in modo risoluto.

> Il posto che fra Quattro e Cinquecento aveva avuto l'Amore, fu preso nella seconda metà del Cinquecento dall'Onore.
>
> C. Dionisotti

La natura della nobiltà

L'onore entra così a far parte dei più diffusi **codici di comportamento**, che sono sottoposti a una regolamentazione sempre più attenta. Ogni aspetto della vita pubblica richiede un rigido autocontrollo: all'interno della corte, nei banchetti, addirittura nelle strade e nelle pubbliche piazze. Questa codificazione dei ruoli sociali investe anche la **questione della nobiltà**, anch'essa definita minuziosamente dalla trattatistica. Prima Dante nel *Convivio*, poi gli umanisti avevano indicato la vera nobiltà nel possesso delle virtù dell'animo e di quelle intellettuali; dal canto suo Machiavelli, nei *Discorsi sopra la prima Deca di Tito Livio*, aveva dipinto i "gentiluomini" con tratti fortemente negativi, come «quelli che oziosi vivono delle rendite delle loro possessioni abbondantemente, senza avere cura alcuna o di coltivazione o di altra necessaria fatica a vivere». Ponendosi agli antipodi di questa linea, gli autori del secondo Cinquecento considerano la nobiltà un **prerequisito che favorisce il possesso della virtù**: in questo senso l'aristocratico è avvantaggiato rispetto al «meccanico», cioè al plebeo che deve vivere del lavoro delle proprie mani. La nobiltà, dunque, pur definita un «bene di fortuna» (perché non si può scegliere la famiglia in cui nascere), legittima chi la possiede ad avere ruoli di comando nella società. Se la cultura umanistica si era concentrata sulle virtù interiori, quella del tardo Rinascimento riserva, al contrario, un'attenzione particolare alle varie **forme dell'apparenza** e ai suoi contrassegni: blasoni, insegne, imprese ecc.

FISSA I CONCETTI

- In che senso l'onore diventa uno dei tratti dominanti del secondo Cinquecento?

2. Il Manierismo: crisi dell'intellettuale e apertura al moderno

La nascita del Manierismo

A fronte di questo irrigidimento della società in classi ben distinte, la **condizione professionale degli intellettuali** nel secondo Cinquecento diviene ancora più **instabile e precaria**, poiché dipende sempre più dalla volontà dei vari mecenati e Signori, in particolare all'interno delle corti. Ben pochi sono coloro che possono prescindere da questi legami, eventualmente trovando occupazione nel mondo dell'editoria, in pieno sviluppo soprattutto a Venezia (Atlanti ➤ p. 140). Ha inizio qui quella crisi dell'artista e dello scrittore nel suo rapporto con il mondo che la critica ha chiamato **Manierismo**.

Il significato di Manierismo

In ambito artistico il Manierismo trova la sua manifestazione più precoce già a partire dalla prima metà del Cinquecento. «Maniera» è un termine utilizzato inizialmente dalla trattatistica d'arte del XVI secolo (per esempio nelle *Vite* di Giorgio Vasari) e indica semplicemente lo stile di un artista, ma con Manierismo la critica moderna indica quel processo che conduce alla **lacerazione del classicismo rinascimentale** e del suo senso di equilibrio e di armonia. Sull'idea di "natura" prevale quella del "soggetto" e della sua speciale percezione del mondo, una percezione spesso "irregolare". L'intellettuale, ormai privo di certezze, riflette con una nuova consapevolezza di sé sul proprio lavoro creativo e sulla natura soggettiva dell'imitazione, come mostra il celebre autoritratto di Parmigianino (➤ **fig. 1**), in cui l'immagine dell'artista appare distorta per l'effetto di uno specchio convesso.

La modernità dell'intellettuale

Inoltre, poiché i rapporti economici e di potere dominano la relazione tra il produttore di cultura e il suo committente, emerge un altro fattore di crisi – e insieme di modernità –, ovvero la valutazione dei prodotti letterari e artistici al di là del loro effettivo valore estetico, come semplice **merce**. Per questo è stato detto che il Manierismo inaugura la figura dell'**intellettuale moderno**, consapevole della propria "solitudine" e della propria separatezza rispetto alla società, che lo valuta secondo criteri in cui l'artista non si riconosce.

Fig. 1. Girolamo Francesco Maria Mazzola detto il Parmigianino, *Autoritratto entro uno specchio convesso*, 1524 circa. Vienna, Kunsthistorisches Museum.

FISSA I CONCETTI

- Che cosa s'intende con il termine Manierismo?

Lo storico dell'arte Arnold Hauser ha indicato nel "narcisismo" e nell'"alienazione" le due caratteristiche salienti del Manierismo. Sono due facce della stessa medaglia: l'artista e lo scrittore si rifugiano nel proprio io (**narcisismo**) proprio perché non avvertono più di vivere in armonia con il mondo (**alienazione**), e non resta loro che «una fuga davanti alla minaccia del caos» (Hauser). Proprio per questo l'artista manierista è caratterizzato da una singolare commistione di **genio e malinconia**, che rende i suoi comportamenti insoliti e bizzarri e ne sancisce il drammatico isolamento. Possiamo riscontrare questo atteggiamento, per esempio, nelle figure di Jacopo Carucci detto il Pontormo (1494-1557), il cui *Diario* annota l'alternanza di euforia e depressione dovuta alla nevrosi, e di Torquato Tasso, le cui lettere sono l'impressionante testimonianza di uno scrittore che intende curare la propria malattia attraverso il ricorso alla letteratura (➤ p. 534). Non pare dunque un caso che nella *Deposizione*, il dipinto forse più celebre di Pontormo (➤ **fig. 2**), l'artista moltiplichi i propri autoritratti nella figura di Nicodemo (all'estrema destra) e di san Giovanni, che tiene Cristo per le braccia, e di Cristo stesso.

Fig. 2. Jacopo Carucci detto il Pontormo, *Deposizione*, 1528 circa. Firenze, Chiesa di S. Felicita.

3. L'età della critica

Un nuovo concetto di imitazione

Dopo la vasta fioritura creativa del primo Cinquecento, nel pieno e tardo Rinascimento si impone l'esigenza di **regolamentare in modo teorico e sistematico** questioni e generi letterari. Il testo che monopolizza l'interesse dei trattatisti è la ***Poetica* di Aristotele**: nonostante riguardi principalmente la tragedia e l'epica, c'è il tentativo di farne lo strumento di analisi di tutte le tipologie letterarie esistenti.

Un problema fondamentale, non nuovo ma che ora acquisisce un valore inedito, è quello dell'imitazione, e più precisamente dei **confini tra "vero", "verisimile" e "falso"**. Se gli autori del primo Rinascimento non si erano preoccupati di giustificare anche le invenzioni fantastiche più bizzarre (per esempio il volo dell'Ippogrifo dell'*Orlando furioso* ➤ p. 206), ora gli scrittori sono alla ricerca di legittimazioni storiche o teologiche alla propria opera, specialmente quando a essere narrati sono episodi della storia sacra, come mostra il caso esemplare di Tasso (➤ p. 597).

L'attenzione alla **verità storica**, promossa e sorvegliata dalla Chiesa, non riguarda soltanto i testi letterari, ma anche le opere d'arte: in altre parole, non è più possibile interpretare le scene sacre in modo personale, aggiungendo o modificando particolari come avevano fatto Michelangelo e Tiziano, che poteva vestire i personaggi della Bibbia alla maniera moderna. Questa ossessione per il "vero" e il timore per l'idolatria di forme e valori menzogneri è, in realtà, il segno della crisi di un'epoca: sottintende la sensazione che l'intera vita dell'uomo sia fondata su una fragile apparenza.

La teorizzazione dei generi letterari

Gli ambiti e i generi che la letteratura critica del secondo Cinquecento sottopone a una teorizzazione e a una regolamentazione sono molti: innanzitutto il **poema cavalleresco**, di cui è presa in considerazione l'evoluzione dalla forma ariostesca del "romanzo" (*Orlando furioso*) a quella del **"poema eroico"**, che impegnò Tasso nei suoi *Discorsi del poema eroico* (➤ p. 544). Tra i sostenitori di Ariosto e quelli di Tasso si solleverà poi una lunga controversia (➤ p. 487). L'interesse dei teorici della letteratura si concentra anche sulle forme di rappresentazione della **tragedia**, sul nuovo genere letterario della **favola pastorale** e sulla **lirica**. Persino la forma più semplice e popolare della **novella** conosce nel tardo Cinquecento una propria teorizzazione.

4. Il linguaggio figurato e l'immagine simbolica

La creazione di nuovi linguaggi

Nella seconda metà del Cinquecento si assiste a uno straordinario sviluppo, anche editoriale, delle varie **forme del linguaggio figurato**, cioè del connubio tra parola e immagine. In particolare, alcune di queste forme divengono veri e propri generi distinti, con una loro autonoma tradizione, e rispondono a una particolare esigenza: si tratta di creare e utilizzare un **codice comunicativo segreto**, più profondo rispetto al linguaggio ordinario, dunque di natura "esoterica", cioè riservata a pochi. I più diffusi tra questi generi sono l'emblematica, la trattatistica sulle imprese e l'iconologia.

L'emblematica

L'emblematica ebbe come testo precursore una raccolta di epigrammi latini del giurista **Andrea Alciati** accompagnati da immagini, edita la prima volta nel 1531 e intitolata ***Libro degli emblemi*** (*Emblematum liber*). L'opera conoscerà un enorme numero di edizioni, molte delle quali nel secondo Cinquecento, via via ampliate e arricchite di immagini, diffuse in tutta Europa attraverso traduzioni e adattamenti. Nell'emblema **versi e immagine** si presentano sempre strettamente connessi, in modo da chiarire a vicenda il significato complessivo. Un esempio riguarda un simbolo ben noto per essere oggi presente nelle insegne delle farmacie (➤ fig. 3): si tratta del **caduceo**, cioè del bastone alato di Mercurio, dio della sapienza, con due serpenti attorcigliati; circondano il caduceo due cornucopie, simboli della buona fortuna. I versi, dopo aver descritto l'immagine, così la commentano: «L'uomo saggio e sapiente è sempre accompagnato dall'abbondanza, e gode interamente del proprio tempo, mentre tutti gli altri ne hanno estrema carenza». Gli emblemi consentono, dunque, di esporre un **concetto morale in forma sintetica**, grazie al riconoscimento del rapporto tra concetto espresso, testo e immagine (qui nell'equivalenza caduceo = uomo saggio; cornucopia = abbondanza). Nel tardo Rinascimento e nel Seicento le raccolte di emblemi si specializzeranno, concentrandosi su singoli temi: quello erotico-amoroso, quello sacro, le sentenze tratte dalla poesia di Orazio ecc.

Fig. 3. Andrea Alciati, *La Fortuna accompagnata con la Virtù*. Dall'*Emblematum liber*, 1531.

Le imprese

Strettamente legata all'emblematica è la trattatistica sulle imprese, inaugurata dal ***Dialogo dell'imprese militari e amorose*** di **Paolo Giovio** (1556). Per impresa si intende, come nel caso degli emblemi, un'**immagine corredata da una sentenza**, che può essere anche in prosa ("motto"). Inizialmente le imprese nascono in un contesto cavalleresco, vengono cioè assunte come segno di riconoscimento (da porre sull'armatura o sugli stendardi) dall'aristocrazia o addirittura dai sovrani (per esempio da Carlo V ➤ **fig. 4**). Con l'andare del tempo, verso la fine del Cinquecento, l'uso delle imprese in ambito cavalleresco viene meno, ed esse cominciano a essere utilizzate per gli scopi più vari, per esempio per identificare le Accademie o nelle marche tipografiche degli editori.

Fig. 4. *Luna piena*, emblema e motto di Enrico II di Francia. Dal *Dialogo dell'imprese militari e amorose* di Paolo Giovio, 1556.

L'iconologia

L'***Iconologia*** del perugino **Cesare Ripa**, edita per la prima volta nel 1593, inaugura invece un altro filone del discorso figurato. Si tratta di una sorta di **enciclopedia di concetti astratti** (Libertà, Bontà ecc.), vizi e virtù e discipline (Filosofia, Grammatica ecc.), che unisce un'immagine a un testo che stavolta presenta una certa lunghezza. Ripa definisce la propria opera «necessaria a poeti, pittori e scultori per rappresentare le virtù, vizi, affetti e passioni umane»: si tratta, dunque, di un repertorio universale, che illustra con immagini l'insieme dei concetti che entrano a far parte dell'invenzione letteraria e artistica. Per esempio l'*Abbondanza* (➤ **fig. 5**) è rappresentata come una donna attraente, con la consueta cornucopia e un fascio di spighe che non riesce a trattenere tra le braccia.

Fig. 5. *L'abbondanza.* Dall'*Iconologia* di Cesare Ripa, 1593.

FISSA I CONCETTI

- Quali sono le nuove forme di linguaggio figurato?

5. Cinquecento occulto: la magia

La Chiesa e la magia

La vocazione tardorinascimentale all'acquisizione di un sapere segreto trova la sua espressione più tipica nei testi dedicati alla **magia**. Va ridimensionata subito la credenza che dipinge l'epoca della Controriforma, o della Riforma cattolica, cioè l'epoca successiva al Concilio di Trento, come oscurantista, con roghi di streghe, torture e persecuzioni di ogni genere da parte della Chiesa. Ciò non toglie, tuttavia, che l'**istituzione ecclesiastica** abbia esercitato il proprio controllo, definendo con cura i confini del lecito e dell'illecito riguardo alle pratiche magiche, all'astrologia predittiva (molto diffusa nella forma dei «pronostici» politici) e all'alchimia. Il trattato intitolato *Disquisizioni magiche* (1599) del gesuita fiammingo Martin Delrio (1551-1608), per esempio, passa in rassegna la magia naturale, cioè quella che si fonda sulla conoscenza degli elementi (piante, minerali ecc.), quella diabolica (o negromanzia) assolutamente proibita, le forme di profezia e le tecniche divinatorie, il ruolo dissuasivo dei tribunali ecclesiastici e dei confessori.

Giordano Bruno e Tommaso Campanella

La forza repressiva della Chiesa si indirizza in modo particolare nei confronti dei pensatori più rivoluzionari. Tra questi, **Giordano Bruno** (1548-1600), teologo domenicano, muore sul rogo con l'accusa di eresia per aver sostenuto che la presenza del Dio infinito si cela nell'infinito stesso dell'universo e della natura. Un altro caso è quello che riguarda **Tommaso Campanella** (1568-1639), che subisce cinque processi e lunghe torture per il suo radicale rifiuto della filosofia tomistica e per aver posto il fondamento del sapere nel ricorso ai sensi. Campanella aveva pure rivolto le sue riflessioni in ambito politico, denunciando la complicità della Chiesa per la situazione di arretratezza, sudditanza e miseria delle popolazioni calabresi.

I due pensatori sono accomunati, oltre che dalla coraggiosa indipendenza di pensiero, dalla ricerca di una **sapienza profonda**, in grado di controllare i fenomeni naturali e l'immaginazione umana: sia Bruno sia Campanella, infatti, sono convinti che il mago-filosofo possa esercitare vittoriosamente il suo dominio sulla natura grazie alla conoscenza dei rapporti che legano il microcosmo (l'uomo) al macrocosmo (l'universo), le realtà visibili a quelle immateriali.

FISSA I CONCETTI

- Che cos'è la magia naturale nel Cinquecento?

Giovanni Stradano, *Il laboratorio dell'alchimista*, XVI secolo. Firenze, Palazzo Vecchio.

Il sacro e il profano: dalla lirica spirituale al *Galateo*

TEMI E GENERI

1. La lirica spirituale

L'evoluzione del petrarchismo

A partire dalla metà del secolo si diffonde, grazie all'opera dei **poligrafi**, i letterati impegnati nel mondo dell'editoria in diverse attività (➤ p. 430), una serie di **edizioni del *Canzoniere*** di Petrarca. Queste edizioni sono accompagnate da apparati di vario tipo, con lo scopo di sottoporre a un'analisi sistematica la lingua e lo stile della raccolta: ai tradizionali **commenti** si aggiungono anche **rimari** (cioè elenchi alfabetici di tutte le rime), **indici** dei concetti presenti nel *Canzoniere*, delle similitudini e delle metafore utilizzate ecc. La lingua di Petrarca, che grazie a Bembo (➤ p. 142) era patrimonio condiviso dall'intero genere lirico, tende così a diventare strumento generale di comunicazione, a disposizione dell'intero pubblico dei lettori.

Le collane editoriali

La lirica (ma non solo) è interessata anche dalla nascita di **collane editoriali**. Le opere comprese in queste collane potevano essere antologie eterogenee (come le *Rime diverse di molti eccellentissimi autori*, del 1545), oppure specializzarsi in un determinato tema, come per esempio le composizioni delle poetesse (come le *Rime d'alcune nobilissime e virtuosissime donne*, del 1559). Ma ci furono anche raccolte di parafrasi e riscritture dei *Salmi* biblici (un filone inaugurato da Bernardo Tasso, padre di Torquato), o ancora le rime funebri, cioè in morte di personaggi illustri.

La lirica spirituale

Nell'ambito della nuova sensibilità religiosa, tra Riforma e Controriforma, già a partire dagli anni Trenta del secolo era nata la cosiddetta **lirica spirituale** (inaugurata nel 1536 dal *Petrarca spirituale* del veneziano Girolamo Malipiero), che metteva il *Canzoniere* di Petrarca al servizio di una poesia esclusivamente religiosa. Uno degli esempi più alti di questa lirica spirituale sono le *Rime spirituali* (1546) di Vittoria Colonna (➤ p. 161). Questa poesia assume come sfondo lessicale e stilistico il linguaggio del petrarchismo rinascimentale, ma lo usa per realizzare uno slittamento generale di significati: dall'amore profano di Petrarca, infatti, si passa all'**amore sacro**, il cui modello è costituito soprattutto dai libri poetici della Bibbia, in particolare i *Salmi*.

Gabriele Fiamma

Un autore che rappresenta bene questo processo di rinnovamento semantico del linguaggio petrarchesco è **Gabriele Fiamma**. Nato a Venezia nel 1533, Fiamma sceglie di entrare molto giovane nell'Ordine degli agostiniani, divenendo presto un celebre predicatore. Alterna inoltre l'attività di predicazione a momenti di ritiro spirituale, nei quali compone alcune opere, tra cui le *Rime spirituali*, edite nel 1570. La raccolta, che conosce una notevole fortuna soprattutto perché musicata da compositori celebri come Orlando di Lasso, si caratterizza per la **commistione di forme liriche tradizionali**, come sonetti, canzoni e sestine, e forme più tipiche della poesia religiosa, come la parafrasi in versi dei *Salmi*. Ogni poesia è accompagnata da un **commento d'autore**: l'indicazione dei riferimenti biblici e classici presenti nel testo si alterna a più generali riflessioni spirituali, rivolte al lettore per spronarlo alla virtù cristiana.

FISSA I CONCETTI

- Quali sono le principali caratteristiche della lirica della seconda metà del secolo?

T1 Gabriele Fiamma *De l'eterne tue sante alme faville*

Rime spirituali I

Questo è il primo componimento delle *Rime spirituali*. L'autore apre la sua raccolta alludendo al significato del proprio cognome, "Fiamma", e immaginando di "accendere" il desiderio di Dio nelle anime dei lettori con la sua poesia. Per farlo avrà bisogno sia di un cuore puro e sincero sia di una tecnica poetica adeguata. Naturalmente l'autore non si attribuisce alcun merito particolare, considerandosi un semplice strumento nelle mani di Dio.

- METRO sonetto con schema metrico ABBA ABBA CDE CDE

De l'eterne tue sante alme **faville**[1]
tal foco in me, sommo Signor, s'accende,
che non pur[2] dentro l'alma accesa rende,[3]
ma fuori ancor conven ch'arda[4] e sfaville.

E tanto l'ore mie liete e tranquille
fa questo ardor, mentre mi strugge[5] e 'ncende,
che di lui[6] bramo, ovunque il Sol risplende,[7]
poter l'alme infiammar a mille a mille.

Per questo alti[8] misteri, occulti sensi
vorrei scoprir de le sacrate carte[9]
con affetto e con stil purgato e mondo.[10]

Tu, che le grazie, almo Signor, dispensi,
giungi[11] a sì bel desio l'ingegno e l'arte;
perch'arda meco del tuo amore il mondo.

lessico

Favilla

Particella incandescente; più frequente l'uso dei significati figurati in espressioni come «fare faville» oppure «i suoi occhi mandavano faville», mandavano lampi di gioia o di risentimento (dal latino *favilla*, «scintilla», derivato di *fovēre*, «scaldare»).

1. alme faville: nobili scintille, che daranno inizio al «foco» del v. 2. Sono però anche «sante», per distinguerle da quelle generate dall'amore terreno.
2. non pur: non solo.
3. accesa rende: infiamma; il soggetto è il «foco» (v. 2).
4. conven ch'arda: deve necessariamente ardere.
5. mi strugge: mi consuma.
6. di lui: dell'ardore, cioè dell'amore divino.
7. ovunque... risplende: Fiamma allude qui al fatto che la sua poesia sarà in grado di spingere i suoi lettori, ovunque siano («l'alme», cioè "le anime", v. 8) ad amare in modo più fervente Dio.
8. alti: profondi (latinismo).
9. sacrate carte: la Sacra Scrittura.
10. purgato e mondo: puro e innocente; l'«affetto» riguarda la persona del poeta, lo «stil» la sua opera. «Mondo» (aggettivo) è in rima equivoca col verso 14 (dove il termine è sostantivo).
11. giungi: aggiungi.

Analisi del testo

Struttura

Il programma poetico di Fiamma L'impianto del sonetto è lineare. La struttura delle due quartine è data da due frasi consecutive («tal… che», vv. 2-3; «tanto… fa… che», vv. 5-7) che hanno la funzione di mostrare la potenza dell'ispirazione divina sul poeta. Ma c'è una progressione: se nella prima quartina gli effetti di quest'amore rimangono circoscritti alla sua persona, nella seconda si propagano a una moltitudine di fedeli («a mille a mille», v. 8). La prima terzina (vv. 9-11) esprime l'intenzione dell'opera, quella di porsi al servizio della parola di Dio, mentre la seconda (vv. 12-14) invoca l'aiuto divino, perché conferisca al desiderio del poeta i mezzi necessari («l'ingegno e l'arte», v. 13) per realizzare il suo progetto.

Lingua e stile

Lo stile in funzione dello spirito Fiamma riprende alcuni stilemi tipicamente petrarcheschi, per esempio le coppie di aggettivi, di sostantivi o di verbi, quasi sempre in fine di verso: «sante alme» (v. 1), «arda e sfaville» (v. 4), «liete e tranquille» (v. 5), «strugge e 'ncende» (v. 6), «purgato e mondo» (v. 11), «l'ingegno e l'arte» (v. 13). A questa tendenza all'enfasi corrisponde un'aggettivazione sempre sbilanciata verso un estremo positivo: «eterne» (v. 1), «sommo» (v. 2), «alti» (v. 9), «almo» (v. 12). Le scelte di stile e di lingua indicano dunque una volontà di superamento del limite, grazie all'intervento divino.

La metafora del fuoco Fiamma gioca sul valore simbolico del proprio cognome, e di conseguenza tutto il sonetto è dominato dalla metafora del fuoco («faville», «foco», «accende», «accesa», «arda», «ardor», «'ncende», «infiammar», «arda»). Si tratta però di un fuoco che non rappresenta la passione, ma il sentimento religioso.

Temi

Un Petrarca "spiritualizzato" Il lavoro realizzato da Fiamma opera, dunque, uno spostamento dei significati dalla sfera amorosa terrena, caratteristica del *Canzoniere*, a quella sacra. Questa operazione emerge ancora di più se si tiene conto del modello che Fiamma probabilmente ha tenuto presente, cioè il madrigale LV di Petrarca (*Quel foco ch'i' pensai fosse spento*), in particolare i versi 4-10 (in corsivo le riprese fatte da Fiamma): «Non fur mai tutte spente, a quel ch'i' veggio [vedo], / ma ricoperte alquanto [dalla cenere, cioè dall'apparente oblio dell'innamoramento] le *faville*, / et temo no 'l secondo error [la ricaduta nell'amore] sia peggio. / Per lagrime ch'i' spargo *a mille a mille* / conven che 'l duol per gli occhi si distille [attraverso il pianto] / dal cor, ch'à seco le faville et l'ésca [il materiale per accendere il fuoco]: / non pur [non solo] qual fu, ma pare a me che cresca». Se per Petrarca i riferimenti al fuoco (le faville, la cenere, l'esca) indicano la pericolosità di una passione che rischia di andare fuori controllo, per Fiamma, invece, sono connotati positivamente («l'ore mie liete e tranquille», v. 5). Questo il risultato di uno «stil» che non è più «vario», come nel primo sonetto del *Canzoniere* (v. 5), bensì «purgato» (v. 11).

Officina

COMPRENDERE

1. In che modo si manifesta l'ardore religioso del poeta?
2. Qual è l'obiettivo del poeta?
3. Cosa chiede a Dio il poeta?

ANALIZZARE

4. **Lingua e stile** Individua e sottolinea nel testo tutti i termini riferibili alla metafora del fuoco.

INTERPRETARE

5. Confronta la prima quartina del sonetto con la seconda quartina di ***Solo et pensoso* di Francesco Petrarca** (*Altro schermo non trovo che mi scampi / dal manifesto accorger de le genti, / perché negli atti d'alegrezza spenti / di fuor si legge com'io dentro avampi*): trovi somiglianze sul piano espressivo? E dal punto di vista dei contenuti?

PERCORSO DI SCRITTURA

Riassunto Dopo aver identificato i nuclei centrali del sonetto, sintetizzalo in massimo 30 parole.

2. Il poema cavalleresco dopo Ariosto

Da Ariosto a Tasso

Le discussioni cinquecentesche sulla teoria letteraria trovano nel poema cavalleresco uno degli argomenti più fortunati e dibattuti. Alle riflessioni teoriche si accompagna una produzione letteraria che ne costituisce la concreta esemplificazione.

In generale, questo genere subisce una progressiva evoluzione a partire dall'*Orlando furioso* di Ariosto: da un poema "aperto", basato cioè su una pluralità di azioni, di tempi e di luoghi e pieno di digressioni, in cui spiccano le avventure dei singoli cavalieri erranti (come in Boiardo e Ariosto), si passa a una **forma "chiusa"**, più compatta sul piano spazio-temporale, caratterizzata da un'azione corale, orientata a un fine preciso e ideologicamente definito (la soluzione a cui perverrà Torquato Tasso ➤ p. 548).

Ariosto e Tasso rappresentano, dunque, le due alternative contrapposte di narrazione epico-cavalleresca del Cinquecento: da un lato il **romanzo**, narrazione divagante intessuta di fantasia e **invenzione**; dall'altro il **poema eroico**, che punta sulla **storia** e su uno **sviluppo narrativo coerente** dell'azione. Tra questi due estremi si trovano, tuttavia, differenti posizioni.

Trissino e l'*Italia liberata dai Goti*

L'esito più tradizionale, che si rifà direttamente al modello omerico dell'*Iliade*, è rappresentato dall'***Italia liberata dai Goti*** (1548) del letterato vicentino **Giangiorgio Trissino**. Nel suo tentativo di tornare all'epica pura, Trissino realizza comunque un'opera eccentrica per due ragioni: l'argomento, infatti, riguarda la guerra di Giustiniano contro gli Ostrogoti (535-553) e non le tradizionali gesta di Carlo Magno; la forma narrativa, inoltre, è quella dell'endecasillabo sciolto, cioè privo di rime, e non la consueta ottava. Il poema non ebbe il minimo successo, e ciò mostrò all'ambiente letterario di quegli anni tutti i rischi che comportava l'allontanamento dalla formula "romanzesca" dell'*Orlando furioso*.

L'*Ercole* di Giraldi Cinzio

Una strada differente è quella imboccata da uno dei più notevoli teorici del secondo Cinquecento, il ferrarese **Giambattista Giraldi Cinzio**, che nel 1548 pubblica un importante *Discorso intorno al comporre dei romanzi* (dove il termine "romanzo" indica il modello del poema ariostesco).

Nel 1557 Giraldi pubblica il poema ***Ercole***, in cui abbandona la prospettiva del poema epico per quella del **poema eroico**: l'argomento è illustre e di natura guerresca, tratto dal mito (le vicende di Ercole appunto), ma con frequenti allusioni alla storia contemporanea, cioè al duca di Ferrara Ercole II, a cui è dedicato il poema. Le azioni narrate sono molteplici, ma tutte unificate nella figura dell'eroe protagonista, di cui si seguono le vicende dalla nascita alla morte.

Questo modello, che si offre come compromesso tra la formula epica classica (unicità dell'eroe) e quella romanzesca moderna (molteplicità delle azioni), sarà sperimentato anche da altri autori come Luigi Alamanni col suo *Girone il cortese* (1548), Bernardo Tasso nell'*Amadigi* (1560) e suo figlio Torquato nel *Rinaldo* (1562 ➤ p. 543).

FISSA I CONCETTI

- Quali differenti approcci al poema epico cavalleresco hanno Trissino e Giraldi Cinzio?

3. La novella

La funzione della novella

Secondo le trattazioni teoriche tipiche di questo periodo (➤ p. 480), la novella riveste una grande importanza sia per il singolo individuo sia per la collettività: attraverso il piacere offerto dal **riso**, infatti, la narrazione costituisce una vera e propria **medicina dell'animo** e permette di sopportare meglio le gravose fatiche dell'esistenza. Inoltre l'elemento **comico** che la caratterizza ha la funzione di **smascherare gli inganni della vita sociale**, assumendo uno sguardo diretto – e a volte spietato – sulla realtà, su quella che Machiavelli chiamava «verità effettuale», al di là di ogni prospettiva idealizzante.

Il rapporto con il modello boccacciano

Malgrado Bembo avesse indicato Boccaccio come modello linguistico per la prosa, nel Cinquecento non si verifica per la novella quello che succede nella lirica con il petrarchismo. Il *Decameron* continua a esercitare una certa influenza soprattutto per il **ricorso alla cornice**, grazie alla quale il libro di novelle può presentarsi come un progetto unitario e non semplicemente come una successione frammentaria di racconti; tuttavia le scelte dei narratori del XVI secolo si rivelano profondamente **differenti sia sul piano formale sia sul piano dei contenuti**.

Per quanto riguarda lo stile, è significativo che siano proprio gli autori toscani a discostarsi di più dal modello di prosa boccacciana, affidandosi invece alla lingua quotidiana dell'uso e alle sue peculiarità dialettali. Relativamente ai contenuti, poi, vengono introdotte una serie di innovazioni profonde che investono sia la struttura stessa della raccolta sia i temi trattati e i presupposti ideologici.

Le novelle e la corte

In generale, il libro di novelle cinquecentesco accentua l'**aspetto teatrale** della narrazione: in questo aspetto si rivela l'**influenza della cultura cortigiana**, che moltiplicava le occasioni di dialoghi e "ragionamenti". Cambia, dunque, rispetto al *Decameron*, il rapporto tra cornice e racconto propriamente detto. Quest'ultimo si fa più complesso e discontinuo, perché presenta parti che rimandano alla dimensione "civile" della conversazione e al suo concreto contesto storico, con riferimenti a luoghi e personaggi ben precisi: dialoghi, lettere dedicatorie, sezioni descrittive ecc.

Gli *Ecatommiti* di Giraldi Cinzio

Le tre principali raccolte di novelle di questo periodo sono le *Novelle* (1554) di **Matteo Bandello**, le *Piacevoli notti* (1550-53) di **Giovan Francesco Straparola** e gli *Ecatommiti* (1565) di **Gianbattista Giraldi Cinzio**.

Quest'ultima opera è forse la più rappresentativa del nuovo clima culturale della Controriforma, poiché si caratterizza come una sorta di **"anti-*Decameron*"**. Il tono generale delle novelle è solenne e tragico, e non comico e basso. Vengono accuratamente evitate sia la rappresentazione dell'erotismo e della seduzione sia le osservazioni ironiche che evidenziano la corruzione della Chiesa. La dimensione che finisce sempre per imporsi non è tanto quella del piacere, ma del **dovere**: le situazioni di infedeltà coniugale, per esempio, trovano sempre una punizione severa, poiché l'istituzione cattolica della famiglia è un valore assoluto che va difeso a qualsiasi costo.

La cornice narra l'antefatto del racconto già con un chiaro orientamento ideologico: un gruppo di giovani si imbarca su una nave per fuggire al sacco di Roma del 1527, episodio che viene descritto ponendo in evidenza l'efferatezza dei mercenari protestanti contro gli inermi civili (cattolici). A sottolineare l'esplicito fine didattico degli *Ecatommiti* è anche la sua struttura, che alla metà esatta dell'opera ospita tre *Dialoghi della vita civile*, per mezzo dei quali il lettore trova teorizzati i valori che le novelle illustrano in modo esemplare. È proprio questo uno dei casi di innovazione dello schema boccacciano, ottenuto tramite la contaminazione del genere narrativo della novella con quello del dialogo, più orientato verso la riflessione teorica,.

Le *Novelle* di Bandello

Una decisa **spinta innovativa** presenta l'ingente raccolta (214 testi) delle *Novelle* di Matteo Bandello (1485-1561). Di nobile famiglia, Bandello a dodici anni si trasferisce a Milano, dove prende i voti nel 1500. Dopo la vittoria francese a Marignano nel 1515, Bandello si rifugia a Mantova fino al 1522, alla corte di Francesco Sforza e Isabella d'Este. Decide in seguito di lasciare il convento e, nel 1529, di passare al servizio del condottiero Cesare Fregoso. Alla morte di quest'ultimo lascerà l'Italia per seguire la vedova del suo padrone a Bazens, in Francia, dove gli verrà offerto il vescovato di Agen. Bandello muore qui nel 1561.
Le *Novelle* bandelliane **aboliscono completamente la cornice** e qualsiasi criterio di ripartizione tematica, mentre, con una nuova contaminazione di generi, introducono **lettere dedicatorie** scritte a vari contemporanei, di provenienza e condizione sociale differenti. Nella prima lettera dedicatoria, quella alla gentildonna Ippolita Sforza (1481-1520), l'autore presenta la sua raccolta di novelle come «una scelta degli accidenti che in diversi luoghi sentiva narrare»: dunque una pluralità di situazioni relative ad ambienti e luoghi differenti.

Sebastian Vrancx, *Festa nei giardini del duca di Mantova*, XVI secolo. Rouen, Museo di Belle Arti.

Benché Bandello richiami molto spesso come criterio ispiratore della sua raccolta la «verisimiglianza», molte sono le novelle che narrano **casi bizzarri**, estremi, in cui al centro dell'attenzione dell'autore non c'è la regola ma l'eccezione (➤ **T2**). La stessa libertà Bandello mostra nei confronti della lingua, assai lontana da quella della tradizione, poiché egli si dichiara ed è «né fiorentino né toscano, ma lombardo».
Assai spesso, poi, alla dedica non segue immediatamente la narrazione, ma una **premessa** che si sofferma sulla **descrizione** di un ambiente o di un paesaggio, oppure sulla discussione di un determinato tema (la fedeltà femminile, la corruzione degli ordini religiosi, l'importanza degli studi letterari ecc.). Si tratta di una forma che l'autore distingue dalla «novella» propriamente detta e chiama **«ragionamento»**, cioè conversazione, uno degli elementi che derivano dalla cultura di corte.

Le piacevoli notti di Straparola

Di Giovan Francesco Straparola si hanno scarsissime notizie biografiche: si sa che nacque a Caravaggio (Bergamo) e che morì poco dopo il 1557. Il suo libro di novelle *Le piacevoli notti* acquisisce una particolare importanza, perché si tratta della prima raccolta che ospita **narrazioni fiabesche** tratte da un patrimonio folclorico assai ampio, una caratteristica che nel secolo successivo troverà ulteriore sviluppo, in Italia e altrove. L'ambientazione dei racconti è situata nella villa di Ottaviano Maria Sforza a Murano durante il carnevale; anche in questo caso, al di là della cornice, il racconto delle novelle è variato e interrotto da una serie di **dialoghi, facezie e giochi** (come per esempio gli indovinelli, che concludono ogni ciclo di narrazioni notturne, composto di cinque novelle). Scegliendo di puntare sulla **fiaba**, Straparola porta a compimento una tendenza già presente in Bandello, quella di innovare la tradizione novellistica di impianto realistico affidandosi a un'invenzione fantastica, che narri vicende eccezionali ma altrettanto esemplari (*Temi e generi* ➤ p. 500).

FISSA I CONCETTI

- Quali sono gli elementi peculiari del genere novellistico nel secondo Cinquecento?

VISUALIZZA I CONCETTI

La novella nella seconda metà del Cinquecento

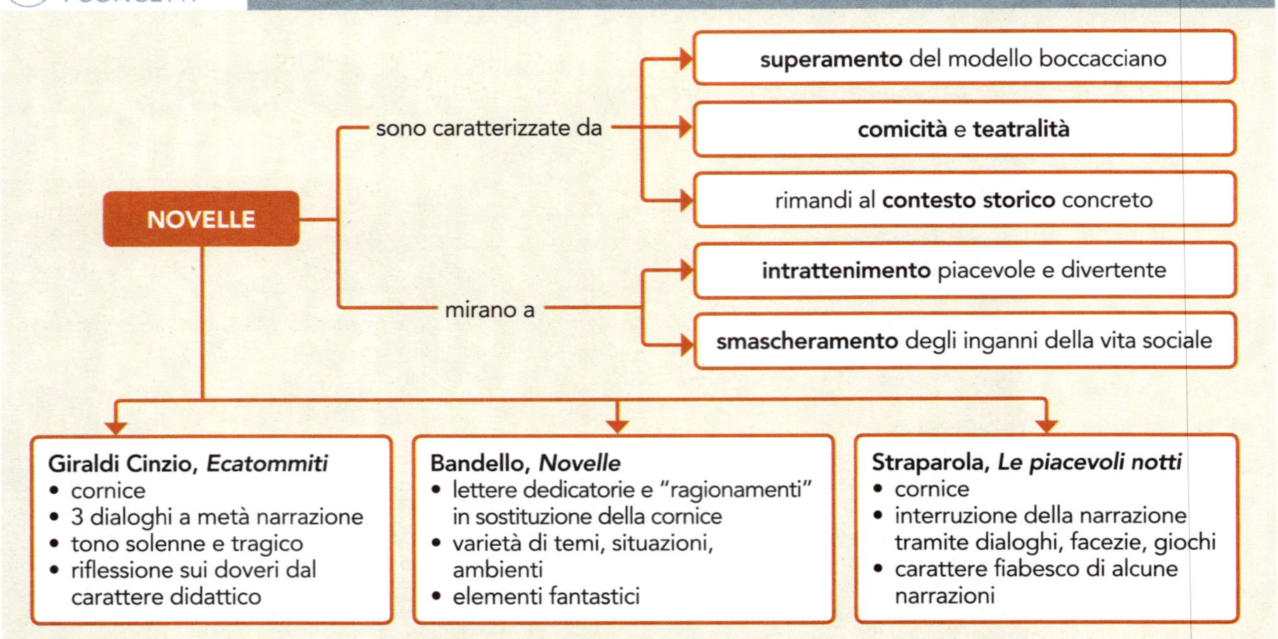

T2 Matteo Bandello
La musica «porcellina»

Novelle
Parte II, XXX

In questa novella Bandello forza il principio di verosimiglianza al quale si ispira la maggior parte dei suoi racconti, riportando una vicenda dalle sfumature fiabesche. Esortato dal re di Francia, l'abate di Begnè, noto musicista, trova il modo di produrre una «musica porcellina»: allestisce cioè una sorta di orchestra di maiali e lascia così esterrefatti il sovrano e la sua corte.

Il Bandello a l'illustre signore il signor Giano Fregoso[1]

Veggiamo tutto il dì scoprirsi grandissima differenza tra gli uomini e le nature ed inclinazioni loro, così varie che ben sovente in tutte l'azioni loro si discorderanno.[2] *E come di rado si ritrovano dui*[3] *che d'effigie*[4] *e lineamenti del corpo s'assimiglino, così anco rare volte dui saranno in tutto d'un volere, di modo che se in una cosa converranno, in molte altre poi saranno di varii pareri. Colui in ogni azione od opera che sia per fare,*[5] *quantunque ella sia facile e consueta facilmente a mettersi in essecuzione,*[6] *sempre vi ritrova difficultà, e sì con suoi argomenti innanzi agli occhi la dipignerà,*[7] *che ciò che è possibile ti farà parer impossibile e ti porrà in disperazione*[8] *che il tuo desiderio debbia aver effetto.*[9] *Quell'altro poi ha l'animo così fatto che niente si pensa esser impossibile, e quanto più l'effetto che se gli ricerca*[10] *è difficile a condursi a desiderato fine, tanto più egli lo reputa facile, e d'argomento che in contrario tu gli faccia,*[11] *punto non si sbigottisce,*[12] *a bene spesso aiutato da la vivacità ed acutezza d'un elevato ingegno, ciò che era da tutti stimato che riuscir non dovesse già mai, egli fa con non troppa difficultà venir ad effetto. Questi tali comunemente son molto grati*[13] *a' gran maestri*[14] *che sempre ricercano di far ciò che quasi far non si può, e più grati anco al volgo*[15] *che veggendo per mezzo loro condursi a fine un'opera creduta quasi impossibile di farsi, gli credono uomini più che naturali;*[16] *che se conoscessero la sottigliezza de l'ingegno de l'uomo, cessarebbe in loro l'ammirazione.*[17] [...]

lessico
Abate
Il superiore di un monastero; anticamente, titolo generico attribuito a sacerdoti e laici che godevano di benefici ecclesiastici (dal latino tardo *abbātem* (nominativo *abbas*), dal greco ecclesiastico *abbâs*, che viene a sua volta dall'aramaico *abbā*, «padre»).

*L'**abbate** di Begnè fa una musica porcellina e prontamente risponde al suo re e si libera da una domanda.*[18]

1. **il signor Gianni Fregoso:** l'epistola dedicatoria, con cui si aprono tutte le novelle di Bandello, è in questo caso rivolta a Gianni Fregoso, figlio di Cesare Fregoso, il comandante della fortezza di Verona, dove l'autore prestò servizio a partire dal 1529.
2. **si discorderanno:** saranno diverse. La prima frase significa semplicemente che esistono uomini con caratteri e aspirazioni molto diversi tra loro.
3. **dui:** due (uomini).
4. **d'effigie:** di aspetto.
5. **che sia per fare:** che sia sul punto di compiere.
6. **consueta... in essecuzione:** solitamente facile da eseguire.
7. **con suoi... dipignerà:** la presenterà (letteralmente "dipingerà") a parole.
8. **ti... disperazione:** ti farà perdere la speranza.
9. **debbia aver effetto:** debba realizzarsi.
10. **che se... ricerca:** che gli viene richiesto.
11. **argomento... faccia:** una tua argomentazione per dimostrare il contrario (ossia che si tratta di una cosa davvero difficile).
12. **punto... sbigottisce:** non si turba per niente.
13. **grati:** graditi.
14. **a' gran maestri:** ai potenti (come lo è, nella novella, il re Luigi XI).
15. **al volgo:** al popolo.
16. **più che naturali:** con doti sovrannaturali, eccezionali.
17. **che... l'ammirazione:** il popolo tende a sottovalutare le potenzialità della ragione umana e per questo, di fronte a qualche opera eccezionale, è propenso ad ascriverla a doti soprannaturali, quasi divine.
18. **si libera da una domanda:** risponde in modo soddisfacente alla domanda che il re gli aveva rivolto (cioè se fosse possibile produrre della musica con dei maiali).

L'anno passato essendo io in Amboisa[19] a la corte per gli affari di questo vescovado,[20] sentii da un gentiluomo alvergnasco,[21] che era molto vecchio e diceva esser stato paggio del re Lodovico undecimo,[22] narrar molte cose memorabili d'esso Lodovico. E tra l'altre cose che diceva, narrava come era stato uomo che mirabilmente si dilettava di coloro che non trovavano cosa alcuna impossibile da esser messa in essecuzione, ancor che l'effetto alcuna volta non succedesse, e che sommamente gli piaceva che l'uomo vi si mettesse per approvar ciò che poteva riuscire.[23] Onde[24] disputando un giorno a la presenza d'esso re monsignor l'abbate di Begnè,[25] uomo di grandissimo ingegno e musico eccellentissimo, de le vertù de la musica e de la dolcezza de l'armonia, il re per burla gli domandò se egli, secondo che[26] aveva trovato[27] due o tre fogge[28] d'instrumenti musicali non più a quella età veduti,[29] averebbe saputo trovar un'armonia di porcelli,[30] credendo che l'abbate devesse dir di no. L'abbate udendo la proposta del re, non restando punto[31] smarrito e cadutogli in animo ciò che intendeva di fare, gli rispose molto allegramente: – Sire, se voi mi fate dar il danaio[32] che bisognerà a far questa musica, a me dà l'animo[33] di farvi sentir una mirabilissima armonia che risulterà da la voce di molti porcelli, che io regolatamente[34] farò cantare –. Il re, desideroso di veder che fine averebbe cotal fatto, gli fece quel dì medesimo da uno dei suoi tesorieri numerar[35] quella somma di danari che egli domandò. Si meravigliava ciascuno de l'impresa de l'abbate e dicevano ch'egli era stato folle a mettersi a quel rischio,[36] perciò che[37] il re s'era convenuto seco[38] che non gli riuscendo questa musica porcellina, che gli pagasse altri tanti scudi[39] quanti n'aveva ricevuti dal tesoriero,[40] e se riusciva, ogni cosa[41] restava a l'abbate. Ma l'abbate diceva a tutti coloro, che erano uomini di poco spirito e che non sapevano far nulla, e che tutto quello che essi non sapevano fare si pensavano esser impossibile. Pigliò l'abbate termine[42] un mese a fare questa musica e in quel tempo comperò trentadui porcelli di varia età, scegliendone otto per tenore, otto per il basso, otto per il sovrano e otto per l'alto.[43] Di poi[44] fece un instrumento

19. Amboisa: Amboise, città francese vicina a Tour, nella regione del fiume Loira. Vi sorge un castello che apparteneva alla famiglia reale.
20. questo vescovado: Bandello fa probabilmente riferimento a una sua missione in Francia nel 1508 per conto del vescovato di Milano, quando ancora era sotto la protezione di Alessandro Bentivoglio e della moglie Ippolita Sforza.
21. alvergnasco: proveniente dalla regione dell'Alvernia, nella Francia centrale.
22. re Lodovico undecimo: si tratta del re di Francia Luigi XI, detto il Prudente, che restò in carica dal 1461 al 1483.
23. per approvar... riuscire: per dar prova di ciò che era in grado di compiere («riuscire», qui usato transitivamente).
24. Onde: Per cui.
25. Begnè: una città francese non identificabile, molto probabilmente inventata da Bandello per conferire un'aura fiabesca alla figura dell'abate.
26. secondo che: dal momento che.
27. trovato: inventato.
28. fogge: tipi.
29. non più... veduti: mai visti prima di allora.
30. armonia di porcelli: una musica prodotta per mezzo di maiali.
31. punto: per niente.
32. danaio: denaro (cfr. il composto "salvadanaio").
33. a me dà l'animo: ho intenzione.
34. regolatamente: secondo un ordine.
35. numerar: contare (per poi consegnare il denaro all'abate).
36. mettersi... rischio: a tentare quell'impresa rischiosa.
37. perciò che: dal momento che.
38. s'era convenuto seco: aveva deciso.
39. scudi: le monete in uso a quell'epoca.
40. tesoriero: tesoriere, il responsabile delle finanze regie.
41. ogni cosa: cioè i soldi ricevuti.
42. termine: scadenza (per completare l'impresa).
43. tenore... alto: quattro diversi registri vocali («sovrano» sta per "soprano").
44. Di poi: Dopo.

con i suoi tasti a modo d'organo, con fili lunghi di rame in capo dei quali maestrevolmente erano alligati certi ferri di punta acutissima,[45] i quali secondo che i tasti erano tócchi[46] ferivano quei porcelli che egli voleva, onde[47] ne resultava una meravigliosa armonia, avendo egli sotto un padiglione[48] fatti legar i porcelli secondo l'ordine che si ricercava,[49] e di modo che non poteva essere che al toccar dei tasti non fossero punti. Provò cinque o sei volte l'abbate la sua musica, e trovando che molto bene gli riusciva, innanzi al termine di quattro giorni[50] invitò il re a sentir la musica porcellina. Era alora il re a Tours[51] con tutta la corte, e bramoso[52] di veder e sentire cotal armonia, andarono ne la badia di Mamostier che fondò san Martino,[53] ove l'abbate aveva il tutto apparecchiato,[54] E veggendo il padiglione teso[55] e l'instrumento a foggia d'organo[56] a quello attaccato, stavano tutti con meraviglia, non si sapendo[57] imaginare che cosa si fosse e meno[58] che ci era sotto il padiglione. Ciascuno si fermò, ed il re disse a l'abbate che facesse l'ufficio suo.[59] L'abbate alora accostatosi al suo instrumento cominciò a toccar quei tasti come si suona l'organo, con sì fatta maniera che, grugnendo i porci secondo l'ordine che erano tócchi[60] e trafitti, ne resultava una buona consonanzia[61] ed una musica non mai più[62] sentita, ma meravigliosamente dilettevole a sentire, perciò che l'abbate, che era musico eccellentissimo, sonò alcune belle «ricercate» ed alcuni «mottetti»[63] maestrevolmente composti, del che il re prese un grandissimo piacere. E non contento d'aver sentita la musica nuova una volta, volle che l'abbate due a tre volte gliela facesse sentire. Onde[64] il re e tutti quei signori ed altri che erano stati presenti a la musica, giudicarono che l'abbate aveva perfettamente a la promessa sodisfatto,[65] e molto ne restò commendato.[66] Fece poi il re alzar il padiglione da una banda per poter veder l'ordine dei porcelli, e veggendo la maniera come erano legati e l'ordine de le fila di rame con quei ferri a modo d'ago acutissimi, forte si meravigliò e tra sé giudicò lo abbate esser uomo d'elevato ingegno a di grandissima invenzione, e gliene diede quelle lode[67] che gli parve che cotal nuovo ordigno meritasse.

45. in capo… acutissima: sulla punta dei quali erano stati legati con grande accuratezza dei ferri molto acuminati.
46. erano tócchi: erano pigiati.
47. onde: da cui.
48. sotto un padiglione: sotto una tenda.
49. secondo… ricercava: nell'ordine necessario.
50. innanzi… giorni: quattro giorni prima della scadenza fissata.
51. Tours: città sulla Loira, vicina ad Amboise.
52. bramoso: molto desideroso.
53. badia… san Martino: abbazia vicino a Tours, fondata da san Martino, vescovo della città nel IV secolo.
54. apparecchiato: preparato.
55. padiglione teso: la tenda sotto la quale sono nascosti i maiali.
56. a foggia d': a forma di.
57. non si sapendo: non essendo in grado di.
58. e meno: e ancora meno.
59. l'ufficio suo: la sua esibizione.
60. tócchi: toccati (dalla punta acuminata).
61. consonanzia: armonia di suoni.
62. non mai più: mai prima di allora.
63. «ricercate»… «mottetti»: forme musicali cinquecentesche.
64. Onde: Perciò.
65. aveva… sodisfatto: aveva mantenuto la promessa.
66. commendato: lodato.
67. lode: lodi.

Analisi del testo

Struttura

La lettera dedicatoria La novella, come tutte quelle di Bandello, è introdotta da una lettera dedicatoria, rivolta al figlio del suo protettore a Verona, Cesare Fragoso. Nell'epistola è contenuta una riflessione su due distinti tipi umani: da una parte coloro che tendono a scoraggiarsi di fronte a qualsiasi iniziativa; dall'altra chi invece confida a tal punto nelle proprie capacità da tentare anche le imprese apparentemente impossibili.

La figura dell'abate A questo secondo gruppo appartiene il protagonista, l'abate di Begnè, figura fiabesca di capacità eccezionali (non ha nome e Begnè è una località di fantasia), introdotta da Bandello in un contesto invece realistico, in linea con la propria poetica del verosimile. L'autore stesso dice infatti di aver sentito la storia in occasione di una visita in Francia, riportata da un «gentiluomo alvergnasco» (r. 22) molto anziano, che ne era stato testimone in prima persona ai tempi di Luigi XI.

Fiabesco e comico Il racconto ricalca quindi la struttura della fiaba: un re (Luigi XI) assegna un compito, apparentemente impossibile, a un eroe (l'abate, dotato di «grandissimo ingegno», r. 29); in caso di successo c'è in palio, oltre alla gloria personale, un premio (il denaro); in caso di fallimento è prevista invece una punizione (l'abate dovrà dare al re una somma di denaro pari a quella inizialmente concessagli; rr. 34-43). Questa struttura è però percorsa da una forte vena comica, per la natura dell'impresa cui si sottopone l'eroe: riuscire a produrre una musica armoniosa con un'orchestra di maiali. Bandello corrobora la forza ironica della narrazione illustrando minuziosamente le fasi di ideazione e assemblaggio del nuovo strumento (rr. 45-55), e disseminando di dettagli comici anche la scena finale del concerto: ai maiali vengono fatti eseguire particolari generi di musica («ricercate» e «mottetti»), il pubblico dimostra apprezzamento incondizionato per l'esibizione e il re, infine, è ben lieto di consegnare all'abate il meritato premio (rr. 68-74).

Jan Bruegel il Vecchio, *Il senso dell'udito*, dettaglio, 1617-1618. Madrid, Museo del Prado.

Lingua e stile

Il lessico della meraviglia Nella novella Bandello utilizza a più riprese termini appartenenti all'ambito semantico della meraviglia, per mettere in rilievo il carattere inconsueto dell'impresa: il vecchio alvergnasco racconta molte «cose memorabili» (r. 23) accadute alla corte del re Luigi XI, che si dilettava «mirabilmente» di quanti fossero in grado di compiere cose straordinarie; a sua volta «mirabilissima» (r. 36) è l'«armonia di porcelli» (r. 32) che l'abate promette al re.
Al concerto finale, infatti, gli spettatori osservano «con meraviglia» (r. 58) lo strano strumento e la musica che questo produce risulta «meravigliosamente dilettevole a sentire» (r. 64), tanto che gli chiedono di ripeterla ben tre volte.
Per essere in grado di suscitare una tale reazione, il protagonista deve essere dotato di qualità fenomenali e per questo Bandello lo connota con aggettivi al superlativo, definendolo un uomo di «grandissimo» ingegno e un musicista «eccellentissimo» (r. 29).

Temi

La parodia della cultura umanistica Secondo l'interpretazione della novella proposta dalla studiosa Elisabetta Menetti, il lato comico-parodico del racconto deve essere messo in relazione con il contenuto della lettera dedicatoria. Qui, infatti, Bandello tratteggia una delle principali caratteristiche dell'uomo rinascimentale: l'intraprendenza e la fiducia nei propri mezzi, fondate sull'esaltazione delle straordinarie facoltà dell'ingegno umano che se sfruttato a dovere consente di compiere imprese ritenute impossibili.
Nella storia della «musica porcellina» l'autore inquadra questa caratteristica da una visuale quasi grottesca, inserendola in un contesto "estremo", con l'effetto di un ribaltamento parodico finale. Produrre una musica di meravigliosa armonia a partire dal grugnito di un gruppo di maiali, infatti, è qualcosa di profondamente controintuitivo e paradossale, e questo getta inevitabilmente un'ombra di ridicolo sul protagonista e il modo in cui egli impiega il suo «grandissimo ingegno».
Di conseguenza nella novella, tramite la parodia, «la cultura umanistica viene rovesciata, capovolta e, infine, ridicolizzata, specialmente nel suo aspetto gnomico [cioè precettistico] e pedagogico [cioè educativo]» (E. Menetti).

Officina

COMPRENDERE

1. In che modo Bandello viene a conoscenza della storia?
2. Da quale richiesta prende avvio la vicenda?
3. In che modo l'abate persegue l'obiettivo?

ANALIZZARE

4. **Lingua e stile** Individua nel testo tutti i termini e le espressioni che richiamano il meraviglioso e quelli invece riferiti alla realtà, poi classificali nella tabella.

MERAVIGLIOSO	REALE

INTERPRETARE

5. Metti a confronto la figura dell'abate con quella di Ser Ciappelletto nell'omonima novella del *Decameron* di **Giovanni Boccaccio**. Su quali elementi si gioca la comicità nei due testi? Emerge un medesimo giudizio sul ruolo della Chiesa?
6. Quale funzione ha la lettera premessa all'inizio della novella? Ripensa alla struttura delle novelle del *Decameron*: trovi che vi siano delle affinità? Se sì, quali?

PERCORSO DI SCRITTURA

Riassunto Riassumi la novella in un testo di 200 parole. Dividi il testo in sequenze, seleziona le informazioni principali, sintetizzale e riformulale in terza persona. Puoi cominciare così: "Il re Luigi XI, durante una conversazione di argomento musicale…".

T3 Giovan Francesco Straparola
La gatta miracolosa

Le piacevoli notti
XI, 1

In questa novella Straparola riporta una delle storie più note del folclore europeo, che sarà ripresa in Francia nel secolo successivo in una fortunata raccolta di Charles-Perrault. Protagonista della fiaba è Costantino, un giovane poverissimo e maltrattato dai suoi stessi fratelli, che riesce a far fortuna grazie ai poteri di una gatta molto speciale.

Soriana viene a morte,[1] *e lascia tre figliuoli, Dusolino, Tesifone e Costantino Fortunato; il quale per virtù d'una gatta*[2] *acquista un potente regno.*

Molte volte, amorevoli donne,[3] vedesi un gran ricco in povertà cadere, e quello che è in estrema miseria ad alto stato salire. Il che intervenne[4] ad un poverello, il quale, essendo mendico, pervenne al stato regale.

Trovavasi in Boemia[5] una donna, Soriana per nome chiamata; ed era poverissima, e aveva tre figliuoli, l'uno di quali dicevasi[6] Dusolino, l'altro Tesifone, il terzo Costantino Fortunato. Costei altro non aveva al mondo che di sostanzia fosse,[7] se non tre cose: cioè uno albuolo,[8] nel quale le donne impastano il pane, una panara,[9] sopra la quale fanno il pane, ed una gatta. Soriana, già carica d'anni, venendo a morte, fece l'ultimo suo testamento; e a Dusolino suo figliuolo maggiore lasciò l'albuolo, a Tesifone la panara e a Costantino la gatta. Morta e sepolta la madre, le vicine per loro bisogna[10] quando l'albuolo quando la panara ad imprestido[11] lor chiedevano; e perché sapevano loro esser poverissimi, gli facevano una focaccia, la quale Dusolino e Tesifone mangiavano, lasciando da parte Costantino minor fratello. E se Costantino gli addimandava[12] cosa alcuna, rispondevano che egli andasse dalla sua gatta, che glie ne darebbe. Per il che[13] il povero Costantino con la sua gatta assai pativa. La gatta, che era fatata, mossa a compassione di Costantino, e adirata contra i duo fratelli che sì crudelmente lo trattavano, disse: Costantino, non ti contristare; perciò che[14] io provederò al tuo e al viver mio.[15] Ed uscita di casa, se n'andò alla campagna; e fingendo dormire, prese un lepore,[16] che a canto[17] le venne, e l'uccise. Indi[18] andata al palazzo regale e veduti alcuni corteggiani,[19] dissegli voler parlar col Re: il qual, inteso che era una gatta che parlar gli voleva, fecela venire alla presenza sua; e addimandatala che cosa richiedesse, rispose, che Costantino suo patrone gli mandava donare[20] un lepo-

1. **viene a morte:** muore.
2. **per virtù d'una gatta:** per merito di una gatta.
3. **amorevoli donne:** Straparola immagina che le novelle della sua raccolta siano raccontate durante i festeggiamenti di carnevale presso la villa di Ottaviano Maria Sforza sull'isola veneziana di Murano. Il pubblico è composto per la maggior parte da donne.
4. **intervenne:** accadde.
5. **Boemia:** regione nell'attuale Repubblica Ceca.
6. **dicevasi:** si chiamava.
7. **di sostanzia fosse:** che avesse valore materiale.
8. **albuolo:** un recipiente usato per impastare il pane (come detto subito dopo).
9. **panara:** un tagliere, su cui veniva steso il pane.
10. **per loro bisogna:** per loro necessità.
11. **ad imprestido:** in prestito.
12. **gli addimandava:** chiedeva a loro.
13. **per il che:** di conseguenza.
14. **perciò che:** dal momento che.
15. **provederò... mio:** provvederò al sostentamento tuo e mio.
16. **lepore:** un leprotto.
17. **a canto:** accanto, di fianco.
18. **Indi:** Quindi.
19. **corteggiani:** cortigiani, i componenti della corte.
20. **gli mandava donare:** gli mandava in dono.

lessico
Accoglienza
L'atto di accogliere, di ricevere un visitatore o un ospite.

re che preso aveva: e appresentòlo al Re. Il Re, accettato il dono, l'addimandò chi era questo Costantino. Rispose la gatta, lui esser uomo che di bontà, di bellezza e di potere non aveva superiore. Onde[21] il Re le fece assai **accoglienze**, dandole ben da mangiare e ben da bere. La gatta, quando fu ben satolla,[22] con la sua zampetta con bel modo, non essendo d'alcuna veduta, empìa[23] la sua bisciaccia,[24] che da lato teneva, d'alcuna buona vivanda; e tolta licenzia dal Re, a Costantino portòle.[25] I fratelli, vedendo i cibi, di quai Costantino trionfava,[26] li chiesero che con loro i partecipasse:[27] ma egli, rendendogli il contracambio, li denegava.[28] Per il che tra loro nacque una ardente invidia, che di continovo[29] rodeva loro il core. Costantino, quantunque fusse bello di faccia, nondimeno, per lo patire ch'aveva fatto, era pieno di rogna e di tigna,[30] che gli davano grandissima molestia; e andatosene con la sua gatta al fiume, fu da quella da capo a piedi diligentemente leccato e pettinato, e in pochi giorni rimase del tutto liberato. La gatta, come dicemmo di sopra, molto continoava con presenti[31] il palazzo regale, e in tal guisa[32] sostentava il suo patrone. E perché oramai rincresceva[33] alla gatta andar tanto su e giù, e dubitava di venire in fastidio alli corteggiani del Re, disse al patrone: Signor, se tu vuoi far quanto ti ordinerò, in breve tempo farotti[34] ricco. E in che modo? disse il patrone. Rispose la gatta: Vieni meco,[35] e non cercar altro, che sono io al tutto disposta[36] di arricchirti. E andatisi insieme al fiume, nel luoco ch'era vicino al palazzo regale, la gatta spogliò il patrone, e di commun concordio[37] lo gettò nel fiume: dopo si mise ad alta voce gridare: Aiuto, aiuto! correte che messer Costantino s'annega! Il che sentendo il Re e considerando che molte volte l'aveva appresentato,[38] subito mandò le sue genti ad aiutarlo. Uscito di acqua messer Costantino e vestito di nuovi panni, fu menato[39] dinanzi al Re, il quale lo ricevette con grandi accoglienze; e addimandatolo per qual causa era stato gettato nel fiume, non poteva per dolor rispondere: ma la gatta, che sempre gli stava da presso, disse: Sappi, o Re, che alcuni ladroni avevano per spia il mio patrone esser carico di gioie[40] per venire a donarle a te, e del tutto lo spogliorono; e credendo dargli morte, nel fiume lo gettorono, e per mercé di questi gentil'uomini, fu da morte campato.[41] Il che intendendo, il Re ordinò che fusse ben governato ed atteso.[42] E vedendolo bello, e sapendo lui esser ricco, deliberò di dargli Elisetta sua figliuola per moglie, e dotarla[43] di oro, di gemme e di bellissime vestimenta. Fatte le nozze e compiuti e triunfi,[44] il Re fece caricare dieci muli d'oro, e cinque di onoratissime[45] vestimenta, e a casa del marito, da molta gente accompagnata, la mandò.

21. **Onde:** Per cui.
22. **satolla:** sazia.
23. **empìa:** riempiva.
24. **bisciaccia:** bisaccia, sacca.
25. **portòle:** le portò.
26. **trionfava:** si vantava.
27. **partecipasse:** condividesse.
28. **denegava:** rifiutava.
29. **di continovo:** di continuo.
30. **di rogna e di tigna:** malattie della pelle, favorite da scarse condizioni igieniche e da un'alimentazione inadeguata.
31. **continoava con presenti:** frequentava portando regali.
32. **in tal guisa:** in tal modo.
33. **rincresceva:** dava fastidio.
34. **farotti:** ti farò.
35. **meco:** con me.
36. **al tutto disposta:** pronta a tutto.
37. **concordio:** accordo.
38. **appresentato:** avuto presente (perché ne aveva ricevuto i doni per mezzo della gatta).
39. **menato:** condotto.
40. **gioie:** gioielli.
41. **campato:** salvato.
42. **governato ed atteso:** curato e assistito.
43. **dotarla:** darle in dote.
44. **e triunfi:** le celebrazioni.
45. **onoratissime:** preziosissime.

Costantino, vedendosi tanto onorato, e ricco divenuto, non sapeva dove la moglie condurre, e fece consiglio con la sua gatta; la quale disse: Non dubitar, patrone mio, che ad ogni cosa faremo buona provisione.[46] Cavalcando ogni uno allegramente, la gatta con molta fretta caminò avanti; ed essendo dalla compagnia molto allontanata, s'incontrò in alcuni cavallieri, a' quali ella disse: Che fate quivi,[47] o poveri uomini? Partitevi presto, che una gran cavalcata di gente viene, e farà di voi ripresaglia;[48] ecco che l'è qui vicina: udite il strepito delli nitrenti cavalli! I cavallieri spauriti dissero: Che deggiamo[49] adunque far noi? Ai quali la gatta rispose: Farete a questo modo. Se voi sarete addimandati di cui sete[50] cavallieri, rispondete animosamente:[51] Di messer Costantino, e non sarete molestati. E andatasi la gatta più innanzi, trovò grandissima copia[52] di pecore e armenti, e con li lor patroni fece il somigliante;[53] e a quanti per strada trovava, il simile diceva. Le genti che Elisetta accompagnavano, addimandavano: Di chi siete cavallieri, e di chi sono tanti belli armenti? e tutti ad una voce rispondevano: Di messer Costantino. Dicevano quelli che compagnavano la sposa: Adunque, messer Costantino, noi cominciamo sopra 'l tener vostro[54] entrare? Ed egli col capo affermava di sì; e parimenti d'ogni cosa ch'era addimandato, rispondeva di sì. E per questo la compagnia gran ricco lo giudicava. Giunta la gatta ad un bellissimo castello, trovò quello con poca brigata; e disse: Che fate, uomini da bene? Non vi accorgete della roina[55] che vi viene a dosso? Che? Disseno[56] e castellani. Non passerà un'ora, che verranno qua molti soldati, e vi taglieranno a pezzi. Non udite i cavalli che nitriscono? Non vedete la polve[57] in aria? E se non volete perire, togliete il mio consiglio,[58] che tutti sarete salvi. S'alcuno v'addimanda: di chi è questo castello? diteli: di messer Costantino Fortunato. E così fecero. Aggiunta[59] la nobil compagnia al bel castello, addimandò i guardiani di cui era; e tutti animosamente risposero: Di Messer Costantino Fortunato. Ed entrati dentro, onorevolmente[60] alloggiarono. Era di quel luogo castellano il signor Valentino, valoroso soldato, il quale poco avanti era uscito dal castello, per condurre a casa la moglie che novamente[61] aveva presa; e per sua sciagura prima che aggiungesse[62] al luogo della diletta moglie, gli sopraggiunse per la strada un subito e miserabile accidente, per lo quale immantinenti[63] se ne morì. E Costantino Fortunato del castello rimase signore. Non passò gran spazio di tempo, che Morando, re di Boemia, morì; ed il popolo gridò per suo re Costantino Fortunato per esser marito di Elisetta figliuola del morto Re, a cui per successione aspettava il reame. Ed a questo modo Costantino, di povero e mendico, signore e Re rimase; e con la sua Elisetta gran tempo visse, lasciando di lei figliuoli successori nel regno.

46. faremo… provisione: provvederemo bene.
47. quivi: qui.
48. farà… ripresaglia: farà una rappresaglia contro di voi (vi attaccherà).
49. deggiamo: dobbiamo.
50. di cui sete: di chi siete.
51. animosamente: animatamente.
52. grandissima copia: grandissimo numero.
53. fece il somigliante: fece la stessa cosa (ovvero disse loro che sarebbero stati attaccati dal corteo a cavallo se non avessero detto che le greggi appartenevano a Costantino).
54. tener vostro: vostra proprietà.
55. roina: rovina.
56. Disseno: Dissero.
57. polve: la polvere (sollevata dai cavalli).
58. togliete… consiglio: seguite il mio consiglio.
59. Aggiunta: Giunta.
60. onorevolmente: con tutti gli onori.
61. novamente: da poco tempo.
62. aggiungesse: giungesse.
63. immantinenti: all'improvviso.

Analisi del testo

Struttura

Gli elementi fiabeschi Il racconto si struttura secondo le sequenze canoniche della fiaba. Il protagonista è Costantino Fortunato, che porta nel nome il finale positivo che lo attende. Il giovane, orfano e poverissimo, maltrattato dai fratelli, possiede come unico bene materiale la gatta lasciatagli in eredità dalla madre. Si tratta però di una gatta «fatata» (r. 18), capace di progettare piani scaltri ed efficaci.

La parabola ascendente di Costantino Le vicende che capovolgono la condizione iniziale di Costantino si inseriscono nelle strutture di potere e nell'ordine sociale preesistenti. L'ascesa del giovane, infatti, è resa possibile dalla benevolenza del re nei suoi confronti e dalla scaltrezza di Costantino che si spaccia per un rampollo di buona famiglia.
È la gatta ad architettare l'inganno, portando a corte dei piccoli doni da parte di «messer» Costantino, così da creare grandi aspettative nei suoi confronti (rr. 45-47).
Il punto di svolta è la spettacolare entrata in scena di Costantino: salvato da un finto annegamento, il giovane colpisce il re per la sua bellezza e ne riceve quindi in sposa la figlia (rr. 48-57).
Segue l'ultima prova: condurre la consorte nelle proprietà che il giovane ha millantato. Il corteo nuziale è presentato dalla gatta come una truppa di soldati sotto il comando del giovane e i passanti sono persuasi a proclamarsi fedeli a «messer Costantino» (rr. 58-69). Il finale segna il trionfo del giovane, che diventa re e vive "per sempre felice e contento" con Elisetta (rr. 88-92).

Lingua e stile

Colloquialità e quotidianità Straparola ricorre a una lingua colloquiale, in linea con il contesto festivo (il carnevale). Anche questa fiaba presenta forme morfosintattiche e lessicali tipiche del linguaggio quotidiano di area settentrionale: espressioni come «venire a morte» (per "morire"), il dialettale «ad imprestido», «avevano per spia»; diminutivi (come «poverello»); termini riferiti a oggetti di uso quotidiano («albuolo», «panara», «bisciaccia») sono tutti elementi di ambito popolaresco lontani dallo stile letterario elevato.

Temi

La manipolazione della realtà Costantino ottiene uno strepitoso successo perché viene trasformato dalla gatta in un nobile dotato delle qualità tipiche dell'uomo di corte (la gatta dice di lui al re che è dotato «di bontà, di bellezza e di potere», rr. 26-27). L'abilità principale dell'animale fatato è quella di distorcere la realtà agli occhi degli interlocutori e in modo vantaggioso per il suo padrone. Un esempio significativo ricorre nella scena del corteo nuziale: la gatta raggiunge un castello e convince gli abitanti dell'imminente sopraggiungere dei soldati sostenendo la propria verità con l'evidenza dei sensi («Non udite i cavalli che nitriscono? Non vedete la polve in aria?», r. 78). Tra le righe, la morale della fiaba è che la realtà non è univoca, e chi è dotato di spirito di iniziativa può volgere a proprio favore una situazione inizialmente sfavorevole.

Officina

COMPRENDERE

1. Che cosa ottengono i tre figli in eredità dalla madre e come si comportano fra loro?
2. In che modo Costantino riesce a sposare la figlia del re?

ANALIZZARE

3. **Lingua e stile** Individua e sottolinea nel testo tutti i discorsi. Prevale la forma diretta o indiretta? Come spieghi questa scelta?

INTERPRETARE

4. Cerca online e leggi la fiaba del ***Gatto con gli stivali* di Charles Perrault**, poi evidenzia gli elementi in comune e quelli di divergenza con la novella di Straparola, quindi sintetizzali in una mappa.

PERCORSO DI SCRITTURA

Sintesi Dividi il testo in tre sequenze, sintetizzandole in 4 righe, quindi unisci le tre sequenze ricavando un riassunto che non superi le 13 righe.

TEMI E GENERI

La tradizione fiabesca nel Cinquecento

Elementi fiabeschi nel Cinquecento

Gli elementi fiabeschi fanno la loro comparsa in opere anche molto importanti della letteratura cinquecentesca. Nell'*Orlando furioso*, per esempio, si trovano oggetti magici (un anello, un corno) che aiutano alcuni personaggi, oppure la selva o il castello incantati, elementi ereditati dalla tradizione folclorica presente nei romanzi bretoni. Qualche traccia di fiabesco si trova persino nel razionale Machiavelli, per esempio la pianta magica "mandragola" (in verità inesistente) attorno a cui ruota l'intreccio della sua maggiore commedia (➤ p. 360). Tuttavia l'atteggiamento intellettuale dei due grandi scrittori verso questi motivi, appartenenti al mondo delle credenze magiche popolari, è piuttosto distaccato e ironico.

> Il genere in cui la tradizione fiabesca entra in modo deciso, diventandone un elemento costitutivo, è la novella.

La novella cinquecentesca e la fiaba

Ma il genere in cui la tradizione fiabesca entra in modo deciso, diventandone un elemento costitutivo, è la novella. Alcuni motivi riconducibili alla fiaba erano presenti già nei grandi modelli novellistici del Trecento, per esempio in Boccaccio. Nella novella di Andreuccio da Messina si trova un oggetto prezioso capace di procurare ricchezze, cioè l'anello del vescovo defunto che il protagonista riesce ad afferrare in modo rocambolesco; nella novella di Griselda, ci sono le prove sadiche (la presunta uccisione dei bambini) che il Marchese impone alla donna per provarne la fedeltà; nella novella dello sciocco Calandrino c'è invece una pietra capace di rendere invisibili. Come Machiavelli, però, nemmeno Boccaccio dà credito a questi motivi, che sembra riprendere dalla tradizione per ricondurli a una dimensione del tutto terrena e concreta: l'anello non è "magico", ma solo prezioso e commerciabile; i bambini non vengono veramente uccisi; l'elitropia è solo una credenza con cui gli amici beffano Calandrino.

Le fiabe nelle *Piacevoli notti*

Nei confronti del fiabesco appare molto diverso l'atteggiamento di alcuni novellieri del Cinquecento, come Giovan Francesco Straparola, che ha inaugurato nel genere della novella il filone fiabesco. In diverse novelle delle *Piacevoli notti*, infatti, i motivi fiabeschi diventano centrali nello sviluppo della trama, per esempio nella novella della gatta parlante (➤ **T3**). C'è il caso di un figlio «nato porco» (V, 1) e poi restituito a forma umana, che anticipa la trama narrativa de' *La bella e la bestia*; oppure la storia di Biancabella (III, 3), invidiata dalla matrigna per la sua bellezza, mutilata e guarita da una sorella-biscia, che contiene alcuni elementi costitutivi di *Cenerentola*.

L'Italia anticipatrice della fiaba europea

L'elemento fiabesco del Cinquecento letterario italiano ha avuto grande importanza nell'ambito della storia letteraria europea. Questa influenza venne colta da Italo Calvino, che negli anni Cinquanta del Novecento fu autore di una grande raccolta (e riscrittura) di *Fiabe italiane*. Nell'ampia introduzione alla sua opera, Calvino fa un preciso punto sulla dinamica storica che ha portato all'affermazione della fiaba nella letteratura: «I grandi libri di fiabe italiani, si sa, sono nati in anticipo sugli altri. Già a metà del secolo XVI a Venezia, nelle *Piacevoli notti* di Straparola, la novella cede il campo alla sua più anziana e rustica sorella, la fiaba di meraviglie e d'incantesimi [...]. Nel Seicento, a Napoli, Giambattista Basile sceglie [...] i "cunti", le fiabe "de' peccerille" [dei bambini] e ci dà un libro, il *Pentamerone*». L'anticipo che Calvino sottolinea consiste nel fatto che la prima raccolta organica italiana di fiabe, quella di Basile, risale al 1634-36 e precede quindi di quasi cinquant'anni i *Racconti di mamma Oca* del francese Charles Perrault, e di oltre un secolo e mezzo le raccolte tedesche dei fratelli Grimm. Le cinquecentesche fiabe di Straparola anticipano ulteriormente i tempi e forniscono a Basile numerosi spunti e trame.

4. La tragedia e la favola pastorale

Il teatro di Giraldi Cinzio e di Speroni

Nel primo Cinquecento la **tragedia** si era mantenuta sostanzialmente fedele al tradizionale modello greco, ma attorno alla metà del secolo l'opera di **Giambattista Giraldi Cinzio** segna una decisa svolta: innovatore rispetto ai canoni aristotelici, Giraldi Cinzio compone ben nove tragedie, scritte fra il 1541 (*Orbecche*) e il 1565. Già l'*Orbecche* evidenzia bene la scelta di fondo di Giraldi, che al teatro greco antepone quello latino di Seneca, dal carattere atrocemente sanguinario. Questa tragedia, infatti, mette in scena la crudele uccisione dei bambini della principessa di Persia Orbecche, rea di avere sposato il consigliere Oronte senza il permesso del padre, autore del terribile assassinio. Giraldi affida le sue riflessioni sul teatro ai *Discorsi intorno al comporre delle commedie e delle tragedie* (1543), in cui introduce un altro principio innovativo, quello di **trarre i soggetti delle tragedie dalle novelle**, caratterizzate da una maggiore varietà delle peripezie. A Giraldi si contrappone **Sperone Speroni** con la ***Canace*** (1542). Questa tragedia si distingue dalla tradizione in volgare prima di tutto per la scelta di un soggetto mitologico, che racconta l'amore incestuoso fra Canace e Macareo, i due figli di Eolo, dio del vento. Dal punto di vista formale, l'opera non presenta divisione in atti e scene, e realizza una scelta metrica originale rinunciando all'endecasillabo sciolto per i dialoghi e introducendo l'uso di versi brevi (settenari e quinari).

Le innovazioni nel genere tragico

Ma il secondo Cinquecento è anche il periodo della cosiddetta **tragedia "controriformista"**, che privilegia temi di ispirazione biblica e religiosa e introduce nuove ambientazioni "esotiche" (come il *Torrismondo* di Torquato Tasso, col suo scenario nordico ➤ p. 529). Questo periodo si caratterizza anche per una serie di sperimentazioni sul linguaggio formale tipico del genere tragico, che ne mette in crisi le caratteristiche costitutive. Un esempio significativo di questa tendenza all'innovazione è la ***Merope*** (1589) di **Pomponio Torelli** (1539-1608), attivo presso la corte Farnese di Parma. Qui a essere smentita è la prescrizione aristotelica della necessità di un finale tragico che si concluda con la morte dei protagonisti: Merope si appresta a uccidere il presunto assassino di suo figlio Cresfonte, ma improvvisamente riconosce in lui proprio il figlio perduto, e il terribile equivoco non produce le annunciate conseguenze tragiche.

La favola pastorale

La **favola pastorale** è un genere teatrale che nasce nel Cinquecento dalla fusione del dramma satiresco greco con la tradizione bucolica (soprattutto virgiliana, ma rinnovata dall'*Arcadia* di Sannazaro ➤ p. 83). Sia nel dramma satiresco sia nella poesia bucolica l'ambiente rappresentato è quello dei pastori, ma mentre nel primo le atmosfere sono decisamente comiche e "basse", nel secondo prevale un carattere drammatico ed elegiaco. Questo genere si sviluppa **in funzione delle corti**, come evento spettacolare e celebrativo. Il fine è divertire il pubblico di corte, che si trova rispecchiato nei personaggi rappresentati: l'intreccio riguarda dunque **un amore contrastato**, che si risolve però felicemente, evitando la catastrofe tragica. La favola pastorale si differenzia, così, radicalmente dalla tragedia. Non è, però, nemmeno assimilabile alla commedia, perché ha un'ambientazione campestre e non urbana. Uno dei centri più importanti per lo sviluppo della favola pastorale è senza dubbio **Ferrara**: qui nasce il primo vero esempio del genere, l'*Egle* di Giambattista Giraldi Cinzio. A questa segue una produzione minore che anticipa i due testi più rilevanti del secolo, l'*Aminta* di Tasso (➤ p. 528) e il *Pastor fido* (1587) di Giovan Battista Guarini.

FISSA I CONCETTI

- Quali sono le principali innovazioni nel genere tragico dell'epoca?
- Quali sono le caratteristiche della favola pastorale?

5. Dal cortigiano al cittadino: la trattatistica comportamentale

Dal *Cortegiano* al *Galateo*

Il libro del cortegiano di Baldassarre Castiglione (➤ p. 411) aveva rappresentato un modello di straordinaria influenza per quanto riguardava il comportamento dell'individuo nella società rinascimentale. I suoi intenti, tuttavia, erano soprattutto politici, essendo rivolti alla **formazione del perfetto funzionario** di corte. Il trattato proseguiva la tradizione medievale sul governo regale e principesco, ma allo stesso tempo la modernizzava, disciplinando l'individuo in modo integrale: dalle lettere alla musica, dall'arte alla danza, dalle strategie della conversazione còlta e galante alla prudente interazione con il potere signorile. Il *Cortegiano* continuava, tuttavia, a privilegiare i valori di un'aristocrazia militare e misurava la propria onorabilità nella fedeltà al principe.
La società sta però cambiando: le piccole corti dell'Italia settentrionale e centrale sono state travolte dalle guerre (➤ p. 430), e le virtù necessarie per il vivere civile non sono più quelle dell'onore, del coraggio in battaglia, dei gesti eroici ed eccezionali, ma le "**piccole virtù**" più modeste eppure necessarie per la vita, in una società meno violenta e ormai prossima ai **valori della borghesia**. Queste piccole virtù sono l'affabilità, la cortesia, la capacità di comprendere quando è opportuno tacere: insomma tutti quei comportamenti che possono ricadere sotto il criterio della **discrezione**, guida dell'individuo nell'insidioso cammino all'interno delle situazioni quotidiane.
Il trattatello che segna questa svolta fondamentale è il ***Galateo*** di **Giovanni Della Casa** (1503-56 ➤ p. 505), composto agli inizi degli anni Cinquanta ma edito postumo nel 1558. La regola aurea che Della Casa introduce, e che sarà poi ripetuta nella trattatistica dei secoli successivi, è quella di regolare il comportamento **non in base alle proprie esigenze ma in base a quelle altrui**: «dèi [devi] sapere che a te convien

Anonimo, *Veduta del centro della città di Perugia nel XVI secolo*. Perugia, Museo archeologico nazionale dell'Umbria.

temperare et ordinare i tuoi modi non secondo il tuo arbitrio, ma secondo il piacer di coloro co' quali tu usi [che tu frequenti], et a quello indirizzargli». In questa regola non c'è l'influenza della morale "altruistica" cristiana, anzi. Nulla di più laico delle buone maniere, che hanno per unico scopo quello di **lenire la fatica della convivenza sociale** e di **attenuarne i conflitti**, rispettando la posizione gerarchica di ognuno.

Il *Galateo* di Della Casa

Per voce di un vecchio precettore, il *Galateo* espone in forma di **monologo** i consigli sulle buone maniere che vengono offerti a un giovane inesperto del mondo (il nipote di Della Casa, Annibale Rucellai). Lo stile è volutamente arcaico ed elevato, non privo di risvolti ironici, soprattutto quando si parla di argomenti quotidiani e triviali: «Non si vuole anco, soffiato che tu ti sarai il naso, aprire il moccichino [il fazzoletto] e guatarvi [guardarvi] entro, come se perle o rubini ti dovessero esser discesi dal cielabro [dal cervello]».

Il trattato ripropone il criterio aristotelico di **equilibrio tra eccessi contrapposti** e quello umanistico di **rifiuto del vuoto formalismo** (quelle che Della Casa chiamerà le «cirimonie»). La vera cortesia sarà, così, un giusto mezzo tra la zotica scontrosità asociale e l'eccessiva sensibilità e suscettibilità ai comportamenti altrui.

Per influenza del *Galateo*, il campo d'azione dell'**uomo «costumato»** (cioè ben educato) non sarà più il campo di battaglia o la solenne cornice delle corti, ma le strade dove ci si incontra o le case dove si banchetta in compagnia. Non è più richiesta alcuna dote di spicco all'individuo, che non sarà più paragonabile a un'«opera d'arte» (come disse lo storico Jacob Burckhardt riguardo al cortigiano ideale di Castiglione). Basterà, invece, che si mantenga **fedele alle consuetudini** e che rispetti, negli altri, la **buona opinione** che la società si è fatta di loro, accettandoli «non per quello che essi veramente vagliono, ma, come si fa delle monete, per quello che corrono [per il valore corrente, dato per convenzione dalla collettività]».

Scuola veronese, *Giardino con figure eleganti*, 1530 circa. Collezione privata.

I TRATTATI COMPORTAMENTALI DI CASTIGLIONE E DELLA CASA

	LIBRO DEL CORTEGIANO	*GALATEO*
obiettivo	formazione del perfetto funzionario di corte, capace di orientare il principe verso un governo giusto	formazione del buon cittadino, capace di favorire la vita civile
ideologia di riferimento	virtù tipiche dell'aristocrazia militare	"piccole virtù" di stampo borghese
valori principali	• fedeltà al principe • eccellenza culturale e morale • capacità di comunicazione e mediazione • grazia, manifestata attraverso la «sprezzatura»	• rispetto di consuetudini e opinioni comuni • regolamentazione del comportamento personale in base alle esigenze altrui • discrezione

La civil conversazione di Guazzo

Su questa stessa linea si pone il secondo grande trattato comportamentale del Rinascimento, ***La civil conversazione*** (1575) di **Stefano Guazzo** (1530-93), che conobbe un'enorme influenza non solo in Italia ma in tutta Europa con traduzioni in varie lingue. L'autore ambienta l'opera nel luogo natale, Casale Monferrato, un piccolo centro in Piemonte.

Il dialogo ha inizio con una visita che il medico Annibale Magnacavalli fa a Guglielmo Guazzo, fratello dell'autore, costretto a casa da una malattia. L'affezione di Guglielmo si rivela essere la **solitudine**, considerata un comportamento autolesionistico, mentre ancora per Petrarca era uno strumento di perfezionamento individuale. La cura proposta dal medico sarà appunto la **conversazione**, inserita in un contesto di vita sociale che presuppone una concezione di **cittadinanza allargata**, vale a dire una concezione per cui non si bada più alla divisione per classi sociali, ma al rispetto di una serie di regole condivise. Regole che non mirano alla selezione e all'esclusione ma, al contrario, alla maggiore inclusività possibile.

Il medico spiega, infatti, che ci sono tre categorie di persone nella società: i **«buoni»**, cioè gli individui perfettamente virtuosi, i **«cattivi»**, cioè coloro che si sono macchiati di gravi colpe, infine i **«mezani»**, ovvero tutti gli altri. I primi sarebbero le persone ideali da frequentare, ma sono rarissimi, e i secondi, che andrebbero evitati come «insopportabili», per fortuna sono relativamente pochi; pertanto il numero delle persone interessate alla conversazione, i «mezani», che Guazzo chiama significativamente i «sopportabili», è altissimo.

La conversazione, dunque, non è una via per raffinare le virtù individuali, ma lo strumento per realizzare il principale valore della borghesia emergente: il **guadagno**. Ancora più di quanto non facesse Della Casa, Guazzo prende le distanze sia dal mondo medievale dell'onore cavalleresco sia da quello cristiano della meditazione solitaria e della rinuncia, per abbracciare i **nuovi valori economici della borghesia**, fondati sulla neutralità e l'indistinzione. In ciò soprattutto consiste la modernità del trattato di Guazzo.

FISSA I CONCETTI

- Quali tratti in comune hanno il *Cortegiano* e il *Galateo*?
- Quali tematiche principali sono affrontate ne *La civil conversazione* di Guazzo?

T4 Giovanni Della Casa
La zanzara vince il leone

Galateo, I

Biblioteca digitale
Sul modo di «usare le genti»
Le regole della vita associata

Perché l'educazione di un giovane deve partire dalle buone maniere? E che valore hanno nel valutare la statura morale di una persona? A queste domande dà risposta il precettore all'inizio dell'opera, quando prende la parola per motivare gli insegnamenti che sta per impartire al suo giovane allievo.

Con ciò sia cosa che[1] tu incominci pur ora quel viaggio del quale io ho la maggior parte, sì come tu vedi, fornito,[2] cioè questa vita mortale, amandoti io assai, come io fo, ho proposto meco medesimo[3] di venirti mostrando quando un luogo e quando altro, dove io, come colui che gli ho sperimentati, temo che tu, caminando per essa, possi[4] agevolmente o cadere, o come che sia, errare:[5] acciò che[6] tu, ammaestrato da me, possi tenere la diritta via con la salute dell'anima tua e con laude et onore della tua orrevole[7] e nobile famiglia. E perciò che[8] la tua tenera età non sarebbe sufficiente a ricevere più prencipali[9] e più sottili ammaestramenti, riserbandogli a più convenevol tempo, io incomincerò da quello che per aventura[10] potrebbe a molti parer frivolo: cioè quello che io stimo che si convenga di fare per potere, in comunicando et in usando con le genti,[11] essere **costumato**[12] e piacevole e di bella maniera: il che non di meno è o virtù o cosa a virtù

Le nostre parole ›

1. **Con ciò sia cosa che:** Poiché.
2. **fornito:** portato a termine (il precettore è ormai anziano, mentre il destinatario, Annibale, è ancora giovane e quindi all'inizio del suo «viaggio»).
3. **meco medesimo:** tra me e me.
4. **possi:** possa (forma dialettale fiorentina).
5. **quando... errare:** a volte un luogo, a volte un altro (lungo il viaggio della vita umana) nei quali io – che ne ho avuto esperienza – temo che tu, attraversandoli, possa facilmente (*agevolmente*) o cadere, o, in qualche modo, andare fuori strada (*errare*).
6. **acciò che:** affinché.
7. **orrevole:** degna di onore.
8. **perciò che:** dal momento che.
9. **principali:** importanti.
10. **per aventura:** per caso.
11. **in usando con le genti:** nel frequentare le persone.
12. **costumato:** ben educato.

Le nostre parole — Costume

Le origini del termine Il sostantivo "costume" ha un'etimologia controversa. Probabilmente deriva dal latino volgare *costumnem*, corrispondente al latino classico *consuetūdo consuetudĭnis*, «abitudine, usanza», che a sua volta viene dal verbo *consuescĕre*, «avere l'abitudine». È tuttavia probabile che la forma italiana si sia modellata sull'esito francese antico *coutume* e provenzale *costum*.

L'accezione primaria Nell'italiano antico, fino a tutto il Cinquecento almeno, il termine costume si usava nella sola accezione di "usanza" o "abitudine" (così anche in Della Casa). Ma il "costume" non è solo una condotta morale o un vezzo personale: quando è usato al plurale, il termine, indica piuttosto le caratteristiche della vita associata di un intero popolo («i costumi degli antichi Romani»); quando invece è usato in senso assoluto, indica il complesso dei comportamenti di una data società («i fatti di costume», «articoli di costume»).

Costume o abito? Oggi, oltre all'accezione di "abitudine", è assai frequente usare "costume" con il significato di "abito", "indumento", "modo di vestire", specialmente se riferito alla moda del passato. Questo uso del termine, tuttavia, cominciò ad affermarsi in Francia solo a partire dal XVI secolo e fu poi adottato in Italia. Nella nostra lingua rimane una distinzione tra "costume" e "moda": il primo, appunto, è riferito a epoche e a civiltà passate, la seconda, invece, è usata per l'età corrente. Frequente è infine l'uso di "costume" al plurale per indicare gli abiti disegnati e indossati nelle produzioni teatrali o cinematografiche.

somigliante. E come che[13] l'esser liberale o constante o magnanimo sia per sé sanza alcun fallo[14] più laudabil cosa e maggiore che non è l'essere avenente[15] e costumato, non di meno forse che la dolcezza de' costumi e la convenevolezza de' modi e delle maniere e delle parole giovano non meno a' possessori di esse che la grandezza dell'animo e la sicurezza[16] altresì a' loro possessori non fanno: perciò che queste si convengono essercitare ogni dì molte volte, essendo a ciascuno necessario di usare con gli altri uomini ogni dì et ogni dì favellare[17] con esso loro; ma la giustitia, la fortezza e le altre virtù più nobili e maggiori si pongono in opera più di rado; né il largo[18] et il magnanimo è astretto di[19] operare ad ogni ora magnificamente,[20] anzi non è chi possa ciò fare in alcun modo molto spesso; e gli animosi uomini e sicuri[21] similmente rade volte sono constretti a dimostrare il valore e la virtù loro con opera. Adunque, quanto quelle di grandezza e quasi di peso vincono queste, tanto queste in numero et in ispessezza[22] avanzano[23] quelle: e potre' ti, se egli stesse bene di farlo, nominare[24] di molti, i quali, essendo per altro[25] di poca stima,[26] sono stati, e tuttavia sono, apprezzati assai per cagion[27] della loro piacevole e gratiosa maniera solamente; dalla quale aiutati e sollevati, sono pervenuti ad altissimi gradi, lasciandosi lunghissimo spatio adietro coloro che erano dotati di quelle più nobili e più chiare virtù che io ho dette. E come i piacevoli modi e gentili hanno forza di eccitare[28] la benivolenza di coloro co' quali noi viviamo, così per lo contrario[29] i zotichi e rozzi incitano altrui ad odio et a disprezzo di noi. Per la qual cosa, quantunque niuna pena abbiano ordinata le leggi alla spiacevolezza et alla rozzezza de' costumi (sì come a quel peccato che loro è paruto leggieri,[30] e certo egli non è grave), noi veggiamo non di meno che la natura istessa ce ne castiga con aspra disciplina, privandoci per questa cagione del consortio[31] e della benivolenza degli uomini: e certo, come i peccati gravi più nuocono, così questo leggieri più noia o noia almeno più spesso; e sì come gli uomini temono le fiere salvatiche e di alcuni piccioli animali, come le zanzare sono e le mosche, niuno[32] timore hanno, e non di meno, per la continua noia[33] che eglino[34] ricevono da loro, più spesso si ramaricano di questi che di quelli non fanno, così adiviene che il più delle persone odia altrettanto gli spiacevoli uomini et i rincrescevoli[35] quanto i malvagi, o più. Per la qual cosa niuno può dubitare che a chiunque si dispone di vivere non per le solitudini o ne' romitorii,[36] ma nelle città e tra gli uomini, non sia utilissima cosa il sapere essere ne' suoi costumi e nelle sue maniere gratioso e piacevole; sanza che le altre virtù hanno mestiero[37] di più arredi,[38] i quali mancando, esse nulla o poco adoperano;[39] dove questa, sanza altro patrimonio, è ricca e possente, sì come quella che consiste in parole et in atti solamente.[40]

13. come che: sebbene.
14. sanza alcun fallo: senza alcun dubbio.
15. avenente: di presenza piacevole.
16. sicurezza: coraggio.
17. favellare: parlare.
18. largo: generoso.
19. è astretto di: si trova nella necessità di.
20. magnificamente: in modo ammirabile.
21. animosi... e sicuri: coraggiosi (sinonimi).
22. ispessezza: frequenza.
23. avanzano: superano.
24. potre' ti... nominare: ti potrei... menzionare.
25. per altro: per il resto.
26. di poca stima: poco stimati.
27. per cagion: a causa.
28. eccitare: sollecitare.
29. per lo contario: al contrario.
30. leggieri: lieve, perdonabile.
31. consortio: compagnia.
32. niuno: nessuno.
33. noia: fastidio, disturbo.
34. eglino: essi.
35. rincrescevoli: riprovevoli.
36. romitorii: luoghi di eremitaggio.
37. hanno mestiero: hanno bisogno.
38. arredi: ornamenti.
39. nulla... adoperano: sono poco o per niente efficaci.
40. questa... solamente: mentre le buone maniere, senza altri ornamenti, sono ricche ed efficaci (*possente*), così come quelle cose che consistono solo di parole e azioni.

Analisi del testo

Struttura

La presentazione del maestro e della materia All'inizio del trattato il precettore prende la parola per illustrare le proprie credenziali di maestro: essendo anziano, ha potuto fare esperienza delle varie situazioni del vivere in società, nelle quali è possibile commettere errori e alienarsi così la stima (definita «benivolenza», r. 28) delle altre persone; è quindi in grado di dare consigli su come comportarsi in questi frangenti delicati (rr. 1-12).

Una volta stabilita la propria competenza in questo campo, passa quindi a difendere la dignità di quanto sta per insegnare. Senza negare l'importanza di quelle che considera essere autentiche virtù (il coraggio, la generosità, la magnanimità ecc.), il maestro crede che l'educazione di un ragazzo debba partire dalle buone maniere perché sono più facilmente assimilabili in giovane età (rr. 12-22).

Le buone maniere come virtù Queste, del resto, pur non essendo vere e proprie virtù, sembrano però esserlo, nel senso che consentono a chi le padroneggia di apparire virtuoso agli occhi degli altri. Inoltre, dal momento che le occasioni di scambio con altre persone sono molto frequenti, il ricorso alle buone maniere è richiesto molto più spesso rispetto al ricorso alle virtù vere e proprie, delle quali non sempre è possibile dare dimostrazione (per esempio, di rado sono richieste prove di coraggio, oppure non sempre c'è occasione per mostrare particolare generosità o magnanimità; rr. 22-30).

La misura della dignità morale di una persona, quindi, risiede nella percezione che si suscita in chi si frequenta: è fondamentale allora non risultare spiacevoli, non dare «noia» agli altri con atteggiamenti sconvenienti e sollecitarne invece una reazione di simpatia e «benivolenza» (rr. 30-35).

Giovanni Antonio Fasolo, *La merenda*, dettaglio, XVI secolo. Vicenza, Villa Caldogno.

Lingua e stile

Sintassi, metafore e similitudini Il brano presenta una sintassi molto complessa con ampi periodi ricchi di proposizioni subordinate (come la lunghissima frase di apertura, per esempio). Ciò è in linea con lo stile molto sostenuto, quasi pomposo, cui ricorre Della Casa in tutto il trattato.
Della Casa fa largo uso di metafore e similitudini esplicative. Proprio una metafora, piuttosto tradizionale, si trova in apertura del brano, quella della vita come un viaggio, nel quale è possibile a volte perdere la «diritta via» (celebre espressione dantesca, da *Inferno* I, 3: «che la diritta via era smarrita»). In chiusura, invece, è presente una similitudine (rr. 35-39), per spiegare il confronto tra virtù e buone maniere: le prime sono come animali feroci, che si incontrano meno di frequente e perciò sono meno temuti, mentre le seconde sono come animali più innocui (le zanzare, per esempio), ma considerati molto fastidiosi per la loro presenza assillante.
Nonostante il ricorso a una lingua elevata, nel brano si trovano anche alcune forme vernacolari fiorentine (per esempio il congiuntivo «possi», r. 4), con le quali Della Casa cerca di riprodurre la lingua del vecchio precettore, che è un personaggio in realtà illetterato, privo di preparazione culturale.

Temi

Un esempio agostiniano Il paragone conclusivo tra la puntura della zanzara e il morso del leone è un esempio presente anche in un'opera di sant'Agostino (*Sulle dieci corde*), dove è impiegato per mostrare quanto sia importante guardarsi dai peccati veniali, apparentemente meno pericolosi di quelli mortali, ma più insidiosi, perché le occasioni di commetterli sono molto più frequenti. Questo rimando intertestuale è significativo perché mostra, per contrasto, il contesto completamente laico in cui si inserisce il *Galateo*. Nell'ambito tutto umano della convivenza sociale, infatti, non c'è alcun paradiso che attende l'individuo come premio per le sue azioni, ma solo un vantaggio "in negativo", cioè l'assenza di conflitti con gli altri e un leggero sollievo dalla fatica e dalla noia dei doveri collettivi.

Officina

COMPRENDERE

1. Quali motivazioni spingono il precettore a educare il giovane alle buone maniere?
2. In che modo il precettore giustifica la dignità del proprio argomento?
3. Quali conseguenze ci sono per chi non ha buona educazione e buone maniere?

ANALIZZARE

4. **Lingua e stile** Analizza il periodare del testo: prevale l'ipotassi o la paratassi?
5. **Lingua e stile** Individua e sottolinea nel testo tutti i termini e le espressioni correlate all'argomento principale, ovvero l'educazione.

INTERPRETARE

6. Confronta l'*incipit* del *Galateo* con la lettera dedicatoria del ***Principe* di Machiavelli**: vi sono delle analogie nelle scelte stilistiche e nel "tono" dei due autori mentre espongono gli obiettivi delle rispettive opere?

PERCORSO DI SCRITTURA

Argomentazione Individuate nel testo le principali argomentazioni avanzate da Della Casa sulla necessità di educare alle buone maniere, riscrivile poi in un testo dal taglio saggistico che non superi le 1000 battute. Ricordati di impiegare la terza persona e di mantenere un registro medio-alto e uno stile impersonale.

COMPETENZE DEL XXI SECOLO

Cittadinanza Dalla pubblicazione del *Galateo* di Della Casa sono passati diversi secoli. L'autore pone il problema della dignità delle persone. Svolgi una ricerca individuando gli articoli della nostra Costituzione che riguardano la dignità morale personale e spiegane il significato in un testo di massimo 1000 battute, indicando la differenza rispetto alla «benivolenza» di Della Casa.

GUIDA AL RIPASSO

Il sacro e il profano: dalla lirica spirituale al *Galateo*

MAPPA

GENERI LETTERARI

- **lirica spirituale**
  - **Fiamma**, *Rime spirituali*
    - commistione tra forme liriche tradizionali e forme tipiche della poesia religiosa
- **poema cavalleresco**
  - **Trissino**, *Italia liberata dai Goti*
    - poema epico dalla forma anomala
    - guerra di Giustiniano contro gli Ostrogoti
  - **Giraldi Cinzio**, *Ercole*
    - mito di Ercole, con allusioni al contemporaneo
    - tra epica classica e romanzo moderno
- **novella**
  - comicità e teatralità
  - smascheramento degli inganni della vita sociale e intrattenimento
  - **Giraldi Cinzio**, *Ecatommiti*
    - cornice e 3 dialoghi a metà narrazione
    - tono solenne e tragico
    - riflessione sui doveri dal carattere didattico
  - **Bandello**, *Novelle*
    - lettere dedicatorie e "ragionamenti" in sostituzione della cornice
    - varietà di temi, situazioni, ambienti
  - **Straparola**, *Le piacevoli notti*
    - cornice e interruzione della narrazione tramite dialoghi, facezie, giochi
    - carattere fiabesco di alcune narrazioni
- **tragedia**
  - superamento del modello greco con Giraldi Cinzio, Speroni e Torelli
- **favola pastorale**
  - fusione tra dramma satiresco greco e poesia bucolica
  - funzione d'intrattenimento del pubblico delle corti
  - tema dell'amore contrastato, dall'esito felice
- **trattatistica comportamentale**
  - formazione del buon cittadino, capace di favorire la vita civile
  - promozione delle "piccole virtù" di stampo borghese
  - rispetto di consuetudini e opinioni comuni
  - **Della Casa**, *Galateo*
    - regolamentazione del comportamento personale in base alle esigenze altrui
  - **Guazzo**, *La civil conversazione*
    - conversazione come antidoto alla solitudine e strumento di guadagno

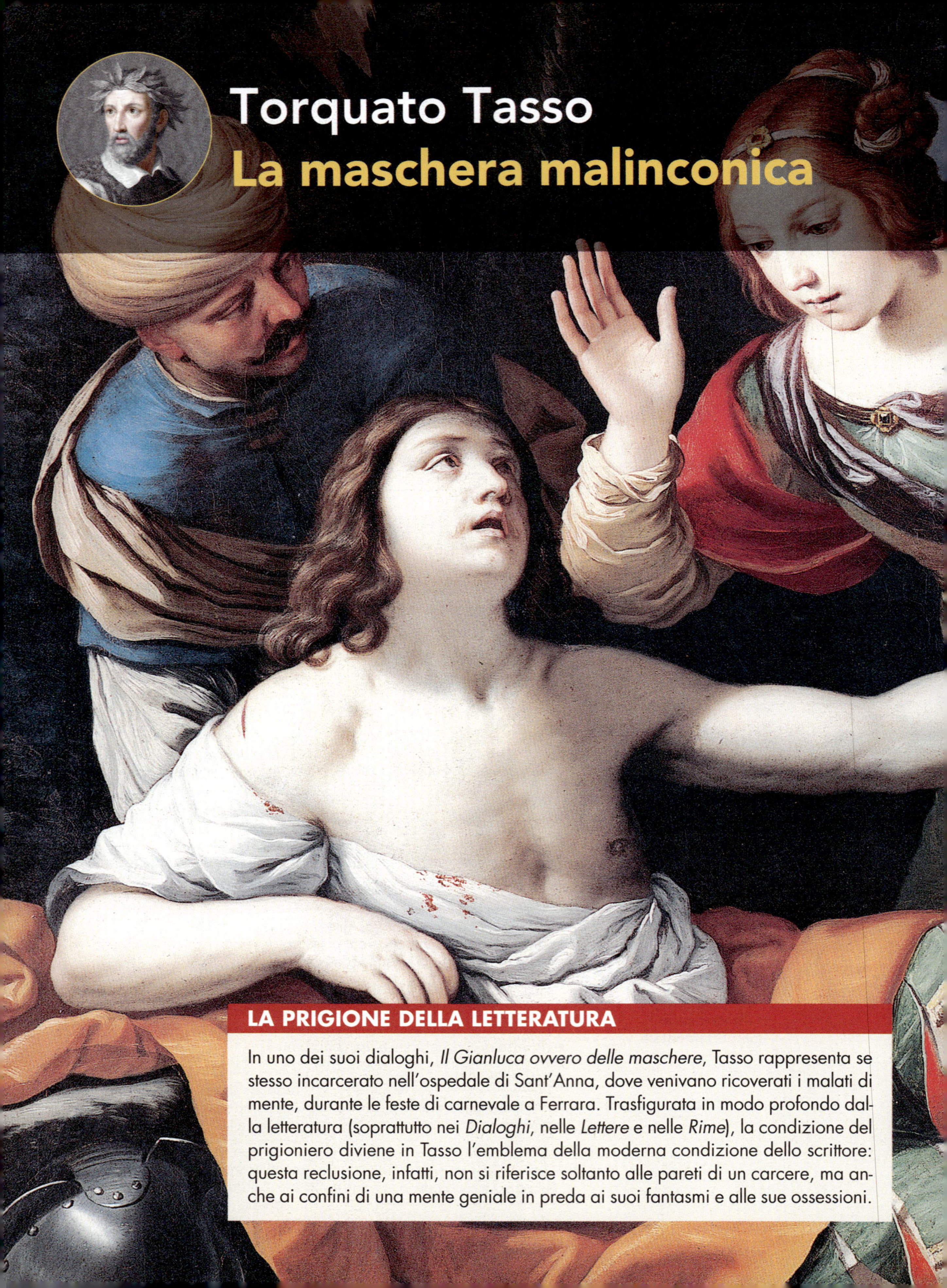

Torquato Tasso
La maschera malinconica

LA PRIGIONE DELLA LETTERATURA

In uno dei suoi dialoghi, *Il Gianluca ovvero delle maschere*, Tasso rappresenta se stesso incarcerato nell'ospedale di Sant'Anna, dove venivano ricoverati i malati di mente, durante le feste di carnevale a Ferrara. Trasfigurata in modo profondo dalla letteratura (soprattutto nei *Dialoghi*, nelle *Lettere* e nelle *Rime*), la condizione del prigioniero diviene in Tasso l'emblema della moderna condizione dello scrittore: questa reclusione, infatti, non si riferisce soltanto alle pareti di un carcere, ma anche ai confini di una mente geniale in preda ai suoi fantasmi e alle sue ossessioni.

Inquadra
il codice
per accedere
alla lezione
dell'autore.

VIDEO

LA MALINCONIA

Il tema della maschera ci suggerisce un altro aspetto notevole dell'opera tassiana. Per la prima volta un autore presenta la propria tormentata biografia come il documento di un dramma esistenziale esemplare e non soltanto individuale, dunque espressione dell'intera condizione umana, che verrà da lui definita «aspra tragedia» (*Gerusalemme liberata*) e paragonata a un «alpestro e rapido torrente» (*Re Torrismondo*). Come mai prima era accaduto, Tasso mette il proprio cuore a nudo e si sofferma sui particolari fisici e psicologici della propria "malattia letteraria": la malinconia.

IN ESILIO DA SÉ STESSI

L'"io" viene così considerato un'entità fragile e ambigua come le altre, in cui è ormai evidente l'incertezza sullo statuto della propria stessa individualità; un'incertezza che si ritroverà nella letteratura del Novecento: basti pensare a *Il fu Mattia Pascal* di Pirandello. L'"io poetico" tassiano è caratterizzato dalla solitudine e da un "esilio" che non allontana più soltanto dalla patria, come accadeva per Dante, ma anche dalla società e dalla vita stessa: Tasso si rappresenta come bersaglio di un'avversa fortuna, consegnato per sempre a un destino di dolore senza riscatto. È una soggettività che nel capolavoro tassiano, la *Gerusalemme liberata*, troverà poi voce attraverso i personaggi del poema, nel loro conflitto interiore e nel tema, anch'esso innovativo, della lotta dell'individuo contro il destino.

SCRITTURA E ORDINE DEL MONDO

Alla letteratura Tasso affida il compito fondamentale di fornire un'interpretazione globale del mondo, anche sul piano filosofico e religioso; è l'ultima volta che questo accade nella storia letteraria, prima che si compia la rivoluzione scientifica con Galileo e la dissoluzione dei generi e delle forme operata dal Barocco. Attraverso la letteratura, Tasso cerca in tutti i modi di rappresentare un ordine morale e cosmico ma, contemporaneamente, percepisce l'intrinseca fragilità di questo tentativo. È un equilibrio precario, che il poeta aveva già immaginato nei *Discorsi dell'arte poetica* per la sua *Gerusalemme liberata*, quando aveva parlato di «picciol mondo», nel quale basta una minima sottrazione o spostamento a far sì che tutto crolli. La scrittura letteraria, in conclusione, rappresenta per Tasso il più potente e duttile strumento di conoscenza: questa l'alta eredità che soltanto Leopardi avrà la forza e il coraggio di raccogliere.

MANTOVA

Tasso lascia l'ospedale di Sant'Anna grazie all'intercessione del duca di Mantova, e si trasferisce per un breve periodo nella città dei Gonzaga. A partire dallo stesso 1586, tuttavia, inizia una lunga peregrinazione in varie città, che si arresterà solo nel 1592.

PADOVA

Arrivato qui nel 1560, il poeta completa la sua formazione seguendo corsi di filosofia e di eloquenza. Si sposta poi a Bologna nel 1562, dove concepisce il *Rinaldo*.

FERRARA

Alla corte estense Tasso rimane fino al 1586, ottenendo un grande successo con l'*Aminta* e la *Gerusalemme liberata*. Si manifestano i suoi problemi di salute, che culminano con un periodo di detenzione forzata in ospedali psichiatrici.

URBINO

Nel 1556 Torquato segue qui il padre, entrato al servizio dei duchi. Dopo pochi anni (1559) i due si trasferiscono a Venezia, dove Tasso concepisce il progetto del *Gierusalemme*.

ROMA

Tasso si ferma infine a Napoli, compiendo comunque numerosi viaggi verso Roma, dove muore il 25 aprile 1595.

SORRENTO

Tasso nasce a Sorrento l'11 marzo 1544. La sua prima formazione si svolge tra questa città e Napoli, prima di raggiungere il padre a Roma nel 1554.

VITA

- **1544** Nasce a Sorrento l'11 marzo
- **1554** Raggiunge il padre a Roma
- **1556** Si trasferisce a Urbino
- **1559** Giunge a Venezia
- **1560** A Padova studia filosofia ed eloquenza
- **1562** Prosegue gli studi a Bologna
- **1564** A Ferrara è al servizio del cardinale Luigi d'Este
- **1572** Passa al servizio del duca Alfonso II
- **1577** Si autoaccusa presso il Tribunale dell'Inquisizione e viene assolto
- **1579** Detenzione presso l'ospedale di Sant'Anna
- **1586** Lasciato libero dal duca di Ferrara, ripara a Mantova e di lì a Roma
- **1586-92** Peregrinazioni in varie città d'Italia
- **1595** Muore a Roma il 25 aprile

OPERE

- **1559** Inizia a scrivere il *Gierusalemme*
- **1562** *Rinaldo*
- **1564-77** *Gerusalemme liberata*
- **1573** *Aminta*
- **1580** *Il Messaggiero*
- **1581-87** *Rime e prose*
- **1585** *Discorso dell'arte del dialogo; Apologia in difesa della «Gerusalemme liberata»*
- **1587** *Re Torrismondo; Discorsi dell'arte poetica*
- **1588** *Il Monte Oliveto*
- **1593** *Gerusalemme conquistata; Giudicio sovra la sua Gerusalemme da lui medesimo riformata; Le lacrime di Maria Vergine; Le lacrime di Gesù Cristo*
- **1594** *Le sette giornate del mondo creato; Discorsi del poema eroico*

STORIA

- **1545-63** Concilio di Trento
- **1555** Pace di Augusta tra cattolici e protestanti
- **1559** Pace di Cateau-Cambrésis
- **1571** Battaglia di Lepanto e sconfitta turca
- **1572** Strage di ugonotti nella notte di San Bartolomeo
- **1588** Disfatta dell'Invincibile Armata

LETTER[...] ARTI E SCIE[...]

- **1545** Il letterato ferrarese Giovan Battista Giraldi scrive l'*Egle*, che darà inizio alla tradizione della favola pastorale.
- **1548** Il letterato vicentino Gian Giorgio Trissino pubblica il poema eroico *L'Italia liberata dai Goti* in endecasillabi sciolti, che si risolverà in un insuccesso.
- **1575** Esce a stampa il commento del senese Alessandro Piccolomini alla *Poetica* di Aristotele
- **1578** Il letterato francese Guillaume du Bartas compone *La Settimana o la creazione del mondo*, primo esempio di poema esameronico rinascimentale a cui appartiene anche il *Mondo creato* del Tasso.
- **1580** Esce la prima edizione dei *Saggi di* Michel de Montaigne.
- **1582** Viene pubblicato il *Concerto delle donne* a più voci, con musiche di Luzzasco Luzzaschi, eseguito alla corte di Ferrara: tra le voci anche Laura Peperara, destinataria delle *Rime* tassiane.
- **1592** Jacopo Robusti detto il Tintoretto inizia a dipingere *L'ultima cena*.

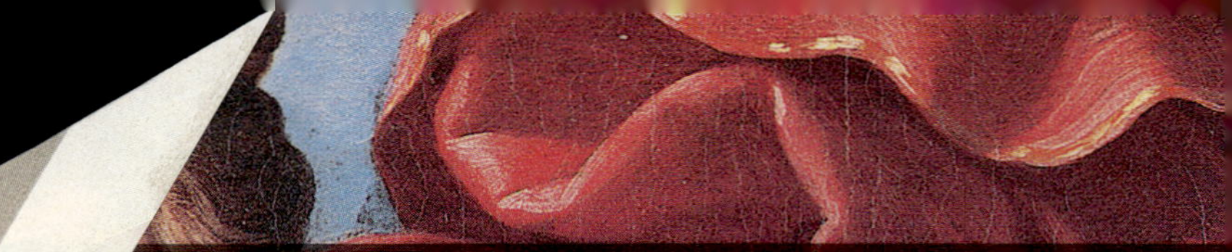

…nza nel segno …anza

…nasce a Sorrento l'11 marzo 1544, da Porzia de' Rossi, una nobildon-… da Bernardo, un letterato di origine bergamasca, impiegato al servizio … di Salerno Ferrante Sanseverino. La sua infanzia è caratterizzata da una … di distacco dai genitori: il padre era spesso assente per i suoi incarichi di …no e, nel 1552, va in esilio per un paio d'anni con il principe Sanseverino, ac-… di essersi opposto all'introduzione del Tribunale dell'Inquisizione nel Regno di Napoli; la madre, invece, rimasta a Napoli mentre Torquato raggiunge il padre a Roma nel 1554, muore improvvisamente già nel 1556.

VIDEO

Inquadra il codice per accedere alla lezione su Tasso

Fin da subito Torquato avverte la minaccia incombente sul proprio nucleo familiare, anche dal punto di vista materiale: i beni del padre vengono confiscati dopo l'esilio, mentre quelli della madre (compresa la sua dote) sono incamerati dagli avidi parenti di Porzia grazie a maneggi legali. Questa condizione spiega in parte perché Torquato si sia spesso rappresentato come straniero errante (sceglierà per sé lo pseudonimo di «**Forestiero napoletano**»), sempre in fuga da un destino avverso (come ricorda la *Canzone al Metauro* ➤ **T1**).

La formazione e il *Gierusalemme*

Dopo aver frequentato il collegio dei Gesuiti a Roma, nel 1556 Torquato si reca con il padre alla **corte di Urbino**, presso cui Bernardo si era trasferito entrando al servizio di Guidubaldo II della Rovere: qui il giovane Tasso viene seguito da maestri illustri. Nell'estate del 1559 padre e figlio si trasferiscono a **Venezia**, uno dei più fervidi centri editoriali, dove il padre si era recato per seguire la stampa del suo poema *Amadigi*. In questo ambiente così stimolante e pieno di grandi intellettuali (➤ p. 138), il giovanissimo Tasso concepisce l'**ambizioso progetto del *Gierusalemme***, un poema sull'impresa di Goffredo di Buglione durante la Prima crociata (materia poi confluita nella *Gerusalemme liberata*), che si interrompe però dopo poco più di cento ottave.

Tra Padova e Bologna

Nel 1560, Torquato viene mandato dal padre a **Padova** per seguire il corso di legge presso quell'importante università. Ben presto Tasso lascia gli studi giuridici per seguire i **corsi di filosofia e di eloquenza**, grazie ai quali comincia ad accostarsi ai testi teorici più importanti per la riflessione letteraria del secondo Cinquecento come la *Poetica* di Aristotele (➤ p. 479). In questo ambiente, contraddistinto dalla libertà di pensiero della vicina Venezia, il giovane Tasso comincia a pensare alla propria figura intellettuale in modo nuovo, cioè come un letterato che non si accontenta solo di suscitare diletto nei destinatari di corte e nei lettori, ma che aspira anche alla disinteressata ricerca del vero e all'indipendenza di giudizio propria del filosofo. È questa una speranza anacronistica, che sarà più tardi smentita dal condizionamento sulle sue opere esercitato da un lato dalla Chiesa e dall'altro dall'ambiente di corte.
Tra le lezioni universitarie di Padova e quelle di **Bologna**, dove soggiorna nel 1562, Tasso ha la possibilità di seguire l'**insegnamento dello storico Carlo Sigonio**. Sigonio non solo si distinse per l'uso rigoroso delle fonti nella ricostruzione della storia romana

e medievale, ma fu anche un notevole studioso di filologia, ed è una figura importante per il giovane poeta per due ragioni: prima di tutto per averlo indotto a riflettere a fondo sul ruolo della storia e del verosimile nella scrittura letteraria, come mostrano i *Discorsi dell'arte poetica* (1565); secondariamente per avere composto un trattato *Sul dialogo* (*De dialogo liber*) che influenzerà profondamente Tasso e lo indurrà a scegliere proprio questo genere letterario per la prosa (➤ p. 543).

La seconda prova epica: il *Rinaldo*

Dopo aver compiuto questa prima stagione di studi e aver condotto i primi esperimenti poetici, Tasso presenta un **secondo poema cavalleresco**, il ***Rinaldo*** (1562). Il giovane poeta aveva assimilato la feconda speculazione teorica su questo genere letterario (➤ p. 487) e, su questa base, tenta nel poema un compromesso tra due strade differenti: la **linea ariostesca**, caratterizzata da un'azione varia e molteplice, dalle avventure e dalle meraviglie, e il **rispetto delle regole aristoteliche**, che impongono di narrare vicende incentrate su un solo protagonista. Questa mediazione aspira, in definitiva, a una sintesi tra una letteratura di successo perché estremamente dilettevole, e una letteratura colta e filosoficamente fondata, che non parli soltanto al largo pubblico ma anche a quello dei dotti.

Il periodo ferrarese: l'*Aminta* e la *Gerusalemme liberata*

Dopo gli anni a Urbino, Tasso si sposta a Ferrara nella **corte estense** (1564-65), prima al servizio del cardinale Luigi d'Este (fino al 1572) e poi al servizio di Alfonso II, fratello del cardinale. Qui Torquato riscuote immediatamente un grande successo, grazie alle sue straordinarie doti nel comporre: sono molto apprezzate le sue liriche di argomento sia amoroso – come le rime dedicate alla dama di corte Lucrezia Bendidio – sia encomiastico. Esente da obblighi diplomatici di particolare responsabilità, amato e stimato dal duca e dalle principesse Lucrezia e Leonora, Tasso trascorre un breve periodo di quiete e di fervore creativo. Nel 1573 compone l'***Aminta*** (➤ p. 532), un genere nuovo nel quale si mescolano **scrittura teatrale e soggetto pastorale**, con una serie di allusioni a personaggi ben determinati della corte estense.

Nel frattempo Tasso si dedica alla prima stesura di un **nuovo poema cavalleresco**, il ***Goffredo***, poi edito con il titolo di ***Gerusalemme liberata***, ultimato nel 1575. L'argomento del poema, con il quale aspira ad assumere il ruolo di poeta ufficiale di corte, è la conquista di Gerusalemme per mano dei crociati guidati da Goffredo di Buglione. La scelta dell'autore è quella di cercare una via alternativa a quella ariostesca, tanto sul piano della materia narrata, quanto su quello della lingua e dello stile. Un compito non facile, considerati anche gli insuccessi in cui erano incorsi i precedenti tentativi di intraprendere strade differenti da quella del *Furioso* (➤ p. 204).

Subito dopo aver concluso la prima stesura, l'autore sottopone il poema al giudizio di alcuni revisori. Sarà un periodo logorante, con l'autore impegnato a controbattere ogni sorta di obiezioni: da quelle di tipo linguistico e formale a quelle sulla struttura della vicenda, alle riserve sugli episodi considerati irriverenti sul piano religioso.

Le tensioni con la corte estense

La quiete e la serenità di questi anni, intanto, cominciano a dileguarsi: il poeta, infatti, inizia a compiere una serie di passi falsi, che comprometteranno il suo rapporto con il duca di Ferrara e la sua corte. Innanzitutto, nel 1575, Tasso tenta di avvicinarsi ai Medici di Firenze, tradizionali nemici degli Estensi, provocando una serie di sospetti sulla sua fedeltà al casato ferrarese.

Poi, tormentato da **dubbi di natura religiosa e filosofica**, nel 1577 si autodenuncia per ben due volte all'Inquisizione, sottoponendosi a interrogatori che non riscontrano nulla di irregolare nella sua fede. Anche questa iniziativa viene vista con fastidio dal duca Alfonso II, a causa dei rapporti non facili tra la Chiesa e gli Estensi, sia per ragioni economiche e territoriali sia per le tensioni religiose dovute alla fede calvinista della madre di Alfonso, la duchessa Renata di Francia.

Il disagio psicologico e la detenzione

In questo periodo anche l'equilibrio mentale di Tasso comincia a vacillare: il poeta è spesso preda di scatti d'ira, tanto che, nel 1577, dopo aver minacciato con un coltello un servo di fronte alla principessa Lucrezia, viene costretto alla detenzione nel convento ferrarese di San Francesco. Di qui fugge per raggiungere la sorella a Sorrento e iniziare poi una serie di **peregrinazioni per l'Italia**. Il suo affannoso viaggiare è dettato soprattutto dal desiderio di recuperare il manoscritto della *Gerusalemme*, rimasto a Ferrara, e contemporaneamente di ingraziarsi qualche altro signore disposto ad accoglierlo. Tornato infine a Ferrara nel marzo del 1579, durante le nozze di Alfonso II con Margherita Gonzaga Tasso perde di nuovo il controllo e comincia a inveire contro la corte e il duca stesso: arrestato come pazzo su ordine del duca, viene rinchiuso nell'ospedale di Sant'Anna.
Ha inizio così il periodo della detenzione (che si protrarrà fino al 1586), segnato dal continuo alternarsi di lucidità e stati di alterazione psichica. Il poeta lascia traccia di questa condizione nelle sue lettere, attraverso cui tenta di stabilire contatti e trovare nuovi appoggi e protezioni.
Nonostante i frequenti eccessi di malinconia lo turbino e gli rendano difficile la concentrazione, Tasso non tralascia di lavorare alacremente, dedicandosi soprattutto alla **correzione della *Gerusalemme liberata***, alla composizione dei *Dialoghi* e di rime autobiografiche che denunciano la sua drammatica condizione di recluso. Il poema intanto, a partire dal 1581, viene divulgato a sua insaputa in edizioni parziali e scorrette. Nel 1584 il poeta replicherà con la breve *Apologia in difesa della Gerusalemme liberata* agli accademici della Crusca, che avevano criticato il poema soprattutto sul piano delle scelte linguistiche contrapponendogli il *Furioso*.

Dalla *Liberata* alla *Conquistata*

Per intercessione del duca di Mantova, Vincenzo Gonzaga, Tasso viene finalmente liberato da Sant'Anna, il 12 luglio 1586. Ospitato per un breve periodo dallo stesso Gonzaga, Torquato porta a termine la tragedia ***Re Torrismondo***, donando il manoscritto al suo protettore, ma ben presto riprende il suo inquieto girovagare. Mentre i suoi versi gli procurano fama europea, Tasso prosegue nell'instancabile revisione delle proprie opere: i dialoghi del periodo 1578-84; le rime, tra le quali opererà una selezione accompagnandola con un proprio commento; ma soprattutto il suo poema, con una revisione così profonda che condurrà alla ***Gerusalemme conquistata***, a tutti gli effetti un'opera diversa rispetto alla *Liberata* da cui discende e pubblicata a Roma nel 1593.

Tra Roma e Napoli

Gli ultimi anni della sua vita si svolgono fra Roma e Napoli. Nel 1592, a Napoli, Tasso comincia a comporre *Il mondo creato*, un poema sulle sei giornate della creazione che ripropone la **poesia cosmologica** derivata dal *De rerum natura* di Lucrezio e poi ripresa dalla tradizione dei poemi cristiani che si ispirano al libro della *Genesi*. L'opera, assieme alla *Conquistata* e ad alcune altre composizioni minori come *Il Monte*

FISSA I CONCETTI

- Ripercorri le principali tappe della vita di Tasso attraverso i luoghi da lui frequentati.

Oliveto e *Le lagrime di Maria Vergine*, conferma il carattere religioso dell'ispirazione nell'ultimo periodo creativo di Tasso.
A Roma si pone sotto la protezione del cardinale Cinzio Aldobrandini, cui sarà dedicata la *Conquistata*. Nel 1595, a seguito dell'aggravarsi delle sue condizioni di salute, Tasso viene ricoverato al convento di Sant'Onofrio sul Gianicolo, dove muore e viene sepolto il 25 aprile.

RITRATTO D'AUTORE

Baudelaire vede Tasso attraverso Delacroix

Proprio grazie alla straordinaria diffusione del mito biografico del Tasso, la prigione diverrà un luogo letterario d'eccellenza. A partire dalla fine del Settecento viaggiatori illustri – da Goethe a Byron a Chateaubriand – la eleggono come meta di pellegrinaggio, per trovare conferma del nesso tutto romantico tra infelicità, estro poetico e malinconia. Il poeta, malato, costretto alla solitudine e custodito tra le solide mura del carcere-manicomio di S. Anna a Ferrara, vince la reclusione e l'isolamento grazie al proprio genio, affidando ai versi un messaggio universale che attraverserà i confini e le epoche. Il sonetto di Charles Baudelaire dal titolo *Sul Tasso in prigione* (1866) prende spunto da un celebre quadro di Eugène Delacroix dallo stesso titolo, dipinto nel 1839. In modo significativo l'opera di Delacroix pone al centro, indicata da un gruppo di folli dietro le sbarre della cella in cui il poeta è rinchiuso, una serie di fogli manoscritti da lui vergati. In Baudelaire la prigione ormai non è più un luogo fisico, ma uno spazio della mente: il luogo della «vertigine» che può appartenere solo a una personalità geniale d'eccezione, come l'autore francese stesso si ritiene. La fantasia spalanca davanti a Tasso un «abisso», dà vita a mille famtasmi, bizzarri e spaventosi: quei «sogni oscuri», tuttavia, continuano a essere preferibili rispetto alla cieca e bruta realtà, rappresentata dalle «quattro mura» che tengono prigioniero il poeta.

Sul *Tasso in prigione* di Delacroix

Il poeta in cella, trasandato, malato,
Sgualcendo un manoscritto con il piede agitato,
Osserva con lo sguardo infiammato dal terrore,
L'abisso di vertigine dove sprofonda il suo cuore.
Le risa inebrianti di cui risuona la prigione
Allo strano e all'assurdo portan la sua ragione ;
Il Dubbio lo assedia, e la Paura orrenda,
Multiforme e ridicola, lo circonda.
Questo genio rinchiuso in un tugurio infame,
Queste smorfie, queste grida, queste ombre il cui sciame
Turbina dietro il suo orecchio, tumultuoso,
Questo sognatore risvegliato dal suo alloggio spaventoso,
Ecco il tuo emblema, Anima dai sogni oscuri,
Che il Reale soffoca tra i suoi quattro muri!

Eugène Delacroix, *Tasso in prigione*, 1839. Winterthur, (Canton Zurigo, Svizzera) collezione Oskar Reinhart.

TEMI E GENERI

La costruzione del mito autobiografico

La biografia alla base del mito

Tasso ha dato origine a un vero e proprio "mito autobiografico", che ne ha fatto una delle grandi figure dell'immaginario europeo dal Cinquecento all'Ottocento.
A differenza di altri celebri poeti (come Dante, Petrarca o Shakespeare), il "mito" di Tasso sembra fondarsi più sulla vita che sull'opera. Proprio la biografia, infatti, è stata alla base del mito. Tasso stesso ne parla nelle lettere, la presenta più letterariamente nei *Dialoghi* e la sua biografia si rispecchia in modo obliquo anche nel suo grande poema, la *Liberata*, attraverso diversi personaggi, ciascuno dei quali potrebbe essere letto come proiezione dell'io del poeta.

Una vita eccezionale

È comunque un dato di fatto che la vicenda tassiana appare a un osservatore come "eccezionale", in virtù di diversi elementi.
Il primo è certamente dovuto alla "malinconia" (*Temi e generi* ➤ p. 537), quel grumo di infermità fisiche, irrequietudine dell'animo e vero turbamento mentale, che si concretizza in malattie del corpo, gesti inconsulti, allucinazioni e visioni e che lo accompagna lungo tutto il tempo della sua non lunga vita (Torquato muore a soli cinquantun'anni). C'è poi il dramma delle carcerazioni; la prima, breve, nel 1577, dopo un'esplosione di mania persecutoria; molto più lunga la seconda, dal 1579 al 1586. La notizia dell'uomo di genio rinchiuso in un tetro carcere, per ragioni che restano in parte misteriose (complotto dei cortigiani, capriccio del principe, aspirazione a un amore "proibito"), colpì subito l'immaginazione di tutti, non solo dei letterati, in quanto ebbe una risonanza popolare. Alla reclusione fa da contraltare l'inarrestabile, eppure vano movimento che caratterizza la sua esistenza, quella "erranza" che gli impedisce di trovare stabile riparo presso una qualsivoglia corte italiana. Prendendo in esame alcune fasi della biografia tassiana si resta sconcertati dalla sua "mobilità". Quando nel 1577, dopo la prima restrizione, fugge da Ferrara, si reca a Sorrento dalla sorella, poi a Roma, Siena, Firenze per riapprodare poi a Ferrara. Anni dopo, appena liberato dalla lunga detenzione a Sant'Anna, nel giro di cinque anni si sposta a Mantova, a Bergamo, di nuovo a Mantova, poi a Roma, a Napoli, poi ancora a Roma, a Firenze, a Mantova e nuovamente a Roma. L'"erranza" si unisce talvolta alle forme spettacolari del travestimento. A

Carl Ferdinand Sohn, *Torquato Tasso e le due Leonore*, 1839. Düsseldorf, Museum Kunstpalast.

Sorrento, dalla sorella, giunge in abiti da pastore e, come Ulisse, non si lascia riconoscere se non dopo essersi accertato dell'affetto che la donna ancora nutre per lui. Già in questi elementi risiede la possibilità che Tasso diventi un personaggio e un "caso" letterario.

Una biografia idealizzata

Già per molti aspetti "personaggio", piuttosto che persona reale, è anche il Tasso che emerge dalla prima importante biografia, pubblicata nel 1621 da Giovan Battista Manso, un intellettuale napoletano che rivendicava orgogliosamente l'amicizia del poeta, a cui aveva offerto ospitalità nei suoi ultimi anni.
Manso costruisce un vero e proprio romanzo biografico, che esalta e idealizza la figura del poeta. Trattando i suoi testi poetici come se fossero documenti biografici, Manso crea la leggenda di un Tasso protagonista di un amore "proibito", quello, del tutto platonico, per Leonora d'Este, la sorella del duca di Ferrara Alfonso II; proprio questo amore avrebbe avuto tanta parte nei difficili rapporti con la corte e nel progressivo scivolamento del poeta verso la malattia, che non è però – per Manso – vera follia. La follia è, anzi, una condizione che il biografo intende allontanare completamente dalla fama dell'amico. Il "romanzo" di Manso influì enormemente sull'immagine di Tasso che avrebbero tratto i lettori e gli scrittori dei secoli successivi.

Quattro grandi si rispecchiano in Tasso

Dopo gli elogi che la figura di Tasso – uomo e poeta – riscuote nel Seicento, è nel Settecento e nel primo Ottocento che egli diviene un personaggio che ispira la scrittura di altri autori, in particolare Goldoni, Rousseau, Goethe e Leopardi. In tutti loro il mito di Tasso agisce come occasione di rispecchiamento o come catalizzatore di motivi profondamente radicati nelle rispettive poetiche.

L'interpretazione di Goldoni

A Venezia Goldoni prende spunto dalla popolarità della poesia tassiana (anche i gondolieri, a quanto pare, intonavano strofe musicate della *Liberata*) per fare del poeta il protagonista di una commedia messa in scena nel 1755 e tra le più serie e meditative del suo repertorio. Attraverso la vicenda di Tasso perseguitato dai pedanti accademici della Crusca, Goldoni tratteggia la propria e personale autodifesa dalle critiche che gli avversari muovevano ai suoi drammi in tema di lingua e di stile.

Rousseau e Goethe

Non è rimasta traccia dell'atto teatrale inserito da Rousseau nelle sue *Muses Galantes* (1744-45), che aveva come protagonista Tasso, ma ne siamo ampiamente informati attraverso le sue *Confessioni*. Rousseau rivive il dramma di Tasso arrivando a una pressoché totale identificazione con il poeta della *Liberata*. Lo scrittore ginevrino non solo sente vicini alla propria sensibilità alcuni particolari aspetti della biografia tassiana (il vagabondaggio e il mascheramento), ma anch'egli si sente perseguitato dagli uomini, amante dell'isolamento e pronto alla fuga nell'interiorità. Infine Goethe, che durante il suo celebre viaggio in Italia accumula suggestioni e immagini tassiane, dedica al poeta italiano un dramma, portato a termine nel 1789. Al centro dell'opera i rapporti del poeta con il potere. In Goethe, Tasso diventa l'eroe che avverte l'inconciliabilità degli ideali eroici e poetici con la realtà meschina della corte, il contrasto tragico tra la libertà della poesia e della fantasia e la prosa del mondo reale.

Il rispecchiamento di Leopardi

L'ultimo dei grandi poeti a cui Tasso ispira un "rispecchiamento" è Leopardi, interessato più all'uomo che al poeta. L'attenzione di Leopardi non è però rivolta agli aspetti biografici eccezionali, semmai rileva il valore esemplare della vita tassiana per tutto il genere umano. In una nota del 1820 contenuta nello *Zibaldone*, Leopardi cita Tasso come esempio di «anima» che, colpita da «somme sventure reali» non riesce più a nutrire quelle illusioni che pure la Natura darebbe all'uomo. Nella canzone *Ad Angelo Mai*, Tasso è assunto come emblema di chi colpito dall'«odio» e dal «livore» dei suoi simili, abbandonato dalle illusioni dell'amore, percepisce «il nulla» come «ombra reale e salda». Tasso assume infine il ruolo di personaggio nella splendida *Operetta morale* intitolata *Dialogo di Torquato Tasso e del suo Genio familiare* (1827). Pur partendo da precisi dati biografici, il testo mette in scena una figura il cui stato può rappresentare ogni uomo. Così Tasso, discorrendo con il Genio, viene condotto ad ammettere che il diletto generato dai sogni è superiore a ogni piacere reale; che il piacere a cui ciascuno aspira è inafferrabile e che perciò l'esistenza stessa è «uno stato violento»; che nell'assenza (permanente) di piacere e nell'assenza (temporanea) di dolore l'esistenza è in definitiva un vuoto a cui si dà il nome di noia. Tasso diventa così un "interlocutore ideale" che dà voce ai grandi motivi della riflessione leopardiana.

2. La riflessione sul genere lirico e le *Rime*

La lezione di Della Casa

La composizione di rime accompagna tutta la vita di Tasso, che sin dalla prima giovinezza mostra una grande abilità letteraria e una rara sensibilità di gusto. Nella sua produzione Tasso si ispira non solo ai **tradizionali modelli petrarcheschi** proposti da Bembo (➤ p. 142), ma anche a un autore fortemente innovativo come Giovanni della Casa (➤ p. 170), che aveva sostituito al tema amoroso prevalente nella lirica petrarchista una più tormentata riflessione sulla vita umana e la sua caducità.
I fondamenti teorici dello stile lirico tassiano, peraltro, sono contenuti in alcune lezioni che il poeta tiene tra il 1567 e il 1572, presso l'Accademia ferrarese, sul sonetto *Questa vita mortal* (➤ p. 173) proprio di Giovanni della Casa, oltre che sulle canzoni del poeta di corte Giovan Battista Pigna (1529-75). Qui Tasso puntualizza che la **poesia lirica** può cantare gli dèi e gli eroi e che anche i sonetti possono accogliere uno stile elevato e argomenti più impegnativi (ritenuti propri dei poemi e delle tragedie). Si tratta di una presa di posizione significativa, perché costituisce un'evoluzione della posizione di Dante nel *De vulgari eloquentia*, secondo la quale soltanto la canzone poteva trattare temi importanti. Per Tasso, inoltre, **Della Casa** è il maestro di uno **stile "sublime"**, soprattutto grazie all'uso frequente dell'*enjambement*, che provoca il continuo scorrimento di un verso nel successivo e rallenta il ritmo conferendo solennità allo stile. Tasso fa proprie queste innovazioni stilistiche e vi aggiunge, a livello tematico, la drammatica materia autobiografica di un poeta che si rappresenta come perseguitato dalla sorte, dal potere e dalla forza dirompente della propria stessa immaginazione: un'unione indistricabile tra **"vita" e "letteratura"** che inaugura un capitolo nuovo nella storia della lirica, differente dal modello petrarchesco per lo sfondo tragico che lo caratterizza, e che presenta la figura autoriale sotto il segno della malinconia e dell'alienazione (➤ p. 537).

L'ordinamento delle *Rime*

Le *Rime* tassiane sono state ordinate dall'autore stesso secondo un criterio tematico, basato su una divisione in **rime amorose**, **d'occasione** (cioè composte per eventi legati alla corte o su richiesta di qualche personaggio influente) e **sacre**, cioè di argomento religioso. Si va dai testi giovanili editi nelle *Rime degli accademici Eterei* di Padova (1567) all'edizione autocommentata degli ultimi anni di vita del poeta (1591-93). Tra questi due estremi cronologici si colloca un gran numero di manoscritti e di stampe miscellanee, spesso scorrette e non conformi alla volontà dell'autore, che hanno preso a circolare disordinatamente durante il periodo della carcerazione a Sant'Anna. Tasso tenta di mettere ordine in questa situazione caotica predisponendo un manoscritto, il cosiddetto codice Chigiano (1584). Da questo momento Tasso cercherà di proporre un'immagine di sé diversa dalla precedente, in cui appariva come poeta invaso dal furore creativo e perseguitato ingiustamente. La tematica prescelta, infatti, sarà quella più convenzionalmente amorosa e le arditezze stilistiche di Della Casa saranno abbandonate per un **ritorno al "classico" Petrarca**.
Ancora più controllata sarà l'ultima raccolta di *Rime* degli anni '90, divisa in una *Parte prima* di argomento amoroso e in una *Parte seconda* che raccoglie le rime d'occasione. Il commento di Tasso alle sue stesse poesie ha soprattutto lo scopo di fornire una loro interpretazione che lo tenga al riparo dalle accuse di paganesimo o di irreligiosità.

FISSA I CONCETTI

- Quali princìpi teorici sulla poesia vengono elaborati da Tasso? Dove?
- Secondo quale criterio è organizzata la raccolta delle *Rime*?

T1 La canzone al Metauro

Rime

Questa canzone fu composta nel 1578, quando il poeta si trovava nella villa di Fermignano, presso Urbino, ospite del suo antico compagno di studi Francesco Maria Della Rovere, dopo la seconda fuga da Ferrara. Il testo è incompiuto (è costituito di sole tre strofe), ma ha avuto comunque ampia circolazione a partire dal 1582.
Ricco di memorie letterarie, da Petrarca a Della Casa, il componimento è pervaso da una sincera forza drammatica e dall'urgenza pressante di testimoniare la propria disgrazia. Il poeta si ritrae come un pellegrino errante, costretto a fuggire continuamente e incalzato dal presentimento doloroso di quanto sta per accadergli. Il desiderio di scrivere il racconto della propria vita è il frutto di un'acuta analisi introspettiva: il poeta riconosce la causa delle sue disgrazie, passate e future, nella precoce e traumatica separazione dalla madre e nelle continue peregrinazioni del padre, legate alla sua professione di cortigiano.

- METRO canzone composta di tre stanze, con fronte di due piedi (aBC aBC, a eccezione della prima stanza aBC aCB) e sirma indivisa CDEeDFGGFHhFll

O del grand'Appennino
figlio picciolo sì ma glorioso,[1]
e di nome più chiaro[2] assai che d'onde;
fugace **peregrino**[3]

Le nostre parole ›

1. **O… glorioso:** il fiume Metauro, che scorre nei pressi di Urbino.
2. **chiaro:** famoso. Nel 207 a.C. sul Metauro fu combattuta e vinta dai Romani la battaglia contro il comandante cartaginese Asdrubale.
3. **fugace peregrino:** pellegrino in fuga. Il poeta si riferisce alla sua seconda fuga da Ferrara, nella primavera del 1578.

Le nostre parole — Peregrino / Pellegrino

Le origini del termine L'aggettivo "peregrino" deriva dal latino *peregrinus*, che significa «straniero». Alle origini del termine c'è l'avverbio *perĕgre*, che vuol dire «fuori città, all'estero», ma letteralmente «per i campi», dato che è formato da *per*, e *ager* , «campo, territorio». Peregrino significa dunque "straniero", ma in senso lato anche "eccezionale", "singolare", oppure "strano", "disusato". La variante italiana "pellegrino", derivata dal latino tardo *pellegrinus*, mantiene ancora il significato di «viaggiatore in terre straniere», ma viene per lo più adoperato in un contesto religioso, dove indica coloro che visitano luoghi sacri per devozione.

Tasso e il laico "peregrino" Nella *Gerusalemme liberata* l'aggettivo "peregrino" compare dodici volte, e mai nell'accezione "religiosa" che richiederebbe la variante "pellegrino", non usata da Tasso. L'uso di "peregrino" in senso laico è stato confermato dall'italianista Charles Klopp, che ha dedicato al tema un'indagine linguistica e ha dimostrato come per Tasso la parola non presenti caratteristiche esplicitamente religiose. Al tempo di Dante, per esempio, l'aggettivo "peregrino" aveva connotazioni marcatamente cristiane («in modo stretto non s'intende peregrino se non chi va verso la casa di Sa' Jacopo [Santiago de Compostela] o riede», si legge nella *Vita nuova*), che si erano già perse nel tardo Quattrocento.

Gli usi moderni Nell'italiano odierno, il "pellegrino" è colui che si reca in luoghi santi a scopo religioso ("pellegrinaggio"). Tuttavia molti elementi del vecchio cerimoniale del pellegrinaggio sono caduti in disuso ("il bastone del pellegrino", "il mantello del pellegrino", e così via). Quanto all'uso specifico di "peregrino" il termine ha perso oggi qualsiasi richiamo al viaggiare, e viene usato nel linguaggio colto per indicare un elemento raffinato lontano dalla realtà conosciuta dai più.

a queste tue cortesi amiche sponde[4]
per sicurezza vengo e per riposo.[5]
L'alta Quercia[6] che tu bagni e **feconde**
con dolcissimi umori, ond'ella spiega
i rami sì ch'i monti e i mari ingombra,[7]
mi ricopra con l'ombra.
L'ombra[8] sacra, ospital, ch'altrui non niega
al suo fresco gentil riposo e sede,[9]
entro al più denso mi raccoglia e chiuda,
sì ch'io celato sia da quella cruda
e cieca dea ch'è cieca e pur mi vede,[10]
ben ch'io da lei m'appiatti[11] in monte o 'n valle
e per solingo calle
notturno mova e sconosciuto il piede;[12]
e mi saetta sì che ne' miei mali
mostra tanti occhi aver quanti ella ha strali.

Ohimè! dal dì che pria
trassi l'aure vitali e i lumi apersi
in questa luce a me non mai serena,
fui de l'ingiusta e ria[13]
trastullo e segno,[14] e di sua man soffersi
piaghe che lunga età risalda a pena.[15]
Sassel la gloriosa alma Sirena
appresso il cui sepolcro ebbi la cuna:[16]
così avuto v'avessi o tomba o fossa
a la prima percossa![17]
Me dal sen de la madre empia fortuna
pargoletto divelse.[18] Ah! di quei baci
ch'ella bagnò di lagrime dolenti,
con sospir mi rimembra[19] e de gli ardenti

lessico
Fecondo
Che produce frutti, che dà la vita, fertile (dal latino *fecŭndus*, aggettivo derivato dalla radice verbale *fē-*, «allattare, nutrire», da cui hanno avuto origine anche *femĭna*, «donna»; *fētus*, «feto»; *filĭus*, «figlio»; *fēlix*, «fertile, prospero», quindi, «fortunato, felice»).

4. cortesi... sponde: Tasso allude alla generosa accoglienza dell'amico Francesco Maria della Rovere.
5. riposo: protezione, che Tasso spera di trovare finalmente alla corte di Urbino.
6. Quercia: emblema della famiglia ducale dei Della Rovere e pianta sacra ai poeti (metonimia).
7. ond'ella... ingombra: grazie alla quale estende i suoi rami a occupare i monti e i mari. Con l'iperbole e l'*enjambement*, Tasso vuole rendere l'idea della vastità dei domini dei duchi di Urbino, distribuiti dall'Appennino all'Adriatico.
8. ombra: la corte, in senso metaforico.
9. ch'altrui... sede: che non nega ad altri protezione e riparo.
10. quella... vede: perifrasi per indicare la Fortuna.
11. m'appiatti: il verbo significa "rendersi piatto per non farsi scoprire". L'immagine è resa ancora più vivida dall'anafora («cieca») del verso precedente.
12. notturno... piede: muova il passo di notte e in incognito. Gli aggettivi hanno valore avverbiale e sono entrambi riferiti a «piede».
13. ingiusta e ria: la dea Fortuna.
14. segno: bersaglio.
15. risalda: risana, rimargina.
16. Sassel... cuna: Lo sa (*Sassel*) la Sirena gloriosa e sacra (cioè Partenope), presso il cui sepolcro (a Napoli) ho avuto la culla (*cuna*, cioè a Sorrento). Secondo il mito Napoli sorse nel luogo di sepoltura della ninfa Partenope, che è anche l'antico nome di Napoli.
17. così... percossa: avessi potuto avere sepoltura, onorata (*tomba*) o misera (*fossa*), al primo colpo.
18. pargoletto divelse: mi strappò quando ero ancora piccolo. Si riferisce al distacco dalla madre Porzia, quando dovette lasciarla per raggiungere il padre in esilio.
19. con... rimembra: ripreso letteralmente da Petrarca (*Canzoniere* CXXVI, 5).

preghi che se'n portar l'aure fugaci:[20]
ch'io non dovea giunger più volto a volto
fra quelle braccia accolto
con nodi così stretti e sì tenaci.[21]
Lasso! E seguii con mal sicure piante,[22]
qual Ascanio o Camilla,[23] il padre errante.[24]

In aspro essiglio e'n dura
povertà crebbi in quei sì mesti errori:[25]
intempestivo senso[26] ebbi a gli affanni;
ch'anzi stagion matura[27]
l'acerbità de' casi e de' dolori
in me rendé l'acerbità de gli anni.
L'egra spogliata sua vecchiezza[28] e i danni
narrerò tutti. Or che non sono io tanto
ricco de' propri guai che basti solo
per materia di duolo?
Dunque altri ch'io da me dev'esser pianto?[29]
Già scarsi al mio voler sono i sospiri
e queste due d'umor sì larghe vene[30]
non aguaglian le lagrime a le pene.[31]
Padre, o buon padre che dal ciel rimiri,
egro e morto ti piansi, e ben tu il sai,
e gemendo scaldai
la tomba e il letto: or che ne gli alti giri[32]
tu godi, a te si deve onor, non lutto:
a me versato il mio dolor sia tutto.

20. gli ardenti... fugaci: le preghiere fervide e dolenti che si dispersero veloci nel vento. Sono i lamenti della madre per la partenza del marito e, due anni dopo, del figlio per Roma, uniti alla speranza, mai avveratasi, di poterli raggiungere.

21. non dovea... tenaci: culmine della tragedia rivissuta dal poeta, che a soli 12 anni fu separato per sempre dalla madre, che morì a Napoli nel 1556. «Giunger» vale "congiungere", "accostare".

22. mal sicure piante: i passi incerti del bambino, privato della vicinanza rassicurante degli affetti più cari.

23. Ascanio o Camilla: due personaggi dell'*Eneide*, figli rispettivamente di Enea e di Metabo, che seguirono, bambini, i loro padri in fuga.

24. errante: bandito nel 1555 dal Regno di Napoli e poi dallo Stato pontificio, Bernardo Tasso visse gli ultimi anni della sua vita fra le corti di Ravenna, Pesaro, Urbino e Mantova.

25. In aspro... errori: In esilio crudele e in dura povertà divenni adulto in quel doloroso vagabondare. L'*enjambement* («dura/povertà») amplia e accresce la forza del sostantivo.

26. intempestivo senso: sensibilità precoce.

27. ch'anzi... matura: prima del tempo debito.

28. L'egra... vecchiezza: La vecchiaia di Bernardo, malata (*egra*) e privata dei beni materiali (*spogliata*). Ormai settatacinquenne, Bernardo aveva ottenuto dai Gonzaga la carica di governatore di Ostiglia, dove morì nel settembre del 1569.

29. Dunque... pianto?: Dunque devo compiangere un altro (il padre) piuttosto che me stesso?

30. vene: sorgenti di lacrime.

31. non... pene: non trovo conforto sufficiente al pianto.

32. alti giri: cioè il paradiso.

Analisi del testo

Struttura

Il poeta esule La *Canzone al Metauro* si articola in tre parti, corrispondenti alle tre stanze di cui si compone. Nella prima il poeta si rivolge al fiume che scorre nelle campagne di Urbino, dove Tasso è ospite dell'antico compagno Francesco Maria Della Rovere, per invocarne la protezione e lamentare la sua sorte amara di fuggiasco ed esule. La prima metà, fino al verso 13, dedicata alle lodi della cortesia e dell'amicizia dei duchi, culmina nella metafora dell'ombra rassicurante della grande Quercia, con allusione all'emblema della famiglia. La seconda metà, invece, è occupata dal rammarico del poeta, che si sente perseguitato dalla cattiva sorte, cieca e crudele.

Il travaglio di una vita La seconda stanza (fino al v. 30) comincia a ripercorrere la vita del poeta, segnata sin dalla nascita dal presagio funesto delle sue disgrazie; passa poi a rappresentare la tragica separazione di Tasso bambino dall'amata madre. Nei versi 30-40 la tensione drammatica determina un rallentamento ritmico, ottenuto grazie ai numerosi *enjambements* («empia fortuna / pargoletto divelse»; «quei baci / ch'ella bagnò»; «ardenti / preghi»), che aiutano a soffermarsi su ogni singolo momento della scena. Alla fine della seconda strofa, la memoria mitologica dei due bambini Ascanio e Camilla, esuli con i rispettivi padri, introduce la figura di Bernardo, il «padre errante», segnato da un destino simile a quello del figlio.

La figura del padre La terza e ultima stanza si apre sotto gli auspici funesti dell'esilio e della povertà, che hanno provocato la precoce presa di coscienza del poeta, sin dall'infanzia. Il ricordo della dolorosa vecchiaia del padre, malato e spogliato di ogni ricchezza, e della sua morte, si intreccia con il pianto del figlio, per le pene presenti e per le passate, fino a sfociare nella speranza della beatitudine eterna.

Lingua e stile

I sentimenti del poeta La canzone viene considerata un esempio di altissima poesia e di stile: Tasso riesce a comunicare l'autenticità delle proprie emozioni, anche se espresse nei toni convenzionali della lirica cinquecentesca, nella piena consapevolezza di una sorte avversa e della dolorosa condizione dell'uomo. Il poeta, con uno stile grave e sublime, ammanta di un'aura eroica la sua biografia, grazie anche ai rimandi letterari (da Ovidio a Petrarca, a Della Casa) e storici (la vittoria dei Romani contro i Cartaginesi).

L'uso degli *enjambement* A livello stilistico Tasso impiega gli elementi che aveva individuato e ammirato nelle sue considerazioni teoriche sulla poesia di Della Casa (➤ p. 170): l'uso dei traslati e l'*enjambement* per rallentare il ritmo e conferire pienezza di suono, affidata ad allitterazioni e iterazioni.

Tiziano Vecellio, *Ritratto di Francesco Maria Della Rovere*, 1536-1538. Firenze, Galleria degli Uffizi.

Gli *enjambements* sono frequenti, sia tra aggettivo e sostantivo («ardenti / preghi», vv. 34-35; «dura / povertà», vv. 41-42) sia tra aggettivo e aggettivo («cruda / e cieca dea», vv. 14-15) sia tra avverbio e aggettivo («non sono io tanto / ricco», vv. 48-49). La ripetizione è presente anche come anadiplosi (ai vv. 10-11: «ombra. / L'ombra») e come geminazione (al v. 15: «e cieca dea ch'è cieca»; vv. 45-46: «acerbità... / acerbità» e v. 55: «Padre, o buon padre»). Ai versi 56-58 ricorre un chiasmo («egro e morto... / la tomba e il letto»), sul quale si innesta un *hysteron proteron*, ovvero l'anticipazione di un elemento che secondo l'ordine logico e cronologico dovrebbe venire dopo (qui «la tomba» che precede «il letto» della malattia).

Temi

Tasso, "uomo del dolore" Ai versi 6-10 Tasso celebra l'emblema della famiglia dei Della Rovere, la quercia (simbolo di forza), e formula così la sua speranza di salvezza, individuandola nella vasta ombra che questo albero produce e che dovrebbe nasconderlo dalle infallibili saette della Fortuna. Qui c'è già l'immagine di un "io" poetico profondamente diversa da quella del letterato rinascimentale: non un ritratto ufficiale e solenne, secondo i canoni autobiografici del tempo, ma l'immagine di un perseguitato in perenne fuga e in cerca di scampo.
La canzone ripercorre passo dopo passo la storia dell'"uomo del dolore" Tasso: da un'infanzia che ha conosciuto il trauma della separazione dalla presenza materna, a una giovinezza al seguito dell'accidentato percorso del padre, cortigiano sfortunato che ha finito i propri giorni in miseria. Molto più che il padre, è sé stesso che Tasso considera degno di pianto: l'immagine finale del dolore versato fino all'ultima goccia, infatti, sembra ispirata dall'episodio evangelico di Cristo che, vedendo l'approssimarsi della crocefissione, chiede per un attimo che sia allontanato da lui il calice amaro delle proprie sofferenze, prima di accettare la volontà del Padre.

Officina

COMPRENDERE

1. Da chi desidera fuggire Tasso e in che modo?
2. Quali eventi della propria vita ripercorre Tasso? In quali punti del testo vi fa riferimento?
3. A chi si rivolge il poeta nei versi finali (vv. 55 ss.)? Che cosa vi afferma?

ANALIZZARE

4. **Lingua e stile** Individua e sottolinea nel testo tutti i termini e le espressioni che si riferiscono alla famiglia dei Della Rovere. Quali aspetti Tasso vuole metterne in luce con questa caratterizzazione?
5. **Lingua e stile** Individua e sottolinea nel testo tutti i termini e le espressioni con cui Tasso si riferisce a sé stesso. Quale immagine emerge del poeta?
6. **Lessico** Fai una ricerca sul dizionario e trova tutti i derivati (sostantivi, verbi, aggettivi) di "fecondo", poi associa ciascuno a un sinonimo o a un'espressione sinonimica.

INTERPRETARE

7. Quale atteggiamento assume il poeta di fronte alla Fortuna? Accettazione e subordinazione, opposizione eroica o ricerca di conforto? Argomenta la tua posizione concentrandoti soprattutto sulla seconda e terza strofa del testo.
8. Confronta il rapporto tra la Fortuna e il poeta, così come descritti ai versi 11-20, con quello tra Amore e l'**io lirico petrarchesco** nei versi 5-8 del sonetto *Pace non trovo* del *Canzoniere* (Tal [cioè Amore] m'à in pregion, che non m'apre né serra, / né per suo mi riten né scioglie il laccio, / e non m'ancide Amore, et non mi sferra [mi libera dalle catene], / né mi vuol vivo, né mi trae d'impaccio.) Trovi somiglianze o differenze nella reazione dei due poeti di fronte all'ostilità da parte della Fortuna in un caso e di Amore nell'altro? Ti sembra che Tasso e Petrarca descrivano in modo simile la loro condizione?

PERCORSO DI SCRITTURA

Riassunto Seguendo l'analisi del testo, suddividi la poesia in tre sequenze. Assegna un titolo a ciascuna ed elabora una sintesi di massimo 3 righe; poi ricava un riassunto della lunghezza massima di 10 righe.

T2 Ecco mormorar l'onde

Rime

Biblioteca digitale
Amor alma è del Mondo, Amor è mente

Questo breve madrigale offre un'estatica contemplazione della natura, colta nel puro schiudersi dell'alba. Il contenuto del componimento, come di consueto nel genere del madrigale, è di secondaria importanza rispetto alla musicalità del testo in cui dominano i versi brevi, conferendo un tono generale leggiadro e disimpegnato. Solo gli ultimi tre versi contengono un accenno alla destinataria e al motivo galante del componimento.
Dalla fine del Cinquecento e fino a tutto il Settecento, Tasso fu senza dubbio uno degli autori più amati dai compositori per la messa in musica dei suoi madrigali, che gli assicurarono ampia fortuna europea.

- METRO madrigale (settenari ed endecasillabi liberamente alternati a rima baciata)

Ecco mormorar l'onde
e tremolar le fronde
a l'aura mattutina e gli arboscelli,
e sovra i verdi rami i vaghi augelli

cantar soavemente
e rider l'oriente,[1]
ecco già l'alba appare
e si specchia nel mare,
e rasserena il cielo

e le campagne imperla il dolce gelo,[2]
e gli alti monti indora.[3]
O bella e vaga Aurora,
l'aura è tua messaggera e tu de l'aura
ch'ogni arso cor ristaura.[4]

1. **rider l'oriente:** brilla la prima luce all'orizzonte, verso Oriente, dove sorge il sole. «Rider» è una voce traslata (usata in accezione metaforica) cara a Tasso, impiegata già da Virgilio e Petrarca.
2. **dolce gelo:** espressione traslata e metaforica.
3. **e le... indora:** la rugiada rende le campagne simili a una distesa di perle, mentre, sui monti, riflette la luce del sole, inondandoli d'oro.
4. **tu... ristaura:** tu sei messaggera dell'aura che ristora ogni cuore inaridito.

Costruisci la tua analisi → VERSO IL NUOVO ESAME DI STATO

Parafrasi

1. Scrivi la parafrasi della poesia, aiutandoti con le note e i suggerimenti riportati di seguito.
v. 3: «aura» = "aria", "brezza"; «gli arboscelli» (= "gli alberelli") va legato a «Ecco» del v. 1.
v. 11: il soggetto di «indora» è «gelo» (= "la rugiada").
v. 12: «vaga» = "piacevole", "leggiadra"; «Aurora» è la personificazione dell'alba.
v. 14: «arso» = "consumato dal fuoco d'amore". L'«aura che ristaura» è, con gioco di parole petrarchesco, Laura, la donna amata, che, con il solo apparire, dà conforto al poeta innamorato e alle sue pene.

Struttura

Paesaggio e sensazioni del poeta

Il madrigale presenta una struttura piuttosto semplice, che non coincide però con la divisione in tre strofe.

2. In quante parti si può dividere il madrigale? A quali versi corrispondono?

3. È corretto dire che la poesia ha un finale a sorpresa? Perché?

Comprendere

La bellezza dell'alba

4. Quali sono gli effetti dell'alba sul paesaggio circostante?

5. Quali sensazioni suscita il paesaggio mattutino nel poeta?

6. Cosa richiama l'alba alla mente di Tasso?

Analisi

Uno stile musicale

Lingua e stile Il madrigale è una forma metrica che si presta bene a essere musicata. Tasso, consapevole di questa qualità, utilizza numerose figure di suono per rendere il componimento più melodioso. *Ecco mormorar l'onde* fu poi in effetti musicato da Claudio Monteverdi (1567-1643): puoi ascoltarne una versione al seguente link di YouTube *https://www.youtube.com/watch?v=YUglJ212lVg*.

7. Individua nel testo le figure di suono basate sulla ripetizione (allitterazioni, assonanze, polisindeti, anafore). Quali sono le sillabe e i suoni più ricorrenti?

Nel descrivere il paesaggio mattutino Tasso insiste sulle sensazioni avvertite da chi osserva.

8. Analizza i termini (aggettivi, ma anche verbi) riferiti agli elementi naturali: a quali sensi fanno riferimento? Quali sensazioni provocano?

Interpretazione

Alba di campagna, alba di città

L'alba è un momento della giornata fortemente connotato e spesso scelto da poeti e scrittori di ogni epoca per la sua intensa valenza simbolica.

9. Leggi con attenzione il seguente componimento del poeta novecentesco Alfonso Gatto (1909-1976), in cui è descritta l'aurora. Fa' quindi un confronto contenutistico con il madrigale di Torquato Tasso, concentrandoti in particolare sull'ambientazione, sulla stagione e sulle sensazioni che l'alba suscita nei due poeti.

Com'è spoglia la luna, è quasi l'alba.
Si staccano i convogli, nella piazza
bruna di terra il verde dei giardini
trema d'autunno nei cancelli.
È l'ora fioca in cui s'incide al freddo
la tua città deserta, appena un trotto
remoto di cavallo, l'attacchino
sposta dolce la scala lungo i muri
in un fruscio di carta. La tua stanza
leggera come il sonno sarà nuova
e in un parato da campagna al sole
roseo d'autunno s'aprirà. La fredda
banchina dei mercati odora d'erba.
La porta della chiesa è il mare.

Scrittura

Inizia un nuovo giorno

10. Descrivi in un testo espositivo il paesaggio che puoi osservare all'alba dalla finestra: soffermati in particolare sui pensieri e sullo stato emotivo. Non superare le 10 righe.

3. Il teatro

Tasso comincia a comporre opere teatrali a partire dal 1573, quando, ancora alle prese con la *Gerusalemme liberata*, si cimenta sia nel genere della favola pastorale, con l'*Aminta*, sia nel genere tragico, con il *Galealto, re di Norvegia*, dal cui abbozzo più tardi nascerà il *Re Torrismondo*.

3.1 L'*Aminta*, favola del piacere

La trama

L'*Aminta*, favola scenica in un prologo e cinque atti, viene rappresentata nel luglio 1573 sull'isoletta di Belvedere, luogo di villeggiatura della corte estense sul Po. La storia narra l'amore del timido pastore Aminta per la ninfa Silvia, bellissima e schiva, determinata a non cedere alle lusinghe amorose. Il pastore, dietro suggerimento dell'amico Tirsi, si reca presso una fonte per ammirare di nascosto l'amata. Qui la trova minacciata dalle insidie di un satiro, interviene per salvarla, ma ottiene in cambio solo lo sdegno di lei. Improvvisamente si diffonde la falsa notizia della morte di Silvia: viene ritrovato, infatti, un velo sporco di sangue e questo fa credere che la giovane sia stata sbranata da un lupo. Disperato, Aminta si getta da un dirupo, ma la sua caduta viene fortunosamente frenata da un cespuglio. Qui lo raggiunge Silvia, che lo trova privo di sensi: lo soccorre, lo bacia, restituendogli l'alito vitale e, con esso, finalmente, l'amore.

Un genere nuovo

Nell'opera tassiana confluiscono molte **suggestioni della tradizione antica e recente**, soprattutto la vicenda dell'amore tragico e sfortunato di Piramo e Tisbe, narrata da Ovidio nelle *Metamorfosi*; Tasso rovescia però il finale: nel testo ovidiano il tentativo di suicidio di Piramo riesce e causa a sua volta quello di Tisbe. L'*Aminta* si colloca in un genere rinascimentale nuovo, la **favola pastorale** (➤ p. 501), che riprende in chiave teatrale lo sfondo proprio della tradizione bucolica, con una natura amena e incontaminata, ma vi ambienta vicende amorose con allusioni a personaggi e situazioni contemporanee: il poeta offre, così, una proiezione idealizzata della corte e dei suoi protagonisti (nel personaggio di Tirsi si nasconderebbe, per esempio, lo stesso autore, in quello di Elpino il potente segretario ducale Giovan Battista Pigna). La corte di Ferrara ha un ruolo di primo piano nello sviluppo di questa tradizione: il primo esempio di favola pastorale è infatti l'*Egle* di Giambattista Giraldi Cinzio, che compone anche il testo teorico più rilevante per la definizione del genere, la *Lettera sovra il comporre le satire atte alla scena* (1554). Ferraresi sono anche, fino all'*Aminta*, alcune delle favole pastorali più fortunate.

Il sogno del piacere

Edonismo
Identificazione del bene morale con il piacere, ritenuto il fine ultimo della natura umana.

Il dramma pastorale mette in scena, nella figura del satiro, anche una componente legata alla natura istintiva e incontrollata del desiderio erotico: attraverso questa componente si manifesta un impulso **edonistico** che rappresenta l'utopia di una pienezza di vita e di una spontaneità assoluta su uno sfondo naturale selvaggio. Tale **utopia**, a ogni modo, viene promossa per gioco da un ambiente di corte che, al contrario, si caratterizza come spazio urbano, contraddistinto da molti doveri e adempimenti: è solo tramite la finzione della favola, dunque, che il **mondo dell'onore** (➤ p. 502) può abbandonarsi al sogno di un amore senza costrizioni.

3.2 Il torrente impetuoso del destino: il *Re Torrismondo*

Torrismondo, eroe del dubbio e dell'incertezza

Composto da cinque atti regolari, separati dai cori, il *Re Torrismondo* è l'unica tragedia della bibliografia tassiana. L'opera viene stampata a Bergamo nel 1587 e costituisce l'esito di un lungo processo di rielaborazione, risalente al 1574 circa, quando Tasso lascia incompiuto il *Galealto re di Norvegia*.

La tragedia narra la vicenda di Torrismondo, sovrano di una ignota regione nordica (tra i Goti e la Norvegia), che ama – riamato – Alvida, principessa di Norvegia. Torrismondo però ha promesso di offrirla in sposa all'amico Germondo, re di Svezia, per sdebitarsi di essere stato salvato in passato proprio da Germondo. Quest'ultimo, tuttavia, accusato di aver ucciso il fratello di Alvida, non può chiederla in moglie. Escogita allora un piano: sarà Torrismondo a chiedere la mano della ragazza e poi, dopo le nozze, si potrà effettuare lo scambio della sposa. Torrismondo acconsente, ma ottenuta la mano di Alvida i due si abbandonano a una passione amorosa travolgente. Alvida, però, non è altri che la sorella, allontanata dalla famiglia poco dopo la sua nascita e affidata al sovrano di Norvegia. Tormentati da questa scoperta i due amanti si danno la morte.

Tasso riprende la **vicenda bretone di Tristano e Isotta**, letta attraverso il filtro della Francesca dell'*Inferno* dantesco (canto V), ma ne radicalizza il pessimismo: la tragedia, infatti, ripropone nel protagonista Torrismondo la fisionomia tipica degli "eroi" tassiani (come sarà, per esempio, il Tancredi della *Liberata* ➤ p. 553), tormentati dal dubbio e dall'incertezza e dilaniati da un **conflitto interiore** che non riescono a comporre. Il **coro finale** riassumerà il destino tragico dell'esistenza umana nell'immagine dell'«alpestro e rapido torrente», che rende vana qualsiasi ambizione di gloria e di onore e sottrae ogni speranza di felicità.

FISSA I CONCETTI

- Qual è la vicenda narrata nell'*Aminta*? Quali sono le caratteristiche di questo genere letterario?
- Riassumi la trama e la struttura del *Re Torrismondo*.

VISUALIZZA I CONCETTI

Le principali opere teatrali di Tasso

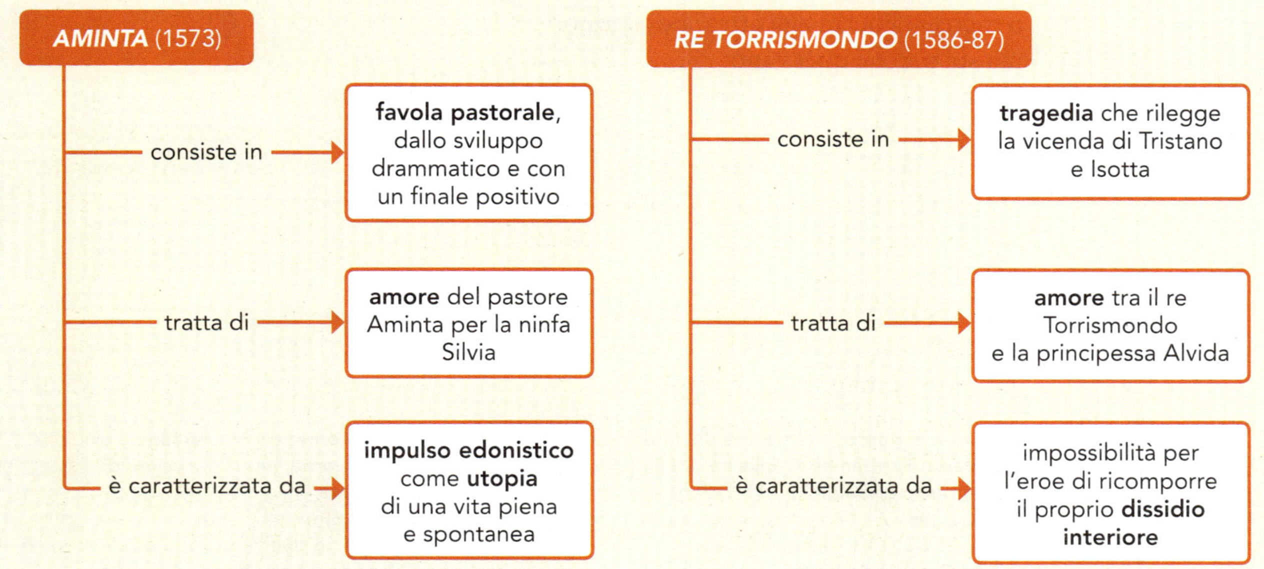

T3 *O bella Età de l'oro*

Aminta, Coro dell'Atto primo

Biblioteca digitale *Silvia innamorata*

I cori di questa favola pastorale sono frutto di un'aggiunta posteriore alla prima rappresentazione, risalente alla terza recita, tenuta a Pesaro nel 1574.
Questo coro, recitato dai pastori, si trova al termine dell'Atto primo, Tasso propone qui una dialettica fra l'onore (che incarna le regole costrittive della vita collettiva) e la licenza (cioè la libera trasgressione dell'istinto individuale): la mitica età dell'oro, infatti, viene rimpianta non per i suoi caratteri edenici, ma proprio per l'assenza dell'onore che ha ingabbiato la vita in rigide convenzioni sociali.

- METRO canzonetta composta di stanze di endecasillabi e settenari rimati secondo lo schema: abC abC cdee DiI XyY

O bella Età de l'oro,
non già perché di latte
sen' corse il fiume e **stillò** mele il bosco:[1]
non perché i frutti loro

dier da l'aratro intatte[2]
le terre, e i serpi errar senz'ira o tosco:[3]
non perché nuvol fosco
non spiegò allor suo velo,
ma in primavera eterna,[4]

ch'ora s'accende e verna,[5]
rise di luce e di sereno il cielo,
né portò peregrino,
o merce o guerra agli altrui lidi il pino;[6]
ma sol perché quel vano

lessico
Stillare
Versare, lasciar cadere a goccia a goccia. In quanto intransitivo, cadere a goccia a goccia, come in «la resina stilla dai tronchi» (dal latino *stillāre*, derivato dal sostantivo *stĭlla*, «goccia»).

1. **latte... il bosco:** l'immagine del latte e del miele generati direttamente dalla natura è ripresa dalle *Metamorfosi* di Ovidio (I, 111-112).
2. **non... terre:** non perché la terra produsse frutti senza essere stata toccata dall'aratro.
3. **tosco:** veleno.
4. **primavera eterna:** ancora immagine ovidiana.
5. **s'accende e verna:** passa dal calore dell'estate al ghiaccio invernale.
6. **né porto... pino:** né la nave straniera (*peregrino... il pino*) portò guerra o merci ai lidi stranieri. Il «pino» è sineddoche per indicare la nave.

nome senza soggetto,[7]
quell'idolo d'errore, idol d'inganno,
quel che dal vulgo insano[8]
onor[9] poscia fu detto;
che di nostra natura il fe' tiranno,[10]

Le nostre parole ›

non mischiava il suo affanno
fra le liete dolcezze
de l'amoroso gregge:[11]
né fu sua dura legge
note a quell'alme in libertate avezze:[12]

ma legge aurea[13] e felice;
che natura scolpì: «S'ei piace, ei lice».[14]

7. nome senza soggetto: nome senza significato.
8. insano: folle, privo di saggezza.
9. onor: decoro e dignità, secondo convenzioni sociali ormai svuotate di sostanza etica.
10 che... tiranno: che lo costituì tiranno della nostra natura.
11. gregge: schiera. Termine dantesco.
12. in libertate avvezze: abituate alla libertà, alla naturalezza priva di condizionamenti.
13. aurea: su cui si fonda l'età dell'oro.
14 S'ei piace, ei lice: Se qualcosa piace, è per ciò stesso concesso (*lice*). Viene così enunciato il tema del predominio assoluto delle leggi del piacere, ispirato dal personaggio della regina assiro-babilonese Semiramide, che «libito fe' licito in sua legge», così come viene presentata da Dante (*Inferno* V, 56).

Le nostre parole Onore

L'origine del termine Il sostantivo "onore" deriva dal latino *honorēm* (nominativo *hŏnor / hŏnos*), da cui deriva anche *honestus*, cioè «onesto». In latino *hŏnor* è infatti la celebrazione della virtù, nonché la lode riservata a chi si è distinto in una carriera politica o professionale, ma anche in azioni benemerite e magnanime.

Una parola ambivalente La storia del termine "onore" è molto complessa, poiché nel corso dei secoli diverse correnti di pensiero gli hanno attribuito connotazioni tra loro divergenti. Esiste una fondamentale dicotomia in questa parola: da una parte, infatti, l'onore è il premio meritato per una condotta virtuosa: accezione diffusa in epoca medievale e talora anche oggi; dall'altro, l'onore indica un'opinione comune e condivisa – talvolta anche infondata – che assegna una serie di precedenze e benefici, attestando una condizione di privilegio e superiorità (a questa accezione fa riferimento il coro dell'*Aminta*).

Le espressioni comuni Molte sono le espressioni in cui oggi impieghiamo il sostantivo "onore", sia nel linguaggio comune sia nei gerghi specifici. Per esempio, nel lessico malavitoso, l'"uomo d'onore" è l'individuo affiliato alla camorra o alla mafia, piegato all'"onore" da un giuramento di silenzio e omertà. In senso più generico, invece, il verbo "fare" o "farsi" è comunemente accompagnato dal sostantivo "onore", sia in via affermativa ("studenti che fanno onore al docente") sia in via negativa ("questa azione non ti fa onore"). La locuzione "farsi onore" è sinonimo di buona riuscita negli studi, nelle professioni, nelle gare sportive e così via. Ancora, si chiama "posto d'onore" quello che a tavola viene riservato all'ospite più illustre, mentre gli "onori funebri" sono le esequie. Qualche latinismo è ancora oggi usato: per esempio *honoris causa*, detto di un titolo (come una laurea) conferito per merito, e anche *cursus honorum*, espressione che indicava la carriera politica degli antichi Romani e che oggi si usa, più raramente, per indicare l'ascesa di una qualsiasi carriera.

Analisi del testo

Struttura

La nostalgia per l'età dell'oro Il coro intona una lode nostalgica della perduta età dell'oro, della quale viene evocata la felice condizione di abbondanza e armoniosa concordia attraverso una lunga rassegna di false motivazioni, prolungata per tutta la prima strofa («non… perché…», ai vv. 2 e 7). Alla seconda strofa è invece affidata la vera ragione del rimpianto, motivato dall'assenza dell'onore, di cui vengono date due definizioni che ne mettono in luce la natura fittizia. A dispetto di quest'ultima, l'onore si presenta come «dura legge» (v. 23) che domina il tempo presente (quello dell'autore e dei suoi lettori), imponendo rapporti strettamente regolati, come quelli che vigono all'interno della corte. Al passato mitico dell'età dell'oro è invece attribuita la libertà assoluta di un desiderio che non conosce divieti.

Lingua e stile

L'effetto ritardo La struttura sintattica del brano è basata su una lunga sequenza di negazioni di carattere causale (*non già perché… non spiegò… né portò… non mischiava… né fu…*), seguita dall'avversativa «ma» che rivela una verità più profonda rispetto a quanto detto in precedenza. Tasso gioca chiaramente su un effetto di ritardo, che conferisce più valore alla parte finale del ragionamento, creando quasi un effetto-sorpresa. A contrapporsi qui sono da un lato una concezione classica dell'età dell'oro (con i consueti caratteri idilliaci del paesaggio), e dall'altro un concetto moderno, l'idea di onore, caratteristico del mondo delle corti: si tratta di uno scontro tra il principio del piacere e quello del dovere. Sul piano lessicale abbiamo da una parte i termini riconducibili al mondo della natura incontaminata («latte, mele, frutti, cielo, gregge»), dall'altra i termini astratti «onore, nome, idolo», caratteristici di una civiltà che, nelle sue regole rigide e astratte, ha perduto per sempre il senso della felicità.

Temi

L'utopia del piacere Il grande elogio dell'età dell'oro si definisce in negativo, a partire dalla constatazione che nel presente la civiltà appare dominata dalle leggi dell'onore. L'onore di cui parla il coro non è rappresentato come virtù, ma come una vuota convenzione sociale, a cui l'individuo si assoggetta benché gli procuri infelicità. Di qui la nostalgia per una condizione dell'esistenza che sia libera di seguire i propri desideri e, anzi, agendo in tal modo, non faccia altro che ottemperare alle norme stabilite in quella mitica età. L'utopia presentata dall'*Aminta* è dunque radicale, poiché presenta come salda e regolata «legge» collettiva ciò che è necessariamente individuale ed estemporaneo, cioè l'impulso istintivo ad appagare i propri desideri.

Officina

COMPRENDERE

1. Per quali ragioni viene esaltata l'età dell'oro? In che punto del testo viene detto e con quale espressione? Per quali ragioni, invece, non è esaltata?
2. Che cosa identifica il «nome senza soggetto»?

ANALIZZARE

3. **Lingua e stile** Individua e sottolinea nel testo i termini relativi alla natura e quelli astratti.
4. Con quali espressioni il poeta si riferisce al piacere. A cosa sono contrapposte?
5. **Lessico** Considera il verbo "stillare".
   a. Spiega il significato delle seguenti espressioni attraverso l'uso di sinonimi o di espressioni sinonimiche (es. stillare le carte, scoprirle lentamente): stillarsi il cervello, stillante sangue.
   b. Indica quale termine appartiene alla famiglia di parole di "stillare", scrivi una frase con ognuno: distillato, stilliberista, stillamento, distilo, stillicidio.

INTERPRETARE

6. Quale concezione etica emerge dal coro dell'*Aminta*? Ti pare conciliabile con la personalità di Tasso?

PERCORSO DI SCRITTURA

Parafrasi Ricostruisci l'ordine sintattico del testo, cerca sinonimi per termini e espressioni di difficile comprensione, e svolgi la parafrasi.

LETTURA CRITICA

Il tramonto dell'Arcadia

Lo storico della letteratura e critico Raffaello Ramat evidenzia, nell'*Aminta*, l'intreccio di sogno (idealizzazione mitica di una condizione umana innocente, dolce, armoniosa) e malinconia (senso di perdita imminente, di colpa, di crisi). Anche in questo, Tasso dà voce alla percezione di una frattura che insidia – anzi, ormai mina nel profondo – le certezze rinascimentali.

Nella favola il sogno di Arcadia si contrappone costantemente alla vita reale, con una serie di rapporti, scherzosi in apparenza, ma in realtà sofferti; e ne nasce una lieve ombra di malinconia, ritmo segreto di nostalgica contemplazione, non facile a isolarsi, ma circolante nello stile, come uno – ed essenziale – dei suoi sapori. L'Arcadia è l'innocenza; anche il dolore vi è candido, e il desiderio puro. Fra l'uomo e la natura vi è una semplice immediata salda concordia: il peccato lì non esiste, né il tormento interiore o la ribellione. Quando il dolore colpisce – come colpisce Aminta e Silvia – l'anima lo accoglie già artisticamente purificato; e il canto è il suo linguaggio naturale: il dolore porta con sé la sua melodica medicina. Il lieto fine della favola, non è solo obbligatoria risoluzione comica, ma necessaria conclusione; è la giustizia di quel mondo.

Così l'Arcadia del Tasso si configura come una perpetua e mitica stagione umana, non temporale ma spirituale: la giovinezza quale poi canterà il Leopardi. Ma mentre questi la contempla e la rievoca con disperata consapevolezza della sua perdita, il Tasso la vive ancora, resta nel sogno; e tuttavia nel sognare, appunto perché giunto al suo estremo di dolcezza, c'è una tensione che il poeta già intende come preludio al risveglio. [...]

Il Tasso, nel celebrare la candida Arcadia, canta l'addio a quel candore: egli ha presente che quanto oggi – un «oggi» non temporale ma poetico – gli appare puro, domani gli apparirà peccaminoso e sarà fonte di sofferenza spirituale; sa che dovrà negarsi ai suoi richiami e rinnegare le sue dolcezze. E appunto a difesa contro tale presentimento egli si rinchiude in quel mondo, che ancora per un attimo serba candore e innocenza, tentando di ritrovarvi la pace idillica, l'armonia naturale prima della coscienza del male; tentando di riassaporare il sapore schietto del piacere, pura espressione di vita, goduto senza che nemmeno un'increspatura turbi la limpidezza tranquilla dell'anima. Ma a quel piacere egli guarda (necessariamente, perché il cuore è in ansia per la imminente dissoluzione del sogno) con un malinconico idoleggiamento che ne adombra l'innocenza [...]. La serenità cristallina di quel mattino del mondo umano ch'è l'Arcadia, si stempra, si illanguidisce; in quel piacere fresco ed acerbo s'annida la voluttà. E come nella castità primitiva s'accende il molle fuoco voluttuoso, stimolato dal senso del peccato, così la voluttà tenta di farsi candida entro la luce d'Arcadia.

(R. Ramat, *L'Aminta*, in *Per la storia dello stile rinascimentale*, D'Anna, Firenze 1953)

Pittore veneto, *Aminta a colloquio con Silvia presso la fonte*, XVI secolo. Caldogno (Vi), Villa Caldogno.

4. Lo specchio del malinconico: l'epistolario

L'importanza delle lettere

L'enorme epistolario tassiano è composto, soltanto nella parte che ci è stata tramandata, da oltre duemila lettere. Le lettere costituiscono una testimonianza importante per più ragioni. Anzitutto perché sono il **documento delle fasi di elaborazione delle opere tassiane** e della loro tormentata stesura, in particolare della *Gerusalemme liberata*. Secondariamente, perché permettono di ricostruire in buona parte il frenetico andirivieni della biografia tassiana e la fitta rete di amicizie e rapporti che il poeta intrattiene. Inoltre consentono di venire a conoscenza dei **libri più importanti e influenti letti da Tasso**, e dei profondi dubbi di natura filosofica e religiosa che alcuni di questi libri suscitano in lui. Infine, l'epistolario rappresenta un documento fondamentale di quell'"**invenzione autobiografica**" attraverso cui Tasso ha saputo conferire un valore universale alla propria sfortunata vicenda individuale, quella di un cortigiano caduto in disgrazia presso il suo signore e messo in carcere.
Questo processo di **universalizzazione dell'esperienza biografica** tassiana è possibile grazie al ricorso ad alcuni grandi modelli letterari e filosofici, in cui la malattia malinconica era esaltata come caratteristica distintiva dell'uomo di genio (così tramandava un'opera allora autorevolissima perché attribuita ad Aristotele, i *Problemi*). Gli stordimenti, le allucinazioni visive e acustiche, le crisi di collera e di depressione registrati minutamente nelle lettere, infatti, corrispondono in gran parte ai sintomi descritti nei testi letterari e nei trattati di medicina dedicati alla malinconia.

FISSA I CONCETTI

- In cosa consiste l'importanza delle lettere?

Maxim Nikiphorovich Vorobyev, *La quercia di Torquato Tasso a Roma*, 1848. San Pietroburgo, Museo di Stato russo.

T4 Lettera a Girolamo Mercuriale

dalle *Lettere*

Biblioteca digitale *Lettera a Scipione Gonzaga*

Questa lettera è scritta nel 1583, mentre infuriavano i sintomi più acuti dell'infermità nervosa, ed è indirizzata a Girolamo Mercuriale, un medico di fama illustre. Il poeta espone, con esattezza analitica, i numerosi disturbi fisici, cercando di collegarli ai propri disturbi mentali: i flussi intestinali, l'afflusso di sangue alla testa, gli eccessi aggressivi della paranoia, l'ossessione delle voci, gli incubi e persino le visioni mistiche (che giudica tuttavia più degne del padre confessore, il cappuccino fra Marco). Il suo resoconto ha il rigore di un referto medico, ma non riesce a liberarsi del tutto dall'ombra oscura della possessione demoniaca, benché Tasso compia uno sforzo strenuo per ricondurre il turbamento mentale ai sintomi fisici.

Sono alcuni anni ch'io sono infermo, e l'infermità mia non è conosciuta da me: nondimeno io ho certa opinione di essere stato ammaliato.[1] Ma qualunque sia stata la cagione del mio male, gli effetti sono questi: rodimento d'intestino, con un poco di flusso di sangue: tintinni ne gli orecchi e ne la testa, alcuna volta sì forti che mi pare di averci un di questi orioli da corda:[2] imaginazione continua di varie cose, e tutte spiacevoli; la qual mi perturba in modo, ch'io non posso applicar la mente a gli studi[3] pur un sestodecimo d'ora; e quanto più mi sforzo di tenervela intenta, tanto più sono distratto da varie imaginazioni, e qualche volta da sdegni[4] grandissimi, i quali si muovono in me secondo le varie fantasie che mi nascono. Oltra di ciò, sempre dopo il mangiare la testa mi fuma[5] fuor di modo, e si riscalda grandemente; ed in tutto ciò ch'io odo, vo, per così dire, fingendo con la fantasia alcuna voce umana,[6] di maniera che mi pare assai spesso che parlino le cose inanimate; e la notte sono perturbato da vari sogni; e talora sono stato rapito da l'imaginazione in modo, che mi pare d'aver udito (se pur non voglio dire d'aver udito certo) alcune cose,[7] le quali io ho conferite co 'l padre fra Marco capuccino apportator de la presente, e con altri padri e laici con i quali ho parlato del mio male: il quale essendo non solo grande, ma spiacevole sovra ciascuno altro, ha bisogno di possente rimedio. E benché niun miglior rimedio si possa aspettar di quel che ci viene da la grazia d'Iddio, il quale non abbandona mai chi fermamente crede in lui; nondimeno, perché la sua divina misericordia ci concede che noi, i quali uomini siamo, possiamo ricercare ancora i rimedi umani,[8] io ricorro a Vostra Signoria eccellentissima per consiglio e per aiuto.

1. **ammaliato:** vittima di un maleficio magico.
2. **tintinni... corda:** rumori argentini e acuti nelle orecchie e nella testa, talvolta così forti che mi pare di averci dentro uno di quegli orologi meccanici con carica a corda. Nella lettera a Maurizio Cataneo si legge: «ne gli orecchi ho sentito fischi, tintinni, campanelle, e romore quasi d'orologio a corda».
3. **studi:** sempre più numerosi sono i libri che il poeta è riuscito a raccogliere negli anni della reclusione.
4. **sdegni:** accessi di scontento e d'ira.
5. **la testa mi fuma:** la mente mi si annebbia.
6. **voce umana:** la sua solitudine è talmente desolata da suscitare dal nulla presenze con cui dialogare.
7. **alcune cose:** di nuovo dalla lettera a Cataneo sappiamo che si tratta dell'«immagine della Vergine, co'il Figlio in braccio». In questo stato di eccitazione fantastica si mescolano, dunque, sintomi fisici che potrebbero riguardare un medico come Mercuriale e visioni quasi mistiche che interessano piuttosto un religioso.
8. **rimedi umani:** non viene meno, nel poeta, la fiducia nelle capacità empiriche e conoscitive dell'uomo.

Analisi del testo

Struttura e temi

Sintomi e speranze Con lucidità e precisione, il poeta offre un resoconto sistematico e graduale della propria condizione di malessere psichico. Dopo l'indicazione del tempo in cui si prolunga la sua misteriosa malattia, Tasso cerca subito di circoscriverne l'oscurità, ancorandola a sintomi fisici precisi.

Segue una ricognizione dei turbamenti psicologici (come gli accessi d'ira) che gli negano la tranquillità e la concentrazione necessarie per dedicarsi alle letture e agli studi, suo unico conforto nella reclusione e unico mezzo per dimostrare la propria integrità intellettuale. Nella sua solitudine, sempre più desolata, il poeta giunge a immaginare voci umane o a suscitare interlocutori dagli oggetti inanimati. Talvolta i sogni sfociano in visioni mistiche che gli accendono una vaga speranza di sollievo; tuttavia il poeta sempre cerca conforto nell'intervento della scienza medica.

Lingua e stile

Distacco e disperazione Si tratta di una prosa spoglia di quei rivestimenti retorici e letterari di cui sono ricche altre lettere sullo stesso argomento. La frenesia, i deliri e le ossessioni del poeta prendono corpo sulla pagina in tutta la loro crudezza ed evidenza, con lo stesso distacco di una cartella clinica. Nessun testo cinquecentesco, né greco o latino, riporta un'anamnesi così coerente (Basile) e neppure testimonia un viaggio nella follia così totale e disperante, condotto con l'impersonalità e l'esattezza di un soggetto che è in grado di "oggettivarsi" sotto la sua stessa penna.

Officina

COMPRENDERE

1. Quali segnali elenca Tasso per descrivere la sua condizione?
2. Che cosa spinge Tasso a scrivere a Mercuriale?
3. Perché viene menzionato fra Marco?

ANALIZZARE

4. **Lingua e stile** Quali dei termini del testo appartengono al lessico medico-scientifico? Perché Tasso li impiega?

INTERPRETARE

5. «La prosa tassesca, sempre armoniosa e avvolgente, nell'epistolario congiunge una forte carica comunicativa, un bisogno persino spasmodico di ricevere udienza, alla faticosa investigazione di una identità. Tasso tende comunque a una scrittura che sfiora il genere diaristico, tanto forte e radicale vi appare la ricerca di sé e il coinvolgimento emotivo, sentimentale, intellettuale; e nondimeno l'intento comunicativo non viene mai meno» Così il critico letterario **Romano Luperini** commenta lo stile dell'epistolario di Tasso. Rileggi la lettera alla luce di queste considerazioni, individuando i passi utili a sostenere l'argomentazione di Luperini. Elabora poi uno schema coi riferimenti testuali utili al sostegno di tale argomentazione.
6. Come ti sembra che Tasso viva la propria condizione di sofferenza? Ti sembra che lamenti la propria condizione o ti pare un'analisi lucida e distaccata?

PERCORSO DI SCRITTURA

Riassunto Riassumi la lettera in un testo di massimo 7 righe. Dopo aver diviso il testo in sequenze, seleziona le informazioni principali, sintetizzale e riformulale in terza persona. Puoi cominciare così: "Nell'epistola a Mercuriale Tasso riporta i propri disturbi che consistono...".

TEMI E GENERI

Genio e malinconia

La "malinconia" e il mito

Sono innumerevoli le testimonianze tassiane sul proprio stato di "infermità" (così nella lettera al medico padovano Mercuriale ➤ **T4**): una alterazione mentale e fisica a cui il poeta dà molti nomi: «malinconia», «atra bile», «farneticazione», «follia», «pazzia» o talvolta semplicemente «sciocchezza».

Sulla sua "infermità" Tasso interviene a più riprese nei suoi scritti, anzitutto nelle *Lettere*, che vanno lette non come una semplice trascrizione della propria vicenda reale, ma come una sapiente trasfigurazione letteraria che propone ai lettori l'immagine di una esistenza «idealizzata ed eroica» (Coppo). Proprio dall'epistolario emergono due dimensioni della "malattia" che, va precisato, precede abbondantemente la crisi violenta che causerà l'internamento nell'ospedale di Sant'Anna.

La malinconia come sofferenza

Da un lato Tasso esibisce con ossessiva puntualità i sintomi della malinconia e ne indaga le cause sulla base della letteratura medica del suo tempo. Quest'ultima ha ereditato dall'antica scienza greca l'idea che gli «umori» corporei (bile nera, flegma, sangue rosso, bile gialla) agiscono sul temperamento e che il loro squilibrio produca la malattia. Tasso osserva così in sé la prevalenza della «bile nera», che ne fa un temperamento melanconico e via via gli causa i più svariati disturbi: debolezza della memoria, «stupori», «vapori» che dallo stomaco salgono alla testa, ma anche allucinazioni uditive e visive, tanto da fargli credere – a tratti – di essere preda di malefici o addirittura di disturbi diabolici (nella reclusione, un folletto gli fa dispetti, un demonio lo perseguita). In questo senso la "malinconia" disturba, o addirittura annienta, la capacità di fare poesia (cosa obiettivamente non vera, dal momento che Tasso, pur nelle sofferenze, prosegue nel suo straordinario percorso creativo).

La malinconia nobilitante

Dall'altro lato, Tasso descrive la propria malattia in modo molto più positivo: come condizione «eroica» ed «esperienza nobilitante» (Coppo), che, secondo un'illustre tradizione classica, associa la melanconia alla creatività. Tasso crea così un'altra immagine di sé, non solo per difendere la propria attività poetica dalle accuse di "pazzia", ma addirittura per mettere in relazione poesia e malinconia. Nel dialogo *Il messaggiero*, infatti, Tasso recupera tutta una tradizione antica che pone la malinconia in una luce del tutto favorevole:

> I malinconici, come afferma Aristotele, sono stati di chiaro ingegno ne gli studi de la filosofia e nel governo della repubblica e nel compor versi [...]. Si possono anche tra i maninconici annoverare Aiace e Bellerofonte: l'uno de' quali divenne pazzo a fatto; l'altro era solito d'andare pe' luoghi disabitati, laonde poteva dire: «Solo e pensoso i più deserti campi / vo misurando a passi tardi e lenti, / e porto gli occhi per fuggire intenti / ove vestigia uman l'arena stampi».

È significativo che Tasso citi uno dei più celebri sonetti di Petrarca attribuendo a Bellerofonte, l'uccisore della Chimera, l'atteggiamento del poeta. Tasso con un gioco sottile di allusioni si appaia così non solo a i saggi della leggenda ma al grande modello della poesia italiana.

Nati sotto Saturno

Tasso partecipa così di una svolta culturale che identifica genio e follia. Artefice rinascimentale di tale svolta era stato il filosofo Marsilio Ficino, che aveva associato il talento al temperamento malinconico e quest'ultimo agli astri. Sono per Ficino malinconici e creativi i nati sotto l'influsso di Saturno. La malinconia può avere per Ficino due esiti: la follia vera e propria oppure la grande arte. A partire dal Rinascimento, allora, un'ondata di "geniali malinconici" si diffuse in Europa: lo furono pittori come Albrecht Dürer e Michelangelo, scrittori come Tasso e pensatori come Filippo Melantone.

È una linea di interesse per la follia che prosegue nel Seicento con i personaggi "folli" di William Shakespeare (Amleto, Re Lear) e di Miguel de Cervantes (Don Chisciotte) e arriva ai poeti "maledetti" del Romanticismo e del Decadentismo.

5. I *Dialoghi*, un teatro delle idee

La riflessione morale e filosofica

Concepiti dalla fine degli anni Settanta fino agli ultimi anni di vita, i *Dialoghi* tassiani sono approfondimenti eleganti su differenti questioni morali e filosofiche. Scritte in una prosa raffinatissima caratterizzata da una forte tensione speculativa, queste opere sono espressione di quella **civiltà della conversazione** che *Il Libro del Cortegiano* di Castiglione aveva fondato e *La civil conversazione* di Stefano Guazzo aveva codificato nella seconda metà del secolo (➤ pp. 411 e 504). Lo stesso Tasso, nel suo *Discorso dell'arte del dialogo* (1585), definirà il dialogo come una «**imitazione di ragionamento**», basata su un elegante confronto delle varie posizioni. I temi trattati vanno da quelli etico-filosofici (la virtù, il piacere, la solitudine, la clemenza, l'amicizia, la pace) a quelli legati al mondo cortigiano (la corte, la nobiltà, la cortesia), a quelli di ambito erotico (l'amore, la bellezza, la gelosia), a quelli dedicati a specifiche attività creative (la poesia volgare, l'arte).

Il modello di Tasso è il **dialogo platonico**, che propone una ricerca della verità stimolata da continue domande e che approda a conclusioni di volta in volta superate e mai definitive. I *Dialoghi*, pertanto, tendono a mostrare l'estrema **varietà e mutevolezza delle opinioni**, a illustrare la natura continuamente cangiante e sfuggente della verità, attraverso una scrittura a più voci, mobile e complessa, che quasi rappresenta un teatro delle idee. Su questa "scena" del testo, Tasso indosserà in più dialoghi la maschera del personaggio del «Forestiero Napolitano», uno pseudonimo significativo, perché rappresenta la condizione di estraneità e di erranza che ritroviamo in altri testi tassiani, come la *Canzone al Metauro* (➤ **T1**).

FISSA I CONCETTI

- In che senso Tasso definisce il dialogo una «imitazione di ragionamento»?

T5 *Il messaggiero*

Biblioteca digitale
Il Malpiglio secondo, overo del fuggir la moltitudine

La composizione di questo dialogo risale al 1580, durante la permanenza forzata di Tasso nell'ospedale di Sant'Anna. L'opera tratta di due temi principali: la funzione dei dèmoni o spiriti celesti (secondo la concezione neoplatonica) e degli angeli (in prospettiva cristiana), e il ruolo degli ambasciatori, "messaggeri" in ambito mondano.

Il messaggiero si svolge in un'atmosfera sospesa tra il magico e l'onirico, tra il sonno e la veglia, investita dallo splendore mattutino. Il poeta mette in scena la conversazione con uno spirito celeste dalla voce dolce e soave, con cui dialoga per indagare sulla natura intermedia degli spiriti che fanno da "messaggieri" tra uomini e Dio, tra il cielo e la terra.

Era già l'ora, che la vicinanza del sole comincia a rischiarare l'orizzonte, quando a me, che ne le delicate piume[1] giaceva non risoluto in profondo sonno, ma leggiermente da esso legato in modo, che 'l mio riposo era mezzo fra la vigilia e la quiete,[2] si fece

1. ne… piume: nel soffice giaciglio.
2 era… quiete: viene da Dante la riflessione sul valore conoscitivo delle visioni avute fra il sonno e la veglia. «Vigilia» vale qui "veglia".

a l'orecchio quel gentil Spirto, che già quattro anni sono, sua mercede, cortesemente mi favella;[3] e disse: «Dormi tu?». Io a quella voce, che piana e soave[4] mi sonò sovra l'animo, fui sciolto da quel laccio[5] che, legando i miei sentimenti nel cuore, chiudeva lor la strada a l'operazioni; e svegliandomi a fatto,[6] risposi: «Pur or lievemente era addormentato, ma la tua voce del tutto m'ha desto, la quale io riconosco a la sua soavità: percioché non suona come l'altre mortali favelle, ma in modo cosi dolce, ch'io argomenterei che tu fossi spirito di paradiso, che, pietoso de'miei affanni, venissi a consolarmi; se non fosse, che tu sei sempre più presto[7] a la consolazione ch'a l'aiuto; ove gli angioli (per quello ch'io ne creda) non soglion recar[8] men di soccorso che di conforto. Ma s'angelo non sei, né puoi esser reo spirito,[9] non so veder quel che tu sii; onde temo alcuna volta, che tu non sii un di que'notturni **fantasmi**, de'quai ragionando il Poeta, disse: *Mai notturno fantasma d'error non fu si pien, com'ei vér noi*».[10] [...] A queste parole lo Spirito alzò la voce in modo, ch'io non l'aveva anco udito si forte favellare:[11] [...] «Ingrato, questo premio riporto da la grazia con la quale io t'onoro, ch'io senta da te appellarmi *fantasma pien d'errore*? Ma se non fosse che la cura di te da tale m'è commessa, a cui convien obedire,[12] penserei d'abandonarti». Allora io, mezzo fra vergognoso e dolente, «Deh ti dissi, se non t'offenda ciascuna mia parola,

Le nostre parole ›

3. **cortesemente mi favella:** discorre con me in modi garbati e onesti. Lo spirito è presentato come una presenza amica che il protagonista ha imparato a riconoscere.
4. **voce... soave:** come in *Inferno* II, 56 («cominciommi a dir piana e soave»).
5. **laccio:** cioè il sonno.
6. **a fatto:** del tutto.
7. **presto:** pronto.
8. **soglion recar:** sono soliti elargire.
9. **reo spirito:** spirito maligno.
10. ***Mai... noi***: i versi provengono dal *Canzoniere* di Petrarca (CCCLX, 131-132).
11. **favellare:** parlare.
12. **se non... obedire:** il riferimento è lasciato indeterminato: potrebbe essere Dio stesso, nel caso si interpretasse lo spirito come un angelo custode.

Le nostre parole — Fantasma

L'origine del termine Il sostantivo "fantasma" deriva dal termine greco *phántasma*, cioè «visione, apparizione», che viene dal verbo *phantázein*, ovvero «mostrare, far vedere» e, nella forma media, «essere immaginato, apparire». Il fantasma è, dunque, l'immagine di qualcosa, generata dalle facoltà alterate della fantasia (in greco, il termine *phantasía* voleva dire appunto «immagine»). Si tratta di un'immagine illusoria e vana, ma anche falsa, capace, nello stesso tempo, di agire sull'emotività delle persone. In particolare, nell'accezione comune, il fantasma è lo spettro di qualcuno che non può essere presente, perché già morto oppure è l'immagine di qualcuno che vive lontano da noi.

Le diverse accezioni In origine, così come nell'italiano antico, e anche nel dialogo di Tasso, il termine "fantasma" era usato per indicare un'immagine non più corrispondente alla realtà, dunque inesistente e illusoria. In età più moderna, e più che mai oggi, invece, il sostantivo è diventato esclusivo sinonimo di apparizione spettrale. L'espressione "sembrare un fantasma" è impiegata per descrivere una persona che si muove o si mostra simile a uno spettro per l'eccessiva magrezza, il pallore o l'assenza di vitalità.

Usi tecnici e particolari Numerose sono le locuzioni che implicano l'uso di "fantasma": per esempio, "città fantasma" (abbandonata dai suoi abitanti in uno stato di perfetta compiutezza, dunque ancora intatta). Ancora, lo "scrittore fantasma", che traduce l'inglese *ghost writer*, è l'individuo ingaggiato da una casa editrice per redigere il testo di un libro attribuito poi a un personaggio famoso. Nei gerghi più tecnici, i "segnali fantasma" e le "immagini fantasma" sono, rispettivamente, i segnali di eco e le immagini soprammesse che interferiscono con le telecomunicazioni o con la ricezione televisiva. Nel lessico della critica letteraria, il "fantasma poetico" non è altro che la visione presentatasi all'intuizione del poeta.

e se non vuoi concedere a la mia ignoranza il poter dubitare, concedi almeno al mio affanno di poter lamentarmi». [...]

Qui sorrise lo Spirito, e sorridendo rispose: «Il tuo vaneggiare, nato per soverchio d'affanno, rivolge in riso ogni mio disdegno [...]. Ma perché io in guisa mi rido di te, che n'ho insieme compassione, son pronto a sgombrar da te ogni dubio. [...] Ed accioché il tatto, ch'è certissimo oltre tutti i sensi, maggiormente ne la credenza del vero ti confermi, prendi la mia destra, ch'io la ti porgo a baciare, e la ti dò per pegno di fede».[13]

Qui tacque lo Spirito; e sentii che co 'l fine de le parole pose sopra la mia spalla, ch'era ignuda se non quanto una sottil camiscia la ricopriva, la sua mano così fredda, che non è ghiaccio alcuno ne l'Alpi o ne l'Apennino, che di freddezza le si possa agguagliare: ma tenendola alquanto ferma, si cominciò ad intepidire, e divenne tale, che io ne sentii correre al cuore una virtù piena di non so quale soave conforto. [...]

Ma non cessando però in me tutti i miei dubbi, così replicai: «Ben so io che 'l sonno sopisce tutti i sentimenti esteriori; ma so anche, ch'egli non solo non impedisce la imaginazione, ma forza ed aiuto le ministra [...] sì che io dubito tuttavia di sognare, e di sillogizzare[14] sognando: e credo, che questa mia non sia vista o udito; ma più tosto di vedere o d'udir imaginazione».[15] A queste parole. udii ridere più forte lo Spirito, e ritirar a sé la sua mano. Poi così cominciò a favellare: [...] «Assicùrati pure che il tuo non è sogno; se forsi[16] non volessi dire, che tutta la umana vita fosse un sogno.[17] Percioché voi qua giù nulla vedete di vero, nulla di sincero e di puro, nulla in somma di sodo o di stabile; ma queste, che s'offrono a'sensi vostri, sono larve (per così chiamarle) del vero,[18] ed imagini di quelle che sono veramente essenze, le quali voi qua giù non potete vedere, perché avete gli occhi de l'intelletto appannati dal velo de l'umanità; ma aprendogli ne l'altra vita, che sola è vita, vi si manifesteranno in guisa,[19] che voi de'vostri a passati inganni riderete». [...]

Al fine di queste parole quasi un turbine di vento percosse ne le finestre e violentemente le aperse, e mille raggi di sole mattutino illustrarono[20] tutta la camera e'l letto nel quale io giaceva; e ne la bellissima luce m'apparve un giovinetto, ch'era ne'confini de la fanciullezza e de la gioventù;[21] né spargeva ancor le guance d'alcun fior di lanugine.[22] Egli era di corpo proporzionatissimo, bianco e biondo sì che il latte e l'oro erano vinti dal color de le carni e de'capegli; aveva gli occhi azzurri, simili a quegli che Omero a la dea d'Atene[23] attribuisce, ne'quali scintillava un dolce riso[24] sì fattamente, ch'io, ancor che da la lor soverchia[25] luce fossi abbagliato, temprava[26] con la piacevolezza del guardo la noia[27] del soverchio splendore. Le mani aveva bellissime, e ignude; ma ne la destra teneva due guanti, e la manca aveva appoggiata ad una tavola di noce [...]. Era vestito in quel modo ch'oggi da'cortegiani stimato più leggiadro [...]. Il bel giovinetto a me parve, qual doveva esser Amore in quel tempo ch'egli de la sua Psiche

13. **per... fede:** come prova che ti sto dicendo la verità.
14. **sillogizzare:** ragionare.
15. **di vedere... imaginazione:** che mi immagini di vedere e di udire e non veda e oda nella realtà.
16. **se forsi:** a meno che.
17. **tutta... sogno:** probabile suggestione dall'ultimo verso del primo sonetto del *Canzoniere*: «che quanto piace al mondo è breve sogno» (I, 14).
18. **larve... vero:** ombre vane del vero, secondo la concezione platonica per cui quanto percepiamo in vita è un riflesso imperfetto del mondo delle Idee.
19. **in guisa:** in modo.
20. **illustrarono:** resero luminosa.
21 **nei confini... gioventù:** in un'età compresa fra la fanciullezza e la giovinezza.
22. **fior di lanugine:** peluria di barba.
23. **la dea Atene:** Minerva, detta da Omero dea dagli occhi azzurri (glaucopide).
24. **dolce riso:** una prerogativa dei beati del *Paradiso* dantesco.
25. **soverchia:** eccessiva.
26. **temprava:** mitigava.
27. **noia:** fastidio.

s'innamorò.[28] E quel ch' accrebbe la mia maraviglia, fu il vederlo non solo, ma accompagnato da una moltitudine di fanciulli somiglianti a gli Amoretti;[29] i quali, lunge da lui, quasi per riverenza, stavano in disparte. [...]

«Assai m'hai tu ben provato, ch'il mio non sia sogno. Ma percioché tu non ogni mio dubbio risolvi, vo pensando se sia possibile, che questa sia una imaginazione non d'uomo che dorma, ma d'uomo che desto, a la fantasia si dia in preda. Le forze de la virtù imaginatrice sono incredibili:[30] e se ben pare ch'allora ella sia più possente quando l'anima, non occupata in esercitare i sensi esteriori, in se stessa si raccoglie, nondimeno talora aviene, ch'ella con violentissima efficacia sforzi i sensi, e gl'inganni di maniera, ch'essi gli oggetti proprii loro non distinguono. [...] E certo egli non si può negare, che non si dia alcuna alienazione di mente, la quale o sia infirmità di pazzia, come quella d'Oreste[31] e di Penteo,[32] o sia divino furore,[33] come quello di coloro che da Bacco o da l'Amor son rapiti, è tale, che può non meno rappresentar le cose false per vere, di quel che faccia il sogno. Anzi pare, che via più possa farlo; perché nel sonno solo i sentimenti son legati, ma nel furore la mente è impedita: ond'io dubiterei forte, che se fosse vero quel che communemente si dice de la mia follia, la mia visione fosse simile a quella di Penteo o d'Oreste. Ma perché di niun fatto simile a quelli d'Oreste e di Penteo sono a me consapevole, come ch'io non nieghi d'esser folle;[34] mi giova nondimeno di credere che la mia follia sia cagionata[35] o da ubbriachezza o d'amore: perché so ben io (ed in ciò non m'inganno) che soverchiamente bevo; e troppo desidero l'aspetto e la grazia di tale, che potrebbe bearmi con una picciola parte di que'favori, de'quali senz'alcun dubbio a chi meno l'ama è meno scarso.[36]

28. **qual... innamorò:** il riferimento è al mito di Amore e Psiche, narrato da Apuleio nelle *Metamorfosi*, in cui il dio si innamora della fanciulla e la sposa, senza però che questa lo abbia mai visto alla luce del sole. La curiosità di conoscere le fattezze di Amore spinge Psiche a infrangere il divieto di guardarlo: Amore lascia la fanciulla, che potrà recuperare il marito solo dopo aver superato delle difficili prove.

29. **Amore... Amoretti:** prevale qui l'immaginario mitologico pagano che si sovrappone a quello cristiano.

30. **Le forze... incredibili:** la potenza dell'immaginazione è il tema principale del dialogo.

31. **Oreste:** figlio di Agamennone, uccise la madre Clitemnestra e il suo amante, Egisto; per questo fu perseguitato dalle Furie.

32. **Penteo:** mitico re di Tebe, che si oppose al culto di Bacco e fu sbranato dalle Baccanti.

33. **divino furore:** follia che proviene dalle divinità (Bacco e Venere).

34. **come... folle:** lucida consapevolezza del proprio squilibrio mentale.

35. **cagionata:** causata.

36 **soverchiamente... scarso:** secondo un trattato intitolato *Problemi* e attribuito ad Aristotele, l'eccesso di vino e l'incontinenza sessuale sono tipici dell'individuo "malinconico", a cui qui Tasso si equipara.

Analisi del testo

Struttura

Il dialogo col messaggero celeste Il dialogo procede in un crescendo graduale di dubbi e rassicurazioni che cominciano con il timore che la visione sia soltanto un sogno (rr. 1-7), proseguono con l'apparizione di un fantasma (rr. 7-15), che il poeta teme essere il frutto di una immaginazione (rr. 61-67), e si concludono con il dubbio che si tratti di un vaneggiamento determinato dal «divino furore» (rr. 67-71).

Se all'inizio la scena è dominata dal protagonista e dall'incalzare delle domande che si pone e delle ipotesi che passa in rassegna, in seguito la presenza dello spirito si impone con crescente concretezza, dapprima attraverso il contatto della propria mano (rr. 25-32), poi nella luce mattutina che ne rivela tutta la bellezza (rr. 46-60). Di qui inizierà il dialogo con il personaggio di Tasso, nel quale lo spirito incarna un punto di vista naturalmente superiore: sarà lui a guidare il discorso, lasciando a Tasso il ruolo di porre specifiche domande. Nella seconda parte del dialogo la conversazione passa da un argomento cosmologico a uno politico; in questa parte si discorre infatti degli ambasciatori, i messaggeri che non operano in ambito celeste ma terreno. In questo modo il tema trattato rispetta la duplicità dei piani (celeste/terreno) che sarà caratteristica anche della vicenda narrata nella *Gerusalemme liberata*.

Lingua e stile

Questa pagina è improntata a uno stile elegante e arioso, dotto e affabile, sospeso fra dramma e racconto. Numerosi sono i rimandi filosofici e letterari: sulla base di un sistema speculativo platonico si susseguono memorie dantesche, petrarchesche e classiche, soprattutto mitologiche («la dea d'Atene», Amore e Psiche, Oreste, Penteo, Bacco). La narrazione è scorrevole e naturale, inserita nella serie incalzante di domande e risposte. Questo però non deve far dimenticare l'urgenza autobiografica di queste pagine: la "stanza" dove lo spirito fa la sua apparizione è in realtà la cella dell'ospedale di Sant'Anna, e il dotto colloquio con questa presenza angelica deve testimoniare che la "frenesia" e l'alterazione psichica di Tasso sono in realtà una condizione eccezionale che permette una profonda conoscenza.

Temi

Le imprudenze di un letterato-filosofo Il retroterra filosofico a cui il dialogo attinge è riconducibile alla tradizione platonica, con un'attenzione particolare nei confronti dei testi magici e dell'Ermetismo (una corrente mistico-filosofica sviluppatasi nel II secolo d.C. a partire dagli scritti del mitico Ermete Trismegisto, cioè «tre volte saggio»): si trattava di una cultura certamente non ortodossa, che poteva destare molti sospetti da parte della Chiesa. Non a caso, nella lettera dedicatoria del dialogo a Vincenzo Gonzaga (che nel 1586 farà liberare il poeta da Sant'Anna), Tasso definisce preventivamente *Il messaggiero* «opera d'uomo che scrive come filosofo e crede come cristiano». Ma, ancora a quest'epoca, l'errore fatale di Tasso è illudersi di poter discutere a tutto campo ogni sorta di questione, anche quelle che toccano aspetti religiosi, senza rendersi conto che nell'epoca della Controriforma ciò comporta gravi conseguenze. Il poeta apprenderà solo più tardi, attraverso la revisione dei testi di questo periodo (compreso *Il messaggiero*), a divenire un attento custode della propria ortodossia, tendenza di cui saranno casi esemplari *La Gerusalemme conquistata* e *Il mondo creato* (➤ p. 597).

La prima stesura del dialogo Il brano risale alla prima stesura del dialogo, in cui l'autore rappresenta la propria condizione di malinconico con maggiore sincerità ed è presentata come reale la presenza dell'angelo (non soltanto immaginata, come nella redazione successiva), affidato al poeta come custode o «genio familiare», secondo la più antica tradizione platonica. È in questa prima redazione che Tasso confessa di essere completamente in balia dell'amore. Malinconia e innamoramento, tuttavia, non sono un sintomo di debolezza ma di forza, perché incrementano la potenza dell'immaginazione, facoltà necessaria a ogni vero poeta.

Officina

COMPRENDERE

1. In che modo Tasso spiega le due apparizioni?
2. Perché lo spirito porge la mano a Tasso?
3. In che modo lo spirito spiega la percezione della realtà da parte degli uomini?

ANALIZZARE

4. **Lingua e stile** «La sua mano così fredda, che non è ghiaccio alcuno ne l'Alpi o ne l'Apennino, che di freddezza le si possa agguagliare»: quale figura retorica è usata qui e con che fine?

INTERPRETARE

5. Quali elementi sono evidenti manifestazione del disagio interiore di Tasso?
6. In quale modo, a tuo avviso, il poeta vive la propria condizione?

PERCORSO DI SCRITTURA

Riscrittura Dopo aver isolato i nuclei principali del dialogo fra Tasso e lo spirito celeste, prova a riscrivere il testo dal punto di vista di un osservatore esterno, per esempio un compagno di stanza di Tasso. Ricorda dunque di utilizzare la terza persona, di riportare gli eventi in maniera oggettiva e di non superare le 750 battute. Puoi cominciare così: «Mentre di primo mattino si trovava nel proprio letto, fra il sonno e la veglia, il mio compagno di stanza mi riferì di una visione…».

6. La produzione epico-cavalleresca

6.1 Il *Gierusalemme*

Il primo esperimento epico

Tra il 1559 e il 1561, durante il soggiorno veneziano che precede gli anni universitari, il giovane Tasso, poco più che quindicenne, decide di cimentarsi nella scrittura di un poema epico sulla **Prima crociata** (bandita da Urbano II e capitanata da Goffredo di Buglione, fra il 1096 e il 1099): ha così origine il *Gierusalemme*, un abbozzo di circa un centinaio di ottave, poi rifuse nei primi tre canti della *Gerusalemme liberata*.

La scelta dell'argomento è dettata da diverse suggestioni, tra cui il diffondersi a Venezia e in Europa dei timori dilaganti per il pericolo turco e la personale trepidazione per la sorte della sorella Cornelia, fortunosamente scampata a un'incursione di pirati sulla costa amalfitana. Il giovane Tasso si cimenta, dunque, in un tema che rimanda a un passato lontano ma rievoca una questione attuale, quella dello **scontro religioso**; tenta così di conquistare una precoce affermazione nel mondo letterario, all'interno di quel **genere cavalleresco** che stava suscitando intense discussioni fra i trattatisti cinquecenteschi, divisi fra il modello ariostesco e quello, appunto, del poema eroico (➤ p. 487). Si tratta però di un tentativo ancora prematuro, che potrà realizzarsi compiutamente solo dopo che Tasso avrà maturato piena consapevolezza del genere epico nelle riflessioni teoriche dei *Discorsi dell'arte poetica*.

6.2 Il *Rinaldo*

Il poema cavalleresco

Interrotto il frammento del *Gierusalemme*, Tasso ridimensiona con saggezza il proprio obiettivo, conducendo velocemente a termine un poema cavalleresco, il *Rinaldo*. Quella del poema cavalleresco costituisce una via più agevole, più adatta alle sue aspirazioni del momento e in parte discendente da una tradizione sicura e ancora fortunata quale quella ariostesca, già sperimentata dal padre Bernardo con l'*Amadigi*. Il confronto con il padre, in effetti, quasi in termini agonistici, è una delle chiavi di lettura più interessanti del *Rinaldo*. Lo slancio narrativo all'interno di una ***fabula* avventurosa**, ispirata da suggestioni classiche e romanze, consente intanto al poeta di saggiare le proprie facoltà narrative e di ritagliarsi una serie di motivi originali e personali, di natura essenzialmente lirica.

> Non vi spiaccia dunque di vedere il mio *Rinaldo* parte ad imitazion degli antichi e parte a quella de' moderni composto.
>
> T. Tasso

La scelta di orientarsi verso un poema cavalleresco comporta la temporanea rinuncia al progetto di un'opera a **carattere epico-religioso**, e il conseguente adeguamento alle richieste di una **letteratura di intrattenimento**. Come afferma la lettera *A i lettori* che apre il poema, tuttavia, l'intenzione di Tasso è quella di conciliare tra loro l'esempio degli antichi e il gusto dei moderni, la severità dei precetti aristotelici e il diletto del lettore: viene infatti mantenuta l'**unità dell'azione romanzesca**, presentando un solo eroe protagonista (come nel capostipite del genere del poema eroico, l'*Ercole* di Giambattista Giraldi Cinzio del 1557, e come nel *Floridante* del padre Bernardo, rivisto e corretto dal figlio prima della stampa postuma del 1587).

6.3 I *Discorsi dell'arte poetica* (e in particolare del poema eroico)

La riflessione teorica

Il lungo lavoro della *Gerusalemme liberata* (1564-77) è preceduto e accompagnato da una continua riflessione teorica di cui sono frutto i *Discorsi dell'arte poetica* e le cosiddette *Lettere poetiche*. Composti verosimilmente fra il 1561-62 (ma stampati solamente nel 1587, dopo essere stati rielaborati e integrati nel poema eroico), i *Discorsi dell'arte poetica* sono un'opera ispirata dalle discussioni teoriche a cui il poeta aveva preso parte durante i primi anni della formazione padovana.
Tre sono gli argomenti, trattati in altrettanti libri: la "**materia**" **del poema**, cioè il soggetto più opportuno da trattare; la "**forma**" e la "**disposizione**", ovvero la struttura e l'ordinamento della materia; infine l'"**ornamento**", vale a dire le scelte relative all'elaborazione stilistica e retorica.
Tasso si schiera contro la posizione espressa da Giraldi Cinzio (➤ p. 528), uno dei più influenti teorici cinquecenteschi, secondo il quale non era necessario rifarsi alla *Poetica* di Aristotele per la teorizzazione del poema cavalleresco, ed era dunque legittimo adottare la formula ariostesca del "romanzo", che non rispettava l'unità di azione, di tempo e di luogo. Tasso rifiuta la distinzione tra poema epico e "romanzo" perché intende trovare una mediazione tra «**verisimile**» (dato dalla componente storica) e «**meraviglioso**» (dato dall'invenzione letteraria). Secondo il poeta, il lettore di un poema epico di argomento storico, ma anche religioso, quale la *Gerusalemme liberata*, è disposto a concedere all'autore uno spazio di invenzione fantastica, relativamente a quello che Tasso chiama «meraviglioso cristiano». Questa componente si rivela in modo esemplare nella narrazione dei miracoli (frequente nella *Liberata*), una vera e propria sfida alla «verisimiglianza» che però risulta credibile per comune opinione.
A livello di struttura del poema, inoltre, Tasso cerca di mediare tra le esigenze dell'**unità aristotelica dell'azione**, necessaria per rendere visibile una chiara gerarchia della realtà e l'idea di un cosmo ordinato da Dio, e le esigenze della **varietà di situazioni rappresentate**, necessaria per rendere piacevole la lettura. La riflessione su questa mediazione sarà espressa nella celebre immagine del **poema come «picciol mondo»**, un mondo cioè che può essere osservato da lontano come realtà unitaria, ma che visto da vicino appare in tutta la ricchezza dei suoi dettagli.

6.4 L'*Apologia* e il *Giudicio*

L'*Apologia* e il *Giudicio*

Dopo la pubblicazione della *Liberata*, tra il 1580 e il 1581, il confronto immediato con l'*Orlando furioso* divide gli ambienti intellettuali tra fautori e detrattori dell'uno o dell'altro poema. La polemica si arroventò sempre più, fino all'intervento dello stesso Tasso, che compose nel 1585 l'*Apologia in difesa della "Gerusalemme liberata"*, scritta in forma di dialogo. Al di là delle repliche alle varie critiche (di struttura, linguistiche ecc.) che erano state mosse al poema, l'*Apologia* è interessante perché mostra una maggiore cautela dell'autore nei confronti di un'**imitazione che si allontani dal "vero"**, rispetto a quanto affermato nei *Discorsi dell'arte poetica*. Questo tipo di imitazione può essere giustificata solo se si presenta come **allegoria**, cioè come segno di una verità più profonda. Nella sua battaglia contro il "falso", Tasso trova un autorevole alleato in sant'Agostino, che aveva appunto consentito l'uso dell'allegoria a patto che avesse un suo significato coerente e un suo scopo morale. Una linea che Tasso conferma nel dialogo *Il Cataneo overo degli idoli* quando, rispondendo alla domanda se una cosa falsa può essere giovevole, scrive: «S'ella sarà di quelle che significa, non sarà falsa, perché falso non è quel che significa». In tal modo Tasso pone la poesia al riparo da qualsiasi condanna.

FISSA I CONCETTI

- Quali sono i modelli dei *Dialoghi* e delle *Epistole* di Tasso?
- Ripercorri la vicenda compositiva relativa al *Gierusalemme* e al *Rinaldo*.
- Qual è la concezione tassiana dell'epica cavalleresca?

Risalente al 1593 è invece il *Giudicio sovra la sua Gerusalemme da lui medesimo riformata*, che intende dimostrare la superiorità della *Conquistata* sulla *Liberata*. Riguardo al peso conferito al "vero" in poesia, il *Giudicio* porta a compimento le precedenti riflessioni di Tasso: il «meraviglioso» diviene semplicemente uno stadio più profondo della verità o, come dirà Tasso, un «eccesso della verità». Ciò appare del tutto coerente con le scelte operate nella scrittura della *Conquistata*, in particolare con la precisazione del **contesto storico** (per esempio con l'aggiunta degli antefatti della vicenda) e con il rafforzamento delle **interpretazioni allegoriche**, che esplicitano – e in certo modo limitano – le possibilità dei lettori di assegnare particolari significati agli episodi del poema. Così, per esempio, per mettere ancora più in evidenza la pericolosità seduttiva della maga Armida, Tasso racconta la sua presunta discendenza dalle mitiche sirene, creature ammaliatrici per antonomasia.

VISUALIZZA I CONCETTI

La produzione epico-cavalleresca

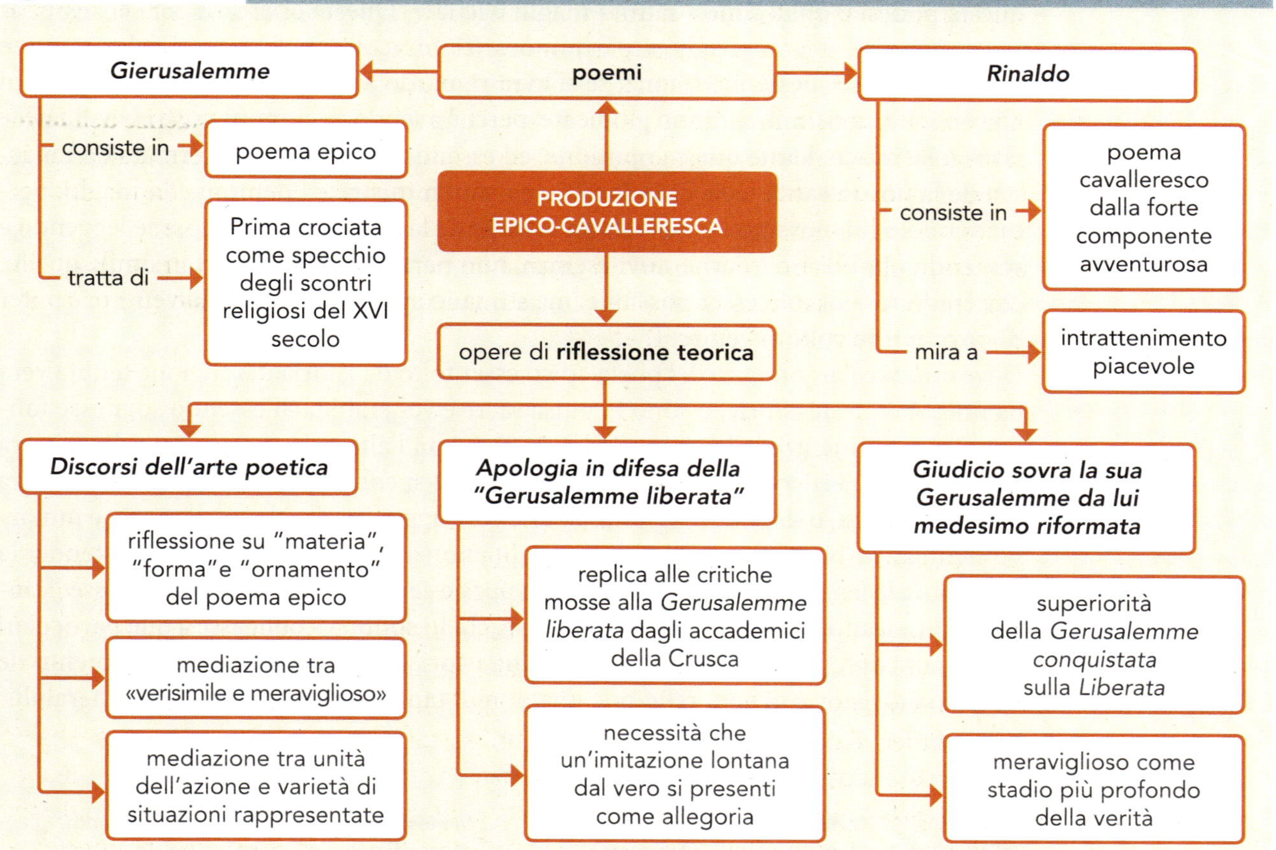

T6 Il meraviglioso cristiano

Discorsi dell'arte poetica, Discorso primo

Il brano analizza la dialettica tra storia e poesia, che si rivela come la caratteristica essenziale del poema eroico. Mentre lo storico narra i fatti realmente accaduti e fa del «vero» l'oggetto del suo racconto, il poeta imita questi stessi fatti come «verisimili». In questo modo Tasso arricchisce con la finzione il vero storico, in base al quale costruisce i ritratti psicologici dei personaggi, le loro vicende sentimentali, le loro emozioni, le loro paure, i loro dialoghi: cose che potrebbero essere avvenute, ma che gli storici non tramandano. La presenza del «meraviglioso» nei poemi, necessaria per garantire il piacere della lettura, può essere accolta senza contraddire il principio di «verisimiglianza»: tale principio va però ricondotto al soprannaturale cristiano, i cui miracoli sono ritenuti possibili dai fedeli (e pertanto creduti veri).

Diversissime sono, signor Scipione,[1] queste due nature, il meraviglioso e 'l verisimile; ed in guisa diverse, che sono quasi contrarie fra loro; nondimeno l'una e l'altra nel poema è necessaria; ma fa mestieri[2] che arte di eccellente poeta sia quella che insieme le accoppi. […]
Attribuisca il poeta alcune operazioni, che di gran lunga eccedono il poter degli uomini, a Dio, a gli angioli suoi, a'demoni, o a coloro a'quali da Dio o da'demoni è concessa questa podestà, quali sono i santi, i maghi e le fate. Queste opere, se per sé stesse saranno considerate, meravigliose parranno; anzi miracoli sono chiamati nel commune uso di parlare. Queste medesime, se si avrà riguardo a la virtù ed a la potenza di chi l'ha operate, verisimili saranno giudicate, perché avendo gli uomini nostri bevuta ne le fasce insieme co 'l latte questa opinione, ed essendo poi in loro confermata da i maestri de la nostra santa fede, cioè che Dio e i suoi ministri, e i demoni ed i maghi, permettendolo lui, possino far cose sovra le forze de la natura meravigliose; e leggendo e sentendo ogni dì ricordarne novi esempi, non parrà loro fuori del verisimile quello, che credono non solo esser possibile, ma stimano spesse fiate[3] esser avvenuto, e poter di novo molte volte avvenire. […]
Deve dunque l'argomento del poeta epico esser tolto da istoria di religione tenuta vera da noi. Ma queste istorie, o sono in guisa sacre e venerabili, ch'essendo sovr'esse fondato lo stabilimento de la nostra fede, sia **empietà** l'alterarle; o non sono di maniera sacrosante, ch'articolo di fede sia ciò che in esse si contiene, sì che si conceda senza colpa d'audacia, o di poca religione, alcune cose aggiungervi, alcune levarne, e mutarne alcun'altre. Ne l'istorie de la prima qualità non ardisca il nostro epico di stender la mano, ma le lassi a gli uomini pii ne la lor pura e semplice verità, perché in esse il tingere non è lecito; e chi nissuna cosa fingesse, chi in somma s'obligasse a que' particolari ch'ivi son contenuti, poeta non sarebbe, ma istorico. Tolgasi dunque l'argomento de l'epopeia da istorie di vera religione, ma non di tanta autorità, che siano inalterabili.

lessico
Empietà
Grave offesa verso ciò che è ritenuto sacro o morale; atto crudele e malvagio (dal latino *impiĕtas*, derivato di *impĭus*, «sacrilego, scellerato», che a sua volta viene da *pĭus*, «devoto, rispettoso» con il prefisso negativo *in-*, quindi, propriamente, «che non è devoto»).

1. **Scipione:** Scipione Gonzaga, compagno e amico del giovane Tasso, sin dagli anni universitari.
2 **fa mestieri:** ne consegue necessariamente.
3 **spesse fiate:** molte volte.

Analisi del testo

Struttura e temi

Il ragionamento di Tasso segue un andamento rigoroso, improntato alla logica stringente della trattatistica filosofica. Se da un lato il poema eroico ha per argomento le azioni illustri tratte dalla storia, dall'altro si pone il problema del ruolo del «meraviglioso», che Tasso risolve indicando nelle vicende cristiane le sole che possano contenere fatti soprannaturali credibili, perché riconducibili all'operato di Dio, degli angeli e dei dèmoni. Viene introdotto così il concetto di «verisimiglianza» (come connessione fra il «vero» e il «meraviglioso»), grazie al quale si definisce la specificità del poeta rispetto allo storico.

Lingua e stile

Sulla base dell'autorità di Aristotele e della propria competenza estetica e letteraria, Tasso intraprende un discorso caratterizzato da rigore dimostrativo al fine di persuadere, secondo la maniera trattatistica. La prosa procede con ritmo piano e logica stringente, in cui ricorrono frequentemente iterazioni, anadiplosi, coordinate disgiuntive, ed è costantemente intessuta di lessico specifico e terminologia tecnica («ingannare», «imitano», «si tinga», «vero», «meraviglioso», «verisimile», «imitare», «dilettevole»).

Jacopo Robusti detto Tintoretto, *Il miracolo di San Marco*, 1548. Venezia, Gallerie dell'Accademia.

Officina

COMPRENDERE

1. Come si supera secondo Tasso l'inconciliabilità del «meraviglioso» con il genere «verosimile»?
2. Quale differenza intercorre fra lo storico e l'autore epico?

ANALIZZARE

3. **Lingua e stile** A quali termini ed espressioni ricorre Tasso per indicare il «meraviglioso»? Individuali e sottolineali nel testo. Quale figura retorica vi è impiegata?
4. **Lingua e stile** Individua e sottolinea nel testo tutti i verbi impersonali, tipici del procedere argomentativo.
5. **Lessico** Secondo te, con quale dei due significati descritti viene usato "empietà" nel brano che hai appena letto: con il significato **1.** «mancanza di rispetto verso il sacro» o con il significato **2.** «atto crudele e malvagio»? I seguenti sinonimi di "empietà" non vanno bene per entrambi i significati: attribuisci ciascun sinonimo al giusto significato, ovvero al numero **1.** o al numero **2.**
a. crudeltà ☐; **b.** miscredenza ☐; **c.** efferatezza ☐; **d.** iniquità ☐; **e.** sacrilegio ☐; **f.** spietatezza ☐.

INTERPRETARE

6. Metti a confronto l'**idea di «meraviglioso»** secondo Tasso e quella secondo **Ariosto**. Trovi che il ricorso al fantastico abbia le stesse finalità nei due autori?

PERCORSO DI SCRITTURA

Riassunto Dopo aver diviso il brano in tre sequenze assegna a ciascuna un titolo e sintetizzala in massimo due righe, quindi cuci insieme le parti in un riassunto di massimo 7 righe.

7. La *Gerusalemme liberata*

7.1 La genesi del poema, la struttura e la materia

Un caso letterario anomalo

La *Gerusalemme liberata* rappresenta un caso del tutto anomalo nella storia letteraria. Pubblicata senza il consenso dell'autore, sottoposta dal poeta stesso a **molte revisioni** fino alla radicale riscrittura della *Conquistata*, l'opera è stata accolta da sempre come il **capolavoro di Tasso**. L'autore, invece, da un certo momento in poi ha negato al poema ogni credito, «datogli», afferma egli stesso in una lettera, «da la pazzia de gli uomini più tosto che dal mio giudicio»; anzi, addirittura, Tasso si dichiara rispetto alla *Liberata* «alieno, come i padri da' figliuoli ribelli, e sospetti d'esser nati d'adulterio». Difficile spiegare le ragioni di questa clamorosa divergenza, che ancora oggi divide il giudizio espresso da Tasso da quello della critica e dei lettori, rimasti fedeli alla *Liberata*: forse la causa va ricondotta allo stesso **atteggiamento di autocensura** che condusse l'autore a rimetter mano a un folto gruppo di opere (soprattutto *Dialoghi* e *Rime*) non soltanto per motivi stilistici, ma anche per rettificare i contenuti ritenuti inopportuni sul piano religioso e morale.

La stesura del poema

La stesura del poema inizia nel 1565 circa ed è pensata in funzione della corte di Urbino e del suo duca Guidubaldo Della Rovere. I primi a seguire e consigliare l'autore furono i letterati Domenico Venier, Battista Guarini e l'amico Scipione Gonzaga, che sarà figura di riferimento lungo tutta l'elaborazione del poema. Verso la fine del 1574, l'autore porta a termine la **prima stesura** e decide di affidare la lettura del poema a un gruppo di revisori che possano dargli suggerimenti sia sugli aspetti linguistici e formali, sia su quelli legati ai contenuti trattati: si tratta del fiorentino Leonardo Salviati, in seguito tra i più acerrimi oppositori dell'opera, Sperone Speroni, ai cui consigli era già ricorso il padre Bernardo Tasso, e il gruppo romano composto da Silvio Antoniano, Flaminio Nobili e Scipione Gonzaga. Si apre una fase logorante e piena di tensioni, nella quale l'autore tenta di difendere le sue scelte dalle molte obiezioni sollevate; nell'estate del **1576** il processo di **revisione** si interrompe, forse per i sospetti e l'eccessiva invadenza dei revisori, che avevano anche chiesto di eliminare alcuni episodi. Cominciano ormai a circolare copie manoscritte del poema con il titolo di *Gerusalemme liberata* (invece di *Goffredo*, come era nelle intenzioni di Tasso), opera che sarà pubblicata più volte clandestinamente senza autorizzazione dell'autore, dal marzo del 1578 recluso nell'ospedale di Sant'Anna: nel 1579 e nel 1580 vengono edite versioni parziali, mentre nel **1581** si succedono ben quattro **edizioni integrali**, inaugurando una straordinaria fortuna del testo, ormai completamente fuori dal controllo dell'autore. Già a partire dal **1586** Tasso accenna al progetto di una profonda revisione e **accrescimento del poema**, ma potrà dedicarvisi con qualche continuità solo dal 1589. Il lavoro sarà ultimato nel maggio del 1593, anche grazie al sostegno del cardinale Cinzio Aldobrandini, nipote di papa Clemente VIII, e il poema verrà edito sempre a Roma, in quello stesso anno, con il titolo di ***Gerusalemme conquistata***. La quantità degli interventi dell'autore e la radicale diversità ideologica fanno della *Conquistata* un'**opera a sé stante** più che una rielaborazione della *Liberata*.

LA TRAMA

Il poema ha per argomento la fase conclusiva della Prima crociata, culminata nella conquista di Gerusalemme da parte di Goffredo di Buglione nel 1099, dopo la drammatica opposizione delle forze umane e infernali. Mentre Aladino, il re saraceno della città, si prepara a sostenere l'assedio, Plutone raduna i dèmoni in un concilio infernale in cui interviene anche la maga Armida, che con le sue arti seduce numerosi paladini cristiani.
Sul tema guerresco centrale si innestano le vicende sentimentali dei cavalieri crociati con le figure femminili di Erminia, Clorinda e la stessa Armida, appartenenti allo schieramento avverso. La prima vicenda si distende fra il canto III e il XIX e narra l'amore non corrisposto della fragile Erminia (già prigioniera nel campo crociato) per il cavaliere Tancredi. L'eroe cristiano costituisce l'oggetto costante dei sogni irrealizzati della fanciulla, che lo soccorrerà ferito dopo il duello definitivo con il pagano Argante, e gli confesserà il suo amore, mettendo in guardia i crociati da una congiura ai danni di Goffredo.
La seconda occupa un arco che va dal canto III al XIII e descrive la tragica vicenda di Tancredi e Clorinda, culminata nel duello notturno fra i due, fuori dalle mura della città, al termine del quale l'ignaro eroe crociato ferisce mortalmente l'amata, per poi riconoscerla, disperato, soltanto all'atto di battezzarla.
La terza è l'ampia parabola di Armida e Rinaldo (canti IV-XX), dapprima sedotto dalle arti magiche di lei e prigioniero nel palazzo incantato, poi oggetto del suo autentico amore. Mentre il mago Ismeno popola di incantesimi la vicina selva di Saron, per impedire ai cristiani di approvvigionarsi del legname necessario alla costruzione delle macchine da guerra, il mago di Ascalona offre a due crociati, Carlo e Ubaldo, le istruzioni e i mezzi per liberare Rinaldo e ricondurlo al campo crociato. Dopo una drammatica separazione, Rinaldo e Armida si ricongiungono nel canto finale del poema, mentre infuria una tremenda battaglia che si conclude con la vittoria dei cristiani e l'adorazione del Santo Sepolcro.

Circolo di Antonio Tempesta, *Battaglia tra cristiani e turchi davanti alle mura di Gerusalemme*, XVI-XVII secolo. Collezione privata.

La struttura del poema

La *Liberata* si ispira variamente ai principali **modelli epici della tradizione**, l'*Iliade* di Omero e l'*Eneide* di Virgilio: il personaggio di Rinaldo, per esempio, imita quanto accade nell'*Iliade* a proposito di Achille, visto che anch'egli abbandona sdegnosamente l'esercito cristiano ma vi ritorna in modo risolutivo dopo essere stato liberato da Armida.

La critica ha formulato alcune ipotesi di **suddivisione della struttura** complessiva del poema, costituito da venti canti. La più convincente propone un frazionamento in cinque parti, come gli atti della tragedia classica:

- la prima parte (canti I-III) è dedicata alla preparazione dello scenario terreno e ultraterreno che farà da sfondo alle vicende, con la presentazione degli eserciti e dei personaggi principali;
- la seconda (canti IV-VIII) narra le iniziative contro i cristiani da parte delle forze infernali, che portano molti guerrieri ad abbandonare il campo crociato per opera di Armida; alla cacciata di Rinaldo, per aver ucciso in duello un compagno a causa di un futile diverbio; e infine alla prigionia di Tancredi presso Armida e alla rivolta dei crociati;
- nella terza parte (canti IX-XII) si aggrava il momento di difficoltà dell'esercito cristiano: il temibile guerriero Solimano si unisce ad Aladino; Tancredi uccide Clorinda e sembra perdere il senno; inizia una tremenda siccità che mette in ginocchio gli assedianti cristiani; il mago Ismeno compie un sortilegio malefico nella selva di Saron per impedire ai crociati di costruire con il legname macchine da guerra per l'assedio della città;
- nella quarta sequenza (canti XIII-XVII) avviene la svolta che rovescia il corso degli eventi: una pioggia ristoratrice mette fine alla siccità; grazie ai due crociati Carlo e Ubaldo, Rinaldo viene sottratto ai sortilegi di Armida, ritorna al campo cristiano e libera la selva dagli incanti;
- l'ultima sequenza (canti XVIII-XX) si concentra sul sanguinoso scontro conclusivo, che avviene in due momenti, e vede prima la morte di Argante e poi di Solimano e infine dello stesso Aladino. I crociati prendono pieno possesso di Gerusalemme e del Santo Sepolcro.

Va osservato che il punto di svolta delle vicende narrate (chiamata «peripezia» nella teoria aristotelica della tragedia) viene posto non alla metà dell'opera, ma, asimmetricamente, nel canto XIII: si crea così una struttura 13+7 che costituisce una sorta di "*enjambement* narrativo", capace di conferire un maggiore dinamismo al racconto.

Storia e invenzione, tra verità e «meraviglioso»

Come abbiamo detto a proposito dei *Discorsi dell'arte poetica* (➤ p. 544), la stesura del poema è preceduta da una profonda riflessione sulla possibilità di conciliare «**vero**» **storico** – essenziale per un poema di storia sacra – e **invenzione fantastica**, cioè quella componente del «meraviglioso» in cui aveva primeggiato Ariosto e che tanto successo riscuoteva presso i lettori.

Tasso garantisce lo sfondo storico della *Liberata* rifacendosi a cronache come la *Storia della guerra santa* di Guglielmo di Tiro (XII secolo), mentre affronta il problema relativo al ruolo dell'invenzione letteraria ricorrendo all'**immaginario cristiano**, che accetta – come veri – fenomeni che in realtà vengono creduti solo per fede. Proprio la fede nell'esistenza dei miracoli fornisce poi la prova più evidente per la piena legittimità del concetto di «meraviglioso cristiano» e dello stretto rapporto tra mondo terreno e ultraterreno. Per Tasso, dunque, l'invenzione della materia (cioè la scelta dei fatti narrati) consiste nel cercare all'interno di eventi noti e documentati episodi ancora da scoprire, proprio come afferma l'autore stesso nell'*Apologia*: «L'invenzione non è delle cose false che non sono [come è per l'imitazione fantastica di Ariosto], ma delle vere che sono, ma non sono state ritrovate». In questo senso Tasso intende «invenzione» proprio nel suo significato etimologico di «ritrovamento» (che traduce il latino *inventio*): ciò fornisce al suo poema un solido fondamento storico e alla sua libertà inventiva un terreno d'azione più vasto ma al tempo stesso "regolato".

7.2 Una sintesi tra unità e varietà

Unità e varietà: epica e "romanzo"

Tasso, dunque, assicura al poema una verosimiglianza che lo mette al riparo dalle critiche rivolte al *Furioso* di irriverenza religiosa e di fantasiosità bizzarra. Il poeta si preoccupa, poi, di assegnargli un impianto unitario, ispirato al modello epico del raggiungimento di una meta (la conquista di Gerusalemme), ma animato al suo interno da una serie di spinte dinamiche che mantengano alto l'interesse dei lettori.
La *Liberata*, infatti, si mantiene in equilibrio tra due forze opposte. La prima è di tipo centripeto, cioè unificante, si ispira appunto alla **narrazione epica** e consiste nell'adempimento della missione da parte dei crociati, di cui è garante Goffredo di Buglione. Questa linea narrativa rappresenta la finalità ideologica programmatica del poema, ovvero la legittimità di una guerra religiosa per confermare la superiorità dei valori cristiani su quelli di altre confessioni, proprio a pochi anni dalla vittoria di Lepanto contro i Turchi nel 1571 (➤ p. 474). Il tema delle armi caratterizza in pieno questo primo ambito e si concentra nella parte iniziale e in quella finale del poema, per l'appunto dove a livello narrativo prevale una logica corale su quella individuale, cioè le azioni degli schieramenti piuttosto che quelle dei singoli eroi.
Al polo opposto, la seconda forza che anima il poema ha carattere centrifugo e si richiama alla tradizione del **romanzo cavalleresco** recepita da Ariosto. Le componenti essenziali di questa forza sono la *quête* (la ricerca di una persona o di un oggetto desiderato; ➤ p. 211) e l'*aventure* (l'erranza del cavaliere, sempre disponibile a lanciarsi in una nuova impresa): esse imprimono al racconto un andamento digressivo, che ostacola il perseguimento dei fini proprio della componente epica del poema. I **temi dominanti** di questa linea narrativa sono l'**amore** e la **magia** (entrambi riuniti nella figura di Armida), con il loro potere destabilizzante; un potere che non solo caratterizza il mondo dei nemici dei crociati, ma si estende pericolosamente anche ai cristiani, mettendone in forse per un momento l'integrità ideologica.
Queste due forze emergono già dalla prima ottava del poema (➤ **T6**), che contiene la proposizione dell'argomento: quella centripeta è incarnata dall'autorità di Goffredo, con tutte le prerogative del condottiero incrollabile e pio, quella centrifuga dall'erranza degli altri cavalieri, dispersi e deviati dalla passione amorosa, che li allontana dall'obiettivo comune della crociata.

> Per Tasso l'unità è un bene da recuperare faticosamente nella propria coscienza prima che nell'arte.
>
> L. Caretti

Unità e varietà fra terra e cielo

Una seconda dialettica che accompagna il poema è quella che presenta come unitario e coerente l'esercito cristiano e come caotico e molteplice quello arabo, definito fin da subito «popol misto» (I, 1, 6). Qui, come ha suggerito il critico Sergio Zatti, Tasso introduce un geniale anacronismo, attribuendo ai musulmani il politeismo del paganesimo classico: le forze raccolte attorno ad Aladino, i popoli delle terre sconosciute al di là delle Colonne d'Ercole e quelli che seguono il re d'Egitto nel canto XVII si presentano come divisi tra loro per fede, lingua e costumi.

La stessa contrapposizione si ritrova anche a livello ultraterreno: se il mondo celeste appare perfettamente unitario e gerarchicamente ordinato sotto il controllo infallibile di Dio «che dà legge al tutto» (IX, 56, 2), quello infernale risulta composto da «varie torme» (IV, 4, 1) di creature mostruose, che presentano «diversi aspetti in un [in un solo corpo] confusi e misti» (IV, 5, 8). Lucifero e tutti gli abitanti dell'Ade sono degli sconfitti (cacciati dal paradiso dopo la rivolta degli angeli ribelli) in cerca di riscatto, degli esiliati che si sentono ingiustamente offesi.

Riassumendo, tre sono dunque i livelli lungo cui si sviluppa il processo di **riduzione della varietà all'unità**:

- a livello della storia terrena, la sconfitta dei popoli "infedeli" per mano dei crociati;
- a livello ultraterreno, la condanna eterna di Lucifero e degli angeli ribelli suoi seguaci;
- a livello ideologico, la subordinazione politica dei guerrieri cristiani «erranti» al potere di Goffredo, legittimato direttamente da Dio: un potere che allude in modo manifesto a quello del principe (cioè, nel caso di Tasso, del duca di Ferrara Alfonso II).

VISUALIZZA I CONCETTI

La riduzione della varietà all'unità nella *Gerusalemme liberata*

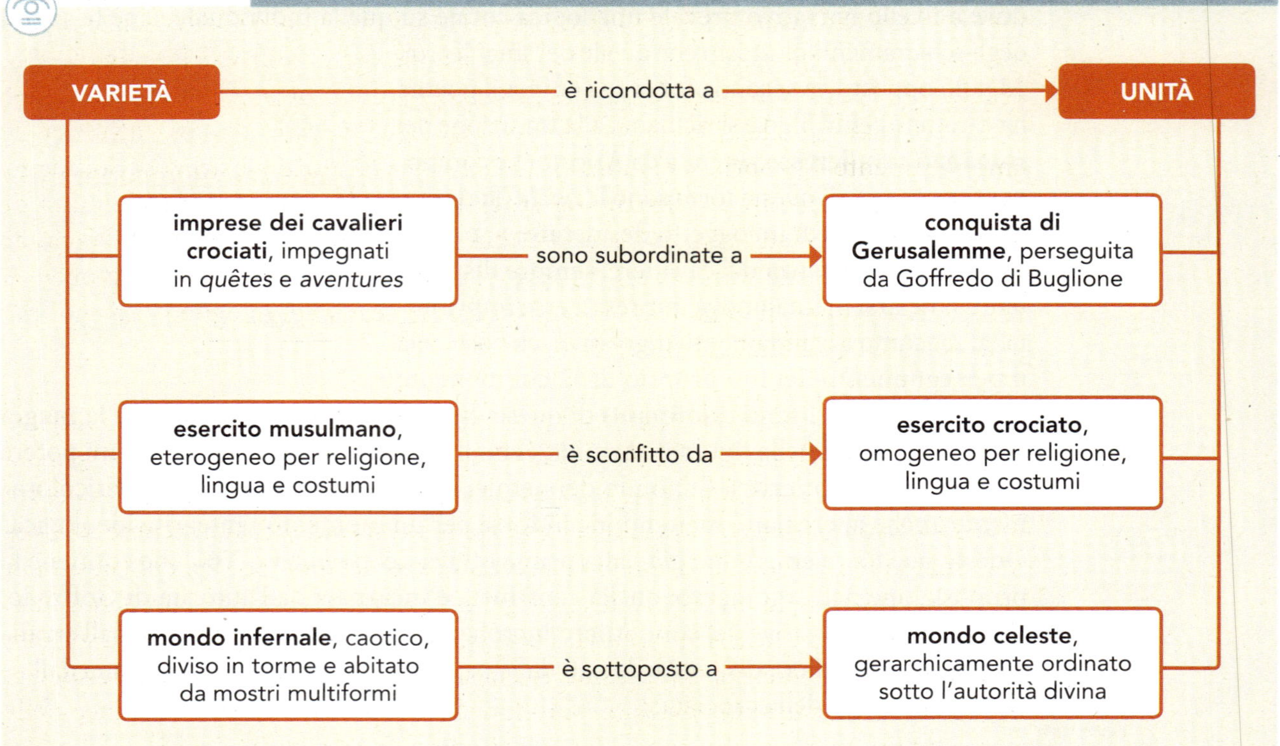

7.3 Il sistema dei personaggi e il narratore

Il conflitto interiore nei personaggi della *Liberata*

Non c'è dubbio che la fortuna del poema risieda principalmente nell'intensità drammatica delle situazioni legate ai personaggi che risultano alla fine sconfitti o che debbono piegarsi a una logica superiore, rappresentata in particolare dal volere divino e da quello, subordinato a quest'ultimo, di **Goffredo di Buglione**.
Armida, la maga seduttrice che tiene in trappola Rinaldo nell'incanto del suo giardino dei piaceri, cade a sua volta nella rete innamorandosi perdutamente di lui e, quando **Rinaldo** la abbondona grazie all'intervento di Carlo e Ubaldo, si umilia fino a implorarlo e a proporgli di divenire sua «ancella».
Erminia, principessa di fede musulmana, è innamorata di **Tancredi**, il quale però ama **Clorinda**, amica di Erminia, che rappresenta, in quanto guerriera, un modello impossibile da emulare per la fragile e sensibile eroina; Erminia è espressione di un desiderio solitario (simboleggiato dalla torre in cui all'inizio è rinchiusa) vissuto a distanza, come mostra l'episodio del suo soggiorno tra i pastori (➤ **T8**). Quando finalmente i due personaggi si incontrano, Erminia si limita a soccorrere l'amato in fin di vita dopo il cruento combattimento con Argante, per uscire poi silenziosamente di scena. Un amore, dunque, che si chiude nel segno della rinuncia e della sublimazione spirituale.
Tancredi, che nutre un amore senza speranza per la guerriera musulmana Clorinda, per un tragico equivoco le dà inconsapevolmente la morte in duello (➤ **T9**), ed è condannato a veder proiettata di continuo nella sua mente la scena del combattimento fatale, come una pellicola cinematografica inceppata.

Solimano e la vittoria dei crociati

Anche **Solimano** è uno sconfitto che, perduto il regno, mette il proprio coraggio e il proprio valore militare al servizio di Aladino. Come Argante, anch'egli è una figura titanica, «rubello» (ribelle) verso Dio; nel suo animo, però, la ferocia convive con la compassione, che si rivela nella disperazione per la morte dell'amico Lesbino (IX, 86). Proprio in considerazione della sua natura eroica, Aladino gli affida il compito fondamentale di risollevare le sorti della guerra con i crociati, offrendogli simbolicamente il proprio seggio regale (X, 54, 1-2). Ma tutti gli sforzi di Solimano non potranno impedire la **vittoria dei crociati**, ormai penetrati dentro le mura di Gerusalemme; dall'alto di una torre, spetterà a lui tracciare il doloroso bilancio di un conflitto che vede tutti perdenti, a prescindere dalle differenze di religione: «E mirò, benché lunge, il fier soldano: / mirò quasi in teatro od in agone / l'aspra tragedia de lo stato umano» (XX, 73, 4-6).

L'empatia fra lettori e personaggi

Seguendo l'ideologia che nel poema risulta vincente, Armida, Erminia, Solimano dovrebbero apparire come personaggi "negativi", in quanto nemici, eppure la loro fragilità li rende straordinariamente vicini ai **lettori**, che non possono fare a meno di stabilire un **rapporto empatico** con loro. Anche esponenti del mondo cristiano come Tancredi e Rinaldo mostrano il loro lato più sfaccettato solo nel momento in cui entrano in contatto con il mondo proibito, quello "pagano", incarnato dalle presenze femminili, rispettivamente, di Clorinda e Armida. Tutto ciò suggerisce che la *Liberata* sia sorretta da un'intima e feconda contraddizione, in cui si contrappongono **dovere e desiderio**, **legge necessaria** e **utopia possibile**, binomio che traspare in modo sotterraneo nelle sue parti più distanti e periferiche, come il giardino di Armida (➤ **T10**).

Il ruolo della voce narrante

Due aspetti fortemente innovativi della poesia tassiana rispetto alla tradizione sono il ruolo della voce narrante e la scelta del punto di vista da cui viene condotto il racconto. Nella *Liberata* la presenza autoriale si fa da parte, a vantaggio dei personaggi e della storia, che viene portata in primo piano. Tale scelta si contrappone nettamente al paradigma del *Furioso*, che incarna un pieno protagonismo della voce narrante. Ariosto, infatti, nel suo osservare a distanza la storia narrata, finisce con il frapporsi tra questa e il lettore, imponendo costantemente il proprio punto di vista, il filtro del proprio giudizio: da qui deriva l'ironia ariostesca (➤ p. 213) e la distanza di prospettiva fra autore e personaggi. Tasso, invece, sceglie di ritrarsi dalla scena: nella *Liberata* la voce del narratore rinuncia quasi completamente alla sua autonomia di posizione e di giudizio, per calarsi a volte dentro la visione della storia che emerge dal racconto, altre volte nella **prospettiva interiore del personaggio**.

L'"energia" e l'"evidenza"

L'autore mira soprattutto a ottenere quell'"**energia**" e quell'"**evidenza**" (termini tecnici della tradizione retorica antica) che pongono gli oggetti e le vicende davanti agli occhi del lettore, come se fossero realtà non semplicemente evocate verbalmente ma dotate di vita propria. Tasso ottiene questo risultato soprattutto attraverso la descrizione, in particolare quella che presenta le cose inanimate come se fossero animate. Ciò dà l'impressione al lettore che il mondo creato dalla parola dell'autore abbia una sua peculiare autonomia. Nei momenti di più alta intensità drammatica, inoltre, **la voce dell'autore si rivolge direttamente al personaggio**, quasi fosse persona reale e non invenzione fantastica. Accade, per esempio, durante il combattimento di Tancredi e Clorinda, a commento della gioia del crociato nell'aver ferito il proprio sconosciuto nemico: «Misero, di che godi? oh quanto mesti / fiano [saranno] i trionfi ed infelice il vanto!» (XII, 59, 1-2); o ancora nella descrizione della morte di Argante, colpito dallo stesso Tancredi: «Tu, dal tuo peso tratto, in giù co 'l mento / n'andasti, Argante, e non potesti aitarte [sostenerti]» (XIX, 24, 5-6). Su tutte le vicende narrate domina l'inarrestabilità travolgente della storia e del destino, contro cui i personaggi del poema appaiono vanamente in lotta: è questo un tratto di assoluta novità nella storia della poesia, che anticipa le situazioni narrative che ritroveremo in epoca romantica.

La tecnica narrativa

Se l'*Orlando furioso* di Ariosto è caratterizzato dalla presenza di un "io narrativo" (l'autore come personaggio storico concreto) che interviene in modo costante a commentare gli episodi, spesso in modo ironico, nella *Liberata* questo sguardo "oggettivo" dell'autore che abbraccia l'insieme del mondo rappresentato viene consapevolmente evitato. Piuttosto Tasso cerca di sviluppare la storia rendendosi "invisibile" come narratore, e procedendo gradualmente **dal «confuso» al «distinto»**, sia nella definizione della vicenda sia nella messa a fuoco dello sguardo dei protagonisti. È lo stesso Tasso a spiegare questa tecnica in una lettera del 1575 a Scipione Gonzaga, dove il poeta attribuisce a Virgilio il metodo, presente nell'*Eneide* e ripreso appunto da Tasso, di «lasciar l'uditor sospetto, procedendo dal confuso al distinto, dall'universale a' particolari».
Questa tecnica si rivela in modo evidente nel raccontare le storie di alcuni personaggi, come Erminia o Clorinda: le loro vicende, infatti, si chiariscono via via che procede l'azione del poema, rivelando importanti **antefatti** che spiegano a posteriori gli avvenimenti narrati (come l'amore di Erminia per Tancredi, dovuto alla cortesia e alla magnanimità che l'eroe aveva dimostrato quando la fanciulla era sua prigioniera, oppure l'intercessione di Clorinda per Olindo e Sofronia, i due giovani ingiustamente condannati per il furto di un'immagine sacra, che si giustifica con le origini cristiane dell'eroina).

7.4 Lo stile della *Liberata*

Lo stile patetico tassiano

Nei *Discorsi dell'arte poetica* Tasso riconosce come stile caratteristico del poema eroico quello «magnifico», aggiungendo però che il poeta potrà prendersi la libertà di ricorrere a stili diversi a seconda delle situazioni da rappresentare. Una di queste variazioni rispetto al livello sublime riguarda lo stile lirico, caratterizzato dalla grazia e dalla raffinatezza retorica. Un esempio del primo caso potrebbero essere le ottave sulla morte di Argante (XIX, 24-26), del secondo stile la tormentosa attesa di Tancredi da parte di Erminia, rinchiusa nella torre e combattuta dal conflitto interiore tra onore e amore (VI, 72-78).

All'interno di questa varietà di scelte stilistiche, l'autore mira a suscitare soprattutto le emozioni e gli affetti del lettore, attraverso uno stile patetico che lo coinvolga immediatamente. Una delle tecniche più significative a questo riguardo è il cosiddetto «**parlar disgiunto**» (come lo definisce Tasso stesso in una lettera del 1575): si tratta di un andamento disarticolato della sintassi all'interno del verso, che affida la coesione del discorso più al senso e procede per continue frammentazioni. Un esempio di questo stile è costituito dalle ultime parole di Clorinda morente: «Amico, hai vinto: io ti perdon... perdona / tu ancora, al corpo no, che nulla pave, / a l'alma sì; deh! per lei prega, e dona / battesmo a me ch'ogni mia colpa lave» (XII, 66, 1-4).

Un ulteriore punto di forza della scrittura è costituito dal **trattamento dell'ottava**, che non rispetta più lo schema di massima ariostesco 6+2 (con il distico finale che funge da conclusione logica o sentenziosa), ma si presenta come un'unità complessa e coesa, la cui tensione interna è data da una serie di inversioni sintattiche e di *enjambements*. Ecco per esempio i celebri versi sulla rosa del giardino di Armida: «Ecco poi nudo il sen già *baldanzosa / dispiega* [*enjambement*]; ecco [ripresa lessicale] poi langue e non par quella, / quella [ripresa lessicale] non par che desiata inanti / fu da mille donzelle e mille amanti».

> Il suo modo di poetare ne fa lo scrittore che più di tutti rinnova forme e linguaggi rispetto alla tradizione letteraria a lui precedente, al punto da aprire un'età caratterizzata da profonde inquietudini e dalla crisi dei valori in cui aveva creduto un'intera civiltà.
>
> F. Martillotto

Le polemiche sulla lingua della *Liberata*

La pubblicazione della *Liberata* suscitò una serie di obiezioni, soprattutto da parte dei sostenitori di Ariosto. Oltre a presunti difetti di struttura d'insieme, a Tasso venne rimproverato l'uso di termini e registri troppo umili, di voci dialettali (genericamente dette «**lombardismi**») e straniere, di troppi **latinismi desueti** e pedanteschi, proprio a partire dal sintagma iniziale del poema, «arme pietose».

Queste critiche condurranno Tasso a una cospicua serie di ripensamenti che lo convinsero a realizzare il radicale rifacimento di cui è testimonianza la *Gerusalemme conquistata*. Tale revisione risponde a due esigenze fondamentali: una ripulitura linguistica e retorica, che tenga conto delle obiezioni ricevute; la sistemazione dell'impianto complessivo del poema, in modo da renderlo più rispondente ai canoni della *Poetica* aristotelica e più aderente al modello dell'*Iliade* di Omero, a cui si conformano maggiormente, rispetto alla *Liberata*, anche i profili di molti personaggi.

L'approdo alla *Conquistata*

In prima istanza l'autore intende condurre il "nuovo" poema a una maggiore monumentalità, ottenuta ampliandone l'estensione e innalzandone il tono: si passa così da venti a ventiquattro canti, lo stesso numero dell'*Iliade*, inoltre aumentano i rimandi alle vicende bibliche, attraverso cui Tasso vuole aderire sempre più al vero storico, svincolandosi dalla finzione poetica e inaugurando così un **nuovo statuto del poema epico**. Vengono inoltre eliminati alcuni episodi ritenuti troppo sensuali e lascivi, oppure estranei rispetto alla compattezza della favola e all'unità dell'azione (per esempio quelli di Olindo e Sofronia o del viaggio dei due crociati Carlo e Ubaldo sulla nave della Fortuna). D'altro canto, Tasso moltiplica il numero dei personaggi e allenta il rapporto gerarchico fra il capitano e i cavalieri, nel tentativo di rendere più ampia e magnifica la tessitura del poema.

Un poema e le sue indicazioni di lettura

Un altro importante obiettivo della *Conquistata* è quello di incorporare nel racconto **indicazioni di carattere metanarrativo**, cioè di fornire al lettore "istruzioni" su come interpretare i vari episodi e delimitare il loro significato complessivo. Tasso cerca così di reagire alla proliferazione incontrollata di interpretazioni che avevano caratterizzato alcuni episodi di argomento magico o amoroso della *Liberata*, alcune delle quali lo avevano presentato come un poeta poco ortodosso dal punto di vista religioso.
Inoltre, con la sua tecnica narrativa «dal confuso al distinto», la *Liberata* era sprovvista, soprattutto nella parte iniziale, degli elementi che sarebbero stati necessari per comprendere in modo chiaro gli antefatti della vicenda narrata; la *Conquistata*, invece, può essere chiamata "**poema del pieno**", in cui nulla rimane implicito. Un chiaro esempio può essere il passo (aggiunto nel canto III) della tenda istoriata con le imprese cristiane avvenute prima della spedizione di Goffredo di Buglione. In particolare si descrive la mitica vittoria dell'imperatore Costantino nella battaglia di Ponte Milvio (312) propiziata dall'apparizione in cielo di una croce luminosa con la scritta *In hoc signo vinces* («Sotto questo segno vincerai»). Le raffigurazioni della tenda forniscono una sorta di proemio storico e allegorico all'impresa di Goffredo di Buglione: al contrario di quanto accadeva nella *Liberata*, nella *Conquistata* è del tutto evidente che questa impresa si inscrive nel segno di una lunga storia, in cui il bene (i cristiani) prevale sempre sul male (gli "infedeli"). Una storia che mostra chiaramente la volontà divina di assegnare, ancora una volta, la vittoria al condottiero crociato e ai suoi paladini.
Non potendo rinunciare del tutto ad alcuni **personaggi**, pena la dissoluzione dell'intreccio narrativo, Tasso si premura di **neutralizzare gli aspetti più pericolosi** (dal punto di vista cristiano) della loro interpretazione, arrivando a modificare in modo sostanziale le vicende che li vedono coinvolti. Il caso più evidente è quello di Armida: nella *Liberata* la maga, nel giurare sottomissione amorosa a Rinaldo, si congedava ambiguamente da lui citando addirittura le parole della Vergine durante l'Annunciazione, «Ecco l'ancilla tua» (*Liberata* XX, 136); nella *Conquistata*, invece, la sua seducente femminilità sarà sconfitta e umiliata attraverso un gesto simbolico, ovvero l'imprigionamento attraverso catene di diamante e topazio, che costringono il personaggio a una forzosa castità (➤ **T12**).

FISSA I CONCETTI

- Sintetizza la vicenda redazionale della *Gerusalemme liberata* fino al rifacimento della *Gerusalemme conquistata*.
- Quali sono i personaggi principali della *Gerusalemme liberata*?
- Perché la *Gerusalemme liberata* può essere considerata un genere al confine fra epica e romanzo cavalleresco?
- Evidenzia i principali tratti stilistici della *Gerusalemme liberata* e i suoi elementi innovativi.

L'ORIGINALITÀ DELLA *GERUSALEMME LIBERATA* RISPETTO ALL'*ORLANDO FURIOSO*

	ARIOSTO, *ORLANDO FURIOSO*	TASSO, *GERUSALEMME LIBERATA*
tipologia di opera	romanzo cavalleresco	commistione tra epica eroica e romanzo cavalleresco
struttura	struttura non unitaria e all'insegna della varietà	struttura unitaria, che dà forma e ordine alla varietà
voce narrante	"io narrativo" protagonista, che impone il proprio punto di vista ed esprime giudizi	narratore "invisibile", che lascia spazio a storia e personaggi
elemento stilistico peculiare	ironia	patetismo
vero *vs* fantastico	preminenza del meraviglioso	mediazione tra verosimile e meraviglioso
motore dell'azione umana	desiderio	conflitto tra dovere e desiderio

LETTURA CRITICA

Il "diverso" in Tasso

Sergio Zatti, in un fondamentale studio sulla *Gerusalemme liberata*, si concentra sulla contrapposizione tra gli ideali cristiani, cui Tasso aderisce, e quelli degli "infedeli": assieme alle donne, questi ultimi rappresentano la componente oscura del poema, l'istinto umano, le pulsioni che la razionalità e la moralità hanno il compito di tenere a freno.

Per l'eroe della conquista cristiana l'alterità con cui si confronta non ha soltanto un volto pagano ma anche un volto femminile. Se l'infedele rappresenta l'attrazione ideologica sul terreno del molteplice, nello spazio della varietà che esige di essere disciplinata dall'uno, la donna è la seduzione dei sensi che attenta alla norma di virile razionalità funzionale al disegno della conquista. La cospicua componente femminile del campo pagano (Armida, Clorinda, Erminia), intrecciata da forti vincoli amorosi con il campo avverso, che Tasso cela sotto alibi di verosimiglianza storica[1] [...], propone all'ideologia vincente un'ulteriore fronte di sfida: per il codice imperialistico cristiano non si tratta soltanto di sconfiggere un esercito nemico o una minoranza "eretica", ma di esorcizzare una *outrance*[2] femminile che si afferma nella trasgressione dei "naturali" ruoli sessuali e nel rovesciamento delle tradizionali gerarchie. Definite dal Tasso in quella stessa lettera «instrumento del diavolo» [...], le donne pagane entrano a far parte dell'«inferno» che si oppone all'impresa cristiana e che deve essere piegato dalle armi pietose: esse incarnano, Armida in testa, la distrazione dei sensi, il principio "romanzesco" di cui Satana tira le fila alla conclusione dell'assemblea infernale (IV, 17). [...]
Il rapporto imperialistico che soggioga, ma non senza ambiguità e contrasto, infedeli ed eretici ai cristiani, e sottomette l'elemento femminile a quello virile, è il paradigma testuale di una tensione che attraversa tutta la *Gerusalemme* fra l'attrazione del vario, del diverso, e l'istanza di controllo e dominio che ne vorrebbe esorcizzare il fascino o quanto meno disciplinarne gli effetti; fra *reductio ad unum* intesa come egemonia, omologazione dell'Altro nella logica dominante della "conquista", e salvaguardia, autonomia di un universo pluralistico: in questo conflitto si gioca la sopravvivenza artistica stessa del poema.

(S. Zatti, *Torquato Tasso*, in G. Bàrberi Squarotti - S. Zatti, *Ludovico Ariosto. Torquato Tasso*, Marzorati - Editalia, Roma 2000)

1. **che Tasso... storica:** il riferimento va a una lettera di Tasso del luglio 1576.
2. ***outrance*:** in francese, «oltranza, eccesso».

T7 Il proemio

Gerusalemme liberata I, 1-5

AUDIO

Il proemio esordisce con la narrazione dell'antefatto e l'argomento sul quale si incentra l'azione del poema (ottava I), per poi svilupparsi con l'invocazione alla Musa ispiratrice, dove il poeta si ritaglia uno spazio per una dichiarazione di poetica e di stile (ottave 2-3). Quindi si conclude con la dedica ad Alfonso II d'Este, che occupa le ottave 4 e 5, immediatamente precedenti l'inizio della narrazione vera e propria.

1
Canto l'arme pietose e 'l capitano[1]
che 'l gran sepolcro liberò di Cristo.
Molto egli oprò co 'l senno e con la mano,[2]
molto soffrì nel glorioso acquisto;[3]
e in van l'Inferno vi s'oppose, e in vano
s'armò d'Asia e di Libia il popol misto.
Il Ciel gli diè favore, e sotto a i santi
segni[4] ridusse i suoi compagni erranti.[5]

2
O Musa, tu che di caduchi allori
non circondi la fronte in Elicona,[6]
ma su nel cielo infra i beati cori
hai di stelle immortali aurea corona,[7]
tu spira al petto mio celesti ardori,
tu rischiara il mio canto, e tu perdona
s'intesso fregi al ver,[8] s'adorno in parte
d'altri diletti, che de' tuoi, le carte.

Biblioteca digitale
• *Goffredo eletto capo supremo*
• *Rassegna dell'esercito cristiano: Tancredi*

3
Sai che là corre il mondo ove più versi
di sue dolcezze il lusinghier Parnaso,[9]

1. **Canto… capitano:** l'*incipit* è ricalcato su quello dell'*Eneide* («Canto le armi e l'eroe valoroso», I, 1), mentre le «arme pietose» vengono dall'opera storica di Tito Livio («Giusta è infatti la guerra per coloro per i quali è necessaria e pietose sono le armi dove non si dà altra speranza se non in quelle», IX, 1), in un passo citato da Machiavelli nell'ultimo capitolo del *Principe* (XXVI, 10). Il «capitano» è Goffredo di Buglione, comandante supremo dell'esercito cristiano, alla cui guida conquistò Gerusalemme nel 1099, strappandola dalle mani dei Turchi.

2. **co… mano:** memoria di *Inferno* XVI, 39: «Fece col senno assai, e con la spada».

3. **acquisto:** conquista.

4. **santi segni:** sono i vessilli che portavano l'emblema della croce.

5. **compagni erranti:** i cavalieri che avevano deviato dalla strada maestra e si erano dispersi per seguire le passioni.

6. **Elicona:** monte della Beozia sacro alle Muse.

7. **hai… corona:** la stessa immagine compare nella *Canzone alla Vergine* di Petrarca: «Vergine bella, che di Sol vestita / coronata di stelle» (CCCLXV, 1-2). Le caratteristiche di questa «Musa» la avvicinano più a una figura cristiana come Maria che a una del mito classico.

8. **fregi al ver:** se cucio insieme il vero e il meraviglioso (*fregi*), cioè gli incanti e gli amori di cui è arricchito il vero storico, per conferire piacevolezza e diletto alla poesia eroica.

9. **Sai… Parnaso:** Sai che il mondo corre soprattutto dove il Parnaso, che affascina gli animi (*lusinghier*), riversa la sua dolcezza, cioè la maggioranza dei lettori si lascia incantare dalla poesia seducente e godibile. Il Parnaso è il monte della Focide sacro ad Apollo e alle Muse.

e che 'l vero, condito in molli versi,
i più schivi allettando ha persuaso.
Così a l'egro fanciul porgiamo aspersi
di soavi licor gli orli del vaso:
succhi amari ingannato intanto ei beve,
e da l'**inganno** suo vita riceve.[10]

Le nostre parole ›

4
Tu, **magnanimo** Alfonso,[11] il quale ritogli
al furor di fortuna e guidi in porto
me peregrino errante, e fra gli scogli
e fra l'onde agitato e quasi absorto,[12]
queste mie carte in lieta fronte[13] accogli,
che quasi in voto a te sacrate i' porto.
Forse un dì fia che la presaga penna[14]
osi scriver di te quel ch'or n'accenna.

5
È ben ragion, s'egli averrà ch'in pace
il buon popol di Cristo unqua si veda,
e con navi e cavalli al fero Trace
cerchi ritòr la grande ingiusta preda,
ch'a te lo scettro in terra o, se ti piace,
l'alto imperio de' mari a te conceda.
Emulo di Goffredo, i nostri carmi
intanto ascolta, e t'apparecchia a l'armi.[15]

lessico

Magnanimo
Dotato di eccezionale generosità e nobiltà d'animo (dal latino *magnanĭmus*, «nobile, generoso», composto da *magnus*, «grande», e *anĭmus*, «animo», quindi, propriamente, «di grande animo»).

10. Così... riceve: Allo stesso modo porgiamo al fanciullo malato una tazza dagli orli cosparsi di dolce liquore: egli intanto ingannato beve la medicina amara e dall'inganno ottiene salute e guarigione. Questi versi sono una citazione quasi letterale del primo libro del *De rerum natura* di Lucrezio (vv. 936-939).
11. magnanimo Alfonso: Alfonso II d'Este (1533-97), duca di Ferrara, che accolse e protesse il poeta in svariate circostanze, a partire dal 1572.
12. il quale... absorto: che strappi al furore della sorte e guidi in porto me, pellegrino disperso e travolto e quasi inghiottito dalle onde. Attraverso il riferimento autobiografico alle proprie peripezie, il poeta si accomuna a Enea, definito «per destino errante» (*Eneide* I, 2).
13. in lieta fronte: con benevolenza.
14. presaga penna: la poesia profetica, che presagisce e auspica, dopo la vittoria della battaglia di Lepanto, i futuri trionfi di Alfonso, immaginato come condottiero di una eventuale nuova crociata.
15. t'apparecchia a l'armi: preparati a riprendere le armi.

Le nostre parole — Inganno

L'origine del termine Il sostantivo "inganno" deriva dal verbo *ingannare*, che viene a sua volta dal latino volgare *ingannāre*, «rifare il verso, schernire, burlarsi», formato dal prefisso *in-* e da *gannīre*, «uggiolare, mugolare, ringhiare», di origine onomatopeica. L'"inganno" nasce, dunque, come una burla, un prendere in giro ed è passato poi a indicare un raggiro, approfittando dell'altrui buonafede. È comunque un imbroglio, più o meno benevolo, sempre ordito in modo occulto.

Inganno: illusione o delusione Con il termine "inganno" ci si riferisce a diversi tipi di raggiro, dall'illusione alla delusione. "Ingannare le aspettative" (come nel caso del proemio di Tasso) produce senz'altro illusione. Ma la delusione arriva quando l'inganno è servito per lusingare una persona senza poi soddisfarla. È ingannato chi si lascia facilmente persuadere, così come è deluso chi si lascia trasportare da vane speranze. Secondo lo scrittore Gino Capponi (1792-1876), infatti, «nasce la illusione al primo aspetto di cosa che inganni», mentre «la delusione è conseguenza conosciuta d'inganno già consumato».

Gli usi tecnici Nei gerghi tecnici, come quello militare, si parla di "inganno bellico" per indicare uno stratagemma di guerra, secondo cui si trae l'avversario in inganno attraverso l'adozione di soluzioni guerresche (imboscate, false fughe, falsi avanzamenti o arretramenti) che disorientino la parte avversaria: ciò è considerato lecito, fin quando non superi i limiti imposti dalle leggi internazionali. Nella guerra elettronica si definisce "inganno elettronico" il bersaglio falsamente riprodotto a distanza dalle navi antimissile. Nel gergo dell'arte, invece, si chiamava "inganno" quel che oggi ormai è detto, con termine francese, *trompe l'oeil*, pittura che suscita illusione di tridimensionalità in chi la osservi.

Analisi del testo

Struttura

La materia, l'invocazione e la dedica Le cinque ottave del proemio risultano equamente distribuite fra proposizione dell'argomento, invocazione e dedica. I primi otto versi sono interamente giocati sulla duplice polarità fra cielo e terra, fra paradiso e inferno, incarnata nel fronteggiarsi del singolo Goffredo (eroe esemplare), a cui fa capo la materia eroica, con i numerosi cavalieri, dispersi dalle passioni amorose, ai quali si riconnette la materia romanzesca.
A questa duplice polarità rispondono le dichiarazioni di poetica che Tasso affida alle ottave successive. Qui l'invocazione alla Musa, tipica della tradizione classica, è divisa con uguale intensità fra gli opposti obiettivi dell'ossequio al vero storico-morale e dell'apertura al fantastico, al sentimentale, al meraviglioso e al dilettevole.
La dedica ad Alfonso II offre invece al poeta l'occasione per fare un brevissimo cenno alla propria condizione biografica, che in qualche modo accomuna la sua sorte di «peregrino errante» (4, 3) alla dispersione dei «compagni erranti» (1, 8) e alla loro umana fragilità.

Lingua e stile

L'apertura del poema è caratterizzata dallo stile elevato e «magnifico», tipico del linguaggio epico, caratterizzato da anafore («molto», 1, 3-4; «tu», 2, 5-6), *enjambement* («in vano / s'armò», 1, 5-6; «santi / segni», 1, 7-8; «versi / di sue dolcezze», 3, 1-2; «aspersi / di soavi licor», 3, 5-6), rime equivoche e inclusive («versi : versi», 3, 1 e 3; «porto : porto», 4, 2 e 6; «carmi : armi», 5, 7-8).
Profondi sono i rimandi alla tradizione letteraria, come mostra il primo verso del poema, che riprende quelli iniziali dell'*Eneide* virgiliana: «Canto le armi e l'eroe, il quale per primo dalle coste di Troia giunse in Italia, profugo per volere del fato, e alle spiagge di Lavinio» (*Arma virumque cano, Troiae qui primus ab oris / Italiam, fato profugus, Laviniaque venit / litora*...).

Giuseppe Mancinelli, *Torquato Tasso alla corte degli Estensi*, 1843. Napoli, Museo di Capodimonte.

Temi

I tre piani del discorso proemiale La prima ottava ci pone di fronte a tre differenti livelli del discorso, che saranno caratteristici di tutto il poema:

- i versi 1-4 il piano storico terreno, ossia il conflitto tra crociati e musulmani per il possesso dei luoghi santi;
- i versi 5-7 (fino a «gli diè favore») il piano trascendente, che oppone le forze celesti a quelle infernali, le une favorevoli all'esercito di Goffredo di Buglione, le altre a quello di Aladino;
- i versi 7-8 il piano ideologico, che definisce la subordinazione dei crociati «erranti» agli ordini di Goffredo, rappresentante terreno del volere divino.

Il salutare inganno della poesia La cultura della Controriforma portava i poeti contemporanei a Tasso a diffidare del diletto come mezzo per trasmettere la verità, che doveva costituire il nutrimento più essenziale della letteratura. Ecco perché il poeta non chiede di essere "ispirato", ma "scusato" per il ricorso agli ornamenti e alle piacevolezze dello stile (i «fregi», 2, 7) da una Musa che si presenta più con le caratteristiche proprie della Vergine Maria che con quelle di una divinità pagana (➤ nota 7).
Del resto, la legittimazione al ricorso alla poesia e, in definitiva, la giustificazione della sua ragion d'essere sono date dalla ripresa dei versi di Lucrezio, sull'opportunità che gli orli del bicchiere con l'amara ma necessaria medicina (l'insegnamento utile) siano spalmati di miele (la poesia dilettevole).

Il naufrago e il condottiero Il gesto di omaggio dell'autore al dedicatario del poema, Alfonso II d'Este, cela un particolare interessante sotto la sua natura convenzionale. Alfonso è presentato come «Emulo di Goffredo» (5, 7), investito della stessa autorità divina e, forse, in futuro, detentore dell'«imperio de' mari» (ancora viva era l'eco della grande vittoria navale di Lepanto contro i Turchi); Tasso, invece, è un navigante in costante pericolo di naufragio, che si definisce con lo stesso epiteto di «errante» («peregrino errante», 4, 3) dei crociati ricongiunti sotto l'autorità di Goffredo («compagni erranti», 1, 8). Ciò naturalmente crea una nascosta e significativa affinità fra l'autore e i personaggi, caratterizzati dalla loro fragilità e propensione all'errore.

Officina

COMPRENDERE

1. Qual è l'argomento del poema?
2. Che cosa chiede il poeta alla Musa?
3. In cosa consiste la richiesta ad Alfonso d'Este?

ANALIZZARE

4. **Lingua e stile** Individua e sottolinea nel testo tutti i riferimenti alla guerra e alla religione, poi classificale nella tabella. Ti sembra che i due temi siano legati? E come?

MOTIVO RELIGIOSO	MOTIVO GUERRESCO

5. Attraverso quali termini ed espressioni Tasso si riferisce alla propria arte poetica? Quali considerazioni puoi trarne circa le esigenze artistiche del poeta?
6. **Lessico** Come "magnanimo", le espressioni e gli aggettivi di seguito elencati appartengono tutti all'area semantica della "generosità". Indica quali, secondo te, sono di registro stilistico elevato **E**, quali sono standard **S** e quali colloquiali **C**.
   a. liberale ☐; **b.** munifico ☐;
   c. di manica larga ☐; **d.** buono ☐.

INTERPRETARE

7. Confronta questo proemio con quello dell'***Orlando furioso*** (➤ p. 216): quali considerazioni puoi trarne in merito a presentazione della materia, io poetico, motivo encomiastico?

PERCORSO DI SCRITTURA

Parafrasi Dopo aver ricostruito l'ordine sintattico e cercato opportuni sinonimi per termini ed espressioni di difficile comprensione, svolgi la parafrasi delle quattro ottave.

T8 Il concilio infernale

Gerusalemme liberata IV, 9-17

In questo canto il poeta introduce nella narrazione l'elemento "demoniaco": da questo momento gli spiriti infernali cominciano a operare negli eventi della guerra, attraverso maledizioni e oscure pratiche magiche, per impedire o almeno ritardare l'esito felice dell'impresa dei crociati, già tuttavia inscritta nel rigoroso ordine provvidenziale.
Le ottave inziali del canto sono occupate dalla grandiosa raffigurazione di Lucifero che, sotto le sembianze del mitico dio degli Inferi Plutone, lamenta la sua sorte e quella degli spiriti infernali, costretti, dopo essere stati vinti nella battaglia degli angeli ribelli contro Dio, ad abitare nelle profondità della terra, lontano dal sole. Il re del Tartaro li chiama dunque a raccolta, per incitarli a gettare scompiglio, disordine e rovina nel campo cristiano.

9
Tartarei numi,[1] di seder più degni
là sovra il sole, ond'è l'origin vostra,
che meco già da i più felici regni
spinse il gran caso in questa orribil chiostra,[2]
gli antichi altrui sospetti e i feri sdegni
noti son troppo, e l'alta impresa nostra;[3]
or Colui[4] regge a suo voler le stelle,
e noi siam giudicate alme rubelle.[5]

10
Ed in vece del dì sereno e puro,
de l'aureo sol, de gli stellati giri,
n'ha qui rinchiusi in questo abisso oscuro,
né vuol ch'al primo onor per noi[6] s'aspiri;
e poscia (ahi quanto a ricordarlo è duro![7]
quest'è quel che più inaspra i miei martíri)[8]
ne' bei seggi celesti ha l'uom chiamato,
l'uom vile e di vil fango in terra nato.

11
Né ciò gli parve assai; ma in preda a morte,
sol per farne[9] più danno, il figlio[10] diede.
Ei venne e ruppe le tartaree porte,[11]
e porre osò ne' regni nostri il piede,
e trarne l'alme a noi dovute in sorte,
e riportarne al Ciel sì ricche prede,[12]
vincitor trionfando, e in nostro scherno
l'insegne ivi spiegar del vinto Inferno.

1. tartarei numi: divinità dell'inferno.
2. da i più... chiostra: precipitò dal paradiso (*felici regni*) la grande caduta (*caso*) in questo luogo orrendo.
3. l'alta impresa nostra: la sfida a Dio degli angeli ribelli.
4. Colui: Dio.
5. alme rubelle: anime ribelli.
6. per noi: da parte nostra.
7. ahi... duro!: molto simile al dantesco: «Ah quanto a dir qual era è cosa dura» (*Inferno* I, 4).
8. inaspra... martiri: rende più dolorosi i miei tormenti.
9. farne: farci.
10. il figlio: il Cristo.
11. ruppe... porte: cioè fece irruzione negli Inferi.
12. prede: le anime strappate a Lucifero.

12
Ma che rinovo i miei dolor parlando?[13]
Chi non ha già l'**ingiurie** nostre intese?
Ed in qual parte si trovò, né quando,
ch'egli cessasse da l'usate imprese?
Non più déssi[14] a l'antiche andar pensando,
pensar dobbiamo a le presenti offese.
Deh! non vedete omai com'egli tenti
tutte al suo culto richiamar le genti?

lessico
Ingiuria
Offesa rivolta al decoro o all'onore altrui; indica anche un reato ("sporgere querela per ingiuria"); in senso figurato, guasto, danno, in espressioni come "le ingiurie del tempo" (dal latino *iniŭria*, «torto, oltraggio», derivato di *iniŭrius*, «ingiusto»).

13
Noi trarrem neghittosi[15] i giorni e l'ore,
né degna cura fia che 'l cor n'accenda?
E soffrirem che forza ognor maggiore
il suo popol fedele[16] in Asia prenda?
E che Giudea soggioghi? E che 'l suo onore,
che 'l nome suo più si dilati e stenda?
Che suoni in altre lingue, e in altri carmi
si scriva, e incida in novi bronzi e marmi?

14
Che sian gl'idoli nostri a terra sparsi?
Ch'i nostri altari il mondo a lui converta?
Ch'a lui sospesi i voti,[17] a lui sol arsi
siano gl'incensi, ed auro e mirra offerta?[18]
Ch'ove a noi tempio non solea serrarsi,
or via non resti a l'arti nostre aperta?
Che di tant'alme il solito tributo
ne manchi, e in vòto regno alberghi Pluto?[19]

15
Ah! non fia ver, ché non sono anco estinti
gli spirti in voi di quel valor primiero,[20]
quando di ferro e d'alte fiamme cinti
pugnammo già contra il celeste impero.
Fummo, io no 'l nego, in quel conflitto vinti,
pur non mancò virtute al gran pensiero.
Diede che si fosse[21] a lui vittoria:
rimase a noi d'invitto ardir la gloria.

13. **Ma… parlando:** ricordo del virgiliano «Mi chiedi, o regina, di rinnovare un grande dolore» (*Eneide* II, 3).
14. **déssi:** si deve.
15. **neghittosi:** inerti, passivi.
16. **il suo… fedele:** i fedeli cristiani.
17. **sospesi i voti:** donati gli oggetti votivi e appesi nei luoghi sacri.
18. **siano… offerta:** oro, incenso e mirra, i doni portati a Gesù dai Magi.
19. **e… Pluto:** e Lucifero abiti in un regno deserto.
20. **valor primiero:** antico valore.
21. **Diede… vittoria:** A lui concesse la vittoria qualcosa di diverso (*che si fosse*), rispetto al valore; forse il riferimento è alla fortuna.

16
Ma perché più v'indugio? Itene,[22] o miei
fidi consorti, o mia potenza e forze:
ite veloci, ed opprimete i rei
prima che 'l lor poter piú si rinforze;
pria che tutt'arda il regno de gli Ebrei,[23]
questa fiamma crescente omai s'ammorze;
fra loro entrate, e in ultimo lor danno
or la forza s'adopri ed or l'inganno.

17
Sia destin ciò ch'io voglio: altri disperso
se 'n vada **errando** , altri rimanga ucciso,
altri in cure d'amor lascive immerso
idol si faccia un dolce sguardo e un riso.
Sia il ferro incontra 'l suo rettor converso[24]
da lo stuol ribellante e 'n sé diviso:
pèra[25] il campo e ruini, e resti in tutto
ogni vestigio suo con lui distrutto.

Le nostre parole ›

22. Itene: Andate.
23. il regno...Ebrei: la Palestina.
24. Sia... converso: Sia rivolta la spada contro il suo capitano (Goffredo).
25. pèra: muoia, sia distrutta.

Le nostre parole Errante

L'origine del termine L'aggettivo "errante" è participio presente del verbo *errare*, derivato dal verbo latino omonimo, che aveva significato di «vagare senza sapere dove», ma anche «deviare dalla giusta direzione, smarrirsi». Nel significato di "errare" o "errante", quindi, è sempre implicito il riferimento all'"errore", cioè a una devianza dal vero, a un autoinganno. Errante è colui che vaga, così come colui che sbaglia.

Errante, errabondo, erratico Nell'italiano antico "errante" era usato come sinonimo di vagabondo. Il frequentativo "errabondo", invece, era più raro e non aveva molti dei sensi traslati di "errante", che implicavano un riferimento all'errore o alla devianza morale. La variante "erratico" era presto caduta in disuso, e soltanto impiegata in gerghi tecnici per definire una specie di piante o erbe rampicanti, che si diffondevano senza coltivazione. Ma il termine era usato anche per gli astri e i pianeti (secondo l'umanista Benedetto Varchi, «pianeta non vuol dir altro che erratico»).

"Errare" e "vagare" Nell'italiano contemporaneo, con il significato di «spostarsi senza una meta precisa», "errare" è meno comune di "vagare", che anche nei suoi usi figurati mantiene un legame forte con l'idea di movimento irregolare e confuso, come quando si «vaga con l'immaginazione». I significati figurati di "errare", invece, sono di uso molto più frequente rispetto a quello proprio, che anzi probabilmente ne è rimasto influenzato, per cui colui che "erra" spesso ha smarrito la via maestra e si muove in una direzione sbagliata.

Analisi del testo

Struttura

L'orazione di Lucifero Queste ottave riportano l'appello infervorato e vibrante con il quale Lucifero incita gli spiriti infernali e li richiama a sé, perché si oppongano al disegno provvidenziale che sta conducendo l'esercito cristiano alla vittoria. Il discorso si apre con il ricordo della ribellione a Dio e della caduta, per soffermarsi con disappunto sulla redenzione dell'uomo e leggere a rovescio il progetto divino di salvezza (ottave 9-11). Segue l'incitamento alle forze del male ad agire, almeno in occasione della crociata, per sconfiggere definitivamente i cristiani e riappropriarsi del dominio nei cieli e sulla terra (ottave 12-16). A suggello dell'orazione, si erge il proposito risoluto del piano di discordia e conflitti con i quali gettare scompiglio tra le schiere dei cavalieri cristiani (ottava 17). Il demoniaco tassiano è ben diverso dal meraviglioso ariostesco, perché prende forma attraverso un immaginario letterario di origine classica. Questo elemento infernale, inoltre, appare come lo specchio della coscienza inquieta del poeta, la quale spesso esaspera e ingigantisce le forze misteriose che insidiano l'esistenza, rendendola incerta e dolorosa.

Lingua e stile

Una perorazione demoniaca Per le sue caratteristiche stilistiche e retoriche, il testo appare come una lunga e articolata perorazione. Si apre con un vocativo cui idealmente si riferiscono tutte le ottave successive, interamente percorse dal *pathos* vibrante che muove alla riscossa le forze demoniache. Il racconto della storia della salvezza (letto dal punto di vista satanico come una sventura) è affidato a uno stile teso e oratorio. Al suo interno gli incisi, le esclamative, le interrogative retoriche incalzanti e ripetute, le memorie scritturali e letterarie creano un tono elevato e sinistro, fino alla dichiarazione lucida e tremenda dell'ottava conclusiva, che stende un'ombra livida e minacciosa sull'intero poema.

Temi

La logica rovesciata di Satana Il discorso di Satana è un capolavoro di eloquenza politica, che si basa sul rovesciamento completo del punto di vista ortodosso, cioè cristiano, del rapporto tra il bene e il male. Le forze del male, da lui stesso rappresentate, vengono presentate come vittime dell'"imperialismo" divino, che le ha esiliate agli Inferi, mentre l'uomo, creatura inferiore, è esaltato e reso degno della gloria del paradiso (ottava 10). La "prepotenza" divina si è spinta fino a inviare Cristo, dopo la sua morte, agli Inferi, sfondandone le porte e liberando le anime destinate al regno celeste (Adamo, i Patriarchi...: ottava 11). Nel frattempo sulla Terra i seguaci del cristianesimo aumentano a macchia d'olio, mentre quelli di Satana – così sono presentati tutti i non cristiani – vengono fatti oggetto di crescenti persecuzioni, e ora i crociati minacciano nuove conquiste (ottave 13-14). Una situazione intollerabile, che richiede un riscatto immediato da parte delle forze demoniache. Tasso presenta così la figura di Satana, destinato alla sconfitta, sotto una luce titanica e quasi eroica, anticipando la posizione innovativa del poeta inglese John Milton (1608-74) nel suo poema *Paradiso perduto* (*Paradise Lost*, 1667), il cui Lucifero pronuncia la celebre sentenza «Meglio padroni all'inferno che servi in paradiso».

Officina

COMPRENDERE

1. Da quali considerazioni inizia l'orazione di Lucifero?
2. Perché Lucifero chiede aiuto alle anime infernali?
3. In che modo Lucifero vive la propria condizione?

ANALIZZARE

4. **Lingua e stile** Individua e sottolinea nel testo tutti i riferimenti a luoghi e creature infernali.
5. **Lingua e stile** Analizza il ricorso alle domande retoriche da parte di Lucifero/Plutone. Quale funzione assume?
6. **Lingua e stile** Rintraccia nel testo tutti gli elementi tipici del linguaggio epico.

INTERPRETARE

7. Delinea un ritratto di Lucifero così come emerge da questo passo. La sua figura così tratteggiata emana fascino o repulsione? Come ti spieghi questo effetto?

PERCORSO DI SCRITTURA

Riassunto Sintetizza ogni ottava in massimo 1 riga e fai un riassunto di massimo 10 righe.

TEMI E GENERI

Il Satana di Tasso fra Dante e Milton

Satana re degli inferi in Tasso

La seconda parte delle cinque in cui la *Liberata* viene convenzionalmente suddivisa dai critici (➤ p. 550) si apre con il concilio infernale convocato da Satana all'inizio del canto IV. Qui il re degli inferi incita i propri adepti a scatenare un'offensiva a tutto campo contro l'esercito crociato, in modo che Gerusalemme, roccaforte dei musulmani, loro adoratori, non venga conquistata (**T8** ➤ p. 562). Con voluto anacronismo, infatti, Tasso descrive le truppe islamiche di Aladino come un popolo politeista, dedito al culto delle divinità infere. In questo modo il poeta assimila lo schieramento musulmano alle popolazioni di infedeli con cui i colonizzatori europei erano venuti recentemente in contatto nelle Americhe: nei loro confronti era in corso un'opera di evangelizzazione forzata, che alcuni avevano accostato esplicitamente alle crociate di età medievale. Satana viene quindi presentato come una vittima del colonialismo evangelizzatore dei cristiani, pronti a infliggergli un'ulteriore umiliazione dopo la caduta dal cielo e l'esilio all'Inferno.

La sua figura è caratterizzata, da una parte, da impulsi profondi e bestiali (nel canto IV, 1 la sua reazione di rabbia scomposta viene paragonata a quella di un toro inferocito), dall'altra, da una notevole capacità retorica. Il discorso che rivolge alle creature infernali è infatti ricco di pathos e fa efficacemente appello all'animo ribelle che accomuna quanti si erano sollevati contro Dio (definiti, infatti, come «alme rubelle»; V, 9). Una «superbia» cieca, perché ignara dell'onnipotenza divina e desiderosa di riconquistare la posizione perduta in cielo, è un altro dei suoi tratti distintivi, insieme a un naturale carisma, un'«orrida maestà» (IV, 7) che gli garantisce autorevolezza presso il consesso delle divinità infere.

Questi tratti accostano la figura di Satana a quella dei Giganti (o Titani) della mitologia greca, che si erano ribellati agli dèi dell'Olimpo ed erano infine stati scon-

Gustave Doré, *Lucifero*, Inferno, Canto XXIV, 1861

L'inferno, incisione per un'edizione della *Gerusalemme liberata*, 1580.

fitti in una battaglia nota con il nome di Gigantomachia. Egli risulta, quindi, una figura titanica ed epica, ma anche tragica, perché prova sentimenti profondamente umani e, soprattutto, è tormentato da una volontà di riscatto tenace, ma al contempo impossibile da soddisfare.

Il Satana di Dante, macchina della giustizia divina

Questa immagine titanica di Satana è una novità importante rispetto alla raffigurazione che di Lucifero era stata data, in precedenza, dalla tradizione letteraria. Se consideriamo, per esempio, l'antecedente più celebre, il Satana descritto da Dante nell'ultimo canto dell'*Inferno* (*Inferno*, XXXIV, 28-69), le differenze sono evidenti. Satana compare agli occhi del poeta come un essere di enormi dimensioni, conficcato nel ghiaccio fino alla vita, con tre facce su una stessa testa e altrettante paia di ali di pipistrello. È, di fatto, una gigantesca macchina nelle mani della giustizia divina ed è del tutto impotente e privo di volontà: non è in grado di muoversi né di parlare, pur avendo tre bocche, poiché è impegnato a maciullare senza sosta i peggiori peccatori dell'umanità, ovvero Cassio e Bruto, traditori di Cesare, e Giuda Iscariota, traditore di Cristo. È dunque una figura molto distante dal Satana di Tasso, connotato dall'intensa volontà di riscatto e da un carisma che si esprime in una spiccata abilità retorica; il diavolo dantesco è, al contrario, imbelle e del tutto asservito all'ordine provvidenziale.

Il Satana politico di John Milton

Tasso segna pertanto una svolta significativa nel trattamento di Satana in poesia. Sulle sue orme si pone, a circa un secolo di distanza, John Milton (1608-74), autore di *Il paradiso perduto*, uno dei più importanti poemi epici in lingua inglese. L'opera, che si sviluppa, secondo l'ultima revisione dell'autore, in dodici libri, racconta del peccato originario di Adamo ed Eva e di come Satana ne sia stato l'artefice.

Il poema si apre con il consesso dei demoni nella città infernale di Pandaemonium, poco dopo che Dio li ha sconfitti e condannati all'esilio sottoterra. Qui, come nella *Liberata*, Satana prende la parola (I, 242-270) e risulta subito essere una figura carismatica, dotata di grandi abilità oratorie. Al contrario del Satana di Tasso, accecato dalla superbia e dall'ira, quello di Milton si dimostra però uno stratega lucido e consapevole della propria condizione. Egli riconosce che Dio ha prevalso e ora domina incontrastato sul cielo e sulla Terra, ma sa che l'autorità divina non si estende sul regno infernale. Per questo Satana proclama, in un verso divenuto celebre, che è «meglio regnare all'Inferno che servire in Paradiso», una massima di grande realismo politico, ricalcata su una battuta che lo scrittore greco Plutarco (II secolo d.C.) attribuisce al condottiero romano Giulio Cesare: «Meglio essere primo in un villaggio che secondo a Roma».

William Blake, *L'orazione di Satana al consesso dei demoni*, illustrazione per il *Paradiso Perduto* di John Milton, 1808. Cambridge, Fitzwilliam Museum.

Come il Satana di Tasso anche quello di Milton è quindi una figura titanica: anch'egli rivendica la propria ribellione contro Dio e la libertà di cui gode negli Inferi; inoltre è a sua volta deciso a boicottare i piani provvidenziali per la salvezza degli uomini, e con maggiore successo rispetto al Satana della *Liberata*. Infatti il Satana miltoniano intraprende un lungo viaggio verso l'Eden, dove farà commettere ad Adamo ed Eva quel peccato originale che ne comporta la cacciata dal Paradiso terrestre: un'impresa perversamente eroica, che lo rende l'autentico protagonista del poema, in un ruolo ben più importante, quindi, rispetto a quello, del tutto subalterno, dell'impotente Satana dantesco.

T9 Erminia fra i pastori

Gerusalemme liberata VII, 1-10; 14-16; 19-22

Erminia è in fuga dal campo cristiano, dove aveva tentato di penetrare dopo aver indossato l'armatura di Clorinda e portare così soccorso all'amato Tancredi, ferito nel duello con Argante. L'ultimo atto di questa fuga apre il canto con una nota di smarrimento: la corsa di Erminia conclude amaramente il suo breve slancio eroico. La fanciulla torna d'improvviso la giovane fragile di sempre, in preda agli impulsi incontrollati del terrore, finché non giunge nei pressi del fiume Giordano. Qui le tinte drammatiche si stemperano in quelle tenui dell'idillio e comincia così la celebre "pastorale di Erminia".

1
Intanto Erminia infra l'ombrose piante
d'antica selva dal cavallo è **scòrta**,[1]
né più governa il fren la man tremante,
e mezza quasi par tra viva e morta.
Per tante strade si raggira[2] e tante
il corridor[3] ch'in sua balia[4] la porta,
ch'al fin da gli occhi altrui pur si dilegua,
ed è soverchio omai ch'altri la segua.

lessico
Scorgere
Distinguere con la vista, riuscire a vedere; discernere o individuare con la mente; in italiano antico, anche accompagnare offrendo protezione (dal termine latino volgare *excorrigĕre*, «mettere nella giusta direzione; guidare con l'occhio», derivato di *corrigĕre*, «raddrizzare, correggere» con il prefisso *ex-*, «da»).

2
Qual dopo lunga e faticosa caccia
tornansi mesti ed anelanti[5] i cani
che la fèra perduta abbian di traccia,[6]
nascosa in selva da gli aperti piani,
tal pieni d'ira e di vergogna in faccia
riedono stanchi i cavalier cristiani.[7]
Ella pur fugge,[8] e timida e smarrita
non si volge a mirar s'anco è seguita.

3
Fuggì tutta la notte, e tutto il giorno
errò senza consiglio e senza guida,
non udendo o vedendo altro d'intorno,
che le lagrime sue, che le sue strida.
Ma ne l'ora che 'l sol dal carro adorno
scioglie i corsieri e in grembo al mar s'annida,[9]
giunse del bel Giordano[10] a le chiare acque
e scese in riva al fiume, e qui si giacque.

1. **scòrta:** condotta (termine letterario).
2. **si raggira:** gira in tondo.
3. **corridor:** cavallo.
4. **balia:** potere.
5. **anelanti:** affannati.
6. **che... traccia:** che abbiano perso le impronte della belva.
7. **riedono:** ritornano.
8. **pur fugge:** continua a fuggire.
9. **Ma... s'annida:** Ma nell'ora in cui il sole (Apollo) sul carro adorno scioglie i cavalli e si riposa nell'Oceano: siamo dunque al tramonto.
10. **Giordano:** fiume che scorre a est di Gerusalemme.

4
Cibo non prende già, ché de' suoi mali
solo si pasce e sol di pianto ha sete;[11]
ma 'l sonno, che de' miseri mortali
è co 'l suo dolce oblio posa e quiete,
sopì co' sensi i suoi dolori, e l'ali
dispiegò sovra lei placide e chete;[12]
né però cessa Amor con varie forme
la sua pace turbar mentre ella dorme.

5
Non si destò fin che garrir[13] gli augelli
non sentì lieti e salutar gli albori;[14]
e mormorar il fiume e gli arboscelli,
e con l'onda scherzar l'aura e co i fiori.[15]
Apre i languidi lumi e guarda quelli
alberghi solitari de' pastori,
e parle voce udir tra l'acqua e i rami
ch'a i sospiri ed al pianto la richiami.

6
Ma son, mentr'ella piange, i suoi lamenti
rotti[16] da un chiaro suon ch'a lei ne viene,
che sembra ed è di pastorali accenti[17]
misto e di boscareccie inculte avene.[18]
Risorge, e là s'indrizza a passi lenti,
e vede un uom canuto a l'ombre amene
tesser fiscelle[19] a la sua greggia a canto
ed ascoltar di tre fanciulli il canto.

7
Vedendo quivi comparir repente[20]
l'insolite arme, sbigottìr costoro;
ma li saluta Erminia e dolcemente
gli affida,[21] e gli occhi scopre e i bei crin d'oro:
«Seguite», dice «aventurosa gente
al Ciel diletta, il bel vostro lavoro,
ché non portano già guerra quest'armi
a l'opre vostre, a i vostri dolci carmi».

11. Cibo... sete: Non mangia perché si nutre solo dei suoi mali e ha sete solo di pianto. Tratti tipici dell'innamorato petrarchesco («Pasco'l cor di sospir, ch'altro non chiede, / e di lagrime vivo, a pianger nato», *Canzoniere* CXXX, 5-6).
12. ma... chete: come nel sonetto *O Sonno, o della queta, umida, ombrosa* di Giovanni Della Casa (p. 171).
13. garrir: cantare, voce onomatopeica.
14. albori: i primi chiarori dell'alba.
15. e... fiori: descrizione tipica del luogo ameno e idillico, sul modello petrarchesco.
16. rotti: interotti.
17. pastorali accenti: melodie di pastori. Atmosfera arcadica e agreste, contrapposta alla corruzione delle corti e della città.
18. inculte avene: zampogne rustiche.
19. tesser fiscelle: intrecciare canestri.
20. repente: improvvisamente.
21. gli affida: li rassicura.

8
Soggiunse poscia: «O padre, or che d'intorno
d'alto incendio di guerra arde il paese,
come qui state in placido soggiorno
senza temer le militari offese?».
«Figlio», ei rispose «d'ogni oltraggio e scorno[22]
la mia famiglia e la mia greggia illese
sempre qui fur, né strepito di Marte
ancor turbò questa remota parte.

9
O sia grazia del Ciel che l'umiltade
d'innocente pastor salvi e sublime,[23]
o che, sì come il folgore non cade
in basso pian ma su l'eccelse cime,
così il furor di peregrine spade[24]
sol de' gran re l'altere teste opprime,
né gli avidi soldati a preda alletta
la nostra povertà vile e negletta.

10
Altrui vile e negletta, a me sì cara
che non bramo tesor né regal verga,[25]
né cura o voglia ambiziosa o avara
mai nel tranquillo del mio petto alberga.
Spengo la sete mia ne l'acqua chiara,
che non tem'io che di venen s'asperga,[26]
e questa greggia e l'orticel dispensa
cibi non compri a la mia parca mensa». [...]

14
Mentre ei così ragiona, Erminia pende
da la soave bocca intenta e cheta;
e quel saggio parlar, ch'al cor le scende,
de' sensi in parte le procelle acqueta.
Dopo molto pensar, consiglio prende
in quella solitudine secreta
insino a tanto almen farne soggiorno
ch'agevoli fortuna il suo ritorno.

lessico
Soggiungere
Dire qualcosa in più su quanto già detto; più specifico rispetto ad "aggiungere", che può riferirsi anche a intenzioni e gesti («aggiungi sale», «aggiunge pregio all'opera»), viene usato soprattutto negli incisi («vi prego, soggiunse, non fatele sapere niente!») e per introdurre il discorso diretto.

22. **oltraggio e scorno:** offesa e disonore.
23. **sublime:** innalzi.
24. **peregrine spade:** spade straniere, come Petrarca nella *Canzone all'Italia*: «Che fan qui tante pellegrine spade?» (*Canzoniere* CXXVIII, 24).
25. **regal verga:** scettro.
26. **s'asperga:** sia contaminata.

15
Onde al buon vecchio dice: «O fortunato,
ch'un tempo conoscesti il male a prova,[27]
se non t'invidii il Ciel sì dolce stato,
de le miserie mie pietà ti mova;
e me teco raccogli in così grato
albergo ch'abitar teco mi giova.
Forse fia che 'l mio core infra quest'ombre
del suo peso mortal parte disgombre.[28]

16
Ché se di gemme e d'or, che 'l vulgo adora
sì come idoli suoi, tu fossi vago,[29]
potresti ben, tante n'ho meco ancora,
renderne il tuo desio contento e pago».
Quinci, versando da' begli occhi fora
umor di doglia[30] cristallino e vago,
parte narrò di sue fortune, e intanto
il pietoso pastor pianse al suo pianto.[31] [...]

19
Sovente, allor che su gli estivi ardori
giacean le pecorelle a l'ombra assise,
ne la scorza de' faggi e de gli allori
segnò l'amato nome[32] in mille guise,
e de' suoi strani ed infelici amori
gli aspri successi[33] in mille piante incise,
e in rileggendo poi le proprie note
rigò di belle lagrime le gote.

20
Indi dicea piangendo: «In voi serbate
questa dolente istoria, amiche piante;
perché se fia ch'a le vostr'ombre grate
giamai soggiorni alcun fedele amante,
senta svegliarsi al cor dolce pietate
de le sventure mie sì varie e tante,
e dica: 'Ah troppo ingiusta empia mercede[34]
diè Fortuna ed Amore a sì gran fede!'[35]

27. **a prova:** per esperienza. Presso la corte d'Egitto, dove aveva prestato servizio per un periodo, come ha detto in precedenza (ottava 12 qui non antologizzata).
28. **disgombre:** alleggerisca.
29. **vago:** desideroso.
30. **umor di doglia:** umore di sofferenza, perifrasi per indicare il pianto.
31. **pianse... pianto:** figura etimologica collocata in un verso fortemente allitterante.
32. **l'amato nome:** Tancredi.
33. **successi:** accadimenti.
34. **mercede:** ricompensa.
35. **fede:** fedeltà.

21
Forse averrà, se 'l Ciel benigno ascolta
affettuoso alcun prego mortale,
che venga in queste selve anco tal volta
quegli a cui di me forse or nulla cale;[36]
e rivolgendo gli occhi ove sepolta
giacerà questa spoglia inferma e frale,[37]
tardo premio conceda a i miei martìri
di poche lagrimette e di sospiri;

22
onde se in vita il cor misero fue,
sia lo spirito in morte almen felice,
e 'l cener freddo[38] de le fiamme sue
goda quel ch'or godere a me non lice».
Così ragiona a i sordi tronchi, e due
fonti di pianto da' begli occhi elice.[39]
Tancredi intanto, ove fortuna il tira
lunge da lei, per lei seguir, s'aggira.

lessico
Lungi
Avverbio di registro elevato e letterario che significa "lontano", usato soprattutto in alcune espressioni, come «lungi da me insistere», ovvero non ho alcuna intenzione di insistere; «sono ben lungi dal pensarlo», ovvero non mi è passato per la mente neanche per un momento.

36. **cale:** importa.
37. **frale:** fragile.
38. **cener freddo:** il corpo ormai senza vita.
39. **elice:** versa.

Analisi del testo

Struttura

La fuga e le lacrime di Erminia Il canto si apre come sviluppo di un racconto già avviato nel precedente («Intanto Erminia») e segue la protagonista nella sua fuga affannosa dall'accampamento cristiano. Il moltiplicarsi dei luoghi e la casualità del percorso sono sottolineati dalla iterazione di «tante» nel quinto verso della prima ottava («Per tante strade si raggira e tante»), per concludersi nella similitudine con la perdita della preda nella battuta di caccia, che rende conto del vano inseguimento da parte dei crociati.
Si inaugura così il tema del pianto di Erminia, che occupa le ottave 3-6, con la breve parentesi del tormentato riposo sulle rive del Giordano. Una più lunga sospensione del pianto, che è inconsolabile, corrisponde al dialogo accorato con il pastore, occasione per un elogio della vita campestre e della pace agreste (ottave 8-10). Riprende poi il motivo delle lacrime di Erminia, nelle quali si manifesta la sua fragilità di innamorata non corrisposta, di creatura dolcissima e dolente alla ricerca di un rifugio di pace (ottave 19-22). Il distico conclusivo dell'ottava 22 riaggancia invece un altro filone narrativo, quello relativo a Tancredi, racchiudendo in una sorta di cornice chiastica la breve favola pastorale di Erminia («Intanto Erminia», 1, 1 – «Tancredi intanto», 22, 7).

Lingua e stile

Dal ritmo sostenuto alla dolente elegia Le prime ottave sono scandite dal ritmo sostenuto di una narrazione cavalleresca, resa vivace dalle iterazioni di bisillabi («tante», 1, 5; «fugge»-«Fuggì», 2, 7 e 3, 1; «senza», 3, 2; «sue», 3, 4; «solo»-«sol», 4, 2) e impreziosita dalla similitudine di caccia (2, 1-6) e dalla metafora del carro di Apollo al tramonto (3, 5-7).
Al termine della fuga concitata, sulle rive del Giordano ha inizio l'idillio, segnato da un tono lirico-elegiaco e caratterizzato dal ricorrere del tema del pianto («lagrime», 3, 4; «pianto», 4, 2; «pianto», 5, 8; «piange», 6, 1; «umor di doglia», 16, 6; «lagrime», 19, 8; «piangendo», 20, 1; «lagrimette», 21, 8; «pianto», 22, 6). Questo tema ha il

suo culmine patetico nel verso conclusivo dell'ottava 16, fortemente allitterante e giocato sulla figura etimologica: «il pietoso pastor pianse al suo pianto».
Sono frequenti i ricordi letterari di ambito lirico e pastorale (Petrarca, Della Casa, Sannazaro), dalla descrizione dei turbamenti emotivi provocati dalla passione amorosa in Erminia (solitudine, digiuno, sospiri, invocazione al sonno), fino alla mesta celebrazione della propria sepoltura, per la quale si auspica almeno il tardivo omaggio dell'amato (ottave 21-22).

Temi

Il travestimento di Erminia Erminia giunge nel pacifico paese dei pastori provenendo da una condizione di forte dissidio interiore (canto VI), dovuta all'indecisione tra la scelta di serbare intatta la propria reputazione e quella di abbandonarsi all'amore per Tancredi; sceglierà la seconda strada, intraprendendo – proprio lei, così timorosa – il progetto temerario di raggiungere l'amato ferito presso il campo cristiano. Erminia assume dunque un ruolo che non le appartiene, e per farlo indossa l'armatura dell'amica Clorinda, quasi volesse trasformarsi nella coraggiosa guerriera. Presto scoperta e inseguita da un drappello di crociati, perderà ogni controllo di sé e si abbandonerà a un'erranza (parola chiave della *Liberata* che contraddistingue, come si è visto, anche i crociati e l'autore stesso) «senza consiglio e senza guida» (3, 2).

L'approdo all'elegia Le condizioni estreme di Erminia sembrano minacciare la sua stessa esistenza («mezza quasi par *tra viva e morta*», 1, 4), finché non arriva al Giordano, fiume sacro che vide il battesimo di Cristo: qui sopraggiunge il sonno, che le ridonerà la padronanza di sé. Questo sonno si presenta come una "piccola morte": il verso «e scese in riva al fiume, e *qui si giacque*» (3, 8) contiene "qui giace" (*hic iacet*), la formula che si trovava incisa nei sepolcri. Il suo ridestarsi, poi, è descritto con il termine «Risorge» (6, 5), la rinascita a nuova vita.
Un cambiamento radicale è in effetti avvenuto. Nell'oasi di pace che accoglie l'eroina, la passione si stempera in nostalgia, così come gli echi della guerra si avvertono appena, attutiti nella quiete di una vita campestre che ripete da tempo immemorabile le proprie consuetudini. L'insistenza sul tema delle lacrime caratterizza Erminia come personaggio elegiaco, assegnandole quell'atteggiamento di rinuncia che sarà l'esito della sua vicenda amorosa con Tancredi. Erminia pensa alla propria storia d'amore già come postuma, e immagina che Tancredi attraversi il bosco dove lei ha scritto le proprie confessioni d'amore sulla corteccia delle piante, quando ormai «sepolta giacerà» (21, 5-6). Solo nella morte il suo amore per Tancredi potrà realizzarsi: nella contraddittoria conciliazione tra «cener freddo» e «fiamme» (22, 3-4) si riassume la storia di questa sfortunata eroina.

Officina

COMPRENDERE

1. Dove e quando giunge Erminia?
2. Perché Erminia si risveglia? E chi incontra?
3. Cosa si dicono Erminia e il pastore?

ANALIZZARE

4. Delinea un ritratto di Erminia facendo riferimento agli elementi del testo. Che tipo di caratterizzazione assume?
5. **Lingua e stile** Individua nel testo e classifica in una tabella tutti i termini e le espressioni tipiche del linguaggio epico e quelle del linguaggio elegiaco.
6. **Lessico** Con l'aiuto del dizionario, indica quali tra le parole derivano dal verbo "scorgere" e spiega qual è la relazione semantica tra "scorgere" e le parole derivate: *scortare, scortese, scorta, accorto, scorticare.*

INTERPRETARE

7. Confronta questo passo con ***La fuga di Angelica*** (**T4** ➤ p. 220) nell'***Orlando furioso***: trovi somiglianze nei personaggi e nel contesto naturale?
8. Confronta le ottave 20, 21 e 22 con i versi 14-39 di ***Chiare, Fresche e dolci acque* di Francesco Petrarca**. Ritieni che Tasso possa essersi ispirato alla canzone di Petrarca nel comporre queste ottave? Perché?

COMPETENZE DEL XXI SECOLO

Comunicazione e collaborazione In gruppo con altri due compagni rileggi il testo e sintetizzane i momenti centrali, quindi elabora un breve storytelling. Infine realizzate un breve video animato (potete usare per esempio Powtoon, Animaker, Goanimate).

T10 Il combattimento fra Tancredi e Clorinda

Gerusalemme liberata XII, 52-69

AUDIO

In compagnia del valoroso compagno d'armi Argante, Clorinda esce dalle mura di Gerusalemme con un'armatura priva di segni di riconoscimento, per incendiare le macchine d'assedio dei cristiani. La vergine guerriera viene inseguita e raggiunta dall'innamorato Tancredi che, ignaro della sua reale identità, la sfida a duello e la uccide. La tragica scoperta (agnizione) avviene soltanto in punto di morte, quando Clorinda richiede il battesimo, perdona Tancredi e spira tra le sue braccia, trasfigurandosi.
Questo episodio, uno dei più memorabili dell'intero poema, ha ispirato numerosi artisti e compositori. Celebre, in particolare, un madrigale (1638) di Claudio Monteverdi, che da Tasso ha tratto ispirazione per il suo stile concitato (*Crocevia* ➤ p. 581).

52
Vuol ne l'armi provarla: un uom la stima
degno a cui sua virtú si paragone.[1]
Va girando colei l'alpestre cima[2]
verso altra porta, ove d'entrar dispone.
Segue egli[3] impetuoso, onde assai prima
che giunga, in guisa avien che d'armi suone,[4]
ch'ella si volge e grida: «O tu, che porte,[5]
che corri sí?». Risponde: «E guerra e morte».

53
«Guerra e morte avrai»; disse «io non rifiuto
darlati,[6] se la cerchi», e ferma attende.
Non vuol Tancredi, che pedon veduto
ha il suo nemico, usar cavallo, e scende.[7]
E impugna l'uno e l'altro il ferro acuto,
ed aguzza l'orgoglio e l'ire accende;[8]
e vansi a ritrovar non altrimenti
che duo tori gelosi e d'ira ardenti.

1. **un uom... paragone:** la crede un uomo, con cui possa misurare degnamente il suo valore. Il soggetto è Tancredi.
2. **alpestre cima:** Clorinda si era unita ad Argante su un colle fuori da Gerusalemme.
3. **egli:** è Tancredi.
4. **in guisa... suone:** e in tal modo le sue armi risuonano, perché Tancredi la segue «impetuoso», dunque facendo rumore.
5. **O tu... sì?:** O tu che ti affretti in tal modo, cosa porti con te?
6. **darlati:** dartela.
7. **Non... scende:** eco del combattimento della vergine Camilla nell'*Eneide*: «affida il cavallo a una compagna e si pianta con armi pari, / a piedi, con la nuda spada, impavida con lo scudo senza fregi» (*Eneide* XI, 710-711).
8. **aguzza... accende:** di nuovo memoria virgiliana: «Enea accresce lo spirito guerresco e si accende d'ira» (*Eneide* XII, 108).

54
Degne d'un chiaro sol, degne d'un pieno
teatro, opre sarian sì memorande.[9]
Notte, che nel profondo oscuro seno
chiudesti e ne l'oblio fatto sì grande,
piacciati ch'io ne 'l tragga e 'n bel sereno
a le future età lo spieghi e mande.
Viva la fama loro; e tra lor gloria
splenda del fosco tuo l'alta memoria.[10]

55
Non schivar, non parar, non ritirarsi
voglion costor, né qui destrezza ha parte.
Non danno i colpi or finti, or pieni, or scarsi:
toglie l'ombra e 'l furor l'uso de l'arte.[11]
Odi le spade orribilmente urtarsi
a mezzo il ferro, il piè d'orma non parte;[12]
sempre è il piè fermo e la man sempre 'n moto,
né scende taglio in van, né punta a vòto.[13]

56
L'onta[14] irrita lo sdegno a la vendetta,
e la vendetta poi l'onta rinova;
onde sempre al ferir, sempre a la fretta
stimol novo s'aggiunge e cagion nova.
D'or in or piú si mesce e piú ristretta
si fa la pugna, e spada oprar non giova:[15]
dansi co' pomi,[16] e infelloniti e crudi[17]
cozzan con gli elmi insieme e con gli scudi.

57
Tre volte il cavalier la donna stringe
con le robuste braccia, ed altrettante
da que' nodi tenaci ella si scinge,
nodi di fer nemico e non d'amante.[18]

9. **Degne... memorande:** è ribadita l'idea del poema come teatro di gesta memorabili («memorande») ed eroiche.
10. **e tra... memoria:** e insieme alla gloria dei due guerrieri, sia viva la memoria delle tue tenebre (*fosco*), cioè dell'oscurità che avvolge il duello.
11. **toglie... arte:** l'oscurità e l'impeto impediscono l'uso dell'arte (del combattimento), cioè di ogni regola cavalleresca.
12. **il piè... parte:** il piede non si allontana dalla propria orma, cioè stanno saldi nelle loro posizioni.
13 **né... vòto:** non vanno a vuoto i colpi di taglio o di punta.
14. **onta:** vergogna, quella dovuta ai colpi subiti.
15. **D'or... giova:** Di ora in ora la battaglia si fa sempre più tumultuosa e serrata, e non serve più usare (*oprar*) la spada.
16 **pomi:** i pomoli della spada, la parte inferiore dell'impugnatura.
17. **dansi... crudi:** si percuotono con le impugnature (*pomi*), inferociti e crudeli.
18. **Tre... d'amante:** si fa più intensa l'atmosfera sensuale e drammatica del canto: il duello è una figurazione del combattimento amoroso, nel quale man mano prevale, in crescendo sulla ragione, il furore della armi, fino all'epilogo tragico.

Tornano al ferro, e l'uno e l'altro il tinge
con molte piaghe;[19] e stanco ed anelante
e questi e quegli al fin pur si ritira,
e dopo lungo faticar respira.

58
L'un l'altro guarda, e del suo corpo **essangue**
su 'l pomo de la spada appoggia il peso.
Già de l'ultima stella il raggio langue[20]
al primo albor[21] ch'è in oriente acceso.
Vede Tancredi in maggior copia il sangue
del suo nemico, e sé non tanto offeso.[22]
Ne gode e superbisce. Oh nostra folle
mente ch'ogn'aura di fortuna estolle![23]

59
Misero, di che godi? oh quanto mesti
fiano[24] i trionfi ed infelice il vanto!
Gli occhi tuoi pagheran (se in vita resti)
di quel sangue ogni stilla un mar di pianto.[25]
Cosí tacendo e rimirando, questi
sanguinosi guerrier cessaro alquanto.[26]
Ruppe il silenzio al fin Tancredi e disse,
perché il suo nome a lui l'altro scoprisse:

60
«Nostra sventura è ben che qui s'impieghi
tanto valor, dove silenzio il copra.[27]
Ma poi che sorte rea vien[28] che ci neghi
e lode e testimon degno de l'opra,
pregoti (se fra l'arme han loco i preghi)
che 'l tuo nome e 'l tuo stato a me tu scopra,
acciò ch'io sappia, o vinto o vincitore,
chi la mia morte o la vittoria onore».[29]

lessico
Esangue
Che ha perduto molto sangue; pallido, smorto; in senso figurato, privo di energia, di vigore, fiacco (dal latino *exsanguis*, derivato di *sanguis sanguĭnis*, «sangue», con il prefisso *ex-*, «fuori»).

19. Tornano… piaghe: Riprendono la spada e l'un l'altro si macchiano (*tinge*, del sangue) di molte ferite.
20. langue: si affievolisce, con lo spegnersi dell'ultima stella svanisce la vita di Clorinda.
21. primo albor: alle prime luci dell'alba.
22. offeso: ferito.
23. Oh… estolle!: Quanto è dissennata la nostra mente che un minimo spirare della buona sorte fa insuperbire (*estolle*)!
24. fiano: saranno.
25. Misero...pianto: In questo momento cruciale la voce dell'autore, rivolgendosi direttamente a Tancredi, sospende per un momento la narrazione e formula una considerazione che assegna al caso del crociato un valore universale di verità.
26. cessaro alquanto: si fermarono per un po'.
27. Nostra… copra: La nostra sfortuna è che si impieghi tanto valore qui, dove il silenzio lo nasconde. I duellanti, infatti sono in un luogo solitario e nessuno può essere testimone del loro valore.
28. sorte rea vien: accade che un destino avverso.
29. onore: glorifichi, onori.

61
Risponde la feroce: «Indarno chiedi
quel c'ho per uso di non far palese.
Ma chiunque io mi sia, tu inanzi vedi
un di quei due che la gran torre accese».[30]
Arse di sdegno a quel parlar Tancredi,
e: «In mal punto il dicesti»; indi riprese
«il tuo dir e 'l tacer di par m'alletta,
barbaro discortese, a la vendetta».[31]

62
Torna l'ira ne' cori, e li trasporta,
benché debili in guerra. Oh fera pugna,
u' l'arte in bando,[32] u' già la forza è morta,
ove, in vece, d'entrambi il furor pugna!
Oh che sanguigna e spaziosa porta
fa l'una e l'altra spada, ovunque giugna,
ne l'arme e ne le carni! e se la vita
non esce, sdegno tienla al petto unita.

63
Qual l'alto Egeo, perché Aquilone o Noto
cessi, che tutto prima il volse e scosse,
non s'accheta ei però, ma 'l suono e 'l moto
ritien de l'onde anco agitate e grosse,[33]
tal, se ben manca in lor co 'l sangue vòto[34]
quel vigor che le braccia a i colpi mosse,
serbano ancor l'impeto primo, e vanno
da quel sospinti a giunger danno a danno.[35]

64
Ma ecco omai l'ora fatale è giunta
che 'l viver di Clorinda al suo fin deve.[36]
Spinge egli il ferro nel bel sen[37] di punta

30. Indarno… accese: Inutilmente chiedi ciò che di solito non rivelo. Ma chiunque io sia, tu vedi di fronte a te uno dei due (guerrieri) che hanno incendiato la grande torre. Clorinda si riferisce alla sortita con Argante, con il quale ha appiccato il fuoco a una delle torri mobili dell'esercito cristiano per l'assedio di Gerusalemme.

31. «il tuo dir… vendetta»: «le tue parole e il tuo silenzio mi spingono allo stesso modo alla vendetta, barbaro scortese». Qui Tancredi, pur se legittimato dal rifiuto di Clorinda di assecondare una consuetudine cavalleresca (dichiarare la propria identità in battaglia), parla il linguaggio dell'avversario religioso e del rappresentante di una civiltà che considera "straniero" tutto ciò che non si conforma alle proprie usanze.

32. u'… bando: dove (*u'*) l'arte (del combattimento) è messa da parte (*in bando*).

33. Qual… grosse: Allo stesso modo in cui il profondo (mare) Egeo, anche se (*perché*) Aquilone e Noto hanno smesso (di soffiare), (i venti) prima lo hanno del tutto sconvolto e agitato, tuttavia non si placa (*s'accheta*), ma conserva (*ritien*) il suono e il movimento delle onde ancora agitate e alte.

34. co'l sangue vòto: il «vigore» del combattimento viene a mancare per la copiosa perdita di sangue di entrambi i guerrieri.

35. giunger: aggiungere.

36. Ma… deve: Ma è giunta l'ora fatale in cui la vita di Clorinda deve pervenire alla fine.

37. bel sen: l'aggettivo anticipa l'agnizione dei versi 67, 7-8 e sarà ripreso al verso 69, 1.

che vi s'immerge e 'l sangue avido beve;[38]
e la veste, che d'or vago trapunta
le mammelle stringea tenera e leve,
l'empie d'un caldo fiume. Ella già sente
morirsi, e 'l piè le manca egro e languente.[39]

65
Segue egli la vittoria, e la trafitta
vergine minacciando incalza e preme.
Ella, mentre cadea, la voce **afflitta**
movendo, disse le parole estreme;
parole ch'a lei novo un spirto ditta,[40]
spirto di fé, di carità, di speme:[41]
virtù ch'or Dio le infonde, e se rubella[42]
in vita fu, la vuole in morte ancella.

66
«Amico, hai vinto: io ti perdon… perdona
tu ancora, al corpo no, che nulla pave,[43]
a l'alma sí; deh! per lei prega, e dona
battesmo a me ch'ogni mia colpa lave».
In queste voci languide risuona
un non so che di flebile e soave
ch'al cor gli scende ed ogni sdegno ammorza,
e gli occhi a lagrimar gli invoglia e sforza.

67
Poco quindi lontan nel sen del monte
scaturia mormorando un picciol rio.[44]
Egli v'accorse e l'elmo empié nel fonte,
e tornò mesto al grande ufficio e pio.[45]
Tremar sentì la man, mentre la fronte
non conosciuta ancor sciolse e scoprio.[46]
La vide, la conobbe, e restò senza
e voce e moto. Ahi vista! ahi conoscenza!

lessico
Afflitto
Visibilmente addolorato («afflitto per la morte del padre»); che rivela dolore («il viso afflitto»); sofferente per un dolore fisico o per un disagio, come in «afflitto dal mal di testa» o «afflitto dai debiti» (participio passato di *affliggere*, dal latino *affligĕre*, derivato di *fligĕre*, «percuotere» con il prefisso *ad*-).

38. Spinge… beve: rimando alla morte della virgiliana Camilla: «l'asta arrivata sotto la nuda mammella / vi rimase confitta e bevve profondamente il virgineo sangue» (*Eneide* XI, 803-804).
39. egro e languente: debole e vacillante, nell'imminenza della morte (dittologia sinonimica).
40. novo… ditta: un'ispirazione mai provata prima le suggerisce.
41. spirto… speme: spirito di fede, speranza e carità, le tre virtù teologali.
42. rubella: ribelle alla legge cristiana; è detto metaforicamente, perché Clorinda non ha mai saputo di appartenere a quella fede. La guerriera nasce nella cristiana Etiopia ma con la pelle bianca: la madre allora, per timore che il marito Senapo possa accusarla di adulterio, affida la neonata al servo Arsete, ordinandogli di battezzarla. Ma Arsete disobbedirà, e Clorinda, dopo aver scampato gravi pericoli, cresce educata alla fede musulmana e all'esercizio delle armi.
43. nulla pave: non teme nulla.
44. rio: ruscello.
45. grande ufficio e pio: il rituale del battesimo.
46. sciolse e scoprio: dall'elmo, l'oggetto è «la fronte» del verso precedente.

68
Non morì già, ché sue virtuti accolse
tutte in quel punto e in guardia al cor le mise,[47]
e premendo il suo affanno a dar si volse
vita con l'acqua a chi co 'l ferro uccise.[48]
Mentre egli il suon de' sacri detti[49] sciolse,
colei di gioia trasmutossi, e rise;
e in atto di morir lieto e vivace,[50]
dir parea: «S'apre il cielo; io vado in pace».

69
D'un bel pallore ha il bianco volto asperso,
come a' gigli sarian miste viole,[51]
e gli occhi al cielo affisa, e in lei converso
sembra per la pietate il cielo e 'l sole;
e la man nuda e fredda alzando verso
il cavaliero in vece di parole
gli dà **pegno** di pace. In questa forma
passa la bella donna, e par che dorma.[52]

lessico
Pegno
Diritto concesso su un bene dal debitore a vantaggio del creditore («dare in pegno i gioielli»); in senso figurato, «un pegno d'amore, di amicizia» è qualcosa che testimonia l'impegno sentimentale (dal latino *pignus*, probabilmente derivato di *pingĕre*, «dipingere», perché in origine indicava un segno fatto per ricordare un impegno preso).

47. Non... mise: Tancredi fa appello alle proprie virtù e le pone a guardia del cuore, per non soccombere allo strazio.
48. vita... uccise: chiasmo fra vita-acqua e ferro-morte.
49. sacri detti: la formula liturgica del battesimo.
50. morir... vivace: allude, in forma di ossimoro, alla sorgente di vita nuova che sgorga nella pacificazione spirituale.
51. gigli e viole: rappresentano il candore del volto e il pallore (ancora un chiasmo).
52. In... dorma: la morte di Clorinda è assimilata a quella di Laura («morte bella parea nel suo bel viso», *Trionfo della morte* I, 172).

Analisi del testo

Struttura

Tra «vero» e «verisimile» Queste ottave costituiscono il nucleo centrale del canto, il perno attorno al quale ruotano le vicende precedenti di Clorinda, per trasformarsi, da semplici cenni, in realtà tragica. L'intero canto XII risulta esemplare dal punto di vista strutturale e poetico: vi si realizza la perfetta fusione tra il vero storico (l'incendio della macchina da guerra, narrato da Guglielmo di Tiro, qui accennato in 61, 4) e il «verisimile» (la finzione poetica dell'infelice amore di Tancredi per Clorinda), secondo le intenzioni teoriche esposte da Tasso nei *Discorsi dell'arte poetica* (➤ p. 544).

Il duello Con l'inizio del duello vero e proprio (ottava 52), prende avvio un crescendo di azioni dettate da uno sdegno e da un'ira incontenibili, fino al furore dell'epilogo. All'ottava 59 («Misero, di che godi?», 1) l'intervento diretto di Tasso rende sempre più concreto il presagio funesto che aleggia sin dall'inizio sulla narrazione. Una prima fase del combattimento giunge fino all'ottava 62, quando una nuova ondata d'ira, ancora più travolgente, trasporta i due contendenti verso il culmine di una furia cieca, destinata a placarsi solo con la morte. Dall'ottava 64, nel breve volgere di sole cinque strofe, si compie l'epilogo di un'esistenza eroica e si manifesta l'umanità di Clorinda.

La morte e la catarsi Sul ricordo virgiliano della vergine Camilla si innesta una sensualità crescente e allusiva («nodi di fer nemico e non d'amante», 57, 4; «spinge egli il ferro nel bel sen di punta», 64, 3), destinata a sfociare nella conversione in punto di morte della guerriera, attraverso una sorta di sacrificio rituale in cui Tancredi è il sacerdote e Clorinda la vittima. Il momento culminante dell'agnizione nell'ottava 67 (vv. 7-8) dà avvio alla catarsi dei personaggi: Clorinda è trasfigurata e ormai rinata a nuova vita; Tancredi acquisisce finalmente la leale magnanimità cavalleresca.

Lingua e stile

Lo stile drammatico Questo episodio è un esempio splendido di poesia drammatica, nella quale si legano insieme momenti lirici, tragici ed elegiaci. Le ottave si aprono con uno scambio di provocazioni da parte dei contendenti, segnate dall'enfasi dell'anadiplosi («E guerra e morte» // «Guerra e morte avrai», 52, 8-53, 1); la stessa enfasi ritorna con un chiasmo nell'ottava 56: «L'onta irrita lo sdegno alla vendetta / e la vendetta poi l'onta rinova» (vv. 1-2).
La rapidità della scrittura, sempre più concitata, è ottenuta mediante l'andamento per distici, il frequente ricorso a versi bipartiti, alle antitesi e alle ellissi verbali. La presenza del poeta-narratore è costante, il suo sguardo accorato e commosso sottolinea i momenti più drammatici del duello, con interventi diretti (54, 1-8; 58, 7-59, 4) oppure con la figura retorica dell'*hysteron proteron*, che ha funzione anticipatrice dell'agnizione finale («bel sen», 64, 3).

Temi

Amore e guerra Lo scontro fra Tancredi e Clorinda porta all'apice la dialettica tra "amore" e "onore" di cui si nutre tutto il poema (➤ p. 551). Significativamente, per ben due volte il crociato rifiuta di combattere alla vista di Clorinda: nel canto III, dopo che Clorinda ha perduto l'elmo e mostrato il suo volto e i biondi capelli, si limita a difendersi dai colpi della guerriera («Percosso, il cavalier non ripercote», III, 24, 1); nel canto VI, infine, mentre si accinge a raccogliere la sfida di Argante, vedendola su un'altura, rimane letteralmente pietrificato («immobil si ferma, e pare un sasso», VI, 27, 5).
Amore e guerra sono dunque totalmente incompatibili. È allora un crudele paradosso che spetti proprio a Tancredi rivolgere parole ostili, combattere e dare la morte all'amata, non identificabile per aver indossato un'armatura priva di segni di riconoscimento (➤ **T8**). Tancredi ama una «vergine» (VI, 65, 2), Clorinda, votata unicamente alla guerra e disinteressata all'amore. Sarà grazie alla ferita mortale provocatale dall'amante che Clorinda finalmente potrà ricevere quel battesimo a cui era destinata sin da neonata (➤ nota 42) e spirare nella grazia di Dio. Anche la vicenda di Clorinda, dunque, procede dall'amore terreno (quello cui aspira Tancredi) all'amore sacro e spirituale.

L'ambiguità del linguaggio poetico tassiano Ma prima che si arrivi a questo, il linguaggio poetico descrive le fasi del combattimento feroce fra Tancredi e Clorinda ricorrendo a una serie di allusioni erotiche. Si parte con la similitudine dei «tori gelosi» (53, 8), per passare poi ai «nodi tenaci» di un abbraccio che è in realtà il corpo a corpo di un conflitto (57, 1-4); Tancredi quindi "arde" – caratteristico termine del linguaggio amoroso –, ma di rabbia (61, 5); infine, nel momento culminante, la sua spada penetra nel «bel sen» della guerriera ed «empie d'un caldo fiume» di sangue la sua veste (64, 3-8). La poesia sembra così reintrodurre quella pulsione al desiderio che però l'esito della vicenda finisce per negare: un altro mirabile esempio dell'ambiguità del linguaggio poetico tassiano.

Officina

COMPRENDERE

1. Quando avviene il duello? Chi attacca per primo?
2. In che modo Tancredi assesta il colpo fatale?
3. Quali sono le ultime parole e gli ultimi atti di Clorinda?
4. In che modo Tancredi scopre la vera identità di Clorinda? Qual è la sua reazione?

ANALIZZARE

5. **Lingua e stile** Individua nel testo tutti i termini e le espressioni che si riferiscono all'amore e alla guerra. Ce ne sono alcuni che appartengono a entrambe gli ambiti? Se sì come lo spieghi?

INTERPRETARE

6. Attraverso quali elementi è rappresentato il cambiamento di Clorinda e che significato ha?

PERCORSO DI SCRITTURA

Riscrittura Dopo aver identificato i nuclei centrali dell'azione, prova a riscrivere il passo dal punto di vista di Clorinda in massimo 750 battute. Puoi iniziare così: «Mi sorprese mentre correvo e mi sfidò a duello con le parole: "E guerra e morte". Prontamente risposi: "E guerra e morte avrai."».

CROCEVIA

Tasso e Monteverdi

Il madrigale: dalla poesia alla musica

Alle sue origini il madrigale era un breve componimento in endecasillabi costituito da alcune terzine (da due a cinque), seguite da uno o due distici, oppure da un singolo verso isolato. Petrarca diede dignità a questa forma, in origine popolareggiante, inserendo alcuni madrigali nel suo *Canzoniere*. Nel Cinquecento il madrigale – e Tasso ne compose molti – assume forme più libere, venendo a coincidere con una stanza di pochi endecasillabi e/o settenari, al massimo una dozzina. Già nel Trecento la forma poetica venne musicata, cosicché il termine madrigale assunse un duplice significato, di forma strofica e di forma musicale che prevedeva il canto del testo poetico, in genere a più voci. In quanto forma musicale, il madrigale si evolse dal Trecento al Cinquecento e si staccò progressivamente dall'originaria forma poetica: importanti compositori scrissero musica madrigalistica usando come testi di riferimento sonetti, sestine oppure ottave. È il caso di uno dei maestri del madrigalismo, Claudio Monteverdi (1567-1643) che mette in musica numerosi testi tassiani tratti dalla *Gerusalemme*. Tra i suoi madrigali più celebri c'è il *Combattimento di Tancredi e Clorinda*, incluso nell'ottavo libro dei *Madrigali guerrieri e amorosi*. Il *Combattimento* fu eseguito per la prima volta a Venezia, in occasione del Carnevale del 1624, e ottenne un successo enorme.

La novità di Monteverdi

La novità che Monteverdi portò nel genere musicale consiste nel grande rispetto che egli accorda al testo poetico. La musica deve dunque porsi l'obiettivo di interpretare e sottolineare le atmosfere e le passioni che emergono dal testo, senza sopraffarlo o renderlo incomprensibile. Per fare ciò, Monteverdi rinuncia progressivamente alla polifonia (due o più parti vocali e melodiche indipendenti che si sovrappongono) e passa alla omofonia (una sola parte vocale e melodica per volta, con accompagnamento strumentale).

Il testo di partenza

Il *Combattimento di Tancredi e Clorinda* mette in musica sedici ottave tassiane: 52-62 e 64-68 del canto XII. In realtà Monteverdi opera con una certa libertà, modificando leggermente il testo tassiano per adattarlo alle esigenze della musica. Per esempio, i primi due versi del madrigale «Tancredi che Clorinda un uomo stima / vuol ne l'armi provarla al paragone» non corrisponde esattamente al testo di Tasso ("Vuol [Tancredi] ne l'armi provarla: un uom la stima / degno a cui sua virtù si paragone"), perché il musicista intende subito esplicitare il personaggio (Tancredi) che si muove sulla scena.

La musica interpreta il senso

La musica segue con grande fedeltà il significato. Nella ottava 54, in cui il poeta evoca la Notte («Notte, che nel profondo oscuro seno / chiudesti e ne l'oblio fatto sì grande») la musica assume un ritmo solenne, ampio e lento, mentre nell'ottava successiva, in cui il duello ha inizio, la musica acquista immediatamente un ritmo concitato e diventa addirittura mimetica del rumore delle armi che cozzano. L'esecuzione dura all'incirca 23 o 24 minuti ed è facilmente reperibile in rete. Consigliamo di ascoltarla per cogliere con quale sensibilità e potenza la musica di Monteverdi riesce a restituire tutte le sfumature del testo tassiano.

Aniello Falcone, *Il concerto*, prima metà del XVII secolo. Madrid, Museo del Prado.

T11 *Il giardino di Armida*

Gerusalemme liberata XVI, 9-22

Biblioteca digitale *Armida abbandonata*

AUDIO

I cavalieri Carlo e Ubaldo, inviati per riportare Rinaldo nel campo dei crociati, penetrano nel palazzo labirinto di Armida (in cui la maga lo tiene prigioniero) e giungono nel meraviglioso giardino incantato. Il giardino è un prodigio delle finzioni soprannaturali e degli incanti, dove l'arte magica riesce a superare la natura in virtuosismo e creatività. In questo regno di rigoglio perenne, un prodigioso pappagallo canta l'effimera bellezza della rosa, che ricorda la continua minaccia della caducità. I due eroi poi assistono, non visti, agli amori di Rinaldo e Armida.

9
Poi che lasciàr gli **aviluppati** calli,[1]
in lieto aspetto il bel giardin s'aperse:
acque stagnanti, mobili cristalli,[2]
fior vari e varie piante, erbe diverse,
apriche[3] collinette, ombrose valli,
selve e spelonche in una vista offerse;
e quel che 'l bello e 'l caro accresce a l'opre,
l'arte, che tutto fa, nulla si scopre.[4]

10
Stimi (sì misto il culto è co 'l negletto)
sol naturali e gli ornamenti e i siti.[5]
Di natura arte par, che per diletto
l'imitatrice sua scherzando imiti.[6]
L'aura, non ch'altro, è de la maga[7] effetto,
l'aura che rende gli alberi fioriti:
co' fiori eterni eterno il frutto dura,
e mentre spunta l'un, l'altro matura.

11
Nel tronco istesso e tra l'istessa foglia
sovra il nascente fico invecchia il fico;
pendono a un ramo, un con dorata spoglia,
l'altro con verde, il novo e 'l pomo antico;
lussureggiante serpe alto e germoglia

lessico
Avviluppato
Avvolto, come in «avviluppato nel mantello» o impigliato, come in «avviluppato nella rete»; confuso, intricato, come nel testo di Tasso (participio passato di *avviluppare*, dal latino volgare **volūtŭlum*, che significa «convolvolo», un piccolo fiore dalla corolla avvolgente).

1. **aviluppati calli:** vie tortuose del labirinto.
2. **mobili cristalli:** le limpide acque in movimento, i ruscelli.
3. **apriche:** soleggiate.
4. **l'arte... scopre:** l'artificio, responsabile di ogni cosa (tutto fa), non si rivela da nessuna parte.
5. **Stimi... siti:** Credi i luoghi e gli ornamenti del tutto naturali, tanto è abile il mescolarsi delle parti curate (*il culto*) con quelle selvatiche (*negletto*).
6. **Di natura... imiti:** L'arte sembra un artificio della natura che si compiace di imitare la sua imitatrice (appunto l'arte).
7. **maga:** Armida, che il poeta finge nipote del re di Damasco. Inviata da Plutone per gettare scompiglio nel campo cristiano, vi approda e con l'inganno fa innamorare di sé i cavalieri più valorosi.

la torta vite ov'è più l'orto aprico:
qui l'uva ha in fiori acerba, e qui d'or l'have
e di piropo[8] e già di nèttar grave.[9]

12
Vezzosi augelli infra le verdi fronde
temprano a prova lascivette note;[10]
mormora l'aura, e fa le foglie e l'onde
garrir che variamente[11] ella percote.
Quando taccion gli augelli alto risponde,
quando cantan gli augei più lieve scote;[12]
sia caso od arte, or accompagna, ed ora
alterna i versi lor la musica òra.[13]

13
Vola fra gli altri un che le piume ha sparte
di color vari ed ha purpureo il rostro,
e lingua snoda in guisa larga, e parte
la voce[14] sì ch'assembra il sermon nostro.[15]
Questi ivi allor continovò con arte
tanta il parlar che fu mirabil mostro.[16]
Tacquero gli altri ad ascoltarlo intenti,
e fermaro i susurri in aria i venti.

14
«Deh mira» egli cantò «spuntar la rosa
dal verde suo modesta e verginella,
che mezzo aperta ancora e mezzo ascosa,
quanto si mostra men, tanto è piú bella.
Ecco poi nudo il sen già baldanzosa
dispiega; ecco poi langue e non par quella,
quella non par che desiata inanti[17]
fu da mille donzelle e mille amanti.

15
Così trapassa al trapassar d'un giorno
de la vita mortale il fiore e 'l verde;[18]
né perché faccia indietro april ritorno,

8. **piropo:** color granato (pietra rosso cupo).
9. **grave:** carica.
10. **temprano... note:** modulano a gara note leggiadre.
11. **che variamente:** a seconda della diversa intensità.
12. **Quando... scote:** Quando gli uccelli tacciono (il frusciare delle foglie e delle acque) risuona alto quando gli uccelli cantano (quel rumore) è appena più lieve.
13. **alterna...òra:** il canto degli uccelli crea un'aura (*òra*) musicale variata («òra» è in rima equivoca con il verso precedente).
14. **Vola... voce:** Fra gli altri (uccelli) vola uno che ha le piume cosparse di vari colori e ha il becco rosso (*purpureo il rostro*) e muove la lingua in modo vario e articola la voce (*parte*).
15. **assembra... nostro:** imita il nostro parlare.
16. **mostro:** prodigio.
17. **inanti:** prima.
18. **de la... verde:** cioè la giovinezza.

si rinfiora ella mai, né si rinverde.[19]
Cogliam la rosa in su 'l mattino adorno
di questo dì, che tosto il seren perde;
cogliam d'amor la rosa: amiamo or quando
esser si puote riamato amando».[20]

16
Tacque, e concorde de gli augelli il coro,
quasi approvando, il canto indi ripiglia.
Raddoppian le colombe i baci loro,
ogni animal d'amar si riconsiglia;[21]
par che la dura quercia e 'l casto alloro
e tutta la frondosa ampia famiglia,[22]
par che la terra e l'acqua e formi e spiri
dolcissimi d'amor sensi e sospiri.

17
Fra melodia sì tenera, fra tante
vaghezze allettatrici e lusinghiere,
va quella coppia,[23] e rigida e costante
se stessa indura[24] a i vezzi del piacere.
Ecco tra fronde e fronde il guardo inante
penetra e vede, o pargli di vedere,
vede pur certo il vago e la diletta,[25]
ch'egli è in grembo a la donna, essa a l'erbetta.

18
Ella dinanzi al petto ha il vel diviso,
e 'l crin sparge incomposto al vento estivo;
langue per vezzo, e 'l suo infiammato viso
fan biancheggiando i bei sudor più vivo:
qual raggio in onda, le scintilla un riso
ne gli umidi occhi tremulo e lascivo.
Sovra lui pende; ed ei nel grembo molle
le posa il capo, e 'l volto al volto attolle,[26]

19
e i famelici sguardi **avidamente**
in lei pascendo si consuma e strugge.[27]

lessico
Avidamente
Con smodato desiderio (dal latino *avĭdus*, «avido, vorace», derivato di *avēre*, «bramare»).

19. né... rinverde: né (quella rosa) rifiorisce o rinverdisce mai, per quanto aprile faccia ritorno.
20. Cogliam... amando: il tema della bellezza femminile paragonata alla rosa è classico: derivato da Properzio, Catullo e Ovidio, fu ripreso in età umanistica da Pontano e poi da Ariosto. Avrà larga fortuna in età barocca.
21. ogni... riconsiglia: citazione letterale da Petrarca (*Canzoniere* CCCX, 8).
22. e tutta... famiglia: le varie specie di piante.
23. quella coppia: Carlo e Ubaldo, mandati alla ricerca di Rinaldo dal capitano Goffredo.
24. indura: rende insensibile.
25. il vago... diletta: l'innamorato (Rinaldo) e l'amata (Armida).
26. attolle: solleva.
27. e i... strugge: e mentre nutre gli sguardi vogliosi avidamente deperisce e si strugge. Immagine ossimorica che mette in contrasto la metafora del nutrirsi della vista dell'amata con la consunzione e il languore amorosi.

S'inchina, e i dolci baci ella sovente
liba or da gli occhi e da le labra or sugge,[28]
ed in quel punto ei sospirar si sente
profondo sì che pensi: «Or l'alma fugge
e 'n lei trapassa peregrina». Ascosi[29]
mirano i due guerrier gli atti amorosi.

20
Dal fianco de l'amante (estranio arnese)[30]
un cristallo pendea lucido e netto.
Sorse, e quel fra le mani a lui sospese
a i misteri d'Amor ministro[31] eletto.
Con luci ella ridenti, ei con accese,
mirano in vari oggetti un solo oggetto:[32]
ella del vetro a sé fa specchio, ed egli
gli occhi di lei sereni a sé fa spegli.[33]

21
L'uno di servitù, l'altra d'impero
si gloria, ella in se stessa ed egli in lei.[34]
«Volgi», dicea «deh volgi» il cavaliero
«a me quegli occhi onde beata bèi,[35]
ché son, se tu no 'l sai, ritratto vero
de le bellezze tue gli incendi miei;
la forma lor, la meraviglia a pieno
piú che il cristallo tuo mostra il mio seno.

22
Deh! poi che sdegni me, com'egli è **vago**
mirar tu almen potessi il proprio volto;[36]
ché il guardo tuo, ch'altrove non è pago,
gioirebbe felice in sé rivolto.
Non può specchio ritrar sì dolce imago,
né in picciol vetro è un paradiso accolto:
specchio t'è degno il cielo, e ne le stelle
puoi riguardar le tue sembianze belle».[37]

lessico

Vago

Incerto, indefinito; poco chiaro, sfuggente. In italiano antico e letterario, «mobile, errante» e «attraente, leggiadro, bello» (dal latino *vagus*, «che erra, che va alla ventura», poi in italiano con il significato di «incerto», ma anche di «instabile, capriccioso, volubile», oppure «indeterminato», come può essere un'inclinazione naturale.

28. liba… sugge: assapora dagli occhi e dalle labbra beve, in chiasmo.
29. Ascosi: Nascosti.
30. (estranio arnese): strumento estraneo, è lo specchio, estraneo all'abbigliamento e ai tratti di un cavaliere.
31. ministro: sacerdote di un rito amoroso.
32. mirano…oggetto: ammirano in oggetti diversi un solo oggetto, l'una nello specchio, l'altro negli occhi di Armida la cosa amata.
33. ella… spegli: chiasmo doppio, a rendere anche stilisticamente la specularità. «Spegli» vale "specchi".
34. L'uno… lei: Rinaldo si gloria della sua sudditanza, Armida del suo potere.
35. bèi: rendi beato.
36. poi… volto: poiché disdegni me, potessi tu almeno ammirare come è bello il tuo volto.
37. ché… belle: poiché il tuo sguardo, che non può appagarsi (guardando) gli altri (*altrove*), gioirebbe felice se fosse rivolto verso sé stesso. Uno specchio non può riprodurre un'immagine così dolce, né un piccolo vetro contenere un paradiso: il cielo è l'unico specchio degno di te, e puoi contemplare nelle stelle la tua bellezza.

Analisi del testo

Struttura

Il giardino delle illusioni La descrizione del giardino di Armida e degli amori con Rinaldo si articola in tre episodi:

- la descrizione del luogo incantato dove l'arte magica ha emulato e superato la natura (ottave 9-12);
- l'intermezzo del pappagallo che avverte della vanità della vita e della fuggevolezza del piacere (ottave 13-17, 6);
- la scena delle effusioni e degli amori fra i due giovani, improntata all'artificiosità del motivo dello specchio (ottave 17, 7-22).

La prima parte ricostruisce l'atmosfera senza tempo di questo paradiso di delizie, sensualità, languori e oblio; con piante cariche di frutti, fiori, uccelli canori, acque limpide e brezze dolcissime. La seconda parte raccoglie il presentimento di caducità lasciato intravedere in precedenza, e lo esplicita nel canto del pappagallo, che si riaggancia al tema classico della rosa come simbolo di fuggevolezza della bellezza e dell'amore. La terza parte, infine, rivela l'inganno di un rapporto solo apparentemente reciproco, ma che è basato invece – come rivela la complicata immagine dello specchio – sulla passione del solo Rinaldo. Il suo amore si infrange contro il narcisismo di Armida, appagata solo da sé stessa.

Lingua e stile

L'artificiosa naturalezza del giardino, la piacevolezza e la rarità di questo luogo di incanti è resa con figure dotate di forte suggestione sonora, come il parallelismo e le figure di ripetizione. Numerose sono anche le rime equivoche («ora» : «òra», 12, 7-8), le rime inclusive («opre» : «scopre», 9, 7-8; «fronde» : «onde», 12, 1 e 3; «verde» : «rinverde», 15, 2 e 4), le anafore («l'aura», 10, 5-6; «Quando», 12, 5-6), le anadiplosi anche complicate dal chiasmo («non par quella / quella non par», 14, 6-7), le ripetizioni interne al verso («vari e varie», 9, 4; «eterni eterno», 10, 7; «istesso… istessa», «fico», «qui», 11, 1-2 e 7), le figure etimologiche («l'imitatrice… imiti», 10, 4). Lo stile cerca anche di riprodurre gli effetti di dissociazione e duplicazione, identità e rovesciamento, impliciti nell'immagine dello specchio, soprattutto nei parallelismi e nei chiasmi: «ch'egli è in grembo alla donna, essa a l'erbetta» 17, 8; «'l volto al volto attolle», 18, 8; «L'uno di servitù, l'altra d'impero / si gloria, ella in se stessa ed egli in lei», 21, 1-2).

Temi

Il regno di Armida: varietà e magia Nelle sue opere teoriche (➤ p. 544) Tasso lega il tema della varietà, che garantisce il piacere nella lettura di un testo, alla logica romanzesca degli episodi amorosi e magici. Il giardino di Armida – lontanissimo da Gerusalemme, centro dell'azione epica del poema – rappresenta senza dubbio il luogo romanzesco per eccellenza, la creazione perfetta di una maga che conosce tutte le armi della seduzione. L'insistenza con cui viene presentata la varietà di for-

Louis de Boullogne, *Rinaldo e Armida*, 1704. Collezione privata.

me e di colori in questo regno del piacere conferma che ci troviamo in un ambiente caratterizzato dall'assenza di regole (come quello descritto nel coro dell'*Aminta* ➤ **T3**): «fior *vari* e *varie* piante» (9, 4); «mormora l'aura, e fa le foglie e l'onde / garrir che *variamente* ella percote» (12, 3-4); «Vola fra gli altri un che le piume ha sparte / di color *vari*» (13, 1-2). Tutto il giardino è un ambiente armonioso, frutto, però, di un inganno, quello della magia di Armida: non si tratta di fenomeni governati dalla natura, ma da un artificio che finge di essere naturale («Di natura arte par, che per diletto / l'imitatrice sua scherzando imiti», 10, 3-4). «L'arte consiste nel celare l'arte» è un precetto del poeta latino Ovidio che il Rinascimento aveva fatto proprio: era già presente, per esempio, nel concetto di «sprezzatura» nel *Libro del Cortegiano* di Castiglione (➤ p. 411). Qui tale precetto viene assunto come regola assoluta. Se la natura che circondava Erminia era reale e si offriva come teatro del rimpianto e della rinuncia (➤ **T8**), quella del giardino di Armida è artificiale, è un grande inno al piacere e al godimento dei sensi. A intonarlo non è soltanto la voce del pappagallo, ma anche quella dell'autore stesso.

Artificio della poesia Carlo e Ubaldo, i due crociati partiti per salvare Rinaldo, giungono al palazzo dopo aver attraversato un labirinto, chiaro simbolo dello smarrimento morale che il regno della maga rappresenta. Nel giardino assistono a una serie di scene di forte sensualità, come l'apparizione delle due ninfe nude, fino alla scena che vede Rinaldo mollemente abbandonato tra le braccia di Armida. Il lettore vede attraverso i loro occhi: "spia", assieme a loro, l'avvenuta trasformazione di Rinaldo da feroce guerriero ad amante succube della propria donna. L'immagine chiave del canto è quella dello specchio: da una parte lo specchio attraverso cui Rinaldo, dimentico di sé, vede riflessa Armida che si rimira in esso; dall'altra, alla fine dell'episodio, lo scudo dei crociati in cui Rinaldo vedrà rispecchiata la propria vergognosa metamorfosi, e per questo si pentirà e abbandonerà Armida. Anche il rispecchiamento, come l'immagine della naturalezza artificiale, rappresenta una tradizionale metafora della scrittura letteraria. Persino la poesia, dunque, è una macchina delle illusioni, che qui presenta il proprio lato più insidioso: davvero una seconda magia.

Officina

COMPRENDERE

1. Da cosa è data la piacevolezza del luogo?
2. Com'è ritratta Armida? Quali sue caratteristiche vengono messe in luce?
3. In cosa consiste il canto del pappagallo?

ANALIZZARE

4. Quali caratteristiche del giardino emergono dal brano? Come si configura il luogo?
5. **Lessico** Fra i seguenti verbi identifica quelli a cui è possibile associare l'avverbio "avidamente", poi trova i sinonimi e i contrari con i quali puoi sostituirlo nelle varie combinazioni: guardare, mangiare, leggere, offendere, cucinare, ascoltare.

INTERPRETARE

6. Metti a confronto il giardino di Armida con il castello di Atlante (➤ p. 239) dell'*Orlando furioso*: la funzione del luogo nella narrazione è simile o diversa? E quali aspetti dei due luoghi sono messi in luce dalla descrizione che i poeti ne fanno?
7. Rifletti sul contenuto del canto del pappagallo: ti pare che Tasso possa condividerlo oppure no?
8. Metti a confronto la descrizione di questo giardino con la natura che fa da sfondo all'episodio *Erminia fra i pastori* (**T9**). Ti sembra che la natura ricopra la stessa funzione?

PERCORSO DI SCRITTURA

Riscrittura Immagina di dover comporre una recensione del giardino di Armida da pubblicare online: mettine in luce le caratteristiche principali in modo oggettivo, quindi esprimi un giudizio globale sul luogo. Ricordati di non superare le 500 battute e di dare un titolo alla recensione.

T12 La morte di Solimano

Gerusalemme liberata XX, 72-74; 102-108

Il canto conclusivo della *Liberata* è l'apice conclusivo di un crescendo di violenza bellica, che inizia con la costruzione delle nuove macchine da guerra nel canto XVIII, prosegue con l'espugnazione di Gerusalemme nel XIX, e si conclude con la terribile battaglia campale conclusiva: qui trovano compimento i destini di molti personaggi del poema.
Tra questi spicca soprattutto Solimano, prima intento a contemplare dalla torre il campo di battaglia, gli scontri e le stragi, poi ripiegato a riflettere sulla propria vita sventurata e sulla sorte tragica dell'intera umanità. Solimano rappresenta l'inquieto sentimento esistenziale tassiano, anche quando è pervaso dal terrore e paralizzato dall'apparizione di Rinaldo. Solimano presagisce la morte imminente e la attende immobile, già volontariamente uscito di scena, prima che lo raggiunga il colpo mortale.

72
Prende Goffredo allor tempo opportuno:
riordina sue squadre e fa ritorno
senza indugio a la pugna; e così l'uno
viene ad urtar ne l'altro intero corno.[1]
Tinto se 'n vien di sangue ostil ciascuno,
ciascun di spoglie trionfali adorno.
La vittoria e l'onor vien da ogni parte,
sta dubbia in mezzo la Fortuna e Marte.[2]

73
Or mentre in guisa tal fera tenzone[3]
è tra 'l fedel essercito e 'l pagano,
salse in cima a la torre[4] ad un balcone
e mirò, benché lunge, il fer Soldano;[5]
mirò, quasi in teatro od in agone,
l'aspra tragedia[6] de lo stato umano:
i vari assalti e 'l fero orror di morte,
e i gran giochi del caso e de la sorte.

74
Stette attonito alquanto e stupefatto
a quelle prime viste; e poi s'accese,
e desiò trovarsi anch'egli in atto
nel periglioso campo a l'alte imprese.
Né pose indugio al suo desir, ma ratto[7]
d'elmo s'armò, ch'aveva ogn'altro arnese:
«Su su», gridò «non piú, non piú dimora:
convien ch'oggi si vinca o che si mora». [...]

1. **corno:** ala dell'esercito.
2. **sta... Marte:** significa che le incerte sorti della battaglia dipendono in egual misura dalla sorte e dal valore militare dei contendenti.
3. **fera tenzone:** lotta crudele.
4. **la torre:** la torre di David, sulle mura di Gerusalemme.
5. **fer soldano:** il feroce sultano, cioè Solimano.
6. **l'aspra... umano:** il senso complessivo del poema sta proprio nella contemplazione del teatro del mondo, del male e del dolore dell'uomo, che ora si fa tragedia.
7. **ratto:** rapidamente.

102
Gridava il re[8] feroce: «A i segni noti
tu sei pur quegli[9] al fin ch'io cerco e bramo:
scudo non è che non riguardi e noti,[10]
ed a nome tutt'oggi invan ti chiamo.
Or solverò de la vendetta i voti
co 'l tuo capo al mio nume.[11] Omai facciamo
di valor, di furor qui paragone,
tu nemico d'Armida[12] ed io campione»

103
Così lo sfida, e di percosse orrende
pria su la tempia il fère,[13] indi nel collo.
L'elmo fatal (ché non si può) non fende,[14]
ma lo scote in arcion con piú d'un crollo.[15]
Rinaldo lui su 'l fianco in guisa offende
che vana vi saria l'arte d'Apollo:[16]
cade l'uom smisurato, il rege invitto,
e n'è l'onore ad un sol colpo ascritto.

104
Lo stupor, di spavento e d'orror misto,
il sangue e i cori a i circostanti agghiaccia,
e Soliman, ch'estranio[17] colpo ha visto,
nel cor si turba e impallidisce in faccia,
e chiaramente il suo morir previsto,
non si risolve e non sa quel che faccia;
cosa insolita in lui, ma che non regge
de gli affari qua giù l'eterna legge?[18]

105
Come vede talor torbidi sogni
ne' brevi sonni suoi l'egro o l'insano,[19]
pargli ch'al corso avidamente agogni

8. il re: Solimano.
9. A i segni... quegli: Dai famosi contrassegni tu sei colui, cioè Rinaldo. I "contrassegni" sono le insegne dello scudo, un'aquila bianca in campo azzurro.
10. scudo... noti: non c'è scudo che non osservi con attenzione.
11. Or... nume: Adesso scioglierò col tuo capo (cioè con la tua vita) la promessa di vendetta al mio nume (Armida).
12. nemico d'Armida: si riferisce all'abbandono narrato nel canto XVI.
13. fère: ferisce.
14. L'elmo... fende: Non colpisce l'elmo divino, perché non è possibile.
15. crollo: colpo.
16. l'arte di Apollo: il dio era considerato patrono dell'arte medica.
17. estranio: straordinario per forza e perizia guerresca. È il colpo con cui Rinaldo ha dato la morte ad Aladino.
18. lo... legge: ha principio qui la narrazione dell'epilogo tragico dell'esistenza di Solimano, per il quale Tasso si rifà ai combattimenti mitici fra Ettore e Achille (*Iliade* XXII) e Turno ed Enea (*Eneide* XII). Il verso è modellato, rovesciandone il senso, sul dantesco «Per che non reggi tu, o sacra fame / de l'oro, l'appetito de' mortali» (*Purgatorio* XXII, 40), a sua volta imitazione di Virgilio (*Eneide* III, 56-57).
19. l'egro o l'insano: il malato o il pazzo.

stender le membra,[20] e che s'affanni invano,
ché ne' maggiori sforzi a' suoi bisogni
non corrisponde il piè stanco e la mano,
scioglier talor la lingua e parlar vòle,
ma non seguon la voce o le parole;[21]

106
così allora il Soldan vorria rapire
pur se stesso a l'assalto[22] e se ne sforza,
ma non conosce in sé le solite ire,
né sé conosce a la scemata forza.
Quante scintille in lui sorgon d'ardire,
tante un secreto suo terror n'ammorza:[23]
volgonsi nel suo cor diversi sensi,
non che fuggir, non che ritrarsi pensi.[24]

107
Giunge all'irresoluto il vincitore,
e in arrivando (o che gli pare) avanza
e di velocitade e di furore
e di grandezza ogni mortal sembianza.
Poco ripugna quel;[25] pur mentre more,
già non oblia la generosa usanza:
non fugge i colpi e gemito non spande,
né atto fa se non se altero e grande.

108
Poi che 'l Soldan, che spesso in lunga guerra
quasi novello Anteo[26] cadde e risorse
più fero ognora, al fin calcò la terra
per giacer sempre, intorno il suon ne corse;
e Fortuna, che varia e instabil erra,
più non osò por la vittoria in forse,
ma fermò i giri, e sotto i duci stessi
s'unì co' Franchi e militò con essi.

20. pargli... membra: gli sembra di desiderare ardentemente di lanciare le membra nella corsa.
21. scioglier... parole: vorrebbe sciogliere la lingua e parlare, ma la voce e le parole non seguono (il suo desiderio). Lo stesso dice Virgilio di Turno: «la lingua impotente, le forze consuete del corpo / svaniscono e non escono parole» (*Eneide* XI, 911-12).
22. vorria... assalto: vorrebbe sottrarre il suo corpo all'attacco.
23. n'ammorza: le spegne, le soffoca.
24. volgonsi... pensi: di nuovo un ricordo del Turno virgiliano: «Allora volge nel cuore sentimenti diversi» (*Eneide* XII, 914-15).
25. Poco ripugna quel: Solimano si oppone debolmente.
26. novello Anteo: il gigante africano che Ercole vinse tenendolo sollevato in aria e stritolandolo: Anteo aveva infatti il potere di riprendere vigore ogni volta che toccava terra.

Analisi del testo

Struttura

La sconfitta della ferocia L'atto finale del destino di Solimano è articolato in alterne fasi che progressivamente piegano, fino a prostrarla, la ferocia che lo aveva caratterizzato nel corso del poema. Una prima incrinatura di questa ferocia si manifesta già quando Solimano si sofferma attonito a contemplare l'orrore della violenza e degli scontri dall'alto della torre di Gerusalemme: per un istante si sente parte di una comune immensa tragedia, senza vinti né vincitori (ottave 73-74).

Poi il suo valore guerresco e il suo coraggio indomito lo trascinano ancora una volta nel vortice della battaglia. Qui, di nuovo acceso di furore e di sete di vendetta, si avventa contro Rinaldo, il campione cristiano designato dalla provvidenza ad avere un ruolo determinante nella vittoria finale dei crociati. Di fronte a tanta ferocia, la risposta di Rinaldo, ferma e implacabile, trascina definitivamente Solimano nel baratro della sua fragilità (ottave 103-104): si turba, impallidisce al presentimento della fine imminente; il terrore lo paralizza e gli impedisce qualsiasi reazione, le forze lo abbandonano, il suo animo è turbato da reazioni contraddittorie (ottave 105-106). Gli rimane soltanto la sua dignità di re e di guerriero, e muore senza sfuggire al nemico e senza un lamento, mentre i presenti assistono atterriti e impotenti alla sconfitta.

Lingua e stile

Tra azione e sospensione In queste ottave si intrecciano il ritmo sostenuto dell'azione nella battaglia e le parentesi riflessive, che conducono al funesto compiersi del destino di Solimano. Nell'ottava 73, con le iterazioni («fera», «fer», «fero», vv. 1 e 4 e 7) e l'anafora («mirò», vv. 4 e 5), appaiono accostati entrambi questi motivi: la crudezza del combattimento e il turbamento dello sguardo, stupefatto da tanto orrore. Lo sbigottimento dapprima paralizza Solimano (74, 1), poi i testimoni del duello (104, 1, durante l'ultimo assalto di Rinaldo). Ma Solimano cerca per l'ultima volta di reagire, incitando il suo orgoglio, con una concitazione del ritmo spinto quasi al balbettio («Su su», «non più, non più», 74, 7).

Quando il presagio della fine cala nell'animo del guerriero, lo precipita nell'impotenza che fa arrestare l'azione: il poeta rende questo rallentamento con un'ampia similitudine (105-106), che precede la morte solenne e dignitosa del guerriero valoroso, ricalcata sui modelli eroici, omerico e virgiliano, di Ettore e di Turno.

Temi

I perdenti del poema Nella *Liberata* i personaggi destinati a essere perdenti, ovvero l'esercito di Aladino e dei suoi alleati, acquisiscono un risalto particolare e sono caratterizzati da un'intensità drammatica che non lascia indifferente il lettore. La prospettiva

Johann Friederich Overbeck, *Scena di battaglia*, affresco del ciclo della *Gerusalemme liberata*, 1819-1827. Roma, Casa Massimo, stanza di Torquato Tasso.

che l'autore legittima come giusta e ortodossa, quella dell'esercito crociato, risulta invece priva di elementi che favoriscano un vero coinvolgimento emotivo. Tra i personaggi perdenti, un posto di assoluto rilievo spetta a Solimano, sultano di Nicea. Si tratta innanzitutto di un re spodestato, animato da desideri di rivincita, ma tragicamente presago del destino di sconfitta che lo attende. Con Argante condivide la ferocia in battaglia e una fisionomia titanica, che non teme le sfide più estreme: ma le analogie si fermano qui, perché Argante è un personaggio privo di ripensamenti, che vive solo nel presente dello scontro militare, mentre Solimano appare spesso pensoso, e preso tutto nel ricordo del passato (il regno perduto) e nelle aspettative per il proprio futuro.

Solimano, il gigante fragile In questo canto Solimano sale su una torre di Gerusalemme, ormai invasa dai crociati, e getta uno sguardo panoramico da un «balcone» (geniale dettaglio, inutile per lo svolgimento della vicenda, ma essenziale per rendere più oggettiva la visione) sull'«aspra tragedia de lo stato umano» (73, 6): a quel punto la sua non è più una prospettiva di parte, ma universale, perfettamente condivisibile da parte del lettore (e dell'autore stesso). Viene poi il momento della sua fine, che giunge in modo del tutto inusuale per un poema epico. Solimano assiste alla morte di Aladino, provocata da un colpo sovrumano («estranio», 104, 3) di Rinaldo: rimane quasi paralizzato da un'indecisione assoluta, che non riguarda solo la circostanza della battaglia, ma appare quasi esistenziale. Troppo grandi sono le forze che Solimano deve contrastare, addirittura l'«eterna legge» di Dio (104, 8). La similitudine del sogno, modernissima, di chi tenta di correre ma rimane sempre fermo, rallenta la scena dell'incalzante approssimarsi di Rinaldo fotogramma dopo fotogramma: Solimano rimane immobile ad attendere il colpo fatale, che non è tuttavia descritto dall'autore, ma narrato come già avvenuto («Poi che 'l soldan... al fin calcò la terra», 108, 1-3). Un'altra piccola prova della compassione tassiana per i vinti.

Officina

COMPRENDERE

1. Come reagisce Solimano alla vista degli scontri dall'alto della rocca?
2. Perché Solimano attacca Rinaldo?
3. Come reagisce Solimano al colpo infertogli da Rinaldo e alla caduta?

ANALIZZARE

4. Ritrova nel testo tutti gli elementi utili alla caratterizzazione di Solimano. Quale ritratto ne emerge?
5. **Lingua e stile** Individua e sottolinea nel testo tutte le similitudini, quindi spiegane la funzione.
6. **Lingua e stile** Analizza lo spazio occupato nel testo da Rinaldo: quali aspetti ne sono messi in evidenza? L'attenzione del narratore si concentra sulle sue azioni oppure no? Come lo spieghi?

INTERPRETARE

7. Rileggi i versi finali del brano: «e Fortuna, che varia e instabil erra, / più non osò por la vittoria in forse, / ma fermò i giri, e sotto i duci stessi / s'unì co' Franchi e militò con essi». Qual è il pensiero di Tasso relativamente al peso della Fortuna nell'evento bellico?
8. Aiutandoti con la risposta della domanda 5 prova a chiarire le motivazioni che inducono Tasso a concentrare l'attenzione su Solimano, lasciando in secondo piano Rinaldo. Pensi che il valore dell'eroe cristiano venga trascurato dal poeta? Perché?
9. Credi che la scelta di Tasso di affidare la morte di Solimano alla mano di Rinaldo e non di Goffredo possa essere legata in qualche modo al motivo encomiastico che sta alla base dell'opera? Nel rispondere tieni conto dei temi delineati nel proemio dell'opera (**T6**).

PERCORSO DI SCRITTURA

Riassunto Sintetizza ogni ottava in massimo una riga, quindi metti insieme un riassunto che non superi le 10 righe.

T13 La passione incatenata

Gerusalemme conquistata XIII, 62-66; 70-71

Al centro esatto della *Gerusalemme conquistata*, si colloca l'episodio dell'amore tra Armida e Riccardo (il Rinaldo della *Liberata*) e quello dell'abbandono della donna da parte del cavaliere, chiamato a riprendere il suo posto nelle fila dell'esercito cristiano.
Le ottave qui riportate narrano il culmine drammatico della vicenda: Armida, ormai perdutamente innamorata del guerriero che aveva sedotto, cerca invano di trattenerlo con sé. Poiché non riesce nel suo intento, prima perde i sensi, poi si lancia in un'invettiva feroce. Diversamente da quanto avviene nella *Liberata* – dove gli amanti si ritrovano poi nel canto XX –, qui Armida diviene oggetto della vendetta feroce dei crociati giunti a riprendere Riccardo, che la legano sulla spiaggia e la strappano con violenza dalla scena del poema.

62
Or qui mancò lo spirto a la dolente,[1]
né questo ultimo suono espresse intiero:
e cadde tramortita, e si diffuse
di gelato sudore, e i lumi chiuse.

63
Chiudesti gli occhi, Armida; il cielo avaro
invidiò[2] conforto a' tuoi martiri.
Apri, misera, gli occhi: il pianto amaro
ne gli occhi al tuo nemico or che non miri?
O s'udir tu 'l potessi! o come caro
t'addolcirebbe il suon d'alti sospiri![3]
Dà quanto ei puote, e prende (ah tu nol vedi)
pietoso in vista gli ultimi congedi.

64
Or che farà?[4] dée sull'ignuda arena
costei lasciar così tra viva e morta?
cortesia lo ritien, pietà l'affrena;
ma voler più costante il move e porta.
Intanto quel ch'avea l'aspra catena,[5]
non oblia di canuta e saggia scorta[6]
il severo consiglio;[7] anzi ei si cela
per udir chi minaccia e si querela.

1. **la dolente:** Armida.
2. **invidiò:** sottrasse.
3. **Apri… sospiri:** l'intera ottava è tratta dalla *Liberata*. Il poeta, al culmine della tensione drammatica, si rivolge al suo personaggio quasi volesse partecipare al suo dolore.
4. **or che farà?:** ricalcato sul virgiliano «Ahi che fare?» (*Eneide* IV, 283), pronunciato da Enea in procinto di lasciare Didone.
5. **quel… catena:** è Araldo, che portava con sé la catena di diamante e di topazio datagli dal mago Filagliteo per imprigionare Armida.
6. **canuta… scorta:** il mago di Ascalona, che aveva dato la catena magica ai due crociati appunto per catturare Armida.
7. **severo consiglio:** cioè di incatenare Armida e costringerla a distruggere il suo palazzo incantato.

65
Poich'ella in sé tornò, deserto e muto,
quanto mirar poté dintorno scorse:
«Ito se n'è pur (disse) ed ha potuto
me qui lasciar de la vita mia in forse.
Né un momento indugiò, né breve aiuto
nel caso estremo il traditor mi porse.
Ed io pur anco l'amo, e qui rimango,
e invendicata ancor m'assido, e piango?

66
Che fa più meco il pianto? altre arme, altre arti
io non ho dunque? Ah seguirò pur l'empio:
né l'abisso per lui riposta parte,
né 'l ciel sarà per lui sicuro tempio.
Già 'l giungo, e 'l prendo, e 'l cor gli svello, e sparte
le membra appendo, a' dispietati esempio;
mastro è di ferità: vo' superarlo
ne l'arti sue. Ma dove son? che parlo?».

70
Ma de l'ascose insidie uscito Araldo,
la cauta man gli avvolse entro a' capelli;[8]
torcendo il viso al viso umido e caldo,
ed a' preghi, di fede ancor rubelli:
e con quel laccio sì tenace e saldo
legò le braccia e i piè fugaci e snelli
co' nodi d'adamante e di topazio;[9]
né fece altra di lei vendetta o strazio.

71
Ma la zona,[10] onde intorno andò recinta,
con la severa man le ha tolto, e disse:
«Tu starai qui su questa pietra avvinta
a contemplar le stelle erranti e fisse,
sin che la mole tua bugiarda e finta[11]
disfaccia, e segua ciò che il Ciel **prescrisse**:
ché non ti lega vïolenza o forza,
ma 'l senno e la virtù,[12] cui nulla sforza».

lessico

Prescrivere

Ordinare, detto di norme e leggi oppure di medico che stabilisce una terapia; detto di una volontà superiore, assegnare in modo irrevocabile; detto di una sentenza o di un diritto, andare in prescrizione (dal latino *praescribĕre*, «scrivere prima, dettare; ordinare», derivato di *scribĕre*, «scrivere» con il prefisso *prae-*, «pre-»).

8. **la... capelli:** brutalità ferina, paragonabile a un passo delle *Rime petrose* di Dante («La man l'avessi'io avolto entro' capegli», *Rime* CIII, 62).
9. **nodi... topazio:** simbolicamente, la sensuale e tentatrice Armida viene imprigionata con una catena formata da due pietre preziose che, sin dal Medioevo, rappresentano la continenza, la castità, il controllo delle passioni.
10. **zona:** cintura, che esercitava il potere di far innamorare; nella mitologia era portata da Venere.
11. **la mole... finta:** il palazzo-labirinto di Armida.
12. **'l senno e la virtù:** la duplice dimensione morale e speculativa che ha sconfitto la lascivia e l'inganno incarnati da Armida.

Analisi del testo

Struttura

L'addio di Rinaldo La prima parte dell'episodio narra i momenti concitati e drammatici dell'addio di Riccardo all'amata Armida. Dapprima ripresa quasi letteralmente dalla *Liberata* (ottave 62-63), a sua volta ispirata alla vicenda virgiliana di Enea e Didone, la narrazione è pervasa da una forte vibrazione patetica. La tensione si placa nel punto in cui la *Conquistata* si discosta dal precedente poema (64, 4): mentre nella *Liberata* la signoria d'Amore si smorza ma non si spegne, qui, invece, alla passione si contrappone il rigore del dovere, coerentemente con l'atmosfera moralistica del poema riformato.

Il conflitto tra Dovere e Amore, cui è legata la sorte dell'eroe, viene proposto nei termini di uno scontro fra Virtù e Vizio. Il racconto acquisisce così un valore allegorico, che introduce una chiave moralistica con la quale l'autore intende fornire un giudizio negativo sull'episodio amoroso narrato fin qui (ottave 70-71). Il racconto ruota attorno a due concetti che tornano ossessivamente, articolandosi nel duplice piano, morale e speculativo, della «virtù» e del «senno» (la ragione). A questi corrispondono i due momenti del rituale simbolico: l'imprigionamento con la catena di diamante e topazio (di petrarchesca memoria) e l'atto di strappare la cintura dai fianchi di Armida, con lo scopo di smascherare le lusinghe ingannevoli di Amore, per lasciarne esposta la nudità peccaminosa.

Lingua e stile

Tra dramma e violenza Anche dal punto di vista stilistico la narrazione risulta bipartita: il primo segmento (62,4-64,3), ricalcato sulla *Liberata*, è drammatico, ricco di vocativi, imperativi, congiuntivi desiderativi («Armida», «Apri», «misera», «s'udir tu'l potessi»).

Il secondo segmento è improntato invece a una crescente brutalità, sia nel progetto di vendetta di Armida (ottava 66) sia nella punizione di Araldo, che assume tratti di violenza spietata (ottave 70-71). Lo stile abbandona del tutto le tinte liriche e rende crudi alcuni dettagli («il viso [...] umido e caldo», 70, 3) che nella *Liberata* erano invece molto delicati («langue per vezzo, e'l suo infiammato viso / fan biancheggiando i bei sudor più vivo», *Liberata* XVI, 18).

Temi

Le disavventure del vizio: Armida dalla *Liberata* alla *Conquistata* La *Gerusalemme conquistata* si preoccupa di dissipare le ambiguità di fondo della *Liberata*, in particolare il sospetto che il punto di vista dell'autore fosse più vicino ai personaggi "pagani" piuttosto che ai crociati. A tale scopo Tasso introduce alcuni elementi allegorici, che esplicitano come il lettore dovrà interpretare gli episodi del poema.

In questo caso si tratta della catena di topazio e diamante, antidoti contro la lussuria, con cui Araldo lega Armida. Araldo tira i capelli della donna (70, 2) e le strappa la cintura magica (71, 1-2), obbligandola a far scomparire la magia del giardino e promettendole di liberarla dopo che ciò sarà avvenuto: una promessa che non sarà mantenuta, poiché Armida verrà lasciata sola in catene. In queste ottave, aggiunte nella *Conquistata*,

Jean-Jacques Lagrenée, *Rinaldo abbandona Armida*, 1785. Collezione privata.

è evidente lo sforzo dell'autore di giustificare un comportamento che pochi lettori troverebbero condivisibile: la mano di Araldo che tira i capelli di Armida è definita «cauta»; si precisa che, oltre all'incatenamento, alla maga non viene fatta «altra [...] vendetta o strazio» (70, 8), e che la punizione non viene da «vïolenza o forza», ma da «senno e virtù» (71, 7-8). Lo sforzo di Tasso non pare però convincente, anzi è in contraddizione con le precedenti ottave, in cui Armida era definita «misera» (63, 3), cioè degna di compassione.

Ma Tasso, nel rifacimento del poema, vuole che il bene e il male siano ben distinti e identificati, senza più alcuna ambiguità. Un solo esempio: il verso della *Liberata* che descrive l'atteggiamento di Rinaldo in procinto di abbandonare Armida suona così: «Or che farà? dée su l'ignuda arena [sulla spiaggia] / costei lasciar così tra viva e morta? / Cortesia lo ritien, pietà l'affrena, / dura necessità seco ne 'l porta [lo costringe ad agire in tal modo (cioè ad abbandonare Armida)]»; l'ultimo verso nella *Conquistata* sarà invece: «ma voler più costante il move e porta». Ancora un trionfo della virtù, ma pagato a un prezzo molto alto sul piano della riuscita artistica.

Officina

COMPRENDERE

1. In che modo Armida reagisce all'abbandono?
2. In che cosa consiste la vendetta di Armida?
3. Chi o che cosa trattiene Armida dalla vendetta?

ANALIZZARE

4. **Lingua e stile** Individua e sottolinea nel testo tutti i riferimenti al lessico tipico della poesia d'amore. Quale immagine dell'eroina ne deriva? Questa immagine si mantiene costante in tutte le ottave?
5. **Lingua e stile** Attraverso quali termini ed espressioni Armida manifesta il proprio desiderio di vendetta? A quale registro ricorre?
6. **Lessico** "Prescrivere": stabilire, ordinare (dal latino *praescribere*, verbo, «scrivere prima o davanti»). Cerca tutti i derivati dal verbo "prescrivere" oggi in uso e per ciascuno indica l'ambito d'impiego, dandone poi una definizione.

INTERPRETARE

7. Confronta la condizione di Armida e le sue parole con la scena del giardino nella *Liberata* (**T11**). Che differenza di atteggiamento noti? Quali differenti tratti della donna sono messi in luce? Quale motivazione può aver spinto Tasso a questa trasformazione del personaggio?
8. Confronta il monologo di Armida con quello di Didone nell'*Eneide* (libro IV): «Va', insegui l'Italia nei venti cerca il regno sull'onde, t'auguro, se i numi pietosi possono qualcosa, di scontare la pena tra gli scogli, d'invocare spesso per nome Didone. T'inseguirò lontana con neri fuochi, e quando la fredda morte avrà separato le membra dall'anima, ti sarò fantasma dovunque. Subirai il castigo malvagio. [...] Che dico? Dove sono? Che follia mi sconvolge la mente? Infelice Didone! Adesso le empie azioni ti toccano? Allora dovevano, quando accordavi lo scettro. Ecco la destra e la lealtà di chi si dice che rechi con sé i patrii Penati, ed abbia portato in spalla il padre stremato dagli anni! Non potevo sbranarne il corpo e disperderlo nell'onde? E uccidere col ferro i compagni e lo stesso Ascanio e imbandirlo sulla mensa del padre?». Metti a confronto il modo in cui le due donne sono caratterizzate e come manifestano il loro proposito di vendetta.

COMPETENZE DEL XXI SECOLO

Pensiero critico «Le donne pagane entrano a far parte dell'"inferno" che si oppone all'impresa cristiana e che deve essere piegato dalle armi pietose: esse incarnano, Armida in testa, la distrazione dei sensi [...]. Il rapporto imperialistico che soggioga, ma non senza ambiguità e contrasto, infedeli ed eretici ai cristiani e sottomette l'elemento femminile a quello virile, è il paradigma testuale di una tensione che attraversa tutta la Gerusalemme fra l'attrazione del vario, del diverso e l'istanza di controllo e dominio che ne vorrebbe esorcizzare il fascino o quanto meno disciplinarne gli effetti» (S. Zatti). Così Zatti commenta alcune caratteristiche del poema. Facendo riferimento alla vendetta di Armida e al Concilio infernale (**T8**), commenta questa riflessione critica ed esponi le tue considerazioni al riguardo.

8. *Il mondo creato*

La genesi dell'opera

Fra il 1592 e il 1594, mentre soggiornava a Roma presso il cardinale Cinzio Aldobrandini, Tasso compone *Le sette giornate del mondo creato*. Si tratta di un poema in endecasillabi sciolti, ispirato al racconto biblico della creazione del mondo, che fu pubblicato postumo soltanto nel 1607 ed ebbe un largo successo di pubblico.

Quest'opera rispecchia il tormento interiore dell'ultimo Tasso, la sua ansia di **ortodossia religiosa**, ormai diventata ossessiva, insieme all'urgenza di rinnegare tutto ciò che, nella sua precedente produzione poetica, potesse essere risultato difforme dal rigore morale e religioso. Tale attitudine si manifesta negli interessi letterari di questo periodo, che si orientano alla lettura dei Padri della Chiesa, delle opere cosmogoniche classiche e cristiane, delle trattazioni filosofiche e naturalistiche. Tutti questi spunti confluiscono nel *Mondo creato* e contribuiscono a definirne la struttura, modellata sugli **esameroni**. L'opera infatti è divisa, secondo il racconto biblico della *Genesi*, nelle sei giornate della creazione, alle quali segue il giorno del riposo. Suoi modelli sono il *De rerum natura* (*La natura della cose*) di Lucrezio, e opere come l'*Esamerone* di san Basilio di Cesarea o di sant'Ambrogio di Milano.

Esamerone
Nome con cui si indicano i commenti dei Padri della Chiesa al libro biblico della *Genesi* (dal greco *ex*, «sei» ed *eméra*, «giorno»).

L'abbandono al sentimento religioso

Tasso realizza così una **trattazione didascalica ed enciclopedica**, che consente al poeta di confutare tutte quelle pericolose opinioni della filosofia e persino della poesia antica in contrasto con la dottrina cristiana, come la teoria atomistica di Lucrezio, che presupponeva un cosmo prodotto dal caso, o la teoria della reincarnazione esposta da Virgilio nel libro VI dell'*Eneide*. In quest'ansia di ortodossia, Tasso arriva a smentire anche molte delle posizioni neoplatoniche che aveva assunto nelle sue opere precedenti, come il dialogo *Il messaggiero* o alcune delle *Rime* (➤ pp. 538 e 520). Dopo la *Conquistata*, *Il mondo creato* testimonia la volontà del poeta, che si rappresenta ormai come stanco e povero di ispirazione, di porsi al riparo dalle polemiche letterarie, dalle dispute filosofiche e dalle controversie religiose: il suo porto sicuro è l'**abbandono alla fede**, di cui sono testimonianza anche le ultime rime sacre e il poemetto in ottave *Le lagrime della Beata Vergine*.

Michelangelo Buonarroti, *La creazione di Adamo*, 1508-1512. Città del Vaticano, Musei Vaticani, Cappella Sistina. Michelangelo infonde un significato spirituale universale alle figure affrescate sulla volta della Cappella Sistina: l'immagine di Dio assume le sembianze dell'uomo e l'energia delle forze primigenie dell'universo che trasmettono la vita ad Adamo.

GUIDA AL RIPASSO

AUDIO

Profilo biografico

Tasso nasce a Sorrento nel 1544, da padre uomo di corte e di lettere e madre nobile. Durante gli anni della giovinezza, che trascorre a **Roma**, **Urbino** e **Venezia**, riceve la **prima istruzione** e inizia l'attività letteraria. Completa la formazione a Padova e Bologna, dove studia giurisprudenza, filosofia ed eloquenza. Nel **1564-65** si trasferisce a Ferrara ed entra **al servizio degli Estensi**: esente da incarichi diplomatici di rilievo, dedica la maggior parte del tempo alla scrittura. Il deterioramento del rapporto con gli Estensi e l'aggravarsi delle condizioni di salute gli valgono **due periodi di detenzione** (1577; 1579-86). Nel 1586 soggiorna a Mantova presso i Gonzaga; successivamente viaggia da una città all'altra sino ad approdare a Roma, dove muore nel 1595. Né la prigionia né le **peregrinazioni della maturità** interrompono l'attività letteraria, che si concretizza tanto nella composizione di nuove opere quanto nella revisione di testi già scritti.

L'invenzione autobiografica

Composti lungo tutto l'arco della sua esistenza, l'**epistolario** e le ***Rime*** offrono un'immagine di Tasso che unisce **vita e letteratura**. Attraverso la scrittura, la sua esperienza biografica viene idealizzata e universalizzata: la vicenda individuale di Tasso si trasforma così in quella di un **poeta segnato dalla malinconia e dall'alienazione**, invasato dal furore creativo, ingiustamente perseguitato dalla sorte e dalla forza della propria immaginazione. Questo ritratto è parzialmente modificato nelle liriche e nelle lettere della maturità: la componente tragica viene attenuata in favore di una maggiore sobrietà e di un'ispirazione più marcatamente religiosa. Tale cambiamento si riflette anche nello stile delle *Rime*, che abbandona gli **sperimentalismi** di Giovanni Della Casa per tornare al **classicismo petrarchesco**.

La produzione epico-cavalleresca

Tasso è animato per tutta la vita da un forte interesse per la letteratura epico-cavalleresca: a questo genere appartengono le sue prime composizioni (il frammento *Gierusalemme*, 1559; *Rinaldo*), il suo capolavoro (***Gerusalemme liberata***) e la riscrittura di quest'ultimo (***Gerusalemme conquistata***, ultimata due anni prima di morire). Alla base di tali opere c'è una **riflessione teorica sul genere epico-cavalleresco** che Tasso esprime in tre scritti di carattere saggistico. Il primo – *Discorsi dell'arte poetica* (1561-62) – analizza "materia", "forma", "disposizione" e "ornamento" del poema epico, sostiene la necessità di mediare verosimile e meraviglioso e di coniugare l'unità dell'azione con la varietà delle situazioni rappresentate. Il secondo – *Apologia in difesa della "Gerusalemme liberata"* (1585) – asserisce l'opportunità che un'imitazione lontana dal vero si presenti come allegoria. Il terzo – *Giudicio sovra la sua Gerusalemme da lui medesimo riformata* (1593) – afferma la superiorità della *Gerusalemme conquistata* sulla *Liberata* e concepisce il meraviglioso come lo stadio più profondo della verità.

La poetica della maturità

Rispetto alla *Gerusalemme liberata*, la **Conquistata** enfatizza la **componente ideologica e moralistica** della vicenda, mostra una maggiore adesione al vero storico e un accentuato interesse verso il significato del testo. Queste novità sono indicative della **poetica di Tasso negli anni della maturità**. Le altre opere del periodo (*Il mondo creato*; *Il Monte Oliveto*; *Le lagrime di Maria Vergine*) sono animate da una spiccata **ansia religiosa**, che spinge Tasso a criticare e rinnegare le concezioni proprie (sostenute in passato) o altrui (appartenenti alla tradizione letteraria e filosofica) contrarie al rigore morale e all'ortodossia cristiani.

Torquato Tasso

MAPPA

OPERE PRINCIPALI DI TASSO

- **opere autobiografiche** → idealizzazione e universalizzazione dell'esperienza biografica di Tasso
  - ***Rime***
    - temi amorosi, d'occasione e sacri
    - stile che contamina il petrarchismo codificato da Bembo con le innovazioni di Della Casa
  - ***Lettere***
- **opere teatrali**
  - ***Aminta*** (1573)
    - favola pastorale, dallo sviluppo drammatico e con un finale positivo
    - impulso edonistico come utopia di una vita piena e spontanea
  - ***Re Torrismondo*** (1586, 1587) → tragedia di un eroe dilaniato da un conflitto interiore insanabile
- **opere epico-cavalleresche**
  - ***Rinaldo*** (1562) → poema cavalleresco d'intrattenimento, dalla forte componente avventurosa
  - ***Gerusalemme liberata*** (1565-1575)
    - commistione tra epica e romanzo cavalleresco
    - narratore "invisibile", che lascia spazio a storia e personaggi
    - riconduzione della varietà all'unità
    - mediazione tra verosimile e meraviglioso
    - conflittualità interna dei personaggi, divisi tra dovere e desiderio
    - patetismo
  - ***Gerusalemme conquistata*** (1589-1593)
    - monumentalità stilistica e adesione al vero storico
    - enfatizzazione della componente ideologica e moralistica, che vede nella crociata lo scontro tra bene/virtù e male/vizio
    - indicazioni di carattere metanarrativo su come interpretare il testo
- **opere filosofico-morali**
  - ***Dialoghi*** → confronto tra opinioni che rivela la natura sfuggente della verità
  - ***Il mondo creato*** (1592-1594) → critica delle tradizionali riflessioni poetiche e filosofiche contrarie all'ortodossia religiosa

LA TUA LEZIONE
TASSO

PRIMA DI PREPARARE LA LEZIONE

→ Che cosa non puoi non sapere

1. Culmine della vita di Tasso è il lungo periodo di detenzione forzata nell'ospedale di Sant'Anna: riassumi i moventi e la parabola del disagio psicologico del poeta.
2. Su quale criterio sono ordinate le *Rime* di Tasso e quali tematiche affrontano? Spiega anche come si presentano dal punto di vista stilistico.
3. Illustra brevemente la trama e il genere letterario dell'*Aminta*.
4. Qual è l'importanza che l'epistolario riveste nell'opera e nella biografia di Tasso? Rispondi portando l'esempio di una lettera significativa.
5. Di che cosa trattano e a quale modello antico si ispirano i *Dialoghi* tassiani?
6. Illustra brevemente la genesi e la struttura della *Gerusalemme liberata*.
7. Dopo le critiche di irriverenza religiosa e mancanza di verosimiglianza rivolte all'*Orlando furioso* di Ariosto, Tasso organizza la materia della *Gerusalemme* con il proposito di proteggersi da simili giudizi: in che modo impiega dunque i criteri di «unità» e «varietà»?
8. Spiega come si configura il tema del conflitto interiore nei personaggi della *Gerusalemme*.
9. Qual è la funzione della voce narrante nel poema tassiano?
10. Discuti le scelte stilistiche adottate da Tasso nella *Gerusalemme*, soffermandoti però sul passaggio drastico e radicale dalla *Liberata* alla *Conquistata* in termini di diverso approccio non soltanto stilistico, ma anche tematico e strutturale.

→ Impadronirsi dei termini chiave: le parole dell'autore

Peregrino «Fugace peregrino», dice di sé Tasso nell'autobiografica *Canzone al Metauro*. Aiutandoti con la scheda *Le nostre parole*, p. 521, chiarisci l'importanza che questa definizione riveste in generale nell'opera di Tasso.

Inganno La metafora dell'inganno è quanto mai fortunata nel caso di Tasso, la cui poetica si caratterizza spesso per la tendenza all'illusione e all'artificio. Spiega la differenza fra «illusione» e «delusione» dell'inganno aiutandoti con la scheda *Le nostre parole*, p. 559.

Errante Termine chiave della poesia e della biografia di Tasso, «errante» ha una presenza costante e fondamentale nella lingua italiana antica. Ricostruisci i diversi significati di «errante», «errabondo», «erratico» ed «errare», aiutandoti con la scheda *Le nostre parole*, p. 564.

COSTRUISCI LA TUA LEZIONE

Lezione 1 Autoritratto di un esule: *La canzone al Metauro*

SCALETTA

- Nella canzone al fiume Metauro, autoritratto del poeta come «peregrino», errante senza pace, costretto a un esilio esistenziale ancora prima che materiale.
- Brevissima ricapitolazione, a inizio della seconda strofa, del percorso di maturazione compiuto attraverso la condizione dell'esilio: la crescita del giovane poeta come una involontaria educazione al male del vivere.
- Impiego stilistico di numerosi *enjambements* a sottolineare non solo la frattura interiore del presente stato d'animo del poeta, ma anche la passata separazione dall'amata madre: fratture e separazioni come motivo cardine dell'«erranza».

- Proiezione di sé stesso nella figura del «padre errante», Bernardo, inteso come una prefigurazione del figlio poeta.
- Imprecazione contro il destino per averlo reso oggetto delle vendette della Fortuna («l'ingiusta e ria», v. 24): individuazione nella malasorte della causa primaria dell'esilio.
- Emergere di un nuovo ritratto autobiografico, in contrasto con la tradizione rinascimentale che supporta un'autobiografia in tono elevativo e magnanimo. Al contrario, si ha qui una rappresentazione di sé come "uomo del dolore", a cui non resta che invocare la salvezza all'ombra ripatrice dell'albero della quercia, stemma della famiglia dei Della Rovere che gli dà ospitalità dopo la fuga da Ferrara.

TESTI DI RIFERIMENTO

- **T1** *La canzone al Metauro*

PAROLE DA USARE

- *fugace* • *peregrino* • *volto* • *nodo* • *errante* • *padre* • *affanni* • *senso* • *maturare* • *dolori* • *materia* • *umore* • *cielo* • *rimirare* • *gemere* • *morto* • *piangere* • *tomba*

Lezione 2 Virtuosismo e artificio nella *Gerusalemme liberata*

SCALETTA

- Descrizione del giardino della maga Armida come specchio del virtuosismo che attraversa la poesia della *Gerusalemme liberata*.
- Insistenza sulla «varietà» di fiori e di piante nel giardino con doppio esito: stilistico (che mira a conferire piacevolezza e «sorpresa» nella lettura) e narrativo (Armida è figura perfetta di seduttrice, e il suo giardino rispecchia la sua arte illusoria).
- Smascheramento del giardino non quale dovrebbe essere, ovvero un prodotto trionfante della natura, ma quale frutto dell'artificio artistico. L'arte sembra un prodotto artificioso della natura, la quale si diverte a imitare l'arte stessa, che di per sé imita la natura (vedi la decima ottava). Gusto del paradosso e della raffinatezza concettuale.
- Concenzione artificiale della natura: gli incanti del giardino sono ingannevoli. La natura come tripudio di un puro godimento, fine a sé stesso e di breve durata, secondo quanto "insegna" il pappagallo, che canta la bellezza effimera della rosa.
- Filtro artificioso imposto anche all'osservazione del giardino. Il lettore "visita" il giardino con lo sguardo dei crociati Carlo e Ubaldo, che si sono introdotti lì alla ricerca di Rinaldo e che lo vedono abbandonarsi tra le braccia di Armida.
- Tema dello specchio (in cui Armida vede riflessa sé stessa) come metafora del fare poesia: la scrittura inventa «illusioni» verbali.
- Numerosi artifici stilistici e retorici, tra cui rime interne, anafore, anadiplosi, chiasmi e figure etimologiche.

TESTI DI RIFERIMENTO

- **T10** *Il giardino di Armida*

PAROLE DA USARE

- *cristalli* • *erbe* • *piante* • *valli* • *imitare* • *effetto* • *aura* • *rendere* • *germogliare* • *orto* • *fronde* • *lieve* • *musica* • *arte* • *vento* • *allettatrice* • *lusinghiero* • *eletto* • *Amore* • *paradiso*

LA TUA BACHECA
TASSO

Consulta online la versione della tua bacheca arricchita di tanti altri contenuti: video, testi, link e proposte di attività.

IL TEMA

Spazi di reclusione

La reclusione di Tasso all'ospedale di Sant'Anna è stata all'origine del processo di mitizzazione che, a partire dal Romanticismo, ha trasformato Tasso in un **poeta "maledetto"**. Da quello spazio di forzato confinamento può prendere il via il nostro percorso interdisciplinare su altrettanti ambienti di reclusione: dal **carcere** al **manicomio**. Gli istituti manicomiali, benché in Italia siano stati ufficialmente chiusi con la **legge Basaglia del 1978**, in realtà sono tutt'altro che scomparsi, come la letteratura e la saggistica più recenti hanno dimostrato. Né si può tralasciare la terribile storia dei soprusi e delle ingiustizie riservati ai pazienti con malattie psichiche, specialmente negli anni del fascismo. Il cinema e l'arte contemporanea, invece, stanno provocatoriamente indagando l'altro spazio di reclusione per eccellenza, quello del carcere.

CINEMA
Shakespeare in cella: *Cesare deve morire* dei Taviani

Il cinema ha spesso ambientato vicende e situazioni nelle carceri. Ma l'esperimento compiuto dai fratelli Paolo e Vittorio Taviani con il film *Cesare deve morire* del 2012 è stato qualcosa di diverso: il film, infatti, vero e proprio *docudrama* (un documentario composto di scene fittiziamente ricostruite), segue la **messinscena del *Giulio Cesare*** di William Shakespeare realizzata dai detenuti del **carcere di Rebibbia**. L'opera, che ha vinto l'Orso d'oro al Festival di Berlino, mostra senza reticenze, attraverso il tema tragico shakespeariano e lo spazio ossessivamente spoglio e privo di libertà del carcere, alcuni **aspetti negativi della condizione umana** (dal tradimento alle storie criminose, all'omicidio).

BREVE STORIA DELLA CRITICA

Subito dopo la pubblicazione della *Gerusalemme liberata* prende avvio un acceso dibattito tra **sostenitori e detrattori** del poema tassiano in relazione con il *Furioso* di Ariosto, che coinvolge sia le scelte strutturali (poema eroico contro narrazione "romanzesca") sia quelle linguistiche, particolarmente criticate, relativamente a Tasso, da Leonardo Salviati e dall'Accademia della Crusca.
Negli **ultimi anni del Cinquecento** e nel **Seicento** si assiste a una vera e propria apoteosi dei soggetti e dei personaggi della *Liberata* sia in ambito figurativo (favorita dalle molte edizioni illustrate del poema) che musicale: dal Guercino a Tintoretto, da Nicolas Poussin ad Annibale Carracci, da Claudio Monteverdi a Jean-Baptiste Lully.
Questa fortuna permane nel **Settecento**: basta pensare al **personaggio di Armida**, che ispira pittori come Gianbattista Tiepolo o compositori come Georg Friedrich Händel, Antonio Vivaldi, Christoph Willibald Gluck e Franz Joseph Haydn.
Tasso diviene poi, nel **Romanticismo**, l'emblema del genio tormentato e sollecita la fantasia dei più grandi autori, da Goethe (il dramma *T. Tasso*, 1790), a Lord Byron (*Lament of Tasso*, 1817), da Jean-Jacques Rousseau (varie lettere) a Giacomo Leopardi (canzone *Ad Angelo Mai* e *Operette morali*), mentre la sua fortuna musicale prosegue con Gioacchino Rossini, Gaetano Donizetti e Franz Liszt.

ARTE
Stretta sorveglianza: i diorami di Ai Weiwei

L'**arte contemporanea** ha spesso rappresentato condizioni di vita estrema o di opposizione politica, suscitando sconcerto ma anche incentivando un dibattito prezioso per la democrazia. Nel 2013, l'**artista cinese Ai Weiwei** ha completato una monumentale installazione in sei blocchi ("Pranzo", "Accusatori", "Pulizie", "Rituale", "Entropia", "Dubbio") che descrive, attraverso **diorami** (rappresentazioni su scala ridotta di scene di vita quotidiana) le varie fasi dell'incarceramento da lui vissuto per ottantuno giorni nel 2011. Imprigionato dal governo cinese, l'artista era rimasto sotto strettissima sorveglianza, con guardie che lo monitoravano giorno e notte. Ne emerge uno straordinario e preoccupante affresco delle **violazioni della libertà e della *privacy***.

STORIA E POLITICA
Il manicomio femminile nell'Italia fascista

In un saggio intitolato *Malacarne. Donne e manicomio nell'Italia fascista* (2017), la **storica Annacarla Valeriano** fa riemergere una pagina nera della storia italiana, dimostrando come, durante la dittatura fascista, moltissime donne, non sempre sofferenti di disturbi mentali, furono confinate a vita in istituti manicomiali per aver mostrato condotte incompatibili con le ferree leggi di regolamentazione sociale. **Donne emancipate**, allontanatesi dalla norma, ma anche figure femminili deboli e indifese scontarono pene assurde, fino a essere oggetto strumentale della politica del regime, orientata alla "pulizia" non solo sociale, ma anche e soprattutto razziale.

Imprescindibile e ancora insuperata è la biografia scritta da **Angelo Solerti**, *Vita di T. Tasso* (1895). I primi **studi significativi nel Novecento** datano a partire dagli **anni Quaranta** con le ricerche di **Mario Fubini** sulla metrica tassiana, e proseguono con gli studi di **Lanfranco Caretti** sulle *Rime* (1950) e di **Giovanni Getto** (*Interpretazione del Tasso*, 1951; *Nel mondo della* Gerusalemme, 1968). Saggi importanti che situano la *Liberata* nel contesto della poetica tassiana sono quelli di **Ezio Raimondi**, *Poesia come retorica* (1980); Sergio Zatti, *L'uniforme cristiano e il multiforme pagano* (1983); Georges Güntert, *L' epos dell'ideologia regnante e il romanzo delle passioni* (1989); Giovanna Scianatico, *L'«arme pietose»* (1990).

Per la *Conquistata* si segnala Matteo Residori, *L'idea del poema* (2004); per l'*Aminta* Giovanni Da Pozzo, *L'ambigua armonia* (1983); infine, per i *Dialoghi*, Ezio Raimondi, *Rinascimento inquieto* (1965) e **Stefano Prandi**, «Quasi ombra e figura de la verità»: pensiero e poesia *in T. Tasso* (2014). Sulla **metrica tassiana** importante è il volume *Attraverso l'ottava: sintassi e retorica della «Gerusalemme liberata»* (1999) di **Arnaldo Soldani**, mentre per le questioni linguistiche Maurizio Vitale, *L'officina linguistica del Tasso epico: la* Gerusalemme liberata (2007). Tra le ultime monografie si segnala anche quella di **Claudio Gigante**, *Torquato Tasso*, in cui si indaga l'«ultimo Tasso».

A. ANALISI E INTERPRETAZIONE DI UN TESTO LETTERARIO

Il sacrificio di Sofronia e Olindo

Nel secondo canto della *Gerusalemme liberata* Tasso racconta la storia di Sofronia e Olindo, che a Gerusalemme si autoaccusano di un furto e per questo vengono condannati a morire sul rogo.

- METRO ottave di endecasillabi con schema ABABABCC

14
Vergine era fra lor di già matura
verginità, d'alti pensieri e regi,
d'alta beltà; ma sua beltà non cura,
o tanto sol quant'onestà se 'n fregi.
È il suo pregio maggior che tra le mura
d'angusta casa asconde i suoi gran pregi,
e de' vagheggiatori ella s'invola[1]
a le lodi, a gli sguardi, inculta[2] e sola.

15
Pur guardia esser non può ch'in tutto celi
beltà degna ch'appaia e che s'ammiri;
né tu il consenti, Amor, ma la riveli
d'un giovenetto[3] a i cupidi desiri.
Amor, ch'or cieco, or Argo, ora ne veli
di benda gli occhi, ora ce gli apri e giri,
tu per mille custodie entro a i più casti
verginei alberghi il guardo altrui portasti.

16
Colei Sofronia, Olindo egli s'appella,
d'una cittate[4] entrambi e d'una fede.
Ei che modesto è sì com'essa è bella,
brama assai, poco spera, e nulla chiede;
né sa scoprirsi, o non ardisce; ed ella
o lo sprezza, o no 'l vede, o non s'avede.
Così fin ora il misero ha servito
o non visto, o mal noto, o mal gradito. [...]

1. **s'invola:** si sottrae.
2. **inculta:** trascurata.
3. **un giovenetto:** Olindo.
4. **cittate:** città (Gerusalemme).

33
Composto è lor d'intorno il rogo omai,
e già le fiamme il mantice v'incita,
quand'il fanciullo in dolorosi lai[5]
proruppe, e disse a lei ch'è seco unita:
«Quest'è dunque quel laccio ond'io sperai
teco[6] accoppiarmi in compagnia di vita?
questo è quel foco ch'io credea ch'i cori
ne dovesse infiammar d'eguali ardori?

34
Altre fiamme, altri nodi Amor promise,
altri ce n'apparecchia iniqua sorte.
Troppo, ahi! ben troppo, ella già noi divise,
ma duramente or ne congiunge in morte.
Piacemi almen, poich'in sì strane guise
morir pur déi, del rogo esser consorte,
se del letto non fui; duolmi il tuo fato,
il mio non già, poich'io ti moro a lato.

35
Ed oh mia sorte aventurosa a pieno!
oh fortunati miei dolci martìri[7]!
s'impetrarò[8] che, giunto seno a seno,
l'anima mia ne la tua bocca io spiri;
e venendo tu meco a un tempo meno,
in me fuor mandi gli ultimi sospiri».
Così dice piangendo. Ella il ripiglia
soavemente, e 'n tai detti il consiglia:

36
«Amico, altri pensieri, altri lamenti,
per più alta cagione[9] il tempo chiede.
Ché non pensi a tue colpe? e non rammenti
qual Dio prometta a i buoni ampia mercede?
Soffri in suo nome, e fian[10] dolci i tormenti,
e lieto aspira a la superna sede.
Mira 'l ciel com'è bello, e mira il sole
ch'a sé par che n'inviti e ne console».

(T. Tasso, *Gerusalemme liberata*, II, 14-16; 33-36)

5. lai: lamenti.
6. seco… teco: con lui… con te.
7. martìri: sofferenze.
8. s'impetrarò: se io otterrò.
9. per più alta cagione: per un motivo più nobile (il trapasso nella vita eterna).
10. fieno: saranno.

La buca del suggeritore **ottava 14:** è qui descritta Sofronia, una giovane cristiana di Gerusalemme.

ottava 15: il poeta si rivolge direttamente all'Amore: a volte benda gli innamorati rendendoli ciechi, a volte si presenta come Argo, mostro mitologico dai cento occhi per cogliere ogni minimo dettaglio.

ottava 33: dopo la sua autodenuncia, Sofronia è condannata al rogo; allora anche Olindo si consegna, per stare vicino alla persona di cui è innamorato ma a cui non si è mai dichiarato.

1. COMPRENSIONE DEL TESTO

1.1 Dopo avere ricostruito il comune ordine delle parole, completa il significato delle seguenti espressioni con l'aiuto del dizionario, come nell'esempio:

«Pur guardia esser non può ch'in tutto celi / beltà»: eppure non ci può essere una guardia tale da poter nascondere la bellezza in ogni suo aspetto;

«la riveli / d'un giovenetto a i cupidi desiri»: la sveli ai ... ...;

«ora ne veli / di benda gli occhi»: talvolta ci copri ... ...;

«già le fiamme il mantice v'incita»: il mantice (strumento per alimentare il fuoco) ... ...;

«in sì strane guise / morir pur déi»: devi comunque ... ...;

«l'anima mia ne la tua bocca io spiri»: io esali ... ...;

«non rammenti / qual Dio prometta a i buoni ampia mercede»: non richiami alla mente ... ...

1.2 Svolgi la parafrasi delle sette ottave e assegna un titolo alla prima (14-16) e alla seconda (33-36) sequenza.

2. ANALISI DEL TESTO

2.1 Con quali tratti Tasso descrive la giovane Sofronia? Come vive e come si comporta in relazione alla sua riconosciuta bellezza?

2.2 Tasso formula tre ipotesi sul motivo per cui Sofronia non ricambia l'amore di Olindo: «o non visto, o mal noto, o mal gradito» (ott. 16). Spiegale.

2.3 Come affrontano i due giovani la morte? A che cosa pensa Olindo? Perché Sofronia lo rimprovera?

2.4 Quale figura retorica è presente nel verso «brama assai, poco spera, e nulla chiede» (ott. 16)? Che cosa emerge del temperamento del «modesto» Olindo?

2.5 Quella dei «lacci» e dei «nodi» d'Amore è una metafora cara alla lirica: qui però essa si confonde con la realtà del rogo. In che senso?

3. RELAZIONE CON IL CONTESTO STORICO E CULTURALE

Il sacrificio dei due giovani che muoiono insieme è un motivo ricorrente nella letteratura di ogni tempo: in che modo l'episodio di Sofronia e Olindo si discosta dal ritratto tradizionale degli innamorati uniti fino alla morte? Il loro sentimento in questo caso è ostacolato da un elemento esterno o da loro stessi? Sofronia vede la propria esistenza coronata dal matrimonio o i suoi pensieri vanno oltre? Considera altre vicende tragiche di giovani innamorati (come Piramo e Tisbe, Ghismonda e Guiscardo, Romeo e Giulietta) e sottolinea gli aspetti originali dell'episodio della *Gerusalemme liberata* in circa 10 righe.

B. ANALISI E PRODUZIONE DI UN TESTO ARGOMENTATIVO

Gian Mario Anselmi

Tasso e il Mediterraneo: tra conflitti e conciliazione degli opposti

Il saggio mette in luce il carattere "mediterraneo" della *Gerusalemme liberata*, poema epico in cui confluiscono non solo molti generi letterari, ma anche svariati temi. La loro coesistenza, e non il loro reciproco annullamento, riflette quelle tensioni irrisolte che da sempre animano i Paesi e i popoli affacciati sul mar Mediterraneo.

Il Mediterraneo è per eccellenza lo spazio delle letterature e fra le letterature. Un mondo di acque, di sponde, di fiumi che si intrecciano tra civiltà e culture, segnando l'identità di tanti Paesi nel segno di una complessità fatta certo di conflitti ma anche di importantissimi rapporti tra le civiltà. [...] A definire questa identità multipla e complessa hanno contribuito la cultura cristiana e quella islamica, la tradizione ebraica e la rielaborazione dei grandi modelli classici latini e greci. [...] pensiamo a quell'immenso incubatoio[1] di tradizioni narrative che si dipana tra Islam, Italia, Spagna e Sicilia fino a determinare i percorsi di una consuetudine affabulatoria che non solo genererà capolavori decisivi come *Le Mille e una notte* e il *Decameron* ma anche definirà il narrare stesso come statuto del moderno apprendistato del saggio laico e delle nuove classi dirigenti. [...] fra Otto e Novecento assistiamo a una sorta di 'reinvenzione' del Mediterraneo che ci viene da Nord, un Nord che guardando al Sud delle grandi civiltà elabora saperi decisivi per lo sviluppo della filosofia, dell'ermeneutica, dell'arte moderna [...]. Non è casuale che, tra gli autori più cari a questa tradizione, fin dal Romanticismo, si collochi Torquato Tasso, vissuto giustamente come drammatica figura lacerata dalle contraddizioni del suo tempo e sospesa in un crocevia di suggestioni e di vocazioni culturali magistralmente rappresentate dalle sue opere. In effetti con la *Liberata* Tasso sposta il baricentro geografico della poesia eroica dai luoghi tradizionali delle foreste nordiche agli spazi del Mediterraneo e delle sue culture. [...]

La *Liberata* è poema di grande complessità, in cui è possibile cogliere il concorso di generi molteplici, dalla poesia cavalleresca al teatro tragico al filone lirico-elegiaco fino a una sorta di archetipica dimensione melodrammatica. La *Liberata* è inoltre poema di conflitti, conflitti irresolubili che dal Cosmo vanno a radicarsi fino nel cuore dei vari protagonisti, in particolare negli eroi cristiani (Rinaldo e Tancredi) e nelle eroine pagane (Armida, Clorinda, Erminia).

In questo contesto, il filone amoroso del poema assume un ruolo decisivo: segno, al tempo stesso, di contraddizione e dell'utopia di una possibile ricomposizione del tragico cui attinge la vicenda umana, magistralmente esemplata[2] sulle vicende della riconquista di Gerusalemme. [...]

1. **incubatoio:** ambiente in cui nascono.

2. **esemplata:** offerta come esempio.

La liberazione e il 'ritrovamento' di Gerusalemme, della patria, sono anche la liberazione e il 'ritrovamento' di sé nell'abbraccio finale di Rinaldo e Armida, che è l'altro, profondo, vero finale del poema: gli opposti non sono cancellati, il cosmico *confligere* [lottare] in cui l'uomo, fin nel suo cuore, è radicato, non è affatto superato, le tensioni estreme e radicali in cui si alloga[3] la *Liberata* sono tutte sotto gli occhi del lettore ma ora, alla fine del poema, sappiamo che possono coesistere con l'altro che ci agita, con la dualità dei fini (del finale stesso del poema), con la 'concordia' che ci 'parla' attraverso Amore e che è l'approdo cui instancabilmente Tasso ci fa aspirare.

In tutto ciò davvero Tasso è fino in fondo 'mediterraneo': nel suo poema il conflitto e la lacerazione si dipanano fra mondi in guerra ma la guerra, segno tragico delle vicende mediterranee, è continuamente contraddetta dai percorsi dell'amore e dell'ansia utopica della conciliazione. La tradizione classica, le radici ebraiche, i mondi cristiani ed islamici sembrano porgere a Tasso le cifre di una tensione letteraria, segnando il crinale stesso di quella nascente modernità di cui il poeta fu tra i più alti e problematici mallevadori.[4]

(G. M. Anselmi, *Letteratura e Mediterraneo: il caso esemplare della* Liberata *di Tasso*, in «Carte di viaggio», I, Pisa-Roma 2008)

3. **si alloga:** si colloca.
4. **mallevadori:** garanti, custodi.

LE PAROLE DELLA CRITICA LETTERARIA

Dopo aver individuato nel saggio le seguenti espressioni, completa la definizione della metafora del «baricentro geografico».

- **rielaborazione dei grandi modelli classici:** le letterature medievali europee si fondano sui testi greci e latini, ripresi in modi e forme diverse nelle opere dei diversi autori;
- **consuetudine affabulatoria:** abitudine a raccontare attraverso invenzioni più o meno fantastiche;
- **ermeneutica:** in generale, interpretazione, esegesi di un testo; nella filosofia novecentesca, ha assunto un significato particolare, che, dal punto di vista letterario, ha posto l'accento sul rapporto diretto tra autore e lettori al di là del contesto storico e dei presupposti originari di un'opera;
- **baricentro geografico:** ....;
- **filone:** percorso che raccoglie le caratteristiche comuni delle varie manifestazioni di un tema o di una corrente artistica;
- **archetipica dimensione melodrammatica:** primo esempio (archetipo) di vicende da melodramma (soprattutto Armida ispirerà musicisti e compositori);
- **le cifre:** il codice espressivo, gli elementi essenziali.

1. COMPRENSIONE E ANALISI

1.1 Quali caratteristiche della cultura "mediterranea" sono delineate nel saggio? In che modo la *Gerusalemme liberata* vi corrisponde? E perché nel saggio si afferma che Tasso sposta il baricentro geografico dell'epica da Nord a Sud?

1.2 Come, la conquista di Gerusalemme riflette, specialmente in Rinaldo, la riscoperta della piena identità dell'uomo, aperto anche alla sensualità e ai piaceri (rr. 30-37)?

1.3 Nella *Gerusalemme liberata* convivono la guerra e l'amore. Nel saggio si dice che l'uno trionfa sull'altro oppure che convivono in modo drammatico?

1.4 Individua nel saggio le varie sezioni che costituiscono l'ossatura argomentativa del discorso:

- Introduzione generale (definizione di cultura "mediterranea");
- Tesi centrale;
- 1° prova (i vari filoni della *Gerusalemme liberata*);
- 2° prova (i due finali del poema);
- Conclusione (conferma della tesi: Tasso "mediterraneo").

1.5 Dopo aver esaminato la struttura argomentativa del saggio, sintetizzane la tesi centrale in circa mezza pagina.

2. COMMENTO

2.1 Nel saggio, l'incontro fra Rinaldo e Armida è definito «vero finale del poema»: rileggi le ottave dell'episodio (➤ **T10**, p. 574). Pensi che l'amore sia davvero un'alternativa alla guerra? La scelta di combattere è compiuta dai soldati cristiani controvoglia? I valori militari gli vengono imposti dall'alto e creano nel loro animo un conflitto con quelli a cui sarebbero naturalmente portati? Tenendo presente il finale bellicoso del poema di Tasso (➤ **T11**, p. 582), rifletti sul rapporto tra amore e guerra nella *Gerusalemme liberata* in circa 10 righe.

2.2 Anselmi traccia un parallelo tra la complessità tematica della *Gerusalemme liberata* e le tensioni politico-culturali dell'area mediterranea. Ritieni ancora valido questo paragone a distanza di cinque secoli? Tasso aveva piena consapevolezza degli scontri che avevano alimentato le crociate e delle sensibilità delle varie etnie? Articola la tua posizione in un testo argomentativo di circa 20 righe.

Sezione	Righe	Argomento	Possibile svolgimento
1. Introduzione	2-3	Presentazione per riagganciarsi al saggio	*Nel suo saggio, Gian Mario Anselmi paragona...*
2. Tesi e antitesi	3-4	Formulazione di tesi e antitesi	*I personaggi della* Gerusalemme liberata *rivelano la ricchezza culturale e morale di entrambi gli schieramenti contrapposti / mostrano chiaramente la preferenza accordata dall'autore alla parte cristiana.*
3. Prova a sostegno	5-6	Prova a sostegno della tesi / dell'antitesi	La virtù guerriera della pagana Clorinda (➤ **T10**, p. 574) / Il concilio infernale (➤ **T8**, p. 562)
4. Ampliamento della tesi	3-4	La ricerca storica condotta da Tasso	*Tasso si dedicò a un'ampia ricerca storica prima di comporre il suo poema / era troppo lontano dal periodo delle crociate per poterne ricostruire i vari punti di vista.*
5. Conclusione	2-3	Conferma della tesi	*Tutto ciò dimostra la sensibilità culturale di Tasso / la sua rigorosa adesione alla causa cristiana.*

C. RIFLESSIONE CRITICA DI CARATTERE ESPOSITIVO-ARGOMENTATIVO SU TEMATICHE DI ATTUALITÀ

1. La città di Gerusalemme, la Palestina, la Siria e l'isola di Cipro, crocevia fra Occidente e Oriente, sono da decenni teatro di scontri politici e religiosi. Rifletti sulla multietnicità dei Paesi e delle città moderne e sui diversi orientamenti religiosi, esaminando sia l'arricchimento culturale sia le difficoltà. Scrivi un testo che non superi le 3 facciate di un foglio protocollo, dividilo in paragrafi e trova un titolo adeguato. Puoi utilizzare questa scaletta: introduzione / breve enunciazione della tesi / argomento a favore della tesi / enunciazione dell'antitesi / conferma della tesi / conclusioni.

2. La "malattia" di Tasso, tra malinconia e follia, ha alimentato nei secoli un'immagine del poeta che tuttora perdura. Secondo Sigmund Freud (1856-1939), padre della psicanalisi, «il nevrotico davanti a un conflitto effettua sempre la "fuga nella malattia"» per difendersi da una realtà difficile da affrontare. La malattia, per esempio una condizione di depressione, può davvero essere usata come mezzo di autodifesa? Elabora un testo di massimo 3 facciate sull'argomento. Dividi il tuo elaborato in quattro paragrafi, assegnando a ciascuno un titolo.

GLOSSARIO di retorica, linguistica, stilistica e metrica

accento elevazione della voce su una vocale. L'accento può cadere sull'ultima, sulla penultima, sulla terzultima o sulla quartultima sillaba di una parola: nel primo caso, la parola sarà tronca; nel secondo, piana; nel terzo, sdrucciola; nel quarto, bisdrucciola.

accumulazione → *figura retorica* di tipo sintattico che consiste nell'elencare, per → *coordinazione* mediante → *asindeto* o → *polisindeto*, cose, immagini... Vedi anche → *enumerazione*. Esempio: "L'odore caldo del pane ... / il canto del gallo ... / il gorgheggio dei canarini ... / l'urto dei secchi contro il pozzo e il cigolìo della puleggia" (Govoni).

adynaton particolare tipo di → *iperbole* che introduce un esempio impossibile per dare risalto a un'idea data come irrealizzabile. Consiste nel dire che un concetto è impossibile in quanto subordinato a un altro impossibile di per sé. Esempio: "Smetterei di amarti se tutte le stelle cadessero dal cielo".

aferesi soppressione di vocale o sillaba all'inizio di una parola. Esempio: "S'io dico 'l ver" (Dante).

alessandrino → *verso* di dodici sillabe tipico della poesia classica francese. In Italia fu introdotto nel Settecento da Pier Iacopo Martello.

allegoria → *figura retorica* del significato che consiste nel creare una serie di metafore (→ *metafora*) tra loro collegate. Essa affida a un elemento del testo, oltre al senso letterale, un valore simbolico, che rinvia a un senso nascosto e più profondo. Vedi anche → *simbolo*. Esempi: Poe, *La maschera della Morte Rossa*; Kafka, *La metamorfosi*.

allitterazione → *figura retorica* che consiste nell'usare a distanza ravvicinata parole contenenti i medesimi suoni. Esempio: "dai solchi bagnati di servo sudor" (Manzoni).

amplificazione procedimento espressivo che consiste nel ripetere un'idea in modo diverso, al fine di accentuarla. Esempio: "L'Italia, la nostra patria, la nostra terra, il sacro suolo in cui siamo nati".

anacoluto costrutto sintattico irregolare che si ha quando un elemento della frase dovrebbe svolgere la funzione di soggetto, ma resta in sospeso poiché non è seguito dal verbo corrispondente. Esempio: "E io, quando mi svegliai, loro non c'erano più" (Collodi).

anadiplosi → *figura retorica* che consiste nella → *ripetizione*, all'inizio di un → *verso* o di una frase, della parola o dell'espressione che conclude il verso o la frase precedente. Esempio: "tra un lungo dei fanciulli urlo s'innalza. / S'innalza; e ruba il filo dalla mano" (Pascoli).

anafora → *figura retorica* che consiste nella → *ripetizione* di parole o gruppi di parole all'inizio di → *versi*, → *strofe* o frasi successive, allo scopo di insistere su una determinata idea. Vedi anche → *epifora*. Esempio: "Per me si va nella città dolente, / per me si va nell'etterno dolore, / per me si va tra la perduta gente" (Dante).

analessi → *figura retorica* che consiste nel ripetere insistentemente la medesima parola. Può indicare anche una costruzione sintattica in cui si inseriscono avvenimenti che precedono il tempo della narrazione: in tale accezione è sinonimo di → *flashback*.

analogia → *figura retorica* che si ottiene quando, tra due immagini fra loro differenti e apparentemente prive di legami logici, si instaurano rapporti di somiglianza. Si distingue dalla → *similitudine* per l'assenza di nessi comparativi (ad es. "come"), che porta all'identificazione delle due immagini. Esempio: "Le mani del pastore erano un vetro levigato da fioca febbre" (Ungaretti).

anapesto nella → *metrica* classica, → *piede* costituito da due sillabe brevi e una lunga; nella metrica italiana, successione di due sillabe atone e una tonica. È detto → *verso* anapestico il verso costituito dalla successione di più anapesti.

anastrofe → *inversione*.

anfibologia espressione di significato ambiguo, che può essere interpretata in due o più modi diversi. Esempio: "L'ufficiale ha ordinato di sparare al plotone di esecuzione"; per evitare ambiguità di significato, sarebbe meglio dire: "L'ufficiale ha ordinato al plotone di esecuzione di sparare".

annominazione → *paronomasia*.

anticlimax → *climax*.

antifrasi figura logica che consiste nell'usare espressioni o frasi in senso opposto a quello normale, spesso con valore ironico (→ *ironia*). Esempio: "Bella scoperta!", per dire "Che ovvietà!".

antitesi → *figura retorica* del significato che consiste nell'accostamento di due immagini di significato opposto. Da non confondersi con l'→ *ossimoro*, che consiste invece nell'unione di due termini di significato opposto nella stessa immagine. Esempio: "del ritornar ti vanti / e procedere il chiami" (Leopardi).

antonomasia → *figura retorica* del significato che consiste nell'indicare un luogo o una persona, anziché con il nome proprio, con un altro nome al primo strettamente collegato. Da non confondersi con la → *perifrasi*. Esempi: "l'Assisiate" (= Francesco d'Assisi); "il Poeta" (= Dante).

apocope caduta di vocale o sillaba alla fine di una parola. Esempio: "vuo'" (= "vuoi").

aposiopesi → *reticenza*.

apostrofe → *figura retorica* che consiste nel rivolgere il discorso a persona o cosa inanimata generalmente assente dalla scena. Da non confondersi con l'apostrofo, segno grafico dell'→ *elisione* o del troncamento. Esempio: "te beata, gridai, per le felici / aure...", parole rivolte a Firenze (Foscolo).

aprosdóketon dal greco, "inaspettato"; → *figura retorica* che consiste nella sostituzione di un elemento del discorso atteso con un elemento del discorso inaspettato.

asindeto → *figura retorica* di tipo sintattico che consiste nel giustapporre due o più frasi o elementi di frase, tra loro coordinati (→ *coordinazione*), senza l'utilizzo di congiunzioni. È il contrario di → *polisindeto*. Esempio: "corre via, corre, anela, / varca torrenti e stagni, / cade, risorge, e più e più s'affretta..." (Leopardi).

assonanza → *rima* imperfetta ottenuta tra due parole nelle quali coincidano le vocali accentate (→ *accento*) e quelle finali, mentre le consonanti sono diverse. Esempi: "rupi – nubi"; "buca – fuga"; "profondo – mondo".

ballata forma poetica basata su una serie di strofe (→ *strofa*) precedute, intercalate e concluse da una → *ripresa* sempre uguale. Se la ripresa è di un → *verso*, si parla di ballata minima; se è di due versi, di ballata minore; se è di tre versi, di ballata media; se è di quattro versi, di ballata grande. I più celebri esempi di ballata risalgono ai primi secoli della letteratura italiana, ma tale forma è stata utilizzata anche nel Novecento da poeti come Pascoli.

barbarismo parola, forma lessicale o locuzione proveniente da una lingua straniera. Originariamente era caratterizzato da una → *connotazione* negativa, che si è però persa nel corso del tempo.

bisillabo → *verso* caratterizzato dalla presenza di un solo → *accento* sulla prima sillaba metrica.

brachilogia forma di → *ellissi* consistente nell'eliminare alcuni elementi di una proposizione che si trovano anche in un'altra proposizione vicina, allo scopo di abbreviare il discorso. Esempio: "li uomini si vendicano delle leggiere offese, delle gravi non possono" (Machiavelli).

bucolica → *ecloga*.

cacofonia effetto fonico sgradevole, determinato dall'accostamento di suoni uguali o contrastanti. Talora viene ricercata per effetti espressivi e stilistici (→ *stile*) particolari. Esempio: "Huisc... Huiusc... / Sciu sciu sciu / koku koku koku" (Palazzeschi).

calco prestito di elementi formali o semantici da una lingua a un'altra. Si hanno calchi formali quando si introducono all'interno di una lingua vocaboli, locuzioni o strutture sintattiche tradotti dalle rispettive forme esistenti in un'altra lingua; si hanno calchi semantici quando le parole di una lingua assumono una nuova accezione per imitazione delle analoghe di un'altra lingua, con le quali hanno in comune uno o più significati.

canzone forma metrica basata su strofe (→ *strofa*) di endecasillabi (→ *endecasillabo*) e settenari (→ *settenario*) variamente alternati e rimati (→ *rima*) tra loro. Le canzoni si possono distinguere in:
petrarchesca: utilizzata dal Duecento all'Ottocento, tale forma prevede che ciascuna strofa sia divisa in due parti (fronte e sirma), a loro volta articolate in sezioni più brevi. L'ultima strofa, più breve, è detta → *congedo* perché in essa il poeta si rivolge direttamente al proprio componimento, inviandolo ai lettori;
libera o leopardiana: in tale forma le strofe sono di lunghezza variabile e non presentano tutte lo stesso schema metrico.

canzonetta forma metrica costituita da versi (→ *verso*) di varia misura e perlopiù brevi, e da strofe (→ *strofa*) anch'esse brevi. Ha solitamente un → *ritmo* mosso e cantabile e tratta temi leggeri, amorosi o conviviali. Introdotta nella letteratura italiana da Gabriello Chiabrera, ha avuto grande fortuna nel Seicento e nel Settecento.

capitolo componimento formato da una serie di terzine (→ *terzina*) di endecasillabi (→ *endecasillabo*) a → *rima* incatenata. Esempi: Petrarca divise i *Trionfi* in sei quadri, ciascuno di diversi capitoli; Berni ricorse ai capitoli nella poesia burlesca.

captatio benevolentiae procedimento retorico attraverso cui, di solito all'inizio di un componimento, si cerca di attirare l'attenzione e la benevolenza dell'interlocutore.

catacresi → *figura retorica* che consiste nell'estendere una parola o una locuzione oltre i limiti del suo significato proprio. Esempio: "il Sol tace", per significare l'assenza del Sole (Dante).

cesura piccola pausa che divide un → *verso* lungo in due parti o emistichi (→ *emistichio*). Esempio: "Dolce e chiara è la notte – e senza vento" (Leopardi).

centone testo che raccoglie versi (→ *verso*) di poeti famosi, a volte con intenti scherzosi. Esempio: centone di versi petrarcheschi realizzato da Jacopo Sannazaro.

chiasmo → *figura retorica* di tipo sintattico che consiste nella disposizione incrociata di due o più elementi di una frase o di un verso, secondo gli schemi ABBA, ABCCBA... I chiasmi si possono distinguere in:
grammaticali: riguardano l'aspetto grammaticale delle parole. Esempio: "Dai guardi dubbiosi, dai pavidi volti" (sostantivo-aggettivo/aggettivo-sostantivo) (Manzoni);
semantici: riguardano il significato delle parole. Esempio: "la fuga e la vittoria, / la reggia e il tristo esiglio" ("fuga" si collega logicamente a "tristo esiglio", "vittoria" a "reggia") (Manzoni).

circonlocuzione → *perifrasi*.

clausola parte finale di un → *verso* o di un periodo, tradizionalmente caratterizzata da artifici ritmici (→ *ritmo*) e fonici particolari.

climax dal greco, "gradazione"; → *figura retorica* che consiste nella disposizione di una serie di termini in ordine di intensità crescente o decrescente (in quest'ultimo caso si parla anche di *anticlimax*). Esempio: "rimbombò, rimbalzò, rotolò cupo" (Pascoli).

cobla termine provenzale che indica la → *stanza* di una → *canzone*. La più diffusa nella letteratura italiana è la *cobla capfinidas*, stanza in cui la prima parola è identica all'ultima parola della stanza precedente.

commiato → *congedo*.

congedo → *strofa* finale di una → *canzone* o di una → *sestina*.

connotazione significato (allusivo, affettivo, evocativo...) di una parola o di un'espressione aggiunto o secondario rispetto al significato primario, codificato (vedi → *denotazione*). Il significato connotativo, tipico del linguaggio poetico, implica sempre il significato denotativo. Esempio: "micio" denota l'animale cui si riferisce e connota un sentimento di tenera affettività domestica.

consonanza → *figura retorica* del suono che consiste in una coincidenza di consonanti nelle sillabe finali di una parola a partire da quella accentata (→ *accento*). Vedi anche → *rima* e → *assonanza*. Esempi: "piante" – "acanti"; "ragazzi" – "ricchezza"; "azzurro" – "terra" (Montale).

contaminazione fusione di elementi di diversa provenienza nella composizione di un'opera letteraria.

contrasto componimento in versi (→ *verso*), in parte o completamente dialogato, tipico della letteratura medievale latina e italiana, in cui due personaggi (solitamente il corteggiatore e la donna amata) disputano tra loro sostenendo posizioni divergenti. Esempi: Cielo d'Alcamo *Rosa fresca aulentissima*; i contrasti di Cecco Angiolieri con Becchina.

coordinazione costruzione sintattica basata sull'accostamento di frasi indipendenti l'una dall'altra; tali frasi possono essere collegate per → *asindeto*, cioè semplicemente accostate, oppure mediante una congiunzione coordinante, nel qual caso si parla di → *polisindeto*. È il contrario della → *subordinazione*.

coppia sinonimica coppia di termini dal significato affine, uniti dalla congiunzione "e". Da non confondersi con l'→ *endiadi*, nella quale i due termini non sono sinonimi ma vengono a costituire un unico concetto. Esempio: "forte e robusto" (= molto forte).

cornice in un testo narrativo, racconto di primo grado che introduce un racconto di secondo grado. Esempio: Boccaccio, *Decameron*, dove un racconto (la vicenda della "lieta brigata") serve a inquadrare altri racconti (le cento novelle).

corpus termine latino con cui si indica un insieme di opere letterarie collegate tra loro da rapporti tematici e formali, o dal fatto di essere attribuite al medesimo autore.

correctio → *epanartosi*.

dattilo nella → *metrica* classica, → *piede* costituito da una sillaba lunga e due brevi; nella metrica italiana, successione di una sillaba tonica e due atone. È detto → *verso* dattilico il verso costituito dalla successione di più dattili.

decasillabo → *verso* parisillabo caratterizzato dalla presenza dell'→ *accento* metrico sulla terza, sesta e nona sillaba.

deissi ricorso a elementi linguistici che servono a situare l'enunciato nello spazio e nel tempo.

denotazione significato letterale e primario di una parola o di un'espressione, fissato dal codice della lingua in una determinata fase del suo sviluppo. Il significato denotativo non implica quello connotativo (→ *connotazione*).

diacronico che segue l'andamento cronologico, cioè l'asse temporale. Una lingua può essere oggetto di uno studio diacronico, ossia concernente la sua evoluzione storica, oppure → *sincronico*, ossia concernente un suo stadio particolare.

diafora → *figura retorica* che consiste nel ripetere una stessa espressione attribuendole però un significato differente (più positivo/negativo, ironico, amplificato...). Esempio: "La mattina seguente Don Rodrigo si svegliò Don Rodrigo" (Manzoni).

dialefe figura metrica che si ha quando due vocali vicine, appartenenti a parole diverse, costituiscono due diverse sillabe metriche. È il contrario della → *sinalefe*. Esempio: "t'illuse, che oggi m'illude" (D'Annunzio).

diastole fenomeno metrico che consiste nello spostamento dell'→ *accento* per ragioni metrico-prosodiche. Esempio: "Euclide geométra e Tolomeo" (Dante).

diegesi insieme dei fatti narrati. In relazione al termine diegesi sono sorti termini come extradiegesi (il → *narratore* extradiegetico non è un personaggio) o intradiegesi (il narratore intradiegetico è un personaggio).

dieresi figura metrica che si ha quando due vocali vicine, pur formando un → *dittongo*, costituiscono due diverse sillabe metriche. Solitamente la dieresi si indica con due puntini posti sulla semivocale del dittongo. È il contrario della → *sineresi*; vedi anche → *dialefe*. Esempio: "Forse perché della fatal quïete" (Foscolo).

digressione sequenza in cui l'autore abbandona il filo della narrazione o del discorso per approfondire un argomento secondario. Esempio: biografia del cardinale Borromeo nei *Promessi sposi* di Manzoni.

distico → *strofa* di due versi (→ *verso*), spesso rimati (→ *rima*) tra loro. Esempio: "Nella Torre il silenzio era già alto. / Sussurravano i pioppi del Rio Salto. // I cavalli normanni alle lor poste / frangean la biada con rumor di croste" (Pascoli).

distico elegiaco nella → *metrica* classica, → *strofa* formata da due versi (→ *verso*), un → *esametro* e un → *pentametro*. Il suo → *ritmo* è imitato nella metrica barbara carducciana. Esempio: "Surge nel chiaro inverno la fosca turrita Bologna, / e il colle sopra bianco di neve ride. // È l'ora soave che il sol morituro saluta / le torri e 'l tempio, divo Petronio, tuo" (Carducci).

dittologia sinonimica → *coppia sinonimica*.

dittongo gruppo fonetico che si ha quando una vocale ("a", "e", "o") e una semivocale ("i", "u") si trovano vicine all'interno di una stessa parola e vengono a costituire un'unica sillaba. Se il dittongo è accentato, l'→ *accento* cade sempre sulla vocale, che può precedere o seguire la semivocale. Esempi: "fiato"; "ieri"; "piove"; "mai"; "potei"; "poi"; "puerile"; "cuore".

dodecasillabo → *doppio senario*.

doppia negazione → *litote*.

doppio senario → *verso* doppio, costituito da due senari (→ *senario*). Esempio: "Dagli atrii muscosi – dai Fori cadenti" (Manzoni).

doppio settenario → *verso* doppio, composto da due settenari (→ *settenario*) piani divisi dalla → *cesura* e corrispondente all'→ *alessandrino*. Noto anche come "martelliano", deve il suo nome al letterato settecentesco Pier Iacopo Martello, che lo utilizzò nelle sue tragedie. Esempio: "dai nomi poco usati: – bossi ligustri o acanti. / Io, per me, amo le strade – che riescono agli erbosi..." (Montale).

duplicazione → *figura retorica* che consiste nel ripetere (→ *ripetizione*) due volte una parola o un gruppo di parole. Esempio: "O Nerina, Nerina..." (Leopardi).

ecfrasi procedimento proprio della → *retorica* greca che consisteva nel descrivere oggetti, luoghi, eventi o persone rilevanti con → *stile* virtuosistico ed elaborato, in modo da gareggiare per forza espressiva con la cosa descritta.

ecloga componimento poetico, spesso dialogato, di origine classica. Di ambientazione pastorale, tratta temi campestri, amorosi e autobiografici; talvolta può riferirsi ad avvenimenti storici contemporanei, spesso in modo allegorico. Si scrissero ecloghe in latino nel Trecento (Dante, Petrarca, Boccaccio) e nel Quattrocento (Pontano, Boiardo, Sannazaro); nel Quattrocento fiorirono anche ecloghe in volgare, su modello dell'*Arcadia* di Sannazaro. Il metro adottato fu perlopiù la → ***terzina*** di endecasillabi (→ ***endecasillabo***).

egloga → *ecloga*.

elegia componimento letterario di argomento prevalentemente autobiografico e sentimentale; la forma metrica è generalmente quella del → ***distico elegiaco***. Nella → ***retorica*** medievale, l'espressione "→ ***stile*** elegiaco" equivale a "stile medio".

elisione scomparsa della vocale finale di una parola davanti alla vocale iniziale della parola successiva. Il segno che indica l'elisione è l'apostrofo. Esempio: "sì ch'io rilevi / le lor figure com'io l'ho concette" (Dante).

ellissi dal punto di vista sintattico, consiste nel tralasciare una o più parole che possono facilmente essere desunte dal contesto della frase; dal punto di vista narratologico, è la tecnica narrativa utilizzata quando il → ***narratore*** tralascia di raccontare una parte degli avvenimenti, provocando un salto temporale. Vedi anche → ***reticenza***. Esempi: "Amaro e noia / la vita, altro mai nulla" (livello sintattico) (Leopardi); concludendo la vicenda della monaca di Monza con le parole "La sventurata rispose", Manzoni nei *Promessi sposi* non racconta le conseguenze della relazione di Gertrude con Egidio (livello narratologico).

emistichio ciascuna delle due parti in cui un → ***verso*** lungo viene suddiviso dalla → ***cesura***. Esempio: "Né più mai toccherò – le sacre sponde / ove il mio corpo – fanciulletto giacque" (Foscolo).

enallage figura grammaticale che consiste nello scambio funzionale di una parte del discorso con un'altra (tra modi o tempi verbali, tra aggettivo e verbo...). Esempi: "domani vado via" (= "domani andrò via"); "parla chiaro" (= "parla chiaramente").

enclitica parola priva di → ***accento*** proprio, che si appoggia sulla parola accentata precedente. Esempi: "esserci"; "vendesi"; "vedilo".

endecasillabo → ***verso*** imparisillabo caratterizzato dalla presenza dell'ultimo → ***accento*** sulla decima sillaba metrica. Esempi: Parini, *Il giorno*; Foscolo, *A Zacinto*, *Dei sepolcri*; Leopardi, *L'infinito*, *La sera del dì di festa*.

endiadi → ***figura retorica*** che esprime un'immagine o un concetto unico con due termini coordinati (→ ***coordinazione***) o correlati tramite la congiunzione "e". Da non confondersi con la → ***coppia sinonimica***, basata sull'accostamento di due termini di significato simile. Esempio: "e giustizia e speranza" (= "speranza di giustizia") (Dante).

enfasi artificio espressivo mediante il quale si mette in rilievo un elemento del verso o della frase rispetto agli altri. L'enfasi può ricorrere alla punteggiatura, isolando il termine, o alla sintassi, invertendo l'ordine delle parole, o alle varie forme di → ***ripetizione***. Esempio: "L'armi, qua l'armi: io solo / combatterò, procomberò sol io" (Leopardi).

enjambement dal francese, "scavalcamento"; fenomeno in virtù del quale l'unità logica e sintattica tra due elementi del discorso viene spezzata dalla fine del → ***verso***, così che le componenti risultino distribuite tra la fine di un verso e l'inizio di quello successivo. Esempio: "da cui vergine nacque / Venere", con *enjambement* tra predicato e soggetto (Foscolo).

entrelacement dal francese, "intreccio" o "incastro"; tecnica narrativa che consiste nello sviluppare in parallelo più vicende narrative, che coinvolgono differenti gruppi di personaggi in tempi e luoghi variabili, in un complesso gioco di interruzioni e riprese. Utilizzato per lo più nelle rielaborazioni francesi del ciclo bretone di età medioevale, l'*entrelacement* viene successivamente adottato anche in Italia, nei poemi epico-cavallereschi rinascimentali. Esempio: Ariosto, *Orlando furioso*.

enumerazione → ***figura retorica*** di tipo sintattico che consiste nell'esprimere in sequenza, per → ***coordinazione*** mediante → ***asindeto*** o → ***polisindeto***, cose, immagini... Assume generalmente il valore di riepilogo degli argomenti già trattati o da trattare. Vedi anche → ***accumulazione***. Esempio: "Addio, monti ... cime ... torrenti ... ville" (Manzoni).

epanalessi → ***figura retorica*** che consiste nella → ***ripetizione*** di una o più parole per dare intensità enfatica a un'affermazione. Esempio: "Dilla, dilla / la nota d'oro" (Pascoli).

epanartosi → ***figura retorica*** che consiste nel riprendere quanto già detto per attenuarlo, modificarlo, ritrattarlo.

epentesi inserimento di un fonema all'interno di una parola, spesso per ragioni metriche. Esempio: "Da la mattina a terza / di voi pensate e vederete come" (Petrarca).

epifora → ***figura retorica*** che consiste nella → ***ripetizione*** di una o più parole alla fine di versi (→ ***verso***), strofe (→ ***strofa***) o periodi successivi. Vedi anche → ***anafora***. Esempi: "Aspettò due minuti, e nulla; cinque minuti, e nulla; dieci minuti, e nulla!" (Collodi); irridere pareva al grande mio / dolore, al disperato dolor mio" (Saba).

epifrasi → ***inversione***.

epigramma breve componimento poetico di contenuto vario (morale, politico, amoroso...), fiorito soprattutto in Grecia e a Roma ma testimoniato anche nella poesia italiana, specialmente dal Cinquecento al Settecento. Vario nella forma metrica, adotta spesso quella del → ***distico*** di endecasillabi (→ ***endecasillabo***).

epistola lettera. Nella letteratura moderna, il termine indica soprattutto le lettere in versi (→ ***verso***) sul modello di quelle del poeta latino Orazio, che vi affrontava in chiave dimessa e colloquiale impegnativi argomenti filosofici e letterari.

epitesi aggiunta alla fine di una parola di una vocale o di una sillaba non connesse alla sua etimologia. Nella lirica delle origini, si ricorre spesso all'epitesi di "-e" o "-ne" per evitare la → ***rima*** tronca. Esempio: "die" (= "di").

epiteto nome, aggettivo o locuzione che si aggiunge a un nome per meglio determinarlo o più spesso per ragioni puramente accessorie ed esornative. Esempi: Achille <u>piè veloce</u>; Lorenzo <u>il Magnifico</u>.

esagerazione → *iperbole*.

esametro → *verso* della poesia greca e latina costituito da sei piedi (→ *piede*), utilizzato specialmente nella poesia epica e nell'→ *elegia* (insieme al → *pentametro*, con il quale forma il → *distico elegiaco*).

eufemismo → *figura retorica* del significato che consiste nel sostituire un'espressione troppo cruda o spiacevole con un'altra dal significato attenuato. Da non confondersi con la → *reticenza*. Esempio: "don Leopoldo fece segno che il vecchio se n'era andato", per indicare che era morto (Verga).

excursus → *digressione*.

exemplum dal latino, "esempio"; designa una breve narrazione che vuole esemplificare un insegnamento morale o religioso.

fabula in un testo narrativo, successione logica e cronologica degli avvenimenti narrati. Da non confondersi con l'→ *intreccio*, che indica l'ordine di esposizione scelto dal → *narratore*.

figura retorica artificio stilistico (→ *stile*) utilizzato per ottenere particolari effetti espressivi. Le figure retoriche si distinguono in:
etimologiche: consistono nell'usare, all'interno dello stesso verso o della stessa frase, parole diverse con la stessa etimologia, cioè con la stessa origine. Esempio: "i figli pensosi pensose guatar" (Manzoni);
del suono: si basano sui rapporti fonetici che è possibile instaurare tra le parole;
del significato (→ *tropo*): si basano sul significato delle parole;
sintattiche: si basano sulla disposizione delle parole all'interno della frase e del testo.

flashback tecnica narrativa che consiste nell'interrompere il racconto di eventi attuali secondo l'andamento cronologico per inserire un episodio cronologicamente anteriore, più o meno strettamente connesso a quegli eventi.

flusso di coscienza tecnica narrativa (*stream of consciousness* in lingua inglese) che consiste nel riprodurre il libero succedere di pensieri, immagini e sensazioni, così come si forma e fluisce nell'interiorità quando è ancora debole l'azione riflessiva e organizzativa dell'intelletto razionale. Da qui la rinuncia alla punteggiatura e il ricorso a invenzioni linguistiche, neologismi, libere associazioni concettuali. Ispirata alla psicoanalisi di Sigmund Freud e ai suoi studi sull'inconscio e sui sogni, questa tecnica deve in particolare la sua notorietà allo scrittore irlandese James Joyce (i romanzi *Ulisse* e *Finnegans Wake* [*La veglia di Finnegan*]). Sebbene si realizzi generalmente portando in primissimo piano un personaggio monologante, il flusso di coscienza non va confuso con il → *monologo interiore*.

focalizzazione → *punto di vista*.

fonosimbolismo → *figura retorica* che consiste nello sfruttare il suono delle parole per evocare sentimenti e sensazioni particolari. Casi particolari di fonosimbolismo sono alcune esclamazioni e la → *onomatopea*.

fronte → *canzone*.

geminazione → *epanalessi*.

giambo nella → *metrica* classica → *piede* costituito da una sillaba breve e una sillaba lunga; nella metrica italiana, successione di due sillabe con → *accento* sulla seconda. È detto → *verso* giambico il verso costituito dalla successione di più giambi. Esempio: "Di quéi sospíri ond'ío nudríva 'l córe" (Petrarca).

gradazione → *climax*.

hysteron proteron → *figura retorica* di tipo sintattico per la quale l'ordine logico risulta invertito rispetto al succedersi naturale delle azioni. Esempio: "Tu non avresti in tanto <u>tratto e messo</u> / nel foco il dito" (Dante).

iato gruppo fonetico che si ha quando due vocali vicine all'interno della stessa parola, non formando → *dittongo*, costituiscono due sillabe differenti. Spesso gli iati all'interno del → *verso* formano una sola sillaba metrica per il fenomeno della → *sineresi*. Esempi: "mia", "mio", "faìna", "gioì", "tue", "tuo".

idillio componimento breve di origine alessandrina che tratta vari temi, in particolare quello amoroso, con ambientazione georgica o pastorale.

idiotismo locuzione propria delle varietà geografico-sociali di una lingua.

incipit dal latino, "inizia"; prima parola o parole iniziali di un testo.

interrogazione retorica proposizione interrogativa di cui si prevede già la risposta. Viene formulata non per sapere ciò che non si conosce, ma per sottolineare ciò che si sa. Esempio: "Sei arrivato solo adesso?".

intertestualità insieme dei rapporti che un testo intrattiene con altri testi. In teoria della letteratura, si distinguono due tipi di intertestualità:
interna: rete di relazioni che un testo intrattiene con altri testi dello stesso autore;
esterna: rete di relazioni che un testo intrattiene con modelli letterari coevi o precedenti.

intreccio in una narrazione, successione dei fatti così come vengono presentati dal → *narratore*. Da non confondersi con la → *fabula*, che indica l'ordine logico e cronologico degli avvenimenti narrati.

inversione → *figura retorica* di tipo sintattico che si ha quando l'ordine delle parole non coincide con quello normale del discorso. Casi particolari di inversione sono:
anastrofe: consiste nell'inversione dell'ordine normale delle

parole. Si ha anastrofe per esempio quando l'aggettivo precede il sostantivo a cui si riferisce, o quando il verbo precede il proprio soggetto. Esempio: "Sempre caro mi fu quest'ermo colle" (= "Quest'ermo colle mi fu sempre caro") (Leopardi).
epifrasi: consiste nel posporre un termine o un segmento discorsivo rispetto alla posizione che normalmente occuperebbe, collegandolo a quanto precede attraverso la congiunzione "e". L'epifrasi è una variante dell'iperbato.
iperbato: consiste nel separare due elementi della frase strettamente legati tra loro (come aggettivo e sostantivo, o sostantivo e complemento di specificazione), inserendo tra di essi un terzo elemento. Esempio: "Dolce e chiara è la notte e senza vento", dove "e senza vento" è separato da "dolce e chiara" dall'inserimento di "è la notte" (Leopardi).

io narrante → ***narratore***.

ipallage → ***figura retorica*** che consiste nell'attribuire a un termine proprietà che logicamente andrebbero attribuite a un altro termine a esso vicino. Esempio: "le mura dell'alta Roma", in luogo di "le alte mura di Roma" (Virgilio).

iperbato → ***inversione***.

iperbole → ***figura retorica*** del significato che consiste nell'esprimere un concetto in maniera esagerata e inverosimile, spesso in funzione ironica (→ ***ironia***). Esempio: "le coperte gli parvero una montagna" (Manzoni).

ipermetro → ***verso*** irregolare, più lungo di quanto lo schema metrico prescelto comporterebbe. Esempio: "che al quartiere in penombra si rapprende. / E lo sommuove. Lo fa più grande, vuoto, / intorno, e, più lontano, lo riaccende", dove il primo e il terzo verso sono endecasillabi (→ ***endecasillabo***) regolari mentre il secondo è ipermetro (Pasolini).

ipometro → ***verso*** irregolare, più corto di quanto lo schema metrico prescelto comporterebbe.

ipotassi → ***subordinazione***.

ipotiposi → ***figura retorica*** che consiste nel rappresentare le cose in modo così vivo da mostrarne quasi la figura, suscitando nel lettore o nell'ascoltatore l'impressione di averle sotto gli occhi.

ironia → ***figura retorica*** del significato che consiste nell'affermare il contrario di quanto si intende dire.

iterazione → ***ripetizione***.

lassa tipo di → ***strofa*** proprio della poesia epica medievale, in particolare di quella francese e spagnola; è costituita da un numero variabile di versi (→ ***verso***) uguali, solitamente decasillabi (→ ***decasillabo***), legati dall'→ ***assonanza*** o dalla → ***rima***. È stata ripresa da Carducci e D'Annunzio per la trattazione di argomenti storici.

lauda componimento poetico in origine musicato, di tema religioso, proprio della letteratura medievale latina e volgare. Inizialmente costituita di lasse (→ ***lassa***) monorime (→ ***rima***) o di strofe (→ ***strofa***) di sei versi (→ ***verso***), la lauda adottò in seguito la struttura della → ***ballata***, non senza influssi dalla poesia profana. Importanti furono nel XIII secolo le laudi di Guittone d'Arezzo e Jacopone da Todi, nel XV secolo quelle di Lorenzo de' Medici e Girolamo Savonarola.

leitmotiv in un testo letterario, motivo dominante, che torna periodicamente a scandire e improntare l'intera narrazione.

litote → ***figura retorica*** del significato corrispondente a un'affermazione attenuata, che nega il contrario di ciò che si intende dire. Esempio: "non è un cattivo ragazzo", vale a dire che è un bravo ragazzo.

locus amoenus dal latino, "luogo piacevole"; → ***topos*** letterario che indica uno scenario ameno e idillico, dove la serenità della natura allontana i problemi della società e della storia.

luogo comune → ***topos***.

maccheronico linguaggio che applica grammatica e → ***metrica*** latine al volgare dalle tinte dialettali, con un effetto di deformazione linguistica, comica → ***ironia*** e → ***straniamento*** espressionistico. Nato come → ***parodia*** del latino dalla poesia goliardica medievale e dai *Carmina burana*, trova la sua espressione più compiuta nell'opera di Teofilo Folengo. In seguito il termine "maccheronico" è passato a designare ogni lingua letteraria fortemente mescidata e deformante, con vistosi scarti tra registri (→ ***registro***) alti e bassi, come talvolta avviene nell'opera di Gadda.

madrigale forma metrica medievale e rinascimentale in endecasillabi (→ ***endecasillabo***), basata su una o più terzine (→ ***terzina***) seguite da uno o due distici (→ ***distico***). Di argomento spesso amoroso, è stato ripreso in epoca moderna da Pascoli e D'Annunzio. Esempi: Pascoli, *Arano* e *Lavandare*, in *Myricae*.

martelliano → ***doppio settenario***.

meta- prefisso di origine greca che indica autoreferenzialità. Per esempio un metalinguaggio è un linguaggio che ha lo scopo di descrivere e analizzare il linguaggio stesso; una metapoesia è una poesia in cui l'argomento è la poesia stessa o la poetica del suo autore; un metaromanzo è un romanzo in cui l'autore riflette sul valore del romanzo come genere letterario, sulle possibili tecniche da adottare, sulla struttura e sulle scelte stilistiche; un testo metateatrale è un testo teatrale in cui si discute del teatro. Esempi: Montale, *I limoni*, *Non chiederci la parola che squadri da ogni lato* (due metapoesie da *Ossi di seppia*); Pirandello, *Sei personaggi in cerca d'autore* (testo metateatrale); Calvino, *Se una notte d'inverno un viaggiatore* (metaromanzo).

metafonesi processo fonetico in virtù del quale una vocale su cui cade l'→ ***accento*** cambia di timbro per assimilazione a distanza con un'altra vocale o con una semivocale. Esempio: nel dialetto bolognese, il singolare "fiàur" (= "fiore") diventa al plurale "fiùr".

metafonia → ***metafonesi***.

metafora → ***figura retorica*** del significato che consiste nel trasferimento di significato da una realtà a un'altra che abbia con la prima un rapporto di somiglianza. Da non confondersi con la → ***similitudine***: quest'ultima nasce da un procedimento logico di analisi, mentre la metafora da un procedimento logico di sintesi. Nell'ambito della metafora, rientra l'→ ***allegoria***. Esempio: "cotesta età fiorita", cioè la giovinezza (Leopardi).

metonimia → ***figura retorica*** del significato che consiste nell'indicare una realtà per mezzo di un'altra che abbia con la prima un rapporto di contiguità logica (l'autore per l'opera, i mezzi per il risultato, il contenente per il contenuto, il luogo per gli abitanti, la materia per l'oggetto...). Spesso la metonimia è difficilmente distinguibile dalla → ***sineddoche***. Esempio: "ci lascerai le ossa", cioè la vita; "bere un bicchiere", in luogo di bere una bevanda.

metrica insieme delle regole che presiedono alla scrittura in versi (→ ***verso***). La metrica si può distinguere in:
quantitativa: metrica greca e latina, che si basava sull'alternanza di sillabe lunghe e brevi. Le sillabe – combinandosi tra loro – venivano a formare i piedi (→ ***piede***), i quali – combinandosi a loro volta – formavano i versi;
accentuativa: metrica italiana e delle altre lingue europee moderne, che si basa sugli accenti (→ ***accento***) delle parole e sulla collocazione di tali accenti all'interno del verso;
barbara: metrica reinventata nella seconda metà dell'Ottocento da Carducci e da altri poeti, che tentavano di riprodurre in lingua italiana i versi della metrica classica, con un effetto che sarebbe suonato "barbaro" (strano, esotico) alle orecchie degli antichi.

mise en abîme/abyme tecnica narrativa (in francese "messa in abisso") che prevede all'interno di un testo la duplicazione di una sequenza di eventi che condensi in sé il senso ultimo della vicenda raccontata. Una forma particolare di *mise en abîme* è l'espediente della storia nella storia.

monologo interiore tecnica narrativa, sperimentata dallo scrittore francese Édouard Dujardin alla fine dell'Ottocento e largamente impiegata nella letteratura del Novecento (Joyce, Woolf, Svevo), mediante la quale il lettore viene introdotto direttamente nella vita interiore del personaggio, di cui sono registrati in prima persona, e senza alcun commento dell'autore, pensieri, reazioni, impressioni, ricordi. Spesso assimilato al → ***flusso di coscienza***, si differenzia per il carattere meno alogico, che si traduce in un maggiore controllo linguistico e sintattico.

monorima → ***rima***.

narratore in un testo narrativo, personaggio che racconta la storia in prima o in terza persona; da non confondersi con l'autore, del quale però spesso interpreta il → ***punto di vista***.

neologismo parola o locuzione di recente introduzione in una lingua. In alcuni casi il neologismo è coniato da uno scrittore per ragioni espressive, in altri è frutto dell'evoluzione della lingua oppure di un adattamento da altra lingua.

nonsense tipico della letteratura inglese, breve componimento in versi (→ ***verso***) di carattere fantastico e umoristico, che presenta temi, azioni e personaggi strani, grotteschi e surreali allo scopo di divertire con l'assurdo. Esempio: Carroll, *Alice nel Paese delle Meraviglie*.

novenario → ***verso*** imparisillabo, caratterizzato nella maggior parte dei casi dalla presenza di accenti (→ ***accento***) metrici sulla seconda, quinta e ottava sillaba metrica.

ode forma metrica classica, basata su schemi molto vari. L'ode moderna, nata nel Rinascimento su modelli classici, si basa su strofe (→ ***strofa***) di sei o sette endecasillabi (→ ***endecasillabo***) e settenari (→ ***settenario***); nell'Ottocento, si ricordano le *Odi barbare* di Carducci, basate su una → ***metrica*** barbara. Esempi: Parini, *La salubrità dell'aria*; Foscolo, *Alla amica risanata*; Manzoni, *Il cinque maggio*; Carducci, *Sulla piazza di san Petronio*.

omoteleuto → ***figura retorica*** che si ha quando due parole terminano con gli stessi suoni. Un caso particolare di omoteleuto è la → ***rima***. Esempi: "cuore" – "andare"; "abile" – "miele".

onomatopea figura fonosimbolica (→ ***fonosimbolismo***) consistente nell'impiegare parole che imitano suoni o rumori naturali, come l'espressione "din don" in riferimento al suono delle campane. Accanto a simili voci puramente mimetiche (*onomatopea propria*), l'onomatopea può essere semantizzata in parole contenenti suoni che richiamano suggestivamente il significato, come "tintinnio", "sussurro", "ululato" e "scroscio" (*onomatopea impropria*).

ossimoro → ***figura retorica*** del significato basata sull'accostamento di due parole di significato contraddittorio. Si distingue dall'→ ***antitesi*** perché l'ossimoro fonde i due elementi contrastanti in un'unica espressione o immagine, mentre l'antitesi li contrappone esplicitamente. Esempio: "O viva morte, o dilettoso male" (Petrarca).

ottava → ***strofa*** di otto endecasillabi (→ ***endecasillabo***), di cui i primi sei a → ***rima*** alternata mentre gli ultimi due a rima baciata. Fu probabilmente usata per la prima volta da Boccaccio, per poi essere perfezionata da Ariosto nell'*Orlando furioso*; detta anche "ottava rima", è la strofa per eccellenza del poema cavalleresco.

ottonario → ***verso*** parisillabo, caratterizzato da accenti (→ ***accento***) metrici sulla terza, quinta e settima sillaba metrica.

palinodia ritrattazione di un comportamento o di un'opinione precedentemente espressa.

paradosso → ***figura retorica*** che consiste in una formulazione apparentemente assurda e in contraddizione con logica e buon senso, ma in realtà provvista di una sua sostanziale validità. Si usa per colpire o sorprendere il lettore o l'ascoltatore. Si può presentare sotto forma di → ***ossimoro***. Esempio: "Sono solo i superficiali a non giudicare dalle apparenze".

paragoge → ***epitesi***.

paragone → ***similitudine***.

parallelismo → ***figura retorica*** di tipo sintattico basata sulla disposizione parallela di due o più elementi della frase, del periodo o del testo. È il contrario del → ***chiasmo***. Esempio: "Dagli atrii muscosi, dai Fori cadenti..." (Manzoni).

paratassi → *coordinazione*.

paraverbalità modalità nella quale una parola, una frase o un testo viene espresso. Nel linguaggio orale riguarda il tono, la velocità, il timbro, l'altezza della voce; in quello scritto l'uso della punteggiatura, la suddivisione del testo in paragrafi, l'inserimento dei capoversi.

parodia imitazione di uno → *stile*, una lingua, un testo o un autore fatta a scopo ironico (→ *ironia*) o satirico (→ *satira*) Esempio: l'*Introduzione* ai *Promessi sposi* di Manzoni, dove si imita lo stile retorico e artificioso degli scrittori seicenteschi. Lo stesso romanzo di Manzoni ha poi avuto numerose trasposizioni in chiave parodistica dall'Ottocento ai giorni nostri, non solo letterarie ma anche musicali, iconografiche, cinematografiche.

paronomasia → *figura retorica* basata su un bisticcio tra due parole di suono simile, ma di significato diverso. Esempio: "la luce si fa avara – amara l'anima" (Montale).

pastiche opera in cui l'autore imita deliberatamente stili e linguaggi altrui anche molto diversi tra loro, con intenti spesso dissacratori. Esempio: Gadda, *Quer pasticciaccio brutto de via Merulana*.

pastorella forma poetica di origine provenzale, che veniva musicata e cantata e che consisteva nel dialogo tra una giovane pastora e un cavaliere-trovatore innamorato.

pentametro → *verso* della poesia greca e latina costituito da cinque piedi (→ *piede*), utilizzato specialmente nell'→ *elegia* (insieme all'→ *esametro*, con il quale forma il → *distico elegiaco*).

perifrasi → *figura retorica* del significato che consiste nel designare un oggetto, un luogo o una persona mediante un giro di parole anziché con il semplice nome. In alcuni casi è utilizzata in funzione analoga all'→ *eufemismo*. Da non confondersi con l'→ *antonomasia*. Esempio: "di Faon la fanciulla", per indicare Saffo (Foscolo).

personificazione → *figura retorica* che consiste nell'attribuire carattere di personaggio a entità astratte (sentimenti, sensazioni, idee, cose inanimate). È spesso all'origine dell'→ *allegoria* e della → *prosopopea*. Esempio: "a te d'intorno volano / invidïate l'Ore" (Foscolo).

piede nella poesia classica, minimo elemento metrico, cioè l'unità di misura del → *verso*; nella → *metrica* italiana, ciascuno dei due membri – di uguale struttura metrica – in cui è suddivisa la → *fronte* della → *strofa* nella → *canzone* petrarchesca.

pleonasmo elemento linguistico o stilistico (→ *stile*) sovrabbondante, grammaticalmente non necessario, cui si ricorre per ottenere particolari effetti espressivi. Esempio: "La c'è, la c'è" (Manzoni).

poemetto opera in versi (→ *verso*) di carattere narrativo, didascalico, satirico (→ *satira*) o lirico, in genere suddivisa in più parti; simile al poema per impostazione e temi, se ne distingue per la minore ampiezza e complessità. Esempi: Parini, *Il giorno*; Eliot, *La terra desolata*.

polimetro componimento poetico con versi (→ *verso*) o strofe (→ *strofa*) diversi.

poliptoto → *figura retorica* di tipo sintattico che consiste nel riprendere una parola a breve distanza con flessione differente. Esempio: "Cred'ïo ch'ei credette ch'io credesse" (Dante).

polisemia proprietà di una parola, una frase o un testo letterario di possedere più significati divergenti.

polisindeto → *figura retorica* di tipo sintattico che consiste nel collegare due frasi o elementi di frase tra loro coordinati (→ *coordinazione*) mediante congiunzioni. È il contrario di → *asindeto*. Esempio: "E ripensò le mobili / tende, e i percossi valli, / e il lampo de' manipoli, / e l'onda dei cavalli, / e il concitato imperio, / e il celere ubbidir" (Manzoni).

posizione sillaba metrica, ossia unità minima del → *verso*.

preterizione → *figura retorica* del significato mediante la quale si afferma di voler tacere ciò che invece si dice esplicitamente. Da non confondersi con la → *reticenza*, nella quale invece si tace effettivamente qualcosa. Esempio: "Cesare taccio, che per ogni piaggia / Fece l'erbe sanguigne" (Petrarca).

prolessi tipo particolare di → *inversione* che consiste nell'anticipare un elemento del discorso rispetto alla sua posizione regolare, spesso per ottenere effetti di → *enfasi*. Esempio: "Bene non seppi", con prolessi di "bene" (Montale).

prosimetro componimento in parte in prosa e in parte in versi (→ *verso*).

prosodia nella → *metrica* classica, insieme di regole della metrica quantitativa; nella metrica moderna, studio della versificazione (→ *verso*) accentuativa e della relazione tra i suoni.

prosopopea tecnica espositiva che consiste nel dare la parola a un personaggio già defunto oppure a una cosa inanimata come se fosse viva (→ *personificazione*, → *allegoria*). Serve a vivacizzare il discorso in testi saggistici e filosofici, ma viene utilizzata anche in testi narrativi. Da non confondere con l'→ *apostrofe*, in cui invece è l'autore a rivolgersi a un'entità astratta personificata. Esempio: "... A te la speme / nego, mi disse, anche la speme; e d'altro / non brillin gli occhi tuoi se non di pianto", dove a parlare è la Natura, che si rivolge direttamente al poeta (Leopardi).

punto di vista in una narrazione, rapporto tra il → *narratore* e la vicenda narrata. Si danno tre casi di narrazione:
focalizzazione interna: il narratore assume il punto di vista di un personaggio, cioè rappresenta la realtà dal punto di vista di quest'ultimo. Esempio: Svevo, *La coscienza di Zeno*;
focalizzazione esterna: il narratore assume il punto di vista di un osservatore esterno e si finge ignaro dei pensieri e delle motivazioni profonde dei personaggi. Esempio: Verga, *I Malavoglia*;
focalizzazione zero: il narratore assume un punto di vista onnisciente. Esempio: Manzoni, *I promessi sposi*.

quadrisillabo → *verso* parisillabo, caratterizzato dalla presenza di accenti (→ *accento*) sulla prima e sulla terza sillaba metrica.

quartina → *strofa* di quattro versi (→ *verso*). A seconda dello schema su cui si basa, può essere a → *rima* baciata (AABB, di uso raro), alternata (ABAB) o incrociata (ABBA).

quinario → *verso* imparisillabo, caratterizzato dalla presenza di accenti (→ *accento*) sulla prima o sulla seconda e sulla quarta sillaba metrica.

referente nella teoria linguistica, oggetto designato da una parola o da un'espressione. Vedi anche → *significante* e → *significato*.

registro tono linguistico e stilistico (→ *stile*) di un'opera. Si parla di *registro basso*, se l'autore ricorre a un lessico popolare, dialettale oppure di tipo familiare e colloquiale; *medio*, se ricorre a una lingua simile a quella parlata dalle persone colte; *alto o sublime*, se ricorre a un linguaggio ricercato, raffinato, arcaizzante, difficile o retoricamente molto elaborato.

reticenza → *figura retorica* che consiste nel tacere qualcosa, lasciando intendere al lettore che si potrebbe parlarne ma si preferisce non farlo. Da non confondersi con l'→ *ellissi*, l'→ *eufemismo* o la → *preterizione*. Esempio: "Garzoncello scherzoso, /.../ Altro dirti non vo'; ma la tua festa / ch'anco tardi a venir non ti sia grave" (Leopardi).

retorica in senso lato, arte del parlare e dello scrivere. Intesa in modo più specifico come arte del parlare al fine di persuadere un uditorio, cioè come oratoria, la retorica classica era suddivisa solitamente in cinque parti:
- *inventio*: ricerca preliminare di argomenti e contenuti da affrontare;
- *dispositio*: sistemazione delle varie parti del discorso, a partire dalla → *captatio benevolentiae*;
- *elocutio*: scelta delle modalità espressive e delle → *figure retoriche*;
- *memoria*: memorizzazione del discorso;
- *actio*: recitazione del discorso.

Così come la si intende oggi, la retorica coincide grosso modo con l'*elocutio*. La retorica è stata fondamentale nell'educazione letteraria e culturale dall'antichità fino all'inizio dell'età moderna, esercitando una funzione e un'influenza determinanti. Al fervore delle ricerche storico-linguistiche e delle nuove metodologie formalistico-stilistiche si deve la ripresa della retorica nell'età contemporanea, ripresa che avviene in un'ottica differente rispetto al passato, più descrittiva che normativa.

riassunto → *sommario*.

ridondanza elementi presenti in un messaggio non strettamente indispensabili alla sua comprensione. Vedi anche → *pleonasmo*.

rima → *figura retorica* del suono che si ha quando due o più parole terminano in modo identico a partire dalla vocale accentata (→ *accento*). Le rime si indicano con le lettere dell'alfabeto, minuscole per i versi (→ *verso*) dal → *bisillabo* al → *settenario* e maiuscole per i versi dall'→ *ottonario* all'→ *endecasillabo*: a lettere uguali corrispondono rime uguali. Vedi anche → *assonanza*, → *consonanza* e → *omoteleuto*.
A seconda della collocazione dell'accento tonico delle parole in rima, la rima può essere:
tronca: l'accento cade sull'ultima sillaba;
piana: l'accento cade sulla penultima sillaba;
sdrucciola: l'accento cade sulla terzultima sillaba.
A seconda della disposizione delle rime all'interno del testo, la rima può essere:
baciata o accoppiata: AA;
alternata: ABAB;
incatenata: ABA, BCB, CDC;
incrociata o chiusa: ABBA;
sciolta: la rima è svincolata da schemi prestabiliti;
monorima: quando si è in presenza di una → *strofa* caratterizzata da una sola rima che si ripete.
A seconda della tipologia, la rima può essere:
identica: una parola rima con sé stessa;
perfetta: l'identità di suono delle parole in rima è totale ("vita" – "smarrita", Dante);
imperfetta: le parole in rima hanno identiche vocali ma differenti consonanti, o viceversa ("rison<u>ando</u>" – "<u>alto</u>", Rebora);
ricca: le parole in rima condividono altri fonemi prima della rima ("pietate" – "beltate", Petrarca);
povera: la rima consiste solo in vocali identiche ("avvolg<u>ea</u>" – "ard<u>ea</u>", Petrarca);
equivoca: le parole in rima hanno suono uguale ma significato differente;
composta o spezzata: una parola rima con l'insieme di due o più parole ("sco<u>ncia</u>" – "<u>non ci ha</u>", Dante);
etimologica o derivativa: le parole in rima sono caratterizzate da una relazione etimologica ("<u>fredda</u> – "raf<u>fredda</u>", Petrarca);
grammaticale o desinenziale: le parole in rima hanno identica desinenza ("ment<u>ire</u>" – "d<u>ire</u>", Petrarca);
inclusiva: una delle due parole in rima è contenuta nell'altra ("assalto" – "alto", Cammarano);
ipermetra: una delle due parole in rima è considerata senza la sillaba finale ("am<u>ico</u>" – "can<u>ico</u>la", Montale);
interna: le parole in rima si trovano all'interno del verso;
rimalmezzo: una parola all'interno di un verso rima con la parola finale del verso precedente;
per l'occhio: le rime sono identiche a livello grafico, ma diverse a livello del suono ("<u>mando</u>" – co<u>mandò</u>", Francesco da Barberino);
per l'orecchio: le rime sono identiche a livello del suono, ma diverse a livello grafico ("cam<u>icie</u>" – "N<u>ietzsche</u>", Gozzano);
rara: le parole in rima sono rare o appartengono a lingue straniere.
La traduzione in toscano dei testi della Scuola siciliana (XII-XIII secolo) ha dato origine a un tipo di rima detta "siciliana": essa consiste nella rima di "i" con "e" chiusa ("morire" – "cadere") e di "u" con "o" chiusa ("distrutto" – "sotto").

ripetizione → *figura retorica* di tipo sintattico basata sulla ripetizione di una o più parole a distanza ravvicinata. Si distinguono vari casi di ripetizione: → *anadiplosi* → *anafora* → *duplicazione* → *epanalessi* → *epifora*.

ripresa parte iniziale della → *ballata* che viene ripetuta alla fine di ogni → *strofa*.

rispetto variante toscana dello → *strambotto*; è formato da una → *strofa* di otto versi (→ *verso*) con schema ABABCCDD. Diffuso nel XIV secolo, deve il suo nome al fatto che veniva recitato alla donna amata.

ritmo elemento musicale per eccellenza. In prosa è determinato dalla successione degli accenti (→ *accento*) di frase, secondo regole fisse o la sensibilità dell'autore; in poesia, è dato nella → *metrica* quantitativa dall'alternarsi di sillabe lunghe e brevi, mentre in quella accentuativa di sillabe toniche e atone. Con il termine "ritmo" si indica anche un tipo di componimento in lasse (→ *lassa*) monorime (→ *rima*), tipico della letteratura italiana delle origini, che testimonia il passaggio dalla metrica quantitativa tardo-latina a quella accentuativa italiana.

ritornello → *ripresa*.

satira genere letterario in versi (→ *verso*) o in prosa che critica costumi, atteggiamenti e idee con tono ironico (→ *ironia*) e umoristico. Di origine antica, ha avuto grande sviluppo a partire dal Settecento ed è spesso utilizzata all'interno di romanzi e *pamphlet*.

semantica parte della linguistica che si occupa del → *significato* delle parole.

senario → *verso* parisillabo caratterizzato dalla presenza di accenti (→ *accento*) sulla seconda e sulla quinta sillaba metrica.

senhal termine provenzale indicante lo pseudonimo con cui il poeta si riferisce a un personaggio.

sermocinatio → *figura retorica* che consiste nell'oggettivizzazione del pensiero dell'autore in un discorso diretto, un monologo o un dialogo attribuito a un personaggio, imitandone eventualmente il carattere. Esempio: "Così questo si addormenta dicendo 'Amore, aiuta lo tuo fedele'" (Dante).

serventese → *sirventese*.

sestina → *strofa* di sei endecasillabi (→ *endecasillabo*), dei quali i primi quattro a → *rima* alternata e gli ultimi due a rima baciata, secondo lo schema ABABCC. Usata nella poesia religiosa antica (vedi → *lauda*), fu adottata poi come schema della poesia satirica (→ *satira*).

settenario → *verso* imparisillabo caratterizzato dalla presenza di un → *accento* sulla sesta sillaba metrica; un altro accento può inoltre cadere su una qualsiasi delle prime quattro sillabe metriche. Esempio: Manzoni, *La Pentecoste*.

significante nella teoria linguistica, il suono di una parola, che ne veicola il → *significato* ma è da esso indipendente: lo stesso significato può infatti essere veicolato da significanti diversi in lingue diverse ("tre", "trois", "tres", "three", "drei" veicolano tutti il significato "3"). Vedi anche → *referente*.

significato nella teoria linguistica, il concetto indicato da una parola. Esistono parole prive di significato, come le congiunzioni o le preposizioni. Vedi anche → *significante* e → *referente*.

sillogismo forma di argomentazione elaborata da Aristotele costituita da tre proposizioni dichiarative, connesse in modo tale che dalle prime due (assunte come premesse) derivi necessariamente la terza (che vale come conclusione). Delle due premesse, la prima – definita "maggiore" – ha carattere generale, mentre la seconda – definita "minore" – ha carattere particolare. Esempio:
premessa maggiore: "tutti gli uomini sono mortali";
premessa minore: "Socrate è un uomo";
conclusione: "Socrate è mortale".

simbolo luogo, oggetto o personaggio che incarna qualità o entità astratte. Il simbolo si distingue dall'→ *allegoria* perché la sua interpretazione non è univoca, bensì ambigua e polivalente; si distingue inoltre dalla → *metafora* perché non nasce sulla base di un rapporto di somiglianza. Sull'uso di simboli si basa gran parte della poesia moderna e in particolare l'opera dei poeti detti "simbolisti". Esempio: *L'assiuolo* di Pascoli, dove l'uccello rapace è simbolo della morte.

similitudine → *figura retorica* del significato basata sul confronto fra due realtà, immagini o personaggi; può avere diverse funzioni: eroicizzante, didascalica, ironica (→ *ironia*)... Nella sua forma classica, è facilmente riconoscibile per la presenza dei correlativi che la introducono ("come ... così", "quale ... tale"...). Da non confondersi con l'→ *analogia* o la → *metafora*. Esempio: "Tu sei <u>come</u> una giovane, / una bianca pollastra" (Saba).

sinalefe figura metrica che si ha quando due vocali vicine, appartenenti a parole diverse, costituiscono una sola sillaba metrica. È il contrario della → *dialefe*. Esempio: "Dol<u>ce</u> e chiar<u>a</u> <u>è</u> la nott<u>e</u> <u>e</u> senza vento" (Leopardi).

sincope in linguistica, caduta di suono o gruppo di suoni all'interno di una parola. Esempio: "verde", dal latino *vir<u>i</u>dis*, con sincope della "i".

sincronico che è situato sullo stesso piano temporale. Una lingua può essere oggetto di uno studio sincronico, ossia concernente un suo stadio particolare, oppure → *diacronico*, ossia concernente la sua evoluzione storica.

sineddoche → *figura retorica* del significato che sostituisce un termine con un altro che ha con il primo un rapporto di maggiore o minore estensione (la parte per il tutto o viceversa, il genere per la specie...). Esempio: "i tetti", per indicare la casa (Foscolo).

sineresi figura metrica che si ha quando due vocali vicine, pur non formando un → *dittongo*, costituiscono una sola sillaba metrica. È il contrario della → *dieresi*. Esempio: "il <u>Dio</u> che atterra e suscita" (Manzoni).

sinestesia → *figura retorica* del significato che si basa sulla commistione di ambiti sensoriali diversi. Nota fin dall'antichità, ha acquisito importanza particolare nell'Ottocento grazie a Charles Baudelaire e ai poeti simbolisti. Esempi: "<u>Profumi freschi</u> come la carne d'un bambino, <u>dolci</u> come l'oboe, <u>verdi</u> come i prati", dove il profumo viene definito mediante termini che fanno riferimento al tatto, al gusto e alla vista (Baudelaire).

sirma → *canzone*.

sirventese componimento di origine provenzale, talvolta musicato, in cui il cortigiano celebrava il proprio signore. Il nome ("sirventès", da "sirven" = "servente") si riferiva probabilmente al fatto che le parole dovevano "servire" a una musica preesistente. Introdotto nella tradizione italiana nel XIII secolo, viene utilizzato per trattare argomenti politici contemporanei, spesso con toni polemici e satirici (→ *satira*), didascalici e religiosi, mai amorosi. Variamente congegnato dal punto di vista della → *metrica*, è perlopiù formato da strofe (→ *strofa*) composte da tre endecasillabi (→ *endecasillabo*) monorimi (→ *rima*) e un → *quinario*, che rima con i tre versi (→ *verso*) successivi (AAAb, BBBc, CCCd...). Probabilmente dal sirventese delle origini è derivata per trasformazioni la → *terzina* incatenata o dantesca.

sommario tecnica narrativa che permette di sintetizzare brevemente una serie di fatti che si svolgono in un lungo arco di tempo. Da non confondersi con l'→ *ellissi*, che consiste invece nel tacere del tutto un fatto o nel saltare un periodo della vicenda. Esempio: "Venne la dispensa, venne l'assolutoria, venne quel benedetto giorno: i due promessi andarono, con sicurezza trionfale, proprio a quella chiesa, dove, proprio per bocca di don Abbondio, furono sposi" (Manzoni).

sonetto forma metrica basata su quattordici versi (→ *verso*) endecasillabi (→ *endecasillabo*) suddivisi in due quartine (→ *quartina*) e due terzine (→ *terzina*). È il più importante degli schemi metrici della poesia italiana. Esempi: Alfieri, *Sublime specchio di veraci detti*; Foscolo, *A Zacinto*.

stanza → *strofa*.

stereotipo → *topos*.

stile modalità dell'espressione letteraria caratterizzata da aspetti costanti tipici di un autore, un movimento, un'epoca. La → *retorica* antica ne individuava tre, che dovevano essere applicati solo a determinati tipi di opere: il grave o sublime, per argomenti filosofici, tragici, eroici; il mediocre o medio, per temi amorosi e pastorali; l'umile o basso, per argomenti banali e realistici. In Dante questa distinzione si ripresenta nella tripartizione tra stile tragico, elegiaco e comico. Mentre anticamente non si accettavano commistioni tra gli stili, a partire dalla *Divina Commedia* essi si alternano continuamente.

stilema elemento stilistico (→ *stile*) caratteristico di un autore, un movimento, un'epoca.

stile nominale → *stile* in cui la scelta del nome, insieme a quella dell'aggettivo e dei verbi nei modi non finiti (gerundio, participio, infinito), prevale sulla scelta dei verbi di modo finito (indicativo, condizionale, congiuntivo, imperativo). Esempio: "L'odore della prima pioggia notturna, sotto il cielo chiaro. Stagione aperta, ritorno. Nella vita non c'è ritorno. Bellezza di questo ritmo discorde – sul ritorno periodico delle stagioni il progredire degli anni che colorano in modo sempre diverso un tema eguale – misura e invenzione, costanza e scoperta – l'età è accumulo di cose uguali che si arricchisce e approfondisce sempre di più" (Pavese).

stornello forma di canto popolare italiano breve e semplice, generalmente composta da strofe (→ *strofa*) di tre versi (→ *verso*) di varia figura metrica, utilizzata per esprimere argomenti amorosi o satirici (→ *satira*). Nato probabilmente in Toscana nel XVII secolo, si presta facilmente all'improvvisazione e ha il suo contesto più usuale nelle tenzoni (→ *tenzone*) tra contadini al lavoro o durante il riposo.

strambotto breve componimento di origine popolare e d'argomento perlopiù amoroso. Nella sua forma primitiva consiste in otto o sei endecasillabi (→ *endecasillabo*), con schema metrico che presenta tre forme principali: ABABABAB, ABABCCDD, ABABABCC. Lo strambotto incontra una rapida fortuna fra Quattro e Cinquecento, per poi rapidamente decadere, sopraffatto dal → *madrigale*.

straniamento tecnica narrativa che consiste nel descrivere fatti e avvenimenti da un → *punto di vista* diverso dal solito, in modo da mostrarli in una luce nuova e inaspettata. Esempio: Montesquieu, *Lettere persiane*, dove si descrive l'Europa del tempo dal punto di vista di due stranieri provenienti dalla Persia.

stream of consciousness → *flusso di coscienza*.

strofa ("strofe", variante del singolare) gruppo di versi (→ *verso*) che costituiscono un'unità metrica; l'unione di più strofe è alla base di numerose forme metriche, come il → *sonetto*, la → *canzone*, l'→ *ode*, la → *ballata*, il → *madrigale*. Le strofe più importanti della poesia italiana sono il → *distico*, la → *terzina*, la → *quartina* e l'→ *ottava*.

subordinazione rapporto di dipendenza di una frase da un'altra; l'uso di una sintassi ricca o povera di subordinazioni è un tratto stilistico (→ *stile*) particolarmente importante. È il contrario della → *coordinazione*.

tenzone disputa poetica consistente nello scambio di strofe (→ *strofa*) o poesie tra due poeti che dibattono su argomenti amorosi, morali o dottrinali. Solitamente uno dei due propone una tesi o un'opinione alla quale l'altro "risponde per le rime", ossia utilizzando lo stesso schema metrico e le medesime rime (→ *rima*).

terzina → *strofa* di tre versi (→ *verso*). La terzina dantesca, a → *rima* incatenata (ABA, BCB, CDC...), è uno degli schemi metrici più importanti della poesia narrativa, ripreso da Giovanni Pascoli e da altri poeti del Novecento. Con schemi ritmici diversi, è usata anche all'interno di forme liriche come il → *sonetto*. Esempi: Dante, *Divina Commedia*; Pascoli, *Digitale purpurea*.

tmesi divisione, tramite l'interposizione di altri termini, di una parola composta o di un'espressione normalmente unita. Nella → *metrica* italiana, la → *rima* in tmesi è quel fenomeno per cui una parola risulta divisa fra la fine di un → *verso* e l'inizio di quello successivo. Esempio: "Così quelle carole differente- / mente danzando" (Dante).

topos (plurale, *topoi*) dal greco, "luogo comune"; immagine o concetto convenzionali e frequentemente usati. I *topoi* sono spesso utilizzati anche in chiave ironica (→ *ironia*) o metaletteraria.

trisillabo → *verso* imparisillabo caratterizzato da un unico → *accento* sulla seconda sillaba metrica.

trobar verbo di origine provenzale che significa "comporre", da cui deriva la parola "trovatore". Si distinguono il *trobar clus*, tipo di scrittura complessa ed ermetica, e il *trobar leu*, tipo di scrittura semplice, basata su termini usati nel loro significato letterale.

trocheo nella → ***metrica*** classica, → ***piede*** costituito da una sillaba lunga e una breve; nella metrica italiana, successione di coppie sillabiche con → ***accento*** sulla seconda sillaba. È detto → ***verso*** trocaico il verso costituito dalla successione di più trochei.

tropo → ***figura retorica*** che consiste nell'estendere o mutare il significato di una parola.

tropologia discorso che ricorre a tropi (→ ***tropo***) e figure retoriche (→ ***figura retorica***) del significato quali → ***metafora***, → ***allegoria***, → ***metonimia***, → ***sineddoche***.

unità aristoteliche regole desunte dalle opere di Aristotele e seguite dagli scrittori classicisti nella composizione delle opere teatrali. Si distinguono tre tipi di unità:
unità di tempo: la vicenda deve svolgersi nell'ambito di ventiquattro ore;
unità di luogo: la vicenda deve svolgersi nello stesso luogo;
unità di azione: la vicenda non deve presentare episodi secondari e divaganti.
Contro le unità aristoteliche polemizzarono i romantici, che nelle loro opere non le rispettarono, difendendo tale scelta in base al criterio della verosimiglianza. Esempio: Alfieri, *Saul*.

variante in filologia, parola o frase che in due o più esemplari (manoscritti o a stampa) dello stesso testo è riportata in modo differente; scopo degli studi filologici è individuare le varianti e ripristinare la lezione testuale più vicina all'originale. Il termine è usato anche per designare le differenze fra il testo considerato definitivo dal suo autore e gli abbozzi preparatori: in questo caso, le varianti (definite più propriamente come "varianti d'autore") sono rivelate da correzioni e cancellature a mano dell'autore su fogli manoscritti o dattiloscritti (se conservati e reperibili). La critica delle varianti, il cui massimo esponente italiano è stato Gianfranco Contini, si occupa di ricostruire il percorso creativo dell'autore, le sue intenzioni, la sua poetica...

variatio procedimento stilistico (→ ***stile***) che consiste nel cambiare – all'interno di un breve contesto – termini o costrutti per esprimere un medesimo contenuto, al fine di evitare monotonia e ripetizioni. Forme di *variatio* sono la → ***paronomasia*** e il → ***poliptoto***.

verso unità metrica e ritmica (→ ***ritmo***) che distingue il testo poetico da quello prosastico. I versi italiani, caratterizzati dal numero di sillabe metriche e dalla collocazione degli accenti (→ ***accento***), sono i seguenti: → ***bisillabo*** → ***trisillabo*** → ***quadrisillabo*** → ***quinario*** → ***senario*** → ***settenario*** → ***ottonario*** → ***novenario*** → ***decasillabo*** → ***endecasillabo***. I versi si possono distinguere in:
doppi: sono formati dall'unione di due versi brevi (tra il quadrisillabo e il novenario). Vedi anche → ***doppio senario*** e → ***doppio settenario***;
sciolti: non rimano (→ ***rima***) con nessun altro verso della stessa → ***strofa*** o della stessa poesia. Quando si parla di "versi sciolti", al plurale, si intendono gli endecasillabi sciolti, utilizzati a partire dal Cinquecento nelle traduzioni dal latino o dal greco e nella poesia settecentesca e ottocentesca. Esempi: Parini, *Il giorno*; Foscolo, *Dei sepolcri*; Saba, *Ulisse*.
sdruccioli: terminano con parole sdrucciole, cioè accentate sulla terzultima sillaba.
tronchi: terminano con parole tronche, cioè prive di sillaba dopo l'ultima tonica.

voce narrante → ***narratore***.

zeugma → ***figura retorica*** di tipo sintattico che lega un termine – generalmente un verbo – a due o più parole che richiederebbero altrettanti termini specifici. Esempio: "parlare e lagrimar vedrai insieme", dove "parlare" avrebbe dovuto essere retto da un verbo differente da "vedrai", come "sentirai" (Dante).

INDICE DEI NOMI

D

E

F

INDICE DEI NOMI

Angelo Roncoroni

Il nuovo esame di Stato
e le altre prove dell'ultimo anno

Guida, allenamento, simulazioni

www.mondadorieducation.it

Prima edizione: gennaio 2019

Edizioni
10 9 8 7 6 5 4 3 2
2023 2022 2021 2020 2019

Questo volume è stampato da:
La Tipografica Varese S.r.l. - Varese
Stampato in Italia - Printed in Italy

Il Sistema Qualità di Mondadori Education S.p.A. è certificato da Bureau Veritas Italia S.p.A. secondo la Norma UNI EN ISO 9001.

Redazione	duDAT srl / Jennifer Santoro
Progetto grafico	duDAT srl / Fabio Fellini
Impaginazione	duDAT srl
Direzione artistica sistema visivo delle copertine	46xy studio
Realizzazione della copertina	Alfredo La Posta
Ricerca iconografica	Lucia Impelluso

Referenze iconografiche Archivio Mondadori Education - Bridgeman/Mondadori Portfolio - Ulrich Baumgarten via Getty Images - Marco Destefanis/Pacific Press/LightRocket via Getty Images - © Christie's Images/Bridgeman/Mondadori Portfolio Cossu/Keystone/Hulton Archive/Getty Images - Digital Vectors / Getty Images - Ikon images / Getty Images - iStock/ Getty Images - Vincenzo Lombardo/ Getty Images Entertainment - John Macdougall / AFP/ Getty Images - Mondadori Portfolio - Mondadori Portfolio/Age - Mondadori Portfolio/De Agostini Picure Library - Mondadori Portfolio/Ikon Images/ Stuart- Mondadori Portfolio/ Leemage - Picture Press/ Mondadori Porfolio -Titanus / Album / Mondadori Portfolio

Servizio Clienti Mondadori Education
e-mail *servizioclienti.edu@mondadorieducation.it*
numero verde **800 123 931**

INDICE

IL NUOVO ESAME DI STATO

INDICE

VERSO IL MONDO DEL LAVORO: ASL, PCTO E...

LA PROVA INVALSI ALL'ULTIMO ANNO

8 La prova INVALSI di Italiano

UNA GUIDA AL NUOVO ESAME DI STATO

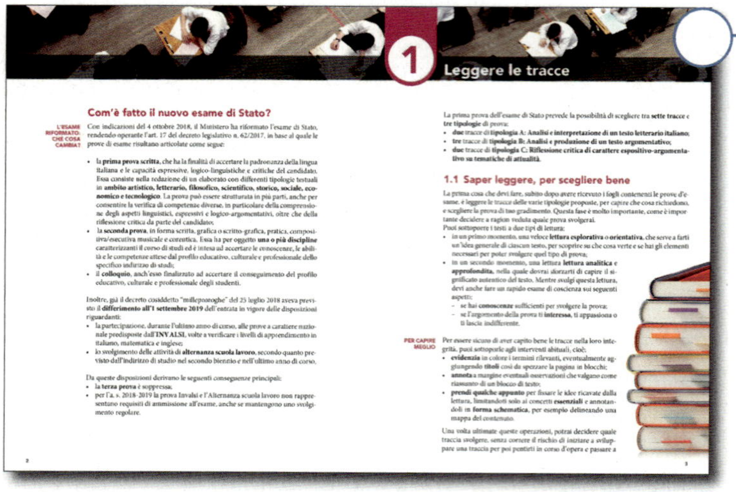

COM'È FATTO

L'esame della riforma spiegato e commentato, partendo dalle ultime indicazioni ministeriali. Il manuale guida e segue lo studente fin dall'inizio: imparare a leggere le tracce della prima prova per scegliere bene la tipologia di scritto in cui cimentarsi.

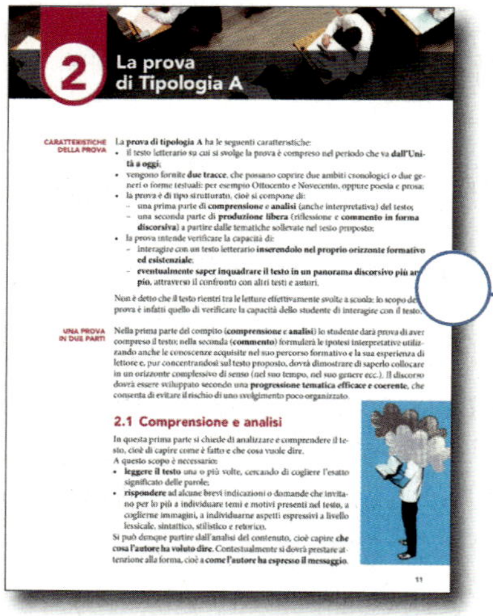

LA PRIMA PROVA E LE SUE TIPOLOGIE

Ognuna delle tre tipologie è presentata e spiegata senza lasciare dubbi o incertezze sulle sue caratteristiche, su cosa davvero viene richiesto allo studente.

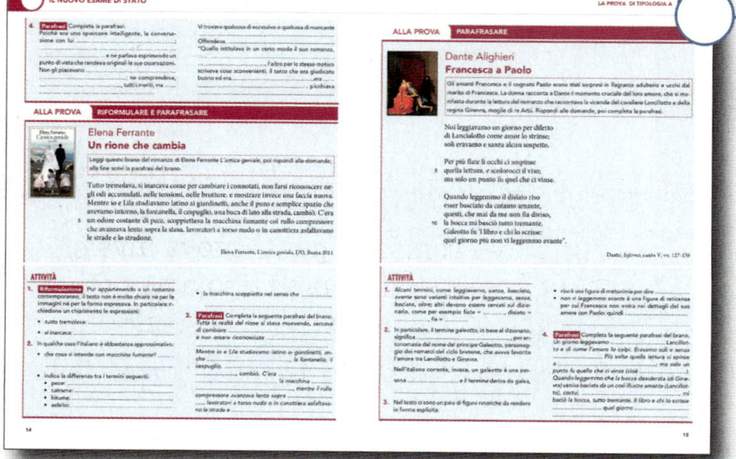

ALLA PROVA: TANTA PRATICA PER CAPIRE MEGLIO

Frequenti proposte di esercizi per sperimentare in concreto quanto appena spiegato facilitano l'apprendimento e allenano ad affrontare tutte le tipologie.

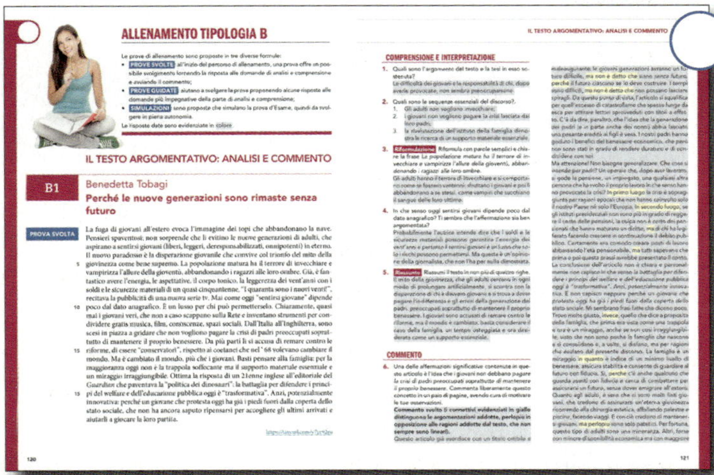

ALLENAMENTO TIPOLOGIA B

IL TESTO ARGOMENTATIVO: ANALISI E COMMENTO

B1 Benedetta Tobagi

Perché le nuove generazioni sono rimaste senza futuro

COMPRENSIONE E INTERPRETAZIONE

COMMENTO

L'ALLENAMENTO

Prove svolte, prove guidate e simulazioni per tutte e tre le tipologie, con 18 proposte di tracce per la tipologia C.

IL NUOVO ESAME DI STATO

ALLA PROVA SUGLI ACCENTI

5.6 L'articolo

I CONSIGLI DEL TUTOR SU ELISIONE E TRONCAMENTO

LE COMPETENZE LINGUISTICHE IN PRIMO PIANO

Per non sbagliare: un utile ripasso delle regole grammaticali e sintattiche, con specchietti di riepilogo, esercizi continui, consigli e suggerimenti per consegnare una prima prova corretta.

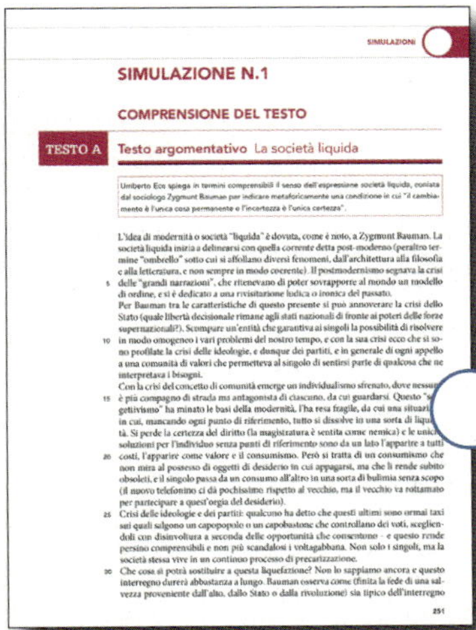

SIMULAZIONE N.1

COMPRENSIONE DEL TESTO

TESTO A Testo argomentativo La società liquida

LE ALTRE PROVE DELL'ULTIMO ANNO

4 simulazioni complete per la prova Invalsi di italiano, con testi di varie tipologie per le verifiche di comprensione e un testo dedicato alla riflessione linguistica.

hub

HUBSCUOLA.IT

L'AMBIENTE INTERATTIVO PER LA DIDATTICA DIGITALE.

hub SCUOLA

HUB Scuola è il centro del sistema per la didattica digitale.
La piattaforma digitale per lo studio e l'insegnamento che permette al docente e allo studente di fruire del libro digitale e delle risorse multimediali integrate nel libro; consente inoltre di condividere i contenuti multimediali disponibili sulla piattaforma.

hub YOUNG

HUB Young è la App per usare la versione digitale del libro di testo. Il libro diventa pratico e intuitivo, stimola le dinamiche di apprendimento, favorisce l'inclusione e potenzia i risultati individuali.

hub KIT

I contenuti digitali integrativi che arricchiscono ed espandono il libro di testo sono raccolti in **HUB Kit**: audio, video, esercizi interattivi, materiali aggiuntivi e contenuti scaricabili, mappe concettuali, laboratori digitali e gallerie d'immagini.

hub SMART

*NOVITÀ

HUB Smart è l'App per guardare i video e ascoltare gli audio del libro di testo, oltre a consentire agli studenti di allenarsi con i Test, direttamente dallo smartphone.

hub TEST

*NOVITÀ

HUB Test è la piattaforma per docenti e studenti, per creare verifiche e mettersi alla prova. Contiene un ricco database di quesiti disponibili ed è utilissima anche per l'allenamento individuale.

hub CAMPUS

HUB Campus è il portale disciplinare ricco di risorse per il docente.

Come accedere a HUB Scuola?

Vai su www.hubscuola.it e accedi con le tue credenziali Mondadori Education. Non sei registrato?
Vai su www.hubscuola.it, clicca su "registrati" e compila il form.

Scarica HUB Young

Scarica l'App da HUB Scuola o dai principali store online per fruire del tuo libro e di tutte le risorse multimediali integrate.
Lancia l'App, effettua il login e nella libreria troverai tutti i libri che hai attivato.

HUB SMART

Video, Audio e Test sempre a portata di mano.
HUB Smart è l'App gratuita che permette di fruire di molti contenuti digitali del libro di testo direttamente dallo smartphone e dal tablet, senza necessità di registrazione.

HUB Smart è intuitiva: l'applicazione rende la didattica digitale alla portata di tutti.

Usare HUB Smart è facile: verifica che sulla quarta di copertina del tuo libro di testo ci sia l'icona HUB Smart. Scarica l'App gratuita dai principali store online.

Lancia HUB Smart
e clicca sullo schermo per attivare la videocamera. Puoi inquadrare il QRCode presente nelle pagine del libro e fruire del contenuto digitale a disposizione.

Se i contenuti digitali del tuo libro sono molti, troverai un unico QRCode nelle pagine di apertura dell'unità: inquadrandolo, vedrai l'elenco dei video, audio e Test dell'unità e potrai fruirne da subito.

I contenuti digitali sono sempre a disposizione nella Cronologia e puoi salvarli tra i Preferiti.

HUB TEST

HUB Test è la nuova piattaforma semplice e intuitiva che consente al docente di creare verifiche personalizzate per tutte le esigenze della classe. HUB Test permette di costruire verifiche scegliendo l'ordine scolastico, la materia e l'argomento.

Con HUB Test puoi:

- scegliere un Test tra le moltissime verifiche già pronte,
- creare Test da zero scegliendo tra quesiti di varia tipologia: risposta multipla, vero/falso, completamento, trova l'errore, raggruppamento e risposta aperta,
- utilizzare singoli quesiti per verifiche personalizzate,
- infine, ritrovare sempre i test salvati nel tuo archivio.

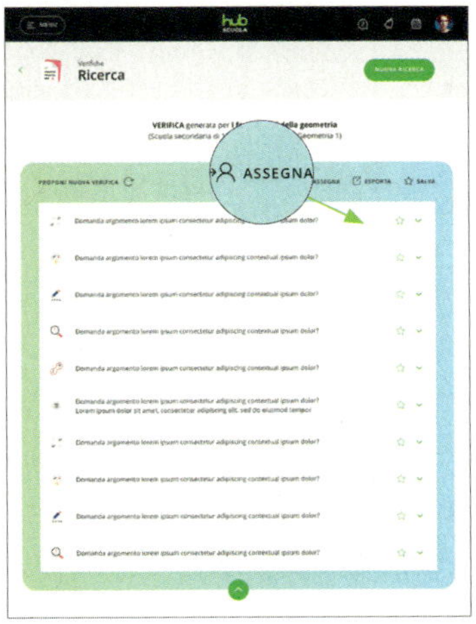

La piattaforma permette di generare automaticamente le verifiche, fino a tre versioni differenti per file diverse.
La verifica è pronta: può essere assegnata alla Classe Virtuale, oppure stampata e consegnata agli studenti.

HUB Test è una risorsa validissima anche per gli studenti che possono allenarsi nelle varie materie e tenere traccia dei propri progressi. Il sistema infatti restituisce il Test corretto con feedback.

INVALSI

L'ambiente in cui lo studente può prepararsi alle prove ufficiali: è creato per avvicinare l'alunno all'interfaccia della piattaforma INVALSI e gli consente di svolgere le prove in modalità Computer Based.
Su HUB Scuola sono a disposizione esercitazioni in italiano, matematica e inglese come previsto dalla normativa INVALSI.

LINK UTILI

- La piattaforma per la didattica digitale: **hubscuola.it**
- Il portale con le nostre novità: **mondadorieducation.it**
- L'assistenza per tutti: **assistenza.hubscuola.it**

IL NUOVO ESAME DI STATO

Com'è fatto il nuovo esame di Stato?

L'ESAME RIFORMATO: CHE COSA CAMBIA?

Con indicazioni del 4 ottobre 2018, il Ministero ha riformato l'esame di Stato, rendendo operante l'art. 17 del decreto legislativo n. 62/2017, in base al quale le prove di esame risultano articolate come segue:

- la **prima prova scritta**, che ha la finalità di accertare la padronanza della lingua italiana e le capacità espressive, logico-linguistiche e critiche del candidato. Essa consiste nella redazione di un elaborato con differenti tipologie testuali in **ambito artistico, letterario, filosofico, scientifico, storico, sociale, economico e tecnologico**. La prova può essere strutturata in più parti, anche per consentire la verifica di competenze diverse, in particolare della comprensione degli aspetti linguistici, espressivi e logico-argomentativi, oltre che della riflessione critica da parte del candidato;
- la **seconda prova**, in forma scritta, grafica o scritto-grafica, pratica, compositiva/esecutiva musicale e coreutica. Essa ha per oggetto **una o più discipline** caratterizzanti il corso di studi ed è intesa ad accertare le conoscenze, le abilità e le competenze attese dal profilo educativo, culturale e professionale dello specifico indirizzo di studi;
- il **colloquio**, anch'esso finalizzato ad accertare il conseguimento del profilo educativo, culturale e professionale degli studenti.

Inoltre, già il decreto cosiddetto "milleproroghe" del 25 luglio 2018 aveva previsto il **differimento all'1 settembre 2019** dell'entrata in vigore delle disposizioni riguardanti:
- la partecipazione, durante l'ultimo anno di corso, alle prove a carattere nazionale predisposte dall'**INVALSI**, volte a verificare i livelli di apprendimento in italiano, matematica e inglese;
- lo svolgimento delle attività di **alternanza scuola lavoro**, secondo quanto previsto dall'indirizzo di studio nel secondo biennio e nell'ultimo anno di corso.

Da queste disposizioni derivano le seguenti conseguenze principali:
- la **terza prova** è soppressa;
- per l'a. s. 2018-2019 la prova Invalsi e l'Alternanza scuola lavoro non rappresentano requisiti di ammissione all'esame, anche se mantengono uno svolgimento regolare.

1 Leggere le tracce

La prima prova dell'esame di Stato prevede la possibilità di scegliere tra **sette tracce** e **tre tipologie** di prova:

- **due** tracce di **tipologia A: Analisi e interpretazione di un testo letterario italiano**;
- **tre** tracce di **tipologia B: Analisi e produzione di un testo argomentativo**;
- **due** tracce di **tipologia C: Riflessione critica di carattere espositivo-argomentativo su tematiche di attualità**.

1.1 Saper leggere, per scegliere bene

La prima cosa che devi fare, subito dopo avere ricevuto i fogli contenenti le prove d'esame, è leggere le tracce delle varie tipologie proposte, per capire che cosa richiedono, e scegliere la prova di tuo gradimento. Questa fase è molto importante, come è importante decidere a ragion veduta quale prova svolgerai.
Puoi sottoporre i testi a due tipi di lettura:

- in un primo momento, una veloce **lettura esplorativa** o **orientativa**, che serve a farti un'idea generale di ciascun testo, per scoprire su che cosa verte e se hai gli elementi necessari per poter svolgere quel tipo di prova;
- in un secondo momento, una lettura **lettura analitica** e **approfondita,** nella quale dovrai sforzarti di capire il significato autentico del testo. Mentre svolgi questa lettura, devi anche fare un rapido esame di coscienza sui seguenti aspetti:
  - se hai **conoscenze** sufficienti per svolgere la prova;
  - se l'argomento della prova ti **interessa**, ti appassiona o ti lascia indifferente.

PER CAPIRE MEGLIO

Per essere sicuro di aver capito bene le tracce nella loro integrità, puoi sottoporle agli interventi abituali, cioè:

- **evidenzia** in colore i termini rilevanti, eventualmente aggiungendo **titoli** così da spezzare la pagina in blocchi;
- **annota** a margine eventuali osservazioni che valgano come riassunto di un blocco di testo;
- **prendi qualche appunto** per fissare le idee ricavate dalla lettura, limitandoti solo ai concetti **essenziali** e annotandoli in **forma schematica**, per esempio delineando una mappa del contenuto.

Una volta ultimate queste operazioni, potrai decidere quale traccia svolgere, senza correre il rischio di iniziare a sviluppare una traccia per poi pentirti in corso d'opera e passare a

un'altra, con la inevitabile perdita di tempo: le sei ore a disposizione non sono poche, ma è meglio non sprecare tempo e fatica.
Questa raccomandazione può sembrare banale, ma non lo è se si considera che la scelta fra sette diverse tracce lascia – è vero – un grande margine di libertà (tra sette proposte è difficile che non ne trovi almeno una di tuo gradimento!), ma lascia anche spazio a molti dubbi (scegli questa o quest'altra?).

1.2 Leggere le consegne

Vediamo ora come si presenta indicativamente la prova d'esame:

I CONSIGLI DEL TUTOR
PRIMA DI SCEGLIERE: 10 REGOLE

1. Evita di metterti a scrivere prima di aver **letto** e **valutato** bene le tracce.
2. Tieni presente che la scelta tra sette possibilità non è facile e **non va improvvisata.**
3. Evita però anche di **perdere troppo tempo** a causa dell'indecisione.

ALLA PROVA LEGGERE I TESTI LETTERARI: TIPOLOGIA A

Eugenio Montale

Ho sceso, dandoti il braccio, almeno un milione di scale

Questa lirica fa parte di *Satura* (1971) e rientra nella raccolta intitolata *Xenia*, termine greco per indicare «doni ospitali» fatti alla moglie Drusilla Tanzi nel momento in cui lasciò la vita nel 1963.

Ho sceso, dandoti il braccio, almeno un milione di scale
e ora che non ci sei è il vuoto ad ogni gradino.
Anche così è stato breve il nostro lungo viaggio.
Il mio dura tuttora, né più mi occorrono
le coincidenze, le prenotazioni,
le trappole, gli scorni di chi crede
che la realtà sia quella che si vede.

Ho sceso milioni di scale dandoti il braccio
non già perché con quattr'occhi forse si vede di più.
Con te le ho scese perché sapevo che di noi due
le sole vere pupille, sebbene tanto offuscate,
erano le tue.

Eugenio Montale, *Satura*, Mondadori, Milano 2009

4. Se ti è possibile, **evita di cambiare traccia**, a meno che tu non veda via d'uscita.
5. Decidi quale traccia scegliere ponendoti **queste domande**:
   - che cosa so sull'argomento?
   - ho qualche familiarità con il tema proposto? mi sono già posto il problema?
   - l'argomento mi interessa?
   - ho idee in proposito?
   - sono in grado di metter in campo un numero sufficiente di argomenti validi?
6. Per scegliere una traccia non devi necessariamente conoscere il **tema proposto** né l'**autore**.
7. La cosa importante è che la traccia proposta si ricolleghi a un ambito culturale che ti è noto, in modo da poter **allargare il discorso** in sede di commento.
8. Evita di scegliere tracce su argomenti che senti **estranei**.
9. Evita di scegliere tracce su cui sai già che diresti solo **banalità**.
10. Se non hai mai sentito parlare di **argomentazione**, evita la tipologia B.

COMPRENSIONE E ANALISI

1. A chi si rivolge il poeta?

2. **Riassunto** Dopo una prima lettura, riassumi il contenuto informativo del testo (che comprende circa 100 parole e 500 battute) in non più di 3-4 righe (50 parole e 300 battute).

3. La ripetizione *Ho sceso* (v. 1), *Ho sceso* (v. 8), *Con te le ho scese* (v. 10) dà luogo a una figura di anafora, la cui funzione è quella di ripartire il testo in tre movimenti:
- il primo (vv. 1-7) esprime

....;
- il secondo (vv. 8-9) precisa che

....;
- mentre nel terzo (vv. 10-12) il poeta

....

4. Osserva lo schema seguente, che accosta i vv. 1 e 8, e descrivi i fenomeni evidenziati con la grafica.

Ho sceso, dandoti il braccio, almeno un milione di scale

Ho sceso milioni di scale dandoti il braccio

Tra il v. 1 e il v. 8 sono presenti:
- un'anafora, che consiste nel

....
- un chiasmo, che consiste nel

....

5. La rima è presente nei vv. .... e ....; e nei vv. .... e ....
È possibile, secondo te, individuare un legame di significato tra le parole in rima?

....

6. **Riformulazione** Riformula in termini non metaforici l'espressione del v. 3 è *stato breve il nostro lungo viaggio*; poi individua l'antitesi presente in essa. Qual è il senso del v. 4 *Il mio dura tuttora*?

....

....

7. **Riformulazione** I termini *coincidenze, prenotazioni, trappole* (cioè inganni) e *scorni* (cioè delusioni) si riferiscono ai fastidi connessi con il dover viaggiare per gli impegni giornalistici. Riformula il v. 7 *la realtà sia quella che si vede*.

....

....

8. Per capire i vv. 9-12 bisogna tenere presente che la moglie del poeta era molto miope. Perché allora, nella chiusa del componimento (vv. 11-12), si legge che *le sole vere pupille [...] erano le tue*?

....

9. Sul piano formale, sembra che il testo ricerchi un linguaggio dimesso e, almeno a prima vista, vicino al parlato. Con quale intento, a tuo parere? Nel motivare la tua risposta e adduci qualche esempio di linguaggio prosastico.

....

....

....

....

COMMENTO

10. In una o più pagine interpreta e commenta questa lirica, che è un esempio di poesia degli affetti. Puoi sviluppare i seguenti punti:
- che cosa capisce il poeta dopo la scomparsa della moglie? Sapresti citare altri esempi di poesia degli affetti?
- qual è il posto di *Satura* nella produzione di Montale?
- hai avuto modo di conoscere altre liriche di Montale dedicate a figure femminili?

QUESTIONI DI METODO

1. Come puoi vedere, la prova si divide in tre parti ed è di tipo strutturato, nel senso che non lascia lo svolgimento alla tua improvvisazione, ma lo guida con domande. Consta infatti di:
- un **testo** d'autore, che può essere di poesia o di prosa;
- una serie di domande di **analisi e comprensione**;
- una proposta di **commento**.

Alle domande di analisi e comprensione puoi rispondere analiticamente, cioè domanda per domanda, oppure, se è possibile e ti sembra più funzionale, con un discorso unitario che risponda alle richieste di più domande. In questo caso, a quali domande potresti dare una risposta unitaria?

2. Saresti in grado di commentare questa lirica, seguendo le indicazioni date nel punto 10? Qualora, come è possibile, tu non conosca questa lirica e nemmeno Montale, puoi ugualmente svolgere la prova sviluppando il punto 1, cioè parlando di poesia degli affetti in questo testo e in altri testi che conosci.

ALLA PROVA — LEGGERE I TESTI ARGOMENTATIVI: TIPOLOGIA B

Claudio Magris

Quei 418 messaggi che non ho letto

Sono arrivati in tre giorni sul mio telefono. Se rispondessi a tutti, mi resterebbe tempo? La tecnologia sottrae spazio per vivere, amare, leggere: siamo servi della gleba digitale.

In meno di tre giorni si sono accumulati nel mio cellulare (uno di prima generazione) 418 messaggi. Non so cosa dicano, quei 418 appelli in una bottiglia, perché non sono capace di leggerli e dunque di rispondervi. Non è una stolida posa antitecnologica, sempre falsa e patetica, non solo perché si disconosce con supponenza l'aiuto che la tecnologia reca alla vita — basta pensare alla medicina e alla chirurgia — ma anche perché si crede che la tecnologia sia solo quella recente, quella che è piombata nella nostra vita già adulta, e si identifica la cosiddetta natura con la tecnica che c'era già quando si è venuti al mondo. La radio, ad esempio, mi sembra più «naturale» della televisione, perché quando sono nato i suoi suoni erano già nell'aria, come gli altri rumori della realtà, mentre la televisione è entrata a casa mia quando finivo il liceo.

Tuttavia, direbbe Musil, in ogni più c'è un meno e in ogni meno un più. Se ne fossi stato in grado, avrei letto quei 418 dispacci e avrei risposto ad ognuno, come faccio con ogni lettera cartacea, almeno una quindicina al giorno. Calcolando 2,30 minuti per ogni lettura di sms e risposta, probabili controrisposte e mie relative repliche, avrei impiegato, credo, circa sedici ore. Due giornate di lavoro pieno, e verosimilmente altrettante nei tre giorni successivi e via di seguito. Dove resta il tempo per il lavoro col quale — a parte i pensionati, i milionari, i carcerati, i malati o i disoccupati — ci si guadagna di che vivere, e per leggere, passeggiare, incontrare gli amici, fare all'amore? Ai tavoli di ristoranti e caffè si vedono persone che non parlano tanto fra loro quanto con invisibili interlocutori al telefono e non solo un paio di volte, come sarebbe naturale, ma per quasi tutto il tempo che scorre fra l'antipasto e il dessert. Quando i due — o i quattro o cinque — cominceranno a parlare fra loro?

Anni fa Umberto Eco aveva fatto, con la sua invidiabile precisione, il calcolo di quanto tempo al giorno gli restasse per la lettura e la ricerca, detraendo dalle 24 ore quelle dedicate al sonno, alla doccia, alle lezioni, al pranzo e alla cena, alle telefonate, alle interviste, alla lettura delle email e alle relative risposte e via di seguito. Non ricordo la cifra esatta cui era giunto, mi sembra fra i dodici e i diciotti minuti. Certamente Eco era al centro di una rete di comunicazione particolarmente affollata, ma oggi il numero di persone sottoposte a ritmi pressoché analoghi è alto. Sono, siamo, gli esclusi dalla vita e ignari o quasi di essere tali. Siamo i nuovi servi della gleba, operai alla catena di montaggio e forzati alla catena, privati incessantemente della nostra vita. Un lavoro coatto che recluta non soltanto, come in passato, plebi affamate che non possono dire di no se vogliono almeno sopravvivere, ma anche la classe media e quella alta, che potrebbero vivere umanamente ma sono strappate anch'esse alla loro esistenza, ai colori e alle luci della stagione, perché le chiamate — non solo telefoniche — di ogni genere sono anche per essi ordini, obblighi.

Con l'esattezza di un'equazione, si può dunque calcolare matematicamente pure il progressivo abbassamento di ogni conoscenza cui si va incontro e anzi si è già arrivati, perché, qualsiasi sia la vera (?) natura del tempo su cui discutono fisici e matematici, nella vita quotidiana un'ora impiegata in un'attività significa un'ora non impiegata in un'altra. Sedici ore al telefonino o al computer per le email significano sedici ore sottratte a tutto il resto, pure all'acquisizione di nuove conoscenze. Per combattere un azzeramento totale delle conoscenze di vario genere si formerà o si sta già formando un'altra, ferrea classe sociale agiata (e più che agiata) e intellettuale, che riserverà a sé il tempo. Come in passato il signore non lavorava la terra dei cui prodotti si nutriva e deferiva il tempo oltre che la fatica del lavoro al servitore, dedicando il tempo liberamente a sua disposizione ai propri interessi, così il signore affiderà al servitore, per poter vivere la centuplicata fatica e il centuplicato tempo della comunicazione. I nuovi servi della gleba non zapperanno più la terra, bensì risponderanno a trilli, squilli, tintinnii, vibrazioni, pulsazioni, fremiti, tremolii.

Ovviamente ciò accade già adesso; non è l'amministratore delegato e nemmeno il capoufficio che scrive e legge le innumerevoli email, così come non è il direttore generale, uomo o donna, che getta la sua biancheria usata fra le altre da lavare. Ma è già pressoché svanita la netta distanza tra la sfera personale e lavorativa e quella rappresentativa e vagamente sociale; l'aumento esponenziale delle relazioni e soprattutto delle comunicazioni personali e private o quasi personali e private, e la differenza o impossibilità di distinguere nettamente fra esse, costringerà ad affidare al servitore anche la gestione della vita personale o quasi del padrone, che così potrà leggere Leopardi, studiare la meccanica quantistica o il cinese, ascoltare Bach o andare a zonzo come i cani randagi per le vie di Parigi nell'incantevole film Mon oncle di Tati. Sarà, è difficile per la maggioranza di noi — servi che credono di far parte della casta dominante e padroni che non si accorgono di essere coatti a nuovi lavori servili — sapere da che parte stiamo, se apparteniamo ai dominatori o ai dominàti.

Corriere della Sera, 11 febbraio 2018

COMPRENSIONE E ANALISI

1. Qui di seguito, con frasi da completare, viene indicato qualcuno dei più rilevanti argomenti addotti dall'autore:
   - essere contrari all'abuso della messaggistica non è una posa antitecnologica perché (argomento di causa) ....
   - tuttavia l'autore è contrario all'abuso della messaggistica perché (argomento di causa) per leggere i 416 messaggi avrebbe impiegato ....
   - ai tavoli di ristoranti e caffè le persone non parlano tra loro (argomentazione tramite un ....)
   - per rimanere padrona del proprio tempo, si sta formando una nuova classe sociale agiata e intellettuale, che (conclusione) ....
2. Tra i nessi testuali e i connettivi presenti nel brano, alcuni consistono nel fare un'affermazione che poi viene subito corretta: per esempio *Sono, siamo*. Spiega a che cosa serve questo tipo di espressione e desumi dal testo qualche altro esempio.
3. Il nesso *come... così...* introduce un'argomentazione che consiste nel ....
4. Il testo è suddiviso in cinque blocchi, scanditi dal grassetto (già nell'originale). Riassumi il contenuto di ciascun blocco in massimo 1-2 righe.

   ....
5. L'ultima parte del brano (da *Ovviamente* alla fine) è abbastanza complessa dal punto vista concettuale e formale; riformula con poche parole chiare le due frasi che seguono:
   - *non è l'amministratore delegato e nemmeno il capoufficio che scrive e legge le innumerevoli email, così come non è il direttore generale, uomo o donna, che getta la sua biancheria usata fra le altre da lavare;*
   - *l'aumento esponenziale delle relazioni e soprattutto delle comunicazioni personali e private o quasi personali e private, e la differenza o impossibilità di distinguere nettamente fra esse, costringerà ad affidare al servitore anche la gestione della vita personale o quasi del padrone.*
6. Individua e riformula in due righe la tesi sostenuta dall'autore dell'articolo.

COMMENTO

7. Commenta il brano di Magris in un testo argomentativo di una-due pagine seguendo queste indicazioni:
   - passa in rassegna le argomentazioni del testo distinguendo quelle che ti sembrano condivisibili da punti di vista o conclusioni esagerati;
   - dopo tutto ciascuno può fare a meno di leggere i messaggi (come fa lo stesso autore);
   - esponi i tuoi argomenti a sostegno o contro la tesi sostenuta da Magris;
   - concludi esponendo la tesi a cui sei giunto dopo aver dibattuto l'argomento.

QUESTIONI DI METODO

1. Anche questa prova si divide in due parti ed è di tipo strutturato. Da questo punto di vista è simile alla prova di tipologia A, dalla quale si distingue soprattutto per la natura del testo su cui si deve lavorare, che nella tipologia A è ...., nella tipologia B è ....
2. Quello riportato sopra è un **testo argomentativo** nel senso che esprime un punto di vista più o meno condivisibile (l'uso intensivo del telefonino sottrae tempo alla nostra vita) e cerca di dimostrarlo adducendo argomenti, cioè prove a sostegno di quanto affermato. Leggendo il testo, puoi vedere come il docente e saggista Claudio Magris (nato nel 1939) argomenta questo punto di vista. Se dovessi svolgere il commento a questo brano, ti diresti favorevole o contrario alla tesi di Magris?
3. Immaginiamo che tu sia contrario alla tesi di Magris o che, anche senza essere del tutto contrario, abbia un punto di vista alternativo. Quali argomenti potresti mettere in campo?
4. Dal momento che l'argomentazione – cioè il saper sostenere il proprio punto di vista con buone ragioni – è la caratteristica di base del testo proposto e di quello che tu devi elaborare nel Commento, di che cosa ti dovrai soprattutto preoccupare nel tuo svolgimento?

ALLA PROVA LEGGERE I TEMI DI ATTUALITÀ: TIPOLOGIA C

[…] Le occasioni di aver paura sono una delle poche cose che non scarseggiano in questi nostri tempi tristemente poveri di certezze, garanzie e sicurezze. Le paure sono tante e varie. Ognuno ha le sue, che lo ossessionano, diverse a seconda della collocazione sociale, del genere, dell'età e della parte del pianeta in cui è nato e ha scelto di (o è stato costretto a) vivere. […] Ma che le nostre paure "non siano tutte uguali tra loro" è vero anche in un altro senso: per quanto le paure che tormentano i più possano essere straordinariamente simili tra loro, si presume che ciascuno di noi vi si opporrà individualmente, con le proprie sole risorse, quasi sempre drammaticamente inadeguate. […] Le condizioni della società individualizzata sono inadatte all'azione solidale, e rendono difficile vedere una foresta invece che i singoli alberi. […] La società individualizzata è contraddistinta da una dispersione dei legami sociali, che sono il fondamento dell'azione solidale. […]

Zygmunt Bauman, *Paura liquida*, Laterza, Roma-Bari 2008

Sulla base delle tue esperienze, delle conoscenze di studio e di quelle apprese dall'attualità, potrai sviluppare il tuo elaborato riflettendo:

- sul significato di *paura* nella società contemporanea;
- su alcune delle paure che secondo te sono più frequenti nel mondo di oggi;
- sulle risorse, le reazioni e le strategie dell'uomo di fronte alla paura e all'incertezza;
- sul significato di *società individualizzata*;
- sul rapporto che esiste fra *società individualizzata, dispersione dei legami sociali* e difficoltà di instaurare una *azione solidale* nell'affrontare situazioni di paura e incertezza.

Se lo ritieni, potrai inserire nello svolgimento un approfondimento sul valore della solidarietà e sulla sua possibilità di sopravvivenza nella società contemporanea, anche citando esempi tratti dalla cronaca e/o dalla tua esperienza personale.

QUESTIONI DI METODO

1. Quella riportata sopra potrebbe essere una prova di Tipologia C, in pratica equivalente al vecchio tema (infatti è la traccia assegnata nell'esame di Stato 2017, sessione suppletiva).
La prova consiste in un breve **testo di appoggio** (che però potrebbe anche mancare) o in una **traccia** che pone il problema e indica da dove si deve partire. Lo sviluppo del tema è regolato dalle cinque piste di svolgimento indicate, alle quali fa seguito una proposta di approfondimento opzionale sulla solidarietà.
Altre configurazioni della prova possono essere:
   - enunciazione del tema da sviluppare, senza il testo d'appoggio, con indicazioni per lo svolgimento;
   - enunciazione del tema (con o senza testo di appoggio), svolgimento libero, senza indicazioni vincolanti.

   Se questa traccia non avesse avuto le indicazioni per lo svolgimento, come la avresti sviluppata? Immagina di essere all'esame e scrivi una scaletta sommaria degli argomenti che avresti potuto trattare.

I CONSIGLI DEL TUTOR
DIETRO LE QUINTE: ECCO COME VERRÀ VALUTATA LA TUA PROVA

Riportiamo direttamente dalle indicazioni ministeriali i criteri generali per la valutazione degli elaborati delle tre tipologie:

- rispetto dei **vincoli** posti nella consegna;
- **ideazione**, **pianificazione** e **organizzazione** del testo;
- **coesione** e **coerenza** testuali;
- uso corretto ed efficace della **punteggiatura**;
- ricchezza e **padronanza lessicale**;
- **correttezza grammaticale** (ortografia, morfologia, sintassi);
- ampiezza e precisione delle conoscenze e dei **riferimenti culturali**;
- espressione di giudizi critici e **valutazioni personali**.

2 La prova di Tipologia A

CARATTERISTICHE DELLA PROVA

La **prova di tipologia A** ha le seguenti caratteristiche:
- il testo letterario su cui si svolge la prova è compreso nel periodo che va **dall'Unità a oggi**;
- vengono fornite **due tracce**, che possano coprire due ambiti cronologici o due generi o forme testuali: per esempio Ottocento e Novecento, oppure poesia e prosa;
- la prova è di tipo strutturato, cioè si compone di:
  - una prima parte di **comprensione** e **analisi** (anche interpretativa) del testo;
  - una seconda parte di **produzione libera** (riflessione e **commento in forma discorsiva**) a partire dalle tematiche sollevate nel testo proposto;
- la prova intende verificare la capacità di:
  - interagire con un testo letterario **inserendolo nel proprio orizzonte formativo ed esistenziale**;
  - **eventualmente saper inquadrare il testo in un panorama discorsivo più ampio**, attraverso il confronto con altri testi e autori.

Non è detto che il testo rientri tra le letture effettivamente svolte a scuola: lo scopo della prova è infatti quello di verificare la capacità dello studente di interagire con il testo.

UNA PROVA IN DUE PARTI

Nella prima parte del compito (**comprensione** e **analisi**) lo studente darà prova di aver compreso il testo; nella seconda (**commento**) formulerà le ipotesi interpretative utilizzando anche le conoscenze acquisite nel suo percorso formativo e la sua esperienza di lettore e, pur concentrandosi sul testo proposto, dovrà dimostrare di saperlo collocare in un orizzonte complessivo di senso (nel suo tempo, nel suo genere ecc.). Il discorso dovrà essere sviluppato secondo una **progressione tematica efficace e coerente**, che consenta di evitare il rischio di uno svolgimento poco organizzato.

2.1 Comprensione e analisi

In questa prima parte si chiede di analizzare e comprendere il testo, cioè di capire come è fatto e che cosa vuole dire.
A questo scopo è necessario:
- **leggere il testo** una o più volte, cercando di cogliere l'esatto significato delle parole;
- **rispondere** ad alcune brevi indicazioni o domande che invitano per lo più a individuare temi e motivi presenti nel testo, a coglierne immagini, a individuarne aspetti espressivi a livello lessicale, sintattico, stilistico e retorico.

Si può dunque partire dall'analisi del contenuto, cioè capire **che cosa l'autore ha voluto dire**. Contestualmente si dovrà prestare attenzione alla forma, cioè a **come l'autore ha espresso il messaggio**.

LE FORME DEL CONTENUTO

All'analisi del contenuto testuale possiamo applicare alcuni filtri, che ci aiutano a metterne a fuoco diverse angolature. A questo scopo è utile individuare temi, motivi, parole-chiave:

- i **temi** coincidono approssimativamente con la materia elaborata nel testo o con gli argomenti di cui esso costituisce lo sviluppo o, anche, con le idee ispiratrici o con le idee di fondo;
- i **motivi** sono le unità minime significative all'interno del testo, possono anche costituirne l'elemento germinale, spesso sono l'elemento ricorrente;
- le **parole-chiave** sono termini in cui si condensano i valori più significativi del tema.

LE FORME DELL'ESPRESSIONE

Ogni testo è la manifestazione di un pensiero, calato in una forma espressiva. La forma varia a seconda della natura del testo, della sua destinazione, delle finalità per cui è stato concepito. Il **testo letterario**, in particolare, sia in prosa sia in poesia, è arricchito da quegli abbellimenti letterari che ne determinano l'assetto artistico e spesso creano anche difficoltà alla lettura e alla comprensione.

BUONE PRATICHE DI ALLENAMENTO: LE RISCRITTURE

Per svolgere qualsiasi attività su un testo bisogna averlo capito. In caso contrario, bisogna **convertire il testo che crea difficoltà in un testo spiegato e facilitato**. La trasposizione del testo da un registro elevato o troppo difficile a uno più semplice e comprensibile è la **parafrasi**.
Siamo abituati a pensare alla parafrasi integrale a cui sottoponiamo testi poetici particolarmente impegnativi come la *Divina commedia* o i *Sepolcri*, che richiedono una preliminare **versione in prosa**. Tuttavia anche i testi in prosa possono richiedere, se non proprio di essere parafrasati, almeno l'applicazione di procedure proprie della parafrasi, come la spiegazione di parole difficili o di concetti inusuali per il lettore comune.
Un esercizio molto utile è quello di **riformulare** frasi, periodi e blocchi di testo scritti in forma poco chiara o involuta trasponendoli in italiano corrente.
È un'attività stimolante e per certi versi divertente, oltre che utile, **riscrivere liberamente** parti di testo secondo una prospettiva diversa da quella dell'originale: per esempio cambiando il finale di un racconto, o il punto di vista o il ruolo di un personaggio ecc. In questo caso l'operazione diventa creativa, perché si entra in competizione con l'autore del testo su cui si lavora: se questo è uno scrittore valido, sarà difficile fare di meglio, ma almeno ci si mette alla prova.

LA PARAFRASI: PROCEDURE E ATTIVITÀ COLLEGATE

Ciascuna di queste tre operazioni – parafrasare, riformulare, riscrivere – si integra con alcune attività preliminari, che sono:

- leggere con attenzione – anche più volte, se necessario – il testo o la porzione di testo che crea difficoltà di comprensione;
- cercare sul **dizionario** il significato di parole che non si conoscono e sostituirle con sinonimi o espressioni della lingua d'uso: *parole maliose* > *parole affascinanti*;
- sostituire eventuali **termini tecnici** con termini accessibili: *diffusore* > *cassa acustica*;
- **suddividere il testo** in periodi e frasi e semplificare la **sintassi** per renderla più snella;
- **riordinare le frasi**, mettendo le parole nell'ordine più lineare, che in italiano è: 1) soggetto, 2) predicato, 3) complemento oggetto, 4) complementi indiretti: *una parola buona non l'hai mai detta* > *non hai mai detto una parola buona;*

- **riformulare** in forma esplicita eventuali **figure retoriche** ed espressioni troppo sintetiche o non abbastanza chiare: in qualche caso può essere necessaria una **parafrasi per allargamento**, che consiste nel dire per esteso ciò che la poesia ha espresso in forma concisa: *sono un fulmine > sono veloce;*
- se necessario, **riscrivere** il testo in forma accessibile, cioè adeguando concetti ed espressioni difficili al pensare comune e alla lingua d'uso.

L'elemento che distingue la parafrasi dalle altre forme di interazione con il testo è che **la parafrasi rispetta la lettera del testo**, si ripropone di ricostruirne il significato autentico, senza inserire giudizi. Pertanto non va confusa né con la libera **riscrittura**, che reiventa il testo, né con il **riassunto**, che offre la sintesi del testo, né infine con il **commento**, che esprime un giudizio personale.

ALLA PROVA — RIFORMULARE E PARAFRASARE

Italo Svevo
Un lettore di romanzi

Il brano presenta un personaggio che è un gran lettore di libri, ma un po' drastico nei suoi giudizi. Leggi il testo e rispondi alle domande; alla fine scrivi la parafrasi del brano.

Intelligentemente *blagueur*, la sua conversazione riusciva interessante; leggeva tutti i nuovi romanzi francesi e ne parlava da un certo punto di vista che dava originalità alle sue osservazioni. Non amava i romanzi più moderni; ne comprendeva, a quanto Alfonso poteva giudicare, tutti i meriti, ma non li amava sempre. Vi trovava una cosa di troppo o altra di troppo poco e finiva col dirne male. Offendeva il feticismo di Alfonso parlando con famigliarità sprezzante degli scrittori più celebri. «Quegli dava il titolo al suo romanzo per attirare gli acquirenti, l'altro scriveva porcherie al medesimo scopo, il terzo che si diceva buono, scrittore che veniva letto dalle signorine, era un birbante che legnava sua madre».

Italo Svevo, *Una vita*, Garzanti, Milano 2008

ATTIVITÀ

1. La prima mossa è cercare sul dizionario il significato del termine francese *blagueur*, sinonimo di

....

2. L'espressione *Intelligentemente blagueur* si riferisce al personaggio di cui si sta parlando ed è:

[A] un'apposizione
[B] un attributo
[C] il soggetto
[D] un aggettivo

3. **Riformulazione** Riformula le seguenti espressioni:

- *Vi trovava una cosa di troppo o altra di troppo poco e finiva col dirne male*

....

- *Offendeva il feticismo di Alfonso parlando con famigliarità sprezzante degli scrittori più celebri*

....

....

4. **Parafrasi** Completa la parafrasi:
Poiché era uno spaccone intelligente, la conversazione con lui ....;
....
.... e ne parlava esprimendo un punto di vista che rendeva originali le sue osservazioni. Non gli piacevano ....
....; ne comprendeva, ..., tutti i meriti, ma ......
....
Vi trovava qualcosa di eccessivo o qualcosa di mancante
....
Offendeva..
"Quello intitolava in un certo modo il suo romanzo,
....
................................., l'altro per lo stesso motivo scriveva cose sconvenienti, il terzo che era giudicato buono ed era..,era ......
.... picchiava
....

ALLA PROVA — RIFORMULARE E PARAFRASARE

Elena Ferrante
Un rione che cambia

Leggi questo brano del romanzo di Elena Ferrante *L'amica geniale*, poi rispondi alle domande; alla fine scrivi la parafrasi del brano.

Tutto tremolava, si inarcava come per cambiare i connotati, non farsi riconoscere negli odi accumulati, nelle tensioni, nelle brutture, e mostrare invece una faccia nuova. Mentre io e Lila studiavamo latino ai giardinetti, anche il puro e semplice spazio che avevamo intorno, la fontanella, il cespuglio, una buca di lato alla strada, cambiò. C'era un odore costante di pece, scoppiettava la macchina fumante col rullo compressore che avanzava lento sopra la stesa, lavoratori a torso nudo o in canottiera asfaltavano le strade e lo stradone.

Elena Ferrante, *L'amica geniale*, E/O, Roma 2011

ATTIVITÀ

1. **Riformulazione** Pur appartenendo a un romanzo contemporaneo, il testo non è molto chiaro né per le immagini né per la forma espressiva. In particolare richiedono un chiarimento le espressioni:
- *tutto tremolava*: ....
- *si inarcava*: ....

2. In qualche caso l'italiano è abbastanza approssimativo:
- che cosa si intende con *macchina fumante*? ....
....
- indica la differenza tra i termini seguenti:
  - pece: ....
  - catrame: ....
  - bitume: ....
  - asfalto: ....
- la macchina *scoppietta* nel senso che ....
....

3. **Parafrasi** Completa la seguente parafrasi del brano.
Tutta la realtà del rione si stava muovendo, cercava di cambiare ....
e non essere riconosciuta ....
....
Mentre io e Lila studiavamo latino ai giardinetti, anche ...., *la fontanella, il cespuglio,* ....
......................., *cambiò. C'era* ....
...., *la macchina* ....
...., *mentre il rullo compressore avanzava lento sopra* ....
....., *lavoratori a torso nudo o in canottiera asfaltavano le strade e* ....

ALLA PROVA **PARAFRASARE**

Dante Alighieri
Francesca a Paolo

Gli amanti Francesca e il cognato Paolo erano stati sorpresi in flagrante adulterio e uccisi dal marito di Francesca. La donna racconta a Dante il momento cruciale del loro amore, che si manifesta durante la lettura del romanzo che raccontava la vicenda del cavaliere Lancillotto e della regina Ginevra, moglie di re Artù. Rispondi alle domande, poi completa la parafrasi.

Noi leggiavamo un giorno per diletto
di Lancialotto come amor lo strinse;
soli eravamo e sanza alcun sospetto.

Per più fïate li occhi ci sospinse
quella lettura, e scolorocci il viso;
ma solo un punto fu quel che ci vinse.

Quando leggemmo il disïato riso
esser basciato da cotanto amante,
questi, che mai da me non fia diviso,
la bocca mi basciò tutto tremante.
Galeotto fu 'l libro e chi lo scrisse:
quel giorno più non vi leggemmo avante".

Dante, *Inferno*, canto V, vv. 127-138

ATTIVITÀ

1. Alcuni termini, come *leggiavamo, sanza, basciato, avante* sono varianti intuitive per *leggevamo, senza, baciato, oltre*; altri devono essere cercati sul dizionario, come per esempio *fiate* = ..., disiato = ..., fia = ...

2. In particolare, il termine *galeotto*, in base al dizionario, significa ...., per antonomasia dal nome del principe Galeotto, personaggio dei romanzi del ciclo bretone, che aveva favorito l'amore tra Lancillotto e Ginevra.

Nell'italiano corrente, invece, un *galeotto* è una persona .... e il termine deriva da *galea*, ...

3. Nel testo ci sono un paio di figure retoriche da rendere in forma esplicita:

- *riso* è una figura di metonimia per dire ....
- *non vi leggemmo avante* è una figura di reticenza per cui Francesca non entra nei dettagli del suo amore con Paolo: quindi ....
....

4. **Parafrasi** Completa la seguente parafrasi del brano.
Un giorno leggevamo .... *Lancillotto e di come l'amore lo colpì. Eravamo soli e senza* .... *Più volte quella lettura ci spinse a* ....; *ma solo un punto fu quello che ci vinse (cioè* ....*). Quando leggemmo che la bocca desiderata (di Ginevra) veniva baciata da un così illustre amante (Lancillotto), costui,* ...., *mi baciò la bocca, tutto tremante. Il libro e chi lo scrisse* .... *quel giorno* ....
....

ALLA PROVA **RIFORMULARE E RISCRIVERE**

Edmondo De Amicis
Il carbonaio e il signore

Questo brano proviene da *Cuore*, il famoso romanzo di Edmondo De Amicis che fu pubblicato nel 1886 e riscosse un enorme successo editoriale, destinato a durare nel Novecento commuovendo generazioni di italiani. Leggi il brano, poi rispondi alle domande: vi sono anche domande di comprensione perché, come si è detto nei criteri generali, per operare sul testo bisogna averlo capito.

Carlo Nobis è superbo perché suo padre è un gran signore: un signore alto, con tutta la barba nera, molto serio, che viene quasi ogni giorno ad accompagnare il figliuolo. Ieri mattina Nobis si bisticciò con Betti, uno dei più piccoli, figliuolo d'un carbonaio, e non sapendo più che rispondergli, perché aveva torto, gli disse forte: - Tuo padre è uno straccione. - Betti arrossì fino ai capelli, e non disse nulla, ma gli vennero le lacrime agli occhi, e tornato a casa ripeté la parola a suo padre; ed ecco il carbonaio, un piccolo uomo tutto nero, che compare alla lezione del dopopranzo col ragazzo per mano, a fare le lagnanze al maestro. Mentre faceva le sue lagnanze al maestro, e tutti tacevano, il padre di Nobis, che levava il mantello al figliuolo, come al solito, sulla soglia dell'uscio, udendo pronunciare il suo nome, entrò, e domandò spiegazione.
- È quest'operaio, - rispose il maestro, - che è venuto a lagnarsi perché il suo figliuolo Carlo disse al suo ragazzo: Tuo padre è uno straccione.
Il padre di Nobis corrugò la fronte e arrossì un poco. Poi domandò al figliuolo: - Hai detto quella parola?
Il figliuolo, - ritto in mezzo alla scuola, col capo basso, davanti al piccolo Betti, - non rispose.

ATTIVITÀ

1. Oltre ai due protagonisti – Nobis e Betti – chi sono gli altri personaggi del racconto?

....

....

2. In che senso il maestro può dire agli scolari che la scena che si è svolta in classe è *la più bella lezione dell'anno*?

....

....

3. Che cosa dovrebbero avere imparato i compagni?
- [A] che esistono le differenze sociali e che vanno rispettate
- [B] che quando si ha torto non si deve offendere l'avversario
- [C] che tutti gli uomini hanno pari dignità
- [D] che non bisogna mai insultare nessuno

4. Che cosa dimostra il fatto che il padre di Nobis arrossisca?
- [A] che si preoccupa per aver fatto una brutta figura davanti al maestro
- [B] che è ricco ma non arrogante, ed è ancora capace di vergognarsi
- [C] che vorrebbe chiedere scusa personalmente a Betti
- [D] che non era una persona abituata ad abbassarsi a chiedere scusa

5. L'aggettivo *deamicisiano* è sinonimo di moralistico, sentimentale, patetico.
Per quali aspetti puoi dire che questa scena sia deamicisiana nel pieno senso della parola?

Allora il padre lo prese per un braccio e lo spinse in faccia a Betti, che quasi si toccavano, e gli disse: - Domandagli scusa.
Il carbonaio volle interporsi, dicendo: - No, no. - Ma il signore non gli badò, e ripeté al figliuolo: - Domandagli scusa. Ripeti le mie parole. Io ti domando scusa della parola ingiuriosa, insensata, ignobile che dissi contro tuo padre, al quale il mio si tiene onorato di stringere la mano.
Il carbonaio fece un gesto risoluto, come a dire: Non voglio. Il signore non gli diè retta, e il suo figliuolo disse lentamente, con un fil di voce, senza alzar gli occhi da terra: - Io ti domando scusa... della parola ingiuriosa... insensata... ignobile, che dissi contro tuo padre, al quale il mio... si tiene onorato di stringer la mano.
Allora il signore porse la mano al carbonaio, il quale gliela strinse con forza, e poi subito con una spinta gettò il suo ragazzo fra le braccia di Carlo Nobis.
- Mi faccia il favore di metterli vicini, - disse il signore al maestro. - Il maestro mise Betti nel banco di Nobis. Quando furono al posto, il padre di Nobis fece un saluto ed uscì.
Il carbonaio rimase qualche momento sopra pensiero, guardando i due ragazzi vicini; poi s'avvicinò al banco, e fissò Nobis, con espressione d'affetto e di rammarico, come se volesse dirgli qualcosa; ma non disse nulla; allungò la mano per fargli una carezza, ma neppure osò, e gli strisciò soltanto la fronte con le sue grosse dita. Poi s'avviò all'uscio, e voltatosi ancora una volta a guardarlo, sparì. - Ricordatevi bene di quel che avete visto, ragazzi, - disse il maestro, - questa è la più bella lezione dell'anno.

Edmondo De Amicis, *Cuore*, Mondadori, Milano 2012

....

....

....

....

6. Non trovi che sia deamicisiano anche il fatto che il padre di Betti non osi neppure fare una carezza a Nobis, che invece avrebbe meritato un sonoro ceffone?

....

....

....

....

....

7. **Riformulazione** Riformula le seguenti espressioni:

- *fare le lagnanze*: ....
- *corrugò*: ....
- *il carbonaio volle interporsi*: ....

....

8. **Riscrittura**

- riscrivi la conclusione o una qualsiasi altra parte del racconto cercando di cambiarne il significato;
- in alternativa, riscrivi il racconto in prima persona immedesimandoti nel personaggio di Carlo Nobis. Inizierai così:

Ieri mattina ho bisticciato con Betti, uno dei compagni più piccoli, figlio di un carbonaio. A un certo punto, non sapendo più che cosa rispondergli, perché avevo torto, gli ho gridato: - Tuo padre è uno straccione - .

ALLA PROVA **RISCRIVERE**

Stefano Rodotà
La tutela dei diritti

Questo brano di Stefano Rodotà presenta un aspetto cruciale della civiltà globalizzata: la tutela dei diritti. Dal punto di vista sintattico spicca il fatto che il brano sia costituito da un unico periodo.

In un tempo che ha voluto celebrare la fine delle ideologie (e sul quale, invece, pesa da decenni l'ideologia del mercato come unica salvezza); in un tempo in cui tutto si espande nel globale e tutto si rimpicciolisce nel locale; in un tempo rivoluzionario per la forza pervasiva della tecnoscienza; in un tempo in cui la promessa novecentesca dell'eguaglianza si è scomposta nel dilagare delle diseguaglianze; in un tempo in cui si vuol registrare il tramonto di ogni grande e comune narrazione che unisca persone e luoghi: in questo tempo tanto mutato torna, forte, l'appello ai diritti fondamentali, che percorre il mondo in forme inedite, incontra sempre più nuovi soggetti, costruisce un diverso modo d'intendere l'universalismo, fa parlare lo stesso linguaggio a persone lontane, e così fa scoprire appunto un mondo nuovo e appare come la vera, grande, drammatica narrazione comune del nostro presente.

Stefano Rodotà, *Il diritto di avere diritti*, Laterza, Roma-Bari 2012

ATTIVITÀ

1. Il brano è costituito da un unico periodo scandito dall'anafora (*In un tempo*: evidenziata in colore). L'espediente retorico serve a elencare le condizioni della modernità: fine delle ideologie, globalizzazione, localismo ecc. In seguito, i due punti introducono il tema dei diritti fondamentali, cui fa capo una serie di coordinate che ne declinano il vario configurarsi. Il periodo procede per membri paralleli, ciascuno dei quali aggiunge un tassello al quadro che si va delineando. Delinea una mappa del periodo oppure identifica le coordinate ed evidenziale nel testo.

2. **Riscrittura** Riscrivi il periodo utilizzando una sintassi più varia: puoi ricorrere, ove possibile, alla subordinazione e usare meno punti e virgola e più punti. L'esercizio è avviato:
Il nostro tempo ha voluto celebrare la fine delle ideologie politiche, ma si è sottoposto all'ideologia del mercato, che regola tutto in termini economici. Inoltre, da una parte tutto si espande in fenomeni di globalizzazione, dall'altra tutto si restringe in una visuale ristretta agli interessi locali ....

....

....

2.2 Sintetizzare e riassumere

A CHE SERVE RIASSUMERE

Riassumere significa **fare la sintesi di un testo**, cioè ricapitolare in breve le informazioni principali in esso contenute.
Il riassunto non è un semplice esercizio di scrittura, ma un esercizio preliminare alla scrittura, nel senso che smontare un testo e individuarne le componenti serve a capirne i meccanismi di funzionamento.
Un buon riassunto, pertanto, dimostra che il testo è stato letto e compreso da un lettore esperto; viceversa un riassunto che non sa cogliere gli aspetti principali ma solo alcuni dettagli marginali denota una lettura distratta o discrezionale, e non dà un'immagine fedele del testo.
Il riassunto oggi è molto praticato anche al di fuori dell'ambito scolastico. Per esempio, il cosiddetto ***abstract*** (cioè una descrizione completa ma concisa) è sempre più richiesto in coda ad articoli di riviste scientifiche, in caso di relazioni a convegni, in ambito aziendale come sintesi di notizie da comunicare alla clientela.
L'abilità nel cogliere gli aspetti essenziali di un argomento è essenziale anche per la redazione delle ***slide***, cioè delle pagine delle presentazioni, che non devono mai essere pagine di testo, ma schede agili che diano l'idea del contenuto.

COME RIASSUMERE

L'elaborazione di un buon riassunto passa attraverso le seguenti fasi:

- **Preliminari**
  - **leggere** il testo attentamente e integralmente, cioè dall'inizio alla fine, evitando di riassumere un capoverso dopo l'altro perché, se c'è un limite di parole o di spazio, si rischia di superarlo senza avere inserito dati importanti presenti nel seguito del testo;
  - **cercare di capire** il senso generale testo;
  - individuarne la **struttura** dividendo il testo in sequenze, cioè in blocchi omogenei per contenuto: una ripartizione che a volte ma non necessariamente può coincidere con gli 'a capo'; eventualmente assegnare un **titolo** a ogni sequenza, per facilitare il riconoscimento delle parti.

- **Scelta delle informazioni**

Svolti i preliminari, l'operazione fondamentale è selezionare (in base ai criteri indicati qui di seguito) le informazioni fornite dal testo, individuando la gerarchia delle informazioni, cioè distinguendo:
  - le **informazioni imprescindibili** e **fondamentali**, senza le quali il testo non si regge. Queste informazioni vanno mantenute nel testo del riassunto.

In genere le informazioni più importanti sono:
  - quelle indicate dai titoli, se presenti;
  - le informazioni offerte all'inizio del testo o ripetute nel corso del testo;
  - le informazioni fornite dalle frasi principali, mentre le subordinate perlopiù aggiungono motivazioni o dettagli;
  - le **informazioni importanti** ma non imprescindibili: si deciderà poi se mantenerle o meno;
  - le **informazioni marginali**, che sicuramente andranno tralasciate.

- **Criteri per selezionare i dati**

Un criterio utile per **riassumere articoli di cronaca** o scritti di tipo prevalentemente **informativo** è quello di smontarli applicando la cosiddetta **regola delle 5 W**, in base alla quale si compongono gli scritti di cronaca. I dati salienti di una notizia sono infatti sintetizzabili nella risposta a queste cinque domande:

where?	"**dove**" il fatto è accaduto?
who?	"**chi**" è il protagonista?
what?	"**che cosa**" è accaduto?
when?	"**quando**" è accaduto?
why?	"**perché**" è accaduto?

Questo criterio non funziona nel caso di **scritti argomentativi**, in cui non ci sono protagonisti e non accade nulla. Con scritti di questo genere si deve dunque procedere diversamente attraverso i seguenti passaggi:

- **individuare** la **tesi sostenuta** dall'autore: che cosa ha voluto dire, di che cosa vuole persuaderci;
- **individuare gli argomenti addotti** per dimostrare la tesi, mettendo in luce i nessi e i connettivi utilizzati: 'perché', 'dal momento che', 'pertanto' ecc.;
- **eliminare i dettagli** secondari, che non aggiungono nulla di essenziale e pertanto andranno tralasciati.

- **Stesura del riassunto**

La stesura consiste nel riorganizzare con parole proprie o se è possibile, con le stesse parole del testo, i dati enucleati, avendo cura di:

- riformularli in modo **sintetico** e **chiaro**;
- attenersi al **senso** dell'originale;
- rispettare, quando è possibile, l'**ordine** dell'originale;
- viceversa, ricomporre il testo secondo la **naturale successione** degli elementi se, come capita spesso negli articoli di giornale, l'originale esordisce con un dettaglio e sposta più avanti il tema di fondo;
- possibilmente mantenere anche lo **stile** dell'originale;
- fornire dati oggettivi e **non aggiungere commenti** o giudizi personali;
- rispettare il **vincolo** di spazio o di parole, quando è indicato.

- **Espressione**

Dal punto di vista espressivo, il riassunto richiede un **linguaggio chiaro** e moderno, che comporta:

- la sostituzione di termini difficili con **sinonimi** di uso comune;
- l'eliminazione di **ripetizioni** e parole inutili (soprattutto aggettivi non necessari);
- la sostituzione di eventuali dialoghi con il **discorso indiretto**; l'uso della **terza persona** singolare (non *io*, ma *l'autore*).

ALLA PROVA — RIASSUMERE UN TESTO NARRATIVO

Giorgio Scerbanenco
L'angelo

Questo racconto dell'autore di romanzi gialli Giorgio Scerbanenco racconta una cena di Natale un po' particolare.

A dodici anni ormai si capisce la vita e anche il grosso albero di Natale con tutti i suoi lumi non la incantava né tanto meno la incantavano tutti i pacchi e pacchetti messi sotto l'albero, perché sapeva già cosa contenevano, da una settimana aiutava la mamma a prepararli, come del resto aveva fatto tutti gli altri anni da quando aveva imparato a camminare, e le sorprese erano sempre le stesse, così figuriamoci che sorprese erano, e quella caterva di parenti che arrivava per Natale, e scartavano i loro pacchetti, e poi si abbracciavano, ma che scene, ed era lei incaricata di dare i pacchetti, così sbaciucchiavano anche lei.

- Questo è per te, - disse allo zio Mario, quello che aveva rifilato un assegno a vuoto a papà e poi a momenti si picchiavano, e giù il bacione dello zio Mario.

- Per nonno Rodolfo, - e tese il pacchetto a quello che lei chiamava il suocero di papà, odiandolo lucidamente come lo odiava papà, e giù il bacione del vegliardo.

- Ecco, per te, - diede il pacchetto alla cognata, la moglie di un fratello di mamma, e di questa cognata in casa sentiva solo dire che era la donna più tradita d'Italia, ma non dicevano proprio tradita.

- Per te, - disse alla zia Sandrina, la svanita, dicevano che era caduta da piccola o, come diceva papà, la scema della dinastia.

E poi continuò a consegnare i regali ai cuginetti cretinetti, tutti maschi, tutti insipidi e mollicci come zucche. Le facevano un poco pena, i parenti, a lei.

- È un angelo quella bambina, - dissero i parenti andando via alla fine del pranzo.

- È un angelo, - disse lo zio Mario Assegno a Vuoto, il nonno Rodolfo odiato, la cognata tradita, la zia scema. - È un vero angelo, - dissero sinceramente, commossi. Lo dissero quasi tutti. Qualcuno no, perché cominciava ad avvertire i sintomi dell'avvelenamento. Nonostante il teschio con le tibie incrociate, però, quell'insetticida non era un gran veleno. Si salvarono due cuginetti, la cognata tradita e la zia scema che per l'occasione diventò ancor più scema.

da Giorgio Scerbanenco, *Il centodelitti*, Garzanti, Milano 2009

ATTIVITÀ

1. Perché questo racconto è intitolato *L'angelo*?

2. Di che cosa si occupa la protagonista nell'imminenza del Natale?

3. Come sono vissute dalla bambina le feste di Natale?
- [A] con insofferenza e fastidio
- [B] con gioia e fraternità
- [C] come un'occasione per ritrovarsi tra parenti
- [D] come una formalità a cui si rifiuta di partecipare

4. La protagonista disprezza i suoi parenti, in particolare:
- lo zio Mario, perché ....

....
- il nonno Rodolfo, perché ....

....
- la zia Sandrina, perché ....

....
- un'altra zia, perché ....

....
- i cuginetti, perché ....

....

5. Di che cosa è simbolo il teschio con le tibie incrociate?

....

6. Alla fine del racconto, in che modo la protagonista manifesta il suo disprezzo per i parenti?

....

7. Chiariti i dubbi sul testo, compi le operazioni preliminari al riassunto, e cioè:
- individua le 5 W:
  - "dove" il fatto è accaduto? ....

  ....
  - "chi" è il protagonista? ....

  ....
  - "che cosa" è accaduto?"quando" è accaduto? ....

  ....
  - "perché" è accaduto perché ....

  ....
  - evidenzia in colore le informazioni importanti, di cui dovrai tenere conto nel riassunto.

8. **Riassunto** Riassumi il racconto in tre righe: in questo caso è molto facile riassumere perché ti basta tralasciare tutti i dettagli della narrazione, dopo averne ricavato il senso.

....

....

....

2.3 Analizzare il testo poetico

Per analizzare un testo poetico è necessario disporre di strumenti teorici e pratici che consentano di coglierne e valorizzarne il carattere specifico.
Ma in che cosa consiste lo specifico di un testo poetico? La prima risposta che si affaccia alla mente è che la poesia, a differenza della prosa, è scritta in versi e in rima. Ma si tratta di una risposta insufficiente. Il verso, infatti, non basta a fare poesia; la rima in molte poesie non è neppure presente. Si può dire, invece, che il tratto distintivo del testo poetico è un particolare modo di esprimere il contenuto sfruttando soprattutto le **risorse della connotazione**.

DENOTAZIONE E CONNOTAZIONE

Che cosa intendiamo con il termine **connotazione** e con il suo opposto **denotazione**? Con **denotazione** si intende il valore comunicativo–informativo della parola, cioè l'impiego della parola nella sua funzione referenziale, in base alla quale una certa parola designa un certo oggetto. La funzione denotativa è quella che trova spazio nel linguaggio ordinario della comunicazione.
Il termine **connotazione** designa invece tutti i valori supplementari che vengano aggiunti al significato basilare di un termine.
Nel testo poetico la parola assume facilmente sfumature allusive, emotive, evocative, suggestive, ritmiche ecc., finalizzate a incrementare l'espressività del testo e, indirettamente, ad arricchirne anche il significato.
In concreto, la funzione connotativa può essere svolta da varie componenti del testo, come il lessico, la morfologia, la sintassi, le figure retoriche ecc.

CONNOTAZIONE MEDIANTE IL LESSICO

L'uso di parole in funzione connotativa è una delle principali risorse per trasmettere i valori poetici di un testo. La connotazione si avvale di strategie svariatissime, più o meno vistose, e vi rientra qualunque artificio atto a produrre uno **scarto** rispetto ai valori neutri che la parola mantiene nel comune impiego della lingua. Per poter fare riferimenti concreti, si può partire dall'esempio dell'*Infinito* leopardiano:

Sempre caro mi fu quest'ermo colle,
e questa siepe, che da tanta parte
dell'ultimo orizzonte *il guardo* esclude.
Ma sedendo e mirando, interminati
spazi di là da quella, e sovrumani
silenzi, e profondissima quiete
io nel pensier *mi fingo*; ove per poco
il cor non si spaura. E come il vento
odo stormir tra queste piante, io quello
infinito silenzio a questa voce
vo comparando: e *mi sovvien l'eterno*,
e *le morte stagioni*, e la presente
e viva, e il suon di lei. Così tra questa
immensità s'annega il pensier mio
e il naufragar m'è dolce in questo mare.

Alcune parole come *ermo, il guardo, mi fingo, vo comparando, mi sovvien, l'eterno, le morte stagioni* tradiscono la volontà poetica di allontanare la realtà del quotidiano oltre i limiti dello spazio e del tempo.
In questa prospettiva hanno grande importanza arcaismi e latinismi: sul piano del significato *ermo* equivale al denotativo *solitario*, *il guardo* è *lo sguardo*, *vo comparando* equivale a *paragono*, *mi sovvien* a *mi ricordo*, *l'eterno* a *l'eternità*, *le morte stagioni* a *il tempo passato*. Lo scarto, che solo in parte è da imputare all'italiano dell'Ottocento, intende dunque ricavare dalle parole usate la massima espressività.

CONNOTAZIONE MEDIANTE LA GRAMMATICA

La dialettica tra denotazione e connotazione non investe solo il lessico, ma anche la grammatica e la sintassi.
Per esempio, nei quindici versi dell'*Infinito* ricorrono ben otto volte i dimostrativi *questo* e *quello*. Possiamo vedere in ciò una rilevanza estetica? Secondo la grammatica, *questo* indica vicinanza e presenza, *quello* indica lontananza e assenza: su questa base Angelo Marchese ha rilevato che «all'inizio (vv. 1-3) *questo* denota il paesaggio, la realtà; poi *quello* (v. 5) indica l'allontanamento dal reale; lo stormire del vento segna il ritorno all'immediatezza (vv. 9-10) e al confronto dialettico; infine, negli ultimi tre versi, *questo* indica l'approdo, il naufragio nell'infinito».

CONNOTAZIONE MEDIANTE LA SINTASSI

Anche le scelte sintattiche possono assumere una valenza connotativa. Sempre nell'*Infinito* basta osservare l'effetto stilistico prodotto dal **polisindeto** (ripetizione della congiunzione *e*) dei vv. 5-6:

interminati
spazi di là da quella, e sovrumani
silenzi, e profondissima quiete

e dei vv. 11-13:

e mi sovvien l'eterno,
e le morte stagioni, e la presente
e viva, e il suon di lei.

L'insistenza nell'uso della congiunzione *e* sottolinea il legame di associazione che regola il libero fluire dell'immaginazione prima nell'immensità dello spazio, poi nell'eternità del tempo, dove la finitezza del poeta può solo perdersi e annegare, ricavandone una sensazione di immensa dolcezza.

CONNOTAZIONE MEDIANTE LE FIGURE RETORICHE

Sono **figure retoriche** tutte quelle espressioni che si staccano dall'uso neutro della lingua per conseguire una particolare espressività. Da questo punto di vista, la poesia è il terreno privilegiato della retorica e, come conseguenza, un'analisi retorica può essere un utile strumento di comprensione della poesia.
Ai fini dell'analisi del testo, è utile tenere presente che le figure retoriche si classificano in base al rispettivo effetto stilistico: ciascuna figura retorica, infatti, deriva da una di queste tre fondamentali operazioni: **aggiungere**, **sopprimere**, **cambiare l'ordine** degli elementi.

I CONSIGLI DEL TUTOR
UN'IDEA DELLE FIGURE RETORICHE

Le figure retoriche sono il frutto di determinate **forzature** del testo, che possono essere esemplificate così:

OPERAZIONE RETORICA	ESEMPIO DI FIGURA	ESEMPIO DI TESTO
a. dire una cosa per un'altra	**metafora:** designa un oggetto con un altro che ha con il primo un rapporto di somiglianza	*le fiamme per indicare la gelosia*
b. esprimere una somiglianza	**similitudine:** paragona due entità diverse ponendo in rilievo le analogie tra la cosa di cui si parla e qualcosa di più familiare, che può servire a darle significato	*come… così…*
c. dare senso all'ordine delle parole	**anafora:** ripetizione della medesima parola all'inizio di versi o membri successivi, allo scopo di insistere sull'idea	*Per me si va nella città dolente, per me si va…*
d. invertire l'ordine delle parole	**chiasmo:** incrocia quattro segmenti di discorso secondo lo schema ABBA	*Pace non trovo, et non ò da far guerra*
e. abbreviare	**ellissi:** consiste nel tralasciare una o più parole (per es. il verbo essere) che possono facilmente essere desunte dal contesto della frase.	*Amaro e noia la vita, altro mai nulla*
f. amplificare	**climax**: successione graduata di parole disposte in scala ascendente o discendente (anticlimax)	*rimbombò, rimbalzò, rotolò cupo*
g. creare effetti speciali	**sinestesia:** accosta parole (per esempio aggettivo e sostantivo) appartenenti a sfere sensoriali diverse	*voci di tenebra azzurra*

LE FIGURE DI SUONO

Le figure fonico-timbriche (cioè inerenti al suono e al timbro) sono determinate dalla scelta e dall'accostamento di determinati suoni nella parola, nel verso o nella strofa. Le figure di suono sono impiegate, soprattutto in poesia, per conseguire una particolare cifra **stilistica**. Ma esse interagiscono anche con il **significato**, in quanto, tramite i suoni, lo possono sottolineare, arricchire, potenziare. Operano in tale direzione soprattutto le seguenti figure:
- **allitterazione**: ripetizione degli stessi suoni o delle stesse sillabe: *Stupíano i rondinotti dell'estate / di quel sottile scendere di spille*;
- **assonanza**: rima imperfetta tra due parole nelle quali coincidano le vocali accentate e quelle finali, mentre le consonanti sono diverse: *buca-fuga, profondo-mondo*;
- **consonanza**: coincidenza delle consonanti nelle sillabe finali a partire da quella accentata: *coi brividi brevi del vento*;
- **omeoteleuto**: uguaglianza di terminazione tra due o più parole: *poco-dico*. Se il fenomeno coinvolge anche le sillabe toniche (*poco-fuoco*), dà luogo alla **rima;**
- **onomatopea**: parole che imitano un suono o un rumore naturale: *solo il rivo roco s'ode gemere* (la ricorrenza della consonante liquida *r* riproduce lo scorrere del ruscello).

IL VERSO, IL RITMO, IL METRO

L'elaborazione ritmica e metrica del testo fa capo ad alcuni elementi quali il verso, la strofa, la rima, il genere del componimento. In particolare:
- il **verso** è l'elemento di base del testo poetico. Esso consta di un insieme di parole organizzate secondo un determinato numero di sillabe e un certo ritmo.

Per esempio, *Nel mezzo del cammin di nostra vita* è il verso iniziale (detto con parola latina *incipit*) dell'*Inferno* dantesco;

- il **ritmo** è una particolare cadenza armonica determinata dal metro (nel verso sopra riportato è l'endecasillabo), dagli accenti ritmici (che qui cadono sulla sesta e sulla decima sillaba: *cammín* e *víta*) e dai valori melodici delle parole (per es. le allitterazioni in nasale *m* e *n*);
- il **metro** è lo schema istituzionale (nell'esempio l'endecasillabo) del verso.

LO STILE E IL SENSO

Le figure retoriche, i suoni, il metro e il ritmo determinano quello che chiamiamo lo **stile** del componimento. Ma non è solo così, perché lo stile, incrementando l'espressività del testo, ne arricchisce anche il significato. Si verifica così quel fenomeno che con termini tecnici si chiama **semantizzazione** dei contenuti non verbali, vale a dire ricavare dal testo contenuti che non sono formulati a parole, ma sono espressi dallo stile. Per esempio, dire, come fa Leopardi, che sulle aride pendici del Vesuvio si possono toccare con mano *le magnifiche sorti e progressive* dell'umanità, significa esprimere con lo strumento dell'ironia la polemica contro la fede nel progresso e nella Natura. Allo stesso modo, nel verso di Carducci *solo il rivo roco s'ode gemere*, la ricorrenza della liquida *r* riproduce lo scorrere del ruscello, che con il lugubre verbo *gemere* esprime tutta la negatività di un contesto di morte.

LE PAROLE ADATTE Il lessico specialistico per la poesia

Analisi significa etimologicamente **scioglimento** e indica l'operazione di scomposizione e ricomposizione che consente di capire **come è fatto il testo e come funziona**. Come una qualsiasi opera materiale, per essere realizzata, richiede l'uso di determinati attrezzi, così l'analisi testuale presuppone il possesso di alcuni strumenti e di alcuni concetti di base, il cui repertorio costituisce il lessico specialistico della poesia. Eccone alcuni:

- **testo**: il termine deriva dal latino *textus* (tessuto) e indica metaforicamente un insieme nel quale tutte le componenti dell'opera sono organicamente intessute. Di conseguenza, cogliere una o alcune di queste componenti, tralasciandone altre, non equivale a esaurire le funzioni dell'insieme;
- **segno, significante, significato**: il testo letterario è un atto comunicativo in cui un messaggio, il contenuto, è espresso attraverso un codice, la lingua, e diretto da un emittente, l'autore, a un ricevente, nella persona di un possibile lettore. In particolare:
- il **codice**: è la lingua italiana, un sistema di segni linguistici che, opportunamente combinati, consentono di esprimere messaggi;
- il **segno linguistico**: in pratica coincide con la parola. Esso è la sintesi di due componenti:
  - il **significato**, cioè il concetto che la parola porta con sé;
  - il **significante**, cioè la cosiddetta immagine acustica, vale a dire il complesso di suoni in cui si articola materialmente la parola stessa.

Il principio organizzatore del testo artistico, in virtù del quale esso si distingue dalle altre strutture comunicative, sta nel fatto che l'intenzione dell'artista è diretta **non sul significato ma sul segno stesso.** Pertanto l'analisi non dovrà limitarsi a considerare il significato – cioè quello che il poeta ha voluto dire – ma dovrà prestare attenzione soprattutto alle forme che il significato ha assunto nel testo tramite le parole;

- **contenuto e forma**: nell'opera d'arte, tra il contenuto di idee e la forma in cui le idee sono espresse intercorre un **nesso molto forte**. L'interdipendenza di contenuto e forma comporta anche che, nel testo artistico, le parole abbiano, da una parte, un valore **denotativo**, in quanto servono a esprimere il messaggio, dall'altra un valore **connotativo**, perché questo messaggio è espresso in una forma artisticamente elaborata;
  - **stile**: è il modo di scrivere, da intendere:
  - come **modalità di scrittura**: *uno stile sublime, uno stile piatto*;
  - come **complesso dei caratteri**, soprattutto formali, che contraddistinguono l'opera di un poeta;
  - come indicazione del **genere letterario**: *stile drammatico, stile epico*;
  - in riferimento a specifiche **scelte morfo-sintattiche**: *stile nominale, stile indiretto libero.*

ALLA PROVA **LEGGERE I TESTI POETICI**

Giosuè Carducci
San Martino

Ecco una poesia molto facile e nota, con tutti i caratteri della poesia tradizionale in fatto di contenuto e immagini liriche. La metrica rispetta gli schemi canonici.

La nebbia agli irti colli
piovigginando sale,
e sotto il maestrale
urla e biancheggia il mar;

ma per le vie del borgo
dal ribollir de' tini
va l'aspro odor de i vini
l'anime a rallegrar.

Gira su' ceppi accesi
lo spiedo scoppiettando:
sta il cacciator fischiando
su l'uscio a rimirar

tra le rossastre nubi
stormi d'uccelli neri,
com'esuli pensieri,
nel vespero migrar.

Giosuè Carducci, da *Rime nuove*, in *Poesie*, Garzanti, Milano 1991

ANALISI E COMPRENSIONE

1. Cerca sul dizionario il significato delle parole che non conosci:
   - *irto:* ....
   - *maestrale:* ....
   - *tino:* ....
   - *rimirare:* ....
   - *stormo:* ....
   - *esuli:* ....
   - *vespero:* ....

2. Descrivi il contenuto del testo attribuendo un titolo a ciascuna strofa.
3. Qual è l'atmosfera delineata dal componimento?
4. Osservando la sintassi, puoi rilevare la tendenza di Carducci in questa poesia a mettere il soggetto dopo il verbo.
   Come preparazione alla parafrasi cerca di ricostruire l'ordine normale: per esempio, *urla e biancheggia il mar* > il mare urla e biancheggia.
5. Il testo consta di quattro .... di versi .... con rime ABBC, ... , ... , ...

6. **Riformulazione** Riformula in forma esplicita i sottintesi e le figure retoriche:

- i colli sono irti perché ....
- il mare urla è una metafora per dire che ....
....
- lo spiedo scoppietta perché ....
....
- le nubi sono rossastre perché ....
....

7. **Parafrasi** Completa la parafrasi del testo:

- versi 1-4: La nebbia, sciogliendosi in pioggia leggera, sale lungo le colline ....
....
- versi 5-8: Ma .... l'odore dai tini dove il mosto fermenta ribollendo ....
....
- versi 9-16: Sulla brace accesa nel focolare lo spiedo
....;
e il cacciatore se ne sta sull'uscio di casa e ...., simili a pensieri vaganti ....
....

ALLA PROVA LEGGERE I TESTI POETICI

Giorgio Caproni
L'ultimo borgo

In questo caso la poesia si fa più complessa e impegnativa. Due viaggiatori alla ricerca di qualcosa - forse due cacciatori - giungono stremati a un'osteria, dove cenano in silenzio, ripensando a tutto il loro cercare inutile: non hanno trovato che vaghi indizi e ora sono giunti all'ultimo borgo, a una terra di confine oltre la quale si aprono misteriosi luoghi vietati. Sanno che dopo c'è il mistero, l'inconoscibile; e si fermano disarmati. Che cosa cercano i due? Il testo non lo dice, ma potrebbe essere Dio, la verità, la felicità, la morte o quanto altro riusciamo a immaginare come oggetto di una ricerca. Proprio in questa ambiguità sta il fascino del componimento.

S'erano fermati a un tavolo
d'osteria.
La strada
era stata lunga.
I sassi.
le crepe dell'asfalto.
I ponti
più d'una volta rotti[1]
o barcollanti.

Avevano
le ossa a pezzi.[2]

1. rotti: distrutti. I disagi della strada sono una metafora per indicare le difficoltà della vita.

2. ossa a pezzi: per la stanchezza.

E zitti
dalla partenza, cenavano
a fronte bassa, ciascuno
avvolto nella nube vuota
dei suoi pensieri.

Che dire.

Avevano frugato fratte
e sterpeti[3].
Avevano
fermato gente - chiesto
agli abitanti.
Ovunque
solo tracce elusive
e vaghi indizi[4] - ragguagli
reticenti o comunque
inattendibili.[5]

Ora
sapevano che quello era
l'ultimo borgo.
Un tratto
ancora, poi la frontiera
e l'altra terra: i luoghi
non giurisdizionali.[6]

L'ora
era tra l'ultima rondine
e la prima nottola[7].
Un'ora
già umida d'erba e quasi
(se ne udiva la frana
giù nel vallone) d'acqua
diroccata[8] e lontana.

Giorgio Caproni, da *Il franco cacciatore*, in *L'opera in versi*, Mondadori, Milano 1998

3. **fratte e sterpeti:** boschi folti e pieni di vegetazione.
4. **tracce… indizi:** tracce sfuggenti e vaghe indicazioni.
5. **inattendibili:** non degne di fiducia.
6. **non giurisdizionali:** vietati per legge, in quanto sono oltre confine.
7. **nottola:** pipistrello o civetta.
8. **diroccata:** che precipita dall'alto.

COMPRENSIONE E ANALISI

1. Questa poesia ha il fascino e l'ambiguità che sono tipici del testo poetico. A tuo parere, per quale motivo Caproni non dice chi sono e che cosa cercano i due viaggiatori?
- [A] perché non lo sa neppure lui
- [B] perché il mistero e l'indistinto hanno un grande fascino
- [C] perché non vuole svelare il mistero
- [D] perché il testo è una specie di indovinello

2. Il testo poetico è a volte ambiguo e va interpretato. In questo caso, per esempio, perché i due cenano zitti, senza parlare?
- [A] perché non vogliono disturbare
- [B] probabilmente hanno parlato a lungo durante il viaggio
- [C] sembrano delusi perché non hanno trovato ciò che cercavano
- [D] pensano alle difficoltà che li aspettano

3. Il testo ha inizio nel momento in cui i due viaggiatori arrivano all'osteria; poi passa a parlare della strada percorsa. Disponi le azioni in ordine cronologico, inserendole nella tabella. L'esercizio è avviato.

AZIONE PASSATA	RISULTATO PRESENTE
hanno percorso molta strada	ora si trovano in un'osteria
hanno frugato fratte e sterpeti	
hanno fermato gente e chiesto agli abitanti	
sapevano di essere giunti nell'ultimo borgo	

4. Qual è il seguito della vicenda dei due viaggiatori?
- [A] non c'è nessun seguito, perché oltre c'è la frontiera e non possono proseguire
- [B] decidono di tornare a casa, visto che la ricerca è stata infruttuosa
- [C] continuano la loro ricerca, sperando di trovare qualcosa
- [D] si fermano a passare la notte nell'osteria

5. **Parafrasi** Fai la parafrasi dei vv. 24-30, cercando di rendere esplicito il senso, sciogliere le figure retoriche, ricostruire la sintassi.

6. Ti sembra che nella prima strofa la disposizione delle parole *La strada, I sassi, I ponti* sia casuale o voglia suggerire visivamente qualcosa?

7. Il paesaggio degli ultimi versi sottolinea in modo suggestivo la situazione della frontiera. Individua gli elementi che lo costituiscono:
- l'ora ....
- l'erba ....
- l'acqua ....

8. La frontiera, il limite, il muro hanno sempre animato la fantasia dei poeti al pensiero di ciò che sta oltre, che può essere una realtà materiale o spirituale, comunque una realtà sconosciuta. Che cosa ha di poetico, secondo te, ciò che sta oltre frontiera?

9. Il testo ha un tenore esteriormente narrativo e ha come argomento il viaggio dei due pellegrini. Tuttavia, quanto più si procede nella lettura, tanto più ci si accorge che la loro vicenda è un'unica grande metafora che ha lo scopo di:
- [A] illustrare la vanità degli sforzi umani
- [B] prospettare il senso del limite e il mistero che sta oltre
- [C] mostrare il fallimento delle illusioni
- [D] raccontare l'avventura dei due cacciatori

10. Molti versi sono spezzati su due righe. Quale effetto ottiene l'autore, secondo te?

....

....

11. Il v. 13 *Avevano frugato fratte* contiene una figura di allitterazione: ti sembra che in questo caso vi sia una connessione tra suono e senso?

....

12. In che senso una traccia può essere elusiva?

13. **Riformulazione** Riformula con parole semplici ed esplicite l'espressione *ragguagli reticenti o comunque non attendibili.*

14. **Riassunto** Riassumi il testo in 7-8 righe.

15. **Riassunto** Poi riassumi il testo in non più di 3 righe.

2.4 Analizzare il testo in prosa

LA PROSA E LA NARRATIVA

L'elemento che distingue i testi letterari in prosa da quelli in versi è di natura formale. Nel testo in prosa infatti **la scrittura è continua**, non spezzata come nei versi e non regolata da cadenze ritmiche predefinite.
Il genere letterario che si esprime di preferenza in prosa è la **narrativa**. Ogni narrazione è caratterizzata da una **storia** – intesa come sequenza di eventi, reali o immaginari, collegati in successione – e dalla presenza di un **narratore** che la racconti.
Il narratore è la **voce** che racconta gli eventi, esponendoli in terza persona o (nel caso in cui coincida con il protagonista) in prima persona.

STORIA E DISCORSO

All'interno di un testo narrativo si possono distinguere due piani:
- il piano della **storia** (o del contenuto), cioè **che cosa** viene narrato;
- il piano del **discorso** (o dell'espressione), cioè **come** il contenuto viene narrato.

Nei *Promessi sposi*, per esempio, la **storia** è la vicenda dell'amore fra due popolani della Lombardia del Seicento, osteggiata in vari modi da un signorotto locale ma condotta a lieto fine dopo varie peripezie.
Per narrare questa vicenda, Manzoni ha costruito un **discorso** assai elaborato e complesso, frutto di precise scelte strutturali, narratologiche e stilistiche.
Analizzare un testo narrativo significa dunque comprendere quali scelte l'autore ha operato non solo per costruire una **storia**, ma anche per trasformarla in un **discorso** al fine di ottenere determinati effetti artistici.

***FABULA* E INTRECCIO**

La differenza tra piano della storia e piano del discorso appare chiara se si osserva l'**ordine di successione** temporale degli eventi all'interno di un racconto. Nel narrare gli eventi, l'autore non solo opera una selezione, ma spesso altera la successione cronologica, per ottenere particolari effetti. Si possono quindi distinguere:

PIANO NARRATIVO	ORDINE TEMPORALE	ORGANIZZAZIONE
storia	***fabula***	gli eventi sono narrati secondo l'**effettiva successione** logica e cronologica
discorso	**intreccio**	gli eventi sono disposti secondo la **struttura più funzionale** alle esigenze creative

Nell'organizzare la *fabula* in intreccio, lo scrittore può alterare l'ordine cronologico in due modi:
- attraverso l'**analessi**, detta anche retrospezione o ***flash-back***, che è la narrazione di un fatto avvenuto in precedenza. L'analessi è solitamente introdotta da indicatori temporali del tipo *alcuni anni prima*, *in passato*, ecc.
  Per esempio, nel cap. VII dei *Promessi sposi*, dopo aver dato notizia dell'inquietante presenza dei bravi nei pressi della casa di Lucia, il narratore interviene così: *Convien però che il lettore sappia qualcosa di più preciso, intorno a que' ronzatori misteriosi: e, per informarlo di tutto, dobbiam tornare un passo indietro, e ritrovar*

don Rodrigo, che abbiam lasciato ieri, solo in una sala del suo palazzotto, al partir del padre Cristoforo.

- attraverso la **prolessi** o anticipazione, che consiste nel racconto o anche semplicemente nell'accenno a un evento futuro rispetto al momento a cui è giunta la storia. In qualche modo, quindi, la prolessi anticipa il seguito della vicenda.
  Per esempio, nel capitolo VI del *Fu Mattia Pascal* di Pirandello, il protagonista si trova di fronte al cadavere di un giovane giocatore d'azzardo, suicidatosi per debiti di gioco al casinò di Montecarlo, e così commenta: *Tutto potevo immaginare, tranne che, nella sera di quello stesso giorno, dovesse accadere anche a me qualcosa di simile.*

Quest'ultima osservazione costituisce di fatto una anticipazione. Nel seguito, infatti, Mattia Pascal verrà identificato con un suicida ritrovato in condizioni irriconoscibili e sarà ritenuto morto.

SEQUENZE E MACROSEQUENZE

Per cogliere il rapporto tra *fabula* e intreccio e ricostruire la struttura del testo, è utile scomporlo in **sequenze**. Ogni sequenza è un segmento narrativo che può essere più o meno ampio, ma, in ogni caso, deve essere in sé autonomo, cioè comprendere un insieme di informazioni o di eventi che corrisponde a una **unità di contenuto**.
Nel testo le singole sequenze sono organicamente collegate in **macrosequenze**, ossia in porzioni di testo più ampie in cui si articola la narrazione.
Non c'è una unità di misura per le macrosequenze, che sono sempre da rapportare al testo che si considera. Per esempio, i *Promessi sposi* possono essere ripartiti nelle seguenti sei macrosequenze, separate da digressioni più o meno ampie:

- **Renzo e Lucia** insieme al paese (capp. I-VIII);
- **Lucia** a Monza (capp. IX-X);
- **Renzo** a Milano e poi nel bergamasco (capp. XI-XVII);
- **Lucia** nel castello dell'Innominato e poi da donna Prassede (capp. XX-XXVII);
  Renzo al paese e poi a Milano colpita dalla peste (capp. XXXIII-XXXV);
- **Renzo e Lucia** di nuovo insieme, prima al paese e poi nel bergamasco (capp. XXXVI-XXXVIII).

COME SI INDIVIDUA UNA SEQUENZA

Si può individuare il passaggio da una sequenza alla successiva quando cambia:

- un **tema** del racconto;
- un **personaggio**, che entra in scena o esce di scena;
- il **tempo** dell'azione;
- lo **spazio** dell'azione;
- la **modalità** o **tipologia** testuale, che può essere narrativa, descrittiva ecc.

Nella pratica, raramente si possono isolare sequenze puramente narrative o puramente descrittive ecc.
Più spesso all'interno di ogni sequenza è possibile individuare una modalità testuale prevalente.
È però opportuno tenere presente che, mentre le sequenze narrative sono **dinamiche**, in quanto determinano un progredire degli eventi narrati, le sequenze descrittive o riflessive sono **statiche**, poiché non determinano un mutamento della situazione. Per ricostruire la *fabula* (per esempio per redigere un riassunto) è importante identificare

le sequenze dinamiche, mentre per cogliere la struttura del discorso narrativo sono utili anche le sequenze statiche, che determinano il ritmo del racconto.

LO SCHEMA-TIPO

La scomposizione del testo in sequenze è finalizzata soprattutto a coglierne la struttura. Se infatti ogni testo narrativo è diverso dall'altro, è anche vero però che, analizzate sul piano della trama, ossia della successione degli eventi, la maggior parte delle narrazioni può essere ricondotta a uno schema-tipo per cui possiamo tenere come riferimento il modello dei *Promessi sposi*:

- **situazione iniziale:** Lucia e Renzo stanno per sposarsi;
- **esordio:** Don Rodrigo impedisce il matrimonio;
- **peripezie:** le disavventure dei protagonisti: Renzo a Milano, Lucia a Monza;
- **momento di massima tensione (*Spannung*):** la notte dell'Innominato;
- **scioglimento:** la conversione dell'Innominato e la liberazione di Lucia;
- **(lieto) fine:** il matrimonio e la nascita di un nuovo equilibrio.

IL TEMPO DELLA NARRAZIONE

Il racconto è una narrazione di eventi in successione cronologica: la categoria del tempo è dunque fondamentale all'interno del testo narrativo.
Come si distingue la *fabula* dall'intreccio, così è necessario distinguere:

- il **tempo della realtà**, cioè il momento della composizione dell'opera e quello della sua fruizione da parte dei lettori;
- il **tempo della finzione**, cioè quello della vicenda narrata nel testo, che può essere fittizia, perché l'autore, nel costruire il racconto, può alterare sia l'ordine sia la durata degli eventi.

LO SPAZIO DELLA NARRAZIONE

Ogni narrazione è situata in uno spazio all'interno del quale si muovono i personaggi e si verificano gli eventi.
In alcuni casi, l'ambientazione spaziale ha una semplice funzione di sfondo, mentre in altri (per esempio nei romanzi di avventura) assume particolare rilievo. Il narratore vi si sofferma attraverso sequenze di tipo **descrittivo**, che possono essere svolte in modo oggettivo o soggettivo a seconda che l'autore intenda fotografare la realtà o filtrarla attraverso il punto di vista di uno dei personaggi. In quest'ultimo caso si parla di **paesaggio-stato d'animo**, in quanto rispecchia i sentimenti e le emozioni del personaggio. Nei *promessi sposi* è il caso del famoso passo *Addio, monti* di Lucia in fuga dal paese:

Non tirava un alito di vento; il lago giaceva liscio e piano, e sarebbe parso immobile, se non fosse stato il tremolare e l'ondeggiar leggiero della luna, che vi si specchiava da mezzo il cielo. S'udiva soltanto il fiotto morto e lento frangersi sulle ghiaie del lido, il gorgoglìo più lontano dell'acqua rotta tra le pile del ponte, e il tonfo misurato di que' due remi, che tagliavano la superficie azzurra del lago, uscivano a un colpo grondanti, e si rituffavano. L'onda segata dalla barca, riunendosi dietro la poppa, segnava una striscia increspata, che s'andava allontanando dal lido. I passeggieri silenziosi, con la testa voltata indietro, guardavano i monti, e il paese rischiarato dalla luna, e variato qua e là di grand'ombre. Si distinguevano i villaggi, le case, le capanne: il palazzotto di don Rodrigo, con la sua torre piatta, elevato sopra le casucce ammucchiate alla falda del promontorio, pareva un feroce che, ritto nelle tenebre, in mezzo a una compagnia d'addormentati, vegliasse, meditando un delitto. Lucia lo vide, e rabbrividì; scese con l'occhio giù giù per la china, fino al suo paesello, guardò fisso all'estremità, scoprì la sua casetta, scoprì la chioma folta del fico che sopravanzava il muro del cortile, scoprì la finestra della sua camera; e, seduta, com'era, nel fondo della barca, posò il braccio sulla sponda, posò sul braccio la fronte, come per dormire, e pianse segretamente. Addio, monti sorgenti dall'acque, ed elevati al cielo; cime inuguali, note a chi è cresciuto tra voi, e impresse nella sua mente, non meno che lo sia l'aspetto de' suoi più familiari; torrenti, de' quali distingue lo scroscio, come il suono delle voci domestiche; ville sparse e biancheggianti sul pendìo, come branchi di pecore pascenti; addio! Quanto è tristo il passo di chi, cresciuto tra voi, se ne allontana!

AUTORE E NARRATORE

L'autore è colui che compone l'opera.
All'interno del testo, è poi presente un narratore, cioè la voce che racconta gli eventi, in terza o in prima persona.
Il narratore **non va confuso con l'autore**: infatti, mentre l'autore è un individuo storico concreto, il narratore è un artificio, una costruzione fittizia, interna alla narrazione.
Si possono distinguere due tipi di narratore:

- il narratore **esterno,** che racconta, in genere in **terza persona**, eventi a cui non ha preso parte, come avviene nei *Promessi sposi*;
- il narratore **interno,** che racconta in **prima persona** gli eventi di cui è stato protagonista o testimone.

LE PAROLE ADATTE Il lessico specialistico per la narrativa

Ecco alcuni termini tecnici della narratologia, spiegati o esemplificati sulla base dei *Promessi sposi*:

La struttura del racconto
- **situazione iniziale:** la situazione esistente prima che l'azione abbia inizio;
- **esordio:** la narrazione ha inizio;
- **peripezie**: subentrano varie disavventure dei protagonisti;
- ***Spannung***: momento di massima tensione, in cui l'azione culmina o precipita;
- **scioglimento:** si ritorna alla normalità;
- **fine:** la storia è finita.

I personaggi e la funzione narrativa
- **soggetto:** il protagonista (Renzo);
- **oggetto:** la persona che cerca di raggiungere (Lucia);
- **aiutante:** chi aiuta il soggetto a raggiungere l'obiettivo (padre Cristoforo);
- **oppositore** o **antagonista:** chi si oppone al soggetto (Don Rodrigo).

Il punto di vista o focalizzazione
- **focalizzazione zero:** il narratore ne sa più dei personaggi (se è esterno è detto **narratore onnisciente**);
- **focalizzazione interna:** il narratore ne sa quanto un personaggio, di cui adotta il punto di vista;
- **focalizzazione esterna:** il narratore ne sa meno dei personaggi e si limita a registrarne le azioni (narrazione oggettiva)

I CONSIGLI DEL TUTOR
UN DECALOGO PER ANALIZZARE

1. **Leggi** con attenzione il testo per una prima comprensione.
2. Dividilo in **sequenze**, assegnando a ciascuna un breve titolo.
3. Metti in luce le **tematiche** presenti.
4. Individua i **personaggi**.
5. Osserva il **tempo** della narrazione.
6. Osserva lo **spazio** della narrazione.
7. Riconosci il tipo di **narratore**.
8. Evidenzia le scelte **stilistiche**.
9. Rifletti sul **senso** del testo.

ALLA PROVA — LEGGERE I TESTI NARRATIVI

Leonardo Sciascia
Il lungo viaggio

In questo racconto l'impianto narrativo si coniuga con l'intento di denuncia di una situazione di miseria sociale e morale.

Era una notte che pareva fatta apposta, un'oscurità cagliata[1] che a muoversi quasi se ne sentiva il peso. E faceva spavento, respiro di quella belva che era il mondo, il suono del mare: un respiro che veniva a spegnersi ai loro piedi.

Stavano, con le loro valigie di cartone e i loro fagotti, su un tratto di spiaggia pietrosa, riparata da colline, tra Gela e Licata[2]; vi erano arrivati all'imbrunire, ed erano partiti all'alba dai loro paesi; paesi interni, lontani dal mare, aggrumati nell'arida plaga del feudo. Qualcuno di loro, era la prima volta che vedeva il mare: e sgomentava il pensiero di dover attraversarlo tutto, da quella deserta spiaggia della Sicilia, di notte, ad un'altra deserta spiaggia dell'America, pure di notte. Perché i patti erano questi - Io di notte vi imbarco - aveva detto l'uomo: una specie di commesso viaggiatore per la parlantina, ma serio e onesto nel volto – e di notte vi sbarco: sulla spiaggia del Nugioirsi[3], vi sbarco; a due passi da Nuovaiorche...[4] E chi ha parenti in America, può scrivergli che aspettino alla stazione di Trenton[5], dodici giorni dopo l'imbarco... Fatevi il conto da voi... Certo, il giorno preciso non posso assicurarvelo: mettiamo che c'è mare grosso, mettiamo che la guardia costiera stia a vigilare... Un giorno più o un giorno meno, non vi fa niente: l'importante è sbarcare in America.

L'importante era davvero sbarcare in America: come e quando non aveva poi importanza. [...] E avrebbero passato il mare, quel grande mare oscuro; e sarebbero approdati agli *stori* alle *farme*[6] dell'America, all'affetto dei loro fratelli zii nipoti cugini, alle calde ricche abbondanti case, alle automobili grandi come case.

1. **cagliata:** rappresa, densa.
2. **Gela e Licata:** città della Sicilia.
3. **Nugioirsi:** dello Stato del New Jersey, negli USA.
4. **Nuovaiorche:** New York.
5. **Trenton:** capitale dello Stato del New Jersey.
6. **agli stori alle farme:** ai negozi e alle fattorie.

Duecentocinquantamila lire: metà alla partenza, metà all'arrivo. Le tenevano, a modo di scapolari[7], tra la pelle e la camicia. Avevano venduto tutto quello che avevano da vendere, per racimolarle: la casa terragna[8] il mulo l'asino le provviste dell'annata il canterano[9] le coltri. I più furbi avevano fatto ricorso agli usurai, con la segreta intenzione di fregarli: "Vieni a cercarmi in America, sanguisuga: magari ti ridò i tuoi soldi, ma senza interesse, se ti riesce di trovarmi".

- Ci siamo tutti? - domandò il signor Melfa. Accese la lampadina, fece la conta. Ne mancavano due. - Forse ci hanno ripensato, forse arriveranno più tardi... Peggio per loro, in ogni caso. E che ci mettiamo ad aspettarli, col rischio che corriamo?

Tutti dissero che non era il caso di aspettarli.

- In barca - disse il signor Melfa. E di colpo ciascuno dei partenti diventò una informe massa, un confuso grappolo di bagagli. [...]

Il viaggio durò meno del previsto: undici notti, quella della partenza compresa. E contavano le notti invece che i giorni, poiché le notti erano di atroce promiscuità, soffocanti. Si sentivano immersi nell'odore di pesce di nafta e di vomito come in un liquido caldo nero bitume. Ne grondavano all'alba, stremati, quando salivano ad abbeverarsi di luce e di vento. Ma come l'idea del mare era per loro il piano verdeggiante di messe quando il vento lo sommuove, il mare vero li atterriva: e le viscere gli si strizzavano, gli occhi dolorosamente verminavano[10] di luce se appena indugiavano a guardare.

Ma all'undicesima notte il signor Melfa li chiamò in coperta: e credettero dapprima che fitte costellazioni fossero scese al mare come greggi; ed erano invece paesi, paesi della ricca America che come gioielli brillavano nella notte. E la notte stessa era un incanto: serena e dolce, una mezza luna che trascorreva tra una trasparente fauna di nuvole, una brezza che allargava i polmoni.

- Ecco l'America - disse il signor Melfa. [...]

Scesero nella barca leggeri leggeri, ridendo e canticchiando; e uno si mise a cantare a gola aperta, appena la barca si mosse.

Sentirono, lontano e irreale, un canto. "Sembra un carrettiere nostro", pensarono: e che il mondo è ovunque lo stesso, ovunque l'uomo spreme in canto la stessa malinconia, la stessa pena. Ma erano in America, le città che baluginavano dietro l'orizzonte di sabbia e d'alberi erano città dell'America.

Due di loro decisero di andare in avanscoperta. Camminarono in direzione della luce che il paese più vicino riverberava nel cielo. Trovarono quasi subito la strada: "asfaltata, ben tenuta; qui è diverso che da noi", ma per la verità se l'aspettavano più ampia, più dritta. Se ne tennero fuori, ad evitare incontri: la seguivano camminando tra gli alberi. Passò un'automobile: "pare una seicento"; e poi un'altra che pareva una millecento, e un'altra ancora: "le nostre macchine loro le tengono per capriccio, le comprano ai ragazzi come da noi le biciclette". Poi passarono, assordanti, due motociclette, una

7. **scapolare:** la striscia di stoffa pendente sul petto, portata dai frati: qui si tratta di una borsa di stoffa, usata come custodia per il denaro.
8. **terragna:** A piano terra o scavata nella terra.
9. **canterano:** cassettone.
10. **verminavano:** erano talmente abbagliati che sembravano brulicare di vermi.

dietro l'altra. Era la polizia, non c'era da sbagliare: meno male che si erano tenuti fuori della strada.

Ed ecco che finalmente c'erano le frecce. Guardarono avanti e indietro, entrarono nella strada, si avvicinarono a leggere: *Santa Croce Camerina – Scoglitti*[11].

- Santa Croce Camerina: non mi è nuovo, questo nome.

- Pare anche a me; e nemmeno Scoglitti mi è nuovo.

- Forse qualcuno dei nostri parenti ci abitava, forse mio zio prima di trasferirsi a Filadelfia: che io ricordo stava in un'altra città, prima di passare a Filadelfia.

- Anche mio fratello: stava in un altro posto, prima di andarsene a Brucchilin[12]... Ma come si chiamasse, proprio non lo ricordo: e poi, noi leggiamo Santa Croce Camerina, leggiamo Scoglitti; ma come leggono loro non lo sappiamo, l'americano non si legge come è scritto.

- Già, il bello dell'italiano è questo: che tu come è scritto lo leggi... Ma non è che possiamo passare qui la nottata, bisogna farsi coraggio... Io la prima macchina che passa, la fermo: domanderò solo "Trenton?"... Qui la gente è più educata. Anche a non capire quello che dice, gli scapperà un gesto, un segnale: e almeno capiremo da che parte è, questa maledetta Trenton.

Dalla curva, a venti metri, sbucò una cinquecento: l'automobilista se li vide guizzare davanti, le mani alzate a fermarlo. Frenò bestemmiando: non pensò a una rapina, che la zona era tra le più calme; credette volessero un passaggio, aprì lo sportello.

- Trenton? - domandò uno dei due.

- Che? - fece l'automobilista.

- Trenton?

- Che Trenton della madonna - imprecò l'uomo dell'automobile.

- Parla italiano - si dissero i due, guardandosi per consultarsi: se non era il caso di rivelare a un compatriota la loro condizione.

L'automobilista chiuse lo sportello, rimise in moto. L'automobile balzò in avanti: e solo allora gridò ai due che rimanevano sulla strada come statue - ubriaconi, cornuti ubriaconi, cornuti e figli di... - il resto si perse nella corsa.

Il silenzio dilagò.

- Mi sto ricordando - disse dopo un momento quello cui il nome di Santa Croce non suonava nuovo – a Santa Croce Camerina, un'annata che dalle nostre parti andò male, mio padre ci venne per la mietitura.

Si buttarono come schiantati sull'orlo della cunetta perché non c'era fretta di portare agli altri la notizia che erano sbarcati in Sicilia.

Leonardo Sciascia, *Il mare colore del vino*, Einaudi, Torino 1973 (ridotto)

11. Santa... Scoglitti: la prima è una località costiera nel golfo di Gela, l'altra è nell'entroterra.

12. Brucchilin: Brooklyn, una delle divisioni di New York.

COMPRENSIONE E ANALISI

1. **Riassunto** Riassumi il racconto in 7-8 righe. L'esercizio è avviato.
Attratti dal miraggio del benessere, alcuni contadini siciliani tentano di sfuggire alla miseria emigrando in America. Un ambiguo individuo, il signor Melfa, dovrebbe garantire loro l'imbarco su un piroscafo diretto oltre Oceano. Alla data stabilita, di notte essi si ritrovano sulla spiaggia vicino a Gela e
....

2. Nel testo *fabula* e intreccio sono ben distinti o coincidono?
....
....

3. L'autore seleziona soltanto alcuni episodi, inserendo marcate ellissi temporali e dosando abilmente il ritmo del racconto. La parte dedicata al viaggio vero e proprio è narrata distesamente o riassunta e perché, a tuo parere?

4. Individua nel testo tre macrosequenze e dai a ciascuna un titolo.
....
....
....

5. Nell'espressione *Avevano venduto tutto quello che avevano da vendere...* è presente una forma di analessi. Spiega in che cosa consiste.

6. Nell'espressione *E avrebbero passato il mare, quel grande mare oscuro...* è presente una forma di prolessi. Spiega in che cosa consiste.

7. Oltre che nella prima macrosequenza, che evoca i sogni e le ambizioni dei protagonisti, in quale parte del testo il tempo della narrazione si dilata?

8. Nel racconto c'è uno spazio reale, che è .... e uno spazio immaginario, che è ....

9. Come personaggio, il Signor Melfa è:
[A] l'aiutante
[B] l'antagonista
[C] l'oppositore
[D] il protagonista

10. Anche se l'autore usa un'alternanza di punti di vista, tuttavia nell'impianto narrativo il narratore è .... e prevale la focalizzazione zero, in base alla quale ....
....

11. La lingua e lo stile del racconto mirano a riprodurre la lingua dei personaggi, fitta di proverbi, espressioni siculo-americane e modi colloquiali: riporta qualche esempio.

12. **Riformulazione** Riscrivi i termini chiari e distesi la frase: *le notti erano di atroce promiscuità, soffocanti. Si sentivano immersi nell'odore di pesce di nafta e di vomito come in un liquido caldo nero bitume. Ne grondavano all'alba, stremati, quando salivano ad abbeverarsi di luce e di vento.* L'esercizio è avviato.
Passavano le notti ammassati sotto coperta in un clima soffocante, nel quale la puzza di pesce della barca da pesca si mescolava con quella della nafta del motore
....
....
....
....
....

13. Lo scenario dell'undicesima notte dimostra la grande capacità descrittiva dell'autore: *credettero dapprima che fitte costellazioni fossero scese al mare come greggi; ed erano invece paesi, paesi della ricca America che come gioielli brillavano nella notte. E la notte stessa era un incanto: serena e dolce, una mezza luna che trascorreva tra una trasparente fauna di nuvole, una brezza che allargava i polmoni.* Prova a mostrare in che cosa sta la bellezza di questa descrizione, facendo riferimento soprattutto alle parole sottolineate.

ALLA PROVA **LEGGERE I TESTI NARRATIVI**

Giorgio Bassani
Un amore impossibile

Il romanzo Il giardino dei Finzi Contini, ambientato nella Ferrara degli anni 1938-39, culmina nella scena in cui il protagonista-narratore dichiara il suo amore all'affascinante e sfuggente ragazza ebrea Micòl Finzi-Contini, ricevendo un netto rifiuto. Ma un ben più ingrato destino incombe sui personaggi: Alberto Finzi-Contini, il fratello di Micòl, presto morirà di tumore, l'amico Giampi Malnate partirà per la campagna di Russia nel 1941 e non farà più ritorno, Micòl e tutta la famiglia saranno deportati in Germania.

Ci eravamo seduti uno accanto all'altro sui gradini esterni della *Hütte*,[1] e benché fossero circa le otto e mezzo ci si vedeva ancora. Malnate stava facendo la doccia all'interno della capanna (lo sentivamo alle nostre spalle soffiare rumorosamente sotto il getto dell'acqua calda); Alberto si era accomiatato poco prima con un melanconico «*bai-bai*»[2]. Eravamo rimasti noi due soli, insomma, io e Micòl, e subito ne avevo approfittato per riattaccare col mio noioso, assurdo, eterno assedio. Insistevo come sempre nel tentativo di persuaderla che aveva torto a ritenere inopportuno fra noi un rapporto sentimentale; come sempre l'accusavo (in malafede) di avermi mentito quando, nemmeno un mese avanti, mi aveva assicurato che fra me e lei non c'era di mezzo nessun altro. Secondo me qualcuno di mezzo c'era, invece; o perlomeno c'era stato, a Venezia, durante l'inverno.

«Ti ripeto per l'ennesima volta che ti sbagli», diceva Micòl sottovoce, «ma so che è inutile, so benissimo che domani tornerai alla carica con le stesse storie. Cosa vuoi che ti dica: che tresco in segreto, che ho una doppia vita? Se proprio non vuoi altro, posso anche accontentarti.»

«No, Micòl» rispondevo io a voce altrettanto bassa, ma più concitata. «Sarò tutto, tranne che un masochista. Se tu sapessi come sono normali, terribilmente banali le mie aspirazioni! Ridi pure. Se c'è una cosa che desidererei, sarebbe questa: sentirti giurare che quello che mi hai detto è vero, e crederti.»

«Per me te lo giuro subito. Ma mi crederesti?»

«No.»

«Tanto peggio per te, allora!»

«Certo, tanto peggio per me. Però, se potessi davvero crederti...»

«Che cosa faresti? Sentiamo.»

«Oh, cose sempre molto normali, banali, ecco il guaio! Queste, per esempio.» Le afferrai le mani, e presi a coprirgliele di baci e di lacrime.

1. **Hütte:** in tedesco, la capanna o baita nel giardino, adibita a spogliatoio.

2. **bai-bai:** trascrizione secondo la pronuncia dell'inglese bye bye (Ciao).

Per un po' mi lasciò fare. Nascondevo il viso contro i suoi ginocchi, e l'odore della sua pelle liscia e tenera, leggermente salata, mi stordiva. La baciai lì, sulle gambe.

«Adesso basta» disse.

Sfilò le mani dalle mie, e si alzò in piedi.

«Ciao, ho freddo» proseguì, «bisogna che rientri. Sarà già pronto in tavola, e devo ancora lavarmi e vestirmi. Alzati, su, non comportarti come un bambino.»

«Addio!» gridò poi, volgendosi verso la *Hütte*. «Io vado.»

«Addio» rispose dall'interno Malnate. «Grazie.»

«Arrivederci. Vieni, domani?»

«Domani non so. Vediamo.» Divisi dalla bicicletta al cui manubrio mi aggrappavo spasmodicamente, ci incamminammo in direzione della *magna domus*,[3] alta e scura nell'aria piena di zanzare e di pipistrelli del tramonto estivo. Tacevamo. Un carro colmo di fieno, tirato da un paio di buoi aggiogati, veniva in senso contrario al nostro. Seduto in cima c'era uno dei figli di Perotti, il quale, incrociandoci, si tolse il berretto e ci augurò la buona sera. Anche se accusavo Micòl senza crederci, avrei voluto lo stesso gridarle che la piantasse di fare la commedia, insolentirla, prenderla magari a schiaffi. Ma dopo? Che cosa ne avrei ricavato?

Sbagliai ugualmente. «È inutile che neghi» dissi, «tanto so anche chi è la *persona*.» Avevo appena finito di pronunciare queste parole che già me ne ero pentito.

Mi guardò seria, addolorata.

«Ecco» disse, «e adesso, secondo le tue previsioni, dovrei magari sfidarti a tirar fuori il nome e il cognome che hai in serbo nello stomaco, se pure ce li hai. Basta così, comunque. Non voglio sapere altro. Soltanto che, arrivati a questo punto, ti sarei grata se d'ora in poi tu fossi un po' meno assiduo... sì... se insomma tu venissi a casa nostra meno spesso. Te lo dico francamente: se non temessi di scatenare le chiacchiere della famiglia, come mai, perché mai, eccetera, ti pregherei di non venire più addirittura: mai più.»

«Scusami» mormorai.

«No, non posso scusarti» replicò lei, scuotendo il capo. «Se lo facessi, tra qualche giorno ricominceresti.» Aggiunse che da molto tempo in qua il mio modo di condurmi non era dignitoso: né per me, né per lei. Lei me l'aveva detto e ripetuto mille volte che era inutile, che non cercassi di trasferire i nostri rapporti su un piano diverso da quello dell'amicizia e dell'affetto. Macché. Appena potevo, io, al contrario, le venivo addosso con baci e altro, come se non lo sapessi che in situazioni come la nostra non c'è niente di più antipatico e controindicato. Santo Iddio! Possibile che non riuscissi a trattenermi? Ci fosse stato fra noi in precedenza un legame fisico un po' più profondo che non quello determinato da qualche bacio, allora sì che lei avrebbe potuto capire che io... che lei mi fosse entrata per così dire nella pelle. Ma dati i rapporti che erano sempre intercorsi fra noi, la mia smania di abbracciarla, di strusciarmi contro di lei, non era il segno probabilmente che d'una cosa sola: della mia sostanziale aridità, della mia costituzionale incapacità a voler bene davvero. [...]

3. magna domus: in latino, la grande casa, cioè la villa Finzi-Contini.

«Ho capito» dissi, chinando il capo. «Ho proprio capito che non vuoi più vedermi.»

«La colpa non è mia. Sei stato tu a diventare a poco a poco insopportabile.»

«Hai detto, però» balbettai dopo una pausa, «hai detto che posso tornare ogni tanto, anzi che devo. Non è vero?»

«Sì.»

«Beh... allora decidi tu. Come ho da regolarmi per non sbagliare?»

«Mah, non so» rispose, stringendosi nelle spalle. «Direi che, all'inizio, dovresti metterci di mezzo almeno una ventina di giorni. Poi ricomincia pure a venire, se ci tieni. Ma ti supplico, anche dopo non presentarti più di due volte alla settimana.» «Il martedì e il venerdì, va bene? Come a lezione di pianoforte.»

«Stupido» borbottò, sorridendo suo malgrado. «Sei proprio uno stupido.»

Giorgio Bassani, *Il giardino dei Finzi-Contini*, Einaudi, Torino 1962

COMPRENSIONE E ANALISI

1. Chi sono i protagonisti dell'episodio?

....

2. Qual è l'argomento del racconto?

....

3. In precedenza Micòl ha già rifiutato l'amore del protagonista motivando il suo atteggiamento con il fatto che, secondo lei, tra loro poteva esserci soltanto amicizia poiché erano due persone molto simili, mentre l'amore nasce dallo scontro tra due antagonisti. Il narratore però attribuisce il rifiuto di Micòl a

....

4. Rispetto alla funzione narrativa, se il protagonista è il soggetto, Micol è .... e Malnate è presentato come ....

5. Qual è il momento che rappresenta la *Spannung* e compromette definitivamente la situazione sentimentale tra i due?

- [A] quando il protagonista accusa Micòl di avere un altro uomo
- [B] quando pensa di prenderla a schiaffi
- [C] il momento in cui sopraggiunge il carro del fieno
- [D] quando afferra le mani e le ginocchia di Micòl e le bacia le gambe

6. Il periodo *Appena potevo, io, al contrario, le venivo addosso con baci e altro, come se non lo sapessi che in situazioni come la nostra non c'è niente di più antipatico e controindicato. Santo Iddio! Possibile che non riuscissi a trattenermi?* contiene:

- [A] un discorso diretto
- [B] un discorso indiretto
- [C] un discorso indiretto libero
- [D] una proposizione interrogativa indiretta

7. Come mai, a tuo parere, nel bel mezzo della discussione, quando i due si avviano verso casa, c'è un breve intermezzo con la descrizione del carro colmo di fieno?

- [A] è una nota di colore fine a se stessa
- [B] è un particolare realistico
- [C] è una pausa per smorzare la tensione
- [D] contrappone ai sentimentalismi la dura realtà del lavoro

8. Leggi questo testo di C. Toscani nell'edizione del romanzo Mondadori Scuola, Milano 1990, e integra le parole mancanti scegliendo tra quelle indicate in grassetto:

*Ad **complicare/aggravare/rovinare/compromettere** la situazione interviene un altro sconsiderato gesto del narratore. Sentendosi bloccato in un ristretto spazio psicologico e **morale/sentimentale/politico**, a seguito del comportamento di Micòl, egli non sa disciplinare i sottili richiami del suo desiderio e della sua **gelosia/amarezza/tenerezza**. Torna sulla sua pena d'amore e tormenta la ragazza con assurde **proposte/richieste/pressioni** di chiarimento. Poi, l'ultima sciocchezza, la **trovata /proposta/goccia** che fa **traboccare/rovesciare/rompere** il vaso. Dalla **ira/reazione/irritazione** della ragazza si intende che ora il rapporto, già compromesso, deve intendersi irrimediabilmente risolto.*

2.5 Il commento di un testo letterario

Il commento è un punto di forza delle prove di Tipologia A e B dell'esame riformato:
- nella **tipologia A (Analisi e interpretazione di un testo letterario italiano)** il commento espone l'interpretazione del testo collocandolo nel suo tempo e nel suo genere;
- nella **tipologia B (Analisi e produzione di un testo argomentativo)** il commento esprime invece le riflessioni sulla tesi avanzata dal testo proposto.

Il commento costituisce la seconda parte della prova e ne è anche la parte più qualificante; le disposizioni raccomandano uno svolgimento caratterizzato da una **progressione tematica** e da una attenta **organizzazione degli argomenti**.

UN TESTO LIBERO

La lettura di un testo può andare oltre l'esegesi letterale, cioè dalla semplice spiegazione può passare a individuare i significati effettivi. Il senso di una parola o di una frase, infatti, può anche divergere un po' da quello letterale: può essere esaltato da una funzione simbolica, da una sfumatura, dal contesto in cui si trova, dallo spessore che la parola stessa può avere acquisito nella storia letteraria: si pensi, per esempio, ai valori metaforici che in un testo letterario può assumere la parola cuore.

Il commento è la libera espressione di proprie note, considerazioni e opinioni allo scopo di illustrare e interpretare un testo e di esprimere un giudizio critico: tutte attività che non hanno nulla a che vedere con parafrasi e riassunto, che devono invece essere impersonali e sono vincolati al testo a cui si riferiscono.
Il commento va oltre il testo e ha una propria articolazione di base in cui:
- si sviluppa un'**interpretazione**, eventualmente anche esplicitando elementi che nel testo sono sottintesi e integrandolo con osservazioni personali;
- si riflette sul testo e lo si **valuta**, esprimendo e motivando il **proprio punto di vista** sul contenuto e sulla forma espressiva utilizzata dall'autore per comunicarlo;
- si **argomenta** la propria tesi con buone ragioni;
- eventualmente si esprime in modo motivato il proprio **dissenso** dalla tesi contraria;
- si sviluppa il discorso in modo **coerente**;
- si giunge a una **conclusione** che conferma la tesi.

Questa scaletta di massima ammette variazioni che rispettino la coerenza del discorso, assicurata la quale, nulla vieta per esempio che a enunciare la tesi si arrivi nella conclusione del commento, invece che all'inizio.

LE INDICAZIONI MINISTERIALI

A differenza delle parti di analisi e comprensione, che si svolgono rispondendo alle domande poste dalla traccia, il commento prevede la **stesura di un testo discorsivo**, in pratica un breve tema, per il quale le indicazioni ministeriali prevedono che:
- lo studente interpreti il testo in base alle conoscenze acquisite nel suo percorso formativo e lo sappia collocare in un orizzonte che comprende il genere, il tempo ecc.;
- il discorso sia organizzato secondo una progressione tematica efficace e coerente.

Nelle consegne sono specificati gli **aspetti su cui sarà opportuno soffermarsi** nel commento e può essere eventualmente data un'indicazione di massima circa la **lunghezza** del commento da produrre.

ALLA PROVA COMMENTARE UNA POESIA

Umberto Saba, **Città vecchia**

Il poeta Umberto Saba torna verso casa percorrendo una strada malfamata della vecchia Trieste. Contrariamente a quanto ci si aspetterebbe, in compagnia delle persone più umili il suo pensiero si fa più puro e ritrova nell'umiltà il senso dell'infinito.

Spesso, per ritornare alla mia casa
prendo un'oscura via di città vecchia.
Giallo in qualche pozzanghera si specchia
qualche fanale, e affollata è la strada.

Qui tra la gente che viene che va
dall'osteria alla casa o al lupanare,[1]
dove son merci ed uomini il detrito[2]
di un gran porto di mare,
io ritrovo, passando, l'infinito
nell'umiltà.
Qui prostituta e marinaio, il vecchio
che bestemmia, la femmina che bega,[3]
il dragone[4] che siede alla bottega
del friggitore,[5]
la tumultuante[6] giovane impazzita
d'amore,
sono tutte creature della vita
e del dolore;
s'agita in esse, come in me, il Signore[7].

Qui degli umili sento in compagnia
il mio pensiero farsi
più puro dove più turpe[8] è la via.

Umberto Saba, da *Trieste e una donna*, 1910-1912, in *Il Canzoniere*, Einaudi, Torino 1961

1. **lupanare:** casa di tolleranza, dove fino alla metà del Novecento si esercitava la prostituzione.
2. **il detrito:** i rifiuti.
3. **la femmina che bega:** la donna che litiga.
4. **dragone:** soldato di cavalleria, così indicato dal simbolo.
5. **friggitore:** venditore di cibi fritti.
6. **tumultuante:** in tumulto, fremente.
7. **s'agita... il Signore:** nel senso che anche gli umili, come il poeta, sono creature di Dio.
8. **turpe:** bassa, degradata.

ANALISI E COMPRENSIONE

1. Come si spiega il titolo *Città vecchia*?

....

....

2. **Parafrasi** Fai la parafrasi dei vv. 5-10.

3. L'espressione *qualche fanale* del v. 4 indica:
   - [A] un lampione dell'illuminazione pubblica
   - [B] i fanali di un'automobile
   - [C] le lampadine delle biciclette
   - [D] le luci che filtrano dalle abitazioni

4. Chi sono le persone umili che il poeta incontra?

....

....

5. Come sono presentate le persone umili che affollano la strada?
   - [A] con simpatia
   - [B] con diffidenza
   - [C] con curiosità
   - [D] con compatimento

6. L'ultima strofa è diversa dalle altre perché:
   - [A] non parla di persone umili ma del poeta stesso
   - [B] non si riferisce al presente ma al passato
   - [C] rovescia il punto di vista delle strofe precedenti
   - [D] sostituisce alla descrizione una riflessione

7. **Riformulazione** Riformula la frase *Giallo in qualche pozzanghera si specchia / qualche fanale, e affollata è la strada* eliminando l'inversione sintattica che in essa è presente.

....

....

....

8. **Riformulazione** L'ultima strofa presenta una costruzione abbastanza involuta; prova a semplificarla.

....

....

....

....

9. **Riassunto** Riassumi la poesia in non più di 4 righe.

....

....

....

....

COMMENTO

10. Scrivi una pagina di commento in cui potrai soffermarti, nell'ordine, sui seguenti argomenti:
    - qual è l'ambiente della città vecchia?
    - che cosa significa il fatto che il pensiero del poeta si faccia più puro proprio là dove la via è più turpe?
    - ti sembra che Saba nutra disprezzo per la realtà bassa raffigurata nel testo o che la osservi con un atteggiamento di umiltà?
    - c'è qualche elemento che ti aiuta a inquadrare questa poesia nel primo Novecento?
    - condividi i sentimenti espressi dal poeta o hai un punto di vista diverso? Esprimi un giudizio personale motivato.

ALLA PROVA **COMMENTARE UN TESTO NARRATIVO**

Primo Levi
Sul fondo dell'abisso

Con altre 650 persone, Primo Levi viene fatto salire sul treno alla volta del campo di concentramento di Auschwitz (in Polonia), dove arriva dopo cinque giorni. Subito viene a contatto con la realtà indicibile dello sterminio, che prima ancora che alla distruzione fisica, mira all'annientamento della dimensione umana.

La portiera[1] fu aperta con fragore, il buio echeggiò di ordini stranieri, e di quei barbarici latrati dei tedeschi quando comandano, che sembrano dar vento a una rabbia vecchia di secoli. Ci apparve una vasta banchina illuminata da riflettori. Poco oltre, una fila di autocarri. Poi tutto tacque di nuovo. Qualcuno tradusse: bisognava scendere coi bagagli, e depositare questi lungo il treno. In un momento la banchina fu brulicante di ombre: ma avevamo paura di rompere quel silenzio, tutti si affaccendavano intorno ai bagagli, si cercavano, si chiamavano l'un l'altro, ma timidamente, a mezza voce. Una decina di SS[2] stavano in disparte, l'aria indifferente, piantati a gambe larghe. A un certo momento, penetrarono fra di noi, e, con voce sommessa, con visi di pietra, presero a interrogarci rapidamente, uno per uno, in cattivo italiano. Non interrogavano tutti, solo qualcuno. «Quanti anni? Sano o malato?» e in base alla risposta ci indicavano due diverse direzioni.

Tutto era silenzioso comeß in un acquario, e come in certe scene di sogni. Ci saremmo attesi qualcosa di più apocalittico:[3] sembravano semplici agenti d'ordine. Era sconcertante e disarmante. Qualcuno osò chiedere dei bagagli: risposero «bagagli dopo»; qualche altro non voleva lasciare la moglie: dissero «dopo di nuovo insieme»; molte madri non volevano separarsi dai figli: dissero «bene bene, stare con figlio». Sempre con la pacata sicurezza di chi non fa che il suo ufficio di ogni giorno; ma Renzo indugiò un istante di troppo a salutare Francesca, che era la sua fidanzata, e allora con un solo colpo in pieno viso lo stesero a terra; era il loro ufficio di ogni giorno.

In meno di dieci minuti tutti noi uomini validi fummo radunati in un gruppo. Quello che accadde degli altri, delle donne, dei bambini, dei vecchi, noi non potemmo stabilire allora né dopo: la notte li inghiottì, puramente e semplicemente. Oggi però sappiamo che in quella scelta rapida e sommaria, di ognuno di noi era stato giudicato se potesse o no lavorare utilmente per il Reich;[4] sappiamo che nei campi rispettivamente di Buna-Monowitz e Birkenau,[5] non entrarono, del nostro convoglio, che novantasei uomini e ventinove donne, e che di tutti gli altri, in numero di più di cinquecento,

1. **la portiera:** la porta del vagone.
2. **SS:** sigla per Schutz-Staffel, "Squadre di difesa" incaricate di garantire la sicurezza di Hitler e del partito nazionalsocialista ma anche di sorvegliare la conduzione di campi di concentramento (Lager).
3. **apocalittico:** tremendo, atroce, come le visioni riportate dal libro dell'Apocalisse (rivelazione) di san Giovanni nel Nuovo Testamento.
4. **Reich:** propriamente impero. "Terzo Reich" era detta la Germania nel periodo del nazismo.
5. **Buna-Monowitz e Birkenau:** sono due campi collegati a quello principale che era ad Auschwitz; la Buna era la fabbrica di gomma a cui in seguito fu assegnato Levi.

L'ingresso del campo di Auschwitz

non uno era vivo due giorni più tardi. Sappiamo anche, che non sempre questo pur tenue principio di discriminazione in abili e inabili fu seguito, e che successivamente fu adottato spesso il sistema più semplice di aprire entrambe le portiere dei vagoni, senza avvertimenti né istruzioni ai nuovi arrivati. Entravano in campo quelli che il caso faceva scendere da un lato del convoglio; andavano in gas[6] gli altri.

Così morì Emilia, che aveva tre anni; poiché ai tedeschi appariva palese la necessità storica di mettere a morte i bambini degli ebrei. Emilia, figlia dell'ingegner Aldo Levi di Milano, che era una bambina curiosa, ambiziosa, allegra e intelligente; alla quale, durante il viaggio nel vagone gremito, il padre e la madre erano riusciti a fare il bagno in un mastello di zinco, in acqua tiepida che il degenere macchinista tedesco aveva acconsentito a spillare dalla locomotiva che ci trascinava tutti alla morte.

Scomparvero così, in un istante, a tradimento, le nostre donne, i nostri genitori, i nostri figli. Quasi nessuno ebbe modo di salutarli. Li vedemmo un po' di tempo come una massa oscura all'altra estremità della banchina, poi non vedemmo più nulla. [...]

Senza sapere come, mi trovai caricato su di un autocarro con una trentina di altri; l'autocarro partì nella notte a tutta velocità; era coperto e non si poteva vedere fuori, ma dalle scosse si capiva che la strada aveva molte curve e cunette. [...]

Il viaggio non durò che una ventina di minuti. Poi l'autocarro si è fermato, e si è vista una grande porta, e sopra una scritta vivamente illuminata (il suo ricordo ancora mi percuote nei sogni): ARBEIT MACHT FREI,[7] il lavoro rende liberi.

Siamo scesi, ci hanno fatti entrare in una camera vasta e nuda, debolmente riscaldata.

6. **in gas:** cioè nelle camere a gas.

7. **ARBEIT MACHT FREI:** Il lavoro rende liberi. Secondo la propaganda nazista, infatti i campi di concentramento e sterminio erano campi che dovevano rieducare gli internati (soprattutto ebrei, delinquenti, zingari) attraverso il lavoro.

Che sete abbiamo! Il debole fruscio dell'acqua nei radiatori ci rende feroci: sono quattro giorni che non beviamo. Eppure c'è un rubinetto: sopra un cartello, che dice che è proibito bere perché l'acqua è inquinata. Sciocchezze, a me pare ovvio che il cartello è una beffa, «essi» sanno che noi moriamo di sete, e ci mettono in una camera e c'è un rubinetto, e Wassertrinken verboten.[8] Io bevo, e incito i compagni a farlo; ma devo sputare, l'acqua è tiepida e dolciastra, ha odore di palude.

Questo è l'inferno. Oggi, ai nostri giorni, l'inferno deve essere così, una camera grande e vuota, e noi stanchi stare in piedi, e c'è un rubinetto che gocciola e l'acqua non si può bere, e noi aspettiamo qualcosa di certamente terribile e non succede niente e continua a non succedere niente. Come pensare? Non si può più pensare, è come essere già morti. Qualcuno si siede per terra. Il tempo passa goccia a goccia.

Non siamo morti; la porta si è aperta ed e entrata una SS, sta fumando. Ci guarda senza fretta, chiede: - Wer kann Deutsch?[9] - Si fa avanti uno fra noi che non ho mai visto, si chiama Flesch; sarà lui il nostro interprete. La SS fa un lungo discorso pacato: l'interprete traduce. Bisogna mettersi in fila per cinque, a intervalli di due metri fra uomo e uomo; poi bisogna spogliarsi e fare un fagotto degli abiti in un certo modo, gli indumenti di lana da una parte e tutto il resto dall'altra, togliersi le scarpe ma far molta attenzione di non farcele rubare.

Rubare da chi? perché ci dovrebbero rubare le scarpe? e i nostri documenti, il poco che abbiamo in tasca, gli orologi? Tutti guardiamo l'interprete, e l'interprete interrogò il tedesco, e il tedesco fumava e lo guardò da parte a parte come se fosse stato trasparente, come se nessuno avesse parlato. [...]

Poi viene un altro tedesco, e dice di mettere le scarpe in un certo angolo, e noi le mettiamo, perché ormai è finito e ci sentiamo fuori del mondo e l'unica cosa è obbedire. Viene uno con la scopa e scopa via tutte le scarpe, via fuori dalla porta in un mucchio. È matto, le mescola tutte, novantasei paia, poi saranno spaiate. La porta dà all'esterno, entra un vento gelido e noi siamo nudi e ci copriamo il ventre con le braccia. Il vento sbatte e richiude la porta; il tedesco la riapre, e sta a vedere con aria assorta come ci contorciamo per ripararci dal vento uno dietro l'altro; poi se ne va e la richiude.

Adesso è il secondo atto. Entrano con violenza quattro con rasoi, pennelli e tosatrici, hanno pantaloni e giacche a righe, un numero cucito sul petto. Noi facciamo molte domande, loro invece ci agguantano e in un momento ci troviamo rasi e tosati. Che facce goffe abbiamo senza capelli! I quattro parlano una lingua che non sembra di questo mondo, certo non è tedesco, io un poco il tedesco lo capisco.

Finalmente si apre un'altra porta: eccoci tutti chiusi, nudi tosati e in piedi, coi piedi nell'acqua, è una sala di docce. Siamo soli, a poco a poco lo stupore si scioglie e parliamo, e tutti domandano e nessuno risponde. Se siamo nudi in una sala di docce, vuol dire che faremo la doccia. Se faremo la doccia, è perché non ci ammazzano ancora. E allora perché ci fanno stare in piedi, e non ci danno da bere, e nessuno ci spiega niente, e non abbiamo né scarpe né vestiti ma siamo tutti nudi coi piedi nell'acqua, e fa freddo ed è cinque giorni che viaggiamo e non possiamo neppure sederci. [...]

8. **Wassertrinken verboten:** Vietato bere l'acqua.

9. **Wer kann Deutsch?:** Chi sa il tedesco?

Alla campana,[10] si è sentito il campo buio ridestarsi. Improvvisamente l'acqua è scaturita bollente dalle docce, cinque minuti di beatitudine; ma subito dopo irrompono quattro (forse sono i barbieri) che, bagnati e fumanti, ci cacciano con urla e spintoni nella camera attigua, che è gelida; qui altra gente urlante ci butta addosso non so che stracci, e ci schiaccia in mano un paio di scarpacce a suola di legno, non abbiamo tempo di comprendere e già ci troviamo all'aperto, sulla neve azzurra e gelida dell'alba, e, scalzi e nudi, con tutto il corredo in mano, dobbiamo correre fino ad un'altra baracca, a un centinaio di metri. Qui ci è concesso di vestirci.

Quando abbiamo finito, ciascuno è rimasto nel suo angolo, e non abbiamo osato levare gli occhi l'uno sull'altro. Non c'è ove specchiarsi, ma il nostro aspetto ci sta dinanzi, riflesso in cento visi lividi, in cento pupazzi miserabili e sordidi. Eccoci trasformati nei fantasmi intravisti ieri sera.

Allora per la prima volta ci siamo accorti che la nostra lingua manca di parole per esprimere questa offesa, la demolizione di un uomo. In un attimo, con intuizione quasi profetica, la realtà ci si è rivelata: siamo arrivati al fondo. Più giù di così non si può andare: condizione umana più misera non c'è, e non è pensabile. Nulla più è nostro: ci hanno tolto gli abiti, le scarpe, anche i capelli; se parleremo, non ci ascolteranno, e se ci ascoltassero, non ci capirebbero. Ci toglieranno anche il nome: e se vorremo conservarlo, dovremo trovare in noi la forza di farlo, di fare sì che dietro al nome, qualcosa ancora di noi, di noi quali eravamo, rimanga.

Primo Levi, *Se questo è un uomo*, Einaudi, Torino 2014 (ed. originale: 1947)

10. Alla campana: la campana della sveglia.

COMPRENSIONE E ANALISI

1. L'autore del testo si propone di:
- [A] descrivere il viaggio alla volta di Auschwitz
- [B] descrivere l'arrivo e le prime impressioni provate nel Lager
- [C] ricordare qualche episodio di solidarietà tra deportati
- [D] mostrare la crudeltà sanguinaria del trattamento subito

2. L'aspetto più crudo del brano non è tanto la morte del prigioniero quanto l'annullamento della sua identità, perseguito in modi vari, che in questo brano sono variamente presentati. Indicane qualche esempio.

3. In un primo momento ai deportati sembra che le SS siano semplici agenti d'ordine. Quando si accorgono che sono criminali violenti e privi di scrupoli?

....

....

....

4. *Questo è l'inferno. Oggi, ai nostri giorni, l'inferno deve essere così.* Questa frase si riferisce:
- [A] al viaggio in treno su carri bestiame
- [B] al cibo del campo, che è immangiabile
- [C] all'attesa di qualcosa che non succede
- [D] alle camere a gas, in cui i prigionieri vengono sterminati

5. *Scomparvero così, in un istante, a tradimento, le nostre donne, i nostri genitori, i nostri figli. Quasi nessuno ebbe modo di salutarli. Li vedemmo un po' di tempo come una massa oscura all'altra estremità della banchina, poi non vedemmo più nulla.* Di che cosa rende l'idea questa descrizione?
- [A] dell'uccisione nelle camere a gas
- [B] dell'annientamento
- [C] del tradimento
- [D] dei maltrattamenti praticati nel Lager

6. *Sappiamo che nei campi rispettivamente di Buna-Monowitz e Birkenau, non entrarono, del nostro convoglio, che novantasei uomini e ventinove donne, e che di tutti gli altri, in numero di più di cinquecento, non uno era vivo due giorni più tardi.* Questa frase rende l'idea di ....

....

7. *Viene uno con la scopa e scopa via tutte le scarpe, via fuori dalla porta in un mucchio. È matto, le mescola tutte, novantasei paia, poi saranno spaiate.* Qual è il senso di questa azione?

A privare i deportati delle scarpe
B seminare sconcerto e terrore
C effettuare la disinfezione delle scarpe
D favorire una più equa distribuzione

8. **Riformulazione** Riscrivi con parole semplici la frase *il buio echeggiò di ordini stranieri, e di quei barbarici latrati dei tedeschi quando comandano, che sembrano dar vento a una rabbia vecchia di secoli.*

....

....

....

....

9. Che cosa indica il termine «essi» tra virgolette e perché l'autore non è più preciso?

....

....

COMMENTO

10. Scrivi un commento di un paio di pagine, in cui esprimerai le tue impressioni sul brano che hai letto, tenendo presente che Levi è uno scrittore che non cerca il patetico, non vuole commuovere, ma solo documentare l'orrore del lager.
Giustifica ciò che scriverai sulla base di riferimenti al testo.
Puoi sviluppare qualcuno dei seguenti spunti:
- osserva come l'atmosfera si fa sempre più cupa con il procedere del brano, fino alla frase che condensa la realtà della deportazione *siamo arrivati al fondo*;
- evidenzia il senso profondo della parola *fantasmi* usata per indicare ciò a cui i deportati sono ridotti dopo che su di loro è avvenuta quella che l'autore chiama *la demolizione di un uomo*;
- *Ci toglieranno anche il nome: e se vorremo conservarlo, dovremo trovare in noi la forza di farlo, di fare sì che dietro al nome, qualcosa ancora di noi, di noi quali eravamo, rimanga.* Metti in evidenza come dietro questa frase conclusiva affiori il dramma sia delle vittime sia dei sopravvissuti allo sterminio.

Infine cerca di collocare il testo nell'orizzonte complessivo della persecuzione contro gli ebrei, facendo riferimento alle tue conoscenze sul tema: letture di libri, visione di film, visita a luoghi e mostre ecc.

I CONSIGLI DEL TUTOR
ECCO COME VERRÀ VALUTATA LA TUA PROVA

Riportiamo direttamente dalle indicazioni ministeriali i criteri per la valutazione degli elaborati di tipologia A:
- rispetto dei vincoli posti nella consegna (per esempio, indicazioni di massima circa la lunghezza del testo – se presenti – o indicazioni circa la parafrasi o il riassunto);
- capacità di comprendere il testo nel suo senso complessivo e nei suoi snodi tematici e stilistici;
- puntualità nell'analisi lessicale, sintattica, stilistica e retorica (se richiesta);
- interpretazione corretta e articolata del testo.

ALLENAMENTO TIPOLOGIA A

Le prove di allenamento sono proposte in tre diverse formule:

- **PROVE SVOLTE**: all'inizio del percorso di allenamento, una prova offre un possibile svolgimento fornendo la risposta alle domande di comprensione e analisi e avviando il commento;
- **PROVE GUIDATE**: aiutano a svolgere la prova proponendo alcune risposte alle domande più impegnative della parte di comprensione e analisi;
- **SIMULAZIONI**: sono proposte che simulano la prova d'Esame, quindi da svolgere in piena autonomia.

Le risposte date sono evidenziate in colore.

IL TESTO POETICO: ANALISI E COMMENTO

A1 Francesco Petrarca
I' vo piangendo i miei passati tempi

PROVA SVOLTA

In questo sonetto, che è il penultimo componimento del *Canzoniere*, il tema amoroso diventa l'occasione per un impietoso bilancio di tutta una vita.

I' vo piangendo i miei passati tempi
i quai posi[1] in amar cosa mortale[2],
senza levarmi a volo, abbiend'io l'ale[3],
per dar forse di me non bassi exempi.

Tu che vedi i miei mali indegni[4] et empi,
Re del cielo invisibile immortale,
soccorri a l'alma disvïata et frale[5],
e 'l suo defecto di Tua gratia adempi[6]:

sì che, s'io vissi in guerra et in tempesta,
mora[7] in pace et in porto; et se la stanza[8]
fu vana, almen sia la partita[9] honesta.

A quel poco di viver che m'avanza
et al morir, degni esser Tua man presta[10]:
Tu sai ben che 'n altrui non ò speranza.

Francesco Petrarca, *Canzoniere*, Mondadori, Milano 1996

1. **i quai posi:** che impiegai; *i quai* è pronome relativo complemento oggetto.
2. **cosa mortale:** una creatura mortale, cioè Laura.
3. **abbiend'io l'ale:** benché io avessi le ali; il gerundio corrisponde a una subordinata concessiva.
4. **mali indegni:** peccati vergognosi.
5. **disvïata et frale:** distolta dalla retta via e fragile.
6. **'l suo defecto di Tua gratia adempi:** supplisci con la Tua grazia alla sua mancanza.
7. **mora:** muoia.
8. **la stanza:** la (mia) dimora terrena.
9. **la partita:** la (mia) partenza, cioè la morte.
10. **presta:** pronta.

COMPRENSIONE E ANALISI

1. **Parafrasi** Volgi in prosa il testo.

Io continuo a biasimare la mia vita passata, che ho speso nell'amare una creatura terrena e senza alzarmi in volo (cioè senza mai staccarmi dalla mediocrità), sebbene avessi i mezzi, per dare forse qualche buona prova delle mie virtù. Tu, Dio invisibile e immortale, che vedi i miei peccati indegni e sacrileghi, soccorri la mia anima deviata e fragile, e colma le sue mancanze con la Tua grazia: cosicché, se io ho vissuto nel tormento e nella tempesta (delle passioni), possa morire nella pace e nel porto; e se la mia permanenza nel mondo è stata inutile, almeno la partenza (cioè la morte) sia onorevole. La tua mano si degni di essere pronta a soccorrermi in quel poco di vita che mi resta e nella morte: Tu sai bene che non ho speranza in nessun altro.

2. Esponi il contenuto del testo, individuando il tema, i motivi e le parole chiave.

Il componimento esprime il pentimento del poeta per l'amore terreno dedicato a Laura e sentito come una colpa. Ora che è in vista della fine, egli chiede l'aiuto divino per superare i suoi limiti e poter morire in pace. Il contenuto del testo può essere schematizzato come nella mappa qui sotto:

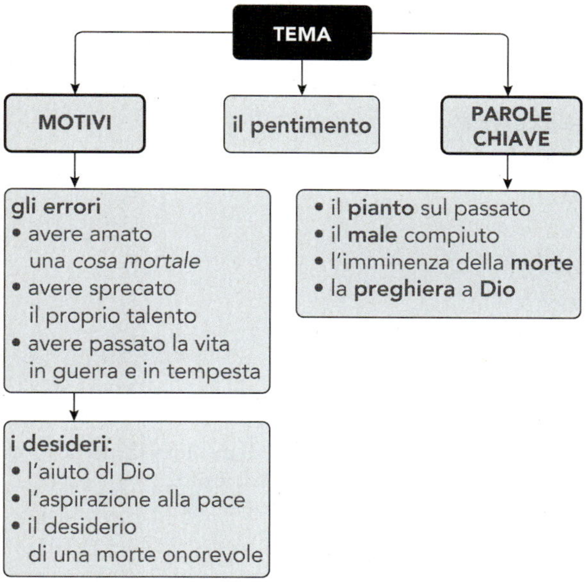

3. **Riassunto** Riassumi il sonetto (un centinaio di parole o 500 battute) in 2-3 righe (circa 40 parole o 200 battute).

Il dissidio interiore di Petrarca si esplica sul piano lessicale nella contrapposizione tra **termini negativi** (*piangendo, cosa mortale, senza levarmi a volo, mali indegni et empi, alma disviata e frale, defecto, in guerra et in tempesta, la stanza... vana, morir, non ò speranza*) e **positivi** (*non bassi exempi, Re del cielo, Tua gratia, in pace et in porto, la partita onesta, Tua man presta*).

4. Analizza il lessico del componimento, cercando di mettere in luce il rapporto tra termini della negatività e termini della positività.

È naturale che, in un testo che esprime delusione e ansia di conversione, la negatività prevalga.

5. Ti sembra che le antitesi tra male e bene siano funzionali a delineare la situazione di questo sonetto?

Le antitesi sono funzionali a rendere l'idea di base del sonetto, che è quella del pentimento e implica una **conversione** dal male al bene, dai beni terreni all'aspettativa della vita celeste. La contrapposizione tra termini negativi e positivi è dunque un'immagine del **rovesciamento** e del passaggio dall'uomo antico, con i suoi errori, all'uomo nuovo, che guarda a un futuro di pace e alla salvezza nel porto.

COMMENTO E RELAZIONE CON IL CONTESTO STORICO E CULTURALE

6. Esponi in una pagina la tua interpretazione del testo, collocandolo nella mentalità e nella cultura del tempo. Il commento è avviato.

Quello della morte è un tema ricorrente nel Medioevo cristiano. L'idea di fondo, cioè la concezione della vita terrena come una fase di passaggio verso l'Aldilà, affiora in questa poesia nel pentimento di un uomo che è consapevole di avere sprecato la propria esistenza inseguendo un amore terreno e rimpiange di non avere fatto il bene che poteva. Già nel primo sonetto del *Canzoniere* Petrarca presenta l'amore per Laura come un *primo giovenile errore* e prospetta un bilancio retrospettivo della propria vita in gran parte negativo. Anche il contrasto interiore tra le attrattive del mondo e la destinazione celeste della vita umana è tipico del Medioevo. A esso si collega strettamente il motivo della preghiera: è infatti naturale che al pentimento segua la richiesta dell'aiuto di Dio per liberarsi dal peso delle colpe. Del resto, il cristiano avverte il male come una parte ineliminabile della propria esistenza: solo con l'aiuto di Dio può redimersi dalla colpa, e questo è il senso autentico della preghiera che salva.

A2 Francesco Petrarca
Pace non trovo, et non ò da far guerra

PROVA GUIDATA

Integralmente costruito sulla figura retorica dell'antitesi (cioè sulla contrapposizione di termini, immagini, stati d'animo ecc.), questo sonetto illumina da varie angolature i contrasti psicologici suscitati nel poeta dall'amore per Laura.

Pace non trovo, et non ò da far guerra;
e temo, et spero; et ardo, et son un ghiaccio;
et volo sopra 'l cielo[1], et giaccio in terra;
et nulla stringo, et tutto 'l mondo abbraccio.

Tal m'à in pregion[2], che non m'apre né serra,
né per suo mi riten né scioglie il laccio;
et non m'ancide[3] Amore, et non mi sferra[4],
né mi vuol vivo, né mi trae d'impaccio[5].

Veggio senza occhi, et non ò lingua et grido;
et bramo di perir, et cheggio aita[6];
et ò in odio me stesso, et amo altrui[7].

Pascomi[8] di dolor, piangendo rido;
egualmente mi spiace morte et vita:
in questo stato son, donna, per voi.

Francesco Petrarca, *Canzoniere,* Mondadori, Milano 1996

1. **volo sopra 'l cielo:** per l'estasi suscitata dall'amore.
2. **m'à in pregion:** mi tiene in prigione.
3. **m'ancide:** mi uccide.
4. **mi sferra:** mi libera dalle catene.
5. **mi trae d'impaccio:** dandomi la morte.
6. **cheggio aita:** chiedo aiuto.
7. **altrui:** un'altra, cioè Laura.
8. **Pascomi:** mi nutro.

COMPRENSIONE E ANALISI

1. **Riformulazione** Riformula con termini della lingua d'uso la frase seguente: *Tal m'à in pregion, che non m'apre né serra,/ né per suo mi riten né scioglie il laccio.* L'esercizio è avviato.
Una tale donna mi tiene prigioniero che...
....
....

2. **Parafrasi** Dopo un'attenta lettura, fai la parafrasi del testo. L'esercizio è avviato.
Non trovo pace e non ho armi per combattere; ho paura e nutro speranze; mi sento bruciare e ho freddo e volo in alto nel cielo e giaccio a terra prostrato; e non stringo nulla tra le mani e abbraccio tutto il mondo.

3. **Riassunto** Riassumi il contenuto del testo in non più di 5-6 righe. L'esercizio è avviato.
Il testo illustra la condizione di chi si sente dissociato tra opposte tensioni, per cui prova una sensazione e il suo opposto. Ciò succede perché ...

4. Per ben tredici versi questo sonetto sviluppa schemi di antitesi, talora arricchite dal chiasmo. L'unico privo di antitesi è il verso finale, che condensa il contenuto del testo e offre una chiave di lettura attribuendo lo stato di dissociazione del poeta all'amore per Laura.
   - Individua e indica tutte le antitesi presenti nel testo.

- In quale verso compare una doppia antitesi?
- In quale verso l'antitesi assume forma di chiasmo?
- Il sonetto è aperto dall'antitesi *pace... guerra*; quale antitesi lo chiude?

5. In che modo lo stile antitetico collabora a esprimere il significato del testo?

6. Mentre la prima quartina è centrata sulla figura del poeta, quella di Laura si attesta progressivamente a partire dalla seconda quartina. Rintracciane la presenza nelle due terzine.

7. Il penultimo verso del sonetto (*egualmente mi spiace morte e vita*) ha la perentorietà di un giudizio definitivo: quale stato d'animo esprime?

COMMENTO

8. Partendo da questo sonetto, prova a delineare in una pagina un ritratto interiore di Petrarca, sviluppando in forma discorsiva i seguenti aspetti:
- qual è la figura del poeta che emerge da questo testo?
- hai trovato il motivo del contrasto interiore in qualche altro testo di Petrarca?
- in base alle tue conoscenze quale idea ti sei fatto dell'autore?
- per quali aspetti Petrarca può sembrare un uomo vicino alla nostra sensibilità e per quali un uomo legato al suo tempo?

A3 Ludovico Ariosto
Fa che la povertà meno m'incresca
Satira I 166-177

PROVA GUIDATA

Questi versi appartengono alla satira I, in cui Ariosto motiva il suo rifiuto di seguire il cardinale Ippolito d'Este, che nel 1517 aveva avuto la sua sede episcopale in Ungheria. Il poeta adduce come scusa ragioni di salute, responsabilità familiari e, nel brano riportato, il proposito di difendere la propria libertà e dignità.

Fa che la povertà meno m'incresca,
e fa che la ricchezza sì non ami
che di mia libertà per suo amor esca;

quel ch'io non spero aver, fa ch'io non brami,
che né sdegno né invidia me consumi
perché Marone o Celio[1] il signor chiami;

ch'io non aspetto a mezza estade i lumi[2]
per esser col signor veduto a cena,
ch'io non lascio accecarmi in questi fumi[3];

ch'io vado solo e a piedi ove mi mena
il mio bisogno, e quando io vo a cavallo,
le bisacce gli attacco su la schiena[4].

Ludovico Ariosto, *Satire*, BUR, Milano 2009

1. **Marone o Celio:** nomi di due cortigiani.
2. **non aspetto... i lumi:** non aspetto che si accendano le luci del banchetto.
3. **questi fumi:** i fumi della vanità.
4. **le bisacce... su la schiena:** cioè porto pochi bagagli e non ho seguito.

COMPRENSIONE E ANALISI

1. **Parafrasi** Dopo aver letto il testo, fai una parafrasi letterale. L'esercizio è avviato.
Fai in modo (l'autore si rivolge al cardinale Ippolito) che io non provi dispiacere per la mia povertà e che non ami la ricchezza al punto tale da abbandonare la mia libertà per amore di quella.
2. **Riformulazione** Spiega l'espressione *ch'io non lascio accecarmi in questi fumi* (v. 174)? l'espressione significa "che io non mi lasci accecare da queste vane apparenze".
3. **Riassunto** Riassumi il testo cercando di estrarre i concetti fondamentali e tralasciando le numerose immagini e metafore.
4. Qual è il concetto espresso dai vv. 170-171?
5. Qual è la scena delineata dai vv. 172-173?
6. Perché nei vv. 175-176 il poeta presenta come un comportamento non comune il fatto di viaggiare da solo e a piedi? E come si sposta a cavallo?
7. Se osservi bene i primi tre versi, dovresti vedere che hanno una struttura parallela. In che cosa consiste questo parallelismo?
8. L'ultimo verso è apertamente metaforico. Qual è la metafora impiegata e che cosa significa?

RELAZIONE CON IL CONTESTO STORICO E CULTURALE

9. Delinea l'ideale di vita espresso nei versi riportati, indicando da quali condizionamenti il poeta cerca di rivendicare la propria libertà. Rispondi in un testo di una pagina, tenendo anche presente che:
   - il modello seguito da Ariosto è il poeta latino Orazio che, pur vivendo nella cerchia dell'imperatore Augusto e del suo plenipotenziario Mecenate, non si piegò mai a servilismo e adulazione;
   - anche l'epoca rinascimentale conobbe il fenomeno che si suole chiamare mecenatismo, inteso come protezione delle arti e delle lettere da parte di uomini facoltosi.

A4

Michelangelo Buonarroti
O notte, o dolce tempo

Rime, 102

PROVA GUIDATA

Michelangelo, più famoso come pittore e scultore, espresse nelle sue *Rime* il tormento di un'interiorità profonda e complessa. Questo sonetto contiene un elogio della notte in forma di invocazione e fu forse composto mentre Michelangelo dipingeva il *Giudizio universale*, tra il 1535 e il 1541.

O notte, o dolce tempo, benché nero,
con pace ogn'opra sempr'al fin assalta[1];
ben vede e ben intende chi t'esalta,
e chi t'onor'ha l'intellett'intero[2].

Tu mozzi e tronchi[3] ogni stanco pensiero
che l'umid'ombra e ogni quiet'appalta[4],
e dall'infima parte[5] alla più alta
in sogno spesso porti ov'ire spero.

O ombra[6] del morir, per cui si ferma
ogni miseria a l'alma, al cor nemica,
ultimo delli afflitti e buon rimedio;

1. **con pace...assalta:** alla fine investi (imperativo) sempre ogni opera umana con la tua pace.
2. **chi... intero:** chi ti onora ha una mente sana.
3. **mozzi e tronchi:** endiadi per dire "interrompi".
4. **appalta:** occupano; il soggetto è costituito da umid'ombra e ogni quiete.
5. **dall'infima parte:** dalla parte più bassa, dalla terra.
6. **ombra:** immagine, parvenza.

tu rendi santa nostra carn'inferma[7],
rasciughi i pianti e posi[8] ogni fatica,
e furi[9] a chi ben vive ogn'ira e tedio.

Michelangelo Buonarroti, *Rime*, BUR, Milano 2010

7. **nostra carn'inferma:** il nostro corpo debole.
8. **posi:** spegni.
9. **furi:** rubi, sottrai.

COMPRENSIONE E ANALISI

1. **Parafrasi** Completa la seguente parafrasi con la seconda quartina e le due terzine del sonetto.
O notte, o dolce momento, benché oscuro, alla fine investi ogni attività umana con la tua pace; ha ragione e giudica bene chi ti esalta, e chi ti onora ha una mente sana.

2. **Riassunto** Riassumi il contenuto informativo del testo in non più di 5-6 righe.

3. Quali sentimenti esprime il poeta e da quali parole-chiave possono essere desunti?

4. Il testo ha un andamento argomentativo, in quanto tesse l'elogio della notte attraverso gli effetti benefici che essa produce. Così nella prima quartina la dolcezza della notte è dovuta al fatto che in essa trova pace ogni opera umana. Metti in luce le argomentazioni delle altre tre strofe.

5. Osserva la struttura del sonetto, in cui la prima quartina e la prima terzina iniziano con un vocativo rivolto alla notte. Qual è il contenuto della seconda quartina e della seconda terzina e come si corrispondono dal punto di vista formale?
Si corrispondono in quanto iniziano con *tu* e continuano con verbi alla seconda persona singolare, con cui sono descritti gli effetti della notte.

6. Nel sonetto è presente una componente religiosa?
Sì, quando nella seconda quartina si dice che la notte porta il poeta in sogno dalla parte più bassa della Terra alla parte più alta, il paradiso, in cui spera di andare.

7. **Riformulazione** Spiega con parole semplici il contenuto della prima terzina.
O notte, immagine della morte, per merito della quale viene a cessare ogni infelicità nemica dell'anima e del cuore, ultimo e buon rimedio per gli afflitti...

RELAZIONE CON IL CONTESTO STORICO E CULTURALE

8. Dopo avere inquadrato la poesia di Michelangelo all'interno della produzione poetica del Cinquecento, confronta la rappresentazione qui data della notte con la statua della *Notte* collocata sulla tomba di Giuliano de' Medici nella chiesa di San Lorenzo a Firenze. Puoi lavorare sui seguenti aspetti:
   - in ambedue i casi la notte è personificata;
   - dal sonetto e dalla statua traspare un'idea di pace e benessere;
   - sotto la gamba della Notte c'è una civetta, che è il simbolo della notte;
   - la maschera sulla destra richiama l'immagine della morte, presente anche nella prima terzina del sonetto.

   Infine allarga il discorso ad altri artisti che si sono cimentati con il tema notturno, cercando di spiegare perché questa parte della giornata eserciti tanta suggestione. Puoi dedicare al tuo commento un paio di pagine.

Michelangelo, *Allegoria della notte*. Particolare della Tomba di Giuliano de' Medici (1519-34)

A5

Torquato Tasso
I crociati in vista di Gerusalemme

Gerusalemme liberata, canto III, ottave 3; 5-6

PROVA GUIDATA

Le ottave proposte descrivono l'arrivo dei Crociati a Gerusalemme, dove giungono, nel giugno del 1099, per liberare dai Saraceni il Santo Sepolcro di Cristo. Dopo il viaggio estenuante, la vista della città suscita nei loro cuori sentimenti contrastanti: la gioia di aver raggiunto la meta si mescola alla commozione di trovarsi in un luogo così sacro e importante per la cristianità. Le grida di entusiasmo si trasformano in accenti sommessi e flebili sospiri.

3
Ali ha ciascuno al core ed ali al piede,
né del suo ratto[1] andar però s'accorge:
ma quando il sol gli aridi campi fiede[2]
con raggi assai ferventi e in alto sorge,
ecco apparir Gierusalem si vede,
ecco additar Gierusalem si scorge:
ecco da mille voci unitamente
Gierusalemme salutar si sente.
[...]

5
Al gran piacer che quella prima vista
dolcemente spirò ne l'altrui petto,
alta contrizion successe mista
di timoroso e riverente affetto:
osano a pena d'inalzar la vista
ver la città, di Cristo albergo eletto,[3]
dove morì, dove sepolto fue,
dove poi rivestì le membra sue.

6
Sommessi accenti e tacite parole,
rotti singulti e flebili sospiri
de la gente ch'in un[4] s'allegra e duole,
fan che per l'aria un mormorio s'aggiri
qual ne le folte selve udir si suole
s'avvien che tra le frondi il vento spiri,
o quale in fra gli scogli o presso a i lidi
sibila il mar percosso in rauchi stridi.

Torquato Tasso, *Gerusalemme liberata*, Garzanti, Milano 1996

1. **ratto:** rapido.
2. **fiede:** ferisce.
3. **albergo eletto:** sede scelta.
4. **in un:** in uno (stesso momento)

COMPRENSIONE E ANALISI

1. **Parafrasi** Fai la parafrasi del brano. L'esercizio è avviato.
   - ottava 3: Ognuno ha ali al cuore e ali ai piedi e non si accorge della sua andatura veloce; ma quando il sole colpisce gli aridi campi con raggi molto caldi e splende alto sull'orizzonte, ecco che si vede apparire Gerusalemme, ecco che si scorge additare Gerusalemme, ecco che da mille voci tutte insieme si sente salutare Gerusalemme.
   - ottava 5.
   - ottava 6.
2. **Riformulazione** Riformula la frase *rotti singulti e flebili sospiri / de la gente ch'in un s'allegra e duole,/ fan che per l'aria un mormorio s'aggiri.*
3. Chi sono i protagonisti di questo brano?
4. Quali sentimenti provano i crociati, una volta giunti in vista di Gerusalemme?
5. Nell'ottava 6 ci sono due similitudini. Rintracciale e indica quali sono le realtà messe a confronto.
6. Nell'ottava 3 le ripetizioni (*Ali, ecco, Gierusalem*) creano un ritmo incalzante. Si può dire che il senso del ritmo sia quello di rendere l'idea della marcia dei crociati? Motiva la tua risposta.
7. Qual è l'effetto ritmico creato dall'anafora di *ecco* nell'ottava 3?
   Quello di creare un ritmo cantabile, che esprime la gioia dei crociati in vista di Gerusalemme.
8. Qual è, invece, l'effetto dell'anafora di *dove* nell'ottava 5?

RELAZIONE CON IL CONTESTO STORICO E CULTURALE

9. Colloca *La Gerusalemme liberata* nel suo genere letterario e nella sua epoca riflettendo, in particolare:
   - sul significato che poteva avere, nella cultura della Controriforma, il recupero di Gerusalemme e del sepolcro di Cristo;
   - sulla situazione storica che vide nel 1571 la battaglia di Lepanto, in cui un'alleanza di principi cristiani sconfisse la flotta turca.

A6 Giovan Battista Marino
Trasformazione di Dafne in lauro

PROVA GUIDATA

La metamorfosi della ninfa Dafne, narrata dal poeta latino Ovidio, era una storia fatta su misura per il gusto barocco, tanto che è anche il soggetto di un famoso gruppo marmoreo dello scultore Gian Lorenzo Bernini. Marino aveva teorizzato che «La poesia è pittura parlante»: si potrebbe aggiungere che è anche una scultura parlante.

Stanca, anelante a la paterna riva[1],
qual suol cervetta affaticata in caccia,
correa piangendo e con smarrita faccia
la vergine ritrosa[2] e fuggitiva.

E già l'acceso Dio[3] che la seguiva,
giunta omai del suo corso avea la traccia[4],

1. **paterna riva:** la riva del fiume Peneo, padre di Dafne, che la ninfa cerca di raggiungere.
2. **ritrosa:** la ritrosia di Dafne era dovuta al fatto che non voleva concedersi al dio Apollo, innamorato di lei.
3. **acceso Dio:** Apollo, che inseguiva Dafne, acceso d'amore per lei.
4. **giunta ... la traccia:** aveva raggiunto le orme lasciate dal passaggio di Dafne.

quando fermar le piante[5], alzar le braccia
ratto[6] la vide, in quel ch'ella[7] fuggiva.

Vede il bel piè radice, e vede (ahi fato!)
che rozza scorza i vaghi membri asconde,
e l'ombra verdeggiar del crine aurato.

Allor l'abbraccia e bacia, e, de le bionde
chiome fregio novel, dal tronco amato
almen, se 'l frutto[8] no, coglie le fronde.

Giovan Battista Marino, *Rime boscherecce*, Panini, Modena 1991

5. **le piante:** i piedi.
6. **ratto:** rapido, cioè all'improvviso.
7. **in quel ch'ella:** mentre lei.
8. **'l frutto:** il frutto è la verginità della giovane ninfa.

COMPRENSIONE E ANALISI

1. **Riformulazione** Riscrivi il periodo *e vede (ahi fato!) che rozza scorza i vaghi membri asconde, e l'ombra verdeggiar del crine aurato.*
E vede (ahimè, che destino!) che una rude corteccia nasconde le membra del suo corpo ormai indefinito, e che l'ombra dei suoi capelli biondi si colora di verde.

2. **Riformulazione** Fai la costruzione lineare dell'ultima terzina.
Allor l'abbraccia e bacia, e se dal tronco amato non coglie il frutto, coglie almeno le fronde, fregio novel de le bionde chiome.

3. **Parafrasi** Fai la parafrasi del sonetto. L'esercizio è avviato.
La giovane ninfa ritrosa e fuggitiva, stanca e mentre cercava di raggiungere la riva del fiume Peneo, che era suo padre, correva piangendo e con il volto smarrito, come fa una giovane cerva affaticata dalla caccia.

4. **Riassunto** Riassumi il sonetto in un massimo di 4-5 righe.

5. Spiega qual è il contenuto del testo e in particolare indica in che punto viene descritta la trasformazione vera e propria.

6. La metamorfosi è osservata con gli occhi di Dafne, di Apollo o dell'autore? In base a che cosa puoi dare la tua risposta?

7. Da quali parti del corpo di Dafne ha inizio la trasformazione?

COMMENTO

8. Confronta il sonetto con l'*Apollo e Dafne* di Bernini, cercando di toccare i seguenti aspetti:
   - perché il gusto barocco ama la vicenda di trasformazione?
   - quali sono le diverse possibilità della poesia e della scultura?

   Puoi dedicare al tuo commento una o due pagine.

Gian Lorenzo Bernini, *Apollo e Dafne*, Roma, Galleria Borghese

A7

Ugo Foscolo
A se stesso

Sonetti, XII

PROVA GUIDATA

Di fronte al secolo che sta per finire, il poeta si rende conto che sono ormai passati gli anni migliori della sua vita, della quale non è per nulla soddisfatto. Tuttavia l'arte è eterna, e perciò, non avendo potuto acquistare fama con l'azione a favore della patria, cerca di lasciare un ricordo di sé attraverso una poesia ispirata a valori di libertà.

Che stai[1]? già il secol l'orma ultima lascia[2];
dove del tempo son le leggi rotte[3]
precipita, portando entro la notte
quattro tuoi lustri[4], e obblio freddo li fascia.

Che se vita è l'error, l'ira, l'ambascia[5],
troppo hai del viver tuo l'ore prodotte[6];
or meglio vivi, e con fatiche dotte[7]
a chi diratti antico[8] esempi lascia.

Figlio infelice, e disperato amante,
e senza patria, a tutti aspro e a te stesso,
giovine d'anni e rugoso in sembiante[9],

che stai? breve è la vita, e lunga è l'arte;
a chi altamente oprar non è concesso
fama tentino almen libere carte[10].

Ugo Foscolo, *Opere*, Einaudi, Torino 1994-95

1. **Che stai:** perché esiti? Foscolo si rivolge a se stesso con il "tu" per dare l'idea di un dialogo interiore.
2. **il secolo... lascia:** il (XVIII) secolo (il Settecento) sta per finire.
3. **dove...rotte:** l'eternità, dove non sono in vigore le leggi del tempo.
4. **quattro tuoi lustri:** i tuoi vent'anni (in realtà Foscolo ne aveva ventidue; il lustro è un quinquennio).
5. **l'ambascia:** l'angoscia.
6. **hai... prodotte:** hai protratto troppo.
7. **fatiche dotte:** lavori di carattere erudito.
8. **a chi diratti antico:** a chi ti dirà antico, cioè ai posteri.
9. **in sembiante:** nell'aspetto.
10. **libere carte:** scritti ispirati a ideali di libertà..

COMPRENSIONE E ANALISI

1. **Parafrasi** Scrivi la parafrasi delle due quartine. L'esercizio è avviato.
Perché indugi? Già il secolo volge al termine e precipita laddove non sono più in vigore le leggi del tempo...
2. Quali sono, rispettivamente, i soggetti di *precipita* e *fascia*?
3. Evidenzia i connettivi con cui Foscolo argomenta la decisione di dedicarsi alla letteratura.
4. **Riformulazione** Riscrivi i termini correnti i due versi finali *a chi altamente oprar non è concesso fama tentino almen libere carte.*
Almeno gli scritti ispirati a un ideale di libertà procurino fama a colui al quale non è concesso agire.

5. Questo sonetto è una sorta di bilancio esistenziale: positivo o negativo? Per quale motivo? Quali proponimenti il poeta fa per il futuro? Tieni presente che il sonetto è collocato al termine della raccolta delle *Poesie*.

6. Quale ritratto Foscolo traccia di se stesso nella prima terzina? Quali sono i sentimenti espressi e da quali parole-chiave possono essere dedotti?

7. A quali vicende della vita del poeta si riferisce l'espressione *figlio infelice e disperato amante* (v. 9), legata strettamente con il chiasmo?
Rispettivamente alla perdita del nucleo familiare, che si era sciolto dopo la morte del padre (la madre a Venezia e Ugo a Zante), e alle infelici relazioni amorose.

8. In quali versi ricorre la figura dell'antitesi? Si può individuare un legame tra questa figura retorica e il motivo centrale del sonetto, che è un cambiamento della propria vita?
L'antitesi ricorre, per esempio, nel v. 11, a delineare gli aspetti contrastanti di Foscolo; ma è funzionale a indicare il cambiamento di vita nel v. 12 (*breve è la vita, e lunga è l'arte*) e nel v. 13-14, che contrappongono la vita attiva alla letteratura.

COMMENTO E RELAZIONE CON IL CONTESTO STORICO E CULTURALE

9. La poesia di Ugo Foscolo, caratterizzata dai toni del colloquio interiore e da una notevole intensità espressiva, segna il passaggio dal neoclassicismo formale al romanticismo. Sulla base di questo concetto, prova a delineare in un paio di pagine un ritratto interiore di Foscolo, sviluppando in forma discorsiva i seguenti aspetti:
   - qual è la figura del poeta che emerge da questo testo?
   - hai trovato il motivo del contrasto interiore in qualche altro testo di Foscolo?
   - alla fine del testo Foscolo assume tratti che lo avvicinano ad Alfieri: quali?
   - in base alle tue conoscenze quale idea ti sei fatto dell'autore?
   - anche se è difficile che un giovane di oggi ritrovi se stesso nel ritratto di Foscolo, è pur vero che questo poeta per certi versi appare un uomo vicino alla nostra sensibilità. Per quali versi, invece, ti sembra più strettamente legato al suo tempo? Metti in luce questi due aspetti della figura di Foscolo.

A8 Giacomo Leopardi
A se stesso

PROVA GUIDATA

Composta probabilmente a Firenze nel 1833, *A se stesso* rientra tra le liriche del 'ciclo di Aspasia'. L'inganno estremo va inteso dunque come l'ultima delusione amorosa di Leopardi.

Or poserai per sempre,
stanco mio cor. Perì l'inganno estremo,
ch'eterno io mi credei[1]. Perì. Ben sento,
in noi di cari inganni,
non che la speme[2], il desiderio è spento.
Posa per sempre. Assai
palpitasti. Non val cosa nessuna
i moti tuoi, né di sospiri è degna
la terra. Amaro e noia
la vita, altro mai nulla; e fango è il mondo.
T'acqueta omai. Dispera
l'ultima volta. Al gener nostro il fato

1. **ch'eterno io mi credei:** che io avevo creduto eterno. 2. **speme:** speranza.

non donò che il morire. Omai disprezza
te, la natura, il brutto
poter che, ascoso[3], a comun danno impera,
e l'infinita vanità del tutto.

Giacomo Leopardi, *Canti*, BUR, Milano 2016

3. **ascoso:** nascosto.

COMPRENSIONE E ANALISI

1. **Parafrasi** Scrivi la parafrasi del testo, cercando di rendere in forma esplicita eventuali espressioni ambigue. L'esercizio è avviato.
Ora ti placherai per sempre, o mio cuore stanco. L'ultima illusione (quella dell'amore), che io avevo creduto eterna, è finita. Mi rendo conto che in me e in te (cuore) si è spenta non solo la speranza, ma anche il desiderio di dolci illusioni.

2. **Riformulazione** Riscrivi in termini usuali i vv. 13-15 *Omai... impera*, cercando di rendere in forma esplicita l'asindeto *te, la natura, il brutto poter*.
Ormai, o cuore, disprezza te stesso, e poi anche la natura, il potere malvagio che, nascosto, governa a danno di tutti.

3. Qual è l'argomento di questo canto?

4. Come vanno intesi in Leopardi i termini *inganno* del v. 2 e *cari inganni* del v. 4?

5. Il testo è scandito in tre movimenti, ciascuno dei quali si apre con un'apostrofe al cuore. Le tre apostrofi sono disposte, oltre che in anafora, in *climax*: *poserai, posa per sempre, T'acqueta omai*. In che cosa consiste questa progressione?
Consiste nel passaggio dal futuro "poserai", che esprime una prospettiva e un auspicio, alla perentorietà dei due imperativi "posa per sempre" e "T'acqueta": quest'ultimo, in particolare, sancisce la conquista definitiva di una dolorosa rassegnazione.

6. Il lessico presenta una polarità tra termini positivi e negativi, con una netta concentrazione di quelli positivi nella prima parte del testo, degli altri nella parte finale: dunque con una progressione in negativo. Sono positivi i termini afferenti al movimento degli affetti; a partire da *amaro* e *noia* si accumulano i termini negativi, che culminano nella parola chiave, posta al centro della sentenza finale: *vanità*. Individua e trascrivi i termini positivi e quelli negativi.

7. L'aggettivazione è scarsa e presenta nella prima parte termini che segnano una situazione irreversibile (*stanco, estremo, eterno*), mentre nell'ultima parte si concentrano aggettivi negativi: individuali e trascrivili.

8. Che cosa ti sembra indicare il fatto che la sintassi sia caratterizzata da frasi di brevità lapidaria, vi siano solo due subordinate relative e che le coordinate rinuncino a connettivi e congiunzioni?
Sembra indicare la volontà di raggiungere una brevità lapidaria, che frantuma il verso e il discorso lirico in una serie di prescrizioni da testamento spirituale.

9. Sul piano stilistico, la parte centrale del testo è fortemente segnata dagli *enjambement* (nei vv. 6, 7, 8, 9 e poi 11, 12, 13, 14, 15): un fatto di stile che investe il campo semantico, in quanto, grazie a questa figura, il discorso può travalicare il limite del verso. Quali possibili effetti ne conseguono?
La possibilità di esprimere pensieri complessi, che hanno bisogno di superare la misura del verso, oppure semplicemente la volontà di spezzare il fluire del verso, come spezzato è il cuore del poeta.

COMMENTO

10. Questo canto, che prende spunto da una grave delusione sentimentale, rappresenta il congedo di Leopardi da ogni forma di *cari inganni*, ma anche da un modo di concepire la poesia che da questi sogni traeva materia per alimentare l'effusione lirica del ricordo o del rimpianto o del dolore.
Nulla di tutto questo in *A se stesso*: la coscienza della vanità del tutto si ripercuote sul modo di fare lirica, sostituendo a una poesia che si appoggiava all'immagine o al quadretto la ricerca di una essenzialità scabra, priva di immagini. In particolare, puoi esordire parlando della poetica leopardiana dell'idillio, per poi dimostrare come *A se stesso* neghi questa poetica, tagli i ponti con la tradizione della lirica romantica e apra la strada alle scelte di stile che caratterizzano la poesia del Novecento.
Dedica al tuo commento da una a due pagine.

A9 Francesco Petrarca
Padre del ciel

SIMULAZIONE

Nella ricorrenza dell'undicesimo anniversario dell'incontro con Laura, Petrarca rievoca i giorni sprecati nella passione terrena e prega Dio perché riconduca al bene i suoi pensieri, dispersi tra le cose del mondo.

Padre del ciel[1], dopo i perduti giorni,
dopo le notti vaneggiando spese,
con quel fero desio[2] ch'al cor s'accese,
mirando gli atti[3] per mio mal sì adorni,

piacciati omai col Tuo lume[4] ch'io torni
ad altra vita et a più belle imprese,
sì ch'avendo le reti indarno[5] tese,
il mio duro adversario se ne scorni[6].

Or volge, Signor mio, l'undecimo anno
ch'i' fui sommesso al dispietato giogo[7]
che sopra i più soggetti è più feroce[8].

Miserere[9] del mio non degno affanno;
reduci i pensier' vaghi[10] a miglior luogo;
ramenta lor come oggi fusti in croce[11].

Francesco Petrarca, *Canzoniere*, Mondadori, Milano 1996

1. **Padre del ciel:** invocazione in forma di preghiera, ricalca l'inizio del Padre nostro.
2. **desio:** desiderio.
3. **mirando gli atti:** contemplando i comportamenti (di Laura).
4. **col Tuo lume:** con la luce della Tua grazia.
5. **indarno:** invano.
6. **il mio... scorni:** il mio crudele nemico (il demonio) rimanga deluso.
7. **sommesso... giogo:** sottoposto allo spietato dominio (di amore).
8. **sopra... feroce:** su quelli che sono più sottomessi è più duro da sopportare.
9. **Miserere:** abbi pietà: è l'inizio del Salmo 50.
10. **pensier' vaghi:** pensieri vaganti, cioè traviati.
11. **ramenta... croce:** ricorda loro (ai miei pensieri) che oggi (venerdì santo) fosti crocifisso: il primo incontro con Laura era avvenuto il venerdì santo del 1327.

COMPRENSIONE E ANALISI

1. **Riformulazione** Riformula in termini dell'italiano d'uso l'espressione *reduci i pensier' vaghi a miglior luogo*:

....

....

....

2. **Parafrasi** Fai la parafrasi del sonetto attingendo alle note e cercando di desumere dal contesto il senso di eventuali espressioni difficili.

3. **Riassunto** Riassumi in 6 righe il contenuto del sonetto, evidenziandone l'articolazione nelle due quartine e nelle due terzine.

4. Il testo fa riferimento a due importanti preghiere cristiane, che esprimono rispettivamente invocazione e pentimento: di quali preghiere si tratta?

5. Nella scala di valori riconosciuta da Petrarca, l'amore è presentato come un sentimento positivo o negativo. Motiva la tua risposta.

COMMENTO

6. Il sonetto presenta i caratteristici tratti petrarcheschi nel dissidio tra il pentimento per avere sprecato i propri giorni nell'amore e la preghiera a Dio perché guidi il poeta verso una vita più degna. Inquadra questo conflitto interiore nel contesto della poesia di Petrarca e nell'ordine di idee della religiosità medioevale.

A10 Ugo Foscolo
Solcata ho fronte

Sonetti, VII

SIMULAZIONE

Foscolo delinea il proprio ritratto mettendo in luce i tratti fisici della sua figura, ma soprattutto il contrasto interiore tra realtà e ideali: un conflitto che, secondo il poeta, si placherà solo con la morte.

Solcata ho fronte, occhi incavati intenti[1],
crin[2] fulvo, emunte[3] guance, ardito aspetto,
labbro tumido[4] acceso, e tersi[5] denti,
capo chino, bel collo, e largo petto;

giuste membra; vestir semplice eletto[6];
ratti[7] i passi, i pensier, gli atti, gli accenti[8];
sobrio, umano, leal, prodigo, schietto;
avverso al mondo, avversi a me gli eventi;

talor di lingua, e spesso di man prode;
mesto i più giorni e solo, ognor pensoso,
pronto, iracondo, inquieto, tenace:

di vizi ricco e di virtù, do lode
alla ragion, ma corro ove al cor piace:
morte sol mi darà fama e riposo.

Ugo Foscolo, *Opere*, Einaudi, Torino 1994-95

1. **intenti:** intensi.
2. **crin:** capelli.
3. **emunte:** smunte, pallide.
4. **labbro tumido:** labbra carnose.
5. **tersi:** bianchi, sani.
6. **eletto:** accurato.
7. **ratti:** rapidi.
8. **accenti:** il modo di parlare.

COMPRENSIONE E ANALISI

1. **Riformulazione** Da quale verbo sono retti i numerosi sostantivi (*fronte*, *occhi*, *crin*, *guance* ecc.) dei vv. 1-6, che delineano il ritratto fisico del poeta?

2. A partire dal v. 7 subentra il ritratto interiore e cambia la sintassi, che consiste fino al v. 11 in una lunga frase nominale, in cui gli aggettivi *sobrio*, *umano* ecc. sono nomi del predicato di un verbo sottinteso. Quale?

3. Nell'ultima terzina, quali sono i verbi e qual è, secondo l'analisi logica, la funzione dell'aggettivo *ricco*?

4. Illustra la struttura stilistica del v. 8 e spiegane il significato in riferimento alla vita dell'autore.

5. **Riformulazione** Riformula in termini espliciti la frase *do lode alla ragion, ma corro ove al cor piace*.

6. **Parafrasi** Scrivi la parafrasi delle due quartine.

7. Il ritratto fisico delineato nei vv. 1-6 ha anche un significato morale, che prelude a quanto leggiamo nei versi seguenti: a quale carattere, infatti, si addicono questi tratti fisici?

COMMENTO E RELAZIONE CON IL CONTESTO STORICO E CULTURALE

8. In questo testo, nato come imitazione di un analogo sonetto di Vittorio Alfieri, l'interiorità di Foscolo si esprime nei conflitti che lacerano un animo appassionato, in cui, però, la volontà di agire si scontra con il mondo e con gli eventi. Scrivi la tua interpretazione del sonetto, collocandolo entro l'orizzonte della vita dell'autore e delle vicende del suo tempo. In particolare,
   - cerca di enucleare dalla biografia di Foscolo le ragioni del suo dissidio interiore;
   - collega questa sua sensibilità al Romanticismo.

A11 Giacomo Leopardi
Alla luna
da *Canti*

SIMULAZIONE

Questa lirica, risalente al 1819, appartiene alla prima fase del pessimismo leopardiano, che ancora permette al poeta di rivivere con la poesia le illusioni giovanili venute meno con il passare degli anni.

O graziosa[1] luna, io mi rammento
che, or volge l'anno[2], sovra questo colle
io venia pien d'angoscia a rimirarti:
e tu pendevi allor su quella selva
siccome[3] or fai, che[4] tutta la rischiari.
Ma nebuloso[5] e tremulo dal pianto
che mi sorgea sul ciglio, alle mie luci[6]
il tuo volto apparia, che travagliosa
era mia vita[7]: ed è, né cangia stile[8],
o mia diletta luna. E pur mi giova[9]
la ricordanza, e il noverar l'etate[10]
del mio dolore. Oh come grato occorre[11]
nel tempo giovanil, quando ancor lungo
la speme[12] e breve ha la memoria il corso
il rimembrar[13] delle passate cose,
ancor che[14] triste, e che[15] l'affanno duri.

Giacomo Leopardi, *Canti*, BUR, Milano 2016

1. **graziosa:** cara.
2. **or volge l'anno:** un anno fa.
3. **siccome:** proprio come.
4. **che: va unito a *or*:** ora che.
5. **nebuloso:** annebbiato.
6. **alle mie luci:** ai miei occhi.
7. **che... vita:** poiché la mia vita era tormentata.
8. **ed è, né cangia stile:** ed è ancora così e non cambia il modo d'essere.
9. **mi giova:** mi piace.
10. **il noverar l'etate:** il calcolare la durata.
11. **grato occorre:** ritorna caro.
12. **speme:** speranza.
13. **il rimembrar:** il ricordarsi.
14. **ancor che:** benché.
15. **che:** da unirsi ad *ancor*.

COMPRENSIONE E ANALISI

1. **Parafrasi** Nello scrivere la parafrasi, evidenzia l'articolazione del testo in questi tre temi: 1. la natura come scenario della poesia. 2. il dolore come condizione esistenziale. 3. il ricordo come filtro del passato.
2. Nei versi 6-8, quali sono i soggetti rispettivamente di *sorgea* e *apparia*?
3. Metti in luce gli elementi che evocano il paesaggio e le espressioni che si riferiscono alla sofferenza esistenziale del poeta.
4. La prima parte della poesia è dedicata al passato, la seconda al presente. Individua nel testo il confine che separa le due parti e spiega se vi è una contrapposizione o una continuità tra gli stati d'animo descritti nei due momenti.
5. Analizza l'uso degli *enjambement*: isolate alla fine e all'inizio del verso (per esempio *pianto / che*; *travagliosa / era*; *mi giova / la ricordanza*), quale particolare valore acquistano le parole?
6. **Riassunto** Riassumi la lirica in non più di 5-6 righe.

COMMENTO

7. Prendendo spunto dal testo, inquadrane i temi di fondo nell'ambito dell'esperienza poetica leopardiana, prospettando anche il ruolo di questi stessi temi nell'ottica romantica. In particolare potrai trattare:
   - il tema del dolore e il suo rapporto con l'esistenza umana, anche secondo i successivi sviluppi del pessimismo di Leopardi;
   - la visione della natura che emerge dal componimento e la sua collocazione nel pensiero dell'autore.

   Puoi dedicare al tuo commento una-due pagine.

A12 Giovanni Pascoli
La gatta

da *Poesie varie*

SIMULAZIONE

Che cosa può desiderare una madre se non di vedere il suo piccolo al sicuro? Allo stesso modo, una vecchia gatta, temendo che il suo gattino possa essere ucciso dalla tempesta, lo affida a un uomo che può salvarlo, assicurandogli la protezione di quel nido che troppo presto era venuto a mancare al poeta.

Marie Clementine (Suzanne) Valadon, *Studio di un gatto seduto su una sedia*, collezione privata

Era una gatta, assai trita[1], e non era
d'alcuno, e, vecchia, aveva un suo gattino.
Ora, una notte, (su per il camino
s'ingolfava e rombava la bufera)

trassemi[2] all'uscio il suon d'una preghiera,
e lei vidi e il suo figlio a lei vicino.
Mi spinse ella, in un dolce atto, il meschino[3]
tra' piedi; e sparve nella notte nera.

1. **trita:** malmessa.
2. **trassemi:** mi trasse, mi attirò (forma con il pronome personale enclitico).
3. **meschino:** poveretto.

Che nera notte, piena di dolore!
Pianti e singulti e risa pazze e tetri
urli portava dai deserti il vento.

E la pioggia cadea[4], vasto fragore[5],
sferzando i muri e scoppiettando ai vetri.
Facea le fusa il piccolo, contento.

Giovanni Pascoli, *Poesie*, Mondadori, Milano 2013

4. cadea: forma arcaica per "cadeva", come nel v. 14 *Facea* per "faceva", scelte per ottenere una parola bisillaba.
5. vasto fragore: con grande fracasso.

COMPRENSIONE E ANALISI

1. Dividi il testo in quattro sequenze e dai un titolo a ciascuna.
2. Qual è il senso dell'azione della gatta che spinge il suo gattino tra i piedi del poeta?
3. Qual è il significato complessivo del componimento?
4. **Parafrasi** Fai una parafrasi esplicativa della frase *su per il camino s'ingolfava e rombava la bufera / trassemi all'uscio il suon d'una preghiera*.
5. A quale rumore si riferisce il termine *scoppiettando*?
6. Nel v. 11 *il vento* è soggetto o complemento oggetto.
7. Qual è il soggetto del gerundio *sferzando*?

COMMENTO

8. In una pagina inquadra nella produzione di Pascoli i temi presenti in questa lirica. In particolare potrai trattare il tema del nido, ricorrente nella sua poesia, la solitudine del piccolo privo di genitori, la dolcezza della madre e degli affetti familiari: tutti temi ricorrenti nella poesia di Pascoli, che era rimasto orfano non ancora dodicenne.
Spiega inoltre quale visione della natura emerge da questa lirica e qual è il posto della natura nella poesia pascoliana.

A13 Giuseppe Ungaretti
Veglia

SIMULAZIONE

È l'antivigilia del Natale 1915; Ungaretti è da poco giunto al fronte e si trova drammaticamente di fronte alla cruda realtà della guerra, costretto a passare tutta la notte accanto a un compagno massacrato. Il testo si chiude con un inatteso inno alla vita.

Un'intera nottata
buttato vicino
a un compagno
massacrato
con la sua bocca

digrignata[1]
volta al plenilunio[2]
con la congestione[3]
delle sue mani
penetrata[4]
nel mio silenzio
ho scritto
lettere piene d'amore.[5]

Non sono mai stato
tanto
attaccato alla vita

da *L'allegria* (1915), in Giuseppe Ungaretti, *Vita d'un uomo. Tutte le poesie*, Mondadori, Milano 2011

1. **digrignata:** contratta dal dolore.
2. **plenilunio:** la serata di luna piena consente di distinguere chiaramente il compagno steso accanto.
3. **con la congestione... mani:** con le sue mani gonfie per il blocco della circolazione del sangue.
4. **penetrata:** participio riferito a "congestione", vuole dire che la vista del cadavere è penetrata nell'interiorità del poeta.
5. **lettere... amore:** messaggi affettuosi rivolti alle persone che ama.

COMPRENSIONE E ANALISI

1. Che cosa indica il titolo *Veglia*?
2. Il componimento si apre con una situazione di profonda angoscia, che però gradualmente trapassa in una visione meno tragica: per reazione alla negatività si delinea una nota di speranza. Qual è il senso degli ultimi tre versi?
3. La descrizione contenuta nei versi 1-9 ha un carattere espressionistico, nel senso che esaspera i tratti negativi della realtà. Individua le parole che contribuiscono a creare questa tonalità.
4. Perché, a tuo parere, i due aggettivi *massacrato* e *digrignata* occupano un intero verso ciascuno?
5. **Parafrasi** Fai la parafrasi dei vv. 5-11 cercando di rendere con parole semplici l'orrore della scena.

RELAZIONE CON IL CONTESTO STORICO E CULTURALE

6. Inquadra il componimento nell'epoca della guerra 1915-18 ed esprimi in un paio di pagine la tua interpretazione, soffermandoti sui seguenti aspetti:
   - Ungaretti era stato interventista ed era partito volontario per la guerra; quindi, in fondo, avrebbe potuto prevedere questa situazione: come mai ora è tanto sconvolto?
   - quali saranno state le reazioni dei comuni soldati, strappati alle loro famiglie e mandati a farsi ammazzare in trincea per combattere una guerra inutile, che non avevano voluto. Sapevi che nel 1917 furono reclutati e mandati al fronte i "ragazzi del '99", che non avevano ancora compiuto i diciotto anni?

A14 Eugenio Montale
A Liuba che parte

SIMULAZIONE

Liuba, una ragazza ebrea unica superstite di una famiglia dispersa dalle persecuzioni razziali, parte – forse per l'America - portando con sé una gabbia con il suo gatto. In questo bagaglio, che rappresenta per lei la casa perduta e la famiglia dispersa, la ragazza riscatta la propria identità, sottraendola alla furia cieca dei tempi.

Non il grillo[1] ma il gatto
del focolare[2]
or ti consiglia, splendido
lare[3] della dispersa tua famiglia.[4]
La casa che tu rechi
con te ravvolta, gabbia o cappelliera?,[5]
sovrasta i ciechi tempi[6] come il flutto
arca leggera[7] – e basta al tuo riscatto.[8]

da *Le occasioni* (1939) in Eugenio Montale, *Tutte le poesie*, Mondadori, Milano 2005

1. **il grillo:** è un animale saggio, come il grillo parlante in *Pinocchio*.
2. **del focolare:** il gatto è simbolo della fedeltà domestica.
3. **lare:** nella mitologia antica i lari erano le divinità che proteggevano la casa. Questa funzione di legame con la famiglia è qui svolta dal gatto, unico superstite della famiglia dispersa di Liuba.
4. **dispersa... famiglia:** Montale non dice se la famiglia sia partita per sfuggire alle persecuzioni razziali, che in Italia erano state proclamate nel 1938, o se sia stata deportata, come sembra più probabile (altrimenti perché avrebbe abbandonato la figlia?).
5. **gabbia o cappelliera:** il bagaglio è la casa della ragazza, tutto ciò che le rimane da portare con sé: è la gabbia in cui è chiuso il gatto, ma può anche sembrare una cappelliera.
6. **sovrasta i ciechi tempi:** sopravvive ai tempi bui delle persecuzioni razziali.
7. **come... leggera:** come un'arca (l'arca di Noè) leggera galleggia sui flutti del diluvio universale.
8. **basta al tuo riscatto:** basta perché la ragazza si salvi, in quanto costituisce per lei una nuova famiglia.

COMPRENSIONE E ANALISI

1. Che cosa vede di questa ragazza il poeta?
2. Che cosa sta a indicare il gatto che Liuba porta con sé?
3. In quale libro è narrata la vicenda dell'arca di Noè che si salva dal diluvio?
4. Da chi furono proclamate in Italia le persecuzioni razziali, a cui si riferisce l'espressione *i ciechi tempi*?
5. La cappelliera è un attaccapanni a cui si appendono i cappelli o la scatola in cui si custodiscono?
6. L'inciso *gabbia o cappelliera?* serve a sfumare l'immagine tragica di questa sventurata che parte per un destino ignoto. Che cosa hanno di simile una gabbia e una cappelliera?

RELAZIONE CON IL CONTESTO STORICO E CULTURALE

7. Alla *Shoah* sono dedicate opere famosissime, come *Se questo è un uomo* di Primo Levi e il film *Schindler's List* di Steven Spielberg. In questa breve lirica, scritta quando fervevano le persecuzioni razziali, Montale propone con Liuba un simbolo della dignità umana. Che cosa sai di questo che fu uno dei periodi più bui della storia d'Europa e d'Italia? Rispondi in una pagina, tenendo presente qualcuno dei seguenti spunti:
   - lo sterminio egli ebrei non è un'idea nata in Italia, ma nella Germania di Hitler;
   - circa 8.500 ebrei italiani furono deportati: ne sopravvissero meno di 1.000.

A15 Giovanni Giudici
Le ore migliori

SIMULAZIONE

Giovanni Giudici (1924-2011) è vissuto a Torino e a Milano, dove ha lavorato come giornalista e pubblicitario. Nel 1965 raccoglie la precedente produzione nel volume *La vita in versi*, il cui titolo fa pensare al carattere autobiografico della sua poesia, intesa come narrazione in versi della vita vissuta.
In questo componimento, rivolgendosi alla moglie casalinga, Giudici riflette non senza ironia sulla ripetitività della loro vita quotidiana, che impedisce di godere il benessere economico che si poteva permettere la piccola borghesia degli anni Sessanta.

I
Le tue ore migliori… [1] ma non sono per me:
sono le ore del lavoro domestico,
che è troppo trascurabile realtà
per essere degno di storia. Progredisce
la storia, infatti, ma il tuo lavoro
semplicemente ricomincia e finisce.

Le tue ore migliori sono della mattina,
quando ti lascio e tento per vie diverse
variare l'obbligato itinerario
che sempre da un punto parte e ad uno arriva.
Batte il sole al balcone di cucina,
prima di cominciare tu guardi in strada.

Io guardo invece nel fondo del mio cortile,
mentalmente bisbiglio *Dirigere
et sanctificare*,[2] la breve preghiera,
mia virtuosa abitudine prima di lavorare:
lucida è la mente al quotidiano servizio
e la stanchezza impossibile appare.

1. **migliori…**: i puntini di sospensione fanno capire che al soggetto dovrebbe seguire un predicato in cui spiegare come la moglie potrebbe impiegare le ore migliori della sua giornata. Ma il testo non aggiunge nulla, perché le ore migliori sono assorbite dai lavori domestici.

2. ***Dirigere et sanctificare***: espressione latina (*Dirigere e santificare*) che ricorda una preghiera: il poeta era dirigente all'Olivetti.

Intanto passano le tue ore migliori,
quando potresti parlarmi e sorridere.
Tali bruciavano gli anni di gioventù
nell'aspettare più sereni giorni:
e tu riassetti, rigoverni,[3] spolveri, sola
(i figli sono a scuola) e aspetti che torni.

II
Dice decoro[4] la tavola apparecchiata,
possiamo avere tutto quel che vogliamo:
all'opulenza mancano forse i fiori.
Il buon cibo conforta dopo l'onesta fatica.
Ma già si ammucchiano stoviglie mentre mangiamo
troppo avidamente, per fare presto.

E ricominci: i necessari rifiuti
in un sol piatto raccogli, riempi
il lavandino ove galleggiano sughi,
affondano fili di pasta, bucce. Adempi
la tua virtù necessaria, riordini
ancora una volta la casa. Io ad altro

lavoro attendo, al mio ufficio, sperando
di fornir l'opra[5] e non me,[6] anzi che giunga la sera,
per godermi la luce residua e, di me
stesso padrone, qualche ora d'avanzo.
Ma non sarà quella la vita vera:
sono queste ore migliori e non ci appartengono.

Eccoci ancora intorno alla mensa serale,
tra le risse dei figli allegramente spietate:
e nuovamente si guasta la linda cucina,
la tovaglia è chiazzata di vino. "Lascia
così – suggerisco – penserai domattina
a tutto. Adesso resta un poco con me".

III
Nessuno ci corre dietro. Ma tu
macchinalmente solitaria persisti
nel ritmo ordinario in cui ogni ora
ha la sua norma: sai già che il mattino avrà stanze

3. rigoverni: lavi le stoviglie.
4. dice decoro: è indice di benessere.
5. fornir l'opra: espressione presa da Leopardi per dire «finire il lavoro».
6. e non me: anziché finire me stesso.

disfatte e l'odore del sonno e l'aria
che un brivido nebbioso vi porta o il sole

nella bella stagione. Bisogna dunque concludere
tutto perché tutto ricominci,
dopo un riposo di affrante bestiole,[7]
col primo atto del domani:
vivrà la vita per chi non ha tempo
di vivere.[8] Così anche ora da me ti allontani,

spingi cassetti, fai scattare sportelli,
ammàini l'avvolgibile[9] con fragore:
e siamo soli con tutte le storie
dei libri che promettevano
in cambio di virtù felicità.
Così finiscono le tue ore migliori,

quando da un capo all'altro della città
si chiudono i portoni dei casamenti:[10]
e in buie menti un comune pensiero
apre un barlume del meglio a venire...[11]
così non riconosci l'inganno
di chi ci ha fatti a servire.[12]

Giovanni Giudici, *Poesie*, Garzanti, Milano 1991

7. un riposo... bestiole: un riposo che è simile a quello di animali prostrati (*affrante*) dalla fatica.
8. vivrà... vivere: la vita continuerà da sola (*vivrà*) per chi non ha tempo di viverla.
9. ammàini l'avvolgibile: abbassi la tapparella della finestra.
10. casamenti: palazzi, condomini.
11. in buie... venire... : nelle menti buie per il sonno nasce la speranza che il futuro sarà migliore.
12. ci ha fatti a servire: ci ha messi in condizione di vivere come schiavi.

COMPRENSIONE E ANALISI

1. Che cosa ha voluto dire l'autore intitolando questo componimento *Le ore migliori*?
2. **Parafrasi** Fai la parafrasi dei vv. 46-52.
3. **Riformulazione** Riformula la frase *Ma tu macchinalmente solitaria persisti nel ritmo ordinario in cui ogni ora ha la sua norma* (vv. 49-52).
4. **Riformulazione** Riformula l'espressione *e in buie menti un comune pensiero apre un barlume del meglio a venire...* (vv. 69-70).
5. **Riassunto** Riassumi il testo in una decina di righe, rispettando la scansione del testo in tre sezioni.
6. Il testo si articola in tre blocchi, ciascuno di quattro strofe, che comprendono una narrazione in versi. Nella prima sezione il personaggio che parla – portavoce del poeta – si rivolge alla moglie per dirle che i lavori domestici riempiono ma anche le sottraggono le sue ore migliori. Infatti, che cosa potrebbe fare la moglie in queste ore?
7. Quante volte ricorre nel testo l'espressione *le tue ore migliori*, che riprende anche il titolo? Rintracciala, sottolineala e prova a spiegare perché è così insistente.

8. Il testo presenta l'andamento e il linguaggio familiare della prosa e ciò è coerente con i contenuti quotidiani del componimento. Però di tanto in tanto compare qualche rima: individua e sottolinea quelle presenti nelle prime quattro strofe.

9. L'argomento del secondo blocco di testo è il momento dei pasti, quando la famiglia si riunisce a tavola. Qual è la condizione economica di questa famiglia? Si tratta di gente che fa fatica ad arrivare a fine mese o di gente di condizione borghese benestante, che può permettersi ciò che vuole?

10. Nel v. 42 si torna a parlare di *ore migliori*. Di quali ore si tratta e perché non ci appartengono? E che cosa suggerisce il marito alla moglie dopo cena?

11. L'ultimo blocco di testo conclude il discorso avviato esprimendo il rimpianto per una vita in cui il presente è sacrificato al futuro. Il poeta contrappone alla ripetitività quotidiana delle azioni della moglie il desiderio di una vita più intensa. Poi, i due versi finali esprimono un messaggio molto duro e definivo. Che cos'è *l'inganno di chi ci ha fatti a servire*?

COMMENTO

12. Questa poesia è stata scritta cinquant'anni fa, nei mitici anni Sessanta del miracolo economico. Oggi, in tempi di lavoro che manca o che viene prestato in condizioni di estrema precarietà, può sembrare fuori luogo lamentarsi di svolgere un lavoro sicuro, anche se ripetitivo. L'attualità del testo sta però nel riconoscere la disumanità di occupazioni - lavorative o domestiche – che non lasciano il tempo di vivere. Ti sembra che Giudici abbia espresso in modo persuasivo questa forma di scontento, che potrebbe coinvolgere tutti noi? Rispondi in un testo scritto di una pagina, tenendo conto anche della tua esperienza.

A16 Vittorio Sereni
Terrazza

SIMULAZIONE

Questa lirica, scritta nel 1941 e appartenente alla raccolta Frontiera, è ambientata a Luino, sul Lago Maggiore, dove corre la frontiera italo-svizzera e dove Sereni era nato e vissuto da bambino. L'idea della frontiera, del confine, innesca sempre l'attesa di ciò che sta oltre e potrebbe a un tratto comparire. In questo testo, poi, l'accenno a una serata passata con gli amici su una terrazza in riva al lago infonde la suggestione di qualcosa che potrebbe accadere o che si potrebbe vedere o scoprire o capire. Ma l'aspettativa subito si perde e svanisce, accentuando il senso di sospensione e incertezza.

Improvvisa ci coglie la sera.
Più non sai
dove il lago finisca;
un murmure[1] soltanto
sfiora la nostra vita
sotto una pensile terrazza[2].
Siamo tutti sospesi
a un tacito evento questa sera
entro quel raggio di torpediniera[3]
che ci scruta poi gira se ne va.

Vittorio Sereni, *Poesie*, Mondadori, Milano 1995

1. **un murmure:** il mormorio delle onde.
2. **una pensile terrazza:** una terrazza che si sporge sul lago.
3. **raggio di torpediniera:** il faro del motoscafo dei finanzieri che perlustrano il lago.

COMPRENSIONE E ANALISI

1. Il testo parla di una sera passata su una terrazza sospesa sul lago, ma qual è il suo significato?
2. In quale momento della giornata è ambientato il testo?
3. Qual è l'evento che interviene nella seconda strofa?
4. Le sensazioni evocate dalla lirica sono disposte a forma di chiasmo: individuale completando la tabella.
   - vista: il buio della sera (v. 1)
   - udito: .... (v. 4)
   - udito: .... (v. ...)
   - vista: .... (v. ...)
5. Qual è la funzione del raggio di luce che squarcia il buio e poi si volge altrove e se ne va? Si limita a illuminare la terrazza o fa nascere un'illusione?
6. Scegli tra le parole seguenti quella che ti sembra la chiave del componimento e motiva la tua scelta: la sera, il lago, un murmure, sospesi, evento, raggio. Puoi indicarne anche più di una, con adeguata motivazione.
7. Qual è la funzione logica dell'aggettivo *Improvvisa*?
8. Che frase è dal punto di vista sintattico *dove il lago finisca*?
9. Il termine torpediniera è qui usato impropriamente per indicare un semplice motoscafo da lago. Che cos'è, infatti, la torpediniera e perché si chiama così?

COMMENTO

10. Esprimi in un paio di pagine un giudizio personale e motivato su questa lirica, spiegando:
    - quale rapporto potrebbe intercorrere tra l'atmosfera della poesia e il clima del secondo anno di guerra (1941);
    - perché, a tuo parere, i poeti ambientano volentieri le loro composizioni durante la sera o la notte;
    - perché anche il tema della frontiera piace ai poeti;
    - se, a tuo parere, il poeta ha reso in modo efficace l'atmosfera di mistero e miracolo;
    - che cosa ti ha suggerito la lettura del testo;
    - se la poesia ti è piaciuta e per quali ragioni.

John Frederick Kensett, *Lake George, Studio*, New York, Metropolitan Museum of Art

IL TESTO IN PROSA: ANALISI E COMMENTO

A1 Giovanni Boccaccio
Chichibìo e la gru

da *Decameron*

PROVA SVOLTA

Il cuoco Chichibìo si mette nei guai per aver portato in tavola una gru cucinata a dovere ma priva di una coscia, che ha regalato a un'amica. Ma con una risposta spiritosa riesce a placare l'ira del signore e a evitare la punizione.

Currado Gianfigliazzi[1] sì come ciascuna di voi e udito e veduto puote avere, sempre della nostra città è stato nobile cittadino, liberale e magnifico, e vita cavalleresca tenendo, continuamente in cani e in uccelli s'è dilettato, le sue opere maggiori al presente lasciando stare. Il quale con un suo falcone avendo un dì presso a Peretola[2] una gru ammazata, trovandola grassa e giovane, quella mandò ad un suo buon cuoco, il quale era chiamato Chichibìo,[3] ed era viniziano, e sì gli mandò dicendo che a cena l'arrostisse e governassela bene. Chichibio, il quale come nuovo bergolo[4] era così pareva, acconcia[5] la gru, la mise a fuoco e con sollicitudine a cuocerla cominciò. La quale essendo già presso che cotta grandissimo odor venendone, avvenne che una feminetta della contrada, la qual Brunetta era chiamata e di cui Chichibio era forte innamorato, entrò nella cucina; e sentendo l'odor della gru e veggendola, pregò caramente Chichibio che ne le desse una coscia.

Chichibio le rispose cantando e disse: "Voi non l'avrì da mi, donna Brunetta, voi non l'avrì da mi".

Di che donna Brunetta essendo un poco turbata, gli disse: "In fè di Dio, se tu non la mi dai, tu non avrai mai da me cosa che ti piaccia"; e in brieve le parole furon molte. Alla fine Chichibio, per non crucciar la sua donna, spiccata l'una delle cosce alla gru, gliele diede. Essendo poi davanti a Currado e ad alcun suo forestiere messa la gru senza coscia, e Currado maravigliandosene, fece chiamare Chichibio e domandollo che fosse divenuta l'altra coscia della gru. Al quale il vinizian bugiardo subitamente rispose: "Signor mio, le gru non hanno se non una coscia e una gamba".

Currado allora turbato disse: "Come diavol non hanno che una coscia e una gamba? Non vid'io mai più gru che questa?".

Chichibio seguitò: "Egli è, messer, com'io vi dico; e quando vi piaccia, io il vi farò veder né vivi".

Currado, per amor dei forestieri che seco aveva, non volle dietro alle parole andare, ma disse: "Poi che tu dì di farmelo vedere né vivi, cosa che io mai più non vidi né udii dir che fosse, e io il voglio veder domattina e sarò contento; ma io ti giuro in sul corpo di Cristo, che, se altramenti sarà, che io ti farò conciare in maniera che tu con tuo danno ti ricorderai, sempre che tu ci viverai, del nome mio".

Finite adunque per quella sera le parole, la mattina seguente come il giorno apparve, Currado, a cui non era per lo dormire l'ira cessata, tutto ancor gonfiato si levò e comandò che i cavalli gli fosser menati; e fatto montar Chichibio sopra un ronzino[6], verso una fiumana, alla riva della quale sempre soleva in sul far del dì vedersi delle gru, nel menò dicendo: "Tosto vedremo chi avrà iersera mentito, o tu o io".

Chichibio, veggendo che ancora durava l'ira di Currado e che far gli convenia pruova della sua bugia, non sappiendo come poterlasi fare, cavalcava appresso a Currado con la maggior paura del mondo, e volentieri, se potuto avesse, si sarebbe fuggito; ma non potendo, ora innanzi e ora addietro e da lato si riguardava, e ciò che vedeva credeva che gru fossero che stessero in due piedi.

Ma già vicini al fiume pervenuti, gli venner prima che ad alcun vedute sopra la riva di quello ben dodici gru, le quali tutte in un piè dimoravano, si come quando dormono soglion fare. Per che egli prestamente mostratele a Currado, disse: "Assai bene potete, messer, vedere che iersera vi dissi il vero, che le gru non hanno se non una coscia e un piè, se voi riguardate a quelle che colà stanno".

Currado vedendole disse: "Aspettati, che io ti mosterrò che elle n'hanno due"; e fattosi alquanto più a quelle vicino gridò: - Ho ho - ; per lo qual grido le gru, mandato l'altro piè giù, tutte dopo alquanti passi cominciarono a fuggire. Laonde Currado rivolto a Chichibio disse: "Che ti par, ghiottone? Parti ch'elle n'abbian due?".

Chichibio quasi sbigottito, non sappiendo egli stesso donde si venisse, rispose: "Messer sì, ma voi non gridaste - ho ho - a quella di iersera; ché se così gridato aveste, ella avrebbe così l'altra coscia e l'altro piè fuor mandata, come hanno fatto queste".

A Currado piacque tanto questa risposta, che tutta la sua ira si convertì in festa e riso, e disse: "Chichibio, tu hai ragione, ben lo dovea fare".

Così adunque con la sua pronta e sollazzevol[7] risposta Chichibio cessò la mala ventura e paceficossi col suo signore.

Giovanni Boccaccio, *Decameron*, Garzanti, Milano 2015

1. **Currado Gianfigliazzi:** personaggio realmente esistito, era un banchiere fiorentino vissuto al tempo di Boccaccio.
2. **Peretola:** borgata presso Firenze.
3. **Chichibìo:** "cicibìo" in veneto indica il fringuello e il suo verso ed è un termine onomatopeico: quello del protagonista è probabilmente un soprannome per dire "sciocco".
4. **nuovo bergolo:** straordinario chiacchierone.
5. **acconcia:** acconciata, preparata.
6. **ronzino:** cavallo di poco valore.
7. **sollazzevol:** divertente.

COMPRENSIONE E ANALISI

1. **Parafrasi** Scrivi la parafrasi della prima parte della novella, dall'inizio a *diede*:

Corrado Gianfigliazzi, così come ciascuna di voi può avere sentito e visto, è sempre stato un nobile cittadino della nostra città, generoso e magnifico, e poiché conduceva vita da signore, si divertiva continuamente a cacciare con cani e uccelli addestrati, per non parlare ora delle sue attività più importanti. Avendo un giorno ucciso con un suo falcone presso Peretola una gru, poiché la aveva trovata grassa e giovane, la mandò a un suo bravo cuoco, che era chiamato Chichibio ed era di Venezia, dicendo che per cena l'arrostisse e la cucinasse per bene. Chichibio, che sembrava uno sciocco chiacchierone e in effetti lo era, preparata la gru, la mise sul fuoco e cominciò a cuocerla con cura. Quando la gru era quasi cotta e mandava un grandissimo profumo, capitò che una ragazza di campagna, che si chiamava Brunetta e di cui Chichibio era fortemente innamorato, entrò nella cucina e, sentendo il profumo della gru e vedendola, pregò insistentemente Chichibio che gliene desse una coscia.

Chichibio le rispose cantando e disse: *Voi non l'avrete da me, donna Brunetta, voi non l'avrete da me.* Indispettita da questo, donna Brunetta gli disse: *In fede di Dio, se tu non me la dai, non avrai mai da me una cosa che ti piaccia* e, per farla breve, la discussione durò a lungo. Alla fine Chichibio, per non far arrabbiare la sua donna, staccata una coscia alla gru, gliela diede.

2. **Riformulazione** Riformula in italiano corrente le righe finali della novella *A Currado piacque… col suo signore.*

A Currado questa risposta piacque tanto, che tutta la sua ira si trasformò in allegria e risate, e disse: *Chichibio, tu hai ragione, dovevo proprio farlo.* Così dunque con la sua pronta e divertente risposta Chichibio evitò la punizione e fece pace con il suo signore.

3. **Riassunto** Riassumi la novella indicando gli snodi:
1. Corrado ammazza una gru e la passa al cuoco Chichibio perché la cucini;
2. entra in cucina una ragazza che gli chiede una coscia della gru;
3. Chichibio, molto innamorato della ragazza, spicca una coscia e gliela dà;
4. giunta la gru sulla tavola, Corrado si stupisce del fatto che la gru abbia una coscia sola, ma Chichibio gli assicura che tutte le gru hanno una gamba sola;
5. l'indomani Currado porta Chichibio in riva a un fiume e lì vedono dodici gru che dormono stando ritte su una sola zampa;
6. ma, quando Currado lancia un grido, abbassano anche l'altra zampa e fuggono;
7. Chichibio fa notare al padrone che, quando aveva ucciso la gru, non aveva lanciato lo stesso grido;
8. la pronta risposta trae d'impaccio Chichibio, perché trasforma in risate l'ira del padrone.

4. **Riscrittura** Riscrivi la parte conclusiva a partire dalla frase di Corrado *Che ti par, ghiottone? Parti ch'elle n'abbian due?*, facendo in modo che la novella abbia un esito diverso da quello dell'originale.

5. Perché Currado si arrabbia tanto da minacciare Chichibio di una punizione memorabile?
Perché Chichibio si difende dicendo che le gru hanno una gamba sola.

6. Perché Currado e Chichibio la mattina seguente partono a cavallo?
Per verificare dal vivo se le gru hanno una zampa sola.

7. Qual è il senso della novella?
Mostrare l'efficacia della prontezza di spirito.

8. Nella frase *vita cavalleresca tenendo*, a quale subordinata esplicita corrisponde il gerundio?
A una causale: poiché faceva vita da cavaliere.

9. Nella penultima frase qual è il soggetto di *ben lo doveva fare*? Currado.

COMMENTO

10. La novella dimostra in modo brillante che la parola è una risorsa che sa fare grandi cose. In questo caso una battuta ingegnosa ancorché improvvisata riesce a rovesciare una situazione, e Chichibio da perdente si ritrova vincitore. Sulla base di questa e di altre novelle che conosci, rifletti sulla funzione attribuita da Boccaccio alla parola e all'ingegno in conseguenza della nuova mentalità borghese che nel suo tempo si stava diffondendo.
Rifletti inoltre sull'importanza di saper trovare le parole giuste nel momento giusto ed eventualmente racconta la tua esperienza in merito.

A2 Giorgio Bassani
Il giardino dei Finzi-Contini

PROVA SVOLTA

Prova di tipologia A assegnata nell'esame di Stato 2018
Giorgio Bassani dedicò gran parte della sua produzione letteraria alla rappresentazione della vita di Ferrara e soprattutto della comunità ebraica della città, alla quale egli stesso apparteneva e di cui descrisse le persecuzioni degli anni del fascismo. *Il giardino dei Finzi-Contini* (1962) è un romanzo narrato in prima persona da un giovane ebreo, che racconta di una famiglia dell'aristocrazia israelitica di Ferrara, i Finzi-Contini, che vivono nello splendido isolamento della loro villa e del giardino circostante. Nel brano proposto, il protagonista ribatte ad alcuni giudizi positivi su Ferrara espressi dal milanese Malnate, ricordando la sua esclusione dalla biblioteca pubblica e i torti subiti dalla sua famiglia in seguito all'applicazione delle leggi razziali.

[...] Una sera non mi riuscì di trattenermi. Certo, gridai, rivolto a Malnate: il suo atteggiamento dilettantesco, in fondo da turista, gli dava modo di assumere nei riguardi di Ferrara un tono di longanimità[1] e di indulgenza che gli invidiavo. Ma come lo vedeva, lui che parlava tanto di tesori di rettitudine, bontà, eccetera, un caso successo a me, proprio a me, appena poche mattine avanti?

Avevo avuto la bella idea – cominciai a raccontare – di trasferirmi con carte e libri nella sala di consultazione della Biblioteca Comunale di via Scienze: un posto che bazzicavo fino dagli anni del ginnasio, e dove mi sentivo un po' come a casa. Tutti molto gentili, con me, fra quelle vecchie pareti. Dopo che mi ero iscritto a Lettere, il direttore dottor Ballola aveva cominciato a considerarmi del mestiere. [...] Quanto poi ai vari inservienti, costoro agivano nei miei confronti con tale confidenza e famigliarità da dispensarmi non solamente dalla noia di riempire i moduli per i libri, ma da lasciarmi addirittura fumare di tanto in tanto una sigaretta.

Dunque, come dicevo, quella mattina mi era venuta la bella idea di passarla in biblioteca. Senonché avevo avuto appena il tempo di sedermi a un tavolo della sala di consultazione e di tirar fuori quanto mi occorreva, che uno degli inservienti, tale Poledrelli, un tipo sui sessant'anni, grosso, gioviale, celebre mangiatore di pastasciutta e incapace di mettere insieme due parole che non fossero in dialetto, mi si era avvicinato per intimarmi d'andarmene, e subito. Tutto impettito[2], facendo rientrare il pancione e riuscendo persino a esprimersi in lingua, l'ottimo Poledrelli aveva spiegato a voce alta, ufficiale, come il signor direttore avesse dato in proposito ordini tassativi: ragione per cui – aveva ripetuto – facessi senz'altro il piacere di alzarmi e di sgomberare. Quella mattina la sala di consultazione risultava particolarmente affollata di ragazzi delle Medie. La scena era stata seguita, in un silenzio sepolcrale, da non meno di cinquanta paia d'occhi e da altrettante paia d'orecchie. Ebbene, anche per questo motivo – seguitai – non era stato affatto piacevole per me tirarmi su, raccogliere dal tavolo la mia roba, rimettere tutto quanto nella cartella, e quindi raggiungere, passo dopo passo, il portone a vetri d'entrata. [...]

E poi, e poi! – incalzai –. Non era perlomeno fuori di posto che lui venisse adesso a fare la predica non dico ad Alberto[3], la famiglia del quale si era sempre tenuta in disparte dalla vita associata cittadina, ma a me che, al contrario, ero nato e cresciuto in un ambiente perfino troppo disposto ad aprirsi, a mescolarsi con gli altri in tutto e per tutto? Mio padre, volontario di guerra, aveva preso la tessera del Fascio nel '19; io stesso ero appartenuto fino a ieri al GUF[4]. Siccome dunque eravamo sempre stati della gente molto normale, noialtri, anzi addirittura banale nella sua normalità, sarebbe stato davvero assurdo che adesso, di punto in bianco, si pretendesse proprio da noi un comportamento al di fuori della norma. [...] E mio fratello Ernesto, che se aveva voluto entrare all'università aveva dovuto emigrare in Francia, iscrivendosi al Politecnico di Grenoble? E Fanny, mia sorella, appena tredicenne, costretta a proseguire il ginnasio

1. **longanimità:** tolleranza.
2. **impettito:** con il busto rigido per esprimere autorità.
3. **Alberto:** Alberto Finzi-Contini, che insieme alla sua famiglia ha sempre condotto una vita isolata da quella della città.
4. **GUF:** Gruppi Universitari Fascisti.

nella scuola israelitica di via Vignatagliata? Anche da loro, strappati bruscamente ai compagni di scuola, agli amici d'infanzia, ci si aspettava per caso un comportamento d'eccezione? Lasciamo perdere! Una delle forme più odiose di antisemitismo era appunto questa: lamentare che gli ebrei non fossero abbastanza come gli altri, e poi, viceversa, constatata la loro pressoché totale assimilazione all'ambiente circostante, lamentare che fossero tali e quali come gli altri, nemmeno un poco diversi dalla media comune. [...]

Giorgio Bassani, *Il giardino dei Finzi-Contini*, Mondadori, Milano 1999

COMPRENSIONE E ANALISI

1. **Riassunto** Riassumi il contenuto del brano in quattro-cinque righe.
Il protagonista racconta all'amico Malnate un episodio che esprime il disagio provocato negli ebrei di Ferrara dalle leggi razziali promulgate nel 1938. Essendosi recato, come gli capitava da anni, nella biblioteca comunale di via Scienze, un inserviente gli intima in tono perentorio di raccogliere i propri libri e di andarsene. Di altrettante esclusioni sono stati vittime i membri della sua famiglia: esclusioni tanto più dolorose in quanto si trattava di persone pienamente assimilate dalla comunità ferrarese.

2. Che cosa rimprovera il protagonista a Malnate? A quale scopo gli racconta la sua espulsione dalla biblioteca?
Il protagonista rimprovera a Malnate di essere troppo indulgente verso i comportamenti antisemiti. Gli racconta in modo particolareggiato la sua espulsione dalla biblioteca proprio per dargli la misura del punto a cui si stava arrivando, per cui anche persone semplici e bonarie erano manipolate a tal punto dalle misure antirazziali da divenirne i fedeli esecutori.

3. Nell'episodio dell'espulsione dalla biblioteca, quali elementi contribuiscono a ferire in modo particolare il protagonista?
Il protagonista si sente ferito soprattutto dal voltafaccia dell'inserviente Poledrelli, che da gioviale popolano assume la veste ufficiale intimandogli di andarsene a nome del direttore Ballola, che prima di allora era sempre stato molto gentile.

4. Spiega il significato dell'aggettivo *ottimo* riferito a Poledrelli (riga 15).
L'aggettivo è usato in senso ironico, per denunciare il comportamento di quest'uomo che da inserviente si trasforma in esecutore dell'ingiustizia al servizio del potere, riuscendo perfino a esprimersi in lingua italiana. La stessa dinamica che trasformò uomini comuni in criminali che «eseguivano gli ordini».

5. Per quale motivo, secondo il protagonista, l'emarginazione della sua famiglia è incomprensibile?
Perché la sua famiglia si era perfettamente integrata nella comunità ferrarese: il padre era stato volontario di guerra e iscritto al partito fascista fin dagli inizi; il protagonista stesso era appartenuto ai gruppi universitari fascisti.

6. In quali punti del brano è evidente in modo particolare la concitazione del protagonista? Con quali modalità espressive è resa questa concitazione?
La concitazione, già presente all'inizio del brano nell'attacco rivolto a Malnate, si accentua nella parte finale ed è resa dalle interrogative retoriche con cui il protagonista elenca a Malnate i soprusi a cui è stata sottoposta la sua famiglia.

7. Spiega il significato della considerazione del protagonista che conclude il brano: *Una delle forme più odiose di antisemitismo era appunto questa: lamentare che gli ebrei non fossero abbastanza come gli altri, e poi, viceversa, constatata la loro pressoché totale assimilazione all'ambiente circostante, lamentare che fossero tali e quali come gli altri, nemmeno un poco diversi dalla media comune.*
La considerazione sta a dimostrare che l'antisemitismo non ha alcun fondamento, in quanto agli ebrei si rinfaccia una cosa e il suo contrario: di non essere come gli altri e di essere totalmente assimilati all'ambiente in cui vivono.

COMMENTO E RELAZIONE CON IL CONTESTO STORICO E CULTURALE

8. Proponi un'interpretazione complessiva del brano di Bassani, approfondendo il tema dell'antisemitismo anche con riferimenti a opere di altri autori che conosci. In alternativa, proponi una tua riflessione sul tema più generale della discriminazione e dell'emarginazione; anche in questo caso, puoi arricchire le tue riflessioni con riferimenti a opere letterarie che conosci.
Lo svolgimento è avviato.

Il brano di Bassani ci immerge con forza nel clima dell'antisemitismo, mostrando in che modo l'ostilità verso gli ebrei prese piede in Italia. Il ruolo dirompente di questa ideologia fin dal suo nascere in Germania è illustrato dal romanzo di Fred Uhlman, *L'amico ritrovato*. Ma quelle descritte da Bassani e da Uhlman sono solo le prime avvisaglie; gli esiti finali sono stati raccontati dal libro di Primo Levi, *Se questo è un uomo* e da numerosi film, tra i quali si possono ricordare almeno *Schindler's List* di Steven Spielberg e *Il bambino con il pigiama a righe* di Mark Herman. L'eliminazione fisica è infatti la «soluzione finale» di questa persecuzione, che fa da subito le sue vittime. Bassani ci fa capire che cosa significhi per una persona comune sentirsi diversa, presa di mira ed emarginata dalla comunità in cui vive: una condizione in cui alle vittime viene a mancare ogni punto di riferimento e non possono fidarsi più di nessuno.

L'antisemitismo, infatti, ... (continua liberamente, per un massimo di due pagine).

A3 Giovanni Boccaccio
Il salto di Guido Cavalcanti

Decameron, VI 9

PROVA GUIDATA

Questa novella, centrata sul motto finale, si concentra sulla raffigurazione di Cavalcanti e della sua brillante intelligenza.

Dovete adunque sapere che ne' tempi passati furono nella nostra città assai belle e laudevoli usanze, delle quali oggi niuna ve n'è rimasa, mercé[1] della avarizia che in quella con le ricchezze è cresciuta, la quale tutte l'ha discacciate[2]. Tralle quali n'era una cotale, che in diversi luoghi per Firenze si ragunavano insieme i gentili uomini delle contrade e facevano lor brigate di certo numero, guardando di mettervi tali che comportare[3] potessono acconciamente[4] le spese, e oggi l'uno, doman l'altro, e così per ordine tutti mettevan tavola[5], ciascuno il suo dì, a tutta la brigata; e in quella spesse volte onoravano e gentili uomini forestieri, quando ve ne capitavano, e ancora de' cittadini: e similmente si vestivano insieme[6] almeno una volta l'anno, e insieme i dì più notabili[7] cavalcavano per la città e talora armeggiavano[8], e massimamente per le feste principali o quando alcuna lieta novella di vittoria o d'altro fosse venuta nella città. Tralle quali brigate n'era una di messer Betto Brunelleschi[9], nella quale messer Betto e' compagni s'erano molto ingegnati di tirare[10] Guido di messer Cavalcante de' Cavalcanti, e non senza cagione: per ciò che, oltre a quello che egli fu un de' miglior loici che avesse il mondo e ottimo filosofo naturale[11] (delle quali cose poco la brigata curava), si fu egli

1. **mercé:** a causa.
2. **discacciate:** allontanate.
3. **comportare:** sostenere.
4. **acconciamente:** comodamente.
5. **mettevan tavola:** organizzavano banchetti.
6. **insieme:** nello stesso modo
7. **i dì più notabili:** nei più importanti giorni di festa.
8. **armeggiavano:** partecipavano a tornei.
9. **Betto Brunelleschi:** fu uno dei capi dei Guelfi Neri dal 1301. Morì nel 1311.
10. **tirare:** attirare.
11. **filosofo naturale:** studioso di scienze naturali.

leggiadrissimo e costumato e parlante uom molto[12] e ogni cosa che far volle e a gentile uom pertenente seppe meglio che altro uom fare; e con questo[13] era ricchissimo, e a chiedere a lingua sapeva onorare cui nell'animo gli capeva che il valesse[14]. Ma a messer Betto non era mai potuto venir fatto d'averlo, e credeva egli co' suoi compagni che ciò avvenisse per ciò che Guido alcuna volta speculando molto abstratto dagli uomini divenia[15]; e per ciò che egli alquanto tenea della oppinione degli epicuri[16], si diceva tralla gente volgare che queste sue speculazioni erano solo in cercare se trovar si potesse che Iddio non fosse.

Ora avvenne un giorno che, essendo Guido partito d'Orto San Michele e venutosene per lo Corso degli Adimari infino a San Giovanni, il quale spesse volte era suo cammino, essendo arche[17] grandi di marmo, che oggi sono in Santa Reparata, e molte altre dintorno a San Giovanni, e egli essendo tralle colonne del porfido che vi sono e quelle arche e la porta di San Giovanni, che serrata era, messer Betto con sua brigata a caval venendo su per la piazza di Santa Reparata, vedendo Guido là tra quelle sepolture, dissero: "Andiamo a dargli briga[18]"; e spronati i cavalli, a guisa d'uno assalto sollazzevole[19] gli furono quasi prima che egli se ne avvedesse, sopra e cominciarongli a dire: "Guido, tu rifiuti d'esser di nostra brigata; ma ecco, quando tu avrai trovato che Idio non sia, che avrai fatto?"

A' quali Guido, da lor veggendosi chiuso, prestamente disse: "Signori, voi mi potete dire a casa vostra ciò che vi piace"; e posta la mano sopra una di quelle arche, che grandi erano, sì come colui che leggerissimo[20] era, prese un salto e fussi gittato dall'altra parte, e sviluppatosi[21] da loro se n'andò.

Costoro rimaser tutti guatando[22] l'un l'altro, e cominciarono a dire che egli era uno smemorato e che quello che egli aveva risposto non veniva a dir nulla, con ciò fosse cosa che quivi dove erano non avevano essi a fare più che tutti gli altri cittadini, né Guido meno che alcun di loro[23].

Alli quali messer Betto rivolto, disse: "Gli smemorati siete voi, se voi non l'avete inteso: egli ci ha onestamente e in poche parole detta la maggior villania del mondo, per ciò che, se voi riguarderete bene, queste arche sono le case de' morti, per ciò che in esse si pongono e dimorano i morti; le quali egli dice che son nostra casa, a dimostrarci che noi e gli altri uomini idioti[24] e non letterati siamo, a comparazion di lui e degli altri uomini scienziati, peggio che uomini morti, e per ciò, qui essendo, noi siamo a casa nostra."

Allora ciascuno intese quello che Guido aveva voluto dire e vergognossi, né mai più gli diedero briga, e tennero per innanzi[25] messer Betto sottile e intendente[26] cavaliere.

Giovanni Boccaccio, *Decameron*, Garzanti, Milano 2015

12. **parlante uom molto:** uomo molto eloquente.
13. **con questo:** oltre a ciò.
14. **a chiedere... valesse:** sapeva onorare chi gli sembrava che lo meritasse.
15. **molto... divenia:** si astraeva dagli uomini.
16. **epicuri:** gli epicurei, seguaci di Epicureo, filosofo greco del IV-III sec. a.C., non credevano all'immortalità dell'anima.
17. **arche:** sarcofagi.
18. **briga:** fastidio.
19. **sollazzevole:** scherzoso.
20. **leggerissimo:** agilissimo.
21. **sviluppatosi:** liberatosi.
22. **guatando:** guardando.
23. **con ciò... loro:** per il fatto che essi non avevano a che fare con il luogo dove erano né più né meno degli altri cittadini e Guido non vi aveva a che fare meno di loro.
24. **idioti:** incolti.
25. **tennero per innanzi:** ritennero da allora in poi.
26. **intendente:** intelligente.

COMPRENSIONE E ANALISI

1. Dividi il testo in sequenze e assegna a ciascuna un titolo.

2. **Parafrasi** Completa la seguente parafrasi del primo blocco di testo.
Dovete dunque sapere che nei tempi passati, nella nostra città, vigevano usanze molto pittoresche e degne di lode, ma nessuna di esse è sopravvissuta fino ad oggi a causa dell'avidità, ...

....

Tra queste usanze ce ne era una per cui i nobiluomini delle diverse contrade si radunavano in determinati punti della città per formare brigate di un certo numero di membri, ...

....

A turno, tutti i membri della brigata, uno dopo l'altro, offrivano il pranzo al resto della compagnia, ...

....

quando ne capitavano, sia i nobili fiorentini. Inoltre, almeno una volta all'anno, i membri della brigata si vestivano tutti allo stesso modo, e nelle principali festività dell'anno ....,
e ciò avveniva in modo particolare in occasione delle feste più importanti, o quando ....

....

3. Evidenzia gli elementi attraverso i quali Boccaccio descrive ed esalta la Firenze antica. Perché, secondo te, la novella inizia con questa descrizione?
Boccaccio ricorda l'usanza di costituire brigate tra gli uomini gentili delle contrade, ma soprattutto spicca la rievocazione, venata di nostalgia, di un passato in cui esistevano ancora figure come quella di Cavalcanti, che rappresentavano un'aristocrazia non solo economica, ma anche intellettuale.

4. Analizza il ritratto di Guido Cavalcanti precisando:
   - le qualità che Boccaccio gli attribuisce;
   - quali di esse sono apprezzate anche da Betto e dalla sua brigata;
   - quale opinione ha di lui la gente volgare.

5. **Riformulazione** Riformula in modo chiaro la frase *per ciò che egli alquanto tenea della oppinione degli epicuri, si diceva tralla gente volgare che queste sue speculazioni erano solo in cercare se trovar si potesse che Iddio non fosse.*

6. Si può dire che lo scontro tra la brigata e Guido si esprima sia sul piano fisico sia su quello verbale? Motiva la tua risposta con citazioni dal testo.

7. **Riformulazione** Riscrivi in modo chiaro la frase: *A' quali Guido, da lor veggendosi chiuso, prestamente disse: "Signori, voi mi potete dire a casa vostra ciò che vi piace"; e posta la mano sopra una di quelle arche, che grandi erano, sì come colui che leggerissimo era, prese un salto e fussi gittato dall'altra parte, e sviluppatosi da loro se n'andò.*
Guido, vedendosi bloccato dagli uomini della brigata, rispose loro prontamente: "Signori, a casa vostra voi potete dirmi ciò che volete". Poi, appoggiandosi a uno di quei monumenti funebri, che era grande, poiché lui era leggerissimo, spiccò un salto e passò dall'altra parte; in questo modo si liberò di loro e se ne andò.

8. Perché, di fronte alla frase di Guido, i compagni della brigata rimangono attoniti?

9. Perché, secondo l'interpretazione di Betto, la frase di Guido era una *villania*?
Perché Guido, poeta e filosofo, dicendo che stavano a casa loro tra i sarcofagi, li aveva accusati di essere dei morti, cioè degli ignoranti, privi di vita interiore e di luce intellettuale.

10. **Riassunto** Riassumi il contenuto del testo in 6-8 righe.

COMMENTO

11. Sulla base di questa e di altre novelle che conosci, rifletti sulla funzione attribuita da Boccaccio alla parola e all'intelligenza, contrapposte all'ingenuità degli sciocchi.
Poi prova a spiegare con parole tue l'osservazione di Italo Calvino che, nelle *Lezioni americane* (risalenti al 1985), ha fatto del salto di Cavalcanti un esempio di leggerezza fisica e morale: «Se volessi scegliere un simbolo augurale per l'affacciarsi del nuovo millennio sceglierei questo: l'agile salto del poeta-filosofo che si solleva sulla pesantezza del mondo, dimostrando che la sua gravità contiene il segreto della leggerezza, mentre quella che molti credono essere la vitalità dei tempi, rumorosa, aggressiva, scalpitante e rombante, appartiene al regno della morte, come un cimitero di automobili arrugginite». Tenendo presente che la leggerezza è intesa da Calvino come reazione al peso del vivere, prova a:
    - interpretare l'identificazione tra *la vitalità dei tempi, rumorosa, aggressiva, scalpitante e rombante* e il regno della morte;
    - spiegare perché la leggerezza espressa dal salto di Cavalcanti è un valore positivo, contrapposto alla pesantezza del mondo?

A4 Niccolò Machiavelli

Chi è il principe? Ora volpe ora leone

Il principe, cap. XVIII

PROVA GUIDATA

Per avere successo, il principe deve avere doti umane e, all'occorrenza, anche doti bestiali. Machiavelli esemplifica le doti bestiali ricorrendo alla celebre metafora della volpe e del leone, due animali che sono simboli rispettivamente di astuzia e forza.

Quanto sia laudabile in uno principe mantenere la fede e vivere con integrità e non con astuzia, ciascuno lo intende: non di manco[1] si vede, per esperienzia ne' nostri tempi, quelli principi avere fatto gran cose che della fede hanno tenuto poco conto, e che hanno saputo con l'astuzia aggirare e' cervelli delli uomini; et alla fine hanno superato quelli che si sono fondati in sulla lealtà.

Dovete adunque sapere come sono dua generazione[2] di combattere: l'uno con le leggi, l'altro con la forza: quel primo è proprio dello uomo, quel secondo delle bestie: ma, perché el primo molte volte non basta, conviene ricorrere al secondo. Per tanto a uno principe è necessario sapere bene usare la bestia e lo uomo. Questa parte è suta[3] insegnata a' principi copertamente[4] dalli antichi scrittori; li quali scrivono come Achille, e molti altri di quelli principi antichi, furono dati a nutrire a Chirone centauro,[5] che sotto la sua disciplina li custodissi. Il che non vuol dire altro, avere per precettore uno mezzo bestia e mezzo uomo, se non che bisogna a uno principe sapere usare l'una e l'altra natura; e l'una sanza l'altra non è durabile.

Sendo adunque, uno principe necessitato sapere bene usare la bestia, debbe di quelle pigliare la golpe e il lione; perché il lione non si difende da' lacci, la golpe non si difende da' lupi. Bisogna, adunque, essere golpe a conoscere e' lacci, e lione a sbigottire e' lupi. Coloro che stanno semplicemente in sul lione, non se ne intendano. Non può per tanto uno signore prudente, né debbe, osservare la fede, quando tale osservanzia li torni contro e che sono spente le cagioni che la feciono promettere. E, se li uomini fussino tutti buoni, questo precetto non sarebbe buono; ma perché sono tristi, e non la osservarebbano a te, tu etiam[6] non l'hai ad osservare a loro.

Niccolò Machiavelli, *Il principe*, Mondadori, Milano 2016

1. **non di manco:** non di meno, tuttavia.
2. **dua generazione:** due modi.
3. **è suta:** è stata.
4. **copertamente:** tramite allegorie, quindi in modo non esplicito.
5. **centauro:** animale mitologico per metà uomo e per metà cavallo: la sua figura indica che l'uomo di comando, per mantenere il potere, doveva contemperare modi umani e modi bestiali.
6. **tu etiam:** anche tu.

COMPRENSIONE E ANALISI

1. **Parafrasi** Completa la seguente parafrasi del brano: Ciascuno capisce quanto sia lodevole per un principe essere leale e vivere ....

....

Tuttavia la conoscenza dei nostri tempi ci fa vedere che hanno compiuto grandi cose quei principi che hanno tenuto poco conto della lealtà e hanno raggirato con l'astuzia le menti degli uomini; e ....

....

....

Dovete dunque sapere che ....

....

....

Pertanto è necessario che un principe ....

....

Questo concetto è stato insegnato ai principi in modo velato dagli antichi scrittori, i quali scrivono che Achille e molti altri principi dell'antichità furono dati da allevare al centauro Chirone perché li educasse sotto la sua disciplina. L'avere per precettore uno che sia mezza bestia e mezzo uomo non vuol dire altro se non che il principe ....

....

Essendo dunque il principe costretto a saper usare bene la bestia, ...

....

Bisogna dunque essere volpe per riconoscere le trappole, ed essere leone per impaurire i lupi. Coloro che fanno solo la parte del leone non si intendono di politica. Pertanto un signore prudente non può né deve rispettare la parola data se il rispettarla lo danneggia

....

....

2. **Riformulazione** Riformula in modo esplicito la frase *che sotto la sua disciplina li custodissi* in modo che risulti chiaramente se si tratta di una finale o di una causale.

3. **Riassunto** Riassumi il testo in quattro-cinque righe.

4. Il senso del brano è che il principe, per avere successo, deve comportarsi secondo morale o secondo convenienza? Motiva la risposta indicando quali frasi del testo ti consentono di rispondere.

5. Secondo Machiavelli l'esperienza dimostra che hanno fatto grandi cose quei principi che hanno rispettato le promesse fatte o hanno tenuto poco conto della lealtà?

6. Che cosa intende dimostrare l'aneddoto mitologico secondo cui l'eroe Achille era stato educato dal centauro Chirone, per metà uomo e per metà animale?

....

....

....

....

7. Secondo Machiavelli gli uomini sono buoni o cattivi? E ciò che cosa comporta? Motiva la tua risposta facendo riferimento al testo. Alla fine del brano si legge che gli uomini sono cattivi e ciò comporta che il principe non sia tenuto a mantenere la parola data.

8. L'espressione *essere golpe* è una metafora, cioè un paragone abbreviato per dire *essere furbo*. Che cosa significa *essere lione*?

....

....

....

....

COMMENTO

9. In base al brano riportato si capisce perché oggi l'aggettivo *machiavellico* abbia il senso negativo di spregiudicato, cinico, privo di scrupoli. Esprimi il tuo giudizio sulla pagina che hai letto, soffermandoti sui seguenti aspetti:
   - concordi con l'opinione di Machiavelli? Rispondi esponendo in modo articolato il tuo punto di vista e aggiungendo idonee motivazioni;
   - argomenta la tua risposta anche in base al concetto di realismo politico, cioè in base al fatto che l'obiettivo di un principe è la conquista e la conservazione del potere;
   - ritieni che l'idea espressa da Machiavelli si possa applicare anche alla politica di oggi?

Puoi dedicare al tuo commento un massimo di due pagine.

A5 Giuseppe Tomasi di Lampedusa
Cambiare tutto per non cambiare nulla

PROVA GUIDATA

I garibaldini hanno invaso la Sicilia nel 1860 e Tancredi, il nipote di don Fabrizio, si arruola con loro. Non è mosso da ideali patriottici, ma dalla convinzione che sia necessario dare l'impressione di cambiare tutto se si vuole che nulla realmente cambi.

Il Principe aveva preso il caffè ed in veste da camera rossa fiorata di nero si faceva la barba dinanzi allo specchietto. Bendicò[1] posava il testone pesante sulla sua pantofola. Mentre si radeva la guancia destra vide nello specchio, dietro la sua, la faccia di un giovanotto, un volto magro, distinto con un'espressione di timorosa beffa. Non si voltò e continuò a radersi. "Tancredi, cosa hai combinato la notte scorsa?" "Buon giorno, zio. Cosa ho combinato? Niente di niente: sono stato con gli amici. Una notte santa. Non come certe conoscenze mie che sono state a divertirsi a Palermo." Don Fabrizio si applicò a radere bene quel tratto di pelle difficoltoso fra labbro e mento. La voce leggermente nasale del ragazzo portava una tale carica di brio giovanile che era impossibile arrabbiarsi; sorprendersi, però, poteva forse esser lecito. Si voltò e con l'asciugamano sotto il mento guardò il nipote. Questi era in tenuta da caccia, giubba attillata e gambaletti alti. "E chi erano queste conoscenze, si può sapere?" "Tu, zione, tu. Ti ho visto con questi occhi, al posto di blocco di Villa Airoldi mentre parlavi col sergente. Belle cose, alla tua età! e in compagnia di un Reverendissimo! I ruderi libertini![2]" Era davvero troppo insolente, credeva di poter permettersi tutto. Attraverso le strette fessure delle palpebre gli occhi azzurro-torbido, gli occhi di sua madre, i suoi stessi occhi lo fissavano ridenti. Il Principe si sentì offeso: questo qui veramente non sapeva a che punto fermarsi, ma non aveva l'animo di rimproverarlo; del resto aveva ragione lui. "Ma perché sei vestito così? Cosa c'è? Un ballo in maschera di mattina?" Il ragazzo divenne serio: il suo volto triangolare assunse una inaspettata espressione virile. "Parto, zione, parto fra mezz'ora. Sono venuto a salutarti." Il povero Salina si senti stringere il cuore. "Un duello?" "Un grande duello, zio. Contro Franceschiello Dio Guardi.[3] Vado nelle montagne, a Corleone; non lo dire a nessuno, soprattutto non a Paolo.[4] Si preparano grandi cose, zione, ed io non voglio restarmene a casa, dove, del resto, mi acchiapperebbero subito, se vi restassi." Il Principe ebbe una delle sue visioni improvvise: una crudele scena di guerriglia, schioppettate nei boschi, ed il suo Tancredi per terra, sbudellato come quel disgraziato soldato.[5] "Sei pazzo, figlio mio! Andare a mettersi con quella gente! Sono tutti mafiosi e imbroglioni. Un Falconeri[6] dev'essere con noi, per il Re." Gli occhi ripresero a sorridere. "Per il Re, certo, ma per quale Re?" Il ragazzo ebbe una delle sue crisi di serietà che lo rendevano impenetrabile e caro. "Se non ci siamo anche noi, quelli ti combinano la repubblica. Se vogliamo che tutto rimanga come è, bisogna che tutto cambi. Mi sono spiegato?" Abbracciò lo zio un po' commosso. "Arrivederci a presto. Ritornerò col tricolore.[7]" La retorica degli amici

1. **Bendicò:** nome del cane del principe.
2. **ruderi libertini:** vecchi gaudenti.
3. **Franceschiello Dio Guardi:** soprannome spregiativo dell'ultimo re dei Borboni, Francesco.
4. **Paolo:** il figlio primogenito del principe, che ha un carattere completamente diverso da quello del padre e di Tancredi.
5. **quel disgraziato soldato:** un soldato borbonico che era stato trovato morto nel giardino di don Fabrizio.
6. **Falconeri:** cognome di Tancredi.
7. **tricolore:** la bandiera italiana.

aveva stinto[8] un po' anche su suo nipote; eppure no. Nella voce nasale vi era un accento che smentiva l'enfasi.[9] Che ragazzo! Le sciocchezze e nello stesso tempo il diniego delle sciocchezze. E quel suo Paolo che in questo momento stava certo a sorvegliare la digestione di Guiscardo![10] Questo era il figlio suo vero. Don Fabrizio si alzò in fretta, si strappò l'asciugamani dal collo, frugò in un cassetto. "Tancredi, Tancredi, aspetta," corse dietro al nipote, gli mise in tasca un rotolino di "onze" d'oro,[11] gli premette la spalla. Quello rideva: "Sussidi la rivoluzione, adesso! Ma grazie, zione, a presto; e tanti abbracci alla zia." E si precipitò giù per le scale.

Venne richiamato Bendicò che inseguiva l'amico riempiendo la villa di urla gioiose, la rasatura fu completata, il viso lavato. Il cameriere venne a vestire e calzare il Principe. "Il tricolore! Bravo, il tricolore! Si riempiono la bocca con questa parola, i bricconi. E che cosa significa questo segnacolo[12] geometrico, questa scimmiottatura[13] dei francesi, così brutta in confronto alla nostra bandiera candida con l'oro gigliato[14] dello stemma? E che cosa può far loro sperare quest'accozzaglia di colori stridenti?" [...] Il cameriere si sollevò sulla punta dei piedi per infilargli la redingote[15] di panno marrone; gli porse il fazzoletto con le tre gocce di bergamotto[16]. Le chiavi, l'orologio con catena, il portamonete se li mise in tasca da sé. Si guardò allo specchio: non c'era da dire era ancora un bell'uomo. "'Rudere libertino!' Scherza pesante quella canaglia! Vorrei vederlo alla mia età, quattro ossa incatenate come è lui".

II passo vigoroso faceva tinnire[17] i vetri dei saloni che attraversava. La casa era serena, luminosa e ornata; soprattutto era sua. Scendendo le scale, capì. "Se vogliamo che tutto rimanga com'è...". Tancredi era un grand'uomo: lo aveva sempre pensato.

Giuseppe Tomasi di Lampedusa, *Il Gattopardo* (1958), Feltrinelli, Milano 2014

8. **aveva stinto:** don Fabrizio pensa che Tancredi si sia lasciato influenzare dagli entusiasmi degli amici.
9. **l'enfasi:** l'entusiasmo esagerato.
10. **Guiscardo:** nome del cavallo di Paolo.
11. **onze d'oro:** monete d'oro.
12. **segnacolo:** simbolo.
13. **scimmiottatura:** imitazione.
14. **oro gigliato:** la bandiera del regno delle Due Sicilie era bianca con al centro una complicato stemma a base di gigli.
15. **redingote:** abito elegante lungo fino al ginocchio.
16. **bergamotto:** essenza naturale.
17. **tinnire:** tintinnare.

COMPRENSIONE E ANALISI

1. Nel brano si possono individuare tre sequenze. Nella prima entra Tancredi. Che rapporto di parentela c'è tra Tancredi e il principe e da che cosa lo individui?
2. Nella seconda sequenza Tancredi annuncia al principe la sua partenza; questo colloquio prepara la frase intorno alla quale ruota tutto il brano: *Se vogliamo che tutto rimanga come è, bisogna che tutto cambi*. Che cosa significa questa frase? Lo Stato unitario poteva scegliere la repubblica e in questo modo la nobiltà meridionale avrebbe perso i suoi privilegi. Solo fingendo che cambiasse tutto si poteva ottenere che non cambiasse nulla.
3. Nella terza sequenza il principe rimedita su ciò che il nipote gli ha detto. Quali considerazioni spingono il principe Salina a concludere che Tancredi è un grand'uomo?
4. Pronunciando la frase *Sono tutti mafiosi e imbroglioni* in riferimento ai garibaldini il principe mente consapevolmente: infatti, che cosa non poteva non sapere della mafia? Non poteva non sapere che la mafia era un fenomeno siciliano caratteristico del regime borbonico, in cui erano coinvolti i grandi proprietari come lui.

COMMENTO

5. Inquadra il colloquio tra il principe e il nipote nel contesto degli eventi a cui il testo si riferisce; poi indica qualche altra situazione del tuo orizzonte formativo ed esistenziale (la scuola, la famiglia, un ambiente tra quelli che frequenti) alla quale potresti applicare l'espressione *cambiare tutto per non cambiare niente*.

A6 Giovanni Boccaccio
Novella di Cisti fornaio

Decameron IX 2

SIMULAZIONE

Il fornaio Cisti vorrebbe offrire il suo vino a messer Geri Spina e agli ambasciatori di papa Bonifacio, ma non osa farlo direttamente ed escogita un modo per riuscire nel suo intento. Nel seguito del racconto risponde a Geri con una battuta ironica e ingegnosa, riuscendo così a conquistare la sua stima.

Avendo Bonifazio papa[1], appo[2] il quale messer Geri Spina[3] fu in grandissimo stato, mandati in Firenze certi suoi nobili ambasciadori per certe sue gran bisogne[4], essendo essi in casa di messer Geri smontati[5], e egli con loro insieme i fatti del Papa trattando, avvenne che, che se ne fosse cagione[6], messer Geri con questi ambasciadori del Papa tutti a piè quasi ogni mattina davanti a Santa Maria Ughi passavano, dove Cisti[7] fornaio il suo forno aveva e personalmente la sua arte esserceva[8]. Al quale quantunque la fortuna arte assai umile data avesse, tanto in quella gli era stata benigna, che egli n'era ricchissimo divenuto, e senza volerla mai per alcuna altra abbandonare splendidissimamente[9] vivea, avendo tra l'altre sue buone cose sempre i migliori vini bianchi e vermigli che in Firenze si trovassero o nel contado.

Il quale, veggendo ogni mattina davanti all'uscio suo passar messer Geri e gli ambasciadori del Papa, e essendo il caldo grande, s'avisò[10] che gran cortesia sarebbe il dar lor bere del suo buon vin bianco; ma avendo riguardo alla sua condizione[11] e a quella di messer Geri, non gli pareva onesta cosa il presummere d'invitarlo ma pensossi di tener modo[12] il quale inducesse messer Geri medesimo a invitarsi. E avendo un farsetto[13] bianchissimo indosso e un grembiule di bucato innanzi sempre, li quali più tosto mugnaio che fornaio il dimostravano[14], ogni mattina in su l'ora che egli avvisava che messer Geri con gli ambasciadori dover passare si faceva davanti all'uscio suo recare una secchia nuova e stagnata d'acqua fresca e un picciolo orcioletto[15] bolognese nuovo del suo buon vin bianco e due bicchieri che parevano d'ariento[16], sì eran chiari: e a seder postosi, come essi passavano, e egli, poi che una volta o due spurgato s'era[17], cominciava a ber sì saporitamente questo suo vino, che egli n'avrebbe fatta venir voglia a' morti.

1. **Bonifazio papa:** Bonifacio VIII, che fu papa dal 1294 al 1303.
2. **appo:** presso.
3. **Geri Spina:** Ruggieri Spina, personaggio storico, banchiere, appartenne alla fazione dei Guelfi Neri. Qui è insieme agli ambasciatori inviati da Bonifacio VIII a Firenze nel 1300 per trattare la pace tra Bianchi e Neri.
4. **gran bisogne:** l'ambasceria del 1300 per riappacificare Bianchi e Neri.
5. **essendo... smontati:** essendosi fermati per alloggiare.
6. **che ... cagione:** qualunque fosse il motivo.
7. **Cisti:** abbreviazione di *Bencivenisti*, nome comune all'epoca.
8. **la sua arte esserceva:** esercitava il suo mestiere.
9. **splendidissimamente:** agiatamente.
10. **s'avisò:** pensò.
11. **riguardo alla sua condizione:** nel senso che tra l'umile fornaio e il gran signore c'era troppa differenza sociale.
12. **tener modo:** fare in modo.
13. **farsetto:** panciotto.
14. **il dimostravano:** lo facevano apparire.
15. **orcioletto:** vaso di terracotta.
16. **d'ariento:** d'argento.
17. **spurgato s'era:** si era schiarito la voce.

La qual cosa avendo messer Geri una e due mattine veduta, disse la terza: “Chente è[18], Cisti? è buono?”
Cisti, levato prestamente in piè, rispose: “Messer sì, ma quanto non vi potre’ io dare a intendere, se voi non assaggiaste.”
Messer Geri, al quale o la qualità[19] o affanno più che l’usato avuto o forse il saporito bere, che a Cisti vedeva fare, sete avea generata, volto agli ambasciadori sorridendo disse: “Signori, egli è buono che noi assaggiamo del vino di questo valente uomo: forse che è egli tale, che noi non ce ne penteremo”; e con loro insieme se n’andò verso Cisti. Il quale, fatta di presente[20] una bella panca venire di fuor dal forno, gli pregò che sedessero; e alli lor famigliari[21], che già per lavare i bicchieri si facevano innanzi, disse: “Compagni, tiratevi indietro e lasciate questo servigio fare a me, ché io so non meno ben mescere che io sappia infornare; e non aspettaste voi d’assaggiarne gocciola!” E così detto, esso stesso, lavati quatro bicchieri belli e nuovi e fatto venire un piccolo orcioletto del suo buon vino, diligentemente diede bere a messer Geri e a’ compagni, alli quali il vino parve il migliore che essi avessero gran tempo davanti[22] bevuto; per che, commendatol molto[23], mentre gli ambasciador vi stettero[24], quasi ogni mattina con loro insieme n’andò a ber messer Geri.
A’ quali, essendo espediti[25] e partir dovendosi, messer Geri fece un magnifico convito, al quale invitò una parte de’ più orrevoli[26] cittadini, e fecevi invitare Cisti, il quale per niuna condizione andar vi volle. Impose adunque messer Geri a uno de’ suoi famigliari che per un fiasco andasse del vin di Cisti e di quello un mezzo bicchier per uomo desse alle prime mense[27]. Il famigliare, forse sdegnato perché niuna volta bere aveva potuto del vino, tolse[28] un gran fiasco.
Il quale come Cisti vide, disse: “Figliuolo, messer Geri non ti manda a me.”
Il che raffermando[29] più volte il famigliare né potendo altra risposta avere, tornò a messer Geri e sì gliele disse; a cui messer Geri disse: “Tornavi e digli che sì fo[30]: e se egli più così ti risponde, domandalo a cui io ti mando[31].”
Il famigliare tornato disse: “Cisti, per certo messer Geri mi manda pure a te.”
Al quale Cisti rispose: “Per certo, figliuol, non fa[32].”
“Adunque, “ disse il famigliare “a cui mi manda?”
Rispose Cisti: “A Arno[33].”
Il che rapportando[34] il famigliare a messer Geri, subito gli occhi gli s’apersero dello ‘ntelletto e disse al famigliare: “Lasciami vedere che fiasco tu vi porti”; e vedutol disse: “Cisti dice vero”; e dettagli villania[35] gli fece torre un fiasco convenevole[36].

18. chente è: com’è.
19. la qualità: del tempo, cioè il caldo estivo.
20. di presente: subito.
21. famigliari: servi.
22. gran tempo davanti: da gran tempo.
23. commendatol molto: lodatolo molto.
24. mentre... stettero: per tutto il tempo della permanenza degli ambasciatori a Firenze.
25. essendo espediti: essendo liberi di andarsene, perché avevano portato a termine la loro missione.
26. orrevoli: onorevoli.
27. alle prime mense: alla prima portata.
28. tolse: prese.
29. raffermando: ribadendo.
30. che sì fo: che faccio così, che ti mando io.
31. domandalo... ti mando: *domandagli a chi io ti mando.*
32. Per certo... non fa: *di certo, figliolo, non ti manda da me.*
33. A Arno: con un fisco così grande Geri poteva solo mandare il servo ad attingere acqua dal fiume, non a prendere vino prezioso.
34. rapportando: riferendo.
35. dettagli villania: fattogli un rimprovero.
36. convenevole: adeguato al pregio del vino di Cisti.

Il quale Cisti vedendo disse: "Ora so io bene che egli ti manda a me", e lietamente glielo impié.
E poi quel medesimo dì fatto il botticello riempiere d'un simil vino e fattolo soavemente[37] portare a casa di messer Geri, andò appresso, e trovatolo gli disse: "Messere, io non vorrei che voi credeste che il gran fiasco stamane m'avesse spaventato; ma, parendomi che vi fosse uscito di mente ciò che io a questi dì[38] co' miei piccoli orcioletti v'ho dimostrato, cioè che questo non sia vin da famiglia[39], vel volli staman raccordare[40]. Ora, per ciò che io non intendo d'esservene più guardiano, tutto ve l'ho fatto venire: fatene per innanzi come vi piace."
Messer Geri ebbe il dono di Cisti carissimo e quelle grazie gli rendé che a ciò credette si convenissero, e sempre poi per da molto l'ebbe[41] e per amico.

Giovanni Boccaccio, *Decameron*, Garzanti, Milano 2015

37. **soavemente:** delicatamente.
38. **a questi dì:** nei giorni passati.
39. **da famiglia:** da servitù.
40. **raccordare:** ricordare.
41. **da molto l'ebbe:** lo tenne in grande stima.

COMPRENSIONE E ANALISI

1. Il testo può essere diviso in due macrosequenze: la prima è organizzata in funzione dell'invito di Cisti all'importante Geri Spina; la seconda rovescia il rapporto con l'invito di messer Geri a Cisti, al cui rifiuto segue il dialogo finale a tre con la battuta ironica e lo scioglimento della vicenda. Dividi le due macrosequenze in microsequenze; individua la tipologia di ciascuna microsequenza e attribuiscile un titolo che sia indicativo del contenuto.
2. Analizza la descrizione dell'abbigliamento di Cisti e della preparazione della tavola, evidenziando tutti gli aggettivi, gli avverbi e le parole che concorrono a creare una scenografia luminosa e dettagliata.
3. Per quale motivo l'autore insiste tanto su questa descrizione?
4. **Riformulazione** Riscrivi in italiano corrente il periodo da *Il che raffermando più volte il famigliare a domandalo a cui io ti mando.*
5. **Parafrasi** Fai la parafrasi dell'ultima decina di righe della novella, dedicate al chiarimento tra Cisti e Geri Spina.
6. Illustra il carattere dei personaggi principali.
7. Descrivi il rapporto tra Cisti e Geri Spina, cercando di seguirne l'evoluzione dall'inizio alla fine della novella.
8. Perché Cisti dapprima si rifiuta di riempire di vino il fiasco grande portato dal servo e poi dona spontaneamente tutto il suo vino a Geri?
9. Riassumi la novella in una decina di righe.

COMMENTO

10. In Boccaccio, attraverso il motto e la pronta risposta, si può realizzare una democrazia dell'intelligenza che avvicina un personaggio di spicco come Geri Spina a un borghese intelligente come Cisti il fornaio. In una-due pagine chiarisci e argomenta questo concetto, tenendo conto dei seguenti elementi e dei connettivi (sottolineati) che potranno scandire la tua argomentazione:
    - in questa, come in altre novelle (indica quelle che conosci, per esempio *Chichibìo*), Boccaccio associa al ben parlare l'eccellenza del ben vivere;
    - infatti questo si verifica anche a prescindere dalle condizioni sociali e perciò si può parlare di democrazia dell'intelligenza;
    - tuttavia si tratta di una democrazia che non include il ceto basso: lo dimostra il fatto che nella novella i servi sono esclusi dal piacere del vino; allo stesso modo, il *famigliare* di messer Geri sembra non capire nulla di ciò che sta succedendo;
    - in conclusione, si può dire che questa novella tesse l'elogio delle qualità individuali?

A7

Cesare Beccaria
Sulla pena di morte

Dei delitti e delle pene, XXVIII

SIMULAZIONE

La pena di morte è inutile, in quanto non distoglie gli uomini dal commettere illegalità. Il carcere a vita è un deterrente migliore in quanto l'idea di finire come un animale da soma è il freno più forte contro i delitti.

Non è dunque la pena di morte un *diritto*, ma è una guerra della nazione con un cittadino, perché giudica necessaria o utile la distruzione del suo essere. Ma se dimostrerò non essere la morte né utile né necessaria, avrò vinto la causa dell'umanità.

La morte di un cittadino non può credersi necessaria che per due motivi. Il primo, quando anche privo di libertà egli abbia ancora tali relazioni e tal potenza che interessi la sicurezza della nazione; quando la sua esistenza possa produrre una rivoluzione pericolosa nella forma di governo stabilita. La morte di qualche cittadino divien dunque necessaria quando la nazione ricupera o perde la sua libertà, o nel tempo dell'anarchia, quando i disordini stessi tengon luogo di leggi[1]; ma durante il tranquillo regno delle leggi, in una forma di governo per la quale i voti della nazione siano riuniti[2], ben munita al di fuori e al di dentro dalla forza e dalla opinione[3], forse più efficace della forza medesima, dove il comando non è che presso il vero sovrano, dove le ricchezze comprano piaceri e non autorità, io non veggo[4] necessità alcuna di distruggere un cittadino, se non quando la di lui morte fosse il vero ed unico freno per distogliere gli altri dal commettere delitti, secondo motivo per cui può credersi giusta e necessaria la pena di morte. [...]

Non è l'intensione della pena che fa il maggior effetto sull'animo umano, ma l'estensione[5] di essa; perché la nostra sensibilità è più facilmente e stabilmente mossa da minime ma replicate impressioni che da un forte ma passeggiero movimento. L'impero[6] dell'abitudine è universale sopra ogni essere che sente[7], e come l'uomo parla e cammina e procacciasi[8] i suoi bisogni col di lei[9] aiuto, così l'idee morali non si stampano nella mente che per durevoli ed iterate percosse[10]. Non è il terribile ma passeggiero spettacolo della morte di uno scellerato, ma il lungo e stentato esempio di un uomo privo di libertà, che, divenuto bestia di servigio[11], ricompensa colle sue fatiche quella società che ha offesa, che è il freno più forte contro i delitti. Quell'efficace, perché

1. **quando... leggi:** quando i disordini svolgono il ruolo delle leggi.
2. **voti... riuniti:** gli interessi dell'intera nazione siano unificati.
3. **ben... opinione:** ben difesa nella politica estera dalla forza militare e in quella interna dal consenso dei cittadini.
4. **veggo:** vedo.
5. **Non è l'intensione... ma l'estensione:** non è l'intensità... ma la sua durata.
6. **L'impero:** la forza
7. **ogni essere che sente:** ogni uomo.
8. **procacciasi:** si procura.
9. **di lei:** dell'abitudine.
10. **per... percosse:** in seguito a impressioni durevoli e ripetute.
11. **bestia di servigio:** animale da soma.

spessissimo ripetuto ritorno sopra di noi medesimi[12], *io stesso sarò ridotto a così lunga e misera condizione se commetterò simili misfatti*, è assai più possente[13] che non l'idea della morte, che gli uomini veggon[14] sempre in una oscura lontananza.

Cesare Beccaria, *Dei delitti e delle pene*, BUR, Milano 2014

12. **ritorno... medesimi:** ritornello su noi stessi.
13. **possente:** persuasivo.
14. **veggon:** vedono.

COMPRENSIONE E ANALISI

1. Che cosa non è e che cosa è la pena di morte secondo Beccaria?

2. Nel primo periodo l'argomentazione è affidata ai seguenti connettivi: *Non è dunque ...... , ma è ......, perché .... Ma se dimostrerò ...... , avrò vinto ....*

   Evidenzia i connettivi che governano l'argomentazione nel seguente periodo:
   La morte di un cittadino non può credersi necessaria che per due motivi. Il primo, quando anche privo di libertà egli abbia ancora tali relazioni e tal potenza che interessi la sicurezza della nazione; quando la sua esistenza possa produrre una rivoluzione pericolosa nella forma di governo stabilita. La morte di qualche cittadino divien dunque necessaria quando la nazione ricupera o perde la sua libertà, o nel tempo dell'anarchia, quando i disordini stessi tengon luogo di leggi.

3. **Parafrasi** Scrivi la parafrasi delle righe di testo riportate nella domanda n. 2.

4. Quali sono i due motivi per cui può essere ritenuta necessaria la morte di un cittadino?

   ....

   ....

   ....

   ....

5. Per quale motivo non conta tanto l'intensità della pena quanto la sua durata? E questo fatto che cosa comporta? Motiva la tua risposta sulla base degli argomenti addotti dal testo.

6. Spiega con opportuni riferimenti al testo quale di queste tre preoccupazioni è secondo Beccaria la più efficace per distogliere gli uomini dal fare il male e per quale motivo: il timore della pena di morte / il giudizio della propria coscienza / la paura di essere privato della libertà.

7. Qual è la funzione del corsivo nell'ultimo periodo?

   ....

   ....

8. Nella frase dove *le ricchezze comprano piaceri e non autorità*, quale tra i due termini *piaceri* e *autorità* ha valore positivo e quale negativo e perché?

RELAZIONE CON IL CONTESTO STORICO E CULTURALE

9. Interpreta il brano contro la pena di morte sulla base dell'idea di **contratto sociale**, secondo la quale l'individuo nella società rinuncia a una piccola parte della propria libertà per l'utilità comune, ma non concede in alcun modo allo Stato il diritto di privarlo della vita. Facendo riferimento all'Illuminismo, spiega in che modo Beccaria ha potuto concepire un'idea tanto rivoluzionaria in un'epoca in cui la pena di morte era in vigore in tutti gli Stati.
   - Gli oltre due secoli trascorsi dal trattato di Beccaria non lo hanno reso inattuale, in quanto i suoi argomenti vengono ancora ripetuti contro il mantenimento della pena di morte e della tortura anche in molti Paesi civili. Anche su questo esponi il tuo punto di vista, traendo esempio dal rigore con cui Beccaria ha saputo argomentare le proprie idee.

A8 Emilio Lussu
L'inutile strage

SIMULAZIONE

L'Italia fu tra i vincitori della Prima Guerra Mondiale e l'evento viene ancora oggi commemorato nella celebrazione del 4 novembre. Ma vanno anche ricordati gli enormi sacrifici umani, non sempre utili, che furono richiesti dalla guerra. Lussu ci offre un esempio della mistificazione operata dalle alte sfere militari, impegnate a diffondere il culto di un cieco eroismo con l'intento di reprimere l'avversione della gente comune per una guerra che il pontefice Benedetto XV aveva definito «un'inutile strage».

Noi avevamo costruito una trincea solida, con sassi e grandi zolle. I soldati la potevano percorrere, in piedi, senza esser visti. Le vedette[1] osservavano e sparavano dalle feritoie, al coperto. Il generale guardò alle feritoie, ma non fu soddisfatto. Fece raccogliere un mucchio di sassi ai piedi del parapetto, e vi montò sopra, il binoccolo agli occhi. Così dritto, egli restava scoperto dal petto alla testa.

– Signor generale, – dissi io, – gli austriaci hanno degli ottimi tiratori ed è pericoloso scoprirsi così.

Il generale non mi rispose. Dritto, continuava a guardare con il binoccolo. Dalle linee nemiche partirono due colpi di fucile. Le pallottole fischiarono attorno al generale. Egli rimase impassibile. Due altri colpi seguirono ai primi, e una palla sfiorò la trincea. Solo allora, composto e lento, egli discese. Io lo guardavo da vicino. Egli dimostrava un'indifferenza arrogante. Solo i suoi occhi giravano vertiginosamente. Sembravano le ruote di un'automobile in corsa.

La vedetta, che era di servizio a qualche passo da lui, continuava a guardare alla feritoia, e non si occupava del generale. Ma dei soldati e un caporale della 12ª compagnia che era in linea, attratti dall'eccezionale spettacolo, s'erano fermati in crocchio, nella trincea, a fianco del generale, e guardavano, più diffidenti che ammirati. Essi certamente trovavano in quell'atteggiamento troppo intrepido del comandante di divisione, ragioni sufficienti per considerare, con una certa quale apprensione,[2] la loro stessa sorte. Il generale contemplò i suoi spettatori con soddisfazione.

– Se non hai paura, – disse rivolto al caporale, – fa' quello che ha fatto il tuo generale.

– Signor sì, – rispose il caporale. E, appoggiato il fucile alla trincea, montò sul mucchio di sassi.

Istintivamente, io[3] presi il caporale per il braccio e l'obbligai a ridiscendere.

– Gli austriaci, ora, sono avvertiti,[4] – dissi io, – e non sbaglieranno certo il tiro.

Il generale, con uno sguardo terribile, mi ricordò la distanza gerarchica[5] che mi separava da lui. Io abbandonai il braccio del caporale e non dissi più una parola.

– Ma non è niente, – disse il caporale, e risalì sul mucchio.

1. **vedette:** sentinelle.
2. **apprensione:** preoccupazione, perché i soldati temono che il generale pretenda da loro gesti di inutile esibizionismo pari ai suoi, come infatti succede subito dopo.
3. **io:** il narratore, che è un sottotenente, cioè un ufficiale non di carriera.
4. **avvertiti:** attenti.
5. **distanza gerarchica:** nella scala dei gradi militari, il sottotenente è l'ufficiale di livello più basso, il generale di livello più elevato.

Si era appena affacciato che fu accolto da una salva[6] di fucileria. Gli austriaci, richiamati dalla precedente apparizione, attendevano coi fucili puntati. Il caporale rimase incolume. Impassibile, le braccia appoggiate sul parapetto, il petto scoperto, continuava a guardare di fronte.

– Bravo! – gridò il generale. – Ora, puoi scendere.

Dalla trincea nemica partì un colpo isolato. Il caporale si rovesciò indietro e cadde su di noi. Io mi curvai su di lui. La palla lo aveva colpito alla sommità del petto, sotto la clavicola, traversandolo da parte a parte. Il sangue gli usciva dalla bocca. Gli occhi socchiusi, il respiro affannoso, mormorava:

– Non è niente, signor tenente.

Anche il generale si curvò. I soldati lo guardavano, con odio.

– È un eroe, – commentò il generale. – Un vero eroe.

Quando egli si drizzò, i suoi occhi, nuovamente, si incontrarono con i miei. Fu un attimo. In quell'istante, mi ricordai d'aver visto quegli stessi occhi, freddi e roteanti, al manicomio della mia città, durante una visita che ci aveva fatto fare il nostro professore di medicina legale.

– È un eroe autentico, – continuò il generale.

Egli cercò il borsellino e ne trasse una lira d'argento.

– Tieni, – disse, – ti berrai un bicchiere di vino, alla prima occasione.

Il ferito, con la testa, fece un gesto di rifiuto e nascose le mani. Il generale rimase con la lira fra le dita, e, dopo un'esitazione, la lasciò cadere sul caporale. Nessuno di noi la raccolse.

Emilio Lussu, *Un anno sull'Altipiano*, Einaudi, Torino 2014

6. **salva di fucileria:** sparo simultaneo di più fucili.

COMPRENSIONE E ANALISI

1. Per mettere in evidenza la dinamica dei fatti, dividi il testo in quattro sequenze.
2. **Riassunto** Riassumi il brano 5-6 righe, cercando di estrarne il significato essenziale.
3. Dal punto di vista del narratore-protagonista, il gesto di sporgersi senza difese oltre il riparo della trincea per osservare il nemico è un atto di coraggio o di follia? E secondo te?
4. Il caporale è definito *eroe autentico* dal generale: ci possono essere anche eroi non autentici?
5. *Il generale contemplò i suoi spettatori con soddisfazione*. Perché è usato il termine *spettatori*, che non ha nulla in comune con il linguaggio militare? Come definiresti con un aggettivo la scena finale, in cui il generale premia l'eroismo del caporale con una lira d'argento?
6. Individua tutti i punti in cui sono messi in evidenza gli occhi e lo sguardo del generale, poi scrivi un breve commento dell'ultima descrizione: *mi ricordai d'aver visto quegli stessi occhi, freddi e roteanti, al manicomio della mia città, durante una visita che ci aveva fatto fare il nostro professore di medicina legale.*

RELAZIONE CON IL CONTESTO STORICO E CULTURALE

7. Il generale ribadisce più volte il concetto: *È un eroe; Un vero eroe; È un eroe autentico*. Evidentemente percepisce l'odio dei soldati nei suoi confronti e teme che nessuno voglia essere eroe in quel modo. Inquadra il brano nelle problematiche relative alla Prima Guerra Mondiale.
   Puoi sviluppare l'argomento prospettando:
   - le ragioni che portarono l'Italia a entrare in guerra;
   - le ragioni del monito del Papa circa l'«inutile strage»;
   - come spieghi questa idea dell'eroismo come un atto dimostrativo fine a se stesso. E che cosa è per te, oggi, l'eroismo?

A9 Leonardo Sciascia
10 luglio 1943

SIMULAZIONE

La pagina finale di questo racconto descrive l'arrivo dei soldati americani in un paese della provincia siciliana, con il tipico avvocato opportunista, pronto a salire sul carro del vincitore.

La corrente elettrica non c'era più, nessuno si arrischiava a uscire dal paese: non si aveva notizia alcuna della guerra che dilagava nell'isola, soltanto il 14 (o il 15) uno era riuscito, da una radio a galena[1] che aveva un soldato di passaggio, a sentire il bollettino di Roma: che le forze d'invasione, superata la fascia costiera, si addentravano nella zona montuosa della Sicilia. E si era privi di tutto: di farina, non funzionando più i mulini; di verdura, che gli orti erano appunto al margine del paese, dove il B 29[2] cercava bersagli; di frutta, grande risorsa che la stagione ci offriva per sopravvivere. Cominciavano a diventare cornuti gli americani, che non venivano.

Il 16 luglio, di pomeriggio, gli americani finalmente apparvero. Fu davvero un'apparizione, quasi incredibile. All'estremità del corso, dove la facciata della Matrice[3] lo chiude, davanti al caffè, una ventina di persone stava a godersi la striscia d'ombra che cominciava a cadere dalle case, e anche i carabinieri: ed ecco che all'altro estremo, nella deserta e abbagliante prospettiva, tenendosi al centro con un suo passo lento e guardingo, spuntò l'americano. Ai suoi lati, camminando sotto i balconi e coi fucili puntati alle imposte chiuse, c'erano altri soldati. Tutta la nostra attenzione era però incentrata su quello che camminava al centro: alto; il passo leggermente "fianchino",[4] da cow boy; le braccia indolentemente scostate dal corpo, le mani quasi sospese: ma pronte, si sentiva, braccia e mani a scattare, a fare affiorare l'arma, il fuoco. Gary Cooper[5] quell'entrata non l'avrebbe fatta meglio. E per quei due o tre minuti che ci vollero perché la pattuglia arrivasse davanti al caffè, ci sentimmo come al cinema, che la visione sorgesse da uno schermo e magicamente penetrasse nella realtà.

Gli americani puntarono i fucili sui carabinieri, che si erano alzati in piedi: la faccia pallida, affilata; lo sguardo sperso. Uno della pattuglia girò dietro a loro, con destrezza li disarmò delle pistole.

Tutto si era svolto cosi velocemente, e in cosi attonito silenzio, che il grido di Gasparino Firetto «Viva la liberta!» fu come un crollo. Gasparino più volte aveva avuto a

1. **radio a galena:** ricevitore a cristalli di galena (un minerale: solfuro di piombo).
2. **B29:** nome di un bombardiere americano degli anni Quaranta.
3. **Matrice:** la chiesa principale del paese.
4. **"fianchino":** appoggiato sui fianchi.
5. **Gary Cooper:** famoso attore statunitense di film western.

che fare coi carabinieri, piccole truffe, piccoli furti: e a vederli disarmare l'evviva alla libertà gli era venuto dal profondo. E il momento della sua più grande gioia stava per essere l'ultimo della sua vita, se il capo della pattuglia non avesse fermato il soldato che, credendo quel grido fosse di allarme, di resistenza, con una faccia improvvisamente stravolta di paura, fu sul punto di impiombarlo.

Dal grido di Gasparino alla grande festa fu questione di minuti. Il corso si riempì di gente che pareva una domenica del tempo di pace, una grande bandiera a stelle e strisce ondeggiò sulla folla, cannate[6] piene di vino la sorvolarono fino a raggiungere gli americani.

«Viva la repubblica stellata!» gridò l'avvocato Calafato, con una voce che non aveva perduto timbro e forza da quando, sei anni prima, alla stazione, era riuscito a salire sul predellino del treno per gridare «Duce, per te la vita!» sotto lo sguardo fiero e paterno di Mussolini.

Leonardo Sciascia, *Il fuoco nel mare*, Adelphi, Milano 2010

6. **cannate:** recipienti.

COMPRENSIONE E ANALISI

1. Autore di saggi e narrativa di ambientazione siciliana, Sciascia coltiva l'attività letteraria soprattutto nella forma del libro-inchiesta sulla mafia o su altri eventi critici della storia contemporanea. In questo caso su che cosa verte il racconto? Le forze d'invasione di cui si parla nelle prime righe sono gli americani o i tedeschi?
2. **Riformulazione** Riformula in forma chiara ed estesa la frase *Cominciavano a diventare cornuti gli americani, che non venivano.*
3. Come è presentato l'arrivo dei soldati in paese?
4. Gasparino Firetto grida *Viva la libertà!* perché gli americani liberano l'Italia dal nazifascismo o perché ha visto disarmare i carabinieri con cui aveva avuto più volte a che fare o, ancora, perché vuole propiziarsi gli americani appena sbarcati in Sicilia?
5. Perché Gasparino con il grido *Viva la libertà!* rischia la vita?
6. Che bandiera è quella che ondeggia sulla folla?
7. Gridando *Viva la repubblica stellata!*, che figura fa l'avvocato Calafato? Si rivela un fautore degli americani o un voltagabbana?
8. **Riassunto** Il testo è già suddiviso dagli a capo in quattro sequenze: dai un titolo a ciascuna, poi riassumi il testo in cinque-sei rughe.

COMMENTO E RELAZIONE CON IL CONTESTO STORICO E CULTURALE

9. Commenta il racconto facendo riferimento, da una parte, ai fatti drammatici che segnarono l'anno di guerra 1943, dall'altra a figure come quella dell'avvocato voltagabbana, che in momenti di cambiamenti di regime sono sempre numerose.

A10 Dino Buzzati
Direttissimo

SIMULAZIONE

Dino Buzzati (1906-1972) visse a Milano e lavorò al "Corriere della Sera"; fu anche scrittore, autore di teatro e pittore. Il suo romanzo più noto è Il deserto dei Tartari (1940), ma Buzzati ha pubblicato anche varie raccolte di racconti, la cui trama parte sempre da un fatto normale, che poi si evolve in situazioni imprevedibili e paradossali, accentuate da un'atmosfera magica e fantastica. Questo racconto, risalente al 1958, illustra la grande metafora della vita, un viaggio verso l'ignoto, che lascia alle spalle numerose tappe.

«Quel treno, prendi?» «Quello.» La locomotiva era terribile sotto la tettoia fumigosa, sembrava un toro inferocito che scalpitasse per la smania di partire.

«Con questo treno viaggi?» mi chiedevano. Incuteva infatti paura, tanto frenetica era la tensione del vapore acqueo che filtrava dalle fessure sibilando. «Con questo» io risposi. «E per dove?» Io dissi il nome. Non l'avevo pronunciato mai, neppure parlando con gli amici, per una specie di pudore. Il grande nome, il massimo, la destinazione favolosa. Di scriverlo qui non ho il coraggio.

Allora mi guardarono chi in un modo chi in un altro: con ira per la mia improntitudine,[1] con scherno per la mia pazzia, con pietà per le mie illusioni. Qualcuno rise. D'un balzo fui nella vettura. Spalancai un finestrino, cercai nella folla volti amici. Non un cane.

E dài allora, o treno, non perdiamo un minuto, corri galoppa. Signor macchinista per piacere non essere avaro di carbone, dà fiato al leviatano[2]. Si udirono dei soffi emessi con precipitazione, i vagoni ebbero un fremito, i pilastri della pensilina si mossero, dapprima lentamente ad uno ad uno mi sfilarono dinanzi. Poi case case stabilimenti gasometri tettoie case case ciminiere androni case case alberi orticelli case tran-tran tran-tran i prati la campagna le nuvole viaggianti nell'aperto cielo! Dài, macchinista, con l'intera potenza del vapore.

Dio, come si correva. A questa andatura ci voleva poco io pensavo, a raggiungere la stazione 1 e poi la 2, la 3, la 4 e poi la 5 che era l'ultima, e sarebbe stata la vittoria. [...]

Difatti la stazione numero 1 si presentò prima che me lo aspettassi. Controllai l'orologio. Eravamo in perfetto orario. Qui, secondo il programma, io dovevo incontrare l'ingegnere Moffin per un affare importantissimo. Scesi di corsa, mi affrettai, come previsto, al ristorante della prima classe; dove infatti c'era il Moffin che aveva appena finito di mangiare.

Lo salutai, mi sedettì, ma lui non accennava menomamente al nostro affare, parlava del tempo e di altre cose indifferenti come se avesse dinanzi a sé un immenso spazio disponibile. Ci vollero buoni dieci minuti (e ne mancavano appena 7 alla partenza) perché si decidesse a tirar fuori dalla busta di pelle gli incartamenti necessari. Ma si accorse che io guardavo l'orologio.

«Ha fretta, per caso, giovanotto?» mi chiese non senza ironia. «A me, per essere sincero, non piace trattar gli affari con l'acqua alla gola...»

1. **improntitudine:** insistenza, sfacciataggine.

2. **leviatano:** termine di origine biblica sinonimo di mostro.

«Giustissimo, ingegnere illustre» osai «ma il mio treno fra poco riparte e… »

«Quando è così» fece lui raccogliendo i fogli con un energico gesto delle mani «quando è così, sono dolente, dolentissimo, ma ne riparleremo, se mai, quando lei, caro signore, sarà un poco più comodo.» E si alzò.

«Mi scusi» balbettai «la colpa però non è mia. Sa, il treno.»

«Non importa, non importa.» disse, sorridendo con superiorità.

Feci appena in tempo a raggiungere il mio treno che si rimetteva lentamente in moto. «E pazienza» io pensavo «sarà per un'altra volta, quello che conta è di non perdere la corsa.»

Volammo attraverso le campagne e i fili telegrafici danzavano su e giù con quei loro soprassalti da epilettico, si vedevano praterie sconfinate e sempre meno case sempre meno perché ci inoltravamo nelle terre del nord le quali si aprono a ventaglio verso la solitudine e il mistero. […]

Alla stazione 2 doveva aspettarmi la Rosanna. Quando il treno arrivò, sulla banchina c'era molta gente. Ma Rosanna non c'era. Avevamo un ritardo di mezz'ora. Saltai a terra, attraversai la stazione, affacciandomi al piazzale. E allora in fondo al viale, lontanissima, avvistai la Rosanna che se ne andava un poco curva.

«Rosanna, Rosanna!» chiamai a tutta voce. Ma il mio amore era oramai distante. Non si voltò neanche una volta, e io vorrei sapere: umanamente parlando, potevo io correrle dietro, potevo abbandonare il treno e tutto quanto?

Rosanna scomparve in fondo al viale, con una rinuncia in più io risalii sul direttissimo e via, attraverso le pianure boreali, verso ciò che gli uomini chiamano il destino. Che importava l'amore, dopo tutto?

Camminammo ancora giorni e giorni, i fili elettrici di fianco alle rotaie facevano la loro danza nevrastenica, ma perché il rombo delle ruote non aveva più il bell'impeto di prima? Perché all'orizzonte gli alberi si attardavano svogliati invece di scattare via come lepri colte di sorpresa?

Alla stazione numero 3 ci sarà stata appena una ventina di persone. Non vidi il Comitato che doveva venire a festeggiarmi.

Sulla banchina chiesi informazioni. «Non è venuto per caso un Comitato così e così» domandai «uomini e donne con la banda e le bandiere?»

«Sì, sì, è venuto. Ha aspettato un bel pezzo, anche. Poi ne ha avuto abbastanza e se ne è andato.»

«Quando?»

«Saranno tre quattro mesi fa» mi fu risposto. In quel mentre si udì un lungo fischio perché il treno ripartiva. Coraggio, allora, in marcia. Il direttissimo arrancava con tutte le forze disponibili, certo non era più la travolgente galoppata di una volta. Il carbone difettoso? L'aria diversa? Il freddo? Il macchinista stanco? E la lontananza dietro di noi era una specie di abisso che a guardarlo veniva la vertigine.

Alla stazione numero 4, lo sapevo, doveva esserci la mamma. Ma quando il treno si fermò le banchine erano vuote. E nevicava.

Mi sporsi a lungo dal finestrino, guardai intorno e stavo per richiudere deluso, quando riuscii a vederla: nella sala d'aspetto, rincantucciata su una panca, tutta avvolta in uno scialle, che dormiva. Misericordia, come era diventata piccola.

Saltai dal treno e corsi ad abbracciarla. Stringendola, mi accorsi che non pesava quasi più: un mucchietto fragile di ossa. E la sentivo tremare per il freddo.

«Dimmi, è un pezzo che mi aspetti?»
«No, no, figlio mio» e rideva felice «non sono neanche quattro anni.» Così dicendo non guardava me, bensì fissava il pavimento intorno, quasi cercasse qualche cosa.
«Mamma, cosa cerchi?»
«Niente... Ma le tue valige? Le hai lasciate sulla banchina, fuori?»
«Sono sul treno» dissi.
«Sul treno?» e un ombra di desolazione le calò come un velo sulla fronte. «Non le hai ancora scaricate?» «Ma io... » non sapevo proprio come dirglielo.
«Vorresti dire che riparti subito? Che non ti fermi neanche un giorno?»
Tacque, sgomenta, e mi guardava.
Io sospirai. «E va bene! Lascerò che il treno se ne vada. Adesso corro a prender le valige. Ho deciso. Rimango qui con te. Dopo tutto, mi hai aspettato quattro anni.»
Di nuovo, a queste mie parole, la faccia della mamma si cambiò. Tornarono l'allegrezza ed il sorriso (il quale però non emanava più luce come prima).
«No, no, non andare a prendere i bagagli, mi sono espressa male» supplicò. «Io scherzavo, sai. Io ti capisco. Non puoi fermarti in questo povero paese. Per me non val la pena. Per me non devi perdere neanche un'ora è molto meglio che tu riparta subito. Assolutamente. È il tuo dovere... Desideravo una sola cosa: rivederti. Ti ho rivisto, adesso son contenta...»
Chiamai: «Facchino, facchino! (un facchino spuntò immediatamente) Ci sono da scaricare tre valige!».
«Macché valige» ripeté la mamma «Un'occasione come questa non tornerà mai più. Tu sei giovane, hai da fare la tua strada. Presto, sali in vettura. Va, va» e sorridendo con fatica immensa mi spingeva debolmente verso il treno. «Per carità fa presto, stanno chiudendo gli sportelli.»
Non so come, con tutto il mio egoismo mi ritrovai nello scompartimento e mi sporgevo dal finestrino aperto, gesticolando per gli ultimi saluti.
Fuggendo il treno, lei ben presto divenne ancora più piccola di quello che effettivamente era, una figurina afflitta e immobile sul deserto marciapiedi, sotto la neve che cadeva. Poi divenne un punto nero senza volto, una minuscola formica nella vastità dell'universo; e subito svanì nel nulla. Addio.
Con un ritardo di anni e anni accumulati, siamo così di nuovo in viaggio. Ma per dove? Cala la sera, i vagoni sono gelidi, non c'è rimasto quasi più nessuno. Qua e là, negli angoli degli scompartimenti bui, siedono degli sconosciuti dalle facce pallide e dure che hanno freddo e non lo dicono.
Per dove? Quanto è lontana l'ultima stazione? Ci arriveremo mai? Valeva la pena di fuggire con tanta furia dai luoghi e dalle persone amate? Dove, dove ho messo le sigarette? ah, qui nella tasca della giacca. Certo, tornare indietro non si può.
Forza, dunque, signor macchinista. Che faccia hai, come ti chiami? Non ti conosco né ti ho mai visto. Guai se tu non mi aiuti. Sta saldo, bel macchinista, butta nel fuoco l'ultimo carbone, falla volare questa vecchia baracca cigolante, ti prego, lanciala a rotta di collo, che assomigli almeno un poco alla locomotiva di una volta, ti ricordi? via nella notte a precipizio. Ma in nome di Dio non mollare, non lasciarti prendere dal sonno. Domani forse arriveremo.

Dino Buzzati, *Sessanta racconti*, Mondadori, Milano 1958

COMPRENSIONE E ANALISI

1. Suddividi il racconto in blocchi di testo in base a un criterio che ti sembra plausibile e dai un titolo a ciascun blocco.

2. **Riassunto** Riassumi il testo in una decina di righe: puoi anche sorvolare sui vari incontri del viaggiatore, badando soprattutto a estrarre il senso del racconto.

3. Il tema del racconto è il viaggio. Chi sono i protagonisti e i personaggi? Di che cosa si può dire che complessivamente il testo sia una metafora?

4. Prova ad attribuire a ciascuno dei personaggi incontrati un senso metaforico coerente con il testo
   - l'ingegnere Moffin ....

     ....
   - la Rosanna ....

     ....
   - il Comitato ....

     ....
   - la mamma ....

     ....

5. Perché l'affare importantissimo non va a buon fine?

6. Il protagonista è incerto se fermarsi o proseguire il viaggio quando vede in distanza la Rosanna e si chiede se poteva correrle dietro o quando incontra la madre?

7. Metti in luce il valore concettuale e stilistico della concitata sequenza di parole *case case stabilimenti gasometri tettoie case case ciminiere androni case case alberi orticelli case tran-tran tran-tran i prati la campagna le nuvole viaggianti nell'aperto cielo!*

8. L'incontro tra il viaggiatore e la madre avviene mentre cade la neve. Ti sembra che questa condizione atmosferica sia indice di qualche sentimento?

9. Analizza l'espressione *Perché all'orizzonte gli alberi si attardavano svogliati invece di scattare via come lepri colte di sorpresa?* e individua le figure retoriche presenti in essa:
   - gli alberi si attardavano svogliati: ....

     ....
   - come lepri: ....

     ....

10. **Riformulazione** Riformula la subordinata implicita *Fuggendo il treno* con una forma esplicita:

    ....

COMMENTO

11. Un aspetto significativo di questo viaggio è che, quanto più il treno accumula ritardo, tanto meno il protagonista è disposto a scendere.
    Quale significato si può attribuire a questo fatto? Scegli tra le due proposte quella che ti sembra coerente con il senso generale del racconto e su di essa costruisci il tuo commento al brano:
    a. il protagonista non scende dal treno perché ogni uomo spera sempre di recuperare il tempo perduto;
    b. interrompere il viaggio significherebbe andare contro il proprio destino e questo non è possibile.
    Anche in base alla tua interpretazione di questo racconto, spiega l'espressione *realismo magico* spesso applicata alla narrativa di Buzzati.

3 La prova di tipologia B: il testo argomentativo

3.1 La comprensione, l'analisi e l'interpretazione del testo argomentativo

CARATTERISTICHE DELLA PROVA

La prova di tipologia B presenta le seguenti caratteristiche:

- ha come obiettivo il riconoscimento degli snodi argomentativi di un testo ben formato di tipo saggistico o giornalistico;
- propone un singolo testo compiuto o un estratto ricavato da una trattazione più ampia;
- di questo testo chiede:
  - una **comprensione/analisi/interpretazione** sia di singoli passaggi sia dell'insieme: per esempio, quali sono le sequenze essenziali del discorso; qual è la tesi di fondo sostenuta; quali sono le risorse espressive a cui ricorre chi scrive per sostenere la sua opinione;
  - un **commento**, nel quale lo studente espone le proprie riflessioni intorno alla (o alle) tesi di fondo avanzate nel testo d'appoggio, anche sulla base delle conoscenze acquisite nel suo specifico percorso di studio.

LA DIFFERENZA RISPETTO ALLA TIPOLOGIA A

La sostanziale differenza tra le due tipologie sta nel fatto che:

- la **tipologia A** riguarda un **testo letterario**;
- la **tipologia B** un **testo argomentativo di tipo saggistico o giornalistico**.

Questo secondo tipo di testo non nasce da una espressa volontà artistica, ma mira principalmente a comunicare. Rientrano in questa tipologia tutti gli scritti di saggistica, libri e manuali, studi di comunicazione scientifica, articoli di giornale ecc.
Dal punto di vista espressivo, un testo non letterario presenta una complessità minore rispetto al testo letterario e soprattutto al testo poetico, in quanto manca, almeno programmaticamente, di tutti gli abbellimenti letterari che determinano l'assetto artistico. Ciò non significa, naturalmente, che un testo di questo tipo, non possa essere scritto molto bene: la differenza è che esso ha qualcosa di importante e immediato da comunicare e concentra l'attenzione **più sul significato che sul significante**, cioè più sulla sostanza delle idee che sulla forma delle parole.
Si può pertanto dire che la struttura della prova di tipologia B è affine a quella di tipologia A, con la differenza che nella tipologia A viene dato risalto al momento dell'analisi, in quanto il testo letterario richiede che si presti attenzione alla forma artistica assunta dal contenuto, mentre nella tipologia B analizzare il testo significa prima di tutto interpretarlo.
Per ambedue le tipologie il **commento** prevede una stesura discorsiva in cui lo studente espone le proprie riflessioni intorno alla tesi avanzata dal testo proposto.

IL TESTO ARGOMENTATIVO

La principale caratteristica del testo di tipologia B è quella di essere un testo **argomentativo**, cioè uno scritto in cui l'autore non si limita a trasmettere un'informazione (come nel caso dell'articolo di cronaca), ma ha una propria **tesi da comunicare dimostrandone la bontà con opportuni argomenti**. Proprio per questo le indicazioni ministeriali circoscrivono il testo giornalistico all'**editoriale**, cioè all'articolo di fondo, che viene stampato nelle prime colonne della prima pagina di un giornale (o nella prima pagina di una rivista). L'editoriale infatti ha queste caratteristiche:

- è un testo a marcata struttura argomentativa;
- è simile al saggio, si distingue per il fatto che si lega più strettamente a un evento;
- rispecchia una posizione non lontana dalla linea ideologica del giornale stesso.

Libri, articoli, saggi, editoriali ecc. nascono per convincere il lettore della bontà della tesi che sostengono: da questi si desumono i brani da proporre per accertare, da una parte, se lo studente è in grado di comprendere uno scritto saggistico e di cogliere il modo in cui l'autore del saggio argomenta le idee; dall'altra, se è in grado di produrre a sua volta un testo in cui espone il proprio pensiero in modo argomentato.

INTERPRETARE IL TESTO

Per farsi un'idea del testo argomentativo, si possono attivare le seguenti procedure:

- individuarne il **genere**: saggio critico, parte di un manuale o di un libro a tema, editoriale di giornale, ecc.;
- leggere il testo con la massima attenzione, cercando di **capire che cosa esattamente dice** ed eventualmente controllando sul dizionario le parole che non risultassero chiare;
- per esser sicuri di averne capito il senso, può essere necessario fare:
  - la **parafrasi** o la **riscrittura** di eventuali periodi poco chiari;
  - il **riassunto** di tutto il testo o di singole parti.

ANALIZZARE LE COMPONENTI

Per capire la struttura e, quindi, la logica interna del testo, si possono svolgere le seguenti operazioni:

- **suddividerlo in sequenze**, cioè in blocchi corrispondenti a unità di contenuto. L'individuazione delle sequenze avviene a partire dai paragrafi segnati da rientro, ma tiene conto soprattutto dei nuclei concettuali;
- individuare il **tema** di fondo, cioè l'idea principale presente nel testo, che dovrebbe trovare un riscontro nel **titolo**;
- individuare i **motivi**, cioè le unità testuali minori e ricorrenti, e le **parole-chiave**, cioè i termini a cui si legano i concetti dominanti;
- individuare la **tesi** sostenuta dall'autore;
- individuare eventuali **tesi altrui** e la **confutazione** fatta dall'autore;
- individuare le **argomentazioni**, cioè le buone ragioni addotte dall'autore a sostegno della propria tesi.

SUDDIVIDERE IN SEQUENZE

Suddividere il testo in sequenze significa frazionarlo in segmenti di significato più o meno ampi ma in sé autonomi, che costituiscono **unità di contenuto**.
Si può individuare il passaggio da una sequenza alla successiva quando:

- cambia il **tema** di cui si sta trattando;
- cambia il **soggetto** che sta esponendo la sua idea;
- si passa da un **ragionamento** a un ragionamento successivo;

- cambia la **modalità** dell'esposizione: per esempio si passa dall'astratto al concreto, dall'esposizione di un concetto al racconto di un fatto, dal presente al passato, dal serio allo scherzoso ecc.

INDIVIDUARE LA TESI

La tesi è il punto di vista espresso da chi ha scritto il testo, l'idea che l'autore intende esporre e sostenere con gli argomenti che adduce. La tesi può essere esposta in qualsiasi parte del testo; le parti predisposte ad accogliere la tesi sono il titolo e la conclusione, ma anche la parte d'apertura si presta a dichiarare ciò che si intende sostenere. La corretta individuazione della tesi è fondamentale per capire l'obiettivo a cui mira il testo. Nel caso della prova d'esame, poi, è il presupposto indispensabile del commento, nel quale lo studente deve esprimere le proprie riflessioni intorno alla (o alle) tesi avanzate nel testo d'appoggio.

INDIVIDUARE LA STRUTTURA ARGOMENTATIVA

Per capire un testo argomentativo è necessario individuare i ragionamenti fatti a sostegno della tesi. Chi scrive, infatti, dopo aver concepito la tesi o deciso quale tesi appoggiare, deve esporre le sue buone ragioni a favore della tesi, cioè argomentarla. Argomentare significa esporre il proprio punto di vista in modo **persuasivo**, come se si stesse parlando a una persona che vogliamo portare dalla nostra parte. In quale modo? In primo luogo, scrivendo parole sensate e pertinenti; poi, usando, consapevolmente o inconsapevolmente, **tecniche argomentative** adeguate, cioè procedure discorsive che siano efficaci, utili a indurre l'interlocutore ad accettare la nostra proposta, a darci ragione. Chi legge deve cercare di capire la struttura argomentativa del testo: se lo condivide, potrà aggiungere i propri argomenti di sostegno alla tesi; se non la condivide dovrà trovare gli argomenti idonei a controbatterla punto per punto.

I CONSIGLI DEL TUTOR
PER CAPIRE BENE LA TIPOLOGIA B

Che cosa si chiede di fare:

- un'**interpretazione/comprensione** sia di singoli passaggi sia dell'insieme del testo di appoggio; per esempio: quali sono le sequenze essenziali del discorso? Qual è la tesi di fondo sostenuta? Quali sono gli argomenti addotti da chi scrive per sostenere la sua opinione?
- un **commento**, nel quale lo studente esporrà le proprie riflessioni intorno alla (o alle) tesi di fondo avanzate nel testo d'appoggio, anche sulla base delle conoscenze acquisite nel suo specifico percorso di studio.

Per interpretare il testo:

- riconoscerne la **tipologia** e il **genere**;
- **leggerlo** con la massima attenzione;
- eventualmente fare la **parafrasi** o la **riscrittura** di periodi poco chiari;
- fare il **riassunto** di tutto il testo o di singole parti.

Per analizzare il testo:

- suddividerlo in **sequenze;**
- individuare:
  - **tema** di fondo, **motivi**, parole-chiave;
  - **tesi** dell'autore e tesi altrui;
  - **confutazione** delle tesi altrui da parte dell'autore.

Nel commento:

- valutare l'**originalità** del pensiero espresso;
- individuare il **modo** e l'**espressione** con cui l'autore ha argomentato la sua tesi;
- valutare la **congruenza** tra scrittura e pubblico a cui si rivolge;
- attivare lo spirito critico e **argomentare la propria tesi** utilizzando riferimenti culturali corretti e coerenti.

ALLA PROVA

COMPRENDERE E ANALIZZARE UN TESTO ARGOMENTATIVO

Claudio Magris

Se la logica non è un'opinione...

Questo brano offre un esempio di rigorosa argomentazione logica sul tema di un grave incidente che nel febbraio 1998 scosse profondamente l'opinione pubblica. Infatti un caccia statunitense, volando in modo spericolato a una quota inferiore a quella minima in violazione dei regolamenti, troncò il cavo della funivia del Cermis, in Val di Fiemme, provocando la morte dei venti occupanti.

Dopo la tragedia, il grottesco. Un bireattore EA6B dei marines americani ha investito i cavi della funivia del Cermis, a Cavalese nel Trentino, provocando la morte di venti persone. Le cause e le responsabilità della strage devono essere accertate dall'inchiesta della magistratura e non è formalmente lecito anticipare alcun giudizio. Ma è incredibile — e sarebbe sinistramente comico, se non ci fossero i venti morti — che per tre giorni si sia discusso seriamente se l'aereo, al momento dell'incidente, fosse fuori rotta, come se fosse possibile il contrario. Al ministro Andreatta, il quale precisava che il bireattore aveva abbandonato all'altezza di Riva la rotta autorizzata, un ineffabile generale Guy Vanderlinden, comandante in capo dei marines dello scacchiere mediterraneo, replicava tranquillamente che «tutto era in regola» e che l'aereo «era sulla rotta regolarmente autorizzata dal comando della base di Aviano».

Il generale — ma anche chi si sofferma sia pure per un minuto a prendere in seria considerazione le sue dichiarazioni — evidentemente non sa cosa sia la logica più elementare. Se un aereo si scontra con una funivia, ci sono due possibilità: o è l'aereo ad avere deviato, per un qualsiasi motivo (incidente, avaria, errore, bufera, bravata del pilota), dalla sua rotta oppure è la funivia a essere uscita dal suo percorso stabilito, ad aver spiccato un balzo in alto nei cieli e ad avere investito l'aereo. Non occorre essere un genio né un esperto di aeronautica per ritenere piuttosto improbabile quest'ultima ipotesi, che invece evidentemente il generale considera la più credibile, perché se al momento dello scontro l'aereo era sulla rotta giusta, vuol dire, necessariamente, che la funivia aveva arbitrariamente cambiato posto e altitudine e che l'aeronautica militare statunitense potrebbe citare i malvagi o incompetenti manovratori della funivia per i danni arrecati al suo bireattore.

Percorso regolare sulla rotta assegnata, ripeteva sereno lo stratega, riecheggiato da colleghi. Ma se quella era la rotta assegnata, e dunque se era previsto che in quel momento l'aereo si trovasse a quell'altezza e in quel punto, ci sono solo due possibilità. Se il comando che ha autorizzato la rotta sapeva che in quel punto e a quell'altezza c'era la funivia, si tratterebbe di uno scontro voluto e dunque di una strage premeditata. Se non lo sapeva, significa che si tratta di persone incapaci di stabilire una rotta o inclini a stabilirla a vanvera e non è esaltante l'idea che persone di simile competenza siano preposte al comando di una base militare importante per la difesa dell'Occidente.

Ovviamente nessuna delle due ipotesi implicite nelle parole del generale Vanderlinden e dei suoi colleghi è verosimile; è evidente che — se queste due ipotesi non sono vere, come non lo sono — l'aereo doveva trovarsi fuori rotta e che è ingiurioso per l'intelligenza — e offensivo come una beffa verso le vittime — anche solo discuterne. Quanto è successo può essere spiegato solo da un incidente o da una criminosa bravata di piloti che hanno voluto provare se riuscivano a passare sotto quei cavi della funivia. [...] Violare la logica è una violenza non solo contro i concetti, ma anche e soprattutto contro la vita e i sentimenti, perché significa ingarbugliare le carte e confondere le parti, scambiare i ruoli tra vittime e colpevoli alterando l'ordine delle cose e attribuendo eventi a cause o a promotori diversi da quelli effettivi. Le offese alla ragione sono sempre anche offese al cuore. In attesa che venga accertata la verità di quella tragedia e che i responsabili ne siano chiamati a rispondere secondo le leggi, sarebbe opportuno che chiunque sostenga che quell'aereo, nell'istante della sciagura, era sulla sua giusta rotta venisse obbligato a frequentare un corso intensivo di logica, a imparare cosa vuol dire formulare un giudizio o che cos'è il principio di non contraddizione. Sono questi, fin da Aristotele, i cardini del pensiero dell'Occidente, della libertà e della democrazia, e sarebbe bene che fossero familiari a chi ha il compito di difenderli.

Claudio Magris, *Se la logica va in picchiata*, in *Utopia e disincanto. Saggi 1974-1998*, Garzanti, Milano 1999

COMPRENSIONE E ANALISI

1. Il termine **logica** indica il rigore del pensiero, cioè il fatto di ragionare in modo coerente, senza commettere errori. Prova a ricostruire schematicamente il ragionamento dell'autore. L'esercizio è avviato.
Se un aereo si trova su una rotta regolarmente autorizzata, non può tranciare i cavi di una funivia; se l'aereo si scontra con la funivia, ci sono due possibilità: o l'aereo ha deviato dalla sua rotta o la funivia è uscita dal suo percorso; la seconda ipotesi non è possibile, quindi

....

2. Per due volte nel corso del brano l'autore propone un dilemma, evidenziato in colore. Il dilemma è una forma di argomentazione nella quale si propone un'alternativa tra due ipotesi e da ciascuna si ricava la conseguenza. Il primo dilemma è:
- o l'aereo ha deviato dalla sua rotta (è possibile);
- o la funivia è uscita dal suo percorso (ma questo non è possibile).

Il secondo dilemma è
- o ....
- o ....

3. Rintraccia nel testo la conseguenza del secondo dilemma.

....

....

....

....

4. Il principio di non contraddizione di cui di parla nel finale del brano sancisce che non è possibile affermate una cosa e il suo contrario. In che modo la difesa dei marines americani viola il principio di non contraddizione?

5. Qual è la tesi sostenuta dall'autore?

ALLA PROVA **COMPRENDERE E ANALIZZARE UN TESTO ARGOMENTATIVO**

Emilio Gentile
Perché la disfatta di Caporetto

Durante la Prima Guerra Mondiale l'esercito italiano subì lungo la valle dell'Isonzo una gravissima disfatta da parte di quello austro-ungarico e tedesco, tanto che ancora oggi il termine Caporetto è sinonimo di sconfitta disastrosa.
Leggi il racconto dello storico Emilio Gentile, poi svolgi le attività. Tieni presente che, mentre il testo di cronaca può presentare una struttura a effetto valorizzando i dettagli, il testo di storia segue un rigoroso ordine razionale.

In Italia, il 1917 fu l'anno più difficile per l'andamento della guerra e il crescente malcontento dei soldati al fronte, specialmente dopo l'insuccesso delle offensive lanciate dal generale Cadorna nella primavera del 1917 — la decima e l'undicesima battaglia dell'Isonzo — che costarono migliaia di morti e feriti senza conseguire alcun vantaggio sul nemico. Ci furono episodi di ammutinamento fra i soldati e proteste della popolazione, specialmente da parte delle donne, per le peggiorate condizioni di vita. In agosto, a Torino, esplosero tumulti violenti, repressi dopo quattro giorni dall'esercito con una cinquantina di morti fra i manifestanti e una decina fra la forza pubblica. In ottobre, il governo emanò un decreto per punire chi deprimeva lo spirito pubblico, e in base ad esso furono condannati alcuni dirigenti socialisti accusati di disfattismo.
In queste condizioni, sopravvenne la disastrosa disfatta subita dall'esercito italiano a Caporetto il 24 ottobre, in seguito a una grande offensiva, accuratamente preparata e condotta da un'armata austriaca con il sostegno di divisioni tedesche, che adottarono una nuova tattica di attacco a sorpresa, accompagnato dalla infiltrazione di truppe d'assalto oltre le linee nemiche, già sperimentata con successo dai tedeschi contro i russi. L'attacco fu preceduto da un breve ma intensissimo bombardamento, anche con bombe a gas, per neutralizzare le batterie italiane e guastare i collegamenti telefonici fra i comandi. Protette dalla nebbia, le truppe austro-tedesche riuscirono a sfondare le linee nemiche e penetrare entro il territorio italiano. Il successo dell'offensiva fu favorito da gravi errori degli alti comandi italiani, compreso lo stesso Cadorna, che non aveva predisposto adeguate misure per una battaglia difensiva, non credendo nella possibilità dell'attacco nemico in ottobre. Ed errori analoghi furono compiuti dagli altri generali, Luigi Capello e Pietro Badoglio, che comandavano le armate investite dall'attacco a sorpresa.
Le truppe italiane, colte impreparate nella notte fra il 24 e il 25 ottobre, cedettero in una fuga disordinata, che si trasformò in rotta. Il 27 ottobre, il generale Cadorna ordinò la ritirata fino al Tagliamento, che avvenne confusamente sotto una pioggia torrenziale, mentre alcuni reparti italiani continuavano a combattere con valore. 350.000 soldati si sbandarono fuggendo verso l'interno, abbandonando armi e uniformi: "Nelle strade si vedeva lo sfacelo — scriveva nel suo diario un sottotenente fatto prigioniero —. Carri,

camions, trattrici abbandonate. Cavalli morti per la fatica e per la fame. Vestiario buttato e cambiato col nuovo trovato nei magazzini abbandonati e colmi d'ogni bene". Le perdite italiane furono gravissime: oltre 10.000 morti, 29.000 feriti, 290.000 prigionieri, grossi quantitativi di armamenti abbandonati al nemico, e poco meno di mezzo milione di profughi civili che fuggivano dalle terre occupate dalle truppe austriache. Il 12 novembre gli austro-tedeschi attraversarono il Tagliamento e fecero arretrare gli italiani fino al Piave. In una decina di giorni, gli italiani persero tutto il terreno conquistato in due anni di guerra con migliaia di morti, mentre gli austriaci invasero il territorio italiano fino a giungere a una cinquantina di chilometri da Venezia. Per un anno, le truppe austro-tedesche occuparono il Friuli e il Veneto, dove avvenne quel che avveniva in tutte le zone occupate: profughi in fuga, saccheggi, requisizioni, stupri, repressione feroce, mentre la popolazione era messa alla fame. L'esercito italiano si attestò sul Piave, dove dall'inizio di novembre riuscì a riorganizzarsi e a resistere. Cadorna attribuì la rotta di Caporetto ai soldati italiani "vilmente ritiratisi senza combattere o ignominiosamente arresisi al nemico". Causa della loro vigliaccheria, come scrisse al governo il 27 ottobre, era la propaganda disfattista del "nemico interno": "L'esercito cadde non sotto i colpi del nemico esterno, ma sotto i colpi del nemico interno, per combattere il quale ho inviato al governo quattro lettere che non hanno ricevuto risposta".

Ma più che di viltà, tradimento e disfattismo, la rotta di Caporetto fu la conseguenza del logoramento delle truppe. Si parlò di "sciopero militare", da parte di un esercito stanco, sfibrato da due anni e mezzo di sanguinosi combattimenti, sottoposto a una disciplina spesso vessatoria, esposto a continue carneficine, senza neppure conoscere le ragioni di tanto sacrificio.

Emilio Gentile, *Due colpi di pistola, dieci milioni di morti, la fine di un mondo*, Laterza, Roma-Bari 2014

COMPRENSIONE E ANALISI

1. Le parti evidenziate consentono una lettura in filigrana del testo, facilitando il riassunto, nel quale dovranno essere indicate:
- le difficoltà dell'anno 1917, che vede il malcontento dei soldati, le proteste della popolazione e la cieca repressione da parte del governo;
- la rotta di Caporetto e le perdite;
- le responsabilità degli alti comandi, colpevoli di

....
- il successo dei vincitori austro-tedeschi, che

....

2. Un dato che non potrà mancare nel riassunto è quello relativo alle responsabilità, che secondo il generale comandante Luigi Cadorna furono ....

....

3. Quale fu invece la vera causa della disfatta di Caporetto secondo lo storico Emilio Gentile?

....

....

4. **Riassunto** Il testo comprende circa 4.500 battute. Riassumilo dapprima in un migliaio di battute (o in una decina di righe), poi in quattro righe.

3.2 Il commento e la produzione di un testo argomentativo

LA BASE DEL COMMENTO

Non basta comprendere e interpretare il testo, cioè capire **che cosa dice**: è importante anche osservare **come lo dice**. A questo scopo è necessario:
- valutare la qualità del testo, cioè se l'autore ha proposto un **pensiero originale** e lo ha sviluppato in modo persuasivo, disponendo dell'informazione appropriata;
- individuare in quale modo l'autore **ha argomentato** la sua tesi, cioè se ha addotto argomenti forti o deboli, se ha prodotto ragionamenti validi o fallaci;
- individuare come **si è espresso**: l'autore può avere scelto un particolare registro espressivo, atto a suscitare interesse (esposizione rigorosa, tono divulgativo, stile brillante ecc.);
- definire se la scrittura prescelta è **appropriata**, cioè se va incontro alle aspettative dei destinatari.

I dati raccolti in questo modo costituiscono la base su cui si può costruire il proprio **commento**, cioè l'espressione di un punto di vista personale e motivato.

L'ARTICOLAZIONE DEL COMMENTO

Le indicazioni ministeriali prevedono varie articolazioni del commento, che può essere più o meno strutturato e vincolato a seconda dell'argomento proposto. Per esempio:
- la **tesi** può essere proposta **all'inizio** del commento e poi dimostrata;
- la **tesi** può essere esposta **alla fine**, dopo avere sviluppato il ragionamento da cui deriva;
- possono essere fornite indicazioni sull'**ordine nell'esposizione di argomenti** e controargomenti a sostegno o a confutazione delle tesi sostenute nel testo d'appoggio.

Nell'ambito della terna di tracce previste per la tipologia B, possono essere proposte differenti articolazioni:
- tracce più vincolanti circa la forma del commento argomentativo, in cui si potrà richiedere di utilizzare **mosse argomentative specifiche**;
- tracce meno vincolanti, in cui si potrà richiedere di esporre tesi e argomentazioni **senza ricorrere necessariamente a strategie proprie dell'argomentazione**.

L'obiettivo di queste indicazioni è quello di evitare che, dopo avere seguito nella stesura della prima parte (che è sempre la più strutturata) le indicazioni fornite dalla traccia, il commento sia svolto a ruota libera e in modo poco organizzato.

ARGOMENTI E RAGIONAMENTI

Per esprimere il nostro punto di vista in modo persuasivo, così da indurre chi ci ascolta o ci legge a condividerlo e a darci ragione, non dobbiamo solo esprimere pensieri assennati, ma anche fare ragionamenti sensati, usando **tecniche argomentative** idonee, cioè procedure discorsive efficaci.

Le tecniche argomentative operano nel momento della produzione delle idee, organizzando i **processi mentali**: sono, in pratica, lo strumento per dare forma logica e ordinata ai pensieri.

Noi comunemente per **argomento** intendiamo il tema di una conversazione o di uno scritto. Nella logica, invece, argomento è sinonimo di **ragionamento** e consiste in una proposizione o in un insieme di proposizioni disposte in una relazione tale da portare ad accettare come vero ciò che si intende sostenere. Per esempio, se io dico *Tutti gli uomini sono mortali; Socrate è un uomo; quindi Socrate è mortale*, costruisco un ragionamento per cui da due **premesse** ricavo una **conclusione**. Questo ragionamento è detto **sillogismo** e si realizza attraverso un'**inferenza**, cioè il passaggio da una premessa considerata vera a una conclusione. L'esempio del sillogismo esemplifica soltanto uno dei possibili tipi di ragionamento, cioè il **ragionamento deduttivo**, per cui da certe premesse si deduce una conclusione, dai principi si deducono le conseguenze. Il **ragionamento induttivo**, invece, segue il procedimento inverso, per cui da un fatto o da un'osservazione particolare, empirica, si risale a un principio generale o a un'altra affermazione particolare. Se diciamo *Ogni giorno vediamo persone che muoiono; per questo* ***mortali*** *è sinonimo di* ***uomini***, costruiamo un ragionamento induttivo, per cui da una constatazione particolare risaliamo a una verità generale.

IN CHE COSA CONSISTE UN ARGOMENTO

Lo studio dei vari tipi di ragionamento è materia dei manuali di logica e di argomentazione, ma di fatto, senza rendercene conto, noi facciamo continuamente uso di argomenti quando parliamo o scriviamo.
Nel caso più comune, che è quello in cui motiviamo una nostra scelta, noi giustifichiamo la nostra affermazione, cioè una **tesi**, con un **argomento di causa**, che è una frase introdotta da *perché* o *per il fatto che*. Per esempio: *Vado a scuola* ***perché*** *credo che sia utile imparare.*
In pratica questo argomento è un sillogismo abbreviato. Il sillogismo sarebbe: *Imparare è utile; credo che a scuola si impari; quindi io vado a scuola* (due premesse e una conclusione). Ma in questo caso sarebbe inutile ricorrere al sillogismo, perché la premessa secondo cui a scuola si impara è ovvia e pertanto può essere sottintesa.
Da ciò consegue che la forza di un ragionamento dipende dalla **validità delle sue premesse**, cioè dai cosiddetti *luoghi comuni*, così chiamati perché sono idee utilizzabili come fondamento di ogni possibile ragionamento. Per esempio, la premessa secondo cui, in linea di principio, a scuola si impara sta alla base di tutti i ragionamenti sulla scuola; se non si imparasse, la scuola non avrebbe ragione di essere.

LE TECNICHE ARGOMENTATIVE

Ecco alcuni altri esempi di argomenti:

- argomento di **autorità**: sostiene un'opinione appellandosi a una fonte autorevole o a un autore attendibile.
  Es.: ***Come dicono gli esperti****, il clima sta cambiando, oppure* ***Come dice Machiavelli****, bisogna distinguere la politica dalla morale.*
- argomento del **consenso**: consiste nell'appellarsi all'opinione comune, a una corrente di pensiero, a una filosofia, alla morale, alla legge ecc.
  Es.: *Ormai lo dicono* ***tutti*** *che i social media possono fare danno, oppure* ***Secondo il diritto****, la legge è uguale per tutti.*
- argomento dell'**esempio**: si fonda sul presupposto che la realtà presenta certe costanti di cui l'esempio è una realizzazione concreta.
  Es.: ***Come*** *dimostra il crollo del ponte Morandi a Genova, le opere pubbliche richiedono manutenzione costante.*
- argomento di **analogia**: consiste nell'illustrare ciò che è meno noto con ciò che è più noto.
  Es.: ***Come*** *le medicine curano il corpo,* ***così*** *una parola amica può dare conforto.*

- argomento di **distinzione** o **dissociazione**: consiste nel distinguere una verità dall'altra e nel dissociarsi da una di queste.
  Es.: *È normale che gli studenti cerchino di copiare a suola,* ***ma*** *è compito dell'insegnante impedirlo.*

GLI ERRORI DI RAGIONAMENTO

Bisogna evitare alcuni errori che possono invalidare un ragionamento:

- **incoerenza o incongruenza**: si verifica quando il discorso, invece di seguire un ordine e uno sviluppo coerente, registra tutto ciò che si affaccia alla mente e salta da un argomento all'altro, senza mantenere il filo logico.
  Es.: *Dobbiamo imparare a scrivere bene se vogliamo trovare un lavoro, anche se nessuno terrà conto della nostra capacità di scrittura.*
- **contraddizione**: consiste nell'affermare un concetto e il suo contrario: questo errore conduce all'assurdo e pertanto va assolutamente evitato.
  Es.: *L'italiano si impara leggendo molti libri; ciò che conta, infatti, è soprattutto conoscere la teoria grammaticale.*
- **falsa causa**: si può sbagliare in due modi: adducendo come causa di un fenomeno quella che in realtà non lo è, oppure scambiando per causa di un fenomeno un evento che semplicemente lo precede.
  Es.: *Sono andato a scuola un anno prima e per questo so bene l'italiano.*
- **petizione di principio**: si cade nella petizione di principio (propriamente richiesta di ciò che sta all'inizio) quando si usa come premessa di un ragionamento la conclusione che si intende ricavarne, cioè, in pratica, si dà per vera la conclusione che si deve dimostrare.
  Es.: *Ho vissuto un'esperienza paranormale. Ciò significa che i fenomeni paranormali esistono veramente.* L'errore consiste nel dare per scontato che l'esperienza vissuta sia paranormale, mentre questo andava dimostrato.
  Oppure: *Visto che sono stati corretti, questi sono errori di italiano.* Ma che questi siano errori di italiano è la cosa da dimostrare.

ALLA PROVA — ERRORI DI RAGIONAMENTO

In ciascuna di queste frasi è presente un errore di ragionamento: prova a identificarlo. L'esercizio è avviato.

- *I sogni sono veritieri; ho sognato di essere un cavallo; quindi sono un cavallo.*

Errore di falsa causa: i sogni possono anche essere veritieri, ma sognare di essere un cavallo non comporta il fatto di essere un cavallo.

- *Viaggiare in bicicletta è pericoloso; pertanto le biciclette dovrebbero essere vietate.*

Errore: ....

- *Vado bene a scuola perché non devo studiare molto.*

Errore: ....

- *Sto dicendo la verità poiché non ti sto prendendo in giro.*

Errore: ....

- *Bisogna ascoltare l'opinione dei cittadini, perché non si può ignorare quello che pensano.*

Errore: ....

ALLA PROVA **ERRORI DI RAGIONAMENTO**

Paola Cantù
Le fallacie della Fallaci

Sarebbe solo un gioco di parole accostare il termine "fallacia", che indica un errore di logica, al cognome di Oriana Fallaci, se non fosse che la giornalista, già nota per uno stile di scrittura emotivo, nel suo libro *La rabbia e l'orgoglio* (Rizzoli, Milano 2001) ci ha offerto una sorta di quaderno di esercizi sulle fallacie. Paola Cantù, una studiosa di logica che si è esercitata a rintracciare fallacie negli scritti e nei discorsi di vari autori, ha analizzato alcuni passi di questo libro.

Oriana Fallaci scrive:

Non capite o non volete capire che se non ci si oppone, se non ci si difende, se non si combatte, la Jihad vincerà. E distruggerà il mondo che bene o male siamo riusciti a costruire, a cambiare, a migliorare, a rendere un po' più intelligente cioè meno bigotto o addirittura non bigotto. E con quello distruggerà la nostra cultura, la nostra arte, la nostra scienza, la nostra morale, i nostri valori, i nostri piaceri...

Questo argomento mira a persuadere il lettore dell'urgenza e dell'opportunità di una guerra contro la Jihad islamica facendo appello a conseguenze catastrofiche che potrebbero derivare dall'assenza di una risposta decisa e difensiva nei confronti di quella che poco sopra la Fallaci aveva definito *una Crociata alla rovescia*. Questo tipo di argomento si basa sulla critica della tesi di chi esita, non si oppone o non si difende tempestivamente, suggerendo che tale atteggiamento costituirebbe il primo di una serie di passi che condurrebbero alla distruzione della cultura occidentale. Un argomento di questo genere è valido solo se è possibile esplicitare la catena sequenziale dei passi che conduce dal rifiuto della guerra alla distruzione dell'Occidente e se si può dimostrare che ciascuno è conseguenza del precedente. In assenza di una dimostrazione della sequenzialità dei passi, non è affatto garantito che l'esito catastrofico sia una conseguenza della tesi iniziale [...] L'argomento sopra citato è un esempio della **fallacia della brutta china**, perché dalle conseguenze negative future si ricava una ragione contro la tesi iniziale, ma potrebbe essere classificato, al pari del seguente, anche come una **fallacia *ad metum***, vale a dire come un ragionamento che fa appello al timore di un evento che potrebbe verificarsi in futuro.

In tutti i sensi crolliamo, caro mio. E al posto delle campane ci ritroviamo i muezzin, al posto delle minigonne ci ritroviamo il chador, al posto del cognacchino il latte di cammella.

Un argomento di questo genere si basa su elementi non logici, extrarazionali: l'efficacia dell'argomento è tanto maggiore quanto più gli eventi prospettati sono emotivamente significativi per l'interlocutore.

Nell'argomento citato è interessante osservare la scelta delle conseguenze paventate: per le donne si sceglie il simbolo della rivoluzione femminile occidentale degli anni Sessanta, la minigonna, mentre per gli uomini si sceglie il simbolo di una tradizione tipicamente europea, il cognac. [...] Benché non sia di per sé stesso fallace fare appello a fattori emotivi, ciò non sarebbe giudicato razionale né in un saggio scientifico né in un argomento che pretenda di essere universalmente valido, ma non è questo il caso dell'articolo della Fallaci. Perché l'argomentazione sia comunque considerata accettabile, occorre che le previsioni abbiano un certo grado di attendibilità e non assumano il ruolo di minacce, profezie che si autoadempiono, ricatti morali.

da *Diogene: filosofare oggi*, Ibis, Pavia, I, (2005).

COMPRENSIONE E ANALISI

1. Il libro *La rabbia e l'orgoglio* fu, almeno in parte, condizionato dall'emozione che, nei giorni successivi all'11 settembre 2001, travolse molti giornalisti.
   Che cosa era successo l'11 settembre 2001?

   ....

   ....

2. Ti sembra che lo stile viscerale della Fallaci sia solo frutto di emozione o tradisca la volontà di trascinare il lettore sprovveduto senza averlo prima persuaso razionalmente?

   ....

3. Come si spiega, a tuo parere il grande successo riscosso dal libro?

4. Ora leggi questo passo:
   Io non nego a nessuno il diritto di avere paura. Mille volte ho scritto, ad esempio, che chi non ha paura della guerra è un cretino e che chi vuol far credere di non avere paura della guerra è insieme un cretino e un bugiardo. Ma nella Vita e nella Storia vi sono casi in cui non è lecito aver paura. Casi in cui aver paura è immorale e incivile. E quelli che, per debolezza o mancanza di coraggio o abitudine a tenere il piede in due staffe si sottraggono a questa tragedia a me sembrano, oltre che codardi, sciocchi e masochisti.
   - A prescindere dal fatto che si possa concordare o meno con quanto è affermato in questo passo, in esso è presente un clamoroso errore di ragionamento, precisamente un errore di falsa causa. In che cosa consiste?

     ....

   - Che cosa significano i termini codardi e masochisti?

     ....

   - Come giudichi la tecnica di rivolgere insulti a chi la pensa diversamente?

     ....

I REQUISITI DEL DISCORSO: COERENZA E COESIONE

Pur essendo liberi di pensare, dire e scrivere ciò che vogliamo, in un testo argomentativo non possiamo procedere a ruota libera né improvvisare: il tal caso chi ci ascolta o ci legge faticherebbe a seguire il nostro ragionamento e si perderebbe, vanificando così il nostro sforzo di persuaderlo.

Il nostro discorso deve dunque avere:

- la **fluidità**: cioè deve svolgersi in modo lineare, seguendo un ordine così da evitare ripetizioni o omissioni;
- la **coerenza logica**: cioè deve seguire un filo logico, uno **sviluppo coerente**. Mentre si scrive o quando si rilegge un testo è necessario chiedersi se la frase che precede si collega concettualmente con quella che segue, senza presentare salti logici né trapassi bruschi che possano sconcertare il lettore;

- la **coesione sintattica**: le frasi devono essere **ben collegate sulla base dei rapporti grammaticali** e delle connessioni sintattiche per conferire al testo chiarezza e fluidità. A ciò contribuiscono i **connettivi**, cioè tutti gli elementi che consentono di organizzare il testo creando legami tra le sue parti: sono importanti soprattutto le congiunzioni coordinanti e subordinanti, ma anche le preposizioni, gli avverbi, la punteggiatura e tutti i legami semantici (sinonimi, ripetizioni ecc.).

MEMO
Periodi coerenti e incoerenti: qualche esempio

Non sono uscito di casa perché pioveva.	Periodo **coerente e coeso**: le due frasi che lo compongono presentano una motivazione logica e sono collegate dalla congiunzione *perché*.
Non sono uscito di casa, dal mio meccanico ho visto una bicicletta che mi piace.	Periodo **incoerente**, perché le due azioni non hanno un rapporto consequenziale, ma formalmente **coeso** perché le due frasi hanno lo stesso soggetto e le azioni si svolgono ambedue nel passato.
Non sono uscito di casa, il tuo amico acquisterà una bicicletta.	Periodo **non coerente né coeso**: le due frasi non presentano né un rapporto concettuale né un legame formale.

I CONNETTIVI TESTUALI

Sono detti **connettivi** tutti quegli elementi che collegano le varie parti del testo rafforzando il processo argomentativo. Anche se qui di seguito indichiamo in prevalenza **congiunzioni**, **avverbi** e **locuzioni**, qualsiasi parte del discorso può fungere da connettivo nel momento in cui è impiegata per creare collegamenti, rinvii, richiami all'interno del testo.

A volte il connettivo **può anche mancare** o perché è evidente di per sé oppure perché chi scrive pensa che grazie all'ellissi del connettivo la frase acquisti maggiore espressività. Di fronte alla frase: *Piove. Apri l'ombrello*, nessuno sente l'esigenza di rendere esplicito il nesso: dire *Apri l'ombrello perché piove* oppure *Piove, quindi apri l'ombrello* sono solo possibili varianti del medesimo enunciato.

Altre volte a fungere da connettivo è un segno di interpunzione, come i **due punti**: la frase *Ora sappiamo come sarà la prima prova: possiamo incominciare a prepararci* equivale a *Ora sappiamo come sarà la prima prova; pertanto possiamo incominciare a prepararci oppure a Possiamo incominciare a prepararci perché ora sappiamo come sarà la prima prova.*

LA FUNZIONE ARGOMENTATIVA DEI CONNETTIVI

I connettivi non assicurano soltanto la coesione, ma svolgono anche una funzione argomentativa introducendo nel testo le possibili sfumature. Eccone alcune con i rispettivi nessi sintattici e connettivi:

- **chiarire un concetto** introducendo una **puntualizzazione** (*ma...; in particolare...; in altri termini...*).
  Es.: *Sull'inutilità del copiare a scuola ho già espresso la mia opinione: in particolare vorrei precisare che copiare è un comportamento disonesto.*
- **esemplificare un'idea**: (*per esempio...*).

Es.: *A copiare non è detto che si guadagni: pensiamo, per esempio, a quando si copia una cosa sbagliata.*

- **sottolineare un aspetto** del tema indicandone l'importanza (*perfino…; soprattutto…; addirittura…*).
  Es.: *La prassi del copiare è destinata ad allargarsi: perfino la tecnologia aiuta, perché basta avere a disposizione lo smartphone.*
- **attenuare il senso** limitando la portata di un'osservazione (*del resto…; a parte il fatto che…; anche se…; senza considerare che*).

I CONSIGLI DEL TUTOR
PICCOLE PAROLE DA NON SOTTOVALUTARE: I CONNETTIVI

FUNZIONE	MODALITÀ	PRINCIPALI CONNETTIVI
collegare	- unendo - negando	*e, anche, inoltre, per di più ecc.* *né, neppure, senza ecc.*
distinguere	- in alternativa - in opposizione - in correlazione	*o, oppure* *ma, però, invece, al contrario, d'altra parte, tuttavia, al contrario* *sia… sia…; come… così…; né… né…; da una parte… dall'altra…; non solo… ma anche…*
mettere in rapporto	- di causa e di effetto - di scopo - di conseguenza - di tempo - di spazio	*infatti, perciò, perché, poiché, dal momento che, siccome, per il fatto che, a causa di, in base al fatto che* *affinché, per, allo scopo di, con l'intento di* *cosicché, così da, tanto da, quindi* *quando, mentre, nello stesso tempo, prima, prima di, dopo che, anzitutto, dopo tutto, finché* *davanti, dietro, in primo (secondo…) luogo, infine, accanto*
confrontare	- per analogia - per contrasto	*come, allo stesso modo, analogamente* *al contrario, diversamente*
supporre		*se, nel caso in cui, qualora, a condizione che, supponiamo che, ammesso che*
concedere		*sebbene, benché, anche se, nonostante ciò, malgrado ciò*
spiegare e chiarire		*cioè, ossia, vale a dire, in altri termini, in realtà, in particolare, naturalmente, veramente*
esemplificare		*per esempio, per essere concreto, vale a dire, ebbene*
valutare		*a mio parere, secondo me, certamente, soprattutto, almeno*
richiamare		*come abbiamo detto, come si è già spiegato, in altre parole*
concludere		*quindi, dunque, pertanto, infatti (conclusivo), ne consegue che, per finire, in conclusione, insomma, ecco perché*

Es.: *Copiare a scuola non è poi così grave; del resto, chi non lo ha mai fatto scagli la prima pietra.*

- **introdurre una nuova circostanza** aggiungendo un elemento secondario ma utile per dimostrare la tesi (*inoltre…, c'è da aggiungere il fatto che…; non a caso…*).
  Es.: *Ormai tutti copiano: non a caso Wikipedia è consultata anche da chi scrive per mestiere.*
- **mettere in rapporto due tesi** introducendo una **correlazione** o una **tesi contrapposta** (*come… così; sia… sia…; da una parte… dall'altra; contrariamente a questo…; a meno che…; salvo che…*).
  Es.: *Se i giornalisti copiano da Wikipedia, uno studente potrà pure guardare sul quaderno del vicino di banco.*
- **tra due aspetti del tema, sottolineare il secondo** concentrandovi l'attenzione (*ma soprattutto…*).
  Es.: *Il fatto di copiare non solo ostacola il giudizio dell'insegnante, ma soprattutto pone un problema di morale, perché è un comportamento disonesto.*

ALLA PROVA USARE I CONNETTIVI

Collega gli enunciati organizzandoli e inserendo il connettivo opportuno; puoi proporre più soluzioni.

1. Sono caduto in bicicletta. Andavo troppo veloce.

   ....

2. Studio poco. Probabilmente non sarò promosso.

   ....

3. La nonna mi vuole molto bene. Mi invita spesso a pranzo da lei. È la madre di mia mamma. La nonna abita a Roma. Mi dà spesso del denaro per acquistare i libri.

   ....

4. Ho fatto la strada di corsa. Sono uscito tardi da scuola.

   ....

5. Il compito è stato facile. Siamo stati contenti. Questo compito ci consente di riparare il brutto voto che abbiamo riportato nel precedente. Siamo anche riusciti a comunicarci le soluzioni. Tra una settimana finisce il quadrimestre. Anche il professore è stato soddisfatto.

   ....

   ....

6. I mio amico suona bene **anche se/sebbene/perché** non ha fatto il Conservatorio.
7. Perché nella frase 6 non si può usare come connettivo *benché*?

   ....

ALLA PROVA | LEGGERE I TESTI ARGOMENTATIVI

Ilvo Diamanti
Studiate!

La forma espressiva di questo brano spicca per la sua semplicità, in quanto consta di brevi frasi in serie. Hanno particolare risalto i connettivi, ai quali è affidata un'argomentazione ricca e varia, ma succinta ed elementare.

Cari ragazzi e ragazze, cari giovani: studiate*!* Soprattutto - anche se non solo - nella scuola pubblica. Ma anche quando non siete a scuola. Quando siete a casa vostra o in autobus. Seduti in piazza o ai giardini. Studiate. Leggete. Per curiosità, interesse. E per piacere. Per piacere. Anche se non vi aiuterà a trovare un lavoro. Tanto meno a ottenere un reddito alto. Anche se le conoscenze che apprenderete a scuola vi sembreranno, talora, in-attuali e im-praticabili. In-utili. Nel lavoro e anche fuori, spesso, contano di più altre "conoscenze" e parentele. E i media propagandano altri modelli. Veline, tronisti, "amici" e "figli-di"...

Studiate! Gli esempi diversi e contrari sono molti. Non c'è bisogno di rammentare le parole di Steve Jobs, che esortava a inseguire i desideri. A essere folli. Guardatevi intorno. Tanti ce l'hanno fatta. Tanti giovani - intermittenti e flessibili - sono convinti di farcela. E ce la faranno. Nonostante i giovani - e le innovazioni - in Italia facciano paura. Studiate! Soprattutto nella scuola pubblica. Anche se i vostri insegnanti, maestri, professori non godono di grande prestigio sociale. E guadagnano meno, spesso molto meno, di un artigiano, commerciante, libero professionista... Anche se alcuni di loro non fanno molto per farsi amare e per farvi amare la loro disciplina. E, in generale, l'insegnamento. Anche se la scuola pubblica non ha più risorse per offrire strumenti didattici adeguati e aggiornati. Anzi, semplicemente: non ha più un euro.

Ragazzi: studiate! Nella scuola pubblica. È di tutti, aperta a tutti. Studiate. Anche se nella vita è meglio furbi che colti. Anzi: proprio per questo. Per non arrendersi a chi vi vorrebbe più furbi che colti. Perché la cultura rende liberi, critici e consapevoli. Non rassegnatevi. A chi vi vorrebbe opportunisti e docili. E senza sogni. Studiate! Meglio precari oggi che servi per sempre.

Ilvo Diamanti, *La Repubblica* 12/11/2011, ora in *Tempi strani. Un nuovo sillabario*, Feltrinelli, Milano 2012

COMPRENSIONE E ANALISI

1. Gli imperativi *Studiate* sono evidenziati in **verde**: costituiscono la trama del discorso e hanno la funzione di ribadire il concetto per renderlo più persuasivo. Ritieni che questa ripetizione sia utile al fine di persuadere chi legge?

2. Il **rosso** evidenzia le ragioni per studiare. Elencale sul quaderno.

3. Il **giallo**, infine, evidenzia i connettivi, particolarmente abbondanti in un testo che procede per frasi brevi paratattiche e quindi aveva bisogno di numerosi collegamenti. In particolare, sono introdotti dal connettivo concessivo *Anche se* gli elementi negativi dello studiare. Elencali sul quaderno.

4. Quale effetto ha voluto ottenere l'autore staccando il prefisso negli aggettivi *in-attuali, im-praticabili, in-utili?*

....

....

5. Un connettivo che figura una sola volta nel brano è *perché*, anche se non mancano altri argomenti di causa. Individuali e introducili con *perché* o con un altro connettivo causale.

6. **Riassunto** Riassumi il brano in 4-5 righe. Data la particolare natura del testo, in cui il pensiero dell'autore si fraziona in una molteplicità di frasi, dovrai lavorare sui concetti portanti.

3.3 La struttura del commento

RIFORMULARE LA TESI, ARRICCHIRE L'ARGOMENTAZIONE

L'articolazione del commento, come ogni altra forma di discorso, non deve mai essere frutto di un assemblaggio casuale di argomentazioni. È invece fondamentale inserire le proprie argomentazioni entro una limpida architettura del discorso, che si reggerà su alcune componenti fondamentali, come:

- il **tema** che si deve affrontare;
- la **tesi** che si intende sostenere;
- gli **argomenti a favore della tesi**;
- i possibili argomenti dell'**antitesi**, cioè di eventuali obiezioni che dovremo confutare;
- le **conclusioni** a cui si vuole arrivare.

Questa scaletta non è rigida: alcuni elementi possono essere spostati (per esempio la tesi può emergere alla fine come conclusione); altri possono mancare del tutto (per esempio, si può sostenere una tesi senza prevedere un'antitesi). La cosa importante è seguire il filo logico e non deviare dall'obiettivo.
In particolare, **se condividiamo la tesi** del testo di appoggio, nel commento potremo riformulare la tesi stessa e addurre altri argomenti in modo che il nostro testo confermi il punto di vista dell'autore.

CONFUTARE LA TESI, ESPRIMERE UN PUNTO DI VISTA ALTERNATIVO

Se invece **non condividiamo la tesi** sostenuta nel testo, è bene dichiararlo subito e confutarla, cioè dimostrare con argomenti che la tesi per noi non è valida. Per esempio, possiamo sostenere che:

- si fonda su premesse o dati non validi o discutibili. Es.: *Non è dimostrata alcuna connessione tra le vaccinazioni e determinate malattie*;
- risente di errori di valutazione. Es.: *Il crollo del ponte non è stato determinato dal maltempo, ma dalla mancanza di manutenzione*;
- generalizza una conclusione. Es.: *Secondo alcuni, la magistratura ha dimostrato che tutti i politici sono corrotti, ma questa è un'esagerazione*;
- fa appello ad autorità non attendibili o a sproposito. Es.: *Non è vero che secondo Machiavelli il fine giustifica i mezzi.*

Naturalmente nei testi proposti come prove, che si prescrive siano opera di intellettuali o esperti di fama, sarà difficile trovare errori così macroscopici. Il che non esclude che si possa dissentire, ma il dissenso andrà attribuito, più che agli errori del testo di appoggio, alle nostre convinzioni personali. Per esempio, un autore può sostenere con ragioni validissime che i nuovi media sono pericolosi, ma questo non ci impedirà di prospettarne la comodità e l'utilità.

CONTROBATTERE L'ARGOMENTAZIONE

Dopo aver confutato la tesi altrui, dobbiamo formulare la nostra **controtesi**, per poi argomentarla. La strada del dissenso è più difficile di quella del consenso: se si formula una tesi alternativa, è necessario motivarla con ragioni molto valide; in caso contrario non si esprime dissenso ma solo un capriccio o un pregiudizio. In questa prospettiva entra in gioco quella che potremmo chiamare un'**etica del commento**, la stessa etica che regola i rapporti interpersonali per cui l'onestà verso il prossimo richiede che non si giudichi a caso o per partito preso. Nella realtà molto spesso si giudica sulla base di semplici impressioni o di idee preconcette: affermazioni come *il tale ha ragione perché è mio amico, questo prodotto è buono perché costa molto, questo libro è bello perché l'autore è famoso, questo provvedimento è valido perché lo ha voluto il mio partito* non solo contengono errori di ragionamento ma sono moralmente scorrette, in quanto

ALLA PROVA — UN TESTO ESEMPLARE

Federico Rampini
Fuga dalla scienza

Federico Rampini, corrispondente di Repubblica da New York, motiva la propria opposizione al movimento antivaccinale in America, ora presente anche in Italia. Il brano offre un esempio di argomentazione robusta in difesa del proprio punto di vista; sul piano espressivo spicca la disinvoltura con cui il grande giornalista affronta con stile fluido e periodi brevi un argomento assai impegnativo.

Esordio: Il pericolo nascosto è un fanatico che spara, ma è ancora più pericolosa l'obiezione contro i vaccini

Il pericolo nascosto? È un maschio adulto, fanatico delle armi, che ha un raptus e spara all'impazzata in un luogo pubblico nel quale mi trovo io, o mia moglie, o i miei figli. Vivendo in America, questo è un incubo con cui bisogna convivere. Non ci penso troppo spesso, ma in un angolo della testa so che può accadere.
Che dire dell'altro pericolo in agguato: un bambino di tre anni con delle macchioline in viso, oppure all'apparenza sano ma incubatore «non ancora visibile» di morbillo? È il nuovo killer che si aggira in mezzo a noi. Tra le follie di questa nazione all'avanguardia del progresso, c'è l'obiezione di coscienza contro le vaccinazioni obbligatorie.

I precedenti in tema di vaccini

È un pericolo serio, meno immaginario di tanti virus esotici. Nell'autunno 2014 i contagi di Ebola qui in America sono stati dell'ordine di grandezza di una decina. I bambini colpiti da morbillo, invece, sono stati 120 in un solo mese. Abbiamo avuto dei casi a New York; tra i ragazzini in gita a Disneyland in California; e in altri 19 Stati Usa. Il morbillo può essere mortale, anche in età adulta: su mille malati, in media uno o due

attribuiscono per principio credito a chi non necessariamente lo merita. Soprattutto nello scrivere è bene guardarsi da questo tipo di equivoci.

LA TRACCIA: VINCOLANTE O MENO

Nell'ambito della **terna di tracce** previste per la tipologia B possono essere proposte differenti articolazioni:

- **tracce più vincolanti** circa la forma del commento argomentativo, in cui si chiederà per esempio di utilizzare mosse argomentative specifiche; potranno anche essere fornite "*indicazioni sull'ordine nell'esposizione degli argomenti e controargomenti a sostegno o a confutazione delle tesi sostenute nel testo d'appoggio*". In questo caso il commento è vincolato e guidato dalla traccia.
- **tracce meno vincolanti**, in cui si chiederà di esporre tesi e *argomentazioni specifiche senza ricorrere necessariamente a strategie discorsive proprie dell'argomentazione*. In questo caso il commento è relativamente libero, ma non può svilupparsi a ruota libera, perché deve esporre tesi e argomentazioni specifiche, cioè legate al testo di appoggio.

muoiono. Ogni malato, in media, contagia altri 18 individui. Tra le complicazioni, rare ma possibili, ci sono polmoniti e infezioni cerebrali. Perciò, dal 1987 molti paesi occidentali cominciarono a rendere obbligatorio il vaccino «triplo» contro le malattie infantili: morbillo, parotite e rosolia. Grazie a ciò, dieci anni fa erano scomparse qui negli Stati Uniti come in altri paesi avanzati.

La situazione di oggi: l'oscurantismo antivaccinale sta incrinando la "immunità del gregge"

Oggi tornano a colpire, per ragioni di... oscurantismo dilagante. Nicholas Kristof sul «New York Times» riferisce che il tasso di vaccinazione «triplice» negli Stati Uniti è solo 90 per cento, cioè inferiore allo Zimbabwe e al Bangladesh. Per essere davvero efficace, una vaccinazione deve sfiorare il 100 per cento della popolazione: solo così si crea quella protezione che i medici chiamano «immunità del gregge». È importante per la salute di tutti, e in modo particolare per quei rari individui che alla vaccinazione sono davvero allergici, o non possono riceverla senza correre gravi rischi, come i bambini affetti da leucemia. Se il gregge non è immune, e la malattia circola, questi soggetti deboli sono esposti a pericoli enormi. Li corriamo tutti. Non a caso l'introduzione delle vaccinazioni di massa è uno dei più grandi progressi della medicina moderna. Il vaccino contro la poliomielite ha salvato mezzo miliardo di vite umane, molto più delle vittime di due guerre mondiali.

L'oscurantismo antiscienza non proviene da Paesi arretrati ma dai civilissimi Stati Uniti

L'oscurantismo antiscienza ce lo aspettiamo quando sono i talebani in Afghanistan e in Pakistan a combattere le vaccinazioni antipolio; o Boko Haram in Nigeria. Ma qui in America? Una parte dell'obiezione di coscienza contro vaccini ha anche qui motivazioni religiose, ma si tratta di minuscole enclave come gli Amish, seguaci di una fede dai costumi ottocenteschi, che vivendo tra loro possono contagiare pochi altri. Poi c'è la componente di destra. Rifiutare di sottoporre i figli alle vaccinazioni obbligatorie è l'ultima frontiera della battaglia anti-Stato. La destra ultraliberista, iperindividualista, denuncia nelle campagne immunitarie la longa manus di Barack Obama, la sua odiata riforma sanitaria, il Grande Fratello che interferisce nell'educazione dei propri figli. Ignorano che i vaccini risalgono all'Ottocento, un po' prima di Obama? Tutto fa brodo pur di denunciare l'invadenza dello Stato e il presunto socialismo strisciante del presidente nero.

Ma non è una prerogativa della destra individualista: lo strano amalgama liberal e progressista

Attenzione, però. Gli oscurantismi non stanno da una parte sola. Fra le contee dove c'è un'obiezione di coscienza contro i vaccini, figurano zone radical-chic come Marin (San Francisco) e Santa Monica (Los Angeles). È la California più liberal, progressista, che respinge i vaccini per i propri figli. Le spiegazioni? Delle teorie che legarono l'autismo ai vaccini, screditate dalla ricerca medica, continuano a circolare nella blogosfera. E poi uno strano amalgama mette assieme salutismo, diete vegane, agricoltura biologica e il rifiuto di ogni «sostanza» iniettata nel corpo. [...]

Un nuovo Medioevo

Viviamo nel terzo millennio, ciascuno di noi maneggia uno smartphone, che ha una potenza informatica superiore ai computer con cui la Nasa mandava astronauti sulla luna. Ma questo non impedisce al Medioevo di essere ancora in mezzo a noi.

Federico Rampini, *L'Età del Caos*, Mondadori, Milano 2015

COMPRENSIONE E ANALISI

1. La parte iniziale del testo parla di un pericolo che non ha nulla a che vedere con quello su cui verte il seguito. Ti sembra che questo sia un errore di argomentazione, perché propone un tema diverso da quello principale, o un'efficace argomentazione tramite esempio?

....

....

2. Chi è il *nuovo killer*, che si aggira tra la popolazione e a che proposito si parla di killer?

....

....

3. Negli Stati Uniti la percentuale di vaccinazione triplice è al 90%, cioè elevata o bassa?

....

....

4. L'opposizione dell'autore all'obiezione di coscienza contro le vaccinazioni obbligatorie è dimostrata con i seguenti argomenti:

- per essere efficace, una vaccinazione deve ....

....

- negli Stati Uniti la percentuale di vaccinazione triplice è

....

- da ciò deriva che i più esposti al pericolo sono .....

....

5. Che cosa significa il termine *oscurantismo* usato nel testo?

....

....

6. Rintraccia nel testo e riporta le motivazioni dell'oscurantismo antiscientifico individuate da Rampini:

....

....

....

....

Come giudichi dal punto di vista argomentativo la conclusione, che contrappone la potenza di uno smartphone, superiore a quella dei computer con cui la Nasa mandava astronauti sulla luna, al Medioevo che è ancora in mezzo a noi?

....

....

7. **Riassunto** Riassumi l'articolo in una decina di righe.

8. **Riscrittura** Immagina di dover argomentare in una decina di righe il punto di vista antivaccinale.

COMMENTO

9. In margine alla tesi di Rampini, esponi il tuo punto di vista sull'utilità delle vaccinazioni (i connettivi sono sottolineati). Puoi soffermarti sugli spunti che seguono (o su argomenti affini), nell'ordine indicato:
   - i vaccini sono vittime del loro successo, in quanto la scomparsa di molte malattie ha fatto perdere la percezione della loro utilità;
   - infatti oggi la mancata percezione dei rischi di contrarre malattie infettive contrasta con la sovrastima dei rischi effettivi che l'uso del vaccino comporta, perché c'è chi crede che la prevenzione possa essere più pericolosa della malattia;
   - peraltro è venuta meno la ragione contraria: l'ipotetico legame tra il vaccino trivalente e l'autismo è stato confutato;
   - inoltre sarebbe importante sapere esattamente se una malattia sopraggiunta dopo la somministrazione di un vaccino sia stata determinata da esso o solo concomitante;
   - d'altra parte, non si può privare il genitore della sua libertà;
   - ma è anche vero che le convinzioni del genitore nella maggior pare dei casi non sono supportate da corretta informazione;
   - per concludere, i siti antivaccinali diffondono teorie non verificate che disturbano una decisione serena.

I CONSIGLI DEL TUTOR
ECCO COME VERRÀ VALUTATA LA TUA PROVA

Riportiamo direttamente dalle indicazioni ministeriali i criteri generali per la valutazione degli elaborati di tipologia B:

- individuazione corretta di tesi e argomentazioni presenti nel testo proposto;
- capacità di sostenere con coerenza un percorso ragionativo adoperando connettivi pertinenti;
- correttezza e congruenza dei riferimenti culturali utilizzati per sostenere l'argomentazione.

ALLENAMENTO TIPOLOGIA B

Le prove di allenamento sono proposte in tre diverse formule:

- **PROVE SVOLTE**: all'inizio del percorso di allenamento, una prova offre un possibile svolgimento fornendo la risposta alle domande di analisi e comprensione e avviando il commento;
- **PROVE GUIDATE**: aiutano a svolgere la prova proponendo alcune risposte alle domande più impegnative della parte di analisi e comprensione;
- **SIMULAZIONI**: sono proposte che simulano la prova d'Esame, quindi da svolgere in piena autonomia.

Le risposte date sono evidenziate in colore.

IL TESTO ARGOMENTATIVO: ANALISI E COMMENTO

Indicazioni valide per tutte le prove: dopo un'attenta lettura, componi un testo di analisi e commento utilizzando e sviluppando i punti proposti nella prima parte, Comprensione e analisi.

B1

Benedetta Tobagi
Perché le nuove generazioni sono rimaste senza futuro

PROVA SVOLTA

La fuga di giovani all'estero evoca l'immagine dei topi che abbandonano la nave. Pensieri spaventosi: non sorprende che li evitino le nuove generazioni di adulti, che aspirano a sentirsi giovani (liberi, leggeri, deresponsabilizzati, onnipotenti) in eterno. Il nuovo paradosso è la disperazione giovanile che convive col trionfo del mito della giovinezza come bene supremo. La popolazione matura ha il terrore di invecchiare e vampirizza l'allure della gioventù, abbandonando i ragazzi alle loro ombre. Già, è fantastico avere l'energia, le aspettative, il corpo tonico, la leggerezza dei vent'anni con i soldi e le sicurezze materiali di un quasi cinquantenne. "I quaranta sono i nuovi venti!", recitava la pubblicità di una nuova serie tv. Mai come oggi "sentirsi giovane" dipende poco dal dato anagrafico. È un lusso per chi può permetterselo. Chiaramente, quasi mai i giovani veri, che non a caso scappano sulla Rete e inventano strumenti per condividere gratis musica, film, conoscenze, spazi sociali. Dall'Italia all'Inghilterra, sono scesi in piazza a gridare che non vogliono pagare la crisi di padri preoccupati soprattutto di mantenere il proprio benessere. Da più parti li si accusa di remare contro le riforme, di essere "conservatori", rispetto ai coetanei che nel ‘ 68 volevano cambiare il mondo. Ma è cambiato il mondo, più che i giovani. Basti pensare alla famiglia: per la maggioranza oggi non è la trappola soffocante ma il supporto materiale essenziale e un miraggio irraggiungibile. Ottima la risposta di un 21enne inglese all'editoriale del *Guardian* che paventava la "politica dei dinosauri": la battaglia per difendere i principi del welfare e dell'educazione pubblica oggi è "trasformativa". Anzi, potenzialmente innovativa: perché un giovane che protesta oggi ha già i piedi fuori dalla coperta dello stato sociale, che non ha ancora saputo ripensarsi per accogliere gli ultimi arrivati e aiutarli a giocare la loro partita.

https://tinyurl.com/y7pr92ps

COMPRENSIONE E ANALISI

1. Quali sono l'argomento del testo e la tesi in esso sostenuta?
Le difficoltà dei giovani e le responsabilità di chi, dopo averle provocate, non sembra preoccuparsene.

2. Quali sono le sequenze essenziali del discorso?.
1. Gli adulti non vogliono invecchiare;
2. i giovani non vogliono pagare la crisi lasciata dai loro padri;
3. la rivalutazione dell'istituto della famiglia dimostra la ricerca di un supporto materiale essenziale.

3. **Riformulazione** Riformula con parole semplici e chiare la frase *La popolazione matura ha il terrore di invecchiare e vampirizza l'allure della gioventù, abbandonando i ragazzi alle loro ombre*.
Gli adulti hanno il terrore di invecchiare e si comportano come se fossero ventenni: sfruttano i giovani e poi li abbandonano a se stessi, come vampiri che succhiano il sangue delle loro vittime.

4. In che senso oggi sentirsi giovani dipende poco dal dato anagrafico? Ti sembra che l'affermazione sia ben argomentata?
Probabilmente l'autrice intende dire che i soldi e le sicurezze materiali possono garantire l'energia dei vent'anni e pertanto il sentirsi giovani è un lusso che solo i ricchi possono permettersi. Ma questa è un'opinione della giornalista, che non l'ha per nulla dimostrata.

5. **Riassunto** Riassumi il testo in non più di quattro righe.
Il mito della giovinezza, che gli adulti cercano in ogni modo di prolungare artificialmente, si scontra con la disperazione di chi è davvero giovane e si trova a dover pagare l'indifferenza e gli errori della generazione dei padri. preoccupati soprattutto di mantenere il proprio benessere. I giovani sono accusati di remare contro le riforme, ma il mondo è cambiato: basta considerare il caso della famiglia, un tempo osteggiata e ora desiderata come un supporto essenziale.

COMMENTO

6. Una delle affermazioni significative contenute in questo articolo è l'idea che i giovani non debbano *pagare la crisi di padri preoccupati soprattutto di mantenere il proprio benessere*. Commenta liberamente questo concetto in un paio di pagine, avendo cura di motivare le tue osservazioni.
Commento svolto (i connettivi evidenziati in giallo distinguono le argomentazioni addotte, perlopiù in opposizione alle ragioni addotte dal testo, che non sempre sono lineari).
Questo articolo già esordisce con un titolo orribile e maleaugurante: le giovani generazioni avranno un futuro difficile, ma non è detto che siano *senza futuro*, perché il futuro ciascuno se lo deve costruire. I tempi sono difficili, ma non è detto che non possano lasciare spiragli. Da questo punto di vista, l'articolo si squalifica per quell'eccesso di catastrofismo che spesso funge da esca per attirare lettori sprovveduti con titoli a effetto. C'è da dire, peraltro, che l'idea che la generazione dei padri (e in parte anche dei nonni) abbia lasciato una pesante eredità ai figli è vera. I nostri padri hanno goduto i benefici del benessere economico, che però non sono stati in grado di rendere duraturo e di condividere con noi.
Ma attenzione! Non bisogna generalizzare. Che cosa si intende per *padri*? Un operaio che, dopo aver lavorato, si gode la pensione, un impiegato, una qualsiasi altra persona che ha svolto il proprio lavoro in che senso hanno provocato la crisi? In primo luogo la crisi è sopraggiunta per ragioni epocali che non hanno coinvolto solo il nostro Paese né solo l'Europa. In secondo luogo, se gli istituti previdenziali non sono più in grado di reggere il costo delle pensioni, la colpa non è certo dei pensionati che hanno maturato un diritto, ma di chi ha legiferato facendo crescere in continuazione il debito pubblico. Certamente era comodo creare posti di lavoro abbassando l'età pensionabile, ma tutti sapevano che prima o poi questa prassi avrebbe presentato il conto.
La conclusione dell'articolo non è chiara e personalmente non capisco in che senso *la battaglia per difendere i principi del welfare e dell'educazione pubblica oggi è "trasformativa". Anzi, potenzialmente innovativa.* E non capisco neppure perché un giovane *che protesta oggi ha già i piedi fuori dalla coperta dello stato sociale.* Mi sembrano frasi fatte che dicono poco.
Trovo molto giusto, invece, quello che dice a proposito della famiglia, che prima era vista come una trappola e ora è un miraggio, anche se non così irraggiungibile, visto che non sono poche le famiglie che nascono e si consolidano e, a volte, si disfano, ma per ragioni che esulano dal presente discorso. La famiglia è un miraggio in quanto è indice di un minimo livello di benessere, assicura stabilità e consente di guardare al futuro con fiducia. Sì, perché c'è anche qualcuno che guarda avanti con fiducia e cerca di combattere per assicurarsi un futuro, senza dover emigrare all'estero.
Quanto agli adulti, è vero che ci sono molti finti giovani, che credono di assicurarsi un'eterna giovinezza ricorrendo alla chirurgia estetica, affollando palestre e piscine, facendo viaggi. E con ciò credono di mantenersi giovani, ma perlopiù sono solo patetici. Per fortuna, questo tipo di adulti sono una minoranza. Altri, forse con minore disponibilità economica ma con maggiore

sensibilità, aiutano i figli continuando a mantenerli così da permettere loro un'uscita meno traumatica dalla famiglia e un ingresso morbido nel mondo del lavoro.

È senz'altro vero che i giovani di oggi siano abbastanza conservatori. Tuttavia, se gli adulti lasciassero parlare i giovani senza essere sempre loro a fare domande e a rispondere alle domande stesse, forse si sentirebbero dire che le giovani generazioni hanno paura dei cambiamenti, perché da quando sono al mondo lo hanno sempre visto cambiare in peggio. Ai giovani che nel '68 erano nostri coetanei è davvero difficile credere: dicevano di voler cambiare il mondo e ce ne hanno consegnato uno molto peggiore; volevano eliminare le ingiustizie sociali e il solco tra ricchi e poveri si è approfondito a dismisura; erano contro il potere ma poi hanno occupato tutti i posti di potere disponibili e altri ne hanno creati solo per poterli occupare; hanno dato luogo a una politica sguaiata e squallida, lontana da noi.

Mi è capitato recentemente di leggere pagine di un libro dello storico della scienza Paolo Rossi intitolato Speranze: in esso lo studioso contrappone agli scenari catastrofici ricorrenti alcuni progressi dell'umanità che possono dare ai giovani qualche ragionevole speranza. Rossi ne cita due di livello mondiale, e cioè l'abolizione della pena di morte e la crescita delle democrazie. Certo, si tratta di fenomeni che possono sembrare distanti rispetto all'esigenza di trovare la felicità nel presente. Ma sono pur sempre ragioni per sperare in un mondo migliore, ragioni a partire dalle quali ciascuno è libero di fissare i propri valori e le proprie priorità. Quello che gli adulti non capiscono è che un giovane per esprimere se stesso ha bisogno anche di un po' di immaginazione e di improvvisazione.

B2

Salvatore Natoli
La vita offesa

PROVA GUIDATA

Questo brano verte sugli atti di violenza gratuita che vengono spesso compiuti su persone deboli e indifese. Spicca il rigore esemplare con cui ogni affermazione viene argomentata. I principali argomenti sono indicati nel margine; i connettivi sono evidenziati in giallo.

Argomento di autorità

Argomento di dissociazione

Ragionamento induttivo: dall'evento particolare al principio generale

Molti certamente ricordano il sottotitolo dei *Minima moralia*[1] di Adorno: *Meditazioni sulla vita offesa*. Appunto "la vita offesa". Forse non vi è frase migliore per descrivere il sentimento di malessere che ci prende ogniqualvolta constatiamo come gli uomini siano umiliati, come la vita sia irrisa senza ragione. La nostra società non è cosi invivibile come una certa letteratura della catastrofe vuole farla apparire. Tuttavia, nel nostro tempo le ragioni di disagio non sono poche. Vi sono gesti, atti che magari cogliamo di striscio, che non ci toccano direttamente e che facilmente dimentichiamo, ma che sono sufficienti a creare intorno a noi un'atmosfera di degrado. Ciò che più di tutto rende acre il clima è la violenza gratuita, una crudeltà senza ragione che si può pur guardare con una certa indifferenza, ma nei cui confronti ci si sente in qualche modo esposti e insieme indifesi. Capita spesso di ascoltare o leggere notizie relative a violenze gratuite, perpetrate in genere sui deboli e gli indifesi. Ad esempio: il barbone bastonato e ucciso o il bruciato vivo, l'inseguimento e il linciaggio dell'extracomunitario innocuo, il maltrattamento dei bambini, le bande giovanili, che si lasciano andare a violenze inconsulte non tanto per soddisfare bisogni ma per scherzo, molto spesso per impiegare un tempo vuoto, privo di impegni e di speranze.
Aristotele nel libro II della *Retorica* prende in considerazione il disprezzo, il maltrattamento e l'oltraggio, e mostra come questi comportamenti siano tre specie di quel che

1. ***Minima moralia***: opera del filosofo tedesco Theodor Adorno (1903-1969), esponente della Scuola di Francoforte.

Argomento di autorità

Argomento di distinzione

egli chiama la "mancanza di riguardo". E che cos'e poi la mancanza di riguardo? "La mancanza di riguardo - scrive Aristotele - è l'effetto di un'opinione concernente una cosa che sembra degna di nulla (infatti noi pensiamo che i mali e i beni e tutte le cose che tendono a essi siano degni di attenzione, e riteniamo degne di nulla le cose il cui valore è nullo e scarso)." Nel mondo la violenza è fin troppo praticata, ma di per se non comporta affatto il disconoscimento dell'altro: al contrario, laddove l'obiettivo da raggiungere è alto, lì l'avversario non può essere affatto ignorato. Il nemico lo si vuole certo distruggere, ma non ci si può permettere il lusso di disprezzarlo. Lo si prende sul serio. L'inimicizia è a suo modo economica. In questo caso la violenza è paradossalmente logica e per questo meno arbitraria. La violenza gratuita nasce, al contrario, dal disprezzo e si può disprezzare almeno per due ragioni: o perché ci si sente superiori, o perché non c'è nulla a questo mondo che meriti apprezzamento. Nel primo caso il maltrattamento scaturisce dal narcisismo e dalla vanità. Ed è facile farsi valere laddove è assente un vero nemico. Chi disprezza spesso è proprio colui che non si sente degno di rispetto o che comunque ha un'impropria valutazione di sé.

In altri casi il disprezzo è un'illusoria esaltazione, una guerra tra vinti. Quelle bande di strada che scherniscono e abbattono gracili vite, raccolgono esse stesse vite sbandate, incapaci di rispettare perché non hanno mai appreso ad apprezzare. Chi oltraggia vuol trovare piacere semplicemente nel farsi valere. Chi oltraggia non ha nemico, ma sovrastima se stesso oltre il merito. Chi oltraggia è vanaglorioso o deluso. E diviene immotivatamente spietato. Perciò è pericoloso e inquietante.

Salvatore Natoli, *Dizionario dei vizi e delle virtù*, Feltrinelli, Milano 1996

COMPRENSIONE E ANALISI

1. A che cosa si riferisce il titolo *La vita offesa*?
   Agli atti di violenza gratuita contro persone indifese.
2. Il brano può esser suddiviso in tre sequenze: individuale e dà a ciascuna un titolo.
3. Quali sono gli atti di violenza gratuita addotti come esempi?
4. Qual è la tesi di fondo sostenuta nel testo?
   Che chi compie violenze gratuite è in realtà una persona debole, che non si sente degna di rispetto, e pertanto prova piacere semplicemente nel farsi valere: per questo è molto pericoloso.
5. Da che cosa deriva la mancanza di riguardo che si manifesta nel maltrattamento e nell'oltraggio gratuito ad altre persone, che però non sono nostri nemici? E perché l'*inimicizia è a suo modo economica*?
   La mancanza di riguardo deriva dal ritenere che queste persone non abbiano nessun valore; al contrario, non ci si può permettere di disprezzare il nemico che si vuole distruggere: per questo l'inimicizia è economica, nel senso si ripromette un utile dall'eliminazione del nemico.

COMMENTO

6. Commenta in un paio di pagine il testo di Natoli sulla violenza gratuita, seguendo uno schema di questo genere:
   - introduci il discorso in modo induttivo, citando episodi di violenza gratuita di cui sei a conoscenza;
   - rientrano nell'argomento gli atti di bullismo, che nel testo non sono citati perché risale a un'epoca (il 1996) in cui non si erano ancora manifestati;
   - puoi aggiungere che un altro tipo di violenza che si è venuta intensificando in questi anni è quella contro gli extracomunitari;
   - concordi con la spiegazione razionale esposta da Natoli? Hai qualche tuo argomento da aggiungere (facendo riferimento, per esempio, al bullismo)?

B3 Claudio Magris
Elogio del copiare a scuola

PROVA GUIDATA

Claudio Magris, professore e scrittore, inaspettatamente espone con la consueta lucidità argomentativa alcune buone ragioni a favore del copiare a scuola.

Una volta, al ginnasio, l'insegnante di tedesco aveva assegnato a me e a un mio amico una relazione sui canti popolari di Brentano e Arnim, cuore profondo della vecchia Germania e del Lied romantico. Procuratoci il libro, un'edizione in caratteri gotici con illustrazioni di viandanti nella selva e borghi medioevali dalle strette viuzze e dagli archi a sesto acuto, lo mostravamo ripetutamente in classe al professore, il quale, ogni volta, come se si fosse dimenticato di averne già parlato, prendeva lo spunto da quelle lettere spigolose e dai quei paesaggi assorti per tenere una bella lezione sulla Germania, i suoi sogni e i suoi grovigli, la sua cultura. Naturalmente noi eravamo contenti di far passare le ore senza interrogazioni e senza nuove cose da studiare per il giorno dopo. Ed eravamo convinti che l'insegnante, con tante classi e alunni da seguire, non se ne rendesse conto, finché, dopo una settimana di pacchia, quando alzai la mano per chiedere di uscire un momento, il professore balzò in piedi dicendo che, se gli avessimo fatto vedere ancora una volta quel maledetto libro, ci avrebbe preso a sberle. Questo minimo episodio è l'esempio di una scuola che funziona come si deve, impartendo, senza averne l'aria, molte lezioni di cultura e di vita. Ognuno fa la sua parte: gli scolari, come è giusto, cercano di schivare compiti e interrogazioni; e l'insegnante li lascia fare quel tanto che basta perché si credano astuti, finché vengono presi in castagna e, fra le altre cose, imparano precocemente a non fare i furbi, il che non è poco. [...]
Quella storiella mi è venuta in mente leggendo, di recente, la notizia di un liceo scientifico milanese, l'"Allende", i cui scolari, dopo aver proclamato solennemente l'importanza dell'apprendimento individuale e l'esigenza di lavorare in gruppo ma senza scaricare la fatica sugli altri, hanno giurato di non copiare. C'è indubbiamente nobiltà in questo atteggiamento, in questa volontà di studiare e di reagire (affermando valori quali l'impegno e la lealtà) a una diffusa superficialità, ignoranza, mancanza d'interessi e incapacità di sacrificio e disciplina. Non so tuttavia se le forme in cui questo lodevole spirito si è espresso siano proprio quelle giuste. Anzitutto copiare (in primo luogo far copiare) è un dovere, un'espressione di quella lealtà e di quella fraterna solidarietà con chi condivide il nostro destino (poco importa se per un'ora o per una vita) che costituiscono un fondamento dell'etica. Passare il bigliettino al compagno in difficoltà insegna a essere amici di chi ci sta a fianco e ad aiutarlo pure a costo di rischi, forse anche quando, più tardi, tali rischi, in situazioni pericolose o addirittura drammatiche, potranno essere più gravi di una nota sul registro. Chi, sapendo un po' di più di informatica o di latino di quanto non ne sappia il suo compagno di banco, non cerca di passargli il tema resterà probabilmente per sempre una piccola carogna (il termine appropriato sarebbe veramente un altro, più colorito e disdicevole) e magari si convincerà che quel voto in più sulla sua pagella, casuale e precaria come ogni pagella, sia chissà che cosa: ossia diventerà un imbecille. Se agli scolari tocca copiare,

agli insegnanti ovviamente tocca impedirlo, e il gioco va bene se ognuno fa ciò che gli spetta, senza bollare la copiatura come un crimine e senza rivendicarla come un diritto contro la repressione scolastica. Le cose si guastano invece quando tutti vogliono fare tutto e la scuola, o l'esistenza intera, diventa un Comitato universale permanente, in cui i docenti esortano gli alunni a manifestare la loro creatività rifiutandosi di studiare e gli alunni si mettono al posto dei docenti per rinnovare pedagogicamente la scuola, anziché marinarla ogni tanto, o lamentano che in classe non si leggano autori contemporanei, come se la scuola fosse una mucca da cui succhiare ogni latte e non fosse possibile leggere qualcosa per conto proprio. In questo non ci si diverte più, come non ci si divertirebbe a scopone se ogni giocatore, anziché cercare di far scopa, primiera e settebello, cercasse di far vincere gli altri per evitar loro frustrazioni. E se non ci si diverte, si impara poco perché le cose da apprendere - le seducenti cose del mondo, gli alberi, i Paesi lontani, la storia che ci ha fatti, la materia di cui siamo intessuti, le domande su dove andiamo e da dove veniamo, le parole che raccontano le passioni, i meccanismi che fanno circolare i beni, andare negli spazi o comunicare in tempo reale con gli antipodi - diventano pesanti doveri da assolvere o contestare, e comunque di cui sbarazzarsi appena possibile. [...]

Corriere della Sera, 14 ottobre 1997

COMPRENSIONE E ANALISI

1. Questo articolo contamina varie modalità testuali. Con quale modalità si apre e da che cosa la riconosci?
La modalità è narrativa, come dimostra l'*incipit* Una volta, e consiste nel raccontare l'episodio del libro in caratteri gotici mostrato al professore, che dedicava l'ora a una lezione sulla Germania, dimenticandosi di interrogare.

2. C'è anche una piccola componente descrittiva?
Sì, la descrizione del libro in caratteri gotici.

3. La modalità prevalente nel seguito del brano è quella argomentativa, con cui l'autore dimostra l'utilità del copiare a scuola; tuttavia ti sembra che anche la parte narrativa-descrittiva iniziale abbia una funzione argomentativa?
Sì, perché è una argomentazione tramite esempio.

4. Il senso dell'episodio raccontato nella parte iniziale è che l'insegnante deve essere permissivo con gli alunni? Motiva la tua risposta.
Sì, ma solo fino a un certo punto, oltre il quale deve intervenire per far rispettare le regole.

5. Individua le parti del testo: introduzione, parte centrale, conclusione.

6. Nel testo vi sono argomentazioni fatte attraverso esempi: qual è la loro funzione?
Servendosi di esempi, è più facile dimostrare la tesi paradossale della utilità del copiare.

7. Che cosa dimostra l'esempio dei giocatori di scopone?

COMMENTO

8. Mantenendo la struttura e la scansione dell'articolo di Magris (un esempio come apertura, un episodio attinto all'attualità o uno scritto sull'argomento, esposizione della tesi, dibattito, conclusione) argomenta la tesi opposta, cioè che non si deve copiare a scuola. Puoi sviluppare i seguenti spunti:

a. confuta la tesi di Magris, dimostrando che non è vero che:
- lo studente che ritiene che un voto in più sulla sua pagella sia una bella cosa sia necessariamente un imbecille;
- *agli scolari tocca copiare*;
- far copiare sia un dovere;

b. adduci argomenti per dimostrare che copiare è dannoso perché (argomenti di causa):
- disturba la valutazione dell'insegnante;
- è incompatibile con la meritocrazia;
- equivale a commettere un'azione illegale;
- chi da ragazzo copia i compiti, da adulto non rispetterà le regole (per esempio, non pagherà le tasse, cercherà di approfittare degli altri ecc.);
- anche nella prova di un concorso deve valere la disponibilità a copiare e far copiare?

c. potrai concludere affermando che la solidarietà è certamente un valore, ma... (usa l'argomento di distinzione)

B4 Umberto Galimberti
L'homo sapiens ha ceduto il posto all'homo videns

PROVA GUIDATA

Il sociologo Umberto Galimberti ha raccolto in volume le lettere che gli sono state scritte dai lettori sulla rubrica di un giornale. In questo caso una studentessa universitaria pone il problema della difficoltà di scrittura ed espressione da cui sono affetti i giovani d'oggi.

"Troppi ragazzi scrivono male in italiano, leggono poco e faticano a esprimersi oralmente, servono interventi urgenti." Recita così una frase della lettera che più di seicento docenti universitari, accademici della Crusca, storici, filosofi, sociologi ed economisti hanno inviato al governo e al parlamento per denunciare un problema su cui si pone troppo poca attenzione.

Scorro le firme apposte alla lettera, leggo, tra gli altri, i nomi di alcuni professori della mia università. Li incontro spesso per i corridoi, sento parlare di loro da amici che hanno seguito i loro corsi. Che vergogna e che schiaffo morale sentirsi dire che commettiamo errori "appena tollerabili in terza elementare"! Vorrei poter dire che non è vero. Ma come non dar loro ragione? Facciamo fatica a esprimerci, non leggiamo, non sappiamo riassumere un testo, e a scrivere non siamo mai stati abituati. Ma siamo sicuri che una scuola più efficiente e più verifiche durante l'anno bastino a risollevare la situazione? In molti pensano che saper scrivere sia ormai inutile in un mondo in cui a contare non sono più le parole, ma i fatti, e ancor più dei fatti le immagini.

"Le parole sono sangue", scriveva Cesare Pavese in un libro bellissimo che ho citato anche nel mio tema di maturità. Le parole ci scorrono dentro e ci rendono uomini. È il linguaggio verbale che ci distingue dagli animali, la nostra capacità di elaborare un pensiero complesso e di esprimerlo a parole, che siano pronunciate o scritte, di comunicare, confrontarci, discutere con il prossimo e quindi conoscerlo. Non essere più in grado di fare ciò significa faticare a stabilire relazioni e retrocedere a una condizione bestiale. Nessun genitore, credo, vorrebbe questo per i propri figli.

Quindi, per favore, quando tornate a casa stanchi dal lavoro, non piazzateci davanti alla televisione ma leggeteci un libro; per farci addormentare non dateci in mano uno smartphone ma raccontateci una storia; invece di rispondere ai messaggi sui gruppi WhatsApp, controllate che i compiti per casa siano corretti.

E voi, maestri e professori, non adagiatevi sulla vostra cattedra, parlate con noi prima che di noi, studiate, aggiornatevi, ma non pensiate che aggiornarsi voglia dire imparare a usare una lavagna multimediale, perché sarà la passione che avrete per il vostro lavoro che cambierà la vita dei vostri studenti anche se continuerete a scrivere con il gesso.

E voi, politici e parlamentari, vi prego, indignatevi insieme agli studenti se viene nominato un ministro dell'Istruzione che non sa cosa voglia dire passare metà del proprio tempo all'università, piangere di rabbia per la bocciatura a un esame, stare ogni giorno due ore su un treno per scoprire troppo tardi che il professore non c'è, seguire le lezioni su un pavimento sporco e freddo perché le aule sono sovraffollate; non lasciate la scuola sempre alla fine della lista dell'ordine del giorno; non sottovalutate questa lettera; ricordate che il mondo sarà nelle mani di chi oggi è figlio e studente.

Marta

Umberto Galimberti, *La parola ai giovani*, Feltrinelli, Milano 2018

COMPRENSIONE E ANALISI

1. Che cosa dice, in sostanza, la lettera dei seicento docenti universitari?
Dice che troppi ragazzi scrivono male, leggono poco e faticano a esprimersi oralmente.

2. Marta, la ragazza che ha scritto la lettera al giornale, è d'accordo con quanto dicono i docenti universitari?
Sì, ma non è sicura che basti una scuola più efficiente a risolvere la situazione perché molti pensano che saper scrivere sia ormai inutile in un mondo in cui a contare non sono più le parole, ma i fatti, e ancor più dei fatti le immagini.

3. In che senso, come dice la bella frase riportata nel brano, *le parole ci scorrono dentro e ci rendono uomini*?
Nel senso che la parola e la capacità di esprimere un pensiero complesso sono le facoltà che ci distinguono dagli animali

4. Gli ultimi tre paragrafi si rivolgono rispettivamente a:

....,

....,

....,

5. Marta chiede agli insegnanti di imparare a usare la lavagna multimediale?
No, chiede loro di aggiornarsi e mettere passione nel loro lavoro.

6. Ai politici, invece, chiede di non nominare ministro dell'Istruzione una persona estranea alla scuola e ai problemi degli studenti.

7. La lettera argomenta molto bene le ragioni sostenute e si chiude con un appello molto robusto: dire ricordate che il mondo sarà nelle mani di chi oggi è figlio e studente equivale a ammonire chi governa che sarà giudicato dagli studenti di oggi, che saranno le generazioni di domani.

8. L'espressione di Pavese *Le parole sono sangue* è una metafora; sostituiscila con un paragone: le parole danno vita a una persona come il sangue alle sue membra.

9. Leggi queste righe, tratte dalla risposta di Galimberti alla lettera riportata sopra, e integra le parole mancanti: *Oggi io penso che se la cavino con 300 parole, se non di meno/più. È un problema? Sì, è un facile/difficile/grosso problema perché noi riusciamo a pensare limitatamente alle parole di cui disponiamo, perché non riusciamo/possiamo ad avere pensieri ai quali non corrisponde una figura/parola/immagine. Le parole non sono espressioni/strumenti per esprimere il pensiero, al contrario sono le condizioni per poter pensare/scrivere.*

COMMENTO

10. Partendo dalla frase di Pavese *Le parole sono sangue*, prendi posizione sul tema della lettera spiegando con buone ragioni se ti trovi d'accordo con la tesi esposta da Marta o se, viceversa, la sua posizione ti sembra anacronistica, legata a un passato al quale, ormai, non è più possibile tornare.

B5 Andrea Riccardi
Guerra in Siria

PROVA GUIDATA

Andrea Riccardi, docente di storia contemporanea e fondatore della Comunità di Sant'Egidio, molto attiva nell'assistenza ai bisognosi, nell'accoglienza e nelle pratiche di pace, offre un inquadramento della guerra in Siria.

La realtà è che non si possono separare i destini tra noi che siamo in pace e il mondo in guerra. Non si può dire che ci sono popoli che, per la loro storia o la loro religione, siano «portati» alla guerra. Né che sia un affare che riguarda solo loro. C'è un mito da sfatare, la natura pacifica degli italiani: un rinverdito «italiani brava gente». Italiani brava gente? — si chiedeva lo storico Angelo Del Boca narrando la vicenda del colonialismo nazionale dalle pagine oscure in Libia ed Etiopia. L'umanità di un popolo non è mai scontata. La guerra ha la capacità di travolgerla. Così, durante l'occupazione tedesca a Roma, ci fu chi nascondeva gli ebrei, ma ci fu anche *Caino a Roma*, come Osti Guerrazzi titola il suo libro sui collaborazionisti che vendevano gli ebrei ai nazisti. La pace non è una rendita di posizione, ma qualcosa che si costruisce negli atteggiamenti positivi di un popolo.

Un'idea si è sfaldata nel secondo decennio del Duemila: le guerre sono degli altri e la pace è nostra. I collegamenti e le corresponsabilità sono più larghi di quanto non si dica. Lo si vede in una storia concreta, quella della Siria, che segna il secondo decennio del XXI secolo. Non posso qui ripercorrere la storia del conflitto, che ha stretto la Siria tra il totalitarismo di Daesh e il regime sanguinario di Assad. La ribellione politica al regime è stata presto soffocata. Gli Stati Uniti, per tanto tempo, non hanno voluto percorrere la via di un accordo bilaterale con i russi, i quali erano disposti inizialmente a tutto pur di mantenere la loro influenza. Le potenze regionali, Turchia, Iran, Qatar, Arabia Saudita, sono state coinvolte nel conflitto, ma non c'era una visione chiara dell'obiettivo da raggiungere per un accordo possibile: c'era l'accanita resistenza di Assad,

La devastazione dei bombardamenti

appoggiato da russi e iraniani. Non una prospettiva di pace, ma quella della guerra a oltranza. Oggi, più spesso di ieri, le guerre s'incancreniscono senza vinti e vincitori. Così si è combattuta una guerra sanguinosa dal 2011: 273.000 morti, di cui 75.500 civili. Secondo altre fonti sono stati il doppio. I calcoli delle stragi e delle guerre sono difficili. Avrebbe detto Stalin: «la morte di un uomo è una tragedia, quella di milioni è una statistica». L'aforisma, lanciato dal «New York Times» nel 1958, è spurio ma emblematico. Metà dei siriani oggi sono sfollati. Quasi sei milioni all'estero: Libano, Giordania e Turchia. Ho visitato i loro campi profughi in Libano: nel paese ci sono 1.500.000 siriani su una popolazione di 4.500.000 libanesi. Il 45% dei rifugiati è in Turchia e solo il 15 % è arrivato in Europa. Questa è la ripartizione del peso. C'è poi un mondo di scomparsi: 20.000 nelle prigioni di Assad, su cui ci sono agghiaccianti testimonianze; 5000 sequestrati da Daesh; 2000 governativi nelle mani delle fazioni ribelli e 6000 dispersi. L'aspettativa di vita passata da 70 a 55 anni. Un paese distrutto.

Andrea Riccardi, *La forza disarmata della pace*, Jaca Book, Milano 2017

COMPRENSIONE E ANALISI

1. Il brano è stato diviso in tre parti: dai a ciascuna un titolo pertinente.
1. Gli italiani tra la pace e la guerra
2. ....
3. ....

2. Il detto *italiani brava gente*, secondo il quale gli italiani non sarebbero stati capaci di macchiarsi delle atrocità commesse in guerra da altri popoli (sfatato dal comportamento dei soldati italiani in Libia e in Etiopia nella prima metà del Novecento) è citato dall'autore per dire che la pace non è mai scontata, ma si costruisce grazie ai comportamenti di un popolo.

3. Che cosa si intende per *collaborazionisti che vendevano gli ebrei ai nazisti*?
Si fa riferimento a italiani disposti a collaborate con i nazisti rivelando la presenza di ebrei da deportare.

4. A che cosa allude il titolo del libro citato *Caino a Roma*?
Si allude agli italiani che vendevano gli ebrei ai nazisti, comportandosi come Caino, il personaggio biblico che uccise il fratello Abele.

5. In che senso si parla di *totalitarismo di Daesh*, che è la sigla per indicare lo stato islamico?
Lo stato islamico è totalitario nel senso che il gruppo dirigente controlla tutta la vita della nazione.

6. Chi è Assad?
È il dittatore siriano che dal 2011 ha reagito alle ribellioni commettendo atrocità e massacri.

7. In che senso l'autore può affermare che l'idea che la guerra riguardi gli altri e non noi si è sfaldata in questi anni? Desumi la risposta dal testo.
Nel senso che di quanto avviene in Siria tutto l'Occidente è corresponsabile.

8. Che cosa significa l'aforisma attribuito al dittatore sovietico Stalin: *«la morte di un uomo è una tragedia, quella di milioni è una statistica»*?
Significa che la morte di un uomo tocca direttamente i suoi congiunti, mentre quella di masse di uomini è un fatto che riguarda la storia e pertanto assume un carattere impersonale.

9. Il verbo si *incancreniscono*, riferito alle guerre, significa che ....

Commento

10. Commenta il brano in un paio di pagine, soffermandoti su quelle che ti sembrano le caratteristiche delle guerre moderne. Puoi fare riferimento ad alcuni concetti fondamentali fissati da Riccardi, richiamando, quando possibile, esempi reali ed esprimendo su ciascuno un giudizio motivato:
- la pace non è una rendita di posizione, ma qualcosa che si costruisce negli atteggiamenti positivi di un popolo;
- oggi, più spesso di ieri, le guerre s'incancreniscono senza vinti e vincitori;
- metà dei siriani oggi sono sfollati: non ti sembra tremendo il fatto che metà di un popolo debba lasciare la sua terra?
- un altro dato impressionante: in Siria l'aspettativa di vita è passata da 70 a 55 anni.

B6 Tzvetan Todorov
Il testamento di Primo Levi

PROVA GUIDATA

Tzvetan Todorov, il noto studioso francese di origini bulgare parla del libro *I sommersi e i salvati* di Primo Levi e, nel metterne in evidenza i pregi e l'originalità, ha modo di ribadire che il debito con il nostro passato non si può mai considerare risarcito.

Primo Levi (1919-1987) è il testimone esemplare di uno degli avvenimenti più opprimenti della storia europea: la deportazione nei campi di concentramento e la riduzione in schiavitù di milioni di esseri umani compiuta dallo stato tedesco nazista. Giovane partigiano in Italia, nel 1944 sarà arrestato e inviato, in quanto ebreo, ad Auschwitz, da cui uscirà alla liberazione del campo, un anno più tardi. Di ritorno in Italia, nel 1946 scrive un libro di testimonianza e di analisi, dedicato all'esperienza vissuta: *Se questo è un uomo*. Un testo che in un primo tempo passa inosservato, ma con il trascorrere degli anni viene considerato un classico e induce Levi a ritornare costantemente sugli argomenti trattati — in occasione di incontri con i lettori, di nuove edizioni o di traduzioni. Queste meditazioni confluiscono nella stesura di un nuovo libro, *I sommersi e i salvati*. Uscito nel 1986, un anno prima della sua morte, conclude una carriera letteraria iniziata quarant'anni addietro e oggi lo possiamo considerare il testamento spirituale di Primo Levi.

Come afferma l'autore nel primo capitolo, l'opera si distingue per due motivi da *Se questo è un uomo*: le riflessioni prevalgono sui racconti, che peraltro non sono assenti; e Levi non riporta la propria esperienza personale, ma quella degli altri, di cui è venuto a conoscenza leggendo le loro storie o ascoltando i loro discorsi. Tuttavia, il messaggio dei due libri rimane simile. Qui e là, Levi afferma chiaramente la nostra comune umanità — di noi tutti, indipendentemente dalle nostre convinzioni e azioni.

Nel primo egli poneva l'accento sull'umanità dei detenuti, peraltro considerati dai carcerieri come schiavi e subumani; nel secondo accorda altrettanto spazio, se non maggiore, all'umanità delle guardie, delle SS, dei tedeschi. La forza di Levi sta tutta qui: senza mai perdere di vista la separazione invalicabile tra bene e male, riesce a considerare tutte le sfumature in ciascuna di queste categorie. Riesce a mantenere questo equilibrio così difficile: non diventare nichilista né manicheo, assumere i giudizi di valore senza per questo ergersi a moralista perentorio. In lui, dunque, le vittime non saranno idealizzate, né i carnefici denigrati; al tempo stesso non confonderà mai le due categorie. *I sommersi e i salvati* è una lunga difesa in favore della complessità. Levi rifiuta di fermarsi alle facili risposte, ha bisogno di esaminare scrupolosamente i pro e i contro. [...]

Per quale motivo bisogna ricordare questa pagina buia del passato? Perché le passioni e i comportamenti umani non cambiano bruscamente e dunque, anche se le istituzioni e la tecnologia si trasformano, la storia si ripete. Ora, l'idea che momenti così disperanti possano verificarsi ancora è insopportabile a Levi. «È avvenuto, quindi può accadere di nuovo: questo è il nocciolo di quanto abbiamo da dire», scrive nella conclusione. Levi pensa non tanto (e ha evidentemente ragione) a una ripetizione identica, all'avvento di un regime nazista nel centro dell'Europa, quanto a una disseminazione dei tratti che hanno reso possibile l'orrore – in altri paesi, sotto altri nomi, con nuove giustificazioni, senza raggiungere il medesimo parossismo, ma producendo comunque massacri e sofferenze infinite. Contro questa diffusione del male è convinto che il ricordo del passato possa essere salutare: bisogna instancabilmente evocare l'orrore di un tempo.

Tzvetan Todorov, *Gli altri vivono in noi, e noi viviamo in loro. Saggi 1983-2008*, trad. it., Garzanti Milano 2011

COMPRENSIONE E ANALISI

1. Che cosa significa la parola *deportazione*?

   ....

   ....

2. Che cosa si intende per *testamento spirituale*?
   Si tratta delle ultime disposizioni lasciate da una persona riguardo alle proprie idee.

3. Per quali aspetti *I sommersi e i salvati* si distingue da *Se questo è un uomo*?
   Le riflessioni prevalgono sui racconti e Levi non riporta la propria esperienza personale, ma quella degli altri.

4. In che cosa, invece, i due libri sono simili?
   In entrambe le opere Levi afferma la nostra comune umanità, indipendentemente dalle nostre convinzioni e azioni.

5. Si dice *nichilista* (dal latino *nihil*, nulla) chi ....

6. Si dice *manicheo* chi divide l'umanità in buoni e cattivi, senza vie di mezzo.

7. Un *moralista perentorio* è una persona che sostiene determinati principi morali senza ammettere discussione.

8. **Riscrittura** Riscrivi con parole semplici il senso della frase *Riesce a mantenere questo equilibrio così difficile: non diventare nichilista né manicheo, assumere i giudizi di valore senza per questo ergersi a moralista perentorio.*
   Levi non condanna né assolve per principio preso; esprime un giudizio morale senza pronunciare sentenze definitive.

9. Visto che i detenuti erano considerati come schiavi ed esseri subumani dai loro carcerieri, sarebbe stato lecito aspettarsi una condanna senza appello delle guardie, delle SS e dei tedeschi?
   Sì, però Levi lascia spazio all'umanità di queste persone.

COMMENTO

10. Commenta il testo cercando di mostrare con argomentazioni valide per quale motivo, secondo Todorov (e secondo ogni persona di buon senso), bisogna ricordare questa pagina buia del nostro passato prossimo?

B7

Giovanni Esposito

Auto elettrica? Un grande bluff. I 4 ostacoli alla sua diffusione

PROVA GUIDATA

In questo articolo Giovanni Esposito, autore di un libro sulla storia dell'auto italiana, argomenta in modo persuasivo un tema non facile, andando controcorrente, visto che ormai tutte le nostre speranze puntano sull'auto elettrica.
(Il neretto è presente nell'originale; per comodità di chi legge, sono stati evidenziati in giallo i connettivi e i nessi sintattici funzionali all'argomentazione).

A livello globale c'è un parco circolante di oltre **1,3 miliardi di veicoli** che, in base ai recenti ritmi di crescita (media annua del 3,7% nel periodo 2006-2015) raggiungerà, in un decennio, la soglia dei 2 miliardi, che oramai quasi tutti danno per scontato saranno mossi (quantomeno in termini di nuova immatricolazione) da un motore elettrico. Contrariamente a ciò, già una preliminare analisi ci segnala che la questione è molto più complessa di quanto sembri: invero pare sia divenuta di secondaria importanza l'evidenza che l'energia elettrica non esiste in natura (non si raccoglie dagli alberi o si estrae dal suolo). In altri termini, per far girare la ruota di 2 miliardi di vetture **spinte da motore elettrico, un'imponente quantità di energia dovrebbe essere** prodotta, trasmessa, distribuita, accumulata, infine trasformata in potenza meccanica; ma gli ostacoli che ciò possa avvenire, agevolmente a medio termine, sono almeno quattro.

1) Per semplificare analizziamo il mercato nostrano, il cui numero di veicoli in uso è pari a 42 milioni e la percorrenza media è di 10 mila Km l'anno. Considerando che un'auto elettrica ha un consumo medio di circa 20 KWh[1] per 100 Km percorsi, che arrivano a 25 KWh se considerassimo tutti i mezzi, compreso camion e bus, **per un utilizzo dell'elettrico su vasta scala sarebbe necessaria una potenza aggiuntiva di oltre 100 TWh[2] annui. Il fabbisogno di energia elettrica italiana (dati 2016) è pari a 314,3 TWh, soddisfatto per l'88% da produzione nazionale** (pari a 275,6 TWh, di cui 187,4 TWh termoelettrico[3]) e per la restante quota (pari a 37,0 TWh) da importazioni nette dall'estero. Volendo colmare anche il deficit d'importazione, mancano all'appello 140 TWh anni, pari al 50% dell'intera produzione nazionale ed al 700% di quella fotovoltaica. Risulta, quindi, evidente che, in mancanza di un impegnativo piano energetico nazionale, una sostenibile conversione all'elettrico sia pura utopia.

2) Per tutte le propulsioni, l'effettivo rendimento va rettificato in ragione di diversi e spesso difficilmente quantificabili fattori, come nel caso dei motori a combustione interna per i quali va considerata l'energia necessaria per la raffinazione ed il trasporto. Rispetto al 40% del diesel e al 28% della benzina, i motori elettrici hanno un'efficienza che si avvicina al 90%; ma, **salvo immaginare che esisteranno esclusivamente centrali alimentate da fonti rinnovabili** (ipotesi attualmente di impossibile praticabilità),

1. **KWh:** il Kilowattora è l'unità di misura dell'energia.
2. **TWh:** il Terawattora equivale a un miliardo di Kilowattora.
3. **termoelettrico:** l'energia termoelettrica è quella che si ottiene trasformando in energia elettrica il calore ottenuto dalla combustione di carbone, gas o altri combustibili.

il rendimento complessivo dell'auto elettrica, scontato dalle perdite nei generatori termoelettrici (50% in quelle efficienti a ciclo combinato), nella trasmissione e distribuzione (6%), nonché nell'accumulo nelle batterie, è pari, nelle ipotesi maggiormente ottimistiche, al 30%, quindi inferiore a quello a gasolio.

3) Il **serbatoio dell'auto elettrica è costituito dalle batterie, le cui peculiarità** (costruzione, autonomia, tempo di ricarica, effetto memoria, durata, perdita di ricarica quando non in uso, smaltimento) **pongono numerosi questioni, quali le problematiche relative ai danni ambientali** relativi all'estrazione della materia prima, la necessità di realizzare un'infrastruttura elettrica che alimenti una capillare diffusione delle colonnine di ricarica e l'effettiva disponibilità dei componenti necessari alla realizzazione di una quantità enorme di accumulatori; senza considerare che, solo implementando un completo ed efficace ciclo di smaltimento (raccolta, smantellamento e recupero dei materiali), si eviterebbe che le batterie esauste danneggino fortemente l'ambiente.

4) Gli enormi benefici ed esenzioni concessi in termini di tassazione alle auto elettriche sono sostenibili dalla fiscalità generale, solo in funzione della loro limitata diffusione. Come si pensa di compensare il mancato gettito scaturente dalla scomparsa delle auto mosse da motore a scoppio? Dubbio di non poco conto, considerando che, solo sui consumi di carburante per autotrazione, l'Erario incassa, fra accise[4] ed iva, oltre 30 miliardi di euro l'anno.

Allora perché vi è questa corsa all'auto attaccata alla spina? Da una parte incombono, come una tagliola, i limiti Eea[5] (95gr/km di CO_2)[6], **dall'altra la Cina** punta sulla motorizzazione elettrica perché la sua industria non appare in grado di colmare il gap competitivo su quelli termici.

Pur non volendo dare alcun carattere di scientificità alla presente analisi (peraltro limitata all'Italia), è ragionevolmente lecito dubitare che la diffusione dell'auto elettrica su vasta scala, all'attualità (anche in termini di tecnologie disponibili), sia favorevolmente praticabile e, quindi, densa di insidie; salvo immaginare l'alimentazione delle prossime auto ecologiche in Italia con energia elettrica prodotta da centrali nucleari svizzere o francesi e in Cina da quelle a carbone.

https://tinyurl.com/y7q7k8nw

4. **accise:** imposte sui carburanti.
5. **Eea:** Agenzia europea dell'ambiente.
6. **CO²:** ossido di carbonio.

COMPRENSIONE E ANALISI

1. Come dimostra la scansione dei contenuti, questo testo argomenta in modo molto lineare. Qual è la sua struttura?
L'articolo consta di una premessa e di quattro argomenti numerati, a cui segue una conclusione.

2. Qual è, secondo la premessa, il problema di base creato dalle auto elettriche?
....
....

3. Qual è il primo dei quattro ostacoli che in Italia si oppongono a una diffusione dell'auto elettrica su larga scala?
L'Italia dovrebbe importare un quantitativo di energia elettrica pari al 50% dell'intera produzione nazionale.

4. Verso la fine del primo argomento, il nesso *Risulta, quindi, evidente che...* introduce una conclusione.

5. Per quale motivo il rendimento del motore elettrico, che in sé è molto elevato (quasi 90%), in realtà scende al 30%, inferiore a quello del diesel?

Perché risente delle perdite delle centrali termiche e durante la distribuzione.

6. Quali sono i problemi relativi al rifornimento di energia alle automobili?

7. Secondo il quarto argomento, attualmente le auto elettriche, essendo poche, godono enormi benefici fiscali; ma che cosa succederebbe se la loro diffusione diventasse molto elevata a scapito delle auto tradizionali?
La scomparsa delle auto mosse a motore a scoppio comporterebbe minori entrate fiscali, cioè lo stato incasserebbe molto meno in termini di imposte.

8. Secondo la conclusione, perché è in atto una sorta di corsa all'auto elettrica?

9. In che senso, dunque, secondo l'autore del testo, l'auto elettrica è un grande bluff?

10. **Parafrasi** L'argomentazione è concettualmente limpida, ma certe espressioni sono un po' involute. Fai la parafrasi con parole semplici delle seguenti frasi:
   - *gli enormi benefici ed esenzioni concessi in termini di tassazione alle auto elettriche sono sostenibili dalla fiscalità generale, solo in funzione della loro limitata diffusione*: le auto elettriche di godono esenzioni fiscali che sono ammissibili solo se continuano a essere poche.
   - *è ragionevolmente lecito dubitare che la diffusione dell'auto elettrica su vasta scala, all'attualità (anche in termini di tecnologie disponibili), sia favorevolmente praticabile*: è improbabile che oggi l'auto elettrica si possa diffondere su larga scala, anche per via delle tecnologie disponibili.

11. **Riassunto** Tenendo conto della scansione dell'articolo, riassumilo in non più di dieci righe, dedicando un paio di righe a ciascun argomento.

COMMENTO

12. Commenta l'articolo adducendo argomenti atti a sostenerne la tesi o a confutarla.
A favore delle auto elettriche puoi accennare a qualcuno dei seguenti aspetti:
   - maggiore efficienza energetica dei veicoli elettrici rispetto a quelli a combustione interna;
   - minore inquinamento;
   - minore rumorosità;
   - minori costi di esercizio;
   - guida più semplice.

   Aspetti contro le auto elettriche:
   - minore autonomia;
   - problemi di ricarica delle batterie;
   - problemi di smaltimento delle batterie;
   - problemi fiscali.

   Cerca di concludere con una frase a effetto in sostituzione della battuta finale del testo (alimentazione delle auto ecologiche con energia elettrica prodotta da centrali nucleari svizzere o francesi e in Cina da quelle a carbone).

B8 Giovanni De Luna
La costruzione della memoria

PROVA GUIDATA

Memoria è ricordo del passato. Ma la memoria pubblica è qualcosa di molto più complesso: un patto in cui ci si accorda per selezionare gli eventi da ricordare. E qui nascono i problemi…

Quando parliamo di memoria pubblica ci riferiamo a un "patto" in cui ci si accorda su cosa trattenere e cosa lasciare cadere degli eventi del nostro passato. Su questi eventi si costruisce l'albero genealogico di una nazione. Sono i pilastri su cui fondare i programmi di studio da proporre nelle scuole, i luoghi di memoria, i criteri espositivi dei musei, i calendari delle festività civili, le priorità da proporre nella grande arena dell'uso pubblico della storia, le scelte sulla base delle quali si orientano tutti i sentimenti del passato che attraversano la nostra esistenza collettiva. I fondamenti di quel "patto" cambiano a seconda delle varie "fasi" che scandiscono il processo storico di una nazione. Ogni volta cambiano i suoi contraenti e i suoi contenuti. La fragilità della

nostra memoria pubblica deriva oggi essenzialmente dalla precarietà dei suoi contenuti e dall'inadeguatezza dei suoi contraenti. [...]
La specificità italiana sta proprio nel sommarsi della crisi che in generale ha investito il ruolo dello Stato novecentesco alla lunga e difficile transizione dalla Prima alla Seconda Repubblica. Il nostro universo memoriale ne è stato complessivamente sconvolto. I partiti che avevano costruito e monopolizzato il vecchio "patto di memoria" sono tutti scomparsi, sostituiti da partiti che con il passato hanno un rapporto contraddittorio, volatile, spesso inesistente. Sul piano istituzionale, è rimasta sola la presidenza della Repubblica a costruire memoria, in un cambiamento di ruolo tanto drastico, quanto significativo. [...]
Oggi tutte le grandi narrazioni del passato sono affidate alla pervasiva capacità dei media in generale e della televisione in particolare di proporre un racconto commisurato al senso comune, alla presenza straripante di quei sentimenti familistici e individualistici che hanno scalzato dallo spazio pubblico tutte le antiche appartenenze collettive. Formidabili costruttori di memoria e formidabili costruttori di identità, i media hanno portato una sfida estrema e radicale al sistema della politica, minando uno degli attributi essenziali della sua legittimazione e della sua credibilità. E la politica ha reagito. Lo ha fatto con una valanga di interventi sul tema della memoria. Un elenco impressionante. Che dimostra però più la fragilità dello Stato che la sua potenza. A tenere insieme tutto il complesso delle leggi varate in questo decennio è stato infatti essenzialmente il tentativo di proporre come contenuto del patto fondativo della nostra memoria il dolore e il lutto che scaturiscono dal ricordo delle "vittime". Della mafia, del terrorismo, della Shoah, delle foibe, delle catastrofi naturali, del dovere, vittime, sempre e solo vittime.

Giovanni De Luna, *La repubblica del dolore*, Feltrinelli, Milano 2011

COMPRENSIONE E ANALISI

1. Perché la memoria pubblica cambia nel tempo? Il ricordo del passato non si fonda sui fatti?
Sì, in apparenza il ricordo del passato si fonda sui fatti, però la memoria pubblica è selettiva, e pertanto sceglie che cosa tramandare in base agli orientamenti dei governi che si succedono e scandiscono il processo storico di una nazione.

2. Per quanto riguarda la memoria storica, che cosa è cambiato nel passaggio dalla Prima alla Seconda Repubblica?
In seguito alla scomparsa dei partiti che in precedenza avevano stretto il patto per la conservazione della memoria, la nostra memoria è stata sconvolta. I partiti della prima Repubblica erano quelli degli uomini che avevano partecipato alla ricostruzione dello Stato dopo la fine della guerra; quelli della Seconda Repubblica hanno con il passato un rapporto labile e contraddittorio.

3. Qual è l'unica figura istituzionale rimasta a custodire la memoria?

4. **Riformulazione** Riformula con parole semplici e chiare la frase seguente: *un racconto commisurato al senso comune, alla presenza straripante di quei sentimenti familistici e individualistici che hanno scalzato dallo spazio pubblico tutte le antiche appartenenze collettive.*
Un racconto finalizzato a soddisfare il comune modo di pensare e quella presenza di sentimenti legati alla famiglia e all'individuo che hanno eliminato tutte le organizzazioni comuni vigenti in passato.

5. Che cosa dimostrano, secondo De Luna, gli interventi della politica sul tema della memoria?

6. Qual è l'elemento comune a tutte le leggi sulla memoria varate in questo nuovo secolo?

COMMENTO

7. Sulla base delle considerazioni di De Luna spiega quale senso ha per un giovane la memoria del passato (prossimo). In particolare, motiva in base alle tue conoscenze di storia il titolo *La repubblica del dolore*.

B9 David Lindey
Il principio di indeterminazione di Heisenberg

PROVA GUIDATA

Il testo presenta il famoso principio secondo cui non è possibile misurare contemporaneamente e con estrema esattezza le proprietà che definiscono lo stato di una particella elementare.

Heisenberg non mise in discussione la perfettibilità delle leggi di natura. Fu invece nei fatti stessi della natura che trovò alcune strane e preoccupanti difficoltà. Il principio di incertezza riguardava l'azione scientifica più elementare: come acquisiamo la conoscenza del mondo, quel genere di conoscenza che possiamo sottoporre a un esame scientifico minuzioso? Nell'esempio particolare scelto da Heisenberg, come sappiamo dove si trova un certo oggetto e a quale velocita si sposta? Era una domanda che avrebbe sconcertato i suoi predecessori. In ogni dato istante, un oggetto in movimento ha una certa velocita e una certa posizione ed esistono vari modi per misurare od osservare queste cose. Migliore è l'osservazione, più preciso è il risultato. Che altro c'è da dire? Molto altro, scoprì Heisenberg. La sua conclusione, rivoluzionaria ed esoterica, è stata espressa con parole che sono diventate quasi un luogo comune: possiamo misurare la velocita di una particella, o la sua posizione, ma non possiamo misurare entrambe. Oppure: quanto più precisamente si determina la posizione di una particella, tanto meno si può conoscerne la velocita. Oppure, in modo più indiretto e meno ovvio: l'atto di osservare cambia ciò che si osserva.

Il punto essenziale, a ogni modo, sembra essere che i fatti non sono semplici dati oggettivi come si supponeva. Nella visione classica del mondo naturale come grande macchina, si era dato per scontato che fosse possibile definire con precisione illimitata tutte le parti funzionanti della macchina e comprendere esattamente tutte le loro interconnessioni. Ogni cosa aveva il proprio posto ed esisteva un posto per ogni cosa e tutto ciò sembrava fondamentale ed essenziale. Per poter sperare di comprendere l'universo, si doveva innanzitutto presumere di poter scoprire, un pezzo alla volta, quali sono e che funzione hanno tutte le parti che compongono l'universo. Heisenberg, a quanto pareva, affermava che non sempre possiamo scoprire quel che vogliamo sapere, che anche la nostra capacità di descrivere il mondo naturale è limitata. Se non possiamo descriverlo come desideriamo, come possiamo sperare di scoprirne le leggi con il ragionamento?

Il principio di incertezza è diventato uno slogan che indica la difficoltà generale, non solo nella scienza, di stabilire la pura verità. Quando i giornalisti ammettono che le loro opinioni possono influenzare le teorie che riferiscono, o quando gli antropologi si dolgono del fatto che la loro presenza disturba il comportamento delle culture che esaminano, il principio di Heisenberg non è lontano: l'*osservatore cambia l'oggetto della sua osservazione*. Quando i teorici della letteratura affermano che un testo si presta a una gran varietà di interpretazioni, a seconda dei gusti e dei pregiudizi dei lettori, dietro le quinte si aggira furtivamente Haisenberg: l'*atto di osservare determina che cosa si osserva o non si osserva*.

David Lindey, *Incertezza*, Einaudi, Torino 2007

COMPRENSIONE E ANALISI

1. Formula con parole tue il principio di indeterminazione di Heisenberg.
   L'osservatore, nel fare una misura, produce effetti non calcolabili, cioè un'indeterminazione.
2. In che senso la conclusione a cui è giunto Heisenberg è detta *rivoluzionaria ed esoterica*?
   Nel senso che va contro quelle che erano ritenute certezze e inoltre formula un principio comprensibile solo ai più preparati.
3. Nel testo è presente una formulazione concisa e chiara del principio di indeterminazione: quale?
4. Perché Heisenberg incrina la visione classica del mondo naturale come una grande macchina, che si poteva sperare di conoscere?
5. Per quale ragione, come è detto verso la fine del brano, il principio di indeterminazione indica in generale - e non solo nella scienza - la difficoltà di stabilire la pura verità?

COMMENTO

6. Formulato nella prima metà del Novecento, il principio di indeterminazione ha scosso le certezze dominanti nel campo delle scienze fisiche. Ma la sua portata ha permeato tutti i campi della cultura prospettando l'interazione inevitabile che esiste tra il soggetto che osserva e l'oggetto osservato. In una pagina approfondisci la riflessione per quanto ti è possibile, eventualmente coinvolgendo altri ambiti, oltre a quelli del giornalismo e della teoria letteraria citati alla fine del testo.

B10 Massimo Gramellini
Isa.Bella

SIMULAZIONE

In questo breve articolo il giornalista Massimo Gramellini commenta un triste fatto di cronaca avvenuto a Roma nel novembre del 2012: la morte improvvisa di una giovane donna, gran lavoratrice e madre di quattro figli. Leggendo il brano dovresti riuscire a capire la ragione del titolo, un po' curioso. Si parla di una donna che vive per gli altri e non si risparmia, neppure quando scopre di essere malata.

Capita di rado che un articolo di giornale faccia spuntare i lucciconi. A me è successo con la storia raccontata da Laura Bogliolo sul Messaggero. In apparenza parla di una signora di trentaquattro anni, Isabella Viola, morta domenica 18 novembre per un malore sulla banchina della stazione Termini a Roma. In realtà dentro quella donna c'è tutto. C'è la pendolare che si sveglia alle quattro ogni mattina per andare a preparare le brioche in un bar del quartiere Tuscolano. C'è l'orfana precoce che la vita ha costretto a crescere in fretta, come se già sapesse di non poterle concedere troppo tempo per esprimere i propri talenti. C'è la mamma di quattro figli che sulla sua pagina Facebook scrive: «Una donna il suo gioiello più prezioso non lo indossa, lo mette al mondo». C'è la sognatrice che fantastica di aprire un forno tutto suo per le brioche. C'è la sgobbona di cuore che risparmia per i regali di Natale dei ragazzini e si agita per trovare casa a tre cani randagi. C'è la malata che da tempo non si sente bene, ma non può smettere di alzarsi alle quattro - a Torvaianica, in faccia a un mare che non vede mai - per prendere un bus e due linee di metropolitana fino al bar del Tuscolano. C'è una vita dura. E una persona vera, completa. Da qualche giorno accanto al bar è spuntata una cassetta con la scritta: «Aiutiamo i figli di Isabella». Giovani, casalinghe, impiegati e pensionati sfilano come in una processione, togliendosi magri spicci dalle tasche. Non è un'elemosina. È l'omaggio a una regina.

Massimo Gramellini, *La magia di un Buongiorno*, Longanesi, Milano 2014

COMPRENSIONE E ANALISI

1. Il testo è costruito in maniera molto semplice, in quanto comprende:
- un'introduzione: Capita di rado… A me è successo;
- l'esposizione della tesi: dentro quella donna c'è tutto;
- l'argomentazione della tesi;
- una conclusione.

Come è svolta l'argomentazione nel corpo dell'articolo?

2. In che senso la vita ha costretto Isabella a crescere in fretta?

3. Spiega la frase *Una donna il suo gioiello più prezioso non lo indossa, lo mette al mondo.*

4. Qual è la conclusione del testo?

5. **Riformulazione** Mantenendo invariato il senso del testo, prova a modificarne la conclusione, sostituendo la frase
È l'omaggio a una regina, che sembra un po' troppo retorica. In realtà, Isabella non è una regina: ma chi è, secondo te?

COMMENTO

6. Commenta liberamente il brano argomentando le tue osservazioni.

B11 Vito Mancuso
La vita è bella?

SIMULAZIONE

Alcune riflessioni sulla bellezza e sulla soggettività dei criteri per stabilire che cosa è bello.

La vita è bella? Oppure non lo è? Per rispondere adeguatamente a questi interrogativi occorre prima stabilire come sia possibile capire se una cosa (un oggetto, un fenomeno naturale, una persona) sia bella oppure no. In prima approssimazione la mia risposta è che lo si può capire a partire dal desiderio di unificazione prodotto in noi dall'immagine e dal pensiero di quella cosa: a quanto ci appare bello infatti ci vogliamo unire, dal suo contrario distaccare. È un istinto naturale, direi *fisiologico*, iscritto cioè nella logica che governa la natura-*physis*, compresa la nostra, e che già venticinque secoli fa veniva colto dal poeta greco Teognide con queste parole attribuite alle Muse e alle Grazie: «Ciò che è bello, è amato; ciò che bello non è, non è amato», laddove questo amore esprime il desiderio di eros.
Per questo la dimensione estetica è tanto curata nel commercio, dagli spot, la cui realizzazione costa milioni, alla frutta e alla verdura sui banchi del mercato: la nostra mente, percependo il bello, sente il desiderio spesso irresistibile di aderirvi. Ma tornando alla vita, qual è la situazione al riguardo? È bella oppure no?
La mia risposta è che la vita è supremamente bella: la prova è data dal fatto che l'istinto più forte nei viventi è quello di sopravvivenza. Sentiamo scorrere dentro di noi il desiderio di vivere che ci fa aderire alla vita con una forza più intensa di quella che tiene un mollusco avvinto a uno scoglio, e ciò dimostra che la vita è così bella che (quasi) non possiamo pensare nulla di più bello e di attraente. Sembrerebbe quindi tutta una festa, la vita. Così però non è. Ha scritto Boris Pasternak: «Com'è bello il mondo! Ma perché proprio questo dà un senso di dolore?». [...]
C'è una domanda inevitabile che si profila nella mente di chiunque inizi a riflettere sull'argomento: la bellezza esiste come una dimensione consistente in sé e per sé, o è solo una questione di gusti personali, e più ancora di epoche e di latitudini? Chi di noi avrebbe gli stessi gusti se fosse nato nel centro dell'Africa, sulle Ande o su un'isola del Giappone? O se fosse nato esattamente nel medesimo luogo ma tremila anni prima? O anche solo trent'anni fa? Non è del resto necessario viaggiare nello spazio e nel tempo per constatare l'immane disparità di gusti che divide gli esseri umani, basta uscire di casa e soffermare lo sguardo sulla gente che passa: tradizionali anelli alle dita delle mani, ma anche anelli al naso, alle labbra e sulla lingua (che oggi si chiamano piercing); capelli blu, verde, rosa e di altri colori mai visti; tatuaggi di tutti i generi su ogni parte visibile del corpo (e sulle altre chissà); pantaloni perfettamente stirati e altri strappati e strappatissimi; lui porta con orgoglio un orologio che l'altro osserva inorridito; lei va in giro con una macchina che all'altra mette vergogna al solo pensiero di doverci salire; lui va fiero di un cane che a tutti gli altri fa orrore; lei si pavoneggia di un cappello che le altre non indosserebbero neppure a Carnevale.

Vito Mancuso, *La via della bellezza*, Garzanti, Milano 2018

COMPRENSIONE E ANALISI

1. Secondo Mancuso, come è possibile capire se una cosa è bella o no?
2. Per quale motivo la frutta e la verdura sui banchi del mercato rispettano una dimensione estetica?
3. Come è motivata dall'autore l'idea che *la vita è supremamente bella*?
4. L'espressione di Pasternak *Com'è bello il mondo! Ma perché proprio questo dà un senso di dolore?* va intesa, a tuo parere, nel senso che il mondo comprende aspetti belli e aspetti brutti oppure nel senso che, quanto più si avverte la bellezza della vita, tanto più cresce il dolore per le ingiustizie che essa contiene?
5. Nella seconda parte del testo, con quale tipo di argomentazione si sostiene l'idea della soggettività della bellezza?

COMMENTO

6. Partendo dall'affermazione del poeta greco Teognide *Ciò che è bello, è amato; ciò che bello non è, non è amato*, commenta il brano proposto soffermandoti sui seguenti tre aspetti:
   - perché la dimensione estetica è così pervasiva?
   - la bellezza come incentivo a ottenere ciò che è bello;
   - argomenta con idee tue o con esempi tratti dalla tua esperienza personale la disparità dei gusti in tema di bellezza.

   In conclusione, per te la vita è bella, come per Mancuso? Rispondi in modo motivato.

B12 Emilio Gentile
Declino dell'Europa

SIMULAZIONE

Un grande storico spiega perché nel 1918 finisce l'egemonia politica e culturale dell'Europa.

Alla fine del 1918 l'Europa non era più il centro del mondo. Il mondo era cambiato e non aveva più un centro. Dopo le tante riflessioni pubblicate nel 1918 sul suicidio della civiltà, sul tramonto dell'Occidente, sulla catastrofe dell'Europa, nel 1919 suonò come una campana a morto già udita la dichiarazione del poeta francese Paul Valery: «constatiamo ora che l'abisso della storia è grande abbastanza per tutti. Sentiamo che una civiltà è fragile come una vita». [...]

Alla fine del 1918 la stagione della mondialità europea era definitivamente tramontata. Non era soltanto finita l'Europa mondiale, diventata un mosaico di Stati nazionali infiammati dell'antagonismo nazionalista e ormai contestata, nell'egemonia mondiale, dagli Stati Uniti e dal Giappone, e sfidata nel suo stesso continente dalla mondialità potenziale della Russia bolscevica, ma era stata definitivamente distrutta la coscienza stessa della mondialità europea, cioè l'orgoglio, condiviso fino al 1914 dai futuri vincitori e vinti della Grande Guerra, di appartenere al continente che dominava il mondo possedendo, sotto le bandiere delle sue potenze imperiali, oltre l'80 per cento delle terre emerse, con primati assoluti in tutti i campi dell'attività umana, dall'economia alla cultura, dalla scienza alle armi. Era stata distrutta la coscienza della mondialità europea fondata sulla convinzione condivisa da tutti gli europei di aver costruito durante «il secolo meraviglioso» la più ricca, potente, splendida civiltà universale della storia,

che avrebbe guidato l'intera umanità sulla via del progresso alla luce della ragione. Nel 1923 il teologo, musicista e medico alsaziano Albert Schweitzer scrisse l'epicedio della civiltà universale dell'Europa mondiale: «Oltrepassammo la soglia del XX secolo con incrollabile fiducia in noi stessi, e quanto si scriveva allora sulla nostra civiltà non faceva che confermare l'ingenua fede nel suo alto valore. Chiunque esprimeva un dubbio veniva guardato con stupore. [...] Ora è chiaro a tutti che la morte della civiltà è data dal tipo del nostro progresso. Ciò che rimane non è più saldo, resta in piedi perché non è stato ancora esposto alla pressione che ha fatto cadere il resto ma, costruito com'è sulla ghiaia, facilmente verrà trascinato via alla prossima frana».
Dopo il 1918, brandelli di coscienza della mondialità europea sopravvissero con l'ambizione illusoria di ripristinarla nella realtà del mondo, e ventun anni dopo tale ambizione generò tragicamente una seconda e più micidiale guerra mondiale, che ebbe ancora come matrice ed epicentro il continente europeo, e distrusse definitivamente ogni sua pretesa di mondialità. Per vent'anni, fra il 1898 e il 1918, la coscienza della mondialità europea non era stata una presunzione dell'immaginazione ma la realtà della vita nel mondo. Tanto reale che gli effetti della sua fine sono giunti fino al mondo attuale, e ancora lo fanno traballare, talvolta persino esplodere in micidiali guerre regionali, guerre civili, guerre etniche, ma sempre evitando il rischio di una conflagrazione mondiale. Dal 1918, la storia del mondo non ha conosciuto nuove mondialità, ma solo ambiziosi aspiranti alla mondialità, carichi di armi mortali per tutta l'umanità. L'assenza di una nuova mondialità, che sia realmente identificabile con una civiltà e con la potenza che la esibisce, forse è la condizione minima che tuttora garantisce una precaria sicurezza di pace.

Emilio Gentile, *Ascesa e declino dell'Europa nel mondo*. 1898-1918, Garzanti, Milano 2018

COMPRENSIONE E ANALISI

1. Qual è l'argomento trattato da Emilio Gentile in questo brano?
2. Qual è il significato del termine *mondialità*?
3. In che senso il 1918 segna la fine della centralità dell'Europa?
4. Che cosa venne meno, in sostanza, con la Prima Guerra Mondiale, tanto da determinare la crisi dell'Europa? Che cosa rappresentava l'Europa fino al 1918?
5. Spiega in che senso Gentile dice che la Seconda Guerra Mondiale:
   - fu più micidiale della prima;
   - ebbe ancora come matrice ed epicentro il continente europeo;
   - distrusse definitivamente ogni pretesa di mondialità dell'Europa.
6. Ritieni che la frase dal 1918, *la storia del mondo non ha conosciuto nuove mondialità, ma solo ambiziosi aspiranti alla mondialità, carichi di armi mortali per tutta l'umanità* alluda a Hitler, Stalin e altri dittatori saliti alla ribalta della storia europea? Rispondi in modo motivato.

COMMENTO

7. Nei primi due decenni del Novecento studiati da Gentile, l'Italia manifesta i sintomi della crisi dell'intero continente europeo, di cui ancora oggi, a un secolo esatto di distanza, viviamo le conseguenze. All'inizio del terzo millennio l'Europa, sempre più indecisa, rischia di scivolare verso una definitiva marginalità. In una pagina rifletti su queste conclusioni di Emilio Gentile sulla base delle tue conoscenze di storia del Novecento e dell'età contemporanea.

B13 Cos'è l'effetto serra?

Alcune riflessioni sul riscaldamento del pianeta e proposte su come contribuire a ridurlo.

SIMULAZIONE

L'effetto serra è un fenomeno atmosferico-climatico del tutto normale, che permette alla Terra di raggiungere un livello di riscaldamento ottimale. Questo fenomeno è dovuto alla presenza nell'aria dei cosiddetti gas serra (tra i quali troviamo ad esempio l'anidride carbonica, il metano, l'ozono ed il vapore acqueo): sono questi infatti che permettono ai raggi solari di attraversare l'atmosfera e di riscaldare quindi la Terra, che altrimenti avrebbe una temperatura eccessivamente bassa. In pratica, se non ci fossero i gas serra il calore dei raggi solari rimarrebbe bloccato dall'atmosfera e non potrebbe arrivare sulla Terra, quindi non potremmo nemmeno sopravvivere.

Grazie all'effetto serra quindi, la temperatura della Terra si è mantenuta fino ad oggi a livelli ottimali per la sopravvivenza delle varie specie (compresa quella umana): i gas serra sono in grado di aumentare la colonnina di mercurio di circa 33°. Questi gas inoltre lasciano passare i raggi solari attraverso l'atmosfera, ma non solo: bloccano la radiazione IR (chiamata IR termico) emessa dalla terra. La terra infatti assorbe la radiazione emessa dal sole per circa il 50% e la riemette in atmosfera. Questo IR termico emesso dalla terra e trattenuto dai gas serra mitiga il clima sul nostro pianeta.

Se questo sistema in perfetto equilibrio subisse variazioni significative, la vita sul nostro pianeta potrebbe risentirne in modo catastrofico e questa è proprio la strada a cui stiamo andando incontro.

Il problema che deve farci preoccupare è che l'effetto serra negli ultimi decenni si è intensificato notevolmente poiché sono aumentate in modo esponenziale le emissioni di gas serra nell'atmosfera. Le principali cause sono da rintracciare nello sviluppo industriale e nella deforestazione che hanno determinato un incremento esagerato di metano, protossido d'azoto e anidride carbonica nell'aria.

Se l'effetto serra viene alterato in modo eccessivo si andrà incontro al fenomeno del surriscaldamento globale: le temperature della Terra saranno destinate ad alzarsi sempre di più e questo naturalmente porterà con sé una serie di conseguenze allarmanti. Nell'ultimo secolo la temperatura media del nostro pianeta è aumentata di 0,76° e le stime non sono certo positive: si prevede infatti un ulteriore aumento, nel XXI secolo, che può andare da 1,1 a 6,4°!

Se le temperature si alzeranno in modo eccessivo, le conseguenze da affrontare saranno diverse e su più fronti: dal problema dell'agricoltura e delle coltivazioni a quello della biodiversità; dalla sempre più carente disponibilità di acqua all'economia umana. Per non parlare, poi, del clima che inevitabilmente vedrà l'accentuarsi di fenomeni quali inondazioni, uragani e così via.

Il mondo potrebbe essere salvato dall'effetto serra se ciascuno di noi si impegnasse nella riduzione del proprio impatto sull'ambiente. Nello specifico ecco 10 cose che io e te possiamo fare.

1. Viaggiare quanto possibile in modo sostenibile: il traffico urbano è infatti uno dei primari responsabili del riscaldamento globale. Limitare l'utilizzo dell'auto è un buon inizio per partecipare a salvare il pianeta.

2. Tenere bene la propria auto: una macchina efficiente limita di sicuro la produzione di gas serra, maggiori se l'auto funziona male. Curiamoci di gonfiare i pneumatici, controllare l'olio, fare rifornimento quando le temperature sono basse (per evitare l'evaporazione di carburante), non lasciare l'auto accesa quando in sosta.
3. Usare quanto possibile i mezzi pubblici o viaggiare in più persone o andare a piedi.
4. Utilizzare la bicicletta almeno per i brevi spostamenti, fa bene alla salute tua e quella dell'ambiente.
5. Ridurre il consumo energetico a casa: scegliere elettrodomestici con basso consumo energetico.
6. Risparmiare energia elettrica: spegnere le luci se non serve, spegnere del tutto gli elettrodomestici, non lasciandoli in standby.
7. Installare fonti di energia rinnovabile: pannelli solari, fotovoltaici etc.
8. Cambiare le abitudini alimentari, limitando il consumo di carne a solo un paio di giorni alla settimana. L'allevamento di bestiame costa energia e il settore agricolo produce molti gas serra.
9. Modifica i consumi: acquista prodotti a Km 0. Il trasporto dei prodotti costa grandi quantità di emissioni di gas.
10. Riciclare e riutilizzare confezioni e contenitori, può ridurre l'impatto ambientale. Fai quindi la raccolta differenziata.

https://tinyurl.com/y97a2tbn

COMPRENSIONE E ANALISI

1. Secondo il testo, l'effetto serra è un fenomeno normale o anormale e perché?

2. Perché nell'ultimo secolo la temperatura del nostro pianeta è aumentata e se ne prevede un ulteriore aumento?

3. Quali saranno le conseguenze dell'aumento di temperatura? Si tratterà di conseguenze negative o positive?

4. Per quale motivo l'aumento dell'effetto serra inciderà sul clima causando l'accentuarsi di fenomeni quali inondazioni, uragani ecc.?

5. In che senso limitare il consumo di carne aiuta a contenere l'effetto serra? Le altre cose che si mangiano (pesce, vegetali ecc.) non comportano un impatto ambientale? Argomenta la tua risposta.

COMMENTO

6. Scrivi un paio di pagine di commento al testo avendo cura di specificare:
- quali delle 10 "cose da fare" ti sembrano più incisive per tutelare l'ambiente;
- in quale misura piccole cose pressoché irrilevanti, come il non lasciare gli elettrodomestici in standby o acquistare prodotti a Km 0, possono ridurre l'impatto ambientale;
- quale rilevanza possono avere le 10 cose esposte sopra rispetto al fatto che le lobby energetiche negli Stati Uniti e in altri Paesi hanno fatto di tutto per vanificare il Protocollo di Kyoto, che programmaticamente riduceva l'emissione dei gas serra? Se ritieni che le 10 cose siano poco rilevanti, motiva il tuo punto di vista.

B14 Tucidide
Prima lezione di democrazia

SIMULAZIONE

Lo storico greco Tucidide spiega l'etimologia e il concetto di democrazia riportando la celebre orazione tenuta dallo statista Pericle per commemorare i caduti del primo anno della guerra tra Atene e Sparta (V sec. a. C.).

Abbiamo una costituzione che non emula le leggi dei vicini, perché siamo noi un modello piuttosto che imitare altri. E quanto al nome, per il fatto di non essere amministrata a vantaggio di pochi, ma della maggioranza, è chiamata democrazia: in realtà, secondo le leggi, nelle controversie private a tutti è assicurata l'uguaglianza. Per quanto invece riguarda la considerazione pubblica, a seconda della buona fama che ciascuno gode in qualcosa, viene prescelto alle cariche pubbliche non in base a un partito ma per il suo valore. Né d'altra parte, in caso di povertà, se uno può fare qualcosa di buono per la città, ne è impedito dall'oscurità della sua condizione sociale.
Viviamo liberamente per quanto concerne la vita pubblica e svolgiamo senza sospetti reciproci le nostre occupazioni quotidiane, senza guardare con ira il vicino, se fa qualcosa a suo piacimento, e senza rivolgergli espressioni moleste, magari innocue, ma spiacevoli. Nei rapporti privati ci comportiamo senza recare fastidio a nessuno, mentre nella vita pubblica non violiamo la legge soprattutto per rispetto verso di essa e ubbidiamo ai magistrati in carica e alle leggi, in particolare a quelle che difendono chi subisce ingiustizia e a quelle che, pur non essendo scritte, comportano per chi le trasgredisce un disonore riconosciuto. [...]
Amiamo il bello con misura e coltiviamo il sapere senza debolezza; della ricchezza ci serviamo più per l'opportunità di agire che per vanteria di parole; quanto alla povertà, non è umiliante per qualcuno il riconoscerla, ma è più umiliante il non cercare di fuggirla con l'agire. Ci curiamo degli interessi privati e, insieme, di quelli pubblici e, pur essendo volti chi a una chi all'altra attività, ci occupiamo adeguatamente della politica: noi soli, infatti, consideriamo colui che non partecipa alla vita pubblica non un uomo disimpegnato, ma un uomo inutile. Siamo noi stessi a decidere o discutere correttamente le questioni, considerando non già i discorsi un danno per le azioni, ma considerando un danno non essere informati attraverso il discorso prima di arrivare con l'azione a ciò che si deve fare. [...]
Concludendo, io dico che la città nel suo insieme è la scuola dell'Ellade e mi sembra che presso di noi ciascun cittadino può autonomamente rivolgere la propria personalità alle più varie scelte di vita, con decoro e in modo versatile. E che queste cose non siano un vanto di parole nel momento presente ma verità dei fatti, lo dimostra la forza stessa della città, che abbiamo acquistata con questi modi di vita.

Tucidide, *Guerra del Peloponneso*, II, 27-41; trad. di A.Roncoroni

COMPRENSIONE E ANALISI

1. Etimologicamente, che cosa significa *democrazia*?
2. Secondo il testo, in un regime democratico, in base a che cosa si viene scelti a ricoprire cariche pubbliche?
3. Per quale motivo gli ateniesi non violano le leggi e a quali leggi ubbidiscono, in particolare?
4. Qual è l'atteggiamento degli ateniesi di fronte alla ricchezza?
5. E che cosa pensano della povertà?
6. Per quale motivo in Atene un uomo che non partecipa alla vita pubblica è considerato un uomo inutile?
7. In democrazia discutere prima di decidere è considerato una perdita di tempo o una premessa all'agire?

COMMENTO

8. Commenta il brano dello storico greco, cercando di dare risalto ai tratti della democrazia antica che possono valere anche per il mondo moderno. In particolare, cerca di spiegare perché siano qualificanti per un regime democratico i seguenti aspetti:
   - il concetto di merito;
   - la povertà non impedisce di esercitare un ruolo pubblico;
   - l'ubbidienza alle leggi non scritte, in quanto leggi di coscienza;
   - il concetto di partecipazione;
   - la funzione della parola intesa come preparazione all'azione.

   Concludi esponendo la tua tesi sul valore e su eventuali limiti della democrazia.

B15 I videogiochi: detrattori e difensori

SIMULAZIONE

Secondo questo articolo di tgcom24, l'ex ministro Carlo Calenda dichiara «In casa mia non entrano». Diversi utenti hanno fatto notare che i videogame possono avere anche effetti positivi. Tra gli interventi si distingue per il rigore argomentativo quello della blogger-insegnante-scrittrice Mariangela Galatea Vaglio, che riportiamo subito di seguito (con i connettivi testuali evidenziati in giallo).

Carlo Calenda dichiara guerra ai videogiochi e lo fa sul suo profilo Twitter da 115mila follower. "Considero i giochi elettronici una delle cause dell'incapacità di leggere, giocare e sviluppare il ragionamento. In casa mia non entrano", scrive l'ex ministro dello Sviluppo economico, padre di quattro figli. Le sue parole scatenano subito una polemica sui social dove qualche utente interviene in difesa dei videogame: "Possono migliorare riflessi e vivacità". Ma Calenda non cede e ribatte alle critiche: "Bisogna salvare i nostri ragazzi dall'ignoranza".
Sulla vicenda interviene anche un insegnante dell'Università romana di Tor Vergata: "Carlo Calenda, credo che lei, in buona fede, non conosca la reale identità di ciò che chiama "giochi elettronici", che sono opere interattive dal valore culturale e artistico, nel solco di letteratura, teatro, cinema o fumetto. Lo insegno da 10 anni all'Università". Mentre un altro utente sostiene che l'ex ministro sia "rimasto un po' indietro" in merito al tema videogame: "Le consiglio di informarsi un po' e capire che hanno raggiunto livelli di profondità e serietà che li equiparano a libri/film". Calenda gli risponde prontamente: "Il problema è la passività rispetto alla lettura e al gioco. Reagisci non agisci. Inoltre abituano la mente a una velocità che rende ogni altra attività lenta e noiosa". Ma poi, quando la polemica si accende ancora di più, chiarisce: "Calma. Non ho detto che chi usa i giochi elettronici è un imbecille. Ho parlato di una mia scelta di genitore spiegandone le ragioni". Chissà cosa ne pensano i quattro figli dell'ex ministro e se hanno mai giocato ai videogame, magari di nascosto, a casa di qualche amico...

https://tinyurl.com/y9urzq94 3 novembre 2018

Mariangela Galatea Vaglio

Caro Calenda, il libro fa stare più soli del videogioco. Ma è un male?

Ogni volta che qualcuno, come l'ex ministro Calenda, ieri, si scaglia contro la tecnologia che aliena e spara una filippica per salvare i nostri bambini dalla solitudine la mia prima reazione, confesso, è di sorridere.

Un po' perché l'uscita dell'ex ministro mi ricorda tanto quella della signora Lovejoy, la moglie del pastore dei Simpson, che per ogni cosa nuova emette l'allerta gridando "I bambini, pensate ai bambini!". Ma soprattutto perché quando sento che i videogiochi, o Facebook, o Instagram, o la tv o qualsiasi cazzabubbolo tecnologico non appena arrivato va vietato vietatissimo perché sennò le giovani generazioni, signora mia, cresceranno isolate e solitarie, a me viene da rispondere che uno strumento di sicura alienazione c'è già da secoli, e nessuno però si sogna di vietarlo. È il libro.

Pensateci. Soprattutto voi che siete, come me, lettori. Il libro è un oggetto che ti costringe a stare solo. Ti porta via dal mondo, persino quando ci sei immerso dentro. Sei in un autobus affollato, nel caos di un androne dove la gente passeggia, ad un tavolino di un bar del centro nel mezzo del casino più assoluto. Ma tu, che hai un libro, lo usi come una barriera. Quando apri lui, gli altri spariscono, si allontanano, non ci sono più. È uno strumento di alienazione potente più di un sortilegio di mago Merlino. Con la fantasia il libro ti trascina in mondi chiusi a chiunque altro non sia tu. Dialoghi, sì, con l'autore, ma in sostanza monologhi con te stesso. Il libro fa di te una perfetta monade leibniziana: sei in risonanza con il mondo, ma separato da esso.

Li vogliamo vietare, i libri? No, anzi. Chi si scaglia contro i videogiochi, e internet, e i social, non fa altro che consigliargli come alternativa valida e necessaria. Perché con il libro, dicono, rifletti, impari, sviluppi la fantasia.

Ecco, ma pensiamoci un attimo. Come si sviluppano queste cose? In mezzo al caos delle chiacchiere? In perenne contatto con il mondo? No. Quando si è da soli.

È quando uno è da solo, e si annoia del vuoto cosmico della sua solitudine che inizia a pensare. È quello il momento in cui cominci a farti domande per capire se c'è qualcosa che non va, se il fatto che tu stia sempre così solo sia un destino o una scelta, che cerchi di scoprire come riempire quel vuoto con qualcosa che ti interessi davvero. La letteratura, la musica, i giochi, i pensieri, le poesie, lo sport sono i nostri tentativi di riempire le ore in cui altrimenti ci annoieremmo a morte e si sentiremmo inutili. L'adolescenza è il periodo in cui si pensa di più non tanto e non solo per gli ormoni impazziti che cozzano nel cervello, ma perché si ha più tempo per farlo, prima che il lavoro, la famiglia, la vita ti risucchino e ti travolgano.

Mi creda, Calenda, il problema dei ragazzini (e anche degli adulti) non è che si alienano con i giochi e stanno troppo soli. È che ci stanno troppo poco. Non sono abituati. Persino noi adulti riempiamo le loro giornate di troppe cose, troppi impegni sociali, troppe occasioni in cui frequentano altri e sono costretti a starci assieme. Li portiamo in palestra, in piscina, a danza, al corso di inglese, a canto, a catechismo, creiamo ad arte occasioni per farli stare forzatamente con i coetanei, regaliamo loro i giochi istruttivi da giocare assieme a mamma e papà nel weekend, stiamo assieme a loro in ogni momento della vita, preoccupati che se stanno venti minuti da soli crescano isolati e pieni di turbe.

No, credetemi, lasciamoli un po' da soli. Lasciamoli giocare in santa pace al loro videogioco, prendere un libro e starsene per i fatti loro, persino ogni tanto guardare il muro da soli ed annoiarsi. Questo mito della socialità a tutti i costi, quest'obbligo sociale della compagnia inibisce la loro capacità di sviluppare gusti personali che non siano condivisi da un gruppo, di pensare da soli, di saper anche, alle volte, affrontare da soli con coraggio un problema. L'uomo è un animale sociale, d'accordo, ma non sempre e non h24.
Chi usa i videogiochi spesso e volentieri gioca in gruppo, poi, con altri utenti. Lei li vede soli davanti ad un device, ma in realtà sono un gruppo sparso per tutti i cantoni del mondo. Se proprio vuole essere coerente con le sue preoccupazioni sull'alienazione, si preoccupi quanto vede un pupetto o una pupetta che legge concentratissimo un libro. In quel momento il bimbo è solo e sta ragionando con se stesso.
Ma anche in questo caso, mi dica, trova davvero che sia così pericoloso?

https://tinyurl.com/y867dhv9

COMPRENSIONE E ANALISI

1. Per quale ragione Calenda dice di aver vietato i videogiochi ai suoi figli?
2. In che senso chi usa il videogioco reagisce e non agisce?
3. Che cosa hanno in comune, secondo la blogger, il videogioco e il libro?
4. Qual è l'utilità della solitudine e perché bisognerebbe procurarla ai giovani, che faticano a trovarla?

COMMENTO

5. Ti sarai certamente fatto un'idea personale dei videogiochi. La tua idea coincide con quella di Calenda o di Mariangela Vaglio? Esprimi il tuo parere in modo argomentato.

B16

Umberto Galimberti

I ragazzi dello stadio e la violenza nichilista

SIMULAZIONE

Gli atti di violenza negli stadi sono attribuiti dall'autore al nichilismo, cioè all'assenza di valori, che determina atteggiamenti di indifferenza morale e comportamenti volti alla distruzione di qualsiasi istituzione o sistema esistente.

Non è l'unica, ma quella degli stadi è la violenza più emblematica, messa in atto da quanti, ogni domenica, con una cadenza ormai rituale, sono soliti provocare incidenti, guerriglie neppure tanto simulate, con i loro passamontagna calati, perché la violenza è codarda, con i loro fumogeni che annebbiano l'ambiente per garantire impunità, le loro sassaiole che piovono come grandine da tutte le parti in modo che non ti puoi difendere, con i petardi, che quando non spaventano, feriscono, con le loro bombe-carta che uccidono. Qui i colori politici sono irrilevanti, perché il calcio si è sempre definito, con un po' di ipocrisia, "politicamente neutrale", e questa neutralità apre le porte al piacere dell'eccesso, allo sconfinamento dell'eccitazione, al rituale ripetuto della messa in scena, alla festa del massacro, alla socievolezza dell'assassinio, al lavoro di gruppo dei complici, alla pianificazione della crudeltà, alla risata di scherno sul dolore della vittima, dove la freddezza del calcolo è inscindibilmente intrecciata alla furia del sangue, la noia dello spirito alla bestialità umana.

Finito il rito della crudeltà tutti spariscono, e solo le registrazioni delle telecamere consentono di individuare qualcuno di quei pavidi che si nascondono nella massa. Si sentono innocenti, semplicemente perché non sono in grado di fornire uno straccio di giustificazione ai loro gesti. L'ignoranza e l'ottusità che li caratterizzano sono, ai loro occhi, un'attenuante. L'analfabetismo mentale, verbale ed emotivo con cui rispondono a chi li interroga è per loro una giustificazione.

La loro violenza è nichilista perché è assurda, e assurda perché non è neppure un mezzo per raggiungere uno scopo. È puro scatenamento della forza che non si sa come impiegare e dove convogliare, e perciò si sfoga nell'anonimato di massa, senza considerazione e senza calcolo delle conseguenze. La mancanza di scopi rende la violenza infondata, e quindi assoluta.

Le pene miti finora inflitte ai violenti, come ad esempio l'interdizione a frequentare gli stadi o i patteggiamenti, abituano progressivamente a ripetere, con la cadenza del rito, ciò che all'inizio era solo un fatto isolato. È come aprire una chiusa. E siccome il primo gesto è rimasto senza particolari conseguenze, dopo che il divieto era stato violato, il percorso è libero. Tutto diventa possibile. Al primo atto ne segue un secondo, e poi un terzo, e infine ogni volta che c'è una partita di calcio.

E allora l'orgia della crudeltà si ripete con la monotona regolarità con cui si succedono i sabati e le domeniche di campionato. Nel rito i tifosi più scalmanati agiscono secondo routine. E siccome la routine annoia, come i drogati, anche i criminali da stadio hanno bisogno di dosi sempre più forti, per allontanare la noia sempre incombente.

La caratteristica rituale della violenza nichilista dei ragazzi dello stadio rende questa violenza diversa dall'insurrezione o dal tumulto che, avendo di mira uno scopo, si placa quando lo scopo è raggiunto. Vivendo esclusivamente per la prosecuzione di se stessa, la violenza nichilista traduce la barbarie in normalità.

Umberto Galimberti, *L'ospite inquietante. Il nichilismo e i giovani*, Feltrinelli, Milano 2007

COMPRENSIONE E ANALISI

1. Su che cosa verte il brano e qual è la tesi di fondo sostenuta dall'autore?

2. Individua le sequenze essenziali del discorso e dai a ciascuna un titolo.

3. Facendo riferimento ai nessi testuali evidenziati in colore, identifica le risorse argomentative impiegate dall'autore.

4. Che cosa distingue la violenza da stadio dall'insurrezione o dal tumulto?

COMMENTO

5. Nel testo si legge che i responsabili della violenza da stadio *non sono in grado di fornire uno straccio di giustificazione ai loro gesti*, perché si tratta di una violenza *assurda*. Però per tutto ciò che si fa ci deve essere una spiegazione razionale, oltre a quella generica di nichilismo addotta dall'autore. Prova ad argomentare le ragioni - inconsce o folli o criminali o semplicemente stupide - che possono determinare queste forme di violenza. Alla fine dello svolgimento esponi la tesi che con i tuoi argomenti hai voluto dimostrare.

B17

Problemi di globalizzazione

SIMULAZIONE

L'articolo spiega in parole semplici che cos'è la globalizzazione.

Con l'inizio del XXI secolo la globalizzazione ha raggiunto il suo culmine. Si tratta di un fenomeno che riguarda l'aumento progressivo e capillare degli scambi e degli investimenti internazionali. Il mondo globalizzato è il mondo di oggi, in cui le economie nazionali sono sempre più interdipendenti, il commercio non ha quasi più barriere, le comunicazioni sono di una semplicità disarmante, anche da un lato all'altro della Terra. Il fenomeno della globalizzazione è senza dubbio interessante e deve essere affrontato secondo ottiche e punti di vista differenti. Se dapprima si trattava di un concetto che investiva la sfera puramente economica, oggi la globalizzazione investe ogni ambito della nostra vita: da quello sociale a quello culturale; dalla politica allo sviluppo tecnologico. Siamo ormai abituati ad acquistare abiti che vengono prodotti in Cina, a guardare film americani, a mangiare cibo giapponese, thailandese e via dicendo. Questo è ormai un mondo globalizzato. I cosiddetti "no-global" si oppongono fortemente a questo fenomeno, che se da un lato ha degli aspetti sicuramente positivi, dall'altro nasconde limiti e pericoli non indifferenti. Il motore della globalizzazione è l'economia: è stato infatti grazie alla sempre maggior interdipendenza delle varie economie locali che si sono create altre dipendenze, di tipo sociale, culturale, politico, commerciale e via dicendo. Le cause della globalizzazione sono però da rintracciare in diversi aspetti, che si sono verificati tutti più o meno nello stesso periodo storico. Tali cause sono le seguenti:

- l'abolizione delle barriere doganali, che ha consentito il libero scambio e quindi una sorta di unificazione del mercato mondiale;
- lo sviluppo dei trasporti su scala mondiale, che ha permesso di commercializzare i prodotti da una parte all'altra del globo con minori costi ma al tempo stesso ha dato una spinta non da poco alla delocalizzazione produttiva;
- lo sviluppo delle nuove tecnologie, che ha dato una spinta propulsiva alle comunicazioni internazionali.

Come abbiamo accennato, i cosiddetti no-global si oppongono fortemente a questo fenomeno che ha investito l'intero Pianeta. I motivi sono opinabili ma bisogna riconoscere che la globalizzazione nasconde una serie di lati oscuri non trascurabili. Le multinazionali, proprio grazie a questa capillarità economica, hanno iniziato a mettere in atto un processo di delocalizzazione produttiva molto rischioso. Hanno cioè spostato parti o addirittura intere produzioni nei Paesi meno sviluppati e lo hanno fatto per godere di diversi vantaggi: costo della manodopera inferiore, tassazione ridotta e meno regole da rispettare anche per la difesa dell'ambiente. Quest'ultimo punto non deve essere sottovalutato: le multinazionali approfittano di questa situazione per non rispettare le regole rigide imposte nei Paesi più sviluppati. Questo significa che spostano l'inquinamento massiccio e spesso senza ritegno nelle zone dell'Est o del Sud del Mondo, perché qui i governi non hanno ancora intrapreso politiche di tutela ambientale rigide. Il problema del degrado ambientale, però, non può essere spostato: investe tutto il mondo e la globalizzazione rischia di peggiorare ulteriormente una situazione già fortemente compromessa.

https://tinyurl.com/y8w94ufp

COMPRENSIONE E ANALISI

1. Globalizzazione è un termine che è entrato nell'uso a partire dagli anni 1990, per indicare un insieme di fenomeni legati alla crescita dell'integrazione tra le diverse aree del mondo e favorito dalle innovazioni tecnologiche: in quali ambiti e in quali forme si manifestano questi fenomeni?
2. Da quali cause, secondo il testo, è stata determinata la globalizzazione?
3. In che modo la globalizzazione si ripercuote, per esempio, nel nostro modo di vestire?
4. Anche il nostro cibo può risentire dell'economia globalizzata. Fai qualche esempio concreto.
5. Forse una delle conseguenze più negative della globalizzazione è la cosiddetta *delocalizzazione produttiva*. Che cosa significa questo termine e che cosa indica?
6. **Riassunto** Riassumi l'articolo in un massimo di 4-5 righe.

COMMENTO

7. Partendo dal testo di appoggio, rifletti sugli aspetti positivi e negativi della globalizzazione e sui correttivi che si possono (forse) attuare.
8. In aggiunta alle tue idee, puoi sviluppare, a tua scelta, qualcuno dei seguenti spunti:
   - i principali protagonisti dell'economia sono diventati i mercati finanziari, che dettano agli Stati le loro leggi;
   - l'economia globalizzata ha ucciso i mercati nazionali e le industrie produttive, sconvolgendo il mondo del lavoro e generando disoccupazione, sottoimpiego, sfruttamento del lavoro di uomini, donne e bambini;
   - i governi devono sottostare ai vincoli imposti dagli organismi mondiali - per esempio dal Fondo monetario internazionale - e perdono autonomia decisionale;
   - la globalizzazione non mira a conquistare territori, ma risorse e materie prime, impoverendo l'ambiente e inquinando il territorio;
   - le tecnologie informatiche favoriscono la concentrazione dei capitali e del potere;
   - si è creata una società duale con un gruppo di privilegiati, ricchissimi e attivissimi, e un'enorme quantità di poveri ed emarginati;
   - gli spostamenti sono stati facilitati: il low cost permette a tutti di viaggiare;
   - le lingue, le conoscenze e i saperi si sono diffuse;
   - la libera circolazione delle merci favorisce gli scambi e abbatte i costi e i prezzi;
   - c'è la possibilità di disporre di prodotti anche a molta distanza dal luogo di produzione;
   - probabilmente la globalizzazione è un processo inarrestabile, ma se ne possono almeno contenere i danni: per esempio, alla perdita dell'identità di origine di molti prodotti si cerca di reagire valorizzando il made in Italy o le specialità regionali.

B18 Renzo Piano
Perché difendo le periferie

SIMULAZIONE

Il famoso architetto argomenta la sua difesa delle periferie cittadine, rivalutandone il ruolo propulsivo, come *scommessa del secolo*.

Difendo le periferie perché è una questione d'appartenenza: sono figlio della periferia, sono nato e cresciuto nella periferia di Genova verso Ponente, vicino ai cantieri navali e alle acciaierie. Per me il centro di Genova, della Superba appunto, era lontano e intimidente. La mia è una periferia un po' speciale, perché per metà è formata dall'acqua. Parlo del mare che invoglia alla fuga, a viaggiare per conquistarsi il futuro.

Le periferie sono fabbriche dei desideri. Cresci con l'idea di partire, diventi grande avendo il tempo d'annoiarti e di pensarci su.

Difendo le periferie anche perché sono la città del futuro, che noi abbiamo creato e lasceremo in eredità ai figli. Dobbiamo rimediare allo scempio fatto e ricordarci che il 90 per cento della popolazione urbana vive nelle zone marginali.

Le periferie, che bisognerebbe chiamare città metropolitana, sono la grande scommessa del secolo: diventeranno o no urbane? Se non diventeranno città saranno guai grossi. C'è una simmetria tra i centri storici che volevamo salvaguardare negli anni '60 e '70 e il rammendo delle periferie. Certo le periferie non sono così fotogeniche come i centri storici: belli, ricchi di storia, arte e fascino. Però oggi, se devo dirla tutta, i centri storici talvolta sono diventati centri commerciali a cielo aperto, infilate di boutique di lusso una dietro l'altra. I centri storici sono sazi e appagati mentre sono le periferie dove c'è ancora fame di cose e emozioni, dove si coltiva il desiderio.

La città europea insegna a non creare quartieri solo per lo shopping o solo per gli affari ma a mescolare le diverse funzioni. Le periferie sono la città, che è una grande invenzione, forse la più grande fatta dall'uomo. Ovvero il luogo dove si impara e pratica la convivenza, la tolleranza, la civiltà, lo scambio e la crescita.

Difendo la periferia anche perché è un concentrato d'energia, qui abitano i giovani carichi di speranze e voglia di cambiare. Quasi sempre il termine periferia è accoppiato ad aggettivi denigranti come violenta, desolata, triste. Ma le facce della gente del Giambellino sono tutt'altro che tristi.

Viene spesso definita come deserto affettivo, ma è vero il contrario: le periferie sono crogioli di energia e di passione. Che poi non si tratti solo di forze positive lo sappiamo. Il disagio urbano è una malattia cronica della città, una sofferenza che in alcuni momenti si acuisce. Un male che è generato dal disagio sociale ma anche dal degrado e dalle bruttezze dei luoghi, dal disamoramento con cui le periferie sono state realizzate. Bisogna lavorare sulla dignità del luogo, è fondamentale. Un quartiere ben costruito è un gesto civico, una città ben costruita è un gesto di pace, di tolleranza.

Ecco può sembrare una contraddizione di termini ma la periferia può essere bella, perciò la difendo. Anche alcuni scorci, certi cortili, le proporzioni dei caseggiati del Giambellino sono belli. Si tratta di un'armonia nascosta che va cercata e scoperta. Le periferie godono di una bellezza per la quale non sono state costruite: sono state fatte senza affetto, quasi con disprezzo. Eppure c'è una bellezza che riesce a spuntare fuori, fatta certo di persone ma anche di luce, orizzonti, natura e tanto spazio.

Spazio, per esempio, per piantare nuove piante: guardare un albero riserva sorprese, non è mai uguale al giorno prima. D'autunno le foglie cambiano colore e cadono lasciando passare la luce del sole, ogni primavera si assiste al rito del rinnovamento. Una metafora della vita e della rigenerazione. Una bellezza che non è cosmesi. D'altronde il principio bellezza, quella autentica, in tutto il bacino del Mediterraneo non è mai disgiunta dalla bontà. L'idea dei greci: *kalòs kagathòs*, bello e buono.

È possibile una periferia migliore?

Certo che è possibile, basta andare a Marghera. C'è già una periferia migliore, negli ultimi vent'anni questo quartiere ha fatto passi da gigante.

Come scriveva Italo Calvino, anche le più drammatiche e le più infelici tra le città hanno sempre qualcosa di buono. Quel qualcosa dobbiamo però scoprirlo e alimentarlo. Così avremo città migliori.

https://tinyurl.com/ydawaj7w Il Sole 24 Ore, 29 maggio 2016

COMPRENSIONE E ANALISI

1. L'autore adduce in difesa delle periferie almeno cinque argomenti. Due sono personali o legati alla sua esperienza; altri tre fanno riferimento alle risorse della periferia. Individuali e trascrivili qui di seguito:

   1. ....,
   2. ....,
   3. ....,
   4. ....,
   5. ....

2. Perché la periferia è definita la città del futuro? E a ragione o a torto, secondo te?
3. Per quale motivo Renzo Piano sembra amare meno i centri storici?
4. **Riformulazione** Riformula in termini semplici la seguente espressione: Una metafora della vita e della rigenerazione. Una bellezza che non è cosmesi.

COMMENTO

5. Commenta e discuti una delle due affermazioni (o ambedue le affermazioni) fatte nel brano
   - Le periferie sono la città, che è una grande invenzione, forse la più grande fatta dall'uomo. Ovvero il luogo dove si impara e pratica la convivenza, la tolleranza, la civiltà, lo scambio e la crescita.
   - La periferia viene spesso definita come deserto affettivo, ma è vero il contrario: le periferie sono crogioli di energia e di passione. Che poi non si tratti solo di forze positive lo sappiamo.

Esponi la tua tesi argomentando il consenso o il dissenso nei confronti del testo di appoggio; puoi sviluppare qualcuno dei seguenti spunti:

- può essere difficile condividere l'entusiasmo di Piano, soprattutto se si pensa a periferie che sono sinonimo di degrado, criminalità, spaccio di droga, come il Corviale a Roma o Scampia a Napoli. Eppure...;
- da un certo punto di vista le periferie sono la città, intesa come aggregazione di abitanti; però periferia e città sono due realtà ben diverse: in base a che cosa le distingui?
- le periferie sono il luogo in cui i problemi nazionali sono reali e pressanti;
- Piano dice di amare la periferia perché è nato in periferia; tu ami il luogo in cui sei nato? E perché? Argomenta la tua risposta;
- Piano conclude il suo articolo con una citazione di Calvino: prova a conclude il tuo commento con una frase incisiva, a effetto.

Il quartiere di Scampia a Napoli

4 La prova di Tipologia C: il tema di attualità

4.1 Le caratteristiche della prova

La prova di Tipologia C, **Riflessione critica di carattere espositivo-argomentativo su tematiche di attualità**, ha le seguenti caratteristiche:

- propone problematiche vicine all'**orizzonte esperienziale** delle studentesse e degli studenti;
- può essere accompagnata da un breve **testo di appoggio** che fornisca ulteriori spunti di riflessione, in aggiunta a quelli offerti dalla traccia;
- nella consegna vi sono indicazioni circostanziate sulle **piste da seguire** nello svolgimento;
- la traccia può chiedere al candidato:
  - di inserire un **titolo** coerente con lo svolgimento;
  - di organizzare il testo attraverso una scansione interna, con **paragrafi** muniti di un **titolo**.

I TRATTI DISTINTIVI DELLA PROVA

Il titolo e la scansione in paragrafi sono i due elementi che distinguono la prova di Tipologia C dal tema tradizionale, al quale questa prova per molti versi si avvicina, in quanto consiste:

- nell'affrontare con sicurezza un argomento con osservazioni motivate;
- nello sviluppare l'argomento mettendo in campo conoscenze acquisite nel corso di studi;
- nell'esprimere giudizi o idee personali;
- nel saper organizzare il testo.

I CONSIGLI DEL TUTOR
ECCO COME VERRÀ VALUTATA LA TUA PROVA

Riportiamo direttamente dalle indicazioni ministeriali i criteri generali per la valutazione degli elaborati di tipologia C:

- pertinenza del testo rispetto alla traccia e coerenza nella formulazione del titolo e dell'eventuale paragrafazione;
- sviluppo ordinato e lineare dell'esposizione;
- correttezza e articolazione delle conoscenze e dei riferimenti culturali;
- capacità di espressione di giudizi critici e valutazioni personali.

UNA TRACCIA COME ESEMPIO

Per concretezza lavoriamo su questa traccia, che è stata assegnata come **tema di ordine generale nell'esame di Stato (sessione suppletiva) 2018** e che, come si può vedere, ha tutte le caratteristiche della prova di tipologia C:

[...] *Le occasioni di aver paura sono una delle poche cose che non scarseggiano in questi nostri tempi tristemente poveri di certezze, garanzie e sicurezze. Le paure sono tante e varie. Ognuno ha le sue, che lo ossessionano, diverse a seconda della collocazione sociale, del genere, dell'età e della parte del pianeta in cui è nato e ha scelto di (o è stato costretto a) vivere.*
[...] Ma che le nostre paure "non siano tutte uguali tra loro" è vero anche in un altro senso: per quanto le paure che tormentano i più possano essere straordinariamente simili tra loro, si presume che ciascuno di noi vi si opporrà individualmente, con le proprie sole risorse, quasi sempre drammaticamente inadeguate. [...] Le condizioni della società individualizzata sono inadatte all'azione solidale, e rendono difficile vedere una foresta invece che i singoli alberi. [...] La società individualizzata è contraddistinta da una dispersione dei legami sociali, che sono il fondamento dell'azione solidale. [...]

Zygmunt Bauman, *Paura liquida*, Laterza, Roma-Bari 2008

Sulla base delle tue esperienze, delle conoscenze di studio e di quelle apprese dall'attualità, potrai sviluppare il tuo elaborato riflettendo:
- sul significato di paura nella società contemporanea;
- su alcune delle paure che secondo te sono più frequenti nel mondo di oggi;
- sulle risorse, le reazioni e le strategie dell'uomo di fronte alla paura e all'incertezza;
- sul significato di società individualizzata;
- sul rapporto che esiste fra società individualizzata, dispersione dei legami sociali e difficoltà di instaurare una azione solidale nell'affrontare situazioni di paura e incertezza.

Se lo ritieni, potrai inserire nello svolgimento un approfondimento sul valore della solidarietà e sulla sua possibilità di sopravvivenza nella società contemporanea, anche citando esempi tratti dalla cronaca e/o dalla tua esperienza personale.

COME SI PROCEDE

Non si inizia a scrivere subito dopo una veloce lettura della traccia. È infatti necessario pianificare lo svolgimento secondo alcune procedure fisse, che sono:
- l'analisi della traccia;
- la stesura di una mappa o scaletta;
- la stesura del testo;
- la revisione del testo;
- la trascrizione in bella copia;
- la rilettura finale.

L'ANALISI DELLA TRACCIA

La traccia va letta con grande attenzione per capire bene che cosa chiede e per adeguare lo svolgimento. Nell'esempio riportato sopra, la traccia è accompagnata da un breve testo di appoggio (che però potrebbe anche mancare), che ha il compito di porre il problema e indica da dove si deve partire.

LO SCHEMA DEL TESTO: LA MAPPA

Nell'esempio riportato lo sviluppo del tema è regolato dalle cinque piste di svolgimento indicate, alle quali fa seguito una proposta di approfondimento opzionale sulla solidarietà. Premesso che queste cinque piste potranno (ma non dovranno necessariamente) essere sviluppate, esse offrono già una **scaletta di svolgimento**, che si potrà seguire a meno che, per ragioni motivate, non la si voglia modificare o integrare.

- Se si preferisce disporre di un progetto più analitico, si può delineare uno schema in questo modo:
- segnare al centro di un foglio il soggetto che costituirà il **nucleo** del discorso;
- collegare direttamente al nucleo le idee principali a **raggiera;**
- segnare, in ordine decrescente e ad **albero**, le idee che a esse si associano a vari livelli a seconda della rilevanza.

Ecco un esempio di mappa sulla traccia riportata sopra:

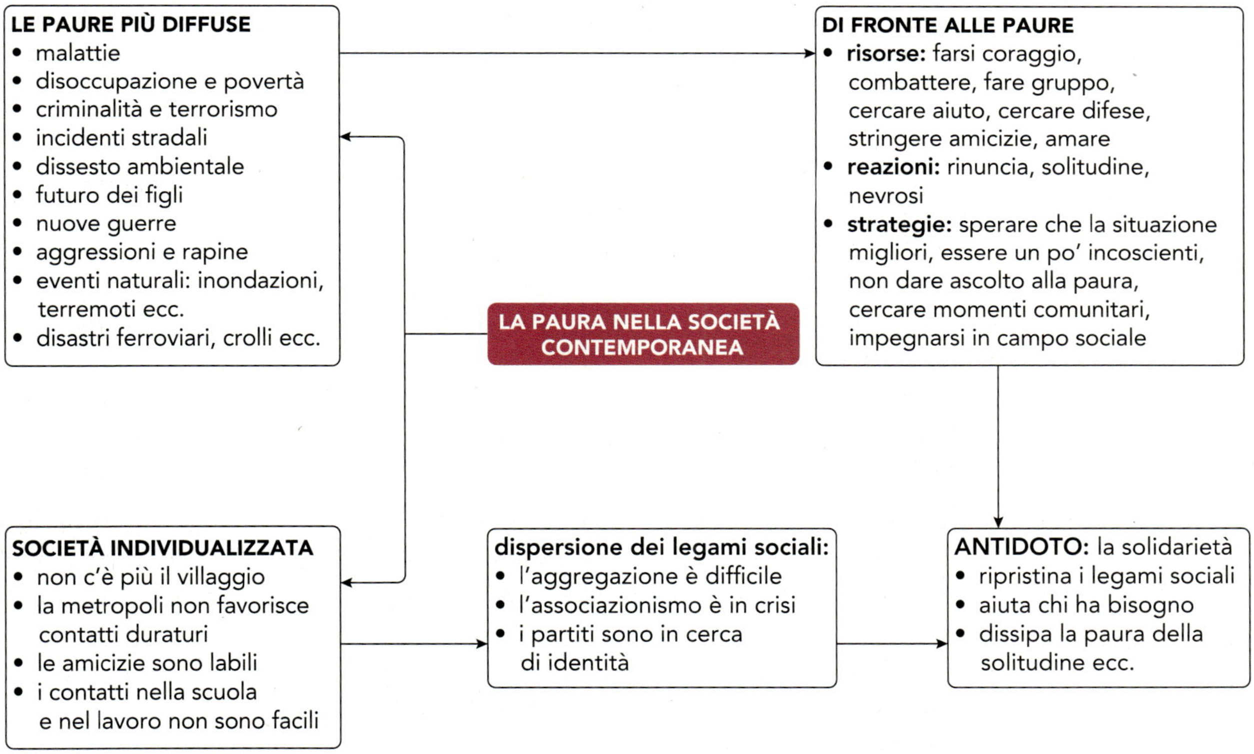

LO SCHEMA DEL TESTO: LA SCALETTA

Il termine **scaletta** è preso a prestito dal linguaggio cinematografico, nel quale indica l'elenco sintetico delle scene di un film in ordine progressivo.

Come si vede dallo schema sopra riportato, la mappa si espande in orizzontale e ammette che si facciano aggiunte in qualsiasi momento.

La scaletta, invece, è un percorso verticale, che parte dall'esordio e arriva alla conclusione di quello che sarà lo svolgimento.

Rispetto alla mappa, la scaletta può essere più analitica e quindi più vicina al testo definitivo, che procede in sequenza, non in orizzontale.

LO SVOLGIMENTO E LA STESURA

Conclusa la progettazione, si passa allo svolgimento; la stesura dell'elaborato può prevedere varie fasi:

- **un'apertura** o **parte introduttiva**, che non deve essere una semplice parafrasi della traccia e deve anche evitare la prassi frequente di trascrivere dal dizionario la definizione di qualche termine presente nella traccia: in ambedue i casi si dà l'idea di non avere nulla di meglio da dire. Un buon criterio per iniziare è quello di affrontare l'argomento in modo dinamico, cercando di mostrare come lo si intende e motivando la scelta di svolgerlo. *Nel caso della traccia riportata sopra, la riflessione sul significato di* ***paura*** *nella società contemporanea si presta benissimo a fungere da premessa.* A questa parte si possono dedicare **una decina di righe**;
- l'**esposizione:** si espone un fatto di cronaca, un evento naturale, un fatto di costume che costituisce l'occasione di attualità a cui si aggancia l'argomento proposto. *Nel caso specifico si potranno trattare le paure più frequenti nel mondo di oggi e le reazioni che esse provocano.* L'esposizione può occupare non più di un quarto dello svolgimento: indicativamente **una pagina** o poco più di metà foglio protocollo;
- il **dibattito:** già nel presentare e nell'esporre gli eventi, potrebbero emergere molti elementi di giudizio. Ma il dibattito sulle opinioni costituisce il punto forte dello svolgimento, che si sviluppa sul **confronto tra tesi opposte**, tra diverse opinioni e interpretazioni. Naturalmente l'orientamento suggerito dalla traccia può essere **contestato**, a condizione che si adducano **argomenti robusti**: l'originalità del tema

risalterà con maggior vigore e sarà accresciuta dall'eventuale riferimento a esperienze personali.
Nello specifico, la riflessione sulla società individualizzata potrà alimentare il dibattito sulla responsabilità dei fattori che hanno determinato la dispersione dei legami sociali.
Il dibattito delle ragioni a favore e contro deve costituire il corpo centrale del tema: come minimo **un paio di pagine**;
- la **conclusione:** rimane **una pagina** per concludere. La conclusione dovrebbe **confermare** definitivamente la tesi sostenuta, coincidente o meno con quella eventualmente suggerita dalla traccia. Ma nulla vieta che si investa anche questa pagina nella trattazione dell'argomento, rinunciando a una vera e propria conclusione formale, soprattutto se questa non dovesse aggiungere nulla di concreto. *Nel caso specifico si può inserire l'approfondimento sulla solidarietà.*
Il modo migliore per concludere potrebbe essere una citazione appropriata, se la si ricorda: occupa poco spazio e propone un parere autorevole. In questo caso potrebbe andare bene una frase di Paolo Borsellino: «È normale che esista la paura, in ogni uomo; l'importante è che sia accompagnata dal coraggio. Non bisogna lasciarsi sopraffare dalla paura, altrimenti diventa un ostacolo che impedisce di andare avanti».

LA REVISIONE

La revisione della prova svolta consiste nel verificare che:
- sia stato **centrato il tema** proposto dalla traccia e non si sia andati **fuori tema**, cioè che tutte le ragioni addotte siano pertinenti: se si scopre che in qualche punto ci si è allontanati troppo dal tema, non bisogna esitare a cancellare la parte in causa;
- le parti siano **equilibrate**, cioè non vi siano sproporzioni ed eventuali digressioni siano state tenute sotto controllo;
- non ci siano **ripetizioni** né divagazioni;
- l'argomentazione sia **coerente**, cioè non vi siano salti logici, passaggi troppo bruschi, ragionamenti ellittici o incompleti: se necessario, integrare eventuali lacune;
- il **lessico** sia appropriato: controllare sul dizionario l'ortografia; cercare eventuali sinonimi, se necessario;
- i nessi assicurino la **coesione** sintattica;
- le **dimensioni** siano quelle previste: indicativamente quattro-cinque colonne di metà foglio protocollo.

In questa fase è possibile aggiungere la **ripartizione in paragrafi** con i relativi titoli.

LA RICOPIATURA E LA RILETTURA FINALE

Svolti gli adempimenti indicati fin qui, si può trascrivere l'elaborato in bella copia, avendo cura di:
- scrivere in **grafia leggibile**, **in corsivo** e non in stampatello;
- **andare a capo** alla fine di ogni paragrafo, cioè di ogni blocco di testo tematicamente compiuto;
- alla fine **rileggere** il tutto.

Ultimata la stesura è necessario rileggere ed eventualmente correggere il testo, cercando di immedesimarsi in chi lo legge per staccarsi dalla propria soggettività e cogliere eventuali difetti di struttura, di logica e di stile.

4.2 Una proposta di svolgimento

Ora proviamo ad abbozzare lo svolgimento della prova proposta sopra (su fondino le indicazioni di svolgimento). I paragrafi sviluppati sono indicativi e devono essere integrati con osservazioni personali.

Titolo
La paura di avere paura

Premessa

L'EPOCA DELLE PAURE?

La nostra società è pervasa da molteplici forme di paura: del terrorismo, della criminalità, dei ladri, degli incidenti, dei pacchi sospetti, del maltempo, paura di essere imbrogliati, paura di essere sfruttati, paura di un futuro incerto, paura di non trovare lavoro ecc. ecc.
Tutte queste paure sono un riflesso della nostra contemporaneità, ma non sono un'esclusiva: una ventina di anni fa, infatti, non c'era la paura di non trovare lavoro o di perdere il posto di lavoro, ma c'era la paura del terrorismo; negli anni Sessanta c'era la paura della Guerra Fredda; negli anni Trenta c'era la paura della guerra imminente. C'è poi da aggiungere che, come osserva giustamente Bauman, ognuno ha le sue paure. Una ragazza e un ragazzo possono avere paura dell'insuccesso a scuola, di una situazione familiare spiacevole, di uscire di casa la sera, di passare per zone critiche della città, di non essere apprezzati dai coetanei per il proprio aspetto (paura di essere brutti) o per le condizioni sociali (paura di essere poveri).
Un adulto può avere paura di perdere il posto di lavoro, di non riuscire ad assicurare un futuro ai figli, può avere paura a guidare in autostrada ad alta velocità su un ponte che potrebbe crollare. Un anziano avrà paura dei giorni che lo aspettano e che non sa come passerà.

Esposizione di alcuni fatti che dimostrano la fondatezza delle paure

C'È MOTIVO DI AVERE PAURA

Questi esempi generici danno già l'idea di un mondo pieno di paure e confermano quanto dice Bauman. Ma la conferma viene, più che dalle parole dell'illustre sociologo, dai fatti. Ne voglio ricordare due: il crollo del ponte Morandi a Genova con 43 vittime e l'incidente ferroviario avvenuto per futili motivi presso Milano nel gennaio 2018, che provocò tre morti e una cinquantina di feriti. Ora, gli esempi concreti dimostrano anche che c'è motivo di avere paura, perché molti incidenti non sono determinati dalla fatalità, ma dall'incuria degli uomini, che non assicura la manutenzione indispensabile a manufatti deteriorabili come possono essere un ponte o una linea ferroviaria.

COME QUANDO SI RIPARANO I BINARI CON UN PEZZO DI LEGNO

Quando si sente dire che l'incidente ferroviario è stato causato dal cedimento di un binario in corrispondenza con una giuntura, si pensa alla fatalità, compatibile con una rete ferroviaria estesa, sulla quale circolano migliaia di treni ogni giorno. Ma quando si vede in fotografia che a sostegno di questa giuntura, in attesa di un intervento che non si sa quando sarebbe avvenuto, era stata posta una tavoletta di legno, si ha motivo di prendersela con i responsabili, o meglio, con gli irresponsabili che hanno commesso un imperdonabile atto di incuria.

Sviluppo dell'argomento e dibattito

FARE AGGREGAZIONE

Di fronte a fatti di questo genere, non c'è modo di vincere la paura. Se la causa di un disastro come quelli ricordati sopra si perde nella catena infinita delle responsabilità, per cui tra molti colpevoli non c'è nessun colpevole, non c'è neppure la speranza di poter prevenire questi incidenti, che sono peggio degli eventi naturali, perché sono scatenati dall'avidità degli uomini.

Contro questo tipo di paure e incertezze le risorse e le strategie possono avere corso soltanto nel lungo periodo, con la speranza che qualcosa possa cambiare in meglio e che chi deve garantire la sicurezza si faccia carico delle misure adeguate. E qui viene a proposito il discorso di Bauman sulla società individualizzata e sulla difficoltà di instaurare un'azione solidale per affrontare la paura. La dispersione dei legami sociali ci impedisce di fare aggregazione, cioè di costituire un gruppo solido che possa fare opinione ed esercitare pressione sugli organi che dovrebbero garantire sicurezza.

LE PAURE CHE DIPENDONO DA NOI

In attesa che ciò avvenga, se mai avverrà, possiamo farci carico delle paure che non dipendono da fattori esterni, con i quali è facile prendersela, ma nascono soprattutto da noi e di cui siamo noi i soli responsabili. Facciamo il caso di una ragazza o un ragazzo che sono convinti di non avere un aspetto adeguato, cioè di essere "brutti" in confronto ai loro compagni. Di fronte a questa paura ci sono due reazioni. C'è quella di chi ricorre al chirurgo estetico per modificare il proprio aspetto. In questo non c'è nulla di male, soprattutto nel caso in cui si tratti di riparare lesioni dovute a incidenti o altro. Ma se l'obiettivo è solo quello di assomigliare alla diva del momento, cercando di adeguarsi a un cliché di bellezza divulgato dai media, è probabile che la soluzione chirurgica non serva a dissipare la paura. Rimosso un difetto ne emerge un altro, e la paura continua a imperversare se non si trova un antidoto che viene dal nostro interno, cioè dall'idea che la bellezza esteriore sia solo uno degli aspetti che caratterizzano un individuo. La società non scarseggia certo di donne e uomini belli ma insignificanti, che possono prestare il loro volto a un'immagine pubblicitaria, ma per il resto sono involucri vuoti e non valgono nulla. E proprio di questo dobbiamo avere paura, di essere insignificanti, di essere una nullità.

PER CONCLUDERE, SULLA SOLIDARIETÀ

Nel corso di questi ragionamenti il tema della paura si è venuto spostando su quello della solitudine: abbiamo paura anche perché non abbiamo modo di confrontarci e di rassicurarci. In questa prospettiva esercita un ruolo fondamentale l'amicizia: in un amico, infatti, possiamo rispecchiarci, a un amico possiamo appoggiarci. E l'amicizia è il rimedio alla solitudine e l'unità di base della solidarietà. Non sono poche le iniziative che rivolgono a vantaggio di qualcuno l'identità di vedute: basta considerare il sostegno a determinate malattie o le attività promosse a favore di chi ha bisogno.

A questo punto sarebbe opportuno concludere facendo riferimento alla cronaca o all'esperienza personale.

ALLENAMENTO: 18 TRACCE

Per tutte le tracce proposte vale il seguente invito: articola la struttura della tua riflessione in paragrafi opportunamente titolati e presenta la trattazione con un titolo complessivo che ne esprima in una sintesi coerente il contenuto.

C1

Oggi si coltiva molto la bellezza esteriore del corpo e si fa bene, è giusto che la si coltivi, già per gli antichi greci non si poteva dare cura dell'anima senza cura del corpo, comprensiva di regolare ginnastica. Credo però che oggi, troppo spesso, si trascuri la bellezza interiore, la grazia, il tratto più prezioso della personalità. Così facendo si elude la grande lezione dell'estetica classica secondo cui la bellezza non è mai indipendente dalla verità e dalla bontà d'animo, ovvero, per stare alla concretezza dell'esistenza umana, non è mai indipendente dalla veridicità in quanto desiderio di verità e di sincerità.

da Vito Mancuso, *Io amo. Piccola filosofia dell'amore*, Garzanti, Milano 2014

Sulla base delle tue esperienze e conoscenze, potrai sviluppare il tuo elaborato riflettendo:

- su che cosa si può intendere per bellezza esteriore;
- se sia vero che la bellezza interiore viene trascurata e perché;
- in quali modi si può rivalutare la bellezza interiore.

Se hai fatto studi classici, puoi riflettere su quanto la traccia, generalizzando un po', dice sull'idea degli antichi greci per cui l'uomo doveva essere insieme buono e bello, in quanto non distinguevano tra anima e corpo: Achille è buono quindi è anche bello; Tersite è malvagio, quindi è anche brutto.

C2

Un tempo per comunicare una notizia, un'esperienza, un'emozione si scriveva una lettera, oggi un *sms* o una *e-mail* o si interviene sul proprio profilo *social*. Così idee e sentimenti viaggiano attraverso abbreviazioni e acronimi, in maniera veloce e funzionale. Questa nuova forma di comunicazione ha un diverso impatto sulle relazioni tra gli uomini: quanto quella di ieri era una comunicazione anche fisica, fatta di scrittura, impronte e attesa, tanto quella di oggi è incorporea, impersonale e immediata.

Discuti la questione proposta, illustrandone, sulla base delle tue conoscenze ed esperienze personali, gli aspetti che ritieni più significativi.
In particolare, puoi riflettere:

- sulla differente natura della comunicazione cartacea e di quella telematica;
- sul ruolo dell'immagine in questa nuova forma di comunicazione;
- sulle conseguenze positive e negative della comunicazione contemporanea: rapida e immediata, ma anche pressante, a volte distraente e fastidiosa.

C3

> Chi non riesce più a stupirsi né a meravigliarsi è come se fosse morto.
>
> Albert Einstein

Esprimi le tue considerazioni in proposito, ricordandoti di riflettere sui seguenti aspetti:

- in che senso sono intesi *stupirsi* e *meravigliarsi*;
- in che senso queste sensazioni sono indice di vitalità;
- si può stabilire un accostamento, da una parte, tra capacità di stupirsi e gioventù, dall'altra tra difficoltà a stupirsi e vecchiaia, oppure queste sensazioni non hanno una corrispondenza anagrafica?

C4

> Volere e non volere le stesse cose, questa è la vera amicizia.
>
> Sallustio

Esprimi le tue riflessioni su questa frase dell'autore latino, ricordandoti di riflettere sui seguenti punti:

- che cosa significa per te *volere e non volere la stessa cosa*?
- ti sembra che questo principio valga solo per l'amicizia privata o anche per i legami all'interno di una comunità (un gruppo, un partito, un movimento ecc.)?
- quando, a tuo parere, l'amicizia non è vera e quali sono le conseguenze di una falsa amicizia?

C5

> Se pensate di venire in questa Università ad acquisire specializzazioni in cambio di un futuro migliore state perdendo il vostro tempo. Noi non siamo capaci di prepararvi per quel lavoro che quasi certamente non esisterà più intorno a voi. Ormai il lavoro, a causa dei cambiamenti strutturali, organizzativi e tecnologici è soggetto a variazioni rapide e radicali. Noi possiamo solo insegnarvi a diventare capaci di imparare, perché dovrete reimparare continuamente.
>
> da una lettera scritta una ventina di anni fa agli studenti
> dal rettore della Harvard University Derek Bok

Sulla base delle tue esperienze e delle conoscenze dell'attualità, potrai sviluppare il tuo elaborato riflettendo:

- sul fatto che questa valutazione un po' malaugurante sia stata profetica;
- sulla realtà del lavoro di oggi, che, al netto della crisi economica, ha subito radicali cambiamenti;
- sul cambiamento strutturale, organizzativo e tecnologico del lavoro di oggi, per cui molte professioni non esistono più e altre devono essere reinventate;
- sulle prospettive che ti immagini e ti auguri per quello che sarà per te il mondo del lavoro.

C6

Qualche anno fa il sociologo Franco Ferrarotti ha affermato che i giovani non ascoltano la musica, ma la "abitano", perché essa offre un riparo rispetto al mondo, alla società, che è e rimane una "terra straniera".

Prova a spiegare e a valutare, anche sulla base della tua esperienza, questa affermazione, sviluppando i seguenti punti:

- che cosa significa *abitare la musica*?
- spesso le affermazioni sono volutamente esagerate per attirare l'attenzione, come è successo in questo caso. Ma non ti sembra che la diagnosi di Ferrarotti, se è vera, è anche tragica?
- anche per te il mondo e la società sono una *terra straniera*?
- che cosa si può fare, per evitare di sentirsi estranei alla società in cui si vive?

C7

Anche fare bene le cose più faticose e volgari, cose di cui a malapena si osa parlare, ma che sono utili e necessarie, è da eroi! I Greci non si sono vergognati di porre tra le grandi fatiche di Ercole anche la pulizia di una stalla.

Friedrich Nietzsche

Discuti con esempi concreti e personali questo pensiero del filosofo Friedrich Nietzsche. Puoi organizzare il tuo svolgimento su questi temi:

- porta alcuni esempi di lavori faticosi e volgari e spiegane la necessità e l'utilità;
- è possibile stabilire una graduatoria di dignità per i lavori? Con quale criterio?
- commenta l'avverbio *bene*, che è molto importante perché puntualizza in che modo si deve lavorare;
- commenta l'esempio mitologico delle fatiche di Ercole.

C8

La *Dichiarazione sulla sicurezza alimentare mondiale*, approvata a Roma nel 1996, specifica «il diritto di ogni persona ad avere accesso ad alimenti sani e nutrienti, in accordo con il diritto ad una alimentazione appropriata e con il diritto fondamentale di ogni essere umano a non soffrire la fame». Questa linea si ritrova ormai in una molteplicità di documenti internazionali, dai quali emerge anche la constatazione che la fame nel mondo non è determinata dalla scarsità delle risorse disponibili, bensì dal modo in cui esse vengono prodotte e distribuite. Viene così colta la natura essenzialmente politica del diritto al cibo: un diritto fondamentale della persona e che riguarda l'esistenza in tutta la sua complessità, divenendo componente essenziale della cittadinanza e, insieme, precondizione della stessa democrazia.

da Stefano Rodotà, *Vivere la democrazia*, Laterza, Bari-Roma 2018

Nello sviluppare l'argomento puoi soffermarti sui seguenti aspetti:
- che cosa significa l'affermazione *la fame nel mondo non è determinata dalla scarsità delle risorse disponibili, bensì dal modo in cui esse vengono prodotte e distribuite*?
- qual è la differenza tra produzione e distribuzione delle risorse?
- in che senso la natura del diritto al cibo è essenzialmente politica?
- prova a illustrare con parole semplici il rapporto tra diritto al cibo, cittadinanza e democrazia.

C9

Avere un nemico è importante non solo per definire la nostra identità ma anche per procurarci un ostacolo rispetto al quale misurare il nostro sistema di valori e mostrare, nell'affrontarlo, il valore nostro. Pertanto, quando il nemico non ci sia, occorre costruirlo.

da Umberto Eco, *Costruire il nemico*, Bompiani, Milano 2011

Spiega questo pensiero apparentemente paradossale del noto studioso, cercando di mettere a fuoco i seguenti aspetti:
- il pensiero è a prima vista paradossale, perché il nemico si può cercare di conoscerlo, vincerlo, evitarlo, ingannarlo: ma perché inventarlo?
- tuttavia, se il nemico serve a definire la nostra identità, ha una funzione importante;
- soprattutto in ambito politico, inventarsi un nemico è molto importante, perché gli si possono attribuire tutte le negatività;
- anche tu hai un nemico? In che cosa è diverso da te e perché è tuo nemico?

C10

> La non accettazione delle diversità genera violenza e per questo va contrastata con determinazione. È inaccettabile che l'orientamento sessuale delle persone costituisca il pretesto per offese e aggressioni. Così come è inaccettabile che ciò determini discriminazioni sul lavoro e nelle attività economiche e sociali.
>
> Dietro queste forme di degenerazione del vivere civile vi è il rifiuto di conoscere e accettare le peculiarità di ciascuno. Tra i compiti della Repubblica vi è quello di garantire il libero sviluppo della persona nella vita di relazione.

Sviluppa la dichiarazione fatta del Capo dello Stato nel maggio 2016, puntualizzando i seguenti aspetti:
- l'orientamento sessuale è un aspetto del più ampio tema della diversità;
- quali sono le forme di diversità che oggi sono oggetto di insofferenza e come questa si manifesta;
- quali discriminazioni sul lavoro e nelle altre attività possono essere determinate dall'orientamento sessuale di una persona?

C11

> L'Italia possiede un immenso patrimonio artistico e monumentale che, oltre a rappresentare una importantissima testimonianza storica, costituisce una risorsa economica per il turismo e per lo sviluppo del territorio.
>
> A volte, però, nelle grandi città d'arte che hanno molti monumenti da custodire, gli organismi a cui è demandata la custodia sembrano più interessati a ricavare profitti che a tutelare i beni.
>
> Affronta la questione anche in relazione al luogo in cui vivi, ponendo in evidenza aspetti positivi e negativi che, a tuo giudizio, lo caratterizzano per la cura, la conservazione e la valorizzazione del patrimonio storico e artistico.

Puoi sviluppare qualcuno dei seguenti spunti:
- il problema delle grandi città d'arte è che il personale addetto alla custodia è numeroso e gli interventi di manutenzione sono costosi;
- quali soluzioni si possono trovare, oltre ad aumentare il costo dei biglietti?
- accenna ai monumenti della tua città di riferimento e presentane la situazione.

C12

> I dati contraddicono l'idea che l'immigrazione non sia nient'altro che una conseguenza della povertà dell'Africa che si riversa sulle nostre coste. La graduatoria dei Paesi di origine, invece, classifica nell'ordine: Romania, Albania, Marocco, Cina, Ucraina, Filippine, Moldova. Nessuno di questi è un Paese poverissimo, dove si muore di fame per la strada. I migranti provengono prevalentemente da Paesi intermedi per livello di sviluppo. E non sono neppure di regola i più poveri dei rispettivi Paesi. Per migrare occorrono risorse, che i più poveri raramente riescono a mettere insieme. dati contraddicono l'idea che l'immigrazione non sia nient'altro che una conseguenza della povertà dell'Africa che si riversa sulle nostre coste. La graduatoria dei Paesi di origine, invece, classifica nell'ordine: Romania, Albania, Marocco, Cina, Ucraina, Filippine, Moldova. Nessuno di questi è un Paese poverissimo, dove si muore di fame per la strada. I migranti provengono prevalentemente da Paesi intermedi per livello di sviluppo. E non sono neppure di regola i più poveri dei rispettivi Paesi. Per migrare occorrono risorse, che i più poveri raramente riescono a mettere insieme.
>
> da Maurizio Ambrosini, *Avvenire.it*, 6 novembre 2018

Spicca il divario tra l'opinione corrente e questa fotografia del fenomeno, che ci presenta i migranti che abbiamo ogni giorno sotto i nostri occhi come dei privilegiati: che ne sarà dei più poveri, che non hanno i mezzi per emigrare? Argomenta il tuo punto di vista sul fenomeno dei migranti in base alla tua esperienza, cercando di evitare posizioni preconcette o non giustificate.

C13

> Ci sono stati momenti nel corso di quei trentun anni di conflitto mondiale che vanno dalla dichiarazione di guerra alla Serbia da parte dell'Austria il 28 luglio 1914 alla resa senza condizioni del Giappone il 14 agosto 1945 - quattro giorni dopo lo scoppio della prima bomba nucleare -, in cui la fine di una gran parte del genere umano non sembrò lontana. Ci furono momenti nei quali dio o gli dèi, che nella credenza degli uomini pii avevano creato il mondo e tutte le creature, avrebbero potuto rimpiangere di averlo fatto.
>
> da Eric J. Hobsbawm, *Il secolo breve*, RCS, Milano 1997

Illustra questo pensiero del famoso storico del Novecento, spiegando quali sono i fatti del passato a cui si riferisce e se nel presente persistano rischi di sopravvivenza per l'umanità.

C14

> La solitudine non è vivere da soli, la solitudine è il non essere capaci di fare compagnia a qualcuno o a qualcosa che sta dentro di noi, la solitudine non è un albero in mezzo a una pianura dove ci sia solo lui, è la distanza tra la linfa profonda e la corteccia, tra la foglia e la radice [...]. Credo che sia questa la prima solitudine, il non sentirci utili.

Commenta questa affermazione di José Saramago (scrittore portoghese, premio Nobel nel 1998) nel romanzo *L'anno della morte di Riccardo Reis*, riflettendo sui concetti di solitudine e di inutilità, anche sulla base della tua personale esperienza.
La prima riflessione da fare è sul concetto di solitudine, che non indica semplicemente il sentirsi soli, ma il sentirsi soli con se stessi, cioè il sentirsi inutili.
Una volta chiarito questo, potrai sviluppare i seguenti aspetti:

- in che senso ci si può sentire inutili;
- come ci si può sentire utili;
- chi sono, secondo te, le persone inutili e quelle utili: esprimi un parere motivato.

C15

> Se si riuscisse a mettere in libertà l'energia contenuta in un grammo di materia si otterrebbe un'energia maggiore di quella sviluppata in tre anni di lavoro ininterrotto da un motore di mille cavalli.

Così nel 1923 Enrico Fermi, sviluppando il principio di equivalenza tra massa ed energia formulato da Einstein, iniziava il suo cammino verso l'uso dell'energia nucleare e l'invenzione della bomba atomica.
Sulla base delle tue conoscenze affronta il problema del rapporto tra la scienza e le condizioni di vita dell'umanità.
Puoi sviluppare i seguenti punti (i possibili nessi sono evidenziati):

- il rapporto tra materia ed energia è impressionante;
- pertanto sarebbe utile sfruttare l'energia nucleare in un'epoca in cui la produzione tradizionale di energia non sembra più sostenibile;
- ma non si devono sottovalutare i pericoli del nucleare;
- peraltro la bomba atomica ha dimostrato il cattivo uso di questo tipo di energia;
- anche oggi incombe il pericolo di una guerra atomica?

C16

> Metti in rapporto la frase di Martin Luther King "Non ho paura delle parole dei violenti ma del silenzio degli onesti" con quest'altra frase, attribuita dallo storico greco Tucidide allo statista ateniese Pericle:
> "Un uomo che non partecipa per nulla alla vita pubblica non lo consideriamo un uomo disimpegnato, ma un uomo inutile". Spiega perché il silenzio degli onesti preoccupa i veri uomini politici.

Puoi soffermarti su qualcuno di seguenti aspetti:
- perché il silenzio degli onesti fa più paura delle parole dei violenti?
- perché un cittadino deve partecipare alla vita pubblica?
- certamente non tutti gli uomini politici si preoccupano del silenzio degli onesti e del disimpegno dei cittadini: quali sono i politici che approfittano del disimpegno dei cittadini?
- l'epoca attuale ti sembra caratterizzata dall'impegno o dal disimpegno?

C17

Il "villaggio globale" creato dai mezzi di comunicazione appare spesso percorso da paure collettive. Nel mare delle informazioni passano messaggi in apparenza neutri, ma spesso allarmistici: sostanze di uso comune che improvvisamente si scoprono pericolose, gruppi di persone a cui vengono attribuite potenzialità criminali, abitudini antiche che si trovano repentinamente demonizzate, leggende metropolitane che si diffondono giorno dopo giorno, fino all'attualità delle *fake news*. Nei notiziari televisivi l'elaborazione cognitiva è minima o assente; il ragionamento critico non è compatibile con notizie che mirano a fare colpo per sollecitare l'ascolto, ma talora servono solo a far crescere l'ansia.

Illustra e discuti questa che è solo una delle pesanti responsabilità che ricadono sul mondo dell'informazione.
Puoi sviluppare qualcuno dei seguenti spunti di riflessione:
- che cosa si intende per villaggio globale?
- che cosa sono le *fake news* e che cosa sai di questo fenomeno?
- chi diffonde le *fake news* e chi ci guadagna?
- fai qualche esempio di informazioni volutamente esagerate (per esempio le previsioni del tempo) per fare colpo e sollecitare gli ascolti;
- qual è il clima diffuso da questo tipo di notizie?

C18

Il principio della legalità, benché sia un valore universalmente condiviso, è spesso oggetto di violazioni che generano disappunto e inquietudine in tutti i cittadini e soprattutto nei giovani.

Sviluppa l'argomento, discutendo sulle forme in cui i vari organismi sociali possono promuovere la cultura della legalità, così da formare cittadini consapevoli e aiutare i giovani a scegliere un percorso di vita ispirato ai valori della solidarietà e della giustizia.

5 Competenze di base per tutte le tipologie: le regole della lingua

Nel delineare gli obiettivi della prima prova d'esame, le indicazioni ministeriali indicano come competenze di base per qualsiasi tipo di scuola e di indirizzo:

- la **padronanza grammaticale**;
- la capacità di costruire un testo **coerente e coeso**;
- una sufficiente capacità nell'uso dell'**interpunzione**;
- un **dominio lessicale** adeguato per uno studente al termine del suo percorso di studi.

Dunque, come è ovvio, un'abilità richiesta da **tutte le tipologie di prove** è lo scrivere bene. Il commento richiesto dalle tipologie A e B e la tipologia C nel suo complesso prevedono elaborati completi da ogni punto di vista, da valutare non solo per ciò che dicono, ma anche per come lo dicono. Un'espressione, scritta o orale, appropriata è una forma di rispetto verso chi legge e un modo per nulla secondario con cui dimostrare il proprio livello di istruzione.
Sempre in ambito scolastico, le **prove Invalsi** prevedono, oltre a 5-7 unità di comprensione del testo, 1 unità di riflessione sulla lingua: sia in vista della comprensione di un testo sia per rispondere a domande sulla lingua, è necessario rinfrescare le competenze grammaticali acquisite negli anni precedenti.

Lo scrivere bene si articola in due grandi ambiti:

- l'**ortografia**, cioè lo scrivere senza errori, rispettando le norme grammaticali e sintattiche;
- la **proprietà**, cioè lo scrivere in modo efficace e, se possibile, anche elegante.

Gli errori più comuni non sono molti e basta tenere presente un prontuario per evitarli. Ecco una rassegna di casi critici.

5.1 L'accento

ACCENTO GRAFICO E ACCENTO TONICO, ACUTO E GRAVE

L'**accento grafico** si segna obbligatoriamente sulle parole tronche e su alcuni monosillabi. Può essere:

- **acuto** quando indica la **vocale chiusa**: come in *perché*, *benché*, *né*, *poté* e in parole francesi entrate in italiano come *coupé, marron glacé* ecc.;
- **grave** quando indica la **vocale aperta**: come in *cioè*, *caffè*, *tè*, *ahimè*, *karatè*, *Mosè* ecc.

La stessa distinzione vale per la *o*, mentre sulle vocali *a*, *i*, *u* l'accento è sempre grave.
L'**accento tonico** indica invece la sillaba su cui deve cadere la voce e di norma non si segna: per pronunciare *albero* non è necessario leggere un accento sopra la *a*. Si può però segnare, se si vuole:

- su parole omografe (cioè scritte allo stesso modo): *vólto* (sostantivo)/*vòlto* (participio passato passivo di volgere); *dànno* (sostantivo)/*danno* (voce del verbo *dare*); *prìncipi*/*princìpi* ecc.

- quando si vuole indicare l'esatta pronuncia di parole o nomi di uso non comune: *arterioscleròsi, Natalìa Àspesi* ecc.

Spesso nel manoscritto accento acuto e grave sono espressi con un semplice segno a barchetta. Tuttavia sarebbe bene **mantenere la distinzione**.

I MONOSILLABI E L'ACCENTO

I monosillabi non portano l'accento (*qui, qua, so, va* ecc.), a meno che non ci sia la possibilità di confonderli con parole omografe, cioè scritte con la stessa grafia (è il caso di *dà, è, là, lì, né, sé, sì, tè*, suscettibili di confusione con i rispettivi termini non accentati) e in qualche caso di monosillabi contenenti due vocali (*ciò, già, giù, più, può, scià*). L'accento va invece segnato sui **polisillabi tronchi**: quindi *tre*, ma *ventitré, trentatré* ecc.; *re*, ma *viceré*; *blu*, ma *rossoblù*; *su*, ma *lassù*; *sta*, ma *sottostà*; *fa*, ma *rifà*.
Il pronome riflessivo di terza persona ***sé*** è accentato per evitare la confusione con la congiunzione *se*. La consuetudine di non segnare l'accento su *sé* quando è seguito da *stesso* o *medesimo* (perché in tal caso non può nascere la confusione) è sempre meno raccomandata dalle grammatiche, anche se di fatto la grafia *se stesso* prevale ancora su *sé stesso*.

MEMO
Accenti critici

FORMA ACCENTATA	ESEMPIO	FORMA NON ACCENTATA	ESEMPIO
dà (verbo)	*non mi dà ascolto*	da (preposiz.)	*vengo da casa*
dì (sostantivo)	*il dì e la notte*	di (preposiz.)	*un mese di ferie*
là (avverbio)	*non stare qui, va' di là*	la (articolo)	*la tua amica*
lì (avverbio)	*spostati di lì*	li (pronome)	*li ho invitati a casa*
né (congiunz.)	*né carne né pesce*	ne (pron. e avv.)	*non te ne andare*
sé (pronome)	*lo porta sempre con sé*	se (congiunz.)	*se piove*
sì (avverbio)	*dimmi di sì*	si (pron. riflessivo)	*si è lavato*
tè (sostantivo)	*è l'ora del tè*	te (pronome)	*vengo con te*
ventitré	*ha ventitré anni*	tre	*ha tre anni*
viceré	*hanno ucciso il viceré*	re	*hanno ucciso il re*
rossoblù	*matita rossoblù*	blu	*matita rossa e blu*
ridò	*ridò una mano di colore*	do	*do una mano di colore*

5.2 L'apostrofo

L'apostrofo può indicare che:

- è avvenuta un'**elisione**, cioè la caduta della vocale finale non accentata davanti a un'altra parola iniziante per vocale: *l'albero, un'azione, sant'Angelo, quest'uomo, terz'ultimo, tutt'altro, un pover'uomo, c'era;*

- è avvenuto un **troncamento**, cioè la caduta di una vocale o di una sillaba finale di parola: *po'* al posto di *poco*; *va'* al posto di *vai*; *fa'* al posto di *fai* ecc.

Casi critici:
- ***dà*** e ***da'***: la terza persona dell'indicativo presente di *dare* è *dà* (per evitare la confusione con la preposizione *da*), ma quella di *andare* è *va*, quella di *fare* è *fa*, quella di *stare* è *sta*. Le seconde persone dei rispettivi imperativi sono tronche: ***da'***, ***fa'***, ***sta'***, ***va'*** (ma si usano anche le forme piene *dai*, *fai*, *stai*, *vai* e le forme senza apostrofo *da*, *fa*, *sta*, *va*), quella di *dire* è ***di'***. Su **do**, prima persona del presente indicativo di *dare*, non c'è ragione di mettere l'accento;
- ***un po'***: è la forma tronca per *un poco* e pertanto **va apostrofata, non accentata**. L'unica parola tronca che porta l'accento è ***piè*** (= *piede*, usata in espressioni come *a piè zoppo* ecc.);
- ***qual è***: *quale*, aggettivo e pronome maschile e femminile, ammette la forma tronca, ma non quella elisa. Pertanto **non si apostrofa mai**. Si deve scrivere *qual è* e non *qual'è*, perché l'espressione non deriva dall'elisione del pronome *quale*, ma dal pronome tronco *qual*, come in *qual meraviglia*, *qual ardire*. Si comportano nello stesso modo *tal*, *fin*, *suol*, *vuol*: quindi *vuol essere*, non *vuol'essere;*
- ***fa***: non si accenta in espressioni temporali come *due anni fa*, *dieci minuti fa*: in realtà si tratta di un uso impersonale della terza persona dell'indicativo presente del verbo fare, cristallizzato nel senso di *scade*, *si compie*, con il quale compare per es. in *or fa un anno*.

5.3 Le maiuscole

TITOLI DI LIBRI O DI OPERE

È bene usare la maiuscola, anche limitatamente alla parola iniziale, se il titolo comprende più parole: *I promessi sposi*, *I Promessi Sposi*, *i Promessi Sposi*, *i Promessi sposi*. Nei casi indiretti la preposizione articolata è più agile e naturale di quella scissa: meglio "la lettura dei *Promessi sposi*" che "la lettura de *I Promessi sposi*".
Se si scrive al computer, i titoli vanno **in corsivo**; nella stesura manoscritta, invece, vanno chiusi **tra virgolette** alte oppure **sottolineati**: in termini tipografici, infatti, la sottolineatura corrisponde al corsivo: "I promessi sposi", I promessi sposi.

NOMI CHE INDICANO ISTITUZIONI PRECISATE, TITOLI, CARICHE ECC.

Si usa la lettera maiuscola se ci si riferisce a una carica ben precisa: *il Presidente del Consiglio*. Se invece la parola è usata in senso generico, avrà la minuscola: *il presidente XY*. Analogamente, *il papa* per indicare la figura istituzionale, *il Papa* per indicare il papa in carica; *dio* per indicare la divinità pagana, *Dio* quello dei cristiani, degli ebrei, dei musulmani. Gli aggettivi *san*, *santo*, *santa* si scrivono minuscoli (*sant'Agostino*), a meno che non siano parte di un toponimo (*Santa Margherita Ligure*).

TERMINI ASTRATTI

A volte le parole astratte sono scritte con l'iniziale maiuscola: *il Male*, *la Virtù*, *la Storia* ecc. In questi casi *il Male* indica il male assoluto e *la Storia* è usato per indicare la grande storia: a volte si dice anche *la Storia con la s maiuscola*, ma nessuno penserebbe a scrivere la parola maiuscola in una frase come *la mia amica ha avuto una storia con un suo compagno di classe.*

NOMI DI POPOLI Fino a qualche anno fa vigeva l'abitudine di usare la maiuscola per i nomi di popoli, soprattutto antichi (*i Greci, i Vandali*) e la minuscola per gli aggettivi (*la democrazia greca*), ma questa distinzione si va perdendo e la minuscola si sta generalizzando: *i greci, i vandali, il popolo italiano, un italiano, gli italiani*, meno comunemente *gli Italiani* (e ancora meno comunemente *gl'Italiani*).

SECOLI E PERIODI Si scrivono maiuscole le indicazioni dei secoli (*il Novecento*), dei decenni (*gli anni Novanta*), di movimenti culturali e periodi (*il Medioevo, il Rinascimento*).

5.4 La divisione in sillabe

Per andare a capo, si deve dividere la parola in sillabe in base ai seguenti criteri:

- una vocale o un dittongo iniziali di parola seguiti da una sola consonante costituiscono una sillaba, mentre le vocali di uno iato appartengono a due sillabe diverse: *e-sa-me, zai-no, te-a-tro*;
- una consonante semplice fa sillaba con la vocale o il dittongo che la seguono: *ta-vo-lo*;
- i gruppi *ci* e *gi* seguiti da vocale non si dividono: *ci-lie-gie*;
- le doppie e il gruppo *cq* si dividono in due sillabe: *neb-bia, ac-qua*;
- la *s* seguita da una o più consonanti fa sillaba con la vocale che segue: *ro-spo*;
- i gruppi che costituiscono un unico suono, cioè i digrammi *gl, ch, gh, gn, sc* e i trigrammi *gli, sci* non si dividono mai: *ghi-ro, co-gno-me, sce-na, bi-scia*;
- i gruppi di due o più consonanti fanno sillaba con la vocale seguente se questa sillaba può trovarsi all'inizio di una parola italiana; in caso contrario si dividono: *a-stro* (la sillaba può trovarsi nella parola *stro-fa*); *ar-te* (non esiste una parola italiana che inizia con *rt*).

5.5 Lettere critiche

-H Bisogna ricordare che *h-* iniziale compare (oltre che in alcune parole straniere) in quattro persone del presente indicativo di *avere*: *io ho, tu hai, egli ha, essi hanno*, da non confondere con parole diverse che si pronunciano allo stesso modo: *o, oh, ai, ahi, a, ah, anno*:

Oh, come sono distratto! Non so se ho preso il libro di matematica o quello di inglese.
Ahi, mi hai fatto male ai piedi.
Ah, finalmente è tornata! Ma ha portato a casa la spesa?
Quei bambini hanno poco più di un anno.

- Q-/-CU- Per spiegare l'alternativa *quo/cuo, qua/cua* ecc. bisognerebbe risalire al latino; però, per non sbagliare basta tenere presente la tabella che segue.

MEMO
Per non sbagliare: *-qu, -cu, -cq*

PAROLE SCRITTE CON *–QU-*	PAROLE SCRITTE CON *–CU-*	PAROLE SCRITTE CON *–CQ-*
aquila	cospicuo	acqua
delinquente	cuocere	acquisto
colloquio	cuoio	acquitrino
equestre	innocuo	giacque
frequente	lacuale	nacque
liquido	percuotere	nocque
obliquo	perspicuo	piacque
squadra	proficuo	sciacquare
squalificare	promiscuo	scialacquare
squartare	riscuotere	subacqueo
squisito	scuotere	tacque

-LI-/-GLI- Anche questa alternativa risale alle origini latine e anche in questo caso, per non sbagliare, basta ricordare l'ortografia di un numero limitato di parole ricorrenti: *ciliegia, concilio, domicilio, esilio, filiera, goliardia, miliare, milione, mobilio, nobiliare, olio, saliera, strabiliante, vigilia.*
È pericoloso istituire analogie, perché a volte il derivato assume una grafia diversa da quella dell'originale.

MEMO
False analogie con il latino: *-gli* e *-li*

TERMINE ORIGINALE	DERIVATO
consiglio	consigliare (verbo) consiliare (aggettivo)
famiglia	famigliare familiare
figlio	figliale, figliare filiale, affiliato
foglia/foglio	fogliazione (lo sviluppo delle foglie di un albero) foliazione (il numero delle pagine di un libro)
miglio	miliare
spogliare	spoliazione

LA -*D* EUFONICA

La preposizione ***a*** e la congiunzione ***e***, raramente la congiunzione ***o***, possono aggiungere una *-d* diventando rispettivamente *ad* e *ed*, quando sono seguite da parole che iniziano per vocale. Questa *-d* è detta eufonica, cioè "che suona bene" in quanto evita lo iato (incontro tra due vocali).

Oggi *od* non si usa più, ma anche *ad* e *ed* sono decisamente in declino: quindi non *ad operare* ma *a operare*; non *ed andiamo* ma *e andiamo*.

Si mantiene la *-d* eufonica sono per evitare l'**incontro tra le stesse vocali**: *ad avere*, ma *a essere*.

In qualche caso il nesso è cristallizzato: difficilmente *ad esempio* può diventare *a esempio*, ma una valida alternativa è sicuramente *per esempio*.

LE DOPPIE

È facile sbagliare una doppia, tanto più che l'uso della lingua ci abitua a casi come *obbiettivo/obiettivo* o *abbietto/abietto*, in cui entrambe le soluzioni sono possibili. Non ammettono deroghe, invece, le parole che terminano in ***-zia/-zio*** e in ***-zione***, che presentano sempre la *-z-* semplice: *precipizio, avventizio, aristocrazia, collezione, eccezione, selezione, stazione* ecc.

MEMO
Doppie sbagliate e doppie giuste

FORMA SBAGLIATA	FORMA CORRETTA	FORMA SBAGLIATA	FORMA CORRETTA
accellerare	accelerare (da *celere*)	illegibile	illeggibile (da *leggere*)
colluttorio	collutorio (dal lat. *collutus* "sciolto": nulla a che vedere con *lotta*)	illeggittimo	illegittimo (da *legittimo*, non da *legge*)
collutazione	colluttazione (da *lotta*)	piovviginare	piovigginare (da *piovere*)
essicato	essiccato (da *secco*)	scorazzare	scorrazzare (da *correre*)
grattuggiare	grattugiare (da *grattugia*)	supplettivo	suppletivo (da *supplire*)
eccezzione	eccezione	abbruttito	abbrutito (da *bruto* "privo di ragione", non da *brutto*)
carozziere	carrozziere (da *carro*)	esterefatto	esterrefatto (da *terrore*)
tapezziere	tappezziere (da *tappezzare*)	inflattivo	inflativo (pertinente all'*inflazione*, ma è usato anche *inflattivo*, meno corretto)
caffelatte	caffellatte (più corretta di *caffelatte*)	arruginito	arrugginito (da *ruggine*)
sopratutto	soprattutto	amortizzatore	ammortizzatore
incapponirsi	incaponirsi (da *capone*, cioè "testa grossa, testardo": nulla a che vedere con *cappone*)	cosidetto	cosiddetto
anzittutto	anzitutto	sopravissuto	sopravvissuto
anedotico	aneddotico (da *aneddoto*)	balottaggio	ballottaggio (da *ballotta*, antica macchina per votare)
cosidetto	cosiddetto	Macchiavelli	Macchiavelli

ALLA PROVA SUGLI ACCENTI

1. Individua le forme sbagliate e correggile:
trè, tré, taccuino, soqquadro, innoquo, acquazone, acquazzone, aquazzone, efficente, deficiente, crociera, maglione, miglione, percuotere, acciecato, evacuazione, ne l'uno ne l'altro, dò un'occhiata in giro, dà un'occhiata in giro, da' un'occhiata in giro, da un'occhiata in giro, tre anni fà, và pensiero, dammi un pò di tempo.

2. Individua la parola con l'accento tonico sbagliato: in caso di dubbio, consulta il dizionario:

persuàdere	persuadére
rùbrica	rubrìca
mollíca	móllica
édile	edìle
sàlubre	salùbre
arteriosclérosi	arteriosclerósi
velòdromo	velodròmo
bàule	baùle
leccornìa	leccòrnia
regìme	régime
pùdico	pudíco
bàule	baùle
leccornìa	leccòrnia

3. A seconda della posizione dell'accento le parole in elenco cambiano significato: scrivilo accanto a ciascuna, ricorrendo eventualmente al dizionario:
- circùito ....
- circuìto ....
- desìderi ....
- desidèri ....
- altèro ....
- àltero ....
- compìto ....
- còmpito ....
- rètina ....
- retìna ....
- nòcciolo ....
- nocciòlo ....

4. Dividi in sillabe le parole seguenti:
elemento, cassetta, cassetto, oste, pieno, alto, ingranaggio, scontro, acquisto, giusto, mostriciattolo, trasparente, consuetudine, distinguere, nasco, nascere, conosco, eloquio, valigie, aspro, assaggiare, esterno, elastico, beato.

5. Individua quale delle due è la forma sbagliata (ma in qualche caso potrebbero essere ammissibili entrambe); in caso di dubbio, ricorri al dizionario e controlla anche il significato della parola:

estranearsi	estraniarsi
cannocchiale	canocchiale
binoccolo	binocolo
caliggine	caligine
esterefatto	esterrefatto
solubile	solubbile
leggittimo	legittimo
aneddottico	aneddotico
contraddittorio	contradittorio
dissecato	disseccato
schizzofrenico	schizofrenico
canottiere	cannottiere
contradizzione	contradizione

5.6 L'articolo

Sono articoli determinativi: ***il, lo, la, i, gli, le***; sono indeterminativi: ***un, uno, una***. Nel loro uso, è bene tenere conto dei seguenti comportamenti:

- ***lo, gli, uno***: gli articoli determinativi maschili *lo*, *gli* e l'indeterminativo *uno* si usano davanti a parole che iniziano con ***s*** seguita da consonante (*s* impura), ***x, y, z, i*** seguita da vocale e con i gruppi consonantici ***gn, pn, ps***. L'uso registra però molteplici oscillazioni, come per esempio *il pneumatico/i pneumatici* invece che *lo pneumatico/gli pneumatici;*

- ***un***: l'articolo indeterminativo maschile singolare *un* si usa davanti a parola che inizia per **vocale** o per **consonante** che non sia *s* + consonante, *x*, *y*, *z*, *i* seguita da vocale o uno dei gruppi consonantici *gn*, *pn*, *ps*. **Non deve mai essere seguito da apostrofo**, in quanto è una forma tronca, non elisa;
- ***un'***: La forma *un'* è solo femminile, perché soltanto il femminile *una* può essere apostrofato per elisione davanti a un nome femminile che inizia per vocale: *un'amica* è risultato dell'elisione di *una amica*. Si comportano nello stesso modo ***alcuno, qualcuno, ciascuno*** e ***nessuno***: *alcun amico, qualcun altro, nessun amico, nessun'amica;*
- **l'articolo davanti a parole straniere**: la parola straniera richiede l'articolo adeguato alla effettiva pronuncia italiana: quindi *lo champagne*, *l'hotel*, *l'hinterland*, *il chador*. Qualche oscillazione si presenta con parole che iniziano con *w*, perché questa lettera può essere intesa come una vocale (come la *u* di *uomo*: quindi *l'whisky*, *l'weekend* ecc.) o come una consonante (come la *v* di *vittoria*: quindi *il whisky*, *il weekend*, *il wafer*, *il würstel* ecc.);
- **l'articolo davanti ai cognomi**: è un uso che ormai appartiene al passato e alla lingua parlata: *Manzoni* e non *il Manzoni*. L'articolo persiste qualche volta davanti a cognomi femminili (*la Corti*, *la Bindi*), ma è una dissimmetria che si tende a evitare.

I CONSIGLI DEL TUTOR SU ELISIONE E TRONCAMENTO

CHE COSA SONO

La differenza tra questi due fenomeni linguistici che spesso creano confusione è questa:

- l'**elisione**, indicata dall'**apostrofo**, è la caduta della vocale finale non accentata di una parola davanti a un'altra parola **iniziante per vocale**;
- il **troncamento** è la semplice caduta (non segnata da apostrofo) della vocale finale (*e* oppure *o*) preceduta da *l m r n* davanti a parola **iniziante per vocale o per consonante** che non sia *s* + consonante, *z*, *gn*, *ps*.

QUANDO AVVIENE L'ELISIONE

L'elisione normalmente avviene davanti a parola che inizia per vocale:

- con gli articoli **lo**, **la**, **una** e con le preposizioni con essi composte: *l'articolo*, *l'amica*, *dell'uomo*;
- con gli aggettivi dimostrativi **quello** e (meno frequentemente) **questo** usati al singolare: quell'uomo, quest'uomo, ma anche questo uomo;
- con gli aggettivi **bello** e **santo**: *bell'uomo*, *sant'uomo*;
- con l'avverbio ci davanti a forme del verbo essere: c'è, c'era;
- con la preposizione ***di*** (soprattutto davanti a *i*): *d'inverno*, *d'oro*.

In altri casi l'elisione è meno frequente e appare un po' in declino a vantaggio delle forme piene: mi ha detto, più frequente che m'ha detto; ti amo meglio che t'amo.

QUANDO AVVIENE IL TRONCAMENTO

Il troncamento normalmente avviene davanti a una parola che inizia per vocale o per consonante che non sia *s* + consonante, *x*, *y*, *z*, i seguita da vocale, *gn*, *pn*, *ps*:

- con l'articolo **uno→un** e con i pronomi **alcuno→alcun**, **nessuno**, **ciascuno**: *un uomo*, *in alcun modo*, *in nessun modo*, *ciascun uomo*;
- con l'aggettivo ***buono***: *buon uomo*, *buon momento*;
- con gli aggettivi **bello**, **quello**, **grande**, **santo**: *bel lavoro* (ma *bello zaino*), *quel giorno* (ma *quello stupido*), gran casa, san Giovanni.

Inoltre:

- con **tale** e **quale**: *qual è*;
- in forme come **dottor**, **signor**, **professor**, **fra** ecc.: *signor Giovanni*, *fra Cristoforo*;
- in locuzioni come *in fin di vita*, *voler bene*, *ben detto*, *a mal partito* ecc.

In alcuni casi il troncamento è segnato con l'apostrofo: **po'** per *poco*; **di'**, **fa'**, **va'**, **sta'**, **da'** (imperativi dei verbi *dire*, *fare*, *andare*, *stare*, *dare*).

ALLA PROVA FORME GIUSTE E FORME SBAGLIATE

1. Individua le forme sbagliate e sostituiscile con la forma corretta:
un'anima, un'animale, un asino, un'asina, un'asino, un *whisky*, lo sciocco, gli gnocchi, lo pneumatico, gli gnomi, il psicanalista.

2. Completa la tabella mettendo il giusto articolo determinativo e indeterminativo. In qualche caso sono possibili più forme.

NOME	ART. DETERMINATIVO	ART. INDETERMINATIVO
amante	l'amante	un'amante (femminile) un amante (maschile)
accordo		
zucchero		
zaino		
insegnante		
studente		
iato		
pneumologo		
amica		
champagne		
oasi		
gnocco		
spettacolo		
iettatore		

5.7 Il nome

PLURALE DEI NOMI IN *-CIA* E IN *-GIA* CON *I* ATONA

Si mantiene o no la *i* nel plurale dei nomi in *-cia* e *-gia*? Vale a dire, si scrive *provincie* o *province*? L'alternativa è spesso lasciata aperta dal dizionario stesso.
Il criterio più ragionevole, sancito dalle grammatiche, consiglia di mantenere la *i* quando la *c* e la *g* sono precedute da vocale, di non mantenerla negli altri casi, e cioè: *acacie*, *province*, *ciliegie*, *arance*.
Se invece **la *i* è tonica**, cioè accentata, il plurale è sempre in *-cie* e *-gie*: *farmacia*, plurale *farmacie;*

I NOMI IN *-SCIA* ATONI

Hanno il plurale in ***-sce***: *angoscia/angosce*; ma *scia* → *scie*. La sillaba *-sce-* si scrive senza la *i* (*scena, scendere* ecc.) tranne che nei termini *scienza, coscienza* e derivati, *usciere;*

PLURALE DEI NOMI IN *-CO* E IN *-GO*

Nel passaggio dal singolare al plurale può capitare che i suoni velari –*co* e –*go* rimangano velari (-*chi* e –*ghi*) oppure diventino palatali (- *ci* e –*gi*), secondo un criterio molto empirico:

- i nomi piani (cioè accentati sulla penultima sillaba) mantengono la velare: *fuoco/fuochi*; *ago/aghi*;

- i nomi sdruccioli (cioè accentati sulla terzultima) la mutano in palatale: *medico/medici*; *archeologo/archeologi*.

Per le numerose incongruenze e per le parole che ammettono ambedue le soluzioni, è bene rifarsi al dizionario;

LE SILLABE –CE E –GE SI SCRIVONO SENZA LA –I

Esempio: *dolce, gelato*. Fanno eccezione:
- alcuni nomi di derivazione latina: *deficiente, sufficiente, specie, effigie, superficie* ecc.;
- *cielo* e *cieco* (ma il verbo è *accecare*);
- i nomi in *–iera* e *–iere*: *crociera, raggiera*, ma *pasticciere* ammette anche la forma *pasticcere;*

PLURALE DEI NOMI STRANIERI

L'indicazione è di lasciarli **invariati al plurale**, soprattutto se si tratta di nomi attestati da tempo in italiano, come *bar*, *sport*, *film*, *hotel*, *computer* ecc. In particolare, non bisogna generalizzare il morfema *-s* come desinenza di tutti i plurali stranieri: vale per il francese, spesso per l'inglese, lo spagnolo, ma non per il tedesco (*Land*, *regione*, pl. *Länder*: con la maiuscola, secondo l'ortografia del tedesco, che scrive maiuscoli i sostantivi).
Lo stesso discorso vale per termini latini come *referendum* o *curriculum*. Non mancano deroghe consacrate dall'uso, come *tailleurs*, *lobbies*, *clubs*, *fans* ecc.;

I NOMI NELLA FIRMA

Il nome di battesimo va sempre prima del cognome, in particolare quando si firma.

MEMO
Rispettare l'ordine delle lettere

In certe parole c'è la tendenza a modificare l'ordine delle lettere: chi non ha mai sentito pronunciare *previsioni metereologiche* invece che previsioni meteorologiche? Ecco qualche caso:

FORMA SBAGLIATA	FORMA CORRETTA
areare	aerare
areazione	aerazione
areoplano	aeroplano
areoporto	aeroporto
areonautica	aeronautica
appropiato	appropriato
propietario	proprietario
interpetrare	interpretare

ALLA PROVA ATTENZIONE ALLA «I»

1. Individua le forme sbagliate e correggile:
angoscie, focacce, bisce, pesce, arance, archeologhi, provincie, coscie, subcosciente, efficienza, onniscente, scienza.

2. Individua quale delle due è la forma sbagliata (ma in qualche caso potrebbero essere ammissibili entrambe); in caso di dubbio, ricorri al dizionario e controlla anche il significato della parola:

sufficiente	sufficente
pasticciere	pasticcere
incoscente	incosciente
socievole	socevole
deficente	deficiente
soddisfaciente	soddisfacente
beneficienza	beneficenza
prospicente	prospiciente
fradicie	fradice
sudice	sudicie
grigie	grige
schegge	scheggie
frange	frangie
fasce	fascie
elastici	elastichi
biologhi	biologi
archeologi	archeologhi
sarcofagi	sarcofaghi
colleghi	collegi
rocce	roccie
belgi	belghi

3. In base alle regole esposte sopra il plurale di *camicia* è *camicie* e quello di *fallacia* è *fallacie*. Esistono anche i termini *càmice* e *fallace*? E con quale valore?

....

....

....

....

....

....

....

....

4. Individua la forma sbagliata (ma in qualche caso potrebbero essere ammissibili entrambe); in caso di dubbio, ricorri al dizionario:

familiare	famigliare
figliale	filiale
metereologo	meteorologo
contraddizione	contraddizzione
affezionato	affezzionato
vertiggini	vertigini
testuggine	testugine
collezione	collezzione
collazione	colazione
mance	mancie
valige	valigie
uscere	usciere

5.8 L'aggettivo

Casi critici:

- ***buono***: al maschile si usa la forma **tronca** *buon* davanti sia a vocale sia a consonante (*buon umore*, *buon libro*), a esclusione di *s* + consonante, *x, y, z, gn, pn, ps*, nel qual caso si dovrebbe mantenere la forma piena *buono* (*un buono studente*, non *un buon studente*; *buono studio*, non *buon studio*); ma la forma tronca si va estendendo anche a questi casi. Il femminile può presentare l'elisione davanti a vocale (*una buon'amica*);
- ***bello, quello***: si usa la forma **elisa** (*bell'amico*), davanti a vocale, la forma **tronca** *bel* o *quel* (pl. *bei/quei*: *un bel viaggio*; *quel libro*; *quei libri*) di fronte a consonante

che non sia *s* + consonante, *x, y, z, i* seguita da vocale, *gn, pn, ps*, che richiedono l'impiego delle forme **piene** *bello/begli* e *quello/quegli* (*bello scherzo*, non *bel scherzo, quegli sguardi*);

- ***grande***: la forma **elisa** non è molto usata e può assumere una particolare sfumatura espressiva (*grand'uomo* indica una persona che si dà importanza, *grande uomo* una persona alla quale si riconosce effettiva grandezza, *uomo grande* allude alla magnanimità, meno comunemente alla statura o all'età); può avere la forma **tronca** davanti a consonante (*gran signore*), ma è in uso anche la forma piena con una sfumatura stilistica discretamente accentuativa (*grande signore*). La forma **piena** va mantenuta davanti a *s* + consonante, *x, y, z, i* seguita da vocale, *gn, pn, ps;*
- ***alcuno, nessuno, ciascuno***: come nel caso dell'articolo *un/uno*, si usa la forma **tronca** davanti a vocale e a consonante, fatta eccezione per il solito gruppo *s* + consonante, *x, y, z, i* seguita da vocale, *gn, pn, ps*: *nessun individuo, nessun viaggio*, ma *nessuno studente;*
- **i femminili *buona, bella, quella, alcuna, nessuna, ciascuna*** possono assumere la forma **elisa** davanti a vocale, talora con particolari sfumature attinte al parlato: scrivere *bell'amica che sei!* è diverso da scrivere *ho visto tuo fratello in compagnia della sua bella amica*, ma la distanza tra la diffidenza espressa dalla prima frase e l'ammirazione che traspare dalla seconda dipendono principalmente dal contesto. In ogni caso, la forma senza elisione è di gran lunga la più comune;
- ***suo/proprio/loro*** L'aggettivo possessivo di terza persona *suo* può essere sostituito da *proprio* se **si riferisce al soggetto** della frase: si può dire *Mia sorella è venuta a trovarci con i suoi figli* oppure *con i propri figli*. Rispetto a *suo*, *proprio* esprime una più marcata appartenenza ed è di uso comune soprattutto quando la frase ha un soggetto indefinito: *Ognuno ama le proprie abitudini*.
- Il possessivo riferito alla 3ª persona plurale è ***loro***: *I miei compagni hanno portato i loro* (non *i suoi*) *libri;*
- **comparativi** e **superlativi irregolari**:
  - i superlativi di *acre* e *celebre* sono rispettivamente *acerrimo* e *celeberrimo*, non *asprissimo* e *celebrissimo*;
  - alcuni aggettivi sono già comparativi o superlativi e pertanto non si può dire *più migliore, più ottimo, più peggiore, più pessimo, più inferiore, più superiore, più ultimo* ecc.

ALLA PROVA SPIEGA GLI ERRORI

1. Correggi l'errore (se c'è) scrivendo la forma corretta e spiegando brevemente in che cosa consiste l'errore:

FORMA SBAGLIATA	FORMA CORRETTA	MOTIVO DELL'ERRORE
buon studio		
un bel uomo		
nessun'uomo		
la parte più estrema dell'isola		
un cantante celeberrimo		
il suo più acerrimo nemico		
belli scherzi		
scherzi belli		
è un gran uomo		
un pover'uomo		

2. Indica tramite un sinonimo qual è la differenza tra le due espressioni:

grand'uomo		uomo grande	
alta pressione		pressione alta	
pover'uomo		uomo povero	
una nuova auto		un'auto nuova	
un sant'uomo		un uomo santo	
un buon maestro		un maestro buono	

5.9 Il pronome

TU/TE

Tu è il pronome personale che si usa come **soggetto**, ***te*** si usa come **complemento**; l'unica eccezione è l'espressione *io e te;*

EGLI/ELLA, LUI/LEI

Secondo la grammatica i pronomi di terza persona singolare da usare come soggetto sarebbero ***egli*** per il maschile ed ***ella*** per il femminile in riferimento a persona; ***esso*** ed ***essa*** in riferimento ad animali o cose. Nel plurale sono generalizzati *essi* e *esse*. Questi pronomi (in particolare *egli* e *ella*) sono però in declino rispetto alle forme *lui/lei/loro*, che dall'uso parlato stanno passando nello scritto. Come comportarsi, pertanto, in uno scritto formale come la prova di italiano? Non certo usando come sostituti i dimostrativi *questo/questa* o *quest'ultimo/quest'ultima*, che suonano pesanti e artificiosi. Meglio ripetere il nome e congegnare la frase in modo che non sia indispensabile usare il pronome;

LUI, LEI, LORO

Sono obbligatori:

- come pronomi **complemento**: *per lui, con lei, da loro*;
- come pronomi soggetto quando sono preceduti dal verbo: *me lo ha detto lui, è stata lei*;
- nelle esclamazioni: *beato lui!, fortunata lei!;*

GLI, LE, LORO

L'uso del pronome di terza persona maschile con funzione di complemento di termine ***gli*** è tollerato in luogo di ***loro*** per le terze persone plurali maschili e femminili (*Ha chiamato alla cattedra gli studenti e gli ha mostrato gli errori*).
È invece un errore usare *gli* invece di ***le*** per il femminile singolare (*L'ho chiamata e gli ho dato il libro*);

NE

Questa particella ha vari significati:

- **avverbiale** di luogo con il significato di *di qui, di lì, di là* del tipo *Sei stato a casa? Ne torno proprio ora*;
- **cristallizzato** in locuzioni stereotipate, *quali non poterne più, farne di cotte e di crude* ecc.;
- **pronominale** in sostituzione del pronome personale o dimostrativo preceduti dalle preposizioni *di* o *da*: *di* o *da lui / lei / loro*; *di* o *da questo/ a/ i/ e*; *di* o *da ciò*, come *Ho comperato il libro, ma ne ho lette solo poche pagine.*

L'uso pronominale è quello più soggetto a errore, quando la particella coesiste con il complemento o con il pronome espresso, invece di sostituirlo, provocando così un'erronea ridondanza: *Il soggiorno all'estero di cui se ne parla*. La ridondanza è tollerabile nel parlato familiare, o anche nello scritto, se produce una particolare espressività: *Che cosa ne dici di questi libri?* oppure *Di libri come questi ne ho fin troppi.*

PRONOMI SUPERFLUI: *A ME MI...*

Analogamente il **pronome *lo* prolettico** (*L'ho capito subito che avreste sbagliato*) o la ripetizione del pronome personale in sintagmi del tipo *A me di tutto questo non mi importa nulla* sono ammissibili nella lingua scritta solo se motivati dall'esigenza espressiva di insistere sul termine indicato dal pronome: in quest'ultima frase *A me* equivale a dire *Quanto a me, Per quanto mi riguarda.*
Viceversa, non sono accettabili nella lingua scritta espressioni come *A me mi piace, A lui gliel'ho detto* ecc.

Pronomi relativi

CHE, IL QUALE, CUI

Questi tre pronomi si distinguono così:

- la forma ***che***, invariabile, è usata come soggetto e come complemento oggetto: *Il libro che mi hai dato*;
- la forma ***il quale*** può essere usata come soggetto, raramente come complemento oggetto, comunemente con preposizione come complemento indiretto: *Il libro del quale ti ho parlato*;
- la forma ***cui*** con preposizione è comunemente usata in funzione di complemento indiretto: *Il libro di cui ti ho parlato.*

IL PRONOME MISTO *CHI*

Il pronome relativo *chi* è detto misto perché comprende due pronomi: un dimostrativo e un relativo. *Chi* equivale pertanto a *quello che/ quella che / quelli che / quelle che, colui che / colei che / coloro che.* Ciascuno dei due pronomi esercita una funzione logica, che può essere la stessa o anche diversa: c***hi*** *dorme non piglia pesci* equivale a *Colui* (soggetto) *che* (soggetto) *dorme non piglia pesci.*
Bisogna punire ***chi*** *ha copiato il compito* equivale a *Bisogna punire colui* (oggetto) *che* (soggetto) *ha copiato il compito.*

I CONSIGLI DEL TUTOR
CHE COS'È IL *CHE* POLIVALENTE

- Il *che* è detto polivalente quando è usato per collegare due frasi in luogo di un pronome relativo o di una congiunzione. Ecco qualche esempio:
  - pronome relativo: *Il giorno* ***che*** *ti ho visto* invece di *Il giorno* ***in cui*** *ti ho visto*;
  - congiunzione causale: *Leggilo* ***che*** *è un bel libro* invece di *Leggilo* ***perché*** *è un bel libro*;
  - congiunzione temporale: *Siamo partiti* ***che*** *era ancora notte* invece di *Siamo partiti* ***quando*** *era ancora notte*;
  - congiunzione finale: *Corri* ***che*** *riusciamo a prendere il treno* invece di *Corri* ***affinché*** *riusciamo a prendere il treno*.

  Si tratta di usi della lingua parlata che sempre più tendono a passare anche nella lingua scritta. Non sono forme erronee e, d'altra parte, le forme equivalenti suonano molto artificiose: chi direbbe o anche scriverebbe *Corri* ***affinché*** *riusciamo a prendere il treno?*. Tuttavia, è bene valutarne di volta in volta la congruenza con il livello espressivo che si sta usando.

- È **sbagliato** usare il pronome relativo **che** in funzioni diverse da quella di soggetto o complemento oggetto:
  - *l'amica che ti ha salutato*: uso corretto come soggetto;
  - *l'amica che hai salutato*: uso corretto come complemento oggetto;
  - *l'amica che ti ho parlato*: uso scorretto, da sostituire con *l'amica di cui ti ho parlato*.

- Sono normali i seguenti usi di che:

– pronome relativo:	*Il libro* ***che*** *leggi*
– aggettivo interrogativo:	***Che*** *libro leggi?*
– pronome interrogativo:	***Che*** *fai?*
– aggettivo esclamativo:	***Che*** *bel libro!*
– pronome esclamativo:	***Che*** *ho fatto!*
– particella comparativa:	*È più studiosa* ***che*** *intelligente*
– congiunzione	*Ho letto tanto* ***che*** *ora sono stanco.* (Qui ha funzione consecutiva; può rivestire altre funzioni a seconda della frase che introduce).

Pronomi interrogativi

CHE?, CHE COSA?, COSA? Il pronome neutro *che?* perde terreno rispetto a *che cosa?* e soprattutto all'ellittico *cosa?* sia nelle interrogative indirette sia nelle dirette, assecondando l'attuale tendenza alla semplificazione.

QUAL È? *Quale*, aggettivo e pronome maschile e femminile, ammette la forma tronca, ma non quella elisa. Pertanto **non si apostrofa mai**. Si deve scrivere *qual è* e non *qual'è*, perché l'espressione non deriva dall'elisione del pronome *quale*, ma dal pronome tronco *qual*, come in *qual meraviglia*, *qual ardire* (v. p. 170).
Si comportano nello stesso modo *tal*, *fin*, *suol*, *vuol*: quindi *vuol essere*, non *vuol'essere*.

ALLA PROVA CORREGGI GLI ERRORI

1. Individua eventuali errori presenti nelle frasi che seguono e correggili:
Se vedi Giovanna dille che le ho telefonato ieri.

....

....

Se vedi Giovanna dille che gli le ho telefonato ieri.

....

....

Se vedi Giovanna digli dille che le ho telefonato ieri.

....

....

Se vedi Giovanni digli che gli ho telefonato ieri.

....

....

2. Le due espressioni sono entrambe ammissibili, ma appartengono a due stili diversi: in che cosa sta la differenza?
Se vedi i miei genitori, digli che li aspetto qui.

....

Se vedi i miei genitori, di' loro che li aspetto qui.

....

3. Si può scrivere *Sono andata dalla mia amica e gli ho portato il libro*?
- [A] no, perché *gli* è il pronome maschile: in riferimento a un femminile bisogna usare *le*
- [B] sì, l'espressione è corretta
- [C] no, ma è un'espressione ammissibile nella lingua parlata
- [D] sì, il pronome *gli* vale per il maschile e per il femminile

4. Si può scrivere *A me mi piace?*
- [A] no, perché è sbagliato ripetere il pronome
- [B] si può trovare scritto in via del tutto eccezionale, per dare alla frase una particolare espressività, ma la ripetizione del pronome va evitata

5. Si può usare il pronome lui come soggetto?

....

6. Scegli l'espressione giusta (ma in qualche caso potrebbero essere ammissibili entrambe) tra quelle proposte.

- [A] Il giorno che siamo tornati.
- [B] Il giorno in cui siamo tornati.

- [A] L'amica che ti ho detto.
- [B] L'amica di cui ti ho detto.

- [A] Cosa ti ha detto?
- [B] Che cosa ti ha detto?

- [A] Cosa ti ha detto?
- [B] Che ti ha detto?

- [A] Tra questi due golf chi ti piace di più?
- [B] Tra questi due golf quale ti piace di più?

7. Il periodo che segue presenta troppi *che*. Prova a sostituirne qualcuno e a ristrutturare le frasi.
Questo negozio, che si trova in pieno centro, pratica prezzi che sono inferiori a quelli dei centri commerciali che sorgono in periferia e che per essere raggiunti richiedono che si usi la macchina.

8. Correggi eventuali errori presenti nelle seguenti frasi:
- *Questa è la ragazza che sono contento di avere conosciuto.*

....

....

- *Questa è la ragazza che sono contento di abitare vicino a casa sua.*

....

....

- *Sto mettendo insieme un gruppo che voglio arrivare a una cinquantina di persone.*

....

....

- *Mi ha invitato a raggiungerlo nella casa che ha costruito da poco.*

....

....

- *La tua amica che le hanno rubato il cellulare.*

....

....

5.10 Il verbo

ALCUNE PARTICOLARITÀ DELLA CONIUGAZIONE

I verbi **in -*gnare* e in -*gnere*** mantengono la *-i-* della desinenza verbale *-iamo/-iate*:
- nella prima persona plurale dell'indicativo presente (*noi segn**i**amo, noi spegn**i**amo*) e del congiuntivo presente (*che noi segn**i**amo, che noi spegn**i**amo*);
- nella seconda persona plurale del congiuntivo presente (*che voi segn**i**ate, che voi spegn**i**ate*.

La seconda persona plurale dell'indicativo presente è invece *voi segnate, voi spegnete*. Tuttavia è in atto la tendenza a semplificare la grafia eliminando la *-i-* e perciò ambedue le grafie (*segnamo/segniamo*) sono ormai tollerate nel presente indicativo. La *-i-* va però mantenuta nel **presente congiuntivo**.

I verbi della **prima coniugazione in -*ciare* e in -*giare*** in genere perdono la *i* davanti alla vocale *e* della desinenza, che basta ad assicurare il suono palatale: *comincerò, mangerò, comincerei, bacerei, lascerò* (però si dice *associerò* e *effigierò*).
Si comportano nello stesso modo i verbi della **seconda coniugazione in –*cere*, -*gere*, -*scere***: *piacerò, scorgerò, nascerò*.

I **composti di *fare*** come *disfare* e *soddisfare* seguono la coniugazione di *fare*. Quindi all'imperfetto usano le forme *disfacevo* e *soddisfacevo* meglio che *disfavo* e *soddisfavo*; al passato remoto *disfeci, disfacesti, soddisfeci, soddisfacesti* meglio che *disfai, disfasti, soddisfai, soddisfasti*; al gerundio *soddisfacendo*, non *soddisfando*.

I **composti di *dire*** come *benedire, maledire* ecc. seguono la coniugazione di *dire*. Quindi all'imperfetto usano le forme *benediceva, malediceva*, e non *benediva, malediva*; al passato remoto *benedicesti* e *maledicesti*, non *benedisti* e *maledisti*; al gerundio *benedicendo* ecc. L'unico caso in cui i composti si comportano diversamente è l'imperativo *benedici* (mentre quello di *dire* è la forma tronca *di'*).

USO DEI TEMPI: IMPERFETTO, PASSATO PROSSIMO E PASSATO REMOTO

Ciascuno di questi tre tempi esprime un'azione passata, indicando però un **diverso aspetto** dell'azione stessa:
- *In passato **studiavo** molto, perché non avevo altro da fare*: azione **durativa** nel passato;
- *In passato **ho studiato** molto e così mi sono preso la laurea*: azione **passata** i cui effetti durano nel presente;
- *In passato **studiai** molto*, poi cominciai a lavorare: azione **conclusa** nel passato.

Nella lingua parlata il passato prossimo prevale sul passato remoto nel Settentrione d'Italia, mentre il passato remoto è molto usato nel Sud. Nella lingua scritta è preferibile usare il passato remoto (o anche il presente storico) se si parla di eventi storici (*La prima guerra mondiale fu dichiarata/viene dichiarata nell'anno...*), il passato prossimo se si racconta un'esperienza (*Con la scuola siamo andati in viaggio a...*).

CONCORDANZA DEI TEMPI

Il tempo della frase principale è **assoluto**, cioè indica la cronologia di un fatto: *sono partito, morì, pioveva*. Il tempo della subordinata, invece, è **relativo**, cioè indica il rapporto temporale che intercorre tra la subordinata stessa e la reggente. Questo rapporto può configurarsi secondo lo schema seguente:

FRASE PRINCIPALE	SUBORDINATA	RAPPORTO TEMPORALE
penso che	*parta oggi, stia partendo, partirebbe oggi stesso*	contemporaneità
	sia partito ieri, sarebbe partito volentieri	anteriorità
	partirà domani, vorrebbe partire, stia per partire	posteriorità
pensavo che	*partisse subito*	contemporaneità
	fosse partito il giorno prima	anteriorità
	sarebbe partito poco dopo	posteriorità

Come si può vedere, l'uso è abbastanza elastico; quelle che però sono scorrette sono le soluzioni che non tengono conto dei rapporti di tempo: per indicare l'anteriorità rispetto al passato *pensavo*, è sbagliato *pensavo che partirebbe*, è giusto *pensavo che sarebbe partito*; è sbagliato *pensavo che sia partito*, è giusto *pensavo che fosse partito*. Attenzione ai rapporti temporali soprattutto nei periodi ipotetici (composti cioè da una reggente e da una subordinata condizionale):

- *se piove non parto;*
- *se piovesse non partirei*;
- *se fosse piovuto, non sarei partito.*

E non: *se fosse piovuto, non partirei*. Ma l'errore peggiore è quello di mettere il **condizionale nella protasi**: *se pioverebbe, non partirei.*

USO DEI MODI: LA CRISI DEL CONGIUNTIVO

L'indicativo è il modo della certezza, mentre il congiuntivo è il modo del dubbio e della soggettività. Oggi però si tende a usare sempre meno il congiuntivo, soprattutto nelle frasi dipendenti. Si tende cioè a dire *Penso che hai detto*, invece che *Penso che tu abbia detto*. Alcuni linguisti combattono il fenomeno, altri lo considerano la rinuncia a un lusso superfluo. Il regresso investe soprattutto la seconda persona singolare, anche a causa della facile confusione tra le prime tre persone, quando, come nel presente, hanno identica uscita: *che io abbia, che tu abbia, che egli abbia*. Il parlante, avvertendo la forma *abbia* come terza persona, rende nelle dipendenti la prima in modo implicito e la seconda con l'indicativo: invece di dire *Penso che io abbia, che tu abbia, che egli abbia*, dice *Penso di avere, che tu hai, che egli abbia* (o *ha*).

IL CONGIUNTIVO NELLE DIPENDENTI

L'impiego del congiuntivo è praticamente **obbligatorio**:

- nelle subordinate finali, consecutive, condizionali, concessive, nelle temporali che indicano aspettativa, nelle relative eventuali, per lo più nelle interrogative indirette, cioè in frasi introdotte da *affinché* o *perché* finale, *cosicché, qualora, sebbene, quantunque, benché, purché, a meno che, prima che, fin tanto che non* ecc.;
- nelle subordinate rette da verbi che esprimono desiderio, speranza, ordine, permesso (*Spero che tu sia soddisfatto*, non *Spero che tu sei soddisfatto*), o da particolari costrutti impersonali del tipo *è facile che, è possibile che, è bene che* e simili (*È bene che voi acquistiate questi libri*, non *È bene che voi acquistate questi libri*).

È **consigliabile** in dipendenza da verbi che contengano in sé un'idea di dubbio, incertezza o possibilità, idea che il congiuntivo consente di esprimere meglio, mentre l'indicativo crea una leggera incongruenza: è più lineare scrivere *Credo che tu abbia ragione*, invece che *Credo che tu hai ragione*, in quanto **il congiuntivo concorre a rendere la soggettività** insita nel verbo reggente, mentre **l'indicativo introduce un elemento di obiettività**, di certezza, che il verbo *credo* sembrerebbe escludere. Rientrano in questo ordine di idee i verbi che esprimono opinione, aspettativa, persuasione, giudizio, percezione, piacere o dispiacere, timore, sorpresa ecc.

I CONSIGLI DEL TUTOR
QUANDO USARE IL CONGIUNTIVO

nelle principali	si usa soprattutto con **valore:** – esortativo: *Se ne vada!* – ottativo o desiderativo: *Oh se io fossi promosso!* – concessivo: *Esponga pure le sue ragioni.* – dubitativo: *Che voglia rinunciare all'incarico?* – esclamativo: *Sapessi che bella casa!*
nelle dipendenti	**è obbligatorio con:** – subordinate finali, consecutive ecc.: *Vi avvertiamo affinché stiate attenti;* – subordinate rette da verbi che esprimono desiderio, speranza ecc.: *Spero che tu sia soddisfatto;* – costrutti impersonali: *È facile che…*
	è consigliabile: – in dipendenza da verbi che contengano in sé un'idea di dubbio, incertezza, possibilità; – in dipendenza da verbi che esprimono opinione, aspettativa, persuasione, giudizio, timore, sorpresa ecc.

IL SOGGETTO DEL GERUNDIO

Di norma **il gerundio** ha lo stesso soggetto del verbo da cui dipende: *Avendo aperto l'aula, il professore ha fatto lezione.*
Se si vuole costruire un gerundio **assoluto**, cioè che non abbia lo stesso soggetto della reggente, bisogna dotarlo di un proprio soggetto, senza il quale la costruzione è sintatticamente erronea. Dunque è corretto scrivere *Non avendo il bidello aperto l'aula, il professore non ha potuto tenere la lezione.* È scorretto *Il professore non ha potuto tenere la lezione per colpa del bidello, non avendo aperto l'aula* (il soggetto del gerundio è quello della reggente, cioè *Il professore*; ma qui si capisce che chi non ha aperto l'aula è il bidello, e quindi nel periodo si crea un'incongruenza).
La norma ammette deroghe solo quando il gerundio o la reggente hanno un soggetto generico o impersonale (*Sbagliando si impara*), o quando il gerundio è riferito al soggetto logico della principale: *Non mi resta che studiare, pur non avendone voglia.*

ACCORDO DEL PARTICIPIO PASSATO

A volte nasce il dubbio se il participio passato debba essere accordato con il soggetto o con il complemento oggetto. Si possono dare le seguenti indicazioni:

- quando è unito all'**ausiliare *essere***, il participio passato concorda necessariamente con il soggetto, perché il verbo, intransitivo o passivo che sia, non può avere complemento oggetto: *Sono state **comunicate** le prove d'esame.*
  Solo con i verbi detti **riflessivi apparenti o pronominali** (cioè composti con un pronome) il verbo *essere* è compatibile con il complemento oggetto, e pertanto c'è la possibilità di accordo con il soggetto o con l'oggetto: *Ci siamo lett**i** la traduzione*, oppure *Ci siamo lett**a** la traduzione.*
  Se con questi verbi il complemento oggetto è espresso da un **clitico** (pronome monosillabo non accentato), il participio concorda obbligatoriamente con questo: *Ci siamo procurati la traduzione e ce **la** siamo lett**a***;
- con **ausiliare *avere* e complemento oggetto espresso**, il participio può concordare con il soggetto o con l'oggetto, soprattutto se questo precede il verbo: la scelta non dipende da criteri grammaticali ma da sfumature espressive. In particolare:
  - se nel participio prevale la funzione **verbale** e la frase intende comunicare l'azione presa in sé, è preferibile l'accordo con il soggetto: *Ho lett**o** la traduzione*; *La traduzione che ho lett**o***;
  - se invece nel participio predomina l'aspetto **aggettivale** e la frase mira a caratterizzare l'oggetto, si può scegliere l'accordo con il complemento oggetto se questo precede il participio: *Quante traduzioni abbiamo lett**e** per questo esame!* È invece sconsigliabile: *Per l'esame abbiamo lette molte traduzioni.*

I VERBI AUSILIARI

Le regole d'uso dei verbi ausiliari sono le seguenti:

- si usa l'ausiliare ***essere*:**
  - per formare il passivo dei verbi transitivi: *io sono chiamato*;
  - con i verbi impersonali: *si è deciso di...*;
  - con i riflessivi: (*mi sono lavato*), con i pronominali (*mi sono incamminato*) e con molti intransitivi (*sono andato*);

- si usa ***avere***:
  - nei tempi composti dei verbi attivi: *ho chiamato*;
  - con alcuni verbi intransitivi: *ho camminato* (nei casi dubbi ci si attiene alle indicazioni del dizionario);

- i **verbi servili** *dovere, potere, volere* si costruiscono con l'ausiliare richiesto dall'infinito che reggono (*è dovuto andare, era voluto partire, aveva voluto mangiare*), a meno che non siano servili del verbo *essere* stesso, nel qual caso richiedono l'ausiliare *avere* (*non avrei potuto essere più sollecito*). Naturalmente *potere, dovere, volere*, se non sono usati come verbi servili, hanno l'ausiliare *avere*: *Ho cercato di fuggire, ma non ho potuto*;
- alcuni verbi, come *aumentare, cambiare, avanzare, cessare, incominciare, finire* ecc. ammettono ambedue gli ausiliari, *essere* nel significato intransitivo, *avere* in quello transitivo: si dirà *La lezione è incominciata tardi*, ma *L'insegnante ha incominciato la spiegazione*;
- con altri verbi, come *appartenere*, si può usare indifferentemente uno o l'altro ausiliare; con altri ancora, come *correre, mancare, procedere, convenire, vivere, durare* ecc., ambedue gli ausiliari sono ammessi, ma con una varietà di significato che solitamente investe la qualità dell'azione, compiuta con *essere*, vista nel suo svolgimento con *avere*: *è vissuto molto a lungo, ha sempre vissuto senza far fatica, ha vissuto una vita lunga e felice* (ma nell'ultimo esempio l'ausiliare *avere* è richiesto dal valore transitivo del verbo).

ALLA PROVA — SCEGLI LA FORMA GIUSTA

1. Contrassegna la forma giusta tra le due proposte (ma potrebbero essere entrambe accettabili).

Comincerò	Comincierò
Guadagnate	Guadagniate
Guadagniamo	Guadagnamo
Noi ci impegnamo	Noi ci impegniamo
Noi ci impegnammo	Noi ci impegniammo
Voi spegniete	Voi spegnete
Noi sogniamo	Noi sognamo
Spegnieremo	Spegneremo
Sveliamo l'arcano	Svegliamo l'arcano
Che noi accompagnamo	Che noi accompagniamo
Che voi segniate	Che voi segnate
annuncerete	annuncierete

2. Tra le due forme, contrassegna quella giusta o più appropriata (ma potrebbero essere entrambe accettabili).

Che egli soddisfi	Che egli soddisfaccia
Egli soddisfava	Egli soddisfaceva
Disfando	Disfacendo
Benedisse	Benedì
Contraddiva	Contraddiceva
Che egli protrasse	Che egli protraesse
Che egli stesse	Che egli stasse
Mi facci un favore	Mi faccia un favore

3. Scrivi la prima e la seconda persona singolare del passato remoto dei seguenti verbi:

VERBO	PASSATO REMOTO 1ª PERSONA SINGOLARE	PASSATO REMOTO 2ª PERSONA SINGOLARE
contrarre		
cadere		
vincere		
guarire		
conoscere		
distinguere		

4. Scrivi la prima persona del congiuntivo presente e del congiuntivo imperfetto dei seguenti verbi:

VERBO	CONGIUNTIVO PRESENTE	CONGIUNTIVO IMPERFETTO
dare		
fare		
scegliere		
distrarre		
riuscire		
potere		

5. In quali di queste frasi l'uso del verbo è sbagliato e perché?
- Benché lavoro molto, guadagno poco.
- Benché io lavori molto, guadagno poco.
- Benché tu lavori molto, guadagni poco.
- Benché tu lavorassi molto, guadagni poco.

6. Quali di queste frasi sono sbagliate e perché?
- Vorrei che tu studi.
- Vorrei che tu studiassi.
- Volevo che tu studiassi.
- Se studiassi, impareresti.
- Se studieresti, diventeresti più colto.
- Se studiassi, saresti stato più colto.
- Se avessi studiato, saresti più colto.
- Se studierai, diventerai più colto.

7. Quale di queste due frasi è formulata meglio e perché?
- Credo che tu hai ragione.
- Credo che tu abbia ragione.

8. Leggi queste frasi d'autore, indica qual è l'errore comune a tutte e scrivi a fianco di ciascuna la forma esatta:

1. Mi pare che qualcuno sale. (A. Moravia)

....

2. Come se qualcosa mi stava mangiando. (V. Cerami)

....

3. Bisogna che lo faccio trasferire. (A. Busi)

....

9. **Completa** le frasi che seguono, coniugando i verbi posti tra parentesi nel modo e nel tempo giusto.

1. Se .... (*partire*) più tardi, avresti visto il tuo amico.
2. Non credere che io .... (*dire*) sciocchezze.
3. Forse ieri non sono stato chiaro: ma che cosa .... (*potere*) dire di più?
4. Vorrei che tu .... (*capire*) la gravità della situazione.
5. Se io .... (*sapere*) quello che poi .... (*essere*) successo, non .... (*partire*).

10. Nelle frasi che seguono sono presenti discorsi diretti: trasformali in indiretti.

1. Mi chiese: «Ti dispiace?».

....

2. Gli ho risposto: «Non mi dispiace affatto».

....

3. Gli ho domandato: «Chi ti ha detto questo?».

....

4. Ci chiedevamo: «Di che cosa parlano?».

....

5. Tutti si chiedevano: «Fa bene a partire?».

....

6. Il professore chiese: «Chi esce volontario?».

....

11. Leggi queste frasi d'autore (desunte da L. Satta, *Matita rossa e blu*, Bompiani, Milano 1989): individua in che cosa non rispettano le regole e scrivi a fianco la forma esatta.

- Non ha potuto uscire. (C. Magris) ....

  ....

- Avrebbe dovuto venire. (U. Eco) ....

  ....

- Avrebbero potuto diventare. (P. Citati) ....

  ....

- Ho voluto venire. (L. Ravera) ....

  ....

- Avrebbe dovuto andare. (D. Maraini) ....

  ....

- Avrebbe dovuto arrivare a duecentomila. (E. Scalfari)

  ....

- Non avrebbe dovuto sopravvivere. (R. Levi Montalcini)

  ....

12. Completa le frasi coniugando appropriatamente gli infiniti posti tra parentesi.

1. Non mi sembra vero di .... (*vivere*) tanti anni lontano da casa.

2. Dalle parole dei testimoni .... (*emergere*) prove che hanno dimostrato la sua colpevolezza.

3. Al tuo discorso di ieri .... (*nuocere*) la scarsità del tempo a disposizione.

4. Non è giusto che i miei interessi siano .... (*ledere*) dalla tua avidità.

5. Dopo avere .... (*redigere*) il testo, devi rileggerlo con attenzione.

13. Completa le seguenti frasi aggiungendo un indicativo o un congiuntivo:

1. Credono che **è /sia** stato lui.
2. Vi auguro che **siete /siate** più fortunati
3. È necessario che ciascuno si **assume /assuma** le proprie responsabilità
4. L'ho informata che le cose non **vanno /vadano** affatto bene
5. Temo che tu **hai /abbia** sbagliato
6. Voglio che **andate /andiate** via.
7. Non si aspettava che io **entravo /entrassi**.
8. Prima che **arriva / arrivi** il freddo dobbiamo portare i fiori in serra.

14. Completa le seguenti frasi scegliendo il tempo adatto del congiuntivo tra i due proposti:

1. Faresti meno fatica *se* **lavorassi / avessi** *lavorato* con più attenzione
2. Benché non **sia / fosse** più giovane, era ancora in gran forma
3. Siamo riusciti a mettere in moto la macchina, benché **avesse / avesse avuto** la batteria quasi scarica.
4. Ho chiesto che **mantengano /mantenessero** gli impegni assunti.

15. Individua e correggi l'errore o l'imperfezione presente in ciascuna di queste frasi.

1. È partito; non ha è voluto rimanere.
2. Se non partiva, avrebbe sarebbe potuto rimanere.
3. Di partire domani, non ce lo sognamo sogniamo neppure.
4. Lei abbi abbia la bontà di lasciarmi parlare.
5. Diino Diano prova di coraggio.
6. Mi hanno imparato insegnato che bisogna essere onesti.

16. Leggi queste frasi e indica la concordanza giusta oppure se sono ammissibili entrambe le forme sottolineate.

1. Il tuo amico ci ha imbrogliato/i.
2. Quel commerciante ha ingannato/i i suoi clienti.
3. Dopo essersi lavati/e le mani, si sono messi a tavola.
4. Martino ha chiamato/a più volte Elisa.
5. Chiara, ti ho già chiamato/a più volte.
6. I tuoi ospiti si sono mangiati/a una grande torta.
7. I tuoi ospiti hanno mangiato/a una grande torta.
8. I tuoi amici hanno comperato una grande torta e se la sono mangiata/i.

5.11 La preposizione

PREPOSIZIONI PROPRIE

Le preposizioni proprie (*di*, *a*, *da*, *in*, *con*, *su*, *per*, *tra*, *fra*) sono quelle che possono essere usate solo come preposizioni. Esse sono le componenti meno vistose e anche più trascurate della nostra prosa. In particolare:

- il complemento di **tempo periodico** relativo a parti della giornata e a giorni della settimana si esprime con il semplice articolo (*la mattina*, *la domenica*) o con la preposizione *di* (*di mattina*, *di domenica*), meglio che con la preposizione articolata (*alla mattina*, *alla domenica*); con nomi di mesi mediante le preposizioni *di*, *a*, *in* (*di* / *a* / *in marzo*);
- la scelta tra le preposizioni ***tra*** e ***fra*** è determinata solo da ragioni eufoniche, volte a evitare la vicinanza delle stesse consonanti, che suona male: quindi *fra* (e non *tra*) davanti a parola che inizia per *t*; *tra* (e non *fra*) davanti a parola che inizia per *f*: *fra tre giorni* meglio che *tra tre giorni*; *tra fratelli* meglio che *fra fratelli*.

PREPOSIZIONI ARTICOLATE

Mentre è obbligatorio l'uso delle forme articolate con le preposizioni *a* (*al*, *allo*, *alla*, *ai*, *agli*, *alle*), *di*, *da*, *in*, *su*, la preposizione *con* tende alle forme analitiche (*con il*, *con lo*, *con la*, *con i*, *con gli*, *con le* invece di *col*, *collo*, *colla*, *coi*, *cogli*, *colle*).

PREPOSIZIONI IMPROPRIE E LOCUZIONI PREPOSITIVE

Sono dette improprie le preposizioni formate da aggettivi, verbi o avverbi usati con funzione di preposizioni (per es. *lungo*, *durante*, *fuori* ecc.). Sono locuzioni prepositive quelle formate o da due preposizioni (*insieme con*) o da una locuzione avverbiale o da un avverbio e da una preposizione (per es. *contrariamente a*, *per mezzo di* ecc.). Il loro uso non è regolato da norme rigide, ma risente di una certa fluidità o esprime sfumature: per esempio, *insieme con* è usato preferibilmente per indicare compagnia (*insieme con te*); *insieme a* per indicare contemporaneità (*sono arrivato insieme al treno*), ma le due forme facilmente sono scambiate.

I CONSIGLI DEL TUTOR
SCEGLIERE IL COSTRUTTO

FORME CONSIGLIATE	FORME ERRATE O SCONSIGLIATE
davanti a casa/alla casa	*davanti casa, davanti la casa*
vicino a casa/alla casa	*vicino casa, vicino la casa*
vicino a Roma	*vicino Roma*
dentro casa	*dentro alla casa, dentro nella casa*
riguardo a questo	*riguardo questo*
inerente alla scuola	*inerente la scuola*
oltre la casa	*oltre alla casa*[1]
presso il fiume	*presso al fiume*
di là dal fiume	*al di là del fiume*
sopra il tetto	*sopra al tetto*
sotto il tavolo	*sotto al tavolo*
dietro l'armadio	*dietro all'armadio*
fuori casa, fuori dalla casa	*fuori della casa*
fuori dai piedi	*fuori dei piedi*
rasente il muro	*rasente al muro*

1 Ha valore aggiuntivo e significa *in aggiunta alla casa*. Per es.: *Oltre alla casa ha acquistato anche il terreno vicino.*

ALLA PROVA — FRASI CORRETTE?

1. Ti sembra che le seguenti frasi siano corrette o che richiedano qualche modifica? In questo caso, scrivi a fianco la forma giusta.

1. Ho un orto dietro della casa. ....
2. Riguardo queste cose, ho già parlato con il preside. ....
3. Di là dai monti c'è il mare. ....
4. Vicino Roma è successo un incidente. ....
5. Vi sono stati ritardi per problemi inerenti l'aereo. ....
6. Sono amica con Anna. ....
7. I cacciatori non hanno sparato nemmeno un colpo. ....
8. I cacciatori hanno sparato una lepre. ....

5.12 Dall'ortografia alla grafia

ORTOGRAFIA, CALLIGRAFIA, GRAFIA

Se vogliamo ricostruire su base etimologica il significato delle parole, *ortografia* significa *scrittura corretta*; *calligrafia* significa *bella scrittura*, anche se questo termine viene spesso usato impropriamente come sinonimo di *scrittura*, per cui si parla di bella calligrafia (che è una tautologia) o brutta calligrafia (che è una contraddizione). La parola base, infine, è *grafia*, un termine derivato dal greco e sinonimo di *scrittura*.

Proprio la grafia è un aspetto a cui forse non si dà il giusto peso nella prospettiva dell'esame di Stato. Una prova scritta in grafia leggibile, infatti, agevola la lettura e dà un'impressione di fluidità. Viceversa, un testo scritto male, cioè con una grafia poco leggibile, intralcia la lettura, costringe chi legge a fermarsi e a ritornare indietro e finisce per dare l'impressione di uno svolgimento faticoso e stentato.

LO *SCRIPT* E IL CORSIVO

Oggi la grafia preferita dagli adolescenti è lo stampatello minuscolo mescolato ad alcune lettere in corsivo, il cosiddetto *script*. A prescindere dalle considerazioni che su questa prassi di scrittura avanzano grafologi e psicologi, è un dato di fatto che lo *script* è una grafia meno personale e meno elegante del corsivo, così chiamato da *correre*, in riferimento alla maggiore velocità di scrittura da esso consentita. È anche vero, però, che la necessità del corsivo si è attenuata, in quanto risalente all'epoca in cui la penna a inchiostro o la stilografica, grazie a questa modalità di scrittura, consentivano di scrivere un'intera parola senza staccarsi dal foglio. Con lo stampatello a lettere separate, invece, questa continuità veniva a mancare, facendo perdere tempo e, talora, causando macchie di inchiostro sul foglio. L'invenzione della penna a sfera ha semplificato l'esercizio dello scrivere; d'altra parte, in un'epoca in cui la scrittura a mano è spesso sostituita da quella digitale, è naturale che si sia influenzati dall'uso dei caratteri in stampatello minuscolo della tastiera.

Ma il corsivo non per questo ha perso la sua ragion d'essere: una prova d'esame scritta in corsivo chiaro è una dimostrazione di eleganza e di stile.

ALLA PROVA — TRASCRIVI E RISCRIVI

1. Trascrivi su un foglio 6 righe del paragrafo *Lo script e il corsivo* riportato in questa pagina, avendo cura di rispettare le seguenti modalità e tenendo conto ogni volta del tempo richiesto dalla stesura:
- dapprima trascrivi il testo secondo le tue consuetudini di scrittura, come scriveresti per un pro-memoria di uso personale;
- poi riscrivilo in bella copia, come faresti nella prova d'esame;
- infine, se non l'hai fatto finora, riscrivilo in corsivo accurato.

In seguito a queste prove, dovresti poter decidere a ragion veduta come regolarti.

5.13 Senza carta, né penna: scrivere a video e in rete

LA VIDEOSCRITTURA

I modi della scrittura sono stati influenzati soprattutto dalle tecnologie informatiche. Ma il fatto più rilevante è che, con il modificarsi degli strumenti di scrittura, sono cambiati anche i meccanismi psicologici e la concezione stessa di testo.
In particolare, la diffusione della videoscrittura, congiunta con la possibilità di condividere testi e informazioni attraverso la **posta elettronica** e la rete **Internet**, ha introdotto importanti innovazioni anche nell'ambito scolastico. Anche se non sembra vicino il momento in cui le prove d'esame si potranno scrivere a video, almeno le prove Invalsi sono *computer based.* In ogni caso l'attività scolastica presuppone il ricorso alla videoscrittura per scrivere un compito a casa, stendere una ricerca o una relazione, prendere appunti ecc.
Per utilizzare al meglio il supporto informatico, basta tenere presente che il testo redatto in videoscrittura presenta alcune potenzialità:

- è un testo **aperto**, che può essere continuamente modificato e aggiornato;
- può essere **letto su video**, anche senza un supporto cartaceo;
- è virtualmente **multimediale**, poiché può comprendere immagini, disegni, grafici, tabelle;
- può essere **memorizzato** senza ingombro fisico e riutilizzato in qualsiasi momento;
- può essere **trasmesso** ad altri tramite la posta elettronica o inserito in un sito web.

LA COMPOSIZIONE A VIDEO

La rapidità della videoscrittura, congiunta con la consapevolezza che il testo può sempre accogliere modifiche, non deve indurre a scrivere di getto, in modo troppo improvvisato e frettoloso. È bene soprattutto non trascurare la fase preparatoria, raccogliendo le idee e progettando il testo, per poi passare alla stesura vera e propria, tenendo conto di alcuni accorgimenti tecnici e grafici, che nel gergo della scrittura elettronica sono complessivamente indicati con il termine formattazione. Questi procedimenti sono:

- **aprire un nuovo *file***, al quale si potrà attribuire un **nome** attraverso l'opzione *Salva con nome*;
- se il testo è molto ampio, suddividerlo in diversi *file* da raggruppare poi in un'unica **cartella**;
- **scegliere un carattere** (in inglese *font*), privilegiando quelli più sobri e leggibili: *Times New Roman* è il più usato; *Arial* e *Calibri* quelli che si leggono con minore fatica. Il **corpo** più usato è il 12: nei titoli dei capitoli si può usare il corpo 16 e per i paragrafi il 14, per le citazioni il 10;
- **come stile del carattere** utilizzare:
  - il **grassetto** *(bold)* per evidenziare parole o frasi;
  - il *corsivo* per i titoli delle opere ed eventualmente per le citazioni di passi;
  - il rosso per le correzioni;
  - il <u>sottolineato</u>, se necessario, ma tenendo conto che disturba la lettura;
  - il ~~barrato~~ per cancellare una parola o un testo che però si vuole mantenere visibile;
  - evitare, in linea di principio, effetti di ombreggiatura, ondulazione o altro, che possono dare un'impressione di scarso rigore;

- **scegliere l'allineamento** del testo:
  - a sinistra, durante la battitura o se si stampa il testo per uso personale;
  - giustificato, se si deve stampare un testo da presentare ad altri;
- **scegliere l'interlinea** più appropriata in base all'uso che si intende fare del testo;
- **suddividere il testo**, scandendolo in **paragrafi** o capoversi e assegnando a ciascuno un titolo in bold, in modo da facilitare la lettura a video, che è più faticosa di quella su carta e pertanto richiede che il testo non sia troppo compatto;
- **salvare il file** con una certa frequenza, attivando il salvataggio automatico a intervalli prestabiliti;
- se il testo è abbastanza ampio, inserire i **numeri di pagina** con l'apposito comando dal menu *Inserisci*.

ACCORGIMENTI GRAFICI

Quando si digita il testo, occorre rispettare alcune semplici ma precise regole grafiche, che riguardano soprattutto l'**uso degli spazi**:
- durante la battitura scegliere l'**allineamento a sinistra**, che consente di vedere gli spazi effettivamente inseriti (il giustificato, se non si aggiunge la sillabazione, li modifica per ottenere la giustezza piena);
- tra due parole inserire sempre **un solo spazio**;
- **non inserire spazi prima dei segni di interpunzione**; inserire un solo spazio dopo ogni segno di interpunzione (virgola, punto e virgola, due punti, punto, punto interrogativo o esclamativo); non richiede spazi il punto utilizzato nelle abbreviazioni: per es. *Gentile sign.ra*;
- inserire uno spazio prima di aprire la **parentesi** (tonda o quadra) e dopo averla chiusa; non lasciare spazi tra le parentesi e, rispettivamente, la prima e l'ultima parola al loro interno;
- non lasciare spazi né prima né dopo l'apostrofo e la barra;
- inserire uno spazio sia prima sia dopo il **trattino lungo** (quello che apre o chiude un inciso), mentre non richiede spazi il **trattino breve** (es. *anno scolastico 2018-2019*);
- i **puntini di sospensione** sono sempre e solo tre.

IL CORRETTORE ORTOGRAFICO

Dopo aver composto un testo, è necessario rileggerlo con attenzione per controllarne i contenuti, la struttura e la forma.

Un aiuto consistente viene dal correttore ortografico, che è consigliabile mantenere sempre attivo. Esso analizza le singole parole e, in presenza di quello che ritiene un termine errato, sottolinea la parola con una linea rossa a zig zag, vedendo la quale possiamo riconoscere l'errore e intervenire.

Attenzione, però: non tutti gli errori ortografici vengono riconosciuti come tali dal programma e, d'altra

parte, può accadere che siano segnalate come errate parole corrette (per esempio i cognomi) ma non inserite nel vocabolario di riferimento.
Per correggere l'errore, basta portare il cursore sulla parola sottolineata e cliccare con il pulsante destro del mouse: appare un menu con i sinonimi e le forme alternative tra cui si può scegliere.
Naturalmente gli aiuti proposti vanno sempre presi con cautela: se, per esempio, come gerundio del verbo *disfare* si scrive erroneamente *disfando*, il correttore avanza cinque proposte (*disfano, distando, disfanno, disiando, disfaldo* o altro a seconda della versione del programma) tra cui non c'è quella giusta, che è *disfacendo*.

È sconsigliabile attivare il **correttore grammaticale**, che è troppo rigido e richiede controlli anche su espressioni pienamente ammissibili.

I CONSIGLI DEL TUTOR
LE RISORSE GRAFICHE

Prima della stampa definitiva, è necessario controllare a video l'impaginazione scegliendo nel menu *Layout di pagina* tra i vari comandi i due fondamentali:
- **Margini**, che consente di definire i margini della pagina;
- **Dimensioni**, per scegliere il tipo di foglio su cui si va a stampare.

È inoltre possibile inserire nel testo elementi grafici come:
- **tabelle**: andando nel menu *Inserisci* e poi *Tabella*, si può scegliere, prima di digitare il testo, il numero

5.14 Punteggiatura

PER UN USO CORRETTO ED EFFICACE DELLA PUNTEGGIATURA

La punteggiatura è una componente fondamentale della scrittura, in quanto contribuisce a scandire il testo e a renderlo comprensibile. I segni di interpunzione, infatti, **non sono la semplice trascrizione di pause**, ritmi, intonazioni o altri aspetti del parlato, ma contrassegnano i **rapporti sintattici** vigenti tra le parti della frase o del periodo. Pertanto una punteggiatura appropriata aiuta la costruzione sintattica.
Ma la punteggiatura è un elemento fondamentale anche nella valutazione della prima prova: come scritto a p. 10, nelle indicazioni generali per la valutazione degli elaborati, al quarto posto (prima del lessico e della grammatica) figura l'*uso corretto ed efficace della punteggiatura*. Pertanto rileggi il tuo scritto con attenzione, ricordando alcune importanti regole richiamate qui di seguito.

LA VIRGOLA

La principale funzione della virgola è quella di **marcare un confine**, cioè di delimitare il concetto espresso a parole. A questa funzione si associa per lo più l'indicazione di una **pausa debole**. La funzione demarcativa della virgola risulta chiara se si confrontano le due frasi seguenti, distinte appunto soltanto dalla presenza di una virgola.

ESPRESSIONE	SIGNIFICATO
Non ha parlato come tutti si aspettavano	Ha parlato in modo diverso da come tutti si aspettavano
Non ha parlato, come tutti si aspettavano	Non ha parlato e tutti si aspettavano che non parlasse

Come si può vedere, la presenza o l'assenza della virgola hanno **modificato il senso** della frase.

di righe e di colonne necessarie; è anche possibile convertire in tabella un testo già scritto per esteso;
- **bordi** e **sfondi**: si possono evidenziare blocchi o porzioni di testo ponendoli in un riquadro o sopra uno sfondo colorato;
- **elenchi puntati** o **numerati**: si creano automaticamente attivando il comando omonimo, che consente anche di scegliere la struttura da dare all'elenco;
- **grafici**: si possono costruire con il programma *Excel* (che con *Word* fa parte del pacchetto *Office* di Microsoft) e poi importare nel testo in *Word*. In particolare:
  - i grafici a torta sono adatti a evidenziare le diverse parti di un insieme;
  - le aree e le linee servono a rappresentare l'evoluzione di un fenomeno;
  - gli istogrammi o barre evidenziano il confronto tra grandezze diverse;
- **note**: si attiva il menu *Inserisci*, poi *Riferimenti* e infine il comando *Inserisci nota a piè di pagina*: in corrispondenza del testo appare un numero in apice, mentre la nota che si va a digitare è collocata e stampata in fondo alla pagina, e riporta lo stesso numero presente nel testo;
- **mappe** e **schemi** possono essere creati utilizzando forme, linee, frecce o simboli, da reperire nel menu *Inserisci*, poi *Forme*. Se nel testo sono inseriti disegni, riquadri o note, essi sono visibili solo con la visualizzazione *Layout di stampa*.

Casi particolari di demarcazione indicati dalla virgola sono quelli indicati qui di seguito:
- **una proposizione relativa:**
  - è preceduta dalla virgola se ha funzione **appositiva o esplicativa**, cioè se aggiunge al nucleo principale una nuova informazione: *In vista dell'esame è molto utile questo manuale, che voi mi avete consigliato*;
  - non è preceduta dalla virgola se ha funzione **limitativa o restrittiva**, cioè se completa l'informazione del nucleo principale: *Ho letto solo il manuale che mi avete consigliato*;
- **una subordinata finale, consecutiva, causale, temporale, concessiva** ecc. è separata dalla principale o reggente mediante la virgola:
  - quando la subordinata **precede** la principale, a meno che la subordinata stessa non sia molto breve e strettamente legata alla reggente:
    Dal momento che avete studiato, avrete un buon voto.
    Se studierete avrete buoni voti;
  - quando la subordinata **segue** la principale e l'idea portante è espressa dalla principale: *Invece di andare in vacanza voi studiate, quando si avvicinano gli esami.*
    Non si usa la virgola *se l'informazione di maggior rilievo è contenuta nella subordinata: Voi incominciate a studiare solo quando si avvicinano gli esami;*
- **una apposizione o una frase incidentale** è chiusa tra due virgole:
  Roma, capitale d'Italia, è anche la principale città d'arte.
  Questo, e non altro, dovete studiare!
- **negli elenchi e nelle serie di parole o frasi coordinate per asindeto** la virgola separa le singole componenti, tranne le ultime due, che sono unite dalla congiunzione *e*:
  Leggo di tutto: libri, riviste, settimanali e quotidiani.
  Noi abbiamo acquistato libri, i nostri amici vestiti e voi avete preferito visitare la città;

- **davanti alle congiunzioni avversative** *ma*, *però*, *anzi*, *eppure* ecc. la virgola separa la principale o reggente dalla subordinata, concentrando l'attenzione sulla parte della frase che la precede: *Ci eravamo preparati per partire presto, ma c'era lo sciopero dei treni.*
  Il *ma* non è preceduto dalla virgola quando collega due parole della stessa frase: in tal caso l'attenzione è focalizzata la parte finale della frase: *Poveri ma onesti.*

La virgola non va usata:

- **tra soggetto e verbo, tra verbo e complemento oggetto, tra verbo e una subordinata** soggettiva (*È chiaro che tu hai sbagliato*), oggettiva (*Dico che tu hai sbagliato*), interrogativa indiretta (*Non so perché tu abbia sbagliato*);
- **prima delle congiunzioni *e, o, né… né, sia… sia***: *Ha studiato e ha ottenuto buoni voti.*
  Ciò non esclude, però, che essa possa intervenire per creare particolari effetti espressivi, come contrapposizione, sospensione ecc.:
  - *Non ha studiato ed è stato respinto, e si comporta come se nulla fosse.* In questo caso la congiunzione *e* equivale a un *eppure* e crea un nesso avversativo, che può essere marcato con la virgola.
  - *Mi rimangono due possibilità: o riprendere gli studi, o cercarmi un lavoro.* In questa frase la virgola accentua l'opposizione tra le due possibilità.
  - *Non mi piace vivere in città, né d'inverno né d'estate.* Dopo l'enunciato negativo, la correlazione *né… né…* interviene in un secondo momento per specificare la negazione.

IL PUNTO E VIRGOLA

La funzione del punto e virgola differisce solo quantitativamente da quella della virgola, in quanto segna una distanza maggiore tra le frasi, e quindi una maggiore discontinuità nell'organizzazione del testo. Al punto e virgola può essere associata l'idea di una **pausa intermedia** tra quella del punto e quella della virgola.
Il punto e virgola è usato:

- per **scandire**, all'interno di un periodo, **frasi grammaticalmente autonome**, che però non si vuole separare nettamente come si fa con il punto:
  Quando si scrive, la cosa più importante è sapere che cosa dire; poi bisogna organizzare il testo; infine vanno curate l'espressione e l'ortografia;
- per **distinguere le componenti di una enumerazione complessa**, i cui elementi sono arricchiti da aggiunte di dettaglio:
  Questo albergo presenta il vantaggio di essere vicino al centro; inoltre è comodo perché di lì si può raggiungere la stazione anche a piedi; si può anche arrivare in centro in poco tempo e camminare sotto i portici quando piove;
- in particolare, quando tra due coordinate **cambia il soggetto** o il tema, oppure interviene un **connettivo forte** (come *dunque*, *pertanto*, *quindi*, *insomma* con valore conclusivo, *infatti* con valore esplicativo):
  L'esame di guida ci ha riservato una piacevole sorpresa; infatti il test era molto facile.

In pratica, dunque, il punto e virgola segna un'interruzione sul piano della forma (le due frasi distinte dal punto e virgola sono autonome e separate), ma non sul piano del contenuto, perché ciò che viene detto dopo il punto e virgola è legato a ciò che è stato detto prima.

IL PUNTO

Il punto è il segno di punteggiatura più forte, quello che segna la divisione più lunga e, di conseguenza, una **pausa forte**.
Il punto si usa:
- per **concludere** un periodo o una frase o un intero testo;
- nelle **abbreviazioni** e nei **puntini di sospensione** (il numero canonico è tre e vanno usati con parsimonia).

Per rendersi conto degli effetti del punto, basta leggere la seguente frase: *Ha faticato tutta una vita per niente.* E poi quest'altra: *Ha faticato tutta una vita. Per niente.* Nella seconda l'aggiunta del punto distingue e valorizza i due concetti della frase, evidenziando soprattutto il secondo.

I DUE PUNTI

Oltre che a introdurre un **discorso diretto**, hanno la funzione di illustrare e di spiegare l'enunciato. Si usano pertanto:
- con funzione **descrittiva**, per **elencare** una lista di componenti: *In questi anni ho fatto molti lavori: muratore, idraulico, elettricista;*
- con funzione **esplicativa**, per spiegare ciò che si è detto prima: *Si consiglia di mettere punto dopo tre-quattro righe: si otterrà il vantaggio di creare periodi snelli;*
- con funzione **argomentativa**, per comunicare la **conseguenza** di un fatto o l'**effetto** prodotto da una causa, o anche in luogo di una congiunzione **coordinante** o **subordinante** come negli esempi che seguono:
  Sono state comunicate le date dei compiti in classe: [cosicché] ora bisogna decidersi a studiare.
  Ho studiato molto: [e] ora esco per svagarmi un po'.
  Ora smetto di studiare e vado a dormire: [perché] sono stanco.

Di norma i due punti non separano il verbo dal complemento oggetto né dal nome del predicato:
Ho comperato generi alimentari, una maglia e un paio di scarpe.
Quel ragazzo è intelligente, simpatico, svelto.

LE VIRGOLETTE

Si possono distinguere virgolette:
- **doppie basse** («») e **alte** (“ ”), normalmente impiegate per introdurre nel testo la **citazione** di un brano altrui o, precedute dai due punti, un **discorso diretto**: *Allora gridò: «Lasciami andare»;*
- **semplici alte** (‘ ’), dette anche ‘apici’, per indicare il significato reale o metaforico o ironico di una parola:
  Il termine rinite significa ‘raffreddore’;
  Con le sue ‘terapie’ mi ha rovinato il computer.

Queste distinzioni d'uso non sempre sono rispettate e, in ogni caso, le virgolette vanno usate con parsimonia. Anche nella lingua parlata, invece di dire “tra virgolette” è meglio usare il termine appropriato.

LE PARENTESI E I TRATTINI

Parentesi e trattini servono a **isolare gli incisi**. Di questi segni di interpunzione bisogna fare un **uso limitato**, perché gli incisi appesantiscono il periodo: scrivere *Il libro che mi hai consigliato (l'ho letto tutto d'un fiato) è avvincente* è meno lineare che scrivere *Ho letto tutto d'un fiato il libro che mi hai dato e l'ho trovato avvincente.*

ALLA PROVA ESERCIZI DI PUNTEGGIATURA

1. A questo brano del *Nome della rosa* di Umberto Eco è stata tolta la punteggiatura. Aggiungila tenendo presente che nell'originale figurano quattro punti e quattro virgole.
Era una bella mattina di fine novembre nella notte aveva nevicato un poco ma il terreno era coperto di un velo fresco non più alto di tre dita al buio subito dopo le laudi avevamo ascoltato la messa in un villaggio a valle poi ci eravamo messi in viaggio verso le montagne allo spuntar del sole

2. Aggiungi la punteggiatura a questo brano del romanzo *Due di due* di Andrea De Carlo. Hai a disposizione tre punti, quattro virgole, un punto e virgola e una coppia di virgolette.
Rimetto in moto lui sale dietro e parto ondeggiante tra le automobili e gli studenti non è un motorino per due sottile e leggero com'è con la sella corta e senza pedaline posteriori Guido Laremi tiene le gambe sollevate mi dice attento tre o quattro volte

3. A questo brano di *Uto* di Andrea De Carlo aggiungi la punteggiatura a tuo piacere.
Lui sorride comunque improvvisamente cordiale in modo quasi aggressivo dice bene arrivato stretta di mano dal polso largo e dalle dita grosse e dal palmo duro e calloso ostentazione di virilità amichevole franca diretta energica zero sfumature che rischia di rovinarmi la sensibilità di tocco per una settimana

4. Leggi questo brano tratto dal primo capitolo della *Giornata d'uno scrutatore* di Italo Calvino, poi rispondi alle domande.

I CONSIGLI DEL TUTOR
PER NON FARE ERRORI DI PUNTEGGIATURA

1 Che differenza c'è tra la virgola e il punto e virgola?
La virgola marca un confine: pertanto indica una pausa debole. Il punto e virgola, invece, segna una distanza maggiore tra le frasi e indica una pausa intermedia tra quella del punto e quella della virgola.

2 Prima di ma devo sempre inserire la virgola?
Sì. La virgola davanti a ma si tralascia quando l'opposizione è tra due sole parole.

3 È vero che il punto e virgola non si usa quasi più?
Nella tendenza alla semplificazione che investe l'italiano di oggi, il punto e virgola non è molto usato, ma questo non significa che non vada usato. Esso indica infatti che tra le frasi non c'è una successione in serie (virgola), né un taglio netto (punto) ma una gerarchia.

4 L'uso dei segni di interpunzione è intuitivo e risente del gusto personale?
Non è esattamente così: l'interpunzione è soggetta ad alcune regole; inoltre deve assecondare con naturalezza la sintassi. Se predomina la coordinazione si useranno più punti, se predomina la subordinazione più virgole.

5 Se, nel leggere quello che ho scritto, mi viene naturale fare una pausa tra soggetto e verbo, devo aggiungere una virgola?
No, tra soggetto e verbo la virgola non va messa.

6 Qual è la funzione dei due punti?
Quella di spiegare un enunciato, introdurre un elenco o un discorso diretto.

Amerigo, lui, aveva imparato che in politica i cambiamenti avvengono per vie lunghe e complicate, e non c'è da aspettarseli da un giorno all'altro, come per un giro di fortuna; anche per lui, come per tanti, farsi un'esperienza aveva voluto dire diventare un poco pessimista. D'altro canto, c'era sempre la morale che bisogna continuare a fare quanto si può, giorno per giorno; nella politica come in tutto il resto della vita, per chi non è un balordo, contano quei due principî lì: non farsi mai troppe illusioni e non smettere di credere che ogni cosa che fai potrà servire. Amerigo non era uno che gli piacesse mettersi avanti: nella professione, all'affermarsi preferiva il conservarsi persona giusta; non era quel che si dice un «politico» né nella vita pubblica né nelle relazioni di lavoro; e va aggiunto né nel senso buono né nel senso cattivo della parola. (Perché c'era anche un senso cattivo; o anche un senso buono, secondo come uno la mette; Amerigo comunque lo sapeva).

- In questo brano, che presenta i pensieri del protagonista all'inizio della sua giornata di scrutatore, il punto e virgola è usato con una discreta frequenza. Che cosa segna?
- L'autore avrebbe potuto sostituire i punti e virgola con altrettanti punti: il senso del testo non sarebbe cambiato. E il tono sarebbe cambiato?
- Che cosa indicano le virgolette tra cui è chiuso il termine «politico»?
- Perché l'ultima frase è messa tra parentesi?

5.15 Lessico

PARLARE E SCRIVERE BENE

Una cosa è parlare e scrivere **correttamente**, un'altra parlare e scrivere **bene**. Infatti non si tratta solo di distinguere che cosa è giusto e che cosa non lo è, ma anche di definire che cosa è meglio dire o scrivere a seconda dell'obiettivo e delle norme sociali che regolano la comunicazione.

Ogni situazione comunicativa richiede un registro espressivo adeguato. **Se sto parlando** con gli amici dopo una serata deludente, potrò dire: *Se sapevo che la serata andava a finire così, me ne stavo a casa.* Ma **se sto scrivendo**, esprimerò lo stesso concetto con un periodo ipotetico irreale costruito secondo le regole: *Se avessi saputo che la serata andava a finire così, me ne sarei stato a casa.*

Insomma, la lingua non è fatta solo di **regole**, ma anche di **scelte**: parlare e scrivere bene significa scegliere il modo espressivo adeguato alla situazione.

SCRIVERE COME SI PARLA?

L'avvicinamento tra scritto e parlato crea a volte una tendenza al ribasso per cui si è inclini a scrivere come si parla. E questo non va bene, perché scritto e parlato fanno parte della stessa lingua ma seguono logiche diverse. Rispetto al parlato, il testo scritto ha queste caratteristiche:

- è **meno improvvisato**, quindi soggetto a un maggiore controllo;
- è **più organizzato**, quindi usa una sintassi più ampia e articolata;
- è **più formale**, quindi usa un registro linguistico accurato.

Si tratta dunque di delineare i caratteri di un italiano idoneo a un'**espressione formale** adeguata alle esigenze scolastiche e lavorative. Per fare questo, è necessario puntualizzare alcuni concetti.

I REGISTRI LINGUISTICI

Il registro linguistico è la varietà della lingua che viene usata in un determinata situazione.
Si possono distinguere tre registri.

REGISTRO LINGUISTICO	SITUAZIONE COMUNICATIVA	LESSICO	SINTASSI
formale	richiede espressione accurata, per esempio nella lingua scritta	preciso e appropriato	ampia e articolata
medio	comunicazione quotidiana	parole dell'uso comune	semplice e lineare
informale	situazioni familiari e confidenziali, comunicazione orale	aperto a tutte le parole	immediata e improvvisata

I LIVELLI ESPRESSIVI

Per maggiore chiarezza, alla scala dei registri linguistici possiamo accostare una scala di livelli espressivi: **colto** (o dotto o aulico), **solenne**, **accurato**, **burocratico**, **standard** (o medio), **colloquiale** (o familiare), **spontaneo** (o confidenziale) ecc.
Non si tratta di livelli circoscritti né predefiniti: questa scala è una gamma i cui termini tendono a sfumare l'uno nell'altro con mutamenti appena percettibili, come si può dedurre dai seguenti esempi:

MEMO
Tre livelli espressivi

LIVELLO AULICO			
1. Non sono affatto a conoscenza di	che cosa	sia stato	loro detto.
LIVELLO STANDARD			
2. Non so affatto	che cosa	abbiano	loro detto.
3. Non so affatto	che cosa	hanno	loro detto.
LIVELLO SUBSTANDARD			
4. Non so mica	che cosa	gli hanno	detto.
5. So mica	cosa	gli han	detto.
6. So mica	cosa	ci han	detto.

All'interno delle sei formulazioni della stessa frase si distinguono alcuni registri espressivi.
L'esempio 1 presenta i tratti dell'italiano **aulico** con tendenza al **burocratico** nella perifrasi *essere a conoscenza* invece di *sapere* e nell'uso del passivo *sia stato* invece dell'attivo.
Gli esempi 2 e 3 rientrano nello **standard**, cioè nell'italiano corretto dell'uso medio. A parte la rinuncia al congiuntivo nell'esempio 3, le norme grammaticali sono rispettate, il periodo ha un taglio chiaro ed essenziale.
Negli esempi 4, 5 e 6 la negazione *mica*, la sostituzione del pronome *gli* a *loro*, la prevalenza del pronome interrogativo *cosa* sul più esatto *che cosa* e, infine, l'uso fortemente squalificante del pronome *ci* invece di *loro* (esempio 6) conferiscono all'insieme i tratti del **parlato quotidiano** o **substandard**.

I CONSIGLI DEL TUTOR
CHE COS'È L'ITALIANO STANDARD

L'italiano standard è la lingua usata dalle persone di media cultura provenienti da un centro geografico di una certa importanza. Si tratta dunque di una **lingua media** e di una lingua comune, che funge da modello di riferimento per un'espressione accurata e **per la lingua scritta**.
Essa comprende apporti provenienti dai più svariati settori, ma non si identifica con nessuno di essi, come si può capire dallo schema che segue.

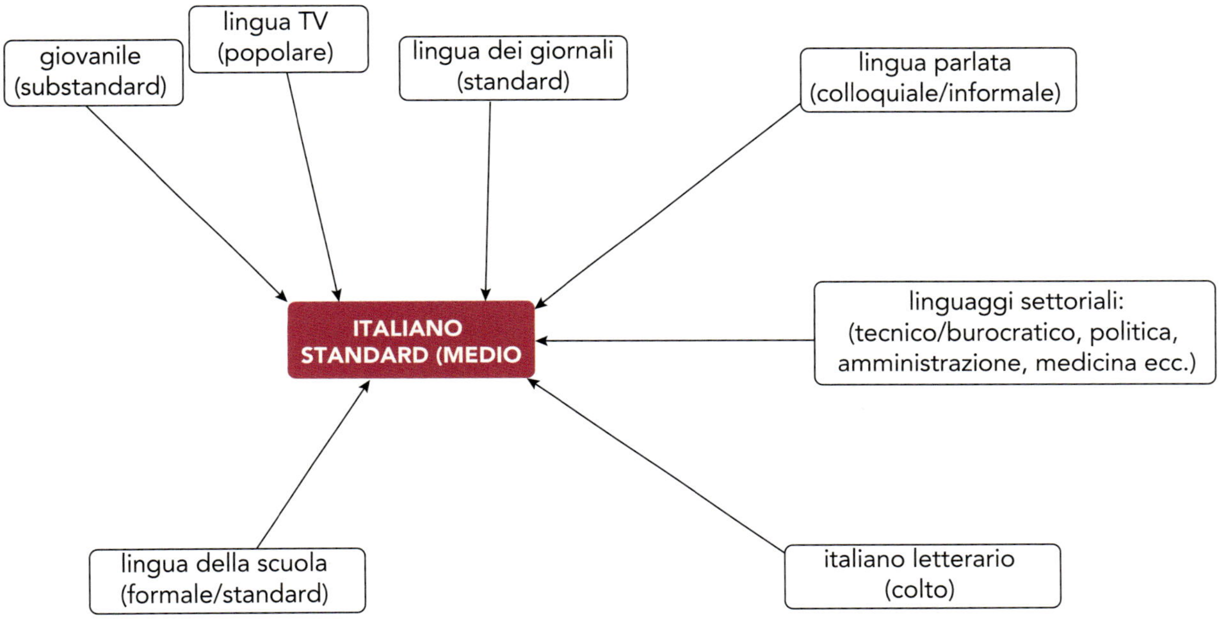

Dato il suo carattere composito, l'italiano standard non è una lingua fissa e determinabile, ma ammette usi molteplici a seconda della fisionomia culturale, della professione, delle scelte di chi la usa. In particolare, si parla di **substandard** o **neostandard** quando la lingua è usata con estrema libertà e senza tenere conto di norme e persegue l'obiettivo di una comunicazione immediata: è il caso, per esempio, del linguaggio giovanile (p. 206).

LA VIA DI MEZZO Il consiglio che si può dare a uno studente in vista della prima prova è quello di **attenersi a un italiano standard di livello medio**.
Come modello si può indicare l'**uso scritto e parlato delle persone colte**, provenienti da centri culturalmente rilevanti, attente a un uso elegante della lingua per competenza specifica, attività professionale e scelta deliberata. Il che equivale a un italiano **di livello medio**, equidistante dagli estremi opposti, dalle forme più basse del gergo giovanile come anche da registri troppo formali e burocratici.

5.16 I linguaggi più comuni

LA LINGUA DEI GIORNALI

Tra le varietà di linguaggi al cui influsso è soggetto il nostro italiano meritano attenzione soprattutto il linguaggio giornalistico, quello burocratico e quello giovanile.
La lingua dei giornali è caratterizzata dalla frequenza di stereotipi, cioè di frasi fatte che agevolano la scrittura in tempi ristretti, ma impoveriscono il lessico.
Tra i fenomeni lessicali ricorrenti nel linguaggio giornalistico possiamo registrare l'uso di:

- **formule stereotipate**: *la morsa del gelo, il massimo riserbo* ecc.;
- **metafore e metonimie**: *bufera sul governo, palazzo Chigi* per dire *il governo* ecc.;
- **neologismi**, destinati qualche volta a entrare nell'uso corrente (*tronista, velina, tangente, virale* ecc.);
- **termini stranieri**, in particolare anglismi, spesso legati alla politica (*bipartisan, devolution*), all'economia (*broker, rating, brand*) o al mondo dello spettacolo (*gossip, audience*);
- termini desunti dal lessico della **burocrazia**, dei dispacci d'agenzia, dei verbali di polizia, assai usati nella cronaca: *rinvenire* invece di *trovare*, *recarsi* per *andare* ecc.;
- forme del **linguaggio pubblicitario**: composti con i prefissi elativi *iper-* e *mega-* e, più in generale, tendenza all'iperbole e ai giochi linguistici;
- espressioni di **tono colloquiale** e forme di lingua parlata: per esempio, per il pronome personale di terza persona si preferiscono le forme *lui* a *egli*, *gli* a *loro*; è frequente l'uso dell'indicativo in luogo del congiuntivo;
- **frasi nominali**, cioè con il verbo sottinteso, frequenti soprattutto nei titoli, per dare la notizia con rapidità e immediatezza: *Quella nube di rutenio radioattivo che ha vagato per l'Europa*, oppure *Ragazzo ucciso nel palazzo occupato*.

Si possono vedere alcuni esempi di stile giornalistico nelle prove INVALSI a fine volume.

L'ITALIANO BUROCRATICO

Il linguaggio burocratico è usato nell'amministrazione e in quanto tale è caratterizzato da una certa aridità distaccata, che tende a dire le cose con il minimo di partecipazione. In esso **prevalgono le formule**, perché il burocrate si limita a registrare una realtà di cui non è parte, osservandola dall'esterno.
Non si può parlare di questo registro linguistico senza fare riferimento a un divertente articolo in cui Italo Calvino immagina che il portinaio di uno stabile, scoperto un furto, vada a sporgere denuncia. Il cittadino parla a modo suo, in modo vivace e immediato; il brigadiere verbalizza la denuncia smorzando ogni spunto vitale e approfondendo in ogni modo il solco che separa la vita dalla pagina scritta.
Anche oggi a volte persiste l'idea che il bello scrivere consista nell'usare molte parole, come fa il brigadiere, che converte la succinta deposizione (tre frasi separate da punti fermi, che al loro interno contengono al massimo una subordinata di primo grado) in uno sproloquio a base di perifrasi. In realtà, il brigadiere non si comporta molto diversamente da quei maestri di scuola che correggono *arrabbiarsi* in *indignarsi* o *adirarsi*, *fare i compiti* in *eseguire i compiti*, *passare le vacanze di Natale* in *trascorrere le festività natalizie* o da quei meteorologi che dicono *precipitazioni atmosferiche* invece che *pioggia*.

I linguisti, invece, ci dicono che è sempre meglio esprimersi con naturalezza: dire *collegare* è meglio che dire *correlare* o *interconnettere*, *collaborazione* è meglio che *sinergia*, *andare* meglio che *recarsi*.

ALLA PROVA SULL'ANTILINGUA DI CALVINO

Questo brillante articolo di Italo Calvino (originariamente comparso sul quotidiano *Il Giorno* del 3 febbraio 1965) presenta la versione burocratica di una testimonianza di vita quotidiana.

Il brigadiere è davanti alla macchina da scrivere. L'interrogato, seduto davanti a lui, risponde alle domande un po' balbettando, ma attento a dire tutto quel che ha da dire nel modo più preciso e senza una parola di troppo: «Stamattina presto andavo in cantina ad accendere la stufa e ho trovato tutti quei fiaschi di vino dietro la cassa del carbone. Ne ho preso uno per bermelo a cena. Non ne sapevo niente che la bottiglieria di sopra era stata scassinata». Impassibile, il brigadiere batte veloce sui tasti la sua fedele trascrizione: «Il sottoscritto essendosi recato nelle prime ore antimeridiane nei locali dello scantinato per eseguire l'avviamento dell'impianto termico, dichiara d'essere casualmente incorso nel rinvenimento di un quantitativo di prodotti vinicoli, situati in posizione retrostante al recipiente adibito al contenimento del combustibile, e di aver effettuato l'asportazione di uno dei detti articoli nell'intento di consumarlo durante il pasto pomeridiano, non essendo a conoscenza dell'avvenuta effrazione dell'esercizio soprastante».

Ogni giorno, soprattutto da cent'anni a questa parte, per un processo ormai automatico, centinaia di migliaia di nostri concittadini traducono mentalmente con la velocità di macchine elettroniche la lingua italiana in un'antilingua inesistente. Avvocati e funzionari, gabinetti ministeriali e consigli d'amministrazione, redazioni di giornali e di telegiornali scrivono parlano pensano nell'antilingua. Caratteristica principale dell'antilingua è quello che definirei il «terrore semantico», cioè la fuga di fronte a ogni vocabolo che abbia di per se stesso un significato, come se «fiasco» «stufa» «carbone» fossero parole oscene, come se «andare» «trovare» «sapere» indicassero azioni turpi. [...] Chi parla l'antilingua ha sempre paura di mostrare familiarità e interesse per le cose di cui parla, crede di dover sottintendere: «io parlo di queste cose per caso, ma la mia funzione è ben più in alto delle cose che dico e che faccio, la mia funzione è più in alto di tutto, anche di me stesso». La motivazione psicologica dell'antilingua è la mancanza d'un vero rapporto con la vita, ossia in fondo l'odio per se stessi. La lingua invece vive solo d'un rapporto con la vita che diventa comunicazione, d'una pienezza esistenziale che diventa espressione. Perciò dove trionfa l'antilingua, l'italiano di chi non sa dire «ho fatto» ma deve dire «ho effettuato» la lingua viene uccisa.

Italo Calvino, *L'antilingua*, in *Saggi* 1945-1985, Tomo primo, Mondadori, Milano 1995, pp. 154-155

1. Nel brano di Calvino le parole concrete e corpose del portinaio diventano espressioni burocratiche nel verbale scritto dal brigadiere:
   - la cantina diventa ....
   - la stufa ....
   - il vino ....
   - la cassa del carbone ....
   - la bottiglieria ....
2. Nella stazione di una ferrovia regionale si legge il seguente avviso: «Il viaggiatore dovrà far annullare il proprio recapito dal personale di stazione. Se impossibilitato, dovrà provvedere personalmente all'annullo. In caso contrario verrà regolarizzato come sprovvisto di recapito di viaggio».
   - Traduci queste righe in un italiano comprensibile a tutti, come dovrebbe essere un avviso di pubblica utilità.

     ....

     ....

     ....

     ....

     ....
   - Che cosa significano nel gergo burocratico di questo avviso parole come *annullare* e *recapito*?

     ....
   - Che cosa significa *regolarizzato*? Cerca sul dizionario il significato del verbo regolarizzare: ti aiuta a capire il senso dell'avviso o puoi solo intuirlo?

     ....
   - Un'altra espressione che spesso ricorre in questo gergo è *obliterazione del titolo di viaggio*. Che cosa significa in concreto il termine *obliterazione* che etimologicamente equivale a cancellazione?

     ....
   - A tuo parere, perché non si sente mai dire *la vita è sempre più cara*, ma si dice *il potere d'acquisto dell'euro continua a diminuire?*

     ....
3. Secondo Calvino, perché si ricorre al linguaggio burocratico?

   ....

   ....
4. Scrivi un sinonimo di questi termini o espressioni ricorrenti nel linguaggio burocratico:
   - ritocchi alle tariffe: ....
   - operatore ecologico: ....
   - non vedente: ....
   - non deambulante: ....
   - diversamente abile: ....
   - porre in essere: ....
   - espletare: ....
   - terza età: ....
   - in data odierna: ....
5. Che cosa significa il termine *esodati*?

   ....

IL LINGUAGGIO GIOVANILE

Sull'italiano parlato dai giovani – che preme per infiltrarsi nella lingua scritta – non è il caso di soffermarsi: ciascuno sa di che si tratta e, in ogni caso, può trovarne esempi a iosa nei *blog*. Nella scheda a fianco riportiamo un articolo del dizionario *Si dice* del Corriere della Sera non certo perché i giovani lettori abbiano qualcosa da imparare su un argomento di cui sono loro i maestri, ma per fare il punto della situazione ed eventualmente integrare l'elenco dei termini.

ALLA PROVA IL LINGUAGGIO GIOVANILE SECONDO IL *CORRIERE*

Vari studi compiuti sul linguaggio giovanile tentano di fotografare, di fissare in un'istantanea, un materiale che di per sé è magmatico, in continua evoluzione: fatto di termini gergali di eterogenea provenienza. Illustri linguisti definiscono la lingua dei giovani un "guazzabuglio". Certamente è una lingua che tende piuttosto all'eccesso che alla sobrietà. È un modo di comunicare che spesso indulge all'esagerazione.

Di fronte al gergo dei giovani non è appropriato porci la domanda se "si dice o non si dice": è un *gergo*, e come tale non ama norme e disciplina. È usato come strumento di comunicazione verso chi lo condivide, ma anche come strumento di esclusione per chi non lo capisce. Ci sono dei termini che dal gergo giovanile tendono a scivolare nella lingua comune. Vi fanno ricorso gli utenti più insospettabili, dall'avvocato al manager allo stilista di grido, irresistibilmente attratti dalla tentazione di dare una verniciata di *giovanilese* ai loro discorsi.

Possiamo limitarci a registrare alcuni esempi di questo linguaggio, a titolo di pura curiosità:

- *allucinante*: aggettivo che non ha più niente a che fare con la sua origine (allucinazione) ma può esser applicato a qualsiasi soggetto per definirne una qualità di spicco. Ha sinonimi di varie gradazioni come *bestiale, mega, pazzesco*...;
- *ammorbare*: annoiare, seccare qualcuno;
- *arrapato*, anche *allupato, arsurato*: eccitato sessualmente, usato anche con ampio valore metaforico per esprimere notevole interesse o attrattiva per le cose più disparate;
- *cazziata, cazziare*: sgridata, sgridare.
- *coatto*: di forte impronta romanesca, è un giudizio stilistico senza appello, come dire volgare, rozzo sia nell'abbigliamento che nei modi;
- *cofano*: ragazza irrimediabilmente brutta (i giovani di mezzo secolo fa dicevano *racchia*). Sinonimo molto comune: *cozza*;
- *cifra*, nell'espressione *una cifra*, come *un casino* e a volte anche *una frega*: un mucchio, una gran quantità;
- *fuori di coccia (di testa)*: serve ad indicare all'interlocutore, anche con tono di sfida, che i suoi argomenti non sono adeguati, che è, a seconda delle gradazioni, *cannato, sballato, scimmiato*;
- *figo*, anche *fico*, con i rispettivi femminili: vuol dire "in gamba";
- *formattare*: termine ad alto contenuto erotico, sta per "togliere la verginità" e regge il complemento oggetto;
- *gasato*: convinto fino all'entusiasmo. Termine di uso molto comune anche al di fuori dell'ambiente giovanile;
- *giusto*: è qualcosa di più che *figo / fico*. Include qualità come *forte, fregno, preciso, tosto*;
- *incartarsi*: perdere il controllo. Il termine viene dai giochi di carte e indica la situazione di chi si trova in mano, per suoi errori precedenti, carte inutilizzabili;
- *ingarrarsi*: avere rapporti sessuali con qualcuno. Meno definito e conclusivo di *ingropparsi* che può essere tradotto "possedere carnalmente";
- *mitico!*: obbligatoriamente dotato di punto esclamativo, esprime ormai da molti anni apprezzamento smisurato;

- *paranoia*: confusione mentale. Soprattutto nell'espressione "*andare in paranoia*";
- *prof* sta per "professore" o per "professoressa". La televisione ha contribuito a diffondere questa abbreviazione che certamente accorcia la distanza tra i banchi e la cattedra, e a volte si carica, nel linguaggio degli studenti, persino di una sfumatura affettuosa;
- *sballo*: effetto di stupefacenti; nell'espressione "*da sballo*" indica persona o cosa molto eccitante;
- *scafato*: dirozzato dunque abile, esperto, capace di affrontare situazioni difficili;
- *schianto*: ormai definitivamente trasmigrato alla lingua comune per indicare una ragazza irresistibilmente attraente;
- *schizzato*: ha molti sinonimi: *allucinato, fatto, flippato*, ma anche *rincoglionito, strippato*;
- *sfiga, sfigato*: anche questi lemmi hanno sconfinato nel linguaggio comune; com'è noto, significano "sfortuna, sfortunato";
- *sgamare*: verbo dai significati a volte contraddittori. Presso alcuni sta per "cogliere sul fatto, scoprire", per altri al contrario indica "svignarsela";
- *troppo*: serve a formare i superlativi al posto di "molto", come in "*troppo figo*". Volendolo usare come avverbio di quantità, c'è chi lo rafforza in *troppo molto*.

https://tinyurl.com/y8nxw8yj

1. Questo elenco alfabetico contiene termini che sicuramente hai usato, ma probabilmente non tutti quelli che conosci e che possono rientrare nel gergo giovanile. Mancano per esempio, tra i più usuali, *demenziale, delirio, da urlo, giusto, stress, evvai* e molti, molti altri. Prova a integrare l'elenco con le parole gergali che conosci.

5.17 L'uso delle parole

SCEGLIERE IL TERMINE APPROPRIATO

In campo lessicale, il termine appropriato è quello che, tra le varie parole utilizzabili,
- si presta meglio a esprimere il **concetto**;
- è più idoneo alla **situazione** comunicativa;
- è più adeguato al **contesto** di tutto il discorso.

Per poter fare questa scelta è necessario conoscere molti vocaboli, con i relativi significati esatti, in modo da non prendere fischi per fiaschi, cioè scrivere una parola per l'altra: *anonimo* per *anomalo*, *libertario* per *liberale*, *licenzioso* per *lecito* e altri errori simili, anche se meno appariscenti.
Ma non basta. Per avere un linguaggio ricco e appropriato bisogna anche saper cogliere le sfumature tra parole simili e scegliere quella più appropriata. Quante più parole si conoscono tanto meglio ci si può esprimere evitando la pigrizia mentale che ci porta a usare vocaboli generici come *cosa, affare* ecc. o, peggio, ad adeguarci meccanicamente a stereotipi, cioè frasi fatte, e tormentoni, cioè termini ripetuti ossessivamente.

EVITARE STEREOTIPI

Lo stereotipo è un'espressione cristallizzata e logorata da un uso insistente, che perciò ha perduto la sua naturalezza e squalifica chi la ripete e, soprattutto, la scrive. Quante volte sentiamo espressioni provenienti dalla politica, come *non si va da nessuna parte* o *si va a sbattere, fare un passo indietro, senza se e senza ma*? Per non parlare del *piuttosto che* (che significa *invece di*) usato erroneamente al posto di *o*, e di altri vezzi simili, come *quant'altro, non esiste, non ci posso credere, che sarà mai*? E che dire dell'aggettivo *virale* per indicare un fenomeno che riscuote successo con la rapidità di un virus informatico? Non si tratta di espressioni erronee e non c'è nulla di male nell'usarle: è l'uso ossessivo a renderle sciatte e squalificanti.

EVITARE RIPETIZIONI, MA SENZA ESAGERARE

Chi conosce poche parole ha poca scelta e tende inevitabilmente a ripetere, mentre un principio condiviso del parlare elegante e del bello scrivere è quello di evitare le ripetizioni.

Per non ripetere, la prassi è quella di sostituire il termine ripetuto con un sinonimo, perlopiù desunto dal dizionario dei sinonimi, che per ciascuna voce offre alternative e contrari. In realtà il dizionario dei sinonimi non è sempre una buona risorsa, in quanto propone sostituti un po' meccanici. In primo luogo perché il sinonimo perfetto è molto raro e tra due termini è difficile che non vi sia almeno una differenza di registro espressivo (*paura* e *fifa*, *automobile* e *macchina*, *via* e *strada*), di emotività (*madre* e *mamma*), intensità (*bello, ameno, splendido, delizioso*) ecc. In secondo luogo perché bisogna guardarsi dall'evitare un'ineleganza introducendone altre: per questo gli scrittori non si fanno scrupolo di ripetere, se necessario. Scrivere, come fa Natalia Ginzburg, *Recitava ogni giorno le sue preghiere in ebraico, senza capirci niente, perché non sapeva l'ebraico*, non è peggio che scrivere *Recitava ogni giorno le sue preghiere in ebraico, senza capirci niente, perché non conosceva quella lingua.*

COME SCEGLIERE I SINONIMI

Immaginiamo ora di ricorrere al dizionario dei sinonimi per sostituire un termine di uso comune come *arrabbiarsi* e limitiamoci a esaminare alcune delle proposte (in ordine alfabetico): *adirarsi, imbestialirsi, incavolarsi, incazzarsi, infuriarsi, indignarsi, inquietarsi, inviperirsi, irritarsi, stizzirsi.* Vediamo subito che *adirarsi, incollerirsi* e *infuriarsi*, pur equivalendo concettualmente a *arrabbiarsi*, appartengono a un registro più elevato, quasi aulico; viceversa *incazzarsi*, anche se usatissimo nella lingua parlata, appartiene al registro volgare (come l'eufemismo *incavolarsi*); *imbestialirsi* e *inviperirsi* indicano uno livello di rancore più accentuato del semplice *arrabbiarsi*, come pure *incollerirsi*, mentre *inquietarsi* indica più un perdere la pazienza che un vero e proprio stato di ira; infine *stizzirsi* e *irritarsi* indicano un'eccitazione momentanea. C'è da aggiungere che l'*arrabbiarsi* di partenza, in quanto derivato di *rabbia* (l'idrofobia, trasmessa dal morso del cane), include una connotazione che non trova l'equivalente in alcun sinonimo. Ciò non significa che non possiamo sostituire *arrabbiarsi* con un sinonimo (in questo caso il più vicino è *indignarsi*), ma che è rischioso attingere il sinonimo al dizionario senza averne prima calibrato il senso e lo stile.

Per scegliere il sinonimo appropriato, dunque, è opportuno:

- **concepirlo in proprio**, attingendo al proprio repertorio lessicale, possibilmente senza ricorrere al dizionario: la scelta sarà più naturale;

- tra i possibili sinonimi, **non scegliere necessariamente quello che va per la maggiore**: oltre a *opzione* ci sono anche *scelta, decisione, preferenza*; oltre a *scenario* ci sono *situazione, ipotesi, quadro* ecc.;
- tenere conto del **contesto** in cui il sinonimo si inserisce e dell'ambito della comunicazione: *adirarsi* si addice a uno scritto formale; *incazzarsi* a un registro colloquiale, non certo a uno scritto.

COME SCEGLIERE GLI AGGETTIVI

Il consiglio è di **moderare l'uso degli aggettivi** e, quando si rilegge, di eliminare quelli non necessari. L'aggettivo appropriato contribuisce a fare chiarezza, l'aggettivo inutile è solo un riempitivo.

In particolare, un uso moderato dei superlativi è garanzia di equilibrio nello scrivere e nel pensare. In particolare, sono da evitare:

- gli **aggettivi generici**, come *grosso, stupendo, favoloso, fantastico, assurdo, pauroso* ecc.: non *un forte desiderio*, ma *un desiderio intenso, fervido, ardente, acuto* ecc.;
- gli **stereotipi**, che impoveriscono il linguaggio e implicano una rinuncia all'espressività, come quando si ricorre alle formule preconfezionate quali *brillante operazione, cauto ottimismo, netta opposizione, fermo rifiuto, dura necessità, teneri affetti, pianto dirotto, pronta guarigione, immaginario collettivo* ecc.;
- gli **aggettivi superflui**, soprattutto i **superlativi non necessari**, perché impoveriscono il sostantivo invece di arricchirlo: dire *abbiamo passato una bella giornata in compagnia* è generico ma equo: che cosa dice di più *abbiamo passato una bellissima e serena giornata in compagnia*? Ma c'è di peggio: dire *dal punto di vista politico economico e sociale* è quasi come non dire nulla, cioè parlare nel gergo detto *politichese*;
- molti aggettivi appartenenti al **gergo giovanile** (*forte, mitico, stressante, allucinante, pazzesco, mostruoso, osceno, bestiale, megagalattico, tarato, sclerato, demenziale* ecc.), che limitano la proprietà e l'originalità.

LA POSIZIONE DELL'AGGETTIVO

La posizione dell'aggettivo qualificativo non è indifferente e risponde al seguente criterio:

- l'aggettivo **segue** il nome a cui è riferito, quando svolge una funzione **restrittiva**, cioè quando serve a restringere una scelta, distinguendo l'oggetto da altri della medesima specie: *Ho acquistato libri vecchi* (cioè *non nuovi*); *La tua amica ha i capelli biondi* (e non di un altro colore); *Mi è arrivata una notizia certa* (cioè *sicura*);
- l'aggettivo **precede** il nome quando ha valore **descrittivo**, cioè attribuisce una qualità: *Ho trovato questa notizia sul mio vecchio libro di liceo*; *La tua amica ha tagliato i suoi biondi capelli*; *Mi è arrivata una certa notizia…* (come a dire *una notizia poco simpatica*).

Gli aggettivi anteposti al nome sono comuni in poesia (nell'*Infinito* Leopardi ne usa sette: *ermo colle* ecc.), mentre nella lingua comune prevalgono quelli posposti e in posizione non modificabile: *pagella scolastica* ma non *scolastica pagella*.

LA LINGUA DELL'*OKAY*

L'italiano è soggetto a un'invasione di termini inglesi, dovuta alla supremazia dei Paesi anglofoni in campo economico e tecnologico e al fatto che l'inglese sia la **lingua veicolare** del nostro tempo, la lingua dei **congressi scientifici** e degli **scambi commerciali**. Sta a noi non eccedere nell'uso di queste parole prese a prestito e, possibilmente, nel non usarle a sproposito o per puro snobismo, quando c'è un valido sostituto italiano.

Molti anglismi sono entrati nell'uso da molto tempo: basta pensare a *computer, day hospital, call center, social* o ai termini dell'informatica (*provider, attachment* ecc.) o della politica (*premier, welfare* ecc.). Altri, invece, sono termini saliti alla ribalta nella lingua dei giornali.

Il buon senso consiglia di usarli se è necessario: per esempio, non c'è motivo di dire *brand* invece che *marchio* o di dire *di default* per indicare una cosa che viene fatta in automatico. Ormai *location* ha preso il sopravvento su *posizione* e *ambiente*, *gossip* ha quasi sostituito *pettegolezzo*. Non è caso di stilare indici di parole proibite! Si tratta solo di usarle con parsimonia e buon gusto.

ALLA PROVA INGLESE SENZA SENSO

Massimo Gramellini

Dillo in italiano

In queste poche righe scritte tra il serio e il faceto, Massimo Gramellini denuncia il malvezzo di usare termini inglesi senza ragione, credendo di darsi un tono. Ma non solo…

Se anche voi non sopportate chi in ufficio si dà la mission di proporre uno step che esalti il brand e individui una location dove briffare i competitor. Se anche voi, ogni volta che al telegiornale qualche politico affamato di poltrone denuncia problemi di governance, vi monta un tale prurito alle dita che avreste voglia di killarlo, ma vi limitate a schiacciare il tasto del telecomando come se fosse un ragno. Se anche voi pensate che quando qualcuno non sa cosa dire lo dice in inglese, specie se non sa neppure l'inglese, allora vi suggerisco di leggere e firmare la petizione all'Accademia della Crusca lanciata su «Internazionale» da Anna Maria Testa e rintracciabile ai seguenti indirizzi: Change.org e #dilloinitaliano.

Nell'aderirvi entusiasticamente col maestro e collega di corsivi Michele Serra di «Repubblica» si è pensato di allargare il campo di battaglia a un'altra e forse speculare deformazione del linguaggio. L'abuso di romanesco che ci viene inflitto ogni giorno in televisione, specie e purtroppo sui canali del servizio pubblico. Nelle fiction, come nei programmi di intrattenimento e di giornalismo, sembra diventato indispensabile ostentare una cadenza strascicata che della lingua immortale di Trilussa conserva soltanto la buccia, mentre la polpa è ridotta a uno sciatto e arrogante balbettio, spesso incomprensibile oltre la cerchia dei sette colli. L'invito a politici, attori e commentatori che vivono in quella splendida location è di compiere uno sforzo di umiltà a beneficio di noi provinciali. C'è di sicuro una parola italiana per dire location. Ma ce ne deve essere una persino per dire annamo.

Rubrica *Buongiorno*, La Stampa 20/02/2015

1. Individua i termini inglesi e derivati dall'inglese presenti nel testo e di ciascuno scrivi il corrispondente italiano.
2. Documenta con qualche esempio l'abuso di romanesco in televisione di cui parla l'articolo.
3. Osserva le due immagini sottostanti. Chi ha scritto la recensione si qualifica come persona molto sprovveduta. Infatti, invece di *lochescion*, intendeva scrivere

   ....

   Forse avrebbe fatto meglio a scrivere in italiano ....

   ....

   Inoltre la *–d* eufonica (*ed ottima*) è inutile perché ....

   ....

   ....

   Riguardo alla seconda vignetta, si può usare un'espressione intermedia tra il latino e l'espressione popolare "La smetti di fare minchiate?", come ....

   ....

ALLA PROVA — MA COME PARLA UN BLOGGER?

Mariangela Galatea Vaglio
Il lessico dei social

In questa pagina un'insegnante titolare di un blog e autrice di un libro dedicato alla lingua italiana illustra i neologismi legati alla diffusione dei social network.

"Su Facebook ho un sacco di amici! I miei status vanno alla grande! Su Instagram i miei followers laicano di continuo tutti i miei selfie! Ogni volta che twitto mi retwitta mezzo mondo! E sono anche uno Youtuber. Sono un vero influencer, una webstar!"

Per quanto ad alcuni lettori possa sembrare impossibile, il passo qua sopra è scritto in italiano. Si tratta certo di un italiano molto particolare: è un esempio di gergo di internet. Cita infatti una serie di termini specifici (in gran parte prestiti e calchi inglesi, ma anche neologismi) che sono usati abitualmente nella cerchia di coloro che frequentano la rete. Solo che le cerchie che usano gerghi di solito sono ristrette, mentre gli utenti della rete sono ormai milioni: questo ha reso il gergo di internet estremamente diffuso e pervasivo. Ne consegue che ormai chi non conosce o non sa cosa vogliano dire alcune parole si trova in pratica spiazzato come chi vaghi per una terra straniera senza conoscerne la lingua, anche se comodamente seduto davanti al pc nel salotto di casa sua.

Analizziamo con calma. Già la parola *amici*, nella prima frase, è insidiosa. Su Facebook il termine indica semplicemente la lista delle persone con cui si è in contatto, ma da qui a dire che con tutti si abbiano rapporti di vera amicizia ce ne corre. Sui social gli amici si possono *taggare*, cioè citare con nome e cognome in un piccolo testo o in una foto. L'amico riceverà una *notifica* che gli permetterà di vedere il post e partecipare alla discussione. Taggare le persone a tradimento o in post i cui non c'entrano nulla è maleducazione: equivale a presentarsi sotto casa di un tizio alle due della notte gridando il suo nome a voce alta finche non apre la finestra.

Lo *status*, vocabolo di origine latina, indica la breve striscia di testo che su Facebook viene usata per informare i lettori di come ci si sente o di cosa si stia facendo. Oggi viene scritta in prima persona, mentre agli esordi di Facebook era abitudine usare la terza persona singolare, con il risultato anche un po' ridicolo di sembrare tutti dei piccoli Giulio Cesare. Instagram è il nome di un altro social network, nato in maniera indipendente e poi acquistato da Facebook, che serve a condividere principalmente foto o brevissimi filmati. Il *selfie* invece e il nome con cui viene indicato un autoscatto.

Laịcare è un verbo formato sulla base dell'inglese *to like*, mettere il «mi piace», ovvero cliccare sul piccolo tasto sotto allo *status* (un pollice all'insù) per indicare che l'abbiamo gradito. Si può anche *cuorare* qualcosa, cioè mettere sotto un piccolo cuore, per indicare amore o apprezzamento.

Cuorare non va confuso con *quotare* (dal verbo *to quote*, citare) che significa approvare quanto un utente ha scritto citando il suo status o il suo post.

Twittare indica l'azione di pubblicare un *tweet* (letteralmente: cinguettio) su Twitter, il social network con il logo dell'uccellino. Su Twitter i post raggiungono al massimo 280 caratteri. Quando un *tweet* viene *retwittato* vuol dire che altri utenti hanno deciso di diffonderlo, rilanciandolo. Twitter è un social network diverso da Facebook, e quindi ha tutta una serie di termini che indicano alcune specifiche caratteristiche. Quelli che su Facebook vengono indicati come *amici*, su Twitter (ma anche su Instagram) sono invece chiamati *followers*, cioè letteralmente seguaci.

Su Twitter si pubblicano tweet, su Facebook status, se invece qualcuno ha un blog pubblica dei post. *Postare* è il termine tecnico che indica l'atto di pubblicare un contenuto sul proprio blog o su una propria pagina. I blog all'inizio erano siti creati dagli utenti che potevano contenere scritti di ogni genere: nati come diari personali online, erano delle sorte di zibaldoni in cui l'autore postava qualsiasi cosa, dalla riflessione personale al commento politico sui fatti di attualità. Alcuni preferirono in seguito aprire dei Vlog, ovvero dei blog in cui pubblicavano dei loro interventi filmati. Da qui nacquero gli *YouTuber*, che, senza nemmeno più avere un proprio blog, hanno un canale su YouTube e pubblicano qui i propri video. *Influencer* è il termine che indica un personaggio del web che ha molti *followers* e quindi può influenzare con i suoi post i loro gusti, spingerli a comprare determinati prodotti o votare certi partiti. Gli *influencers* sono spesso invitati a partecipare a programmi tv per twittare durante la trasmissione o vengono pagati dalle aziende per pubblicizzare i nuovi prodotti tramite tweet o post che contengano l'*hashtag*, cioè una parola o una sigla scelte per la campagna pubblicitaria che vengono precedute dal simbolo #. Queste parole sono scelte perché finiscano nei *trend topic* (TT), ovvero la lista di argomenti che su Twitter sono più discussi minuto per minuto. Ciò garantisce ai programmi o alle trasmissioni una grande visibilità sulla rete, e quindi dovrebbe portare a un aumento di ascolti o di vendite. Gli *hashtag* possono essere inventati da singoli utenti e se hanno successo generano milioni di tweet di persone che intervengono sullo stesso argomento. *Lanciare un hashtag* significa usarlo per la prima volta in un tweet.

Mariangela Galatea Vaglio, *L'italiano è bello*, Sonzogno, Venezia 2017

ATTIVITÀ

1. Che cosa significa *taggare*?

2. Che cosa significa e da dove deriva il verbo *laicare*?

3. Qual è la differenza tra *cuorare* e *quotare*?

4. Quelli che su Facebook sono detti amici su Twitter sono chiamati ...., che significa ....

5. Che cos'è un hastag e a che cosa serve?

6. Nel testo sono nominati tre tipi di termini caratteristici del gergo di internet e precisamente:
- prestiti inglesi, che sono ....; per esempio ....;
- calchi inglesi, che sono ....; per esempio ....;
- neologismi, cioè ...., come ....

7. Nel testo Twitter è definito il social network con il logo dell'uccellino. Che cosa si intende per logo?

8. In che senso all'origine i blog erano una sorta di zibaldoni?

9. Un twit è letteralmente un *cinguettio* nel senso che

....

....

10. Perché il testo parla di gergo di internet e non di lingua?

....

ALLA PROVA CONSAPEVOLEZZA LESSICALE

1. Disponi in scala di intensità crescente le seguenti serie di sinonimi. Indica la successione con i numeri; se due termini ti sembrano assolutamente equivalenti, segnali con lo stesso numero:
- ricco, facoltoso, benestante, agiato, danaroso, abbiente, possidente
- cordiale, affabile, benevolo, gentile, sincero, affettuoso, buono
- cattivo, malvagio, perverso, crudele, maligno
- cauto, prudente, guardingo, attento, circospetto, avveduto, sagace

2. Dei quattro sinonimi che seguono, indica il termine che usi con maggior frequenza e specifica in quale contesto useresti gli altri: **automobile, auto, vettura, macchina.**

....

3. Leggi la seguente serie di sinonimi: **furbo, scaltro, scafato, astuto, marpione.**
- due di questi termini si staccano dal registro linguistico degli altri. Quali sono e in quale contesto li useresti? ....
- in particolare, ritieni che furbo e astuto siano distinti almeno da una sfumatura? ....

4. Leggi la seguente serie di sinonimi: imbrogliare, ingannare, frodare, raggirare, gabbare, abbindolare, intortare, truffare.
- disponi i sinonimi in ordine decrescente da quello di livello più elegante a quello più informale;

....

....

- in particolare il termine *intortare* è entrato nell'uso da poco. Lo hai mai sentito o usato? Cerca l'etimologia sul dizionario.

....

5. Spiega il diverso valore dell'aggettivo *povero* nelle seguenti espressioni:

- *i poveri studenti* significa: ....
- *gli studenti poveri*: ....
- *il povero nonno:* ....

6. Qual è la differenza tra le seguenti frasi, distinte dalla posizione dell'aggettivo:

- *Ho letto questa teoria su un libro vecchio:*

  ....

- *Ho letto questa teoria su un vecchio libro:*

  ....

7. Il libro di S. Bartezzaghi, *Non ne ho la più squallida idea* (Mondadori, Milano 2006), riporta queste «frasi matte». Sottolinea la parola sbagliata e sostituiscila con la parola giusta.

- Lo sciopero è stato rievocato: ....
- Non ho il dono dell'obliquità: ....
- Le api impallinano i fiori: ....
- Arrivano certe zampate di caldo: ....
- Ho dormito all'agghiaccio: ....
- Ha bruciato tutte le mappe del successo: ....
- Non dare alito ai pettegolezzi...............................
- L'album degli avvocati:.................
- Fare le parole incrociate:.................................
- Il gatto va sollevato per la calotta: ....

8. Accanto a ciascuna delle parole seguenti scrivi un possibile sinonimo o sostituto italiano.

performance	
broadcasting	
convention	
bipartisan	
brand	
welfare	
nomination	
jogging	
low cost	
last minute	
look	
intelligence	
governance	
nickname	
input	
know-how	
folder	
poster	
break	
shopping	
testimonial	
pool	
brunch	
outing	

5.18 Sintassi della frase e del periodo

LA FRASE, IL PERIODO, IL TESTO

La cellula del discorso è la **frase** o **proposizione** (per esempio: *Io vado a scuola*); più frasi poste in rapporto tra loro vanno a costituire il **periodo** (*Io vado a scuola per imparare una professione*), mentre dall'insieme dei periodi risulta costituito il **testo** (un articolo di giornale, un tema, un commento, una lettera ecc.). Le frasi che costituiscono il periodo non sono accostate a caso, ma possono essere:
- **coordinate**, cioè poste sullo stesso piano;
- **subordinate**, cioè dipendenti da una reggente.

PARTICOLARI COSTRUZIONI DELLA FRASE

La frase ha una **forma di base** costituita da elementi disposti nell'ordine normale o neutro, che è soggetto-verbo-complemento: ***Io ho già letto questo libro***.
Per dare alla frase una maggiore espressività - soprattutto nella lingua parlata, ma anche in quella scritta - questo ordine può essere modificato nei modi seguenti:
- ***Questo libro, l'ho già letto*:** questo tipo di frase è detto **frase marcata**, perché vuole fare cadere l'accento sul complemento oggetto *questo libro* e pertanto lo anticipa al posto del soggetto, poi lo riprende con il pronome *lo*;
- ***È questo libro, che ho già letto*:** questa è una **frase scissa**, cioè il risultato della suddivisione della frase semplice *Io ho già letto questo libro* in due segmenti, di cui il più importante è il primo, dislocato a sinistra e costituito dal verbo essere e da un nome che evidenzia l'elemento nuovo (cioè che il soggetto ha letto quel libro e non un altro); il secondo segmento completa l'informazione.

Queste frasi ammettono molteplici variazioni, che usiamo quando vogliamo evidenziare una componente della frase, come negli esempi che seguono:
- ***Io già l'ho letto, questo libro***: l'attenzione cade sul soggetto *io* e, ancora di più, sull'avverbio *già*;
- ***Questo libro, io l'ho già letto***: l'attenzione viene fatta cadere sul libro;
- ***Sono io, che ho letto questo libro***: l'attenzione cade sul soggetto, ma in forma molto più marcata ed esclusiva che nell'ordine normale.

L'ANACOLUTO

Queste forme di manipolazione della frase sono tipiche della lingua parlata e colloquiale, in cui possiamo prenderci maggiori libertà. Tuttavia tendono a infiltrarsi nella lingua scritta, che le ammette nei casi eccezionali in cui servono a conseguire un effetto particolare (riprodurre l'immediatezza del parlato, usare uno stile disinvolto o altro), salvaguardando il principio per cui non si scrive come si parla.
Bisogna insomma evitare che, a forza di manipolare le parole, si creino frasi che iniziano con un costrutto e poi lo lasciano sospeso, perché in tal caso si crea un anacoluto (la parola significa *senza seguito*), come nella frase *Questi appunti c'è da perderci la vista* invece che *In questi appunti c'è da perdere la vista*. Gli scrittori qualche volta usano l'anacoluto per fini espressivi, come quando Manzoni scrive ***Quelli che muoiono, bisogna pregare Iddio per loro***. Questa frase è sicuramente più incisiva che *Bisogna pregare Iddio per quelli che muoiono*: l'incisività è ottenuta anticipando l'elemento forte per metterlo in risalto (*Quelli che muoiono*), per poi abbandonarlo (*bisogna pregare*) e alla fine riprenderlo con un pronome (*per loro*).
Altri esempi di anacoluto: *Non sapete che i soldati è il loro mestiere di prender le fortezze?* (Manzoni); *Io, la mia patria or è dove si vive* (Pascoli); *Io speriamo che me la cavo*.

Insomma, quello che in sé sarebbe un errore di sintassi può diventare un fatto di stile, ma per creare questo effetto è necessario avere una grande pratica della scrittura.

COLLEGARE PIÙ FRASI: COORDINARE E SUBORDINARE

Di solito, per esprimere un pensiero una sola frase non basta. Quando il pensiero richiede più frasi, si crea un **periodo**, all'interno del quale alla frase principale, che regge tutte le altre, si collegano altre frasi secondo un rapporto che può essere di coordinazione o di subordinazione.

La **coordinazione o paratassi** collega due o più frasi ponendole sullo stesso piano sintattico e può avvenire:

- per **asindeto** quando le proposizioni sono giustapposte senza intervento di congiunzioni e con la sola distinzione di segni di punteggiatura: *L'interrogazione non è ancora finita: continuerà la prossima settimana*;
- per mezzo di **congiunzioni coordinative**: *Il professore mi ha chiamato e mi ha interrogato, ma non ha ancora finito e perciò mi risentirà la prossima settimana.*

Le congiunzioni coordinative possono essere così classificate:

MEMO
Le congiunzioni coordinative

TIPOLOGIE	FUNZIONI	CONGIUNZIONI
copulative	congiungono	*e, pure, né, inoltre, anche, neppure ecc.*
disgiuntive	separano	*o, ossia, ovvero, oppure ecc.*
avversative	oppongono	*ma, però, tuttavia, anzi ecc.*
dichiarative	spiegano	*infatti, cioè, vale a dire ecc.*
conclusive	concludono	*dunque, quindi, pertanto, perciò ecc.*
correlative	mettono in corrispondenza	*e... e..., sia... sia..., tanto... quanto... ecc.*

La **subordinazione** collega due o più frasi in modo tale che una principale regga altre frasi, dette subordinate o dipendenti. Si possono costruire subordinate:

- **implicite**, quando il verbo è di modo indefinito (infinito, participio, gerundio): *Parlando si chiariscono le cose*;
- **esplicite**, quando il verbo è di modo finito (indicativo, congiuntivo, condizionale) e il collegamento si avvale di **connettivi** che possono essere pronomi o avverbi relativi, pronomi, aggettivi o avverbi interrogativi, congiunzioni: *Se si parla, si chiariscono le cose.*

Le **congiunzioni subordinative** si possono distinguere a seconda del tipo di rapporto che stabiliscono con la reggente, come risulta dalla tabella che segue:

MEMO
Le congiunzioni subordinative

TIPOLOGIE	CONGIUNZIONI	ESEMPIO
dichiarative	che, come	*Dico che sbagli.*
causali	perché, dal momento che, giacché ecc.	*Sbagli perché non sei informato.*
finali	affinché, perché ecc.	*Ho parlato a voce alta perché tutti capissero.*
consecutive	tanto... che, cosicché ecc.	*Ho gridato tanto che ho perso la voce.*
temporali	quando, mentre, prima che ecc.	*Quando parli, alza la voce.*
concessive	sebbene, quantunque, benché ecc.	*Sebbene parlasse a voce alta, non abbiamo capito nulla.*
condizionali	se, qualora, purché ecc.	*Se alzi la voce, possiamo seguirti meglio.*
modali	come, secondo che ecc.	*La gita è andata come avevamo previsto.*
comparative	come, meglio che ecc.	*Oggi preferisco studiare che uscire.*
interrogative indirette	perché, quanto ecc.	*Non capisco perché tu dica questo.*
eccettuative	eccetto che, salvo che, fuorché ecc.	*Verrò, a meno che non sia malato.*

ALLA PROVA STILI A CONFRONTO

Dalla lettura dei due brani che seguono (già proposti nelle pagine precedenti) puoi farti un'idea di due stili espressivi agli antipodi.

Studiate!

Cari ragazzi e ragazze, cari giovani: studiate! Soprattutto - anche se non solo - nella scuola pubblica. Ma anche quando non siete a scuola. Quando siete a casa vostra o in autobus. Seduti in piazza o ai giardini. Studiate. Leggete. Per curiosità, interesse. E per piacere. Per piacere. Anche se non vi aiuterà a trovare un lavoro. Tanto meno a ottenere un reddito alto. Anche se le conoscenze che apprenderete a scuola vi sembreranno, talora, in-attuali e im-praticabili. In-utili. Nel lavoro e anche fuori, spesso, contano di più altre "conoscenze" e parentele. E i media propagandano altri modelli. Veline, tronisti, "amici" e "figli-di"...
Studiate! Gli esempi diversi e contrari sono molti. Non c'è bisogno di rammentare le parole di Steve Jobs, che esortava a inseguire i desideri. A essere folli. Guardatevi intorno. Tanti ce l'hanno fatta. Tanti giovani - intermittenti e flessibili - sono convinti di farcela. E ce la faranno. Nonostante i giovani - e le innovazioni - in Italia facciano paura.

Ilvo Diamanti, *la Repubblica* 12 ottobre 2011

La tutela dei diritti

In un tempo che ha voluto celebrare la fine delle ideologie (e sul quale, invece, pesa da decenni l'ideologia del mercato come unica salvezza); in un tempo in cui tutto si espande nel globale e tutto si rimpicciolisce nel locale; in un tempo rivoluzionario per la forza pervasiva della tecnoscienza; in un tempo in cui la promessa novecentesca dell'eguaglianza si è scomposta nel dilagare delle diseguaglianze; in un tempo in cui si vuol registrare il tramonto di ogni grande e comune narrazione che unisca persone e luoghi: in questo tempo tanto mutato torna, forte, l'appello ai diritti fondamentali, che percorre il mondo in forme inedite, incontra sempre più nuovi soggetti, costruisce un diverso modo d'intendere l'universalismo, fa parlare lo stesso linguaggio a persone lontane, e così fa scoprire appunto un mondo nuovo e appare come la vera, grande, drammatica narrazione comune del nostro presente.

Stefano Rodotà, *Il diritto di avere diritti*, Laterza, Roma-Bari 2012

ATTIVITÀ

1. La forma espressiva del primo brano spicca per la sua semplicità, in quanto consta di brevi frasi in serie (a volte frasi nominali). Viceversa, il secondo brano, nonostante sia lungo quasi quanto il primo, consta di un unico periodo, con un unico punto, mentre il primo ne ha più di venti. Quali delle ragioni elencate qui di seguito contribuiscono a spiegare questa differenza?

Il primo è un tipico articolo di giornale, il secondo fa parte di un libro.	sì	no
Il primo parla di un argomento banale, il secondo di un argomento serio.	sì	no
I due autori abitualmente scrivono in modi molto diversi.	sì	no
Diamanti perlopiù esorta (a studiare), Rodotà argomenta (la necessità di avere diritti).	sì	no

2. In realtà le differenze di sintassi tra i due brani, pur non scomparendo, si riducono di molto se si osserva che Rodotà, pur non usando i punti, usa altri sistemi per scandire il suo discorso. Quali?

....

3. Nel brano di Diamanti il punto separa sempre vere e proprie frasi?

....

4. Nel brano di Diamanti ci sono o non ci sono subordinate? E in che forma?

....

5. Nel brano di Rodotà qual è la frase principale?

....

6. E che cosa sono le parti evidenziate in azzurro?

....

7. In ultima analisi, ti sembra di poter dire che ai fini dell'argomentazione sia più efficace la prosa paratattica di Diamanti o l'architettura del periodo di Rodotà? Quale delle tre risposte ti sembra più appropriata?
- l'immediatezza di Diamanti è più convincente;
- l'organizzazione di Rodotà argomenta meglio la tesi;
- ambedue i testi sono funzionali ad argomentare le rispettive tesi.

DUNQUE, COORDINARE O SUBORDINARE?

Che cosa si deduce dal confronto tra i due brani riportati sopra? Si deduce che la scelta tra un periodo semplice e un periodo articolato, come anche la scelta tra coordinazione e subordinazione, non risponde a criteri rigidi, ma risente delle abitudini espressive di chi scrive, del tipo di testo che sta scrivendo e del tipo di argomentazione che sta producendo. La comunicazione ordinaria, per esempio, per essere più immediata privilegia **frasi brevi** e coordinate. Anche nelle prove d'esame la regola deve esser quella di esprimersi nella forma più semplice e piana. Naturalmente, se ci si addentra in un confronto di idee o in un dibattito, può essere necessario pianificare un **periodo più complesso**: rapporti di causalità saranno espressi mediante subordinate causali, di conseguenza mediante consecutive, di eventualità con relative o temporali eventuali ecc. Ma anche in questo caso non bisogna mai perdere di vista la leggibilità del testo, soprattutto nei passaggi più importanti. Per evitare di scrivere periodi involuti o troppo lunghi è bene:

- fin dalla **prima stesura**, tenere presente che una frase è tanto più efficace quanto più è limpida e comprensibile, e comportarsi di conseguenza;
- evitare di scrivere **frasi lunghe** più di tre-quattro righe (di metà foglio protocollo);
- **rileggere** attentamente;
- **riscrivere** i periodi che tengono con il fiato sospeso.

Gli obiettivi finali di tutte queste considerazioni sulla sintassi sono la **coerenza** e la **coesione**, cioè che il testo segua un filo logico e sia fluido, secondo i criteri esposti a p. 110.

ALLA PROVA — COORDINATE E SUBORDINATE

1. Svolgi il seguente esercizio:
- scrivi due frasi coordinate copulative;
- scrivi tre coordinate per asindeto;
- scrivi una principale preceduta da una subordinata implicita di natura causale, aggiungendo la punteggiatura adeguata;
- scrivi una principale seguita da una subordinata esplicita di natura consecutiva.

2. Leggi il seguente periodo:
Pur avendo camminato a lungo, non sono affatto stanco.
- sottolinea una volta la frase principale, due volte la subordinata;
- di quale tipo è la subordinata? ....

3. Leggi il seguente periodo:
Avendo camminato a lungo, non sono stanco.
- che cosa non va?

....

- riscrivi il periodo in forma plausibile.

....

4. Leggi le seguenti frasi, ciascuna delle quali contiene un anacoluto, e riscrivile in modo appropriato.

- Il ragazzo, vedendo che incominciava a piovere, gli venne in mente di rifugiarsi in casa.

....

....

- L'ultimo che arriva, gli tocca pagare per tutti.

....

- Un libro che tutti me ne hanno parlato bene.

....

- Io speriamo che me la cavo..................................

- Il tuo amico, mentre leggeva questi appunti, gli è venuto sonno.

....

....

- Lei sa che noi altre monache, ci piace di sentir le storie per minuto (Manzoni).

....

....

ALLA PROVA | I CONSIGLI DI UMBERTO ECO

Come scrivere bene

Umberto Eco simula scherzosamente di avere trovato in Internet una serie di istruzioni su come scrivere bene. Ogni regola contiene l'errore che consiglia di evitare. Individua e descrivi l'errore contenuto in ogni frase.

1. Evita le allitterazioni, anche se allettano gli allocchi.

....

2. Non è che il congiuntivo va evitato, anzi, che lo si usa quando necessario.

....

3. Evita le frasi fatte: è minestra riscaldata.

....

4. Esprimiti siccome ti nutri.

....

5. Non usare sigle commerciali & abbreviazioni etc.

....

6. Ricorda (sempre) che la parentesi (anche quando pare indispensabile) interrompe il filo del discorso.

....

7. Stai attento a non fare... indigestione di puntini di sospensione.

....

8. Usa meno virgolette possibili: non è "fine".

....

9. Non generalizzare mai.

....

10. Le parole straniere non fanno affatto bon ton.

....

11. Sii avaro di citazioni. Diceva giustamente Emerson: "Odio le citazioni. Dimmi solo quello che sai tu."

....

12. I paragoni sono come le frasi fatte.

....

13. Non essere ridondante; non ripetere due volte la stessa cosa; ripetere è superfluo (per ridondanza s'intende la spiegazione inutile di qualcosa che il lettore ha già capito).

....

14. Solo gli stronzi usano parole volgari.

....

15. Sii sempre più o meno specifico.

....

16. L'iperbole è la più straordinaria delle tecniche espressive.

....

17. Non fare frasi di una sola parola. Eliminale.

....

18. Guardati dalle metafore troppo ardite: sono piume sulle scaglie di un serpente.

....

19. Metti, le virgole, al posto giusto.

....

20. Distingui tra la funzione del punto e virgola e quella dei due punti: anche se non è facile.

....

21. Se non trovi l'espressione italiana adatta non ricorrere mai all'espressione dialettale: peso el tacòn del buso.

....

22. Non usare metafore incongruenti anche se ti paiono "cantare": sono come un cigno che deraglia.

....

23. C'è davvero bisogno di domande retoriche?

....

24. Sii conciso, cerca di condensare i tuoi pensieri nel minor numero di parole possibile, evitando frasi lunghe — o spezzate da incisi che inevitabilmente confondono il lettore poco attento — affinché il tuo discorso non contribuisca a quell'inquinamento dell'informazione che è certamente (specie quando inutilmente farcito di precisazioni inutili, o almeno non indispensabili) una delle tragedie di questo nostro tempo dominato dal potere dei media.

....

25. Gli accenti non debbono essere nè scorretti nè inutili, perchè chi lo fà sbaglia.

....

26. Non si apostrofa un'articolo indeterminativo prima del sostantivo maschile.

....

27. Non essere enfatico! Sii parco con gli esclamativi!

....

28. Neppure i peggiori fans dei barbarismi pluralizzano i termini stranieri.

....

29. Scrivi in modo esatto i nomi stranieri, come Beaudelaire, Roosewelt, Niezsche, e simili.

....

30. Nomina direttamente autori e personaggi di cui parli, senza perifrasi. Così faceva il maggior scrittore lombardo del XIX secolo, l'autore del *5 maggio*.

....

31. All'inizio del discorso usa la *captatio benevolentiae*, per ingraziarti il lettore (ma forse siete così stupidi da non capire neppure quello che vi sto dicendo).

....

32. Cura puntiliosamente l'ortograffia.

....

33. Inutile dirti quanto sono stucchevoli le preterizioni.

....

34. Non andare troppo sovente a capo.
Almeno, non quando non serve.

....

35. Non usare mai il plurale *majestatis*. Siamo convinti che faccia una pessima impressione.

....

36. Non confondere la causa con l'effetto: saresti in errore e dunque avresti sbagliato.

....

37. Non costruire frasi in cui la conclusione non segua logicamente dalle premesse: se tutti facessero così, allora le premesse conseguirebbero dalle conclusioni.

....

38. Non indulgere ad arcaismi, *hapax legomena* o altri lessemi inusitati, nonché *deep structures* rizomatiche che, per quanto ti appaiano come altrettante epifanie della differenza grammatologica e inviti alla deriva decostruttiva – ma peggio ancora sarebbe se risultassero eccepibili allo scrutinio di chi legga con acribia ecdotica – eccedano comunque le competenze cognitive del destinatario.

....

39. Non devi essere prolisso, ma neppure devi dire meno di quello che.

....

40. Una frase compiuta deve avere.

....

Umberto Eco, *La bustina di Minerva*, Bompiani, Milano 2001

6 Il colloquio

I CONTENUTI DEL COLLOQUIO

In base alle indicazioni ministeriali (D. L. 13.04.2017, n. 62) sullo svolgimento dell'esame di Stato, il colloquio deve accertare il conseguimento del profilo culturale, educativo e professionale. A questo scopo la Commissione propone al candidato di analizzare testi, documenti, esperienze, progetti, problemi, per verificare:

- l'acquisizione dei contenuti e dei metodi propri delle singole discipline;
- la capacità di utilizzare le conoscenze acquisite e di collegarle per argomentare in maniera critica e personale, anche utilizzando la lingua straniera.

Nell'ambito del colloquio il candidato espone, mediante una breve relazione e/o un elaborato multimediale, **l'esperienza di alternanza scuola-lavoro** svolta nel percorso di studi. Il colloquio accerta altresì le conoscenze e competenze maturate dal candidato nell'ambito delle attività relative a *Cittadinanza e Costituzione*.

ASCOLTARE E PARLARE NEL COLLOQUIO D'ESAME

Partiamo dagli aspetti più rilevanti. Il colloquio non è un'interrogazione su singole materie. Se così fosse, potrebbe essere sostituito da altrettante prove scritte, secondo la tendenza vigente in molti paesi europei ed extraeuropei. Invece l'obiettivo specifico della prova orale è quello di verificare come lo studente riesce a esporre a parole il proprio sapere e ad argomentare i propri punti di vista.

Il colloquio merita pertanto un'attenta preparazione, non solo per quanto riguarda i contenuti disciplinari delle materie d'esame, ma anche per l'esposizione, che fa capo alle abilità di base inerenti rispettivamente all'ascoltare e al parlare. Queste due attività sono strettamente connesse perché il colloquio, in quanto tale, non consiste soltanto nell'**ascoltare** le domande della commissione e nel **parlare** degli argomenti richiesti, ma nel **dialogo** tra il candidato e la commissione.

6.1 Prima di tutto, ascolta bene

COME SI COMPORTA UN BUON ASCOLTATORE

Ecco alcune indicazioni per ascoltare in modo proficuo.

- **Prima dell'ascolto**, è bene predisporsi facendo in modo che:
  - ci sia un **buon motivo** per ascoltare;
  - si sappia indicativamente **di quali argomenti** si parlerà;
  - si sappia qualcosa della **persona** che ci si accinge ad ascoltare: se è competente nell'argomento, qual è la sua estrazione culturale ecc.;
- **Durante l'ascolto**, è bene fare in modo che:
  - si presti la **massima attenzione** a quanto viene detto;
  - si colga il senso del testo, cercando di capire qual è **l'intenzione** di chi parla;
  - si distinguano i **concetti importanti** da quelli **secondari**;
  - ci si sforzi di distinguere i **dati oggettivi** dalle **opinioni personali** di chi parla: dei primi, se provengono da fonte certificata, ci si può fidare; le opinioni sono soggettive e discutibili.

- **Dopo l'ascolto**, per evitare che quanto di buono si è ascoltato sia subito dimenticato, è bene:
  - ricapitolare i punti chiave del discorso e coglierne il **senso complessivo**;
  - **formarsi un'opinione** su quanto si è sentito e sforzarsi di riformularla con parole proprie: solo in questo modo si può fare tesoro di ciò che si è ascoltato e appropriarsi di quelle idee per poterle utilizzare a tempo debito;
  - se all'esposizione segue un dibattito, eventualmente intervenire per **chiedere chiarimenti** o, se si è in grado di farlo, muovere obiezioni;
  - fare un **bilancio** dell'esperienza e verificare se se ne esce soddisfatti, arricchiti, delusi, disgustati ecc.

ASCOLTARE A SCUOLA E ALL'ESAME

A scuola valgono le regole esposte sopra, con alcuni adeguamenti alla situazione specifica. In particolare, cerca di seguire la lezione in modo attivo, cioè:

- segui i ragionamenti dell'insegnante senza distrarti, senza perdere il filo;
- se la lezione non segue la falsariga del manuale, prendi appunti;
- alla fine della lezione, chiedi chiarimenti su ciò che eventualmente non hai capito;
- infine, fai il punto per vedere che cosa hai imparato.

Nel **colloquio** d'esame, poi, è fondamentale ascoltare con la massima attenzione le domande che vengono poste, le osservazioni fatte durante la conversazione, le considerazioni espresse sulle prove scritte e tutto ciò che può giovare alla costruzione di un proficuo dialogo.

MEMO
Come ascoltare durante il colloquio d'esame

TEMPI	PROCEDURE	VERIFICHE
Prima dell'ascolto	• inquadra la domanda che viene fatta • inquadra la persona che stai ascoltando	• di che cosa si sta parlando? • chi è il docente che sta parlando?
Durante l'ascolto	• segui il discorso • eventualmente prendi un appunto • chiedi chiarimenti	• sto perdendo il filo? • qual è l'idea da ricordare? • che cosa non ho capito?
Dopo l'ascolto	• ricapitola rapidamente i punti chiave • cerca di farti un'opinione • fai un bilancio	• in sintesi, che cosa ho sentito? • che cosa penso dell'argomento? • come rispondo?

ALLA PROVA ASCOLTANDO UMBERTO ECO

https://www.youtube.com/watch?v=u10XGPuO3C4

Dopo un discorso ufficiale tenuto nell'università di Torino nel 2015, lo studioso risponde ad alcune domande del pubblico. Ascolta con attenzione le domande e le risposte di Eco; poi svolgi le attività.

ATTIVITÀ

1. Perché per Eco è tanto urgente l'analisi critica dei siti e il loro *filtraggio*?

   ....

   ....

2. Eco non dice agli studenti *non copiate da internet*, ma *copiate usando almeno dieci siti*. Che cosa intende dire?

   ....

   ....

3. Sei riuscito a capire il senso delle domande degli ascoltatori? Riporta sinteticamente il senso di ciascuna domanda.

4. Considerato che il video si riferisce all'incontro con i giornalisti al termine del conferimento della Laurea *Honoris causa* in Comunicazione e Culture dei Media da parte dell'Università di Torino, ti sembra che l'atteggiamento e l'espressione di Eco siano:
   - [A] accademici
   - [B] burocratici
   - [C] dotti
   - [D] colloquiali

5. Dall'espressione e dai gesti dello studioso quale atteggiamento traspare: (rispondi in due righe).

   ....

   ....

6. Sei convinto anche tu che Twitter e Facebook, come sostiene Umberto Eco, diano la parola a *legioni di imbecilli* e che la televisione *promuove lo scemo del villaggio a portatore di verità*. Abbozza uno schema di risposta.

6.2 Parlare, un'abilità attiva

LE OCCASIONI PER PARLARE

Il parlare, come lo scrivere, implica un'attività a tutti gli effetti; per esercitarla, bisogna concepire prodotti che soddisfino una richiesta: in sede di **esame**, in campo **professionale**, nella vita **privata**.

La differenza tra parlare e scrivere è codificata dal noto proverbio *verba volant, scripta manent*, cioè: le parole volano, gli scritti rimangono. In realtà, il parlato è a volte meno volatile di quanto si crede e, d'altra parte, le regole dell'italiano, pur consentendo qualche licenza al parlato, non sono diverse da quelle della lingua scritta. Dunque, se il modo di parlare è il biglietto da visita di una persona, è bene non improvvisare, ma affrontare la situazione in modo cosciente e preparato.

Di norma, a scuola può capitarti di parlare nelle seguenti forme:

PARLARE A SCUOLA

- **esporre**: l'esposizione prevede che qualcuno parli davanti a persone che ascoltano, come avviene quando si risponde a una **domanda** o si tiene una **relazione** in classe;

- **dialogare**: il dialogo è l'esercizio della parola funzionale a sostenere un **colloquio** (**d'esame**, di lavoro, di presentazione, di saluto ecc.), un'**interrogazione** scolastica, una **conversazione** più o meno formale. Il dialogo può essere **simmetrico**, se i dialoganti sono su un piano di parità (come in una conversazione tra amici) o **asimmetrico**, se le due parti rivestono ruoli diversi, come lo studente e il professore o la commissione d'esame.
- **intervenire**: l'intervento consiste nel prendere la parola all'interno di un dibattito. In sede d'**esame** la risposta a una domanda si configura come un intervento se il colloquio non si sviluppa come un'interrogazione, ma vede - come dovrebbe - l'attenzione e la partecipazione dei vari membri della commissione. In tale caso intervenire significa **inserirsi nel dibattito** per esprimere il proprio punto di vista.

In ogni caso, è fondamentale:
- avere capito la **domanda** o di che cosa si sta parlando;
- fare un rapido **schema mentale** della risposta, evitando di esporre precipitosamente e a ruota libera;
- **pensare** a quello che si deve dire, prima di incominciare a parlare;
- esprimersi in modo **corretto** (cioè senza errori), **appropriato** (cioè con parole non approssimative), **chiaro** (cioè comprensibile).

6.3 Come presentarsi ed esporre

PAROLE E GESTI

A un uditorio prima di tutto ci si presenta. Non si deve dimenticare che la comunicazione passa solo in parte attraverso le parole, e che sono molto importanti gli **elementi paraverbali**: tono e timbro della voce, uso delle pause, gestualità ecc. Un ruolo importante è rivestito dalla **prossemica**, cioè dalla prossimità o distanza che chi parla frappone tra sé e gli altri e dal suo modo di porsi nello spazio con gesti, espressioni, comportamenti ecc.

L'immagine è dunque una componente fondamentale della comunicazione verbale: presentarsi con naturalezza e senza ostentazione (nell'atteggiamento, nell'abbigliamento ecc.) è il primo passo per mettersi in sintonia con chi ascolta e riscuotere simpatia.

COME COMPORTARSI DURANTE L'ESPOSIZIONE

Il tempo dedicato all'esposizione deve essere sfruttato al meglio sia per esporre il più possibile di quanto si sa, sia per dare di sé l'idea migliore. A questo scopo è necessario:
- controllare la propria **emotività**;
- avere chiaro in mente lo **schema** di ciò che si dirà;
- esporre a **voce alta** e in modo chiaro, scandendo le frasi con calma e determinazione, interponendo le dovute pause;
- evitare troppi preliminari ed esporre quanto prima gli **aspetti qualificanti** della risposta;
- calibrare la **gestualità** e l'**espressione del volto**: come il modo di presentarci, così anche i gesti e gli atteggiamenti ci rendono trasparenti agli occhi di chi ci guarda e pertanto devono essere funzionali: un gesto della nostra mano può sottolineare un concetto; fermarsi per un attimo e osservare l'interlocutore può esprimere una ricerca di approvazione ecc.

Se si presenta un approfondimento in risposta a un'eventuale domanda a piacere o per esporre un'esperienza di ASL o PCTO, è necessario:
- predisporre eventuali **supporti multimediali** (immagini, musiche ecc.);
- preparare in modo adeguato eventuali ***slide***, evitando che contengano troppo testo: limitarsi a tre-quattro concetti.

CHE COSA DIRE

Quando ti trovi nella necessità di parlare o scrivere, devi decidere quali contenuti includere nella tua esposizione. Puoi seguire questi criteri:
- **quantità**: cerca di **non dire di più né di meno**. Se dici troppo poco, non esaurisci la richiesta. Ma un eccesso di informazioni, oltre a superare il tempo o lo spazio consentiti, apre scenari non richiesti, che può essere difficile tenere sotto controllo;
- **qualità**: adduci **argomenti e idee di cui sei convinto**. In caso contrario, difficilmente riuscirai a giustificare le tue idee in modo convincente; d'altra parte, la bravura di chi espone si misura non solo da ciò che dice, ma dalla capacità di rendere ragione di ciò che dice;
- **pertinenza**: non dire tutto quello che ti viene in mente, ma **seleziona gli spunti e scegli solo quelli più pertinenti**, cioè quelli che aggiungono forza al discorso e convalidano la tua tesi;
- **modo**: devi esprimerti in **modo chiaro e sintetico**, perché la massima dimostrazione di bravura è dire il giusto numero di cose (non troppe né troppo poche) in uno spazio congruo, senza sprechi ma anche senza sacrifici;
- **tono**: il tono del discorso o del testo può variare a seconda della destinazione: in una prova d'esame dovrai privilegiare un registro **formale** evitando toni troppo colloquiali; in una relazione da tenere in classe potrai adottare un **linguaggio più sciolto**, anche per tenere desta l'attenzione.

In ogni caso, tieni presente che l'effetto del tuo discorso dipende soprattutto dalla forza e dal **rigore dell'argomentazione**: il giudizio di chi ti ascolta tiene conto soprattutto della capacità con cui hai saputo esporre le tue ragioni in modo eloquente e persuasivo.

L'ARCHITETTURA DEL DISCORSO

Per sostenere il tuo punto di vista, non sempre puoi prevedere quali argomenti potrai impiegare. A meno che non si tratti di rispondere a una domanda (*Parlami della* Coscienza di Zeno *di Svevo*) in un'interrogazione a cui ci si è preparati, il nostro discorso non è quasi mai il frutto di un assemblaggio cosciente di argomentazioni prescelte in vista della loro utilità. Nemmeno la scrittura presuppone un'alchimia di ragionamenti finalizzata a ottenere l'effetto voluto. A maggior ragione il discorso orale si affida al fluire naturale dei ragionamenti, regolati dalla congruenza tra ciò che precede e ciò che segue. La forza del discorso dipende, più che dal tipo di argomentazioni che sono messe in campo, dalla coerenza che lega un ragionamento all'altro.
Nel caso del colloquio d'esame, deciderai che cosa dire sia in base alla domanda che ti viene posta sia in base alla tesi che vorrai sostenere; eventualmente anche in base all'opportunità di ribattere un punto di vista contrario. Ciò che più importa è avere chiara quella che sarà l'architettura del tuo discorso, cioè:
- il **tema** che devi affrontare, in risposta alla domanda;
- i **contenuti** che devi dimostrare di conoscere;
- la **tesi** che intendi sostenere;

- gli argomenti a favore della **tesi** o contro un'eventuale **antitesi**;
- le **conclusioni** a cui vuoi arrivare.

Le procedure per argomentare il discorso e per curarne la coerenza e la coesione sono state esposte alla p. 106, alla quale si rimanda.

6.4 I contenuti del colloquio

LA PROPOSTA DELLA COMMISSIONE

Secondo le indicazioni ministeriali riportate sopra, la Commissione propone al candidato di **analizzare testi, documenti, esperienze, progetti, problemi**. Questa dicitura è molto generica per lasciare alla Commissione la giusta autonomia nella gestione del colloquio. La Commissione dovrà comunque tenere conto di quanto indicheranno i docenti nel documento di classe che sarà consegnato ai commissari con il percorso effettivamente svolto.

FINISCE LA TESINA, NON L'ARGOMENTO A SCELTA

L'esame di Stato riformato non ha introdotto grandi novità nel colloquio. La più rilevante è **l'esclusione della cosiddetta tesina**, cioè del *lavoro di ricerca e di progetto* preparato e proposto dal candidato. In risposta a domande di studenti, il ministro ha precisato che «formalmente la tesina non c'è più; ciò non toglie che uno studente possa essere messo a proprio agio dalla classica domanda a piacere. Molto dipenderà dalle decisioni della commissione». Queste parole sembrano quasi caldeggiare la domanda a piacere, anche se non ne sanciscono l'obbligo.
Sul particolare della domanda a piacere, c'è da aggiungere che, sulla carta, rispetto al precedente esame di Stato non cambia nulla. Infatti il regolamento stabiliva testualmente che Il ***colloquio inizia con un argomento*** *o con la presentazione di un lavoro di ricerca e di progetto, anche in forma multimediale,* ***proposto dal candidato****, e prosegue su argomenti indicati dalla commissione*. Dunque, al netto del *lavoro di ricerca e di progetto* (comunemente chiamato tesina), rimane l'argomento proposto dal candidato, cioè la domanda a piacere.

ASL/PCTO

È previsto che il candidato esponga alla commissione, mediante una *breve relazione e/o un elaborato multimediale* la propria esperienza di **Alternanza scuola-lavoro**, ora sostituita dalla dicitura di **Percorsi per le Competenze Trasversali e per l'Orientamento** (PCTO), in quanto l'Alternanza non va intesa come una forma di apprendistato occulto, ma come uno strumento di orientamento e di acquisizione di competenze trasversali (v. p. 233). Non è specificato in quale fase del colloquio debba avvenire questa esposizione, che solo in casi particolari potrebbe servire come spunto di avvio per il colloquio. In ogni caso, è bene presentare una **breve relazione scritta**, secondo le indicazioni fornite a p. 243, e una **presentazione in PowerPoint** contenete brevi testi e immagini, documenti, testimonianze o dichiarazioni, interviste e altri materiali atti a documentare l'esperienza e a interessare la commissione.

I CONTENUTI DISCIPLINARI

Non c'è molto da dire sui contenuti delle materie su cui verte il colloquio, se non che devono essere posseduti in forma piena e completa, anche perché sono quelli che caratterizzano l'indirizzo di studi, prediletti dal commissario d'esame. Sarebbe davvero strano, se uno studente sapesse rispondere brillantemente su un argomento a piacere, sull'alternanza, su Costituzione e cittadinanza e poi non sapesse rispondere su Leopardi o sulla prima guerra mondiale…

ALTRI TEMI DI COLLOQUIO

Nel colloquio si potrà parlare di altri due temi:

- **la correzione delle prove scritte**: i commissari delle relative materie ti comunicheranno il loro giudizio sulle prove, motivando eventuali correzioni e facendoti qualche domanda sugli errori. Se credi di avere sbagliato qualcosa o di non avere risposto a qualche domanda, preparati sull'argomento per non farti cogliere impreparato.
- **Cittadinanza e Costituzione**: accertare *le conoscenze e competenze maturate dal candidato* riguardo a cittadinanza e Costituzione non significa che sarai interrogato sulla Costituzione Italiana. Maturare competenze in questo ambito significa avere coscienza di vivere come cittadini in uno Stato e sentirsi parte di un organismo che è la società civile. La commissione non conosce i tuoi comportamenti sociali né la tua partecipazione alla vita della scuola, ma può dedurre la tua attenzione alla cittadinanza dal modo in cui osservi i fenomeni storici e letterari nei quali affiorano queste tematiche.

I CONSIGLI DEL TUTOR
PREPARA TRE ARGOMENTI A PIACERE

PREPARARSI ALLA EVENTUALE DOMANDA A PIACERE

Soppressa la tesina, probabilmente non è il caso di investire altrettante energie nell'argomento a piacere. Tuttavia, per non rimanere impreparati all'evenienza, una buona soluzione potrebbe essere quella di potenziare eventuali lavori già svolti. Per esempio, puoi approfondire un argomento - meglio se pluridisciplinare - al quale hai già dedicato qualche attenzione per la sua importanza o perché ha riscosso il tuo interesse. L'approfondimento può limitarsi alla forma minima, come una lettura più attenta del manuale, o prevedere un allargamento di conoscenze svolto su altri libri.

TRE ARGOMENTI A PIACERE

Immaginiamo che tu voglia prepararti sulla **Prima Guerra Mondiale**, sulla quale devi avere già letto attentamente il manuale. Come approfondimento puoi leggere qualche capitolo del libro di Emilio Gentile, *Due colpi di pistola, dieci milioni di morti, la fine di un mondo* (Laterza, Roma-Bari 2014).
Non ti sarà poi difficile seguire i riflessi letterari della guerra nel dibattito sull'interventismo e sulle responsabilità degli intellettuali italiani (Giovanni Papini) e nella letteratura di guerra (Emilio Lussu, Giuseppe Ungaretti).
Se vuoi andare oltre, puoi consultare gli scritti di vari autori contenuti nell'opera in due volumi *La grande guerra. Uomini e luoghi del '15-'18*, diretta da Mario Isnenghi, Utet, Torino 2008.
Se invece vuoi prepararti sulla ***Shoah***, vedrai che il manuale di storia le dedica non più di qualche pagina all'interno del capitolo sui totalitarismi e sulla Seconda Guerra Mondiale.

Il tuo approfondimento può allora partire da un'opera di sintesi come il libro di Bruno Segre, *La Shoah: il genocidio degli ebrei d'Europa* (il Saggiatore, Milano 1998), che in un centinaio di pagine passa in rassegna i principali aspetti del tema, dall'*escalation* della persecuzione *alla soluzione finale*, al non intervento e ai silenzi degli alleati.
Se l'argomento dovesse appassionarti, puoi andare oltre, consultando Christopher R. Browning, *Uomini comuni* (traduzione italiana, Einaudi, Torino 1995), il cui titolo intende dire che la responsabilità del genocidio non va attribuita a una particolare predisposizione alla ferocia del popolo tedesco, ma a un meccanismo di abdicazione collettiva delle responsabilità da parte di uomini comuni.
Viceversa, secondo Daniel J. Goldhagen, *I volonterosi carnefici di Hitler* (traduzione italiana, Mondadori, Milano 1998), i responsabili dell'eccidio non furono solo le SS, ma i tedeschi di ogni condizione ed estrazione sociale, che brutalizzarono gli ebrei per libera scelta, sulla scorta dell'antisemitismo secolare presente nella società e che assimilava queste vittime a una forza demoniaca da eliminare.
Certamente conoscerai l'insostituibile testimonianza di *Se questo è un uomo* di Primo Levi, a cui potrai aggiungere una cinquantina di pagine scritte dalla mano finissima del critico letterario Giacomo Debenedetti, *16 ottobre 1943* (Einaudi, Torino 2005): cronaca bruciante della retata nazista nel ghetto di Roma, che in una mattina si concluse con la deportazione di oltre mille ebrei.

Se ti interessa un argomento di taglio scientifico, puoi approfondire la **fisica del Novecento** leggendo il libro di Giuseppe Bruzzaniti, *Enrico Fermi, Il genio obbediente* (Einaudi, Torino 2007), in cui la storia delle scoperte che portarono il fisico italiano al conseguimento del premio Nobel si intreccia con quella del progetto Manhattan per la costruzione della bomba atomica. In margine all'argomento una lettura stimolante per i problemi di ordine generale che suscita è il saggio di Leonardo Sciascia, *La scomparsa di Majorana* (Adelphi, Milano 1997), dedicato al fisico Ettore Majorana, definito da Fermi un genio della statura di Galileo e di Newton e inspiegabilmente scomparso nel marzo 1938.

VERSO IL MONDO DEL LAVORO: ASL, PCTO E...

7 Guardando oltre la scuola

7.1 Qualche novità

La scuola guarda al passato per dare un retroterra alle conoscenze che vi si insegnano, deve svolgersi nel presente per fare presa sulla realtà in cui viviamo, ma deve anche pensare al futuro per dotare lo studente di competenze da mettere in gioco quando entrerà nel mondo del lavoro.
Negli anni passati tutto ciò rimaneva implicito nel corso di studi, con l'idea che chi frequentava una determinata scuola avrebbe ricavato dal suo corso di studi le competenze caratteristiche, che avrebbe poi potuto esplicare. Solo in alcuni settori si prevedeva un contatto diretto con il mondo del lavoro: diventerai termotecnico, quindi fai pratica in una ditta che installa caldaie; diventerai maestra, quindi fai pratica in una scuola materna ecc.

COMPETENZE TRAVERSALI E ORIENTAMENTO

In questi ultimi anni, però, l'**Alternanza scuola-lavoro (ASL)** ha cercato di trasformare gli automatismi in esperienze esplicite, prevedendo per tutti una temporanea immersione nel mondo del lavoro, da svolgere nel secondo biennio e nell'ultimo anno. Non è stato facile realizzare l'obiettivo, anche perché diventa tanto più difficile centrarlo, quanto più l'indirizzo scolastico si mantiene distante da una professione specifica: lo studente di un liceo, per esempio, che ancora non sa in quale campo proseguirà gli studi, può allacciare un contatto esplorativo con qualche realtà lavorativa, ma con scarse probabilità che sia proprio quella in cui si troverà a operare in futuro.
Sia perché il monte ore cospicuo previsto per l'ASL si è rivelato difficile da gestire, sia perché in parte queste ore sottraevano tempo all'attività scolastica vera propria, l'Alternanza scuola-lavoro è stata convertita nei **Percorsi per le Competenze Trasversali e per l'Orientamento (PCTO)**, che prevedono:

- per gli **istituti professionali**: non meno di **180** ore;
- per gli **istituti tecnici**: non meno di **150** ore;
- per i **licei**: non meno di **90** ore.

I Percorsi per le Competenze Trasversali e per l'Orientamento consentiranno agli studenti di conseguire una formazione aggiuntiva, non sovrapponibile alle ore di insegnamento, affrontando **esperienze legate al mondo del lavoro e all'orientamento universitario**. Di fatto, rispetto all'ASL cambia soprattutto il monte ore dedicato; gli obiettivi rimangono immutati.

CHE COSA SONO LE COMPETENZE TRASVERSALI

Per competenza si intende la comprovata capacità di utilizzare conoscenze, abilità e capacità personali, sociali e/o metodologiche in situazioni di lavoro o di studio e nello sviluppo professionale e personale. Le competenze trasversali, in particolare, non riguardano un settore specifico di attività – come le competenze disciplinari o tecnico-professionali – ma entrano in gioco quando si risponde a una qualsiasi richiesta del modo del lavoro, trasformando le proprie conoscenze in comportamenti adeguati. Ecco uno tra i molti elenchi di competenze trasversali che sono stati elaborati dagli organi di orientamento:

- **Autonomia:** capacità di svolgere i compiti assegnati facendo ricorso alle proprie risorse e senza il bisogno di una continua supervisione.
- **Fiducia in se stessi:** consapevolezza del proprio valore, delle proprie capacità e delle proprie idee al di là delle opinioni degli altri.
- **Flessibilità/Adattabilità:** sapersi adattare a contesti lavorativi mutevoli, essere aperti alle novità e disponibili a collaborare con persone con punti di vista anche diversi dal proprio.
- **Resistenza allo stress:** capacità di reagire positivamente alla pressione lavorativa mantenendo autocontrollo e di non trasferire su altri le proprie eventuali tensioni.
- **Capacità di pianificare e organizzare:** capacità di realizzare idee, identificando obiettivi e priorità e, tenendo conto del tempo a disposizione, pianificarne il processo, organizzandone le risorse.
- **Precisione/Attenzione ai dettagli:** attitudine a essere attenti a ciò che si fa, curandone i particolari.
- **Apprendere in maniera continuativa:** capacità di riconoscere le proprie lacune e aree di miglioramento, attivandosi per acquisire e migliorare sempre più le proprie conoscenze e competenze.
- **Conseguire obiettivi:** impegno e determinazione che si mette nel conseguire gli obiettivi assegnati.
- **Gestire le informazioni:** abilità nell'acquisire, organizzare e riformulare efficacemente dati e conoscenze provenienti da fonti diverse, verso un obiettivo definito.
- **Spirito d'iniziativa:** capacità di sviluppare idee e saperle organizzare in progetti.
- **Capacità comunicativa:** capacità di trasmettere e condividere in modo chiaro idee e informazioni con tutti i propri interlocutori, di ascoltarli e di confrontarsi con loro.
- **Problem Solving:** approccio al lavoro che, identificandone le priorità e le criticità, permette di individuare le possibili migliori soluzioni ai problemi.
- **Team work:** disponibilità a lavorare e collaborare con gli altri per svolgere il compito assegnato.
- **Leadership:** capacità di condurre e motivare gli altri verso obiettivi ambiziosi.

Fonte: https://tinyurl.com/y7k95zdj

Le competenze trasversali o soft skills sono trasferibili nelle diverse situazioni lavorative e anche in altre aree della propria vita. I presupposti per attuare questa trasferibilità sono:

- averne consapevolezza ed essere in grado di riconoscerle;
- averne padronanza;
- poterle esercitare con flessibilità, in maniera funzionale ai contesti specifici e alle richieste.

CHE COS'È L'ORIENTAMENTO

Per orientamento si intende la scelta dell'indirizzo di studi che si vuole seguire una volta conseguito il diploma con l'esame di Stato. Da questa scelta dipende in gran parte il futuro di una vita. Un ingegnere, un musicista, un medico, un notaio, un professore fanno tipi di vita profondamente diversi: una persona che ama viaggiare difficilmente farà l'insegnante; uno che non ama ascoltare il suo prossimo non dovrebbe fare il notaio ecc. Dunque la scelta della professione merita di essere valutata attentamente ponderando molteplici fattori; in ordine di importanza ne indichiamo alcuni di cui farai bene a tenere conto:

- le tue **passioni** e i tuoi interessi: cioè che cosa ti piacerebbe fare a ragion veduta (non per un'infatuazione momentanea); per avere un'idea puoi svolgere questo test https://tinyurl.com/yc3oeqsg
- le tue **capacità**, attitudini e potenzialità: in parte dovresti averle scoperte nel corso della scuola media superiore, in parte potrai scoprirle grazie all'orientamento;
- l'**impegno** che sei disposto a profondere per seguire un determinato corso di studi;
- le **prospettive** di impiego che la futura professione ti offrirebbe;
- gli **anni di studio** richiesti dalla facoltà: potrebbe essere un fattore non determinante, ma è bene tenerne conto per non doversi poi pentire. Il caso più vistoso è la facoltà di medicina, che con la specialità richiede un investimento minimo di oltre dieci anni, ben più del triplo di una laurea triennale.

Sull'orientamento puoi trovare tutte le necessarie indicazioni nel sito del MIUR: https://tinyurl.com/nfzlyzc-

DALL'ASL AI PCTO

L'obiettivo dei Percorsi per le Competenze Trasversali e per l'Orientamento non è diverso da quello dell'ASL, che prevedeva di:

- consolidare attraverso l'esperienza pratica le conoscenze acquisite a scuola;
- testare sul campo le attitudini di studentesse e studenti e arricchirne la formazione;
- orientare il percorso di studio e – in futuro – di lavoro, grazie al riconoscimento dei propri interessi.

Anche le attività dei PCTO si svolgeranno:

- **all'interno della scuola** tramite incontri formativi con esperti;
- **all'esterno della scuola** tramite la partecipazione a eventi culturali, visite a mostre e musei ecc. oppure tramite il cosiddetto **tirocinio** o *stage*, cioè un periodo di formazione che l'alunno svolge in un luogo di lavoro (azienda, laboratorio, scuola dell'infanzia, studio professionale, ente, associazione, biblioteca ecc.). Peraltro le attività di *stage* avevano luogo anche prima dell'istituzione dell'ASL in alcuni tipi di scuola: per esempio negli istituti professionali e tecnici e nei licei delle scienze umane, cioè in indirizzi nei quali l'esperienza in situazione è indispensabile.

LA DOCUMENTAZIONE DEI PERCORSI

Come già avveniva per l'ASL, i PCTO saranno organizzati dagli Istituti secondo le modalità previste. Ma per lo studente che cosa cambia?

Sicuramente la semplificazione, anche solo quantitativa (il monte ore è dimezzato), dei PCTO rispetto all'ASL implica una riduzione dei materiali da redigere per descrivere giorno dopo giorno le esperienze. Non viene meno, però, il dovere della documentazione, che dovrà prevedere, per ciascun incontro, evento o attività formativa,

la redazione di una **scheda pro-memoria**, da utilizzare quando si dovrà stendere – a fine anno e a fine triennio – il consuntivo dei percorsi affrontati.
Ogni scheda dovrà contenere i seguenti dati:

- **data, sede, durata** dell'attività;
- **argomento** dell'esperienza;
- **processo** di apprendimento;
- **competenze** acquisite;
- **comportamenti** problematici ed eventuali soluzioni adottate.

In particolare, le esperienze di tirocinio saranno documentate con:

- una **scheda preliminare dedicata alla descrizione dell'azienda o ente in cui si svolge lo stage**, prestando attenzione ai seguenti aspetti: ambiente, storia, attività, denominazione ecc.;
- una **serie di schede con il diario quotidiano** delle attività svolte;
- una **eventuale scheda con il bilancio** della settimana.

Di seguito si offre uno specimen di ciascuna delle tre schede.

SCHEDA N. 1

1. Descrizione dell'azienda, ente o ufficio in cui si è svolto il tirocinio

- Settore: ....
- Attività: ....
- Numero di dipendenti: ....
- Orario di lavoro ....

2. Ruoli e compiti del personale nel reparto/ufficio in cui sei stato/a inserito/a

Responsabile

- Mansioni: ....
- Competenze: ....
- Autonomia decisionale: ....

Operatori/addetti

- Mansioni: ....
- Competenze: ....
- Autonomia decisionale: ....

3. Relazioni interpersonali

- Gli operatori dell'Azienda/Ente mantengono rapporti ☐ formali ☐ informali
- L'ambiente di lavoro ti sembra positivo? ☐ SÌ ☐ NO

Eventuali osservazioni personali:

....

....

SCHEDA N. 2

DIARIO QUOTIDIANO DELLE ATTIVITÀ SVOLTE

Titolo o argomento dell'attività: ....

Data .... Orario .... Numero di ore ....

Luogo dell'attività: ....

Descrizione dell'attività

1. Descrizione delle attività più significative svolte dal tirocinante: (8-10 righe)

....

....

....

....

....

....

....

....

....

....

....

2. Riflessione (che cosa ho imparato?): attività, conoscenze, modalità operative, lessico specifico ecc.: (circa 5 righe)

....

....

....

....

....

....

3. Problemi emersi da approfondire (aspetti da chiarire): (circa 5 righe)

....

....

....

....

....

....

....

SCHEDA N. 3

DIARIO SETTIMANALE DELLE ATTIVITÀ DI STAGE

settimana dal .... /.... /........ al ... /.... /........

Ho svolto le seguenti attività:

....

....

....

Ho osservato le seguenti attività:

....

....

....

Ho svolto le attività con queste persone:

....

....

....

Ho utilizzato i seguenti strumenti (attrezzature, software, macchine ecc.):

....

....

....

Ritengo di aver imparato:

....

....

Ho incontrato le seguenti difficoltà:

....

....

Il mio rapporto con il tutor aziendale è stato:

....

....

Mi aspettavo:

....

Ho apprezzato:

....

Sono rimasto deluso da:

....

ALLA PROVA DIARIO QUOTIDIANO (PRESSO SCUOLA DELL'INFANZIA)

In questo diario la tirocinante racconta la sua ultima giornata di tirocinio in una scuola dell'infanzia. L'esposizione è chiara, anche se poco curata dal punto di vista sintattico.

Dati della scuola

Tirocinante ....
nata/o a .... il ....
residente a ....,
codice fiscale ...., frequentante la classe IV Liceo delle Scienze Umane

Azienda ospitante Scuola dell'infanzia ".."
Tutor per l'Istituto ....
Tutor aziendale ....
Titolo o argomento dell'attività: ***Tirocinio presso una scuola materna***
Data .... Orario .... Numero di ore ....
Luogo dell'attività: ....

Descrizione

1. Descrizione delle attività più significative svolte:
Ho affiancato la maestra nel regolare le seguenti attività dei bambini:
Gioco all'aperto in terrazzo. Pranzo.
Festeggiamento dei compleanni del mese. Gioco libero in salone.
Allestimento delle brandine per il riposo pomeridiano dei piccoli e sorveglianza. Gioco all'aperto in cortile. Rientro in salone per la merenda. Colorazione di una scheda raffigurante dei fiori: io e la maestra svolgiamo il lavoro per conto degli assenti.
Visione di un cartone animato.

2. Riflessione (che cosa ho imparato?): attività, conoscenze, modalità operative, lessico specifico ecc.
A un certo punto ho detto a un bambino che oggi sarebbe stato l'ultimo giorno trascorso presso la struttura. Lui si è zittito e rimane quasi scioccato. Quindi mi ha abbracciata. Evidentemente non si aspettava nemmeno lui di provare tanto affetto nei miei confronti e non appena ha ricevuto questa "cattiva notizia", a cui era impreparato, ha voluto dimostrarmi la sua delusione abbracciandomi.

3. Problemi emersi da approfondire
Oggi un bambino ha fatto i capricci. Non solo, ma ha preso a calci e pugni la sua maestra: io e la mia collega Giovanna, che stavamo pranzando, siamo andate in soccorso dell'insegnante. A un certo punto il bambino ha iniziato a tirare i capelli della maestra. Io e Giovanna siamo state costrette a far intervenire anche l'altra docente per aiutarci.

Con estrema difficoltà siamo riuscite a staccare i capelli della maestra dalle mani serrate del bambino, il quale, tuttavia, ha continuato a ribellarsi. Così si è andato a nascondere in bagno e la collaboratrice scolastica è dovuta andare da lui per cercare di convincerlo a smettere di piangere e venire a pranzare. Dopo tanti sfiancanti tentativi, il bambino è venuto in sala da pranzo, senza, però, sedersi a mangiare; è rimasto in piedi vicino al tavolino con le braccia conserte e il volto pieno di rabbia. Durante il pasto se l'è presa assolutamente senza un motivo con una piccola, che si è subito affiancata a Giovanna, molto spaventata; la maestra, perciò, l'ha allontana dal bambino e l'ha fatta sedere al tavolo con altri compagni.
Prima del riposo pomeridiano dei piccoli, il bambino ha avuto un'altra crisi: questa volta se l'è presa con un compagno che non gli aveva fatto nulla, ma che era semplicemente seduto vicino a lui. Il "capriccioso" ha iniziato a tirargli il grembiule e a stringergli il collo; ovviamente la maestra è dovuta intervenire, allontanando il bambino aggredito e tutti gli altri e cercando di trattenere "l'aggressore". Per via del capriccio il riposo pomeridiano dei piccoli è stato posticipato di alcuni minuti.
La manifestazione isterica del capriccio prende il sopravvento quando è alimentata da pianti e grida e dalla perdita del controllo della situazione da parte del bambino stesso, in una progressione sempre più disperata. In una situazione del genere ogni tentativo di intervento, sia esso dolce oppure deciso, pare avere il solo effetto di amplificare gli effetti, anziché placarli.
Quando il bambino comincia a perdere il controllo di sé e delle sue emozioni, viene preso da una escalation di perdita di controllo: vorrebbe riprenderlo, ma non riesce. Quello che comunica con il capriccio - alla fine - è la sua incapacità di gestire la situazione.

ATTIVITÀ

1. **Riscrittura** Non trovi che il punto 1 assomigli di più a un elenco che alla descrizione di attività significative? Riscrivi il punto 1 cercando di dare risalto a qualche attività significativa.
2. **Riscrittura** Il punto 3 contiene il racconto, decisamente ampio, dell'episodio del bambino che fa i capricci. Riscrivilo cercando di esporre, più che il racconto, il problema emerso.
3. **Riscrittura** Le ultime otto righe del punto 3 sono molto ripetitive. Riscrivile in non più di due righe.

ALLA PROVA DIARIO QUOTIDIANO (PRESSO STUDIO NOTARILE)

Un ragazzo racconta la prima giornata del suo tirocinio. Qualche incertezza sul piano dell'espressione è compatibile con la novità dell'esperienza.

Dati della scuola

Tirocinante ....
nato a .... il ....
residente a ....,
codice fiscale ...., frequentante la classe III dell'Istituto tecnico economico, indirizzo Amministrazione, Finanza e Marketing.

Azienda ospitante Studio associato dei notai "..."
Tutor per l'Istituto ....
Tutor aziendale ....
Titolo o argomento dell'attività: ***Tirocinio presso uno studio notarile***
Data .... Orario .... Numero di ore ....
Luogo dell'attività: ....

Descrizione

1. Descrizione delle attività più significative svolte:
Oggi ho iniziato il mio tirocinio presso lo studio notarile. Ho conosciuto alcune persone che lavorano lì e svolgono varie mansioni. Un'impiegata si occupa delle società, una dei testamenti e delle denunce di successione, un'altra dei mutui, un'altra ancora della contabilità interna allo studio. Alcuni giovani laureati in legge preparano i materiali utili per gli atti che verranno poi stesi dai due notai titolari.
Io ho incominciato a lavorare in archivio insieme con la persona che lo gestisce e che mi ha mostrato come dietro ogni atto notarile c'è un fascicolo (che ora si può fare anche in forma elettronica) che contiene tutti i documenti e le carte relative a quell'atto. Questo fascicolo viene poi conservato con tutti gli altri in un grande salone pieno di scaffali, dal quale potrà in futuro essere prelevato e consultato, se necessario. Qui gli atti sono ordinati in base a un numero che contrassegna l'atto notarile ed è detto "numero di repertorio". Nell'archivio delle successioni e delle società, invece, i fascicoli non hanno un numero di repertorio, ma li conservano in ordine alfabetico.

2. Riflessione (che cosa ho imparato?): attività, conoscenze, modalità operative, lessico specifico ecc.
Ho imparato più meno che cosa fanno le persone che lavorano in questo studio notarile. Alcune di loro sono impiegate, altre laureate assunte, altre ancora laureate che stanno facendo la pratica per poi sostenere il concorso di notaio. Queste mi hanno chiamato per scherzo "collega", ma io devo ancora farne di strada prima di essere come loro.
Sul piano della lingua ho imparato parecchie parole che non conoscevo, come "atto di ultima volontà" per dire "testamento", che in effetti esprime le ultime volontà di uno prima di morire. Anche "rogito" non lo avevo mai sentito, ma non ho capito bene che cosa significa: se non sbaglio è un altro modo per dire "atto notarile".

3. Problemi emersi da approfondire
Non credo che avrò molti problemi, perché non devo avere rapporti con il pubblico, ma solo cercare di imparare qualcosa. O meglio: il problema è capire che cosa vogliono dire tutte queste parole nuove, come registrazione, cancellazione, voltura, procura, fidejussione ecc.; ma credo che prima o poi le capirò.

ATTIVITÀ

1. Ti sembra che questo diario sia pertinente e denoti un atteggiamento corretto da parte del tirocinante? Tu come ti saresti comportato?

7.2 Relazioni per ASL/PCTO

VARI TIPI DI RELAZIONE

In sede di consuntivo, le esperienze trovano sbocco in alcuni tipi di relazioni:

- la **relazione finale di stage:** illustra il lavoro svolto durante l'anno nel periodo di tirocinio formativo in una struttura esterna alla scuola (azienda o altro);
- la **relazione annuale:** contiene il bilancio complessivo di tutti i percorsi di PCTO compiuti nel corso dell'anno scolastico;
- la **relazione conclusiva** riunisce elementi di ciascuna di queste tipologie così da abbracciare l'intera esperienza. È molto importante riuscire a trovare un elemento unificante tra le varie esperienze, perché in questo modo è più facile finalizzarle a un risultato formativo e all'orientamento.

Quest'ultima relazione è **parte integrante del colloquio** nell'esame di Stato.

La relazione finale di stage

Sulla base dei dati desunti dai diari redatti, dei ricordi personali e delle valutazioni maturate durante e dopo l'esperienza, alla fine del tirocinio si stende una relazione seguendo indicativamente questa scaletta:

- **Struttura ospitante**
  - tipologia e finalità della struttura: laboratorio, associazione, studio professionale, cooperativa sociale, R.S.A. (Residenza Sanitaria Assistenziale), asilo nido, scuola dell'infanzia o scuola primaria ecc.;
  - organizzazione interna e funzioni delle varie figure professionali;
  - descrizione di almeno una figura professionale presente nella struttura (operatori, professionisti, impiegati, psicologi, educatori professionali, pedagogisti, animatori, insegnanti ecc.);
  - modalità di lavoro (progettazione, organizzazione del lavoro, attività promosse ecc.);
  - ambienti, spazi e risorse materiali;
  - clientela e tipo di utenza;
  - collegamenti con l'esterno (sito; pagina Facebook ecc.).
- **Esperienza concreta di formazione**
  - attività svolte;
  - eventi, situazioni e comportamenti osservati;
  - aspetti rilevanti dal punto di vista formativo.
- **Riflessione sull'esperienza**
  Si fa il punto della situazione individuando:
  - ciò che si ritiene di avere imparato durante lo stage;
  - il rapporto tra l'esperienza di stage e il proprio bagaglio di conoscenze e competenze scolastiche pregresse.
- **Documentazione**
  - schede o diari delle varie esperienze;
  - foto, documenti, materiali pertinenti allo stage.

- **Giudizio conclusivo**
  - giudizio sulla relazione con le figure professionali e con gli utenti della struttura ospitante;
  - collegamenti con le conoscenze e le competenze scolastiche.
  - il senso del percorso PCTO in vista dell'orientamento post-diploma.
  - è stata un'esperienza positiva o negativa? Perché?

LA RELAZIONE CONCLUSIVA (PER L'ESAME DI STATO)

Sulla base della documentazione accumulata nei tre anni, dei ricordi personali e delle valutazioni maturate nel tempo, alla fine di tutta l'esperienza dei PCTO si stende una relazione conclusiva, che potrà servire come base per il colloquio dell'esame di Stato. A questo aspetto durante l'esame potranno essere dedicati 10-15 minuti, a cui possono corrispondere una relazione di due-tre pagine e, in parallelo, alcune slide da proporre durante l'esposizione.
I contenuti della relazione potranno essere:

- **Introduzione**, con titolo dell'esperienza dei PCTO (se è possibile trovare un titolo unitario) e informazioni generali con dati sul percorso svolto.
- **Presentazione delle varie esperienze fatte**, come la partecipazione a eventi, incontri, conferenze ecc., dei quali dovrà risultare la pertinenza ai PCTO. In particolare, la presentazione delle esperienze di **tirocinio** dovrà contenere:
  - i dati relativi all'azienda o all'ente in cui l'esperienza si è svolta
  - la durata
  - le mansioni assegnate e le attività svolte
  - gli strumenti utilizzati
  - le procedure e il percorso formativo svolto
  - i rapporti con le persone (tutor, persone dell'azienda, altri studenti)
- **Risultati** della complessiva esperienza dei PCTO, con particolare attenzione ai seguenti aspetti:
  - le aspettative realizzate e le aspettative deluse
  - le difficoltà incontrate
  - i risultati conseguiti
- **Incidenza delle conoscenze scolastiche** sull'esperienza compiuta: conoscenza di lingue straniere, uso di software, ricerca di informazione, comprensione di testi, capacità di esporre un parere ecc.
- **Conclusione**: il bilancio dell'esperienza con attenzione per i seguenti aspetti:
  - hai imparato qualcosa di utile o è stata inutile?
  - il mondo del lavoro ti ha insegnato a lavorare meglio a scuola?
  - l'esperienza ti ha aiutato ai fini dell'orientamento post-diploma?
  - hai eventuali proposte operative da avanzare?

ALLA PROVA **RELAZIONE SULL'ESPERIENZA DEI PCTO COMPIUTA NEL TRIENNIO**

Frontespizio

contenente, a partire dall'alto,
- .... (dati relativi all'istituto: nome, luogo ecc.);
- dati relativi all'alunno: nome e cognome, classe 5ª, indirizzo Elettronica ed elettrotecnica;
- titolo: Relazione conclusiva sull'esperienza di Alternanza scuola-lavoro;
- una eventuale immagine significativa: qualsiasi immagine inerente all'elettricità: diga, centrale elettrica ecc.;
- indicazione dell'anno scolastico.
- titolo dell'esperienza: A contatto con la corrente elettrica

Presentazione delle varie esperienze fatte

(documentate dai relativi diari e dalle relazioni annuali)

classe 3ª

ESPERIENZA	ORE	VALUTAZIONE
Incontro sui rischi elettrici nei luoghi di lavoro, con dimostrazioni pratiche	4	Informazione interessante in vista di un'attività nel settore, ma anche come prevenzione dei rischi quotidiani
Visita guidata alla diga dell'Albigna (in Engadina)	4	Impressionante viaggio nelle viscere della diga
Visita guidata alla centrale di Löbbia (Engadina)	2	La pressione dell'acqua mette in movimento le turbine che producono elettricità per la città di Zurigo; nei mesi estivi alcune pompe di accumulo rimandano l'acqua nel lago dell'Albigna, che viene di nuovo immessa nelle condotte forzate
Stage presso la ditta "Euroimpianti. Impiantistica civile e industriale". Nel laboratorio della ditta: • ho collocato negli appositi settori materiali arrivati di recente; • ho prelevato dal magazzino materiali di consumo; • ho aggiornato il computer del magazzino con i dati dei materiali in entrata e in uscita; • ho partecipato al cablaggio di alcuni quadri. Nei cantieri: • mi hanno insegnato a usare alcuni strumenti, in particolare il tester multimetro, e a misurare il voltaggio, la resistenza, l'efficienza dei dispersori di terra; • mi hanno affidato alcuni collegamenti elettrici facili da fare.	60	In un laboratorio vengono allestiti i quadri elettrici, che poi vengono installati: questa seconda parte è più interessante perché consente di vedere il prodotto finito messo in opera e collaudato. L'uso degli strumenti di misurazione è fondamentale per testare l'efficienza degli impianti.

classe 4ª

ESPERIENZA	ORE	VALUTAZIONE
Visita al Museo Nazionale della Scienza e della Tecnologia di Milano	4	Interessante in generale, vista la quantità dei materiali esposti, anche se non è specifico per l'elettricità né per l'elettronica
Conferenza sul futuro dell'auto elettrica	2	Interessante perché ha prospettato vantaggi e difficoltà legate all'auto elettrica
Stage presso la ditta "Euroimpianti. Impiantistica civile e industriale"	60	Come sopra: continua lo stage dell'anno precedente
Visita alla Fiera dell'elettronica presso Lariofiere, Erba (Como)	5	Utile, perché offre un aggiornamento rispetto alle conoscenze scolastiche

classe 5ª

ESPERIENZA	ORE	VALUTAZIONE
Visita a una fabbrica del gruppo ABB, lieder nelle tecnologie per l'energia e l'automazione	4	Interessante: si vedono prodotti d'avanguardia, lavorati con strumenti di una modernità impressionante
Visita guidata al magazzino di forniture elettriche Imat-Felco - SpA, Como	3	Utile passare dalla teoria alla pratica, vedendo ciò che offre il mercato
Partecipazione alle attività di orientamento post diploma	8	abbastanza utili sia l'esperienza degli ex alunni sia gli interventi degli operatori del settore
totale ore	156	

Risultati

La complessiva esperienza di PCTO ha realizzato abbastanza le mie aspettative; tuttavia mi sarebbe piaciuto visitare altre centrali elettriche per la curiosità di risalire alle fonti dell'energia. Mi sarebbe anche piaciuto vedere motori elettrici in funzione, per esempio quelli dei locomotori, di cui qualcosa ho visto in internet, ma la scuola non ha potuto organizzare aspetti così particolari.
Durante lo stage ho avuto qualche difficoltà a relazionarmi con operai e tecnici della ditta, che dovevano badare al loro lavoro; però, con il passare dei giorni, i rapporti sono migliorati, anche perché in una certa misura quello che facevo tornava a loro vantaggio.

Incidenza delle conoscenze scolastiche sull'esperienza compiuta

Tutti i momenti dei PCTO erano legati al mio corso di studi e perciò le conoscenze scolastiche mi hanno consentito di capire le esperienze compiute.

Conclusione

Il bilancio dell'esperienza è positivo, anche se direi che, più che imparare cose che non sapevo, ho visto in opera elementi di cui avevo una conoscenza teorica. Rispetto al mondo del lavoro mi è sembrato che si lavori meglio a scuola: forse il lavoro dell'elettricista non è molto bello, ma ho visto persone che lo facevano in modo svogliato, prive di motivazione. O forse per me l'attività pratica era una novità, mentre per gli operai della ditta era routine. Alla luce di questa esperienza, direi che, se per varie ragioni non potrò continuare gli studi, mi andrebbe bene lavorare come perito elettrotecnico, perché mi piacciono le cose concrete.

ATTIVITÀ

1. Durante il colloquio, le esperienze dei PCTO vengono brevemente esposte facendo riferimento alla relazione e/o all'elaborato multimediale. Il vantaggio della seconda opzione è che consente di accostare alle parole le immagini, rendendo molto più interessante l'esposizione. Nel caso della relazione riportata sopra, la conversione multimediale è molto semplice perché basta redigere alcune slide con i contenuti già schematicamente esposti e aggiungere alcune immagini appropriate.

Prepara una presentazione multimediale sulla relazione *A contatto con la corrente elettrica*, utilizzando le immagini che seguono.

Diga dell'Albigna

La condotta forzata che porta l'acqua dal lago alla centrale idroelettrica

Centrale di Löbbia

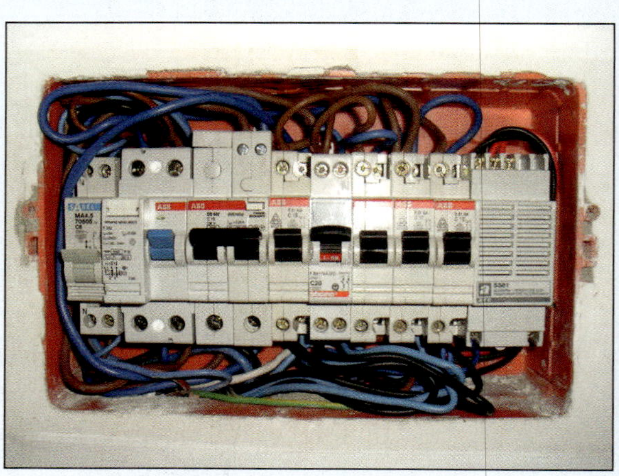

Quadro elettrico per uso domestico

Tester multimetro

Apparecchio per misurare la dispersione di terra

LA PROVA INVALSI ALL'ULTIMO ANNO

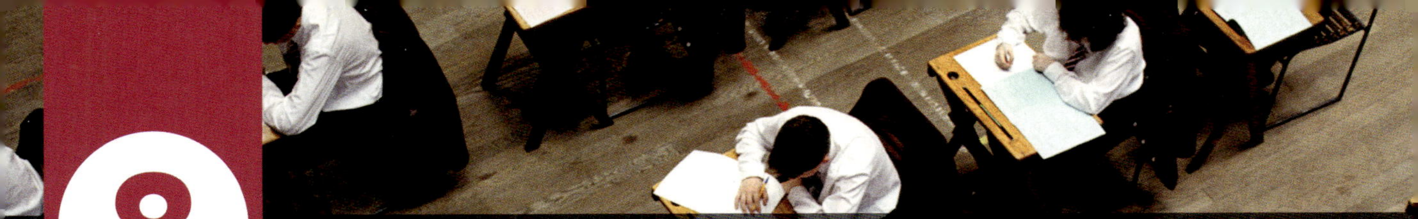

8 La prova INVALSI di Italiano

CHE COSA VALUTA

La prova INVALSI di Italiano, attraverso una verifica unica per tutti i percorsi scolastici e non differenziata per indirizzi, al termine della scuola secondaria di secondo grado valuta le competenze relative ai seguenti aspetti:
- competenza di lettura, intesa come comprensione, interpretazione, valutazione del testo scritto;
- conoscenze e competenze grammaticali.

LA COMPETENZA DI LETTURA

La comprensione di un testo dipende dalle seguenti attività:
- localizzare e individuare informazioni, cioè rintracciare all'interno del testo informazioni date in maniera esplicita;
- ricostruire il significato letterale del testo, a livello locale e globale, cioè nel suo insieme o in sue singole parti;
- riflettere sul contenuto o sulla forma del testo e valutarli, cioè comprenderne il contenuto andando al di là del suo significato letterale, o per apprezzarne le caratteristiche stilistiche e formali.

LE CONOSCENZE E COMPETENZE GRAMMATICALI

Le domande relative alla riflessione sulla lingua sono organizzate intorno a brevi testi e fanno riferimento alla capacità di utilizzare le conoscenze e le esperienze acquisite per porsi in maniera linguisticamente consapevole di fronte a essi.
Queste domande sono orientate a sollecitare negli studenti l'osservazione e la riflessione sui nodi linguistici ritenuti più significativi, che sono necessari alla corretta decodifica dei testi.
Fra i principali descrittori della competenza grammaticale così intesa si annoverano le capacità di:
- riconoscere i fenomeni propri della testualità: segnali di organizzazione del testo e fatti di coesione (anafora, connettivi, punteggiatura ecc.);
- riconoscere gli aspetti pragmatici del linguaggio: fenomeni del parlato e funzioni dell'enunciato, ordine degli elementi rispetto all'intenzione comunicativa (ordine marcato e non marcato, focalizzazione e gerarchia delle proposizioni ecc.);
- identificare i valori semantici e pragmatici di fatti morfosintattici: tempi, aspetti e modi verbali; rapporti temporali e fenomeni di concordanza ecc.

COME È FATTA LA PROVA

La prova INVALSI di Italiano al termine del secondo ciclo di istruzione è proposta agli studenti su supporto informatico e pertanto viene somministrata in giorni diversi, ma in un arco temporale stabilito.
Gli studenti affrontano prove diverse, costituite all'interno di un ampio repertorio di testi, in modo tale che le prove abbiano la medesima composizione e un equivalente grado di difficoltà. Agli studenti verrà restituito un risultato descrittivo del livello di competenza verificato dalla prova INVALSI di Italiano.

La prova INVALSI di Italiano al termine del secondo ciclo si compone di:

- **5-7 unità di Comprensione del testo;**
- **1 unità di Riflessione sulla lingua.**

Ciascuna unità è costituita da un testo e dalle relative domande, il cui numero può variare **da 7 a 10.**
Per quanto riguarda i testi:

- possono essere di tipologia varia: narrativi, argomentativi, espositivi, regolativi, continui, non continui, ecc.; almeno uno deve essere narrativo;
- possono avere ampia varietà di contenuti;
- la lunghezza di ogni testo può variare; in ogni caso tale parametro viene tenuto in considerazione in fase di composizione della prova, in modo tale da garantire un'equità delle diverse prove proposte agli studenti.

La **durata** della prova è di **due ore**.
Gli **esiti** sono su scala unica articolata in 5 livelli descrittivi più un ulteriore livello iniziale per individuare gli allievi che non raggiungono il primo livello.

Tipologia dei quesiti:
Sono utilizzati quesiti di due tipi:

- **Quesiti a risposta chiusa**, nei quali lo studente deve scegliere la risposta corretta tra più alternative date; possono assumere i seguenti formati:
  - quesiti a **scelta multipla** (**QSM**): costituiti da una domanda e da 4 possibilità di risposta, di cui una sola è esatta;
  - quesiti a **scelta multipla complessa** (**QSMC**): articolati in diversi item, costituiti da una domanda generale in cui viene specificato il compito, e che richiedono per ogni item di indicare una risposta sulla base di categorie prestabilite; per esempio la compilazione di tabelle e la scelta di alternative da menù a tendina;
  - quesiti nei quali lo studente deve **stabilire delle corrispondenze** (*matching*), associando l'elemento di una categoria al corrispondente elemento dell'altra;
  - quesiti nei quali si chiede agli studenti di **riordinare** diversi elementi secondo un criterio dato (temporale, logico-semantico, ecc.);
  - quesiti nei quali allo studente viene richiesto di inserire, in spazi lasciati vuoti nel testo, **parole scelte da una lista** che gli è proposta (*cloze a scelta multipla*);
- **Quesiti a risposta aperta**, nei quali lo studente deve formulare autonomamente la risposta; possono essere di due tipi:
  - quesiti aperti a **risposta univoca**: sono quelli dove la risposta richiesta è breve e ve ne è una sola che possa essere considerata come corretta (a volte con un numero limitato di varianti possibili). Fa parte di questa categoria di quesiti aperti il tipo di cloze in cui lo studente deve produrre lui stesso la risposta da inserire per completare una frase o un breve testo;
  - quesiti aperti a **risposta articolata**: sono quelli dove la risposta è più lunga e ci sono diverse possibilità di risposta corretta. Le domande a risposta aperta articolata sono corredate da precise indicazioni per la correzione, che includono esempi di risposte accettabili, eventuali esempi di risposte parzialmente accettabili ed esempi di risposte non accettabili.

SIMULAZIONE N.1

COMPRENSIONE DEL TESTO

TESTO A Testo argomentativo La società liquida

Umberto Eco spiega in termini comprensibili il senso dell'espressione società liquida, coniata dal sociologo Zygmunt Bauman per indicare metaforicamente una condizione in cui "il cambiamento è l'unica cosa permanente e l'incertezza è l'unica certezza".

L'idea di modernità o società "liquida" è dovuta, come è noto, a Zygmunt Bauman. La società liquida inizia a delinearsi con quella corrente detta post-moderno (peraltro termine "ombrello" sotto cui si affollano diversi fenomeni, dall'architettura alla filosofia e alla letteratura, e non sempre in modo coerente). Il postmodernismo segnava la crisi delle "grandi narrazioni", che ritenevano di poter sovrapporre al mondo un modello di ordine, e si è dedicato a una rivisitazione ludica o ironica del passato.
Per Bauman tra le caratteristiche di questo presente si può annoverare la crisi dello Stato (quale libertà decisionale rimane agli stati nazionali di fronte ai poteri delle forze supernazionali?). Scompare un'entità che garantiva ai singoli la possibilità di risolvere in modo omogeneo i vari problemi del nostro tempo, e con la sua crisi ecco che si sono profilate la crisi delle ideologie, e dunque dei partiti, e in generale di ogni appello a una comunità di valori che permetteva al singolo di sentirsi parte di qualcosa che ne interpretava i bisogni.
Con la crisi del concetto di comunità emerge un individualismo sfrenato, dove nessuno è più compagno di strada ma antagonista di ciascuno, da cui guardarsi. Questo "soggettivismo" ha minato le basi della modernità, l'ha resa fragile, da cui una situazione in cui, mancando ogni punto di riferimento, tutto si dissolve in una sorta di liquidità. Si perde la certezza del diritto (la magistratura è sentita come nemica) e le uniche soluzioni per l'individuo senza punti di riferimento sono da un lato l'apparire a tutti costi, l'apparire come valore e il consumismo. Però si tratta di un consumismo che non mira al possesso di oggetti di desiderio in cui appagarsi, ma che li rende subito obsoleti, e il singolo passa da un consumo all'altro in una sorta di bulimia senza scopo (il nuovo telefonino ci dà pochissimo rispetto al vecchio, ma il vecchio va rottamato per partecipare a quest'orgia del desiderio).
Crisi delle ideologie e dei partiti: qualcuno ha detto che questi ultimi sono ormai taxi sui quali salgono un capopopolo o un capobastone che controllano dei voti, scegliendoli con disinvoltura a seconda delle opportunità che consentono - e questo rende persino comprensibili e non più scandalosi i voltagabbana. Non solo i singoli, ma la società stessa vive in un continuo processo di precarizzazione.
Che cosa si potrà sostituire a questa liquefazione? Non lo sappiamo ancora e questo interregno durerà abbastanza a lungo. Bauman osserva come (finita la fede di una salvezza proveniente dall'alto, dallo Stato o dalla rivoluzione) sia tipico dell'interregno

il movimento d'indignazione. Questi movimenti sanno che cosa non vogliono ma non che cosa vogliono. E vorrei ricordare che uno dei problemi posti dai responsabili dell'ordine pubblico a proposito dei black bloc è che non si riesce più a etichettarli, come poteva avvenire con gli anarchici, coi fascisti, con le brigate rosse. Essi agiscono, ma nessuno sa più quando e in quale direzione. Neppure loro.

C'è un modo per sopravvivere alla liquidità? C'è, ed è rendersi appunto conto che si vive in una società liquida che richiede, per essere capita e forse superata, nuovi strumenti. Ma il guaio è che la politica e in gran parte l'intellighenzia non hanno ancora compreso la portata del fenomeno. Bauman rimane per ora una "vox clamantis in deserto".

Umberto Eco, *L'Espresso* n. 22 – 4 giugno 2015, ora in *Pape Satàn Aleppe*, La nave di Teseo, Milano 2016

1. Bauman parla di società *liquida* per dire che l'individualismo sfrenato della nostra epoca ha minato le basi della modernità, rendendola fragile. Che cosa comporta questo fatto?
- [A] che, mancando ogni punto di riferimento, tutto si dissolve in una sorta di liquidità
- [B] che la società cambia rapidamente
- [C] che il nostro tempo rifluisce verso il passato
- [D] che non è più possibile conoscere la nostra società, perché è inconsistente

2. Nel brano si parla di *individualismo e soggettivismo* per indicare una situazione in cui:
- [A] gli interessi individuali prevalgono su quelli della comunità
- [B] i soggetti prevalgono sugli individui
- [C] si richiede il rispetto dei diritti degli individui
- [D] si danno interpretazioni soggettive della realtà

3. Nel complesso tentativo di definire la società liquida, Eco chiama in causa, oltre che la crisi dello Stato, la crisi delle ideologie, cioè di quell'insieme di valori, convinzioni e opinioni che aggregano e orientano un determinato gruppo sociale, che può fare capo a un partito, a una comunità ecc. In che senso tutto ciò favorisce la formazione di una società liquida? Contrassegna le motivazioni pertinenti.

determinando disorientamento e mancanza di riferimenti	sì	no
orientando la società verso il consumismo	sì	no
provocando conflitti sociali e movimenti di protesta	sì	no
impedendo di trovare soluzioni omogenee per i problemi del nostro tempo	sì	no
compensando la mancanza di valori con l'apparire a tutti i costi	sì	no
riempiendo il vuoto con l'aiuto della religione	sì	no

4. È tipico della società liquida il movimento dell'indignazione, cioè:
- [A] la ribellione dei cittadini contro quelli che identificano come loro nemici
- [B] il movimento di chi sa che cosa non vuole ma non che cosa vuole
- [C] l'indignazione con chi critica il nostro modo di agire
- [D] l'indignazione con gli stranieri

5. Secondo il testo, si può sopravvivere alla liquidità rendendosi conto che si vive in una società liquida, che per essere superata richiede nuovi strumenti. Quali, a tuo parere, tra quelli indicati di seguito? (individuane quattro)

favorire il confronto e lo scambio di opinioni	sì	no
creare nuove forme di aggregazione	sì	no
partecipare alla vita politica e fondare nuovi partiti	sì	no
ritirarsi nel privato	sì	no
cercare di costruirsi una carriera con successo	sì	no
cercare di formarsi una solida coscienza critica	sì	no
tenere fede ad alcuni valori fondamentali	sì	no
seguire personaggi carismatici	sì	no

6. L'espressione latina *vox clamantis in deserto* significa *la voce di uno che grida nel deserto*, cioè, in altre parole, che nessuno presta attenzione al fenomeno preoccupante della società liquida

7. L'aggettivo *ludico* è sinonimo di ....

8. Chi è un *capobastone*?

....

....

9. I black bloc sono:
- [A] gruppi di protesta che compiono azioni violente e devastazioni
- [B] terroristi provenienti da paesi stranieri
- [C] gruppi violenti di estrema destra
- [D] gruppi eversivi di estrema sinistra

10. Con il termine *intellighenzia* si intende:
- [A] l'intelligenza, detto alla latina
- [B] gli intellettuali impegnati nei partiti o nei movimenti
- [C] la competenza in campo culturale
- [D] gli intellettuali ostili al potere

TESTO B Testo narrativo Il naufragio del *Rodi*

La vigilia di Natale del 1970 il peschereccio *Rodi* fa naufragio vicino al porto di San Benedetto del Tronto, sotto gli occhi dei cittadini. Le operazioni di soccorso sono impedite dalle condizioni del mare e anche il recupero dei corpi delle dieci persone d'equipaggio tarda; in città scoppia una rivolta che per giorni occupa lo scalo ferroviario e blocca la statale Adriatica. La vicenda è esemplarmente narrata da Silvia Ballestra.

Il motopeschereccio atlantico *Rodi*, quella volta, non era fuori per pescare. Rientrato da Monrovia[1] col suo prezioso carico alla fine di novembre, stava ora tornando da Venezia dove s'era recato per alcuni lavori di bacino: la manutenzione alla carena e la sistemazione dell'asse portaelica.

A Venezia c'erano stati dei ritardi, dapprima dovuti a una fitta nebbia che aveva costretto la nave alla fonda per quattro giorni (i marinai a bordo giocavano a carte e aspettavano). Poi una serie di scioperi dei cantieri navali aveva ulteriormente rinviato i lavori, ma alla fine tutto era stato portato a termine e, passata l'ispezione del registro della navigazione, la nave era stata riconsegnata.

Martedì 22 dicembre era partita da Venezia Lido, alle 17 e 05, con dieci uomini d'equipaggio. [...]

C'era già da qualche giorno, in quei paraggi, un campo di basse pressioni che insisteva sulla zona dell'alto Adriatico (dunque proprio la costa veneta) e in quel tratto di mare imperversava una burrasca da nordest di forza 7. Ma con queste feste vicine, la notte santa ormai vicinissima, i macchinisti, i mozzi, il comandante, i marinai, sapendo d'esser attesi a casa e avendo sulle spalle i lunghi mesi trascorsi in Liberia, avevano voglia di rientrare. Poi c'erano tante altre barche in mare — mercantili, pescherecci — e nessuna pareva avere problemi: figurarsi loro, che avevano affrontato fortunali ben peggiori sulle coste africane e viaggiavano su un colosso... Erano partiti senza alcun timore e, anzi, nell'ultimo contatto radio, dal *Rodi* avevano comunicato che le condizioni del mare erano discrete, la nave navigava bene. Secondo le loro previsioni, sarebbero approdati in porto alle sette o alle otto del mattino dopo.

1. **Monrovia:** capitale della Liberia (Africa occidentale) dove il peschereccio aveva svolto l'ultima campagna di pesca.

Invece, dopo quell'ultimo scambio di comunicazioni del tardo pomeriggio precedente la tragedia, quel che si seppe del *Rodi* lo si poté solo presumere perché al momento del naufragio il giornale nautico non era stato ancora compilato né alcun SOS era stato mai lanciato dalla radio di bordo.
Secondo una delle relazioni tecniche stilate in sede d'inchiesta sull'incidente, il *Rodi* aveva navigato alla velocità di 10-12 nodi[2], aveva traversato di dritta[3] il faro d'Ancona verso le 2 e 45 di notte a una distanza di 5-6 miglia, per poi proseguire la navigazione verso San Benedetto alla stessa velocita e con rotta ancora parallela alla costa. Sempre secondo quella relazione, stanti le condizioni del mare e delle correnti, il *Rodi* "era sottoposto a continui e bruschi movimenti di rollio e beccheggio,[4] dovuti al mare grosso e incrociato da NW e da NE che determinava il continuo imbarco di notevole quantità d'acqua, sia sulla sovrastruttura, sia nella parte centrale del ponte di coperta,[5] compresa tra la paratia[6] poppiera[7] del castello[8] di prua e la parte prodiera della tuga[9] che per la sua conformazione formava una specie di vasca. L'acqua imbarcata non riusciva a essere smaltita attraverso gli ombrinali[10] e i portelli laterali...".
Così, dovevano essere le 6 e 40 circa del mattino quel 23 dicembre, quando, attaccato da raffiche di onde che lo colpivano di traverso, il Rodi s'era rovesciato all'altezza di Grottammare, a quattro miglia dalla costa.
San Benedetto era lì, ce l'avevi davanti agli occhi, con qualche raro lume alle finestre e i lampioni cittadini ancora accesi dalla notte che brillavano nel chiarore antelucano più incerto del solito, reso più remoto dal fitto strato di nubi scure che gravavano sul mare. Chissà se gli uomini a bordo avevano fatto in tempo a scorgerle, quelle luci. Perché la loro casa era lì ad aspettarli, con le piccole cose umane e familiari preparate per le feste. Davvero. Mancava una manciata di miglia appena, all'imbocco del porto.

Qualche ora dopo, quella stessa mattina grigia, su San Benedetto era calato un silenzio diaccio,[11] atterrito. Al porto, nelle case, nei caffè del centro, davanti all'ufficio marittimo. Cos'era successo al Rodi? Cosa aveva impedito che all'ora concordata approdasse in porto, come annunciato la sera prima da bordo? Il peschereccio non era affondato, s'era ribaltato: se n'era scorta per un po', da lontano, parallelamente ai lungomari, la prua scura che sorgeva in modo innaturale dall'acqua, e anche a occhio nudo, in mezzo a quel tempo ammaccaticcio, si intuiva che il verso di galleggiamento non era quello giusto.
La voce era corsa rapida e tutti avevano subito pensato molto male. Colleghi, amici e familiari dei marinai del *Rodi* s'erano radunati attorno agli armatori. La sensazione di tutti era che, nonostante la possibilità che vi fosse qualcuno da salvare, i soccorsi

2. **nodi:** unità di misura per la velocità di navigazione, equivalente a un miglio nautico (1852 metri) all'ora; 10-12 nodi sono indicativamente 20 Km all'ora.
3. **dritta:** destra, nel gergo nautico.
4. **rollio e beccheggio:** oscillazione della nave rispettivamente intorno al proprio asse longitudinale e trasversale.
5. **ponte di coperta:** il ponte superiore della nave.
6. **paratìa:** ciascuno dei tramezzi che servono a suddividere in compartimenti la parte sommersa dello scafo per evitare l'allagamento di tutta la nave.
7. **poppiera:** di poppa (la parte posteriore della nave).
8. **castello:** il cassero è una struttura sopraelevata rispetto al ponte di coperta; il cassero di prua (la prua o proda è la parte anteriore della nave) è detto anche castello.
9. **tuga:** altra struttura sopraelevata rispetto al ponte, ma estesa solo parzialmente rispetto alla lunghezza della nave.
10. **ombrinali:** bocche o fori di scarico dell'acqua della coperta.
11. **diaccio:** gelido.

tardassero, che non si sapesse neanche da dove cominciare, da dove partire. Che regnasse una specie di attonita paralisi.

Alle undici del mattino era arrivata la prima conferma ufficiale di quello che, per averlo scorto da lontano, si sapeva da ore: la nave cisterna *Mariangela Montanari* in navigazione al largo di Martinsicuro[12] comunicò alla Capitaneria di aver avvistato a tre miglia dalla foce del Tronto uno scafo che fuoriusciva dall'acqua per almeno tre metri "con l'opera viva[13] di colore rosso e le murate[14] di colore nero dalla presumibile stazza[15] di 500 tonnellate circa". Su ordine del comando militare, quella stessa nave cisterna aveva poi perlustrato per un raggio di cinque miglia la zona attorno allo scafo rovesciato che andava alla deriva, ma il poco che si vedeva galleggiare erano capi di vestiario, un pezzo di scala, bombole del gas, una passerella e anche una scialuppa ma vuota, capovolta e con la sua coperta ancora allacciata e in sede.

Il comandante della *Mariangela Montanari* comunicò allora che il relitto andava alla deriva in direzione sudest (proseguiva cioè la sua rotta originaria senza più guida e avendo superato da un po' quel che doveva essere il suo punto d'arrivo), e confermò che le condizioni del mare erano proibitive, con venti e correnti incrociate da nordest e nordovest di forza 7-8.

Per le vie di San Benedetto si comincio a quel punto a mormorare e poi a urlare.

Silvia Ballestra, *I giorni della Rotonda*, Rizzoli, Milano 2009

12. Martinsicuro: comune in provincia di Teramo.
13. opera viva: la parte della nave immersa in acqua.
14. murate: le parti emerse dei fianchi della nave.
15. stazza: il volume degli spazi interni.

1. Chi o che cosa è il *Rodi*?
- A un luogo
- B una barca
- C un motopeschereccio
- D il comandante di una nave

2. Qual è la causa del naufragio?
- A l'imperizia del comandante
- B la fretta di tornare a casa a festeggiare il Natale
- C il carico eccessivo
- D la forza di una burrasca

3. Qual è la dinamica del naufragio?
- A la nave imbarca acqua e si inabissa
- B la nave cozza contro un ostacolo e subisce un danno irreparabile
- C le onde colpiscono la nave di traverso e la rovesciano
- D il timoniere perde il controllo e la nave finisce contro gli scogli

4. Chi e quando si rende conto del naufragio del Rodi?
- A la mattina seguente una nave cisterna di passaggio avvista lo scafo capovolto
- B i soccorritori che giungono l'indomani
- C un aereo da ricognizione che sorvola il luogo del naufragio
- D la mattina seguente dal porto si scorge la prua scura che sorge dall'acqua in modo innaturale

5. L'espressione *nave alla fonda* indica una nave:
- A affondata
- B ancorata lontano da riva
- C appoggiata sul fondale marino
- D sommersa dall'acqua

6. L'aggettivo *prodiera* significa.......................................

7. Il *chiarore antelucano* è quello che ....

....

8. Perché, a tuo parere, nel secondo blocco di testo sono presenti numerosi termini tecnici?
- A perché in questa parte l'autrice ha voluto introdurre una descrizione molto tecnica
- B per spiegare bene la dinamica dell'incidente
- C perché le parti delle navi hanno una nomenclatura speciale
- D perché il testo riporta parti di una relazione tecnica redatta per l'inchiesta

9. Gli *armatori* di una nave sono:
- [A] coloro che se ne assumono la gestione
- [B] i proprietari
- [C] chi si assume il compito della difesa
- [D] quelli che caricano le armi che vengono trasportate dalla nave

10. Leggi questo periodo estratto dal seguito della narrazione. Integra le parole mancanti scegliendole tra quelle in **grassetto**:

Non ci si poteva ***credere/sbagliare/stupire****. Un naufragio davanti casa e nessuno che* ***alzasse/ muovesse / abbassasse*** *un dito. Una barca* ***affondata/sommersa/capovolta*** *con la probabilità (certo sempre più* ***remota/sicura****) che qualcuno fosse ancora in* ***giro/vita/salvo*** *e non si trovava il modo di tendere una* ***mano/corda/scialuppa****.*

TESTO C Testo espositivo Europa in letargo

Oggi come ieri si registra l'incapacità degli organismi politici nel definire un'azione collettiva. Lo dimostra il fatto che, di fronte alla crisi dei profughi, alcuni Paesi dell'Europa hanno preso decisioni unilaterali.

Il 12 marzo 1938, le campane della cittadina austriaca di Braunau avevano suonato a distesa annunciando la visita di Adolf Hitler. La Germania in quelle ore stava assorbendo l'Austria, che avrebbe continuato a esistere come *Ostmark*, una delle province del Reich.[1] Il trattamento che i nuovi padroni riservarono sin da subito agli ebrei locale fu brutale. Spinti per strada, ebree ed ebrei viennesi furono costretti a brucare l'erba nel parco del Prater[2] e a pulire le latrine delle caserme e il manto stradale a mani nude o aiutandosi con spazzolini da denti, mentre la popolazione si dilettava dello spettacolo. La persecuzione in Austria fu condotta con una rapidità e una progressione inedite sino ad allora. Quando poi, pochi giorni più tardi, da Berlino giunse a Vienna l'astro nascente[3] della sezione ebraica della SD[4] Adolf Eichmann, al regime di violenza e al processo di spoliazione a cui erano sottoposti gli ebrei, si aggiunsero le procedure che dovevano portare alla loro emigrazione coatta. E, in effetti, in migliaia *cercarono* di abbandonare il paese, mentre in altri casi gli ebrei furono direttamente espulsi. Sei mesi dopo, erano quarantacinquemila gli ebrei austriaci a essersene andati e il loro numero, nel maggio dell'anno successivo, era salito a circa centomila.
Sul finire degli anni Trenta, nel cuore del vecchio continente stava visibilmente prendendo forma una crisi umanitaria. Il numero via via crescente d'individui costretti ad abbandonare in stato di paura le proprie case poneva la questione urgente di cosa i paesi aperti all'immigrazione avrebbero potuto fare. Era la politica internazionale a essere direttamente chiamata in causa: dove avrebbero cercato riparo e chi avrebbe accolto gli ebrei costretti ad andarsene dall'Austria? Se l'Europa del 1938, o una sua

1. **Reich:** l'impero della Germania nazista.
2. **parco del Prater:** grande parco di Vienna, oggi sede della ruota panoramica che è diventata un simbolo della città.
3. **astro nascente:** nel senso che Eichmann, il principale organizzatore dello sterminio degli ebrei, era allora agli inizi della sua carriera.
4. **SD:** sigla che indicava il servizio segreto tedesco.

parte almeno, si fosse trasformata in un luogo ferocemente inospitale, non sarebbe in fin dei conti spettato ai governi democratici accorrere in aiuto?

La conferenza convocata dal presidente degli Stati Uniti Franklin D. Roosevelt nella località di Évian-les-Bains per il mese di luglio del 1938 avrebbe dovuto trovare la risposta alla crisi dei profughi. Dal 6 al 15 di quel mese, la ridente stazione balneare stesa sulla sponda francese del lago Lemano[5] accolse i delegati di trentadue nazioni che discussero dei fuggitivi e del loro disperato bisogno di un rifugio. [...]
L'incontro intergovernativo, in cui dovevano essere discusse «le misure da prendersi per il ricollocamento in altri paesi dei rifugiati provenienti dalla Germania (Austria compresa)» si concluse con un nulla di fatto. L'«emigrazione involontaria», come fu definito nella risoluzione finale lo spostamento in atto di una parte della popolazione dai confini del Reich tedesco, rimase un accidente senza soluzione. L'indifferenza dimostrata a Évian dai paesi che dovevano, all'opposto, passare per i soccorritori dipese tanto dalla loro poca coscienza, quanto dalla mancanza di coraggio. A gioirne fu la propaganda antisemita che, da Berlino, poté trionfalmente chiosare: «Nessuno li vuole».

Oggi come ieri, si registra l'incapacità politica di definire un'azione collettiva. A fronte delle reiterate assicurazioni di voler trovare una soluzione comune alla crisi dei profughi, diversi paesi dell'Unione e altri candidati per entrarvi (come la Serbia) hanno assunto decisioni unilaterali. Vertice dopo vertice, evapora la possibilità di un comune sentire. «Lo spettacolo di questi ultimi giorni è quello di una disfatta europea», viene osservato in un articolo apparso recentemente sul quotidiano francese «Le Monde». «A settembre» si prosegue «i paesi membri hanno inizialmente trovato un accordo sulla "ricollocazione" di circa centosessantamila rifugiati sulla base delle possibilità di ciascuno stato membro. Ma, sotto la pressione del flusso migratorio – più di un milione di persone lo scorso anno, un altro milione previste per questo – si è diffuso il panico. Uno dopo l'altro, gli stati hanno sospeso gli accordi di Schengen sulla libera circolazione entro i confini dell'Unione Europea. E alcuni dei paesi che si erano dimostrati più generosi, come la Germania, l'Austria e la Svezia, hanno chiuso le loro porte.»

Il vecchio continente si dimostrerà capace di dare una risposta univoca e generosa alla più vitale delle domande che si pone agli esseri umani: cosa faremo domani? Se a Évian è stato il resto del mondo a fallire, oggi è l'Europa che rischia di perdere l'occasione storica di farsi mondo. Abbandonandosi alla nostalgia, che affligge più di uno dei suoi membri, per la perduta sovranità nazionale e moltiplicando le sue piccole frontiere interne, l'Europa rischia di ricadere in quel "sonnambulismo" che nel secolo scorso la vide sprofondare nella lunga catastrofe europea. E dire che noi, cittadini europei, abbiamo ben presente che è stato proprio per sfuggire ai fantasmi del Novecento che l'UE è stata eretta!

Carlo Saletti, *Europa spinata*, in C. Kyenge-P. Rumiz, *Dal libro dell'esodo*, Piemme, Milano 2016

5. **lago Lemano:** il lago di Ginevra, sul confine tra Francia e Svizzera.

1. Qual è l'argomento del primo paragrafo?
- A l'annessione dell'Austria alla Germania
- B l'emigrazione coatta degli ebrei
- C la visita di Hitler
- D la deportazione degli ebrei

2. Perché la conferenza dei delegati di trentadue nazioni a Évian-les-Bains non concluse nulla?
- A perché i delegati non avevano l'autorità per decidere
- B per mancanza di coraggio nell'assumere iniziative concrete
- C per le minacce giunte dalla Germania di Hitler
- D per aver sottovalutato la gravità della cosa

3. Che rapporto c'è tra i fatti del 1938 e l'attualità?
- A non c'è un preciso rapporto perché sono passati molti anni
- B i fatti del 1938 preludevano alla seconda guerra mondiale
- C c'era un problema di antisemitismo
- D nel 1938, come oggi, c'era il problema dei migranti da ricollocare

4. Come si desume dal testo, gli accordi di Schengen sancirono:
- A l'unità dell'Europa
- B la chiusura delle frontiere
- C la libera circolazione all'interno dell'Europa
- D la ricollocazione dei rifugiati

5. Quale delle due proposte seguenti ti sembra interpretare meglio la frase *l'Europa rischia di ricadere in quel "sonnambulismo" che nel secolo scorso la vide sprofondare nella lunga catastrofe europea*?
- A con la sua incapacità di decidere, l'Europa rischia che si ripeta la situazione che nel Novecento portò alla seconda guerra mondiale
- B l'Europa rischia di ricadere negli stessi errori tattici che, nel secolo scorso, furono la causa della seconda guerra mondiale

6. La frase *la popolazione si dilettava dello spettacolo* significa che la popolazione:
- A si divertiva ad assistere allo spettacolo
- B si teneva lontana dallo spettacolo
- C si rifiutava di assistere allo spettacolo
- D inorridiva di fronte allo spettacolo

7. Scrivi un sinonimo dell'aggettivo *inedite*: ....

8. *Emigrazione coatta* significa ....

9. *Chiosare* significa ....

10. Il termine *sonnambulismo* non è usato nel senso proprio di *agire durante il sonno in stato di incoscienza*, ma in quello metaforico di:
- A comportamento indeciso
- B errore tattico di valutazione
- C incomprensione dei fenomeni
- D comportamento incosciente

TESTO D Testo misto Cose da vedere a Roma

Il grande pittore Michelangelo Merisi, detto Caravaggio (1571-1610), è l'inventore di una tecnica pittorica che rende fruibili in modo immediato le sue opere grazie al realismo dei soggetti e all'uso personalissimo della luce e dell'ombra.

Tra i privilegi offerti da Roma c'è la possibilità d'ammirare liberamente alcuni tra i maggiori capolavori di Caravaggio. Ovunque nel mondo basterebbe questo a dare fama a una città. A Roma, invece, sei Caravaggio «gratuiti» (non considero quelli presenti in varie gallerie e musei) si confondono col resto delle meraviglie. L'itinerario caravaggesco può cominciare da piazza del Popolo. Subito prima della porta omonima, sorge la chiesa di Santa Maria del Popolo, fondata nell'anno 1099 con lo scopo, dice una leggenda, di esorcizzare il fantasma di Nerone[1] che vagava inquieto nei pressi della tomba di famiglia. Nella chiesa si trovano opere di Bramante e Pinturicchio,

1. **Nerone:** imperatore romano, regnò dal 54 al 68 d.C.

Raffaello e Sebastiano del Piombo, Bernini e Sansovino,[2] per tacere d'altri. Noi però non avremo occhi che per le due tele di Caravaggio della cappella Cerasi, a sinistra dell'altare maggiore. Sono la *Crocifissione di san Pietro* e la *Conversione di san Paolo*. Guardate quel san Pietro: un vecchio, vigoroso anche se provato dalla vita. Guardate i suoi carnefici: faticano come bestie a issare quel fardello e l'opprimente legno della croce; poveri cristi dai piedi sudici che fanno il mestiere di aguzzini come potrebbero tirar su un muro o vangare un campo. Siamo nel 1601, il maestro, ormai trentenne, ha raggiunto il successo e quel quadro inaugura un nuovo stile nella sua arte. Guardate san Paolo nell'altra tela: schiantato a terra, le braccia al cielo, atterrito, vinto dalla fede. Lo sovrasta il suo cavallo, uno dei più bei cavalli dell'intera storia della pittura.

Come tappa successiva propongo la chiesa cinquecentesca di San Luigi dei Francesi. Neanche qui mancano i capolavori (Domenichino, Guido Reni), ma noi andremo dritti alla cappella Contarelli o di San Matteo dove ci sono ben tre Caravaggio: *San Matteo e l'Angelo*, *Vocazione di san Matteo*, *Martirio di san Matteo*. Raffigurazioni possenti per il brutale realismo del martirio, per la magia della composizione accentuata dal taglio drammatico della luce, per il carattere dei personaggi, a cominciare dal protagonista, ritratto nel momento in cui sta per abbandonare la professione di esattore delle imposte e farsi discepolo di Cristo. Colto in quell'attimo decisivo, si indica stupefatto col dito: io? Vuoi proprio me, Signore?

2. **Bramante... Sansovino:** pittori e scultori del Rinascimento.

Figura 1: *Crocifissione di san Pietro*

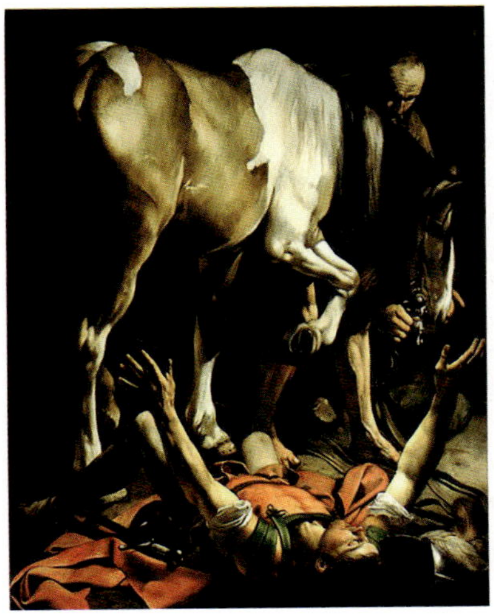

Figura 2: *Conversione di san Paolo*

Figura 3: *Vocazione di san Matteo*

Figura 4: *Madonna dei pellegrini*

Infine la chiesa di Sant'Agostino a due passi da piazza Navona, la cui facciata venne rivestita con lastre di travertino[3] prelevate dal Colosseo. Qui si può ammirare la *Madonna dei pellegrini*, uno dei quadri più conturbanti del maestro. Anche a un profano salta all'occhio la visione straordinaria di quella Vergine, che è in realtà una qualunque donna romana col bambino in braccio, bellezza popolana come lo era la modella Lena che per il quadro posò, collocata in posizione appena sopraelevata rispetto ai due pellegrini: slanciata nella statura, forse lievemente fuori scala[4], intenta ad ascoltare la preghiera dei viandanti, il capo inclinato verso di loro. Davanti a lei, un rozzo giovane offre a chi guarda il suo voluminoso deretano, i piedi grossi e sporchi da contadino; gli è accanto una vecchia rugosa, una povera vecchia qualunque, con i capelli raccolti dentro un sudicio cencio. Bisognerà arrivare all'Ottocento perché questo tipo di realismo, intenso fino alla visionarietà eppure spoglio, improonti di sé un'intera corrente.

Corrado Augias, *I segreti di Roma*, Mondadori, Milano 2005

3. **travertino:** roccia porosa usata per costruzione e rivestimento.

4. **fuori scala:** più grande del dovuto nell'economia del quadro.

1. I primi due dipinti si trovano nella chiesa di

....

2. Che cosa indicano le braccia di san Paolo rivolte al cielo?

3. Dei tre dipinti di San Luigi dei Francesi quello riportato è la *Vocazione di san Matteo*; in base alla breve descrizione data sopra, quale delle sette figure presenti nel dipinto è Matteo?
- A l'uomo con la barba che indica se stesso con il dito
- B il giovane a sinistra che conta le monete
- C il giovane con il cappello piumato in testa
- D una delle due figure sulla destra

4. Ti sembra che la luce del quadro della *Vocazione di san Matteo* provenga:
- A dalla finestra
- B da un'altra parte
- C non si capisce da dove: è una sorta di luce divina
- D dal soffitto

5. La *Madonna dei pellegrini* è chiamata così perché:
- A era venerata dai pellegrini che andavano verso la basilica di San Pietro
- B proteggeva color che partecipavano a un pellegrinaggio
- C si rivolgevano a lei i viandanti bisognosi di aiuto
- D i bastoni dimostrano che le due persone inginocchiate sono pellegrini

6. Quali ti sembrano gli elementi di spicco della *Madonna dei pellegrini*?

la bellezza popolana della Madonna	sì	no
i colori tenui	sì	no
l'atteggiamento inusuale della Madonna	sì	no
il realismo con cui sono raffigurati i due viandanti	sì	no
l'espressione dei pellegrini	sì	no

7. Che cosa stanno a indicare i piedi grossi e sporchi dell'uomo inginocchiato?
- A che si tratta di un uomo qualunque, un popolano o un contadino
- B che gli uomini dovrebbero avere più rispetto per la Madonna

8. A proposito di san Paolo ricorre l'espressione *lo sovrasta il suo cavallo*: che cosa significa?
- A che san Paolo viaggiava a cavallo
- B che il cavallo gli sta sopra
- C che il cavallo è più grande di san Paolo
- D che san Paolo sta per essere schiacciato dal cavallo

TESTO E

Testo informativo
Energia elettrica: la beffa della bolletta

Chi vende frutta al mercato, se non viene pagato da un cliente, non se la prende con quelli che lo hanno pagato. Per chi vende energia elettrica sembra che valga il principio opposto.

Gli oneri di sistema non saldati finiscono nelle bollette dei consumatori in regola. Una serie di sentenze ha infatti cambiato il quadro normativo. Ecco cosa c'è da sapere.

Una beffa per gli utenti: dover pagare la bolletta della luce anche per chi non lo fa. Fare chiarezza su questa vicenda - che ha destato le giuste proteste delle associazioni dei consumatori - non è facile. Per una serie di ricorsi e sentenze del Tar e del Consiglio di Stato l'Autorità dell'Energia ha stabilito che una parte delle bollette inevase, circa 200 milioni di euro secondo le associazioni ma non ci sono certezze sui numeri, sarà distribuita tra tutti gli utenti che pagano regolarmente. Una contraddizione che affonda le radici nella liberalizzazione del settore, diventata operativa nel 2007, e nel fatto che i fornitori finali (vale a dire le aziende che emettono le bollette vendendo l'energia ai cittadini) sono stati costretti a versare ai distributori (le aziende che invece portano l'energia dentro le case) i cosiddetti "oneri generali di sistema", vale a dire appunto una quota per il servizio di trasporto dell'energia che poi il distributore vende.
In Italia i fornitori sono circa 400 tra grandi (Enel, Eni, A2a, Illumia, E-on e Agsm) e piccoli, nati appunto in seguito alla liberalizzazione. Alcuni sono rimasti schiacciati dai debiti perché a fronte di consumatori morosi (ai quali solo dopo un certo numero di mesi viene sospesa l'erogazione) hanno dovuto comunque versare ai distributori quanto previsto per legge. Alcune sentenze del Tar e del Consiglio di Stato hanno però stabilito che a pagare debbano essere i clienti finali e non i fornitori. Da qui la decisione dell'Autorità di rateizzare questi "oneri" - per il momento una parte ma l'ammanco potrebbe essere di un miliardo - tra tutti coloro che la bolletta l'hanno sempre pagata. L'Autorità dell'Energia ha subito precisato che si tratta di «una casistica limitata» legata a «solo una parte degli oneri generali di sistema» e non ha fornito cifre. Lo stesso corto-circuito si era presentato a proposito del pagamento del canone Rai che è stato inserito in bolletta per evitare l'evasione: quello dei morosi non poteva essere pagato dalle società di vendita che fatturavano bollette non incassate. È stato necessario un atto normativo per correggere questa incongruenza. Che adesso si è ripetuta con gli oneri di sistema che i fornitori di energia si accollavano senza averli incassati.
Alcune società sono state costrette a chiudere: l'ultima in ordine di tempo è stata Gala, una delle più esposte. I dati evidenziano come la morosità sia più elevata nel libero mercato (con il 4,7% di contatori sigillati, percentuale che sale al 5,8% per le utenze non domestiche come negozi e uffici). Nel segmento di maggior tutela (quello con le tariffe regolate dallo Stato e che circa 20 milioni di utenti hanno ritenuto più sicuro preferendo non cambiare fornitore) sono insolventi solo il 2,8% dei clienti.

La liberalizzazione insomma ha prodotto un aumento dei comportamenti scorretti. Diffuso soprattutto nel Mezzogiorno e ribattezzato "turismo dell'elettricità": si basa sul fatto che prima di poter chiudere un contatore ci vogliono molte bollette non pagate. Così chi vuole fare il furbo aspetta, non paga, e al momento giusto cambia "fornitore-vittima". Per mettere fine a questo pasticcio bisognerà aspettare che diventi operativa la banca dati del Sii, il sistema informativo integrato nel quale le società elettriche potranno consultare il curriculum del cliente. «Il principio resta profondamente sbagliato - commenta Marco Vignola, responsabile del settore energia dell'Unione nazionale consumatori - poco importa di chi è la colpa. Si tratta di oneri impropri che non dovrebbero gravare sulle famiglie che pagano le bollette, ma semmai sulla fiscalità generale».

Cinzia Arena, *Avvenire.it*, venerdì 16 febbraio 2018

1. Che cosa si intende per oneri di sistema?
- A il costo dell'energia
- B il servizio di trasporto dell'energia
- C il peso di una bolletta sul bilancio familiare
- D il costo del sistema energetico

2. La liberalizzazione del settore è il fatto che

....

....

3. Qual è l'argomento dell'articolo?
- A il fatto che a pagare per gli evasori debbano essere i clienti finali e non i fornitori
- B la liberalizzazione dell'energia elettrica
- C la sentenza del Tar e del Consiglio di Stato
- D il cosiddetto *turismo dell'elettricità*

4. La liberalizzazione ha prodotto un aumento dei comportamenti scorretti, per esempio il *turismo dell'elettricità*, che consiste:
- A nel fatto che i turisti non paghino all'albergo il consumo di energia elettrica
- B nel pagamento dell'energia non da parte del turista, ma dal tour operator
- C nel non pagare, cambiando fornitore prima che il contatore venga bloccato
- D nel non pagare, cambiando abitazione prima che il contatore venga bloccato

5. In che modo, alla fine del testo, il responsabile dell'Unione consumatori argomenta il suo dissenso rispetto alla nuova norma?
- A non è giusto che una famiglia che paga le bollette debba pagare anche per gli evasori
- B ciascuno deve pagare per quanto effettivamente consuma
- C si dovrebbe diminuire il costo dell'energia
- D si dovrebbe sospendere l'erogazione di energia subito dopo la prima bolletta inevasa

6. Se un negoziante non viene pagato da un cliente, non chiede agli altri suoi clienti di risarcirlo. Perché allora Tar e Consiglio di Stato hanno introdotto questa norma vessatoria?
- A perché sono organi inutili e ingiusti
- B perché purtroppo chi è onesto paga per tutti
- C perché la legge chiede i soldi a chi li può dare
- D perché alcuni fornitori sono stati schiacciati dai debiti

7. Nel periodo *Fare chiarezza su questa vicenda non è facile*, la frase *Fare chiarezza* è una subordinata
- A soggettiva
- B oggettiva
- C dichiarativa
- D Interrogativa indiretta

8. Scrivi un sinonimo di *si accollavano*:

....

TESTO F Testo poetico La guerra, vista da lontano

Questa poesia di Franco Fortini (1917-1994) fa parte di un gruppo di componimenti scritti durante la prima guerra del Golfo (Persico), combattuta nel 1991 Tra l'Iraq di Saddam Hussein e una coalizione di Stati, tra cui l'Italia, guidati dagli Stati Uniti. Fu la prima guerra *in diretta*, mandata in onda dalla televisione e vista da tutti a distanza, dall'interno delle proprie case.

Lontano lontano si fanno la guerra.
Il sangue degli altri si sparge per terra.

Io questa mattina mi sono ferito
a un gambo di rosa, pungendomi un dito.

Succhiando quel dito, pensavo alla guerra.
Oh povera gente, che triste è la terra!

Non posso giovare, non posso parlare,
non posso partire per cielo o per mare.

E se anche potessi, o genti indifese,
ho l'arabo nullo! Ho scarso l'inglese!

Potrei sotto il capo dei corpi riversi
posare un mio fitto volume di versi?

Non credo. Cessiamo la mesta ironia.
Mettiamo una maglia, che il sole va via.

Franco Fortini, *Composita solvantur*, Einaudi, Torino 1994

1. Le parole *Lontano lontano* del primo verso e *il sangue degli altri* del secondo preannunciano che si tratta di una guerra:
   - [A] lunga e difficile per la distanza del teatro degli scontri
   - [B] con molto spargimento di sangue
   - [C] che non ci tocca da vicino
   - [D] in cui non siamo coinvolti

2. Il secondo distico cambia radicalmente prospettiva. Di che cosa parla, infatti, passando alla prima persona?

   ....

3. A partire dal v. 7 il poeta continua in prima persona, dicendo che:
   - [A] le guerre sono sempre da evitare
   - [B] il poeta e la poesia sono inutili di fronte alla guerra
   - [C] vorrebbe fare qualcosa per i caduti in guerra
   - [D] fa conto di partire in aiuto dei combattenti

4. Qual è il senso dei due versi finali?
   A la poesia non serve, quindi smettiamo di scherzare e occupiamoci di cose più immediate
   B non si può scherzare sulla guerra, torniamo a parlare seriamente
   C quando il sole tramonta, bisogna indossare vestiti pesanti
   D ho smesso di credere nella poesia, non scriverò più versi

5. L'atmosfera generale e il senso della poesia esprimono:
   A indifferenza di fronte alla guerra e a chi vi è coinvolto
   B dispiacere per il sacrificio delle tante vite dei caduti
   C senso di distanza dai luoghi in cui si combatte
   D senso di inutilità, perché la poesia non può fare nulla contro la guerra

6. Dal punto di vista metrico il testo è composto da 14 versi senari, ripartiti in 7 .... a rima ....

7. Il ritmo è quello della filastrocca e pertanto parrebbe inadeguato al tema, ma il contrasto è rilevato dal poeta stesso con l'espressione *mesta ironia* del v. 13, come a dire che sta facendo ironia, ma si tratta di un'ironia
   A finta
   B tragica

8. L'espressione *mesta ironia* contiene una figura di:
   A ossimoro
   B metafora
   C similitudine
   D antonomasia

RIFLESSIONE SULLA LINGUA

TESTO G Abbastanza geniale

Colloquio tra un'insegnante e la madre di un alunno.

«Sono la signora Lasorgente.»
«Buongiorno signora, si accomodi.»
Mi viene freddo.
Dai vetri dell'aula adibita al colloquio parenti vedo nebbia. C'è la nebbia, e sono le undici. Tipico novembre. Il figlio della signora Lasorgente è indubitabilmente l'ultimo della classe, quoziente intellettivo zero, ultimi compiti di latino: 3, 3, 3, ultimi temi in classe: 3, 3.
«Come va mio figlio?» mi chiede. Certo, cos'altro può chiedermi.
«Ma... direi che non andiamo affatto bene.»
Dunque: ho iniziato con la formula dubitativa del *ma*, ho usato il condizionale *direi*, il plurale *andiamo*, e soprattutto la litote *non bene* anziché il brutale *male*: pensavo di essermi comportata bene. E invece: «Scusi, come sarebbe non andiamo affatto bene? Mio figlio si sta impegnando, e molto, sa?»
Dunque: che tra l'impegno e i risultati non ci sia coincidenza ontologica dovrebbe essere chiaro. La donna che ho di fronte è sicuramente colta e fa un mestiere di un certo prestigio: lo capisco dal tailleur grigio frescolana. E allora? Ma certo: è una mamma. Ora è qui in veste di mamma, non dimenticarlo.
«Non lo metto in dubbio, signora» dico. «Volevo solo dire che gli ultimi compiti non sono andati poi tanto bene... »

«Ecco, sono qui per questo. Come si spiega l'ultimo 3 nel tema?» Giusto, come si spiega? Bisogna spiegarlo. Spiegalo, Carla. Prendo il pacco dei temi, cerco Lasorgente Federico, trovato: 3.
«Eccolo, signora, guardiamolo insieme. Vede? Ci sono errori ortografici gravissimi.» E le mostro uno dopo l'altro: *anchora*, *cass-* a capo *-a*, *daltr'onde*, *un'albero*...
«Ma questi sono errori di forma! » dice, esasperata e sinceramente stupefatta.
No, scusi, guardi che in seconda liceo non si può non sapere che... »
«Sì, d'accordo, Federico è un po' distratto, poi cosa crede? Queste cose non gliele hanno mica insegnate... Sì, lo sa che il verbo avere vuole l'acca, però alle medie, se anche la dimenticava, non era una tragedia... » Carla, sta' calma.
E invece io credo che *sia* una tragedia e che non si tratti di *dimenticare* l'acca, si può dimenticare il sale nella pasta, una volta o due, ma è diverso. L'acca no. Non si tratta di non sapere, certo che Federico Lasorgente lo sa che il verbo *avere* vuole l'acca: il problema è che non sa che è grave non metterla! Ecco che cosa non hanno insegnato a suo figlio, signora: non gli hanno insegnato che non è tutto uguale, che non fa sempre lo stesso, che scrivere *un'albero* oppure *un albero* fa una bella differenza, e sa cos'è questa differenza? Sa come si chiama? Si chiama IGNORANZA.
«Signora, guardi che è grave non sapere... » dico pacata.
«Sì, d'accordo, ma non fermiamoci su questi particolari, per favore, abbia pazienza! Guardiamo il contenuto, no? Com'è il contenuto del tema di mio figlio? Lui mi ha detto che ha scritto cose molto interessanti... mi ha raccontato... sa, a me dice sempre tutto! Scusi, lei l'ha guardato il contenuto?»
(vorrei dire che il contenuto non si guarda)
Aggiunge: «Sa, il contenuto può essere abbastanza geniale... ». Ha l'occhio pendulo, direi da pesce morto, come il figlio. Madre e figlio maschio è incredibile come si somiglino, nel novanta per cento dei casi almeno. Qui non so chi sia più brutto, forse lei. No, forse lui. A parte il fatto poi che l'avverbio abbastanza con l'aggettivo geniale non ci sta! Come fa uno geniale a essere solo *abbastanza geniale*, se geniale è il massimo a cui il genere umano può pensare di arrivare.

Paola Mastrocola, *La gallina volante*, Guanda, Parma 2000

1. Nella frase *Sono la signora Lasorgente* qual è il soggetto?
- A la signora Lasorgente
- B la signora
- C Lasorgente
- D Io (sottinteso)

2. Nell'espressione *sta' calma* invece di *sta'* si sarebbe potuto scrivere:
- A stai
- B sta
- C stà
- D statti

3. Accanto alla forma *Federico è un po' distratto* è ammissibile anche *Federico è un pò distratto*?
- A sì
- B no

4. L'insegnante giudica insensata l'espressione *abbastanza geniale* perché
- A l'aggettivo geniale, che esprime perfezione, non può essere moderato da abbastanza, come se dicessimo abbastanza eccellente.
- B la madre sta tentando di difendere il figlio a ogni costo e quindi cerca di mostrarne la genialità, anche se poi si accorge di avere esagerato.

5. Correggi gli errori riferiti dall'insegnante:

anchora	
cass- a capo - a	
daltr'onde	
un'albero	

6. La forma *un'insegnante* è corretta oppure si deve scrivere *un insegnante* come si scrive *un albero*?

....

7. La parola IGNORANZA è scritta con lettere maiuscole per

....

8. *Non fermiamoci su questi particolari, per favore, abbia pazienza! Guardiamo il contenuto.* In questa frase sono presenti tre congiuntivi con valore

A esortativo
B finale
C imperativo
D ipotetico

9. Le virgole sono adoperate nel brano con varie funzioni. Indica per ciascuna delle seguenti sequenze la funzione svolta dalla virgola.

	APRE E CHIUDE UN INCISO	SEPARA FRASI	SEPARA GLI ELEMENTI DI UN ELENCO
l'ultimo della classe, quoziente intellettivo zero, ultimi compiti di latino			
Mio figlio si sta impegnando, e molto, sa?			
Prendo il pacco dei temi, cerco Lasorgente Federico, trovato			
non so chi sia più brutto, forse lei			
però alle medie, se anche la dimenticava, non era una tragedia			

10. I due punti sono adoperati nel brano con varie funzioni. Indica per ciascuna delle seguenti sequenze la funzione svolta:

	INTRODUCONO UN ELENCO	INTRODUCONO UNA PRECISAZIONE	INTRODUCONO UN DISCORSO DIRETTO
ultimi compiti di latino: 3, 3, 3, ultimi temi in classe: 3, 3			
fa un mestiere di un certo prestigio: lo capisco dal tailleur grigio frescolana			
Ma certo: è una mamma			
Ecco che cosa non hanno insegnato a suo figlio, signora: non gli hanno insegnato			
Aggiunge: *Sa, il contenuto può essere abbastanza geniale...*			

RISULTATI	
Numero di domande	64
Risposte corrette	
Risposte errate	
Risposte corrette	%
VOTO	/10 (%)

SIMULAZIONE N.2

COMPRENSIONE DEL TESTO

TESTO A

Testo narrativo-argomentativo
Della scuola non gliene frega niente

Marco Lodoli, insegnante e scrittore, illustra con un esempio attinto all'esperienza personale il difficile rapporto tra certi ragazzi e la scuola: un'incomprensione di cui i giovani sono solo in parte responsabili, mentre la principale responsabile è la società, che diffonde falsi valori.

Non c'è da meravigliarsi se i ragazzi, ai quali viene chiesto costantemente di essere belli, forti, abbronzati, scemi, coi soldi in tasca, un po' di arroganza nel ciuffo ingelatinato o nella crapa rasata, spesso non riescono a reagire positivamente, non riescono a sottrarsi a questa morsa diabolica, e per debolezza, comodità, conformismo diventano poveri bulletti senz'arte né parte.

Per ribaltare la situazione, si dovrebbe cominciare a svelare la grande truffa culturale del nostro tempo, che promette trasgressione, emozioni folgoranti, successo, primi piani, protagonismo e poi abbandona i ragazzi nell'anonimato, nella miseria totale, in una vita da comparse generiche.

Il prestigio della scuola è ovviamente incrinato. L'altro giorno ho chiesto a una ragazza come mai non avesse mai con sé il libro di italiano. Senza staccare la penna da un foglio su cui stava facendo disegnini e ghirigori, mi ha risposto che lei non ha nessun libro perché della scuola non gliene frega niente. Lo ha detto con soddisfazione, sbattendomi quelle parole in faccia. A lei interessano telefonini, vestiti, tatuaggi, la televisione, roba così. Allora con molta calma le ho preso il foglio di carta che stava decorando, l'ho accartocciato e gettato nel cestino. Così, giusto per farle capire che il ribelle affronta qualche rischio, altrimenti che ribelle è? È uscita sbattendo la porta. Pare che all'uscita ci fosse il fidanzato pronto a picchiarmi, che abbiano dovuto trattenerlo.

Marco Lodoli, *Il rosso e il blu. Cuori ed errori nella scuola italiana*, Einaudi, Torino 2009

1. Il testo dice che ai ragazzi viene chiesto di *essere scemi* nel senso di:
- A adeguarsi a comportamenti conformistici, simili a quelli del gruppo
- B ridere e scherzare con i coetanei
- C agire senza avere prima deciso quale comportamento tenere
- D tenere comportamenti anormali

2. Nell'espressione *giusto per farle capire* il termine *giusto* è:
- A aggettivo sinonimo di *legittimo*
- B avverbio equivalente a *proprio*

3. Rispetto a *testa*, *crapa* è un termine di uso
- A popolare
- B aulico
- C medico
- D erroneo

4. Secondo il testo, la società compie nei confronti dei giovani una *truffa culturale* nel senso che:
- A promette un futuro di successo che difficilmente si realizzerà
- B presenta ai giovani modelli sbagliati
- C non si cura dei giovani e cerca solo di sfruttarli
- D è indifferente ai problemi dell'età giovanile

5. In che senso l'autore afferma che *il prestigio della scuola è incrinato*?
- A perché la scuola non funziona
- B perché ad alcuni giovani non interessa proprio
- C perché la scuola è indifferente ai problemi giovanili
- D perché nella scuola vige un sistema di valori diverso da quello comune

6. Quali sono, per la ragazza di cui parla il brano, i beni apprezzati?

telefonini	sì	no
vestiti	sì	no
libri	sì	no
televisione	sì	no
musica	sì	no
tatuaggi	sì	no

7. La ragazza che se ne va sbattendo la porta dimostra che:
- A non ha capito il senso del gesto dell'insegnante
- B si vergogna di avere detto una cosa sbagliata
- C era attesa dal suo ragazzo
- D si rifiuta di affrontare qualche rischio

8. Che il fidanzato della ragazza fosse pronto a picchiare l'insegnante che le aveva strappato un foglietto e che addirittura abbiano dovuto trattenerlo è una conclusione indubbiamente sproporzionata all'entità della vicenda, verosimilmente spiegabile con il fatto che l'autore ha voluto:
- A accentuare i toni per rendere il racconto più significativo
- B mostrare a quali comportamenti assurdi può indurre il disprezzo della scuola

TESTO B

Testo descrittivo La città di Leonia

Leonia, una delle "città invisibili" di Italo Calvino, è il simbolo dello spreco, dell'"usa e getta", che negli anni Settanta era ben lontano dal raggiungere i livelli attuali.

La città di Leonia rifà se stessa tutti i giorni: ogni mattina la popolazione si risveglia tra lenzuola fresche, si lava con saponette appena sgusciate dall'involucro, indossa vestaglie nuove fiammanti, estrae dal più perfezionato frigorifero barattoli di latte ancora intonsi, ascoltando le ultime filastrocche dall'ultimo modello dell'apparecchio.[1] Sui marciapiedi, avviluppati in tersi sacchi[2] di plastica, i resti della Leonia d'ieri aspettano il carro dello spazzaturaio. Non solo tubi di dentifricio schiacciati, lampadine fulminate,[3] giornali, contenitori, materiali d'imballaggio, ma anche scaldabagni, enciclopedie, pianoforti, servizi di porcellana: più che dalle cose che ogni giorno vengono fabbricate vendute comprate, l'opulenza di Leonia si misura dalle cose che ogni giorno vengono buttate via per far posto alle nuove. Tanto che ci si chiede se la vera passione di Leonia sia davvero come dicono il godere delle cose nuove e diverse, o non piuttosto l'espellere, l'allontanare da sé, l'inondarsi d'una ricorrente impurità. Certo è che gli spazzaturai sono accolti come angeli, e il loro compito di rimuovere i resti dell'esistenza di ieri

1. **le ultime... apparecchio:** le ultime canzoni trasmesse da una radio di ultimo modello, in linea con il consumismo degli abitanti.
2. **avviluppati in tersi sacchi:** avvolti in sacchi puliti.
3. **fulminate:** con il filamento fuso, quindi inutilizzabili.

è circondato d'un rispetto silenzioso, come un rito che ispira devozione, e forse solo perché una volta buttata via la roba nessuno vuole più averci da pensare.

Dove portino ogni giorno il loro carico gli spazzaturai nessuno se lo chiede: fuori della città, certo; ma ogni anno la città s'espande, e gli immondezzai devono arretrare più lontano; l'imponenza del gettito aumenta e le cataste s'innalzano, si stratificano, si dispiegano su un perimetro più vasto. Aggiungi che più l'arte di Leonia eccelle nel fabbricare nuovi materiali, più la spazzatura migliora la sua sostanza, resiste al tempo, alle intemperie, a fermentazioni e combustioni. È una fortezza di rimasugli indistruttibili che circonda Leonia, la sovrasta da ogni lato come un acrocoro[4] di montagne.

Il risultato è questo: che più Leonia espelle roba più ne accumula; le squame del suo passato si saldano in una corazza che non si può togliere; rinnovandosi ogni giorno la città conserva tutta se stessa nella sola forma definitiva: quella delle spazzature d'ieri che s'ammucchiano sulle spazzature dell'altroieri e di tutti i suoi giorni e anni e lustri.

Il pattume di Leonia a poco a poco invaderebbe il mondo, se sullo sterminato immondezzaio non stessero premendo, al di là dell'estremo crinale, immondezzai d'altre città, che anch'esse respingono lontano da sé montagne di rifiuti. Forse il mondo intero, oltre i confini di Leonia, è ricoperto da crateri di spazzatura, ognuno con al centro una metropoli in eruzione ininterrotta. I confini tra le città estranee e nemiche sono bastioni infetti in cui i detriti dell'una e dell'altra si puntellano a vicenda, si sovrastano, si mescolano.

Più ne cresce l'altezza, più incombe il pericolo delle frane: basta che un barattolo, un vecchio pneumatico, un fiasco spagliato rotoli dalla parte di Leonia e una valanga di scarpe spaiate, calendari d'anni trascorsi, fiori secchi sommergerà la città nel proprio passato che invano tentava di respingere, mescolato con quello delle città limitrofe, finalmente monde: un cataclisma spianerà la sordida catena montuosa, cancellerà ogni traccia della metropoli sempre vestita a nuovo. Già dalle città vicine sono pronti coi rulli compressori per spianare il suolo, estendersi nel nuovo territorio, ingrandire se stesse, allontanare i nuovi immondezzai.

Italo Calvino, *Le città invisibili,* Einaudi, Torino 1972

4. **acrocoro:** massiccio.

1. Ricorrendo eventualmente al dizionario, scrivi accanto a ciascuna espressione il significato o un sinonimo:

ancora intonsi	....
pattume	....
bastioni infetti	....
detriti	....
monde	....
sordide	....

2. Nel contesto l'espressione *e forse solo perché una volta buttata via la roba nessuno vuole più averci da pensare* significa che gli abitanti di Leonia:

A pensano solo a procurarsi nuovi beni di consumo
B non hanno tempo da perdere in ricordi
C non intendono avere ripensamenti
D pretendono che i loro rifiuti siano trattati con cura

3. Nel contesto e rispetto a quanto precede, la frase *più la spazzatura migliora la sua sostanza, resiste al tempo, alle intemperie, a fermentazioni e combustioni* esprime:

A una causa
B un effetto
C un'ipotesi
D una condizione

4. La frase *le squame del suo passato si saldano in una corazza* evoca l'immagine di
- A un mostro
- B un soldato
- C una nave
- D un rifugio

5. Tra i termini indicati, contrassegna con **sì** i sinonimi di *opulenza*, con **no** i contrari:

abbondanza	sì	no
lusso	sì	no
indigenza	sì	no
fabbisogno	sì	no
ricchezza	sì	no
miseria	sì	no

6. Nella frase *Sui marciapiedi, avviluppati in tersi sacchi di plastica, i resti della Leonia d'ieri aspettano il carro dello spazzaturaio* è presente una figura di:
- A personificazione
- B similitudine
- C chiasmo
- D allitterazione

7. Il termine *lustri* è
- A un aggettivo sinonimo di lucido
- B un sostantivo che indica un periodo di cinque anni

8. Per *città limitrofe* si intendono le città:
- A confinanti
- B limitate da mura

9. Indica apponendo una crocetta se la spiegazione delle seguenti espressioni figurate (sottolineate) presenti nel testo è esatta o meno:

ESPRESSIONI FIGURATE	SIGNIFICATO	SÌ	NO
Le squame del suo passato si saldano in una corazza che non si può togliere.	La massa dei rifiuti prodotti in passato diviene sempre più consistente e difficile da smaltire.		
Forse il mondo intero, oltre i confini di Leonia, è ricoperto da crateri di spazzatura, ognuno con al centro una metropoli in eruzione ininterrotta.	I cumuli di spazzatura prodotti da Leonia sembrano immensi crateri vulcanici per via dei fumi che esalano.		
… una valanga di scarpe spaiate, calendari d'anni trascorsi, fiori secchi sommergerà la città nel proprio passato che invano tentava di respingere, [ ]: un cataclisma spianerà la sordida catena montuosa, cancellerà ogni traccia della metropoli sempre vestita a nuovo.	A un certo punto i rifiuti faranno ripiombare la città nei ricordi del proprio passato, generando un effetto di nostalgia, ma nello stesso tempo gli abitanti, come dopo un immenso cataclisma, saranno pronti a ricominciare da zero.		

TESTO C Testo regolativo Tatuaggi: istruzioni per l'uso

Cautele da adottare perché da un tatuaggio non nascano complicazioni.

Se, come ci dicono i dati attuali, il fenomeno e la fascinazione del decoro della pelle è in crescita, è necessario perciò che lo sia anche l'informazione su questa pratica e le regole nelle quali attuarla.
Il tatuaggio non è una camicia che si indossa e si leva, è l'introduzione intradermica di pigmenti che entrano a contatto con il nostro organismo per sempre e con esso interagiscono e possono comportare rischi e, non raramente, anche reazioni avverse e per questo è fondamentale rivolgersi a centri autorizzati dalle autorità locali, con tatuatori formati che rispettino quanto prescritto dalle circolari del Ministero della Salute.
Secondo i dati di un'indagine dell'Istituto Superiore di Sanità, il 3,3% dei tatuati dichiara di aver avuto complicanze o reazioni: dolore, granulomi, ispessimento della pelle, reazioni allergiche, infezioni e pus. Ma il dato appare sottostimato. In tutti questi casi, solo il 12,1% si è rivolto a un dermatologo o al medico di famiglia (il 9,2%) e il 27,4% si è rivolto al proprio tatuatore, ma più della metà (il 51,3%) non ha consultato nessuno.
In generale, comunque, solo il 58,2% degli intervistati è informato sui rischi: la percezione sui rischi considerati più frequenti riguarda le reazioni allergiche (79,2%), l'epatite (68,8%) e l'herpes (37,4%). Mentre, soltanto il 41,7% è adeguatamente informato sulle controindicazioni alla pratica del tatuaggio.
È quindi necessario osservare le seguenti indicazioni:

- Rivolgersi sempre a un tatuatore in possesso dell'idoneità igienico-sanitaria ed abilitato ad operare in un locale autorizzato
- Acquisire tutte le informazioni sui rischi e sui materiali e prodotti utilizzati per poter firmare con piena consapevolezza il consenso informato
- Assicurarsi che vi sia un adeguato livello di igiene del personale e dell'ambiente di lavoro e che si faccia uso di guanti monouso, maschera e camice monouso
- Verificare che il tatuatore proceda a un'accurata pulizia delle mani prima e dopo l'esecuzione del tatuaggio
- Gli aghi devono essere nuovi, sterili e monouso e la macchinetta per tatuare deve essere ricoperta da un'apposita guaina di protezione. Eventuali strumenti non mono-uso devono essere sterilizzati.
- Richiedere informazioni sulla composizione degli inchiostri che devono essere sterili, atossici e utilizzati in contenitori/capsule porta-pigmenti monouso
- Evitare di scegliere parti anatomiche in cui sono presenti nevi o in cui la cicatrizzazione sia particolarmente difficoltosa
- Assicurarsi che la zona della pelle destinata al tatuaggio sia integra, sana ed adeguatamente disinfettata
- Verificare che creme e saponi siano usati con applicatore monouso o tramite dispenser

- Monitorare costantemente il tatuaggio durante il processo di guarigione e di cicatrizzazione, seguendo le indicazioni previste per l'after-care
- Rivolgersi al medico nel caso in cui insorgano problemi successivamente all'esecuzione del tatuaggio o, preliminarmente al tatuaggio stesso, nei casi in cui il tatuaggio è controindicato o sconsigliato.

https://tinyurl.com/ydejfwo6

1. Questo testo è detto *regolativo* nel senso che:
- A stabilisce una serie di divieti
- B fornisce indicazioni a chi vuole farsi tatuare
- C indica i rischi connessi con la prassi dei tatuaggi
- D indica come e quando il tatuaggio è sicuro

2. L'espressione *fascinazione del decoro della pelle* significa:
- A grande attrazione destata dal modo di presentarsi della pelle
- B abitudine di farsi fare tatuaggi sulla pelle
- C desiderio di mantenere la pelle sana
- D desiderio di avere una pelle affascinante

3. Il *consenso informato* è l'autorizzazione del paziente a ricevere un trattamento sanitario dopo essere stato informato delle sue condizioni di salute. V F

4. Il termine *pigmento* ammette i seguenti sinonimi, tra cui c'è un intruso. Quale?
Inchiostro/ pennello/ colore/ vernice

5. Completa il testo che segue tenendo in considerazione quanto è detto nelle *Istruzioni per l'uso*.
È prescritto l'uso di strumenti e oggetti monouso per evitare.................................. Chi vuole farsi fare un tatuaggio deve rivolgersi al medico se .... Dopo l'esecuzione del tatuaggio, invece, deve rivolgersi al medico se...

6. Che cosa si intende per *nevi*? ....

7. L'espressione *parti anatomiche* indica:
- A parti interessate dal tatuaggio
- B parti del corpo

TESTO D Testo poetico In the morning you always come back

Questa lirica del 1950 ha un titolo inglese (in italiano *Al mattino tu sempre ritorni*) ed è una intensa espressione d'amore rivolta dal poeta all'attrice americana Constance Downling, che aveva conosciuto alla fine del 1949 e con cui aveva avuto una relazione nella primavera seguente.

Lo spiraglio dell'alba
respira con la tua bocca
in fondo alle vie vuote.
Luce grigia[1] i tuoi occhi,
dolci gocce dell'alba
sulle colline scure.

1. **luce grigia:** la luce dell'alba non è ancora ben chiara, ma soffusa sulle colline scure.

Il tuo passo e il tuo fiato[2]
come il vento dell'alba
sommergono le case.
La città abbrividisce[3],
odorano le pietre
sei la vita, il risveglio.

Stella sperduta
nella luce dell'alba,
cigolio della brezza[4],
tepore, respiro
è finita la notte.

Sei la luce e il mattino.

Cesare Pavese, da *Verrà la morte e avrà i tuoi occhi*, Einaudi, Torino 1982

2. **il tuo fiato:** il tuo respiro, che è il segno della tua presenza.
3. **abbrividisce:** rabbrividisce, nel senso che dà segni di vita.
4. **cigolio della brezza:** lo spirare della brezza è come un fischio.

1. In base al titolo, di che cosa ti aspetti che parli il testo?
- [A] di un paesaggio osservato di mattina
- [B] del risveglio della natura
- [C] del ritorno della donna amata dall'autore
- [D] del passare del tempo

2. La prima strofa comprende 12 versi, con quattro frasi di tre versi ciascuna. Quale parola hanno in comune le prime tre frasi e perché questa parola è così evidenziata a fine verso?

....

....

3. Si può dire che i versi 1-3, 4-6 e 7-9 abbiano in comune, oltre al tema, anche la struttura, cioè il modo di presentare la donna?
- [A] sì, perché ciascuno dei tre blocchi di testo rappresenta la donna come un aspetto dell'alba
- [B] sì, perché l'argomento del testo non cambia ed è sempre l'alba
- [C] no, perché sono rappresentati aspetti diversi dell'alba
- [D] no, perché qui della donna non si parla

4. Dei vv. 13-18 è protagonista:
- [A] ancora la donna
- [B] la città al suo risveglio
- [C] una stella sperduta nella luce dell'alba
- [D] la fine della notte

5. Il testo comprende vari tipi di versi, ma quello prevalente è:
- [A] l'endecasillabo
- [B] il settenario
- [C] il novenario
- [D] il senario

6. Quale figura è presente nel v. 4?

....

7. Nel v. 11 (*odorano le pietre*) è presente una figura di:
- [A] ossimoro
- [B] metafora
- [C] sineddoche
- [D] similitudine

8. Sul piano lessicale (cioè in base alle parole usate), da che cosa si capisce che l'amore del poeta non è ancora entrato nella fase della delusione?
- [A] dal fatto che il lessico è sempre positivo, all'insegna della luce
- [B] dalle parole d'amore rivolte alla donna
- [C] dall'assenza di termini che indicano la notte o la mancanza di luce
- [D] dal fatto che non compare il nome della donna

TESTO E

Testo argomentativo
In ricordo dei martiri di Marzabotto

L'eccidio di Marzabotto (in provincia di Bologna) fu un insieme di stragi, perpetrate dai nazisti in Italia tra il settembre e l'ottobre 1944, che costarono la vita a oltre mille vittime della popolazione civile.
Il brano riporta le parole pronunciate dall'allora Presidente della Repubblica Carlo Azeglio Ciampi, precedute da alcune righe del curatore.

Con il Presidente tedesco Johannes Rau, Ciampi va a Marzabotto. Un significativo gesto di riconciliazione, a quasi sessanta anni da uno dei più assurdi e cruenti eccidi compiuti dai nazifascisti nel nostro Paese. Per la prima volta da quella strage, un Presidente tedesco chiede scusa al popolo italiano ("Non è facile trovare in questo luogo, davanti a voi, parole adeguate ad un simile orrore. Un orrore cosi difficile da esprimere a parole. Quando penso ai bambini e alle madri, alle donne e alle famiglie intere, vittime dello sterminio di quella giornata, mi pervade un profondo senso di dolore e vergogna. Mi inchino davanti ai morti").

San Martino, 17 aprile 2002. *Oltre mille esseri umani inermi, in gran parte donne, vecchi e bambini, furono trucidati nell'autunno del 1944 nei villaggi, nelle chiese, nelle piazze, nei casolari di questa montagna, divenuta la montagna dei Martiri. Atti di crudeltà disumana, frutto di una folle ideologia luciferina. La coscienza degli uomini ha condannato quell'orribile scempio, la storia lo ha giudicato. Siamo venuti qui per rendere onore a quelle vittime innocenti; il Presidente Rau lo ha voluto espressamente. Siamo, noi tutti, qui riuniti perché il ricordo rimanga vivo, affinché la memoria, tramandata di generazione in generazione, costituisca monito, guida, a vigile garanzia della dignità della persona umana. Mai più! Lo giurammo a noi stessi, non appena cessò il fragore delle armi, sulle tombe dei nostri fratelli, sulle macerie delle nostre case. Mai più odio, sangue, tra i popoli d'Europa. Ci impegnammo a far regnare fra di noi la pace, la fraternità. Da allora, il rifiuto delle ideologie totalitarie e dei nazionalismi, la disciplina dei valori di libertà e di democrazia hanno dato vita a un'unione sempre più stretta di uomini e di Stati: l'Unione Europea.*
Sentiamo che questo impegno di pace è l'unico vero modo di rendere onore a chi qui è sepolto: nel silenzio, nella preghiera, nella quiete di queste montagne, all'ombra di queste querce soli con i nostri ricordi e forti nella fede nei valori della nostra civiltà.

Carlo Azeglio Ciampi, *Dizionario della Democrazia*, San Paolo, Milano 2005

1. Che cosa significa l'esclamazione *Mai più!*?
   - A che il Presidente tedesco non avrà modo di venire altre volte a Marzabotto
   - B che Ciampi non parlerà mai più di questi crimini cui si associarono anche i fascisti italiani
   - C che ci si augura che crimini di questo genere non avvengano mai più
   - D che quei crimini possono avvenire di nuovo

2. Secondo Ciampi, qual è il modo degno di celebrare questi morti innocenti?
   - A pregare per loro
   - B rendere loro onore
   - C impegnarsi per la pace
   - D punire i colpevoli

3. In che senso Ciampi può dire che la storia ha giudicato *quell'orribile scempio*? ....

   ....

4. A tuo parere Ciampi si esprime alla prima persona plurale (*Lo giurammo*, *Ci impegnammo*) perché:
   - A parla anche a nome del Presidente tedesco
   - B coinvolge tutti gli italiani
   - C ha partecipato agli eventi della guerra e del dopoguerra
   - D vuole esprimere solidarietà alle vittime

5. Per *ideologie totalitarie* si intende un pensiero politico in cui:
   - A il potere controlla ogni aspetto della vita di un popolo
   - B i cittadini vogliono tutto il potere
   - C la totalità dei politici è concorde
   - D la totalità del pensiero è volta alla politica

6. Il *nazionalismo* è:
   - A la difesa dei confini di una nazione
   - B l'esaltazione di un'idea di nazione che non tiene conto degli altri popoli
   - C la difesa dei prodotti nazionali dalla concorrenza straniera
   - D il rifiuto di concedere la cittadinanza agli stranieri

7. L'aggettivo *cruenti* è sinonimo di ....

8. Scrivi la parafrasi dell'espressione *esseri umani inermi*:

   ....

   ....

9. Il termine *mònito* significa:
   - A ammonito
   - B avvertimento
   - C munito
   - D davvertito

10. Nel brano che segue sostituisci le parole in grassetto scegliendo tra quelle tra parentesi le più vicine per significato e coerenti con il contesto:

    Sentiamo che ***questo impegno*** *(questa promessa, questo pegno, questa garanzia) di pace è l'unico vero modo di rendere* ***onore*** *(grazie, omaggio, vendetta) a chi qui* ***è sepolto*** *(giace, è venerato, è celebrato): nel silenzio, nella preghiera, nella quiete di queste montagne, all'ombra di queste querce soli* ***con i nostri ricordi*** *(con le nostre colpe, con i nostri meriti, con i nostri pensieri, con la consapevolezza dell'accaduto) e forti nella* ***fede*** *(speranza, fiducia, concordia) nei valori della nostra civiltà.*

TESTO F Testo misto La politica: un mondo parallelo

Il Censis (Centro Studi e Investimenti Sociali) è un istituto di ricerca socio-economica che pubblica annualmente un rapporto sulla situazione sociale del Paese. Queste due tabelle statistiche (seguite da breve commento) e una tabella del Ministero dell'Interno presentano una situazione drammatica, che registra la sfiducia pressoché totale dei cittadini verso il mondo della politica, sempre più indifferente ai bisogni reali dell'Italia.

Tabella 1. Fiducia degli italiani nei confronti di politica e istituzioni (val. %)

	FIDUCIA	SFIDUCIA	NON SA	TOTALE
Partiti politici	11	84	5	100
Governo centrale	17	78	5	100
Parlamento	18	76	6	100
Regioni e Comuni	23	70	7	100
Pubblica amministrazione	25	67	8	100

Fonte: elaborazione Censis su dati Eurobarometro, 2017

Tabella 2: Soddisfazione degli italiani in merito al funzionamento della democrazia nel nostro Paese (val. %)

	Val. %
Sì	37
Molto	2
Abbastanza	35
No	60
Poco	39
Per niente	21
Non sa	3
TOTALE	**100**

Fonte: elaborazione Censis su dati Eurobarometro, 2017

Grafico 1: Settant'anni di elezioni politiche: **Astenuti, percentuale**

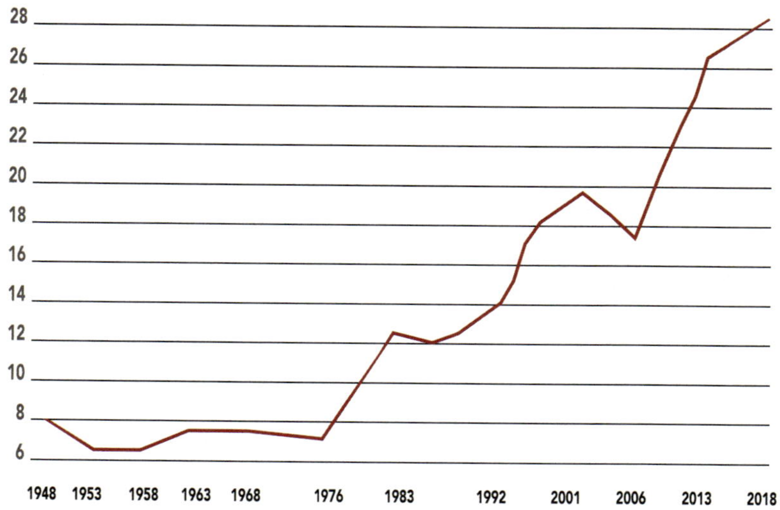

Fonte: Ministero dell'Interno, da Internazionale 9 marzo 2018: https://tinyurl.com/ycos2cnm

L'iniziativa politica, da azione che dovrebbe incidere sulla realtà dei processi socio-economici, si riduce a eterea opinione e l'esito di tutto ciò è il trionfo dell'astio nei suoi confronti che alimenta i tanti populismi. È ormai accertato che ogni nuova ondata di personalizzazione della politica, come opzione per riconnetterne primato e autonomia con le reali dinamiche sociali, ha finito per rendere ancora più evidente la sfiducia profonda, strutturale, nella politica stessa. I dati segnalano la dimensione colossale dell'onda di sfiducia verso la politica e i suoi soggetti, che non perdona nessuno: l'84% degli italiani non ha fiducia nei partiti politici, il 78% nel Governo centrale, il 76% nel Parlamento, il 70% nelle istituzioni locali, dalle Regioni alle amministrazioni comunali. Sono numeri che raccontano una insoddisfazione non estemporanea e pertanto slegata da singole figure politiche, connessa piuttosto a una dimensione strutturale, di lungo periodo. È una sfiducia sistemica, il cui tocco corrosivo ha ormai raggiunto i gangli vitali della sfera sociopolitica, poiché:

— il 60% degli italiani si dichiara insoddisfatto di come funziona la democrazia nel nostro Paese;

— il 64% è convinto che la voce del cittadino semplicemente non conti nulla.

È un distacco da politica e istituzioni percepite come sorde, impenetrabili, chiuse in una irredimibile autoreferenzialità, che fagocita e rende conforme ogni nuovo soggetto che entra a fame parte. D'altro canto, in questi anni lo Stato non è riuscito ad assumere una veste funzionale, da piattaforma al servizio di economia e società, di cui ci sarebbe molto bisogno e che sarebbe certamente apprezzata. Addirittura, la produzione di servizi pubblici è una delle note più dolenti per i cittadini, anche perché è l'ambito in cui l'ingerenza della politica è visibile, quasi sfrontata, e continua a non generare soluzioni adeguate.

Censis, *Rapporto sulla situazione sociale del Paese* 2017, Franco Angeli, Roma 2017

---

1. Riscrivi in parole povere la frase *L'iniziativa politica, da azione che dovrebbe incidere sulla realtà dei processi socio-economici, si riduce a eterea opinione e l'esito di tutto ciò è il trionfo dell'astio nei suoi confronti che alimenta i tanti populismi.*

[A] La politica, invece di fare qualcosa di concreto, si limita a chiacchiere vuote, con il risultato che i cittadini la detestano e ciò fa crescere la demagogia.

[B] L'iniziativa politica segue solo gli interessi dei partiti e per questo i cittadini detestano i loro rappresentanti e questo fa crescere i populismi.

2. La frase *È ormai accertato che ogni nuova ondata di personalizzazione della politica, come opzione per riconnetterne primato e autonomia con le reali dinamiche sociali, ha finito per rendere ancora più evidente la sfiducia profonda, strutturale, nella politica stessa* significa che:

[A] la visibilità di leader noti, "che ci mettono la faccia", ha reso ancora più evidente la sfiducia nella politica

[B] il tentativo di conciliare il primato della politica con l'autonomia locale ha dato un volto alla sfiducia nella politica

3. In che senso il testo parla di autoreferenzialità della politica? ....

....

4. Dai dati delle tabelle si ricava che due italiani su dieci non hanno fiducia in chi li governa, ai vari livelli. Esprimi con un aggettivo il tuo giudizio su questi dati:

....

5. Quanti cittadini sono convinti che la loro voce conti qualcosa?

[A] due su tre

[B] la maggior parte

[C] uno su tre

[D] quasi nessuno

6. L'astensione dal voto ha raggiunto nelle elezioni del marzo 2018 il picco più elevato:

Ti sembra che una percentuale di votanti pari al 73 % sia un fenomeno allarmante?	sì	no
La politica e l'informazione hanno dato il giusto peso al fatto che quasi una persona su tre si sia astenuta dal voto?	sì	no
La forte crescita dell'astensione dal 1976 al 1983 coincide con i cosiddetti anni di piombo, gli anni segnati dal terrorismo e dalle stragi. Credi che in questo modo gli italiani abbiano voluto esprimere un giudizio negativo sulla politica del tempo?	sì	no
Ritieni che i politici finora abbiano tenuto conto della sfiducia espressa nei loro confronti dal numero, crescente da quarant'anni, di chi si rifiuta di votare?	sì	no

7. Una parola che sta vivendo la sua stagione fortunata è populismo, usata per indicare...................

....

8. Il termine *Parlamento* indica:

A tutta la classe politica
B la Camera dei deputati e il Senato della Repubblica
C l'assemblea dei ministri
D il Governo

9. Desumi dal contesto il significato dell'aggettivo *estemporaneo*: ....

10. Parafrasa l'espressione *insoddisfazione connessa a una dimensione strutturale*: ....

....

....

TESTO G — Testo espositivo Italiani, brava gente?

Il 19 febbraio 1937, in seguito a un attentato alla vita del viceré d'Etiopia, maresciallo Rodolfo Graziani, alcune migliaia di italiani, civili e militari, uscivano dalle loro case e dalle loro caserme e davano inizio alla più furiosa e sanguinosa caccia al nero che il continente africano avesse mai visto.

Armati di randelli, di mazze, di spranghe di ferro, abbattevano chiunque – uomo, donna, vecchio o bambino – incontravano sul loro cammino nella città-foresta di Addis Abeba. E poiché era stabilito che la strage durasse tre giorni, e l'uso dei randelli si era rivelato troppo faticoso, già dal secondo giorno si ricorreva a metodi più sbrigativi ed efficaci. Il più praticato era quello di cospargere una capanna di benzina e poi di incendiarla, con dentro tutti i suoi occupanti, con il lancio di una bomba a mano.

Nessuno ha mai stilato un bilancio preciso degli etiopici che sono stati uccisi dal 19 al 21 febbraio 1937. Si va da un minimo di 1.400 a un massimo di 30.000, a seconda delle fonti.

Le migliaia di italiani che hanno partecipato alla strage di tanti innocenti, che nulla avevano a che fare con l'attentato, non hanno mai pagato per i loro delitti. Non sono mai stati inquisiti. Non hanno fatto un solo giorno di prigione. Dopo l'estenuante mattanza, sono tornati alle loro case e alle loro caserme, come se nulla fosse accaduto. Chi aveva famiglia in città, ha continuato, senza problemi, senza sentimenti di colpa, a gestire i propri affari, ad accarezzare i figli, a fare all'amore, come se in quei tre giorni di sangue il suo forsennato impegno nell'uccidere fosse stata la cosa più naturale, più ammirevole.

Angelo del Boca, *Italiani, brava gente*, Neri Pozza, Vicenza 2005

1. Il brano racconta un episodio che si svolge:
   [A] durante una spedizione in Africa
   [B] durante la Seconda Guerra Mondiale
   [C] durante la campagna di Etiopia
   [D] durante la Prima Guerra Mondiale

2. L'Etiopia è una regione
   [A] dell'Europa
   [B] dell'Africa

3. Che cosa vuole dimostrare l'autore del testo?

   ....

4. Nell'espressione *alcune migliaia di italiani, civili e militari* il significato di *civili* è ....

5. Che cosa significa *non sono mai stati inquisiti*?

   ....

6. Quale delle due affermazioni ti sembra più plausibile?
   [A] in quel caso gli italiani presenti in Etiopia si sono comportati come gli autori delle stragi nazifasciste in Italia
   [B] il comportamento crudele e sanguinario degli italiani si spiegava con le ragioni della rappresaglia per l'attentato a Graziani

7. In senso proprio il termine *mattanza* indica (eventualmente ricorri al dizionario) ....

   ....

RIFLESSIONE SULLA LINGUA

TESTO H Memorie scomode (anche per chi le scrive)

La memoria è una nebbiolina invisibile che toglie nitore ai contorni e deforma vigliaccamente il tempo. Pensiamo di dominarla anche quando ci sfugge. Ma è lei che domina noi. Se decide di lasciarci non ci avverte. Non chiude del tutto la porta. Prima di andarsene cambia volto, fa emergere un particolare e ne toglie un altro, cambia l'ordine delle cose. Spesso ritorna, impietosa. Suscita vergogne tardive, stimola rimorsi inaspettati. "In quell'occasione mi sarei dovuto comportare in un altro modo." "Se mi accadesse oggi farei l'opposto."

Sono pensieri che ho fatto più volte e – con maggiore frequenza – scrivendo queste note che accompagnano articoli, incontri, ritratti. Oltre quarant'anni di giornalismo. Ho cercato di essere sincero con i lettori e con me stesso. Sono orgoglioso di alcune battaglie civili, di alcune prese di posizione coraggiose. Nel libro ne racconto diverse. Alcune addirittura celebri. Frutto soprattutto del grande privilegio che ho avuto di lavorare con i migliori giornalisti del paese. E con inarrivabili maestri. [...] Mi rammarico, invece, per alcuni difetti della mia professione che ho forse assecondato troppo: un'insopportabile autoreferenzialità e un cinismo autocompiaciuto, romantico e seduttivo, nel quale le persone coinvolte nei fatti non di rado diventano oggetti inanimati, il cui destino, appena spenti i riflettori, è materiale di scarto. *Res nullius*. Sono difetti che avrei dovuto combattere con maggiore decisione. Ma non l'ho fatto o, meglio, l'ho fatto poco. Detto questo, sono stato fortunato, molto fortunato. Ho fatto il mestiere (o la professione) che desideravo fin da piccolo. Ho avuto più di quanto meritassi di avere. E non lo dico per falsa modestia. Uno dei grandi maestri del giornalismo, Enzo Biagi, affermava, scherzando ma non troppo, che "se gli editori scoprissero quanto ci divertiamo a lavorare non ci pagherebbero più". Enzo si faceva pagare bene e non accordava sconti agli editori. Anzi. Ma quella battuta era profetica. Oggi ci sono tanti colleghi, bravi giornalisti, che scrivono per passione, remunerati con cifre insultanti o anche senza essere pagati. Giovani che sono editori di se stessi, volenterosi donatori di notizie e inchieste animati da entusiasmo, idealità e spirito civico. Rischiano la vita là dove ci sono guerre. Non hanno alle spalle nessuno, tantomeno un'assicurazione. I grandi inviati della storia del giornalismo, al confronto, erano dei privilegiati.

Ferruccio de Bortoli, *Poteri forti (o quasi)*, La Nave di Teseo 2017

1. Nella frase *La memoria è una nebbiolina* il soggetto è .... e il nome del predicato è ....

2. La particella *se* compare più volte nel testo. Indica quando è congiunzione e quando pronome:

	CONGIUNZIONE	PRONOME
se[1]		
se[2]		
se[3]		
se[4]		

3. Nella frase *mi sarei dovuto comportare in un altro modo*, qual è il valore del condizionale? ....

....

4. Di quale tipo sono i periodi ipotetici presenti nel testo?

PERIODO IPOTETICO	TIPO
Se decide… non ci avverte	realtà possibilità irrealtà
Se mi accadesse… farei	realtà possibilità irrealtà
Se gli editori scoprissero… non ci pagherebbero	realtà possibilità irrealtà

5. Le virgolette sono usate tre volte per:
- A delimitare un discorso diretto
- B introdurre un titolo
- C indicare un termine usato in un senso particolare
- D delimitare una citazione

6. In base al contesto, l'espressione *Res nullius* significa
- A non importa
- B cosa di nessuno
- C cose da nulla
- D non importa a nessuno

7. A fine brano, il termine *anzi* è usato nel senso di:
- A prima
- B avanti
- C al contrario
- D piuttosto

8. Nella frase *Mi rammarico, invece, per alcuni difetti della mia professione che ho forse assecondato troppo* da che cosa si capisce che il pronome relativo si riferisce ai difetti e non alla professione?
- A dal fatto che la frase relativa equivale a *i quali ho assecondato*
- B non si dice *assecondare una professione*

9. Il termine *insultanti* è usato come:
- A verbo
- B participio
- C aggettivo
- D participio con valore aggettivale

10. Come è tipico del giornalismo, la sintassi del brano è:
- A complessa
- B paratattica e lineare
- C ricca di subordinate
- D elaborata

RISULTATI	
Numero di domande	69
Risposte corrette	
Risposte errate	
Risposte corrette	%
VOTO	**/10 (0%)**

SIMULAZIONE N.3

COMPRENSIONE DEL TESTO

TESTO A Testo narrativo-argomentativo Ladri di rame

In questa pagina di Silvia Avallone due giovani operai di un'acciaieria di Piombino, più per compiere una bravata che per bisogno, rubano filo di rame staccandolo dai tralicci elettrici all'interno di una ditta dismessa.

Il 13 agosto del 2001, a mezzanotte, Alessio[1] si issò in cima a un palo arrugginito della vecchia linea elettrica assicurandosi con l'imbracatura. Ci si era arrampicato sopra come un gatto. Indossava la tuta da lavoro e il solito berretto dei Chicago Bulls. Da quell'altezza vedeva tutto il promontorio e il mare, poco distante, nero e caldo.
Due tralicci più in la, in calzoncini e maniche corte, Cristiano sfoderava il tranciacavi e gli faceva segno di cominciare. Aveva arrotolato le gambe intorno al palo, non si era portato neppure una fune per agganciarsi. Lui non aveva paura di niente. Nel petto il battito alterato e la solita emozione, tredicenne, della bravata.
La notte era pulita. E deserta.
Si fissarono negli occhi, decisi a non lasciare impunito neppure un traliccio. Il cuore di Alessio pompava sangue e cocaina: come sempre con Cristiano, quando si intrufolavano in una proprietà privata per rubare qualcosa.
Erano dentro il recinto spinato della Dalmine-Tenaris[2], al centro di una distesa rada di canneti, di fronte all'oasi del WWF. Accanto, il gigante dell'Enel proiettava le sue torri in verticale, emetteva luci bianchissime uguali alle stelle. Erano le cose più alte della costa. La luna filtrava i vapori degli acquitrini, diventava una bava. Poi solo sterpaglia, lecci bassi e roveti. Poi il mare, più niente.
Qualche giorno prima, alla mensa della Lucchini, un tale particolarmente furbo si era lasciato scappare che dentro il parco della Dalmine era pieno di rame. L'aveva detto facendo l'occhiolino, a voce alta, senza sapere che chi ascoltava in silenzio, con il rame, aveva parecchia confidenza. «Non l'hanno smantellata tutta, la vecchia linea elettrica.»
E loro avevano afferrato il concetto. Di più: lo avevano bruciato sul tempo. Quella sera, a fari spenti, avevano costeggiato la fabbrica di tubi lungo la strada sterrata del quagliodromo.[3] Avevano cercato il punto esatto, dove il canneto è rado e la palude bassa. Avevano squarciato la rete e si erano inoltrati dentro come animali notturni.
Allora giù a tranciare con le mani spaccate, le gambe atrofizzate, la soddisfazione assoluta di aver già accumulato una quantità industriale di rame. Andarono avanti così, appesi con le cesoie in mano, per cinque ore. All'alba avevano una tale voglia di urlare

1. **Alessio:** uno dei protagonisti: un ragazzo che lavora nell'acciaieria Lucchini.
2. **Dalmine-Tenaris:** una fabbrica di tubi d'acciaio, sempre a Piombino.
3. **quagliodromo:** campo adibito al tiro alla quaglia.

che si sentivano scoppiare i polmoni. Non avevano quasi fiatato, per paura delle guardie, per paura che uno dei camionisti addormentati sul volante, nel parcheggio d'ingresso della Dalmine, si svegliasse e cominciasse a suonare il clacson. Quando smontarono erano un bagno di sudore e avevano le braccia a pezzi. Ormai, neppure più i fari di un'auto dispersa. Il niente del niente. Tra poco gli operai di turno sarebbero usciti e altri, da tutta la Val di Cornia, sarebbero arrivati con i pullman, le auto, per il turno successivo. Guadarono la melma con gli stivali di gomma e sulle spalle gli ultimi cavi arrotolati. Raggiunsero la macchina e riempirono il bagagliaio, i sedili posteriori, ovunque ci fosse un buco, fino all'orlo. Poi, a fari spenti e con gli ammortizzatori compressi dal peso, costeggiarono di nuovo la statale.

Quando finalmente superarono la Dalmine, Alessio ingranò la quarta e poi la quinta. Sollevò un gran polverone di terra e si voltò verso Cristiano con un sorriso galattico. Cristiano gli rispose tirando un pugno contro il parabrezza.

«Cinquemila lire al chilo, moltiplicato per?»

«Qualcosa come...» Alessio diede un'occhiata nello specchietto retrovisore. «Qualcosa come mezza tonnellata!» esultò l'altro voltandosi a controllare il malloppo. A conti fatti, in una notte, si erano intascati lo stipendio Lucchini di un mese. [...]

Scivolò nel buio divorando di corsa altre tre rampe di scale.

Alessio ci mise tutto l'impegno possibile per non fare rumore. Si era preoccupato di togliersi le scarpe e aveva preferito non accendere la luce. Tentò di raggiungere la sua stanza a tentoni.

Ma gli andò male.

Sbatté contro una sedia in cucina. Il rumore era rimbombato, irreale, in tutte le stanze dell'appartamento. Tempo zero, il clic di un interruttore della luce si era sentito fin lì. Bestemmiò dentro di sé. E sua madre si presentò, la faccia gonfia di sonno, proprio di fronte a lui. Sandra stava in piedi, rigida come il bastone di una scopa, davanti alla figura immobile di suo figlio alle sei del mattino. In tuta da lavoro, sporco in faccia, in condizioni paragonabili solo a un soldato nel Vietnam in *Apocalipse now*.[4] «Adesso mi spieghi» cominciò. Staccò le labbra incollate dal sonno, e sotto la pelle trasparente della fronte un muscolo si tese. Le uscì una voce non sua, e non riuscì a completare la frase. Alessio guardava sua madre: la donna in vestaglia, le spalle incurvate, era invecchiata, sì, era pallida e sfibrata, quella donna con gli occhi pieni di tristezza, che adesso chiudeva le palpebre per non vedere.

«Mamma» trovò il coraggio, «torna a letto e per favore non chiedermi niente. Ti giuro che non devi preoccuparti.»

Sandra continuava a tenere gli occhi chiusi, in silenzio. «Mamma» disse, «scusami se sono sporco...»

Prese fra le braccia quel corpo, lo strinse a sé come un bimbo o una fidanzata. Le fece sentire, nonostante la schiena rotta, tutta la sua forza.

«Non ti chiedo niente» disse Sandra scuotendo la testa, «ma tu promettimi...»

«Sssh!» fece Alessio che non voleva sentire.

4. Apocalypse now: famoso film (1979) di Francis Ford Coppola, ispirato al romanzo di Joseph Conrad, *Cuore di tenebra*.

«Promettimi» ripeté Sandra mentre il volto le tornava bello, «che questa è l'ultima volta che vai a fare non so cosa di notte.» Alessio rise. Risero insieme, abbracciati e stanchi, alla luce della lampadina che pendeva dal soffitto e dell'alba che stava sorgendo. In quel momento, da dietro lo spigolo della porta, apparve Anna.[5] Non disse niente. Rimase lì, pulita e scalza. Li guardava, non vista, come un piccolo angelo in pigiama estivo. Nel suo alfabeto, quella era una cosa molto bella. La sua mamma con il viso nell'incavo tra il collo e la spalla di suo fratello, era forse la cosa più bella. Quella per cui valeva la pena, nella vita, non barare.

Silvia Avallone, *Acciaio*, Rizzoli, Milano 2010

5. Anna: sorella di Alessio, è una delle due protagoniste del romanzo.

1. Qual è l'argomento della narrazione?
- [A] un furto di fili di rame
- [B] un'incursione nell'acciaieria per curiosare
- [C] un'incursione in una centrale elettrica
- [D] una camminata nell'oasi del WWF

2. Da dove i due amici Alessio e Cristiano prelevano il rame?
- [A] direttamente dal magazzino della fabbrica
- [B] se lo fanno consegnare da un operaio del magazzino
- [C] lo tranciano dai tralicci con delle cesoie
- [D] raccolgono pezzi abbandonati sul terreno

3. A quanto assomma il valore del materiale sottratto?

....

4. Da che cosa si può dedurre che i due tornano a casa quando ormai è mattina?
- [A] dal fatto che di lì a poco sarebbero usciti gli operai del turno di notte
- [B] si dice che ormai si vedevano le prime luci dell'alba

5. Come mai Alessio viene sorpreso dalla madre e dalla sorella?
- [A] perché in casa accende le luci
- [B] perché sentono il rumore della serratura
- [C] perché lui stesso le sveglia per dire che è rientrato
- [D] perché urta una sedia della cucina

6. Come valuti la conclusione del brano?
- [A] adeguata, perché Alessio è un ladro drogato ma buono
- [B] piuttosto superficiale: un abbraccio non risolve nulla
- [C] utile per capire come si conclude la bravata
- [D] inutile e fastidiosa per l'eccessivo sentimentalismo

7. Il termine *imbracatura* indica:
- [A] un indumento da indossare
- [B] un sistema di cinture per assicurarsi a un appiglio
- [C] una copertura per non bagnarsi
- [D] un paio di calzoni particolarmente resistenti

8. Nel secondo paragrafo del testo, il termine *tredicenne* è un:
- [A] sostantivo
- [B] aggettivo

9. Fai la parafrasi dell'espressione *decisi a non lasciare impunito neppure un traliccio*: ....

....

....

10. Leggi questo periodo dello studioso Marco Belpoliti, che scrisse una stroncatura di *Acciaio*, e integra le parole mancanti scegliendole tra quelle in **grassetto**:
Cosa, poi, c'entri l'acciaio degli ***stabilimenti/insediamenti/altiforni*** *di Piombino non lo si capisce proprio, perché, per quanto Anna e Francesca, le due* ***ragazze/amiche/protagoniste****, i loro padri, fratelli e fidanzati, s'aggirino dalle parti dello* ***insediamento/stabilimento*** *siderurgico, si vede benissimo che la giovane* ***ragazza/autrice*** *non ci ha mai messo* ***occhio/piede,*** *che non sa cosa sia una* ***acciaieria/un altoforno/una fabbrica*** *e neppure la classe* ***dirigente/operaia*** *che vi circola intorno.*
https://tinyurl.com/y8ll3sjn

TESTO B Testo informativo I minatori della Maremma

Resoconto dell'esplosione di grisou che nel 1954 provocò la morte di 43 minatori nella miniera di Ribolla, nel grossetano, gestita dalla società Montecatini.

Fra le 8,35 e le 8,45 del 4 maggio 1954, nella sezione Camorra[1] della miniera di Ribolla, si verificò uno scoppio di grisou, che coinvolse un incendio di polvere di carbone. Il grisou è un miscuglio gassoso, prevalentemente composto di metano, che è presente in tutte le miniere e particolarmente in quelle di lignite,[2] ma diventa pericoloso quando si combina con l'aria in proporzioni fra il 6 e il 16 per cento, dando luogo a una miscela esplosiva che può innescarsi a contatto con una qualsiasi sorgente di calore superiore ai 600 gradi. II grisou, più leggero dell'aria, tende ad accumularsi nelle zone alte della miniera, e l'arte mineraria insegna quindi che tali accumuli possono evitarsi ventilando la miniera in maniera opportuna.

Si seppe della sciagura la mattina del 4 maggio: era stato verso le 8 e mezza, un'esplosione spaventosa; avevano visto una gran nube di fumo uscire dalla bocca del pozzo, un boato sordo. Baseggio, il caposervizio, era ferito anche lui, alla testa, lo avevano portato a Massa, all'ospedale. Eppure Baseggio non era ancora entrato sotto, alle otto e mezza. L'esplosione l'aveva colpito lassù, all'esterno. Certo la prima "gita"[3] del Camorra era sparita, tutti morti, cinquanta o sessanta, chissà. Le notizie che si diffusero subito erano vaghe e contraddittorie, ma la gravità del disastro fu subito chiara a tutti: le esperienze precedenti avevano insegnato che una esplosione in una miniera di lignite, e in particolare in una miniera "difficile" come quella di Ribolla, assume sempre proporzioni tragiche.

Insieme alle notizie, a Ribolla, ma anche nelle altre miniere e in genere in tutta la Maremma, si diffondeva la sensazione del panico, aggravata dalla impossibilità di vedere chiaramente come stessero le cose, cosa potesse farsi per sapere, per soccorrere, in qualche misura per rimediare. Fra l'altro l'esplosione trovava tutti impreparati. La direzione della miniera non fu in grado di portare subito i primi soccorsi e neppure di indicare che cosa si dovesse fare: fino alle dieci non dette nemmeno l'ordine di abbandonare il lavoro negli altri cantieri.

Fu organizzata qualche squadra di soccorso, più che altro per lo slancio appassionato ma sprovveduto degli operai. Un gruppo che scese immediatamente nel pozzo dovette uscirne fuori sotto la minaccia di un nuovo immediato pericolo: i soccorritori risalivano pallidi, semisvenuti, con sul volto i primi segni di intossicazione da ossido di carbonio. Non c'erano autorespiratori a sufficienza, e si dovette attendere il primo pomeriggio, che arrivassero quelli dei vigili del fuoco. Fu allora che le prime squadre cominciarono a organizzarsi con un certo metodo: anche dalle miniere vicine scesero gruppi di minatori, chiedendo essi stessi di partecipare al soccorso, ma non c'era lavoro per tutti. La direzione della miniera non sapeva evidentemente dove mettere le mani.

1. **Camorra:** nome di uno dei pozzi della miniera.
2. **lignite:** carbone fossile.
3. **la prima "gita":** la prima squadra di minatori.

Anche il soccorso medico si rivelò a prima vista decisamente inadeguato: ambulanze, di ogni tipo e di ogni provenienza, si dovettero raccogliere da varie zone della provincia di Grosseto e di quella di Siena.

[...]

La sciagura di Ribolla non fu dovuta a una "tragica fatalità" ma alla consapevole inadempienza di precise norme di polizia mineraria. Il sistema di lavorazione a fondo cieco[4] era in contrasto con l'articolo 9 del Regolamento di polizia mineraria (10 gennaio 1907), il quale richiede che "ogni lavorazione sotterranea deve avere almeno due uscite all'esterno, distinte e accessibili entrambe in ogni tempo agli operai occupati nei diversi cantieri della miniera". Questa inadempienza, come si è visto, non è stata la causa del disastro, ma lo ha certamente aggravato.

Luciano Bianciardi, *I minatori della Maremma*, in *L'antimeridiano. Tutte le opere*, Isbn edizioni, Milano 2005

4. **a fondo cieco:** cioè in cunicoli senza vie d'uscita né di fuga.

1. In che cosa consiste l'incidente descritto nel brano?

....

2. Che cos'è il grisou? ....

....

3. Quando il grisou diventa pericoloso?
   - A quando lo si respira
   - B quando si combina con l'aria e diventa esplosivo
   - C quando si sviluppa in ambienti chiusi
   - D se si accende una fiamma

4. Come reagisce la direzione della miniera di fronte all'esplosione?
   - A presta subito i primi soccorsi
   - B chiama i pompieri
   - C allerta gli ospedali
   - D si dimostra impreparata

5. Secondo l'autore del testo, il sistema di lavorazione a fondo cieco può essere considerato la causa del disastro in miniera?
   - A sì, perché ha provocato lo scoppio
   - B no, ma ha aggravato le condizioni

6. Nel contesto, la frase *non c'era lavoro per tutti* significa:
   - A la miniera non assicurava lavoro a tutti i dipendenti
   - B non c'era la possibilità di impiegare tutti i soccorritori
   - C c'era una crisi nel settore minerario
   - D mancava la forza lavoro necessaria

7. Nella frase *una miscela esplosiva che può innescarsi* il verbo *innescarsi* significa:
   - A esplodere
   - B spegnersi
   - C iniziare il processo che porta all'esplosione
   - D prendere fuoco

8. Nel contesto, definire inadeguato il soccorso medico indica che le cure prestate furono:
   - A inferiori alle esigenze
   - B non adatte all'ambiente della miniera

9. Il termine *inadempienza* è sinonimo di:

non osservanza	sì	no
disobbedienza	sì	no
incapacità	sì	no
inadeguatezza	sì	no
arroganza	sì	no

10. Leggi queste righe che concludono il racconto di Bianciardi e integra le parole mancanti scegliendo tra quelle in **grassetto**:
In quei ***pochi/primi/tragici*** *giorni gli operai non potevano* ***dichiarare/dimenticare/negare*** *che l'anno prima, da quello stesso pozzo Camorra, 45 loro compagni erano usciti ammanettati come* ***criminali/bestie/terroristi****, solo perché avevano occupato quella zona della* ***città/stazione/miniera*** *per protestare contro* ***nuovi/innumerevoli /ingiusti*** *licenziamenti.*

TESTO C Testo misto | I nuovi miti d'oggi

Il Censis (Centro Studi e Investimenti Sociali) è un istituto di ricerca socio-economica che pubblica annualmente un rapporto sulla situazione sociale del Paese. Una delle numerosissime tabelle statistiche ci offre dati significativi, per certi versi sorprendenti.

Tra i fattori ritenuti centrali nella società di oggi al primo posto si trova ancora il posto fisso con il 38,5% delle opinioni, seguito però dai social network (28,3%), poi dalla casa di proprietà (26,2%) e dallo smartphone (25,7%): le prime quattro posizioni riproducono un mix inestricabile tra valori tradizionali e icone della contemporaneità. Segue l'attenzione alla cura del corpo (22,7%), poi i selfie (18,9%), che vengono prima del possesso di un buon titolo di studio come garanzia per riuscire socialmente (14,4%) e dell'acquisto dell'automobile nuova (10,2%).

https://tinyurl.com/y7459qh3

Fonte: indagine Censis, 2017

FATTORI RITENUTI PIÙ CENTRALI NELL'IMMAGINARIO COLLETTIVO DELLA SOCIETÀ DI OGGI, PER SESSO E LIVELLO DI ISTRUZIONE (VAL. %)

	Totale popolazione	Maschi	Femmine	Licenza elementare e media	Diploma e laurea
Il posto fisso	38,5	40,8	36,3	40,4	36,4
I social network	28,3	26,3	30,2	24,0	33,2
La casa di proprietà	26,2	26,6	25,8	28,8	23,1
Lo smartphone	25,7	24,0	27,4	22,7	29,3
La cura del corpo	22,7	19,8	25,5	17,6	28,7
Il selfie	18,9	15,3	22,4	17,3	20,8
L'insicurezza	17,8	18,4	17,3	17,4	18,3
Un buon titolo di studio	14,4	15,8	13,2	16,1	12,6
L'automobile nuova	10,2	9,1	11,3	9,3	11,3
Il low cost	7,8	8,9	6,8	7,3	8,3
La democrazia diretta	7,4	7,8	7,0	6,1	8,8
L'Europa unita	6,7	7,6	5,8	7,8	5,4
Le start up digitali	2,9	2,7	3,1	3,4	2,4

Il totale non è uguale a 100 perché erano possibili più risposte

1. Il testo introduttivo afferma che *le prime quattro posizioni riproducono un mix inestricabile tra valori tradizionali e icone della contemporaneità*. Quali sono i primi e quali le seconde?

valori tradizionali	
icone della contemporaneità	

2. Perché, a tuo parere, si ritiene che i selfie possano essere più importanti di un buon titolo di studio per riuscire socialmente?
- A i selfie rispondono alle esigenze della civiltà dell'immagine, per cui conta moltissimo apparire, mostrarsi
- B i titoli di studio sono molto svalutati e non garantiscono un effettivo valore
- C in un selfie una persona rivela chi è, che aspetto ha e che cosa sa fare
- D il titolo di studio può anche essere fasullo o conseguito a buon mercato

3. Prova a spiegare lo scarso interesse per temi di carattere politico come la democrazia diretta (cioè esercitata senza passare attraverso i rappresentanti eletti), anche se oggi la rete consente di esprimere la propria volontà in tempo reale.
- A nessuno crede più nella democrazia
- B la democrazia diretta non è ritenuta un bene
- C il malcostume politico ha fatto crollare la fiducia dei cittadini verso tutta la politica
- D c'è l'idea che, in ogni caso, sia inutile e improduttivo occuparsi di politica

4. In base ai dati riportati in tabella, il posto fisso è più importante per gli uomini o per le donne? E perché, a tuo parere.
- A per gli uomini, forse perché si pensa che su di loro gravi la maggiore responsabilità della famiglia
- B per gli uomini, perché garantiscono stabilità alla famiglia
- C per le donne, perché il posto fisso consente loro maggiore autonomia
- D per le donne, perché su di loro gravano anche gli impegni della vita domestica

5. Secondo il Censis la cura del corpo comprende tatuaggi, fitness, wellness e chirurgia estetica. Perché, secondo te, la cura del corpo è più importante per le persone più istruite (quasi una persona su tre)?
- A perché hanno più soldi da spendere
- B perché hanno maggiori pretese
- C perché hanno maggiori occasioni per apparire in pubblico
- D perché la stima di sé cresce di pari passo con l'istruzione

6. Il fatto che le start up digitali (cioè le neoimprese, appena avviate) riscuotano un interesse marginale dimostra che:
- A ciò che non convince è probabilmente il fatto che si tratta di iniziative perlopiù autoreferenziali, carenti dal punto di vista della condivisione
- B tra i giovani non c'è molta iniziativa e preferiscono praticare attività più tradizionali

7. Dalla tabella ricavi che i social sono importanti soprattutto per le persone più istruite (30,2%). Come spieghi, allora, il fatto che uno degli intellettuali più attenti alle dinamiche del nostro tempo, Umberto Eco, abbia scritto che *i social media danno diritto di parola a legioni di imbecilli che prima parlavano solo al bar dopo un bicchiere di vino, senza danneggiare la collettività. Venivano subito messi a tacere, mentre ora hanno lo stesso diritto di parola di un Premio Nobel*?
- A Eco ha sbagliato quando ha scritto quella frase
- B l'affermazione di Eco è giusta, ma la tendenza va in direzione opposta
- C i social sono utilizzati anche da persone che non scrivono né dicono nulla
- D probabilmente la categoria diploma e laurea è poco indicativa

8. Che cosa indica propriamente il termine *icona*, che nel testo è usato semplicemente come sinonimo di *immagine*?
- A un quadro che riproduce una persona
- B una statua a grandezza naturale
- C un'immagine sacra di origine orientale
- D un dipinto all'interno di una chiesa

9. Sulle 13 voci della tabella, ben 5 sono parole inglesi; individuale e scrivi accanto a ciascuna l'equivalente italiano.

1. ....
2. ....
3. ....
4. ....
5. ....

TESTO D Testo argomentativo Perché questo bisogno di Platone

Umberto Eco cerca di spiegare la presenza di massa ai festival culturali, per sentire quelle che un tempo sarebbero state considerate solo noiosissime conferenze. Una moda che dipende dal desiderio positivo di stare insieme, e di vedere poeti e filosofi in carne e ossa. Alla faccia della TV trash.

Perché questo bisogno di Platone? Col declinare dell'autunno credo siano terminate quelle Kermesse del Pensiero che hanno avuto il loro culmine nel mese di settembre. Sto parlando dei vari festival culturali come il Festival della Letteratura di Mantova, il Festival della Filosofia di Modena, il Festival della Mente di Sarzana, il Festival della comunicazione di Camogli, il Pordenonelegge - e chissà quanti ne trascuro, magari di dimensioni minori ma non meno riusciti. Chi non ci sia mai andato riesce a fatica a concepire una città intera popolata di visitatori venuti anche da molto lontano, dove a ogni angolo, sala, teatro sta avvenendo qualcosa, sovente anche tre o quattro eventi contemporaneamente, e tutti con gli ultimi arrivati che si affollano in piedi, pronti a seguire una o due ore di conferenze (oggi si chiamano "lectio magistralis" ma è pur sempre un tizio o una tizia che parlano dietro un tavolo, e di cose difficili).

Quando ero giovane le conferenze erano considerate cose noiosissime che si svolgevano in salette mezze vuote e quando da adulto ho scoperto che in Germania si pagavano alcuni marchi per andare a sentire un autore che leggeva i propri testi mi ero chiesto se erano matti, perché da noi per mandare gente ad ascoltare un poeta che si leggeva, la gente non ci sarebbe andata neppure a pagarla. Ma erano certamente altri tempi e qualcosa è iniziato a cambiare a inizio anni Ottanta quando a Cattolica si sono svolte conferenze sul tema "Che cosa fanno oggi i filosofi". Si pagava per entrare, e arrivavano auditori con pullman dalle città vicine. È stato un cambiamento totale che da allora ha dato inizio a un processo inarrestabile.

Chi è estraneo al gioco può chiedersi: "ma chi glielo fa fare?". Però si tratta di migliaia e migliaia di persone, per ciascuna città, che in certi luoghi pagano, in altri entrano gratis, ma in ogni caso vengono da fuori e sostengono le spese di viaggio, permanenza e ristoranti, per seguire discorsi e discussioni che un tempo parevano limitate alle aule universitarie. Non si tratta quindi di quattro fanatici o di quattro snob: tutti insieme fanno folla. Che cosa cercano?

Direi che i motivi sono molti. Primo, la gente (almeno, molta gente) non è stupida come pensano i produttori di trash televisivo, e gli editori di riviste a colori sulle affettuose amicizie di attrici e calciatori. Vogliono qualcosa di serio da mettere sotto i denti. Voi mi colmate di grandi fratelli? Ebbene, vorrei un poco di Platone. Sembra un'esagerazione, ma le cifre sono cifre: moltissimi vogliono sentirsi coinvolgere in esperienze "nutritive". Giocherà anche l'elemento turistico, ma non è il turismo delle famiglie che vanno a vedere il Mulino Bianco (se non ci credete c'è, e ci vanno). E ci vanno anche moltissimi giovani, in parte quelli cui l'università del triennio sta dando meno di un tempo. Un altro elemento è che questa gente vuole incontrare persone in carne e ossa. Certo, se andate su Internet potete trovare i testi di molti di coloro che parlano ai vari festival, e forse potete persino vederli mentre si parlano addosso in televisione, e se vi sono piaciuti o dispiaciuti potete dirlo a qualche fantasma di corrispondente elettronico via Twitter o Facebook. Ma evidentemente non basta: c'è un bisogno profondo di contatti faccia a faccia, di vicinanza fisica. C'è anche del divismo? In parte sì, posso vedere in persona l'autore che amo e magari chiedergli un autografo e persino un "selfie"; ma in fin dei conti questi fan vogliono vedere un filosofo o un poeta e non una valletta.

Infine credo conti anche il bisogno di stare insieme, di riconoscersi in chi ha i nostri stessi gusti e problemi, di scambiarsi delle idee mentre si va da un posto all'altro. Woody Allen consigliava, per incontrare ragazze, di andare ai concerti. Non era solo una battuta; se vuoi incontrare qualcuno che la pensi come te, e non solo sul piano dei rapporti sessuali, hai più possibilità durante l'intervallo di un concerto che andando ad assieparti nella curva sud.

Umberto Eco, *L'Espresso*, 17 ottobre 2014

1. Da' un titolo a ciascuno dei paragrafi in cui è suddiviso l'articolo:

1. ....
2. ....
3. ....
4. ....
5. ....

2. Qual è il fenomeno individuato e descritto in questo articolo?

- [A] il bisogno di stare insieme
- [B] sentir parlare di filosofia come antidoto al trash di TV e giornali
- [C] allacciare contatti con persone di cultura
- [D] trovare un modo per occupare il tempo libero

3. Che cosa è una *lectio magistralis*?

- [A] una lezione universitaria
- [B] una lezione del maestro agli allievi
- [C] una conferenza
- [D] un discorso lungo e noioso

4. Che cosa si intende per kermesse?

- [A] una festività
- [B] un dolce
- [C] una gara
- [D] un pubblico raduno

5. In che senso il turismo culturale *"non è il turismo delle famiglie che vanno a vedere il Mulino Bianco (se non ci credete c'è, e ci vanno)*?

- [A] nel senso che chi frequenta gli eventi in questione avverte un bisogno di cultura che è sconosciuto alle famiglie che seguono le proposte della pubblicità
- [B] nel senso che il turismo culturale è quello di chi va a visitare musei e città d'arte

6. Chi è Platone? ....

7. Scrivi un sinonimo italiano del termine inglese *trash*:

....

8. Eco immagina che molta gente, meno stupida di quanto pensano i produttori di trash televisivo e giornalistico, dica: *Voi mi colmate di grandi fratelli? Ebbene, vorrei un poco di Platone*. In sostanza che cosa significa questa frase? ....

....

9. Condividi l'analisi di Eco o pensi che anche assistere a questi eventi culturali sia in qualche misura una moda?

....

10. Che cosa significa l'espressione *si parlano addosso*?

- [A] parlano male uno dell'altro
- [B] parlano di se stessi
- [C] parlano compiacendosi di quanto dicono
- [D] litigano tra loro

TESTO E Testo poetico Felicità raggiunta

In questa lirica il poeta Eugenio Montale presenta la felicità non come una conquista ma come un'esperienza instabile.

Felicità raggiunta, si cammina
per te[1] sul fil di lama.[2]
Agli occhi sei barlume che vacilla,
al piede, teso[3] ghiaccio che s'incrina;
e dunque non ti tocchi chi più t'ama.

Se giungi sulle anime invase
di tristezza e le schiari[4], il tuo mattino
è dolce e turbatore come i nidi delle cimase[5].
Ma nulla paga il pianto del bambino
a cui fugge il pallone tra le case.

Eugenio Montale, da *Ossi di seppia*, 1925

1. **per te:** cioè per raggiungerti.
2. **sul fil di lama:** cioè esponendosi continuamente al rischio di tagliarsi e farsi male, cioè di perdere la felicità.
3. **teso:** liscio.
4. **le schiari:** le rischiari dando loro un momento di serenità.
5. **cimase:** i cornicioni delle case, dove gli uccelli amano costruire i loro nidi.

1. Perché chi più ama la felicità non dovrebbe toccarla?
- A perché è fragile e potrebbe rovinarsi
- B perché non può tenerla tutta per sé
- C per godere la felicità in un tempo futuro
- D perché la felicità non è di questo mondo

2. Nel v. 7 *il tuo mattino* sta a indicare:
- A la felicità dei bambini
- B il primo manifestarsi della felicità
- C che la felicità dura un attimo
- D la giovinezza

3. Quale di queste due frasi ti sembra rispecchiare meglio il messaggio del testo?
- A la felicità è un bene precario e passeggero, che non si conquista una volta per tutte, ma per cui bisogna lottare ogni giorno
- B la felicità, appena raggiunta, è dolce come la gioia, ma provoca anche turbamento, e con il passare del tempo si trasforma in infelicità

4. A tuo parere l'espressione *il tuo mattino è dolce e turbatore come i nidi delle cimase* può essere parafrasata così: *il tuo arrivo genera una sensazione di gioioso turbamento come il cinguettare degli uccelli nei nidi*?
☐ SÌ ☐ NO

5. Nella tabella che segue sono riportate alcune informazioni tratte dal testo. Per ognuna di esse indica con una crocetta se dà un'immagine positiva o negativa della felicità:

informazione	positiva	negativa
felicità raggiunta		
barlume che vacilla		
rischiari le anime invase da tristezza		
il tuo mattino è dolce		
il pianto del bambino		

6. Nei due versi finali, il pianto del bambino a cui è sfuggito il pallone è un'immagine che sta a indicare:
- A l'attimo di felicità che è fuggito
- B la tristezza di chi è infelice
- C che l'infelicità riguarda tutti gli uomini
- D che l'infelicità non risparmia neppure i bambini

7. *non ti tocchi* è un:
[A] indicativo
[B] congiuntivo

8. Le espressioni *fil di lama, barlume, ghiaccio* sono:
[A] paragoni
[B] metafore

9. L'espressione *come i nidi delle cimase* è:
[A] una metafora
[B] un paragone

10. Nel verso finale il poeta non dice *a cui sfugge il pallone*, ma *a cui fugge il pallone*. Tra le due espressioni c'è differenza, in quanto:
[A] *sfugge* è intransitivo, mentre *fugge* è transitivo e ha come soggetto il bambino
[B] *sfuggire* indica semplicemente la perdita del pallone, che il bambino non è riuscito a tenere presso di sé; *fuggire* dà l'idea di qualcosa di animato, che decide di andarsene

RIFLESSIONE SULLA LINGUA

TESTO F Sacro e profano

In questa istantanea Claudio Magris osserva in un dettaglio del comportamento di due ragazzi la distanza tra cattolici e protestanti.

In un bar di Stoccolma, verso sera. Fuori non è ancora buio: la luce indugia a lungo, tersa e struggente, un'indefinibile nostalgia che sembra non voler dileguare. Nel bar ci sono alcuni studenti italiani, in gran parte romani; studenti dell'ultima classe di liceo, mi sembra di capire, in qualche gita scolastica o viaggio premio. Naturalmente sono in cerca di ragazze svedesi. Uno grande e grosso, più disinvolto ed esuberante degli altri, ne tiene una sulle ginocchia. Le reciproche affettuose carezze si fanno via via più audaci, nient'affatto disturbate dagli altri giovani che siedono intorno e ogni tanto interloquiscono nel dialogo, verbale e gestuale, dei due focosi. A un certo punto la ragazza, stringendosi all'amico, scopre sul suo petto, sotto la camicia, una medaglietta, la prende in mano, la guarda e dice, puntando il dito: "Maria!" La mano del giovanotto riemerge fulminea da sotto il vestito della fanciulla e colpisce rapida, con uno schiaffetto leggero ma deciso, le dita femminili che tengono l'immagine, mentre lui esclama severamente: "Ecch'è 'sta confidenza? La Madonna!" E così l'educazione cattolica, profondamente permeata dal culto mariano notoriamente inviso ai nordici protestanti, ristabilisce le distanze tra sacro e profano.

Claudio Magris, *Istantanee*, La Nave di Teseo, Milano 2016

1. Come definisci la frase *In un bar di Stoccolma, verso sera*?
[A] nominale
[B] temporale
[C] principale
[D] secondaria

2. L'espressione *un'indefinibile nostalgia* potrebbe esser una frase nominale oppure:
[A] complemento oggetto di *indugia*
[B] apposizione di *luce*
[C] attributo di *luce*
[D] soggetto di *indugia*

3. Nell'espressione *ne tiene una sulle ginocchia* la particella *ne* è usata come:
- A pronome neutro, come nella frase *ne sono certo*
- B pronome personale, come nella frase *ho visto quella ragazza e me ne sono innamorato*
- C pronome dimostrativo, come nella frase *ho raccolto frutta e ne ho mangiato un po'*
- D avverbio, come nell'espressione *Firenze? Ne torno proprio ora*

4. La frase al gerundio *stringendosi all'amico* equivale a una subordinata:
- A causale: *poiché si stringe*
- B temporale: *mentre si stringe*
- C concessiva: *benché si stringa*
- D consecutiva: *cosicché si stringe*

5. Il modo di dire colloquiale e dialettale *Ecch'è 'sta confidenza?* significa:
- A Che cos'è tutta questa confidenza?
- B Perché ti prendi questa confidenza?

6. Il termine *permeata* è un:
- A participio con valore aggettivale
- B aggettivo

7. I due punti sono adoperati nel brano con varie funzioni. Indica per ciascuna delle seguenti sequenze la funzione svolta:

	INTRODUCONO UN ELENCO	INTRODUCONO UNA PRECISAZIONE	INTRODUCONO UN DISCORSO DIRETTO
Fuori non è ancora buio: la luce indugia a lungo			
dice, puntando il dito: "Maria!"			
esclama severamente: "Ecch'è 'sta confidenza?"			

8. Le virgole sono adoperate nel brano con varie funzioni. Indica per ciascuna delle seguenti sequenze la funzione (o le funzioni) svolta dalla virgola.

	APRE E CHIUDE UN INCISO	SEPARA FRASI	SEPARA GLI ELEMENTI DI UN ELENCO
la luce indugia a lungo, tersa e struggente, un'indefinibile nostalgia			
studenti dell'ultima classe di liceo, mi sembra di capire, in qualche gita scolastica			
scopre sul suo petto, sotto la camicia, una medaglietta, la prende in mano, la guarda e dice			
le dita femminili che tengono l'immagine, mentre lui esclama severamente			

RISULTATI	
Numero di domande	57
Risposte corrette	
Risposte errate	
Risposte corrette	%
VOTO	**/10 (0%)**

SIMULAZIONE N.4

COMPRENSIONE DEL TESTO

TESTO A

Testo argomentativo
Argomenti pro e contro la tortura

Il giornalista Corrado Stajano riporta l'opinione di un collega secondo il quale, in casi eccezionali, la tortura può essere giustificata dalla necessità di salvare un gran numero di vittime innocenti.

Possono andar fieri i milanesi di quel che è stato scritto (il 13 agosto 2006) in un editoriale di prima pagina del "Corriere della Sera" da Angelo Panebianco, che ha fatto ricordare il cittadino illustre Cesare Beccaria, pubblicando un elogio della tortura: «Facciamo un'ipotesi di fantasia, ma non proprio del tutto implausibile. Immaginiamo che tra qualche mese venga fuori che l'Apocalisse dei cieli, il gran-attentato destinato a oscurare persino gli attacchi dell'undici settembre 2001, con migliaia e migliaia di vittime innocenti, sia stato sventato solo grazie alla confessione estorta dai servizi segreti anglo-americani tramite tortura, di un jihadista coinvolto nel complotto. [...] Fra coloro che condannerebbero i torturatori senza dubbi e tentennamenti ci sarebbero anche tante brave persone di buona fede che hanno orrore del terrorismo ma che credono che cose come la legalità, i diritti umani e quello che chiamano (in genere, senza sapere cosa sia) lo "stato di diritto" debbano sempre avere la precedenza su tutto: anche sulla salvezza di migliaia di vite umane [...]».

Jean-Paul Sartre: «Felici quelli che sono morti senza aver mai dovuto domandarsi: "Se mi strappano le unghie, parlerò?". Ma più felici quelli che non sono stati costretti, usciti appena dall'infanzia, a porsi l'altra domanda: "Se i miei amici, i miei compagni d'armi, i miei capi strappano le unghie a un nemico dinanzi ai miei occhi, che cosa farò?"».

Corrado Stajano, *La città degli untori*, Garzanti, Milano 2009

1. Un editoriale è:
- [A] un editore
- [B] un libro che fa scalpore
- [C] un articolo di giornale provocatorio
- [D] l'articolo di apertura che propone la linea del giornale

2. Propriamente l'*Apocalisse* è un libro del Nuovo Testamento contenente rivelazioni sulla fine del mondo; qui sta a indicare un ....

3. Di seguito si forniscono quattro riformulazioni sintetiche del contenuto del testo, con particolare attenzione all'inserimento di alcuni connettivi testuali (in **grassetto**). Tra tali riformulazioni quale rappresenta correttamente l'ordine e l'andamento logico-sintattico del testo restituendone più compiutamente il significato?
- [A] **se anche** si riuscisse a sventare mediante la tortura un atto terroristico grave, **nonostante ciò** molti continuerebbero a pensare, sbagliando, che non è lecito ricorrere alla tortura perché lede i diritti umani
- [B] **dal momento** che la tortura non serve a ottenere risultati, **allora** è inutile ricorrervi
- [C] **qualora** un attentatore mietesse migliaia di vittime innocenti, **solo in questo caso** sarebbe giusto sottoporlo a tortura insieme ai suoi complici jihadisti

D **anche se** si tratta di sventare un atto terroristico grave, nel quale è in gioco la vita di migliaia di persone, **tuttavia** non si può accantonare la legalità

4. L'idea di Panebianco, che in pratica legittima la tortura in casi eccezionali, suscitò subito molte critiche. Il che modo Stajano argomenta in modo molto efficace il suo dissenso?

A prospettando un punto di vista opposto
B ricorrendo a un esempio che dimostra il contrario di quanto è sostenuto da Panebianco
C sostenendo che la tortura non è mai legittima, in quanto lede i diritti umani
D semplicemente lasciando una riga bianca e riportando una profonda riflessione di Sartre

5. Quale di queste due affermazioni è congruente con il testo?

A il pensiero di Sartre è che è peggio torturare che essere torturati
B il pensiero di Sartre è che un dramma peggiore del subire tortura è prendere posizione di fronte a un atto di tortura perpetrato dai propri compagni d'arme
C secondo Sartre è felice chi non ha mai subito tortura, ma ancora più felice chi non ha dovuto assistere a un atto di tortura
D Sartre reputa felice chi non ha mai subito tortura, ma ancora più felice chi non ha dovuto infliggere tortura

6. Un'argomentazione molto forte e sottolineata dall'ironia è implicita nel ricordo, all'inizio del brano, del concittadino milanese Cesare Beccaria, autore del famoso trattato *Dei delitti e delle pene* contro la pena di morte e la tortura, pubblicato nel 1764. Questa menzione di Beccaria equivale a:

A accusare Panebianco di essere ignorante in materia di diritto
B sostenere che l'idea di Panebianco ci riporta indietro di due secoli e mezzo

7. La frase di apertura: *Possono andar fieri i milanesi...* equivale a *I milanesi dovrebbero vergognarsi...* ed è una tipica frase:

A ironica
B sarcastica

8. L'aggettivo *implausibile* è la negazione di *plausibile*, che deriva da *plaudere*, sinonimo di *approvare*; quindi significa ....

TESTO B

Testo misto
Treno deragliato nel Milanese: 3 morti e 46 feriti

Questo articolo di redazione, scritto poche ore dopo il fatto, nonostante l'affastellarsi dei dettagli cronachistici di rito, rende l'idea della gravità agghiacciante di un incidente che ha rapito tre giovani vite di persone che andavano al lavoro.

Gravissimo incidente ferroviario nel Milanese. Secondo il bilancio corretto dalla Prefettura e dal centro di coordinamento dei soccorsi, ci sono tre vittime accertate (tutte donne), 5 feriti molto gravi e 46 persone ricoverate negli ospedali della zona a causa del deragliamento, alle 6.57 di questa mattina tra Pioltello e Segrate, alle porte di Milano, di un convoglio di Trenord. Il convoglio era partito da Cremona e diretto a Milano Porta Garibaldi. Terminate le operazioni per estrarre i feriti dalle lamiere dei vagoni deragliati, i feriti sono stati trasportati in diversi ospedali. «Quattro sono in codice rosso e nessuno è più in pericolo di vita», come detto dal prefetto di Milano, Luciana Lamorgese. Anche se le cause complessive non sono ancora chiare, c'è stato, come dichiarato da Vincenzo Macello, responsabile di Rfi della Lombardia, il cedimento di un tratto di rotaia circa due chilometri e 300 metri prima del luogo dell'incidente.

Il deragliamento del treno regionale 10452 di Trenord è avvenuto nei pressi della stazione di Pioltello Limito, nel milanese. A causa del deragliamento del treno, fra Milano e Brescia il traffico ferroviario è sospeso sia sulla linea direttissima, sia sulla linea "lenta". Sono fermi anche i treni di Trenitalia, secondo quanto si apprende da Rete Ferroviaria Italiana (gruppo Fs). L'individuazione delle cause del deragliamento «è attualmente al centro delle indagini condotte dall'Autorità giudiziaria, delle competenti autorità ministeriali e di Rfi», si legge in una nota di quest'ultima. «Dai primi accertamenti tecnici - dice Rfi - è emerso un cedimento strutturale sulla rotaia circa 2 km prima del luogo dello svio».

L'attenzione dei tecnici di Rete Ferroviaria Italiana, la società del gruppo Fs che gestisce l'infrastruttura ferroviaria, è concentrata al momento sul fatto che ad uscire dai binari sono state le vetture centrali del treno e non quelle di testa e di coda. [...]
Il convoglio era partito da Cremona alle 5.32 e sarebbe dovuto arrivare a Milano Porta Garibaldi alle 7.24. A comporlo, sei vagoni e a bordo, dato l'orario, c'erano centinaia di pendolari. Sul posto sono giunti tutti i mezzi di soccorso disponibili dalla regione e anche da fuori. Dall'Emilia Romagna è giunta una eliambulanza. Presenti, oltre ai vigili del fuoco e personale di Rfi e di Trenord, i carabinieri, personale della Polfer e della Questura di Milano.
Le vittime sono Pierangela Tadini, 51enne originaria di Caravaggio ma residente a Vanzago (Milano), Giuseppina Pirri, 39 anni, di Cernusco sul Naviglio, e Ida Maddalena Milanesi, 61 anni di Caravaggio (Bergamo).
Il treno - secondo una prima ricostruzione di Rete Ferroviaria Italiana, che gestisce l'infrastruttura - ha percorso con alcune ruote fuori dalle rotaie circa due chilometri prima che una delle tre vetture impattasse un palo della trazione elettrica e si accartocciasse.

Figura 1
I soccorsi sul luogo dell'incidente

Figura 2
La rotaia che ha ceduto sulla linea Cremona-Milano (ANSA)

A quel punto il treno si è scomposto. I tecnici di Rfi parlano anche di un cedimento strutturale di circa 20 centimetri di binario, circa due chilometri e trecento metri più indietro rispetto al luogo del deragliamento del treno, come dichiarato da Vincenzo Macello, responsabile di Rfi della Lombardia. Il pezzo di rotaia è stato ritrovato e sequestrato dagli inquirenti a una ventina di metri di distanza. La rottura, stando alle indagini, è avvenuta sopra una giuntura del binario.

Nei dettagli, secondo una prima ricostruzione, la dinamica dovrebbe essere questa: la rotaia cede al passaggio delle prime carrozze, ma quelle che escono dai binari sono solo quelle centrali. Il treno continua la sua corsa, ma le carrozze centrali hanno ormai le ruote fuori dal binario. Due chilometri dopo si intraversano ed è il deragliamento vero e proprio. Pare che nel tratto dove la rotaia ha ceduto fossero in corso lavori di manutenzione.

Gli investigatori che stanno compiendo le indagini hanno sentito il macchinista del treno, che in sostanza ha detto di aver azionato subito il freno dopo aver sentito che il convoglio vibrava eccessivamente, ma che la frenata è avvenuta toppo tardi perché il treno era già fuori dai binari. Da quanto mostrerebbe il video di una telecamera di sorveglianza, il treno ha attraversato, quando parte dei vagoni era già fuori dai binari, la stazione di Pioltello lasciando una scia di scintille. Nelle immagini si vede anche un uomo sulla banchina che si allontana spaventato. Secondo la ricostruzione della dinamica dell'incidente, il terzo vagone è stato il primo a deragliare. Ha abbattuto tre pali dopo essere uscito dall'asse e poi ha colpito anche un quarto palo, quello che, in sostanza, lo ha fermato. Ed è proprio sul terzo vagone che viaggiavano le tre vittime. La motrice del treno era in coda e avrebbe continuato a spingere, mentre sono deragliati subito il terzo e quarto vagone (i primi due e gli ultimi due no). Il macchinista governava la motrice dal primo vagone. Il treno si è fermato circa un chilometro dopo la stazione di Pioltello.

In precedenza, sempre Rfi aveva escluso qualsiasi malfunzionamento degli scambi della stazione di Pioltello, una ipotesi sulle cause del disastro che era girata in precedenza. Pare invece che i sistemi di sicurezza della rete abbiano funzionato: i sensori posizionati sugli scambi hanno rilevato il passaggio anomalo di alcune vetture del treno ed hanno disposto a "via impedita" tutti i sistemi di segnalamento, bloccando di fatto la circolazione nell'area. [...]

Secondo la testimonianza di uno dei passeggeri, «Andava tutto bene, all'improvviso il treno ha iniziato a tremare, poi si è sentito un boato e le carrozze sono uscite dai binari. Quasi subito - ha aggiunto l'uomo, salito alla stazione di Crema - abbiamo capito che cosa era successo». Un'altra testimonianza viene da Marcella, una impiegata di 45 anni che stamani si trovava a bordo del treno deragliato nei pressi di Pioltello. «Sono stata davvero fortunata, mi sento miracolata - ha raccontato uscendo a piedi dal centro di coordinamento dei soccorsi - mi sono trovata sull'unica carrozza dove non ci sono stati feriti. Poi quando sono scesa ho visto che era successo un disastro tutto intorno a noi. Sono partita questa mattina alle 6.43, da Treviglio, come faccio tutti i giorni. Improvvisamente ho sentito un grande botto, sono stata scagliata addosso alle persone che erano vicino a me sui sedili, e mentre il treno sembrava frenasse, tutto intorno dei sassi spaccavano i finestrini e entravano nella carrozza e vedevamo delle scintille sui fianchi del treno. La nostra carrozza - prosegue Marcella - è rimasta inclinata e faticosamente ci siamo trascinati per terra fino alle uscite che sono state sbloccate dai soccorritori. Non credevamo che fosse così grave, ma quando poi siamo usciti e abbiamo visto gli altri vagoni intraversati abbiamo cominciato a vedere feriti ovunque che urlavano».

https://tinyurl.com/y886m3by

Fonte: *Il Sole 24Ore*

1. Come è successo l'incidente?
- A un treno ha deragliato per la velocità eccessiva
- B a causa del cedimento di un binario alcuni vagoni si sono schiantati contro i tralicci elettrici

2. Che cosa si vede nella figura n.2?
- A la mancanza di un pezzo di binario
- B il cedimento del binario e la mancanza di un bullone

3. Sempre nella figura n.2 si vede qualcosa di inquietante, che fa pensare che l'incidente non sia da imputare a una tragica fatalità: che cosa osservi di strano?

....

4. Di che cosa è indizio il fatto, ricordato da macchinista e viaggiatori, che il convoglio vibrasse eccessivamente?
- A della frenata rapida effettuata
- B dell'alta velocità
- C del fatto che il binario si stava spezzando
- D del deragliamento

5. Come mai nella figura n.1 si vedono vagoni accartocciati?
- A perché la motrice del treno era in coda e ha continuato a spingere
- B perché la carrozzeria dei treni è leggera e deformabile
- C perché hanno subito l'impulso della frenata
- D perché hanno abbattuto tre pali e si sono schiantati contro un quarto

6. La frase Il macchinista governava la motrice dal primo vagone ti sembra un'ovvietà?
- A sì, perché non si può guidare un treno dall'ultimo vagone
- A no, perché il macchinista stava in testa al treno, ma la motrice era in coda

7. Senza ricorrere al dizionario, desumi dal contesto il senso del termine *svio*:

....

....

8. Leggi questo testo (*TGCOM24* del 21 gennaio 2017) e integra le parole mancanti scegliendole tra quelle in **grassetto**:
Si indaga per **disastro/incidente/svio** *ferroviario colposo dopo il deragliamento di un treno di pendolari nel Milanese. La rotaia che ha ceduto stava per essere sostituita. In quel tratto erano in corso lavori di* **manutenzione/ammodernamento/sostituzione**. *Lo prova una fotografia scattata nel punto in cui è avvenuto il cedimento, un paio di chilometri prima di quello in cui il treno si è poi* **deragliato/sviato/scomposto**. *In quel punto manca un pezzo di rotaia lungo una ventina di* **metri/centimetri/millimetri**. *Accanto c'è il tratto di binario nuovo che avrebbe dovuto* **sostituire/rinforzare/cambiare** *quello vecchio e per il quale erano in corso i lavori di* **sostituzione/manutenzione**.

TESTO C Testo narrativo Roma, 16 ottobre 1943

Il critico letterario Giacomo Debenedetti racconta la notte del 16 ottobre 1943, a cui seguì la deportazione di oltre mille ebrei dal ghetto (il luogo dove erano costretti a risiedere) di Roma direttamente al campo di sterminio di Auschwitz, da cui ne tornarono 16. Con poche frasi nitide e disadorne la maestria del critico riesce a esprimere lo sgomento della ragione di fronte alla furia irrazionale degli occupanti nazisti.

Gli ebrei dormivano nei loro letti verso la mezzanotte del venerdì 15 ottobre, allorché dalle strade cominciarono a udirsi schioppettate e detonazioni. Dal 25 luglio,[1] quando Badoglio aveva messo il coprifuoco, e più ancora dall'8 settembre,[2] quasi ogni notte si sentivano spari per le vie e si diceva ch'erano contro la gente che circolava oltre l'ora senza permesso. Ma quegli spari abituali rimanevano isolati, come i rintocchi dell'ora, e di rado giungevano così vicini, e mai così insistenti. Questi invece si intensificano, si stringono, si sovrappongono, diventano una vera sparatoria. E fossero solo spari, ma qualche cosa di più sinistro vi si mescola: colpi che partono secchi, per propagarsi poi quasi ondulati e fare dentro il buio un cratere cupo e svasato. Sembra di stare in mezzo a una battaglia. Qualcuno si alza a sedere sul letto.

I coraggiosi si avvicinano alle finestre. Pallottole e schegge sibilano e guaiscono a pochi centimetri dalle persiane, si piantano nei vecchi intonachi delle facciate. Attraverso le persiane chiuse, si vedono nella via, sotto la pioggia fine e viscida, tra i bagliori della fucileria e gli sprazzi dei petardi, drappelli di soldati che sparano in aria e lanciano bombe a mano verso i marciapiedi. Dagli elmetti, si direbbe che sono tedeschi; ma l'occhiata è stata rapida, non è prudente rimanere presso la finestra. Ora i soldati si sono messi anche a urlare e schiamazzare: voci e grida squarciate, colleriche, sarcastiche, incomprensibili. Che vogliono? con chi ce l'hanno? dove vanno?

Nelle case ormai tutti sono in piedi. I vicini si riuniscono per farsi coraggio, e viceversa non riescono che a farsi paura a vicenda. I bambini strillano. Che si può dire ai bambini per azzittarli, quando non si sa che dire a se stessi? Stai buono, ora vanno a Monte Savello, vanno a Piazza Cairoli,[3] tra poco tutto finisce, vedrai. Ma non finisce affatto. Quelli pare che si allontanino, e poi rieccoli, e intanto la sparatoria non è mai cessata. Facessero qualche cosa, sfondassero una porta, una saracinesca, una bottega, almeno si capirebbe il perché. Ma no, sparano, urlano, nient'altro. È come il mal di denti, che non si sa quanto può durare, quanto può peggiorare. Questo non capire è il peggiore degli incubi.

Giacomo Debenedetti, *16 ottobre 1943*, Einaudi, Torino 2015

1. **25 luglio:** il 25 luglio 1943 è la data della caduta del fascismo: il Gran Consiglio vota la sfiducia a Mussolini e il re nomina capo del governo il maresciallo Pietro Badoglio.
2. **8 settembre:** l'8 settembre 1943 Badoglio firma la resa dell'Italia agli alleati e con il re fugge a Brindisi, lasciando Roma e l'Italia nelle mani dei tedeschi.
3. **Monte Savello... piazza Cairoli:** luoghi di Roma vicini al quartiere del ghetto ebraico.

1. Qual è l'argomento di questa pagina?

....

....

2. In che cosa consiste una deportazione?
   - [A] nel prelevare con la forza le persone e costringerle a spostarsi altrove
   - [B] nella migrazione di un popolo
   - [C] nello spostarsi da un luogo all'altro
   - [D] nel guidare un folto gruppo di persone verso un'altra sede

3. Perché gli ebrei furono deportati?
   - [A] perché erano ostili ai tedeschi
   - [B] perché non avevano aderito al nazismo e al fascismo
   - [C] per privarli dei loro beni
   - [D] in base alle leggi razziali del nazismo e del fascismo

4. In genere, che fine facevano i deportati?
   - [A] venivano uccisi subito
   - [B] venivano mandati in campi di concentramento e di sterminio
   - [C] venivano spostati in un'altra città
   - [D] erano costretti a lavorare senza compenso

5. Dove e a che ora è ambientato il brano?

   città: ....

   zona: nel ghetto ebraico ....

   tempo: nel cuore della notte ....

6. Che cosa mette in allarme gli abitanti?
   - [A] l'urlo delle sirene
   - [B] i soldati che sfondano le porte
   - [C] le grida degli sfollati fatti salire sui camion
   - [D] i colpi della sparatoria

7. In che cosa consiste l'incubo della situazione descritta?
   - [A] nei colpi di fucile sparati contro le imposte delle case
   - [B] nel non sapere che cosa sta succedendo e quanto può durare
   - [C] nel vedere drappelli di soldati che lanciano bombe a mano
   - [D] nel vedere elmetti tedeschi

8. Nell'espressione *cominciarono a udirsi schioppettate* la particella *si* ha valore:
   - [A] passivante
   - [B] reciproco
   - [C] riflessivo
   - [D] impersonale

9. Nella frase *Questi invece si intensificano, si stringono, si sovrappongono, diventano una vera sparatoria* è presente una figura di ....

10. Nel periodo *Facessero qualche cosa..., almeno si capirebbe* il congiuntivo imperfetto *Facessero* esprime:
   - [A] incertezza
   - [B] una frase dubitativa
   - [C] la protasi di un periodo ipotetico
   - [D] un'esortazione

TESTO D Testo descrittivo Le case di campagna

Nel romanzo *Libera nos a Malo* (Malo è il nome di un paese), lo scrittore Luigi Meneghello (1922-2007) descrive le case di campagna del vicentino negli anni della sua infanzia.

Le case hanno un portico selciato che dà nel cortile; nel portico si aprono le porte delle stanze a pianterreno, e le scale. Le stanze sono a travi, i pavimenti a mattoni o a tavole di legno. La cucina è la stanza più importante; c'è il focolare di pietra, la cucina economica, la tavola bislunga dove la famiglia si siede a mangiare due volte al giorno. Qui i bambini fanno i compiti, la mamma cuce. Gli uomini non si vedono mai seduti in casa, tranne all'ora dei pasti. Una volta che Gaetano era gravemente malato il papà lo prese in braccio e si mise a sedere in cucina sulla sedia vicino alla porta: ricordo che aveva il cappello in testa calato sugli occhi, e lagrimava.

Le camere sono grandi e nude, gelide d'inverno; hanno letti di ferro con la rete metallica (figli) o gli elastici[1] (genitori), il materasso di crine[2] sotto e quello di lana sopra. C'è un lavandino in camera, con la brocca e la secchia; in questa al mattino si vuotano anche i vasi da notte.[ ]
Nelle case migliori c'è un rubinetto d'acqua corrente in cucina, o nel retrocucina dove le donne lavano i piatti. L'acquaio[3] è un'unica grande lastra di pietra viva, sopra di esso sono appesi ad una grossa mensola i grandi secchi di rame in cui si tiene l'acqua che si va a prendere alla fontana pubblica più vicina. D'estate anche chi ha il rubinetto in casa manda a prendere l'acqua fresca alla fontana. Quest'acqua dei secchi si attinge con una «cassa»[4] di rame, nessuna acqua è buona come quella che si beve così. Sotto i secchi c'è il catino di rame, dove ci si lava le mani durante il giorno, e chi non ha il lavandino in camera viene a lavarsi la faccia alla mattina.
C'è molto rame in casa, secchi, testi,[5] stampi, leccarde,[6] paioli appesi sopra il camino. Sospeso alla catena del focolare c'è il paiolo della polenta. Tutto ciò che ha attinenza con la polenta era importante, il ceppo incavato che premevano col ginocchio sul paiolo per tenerlo fermo, la méscola,[7] le croste che si grattano direttamente dal paiolo, il vasto panaro,[8] il filo di cotone con cui si tagliano le fette che solo i barbari ignari assassinano con la lama del coltello. La pellagra[9] non c'era più, ma si ricordava benissimo, collettivamente parlando. «Pelagroso!» ci dicevano ridendo le zie, come per vezzeggiarci con una minaccia che non fa più paura. Poi si guardavano attorno, se per caso non ci fosse uno da Isola che sentiva, e precisavano abbassando la voce: «Pelagroso da Isola».[10] Chissà se loro dicono pelagroso da Malo? Secondo i nostri vecchi però, se lo dicono sbagliano; la pellagra si era seduta lì e tenne duro un pezzo; noi andavamo soltanto a vederla. Io non mi pronuncio.
La stanza da bagno è sconosciuta; due o tre famiglie di signori si dice che l'abbiano; la Flora ne ha vista una nella casa del Cavaliere. Quando si è sporchi ci si lava sotto la fontana del cortile; in casi eccezionali si fa un bagno nel mastello in lissiara.[11]

Luigi Meneghello, *Libera nos a malo*, Mondadori, Milano 1986.

1. **elastico:** sostegno a molle su cui si posa il materasso.
2. **crine:** fibra vegetale o ricavata da criniera e coda di cavallo e usata per imbottire i materassi; il materasso di crine è fresco; quello di lana più caldo.
3. **acquaio:** lavandino per usi vari.
4. **«cassa»:** mestolo.
5. **testi:** teglie.
6. **leccarde:** recipienti in cui si raccoglieva il grasso che colava dalla griglia o dallo spiedo.
7. **méscola:** sorta di grande cucchiaio per girare la polenta mentre cuoceva nel paiolo.
8. **panaro:** tagliere in legno su cui si rovesciava la polenta.
9. **pellagra:** malattia diffusa nelle campagne e dovuta alla carenza di vitamine, si manifestava in un rossore cupo della pelle. In origine, dunque, pellagroso non era certamente un vezzeggiativo.
10. **Isola:** paese del Vicentino.
11. **lissiara:** lavanderia.

1. Il brano descrive un'abitazione di:
- A ambiente contadino
- B un quartiere del ceto medio
- C un quartiere operaio
- D periferia

2. La *cucina economica* è un tipo di stufa a legna tuttora in uso e così chiamato perché:
- A costa poco
- B consuma poco
- C serve a riscaldare e a cucinare
- D consente di fare economia di tempo

3. Nella descrizione l'approvvigionamento dell'acqua avviene:
- [A] dal pozzo nel cortile
- [B] da bottiglie acquistate in negozio
- [C] attraverso il rubinetto collegato alla rete idrica
- [D] attingendo alla fontana pubblica

4. La particolare attenzione per la polenta dimostra che:
- [A] questo cibo era molto diffuso nel Veneto, dove è ambientato il romanzo
- [B] era il cibo prediletto in passato
- [C] era il cibo dei poveri
- [D] era una pietanza ricercata

5. Nella frase *C'è molto rame in casa* il termine *rame* sta per *suppellettili di rame* per figura di ....

....

6. Nella prima riga il termine *selciato* significa *a pietre squadrate* ed è usato come:
- [A] aggettivo
- [B] sostantivo

7. L'aggettivo *bislungo* è composto dall'avverbio numerale latino *bis*, che significa due volte e pertanto significa:
- [A] di forma trapezioidale
- [B] lungo il doppio
- [C] di forma allungata
- [D] due volte lungo

8. Nella frase *Quando si è sporchi ci si lava*, l'espressione *si è sporchi* è:
- [A] riflessiva
- [B] impersonale

TESTO E Testo poetico Per l'amore, contro la guerra

Il protagonista di queste facili strofe popolari risalenti alla Prima Guerra Mondiale è un giovane soldato che sogna la fine della guerra per stare con la sua ragazza. Nonostante l'apparenza dimessa, la canzone esprime un antimilitarismo esplicito, che si manifestava anche al fronte causando dure punizioni ai soldati che la cantavano. E fu anche il canto dei moti di Torino contro la guerra e per il pane nell'agosto 1917.

Gran Dio del cielo, se fossi una rondinella,
gran Dio del cielo, se fossi una rondinella,
vorrei volare, vorrei volare, vorrei volare,
in braccio alla mia bella.

Prendi la secchia e corri alla fontana,
prendi la secchia e corri alla fontana,
là c'è il tuo amore, là c'è il tuo amore,
là c'è il tuo amore che alla fontana aspetta.

Prendi il fucile e vattene alla frontiera,
prendi il fucile e vattene alla frontiera,
là c'è il nemico, là c'è il nemico,
là c'è il nemico che alla frontiera aspetta.

Prendi il fucile e buttalo giù per terra,
prendi il fucile e buttalo giù per terra,
vogliam la pace, vogliam la pace,
vogliam la pace e non vogliam la guerra.

1. Chi è il soggetto che parla nella prima strofa?
- A una rondinella che vola
- B una ragazza che canta
- C un soldato che sogna di tornare a casa
- D un soldato che fa obiezione di coscienza

2. A chi è rivolto il canto?
- A nella prima strofa a Dio, nelle altre al soldato innamorato
- B ai soldati in partenza per il fronte

3. Chi verosimilmente parla nelle strofe 2-3-4?
- A Dio, che risponde all'invocazione della prima strofa
- B la madre del soldato
- C la ragazza, che risponde al suo innamorato
- D il giovane soldato, che si rivolge a se stesso

4. Come tutti i canti destinati a un'esecuzione musicale, anche questi versi sfruttano molto ripetizioni, simmetrie e ritornelli; in particolare, la ripetizione di *prendi* dà luogo a una figura di ....

5. Come va intesa l'esortazione *Prendi la secchia e corri alla fontana*?
- A come una richiesta della madre al figlio perché vada ad attingere acqua
- B come un invito a raggiungere la ragazza

6. Come va intesa l'esortazione *Prendi il fucile e buttalo giù per terra*? ....

7. Si può dire che l'opposizione tra amore (seconda strofa) e nemico (terza strofa) acquisti un senso in base all'ultima strofa?
- A sì, perché l'amore è sinonimo di pace, il nemico di guerra
- B no, perché l'amore non può sussistere tra il soldato al fronte e la ragazza rimasta a casa

8. Dal punto di vista sintattico l'espressione *se fossi una rondinella, vorrei volare in braccio alla mia bella* è un periodo ipotetico di tipo ....

9. Chi può essere il soggetto del verbo *vogliam* nei due versi finali?
- A i soldati che partono per il fronte
- B le ragazze lasciate dai soldati
- C tutte le persone che si ritrovano coralmente nel canto

10. Il testo passa dall'idillio paesano delle prime due strofe al teatro di guerra delle ultime due. Questo passaggio ha l'effetto di:

	GIUSTO	SBAGLIATO
contrapporre la pace alla guerra		
esprimere la disperazione del soldato che parte per la guerra		
esortare il soldato a mostrare coraggio		
esprimere un messaggio antimilitarista		
esortare il soldato a disertare o almeno a non sparare al nemico		
esortare alla pace		

TESTO F

Testo misto Classificazione dei treni passeggeri delle società ferroviarie italiane

Leggere un orario ferroviario è a volte meno facile di quel che sembra, non solo a causa di sigle, simboli e numeri, ma anche perché le tipologie di treni cambiano nel tempo. Alcuni treni, come quelli ad alta velocità, sono entrati nell'uso in tempi recenti; di altri la denominazione è cambiata a ragion veduta, di altri ancora senza una ragione specifica. Fino agli anni Settanta, per esempio, un treno che fermava in tutte le stazioni era chiamato "accelerato", con evidente controsenso; poi è stato ufficialmente denominato "locale", ma ben presto questo aggettivo, che aveva il pregio della chiarezza, è stato sostituito con "regionale", una categoria in cui è confluito anche il cosiddetto "diretto": di qui la necessità di distinguere vari tipi di treni regionali. Ancora più varia la tipologia dei treni ad alta velocità, in cui la categoria originaria di "Espresso" si è frantumata in una serie di denominazioni in cui c'è da perdere la testa: le proponiamo qui in un esercizio utile anche per viaggiare.

LOC

LOCALE: categoria alternativa a quella di "regionale" attualmente non più in uso per le Ferrovie dello Stato. Nonostante ciò, per alcune compagnie private la definizione di treno "locale" resiste ancora.

R

REGIONALE: treni per il trasporto locale dedicati ai viaggi all'interno di una regione e tra regioni limitrofe. Effettuando fermate in quasi tutte le stazioni del percorso, collegano i piccoli centri urbani tra loro e con i grandi centri metropolitani.

RV

REGIONALE VELOCE: questi ultimi a differenza dei "regionali" effettuano un numero minore di fermate intermedie nella tratta percorsa con riduzioni nei tempi di percorrenza.

D

DIRETTO: i treni diretti effettuano servizio all'interno di una o più regioni contigue. Oggi questa classificazione non è più in uso e i treni "diretti" sono tutti classificati come "regionali".

RE

REGIOEXPRESS: la società SAD e la società Trenord invece ha mutato la classificazione di treno "diretto" in "regioexpress", indicato negli orari come RE. Il nome è stato ripreso da quello in uso nelle Ferrovie Svizzere che indica i treni che svolgono un servizio veloce di collegamento all'interno dei vari cantoni svizzeri.

E

ESPRESSO: categoria di servizio introdotta nel 1974 indicante tutti i treni a lunga percorrenza in servizio nazionale notturno. Dal dicembre 2012 nessun treno ordinario è categorizzato come *espresso*. I treni espressi sono stati o soppressi o riclassificati come treni Intercity o Intercity notte.

INTERCITY: i treni Intercity collegano circa 200 città grandi e medie, da Roma ad Ancona, Reggio Calabria/Sicilia, Lecce, Taranto, da Torino a Genova, da Milano a Napoli, contribuendo a realizzare un efficiente sistema di interscambio con i treni del trasporto locale e con quelli ad Alta Velocità.

INTERCITY NOTTE: gli Intercity in servizio nazionale notturno prendono il nome di Intercity notte o, in inglese, Intercity night.

EUROCITY: gli Intercity in servizio internazionale diurno prendono il nome di Eurocity.

EURONIGHT: gli Intercity in servizio internazionale notturno prendono il nome di Euronight.

EUROSTAR ITALIA: categoria di servizio in uso dal 1997 al 2009 per i treni a lunga percorrenza Eurostar Italia, effettuati generalmente con materiale ETR450, ETR460, ETR480, ETR485, ETR500. La categoria Eurostar ha sempre indicato i treni di punta colleganti Milano a Roma e relative estensioni. Dal 2006 con l'apertura dell'alta velocità la categoria è stata via via declinata in diverse sottocategorie e quella originale via via ridimensionata: ES*city, ES*Fast, ES*AV, ES*AV Fast.

EUROSTAR CITY: la categoria Eurostar City è stata usata per indicare i convogli che hanno sostituito gli Eurostar sulla direttrice adriatica e non solo. Furono effettuati con vetture tradizionali internamente rimodernate ed esternamente ripellicolate con livrea dedicata. Attualmente la categoria non è più in uso, e gli stessi servizi sono stati riclassificati come "Frecciabianca".

EUROSTAR ITALIA ALTA VELOCITA': categoria di servizio introdotta dal 2009 al 2012 per i treni ad alta velocità Frecciarossa e Frecciargento.

EUROSTAR ITALIA ALTA VELOCITA' FAST: categoria di servizio introdotta dal 2009 al 2012 per i treni ad alta velocità Frecciarossa No Stop tra Roma e Milano o tra Napoli e Milano con fermata intermedia a Roma.

FRECCIABIANCA: i treni di classificazione intermedia tra Intercity ed Eurostar Italia, prima chiamati Eurostar City, oggi hanno preso il nome Freccabianca. I Frecciabianca circolano su linee tradizionali al di fuori della rete Alta Velocità garantendo comfort e servizi di qualità. Circolano sulle rotte Torino/Milano - Venezia/Udine/Trieste, Torino/Milano/Genova -Roma e Torino/Milano/Venezia - Costa Adriatica. Gli ETR 460 collegano Roma a Genova, Reggio Calabria e Ravenna.

FRECCIARGENTO: i Frecciargento sono treni moderni ad alta velocità che percorrono sia la linea AV che le linee tradizionali viaggiando fino a 250 km/h con collegamenti che accorciano la distanza tra Roma e i principali bacini metropolitani del Nord-Est e del Sud del Paese. Gli ETR 600 collegano Roma a Venezia. Gli ETR 610 collegano Roma a Venezia, Verona/Brescia. Gli ETR 485 collegano Roma a Verona/Brescia/Bolzano, Lecce e Reggio Calabria.

FRECCIAROSSA: i convogli che espletano tale servizio sono tutti ETR 500 per estensione anche il treno stesso viene identificato con tale nome.
Da Aprile 2015 rientrano nella categoria Frecciarossa anche le corse effettuate dai nuovi treni ETR 400 Frecciarossa 1000. Le caratteristiche principali di questi treni sono l'elevata velocità di servizio (300 km/h sulle linee AV) e il livello di comfort offerto a bordo. Impiegati principalmente su linee ad alta velocità, servono ogni giorno l'asse Salerno-Napoli-Roma-Bologna-Firenze-Milano-Torino. Dal 2013 servono anche la nuova stazione AV di Reggio Emilia AV Mediopadana e vengono avviati i primi servizi tra Milano e Ancona.
Dal 2015 i servizi Frecciarossa si estendono fino a Bari con una coppia di treni al giorno rispettivamente da e per Milano. Da gennaio 2016, i Frecciarossa debuttano sulla Milano-Venezia. Da giugno 2016, la coppia di Frecciarossa Milano-Bari viene prolungata fino a Lecce nei weekend.

ITALO: i convogli che espletano tale servizio sono ETR575: moderni treni ad alta velocità di proprietà di Nuovo Trasporto Viaggiatori realizzati da Alstom Ferroviaria negli stabilimenti di Savigliano e La Rochelle. Da Aprile 2012, ITALO collega le principali città italiane viaggiando a 300km/h su linee AV da Salerno a Napoli, Roma, Milano, Torino, Venezia, Bologna, Firenze, e dal 2013 anche Ancona.

https://tinyurl.com/ycxo8jsx

1. Il *regionale* è un treno:
[A] veloce
[B] lento
[C] che fa tutte le fermate
[D] che viaggia solo in una regione

2. Il *regionale veloce* è un treno:
[A] ad alta velocità
[B] veloce, ma circola solo all'interno di una regione
[C] che non fa fermate
[D] che fa poche fermate

3. Il *Regioexpress*, indicato con la sigla *RE*, è in partica un treno diretto.
☐ SÌ ☐ NO

4. Qual è il treno più veloce che circola sulle ferrovie italiane e quale velocità può raggiungere?

....

5. Che treno è l'*Intercity*?
[A] collega una città con un'altra
[B] è un treno veloce e confortevole che circola su linee non ad alta velocità
[C] è una specie di prolungamento della linea metropolitana
[D] ha un'alta percorrenza

6. In base a quanto hai letto sopra, la denominazione di *Eurostar* è ancora in uso?
☐ SÌ ☐ NO

7. Il termine *tratta* indica:

in ambito ferroviario	
nel gergo bancario	
nell'espressione *tratta degli schiavi*	

8. A proposito degli Eurostar city, si dice che comprendevano vetture *esternamente ripellicolate con livrea dedicata*, cioè all'esterno rivestite da un nuovo insieme di colori, disegni e scritte che le contraddistinguevano. Propriamente la *livrea* è:
[A] la divisa militare
[B] l'abito indossato dalla servitù delle famiglie nobili

RIFLESSIONE SULLA LINGUA

TESTO G Come diventare presidente degli Stati Uniti

Dietro uno spunto dall'apparenza banale e ingenua si nasconde l'enorme problema della discriminazione femminile, di cui anche l'autrice - la giornalista televisiva Tiziana Ferrario – fu vittima in anni vicini, quando fu rimossa dal TG1 per essersi opposta alla linea editoriale della testata.

Lilly Heinz, sette anni, che aveva visto in tv Hillary Clinton festeggiare la notte della sua incoronazione alla Convention democratica, è corsa dalla mamma, saltellando felice nel salotto di casa, chiedendole di cambiare il proprio nome in Lillary, così da avere più possibilità di diventare presidente. La madre della piccola ha scritto allo staff della Clinton per raccontare l'episodio e ringraziare la candidata democratica per quello che aveva fatto scattare nella mente della bambina. «Mia figlia sogna di realizzare un vero cambiamento, non *nonostante* sia una bambina ma *perché* è una bambina e sa che le sue possibilità sono infinite.» Non pensava che la sua mail venisse letta. La Clinton invece ha risposto, con una lettera a Lilly e indirettamente a tutte le bambine del mondo.

Cara Lilly, hai un bel nome e spero che tu non lo debba cambiare per diventare presidente. Se sogni in grande, lavori duro e ti batti per le cose in cui credi profondamente, non c'è limite che tu non possa raggiungere. Ti sembrerà tanto in questo momento, ma mentre cercherai il tuo posto nel mondo devi far sentire la tua voce. Di' quello che pensi in classe e alle riunioni quando avrai un lavoro. Prenditi con orgoglio il merito dei tuoi successi. Abbi fiducia in te stessa. E se non avrai spazio per farti sentire non aver paura di lottare per averlo. Non scoraggiarti. Non mollare. Non arrenderti. Non rinunciare a te stessa, ai tuoi sogni, al tuo futuro. Puoi davvero diventare fino quello che vuoi. Io potrei essere la prima donna presidente, ma tu, Lilly, potresti essere la prossima.

Nelle parole che ha scritto alla piccola Lilly, Hillary ha toccato il tema importante della fiducia e della stima in se stesse. Sa quanto sia difficile per una donna crescere con la consapevolezza che non esistono limiti, soprattutto quando il mondo attorno e le persone vicine, anche involontariamente, innalzano in continuazione barriere e divieti in apparenza insormontabili. Il ruolo delle madri diventa fondamentale. Lilly si ricorderà per sempre di quella lettera ricevuta dalla Clinton grazie al gesto della madre che ha sostenuto il suo entusiasmo.

Non a caso Hillary in più occasioni ha ricordato come sua madre, Dorothy, alla quale era legatissima, l'abbia sempre supportata e le abbia dato la forza di affrontare con determinazione il mondo. «È stata la mia roccia dal giorno in cui sono nata fino a quando ci ha lasciato» ha scritto in un racconto che le ha dedicato, nel quale ha rivelato la sua dura esperienza di vita. Bambina abbandonata dai genitori, affidata insieme al fratello agli zii, a quattordici anni era stata costretta a fare la domestica per sopravvivere, prima di sposarsi con quello che diventerà il padre di Hillary. «È lei — scrive la Clinton — che mi ha insegnato cosa vuol dire finire a terra e sapersi rialzare e andare avanti. Non conta come si cade, mi diceva, conta come ci si rialza. È lei che mi ha cresciuta convincendomi che potevo essere quello che sognavo, anche il presidente degli Stati Uniti."

Tiziana Ferrario, *Orgoglio e pregiudizi*, ChiareLettere, Milano 2017

1. All'inizio del brano, la parola *convention* significa:

come termine generico	
nello specifico del testo	

2. In *chiedendole* il pronome enclitico *–le* potrebbe essere sostituito da *–gli* (*chiedendogli*)?
- [A] sì, perché i due pronomi si equivalgono
- [B] sì, perché vogliono dire la stessa cosa
- [C] no, perché non si capisce più il senso della frase
- [D] no, perché *–gli* si riferisce a un maschile

3. La frase *così da avere* è una:
- [A] subordinata finale
- [B] coordinata alla principale
- [C] consecutiva
- [D] subordinata di primo grado

4. Nell'espressione *non nonostante sia una bambina ma perché è una bambina*, il corsivo evidenzia due connettivi fondamentali ai fini dell'argomentazione. Quale funzione sintattica esprimono, rispettivamente?
- [A] finale e consecutiva
- [B] concessiva e finale
- [C] negativa e affermativa
- [D] concessiva e causale

5. Il modo dei tre verbi *Di'*, *Prenditi* e *Abbi* è

....

6. Il procedimento stilistico che scandisce le frasi *Non scoraggiarti. Non mollare. Non arrenderti. Non rinunciare a te stessa* è .... , mentre dal punto di vista sintattico a quale modo corrispondono i tre infiniti preceduto da *Non*? ....

7. Verso la fine del brano, l'espressione *Bambina (abbandonata dai genitori ecc.)* dal punto di vista dell'analisi logica è:
- [A] il soggetto
- [B] un'apposizione del soggetto

8. Leggi il seguente periodo: *Hillary in più occasioni ha ricordato come sua madre, Dorothy, alla quale era legatissima, l'abbia sempre supportata e le abbia dato la forza* e rispondi alle domande:
- quante frasi contiene? ....
- qual è la principale?

  ....
- fai l'analisi sintattica della frase *come... l'abbia sempre supportata*: ....

  ....
- *alla quale era legatissima* è una subordinata di

  ....

9. L'ultima frase *È lei che mi ha cresciuta* presenta un ordine marcato, cioè diverso dalla struttura abituale della frase. Quale sarebbe l'ordine abituale e in che cosa consiste la differenza?

....

....

RISULTATI	
Numero di domande	61
Risposte corrette	
Risposte errate	
Risposte corrette	%
VOTO	**/10 (0%)**

Stefano Prandi

VITA, ALTRE OPERE E PETRARCA

La vita immaginata

Storia e Testi della Letteratura italiana

1A

Dalle Origini al Trecento

A. MONDADORI SCUOLA

www.mondadorieducation.it

Prima edizione: gennaio 2019

Edizioni

11 10 9 8 7 6 5 4 3 2
2023 2022 2021 2020 2019

Questo volume è stampato da:
La Tipografica Varese S.r.l. - Varese
Stampato in Italia - Printed in Italy

Il Sistema Qualità di Mondadori Education S.p.A. è certificato da Bureau Veritas Italia S.p.A. secondo la Norma UNI EN ISO 9001.

Hanno collaborato:
Matteo Leonardi (*La letteratura romanza, La letteratura religiosa, La scuola siciliana e i poeti siculo-toscani, Francesco Petrarca, Giovanni Boccaccio*) - Andrea Celli (*Il Dolce stil novo, La poesia comico-realistica, Il cantiere linguistico del Duecento, Dante*) - Mila Santi (*Il Dolce stil novo, Dante*) - Giuliana Zeppegno (*Biblioteche europee*) - Silvia Albesano (*Lingua madre*) - Riccardo Merlante (schede di approfondimento) - Elena Frontaloni (*Voci dal Novecento*) - Maria Monteleone (*Biblioteca europea, Il testo in scena*) - Francesco Staderini (*Costruisci la tua analisi*) - Matteo Billeri (*Le nostre parole, La tua lezione, La tua bacheca*) - Johnny Bertolio (*Verso il Nuovo Esame di Stato*) - Simone Vezzoli (*Visualizza i concetti, Guida al ripasso*) - Daniele Daccò, Roberto Mandracchia (*Officina*)

Daniela Giani e Biancamaria Gismondi (*inserti di lessico ed esercizi; con opportuni adattamenti, gli inserti sono tratti dal Nuovo Devoto-Oli, di G. Devoto, G.C. Oli, L. Serianni e M. Trifone, e dall'Etimologico, di Alberto Nocentini*)

Si ringraziano per la consulenza:
Nerella Botta, Gisella Turazza, Nadia Andolina, Alessandra Di Bella, Annamaria Ferraro, Domenica Gioiosa, Maria Lucci

Redazione	Roberta Manfrinato, Idalgo Baldi
Progetto grafico	Alfredo La Posta
Impaginazione	Barbara Giovannini, Firenze; Nikèos, Firenze
Direzione artistica sistema visivo delle copertine	46xy studio
Realizzazione della copertina	Alfredo La Posta
Ricerca iconografica	Martina Giorgi

Referenze iconografiche Archivio Mondadori Education - A. Dagli Orti/Scala, Firenze - DEA /A. Dagli Orti/De Agostini/Getty Images - De Agostini/Getty Images - Getty Images - Leemage/UIG/ Getty Images - Mondadori Portfolio - Mondadori Portfolio/AKG - Mondadori Portfolio/Archivio Lensini/Fabio e Andrea Lensini - Mondadori Portfolio/Archivio Magliani/Mauro Magliani & Barbara Piovan - Mondadori Portfolio/De Agostini/G. Dagli Orti - Mondadori Portfolio/De Agostini/A. De Gregorio - Mondadori Portfolio/De Agostini/G. Nimatallah - Mondadori Portfolio/De Agostini Picture Library - Mondadori Portfolio/De Agostini/Pinaider - Mondadori Portfolio/Electa/Paolo e Federico Manusardi - Mondadori Portfolio/Electa/Sergio Anelli - Mondadori Portfolio / Leemage - Prisma/UIG/Getty Images

Contenuti digitali

Progettazione	Fabio Ferri, Simona Ravalico
Scrittura	Matilde Presotto, Silvia Sferruzza
Realizzazione	EICON s.r.l., IMMAGINA s.r.l.

Servizio Clienti Mondadori Education
e-mail *servizioclienti.edu@mondadorieducation.it*
numero verde **800 123 931**

Presentazione dell'opera

«All'inizio di tutto c'è la meraviglia [...] piena di scintillante attesa» - ha affermato lo scrittore ceco Bohumil Hrabal - che si compie nella «grande gioia» di percepire e riconoscere «che c'è qualcosa al di fuori di te». Hrabal sta parlando del processo creativo dello scrittore, ma quanto dice non è meno vero per il lettore. È in questione, in entrambi i casi, un'esperienza di *apertura*, in cui si realizza un incontro decisivo, che trasforma dall'interno chi la sperimenta, proprio come accade all'inizio del romanzo *La nuova vita* dello scrittore turco Orhan Pamuk: «Un giorno lessi un libro» - afferma il protagonista - «e tutta la mia vita cambiò».

La meraviglia è anche, come testimonia la storia del pensiero scientifico da Aristotele a Einstein, la condizione iniziale di ogni vero processo di conoscenza, di cui la letteratura rappresenta una forma particolarmente singolare. La letteratura, infatti, ha al suo attivo una risorsa straordinaria, l'immaginazione, attraverso cui sperimenta continuamente ipotesi di realtà, crea *mondi possibili* sempre nuovi che mettono alla prova la nostra intelligenza e la nostra capacità di giudizio. L'immaginazione ci mette davanti agli occhi il pensiero, ce lo fa quasi toccare. Nello stesso tempo essa riesce a coinvolgere nel profondo la nostra sfera emotiva: la letteratura parla di noi, *ci riguarda* come poche altre cose, anche se tratta di argomenti molto lontani dal nostro tempo. Proprio per questo la letteratura "non serve a nulla" perché non è "al servizio" di nessun'altra disciplina e non può essere ridotta a strumento illustrativo di alcun valore, anche se intrattiene spesso un dialogo con la storia, l'arte, la musica, la religione o la filosofia; la sua caratteristica è piuttosto quella di educare alla libertà e di offrirci l'occasione di riconoscere chi siamo veramente. Restituendoci la nostra identità, la letteratura ci dà pieno diritto di cittadinanza nel mondo. Per questo si può dire che la letteratura sia in grado di esprimere la condizione umana con una complessità e una completezza che nessun'altra opera d'ingegno ha mai posseduto: davvero essa si mostra «pinta de la nostra effigie», come Dante scrive nella *Commedia*.

Il progetto editoriale attorno a cui è nata questa storia letteraria si fonda sui principi appena esposti e li traduce in una proposta didattica coerente. Si intitola *La vita immaginata* perché mette al centro quell'esperienza concreta e coinvolgente che il lettore realizza nel suo incontro con i testi e in dialogo con gli scrittori che li hanno composti: un contatto reso possibile dall'immaginazione, che da un lato mette in comunicazione, all'interno della biografia degli autori, gli aspetti materiali dell'esperienza e quelli speculativi, e dall'altro, come un arco teso nel tempo, rende possibile che sentimenti, idee, simboli si trasmettano anche a distanza di secoli per essere fatti propri dai lettori di ogni epoca.

L'opera scommette fortemente su altri due punti, riassunti dal sottotitolo, *Storia e testi della letteratura italiana*. Il primo è quello relativo alle linee di continuità della storia letteraria, la cui narrazione ha l'intento di evidenziare con chiarezza, in primo luogo, un canone della tradizione rispetto a cui risultino più nette le discontinuità (come accade ad esempio nelle sezioni del volume dedicate alla poesia comico-realistica medievale o all'anticlassicismo rinascimentale). La costante ricostruzione dei contesti, che lega tra loro autori, temi, forme espressive, ha permesso di evitare il più possibile una storia letteraria concepita come galleria di grandi ritratti, "isole" attorniate dal mare dell'indistinto. A questo scopo l'opera è organizzata in modo da favorire una lettura *trasversale*, che cioè individua la persistenza di un tema o di una data forma espressiva nella tradizione, e *dialogica*, centrata sugli aspetti relazionali (per esempio il rapporto tra la letteratura italiana e quelle straniere, oppure tra letteratura, arti e scienze).

Il secondo punto è quello della centralità del testo, di cui si è avuto cura innanzitutto, nelle analisi, di esplicitare analiticamente il significato letterale e la conformazione argomentativa, per fondare poi su questa le considerazioni formali e infine i rilievi di carattere tematico e storico. Anche nell'approccio al testo lo sforzo è stato quello di renderne evidente il carattere marcatamente individuale: ogni testo ha un volto che ci parla del suo autore. Nello stesso tempo il testo è una dimora aperta a più visitatori, è il luogo della pluralità, in cui si raccolgono una serie di suggestioni esterne e che ne irradia molte altre. In questa dimora si realizza l'incontro del lettore con l'autore, qui si genera il desiderio che fonda, per l'appunto, il piacere del testo. Che questo possa accadere anche in un'aula scolastica è esperienza diretta dell'autore del presente volume, sia nei panni di studente che in quelli di insegnante: l'intento che l'ha guidato è quello di trasmetterne il senso e gli effetti alle più giovani generazioni.

Stefano Prandi

HUBSCUOLA.IT

L'AMBIENTE INTERATTIVO PER LA DIDATTICA DIGITALE.

HUB Scuola è il centro del sistema per la didattica digitale.
La piattaforma digitale per lo studio e l'insegnamento che permette al docente e allo studente di fruire del libro digitale e delle risorse multimediali integrate nel libro; consente inoltre di condividere i contenuti multimediali disponibili sulla piattaforma.

HUB Young è la App per usare la versione digitale del libro di testo. Il libro diventa pratico e intuitivo, stimola le dinamiche di apprendimento, favorisce l'inclusione e potenzia i risultati individuali.

I contenuti digitali integrativi che arricchiscono ed espandono il libro di testo sono raccolti in **HUB Kit**: audio, video, esercizi interattivi, materiali aggiuntivi e contenuti scaricabili, mappe concettuali, laboratori digitali e gallerie d'immagini.

HUB Smart è l'App per guardare i video e ascoltare gli audio del libro di testo, oltre a consentire agli studenti di allenarsi con i Test, direttamente dallo smartphone.

*NOVITÀ

HUB Test è la piattaforma per docenti e studenti, per creare verifiche e mettersi alla prova. Contiene un ricco database di quesiti disponibili ed è utilissima anche per l'allenamento individuale.

*NOVITÀ

HUB Campus è il portale disciplinare ricco di risorse per il docente.

Come accedere a HUB Scuola?

Vai su www.hubscuola.it e accedi con le tue credenziali Mondadori Education.
Non sei registrato?
Vai su www.hubscuola.it, clicca su "registrati" e compila il form.

Scarica HUB Young

Scarica l'App da HUB Scuola o dai principali store online per fruire del tuo libro e di tutte le risorse multimediali integrate.
Lancia l'App, effettua il login e nella libreria troverai tutti i libri che hai attivato.

hub SMART

Video, Audio e Test sempre a portata di mano.

HUB Smart è l'App gratuita che permette di fruire di molti contenuti digitali del libro di testo direttamente dallo smartphone e dal tablet, senza necessità di registrazione.

HUB Smart è intuitiva: l'applicazione rende la didattica digitale alla portata di tutti.

Usare HUB Smart è facile: verifica che sulla quarta di copertina del tuo libro di testo ci sia l'icona HUB Smart. Scarica l'App gratuita dai principali store online.

Lancia HUB Smart

e clicca sullo schermo per attivare la videocamera. Puoi inquadrare il QRCode presente nelle pagine del libro e fruire del contenuto digitale a disposizione.

Se i contenuti digitali del tuo libro sono molti, troverai un unico QRCode nelle pagine di apertura dell'unità: inquadrandolo, vedrai l'elenco dei video, audio e Test dell'unità e potrai fruirne da subito.

I contenuti digitali sono sempre a disposizione nella Cronologia e puoi salvarli tra i Preferiti.

hub TEST

HUB Test è la nuova piattaforma semplice e intuitiva che consente al docente di creare verifiche personalizzate per tutte le esigenze della classe. HUB Test permette di costruire verifiche scegliendo l'ordine scolastico, la materia e l'argomento.

Con HUB Test puoi:

- scegliere un Test tra le moltissime verifiche già pronte,
- creare Test da zero scegliendo tra quesiti di varia tipologia: risposta multipla, vero/falso, completamento, trova l'errore, raggruppamento e risposta aperta,
- utilizzare singoli quesiti per verifiche personalizzate,
- infine, ritrovare sempre i test salvati nel tuo archivio.

La piattaforma permette di generare automaticamente le verifiche, fino a tre versioni differenti per file diverse. La verifica è pronta: può essere assegnata alla Classe Virtuale, oppure stampata e consegnata agli studenti.

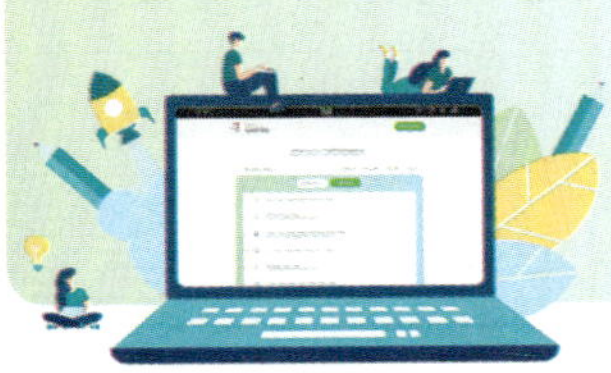

HUB Test è una risorsa validissima anche per gli studenti che possono allenarsi nelle varie materie e tenere traccia dei propri progressi. Il sistema infatti restituisce il Test corretto con feedback.

INVALSI

L'ambiente in cui lo studente può prepararsi alle prove ufficiali: è creato per avvicinare l'alunno all'interfaccia della piattaforma INVALSI e gli consente di svolgere le prove in modalità Computer Based.
Su HUB Scuola sono a disposizione esercitazioni in italiano, matematica e inglese come previsto dalla normativa INVALSI.

LINK UTILI

- La piattaforma per la didattica digitale: **hubscuola.it**
- Il portale con le nostre novità: **mondadorieducation.it**
- L'assistenza per tutti: **assistenza.hubscuola.it**

IL PROGETTO DIDATTICO

COMPRENSIONE DELLA STORIA LETTERARIA

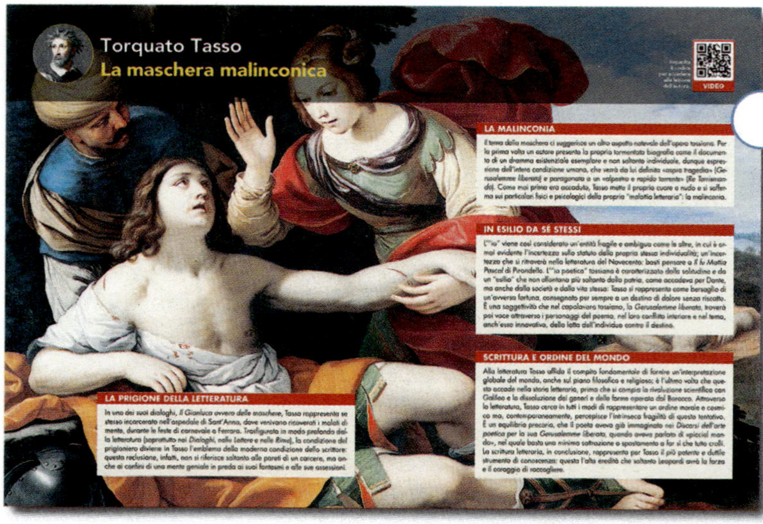

CHIAVI DI LETTURA

Nelle aperture, sintetiche chiavi di lettura per la comprensione e l'interpretazione dei grandi autori, accompagnate da videolezione.

LAVORO SUI TESTI E PREPARAZIONE AL NUOVO ESAME DI STATO

ANALISI DEL TESTO SVOLTE

Divise in tre parti:
- *Struttura*
- *Lingua e stile*
- *Temi*

La parte di *Struttura* serve a imparare ad analizzare l'articolazione, anche argomentativa, dei testi.

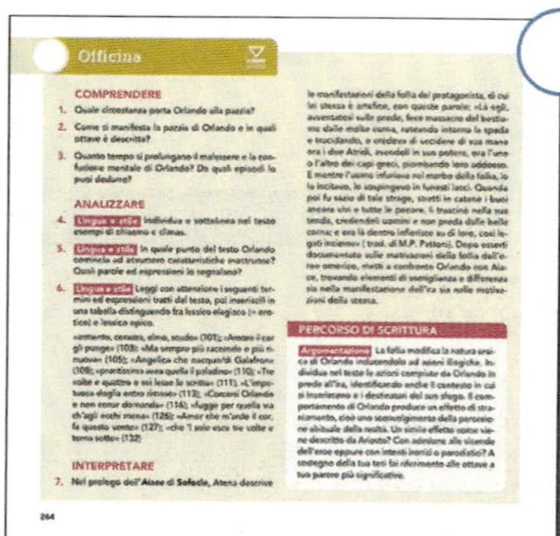

APPARATO DIDATTICO AI TESTI

Allenamento in quattro fasi:
- *Comprendere*
- *Analizzare*
- *Interpretare*
- ***Percorso di scrittura*** per esercitarsi su riassunto, parafrasi e riscritture.

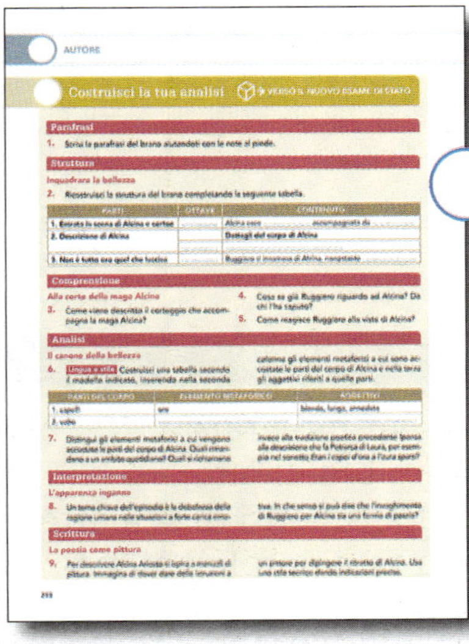
Costruisci la tua analisi
Parafrasi
Struttura
Comprensione
Analisi
Interpretazione
Scrittura

ANALISI DEL TESTO GUIDATE

Costruisci la tua analisi: su alcuni testi, un percorso che in diversi passaggi, dalla sintesi o parafrasi, all'analisi e interpretazione, infine alla scrittura, accompagna lo studente nella preparazione alla prova di Analisi e interpretazione del testo letterario.

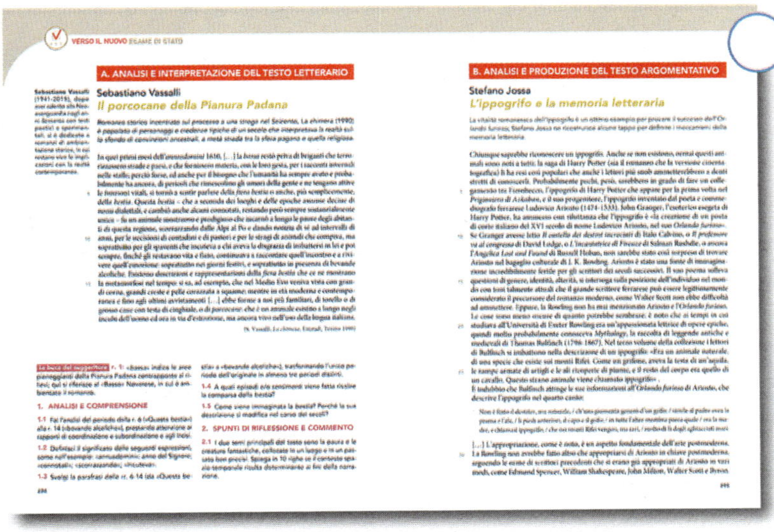
VERSO IL NUOVO ESAME DI STATO
A. ANALISI E INTERPRETAZIONE DEL TESTO LETTERARIO
Sebastiano Vassalli
Il porcocane della Pianura Padana
B. ANALISI E PRODUZIONE DEL TESTO ARGOMENTATIVO
Stefano Jossa
L'ippogrifo e la memoria letteraria

LABORATORI PER IL NUOVO ESAME DI STATO

Sezioni dedicate a un allenamento completo alle tre tipologie della prima prova scritta, per abituare gli studenti fin dal primo anno a lavorare anche su testi contemporanei, su testi argomentativi e su tematiche di attualità.

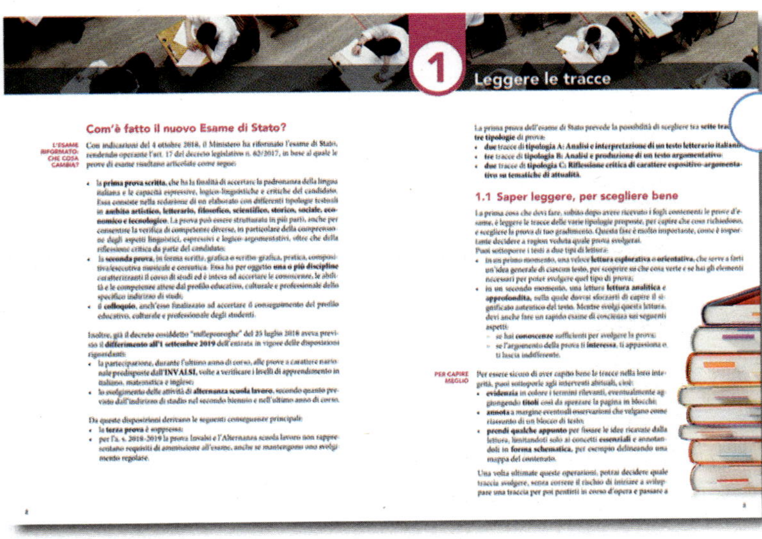
1 Leggere le tracce
Com'è fatto il nuovo Esame di Stato?
1.1 Saper leggere, per scegliere bene

VOLUME *IL NUOVO ESAME DI STATO*

Un prezioso aiuto per affrontare al meglio tutte le prove d'Esame e le prove INVALSI.

IL PROGETTO DIDATTICO

ESPOSIZIONE ORALE

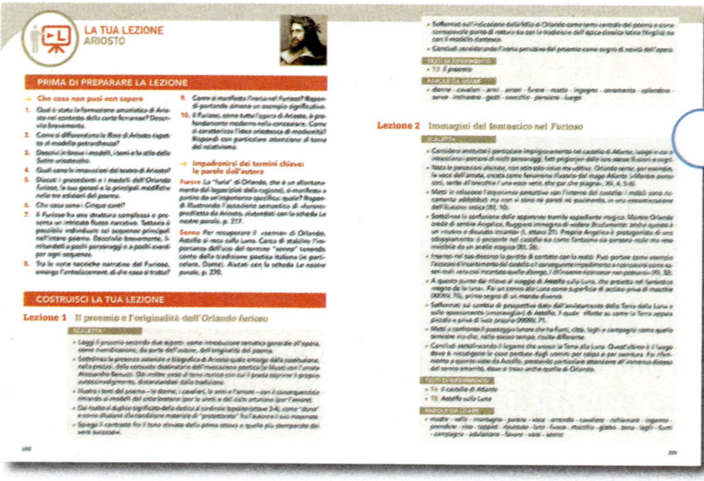

LA TUA LEZIONE

Lavoro per imparare a esporre oralmente, con suggerimenti di scaletta da seguire e parole-chiave da usare.

INTERDISCIPLINARITÀ E ATTUALIZZAZIONE

LA TUA BACHECA

Percorsi tematici interdisciplinari con collegamenti ad arte, cinema, altre letterature, fumetto, storia, scienza. La bacheca si espande online, con tanti altri contenuti interattivi.

VOCI DAL NOVECENTO

I grandi romanzi da leggere per anticipare il programma dell'ultimo anno e appassionarsi alla letteratura del Novecento.

COMPETENZA LINGUISTICA E LESSICALE

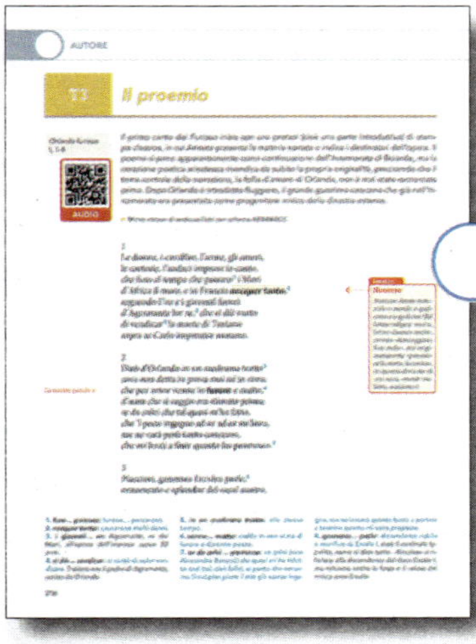
AUTORE
T1 Il proemio

AMPLIAMENTO DEL LESSICO

A margine dei testi vengono spiegate alcune parole per ampliare il lessico di base. Riprese in un esercizio, le voci sono tratte, con opportuni adattamenti, dal *Nuovo Devoto-Oli*.

Le nostre parole Furore

CONSAPEVOLEZZA LINGUISTICA

Le schede *Le nostre parole* raccolgono un repertorio di parole-chiave (*gentile*, *salute*, *pazzia*, *meraviglia*...), delle quali vengono spiegate l'origine, l'importanza e il significato nella nostra storia letteraria e l'evoluzione nel tempo fino ai giorni nostri.

Lezione 3 Il plurilinguismo del Quattrocento

STORIA DELLA LINGUA

Nelle sezioni *Lingua madre*, il racconto delle tappe fondamentali della storia della lingua italiana.

INDICE

ALLE ORIGINI DELLA LETTERATURA OCCIDENTALE

2 La letteratura religiosa 43

CONTENUTI DIGITALI INTEGRATIVI

3 La scuola siciliana e i poeti siculo-toscani 61

CONTENUTI DIGITALI INTEGRATIVI

INDICE

SPLENDORE E AUTUNNO DEL MEDIOEVO: L'ETÀ DELLE TRE CORONE

INDICE

INDICE

CONTENUTI DIGITALI INTEGRATIVI

INDICE

ALLE ORIGINI DELLA LETTERATURA OCCIDENTALE

INGHILTERRA

Nel 1066 Guglielmo il Conquistatore si impadronisce del trono d'Inghilterra.

FRANCIA

Nel 987, con l'elezione di Ugo Capeto, si chiude la storia della dinastia carolingia: il casato capetingio regnerà per quattro secoli e, tramite rami collaterali, fino alla definitiva deposizione della monarchia nel XIX secolo.

SPAGNA

Tra il 1062 e il 1248 i regni cristiani spagnoli sottraggono agli Arabi il dominio della penisola iberica con la *Reconquista*.

ITALIA

Nella penisola italiana, divisa tra possedimenti imperiali, territorio del Papato e monarchia normanna, nascono i Comuni.

STORIA

476

Caduta dell'Impero romano d'Occidente A partire da questo momento, in Europa si instaurano i regni romano-barbarici.

800

Incoronazione di Carlo Magno Tra VIII e IX secolo, i Franchi della dinastia carolingia tentano di ripristinare l'autorità imperiale in Occidente, processo che culmina con la fondazione del Sacro Romano Impero.

1096-99

Prima crociata Nell'XI secolo nasce il progetto di liberare la Terra Santa dall'occupazione musulmana. Inizia una lunga serie di crociate, fino alla perdita dell'ultimo territorio crociato nel 1291.

1197

Federico di Svevia eredita il Regno di Sicilia La corte di Palermo diventa un polo culturale tra i più fiorenti d'Europa.

1122

Concordato di Worms Si conclude lo scontro tra Chiesa e Impero (lotta per le investiture).

1223

Regola francescana La "regola di vita" scritta da Francesco d'Assisi riceve l'approvazione ufficiale di papa Onorio III.

LETTERATURA, ARTI E SCIENZE

1070 ca.

Chanson de Roland Il più importante e fortunato esempio di epica medievale, che narra le gesta di Carlo Magno e dei suoi paladini contro gli Arabi in Spagna.

1185

***De amore* di Andrea Cappellano** Trattato in cui vengono esposte le regole dell'amor cortese.

1224

***Cantico di Frate Sole* di Francesco d'Assisi** Il più antico testo poetico di carattere religioso in Italia.

1071

Guglielmo IX duca di Aquitania Nasce il primo poeta in lingua volgare e il primo trovatore.

1088

Bologna Viene fondata la prima università europea.

1185 ca.

Alain de Lille Compone il suo *Anticlaudianus*, un poema latino che narra il viaggio di Ragione e Saggezza in Paradiso.

1231

Costituzioni di Melfi L'imperatore Federico II promulga le Costituzioni di Melfi, che rappresentano il primo adattamento del *corpus* del diritto romano al mondo medievale.

1265

Dante Alighieri e Tommaso Nasce a Firenze Dante Alighieri. Tommaso d'Aquino inizia a scrivere la *Summa theologiae*.

QUADRO STORICO

Mille anni di storia: Alto e Basso Medioevo

Il Medioevo: un concetto problematico

I circa mille anni che costituiscono l'Età medievale risultano assai eterogenei. Esiste, intanto, una profonda differenza tra il cosiddetto **Medioevo occidentale**, fiorito nella parte più antica dell'Impero romano, e il **Medioevo bizantino**, localizzato invece nell'ex Impero romano d'Oriente: gli intellettuali bizantini, infatti, si ritennero sempre i depositari dell'eredità classica e interpretarono la loro cultura in perfetta continuità con la tradizione greco-latina.

Alto e Basso Medioevo

Un tentativo di periodizzazione concepito per presentare l'Età medievale in modo più articolato è la ripartizione in **Alto** e **Basso Medioevo**: al primo segmento temporale corrispondono i **secoli dal V al X**, al secondo i **secoli dall'XI al XV**. Ancora nell'Ottocento l'Alto Medioevo era considerato un'epoca di oscura decadenza, ma oggi se ne intravedono tutta la ricchezza e la complessità; in Occidente appare caratterizzato, sul piano politico, dalla frammentazione dei regni romano-barbarici, su quello culturale e religioso, dal fenomeno del monachesimo (➤ p. 10). Il Basso Medioevo, a sua volta, è percorso dalla lenta e progressiva crisi del Papato e dell'Impero, che si manifesterà compiutamente nel XIV secolo e porterà alla formazione degli Stati nazionali e di nuove realtà politiche come i Comuni.

I Vandali guidati da Genserico saccheggiano Roma nel 455. Dipinto rievocativo di Karl Pavlovich Briullov, 1833-1835. Mosca, Galleria Tretyakov.

VISUALIZZA I CONCETTI

Dai regni romano-barbarici alle monarchie nazionali

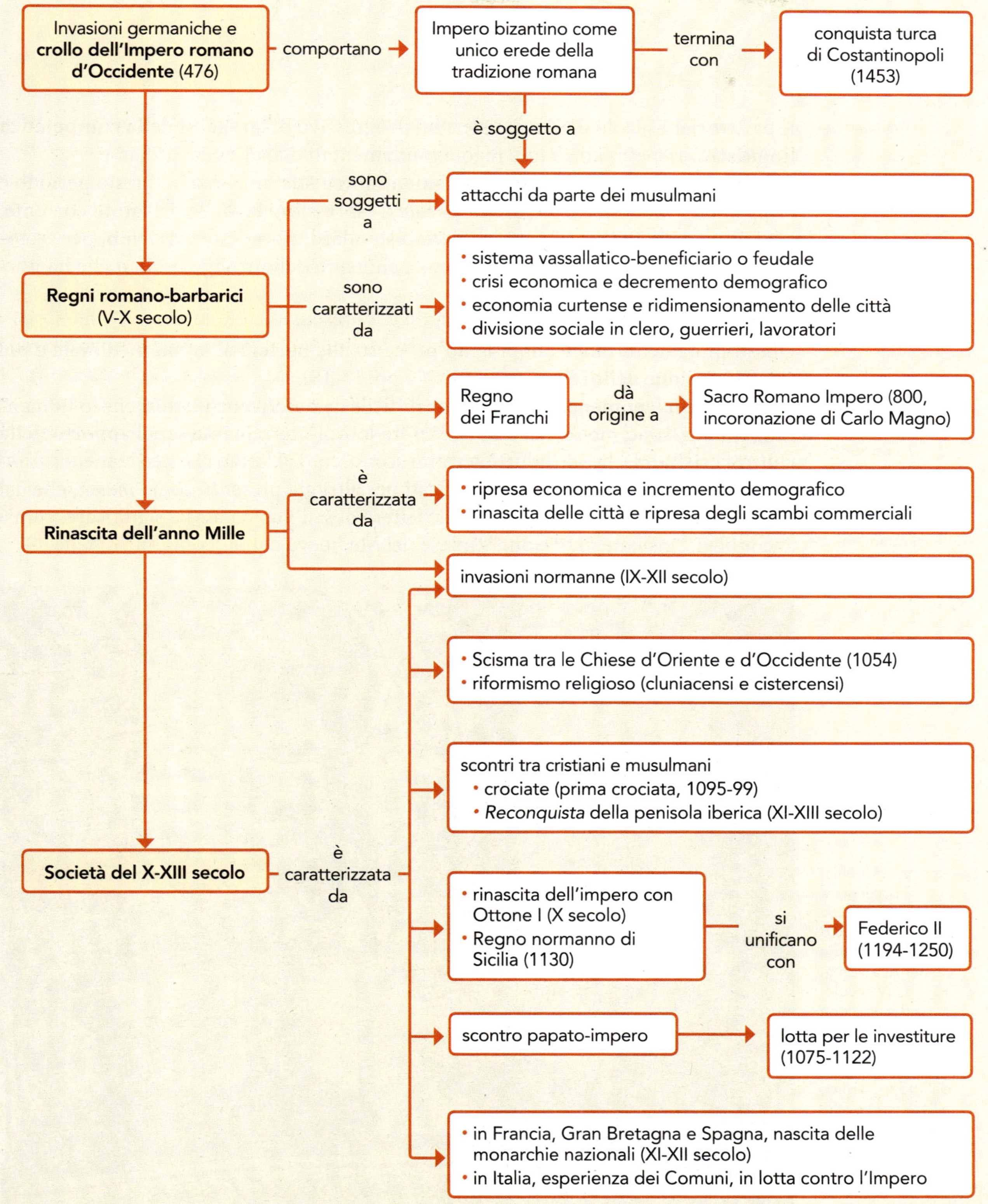

CONTESTO

QUADRO CULTURALE

1. Il latino in movimento

La testimonianza dell'*Appendix Probi*

A partire dal I secolo d.C. si assiste a un progressivo **disgregarsi della competenza linguistica** rispetto ad alcune regole fondamentali della lingua latina.
Una preziosa testimonianza dei mutamenti linguistici in corso in questo periodo è l'*Appendix Probi*, un elenco di 227 parole o espressioni erronee nel latino corrente, precedute dalla forma corretta nel latino standard: tra queste troviamo, per esempio, *auris non oricla*, dove si riscontra la chiusura del dittongo *au* in *o* che ha portato da ultimo al nostro "orecchia".

Verso le lingue romanze

Questi mutamenti innescano il lento processo che porterà al latino medievale e poi alla **formazione delle lingue romanze** (➤ pp. 17-18).
Si tratta di un fenomeno estremamente difficile da descrivere: i fattori che lo influenzano, infatti, sono molteplici e differenti fra loro. Determinante sarà l'**apporto della cultura cristiana**, che introdurrà termini sconosciuti al latino classico come *incarnatio*, *episcopus*, *diabolus* e nuovi significati per altri già presenti, come *massa*, che dal senso originario di "impasto", già nelle lettere di san Paolo passa a significare, com'è ancor oggi, "insieme di persone" (intese nel Medioevo come "comunità di fedeli").

Lingue romanze
Dette anche neolatine, presentano affinità tra loro e caratteri comuni con il latino da cui derivano direttamente.

Scena di vendemmia; particolare del mosaico dell'ambulacro del Mausoleo di Santa Costanza a Roma, IV secolo. La decorazione del Mausoleo segna un momento del passaggio dal mondo antico all'età medievale: i mosaici presentano riferimenti classici, ma hanno già la funzione mistica tipica dell'arte medievale.

2. Mondo classico e allegoria

L'affermazione del cristianesimo

La cultura medievale fu profondamente permeata dalla spiritualità cristiana. Prima ancora che le istituzioni socio-politiche romane crollassero sotto il peso della pressione barbarica, il **cristianesimo** era divenuto la religione della maggioranza dei cittadini dell'Impero, sostituendosi alle religioni pagane e plasmando una nuova visione della vita e del destino dell'uomo.

Il dialogo con la cultura pagana

Divenuto maggioritario, il mondo cristiano si pose un interrogativo decisivo: che senso aveva trasmettere il ricordo della cultura pagana, fondata su credenze considerate come false?
Molti intellettuali cristiani, del resto, si erano formati nello **studio dei classici** pagani come Virgilio, Orazio, Ovidio e si domandavano, a volte con inquietudine, quanto questa passione fosse conciliabile con la loro fede. Nonostante questi dubbi, la maggioranza dei Padri della Chiesa ritenne che vi fossero nella cultura classica **elementi di verità** che potevano essere salvati e inclusi nella nuova cultura cristiana.

Poesia pagana e anticipazioni della Rivelazione

Apologetica
Nel cristianesimo, è la parte della teologia che si occupa di difendere la credibilità e la verità dei principi della dottrina di fede.

D'altra parte la teologia, fin dal II secolo, aveva già assimilato alcune categorie di pensiero della **filosofia greca** proprio per confrontarsi con i pagani, per difendersi dalle accuse (nelle cosiddette opere **apologetiche**) e per elaborare la propria dottrina. Inoltre, si affermò gradualmente l'idea che negli scritti pagani, e in particolare nella poesia, si potessero rintracciare **anticipazioni della Rivelazione**. Questo approccio stimolò nuove letture e **reinterpretazioni delle opere classiche**, che nel tempo divennero sempre più frequenti e sistematiche. L'interesse per i maggiori poeti classici fu tale da radicarsi così profondamente che si parlerà dei secoli IX e X come di "età virgiliana", dell'XI secolo come di "età oraziana" e dei secoli XII-XIII come di "età ovidiana".

L'interpretazione allegorica

Lo strumento concettuale che permise di includere molti simboli pagani all'interno dell'immaginario e della cultura cristiani fu l'**allegoria**. Essa si basa sulla tecnica interpretativa applicata inizialmente alle Sacre Scritture, che consiste nel distinguere vari livelli di senso, cioè:

> Cerchiamo infatti la vera sostanza delle cose, in modo che, una volta sepolta nel silenzio la dottrina mitologica della Grecia mendace, possiamo riconoscere che cosa debba darle un significato allegorico.
>
> Fulgenzio

- **letterale**: questo livello si attiene semplicemente a quanto il testo, cioè la Bibbia, afferma, che va inteso come una verità storica, come la narrazione di fatti realmente accaduti;
- **allegorico**: è un significato profondo che si deve ricavare da quello letterale e che rimanda ai misteri che sono oggetto della fede;
- **morale**: anche questo è derivato dal letterale e deve costituire non una nozione astratta, ma una regola di comportamento e di vita;
- **anagogico**: sempre ricavabile dal senso letterale, riguarda le realtà ultime, ovvero la condizione dell'uomo dopo la morte.

CONTESTO

Esegesi
Interpretazione critica di un testo con la finalità di comprenderne in modo approfondito il significato.

In teoria gli scrittori ecclesiastici tendevano ad applicare l'interpretazione allegorica soltanto alla Bibbia. Tuttavia ci fu pure una importante tradizione di autori cristiani che non esitò a considerare i testi classici come degni spunti di **esegesi allegorica**: già nel III secolo, per esempio, il teologo greco Origene interpretava l'episodio omerico di Ulisse legato all'albero della nave per resistere al canto delle Sirene come anticipazione della figura di Cristo sulla croce.

L'interpretazione figurale

Quest'idea del rapporto tra "anticipazione" di una data realtà sacra in un testo e suo "compimento" in un altro caratterizzava un secondo metodo di esegesi medievale, la cosiddetta **"interpretazione figurale"** della Bibbia. Essa metteva a confronto singoli episodi del Vecchio Testamento con quelli del Nuovo, considerando i secondi come rivelazione del significato nascosto a cui i primi oscuramente alludevano. Così, per esempio, la liberazione del popolo ebraico dalla schiavitù egizia da parte di Mosè, era "figura" della futura liberazione dell'umanità dal peccato da parte di Cristo, che attraverso il suo sacrificio conduce il popolo cristiano nel regno dei cieli.

> L'allegoria trasforma l'esperienza in un concetto ed il concetto in un'immagine, ma in modo che nell'immagine il concetto sia sempre definito.
>
> Johann Wolfgang Goethe

VISUALIZZA I CONCETTI

Cristianesimo e cultura pagana

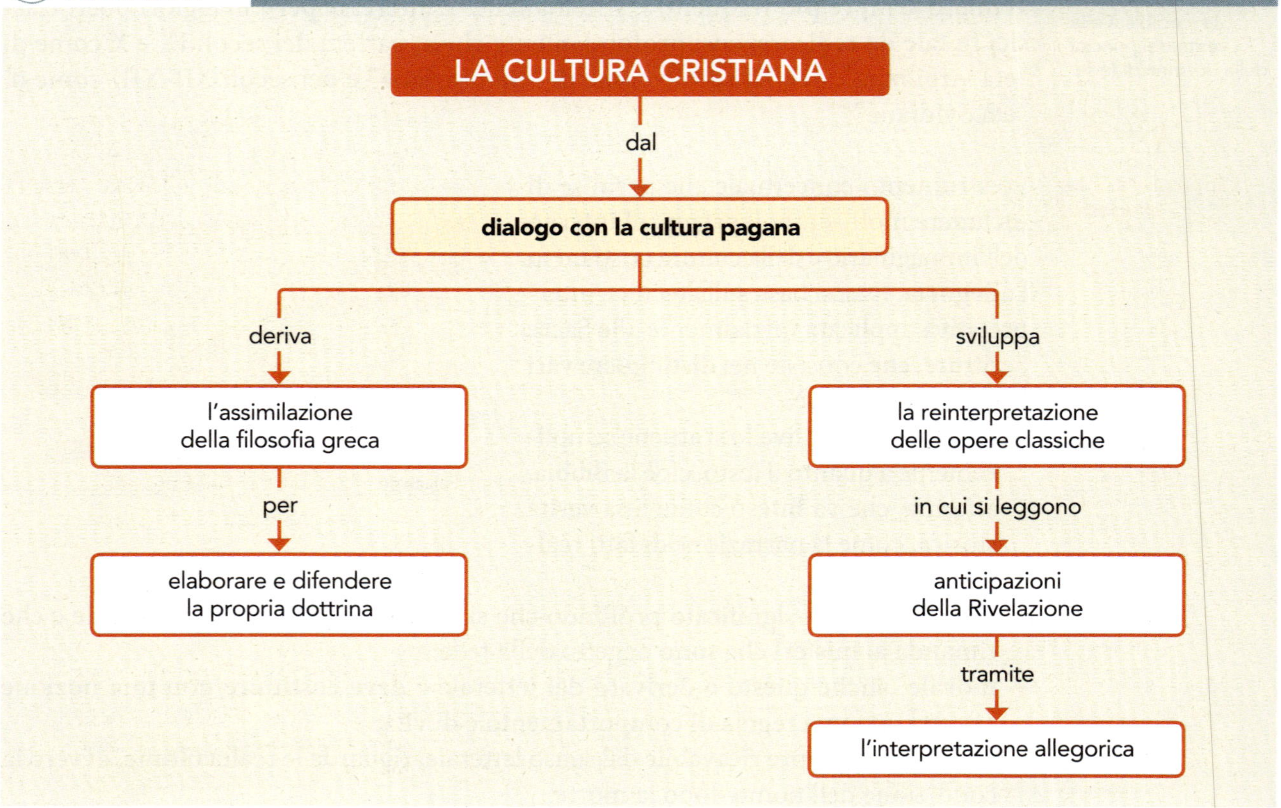

TEMI E GENERI

Il «grande codice»: la Bibbia

Il cristianesimo e la Bibbia

Il cristianesimo ha permeato profondamente la società e la cultura medievali. La Bibbia non ha rappresentato, per gli uomini del Medioevo, soltanto un testo sacro, cioè la rivelazione della parola di Dio e il fondamento di ogni sapere e di ogni autorità, ma anche l'alfabeto d'idee, immagini ed espressioni al quale attingere per costituire i propri sistemi di pensiero. La Bibbia offriva un modello di interpretazione del tempo e della storia umana, forniva il linguaggio allegorico con il quale si dava forma alle proprie paure e alle proprie speranze; costituiva, in breve, il linguaggio naturale attraverso cui si esprimeva la cultura del tempo.

Il «grande codice»

Il critico canadese Northrop Frye ha definito la Bibbia, con una felice espressione, il «grande codice» della cultura occidentale, non soltanto medievale: «Le Sacre Scritture – ha scritto Frye – sono l'universo entro cui la letteratura occidentale ha operato sino al XVIII secolo, e sta ancora in larga misura operando». Già il poeta inglese William Blake, nel XVIII-XIX secolo, aveva affermato che «il Vecchio e il Nuovo Testamento sono il Grande Codice dell'arte».

La ricchezza dell'immaginario biblico

All'immaginario biblico potevano accedere anzitutto i clerici e gli uomini acculturati in grado di leggere il testo sacro: va ricordato che la sola versione scritta del testo sacro era in latino, cioè la cosiddetta *Vulgata* tradotta da Girolamo all'inizio del V secolo, adottata anche per la liturgia. Le rappresentazioni pittoriche e scultoree di scene bibliche, come gli affreschi sulle pareti delle chiese medievali, permettevano tuttavia pure al popolo analfabeta di imparare a conoscere le storie bibliche. La trasposizione artistica della Sacra Scrittura in cicli pittorici, per questo motivo, è stata definita la *Biblia pauperum*, cioè la «Bibbia dei poveri», tradotta in immagini a beneficio degli incolti. La predicazione in lingua volgare costituiva l'altro grande canale attraverso il quale la conoscenza della Bibbia era diffusa tra il popolo. Non stupisce, dunque, che in età medievale non soltanto la letteratura religiosa sia permeata, com'è ovvio, dall'immaginario biblico. Anche gli autori di testi profani adottarono con naturalezza immagini bibliche: il *Cantico dei Cantici* (un testo contenuto nella Bibbia), per esempio, costituì il principale repertorio di metafore d'amore cui attinsero, oltre ai cantori dell'amore divino, pure i poeti lirici dell'amore profano, per esempio i trovatori provenzali.

Storie dell'Arca di Noè: Noè fa uscire dall'arca la colomba, la famiglia e gli animali; particolare del mosaico nella basilica di San Marco a Venezia, XIII secolo.

3. Istruzione e cultura scritta nell'Alto Medioevo

La trasformazione del sistema educativo

Durante l'Alto Medioevo, la Chiesa detenne il monopolio dell'istruzione, attraverso tre diversi tipi di istituzioni: le **scuole capitolari** (cioè dipendenti dai vescovi), le **scuole monastiche** e le **scuole parrocchiali**. Lo scopo era istruire il clero, il quale doveva poi interagire con una popolazione invece quasi completamente analfabeta.
Nelle scuole ecclesiastiche gli studenti si formavano attraverso la lettura e la comprensione della Bibbia, esercitandosi nello studio e nella compilazione di glosse analitiche (vale a dire, commenti parola per parola). Per permettere una migliore comprensione del testo sacro si ricorse anche alle discipline antiche, come la grammatica e la retorica. Nelle scuole altomedievali si trasmise l'apprendimento, in particolare, delle cosiddette **"arti liberali"** (cioè degne di un uomo libero, a differenza delle arti servili o meccaniche), che sintetizzavano il quadro del sapere trasmesso dalla scuola antica: esse erano distinte in **Trivio** (grammatica, retorica e dialettica) e **Quadrivio** (aritmetica, geometria, musica e astronomia), a cui si sarebbero aggiunte in seguito la **logica** e la **teologia**.

LE ARTI LIBERALI	
TRIVIO	QUADRIVIO
SCIENZE DELLA PAROLA	SCIENZE DEL NUMERO
grammatica retorica dialettica	aritmetica geometria musica astronomia

\+

LOGICA TEOLOGIA

Il monachesimo e la fondazione dei monasteri

Il **monachesimo** (dal greco *monachòs* «persona solitaria») fu uno dei fenomeni più importanti del Medioevo; esso ebbe origine dall'esigenza, per una comunità di religiosi, di separarsi dal mondo così da condurre una vita di radicale purezza evangelica, dedita alla preghiera e all'operosità. **Benedetto da Norcia** (480 ca.-547), fondatore dell'ordine dei benedettini, compendiò questo programma di vita nella celebre formula *ora et labora* («prega e lavora»). Benedetto istituì molti monasteri, fra i quali nel 529 quello di Montecassino, nel Lazio, e redasse la Regola del proprio ordine, che nell'817 fu imposta dall'imperatore Ludovico il Pio a tutti i monasteri franco-germanici e costituì un modello per le comunità religiose successive.

Gli *scriptoria*

In età altomedievale i monasteri furono i principali luoghi di trasmissione della tradizione classica e di elaborazione della nuova cultura cristiana. Si deve proprio all'ordine benedettino l'immenso lavoro di produzione e conservazione del patrimonio librario altomedievale, cioè dei codici, grazie ai quali fu possibile tramandare la cultura classica e cristiana.
Il luogo del monastero deputato alla scrittura e copiatura dei codici era lo ***scriptorium***, un ampio salone illuminato, contiguo alla biblioteca, in cui i monaci addetti, chiamati **amanuensi**, trascrivevano i testi e dipingevano le miniature. Con il passare dei secoli il ruolo sociale dei copisti cambierà: dal monaco-scriba, che si attende in premio per

la sua opera solo la ricompensa dei cieli, in età bassomedievale si passerà alla figura del copista professionista, che opererà in contesto urbano, universitario, e verrà compensato economicamente per il proprio lavoro.

La lettura nel Medioevo

All'adagio dei benedettini *ora et labora* occorrerebbe dunque aggiungere, considerata l'importanza di quest'ordine nella trasmissione della cultura scritta, anche l'imperativo *lege* («leggi»). La lettura monastica non consisteva in una semplice recitazione della Sacra Scrittura, ma piuttosto in un rapporto personale e intimo con il testo sacro che "parlava" in modo diverso all'anima di ogni fedele: era la cosiddetta ***lectio divina*** («lettura divina»), attraverso cui il cristiano scopriva come realizzare concretamente la volontà divina nella propria vita di tutti i giorni.
Quanto alla pratica concreta della lettura, sappiamo che in età classica prevaleva la lettura ad alta voce. Nell'Alto Medioevo, invece, si diffuse la pratica della **lettura silenziosa**, personale (come quella del monaco nella sua cella, che "rumina" a voce bassa i testi edificanti), insieme con quella ad alta voce, destinata alla fruizione collettiva, per esempio nelle corti.

TEMI E GENERI

La rinascita carolingia

Carlo Magno coltivava un forte interesse personale per la cultura scritta e per il libro. Egli intuì che il potenziamento degli strumenti e delle istituzioni culturali poteva essere un forte fattore di unificazione per un impero profondamente composito a livello di lingua, costumi e istituzioni. Fu così che attorno al 782 fu fondata per sua iniziativa la Scuola palatina, con lo scopo di concepire un programma di studio che fosse adottato in modo uniforme in tutte le scuole dell'impero.
La Scuola venne a rappresentare emblematicamente il luogo di un passaggio di consegne della civiltà latina alle differenti realtà culturali e linguistiche dell'Europa altomedievale. Questo passaggio fu possibile grazie alla **funzione unificante** della lingua dei dotti per eccellenza, il **latino**. Non per nulla, al centro degli interessi dei principali maestri della Scuola stavano l'insegnamento, la trasmissione del sapere attraverso la scrittura (con l'elaborazione di una nuova forma calligrafica, la "minuscola carolina") e il perpetuarsi della memoria storica nelle biografie e nelle cronache (Paolo Diacono, Eginardo, Turpino di Reims).

L'innovazione calligrafica costituita dalla **minuscola carolina**, in particolare, rappresentava un notevole progresso nella pratica libraria e una facilitazione sia del lavoro dei copisti sia dei lettori. Essa, infatti, unificava una serie di consuetudini scrittorie molto diversificate, presentava un tratto più elegante e preciso e, infine, introduceva alcune innovazioni relative alla punteggiatura, come il punto interrogativo, che consentivano di rendere meno ambiguo il testo.

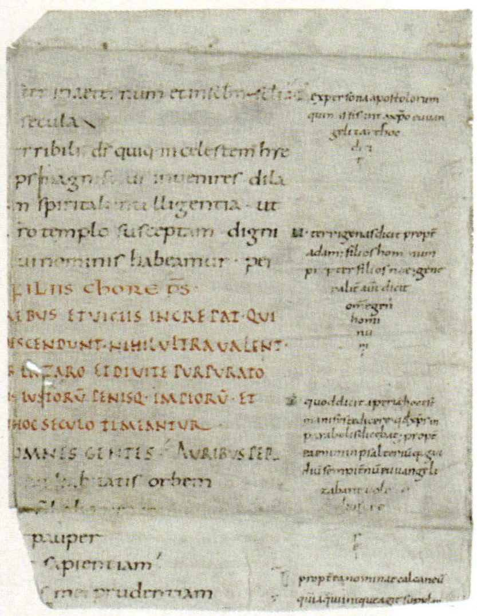

Un manoscritto in minuscola carolina, IX secolo. La nuova forma di scrittura era caratterizzata da lettere piccole, leggibili e ben separate l'una dall'altra.

A sinistra: Miniatura che rappresenta la consegna dei poteri alla Bestia da parte del Dragone, nel *Commento all'Apocalisse* del Beato di Liébana, VIII secolo. Madrid, Biblioteca Nazionale.

A destra: *Incipit* del Vangelo di Matteo nel *Libro di Kells*, IX secolo. Dublino, Trinity College.

Libro e scrittura nell'Alto Medioevo

Si possono individuare due tipologie fondamentali di libro manoscritto nel Medioevo: da un lato il **"libro-simbolo"**, dall'altro il **"libro-strumento di lettura"**.
In un momento storico in cui l'analfabetismo dilagava e la Chiesa stava assumendo il pieno controllo della vita intellettuale, al libro non era più attribuito un carattere di servizio per la formazione culturale dell'individuo, ma veniva considerato un oggetto sacro, quasi una reliquia.
In questa tipologia di libro-simbolo diviene fondamentale il **ruolo delle immagini**, che avranno la funzione (non solo nei codici ma anche in tutta l'arte religiosa) di trasmettere la conoscenza degli episodi e dei concetti fondamentali della storia sacra anche a chi non è in grado di leggere. Vengono così allestiti manoscritti riccamente **miniati**, esemplari unici costati anni di lavoro agli amanuensi, di cui sono splendidi esempi il *Libro di Kells* (IX secolo), frutto dell'attività dei monaci irlandesi, o le illustrazioni del *Commento all'Apocalisse* del Beato di Liébana (VIII secolo).
Il libro-strumento di lettura, invece, appare legato soprattutto all'esigenza di formare i chierici, i nuovi intellettuali del Medioevo che fanno parte della Chiesa.
Una parte preponderante di questi libri è costituita dai **manuali**, in particolare da quelli di grammatica e di teologia, poi da raccolte di testi (principalmente di autori cristiani e, in misura minore, da classici interpretati in chiave religiosa) che dovevano servire a formare la base del patrimonio culturale dell'intellettuale, mai disgiunta dai suoi compiti di uomo di Chiesa.

Miniatura
Tecnica di decorazione dei manoscritti, in cui venivano messi in relazione il contenuto dei testi con quello delle immagini.

FISSA I CONCETTI

- In che modo si conciliano la nuova cultura cristiana e la cultura classica?
- Come cambia il sistema educativo nell'Alto Medioevo?

I principali *scriptoria* monastici in Italia e in Europa

Negli *scriptoria* si svolge il lavoro dei monaci copisti, che trascrivono, e spesso decorano con preziose miniature, manoscritti della tradizione greco-latina e testi religiosi della tradizione cristiana. Il lavoro dei monaci ha consentito la conservazione e la trasmissione del patrimonio librario altomedievale; i manoscritti giunti sino a noi, dal valore inestimabile per il loro contenuto, sono in alcuni casi anche vere e proprie opere d'arte.

FULDA (IV secolo)

Dallo *scriptorium* del monastero di Fulda (assieme ad altri monasteri tedeschi) provengono alcune delle **prime testimonianze** della **riforma** della **scrittura** voluta da Carlo Magno, con l'uso della minuscola carolina.

VERONA (VI secolo)

Nella Biblioteca Capitolare di Verona è stato ritrovato il cosiddetto **"indovinello veronese"**, un indovinello sull'arte della scrittura vergato da un monaco tra VIII e IX secolo a margine di un codice più antico. È spesso considerato come il testo più antico in volgare italiano.

CLUNY (X secolo)

La biblioteca dell'abbazia di Cluny, che sarà uno dei luoghi più importanti per il ritrovamento di **codici** in età umanistica, è famosa non solo per il numero e l'importanza dei testi conservati ma anche per la fine semplicità delle sue miniature.

ZONA DI RAVENNA

La maggior parte dei manoscritti miniati conservati è di contenuto religioso. Una importante eccezione è il ***Virgilio romano*** (V secolo) contenente le opere di Virgilio. Non si conosce l'esatta provenienza, ma l'ipotesi più accreditata è che provenga dall'area di Ravenna.

MONTECASSINO (VI secolo)

L'abbazia di Montecassino, fondata da Benedetto da Norcia nel 529, è un centro importantissimo sia dal punto di vista religioso sia per l'attività culturale di *scriptorium* e biblioteca: qui verranno ritrovate preziose opere di **Tacito**, **Seneca** e **Apuleio**.

BOBBIO (VII secolo)

L'abbazia di San Colombano a Bobbio tra il VII e il IX secolo diviene uno dei più importanti centri di produzione libraria dell'Italia centro-settentrionale. Nel 982 venne fatto stilare un catalogo dei beni della biblioteca dal quale emerge la ricchezza della collezione: **opere agiografiche**, **patristiche** e **liturgiche** ma anche della **tradizione classica** (Terenzio, Virgilio, Cicerone, Ovidio) erano custodite e ricopiate nell'abbazia.

4. I generi e le forme della cultura mediolatina

I generi letterari nell'Alto Medioevo

Nella tabella qui sotto sono riportati i principali generi letterari della cultura mediolatina, quella cioè che si sviluppò in latino nel corso dell'Alto Medioevo, prima della progressiva affermazione delle nuove lingue romanze come lingue letterarie, dal XII secolo in poi. Si tratta di una produzione prevalentemente ispirata da **tematiche religiose** e improntata alla visione cristiana della realtà, ma resta attiva, in certa misura, l'influenza dei modelli classici e si riscontra anche qualche caso di non allineamento con la cultura ecclesiastica (si pensi, in particolare, ad alcune tematiche della poesia goliardica).

GENERI	SOTTOGENERI	TEMATICHE	ESEMPI
Enciclopedismo	• Bestiari (elenchi di animali, reali e fantastici) • Lapidari (elenchi di pietre e loro proprietà) • Repertori tematici e lessicali	Concezione dualistica della realtà: il piano terreno (dell'immanenza) è "figura" di quello ultraterreno (della trascendenza), per cui le realtà terrene vanno studiate e classificate e quindi interpretate come simbolo delle corrispondenti realtà divine.	• *Etimologie* di Isidoro di Siviglia (VI sec.) • *L'universo* di Rabano Mauro (IX sec.)
Storiografia	• Storie universali, a partire dalla creazione del mondo • Storie di popoli	Viene adottata la prospettiva escatologica cristiana, per la quale lo scopo ultimo della storia umana, guidata dalla provvidenza divina, va valutato in riferimento alla salvezza individuale e al giudizio finale.	• *La storia contro i pagani* di Paolo Orosio (IV sec.) • *La storia dei Franchi* di Gregorio di Tours (VI sec.) • *La storia dei Longobardi* di Paolo Diacono (VIII sec.)
Letterature di viaggio	• Viaggi fantastici • *Itineraria* nell'aldilà (resoconti di viaggi ultraterreni)	• Gusto per episodi avventurosi, oggetti e animali mostruosi ed esotici, fatti soprannaturali. • Viaggi "esemplari" destinati all'educazione cristiana.	• *Viaggi di Alessandro Magno* • *La navigazione di san Brendano* (VI sec.) • *Visione di Tnugdalo* (XII sec.)
Scritture biografiche	• Agiografie (biografie dei santi) • Martirologi (resoconti del sacrificio dei martiri)	• Esemplarità della vita dei santi, di cui sono riportate le prove miracolose della loro santità.	• *Vite dei padri* (raccolta di martirologi)
Innografia	• A seconda dell'occasione liturgica	• Inni composti per la liturgia, ispirati al modello biblico dei *Salmi*.	• *Inni* di Ambrogio (IV sec.) • *Inni* di Venanzio Fortunato (VI sec.) • *Inni* di Paolo Diacono (VIII sec.)
Poesia profana	• Carmi goliardici	• Poesia dai contenuti profani, destinata in particolare al periodo carnevalesco. • Tematiche legate alla sessualità e all'erotismo, ma anche al buon cibo, alla giovinezza, allo scorrere delle stagioni. • Forte carica satirica e anticlericale.	• *Carmina Burana* (XII-XIII sec.)
Epica cristiana	• Narrazioni in versi del Nuovo Testamento • Poemi allegorici • Poemi sapienziali	• Centralità di temi religiosi ed episodi tratti dall'Antico e dal Nuovo Testamento. • Commistione di generi e stili. • Ricorso all'allegoria (specie nei poemi sapienziali, che tracciano il percorso dell'anima cristiana verso Dio).	• *Carme pasquale* di Sedulio (V sec.) • *Psycomachia* di Prudenzio (IV sec.) • *Contro Claudiano* di Alain de Lille (XII sec.)

5. La società delle corti e delle città

La cultura cortese

Con il passaggio, tra X e XII secolo, dall'Alto al Basso Medioevo, la corte divenne il **principale luogo culturale** dell'Europa. Era lì che il signore poteva accogliere intellettuali, letterati e artisti, che spesso ricambiavano la sua protezione e il suo sostegno celebrando le gesta del signore stesso, della sua famiglia o, comunque, degli ideali in cui il suo ceto si riconosceva. Alcune corti, in particolare, furono rese dai propri signori veri e propri poli culturali. Una delle più influenti fu quella dei **duchi d'Aquitania**, che tra XI e XII secolo divenne ritrovo di poeti e artisti e che **Eleonora** (1122-1204), duchessa d'Aquitania, trasformò in una delle corti più raffinate dell'intera Europa: vi fu attivo, tra gli altri, il trovatore Bernart de Ventadorn. Il mecenatismo di Eleonora fu proseguito da sua figlia **Maria**, che divenne contessa di Champagne e si fece protettrice di intellettuali come Andrea Cappellano e Chretien de Troyes (➤ pp. 26-29; 36), oltre a comporre a sua volta versi in latino e francese.

Il ruolo delle donne nella cultura cortese

In questo contesto si sviluppò la **letteratura** che è generalmente definita "**cortese**", proprio dal nome della corte che ospitava gli intellettuali del tempo. Questa letteratura era imbevuta degli **ideali cavallereschi** che l'intero sistema feudale proponeva come propri, quali la lealtà al proprio signore, il coraggio in battaglia, la liberalità a corte. La struttura feudale in cui i poeti lavoravano si manifesta anche quando le loro opere non parlano direttamente dei rispettivi signori; ne è esempio la **poesia d'amore** di questo periodo, in cui il poeta immagina la propria relazione con la donna amata proprio come un servizio di vassallaggio: l'innamorato celebra la donna come un'inarrivabile principessa o anche come una divinità, cui lui offre il proprio "servizio d'amore".

Corti e comuni in Italia

L'Italia del tempo presentava una situazione molto eterogenea tra Nord e Sud della penisola. Gran parte del Meridione faceva parte del Regno di Sicilia, dove Federico II aveva progressivamente indebolito la rete di sovrani feudali e accentrato la maggior parte dei poteri nelle sue mani; la sede principale del sovrano era Palermo, ma la corte era sostanzialmente itinerante: Federico II viaggiava periodicamente tra le principali città del regno, accompagnato dai suoi funzionari. Attorno al sovrano si formò la cosiddetta **"scuola siciliana"**, composta di uomini di cultura che lavoravano come notai e funzionari del re (➤ p. 62); la loro poesia, composta per la prima volta in volgare siciliano, aveva un carattere spiccatamente laico e così accompagnava le lotte di Federico contrapponendosi sia all'egemonia culturale della Chiesa sia alla produzione letteraria dei comuni dell'Italia settentrionale.

Nei comuni, intanto, la maggiore indipendenza politica e il progressivo sviluppo di contatti – commerciali ma anche militari – tra città diverse avevano ormai portato alla ribalta un **nuovo ceto di professionisti**, riuniti in corporazioni e arti, che erano troppo legati alla vita della società civile per potersi riconoscere nei temi della letteratura aristocratica, né gli ideali di questa nuova società potevano rispecchiarsi nell'uso della lingua latina, portatrice della tradizione ecclesiastica altomedievale. Le tensioni della storia comunale contribuirono così allo sviluppo dell'uso dei volgari, già usati negli affari della vita quotidiana, anche nella produzione letteraria.

6. La nascita delle università

La cultura delle scuole e la nascita delle università

Tra XI e XII secolo, in ambito cittadino, nacque una nuova istituzione scolastica: l'**università**. Inizialmente si formarono organizzazioni spontanee di maestri e di studenti: il termine *universitas* indicava infatti la "totalità" di insegnanti e discenti.
Con il tempo queste associazioni si regolamentarono, per stimolo delle autorità religiose e laiche, dotandosi di statuti e di strutture amministrative. Tra le prime università vi furono **Bologna** (fondata nel 1088), **Oxford** (1096) e **Parigi** (1170).

L'età d'oro della Scolastica

Nelle università del XIII secolo, la **filosofia Scolastica** raggiunse la sua età d'oro. Questa filosofia aveva avuto origine con la fondazione delle *scholae*, centri di insegnamento diffusi in tutta Europa su impulso di Carlo Magno, che avevano garantito una sostanziale uniformità nel sistema educativo europeo. La Scolastica si fondava sullo sforzo di conciliare la **fede cristiana** con l'esercizio del **pensiero razionale**; a questo scopo era necessario integrare la rivelazione cristiana sia con i sistemi filosofici della Grecia antica, considerata massima espressione del pensiero razionale, sia con l'opera di pensatori islamici. Ne risultò un'opera di sistematizzazione del sapere europeo, che in questa fase incoraggiò la fiducia nelle potenzialità critiche della ragione e diede un profondo impulso anche alla ricerca scientifica. Il punto più alto della Scolastica coincise con l'opera del domenicano **Tommaso d'Aquino** (1225-74).

FISSA I CONCETTI

- Quali sono le espressioni più evidenti della rinascita culturale e spirituale avvenuta tra XI e XIII secolo?

Andrea di Bonaiuto, *Trionfo della dottrina cattolica*, 1365-1367. Firenze, chiesa di Santa Maria Novella, Cappellone degli Spagnoli.
Al centro della scena si trova san Tommaso d'Aquino, seduto su un trono monumentale in stile gotico; il santo indossa l'abito dell'ordine domenicano e tiene un libro aperto davanti a sé; in alto, in cielo, volano le allegorie delle Virtù teologali e cardinali; ai lati siedono dieci figure di santi ed evangelisti, mentre ai piedi del trono sono accovacciati tre eretici sconfitti.

LINGUA MADRE

Lezione 1
Dal latino al volgare

1. Dall'Impero romano alla Romània

Con le loro conquiste, oltre a un modello di amministrazione statale, all'organizzazione militare e alla grandiosa architettura, i Romani esportarono anche la propria lingua. Il **latino** raggiunse la sua **massima espansione** intorno al **II secolo d.C.**, affiancandosi o sovrapponendosi alle parlate locali di un'area immensa, che si estendeva dall'Africa settentrionale all'Inghilterra meridionale, dalla penisola Iberica alla Grecia e all'Asia Minore. Oggi, in una parte consistente di quell'area, dai linguisti denominata "**Romània**", si usano **lingue che continuano il latino** degli antichi conquistatori e si definiscono perciò "neolatine" o "romanze". L'italiano è una di queste, insieme al francese, allo spagnolo, al portoghese, al romeno ecc.

2. Latino classico e latino volgare

Queste lingue rappresentano un'evoluzione del **latino volgare** (da *vulgaris*, «**del popolo**» e quindi «comune»), cioè del **latino parlato**. Quest'ultimo non costituiva un'entità uniforme, ma presentava caratteristiche diverse a seconda del luogo, della classe sociale di appartenenza dei parlanti e della situazione in cui veniva usato, e come ogni lingua era destinato a mutare nel tempo.
Tutt'altro destino è toccato invece al latino che definiamo "**classico**", una varietà di lingua scritta, usata dai grandi **autori dell'età aurea**: Cicerone, Virgilio, Orazio, solo per fare alcuni nomi, vissuti in un periodo compreso all'incirca tra il I secolo a.C. e il I secolo d.C. Vincolata da rigide norme stilistiche e grammaticali, questa lingua colta era prerogativa dei ceti più elevati ed è stata gradualmente soppiantata nell'uso dal latino volgare. Essendosi tramandato solo per via dotta, nelle opere degli autori dell'età aurea, il latino classico si è sottratto alla legge del cambiamento cui sono sottoposte tutte le lingue viventi divenendo, a tutti gli effetti, una lingua morta.

3. Fonti e metodi per lo studio del latino volgare

Se il latino volgare era una lingua parlata, com'è stato possibile conservarne traccia attraverso i secoli? Su quali fonti e su quali metodi si sono basati gli studiosi per ricostruirlo e comprenderne il funzionamento?
In primo luogo, si sono rivelati preziosi alcuni **testi scritti di carattere non letterario**, destinati all'uso pratico e dunque meno sorvegliati dal punto di vista grammaticale e stilistico:

- libri di cucina, agricoltura, medicina, veterinaria, architettura;
- alcune opere teatrali e alcuni romanzi, come le commedie di Plauto (III-II sec. a.C.) o il *Satyricon* di Petronio (I sec. d.C.), in cui gli autori hanno volutamente cercato di riprodurre alcuni fenomeni tipici del parlato;
- i testi prodotti da scriventi popolari;
- le scritture occasionali, come per esempio i graffiti murali sulle case di Pompei;
- le opere di maestri e grammatici che censurano gli errori più comuni, informandoci così sulle tendenze e i cambiamenti in atto nella lingua.

Quando mancano le fonti dirette, invece, e si vuole indagare l'origine di una parola che non esisteva nel latino classico e non è attestata in nessuna fonte scritta, si procede attraverso il cosiddetto "**metodo comparativo-ricostruttivo**": si confrontano cioè le lingue romanze per provare a ipotizzare l'esistenza di un comune etimo latino-volgare, ovvero di una parola da cui tutte le forme neolatine derivano.

4. Dal latino volgare ai volgari romanzi

In età imperiale, la perdita di potere dell'aristocrazia e l'avvento del cristianesimo, con il suo messaggio fortemente egualitario, avevano favorito e accelerato l'affermazione del latino volgare ai danni del latino classico, ma a decretarne ufficialmente la fine furono le invasioni barbariche (a partire dal IV secolo d.C.). Per influsso degli invasori e delle loro lingue, la cosiddetta "lingua romana" – cioè il latino già fortemente eterogeneo parlato nella Romània – si diversificò ulteriormente e diede luogo, intorno all'VIII secolo d.C., ai volgari romanzi.
Nel passaggio **dal latino volgare alle lingue romanze**, si verificarono **trasformazioni profonde**, che riguardavano tutti i principali aspetti della lingua:

- la fonetica, cioè i suoni, vocalici e consonantici. Tra i cambiamenti fonetici più radicali si può certamente considerare il passaggio dal sistema vocalico di tipo quantitativo del latino, in cui le vocali toniche erano dieci, distinte in base alla pronuncia breve o lunga (*ĭ, ī, ĕ, ē, ă, ā, ŏ, ō, ŭ, ū*), a quello qualitativo, che in italiano prevede sette vocali toniche (*i, è, é, a, ò, ó, u*) distinte in base al grado di apertura o chiusura della pronuncia;

- la morfologia, cioè le parti del discorso e la loro flessione. Qui si assiste alla scomparsa del genere neutro e alla fusione di due coniugazioni verbali (verbi in *-ēre* e *-ĕre*); alla progressiva sostituzione del sistema delle declinazioni con le preposizioni (*rosae* diventa *della rosa* o *alla rosa*, a seconda che si tratti di un genitivo o di un dativo); all'introduzione dell'articolo e di nuove forme verbali (i tempi composti con l'ausiliare "avere" e il participio passato, il condizionale ecc.) e così via;
- il lessico;
- la sintassi: venendo meno il sistema dei casi, che permetteva di individuare con certezza la funzione grammaticale di ogni parola, la posizione dei singoli elementi della frase diventa più vincolante e si riduce l'estrema libertà che aveva caratterizzato il latino.

5. I più antichi documenti in volgare italiano

Per lungo tempo anche il volgare italiano, in quanto evoluzione del latino parlato, rimase confinato nella dimensione orale, mentre il latino sopravvisse a lungo come lingua della scrittura, dei documenti ufficiali, degli atti giuridici. La storia della nostra lingua, tuttavia, ha ufficialmente inizio a partire dal momento in cui disponiamo di testimonianze scritte (IX-X sec. d.C.). Decisiva, per considerare valide tali attestazioni, è l'intenzionalità di chi scrive, la sua consapevolezza e determinazione nel voler usare una lingua diversa dal latino. Due esempi emblematici, in questo senso, sono il ***Placito capuano*** (960), prezioso anche perché databile con precisione trattandosi di un atto giuridico, e l'***Iscrizione di san Clemente*** (XI sec.).

Iscrizione di san Clemente, 1084-1128. Roma, Basilica di San Clemente.

Placito capuano In una **sentenza processuale**, redatta **in latino notarile**, riguardo a una controversia tra l'abbazia benedettina di Montecassino e il proprietario terriero Rodelgrimo d'Aquino, spicca una formula di giuramento in volgare stabilita dal giudice Arechisi e poi pronunciata da tre testimoni, il cui intervento viene riportato al discorso diretto: *Sao ko kelle terre per kelli fini que ki contene, trenta anni le possette parte sancti Benedicti.* («So che quelle terre, entro quei confini che qui si descrivono, trent'anni le ha tenute in possesso l'amministrazione di san Benedetto»).
Se la grafia risente degli usi grafici latini (per esempio, il ricorso al digramma *ct* in *sancti* e *Benedicti*), alcune forme, come *kelle* o *sao*, sono riconducibili alle antiche parlate campane.

Iscrizione di san Clemente Questa iscrizione è conservata nella cripta della basilica di San Clemente a Roma e accompagna un affresco che **illustra un miracolo attribuito al santo**, pontefice e martire del I secolo. I servi del prefetto Sisinnio, ai quali è stato ordinato di arrestare Clemente, si ritrovano, per intervento divino, a trascinare una pesante colonna. Accanto alle battute attribuibili a Sisinnio e ai suoi servi, in volgare e piuttosto colorite: «"Fa' leva da dietro col palo, Carboncello! Gosmario, Alberto, tirate! Figli di puttana, tirate!"», risalta il giudizio morale sull'accaduto, espresso in latino, pur con qualche licenza: «Per la durezza dei vostri cuori, meritaste di trascinare sassi».

6. I volgari letterari nella Romània plurilingue

Con il tempo, intorno al XIII-XIV secolo, l'uso dei volgari si consolidò al punto da adottarli anche in testi con finalità artistiche, dando vita a delle vere e proprie letterature. Se prendiamo in esame il panorama letterario medievale vediamo che i **diversi volgari** sono considerati non tanto espressione di un determinato gruppo di parlanti, ma come **registri linguistici associati a generi letterari** ben precisi. Il castigliano e il francese antico, per esempio, sono impiegati in letteratura soprattutto per canzoni di gesta; il provenzale, per la poesia d'amore dei trovatori, che ebbe una forte influenza sulla scuola poetica siciliana e sugli stilnovisti toscani; il franco-veneto, per poemi cavallereschi e testi didattici.

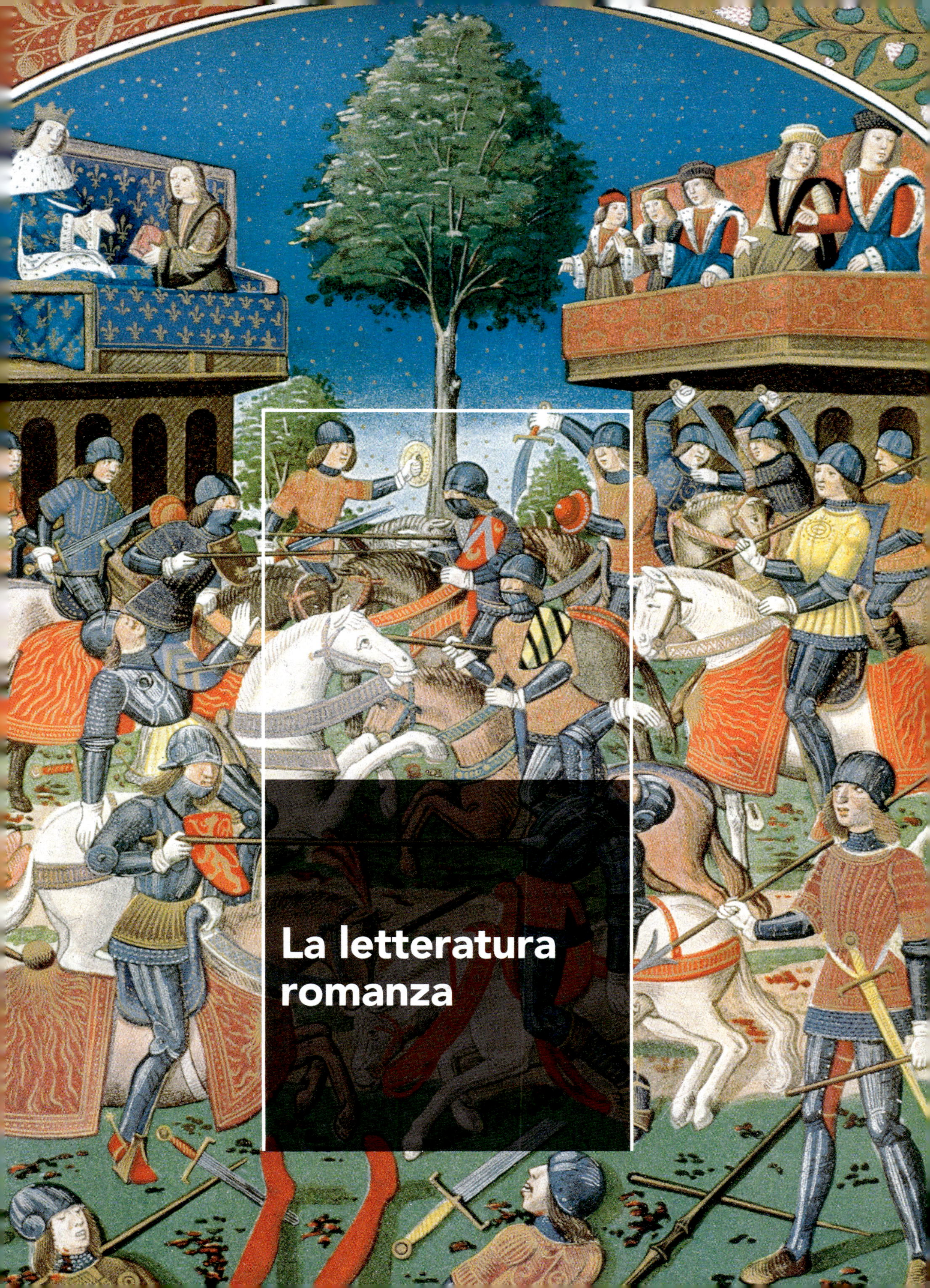

La letteratura romanza

TEMI E GENERI

1. La tradizione epica

L'epica medievale

In Europa, tra Alto e Basso Medioevo, vide la luce una fiorente tradizione di poemi epici che cantavano gesta di cavalieri.
In ambito germanico-scandinavo, per esempio, furono composti il *Beowulf* (a partire dall'VIII secolo), il cui omonimo eroe combatte contro il mostro Grendel e contro un terribile drago, e il *Cantare dei Nibelunghi* (nel XIII secolo), che narra le avventure di Sigfrido e di Crimilde.

La Francia e le *chansons de geste*

Nella Francia del Nord, a partire dall'XI secolo, vennero composti poemi in lingua d'*oïl* (cioè il volgare della Francia centro-settentrionale), che celebravano le imprese di cavalieri coraggiosi e leali. Questi testi anonimi, detti ***chansons de geste***, cioè «canzoni di imprese», erano probabilmente il frutto del contributo di numerosi autori e venivano recitati a voce dai giullari, cioè da professionisti dell'intrattenimento ludico e colto, che giravano di corte in corte. È possibile anche che gli stessi giullari abbiano contribuito ad arricchire i testi delle *chansons* con proprie aggiunte e rimaneggiamenti.

Onore e coraggio

Le *chansons* raccontavano imprese di cavalieri che erano impegnati al servizio del proprio signore e nella difesa della loro patria e si distinguevano per **coraggio** in battaglia, fedeltà e senso dell'**onore**. In questi testi, dunque, la civiltà cortese rispecchiava se stessa e offriva un'**immagine idealizzata di sé**, celebrando i propri valori, anche con l'intento educativo di diffonderli e di radicarli nella coscienza collettiva.

Il ciclo carolingio

Tra i vari cicli di *chansons*, divenne particolarmente celebre quello che narrava le gesta dei cavalieri al servizio dell'imperatore Carlo Magno, durante la lotta contro i Saraceni di Spagna. Le canzoni di questo **ciclo**, detto **carolingio** (poiché incentrato sulla figura di Carlo, *Carolus* in latino), s'ispiravano a fatti realmente accaduti ma ingigantiti e trasfigurati fino a diventare **leggenda**.

La *Chanson de Roland*

Composta tra la fine dell'XI e l'inizio del XII secolo, la *Chanson de Roland* narra la morte di **Orlando** (in francese *Roland*), **paladino di Carlo Magno**, nella battaglia di Roncisvalle (sui Pirenei), quando l'esercito imperiale fu tradito da Gano di Magonza, anch'egli paladino del re e patrigno di Orlando. Nel 778, in effetti, al ritorno da una spedizione in Spagna la retroguardia dell'esercito di Carlo Magno cadde in un'imboscata: non si trattò, tuttavia, di un attacco di Saraceni ma di predoni baschi. Nella *Chanson* la vendetta di Carlo Magno, addolorato per la morte del suo fedelissimo cavaliere, è tremenda: l'esercito dei mori è annientato e Gano punito con la morte.
Nel poema Orlando incarna il prototipo del **cavaliere perfetto**: con la sua fedele spada Durlindana (nel cui pomo sono conservate reliquie di santi) non fugge di fronte al preponderante numero dei nemici, li sconfigge tutti, ma è condotto alla morte dalle numerose ferite ricevute (➤ **T1**). Prima di morire porge cavallerescamente il guanto al cielo ed è accolto tra i giusti in Paradiso.

Paladino
Secondo la tradizione, uno dei dodici cavalieri al servizio di Carlo Magno. Il termine poi è passato a indicare uno strenuo difensore di un principio o di un ideale.

La penisola iberica e il *Cantar de Mio Cid*

Biblioteca digitale *L'oltraggio di Corpes*

Al cavaliere castigliano Rodrigo Díaz de Vivar (1043-99) sono popolarmente assegnati il titolo *Cid* (dall'arabo *sīdī*, «mio signore») e il soprannome *Campeador* (dal latino *campi doctor*, «signore della battaglia»). Il ***Cid Campeador***, eroe della *Reconquista* cristiana contro i Mori di Spagna (➤ p. 5), fu al servizio di Sancio II di Castiglia e fu successivamente bandito da Alfonso VI, a causa del suo indomabile spirito di indipendenza. Continuò a combattere come mercenario contro i Saraceni e conquistò infine Valencia, nel 1094. Alle imprese di questo eroe popolare s'ispira il ***Cantar de Mio Cid***, canzone di gesta in castigliano composta a metà del XII secolo, che mescola elementi storici e leggendari.

L'epica cavalleresca in Italia

Anche in Italia la letteratura cavalleresca conobbe un vasto successo.
Nell'Italia nord-orientale, tra XIII e XIV secolo, fiorì la cosiddetta **letteratura franco-veneta**. Si tratta di una serie di poemi in lingua veneta (ampiamente contaminata da elementi francesi) che rimaneggiano la materia epica di Francia, mescolandovi leggende di origine italiana e unendo ai temi bellici motivi amorosi, come avverrà poi nei cantari tre-quattrocenteschi (tradizione epica popolare in ottava rima) e nei poemi cavallereschi di Matteo Maria Boiardo e di Ludovico Ariosto, tra XV e XVI secolo. Il più celebre poema di questa tradizione è l'***Entrée d'Espagne***, composto da un anonimo padovano agli inizi del Trecento: vi si narrano le imprese di Orlando prima dei fatti di Roncisvalle, in Oriente, dove il paladino si sarebbe recato dopo una lite con Carlo Magno. L'Oriente dell'*Entrée d'Espagne* è un mondo esotico e favoloso, come nel *Milione* di Marco Polo, dove aleggia il ricordo delle imprese di Alessandro Magno, anch'egli eroe di un ciclo classico di romanzi cavallereschi (➤ p. 29).

FISSA I CONCETTI

- Che cosa sono le *chansons de geste*?
- Quali sono i più famosi poemi epici medievali?

VISUALIZZA I CONCETTI

L'epica cavalleresca

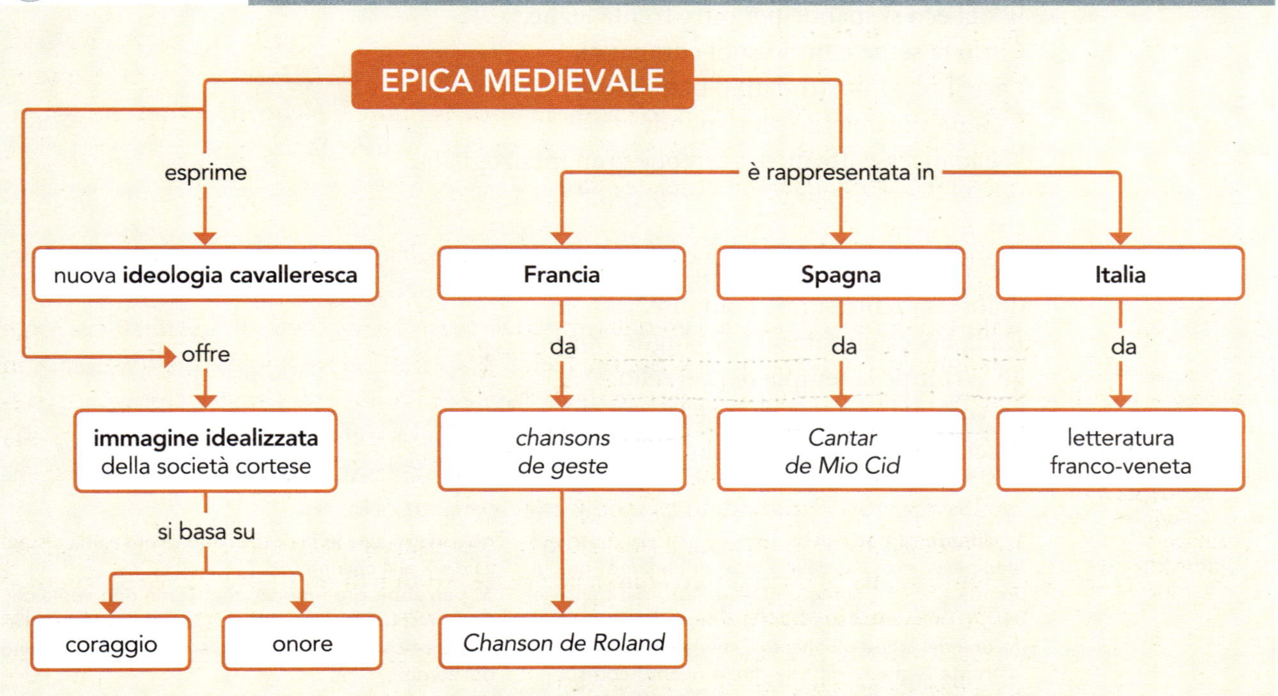

T1 Orlando suona l'olifante

Chanson de Roland 132-135

La vicenda della *Chanson de Roland* è ambientata in Spagna: il re Carlo ha sconfitto gli Arabi e, prima di ripartire per la Francia, vuole offrire al loro re Marsilio di Saragozza un accordo che preveda la loro conversione e sottomissione. Come ambasciatore per condurre le pericolose trattative viene scelto l'astuto Gano, patrigno di Orlando; questi, spaventato, si indigna e medita vendetta, invitando i Franchi a designare Orlando come capo della retroguardia. Tutti sentono che quella nomina potrebbe significare la morte, ma Orlando accetta con fierezza. Una volta incontrato Marsilio, Gano tradisce i suoi e svela i piani di Carlo, rivelando che il re partirà con il grosso dell'esercito lasciandosi alle spalle la retroguardia capeggiata da Orlando.
Nel brano riportato, Orlando è vittima del tradimento ed è ormai caduto nella trappola di Marsilio: la retroguardia è stata accerchiata da innumerevoli guerrieri nemici, i Franchi si battono ferocemente, ma c'è troppa sproporzione di forze. Orlando rimanda fino all'ultimo la decisione di suonare il suo corno, l'olifante, in modo che Carlo lo oda anche da lontano e possa accorrere in soccorso con il grosso dell'esercito: chiedere aiuto, infatti, sarebbe una vergogna per un paladino. Cambia la sua decisione quando è troppo tardi.

132
Orlando ha portato alla bocca l'olifante,[1]
vi soffia bene, con grande maestria lo suona.
Alti sono i monti e lontano giunge il suono,
la sua eco si spande per oltre trenta leghe.[2]
Carlo la sente e tutti i suoi compagni.
Dice il re: «I nostri danno battaglia!».
E Gano di rimando gli risponde:
«Se lo dicesse un altro, parrebbe gran menzogna!».[3]

133
Il conte Orlando con grande pena e affanno,
dolorosamente suona l'olifante.
Dalla bocca gli zampilla il sangue chiaro:
gli si rompe la tempia del cervello.
La voce del corno si spande lontano:
la sente Carlo che sta passando i valichi,

1. **olifante:** si tratta di un corno da caccia in uso nel Medioevo, ricavato dalle zanne di elefante, da cui prende anche il nome; deriva, infatti, dal francese *olifant*, «avorio», a sua volta proveniente da un'alterazione del latino *elephantus*, «elefante».
2. **trenta leghe:** è difficile dire a quanto corrispondesse all'epoca una lega, misura che variava da luogo a luogo; una lega poteva equivalere a una distanza dai 2 ai 4 chilometri.
3. **parrebbe gran menzogna:** Gano non vuole che Carlo torni indietro a salvare Orlando e inventa circostanze che nascondano la vera ragione del suono del corno.

l'ascolta Naimes,[4] l'ascoltano i Franchi.
Dice il re: «Sento il corno d'Orlando!
Mai lo suonerebbe, se non stesse combattendo».
Gano risponde: «Non c'è battaglia!
Siete ormai vecchio e fiorito e bianco;[5]
con simili parole somigliate a un bimbo.
Ben conoscete il grande orgoglio d'Orlando;
mi meraviglio che Dio lo soffra tanto.
Già prese Noples[6] senza vostro ordine;
fuori dalla città i Saraceni uscirono,
diedero battaglia al buon vassallo Orlando.
Poi lavò con l'acqua i prati dal sangue:
per questo lo fece: perché non si vedesse.
Per una lepre suona il corno un intero giorno.
Davanti ai pari vuole oggi esibirsi:
non c'è gente al mondo che osi dargli battaglia.
Cavalcate, dunque! Perché mai fermarsi?
La Terra degli Avi[7] è ancora lontana davanti a noi».

4. **Naimes:** il duca Naimes (Namo) di Baviera è uno dei vassalli di Carlo.
5. **vecchio e fiorito e bianco:** l'epiteto «fiorito» (in genere riferito alla barba di Carlo) significa canuto. Di fatto Gano sta insultando il suo imperatore richiamando la sua senilità come impedimento a una decisione appropriata.
6. **Noples:** una città di Spagna conquistata da Orlando. Essa viene citata, oltre che nella *Chanson de Roland*, in altri poemi del ciclo carolingio. Le circostanze citate da Gano vorrebbero attestare una delle caratteristiche di Orlando: la sua sconsiderata fierezza e indisciplina.
7. **La Terra degli Avi:** la Francia.

Carlo Magno prega davanti al corpo di Orlando. Accanto al corpo del paladino è raffigurato l'olifante. Miniatura di Jean Fouquet dalle *Grandes Chroniques de France*, XV secolo. Parigi, Biblioteca Nazionale.

134 LA DISPERAZIONE DI ORLANDO

Il conte Orlando ha la bocca sanguinante,
della sua testa scoppiano le tempie. Suona l'olifante con
dolore e pena. Lo sente Carlo e lo sentono i Francesi.
Dice il re: «Quel corno ha il fiato lungo!»
Risponde Naimes il duca: «Un **prode** lo suona!
Egli ha battaglia, io ne son sicuro.
L'ha tradito colui che vuol farvi mancare l'impresa.[8]
Armatevi e urlate il vostro grido di guerra,
soccorrete la vostra bella schiera!
Ben lo sentite che Orlando si dispera!».

lessico
Prode
Come aggettivo, "prode" significa «valoroso, coraggioso»; come sostantivo, indica un individuo che possiede e dimostra grande coraggio, soprattutto in battaglia.

135
L'imperatore ha fatto risuonare i corni.
I Francesi scendono da cavallo, rivestono i loro corpi
d'usberghi,[9] d'elmi, di spade ornate d'oro.
Hanno ottimi scudi e spiedi grandi e forti,
e gonfaloni bianchi, rossi e azzurri.
A cavallo montano i baroni dell'esercito,
spronano forte finché durano i valichi.
Non ce n'è uno che non dica all'altro:
«Se trovassimo Orlando prima che sia morto,
insieme a lui daremmo grandi colpi».
Ma che serve parlare? Hanno tardato troppo.

(trad. di G. Ruffini)

8. **L'ha tradito... impresa:** attraverso le parole di Naimes comincia a emergere la verità sul tradimento di Gano, che sarà in effetti giustiziato da Carlo.
9. **usberghi:** corazze, armature.

Analisi del testo

Struttura

Il «prode» Orlando Nella *Chanson*, come in genere nei testi epici, i personaggi sono monodimensionali e gli epiteti ne catturano e ne fissano le caratteristiche nella memoria del pubblico.
Suonare il corno vuol dire avere bisogno di aiuto, ed è ciò che Orlando non ammetterebbe mai. La sua caratteristica prodezza sconfina nell'orgoglio eccessivo, cioè nella tracotanza, tanto che, quando si deciderà a suonarlo, non potrà evitare la sconfitta. Orlando saprà espiare il suo peccato con una passione (il dolore, le ferite, il sangue) e soprattutto con una morte edificante, simile a quella di un santo: nella morte di Orlando l'epica si trasforma in vera e propria narrazione sacra, in un agiografia.

Lingua e stile

Lo stile e le «lasse similari» Il brano è largamente indicativo delle caratteristiche esemplari dello stile epico delineate nella presentazione dell'opera. Il lettore moderno è colpito da quelle lasse che reiterano una scena variandola leggermente e aggiungendo ogni volta qualche particolare e che i critici hanno chiamato «lasse similari» (qui le lasse 132, 133, 134: Orlando suona il corno; reazioni di Carlo e dei Franchi). Erich Auerbach, il grande studioso del realismo nella letteratura occidentale, vi ravvisa un procedimento con diverse funzioni: sottolineare l'importanza di un fatto e approfondirne il significato o sottolineare la durata di un'azione e i suoi molteplici effetti (per esempio le reazioni dei Franchi all'udire il corno: una prima volta Gano minimizza, la seconda volta Gano insulta il re e argomenta contro Orlando, la terza volta Naimes comprende la verità e accusa Gano). Auerbach sottolinea anche la valenza funzionale di questo procedimento rispetto al tipo di fruizione orale che il pubblico fa della narrazione epica: il pubblico è fatto da ascoltatori e non da lettori. La ripetizione (così come le formule fisse) permette anche ad ascoltatori distratti, o che arrivano a un certo punto della rappresentazione, di cogliere ciò che sta accadendo.

Temi

L'ideologia L'epoca in cui si forma la tradizione epica francese, l'XI secolo, è quella delle prime crociate e della nascita della cavalleria nel periodo della massima articolazione e frammentazione del sistema feudale. Nelle *chansons de geste*, e in particolare in quella di Orlando, vediamo dispiegarsi un'ideologia che unisce questi due fenomeni storici e sociali. Da un lato, è centrale la religiosità guerriera, che si esplica nell'impegno alla lotta contro i musulmani: è questo il momento in cui gli Stati dell'Europa cristiana riprendono la loro espansione, strappando progressivamente la penisola iberica agli Arabi, occupando e cristianizzando le terre dell'Europa centro-orientale e spingendosi fino alla riconquista del Santo Sepolcro. In tutte queste guerre, la religione – e la predicazione monastica in particolare – giocava un potente ruolo. Non deve perciò meravigliare che nella *Chanson de Roland* il torto e la ragione siano così nettamente delineati: "i pagani hanno torto e i cristiani ragione" è una delle formule ricorrenti. Carlo e i suoi paladini, infatti, combattono e muoiono in nome della fede, come nella lassa 85, dove Orlando chiama a testimoni della sua ostinata fierezza Dio, gli angeli e i santi.
Per un altro verso, la *Chanson* lascia scorgere anche il complesso dei valori su cui si basava la nascente cavalleria: il coraggio, la fedeltà al proprio signore, il dovere da compiere fino alla morte sono egualmente incarnati da tutti i protagonisti positivi (Orlando e il duca Naimes) e, viceversa, tutti traditi nell'unico personaggio negativo del campo dei Franchi, cioè Gano, che per antonomasia è "traditore".

Officina

COMPRENDERE

1. Quali personaggi compaiono nel brano? Quali azioni compiono?
2. Con quali argomentazioni Gano tenta di dissuadere re Carlo dal soccorrere Orlando?
3. Quali sono i particolari che indicano che la morte di Orlando è imminente?

ANALIZZARE

4. **Lingua e stile** Individua, sottolinea e trascrivi tutte le espressioni che si ripetono più o meno simili tra una strofa e l'altra. Che funzione svolgono, secondo te? (Puoi rispondere aiutandoti con le informazioni contenute nell'Analisi del testo)
5. **Lessico** Indica quali fra i seguenti aggettivi sono sinonimi (S) e quali sono contrari (C) di "prode":

☐ intrepido	☐ vile	☐ impavido
☐ vigliacco	☐ audace	☐ codardo

PERCORSO DI SCRITTURA

Riassunto Assegna un titolo a ogni lassa del testo e di ciascuna riassumi il contenuto in una o due frasi.

COMPETENZE DEL XXI SECOLO

Cittadinanza Eroismo, coraggio, senso dell'onore, sacrificio per la patria sono ideali, valori e tratti distintivi dei cavalieri protagonisti delle *chansons de geste*. Ritieni che tali valori siano ormai dimenticati, superati e scomparsi del tutto oppure pensi che siano ancora presenti nella società di oggi? Esistono ancora eroi e, se sì, chi sono gli eroi di oggi? Esponi le tue riflessioni al riguardo in un testo di sufficiente ampiezza argomentando le tue idee con esempi tratti dalla tua esperienza personale e/o dall'attualità.

2. Il romanzo cavalleresco

I romanzi cavallereschi

Nelle corti dove circolavano le *chansons de geste* fiorì anche un altro genere di letteratura in volgare: il **romanzo cavalleresco**, che aveva come protagonisti gli stessi cavalieri delle *chansons*, impegnati però in peripezie di natura ben differente. I romanzi, per i quali si passò rapidamente dai versi alla prosa, si rivolgevano infatti a un pubblico di aristocratici e di cortigiani, desiderosi di ascoltare storie avventurose i cui protagonisti fossero non solo maestri d'armi ma anche d'amore. Il termine "romanzo" (dal francese antico *romanz*), che all'inizio significava semplicemente «discorso in lingua volgare», cominciò dunque a essere usato per indicare testi narrativi incentrati su **temi avventurosi e amorosi**.

Avventura, amore e magia

L'intento di questi romanzi cortesi non era quello di presentare e rafforzare l'ideologia eroica della cavalleria, come nel caso delle *chansons de geste*, ma piuttosto di compiacere e svagare un **pubblico raffinato**. Gli autori dei romanzi cavallereschi, che a differenza delle *chansons* non sono anonimi, allo scopo di rendere meravigliose le loro storie, intrecciano alle tradizionali imprese guerresche **vicende amorose**, colorate dalla presenza di **elementi magici**: dai filtri d'amore (come quello che fa nascere l'amore tra Tristano e Isotta, i protagonisti di uno dei racconti più famosi di quel periodo) alle spade magiche, come Excalibur, che compare in numerosi romanzi del ciclo dedicato a re Artù e alla sua cerchia. Nelle *chansons de geste*, invece, l'elemento soprannaturale era di natura prevalentemente religiosa, determinato dall'intervento miracoloso degli angeli o

> L'amore non si eleva a principio filosofico, ma conserva il suo carattere sensuale ed erotico.
>
> Arnold Hauser

Re Artù e i cavalieri della Tavola Rotonda davanti al Santo Graal. Miniatura di Evrard d'Espinques da *La Queste del Saint-Graal*, 1470. Parigi, Biblioteca Nazionale.

dall'antagonismo dei demoni: un esempio della presenza di elementi magico-religiosi nei poemi cavallereschi è la natura della spada Durlindana di Orlando, resa sovrannaturale dalla presenza di reliquie e consegnata a Carlo Magno direttamente dal Cielo.

La queste

Al centro dei romanzi cavallereschi c'è l'impresa compiuta da un **cavaliere solitario** ed errante, a differenza di quanto accadeva nelle *chansons*, dove i paladini combattevano una guerra col proprio esercito al fianco dei loro compagni. Il cavaliere, invece, parte da solo alla «ricerca» (***queste***, in francese) di qualcosa: l'amata da salvare, un oggetto di straordinario valore (per esempio il Graal, la coppa miracolosa che si riteneva avesse raccolto il sangue di Cristo), l'onore da riconquistare. Per raggiungere il proprio obiettivo egli è chiamato a dare prova del suo valore superando numerose sfide, avvalendosi talvolta di aiutanti e di oggetti magici. Il romanzo cavalleresco assume così l'aspetto di un **romanzo di formazione** (un romanzo, cioè, che racconta il percorso di crescita del protagonista).

LE DIFFERENZE TRA EPICA E ROMANZO

	EPICA CAVALLERESCA	ROMANZO CAVALLERESCO
autore	anonimo	conosciuto
intento	sostenere ideologia cavalleresca	dilettare il pubblico delle corti
amore	assente	intrecciato a vicende guerresche
protagonisti	paladino con l'esercito	cavaliere solitario (*queste*)
soprannaturale	di natura religiosa	di natura magica

Il ciclo bretone

I cicli di romanzi cavallereschi si distinguono in base alle materie che trattano. Alcuni romanzi s'ispirano a leggende di origine celtica, diffuse in area francese e britannica, cioè a una **materia** chiamata **"bretone"** o "di Bretagna". Si tratta, per esempio, delle saghe che hanno per protagonisti **re Artù** e i cavalieri della **Tavola Rotonda** (detto anche "ciclo arturiano"), ispirate probabilmente alla figura storica di un re britanno e cristiano vissuto durante l'Alto Medioevo, impegnato nelle lotte contro gli invasori anglosassoni e pagani. Se l'Artù della leggenda nasconde un personaggio realmente esistito, ne rappresenta tuttavia una trasfigurazione mitizzata.

I romanzi di Chrétien de Troyes

Biblioteca digitale *Il cavaliere assorto (Perceval)*

Il ciclo bretone comprende, oltre alle storie di Artù, anche quelle dei suoi singoli paladini, impegnati in avventure personali. Il più celebre autore di romanzi cavallereschi legati a questa saga fu **Chrétien de Troyes**, vissuto alla corte di Maria di Champagne nella seconda metà del XII secolo. Chrétien compose numerosi romanzi dedicati ai cavalieri della Tavola Rotonda, per esempio *Lancelot ou Le chevalier de la charrette* (*Lancillotto o il cavaliere della carretta* ➤ **T2**) o *Perceval ou Le conte du Graal* (*Perceval o il racconto del Graal*). Nei suoi romanzi, Chrétien fa incontrare le diverse correnti di gusto che animavano la letteratura del Sud e del Nord della Francia: riprende e sviluppa dai trovatori provenzali la concezione dell'**amore** (anche se in alcuni romanzi, diversamente dai trovatori, esalta l'amore coniugale e non quello adultero ➤ p. 35) e dalla materia di Bretagna i motivi del **fantastico**, del magico, dell'**avventura** e della **ricerca** che, per i suoi cavalieri, diventano occasioni di perfezionamento personale, etico e spirituale.

LA TRAMA

Lancillotto o il cavaliere della carretta

Un misterioso cavaliere annuncia ad Artù che qualcuno ha preso prigionieri molti suoi sudditi e sfida il re, se vuole liberarli, a lasciare che la moglie Ginevra lo segua accompagnata da un cavaliere fidato. Artù accetta che ad accompagnare la regina sia il poco valoroso siniscalco Keu. È una trappola: la regina viene rapita e tenuta prigioniera dal cattivo Meleagant, figlio del re Baudemagu di Gorre, il paese dal quale nessuno mai ritorna. Sulle tracce di Ginevra si pone un altro cavaliere di Artù, Galvano. Galvano incontra un cavaliere malconcio, che si rivela essere Lancillotto. Lancillotto è perdutamente innamorato di Ginevra e, pur di farsi condurre da lei, accetta – pur esitando – la proposta di un nano: salire su una carretta, simbolo di infamia per un cavaliere, perché è l'umiliazione destinata ai malfattori. Da questo punto in poi si snodano numerose avventure. Alla fine Lancillotto riesce a trascorrere una notte d'amore con Ginevra. La regina torna da Artù, mentre Lancillotto è costretto a nuove avventure, prima del suo rientro trionfale a corte.

Il ciclo di Tristano e Isotta

È di origine bretone, ma costituisce un ciclo autonomo l'insieme dei romanzi che hanno come protagonisti **Tristano e Isotta**, a cui il giullare normanno Béroul nel XII secolo dedicò, per esempio, il suo *Roman du Tristan*. L'amore tragico dei due personaggi ispirerà, nel corso dei secoli, numerosi poeti e romanzieri.

LA TRAMA

Tristano e Isotta

Tristano, educato dal re Marco di Cornovaglia, è inviato dal sovrano in Irlanda per prendere in consegna Isotta, promessa sposa di Marco. Durante il viaggio, anche a causa di un filtro d'amore, i due giovani s'innamorano. Secondo alcune versioni l'amore di Tristano per Isotta sarebbe sbocciato già in precedenza, quando la fanciulla lo aveva curato dalle ferite subite in duello contro il gigantesco fratello della regina d'Irlanda, che pretendeva ogni anno un tributo di vite umane dalla Cornovaglia. Giunto in patria, Tristano consegna Isotta a re Marco, che la sposa, ma continua a frequentare in segreto la giovane, che ricambia il suo amore. Quando la tresca viene scoperta, Tristano è esiliato e si reca in Bretagna, dove sposa un'altra Isotta, detta "dalle Bianche Mani", con la quale però non consuma il matrimonio. Dopo varie peripezie, Tristano viene

Tristano beve la pozione d'amore. Miniatura del *Livre de Messire Lancelot du Lac*, 1470. Parigi, Biblioteca Nazionale.

ferito a morte durante una spedizione: convinto che solo la sua Isotta possa guarirlo, manda una nave a prenderla, chiedendo che vengano issate vele bianche, se l'amata ha accettato di venire, nere, in caso contrario. Isotta dalle Bianche Mani, gelosa, mente e gli riferisce che le vele sono nere. Quando Isotta finalmente giunge, Tristano si è ormai lasciato morire; anche Isotta muore di dolore. Isotta dalle Bianche Mani, pentita, rimanda in Cornovaglia i due corpi perché siano seppelliti insieme.

I cicli storici

Altri romanzi s'ispirano a storie e leggende del mondo antico, in particolare alle imprese di **Alessandro Magno**, ai miti delle città di **Tebe** e di **Troia**. Nella seconda metà del XII secolo, per esempio, il francese Benoît de Sainte-Maure scrisse il ***Roman de Troie***, che ripercorre le vicende mitiche dalla missione degli Argonauti (si tratta dei cinquanta eroi che, al seguito di Giasone, si imbarcarono sulla nave Argo per andare alla conquista del vello d'oro) alla morte di Ulisse. Il ***Roman de Thèbes***, attribuito in passato allo stesso Benoit, s'ispira invece al poema dello scrittore romano Stazio intitolato *Tebaide*, risalente al I secolo d.C.: racconta la leggenda di Edipo che, dopo aver ucciso inconsapevolmente il padre e aver liberato Tebe dalla Sfinge risolvendone l'enigma, sposa la regina Giocasta, non sapendo che la donna è sua madre. Dalla relazione incestuosa nascono più figli, tra i quali Eteocle e Polinice, che si scontrano in una lunga e sanguinosa guerra civile per il dominio della città, al termine della quale muoiono entrambi. Il ***Roman d'Alexandre***, invece, fu composto intorno al 1177 da Alexandre de Bernay, intrecciando numerosi racconti delle imprese in Oriente di Alessandro Magno e fondendo elementi storici e leggendari.

FISSA I CONCETTI

- Quali sono i caratteri principali del romanzo cavalleresco?
- Qual è la materia trattata nel ciclo bretone?

VISUALIZZA I CONCETTI

Il romanzo cavalleresco

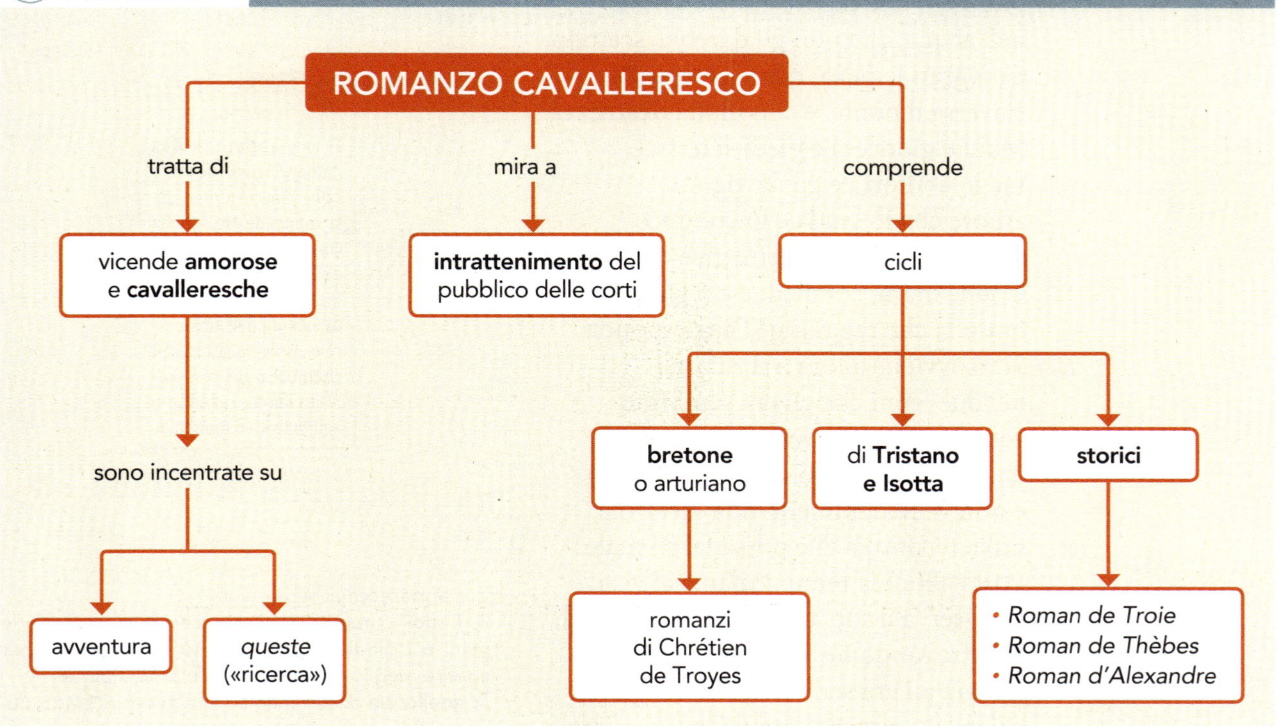

T2 Chrétien de Troyes
Il ponte delle spade

Lancillotto o il cavaliere della carretta, vv. 3008-3146

Lancillotto, alla ricerca di Ginevra, viene ospitato con cortesia da alcuni cavalieri bendisposti che lo accompagnano alle soglie del reame di Gorre. Per entrare a Gorre, dove si trova rinchiusa Ginevra, occorre superare una prova impossibile: oltrepassare un fiume pericolosissimo attraverso un ponte fatto di lame, al termine del quale si trovano due feroci leoni. I compagni di Lancillotto tentano di dissuaderlo dall'impresa, ma l'eroe si mostra irremovibile.

A traversare l'acque vorticose
quegli come sa meglio s'apparecchia,[1]
e fa cosa stranissima e mirabile:
i suoi piedi disarma e le sue mani.[2]
Non sarà certo sano e senza piaga,
quando sarà arrivato all'altra sponda;
ma sulla spada avrà potuto reggersi,
che ancor più d'una falce era tagliente,
a piedi scalzi e con le mani ignude,
ché non aveva conservato al piede
scarpa né calza né benda alle dita.
Non si turbava punto egli del fatto
di doversi piagare mani e piedi;
ma preferiva coprirsi di piaghe
piuttosto che cadere giù dal ponte
nell'acqua, che non gli darebbe scampo.
Con grande pena, come gli riuscì,
traversa il ponte, e con molta **destrezza**.
Mani e ginocchi e piedi si ferisce,
ma lo conforta e gli dà vigoria
amore che lo guida e lo conduce,
sì ch'ogni cosa a soffrire gli è dolce.
Con le mani, coi piedi e coi ginocchi,
tanto fa che raggiunge l'altra sponda.
Si risovviene allora e si ricorda
dei due leoni che gli era sembrato
vedere quando stava
dall'altra parte, e si guarda d'attorno,
e non vede nemmeno una lucertola,
nulla insomma che possa fargli male.
Porta allora la mano innanzi al viso
ed osserva il suo anello[3] ed ha la prova,
non trovando nessuno dei leoni
che già gli era sembrato di vedere,
ch'era stato ingannato da incantesimo,

lessico
Destrezza
Il sostantivo deriva dall'aggettivo "destro", con riferimento alla mano destra, quella con cui la maggior parte delle persone è più abile. Da qui il significato di «abilità nell'affrontare e risolvere situazioni rischiose o nel compiere attività che richiedano agilità fisica o mentale».

1. **s'apparecchia:** si prepara.
2. **I suoi... mani:** Lancillotto decide di scoprire le mani e i piedi dal rivestimento dell'armatura per aderire meglio alla lama di cui è fatto il ponte.
3. **anello:** un anello magico che aveva ricevuto durante le sue precedenti avventure.

ché là non c'era creatura viva.
Quei ch' erano rimasti all'altra riva
nel veder come è riuscito a passare
fanno tal gioia com'era ben giusto.

(trad. di A. Roncaglia)

Analisi del testo

Struttura

La prova e la forza di Amore La scena è emblematica della temperie del romanzo. In nome dell'amore (personificato e quindi con la maiuscola: Amore, v. 21) il perfetto cavaliere deve sostenere e superare una serie di prove. La prova del ponte della spada è narrata da Chrétien con particolare realismo. Lancillotto si toglie le protezioni delle mani, dei piedi e delle ginocchia non per gusto della sofferenza, ma per evitare di scivolare; egli antepone la riuscita della prova alla paura della sofferenza che la lama affilata provocherà. È un tratto realistico proprio della grande arte di Chrétien, che restituisce le sue figure nitide come una pittura fiamminga. La forza poetica dell'autore emerge però specialmente quando deve descrivere gli stati psicologici dei suoi personaggi. In questo caso, scrive il critico Jean Frappier, Chrétien sarebbe attento persino agli «stati del subcosciente»: l'immagine dei leoni è una proiezione delle paure degli uomini di fronte all'ignoto e, una volta che il coraggio ha vinto il timore, gli animali si dileguano come fiere dantesche all'ingresso dell'Inferno.

Lingua e stile

Uno stile raffinato Lo stile di Chrétien è raffinato e prezioso. Il romanzo è ormai, a differenza dell'epica, un genere che nasce scritto; il suo pubblico è colto e raffinato, alla lettera "cortese", in quanto frequenta o vive nelle corti e la sua fruizione è la lettura.

Temi

Un amore "cortese" Il tema fondamentale dell'opera è dunque l'amore. La tesi che Chrétien sembra voler dimostrare è che per la conquista della dama l'innamorato deve essere disposto a superare qualsiasi prova e umiliazione senza mai dubitare o perdere coraggio. Il modello di riferimento è quello dell'amore cortese di ascendenza trobadorica, che pone la dama a una distanza quasi irraggiungibile e l'amante in uno stato di sottomissione. Nell'interpretazione di Chrétien, questo modello si arricchisce di sfumature particolari. L'amore che Lancillotto prova per Ginevra assume carattere quasi religioso. E tuttavia la dama è anche capricciosa e crudele: si nega una prima volta a Lancillotto, che pure ha superato terribili prove, perché ha esitato nel salire sulla carretta.

Officina

COMPRENDERE

1. Perché Lancillotto decide di attraversare il ponte a mani e piedi nudi, senza alcuna protezione?
2. In che modo Lancillotto attraversa il ponte?
3. Perché, dopo avere attraversato il ponte, Lancillotto non vede più i due leoni?

ANALIZZARE

4. **Lessico** Dall'aggettivo "destro" deriva un verbo che significa «procedere con cautela e accortezza per sfuggire ai rischi e raggiungere i propri scopi».

PERCORSO DI SCRITTURA

Riscrittura Riscrivi il brano trasformandolo in un racconto d'avventura narrato in prima persona da Lancillotto. Ricordati di alternare sequenze narrative e sequenze descrittive e precisa anche le sensazioni e le emozioni che prova Lancillotto. Potresti iniziare il tuo racconto senza un'introduzione, mettendo il lettore di fronte all'azione vera e propria: «Mi apprestavo ad attraversare il ponte di lame sospeso sulle acque del fiume…».

 personificazione amore

3. Il poema allegorico: il *Roman de la Rose*

L'allegorismo medievale

I lettori medievali, avvezzi all'interpretazione della realtà e della Sacra Scrittura in chiave allegorica (➤ p. 7), apprezzavano particolarmente le opere che divulgavano la conoscenza attraverso questo tipo di linguaggio. In età bassomedievale, infatti, conobbero grande successo i **poemi didascalici** che sceglievano di veicolare un sapere enciclopedico in forma di **narrazioni allegoriche**.

Il *Roman de la Rose*

Molti autori di poemi allegorici bassomedievali guardarono al celebre modello del ***Roman de la Rose*** (*Romanzo della Rosa*). Si tratta di un poema allegorico di grandissima estensione, quasi 22 000 versi, di cui i primi 4000 versi composti da **Guillaume de Lorris** tra il 1229 e il 1236 e i restanti da **Jean de Meun** tra il 1268 e il 1285.
Il poema ebbe grandissima fortuna nel Medioevo, tanto da divenire uno dei testi più copiati e diffusi. Vi si narrano le peripezie di un giovane che, svegliatosi in una mattina di maggio, stagione dell'amore, s'inoltra in uno splendido giardino dove nello specchio di Narciso vede riflessa una Rosa, della quale s'innamora perdutamente. Per conquistare la Rosa, allegoria della donna amata, il protagonista deve superare mille ostacoli, aiutato o frenato dalle sue passioni, personificate nella Vergogna, nell'Orgoglio, nel Pudore… Al termine, grazie all'aiuto di Venere, riesce a raggiungere e a far sua la Rosa, allegoria sotto la quale si cela il momento della deflorazione dell'amata.

T3 Jean de Meun
L'amore e la poesia

Le Roman de la Rose, vv. 4290-4299; 4331-4354

In questo passo del romanzo, la Ragione, personificata, illustra al poeta la natura dell'Amore, dal momento che il protagonista, innamoratosi della Rosa, spasima per conquistarla e deve divenire esperto dell'amore per poterla meritare. La Ragione non idealizza l'amore presentandolo come un'esperienza sempre sublime, di sola gioia e di sola promozione dell'essere umano. Ne mette invece in luce, con forza, le contraddizioni intrinseche: l'amore può elevare o abbattere e spesso solleva e prostra nel medesimo tempo. È dunque necessario che l'innamorato ne conosca la natura per poterlo sperimentare senza lasciarsene travolgere.

[L'amore] è sufficienza insufficiente;[1]
falso piacere, falsa delizia,
lieta tristezza, triste letizia;
animo tristo e generoso;
tanto dolore, lieto e gioioso;
instabilmente equilibrato

1. **sufficienza insufficiente:** l'amore non è mai sufficiente all'amante, che ne desidererebbe, insaziabile, sempre di più.

esso è quel gioco non regolato;
piangere sempre, sempre gioire;
quiete penosa senza finire;
esso è l'inferno più delizioso,
il paradiso più doloroso;
carcere, dove spuntano l'ali [...].
Questa lezione
utile è, molto – dico – e mi vanto
che dell'Amore so tanto quanto.[2]
È una lezione, sì, molto varia,
ma ad una cosa l'altra è contraria
come nessuno può immaginare.
Come, e che cosa devo imparare?
Nulla ho, di certo, dimenticato,
anzi nel cuore l'ho registrato
fino a tal punto che l'argomento
quasi è materia d'insegnamento:
vale per gli altri, non per me stesso.
Quindi vi prego, con il permesso,
poi che lo avete molto lodato
ed altrettanto **vituperato**,[3]
date la giusta definizione
onde al momento, all'occasione
io non rimanga triste e smarrito;
ché[4] mai nessuno l'ha definito.
– Ben volentieri! Presta attenzione –
E ricomincia Dama Ragione:
– Dunque l'Amore, pensaci bene,
col suo fardello d'ansie e di pene...
– Sicuramente, sì, questo è vero –
è malattia, (ma del pensiero)
fra due persone, che differenti
sono per sesso: occhi sfuggenti
onde non brilli troppo l'ardore;[5]
baci, carezze, qualche languore.

(trad. di G. D'Angelo Matassa)

lessico
Vituperare
Coprire di gravi insulti, lesivi della dignità e dell'onore. Deriva dal latino *vituperāre*, composto da un elemento riconducibile a *vitĭum*, «difetto», e da *parāre*, «procurare», dunque «trovare un difetto», in origine riferito ai presagi degli àuguri.

2. **dico... quanto:** ha ripreso a parlare il poeta, che afferma di essere esperto d'Amore.
3. **poi che... lodato... vituperato:** poiché dell'amore sono stati in precedenza messi in luce le virtù e i difetti, abilmente intessuti a costituire un'unità inestricabile.
4. **ché:** dal momento che.
5. **onde... l'ardore:** l'innamorato, per evitare di rivelare il proprio amore, rischiando la vergogna, sfugge lo sguardo dell'amata, che coglierebbe nei suoi occhi i segni della passione.

Analisi del testo

Struttura

Un dialogo tra insegnante e discepolo Il dialogo tra i due interlocutori è caratterizzato da lunghe battute, ciascuna delle quali assume la forma di una breve trattazione teorica. Il discorso della Ragione procede per accumulo d'immagini, che aggiungono dettagli a un concetto già stabilito, nei suoi contorni generali, in partenza: è la tecnica della *dilatatio*, «amplificazione», cara alla retorica medievale. Il poeta si atteggia a diligente scolaro innanzi alla maestra Ragione: assicura di aver assimilato con attenzione le sue parole («Nulla ho, di certo, dimenticato») e la sollecita ad approfondire la questione per poterla meglio comprendere («date la giusta definizione»). La Ragione soddisfa il desiderio del poeta illustrando, secondo ordine logico, la natura («malattia... del pensiero»), la condizione (l'attrazione tra due persone che «differenti sono per sesso») e la fenomenologia dell'amore: «occhi sfuggenti... baci, carezze, qualche languore».

Lingua e stile

Linguaggio e natura dell'amore La natura ambivalente dell'amore è illustrata linguisticamente dalle antitesi («lieto e gioioso»), che preludono agli ossimori, cioè alla sua definizione come realtà paradossale, dove gli opposti si fondono in un'unica manifestazione, espressa talvolta nella forma del chiasmo: «lieta tristezza, triste letizia». Il tono è dunque enfatico, ricco d'iperboli: «esso è l'inferno più delizioso / il paradiso più doloroso». Per fare la sintesi dei molteplici aspetti dell'amore in un'unica figura, il poeta ricorre a metafore tradizionali: l'amore diviene dunque «carcere» e «malattia».

Temi

L'ossimoro dell'amore Nella sua trattazione la Ragione sottolinea come l'amore trascenda la capacità umana di comprenderlo e di incasellarlo in precise categorie logiche, dal momento che si manifesta in modo contraddittorio e sa, nel contempo, donare gioia e dolore. Questa rappresentazione è un *topos* nella concezione cortese dell'amore, come testimoniano, per esempio, le parole di Bernart de Ventadorn in *Non è meraviglia s'io canto*, 26-32 (trad. di A. Roncaglia): «Cosí soavemente mi ferisce / nel cuore di dolcezza questo amore, / che cento volte ogni giorno muoio di dolore / e rinasco di gioia altre cento. / Invero il mio male è di dolce sembiante / e piú vale il mio male che altro bene; / e poi che tanto m'è dolce il mio male, / dolce il bene sarà dopo il tormento».

Le regole di una forza sregolata Anche se il poeta può constatare tale apparente sregolatezza dell'amore, egli non rinuncia al desiderio di comprenderne i meccanismi profondi: soltanto in questo modo, infatti, il protagonista può aspirare a padroneggiarlo e, dunque, a conquistare la sua amata Rosa.

Officina

COMPRENDERE

1. Come viene descritta dalla Ragione l'esperienza amorosa? Attraverso quali immagini?
2. Quale definizione dà dell'amore la Ragione nella parte finale del brano?
3. Quali aspetti della fenomenologia amorosa vengono evocati alla fine dalla Ragione?

ANALIZZARE

4. **Lingua e stile** Individua e sottolinea tutte le antitesi e gli ossimori presenti nel testo.
5. **Lessico** Il verbo "vituperare" appartiene a un registro elevato e non si usa nel linguaggio colloquiale. Tra i seguenti sinonimi di "vituperare", indica quali appartengono a un registro più colloquiale, quali a un registro medio e quali a un registro ugualmente elevato:
   a. infamare
   b. dileggiare
   c. oltraggiare
   d. vilipendere

PERCORSO DI SCRITTURA

Argomentazione Aiuta la Ragione a trovare altre immagini per descrivere la contraddittorietà dell'esperienza e del sentimento amoroso. Scrivine almeno cinque, usando ossimori e antitesi.

4. La concezione dell'amore cortese

La *fin'amor*

Nelle corti di Francia e di Provenza si afferma, tra XI e XII secolo, una nuova ideologia dell'amore: l'esperienza del vero amore, che i provenzali chiamano ***fin'amor*** («amore nobile»), permette all'uomo rozzo di ingentilirsi, cioè di apprendere lo stile di vita generoso e raffinato tipico di chi è **cortese**, degno membro della corte. Secondo il poeta e studioso René Nelli, la *fin'amor* nasce dalla purificazione del desiderio, dalla capacità di andare oltre l'attrazione fisica (pur senza escluderla): da ciò scaturisce un sentimento generoso, pieno di ***joi*** («gioia») e ispirato dal desiderio di compiacere e di servire la persona amata. L'amante desidera mettersi al **servizio dell'amata** come il cavaliere si pone al servizio del proprio signore. Si parla dunque di amore **vassallatico** e asimmetrico, poiché l'uomo sceglie di subordinarsi alla donna, che onora come la propria signora, della quale coltiva una sorta di «culto» (*domnei*), idealizzandola in un essere sublime. Viene così recuperato, con opportuni adattamenti, l'antico *topos* della donna come ***domina*** («padrona») e dell'innamorato come *servus Amoris* («servo d'Amore»), attestato nella poesia elegiaca latina, da Tibullo a Properzio (I secolo a.C.). L'uomo deve guadagnarsi la considerazione della donna compiendo gli opportuni gesti di cortesia che confermino l'autenticità del suo sentimento, dimostrando di essere esperto in *drudaria*, l'arte della dialettica amorosa.

> Tutto il vocabolario e i gesti dell'amore cortese, e soprattutto la nozione di servitù, derivano dalle formule e dai riti del vassallaggio.
>
> Georges Duby

Vassallo

Nel sistema feudale del Medioevo, chi riceveva l'investitura di un feudo dietro giuramento di fedeltà al sovrano o a un signore.

Un amore adultero e segreto

Le passioni raccontate nei romanzi cavallereschi e nelle liriche d'amore sono però complicate dal fatto che l'amata è una **donna già sposata**, spesso di rango sociale superiore al cavaliere amante (per esempio è la moglie del suo signore): si pensi al caso emblematico dell'amore di Lancillotto per Ginevra, moglie di re Artù. Gli amanti devono dunque **nascondere** la loro relazione e sono sempre preoccupati che qualcuno scopra questa passione proibita, diffondendo chiacchiere che comprometterebbero la loro reputazione: il primo nemico degli innamorati è perciò il **maldicente**.

Distanza e desiderio

Il cavaliere deve dunque contemplare l'amata **da lontano**, cercando di lasciarle intendere la propria passione grazie al semplice gioco degli sguardi e a pochi gesti nascosti. Nelle poesie provenzali non è solitamente indicato il nome della donna, sostituito da un ***senhal***, un «nome fittizio», come per esempio *midons* («mia signora»). La contemplazione di un oggetto del desiderio spesso irraggiungibile contribuisce a sublimare la passione dell'uomo.

Nella poesia di **Jaufré Rudel** la distanza sociale tra gli amanti diviene anche una distanza fisica: il poeta canta infatti l'***amor de lonh*** («amore lontano») della contessa di Tripo-

> L'amore cortese fu sempre un gioco, un divertimento occulto e discreto che vive di occhiate complici, di gesti simbolici, di motti a doppio senso e di un linguaggio che solo gli iniziati sanno decifrare.
>
> Georges Duby

li, che vive al di là del mare Mediterraneo, in Libano (➤ p. 38). Per queste ragioni, in amore alla *joi* si unisce sempre, in un indissolubile intreccio, il ***dolor***. Sono state avanzate varie ipotesi per spiegare l'atteggiamento della sottomissione del cavaliere a una donna irraggiungibile: secondo alcuni, riflette la subordinazione politica del vassallo al proprio signore; secondo altri, sublima la frustrazione dei piccoli nobili, impossibilitati al raggiungimento del pieno potere feudale; altri ancora ritengono che dipenda dalla presenza di molti cavalieri celibi attorno alla figura di una sola signora della corte; secondo altri, infine, richiama le forme della devozione religiosa alla Vergine Maria.

Il manuale dell'amor cortese

Biblioteca digitale *La natura dell'amore*

Una trattazione sistematica di questa concezione d'amore si deve ad **Andrea Cappellano**, che visse nella seconda metà del Duecento e fu probabilmente cappellano alla corte del re di Francia Luigi VII. Egli divenne famoso per il trattato, in tre libri, dal titolo ***De amore*** (*Sull'amore*), in cui definì la concezione dell'amore cortese, cioè quello diffuso nelle corti feudali francesi e provenzali del XII-XIII secolo e cantato nei romanzi cavallereschi di Chrétien de Troyes come nelle liriche provenzali di Guglielmo IX, Arnaut Daniel o Bernart de Ventadorn.

VISUALIZZA I CONCETTI

L'amore cortese

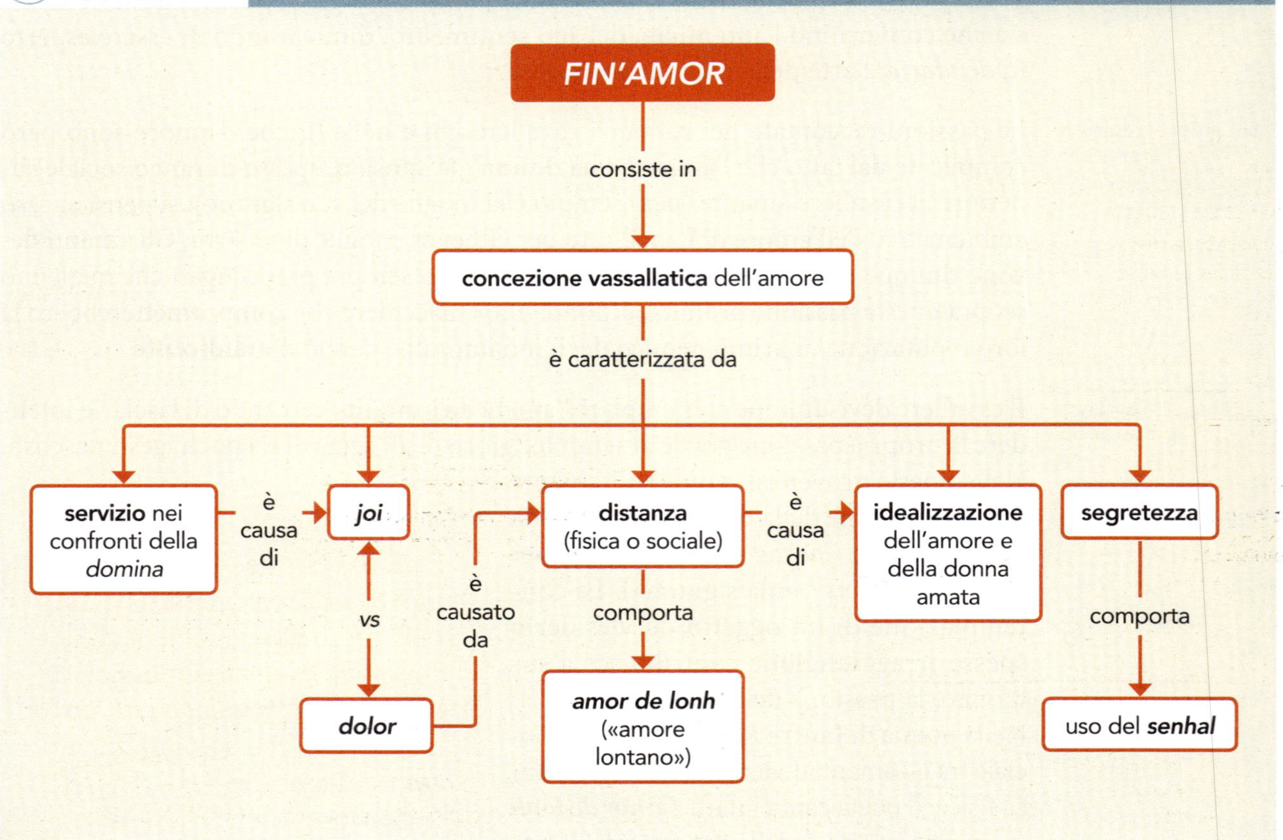

I luoghi d'origine dei trovatori

Tra XI e XIII secolo sono numerose le corti feudali, nell'area provenzale ma non solo, all'interno delle quali operano i trovatori, poeti itineranti che compongono opere (versi e musica) in lingua *d'oc* su temi soprattutto amorosi ma anche politici, sociali e filosofici. La presenza di trovatori provenzali nelle corti italiane ha influenzato la nascita di una tradizione poetica che alla lirica provenzale si ispira per temi e forme: in alcuni casi i poeti italiani hanno utilizzato la stessa lingua provenzale, in altri hanno recuperato i temi trobadorici adattandoli al volgare locale.

RIBÉRAC

Nato a Ribérac, **Arnaut Daniel** (XII-XIII secolo) è una figura di spicco tra i trovatori, fondamentale anche per l'influenza che esercita sulla letteratura italiana. La forma metrica della sestina, usata da Daniel, viene ripresa in un sonetto giovanile da Dante che cita Daniel nel canto XXVI del *Purgatorio*.

VENETO

Dall'area del Veneto provengono diversi **canzonieri** che raccolgono testi della **lirica trobadorica**. Alcuni di questi saranno letti da Dante, Petrarca e da grandi intellettuali rinascimentali.

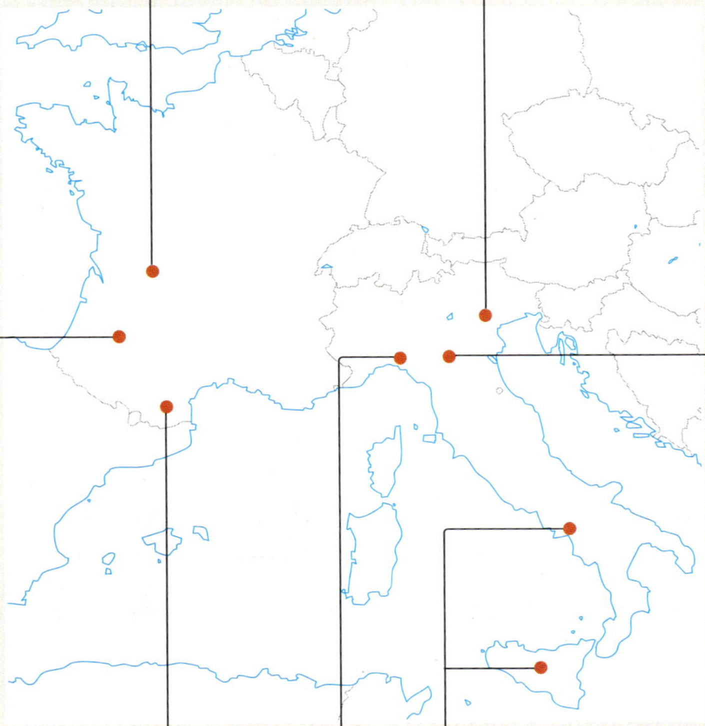

AQUITANIA

Guglielmo IX d'Aquitania (1071-1126) è il primo trovatore di cui ci giunge notizia e, come altri, è un nobile. In lui si fondono quindi i ruoli di feudatario dalla vita avventurosa e di poeta che canta temi amorosi e licenziosi.

GOITO (MANTOVA)

Sordello da Goito (che Dante ricorda nel *De vulgari eloquentia* e in *Purgatorio* VI-VIII) è uno tra i poeti del Nord Italia che imitano la lirica dei trovatori.

TOLOSA

Negli ultimi anni del XII secolo **Peire Vidal** da Tolosa, uno tra i numerosi trovatori che si recano in Italia diffondendo la lirica provenzale, opera nelle corti di Monferrato e di Saluzzo.

GENOVA

A Genova nel XIII secolo si trova uno dei gruppi **più importanti** di **trovatori italiani**.

SICILIA - NAPOLI

Nonostante alcuni trovatori arrivino in Sicilia, Federico II privilegia la **tradizione poetica in volgare locale**.
La lirica provenzale influenza piuttosto la corte di Napoli sotto i d'Angiò dopo la morte di Federico.

5. La lirica provenzale

Le raffinate corti di Provenza

Biblioteca digitale
Come il ramo del biancospino

Nell'XI e XII secolo, nel Sud dell'odierna Francia, in alcuni feudi di fatto autonomi si parlava la lingua provenzale (detta anche occitana o lingua **d'*oc***). Qui fiorì una raffinata civiltà feudale: i signori delle corti, i loro cavalieri e i giullari (cantanti, strumentisti o semplici buffoni) che circolavano di corte in corte, concepirono la prima lirica in lingua volgare dell'Europa romanza. I poeti provenzali erano detti ***trobadors*** (dal verbo provenzale *trobar*, «poetare») e componevano testi accompagnati da musica. Il primo trovatore di cui si ha notizia è il signore feudale **Guglielmo IX** (1071-1126), ma non si è certi che prima di lui non abbiano operato altri poeti.
Conosciamo molte informazioni relative ai trovatori grazie alle loro ***vidas*** («vite») in prosa, premesse alle loro poesie nei canzonieri provenzali. Insieme alle *vidas* si trovano spesso le *razos* («ragioni»), brevi spiegazioni in prosa delle circostanze nelle quali è nata la poesia, che aiutano a comprendere meglio il testo.

Una pluralità di temi e di stili

Biblioteca digitale
Canzone della lodoletta

Il tema principale della poesia provenzale è l'**amore**, inteso nella sua accezione **cortese** (➤ p. 35). Non mancano, tuttavia, poesie di argomento politico e filosofico. I provenzali codificarono le principali forme metriche della lirica volgare: dalla canzone (soprattutto di tema amoroso) al sirventese (particolarmente di argomento politico o polemico), dalla tenzone alla sestina. In questa pluralità di temi e forme, si andarono definendo, nel tempo, diversi registri stilistici. Si cominciarono a distinguere un ***trobar leu*** («poetare leggero»), il cui maestro fu **Bernart de Ventadorn**, caratterizzato da un'armoniosa scorrevolezza, e un ***trobar clus*** («poetare chiuso, difficile»), il cui maestro fu **Arnaut Daniel**, caratterizzato da una sottile ricercatezza.

Jaufré Rudel e l'*amor de lonh*

Nel panorama della lirica provenzale si distingue, per originalità, la poesia di **Jaufré Rudel**, un trovatore del XII secolo che accompagnò re Luigi VII nella crociata in Terra Santa, dove forse morì. Due delle sei canzoni di Rudel cantano infatti un amore di terra lontana rivolto alla contessa Melisenda di Tripoli, in Libano, della quale aveva sentito decantare le virtù e che incontrerà, secondo la leggenda, solo in punto di morte.
Il tono intenso e dolente della poesia di Rudel ispirerà alcuni poeti moderni, come Heinrich Heine e Giosuè Carducci.

> Cortese è la rassegnazione di fronte all'inaccessibilità dell'oggetto adorato, l'abbandono alle pene d'amore.
>
> Arnold Hauser

LA LIRICA PROVENZALE (LINGUA *D'OC*)

TEMI	STILI
amore politica filosofia	• ***trobar leu***, «poetare leggero» (Bernart de Ventadorn) • ***trobar clus***, «poetare chiuso, difficile» (Arnaut Daniel)

T4 Jaufré Rudel *Amor de lonh*

Mentre la natura, in maggio, celebra la vita che rinasce, preparandosi alla pienezza dell'estate, il poeta sente rifiorire in lui il ricordo della donna amata. Il pensiero corre con nostalgia, al di là di terre e mari, alla contessa Melisenda di Tripoli (in Libano), che vive lontano, «nel reame dei Saraceni» (v. 13). Rudel sogna il momento in cui colmerà la distanza e raggiungerà l'amata, colei che soltanto può farlo felice, ma si rende conto di quanto difficoltosa sia l'impresa, anche perché la donna, essendone ignara, non corrisponde il sentimento del poeta. Rudel si affida dunque alla volontà e all'aiuto di Dio.

Quando son lunghe le giornate, a maggio,
mi piace[1] dolce canto d'uccelli di lontano,
e quando me ne sono dipartito[2]
mi rimembro[3] un amore di lontano.
Vado crucciato[4] in cuore ed avvilito,
sì che[5] canto né fior di biancospino
m'aggrada[6] più dell'inverno gelato.

Giammai d'amore non prenderò gioia
se non di questo amore di lontano,
ché più bella non so,[7] né più valente,[8]
in nessun luogo, vicino o lontano.
Tanto suo pregio[9] è verace e perfetto
che laggiù, nel reame dei Saraceni,
io bramerei, per lei, essere schiavo.

Triste e gioioso me ne partirò,
se vederlo mai possa,[10] l'amore di lontano,
ma non so quando alfine lo vedrò,
ché[11] i nostri paesi son troppo lontano:
lungo è il viaggio, per terra e per mare,
e non posso per ciò far previsioni;
ma così sia tutto come Dio vuole.

Ben conoscerò gioia, quando le chiederò
per amore di Dio l'ospizio[12] di lontano,
e se a lei piace, sarò ospitato

1. **mi piace:** mi è dolce ascoltare.
2. **dipartito:** allontanato.
3. **rimembro:** ricordo.
4. **crucciato:** intristito.
5. **sì che:** al punto tale che.
6. **aggrada:** piace.
7. **ché... non so:** dal momento che... non conosco.
8. **valente:** di valore.
9. **pregio:** onore, derivante dalla sua virtù.
10. **se... possa:** purché io possa mai vederlo. Il «se» è desiderativo, cioè esprime un auspicio del poeta.
11. **ché:** poiché.
12. **ospizio:** ospitalità.

vicino a lei, benché sia di lontano.[13]
Allora si parranno i cortesi conversari,[14]
quando amante lontano sarà così vicino
che di belle parole godrà conforto.

Ben tengo per verace il Signore
per cui vedrò l'amore di lontano;[15]
ma per un bene che me ne tocca,
soffro due mali,[16] tanto m'è lontano.
Ah! foss'io là pellegrino,
sì che il mio bordone e il mio saio[17]
fossero mirati[18] dai suoi occhi belli.

Dio che tutto creò quanto viene e va
e formò questo amore di lontano,
mi dia potere come io ne ho volere[19]
che veda questo amore di lontano,
per davvero, e così intimamente
che la camera e il giardino
abbiano sempre a sembrarmi una reggia.[20]

Dice il vero chi ghiotto mi chiama
e bramoso d'amore di lontano:
niun'altra[21] gioia tanto mi piace,
come gioire d'amore di lontano.
Ma ciò che vorrei m'è negato,
ché tal sorte gettò su di me il mio padrino:[22]
ch'io amassi senz'essere amato.

Ma ciò che vorrei m'è negato.
Maledetto sia sempre il padrino
che mi gettò la sorte di non essere amato.

(trad. di A. Roncaglia)

13. **di lontano:** cioè proveniente da lontano, forestiero.
14. **si parranno... conversari:** potremo intrattenere cortesi conversazioni, cioè piacevoli discorsi, consoni al clima raffinato di una corte e al rango sociale, nobile, degli interlocutori.
15. **Ben tengo... lontano:** Ho fiducia nel Signore che mi permetterà di vedere l'amore lontano.
16. **ma per... mali:** ma per un bene ottenuto devo soffrire due mali, cioè la lontananza e la mancata corrispondenza del suo amore.
17. **bordone... saio:** il bastone e la sobria veste, che ricorda quella di un frate, sono gli elementi tipici dell'abbigliamento del pellegrino. Rudel immagina di recarsi a Tripoli vestito dunque come un pellegrino: si ricordi che l'amata vive in Libano, nei pressi della Terra Santa, dove era comune recarsi in pellegrinaggio.
18. **mirati:** contemplati.
19. **volere:** desiderio.
20. **abbiano... reggia:** mi possano sempre sembrare una reggia, resi splendidi dal fatto di fungere da cornice alla visione della donna amata.
21. **niun'altra:** nessun'altra.
22. **ché... padrino:** dal momento che tale (cattiva) sorte gettò su di me il mio padrino. Era consuetudine che il padrino di battesimo recitasse auguri per il bambino appena battezzato. In questo caso, immagina Rudel, il padrino deve avergli invece auspicato un futuro avverso, cioè di amare senza essere ricambiato.

Analisi del testo

Struttura

Dal doloroso presente a un vagheggiato futuro Il testo si presenta come una visione, un sogno, che prende forma dal qui e dall'oggi, per poi spostarsi rapidamente, dalla seconda strofa in avanti, verso altri scenari e verso altri tempi: prima «nel reame dei Saraceni» (v. 13), al tempo presente, e poi ancora in Medio Oriente, in un futuro indeterminato, quando il poeta spera di raggiungere l'amata («me ne partirò», v. 15). Il sogno si determina successivamente con sempre più precisione (vv. 22-23; v. 26; vv. 41-42). Al termine il pensiero torna però al presente e allo sconforto di una condizione dolorosa, lontana dall'amore, dove ogni gioia è preclusa («ciò che vorrei m'è negato», v. 50).

Lingua e stile

Lontananza e passione Rudel insiste quasi ossessivamente sull'idea della lontananza, che è ripetutamente richiamata dall'epifora di «lontano», al termine del secondo e del quarto verso di ciascuna stanza.
La misura del periodo supera spesso quella del verso generando, così, numerosi *enjambements*, che contribuiscono a creare un effetto di dilatazione del ritmo. Per esprimere l'intensità della propria passione Rudel ricorre all'iperbole, quando celebra la donna «più bella» e «più valente» del mondo (v. 10), e all'antitesi («Triste e gioioso», v. 15). L'antitesi si ripete al v. 27, tra «lontano» e «vicino», per raccontare il sogno di veder colmata la distanza che lo separa dall'amata. Il lessico cortese è arricchito, inoltre, dal vocabolario religioso, con le numerose invocazioni a Dio e con l'immagine del poeta vestito come pellegrino, con «bordone» e «saio» (v. 34).

Temi

L'amor de lonh L'amore di Rudel è, dunque, un desiderio inappagato, la contemplazione da lontano di una donna irraggiungibile. Nella poesia provenzale le donne amate sono sempre separate dagli amanti da una profonda distanza: sociale, quando la donna è di classe superiore all'uomo, ed esistenziale, quando non ricambia il sentimento dell'innamorato.
La distanza fisica della contessa di Tripoli rende dunque concreta quella simbolica che sempre caratterizza l'amore, per i provenzali. Questa metaforica maledizione diviene, tuttavia, nella canzone di Rudel una maledizione vera e propria, scagliatagli probabilmente dal padrino attorno al fonte battesimale. Solo l'intervento di Dio «che tutto creò» (v. 36) potrà perciò liberarlo da questa condanna.

Il vocabolario dell'amore cortese La canzone di Rudel condivide larga parte del proprio immaginario e del proprio linguaggio con le altre poesie occitane dei canzonieri provenzali. Il poeta evoca, in apertura, la dolcezza della primavera, posta a confronto con la sua sofferenza d'amore. La primavera è la cornice ideale di molte liriche d'amore provenzali; Rudel afferma invece di preferire a un biancospino il gelido inverno, a causa della profonda sofferenza in cui si trova (vv. 5-7). Egli coltiva un amore tipicamente vassallatico: desidera porsi al servizio di una donna di così alto «pregio» e aspira a «cortesi conversari» insieme a lei, nella cornice di un giardino, il *locus amoenus* («luogo incantevole») tipico di tanta letteratura cortese.

Officina

COMPRENDERE

1. Perché il poeta dubita di poter incontrare la donna amata?
2. In che cosa consistono i «due mali» a cui fa riferimento il verso 32?
3. Perché Rudel maledice il proprio padrino?

ANALIZZARE

4. Perché il poeta si definisce «schiavo» (v. 14)?
5. **Lingua e stile** Individua e sottolinea tutte le parole e le espressioni appartenenti, rispettivamente, al campo semantico della poesia d'amore cortese e a quello della religione.

INTERPRETARE

6. Perché il poeta, secondo te, si definisce allo stesso tempo «Triste e gioioso» (v. 15)? Argomenta la tua risposta facendo precisi riferimenti al testo.

GUIDA AL RIPASSO

La letteratura romanza

MAPPA

LETTERATURA ROMANZA

- **epica cavalleresca** →
  - anonimato degli autori
  - idealizzazione e celebrazione della società cortese e della cavalleria

  →
  - *chansons de geste* (*Chanson de Roland*, XI-XII)
  - *Cantar de Mio Cid* (XII)
  - letteratura franco-veneta (XIII-XIV)
- **romanzo cavalleresco** → narrazione di imprese cavalleresche e vicende amorose, con il ricorso a elementi magici →
  - ciclo bretone (romanzi di Chrétien de Troyes)
  - ciclo di Tristano e Isotta
  - cicli storici

  mira a → intrattenimento del pubblico delle corti
- opere **didascalico-allegoriche** → divulgazione della conoscenza → Guillaume de Lorris e Jean de Meun, *Roman de la Rose* (1229-1285)
- opere sull'**amore cortese** → concezione vassallatica dell'amore → Andrea Cappellano, *De amore* (XIII secolo)

  è caratterizzata da →
  - servizio del cavaliere verso la *domina*
  - idealizzazione dell'amore
  - piacere *vs* dolore
  - segretezza e distanza (sociale o fisica)
- **lirica provenzale** →
  - prima codificazione delle forme metriche in volgare
  - *trobar leu* vs *trobar clus*
  - tematiche amorose (amor cortese), filosofiche e politiche

  → poesie di Jaufré Rudel (XII secolo)

La letteratura religiosa

TEMI E GENERI

1. Francescani e domenicani

Un nuovo fermento religioso

Laico
Credente cattolico non appartenente alla gerarchia ecclesiastica.

Tra XII e XIII secolo si assiste a una vigorosa **rinascita del sentimento religioso**. Ne furono protagonisti i **laici**, che rivendicavano il diritto di comprendere più a fondo i misteri della fede, di accedere direttamente alla Sacra Scrittura e di partecipare più attivamente alla liturgia. Nel corso dell'Alto Medioevo, infatti, la gestione delle funzioni sacre e l'interpretazione della Bibbia era stato appannaggio esclusivo dei chierici. La Chiesa venne dunque sollecitata a concepire **nuove forme** di accesso alla cultura sacra, che tenessero conto di questo desiderio di protagonismo dei laici.

La sfida delle eresie

Spinti da queste istanze, alcuni gruppi di fedeli si organizzarono autonomamente, **leggendo** e **commentando le Sacre Scritture** senza l'intermediazione dei chierici e della Chiesa. Da questi contesti emergevano, a volte, interpretazioni dei testi sacri divergenti da quella **ortodossa** della Chiesa cattolica. Alcuni di questi gruppi, poi, divennero veri e propri movimenti e si organizzarono in forma di **chiese separate**, determinando così la rinascita del fenomeno delle **eresie**.

Domenicani e francescani

Carisma
Nel linguaggio religioso, un dono soprannaturale straordinario e peculiare concesso a una persona o a un gruppo a vantaggio della comunità dei credenti.

Fu nella prima metà del Duecento che nacquero i primi due ordini di frati mendicanti. Si trattava dei **frati predicatori** e dei **frati minori**, detti rispettivamente **domenicani** e **francescani** dai nomi dei loro fondatori: lo spagnolo **Domenico di Guzmán** (1170-1221) e **Francesco d'Assisi**. Il **carisma** specifico dei domenicani fu la predicazione (da cui il nome di frati predicatori): questi religiosi erano chiamati a formarsi in campo teologico (molti di loro, infatti, divennero anche maestri di teologia nelle università medievali, per esempio a Parigi), per portare poi la dottrina cristiana alle masse attraverso l'evangelizzazione. I domenicani predicavano in latino agli intellettuali e in volgare al popolo: il più celebre predicatore in lingua volgare fu Giordano da Pisa, che viaggiò in numerose città d'Europa.

Francesco d'Assisi

Francesco nacque ad Assisi nel **1181** o nel **1182** dal mercante di stoffe Pietro di Bernardone e da Donna Pica, pare di origine provenzale. Fu battezzato con il nome Giovanni, ma presto fu chiamato Francesco. Condusse l'agiata vita di un rampollo di **buona famiglia borghese**, coltivando in gioventù il desiderio di compiere grandi imprese cavalleresche. Partecipò alla guerra tra Assisi e Perugia e fu fatto prigioniero nel 1202. Tra il 1203 e il 1204 cercò di raggiungere il condottiero Gualtiero di Brienne in Puglia, ma lungo la strada ricevette la rivelazione che il suo desiderio di compiere grandi imprese avrebbe trovato risposta non al servizio di un signore terreno ma del Signore del cielo. Tornò dunque ad Assisi e **rinunciò** pubblicamente **all'eredità paterna**, spogliandosi in pubblica piazza alla presenza del vescovo della città, e cominciò a condurre una vita umile, insieme ai lebbrosi, predicando la rinuncia a ogni ricchezza e la carità ai poveri per amore di Dio (**1205**).

La nascita dell'ordine francescano

La scelta di vita di Francesco attrasse alcuni giovani di Assisi, che formarono intorno a lui la prima comunità "francescana". Egli compose dunque una semplice **regola di vita** che ricevette l'approvazione prima verbale di papa Innocenzo III e poi scritta, dopo alcune modifiche, da parte di Onorio III nel **1223**. Si recò allora a **predicare** in pace, disarmato, in Egitto (mentre era in corso la quinta crociata) e fu accolto dal sultano Malik-al-Kamil che, colpito dal coraggio di un predicatore senza armi, gli fornì un salvacondotto per tornare in Italia. Nel 1224, raccontano le biografie, Francesco ricevette sul monte della Verna, dopo la visione di un angelo splendente, il segno delle **stigmate**, s'impressero cioè nelle sue mani, nei suoi piedi e nel suo costato le stesse ferite di Cristo in croce, a testimonianza di quanto perfetta fosse l'imitazione e l'identificazione mistica di Francesco verso il suo Signore. Morì nel **1226**, chiedendo di essere sepolto nudo nella nuda terra, come ultimo simbolo della sua scelta di povertà. Alla sua morte l'ordine di Francesco contava ormai migliaia di frati. Il fondatore lasciò loro una serie di scritti, fra cui due regole di vita, un testamento spirituale, alcune lettere, ammonizioni e preghiere in lingua latina e il primo testo volgare di alto valore poetico, il ***Cantico di Frate Sole*** (➤ **T1**).

> Comparso davanti al vescovo, Francesco non esita né indugia per nessun motivo: si toglie tutte le vesti e le getta tra le braccia di suo padre, restando nudo di fronte a tutti.
>
> Tommaso da Celano

FISSA I CONCETTI

- Chi erano i frati predicatori e i frati minori?
- Che cosa predicava san Francesco d'Assisi?

LA VITA DI SAN FRANCESCO	
1181/1182	nascita
1205	conversione
1223	approvazione della Regola
1226	morte

Giotto di Bondone, *Storie di san Francesco: rinuncia agli averi*, 1292-1300 circa. Assisi, Basilica Superiore di San Francesco.

La presenza dei francescani e dei domenicani in Italia

Domenicani e francescani sono i grandi ordini di predicatori del XIII secolo; si distinguono per la diversa ispirazione religiosa, ma anche per gli usi linguistici e di predicazione. Mentre i domenicani, che fanno dello studio teologico e filosofico un fondamento della loro dottrina, predicano in ambito urbano e nei grandi centri universitari usando il latino, i francescani prediligono le zone rurali e pregano in volgare. Tra XII e XIII secolo, inoltre, in Italia nascono altri movimenti religiosi che contribuiscono alla formazione della poesia in volgare.

TODI

Di **Iacopone da Todi** (dal nome del paese di origine), esponente dei francescani spirituali, restano laude in volgare su temi dottrinali, polemico-politici e mistici.

BOLOGNA

Bologna, con la sua università, è uno dei centri principali della predicazione domenicana in Italia. Qui **Domenico** redige i punti principali del suo ordine.

PERUGIA

A Perugia intorno al 1260 nasce il **movimento dei Disciplinati**, che va in processione per le strade intonando inni latini e laude in volgare. Questo nuovo genere, grazie alla facile comprensione della lingua, trova largo seguito di fedeli.

ASSISI

Ad Assisi nasce **Francesco**, che fonda l'ordine dei francescani, riconosciuto da papa Innocenzo III nel 1210. Dopo la morte di Francesco i francescani si dividono in spirituali e conventuali.

COSENZA

A Cosenza nasce Gioacchino da Fiore, fondatore dell'**ordine dei Florensi**, che si propongono di rinnovare la religione contemporanea in nome delle virtù spirituali.

T1 Francesco d'Assisi *Cantico di Frate Sole*

AUDIO

Il *Cantico di Frate Sole* (o *Laudes creaturarum*) fu composto probabilmente nel 1224, dopo una notte di dolore, durante la quale Francesco, minato nella salute e tormentato dai topi, rischiò di morire. Al risveglio, confortato da una visione celeste, avrebbe dettato il *Cantico* affidando a fra Pacifico il compito di recitarlo a beneficio di tutti come un «giullare di Dio». Il testo era accompagnato da una melodia musicale, forse composta dallo stesso Francesco. Il *Cantico* è una lode del Creatore attraverso le sue creature: Francesco «contemplava nelle cose belle – scrive il suo biografo Bonaventura – il Bellissimo e, seguendo le orme impresse nelle creature, inseguiva dovunque il Diletto», cioè Dio.

Altissimu,[1] onnipotente, bon[2] Signore,
tue so' le laude, la gloria e l'honore et onne benedictione.

Ad te solo, Altissimo, se konfano,
et nullu homo ène dignu te mentovare.[3]

Laudato sie, mi' Signore, cum[4] tucte le tue creature,
spetialmente messor[5] lo frate sole,
lo qual'è iorno, et allumini noi per lui.
Et ellu è bellu e radiante cum grande splendore:
de te, Altissimo, porta significatione.[6]

Laudato si', mi' Signore, per sora luna e le stelle:
in celu l'ài formate clarite[7] et pretiose et belle.

vv. 1-2 Altissimo, onnipotente, buon Signore, / spettano a te (*tue so'*) le lodi, la gloria, l'onore e ogni benedizione.

vv. 3-4 Si addicono (*konfano*) solo a te, Altissimo, / e nessun uomo è degno di nominarti (*te mentovare*).

vv. 5-9 Laudato sii (*sie*), mio Signore, con tutte le tue creature, / specialmente messere fratello sole, / che è la luce del giorno (*è iorno*) e attraverso di lui (*per lui*) ci illumini. / Ed egli è bello e raggiante con grande splendore: / egli, o Altissimo, rappresenta (*porta significatione*) te.

vv. 10-11 Che tu sia lodato, mio Signore, per sorella luna e le stelle: / in cielo le hai formate splendenti (*clarite*), preziose e belle.

1. **Altissimu:** la terminazione in *-u* è caratteristica del dialetto umbro.
2. **Altissimu, onnipotente, bon:** qualità di Dio, attestate nella Sacra Scrittura.
3. **nullu... mentovare:** «mentovare» è un francesismo. Francesco vuole forse dire che nessun uomo è sufficientemente puro per pronunciare a pieno diritto il nome di Dio.
4. **cum:** variamente interpretato come con (a formare un complemento di compagnia), oppure per mezzo di (complemento di mezzo), o anche così come (di comparazione).
5. **messor:** Francesco attribuisce questo titolo di rispetto, oltre al comune epiteto di "fratello", al Sole, una creatura speciale, in quanto rappresenta l'immagine più chiara del Creatore.
6. **porta significatione:** è il segno, cioè «porta il significato». Il Sole è ritenuto, in molte culture religiose, il più eminente segno di Dio.
7. **clarite:** dal latino *clarus* («luminoso»).

Laudato si', mi' Signore, per frate vento
et per aere et nubilo et sereno et onne tempo,
per lo quale a le tue creature dài sustentamento.[8]

Laudato si', mi' Signore, per sor'aqua,
la quale è multo utile et humile et pretiosa et **casta**.[9]

Laudato si', mi' Signore, per frate focu,
per lo quale ennallumini[10] la nocte:
ed ello è bello et iocundo et robustoso et forte.

Laudato si', mi' Signore, per sora nostra matre terra,
la quale ne sustenta et governa,
et produce diversi fructi con coloriti flori et herba.

Laudato si', mi' Signore, per quelli ke perdonano per lo tuo amore
et sostengo infirmitate et tribulatione;[11]
beati quelli ke 'l sosterrano in pace,
ka da te, Altissimo, sirano incoronati.[12]

lessico

Casta

Come aggettivo, "casto" indica chi si mantiene puro nel corpo, astenendosi da rapporti sessuali, oppure ciò che esprime innocenza e purezza. La parola "casta", però, oltre al femminile dell'aggettivo, è anche un nome e indica un gruppo sociale puro, in quanto rigidamente chiuso alle influenze esterne o una classe di persone che gode di particolari privilegi.

vv. 12-14 Che tu sia lodato, mio Signore, per fratello vento / e per il cielo nuvoloso e per il cielo sereno e per ogni tempo, / grazie al quale dai nutrimento (*sustentamento*) a tutte le tue creature.

vv. 15-16 Che tu sia lodato, mio Signore, per sorella acqua, / la quale è molto utile, umile, preziosa e pura (*casta*).

vv. 17-19 Che tu sia lodato, mio Signore, per fratello fuoco, / attraverso il quale illumini la notte: / ed egli è bello, dà gioia (*iocundo*), robusto e forte.

vv. 20-22 Che tu sia lodato, mio Signore, per la nostra sorella madre terra, / che ci (*ne*) sostenta e ci governa / e produce svariati (*diversi*) frutti, con fiori colorati ed erba.

vv. 23-26 Che tu sia lodato, mio Signore, per quelli che perdonano in nome del (*per lo*) tuo amore / e sopportano malattie (*infirmitate*) e sofferenze (*tribulatione*); / beati quelli che le sopporteranno in pace, / perché (*ka*) da te, Altissimo, saranno incoronati.

8. per lo quale... sustentamento: «quale» è riferito al tempo atmosferico. Perché dal cielo provengono l'acqua, in forma di pioggia, e il sole che permettono alla vita sulla terra di generarsi e prosperare.

9. casta: la purezza dell'acqua è confermata dal suo uso rituale, per esempio nel battesimo, per simboleggiare la purificazione dal peccato.

10. ennallumini: illumini (dal francese *enluminer*). Secondo il critico Giovanni Getto, l'immagine della notte illuminata dal fuoco potrebbe evocare l'idea della vita umana illuminata dalla luce della Rivelazione divina.

11. sostengo... tribulatione: i sostantivi sono di numero singolare, ma valgono come plurali. Francesco celebra coloro che accettano con pazienza e con letizia anche la malattia (si ricordi che Francesco, secondo le biografie, scrive il *Cantico* dopo una notte di malattia) e la persecuzione da parte dei malvagi, perché sanno, in questo modo, di avvicinarsi di più a Cristo, partecipando alle sue stesse sofferenze. Il richiamo è alle beatitudini evangeliche: «Beati voi quando vi insulteranno, vi perseguiteranno e, mentendo, diranno ogni sorta di male contro di voi per causa mia. Rallegratevi ed esultate, perché grande è la vostra ricompensa nei cieli» (*Matteo* 5, 10-11).

12. incoronati: cioè premiati in cielo con la beatitudine eterna.

Laudato si', mi' Signore, per sora nostra morte corporale,
da la quale nullu homo vivente pò skappare:
guai a quelli ke morrano ne le peccata mortali;
beati quelli ke trovarà ne le tue sanctissime voluntati,
ka la morte secunda[13] no 'l farrà male.

Laudate e benedicete mi' Signore et rengratiate
e serviateli[14] cum grande humilitate.

vv. 27-31 Che tu sia lodato, mio Signore, per nostra sorella la morte del corpo (*corporale*), / dalla quale nessun (*nullu*) uomo che vive può scappare: / guai a quelli che moriranno nei peccati mortali, / beati quelli che (la morte) troverà in armonia con la (*ne le*) tua santissima volontà, / perché la seconda morte non farà loro (*'l*) del male.

vv. 32-33 Lodate e benedite il mio Signore e ringraziatelo / e servitelo (*serviateli*) con grande umiltà.

13. **secunda:** seconda, cioè quella dell'anima, "seconda" dopo quella del corpo. Francesco assume l'espressione dal libro dell'*Apocalisse* (21, 8).
14. **serviateli:** congiuntivo esortativo.

Analisi del testo

Struttura

Una struttura meditata e sapiente Il *Cantico* non è, come potrebbe sembrare, frutto di una scrittura istintiva: una lettura più attenta dei suoi 33 versi (tanti quanti gli anni tradizionalmente attribuiti a Cristo) rivela infatti simmetrie e parallelismi, fra i quali il più evidente è senz'altro l'anafora di «Laudato sie/mi» ai vv. 5, 10, 12, 15, 17, 20, 23 e 27. Il distico iniziale è poi richiamato dal distico finale: il *Cantico* si apre e si conclude cioè con l'esortazione alla lode e alla benedizione. Nel contempo l'oggetto della lode si è spostato dal cielo, dove abita il Dio «Altissimu», alla terra, all'*humus* dove gli uomini sono chiamati a lodarlo «cum grande humilitate». Il progressivo moto discensionale dello sguardo è confermato dall'ordine con cui sono introdotti gli elementi del creato: prima il sole e gli altri astri del cielo (luna e stelle), poi i venti e le piogge che discendono dal cielo, poi gli elementi che plasmano il volto della terra (acqua, fuoco), infine la terra stessa («sora nostra matre terra», v. 20). Si ricompone così il quadro dei quattro elementi del mondo sublunare (acqua, aria, vento e fuoco), secondo Aristotele. Poi si ricordano i "figli" della terra, gli uomini, che la terra nutre e «governa»: in particolare i giusti che sanno perdonare e sopportare le umiliazioni. Fino a evocare, al termine della rappresentazione, la loro morte: prima fisica (inevitabile) e poi spirituale (solo per i peccatori impenitenti).

Lingua e stile

Il volgare umbro e la metrica Il testo è in volgare umbro, non dunque nel toscano da cui proviene la lingua italiana. Si tratta, tuttavia, di una lingua depurata dagli elementi più spiccatamente dialettali e ricca di latinismi, come «homo», «nullu» (dall'aggettivo latino *nullus*, «nessuno»), «honore» e «benedictione», «peccata» (come sostantivo neutro plurale). Il *Cantico* presenta un'evidente irregolarità metrica: i versi sono di lunghezza varia, le strofe di misure differenti, non c'è un vero e proprio schema rimico; si parla, per questo motivo, di prosa ritmica. Tuttavia, sono presenti numerose assonanze nel finale dei versi («vento: tempo: sustentamento», vv. 12-14) o al loro interno («utile et humile», v. 16) e non mancano sporadici esempi di rima («stelle: belle», vv. 10-11; «rengratiate: humilitate», vv. 32-33).
Dal punto di vista retorico, oltre alla presenza dell'anafora di «Laudato si'», che conferisce al testo un ritmo regolare, sono frequenti le figure di accumulo, come l'enumerazione o il polisindeto: «utile et humile et pretiosa et casta» (v. 16). Francesco non ignora anche le regole del *cursus*, teorizzato nelle *artes di-*

ctandi («manuali di composizione»), cioè la scansione regolamentata di sillabe accentate e atone al termine dei periodi nei testi in prosa: «frate sole» (v. 6) è un esempio di *cursus planus* (due parole piane), mentre «sanctissime voluntati» (v. 30) di *cursus velox* (parola sdrucciola e parola piana).

Temi

Teologia della lode e mistica creaturale Francesco nel *Cantico* loda il creato in quanto segno dell'amore del Creatore, che sceglie liberamente di generare la vita dal nulla come atto d'amore gratuito. La stessa esistenza del mondo è dunque la prova, per Francesco, dell'amore divino e lodare il creato significa lodare l'amore di Dio che esso testimonia. Si parla, per questo, di mistica "creaturale" di Francesco: egli, cioè, ama il Creatore nelle sue creature e attraverso di esse.

Il riscatto dell'*humus* Il *Cantico* con la sua lode, del resto, contrappone la visione di Francesco al *contemptus mundi* («disprezzo del mondo»), cui esortavano molti trattati ascetici medievali. La lode della natura di Francesco però non può essere assunta nell'ottica di un moderno ecologismo: il creato è celebrato in quanto immagine del Creatore e, fra tutte le creature, conserva un posto speciale l'essere umano (benché venga esplicitamente nominato solo a partire dal v. 23), l'unico in grado di cogliere, nel mondo, questo *vestigium Dei*, cioè «l'impronta di Dio». Il critico Leo Spitzer ha parlato, in tal senso, di «antropocentrismo» di Francesco. Spitzer nota anche che, nella rassegna di elementi del creato che precede il riferimento all'uomo, questi sono lodati non solo per le loro qualità naturali e in quanto segni di Dio ma anche per la loro utilità per gli uomini. Il Sole, per esempio, è celebrato tre volte: in quanto utile all'uomo («allumini noi per lui»), per le sue virtù intrinseche («bellu e radiante») e in quanto immagine di Dio («de te, Altissimo, porta significatione»). Il fatto che l'uomo ammetta umilmente di essere «terra» (*humus*, in latino, richiamato dalla parola-chiave finale, «humilitate») non significa che si escluda dall'abbraccio divino, in quanto anche il creato materiale è forma tangibile dell'amore del Creatore.

Officina

COMPRENDERE

1. Quali elementi del creato vengono celebrati nel *Cantico*?
2. Per quali motivi viene lodato anche l'uomo?
3. Chi sono i destinatari degli ultimi due versi del testo? Quali inviti vengono rivolti loro?

ANALIZZARE

4. **Lingua e stile** Nella poesia gli aggettivi, i verbi e i nomi sono disposti a coppie (dittologie), a gruppi di tre o a gruppi di quattro.
   Individua, sottolinea e trascrivi in una tabella tutte le dittologie e tutte le espressioni formate da tre-quattro elementi presenti nel testo.

5. **Lessico** In quale delle due frasi seguenti "casta" è usato nello stesso significato e nella stessa funzione grammaticale che ha nel testo?
   a. La giovane ragazza giunse casta e pura fino al giorno delle nozze.
   b. In India i matrimoni sono ammessi solo fra membri della stessa casta.
   Scrivi una frase in cui "casta" ha la stessa funzione grammaticale che ha nell'altra frase.

6. Che differenza c'è fra la «morte corporale» (v. 27) e la «morte secunda» (v. 31)?

Giusto de' Menabuoni, *La Creazione*, 1376-1378 circa. Padova, Battistero del Duomo.

2. La lauda e Iacopone da Todi

La nascita della lauda

> **Confraternita**
> Associazione di fedeli che ha come scopo principale la realizzazione di opere di carità o la diffusione di un culto.

Nel 1267 fu fondata a Siena, dal domenicano Ambrogio Sansedoni, la prima **compagnia dei laudesi**, cioè una **confraternita** di laici che aveva come scopo dichiarato e preminente proprio la composizione di lodi in lingua volgare. Con questa data si può considerare ufficialmente nato il genere della **lauda**: il nome deriva probabilmente dall'imperativo latino *laudate* («lodate»), ricorrente in molti dei salmi impiegati quotidianamente nella liturgia delle ore (una serie di preghiere da recitare a determinate ore del giorno), seguita per esempio nei monasteri. Questo nuovo genere in volgare, dunque, dipende direttamente e chiaramente dalla liturgia latina.

Iacopone da Todi

Il più noto autore di laude del nostro Medioevo fu **Iacopone da Todi**. A conferma della sua fama, le laude di Iacopone non sono giunte anonime ma accompagnate dal suo nome. Iacopone nacque a Todi **tra il 1230 e il 1236** in un'agiata famiglia borghese. Compì buoni studi, divenne forse procuratore legale, aspirando a una carriera mondana, e prese moglie. Le biografie del santo, al confine tra storia e leggenda, narrano dell'improvvisa **morte della giovane moglie** nel 1268, rimasta travolta dal crollo di un pavimento durante una festa da ballo, e della scoperta di un ruvido cilicio sotto le ricche vesti della giovane, segno di una segreta penitenza. Iacopone, sconvolto dagli eventi, decise di rimettere in discussione il senso della propria esistenza e si ritirò a vivere come eremita (in umbro "bizzoccone") nella campagna di Todi. Dieci anni più tardi si presentò al convento francescano di san Fortunato chiedendo di essere ammesso nell'ordine. Fu probabilmente impiegato

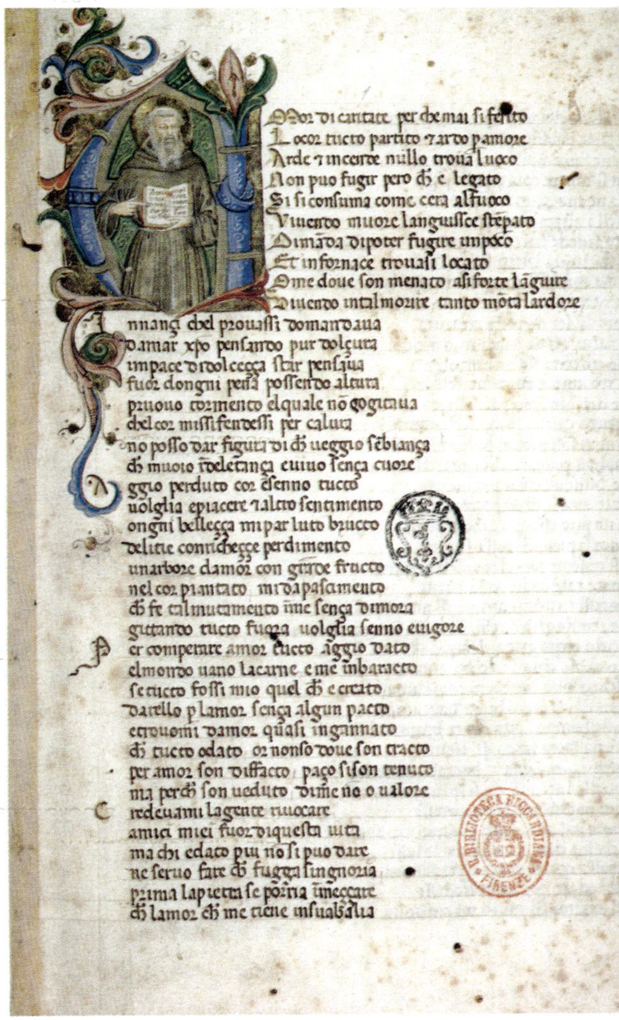

Copia miniata delle *Laude* di Iacopone da Todi, XV secolo. Firenze, Biblioteca Riccardiana.

Biblioteca digitale
Donna de Paradiso; O Signor, per cortesia

nella formazione dei giovani novizi e nella predicazione e cominciò a comporre **laude in lingua volgare**, cioè in dialetto todino. Prese parte al dibattito interno all'ordine tra rigoristi e moderati, divenendo una delle guide riconosciute dei frati "spirituali" (cioè coloro che, interpretando alla lettera le parole di san Francesco, rifiutavano qualsiasi forma di proprietà), entrando in aperto contrasto con i confratelli "rilassati" e con papa Bonifacio VIII, che invece sosteneva i "conventuali" (cioè coloro che ritenevano legittimo che, se non il singolo frate, almeno il convento potesse disporre di proprietà private). Nel 1297 la potente e nobile famiglia dei Colonna ordì una **fronda** contro Bonifacio e compose un manifesto, pubblicato a Lunghezza (vicino a Roma), che contestava la legittimità dell'elezione di Bonifacio. Iacopone, insieme ad altri frati spirituali, ritenne di dover partecipare alla contestazione. La reazione di Bonifacio fu dura: le truppe pontificie assediarono Palestrina, dove i ribelli si erano rifugiati, facendola capitolare. Iacopone fu **imprigionato** nelle segrete di san Fortunato, a Todi, dove rimase fino alla morte di Bonifacio nel 1303. Il frate, una volta liberato, trascorse il resto della sua vita nella quiete di un convento, dove morì **tra il 1304 e il 1306**.

Fronda

Movimento di opposizione, spesso nascosto, all'interno di una collettività, un governo, un partito, un'associazione ecc.

LA VITA DI IACOPONE DA TODI	
1230/1236	nascita
1268	morte della moglie e conversione
1297	opposizione a Bonifacio VIII
1304/1306	morte

Il laudario di Iacopone

Iacopone compose **92 laude**, prevalentemente in forma di **ballata**. Molte di queste composizioni condividono forme e intenti della predicazione contemporanea, alternando **parti narrative** e **drammatizzazioni allegoriche** per indurre gli ascoltatori alla conversione. Si possono riconoscere, nel complesso, tre grandi nuclei tematici all'interno della silloge: un gruppo di laude **dottrinali** (di argomento morale e genericamente teologico), un gruppo di laude **polemico-politiche** (rivolte contro i francescani "traditori" della povertà e contro Bonifacio VIII, equiparato all'Anticristo) e un gruppo di laude **mistiche**.

Incontro tra Iacopone e Dio ←

La mistica dell'*esmesuranza*

Iacopone racconta, con toni insolitamente intimi e personali nel contesto laudistico, la propria esperienza dell'**incontro con Dio**. Rivendica la superiorità di questa mistica sapienza rispetto alla scienza terrena, benché essa sembri follia agli occhi degli uomini. Il mistico afferma provocatoriamente che tale sapienza è ***esmesurata***, poiché infrange, trascendendole in base a una logica superiore, le regole di buon senso e di civile convenienza degli uomini, cioè il loro senso di misura. In ciò, Iacopone intende seguire l'esempio di Cristo e di Francesco, "giullare di Dio", nel loro scandaloso rovesciamento dei valori e delle consuetudini del mondo. A differenza della teologia, infatti, che specula razionalmente sulla natura e sul mistero di Dio, il misticismo racconta l'incontro personale dell'uomo con il suo Creatore. L'esperienza divina del mistico, però, è spesso **in negativo**: egli fa esperienza dello "spossessamento" (il dono totale di sé) e dell'"estasi" (il trascendimento dei propri sensi), nonché del silenzio, poiché riconosce con non esistono parole umane in grado di raccontare ciò che va oltre i sensi terreni dell'uomo.

FISSA I CONCETTI

- Che cos'è la lauda?
- Che cosa si intende con "mistica dell'*esmesuranza*" e a chi si riferisce?

T2 Iacopone da Todi
O iubelo del core

La fusione intima della mente umana con Dio è detta, nella letteratura mistica, "sposalizio interiore". Nella lauda Iacopone mostra che, quando il mistico "sposa" il suo Dio, nell'anima sperimenta una gioia ineffabile, d'intensità sconvolgente. Egli, che pure vorrebbe tenere gelosamente nascosto il suo amore, non può che prorompere in grida disarticolate di giubilo: non esistono infatti parole umane capaci di raccontare tale esperienza. Chi non ha mai provato questa gioia non comprende tali manifestazioni e confonde l'estasi con una forma di pazzia.

- METRO ballata minore con schema rimico xx ababbx, cioè ogni strofa prevede quattro versi in rima alternata, un quinto verso in rima baciata con il quarto e il verso finale in rima con l'ultimo verso della ripresa

Le nostre parole › (p. 54)

O **iubelo** del core,
che fai cantar d'amore!

Quanno iubel se scalda,
sì fa l'omo cantare;
e la lengua barbaglia,
non sa que se parlare;
drento no 'l pò celare
(tant'è granne!) el dolzore.

Quanno iubel c'è aceso,
sì fa l'omo clamare;
lo cor d'amor è apreso,
che no 'l pò comportare;
stridenno[1] el fa gridare
e non virgogna allore.

Quanno iubelo à preso
lo core ennamorato,
la gente l'à 'n deriso,
pensanno el so parlato,
parlanno esmesurato[2]
de que sente calore.

vv. 1-2 Oh giubilo (*iubelo*) del cuore, / che fai cantare per amore!

vv. 3-8 Quando il giubilo si accende (*scalda*), / fa cantare l'uomo in questo modo; / e la lingua balbetta (*barbaglia*), / non sa come (*que se*) parlare / dentro non la può nascondere (*celare*) / (tanto è grande!) la dolcezza (*dolzore*).

vv. 9-14 Quando il giubilo si accende (*c'è aceso*), / allora fa gridare (*clamare*) l'uomo; / il cuore è incendiato (*apreso*) d'amore, / al punto che non lo può sopportare (*comportare*); / stridendo lo (*el*) fa gridare / e ormai (*allore*) (l'uomo) non si vergogna.

vv. 15-20 Quando il giubilo ha catturato (*à preso*) / il cuore innamorato, / la gente prende a deriderlo (*deriso*), / pensando al suo modo (*el so*) di parlare, / perché parla (*parlanno*) in modo sregolato (*esmesurato*) / di quanto gli brucia dentro (*sente calore*).

1. **stridenno:** il verbo, spiega la filologa Rosanna Bettarini, «denota l'impossibile articolazione dell'amore ineffabile, per la cui voce è assimilata a puro suono lamentoso».
2. **esmesurato:** cioè in modo sregolato, disarticolato.

O iubel, dolce gaudio,
ch'è' drento ne la mente!
Lo cor deventa savio,
celar so convenente;[3]
non pò esser soffrente[4]
che non faccia clamore.

Chi non à custumanza[5]
te reputa empazzito,
vedenno esvalïanza[6]
com'om ch'è desvanito.
Drent'à lo cor firito,
non se sente de fore.

vv. 21-26 Oh giubilo, dolce gioia (*gaudio*) / che entri nella mente! / Il cuore diventerebbe saggio (*deventa savio*) / se nascondesse (*celar*) la sua condizione (*so convenente*); / non può esserci persona che soffre (*soffrente*) / che non gridi (*faccia clamore*).

vv. 27-32 Chi non ha dimestichezza (*custumanza*) / ti reputa un pazzo / vedendo un delirio (*esvalïanza*) / come di un uomo che ha perso il senno (*è desvanito*). / Ferito (*firito*) dentro al cuore, / non si accorge (*se sente*) del mondo esterno (*fore*).

3. **celar:** intende nascondere questo intimo amore agli occhi degli altri.
4. **esser soffrente:** si intende una persona che sperimenta il fuoco dello sposalizio interiore con lo Spirito.
5. **Chi... custumanza:** cioè chi non conosce per esperienza che cosa significhi la fusione della mente con lo Spirito.
6. **esvalïanza:** comportamento del mistico scostumato e stravagante.

Le nostre parole Giubilo

L'origine del termine Il sostantivo "giubilo", formatosi all'inizio del Trecento, deriva dal latino *iubĭlum*, che indicava un forte grido lanciato istintivamente. Di poco più tardo è il verbo "giubilare", nel senso di «manifestare un sentimento incontenibile di gioia». Il termine latino ha un'origine quasi certamente onomatopeica a partire dall'esclamazione gioiosa *io*, *iu*, presente anche in greco. In latino, la parola era soprattutto usata per indicare l'allegria degli abitanti delle campagne; solo in seguito, in ambito cristiano, per influenza della parola "giubileo" si sviluppa il significato «gridare di gioia» la gloria di Dio.

Gioire nel Medioevo In Iacopone il carattere peculiare del giubilo è quello della ineffabilità, ovvero dell'incapacità di esprimere a parole – ma anche dell'impossibilità di tacere – una gioia superiore che deriva dall'amore di Dio. Nei *Fioretti di san Francesco* (XIV secolo) ritroviamo l'espressione «essere in giubilo», condizione che si realizza quando l'uomo si identifica pienamente in Cristo. Profondamente diversa è l'espressione di gioia in ambito profano e amoroso, che nella poesia provenzale è espressa dal termine *joi*, che significa anche «piacere»: una terminologia ripresa anche da Guittone d'Arezzo.

Il giubilato non giubila La parola "giubilo" viene spesso erroneamente accostata a "Giubileo", con la quale invece etimologicamente non ha alcuna relazione; il secondo termine deriva invece dall'ebraico *jobel*, il corno vuoto di un montone di ariete che annunciava l'inizio della sacra festività, nella quale veniva concessa la libertà agli schiavi e ai carcerati. La Chiesa cattolica festeggia invece il Giubileo, chiamato anche "Anno Santo", con la concessione da parte del papa, a partire dal 1300, dell'indulgenza plenaria ai fedeli accorsi a Roma.
Più modernamente si è affermato l'uso (ironico) di "giubilare" per indicare l'esonero di qualcuno da una carica o la sua messa a riposo anticipato ("lo hanno giubilato").

Analisi del testo

Struttura

L'estasi che fa cantare L'argomento della lauda, subito introdotto, è il «giubilo» del mistico, che fa «cantar d'amore»: le stanze della composizione specificano come il giubilo si accenda e prorompa in grido (vv. 3-14) e i vicini, che ignorano l'esperienza dell'estasi, lo scambino per un sintomo di pazzia (vv. 15-32). La narrazione della "glossolalia mistica" (cioè l'esprimersi in lingue sconosciute) e dello scandalo di chi vi assiste è interrotta da una riflessione teorica, ai vv. 21-26, dove si chiarisce che chiunque sperimenti tale estasi è costretto a erompere in grida.

La struttura della ballata La struttura della ballata rende i testi assimilabili a una predica in versi: il contenuto della ripresa, come fosse il *thema* («passo») biblico di una predica, viene infatti amplificato nelle stanze successive, arricchendolo di dettagli.

Lingua e stile

Una lingua che racconta l'estasi Il testo è in umbro, nella variante del volgare di Todi (ricorre il nesso consonantico *nn-*, per esempio, al posto del toscano *-nd*: «quanno» invece di «quando»). La lauda è ritmata dalle apostrofi (al giubilo, al v. 1, ripresa al v. 21) e dall'anafora di «Quanno» (ai vv. 3, 9 e 15). In ambito metaforico, prevale il campo semantico del fuoco: il giubilo si «scalda» (v. 3), si "accende" (v. 9), "brucia" (v.11) e genera «calore» (v. 20). Ricorre ripetutamente l'antitesi fra "dentro" e "fuori" ai versi 7, 14, 22, 26 e 32. La ballata esprime la tensione verso l'irraggiungibile traguardo di una lingua capace di raccontare l'estasi.

Temi

Il giubilo d'amore L'esperienza del giubilo è raccontata in numerosi opuscoli mistici medievali. Ne parla già papa Gregorio Magno (VI sec.) nei *Moralia in Iob* (*Commento morale del libro di Giobbe*), dove specifica che il giubilo interiore non si può né tacere né esprimere a parole e che dunque diviene «strepito» e «riso». Come dunque il poeta dell'amore profano, anche i poeti dell'amore divino s'incaricano di illustrare la fenomenologia, cioè le manifestazioni, del sentimento amoroso. Il mistico in estasi non può tacere la propria gioia interiore, che prorompe all'esterno diventando un grido disarticolato.

Dalla *mezura* alla *esmesuranza* Dichiarare il proprio amore rappresenta, tuttavia, un'infrazione del dovere di discrezione stabilito dall'etica dell'amor cortese provenzale: secondo i poeti occitani occorre mantenere segreta la propria passione, spesso scandalosa in quanto adulterina; occorre dimostrare l'equilibrio e il controllo di sé che essi chiamano *mezura* («misura»). L'innamorato di Dio, invece, non può attenersi a questo dovere di autocontrollo, perché la sovrabbondanza del suo amore smisurato lo travolge.

La "pazzia" cristiana Gli uomini educati al pensiero comune e alla morale cortese restano scandalizzati di fronte a questa infrazione del dovere di misura, che etichettano come follia. Iacopone richiama in questo modo l'antico tema teologico della pazzia a causa della croce di Cristo. San Paolo scrive, infatti, che la logica di chi dona la vita per amore, a imitazione di Cristo, appare folle agli occhi di chi conosce solo la logica del mondo, cioè quella dell'egoismo. Ma questa apparente pazzia, spiega Iacopone, è la logica su cui si fonda la nuova legge della "cortesia mistica", che deve soppiantare le leggi della cortesia profana.

Officina

COMPRENDERE

1. Quali effetti provoca il giubilo su chi lo prova?
2. Qual è la reazione della gente quando vede una persona presa da giubilo?

ANALIZZARE

3. **Lingua e stile** La lauda è caratterizzata dalla presenza di numerose anafore. Individua e sottolinea gli altri esempi di anafora, oltre a quella di «Quanno» ai vv. 3, 9, 15.

INTERPRETARE

4. Aiutandoti con le informazioni presenti nel par. 2 (➤ p. 51) e nell'*Analisi del testo*, spiega in che modo la mistica dell'*esmesuranza* si esplicita in questa lauda, facendo precisi e puntuali riferimenti al testo.

T3 Iacopone da Todi *La guerra fra Corpo e Anima*

Audite una 'ntenzone, 1-30

San Paolo, nella *Lettera ai Romani*, aveva ammonito che la carne è attratta dal godimento dei sensi e si oppone dunque alle nobili aspirazioni dell'anima. La letteratura religiosa medievale aveva amplificato questo motivo spirituale e si era costituita una ricca tradizione che aveva per oggetto la *pugna spiritualis*, cioè una rappresentazione allegorica della «guerra interiore» tra Corpo e Anima. Spesso la battaglia assumeva la forma di uno scontro dialettico tra due contendenti, come innanzi a un tribunale, per dimostrare la superiorità delle proprie ragioni. La lauda di Iacopone, che forse aveva esercitato il mestiere di procuratore legale e padroneggiava dunque tale linguaggio, s'inserisce in questa tradizione, rappresentando una sottile battaglia dialettica tra Corpo e Anima.

■ METRO ballata piccola composta da doppi settenari (alessandrini). Lo schema rimico è yx aaax (detto zagialesco perché corrisponde allo schema dello *zajal*, un'antica forma di poesia diffusa nella Spagna medievale dominata dagli arabi)

Audite una 'ntenzone, ch'è 'nfra l'anema e 'l corpo;
batalia dura troppo fine a lo consumare!

L'anema dice al corpo: «Facciamo penetenza,
ché pozzamo fugire quella grave sentenza[1]
e guadagnim la gloria,[2] ch'è de tanta placenza;
portimo onne gravenza con delettoso amare».

Lo corpo dice: «Tùrbone d'esto che t'odo dire;
nutrito so' en delicii, non lo porria patere;
lo celebr' aio debele, porria tosto **'mpazzire**;
fugi cotal penseri, mai non me ne parlare».

Le nostre parole ›

vv. 1-2 Ascoltate di una sfida (*'ntenzone*) tra l'anima e il corpo;
la battaglia dura fino all'esaurimento (*consumare*) [delle loro forze]!

vv. 3-6 L'anima dice al corpo: «Facciamo penitenza,
cosicché possiamo (*pozzamo*) sfuggire a quella grave condanna (*sentenza*)
e guadagniamo la gloria, che dà tanto piacere (*placenza*);
sopportiamo (*portimo*) ogni sofferenza (*gravenza*) con gioioso (*dilettoso*) amore».

vv. 7-10 Il corpo dice: «Mi turba (*Tùrbone*) ciò (*d'esto*) che ti sento dire;
sono nutrito negli agi (*en delicii*), non lo potrei sopportare (*porria patere*);
ho (*aio*) la mente (*celebr'*) debole, potrei subito (*tosto*) impazzire;
fuggi simili (*cotal*) pensieri, non me ne parlare mai più».

1. **ché... sentenza:** cioè alla pena eterna dell'inferno. 2. **la gloria:** del paradiso.

«Sozzo, malvascio corpo, lussurïoso e 'ngordo,
ad onne mea salute sempre te trovo sordo;
sostene lo fragello d'esto nodoso cordo,
emprend'esto descordo, cà 'n t'è ci òpo a danzare!».[3]

«Succurrite, vicine, cà ll'anema m'à morto;
allis'e 'nsanguenato, disciplinato a torto!
O impia crudele, et a que me ài redutto?
Starò sempr' en corrotto, non me porrò alegrare».

vv. 11-14 «Lurido, malvagio corpo, lussurioso e ingordo,
ti trovo sempre indifferente (*sordo*) a ogni mezzo per la mia salvezza (*salute*);
sopporta lo strazio (*fragello*) di questa nodosa corda,
impara questo ballo (*descordo*), perché (*cà*) su di esso (*'n*) ti è necessario (*òpo*) danzare!».

vv. 15-18 «Soccorretemi, amici, perché l'anima mi ha ucciso (*morto*);
percosso (*allis'*), insanguinato, castigato (*disciplinato*) senza ragione (*a torto*)!
O maledetta, crudele, in che condizione (*a que*) mi hai ridotto?
Sarò sempre nel pianto (*en corrotto*), non mi potrò rallegrare».

3. **sostene... danzare!**: il «nodoso cordo» è la corda piena di nodi usata per la mortificazione corporale. A proposito del «descordo» Franco Mancini annota che «qui è da intendere come ritmo determinante una danza irregolare (i sussulti del corpo sotto i colpi della disciplina...)».

Le nostre parole — Pazzia

L'origine del termine Il sostantivo "pazzia" deriva dall'aggettivo "pazzo", parola di origine molto incerta e assai dibattuta. Secondo gli studi più recenti, il termine deriva dal latino volgare **pactiare*, «sbattere, comprimere», per cui il "pazzo" sarebbe colui «che ha avuto un colpo alla testa», con la stessa motivazione con cui si dice «picchiato» (nella testa) di qualcuno che ha comportamenti un po' singolari. Ormai superata invece l'ipotesi che "pazzo" deriva da *patiens*, participio presente del verbo latino *patior*, «soffro».

La santa pazzia Se in questa lauda di Iacopone l'accezione del termine "pazzia" appare decisamente negativa, perché indica uno stato critico della ragione – che tuttavia si mostra pigra nell'accettare le opere di penitenza –, occorre dire che, in generale, nelle altre sue opere, e nella cultura medievale in genere, la pazzia viene esaltata come rovesciamento dei valori mondani e piena adesione all'esempio di Cristo, secondo il detto di san Paolo (*Corinzi* 1, 25) che ciò che è saggezza agli occhi degli uomini è follia di fronte a Dio, e viceversa. Così per esempio nella lauda 87, i cui primi due versi recitano: «Senno me par e cortisia / empazzir per lo bel messia». Quest'accezione positiva non si mantiene, nel Medioevo, per il sostantivo "follia" e l'aggettivo "folle", che contraddistinguono le azioni insensate o eccessive (come il «folle volo» di Ulisse di cui parlerà la *Commedia* di Dante).

Dal pulpito alla clinica La "follia" moderna ha perso le caratteristiche di sacralità che aveva nell'antichità, soprattutto dopo che, a partire dal XIX secolo, è stata posta sotto la custodia esclusiva della medicina. Abbiamo dunque da un lato, nel linguaggio comune, una serie di termini generici più o meno equivalenti come "pazzo", "folle", "matto", e dall'altro una terminologia medico-scientifica che non considera più il disturbo mentale una condizione generale dell'individuo ma individua cause e sintomi precisi (schizofrenia, paranoia ecc.).

«Questa morte sì breve non me sirìa 'n talento;
sòmme deliverata de farte far spermento:
de cinqui sensi tollote onne delettamento
e nullo placemento te aio voglia de dare».

«Se da li sensi tollime li mei delettaminti,
staraio enflato e tristo, pleno d'encresciminti;
torròte la letizia ne li toi pensaminti;
megl' è che mo te pente che de far lo provare».

«La camiscia espògliate e veste esto celizzo[4]
(la penetenza vètate, che non agi delizzo),
per guigliardone donote questo nobel pannizzo,
cà de coio scorfizo te pensa' amantare».

vv. 19-22 «Questa morte così veloce (*breve*) non mi soddisferebbe (*non me sirìa 'n talento*);
ho deciso (*sòmme deliverata*) di metterti alla prova (*far spermento*):
ti tolgo (*tollote*) ogni piacere (*delettamento*) dai cinque sensi
e non voglio (*aio voglia*) darti nessun godimento (*placemento*)».

vv. 23-26 «Se mi togli (*tollime*) ogni piacere (*delettaminti*) dai sensi,
resterò (*staraio*) risentito (*enflato*) e triste, pieno di risentimento (*encresciminti*);
priverò di letizia i tuoi pensieri (*pensaminti*);
è meglio che ti penta subito (*che mo te pente*), piuttosto che provare».

vv. 27-30 «Togliti la camicia e indossa questo cilicio (*celizzo*)
la penitenza te la vieta (*vètate*), così non hai piacere (*agi delizzo*),
per premio (*guigliardone*) ti dono questo nobile panno (*pannizzo*),
perché ho voluto vestirti (*amantare*) di pelle di scrofa (*scorfizo*)».

4. **celizzo**: cilicio, la veste ruvida dei penitenti.

Analisi del testo

Struttura

Un contrasto allegorico La lauda di Iacopone è un vero e proprio contrasto, poiché ci sono due voci che si alternano in un serrato confronto dialettico: Anima e Corpo discutono su quale sia la condotta migliore. Il Corpo reclama il diritto al godimento dei sensi, mentre l'Anima propone la mortificazione della carne per rivolgere la mente a pensieri più spirituali.

Il conflitto verbale dei due contendenti si fa progressivamente più intenso, in una sorta di climax ascendente, accompagnando alle parole azioni via via più concrete: prima l'Anima tenta la carta della persuasione (vv. 3-6) ma, al rifiuto del Corpo (vv. 7-10), passa all'azione, frustando il Corpo (vv. 11-14), che si lamenta chiedendo aiuto ai vicini (vv. 15-18); l'Anima insiste preannunciando l'inizio della mortificazione dei sensi (vv. 19-22) e nonostante le proteste del Corpo (vv. 23-26) comincia la propria opera, togliendo al corpo la morbida camicia e rivestendolo di ruvido cilicio (vv. 27-30).
La lauda assume così la forma di una vivace rappresentazione teatrale di fronte al pubblico dei lettori.

Lingua e stile

Un'intonazione giullaresca Il tono è enfatico, simile a quello di un predicatore o di un giullare, fin dall'*incipit*, in cui Iacopone invita tutti ad accorrere allo "spettacolo" di questa scenografica «batalia» (v. 2) di Corpo e Anima, quasi come a una giostra sulla pubblica piazza.

I verbi di modo imperativo scandiscono il dialogo, in cui i contendenti cercano d'imporsi l'ubbidienza («Facciamo», «portimo», «fugi», «sostene», «emprende», «Succurrite», «espògliate», «veste»). Il tono si fa più enfatico, a mano a mano che lo scontro cresce d'intensità. L'Anima non risparmia epiteti ingiuriosi al Corpo, che si accumulano in asindeto: «Sozzo, malvascio corpo, lussurïoso e 'ngordo» (v. 11). Una certa cupa ironia contribuisce a vivacizzare il tono: «emprend'esto descordo, cà 'n t'è ci òpo a danzare!» (v. 14) esclama l'Anima quando inizia a frustare il Corpo.

Temi

Il *contemptus corporis* Con questa composizione Iacopone s'inserisce in un ricco filone di testi medievali che esortano alla mortificazione del corpo, detto in latino *contemptus corporis* («disprezzo del corpo»), ritenuto un ostacolo per l'aspirazione dell'anima di rivolgersi al cielo. La contrapposizione dei desideri di Anima e Corpo, presente nelle Sacre Scritture, si trova anche nel pensiero pagano, per esempio nelle *Lettere a Lucilio* dello scrittore latino Seneca (I sec. d.C.), esponente della filosofia stoica: «Seguite questa sana e salutare regola di vita: concedete al corpo solo quanto basta a mantenerlo in salute. Bisogna trattarlo con una certa durezza perché non disobbedisca alla mente: il cibo deve estinguere la fame, il bere la sete, le vesti devono proteggere dal freddo, la casa difendere dalle intemperie» (8, 5).

La redenzione del corpo Nella lauda, tuttavia, non si coglie l'aspirazione a liberarsi del corpo, come se questo fosse in sé un male o come se fosse soltanto il "carcere dell'anima", secondo la visione di ascendenza platonica. Iacopone, coerentemente con la sua formazione francescana, ritiene la penitenza uno strumento necessario a rintuzzare i desideri peccaminosi, nella prospettiva tuttavia di una purificazione del corpo, che è in sé buono, in quanto creatura di Dio (si ricordi il *Cantico delle creature* di Francesco ➤ **T1**). L'Anima, infatti, più avanti nel testo risponderà al Corpo che l'accusa di volerlo uccidere («ll'anema m'à morto», v. 15): «Se te vorrai guardare da onne offendemento, / siròte tratta a dare lo to sostentamento / e vorròme guardare da lo to 'ncrescemento; / sirà delettamento nostra vita salvare», vv. 83-86 («Se saprai tenerti lontano da ogni corruzione, sarò disposta a concederti il necessario per vivere e mi impegnerò a non infliggerti alcun male; sarà un piacere salvare la nostra vita»).

Officina

COMPRENDERE

1. Qual è il primo invito che l'Anima rivolge al Corpo?
2. Come risponde il Corpo a tale proposta?
3. A quale prova l'Anima vuole sottoporre il Corpo?

ANALIZZARE

4. **Lingua e stile** Spiega il significato dell'espressione «nodoso cordo» (v. 13).

COMPETENZE DI SCRITTURA

Argomentazione Immagina di essere l'Anima e di dover convincere il Corpo a fare penitenza: quali altre argomentazioni useresti, oltre a quelle riportate nel testo di Iacopone?

GUIDA AL RIPASSO

La letteratura religiosa

MAPPA

LETTERATURA RELIGIOSA

- poesia di **carattere predicatorio**
  - mira a → commento dei testi sacri ed evangelizzazione
  - nasce per impulso di → fermenti religiosi del XII-XIII secolo
  - Francesco d'Assisi, *Cantico di Frate Sole* (1224?)
    - è caratterizzato da →
      - lingua umbra, depurata di elementi marcatamente dialettali e ricca di latinismi
      - prosa ritmica, scandita dall'anafora («Laudato si'») e ricca di assonanze
    - tratta di → lode di Dio e delle sue creature
- il genere della **lauda**
  - è inaugurato da → composizioni della confraternita dei laudesi, fondata da Ambrogio Sansedoni nel 1267
  - consiste in → lodi in lingua volgare
  - 92 laude di Iacopone da Todi (XIII-inizio XIV secolo)
    - sono caratterizzate da →
      - dialetto todino
      - ballata come forma prevalente
      - alternanza di parti narrative e drammatizzazioni allegoriche
    - trattano di →
      - temi dottrinali, polemico-politici, mistici
      - esperienza mistica, vista come incontro dell'uomo con Dio, "in negativo" e in opposizione alla scienza terrena

La scuola siciliana e i poeti siculo-toscani

TEMI E GENERI

1. La scuola siciliana

La poesia provenzale in Italia

La poesia trobadorica si diffuse in Italia anche a causa della diaspora dei trovatori provenienti dalla Provenza che, soprattutto dopo la crociata contro i catari albigesi (1209-1229), abbandonarono le terre natie e furono accolti nelle corti dell'Italia settentrionale, dal Monferrato al Veneto. Al Nord, ben presto, alcuni poeti italiani presero a **imitare i provenzali**, ricorrendo alla lingua occitana o lingua *d'oc* (*oc* significa «sì»), parlata nel Centro-Sud della Francia (➤ p. 38). In questi stessi anni a Sud, dove dominava l'impero di Federico II, sorse la prima scuola lirica in un volgare italiano: la **scuola siciliana**.

La corte federiciana in Sicilia

L'imperatore **Federico II** di Svevia (1194-1250), di origini germaniche, stabilì nel Sud Italia la propria corte itinerante. Dotato di una personalità forte e affascinante (al punto da essere chiamato *stupor mundi*, «stupore del mondo»), Federico cercò di rafforzare la struttura statale imperiale e diede un forte impulso all'attività intellettuale. L'imperatore aveva l'ambizione di fare della sua corte un centro di cultura internazionale, sintesi dei più svariati apporti culturali: dalla tradizione greco-latina alle culture romanze fino a quella arabo-islamica, con la quale i popoli affacciati sul mar Mediterraneo erano in costante dialogo. Nella biblioteca di Federico coesistevano testi **classici**, dalle elegie erotico-didascaliche di Ovidio all'*Ars poetica* (*Arte poetica*) di Orazio, dall'epistolografia e dalla trattatistica **mediolatina** (compreso il *De amore* di Andrea Cappellano) alla narrativa **romanza** (soprattutto i romanzi cavallereschi in francese antico) fino ai testi **religiosi**, a partire dalla Bibbia glossata, cioè commentata. Federico riservò una particolare attenzione anche alla cultura **scientifica**: presso la sua corte circolavano testi di medicina araba e operavano Michele Scoto, traduttore dall'arabo al latino, enciclopedista, astronomo e astrologo, e Leonardo Fibonacci, uno tra i maggiori matematici del Medioevo.

La corte di Federico II a Palermo in un dipinto rievocativo di Arthur von Ramberg, XIX secolo. Monaco di Baviera, Neue Pinakothek, Bayerische Staatsgemaeldesammlungen.

Un'alternativa alla corte papale

L'impero di Federico **contendeva il primato** politico e culturale, in Europa, all'altro grande potere universale del tempo: la **Chiesa**, con la quale l'Impero si era lungamente confrontato durante la lotta per le investiture (➤ p. 5). Il progetto culturale di Federico rientra in questo disegno. Egli, infatti, intendeva costituire presso la sua corte un **polo culturale laico**, aperto anche alla lingua volgare, alternativo alla corte papale di Roma, storico centro della cultura religiosa in lingua latina. Non stupisce dunque l'estrazione laica degli intellettuali che composero la corte federiciana (notai, giuristi, funzionari di corte) e che furono i protagonisti della nascita della scuola poetica siciliana.

La scuola poetica siciliana

Alla corte di Federico, tra il 1230 e il 1250, alcuni funzionari cominciarono a servirsi del proprio **volgare**, cioè il siciliano, per comporre **poesia**, rifacendosi ai modelli della lirica occitana. L'ambiente in cui nacque la prima poesia d'arte in un volgare italiano, dunque, è significativamente diverso dal mondo provenzale, dove sorse la prima tradizione poetica romanza. I poeti siciliani, infatti, non operavano nel contesto policentrico di numerose corti feudali, in costante dialogo e scontro fra loro, ma nell'ambito di un'**unica corte imperiale** dove si aspirava all'uniformità e nell'alveo di un progetto politico-culturale ben definito e orientato dall'alto, cioè dall'autorità di Federico II. Fra i principali poeti siciliani figurano **Giacomo da Lentini** (1210 ca. - 1260 ca.), **Pier delle Vigne** (1190 ca. - 1249) e **Guido delle Colonne** (1210 ca. - dopo il 1287).

> È l'esperienza di una élite laica di funzionari, magistrati e notai, i quali coltivano la letteratura come evasione dalla realtà quotidiana.
>
> Gianfranco Folena

TEMI E GENERI

Le rime siciliane

Il sistema vocalico siciliano

Mentre il sistema vocalico toscano è basato su sette vocali (*i, é, è, a, ó, ò, u*), quello siciliano ne comprende solo cinque (*i, è, a, ò, u*): mancano, cioè, le *é* e le *ó* chiuse.

Data questa difformità, quando la lirica siciliana venne trasposta in toscano, alcune parole che in siciliano erano in rima perfetta, in toscano invece producevano un effetto apparentemente imperfetto e diedero origine al fenomeno delle cosiddette "rime siciliane".

Per esempio, in siciliano alcune parole terminanti in -*uri* hanno terminazione in -*ore* nella corrispettiva forma toscana: in questo modo, nella poesia siciliana "toscanizzata" si generano delle rime "imperfette". Così, nella canzonetta toscanizzata di Giacomo da Lentini *Meraviglioṣa-mente* leggiamo nella prima strofa:

Meraviglioṣa-mente
un amor mi distringe
e soven ad ogn'*ora*.
Com'omo che pone mente
in altro exemplo pinge
la simile *pintura*,
cosí, bella, facc'eo,
che 'nfra lo cor meo
porto la tua *figura*.

I termini «ora», «pintura» e «figura» non risultano perfettamente in rima, ma, se pensiamo che in siciliano la pronuncia di «ora» era «ura», comprendiamo che la rima era in origine perfetta e che è divenuta "imperfetta" solo a causa della traduzione in toscano, quando la *u* siciliana è stata sostituita dalla *o* chiusa toscana.

Giacomo da Lentini

L'attività di Giacomo è documentata, presso la corte federiciana (➤ p. 62), tra il 1233 e il 1240, ma è probabile che ne facesse parte in precedenza. Già dai poeti del Duecento Giacomo era riconosciuto come il **caposcuola dei rimatori siciliani**: il primato, più che all'assoluta precedenza cronologica della sua poesia, è legato al suo indiscusso prestigio. Dante stesso lo ricorda nel *Purgatorio* (XXIV, 56) come «il Notaro», il notaio: Giacomo appare dunque, oltre che l'ispiratore dei siciliani, anche l'emblema dello *status* sociale di tanti poeti di questa scuola, i cui esponenti provenivano perlopiù dalle file dei **funzionari amministrativi**. La produzione poetica di Giacomo è tra le più ricche del XIII secolo: al suo nome sono legati 22 sonetti (più 2 dubbi), 16 canzoni e un discordo. Qui egli esprime tutta la gamma sentimentale già vista nella poesia provenzale: gioia, dolore e turbamento d'amore, il cui riflesso si imprime prima negli occhi e poi nel cuore del poeta.

> Essa non è una lingua completa, ma una stilizzazione artistica compiuta sul fondamento del dialetto siciliano.
>
> Bruno Migliorini

Il siciliano "illustre"

Per comporre le loro poesie, i poeti siciliani ricorsero al proprio volgare, cioè al **siciliano**: un siciliano reso però **illustre**, cioè uniformato e depurato dai tratti troppo locali, vernacolari, e arricchito dal lessico tecnico della poesia d'amore provenzale, non senza l'influsso del latino cancelleresco. Le poesie dei Siciliani, tuttavia, furono presto **tradotte in toscano** da copisti dell'Italia centrale, per facilitarne la circolazione e la comprensione nelle loro terre. In tale veste linguistica furono dunque conosciute dagli intellettuali toscani, fra i quali anche Dante, e trascritte nei principali manoscritti del secolo. Questo processo di traduzione è detto "toscanizzazione" della poesia siciliana. Anche a causa della rovinosa caduta della casata sveva dopo il 1266 (anno della battaglia di Benevento, con cui la Sicilia passò agli Angioini), le **versioni originali** dei testi andarono presto **perdute** e per questa ragione si credette a lungo che gli autori avessero composto le loro poesie direttamente in toscano. La prova che essi adottarono, invece, il siciliano deriva dagli studi di un filologo del Cinquecento, Giovanni Maria Barbieri: egli, nel trattato *Arte del rimare*, che contiene le sue ricerche sulla storia della poesia medievale, trascrisse da un misterioso «libro siciliano» (un codice in suo possesso e poi perduto) una canzone di Stefano Protonotaro, *Pir meu cori alligrari* (➤ **T2**), e alcuni frammenti di canzoni di re Enzo e di Guido delle Colonne nella loro lingua originale, cioè in siciliano illustre.

Biblioteca di epoca medievale; miniatura del XIII secolo. Parigi, Biblioteca Nazionale.

2. Dagli occhi al cuore: caratteri della poesia siciliana

Poesia senza musica, poesia solo d'amore

I poeti siciliani non si limitarono a una pedissequa imitazione della poesia dei trovatori, che pure costituiva il loro primo modello: introdussero, infatti, alcune significative **novità**. Rinunciarono, per esempio, all'accompagnamento musicale che invece, di norma, era abbinato alle poesie provenzali. Optarono poi di dedicarsi esclusivamente al **tema amoroso**, mentre i trovatori sviluppavano anche altri temi: politici, morali, di satira dei costumi. Le ragioni di questa scelta sono molteplici: senza dubbio il silenzio su questioni politiche può essere giustificato dalla prudenza, in un contesto dove i poeti erano funzionari alle dirette dipendenze del potere politico, cioè dell'imperatore Federico II.
La predilezione assoluta per il tema amoroso, tuttavia, ha anche altre motivazioni. Nella riflessione sull'amore, infatti, questi poeti trovarono l'occasione per definire la propria **identità**. Gli intellettuali di estrazione feudale e borghese, per esempio, vedevano nell'amore, come nella morte, un'**esperienza democratica**, che riguardava allo stesso modo tutti gli esseri umani, a prescindere dal loro *status* di nascita: uno spazio dove ciò che conta e distingue i migliori dai peggiori, cioè, non dipende dalla famiglia di origine, ma dal merito di sapersi comportare con competenza e con virtù. L'approfondita ed esclusiva riflessione sull'amore appare dunque coerente con il progetto culturale di Federico II di costituire una nuova cultura universale, latina e volgare.

La stilizzazione dell'amore

I poeti siciliani condividevano fondamentalmente l'ideologia dell'**amor cortese** che aveva ispirato i poeti provenzali ed era stata teorizzata da Andrea Cappellano nel *De amore* (➤ p. 36): l'amore per la propria dama, fiore di ogni virtù, è un servizio, basato sul modello del rapporto feudale tra vassallo e signore. I siciliani, tuttavia, preferirono non ricorrere alle metafore cavalleresche che invece, nella poesia occitana, rendevano evidente l'ascendenza feudale di tale concezione. Ma non è questa la sola differenza nel trattare il tema amoroso. Se, infatti, i poeti provenzali insistevano in modo esplicito sulla dimensione fisica della passione, legata ai sensi (per esempio al tatto), i poeti della corte federiciana predilessero invece una **rappresentazione più idealizzata** e astratta di questo sentimento, che nasce soprattutto attraverso la **visione** e lo **sguardo**. La loro concezione d'amore, dunque, è **interiorizzata**, sublimata in termini assoluti, cioè svincolata da situazioni reali e contingenti; i poeti intendono così risalire alle ragioni naturali dell'amore, facendo riferimento anche alle teorie scientifiche correnti sulle cause mediche e fisiologiche dell'innamoramento (➤ *Crocevia*, p. 70).

Le forme metriche

I poeti siciliani ripresero alcune forme metriche provenzali, come la *canso* («canzone»), ma ne abbandonarono altre, come il sirventese, che in Provenza aveva spesso argomento politico o didattico, non praticato nel Sud Italia. Alla scuola siciliana, e in particolare probabilmente a Giacomo da Lentini, è invece attribuita l'invenzione di una nuova forma metrica, destinata ad avere un successo enorme: il **sonetto**, che nella sua forma base è costituito da due quartine e due terzine di versi endecasillabi. Le **quartine** presentano solitamente rime alternate (ABAB ABAB) o incrociate (ABBA

ABBA), mentre le **terzine** comprendono una maggiore varietà di schemi rimici (alternate: CDC DCD; ripetute: CDE CDE; invertite: CDE EDC). L'invenzione del sonetto rispose al bisogno di un genere metrico breve ma sufficientemente articolato per sviluppare un discorso compiuto, aperto a più impieghi stilistici (amoroso, gnomico, comico, politico ecc.).

LE DIFFERENZE TRA POESIA PROVENZALE E POESIA SICILIANA

	POETI PROVENZALI	POETI SICILIANI
accompagnamento musicale	presente	assente
temi	vari (politici, morali, satira dei costumi)	solo tema amoroso
ideologia	matrice feudale-cavalleresca	cavalleresca ma "democratizzata"
amore	presentato anche nella sua dimensione fisica	interiorizzato e sublimato idealizzato e astratto
sensi	tutti i sensi	vista e udito

3. I temi prevalenti

Amore che abbaglia e che dissolve

La poesia siciliana, come quella trobadorica, è spesso una poesia di **lode**. La donna è celebrata per la sua bellezza e per la sua virtù, pur senza indulgere alla descrizione dei particolari fisici. Nell'esaltazione dell'amata è frequente il ricorso alla **metafora della luce** per esprimerne la splendente bellezza: Giacomo da Lentini, per esempio, scrive che «più luce sua beltade e dà sprendore / che non fa 'l sole né null'autra cosa» («la sua bellezza riluce e dà splendore più di quanto faccia il sole o qualsiasi altra cosa»; *Madonna ha 'n sé vertute con valore*, vv. 5-6). È soprattutto il **senso della vista** a essere sollecitato e la bellezza della donna agisce su di esso come una luce purissima e accecante.

I poeti siciliani definiscono minuziosamente la **psicologia** e la **fenomenologia** dell'amore, cioè la sua genesi e le sue manifestazioni. Insistono in particolare sull'idea che la sua origine, come sosteneva Andrea Cappellano, sia visiva e si mostrano scettici sulla possibilità di sperimentare l'*amor de lonh* cantato da Jaufré Rudel (➤ p. 38). In *Amore è uno desio che vien da core* (➤ T1) Giacomo spiega che l'amore si genera dagli occhi ed è nutrito dai desideri intimi concepiti nel cuore, sublimato e idealizzato fino a divenire quasi ossessione mentale, "signoreggiando" infine nell'animo. L'amore così generato esaurisce le parole del poeta, che ne deve ammettere l'**ineffabilità**, ovvero l'incapacità di esprimerne le caratteristiche.

Scena cortese; miniatura del *Codex Manesse*, XIV secolo. Heidelberg, Biblioteca universitaria.

La ricompensa d'amore

L'uomo non può sottrarsi all'amore, che lo avvince fatalmente. La passione che cantano i siciliani, tuttavia, non è del tutto disinteressata: il poeta ambisce infatti a una **ricompensa**, il «guiderdone», cioè a una corrispondenza da parte della donna, che pure non va intesa semplicemente come soddisfacimento sessuale. Giacomo da Lentini dedica una serie di sonetti a questo tema: in *Guiderdone aspetto avere*, per esempio, canta la lontananza della donna e l'aspirazione a una ricompensa impossibile, l'irrisolta tensione tra avere e non avere che conduce alla morte interiore. L'amata concede di sé solo fugaci apparizioni, è lontana, e l'uomo si sente inerme, giunge alle soglie della dissoluzione dell'io, protesta di essere "come morto", pronto a "disfarsi". La **dolorosa lontananza** dalla donna, tuttavia, non spegne, ma acuisce il desiderio, come aveva già notato Jaufré Rudel. La contemplazione dell'amata, che sfugge agli occhi, tende perciò a **interiorizzarsi**: il poeta se ne fa una pittura interiore, nel cuore, che può sempre segretamente contemplare.

FISSA I CONCETTI

- Che importanza ebbe la corte di Federico II di Svevia?
- In che cosa la poesia della scuola siciliana si differenziava dalla lirica trobadorica?

VISUALIZZA I CONCETTI

I temi della poesia siciliana

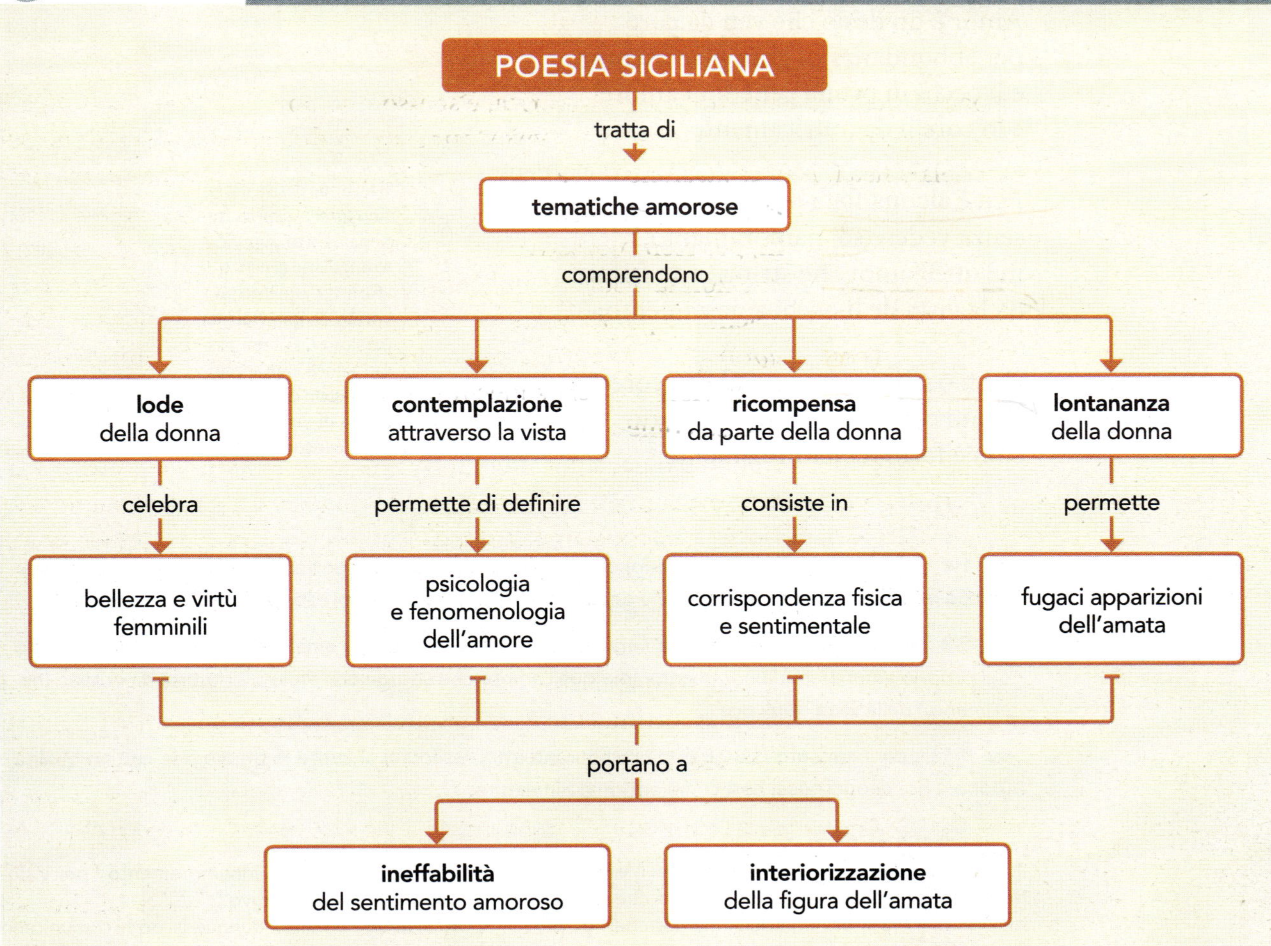

T1 Giacomo da Lentini
Amore è un desio che ven da core

Biblioteca digitale
Madonna dir vo voglio; Madonna à 'n sé vertute con valore

Questo sonetto appartiene a una tenzone fra Giacomo da Lentini, Pier delle Vigne e Iacopo Mostacci. I tre poeti dibattono in versi sulla natura dell'amore, il più tradizionale fra i temi di discussione cortesi. I poeti si chiedono: posto che l'amore è suscitato da un'esperienza sensibile (in particolare da una visione), può essere considerato una sostanza indipendente, esistente di per se stessa, oppure è uno stato d'animo accidentale, esistente cioè solo all'interno dell'animo innamorato?
Iacopo Mostacci, nel sonetto in cui sollecita gli altri poeti a esprimersi sulla questione, sostiene che l'amore sia soltanto un attributo secondario del piacere, dunque un sentimento derivato. Pier delle Vigne risponde, al contrario, difendendo l'idea che l'amore sia una sostanza indipendente e che, benché invisibile, sappia esercitare una grande forza sugli uomini, nella maniera in cui la calamita esercita il suo potere sul ferro.

- Metro sonetto in endecasillabi piani con due quartine a rime alternate (ABAB ABAB) e due terzine a rime ripetute (ABC ABC)

Amor è un desio che ven da core
per abbondanza di gran piacimento;
e li occhi in prima generan l'amore
e lo core li dà nutricamento.

Ben è alcuna fiata om amatore
senza vedere so 'namoramento,[1]
ma quell'amor che stringe con **furore**
da la vista de li occhi à nascimento,

ché li occhi rappresentan a lo core
d'onni cosa che veden bono e rio,
com'è formata naturalemente;[2]

lessico
Furore
Il termine deriva dal latino *furor*, «delirio, frenesia». Da un significato originario generico di «forte turbamento provocato da una violenta passione», si è poi passati a quello più specifico di «stato di grave rancore e di violenza rabbiosa e incontrollata».

vv. 1-4 L'amore è un desiderio (*desio*) che viene dal cuore a causa dell'abbondanza di un grande piacere; e inizialmente (*in prima*) gli occhi generano l'amore e (poi) il cuore lo nutre (*dà nutricamento*).

vv. 5-8 È vero che talvolta (*alcuna fiata*) un uomo si innamora (*om amatore*) senza vedere l'oggetto del proprio amore (*so 'namoramento*), ma quell'amore che stringe con violenza (*furore*) ha origine (*nascimento*) dalla vista degli occhi,

vv. 9-11 dal momento che gli occhi raffigurano (*rappresentan*) al cuore le buone e le cattive qualità (*bono e rio*) di ogni cosa, così come è formata in natura;

1. **Ben è... 'namoramento:** Giacomo si riferisce alla possibilità di innamorarsi di una donna che non si è mai vista: era la situazione dell'innamoramento "per fama". Si tratterebbe, a ogni modo, di un caso raro rispetto al comunissimo innamoramento "per visione". «Ben» è un rafforzativo.
2. **che... naturalemente:** dunque gli occhi comunicano al cuore ciò che vale la pena amare per le sue qualità.

e lo cor, che di zo è concepitore,[3]
imagina, e piace quel desio:
e questo amore regna fra la gente.

vv. 12-14 e il cuore, che accoglie ciò (*è concepitore*), riproduce quell'immagine, e quel desiderio (*desio*) procura piacere: e questo è l'amore che domina tra gli uomini.

3. che… concepitore: cioè accoglie l'immagine trasmessa dagli occhi; «zo» è un sicilianismo.

Analisi del testo

Struttura

Un'argomentazione logica Giacomo, prendendo parte alla tenzone "filosofica" sulla natura dell'amore, conferisce al sonetto un rigoroso ordine logico: constatato che l'amore è generato dal cuore (vv. 1-2), nelle quartine se ne risale alla causa prima, cioè alle immagini colte dagli occhi e trasfigurate dal cuore (vv. 3-4), non senza un accenno al caso secondario dell'amore "per fama" (vv. 5-6). Questo è subordinato gerarchicamente al caso comune dell'amore "per visione", il più potente, «che stringe con furore» (vv. 7-8). Le terzine elencano, in un progressivo chiarimento dei dettagli, le ragioni del processo generativo dell'amore: gli occhi comunicano al cuore le qualità degli oggetti esterni (vv. 9-11) e il cuore, che ne prende atto (v. 12), vagheggia e sublima («imagina») la bellezza di una donna dalle tante virtù, generando il desiderio potente che gli uomini chiamano amore (vv. 13-14).

Lingua e stile

La personificazione di Amore Con un lessico semplice, Amore è personificato in una creatura vivente che necessita di nutrimento (v. 4), che sa avvincere «con furore» (v. 7) e "regnare" fra la gente (v. 14). Il poeta predilige le figure retoriche di ripetizione: dall'anafora (e polisindeto) di «e», ai vv. 3-4, alla ricorrenza dei termini "amore" ai vv. 1, 3, 7 e 14; «occhi» ai vv. 3, 8 e 9; «core/cor» ai vv. 1, 4, 9 e 12.

Temi

La natura dell'amore Giacomo, dunque, concorda con Iacopo Mostacci circa il fatto che l'amore nasca dal piacere; egli specifica però la natura di tale piacere: è quello che deriva dalla visione dell'amata, nutrito e alimentato dal cuore. Il poeta riprende quanto affermato da Andrea Cappellano nel *De amore* («l'amore è una passione innata che nasce dalla visione», I, 1, 1), concentrandosi soprattutto sul ruolo del cuore: è solo quando il cuore «imagina», cioè fantastica e trasfigura interiormente la bella visione avuta dagli occhi, che si genera quel piacere intimo e intenso da cui nasce il desiderio chiamato amore.

Officina

COMPRENDERE

1. Che cos'è l'amore? Da che cosa viene generato e nutrito?
2. Quale compito svolgono gli occhi nella fenomenologia amorosa delineata nel sonetto?
3. Quale funzione svolge, invece, il cuore?

ANALIZZARE

4. **Lingua e stile** Individua, sottolinea e trascrivi tutte le parole e le espressioni che appartengono rispettivamente al campo semantico della poesia amorosa cortese-siciliana e a quello della vista.
5. In che modo il poeta rappresenta la personificazione di Amore?
6. **Lessico** "Il sindaco fu rieletto a furor di popolo". Nella frase, l'espressione "a furor di popolo" significa:
   a. con il consenso entusiasta e l'approvazione generale dei cittadini
   b. contro il consenso generale dei cittadini
   c. in seguito a una rivolta dei cittadini

CROCEVIA

Occhio, visione interiore e "fantasma" dell'amata nella lirica siciliana

Fisiologia e fenomenologia d'amore

La medicina antica e medievale cercò di spiegare i processi fisiologici dell'innamoramento e della sofferenza che spesso l'accompagna. Secondo Aristotele, la visione di qualcosa di piacevole determina un ribollimento del sangue, che si diffonde nel cuore, sotto forma di pneuma («soffio»); quando esso raggiunge concentrazioni eccessive può determinare sofferenza e addirittura la morte. L'amore, per il filosofo greco, è dunque nel contempo un processo psicologico, dell'anima, e fisiologico, dei sensi fisici. La malinconia d'amore veniva anticamente spiegata anche con la diffusione nel cervello della bile nera (secondo Ippocrate, uno dei quattro umori fondamentali dell'organismo insieme a sangue, flemma e bile gialla), che inibiva le funzioni mentali. La fenomenologia (o "sintomatologia", visto che l'amore viene annoverato tra le "malattie", per esempio da Galeno) dell'innamoramento è già descritta da poeti greci e latini come Saffo o Catullo: l'amante si sente venir meno, gli si strozza la voce in gola, ha il fuoco sulla pelle e il sangue ronza nelle sue orecchie. Anche Ovidio suggerisce all'amante, non senza ironia, di mostrarsi all'amata pallido ed emaciato, a testimonianza della sincerità del proprio sentimento, dal momento che innamorarsi equivale quasi ad ammalarsi. Galeno racconta di Antioco che, soffrendo in segreto per amore, viene infine salvato da un medico che se ne accorge sentendo l'irregolarità del suo polso.

La genesi visiva

In età medievale si esalta il ruolo della vista nel primo concepimento della passione. La percezione della bellezza turba l'uomo: attraverso gli occhi, l'immagine dell'amata penetra nell'intimo e s'insedia nel cuore, che comincia a dominare. Lì l'immagine della donna diviene "fantasma", che si sublima e s'idealizza e che si continua a contemplare ossessivamente, attraverso la vista interiore degli occhi della mente. Se la ragione non riesce a controllare questa passione, essa dilaga nell'animo, determinando la tirannia del cuore sulla mente, che vigila sull'equilibrio e sulla misura del proprio agire, e sul fegato, che governa la giusta circolazione degli umori. Ecco che l'amore diviene alterazione psicofisica, *aegritudo amoris* («malattia d'amore»), che conduce alla sofferenza.

La "malattia" d'amore

Se l'amore è corrisposto, si ripristinano i naturali equilibri delle funzioni psicologiche e fisiologiche e l'innamorato trova gioia diventando amante; se invece non trova corrispondenza (o, come scrivono i siciliani, non guadagna l'agognato «guiderdone») diviene follia, *amor hereos* («amore eroico»), di cui nel contempo l'amante soffre e si compiace, crogiolandosi in un dolore da cui non sa e non vuole davvero staccarsi. La medicina suggeriva di cercare consolazione in altre donne, per ripristinare l'equilibrio interiore compromesso, ma l'innamorato "melanconico" (di norma un uomo, dal momento che le donne erano ritenute di costituzione più fredda e dunque meno soggetta all'alterazione) ne rifiuta il contatto, assorbito dalla sua ossessiva e morbosa contemplazione di un amore impossibile.

Scena cortese: un uomo dona il suo cuore a una dama; arazzo del XV secolo. New York, Metropolitan Museum of Art.

T2 Stefano Protonotaro *Pir meu cori alligrari*

Stefano Protonotaro operò probabilmente alla metà del XIII secolo. La sua figura storica è avvolta nell'ombra: alcuni lo identificano con uno Stefano da Messina che fu notaio alla corte dell'imperatore Federico II, dove tradusse anche dal greco in latino due trattati arabi di astronomia, che dedicò al figlio dell'imperatore, Manfredi. Riportiamo la prima stanza della sua canzone (che ne conta cinque più il congedo), in cui Stefano ripercorre i temi tipici cortesi: la gioia d'amore per la contemplazione della donna, che si traduce in canto; il fedele servaggio amoroso e la segretezza del proprio sentimento. È questo l'unico esempio di canzone in volgare siciliano "illustre" e non nel toscano in cui venivano normalmente trasposte dai copisti le liriche degli autori siciliani (➤ p. 64); per questo motivo il documento è importantissimo, perché è il solo che ci mostri la veste originaria della poesia composta alla corte di Federico II.

- Metro canzone composta nel complesso da cinque stanze e un congedo, con struttura rimica identica alla sirma. Schema rimico abCabC (fronte) dDEeFF (sirma)

Pir meu cori alligrari,
ki multu longiamenti
senza alligranza e ioi d'amuri è statu,
mi ritorno in cantari,[1]
ca forsi levimenti
da dimuranza turniria in usatu
di lu troppu taciri;[2]
e quandu l'omu ha rasuni di diri,
ben di' cantari e mustrari alligranza,
ca senza dimustranza
ioi siria sempri di pocu valuri:
dunca ben de' cantar onni amaduri.[3]

vv. 1-12 Per rallegrare (*alligrari*) il mio cuore, che assai lungamente (*longiamenti*) è rimasto (*statu*) senza allegria e gioia (*ioi*) d'amore, torno a comporre poesie (*cantari*), perché (*ca*) forse con facilità (*levimenti*) renderei un'abitudine (*turniria in usatu*) l'indugiare (*dimuranza*) eccessivo nel silenzio (*troppu taciri*); e quando l'uomo ha un motivo (*rasuni*) di poetare (*diri*) a buon diritto (*ben*) deve (*di'*) comporre poesie (*cantari*) e dimostrare gioia (*alligranza*), poiché (*ca*) senza una manifestazione esteriore (*dimustranza*) la gioia (*ioi*) resterebbe (*siria*) sempre di poco valore: dunque a buon diritto (*ben*) deve (*de'*) cantare ogni uomo innamorato (*amaduri*).

1. **cantari:** la composizione di poesia è detta "cantare", nel ricordo dell'antico legame tra poesia e musica.
2. **ca... taciri:** Stefano afferma che, se continuasse a tacere, rischierebbe di abituarsi alla condizione del silenzio, disimparando l'arte di *cantari* l'amore; *turniria* è verbo al modo condizionale.
3. **ca... amaduri:** se l'identità dell'amata va sempre tenuta nascosta, può essere invece manifestata la gioia di amare: ne va fatta *dimustranza*.

Analisi del testo

Struttura

Il diritto-dovere del canto Il poeta sente l'intima esigenza di comporre poesia, per dare voce alla sua gioia interiore: «quandu l'omu ha rasuni di diri, / ben di' cantari e mustrari alligranza», vv. 8-9. Egli teme infatti di disabituarsi all'arte poetica, che ritiene di altissimo valore: il canto trasfigura e conferisce valore alle emozioni umane, che altrimenti rischierebbero di appassire nel silenzio: «ioi siria sempri di pocu valuri», v. 11. Dare forma poetica alle proprie passioni, dunque, rappresenta nel contempo un diritto e un dovere dell'uomo innamorato che, ripete due volte Stefano, «ben de' cantar».

Lingua e stile

Il siciliano "illustre" Nella lingua della canzone si mescolano elementi siciliani e provenzali. Provenzalismi come «alligranza», «dimuranza», «levimenti» convivono con forme verbali condizionali tipicamente siciliane come «turniria» e «siria». Le *e* e le *o* chiuse sono sostituite, soprattutto in finale di parola, dalle *i* e dalle *u* (*valuri* invece del toscano *valore*).

Temi

Dall'amore al canto La stanza riportata della canzone di Stefano riprende direttamente dalla lirica trobadorica il tema del canto come espressione privilegiata della passione d'amore. L'accostamento tra amore, poesia e canto deriva ancora dalla poesia provenzale, che in effetti era accompagnata da vera musica.

L'amore tra gioia e tristezza Stefano rappresenta, nel resto della sua canzone, un amore non corrisposto, che prostra l'animo dell'amante. Tuttavia, anche di fronte alla necessità di mantenere il silenzio sulla propria passione, il poeta non rinuncia a esprimerne la bellezza, traducendola in parole poetiche, che danno così voce alla sua gioia d'amare, esorcizzando la tristezza della sua solitudine.

Officina

COMPRENDERE

1. A quale scopo il poeta ritorna a comporre poesie d'amore?
2. Che cosa succederebbe al poeta se non si dedicasse nuovamente alla poesia?
3. Perché, secondo il poeta, ogni uomo innamorato ha il diritto di scrivere poesie d'amore?

ANALIZZARE

4. **lingua e stile** Individua, sottolinea e trascrivi tutte le parole e le espressioni che appartengono al campo semantico del linguaggio tecnico della poesia d'amore cortese e siciliana.
5. **Lingua e stile** Osserva e analizza con attenzione la struttura sintattica della strofa.
Da quanti periodi è formata?
Prevale la coordinazione (paratassi) o la subordinazione (ipotassi)?
Quante proposizioni principali sono presenti nella strofa?
6. **Lingua e stile** Che tipo di subordinata è la proposizione contenuta nel verso iniziale della poesia, «Pir meu cori alligrari»?
a. Causale
b. Finale
c. Temporale
d. Ipotetica

INTERPRETARE

7. Quale significato assume il verbo «cantari» nella poesia? Perché tale significato deriva dalla tradizione della poesia trobadorica?

PERCORSO DI SCRITTURA

Riscrittura Riscrivi la stanza della canzone come se fosse una lettera che il poeta indirizza a un amico, per comunicargli la propria volontà di ritornare a comporre poesie d'amore dopo un periodo di silenzio; specifica anche le motivazioni che lo hanno indotto prima al silenzio; e poi a dedicarsi nuovamente alla poesia.

4. La tradizione giullaresca

Poesia per le piazze

Lungo tutto il XIII secolo, accanto alla corrente principale della prima lirica in volgare italiano, quella rappresentata dalla poesia colta e raffinata della scuola siciliana, si sviluppa un altro filone di poesia, purtroppo meno documentato dai codici manoscritti, che la tradizione critica ha interpretato come popolare o giullaresca. **Popolare**, in quanto rivolta a un **pubblico più largo** e composito rispetto ai selezionati lettori delle poesie siciliane; **giullaresca**, in quanto la circolazione di questi componimenti era affidata a **giullari** che li recitavano sulle piazze e ne valorizzavano le caratteristiche di spregiudicata comicità.

I temi

Appartengono al filone popolare le rime anonime contenute nei *Memoriali bolognesi*, libri di contratti dove, negli spazi rimasti bianchi, i notai trascrivevano versi di argomento faceto. In molti di essi il **tema d'amore** è declinato in forma ben diversa rispetto alla poesia colta: può trattarsi di un'**invettiva** contro una donna disonesta, di un dialogo tra una madre e una figlia che vuole sposarsi, di un **lamento** di una ragazza abbandonata oppure di un'**"alba"** (un componimento di origine trobadorica in cui gli amanti, al sorgere del sole, sono costretti a separarsi).
Il tema amoroso non è comunque l'unico trattato nella poesia popolare. Nei cinque testi rimasti dell'unico vero giullare professionista di cui abbiamo notizie, **Ruggeri Apuliese**, troviamo per esempio un **"vanto"** (il dicitore magnifica tutte le sue improbabili abilità) e una sorta di **processo** davanti al vescovo, in cui Ruggeri respinge buffonescamente le accuse sulla sua immorale vita da giullare. Il **tema politico** è invece

Maestro del Castello della Manta, *Giochi tra amanti*; affresco, XV secolo. Cuneo, Sala Baronale del Castello della Manta.

presente nel *Sirventese dei Lambertazzi e dei Geremei*, che ha per argomento le lotte delle fazioni a Bologna. La **satira del villano** è invece il tema dell'unico componimento, probabilmente già trecentesco, di un **Matazone da Caligano** (forse lombardo).

Cielo d'Alcamo

Il terzo nome che compare tra i tanti anonimi autori di testi popolareggianti è quello di **Cielo d'Alcamo**, autore del celebre ***Rosa fresca aulentissima***, che è un **contrasto**, cioè un componimento in cui disputano due personaggi diversi: in questo caso un corteggiatore insistente e una donna, prima scostante, da ultimo disposta ad accettare le profferte amorose dell'uomo.
Dal punto di vista delle forme, i testi giullareschi vedono la prevalenza di schemi metrici molto vari e diversi dalla canzone e dal sonetto, privilegiati dalla tradizione colta: la ballata, il contrasto, le quartine monorime e altri ancora, metri agili e ritmati, adatti alla memorizzazione e alla recitazione.

Che cosa vuol dire "popolare"

Circa la definizione di popolare occorre, tuttavia, evitare un equivoco. Il componimento è popolare in quanto rivolto a un **pubblico ampio**, che lo ascolta (più che leggerlo) in un contesto che è verosimilmente una piazza o una festa. Ma esso non è frutto di una creazione spontanea o ingenua. Al contrario, il giullare che lo ha composto è abbastanza **colto** da conoscere i canoni della contemporanea poesia cortese siciliana e si diverte a parodiarli. Egli immagina dunque un componimento che può essere goduto a **livelli diversi**: il pubblico popolare può apprezzarne il contenuto, i lazzi, le battute; il pubblico colto ne coglie la **dimensione parodistica** e le allusioni ai modelli letterari.
È questa pluridimensionalità del testo che probabilmente ha permesso, per esempio, al *Contrasto* di Cielo d'Alcamo di sopravvivere e di essere trascritto insieme alle poesie colte della scuola siciliana e di evitare la sorte di molta poesia giullaresca, che è andata perduta.

Scuola fiamminga, *Giullare che ride*, 1500 circa. Wellesley, Davis Museum.

FISSA I CONCETTI

- Spiega che cosa si intende per poesia popolare o giullaresca.
- Quali sono i temi e le caratteristiche stilistiche e metriche della poesia giullaresca?

	LA POESIA GIULLARESCA
caratteristiche	**popolare** ➤ pubblico ampio in un contesto pubblico **giullaresca** ➤ giullare colto; parodia della poesia cortese siciliana
temi	**tema amoroso** ➤ invettiva, lamento, "alba", contrasto **tema politico** **satira**
autori	Ruggeri Apuliese ➤ 5 componimenti (tra cui un "vanto" e un "processo") Matazone da Caligano ➤ 1 componimento (satira) **Cielo d'Alcamo** ➤ *Rosa fresca aulentissima* (contrasto)

T3 Cielo d'Alcamo
Rosa fresca aulentissima

Questo componimento è stato attribuito da un filologo cinquecentesco a un "Cielo" (forma toscana per Celi, diminutivo di Michele) originario di Alcamo, in provincia di Trapani. Di lui tuttavia non abbiamo notizie né altre poesie, anche se numerosi tratti della lingua attestano che il contrasto è di provenienza siciliana. Nel componimento, che comprende trentadue strofe (ne riportiamo le prime dieci), un uomo, definito "giullare", cerca di sedurre una donna che, inizialmente, lo respinge e minaccia di farsi difendere dai parenti. Alla fine, però, cederà al corteggiamento.

I
«Rosa fresca aulentis[s]ima ch'apari inver' la state,
le donne ti disiano, pulzell'e maritate:
tràgemi d'este focora, se t'este a bolontate;
per te non ajo abento notte e dia,
penzando pur di voi, madonna mia».[1]

II
«Se di meve trabàgliti, follia lo ti fa fare.
Lo mar potresti arompere, a venti asemenare,
l'abere d'esto secolo tut[t]o quanto asembrare:
avere me non pòteri a esto monno;
avanti li cavelli m'aritonno».[2]

I vv. 1-5 Rosa fresca profumatissima, che sbocci quando viene l'estate, le donne ti desiderano, nubili o sposate: fammi uscire (lett.: toglimi) da queste fiamme, se ne hai volontà, a causa tua non ho pace né di notte né di giorno, poiché penso solo (o "sempre": *pur*) a voi, mia signora.

II vv. 6-10 Se ti tormenti per me, è la pazzia che te lo fa fare. Potresti arare (*arompere*) il mare o seminare nel vento, ammassare tutta la ricchezza di questo mondo: in questo mondo non potresti avermi; piuttosto mi taglio i capelli (= mi faccio monaca).

1. **Rosa… mia:** la metafora della rosa è una delle più diffuse nella letteratura medievale, anzi un vero e proprio *topos*, usato anche dai poeti della scuola siciliana. Qui è usata in modo ambivalente: dal punto di vista dell'innamorato la rosa è la donna nella sua sensualità, mentre dal punto di vista delle donne che la desiderano è il fiore simbolo di bellezza. A poca distanza si alternano le forme allocutive «te» e «ti» (e di conseguenza la II persona singolare in «apari» e «tràgemi») e quella di rispetto «voi»: per alcuni critici l'alternanza tra le forme rifletterebbe un'alternanza tra tono confidenziale e tono aulico. Le forme «focora» (dal latino neutro plurale in *-a*) e «abento» sono meridionali; «este» ("è") è forma siciliana.

2. **Se di meve… m'aritonno:** l'atto di tagliarsi i capelli allude al farsi monaca, dal momento che la tonsura (termine collegato al verbo "aritondere") è uno dei riti che accompagnano i voti religiosi. Le forme «meve» ("me") e quelle «monno» e «aritonno» (per "mondo" e "ritondere") sono meridionali.

III
«Se li cavelli artón[n]iti, avanti foss'io morto,
ca'n is[s]i [sì] mi pèrdera lo solacc[i]o e 'l **diporto**.
Quando ci passo e véjoti, rosa fresca de l'orto,
bono conforto dónimi tut[t]ore:
poniamo che s'ajunga il nostro amore».[3]

IV
«Ke 'l nostro amore ajùngasi, non boglio m'atalenti:
se ti ci trova pàremo[4] cogli altri miei parenti,
guarda non t'ar[i]golgano questi forti cor[r]enti.
Como ti seppe bona la venuta,
consiglio che ti guardi a la partuta».

V
«Se i tuoi parenti trova[n]mi, e che mi pozzon fare?
Una difensa mèt[t]oci di dumili' agostari:
non mi toc[c]ara pàdreto per quanto avere ha 'n Bari.
Viva lo 'mperadore, graz[i'] a Deo!
Intendi, bella, quel che ti dico eo?».[5]

VI
«Tu me no lasci vivere né sera né maitino.
Donna mi so' di pèrperi, d'auro massamotino.
Se tanto aver donàssemi quanto ha lo Saladino,

lessico
Diporto
Il sostantivo deriva dall'antico francese *deport*, «divertimento, svago», passato anche nell'inglese medio, dando origine a *sport*, una delle parole inglesi più diffuse nel mondo. All'inizio dell'Ottocento, infatti, la parola *sport* non solo è rientrata con una mutata forma e un nuovo significato in francese e in italiano, ma è passata anche in molte altre lingue europee.

III vv. 11-15 Se ti tagli i capelli, (sarebbe meglio) che io morissi prima, ché con loro io perderei gioia e diletto. Quando qui passo e ti vedo, rosa fresca del giardino, mi dai sempre buon conforto: stabiliamo che il nostro amore si congiunga.

IV vv. 16-20 Non mi piace (lett. "Non voglio che mi piaccia") che il nostro amore si congiunga; se mio padre con gli altri parenti ti trova qui, stai attento che non ti raggiungano questi veloci corridori (il padre e i parenti). Come ti è stata facile la venuta, ti consiglio che tu stia attento alla partenza.

V vv. 21-25 Se i tuoi parenti mi trovano, e che mi possono fare? Ci metto (= chiedo) un risarcimento di duemila augustali: tuo padre non mi toccherebbe, per quanti averi ha in Bari. Viva l'imperatore, grazie a Dio! Capisci, bella, quello che ti dico io?

VI vv. 26-30 Tu non mi lasci vivere né sera né mattina. Io sono padrona di monete d'oro dell'Impero d'Orinete e arabe. Se anche tu mi donassi tanta ricchezza quanta ne ha il Saladino,

3. **Se li cavelli... amore:** se la ragazza si facesse monaca, l'innamorato perderebbe il suo diletto. «Fossi (io morto)» è forma di congiuntivo desiderativo; «ca» ("ché", "perché") è forma meridionale: è il "che" generico con valore relativo-causale ancora oggi usato nell'italiano popolare; «cavelli» e «solaccio» sono rispettivamente un gallicismo e un provenzalismo.
4. **pàremo:** la forma «pàremo» ("padre mio") con il pronome possessivo enclitico è tipicamente meridionale.
5. **Se i tuoi... eo:** l'innamorato cita una norma delle Costituzioni di Melfi (1231) promulgate sotto Federico II, in base alla quale una persona aggredita si poteva difendere invocando il nome dell'imperatore e in aggiunta esigere un risarcimento in denaro. L'augustale era una moneta d'oro di peso rilevante. Il riferimento a Bari è piuttosto discusso. Il manoscritto porta la dizione «avere ambari», così qualche critico preferisce intendere "per quanto avere (tuo padre) ammassi", da un verbo "ambarari" collegato alla parola persiana *hambar*, «magazzino». Il verbo «pozzon» è una forma meridionale.

e per ajunta quant'ha lo soldano,
toc[c]are me non pòteri a la mano».[6]

VII

Le nostre parole ›

«Molte sono le **femine** c'hanno dura la testa,
e l'omo con parabole l'adimina e amonesta:
tanto intorno procàzzala fin che-ll'ha in sua podesta.
Femina d'omo non si può tenere:
guàrdati, bella, pur de ripentere».[7]

VIII

«K'eo ne [pur ri]pentésseme? davanti foss'io aucisa
ca nulla bona femina per me fosse ripresa!
[A]ersera passàstici, cor[r]enno a la distesa.
Aquìstati riposa, canzoneri:
le tue parole a me non piac[c]ion gueri».[8]

e in aggiunta quanta ne ha il sultano, non mi potresti toccare (nemmeno) sulla mano.

VII vv. 31-35 Sono molte le donne che hanno la testa dura, e l'uomo con parole le domina e le redarguisce: tanto da ogni parte le incalza fino a che non le ha in suo potere. La femmina non può fare a meno dell'uomo: sta' attenta, bella, di non doverti pentire.

VIII vv. 36-40 Io dovermi pentire? Possa essere io uccisa prima che per causa mia sia rimproverata una donna onesta! Tempo fa (*Aersera*) sei passato di qua correndo a più non posso. Prendi pure riposo, cantastorie: le tue parole non mi piacciono per niente.

6. **Tu me no... mano:** il massamotino era una moneta aurea araba. Il Saladino, cioè Salah-ad-Din (1138-1193) era un sovrano arabo di Siria ed Egitto divenuto proverbiale nel Medioevo per diverse caratteristiche: la virtù, la ferocia ma anche la ricchezza.

7. **Molte... ripentere:** le forme «procàzzala» e «ripentere» sono francesismi. Nella strofa vi è un brusco passaggio "a senso" tra il plurale del primo verso ("Molte donne") e il singolare dei versi successivi ("*la* domina, *la* redarguisce" ecc.).

8. **gueri:** il termine «gueri» è un francesismo (da *guère*, rafforzativo usato nelle frasi negative).

Le nostre parole Femmina

L'origine del termine Il sostantivo "femmina" deriva dal latino *femĭna*, un antico participio presente della radice verbale *fē-*, che significava «nutrire, allattare», da cui prendono origine anche *fecundus*, «fecondo», *fēlix*, «fertile», quindi «fortunato» e «felice», *fētus* «parto, nascita», «prole, frutto», *fēnum* «fieno» e *filĭus* «figlio». Propriamente "femmina" indica, dunque, «colei che nutre, che allatta», indipendentemente dalla specie animale.

Chi dice femmina... È noto che nel Medioevo la donna era spesso considerata un essere fragile ed esposto al peccato: in alcuni casi, addirittura un *instrumentum diaboli* («strumento del demonio»), in quanto si riteneva che inducesse in tentazione l'uomo. Nelle sue *Etimologie*, Isidoro di Siviglia (VI-VII secolo) fa derivare la parola «femina» sia dall'osso del femore, una delle parti del corpo che la distingue dal maschio, sia, attraverso una falsa etimologia dal greco, dal calore del fuoco, ovvero dall'incontenibile desiderio sessuale.

L'uso attuale Il sostantivo "femmina", impiegato per indicare la donna adulta, tende ad avere nell'italiano moderno un valore spregiativo, e così pure i nomi alterati "femminella", "femminetta", "femminuccia" spesso usati per indicare un uomo privo di coraggio. Non così accade in ambito zoologico, dove il termine indica semplicemente il genere ("la femmina del merlo").

IX
«Quante sono le schiantora che m'ha' mise a lo core,
e solo purpenzànnome la dia[9] quanno vo fore!
Femina d'esto secolo tanto non amai ancore
quant'amo teve, rosa invidïata:
ben credo che mi fosti distinata».

X
«Se distinata fósseti, caderia de l'altezze,
ché male messe fòrano in teve mie bellezze.
Se tut[t]o adivenìssemi, tagliàrami le trezze,
e consore m'arenno a una magione,
avanti che m'artoc[c]hi 'n la persone».

IX vv. 41-45 Quanti sono i dolori che mi hai messo nel cuore, anche solo pensandoci il giorno quando esco (*vo fore*)! Non ho mai amato una donna di questo mondo quanto amo te, rosa desiderata: sono certo che tu mi sia stata destinata.

X vv. 46-50 Se io fossi destinata a te, cadrei in basso, perché le mie bellezze sarebbero sprecate (*male messe*) nelle tue mani. Se mi accadesse tutto ciò, mi taglierei le trecce e mi farei (lett. «mi rendo»: *m'arenno*) suora in un convento, piuttosto che tu mi tocchi nel corpo.

9. **dia:** il termine «dia» (latinismo, da *dies*) può essere a volte femminile.

Analisi del testo

Struttura e temi

La seduzione e la schermaglia amorosa Le trentadue strofe del *Contrasto* mettono in scena una seduzione. Un uomo (verosimilmente un giullare, dato che al v. 39 la donna lo chiama «canzoneri», "cantastorie") manifesta in ogni modo possibile la sua passione a una donna, la «rosa fresca aulentissima» (v. 1), la «rosa fresca de l'orto» (v. 13), la «rosa invidïata» (v. 44). Il corteggiatore è incalzante e non arretra di fronte a nulla. La donna inizialmente lo respinge in modo irridente, gli dice che piuttosto di compiacerlo si farà monaca, gli fa intravedere le percosse che gli toccheranno dai suoi parenti. A poco a poco, però, il corteggiamento farà breccia.

La rappresentazione del desiderio Uno degli elementi di differenza tra la poesia colta e quella di ispirazione popolare è la rappresentazione del desiderio sensuale: quasi sempre assente nella prima, manifestato o addirittura ostentato nella seconda. La manifestazione o viceversa la censura di tale rappresentazione è più una questione di genere e di registro che di sensibilità individuale: uno stesso autore, infatti, può improntare una sua poesia a un registro basso e un'altra a un registro aulico. Il *Contrasto* di Cielo d'Alcamo è ispirato a un genere, quello della "pastorella", in cui il desiderio erotico palese è alla base della poesia. Questo genere, di origine trobadorica, si basa sulla convenzione in base alla quale un uomo di rango superiore può sedurre una donna di origine popolare (spesso, appunto, una pastorella) e quindi la loda, la blandisce, le fa false promesse di matrimonio, arriva perfino alla violenza. Con la pastorella, l'uomo di rango superiore usa di norma un linguaggio aulico che maschera appena il suo intento, mentre la pastorella fa uso di un linguaggio popolare, lancia risposte ironiche e invettive.

Lingua e stile

Un modello e la sua parodia Nel contrasto *Rosa fresca aulentissima* il modello del genere della pastorella è chiaramente tenuto presente, ma viene simpaticamente alterato e fatto oggetto di un trattamento parodistico. La prima alterazione del modello riguarda il ceto sociale dei due interlocutori: essi sono en-

trambi di estrazione popolare, anche se qualche volta la donna (mai l'uomo!) ostenta ricchezze iperboliche (v. 27), che con tutta probabilità non esistono. Un'altra alterazione riguarda l'uso del linguaggio. Non essendoci più distinzione di ceto tra gli antagonisti, salta anche lo schema che prevede che il cavaliere usi un linguaggio aulico e la donna risponda in un registro basso. In realtà nelle battute dell'uomo, espressioni della lirica cortese («rosa fresca aulentissima», v. 1) si alternano a quelle popolareggianti («Molte sono le femine c'hanno dura la testa», v. 31), e ciò avviene persino – dopo la resa ai voleri dell'uomo – nelle parole della donna.
Spesso il registro alto e quello basso sono presenti nella stessa strofa. In realtà, il giullare crea l'effetto comico mettendo in scena due personaggi che cercano di esprimersi come richiederebbe il modello cortese, ma tradiscono a ogni passo la loro distanza da quel modello, e la loro vera natura, trascinati dall'animosità del botta e risposta, che è spesso divertente e a tratti surreale: se lei si fa suora, lui si fingerà frate; se i parenti di lei lo picchiano, lui esigerà la multa ecc.

L'impasto linguistico La contaminazione dei registri alto/basso viene confermata dal singolare «impasto» linguistico del componimento. Termini di origine francese o provenzale, utilizzati come echi linguistici dei modelli poetici (v. 8: «asembrare»; v. 12: «solaccio», «diporto»; v. 16: «m'atalenti»; v. 32: «amonesta» ecc.), si mescolano ai molto più numerosi tratti del dialetto meridionale e siciliano, di tipo sia fonetico e morfologico sia lessicale. Tra i molti tratti dialettali, si possono citare «abento» (v. 4), le forme con la *b-* iniziale invece di *v-* (v. 3: «bolontate»; v. 16: «boglio»); le forme «pàremo» e «pàdreto» (vv. 17 e 23), «pozzon» (v. 21), «meve» e «teve» (v. 6, v. 44). L'ascoltatore deve percepire che i due antagonisti sono parlanti dialettali che di quando in quando si sforzano di parlare in una lingua colta.

La metrica Il testo del contrasto è formato da strofe di cinque versi: tre settenari doppi (o alessandrini), il primo dei quali sdrucciolo (Ro/sa/ fre/sca au/len/**tìs**/si/ma) e due endecasillabi. I tre settenari doppi presentano un'unica rima e così pure i due endecasillabi. Le strofe sono spesso collegate dal procedimento trobadorico delle *coblas capfinidas*; una parola o un concetto posti nell'ultimo verso di una strofa tornano all'inizio della strofa successiva: v. 10, «avanti *li cavelli m'aritonno*» // v. 11, «Se *li cavelli artòn[n]iti*».

Officina

COMPRENDERE

1. A quali immagini surreali e impossibili ricorre la donna, nella seconda stanza, per rispondere alla prima profferta amorosa del corteggiatore?
2. Quale minaccia rivolge la donna all'uomo nella quarta stanza? Qual è la risposta dell'innamorato nella stanza seguente?
3. In che modo la donna rifiuta l'amore del corteggiatore nella decima stanza?

ANALIZZARE

4. **Lingua e stile** Individua e sottolinea tutti gli appellativi che l'uomo rivolge alla ragazza e indica se appartengono a un registro aulico oppure a uno popolare.
5. **Lingua e stile** A quali fiamme si riferisce l'innamorato al v. 3 con il termine «focora»?
6. **Lingua e stile** Spiega il significato dell'atto di tagliarsi i capelli a cui allude la donna al v. 10: «avanti li cavelli m'aritonno».

INTERPRETARE

7. Rispondi alle seguenti domande in un breve testo.
   a. A quale tipo di pubblico è dedicato il componimento? Si tratta, secondo te, di un pubblico ampio o ristretto?
   b. Si tratta di un testo destinato alla lettura o all'ascolto? In quali luoghi e in quali circostanze?
   c. L'autore del testo è istruito o incolto? Da che cosa lo puoi capire?

PERCORSO DI SCRITTURA

Riscrittura Riscrivi le dieci strofe del *contrasto* in modo che i due protagonisti pronuncino una sola rapida battuta ciascuno, in una sorta di "botta e risposta".

5. I poeti siculo-toscani

Dalla Sicilia alle corti del Centro-Nord

Nel 1266 la sconfitta a Benevento di Manfredi, figlio dell'imperatore Federico II, per mano di Carlo d'Angiò, segnò il tracollo della potenza sveva e imperiale nell'Italia del Sud e il dissolversi della corte di Federico II, dove avevano operato i poeti siciliani. La tradizione poetica che avevano costituito, tuttavia, si era ormai radicata anche in **aree geograficamente lontane** dalla Sicilia e dal Sud: in Italia centro-settentrionale, per esempio, la poesia siciliana aveva trovato un terreno fertile d'imitazione. Le **corti del Nord Italia**, d'altra parte, ospitavano già molti trovatori provenzali, "padri nobili" della scuola siciliana. I rapporti tra la corte siciliana e le corti del Centro-Nord, inoltre, erano frequenti e solidi: già nel 1231-1232 l'imperatore Federico si era recato a Verona per incontrarne i signori, i Da Romano, e a Bologna per vent'anni risiedette, come prigioniero, il figlio di Federico, "re" Enzo, autore di alcune canzoni. La solida tradizione ghibellina delle terre del patriarcato d'Aquileia, nel Triveneto, inoltre, implicava fitte relazioni dei politici veneti con la corte imperiale.

I poeti siculo-toscani

I poeti toscani che, nel cuore del **XIII secolo**, trapiantarono i modi della poesia siciliana nella loro terra vengono definiti **"siculo-toscani"**. Qualche critico ha suggerito di distinguere i primi responsabili del passaggio della poesia siciliana al Centro-Nord, che definisce "siculo-toscani", dai successivi imitatori (e rielaboratori) toscani, che chiama "toscano-siculi". L'esperienza dei siculo-toscani, infatti, fiorisce prima dell'affermazione del Dolce stil novo (➤ pp. 101 ss.), che ne oscurerà la fama. Anche se Dante Alighieri svaluterà l'importanza di questa tradizione a lui antecedente (➤ pp. 102-105), essa in realtà costituisce un fondamentale canale di **trasmissione** e di **mediazione** della lirica meridionale nel resto d'Italia.
I poeti siculo-toscani non operavano, come i siciliani, in una corte orientata dal progetto federiciano di una cultura universale, ma nel **variegato ambiente dei comuni** centro-settentrionali: l'aspirazione dei siciliani al cosmopolitismo, dunque, venne sostituita da contesti spiccatamente **locali**, **municipali**, come nota anche Dante nel *De vulgari eloquentia* (I, XIII, 1). È per questo motivo che i siculo-toscani recuperarono l'uso di generi provenzali che i siciliani avevano messo da parte, come il sirventese politico: le loro poesie, infatti, tornarono a trattare anche il **tema etico e civile**, accanto a quello amoroso. La loro lingua, fondamentalmente costruita sul vocabolario toscano, è arricchita da forme sicilianeggianti e da componenti provenzali e latine.

LE DIFFERENZE TRA POESIA SICILIANA E POESIA SICULO-TOSCANA

	POETI SICILIANI	POETI SICULO-TOSCANI
contesto	corte federiciana cosmopolitismo	comuni municipalità
temi	amore	amore temi etici e morali
lingua	siciliano "illustre" con elementi provenzali e latini	toscano con elementi siciliani, provenzali e latini

Guittone d'Arezzo

Il più celebre esponente della poesia siculo-toscana è **Guittone d'Arezzo**, punto di riferimento nel panorama poetico italiano **tra il 1260 e il 1280**. Nato nei pressi di Arezzo nel 1230 da un tesoriere del Comune, Guittone si forma presso il maestro di retorica Bonfiglio d'Arezzo, cimentandosi già in gioventù nella poesia amorosa. Negli anni in cui tramonta la corte federiciana, Guittone muove i primi passi della sua carriera poetica, orientandosi verso il recupero del ***trobar clus*** («poetare chiuso») provenzale, di cui era maestro Arnaut Daniel (➤ p. 38). Egli milita politicamente tra i **guelfi**: favorevole a un accordo tra Arezzo e Firenze, nel 1259 è condannato all'**esilio** dalla sua città, che non gradiva le ingerenze dei Fiorentini. Il suo **impegno politico** trova espressione anche nei suoi sirventesi, come nella canzone *Ahi lasso, ora è stagion de doler tanto*, dove Guittone manifesta il suo rammarico dopo la sconfitta dei guelfi nella battaglia di Montaperti del 1260.

La poesia religiosa di Guittone

Nel 1265 Guittone entra nell'ordine dei Cavalieri di Santa Maria (*Milites Beatae Virginis Mariae*). La **svolta religiosa** gli ispira un cambio di rotta anche in ambito letterario: frate Guittone comincia infatti a comporre poesie di **argomento sacro**, in cui si scaglia contro la corruzione di alcuni confratelli, esorta alla rinuncia ai beni mondani e mette in guardia contro le eresie. Il corposo **canzoniere** di Guittone, che nel complesso conta 50 canzoni e 251 sonetti (alcuni anche in tenzone), risulta per questo **bipartito** in rime cortesi, amorose e politiche, precedenti alla conversione, e in successive rime religiose e morali. Guittone è anche autore di numerose lettere in prosa, sempre di argomento politico e morale.

Il canzoniere di Guittone

Nella prima sezione del canzoniere, i sonetti amorosi di Guittone costituiscono, nel complesso, una sorta di *ars amandi* (manuale d'amore), in cui egli tenta di superare le convenzioni provenzali e siciliane, dando vita a una nuova forma di poesia, meglio capace di cantare la **sublimità dell'amore**.
La canzone che inaugura la seconda sezione del suo canzoniere è, invece, *Ora parrà s'eo saverò cantare*, in cui egli si prefigge il nuovo ruolo di **poeta della virtù** (una pretesa poi contestata da Dante, che si confronterà con Guittone sugli stessi temi morali).
La poesia di Guittone, come sarà per Dante e Petrarca, tende a una forma di **autobiografismo**; qualche studioso ha sottolineato, in proposito, che Guittone, come poi Dante, esalta la dinamicità dell'io lirico, che si evolve attraverso una costante rilettura critica del proprio passato. La complessità della struttura metrica e dei colori retorici (in particolare delle figure di suono), comune a tutte le sue rime sia cortesi sia religiose, è la cifra stilistica della sua poesia.

Bonagiunta Orbicciani da Lucca

Oltre a Guittone, tra gli altri esponenti della scuola siculo-toscana spicca anche **Bonagiunta Orbicciani**, notaio lucchese, attivo soprattutto attorno alla metà del XIII secolo. La sua poesia è lontana dal *trobar clus* del poeta aretino e si avvicina maggiormente al gusto e allo stile che di lì a poco caratterizzeranno lo Stilnovo, anche se nel suo sonetto più conosciuto (*Voi, ch'avete mutata la mainera* ➤ **T5**) **critica** proprio **Guinizzelli** per aver scelto quella innovativa poetica. Dante rappresenta Bonagiunta nel canto XXIV del *Purgatorio*, insieme con Giacomo da Lentini e Guittone, considerandolo dunque tra i **massimi esponenti della lirica prestilnovistica**.

T4 Guittone d'Arezzo
Ora parrà s'eo saverò cantare

Biblioteca digitale
Se de voi, donna gente; Tuttor ch'eo dirò «gioi'», gioiva cosa

Questa canzone inaugura la fase religiosa e morale delle rime di Guittone e viene perciò datata intorno al 1265, anno in cui il poeta entra nell'ordine dei Cavalieri di Santa Maria. Il componimento – di cui riportiamo le prime due stanze – è un manifesto della nuova poetica di "frate Guittone" che propone a sé stesso una difficile sfida: riuscire a «cantare», cioè continuare a fare poesia, anche abbandonando le tematiche dell'amor cortese. Se nuova è la tematica, non altrettanto è lo stile di Guittone, sempre "oscuro" e astruso.

- METRO canzone di cinque stanze più un commiato, di versi endecasillabi e settenari. Ogni stanza presenta il seguente schema: ABBA (fronte), CDdCEF(f)GgFEE. Sono presenti numerose rime interne, rappresentate dagli spazi bianchi all'interno dei versi: per esempio 5-6 contare / trovare; 7-8 punto / digiunto; 8-9: pare / pensare, parlare; 12-13: valere / piacere. Rima equivoca ai vv. 6-7: punto (avverbio) / punto (participio)

Ora parrà s'eo saverò cantare
e s'eo varrò quanto valer già soglio
poi che del tutto Amor fugh' e disvoglio,
e più che cosa mai forte mi spare;[1]
ch'a om tenuto saggio audo contare
che trovare[2] non sa né valer punto
omo d'Amor non punto;
ma' che digiunto da vertà mi pare,
se lo pensare a lo parlare rasembra:
ché 'n tutte parte ove distringe Amore
regge follore[3] in loco di savere;
donque como valere
pò, né piacere di guisa alcuna fiore,
poi del fattor d'ogni valor disembra
e al contrar d'ogni mainer'asembra?

vv. 1-15 Ora apparirà se saprò (ancora) cantare e se io varrò nello stesso modo in cui ero solito (*quanto valer già soglio*), dal momento che io (ora) rifuggo e rifiuto (*disvoglio*) Amore ed (esso) mi risulta odioso più di ogni altra cosa (*forte mi spare*); perché sento raccontare (*contare*) da persona giudicata saggia (*om tenuto saggio*) che non saprebbe affatto (*punto*) comporre versi (*trovare*) né acquistare valore (*valer*) un uomo che non fosse ferito (*punto*) da Amore. senonché (ciò) mi sembra lontano (*digiunto*, cioè "staccato") dalla verità, se il pensiero (d'amore) si adegua (*rasembra*) alla parola poetica (*a lo parlare*); perché in ogni luogo ove domina (*distringe*) Amore, governa follia (*follore*) invece di saggezza (*savere*); dunque, come può (la follia) avere valore o piacere in alcun modo (*di guisa alcuna fiore*) dal momento che diverge radicalmente (*disembra*) dal fattore di ogni valore (cioè Dio) e assomiglia (*asembra*) in ogni modo al suo contrario (il demonio)?

1. **Ora parrà… mi spare:** in apertura di canzone Guittone rovescia ostentatamente il *topos* provenzale di Amore che ispira il canto del poeta: egli proverà a cantare rinunciando ad Amore. L'*incipit* ha probabilmente agito sulla memoria di Dante, che ben conosceva Guittone: «Qui si parrà la tua nobilitate» (*Inferno* II, 9). La forma verbale «soglio» del v. 2 ha valore di imperfetto ("solevo") e ricalca il provenzale *suelh*.
2. **trovare:** indica, alla provenzale, l'atto del comporre versi (*trobar*).
3. **follore:** termine tipico della poesia provenzale, dove indica anche la follia d'amore.

Ma chi cantare vole e valer bene,
in suo legno a nochier Diritto pone
e orrato Saver mette al timone:
Dio fa sua stella e ver' Lausor sua spene;[4]
chè grande onor né gran ben no è stato
conquistato carnal voglia seguendo,
ma promente valendo
e astenendo a vizi e a peccato;[5]
unde 'l sennato apparecchiato ognora
de core tutto e di poder dea stare
d'avanzare lo suo stato ad onore
no schifando labore:[6]
che già riccore[7] non dona altrui posare,
ma 'l fa lungiare,[7] e ben pugnare onora;
Le nostre parole › ma tuttavia lì 'ntend'altri a **misura**.

vv. 16-30 Ma chi vuole cantare, e cantare bene, pone come guida (*nochier*) della sua nave la Giustizia (*Diritto*) e mette al timone il Sapere che dà onore (*orrato*): fa di Dio la sua stella polare e fa della vera Preghiera (*Lausor*, cioè "lode di Dio") la sua speranza; perché né un grande onore né un grande bene è stato conquistato seguendo il desiderio carnale, ma conseguendo valore (*valendo*) da prodi (*promente*) e astenendosi dai vizi e dal peccato; per cui (*unde*) l'uomo assennato (*sennato*) deve (*dea*) essere sempre pronto (*apparecchiato ognora*) a far progredire (*avanzare*) la sua condizione in modo onorevole senza evitare la fatica (*no schifando labore*): infatti la ricchezza (*riccore*) non concede a nessuno di stare fermo (*posare*), ma lo fa correre lontano (*lungiare*), e il ben combattere (cioè l'impegno) rende onorati; ma quanto a ciò si intenda con misura (= con discrezione).

4. **Ma chi... spene:** Guittone utilizza la metafora molto comune della nave, che sarà ripresa anche da Dante, applicando alla sua rotta le personificazioni di concetti astratti: Giustizia, Saggezza e, molto meno comune, Lode. È importante notare come il concetto di lode, dalla donna, ritorni nella sfera religiosa: lode di Dio. «Lausor» è un provenzalismo.
5. **astenendo... a peccato:** la costruzione ricalca direttamente quella latina (*abstinere ab aliqua re*).
6. **labore:** fatica; è un latinismo.
7. **riccore... lungiare:** provenzalismi.

Le nostre parole — Misura

L'origine del termine Il sostantivo "misura" viene dal latino *mensūra*, derivato dal participio passato del verbo *metīri*, «misurare», connesso con la radice indoeuropea **mē-*, «misurare», dalla quale hanno avuto origine anche *mēnsis*, «mese», e *metrum*, «metro, verso».

L'aurea misura Nel Medioevo "misura" ha soprattutto il valore di «moderazione»: in Giacomo da Lentini, per esempio, "aver misura" nel parlare significa «non essere troppo loquace». Nello stesso Guittone essa appare quasi un sinonimo di "ragione", consistendo nella capacità di porre un freno all'istinto e di sapersi mantenere in equilibrio tra il difetto e l'eccesso. La "misura" sembra dunque presentarsi come una regola aurea buona per tutte le occasioni: «Dunque misura ci convene avere / in tutte cose ch'ave l'omo a fare [= che si devono fare]» (sonetto *Qual omo si diletta in troppo dire*).

Le accezioni moderne Il termine "misura" ha assunto tre fondamentali significati: quello originario di unità convenzionale che si usa per conoscere le dimensioni di un oggetto; quello figurato di «limite», ma anche di «prudenza» ed «equilibrio»; infine, quello in cui "misura" è sinonimo di «provvedimento» (per esempio "misure disciplinari").

Analisi del testo

Struttura e temi

Un manifesto di poetica La canzone *Ora parrà*, che segna il passaggio di Guittone alle rime morali, è un manifesto di poetica. Nelle prime due stanze il poeta afferma con forza una posizione nuova: il ripudio dell'etica cortese e del legame, inscindibile per i poeti, tra Amore e valore; un termine, il secondo, che indica tanto il valore, cioè la forza, della poesia quanto il valore dell'uomo che si affida ad Amore per conquistare la donna. Per i poeti trobadorici e per i loro epigoni italiani Amore, valore e poesia sono inscindibili. Guittone vuole invece dimostrare il contrario. A sottolineare la centralità di questo concetto, il termine "valore" e le sue varianti ritornano ben sette volte nei 30 versi che abbiamo letto (vv. 2, 6, 12, 14, 16, 22).

Follia e saggezza Per il modello dell'ideologia cortese il valore dell'uomo-poeta è legato a un'idea di Amore che nella sostanza, e al di là della raffinatezza delle immagini poetiche, è un amore adultero, è solo «carnal voglia» (v. 21). Ed è questo tipo di Amore che il "nuovo" Guittone non vuole più seguire (v. 3 «disvoglio»), in quanto è "follia" (v. 11: «follore»). Guittone rovescia quindi l'idea tradizionale che chi non è «punto d'Amor» non vale e non sa «trovare», cioè poetare. A questa "follia" egli oppone, nella seconda strofa, il valore della "saggezza" / "sapere". Anche questo termine, e le sue varianti formali o semantiche, ricorrono numerose volte (vv. 1, 5, 11, 18, 24). La natura spirituale e religiosa di tale saggezza viene chiarita attraverso l'immagine della nave che ha per capitano la Giustizia, per timoniere il Sapere, per stella polare Dio stesso e per conforto e speranza la Preghiera.

Una nuova etica I valori che Guittone sostituisce all'etica cortese, pur ispirati alla religione, non sono però – almeno in questa poesia – di tipo ascetico. Guittone propone un cittadino virtuoso, che migliora il suo *status* sociale senza evitare il lavoro e sa che la ricchezza non implica rilassamento ma solerzia, purché accompagnata da "misura". Si tratta insomma di un'etica che potremmo definire "borghese", ed è quella delle città comunali nella fase di ascesa.

Lingua e stile

La forma e lo stile Come di consueto, lo stile di Guittone è ricercato e difficile, ispirato al *trobar clus* di alcuni trovatori provenzali. La difficoltà, però, non è data tanto dalla ricerca di significati rari delle parole o da allusioni incomprensibili ai lettori (come nei trovatori "oscuri"), quanto da un periodare logicamente articolato e serrato e dall'applicazione di numerose figure retoriche. L'intera prima strofa, infatti, è costituita da un unico lungo periodo, che procede per 15 versi attraverso subordinate («s'eo saverò…; quanto valer… ecc.) e coordinate («e s'eo varrò…; e più che cosa…» ecc.). Le figure retoriche predilette da Guittone sono l'iperbato (v. 2: «quanto valer già soglio»; v. 29: «e ben pugnare onora»), l'allitterazione (v. 2: «varrò... valer»; v.16: «chi cantare vole e valer bene»), l'equivoco (vv. 6-7: «punto» avverbio / «punto» participio). Tipicamente guittoniano è l'impasto linguistico, che vede la presenza di numerosi provenzalismi uniti a costruzioni latine.

Officina

COMPRENDERE

1. Che cosa si propone di fare Guittone all'inizio della poesia?
2. Come giudica la poesia d'amore nella prima stanza?
3. In che modo, secondo Guittone, è possibile conseguire un grande onore e un grande bene?

ANALIZZARE

4. **Lingua e stile** A che cosa è paragonata l'ispirazione di un buon poeta ai vv. 16-19? Spiega il significato della metafora.
5. Quale duplice concetto di "valore" emerge dal testo?
6. **Lingua e stile** La struttura sintattica della poesia è particolarmente elaborata: individua, sottolinea e trascrivi tutte le proposizioni subordinate causali presenti nelle due stanze riportate.

INTERPRETARE

7. Quali valori sostituisce Guittone all'etica cortese, fondata sull'amore carnale? Quale nuova etica e quale nuovo tipo umano emerge, quindi, dalla sua poesia?

T5 Bonagiunta Orbicciani da Lucca *Voi ch'avete mutata la mainera*

In questo sonetto Bonagiunta rimprovera a Guido Guinizzelli, ispiratore dello Stilnovismo (➤ p. 110), l'abbandono delle forme poetiche siciliane a favore di una nuova forma di poesia, a suo giudizio eccessivamente sofisticata e incline all'intellettualismo filosofico. Il poeta bolognese risponderà, con un controcanto dall'identica struttura metrica (secondo le convenzioni della tenzone), nel sonetto *Omo ch'è saggio non corre leggero*. Guinizzelli inviterà Bonagiunta alla prudenza, sostenendo che possano legittimamente esistere diversi stili poetici, e affida il giudizio sulla sua innovativa proposta poetica alle future generazioni. Dante fa di Bonagiunta, forse anche per questa polemica letteraria con Guinizzelli, il rappresentante della tradizione pre-stilnovistica quando, nel canto XXIV del *Purgatorio*, gli fa riconoscere la novità della poesia stilnovista rispetto alle precedenti tradizioni siciliana e siculo-toscana (➤ pp. 289-291).

- METRO sonetto di endecasillabi piani con rime alternate nelle quartine (ABAB ABAB) e rime ripetute nelle terzine (CDE CDE)

Voi[1] ch'avete mutata la mainera[2]
de li piagenti ditti de l'amore
de la forma dell'esser[3] là dov'era,
per avansare[4] ogn'altro trovatore,

avete fatto como la lumera,
ch'a le scure partite dà sprendore,
ma non quine ove luce l'alta spera,[5]
la quale avansa e passa di chiarore.

vv. 1-8 Voi, che avete cambiato la maniera dei piacevoli discorsi (*piagenti ditti*) sull'amore rispetto alla forma (*forma dell'esser*) precedente (*là dov'era*), per superare (*avansare*) ogni altro poeta (*trovatore*), avete fatto come la lampada (*lumera*), che porta luce (*dà sprendore*) nelle zone d'ombra (*a le scure partite*), ma non qui (*quine*) dove risplende la luce più intensa (*l'alta spera*), la quale sopravanza e supera per chiarore (ogni altra luce).

1. **Voi:** il poeta si rivolge a Guido Guinizzelli.
2. **mainera:** provenzalismo utilizzato anche da Guittone d'Arezzo.
3. **forma dell'esser:** l'espressione potrebbe anche sottintendere l'idea che la precedente forma dei discorsi d'amore fosse quella "naturale", rispetto alla nuova, artificiosa interpretazione che è offerta da Guinizzelli.
4. **avansare:** i nessi consonantici *-ns-* (invece che *-nz*) sono tipici del volgare lucchese.
5. **ma… spera:** il poeta, con l'avverbio «quine», intende in Toscana. Secondo Gianfranco Contini l'«alta spera» è il sole.

Così passate voi di sottigliansa,
e non si può trovar chi ben ispogna,
cotant'è iscura vostra parlatura.[6]

Ed è tenuta grave 'nsomilliansa,
ancor che 'l **senno** vegna da Bologna,
traier canson per forsa di scritura.[7]

lessico
Senno
Capacità di giudicare, pensare e agire in modo opportuno e conveniente.

vv. 9-14 Allo stesso modo voi superate (*passate*, sott. "ogni altro") in sottigliezza, e non si riesce a trovare chi spieghi con chiarezza (*ben ispogna*, sott.: "i vostri versi"), tanto è oscuro il vostro parlare. Ed è considerata (*tenuta*) una grande stravaganza (*grave 'nsomilliansa*), nonostante la saggezza (*senno*) provenga (*vegna*) da Bologna, comporre (*traier*) una canzone a forza di formule scritturali (*per forsa di scritura*).

6. **Così... parlatura:** la sottigliezza di Guinizzelli, che supera quella di chiunque altro, è eccessiva, al punto che nessuno riesce a spiegarne con sicurezza il senso.
7. **Ed è... scritura:** Bonagiunta allude ai numerosi riferimenti filosofici e biblici della poesia guinizzelliana, che propone un'interpretazione metafisica e teologica dei fenomeni amorosi: una bizzarria, a giudizio di Bonagiunta, anche per chi proviene dalla "dotta" Bologna, rinomata sede universitaria.

Analisi del testo

Struttura

Una critica serrata e impietosa Il sonetto, dal tono aggressivamente allocutivo, tratteggia nella prima quartina, non senza ironia, l'identità del proprio destinatario, cioè Guido Guinizzelli: senza chiamarlo per nome, lo identifica in colui che, per primeggiare tra tutti i poeti, ha modificato lo stile («mainera»), consolidato per tradizione, del canto d'amore. L'ambizioso progetto di Guinizzelli è subito ridimensionato nella seconda quartina, con effetto dissacrante, relativizzandone la portata: la poesia del bolognese è luce che si nota solo laddove c'è buio (come nella Bologna povera di tradizione lirica), ma che scompare là dove c'è piena luce («ove luce l'alta spera»), poiché è assorbita e resa invisibile dal superiore «sprendore» della tradizione lirica siciliana e toscana. La tesi (polemica) è motivata nelle due terzine, dove finalmente emergono le ragioni della critica di Bonagiunta, che finora si era limitato a svalutare la novità della poesia di Guinizzelli: il limite della sua poesia risiede nell'oscurità («sottigliansa»), sfuggente ai più, e nella stravagante contaminazione («'nsomilliansa») di discorso poetico e filosofico.

In difesa dell'antica «mainera» Bonagiunta riconosce a Guinizzelli una certa perizia poetica («lumera» che dà «sprendore»), ma lo contesta decisamente sul piano ideologico: egli coglie la novità della poesia guinizzelliana nell'interpretazione filosofica e teologica dell'amore. Guinizzelli, accusa Bonagiunta, si fa oscuro poiché ricorre a un vocabolario di segni e di significati filosofici per raccontare l'amore. Lo Stilnovismo, di cui Guinizzelli sarà l'ispiratore, celebra in effetti una nuova concezione d'amore: chi ama non soltanto si affina nei propri costumi, ma si eleva anche spiritualmente, poiché il vero amore esalta le virtù del cuore nobile e orienta dunque l'anima al Bene ultimo, cioè a Dio. Bonagiunta non aderisce a questa nuova concezione, preferendo rimanere all'interno della tradizionale ideologia dell'amore cortese. Quando irride l'intellettualismo di Guinizzelli ha probabilmente in mente la canzone-manifesto dello Stilnovismo *Al cor gentil rempaira sempre amore* (➤ p. 112), ricca di riferimenti teologici, filosofici e alle scienze naturali.

Contro l'intellettualismo elitario La poesia guinizzelliana, che propone questa interpretazione trascendente e metafisica della psicologia d'amore, implica un pubblico ristretto, limitato a chi possiede una sufficiente attrezzatura intellettuale per poterne cogliere le allusioni filosofiche. Bonagiunta, con sarcasmo, solleva il dubbio che il pubblico si restringa al punto d'azzerarsi: non si trova nessuno che possa dire di cogliere con certezza il senso dell'«iscura parlatura» di Guinizzelli (vv. 9-11).

Lingua e stile

La metafora della luce Il confronto tra la poesia di Guinizzelli e quella della tradizione siciliana e toscana è metaforizzato nel confronto tra due luci, di ben differente intensità. Se la «lumera» (v. 5) è evidentemente l'arte di Guinizzelli, non è chiara con certezza l'allusione nascosta dietro all'immagine dell'«alta spera» al v. 7. Vi è stato riconosciuto, di volta in volta, un riferimento a Guittone d'Arezzo, a Chiaro Davanzati o allo stesso Bonagiunta, oppure è stata interpretata come la metafora del vero amore. C'è chi ipotizza che la «lumera» e l'«alta spera» allegorizzino due modalità di rappresentazione poetica della donna: Guinizzelli aveva infatti paragonato l'epifania della donna all'apparizione di una grande luce, entrando in concorrenza con l'immagine della "donna-luce", di origine siciliana, proposta dallo stesso Bonagiunta.

Bonagiunta e la tradizione La fedeltà di Bonagiunta alla tradizione è evidente anche nel lessico impiegato, desunto apertamente dal vocabolario provenzale-siciliano (ricorrono, per esempio, provenzalismi come «mainera», v. 1, o «piagenti», v. 2). Il poeta, in questo modo, sembra appunto alludere a una scelta di campo: la tradizione cui s'ispira è la lirica amorosa provenzale e siciliana, non la nuova poesia guinizzelliana, intessuta di terminologia filosofica (v. 14). Al lessico filosofico, di origine aristotelica, Bonagiunta ricorre soltanto al v. 3, quando chiama alla mente proprio la lirica di Guinizzelli, cui attribuisce l'ambizione di voler modificare la preesistente «forma dell'esser» della «mainera» poetica.

L'ironia Il sonetto è evidentemente colorato dall'ironia. Bonagiunta, dopo aver dichiarato che la luce di Guinizzelli si percepisce solo dove c'è ombra (vv. 5-8), spiega che la «sottigliansa» del bolognese è tanto sopravanzante quella di ciascun altro (cogliendo l'obiettivo di «avansare ogn'altro trovatore», v. 4) che nessuno più riesce a capirlo (vv. 10-11). L'*obscuritas* cui allude al v. 11 l'aggettivo «iscura» (cioè il difetto di essere incomprensibili, secondo i trattati retorici) è determinata dalla stravaganza («'nsomilliansa», v. 12) di comporre poesia a colpi di citazioni filosofico-teologiche (v. 14). Questo comportamento è bizzarro persino per chi proviene dalla dotta Bologna, sede di una tra le più prestigiose università del tempo: da lì, riconosce sarcasticamente Bonagiunta, proviene il «senno» filosofico (v. 13), ma non brilla una altrettanto gloriosa cultura letteraria, dal momento che al v. 6 è definita sufficientemente "buia" (di tradizione lirica) perché vi si noti la luce di Guinizzelli. Non si può escludere anche una traccia di campanilismo nel sarcasmo del lucchese Bonagiunta verso la "buia" Bologna.

Officina

COMPRENDERE

1. Quale accusa è mossa a Guido Guinizzelli da Bonagiunta Orbicciani? Qual è lo scopo di Guinizzelli, secondo Bonagiunta?
2. Spiega la metafora della lampada («lumera») a cui viene paragonata la poesia di Guinizzelli e che occupa tutta la seconda quartina.
3. Quali sono i limiti e i difetti della poesia di Guinizzelli che Bonagiunta individua nelle terzine finali?

ANALIZZARE

4. **Lingua e stile** Aiutandoti con le informazioni contenute nell'Analisi del testo, spiega in quali modi è possibile interpretare l'immagine della «lumera» (v. 5) e dell'«alta spera» (v. 7).
5. **Lessico** Scegli, tra i seguenti, due sinonimi e due contrari di "senno", poi scrivi altrettante frasi di senso compiuto:
buonsenso • irragionevolezza • sconsideratezza • giudizio • insensatezza • discernimento

INTERPRETARE

6. Il sonetto è caratterizzato da un tono ironico: facendo precisi riferimenti al testo, individua in quali punti e attraverso quali modalità il poeta ricorre all'ironia nei confronti del suo interlocutore.

PERCORSO DI SCRITTURA

Riscrittura Riscrivi il sonetto sotto forma di lettera che il poeta indirizza a Guido Guinizzelli.

GUIDA AL RIPASSO

La scuola siciliana e i poeti siculo-toscani

MAPPA

SCUOLA SICILIANA
→ **Giacomo da Lentini** (XIII secolo)

- si sviluppa in → corte di Federico II — promuove → cultura laica, in latino e volgare, umanistica e scientifica, attenta al mondo arabo
- si ispira a → lirica provenzale
- utilizza → lingua siciliana, depurata di elementi marcatamente dialettali e con influenze latine e provenzali
- tratta di → temi amorosi
  - si fondano su →
    - amor cortese idealizzato e astratto, interiorizzato e sublimato
    - amore come esperienza democratica
  - comprendono →
    - lode della donna
    - presenza della donna in fugaci apparizioni
    - desiderio della ricompensa da parte della donna
    - contemplazione visiva e visione interiore
    - psicologia e fenomenologia dell'amore

POESIA GIULLARESCA
→ **Cielo d'Alcamo**

- si rivolge a → ampio e variegato uditorio, in contesti pubblici
- tratta di → temi amorosi, sociali e politici
- ricorre a → invettiva e parodia, con effetti comici

POESIA SICULO-TOSCANA
→ **Guittone d'Arezzo** (XIII secolo)

- si sviluppa in → comuni dell'Italia centro-settentrionale
- si ispira a → lirica provenzale e poesia siciliana
- utilizza → lingua toscana con influenze siciliane, latine e provenzali
- tratta di → temi amorosi, etici e civili

SPLENDORE E AUTUNNO DEL MEDIOEVO: L'ETÀ DELLE TRE CORONE

INGHILTERRA

La Guerra dei Cent'anni oppone il Regno d'Inghilterra al Regno di Francia dal 1337 al 1453: alla sua conclusione, gli Inglesi sono espulsi da quasi tutti i territori continentali e la Francia assume l'aspetto geopolitico moderno.

GERMANIA

Nel 1308 viene eletto al trono imperiale Arrigo VII di Lussemburgo, che, scendendo in Italia nel 1310, farà sperare a Dante una risoluzione della difficile situazione politica italiana.

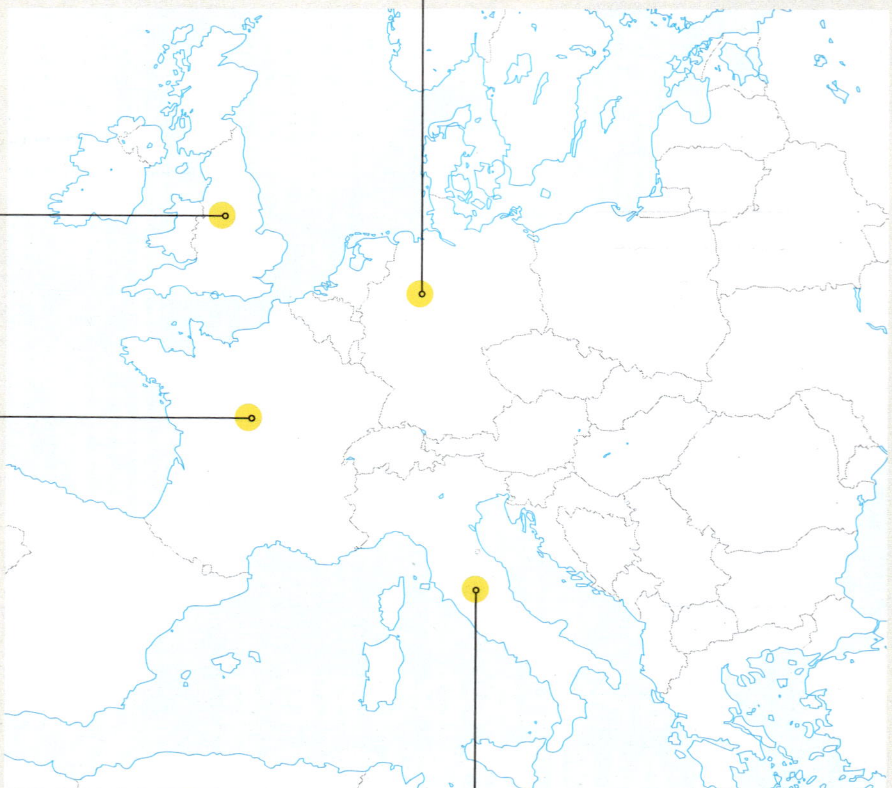

FRANCIA

In seguito ai difficili rapporti tra la monarchia francese e il Papato, nel 1309 papa Clemente V, per migliorare i rapporti con i Francesi e godere della loro protezione, sposta la sede del Papato ad Avignone. La "cattività avignonese" (o Scisma d'Occidente) durerà fino al 1377.

ITALIA

Con l'estinzione del casato di Svevia, il Regno di Sicilia passa prima agli Angioini e poi agli Aragonesi. Tra Duecento e Trecento i Comuni italiani si trasformano in forme di dominio personale: le Signorie.

STORIA

1282

Vespri siciliani
Il malcontento popolare contro il dominio dei francesi Angiò (succeduti alla casata di Svevia nel Regno di Sicilia) trova sfogo in una celebre rivolta.

1301

A Firenze scontri tra guelfi bianchi e neri
Il papa Bonifacio VIII invia a Firenze Carlo di Valois (fratello del re di Francia Filippo il Bello) per favorire la vittoria dei neri.

1347

Scoppia la peste nera L'epidemia di peste bubbonica che si abbatte in tutta Europa fornisce a Boccaccio lo spunto per la cornice del suo *Decameron*.

1354

Fine della rivolta di Cola di Rienzo Cola di Rienzo, che nel 1347 aveva preso il potere a Roma e proclamato la Repubblica (aveva anche la simpatia di Petrarca) viene dichiarato eretico e costretto alla fuga.

1395

Gian Galeazzo Visconti duca di Milano
Sotto il governo dei Visconti, presso i quali soggiornò anche Petrarca, Milano diventa la città più influente della Lombardia.

LETTERATURA, ARTI E SCIENZE

1260-1310 ca.

Stilnovo Fiorisce in Toscana la scuola poetica dello Stilnovo.

1302

Dante Viene condannato all'esilio da Firenze.

1324

Marsilio da Padova Scrive il *Defensor pacis*, in cui per la prima volta si prospetta una concezione laica dello Stato.

1349-53

Giovanni Boccaccio Compone il *Decameron*.

1374 ca.

Francesco Petrarca Stabilisce la forma definitiva del suo *Canzoniere* nel codice Vaticano Latino 3195.

VIDEO

Inquadra il codice per accedere alla lezione sul Duecento.

CONTESTO

QUADRO STORICO

1. L'eredità di Federico II

Alla metà esatta del XIII secolo (1250) la **morte di Federico II** (re di Sicilia e imperatore di Germania) segnò un punto di svolta per la storia della penisola. Si aprirono infatti due gravi **crisi di successione**, che incisero significativamente sugli assetti politici italiani. Anzitutto, la successione al **trono imperiale tedesco** fu molto travagliata e la carica rimase di fatto **vacante** per quasi vent'anni (1256-1274). Di conseguenza, il già labile controllo dell'Impero sull'Italia centro-settentrionale si indebolì ulteriormente, lasciando in tal modo ai comuni margini di autonomia sempre più ampi.
Gli eredi designati da Federico, inoltre, persero il controllo anche sul Regno di Sicilia. Il figlio **Manfredi**, infatti, rimase sul trono siciliano (prima come reggente, poi come re) solo fino al 1266, quando fu sconfitto, a Benevento, dalle truppe di una dinastia francese alla quale il papa Urbano IV si era rivolto per eliminare la presenza della dinastia sveva dall'Italia: gli Angioini.
Il rappresentante degli Angioini a cui si era rivolto il pontefice era **Carlo d'Angiò**, fratello del re di Francia, il quale calò in Italia, sconfisse gli Svevi e prese quindi possesso del regno siciliano e degli altri territori dell'Italia meridionale. Tuttavia, la pesante politica fiscale, volta a finanziare ambiziosi progetti espansionistici, alienò ben presto agli Angioini il supporto della popolazione siciliana. Alla fine, il diffuso malcontento

FLIPPED CLASSROOM

A casa
- Guarda il video *Il Duecento*.
- Leggi il paragrafo *Il papato tra Duecento e Trecento* (pp. 93 – 94) e rispondi: **quali erano le ragioni di contesa tra Bonifacio VIII e il Regno di Francia?**

In classe
- Confrontate le vostre risposte.
- **Che cos'è lo schiaffo di Anagni?** Bonifacio VIII è famoso anche per essere stato umiliato ad Anagni nel 1303. **Cercate online informazioni su questo episodio.**

Manfredi, l'ultimo sovrano svevo del Regno di Sicilia, viene ucciso da Carlo d'Angiò durante la battaglia di Benevento nel 1266. Miniatura dalla *Cronica* di Giovanni Villani, XIV secolo. Città del Vaticano, Biblioteca Apostolica Vaticana.

Vespri
Uno dei principali momenti della Liturgia delle Ore, cioè del ciclo quotidiano di preghiere recitate nella Chiesa cattolica. I Vespri si recitano di sera, dopo il tramonto: *vesper*, in latino, significa «sera».

trovò sfogo, nel 1282, nella celebre **rivolta dei Vespri siciliani** (così chiamata perché ebbe inizio, secondo la tradizione, all'ora dei vespri del Lunedì dell'Angelo).
Promossa dal Parlamento – un'istituzione importantissima nella politica dell'isola – la rivolta ebbe successo grazie all'appoggio da parte di un'altra dinastia "straniera", quella degli Aragonesi. Il re Pietro III d'Aragona sbarcò infatti sull'isola e vi si instaurò al posto degli Angioini. A questi ultimi rimase dunque soltanto la parte continentale del regno, che fu chiamato ufficialmente **Regno di Sicilia Citeriore**, più noto come Regno di Napoli.
Sicilia e Italia meridionale si trovarono così sotto il controllo di due dinastie distinte: l'isola sotto gli Aragonesi, la parte continentale sotto gli Angioini – una divisione segnata da una continua conflittualità tra i due regni, che sarebbero stati riuniti solo un secolo e mezzo dopo circa, nel 1442, quando gli Aragonesi riusciranno infine a conquistare Napoli.

Il Regno di Napoli

Apogeo
In astronomia, designa il punto più distante dalla Terra di un'orbita chiusa attorno al nostro Pianeta. In senso figurato, indica il punto culminante, l'apice, il momento di maggior fioritura di un dato fenomeno.

Nei primi decenni del Trecento, sotto il governo di **Roberto d'Angiò**, nipote di Carlo, il Regno di Napoli raggiunse il proprio apogeo politico e culturale. Roberto d'Angiò ottenne buoni successi sia sul fronte esterno, in particolare nel conflitto a bassa intensità in corso contro gli Aragonesi siciliani, sia sul fronte interno, dove riuscì a mantenere un delicato equilibrio tra le due classi sociali più rilevanti, la nobiltà feudale e il "popolo grasso", ovvero la classe ricca di cittadini dediti al commercio. Anche le arti fiorirono sotto Roberto: il re stesso era particolarmente stimato dagli intellettuali italiani (su tutti Petrarca); attorno a lui si raccolsero umanisti, filosofi, teologi scolastici e artisti; lo stesso Giotto fu chiamato alla corte del re, che gli affidò la decorazione della cappella del Maschio Angioino a Napoli.

La Sicilia aragonese

Sotto il regno di **Federico III di Aragona**, intanto, si consolidò in Sicilia l'istituzione che era stata il fulcro della vita politica siciliana fin dal 1097: il **Parlamento, il più antico al mondo in senso moderno**, che, sotto il controllo aragonese, si concentrò in particolare sulla **difesa dell'autonomia della Sicilia**.
Dal punto di vista economico, il regno di Federico III segnò per la Sicilia un **momento di regresso**: si accentuarono ulteriormente i caratteri feudali del regime, nella gestione dell'agricoltura si radicò il latifondismo e l'intera economia dell'isola entrò in una fase di ristagno.
Come la corte angioina di Napoli, anche quella aragonese di Palermo si propose come luogo di aggregazione per filosofi, intellettuali e teologi. Attorno a Federico III, in particolare, si raccolsero diversi fautori del misticismo cristiano e personaggi vicini al pensiero francescano più rigoroso, i cosiddetti "spirituali", che per le proprie interpretazioni integraliste della dottrina francescana erano stati colpiti da diverse repressioni in altri ambienti italiani ed europei.

2. Il papato tra Duecento e Trecento

Gli attriti con la monarchia francese

Ai sommovimenti politici che cambiarono il volto dell'Italia nella seconda metà del Duecento partecipò attivamente anche lo Stato della Chiesa.
Dopo essersi adoperato per la cacciata degli Svevi dal regno meridionale e aver approfittato dell'indebolimento dell'Impero in Germania per rafforzare la propria influenza politica sulla penisola, il Papato entrò in conflitto con la monarchia francese

di **Filippo IV "il Bello"** (1285-1314). In un frangente di grave difficoltà economica, infatti, Filippo IV aveva cercato di imporre il pagamento delle tasse al clero di Francia: un atto che il **papa Bonifacio VIII** (1294-1303) considerò alla stregua di un affronto, tanto che il pontefice, per porre un freno all'iniziativa, fece ricorso alla minaccia della scomunica nei confronti di ogni laico che provasse a tassare un ecclesiastico.

La superiorità del potere spirituale

Enciclica
Lettera inviata dal papa ai vescovi e ai fedeli, che contiene la trattazione di importanti questioni teologiche, morali o sociali. Di solito il titolo è costituito dalle prime due parole latine del testo.

Bonifacio VIII sostenne il carattere legittimo della sua politica interventista argomentando a favore della superiorità del potere spirituale rispetto a quello temporale nell'**enciclica** *Unam Sanctam*; ricorrendo all'immagine del Sole e della Luna, il pontefice paragonava il papato al primo e la monarchia alla seconda; come la Luna non è dotata di luce propria, ma riflette quella del Sole, così imperatori e re ricevono il potere da Dio per tramite del suo rappresentante in Terra, il papa.
Il pontificato di Bonifacio proseguì in un crescendo di tensioni sempre più esasperate nel rapporto con la monarchia francese. Ciò diede luogo a due importanti conseguenze: una crescente influenza del Regno di Francia sugli affari interni alla Chiesa; una forte destabilizzazione all'interno della curia papale, divisa circa l'atteggiamento da tenere nei confronti della Francia, che costituiva una presenza minacciosa ma, al contempo, anche un potenziale alleato e difensore.

La cattività avignonese e lo Scisma d'Occidente

Dopo la morte di Bonifacio (1303) e il brevissimo papato di Benedetto XI, al termine di un conclave di ben undici mesi – sintomo dei contrasti che percorrevano la politica romana – salì al soglio pontificio **Clemente V**, il quale prese una decisione epocale: spostare la sede pontificia da Roma ad Avignone, città nel Sud della Francia, in modo da migliorare i rapporti con i Francesi e godere della loro protezione.
Ebbe quindi inizio la cosiddetta "cattività avignonese" del Papato, che durò settant'anni circa. Nel 1377, infatti, Gregorio XI rientrò a Roma, dando così avvio, però, allo **Scisma d'Occidente**: alla sua morte i cardinali romani elessero un proprio papa, Urbano VI, mentre quelli francesi ne scelsero un altro (chiamato antipapa), Clemente VII.

3. Dai Comuni alle Signorie

Il podestà

La vita dei Comuni fu segnata fin dal principio da un'intensa rivalità fra tutte le parti che si affacciavano sulla scena politica. Fin da quando i Comuni ottennero la propria indipendenza di fatto dall'Impero germanico, le **famiglie nobili** locali diedero vita a un'intensa competizione per le cariche cittadine più influenti e prestigiose. Queste ostilità interne sfociarono spesso in violenze tali da mettere a rischio la sopravvivenza delle istituzioni democratiche del Comune. Per arrestare il degenerare dei conflitti, nel corso del XII secolo i Comuni affiancarono ai principali organi politici cittadini (consoli e assemblee cittadine) la figura del **podestà**: si trattava di una magistratura elettiva, dal mandato semestrale o annuale, che doveva porsi **al di sopra dei contrasti interni all'aristocrazia**, garantendo l'applicazione di leggi e statuti e assicurando il funzionamento delle istituzioni cittadine. Per raggiungere un maggior grado di imparzialità, i Comuni spesso conferivano questo incarico a persone esterne alla comunità cittadina: venne così formandosi la figura del podestà di professione, che si spostava di comune in comune al termine di ogni mandato, contribuendo a diffondere una relativa omogeneità nel funzionamento politico delle comunità cittadine del Centro-Nord.

Capitani del popolo e signori

Questa soluzione, pur contribuendo a un equilibrio tra le famiglie nobili, non poté impedire un crescente attrito con i *populares*, ovvero con quel **ceto emergente di mercanti e borghesi**, fondamentali per l'economia cittadina, che finora erano stati esclusi dall'amministrazione della comunità e ora reclamavano un maggior peso nella vita pubblica. Nel corso del Duecento, i *populares* riuscirono a formare proprie assemblee e a eleggere un proprio **capitano del popolo**, che bilanciasse e controllasse l'operato del podestà. In modi che variarono di comune in comune, tali figure riuscirono in breve ad accrescere il proprio potere personale, trasformando il proprio mandato in una **carica vitalizia** e ottenendo il diritto di **nominare i propri successori**. Sebbene in molti casi le istituzioni repubblicane rimanessero formalmente operative, tra Duecento e Trecento i Comuni italiani si trasformarono in forme di dominio personale, note come **Signorie**, che diedero vita a casati destinati a restare in auge anche per diversi secoli.

4. Economia e società

Carestie ed epidemie

L'intenso sviluppo demografico, culturale e tecnologico che l'Europa visse a partire dall'anno Mille si interruppe drammaticamente alla metà del Trecento. L'eccessivo sovrappopolamento non poteva essere sostenuto dalle risorse agricole e causò un **peggioramento delle condizioni di vita** nei centri abitati; in aggiunta, una serie di circostanze climatiche avverse causò, tra il 1315 e il 1317, un'ondata di carestie che mise in ginocchio l'intero continente. Nel **1347**, poi, sull'Europa si abbatté una catastrofica **epidemia di peste bubbonica**: si stima che nei tre anni del picco massimo, l'epidemia falcidiò in media il 25% della popolazione europea. La pandemia fu seguita nel 1350 da una nuova serie di carestie, che portarono la società europea al tracollo.
A causa del calo demografico fu impossibile mantenere milizie cittadine stabili. Si formarono allora le **compagnie di ventura**, composte da guerrieri professionisti che offrivano i propri servizi in cambio di un salario. I primi **segnali di ripresa** vennero nella seconda metà del XIV secolo. Nelle campagne si svilupparono attività manifatturiere, le compagnie mercantili presero a commerciare soprattutto generi alimentari ma anche beni di lusso, come seta e vetro; iniziò così ad affermarsi un nuovo ceto imprenditoriale che avrebbe dato un nuovo volto all'economia europea.

La società mercantile

L'ascesa di un nuovo **ceto mercantile** portò, soprattutto nell'Italia centro-settentrionale, a tensioni con l'antica **aristocrazia feudale**. Mentre il potere dei nobili si fondava principalmente sulle rendite dei loro possedimenti, per lo più agricoli, lo sviluppo del ceto mercantile era legato ad attività commerciali e, per usare un termine moderno, "imprenditoriali". Tali attività erano tradizionalmente considerate indegne di un aristocratico, poiché troppo lontane dal sistema ideologico delle virtù cavalleresche; tuttavia, la loro fondamentale importanza per lo sviluppo economico e tecnologico della società avrebbe portato rapidamente al declino le famiglie nobili che si fossero ostinate a rimanere chiuse nell'ormai insostenibile sistema feudale. Nella maggior parte dei casi, tra Duecento e Trecento si assistette a un **avvicinamento tra le ideologie delle due classi sociali**: molte famiglie aristocratiche si avvicinarono alle attività di mercanti e banchieri per rinsaldare il proprio potere economico, mentre i mercanti, una volta conquistato un ruolo di peso nella vita economica italiana, ambirono a ottenere prestigio mediante i titoli onorifici della nobiltà tradizionale.

VIDEO

Inquadra il codice per accedere alla lezione sul Trecento.

CONTESTO

QUADRO CULTURALE

1. L'affermazione del volgare e il Preumanesimo

FLIPPED CLASSROOM

A casa
- Guarda il video *Il Trecento*.
- Leggi il paragrafo *L'affermazione del volgare e il Preumanesimo* (pp. 96 – 97) e rispondi: **quali caratteristiche ha la lingua dei rimatori siculo-toscani?**

In classe
- Confrontate le vostre risposte.
- Il volgare è una lingua; l'aggettivo "volgare", invece, può indicare un modo rozzo di esprimersi o comportarsi, oppure anche un'imitazione mal riuscita ("Questa borsa è una volgare imitazione di un modello di Gucci"). **Cercate l'etimologia di "volgare" e ricostruitene l'uso nel tempo.**

Nella prima metà del Duecento la **scuola poetica siciliana**, raccoltasi alla corte di Federico II di Svevia, aveva dato vita a una poesia in grado di rivaleggiare sia con la produzione in volgare dei comuni del Nord Italia sia con quella in latino della Chiesa, assecondando così il programma politico del suo mecenate (➤ p. 62). La lirica siciliana aveva creato una lingua fondata su un volgare che non si identificava precisamente con un dialetto locale. Ciò era dovuto sia alla natura itinerante della corte di Federico sia alla presenza al suo interno di intellettuali di diverse provenienze: ne derivò un volgare **siciliano illustre**, elevato al rango di lingua letteraria mediante il confronto con il latino e il provenzale. La fama di questa lirica si diffuse in tutta Italia e trovò particolare favore in Toscana; già prima della morte di Federico, gli amanuensi toscani presero a ricopiare le composizioni siciliane adattandone la lingua al proprio volgare. Quando poi la scuola siciliana si sciolse, alla morte di Manfredi (1266), la sua eredità fu raccolta da una generazione di poeti toscani oggi noti come **rimatori siculo-toscani** (➤ p. 80). Questi poeti ripresero dalla lirica siciliana sia alcune forme (soprattutto la canzone e il sonetto) sia il tema dell'amore laico, ma il diverso contesto sociale in cui essi operavano li portò ad affiancarvi temi più strettamente legati alla vita quotidiana e all'esperienza politica dei comuni toscani. Nella seconda metà del Duecento, la lirica

Capolettera miniato con il ritratto dell'imperatore Federico II di Svevia, XIV secolo.

siciliana e quella trobadorica furono inevitabilmente i modelli principali del **Dolce stil novo**, i cui esponenti principali furono per lo più toscani e composero in una lingua basata sul loro volgare, emendato dei tratti più marcatamente locali. Fu proprio questo volgare fiorentino che si impose piano piano come lingua letteraria italiana. A segnare la sua affermazione sempre più decisa sarebbe stata poi l'opera delle **"tre corone"** della lingua italiana: Dante (1265-1321), Petrarca (1304-1374) e Boccaccio (1313-1375).

Il Preumanesimo

Sul finire del Duecento si manifestarono i primi segni di una trasformazione culturale che avrebbe radicalmente cambiato la concezione dell'uomo e che, di lì a poco, avrebbe messo progressivamente in crisi il sistema filosofico e culturale medievale. Questo movimento culturale è stato definito dagli studiosi moderni **Preumanesimo**, poiché preparò la temperie culturale dell'Umanesimo (che giungerà a pieno sviluppo nel Quattrocento). La letteratura, la filosofia e le arti figurative furono interessate da questa trasformazione, che portò a un più spiccato **interesse per l'uomo** e alimentò la fiducia nella sua possibilità di raggiungere la conoscenza attraverso i suoi sensi e la sua intuizione, oltre che con la ragione. Più in generale, il Preumanesimo investì la concezione dei rapporti tra l'individuo e l'autorità dei testi filosofici e religiosi su cui si fondava il sapere medievale.

La riscoperta dell'antico

La definizione di Preumanesimo (così come quella di Umanesimo) deriva dall'espressione ***studia humanitatis***, che significa letteralmente «studi sull'umanità», cioè sulla natura dell'essere umano: fin dall'antichità indicava un'istruzione fondata su studi letterari e filosofici e mirata a plasmare l'individuo in tutti i suoi aspetti. La riscoperta di tale modello educativo, e in particolare della sua importanza per la formazione etica e morale dell'uomo, fu tra i principali segni distintivi del Preumanesimo.
Il primo impulso in tal senso venne dall'opera di **Francesco Petrarca**, che fin dalla giovinezza era stato appassionato ammiratore di Cicerone e in generale della letteratura latina. Visitando le principali biblioteche italiane ed europee, Petrarca riscoprì i manoscritti di opere latine fino ad allora dimenticate; inoltre, studiando meticolosamente questi manoscritti nell'intento di correggere i testi dagli errori introdotti dagli amanuensi, Petrarca gettò le basi per lo sviluppo della filologia. La lettura dei classici latini e dei Padri della Chiesa consolidò in Petrarca la convinzione che la **cultura classica** fosse portatrice di insegnamenti etici universali, in grado di edificare l'anima dell'uomo del suo tempo e guidarlo nel suo vivere civile. L'opera di Petrarca fu condivisa anche da **Giovanni Boccaccio**, che si mostrò profondamente interessato anche alla lingua e alla cultura greche, di cui promosse la diffusione presso la successiva generazione di umanisti fiorentini.

2. La riflessione filosofica

L'averroismo

La traduzione in latino delle opere di Aristotele aveva reso possibile la diffusione della filosofia aristotelica nelle università europee; integrato nel sistema della Scolastica, che si proponeva di dimostrarne la coerenza con la fede cristiana, il **pensiero aristotelico** era diventato così la base dell'impianto filosofico dell'Europa medievale. Lo studio delle opere di Aristotele fu regolarmente accompagnato, dal XIII secolo, dalla lettura dei commenti del filosofo arabo noto come **Averroè** (Cordova 1126 - Marrakech 1198), composti nel XII secolo in arabo e tradotti in latino nel 1212 da Michele Scoto, attivo alla corte di Federico II. L'enorme diffusione nelle università europee di questi testi, e dunque delle interpretazioni che Averroè aveva sviluppato a partire dalle opere aristoteliche, diede vita a un intenso dibattito tra i principali filosofi e teologi del tempo. Alcune dottrine di Averroè, infatti, risultavano irrimediabilmente **in contrasto con la fede** cristiana; tra le più controverse c'era la dottrina dell'eternità del mondo, secondo cui la materia non sarebbe stata creata da Dio, ma sarebbe stata eternamente esistente. Le controversie tra i sostenitori delle dottrine averroistiche e gli intellettuali scolastici (tra cui Alberto Magno e Tommaso d'Aquino) avevano un significato che andava oltre lo specifico argomento in questione: diventava palese, infatti, che la **speculazione filosofica** e l'**uso della ragione** potevano condurre a posizioni **in conflitto con le verità della fede**.

Gli averroisti si appellarono a quel principio che sarebbe poi diventato noto come **"doppia verità"**: secondo questo principio, è necessario distinguere tra le verità rivelate dalla fede, che non vengono messe in discussione, e le verità filosofiche, ovvero i risultati dell'indagine razionale, che non pretendono di soppiantare gli articoli di fede, ma sono vere esclusivamente all'interno di una data disciplina.

Le prime incrinature nell'edificio della Scolastica

La relazione tra filosofia e teologia fu al centro di un dibattito che si protrasse tra Duecento e Trecento e che, infine, metterà in crisi quella fiducia nella correlazione tra fede e ragione su cui si fondava il sistema della Scolastica. **Tommaso d'Aquino** (1225-74) aveva escluso che fede e ragione potessero contraddirsi, giacché entrambe derivano da Dio; anzi, aveva sostenuto che la teologia potesse offrire alla filosofia una guida nella sua ricerca, mentre la filosofia avrebbe sostenuto la fede illustrandone le verità e confutando le obiezioni che le venivano mosse. Filosofia e teologia erano accomunate, secondo Tommaso, dall'applicazione dello stesso metodo dimostrativo, offerto dalla logica aristotelica.

Questo tentativo di conciliare fede e ragione fu confutato da **Giovanni Duns Scoto** (1265-1308) e **Guglielmo da Ockham** (1280-1306). Per il primo, la ragione può indagare solo la realtà mondana, concreta, ma non i misteri della fede, oggetto invece della teologia. Analogamente, Guglielmo sosteneva l'impotenza dell'intelletto umano a cogliere le ragioni che muovono l'azione divina, le quali non sono vincolate ad alcuna regola o legge. In questo modo veniva invalidato l'obiettivo principale della Scolastica: fondare le verità di fede su basi razionali e filosofiche.

La mistica speculativa

A fronte della crisi che stava attraversando la Scolastica, emersero gradualmente nuove riflessioni sul ruolo della teologia come guida dell'anima verso il suo vero fine, riflessioni che ebbero delle ricadute significative anche sullo sviluppo della tradizione mistica. Alla metà del Duecento, la mistica cistercense aveva avuto ormai grande diffusione in tutta Europa (➤ p. 5); Bernardo di Chiaravalle, in particolare, aveva elaborato l'idea di una progressione di **quattro gradi** dell'amore, che consentono all'anima di contemplare Dio penetrando nella sua sapienza.

Nella seconda metà del Duecento, il francescano **Bonaventura da Bagnoregio** (1221 ca.-74) diede un nuovo impulso alla mistica cristiana contrapponendosi alla tradizione aristotelico-averroistica e illustrando come la fede, e non la ragione, potesse indicare all'anima la via verso la verità. Nella sua opera principale, *Itinerarium mentis in Deum* (*Itine-*

Giotto di Bondone, *Monaci francescani in preghiera*; particolare del *Giudizio Universale*, 1304-1306. Padova, Cappella degli Scrovegni.

rario della mente verso Dio), Bonaventura sostiene che il viaggio verso Dio è possibile soltanto per mezzo della grazia divina e deve attraversare **tre gradi**: il grado esteriore, che consiste nella considerazione degli oggetti corporei, in cui si può individuare l'orma di Dio; il grado interiore, in cui l'uomo torna a considerare la propria interiorità, che è immagine di Dio; e infine il grado eterno, che porta l'uomo a elevarsi alla contemplazione dei princìpi eterni e spirituali e alla conoscenza di Dio.

La crisi del pensiero politico medievale

In campo politico, Guglielmo da Ockham fu sostenitore dell'**indipendenza del potere temporale** da quello spirituale. Nell'ottica di Guglielmo, la Chiesa non è altro che l'assemblea dei fedeli e non un'entità superiore che possa limitare la libertà di chi ne fa parte. In questa prospettiva, il pontefice non ha funzione di comando ma di servizio alla sua comunità. Contestando il ruolo di intermediazione tra l'umano e il divino che la gerarchia ecclesiastica si era attribuita nel corso dei secoli, Guglielmo anticipava alcuni aspetti della riforma protestante di Martin Lutero (XVI secolo).
L'indipendenza del potere temporale fu sostenuta, su basi diverse, anche da **Marsilio da Padova** (1275-1342), autore di un'opera intitolata *Defensor Pacis* (*Difensore della Pace*). Secondo Marsilio, gli uomini si riuniscono in comunità per motivazioni utilitaristiche, al fine di migliorare le proprie condizioni di vita collaborando tra loro.
Ne consegue che lo Stato, che è la forma più sviluppata di comunità, non è sanzionato da un'investitura divina e non lo sono nemmeno coloro che al suo interno esercitano funzioni di responsabilità politica. Questi ricevono infatti il proprio incarico dal popolo, che si aspetta quindi di vedere difesi i propri interessi. Anche le gerarchie ecclesiastiche svolgono una precisa funzione all'interno dello Stato, quella di salvaguardare la pace mediante l'applicazione dei precetti divini, ma non per questo esse dovrebbero godere di una posizione di superiorità nei confronti delle altre componenti sociali che danno il proprio contributo al benessere comune.

CROCEVIA

Il gotico radiante: il trionfo della luce

Tra la metà del Duecento e la metà del Trecento lo stile gotico delle cattedrali assume nuove forme, che valorizzano lo slancio in verticale degli elementi architettonici e la diffusione della luce all'interno degli edifici. Gli storici dell'arte definiscono questo stile "gotico radiante" per il sistema di assi radiali caratteristico dei grandi rosoni posti a decorazione delle facciate.

Tra gli esempi più significativi di questo stile c'è la cattedrale di Sainte-Chapelle a Parigi, costruita tra il 1246 e il 1248 come cappella privata del palazzo reale francese.

Le vetrate laterali sono finemente lavorate e occupano gran parte delle pareti, alleggerendo la struttura complessiva dell'edificio e facendo penetrare all'interno molta luce.

Elemento caratteristico del gotico radiante, il rosone raggiunge dimensioni imponenti ed è riccamente decorato.

La verticalità dello spazio interno è particolarmente valorizzata dal ricorso ad archi rampanti, che raggiungono altezze sempre più elevate in modo da rafforzare le strutture portanti dell'edificio.

I pilastri di sostegno si alleggeriscono grazie all'aggiunta di motivi decorativi, in particolare colonnette colorate che danno l'effetto di un maggiore slancio verso l'alto.

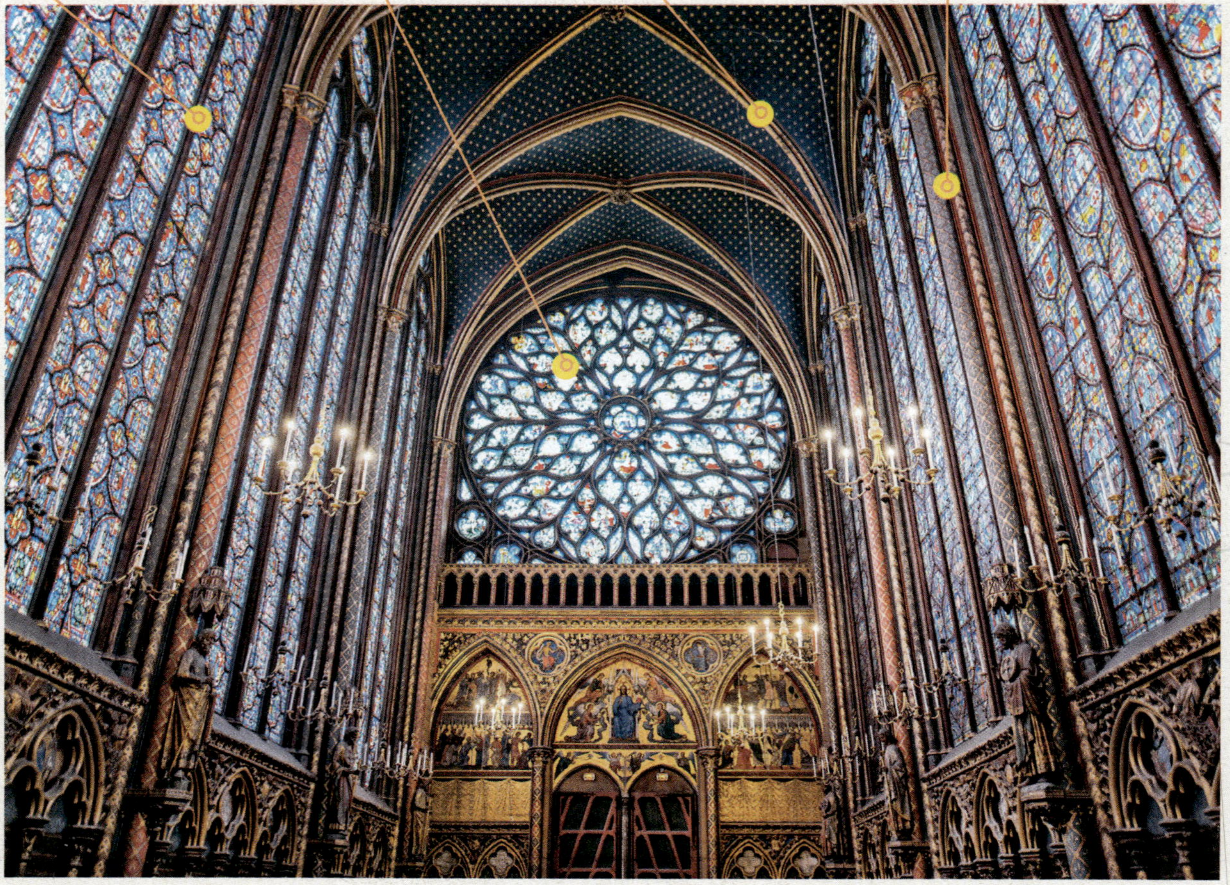

Il Dolce stil novo

TEMI E GENERI

1. La poesia del cuore gentile

1.1 Una svolta nella tradizione della lirica d'amore

Una poesia nuova

VIDEO

Inquadra il codice per accedere alla lezione sullo Stilnovo.

Nella **seconda metà del Duecento** alcuni poeti, prevalentemente di **area toscana**, definiscono un modo di fare poesia in volgare che, pur nascendo nel solco delle esperienze poetiche più significative dei decenni precedenti (i rimatori siculo toscani, la scuola siciliana, la lirica trobadorica), vuol essere, e di fatto è, qualcosa di "nuovo".
Non a caso, quando il più illustre tra questi giovani poeti, Dante Alighieri, vorrà definirli collettivamente, parlerà di «**dolce stil novo**», indicando nella "novità", oltre che nella "dolcezza", la cifra del loro poetare. E senza dubbio il Dolce stil novo o, più semplicemente, lo **Stilnovo**, anima un dibattito destinato a rinnovare profondamente la lirica in volgare della fine del Duecento e a esercitare una considerevole influenza su tutta la tradizione poetica successiva, italiana ma anche europea. Da questo dibattito, condotto attraverso canzoni-manifesto e sonetti polemici, emerge una nuova consapevolezza del «parlar materno» (il volgare toscano, come dirà Dante), che tende ormai a superare la dimensione locale della poesia precedente, in particolare quella di Guittone d'Arezzo (➤ p. 81) e si propone di esprimere, con precisione e raffinatezza, i contenuti più alti.

Il gruppo: il fior fiore della gioventù cittadina

Nuova, del resto, è l'aria che respirano questi poeti. Lontani ormai dalle corti che avevano ospitato la poesia trobadorica, ma anche dalla corte dei poeti-funzionari al seguito di Federico II, sono giovani cresciuti nel **clima vivace e stimolante del mondo comunale**; di estrazione agiata, hanno ricevuto una **raffinata formazione universitaria** e si affacciano ora alle dispute e ai conflitti della vita sociale, ma nutrono l'ambizione di trovare forme e modi espressivi che non siano limitati a un ristretto ambito municipale. Condividono interessi, cultura ed eccellenza d'ingegno ed è quindi inevitabile che finisca per legarli un'**amicizia** fatta di frequentazioni, letture, scambi di idee, ragionamenti sulle rispettive prove poetiche. Tra loro, le figure di maggiore spicco sono **Guido Guinizzelli** (➤ p. 110), il più anziano del gruppo, che anticipa molti dei tratti stilistici e dei temi che saranno propri della poetica stilnovista; **Guido Cavalcanti** (➤ p. 126), il cui genio raffinato affascina il giovane Dante, infine **Cino da Pistoia** (➤ p. 121), Lapo Gianni, Gianni Alfani, Dino Frescobaldi ma soprattutto **Dante Alighieri**.

1.2 Dante e l'invenzione dello Stilnovo

Dante: l'"inventore" dello Stilnovo

Il ruolo di **Dante** è, in effetti, fondamentale, non solo come protagonista del gruppo, ma anche – e forse soprattutto – per il suo ruolo di **testimone e** di **interprete dello Stilnovo come fenomeno letterario**. È Dante che, oltre a crearne il nome, in certo modo inventa la categoria critica di Dolce stil novo, definendolo e individuandolo come momento significativo nella storia della letteratura in volgare. Il gruppo di poeti che abbiamo appena ricordato, infatti, pur legato da considerevoli affinità e consonanze, non si può considerare propriamente una scuola (com'era stata la scuola siciliana),

Nobiluomo che offre un falco a una dama; particolare del *Mese di luglio*, dal ciclo dei *Mesi* del Maestro Venceslao, XIV-XV secolo. Trento, Castello del Buonconsiglio.

con membri che si identifichino in un preciso progetto poetico. Si tratta, piuttosto, di personalità caratterizzate da **sensibilità diverse** fra loro, che certo condividono aspetti e finalità anche rilevanti del poetare, ma che sono, nondimeno, separati da **visioni divergenti**, quando non da aperti **contrasti**. Alcuni critici moderni, quindi, hanno osservato che, senza Dante, lo Stilnovo, inteso come insieme di poeti accomunati da un medesimo ideale artistico, forse non sarebbe mai esistito.

Lo Stilnovo o gli Stilnovi?

E non solo. Se lo Stilnovo ha un'identità plurale, frammentata in esperienze individuali diverse, non sempre riconducibili a un disegno coerente, anche la stessa lettura di Dante non è univoca, ma è, piuttosto, frutto di un'evoluzione. Come vedremo più diffusamente nel capitolo a lui dedicato, Dante è, in giovinezza, uno dei fautori più convinti della nuova maniera, ma se ne distanzia in seguito, avendo concepito progetti poetici più ambiziosi: è proprio alla luce di questi nuovi orizzonti che egli rilegge e reinterpreta le stagioni poetiche precedenti. La sua è dunque contemporaneamente la testimonianza di un protagonista e quella di un critico, che giudica il passato a posteriori e secondo una prospettiva ormai mutata.

FISSA I CONCETTI

- Il Dolce stil novo può essere considerato una scuola poetica oppure no? Motiva la tua risposta.
- In quale contesto si sviluppa lo Stilnovo?
- In che cosa lo Stilnovo si differenzia dalle esperienze poetiche precedenti (lirica trobadorica, scuola siciliana, poesia siculo-toscana)?

2. Le caratteristiche, i temi e le forme del nuovo stile

2.1 La fedeltà al dettato d'Amore

Il Bonagiunta di Dante: un detrattore pentito

L'espressione «dolce stil novo» compare per la prima volta nella ***Commedia***, nel **canto XXIV del *Purgatorio***, e a usarla è uno dei personaggi che Dante immagina di incontrare nella salita del monte del Purgatorio, il notaio **Bonagiunta** Orbicciani da Lucca. È una scelta molto significativa, perché Bonagiunta era stato vicino alla scuola di Guittone e **aveva criticato Guido Guinizzelli**, il precursore dello Stilnovo, rimproverandogli l'eccessiva ricercatezza e difficoltà concettuale (➤ p. 81). Dante però immagina che l'anima del rimatore lucchese, proprio grazie all'incontro avuto con lui, riconosca finalmente la superiorità della nuova poesia, affermando alla fine di essersi trattenuto, insieme a Giacomo da Lentini e Guittone d'Arezzo (➤ pp. 64 e 81), al di qua del punto di svolta (il «nodo») innovativo costituito dalla poesia degli stilnovisti (*Purg.* XXIV, 49 ss.).

L'Amore "dittatore"

È estremamente significativo che l'aspetto caratterizzante dello Stilnovo che Dante attribuisce alla propria poesia, e che persuade Bonagiunta della novità dello Stilnovo rispetto al proprio stile, sia la **fedeltà al "dettato" d'Amore**, cioè il fatto di trascrivere precisamente ciò che Amore dice («I'mi son un che, quando / Amor mi spira, noto, e a quel modo / ch'e' ditta dentro vo significando», cioè "Io sono un poeta che scrive sotto la diretta ispirazione di Amore, ed esprime fedelmente ciò che egli mi detta nel cuore"; ➤ *Purg.* XXIV, 52-54, p. 331). Il poeta stilnovista si distingue dai precedenti proprio per la sua fedeltà nel trascrivere l'esperienza amorosa che ha vissuto in prima persona: non si tratta quindi del ricorso a una maniera definita, a una serie di procedimenti formali che rendono la materia amorosa semplicemente un pretesto compositivo e ne danno una rappresentazione stilizzata, come era avvenuto sino a quel momento.

Al contrario, la metafora di Amore **"dittatore"** (cioè, in sostanza, dell'amore-scrittore) comporta un **legame strettissimo tra esperienza amorosa e poesia**, inizia dunque a definirsi un allontanamento dalle convenzioni e dalle situazioni tipiche della poesia erotica cortese, a favore di un io poetico più definito.

Dittatore
L'*Ars dictaminis* nel Medioevo è la retorica: il *dictator* («dittatore») è colui che ne è esperto, che è in grado di comporre testi raffinati (è, insomma, lo scrittore).

2.2 Il rigore speculativo

Una poesia speculativa

Per trascrivere con mezzi adeguati l'esperienza amorosa occorre, secondo i poeti dello Stilnovo, una raffinata cultura: **Guinizzelli**, e dopo di lui **Cavalcanti** e **Dante sostengono** che la **materia amorosa**, eredità provenzale e poi siciliana, **richiede grande rigore speculativo** per poter essere descritta con il linguaggio della poesia.

Il contrasto con i poeti precedenti

La ricerca di tale rigore entra in contrasto con la precedente generazione di poeti, o perché questi non sono all'altezza di apprezzarne lo spessore (come nel caso di Bonagiunta) o perché i precedenti tentativi di esprimere in poesia temi filosofici complessi (come nel caso di Guittone) erano stati deludenti. Così, **Bonagiunta non aveva colto la profondità di contenuti** ricercata da Guinizzelli e l'aveva bollata come incomprensibile. A Guinizzelli, infatti, egli indirizza il sonetto *Voi ch'avete mutata la mainera* (cioè il modo di poetare), rimproverandogli di «traier canson per forsa di scritura», ovvero di ricorrere in modo forzato ai riferimenti cólti, filosofici o di altra natura (➤ p. 85).

FISSA I CONCETTI

- Che cos'è la fedeltà al "dettato" d'Amore da parte del poeta?

D'altro canto Guinizzelli, che nella sua Bologna si era formato in uno degli ambienti universitari più stimolanti e vivaci dell'Europa di allora, non poteva che trovare inadeguati gli sforzi di **Guittone**: questi, infatti, aveva sì aperto la lirica volgare a nuovi contenuti, ma senza la consapevolezza dei mezzi speculativi ed espressivi degli stilnovisti. I **suoi versi**, dunque, risultavano **oscuri nella forma e** spesso anche **imprecisi nei concetti**: rispetto al suo astruso *trobar clus* (➤ p. 38), insomma, Guinizzelli e la nuova generazione di poeti intendono percorrere vie nuove, alla ricerca di un poetare insieme più limpido e più rigoroso.

2.3 Un'idea nuova di Amore

Che cosa è l'amore

La maggiore raffinatezza speculativa dello Stilnovo si esercita, in particolare, su un tema "caldo" per tutti coloro che si erano mossi nel solco della tradizione della lirica cortese, dai trovatori a Dante, un tema riassumibile in una domanda: che cosa è l'Amore? La questione, ampiamente dibattuta, riguardava la **natura dell'amore**, gli effetti che produce, le sue manifestazioni e le sue declinazioni più desiderabili o, al contrario, detestabili.

La tradizione della *fin'amor*

Il ***De amore*** di Andrea Cappellano (➤ p. 36) si era imposto come un imprescindibile punto di partenza: rispetto a una morale sessuale tradizionalmente fondata sulla ricerca di castità, continenza e pudicizia, sulla condanna dell'adulterio e sulla sostanziale sottomissione della donna, Andrea Cappellano aveva delineato un paradigma rivoluzionario, che ammetteva, e anzi prescriveva, un'esperienza amorosa intesa come **passione** (ossia come moto dell'animo che produce turbamento), che si rivolgeva a **donne già sposate** (dunque adulterina) e che aspirava all'unione, anche fisica, con l'amata.

La svolta stilnovista

Ebbene, in questo orizzonte, sostanzialmente accolto dalla tradizione della lirica d'amore, lo Stilnovo elabora una posizione fortemente innovativa: l'**amore è** l'**espressione naturale di un animo nobile**. Chi possiede finezza d'animo, raffinatezza e profondità spirituale, concepisce in sé, naturalmente e inevitabilmente, il sentimento d'amore. «Al cor gentil rempaira sempre amore», afferma limpidamente Guinizzelli (➤ **T1**): l'amore e la "gentilezza" (ossia la nobiltà d'animo) sono la stessa cosa, l'uno è espressione dell'altra. È pur vero che già nel *De amore* si asseriva che «Solo la *probitas* [cioè la «rettitudine», il valore individuale] rende un uomo degno dell'amore» (*regula* XVIII), ma si trattava di un'affermazione di ben altra portata: un conto, infatti, è puntualizzare che non è la nobiltà di stirpe a fare l'amante, un altro è dichiarare che la capacità di provare amore è indizio certo e immancabile di elevatezza morale e intellettuale, come sostiene lo Stilnovo.

Una possibile influenza

Una questione ancora aperta è quella dell'influenza, su questa concezione sublimata dell'amore e della figura femminile, della **letteratura mariana**. Nel sonetto di Guinizzelli *Vedut'ò la lucente stella diana* la donna è paragonata a una stella, che nel Medioevo è una delle più ricorrenti immagini caratteristiche della Madonna; o ancora si pensi al sonetto di Cavalcanti *Una figura della Donna mia*, sui miracoli compiuti da un'immagine della Madonna nella chiesa di Orsanmichele a Firenze. Tutto ciò assume particolare importanza nella prospettiva dantesca, se si pensa alla spiritualizzazione della figura di Beatrice nella *Vita nuova*, prima, e nella *Commedia*, poi.

Parlare d'amore in termini filosofici e scientifici

Le argomentazioni con cui i poeti del Dolce stil novo spiegano la natura dell'amore attingono a **concetti**, **immagini** e **procedimenti logici** raffinati, tratti dai loro studi **filosofici** e **scientifici**. Così, come avremo modo di vedere dettagliatamente nelle analisi dei testi, nei loro versi compaiono categorie e tecniche dimostrative mutuate dalla Scolastica (parlano per esempio di "potenza", di "atto", di "accidente", ricorrono ai sillogismi) e riferimenti medici, mineralogici, astronomici, teologici.

L'amore «ditta dentro»: una poesia dell'interiorità

Gli aspetti innovativi che sin qui abbiamo indicato come tipici della nuova maniera poetica si declinano, naturalmente, in modi anche molto diversi da un poeta all'altro e, spesso, variano nel corso della vita di uno stesso autore, come nel caso di Cavalcanti e di Dante; avremo modo di segnalare via via queste divergenze ed evoluzioni, prevedibili peraltro in un gruppo che si aggrega per effetto di un comune sentire e non sulla base di un programma poetico definito. Resta da ribadire un'ulteriore novità che lo Stilnovo ha il merito di introdurre nella storia della letteratura italiana: l'idea di una poesia fortemente centrata sull'**interiorità**, sull'osservazione dei moti che agiscono all'interno dell'animo del poeta. Se l'attenzione dei trovatori e dei rimatori siciliani e toscani era prevalentemente rivolta all'esterno, dunque alla dama, all'ambiente della corte, alle occasioni che potevano favorire o viceversa ostacolare l'amore, il Dolce stil novo ha uno **sguardo più decisamente introspettivo**. Osserva quindi gli **effetti interni del sentimento amoroso**, conferendo tonalità e profondità nuove a quella **fenomenologia** dell'innamoramento ereditata dalla trattatistica e dalla tradizione lirica precedente. Concentrarsi sulla verità interna dell'esperienza d'amore significa anche rinunciare a quell'esuberante repertorio di **similitudini**, **analogie** e **paralleli** (per esempio **floreali**, **mineralogici**, **zoologici**) con cui la lirica d'amore aveva sino a quel momento cercato di spiegare l'innamoramento e la passione. Perciò, più che ai bestiari, ai lapidari e ai vari repertori di questo tipo (che pure non vengono del tutto banditi), gli stilnovisti fanno ricorso a categorie e concetti filosofici, teologici, scientifici. E, rinnovati da questi strumenti espressivi, i luoghi comuni dell'innamoramento producono immagini dal fascino inedito; si pensi, per esempio, al "teatro interiore" immaginato da Cavalcanti, in cui le singole parti dell'animo dell'amante, assediate dalle forze esterne dell'amore, sono attaccate, sconfitte e infine disgregate.

Fenomenologia

Con "fenomenologia" si intende la varietà di modi in cui qualcosa si manifesta; in questo caso, i diversi segni, sintomi e modi con cui l'innamoramento si mostra.

2.4 Un amore che salva o un amore che distrugge?

Verso la soluzione di un antico conflitto

L'**amor cortese** era, per vari aspetti, **inconciliabile con l'etica cristiana**, che non poteva ammettere né il vagheggiamento di amori adulterini né un culto della dama così intenso e ossessivo da oscurare il primato dell'adorazione dovuta a Dio. Lo scontro fra le due visioni era emerso in più circostanze, come dimostrano per esempio il terzo libro del *De amore*, che aveva ritrattato i contenuti dei libri precedenti (in cui si sosteneva la superiorità dell'amore extraconiugale) o le posizioni ortodosse del secondo Guittone (➤ p. 81). Anche su questo punto, l'esperienza dello Stilnovo apre a sviluppi inattesi.

«Tenne d'angel sembianza»

Per comprendere questa svolta, occorre tornare ancora al manifesto guinizzelliano, ***Al cor gentil***, e precisamente ai versi conclusivi, nei quali il poeta immagina che, dopo la morte, Dio gli chieda conto del «vano amor» a cui si è votato. L'unico argomento possibile per giustificarsi, sostiene Guido, è l'**aspetto angelico dell'amata**: «Tenne d'angel sembianza / che fosse del Tuo regno; / non me fu fallo, s'in lei posi amanza» ("Sembrava un angelo venuto dal Regno dei Cieli; non ho colpa, se ho riposto in lei il mio amore"). L'idea, espressa qui con la leggerezza di un arguto *escamotage*, è destinata ad avere grande fortuna, nello Stilnovo e oltre: Cavalcanti, per esempio, parla di «angelicata crïatura», Lapo Gianni di «angelica figura» e così via.

> Come le intelligenze angeliche, la donna ha una funzione attualizzatrice: essa traduce in atto, cioè in amore, la potenza del cor gentile.
> Aurelio Roncaglia

Dame che "sembrano" angeli e donne che "sono" angeli

Di «angelica sembianza», peraltro, aveva parlato anche Guittone e di «angelica figura» Giacomo da Lentini: l'assimilazione della dama a un angelo era **già comparsa** insomma **nella lirica precedente**, ma solo come ardita metafora per elogiare, con la dovuta enfasi, la bellezza femminile: con *Al cor gentile*, invece, – forse persino al di là delle intenzioni di Guinizzelli – si inizia a passare **dalla metafora** ("la donna è un angelo" in quanto è "bella come un angelo") **all'identificazione** ("la donna è – effettivamente – un angelo"). Il salto logico sarà compiuto definitivamente da **Dante**, che, come si è detto, delineerà una figura femminile angelica in quanto salvifica, mediatrice di un percorso di purificazione spirituale e di ascesi: il suo nome sarà, non a caso, Beatrice e condurrà Dante, pellegrino dell'oltretomba, attraverso i Cieli del Paradiso.

Il motivo della donna angelicata

Se questa svolta concettuale è compiutamente elaborata da Dante, le premesse sono però già nello Stilnovo, che, pur senza rinunciare a un'idea di **amore terreno**, anche passionale, e mantenendosi in un **orizzonte ancora laico**, apre a una **dimensione spirituale nuova** dell'esperienza amorosa e prelude alla composizione del dissidio tra *fin'amor* e amore per Dio. Ecco dunque svilupparsi, già con Guinizzelli, un nuovo repertorio di immagini legate alla donna-angelo: essa ha la virtù di **rendere più puro e nobile** chi la attornia, respinge chi è indegno, rende umile chi è superbo e, con il solo **saluto, dispensa** «salute», ossia salvezza (➤ **T2**); il suo stesso apparire si configura come evento **miracoloso**, capace di diffondere tutt'attorno una radiosità ultraterrena (➤ **T4**).

Cavalcanti: l'amore come forza distruttiva

Diametralmente opposta alla prospettiva beatifica elaborata da Dante è la visione di Guido Cavalcanti, che matura un'interpretazione fortemente pessimistica. La bellezza della donna resta un **mistero sfuggente** e inspiegabile che, lungi dall'essere un vettore di ascesi per l'amante, è presentato come un agente **disgregante e apportatore di morte**: l'innamoramento non produce salvezza né elevazione e anzi muove guerra alle forze vitali dell'uomo, conducendolo infine all'autodistruzione.

2.5 L'«incantamento» di stare insieme: il motivo della *sodalitas*

Ci fu davvero un gruppo?

Parlare dello Stilnovo vuol dire **parlare di un gruppo**, i cui contorni, come abbiamo ripetuto, non sono sempre facili da tracciare, per le differenze individuali dei suoi componenti e per l'assenza di un progetto unitario condiviso, tanto che non è mancato chi ha sostenuto che l'idea stessa di Stilnovo non sia altro che una retro-interpretazione arbitraria di Dante. Eppure, al netto delle divergenze, dei contrasti e del ruolo fondativo della testimonianza dantesca, c'è effettivamente un **comune sentire**, una visione estetica condivisa in cui alcuni giovani poeti, soprattutto fiorentini, sul finire del Duecento si riconoscono e si identificano. E di tale sodalizio ideale essi hanno consapevolezza, se ne compiacciono e ne lasciano traccia nei loro versi.

Dal mito delle corti d'amore al «vascello» di Dante

La trasposizione poetica più nota di questa consonanza è un sonetto dal fascino cristallino, ***Guido, i' vorrei che tu e Lapo ed io*** (➤ p. 234), in cui Dante immagina di essere trasportato per incantesimo su un'imbarcazione (*vasel*, «vascello») alla deriva, insieme agli amici Lapo Gianni, Guido Cavalcanti e alle tre donne che loro amano; è il vagheggiamento di un altrove ideale, separato dal resto del mondo e allietato, oltre che dall'amore, dall'amicizia tra giovani che condividono desideri, intenti e ideali poetici. Questa dolce deriva può essere intesa anche come una **riproposizione del mito provenzale delle corti**: come il sentimento della *fin'amor* aveva trovato nel raffinato ed elitario ambiente cortese il suo contesto ideale, così i valori stilnovistici di amore e amicizia trovano un'adeguata collocazione nell'utopico vascello alla deriva evocato da Dante. È importante sottolineare che questo luogo di ritrovo non è materiale, come potevano essere le corti in cui trovavano ospitalità i trovatori, ma ideale e immaginario, allo stesso modo in cui Dante immaginerà (➤ p. 245) una lingua «aulica» e «curiale» senza che vi sia più in Italia una corte reale o imperiale. Tuttavia, **a mettere in crisi questo ideale** è proprio il primo interlocutore di Dante, Guido **Cavalcanti**. In alcuni sonetti di risposta (*S'io fosse quelli che d'amor fu degno*; *Se vedi Amore, assai ti priego, Dante*; *Dante, un sospiro messagger del core*) egli rimprovera al più entusiasta giovane amico di mistificare la natura della passione amorosa: essendo un evento drammatico e crudele, che imprigiona l'amante in una disperata solitudine, l'amore finisce per rompere l'ideale di una felice sodalità di gruppo. D'altra parte, negli stessi testi in cui un rimprovero, più o meno esplicito, è rivolto da Cavalcanti ai propri interlocutori (come nel sonetto *I' vegno 'l giorno a te 'nfinite volte*), è evidente l'esistenza di un vivace legame di amicizia. I conflitti, le differenze e il confronto poetico sono, dunque, un segno della vitalità del gruppo.

2.6 La dolcezza: non solo una questione di stile

Un tratto distintivo

Torniamo ancora brevemente alle parole del Bonagiunta dantesco, che individuava come tratto distintivo della nuova maniera poetica, accanto alla fedele sequela del dettato d'Amore, **la dolcezza**: il «*dolce* stil novo ch'i' odo». Anche in questo caso, come per altre innovazioni stilnoviste, **non si tratta di una novità assoluta** ma di una nuova e più compiuta messa a fuoco di premesse già rintracciabili in alcune esperienze della precedente lirica cortese.

Contro Guittone

Come abbiamo visto (➤ p. 38), già i poeti di Provenza avevano stabilito un registro espressivo caratterizzato da levità e limpidezza, il ***trobar leu***, in opposizione alle asprezze del *trobar clus*: ne erano stati interpreti in particolare Jaufré Rudel, che parlava di *douce chantar* («dolce canto») e Bernard de Ventadorn (*douz chant*, «dolce canto»; *la douza votz ai auzida*, «ho udito la dolce voce»). Sono però i poeti della generazione immediatamente precedente a quella stilnovista a imporsi come modello, e si tratta di un **modello negativo**: il poetare aspro e spesso oscuro di Guittone e dei poeti che avevano seguito le sue orme è percepito da questi giovani poeti come **rozzo** e **sgradevole**, e non solo per una questione di gusto. La forma involuta è sentita come indicativa di un **limite intellettuale**, come la conseguenza di una scarsa capacità di padroneggiare concetti scientifici e filosofici complessi e di esporli con proprietà e chiarezza. Ma è anche il sintomo di una **sensibilità poco raffinata**, di un animo in fondo estraneo a quella gentilezza, a quella nobiltà spirituale illuminata dall'amore, in cui la cerchia dello Stilnovo si identifica e che vede rispecchiata, piuttosto che in Guittone, in **Guinizzelli**.

> Le parole più nobili [...] sono quelle che paiono quasi levigate, che lasciano in bocca a chi le pronuncia una sorta di dolcezza, come *amore, donna, disio, donare, salute...*
>
> Dante Alighieri

FISSA I CONCETTI

- Perché lo Stilnovo è definito una "poesia dell'interiorità"?
- In che senso la concezione dell'amore degli stilnovisti è rivoluzionaria rispetto alla tradizione lirica precedente?

VISUALIZZA I CONCETTI

La poetica stilnovista

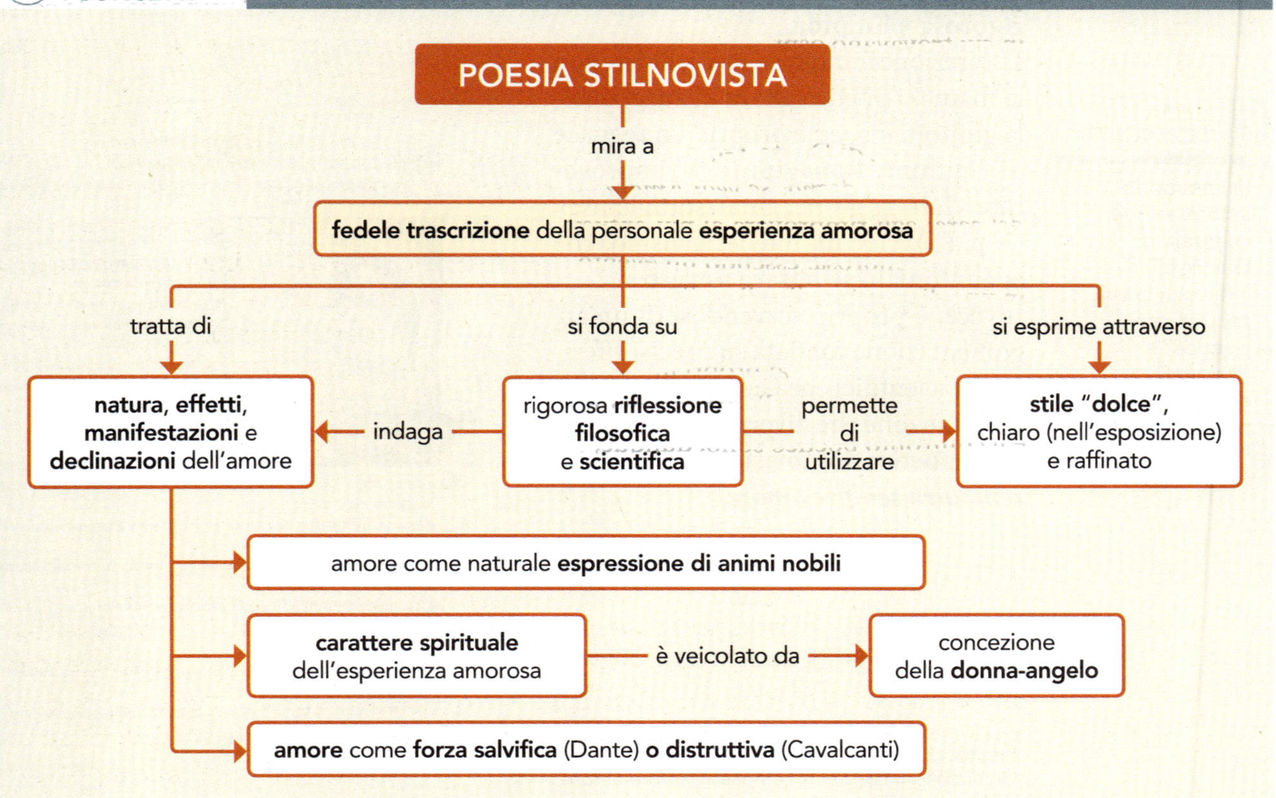

3. Alle soglie dello Stilnovo: Guido Guinizzelli

Un precursore inconsapevole

Si può credere che **colui che Dante chiamò «padre»** («il padre / mio e de li altri miei miglior che mai / rime d'amor usar dolci e leggiadre», *Purg.* XXVI, 97-99), colui che inaugurò un modello poetico assunto poi a norma dal gruppo dello Stilnovo, non presagì il proprio destino di precursore. E, del resto, i motivi che spingono Dante a imporre a Guinizzelli una tale straordinaria corona non sono soltanto i suoi – pur indubbi – meriti. Vediamo dunque chi fu questo fortunato poeta, gratificato dalla stima del padre della nostra letteratura.

La vita

Poco si sa di lui, se non che nasce nei primi anni Trenta del Duecento a **Bologna**, dove studia legge e diventa **notaio**; di parte ghibellina, viene **esiliato** nel 1274 e muore esule a Monselice, non lontano da Padova, nel 1276, quando Cavalcanti è un ragazzo e Dante un bambino: senza mai conoscere, dunque, i propri sedicenti figli spirituali in Toscana.

Contro Guittone

Decisiva, per la sua formazione poetica, è l'esperienza universitaria. L'università medievale, e in particolare quella di Bologna, riunisce insegnanti e studenti provenienti da ogni parte del continente, favorendo un ricchissimo scambio culturale; vi si insegnano le teorie filosofiche più recenti, giunte attraverso traduzioni in latino di filosofi e scienziati greci, arabi ed ebrei. Non stupisce dunque che, inserendosi nel solco tradizionale dell'indagine sulla natura di Amore, Guinizzelli vi infonda le sue **competenze filosofiche e scientifiche**, sostenendole con un'**argomentazione** che ambisce a essere **rigorosa e limpida**.

La direzione intrapresa va a collidere con la maniera poetica allora in auge, quella guittoniana, ed è proprio un seguace di Guittone, **Bonagiunta**, a rimproverare Guinizzelli per una «sottigliansa» (➤ p. 81), cioè un intellettualismo, che ai guittoniani sembrava astruso.

Invece, è proprio servendosi di un'argomentazione fondata su precisi riferimenti scientifici che Guinizzelli compone la canzone che diverrà il "manifesto" della poetica stilnovista, ***Al cor gentil rempaira sempre amore***.

FISSA I CONCETTI

- In che modo la formazione culturale di Guinizzelli influenza la sua produzione poetica?
- Per quali aspetti la sua poesia inaugura l'esperienza stilnovista?

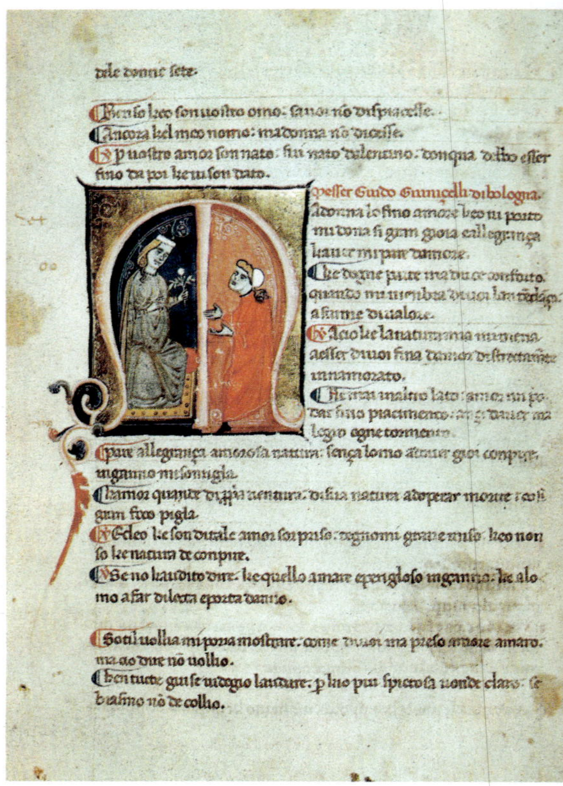

Pagina miniata tratta dalla canzone di Guido Guinizzelli *Al cor gentil rempaira sempre amore*, XIII secolo. Firenze, Biblioteca Nazionale.

LETTURA CRITICA

Uccidere il padre e sceglierne un altro

Nei confronti del modello poetico di Guittone, Dante esprime un'avversione netta e costante: Emilio Pasquini mostra come questa ostilità sia motivata dall'esigenza di sbarazzarsi di una figura scomoda, che per molti versi rappresenta un precedente significativo di Dante stesso.

Guinizzelli, padre elettivo

Nel *Purgatorio*, ormai remota l'esperienza dello Stilnovo, prima (canto XXIV) Dante presenta se stesso come il portavoce di una cerchia non meglio precisata («I' mi son un...»), giunta però a uno stile «nuovo» che è invece rimasto un *nodo* inestricabile per tutti i rappresentanti del «vecchio» [...]. Successivamente (canto XXVI), egli ripropone il canone definitivo dello Stilnovo, ma lo proietta su uno schermo più vasto: dunque, come una costellazione che comprende un *padre* (il Guinizzelli) e i suoi «figli» (se stesso e i qui innominati «fratelli» più bravi di lui), col caposcuola, insomma, liberato dalle matrici felsinee[1] e posto alle radici della discendenza toscana. [...]

Che, non diversamente da Guinizzelli e da Cavalcanti, anche Dante subisse agli inizi l'influenza di Guittone, resta un dato di fatto indubitabile; ne deriva per conseguenza che il suo progressivo allontanamento da quel modello si configura come una salutare «uccisione del padre», non ripetibile invece con l'altro *padre* – quello elettivo –, appunto il Guinizzelli.

Una figura scomoda

Guinizzelli non fu mai un dittatore letterario, e forse non ebbe neppure sentore della novità di certe sue soluzioni. [...] Dittatore fu invece in ogni senso, detentore cioè di un'egemonia tecnica e culturale, Guittone, come certificano gli incondizionati omaggi dei seguaci e la violenza polemica degli avversari. Si spiega così quello che giustamente Quaglio definisce il «furore distruttivo» dell'anti-guittonismo di Dante. [...] Guittone rappresenta, se non un rivale, certo un modello da esorcizzare, come più pervasivo e coinvolgente, sia per il trauma della conversione che ne bipartisce vita e produzione artistica, sia per la varietà degli indirizzi e delle sperimentazioni, che spaziarono dalla lirica cortese alla prosa epistolare, attraverso il crogiuolo della poesia morale: con una passionalità che si riverbera tanto nel lavorìo tecnico-artistico, quanto nell'impegno esistenziale ed etico, non meno nell'energico sincretismo che nell'appellarsi al piano del quotidiano e del domestico. Per molti aspetti, insomma, anche per ciò che riguarda l'ampio repertorio di immagini, Guittone non poteva non configurarsi per Dante come un maestro, disamato quanto si voglia. Tanto più urgente, dunque, l'opera di demolizione per sbarazzarsi di un padre così ingombrante. Guittone doveva divenire il parafulmine per le saette dantesche contro un passato da archiviare, dopo averlo attraversato e superato. Il maggior scrittore della generazione precedente fungeva da "testa di turco"[2], riassumendo in sé il peso dell'intera tradizione poetica in volgare. Colpendo lui, Dante sapeva di sancire irreversibilmente il distacco dalla maniera artistica dei tradizionalisti.

(Emilio Pasquini, *Il «Dolce stil novo»*, in *Storia della letteratura italiana*, v. 1, Salerno editrice, Roma 1981)

1. **matrici felsinee:** i modelli bolognesi (ossia quelli di Guittone, che era appunto bolognese).
2. **"testa di turco":** in senso figurato, significa "essere il capro espiatorio". L'espressione deriva dal fatto che nelle fiere venivano usate, per il tiro al bersaglio, delle teste raffiguranti un turco con il turbante.

Andrea del Castagno, *Dante Alighieri*, 1450 circa. Firenze, Gallerie degli Uffizi.

T1 Al cor gentil rempaira sempre amore

Biblioteca digitale *Omo ch'è saggio non corre leggero*

La gran parte delle innovazioni dello Stilnovo è condensata in questa canzone, a cui avrebbero guardato, come a un modello, i giovani poeti della generazione successiva, che si sarebbero riconosciuti nell'ideale di una nuova maniera poetica. Solo da un animo nobile, afferma Guinizzelli, può essere accolto l'amore, mentre un animo vile, anche se di nobili natali, non può concepirlo. Una fitta sequenza di similitudini dimostra questa tesi, in un affascinante susseguirsi di immagini e concetti tratti dalla mineralogia, dalla fisica, dall'astronomia, dalla filosofia e dalla teologia dell'epoca.

■ METRO canzone di sei stanze *capfinidas* di endecasillabi e settenari: ABAB (fronte) cDc EdE (sirma)

Le nostre parole ›

Al cor gentil rempaira sempre amore[1]
come l'ausello inselva a la verdura;[2]
né fe' amor anti che **gentil** core,
né gentil core anti ch'amor, Natura:[3]
ch'adesso con' fu 'l sole,
sì tosto lo splendore fu lucente,
né fu davanti 'l sole;
e prende amore in gentilezza loco
così propïamente
come calore in clarità di foco.[4]

vv. 1-10 Nel cuore nobile trova dimora sempre l'amore, come l'uccello si rifugia nella parte più fitta della selva; e la Natura non creò l'amore prima del cuore nobile, né il cuore nobile prima dell'amore, così come, nello stesso momento in cui (*adesso con' fu*) il sole apparve, subito ci fu il suo splendore, né lo splendore esisteva prima che il sole fosse creato; e l'amore prende posto nel cuore nobile così naturalmente (*propïamente*) come il calore nella fiamma splendente (*in clarità di foco*).

Scena d'amore cortese, XV secolo.

1. **Al cor… amore:** «rempaira», rimpatria, quindi "trova dimora" nel cuore nobile. È istituita, sin dal primo verso, l'equiparazione tra nobiltà d'animo e amore: il «cor gentil» è la sede naturale dell'amore.
2. **come l'ausello… verdura:** «ausello» è forma di origine provenzale (*auzel*) e bolognese. Il verso propone la prima delle numerose similitudini della canzone, fondate sulle conoscenze scientifiche dell'epoca.
3. **né fe'… Natura:** l'Amore e il cuore nobile esistono l'uno in stretta relazione con l'altro, l'uno non esiste senza l'altro.
4. **e prende… foco:** dopo il riferimento al Sole, la relazione tra amore e cuore gentile viene nuovamente spiegata attraverso il riferimento al fuoco.

Foco d'amore in gentil cor s'aprende[5]
come vertute in petra preziosa,
che da la stella valor no i discende
anti che 'l sol la faccia gentil cosa;
poi che n'ha tratto fòre
per sua forza lo sol ciò che li è vile,
stella li dà valore:
così lo cor ch'è fatto da natura
asletto, pur, gentile,
donna a guisa di stella lo 'nnamora.[6]

vv. 11-20 Il fuoco d'amore divampa (*s'aprende*) nel cuore gentile come il potere (*vertute*) in una pietra preziosa, in cui (*i*) la virtù (*valor*) della stella (corrispondente) non discende prima (*anti*) che il sole non l'abbia purificata (*la faccia gentil cosa*); solo quando (*poi che*) il sole con la sua forza ne ha tirato fuori ciò che è impuro (*vile*), allora la stella le conferisce il suo potere (*valore*): allo stesso modo, il cuore reso eletto (*asletto*), puro e gentile dalla natura, la donna lo accende d'amore (*lo 'nnamora*) come (*a guisa di*) fa la stella (con la pietra).

5. **Foco... s'aprende:** il primo verso della seconda stanza inizia con la parola con cui termina la stanza precedente (al modo delle *coblas capfinidas* provenzali). Di questo verso si ricorderà Dante nel momento in cui, nel V canto dell'*Inferno*, Francesca descriverà l'inevitabilità del proprio amore per Paolo: «Amor, ch'al cor gentil ratto ("velocemente") s'apprende».

6. **come vertute... lo 'nnamora:** si riteneva che i minerali avessero specifiche proprietà, derivate dall'influenza delle stelle e attivate dopo che le pietre fossero state purificate dalla luce del sole. Queste nozioni mineralogiche, che Guinizzelli mostra di possedere, erano riportate in appositi repertori, i *Lapidari*, in cui confluivano credenze risalenti all'antichità e tradizioni ebraiche, arabe, indiane ecc.

Le nostre parole — Gentile

L'origine del termine L'aggettivo "gentile" deriva dal latino *gentilis*, ovvero «appartenente alla *gens*», cioè a un gruppo di famiglie che discendono da uno stesso capostipite e formano una stirpe; in italiano antico, "gentile" significa pertanto «di (buona) stirpe», quindi «che è nobile di nascita».

La sua metamorfosi medievale La poesia provenzale contribuì a esaltare un concetto di nobiltà d'animo indipendente da ragioni legate alla discendenza di stirpe e basato invece sulla sensibilità nel vivere l'esperienza amorosa: è la *fin'amor*, l'amor cortese. I poeti stilnovisti, e Guinizzelli primo fra tutti, resero ancora più comprensivo questo sentimento, che ora si affrancava da qualsiasi influenza sensuale e da situazioni particolari (come quella, tipica dei provenzali, del rapporto extra-coniugale), per aspirare invece a una nuova purezza filosofica. Va detto che in alcuni stilnovisti, e in particolare in Cavalcanti, l'essere "gentile" non è una prerogativa solo maschile: lo può essere anche la «foresetta» (la contadinella) – e lo sarà, nella *Commedia*, Beatrice –.

Questioni di etichetta Nell'italiano contemporaneo l'aggettivo descrive chi si rapporta agli altri in modo garbato e cortese, con un atteggiamento che denota sollecitudine e buona disposizione d'animo; anche un gesto o un atto compiuti in maniera educata e rispettosa sono definiti "gentili". Tuttavia, l'antico significato di «appartenente a una stirpe nobile» sopravvive ancora nei rari composti "gentildonna" e "gentiluomo".

Amor per tal ragion sta 'n cor gentile
per qual lo foco in cima del doplero:[7]
splendeli al su' diletto, clar, sottile;
no li stari' altra guisa, tant' è fero.
Così prava natura
recontra amor come fa l'aigua il foco
caldo, per la freddura.[8]
Amore in gentil cor prende rivera
per suo consimel loco
com' adamàs del ferro in la minera.[9]

Fere lo sol lo fango tutto 'l giorno:
vile reman, né 'l sol perde calore;[10]
dis' omo alter: «Gentil per sclatta torno»;
lui semblo al fango, al sol gentil valore:
ché non dé dar om fé
che gentilezza sia fòr di coraggio,
in degnità d'ere',
se da vertute non ha gentil core,
com' aigua porta raggio
e 'l ciel riten le stelle e lo splendore.[11]

vv. 21-30 Amore sta nell'animo nobile per la stessa (*tal*) ragione per cui il fuoco sta in cima alla torcia (*doplero*): vi arde sopra (*splendeli*) a suo piacimento (*diletto*), chiaro, sottile; non gli converrebbe altrimenti (*stari' altra guisa*), tanto è fiero. Allo stesso modo un carattere vile (*prava natura*) respinge (*recontra*) l'amore come fa l'acqua con il calore del fuoco, a causa della sua freddezza (*freddura*). Amore si pone (*prende rivera*) in un cuore nobile in quanto luogo simile a sé (*consimel*), come il diamante (*adamàs*) nel minerale del ferro.

vv. 31-40 Il sole colpisce (*Fere*, «Ferisce») il fango per tutto il giorno, (ma) il fango conserva la propria natura vile e il sole non perde il suo calore; un uomo superbo (*alter*) disse: «Io sono (*torno*, "risulto") nobile per sangue (*sclatta*)»; a lui paragono (*semblo*) il fango, mentre al sole (paragono) la nobiltà (*gentil valore*), perché non si deve credere (*ché non dé dar om fé*) che la nobiltà (*gentilezza*) possa esistere fuori dal cuore (*coraggio*), nella dignità ereditata (*d'ere'*), se non ha un cuore gentile inclinato alla virtù, così come l'acqua riflette (*porta*) il raggio e il cielo sorregge (*riten*) le stelle e il loro splendore.

7. **Amor... doplero:** il *doplero* è un candelabro a due bracci. In questi due versi si fa riferimento alla teoria per cui il fuoco, attratto dalla sfera del Sole, tende naturalmente verso l'alto.
8. **Così... freddura:** un argomento *e contrario*, cioè opposto al precedente: se prima si è detto che la nobiltà accoglie naturalmente l'amore, ora si dice che la viltà lo respinge.
9. **Amore... minera:** «prende rivera» è un sinonimo dell'iniziale «rempaira» e ha sia il significato di "giungere", "porsi", sia quello di "stare", "dimorare". La similitudine con il diamante e il ferro deriva dal fatto che secondo alcuni *Lapidari* i diamanti erano attratti dal ferro, come le calamite. La serie delle similitudini di ambito scientifico-naturalistico ha l'intento di dimostrare la forza e l'universalità della legge d'amore.
10. **Fere... calore:** viene introdotto un nuovo argomento: né l'amore né le ricchezze possono nobilitare un cuore vile.
11. **dis'... splendore:** è affermata qui la diversità tra gentilezza d'animo e nobiltà di sangue, assun-

Splende 'n la 'ntelligenzia del cielo
Deo crïator più che 'n nostr'occhi 'l sole:
ella intende suo fattor oltra 'l cielo,
e 'l ciel volgiando, a Lui obedir tole;[12]
e con' segue, al primero,
del giusto Deo beato compimento,
così dar dovria, al vero,
la bella donna, poi che 'n gli occhi splende
del suo gentil, talento
che mai di lei obedir non si disprende.[13]

Donna, Deo mi dirà: «Che presomisti?»,
sïando l'alma mia a Lui davanti.
«Lo ciel passasti e 'nfin a Me venisti
e desti in vano amor Me per semblanti:
ch'a Me conven le laude
e a la reina del regname degno,
per cui cessa onne fraude».[14]
Dir Li porò: «Tenne d'angel **sembianza**
che fosse del Tuo regno;
non me fu fallo, s'in lei posi amanza».

lessico

Sembianza

Dal provenzale *semblanza*, derivato del participio presente di *semblar*, «sembrare», il sostantivo significa «aspetto, espressione». Ancora oggi, nel linguaggio elevato, viene spesso usato al plurale, in frasi come "non ha sembianze umane" oppure "aveva le sembianze di un uomo onesto".

vv. 41-50 Dio creatore risplende per gli angeli (*intelligenzia*) dei cieli più di quanto (non faccia) il sole per i nostri occhi. Lei (l'intelligenza angelica) conosce (*intende*) il suo creatore (*fattore*, cioè Dio) al di sopra del cielo (*oltra 'l cielo*) e nel far girare (*volgiando*) la propria sfera celeste (*'l cielo*) prende (*tole*) a obbedirgli. E così come (*con'*) compie subito (*segue, al primero*) il disegno di beatitudine (*beato compimento*) del giusto Dio, così la bella donna, poiché splende negli occhi del suo amante (*gentil*), dovrebbe veramente (*al vero*) dargli desiderio (*talento*) di non allontanarsi (*si disprende*) mai dall'ubbidienza a lei (*di lei obedir*).

vv. 51-60 Donna mia, quando la mia anima sarà (*sïando*, «essendo») davanti a Lui, Dio mi dirà: «Come hai potuto essere così presuntuoso (*Che presomisti*)? Hai attraversato tutti i cieli e sei venuto sino a Me, ma (*e*) mettesti a paragone (*per semblanti*) Me con un amore vano; le lodi (che hai usato) convengono solo a Me e alla regina del reame veramente degno, grazie alla quale (*per cui*) viene meno (*cessa*) ogni peccato (*fraude*)». Gli potrò rispondere: «Aveva (*Tenne*, "Tenne, ebbe") le sembianze di un angelo venuto dal tuo regno; non fu mio errore (*fallo*) se diressi (*posi*) a lei il mio amore (*amanza*)».

to molto importante della tradizione provenzale e poi siciliana. Il paragone con l'acqua si presta a interpretazioni diverse: si può intendere o che l'acqua (come l'animo vile e il fango) non accolga la luce che proviene dal cielo, oppure che l'acqua (come l'animo nobile) si lasci attraversare dal raggio dell'amore.

12. Splende... tole: per "intelligenza del cielo" si devono intendere le gerarchie angeliche, che secondo la Scolastica muovevano le sfere celesti corrispondenti ai vari pianeti.

13. e con' segue... disprende: inizia a profilarsi una similitudine ardita, quella che paragona la donna a Dio. Guinizzelli, consapevole di esporsi all'accusa di blasfemia, escogita il brillante argomento che leggiamo nella stanza conclusiva.

14. la reina... fraude: la «reina del regname degno» è la Vergine Maria, che, secondo la dottrina cattolica, intercede presso Dio per la remissione dei peccati degli uomini.

Analisi del testo

Struttura

Una collana di similitudini Il discorso di Guinizzelli si dipana in una serie di similitudini, che illustrano e spiegano la natura dell'identificazione tra «amore» e «cor gentile». I vari termini di paragone sono attinti dalle scienze naturali (astronomia, astrologia, ottica, mineralogia), dalla filosofia e dalla teologia; la finezza e la vastità dei riferimenti culturali chiamati in causa non è estranea all'idea stessa di "gentilezza" espressa dal testo, che ha a che fare non soltanto con doti personali innate ma anche con una raffinata preparazione culturale. Il susseguirsi dei paragoni fonda l'ossatura del testo: ogni stanza, infatti, imposta una similitudine principale, a cui se ne associano altre minori. Per esempio, la seconda stanza (vv. 11 ss.), propone la similitudine, di carattere astrologico, tra cuore gentile e pietra preziosa (purificata dalla potenza del sole e alimentata dalla virtù di un pianeta), che si sviluppa nei primi sette versi (vv. 11-17). Gli ultimi tre versi (vv. 18-20) riprendono il tema iniziale della stanza, spiegando la similitudine. Questa struttura-base viene ripresa nelle stanze successive, con alcune variazioni che movimentano il ritmo dell'argomentazione. Più in generale, la progressione argomentativa della canzone va dai fenomeni naturali a quelli celesti, dalla terra al cielo: un legame già anticipato nella seconda stanza con la teoria dell'influsso stellare sulle cose terrene. Questa teoria permette anche di presentare il rovescio della vera «gentilezza» (vv. 31 ss.), che troverà la sua rappresentazione materiale nel «fango» (v. 31) e il suo corrispettivo astratto nella falsa nobiltà, quella rivendicata per diritti ereditari (v. 33 ss.): il fango e la falsa nobiltà saranno qualificati con l'aggettivo «vile» (vv. 16 e 32), parola che non a caso rima con «gentile».

Lingua e stile

L'uso del discorso diretto Se inizialmente la canzone si sviluppa in terza persona, nella seconda parte interviene, in due diverse occasioni, il discorso diretto. Un primo movimento dialogico è quello dell'«omo alter» (v. 33), che difende la nobiltà di sangue: a lui si contrappone in prima persona l'autore, che ne contesta l'assunto. La seconda voce, paradossale e ipotetica, è niente meno che quella divina (nella stanza di congedo): ora è Dio a rimproverare all'autore il blasfemo paragone con l'amata e l'accusato risponde in modo davvero arguto (vedi *Temi*).

Un linguaggio alto e tecnico Il lessico della canzone è segnato dall'uso di gallicismi e provenzalismi («rempaira», v. 1; «semblo», v. 34; «coraggio», v. 36; «amanza», v. 60); da termini della tradizione siciliana («s'aprende», v. 11, già attestato in Giacomo da Lentini); da qualche latinismo («adamàs», v. 30) e da numerosi termini tecnici delle scienze naturali («ferro in la minera», v. 30) e della teologia («vertute», v. 38; «'ntelligenzia», v. 41): queste raffinate scelte lessicali impreziosiscono e innalzano il registro della canzone, ma appartengono ancora a un gusto che lo Stilnovo modificherà, escludendo forestierismi e latinismi.

Le *coblas capfinidas* In linea già con il gusto del Dolce stil novo è invece la tendenza a far corrispondere le unità ritmiche ai movimenti sintattici: così, per esempio, il verso tende a contenere una proposizione, la stanza un periodo. A garantire il legame tra le varie stanze contribuisce la tecnica delle *coblas capfinidas*, ovvero la ripresa di un termine dell'ultimo verso della stanza precedente nel primo verso della canzone successiva: «foco» (vv.10-11), «'nnamora»-«Amor» (vv. 20-21), «ferro»-«Fere» (vv. 30-31) ecc. Le rime, a parte il caso di rima tronca «fé» - «ere'» (v. 35 e v. 37), sono tutte piane (accentate cioè sulla penultima sillaba), secondo la modalità preferita dallo Stilnovo.

Temi

Una nuova concezione della cortesia La canzone di Guinizzelli riprende e sviluppa un tema già caro alla poesia trobadorica e siciliana, quello della nobiltà di cuore (il «cor gentil»), che, come già Andrea Cappellano aveva sostenuto, non deriva necessariamente da una nascita illustre (la «sclatta» del v. 33), bensì dalla virtù personale. Partendo da questo assunto, Guinizzelli introduce una fondamentale novità: l'amore dipende in modo inscindibile dal cuore nobile, anzi l'amore è la piena realizzazione della gentilezza, né si potrebbe ammettere l'una senza l'altro.

Verso la donna angelo, ma non senza ironia La strofa di congedo sviluppa invece un tema diverso. Nelle due stanze che la precedono le similitudini portano progressivamente il lettore dal fango terreno dell'uomo superbo (vv. 31-34) ai cieli angelici mossi dal desiderio di obbedire a Dio, e proprio il rapporto fra Dio e le gerarchie angeliche è addotto come termine di paragone per la donna amata. Questo prodigioso innalzamento dei riferimenti si presta a una duplice considerazione: da un lato, siamo di fronte a un preludio di quella sublimazione della figura femminile che porterà alla Beatrice dantesca; dall'altra, il tono dell'ultima stanza, non privo di una sottile ironia, conduce in una direzione opposta. Nel congedo, infatti, il poeta pare rendersi conto di avere sfiorato la blasfemia e corregge il tiro, ipotizzando di potersi scusare, al cospetto di Dio, chiamando in causa la bellezza angelica della donna: la trovata ha il sapore del paradosso e ci ricorda che l'orizzonte di Guinizzelli è ancora quello di un amore terreno, lontano dalle vie celesti che percorrerà Dante. È significativo che il rimprovero divino al poeta evochi la figura di Maria (v. 56) e il genere della «laude» religiosa (v. 55) come occasione mancata: non si tratta affatto dell'espressione di un pentimento da parte di Guinizzelli, ma al contrario della conferma della sua volontaria scelta di cantare un argomento "profano".

Officina

COMPRENDERE

1. Nella prima stanza della poesia si afferma l'inscindibile unione e la perfetta corrispondenza fra due elementi: quali? A quale paragone del mondo naturale ricorre il poeta per rafforzare questo concetto?
2. È nato prima l'amore o prima il «cor gentile»? Attraverso quale similitudine Guinizzelli rafforza questo concetto?
3. Nella stanza finale il poeta riceve un rimprovero: da chi e per quale motivo? In quale modo egli giustifica il proprio comportamento?

ANALIZZARE

4. Rileggi con attenzione la seconda stanza, poi completa in maniera opportuna la seguente tabella con i termini mancanti delle coppie di elementi che vengono posti in relazione fra loro.

Ambito dell'amore	Ambito della natura
cuore	
	sole
donna	

5. **Lingua e stile** Quali parole ed espressioni vengono usate dal poeta in opposizione al concetto di "gentilezza"?
6. **Lingua e stile** Individua, sottolinea e distingui tutte le parole e le espressioni che fanno parte del linguaggio tecnico delle scienze naturali da quelle che invece fanno parte del lessico della teologia.
7. **Lingua e stile** L'espressione «la reina del regname degno» (v. 56) indica la Vergine Maria. Di quale figura retorica si tratta?
   a. Metafora
   b. Anafora
   c. Perifrasi
   d. Similitudine

INTERPRETARE

8. Dal testo, in particolare dalla quarta stanza, emerge la nuova idea di nobiltà introdotta dalla poesia stilnovista.
   Partendo da questo aspetto, spiega in che cosa consiste il carattere innovativo della poesia di Guinizzelli rispetto alla tradizione precedente della lirica d'amore.

PERCORSO DI SCRITTURA

Riassunto Dai un titolo a ognuna delle prime tre stanze della poesia e poi scrivi un breve riassunto di ciascuna usando le seguenti parole-chiave: cuore nobile, amore, natura, sole, fuoco, pietra preziosa, virtù, stella, donna.

Argomentazione **Aurelio Roncaglia**, autorevole **filologo romanzo** e **critico letterario**, ha scritto a proposito della poesia di Guinizzelli: «Dov'è dunque la novità del Guinizzelli? La sua novità consiste nell'approfondimento intellettuale dello scavo: nell'interpretazione della metafora tradizionale donna-angelo alla luce dell'angeologia [filosofia che studia il sistema delle intelligenze angeliche] teorizzata dai filosofi con l'equazione tra angelo e intelligenza. Come le intelligenze angeliche, la donna ha una funzione attualizzatrice: essa traduce in atto, cioè in amore, la potenza del cor gentile».
Commenta la citazione di Roncaglia in un testo argomentativo di sufficiente ampiezza, supportando la tua trattazione con precisi riferimenti al testo della poesia (in particolare, alla seconda e alla quinta stanza).

T2 Io voglio del ver la mia donna laudare

AUDIO

Il sonetto è, dopo la canzone *Al cor gentil rempaira sempre amore*, uno dei componimenti più celebri di Guinizzelli. Esso presenta due temi che Dante rivisiterà nella *Vita nuova*: quello della lode della donna amata, qui presente nelle quartine, e quello del saluto e dei suoi effetti, che occupa le terzine.

- METRO sonetto con rime ABAB ABAB CDE CDE; rima siciliana al v. 8

Io voglio del ver la mia donna laudare
ed asembrarli la rosa e lo giglio:[1]
più che stella dïana splende e pare,[2]
e ciò ch'è lassù bello a lei somiglio.

Verde river' a lei rasembro e l'âre,
tutti color di fior, giano e vermiglio,
oro ed azzurro e ricche gioi per dare:
medesmo Amor per lei rafina meglio.

Passa per via adorna, e sì gentile[3]
ch'abassa orgoglio a cui dona salute,
e fa'l de nostra fé se non la crede;

e no·lle pò apressare om che sia **vile**;
ancor ve dirò c'à maggior vertute:
null'om pò mal pensar fin che la vede.

lessico
Vile
Derivato dal latino *vilis*, «da poco prezzo, senza valore» e, per estensione, «spregevole, abietto», l'aggettivo "vile" ha mantenuto in italiano questi significati, oltre a quello letterario «di umile condizione sociale» e a quello oggi più comune, ovvero «chi fugge davanti al pericolo».

vv. 1-4 Io voglio lodare la mia donna in modo veritiero (*del ver*) e paragonare a lei (*asembrarli*) la rosa e il giglio; appare più splendente della stella del mattino (*dïana*) e a lei assimilo ciò che in cielo (*lassù*) è bello.

vv. 5-8 A lei paragono (*rasembro*) la verde campagna (*river'*) e l'aria, tutti i colori dei fiori, il giallo (*giano*) e il rosso (*vermiglio*), l'oro e i lapislazzuli (*azzurro*) e i preziosi gioielli degni di essere donati: lo stesso Amore, grazie a lei, diventa più perfetto.

vv. 9-11 Passa per la via bella (*adorna*) e così nobile che abbatte l'orgoglio di colui che (*cui*) si degna di salutare, e lo converte alla nostra fede se non è credente;

vv. 12-14 e non può avvicinarsi a lei una persona (*om*) che sia vile; inoltre vi dirò il potere (*vertute*) maggiore che ha: nessun uomo può pensare cose malvagie fintanto che la vede.

1. **asembrarli… giglio:** il paragone con i fiori allude probabilmente al bianco della pelle o dei denti e al rosso delle labbra, ma si carica anche di significati simbolici (la rosa indica l'amore, il giglio la purezza) e perfino di sfumature religiose. Nel *Cantico dei Cantici*, la Sposa si annuncia dicendo: «Io sono la *rosa* di Saron, il *giglio* delle valli». Nell'immaginario religioso medievale, la Sposa del *Cantico* è stata talvolta interpretata come figura della Vergine Maria o della Chiesa e i due fiori sono stati spesso associati a entrambe.
2. **più che… pare:** la definizione di «stella dïana» (dal latino *dies*, «giorno») deriva dal fatto che Venere è l'astro che sorge poco prima dell'alba e preannuncia il giorno.
3. **gentile:** torna il tema della "gentilezza", di cui abbiamo parlato a proposito di T1.

Analisi del testo

Struttura

Quanto c'è di più bello Dopo l'iniziale e ferma dichiarazione di intenti («Io voglio… laudare»), le quartine sviluppano il tema della lode attraverso la comparazione della donna con una serie di elementi naturali (secondo lo schema provenzale del *plazer*, che appunto elenca elementi piacevoli): la rosa e il giglio, la stella del mattino, una verde campagna, i colori dei fiori, le pietre preziose. Infine, il poeta afferma che, grazie alla donna, Amore diviene più perfetto. L'interpretazione del verso 8 non è tuttavia univoca: se «per lei rafina meglio» volesse dire invece che "grazie alla donna Amore agisce più efficacemente sull'innamorato", Guinizzelli introdurrebbe qui il *topos* – non solo stilnovista ma già trobadorico – dell'amore come strumento di perfezionamento spirituale dell'innamorato. È notevole la forte carica cromatica evocata dalle comparazioni: il bianco, il rosso, l'azzurro e l'oro evocano nel lettore i colori brillanti della pittura sacra toscana della seconda metà del Duecento.

Il saluto Nelle terzine, l'elogio della donna si concentra sul suo incedere e sul suo saluto, portatore di effetti benefici, tema altrettanto caro al Dante della *Vita nuova*. In diversi modi la donna contribuisce al perfezionamento di colui che riceve il suo saluto e che è naturalmente già predisposto ai suoi effetti (dato che chi è «vile» nemmeno le si accosta): lo ingentilisce («abassa orgoglio»), gli impedisce di coltivare cattivi pensieri e, perfino, lo converte.
La suggestione esercitata da questa parte del sonetto è stata forte su altri poeti dello Stilnovo, per esempio sul Cavalcanti di *Chi è questa che vèn* (che del sonetto di Guinizzelli riprende anche le rime in *-are* e in *-ute*), in cui la donna appare ormai un essere quasi del tutto al di là della dimensione terrena.

Lingua e stile

Uno stile "dolce" È stato notato da tutti i commentatori che questo sonetto è esempio di uno stile che, a pieno diritto, permette a Dante di inserire Guinizzelli tra i padri della corrente poetica che dalla dolcezza prende il nome. Le rime, tutte piane, sono facili, grazie anche al ricorrere delle forme dell'infinito («laudare… dare») e mai astruse o equivoche. Lungo tutto il componimento si evitano i suoni aspri.
La sintassi è piuttosto lineare: predomina la paratassi (nei vv. 1-4 sono presenti altrettante frasi, due delle quali coordinate) e non si crea tensione tra sintassi e struttura metrica: in un solo caso (vv. 9-10: «sì gentile / ch'abassa») la misura del verso non coincide con la misura della frase.

Temi

La lode Il tema della lode ricorre in più luoghi della poesia di Guinizzelli, per esempio nella canzone *Madonna il fino amor ched eo vo porto* (v. 27: «in tutte guise vi deggio laudare») o nel sonetto «*Gentil donzella di pregio nomata / degna di laude e di tutto onore*» (vv. 1-2).
È importante notare che nella cultura cristiana medievale la lode è soprattutto quella che si rende a Dio ed è un motivo che informa la letteratura liturgica, per esempio i *Salmi*, e la poesia religiosa; uno degli scritti latini di san Francesco, intitolato *Laudes ad omnes horas dicendae* (*Lodi da dire a ogni ora*), si pone come sfondo e modello per il celebre *Cantico di Frate Sole* o *Cantico delle creature* (➤ p. 47), noto anche come *Laudes creaturarum*.

I riferimenti religiosi Notevoli sono le suggestioni religiose che si possono cogliere in vari punti del testo: oltre al tema della lode, osserviamo la scelta di due fiori come la rosa e il giglio, che rinviano al *Cantico dei Cantici* (vedi nota al v. 2) e portano con sé impliciti riferimenti alla Vergine Maria, oppure l'ambivalente avverbio «lassù» (al v. 4, che rinvia al cielo inteso in senso materiale ma anche trascendente), o anche, ancora più manifestamente, quanto si dice nel v. 11 a proposito della capacità della donna di convertire gli infedeli.
Certo, nella poesia di Guinizzelli, considerata nel suo complesso, gli spunti di carattere religioso legati alla donna sono ancora marginali, poco più che elementi di sfondo, non ancora pienamente sviluppati in una coerente teorizzazione del valore salvifico della donna in senso spirituale, come avverrà in seguito, in particolare a opera di Dante. È pur vero, tuttavia, che Guinizzelli inizia a gettare un ponte tra l'amore profano e la dimensione religiosa, inizia cioè a elevare ad altezze sino ad allora inconsuete la donna amata. Il processo troverà compiuta attuazione, come dicevamo, nella reinterpretazione dantesca della poesia d'amore, a partire dalla canzone *Donne ch'avete intelletto d'amore* e dal sonetto *Tanto gentile e tanto onesta pare*, entrambi inseriti nella *Vita nuova* (➤ pp. 210 e 217).

Officina

COMPRENDERE

1. Nelle due quartine iniziali, a quali elementi della natura è paragonata e a quali colori è associata la bellezza della donna? Quale tipo di immagini prevale nelle prime due strofe?
2. Rileggi con attenzione le due terzine: quali effetti producono l'apparizione e il saluto della donna sull'uomo che la ama e su chiunque la veda?
3. Quale dote della donna fa sì che si pieghi l'orgoglio di chi la incontra?
   a. La sua eloquenza (capacità di parlare bene)
   b. La sua bellezza fisica
   c. La sua nobiltà d'animo
   d. La sua superbia

ANALIZZARE

4. **Lingua e stile** Indica quali sono le principali caratteristiche lessicali e sintattiche della poesia: quale tipo di parole è più frequente, anche dal punto di vista fonico; se prevale la coordinazione o la subordinazione; se c'è corrispondenza fra metro e sintassi, cioè tra versi e proposizioni.

Cimabue, *Maestà*, particolare con il volto della Vergine, 1280 circa. Parigi, Museo del Louvre.

5. **Lingua e stile** Individua e sottolinea tutti i verbi appartenenti al campo semantico del paragone (ossia i verbi con significato simile a "paragonare"). In quale parte del sonetto si concentrano? Motiva la tua risposta.
6. **Lessico** Come "vile" alcune delle parole che seguono derivano dal latino *vilis*, con l'aggiunta di altri elementi (suffissi, prefissi ecc.); con l'aiuto del vocabolario, indica quali sono queste parole, spiega qual è il loro significato e in che modo è collegato a quello di "vile":
   a. villano
   b. vilificare
   c. avvilire
   d. vilipendere
   e. avviluppare
   f. servile
7. Individua quelle che, secondo te, sono le parole-chiave del sonetto e dai una definizione coerente di ciascuna.

INTERPRETARE

8. Spiega in quali esperienze poetiche della tradizione letteraria precedente a Guinizzelli è possibile trovare il tema della lode della donna amata e indicane analogie e differenze rispetto alla poesia di Guinizzelli.
9. Aiutandoti con le informazioni contenute nell'Analisi del testo, spiega il duplice significato dell'espressione contenuta nel verso 8, «medesmo Amor per lei rafina meglio». A tuo parere, qual è l'interpretazione più appropriata o, comunque, preferibile tra le due? .

COMPETENZE DEL XXI SECOLO

Competenze digitali Immagina di partecipare a un evento di cui è protagonista un importante personaggio pubblico (un politico, una personalità religiosa, un esponente del mondo della cultura, un campione dello sport, una star del cinema o della musica…). Scegli un social network tra Facebook, Twitter e Instagram e scrivi un testo da pubblicare, in cui descriverai quali sentimenti ed emozioni ti ha suscitato la partecipazione all'evento e quali effetti ha provocato su di te e sulle persone presenti l'aver visto il personaggio famoso. Puoi allegare anche qualche foto dell'evento. Se scegli Twitter, ricordati che il testo non deve superare le 280 battute.

4. Cino da Pistoia: dolcezza e malinconia dell'amore

Giurista e poeta

Il poeta dello Stilnovo che più ha legato il proprio nome al tema della dolcezza è Cino da Pistoia, ovvero Guittoncino di ser Francesco dei Sigisbuldi (Pistoia, 1270-1336 o 1337). Dopo gli studi a Bologna e forse anche in Francia, Cino resta coinvolto nelle lotte politiche comunali ed è costretto a trascorrere un periodo di **esilio** lontano dalla sua città natale.

Fine **giurista**, contribuisce al rinnovamento della scienza giuridica con la sua importante opera *Lectura in Codicem* (*Commento sul Codice*), che ne fa l'iniziatore della cosiddetta "Scuola dei commentatori" (composta di giuristi specializzati nelle fonti di diritto romano).

Codice

Il «*Codice*» è il *Corpus iuris civilis*, in cui, per volere dell'imperatore Giustiniano I (527-565), furono raccolte le norme e le leggi del diritto romano. Costituì la base della tradizione giuridica europea.

Parallelamente alla sua attività notarile coltiva interessi poetici: è autore del più vasto **canzoniere** tra quelli stilnovistici, profondamente influenzato dall'opera di Cavalcanti e dell'amico Dante. E proprio Dante, nel *De vulgari eloquentia*, indica Cino, oltre a sé stesso, come esempio di rimatore in volgare capace della maggiore «**dolcezza** e sottigliezza».

Dolcezza e crudeltà

Ma nella poesia di Cino la **dolcezza** è **venata da toni sofferti e malinconici**: c'è un nesso insolubile che lega la gioia dell'innamoramento alla sofferenza di amare una donna che Cino presenta come sdegnosa, sprezzante e persino crudele. Non a caso, sceglie per lei il *senhal* (cioè il soprannome dietro cui si cela la vera identità della dama, secondo la tradizione provenzale) di "**Selvaggia**", identificata come una donna della famiglia pisana dei Vergiolesi.

Tra Dante e Petrarca

Nel complesso, Cino può essere considerato come **il più fedele rappresentante dello Stilnovo**, a cui continuò a ispirarsi fino alla fine, a differenza delle figure più originali della scuola, come Cavalcanti e Dante («Cino è davvero il solo membro del gruppo a morire stilnovista», E. Pasquini). Questa fedeltà gli viene rimproverata proprio dall'amico Dante che, nel sonetto *Io mi credea del tutto esser partito* (*Rime* CXIV), lo biasima per essere rimasto prigioniero di quel progetto giovanile che Dante avrebbe progressivamente abbandonato e fatto evolvere verso i più ambiziosi temi della politica, della filosofia, della salvezza e dannazione umane e della beatitudine celeste.

La **dolcezza**, come abbiamo detto, è il tratto caratterizzante della poesia di Cino, in particolare **legata al ricordo dell'amata**. Si tratta di un tema ambivalente, perché spesso il poeta vi contrappone l'amarezza del presente, nel quale la donna non corrisponde più all'amore, mostrando il proprio «disdegno» e la propria mancanza di pietà. Non siamo tuttavia in presenza di una radicale contrapposizione: **dolore e gioia, morte e vita** sono **profondamente legati tra loro** e formano il senso di un'esperienza amorosa che vale comunque la pena di attraversare.

La dolcezza di Cino rimane il più rilevante punto di **collegamento tra la poetica stilnovista e** quella che, dopo Dante, fu elaborata da Francesco **Petrarca** (➤ pp. 370 ss.), di cui fu maestro e amico; non a caso, anche nella poesia di Petrarca il tema della memoria avrà un valore centrale.

FISSA I CONCETTI

- Nella poesia di Cino, che cosa si contrappone alla "dolcezza"?

T3 *La dolce vista e 'l bel guardo soave*

In questa canzone, tra le più celebri di Cino da Pistoia, si allude alla sofferta esperienza dell'esilio, conseguente al bando dalla città natale che l'autore deve subire nel 1303-1306, quando la fazione dei guelfi neri, a cui Cino appartiene, viene temporaneamente sopraffatta dagli avversari guelfi bianchi. Ma l'esilio diventa anche una sorta di metafora della condizione amorosa: Pistoia, oltre che patria del poeta, è il luogo in cui vive la donna amata, e la lontananza è dunque doppiamente dolorosa.

- METRO canzone di cinque stanze di endecasillabi e settenari: ABAB (fronte) BccdD (sirma); segue un congedo finale (BccdD). Sono *capfinidas* le stanze seconda-terza («t'ho già veduto», ripetuto ai vv. 18-19), quarta-quinta («Amor», vv. 36-37) e quinta-congedo («piatà-piatoso», vv. 45-46)

La dolce vista e 'l bel guardo soave
de' più begli occhi che lucesser mai,[1]
c'ho perduto, mi fa parer sì grave
la vita mia ch'i' vo traendo guai;
e 'nvece di pensier' leggiadri e gai[2]
ch'aver solea d'Amore,
porto disir' nel core
che son nati di morte
per la partenza, sì me ne duol forte.[3]

Omè,[4] Amor, perché nel primo passo
non m'assalisti sì ch'io fossi morto?
Perché non dipartisti da me, lasso,
lo spirito angoscioso ch' ïo porto?[5]

vv. 1-9 La dolce visione (*vista*) e il bello sguardo soave degli occhi più belli che mai abbiano brillato (*lucesser*), (occhi) che ho perduto, mi fa sembrare così pesante la mia vita che continuo a emettere (*vo traendo*) lamenti di dolore; e invece dei pensieri lieti e allegri che (un tempo) ero solito avere a proposito d'Amore, (ora) porto nel cuore desideri che sono nati per lo sconforto (pari alla *morte*), per la separazione (da lei), a tal punto ne soffro.

vv. 10-18 Ohimè, Amore, perché al principio (*primo passo*) (del mio innamoramento) non mi colpisti (*assalisti*) così da farmi morire? Perché (uccidendomi) non separasti da me, sventurato (*lasso*), lo spirito angosciato che porto in me?

1. **La dolce... mai:** la canzone si apre con due aggettivi caratteristici dell'estetica stilnovista, «dolce» e «soave».
2. **leggiadri e gai:** l'uso di aggettivi in coppia sinonimica è caratteristica dello stile di Cino.
3. **porto... forte:** la separazione a cui si fa riferimento potrebbe essere quella causata dall'esilio, se si vuole dare una lettura autobiografica della canzone.
4. **Omè:** la poesia di Cino si caratterizza per l'uso di interiezioni come *omè* o *lasso* (vedi v. 12) che hanno la funzione di intensificare la commozione.
5. **Perché... porto?:** l'uccisione come forma di clemenza nei confronti dell'innamorato, torturato dalle pene d'amore, è un tema tra i più fortunati della lirica stilnovista.

Amore, al mio dolor non è conforto;
anzi, com'io più guardo,
a sospirar più m'ardo,
trovandomi partuto
da que' begli occhi ov'io t'ho già veduto.

Io t'ho veduto in que' begli occhi, Amore,
talché la rimembranza[6] me n'uccide,
e fa sì grande schiera[7] di dolore
dentro alla mente, che l'anima stride,[8]
sol perché morte mia non la divide
da me,[9] come diviso
m'ha dal gioioso riso
e d'ogni stato allegro
lo gran contrario ch'è dal bianco al negro.[10]

Quando per gentile atto di salute
ver' bella donna levo gli occhi alquanto,
sì tutta si disvia la mia virtute,
che dentro ritener non posso il pianto,
membrando di mia donna, a cui son tanto
lontan di veder lei:
o dolenti occhi miei,
non morrete di doglia?
«Sì, per nostro voler, pur ch'Amor voglia».[11]

Amore, non c'è (è) conforto per il mio dolore, anzi, più rifletto (*guardo*), più vengo bruciato (*m'ardo*) dai sospiri, essendo separato (*partuto*) da quei begli occhi (dell'amata) in cui un tempo ho visto te (l'Amore).

vv. 19-27 Io ti ho visto in quei begli occhi, o Amore, in un modo tale che il ricordo mi uccide, e provoca un dolore così grande dentro la mia mente, che l'anima urla (*stride*) solo perché la mia morte (cioè il mio sconforto) non è sufficiente a separarmi (e così proteggermi) da lei (cioè dalla rimembranza, dal ricordo), come invece il grande conflitto (*contrario*) tra i bianchi e i neri mi ha separato dal gioioso riso (della mia amata) e da ogni possibilità (*stato*) di allegria.

vv. 28-36 Quando per salutarla gentilmente (*per gentile atto di salute*) alzo un poco (*alquanto*) i miei occhi verso una bella donna, ogni mia forza (*virtute*) viene meno (*si disvia*) a tal punto che non posso trattenere il pianto, ricordandomi (*membrando*) della mia donna, che sono tanto lontano dal vedere: o occhi miei sofferenti, non morirete di dolore (*doglia*)? «Sì, saremmo pronti a morire, se Amore volesse».

6. rimembranza: il poeta è torturato dal ricordo («rimembranza», dal francese *remembrance*). Il termine avrà fortuna nel linguaggio letterario e poetico, in particolare in Petrarca e Leopardi.
7. schiera: grande quantità, abbondanza (termine militare usato qui metaforicamente per indicare un gran numero).
8. stride: emette suoni acuti, urla, dal latino *stridere*, voce onomatopeica.
9. sol... da me: ciò che è presente al poeta è la vivida memoria di una immagine da cui non riesce a liberarsi.
10. lo gran... negro: riferimento alle sanguinose ostilità scoppiate tra i due partiti in cui Pistoia era divisa, i guelfi bianchi e i guelfi neri.
11. «Sì... voglia»: la personificazione degli occhi costituisce una forma tipica di prosopopea: gli occhi parlano come esseri animati.

Amor,[12] la mia **ventura** è troppo cruda,
e ciò ch'agli occhi incontra più m'attrista:
però merzé, che la tua man gli chiuda,
poi c'ho perduta l'amorosa vista;
e, quando[13] vita per morte s'acquista,
gioioso è 'l morire:[14]
tu sail' ove dé gire
lo spirito mio poi,
e sai quanta piatà s'arà di lui.[15]

Amor, ad esser micidial piatoso[16]
t'invita il mio tormento:
secondo c'ho talento,
dammi di morte gioia,
che ne vada lo spirito a Pistoia.[17]

lessico
Ventura
Dal latino *ventūra*, neutro plurale di *venturus*, participio futuro di *venīre*, significa letteralmente «le cose che stanno per venire», quindi il «futuro». Parola oggi poco usata, se non in frasi come "per ventura", "per caso", molto più diffuso è il suo derivato "sventura", formato da *ventura* preceduto da *s-* sottrattivo.

vv. 37-45 O Amore, il mio destino (*ventura*) è troppo crudele (*cruda*), e ciò che si presenta davanti agli occhi mi rattrista ulteriormente: abbi perciò (*però*) misericordia (*merzé*), fa' sì che la tua mano li chiuda, visto che non posso vedere la mia amata (*amorosa vista*) e visto che se (*quando*) si ottiene la vita attraverso la morte, allora la morte diventa gioiosa. Tu lo sai (*sail'*) dove il mio spirito deve andare (*dé gire*) poi (dopo essere morto), e sai quanta pietà otterrà (*s'arà di lui*, «si avrà di lui»).

vv. 46-50 Amore, il mio tormento ti invita a essere (al tempo stesso) micidiale e pietoso: secondo quanto desidero (*talento*), dammi gioia uccidendomi (*di morte*), così che il mio spirito se ne possa tornare a Pistoia.

12. **Amor:** si noti che la parola "Amore", qui personificata come interlocutore, è presente in ogni stanza della canzone.
13. **quando:** ha qui significato causale e ipotetico. La coppia "vita-morte" è opposizione fondamentale del lessico amoroso.
14. **gioioso è 'l morire:** la morte gioiosa è un ossimoro tipico di Cino, che avrà molta fortuna nel petrarchismo, cioè nella lunga tradizione poetica italiana ed europea ispirata a Petrarca.
15. **tu sai… lui:** con un'aposiopesi il poeta non chiarisce, per ora, dove andrà lo spirito. Si noti la rima tra «poi» e «lui» (v. 44-45): è una rima umbro-aretina, legata cioè a un originario "pui", in luogo di «poi», usato nella scuola guittoniana.
16. **micidial piatoso:** «micidial piatoso» (micidiale e pietoso al tempo stesso) associa a un'azione negativa (l'uccisione dell'amante) un effetto positivo: si tratta dunque di un ossimoro, analogo a quello che troviamo nel v. 49, «di morte gioia».
17. **che… Pistoia:** il verso di congedo finale è una risposta al verso 43. Lo spirito tornerebbe finalmente alla sede della sua felicità. Pistoia è infatti il luogo dove sta l'amata, ma è anche la patria da cui il poeta è esiliato.

Analisi del testo

Struttura

Il lamento, l'esilio, il ricordo, la morte La canzone si presenta come il lamento per la separazione dall'amata, rivolto direttamente ad Amore, che è stato prima testimone dell'innamoramento del poeta, poi suo carnefice, per il dolore che gli infligge. La sofferenza è esacerbata dal fatto che all'assenza dell'amata si unisce anche la pena dell'esilio, che impone la contemporanea distanza dalla patria e dalla donna. A rendere più amara e struggente la lontananza è il ricordo (la «rimembranza», v. 20), un tema sviluppato soprattutto nella seconda e nella terza stanza, dove si può individuare anche il punto di svolta della canzone: il poeta chiede che l'Amore, responsabile del dolore che l'allontanamento causa, perfezioni, per così dire, l'opera iniziata e separi definitivamente l'animo innamorato dal suo stesso corpo. La morte appare dunque come una paradossale salvezza e il desiderato approdo di pace dai tormenti.

Lingua e stile

Cino maestro di stile Lo Stilnovo trova in Cino da Pistoia uno dei suoi interpreti più limpidi, anche e soprattutto dal punto di vista dello stile. Benché la canzone parli di un'estrema esperienza del dolore, si osserva un generale stemperamento dei toni, attutiti da quella *dulcedo*, «dolcezza, soavità» che è la cifra stilistica di questo autore; il lessico indugia spesso nell'area semantica della piacevolezza e della gioia («dolce», v. 1; «soave», v. 1; «pensier' leggiadri e gai», v. 5; «begli occhi», v. 19; «gioioso riso... stato allegro», vv. 25-26; «gentile ... salute», v. 28), alternata a quella della sofferenza («dentro ritener non posso il pianto», v. 31; «o dolenti occhi miei», v. 34). Si tratta di formule che avranno grande fortuna, anche attraverso la mediazione di Petrarca, nella lingua poetica amorosa dei secoli successivi. Va inoltre evidenziato il ruolo delle rime, sempre piane e costituite da termini e sonorità "medie", che rifuggono ogni eccesso di asperità. Uniche moderate eccezioni si hanno in «**str**ide» (v. 22), in «ne**gr**o» (v. 27), dove la durezza dei nessi consonantici è però efficace, in una stanza che ha come tema dominante il conflitto.

Temi

Gli occhi e l'amore: un gioco di specchi Centrale è il tema dello sguardo e degli occhi, protagonista assoluto dell'*incipit* del componimento: «La dolce vista e 'l bel guardo soave / de' più begli occhi che lucesser mai» (vv. 1-2). A quest'area semantica rinvia il verso 19 «Io t'ho veduto in que' begli occhi, Amore»: gli occhi come luogo d'irraggiamento dell'amore sono un tema fondamentale della teoria d'amore medievale e qui si moltiplicano in un abissale gioco di specchi (gli occhi dell'amante vedono amore negli occhi dell'amata). Ma, separati dall'amata, gli occhi dell'amante ricadono in una condizione innaturale: il poeta chiede dunque di essere privato dei suoi stessi occhi e di ottenere, con la soppressione della vista (e della vita) l'unica, paradossale, gioia possibile: «gioioso è 'l morire» (v. 42); «dammi di morte gioia» (v. 49).

Officina

COMPRENDERE

1. Quali conseguenze provoca nella vita e nel comportamento del poeta la lontananza dalla donna amata?
2. A chi si rivolge il poeta nella seconda stanza? Per quale motivo rimprovera il suo interlocutore? In quali altre stanze il poeta si rivolge al medesimo interlocutore?
3. A chi il poeta rivolge la domanda dei versi 34-35? Qual è la sua richiesta e qual è la risposta dell'interlocutore del poeta?

ANALIZZARE

4. Perché il poeta, nella stanza di congedo finale, invoca la morte come qualcosa di positivo?
5. **Lingua e stile** Individua, sottolinea e distingui in una tabella tutte le parole e le espressioni presenti nel testo che rimandano rispettivamente all'area semantica della dolcezza e all'area semantica del dolore.
6. La terza stanza è dedicata interamente al tema del ricordo. Quali sono le due cause che hanno determinato la condizione di tristezza e dolore in cui si trova il poeta? In particolare, individua e sottolinea in quale punto della poesia Cino fa esplicito riferimento alle lotte fra guelfi bianchi e guelfi neri che hanno insanguinato Pistoia e che lo hanno costretto all'esilio dalla sua città.

INTERPRETARE

7. Il tema della lontananza non è nuovo nella letteratura romanza medievale: già **Jaufré Rudel**, famoso poeta provenzale, l'aveva affrontato in una celebre canzone dal significativo titolo ***Amor de lonh*** (➤ **T4**, p. 39). Dopo averla letta, scrivi un testo di sufficiente ampiezza in cui confronti la canzone di Rudel con quella di Cino da Pistoia, evidenziandone analogie e differenze con puntuali riferimenti ai testi.

PERCORSO DI SCRITTURA

Riscrittura Immagina che la donna amata da Cino, dopo aver letto questa canzone, sia rimasta talmente colpita da scrivergli una lettera di risposta: che cosa potrebbe avergli scritto? Ha rifiutato il suo amore oppure ha alleviato le sue sofferenze dicendogli che contraccambia i suoi sentimenti? Scrivi la risposta della donna amata da Cino in un testo di circa 20 righe.

5. Oltre lo Stilnovo: l'amore-malattia di Cavalcanti

Ai vertici e ai confini dello Stilnovo

Se lo Stilnovo ebbe una **punta di diamante**, per vastità di cultura e purezza di talento, questa fu, insieme a Dante, Guido Cavalcanti. Cavalcanti fu una figura carismatica di notevole influenza nel suo tempo e nei secoli successivi e i suoi componimenti vennero subito riconosciuti come una straordinaria sintesi tra scrittura letteraria e forza speculativa. Fu opera sua, oltre che di Dante, se lo Stilnovo fu condotto ai suoi **limiti estremi**, fino all'esaurimento delle sue tematiche e delle sue modalità espressive.

La vita

Cavalcanti nasce a Firenze attorno al **1258**. Appartenente a una **famiglia aristocratica** tra le più antiche e importanti di Firenze, prende parte, come tanti suoi contemporanei, alle lotte che lacerano la città nel corso del secondo Duecento. Nel 1284 è, con Brunetto Latini (➤ p. 164) e Dino Compagni (➤ p. 177), nel Consiglio generale del Comune. A **Dante**, poco più giovane di lui, lo legano interessi culturali, finezza d'ingegno, schieramento politico (entrambi militano nel partito dei guelfi bianchi e avversari (aspri furono gli scontri con uno dei più accesi tra i guelfi neri, Corso Donati). Un'amicizia, quella con Dante, destinata a finire nel peggiore dei modi: la tensione fra le opposte fazioni era sfociata in episodi di violenza, che avevano imposto provvedimenti gravi. Tra i **priori** sedeva in quel momento anche Dante e, quando il collegio decise il bando degli esponenti più in vista delle due parti, tra cui appunto Guido, l'amico non poté evitare di sottoscriverne la condanna. Esule a Sarzana, in Liguria, Cavalcanti contrasse la malaria e ne morì poco dopo essere rientrato a Firenze, nel **1300**.

Priori

I priori erano magistrati che detenevano il potere esecutivo, quindi, di fatto, il governo di Firenze.

L'averroismo di Guido

Le divergenze tra Guido e Dante risalgono però a ben prima e si basano su **contrasti filosofici**, **teologici** e, in senso lato, **ideologici**. Con la diffusione in Europa delle traduzioni delle opere di Aristotele (➤ p. 97) si erano accesi vivaci dibattiti accademici: le questioni più scottanti riguardavano la possibilità – o l'impossibilità – di conciliare le teorie del grande filosofo greco con la dottrina cristiana. Scettici rispetto a questa via erano in particolare gli averroisti, ossia coloro che interpretavano il testo aristotelico sulla base dei commenti del filosofo **Averroè** (➤ pp. 97-98), e a questa corrente di pensiero aderisce anche Guido Cavalcanti. L'averroismo era incline a **negare l'immortalità dell'anima e il libero arbitrio**, mentre sosteneva l'**eternità del mondo** e l'**influenza necessitante degli astri** sull'uomo: tutte concezioni che contrastavano palesemente con la dottrina cristiana. Inoltre nella concezione averroistica l'**intelletto possibile**, il principio superiore alla percezione dei sensi che permette il raggiungimento del sapere, è separato dall'anima umana e unico per tutti gli individui della specie: proprio questo principio di **impersonalità** e **universalità** dell'intelligenza permette agli averroisti di negare l'immortalità dell'anima individuale. Per quanto riguarda in particolare il dibattito sulla **natura dell'amore**, l'averroismo porta Cavalcanti a negare all'amore un ruolo salvifico, o anche solo positivo, per l'uomo, sostenendone al contrario la natura **perturbativa e distruttiva**.

L'amore secondo Cavalcanti

Il credo cavalcantiano riguardo alla natura e agli effetti dell'amore è enunciato in una raffinata e complessa canzone filosofica, ***Donna me prega*** (➤ **T6**). È subito evidente la **destinazione elitaria** del testo, che non è – dichiaratamente – una poesia per tutti: i suoi destinatari possono essere solo coloro che possiedono un cospicuo bagaglio dottrinale. Dunque, non è più sufficiente avere un cuore nobile per intendere le virtù d'amore: si tratta per Cavalcanti di avere anche un **adeguato addestramento filosofico** («natural dimostramento», v. 8). La gentilezza del servizio d'amore va intesa quindi anche in senso intellettuale, come e più di quanto era stato per Guinizzelli, e come sarà, in modi diversi, per Dante.

La malattia d'amore

La fenomenologia amorosa si tinge in Cavalcanti di tonalità irrimediabilmente amare e oscure. Il servizio d'amore non ha in Cavalcanti un esito positivo e non porta a un'elevazione progressiva dell'amante: lo trascina invece nella **disperazione** e nell'**annichilimento**. Ed è proprio il rigore razionale con cui il poeta guarda alla propria condizione di amante ad acuirne la prostrazione: si assiste a una **scissione dei punti di vista**, per cui il poeta è, allo stesso tempo, l'osservatore e la vittima della malattia d'amore. Sotto l'effetto distruttivo dell'innamoramento **il corpo va in pezzi** e ciascun pezzo, disgregato, diventa un attore del dramma, con una propria voce in conflitto con le altre e con cui il poeta dialoga: i suoi spiriti (ossia le funzioni vitali ➤ p. 132), i suoi occhi, il suo cuore, la sua mente parlano con Amore, con la Morte, con l'amata, con i lettori. Così è per esempio nel sonetto *Noi siàn le triste penne isbigotite*, in cui gli strumenti stessi della scrittura si animano e prendono parola.

La **moltiplicazione delle voci** è uno dei tratti più suggestivi e originali della poesia di Cavalcanti, che sa mettere in scena una pluralità di *dramatis personae*, ossia di «personaggi di un dramma» che si svolge in un surreale **teatro interiore**.

> Cavalcanti dissolve la concretezza dell'esperienza tangibile in versi dal ritmo scandito, sillabato, come se il pensiero si staccasse dall'oscurità in rapide scariche elettriche.
>
> Italo Calvino

Una poetica deviante

Da questo punto di vista Cavalcanti, forse la voce più originale dello Stilnovismo, è però anche la più irrequieta e la **meno riconducibile alla poetica stilnovista della dolcezza** (➤ **T5**). Lo testimoniano, tra l'altro, i molti sonetti sarcastici indirizzati a Dante, che mostrano una concezione d'amore non conciliabile con gli orizzonti di speranza prospettati dal più giovane amico. E, d'altronde, sia dal punto di vista tematico sia da quello stilistico la poesia di Cavalcanti mantiene un forte **legame con quella tradizione siciliana, ma anche guittoniana, da cui lo Stilnovismo volle emanciparsi**. Sono di gusto siciliano, per esempio, l'uso del **paragone naturalistico** (come nella ballata *Fresca rosa novella*) ma anche le **scelte lessicali e rimiche**. Cavalcanti sembra quindi collocarsi fuori dall'esperienza dello Stilnovismo, rifiutandone la solidarietà e gli orizzonti di armonia.

FISSA I CONCETTI

- In che senso Cavalcanti rappresenta la voce più originale dello Stilnovo?
- In che modo la filosofia averroista influenza la poetica di Cavalcanti?

T4 Chi è questa che vèn, ch'ogn'om la mira

Biblioteca digitale
Biltà di donna e di saccente core; In un boschetto trova' pasturella

Come prima lettura dal canzoniere di Cavalcanti scegliamo un sonetto che, complessivamente, gravita ancora nell'orizzonte stilnovista. Il tema, l'effetto prodigioso e quasi salvifico prodotto dalla vista dell'amata, lo apparenta a sonetti come *Io voglio del ver la mia donna laudare* di Guinizzelli (➤ **T2**) e *Tanto gentile e tanto onesta pare* di Dante (➤ **T3**, p. 217). Tuttavia l'apparizione della donna suscita in Cavalcanti anche una sorta di terrore, come di fronte a un angelo che ispira, più che dolcezza, un vago, inesprimibile turbamento.

■ METRO sonetto con schema ABBA, ABBA, DEF, FED

Chi è questa che vèn, ch'ogn'om la mira,[1]
che fa tremar di chiaritate l'âre[2]
e mena seco Amor,[3] sì che parlare
null'omo pote, ma ciascun sospira?

O Deo,[4] che sembra quando li occhi gira!
Dical' Amor, ch'i' nol savria contare:[5]
cotanto d'umiltà donna[6] mi pare,
ch'ogn'altra ver' di lei i' la chiam'**ira**.

Non si poria contar la sua piagenza,
ch'a le' s'inchin' ogni gentil vertute,
e la Beltate per sua dea la mostra.[7]

lessico
Ira
Moto di reazione improvviso e violento, spesso rabbioso, che si manifesta con parole e gesti aggressivi.

vv. 1-4 Chi è questa che viene, che ognuno la ammira, che fa tremare l'aria di luminosità (*chiaritate*) e porta con sé (*mena seco*) Amore, in modo che nessuno (*null'omo*) è in grado (*pote*) di parlare, ma ognuno sospira?

vv. 5-8 O Dio, che cosa sembra (la donna) quando gira intorno gli occhi! Lo dica Amore, perché io non saprei dirlo (*contare*): mi pare donna di tale (*cotanto*) umiltà, che ogni altra al suo paragone (*ver' di lei*) la definirei iraconda (*ira*).

vv. 9-11 Non si potrebbe (*poria*) descrivere la sua bellezza (*piagenza*), perché di fronte a lei si inchina ogni nobile virtù, e la Bellezza la indica come sua dea.

1. **Chi... mira:** «mira», dal latino *miror*, «meravigliarsi, ammirare». L'interrogativa iniziale è di estrema forza suggestiva, anche perché evoca moduli biblici, per esempio il *Cantico dei Cantici* (*Quae est ista quae progreditur?*, «Chi è costei che avanza?»).
2. **fa tremar... l'âre:** l'atmosfera è come elettrificata dal passaggio della donna.
3. **mena seco:** Amore è dunque come una sostanza che circonfonde la donna, la quale lo porta con sé come un alone.
4. **O Deo:** nonostante alla donna siano riferiti termini legati al lessico religioso, Dio compare qui come semplice interiezione, riportando a un significato tutto terreno le immagini di ordine teologico.
5. **che sembra... contare:** il sonetto sviluppa il tema dell'ineffabilità delle qualità della donna e l'impossibilità di descriverle.
6. **cotanto... donna:** «donna» qui sta forse anche per "colei che possiede" (una certa virtù) in sommo grado: "signora di umiltà".
7. **Non si poria... mostra:** questa terzina descrive la donna come una sovrana, a cui il mondo delle virtù si inchina: la stessa bellezza (*Beltate*) la riconosce come la propria dea.

Le nostre parole ›

Non fu sì alta già la mente nostra
e non si pose 'n noi tanta **salute**,[8]
che propiamente n'aviàn canoscenza.

vv. 12-14 La nostra mente non venne creata tanto nobile (*alta*) [da Dio] e in noi non fu posta una tale perfezione (*salute*) da avere un'adeguata (*propiamente*) conoscenza (delle qualità di questa donna).

8. **salute:** il termine «salute» è usualmente connesso alla virtù salvifica della dama: qui invece sta per "perfezione" infusa da Dio.

Le nostre parole Salute

L'origine del termine Il sostantivo "salute" deriva dal latino *salutem*, che significava «salvezza, sopravvivenza» e che a sua volta proviene dalla stessa radice di *salvus* «salvo, integro». "Salute" vuol dire anche «sanità», nonché «beatitudine» o «felicità».

Uno slittamento semantico Nell'ultima strofe del sonetto di Cavalcanti, il termine "salute" è impiegato con uno slittamento semantico rispetto al significato consueto nello Stilnovo di «salvezza», «felicità ultima», che si ritrova per esempio nella *Vita nuova* di Dante, in cui Beatrice è chiamata «donna della salute». Il poeta lamenta la propria incapacità di descrivere le virtù dell'amata, un'incapacità che si manifesta principalmente a livello di conoscenza. Il termine acquista così un significato più intellettuale che spirituale, come era stato in Dante.

Una salute di ferro? Come in molte altre parole, il significato di "salute" sembra oggi restringersi al suo valore materiale: "essere in salute" significa infatti avere una costituzione sana e vigorosa. Tra i neologismi più recenti, a partire almeno dai primi anni del Duemila si registra l'espressione "centro salute", usata per indicare un centro che offra ai suoi pazienti cure mirate alla riacquisizione del benessere, sia fisico sia psicologico.

Analisi del testo

Struttura

Un'apparizione epifanica Il sonetto si apre con un verso di straordinaria forza evocativa: l'apparizione della donna è resa nei termini di un'epifania, cioè di una manifestazione divina, che ha luogo qui e ora, nel momento stesso in cui leggiamo. L'aura divina da cui la donna è avvolta è accentuata da richiami scritturali (abbiamo visto in nota, per esempio, come il v. 1 si modelli sul *Cantico dei Cantici*) e da scelte lessicali che rinviano all'area del sacro. Sarebbe fuorviante, tuttavia, leggere il sonetto in chiave religiosa: osserviamo innanzi tutto che, accanto ai testi sacri della tradizione cristiana, ci sono richiami al mondo pagano, come l'accostamento della donna alla dea della bellezza, nel v. 11. Notiamo poi che l'invocazione a Dio al v. 5 è una semplice interiezione: il vero soggetto della frase è infatti Amore, anch'esso trasformato in un essere semi-divino. Il lessico religioso è quindi al servizio della descrizione di un evento tutto terreno, l'apparizione della *domina*, che si ripercuote sul mondo circostante provocando una sorta di tremore e chiarore, che fa ammutolire i testimoni dell'evento.

Lingua e stile

Il lessico della visione Il tema della visione è centrale, nel sonetto, ed è rivelato da diversi termini ed espressioni riconducibili all'area semantica della vista: dal «mira» del v. 1 agli «occhi» del v. 5 sino al «mi pare» del v. 7. Come ricorda Contini, «la comunanza di due rime, una nelle quartine (*-are*) e una nelle terzine (*-ute*), e anzi di ben quattro parole rima, una per ciascuna quartina e terzina (*âre*, *pare*, *vertute*, *salute*), rende evidente l'allusione [...], anzi la 'concorrenza', con il sonetto di Guinizzelli *Io voglio del ver*».

Temi

Ineffabilità e inadeguatezza Se una delle virtù associate alla donna è l'umiltà (altro rinvio scritturale, in quanto è un attributo proprio della Vergine), l'altezza superlativa delle sue qualità punta in direzione opposta. È il *topos* dell'"umiltà sublime", paradossale e impossibile da descrivere, che affonda le radici in una lunga tradizione letteraria, greco-latina e poi cristiana. Va osservato che il termine «salute», mentre abitualmente nello Stilnovo si lega al saluto portatore di salvezza della donna, qui assume un valore diverso. Infatti, il poeta dichiara di non avere sufficiente «salute» per cantare le lodi della donna, cioè di non essere all'altezza. Dietro questa affermazione c'è forse qualcosa di più rispetto a una canonica manifestazione di modestia: il poeta potrebbe alludere al fatto di non aver ricevuto il saluto salvifico da parte della donna, quel saluto da cui discende anche il dono della conoscenza («e non si pose 'n noi tanta salute, / che propiamente n'avièn canoscenza», vv. 13-14).

Officina

COMPRENDERE

1. Quali effetti provoca l'apparizione della donna sulla realtà, sul poeta e su tutti coloro che la circondano?
2. Quali doti, virtù e caratteristiche della donna emergono dal testo?

Memmo di Filippuccio, *Esiti positivi e negativi dell'iniziazione amorosa di un giovane*, particolare, 1305-1311. San Gimignano, Palazzo del Popolo, Camera del Podestà.

ANALIZZARE

3. Perché le parole *Amor* (v. 3, v. 6) e *Beltate* (v. 11) sono scritte con l'iniziale maiuscola? Perché il poeta ha compiuto tale scelta?
4. **Lessico** Guido Cavalcanti ai vv. 7-8 contrappone l'umiltà dell'amata all'ira delle altre donne, ma "umiltà" e "ira" non sono l'una il contrario dell'altra. Tra le parole che seguono, indica quali sono il contrario di "umiltà" (A) e quali sono il contrario di "ira" (B):
   a. placidità ☐ **b.** superbia ☐ **c.** arroganza ☐
   d. calma ☐ **e.** insolenza ☐
5. **Lingua e stile** Individua e sottolinea tutti i sostantivi presenti nel sonetto. Prevalgono i sostantivi astratti o quelli concreti? Come giustifichi tale scelta del poeta?

INTERPRETARE

6. Individua e sottolinea i punti del testo in cui è presente il tema dell'ineffabilità; poi spiega che cosa si intende con tale espressione.

PERCORSO DI SCRITTURA

Argomentazione Scrivi un testo che metta a confronto questo **sonetto** di Cavalcanti con quello di **Guinizzelli, *Io voglio del ver la mia donna laudare*** (➤ **T2**, p. 118), sottolineandone analogie e differenze e argomentando la tua trattazione con precise citazioni dalle due poesie.

T5 Voi che per li occhi mi passaste 'l core

Biblioteca digitale
Tu m'hai sì piena di dolor la mente

L'idea di Amore come forza devastante è rispecchiata in questo sonetto, in cui Cavalcanti registra i tremendi effetti causati dallo sguardo della donna amata: la vita viene quasi annientata e il cuore viene colpito mortalmente.

- Metro sonetto con schema ABBA, ABBA, CDE, CDE

Voi, che per li occhi mi passaste 'l core[1]
e **destaste** la mente che dormia,[2]
guardate a l'angosciosa vita mia,
che sospirando la distrugge Amore.

lessico
Destare
Svegliare; scuotere dal torpore, dall'inerzia; far nascere, suscitare.

vv. 1-4 Voi che attraverso (*per*) gli occhi mi trafiggeste (*passaste*) il cuore e risvegliaste la mente che dormiva, guardate la mia vita piena di angoscia, che viene distrutta da Amore a forza di sospiri.

1. **Voi... core:** l'amore che si presenta come un dardo o una freccia è un tema classico della poesia trobadorica; «per» significa "attraverso": gli occhi non sono solo uno strumento, ma anche il *medium* attraverso cui Amore raggiunge l'amante.
2. **destaste... dormia:** la metafora stilnovista del sonno ha origini antiche; la visione amorosa è spesso collegata allo stato onirico.

Scena cortese, miniatura tratta da un *Libro delle Ore* miniato da Jean Poyer, XV secolo. New York, Morgan Library.

E' vèn tagliando di sì gran valore,
che' deboletti **spiriti**[3] van via:
riman figura sol en segnoria
e voce alquanta, che parla dolore.

Le nostre parole ›

Questa vertù d'amor che m' ha disfatto
da' vostr' occhi gentil' presta si mosse:
un dardo mi gittò dentro dal fianco.

Sì giunse ritto 'l colpo al primo tratto,
che l'anima tremando si riscosse
veggendo morto 'l cor nel lato manco.[4]

vv. 5-8 Egli (Amore) procede (*vèn*) con tale forza (*valore*) trafiggendo (*tagliando*), che gli spiriti, deboli, si dileguano: rimane salda (*en segnoria*) solo la figura (dell'amante) e un po' (*alquanta*) di voce, che esprime (*parla*) dolore.

vv. 9-11 Questa forza (*vertù*) d'amore che mi ha distrutto (*disfatto*) si mosse rapida (*presta*) dai vostri occhi gentili: mi gettò una freccia (*dardo*) nel fianco.

vv. 12-14 Il lancio (*colpo*) giunse così dritto al primo colpo (*tratto*) che l'anima si destò (*si riscosse*) tremante, vedendo che il cuore nel lato sinistro era morto.

3. **spiriti:** termine tipico di Cavalcanti, che deriva dalla filosofia naturale, secondo cui la vita interna del soggetto è popolata da una molteplicità di facoltà, a cui corrispondono altrettanti spiriti, che sono il mezzo con cui tali facoltà trovano espressione. L'uso espressivo e patetico del diminutivo («deboletti») è un altro elemento caratteristico della scrittura cavalcantiana.

4. **l'anima... lato manco:** viene suggerita una dimensione anatomica (non soltanto metaforica) della dinamica amorosa.

Le nostre parole Spirito

L'origine del termine Il sostantivo "spirito" deriva dal latino *spiritus*, che significa originariamente «soffio», «respiro vitale» ed è passato a rappresentare la parte più nobile e immateriale dell'uomo (l'anima), in opposizione al corpo. Il significato di "sostanza alcolica" si è sviluppato in un secondo momento grazie all'alchimia, essendo l'alcol la parte volatile del liquido. A partire soprattutto dal XVIII secolo (in particolare in Goldoni) si afferma la locuzione "uomo di spirito", per indicare una persona intellettualmente vivace e capace di muoversi con disinvoltura in società.

Gli spiriti irrequieti di Cavalcanti La filosofia medievale aveva elaborato, a partire dagli studi biologici di Aristotele, una teoria degli "spiriti vitali", che sarebbero gli strumenti attraverso cui l'anima governa i diversi organi del corpo umano. Se anche Dante, soprattutto nella *Vita nuova*, fa riferimento a essi, è Cavalcanti a renderli protagonisti della propria poesia, fino a drammatizzarne l'azione nel palcoscenico interiore del corpo e della mente, come accade nel sonetto *Per gli occhi fere un spirito sottile.*

Altri spiriti sottili Dopo aver acquisito nell'Ottocento un valore filosofico peculiare, legandosi alla diffusione del pensiero di Hegel e dell'Idealismo e indicando una ragione superiore che va al di là delle capacità del singolo individuo, "spirito" si utilizza modernamente in senso perlopiù traslato, per esempio per indicare una particolare attitudine ("Non ha spirito pratico") o una tendenza comune ("Cogliere lo spirito del tempo").

Analisi del testo

Struttura

L'innamoramento, principio di sofferenza Il sonetto sviluppa una situazione tipica della poesia stilnovista, ovvero il momento originario dell'innamoramento, quando gli occhi dell'amata colpiscono il cuore del poeta (vv. 1 e 10). L'invocazione alla donna apre il testo, nelle quartine il tema viene sviluppato e poi ripreso nelle terzine, dove il quadro degli effetti dell'innamoramento si fa più aspro. Dalla descrizione di una «angosciosa vita» (v. 3), infatti, in cui ormai gli «spiriti» hanno abbandonato il corpo del poeta (v. 6), lasciandogli solo una parvenza umana e una dolorosa voce (v. 8), si passa a descrivere i dannosi effetti fisici dell'amore: il corpo dell'amante è stato trafitto da una freccia che l'ha ucciso (vv. 11 e 14), pur lasciando in vita l'anima (v. 13).

Lingua e stile

L'uso dei diminutivi Un elemento molto caratteristico dello stile di Cavalcanti è l'uso del diminutivo («deboletti spiriti» al verso 6) in funzione patetica; altri casi esemplari sono nel sonetto *Noi siàn le triste penne isbigotite*, dove sono citate «le cesoiuzze e 'l coltellin dolente» (vv. 1-2), in cui al diminutivo si associa la personificazione drammatica degli strumenti di scrittura (le piccole cesoie venivano usate per tagliare le penne, il coltellino per temperarle).

Temi

Un teatro delle ombre Uno degli elementi distintivi del breve canzoniere di Cavalcanti è la presentazione dell'esperienza amorosa come un teatro in cui si agita una molteplicità di attori immaginari. Oltre alle più usuali personificazioni di Amore o Morte, secondo un procedimento allegorico che è una costante della cultura medievale, nel caso di Cavalcanti è la scena interiore dell'amante a fornire attori e comparse: in questo sonetto una pluralità di spiriti (v. 6) vengono dispersi, come un nugolo di esseri derelitti, dall'improvviso dardo amoroso, scoccato, secondo la canonica concezione cortese, dagli occhi dell'amata. La freccia penetra nel fianco della vittima, creando scompiglio e attonimento: il trauma prodotto dall'irruzione del dardo amoroso provoca tuttavia anche un prodigioso rinvenire della mente, risvegliata come da un lungo torpore (v. 2). L'anima tremando si riscuote (v. 13), vedendo il cuore morto accanto a sé (v. 14). La moltiplicazione delle persone nel teatro interiore va in parallelo con lo svuotamento del soggetto poetico, ridotto a una «figura» senza volontà (v. 7), una sorta di burattino, che può solo emettere una voce dolorosa (v. 8).

Officina

COMPRENDERE

1. Quali effetti devastanti provoca sul poeta lo sguardo della donna amata?
2. Come reagisce l'anima del poeta dopo che il suo corpo è stato trafitto da una freccia scagliata dagli occhi della donna?

ANALIZZARE

3. **Lingua e stile** Individua, sottolinea e distingui tutte le parole e le espressioni del testo che rimandano all'area semantica del dolore e della forza distruttiva del sentimento amoroso e quelle che invece si riferiscono al linguaggio bellico e militare.
4. **Lessico** Indica se nelle frasi che seguono "destare" è usato con il significato proprio di «svegliare dal sonno» (A) o in uno di quelli figurati come «scuotere dal torpore» oppure «suscitare» (B).
   a. Le sue parole hanno destato l'interesse del pubblico. ☐
   b. La campana lo destò. ☐
   c. Il popolo si desta ai suoi discorsi. ☐
   d. Se non si desta, non va a lavorare. ☐

   In quali di questi significati il verbo "destare" è ormai poco utilizzato? Con quale altro verbo lo sostituiresti nelle frasi qui sopra?

INTERPRETARE

5. In questo sonetto è presente la drammatizzazione del sentimento amoroso tipica della poesia cavalcantiana. Spiega che cosa si intende con drammatizzazione del sentimento amoroso e quali sono i personaggi che interagiscono fra loro nella poesia.

T6 Donna me prega

Come la canzone di Guinizzelli *Al cor gentil rempaira sempre amore* (➤ **T1**), *Donna me prega*, di cui riportiamo le prime tre di cinque stanze, si propone di dare una definizione compiuta della natura d'amore, attraverso gli strumenti offerti dalla filosofia e dalle scienze naturali. Mentre in Guinizzelli l'inclinazione amorosa è perfettamente congruente con un animo gentile e colto, Cavalcanti delinea invece una visione luttuosa e dualistica dell'amore, in cui la ragione si contrappone alla passione senza alcun accordo possibile.

■ METRO canzone di cinque stanze di endecasillabi più un congedo finale con schema BDE BDE (fronte), FGHH FGHH (sirma). Lo schema è però movimentato da un sistema di rime interne, che indichiamo qui tra parentesi: (a)B(cc)D(d)E, (a)B(cc)D(d)E; F(f)G(g)HH, F(f)G(g)HH

Le nostre parole ›

Donna me prega, per ch'eo voglio dire[1]
d'un **accidente** che sovente è fero
ed è sì altero ch'è chiamato amore:[2]
sì chi lo nega possa 'l ver sentire![3]
Ed a presente canoscente chero,[4]
perch'io no spero ch'om di basso core
a tal ragione porti canoscenza:[5]
ché senza natural dimostramento[6]
non ho talento di voler provare
là dov'e' posa, e chi lo fa creare,
e qual sia sua vertute e sua potenza,

vv. 1-14 Una donna me lo chiede (*me prega*), e perciò io voglio parlare di un fenomeno (*accidente*) che spesso è funesto e così aggressivo che viene chiamato amore: se poi qualcuno negherà la verità (sull'amore) mi auguro che possa sperimentarla di persona (*possa 'l ver sentire*)! E per questo motivo esigo (*chero*) ora (*a presente*) un lettore competente (*canoscente*), perché non ho alcuna speranza che un uomo di cuore vile riesca a comprendere (*porti canoscenza*) la mia argomentazione (*ragione*): perché senza il ricorso alle nozioni della filosofia naturale (*natural dimostramento*) non posso (*ho talento*) mostrare dove egli (*e'*, cioè amore) si collochi (*posa*), chi lo faccia nascere, quali siano i suoi effetti (*vertute*) e la sua forza

1. **Donna... dire:** la «Donna» è una figura fittizia e indeterminata: si tratta di un omaggio a una convenzione della trattatistica medievale. Il tema della canzone è enunciato nei due versi successivi.
2. **d'un accidente... amore:** secondo l'aristotelismo l'«accidente» è qualcosa che può accadere o meno, ed è dunque ben diverso dalla "sostanza" la cui esistenza è certa. Cavalcanti nega dunque che l'amore sia un'entità autonoma; «fero» è termine dello stilnovismo e sta per "feroce".
3. **sí... sentire:** il «sì» sta per "cosicché". Il poeta ironicamente si augura che chi nega la natura feroce di amore la possa sperimentare di persona.
4. **a presente canoscente chero:** il poeta esige una persona capace di capirlo, resa sapiente dall'esperienza e soprattutto dallo studio.
5. **perch'io... canoscenza:** Cavalcanti non ha speranza che una persona vile (di cuore ma anche di mente, cioè incolta) possa comprendere il ragionamento.
6. **natural dimostramento:** è il primo riferimento nella canzone alla natura teoretica (cioè speculativa, dimostrativa) del ragionamento a cui l'autore si prepara. Esso sarà cioè basato sui princìpi della cosiddetta "filosofia naturale", che ha come oggetto le cose create e la loro relazione con quelle increate.

l'essenza poi e ciascun suo movimento,
e 'l piacimento che 'l fa dire 'amare',[7]
e s'omo per veder lo pò mostrare.[8]

In quella parte dove sta memora[9]
prende suo stato, sì formato,[10] come
diaffan da lume,[11] d'una scuritate
la qual da Marte vene, e fa demora;
elli è creato ed ha, sensato, nome,

(*potenza*), e inoltre quale ne sia l'essenza, quale la sua dinamica (*movimento*) e il tipo di piacere per cui è definito una cosa da amare, e se sia possibile darne un'immagine visibile (*per veder*).

vv. 15-28 L'amore si insedia (*prende... stato*, "prende posto") in quella parte (dell'animo) in cui è la memoria (cioè nell'animo sensibile), quando esso è stato modificato (*formato*, ha cioè ricevuto una forma) da un'oscurità (*scuritate*) che proviene da Marte e che vi si insedia (*fa demora*), allo stesso modo in

7. **e 'l piacimento... 'amare':** il riferimento è a una falsa etimologia medievale, proposta nel *De amore* di Cappellano, che fa derivare "amore" da *hamare*, «prendere all'amo, catturare».
8. **là dov'e'... pò mostrare:** come in un trattato, l'autore dà l'elenco in otto punti delle questioni che la canzone affronterà. Ossia: 1) dove amore abbia sede; 2) che cosa lo generi; 3) quali ne siano gli effetti e 4) la forza; 5) quale la sostanza sua propria; 6) che tipo di moti dell'animo gli corrispondano; 7) che tipo di piacere produca; 8) se gli corrisponda una forma visibile.
9. **In quella... memora:** secondo Aristotele, la memoria risiede in quella parte dell'anima che è detta "anima sensibile".
10. **sí formato:** l'anima sensibile può essere colpita da un'oscura influenza (*scuritate*) che viene da Marte: si tratta della "melancolia" che, secondo la medicina medievale, era provocata da un eccesso di bile nera. Dunque, quando l'anima sensibile è afflitta da questa influenza di Marte, l'amore vi si insedia.
11. **come diaffan da lume:** Cavalcanti ricorre qui a un'analogia anch'essa ricavata dalle scienze della natura: l'anima sensibile è colpita dall'influenza oscura di Marte come un corpo trasparente (diafano), la cui trasparenza però si può percepire solo quando è attraversata dalla luce. Questa analogia funziona però per opposizione: non luminosa, ma scura (come un'ombra) è l'influenza del pianeta Marte, pianeta della guerra. L'innamoramento, dunque, è presentato in stretta connessione con Marte: il nesso fra amore e distruzione è così stabilito.

Le nostre parole — Accidente

L'origine del termine Il sostantivo "accidente" deriva dal verbo latino *accĭdo*, «accado». Pertanto il termine indica un avvenimento inaspettato e imprevisto, talvolta di segno negativo.

L'amore, un crudele accidente Nella filosofia aristotelica e medievale, "accidente" è ciò che fa parte di qualcosa in modo casuale, senza appartenere (come invece accade per la "sostanza") alla sua essenza. La definizione di Cavalcanti di amore come «accidente» corre in parallelo a quella dantesca della *Vita nuova* (XXV, 1), in cui Dante afferma che Amore non è una sostanza ma soltanto un accidente, cioè non ha un corpo, non è una persona o un dio come avevano favoleggiato i poeti. Rispetto alla *Vita nuova*, però, Cavalcanti – ed è questo l'aspetto più innovativo della sua poesia – insiste unicamente sugli aspetti materiali dell'amore, che ne fanno peraltro una passione distruttiva per l'uomo: questo il valore profondo dell'espressione «accidente fero».

Accidenti contemporanei Il termine sopravvive oggi perlopiù come tecnicismo: medico, per indicare l'insorgenza di fenomeno morboso ("accidente vascolare": ma nel linguaggio comune si dice anche "gli è venuto un accidente", cioè un malore improvviso); grammaticale (le desinenze delle parti variabili del discorso); infine musicale (le alterazioni tonali rappresentate dai diesis e dai bemolle).

d'alma costume e de cor volontate.[12]
Vèn da veduta forma che s'intende,
che prende nel possibile intelletto,
come in subietto, loco e dimoranza.[13]

cui un corpo trasparente (*diaffan*) appare tale (cioè trasparente) per effetto della luce (cioè quando la luce lo attraversa, mentre senza la luce la trasparenza non si realizza); Amore (*elli*) è creato e prende il suo nome (cioè viene riconosciuto come amore) solo dopo che viene percepito dai sensi (*sensato*), (sostenuto) da un'inclinazione naturale dell'anima (*d'alma costume*) e dal desiderio (*volontate*) del cuore. Procede da una forma visibile (*veduta*) che diventa immagine mentale (*s'intende*), la quale si installa (*prende... loco e dimoranza*) nell'intelletto possibile.

12. **elli è creato... volontate:** l'amore è «creato», cioè prodotto da una causa esterna (non ha cioè una sussistenza autonoma); riceve un nome, cioè lo si può definire, solo dopo che viene percepito dai sensi («sensato»), prima di essere percepito, tecnicamente non esiste. È dunque un'entità legata solamente al mondo sensibile e alla percezione, seguendo le inclinazioni dell'anima sensitiva e i desideri del cuore.
13. **Vèn... dimoranza:** se l'amore viene provocato dalla percezione di una figura, quella della donna amata, solamente la forma di questa figura è «subietto» ("oggetto") dell'operazione dell'intelletto, non il sentimento provocato dalla visione. La forma quindi, non l'amore, ha sede nel «possibile intelletto», termine tecnico della filosofia scolastica e dell'averroismo medievale con cui si indica la parte intellettiva, razionale dell'uomo, collegata al mondo delle idee eterne e non a quello terreno e sensibile.

CROCEVIA

L'aristotelismo nel Medioevo e Cavalcanti

Uno dei maggiori filosofi dell'antichità, il greco **Aristotele** (383-322 a.C.), era rimasto pressoché **sconosciuto durante l'Alto Medioevo**, sia perché pochissimi in Europa erano in grado di leggere testi in greco antico sia perché circolavano le traduzioni latine di un'esigua parte soltanto della sua opera. **Tra il XII e il XIII secolo**, invece, iniziano a diffondersi **versioni latine** di molte opere aristoteliche, condotte o direttamente **dal greco** da dotti che cominciano a giungere in Europa dall'Impero bizantino (che era rimasto grecofono) o **dall'arabo**. Vari testi del filosofo, infatti, erano stati tradotti in arabo, lingua in cui erano stati composti anche vari **commenti**; molto importanti furono quelli di **Avicenna** (980-1037) e **Averroè** (1126-1198), che via via erano tradotti in latino e che circolavano insieme ai testi di Aristotele. La diffusione di questi testi rappresenta una vera **rivoluzione** nelle principali università d'Europa, dove si animano appassionati dibattiti.
L'eco di questi studi investe anche la lirica in volgare del Duecento; nella tabella che segue facciamo cenno ad alcuni concetti di particolare rilievo, illustrandoli a partire da esempi.

CONCETTI	ESEMPIO	SPIEGAZIONE	IN CAVALCANTI (*DONNA ME PREGA*)
Materia e forma	Un vaso di bronzo	Il bronzo è la materia, il vaso, la forma; nell'insieme si ha la sostanza.	Il corpo diafano è materia; illuminato da un raggio di luce è sostanza.
Sostanza e accidente	Un cavallo veloce	Il cavallo è la sostanza, veloce, l'accidente. L'accidente esiste solo in relazione a una sostanza, mentre questa sussiste di per sé.	L'anima sensibile è sostanza, l'amore ne è un accidente.
Potenza e atto	Un seme e una pianta	Il seme è una pianta in potenza, la pianta è invece l'atto. Per passare dallo stato di potenza a quello di atto occorre una causa (nell'esempio, la luce del sole, l'acqua ecc.)	L'anima sensibile è amante in potenza; quando vi si insedia amore, è amante in atto.

In quella parte mai non ha pesanza[14]
perché da qualitate non descende:
resplende in sé perpetüal effetto;[15]
non ha diletto ma consideranza;[16]
sì ch'e' non pote largir simiglianza.[17]

Non è vertute,[18] ma da quella vène
ch'è perfezione (ché se pone tale),
non razionale, ma che sente, dico.
For di salute giudicar mantene,[19]
ché la 'ntenzione per ragione vale:[20]
discerne male in cui è vizio amico.
Di sua potenza segue spesso morte,
se forte la vertù[21] fosse impedita,
la quale aìta la contraria via:

In questa parte (della mente, cioè l'intelletto possibile) amore non riceve (però) alcun influsso (*pesanza*), perché (l'intelletto possibile) non discende da una realtà sensibile (*da qualitate*). (Nell'intelletto) risplendono solo realtà eterne (*perpetüal effetto*): non è infatti sede del piacere ma solo della conoscenza (*consideranza*). Per questa ragione (l'intelletto possibile) non può trasmettere (*largir*) nulla all'amore, perché non ha alcuna affinità (*simiglianza*) con esso.

vv. 29-42 (Amore) non è una facoltà o una potenza (*vertute*) dell'anima, ma proviene da quella parte dell'anima sensibile (*che sente*) che è considerata (*se pone*) la più perfetta (cioè la memoria, come si è visto), la quale non è una parte razionale. (Amore) mette fuori uso (*For di salute... mantene*) la capacità di giudizio (*giudicar*), poiché il desiderio (*'ntenzione*) si sostituisce alla (*vale per*) ragione: non sa giudicare colui al quale la passione (*vizio*) si è legata (*amico*). La potenza d'amore è spesso causa (*segue*) di morte, nel caso in cui (*forte*) l'istinto di sopravvivenza (*la vertù... la quale aìta la contraria via*) sia ostacolato (nel suo funzionamento).

14. pesanza: Amore, cioè, non è influenzato dall'intelletto possibile, perché quest'ultimo non accoglie gli aspetti materiali, fisici («qualitate», v. 25), ma solo le immagini mentali.
15. perpetüal effetto: effetto è ciò che discende da una causa, ma ne è anche il fine ultimo, perpetuo, eterno. L'intelletto possibile si illumina (come per riflesso) di queste cause prime.
16. diletto... consideranza: l'intelletto possibile non ha a che fare con il piacere («diletto»), che invece riguarda l'anima sensibile, bensì con i concetti («consideranza»).
17. sì ch'e'... simiglianza: questo verso si spiega in riferimento a una dottrina di origine neoplatonica relativa al processo di causazione, cioè il processo per cui qualcosa passa dalla potenza all'atto per effetto di una causa efficiente. Secondo questa dottrina la causa, per potere esercitare qualche effetto, deve condividere qualche attributo («simiglianza») con l'oggetto su cui si opera. Cavalcanti qui sostiene che l'intelletto possibile non può essere causa dell'amore, perché non condivide niente con esso.
18. Non è vertute: per «vertute» si deve intendere una facoltà o potenza dell'anima. Secondo la filosofia aristotelica, quattro sono le facoltà dell'anima sensitiva: il *sensus communis* (che compendia e rielabora le sensazioni derivanti dai cinque sensi), la virtù (o facoltà) "imaginativa" (la fantasia, che accoglie le prime impressioni sensoriali), quella "estimativa" (che le filtra razionalmente e le valuta), infine la memoria. Questi versi ribadiscono l'assunto iniziale: l'amore discende dall'anima sensitiva, non dall'intelletto.
19. For... mantene: il soggetto è amore, che mantiene "fuori salute" (mette fuori uso) la capacità di giudizio («giudicar», verbo sostantivato).
20. ché... vale: verso di non semplice interpretazione. Due interpretazioni possibili sono: «perché fa valere come principio direttivo il contenuto della sensazione, non la ragione» (Fenzi) oppure: «perché l'istinto fa le veci della ragione» (Ciccuto-Corti).
21. vertù: si tratta dell'istinto di sopravvivenza, che induce alla «contraria via» rispetto alla morte.

non perché oppost'a naturale sia;
ma, quanto che da buon perfetto[22] tort'è,
per sorte, non pò dire om ch'aggia vita,
ché stabilita non ha segnoria.[23]
A simil pò valer quand'om l'oblia.[24]
[...]

(Questo accade) non perché (l'amore) sia innaturale (*oppost'a naturale*); ma perché, quando l'uomo è sviato (*tort'è*) dal bene perfetto, a causa di questo accidente (*per sorte*), non può dire veramente di essere in vita, poiché non ha realmente controllo (*stabilita non ha segnoria*) su sé stesso. L'uomo può rendersi (nuovamente) capace (*pò valer*) di simile controllo (*A simil*) quando dimentica l'amore (*l'oblia*).

22. **buon perfetto:** il *bonum perfectum* (definizione aristotelica della felicità); non si tratta necessariamente di un bene inteso in senso religioso.
23. **non pò dire... segnoria:** l'essere sviati dal bene perfetto non è vero vivere, perché («ché») in tale condizione l'uomo non ha reale signoria sulla sua vita.
24. **A simil... l'oblia:** incerta è l'interpretazione di «simil». Fenzi interpreta: «Qualcosa di simile accade tutte le volte che l'uomo [...] dimentichi quale sia» il «buon perfetto». Per Marti, «simil» è «un uomo siffatto», vittima dell'amore, per il quale «può valere un solo rimedio», ovvero l'oblio d'amore. *Simil* potrebbe però anche significare «a tale scopo»: per recuperare la signoria di sé stessi l'oblio dello sviamento amoroso è l'unico rimedio. Queste ultime due interpretazioni sono valide alla luce della letteratura medievale sui *remedia amoris* («i rimedi alla malattia d'amore»).

Analisi del testo

Struttura

Una rigorosa struttura argomentativa La canzone è impostata come una trattazione metodica di una questione filosofica. I primi tre versi espongono il tema (la teoria dell'amore), precisando che lo spunto per l'indagine proverrebbe, secondo un *topos* della trattatistica medievale, da una dama. Come in una sorta di indice degli argomenti, nella prima stanza sono elencati i problemi concettuali che verranno sciolti dall'autore, enunciati in forma di domande (*quaestiones*) indirette, secondo l'uso delle dispute teologiche e filosofiche universitarie che procedevano appunto per *quaestiones*: quale sia la sede propria di Amore, quali i suoi effetti, la sua forza, la sua essenza ecc. I diversi problemi vengono poi ordinatamente ripresi e discussi nelle stanze successive.

Un pubblico all'altezza Cavalcanti precisa immediatamente (vv. 5-7), e ribadisce poi anche nel congedo (che qui non è riportato), che i suoi interlocutori possono essere solo dei lettori colti (v. 5), che cioè sono competenti nel lessico e nelle questioni del «natural dimostramento» (la filosofia naturale, v. 8). Il poeta ritiene infatti di poter «provare» (v. 9) la sua concezione d'amore solo attraverso un metodo scientifico, basato cioè su rigore logico e su dati forniti dalle scienze naturali e filosofiche. Una prima novità del testo riguarda quindi il pubblico della canzone: non più semplicemente chi sia dotato di cuore gentile, ma chi sia in grado di comprendere un discorso che non può non essere filosofico. Allo stesso tempo, le virtù del cuore gentile continuano a rimanere un requisito fondamentale: infatti al «canoscente» viene contrapposto l'uomo «di basso core» (v. 6), di cui, come è detto nella stanza di congedo, la canzone non deve curarsi.

Lingua e stile

Il rapporto con Guittone e lo Stilnovo La natura speculativa e programmatica della canzone dialoga per contrasto con *Al cor gentil rempaira sempre amore* (➤ **T1**), ma Guinizzelli non è il solo obiettivo polemico di Cavalcanti. *Donna me prega*, infatti, ha anche legami di affinità con lo sperimentalismo di Guittone, delle cui ambizioni filosofiche Cavalcanti si era preso gioco (nel sonetto *Da più a uno face un sollegismo*), ma con cui condivide alcuni fondamentali elementi stilistici. Il più evidente è la rima al mezzo: il martellante ripetersi dei rimanti contribuisce a mettere in rilievo i passaggi logici del testo, «perché isola ed esalta ogni singolo concetto» (Fenzi). Ma, così come è evidente l'abisso che separa la profondità speculativa di Cavalcanti dal dilettantismo filosofico di Guittone, risulta del pari incomparabile la raffinatezza formale del primo, che trova paragone soltanto con Dante, rispetto al secondo. Oltre che una sfida-omaggio a Guittone, la canzone rappresenta soprattutto una presa di distanza dallo Stilnovo (e in particolare dal Dante della *Vita nuova*), sia sul piano della teoria d'amore sia su quello dello stile. Se, infatti, dal punto di vista del lessico essa non sembra discostarsi troppo dalla norma stilnovista, evitando i "barbarismi" alla Guittone, dal punto di vista della struttura e della sintassi tende invece a una complessità estrema, non per gratuita oscurità quanto per la difficoltà intrinseca del ragionamento.

Temi

Amore come «accidente» dell'anima sensibile I presupposti teorici su cui Cavalcanti fonda la sua analisi sono tratti dalla filosofia di Aristotele mediata da Averroè e dalle varie scienze legate alla diagnostica e alla cura del mal d'amore (ottica, fisiologia, psicologia, astrologia). Un concetto fondamentale per definire la natura di amore è quello di "accidente", ossia di una realtà che non esiste di per sé ma solo in relazione a una sostanza: l'accidente proviene dall'esterno, può capitare o sparire come qualsiasi fatto accidentale. Dal fatto che l'amore sia un accidente deriva una conseguenza fondamentale: esso colpisce solo la parte sensibile dell'anima, perché è innescato da un'immagine fornita appunto dai sensi, e in particolare dalla vista, che si insedia nella parte più alta dell'anima sensibile, la memoria.

L'estraneità dell'intelletto possibile In quella parte dell'anima che è al di sopra dell'anima sensibile, ossia l'intelletto possibile, si deposita un'immagine mentale dell'amata, ma l'amore resta estraneo all'intelletto possibile, perché questo è incorporeo, mentre l'amore è connesso con la materialità, ai sensi. Questa fondamentale estraneità fa sì che, secondo Cavalcanti, la razionalità rimanga totalmente esclusa dal sentimento amoroso: il malato d'amore può perdere la ragione, o la ragione può opporsi e controbilanciare la forza di questa malattia, ma non può esserci quella felice coesistenza di amore e virtù razionale che porta, per esempio in Dante, a una progressiva idealizzazione dell'amata e a un'elevazione dell'amante.

L'influsso oscuro di Marte La natura distruttiva che Cavalcanti attribuisce all'amore è ricondotta, nella seconda stanza, all'influsso, sull'anima sensibile, di Marte, pianeta dell'ira, della guerra e quindi anche della morte, responsabile di instillare una «scuritate» che la fisiologia medievale identifica con la melancolia, un'affezione morbosa che turba l'equilibrio psicofisico dell'organismo. Gli stessi colori del viso e gli atteggiamenti che caratterizzano l'innamorato sono tutti all'insegna del turbamento e della malattia («Di sua potenza segue spesso morte», v. 35).

Officina

COMPRENDERE

1. A quale tipo di pubblico è rivolta la canzone? Su invito di chi il poeta la scrive?
2. Quali temi dichiara di voler trattare il poeta nella prima stanza della poesia?
3. In quale parte dell'anima si insedia l'amore e da dove proviene la sua "forma"?

ANALIZZARE

4. Spiega il significato del v. 35 («Di sua potenza segue spesso morte»), nel quale Cavalcanti afferma che la potenza d'amore è spesso causa di morte.
5. **Lingua e stile** Al v. 2 Cavalcanti definisce l'amore un «accidente». Con l'aiuto delle note e dell'Analisi del testo, dai una breve definizione di "amore" secondo Cavalcanti e spiega che cosa significa «accidente» nella filosofia aristotelica e scolastico-medievale, anche in relazione al concetto di "sostanza".

INTERPRETARE

6. Scrivi un commento di sufficiente ampiezza in cui metti a confronto la canzone-manifesto di Cavalcanti con la canzone-manifesto dello Stilnovo ***Al cor gentil rempaira sempre amore*** di **Guido Guinizzelli** (➤ **T1**, p. 112), sottolineandone analogie e differenze e sostenendo le tue argomentazioni con precisi riferimenti ai testi delle due poesie.

PERCORSO DI SCRITTURA

Riassunto Dai un titolo a ognuna delle tre stanze della canzone e poi scrivi un breve riassunto di ciascuna.

T7 Perch'i' no spero di tornar giammai

È uno dei testi più famosi di Cavalcanti, considerato, da Foscolo e poi per tutta l'epoca romantica, un esempio di poesia su base autobiografica: un canto composto dal poeta in esilio. Nell'estate del 1300 infatti, per tentare di pacificare Firenze, i priori della città – tra i quali l'amico Dante – esiliarono i maggiori esponenti delle fazioni in lotta, tra i quali Cavalcanti, che dovette recarsi a Sarzana. La sentenza fu revocata, ma Guido morì pochi mesi dopo a causa della malaria contratta in quelle zone, all'epoca paludose. La critica successiva non ha confermato il legame tra la ballata e l'esilio, ricordando che Guido aveva fatto altri viaggi e che il canto di "congedo" – dalla propria terra, dalla propria poesia e dalla vita – costituiva un *topos* letterario diffuso già nella poesia trobadorica.

- **Metro** ballata di quattro stanze di dieci versi ciascuna (endecasillabi e settenari) precedute da una ripresa (vv. 1-6) di sei versi. Le stanze hanno il seguente schema di rime: ABAB (piede), Bccddz (volta). La ripresa ha lo stesso schema della volta. Gli ultimi versi della ripresa e delle stanze rimano in *-ore*

Perch'i' no spero di tornar giammai,
ballatetta,[1] in Toscana,
va' tu, leggera e piana,[2]
dritt' a la donna mia,
che per sua cortesia
ti farà molto onore.

Tu porterai novelle di sospiri
pien' e di doglie e di molta paura;
ma guarda che persona[3] non ti miri
che sia nemica di gentil natura:[4]
che certo per la mia disaventura
tu saresti contesa,
tanto da lei[5] ripresa

vv. 1-6 Poiché io non ho speranza di tornare mai più in Toscana, o piccola ballata, va' tu, veloce e chiara, direttamente alla mia donna, che in virtù della sua natura cortese ti accoglierà benevolmente.

vv. 7-16 Tu porterai notizie (*novelle*) di sospiri, piene sia di dolore sia di molta paura; ma fa' attenzione che non ti veda nessuno che sia nemico della natura gentile, che certo per la mia condizione infelice tu saresti avversata (*contesa*), e tanto rimproverata da lei (ossia dalla *persona… nemica di gentil natura*),

1. **ballatetta:** l'autore si rivolge al suo stesso componimento con un diminutivo vezzeggiativo di carattere affettuoso.
2. **piana:** chiara, ma anche cordiale, affabile.
3. **persona:** forma impersonale ricalcata sul francese.
4. **nemica… natura:** cioè che non appartenga alla cerchia di coloro che condividono la nobiltà e gentilezza d'animo che rende possibile il sentimento d'amore. Vedi anche *Donna me prega*, vv. 5-7, dove ci si rivolgeva a un lettore «canoscente», cioè competente dell'esperienza d'amore e che non fosse «di basso core», cioè privo di "gentilezza".
5. **lei:** questo pronome è interpretato in modo differente. Può riferirsi alla «persona» ostile all'amore

che mi sarebbe **angoscia**,
dopo la morte, poscia,
pianto e novel dolore.

Tu senti, ballatetta, che la morte
mi stringe sì, che vita m'abbandona;
e senti come 'l cor si sbatte forte
per quel che ciascun spirito ragiona.[6]
Tanto è distrutta già la mia persona,
ch'i' non posso soffrire.
Se tu mi vuoi servire,[7]
mena l'anima teco
(molto di ciò ti preco),
quando uscirà del core.

Dè, ballatetta, a la tu' amistate
quest'anima che trema raccomando:
menala teco, nella sua pietate,[8]
a quella bella donna a cu' ti mando.
Dè, ballatetta, dille sospirando,
quando le se' presente:
«Questa vostra servente
vien pe' ristar con voi;
partit'è da colui
che fu servo d'Amore».[9]

lessico

Angoscia

In origine l'"angoscia" indicava la «difficoltà di respiro», legata alla sensazione di sentirsi la gola stretta in una morsa. Viene, infatti, dal latino *angustia*, derivato di *angustus*, «stretto», da cui hanno origine anche "angusto" ("un luogo angusto" è stretto e malagevole) e "angustia" ("l'angustia di vedute" indica la ristrettezza mentale).

che sarebbe per me fonte di angoscia, poi, dopo la morte, di pianto e nuovo dolore.

vv. 17-26 Tu senti, piccola ballata, che la morte mi incalza da vicino (*stringe*), al punto che la vita mi abbandona, e senti come il mio cuore batte forte a causa di ciò che ognuno dei miei spiriti vitali dice. Io (*la mia persona*) sono tanto distrutto ormai (*già*) che non posso resistere. Se mi vuoi rendere un servizio, porta (*mena*) con te (*teco*) la mia anima (ti prego molto di fare questo) dopo che sarà uscita dal cuore.

vv. 27-36 Oh, piccola ballata, raccomando alla tua amicizia quest'anima che trema: portala con te, nello stato pietoso (*pietate*) in cui si trova, a quella bella donna a cui ti indirizzo. Oh, piccola ballata, quando sarai davanti a lei, dille sospirando: «Questa vostra serva viene per rimanere con voi; proviene (*partit'è*) da colui che fu servo di Amore.

del v. 9, ma secondo altri commentatori alla «donna mia» del v. 4. Se si tratta della donna, il rimprovero è causato dal fatto che la ballata (cioè i sentimenti del poeta in essa espressi) si sono fatti scoprire anche da una «persona... nemica di gentil natura». In questo caso il poeta si accuserebbe di non essere stato capace di osservare la discrezione sul proprio amore, inviando in modo imprudente la ballata.

6. **per quel... ragiona:** è un modo di rappresentare i propri sentimenti, personificandoli negli spiriti.

7. **servire:** il servizio è un *topos* dell'amor cortese, mutuato da una subordinazione tipica della società feudale.

8. **nella sua pietate:** altri leggono «nella tua pietate»; in tal caso il senso è: "portala con te, essendo tu capace di compassione".

9. **servo d'Amore:** Cavalcanti riprende l'immagine, tradizionale nella poesia amorosa (a partire dai provenzali), del "servizio d'amore" che l'amante deve all'amata.

Tu, voce sbigottita e deboletta
ch'esci piangendo de lo cor dolente,
coll'anima e con questa ballatetta
va' ragionando della strutta mente.
Voi[10] troverete una donna piacente,
di sì dolce intelletto
ch' e' vi sarà diletto
davanti starle ognora.
Anima, e tu l'adora
sempre, nel su' valore.

vv. 37-46 Tu, voce sbigottita e flebile, che esci piangendo dal cuore dolente, parla di continuo (*va' ragionando*) della mia mente distrutta (*strutta*) con l'anima e con questa piccola ballata. Voi troverete una donna bella, di così dolce capacità di comprensione che per voi sarà un piacere stare davanti a lei sempre. E tu, anima mia, adorala sempre, per la sua virtù.

10. Voi: si riferisce alla terna di "entità" che – distrutta l'unità della persona (v. 21) – si recheranno dalla donna, cioè la «voce», l'«anima» e la «ballatetta» stessa.

Analisi del testo

Struttura

La funzione della poesia Nella prima stanza, il poeta esorta la propria ballata a recarsi come messaggera dalla donna amata, raccomandandosi di evitare le persone malevole (seconda stanza) e preannunciando la propria morte, causata dalla potenza distruttiva dell'amore (terza stanza). Nella quarta stanza, la ballata riceve in consegna l'anima stessa dell'innamorato, destinata a servire la dama; a lei giungerà dunque (ultima stanza), oltre ai versi e all'anima, anche la voce dell'uomo, in una concorde adorazione del «valore» (v. 46) della donna.

Lingua e stile

Uno stile dolce e leggero Dal punto di vista stilistico, la poesia rientra nei canoni della "dolcezza" che accomuna Cavalcanti agli altri esponenti della "scuola": la sintassi è semplice, il lessico non ricercato, le rime mai aspre. E proprio la coppia di aggettivi del v. 3, «leggera e piana», riferiti alla ballata, mostrano che il poeta ha piena consapevolezza delle sue scelte stilistiche e formali.

Temi

Il messaggio-messaggero Formalmente tutta la lirica è un'apostrofe che il poeta rivolge alla sua stessa poesia; questa viene in certo modo oggettivata, resa autonoma dal proprio autore secondo un *topos* che ha numerosi precedenti nella letteratura latina. Tuttavia, in nessun altro poeta come Cavalcanti, è stato osservato dallo scrittore novecentesco Italo Calvino, il testo diventa protagonista, si pone in primo piano rivelando così la sua natura di segno, di messaggio che diventa anche messaggero. In un altro sonetto, sono addirittura gli strumenti della scrittura (*Noi siàn le triste penne isbigotite / le cesoiuzze e 'l coltellin dolente*) che prendono la parola e spiegano al lettore la "morte" d'amore del poeta.
La natura di apostrofe in cui il poeta detta alla poesia ciò che essa dovrà comunicare – in sua assenza – alla donna è evidenziata dal pronome "tu" che ricorre insistentemente (v. 3: «va tu»; v. 7: «Tu porterai» ecc.)

L'amore distruttivo e la lontananza La «ballatetta» sviluppa uno dei temi più caratteristici di Cavalcanti, quello dell'amore inteso come forza disgregante, turbamento dell'animo capace di distruggere le forze vitali e l'integrità della persona fino alle estreme conseguenze. Incrociato con questo tema, però, troviamo anche un altro motivo importante nella poesia delle origini, quello della lontananza: il dolore della distanza è duplice, perché impone al poeta una separazione dalla sua terra e anche dalla donna amata.

Il teatro interiore Secondo un procedimento tipico di Cavalcanti, la personificazione di oggetti (la ballata, gli strumenti di scrittura ecc.) e l'oggettivazione dei moti dell'animo danno vita a una sorta di palcoscenico su cui viene messa in scena l'interiorità del poeta. È un'interiorità molto diversa da quella a cui noi siamo abituati, che vede la persona, l'"io", come un tutt'uno: per Cavalcanti è proprio la «persona» (v. 21) che, sotto la spinta della sofferenza d'amore, si frammenta nelle molte entità che la compongono: gli spiriti (cioè le forze vitali, i sentimenti), la mente, il cuore, l'anima, la voce. Voce e anima, insieme alla ballata, costituiscono il riferimento del pronome «Voi» del v. 41: una triade di elementi che finalmente dovrà raggiungere la donna e godere del suo «diletto».
Questa poesia così piena di dolore, che anzi dispiega tutto il campo semantico di questo concetto (per esempio, v. 7: «sospiri»; v. 8: «doglie», «paura»), si conclude con una pacificata contemplazione della donna, per la quale Cavalcanti usa – cosa molto rara per un amore profano – il verbo "adorare" (v. 45: «Anima, e tu l'adora»). Segno forse che l'effetto dell'amore, per Cavalcanti di norma così perturbatore in presenza della donna, trova una diversa possibilità di esistere nella dimensione della lontananza e nella mediazione affidata alla voce e alla poesia.

Officina

COMPRENDERE

1. A chi si rivolge il poeta nella ripresa? In quali altre stanze si rivolge al medesimo interlocutore?
2. Chi sono gli interlocutori del poeta nella stanza finale? Spiega anche a chi si riferisce il «Voi» del verso 41.
3. Quali caratteristiche della donna vengono sottolineate da Cavalcanti nella poesia?
   a. La sua bellezza
   b. La sua umiltà
   c. La sua cortesia
   d. La sua superbia
   e. La sua capacità di comprensione

ANALIZZARE

4. A che cosa deve fare attenzione la «ballatetta»? Che cosa significa l'espressione «nemica di gentil natura» (v. 10)?
5. **Lingua e stile** Individua, sottolinea e trascrivi tutti i termini e le espressioni che appartengono all'area semantica del dolore.

INTERPRETARE

6. Il tema della lontananza accomuna questa ballata di Cavalcanti con la canzone ***La dolce vista e 'l bel guardo soave*** di **Cino da Pistoia** (➤ **T3**, p. 122). Dopo avere letto con attenzione entrambe le poesie, scrivi un testo di sufficiente ampiezza in cui le confronti, evidenziandone analogie e differenze con puntuali riferimenti ai testi.

COMPETENZE DEL XXI SECOLO

Pensiero critico L'espediente con cui Cavalcanti si rivolge alla propria ballata per invitarla a raggiungere la donna amata avrà larga fortuna nella poesia dei secoli successivi fino a influenzare, ai nostri giorni, anche la musica d'autore italiana. In particolare, nel 1996 il cantautore bolognese **Lucio Dalla** (1943-2012) pubblicò un album dal titolo *Canzoni*, che comprende un motivo nel quale invita il proprio brano a raggiungere la donna amata per dichiararle il suo amore (***Canzone***). Puoi reperire facilmente il brano su Youtube. Dopo averne letto il testo e dopo averlo ascoltato, scrivi un confronto fra il brano di Lucio Dalla e la ballata di Cavalcanti, mettendone in evidenza analogie e differenze. Se vuoi, puoi anche fare riferimento a brani musicali di altri cantanti e/o gruppi da te conosciuti in cui l'autore si rivolge alla propria canzone.

GUIDA
AL RIPASSO

Il Dolce stil novo

MAPPA

STILNOVO

è inaugurato da → **Guido Guinizzelli**

- *Al cor gentil rempaira sempre amore*
- *Io voglio del ver la mia donna laudare*

- registro espressivo alto e ricorso a forestierismi
- struttura argomentativa delle liriche
- amore come esperienza terrena *vs* concezione della donna-angelo
- innamoramento come perfezionamento spirituale

è rappresentato in modo esemplare da → **Cino da Pistoia**

- *La dolce vista e 'l bel guardo soave*

- stile sobrio e soave, dal lessico appartenente all'area semantica della piacevolezza
- liriche caratterizzate da una malinconica dolcezza
- esperienza amorosa come fonte di gioia e sofferenza
- passato (dolce nel ricordo) *vs* presente (amaro)

è superato da → **Guido Cavalcanti**

- *Chi è questa che vèn, ch'ogn'om la mira*
- *Voi che per li occhi mi passaste 'l core*
- *Donna me prega*
- *Perch' i' no spero di tornar giammai*

- influenza della scuola siciliana, di Guittone d'Arezzo e dell'averroismo
- struttura teatrale delle liriche
- carattere élitario della poesia
- amore come malattia dolorosa e distruttiva
- fenomenologia amorosa come annichilimento
- esperienza amorosa come conflitto insanabile tra ragione e passione

La poesia comico-realistica

TEMI E GENERI

1. Una prospettiva dal basso

1.1 I protagonisti

«Poeti giocosi del tempo di Dante»

Satira
Genere letterario poetico nato a Roma, a carattere moralistico o comico, inteso a mettere in evidenza o criticare abitudini o atteggiamenti (comuni o personali) tramite uno stile che va dall'ironia fino allo scherno e all'invettiva feroce.

Contemporaneamente e quasi in opposizione allo Stilnovo, nella Toscana del Duecento fiorì un altro tipo di esperienza poetica, dominata soprattutto dal **realismo** e dalla **giocosità**. Differenti definizioni sono state proposte per connotarne i caratteri: poesia comico-realistica, parodica, burlesca, borghese, satirica, mentre il critico Mario Marti ha denominato i suoi esponenti «poeti giocosi del tempo di Dante». Tuttavia, nonostante gli elementi di fondo che accomunano questa produzione poetica, in ciascun autore essi sono declinati in modi molto peculiari: dalla **satira scanzonata** di una Firenze popolana e vitalista di **Rustico Filippi** (fiorentino, attivo nella seconda metà del Duecento), al **rovesciamento dissacrante** delle tematiche amorose dello Stilnovo in **Cecco Angiolieri**, sino al cordiale inno all'**ordinato godimento** delle gioie terrene di **Folgóre da San Gimignano** (San Gimignano, 1270 ca. - 1330 ca.).
A queste tre figure maggiori si affianca poi un gran numero di altri minori, tra i quali Meo de' Tolomei (Siena, 1260 ca. - 1310 ca.), Jacopo da Leona (morto a Volterra nel 1277), Cenne da la Chitarra, giullare morto tra il 1322 e il 1336, Immanuel Romano, di famiglia ebraica e forse in contatto con Dante (Roma 1261 ca. - dopo 1328).

Poeti stilnovisti e poesia comico-realistica

La poesia comico-realistica, anche se non fu un vero e proprio genere letterario, aveva comunque **norme codificate**, tanto che anche alcuni tra gli stilnovisti furono autori di componimenti di questo tipo. È di **Guido Guinizzelli**, per esempio, il sonetto *Volvol te levi, vecchia rabbïosa*, che riprende il motivo dell'imprecazione contro una vecchia laida, ma anche **Guido Cavalcanti** sperimentò in alcuni sonetti i temi della poesia burlesca e fu egli stesso oggetto di sonetti satirici, ammiccanti alle sue preferenze sessuali. Per quanto riguarda **Dante**, poi, la relazione con questo genere fu ancora più decisiva: oltre alla tenzone giovanile con l'amico Forese Donati, dai toni ironicamente offensivi (➤ p. 226), si può affermare che la stessa *Commedia*, per lo meno per quanto riguarda l'*Inferno* e per l'importanza delle invettive politiche (contro papi e personaggi dannati), sia profondamente debitrice nei confronti dello stile basso e umorale che caratterizza la poesia comico-realistica (➤ p. 289).

Maestro del Castello della Manta, *Vecchia ubriaca*, particolare dell'affresco della Sala Baronale, XV secolo. Manta, Castello della Manta.

1.2 I rapporti con la poesia del Duecento

La dialettica e la correlazione tra "alto" e "basso"

Dialettica
L'arte di argomentare con logica serrata, per dimostrare un assunto e persuadere un interlocutore.

Oltre al carattere parodico, un altro elemento importante che accomuna questi autori è l'evocazione degli **aspetti più terreni**, più **corporei** dell'esperienza umana: ciò che la tradizione stilnovista tende a escludere dal suo spettro tematico viene recuperato, e anzi ostentato, dall'elaborazione comico-realistica. D'altro canto, questa **opposizione rispetto ai valori dello Stilnovo** (e, indirettamente, a quelli della civiltà cortese cantati dalla poesia provenzale) riflette un aspetto fondamentale della cultura europea medievale: la coesistenza della **dialettica** e della correlazione **tra "alto" e "basso"**. Il "basso", rappresentato dalla dimensione creaturale (cioè relativa alla materia e alla corporeità), dal mondo terreno, dagli inferi, è l'altro volto dell'"alto", di quella elevazione a cui i poeti dello Stilnovo invece tendono. Come aiutano a chiarire gli studi sulla cultura popolare del russo Mikhail Bakhtin (1895-1975), il rovesciamento dei codici espressivi ufficiali, la sovversione delle gerarchie consolidate e l'irruzione in letteratura degli aspetti materiali dell'esistenza (fame, malattia, appetito sessuale, escrementi, morte, gioia fisica) e dei caratteri morali corrispondenti (ingordigia, lussuria, tedio, volgarità, avarizia ma anche godimento e spensieratezza) trovano il modo per essere messi in scena grazie alla forma del comico.

Una poesia colta

Tuttavia, non si deve immaginare la poesia comico-realistica come l'ingenua e semplice espressione dei ceti popolari. Non solamente, infatti, i poeti giocosi appartenevano in molti casi alla nobiltà o alla ricca borghesia toscana, ma avevano anzi una **profonda conoscenza** della poesia d'amore e colta, con cui alcuni, come per esempio Rustico Filippi e Jacopo da Leona, si cimentarono. A loro volta, i poeti dello Stilnovismo, come già i guittoniani, frequentarono questo genere, anche se in modo limitato e quasi come una forma di divertimento.

La codificazione del genere comico

Codificazione
Per codificazione di un genere letterario si intende la fissazione delle caratteristiche di una determinata produzione letteraria in modo tale che queste abbiano, poi, valore esemplare e normativo.

L'evocazione del basso triviale e realistico è quindi in stretta connessione, nella forma di ribaltamento ludico e giocoso, con il registro alto. Anche la poesia satirica e burlesca va cioè collocata nel quadro di una **codificazione dei generi**, la cosiddetta "teoria degli stili", che poneva il comico accanto all'elegiaco e al tragico (➤ pp. 247-248). Per capire quanto nella cultura medievale ogni stile avesse una sua dignità, basti pensare che tra le forme fondamentali della retorica era compreso il ***vituperium*** (letteralmente «insulto»), ossia la rappresentazione di una persona o di una situazione in termini spregiativi, sottolineandone i difetti o deridendone le preferenze sessuali.
E l'insolente ricorso all'offesa è uno dei modi preferiti della poesia comica: si va dal *vituperium* contro la moglie o una vecchia donna a quello contro l'avarizia del padre o la perfidia della madre, contro fratelli, compagni e avversari politici.

Le affinità con la poesia goliardica

La poesia comico-realistica e burlesca **dialoga**, quindi, con la **tradizione più colta**. D'altro canto è in contatto, però, anche con produzioni più eversive del canone ufficiale, come per esempio la **poesia goliardica**, che ha tra i suoi esempi più noti i dissacranti ***Carmina Burana*** (➤ p. 14). La poesia comico realistica appare quindi sospesa tra le forme codificate della retorica medievale e modi di espressione più irregolari e popolari.

1.3 I caratteri del genere

Temi, lingua, stile e metro

Volendo fornire una sintesi capace di abbracciare le caratteristiche dei poeti comico-realistici, è necessario distinguere più livelli di analisi:

- dal **punto di vista tematico**, oltre all'evocazione delle realtà più basse e materiali, questa poesia si caratterizza anche per i frequenti riferimenti alla **politica** dell'epoca, espressi soprattutto in forme polemiche e satiriche (come accade in Rustico Filippi) e per una serie di riferimenti al **contesto storico-sociale** di ambito locale, un aspetto assente nella lirica alta di carattere amoroso. Vengono infatti menzionati spesso, come oggetto di invettive serie o giocose, personaggi o situazioni che riguardano la cerchia municipale propria dell'autore;
- sul **piano linguistico**, è notevole l'appartenenza dei poeti comici ad **aree periferiche** rispetto al fiorentino (Cecco Angiolieri era senese; Cenne da la Chitarra, aretino; Folgore, di San Gimignano; Pietro dei Faitinelli, lucchese ecc.). Questa circostanza ha permesso l'attribuzione a questi poeti di un tono tipicamente vernacolare;
- a **livello stilistico**, i poeti comici prediligono un'**intensa espressività**, la tendenza a forzare le risorse linguistiche (per esempio, ricorrendo a rime difficili), la violenza verbale, che sovente si estende a tutto il componimento prendendo la forma del vituperio;
- dal **punto di vista metrico**, il **sonetto** appare senz'altro la forma privilegiata, che dominerà almeno fino al primo quarto del Cinquecento, quando la poesia comico-satirica introdurrà, come ulteriore strumento espressivo, la terzina.

Un genere "non genere"

Come abbiamo visto, nel Medioevo la poesia comico-realistica non venne percepita come un **genere autonomo** ma – a parte rare eccezioni, tra cui Cecco Angiolieri – come un'**opzione stilistica** tra le tante. Ciò è testimoniato indirettamente dal fatto che non si trovino raccolte manoscritte medievali caratterizzabili come antologie di sola poesia comico-realistica. Il ventaglio delle forme espressive e dei temi di questi poeti era in effetti molto ampio, come si può constatare paragonando, per esempio, la rudezza di Rustico Filippi alle raffinate "miniature" cortesi di Folgore di San Gimignano.
Di questa incertezza nella valutazione critica dei poeti comici medievali è spia una polemica che, alla fine dell'Ottocento, oppose il grande critico letterario Alessandro D'Ancona a Luigi Pirandello e che riguardò la figura di Cecco Angiolieri: per il primo, Cecco fu profondo «umorista» (dunque maestro di una vena tragica, oltre che comica) e precursore di Rabelais, Teofilo Folengo e altri grandi; per il secondo, semplice poeta «burlesco» (che trae il comico da situazioni basse e volgari) dal ristretto orizzonte.

LE CARATTERISTICHE DELLA POESIA COMICO-REALISTICA

TEMI	LINGUA	STILE	METRO
realtà "bassa"	vernacoli locali	*vituperium*	sonetto
politica		satira	
contesto sociale		rime difficili	
personaggi storici			

2. L'espressionismo stilistico di Rustico Filippi

Rustico Filippi

Rustico Filippi, detto "il Barbuto", può essere considerato il **primo esponente**, in termini cronologici, della maniera comico-realistica toscana. Le notizie biografiche che lo riguardano sono scarsissime: è noto solo che fu ghibellino e che morì tra il 1291 e il 1300. A lui Brunetto Latini dedicò la sua riflessione in versi sull'amicizia, il *Favolello*, a riprova di una sua rilevanza nella generazione che precedette l'attività di Dante.

Una produzione "bifronte"

La produzione poetica di Rustico Filippi è stata definita **"bifronte"**: il *corpus* delle sue rime (una sessantina di testi), infatti, è equamente diviso tra sonetti di **materia amorosa** «in stile curiale siculo-toscano» (Contini), e sonetti **burleschi**, per lo più appartenenti al genere del *vituperium*, a danno di personaggi ormai di difficile identificazione. Questa doppia direzione poetica, sui due fronti lirico-amoroso e parodico-satirico, evidenzia come il filone comico-realistico fosse in **stretto legame con la tradizione** letteraria colta da cui nacque anche lo Stilnovo.

La poesia burlesca di Rustico

Stereotipo
Indica un modello semplificato e convenzionale di atteggiamento, in cui poter riconoscere persone accomunate da certe caratteristiche o qualità.

«Una poesia tattile e olfattiva», con un lessico «grasso e greve»: così lo studioso Pier Vincenzo Mengaldo descrive la produzione comico-satirica di Rustico Filippi, che si caratterizza per la sua **forza caricaturale e ironica**. I suoi sonetti, come dei bozzetti di cronaca cittadina o delle vignette satiriche, presentano un microcosmo in ebollizione, brulicante di passioni politiche e di lotte intestine, ammiccante ai vizi di singoli individui. L'animata **scena municipale** evocata da Rustico lascia intravedere i caratteri stereotipici di nuove figure sociali, personaggi goffi e antieroici, ma anche di tipi umani desunti dalla letteratura classica e medievale; così è, per esempio, per la «buggeressa vecchia puzzolente», la vecchia megera del sonetto *Dovunque vai, con teco porti il cesso*, che ripropone il tema del ***vituperium vetŭlae***, l'ingiuria nei confronti di una anziana donna (➤ **T1**).

TEMI E GENERI

Il lessico dei poeti comici

Il lessico del corpo

A differenza di quello stilnovistico, il lessico dei poeti comici è strettamente connesso con un ambito quotidiano e materico, spesso greve. Nei versi di questi rimatori, infatti, compaiono parti del corpo poco "nobili" («ceffo, naso, mascelle, gozzo, anche, natiche, culo, cazzo, potta, groppa», al posto degli stilnovisti «cuore, occhi, anima, capelli, sembiante»), un lessico legato alla fisicità («pistolenza [pestilenza], carname, carnaio, sudore, vena organale, laida, sozza, lezzo, puzzolente, fetente, grattare»), oppure epiteti di scherno («buggeressa, carampia [vecchiaccia], puttana, rubaldo [ladro]»).

Il lessico della quotidianità

Vi fanno irruzione anche ambienti, cibi, oggetti, strumenti della vita quotidiana e domestica («stia, stalla, danar, taverna, fosso, colombaio, fornace, forno, pregione, mercato, selle, panche, tortellette, vino, bella carne di castrato, cannamele, uova, cavigliuolo, pilliccione, macine, molino, staio, manovella») e gli animali, sia quelli ordinari sia quelli esotici («vacca, volpe, serpe, giomenta, somaio, giraffa, camegli, corvi, lonze, leoni, gru»). Questa estrema varietà lessicale è poi vivacizzata e colorita da suffissi peggiorativi o ironicamente vezzeggiativi (*-ino, -uccio, -uzza, -ella, -etta, -uola*).

La lingua di Rustico

La lingua di Rustico è spesso di difficile decifrazione e ha caratteristiche inconfondibili. Tuttavia, è possibile indicare alcuni elementi condivisi con l'espressività di altri poeti burleschi: anzitutto, la sintassi tende a imitare la **vivacità del parlato**; frequente è il ricorso a **forme proverbiali** di carattere popolare; il lessico è preso a prestito dalle **varianti più dialettali** del toscano, che offrono termini molto coloriti, indispensabili alla brutalità dell'imprecazione e dell'invettiva. Se quella dello Stilnovismo potrebbe essere considerata una poetica della vista, quella comico-realistica è invece una **poetica di sensazioni concrete**, fisiche, olfattive, tattili, a cui corrisponde una sintassi «disordinata e magmatica».

La fortuna critica

Solo nel corso degli ultimi decenni è stata messa in evidenza dalla critica la rilevanza di Rustico Filippi nell'ambito della poesia comico-realistica. La sua opera, infatti, si caratterizza per una straordinaria **creatività linguistica** ma anche per l'**oscurità** di alcuni suoi testi, derivante dai frequenti riferimenti a persone e situazioni ignote al lettore moderno, oltre che dallo stile allusivo e dalla sintassi complicata. Per queste ragioni essa era stata messa in ombra dalla figura di Cecco Angiolieri (➤ p. 154), molto più trasparente, "teatrale" e capace di ispirare la leggenda del poeta libertino e irriverente. Tuttavia, il breve canzoniere di Rustico Filippi si distingue per l'estrema **forza satirica**, spesso capace di divertita brutalità, come nei suoi sonetti-ritratto, ciascuno dei quali si presenta come la fotografia deformante e caustica di un carattere, poco importa se reale o fittizio.

FISSA I CONCETTI

- Quali sono i caratteri della poesia comico-realistica?
- Come si colloca nell'ambito della poesia del Duecento?

VISUALIZZA I CONCETTI

Le rime di Rustico Filippi

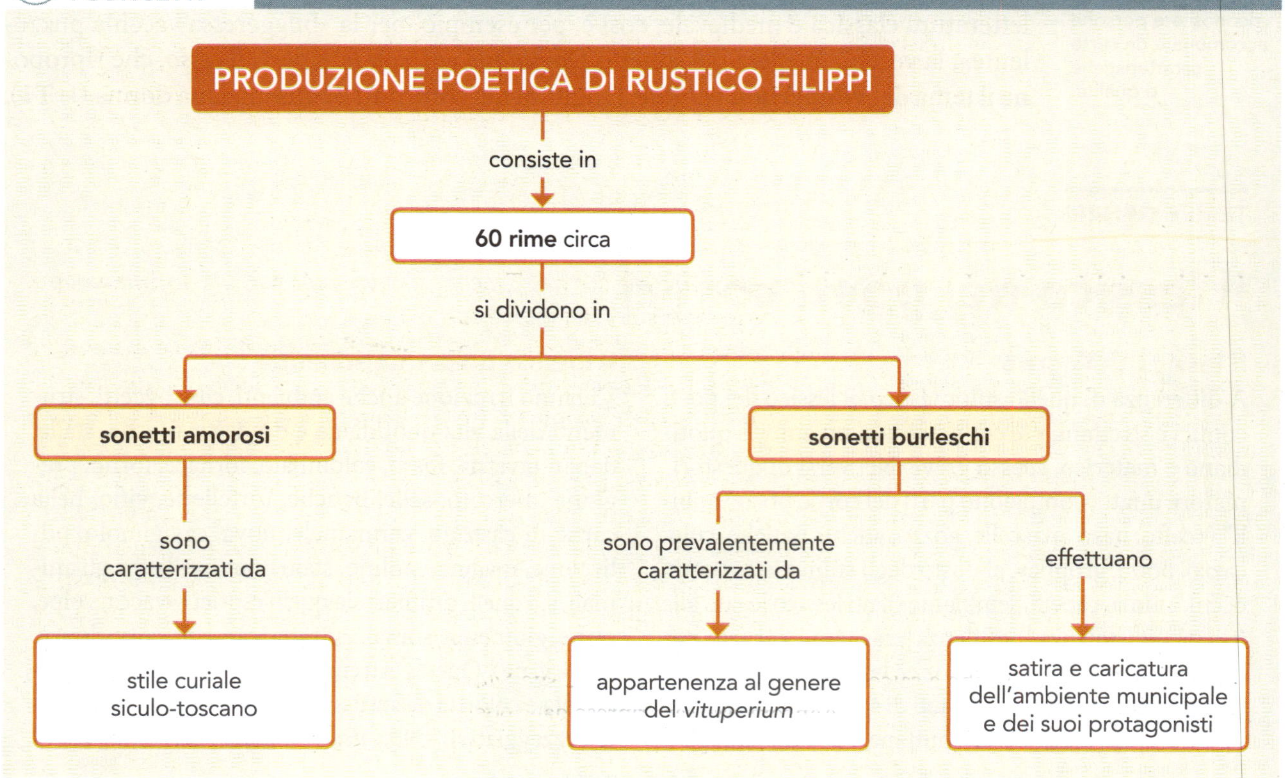

T1 Dovunque vai, con teco porti il cesso

Il carattere satirico e deformante della poesia di Rustico emerge chiaramente da questo sonetto, improntato alla classica tematica del *vituperium*, in cui il rimatore fiorentino prende di mira una «vecchia puzzolente» (v. 2), non meglio identificabile. L'intento di Rustico, perfettamente riuscito, è quello di far quasi percepire al lettore la sensazione di disgusto causata dalla puzza che emana dal personaggio, assimilata addirittura a quella di «mille monimenta» ("sepolcri", v. 9). In questi versi, la brutalità verbale ed espressiva rivolta al bersaglio satirico è esemplificativa del carattere aggressivo e parodico della poesia comico-realistica.

▪ METRO sonetto a schema metrico ABAB, ABAB (rime alternate), CDC, CDC (rime ripetute)

Le nostre parole ›

Dovunque vai, con teco porti il **cesso**,[1]
oi buggeressa[2] vecchia puzzolente,
ché qualunque persona ti sta presso
si tura il naso e fugge inmantenente.

vv. 1-4 Dovunque vai, è come se portassi il cesso con te, oh sporcacciona (*buggeressa*) vecchia puzzolente, al punto che qualunque persona ti sta vicino si tura il naso e scappa immediatamente.

1. **cesso:** il termine più caratterizzante è in rima, fissando sin dalle prime battute il carattere brutalmente satirico del componimento. «Cesso» sta metonimicamente per "fetore".

2. **buggeressa:** sporcacciona, anche metaforicamente. Il verbo "buggerare", deriva forse dal latino medievale *Bulgarus*, "Bulgaro", e per estensione "eretico", "usuraio", da cui, come epiteto offensivo, "sodomita".

Le nostre parole Cesso

L'origine del termine La parola "cesso" entra in italiano fin dal XIII secolo con il significato proprio di «gabinetto» o «latrina» e con quello figurato di «persona o cosa brutta, malfatta o sgradevole». Proviene dal latino *recĕssu(m)*, «ritiro, rifugio», a sua volta derivato da *recedĕre*, «ritirarsi». Traccia del significato etimologico si ritrova nell'eufemismo "ritirata", un tempo diffuso soprattutto nelle indicazioni per i bagni pubblici nelle stazioni e sui treni, che è calco del francese *cabinet de retraite*.

Il linguaggio del corpo Tracce della permanenza del significato etimologico della parola si hanno all'interno della stessa poesia comico-realistica: in Cecco Angiolieri, per esempio, «istar di cesso» significa «stare discosti», «non avvicinarsi troppo» (*Sonetto, da poi ch'io non trovo messo*). Anche più tardi il termine è percepito come appartenente a un registro basso, e come tale utilizzato: «tuoi versi getta / con la lira in un cesso», dirà un desolato Ariosto nelle sue *Satire*, e ancora esso sarà ripreso dalla poesia scurrile e allusiva di Francesco Berni, per esempio nel *Sonetto delle puttane*.

Significato metaforico e sinonimi Anche oggi il termine, nella sua accezione metaforica, è usato in espressioni ritenute volgari, per indicare un luogo pieno di sporcizia e disordine ("Hai ridotto la camera a un cesso") o una persona particolarmente brutta. Quanto al significato proprio, si preferiscono i più neutri "bagno" o "gabinetto"; i termini stranieri, come il francese *toilette*, o la sigla inglese *WC* (*Water Closet*), o ancora il plurale "servizi" (cioè, "servizi igienici").

Li dent'i le gengìe tue menar gresso,
ché li taseva l'alito putente;[3]
le selle paion legna d'alcipresso[4]
inver' lo tuo fragor,[5] tant'è repente.

Ch'e' par che s'apran mille monimenta
quand'apri il **ceffo**:[6] perché non ti scolpe
o ti rinchiude sì ch'om non ti senta?

Però che tutto 'l mondo[7] ti paventa;
in corpo credo fíglinti le volpe,[8]
tal lezzo n'esce fuor, sozza giomenta![9]

lessico

Ceffo

Il sostantivo "ceffo" deriva dal francese *chief*, esito del latino *caput*, «capo, testa». In italiano la parola ha valore spregiativo: in origine si riferiva alla testa e al muso degli animali. Attualmente indica un volto brutto o minaccioso oppure una persona dall'aspetto poco raccomandabile.

vv. 5-8 I tuoi denti e le tue gengive producono tartaro (*menar gresso*), poiché li intasa (*taseva*) l'alito puzzolente (*putente*), le seggette (*selle*, della latrina) paiono di (profumato) legno di cipresso in confronto (*inver'*) al tuo puzzo (*fragor*), tanto è lancinante (*repente*).

vv. 9-11 Al punto che sembra che si aprano mille sepolcri (*monimenta*) quando apri il muso: perché non ti scusi (*scolpe*) o non ti chiudi (da qualche parte) cosicché nessuno possa sentirti?

vv. 12-14 Infatti (*Però*) tutti ti temono (*paventa*); credo che le volpi partoriscano nel tuo (*figlinti*) ventre tanto è il puzzo (*lezzo*) che ne esce, sporca vacca!

3. **taseva… putente:** «taseva» è un imperfetto, ma probabilmente con valore iterativo (si indica cioè che emanare fetore è una condizione costante della persona della vecchia); «putente» viene dal latino *putēre*, «puzzare».
4. **alcipresso:** il legno di cipresso è noto per il suo caratteristico profumo.
5. **fragor:** indica la fragranza, ma qui in senso inverso, più che ironico.
6. **ceffo:** qui sineddoche per "bocca".
7. **tutto 'l mondo:** come il francese *tout le monde* o lo spagnolo *todo el mundo*, significa tutti.
8. **volpe:** nel Medioevo la volpe è l'animale puzzolente per antonomasia.
9. **giomenta:** sta per femmina del cavallo o di altra bestia da soma; epiteto spesso associato alle donne, con valore metaforico.

Analisi del testo

Struttura

Il *vituperium vetulae* Il sonetto, di estrema violenza espressiva, riprende il modello del *vituperium vetulae*, cioè dell'invettiva contro una vecchia laida, che ha le proprie fonti nella letteratura classica e nei grammatici medievali. Rustico lo struttura in forma di apostrofe, diretta a una disgraziata creatura femminile, e non prevede alcun elemento dialogico, ma lo anima con interrogative (prima terzina) che interpellano in modo diretto la vecchia.

Lingua e stile

Una poesia "olfattiva" Il campo semantico che pervade il componimento di Rustico è quello dell'odorato: a termini esplicitamente connessi con questo senso («puzzolente», «si tura il naso», «fragor» «alito putente», «lezzo») si affiancano espressioni metonimicamente connesse con odori, a cominciare dal «cesso» (v. 1), in rima con «alcipresso» (inoltre i «monimenta», cioè le fosse, e la «volpe», animale dalla proverbiale puzza). L'odore, o per meglio dire il fetore, evoca la dimensione della sporcizia e dell'animalità («giomenta», «volpe», «ceffo»), ripugnante anche in senso morale («buggeressa» ha una accezione sessuale). La vecchia appare insomma come deformazione ripugnante delle virtù femminili lodate dalla poesia cortese.

Temi

Vecchie laide e giovani amanti La figura della vecchia, in realtà, non è solo un bersaglio parodico, ma è legata per contrasto alla tematica amorosa. La *vetula*, infatti, sembra essere l'altro volto della bellezza giovanile e si profila come la minacciosa custode di inquietanti dimensioni umane, dall'attrazione sessuale alla morte, dalla bruttezza alla seduzione. Il tema era particolarmente caro, del resto, anche alla trattatistica medievale. Il medico Bernardo di Gordonio, per esempio, consigliava una strana cura ai malati d'amore nel suo famoso trattato *Lilium medicinae* (*Il giglio della medicina*), risalente all'incirca al 1303: «Si cerchi dunque una vecchia d'aspetto bruttissimo, con grandi denti e barba, con un abito sgraziato e sbrindellato e che porti sotto il grembo un panno sporco di mestruo; giunta in presenza dell'amante, cominci a sconciare la sua camicia dicendo che è tignosa e ubriacona, che piscia nel letto, che è epilettica e impudica, che nel suo corpo ci sono delle escrescenze enormi piene di fetore e altre sconcezze di cui le vecchie sono edotte». Tale rimedio è presente anche nei testi della medicina arabo-islamica, come nel *Canone della medicina* di Avicenna, dove l'autore consiglia che delle vecchie raccontino all'amante cose immonde e sordide, provocando così la sua repulsione. Nel sonetto di carattere comico *Guata, Manetto, quella scrignutuzza*, anche Guido Cavalcanti evoca questa stessa teoria: se vedessi apparire la gobbetta della vecchia, dice all'amico Manetto, «tu non avresti niquità ("collera") sì forte / né saresti angoscioso sì d'amore / né sì involto di malinconia, // che tu non fossi a rischio de la morte / di tanto rider che farebbe 'l core: o tu morresti o fuggiresti via» (vv. 9-14). Il *vituperium* nei confronti della vecchia è quindi, prima ancora che un *topos* poetico, una *deprecatio*, cioè una forma di «scongiuro», una formula rituale impiegata per neutralizzare potenze pericolose e nocive attraverso il riso. La risata della poesia comica, quella provocata dalla «buggeressa vecchia puzzolente» di Rustico, così come dalla «vecchia rabbïosa» di Guido Guinizzelli (nel sonetto *Volvol te levi, vecchia rabbïosa*), può essere quindi considerata un esorcismo in forma poetica.

Officina

COMPRENDERE

1. Quali appellativi vengono rivolti alla vecchia dal poeta?
2. Quali effetti provoca la presenza della donna su coloro che le stanno vicino?
3. Quali aspetti e quali particolari fisici sgradevoli della donna vengono evocati nel sonetto?

ANALIZZARE

4. **Lingua e stile** A quali immagini ricorre il poeta per descrivere la puzza che emana dalla vecchia? A quale campo semantico appartengono, prevalentemente, le espressioni usate per rendere queste immagini?
5. **Lessico** Quale delle seguenti parole deriva da "ceffo" nel suo antico significato di «muso, testa»?
   a. Acefalo
   b. Ceffone
   c. Cefalo
   d. Cefalea

   Pensa a un sinonimo della parola in questione e cercane l'etimologia sul dizionario.

INTERPRETARE

6. La vecchia donna descritta da Rustico Filippi si contrappone nettamente alle figure di donne angelicate celebrate dalla poesia d'amore cortese e stilnovistica. Quali aspetti e quali caratteristiche rendono i due modelli di donna molto differenti fra loro? Giustifica la tua risposta con opportuni e precisi riferimenti al testo di Rustico Filippi e ai testi da te letti e analizzati di qualche poeta della tradizione della lirica d'amore coeva o antecedente.

PERCORSO DI SCRITTURA

Riscrittura Immagina che Rustico Filippi, invece di dedicare il sonetto a una vecchia puzzolente, lo abbia dedicato a una donna giovane e bella: riscrivi il sonetto (o la parafrasi del sonetto) modificando aggettivi, nomi e verbi riferiti alla vecchia in modo tale che si adattino a una donna giovane e bella. Per esempio, la prima strofa potrebbe essere trasformata nel modo seguente:

> Dovunque vai, è come se portassi un mazzo di fiori con te, oh giovane profumata, al punto che qualunque persona che ti sta vicino respira a pieni polmoni e si avvicina a te immediatamente.

3. Il vituperio e la *ricadía*: Cecco Angiolieri

Il poeta comico per eccellenza

Il rapporto dialettico della poesia comica con lo Stilnovo è evidente anche nel caso del senese **Cecco Angiolieri** (1260 ca. - tra il 1311 e il 1313), forse il più celebre tra i poetici comici medievali. Cecco è infatti l'unico poeta del suo tempo a consacrare la quasi totalità della sua produzione al **registro comico**. Figlio di genitori appartenenti a due tra le più influenti e ricche famiglie senesi, prese parte tra l'altro a una battaglia contro i ghibellini a Campaldino (1289), dove si ritiene abbia potuto incontrare Dante, al quale indirizzò tre sonetti, a testimonianza di una conoscenza tra i due personaggi, anche se non ci sono pervenute le risposte del poeta fiorentino. Sappiamo inoltre di un atto notarile del 1313 con il quale i suoi cinque figli rinunciarono all'eredità paterna, in quanto oberata di debiti.

Il "personaggio" di Cecco

Proprio quest'ultimo dato biografico denuncia un aspetto che caratterizza la figura letteraria di Cecco, quale emerge anche dal suo canzoniere, ovvero quella di un uomo **insofferente** e **indisciplinato**, uno scioperato e un ribelle. In effetti la sua poesia insiste molto sugli aspetti più bassi e provocatori di un'**esistenza dissipata e sregolata**, e tuttavia non bisogna credere che i sonetti di Cecco ne rappresentino fedelmente la vita; si tratta piuttosto, come ha messo in rilievo la critica recente, della **costruzione letteraria** di un personaggio che sfrutta le sue passioni come pretesto per i suoi giochi di comicità poetica. Il suo maggior interesse consiste nella **critica feroce** e accanita nei confronti non solo degli **ideali cortesi e stilnovisti** ma anche di tutto quel complesso di **valori** che animavano la **società comunale** dell'epoca: il rispetto del lavoro, l'onestà, i valori familiari e la morale condivisa.

Biblioteca digitale *«Becchin' amor!»*

Un amore antistilnovistico

Tra i temi principali della poesia di Cecco spicca quello dell'**amore**, dai **tratti volgari e triviali**, per una certa Becchina, donna avida e di facili costumi, figlia di un pellaio (mestiere considerato tra i più degradanti). La comicità è prodotta dal **rovesciamento dei canoni** dello Stilnovo: si tratta di un amore fatto di tradimenti, liti e ripicche, in cui la donna è presentata in modo totalmente contrario alla figura idealizzata dei poeti come Guinizzelli o Dante. Questo aspetto si collega profondamente a una diffusa **tendenza misogina**, per cui alle donne vengono imputate tutte le sfortune degli uomini. Le donne sono accusate di essere per natura inclini alla malizia e l'amante dissoluta, la madre tignosa o la vecchia megera sono le incarnazioni di questa malizia. Tutte queste figure diventano quindi oggetto di *vituperia*, secondo un modello comune a una tradizione cristiana di misoginia. Queste "antidame" vengono caratterizzate, nella poesia di Cecco, da un linguaggio plebeo: blasfeme nelle parole ed empie nei modi, sono però l'oggetto tormentoso di un desiderio che pesa sul corpo e sulla mente degli uomini.

> **Misoginia**
> Atteggiamento di odio o avversione nei confronti delle donne.

La *ricadía*

Un'altra delle componenti tematiche più importanti in Cecco Angiolieri è l'uso in chiave comica di **toni pessimistici e violenti**. La malinconia, definita da Cecco, con termine popolare, ***ricadía***, cioè «ricaduta, abbattimento», ha un significato tutto fisico e materiale, una scontentezza che non ha nulla di drammatico, ma che serve al poeta per creare un gioco parodico. La *ricadía* è provocata non solo dal rifiuto da parte dell'amata di una intimità carnale (molto differente quindi dalla malinconia stilnovista), ma anche dall'indigenza, dalla mancanza di danaro e di cibo, dalla fame, come in questo *incipit*: «In questo mondo chi non ha moneta / per forza è necessaro che si ficchi / un spiedo per lo corpo o che s'impicchi» (sonetto LXVI, vv. 1-3).

Le maledizioni contro il padre

La **miseria materiale**, che riecheggia una fame primordiale e sempre insoddisfatta, diventa il motivo principale per accessi di violenza verbale, soprattutto **contro il padre** («che mi tien sì magro») e la madre, che vengono presi a oggetto di vilipendio e di atroci maledizioni (➤ **T2**). Alla maledizione del padre si accompagna a volte anche l'**invocazione della morte**, come preferibile all'assenza di denaro. Le miserie domestiche, «la massarizia maledetta» dei parenti, cioè la propensione mercantesca all'oculatezza e al risparmio, è lamentata come supremo disvalore: essa si oppone infatti, per il protagonista delle poesie di Cecco, a una libertina dissipazione economica e fisica, che ha tra i suoi modelli la poesia goliardica, ma che in parte riprende il tema cortese della liberalità (➤ **T3**).

VISUALIZZA I CONCETTI

Il "personaggio" Cecco e la poetica di Cecco Angiolieri

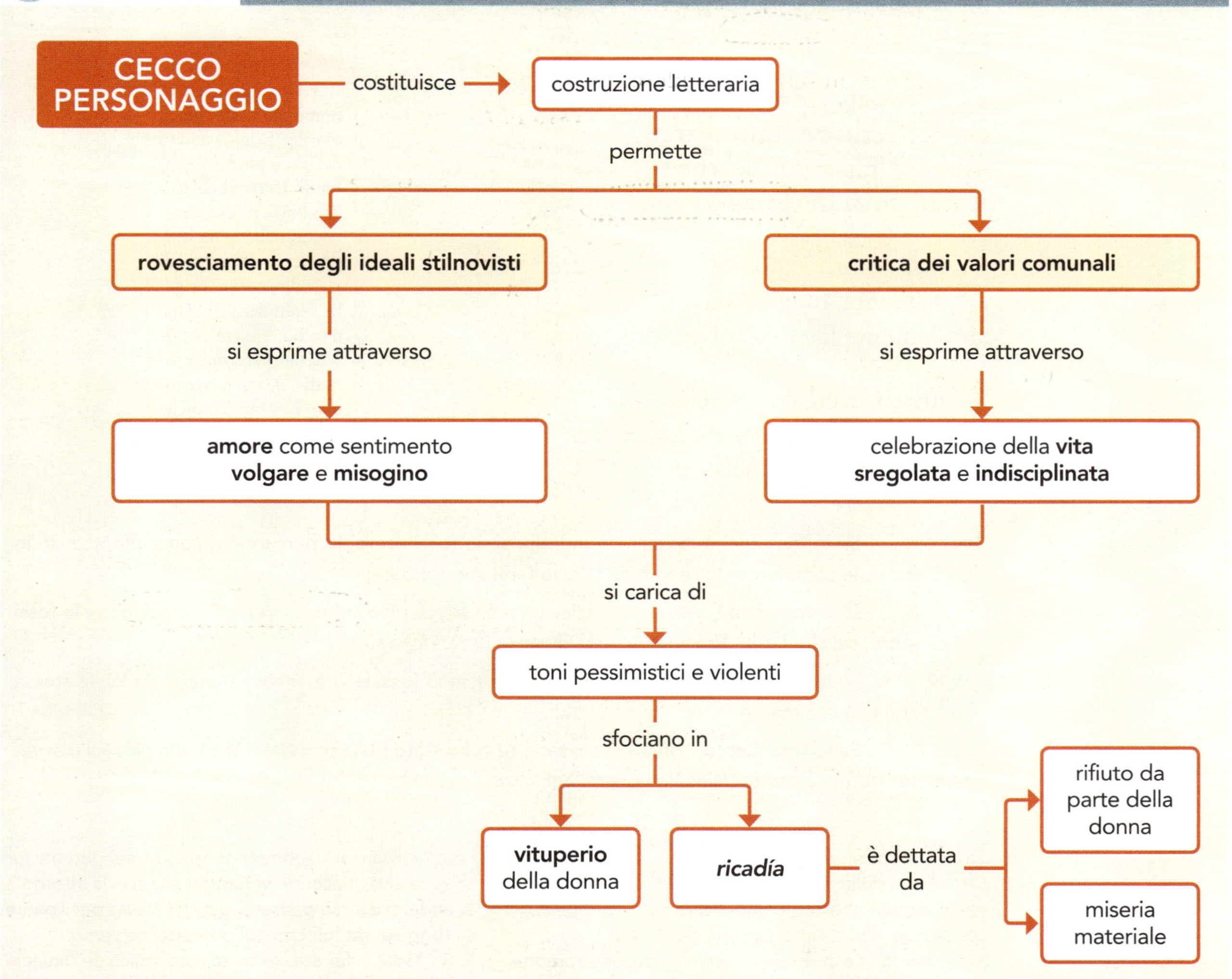

T2 S'i' fosse foco, ardereï 'l mondo

AUDIO

Il sostanzioso canzoniere di Cecco Angiolieri, composto interamente di sonetti, è fortemente centrato sul "personaggio" Cecco, messo in scena in prima persona come un buffone o come un imbroglione che si diverte a fare scherzi, a infrangere le regole e a frequentare luoghi proibiti. La centralità di Cecco, onnipresente antieroe del canzoniere, non deve però far dimenticare che Cecco autore non è Cecco personaggio, anche quando, come in questo sonetto (uno dei più celebri di tutta la letteratura italiana), Cecco sembra dire il contrario. Tuttavia, proprio questa identificazione tra autore e protagonista ha contribuito in modo decisivo alla popolarità della sua poesia.

■ METRO sonetto a schema metrico ABBA, ABBA (rime incrociate), CDC, DCD (rime incrociate)

S'i' fosse foco, ardereï 'l mondo;
s'i' fosse vento, lo tempestarei;[1]
s'i' fosse acqua, i' l'annegherei;
s'i' fosse Dio, mandereil' en profondo;

s'i' fosse papa, sarei allor giocondo,
ché tutti cristïani **imbrigarei**;
s'i' fosse 'mperator, sa' che farei?
A tutti mozzarei lo capo a tondo.[2]

S'i' fosse morte, andarei da mio padre;[3]
s'i' fosse vita, fuggirei da lui:[4]
similemente faria da mi' madre.

S'i' fosse Cecco, com'i' sono e fui,[5]
torrei[6] le donne giovani e leggiadre:
le vecchie e laide lasserei altrui.

lessico

Imbrigare

Il verbo "imbrigare" non è più usato, ma la parola "briga", da cui deriva, è piuttosto comune. Derivata dal gallico *brīga*, «forza, vigore», in italiano ha il significato negativo di «fastidio, noia». "Briga" ha molti derivati come il verbo "brigare", «darsi da fare per scopi disonesti», da cui il sostantivo "brigante", o anche "sbrigare", «togliere un fastidio, concludere».

vv. 1-4 Se io fossi fuoco, brucerei il mondo; se io fossi vento, lo percuoterei con tempeste; se io fossi acqua, lo sommergerei; se io fossi Dio, lo farei sprofondare;

vv. 5-8 se io fossi papa, allora sarei felice (*giocondo*), perché imbroglierei tutti i cristiani; se io fossi imperatore, sai che farei? Taglierei la testa di netto (*a tondo*) a tutti.

vv. 9-11 Se io fossi la morte, andrei da mio padre;se io fossi la vita, mi allontanerei da lui: la stessa cosa farei con mia madre.

vv. 12-14 Se io fossi Cecco, come sono e sempre sono stato (*fui*), prenderei le donne giovani e avvenenti: le vecchie e brutte (*laide*) le lascerei agli altri.

1. **tempestarei:** è tipica del dialetto senese la conservazione della *a* nei condizionali di verbi derivanti da sostantivi che terminino per *a* (qui "tempesta"; così anche al v. 6 «imbrigarei», da "briga").
2. **a tondo:** l'espressione viene anche interpretata come "attorno" (Contini: «tutti quelli che stanno attorno»); altri ancora sottintendono, con congettura forse eccessiva, "facendo volteggiare la spada attorno".
3. **andarei da mio padre:** augurio di morte per il padre.
4. **fuggirei da lui:** come il precedente verso.
5. **S'i' fosse... fui:** scioglimento autoironico dell'anafora.
6. **torrei:** prenderei, con senso erotico.

Analisi del testo

Struttura

Una fantasia omicida Il sonetto riprende, all'insegna della millanteria, il genere del *plazer*, un tipo di componimento provenzale nel quale vengono descritte cose, situazioni e sensazioni gradevoli. Cecco, però, ne fa una parodia, perché gli auspici formulati dal protagonista del sonetto non sono all'insegna della gioia e dell'armonia ma della distruzione e della beffa, in un crescendo di fantasia omicida che ha il proprio vertice nell'augurio di morte al padre e alla madre. L'ultima terzina, poi, è uno scioglimento di comico realismo pieno di vitalità: Cecco in realtà è Cecco, e in quanto tale è gradasso, non avendo nessuno dei poteri fantasticati nei versi precedenti. Dal divertito e cosmico sogno omicida si passa, così, a una fantasia erotica assai più terrena ma altrettanto spaccona, con sberleffo finale in chiave di *vituperium* delle vecchie laide.

Lingua e stile

La potenza della ripetizione anaforica Il sonetto è memorabile per la struttura anaforica, ossia per la ripetizione del «S'i' fosse» a inizio verso per ben nove volte. Nella prima quartina, la protasi e l'apodosi del periodo ipotetico sono interamente raccolte all'interno dei singoli versi; nella seconda quartina invece il periodo viene disteso su due versi. Al verso 7, la struttura anaforica subisce una ulteriore variazione della struttura sintattica attraverso il ricorso a una interrogativa retorica («sa' che farei?»), che, interpellando il lettore, spinge in realtà in primo piano l'autore della sbruffonata, Cecco.

Temi

Uno sberleffo "cosmico" Proprio come in una fantasia infantile, l'io-Cecco afferma il proprio desiderio a ogni ripetizione del «S'i' fosse». Si tratta di un io che, per confermare sé stesso, sogna di travolgere ogni altra individualità, perché sarebbe un limite a un godimento pieno, assoluto e senza concorrenti. L'io, quindi, da un lato, si identifica con categorie universali e dotate di unicità (i tre elementi naturali: fuoco, vento e acqua; le due massime autorità del mondo: papa e imperatore; Dio, l'*unicum* e *unum* per eccellenza; la morte e la vita); dall'altro, vede come suprema possibilità di affermazione del proprio godimento una metamorfosi in cataclisma, che ha per vette la blasfema uccisione dei genitori. Il sonetto si presenta in ultima istanza come una strafottente e divertita bestemmia, che investe anche Dio e i suoi comandamenti, a cominciare dal divieto di pronunciarne il nome invano. L'identificazione del protagonista con incendi devastanti, tempeste e maremoti, d'altro canto, dà un tono apocalittico a questa fantasia, quasi a rivelare un desiderio impronunciabile ma condiviso da tutti.

Officina

COMPRENDERE

1. Quali desideri esprime il poeta nella prima quartina?
2. Nella seconda quartina il poeta si identifica nelle due massime autorità del mondo medievale: quali sono e come si comporterebbe Cecco al loro posto?
3. Quale desiderio esprime il poeta nella terzina finale?

ANALIZZARE

4. Quali concetti si contrappongono nella prima terzina? A chi sono associati? Quale desiderio esprime il poeta identificandosi con essi?
5. **Lingua e stile** Nella terzina finale è presente un chiasmo. Individualo, trascrivilo e spiegane la struttura.
6. **Lingua e stile** Di che tipo sono i periodi ipotetici presenti nella poesia?
   a. Realtà
   b. Possibilità
   c. Irrealtà

PERCORSO DI SCRITTURA

Riassunto Assegna un titolo a ogni quartina e a ogni terzina del sonetto; poi, riassumi ciascuna di esse in una breve frase.

T3 *Tre cose solamente mi so 'n grado*

Il sonetto ospita una feroce invettiva contro un padre benestante ma poco disposto ad assecondare i vizi di Cecco: sesso, bere e gioco. La critica ha giustamente messo in guardia da ogni identificazione troppo decisa tra la biografia reale e la poesia di Cecco. Negli archivi è stato però trovato un atto notarile in cui i figli di Cecco rinunciano all'eredità paterna, gravata da pesanti debiti, segno di una non accorta gestione del denaro di famiglia.

■ METRO sonetto con rime ABAB, ABAB, CDC, DCD

Tre cose solamente mi so[1] 'n grado,
le quali posso non ben men fornire,
cioè la donna, la taverna e 'l dado:
queste mi fanno 'l cuor lieto sentire.

Ma sì'mme le convene usar di rado,
ché la mie borsa mi mett' al mentire;
e quando mi sovien, tutto mi sbrado,
ch'i' perdo per moneta 'l mie[2] disire.

E dico: «Dato li sia d'una lancia!»,[3]
ciò a mi' padre, che'mmi tien sì magro,
che tornare' senza logro di Francia.[4]

Ché fora a tòrli un dinar[o] più agro,
la man di Pasqua che'ssi dà la mancia,
che far pigliar la gru ad un bozzagro.[5]

vv. 1-4 Tre cose soltanto mi sono gradite (*in grado*) le quali non posso procurarmi (*men fornire*) facilmente, cioè la donna, la taverna e il dado (cioè il gioco d'azzardo): queste rendono lieto il mio cuore.

vv. 5-8 Ma pure sono costretto (*convene*) a usarle di rado, perché la mia borsa (poco fornita di denaro) mi smentisce (cioè "mi obbliga a farne senza"); e quando penso a ciò, vado su tutte le furie (*mi sbrado*), perché per mancanza di soldi (*per moneta*) rinuncio alle mie voglie (*desire*).

vv. 9-11 E dico: «Sia trafitto da una lancia!», questo a mio padre, che mi tiene tanto a corto di denaro, che tornerei dalla Francia senza essere dimagrito (*logro*, lett. "logoro").

vv. 12-14 Perché sarebbe più difficile (*agro*) toglierli (*tòrli*) un solo denaro la mattina (*man*) di Pasqua in cui si dà la mancia, che far catturare una gru a una poiana (*bozzagro*).

1. **so:** «so» (III sing.) per la forma verbale plurale sarebbe un tratto linguistico del dialetto senese.
2. **mie:** la forma «mie» (anche al v. 6) per "mio" e "mia" è un tratto del dialetto senese.
3. **Dato… lancia:** per estensione significa "Possa essere ammazzato".
4. **che… Francia:** cioè "sono già così magro che anche dopo un viaggio faticoso non potrei dimagrire ulteriormente". L'italianista Mauro Marti fornisce del verso una interpretazione più difficile: intende «logro» come un uccello finto, da richiamo; quindi il poeta ritornerebbe dalla Francia (per la fame) anche senza un richiamo.
5. **bozzagro:** il «bozzagro», cioè la poiana, è un piccolo rapace che non è in grado di cacciare prede grandi come una gru.

Analisi del testo

Struttura

I contenuti esemplari del comico Il sonetto ripropone i principali caratteri della poesia comico-realistica. Anzitutto la scelta di evocare realtà basse e materiali, in questo caso una triade di bisogni, donna-taverna-dado (cioè gioco d'azzardo), che riassume nel modo più emblematico la ostentata preferenza di Cecco per la dissipazione. L'impossibilità economica di soddisfare questi bisogni, tutti costosi, non suscita però, in questo sonetto, la *ricadía*, cioè lo stato di abbattimento evocato in altri componimenti, ma un accesso di furore («mi sbrado», v. 7) che si potrebbe definire "freddo", frutto cioè di una riflessione sul proprio stato («e quando mi sovien», v. 7). Questo furore prorompe nell'invettiva contro il padre per il quale, come in *S'i' fosse foco* (➤ **T2**), si invoca la morte. Nel mondo rovesciato di Cecco, la frugalità borghese paterna è un disvalore, mentre non lo è lo sperpero, che forse Cecco immagina come una trasfigurazione della virtù cortese della liberalità. La rivolta contro il padre è del resto uno degli elementi più urtanti per il senso comune, ma ha un suo spazio nel registro del comico, insieme alle invettive contro gli amici e i familiari.

Lingua e stile

Gli elementi linguistici e formali A differenza dei componimenti dello Stilnovo, che Dante apprezzava nel *De vulgari eloquentia* per la loro lingua aulica e non municipale, il testo di Cecco ci presenta una lingua fortemente intrisa di elementi vernacolari senesi. Sempre a differenza dello Stilnovo, che prediligeva, appunto, una *dulcedo* costituita da suoni morbidi, semplicità di rime e rarefazione espressiva, il testo di Cecco predilige una forte e concreta espressività che si sostanzia in un lessico plebeo («mi sbrado», v. 7, «Dato li sia d'una lancia», v. 9), in immagini e paragoni quotidiani e al tempo stesso iperbolici (la magrezza; il rapace che dovrebbe catturare la gru; la scena della distribuzione delle mance a Pasqua) e perfino in una certa ricercatezza delle rime, come negli abbinamenti «rado / sbrado», o «agro / bozzagro».

Officina

COMPRENDERE

1. Per quale motivo il poeta deve rinunciare ai suoi desideri?
2. A causa di tali rinunce, qual è il suo stato d'animo?
3. Che cosa augura il poeta al padre? Per quale motivo?

ANALIZZARE

4. Che cosa rappresentano la donna, la taverna e il dado (v. 3)?
5. **Lingua e stile** Nella poesia sono presenti alcune immagini esagerate e iperboliche e, nell'ultima terzina, un *adynaton*, una figura retorica che consiste nel delineare una situazione impossibile attraverso il confronto con un'altra. Individuale, sottolineale, trascrivile e poi spiega il significato dell'*adynaton*.
6. **Lingua e stile** Da quanti periodi è composto il sonetto? C'è corrispondenza fra metro e sintassi, cioè a ogni strofa della poesia corrisponde un periodo?

INTERPRETARE

7. Con l'aiuto delle note, spiega le diverse interpretazioni che sono state attribuite ai versi 10-11: «che'mmi tien sì magro, / che tornare' senza logro di Francia».
8. Il tema dell'invettiva contro il padre attraversa tutta la produzione poetica di Cecco: come viene affrontata in questo sonetto e nel **T2** (➤ p. 156)? Scrivi un breve testo supportando le tue argomentazioni con puntuali riferimenti ai due sonetti.

PERCORSO DI SCRITTURA

Riscrittura Immagina che lo scontro fra padre e figlio delineato da Cecco avvenga al giorno d'oggi. Scrivi un dialogo fra un padre e un figlio in cui quest'ultimo chiede dei soldi, ma il padre si rifiuta di darglieli. Con quali motivazioni e argomentazioni sosterranno le loro posizioni? Alla fine, uno dei due interlocutori dovrà cedere: o il figlio rinuncerà a soddisfare il proprio desiderio o il padre darà al figlio il denaro. Scegli tu chi avrà la meglio nella discussione.

GUIDA AL RIPASSO

La poesia comico-realistica

MAPPA

LA POESIA COMICO-REALISTICA

è caratterizzata da
- giocosità, burla, satira, parodia
- realismo
- interesse per gli aspetti "bassi" (terreni e corporei) dell'esperienza umana
- sospensione tra forme codificate della retorica medievale e modalità espressive irregolari e popolari (poesia goliardica)

tratta di
- temi amorosi, politici e storico-sociali

si esprime attraverso
- vernacoli locali
- metro del sonetto
- intensa espressività
- toni pessimistici e violenti

Rustico Filippi

- *Dovunque vai, con teco porti il cesso*

- sintassi a imitazione della vivacità del parlato
- forme proverbiali di carattere popolare

- sonetti amorosi secondo lo stile curiale siculo-toscano
- sonetti burleschi nella forma del *vituperium*
- satira e caricatura del mondo municipale
- poetica delle sensazioni concrete

Cecco Angiolieri

- *S'i' fosse foco, ardereï 'l mondo*

- Cecco autore *vs* Cecco personaggio

- rovesciamento degli ideali stilnovisti
- amore come sentimento volgare e misogino
- vituperio della donna
- *ricadía* connessa con il rifiuto da parte della donna
- critica dei valori comunali
- celebrazione della vita sregolata e indisciplinata
- *ricadía* connessa con la miseria materiale

Il cantiere linguistico del Duecento

TEMI E GENERI

1. I volgarizzamenti e l'antica prosa in volgare

1.1 La natura dei volgarizzamenti

Volgarizzamenti e traduzioni

Il Duecento va considerato per la storia della prosa italiana come un grande cantiere di **elaborazione linguistica**, di cui i **volgarizzamenti** sono una delle testimonianze più importanti. Non è semplice dare una definizione di volgarizzamento: potrebbe essere definito come traduzione in volgare di testi per lo più latini o in francese antico, dove per volgare si deve intendere una delle molte varietà linguistiche parlate nell'Italia medievale, prima dell'affermarsi graduale, ma mai definitivo, del fiorentino / toscano (➤ p. 17).

Data questa premessa, tuttavia, è necessario chiarire subito che, in realtà, volgarizzare non è propriamente tradurre. In molti casi, infatti, il volgarizzamento è una **riduzione**, o un **ampliamento**, una **parafrasi**, un **commento**, un **rifacimento**, insomma un testo diverso da quello originale, non solo a livello linguistico.

Pertanto, i confini tra un volgarizzamento e un'opera originale in volgare sono nel Medioevo molto **incerti**. Le nozioni moderne di autorialità e di originalità, infatti, non sono appropriate alla cultura medievale, che cominciò a riconoscere la figura dell'autore come creatore autonomo solo gradualmente. Il Medioevo predilesse perlopiù la forma del **commento**, dell'**interpolazione** e della **riscrittura** di testi classici più che della scrittura originale. Alcune delle più importanti opere medievali sono infatti *summae*, cioè testi enciclopedici: aspirano a raccogliere la totalità del sapere precedente o a darne alcuni importanti esempi.

1.2 Generi e pubblico

Cronologia e generi

È difficile indicare limiti cronologici precisi per la storia dei volgarizzamenti: se i primi esempi sono coevi alle esperienze poetiche duecentesche, questa pratica proseguì nel Trecento e oltre, sino a quando, attraverso l'Umanesimo, non si affermò una nuova idea del tradurre. Anche per quanto riguarda i **generi**, la natura dei volgarizzamenti si fonde con quella della prosa d'autore ed è molto varia:

- scritti di **retorica**, concepiti come manuali per insegnare a parlare in pubblico e a comporre lettere (*ars dictandi*);
- componimenti di carattere **scientifico** ed **enciclopedico**, come erbari o testi di medicina, di fisionomia, veterinaria o trattati medici di dietetica (*regimina sanitatis*);
- testi di carattere **morale**, **sapienziale** e **didascalico**, che erano spesso tratti da fonti arabo-ebraiche, bibliche o patristiche, a volte di carattere narrativo o in forma di **bestiari**;
- trattati di **politica** e manuali di virtù a uso dei principi (*specula principum*), finalizzati all'istruzione del buon governante;
- narrazioni tratte dalle **leggende** fantastico-cavalleresche del ciclo bretone;
- letteratura **odeporica**, cioè narrazioni di viaggio, misto di testimonianze oculari e di leggende di natura molto varia.

Retorica

Disciplina che mira a sviluppare l'eloquenza, ovvero la capacità di parlare o di scrivere. La retorica è stata uno dei fondamenti di gran parte dell'educazione letteraria, dall'antichità classica fino a parte del '900.

Il pubblico

I volgarizzamenti sono espressione della crescente **vitalità dell'Italia comunale** del Duecento, in cui nuovi strati sociali emergono con le loro esigenze peculiari. Per l'influenza e il prestigio di centri universitari come quello bolognese, infatti, così come per il fiorire della **mercatura**, la **scrittura si democratizza e laicizza**, diventando un'attività quotidiana per un numero sempre più esteso di attivi fruitori. Si tratta di un pubblico nuovo, per ampie porzioni costituito da "illiterati", persone cioè che non avevano alle spalle quegli studi che rendevano possibile la comprensione del latino. Era però un pubblico desideroso di accedere alla cultura depositata nei testi latini o francesi, la cui conoscenza era sinonimo di prestigio sociale, indispensabile per confrontarsi con la crescente complessità della vita comunale.

Mercatura
La pratica del commercio e dell'attività mercantile esercitata dalla fine del Medioevo.

1.3 L'*ars dictandi* tra Bologna e Firenze

I comuni e la diffusione del volgare

Per il funzionamento delle istituzioni medievali la padronanza del latino era stata indispensabile, dal momento che i saperi della parola, in particolare il sapere giuridico e l'arte di comporre (***ars dictandi***), avevano avuto un ruolo fondamentale nell'affermare l'autorità e il prestigio di un principe e della sua corte. Con il tempo, però, a mano a mano che dalle realtà comunali cominciarono a emergere le classi mercantili e popolari, si rese necessaria anche un'arte del **comporre in lingua volgare**, come strumento di amministrazione e di lotta politica nelle città del Centro e del Nord Italia.

> Immenso fu l'incentivo dato dalle necessità di governo democratico allo studio della retorica.
>
> Bruno Migliorini

Pagina miniata del manoscritto latino *De inventione*, XIII secolo. Napoli, Museo Nazionale.

Centri e personalità

La storia della prosa in volgare è profondamente legata ad alcuni ambienti, in particolare **Bologna** con la sua università, e i **comuni toscani**, da cui si irradiò la lezione di grandi maestri: è il caso del bolognese Guido Faba, dei fiorentini Bono Giamboni e Brunetto Latini o anche di Guittone d'Arezzo, il cui nome non è legato soltanto alla produzione poetica. Si tratta di personalità investite di un compito nuovo: quello di **educare** il proprio pubblico a un **uso sistematico e complesso del volgare**, introducendovi l'elaborata struttura retorica del latino medievale.

Brunetto Latini e il *Tresor*

Brunetto Latini (1220 ca.-294 ca.), originario di Firenze, fu una delle personalità più originali del Medioevo che precedette la generazione di Dante, il quale lo ricorderà come paterno maestro (*Inferno* XV, 82-85). Fu attivo nella vita politica della sua città, tra le file dei guelfi, motivo per cui patì l'esilio dopo la battaglia di Montaperti del 1260, recandosi in Francia e venendo richiamato in patria solo nel 1266. Ricoprì da allora diverse cariche pubbliche.
Il nome di Brunetto, nella memoria dei suoi contemporanei, si associa direttamente a quello del più grande oratore dell'antichità, Cicerone, non solo per la sua eccellenza come **maestro di retorica** ma anche per il suo incarico ufficiale di **dittatore**, cioè di oratore della repubblica fiorentina. Fu autore della ***Rettorica***, uno dei primi volgarizzamenti del trattato *Sull'invenzione* (*De inventione*) di **Cicerone**, e tradusse varie orazioni ciceroniane. L'opera di Brunetto è però quella di un intellettuale **poliglotta** e cosmopolita: oltre che in latino e in volgare fiorentino, durante gli anni dell'esilio in Provenza scelse il francese per la redazione dei ***Livres dou Tresor***, la sua opera enciclopedica più ambiziosa. Il *Tresor*, che spazia nei suoi tre libri dalla storia universale a un compendio di etica a regole di arte politica, fu poi a sua volta oggetto di vari volgarizzamenti, tra l'altro in volgare toscano.

Poliglotta
Persona in grado di padroneggiare più lingue, diverse dalla propria lingua-madre.

FISSA I CONCETTI

- Che cosa sono i volgarizzamenti e in quale contesto politico-sociale si diffondono?
- Qual è il maggior esponente dell'*ars dictandi* (cioè l'arte di comporre) in lingua volgare?

Pagina miniata di una copia dei *Livres dou Tresor* di Brunetto Latini, XIII-XIV secolo circa. Londra, British Library.

2. Le forme narrative

2.1 I libri di viaggio: il *Milione* di Marco Polo

La letteratura di viaggio

Le missioni e i **viaggi** nell'Oriente asiatico non furono rari nel Duecento: essi avevano perlopiù **intenti commerciali** ma anche di **evangelizzazione**, oppure in alcuni casi rappresentavano un tentativo di istituire **relazioni diplomatiche** con i capi di leggendarie popolazioni asiatiche, magari in funzione anti-islamica.
Il resoconto di viaggio più celebre è quello dettato dal veneziano **Marco Polo** (1254-1324), nelle prigioni genovesi, al compagno di cella **Rustichello da Pisa** (nella seconda metà del XIII secolo). Il testo, originariamente scritto in francese e noto nel suo volgarizzamento italiano con il titolo di *Milione*, è divenuto uno dei documenti emblematici che testimoniano l'apertura del Medioevo italiano ed europeo ai mondi remoti dell'estremo Oriente.

Il resoconto di Marco Polo

Carovana
Compagnia di viaggiatori (con al seguito bestie da soma e mercanzie), che si univano per intraprendere una traversata in zone disagevoli e insicure per un viaggiatore isolato.

Nel ***Milione*** si raccontano appunto le avventure di Marco Polo, che ancora giovane aveva seguito il padre Niccolò e lo zio Matteo in un'ambasceria, intrapresa per incarico di papa Gregorio IX, presso Qūbīlāy Khān, capo supremo dei **Mongoli** e nipote del leggendario e temuto Gengis Khān. Partita nel 1271, la **carovana** dei Polo compì un lungo viaggio attraverso l'Asia, in regioni in larga parte ancora ignote agli Europei, attraversando le vastissime steppe mongoliche e giungendo infine in **Catai** (Cina). Dopo quasi 25 anni di assenza, Marco Polo tornò a Venezia nel 1295. Durante un periodo di prigionia a Genova, forse a seguito della battaglia navale di Curzola (1298) in cui i Veneziani ebbero la peggio contro la Repubblica marinara rivale, narrò i suoi viaggi al compagno di cella Rustichello, che li trascrisse in franco-italiano. Il testo, poi, venne volgarizzato, tra l'altro in toscano e in veneto, nel Trecento.

Nei racconti di Marco Polo hanno ampio spazio le «meraviglie», cioè tutte quelle notizie esotiche e fantastiche che mettevano in luce la diversità dell'Oriente dal mondo occidentale. Questa miniatura (tratta da un codice del *Libro delle Meraviglie* del XV secolo) raffigura alcune creature mitiche incontrate da Marco durante il suo viaggio.

Il titolo

Il documento di Marco Polo guadagnò una fortuna e autorevolezza universali; si pensi che Cristoforo Colombo intraprese il viaggio che lo portò alla scoperta del continente americano anche sulla base dei resoconti geografici del *Milione*. Il grande successo che il libro riscosse in tutta Europa si riflette in un **largo numero di versioni**. Di fatto, ciò che noi conosciamo oggi non è il testo originario ma una serie intricata di varianti e riscritture. Se il testimone probabilmente più vicino alla stesura primitiva in francese reca il titolo *Devisement dou monde* (*Divisione del mondo*, ma anche *Descrizione del mondo*), in altri casi viene indicato come *Livre des Merveilles dou Monde* o come *De Mirabilibus Mundi* (*Libro delle meraviglie del mondo*). *Milione*, titolo del volgarizzamento italiano, sta probabilmente a indicare un ramo della famiglia Polo a cui apparteneva Marco, gli Emilione.

Un'opera dalla natura complessa

Il *Milione* è un testo particolarmente complesso, per svariate ragioni. Anzitutto ha **due autori**: il primo è Marco Polo, l'autore "dettatore", il secondo è Rustichello, l'autore "redattore", che mise a servizio del dettatore la propria competenza letteraria. Si tratta quindi di un'opera collaborativa e che si presenta sin dal suo concepimento come una "traduzione" da un'esperienza vissuta (da Marco) a un resoconto di natura letteraria, dall'oralità del narratore alla rielaborazione del "litterato" Rustichello. Non univoco è anche il genere letterario. Divenuto il simbolo della **letteratura di viaggio** (odeporica) medievale, il *Milione* è anche un **trattato didattico**, che intreccia l'impianto caratteristico delle enciclopedie medievali con gli schemi dei manuali mercantili e con le **suggestioni dei romanzi arturiani** (➤ p. 27). I dati oggettivi, verificati di persona da Marco durante il suo lungo viaggio o raccolti dalla bocca di informatori incontrati negli anni trascorsi in Cina, sono amalgamati in modo inestricabile con narrazioni leggendarie, legate alla letteratura medievale (per esempio, al *Romanzo d'Alessandro*, ➤ p. 29) piuttosto che alle tradizioni miracolistiche delle Chiese orientali.

Narrazione scientifica e fantastica

È difficile d'altronde appurare se i racconti di **meraviglie**, che s'intervallano a **precise descrizioni** di carattere etnografico, economico, storico o geografico, siano un contributo originale di Marco, preoccupato dalle aspettative dei lettori, o non piuttosto di Rustichello, grazie alle sue conoscenze libresche e alle letture arturiane. È possibile che Marco stesso, come altri viaggiatori, abbia filtrato il suo viaggio attraverso le **credenze medievali** e abbia realmente creduto di incontrare i protagonisti delle leggende che animavano i racconti sull'Oriente, luogo di meraviglie e cose straordinarie: gli eredi del Prete Gianni, le bibliche popolazioni Gog e Magog, i cinocefali (uomini con la testa di cane) o gli sciapodi (uomini con una gamba e un piede) ecc. D'altronde, se l'immaginario delle Indie e dell'Oriente proposto dal *Milione* si presenta come un mondo onirico popolato di *mirabilia*, oltre che di *terribilia* e di *monstra*, è possibile riconoscere in Marco Polo un'autentica simpatia per i Tartari: i capitoli dedicati a Qūbīlāy Khān hanno un'evidente intenzione celebrativa orientata a esaltare la civiltà mongola.

> Alle esigenze della fantasia si offrivano gli amplissimi pascoli delle regioni acquisite insieme al commercio e alla conoscenza diretta.
>
> Bruno Migliorini

FISSA I CONCETTI

- Che cos'è il *Milione*?
- Perchè il testo ha due autori?

T1 Marco Polo
Il Veglio della Montagna

Milione XL-XLI

Biblioteca digitale
De la grande provincia di Persia; D'una grande battaglia

In questo brano Marco Polo riporta un racconto di carattere leggendario, basato su fatti storici: la vita del cosiddetto Veglio della Montagna, ʿAlā al-Dīn Muḥammad (1211-55), il capo degli ismailiti nazariti, una setta islamica sciita. Questo gruppo, sin dal secolo XI, si era reso famoso per la fedeltà assoluta dei suoi adepti, denominati "assassini", al loro signore, che viveva nell'inespugnabile rocca di Alamut (Iran settentrionale). La devozione degli adepti al Vecchio della Montagna si manifestava proverbialmente nella forma dell'assassinio. Marco Polo descrive il metodo di convinzione usato dal Veglio per indottrinare i suoi adepti: egli avrebbe somministrato loro una droga per condizionarne la volontà.

Milice[1] è una contrada ove 'l Veglio de la Montagna solea dimorare anticamente. Or vi conterò l'afare,[2] secondo che messer Marco intese da più uomini.[3]
Lo Veglio è chiamato in loro lingua Aloodin.[4] Egli avea fatto fare tra due montagne in una valle lo piú bello giardino e 'l piú grande del mondo. Quivi avea tutti frutti e li piú begli palagi[5] del mondo, tutti dipinti ad oro, a besti' e a uccelli; quivi era condotti:[6] per tale[7] venìa acqua e per tale mèle[8] e per tale[7] vino; quivi era donzelli e donzelle, li più begli del mondo, che meglio sapeano cantare e sonare e ballare. E facea lo Veglio credere a costoro che quello era lo paradiso. E perciò 'l fece, perché Malcometto disse[9] che chi andasse in paradiso, avrebbe di belle femine tante quanto volesse, e quivi troverebbe fiumi di latte, di vino e di mèle. E perciò 'l fece simile a quello ch'avea detto Malcometto; e li saracini di quella contrada[10] credeano veramente che quello fosse lo paradiso.
E in questo giardino non intrava se none colui cu' e' volea fare **assesino**.[11] A la 'ntrata del giardino ave' uno castello sì forte, che non temea niuno[12] uomo del mondo. Lo Veglio tenea in sua corte tutti giovani di dodici anni, li quali li paressero da diventare prodi uomini.[13] Quando lo Veglio ne facea mettere nel giardino a quattro, a dieci, a

lessico
Assassino
Chi è colpevole di omicidio. La parola è entrata in italiano all'epoca delle Crociate per indicare la setta del Veglio della Montagna; deriva, infatti, dall'arabo *ḥaššāšin*, cioè «coloro che consumano hascisc, cannabis», la droga con cui il Veglio controllava i suoi sicari.

1. **Milice:** dall'arabo *mulḥid*, che indica non un luogo ma gli "eretici" ismaeliti. Come accade nelle cronache cinesi del suo tempo, anche Marco chiama con questo termine il regno, situato nel massiccio dell'Alamut, tradizionalmente connesso con il Veglio.
2. **conterò l'afare:** racconterò la storia.
3. **secondo che... uomini:** ogni capitolo è aperto e chiuso da formule, che spesso indicano le fonti del racconto. In questo caso il redattore (Rustichello) fa riferimento al modo in cui Marco (il narratore) ha saputo della storia.
4. **è chiamato in loro lingua Aloodin:** 'Alā al-Dīn (Muḥammad) è il nome del penultimo Veglio. L'ultimo, vinto e ucciso dal mongolo Hulagu Khan nel 1256 (come accennato in seguito), si chiamava Rukn al-Dīn.
5. **palagi:** palazzi.
6. **condotti:** canali.
7. **per tale... per tale:** da uno... da un altro.
8. **mèle:** miele.
9. **Malcometto disse:** il riferimento è alla Sura 56 del *Corano*, dove ha però un significato simbolico più che realistico. «Malcometto» è una forma comune per Maometto, forse con senso etimologico dispregiativo, implicando il termine "male".
10. **li saracini di quella contrada:** i musulmani di quella regione.
11. **se none... assesino:** se non colui che egli (il Veglio) voleva rendere un assassino.
12. **niuno:** nessuno.
13. **li quali... uomini:** che secondo lui sarebbero diventati uomini coraggiosi.

venti, egli gli facea dare oppio a bere, e quelli dormìa bene tre dì; e faceali portare nel giardino e là entro gli facea isvegliare.

Quando li giovani si svegliavano e si trovavano là entro e vedeano tutte queste cose, veramente credeano essere in paradiso. E queste donzelle sempre stavano co loro in canti e in grandi solazzi;[14] e aveano sí quello che voleano, che mai per lo' volere[15] non sarebboro partiti da quello giardino. E 'l Veglio tiene bella corte e ricca e fa credere a quegli di quella montagna che cosí sia com'è detto.

E quando elli ne vuole mandare niuno di quegli giovani ine uno luogo,[16] li fa dare beveraggio[17] che dormono, e fagli recare fuori del giardino in su lo suo palagio. Quando coloro si svegliono e truovansi quivi, molto si meravigliano, e sono molto tristi, ché si truovano fuori del paradiso. Egli se ne vanno incontanente[18] dinanzi al Veglio, credendo che sia uno grande profeta, inginocchiandosi; e egli dimanda onde vegnono. Rispondono: «Del paradiso»; e contagli tutto quello che vi truovano entro e ànno grande voglia di tornarvi. E quando lo Veglio vuole fare uccidere alcuna persona, fa tòrre[19] quello che sia lo più vigoroso, e fagli uccidire cui egli vuole. E coloro lo fanno volontieri, per ritornare al paradiso; se scampano, ritornano a loro signore; se è preso, vuole morire, credendo ritornare al paradiso.

E quando lo Veglio vuole fare uccidere neuno uomo,[20] egli lo prende[21] e dice: «Va' fà cotale cosa; e questo ti fo perché ti voglio fare tornare al paradiso». E li assesini vanno e fannolo molto volontieri. E in questa maniera non campa niuno uomo dinanzi al Veglio de la Montagna a cu'elli lo vuole fare; e sí vi dico che piú re li fanno trebuto per quella paura.[22]

Egli e vero che negli anni 1277 Alau[23], signore dei Tarteri del Levante, che sapeva tutte queste malvagità, egli pensò tra se medesimo di volerlo distruggere, e mandò de' suoi baroni a questo giardino. E istettovi[24] tre anni, attorno al castello, prima che l'avessono;[25] né mai non lo avrebbono avuto se no per fame. Allotta per fame fu preso, e fu morto lo Veglio e sua gente tutta; e d'allora in qua non vi fu più Veglio niuno: in lui fu finita tutta la signoria. Or lasciamo qui e andiamo più innanzi…

14. solazzi: piaceri.
15. per lo' volere: di loro volontà.
16. elli… luogo: egli vuol mandare qualcuno di quei giovani da qualche parte.
17. beveraggio: bevanda soporifera.
18. incontanente: subito.
19. tòrre: prendere.
20. neuno uomo: qualcuno.
21. lo prende: prende uno degli assassini.
22. non campa… paura: non sopravvive nessuno di coloro che il Veglio voglia uccidere; così vi dico che a causa di questo timore molti re sono sottoposti al suo tributo.
23. 1277 Alau: la data esatta è 1256. Alau sta per Hulagu (vedi nota 4).
24. istettovi: vi rimasero.
25. l'avessono: lo conquistassero.

Marco Polo e il fratello alla corte di Qubilay Khan a Pechino; miniatura dal *Libro delle Meraviglie* di Marco Polo e Rustichello, XV secolo. Parigi, Biblioteca Nazionale.

Analisi del testo

Struttura

Gli *excursus* nel *Milione* Questo racconto è uno dei tanti *excursus* narrativi del *Milione*: s'inserisce nel succedersi di descrizioni geografiche che – sulle orme della carovana dei Polo – evocano contrade, città, regioni dell'Asia, tratteggiando il carattere e i costumi degli abitanti, le risorse naturali e l'organizzazione politica delle comunità. L'interruzione del resoconto vero e proprio non è arbitraria, ma si inserisce come un approfondimento che cerca di dare realismo al testo, sebbene con un racconto dai tratti fantastici.

Temi

Le fonti È possibile riconoscere con molta precisione l'origine del materiale con cui le fonti consultate da Marco («secondo che messer Marco intese da più uomini, r. 2») compongono il giardino incantato del Veglio della Montagna. Per un verso c'è il paradiso islamico descritto nel Corano (di cui viene riferita quasi alla lettera una citazione), per un altro verso c'è la parodia europea di quello stesso paradiso islamico: tutto materialistico, praticamente un paese di Cuccagna

Tra fantasia e realtà storica Il Veglio della Montagna era molto famoso nell'Europa di Marco e Rustichello. Evocarne la storia in rapporto a luoghi che potrebbero sembrare remoti conferisce loro per un certo verso concretezza e familiarità, come se venisse detto al lettore che è proprio qui, in questa regione dell'Asia, che viveva il personaggio le cui imprese erano così note. Il contenuto del racconto, dunque, esemplifica il modo in cui veniva diffuso il sapere storico all'epoca di Marco Polo, quando eventi tratti dalle cronache erano trattati con un accentuato gusto per la dimensione meravigliosa e mitico-leggendaria. Per quanto, infatti, al lettore moderno le vicende associate al cosiddetto "Vecchio della Montagna" possano sembrare fantastiche, all'epoca, invece, esse erano corroborate da una vera documentazione ed erano legate alla reale ascesa e alla successiva distruzione (per mano delle armi dei mongoli di Hulagu Khan) di una dinastia ismaelita (setta religiosa islamica).

Officina

COMPRENDERE

1. Dove si trova e quali sono le caratteristiche del giardino che è stato fatto costruire dal Veglio della Montagna?
2. In che modo il Veglio della Montagna fa diventare assassini i giovani che ammette nel proprio giardino?
3. Quando e come è morto 'Alā al-Dīn, conosciuto come il "Veglio della Montagna"?

ANALIZZARE

4. All'inizio del brano viene indicata la fonte del racconto. In che modo, secondo il narratore, «messer Marco» Polo ha saputo della storia del Veglio della Montagna?

INTERPRETARE

5. Nel *Milione* i dati storici e realistici sono mescolati con elementi fantastici e leggendari. Giustifica questa affermazione, che riguarda una delle caratteristiche dell'opera, facendo precisi e puntuali riferimenti al testo.

PERCORSO DI SCRITTURA

Riscrittura Nel brano sono presenti due brevi discorsi diretti. Trasformali in discorsi indiretti, facendo la parafrasi dei periodi in cui sono contenuti.

Riassunto Dopo aver suddiviso il brano in sequenze e dopo aver attribuito un titolo a ognuna di esse, seleziona le informazioni principali, sintetizzale e riformulale in un testo che non sia più lungo di 10 righe.

2.2 Gli amori di Tristano e Isotta e le avventure della Tavola Rotonda

Il ciclo di Tristano e il ciclo bretone

Le avventure del cavaliere Tristano con la storia del suo innamoramento per Isotta, moglie di re Marco di Cornovaglia, zio di Tristano, che sin dal XII secolo costituivano uno dei cicli cavallereschi più celebri in tutta Europa (➤ p. 28), furono anch'esse oggetto di numerosi volgarizzamenti. Queste avventure si erano fuse ben presto con un altro notissimo ciclo di storie, quello legato ai **cavalieri della Tavola Rotonda**, detto ciclo arturiano o bretone (➤ p. 27). Avventura cortese per eccellenza, la storia degli amori di **Tristano e Isotta**, elaborata per un pubblico di cavalieri e di gentildonne, dalla Francia si diffuse in ogni regione d'Europa e in particolare in Italia. A riprova della larga circolazione di questa storia è l'elevato numero di manoscritti in lingua d'*oïl* presenti in Italia e la parallela diffusione di volgarizzamenti, in particolare dagli ultimi decenni

TEMI E GENERI

Tristano e Isotta nella tradizione romanza

La storia di Tristano e del suo amore fatale per Isotta, causato da un filtro magico per sbaglio somministrato ai due amanti, è tra le più celebri della tradizione bretone e ha avuto larghissima fortuna in Europa sino in epoca moderna (si pensi per esempio al dramma musicale *Tristan und Isolde* di Richard Wagner, del 1865). In origine si trattava di una vicenda autonoma all'interno della cosiddetta "materia di Bretagna", un insieme di leggende ambientate sulle isole britanniche. Tuttavia i vari filoni narrativi, quello degli amori di Tristano e Isotta e quelli della Tavola Rotonda e del Santo Graal, vennero progressivamente unificati dai molti narratori che in lingua francese e tedesca, oltre che in latino, ricomposero e ampliarono le avventure. «Signori, questo racconto ha molte intricate versioni» (*Seignurs, cest cunte est mult divers*): così introduce il suo adattamento il narratore Thomas d'Angleterre che, insieme al normanno Béroul e al tedesco Goffredo di Strasburgo, fu tra i più illustri trascrittori di questa leggenda. Un'altra celebre versione, *Tristan en prose*, cioè scritto in prosa, attraverso l'inserzione di nuovi episodi collegò in modo definitivo Tristano al mondo della Tavola Rotonda. Il motivo fondamentale del racconto rimaneva però sempre invariato: Tristano non avrebbe dovuto amare Isotta, sposa di suo zio, re Marco, il quale aveva accolto il cavaliere ancora giovane alla sua corte.

Edmund Leighton, *Tristano e Isotta*, 1902. Collezione privata.

del Duecento. Pur conservando un tono aristocratico e raffinato, la narrazione venne adattata al nuovo contesto culturale e sociale italiano: non più solo quello delle corti del Centro e Nord Italia ma anche quello mercantile dei comuni.

Il *Tristano Riccardiano*

Uno degli esempi più significativi di questa produzione è il ***Tristano Riccardiano***, definito così dal nome del manoscritto con la più antica versione in volgare (umbro-aretino) del romanzo cavalleresco, che indugia, quasi per compiacere i gusti di un pubblico borghese e comunale, sulle gioie e sui **piaceri erotici**. Lo mostra chiaramente questo passo, dove si descrive una scena erotica e cortese che coinvolge il protagonista, Tristano:

> [Tristano] andoe suso ne la camera a la damigella, e trovoe ch'iera coricata nel letto. E Tristano sì si disarmoe e introe nel letto co la damigella e incomincioe a fare grande gioia e grande festa insieme l'uno coll'altro, e la damigella incomincioe a baciare ed a abracciare Tristano; e fecero intrambidue loro volontade e loro compimento d'amore. E dappoi egli si cominciarono a ragionare insieme di molte cose e Tristano e la damigella si stettero in molto sollazzo.

In Italia la fortuna di questi cicli è testimoniata anche da altre versioni in volgare, incrociate in vario modo a quella del *Tristano Riccardiano*, in particolare da volgarizzamenti in veneto (il cosiddetto *Tristano veneto*) o in franco-italiano, come la *Compilation arthurienne* (realizzata tra il 1272 e il 1298) che, come suggerisce il titolo, è una raccolta dei grandi racconti arturiani curata da Rustichello da Pisa, più noto per aver collaborato con Marco Polo alla redazione del *Milione*.

L'influenza sulla letteratura successiva

L'importazione e il volgarizzamento dei racconti del ciclo di Tristano e della Tavola Rotonda fu opera di figure a noi per lo più ignote, che non tradussero semplicemente, ma proseguirono quel processo di **riscrittura** che aveva caratterizzato le leggende bretoni sin dalle origini. Trapiantato in Italia, questo materiale narrativo contribuì in modo fondamentale allo sviluppo letterario dei secoli successivi; basti pensare che i grandi poemi cavallereschi di Pulci, Boiardo e Ariosto nel '400 e nel '500 sarebbero inconcepibili senza questi volgarizzamenti.

2.3 Il *Novellino*

La raccolta

La materia arturiana è ripresa e rielaborata anche in una celebre raccolta di novelle, nota oggi con il titolo di ***Novellino***. Si tratta di un testo di cui non conosciamo l'autore, ma che si ritiene sia stato composto negli ultimi decenni del Duecento e la cui versione originale, oggi perduta, ci è giunta solo attraverso numerosi rimaneggiamenti elaborati nel corso dei secoli successivi.

Il *Novellino* ha avuto larga fortuna nel tardo Medioevo e nel Rinascimento, perché raccoglie un **ricco patrimonio di storie**, particolarmente significative per comprendere il gusto del pubblico del tempo. Il termine "novella", da cui la raccolta prende il nome, significa "piccola nuova" e si connette con una **dimensione di cronaca**, di accadimento fresco e recente. Non tutte le novelle del *Novellino*, tuttavia, sono tratte dalle cronache contemporanee, molte anzi ripropongono storie che vengono da lontano, nello spazio e nel tempo (dall'India, dal mondo arabo-ebraico o da quello celtico-germanico, oltre che da quello biblico e classico), eppure sono raccontate dall'anonimo autore con la vividezza di una notizia riportata oralmente.

Personaggi e temi

Alcuni protagonisti delle storie sono personaggi storici, come il principe musulmano Saladino, maestro di cavalleria e munificenza, o l'imperatore Federico II, divenuto celebre per il suo antagonismo con il papa e per le sue alleanze con il mondo arabo-musulmano. Il loro nome ricorre più volte nel *Novellino*. Questa simpatia per figure non cristiane o ai limiti della cristianità (Federico II venne scomunicato da papa Innocenzo III), così come la predilezione per vicende erotico-amorose e per storie tratte dalle più diverse fonti, lascia immaginare un autore borghese colto, intenzionato a offrire una raccolta di esempi, per così dire, laici, validi cioè per la vita d'ogni giorno di un cavaliere o di un mercante.

Un testo nato per divertire

Il *Novellino* è **preceduto da un prologo** che presenta le novellette come testi che allo stesso tempo vogliono **divertire il lettore** e **proporgli esempi di virtù e di eloquenza**, cioè di bel parlare: «Questo libro tratta d'alquanti fiori di parlare, di belle cortesie e di be' risposi e di belle valentie e doni, secondo che per lo tempo passato hanno fatti molti valenti uomini». Anche in una raccolta di carattere narrativo è quindi visibile l'**influsso ideologico** dei testi di retorica (➤ p. 162), oltre che di quelli di carattere didattico-morale, antichi e medievali.
Ma ciò cui il *Novellino* dà vita è **qualcosa di nuovo**, ovvero l'idea di una raccolta di novelle concepite per divertire un pubblico borghese e laico. Da questo nuovo genere prese ispirazione decenni più tardi Boccaccio per la composizione del *Decameron* (➤ p. 531).

FISSA I CONCETTI

- Quali sono i principali volgarizzamenti della storia di Tristano e Isotta e del ciclo bretone?
- Che cos'è il *Novellino* e in che cosa è innovativo?

Pagina miniata dal *Roman de Tristan* di Thomas d'Angleterre, XV secolo. Chantilly, Musée Condé.

I VOLGARIZZAMENTI E L'ANTICA PROSA IN VOLGARE

GENERI	CARATTERISTICHE	AUTORI E OPERE
Retorica	trattati di insegnamento dell'arte del comporre e del parlare in lingua volgare	Brunetto Latini ➤ *Rettorica*; *Livres dou Tresor*
Libri di viaggio	resoconti a carattere etnografico, economico e geografico, intessuti di elementi favolistici e fantastici	Marco Polo e Rustichello da Pisa ➤ *Milione*
Romanzi	letteratura di svago con centralità del tema erotico	*Tristano Riccardiano*
Novelle	narrazioni per il divertimento, l'edificazione morale e l'insegnamento retorico del lettore	*Novellino*

LETTURA CRITICA

La nascita della novella

Eric Auerbach, uno dei massimi filologi e critici letterari del primo '900, sottolinea come alle origini dei racconti novellistici italiani ci sia l'interesse per la parola e la consapevolezza delle sue infinite potenzialità espressive e narrative. Ecco pertanto come, da eventi apparentemente semplici, i primi scrittori di novelle hanno potuto ricavare la materia per divulgare il loro amore per il "bel parlare".

> L'amore fiorentino per la parola elegante: questa è l'origine formale della novella europea.

Il lavoro dei primi novellatori consisté dapprima nel dare al racconto un baricentro autonomo, affinché potesse svilupparsi senza alcun bisogno di Provvidenza e dottrina: vale a dire, nel collegamento, consapevolmente causale, degli eventi. Non appena il racconto stesso contenga qualcosa che lo rende degno di essere narrato, esso perviene a quella globalità e verità terrestri che lo trasformano in opera d'arte, in novella. Questo qualcosa, nel tardo Dugento italiano, e soprattutto a Firenze, era la parola elegantemente espressa, il "bel parlare". In Salimbene[1] si narra la seguente storia di un certo «frater» Detesalve: «Mentre dunque in un giorno d'inverno camminava per le vie di Firenze, accadde che scivolando sul ghiaccio cadesse per terra. Avendo visto ciò, i fiorentini, che sono delle grandi canaglie, presero a ridere. Uno di questi chiese al frate che era caduto se volesse qualcosa sotto di sé. A questi il frate rispose che sì, si capisce, avrebbe voluto la moglie di lui. Avendo udito ciò i fiorentini non si scandalizzarono, ma al contrario complimentarono il frate dicendo: "sia benedetto, perché è uno dei nostri"». L'amore fiorentino per la parola elegante: questa è l'origine formale della novella europea e sul modello delle facezie di Salimbene sono state raccontate in Toscana centinaia di storie. [...] Qui "l'infinita abbondanza degli eventi" si avverte ancora ben poco. I presupposti sono troppo semplici, i mezzi espressivi troppo poco duttili. Ma è pur sempre qualcosa: un giorno d'inverno, un tale cade, i fiorentini lo attorniano e lo deridono: una storia vera, con un inizio, una conseguenza e un finale a effetto. Piano piano ci si fa coraggio e si prosegue su questa strada, sempre aggrappandosi al gioco di parole, ma con un visibile amore per la policroma confusione, per i presupposti e per l'atmosfera; scene di viaggio e di convento, di tribunale e di Corte; un paio di figure storiche, soprattutto Federico II, Ezzelino e il Saladino, creano sfondo e animazione.

(E. Auerbach, *La tecnica di composizione della novella*, Theoria, Roma-Napoli 1984)

1. **Salimbene:** si tratta di Salimbene da Adam (1221-88), autore di una *Cronica* storica che riguarda gli eventi tra il 1168 e il 1287.

Jacopo da Carrara sguaina la spada contro Ezzelino da Romano al cospetto di Federico II; miniatura dai *Chronica de Carrariensibus*, XIV secolo. Venezia, Biblioteca Marciana.

T2 Tristano e Isotta

Novellino LXV

Biblioteca digitale
Prologo; *Narciso*

Nel *Novellino*, oltre che per la brevità, la novella si caratterizza per il ritmo della narrazione, che imita i modi dell'oralità, e per la tendenza a una rappresentazione concreta degli episodi: anche avvenimenti fantastici, infatti, sono inseriti in una cornice realistica. È quanto capita, per esempio, in questa novella, in cui viene riproposto un celebre episodio tratto dalle vicende amorose di Tristano e Isotta: l'aspetto fantastico sparisce, lasciando il posto a un ironico senso della situazione comico-realistica. Isotta si trasforma nella moglie che inganna il marito per stare con l'amante, mentre re Marco diventa il prototipo del marito geloso ma ingenuo. Questo modello avrà grande fortuna nella novellistica successiva: lo riutilizzerà, per esempio, Boccaccio nell'intera giornata VII del *Decameron*, «nella quale, sotto il reggimento di Dioneo, si ragiona delle beffe, le quali, o per amore o per salvamento di loro, le donne hanno già fatte a' lor mariti».

Amando messer Tristano di Cornovaglia Isotta la bionda, la moglie del re Marco, si fecero tra loro un segnale d'amore di cotal guisa:[1] che quando messere Tristano le volea parlare, si andava ad un giardino del re Marco, nel quale avea una fontana, e intorbidava il rigagnolo ch'ella facea,[2] il quale passava per lo palazzo dove stava la detta Isotta; e quando ella vedea l'acqua torbidata, si pensava che Tristano era alla fontana. Or che avenne? Che uno malaventurato giardiniere se n'avide,[3] di guisa che li due amanti neente il poteano credere.[4] Quel giardiniere andò a lo re Marco, e contòlli[5] ogni cosa com'era.

Lo re Marco si diede a crederlo: sì ordinò[6] una caccia, e partísi[7] da' suoi cavalieri siccome si smarrisse da loro. Li cavalieri lo cercavano, erranti per la foresta, e lo re Marco n'andò in sul pino ch'era sopra la fontana ove messere Tristano parlava alla reina. E **dimorando** la notte lo re Marco in sul pino, e messere Tristano venne alla fontana e intorbidòlla. E poco tardante,[8] la reina venne alla fontana, ed a ventura li avenne un bel pensiero:[9] che guardò il pino, e vide l'ombra più spessa che non solea.[10] Allora la reina dottò[11] e, dottando, ristette.[12] E parlò con Tristano in questa maniera e disse: «Disleale cavaliere, io t'ò fatto qui venire per potermi compiagnere di tuo gran misfatto:[13] ché giamai non fu cavaliere con tanta dislealtade quanta tu ài per tue parole, ché m'ài unita, e lo tuo zio re Marco,[14] che molto t'amava. Ché tu sè ito parlando di me intra li erranti cavalieri cose che nenlo mio cuore non poriano mai discendere; e inanzi darei

lessico
Dimorare
Dal latino *demorari*, «restare, sostare», il verbo in passato conservava il significato etimologico di «trattenersi più o meno a lungo in un luogo»; oggi è usato quasi esclusivamente nel senso di «abitare».

1. **si fecero... guisa:** stabilirono tra loro un segnale d'amore di questo tipo.
2. **intorbidava... facea:** intorbidiva il canale d'acqua che produceva. Secondo altre versioni dello stesso racconto, Tristano lascia cadere trucioli nel rigagnolo.
3. **se n'avide:** se ne accorse.
4. **di guisa che... credere:** senza che i due amanti se ne avvedessero.
5. **contòlli:** gli raccontò.
6. **sì ordinò:** così organizzò.
7. **partísi:** si allontanò.
8. **poco tardante:** poco dopo.
9. **a ventura... pensiero:** per caso ebbe una buona idea.
10. **che non solea:** del solito.
11. **dottò:** dubitò, le venne un sospetto.
12. **ristette:** si fermò.
13. **per... misfatto:** per potermi lamentare di una tua grave azione.
14. **ché m'ài unita... Marco:** perché hai disonorato me e il tuo zio re Marco. Tristano aveva portato Isotta in sposa allo zio Marco dall'Irlanda. Isotta era figlia del re d'Irlanda e il matrimonio con il re Marco avrebbe sanzionato la pace tra i due regni.

me medesima al fuoco, ch'io unisse così nobile re come monsignor lo re Marco.[15] Onde io ti disfido a tutta mia forza, siccome disleale cavaliere, sanza niun altro rispetto». Tristano, udendo queste parole, dubitò forte e disse: «Madonna, se' malvagi cavalieri di Cornovaglia[16] parlano di me in questa maniera, tutto primamente[17] dico che giamai io di queste cose non fui colpevole. Merzé,[18] donna, per Dio! Elli ànno invidia di me: ch'io giamai non dissi né feci cosa che fosse disinore di voi né del mio zio re Marco. Ma dacché vi pur piace, ubbidirò a' vostri comandamenti: andronne in altre parti a finire li miei giorni. E forse, avanti ch'io mora, li malvagi cavalieri di Cornovaglia avranno sofratta[19] di me, siccome elli ebbero al tempo dell'Amoroldo,[20] quand'io diliverai[21] loro e lor terre di vile e di laido servaggio». Allora si dippartiro, sanza più dire.[22] E lo re Marco, ch'era sopra loro, quando udì questo, molto si rallegrò di grande allegrezza.[23]
Quando venne la mattina, Tristano fe' sembianti[24] di cavalcare: fe' ferrare cavalli e somieri.[25] Valletti vegnono di giù e di su; chi porta freni e chi selle: il tremuoto[26] era grande. Il re s'adira forte del partire di Tristano, e raunò[27] baroni e suoi cavalieri, e mandò commandando a Tristano che, sotto pena del cuore,[28] non si partisse sanza suo commiato. Tanto ordinò il re Marco, che la reina ordinò e mandòlli a dire che non si partisse. E così rimase Tristano a quel punto. E non si partì, e non fu sorpreso né ingannato per lo savio avedimento ch'ebbero intra lor due.[29]

15. Ché tu... Marco: Poiché sei andato a raccontare di me agli altri cavalieri erranti cose che io non avrei mai pensato in cuor mio; e io mi getterei nel fuoco piuttosto che disonorare un nobile re come re Marco.
16. Cornovaglia: regno di re Marco, zio di Tristano.
17. tutto primamente: innanzitutto.
18. Merzé: Abbi pietà.
19. sofratta: necessità, bisogno.
20. al tempo dell'Amoroldo: Moroldo (anche nelle varianti Morholt, Marhalt, Marhault, Morold, Marhaus), fratello del re d'Irlanda, era un gigante cui il re Marco di Cornovaglia era costretto a un tributo, fino a quando il nipote Tristano non lo uccise, liberando la Cornovaglia da questa sottomissione.
21. diliverai: liberai.
22. Allora... dire: Poi si allontanarono, senza più parlarne.
23. molto... allegrezza: poliptoto.
24. fe' sembianti: fece finta.
25. somieri: cavalli da soma.
26. tremuoto: confusione.
27. raunò: radunò.
28. sotto pena del cuore: sotto minaccia di morte.
29. per lo savio... due: per il saggio accorgimento che avevano escogitato loro due.

Analisi del testo

Struttura

Il precedente nella materia bretone In questa novella, basata su un celebre episodio delle avventure amorose di Tristano e Isotta, il narratore sembra aver messo definitivamente da parte l'«onestade» evocata nell'introduzione e parteggiare apertamente per gli inganni orditi dai due amanti a protezione del loro illegittimo amore. La trasgressione erotico-amorosa è d'altronde uno dei capisaldi della convenzione narrativa cortese, i cui temi vengono ripresi anche dal narratore del *Novellino*: re Marco corrisponde al *gelos*, il marito geloso della poesia provenzale; il «malaventurato giardiniere» è pressappoco un *lauzengier*, il malevolo delatore, mentre il segnale d'amore istituito da Tristano e Isotta evoca il linguaggio segreto degli amanti.

Un nuovo punto di osservazione Tuttavia nel modo di raccontare l'episodio manca l'atmosfera rinvenibile nelle versioni più antiche della storia, dove importante è il turbamento determinato dalla clandestinità della passione. C'è invece qualcosa di nuovo: ciò che interessa al narratore dell'episodio è, infatti, la lucidità di Isotta di fronte al pericolo, la sua prontezza nel reagire e l'astuzia della sua replica. Certo, la materia è in tutto e per tutto quella del racconto tradizionale, ma è guardata da un punto d'osservazione nuovo. Questo modello verrà perfezionato da Boccaccio che con tono divertito dedicherà l'intera giornata settima del *Decameron* agli inganni orditi dalle mogli a protezione dei loro illegittimi amori. E in particolare nella novella VII rievoca il tema tradizionale del giardino e del pino degli inganni, caratteristico dell'episodio tristaniano.

Temi

Il codice comico Al realismo della situazione evocata dal narratore del *Novellino* si aggiunge in questo testo il piacere per la circostanza comica: il marito geloso scopre l'ingegnoso codice inventato dai due amanti per convocare i loro *rendez-vous*, ma il lettore non può simpatizzare con lui perché la sua scoperta è frutto di una delazione e perché, secondo la convenzione comica, il marito, rappresentante della legalità, non può essere l'eroe. Il tranello pazientemente preparato dal marito viene riconosciuto dalla moglie, che trova il modo di salvarsi e anzi di rendere più semplici le future occasioni di incontro con l'amante. A vincerla è l'astuzia della donna contro l'ingenuità del marito. E d'altronde in questa astuzia va anche riconosciuto un tradizionale luogo comune della letteratura misogina, che negli inganni orditi dalla moglie di Putifarre ha il suo deprecabile archetipo (*Genesi*, 39).

Officina

COMPRENDERE

1. In che modo Tristano comunica segretamente a Isotta che la vuole incontrare alla fontana?
2. In che modo re Marco viene informato degli incontri segreti fra Isotta e Tristano? Di conseguenza, che cosa fa per verificare se la notizia sia vera?
3. Quali accuse Isotta muove a Tristano? Perché la regina si comporta così?
4. Quale decisione finge di prendere Tristano? Che cosa succede, invece, alla fine della storia?

ANALIZZARE

5. Dal testo è possibile ricavare la durata degli avvenimenti: secondo te, quale arco temporale potrebbe coprire la vicenda narrata?
   a. Qualche ora
   b. Qualche giorno
   c. Tre mesi
   d. Circa un anno
6. **Lessico** Dal verbo "dimorare" deriva il nome "dimora". Aiutandoti con il dizionario, spiega il significato delle seguenti espressioni in cui compare questa parola.
   a. Prendere dimora
   b. Stare a dimora
   c. Ultima dimora
   d. Persona senza fissa dimora

INTERPRETARE

7. Nel *Novellino* le storie sono molto influenzate dal racconto orale: giustifica questa affermazione facendo precisi e puntuali riferimenti al testo.
   Per supportare adeguatamente la tua argomentazione, puoi riflettere sui seguenti aspetti: la novella è breve o lunga? Ha uno schema narrativo lineare o complicato? I fatti sono raccontati in chiave realistica o fantastica? Sono presenti espressioni tipiche dell'oralità o espressioni che mirano a coinvolgere il pubblico?

PERCORSO DI SCRITTURA

Riscrittura Se Isotta non si fosse accorta della presenza di re Marco sul pino durante il suo incontro con Tristano, che cosa sarebbe successo? Quale reazione avrebbe avuto il re nei confronti dei due amanti? Come immagini si sarebbe conclusa la vicenda? Inventa uno svolgimento e un finale diversi della storia, che si addicano comunque al tono comico che pervade il racconto originale, e scrivi un testo di circa 20 righe.

3. I cronisti di età comunale: Compagni e Villani

La forma cronachistica

Accanto ai diversi generi di prosa di cui abbiamo parlato, in età comunale sorsero anche i primi esempi di **storiografia in volgare**, in particolare nella forma della **cronaca**, che era stata quella abituale della storiografia medievale in latino, opera di monaci o di chierici attivi nelle curie vescovili delle città.

Annalistica
Forma di storiografia, derivata dalla tradizione romana, in cui gli avvenimenti sono narrati anno per anno.

Queste cronache registravano minuziosamente i fatti secondo un criterio cronologico o addirittura **annalistico**, con scarsa o nulla rielaborazione critica degli eventi. L'impianto ideologico di natura religiosa sotteso a queste opere portava a inserire gli avvenimenti recenti e locali in un quadro universale, che prendeva le mosse da un passato remoto e leggendario, talvolta addirittura dalla Creazione, e portava inoltre a cogliere negli eventi un **disegno provvidenziale**.

Dino Compagni e la passione politica

Biblioteca digitale
L'invettiva contro i guelfi neri

Questo schema tradizionale viene seguito anche nei primi esempi di cronache in volgare di ambito comunale, prodotti tra la fine del XIII e l'inizio del XIV secolo: la *Cronichetta pisana*, del 1279, la *Cronichetta lucchese* e i *Gesta Florentinorum*. Questi testi, anonimi, si distaccano dai modelli latini principalmente perché sono improntati a una **visione ideologica laica** o per l'attenzione alla **dimensione politica**; le lotte tra fazioni che travagliano la vita dei comuni sono infatti spesso il movente della scrittura.
Sono due le opere che spiccano in questo panorama e fanno segnare il primato letterario di Firenze anche in questo àmbito: la ***Istoria fiorentina*** di **Ricordano Malespini** (morto verso il 1290), che racconta gli avvenimenti della città fino al 1282, e la ***Cronica delle cose occorrenti ne' tempi suoi*** di **Dino Compagni** (metà XIII secolo - 1324). Compagni aveva preso parte intensamente alla vita politica della sua città militando nello stesso partito di Dante, i guelfi bianchi, ma, a differenza di Dante, era riuscito a evitare l'esilio quando la sua fazione era stata sconfitta dai neri sostenuti da papa Bonifacio VIII.
A distanza di alcuni anni dai fatti, Compagni nella sua *Cronica* sceglie di descrivere solo gli eventi di cui è stato testimone e protagonista, quelli compresi tra il 1280 e il 1312, evitando tuttavia di seguire lo schema annalistico nonché di prendere le mosse da un passato mitico. La sua storiografia è tutta una **appassionata difesa** dell'operato suo e della sua parte politica ed è pervasa da un forte **giudizio morale**: nella vittoria dei neri Compagni vede il trionfo dell'ingiustizia. L'opera è una fonte importante per gli storici moderni, ma si fa leggere volentieri anche dai non storici per il vigore con cui delinea i personaggi e le situazioni, per la carica polemica e i giudizi netti.

La battaglia di Montaperti del 4 settembre 1260: i guelfi fiorentini sono battuti dai ghibellini senesi comandati da Farinata degli Uberti; miniatura del XV secolo. Siena, Biblioteca Comunale degli Intronati.

Fra tradizione e innovazione: Giovanni Villani

L'altro importante cronista fiorentino, quasi una generazione più giovane di Compagni, è **Giovanni Villani** (1275/80-1348). Villani, simpatizzante per i neri, era di umili origini; divenuto poi un mercante socio della banca dei Peruzzi ed esperto di finanza, nel tempo aveva ricoperto cariche amministrative di rilievo per il Comune. Morì durante la peste del 1348 che fa da sfondo al *Decameron* (➤ p. 532). La sua unica opera è la ***Nuova Cronica***, composta a partire dal 1308 e interrotta al libro XIII per la morte dell'autore (altri libri sarebbero poi stati aggiunti dal fratello Matteo e dal figlio Filippo). Per alcuni aspetti, l'opera di Villani fa un passo indietro rispetto alle innovazioni di Compagni. I primi sette libri, infatti, riprendono lo schema della tradizionale cronachistica medievale, ricapitolando gli eventi dalla distruzione della Torre di Babele fino alla discesa in Italia di Carlo d'Angiò (1265). I successivi sei libri invece abbracciano gli avvenimenti dal 1265 al 1348. È questa la parte, per molti aspetti, moderna: Villani, infatti, impiega un vero e proprio **metodo storico**, utilizzando i documenti degli archivi cittadini e le conoscenze dirette di cui disponeva, e inserisce i dati in un quadro che cerca di essere informato e il più possibile oggettivo. L'opera è moderna anche in un altro senso: Villani, a differenza di Compagni, è interessato agli **aspetti sociali ed economici** della storia fiorentina, del cui sviluppo mercantile e finanziario è orgoglioso.

FISSA I CONCETTI

- Quali sono gli autori, le opere e le caratteristiche principali delle cronache in volgare di ambito comunale tra la fine del XIII e l'inizio del XIV secolo?

VISUALIZZA I CONCETTI

Le cronache di Compagni e Villani

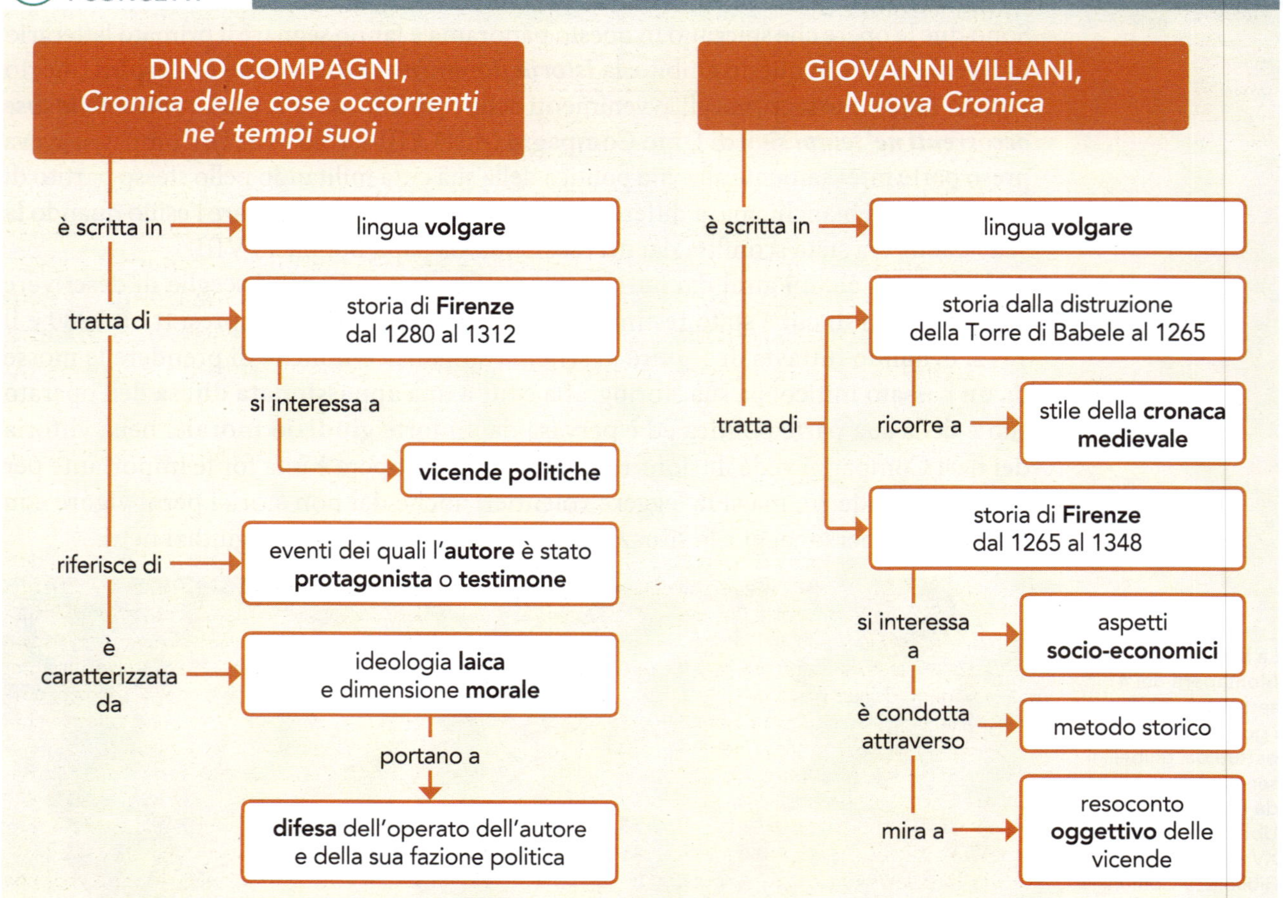

T3 Giovanni Villani
I contrasti tra bianchi e neri a Firenze

Nuova Cronica VIII, 39

In questo capitolo della sua opera, Villani espone l'inizio delle gravi discordie che divisero in bianchi e neri la parte guelfa che, dopo la vittoria di Campaldino (1289) sui ghibellini, reggeva incontrastata la città.

Come la città di Firenze si partì e si sconciò[1] per le dette parti bianca e nera.

Nel detto tempo essendo la nostra città di Firenze nel maggiore stato e più felice che mai fosse stata dapoi ch'ella fu redificata o prima,[2] sì di[3] grandezza e potenza, e sì di numero di genti, che più di XXXm cittadini avea nella cittade, e più di LXXm distrittuali d'arme[4] avea in contado, e di nobilità di buona cavalleria e di franco popolo e di ricchezze grandi, signoreggiando quasi tutta Toscana; il peccato della ingratitudine, col **susidio** del nimico dell'umana generazione, de la detta grassezza fece partorire superba corruzzione,[5] per la quale furono finite le feste e l'alegrezze de' Fiorentini, che infino a que' tempi stavano in molte delizie, e morbidezze, e tranquillo, e sempre in conviti, e ogn'anno quasi per tutta la città per lo calen di maggio[6] si faceano le brigate e le compagnie d'uomini e di donne, di sollazzi e balli. Avenne che per le 'nvidie si cominciarono tra' cittadini le sette;[7] e una principale e maggiore s'incominciò nel sesto dello scandalo di porte San Piero,[8] tra quegli della casa de' Cerchi e quegli de' Donati,[9] l'una parte per invidia, e l'altra per salvatica ingratitudine. De la casa de' Cerchi era capo messer Vieri de' Cerchi, e egli e quegli di sua casa erano di grande affare, e possenti, e di grandi parentadi, ricchissimi mercatanti, che la loro compagnia era de le maggiori del mondo; uomini erano morbidi e innocenti,[10] salvatichi e ingrati, siccome genti venuti di piccolo tempo in grande stato e podere. Della casa de' Donati era capo messer Corso Donati, e egli e quelli di sua casa erano gentili uomini e guerrieri, e di non soperchia ricchezza, ma per motto erano chiamati Malefami.[11] Vicini erano in Firenze e in contado, e per la conversazione de la loro invidia co la bizzarra salvatichezza nacque il superbio isdegno tra·lloro, e maggiormente si raccese per lo

lessico

Sussidio

Dal latino *subsidĭum*, «soccorso». Il significato etimologico è oggi circoscritto al linguaggio militare, mentre il significato più diffuso è quello di «sovvenzione in denaro concesso da un privato o da un ente».

1. **si partì e si sconciò:** si divise e si rovinò.
2. **nel maggiore… prima:** nella condizione più prospera da quando essa fu ricostruita («redificata») o (anche) prima (che fosse distrutta). Secondo la leggenda, Firenze sarebbe stata distrutta da Attila e ricostruita da Carlo Magno. Villani sottolinea che prima dell'inizio delle discordie Firenze era al culmine della sua prosperità.
3. **di:** per. Questo e i seguenti «di» introducono dei complementi di limitazione.
4. **LXXm distrittuali d'arme:** 70.000 abitanti del contado che potevano far parte delle milizie. Il numero precedente («XXXm») vale 30.000.
5. **il peccato… corruzzione:** il peccato dell'ingratitudine, con l'aiuto del nemico dell'uomo (cioè il demonio), da tanta abbondanza fece nascere corruzione.
6. **per lo calen di maggio:** per il calendimaggio, la festa popolare che si celebrava l'1 di maggio.
7. **le sette:** le fazioni, che divisero i cittadini causando la guerra civile.
8. **nel sesto… Piero:** nel quartiere («sesto») della discordia di Porta San Piero.
9. **tra quegli… Donati:** la discordia viene ricondotta da Villani allo scontro tra le famiglie dei Cerchi e dei Donati. Questi ultimi, meno ricchi ma di più antica tradizione urbana, invidiavano i Cerchi, provenienti dal contado e arricchitisi. L'accusa di «salvatica ingratitudine» attribuita ai Cerchi allude alla loro origine rustica e alla loro mancata gratitudine verso la città che pure aveva consentito la loro ascesa sociale.
10. **morbidi e innocenti:** facili all'emozione e ingenui.
11. **per motto… Malefami:** erano chiamati con il soprannome ingiurioso di Malefami. Si allude alla fama di delinquenza di alcuni membri della famiglia Donati, uno dei quali (Cianfa) viene ricordato da Dante tra i ladri (*Inferno* XXV).

malseme venuto di Pistoia[12] di parte bianca e nera come nel lasciato capitolo facemmo menzione. E' detti Cerchi furono in Firenze capo della parte bianca, e co·lloro tennero della casa degli Adimari quasi tutti, [...] e quasi tutti i Cavalcanti, ch'erano una grande possente casa, e tutti i Falconieri, ch'erano una possente casa di popolo. E co·lloro s'accostarono molte case e schiatte di popolani e artefici minuti, e tutti i grandi e popolani ghibellini; e per lo séguito grande ch'aveano i Cerchi il reggimento della città era quasi tutto in loro podere. De la parte nera furono tutti quegli della casa de' Pazzi quasi principali co' Donati, e tutti i Visdomini [...] e parte di tutte le case guelfe nominate di sopra, ché quegli che non furono co' Bianchi per contrario furono co' Neri. E così de le dette due parti tutta la città di Firenze e 'l contado ne fu partita e contaminata.[13] Per la qual cagione la parte guelfa, per tema che le dette parti non tornassono in favore de' Ghibellini, sì mandarono a corte a papa Bonifazio,[14] che·cci mettesse rimedio. Per la qual cosa il detto papa mandò per messer Vieri de' Cerchi, e come fue dinanzi a·llui, sì 'l pregò che facesse pace con messer Corso Donati e colla sua parte, rimettendo in lui le differenze,[15] e promettendoli di mettere lui e' suoi in grande e buono stato, e di fargli grazie spirituali come sapesse domandare.[16] Messere Vieri tutto fosse nell'altre cose savio cavaliere,[17] in questo fu poco savio, e troppo duro e bizzarro,[18] che della richesta del papa nulla volse fare, dicendo che non avea guerra con niuno; onde si tornò in Firenze, e 'l papa rimase molto isdegnato contro a·llui e contro a sua parte.[19] Avenne poco appresso che andando a cavallo dell'una setta e dell'altra per la città armati e in riguardo[20] [...] la sera di calen di maggio, anno MCCC, veggendo uno ballo di donne che si facea nella piazza di Santa Trinita, l'una parte contra l'altra si cominciarono a sdegnare, e a pignere l'uno contro a l'altro i cavagli,[21] onde si cominciò una grande zuffa e mislea, ov' ebbe più fedite,[22] e a Ricoverino di messer Ricovero de' Cerchi per disaventura fu tagliato il naso dal volto; e per la detta zuffa la sera tutta la città fu per gelosia sot-

12. per lo malseme... Pistoia: a causa della cattiva gente venuta da Pistoia. Villani si riferisce al fatto, raccontato in altra parte della *Cronica*, che la lotta di fazione tra bianchi e neri era iniziata nella vicina città toscana di Pistoia, dove la denominazione col diverso colore alludeva al colore dei capelli; nella controversia pistoiese, infatti, si contrapponevano i figli di primo e di secondo letto di un esponente della famiglia Cancellieri: quelli di primo letto erano più anziani e quindi "bianchi", quelli di secondo letto più giovani e quindi "neri".

13. E così... contaminata: E così tutta la città di Firenze e il suo contado si divise in queste due fazioni e fu contaminata dal male della discordia.

14. Per la qual... Bonifazio: Per questa ragione, la parte guelfa, per paura che le due parti (in conflitto: Cerchi e Donati) non facessero il gioco dei Ghibellini, inviarono (rappresentanti) alla corte di papa Bonifacio VIII. La divisione tra Cerchi / bianchi e Donati / neri è interna al partito che allora dominava Firenze, cioè la parte guelfa, che aveva preso le redini della città dopo la sconfitta dei ghibellini nella battaglia di Campaldino (1289), anche se Villani ci informa che alcuni ghibellini rimasti in città propendevano per i bianchi. Nel timore che le discordie potessero favorire una rivincita ghibellina, viene interpellato come mediatore il papa, a cui tutta la parte guelfa faceva riferimento.

15. rimettendo in lui le differenze: affidando a lui la soluzione del contrasto.

16. e promettendoli... domandare: e promettendogli che avrebbe reso ricchi e potenti lui e i suoi e che avrebbe concesso loro tutte le grazie spirituali che volessero.

17. tutto... cavaliere: nonostante si fosse dimostrato in altre cose un saggio cavaliere.

18. bizzarro: poco razionale.

19. e 'l papa... parte: il rifiuto da parte di Vieri de' Cerchi del ruolo di pacificatore proposto dal papa, cioè la sua intransigenza, causa l'avversione del papa stesso nei confronti dei Cerchi.

20. Avenne... in riguardo: Poco dopo avvenne che, andando alcuni esponenti delle due parti a cavallo armati e pronti all'azione.

21. si cominciarono... cavagli: iniziarono a trattarsi male reciprocamente e a spingere i cavalli gli uni contro gli altri.

22. mislea... fedite: mischia, dove ci furono parecchi feriti (lett.: ferite). «Mislea» è un francesismo.

to l'arme.[23] Questo fue il cominciamento dello scandalo e partimento[24] della nostra città di Firenze e di parte guelfa, onde molti mali e pericoli ne seguiro appresso, come per gli tempi faremo menzione. E però avemo raccontato così stesamente l'origine di questo cominciamento de le maladette parti bianca e nera, per le grandi e male seque-le che ne seguiro a parte guelfa e a' Ghibellini, e a tutta la città di Firenze, eziandio[25] a tutta Italia: e come la morte di messer Bondelmonte il vecchio fu cominciamento di parte guelfa e ghibellina,[26] così questo fue il cominciamento di grande rovina di parte guelfa e della nostra città. E nota che l'anno dinanzi a queste novitadi erano fatte le case del Comune, che cominciano a piè del ponte Vecchio sopra l'Arno verso il castello Altrafonte,[27] e per ciò fare si fece il pilastro a piè del ponte, e convenne si rimovesse la statua di Marte; e dove guardava prima verso levante, fu rivolta verso tramontana,[28] onde per l'agurio degli antichi fu detto: «Piaccia a·dDio che la nostra città non abbia grande mutazione».[29]

23. tutta… l'arme: tutti i cittadini per il sospetto e la rivalità presero le armi.
24. dello scandalo e partimento: della lotta e della divisione.
25. eziandio: anche.
26. e come… ghibellina: la tradizione delle cronache fiorentine fa risalire la divisione tra guelfi e ghibellini allo scontro che si ebbe tra le famiglie dei Buondelmonti e degli Amidei. Buondelmonte doveva sposare una donna degli Amidei, ma all'ultimo momento annullò il matrimonio per sposare una Donati e fu assassinato dagli Amidei. Da allora i Buondelmonti militarono tra i guelfi.
27. castello Altrafonte: è un complesso edilizio munito di mura posto a poca distanza dall'Arno.
28. e dove… tramontana: e mentre prima (la statua) guardava a oriente («levante»), fu rivolta verso nord («tramontana»).
29. Piaccia… mutazione: a Firenze esisteva una statua assai rovinata che per tradizione si credeva rappresentasse Marte, dio della guerra. La rimozione o lo spostamento della statua dalla sua sede significava, nella credenza popolare, pericolo o cambiamenti per la città. Quando nel 1333, quindi circa 33 anni dopo i fatti raccontati da Villani in questo capitolo, l'Arno straripò, la statua fu trascinata via e si perse per sempre.

Analisi del testo

Struttura

Tra psicologia e analisi sociale Il racconto ci restituisce con una certa vivacità e capacità di sintesi quella che per Villani è l'origine della controversia tra bianchi e neri. Il testo evidenzia anche molte delle caratteristiche concettuali e stilistiche della *Nuova Cronica*. Benché Villani sia interessato agli aspetti economici e sociali della realtà fiorentina (qui si richiamano per esempio i dati sul numero degli abitanti e sulla prosperità cittadina), la sua storiografia si concentra sugli aspetti psicologici e quasi aneddotici che avrebbero dato il via alla controversia: l'invidia, la «salvatichezza», una sorta di rissa di strada durante la festa. Villani tuttavia ci permette di cogliere anche un aspetto essenziale, che cioè i Cerchi erano «ricchissimi mercatanti» e che «la loro compagnia era de le maggiori del mondo» e che soprattutto erano «genti venuti di piccolo tempo in grande stato e podere». Viceversa i Donati erano «gentili uomini e guerrieri, e di non soperchia ricchezza». In sostanza, i Cerchi / bianchi rappresentavano l'ala più intraprendente, e in ascesa, della borghesia fiorentina, aperta in certa misura all'alleanza con il popolo minuto, mentre i Donati / neri rappresentavano l'ala più conservatrice.
Non viene qui messo efficacemente a fuoco il ruolo del pontefice, che in seguito si sarebbe rivelato essenziale. Bonifacio VIII romperebbe i rapporti con i Cerchi / bianchi per la caparbietà di messer Vieri, «troppo duro e bizzarro». In realtà, i bianchi erano ostili al fatto che il papa potesse imporre la propria egemonia su Firenze, mentre i neri si sarebbero giovati proprio della volontà papale di allargare il potere pontificio su tutta la Toscana.

Lingua e stile

Lo stile della *Cronica* Il modo di raccontare di Villani spiacque molto a uno dei primi critici della letteratura italiana, Francesco De Sanctis: Giovanni Villani racconterebbe «con quieta indifferenza, quasi facess[e] un inventario». In effetti Villani è puntiglioso, accumula dati e nozioni con stile paratattico («De la casa de' Cerchi era capo messer Vieri de' Cerchi, e egli e quegli di sua casa erano di grande affare, e possenti, e di grandi parentadi») e con una certa ripetitività dei nessi logici («Per la qual cagione la parte guelfa...; Per la qual cosa il detto papa...»), ma non manca a tratti di una efficace e lapidaria brevità («questo fue il cominciamento di grande rovina di parte guelfa e della nostra città»).

Officina

COMPRENDERE

1. Quali famiglie fiorentine parteggiano rispettivamente per i guelfi bianchi e per i guelfi neri?
2. Quale richiesta fa papa Bonifacio VIII a Vieri de' Cerchi? Qual è la reazione di quest'ultimo alla proposta del papa?
3. Villani fa risalire l'inizio della lotta fra guelfi bianchi e neri a un episodio accaduto a Firenze la sera del primo maggio del 1300: che cosa successe quella sera?

ANALIZZARE

4. Quali peccati del popolo fiorentino causarono, secondo lo storico Villani, la rovina della città?
5. Individua, sottolinea e trascrivi in una tabella le rispettive caratteristiche dei membri delle famiglie dei Cerchi e dei Donati.
6. Quali aspetti economici e sociali della realtà fiorentina è possibile ricavare dal brano?

Corso Donati, capo della fazione dei guelfi neri, partecipò con i Fiorentini alla battaglia di Campaldino nel 1289. Nel 1300 fu esiliato per ordine della Signoria. Banditi i bianchi nel 1304 e nel 1308, congiurò per diventare signore di Firenze, ma fu accusato di tradimento e finì trafitto da due colpi di lancia. La sua morte è rappresentata in questa miniatura tratta dalla *Nuova Cronica* di Giovanni Villani (XIV secolo).

7. **Lessico** Dalla parola "sussidio" deriva un aggettivo che quando ha funzione di sostantivo indica un libro scolastico. Di quale aggettivo si tratta? Scrivi una frase di senso compiuto che lo contenga e precisa se lo hai inserito nella funzione di aggettivo o di sostantivo.

INTERPRETARE

8. Spiega il significato dell'accusa di «salvatica ingratitudine» (r. 14) mossa contro la famiglia dei Cerchi.
9. Rileggi con attenzione le righe 56-61 del brano. Quale funzione rivestono all'interno del testo? Quale funzione assume, secondo te, il riferimento alla rimozione della statua di Marte presente in queste righe?

PERCORSO DI SCRITTURA

Riscrittura Riscrivi il brano di Villani trasformandolo in un articolo di giornale. Puoi tenere presenti le seguenti indicazioni:
- ricorda le regole delle cinque W (chi? cosa? dove? quando? perchè?), per raccontare l'episodio del primo maggio 1300;
- rievoca la situazione sociale ed economica di Firenze prima dello scoppio delle rivalità fra bianchi e neri;
- descrivi le due famiglie rivali (quella dei Cerchi e quella dei Donati) che hanno iniziato la lotta, evidenziandone le differenze;
- specifica poi quali tentativi fallimentari sono stati messi in atto da papa Bonifacio VIII per cercare di sedare la rivalità fra le due famiglie;
- infine, elenca quali famiglie parteggiano per l'una e per l'altra fazione.

Ricordati di assegnare un titolo adeguato e originale al tuo articolo e di indicare la destinazione editoriale (quotidiano, blog, rivista...). Scrivi l'articolo usando frasi brevi e uno stile brillante che cerchi di catturare l'attenzione del lettore.

GUIDA AL RIPASSO

Il cantiere linguistico del Duecento

MAPPA

PRATICA DEL VOLGARIZZAMENTO

- consiste in → rielaborazione in volgare di testi latini o francesi
- si rivolge a → cittadini dei comuni, laici e in parte di scarsa cultura
- retorica → **Brunetto Latini, *Rettorica***
  - volgarizzamento del *De inventione* di Cicerone
  - codificazione dell'arte di comporre in volgare
  - intenti didattici
- narrativa di viaggio → **Marco Polo e Rustichello da Pisa, *Milione***
  - volgarizzamento di versioni francesi dell'opera
  - resoconto del viaggio in Asia di Marco Polo tra il 1271 e il 1295
  - descrizioni di tipo economico o storico-geografico e narrazioni romanzesche o leggendarie
- romanzo → ***Tristano Riccardiano***
  - volgarizzamento del ciclo di Tristano e Isotta
  - temi amorosi, con attenzione ai piaceri erotici

PROSA IN VOLGARE

- novella → ***Novellino***
  - intenti didattici e di intrattenimento
  - commistione di elementi storico-realistici e fantastici
- storiografia
  - **Dino Compagni, *Cronica delle cose occorrenti ne' tempi suoi***
    - storia politica di Firenze dal 1280 al 1312
    - resoconto di eventi dei quali l'autore è stato protagonista o testimone
    - ideologia laica e dimensione morale
  - **Giovanni Villani, *Nuova Cronica***
    - storia dalla distruzione della Torre di Babele al 1265
    - adozione dello stile della cronaca medievale
    - storia di Firenze dal 1265 al 1348
    - adozione del metodo storico
    - attenzione agli aspetti socio-economici
    - ricostruzione oggettiva delle vicende narrate

Dante Alighieri
Il «fabbro» che seppe dire l'inesprimibile

DANTE, PADRE DELLA TRADIZIONE LETTERARIA ITALIANA

Dante Alighieri può essere definito il fondatore della lingua letteraria italiana: per utilizzare un'espressione da lui stesso coniata, il «miglior fabbro» del volgare. In un'epoca come quella medievale, che non assegnava ancora alla figura dell'intellettuale laico una fisionomia definita e un prestigio sociale ufficialmente riconosciuto, Dante costruisce dal nulla il mito di un'esistenza tutta fondata sulla letteratura, con una scommessa sul suo valore universale che sino a quel momento nessuno aveva tentato. Il segno della presenza fondativa di Dante nell'identità culturale italiana è confermato dal fatto che di essa si ritrova traccia – unico caso di diffusione popolare di un classico medievale – anche nella lingua quotidiana contemporanea, che ha ripreso dal suo capolavoro, la *Commedia*, molti termini ed espressioni: «il gran rifiuto», «il bel Paese», «fare tremare le vene e i polsi», «inurbarsi» ecc.

VITA E LETTERATURA: UN'AUTOBIOGRAFIA SUBLIMATA

Eppure, a fronte di questa universale capacità di Dante di parlare alle più diverse culture e in ogni tempo, resta il dato di fatto del carattere assolutamente singolare della sua figura. La natura eccezionale di Dante risiede nel fatto che egli è il primo scrittore a costruire, consapevolmente, il mito della propria biografia. L'autobiografismo è, infatti, un tratto presente in quasi tutte le sue opere. Un autobiografismo che offre al lettore, però, solo gli elementi più significativi a livello ideale e simbolico (primo fra tutti l'esilio), tacendone molti altri, per esempio le informazioni sulla famiglia di origine o sulle condizioni di vita dopo la cacciata da Firenze.
In effetti, anche se Dante ci ha parlato quasi sempre di sé, abbiamo pochi dati certi su di lui e sulla cronologia delle sue opere, che sono state e sono oggetto di continue controversie tra i critici. Uno di essi, Marco Santagata, ha recentemente proposto per Dante l'azzeccata definizione di «arcipersonaggio»: una figura, cioè, capace di realizzare un'unica grande narrazione che si snoda dalla *Vita nuova* alla *Commedia* e che ha lo scopo di mettere in luce la propria eccezionalità. Nelle opere dantesche, dunque, il rapporto tra vita e letteratura appare tutto sbilanciato in favore della seconda: è grazie a essa che i minuti accadimenti storici trovano una loro traduzione universale e diventano evidenti ai lettori di ogni tempo.

Inquadra il codice per accedere alla lezione dell'autore.

VIDEO

UN UOMO CHE AMA LE SFIDE

Dante sarebbe stato l'autore più rilevante del Medioevo anche se non avesse composto la *Commedia*, l'opera che lo ha reso universalmente noto: la sua vocazione a riflettere continuamente sulle ragioni delle proprie scelte lo rende una figura di intellettuale estremamente moderna. La mentalità di questo poeta è sistematica, tende a comporre sempre insiemi coerenti, tanto che ognuna delle sue opere rimanda all'altra. Dante non si riposa mai sugli allori, non sosta sulle conquiste raggiunte, ma tende a sperimentare percorsi creativi sempre nuovi, a ricorrere alle più varie risorse di linguaggio e di stile. Queste caratteristiche gli hanno permesso di attraversare tutti i principali generi della letteratura medievale, dal trattato, alla lirica, all'autobiografia, in una continua sfida e superamento di se stesso, da un'opera all'altra. Il progetto dantesco che sta alla base di tutto ciò è ambiziosissimo: fare del volgare una grande lingua di cultura a fianco del latino. La *Commedia* sarà il compimento di tale progetto, la sintesi e il superamento di tutte le precedenti esperienze.

DANTE, PROFETA POLITICO MANCATO

Le contraddizioni insite nella figura di Dante la rendono ancor più viva e attuale. L'ambito in cui esse si rivelano in modo più evidente è, senz'altro, quello politico. Da un lato la sua poesia presenta annunci profetici di straordinaria intensità ed efficacia, dall'altro tali profezie si fondano su una visione politica che presuppone l'impossibile ritorno di una restaurazione imperiale in Italia, dunque rivela un approccio profondamente anacronistico. Negli ultimi anni la critica, infrangendo un tabù secolare, ha ammesso che la concezione politica dantesca appare fondata su un astorico rifiuto dell'ascesa delle nuove forze interne alla società mercantile, come quella borghesia dedita ai traffici che proprio a Firenze si stava affermando.
Eppure proprio i limiti della riflessione politica dantesca, il suo essere fondata più su considerazioni morali di carattere universale che su un'analisi storica, conferiscono alle sue invettive e alle sue profezie la forza di un messaggio che, come accade per la Bibbia, riesce ad andare ben oltre la situazione contingente per raggiungere un significato più vasto e generale, che giunge sino ai nostri giorni. Anche in questo ambito, dunque, Dante riesce a trascendere il particolare storico e a rendersi nostro contemporaneo.

VERONA

Vi soggiorna due volte durante l'esilio (1303-04 e 1313-18).

RAVENNA

Arrivato presso i Da Polenta nel 1318, muore nel 1321.

LUNIGIANA

È ospite dei Malaspina nel 1306.

CASENTINO

Vi rimane nel 1307.

LUCCA

È un'altra tappa del suo esilio (1308-09).

FIRENZE

Vi nasce nel 1265.

ROMA

Vi si reca come membro di un'ambasciata fiorentina presso Bonifacio VIII (1301).

DATE

VITA

- **1265** Nasce a Firenze
- **1274** Incontra Beatrice
- **1285** Sposa Gemma Donati
- **1290** Beatrice muore
- **1295-96** È eletto nel Consiglio dei Trenta, poi nel Consiglio dei Cento
- **1300** È eletto nel Collegio dei priori
- **1301** Fa parte di un'ambasceria a papa Bonifacio VIII
- **1302** Condannato a morte in contumacia, va in esilio
- **1303-04** È a Verona da Bartolomeo della Scala
- **1311** È escluso da un'amnistia concessa da Firenze ai fuoriusciti
- **1313** È di nuovo a Verona, da Cangrande della Scala
- **1315** Rifiuta le condizioni imposte da Firenze per il suo rientro
- **1318** Va a Ravenna, alla corte di Guido Novello da Polenta
- **1321** Muore a Ravenna (13-14 settembre)

OPERE

- **1292-94** *Vita nuova*
- **1302** Inizia a lavorare ai primi canti dell'*Inferno*
- **1303-04** Inizia la stesura del *Convivio* e del *De vulgari eloquentia*
- **1306** Ha iniziato l'*Inferno* e avvia il *Purgatorio*
- **1310** *Epistola VII* ad Arrigo VII
- **1314** Conclude l'*Inferno*
- **1315** Conclude il *Purgatorio*
- **1316** Inizia il *Paradiso*
- **1321** Conclude il *Paradiso*

STORIA

- **1266** Battaglia di Benevento
- **1282** Vespri siciliani
- **1289** Battaglia di Campaldino
- **1292** Rivolta a Firenze contro i magnati
- **1294** Bonifacio VIII è eletto papa
- **1293-95** Ordinamenti di Giustizia di Giano Della Bella
- **1296** Temperamento degli Ordinamenti di Giustizia
- **1297** Papa Bonifacio VIII invia a Firenze Matteo d'Acquasparta
- **1301** Carlo di Valois è inviato a Firenze
- **1303** Morte di Bonifacio VIII
- **1308** Sale al trono imperiale Arrigo VII
- **1309** Trasferimento della sede papale ad Avignone
- **1310** Arrigo VII cala in Italia
- **1312** Incoronazione a Roma di Arrigo VII
- **1313** Morte di Arrigo VII

LETTERATURA, ARTI E SCIENZE

- **1270** Sigieri di Brabante, filosofo averroista e professore alla Facoltà di Teologia della Sorbona, posto da Dante tra gli spiriti sapienti del *Paradiso*, viene condannato dal vescovo di Parigi Etienne Tempier
- **1276** Muore Guido Guinizzelli
- **1280** Jean de Meun conclude la redazione del poemetto in francese antico *Roman de la Rose*
- **1290** Giotto di Bondone inizia ad affrescare la Basilica di San Francesco ad Assisi
- **1300** Esilio e morte di Guido Cavalcanti
- **1304** Nasce Francesco Petrarca
- **1313** Nasce Giovanni Boccaccio
- **1320 ca.** Cecco d'Ascoli compone *L'Acerba*, un poema allegorico-didattico in cui è espresso un forte dissidio ideologico e dottrinale rispetto alla *Commedia* di Dante

AUTORE

1. Il libro della memoria: la biografia di Dante

1.1 Una vita esemplare

Tra vita e *Commedia*

VIDEO

Inquadra il codice per accedere alla lezione su Dante.

Come accade per altri grandi personaggi, la biografia di Dante presenta più ombre che luci: **buona parte di ciò che sappiamo si basa su quanto egli stesso racconta** nelle sue opere. Ma restano numerose incertezze, che hanno alimentato nei secoli varie leggende; anche una delle più antiche e influenti biografie, quella dello scrittore Giovanni Boccaccio (1313-75, ➤ p. 514), risulta fortemente romanzata. Insomma, appare **difficile separare la realtà storica dalla letteratura**, anche tenendo conto delle fonti storiche e documentarie di cui disponiamo: lo stesso nome Dante che, secondo il cronachista Filippo Villani era abbreviazione di Durante, conserva questo alone leggendario, poiché fu interpretato a partire da Boccaccio come **"colui che dà"**, cioè come il poeta che ha consegnato all'umanità il dono inestimabile della propria opera.

> Questi fu quel Dante,
> il qual primo doveva al ritorno
> delle Muse, sbandite d'Italia,
> aprir la via. Per costui ogni
> bellezza di volgar parlare
> è regolata; per costui la morta
> poesì meritamente si può dir
> suscitata.
>
> Giovanni Boccaccio

Eventi cruciali

Oltre alla scarsità dei dati accertati da cronache o atti d'archivio, un aspetto rilevante in Dante è la sua tendenza a **trasformare la propria biografia in una successione di eventi cruciali di rilevanza simbolica**, in particolare nei due testi di carattere più marcatamente autobiografico, la *Vita nuova* e la *Commedia*. Così, per esempio, nella prima opera racconterà l'incontro fatale, a nove anni, con **Beatrice**, la donna che porrà a emblema della propria vocazione alla poesia; nella seconda rappresenterà il proprio **esilio** come un evento dalle conseguenze universali.

LE FONTI PER RICOSTRUIRE LA VITA DI DANTE	
Dino Compagni (1250 ca.-1324) Giovanni Villani (1275-1348) Filippo Villani (1325-1407)	Cronachisti fiorentini (➤ p. 177)
Codice diplomatico dantesco	Raccolta dei documenti diplomatici (atti giudiziari, delibere, testamenti ecc.) relativi alla famiglia di Dante; pubblicata nel 1940, è stata rivista e ampliata in una nuova edizione del 2016
Dante	Numerosi sono i riferimenti autobiografici nelle opere di Dante

1.2 La giovinezza: l'apprendistato letterario e il mito di Beatrice

Antenati da esaltare

Discendente da una famiglia della **piccola nobiltà fiorentina di parte guelfa** (➤ p. 194), da lungo insediata in città ma di modeste risorse economiche, Dante Alighieri nasce nel **1265 a Firenze** sotto il segno dei Gemelli, cioè tra la metà di maggio e la metà di giugno. Egli stesso, nella *Commedia*, cerca di **nobilitare la propria stirpe** narrando di un antenato, il cavaliere **Cacciaguida**, che sarebbe morto in Palestina durante la seconda crociata (1145-49), guidata da Corrado III di Svevia. La scelta di Dante non è imparziale né casuale, perché cade su un personaggio strettamente funzionale, per il suo zelo religioso e la sua fedeltà all'imperatore, alla concezione politica che Dante esprime nel poema (➤ p. 285).

Parenti da tacere

Per contro, poco o nulla ci dice dei suoi parenti più prossimi: i genitori, la moglie (Gemma Donati) e i figli (almeno tre: Jacopo, Pietro e Antonia). Sul **padre, Alighiero II**, le cronache fanno cadere sospetti infamanti secondo la mentalità del tempo, soprattutto quello di essere stato un **cambiavalute**: Forese Donati, in uno scambio ingiurioso di sonetti con l'amico Dante, lo rappresenterà come uno strozzino. Se si pensa al disprezzo – cristiano ma anche aristocratico – con cui Dante tratterà le nuove professioni sporcate dalla relazione con il denaro, non si può non riconoscere in questo atteggiamento una potenziale contraddizione. È da ritenersi infatti che, proprio grazie al denaro lasciato in eredità dal padre, Dante sia stato avviato sin da fanciullo agli studi e abbia condotto una vita di relativo agio, fattori indispensabili per intraprendere poi l'attività di scrittore.

Cambiavalute

I cambiavalute non fornivano solo cambi monetari ma anche prestiti a interesse: guadagnare prestando denaro era una pratica considerata riprovevole e peccaminosa, equiparata all'usura.

Mercanti e cambiavalute; miniatura del XIV secolo. La miniatura raffigura un banchiere intento a prendere e dare in prestito denaro, cambiare e vendere monete estere. Il termine "banchiere" deriva da "banco", l'asse coperta di panno su cui, in origine, si svolgevano queste operazioni finanziarie nelle fiere e nelle piazze cittadine.

La formazione

La Firenze in cui il giovane Dante si forma e avvia il suo apprendistato letterario non è ancora un polo culturale di prima grandezza, ma è, comunque, un **ambiente ricco di stimoli**: vicina alla sede universitaria di Bologna, dove studiano i rampolli delle famiglie più agiate (e anche, pare, Dante stesso), la città è un **crogiolo di tradizione e rinnovamento**, dal punto di vista letterario. Persiste la vecchia maniera, fedele alla tradizione provenzale, alla scuola siciliana e siculo-toscana, ma emergono anche fermenti nuovi: si sta affermando in particolare una nuova idea di poesia, che non è più interessata a parlare d'amore nei termini convenzionali e ormai un po' logori delle generazioni precedenti, ma tenta piuttosto di indagare l'esperienza amorosa nella sua natura autentica, basandosi su un solido rigore speculativo e ricercando una veste formale limpida, piana e dolce. Siamo agli albori di quella rivoluzione della lirica in volgare che sarà Dante stesso a battezzare come **Stilnovo** (➤ p. 102): un modello da seguire è il bolognese Guido Guinizzelli (autore di una canzone, *Al cor gentil rempaira sempre amore*, che diviene il manifesto della nuova poetica ➤ **T1**, p. 112), mentre l'esempio da evitare è quello di Guittone d'Arezzo, con le sue forme aspre e difficili.

L'amico, Guido Cavalcanti

> Cavalcanti aveva salato il sangue a Dante
>
> Gianfranco Contini

Guido Cavalcanti, nobile, colto e carismatico, è il poeta dal talento più limpido tra i rimatori fiorentini della nuova maniera: solo Dante, di poco più giovane, ha le doti per eguagliarlo e, persino, per superarlo. Ma, prima che ciò accada, **Cavalcanti** è per lui una **figura da emulare**, nella definizione di una poesia raffinata e di lucido impianto filosofico. E, soprattutto, **Guido** è il **«primo... de li amici»**, il primo con cui condividere gli eventi della vita quotidiana, le passioni culturali, le esperienze amorose, i modi in cui le une e le altre alimentano la creazione poetica. Ma questa **amicizia**, pur così feconda, è **destinata a interrompersi definitivamente**: i due saranno separati da percorsi intellettuali divergenti, matureranno concezioni radicalmente diverse sulla natura dell'amore e, per di più, verranno irrimediabilmente divisi dai conflitti che lacerano la Firenze di quegli anni.

L'influenza di Brunetto Latini

Che Dante sia in prima linea nella rivoluzione rappresentata dallo Stilnovo non deve indurre a credere che egli non assorba e metta a frutto anche linee di pensiero più tradizionali né, tantomeno, che i suoi interessi si limitino alla lirica. Fondamentale, in ciò, è l'**influenza di Brunetto Latini**, notaio, maestro di retorica e letterato di vasta cultura (➤ p. 164). Nelle sue opere ritroviamo aspetti che non saranno estranei alla maturità di Dante: l'**enciclopedismo**, i **contenuti didascalico-dottrinali** e l'**allegorismo**. È forse anche per impulso di Brunetto che **Dante inizia a estendere i suoi interessi alla filosofia**: accanto alla Bibbia e agli autori classici su cui è consueto formarsi (Virgilio, Ovidio, Lucano, Stazio), Dante legge anche il *Lelio* di Cicerone e la *Consolazione della filosofia* di Boezio, punti di riferimento fondamentali per Brunetto.

La *Vita nuova*

Ancora sostanzialmente estraneo al coinvolgimento politico, il giovane Dante è assorbito dagli studi, dalle amicizie, dalla poesia e, naturalmente, dall'amore: o, almeno, questa è l'immagine che lui stesso ci consegna poco più tardi nella ***Vita nuova*** (1292-94), l'opera in cui **raccoglie, seleziona e organizza, retrospettivamente, i fatti e alcu-**

ni componimenti di questi primi anni. È, come vedremo, una selezione fortemente parziale (solo 31 liriche), che non dà un quadro esauriente della varietà degli esperimenti letterari del poeta testimoniati dalla raccolta delle *Rime*, composta nell'arco di gran parte della sua vita.

L'amore, Beatrice

È nella *Vita nuova* che fa il suo ingresso negli scritti danteschi, per non uscirne più, la figura della donna amata, **Beatrice**. Stando al resoconto di Dante, gli eventi cruciali nell'infanzia e nella giovinezza del poeta sarebbero proprio legati a lei, a partire dal primo incontro, avvenuto quando lui aveva solo nove anni e lei otto. Secondo la maggioranza dei biografi, Beatrice sarebbe da riconoscere in una certa donna Bice, figlia del banchiere Folco Portinari, andata sposa a Simone de' Bardi e morta in giovane età. Tuttavia è assai probabile che la Beatrice di Dante sia soprattutto un **mito biografico**, non totalmente identificabile con un personaggio reale: è lei, più di ogni altra figura della biografia di Dante, a incarnare lo **stretto legame tra vita e letteratura** che sembra contrassegnare l'esperienza del poeta.

> Io sospetto che Dante scrisse il miglior libro che la letteratura ha raggiunto per inserirvi l'incontro con l'irrecuperabile Beatrice. Un sorriso e una voce, che lui sa perduti, sono il fatto fondamentale.
>
> Jorge Luis Borges

Una nuova fase

La **morte** stessa **di Beatrice** (**1290**) rappresenterebbe, sempre in base alla lettura a posteriori che ne dà l'autore, un **momento di svolta**, non solo sentimentale ma poetica ed esistenziale: per superare gli effetti devastanti della perdita, Dante si sarebbe rivolto al **conforto della filosofia**, approfondendo gli studi già avviati con Brunetto. Si sarebbe giovato, in particolare, delle lezioni che si svolgevano in quegli anni nelle «scuole de li religiosi» (come ricorderà più tardi, *Convivio* II, XII, 7), cioè nei conventi di Santa Maria Novella, Santa Croce e Santo Spirito, conventi fiorentini, rispettivamente, domenicano, francescano e agostiniano, in cui, ai tempi di Dante, si tenevano lezioni, aperte anche ai laici, di filosofia e teologia. In particolare, in Santa Maria Novella si esponevano le tesi di Tommaso d'Aquino e Alberto Magno.

Lo sperimentalismo degli anni Novanta

Al di là del valore cruciale attribuito alla morte di Beatrice nell'impianto simbolico della *Vita nuova*, l'ultimo decennio del secolo segna effettivamente il **compiersi di una maturazione** in Dante: l'**esperienza dello Stilnovo** è stata **attraversata e superata**, tanto che il poeta può permettersi di riconsiderarla con orgoglio ma anche con distacco, consapevole di avere davanti a sé nuovi e più ambiziosi obiettivi. Ma sa anche di potersi avventurare in **territori poetici del tutto estranei** all'orizzonte stilnovistico: l'invettiva, la poesia comico-realistica e le difficoltà tecniche e concettuali del *trobar clus*, sul modello di **Arnaut Daniel** (➤ p. 38). Di questa **tensione sperimentale**, che arricchisce il bagaglio tecnico di Dante e che sarà messo a frutto più tardi nella stesura della *Commedia*, danno testimonianza vari componimenti (come i sonetti della *Tenzone* con l'amico Forese Donati e le «rime petrose») confluiti poi nelle *Rime* (➤ p. 225) e due opere minori, peraltro di incerta paternità dantesca, il *Fiore* e il *Detto d'amore*.

1.3 L'esperienza politica

In una Firenze dilaniata dai conflitti

Se i primi trent'anni dell'esistenza di Dante sembrano essere anni di formazione culturale e di sperimentazione poetica, il decennio successivo vede il poeta progressivamente e fatalmente assorbito nei drammatici eventi politici che segnano la città di Firenze. La **politica** è per Dante, **dal 1295 al 1302**, un **interesse quasi esclusivo**, a cui si dedica appassionatamente. In precedenza aveva preso parte a uno dei più memorabili eventi della storia toscana del tempo, la **battaglia di Campaldino (1289)**, in cui i guelfi di Firenze avevano avuto la meglio sui ghibellini aretini. Ma, con l'**affermazione dei guelfi**, le tensioni a Firenze anziché placarsi si erano esasperate. Come spiega Dino Compagni (➤ p. 177), cronachista che fu testimone in prima persona degli eventi, «i nobili e grandi cittadini insuperbiti faceano molte ingiurie a' popolani» (*Cronica*, Libro I, XI). Una **rivolta dei ceti popolari della città contro i magnati** scoppia nel **1292**; sotto la guida di **Giano Della Bella**, **gonfaloniere di Giustizia** tra il 1293 e il 1295, i rivoltosi impongono alcuni **Ordinamenti di Giustizia**, che mirano a **escludere i nobili** dalla partecipazione alla vita politica. È in questa occasione che Dante inizia ad assumere crescenti responsabilità politiche: dopo la cacciata di Giano (1295) le cariche pubbliche tornano infatti accessibili anche ai nobili, a condizione che siano iscritti a una delle Corporazioni delle Arti e Mestieri. Dante si iscrive allora all'Arte dei Medici e Speziali (forse in virtù della sua cultura filosofica, dato che all'epoca lo studio della medicina ha importanti punti di contatto con la filosofia) e viene eletto **capitano del Popolo** al **Consiglio dei Trentasei** (novembre 1295 - aprile 1296), e poi alla più importante istituzione amministrativa fiorentina, il **Consiglio dei Cento** (maggio-settembre 1296).

Gonfaloniere di Giustizia e capitano del Popolo

Sono, con il podestà, due supreme magistrature fiorentine. Il primo è istituito nel 1250, quando i guelfi ottengono una prima significativa affermazione politica; il secondo è introdotto dagli Ordinamenti di Giustizia nel 1293.

VISUALIZZA I CONCETTI

Gli scontri politici a Firenze tra il 1289 e il 1295

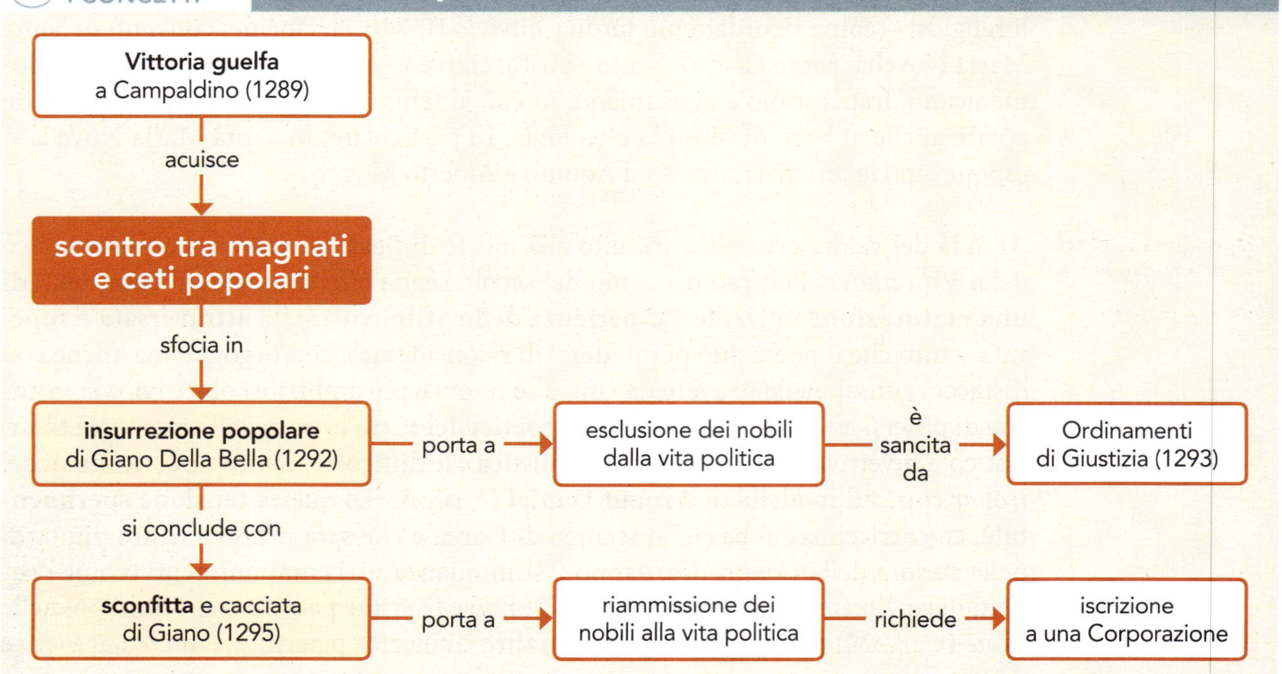

Una decisione sofferta e terribile

In breve, le **rivalità**, che avevano preso forma di scontro, tra guelfi e ghibellini **si riaccendono all'interno del partito guelfo, diviso in** due fazioni, l'una capitanata dalla famiglia dei Cerchi (i **guelfi bianchi**), l'altra (i **guelfi neri**) guidata dalla famiglia dei Donati, e in particolare dal carismatico e animoso Corso Donati. Il dissenso più aspro riguarda il **ruolo del papa** nella gestione degli affari interni di Firenze: i neri, legati al papato da stretti interessi economici, sono propensi a concedere mano libera al pontefice, mentre i bianchi, con i quali si schiera – pur senza estremismi – anche Dante, rivendicano una maggiore autonomia della città. Nel 1297 e poi di nuovo nel 1300 papa **Bonifacio VIII**, che nella *Commedia* diventerà simbolo della corruzione della Chiesa, tenta di far prevalere i neri, agendo per mezzo del **cardinale Matteo d'Acquasparta**, inviato ufficialmente come mediatore fra le parti. Fra il 15 giugno e il 15 agosto del 1300 Dante siede nel **Collegio dei priori** (rappresentanti delle Corporazioni, con importanti poteri esecutivi e decisionali), proprio mentre il Collegio deve prendere una decisione grave: comminare l'esilio degli esponenti più accesi dell'una e dell'altra parte, come segnale forte contro qualsiasi ulteriore episodio di violenza. Il provvedimento, che Dante non può non approvare, colpisce tra gli altri un suo fiero avversario, Corso Donati, ma anche, dolorosamente, due tra i suoi più cari amici, **Forese Donati** e **Guido Cavalcanti**. Quest'ultimo morirà di lì a poco proprio per le conseguenze della condanna. Questo infausto evento sembra segnare la chiusura di un'epoca nella biografia di Dante e preannunciare quel precipitare degli eventi che porterà al suo stesso esilio.

Via da Firenze, per sempre

Nel 1301 **Bonifacio VIII** tenta nuovamente di manovrare la politica fiorentina attraverso una falsa figura di mediatore, questa volta ricoperta da **Carlo di Valois** (fratello del re di Francia Filippo il Bello), che scende a Firenze di fatto per contrastare i guelfi bianchi. Mentre i bianchi inviano a Roma un'**ambasceria**, di cui fa parte anche Dante, il partito nero ne approfitta per rovesciare il governo di Firenze, espellendo le famiglie legate ai Cerchi e processando alcuni esponenti del partito, tra i quali **Dante** che, **ancora a Roma**, **viene condannato**, dapprima (il 27 gennaio 1302) **all'esilio** per due anni e all'interdizione perpetua dalla vita politica, poi (il 10 marzo) **a morte** in contumacia e alla confisca dei beni personali e familiari. Inizia così un lungo esilio, che Dante giudicherà come la diretta conseguenza di un tradimento da parte di Bonifacio VIII. Non tornerà mai più nella sua città: nel 1311 è escluso dall'amnistia che Firenze concede ai fuoriusciti e ai condannati per motivi politici e nel 1315 rifiuta come troppo umilianti le condizioni poste dalle autorità fiorentine al suo rientro.

1.4 L'esilio, una sofferta stagione creativa

Un apparente paradosso

Quelli successivi all'esilio sono per Dante anni contraddistinti da **precarie condizioni di vita**, da umiliazioni politiche e dalla continua **ricerca di potenti mecenati** capaci di offrirgli protezione e sostegno economico. Il poeta sperimenta ora il tormento e l'umiliazione di essere **costretto a procacciarsi un «pane» che «sa di sale»** (*Paradiso* XVII, vv. 58 ss.), perché offerto quasi come elemosina dai suoi protettori. Ciononostante, questi sono anche gli anni in cui Dante si dedica più intensamente alla sistematizzazione delle sue idee e soprattutto a sviluppare il grande progetto della *Commedia*: la diversità di esperimenti poetici della gioventù, gli studi filosofici e le idee maturate negli anni dell'impegno politico trovano ora una complessa e ambiziosissima rielaborazione narrativa.

Le prime tappe

Nei primi mesi dopo la condanna Dante **si unisce ad altri fuoriusciti** e con loro progetta di **muovere in armi contro Firenze**; scoraggiato dall'inconcludenza e dalla litigiosità del gruppo, il poeta preferisce abbandonare questa via e **lascia la Toscana**, dirigendosi verso il **Nord Italia**. Inizia così **un lungo girovagare** in cerca di accoglienza e protezione da una città all'altra, in un susseguirsi di tappe non precisabili con certezza, da Verona alla corte di Bartolomeo della Scala (1303-04), a Treviso da Gherardo da Camino, quindi a Padova, e poi di nuovo in Toscana, nel Casentino, e in Lunigiana presso i Malaspina.

Le opere dei primi anni dell'esilio

In questi primi anni da esule, accanto alla necessità di cercare accoglienza e protezione, Dante sente anche l'esigenza irrinunciabile di **consolidare la propria fama di studioso eccellente**, per aumentare il suo prestigio agli occhi dei facoltosi ospiti da cui deve dipendere, ma anche per tenere viva la speranza di essere prima o poi riaccolto a Firenze proprio in virtù dei suoi meriti intellettuali. Si dedica dunque a progetti di scrittura di grande impegno e ambizione: tra il 1304 e il 1308 si ritiene abbia composto il ***Convivio*** e il ***De vulgari eloquentia***, due trattati di assoluta originalità, l'uno redatto in volgare e l'altro in latino e, negli stessi anni, inizia a impostare il grandioso disegno della *Commedia*.

VISUALIZZA I CONCETTI

Le divisioni politiche a Firenze nel XIII-XIV secolo

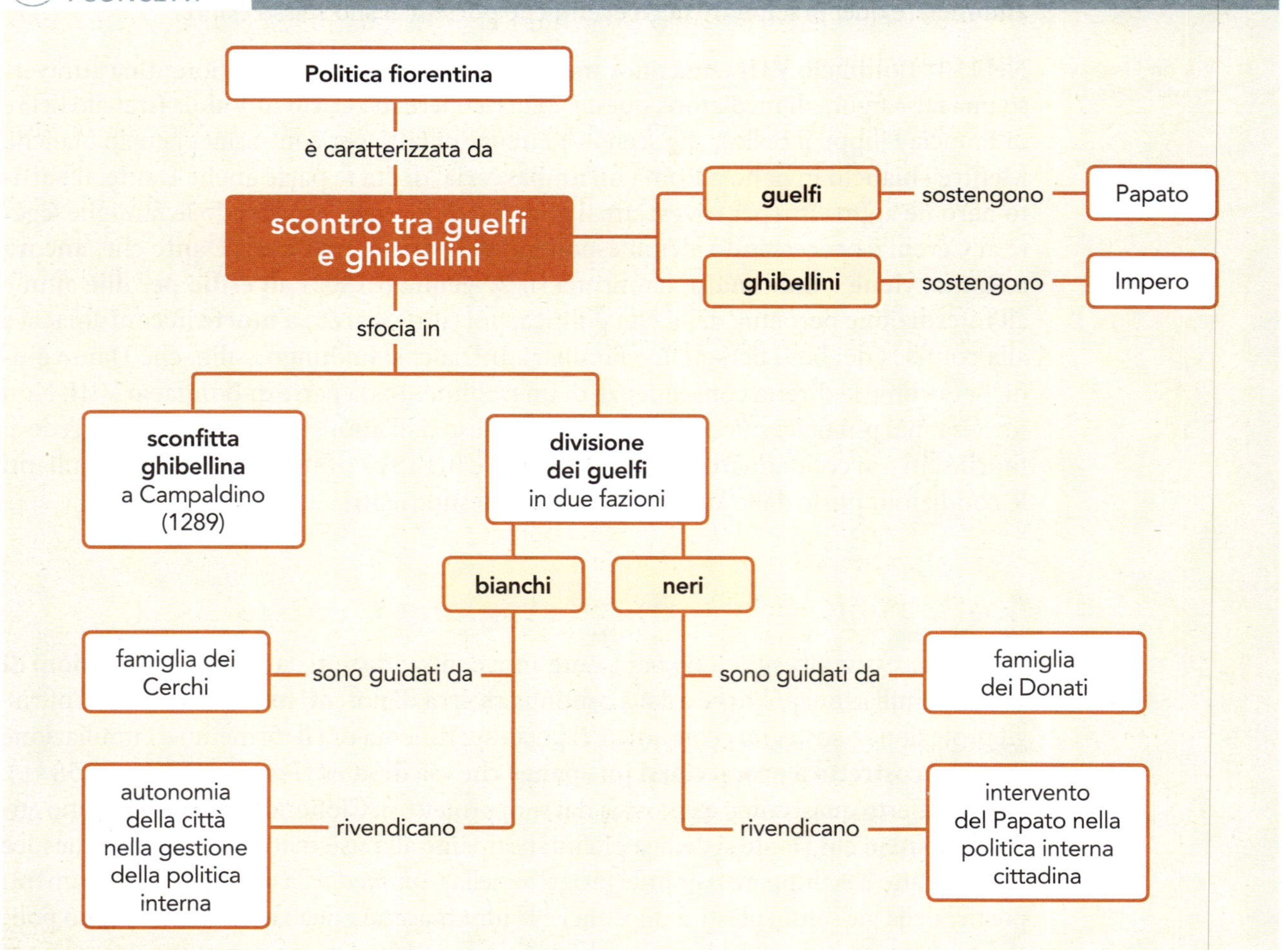

Un'Italia dilaniata dalle lotte

Non a caso, le varie peregrinazioni del poeta lasciano cospicue tracce nel poema, che registra personaggi, luoghi e fatti dell'attualità o del recente passato. Agli occhi dell'esule il paesaggio italiano si mostra ovunque dilaniato da conflitti e lotte fratricide, ecco dunque che la *Commedia* si presenta anche come una terribile narrazione degli **effetti distruttivi del particolarismo e della frammentazione politica italiana.**

> Io sono stato legno sanza vela
> e sanza governo, portato
> a diversi porti e foci e liti dal
> vento secco che vapora la
> dolorosa povertade.
>
> *Convivio* I, III, 4-5

Le speranze riaccese da Arrigo VII

Quando, nel **1308**, viene **eletto al soglio imperiale Arrigo VII di Lussemburgo**, Dante torna a sperare che il nuovo imperatore possa risolvere la drammatica situazione in cui versa la penisola e che, indirettamente, anche il proprio esilio abbia termine. Tra le tredici *Epistole* di Dante a noi pervenute si segnalano, per un'eloquenza d'ispirazione biblica e l'impeto che le caratterizza, le tre scritte in occasione della **discesa in Italia dell'imperatore (1310)**, l'ultima delle quali (la VII) è rivolta ad Arrigo in persona. Tracce di questo **entusiasmo** sono presenti anche nel *Purgatorio*. Ben presto, però, questi auspici sono vanificati dalla **morte di Arrigo (1313)**. Si ipotizza risalga a quest'epoca la composizione del ***De monarchia***, trattato politico in cui Dante assegna all'Impero, monarchia universale, una funzione salvifica.

Presso Cangrande della Scala

Alla morte dell'imperatore, Dante lascia il Casentino e raggiunge nuovamente **Verona**, ospite di Cangrande della Scala, forse il più famoso tra i suoi patroni. Il trasferimento a Verona, sede di un potente vicario imperiale, oltre che ribadire una **scelta di campo** quasi inevitabile sul piano politico (quella filoimperiale), appare anche prefigurare un destino, non solo di Dante. Infatti, la sua **necessità di cercare il favore e la protezione di influenti signori** anticipa quella che diverrà una relazione costante fra letterati e potere nell'Italia dei secoli successivi.

L'ultima tappa

Tra il 1318 e il 1321 Dante si trova **presso Guido Novello da Polenta**, signore di **Ravenna**. Da questa città intrattiene una corrispondenza in forma di egloghe latine d'ispirazione virgiliana con il grammatico Giovanni del Virgilio, che voleva persuaderlo a rinunciare all'uso della lingua volgare. Nell'estate del 1321, mentre si trova a Venezia come ambasciatore per conto di Guido Novello, contrae una febbre malarica. Lo stesso destino che aveva stroncato l'amico Guido Cavalcanti si presenta ora a lui: rientrato a Ravenna, vi **muore tra** il **13 e** il **14 settembre 1321** e in questa città è tuttora sepolto.

FISSA I CONCETTI

- Dalle opere di Dante si possono ricavare dati certi sulla sua vita? Motiva la tua risposta.

Salvador Dalì, *Dante Alighieri*, 1965.

VISUALIZZA I CONCETTI

La vita di Dante

Nascita (1265)
- Firenze
- famiglia della piccola nobiltà guelfa, di modeste condizioni economiche

Anni giovanili (1265-1294)
- studi letterari e filosofici → sono infuenzati da → Brunetto Latini
- amicizia con Guido Cavalcanti
- amore per Beatrice (che muore nel 1290)
- composizione delle prime *Rime* e della *Vita nuova* (1292-94)

Partecipazione alla politica fiorentina (1295-1302)
- iscrizione all'Arte dei Medici e Speziali
- partecipazione a
  - Consiglio dei Trentasei
  - Consiglio dei Cento
  - Collegio dei priori

Esilio da Firenze (1302-1321)
- viaggi in Nord Italia → mirano a → ricerca di mecenati
- composizione delle opere maggiori →
  - *Convivio* (1304-07)
  - *De vulgari eloquentia* (1303-05)
  - *De monarchia* (1308?-18)
  - *Commedia* (1302?-21)
- soggiorno a Ravenna (1318-21)

Morte (1321)
- Ravenna, dove è sepolto

RITRATTO D'AUTORE

Franco Sacchetti: Dante e il fabbro

Come Boccaccio, anche lo scrittore trecentesco Franco Sacchetti ci restituisce un'immagine viva e nient'affatto idealizzata di Dante. In una novella della sua raccolta *Il Trecentonovelle*, risalente agli ultimi decenni del XIV secolo, Sacchetti ci parla indirettamente della fama della *Commedia* non solo presso lettori colti ma anche (e soprattutto) presso le classi popolari, rappresentate qui da un fabbro, che recita a memoria passi del poema mentre lavora nella sua bottega. È uno scorcio della Firenze del Trecento e dei modi in cui la letteratura entrava nel vivo della vita pubblica.

Quando ebbe desinato,[1] [Dante] esce di casa, e avviavasi per andare a fare la faccenda,[2] e passando per porta San Piero, battendo ferro uno fabbro su la 'ncudine,[3] cantava il Dante[4] come si canta uno cantare,[5] e tramestava i versi suoi, smozzicando e appiccando,[6] che parea a Dante ricever di quello grandissima ingiuria.[7] Non dice altro, se non che s'accosta alla bottega del fabbro, là dove avea di molti ferri con che facea l'arte;[8] piglia Dante il martello e gettalo per la via, piglia le tanaglie e getta per la via, piglia le bilance e getta per la via, e così gittò molti ferramenti.[9] Il fabbro, voltosi con uno atto bestiale, dice: «Che diavol fate voi? sete voi impazzato»? Dice Dante: «O tu che fai»?, «Fo l'arte mia»,[10] dice il fabbro, «e voi guastate le mie masserizie, gittandole per la via». Dice Dante: «Se tu non vuogli[11] che io guasti le cose tue, non guastare le mie». Disse il fabbro: «O che vi guast'io»? Disse Dante: «Tu canti il libro e non lo di' com'io lo feci; io non ho altr'arte, e tu me la guasti». Il fabbro gonfiato,[12] non sapendo rispondere, raccoglie le cose e torna al suo lavoro; e se volle cantare, cantò di Tristano e di Lancelotto e lasciò stare il Dante.

(F. Sacchetti, *Il Trecentonovelle*)

1. **desinato:** pranzato.
2. **avviavasi... faccenda:** si avviava a sbrigare i suoi impegni.
3. **battendo... 'ncudine:** mentre un fabbro batteva un ferro sull'incudine.
4. **cantava il Dante:** declamava a voce alta un canto della *Divina Commedia*, l'opera di Dante per eccellenza.
5. **cantare:** il «cantare» è una forma popolare di poema cavalleresco che veniva recitato a memoria nelle pubbliche piazze.
6. **tramestava... appiccando:** confondeva l'ordine dei versi, saltandone alcuni e riattaccandoli a quelli successivi.
7. **parea... ingiuria:** a Dante pareva di ricevere da lui (cioè dal fabbro) una grandissima offesa.
8. **molti... arte:** molti attrezzi con cui esercitava la sua arte.
9. **ferramenti:** strumenti, attrezzi da lavoro.
10. **«Fo l'arte mia»:** «Faccio il mio mestiere». Ma la frase sta anche a significare "Mi faccio gli affari miei".
11. **vuogli:** vuoi.
12. **gonfiato:** pieno di rabbia.

Fabbro al lavoro, particolare dell'affresco *Mese di febbraio*, dal *Ciclo dei Mesi* del Maestro Venceslao, XIV-XV secolo. Trento, Castello del Buonconsiglio.

2. La sfida al limite

2.1 Una nuova lingua per una nuova cultura

Il primato del volgare

La **lingua della cultura, al tempo di Dante**, era il **latino** e gli intellettuali erano per la stragrande maggioranza appartenenti al clero, non laici. **Dante sceglie invece di puntare tutto su una lingua volgare** che dichiara rappresentativa di tutta la nazione (un concetto inesistente a quel tempo in senso politico) e perfettamente in grado di trattare gli argomenti più alti sul piano filosofico, proprio come il latino.

Una cultura al servizio dei laici

Il **ricorso al volgare**, che viene presentato nel trattato intitolato ***Convivio*** (➤ p. 237) con l'immagine profetica di un «sole nuovo» che sorge, chiama in causa un **pubblico** potenziale **di lettori differente** da quello a cui faceva riferimento la cultura ecclesiastica del tempo: **i laici**. È proprio a loro che Dante intende rivolgersi. Questa rivendicazione dell'autonomia di un modello laico ritornerà nel trattato ***De monarchia*** (➤ p. 254), in cui verrà teorizzata la necessità che il potere temporale rimanga esclusivo appannaggio dell'imperatore e che la Chiesa si occupi esclusivamente delle questioni spirituali.
La scelta di un nuovo pubblico condiziona anche i contenuti che l'opera dantesca propone ai suoi destinatari: **non più** la **teologia e** la **metafisica** delle grandi enciclopedie medievali (*Summae*), che parlano delle realtà ultraterrene, **ma** la **filosofia morale**, strumento necessario per chi intende vivere rettamente tra gli uomini. Così, nella prima riflessione teorica sulla lingua che l'Occidente conosca, il ***De vulgari eloquentia*** (➤ p. 245), Dante non soltanto assegna la superiorità al volgare sul latino in base alla contrapposizione tra lingua viva e lingua morta e tra lingua naturale e lingua artificiale, ma gli attribuisce una fondamentale **funzione di mediazione** in quanto strumento di conoscenza filosofica e scientifica.

Dalla teoria alla poesia

La parabola della poetica dantesca mostrerà come questa funzione del volgare acquisisca via via, dalle prime opere fino alla *Commedia* – dunque grazie alla poesia –, un'importanza sempre maggiore: non è un caso che egli abbia lasciato incompiute importanti opere teoriche come il *Convivio* e il *De vulgari eloquentia* per dedicarsi completamente al suo poema. Così facendo, Dante riuscirà a vincere la propria sfida, da un lato facendo del **volgare** una **lingua «illustre»** e **capace di esprimere i più alti contenuti di conoscenza**, dall'altro trovando pure lettori entusiasti in ogni ceto sociale e consegnando ai posteri una **lingua letteraria capace di fondare una tradizione plurisecolare**.

> Vi sono opere d'arte che son come chiavi, o parole d'ordine, danno l'accesso a una conoscenza più profonda, a una più intima percezione della bellezza: e l'opera di Dante è tra queste.
>
> Ezra Pound

2.2 Le costanti della poetica dantesca

La sfida della sperimentazione

Superare sé stesso

Caratteristica della poetica di Dante è la **continua sfida a sé stesso**, un atteggiamento che lo porta a **sperimentare** di volta in volta sempre **nuove forme e stili espressivi**, anche contraddicendo sue precedenti scelte teoriche. È, questo, un aspetto costante nella sua produzione: dalle prime prove giovanili al poema, l'intera opera di Dante è segnata da una volontà di superamento del limite, in una tensione quasi agonistica che non recede di fronte ad alcuna difficoltà.

Lo sperimentalismo dantesco

Come conseguenza di questo intenso sforzo di **creazione di una lingua letteraria** all'altezza della sua immaginazione, Dante sperimentò una **varietà di stili e generi** (a differenza di quanto farà invece Petrarca nel suo *Canzoniere*, ➤ p. 405), creando in alcuni casi **forme nuove**, come la **terzina**. L'autore ricorre anche a una molteplicità di **registri stilistici**: tragico, elegiaco, comico, sottilmente ironico o violentemente sarcastico e persino triviale e basso. Le *Rime* sono il laboratorio di questa **vocazione sperimentale**; la *Vita nuova* è invece la prima sistemazione unitaria della poesia dantesca in un progetto di carattere narrativo; la ***Commedia***, infine, è l'opera-***summa*** in cui le risorse espressive dantesche si realizzano in tutta la loro pienezza. Essa appare in effetti come la **sintesi in cui tutta la produzione dantesca viene compendiata e reinterpretata**, spesso con rettifiche anche radicali: essa non è solo uno straordinario esempio di poesia ma anche un grande spazio di riflessione in cui viene discussa tutta una serie di questioni di teoria e storia letteraria.

Summma

Il latino *summa* significa «sommità, vertice». Come termine letterario e filosofico si usa, con il significato di «sintesi, raccolta», per riferirsi al pensiero di un autore, alla cultura di un'epoca e così via.

La poesia come ricerca della felicità, tra *vero* e *buono*

La centralità del desiderio

L'opera di Dante pone sempre al primo posto il problema della felicità dell'uomo, come testimonia il *Convivio*. Proprio per questo una costante della sua poesia è il discorso sull'amore: si può forse dire che la sua **rimane una poesia d'amore** dalle prime composizioni giovanili fino all'ultimo compimento della *Commedia*, con poche eccezioni. **Ciò che si deve intendere per amore cambia** però gradualmente: già a partire dalla *Vita nuova* Dante non fa più riferimento al contesto proprio dell'amor cortese, ma attribuisce all'amore particolari implicazioni filosofiche e religiose; nelle *Rime* poi, specialmente nelle canzoni dottrinali incluse nel *Convivio*, l'impegno speculativo si fa ancora più intenso; nella *Commedia*, infine, opera che è stata giustamente definita il «poema del desiderio» (Lino Pertile), l'amore si mostra in tutta la sua pienezza, come una forza che abbraccia l'universo intero e tutte le sue creature. All'interno dell'opera dantesca si assiste, cioè, a una **conversione mistico-teologica del linguaggio amoroso cortese**.

La poesia filosofica dello Stilnovo

È dal confronto con i suoi più diretti maestri o amici, **Guinizzelli** e soprattutto **Cavalcanti**, che Dante sviluppa progressivamente il bisogno di **fare della poesia qualcosa di diverso** da un semplice intrattenimento e di darle uno scopo ultimo, riconoscendole un **carattere morale e filosofico**. Decisivo è infatti per gli stilnovisti il **confronto con** le **nuove correnti filosofiche e con** i **più recenti dibattiti teologici**, di cui sono protagoniste le grandi sedi universitarie come Bologna e Parigi, che assumono all'inizio del XIV secolo un'importanza via via crescente.

Una poesia per conoscere

L'aspetto più rilevante della poesia dantesca è quello di porsi come **strumento universale di indagine della realtà**, superando la natura occasionale e gli orizzonti ristretti della precedente poesia in volgare. Quest'ultima si caratterizzava per un uso estremamente stilizzato del linguaggio e per un repertorio di temi piuttosto limitato, ereditato essenzialmente dalla lirica provenzale: aspetti che vengono rivoluzionati dall'opera dantesca, che invece non rinuncia ad alcuna risorsa espressiva e ha l'ambizione, pienamente realizzata nella *Commedia*, di **compendiare tutte le conoscenze possibili**.

La ricerca del bene

Ma oltre al contenuto di verità della poesia, Dante mostra di tenere in particolare conto la sua capacità di **indirizzare le azioni umane al bene**. Nel *De vulgari eloquentia* verranno individuati tre argomenti degni di essere cantati in poesia: l'**utile** (che ha per oggetto le armi), il **piacere** (che comporta la trattazione del tema erotico), infine l'**onesto** (che riguarda l'esercizio della **virtù**). È proprio in quest'ultimo ambito che Dante riconosce la propria superiorità sugli altri poeti volgari. È una scelta che verrà confermata nella *Commedia*, che potremmo considerare un grande **itinerario educativo** in cui il lettore apprende passo passo non solo attraverso quella sorta di esempi viventi che sono i dannati, le anime che espiano i loro peccati, e i beati ma anche grazie ai dubbi e agli errori del protagonista stesso.

TEMI E GENERI

Auto-allegoria: Dante reinterpreta i propri scritti

La rilettura in chiave allegorica

Il bisogno di innalzare il contenuto e i fini della poesia è, per Dante, particolarmente vivo. Una conseguenza di questo atteggiamento si osserva nel lavoro interpretativo a posteriori a cui il poeta sottopone molti suoi testi: riprendendoli in momenti successivi alla loro stesura, egli li rilegge alla luce di uno strumento medievale per eccellenza, l'allegoria. Così, vi sono canzoni e sonetti per i quali si può supporre uno spunto iniziale legato a un evento concreto della vita dell'autore; oppure che paiono allineati alle convenzioni della lirica amorosa; questi testi però, anni più tardi, vengono ripresi da Dante, portati all'interno di contesti diversi e, conseguentemente, letti secondo interpretazioni nuove. È quello che avviene, in particolare, nelle composizioni poetiche giovanili inserite successivamente nella *Vita nuova* e nel *Convivio*, dove ricevono un commento in prosa: in queste riletture, condotte in chiave allegorica, emergono significati nuovi, inattesi contenuti filosofici e morali, anche verosimilmente estranei alle intenzioni di partenza. In qualche caso avviene un passaggio ulteriore, perché alcuni componimenti sono poi ripresi anche nella *Commedia*, dove assumono un valore ancora diverso. Prendiamo, per esempio, la canzone *Amor che ne la mente mi ragiona*: già presente nelle *Rime*, viene commentata allegoricamente nel *Convivio*, dove la donna di cui si parla è interpretata come allegoria della Filosofia. Ma la stessa canzone si ritrova poi anche citata nel *Purgatorio*, quando Dante incontra l'amico Casella (II, vv. 112 ss.); questi la intona in una pausa di carattere idillico ed elegiaco, provocando la brusca reazione di Catone, che sollecita l'immediata ripresa del cammino di espiazione. È evidente che in questo modo Dante intende mostrare come la prospettiva del *Convivio* risulti ormai superata: c'è ora una finalità superiore alla conoscenza perseguibile attraverso la filosofia, ed è la salvezza dell'anima, a cui gli spiriti del Purgatorio (come Casella, ma anche Dante stesso) devono senza indugio avviarsi.

Un io poetico in continuo movimento

L'io poetico come personaggio

Un ultimo elemento di grande novità nell'opera di Dante è la centralità dell'io poetico **come protagonista della poesia**: egli è il primo a inserire la dimensione soggettiva della poesia amorosa in una struttura drammatica e narrativa. Questo comporta per un verso la **nascita del personaggio Dante** (**distinto dall'autore**), per un altro prevede un **percorso evolutivo** di tale personaggio, fatto di fallimenti, di traviamenti ma anche di un successivo cammino di redenzione. È già nella *Vita nuova* che Dante mette in scena, all'interno di una struttura drammatico-narrativa, un **io poetico soggetto a una trasformazione continua** grazie alla presenza di Beatrice, i cui effetti si fanno sentire anche dopo la morte. Nella *Commedia* questa drammatizzazione dell'io raggiunge il suo culmine, perché il poeta-protagonista, che ha smarrito la «diritta via», intraprenderà un percorso di purificazione e perfezione che gli consentirà di trovarsi al cospetto di Dio stesso.

Dante plurale

Questi molteplici valori assunti da un personaggio che muta continuamente fisionomia da un'opera all'altra, mantenendone comunque l'assoluta centralità, possono essere ricondotti alla definizione, coniata da Marco Santagata, di «**arcipersonaggio**», figura che riassume le varie proiezioni autobiografiche dell'autore. In un certo senso Dante presuppone che il suo lettore riconosca questa sua natura plurale, ovvero che abbia memoria di tutto il percorso evolutivo della sua produzione letteraria: la Beatrice della *Commedia*, per esempio, è impensabile senza il racconto della *Vita nuova*.

Una poetica in continuo movimento

In conclusione, **non di una poetica si deve parlare ma di più poetiche di Dante**, corrispondenti alle diverse fasi della sua ricerca. La sua opera si presenta infatti come un *work in progress*, un **lungo processo evolutivo che trova nella *Commedia* il suo approdo**.

VISUALIZZA I CONCETTI

Le tendenze costanti nell'attività letteraria di Dante

3. La *Vita nuova*

3.1 Storia di un amore che rinnova la vita e la poesia

Un affascinante enigma

Sottile come la trama di una ragnatela, sospesa e incantata come un sogno, la vicenda della *Vita nuova* appare a noi moderni come un affascinante enigma: quest'**opera di esordio** è infatti una sorta di **iniziazione alla lettura di Dante** che già ci pone di fronte alle impegnative sfide poetiche che egli sin da ora affronta.

> **Prosimetro**
> Forma letteraria che prevede l'alternanza in una stessa opera di parti in prosa e parti in poesia.

La data di composizione è incerta ma, poiché sappiamo che il testo circolava già nel 1295 e poiché tra gli eventi narrati c'è la morte di Beatrice (1290), si può ipotizzare che sia stato **composto tra il 1292 e il 1294**. Si tratta di un **prosimetro** costituito da 31 liriche giovanili di Dante (25 sonetti, 5 canzoni e 1 ballata), collegate e commentate da raccordi in prosa che consentono all'autore di articolare un racconto: egli ricostruisce così la **storia del suo amore per Beatrice**, esperienza fondamentale per la sua evoluzione sentimentale, spirituale e poetica. La trama del racconto, al tempo stesso semplice e intricata, si può scandire in tre "movimenti".

LA TRAMA

1. Dal primo incontro al «gabbo» Il primo incontro con Beatrice avviene quando Dante ha nove anni; nove anni dopo i due si incontrano di nuovo. Dopo questo secondo incontro Amore appare in sogno a Dante nelle forme di un signore che incute terrore e impone sottomissione. I segni della malattia d'amore appaiono sul viso e nel comportamento dell'innamorato che, per sviare la curiosità dei concittadini e salvaguardare la riservatezza di Beatrice, sceglie una «donna schermo», fingendo che sia lei l'oggetto del suo amore (cap. V). Quando questa donna lascia la città, il protagonista trova una nuova dama-schermo, ma iniziano a circolare troppe maldicenze. Beatrice, sdegnata per questi effetti del comportamento di Dante, è costretta a sottrarsi a ogni contatto con lui, negandogli quel saluto (cap. X) che da solo era bastato a portare beatitudine nella sua vita. Un giorno, quasi svenendo alla vista di Beatrice, Dante viene deriso da alcune donne (è l'episodio del «gabbo», cioè della "beffa", cap. XIV).

2. Lo stile della lode Una conversazione con un gruppo di gentildonne, che hanno intuito il vero oggetto del suo amore, fa maturare un radicale cambiamento spirituale e poetico in Dante: se Beatrice è veramente fonte di ogni sua beatitudine, gli viene chiesto, perché la poesia che questo amore gli ispira è venata di tristezza? La domanda coglie nel segno e induce il poeta-amante a riconsiderare il proprio atteggiamento e a mutare la natura della sua poesia: questa, dovendo riflettere l'effetto benefico e salutifero dell'amata, non potrà che essere da quel momento poesia in sua lode. È il cosiddetto «stilo de la loda» (capp. XVIII-XIX).

3. La morte di Beatrice Il terzo e ultimo movimento della *Vita nuova* si apre con una citazione biblica (dalle *Lamentazioni* di Geremia), che annuncia un evento funesto: Beatrice è morta (cap. XXVIII). L'autore non vuole però parlarne perché non si sente ancora all'altezza di tale impegno. Nei giorni di lutto che seguono, Dante vede una dama che sembra mostrare pietà per lui. L'importanza di questa donna gradualmente cresce nei pensieri di Dante, che giunge persino a credere, tra molti dubbi, che ella sia mandata da Amore a sostituire Beatrice. Questa gli compare però in una «mirabile visione», seduta tra i beati in presenza di Dio, ma di tale visione l'autore si propone di non dire nulla fino a quando non sentirà di essere all'altezza di affrontare questo arduo compito (cap. XLII).

3.2 Il significato di un titolo e di un nome

Tra memoria e rinnovamento

Il **titolo** dell'opera è **enunciato nelle righe iniziali** (➤ **T1**), quando l'autore, riferendosi ai ricordi della propria vita come al «libro de la... memoria», afferma che in apertura si trova un capitolo intitolato, in latino, ***Incipit Vita nova*** («Qui comincia la nuova vita»). Il testo, definito modestamente «libello», ("piccolo libro"), si muove dunque tra i due poli della memoria e del rinnovamento.

Una novità a più livelli

L'idea di **novità** rinvia in parte alla **giovinezza** del poeta, ma non si esaurisce in un semplice dato cronologico; ha certamente a che fare con il **rinnovamento dello stile**, «dolce e leggiadro», del testo, ma non si limita all'aspetto formale. Si tratta piuttosto di un rinnovamento sostanziale dell'orizzonte **poetico e spirituale** dell'autore, che corrisponde in larga misura alla prima stagione della sua attività poetica, la fase **stilnovista**.

Uno sguardo sullo Stilnovo

L'opera rappresenta anzi una sintesi retrospettiva di quella stagione, organizzata quando il poeta sente di averla conclusa e superata. **Terminata** dunque l'**esperienza dello Stilnovo, Dante ne ripercorre** i **momenti** e i **testi** che reputa **significativi**, individua le ragioni alla base della lirica d'amore, segnala le fasi di svolta e ne riconosce, infine, l'esaurirsi, quando ormai vede profilarsi per lui obiettivi più alti e ambiziosi.

Salvatore Postiglione, *Dante e Beatrice*, 1906. Collezione privata.

Uno stile nuovo, «de la loda»

Rispetto alla tradizione della lirica d'amore, ciò che propone l'opera è una vera e propria «trasfigurazione», per usare un termine impiegato da Dante stesso (cap. XV), cioè un **mutamento delle ragioni fondamentali del poetare**. Cruciale, in questo senso, è il passaggio al cosiddetto «stilo de la loda» (capp. XVIII-XIX ➤ **T2**), in cui alla donna amata sono attribuite caratteristiche celestiali che esigono una poesia nuova, capace di trasmettere un **messaggio di salvezza**. In questa svolta risiede il **contributo più originale che Dante offre allo Stilnovo**. Da un lato, infatti, egli porta a compimento un processo di elevazione e spiritualizzazione della figura femminile che già si prefigurava con Guinizzelli (il quale, nell'ultima stanza di *Al cor gentile*, aveva quasi assimilato l'amata a un angelo: «Tenne d'angel sembianza», v. 58); dall'altro si distanzia dagli esiti distruttivi e mortiferi in cui si inabissa la visione dell'amore sostenuta da Guido Cavalcanti.

Il nome di Beatrice

Beatrice viene investita dunque di un **ruolo salvifico**, che il suo stesso nome si incarica di rendere manifesto, poiché, secondo una teoria ripresa anche da Dante nell'opera, i nomi «sono conseguenza delle cose» (cap. XIII), ne rivelano cioè l'essenza o alcune qualità. Perciò **Beatrice, "colei che dà beatitudine"**, è per sua natura **strumento di salvezza** e di redenzione, **funzione che la avvicina** in qualche modo **alla figura di Cristo**, venuto in terra a riscattare l'umanità dal peccato. Il testo, in effetti, presenta una serie di allusioni al racconto evangelico e introduce una «gentile donna» di nome Giovanna che ha la funzione di anticipare l'arrivo di Beatrice, così come Giovanni Battista precedette l'avvento di Cristo.

L'annuncio della *Commedia*

La virtù salvifica di Beatrice impone al poeta un adeguato tributo poetico: ben oltre lo stile della lode sembra avviarsi Dante nel sonetto conclusivo (*Oltre la spera che più larga gira*, cap. XLI), in cui egli **annuncia la futura composizione di un testo dove parlerà più degnamente di lei**. In questo accenno molti critici hanno voluto riconoscere un riferimento alla *Commedia*, anche se è da escludere che, alla data di composizione della *Vita nuova*, Dante potesse già avere in mente il progetto del poema: bisogna supporre, dunque, che si tratti di una parte scritta e aggiunta all'opera giovanile anni dopo, in una di quelle riletture a posteriori dei propri scritti che, come abbiamo detto, caratterizzano la poetica di Dante.

> Quello di Dante è un amore che s'innalza ad un livello superiore a quello trobadorico tende alla perfezione dell'amore celeste.
>
> Charles Singleton

3.3 La forma, i modelli e la struttura

Il prosimetro e Boezio

Nella sua **alternanza di brani in prosa e composizioni poetiche**, la *Vita nuova* è, come abbiamo detto, un prosimetro, una forma letteraria nota già alla letteratura latina e a quella provenzale. Tra i **modelli** di Dante, quello più evidente è il ***De consolatione Philosophiae*** (*La consolazione della Filosofia*), composto dal filosofo Severino Boezio (475 ca. - 526), che, incarcerato e condannato a morte, immagina di essere consolato da una donna, personificazione della Filosofia. Con il testo di Boezio, ben noto a Dante, la *Vita nuova* condivide non solo l'aspetto formale del prosimetro ma anche la **finalità consolatoria dello scritto autobiografico**: entrambe le opere sono legate infatti a un evento luttuoso (la morte imminente dell'autore, nel caso di Boezio; quella di Beatrice, per Dante), tuttavia il «libello» dantesco si prefigge di superare la dimensione elegiaca e malinconica del lutto, avviandosi a una più ampia ricerca di senso (un ripensamento sulla poesia d'amore e sul significato stesso della morte dell'amata).

Tra agiografia e autobiografia

Agiografia
Complesso degli scritti relativi a un santo, che ne alimentano la venerazione: racconti della vita (*legendae*), del martirio (*passiones*), raccolte di miracoli (martirologi) ecc.,

Qualche critico riconosce nella *Vita nuova* anche **modelli** agiografici, che avrebbero influito nella presentazione del personaggio di Beatrice.
Ma, a ben vedere, protagonista del testo non è Beatrice – che comunque qui gioca un ruolo che non può essere interamente ricondotto a quello di una santa – quanto Dante stesso. In effetti, la coincidenza tra autore e protagonista lascia pensare alla *Vita nuova* come a uno **scritto autobiografico**, che troverebbe il suo modello più insigne nelle ***Confessioni*** **di sant'Agostino** (354-430). Nel «libello», tuttavia, la componente biografica, pur importante, è subordinata a un obiettivo più ambizioso: le vicende esemplari ricavate dalla vita dell'autore vanno a comporre non solo un resoconto biografico quanto un originale **trattato sull'amore e sull'ispirazione poetica.**

Una struttura tipica

Nel prosimetro dantesco **poesia e prosa** hanno **funzioni specifiche e complementari**: le liriche sono ordinate in modo da evidenziare i momenti decisivi della vicenda amorosa, mentre alla prosa è affidato il duplice compito di sostenere l'impalcatura narrativa generale e di spiegare le singole composizioni in versi. Si definisce così un **modulo tripartito** che si ripete spesso nell'opera: **parte narrativa in prosa + testo poetico + spiegazione in prosa**.

La prosa: *razós*, *vidas* e *divisiones*

Più precisamente, le parti narrative che precedono le liriche danno conto delle occasioni in cui ogni componimento è nato, fornendo le coordinate necessarie a inserirlo nella vicenda e chiarendone così i significati. Dante riproduce, in questo modo, un'organizzazione frequente nei **canzonieri della tradizione occitanica** (➤ p. 38), in cui i versi erano corredati di ***razós*** («ragioni»), testi che fornivano le circostanze all'origine della poesia di un trovatore. Se si tiene conto tuttavia che, oltre alle *razós*, le raccolte occitane aggiungevano anche le ***vidas*** («vite»), le biografie dei poeti, risulta chiaro che **Dante nella *Vita nuova* coniuga entrambe le tipologie di testo**.
Le **parti analitiche** che seguono i versi sono modellate invece su un metodo di interpretazione proprio della **retorica medievale**, che prevedeva di suddividere il testo nelle sue varie parti (***divisiones***), individuando il contenuto di ognuna e la sua funzione nella struttura complessiva. In questi casi, dunque, la prosa della *Vita nuova* ha lo scopo di evidenziare la logica racchiusa nei testi poetici e di dar conto dei loro diversi livelli di significato.

IL PROSIMETRO TRIPARTITO DELLA *VITA NUOVA*

	PARTI IN PROSA PRECEDENTI LE LIRICHE	PARTI IN POESIA (LIRICHE)	PARTI IN PROSA SUCCESSIVE ALLE LIRICHE
Funzione	Illustrazione dei motivi per cui le liriche sono state composte Inquadramento delle liriche nella biografia di Dante	Espressione dei momenti-chiave della vicenda amorosa	Spiegazione delle liriche Illustrazione dei diversi livelli di significato delle liriche
Modello di riferimento	*Razós* *Vidas*		Metodo delle *divisiones*

3.4 I luoghi del dramma amoroso: un teatro simbolico e onirico

I codici dell'amor cortese

Quella della *Vita nuova* è una narrazione fatta di **eventi in apparenza minimi**, se si escludono quelli maggiori, ovvero l'apparizione e poi la morte di Beatrice. Nell'assenza di grandi azioni, assistiamo al susseguirsi di sguardi, saluti, ragionamenti, lodi, sospiri, pensieri, risate di scherno, scoramento e disperazione, sogni e apparizioni: è l'orizzonte consueto, perché formalizzato da una lunga tradizione letteraria, dell'innamoramento secondo il **modello dell'amore cortese**.

Una Firenze stilizzata

A fare da sfondo è una comunità cittadina che si presume omogenea, per età e condizione sociale, al protagonista e narratore e che come lui **condivide i codici della cortesia**. Questa comunità urbana agisce in **spazi dai contorni indefiniti**, avvolti in un'indeterminatezza carica di risonanze emotive (il «cammino de li sospiri», cap. XII ; «sedendo io pensoso in alcuna parte», cap. XXIV). Non è possibile riconoscervi luoghi precisi: se di Firenze si tratta, è una Firenze idealizzata, filtrata anch'essa dalla stilizzazione letteraria.

Gli spazi interni

Le ambientazioni in interno sono invece essenzialmente due: la prima è la **camera**, luogo in cui il protagonista si rifugia per dare sfogo in segreto ai sentimenti laceranti provocati da Amore («misimi [mi misi] ne la mia camera, là ov'io potea lamentarmi sanza essere udito», cap. XII; la «camera de le lagrime», cap. XIV). Il secondo spazio interno, più astratto, è quello della **mente e** del **corpo**, dove divampa il conflitto che logora l'innamorato: l'etica amorosa che ispira il testo gli impone infatti di tutelare l'onorabilità della dama, tenendo celato il proprio sentimento, che tuttavia prorompe. Il dissidio tra esterno e interno si manifesta appunto nell'aspetto dell'amante, che rivela «de fore una vista di terribile sbigottimento».

Dante Gabriel Rossetti, *Il sogno di Dante al tempo della morte di Beatrice*, 1856. Londra, Tate Britain. Rossetti raffigura il sogno di Dante che lo preavvisa della morte dell'amata. Nella scena, il poeta (a sinistra) vede in sogno Beatrice che giace in una bara mentre una figura angelica, la personificazione dell'Amore, la bacia sul volto. A terra vi sono dei papaveri, simbolo di morte.

I luoghi di Amore

A fare da tramite fra le due dimensioni spaziali, quella cittadina e quella interiore, sono il **viso e** gli **occhi** dell'amante, finestre che mettono in comunicazione il mondo esterno, quello degli incontri con le donne (e Beatrice in particolare), e il mondo interno, in cui opera Amore. **Personificato** come un essere semi-umano o semi-divino, **Amore** è in realtà, specifica Dante, un **mero effetto dell'apparizione dell'amata**, il quale agisce e parla nello spazio interno rappresentato dal corpo dell'amante. Dentro l'innamorato si agitano così una molteplicità di azioni conflittuali: queste provocano una **battaglia lacerante** e popolano l'immaginazione con visioni che, benché sembrino sogni, mostrano però tutta la loro vivida concretezza e forza profetica.

3.5 Un testo molteplice, come il suo autore

Tra autobiografia ed esegesi

La *Vita nuova* è la prima opera di Dante che implichi una ricchezza interpretativa paragonabile a quella della *Commedia*. Essa rappresenta il **racconto di una storia d'amore esemplare**, un'autobiografia idealizzata, ed è, al contempo, la **ricapitolazione della storia poetica del suo autore**, un aspetto che ritroveremo anche nella *Commedia*. Infine, se consideriamo le parti in prosa che hanno funzione di commento, possiamo leggere il testo come una sorta di **modello di analisi critica**: un modello alto, perché, come si è detto, ricorre alla tecnica della divisione, cioè dell'analisi frazionata, che nell'esegesi medievale era inizialmente applicata ai testi sacri, e in particolare ai *Salmi*.

Una modernissima molteplicità

Con la *Commedia*, la *Vita nuova* condivide anche un altro aspetto rilevante, e di straordinaria modernità: il ruolo, o meglio **i ruoli**, **che l'autore assegna a sé stesso all'interno del testo**. La base autobiografica di queste opere non si risolve in una scontata divisione fra Dante-autore e Dante-personaggio: avviene invece qualcosa di più complesso. Dante, nel ricostruire la propria storia, tanto nel poema quanto nel «libello», è consapevole che il passaggio dall'esperienza vissuta alla sua trasposizione in un testo scritto chiama in causa processi diversi: la **memoria**, in primo luogo, ma anche la capacità di **selezionare**, **organizzare** e **interpretare** i dati che essa fornisce.

Un io poetico multiplo

Nella *Vita nuova*, per rappresentare questi momenti distinti della creazione letteraria, Dante è portato a rifarsi a un modello offerto dalla cultura del suo tempo, quello delle **diverse figure coinvolte nella produzione dei testi**: il copista, il selezionatore di contenuti, il commentatore e, infine, l'autore vero e proprio. Ecco allora che Dante attribuisce a sé stesso, di volta in volta, questi ruoli.

1. Egli agisce innanzitutto come «**copista**» (*scriptor*). Il discorso amoroso è presentato come già dato, formulato da Amore stesso (➤ **T1**) e Dante si limita a trascriverlo fedelmente.
2. Un gradino più in alto, Dante si presenta come «**antologizzatore**» (*compilator*), ovvero lo scrittore che sceglie e assembla testi già composti (nella fattispecie, le liriche giovanili inserite nel prosimetro).
3. Ancora più elevata è la funzione del «**commentatore**» (*commentator*), l'interprete che fa luce su tutte le implicazioni dei testi.
4. Viene, da ultimo, la figura dell'«**autore**» (*auctor*), quella dotata di maggiore autonomia, dunque la più importante e nobile in assoluto.

FISSA I CONCETTI

- Quale significato attribuisce Dante al titolo *Vita nuova*?
- Che funzione hanno e a quali modelli si rifanno le tre parti del prosimetro della *Vita nuova*?

T1 L'esordio: il copista d'amore

Vita nuova I

L'esordio della *Vita nuova* è breve quanto denso: in queste prime righe l'autore spiega che quanto leggeremo è tratto dai suoi ricordi più antichi, risalenti all'infanzia, momento in cui riconosce l'inizio della propria "nuova vita". Ma, nella formulazione di Dante, il passaggio dalla memoria alla scrittura è all'insegna di una metafora, quella dell'amanuense: il poeta si pone dinanzi ai propri ricordi come un copista che abbia di fronte un libro da trascrivere.

lessico

Incipit

Terza persona singolare del verbo latino *incipĕre*, «iniziare, incominciare», usato in italiano come sostantivo con il significato di «inizio, attacco» di un testo letterario, di un discorso, di uno spettacolo. L'uso italiano nasce dalla consuetudine nei libri antichi di scrivere *incipit*, «comincia», all'inizio di un'opera o di una sua sezione, come fa anche Dante.

In quella parte del libro de la mia memoria,[1] dinanzi a la quale poco si potrebbe leggere,[2] si trova una rubrica[3] la quale dice: ***Incipit*** *Vita nova*.[4] Sotto la quale rubrica io trovo scritte le parole le quali è mio intendimento d'asemplare[5] in questo libello;[6] e se non tutte, almeno la loro sentenzia.[7]

1. In quella... memoria: In quella parte dei miei ricordi personali. Dante ricorre qui all'immagine del libro su cui sono impressi i ricordi personali dell'autore, un'immagine che modella tutte le metafore di questo breve *incipit*.

2. dinanzi... leggere: si leggerebbe poco perché Dante era ancora molto giovane – un bambino di nove anni – quando avvenne il primo incontro con Beatrice: perciò, nel metaforico libro dei suoi ricordi, a quell'epoca erano state scritte solo poche pagine.

3. rubrica: un titolo di capitolo. Nei manoscritti medievali gli inizi di una nuova sezione venivano introdotti da titoli (o brevi sommari) generalmente colorati di rosso – da qui il nome "rubrica", dall'aggettivo latino *ruber*, «rosso».

4. *Incipit Vita nova*: Ha inizio la Vita nuova.

5. è mio intendimento di asemplare: ho intenzione di trascrivere. *Asemplare* deriva dal latino tardo *exemplare*, che definisce il lavoro del copista che trascrive accuratamente il testo di un manoscritto (*exemplar*), producendone un nuovo.

6. libello: piccolo libro, libriccino. Con questo latinismo (da *libellus*, «libretto») Dante allude alla breve estensione dell'opera (come breve è la vita del poeta, ancora giovane).

7. sentenzia: il senso, il significato essenziale, la sostanza, il contenuto. Dal latino *sententia*, che significa appunto «senso, significato» e che era stato adottato come termine tecnico dalla scolastica medievale a indicare la definizione sintetica di un concetto filosofico.

Analisi del testo

Struttura

Un esordio denso Pur nella sua brevità, l'esordio della *Vita nuova* condensa alcune rilevanti informazioni.

1. **Il contenuto autobiografico**: l'oggetto della narrazione è tratto dalla storia personale dell'autore e la memoria è dunque la fonte a cui attinge la scrittura.
2. **Il titolo e l'oggetto della narrazione**: la «vita nuova», nuova in quanto giovanile e in quanto rinnovata da un'esperienza fondamentale, che poi sarà individuata nell'innamoramento per Beatrice.
3. **Il ruolo di Dante**: Dante si incarica di "trascrivere" i propri ricordi e, nel definire questa operazione, fa riferimento ad azioni proprie di più figure che nel mondo medievale erano coinvolte nella produzione dei libri: il copista, l'antologizzatore e l'interprete.

Lingua e stile

La metafora del libro L'esordio della *Vita nuova* è dominato, a livello stilistico, dalla metafora del libro: la memoria personale dell'autore è registrata su un immaginario volume in cui, pagina dopo pagina, si imprimono i ricordi, dal più antico al più recente.

All'immagine del libro si associa una costellazione di altre immagini correlate: l'atto di «leggere» (ossia ricordare, ripercorrere i ricordi), la «rubrica» (un punto di svolta nel proprio passato), le «parole» (i ricordi), il lavoro di copiatura («asemplare»).

Il latino e i latinismi A livello linguistico notiamo una presenza che sarà poi costante nelle prose dell'opera, quella del latino (qui nel titolo *Incipit Vita nova*) e dei latinismi («asemplare», «libello», «sentenzia»). In particolare, la scelta del diminutivo latineggiante «libello» merita attenzione, perché può essere spiegata in più modi, che non si escludono a vicenda: 1. la *Vita nuova* è un libretto in quanto ha, oggettivamente, un'estensione contenuta; 2. racconta di un'esperienza giovanile, che nel grande volume della memoria occupa una parte limitata rispetto all'intera vita; 3. è un distillato dei fatti più importanti accaduti all'autore in quell'epoca, una sintesi significativa, non un diario particolareggiato; 4. il diminutivo potrebbe anche essere interpretato come una tradizionale dichiarazione di modestia da parte dell'autore, prevista dalle convenzioni che vigevano per le parti iniziali di un'opera.

Temi

Dal copista all'autore Nell'orizzonte metaforico che abbiamo descritto, l'innamorato che rievoca i propri ricordi e li racconta ad altri è assimilato a un amanuense che copia da un testo originale producendone un altro. Ma l'impresa che Dante affronta, scrivere un'opera sulla propria esperienza d'amore, valica i confini della metafora e i due piani, quello immaginario e quello reale, si identificano, perché l'autore effettivamente redige un testo scritto. È interessante ora notare quale ruolo, precisamente, Dante assegni a sé stesso in questa attività di scrittura: parrebbe, inizialmente, che egli si identifichi con la figura del copista (*scriptor*), che trascrive fedelmente le parole di un altro, un *auctor* che in questo caso dobbiamo riconoscere nella memoria stessa del poeta. Lo scenario è molto simile a quello di altri passi danteschi, successivi alla *Vita nuova*, in cui il poeta rivendicherà un analogo compito di trascrittore. Nel *Purgatorio* Dante descriverà il suo profilo di poeta lirico come un esercizio di trascrizione sotto la dettatura di Amore (*Purgatorio* XXIV, vv. 52-54 ➤ **T18**), mentre nel *Paradiso* parlerà di sé in quanto autore nei termini di uno «scriba» (X, v. 27).

Ma le parole conclusive con cui Dante enuncia il suo proposito aprono a una prospettiva meno rigidamente chiusa entro i limiti di una fedele trascrizione: egli parla infatti di un lavoro di selezione («non tutte»), di sintesi e di interpretazione («la loro sentenzia») del materiale offerto dalla propria memoria. L'orizzonte non è più dunque quello della mera copiatura dello *scriptor* ma piuttosto quello del *compilator*, che sceglie e assembla testi preesistenti, se non già quello del *commentator*, che fornisce un'originale esegesi di quanto riporta (indicando appunto la «sentenzia»).

Officina

COMPRENDERE

1. Quale dichiarazione d'intenti è presente nell'esordio della *Vita nuova*?
2. Che cosa caratterizza la parte del metaforico «libro de la mia memoria» dal quale Dante decide di iniziare?

ANALIZZARE

3. Quale termine adopera Dante per definire la sua stessa opera e perché?
4. **Lingua e stile** L'aggettivo «nova» sta per (tre risposte possibili):
   a. la giovinezza
   b. la donna che non è Beatrice
   c. il rinnovamento spirituale
   d. il rinnovamento stilistico
   e. la vita dopo l'esilio
5. L'inciso «e se non tutte» a quale figura della cultura medievale rimanda? Quali sono le altre figure che fanno parte dello stesso orizzonte metaforico?

INTERPRETARE

6. Aiutandoti con opportuni e precisi riferimenti al testo, spiega perché nell'esordio della *Vita nuova* i due livelli, quello reale e quello metaforico, si intrecciano e finiscono con il sovrapporsi.

COMPETENZE DEL XXI SECOLO

Cittadinanza In chi legge la *Vita nuova* è forte la sensazione di poter accedere nell'intimo dei dati biografici del suo autore; qualcosa di simile a quello che proviamo ogni giorno visitando i *social network*. Pensi che non vi debba essere limite nel condividere in rete episodi e aspetti della vita di ognuno o che parte di essi debba restare confinata in una ristretta cerchia di familiari e amici intimi? Esprimi le tue opinioni in merito e confrontati con i tuoi compagni.

T2 Donne ch'avete intelletto d'amore

Vita nuova XIX

Nel racconto della *Vita nuova* il capitolo XIX segna un momento cruciale, in cui Dante compie una decisiva svolta sentimentale e poetica. Nei capitoli precedenti egli aveva descritto il miserevole stato di sofferenza e prostrazione conseguente all'innamoramento: a questa visione mortifera dell'amore, di stampo evidentemente cavalcantiano, si oppone ora l'autore. L'occasione gli viene da un dialogo con alcune «gentili donne», che gli domandano quale fine abbia un amore che produce in lui quegli effetti insopportabili. Posto di fronte a questa ragionevole obiezione, il poeta giunge a comprendere che l'unico degno scopo del suo sentimento può essere non già l'analisi minuziosa delle sofferenze che comporta (come era stato per Cavalcanti) ma l'elogio dell'amata, che è l'unica beatitudine che mai potrà venirgli meno. Ecco quindi definirsi lo stile della lode, rappresentato dalla canzone *Donne ch'avete intelletto d'amore*, la cui importanza nell'evoluzione della poetica dantesca e stilnovista in generale sarà riconosciuta a posteriori anche nella *Commedia* (*Purg.* XXIV, vv. 49-62).

▪ METRO canzone di cinque stanze di quattordici endecasillabi ciascuna. Lo schema delle rime è: ABBCABBC (fronte), CDDCEE (sirma)

Donne ch'avete intelletto d'amore,[1]
i' vo' con voi de la mia donna[2] dire,
non perch'io creda sua laude finire,[3]
ma ragionar per isfogar la mente.
Le nostre parole ›
Io dico che pensando il suo **valore**,[4]
Amor[5] sì dolce[6] mi si fa sentire,
che s'io allora non perdessi ardire,
farei parlando innamorar la gente.

vv. 1-14 O donne che sapete che cosa è l'amore, io voglio parlare in poesia (*dire*) con voi della mia donna, non perché io creda di poter esprimere compiutamente (*finire*) le sue lodi, ma (voglio) parlarne (*ragionar*) per dare sfogo ai miei pensieri. Io dico che quando penso alle sue virtù, Amore si fa sentire in me con tale dolcezza che, se in quei momenti non mi mancasse il coraggio, parlandone con i miei versi farei innamorare tutti di lei. Ma io non voglio cantare (*parlar*) di lei con uno stile così elevato (*altamente*)

1. **Donne... d'amore:** l'esordio richiama l'inizio della canzone di Cavalcanti *Donna me prega* (➤ p. 134), per la parola iniziale («Donne»), per l'idea che sia il dialogo con una figura femminile a spingere il poeta a comporre e anche per il tema centrale della canzone, la comprensione («intelletto») di quale sia la natura di Amore; «intelletto» è qui un latinismo, formato dal participio del verbo *intellĕgo* («capire, comprendere»).
2. **donna:** «donna» è qui un latinismo, da *domina*, «signora, padrona»; è un termine che rientra nel linguaggio tecnico del servizio d'amore e indica la signoria esercitata da Beatrice sul poeta.
3. **non perch'io... finire:** l'eccellenza di Beatrice supera la possibilità del poeta di descriverla adeguatamente: è il *topos* dell'ineffabilità della donna amata.
4. **valore:** termine proprio della civiltà cortese, indica l'insieme di pregi morali di cui è dotata Beatrice.
5. **Amor:** è la consueta personificazione di Amore, presentato come una divinità.
6. **dolce:** avverbiale, «dolcemente». "Dolce" è un termine chiave della nuova poetica, che Dante fa definire da Bonagiunta da Lucca in *Purg.* XXIV, 49-62 proprio come «dolce stil novo».

E io non vo' parlar sì altamente,[7]
ch'io divenisse per temenza vile;
ma tratterò del suo stato gentile[8]
a respetto di lei leggeramente,
donne e donzelle[9] amorose, con vui,[10]
ché non è cosa da parlarne altrui.

Angelo clama[11] in divino intelletto
e dice: «Sire, nel mondo si vede
maraviglia ne l'atto[12] che procede
d'un'anima che 'nfin quassù risplende».
Lo cielo, che non have altro difetto

da avvilirmi per la paura (*temenza*) di non riuscirci; ma tratterò della sua nobiltà (*stato gentile*) con uno stile che è umile (*leggeramente*) rispetto al suo valore, con voi, o donne e ragazze che siete in grado di comprendere l'amore (*amorose*), perché non è un argomento che si possa affrontare con altri.

vv. 15-28 Un angelo reclama la parola (*clama*) al cospetto di Dio (*in divino intelletto*) e dice: «Signore, nel mondo si considera un miracolo (*maraviglia*) l'effetto (*atto*) che deriva da un'anima (così luminosa) che risplende fin quassù». Il cielo, che non ha (*have*) altra mancanza (*difetto*) se non lei, la chiede al suo

7. **altamente:** il riferimento è a uno stile elevato, a cui Dante preferisce uno stile più piano, a cui rinvia invece "leggeramente" al v. 12.
8. **gentile:** nella trama di riferimenti all'ideologia della lirica cortese, rielaborata dall'esperienza stilnovista, non può mancare il tema della gentilezza, ossia quella nobiltà d'animo necessaria a concepire l'amore.
9. **donne e donzelle:** donne maritate e donne nubili.
10. **vui:** in rima siciliana con «altrui». Il pubblico selezionato da Dante sono le donne che hanno un animo nobile, predisposto a comprendere l'amore.
11. **clama:** il verbo presenta qui probabilmente una sfumatura giuridica ("fare un reclamo, presentare querela"), che contribuisce a inquadrare metaforicamente il dibattito in cielo, illustrato da Dante in questa stanza come una sorta di processo in cui si deve decidere se ricevere Beatrice in Paradiso subito o più tardi.
12. **maraviglia ne l'atto:** «ne l'atto» è espressione della filosofia aristotelica, che indica come il miracolo (*maraviglia*) rappresentato dall'anima di Beatrice sia già compiuto e non semplicemente "in potenza".

Le nostre parole: Valore

L'origine del termine Il sostantivo "valore" deriva dal latino *valōrem*, che viene dal verbo *valēre*, cioè «essere in salute» in quanto «essere in forze, vigoroso» e quindi, per estensione, «avere efficacia, forza o potere».

L'uso dantesco Il "valore" è termine-chiave nelle opere di Dante. In lui agisce l'influenza sia del lessico provenzale, in cui il *valor* è quasi sempre associato alla virtù della donna amata, sia quella dei compagni di strada dello Stilnovo: nella celebre canzone *Al cor gentil rempaira sempre amore*, per esempio, Guinizzelli parla di «gentil valore». In questi casi "valore" guadagna senza dubbio, rispetto al latino, l'accezione di forza interiore capace di avere effetti profondi sull'animo dell'uomo. Nello stesso tempo, in Dante si conserva anche l'accezione più genuinamente cortese, che rimanda all'insieme delle virtù riconosciute in quel mondo (come nella «cortesia e valor» di *Inf.* XVI, 67), mentre destinatarie ideali delle attribuzioni del "valore", dall'amore umano all'amore divino, divengono dapprima Beatrice e infine la Vergine (*Par.* XXXIII, «Donna, se' tanto grande e tanto vali»).

I significati tecnici Nell'italiano moderno e contemporaneo, sebbene il termine sia rimasto in uso frequente nella sua più comune accezione di "virtù", il significato di "valore" ha assunto una caratterizzazione principalmente quantitativa, non definendo tanto l'effetto di una virtù, quanto un dato oggettivo e misurabile. Per esempio, in ambito economico e politico, si parla di "valore d'uso" o "valore di scambio".

che d'aver lei, al suo segnor la chiede,
e ciascun santo ne grida merzede.
Sola Pietà nostra parte difende,[13]
ché parla Dio, che di madonna intende:[14]
«Diletti miei, or sofferite in pace
che vostra spene sia quanto me piace
là 'v'è alcun[15] che perder lei s'attende,
e che dirà ne lo inferno:[16] «O malnati,
io vidi la speranza de' beati».

Madonna è disiata in sommo cielo:[17]
or vòi di sua virtù farvi savere.
Dico, qual vuol gentil donna parere[18]
vada con lei, che quando va per via,
gitta nei cor villani Amore un gelo,
per che onne lor pensero agghiaccia e pere;[19]
e qual soffrisse di starla a vedere
diverria nobil cosa, o si morria;
E quando trova alcun che degno sia
di veder lei, quei prova sua vertute,

signore e ogni santo invoca la grazia che lei sia chiamata in cielo (*ne grida merzede*). Solo la Pietà difende la causa di noi uomini, tanto che Dio, riferendosi alla mia donna, dice: «O miei diletti, sopportate con serenità che colei che sperate di avere tra voi (*vostra spene*) resti per tutto il tempo che io stabilisco laggiù, dove c'è un uomo (*alcun*) che si aspetta di perderla, e che nell'Inferno dirà: «O dannati, io ho visto la speranza dei beati».

vv. 29-42 La mia donna è desiderata nel cielo più alto (l'Empireo): ora voglio farvi conoscere il suo valore. Dico che qualunque (*qual*) donna voglia apparire nobile, vada con lei, perché, quando cammina per le vie, Amore infonde nei cuori privi di sensibilità (*villani*) un gelo tale che ogni loro pensiero si irrigidisce e muore; e chi riuscisse a sostenere (*soffrisse*) la vista di lei diventerebbe una creatura nobile o morirebbe. E quando trova qualcuno che sia degno di vederla, costui sperimenta (*prova*) la sua virtù salvifica,

13. **Pietà... difende:** ritorna l'immagine del processo in cielo presso Dio sulla destinazione di Beatrice: la Pietà, personificata, svolge le funzioni di avvocato difensore degli uomini.
14. **ché... intende:** «ché» ha probabilmente valore consecutivo (per quanto siano state avanzate anche altre interpretazioni), a indicare la reazione di Dio a seguito delle parole di sostegno alla causa degli uomini da parte della Pietà; «madonna» presenta qui sia una connotazione cortese nel senso latino di *mea domina* («la mia signora») sia un richiamo alla Vergine Maria.
15. **alcun:** si riferisce allo stesso Dante, che teme di perdere Beatrice una volta morta e assurta in cielo.
16. **inferno:** non si tratta di un'anticipazione del viaggio ultraterreno descritto più tardi nella *Commedia*, ma di una generica anticipazione della morte del poeta.
17. **Madonna... cielo:** il verso riassume il contenuto della stanza precedente fungendo da collegamento tra le due strofe. Il «sommo cielo», cioè "il cielo più alto", è l'Empireo.
18. **gentil... parere:** notevoli qui i termini chiave «gentile» e «parere», latinismo da *pareo* («apparire»), che rimanda al tema delle apparizioni di Beatrice come epifania salvifica.
19. **gitta... pere:** la vista di Beatrice è in grado di infiammare d'amore (v. 52) soltanto i cuori «gentili», mentre ottiene l'effetto contrario, raggelante e inibente, sui cuori delle persone di animo non nobile («villani»). Dinnanzi a Beatrice questi ultimi si trovano messi alla prova, i loro pensieri indegni sono messi a tacere e hanno la possibilità di nobilitarsi o di rimanere annientati dalla virtù espressa dalla donna.

ché li avvien ciò che li dona salute,
e sì l'umilia ch'ogni offesa oblia.
Ancor l'ha Dio per maggior grazia dato
che non pò mal finir chi l'ha parlato.[20]

Dice di lei Amor: «Cosa mortale
come esser pò sì adorna e sì pura?».[21]
Poi la reguarda, e fra se stesso giura
che Dio ne 'ntenda di far cosa nova.[22]
Color di perle ha quasi in forma, quale
convene a donna aver, non for misura;[23]
ella è quanto de ben pò far natura;
per essemplo di lei bieltà si prova.
De li occhi suoi, come ch'ella li mova,
escono spirti d'amore inflammati,[24]
che fèron li occhi a qual che allor la guati,
e passan sì che 'l cor ciascun retrova:
voi le vedete Amor pinto nel viso,
là 've non pote alcun mirarla fiso.

perché (tutto) ciò che lei gli dona (rivelandosi) contribuisce a fargli raggiungere (*li avvien*) la salvezza, e lo rende così umile (*l'umilia*) che egli dimentica ogni offesa. Inoltre Dio le ha concesso, come grazia ancora maggiore, che chi abbia parlato con lei non possa essere dannato (*mal finir*).

vv. 43-56 Amore dice di lei: «Una creatura mortale come può essere così bella (*adorna*) e pura? Poi la guarda di nuovo con attenzione (*reguarda*) e si dichiara convinto che Dio voglia (*'ntenda*) fare di lei una creatura straordinaria (*nova*). Ha la carnagione bianca come perla, un corpo proporzionato (*in forma* [...] *non for misura*), come si addice a una donna: ella è quanto di più perfetto può produrre la natura; lei è il modello stesso (*essemplo*) attraverso cui si giudica (*si prova*) la bellezza. Dai suoi occhi, non appena (*come ch'*) li muove, escono spiriti infiammati d'amore, che colpiscono (*fèron*) gli occhi a chi in quel momento la guardi e penetrano (attraverso gli occhi) così profondamente che ognuno di questi spiriti giunge fino al cuore: voi le vedete Amore dipinto nel viso, (proprio) là dove nessuno può tener fermo lo sguardo.

20. Ancor... parlato: per ulteriore concessione di Dio basta anche solo rivolgere una volta la parola a Beatrice per evitare di essere dannati.

21. Dice... pura: Dante loda in questa stanza la bellezza esteriore di Beatrice, affidandone l'elogio alla personificazione di Amore. Si passa qui dagli accenti agiografico-religiosi della stanza precedente a motivi invece più tipici della poesia cortese d'amore; «adorna» è un provenzalismo per "bella".

22. cosa nova: qui l'aggettivo «nova» ha il significato, proprio del latino *novus*, di "straordinaria"; «cosa nova» corrisponde sostanzialmente a «maraviglia» del v. 17, a ribadire il carattere miracoloso, per volontà divina («che Dio ne 'ntenda»), di Beatrice.

23. Color di perle... misura: le perle sono un tradizionale termine di paragone per la carnagione femminile; «forma» si riferisce all'intera figura di Beatrice (come Dante chiarisce nella divisione che segue il componimento) ed è un latinismo (*forma* nel senso di «forma armonica», «bellezza»). Il fatto che nel descrivere l'aspetto fisico della donna si indichino il colore e la forma risponde a un precetto di origine aristotelica.

24. spirti... inflammati: viene qui ripresa la fisiologia d'amore di marca cavalcantiana, secondo la quale dallo sguardo della donna amata fuoriescono spiriti infuocati che, tramite gli occhi, giungono fino al cuore di chi la vede, provocandone l'innamoramento. Anche l'amore come fuoco è immagine tradizionale della poesia erotica fin dalla letteratura greco-latina, ripresa ampiamente dalla poesia cortese e dal Dolce stil novo.

Canzone, io so che tu girai parlando
a donne assai, quand'io t'avrò avanzata.[25]
Or t'ammonisco, perch'io t'ho allevata
per figliuola d'Amor giovane e piana,[26]
che là ove giugni tu dichi pregando:
«Insegnatemi gir, ch'io son mandata
a quella di cui laude so' adornata».
E se non vuoli andar sì come vana,
non restare ove sia gente villana;
ingegnati, se puoi, d'esser palese
solo con donne o con omo cortese,
che ti merranno[27] là per via tostana[28].
Tu troverai Amor con esso lei;
raccomandami a lui come tu dei.

vv. 57-70 Canzone, io so che tu andrai a parlare a molte (*assai*) donne, quando io ti avrò licenziata (*avanzata*). Ora ti ammonisco, poiché ti ho cresciuta come giovane e semplice (*piana*) figlioletta di Amore, che, dovunque tu giunga, dica questa preghiera: «Indicatemi la strada (*Insegnatemi gir*), perché io sono inviata alla donna delle cui lodi sono adorna». E se non vuoi andare inutilmente (*sì come vana*), non trattenerti dove ci siano persone prive di un cuore nobile (*gente villana*): cerca, se puoi, di mostrarti solo a donne e uomini cortesi, che ti condurranno (*merranno*) là (da Beatrice) per la via più veloce (*tostana*). Tu troverai Amore insieme (*con esso*) a lei; raccomandami a lui, come devi (*dei*).

25. **t'avrò avanzata:** "avanzare" ha qui il significato di "rendere pubblico, diffondere".
26. **piana:** rinvia alla scelta di uno stile semplice e limpido, come «leggeramente» al v. 12; richiama però anche la ballata di Cavalcanti *Perch'i' no spero di tornar giammai* (➤ p. 140), v. 3: «va' tu, leggera e piana».
27. **merranno:** da «me(ne)ranno», cioè "condurranno".
28. **tostana:** è un provenzalismo, da ricondursi a "tosto", cioè "veloce".

Analisi del testo

Struttura

I stanza Il proemio	• **L'oggetto del canto**: la lode della donna amata (v. 2). Il poeta riconosce la limitatezza dei propri mezzi espressivi rispetto all'eccellenza della donna (v. 3), ma sente in sé l'urgenza di «isfogar» l'esperienza d'amore che vive (vv. 4-8). • **Lo stile**: semplicità e leggerezza, rifiutando lo stile elevato e difficile, anche se non adeguate a esprimere il sommo valore della donna, non rischiano tuttavia di fallire per eccesso di ambizione (vv. 9-12). • **A chi si rivolge**: alle donne che sono disposte, per la loro nobile natura, a comprendere un discorso sull'amore (vv. 13-14).
II stanza La virtù di Beatrice (I): in cielo	**La perfezione di Beatrice è tale che meriterebbe di stare in Paradiso**, infatti un angelo supplica Dio che la porti lassù (vv. 15-18). Per intercessione della Pietà (v. 22), Dio concede che la donna resti ancora per un certo tempo sulla terra, dove c'è un uomo, Dante, che sa di doverla perdere (vv. 23-28).

III stanza La virtù di Beatrice (II): i suoi effetti in terra	**La virtù di Beatrice ha effetti benefici e miracolosi:** • annichilisce la villania: vedendo lei, chi non è nobile o lo diventa o muore (vv. 31-36); • purifica gli animi, rendendoli mansueti e facendo loro dimenticare i torti subiti (vv. 37-40); • dona la salvezza dell'anima a chi parla con lei (vv. 41-42).
IV stanza La bellezza di Beatrice e l'amore che suscita	**La sua bellezza** è quanto di più perfetto possa esserci in natura (vv. 43-50). Pertanto, ella **suscita l'amore**, che Dante descrive nei termini consueti della **fisiologia d'amore** (vv. 51-56): dai suoi occhi escono spiriti che penetrano, attraverso gli occhi dell'amante, raggiungendo il suo cuore.
V stanza Il congedo	Secondo le convenzioni del genere, **il poeta ammonisce la propria poesia**, ricordandole d'essere «figliuola d'Amor» (è cioè un testo che ha per oggetto l'amore e che si ispira alla nobiltà d'animo e alle virtù salvifiche che l'amore dona, secondo quanto è stato detto nelle stanze precedenti), composta in uno stile non elevato, dedicata a Beatrice e comprensibile non per chiunque ma solo per lettori che abbiano un animo cortese.

Lingua e stile

Uno stile medio Dante sceglie di impostare la sua canzone su un registro stilistico semplice e piano: assenti sono i suoni aspri, e il lessico è quello pregiato ma consueto della poesia amorosa («amore», «valore», «ardire», «merzede», «intende», «vertute», «misura», oltre alle coppie «vile» / «gentile» e «villana» / «cortese»). La sintassi evita complesse strutture subordinate, predilige una disposizione naturale degli elementi e tendenzialmente procede in parallelo con le scansioni metriche; anche gli *enjambements* non spezzano i sintagmi e non producono un effetto di interruzione del periodo.

Questa opzione stilistica, enunciata sin dalla stanza iniziale («tratterò... leggeramente», vv. 11-12) e ribadita nel congedo («piana», v. 60), va letta evidentemente in opposizione a uno stile elevato e difficile («non vo' parlar sì altamente», v. 9). Dante si muove dunque in direzione contraria rispetto ai modelli precedenti, rappresentati da altre due canzoni programmatiche che avevano indagato la natura dell'amore: l'impervia *Donna me prega* di Cavalcanti (➤ **T6**, p. 134), in primo luogo, ma anche la guinizzelliana *Al cor gentil* (➤ **T1**, p. 112). La prima, come abbiamo anticipato (vedi nota 1) è richiamata dal movimento iniziale, in cui il poeta immagina di essere interrogato da alcune donne. Rispetto alla canzone di Guinizzelli, invece, il punto di contatto più rilevante si nota nella seconda strofa, dove Dante allestisce un dialogo ambientato in Paradiso.

La natura dialogica della seconda strofa In questa stanza l'autore immagina che un «Angelo» (vv. 15 ss.) chieda a Dio di assumere Beatrice in cielo e che Dio gli risponda. Lo scenario ultraterreno non può che rinviare all'ultima stanza di *Al cor gentil*, in cui Guinizzelli immaginava che, alla propria morte, avrebbe dovuto giustificare di fronte a Dio l'eccessiva devozione tributata a una donna mortale. Lo scenario definito da Dante, però, ha una coloritura molto diversa dall'arguta trovata con cui Guinizzelli giustificava il suo *servitium amoris* («Tenne d'angel sembianza», v. 58): Beatrice infatti ha, effettivamente, una natura meritevole del Paradiso, non soltanto una parvenza angelica. La novità sostanziale che Dante introduce rispetto allo Stilnovo e alle precedenti esperienze della poesia d'amore risiede appunto in una ridefinizione di spunti e materiali che, in larga misura, già comparivano in precedenza, ma che assumono ora un significato più profondo. L'idea stessa di amore viene radicalmente innovata: non si tratta più di una forza annichilente (com'era stato per Cavalcanti) e nemmeno del riflesso di una nobiltà interiore che produce un effetto benefico ma pur sempre limitato a un orizzonte ancora tutto terreno. L'innamoramento per Beatrice attraversa e supera, nella *Vita nuova*, questi orizzonti e si pone su un piano più alto: diviene infatti un'occasione per elevarsi spiritualmente e rivolgersi a Dio.

La spiritualizzazione del lessico Ecco dunque che in *Donne ch'avete*, in cui Dante individua questo punto di svolta, il campo semantico della religiosità si fa particolarmente ricco («risplende», «pace», «beati», «cielo», «salute», «pura», «pregando»). Anche "madonna", termine che ricorre due volte nella canzone, non è certo nuovo nella lirica d'amore (un esempio tra molti è *Madonna dir vo voglio*, di Giacomo da Lentini), ma qui cede le sue connotazioni aristocratiche in favore di quelle mariane. Così pure, alcune opposizioni tradizionali, come quella tra la gentilezza e la villania (vv. 31-33; 65-67), permangono, ma sono affiancate da altre coppie antitetiche, riconducibili a un piano religioso, come salvezza e dannazione (vv. 27-28), grazia e morte spirituale (vv. 41-42).

Temi

La svolta dello «stilo de la loda» Nel canto XXIV del *Purgatorio*, il rimatore Bonagiunta Orbicciani da Lucca, seguace di Guittone d'Arezzo ed esponente della vecchia maniera poetica, chiede a Dante se sia lui che «fore / trasse le nove rime, cominciando / "*Donne ch'avete intelletto d'amore*"» (➤ **T18**). Nella ricostruzione a posteriori che Dante offre della propria maturazione poetica e spirituale, questa canzone segna un punto nodale, che risolve un'intima contraddizione del poeta-amante. La prosa che la precede spiega come alcune «gentili donne» mettano alle strette l'innamorato, chiedendogli come possa accadere che, se lodare l'amata è fonte di felicità, la poesia di Dante indulga ancora su note dolorose e malinconiche. Riconoscendo questo paradosso, il poeta elabora lo «stilo de la loda»: l'unica beatitudine che si può trarre dall'esperienza amorosa, che non può venir meno (a differenza del saluto, che Beatrice gli ha negato), consiste proprio nell'elogio di un essere perfetto, tramite cui l'anima innamorata può purificarsi ed elevarsi a Dio.

Officina

COMPRENDERE

1. A chi si rivolge il poeta con la sua canzone?
2. Quali effetti può suscitare la visione di Beatrice?
3. Disponi nell'ordine corretto, numerandole da 1 a 5, le brevi sintesi delle stanze che compongono la canzone, elencate qui sotto alla rinfusa.
   - **a.** Le virtù fisiche di Beatrice. ....
   - **b.** Esortazione alla propria canzone. ....
   - **c.** Beatrice contesa tra cielo e terra. ....
   - **d.** Una lode amorosa non per tutti. ....
   - **e.** Le virtù spirituali di Beatrice. ....

ANALIZZARE

4. Attraverso quali particolari fisici viene rievocata Beatrice? È soltanto una perfezione terrena o in Beatrice il poeta innamorato scorge qualità sovrannaturali?
5. **Lingua e stile** Associa a ciascuna delle parole tratte dal testo, nella colonna di sinistra, la corretta analisi, nella colonna di destra.

a. «clama»	**1.** provenzalismo
b. «vui»	**2.** voce dialettale
c. «forma»	**3.** latinismo
d. «adorna»	**4.** tecnicismo

6. **Lingua e stile** Il verso «non perch'io creda sua laude finire» (v. 3) è:
   - **a.** un *enjambement*
   - **b.** un'anastrofe
   - **c.** una perifrasi

INTERPRETARE

7. Individua, sottolinea e trascrivi tutte le dichiarazioni di poetica presenti nella canzone. Spiega in che cosa consiste il rinnovamento della poesia d'amore che rende *Donne ch'avete* una sorta di manifesto e perché viene definito dallo stesso Dante «dolce stil novo».
8. Motivi e temi presenti nella canzone di Dante (come il compito affidato al proprio componimento o il ruolo salvifico e purificatore della donna amata) richiamano la ballata di **Cavalcanti *Perch'i' no spero di tornar giammai*** (➤ p. 140). Metti a confronto i due testi, evidenziandone, in base anche a quanto detto, analogie e differenze.

COMPETENZE DEL XXI SECOLO

Comunicazione e collaborazione *Donne ch'avete* può essere considerata la canzone-manifesto dello Stilnovo?
Per rispondere alla domanda, dividete la classe in tre gruppi: il primo gruppo dovrà portare esempi e argomentazioni a supporto di una risposta affermativa; il secondo gruppo ne porterà a supporto di una risposta negativa; il terzo gruppo dovrà giudicare quale argomentazione sia stata più efficace e convincente.

T3 *Tanto gentile e tanto onesta pare*

Vita nuova XXVI

Biblioteca digitale
Negli occhi porta la mia donna Amore

La quintessenza dello stile della lode è concentrata nel breve svolgersi di un sonetto, tanto limpido e apparentemente immediato da non necessitare di spiegazione (come Dante stesso osserva nella prosa che segue il componimento: «sì piano da intendere... che non abbisogna d'alcuna divisione»). Eppure, letto nel contesto della *Vita nuova*, esso si illumina di una luce singolare: infatti poco prima, durante un delirio febbrile, Dante aveva ricevuto il presagio della morte di Beatrice. Un luttuoso presentimento aleggia dunque nella suprema serenità del sonetto.

- METRO sonetto con rime ABBA ABBA CDE EDC

Questa gentilissima[1] donna, di cui ragionato è[2] ne le precedenti parole, venne in tanta grazia de le genti,[3] che quando passava per via, le persone correano per vedere lei; onde[4] mirabile letizia me ne giungea. E quando ella fosse presso d'alcuno, tanta onestade[5] giungea nel cuore di quello, che non ardia di levare li occhi, né di rispondere a lo suo saluto;[6] e di questo molti, sì come esperti,[7] mi potrebbero testimoniare a chi non lo credesse. Ella coronata e vestita d'umilitade s'andava, nulla gloria mostrando di ciò ch'ella vedea e udia. Diceano molti, poi che passata era: «Questa non è femmina,[8] anzi è uno de li bellissimi angeli del cielo». E altri diceano: «Questa è una maraviglia;[9] che benedetto sia lo Segnore, che sì mirabilemente sae adoperare!».[10] Io dico ch'ella si mostrava sì gentile e sì piena di tutti li piaceri,[11] che quelli che la miravano comprendeano[12] in loro una dolcezza onesta[13] e soave, tanto che ridicere non lo sapeano;[14] né alcuno era lo quale potesse mirare lei, che nel principio nol convenisse sospirare.[15]
Queste e più mirabili cose da lei procedeano virtuosamente:[16] onde io pensando a

1. **gentilissima:** nobilissima. L'attributo, riferito a Beatrice, è la consueta parola chiave, ripresa anche nel primo verso del sonetto.
2. **ragionato è:** si è detto.
3. **venne.. genti:** fu tanto apprezzata dalla gente.
4. **onde:** ragione per cui.
5. **onestade:** come il latino *honestas*, ha una sfumatura semantica più ampia rispetto all'italiano "onestà" e indica una rettitudine morale complessiva, dalla quale deriva l'onorabilità della persona, degna di essere apprezzata. Nell'orizzonte della lirica d'amore, è affine alla gentilezza e alla cortesia.
6. **non ardia... saluto:** non osava alzare gli occhi né rispondere al suo saluto.
7. **sì come esperti:** avendone fatto esperienza.
8. **femmina:** donna.
9. **una maraviglia:** un miracolo. Nella medesima accezione il termine ricorre, sempre riferito a Beatrice, in *Donne ch'avete intelletto d'amore*, v. 17 (➤ **T2**, p. 210).
10. **che sì... adoperare:** che sa compiere tali miracoli.
11. **piaceri:** doti, qualità positive.
12. **comprendeano:** concepivano.
13. **dolcezza onesta:** dolcezza onorevole. È il piacere che deriva dalla visione di qualcosa di divino come Beatrice; Dante riprende il termine dalla mistica medievale, in cui ricorreva proprio a indicare il sentimento provato dinnanzi all'epifania di Dio.
14. **ridicere... sapeano:** non erano in grado di riferirlo con parole. Anche l'ineffabilità dell'esperienza del divino è un tratto propriamente mistico-religioso, che in Dante sarà presente in particolare nel *Paradiso*.
15. **né alcuno... sospirare:** e non c'era nessuno che potesse osservarla senza essere costretto («nol convenisse») immediatamente («nel principio») a sospirare; «mirare» è un latinismo, da *miror*, «guardare, osservare». Il motivo dei sospiri suscitati da amore, con cui si chiude il successivo sonetto (v. 14), è tipico di Cavalcanti.
16. **da lei... virtuosamente:** provenivano da lei grazie alla sua virtù.

ciò, volendo ripigliare lo stilo de la sua loda,[17] pruoposi di dicere parole, ne le quali io dessi ad intendere de le sue mirabili ed eccellenti operazioni;[18] acciò che non pur coloro che la poteano sensibilmente vedere,[19] ma li altri sappiano di lei quello che le parole ne possono fare intendere. Allora dissi questo sonetto, lo quale comincia: *Tanto gentile*.

Tanto gentile e tanto onesta[20] pare[21]
la donna mia,[22] quand'ella altrui saluta,[23]
ch'ogne lingua deven tremando muta,
e li occhi no l'ardiscon di guardare.[24]

Ella si va, sentendosi laudare,
benignamente d'umiltà vestuta;[25]
e par che sia una cosa venuta
Le nostre parole ›
da cielo in terra a **miracol** mostrare.[26]

Mòstrasi sì piacente a chi la mira,
che dà per li occhi una dolcezza[27] al core,
che 'ntender no la può chi non la prova:[28]

vv. 1-4 La mia donna si mostra tanto nobile (*gentile*) d'animo e degna d'onore, quando saluta qualcuno (*altrui*), che ogni lingua, tremando (per l'emozione), ammutolisce, e gli occhi non osano (*ardiscon*) guardarla.

vv. 5-8 Ella cammina (*si va*), sentendosi lodare, ammantata di benevolenza e umiltà; e sembra che sia una creatura venuta dal cielo in terra per mostrare la sua natura miracolosa.

vv. 9-11 Si mostra (*Mòstrasi*) così bella a chi la osserva, che attraverso (*per*) gli occhi infonde una dolcezza nel cuore, incomprensibile per chi non l'ha provata:

17. ripigliare... loda: è la nuova poetica inaugurata da Dante nella canzone *Donne ch'avete intelletto d'amore*.

18. pruoposi... operazioni: mi proposi di scrivere versi nei quali io spiegassi («dessi ad intendere») i suoi straordinari ed eccezionali effetti.

19. acciò che... vedere: affinché (*acciò che*) non soltanto («pur») coloro che la potevano vedere con i loro occhi («*sensibilemente*»).

20. gentile e... onesta: per il valore di questi aggettivi vedi sopra, alle note 1 e 5. Come nota Contini, il primo attributo si riferisce alla nobiltà interiore di Beatrice, il secondo più al suo aspetto esteriore.

21. pare: la comparsa di Beatrice è descritta nei termini di un'epifania, cioè come l'apparizione di una divinità.

22. la donna mia: «donna» è qui, come d'uso nella poesia cortese sul servizio d'amore, latinismo da *domina*, «padrona».

23. saluta: è un saluto che dona salute, cioè salvezza spirituale.

24. ogne lingua... guardare: l'incapacità di parlare (l'afasia, che troviamo anche in *Donne ch'avete*) e l'insostenibilità dello sguardo della donna sono motivi topici.

25. d'umiltà vestuta: l'umiltà è una caratteristica peculiare di Beatrice (per esempio, in *Vita nuova*, cap. XXIII); «vestuta» ("vestita") è una rima siciliana, mentre la metafora dell'umiltà che ricopre la donna come un vestito è di origine biblica. Va ricordato che la creatura umile per eccellenza è Maria, che nell'Annunciazione esclama «il mio spirito esulta in Dio, mio salvatore, / perché ha guardato l'umiltà della sua serva» (Luca 1, 47-48); e nella *Commedia* Dante dirà di lei «umile e alta più che creatura» (*Par.* XXXIII, v. 2).

26. a miracol mostrare: che Beatrice sia un miracolo divino manifestatosi in terra è il tema intorno a cui si sviluppa la seconda stanza di *Donne ch'avete* (vv. 15-28).

27. dolcezza: qui non è tanto la passione amorosa che Beatrice trasmette attraverso lo sguardo, quanto piuttosto quel sentimento quasi mistico, di amore divino, indicato nella prosa iniziale da «dolcezza onesta» (vedi la nota 13).

28. 'ntender... prova: il tema dell'ineffabilità già espresso al v. 3 viene qui riproposto in termini che rinviano all'*Apocalisse* (2,17): «nessuno può saperlo se non l'ha provato» (*nemo novit nisi qui probat*).

e par che de la sua labbia[29] si mova
un spirito soave pien d'amore,
che va dicendo a l'anima: «Sospira!».[30]

vv. 12-14 e sembra che dal suo volto (*labbia*) parta uno spirito dolce, pieno d'amore, che va dicendo all'anima: «Sospira!».

29. labbia: sineddoche per "volto".
30. uno spirto… «Sospira!»: si tratta qui degli spiriti preposti alla passione amorosa, distinti quindi dall'amore di natura mistica e divina su cui è incentrata la terzina precedente. I sospiri suscitati dalla persona amata sono un tratto cavalcantiano.

Le nostre parole — Miracolo

L'origine del termine Il sostantivo "miracolo" deriva dal latino *miracŭlum*, «cosa meravigliosa», che viene a sua volta dal verbo *mirāri*, cioè «meravigliarsi». Il miracolo è un avvenimento che va al di là delle leggi della natura, giustificabile dunque per cause soprannaturali. In senso lato e figurato, vale «cosa straordinaria», «cosa non sperata».

Le accezioni medievali In Dante, proprio nella prosa a commento del sonetto *Tanto gentile e tanto onesta pare*, si mostra lo stretto legame che il concetto di "miracolo" presuppone tra l'azione dello sguardo di chi assiste a esso (vedi il v. 4: «a chi la mira» [cioè Beatrice]) e gli effetti che tale visione provoca: un'intensa meraviglia che induce a lodare Dio («E altri diceano: "Questa è una maraviglia; che benedetto sia lo Segnore, che sì mirabilmente sae adoperare!" [sa farsi presente nella vita dell'uomo]»). Altrove (per esempio in Cino da Pistoia o nel *Dittamondo* di Fazio degli Uberti) "miracolo" può indicare più genericamente una realtà di incomparabile bellezza (come l'aspetto della donna amata). Si incontra infine, per esempio in Guittone d'Arezzo, l'espressione «avere miracolo» per "provare stupore", "essere quasi increduli".

L'uso moderno Il termine "miracolo" significa, oggi, in un contesto strettamente religioso, un fatto straordinario voluto da Dio o realizzato per suo tramite. Nella lingua comune, invece, esso ricorre in molte espressioni, come "salvo per miracolo", "fare miracoli" o "gridare al miracolo" (annunciare un avvenimento di per sé improbabile), "sapere" o "raccontare vita, morte e miracoli" di qualcuno, cioè essere a completa conoscenza di un argomento. Infine, in ambito storiografico si parla di "miracolo economico" per indicare la forte ripresa finanziaria (il cosiddetto *boom*) della fine degli anni Cinquanta del Novecento, dopo la conclusione della Seconda guerra mondiale.

Giotto di Bondone, *Resurrezione di Lazzaro*, 1304-1306. Padova, Cappella degli Scrovegni.
La resurrezione di Lazzaro, narrata nel *Vangelo secondo Giovanni*, è uno dei miracoli compiuti da Gesù.

Analisi del testo

Struttura

L'eccellenza di Beatrice La prosa introduttiva e il sonetto seguono una struttura espositiva quasi identica, che possiamo così sintetizzare:

- la natura gentile di Beatrice («gentilissima», r. 1; «gentile», v. 1);
- il suo incedere per le vie: ha un effetto benefico; causa impossibilità di parlare e di sostenere il suo sguardo (r. 4, vv. 3-4);
- i suoi attributi: è umile («vestita d'umilitade», r. 6; «d'umiltà vestuta», v. 6), angelica («è uno de li bellissimi angeli del cielo », rr. 7-8; «una cosa venuta da cielo in terra», vv. 7-8) e miracolosa («maraviglia», r. 8; «miracol», v. 8);
- la «dolcezza» che ispira (r. 11 e v. 10);
- i sospiri («né alcuno... sospirare », rr. 11-12; v. 14).

Come si vede, non si struttura una vera e propria linea argomentativa, ma una costellazione di attributi, virtù e azioni che manifestano l'eccellenza di Beatrice: è questa che fa scaturire in Dante il desiderio di tesserne le lodi, riprendendo lo «stilo de la loda», a vantaggio di quanti non conoscano ancora una creatura tanto straordinaria (rr. 13-17).

Lingua e stile

Dolcezza e levità L'originalità di Dante nello Stilnovo consiste, come abbiamo già evidenziato, in un rinnovamento estetico profondo, che si mantiene però all'interno delle convenzioni formali della scuola. Se questo è evidente nei contenuti, altrettanto lo è per le scelte stilistiche e questo sonetto ne è un'evidente dimostrazione. Tutte le prescrizioni dello stile dolce sono rispettate, a livello lessicale (non compaiono parole inconsuete o difficili), sintattico (prevalentemente paratattica e con una disposizione degli elementi secondo un ordine naturale), fonico (sono evitati i suoni aspri) e metrico (con due soli, quasi impercettibili, *enjambements*, tra i vv. 1-2 e 12-13). Ne risulta, però, qualcosa di più che una generale impressione di levità.

Il lessico dell'epifania Se consideriamo infatti le scelte terminologiche, notiamo che è particolarmente rappresentata l'area semantica della visione («occhi» – al v. 4 e di nuovo al v. 10 –, «guardare», «mira») e quello affine dell'apparizione: «pare» o «par», nel senso di "appare", è ripetuto tre volte, ma vi sono anche «mostrare» e «Mòstrasi», in *coblas capfinidas*. Nel complesso, questa costellazione di termini, che sono per lo più voci verbali aventi come soggetto Beatrice, evoca l'atmosfera rarefatta di un'epifania. Gli altri verbi a lei riferiti, per di più, non suggeriscono mai la concretezza materiale dell'azione ma sempre atti rarefatti, quasi smaterializzati (anche il suo incedere pare quasi una levitazione: «Ella si va», v. 5) e spesso legati agli effetti benefici che si riverberano sugli altri («saluta», «dà»).

Il ritmo Anche il tessuto ritmico del componimento suona inconsueto: gli accenti sono spesso più dei due o tre propri dell'endecasillabo (per esempio nei vv. 1, 5, 9, 10). Si produce così una sorta di riverbero ritmico che ben si armonizza con la sottrazione di materialità che i versi evocano.

Temi

La trasfigurazione di Beatrice Il sonetto traduce in forma memorabile il modello femminile corrispondente alla svolta poetica di Dante. Le qualità della donna dirigono tutte a un'idea di bellezza eterea, a cui mancano quegli elementi di asprezza e passione che invece troviamo altrove nello stesso Dante, oltre che nella poesia amorosa precedente. È un modello di donna che progressivamente riconcilia la tradizione cortese con quella cristiano-mariana. Gli attributi di Beatrice sono il luogo di questa trasformazione: onestà (cioè modestia e decoro), gentilezza, benignità, piacevolezza, dolcezza e umiltà.

La presa di distanza da Guinizzelli e Cavalcanti Questa idealizzazione di Beatrice comporta il massimo di distanziamento dalla poetica di Cavalcanti, ma a ben vedere anche da Guinizzelli, che pure fornisce a Dante il modello della loda. Dante infatti non accoglie l'elemento giocoso, ironico e mai totalmente incorporeo che contraddistingue la poesia del maestro bolognese.

Presentimento della morte Tuttavia, l'umiltà propria di questo essere angelicato (che sembra alludere a una delle caratteristiche distintive della Vergine) racchiude in sé un presagio di morte: durante un sogno premonitore che Dante aveva avuto durante un delirio febbrile, il volto della defunta Beatrice gli era apparso con «aspetto d'umilitade, che parea che dicesse: 'Io sono a vedere lo principio de la pace'» (cap. XXIII). Beatrice sembra guadagnare la propria perfezione con la morte, appunto perché questa la spoglia da ogni dimensione terrena.

Officina

COMPRENDERE

1. Quale scopo si prefigge Dante tornando allo «stilo della loda»?

2. Occhi, lingua, cuore: in che modo sono riconducibili alle virtù di Beatrice?

ANALIZZARE

3. Secondo le convenzioni letterarie dell'amor cortese, in che modo Beatrice provoca un vero e proprio turbamento fisico in chi la guarda?

4. L'introduzione in prosa e il sonetto presentano uno schema espositivo simile. Completa la tabella con le citazioni relative a Beatrice tratte dalle due parti.

	prosa	**versi**
Gli attributi di Beatrice		
I movimenti di Beatrice		
Gli effetti provocati da Beatrice		
Beatrice come miracolo		

5. **Lingua e stile** Rintraccia nel sonetto le seguenti figure retoriche: *enjambement*; poliptoto; perifrasi.

INTERPRETARE

6. La bellezza spirituale di Beatrice è ancora una volta al centro delle lodi del poeta. Confronta questo sonetto con ***Donne ch'avete intelletto d'amore*** (➤ **T2**, p. 210) e individua le analogie e le differenze fra i due testi in merito alla tematica specificata.

7. Lo studioso tedesco **Erich Auerbach** parlando della *Vita nuova* nota: «l'occasione di una poesia di Dante non è un sentimento o un pensiero, ma piuttosto un evento; ma [...] solo raramente si tratta di eventi reali o anche di avvenimenti che sia possibile rappresentare empiricamente, trattandosi per lo più di visioni».
Rileggi la poesia e la sua introduzione alla luce di questa interpretazione ed evidenzia i termini e i passaggi che il critico potrebbe portare a sostegno della sua tesi.

PERCORSO DI SCRITTURA

Riassunto Riassumi l'introduzione al sonetto in 3 righe aiutandoti con le seguenti parole chiave:
donna • *sonetto* • *nobiltà* • *sguardo* • *manifestazione* • *anima*

T4 La «mirabile visione»

Vita nuova XLII

La *Vita nuova* si conclude con il rinvio del lettore a un'ambiziosa opera successiva, nella quale Dante spera di riuscire a dire di Beatrice ciò che gli è apparso in una visione misteriosa e straordinaria. Il riferimento alla *Commedia* parrebbe chiaro, ma è da escludere che, nel momento in cui Dante terminava la stesura della *Vita nuova*, avesse già in mente il *Paradiso*; secondo alcuni critici si tratta dunque di un'aggiunta successiva, con cui l'autore ha voluto reinserire "a posteriori" l'opera giovanile nel complesso della propria esperienza poetica.

lessico
Mirabile
L'aggettivo significa «degno di ammirazione, straordinario» e viene dal latino *mirabīlem*, «che provoca stupore, meraviglioso», derivato del verbo *mirāri*, «stupirsi». Da questo stesso verbo latino derivano anche altre parole italiane, come "mirare", "ammirare" e "miracolo", inteso come «prodigio» che suscita stupore.

Appresso questo sonetto,[1] apparve a me una **mirabile** visione, ne la quale io vidi cose che mi fecero proporre[2] di non dire più di questa benedetta,[3] infino a tanto che io potesse più degnamente trattare di lei. E di venire a ciò io studio[4] quanto posso, sì com'ella sae veracemente.[5] Sì che, se piacere sarà di colui a cui tutte le cose vivono,[6] che la mia vita duri per alquanti anni, io spero di dicer di lei quello che mai non fue detto d'alcuna. E poi piaccia a colui che è sire de la cortesia,[7] che la mia anima se ne possa gire a vedere la gloria de la sua donna:[8] cioè di quella benedetta Beatrice, la quale gloriosamente mira ne la faccia di colui[9] *qui est per omnia secula benedictus*.[10]

1. **Appresso questo sonetto:** Dopo aver scritto («appresso») questo sonetto. Il sonetto è *Oltre la spera che più larga gira* (cap. XLI).
2. **proporre:** decidere.
3. **benedetta:** Beatrice.
4. **studio:** mi sforzo. Latinismo da *studeo* («impegnarsi, sforzarsi di fare qualcosa»).
5. **com'ella... veracemente:** come sa con certezza. Beatrice, ormai assunta al cielo, continua a seguire gli sforzi compositivi di Dante, esortandolo a portarli a compimento.
6. **di colui... vivono:** di colui per il quale tutte le cose vivono. È la prima delle tre perifrasi per indicare Dio; «a cui» ha qui valore finale e designa Dio come il fine (la causa finale, secondo la filosofia aristotelica) a cui aspirano tutti gli esseri viventi.
7. **sire de la cortesia:** signore della cortesia. Seconda perifrasi per Dio, colui che presiede al rispetto dei codici della cavalleria.
8. **la mia anima... donna:** che la mia anima se ne possa andare («gire») a contemplare la gloria della sua padrona («donna», consueto latinismo da *domina*). Per contemplare la gloria in cui si trova Beatrice beatificata l'anima di Dante dovrà avere una visione mistica.
9. **mira... colui:** guarda («mira», latinismo) nel volto di colui (Dio). Beatrice si trova al cospetto di Dio.
10. ***qui est... benedictus*:** che è benedetto per tutti i secoli. Terza perifrasi per Dio, resa solenne dalla citazione biblica in latino.

Analisi del testo

Struttura

Il proposito conclusivo La breve prosa con la quale si conclude la *Vita nuova*, con l'annuncio di una prossima, importante opera, dà conto del motivo per cui la *Vita nuova* si interrompe e la inserisce in un contesto più ampio: il seguito della vita e della maturazione poetica dell'autore.

- **Un proposito di silenzio.**
Dopo la morte di Beatrice, una «mirabile visione» convince Dante a interrompere lo stile della lode, per poter in seguito «più degnamente trattare di lei».
- **Preparazione e aiuto divino.**
Per concretizzare questo proposito, Dante sa di doversi accuratamente impegnare («di venire a ciò io studio quanto posso», r. 3) e di non poter prescindere dall'aiuto di Dio.
- **Auspicio di rivedere Beatrice.**
Dante desidera che Dio gli conceda di vedere la gloria della donna amata in Paradiso.

Lingua e stile

Le tre perifrasi Un innalzamento del registro stilistico caratterizza questo capitolo conclusivo del «libello». Si notano per esempio ben tre perifrasi con cui l'autore indica Dio: «colui a cui tutte le cose vivono», «colui che è sire de la cortesia» e «colui *qui est per omnia secula benedictus*». Il ricorso a formulazioni perifrastiche è proprio delle Scritture (si ricordi che nella tradizione ebraica il nome di Dio è ineffabile e viene sostituito da altre formule, per esempio perifrasi che ricordano i suoi attributi) e il numero tre rinvia alla Trinità, che Beatrice, assunta in cielo, può contemplare.

L'uso del latino Nell'ultima perifrasi gli echi scritturali sono ancora più evidenti, grazie all'uso della lingua latina, che richiama da vicino formule evangeliche (san Paolo, *Lettera ai Romani* 9, 5: *qui est supra omnia Deus benedictus in saecula*, «egli che è sopra ogni cosa, Dio benedetto nei secoli») e liturgiche (la conclusione del *Gloria*: *sicut erat in principio et nunc et semper et in omnia saecula saeculorum*, «com'era in principio, ora e sempre, per tutti i secoli dei secoli»); la presenza di una locuzione in latino si riconnette anche, circolarmente, con il capitolo iniziale della *Vita nuova* (➤ **T1**, r. 2: *Incipit Vita nova*).

Il lessico Anche sul piano lessicale si registra un innalzamento. Si notano infatti:

- la triplice ripetizione di un attributo fondamentale in riferimento a Beatrice: «benedetta» (rr. 2 e 6), *benedictus* (r. 7, detto di Dio);
- la figura etimologica «gloria» - «gloriosamente» (rr. 6-7).

Il lettore, dunque, è indotto a nutrire le più alte aspettative circa l'opera futura che Dante promette.

Temi

La gloria di Beatrice Il capitolo finale dell'opera è verosimilmente un'aggiunta successiva, composta quando il progetto della *Commedia*, e soprattutto del *Paradiso*, era ben delineato nella mente dell'autore. Come appaiono dunque, a distanza di tempo, i due personaggi centrali della *Vita nuova*? Si potrebbe dire che sono al contempo identici e trasformati, ri-definiti in un più ampio orizzonte di senso: Beatrice, che ora è nella piena contemplazione della gloria divina, continua a essere ispiratrice e tramite, per Dante, delle più alte vette poetiche e spirituali, e non solo di una concezione più elevata dell'amore; Dante, a sua volta, è sempre alla ricerca di una poesia che celebri «degnamente» la sua donna, non più con lo «stilo de la loda», bensì con un ambiziosissimo poema.

Officina

COMPRENDERE

1. Quali eventi spingono Dante a non scrivere più di Beatrice?
2. La decisione presa da Dante è definitiva?

ANALIZZARE

3. Rintraccia nel testo le perifrasi con cui Dante indica Dio e spiega quali diversi aspetti della divinità vengono posti in risalto.
4. **lingua e stile** In «io potesse più degnamente trattare di lei» (r. 3) il verbo «trattare» ha il significato di:
   a. negoziare
   b. accogliere
   c. disquisire
   d. medicare

INTERPRETARE

5. La prosa conclusiva della *Vita nuova* segna il superamento dello «stilo de la loda». Approfondisci l'argomento con le opportune citazioni dal testo.
6. Quali sono i due motivi ricorrenti in questo testo se rapportati con la canzone ***Donne ch'avete intelletto d'amore*** e l'introduzione al sonetto ***Tanto gentile e tanto onesta pare***? Subiscono un'evoluzione con il procedere della *Vita nuova*? In che modo si legano alle esperienze reali dell'autore (vita e opere)?

PERCORSO DI SCRITTURA

Riscrittura Riscrivi il testo, utilizzando un registro quotidiano e immaginandolo come un dialogo a tre fra Dante, Beatrice e Dio.

LETTURA CRITICA

Beatrice, il nome della «donna miracolo»

Guglielmo Gorni indaga i sottili legami che Dante istituisce tra il nome di Beatrice e alcune ricorrenze numeriche, a partire da quella con il numero nove, che esprime l'idea della perfezione e del miracolo.

L'essenza profonda del nome consiste in una singolare «amicizia» che lega Beatrice al nove, in vita (fin dal primo paragrafo, apparsa «quasi dal principio del suo anno nono [...] e io la vidi quasi dalla fine del mio nono»), non meno che nella data di morte. Dante afferma, in *Vita Nova* 19. 5 [XXIX, 2], che la costanza del nove sarebbe una specie di rispecchiamento terreno della perfetta disposizione dei nove cieli, che si verificò al concepimento della donna. Una spiegazione naturalistica tuttavia non basta, anche perché l'autore afferma che «più sottilmente pensando, e secondo la infallibile veritade [*verità*], questo numero FUE [*fu*] ella medesima» (*Vita Nova* 19. 6 [XXIX 3]). Il nove dunque come «miracolo», diretta emanazione del tre, ossia immagine prima, prodotto primo della Trinità. Neppure questa ragione somma e, al dire dell'autore, «infallibile», basta. In altra sede ho sostenuto che in latino, BEATRIX è l'anagramma di una BERTA (nome convenzionale di "donna" per Dante) seguita da un IX (nove in cifre romane). A questa stregua, BEATR + IX risulta letteralmente accompagnata dal nove, dato che IX ne costituisce la parte terminale. È insomma una donna (Berta) - miracolo (IX).

E poi Beatrice era saldamente connessa, in grazia della data di morte, alla volontà profetica di Dante. Era morta nel 1290, un numero che per Daniele (12, 11-12) ha un valore impreteribile:[1] «Dal tempo in cui sarà abolito il sacrificio quotidiano e sarà eretto l'abominio della desolazione, passeranno milleduecentonovanta giorni. Beato chi aspetta e giunge a milletrecentotrentacinque giorni». Operata la consueta trasformazione di *dies in annos*[2], siamo di fronte a due anni precisi, 1290 e 1335: il parallelismo con l'esperienza dantesca è sconcertante. Che Dante, ponendo mente all'anno di morte di Beatrice, pensasse al testo di Daniele, è dimostrato dalla corrispondenza che collega il brano biblico citato al comma 8 di *Vita Nova* 19 [XXX 1] [...].

Resta il 1335. Beato – scrive Daniele – chi aspetta e arriva fino al 1335. Ora, Dante nacque nel 1265.

A trentacinque anni, nel mezzo del cammino di sua vita, colloca la data del viaggio ultraterreno: a quanto si presume, nella Settimana santa dell'anno giubilare 1300 [...].

L'arco della vita umana è fissato a settant'anni in un famoso passo del *Convivio* e «il colmo del nostro arco è ne li trentacinque» (IV XXIV 3). Dunque Dante sarebbe arrivato al termine della «senettute» a settant'anni, nel 1335, come il «*beatus*» di Daniele. La consecuzione Beatrice (1290) / *beatus*-Dante (1335) è impressionante, perché nel libro di Daniele i due brani afferenti a questi due protagonisti si succedono uno di seguito all'altro.

(G. Gorni, *Dante. Storia di un visionario*, Laterza, Roma-Bari 2008)

1. impreteribile: che non si può ignorare.
2. *dies in annos*: «giorni in anni» (i giorni di cui parla il testo biblico vengono cioè convertiti in anni nella lettura allegorica consueta nel Medioevo).

Bernard Sleigh, *Beatrice*, 1899. Collezione privata.

4. Le *Rime*

4.1 Una raccolta disorganica e varia

La natura della raccolta

La *Vita nuova* raccoglie solo una parte della produzione lirica di Dante; vari componimenti, come vedremo, sono inclusi in un'altra opera, il *Convivio* (➤ p. 237), ma altri ancora, una **sessantina di testi fra sonetti, canzoni e ballate**, si trovano nelle *Rime*. Non si tratta propriamente di un canzoniere: non siamo cioè di fronte a una raccolta organica allestita dall'autore, bensì dagli editori moderni, né sappiamo se Dante avesse qualche progetto unitario per questi testi.
Accanto a testi giovanili ci sono componimenti scritti quando Dante, ormai maturo, era alle prese con la stesura della *Commedia*, la raccolta copre quindi circa un **ventennio della vita creativa di Dante** e abbraccia epoche diverse della sua esistenza, attestando il superamento di precedenti stagioni poetiche dell'autore.

Una palestra di stile

La varietà di temi e di stili dei testi non è unicamente frutto dell'estensione temporale, ma anche e soprattutto dello **sperimentalismo stilistico** che caratterizza la ricerca di Dante. Le *Rime* sembrano quasi essere una palestra: ciascun gruppo di componimenti prevede la messa a punto di **differenti registri** poetici, dallo stile comico al dolce stile, da quello tragico e solenne sino alla poesia di contenuto filosofico e morale. Esse forniscono un saggio di quella **versatilità espressiva** che il lettore ritrova rappresentata al suo livello più alto nella *Commedia*.

Le diverse stagioni poetiche di Dante

Le *Rime* non sono quindi un testo improntato a un solo ed esclusivo gusto poetico. Se i primi **modelli di riferimento** di queste rime "extravaganti" sono la poesia provenzale e Guittone, presto subentra la stagione stilnovista. Dante si muove tuttavia anche in altre direzioni, sperimentando per esempio lo stile comico-realista, come accade nella tenzone con l'amico Forese Donati.

L'incontro tra Dante e il poeta Forese Donati; miniatura tratta dal XXIII canto del *Purgatorio*, XV secolo. Firenze, Biblioteca Medicea Laurenziana.

Sul versante opposto, quello della cultura alta, possiamo annoverare sia i componimenti di carattere allegorico e dottrinale (in parte raccolti nel *Convivio* e il cui stile si può ritrovare in larghe sezioni della *Commedia*), sia quelli ispirati da un estremo impegno formale, le cosiddette "rime petrose", in cui Dante raccoglie la difficile eredità tecnica del trovatore provenzale Arnaut Daniel.

4.2 Le tenzoni, le rime petrose e quelle dell'esilio

Le tenzoni

Biblioteca digitale
Ben ti faranno il nodo Salamone

Pur nella mancanza di una struttura unitaria, all'interno della raccolta è possibile individuare alcune **sezioni poetiche omogenee**.
Oltre alla **tenzone** giovanile **con** il guittoniano **Dante da Maiano**, c'è soprattutto quella con **Forese Donati**, composta probabilmente tra il 1293 e il 1296: uno scambio di sonetti pieni di sferzanti invettive, in cui Dante sperimenta le risorse del linguaggio comico-realistico, denso di rimandi alla realtà più quotidiana e alla corporalità. Nell'episodio della *Commedia* (*Purgatorio* XXIII) dell'incontro con l'anima di Forese, Dante alluderà alla tenzone in un clima completamente trasfigurato, in cui non prevale più la conflittualità ma lo spirito di conciliazione e il pentimento.

> La tenzone con Forese è uno scherzo in rima, cominciato pesantemente da Dante e continuato senza esclusione di colpi dall'una e dall'altra parte.
>
> Vincenzo Pernicone

Le rime petrose

Trobar clus
Formula con cui si indica una poesia contrassegnata da una tecnica raffinata e allusiva, dunque di difficile interpretazione per il lettore, com'era stata quella di alcuni trovatori provenzali.

In secondo luogo abbiamo le rime petrose, così definite perché dedicate a un'emblematica «madonna Pietra», bella quanto fredda. Scritte probabilmente tra il 1296 e l'inizio dell'esilio, esse sono il frutto dell'incontro di Dante con il ***trobar clus*** provenzale e sono caratterizzate da uno stile ruvido e aspro, oltre che, sul piano dei contenuti, da una forte sensualità. Tra esse va ricordata soprattutto la canzone *Così nel mio parlar voglio esser aspro* in cui l'amore rivela il suo lato più doloroso e crudele e l'io poetico mostra di essere un amante vendicativo che non esita a mostrarsi scortese e aggressivo con la donna (➤ **T5**).

Le rime dell'esilio

Infine vi sono le rime scritte durante l'esilio, in cui la visione di Dante si fa cupa e severa e **riprende lo stile allegorico** che caratterizza, come vedremo, i testi del *Convivio*. Il componimento più significativo di questo gruppo è certamente la canzone ***Tre donne intorno al cor mi son venute***, che allude, secondo l'interpretazione dei primi commentatori, alle due forme di Giustizia (quella universale e quella umana) e alla Legge naturale. La canzone rivendica solennemente la dignità del poeta nella sua condizione di esiliato per ingiusti motivi e la coerenza della sua posizione morale.

FISSA I CONCETTI

- Perché le *Rime* non possono definirsi un canzoniere?
- Quali tratti distintivi della poetica di Dante risaltano nelle *Rime*?
- Quali sezioni tematicamente omogenee si possono individuare nella raccolta?

T5 Così nel mio parlar voglio esser aspro

Rime CIII

Biblioteca digitale
Se vedi li occhi miei di pianger vaghi

Le nostre parole › (p. 228)

L'amore nella sua variante più travagliata è al centro di questa canzone, scritta verosimilmente fra il 1296 e il 1298, dove in accordo con la spietatezza dell'amata e con lo strazio dell'innamorato si pone lo stile, che, intenzionalmente, diventa «aspro». Ma, al di là della dichiarata sofferenza d'amore, non manca una componente dissacrante e ironica, come testimoniano le stanze conclusive.

- Metro canzone di sei stanze di dieci endecasillabi e tre settenari ciascuna, seguite da un congedo finale. Lo schema delle rime è: ABbC ABbC (fronte), CDdEE (sirma e congedo finale)

Così nel mio parlar voglio esser **aspro**[1]
com'è ne li atti questa bella petra,[2]
la quale ognora impetra[3]
maggior durezza e più natura cruda,[4]
e veste sua persona d'un diaspro[5]
tal, che per lui, o perch'ella s'arretra,
non esce di faretra
saetta che già mai la colga ignuda:
ed ella ancide, e non val ch'om si chiuda
né si dilunghi da' colpi mortali,
che, com'avesser ali,
giuncono altrui e spezzan ciascun'arme;
sì ch'io non so da lei né posso atarme.

vv. 1-13 Nei miei versi (*nel mio parlar*) voglio essere aspro così com'è aspra nei suoi atti questa bella pietra, che ricerca e ottiene (*impetra*) una durezza sempre (*ognora*) maggiore e un'indole sempre più crudele (cioè: "si sforza di essere sempre più dura e crudele"), e riveste il suo corpo di un diaspro, così che, grazie a questo, o per il fatto che lei si ritrae, non c'è freccia che esca dalla faretra che la colga indifesa (*ignuda*, "scoperta"): ed ella uccide (*ancide*), ed è inutile (*non val*) che uno si ripari (*ch'om si chiuda*), né cerchi di fuggire (*si dilunghi*) dai colpi mortali, i quali, come se avessero le ali, raggiungono il loro obiettivo (*altrui*, impersonale) e spezzano ogni arma; così che io non so né posso difendermi (*atarme*) da lei.

1. **parlar... aspro:** si riferisce, come di consueto, all'espressione poetica; «aspro» si riferisce sia alla forma (dissonante, dura), sia ai contenuti (violenti, aggressivi); la donna invece è "aspra" in quanto spietata.
2. **bella petra:** non è propriamente un soprannome, ma l'attributo con cui viene identificata la donna delle *Rime petrose*. Ne indica il carattere inscalfibile rispetto alle frecce di amore («durezza», v. 4) e crudele nei confronti dell'amante («natura cruda», v. 4).
3. **impetra:** "impetrare" significa "desiderare e ottenere", "conseguire": il verbo deriva dal latino *impetro* e non ha connessioni etimologiche con «petra», "pietra" (sembra piuttosto da riconnettersi all'idea di apertura – cfr. *pateo*, «essere aperto» – nel senso di "trovare una via aperta" per raggiungere qualcosa). In questo verso tuttavia «impetra» riecheggia, al di là dell'etimo, il sostantivo «petra» del v. 2, con cui forma una rima inclusiva. Secondo alcuni interpreti, Dante userebbe qui il verbo proprio come derivato da «petra», nel senso di "racchiudere in sé come in una pietra".
4. **durezza... cruda:** sono concetti chiave della poetica petrosa e si riferiscono (come «aspro» del v. 1) tanto ai contenuti quanto allo stile.
5. **diaspro:** tipo di quarzo caratterizzato da grande durezza e perciò ritenuto, secondo i lapidari medievali, dotato di virtù protettive per chi lo indossava.

Non trovo scudo ch'ella non mi spezzi
né loco che dal suo viso[6] m'asconda;
ché, come fior di fronda,
così de la mia mente tien la cima:
cotanto del mio mal par che si prezzi,
quanto legno di mar che non lieva onda;
e 'l peso che m'affonda
è tal che no·l potrebbe adequar rima.
Ahi angosciosa e dispietata lima
che sordamente[7] la mia vita scemi,
perché non ti ritemi
sì di rodermi il core a scorza a scorza,
com'io di dire altrui chi ti dà forza?

vv. 14-26 Non trovo corazza (*scudo*) che lei non mi spezzi né luogo che mi nasconda al suo sguardo; perché occupa (*tien*) la cima della mia mente come il fiore (sta sulla cima) delle fronde (*come fior di fronda*): sembra che non si curi (*si prezzi*) della mia sofferenza tanto quanto (*quanto... che non*) una nave (*legno*) (non si cura) di un mare calmo (*che non lieva onda*, "che non solleva onda"); e il peso (cioè il dolore) che mi fa andare a fondo (*m'affonda*) è tale che nessun verso (*rima*) lo può esprimere adeguatamente (*adequar*, "uguagliare"). Ahi lima spietata (*dispietata*), fonte d'angoscia (*angosciosa*), che consumi (*scemi*) la mia vita sordamente, perché non hai timore (*ti ritemi*) di rodere così il mio cuore poco a poco (*scorza a scorza*, "strato dopo strato"), come io (ho timore) di rivelare ad altri (*altrui*, impersonale) chi ti dà forza (ovvero Pietra)?

6. **viso:** qui ha il senso di "sguardo": il *topos* dell'amore che si irraggia dagli occhi della donna è adattato qui al contesto della metafora bellica.
7. **sordamente:** "senza far rumore", ma anche "subdolamente", poco a poco, in profondità e in modo nascosto, perché all'esterno non è subito evidente quale sia il male che affligge l'innamorato. È un motivo che viene ripreso nella stanza successiva.

Le nostre parole Aspro

L'origine del termine L'aggettivo "aspro" deriva dal latino *aspĕrum*, «scabro, ruvido» al tatto oppure «pungente, sgradevole» per l'udito, per l'odorato e per il gusto. In italiano il significato di «ruvido» è oggi poco comune e "aspro" si riferisce nella maggior parte dei casi a un sapore acido e acre o a un suono acuto e stridente. In senso figurato, ha il significato di «rozzo, brusco» o di «sgradito, fastidioso». Il superlativo "asprissimo", poco usato, ha anche il suo corrispettivo, più letterario, nel latinismo "asperrimo". Al contrario, è frequente l'impiego dell'avverbio "aspramente", in espressioni quali "sgridare aspramente", "commentare aspramente".

«Le rime aspre e chiocce» «S'io avessi le rime aspre e chiocce, come si converrebbe al tristo buco»: l'aggettivo "aspro" ritorna significativamente nel primo verso del canto XXXII dell'*Inferno*, nel quale Dante e Virgilio entrano nel nono cerchio, quello dei traditori. Qui il poeta auspica di trovare suoni abbastanza duri e sgradevoli per riuscire a descrivere l'atmosfera cupa e violenta del luogo.

La «selva... aspra» Nel primo canto dell'*Inferno*, l'aggettivo "aspro" è riferito a un terreno impervio e rovinoso e al paesaggio brullo e selvaggio della selva oscura («esta selva selvaggia e aspra e forte»). Oggi, questa accezione del termine è abbastanza desueta, mentre l'aggettivo "aspro" viene frequentemente utilizzato con il significato di «acre», per indicare un frutto acerbo o un cibo poco dolce che provoca una sensazione sgradevole quando viene assaggiato.

Ché più mi triema il cor qualora io penso
di lei in parte ov'altri li occhi induca,
per tema non traluca
lo mio penser di fuor sì che si scopra,[8]
ch'io non fo de la morte, che ogni senso
co li denti d'Amor già mi manduca;
ciò è che[9] 'l pensier bruca
la lor vertù sì che n'allenta l'opra.
E' m'ha percosso in terra, e stammi sopra
con quella spada ond'elli ancise Dido,[10]
Amore, a cu' io grido
merzé[11] chiamando, e umilmente il priego;
ed e' d'ogni merzé par messo al niego.

Egli alza ad ora ad or la mano, e sfida
la debole mia vita, esto **perverso**,
che disteso a riverso
mi tiene in terra d'ogni guizzo stanco:[12]
allor mi surgon ne la mente strida;
e 'l sangue, ch'è per le vene disperso,

lessico

Perverso

Dal latino *perversus*, participio passato di *pervertĕre*, «rovesciare, stravolgere, rovinare», che aveva il significato figurato di «deviato dal bene, portato verso il male», poi passato in italiano.

vv. 27-39 Poiché (*Ché*), quando io penso a (*di*) lei in un luogo dove qualcun altro (mi) può vedere (*li occhi induca*), per paura che (*tema non*) il mio pensiero traspaia (*traluca*) esternamente (*di fuor*), così da venire scoperto, mi trema il cuore più di quanto io non faccia (per la paura) della morte, poiché (*che*) il pensiero (sottinteso dal v. 30) ormai (*già*) mi dilania ogni senso con i morsi di Amore; vale a dire che (*ciò è che*) il pensiero (dell'amore) erode (*bruca*) la facoltà (*vertù*) dei miei sensi (*lor*, "loro", riferito a "senso", v. 31) al punto che ne indebolisce (*allenta*) le funzioni (*opra*). Egli (*E'*, Amore) mi ha gettato a terra (*percosso in terra*), e mi sta sopra con quella spada con cui (*ond'*) uccise Didone (*Dido*), (quell')Amore a cui io grido invocando la grazia (*merzé*), e umilmente lo (*il*) prego, ma egli (*ed e'*) sembra aver escluso (*messo al niego*) ogni pietà.

vv. 40-52 Egli ripetutamente (*ad ora ad or*) alza la mano (armata) e sfida la mia debole vita, questo malvagio, che mi tiene disteso a terra, riverso (*disteso a riverso*), prostrato, incapace (*stanco*) di ogni movimento: allora nella mia immaginazione si levano delle grida (cioè "immagino di gridare"); e il sangue, che scorre (*è disperso*, "è diffuso") nelle vene, confluisce rapidamente (*fuggendo corre*) al cuore che lo

8. altri… scopra: mantenere la segretezza delle proprie sofferenze amorose, senza darle a vedere all'esterno, è uno dei motivi principali della poesia cortese.
9. ciò è che: il nesso, prosastico, è proprio delle dimostrazioni filosofiche: introduce adeguatamente il registro argomentativo dei due versi successivi, in cui compaiono termini propri dell'aristotelismo («vertù», v. 34, per "facoltà"; «opra», v. 34, per "funzioni").
10. ond'elli ancise Dido: come raccontato da Virgilio nel IV libro dell'*Eneide*, Didone, regina di Cartagine, si suicidò per amore di Enea trafiggendosi con una spada. Nel Medioevo Didone era addotta come esempio di lussuria e infatti Dante la collocherà tra i dannati del II girone dell'Inferno, dove sono puniti appunto i lussuriosi (*Inferno*, canto IV).
11. merzé: grazia; è un termine del lessico cortese-cavalleresco.
12. Egli… stanco: Amore personificato continua a infierire su Dante anche una volta che l'ha abbattuto. Anche l'immagine del metaforico duello tra l'amante respinto e il sentimento amoroso appartiene alla poesia cortese, ma qui lo scontro non segue le regole della cavalleria: Amore, che sta prevalendo, viene infatti definito come «perverso» ("malvagio, perfido", v. 41), irrispettoso dei canoni cavallereschi e pronto a tormentare un avversario rimasto a terra inerme.

fuggendo corre verso
lo cor che·l chiama; ond'io rimango bianco.[13]
Elli mi fere sotto il lato manco[14]
sì forte che 'l dolor nel cuor rimbalza;
allor dico: «S'egli alza
un'altra volta, Morte m'avrà chiuso[15]
anzi che 'l colpo sia disceso giuso».

Così vedess'io lui fender per mezzo
il cuore a la crudele che 'l mio squatra;
poi non mi sarebbe atra
la morte, ov'io per sua bellezza corro:
ché tanto dà nel sol quanto nel rezzo[16]
questa scherana micidiale e latra.[17]
Oïmè, ché non latra
per me, com'io per lei, nel caldo borro?[18]
ché tosto griderei: «I' vi soccorro»;
e fare'·l volentier, sì come quelli
che[19] ne' biondi capelli
ch'Amor per consumarmi increspa e dora
metterei mano,[20] e piacere'le allora.

chiama; per cui io impallidisco (*rimango bianco*). Egli mi colpisce (*fere*) sul lato sinistro (*manco*) così fortemente che il dolore si ripercuote (*rimbalza*) (fino) al cuore; allora dico: «Se egli alza un'altra volta (la mano armata), la Morte mi avrà finito (*chiuso*) ancor prima che il colpo sia calato (*disceso giuso*) (su di me)».

vv. 53-65 Così potessi vedere lui (Amore) spaccare a metà (*per mezzo*) il cuore della donna crudele (*a la crudele*) che lacera (*squatra*) il mio; dopo (aver visto questo), per me non sarebbe più tetra (cioè "non mi spaventerebbe più") la morte, verso la quale (*ov'*) corro a causa (*per*) della sua bellezza: poiché mi colpisce (*dà*) sempre e comunque (*nel sol… rezzo*, lett. "al sole e all'ombra") questa banditessa (*scherana*) assassina (*micidiale*) e malvagia (*latra*). Ohimé, perché non latra (come un cane) per me, come faccio io per lei, nel fossato (*borro*) rovente (della passione)? perché subito griderei: «Io vi soccorro!»; e lo farei volentieri, dal momento che (*sì come quelli che*) afferrerei i biondi capelli che Amore, per logorarmi, rende ricci e dorati, e allora sì che le piacerei (*piacere'le*).

13. rimango bianco: il pallore dell'amante sofferente, provocato dall'accorrere del sangue verso il cuore, è uno dei sintomi della fisiologia amorosa, presente già, per esempio, in Cavalcanti.
14. lato manco: parte sinistra; è, naturalmente, la parte del cuore.
15. chiuso: l'immagine può essere ricondotta a un ambito bellico ("chiudere in un assedio", in una situazione senza scampo) o interpretata nel senso di "chiudere in una tomba".
16. sol… rezzo: formula che equivale a "sempre e comunque".
17. latra: latinismo da *latro, -onis* («predone»), indica qui probabilmente il carattere violento e spietato della donna e non, invece, il fatto che abbia "rubato" il cuore all'amante. «Latra» ai vv. 58 e 59 costituiscono rima equivoca.
18. caldo borro: si tratta del metaforico abisso della passione, incandescente per le fiamme d'amore. L'espressione è stata però interpretata anche come un'immagine dell'Inferno, in cui Dante si ritroverebbe dopo la morte procuratagli da Amore e annunciata al v. 56.
19. sì come quelli che: alla lettera significa come colui che, impersonale. Si tratta però di un costrutto con valore causale-esplicativo, da parafrasare con dal momento che, siccome.
20. ne' biondi… mano: la concreta fisicità – i capelli biondi di Pietra, che Dante fantastica di afferrare – differenziano la poesia sensuale delle *petrose* dall'amore della *Vita nuova*.

S'io avesse le belle trecce prese,
che fatte son per me scudiscio e ferza,
pigliandole anzi terza,[21]
con esse passerei vespero[22] e squille:[23]
e non sarei pietoso né cortese,[24]
anzi farei com'orso quando scherza;[25]
e se Amor me ne sferza,
io mi vendicherei di più di mille.
Ancor ne li occhi, ond'escon le faville
che m'infiammano il cor, ch'io porto anciso,
guarderei presso e fiso,
per vendicar lo fuggir che mi face;
e poi le renderei con amor pace.[26]

Canzon, vattene dritto a quella donna
che m'ha ferito il core e che m'invola
quello ond'io ho più gola,
e dàlle per lo cor d'una saetta;
ché bell'onor s'acquista in far vendetta.

vv. 66-78 Se io avessi preso le belle trecce, che sono diventate (*fatte son*) per me uno scudiscio e una frusta (*ferza*), prendendole al mattino (*anzi terza*), starei con loro fino alla sera (*vespero*) e all'inizio della notte (*squille*) (quindi "non lascerei andare la donna fino a sera"): e non sarei pietoso né cortese, anzi farei come l'orso quando scherza; e se Amore ora mi frusta (*sferza*) con quelle trecce (*ne*), io mi vendicherei mille volte di più. E inoltre (*Ancor*) guarderei da vicino (*presso*) e sostenendo lo sguardo (*fiso*) gli occhi (di Pietra) dai quali (*ond'*) escono le scintille (*faville*) che mi infiammano il cuore, che io porto straziato (*anciso*), per vendicarmi del fatto che lei fugge da me (*lo fuggir che mi face*); e poi le farei la pace, con l'amore.

vv. 79-83 Canzone, vai direttamente (*dritto*) da quella donna che mi ha rubato il cuore e che mi sottrae (*involа*) quello che più vorrei, e trafiggile (*dàlle per*) il cuore con una freccia; perché si acquista onore vendicandosi.

21. terza: è la terza delle ore canoniche in cui era diviso il giorno. Corrisponde circa alle nove del mattino.
22. vespero: dal latino *vesper* («sera»), è la penultima delle sette ore canoniche e corrisponde circa alle sette di sera.
23. squille: l'ultima ora della sera, compieta (verso le nove di sera), è segnalata dal suono delle campane («squille», appunto). Le ore scandite da Dante in questo modo vogliono semplicemente indicare il fatto che il poeta si intratterrebbe con le trecce (o meglio con la donna) tutto il giorno.
24. non sarei... cortese: Dante nega qui esplicitamente i due valori cardine (la nobile disposizione dell'animo – «pietoso» – e la cortesia cavalleresca) che informano la *Vita nuova*, marcando ulteriormente la distanza tra le due diverse esperienze poetiche e biografiche dell'amore per Pietra e di quello per Beatrice.
25. com'orso... scherza: l'orso era considerato un animale lascivo; "scherzare" aveva anche un'accezione erotica: trattandosi di un animale feroce, le effusioni che Dante immagina non saranno certo tenere e delicate.
26. le renderei... pace: «renderei [...] pace» parte dal significato base della locuzione "render pace" (cioè "perdonare"), ma vi aggiunge un'allusione maliziosa piuttosto esplicita (*con amor*) alla rappacificazione di due amanti.

Analisi del testo

Struttura

Una struttura concatenata La canzone non segue una precisa linea argomentativa: attorno a un unico tema (la sofferenza d'amore) proliferano numerosi concetti che danno l'impressione di fiorire l'uno dall'altro, senza definire uno sviluppo organico. È possibile, tuttavia, associare a ogni stanza un nucleo tematico principale:

I stanza	La durezza della «bella petra»
II stanza	L'incapacità dell'amante di difendersi dai suoi attacchi crudeli
III stanza	La sofferenza amorosa come idea tormentosa e come guerra
IV stanza	L'Amore infierisce sull'amante con la propria spada
V stanza	L'amante sogna di affondare quella stessa spada nel cuore della «crudele» nemica e di vederla nell'Inferno («caldo borro») in cui egli stesso si trova
VI stanza (+ congedo)	L'amante immagina di proseguire la sua vendetta, "addomesticando" la donna

Il criterio di organizzazione più evidente è una sorta di dispositivo a catena, per cui la parte finale di ogni stanza annuncia il tema di quella successiva. È un meccanismo che ricorda il principio delle *coblas capfinidas*, legate da uno stesso termine che si ripete nell'ultimo verso di una strofa e in quello iniziale della successiva; Dante, che ricorre raramente a questa tecnica, ne riproduce qui lo spirito, creando delle connessioni a livello tematico più che lessicale.

La svolta finale Nelle strofe conclusive si assiste, come abbiamo visto, a un movimento nuovo: l'amante spossato e annichilito dalla sofferenza, vinto dalla donna e da Amore, trova un moto di riscossa immaginando una vendetta, che assume toni ironici, se non proprio salaci. Auspicando che l'amata bruci nell'inferno della passione invocando aiuto, egli prospetta di offrirle sì soccorso, ma trascinandola senza complimenti per i capelli (vv. 59-65) e di infliggerle poi impietose frustate con le sue stesse trecce (vv. 66-73), rappacificandosi poi con lei nel modo più prosastico (vv. 74-78). La salace ironia denuncia un distacco che ribadisce la natura letteraria, piuttosto che autobiografica – come vedremo –, dell'esperimento delle *petrose*.

Lingua e stile

L'asprezza antistilnovistica L'asprezza è al centro di questo componimento, non solo nei contenuti ma anche e soprattutto nello stile, tanto che le durezze e le dissonanze si convertono in una dichiarazione di poetica: l'autore vuole «esser aspro», nei contenuti e nella forma («nel mio parlar», v. 1).
Ecco allora un susseguirsi di:

- rigidità foniche (suoni gutturali e nessi consonantici come in «priego», «grido», «squatra» ecc.);
- vocaboli che evocano un'idea di pesantezza («pietra», «peso», «affonda», «stammi sopra») o aggressività («arme», «spezzan», «percosso», «uccise», «fender per mezzo», «scudiscio», «ferza», «vendetta» ecc.);
- andamenti sintattici ampi e complessi;
- rime particolarmente ricercate, sul modello delle *rimas caras* del provenzale Arnaut Daniel, per esempio rime inclusive (in cui una delle parole è contenuta nell'altra, come in «aspro [...] diaspro», «petra [...] impetra», «arme [...] atarme» ecc.), rime ricche (che condividono fonemi prima dell'ultima vocale tonica, come in «perverso [...] riverso», «arretra [...] faretra»), rime equivoche (fra parole omofone, come «latra» verbo e «latra» sostantivo), paronomastiche (due parole di suono molto simile fra loro) ecc.

L'effetto complessivo è d'intenzionale dissonanza, coerente con il contenuto del testo: Dante si muove ora, deliberatamente, in una direzione opposta a quella dolce prescritta dallo Stilnovo, ma lontana anche dalle regole che enuncerà nel *De vulgari eloquentia*.

Temi

La «bella petra» Dal punto di vista tematico la canzone, così come l'intero gruppo delle *petrose*, è senza dubbio agli antipodi della *Vita nuova*. La donna oggetto d'amore è qui un essere carnale e terreno; certo, i «biondi capelli» e le «belle trecce» sono convenzionali, ma allo stesso tempo ispirano al poeta una poco spiritualizzata fantasia d'amore. La crudeltà e durezza della «bella petra» è d'indole essenzialmente diversa da quella che poteva aver mostrato Beatrice, quando aveva deciso di togliere il saluto a Dante. In entrambi i casi gli effetti dell'amore sono descritti ricorrendo a immagini che possono sembrare identiche: «e 'l sangue, ch'è per le vene disperso, / fuggendo corre verso / lo cor, che·l chiama; ond'io rimango bianco» (vv. 45-47). Ma la somiglianza deriva dalla comune tradizione poetico-amorosa cui sia le *petrose* sia la *Vita nuova* s'ispirano, sviluppandola però in direzioni diverse.

Fra tradizione e sperimentalismo Sarebbe d'altronde fuorviante leggere il testo in chiave autobiografica: la canzone, in modo ancora più esasperato della *Vita nuova*, è un esperimento letterario, che gioca sapientemente con la memoria cortese, sia provenzale sia italiana. Tutti i temi evocati nel testo sono ricavati dall'immaginario erotico cortese: il corpo dell'amante divorato da Amore come fosse un macabro pasto (sullo sfondo è il tema del "cuore mangiato"); la crudeltà dell'amata; la fenomenologia amorosa descritta nei termini di una battaglia feroce che ha per campo il cuore e la mente dell'amante; il desiderio di vendetta contro la «scherana micidiale e latra» (v. 58). Nonostante l'apparente drammaticità, la canzone è però di natura sostanzialmente ludica, e più ancora che ai poeti di Provenza, per capirla bisogna guardare all'ironia del maestro Guido Guinizzelli, che alla lirica trobadorica guardava con distacco intellettuale, giocoso e sapiente.

Officina

COMPRENDERE

1. Perché il poeta non può difendersi dai colpi mortali della donna?
2. Come viene raffigurato Amore?
3. In che cosa consiste la vendetta vagheggiata dall'io lirico?

ANALIZZARE

4. Indica se le seguenti affermazioni sono vere (V) o false (F).
   a. Nelle prime stanze a prevalere è il sentimento di vendetta del poeta sofferente. V F
   b. Sono assenti subordinate e inversioni sintattiche. V F
   c. La rudezza della poesia "petrosa" è data anche dai nessi consonantici. V F
5. **Lingua e stile** Individua, sottolinea e trascrivi tutte le parole e le espressioni della canzone riconducibili al campo semantico della guerra.
6. **Lingua e stile** Indica le figure retoriche corrispondenti a ciascuna delle seguenti espressioni:
   a. «come fior di fronda» (v. 16): ....
   b. «legno» (v. 19): ....
   c. «com'io di dire» (v. 26): ....
   d. «scudiscio e ferza» (v. 67): ....
7. **Lessico** Indica quale, fra i seguenti aggettivi, è il contrario dell'aggettivo "perverso":
   a. malvagio
   b. retto
   c. efferato
   d. turpe

INTERPRETARE

8. La poesia si chiude con l'io lirico che si rivolge al proprio componimento affidandogli un compito: è un'esortazione simile al congedo di ***Donne ch'avete intelletto d'amore*** (➤ T2, p. 210)? Approfondisci l'argomento confrontando i due testi.
9. In che modo viene rappresentata la figura femminile di cui parla la canzone? Spiega quali sono le sue caratteristiche e i suoi comportamenti e in che modo si differenzia dalla Beatrice lodata nella *Vita nuova*.

PERCORSO DI SCRITTURA

Riassunto Attribuisci a ciascuna stanza un breve titoletto che sintetizzi l'argomento di cui tratta, poi riassumi il contenuto della canzone in circa 30 parole.

T6 Guido, i' vorrei che tu e Lapo ed io

Rime LII

La freschezza e lo slancio che lo Stilnovo seppe ispirare si colgono pienamente in questo famoso sonetto giovanile di Dante (composto sicuramente prima della *Vita nuova*), divenuto uno dei simboli di quella stagione poetica. In questi versi, rivolti all'amico Guido Cavalcanti, l'autore vagheggia il desiderio di essere trasportato magicamente su un'imbarcazione incantata, insieme a Guido, Lapo (Lapo Gianni, amico di entrambi e, come loro, poeta stilnovista) e alle donne che ciascuno di loro ama. In questo luogo onirico, al riparo dai conflitti e dai dolori del mondo, sarebbe finalmente possibile vivere la concordia dell'amicizia e la limpida gioia dell'idillio amoroso.

- METRO sonetto con schema ABBA ABBA CDE EDC

Guido, i' vorrei che tu e Lapo[1] ed io
fossimo presi per incantamento[2]
e messi in un vasel, ch'ad ogni vento
per mare andasse al voler vostro e mio;

sì che fortuna[3] od altro tempo rio
non ci potesse dare impedimento,
anzi, vivendo sempre in un **talento**,[4]
di stare insieme crescesse 'l disio.

E monna Vanna e monna Lagia[5] poi
con quella ch'è sul numer de le trenta[6]
con noi ponesse il buono incantatore:[7]

e quivi ragionar[8] sempre d'amore,
e ciascuna di lor fosse contenta,
sì come i' credo che saremmo noi.

lessico
Talento
Antica moneta usata in Palestina ai tempi di Gesù. Il significato arcaico di «volontà» e quello attuale di «inclinazione, dote naturale da mettere a frutto» derivano dalla *Parabola dei talenti* (*Vangelo di Matteo*): un padrone, partendo, affida a ogni suo servo dei talenti; al ritorno, elogia chi li ha usati raddoppiandone il valore e biasima chi li ha solo custoditi nascondendoli.

1. **Guido... Lapo:** Guido Cavalcanti e Lapo Gianni, anch'egli poeta del gruppo dello Stilnovo.
2. **per incantamento:** Dante evoca un'atmosfera magica, di sospensione della realtà, che ricorda le trame cavalleresche del ciclo arturiano. L'«incantamento» è prodotto dal «buono incantatore» (il mago) del v. 11.
3. **fortuna:** è un latinismo per tempesta, fortunale. La magica imbarcazione di Dante non è soggetta ai fenomeni atmosferici.
4. **in un talento:** la concordia («un», un solo, uno stesso; «talento», intento, desiderio) è un requisito dell'amicizia già in autori antichi, come, per esempio, Cicerone e Sallustio.
5. **monna Vanna... Lagia:** sono le due donne amate, rispettivamente, da Guido e Lapo; «monna» è diminutivo di "madonna" (dal latino *mea domina*, «mia signora»).
6. **quella... le trenta:** in un passo della *Vita nuova* (VI, 2) Dante dice di avere composto un elenco delle trenta donne più belle di Firenze, nel quale Beatrice si trovava al nono posto (l'ordinamento non era quello di una classifica), quindi «sul numer de le trenta» potrebbe essere inteso sia come "al primo posto delle trenta donne (della lista)" (qui dunque non si tratterebbe di Beatrice, ma potrebbe riferirsi alla prima donna-schermo della *Vita nuova*), sia, genericamente, come "nel novero delle trenta", cioè "fra le trenta" (e in quest'ipotesi potrebbe anche trattarsi di Beatrice).
7. **incantatore:** colui che ha operato l'incantesimo di cui si dice al v. 2.
8. **ragionar:** conversare, parlare; è un infinito con valore ottativo (esprime cioè un desiderativo).

Costruisci la tua analisi

→ VERSO IL NUOVO ESAME DI STATO

Parafrasi

1. Completa le parti mancanti della parafrasi, aiutandoti con le note al piede e con i suggerimenti tra parentesi quadre.

vv. 1-4 Guido, io vorrei che tu, Lapo e io .... e messi su una barca (*vasel*), la quale .... con qualsiasi vento (*ad ogni vento*) ....;

vv. 5-8 in modo che una tempesta (*fortuna*) .... [cerca il significato dell'aggettivo «rio» sul dizionario] ...., anzi, vivendo sempre di comune accordo (*in un talento*), ... [per la parafrasi tieni conto che nel verso 8 è presente un iperbato e che «disio» significa "desiderio"]

vv. 9-11 [Tieni presente che sintatticamente questi versi dipendono sempre da «vorrei che» del verso 1 e che il soggetto è «il buono incantatore», da mettere all'inizio della parafrasi] .... insieme a noi madonna (*monna*) Vanna e madonna Lagia .... vedi la nota 6 per il significato dell'espressione *sul numer de le trenta*

vv. 12-14 E vorrei che potessimo lì (sul vascello) discutere (*ragionar*) sempre d'amore, ...

Struttura

Amore e amicizia

2. Completa il seguente schema, dal quale emerge la struttura bipartita del sonetto.

Quartine **L'AMICIZIA**	**I quartina** (vv. 1-4)	**Prima parte del desiderio di Dante** • Chi: .... • Dove: .... • Con che mezzo: ....
	II quartina (vv. 5-8)	• Atmosfera: ....
Terzine **L'AMORE**	**I terzina** (vv. 9-11)	**Seconda parte del desiderio di Dante** • Chi: .... • L'artefice del desiderio: ....
	II terzina (vv. 12-14)	**Conclusione** • Il tema di discussione: .... • Il risultato del desiderio: ....

Comprendere

I personaggi

3. A chi si rivolge Dante?

4. Chi realizzerebbe il desiderio espresso dal poeta?

5. Quali sono le possibili identificazioni della donna definita come «quella ch'è sul numer de le trenta»? Leggi con attenzione la relativa nota al testo.

6. Di che cosa vorrebbe parlare Dante con i poeti e le loro donne sulla barca?

Analizzare

Lingua e stile

Io + voi + loro = noi Nel sonetto Dante ricorre a precise scelte sintattiche, lessicali e stilistiche per mettere in luce l'amicizia che lega tra loro i poeti, da una parte, e l'amore, oggetto principale della loro poesia, dall'altra.
Consideriamo, in primo luogo, la sintassi: le due quartine sviluppano un unico periodo, diviso in una principale (la prima quartina) e una consecutiva (la seconda quartina).

7. Concentrati ora sulle terzine: quanti periodi contengono? Sintatticamente com'è strutturato quindi il sonetto nel suo complesso?

Prestiamo ora attenzione all'uso dei pronomi personali e degli aggettivi possessivi. Possiamo subito osservare che essi ricorrono con una certa frequenza e in posizioni di rilievo all'interno dei versi.

8. Individua tutti i pronomi personali e gli aggettivi possessivi. Ce ne sono alcuni in posizione forte, a chiusura di verso: quali sono?

Si può dire che l'uso così frequente di pronomi e aggettivi nel componimento sia una spia a cui Dante vuole che noi prestiamo attenzione, una traccia luminosa da seguire per capire il messaggio che ci vuole trasmettere.

9. Prova a mettere di seguito, uno dopo l'altro, i pronomi e gli aggettivi che hai trovato: noti una progressione? In particolare, trovi significativo che il componimento si chiuda proprio con il pronome personale «noi»?

Desiderio e magia Consideriamo ora i campi semantici in cui rientrano le parole scelte da Dante. Ricordati che fare una ricognizione degli ambiti semantici più presenti in un componimento (sia in prosa sia in poesia) può essere molto utile in sede di interpretazione. In questo caso, due ambiti ricorrono con particolare frequenza, quello del desiderio e quello della magia.

10. Costruisci sul quaderno una tabella su due colonne: nella prima inserisci i termini della poesia appartenenti alla sfera del desiderio, nella seconda quelli appartenenti alla sfera della magia.

Interpretare

Mondo reale e mondo letterario

Dalla valutazione delle scelte lessicali di Dante emerge, dunque, il fatto che desiderio e magia sono due elementi importanti nel sonetto. Proviamo ora a riflettere sul perché.

11. Quale delle seguenti definizioni credi sia la più adatta a descrivere il desiderio espresso da Dante?

- ☐ Dante desidera cambiare la realtà in meglio insieme ai suoi amici poeti.
- ☐ Dante desidera evadere dalla realtà in una dimensione diversa e privata, dedicata esclusivamente alla poesia e all'amore.
- ☐ Dante desidera fare un viaggio per mare con gli amici e le rispettive donne, senza correre pericoli.
- ☐ Dante desidera fare colpo sulle donne amate grazie all'intervento di un mago suo complice.

Percorso di scrittura

Riscrittura

La figura dell'«incantatore» richiama il *roman*, il romanzo cavalleresco (➤ p. 26).

12. Prova a riscrivere il sonetto sotto forma di un breve racconto fantastico, di ambientazione medievale (max 300 parole), inserendo nel racconto elementi tipici dei romanzi cavallereschi.

5. Il Convivio

5.1 Dall'amore per Beatrice alla filosofia

Il volgare alla prova della filosofia

Volgarizzamento
Traduzione o adattamento in volgare italiano di opere originariamente composte in latino o in un'altra lingua, come il francese antico o il provenzale.

Scritto probabilmente **tra** il **1304 e** il **1307**, nei primi anni dell'esilio, il *Convivio* si annuncia come un progetto di grande ambizione e coraggio: affrontare in quindici «trattati» (capitoli) una serie di complesse **questioni filosofiche** e morali, impiegando la **lingua volgare**. La scelta è rivoluzionaria, perché all'epoca di Dante la cultura scientifica si esprime esclusivamente in latino: egli però, a differenza dei **volgarizzatori** contemporanei e precedenti, non nutre alcun dubbio sulla capacità del volgare di porsi allo stesso livello del latino, quale che sia il soggetto affrontato. È anzi convinto che l'italiano abbia il vantaggio di una maggiore fruibilità e che consenta dunque di **offrire il «pane» dell'intelletto a un numero più ampio di persone**.

Cibarsi di sapere

L'immagine del pane rientra in quella più ampia che ispira il titolo dell'opera: il «convivio» è infatti il **banchetto metaforico** in cui l'autore imbandisce al lettore un ricco nutrimento intellettuale. Più precisamente, egli intende offrire delle **«vivande»**, ossia delle **canzoni filosofiche**, accompagnate da un **«pane» che consiste nel loro commento esplicativo in prosa**: come si vede, torna la forma del **prosimetro**, inaugurata già nella *Vita nuova* (➤ p. 202).

I quattro trattati

Dante tuttavia **interruppe la stesura** già **al quarto trattato**, probabilmente per il definirsi di un progetto maggiore, quello della *Commedia*. È difficile riconoscere un disegno generale a partire dalle poche parti che ci rimangono dell'opera, che si compone di:

1. un **primo** trattato introduttivo di **carattere generale**;
2. un **secondo** (aperto dalla canzone ***Voi che 'intendendo il terzo ciel movete***) dedicato ai quattro **livelli interpretativi delle Scritture** (letterale, allegorico, morale e anagogico);
3. un **terzo** che ha per oggetto l'**amore per la filosofia** (con la canzone iniziale ***Amor, che ne la mente mi ragiona***);
4. un **quarto** che affronta la ricerca della vera nobiltà (a partire dalla canzone ***Le dolci rime d'amor ch'i' solia***).

La vita di Dante sempre al centro

Biblioteca digitale
Il dramma dell'esilio

Tra le diverse **forme liriche**, la **canzone è la più nobile**, dunque la più adatta ai temi filosofici che Dante affronta; le **tre inserite nel *Convivio*** non sono composte appositamente per quest'opera, ma **risalgono ad anni precedenti** e, collocate ora in un nuovo contesto, ricevono dal loro autore una di quelle riletture che, abbiamo visto, sono caratteristiche della sua poetica. Di nuovo Dante ripercorre il proprio passato, lo riutilizza, lo reinterpreta e ne fa materia per nuove creazioni: l'**autobiografismo resta dunque centrale**, come lo era stato nella *Vita nuova*, tanto che nelle battute iniziali del primo trattato l'autore sente il bisogno di giustificarsi di aver parlato di sé, rifacendosi al precedente di due maestri del pensiero cristiano-classico, **Severino Boezio** (➤ p. 204) e **sant'Agostino**, che avevano innestato l'indagine filosofica nella concretezza delle rispettive esperienze di vita. L'uno e l'altro sono due stelle di prima grandezza nel firmamento dei riferimenti culturali del Due e Trecento, ma che Dante li ricordi in apertura del *Convivio* assume un valore del tutto particolare: da un lato, infatti, Boezio scrisse la *Consolazione della Filosofia* in carcere, per difendersi da accuse ingiuste (come ingiuste sono le accuse che costringono Dante a un doloroso esilio), dall'altro, le *Confessioni* di Agostino si prefiggono di produrre un giovamento universale a partire da un'esperienza personale, come appunto si propone di fare l'autore del *Convivio*.

5.2 L'esule e il suo pubblico: i valori del *Convivio*

Presentarsi a un nuovo pubblico

L'**esilio influisce a diversi livelli nella composizione del *Convivio***. I luoghi e le persone presso cui l'autore soggiorna lo inducono a confrontarsi con riflessioni nuove: l'orizzonte culturale dei propri ospiti, i valori che loro abbracciano, la società in cui vivono, nella quale si prefigurano radicali cambiamenti. E verosimilmente, nel dialogo di Dante con sé stesso, si fa sentire con forza il **desiderio di smarcarsi dalla precarietà umiliante che la condizione di esule gli impone**.

Lettori ma anche lettrici

Non a caso, quindi, Dante indica con molta precisione il pubblico a cui intende rivolgersi: «principi, baroni, cavalieri, e molt'altra **nobile gente**, **non solamente maschi, ma femmine**, che sono molti e molte in questa lingua, volgari ("che parlano in volgare"), e non litterati ("che non conoscono il latino")» (*Convivio* I, IX, 5). È notevole che Dante includa esplicitamente le donne: è questa una scelta che per un verso è in accordo con il recente passato dell'autore, allineata com'è ai valori dello Stilnovo, per altro verso è invece di estrema novità, trattandosi di un testo di carattere speculativo (in cui cioè si affrontano ragionamenti filosofici) e non di svago, dunque di solito precluso alle dame.

Una generosità principesca

A prescindere dal genere, la «nobile gente» individuata da Dante corrisponde a un gruppo sociale che si identifica con l'**ideologia aristocratico-cortese** e che condivide un complesso di valori ben definito. Tra questi, un ruolo preminente ha la «**liberalitade**», cioè la virtù che si manifesta nel donare: qualità principesca per eccellenza, si esplica nel **dono non richiesto e gratuitamente offerto**. Rientrano in questo spirito tanto l'**uso del volgare**, che, come abbiamo detto, amplia la platea dei beneficiari del dono, quanto l'eccellenza del beneficio elargito.

Due importanti esigenze

In questa nobile opera di divulgazione sono individuabili due esigenze. Per un verso Dante aspira a differenziarsi da quella società mercantile il cui crescente successo si basa solo sulla logica dell'interesse e del guadagno. All'**economia del denaro** delle classi mercantili Dante contrappone dunque un'**economia del dono**, espressione di un'utopia aristocratica con cui sin dalle esperienze stilnoviste l'autore si identifica. Per un altro verso, però, nel far propria una virtù regale come la liberalità, Dante si pone alla pari, se non addirittura **al di sopra di quel suo pubblico ideale** di «principi, baroni, cavalieri» da cui durante gli anni dell'esilio dipenderà la sua sorte. E non a caso al tema della nobiltà e della regalità è dedicato il terzo dei trattati: qui, argomentando contro lo stesso imperatore Federico II, sostiene che la **nobiltà non sia** il **risultato di «antica ricchezza»**, ma che sia piuttosto una caratteristica individuale non ereditabile. Dante riafferma cioè una **nozione di gentilezza basata sulle virtù del singolo e sull'esercizio della filosofia**.

La conoscenza come via per la felicità

Biblioteca digitale
Il naturale desiderio di conoscenza

Il dono che Dante elargisce è, come anticipavamo, altissimo: il *Convivio*, infatti, punta a un obiettivo decisamente superiore a quello – nobile ma pur sempre umile – di divulgare la conoscenza a un pubblico più ampio. Più che la tradizione dei volgarizzamenti e delle opere di carattere enciclopedico che l'hanno preceduto, il suo modello è quello, di ben altro respiro filosofico e spirituale, delle *Confessioni* di Agostino. Dante affida infatti alla conoscenza e alla **ricerca della verità**, iscritta nella sua stessa esperienza di vita, un compito altissimo: fornire l'accesso a quella «vera felicitade che per contemplazione de la veritade s'acquista» (*Convivio* III, IX, 14), cioè alla "vera **felicità** che si acquisisce tramite la contemplazione della verità".

Il razionalismo dantesco

Si rivela qui quel **razionalismo**, ossia quella fiducia assoluta nelle risorse dell'intelletto umano, che costituisce una **tappa decisiva dell'evoluzione del pensiero dantesco**. I segni più evidenti di questo passaggio si riscontrano, oltre che nella conversione a un nuovo tipo di amore, quello per la conoscenza, nei toni e nel **procedimento argomentativo**. Come si legge nell'esordio, rispetto alla stagione giovanile («fervida e passionata») della *Vita nuova*, ora la scrittura dev'essere più «temperata e virile» (*Convivio* I, I, 16), dunque meno propensa all'effusione dei sentimenti e più consona al contenuto speculativo. Così, l'argomentazione segue il **metodo scolastico**, quello cioè che nel Medioevo aveva conciliato la filosofia di Aristotele con il pensiero cristiano: l'autore pone una *quaestio*, una «domanda» (ossia una «questione» filosofica, dottrinale o morale), che poi viene suddivisa in parti, la cui discussione porta alla *responsio* conclusiva («risposta», dunque soluzione del problema posto).

> La scienza è ultima perfezione de la nostra anima, ne la quale sta la nostra ultima felicitade.
>
> *Convivio* I, 1, 1

5.3 Il *Convivio* come fase di transizione

La svolta del *Convivio*

Nel percorso evolutivo della poetica di Dante (➤ p. 198) il *Convivio* si pone come uno **snodo fondamental**e, che **chiude** la **fase stilnovista e** sarà a **sua volta risolto dalla *Commedia*.** Tra i molti punti di osservazione possibili per esaminare questa svolta, scegliamo alcuni temi centrali: la concezione dell'amore, il ruolo della ragione, l'interpretazione allegorica e la possibilità di raggiungere la beatitudine.

L'amore

Nel *Convivio*, come dicevamo, il desiderio di conoscenza sembra del tutto soppiantare la tematica amorosa che era stata al centro della *Vita nuova*: l'idea stessa di amore subisce una profonda ridefinizione, in quanto **oggetto dell'amore** diviene **la conoscenza, di cui la «Donna gentile» è allegoria**. Spetterà però alla *Commedia* riassegnare un'importanza essenziale all'amore, attribuendogli un nuovo significato, trascendente e divino.

Dalla filosofia alla grazia

Il poema correggerà in modo palese più d'una questione dottrinale esposta nel *Convivio* e, in generale, la **fiducia nell'argomentazione logica** di stampo scolastico a cui si affidano i trattati **verrà** progressivamente **subordinata**, nella *Commedia*, **alla grazia della visione divina**. Significativamente ciò avverrà soprattutto nel *Paradiso*, dove i sillogismi lasciano spesso il posto ai misteri di fede.

L'allegoria

Un'altra questione fondamentale riguarda l'idea di allegoria, che Dante espone nel secondo libro del *Convivio*. **I Padri e i dottori della Chiesa**, e in particolare Tommaso d'Aquino, avevano distinto l'**allegoria teologica**, che si applica alle narrazioni della Bibbia, in cui il senso letterale è sempre vero, dall'**allegoria poetica**, propria della poesia classica e di tutte le opere che vi si ispirano, in cui il senso letterale non è vero (è solo una «bella menzogna», *Convivio* II, I, 2). Per esempio, l'esodo degli Ebrei dall'Egitto narrato nell'Antico Testamento è un fatto vero, storico, che prefigura anche (ne è allegoria) la liberazione dell'anima dal peccato; invece, il personaggio mitologico di Orfeo, che con il suo canto ammansisce le fiere, è allegoria del grande potere che la parola poetica ha sugli animi, ma non è mai esistito, è un'invenzione dei poeti. **Nel *Convivio*** Dante si mantiene all'interno di questo approccio e, nel commento delle canzoni, spiega chiaramente che si tratta di **allegorie poetiche** («prendo lo senso allegorico secondo che per li poeti è usato», *Convivio* II, I, 4). Invece **nella *Commedia***, come anche nell'*Epistola* a Cangrande (➤ p. 259), Dante arriverà ad affermare il **valore di verità assoluta di quanto narra** nel poema, spingendo la propria audacia sino a giurare sull'effettiva realtà degli eventi incredibili di cui è stato testimone e addirittura ad affiancare, sul piano dell'autorevolezza, la propria poesia alla Sacra Scrittura (➤ **T22**).

Padri e dottori della Chiesa

Autori cristiani (si tratta sempre di santi) i cui scritti hanno contribuito a definire e spiegare i fondamenti della dottrina della Chiesa. I Padri sono tutti anteriori all'VIII secolo e alcuni di loro hanno anche il titolo di "dottore", che può essere conferito dal papa o da un concilio ecumenico. Le opere dei Padri costituiscono la letteratura patristica.

La felicità

La rettifica più importante tra *Convivio* e *Commedia* è l'**abbandono dell'idea che l'uomo possa raggiungere la felicità** attraverso la sola pratica delle virtù e l'uso della ragione: solo l'intervento della grazia divina, spiegherà Dante nel poema, consente di raggiungere l'autentica beatitudine.

Dal *Convivio* alla *Commedia*

Che il prosimetro resti incompiuto è indicativo: con il definirsi del grande progetto del poema, molte delle questioni affrontate nei trattati verranno ridefinite e risolte in chiave diversa. Di fatto, l'ombra della *Commedia* farà appassire il *Convivio*.

FISSA I CONCETTI

- Che cosa intende Dante per «convivio», «pane» e «vivande»?
- Quali scelte alla base della composizione dell'opera rappresentano una novità nel panorama culturale del tempo?
- Quale punto di svolta segna il *Convivio* nella poetica di Dante?

Jean-Léon Gérôme, *Mosè sul monte Sinai*, XIX secolo. Collezione privata.

T7 *I quattro sensi delle Scritture*

Convivio II, I, 2-8

Dante spiega che il commento alle canzoni del *Convivio* rispetterà un metodo preciso, modellato sull'esegesi (cioè l'interpretazione) dei testi sacri. A un primo livello la spiegazione deve essere letterale (deve cioè spiegare che cosa dice il testo, poetico o sacro); segue un livello allegorico, che indica il significato che si nasconde al di sotto di quello letterale; il senso allegorico è l'unico vero per la poesia, mentre nelle Scritture è vera anche la lettera. A questi due livelli si atterrà la spiegazione delle canzoni che Dante preannuncia. Difatti, i due livelli ulteriori, quello morale e quello anagogico, sono propri dei soli testi sacri.

Le nostre parole ›

2. Dico che, sì come nel primo capitolo[1] è narrato, questa sposizione conviene essere litterale e **allegorica**.[2] E a ciò dare a intendere, si vuol sapere che le scritture si possono intendere e deonsi esponere massimamente per quattro sensi.[3] **3.** L'uno si chiama litterale, [e questo è quello che non si stende più oltre che la lettera de le parole fittizie, sì come

1. nel primo capitolo: in *Convivio* I, I, 18 Dante spiega di voler commentare sul piano allegorico, oltre che letterale, le canzoni che riporterà nei trattati successivi.
2. sposizione… allegorica: questa spiegazione («sposizione») deve («conviene») essere sia letterale sia allegorica. La spiegazione è il commento alle canzoni.
3. E a ciò… sensi: E per capire bene questo bisogna («si vuol») sapere che i testi («scritture») si possono comprendere e si devono spiegare («esponere») nel modo più completo («massimamente») in quattro sensi. Quali siano i «quattro sensi» (letterale, allegorico, morale e anagogico) verrà detto subito dopo. Qui «scritture» è usato nel suo significato generico di "testi scritti", anche se l'interpretazione secondo i quattro livelli può applicarsi propriamente ai soli testi sacri. I testi poetici invece sono interpretabili solo sui piani letterale e allegorico.

Le nostre parole — Allegoria

L'origine del termine Il sostantivo "allegoria" deriva da un composto greco costituito da *állos*, «altro», e *agoréuo*, «dico, parlo», e sta dunque a indicare un discorso figurato, che non esprime qualcosa direttamente ma allude a una realtà nascosta.

Nel mondo medievale A Dante (*Convivio*) si deve sia il primo uso del termine "allegoria" sia dell'aggettivo "allegorico". L'"allegoria" nel mondo medievale è propriamente una significazione indiretta, obliqua, che generalmente esprime qualcosa di astratto attraverso qualcosa di concreto, come accade nel primo canto dell'*Inferno*, quando Dante sceglie una lupa per rappresentare il vizio della cupidigia. Nel Medioevo, l'allegoria è considerata lo strumento che permette di "leggere" il mondo, aperto come un libro (il libro scritto dalla mano di Dio) davanti a chi è capace di comprendere il rapporto tra la natura e la realtà trascendente. L'allegoria permette di collegare così "basso" e "alto", realtà terrena e realtà celeste.

Allegorie moderne Nell'italiano contemporaneo l'uso di "allegoria", o dell'aggettivo "allegorico", è ristretto al linguaggio specialistico della critica filosofica o letteraria, che in certi casi non si riferisce soltanto alla cultura medievale ma anche a quella contemporanea. In ambito letterario emerge, nel Novecento, un valore negativo del termine, avvertito come un relitto del passato. Esemplare è l'affermazione di Pirandello nei *Sei personaggi in cerca d'autore*: «Odio l'arte simbolica, in cui la rappresentazione perde ogni movimento spontaneo per diventar macchina, allegoria». La natura arcaica del concetto può, tuttavia, essere recuperata da alcuni scrittori come elemento di originalità: *Come un'allegoria* è intitolata, per esempio, la prima raccolta (1936) del poeta livornese Giorgio Caproni.

sono le favole de li poeti.[4] L'altro si chiama allegorico,] e questo è quello che si nasconde sotto 'l manto di queste favole, ed è una veritade ascosa sotto bella menzogna:[5] come quando dice Ovidio che Orfeo facea con la cetera mansuete le fiere, e li arbori e le pietre a sé muovere; che vuol dire che lo savio uomo con lo strumento de la sua voce fa[r]ia mansuescere e umiliare li crudeli cuori, e fa[r]ia muovere a la sua volontade coloro che non hanno vita di scienza e d'arte: e coloro che non hanno vita ragionevole alcuna sono quasi come pietre.[6] **4.** E perché questo nascondimento fosse trovato per li savi, nel penultimo trattato si mosterrà.[7] Veramenti li teologi questo senso prendono altrimenti che li poeti;[8] ma però che[9] mia intenzione è qui lo modo de li poeti seguitare, prendo lo senso allegorico secondo che per li poeti[10] è usato. **5.** Lo terzo senso si chiama morale, e questo è quello che li lettori deono intentamente andare appostando per le scritture, ad utilitade di loro e di loro discenti:[11] sì come appostare si può ne lo Evangelio, quando Cristo salio lo monte per transfigurarsi, che de li dodici Apostoli menò seco li tre; in che moralmente si può intendere che a le secrete cose noi dovemo avere poca compagnia.[12] **6.** Lo quarto senso si chiama anagogico, cioè sovrasenso; e questo è quando spiritualmente si spone una scrittura, la quale ancora [sia vera] eziandio nel senso litterale, per le cose significate significa de le superne cose de l'etternal gloria:[13] sì come vedere si può in quel-

4. questo… poeti: questo è quello che non va («si stende», "si estende") oltre il senso letterale («la lettera») delle parole fittizie, quali sono le parole dei poeti. Nella tradizione manoscritta dell'opera questa parte, che contiene la definizione del primo dei quattro sensi delle Scritture, quello letterale, è ampiamente lacunosa: il testo qui riprodotto è stato reintegrato in via congetturale (per questo è tra parentesi quadre). Il contenuto della poesia viene indicato come fittizio, cioè falso; è una «favola» inventata dai poeti. Al contrario, il contenuto letterale delle Sacre Scritture è sempre veritiero.

5. una veritade… menzogna: una verità nascosta («ascosa») sotto una bella menzogna. Secondo Dante l'unico contenuto veritiero della poesia è di tipo allegorico: le belle parole che compongono i versi sono assimilate metaforicamente a un «manto» sotto cui si cela la verità, che spetta al commentatore svelare.

6. come quando… pietre: Dante riporta come esempio di interpretazione allegorica di un testo poetico un mito narrato dal poeta latino Ovidio nel decimo libro delle *Metamorfosi*; la figura del cantore Orfeo, in grado di far muovere alberi e pietre e di attirare a sé gli animali feroci viene interpretata come allegoria dell'uomo sapiente («lo savio uomo») che è in grado di ammansire e rendere umili («umiliare»), con la cultura e la filosofia (il suono della cetra, «cetera»), gli animi delle persone più feroci e digiune di scienza e arte (piante, pietre e animali).

7. nel penultimo… mosterrà: verrà spiegato («si mosterrà») nell'ultimo trattato, ossia nel trattato XIV, che però Dante non scrisse mai, avendo interrotto l'opera al IV.

8. Veramenti... che li poeti: In realtà («Veramenti») i teologi intendono questo senso (il senso allegorico) in modo diverso rispetto («altrimenti che») ai poeti, perché il contenuto delle Sacre Scritture è vero sul piano letterale e al contempo su tutti e tre gli altri piani, compreso quello allegorico.

9. però che: poiché.

10. per li poeti: dai poeti (complemento d'agente).

11. Lo terzo… discenti: Il terzo senso si chiama morale, e questo è quello che coloro che spiegano i sacri testi («li lettori») devono attentamente ricercare («andare appostando») nelle Sacre Scritture («scritture»), per l'utile proprio e di chi apprende da loro («loro discenti»). I «lettori» sono, in senso proprio, i *lectores*, cioè i frati che avevano l'incarico di leggere e spiegare i testi biblici (qui «scritture» deve essere inteso nell'accezione specifica di "Sacre Scritture") ai loro confratelli o anche a un pubblico più vasto; «appostando» è il gerundio di "appostare" ("fare la posta"), un termine tecnico della caccia usato in chiave metaforica (dare la caccia all'insegnamento morale contenuto nel testo).

12. ne lo Evangelio … poca compagnia: per illustrare il senso morale Dante riporta un esempio evangelico, quello della trasfigurazione del Cristo (*Vangelo di Matteo* 17, 1-8; *Vangelo di Marco* 9, 1-7; *Vangelo di Luca*, 9, 28-36): quando Gesù salì («salio») sul monte Tabor portò con sé («menò seco») solo tre dei dodici apostoli (Pietro, Giovanni e Giacomo), il che, interpretato in senso morale, significherebbe che sia meglio mettere a parte dei segreti («le secrete cose») solo poche persone («poca compagnia») di fiducia.

13. Lo quarto… gloria: Il quarto senso si chiama anagogico, cioè sovrasenso; e questo si trova quando si spiega un testo della Sacra Scrittura esponendone il valore spirituale; infatti, benché («ancora») essa sia vera anche («eziandio») in senso letterale, attraverso («per») le cose significate rinvia alle realtà superiori («le superne cose») dell'eterna gloria di Dio. Il termine «anagogico» è un grecismo (da

lo canto del Profeta[14] che dice che, ne l'uscita del popolo d'Israel d'Egitto, Giudea è fatta santa e libera.[15] **7.** Che avvegna essere vera secondo la lettera sia **manifesto**, non meno è vero quello che spiritualmente s'intende, cioè che ne l'uscita de l'anima dal peccato, essa sia fatta santa e libera in sua potestate.[16] **8.** E in dimostrar questo, sempre lo litterale dee andare innanzi, sì come quello ne la cui sentenza li altri sono inchiusi,[17] sanza lo quale sarebbe impossibile ed inrazionale intendere a li altri, e massimamente a lo allegorico.

lessico

Manifesto

L'aggettivo viene dal latino *manifestus*, propriamente «colto sul fatto, in flagrante», passato poi al significato di «chiaro, evidente, ovvio», mantenuto anche in italiano.

anagoghè), che significa "che eleva", "che conduce dal basso verso l'alto" e per questo Dante lo glossa con il termine «sovrasenso». Questo senso è proprio delle Sacre Scritture e ha come oggetto le verità riguardanti la vita eterna, la Gloria di Dio e il suo Regno celeste.

14. sì come… Profeta: così come si può vedere in quel salmo («canto») di Davide («del Profeta»). L'esempio che Dante propone è il *Salmo* 113: *In exitu Israel*, attribuito al re Davide, che il Medioevo considerava un «Profeta». Lo stesso salmo ricorrerà come esempio di interpretazione in tutti e quattro i sensi nell'*Epistola a Cangrande* (XIII, 21) e verrà fatto intonare alle anime che giungono al Purgatorio (II, vv. 46-48).

15. ne l'uscita… libera: quando il popolo di Israele esce dall'Egitto, la Giudea diviene santa e libera. Dante traduce in modo libero il testo latino del salmo di Davide, che celebra il rientro degli Ebrei in Giudea dopo la lunga cattività in Egitto.

16. Che avvegna… potestate: Dante afferma che questo avvenimento, benché sia («avvegna essere») veritiero alla lettera, al contempo contiene il senso anagogico per cui l'anima, una volta uscita dal peccato, si ritrova in una condizione di santità.

17. E in dimostrar… inchiusi: E nella spiegazione dei vari sensi del testo («in dimostrar questo») il senso letterale deve essere sempre il primo («andare innanzi»), poiché nella sua («sì come quello ne la cui») formulazione («sentenza») sono contenuti («inchiusi») gli altri. Dante illustra qui il procedimento che segue nel commentare le canzoni del *Convivio*: prima tratta del loro significato letterale e solo poi prosegue a ricavarne il senso allegorico.

Analisi del testo

Struttura

I livelli interpretativi Prima di commentare la canzone che apre il secondo trattato, Dante espone il metodo che intende seguire: un'analisi su due livelli, per chiarire innanzi tutto il senso letterale del testo, quindi il suo valore allegorico. Egli inquadra poi questo metodo in una prassi esegetica più ampia, che, essendo concepita per la spiegazione dei testi sacri, prevede non solo due livelli ma quattro. Eccoli qui riassunti.

LIVELLO DI SENSO	SPIEGAZIONE	IN QUALI TESTI	ESEMPI
Letterale	È il puro senso letterale. Occorre partire sempre da questo livello	Tutti i testi lo hanno. Nei testi poetici è in genere falso (perché inventato dai poeti), nelle Scritture è sempre vero	Il mito di Orfeo: è un'invenzione. La trasfigurazione di Cristo e l'uscita del popolo di Israele dall'Egitto sono fatti veri
Allegorico	È il significato autentico nascosto al di sotto di quello letterale	Si trova nei testi poetici e nelle Scritture. Si distinguono: • l'allegoria dei poeti, che si applica a un senso letterale generalmente fittizio (a questo tipo di lettura allegorica si atterrà Dante) • l'allegoria dei teologi, che parte da un senso letterale sempre vero	Il mito di Orfeo = L'uomo sapiente ammansisce gli animi
Morale	Dà indicazioni su come ci si debba comportare	È proprio dei testi sacri	La trasfigurazione = I segreti vanno rivelati a poche persone fidate
Anagogico	Prefigura le verità ultime	È esclusivo dei testi sacri	L'uscita di Israele dall'Egitto = L'uscita dell'anima dal peccato

Lingua e stile

Esempi e glosse L'esposizione di Dante è organizzata con chiarezza: ai vari livelli di senso corrisponde un esempio esplicativo («come quando dice Ovidio...», 3; «sì come appostare si può ne lo Evangelio...», 5; «sì come vedere si può in quello canto...», 6) e, nel caso di termini che potrebbero risultare troppo tecnici per l'ampio pubblico di lettori a cui Dante si indirizza, è prevista una glossa («anagogico, cioè sovrasenso», 6).

Temi

Testi poetici e testi sacri Il metodo interpretativo che Dante espone e applica presuppone la consapevolezza che la natura del testo poetico e quella delle Sacre Scritture siano intrinsecamente diverse: una prima fondamentale distinzione riguarda la stratificazione di senso, duplice nella poesia (sensi letterale e allegorico), quadruplice per la Scrittura (che aggiunge il senso morale e quello anagogico), ma soprattutto Dante rileva il diverso rapporto che la lettera del testo ha, nei due casi, con la verità: i quattro sensi del testo sacro sono tutti egualmente veri, mentre l'allegoria dei poeti sarebbe un «manto» sotto il quale si nasconde il senso vero del testo.

Una poesia da svelare La poesia sarebbe cioè per Dante intrinsecamente ermetica, perché il suo messaggio di verità deve sempre essere decodificato, non si gioca mai sul piano della lettera («la lettera de le parole fittizie», 3). Al lettore moderno questa teoria dantesca può sembrare eccessivamente rigida: riduce infatti la polisemia del testo poetico a due livelli, uno falso e uno autentico, di cui Dante si proponeva di trattare nel penultimo libro del *Convivio*, mai compiuto. È però significativo che il trattato non venga mai concluso. E la scrittura della *Commedia* rappresenta nei fatti un superamento di questa teoria: lì Dante applica anche alla poesia la concezione polisemica delle Sacre Scritture (➤ **T11**), integrando, con grande originalità, poesia e teologia.

Officina

COMPRENDERE

1. Quali sono, secondo Dante, i quattro significati necessari a interpretare un testo?
2. Tutti i testi vanno interpretati secondo i quattro sensi? Quale senso deve prevalere?
3. Quale famoso mito viene citato nel testo e perché Dante vi ricorre?

ANALIZZARE

4. Associa a ciascuno dei quattro significati (letterale, allegorico, morale e anagogico) l'esempio scelto da Dante.
5. **Lingua e stile** Indica la figura retorica presente in ciascuna delle seguenti espressioni:
   a. «'l manto di queste favole»: ....
   b. «crudeli cuori»: ....
   c. «come pietre»: ....
6. Facendo riferimento al metodo interpretativo esposto da Dante, indica il significato delle seguenti citazioni (rr. 22-25):
   a. «ne l'uscita del popolo d'Israel d'Egitto, Giudea è fatta santa e libera»: ....
   ....
   b. «che ne l'uscita de l'anima dal peccato, essa sia fatta santa e libera in sua potestate»: ....
   ....
7. **Lessico** Il termine "manifesto", oltre che aggettivo, può essere anche sostantivo. Scrivi una frase per ciascuna delle due funzioni della parola.

INTERPRETARE

8. Nelle opere di Dante la dimensione religiosa è una vera e propria costante, indipendentemente dal genere letterario affrontato. Spiega, con opportuni riferimenti al testo, perché anche questo brano del *Convivio* non fa eccezione.

6. Il *De vulgari eloquentia*

6.1 I contenuti e la struttura

Un trattato sul volgare

Se il *Convivio* eleva il volgare a lingua della speculazione filosofica, il *De vulgari eloquentia,* scritto pressappoco negli stessi anni (**1303-05**), torna invece al **latino** per parlare del volgare. Non c'è in questo alcuna contraddizione: non si tratta ora di esporre temi filosofici a lettori che non accedono al latino (come nel *Convivio*), ma di condurre un'**ampia trattazione linguistica** rivolta a un pubblico di studiosi.

Una teoria di ampiezza universale

Il progetto di Dante è sorprendente per originalità e ambizione. Il discorso sulla lingua volgare è infatti sviluppato all'interno di un quadro più ampio, quello di una **teoria linguistica universale,** che comprende svariate questioni:

- la **natura della lingua umana**, rispetto alle forme di comunicazione degli angeli e degli animali;
- la **storia linguistica dell'umanità**, da Adamo in poi;
- la **geografia delle lingue**, con le **diverse aree linguistiche**, in particolare quella europea e segnatamente romanza, quindi, più in dettaglio, la **situazione dialettale della penisola italiana**;
- la **storia letteraria**: i più illustri poeti in volgare;
- la *vulgaris eloquentia*, ossia una **teoria della poesia, della letteratura e della lingua volgari**.

LIBRO	ARGOMENTO	CONTENUTO
I	**L'oggetto del trattato**	La lingua volgare (*locutio vulgaris*)
	La natura del linguaggio	È uno strumento comunicativo proprio degli uomini, non degli angeli (che contemplano direttamente la mente di Dio) né degli animali
	La storia della lingua umana	La lingua di Adamo, l'ebraico, la differenziazione linguistica (Torre di Babele)
	Geografia linguistica	L'area germanica, quella greca e quella romanza; quest'ultima divisa in tre zone, in cui si parlano rispettivamente la lingua d'*oc*, la lingua d'*oïl* e quella del "sì" (quest'ultima suddivisa in 14 varietà principali, con ulteriori suddivisioni)
	La "questione della lingua"	La ricerca del volgare adatto ad assurgere a lingua letteraria di tutta l'Italia: nessuno degli esistenti è adeguato; le eccellenze letterarie nei singoli dialetti. Tale volgare deve essere: illustre, cardinale, aulico e curiale
II	**L'arte del dire (*eloquentia*) nel volgare (*vulgaris*) illustre e storia della lingua**	Il volgare illustre deve essere impiegato per argomenti degni della sua nobiltà: l'utile, il dilettevole, l'onesto (in cui hanno raggiunto l'eccellenza, rispettivamente: Bertrand de Born; Arnaut Daniel e Cino da Pistoia; Giraut de Bornelh e Dante stesso). La forma poetica più adatta è la canzone

Che cos'è la *vulgaris eloquentia*

Per intendere le argomentazioni di Dante, è bene chiarire preliminarmente qualche concetto. All'epoca si poneva una sostanziale differenza tra il volgare e il latino: si riteneva – correttamente – che i volgari fossero lingue vive, apprese naturalmente sin dall'infanzia, prive di regole codificate, ma si credeva anche – erroneamente – che il latino fosse una lingua artificiale, immutabile nel tempo e sostanzialmente identica negli autori di epoche differenti, acquisibile solo con lo studio e sottoposta a norme invariabili (la si definiva, difatti, *gramatica*). L'***eloquentia***, intesa come l'uso eccellente di una lingua, **si applicava al solo latino**, perciò si comprende bene che, parlando di ***vulgaris eloquentia***, Dante introduce un **concetto nuovo**, quasi un ossimoro.

> Il *De vulgari eloquentia* è un gioiello teorico, paragonabile per eccezionalità al "miracolo" linguistico della *Commedia*
>
> Mirko Tavoni

Un'opera incompiuta

Anche quest'opera, però, non viene portata a compimento: s'interrompe, infatti, verso la fine del Libro II. Secondo quanto lo stesso Dante afferma, il piano originario avrebbe previsto altri due libri, ma sappiamo soltanto che il quarto avrebbe dovuto trattare della commedia e, per il genere lirico, delle ballate e dei sonetti.

6.2 La storia e la norma: la ricerca del «volgare illustre»

La lingua di Adamo

La trattazione storica, seguendo l'autorità delle Scritture, prende le mosse dalla **lingua parlata da Adamo** nell'Eden e dalla successiva differenziazione e confusione delle lingue prodottasi con la costruzione della Torre di Babele. Dante sostiene che Dio avrebbe trasmesso ad Adamo una lingua **perfetta e immutabile**, la quale andrebbe identificata con l'ebraico; questa teoria verrà poi rettificata nella *Commedia* (*Paradiso* XXVI, vv. 124-132), dove sarà Adamo stesso a smentirla, sostenendo che l'idioma che aveva parlato nell'Eden era mutevole come ogni altra lingua naturale umana.

Le tre aree linguistiche europee

Dopo la frammentazione dell'unità linguistica originaria si produssero le diverse lingue umane e, nell'area europea, Dante identifica un triplice ceppo linguistico (*ydioma tripharium*, «idioma tripartito»), che nella parte settentrionale si presenta come germanico-slavo, nella parte orientale **greco** e in quella meridionale raggruppa le **parlate romanze**: il provenzale, il francese antico, il volgare italico.

Una lingua per l'Italia

Lo sguardo di Dante si concentra quindi sulla penisola italiana, con l'obiettivo di individuare, tra le moltissime varietà locali, una **lingua «illustre»**, da proporsi come **modello di lingua letteraria comune a tutta l'Italia**. L'intera seconda parte del primo libro analizza quindi, in questa chiave selettiva, le varianti regionali e municipali del volgare, di cui vengono criticate di volta in volta la rozzezza e la ristrettezza provinciale. Non è un caso, da questo punto di vista, che tra tutti i volgari della Penisola, scartati da Dante a causa del loro **eccessivo municipalismo**, solo le lingue letterarie, e precisamente quelle poetiche della scuola siciliana e dello Stilnovo, vengano indicate come i modelli più prossimi a quell'idioma nobile che Dante ha

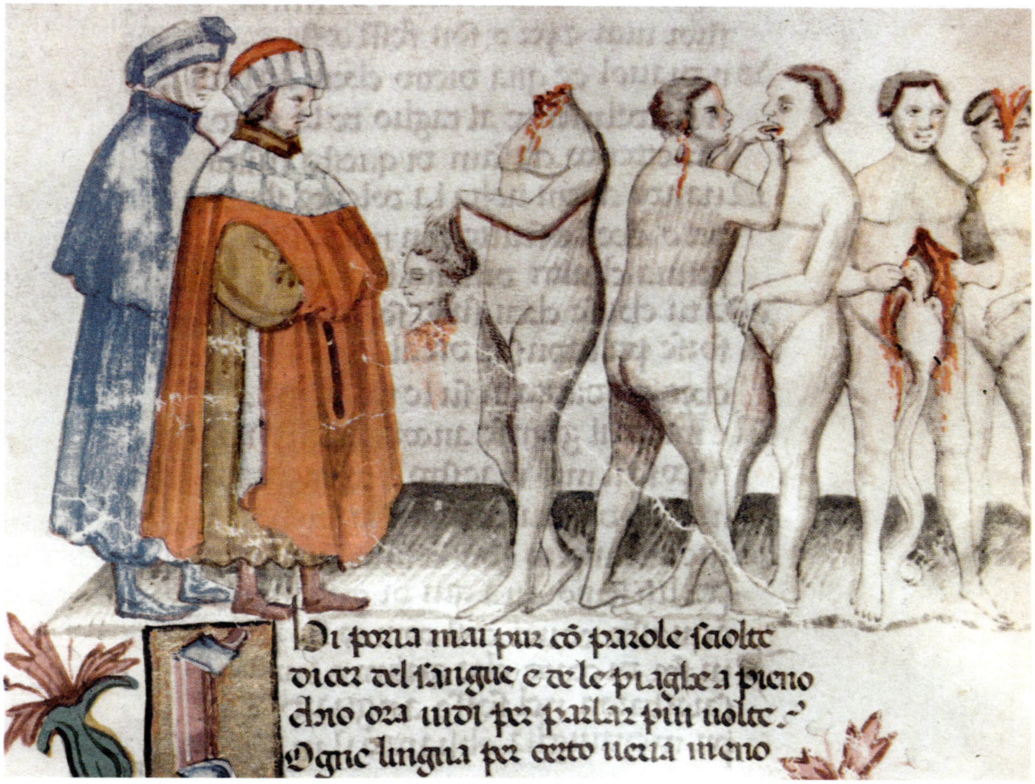

Dante e Virgilio incontrano il poeta provenzale Bertrand de Born tra i seminatori di discordie nella nona bolgia dell'ottavo cerchio; miniatura dell'Inferno, canto XXVIII. Padova, Biblioteca del Seminario.

in mente. L'autore è perfettamente consapevole che la sua ricerca riguarda una **lingua che non esiste ancora come realtà concreta e condivisa**, ma che va perseguita come obiettivo comune proprio per dare unitarietà a un panorama linguistico così frammentato e desolante.

Le eccellenze del volgare

Biblioteca digitale
La gerarchia dei poeti provenzali e volgari

Se il primo libro procede per via selettiva, scartando a una a una le parlate della Penisola, il secondo offre esempi concreti di eloquenza volgare, individuandoli sia tra gli autori italiani sia tra quelli provenzali. Tre sono, secondo Dante, gli **argomenti degni di essere trattati in poesia**: la sopravvivenza e la «salvezza (***salus***, il **motivo della guerra e delle armi**), la passione d'**amore** (***venus***) e la retta volontà (***virtus***, di ambito **morale-dottrinale**). Si tratta, in realtà, di una scala gerarchica ascendente quanto a importanza, poiché il primo tema ha come oggetto l'**utile**, il secondo il **piacevole** e il terzo l'**onesto**. Tra i poeti provenzali, Dante riconosce la superiorità di Bertrand de Born come poeta di argomenti guerreschi, di Arnaut Daniel per la poesia d'amore e di Giraut de Bornelh per quella di contenuto morale (una classifica che, relativamente agli ultimi due, la *Commedia* invertirà, ➤ **T19**).
Per quanto riguarda invece i poeti volgari, Dante assegna a Cino da Pistoia (➤ p. 121) la palma di miglior poeta d'amore e, significativamente, a se stesso il primato nella poesia morale.

La teoria degli stili

Un'ulteriore prescrizione riguarda la **conformità fra la materia e lo stile**, classificato secondo tre livelli: **tragico**, **comico** ed **elegiaco**. Spiega Dante: «con "tragedia" indico lo stile superiore, con "commedia" quello inferiore, con "elegia" lo stile degli infelici. Se è un argomento da cantare in stile tragico, allora bisognerà assumere il volgare illustre e quindi comporre una canzone» (*De vulgari eloquentia* II, IV, 5-6). La **canzone** è dunque il **genere degno della forma più alta di volgare**, e ad essa l'autore dedica alcune analisi di carattere metrico e formale: è qui che il *De vulgari eloquentia* diventa più esplicitamente un auto-commento (come la *Vita nuova* e il *Convivio*), perché gli esempi poetici sono spesso ricavati proprio dalle rime di Dante. Tuttavia, se nel ***De vulgari eloquentia*** Dante **teorizza** una **netta separazione degli stili**, questa divisione verrà a cadere nella *Commedia*, che al contrario esprime una poetica fondata sulla loro commistione.

6.3 Il volgare come strumento di unità politica

Nasce la "questione della lingua"

Sotto molti aspetti il *De vulgari eloquentia* si mostra come un'**opera di grande modernità**: si pensi all'intuizione di fondare una parentela linguistica su base comparativa (le tre lingue del ceppo romanzo, nota Dante, presentano un buon numero di vocaboli simili, evidentemente imparentati tra loro) e, ancor più, al fatto di inaugurare quella "questione della lingua" che impegnerà i letterati italiani per i secoli successivi (➤ *Lingua madre*, p. 668).

Il volgare è superiore al latino

Innovativa è anche la difesa della dignità del volgare, già sostenuta nel *Convivio*. Ma nel *De vulgari eloquentia* Dante si spinge ancora oltre, poiché proclama addirittura la **superiorità del volgare rispetto al latino**, in quanto più diffuso, più antico e più naturale (il Medioevo ignorava che il latino fosse un idioma effettivamente parlato nell'antichità, soggetto a mutamenti e progenitore comune delle diverse parlate romanze).

Le motivazioni politiche

Ma quest'apologia del volgare nasconde, soprattutto, istanze di natura politica. Lo **stretto legame** che sussiste **fra** la **teoria della lingua e** la **prassi politica** si delinea già all'inizio del trattato e discende dall'idea aristotelica che l'uomo sia per natura un «animale politico», che esprime la sua socialità per mezzo del linguaggio. La parola, afferma Dante (rinviando appunto alla *Poetica* di Aristotele), è caratteristica specifica dell'uomo, mentre è superflua sia per gli angeli, che vivono al cospetto di Dio contemplando in lui la conoscenza, senza mediazione verbale, sia per le bestie, per ragioni opposte. Ma, oltre che strumento essenziale della vita sociale, la lingua ne è anche lo specchio: agli occhi di Dante l'estrema **frammentazione linguistica italiana** non è che un **riflesso di** quelle **divisioni politiche** che tanto dolorosamente hanno inciso nella storia italiana.

Ricomporre le frammentazioni

Persino il remoto episodio della Torre di Babele viene letto alla luce dell'attualità politica italiana: la divisione e i conflitti tra le varie categorie di operai impegnati nella costruzione della torre, condannati poi da Dio a parlare lingue differenti, rispecchiano nell'idea di Dante la situazione dei comuni italiani, e di Firenze in particolare, divisi tra loro e al loro interno. L'intento del *De vulgari eloquentia* è quindi quello di «educare eticamente e politicamente una nuova classe dirigente italiana» (M. Tavoni) per **favorire un processo di armonizzazione che porti alla concordia** e possa essere governato da un'autorità superiore, che non potrà che essere quella imperiale.

Un volgare illustre, cardinale, aulico, curiale

Non a caso, nel primo libro dell'opera Dante afferma che la lingua volgare dev'essere «illustre, cardinale, aulica, curiale» (➤ **T8**). Il primo aggettivo, **«illustre»**, dice bene il ruolo fondamentale che l'autore attribuisce ai grandi poeti, nella creazione e nella diffusione di una lingua prestigiosa e autorevole, come una **luce che discende dall'alto** a dare esempio e regola all'intera società. **«Cardinale»** si riferisce invece al **ruolo di orientamento** che il volgare illustre deve svolgere in rapporto alle lingue locali: un cardine attorno a cui essi devono ruotare per raggiungere la perfezione. Gli ultimi due epiteti, infine, **«aulico» e «curiale»**, rimandano alle realtà più specificamente politiche, perché l'"aula" è la **sede fisica della monarchia**, la reggia, mentre la "curia" è la **corte dell'imperatore**. Proprio per questo Dante, constatando l'assenza in Italia di una sede materiale che rappresenti il potere monarchico, affida alla curia un ruolo di guida politica della Penisola e alla poesia il compito di riunificare le sue «membra disperse».
Una sfida, se guardiamo al peso determinante dell'opera dantesca nella storia della lingua italiana, che l'autore del *De vulgari eloquentia* sembra davvero avere vinto.

FISSA I CONCETTI

- Che cosa intende Dante per *vulgaris eloquentia*?
- In che senso la ricerca di un volgare comune corrisponde anche a un progetto politico?

VISUALIZZA I CONCETTI

Il volgare ideale teorizzato nel *De vulgari eloquentia*

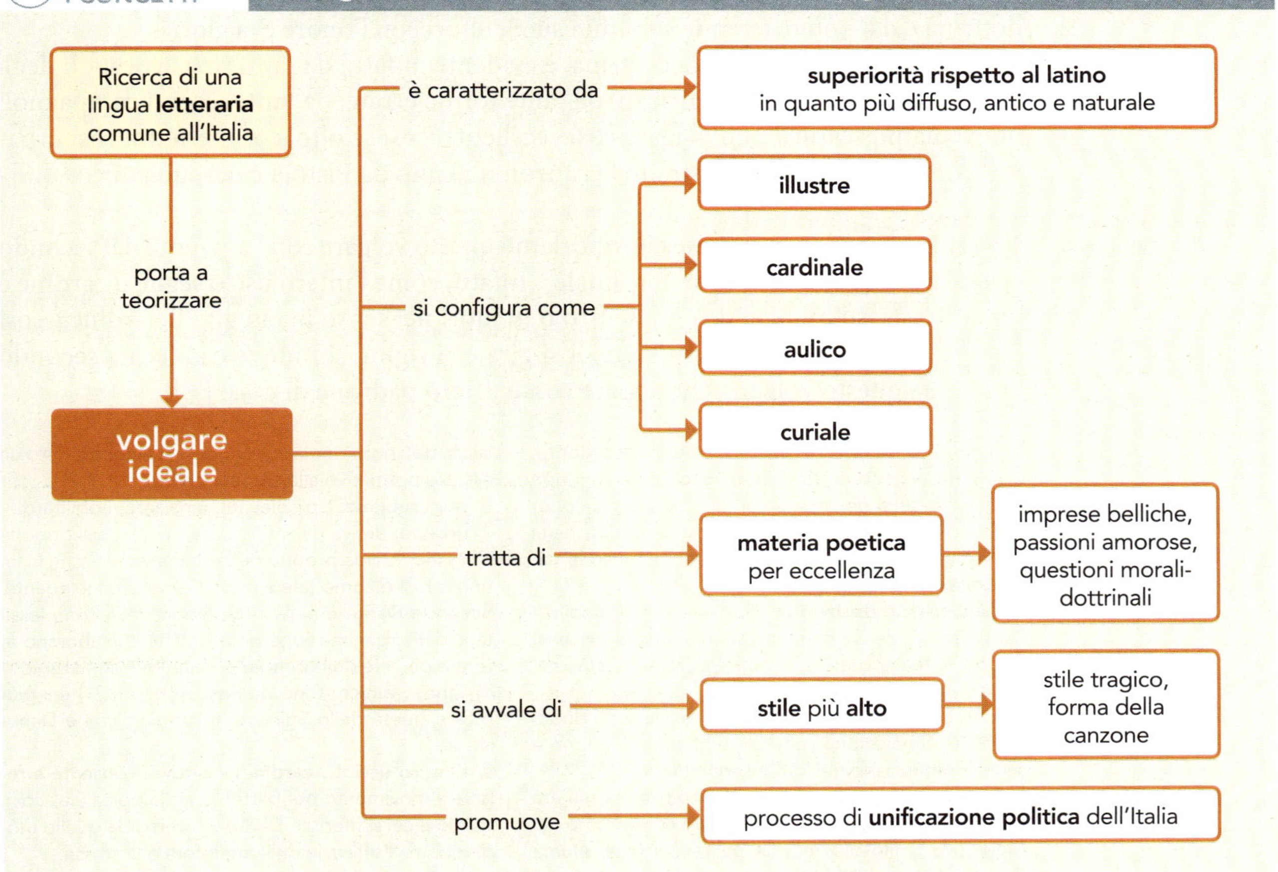

T8 Il volgare illustre

De vulgari eloquentia I, XVII, 1-3 e XVIII, 1-5

Passando in rassegna la Penisola alla ricerca di un volgare nobile, che possa imporsi come modello sugli altri (*De vulgari eloquentia* I, XI-XV), Dante esclude di poterlo trovare in una delle parlate allora esistenti, tutte viziate da qualche difetto più o meno rilevante. Osserva tuttavia che il volgare desiderato «si fa sentire in ogni città, senza aver sede in nessuna di esse [...], appartiene a tutte le città italiane senza apparire proprio di alcuna» (I, XVI). Quattro devono essere le caratteristiche fondamentali di questa lingua eccellente, definite da quattro attributi (illustre, cardinale, aulico, curiale) che Dante spiega nel brano che segue.

Le nostre parole ›

XVII 1. Dobbiamo ora esporre perché definiamo il **volgare** da noi trovato[1] con l'aggiunta di "illustre, cardinale, regale, curiale": renderemo con ciò più chiaro ed evidente che cos'è questo volgare.
2. Spieghiamo dunque anzitutto che cosa intendiamo con l'aggiunta di "illustre" e per quale ragione usiamo il termine "illustre". Con questo termine intendiamo qualcosa che illumina e che, una volta illuminato, risplende.[2] In questo senso definiamo illustri certi uomini; essi infatti o ricevono luce dal potere[3] e illuminano gli altri con la giustizia e la carità, o hanno ricevuto una dottrina eccelsa e impartiscono un'eccelsa dottrina:[4] così fecero Seneca e Numa Pompilio.[5] Ora, il volgare di cui parliamo è reso sublime[6] dalla dottrina e dal potere e rende sublimi i suoi cultori con l'onore e la gloria.
3. Che sia reso sublime dalla dottrina, è evidente: infatti, da tanti rozzi vocaboli degli italiani, da tanti costrutti intricati, da tante forme errate, da tanti accenti campagnoli noi vediamo scaturire un volgare così eccellente, così sciolto, così perfetto, così urbano[7] come quello che ci mostrano le canzoni di Cino da Pistoia e del suo amico.[8] [...]

XVIII 1. Non è senza ragione che onoriamo questo volgare con l'aggiunta del secondo aggettivo, cioè chiamandolo "cardinale". Infatti, come l'intero uscio segue il cardine e gira esso stesso muovendosi in dentro o in fuori nel senso in cui gira il cardine,[9] così l'intero gregge dei volgari municipali si gira e si rigira, si muove e si ferma secondo quanto fa questo volgare, che appare come il vero padrone di casa. [...]

1. **il volgare da noi trovato:** è il volgare eccellente, il volgare nel suo grado più elevato; «trovato» non è da intendersi nel senso che Dante abbia riconosciuto questo volgare in uno di quelli parlati nella Penisola: piuttosto, ne ha definito in astratto le caratteristiche.
2. **"illustre"... risplende:** «illustre», ossia "nobile", "eccellente"; deriva etimologicamente da *lux*, «luce».
3. **potere:** è la *potestas*, il potere politico, gestito secondo «giustizia e carità».
4. **hanno ricevuto... dottrina:** coloro che sono dotati di vasta preparazione culturale e brillante ingegno e sanno comunicarlo nel loro insegnamento.
5. **Seneca... Pompilio:** l'autore latino della prima età imperiale Seneca (4 a.C.–65 d.C.) era considerato nel Medioevo il filosofo morale per eccellenza; Numa Pompilio è uno dei leggendari sette re di Roma (il secondo): noto per la sua saggezza, avrebbe dato un assetto normativo alla città nascente.
6. **reso sublime:** cioè elevato, innalzato, nobilitato.
7. **urbano:** deriva dal latino *urbs*, «città», e si oppone a "rustico", cioè proprio della «campagna» (che in latino è *rus*) e come tale è rozzo, impuro e inelegante. Secondo Dante è nella città, luogo della complessità e dell'organizzazione politica, che si elaborano le forme più alte della cultura e quindi del linguaggio.
8. **Cino... amico:** Cino da Pistoia (➤ p. 121) è il giurista e poeta dello Stilnovo, il suo «amico» è Dante stesso.
9. **l'intero uscio... cardine:** il cardine consente e regola il movimento del battente della porta («uscio»): quello a cui si riferisce Dante è diverso da quello moderno, ma l'efficacia della metafora è la stessa.

2. La ragione per cui lo definiamo "regale" sta nel fatto che, se noi italiani avessimo una reggia, esso sarebbe la lingua di palazzo.[10] Infatti, se la reggia rappresenta la casa comune di tutto il regno e l'augusta governante di tutte le sue parti, è conveniente che vi si trovi e abiti tutto ciò che risulta tale da essere comune a tutti, senza essere proprio di nessuno: non vi è anzi dimora più degna di un abitante così nobile. E questo sembra appunto il caso del volgare di cui parliamo. **3.** Da questo fatto deriva che tutti coloro che si trovano nelle regge si esprimono sempre in un volgare illustre, e, come ulteriore conseguenza, che il nostro volgare illustre, mancando la reggia, va peregrinando come straniero e trova ospitalità in umili ricoveri.

4. È giusto chiamarlo anche "curiale".[11] La curialità infatti non è altro che la norma e misura di ciò che si deve fare: e poiché la bilancia per tale misura suole esistere soltanto nelle eccellentissime "curie", ne deriva che tutto ciò che nei nostri atti è ben misurato viene chiamato curiale. Ora, questo volgare riceve la sua misura nell'eccellentissima curia degli italiani e merita pertanto il nome di curiale.

5. Parlare tuttavia di misure effettuate nella curia degli italiani pare uno scherzo, perché non abbiamo curia.[12] Ma a questo si risponde facilmente: infatti, benché in Italia non esista una curia, intesa nella sua unità (come la curia del re di Germania), non mancano tuttavia le membra che la sostituiscono; e come le membra della curia di Germania ricevono unità da un unico Principe, così le membra della nostra sono unite dal lume di grazia della ragione. Sarebbe pertanto falso dire che gli italiani mancano di una curia, benché siano privi di un Principe: abbiamo infatti una curia, anche se fisicamente dispersa.

10. **"regale"... palazzo:** nel testo latino «regale» è *aulicum*, ossia «proprio dell'*aula*», il palazzo reale. Dante specifica che in Italia non si trova, al momento, alcuna *aula*, perché la sede dell'Impero è in Germania.

11. **"curiale":** il termine latino *curia*, da cui deriva l'aggettivo "curiale", indica in Dante la corte, ossia gli alti funzionari che circondano il monarca.

12. **non abbiamo curia:** come detto sopra riguardo alla reggia, così l'Italia è sprovvista anche di una "corte", sempre per il fatto che l'imperatore ha sede in Germania.

Le nostre parole — Volgare

L'origine del termine L'aggettivo "volgare", o "vulgare" nella forma dell'italiano antico, deriva dal latino *vulgaris*, che viene a sua volta da *vulgus*, cioè «gente, pubblico, volgo». Propriamente, l'aggettivo significa «appartenente al popolo, a tutti», quindi anche «noto ai più».

Tra Medioevo e Rinascimento Anticamente, la parola "vulgare" era soprattutto usata in funzione sostantivale per indicare la lingua italiana delle origini, parlata dai moderni e contrapposta al latino. Per il Dante del *De vulgari eloquentia* questa maggiore comprensibilità e diffusione dell'italiano rispetto al latino, conosciuto solo dai dotti, gli conferisce un carattere di netta superiorità. Già in Brunetto Latini (*La rettorica*) troviamo l'espressione «in vulgare», per indicare le opere composte in lingua italiana. In alcuni testi, infine, il termine sta a indicare il dialetto. A partire dalla fine del XV secolo "vulgare" comincia a essere usato più frequentemente come aggettivo, assumendo un valore più generico (in Ficino, per esempio, è contrapposto a "celeste" e significa quindi «terreno»).
Nel XVI secolo viene infine introdotto il sostantivo "volgarità".

L'uso contemporaneo Il termine si è mantenuto quasi unicamente in funzione di aggettivo, ma con il significato figurato di «rozzo» o «ordinario». In particolare, si definisce "volgare" una persona priva di eleganza e decoro, anzi grossolana e affettata nei modi. In sede scientifica, sopravvive l'impiego tecnico dell'aggettivo latino *vulgaris* per distinguere, soprattutto nella classificazione botanica, la varietà più diffusa di una data famiglia (per esempio la *Primula vulgaris*, della famiglia delle *Primulaceae*).

Analisi del testo

Struttura

La tecnica argomentativa Nei capitoli XVII e XVIII Dante definisce le quattro caratteristiche del volgare eccellente, che dev'essere illustre, cardinale, aulico (o regale) e curiale. Il procedimento adottato, tipico della tecnica argomentativa medievale, si sviluppa a partire dall'etimologia: per ognuno dei quattro attributi del volgare Dante spiega l'etimo, nella convinzione, propria della sua epoca, che i nomi rispecchino la verità delle cose. La lingua che deve imporsi come modello per l'intera Penisola dev'essere:

- «illustre» (XVII, 1-3), un termine derivato da *lux*, «luce»: dev'essere cioè una lingua capace di dare e diffondere a sua volta la luce ricevuta. Riceve luce da uomini a sua volta illustri, che appartengono a due categorie: i buoni governanti, che esercitano il potere secondo giustizia e carità (come il secondo re di Roma, Numa Pompilio), e coloro che eccellono nella conoscenza e nella capacità di ammaestrare gli altri (come il filosofo Seneca). Sarà «illustre» il volgare che, ricevendo luce da costoro, potrà illuminare gli altri idiomi locali, depurandoli dalle rispettive rozzezze. Il fiorentino, illuminato dall'eccellenza di Cino da Pistoia e Dante, ha raggiunto la necessaria perfezione;
- «cardinale» (XVIII, 1), parola derivata da "cardine", il cui movimento determina quello del battente della porta. Il volgare illustre deve orientare e regolare gli altri, allo stesso modo di come farebbe un capofamiglia;
- «regale» (XVIII, 2-3), nel testo latino *aulicus*, aggettivo che deriva da *aula*, «reggia», dove si deve raccogliere tutto ciò che è «comune a tutti, senza essere proprio di nessuno» (rr. 24-25): Dante si riferisce cioè a quegli elementi che compongono la base linguistica condivisa da tutti i volgari della Penisola. La reggia che Dante ha in mente è la sede imperiale, che al momento non si trova in Italia, ma in Germania. Nel paragrafo 3, alludendo a sé stesso, Dante osserva che, in mancanza della reggia, chi vi dovrebbe risiedere (gli individui eccellenti per cultura, e che già si esprimono in un volgare «regale», come appunto Dante) deve rassegnarsi a peregrinare in esilio;
- «curiale» (XVIII, 4-5), parola derivata da *curia*, intesa come «corte», composta da personalità eccellenti che assistono l'imperatore e sono in grado di esprimere la «curialità», cioè la «norma e misura di ciò che si deve fare» (rr. 29-30); a differenza della reggia, che manca del tutto in Italia, la curia c'è, ma è divisa e dispersa, come membra separate le une dalle altre.

Temi

La luce A partire dal primo attributo che Dante assegna al volgare, «illustre», l'immagine della luce si impone al lettore. La luce è espressione di sapienza e virtù, che, irradiandosi in origine da Dio, investe alcune personalità eminenti che sanno poi diffonderne il riflesso a beneficio degli altri uomini, attraverso l'azione politica o l'insegnamento. L'attributo di *illustris*, «illustre», che nel mondo romano designava gli alti funzionari, nel Medioevo e poi nel Rinascimento (per esempio in Petrarca, Boccaccio o Machiavelli) indica figure che assurgono a modelli di virtù (etica, politica, militare ecc.). Nel discorso di Dante i due ordini di riferimento (quello politico e quello etico) appaiono strettamente congiunti, come dimostrano anche gli esempi di Seneca e Numa Pompilio. Il primo, archetipo medievale del filosofo, esercitò anche un importante ruolo politico, come precettore e poi consigliere di un imperatore, Nerone; Numa Pompilio, invece, il leggendario secondo re di Roma, già in epoca classica era interpretato come una figura esemplare di legislatore giusto e pio. Nella concezione dantesca e medievale del potere, il filosofo e il re pio sono i due volti dell'eccellenza umana.

Il poeta e la politica Alla coppia esemplare Seneca-Numa, tratta dalla storia antica, segue a poche righe di distanza quella, contemporanea, costituita da Cino e Dante. In questa scelta, che potrebbe sembrare molto immodesta, va riconosciuta la grande originalità del *De vulgari eloquentia*: non solo Dante individua nella propria opera e in quella degli stilnovisti il massimo livello di raffinamento della "lingua del sì", ma riconosce la poesia come il luogo in cui il magistero e il «potere» (r. 10) della lingua trovano il loro massimo grado di espressione. Il poeta, in quanto contribuisce al raffinamento della lingua, ha un rapporto privilegiato con il potere e deve essere considerato parte integrante di quella curia ideale che dovrebbe affiancare, sostenere e indirizzare l'azione di governo dell'imperatore. Il modello della corte di Federico II, composta di funzionari che erano anche letterati e poeti, appare evidente, come evidente è l'intento di Dante di iscrivere se stesso a pieno titolo tra i componenti di questa curia ideale.

Officina

COMPRENDERE

1. Elenca e spiega le caratteristiche che, per Dante, dovrebbe avere il volgare eccellente.
2. Per quale motivo Dante sceglie di citare sé stesso e Cino da Pistoia? Quale altra coppia viene citata?

ANALIZZARE

3. Che cosa rappresenta la «reggia» per Dante e come si collega al volgare da lui individuato?
4. **Lingua e stile** Di quali immagini si serve l'autore per indicare i seguenti termini: lingua volgare, dialetti, curia?
5. Spiega la differenza tra le accezioni odierne di "aulico" e "curiale" rispetto a quelle che hanno nel testo di Dante.

INTERPRETARE

6. Individua il passo del testo nel quale è presente un accenno autobiografico e spiega a che cosa si riferisce.
7. Quale ritratto dell'Italia del tempo ermerge dalla lettura del brano?

PERCORSO DI SCRITTURA

Riscrittura Riscrivi il testo come se fosse un dialogo nel quale Dante risponde alle domande di un intervistatore. Ti suggeriamo la traccia iniziale:
Intervistatore: Perché lei, quando parla della lingua volgare, utilizza l'aggettivo "illustre"?
Dante: Uso l'aggettivo "illustre" perché…

COMPETENZE DEL XXI SECOLO

Cittadinanza Ritieni che il fattore linguistico contribuisca tuttora all'unità sociale e politica di un Paese?
Rispondi, tenendo presenti situazioni concrete della nostra epoca:
a. Stati favoriti dalla presenza di una lingua unica (o nettamente prevalente);
b. Stati ostacolati dalla frammentazione linguistica;
c. Stati che non risentono significativamente della frammentazione linguistica.
Confronta poi le tue risposte con quelle dei tuoi compagni.

Andrea Pierini, *Dante legge la* Divina Commedia *alla corte di Guido Novello*, 1850. Firenze, Palazzo Pitti, Galleria d'Arte Moderna.

7. La *Monarchia*

7.1 Un trattato sull'Impero

L'idea di Impero

Trattato **in latino** di **argomento teologico-politico**, la *Monarchia* è l'opera in cui Dante espone in modo più compiuto la propria teoria sulla natura, l'origine e i fini del potere imperiale. Il titolo infatti non si riferisce genericamente al governo di un re, bensì all'Impero, l'unica istituzione in grado di porsi sopra ogni altra forma di governo locale.

La datazione

Interpolazione
Inserimento in un testo di elementi (parole, sintagmi, frasi ecc.) che in origine non ne facevano parte.

Le date di composizione sono incerte e molto dibattute. Un riferimento interno al testo (la frase «così come già dissi nel Paradiso della *Commedia*», *Monarchia* I, XII, 6), porterebbe a collocare la stesura **tra il 1313 e il 1318**; il rinvio alla *Commedia* è però dubbio, perché potrebbe trattarsi di un'**interpolazione** successiva. Alcuni studiosi perciò sono più inclini a spostare l'inizio della composizione del testo dopo il **1308**, successivamente all'interruzione del *Convivio*. Per i suoi contenuti, l'opera si pone comunque come **cerniera tra il *Convivio* stesso e la *Commedia*.**

La struttura

La struttura d'insieme presenta un ordinamento molto coerente e compatto, sviluppato a partire da tre questioni fondamentali affrontate rispettivamente nei tre libri.

LIBRO	TESI FONDAMENTALE	ARGOMENTAZIONE
I	**L'Impero è necessario al bene universale**	• Nella famiglia, nelle città e negli Stati l'ordine è garantito dalla guida di un'autorità, che sarà dunque da identificare, a livello universale, con l'imperatore • Una creatura è perfetta quanto più è simile a Dio, e la società umana, unificata sotto il comando dell'imperatore, si avvicina all'unità divina • L'autorità imperiale permette il più compiuto esercizio della giustizia, perché presenta una volontà libera da ogni desiderio, cioè dall'influenza della cupidigia • Soltanto l'imperatore garantisce il libero arbitrio dei popoli, che è condizione essenziale per il raggiungimento della felicità, perché impedisce ai governi che gli sono subordinati di ridurre i sudditi in schiavitù • Soltanto sotto il governo dell'imperatore romano Ottaviano Augusto il mondo ha conosciuto un vero periodo di concordia universale, seguito poi da un periodo di degenerazione, che continua fino al momento in cui l'autore scrive, dovuto al prevalere della cupidigia e di altri istinti egoistici
II	**L'Impero spetta di diritto al popolo romano**	Il predominio dell'Impero romano non fu il risultato di un'imposizione realizzata con la forza, ma un effetto della Provvidenza divina. Lo dimostrano: • l'eccellenza dei Romani quanto alla condizione di nobiltà, come mostra la figura di Enea (e qui Dante si richiama all'amato Virgilio e alla sua *Eneide*) • il fatto che i Romani siano riusciti a realizzare un obiettivo mancato da tutte le precedenti civiltà (Assiri, Egiziani, Persiani e Macedoni) • la vittoria di Scipione l'Africano su Annibale nel duello, narrato dallo storico Tito Livio, che manifestò palesemente il giudizio di Dio
III	**L'autorità imperiale deriva direttamente da Dio, non dal papa**	• Dante richiama gli effetti deleteri della Donazione di Costantino, attraverso cui i costumi del clero sono stati corrotti dalla cupidigia dei beni terreni • L'autore quindi dichiara, con una lunga serie di prove, la completa indipendenza del potere temporale dell'imperatore da quello spirituale del papa. Benché il primo debba il massimo rispetto al secondo, perché la felicità terrena è in funzione di quella eterna, il suo diritto a governare le cose del mondo deriva direttamente da Dio, senza bisogno di alcuna mediazione o concessione da parte del papa

7.2 L'Impero come garanzia di felicità e pace universale

Tra attualità e svolte epocali

Circostanze storiche precise sembrano avere stimolato Dante alla scrittura della *Monarchia*: il riaccendersi del conflitto fra i sostenitori del Papato e quelli dell'Impero dopo **l'incoronazione dell'imperatore Arrigo VII e la sua discesa in Italia (1310)**. Al di là dei singoli episodi, comunque, sono anni di gravi rivolgimenti e di aspri conflitti, anche a livello teorico, sui fondamenti stessi dell'idea di Impero: si assiste non solo all'**estromissione dell'Impero dalla Penisola**, ma anche al **trasferimento della sede papale da Roma ad Avignone** (1309), sotto il controllo dei re francesi. Avvenimenti di questa portata, che **segnano la crisi definitiva del mondo in cui Dante era cresciuto**, gli impongono una riflessione profonda e non solo una scelta di parte legata all'attualità (l'aperto sostegno ad Arrigo VII, dichiarato per esempio nelle *Epistole* ➤ p. 259). Con la ***Monarchia*** egli **sposta il confronto al livello filosofico**, fondando su principi di razionalità le ambizioni dell'Impero.

La "teoria dei due Soli"

L'obiettivo polemico dell'opera è la dottrina teocratica, che riservava al papa il potere di conferire all'imperatore il suo potere. Contro questa teoria Dante sostiene che **i due poteri, quello papale e quello imperiale, debbano essere posti sullo stesso livello**, perché entrambi derivano direttamente da Dio (e non l'uno dall'altro) e sono preposti al raggiungimento di obiettivi distinti ma complementari per il benessere dell'umanità: la felicità terrena, sotto la guida dell'Impero, e la beatitudine eterna, grazie al magistero della Chiesa. Questa pari rilevanza di Impero e Papato verrà espressa nel *Purgatorio* (XVI, vv. 107-109) con l'immagine di due Soli che ricevono luce entrambi direttamente da Dio: si tratta appunto della cosiddetta "teoria dei due Soli", opposta a quella, di ispirazione teocratica, "del Sole e della Luna" (come la Luna, l'imperatore brilla di luce riflessa, irradiata da quella del Sole, ossia il papa).

La necessità dell'Impero

In questa prospettiva l'Impero, inteso come istituzione universale, si impone come necessario: occorre infatti che ci sia **un solo potere sovrano** capace di dare ordine al mondo intero e di creare così le condizioni per la concordia e la pace universali. L'idea di un **ruolo provvidenziale dell'Impero** nella storia del mondo è antica e Dante la ribadisce ripetutamente nella sua opera: la si ritrova in particolare nel quarto libro del *Convivio* e poi, ulteriormente sviluppata, nella *Commedia* (*Paradiso* VI, XVIII-XX). Ma la novità del suo approccio sta nel collegare il dibattito giuridico contemporaneo su Impero e Chiesa alle dottrine aristotelico-tomistiche.

Per un verso, dall'opera filosofica di **Aristotele** (attraverso la mediazione di **Tommaso d'Aquino**), Dante ricava l'idea di un'unità e di un unico fine a cui l'umanità tende per volere divino. Ma questo fine chiede un centro in grado di governare e indirizzare le volontà e gli interessi individuali, altrimenti contrastanti. Dante associa ad Aristotele e a Tommaso l'idea di un corpo politico capace di portare a realizzazione la *beatitudo* («felicità») umana: solo sotto il governo dell'imperatore, con l'unità politica da lui garantita, l'umanità può giungere al suo fine ultimo e alla pace universale.

La *Monarchia* suscitò sin da subito un grande interesse e fu letta, confutata e tradotta, ma l'idea di sostenere che esista una forma terrena di felicità, accanto alla beatitudine ultraterrena, finì per suonare eretica e nel 1559 l'opera fu inserita nell'*Indice dei libri proibiti*, dove rimase fino al 1881.

FISSA I CONCETTI

- A che cosa si riferisce il titolo dell'opera?
- Quale deve essere, per Dante, il rapporto fra Chiesa e impero?

T9 Potere temporale e potere spirituale

Monarchia III, xv, 7-13

La conclusione del terzo libro della *Monarchia* riassume l'argomento centrale dell'opera: la Provvidenza, di cui non è dato agli uomini comprendere i progetti, ha stabilito per gli esseri umani due forme di felicità, una terrena e l'altra celeste. Per raggiungere questi due differenti livelli di beatitudine gli uomini hanno però bisogno di essere guidati, e due figure sono state preordinate dalla Provvidenza per condurli a questo fine: l'imperatore e il papa. Entrambi ricevono la propria autorità «dalla fonte stessa di ogni autorità», cioè da Dio: ciò dimostra che l'imperatore non deve ritenersi subordinato al papa.

XV 7. L'ineffabile Provvidenza ha posto dunque innanzi all'uomo due fini cui tendere: la felicità di questa vita, che consiste nell'esplicazione della propria specifica facoltà, ed è simboleggiata nel Paradiso terrestre,[1] e la felicità della vita eterna, che consiste nel godimento della visione di Dio, e costituisce il Paradiso celeste; ad essa quella facoltà specifica dell'uomo non può elevarsi senza il soccorso della luce divina.[2] **8.** A queste due beatitudini, come a due fini diversi, occorre giungere con mezzi diversi. Alla prima infatti perveniamo per mezzo degli insegnamenti filosofici, purché li mettiamo in pratica operando secondo le virtù morali e intellettuali;[3] alla seconda invece perveniamo per mezzo degli insegnamenti divini che trascendono la ragione umana, purché li seguiamo operando secondo le virtù teologiche della fede, speranza e carità.[4] **9.** Sebbene quel fine e quei mezzi naturali ci siano stati additati dalla ragione umana, quale si è manifestata a noi compiutamente attraverso i filosofi, e sebbene quel fine e quei mezzi soprannaturali ci siano stati indicati dallo Spirito Santo, che ci ha rivelato la verità soprannaturale a noi necessaria attraverso i profeti, gli scrittori ispirati, Gesù Cristo, figlio di Dio a lui coeterno, ed i suoi discepoli,[5] tuttavia la cupidigia umana indurrebbe a dimenticarli, se gli uomini, come cavalli spinti dalla lo-

1. **la felicità... terrestre:** alla prima forma di «felicità» (*beatitudo*), quella terrena, si giunge coltivando la *virtus* («facoltà») propria dell'uomo, ovvero la facoltà razionale, che si esprime nella vita dedicata alla conoscenza. Simbolo della felicità ottenuta in questo modo è il Paradiso terrestre, che nella *Commedia* Dante colloca in cima alla montagna del Purgatorio (*Purgatorio* XXX-XXXIII).
2. **la felicità... divina:** al secondo, e più pieno, tipo di felicità, quello della vita eterna, l'uomo non può arrivare tramite i mezzi della ragione, ma soltanto per intervento della grazia divina e attraverso un atto di fede che superi i limiti della scienza e della filosofia. Questa felicità eterna consiste nella contemplazione mistica di Dio, che Dante cerca di descrivere alla fine del *Paradiso*.
3. **Alla prima... intellettuali:** per la felicità terrena l'uomo deve ricorrere alla filosofia, che però di per sé non basta, se non è accompagnata da comportamenti moralmente retti («virtù morali») e da onestà intellettuale («e intellettuali»). Le virtù morali equivalgono, nella dottrina cristiana, alle quattro virtù cardinali, ossia temperanza, fortezza, giustizia e prudenza.
4. **alla seconda... carità:** il mezzo per ottenere la felicità eterna è la rivelazione divina, che supera la capacità di comprensione razionale dell'uomo («che trascendono la ragione umana»); come la filosofia deve essere accompagnata dalle quattro virtù cardinali, così la rivelazione divina deve unirsi alle tre virtù teologali: fede, speranza e carità.
5. **attraverso i profeti... ed i suoi discepoli:** i mezzi e il fine della vita eterna sono stati rivelati nelle Sacre Scritture, le quali furono ispirate direttamente dallo Spirito Santo ai profeti, agli autori dell'Antico Testamento, a Gesù e ai suoi discepoli, che ne hanno riportato la predicazione nel libri del Nuovo Testamento.

lessico

Pontefice

Dal latino *pontĭfex pontĭficis*, «sacerdote», che presso i Romani indicava in particolare quelli appartenenti al collegio sacerdotale incaricato del culto pubblico sotto la direzione del *Pontĭfex Maxĭmus*, «pontefice massimo». Decaduto il culto pagano, in era cristiana il titolo è diventato un sinonimo di "Papa".

ro bestialità a percorrere vie traverse, non fossero trattenuti sulla retta strada «con la briglia e con il freno».[6] **10.** Per questo l'uomo ebbe bisogno di una duplice guida, in corrispondenza del duplice fine, cioè del Sommo **Pontefice**, per condurre il genere umano alla vita eterna mediante la dottrina rivelata, e dell'Imperatore, per dirigere il genere umano alla felicità terrena attraverso gli insegnamenti della filosofia. **11.** E siccome a questo porto della felicità terrena nessuno o pochi, ed anche questi con eccessiva difficoltà, potrebbero approdare, se il genere umano — sedati i flutti della cupidigia esposta ad ogni seduzione — non riposasse libero nella tranquillità della pace,[7] il governatore del mondo, detto Principe Romano,[8] deve tendere con tutte le sue forze a questo scopo, cioè a far sì che in questa aiuola umana[9] si possa vivere nella libertà e nella pace. **12.** E siccome la disposizione di questo mondo è conseguenza della disposizione propria dei moti celesti, affinché le utili iniziative imperiali di libertà e di pace possano trovare applicazione adatta ai luoghi e ai tempi, è necessario che quel governatore del mondo sia stabilito da chi ha una visione complessiva ed immediata della disposizione globale dei cieli.[10] Ora questi è soltanto Colui che ha preordinato tale disposizione[11] come mezzo per poter subordinare provvidenzialmente tutte le cose ai suoi piani. **13.** Ma se è così, solo Dio elegge, egli solo conferma, non avendo altri superiori a sé.

6. **«con la briglia e con il freno»:** citazione biblica da *Salmi* XXXI, v. 9. Nonostante abbia a disposizione sia i mezzi per raggiungere la felicità terrena sia quelli per cogliere quella eterna, l'umanità contiene in sé una componente ferina (espressa da Dante tramite la similitudine con il cavallo) che ha bisogno di essere domata.

7. **a questo porto... pace:** Dante ricorre a un'immagine metaforica di lunga tradizione, quella della nave della vita umana che non può procedere verso il porto sicuro della felicità, se il mare delle circostanze storiche è in tempesta.

8. **Principe Romano:** l'imperatore del Sacro Romano Impero.

9. **in questa aiuola umana:** altra immagine metaforica, qui usata da Dante per indicare il mondo terreno nella sua dimensione estremamente ridotta rispetto alla vastità del cielo divino.

10. **E siccome... cieli:** nel Medioevo si credeva che la Provvidenza divina regolasse le vicende terrene per mezzo degli influssi astrali. Per questo Dante dice che, affinché le iniziative politiche dell'imperatore abbiano successo, è necessario che egli riceva la sua carica esclusivamente da Dio, colui che regola i cieli e quindi il loro influsso sugli eventi umani.

11. **Colui... disposizione:** Dio.

Analisi del testo

Struttura

Le due guide L'argomentazione di Dante segue, come di consueto, uno sviluppo binario. Due sono le forme di felicità cui può e deve tendere l'uomo: una è di questa vita, simboleggiata dal Paradiso terrestre; un'altra risiede nella contemplazione mistica (il Paradiso celeste). Alla prima si giunge tramite la filosofia, che si fonda sulla ragione umana, sostenuta dalle virtù cardinali; alla seconda si perviene invece affidandosi alla rivelazione divina, affiancata dalle virtù teologali. Ma la componente bestiale dell'animo umano, che tende a deviare da questi insegnamenti, rende necessarie due guide: il papa e l'imperatore. Quest'ultimo, in particolare, deve garantire la pace necessaria al raggiungimento dei due obiettivi, e per farlo deve ricevere direttamente da Dio (e non dalla Chiesa!) il suo potere.

Lingua e stile

Le metafore politiche L'esposizione ricorre con frequenza a immagini metaforiche. Alcune metafore sono tradizionali nella trattatistica politica: la collettività umana rappresentata come cavallo da domare, o come una nave da guidare nel porto della felicità terrena da parte di un timoniere (che in latino è, non a caso, il *gubernator*), che per Dante deve essere l'imperatore, principe di Roma. Tutte queste immagini torneranno nella *Commedia*, all'interno di una prospettiva non tanto mutata, quanto più ampia. Così, per esempio, l'immagine dell'«aiuola» dei mortali (il mondo), a cui l'imperatore deve dedicare tutte le sue forze per garantirle libertà e pace, indispensabili al raggiungimento della felicità, tornerà nel canto XXI del *Paradiso*: «L'aiuola che ci fa tanto feroci» (v. 151).

Temi

La difesa dell'Impero La tesi che Dante riassume a conclusione della *Monarchia*, cioè la non subordinazione dell'imperatore al papa, ha affascinato molti lettori moderni e diviso quelli antichi. Il trattato venne infatti considerato un'apologia di posizioni ghibelline, mentre modernamente alcuni hanno visto in Dante il precursore di un'idea di separazione tra Stato e Chiesa. In realtà, il punto di vista dantesco sfugge a entrambe queste semplificazioni e nasce piuttosto dall'esigenza di definire, almeno sul piano teorico, i presupposti per il superamento delle divisioni politiche, in vista di una concordia che consenta la ricerca dei più alti obiettivi accessibili all'uomo: la felicità terrena e la beatitudine celeste.

Officina

COMPRENDERE

1. Verso quali forme di felicità tende l'uomo? Di quali guide necessita per poterle raggiungere?
2. Secondo Dante, da chi dovrebbe essere concessa la carica di imperatore?

ANALIZZARE

3. Completa il testo scegliendo le parole corrette tra quelle date. Fai attenzione: ci sono sei parole in più.

   rettitudine • *papa* • *terrena* • *guerra* • *imperatore* • *ragione* • *rivelazione* • *cupidigia* • *eterna* • *temporale* • *teologiche* • *filosofia*

   Per Dante l'essere umano può giungere alla felicità .... tramite l'esercizio della ...., ma se accompagnato dalla .... secondo i dettami della .... Alla felicità della vita ...., invece, si giunge operando secondo le virtù .... e quindi con l'intervento della .... divina.

4. **Lingua e stile** Nell'espressione «i flutti della cupidigia» è presente una:
   a. similitudine
   b. metafora
   c. perifrasi
   d. litote

INTERPRETARE

5. L'immagine metaforica della vita come navigazione ritorna spesso in Dante. È presente in questo testo, come anche nella canzone ***Così nel mio parlar voglio esser aspro*** (➤ **T5**, p. 227) e nel sonetto ***Guido, i' vorrei che tu e Lapo ed io*** (➤ **T6**, p. 234): metti a confronto i tre testi e indica analogie o differenze rispetto all'uso di questa metafora.
6. Spiega quali parallelismi e punti di contatto si possono istituire tra: provvidenza, principe romano, sommo pontefice, genere umano, filosofia.

PERCORSO DI SCRITTURA

Riassunto Riassumi il paragrafo 10 impiegando al massimo 15 parole.

COMPETENZE DEL XXI SECOLO

Pensiero critico Il **medievista italiano Gustavo Vinay** nell'edizione della *Monarchia* da lui curata, a proposito della parità dei due poteri, temporale e spirituale, scrive: «[...] questa parità non c'è: chi muove la macchina del trattato non è la Chiesa ma l'Impero ed esso soltanto».
Rileggi il brano secondo questa chiave interpretativa e metti in evidenza i passi che lo studioso potrebbe portare a sostegno della sua tesi.

8. Le *Epistole* e le opere minori

8.1 Le *Epistole*

Il tema politico

Biblioteca digitale
Epistola ad Arrigo VII

Tra le opere minori di Dante si distinguono per importanza le **tredici epistole**, composte **in latino** durante il **periodo dell'esilio**. Ben dieci affrontano questioni legate alla **politica**: vi si riflettono in particolare le grandi **speranze suscitate da Arrigo VII**, la cui discesa in Italia (1310) ed elezione al soglio imperiale (1312) sembrano rendere concreta la possibilità di riportare l'autorità dell'Impero in Italia. Fanno parte di questo nucleo la lettera **V**, indirizzata «Ai re d'Italia, ai senatori di Roma, ai duchi, ai marchesi, ai conti, ai popoli»; la **VI** «Agli scelleratissimi fiorentini» e la **VII**, diretta allo stesso imperatore «Arrigo, re dei romani». L'epistola **XI**, diretta «Ai cardinali italiani», è un violento attacco dai toni che ricordano alcune invettive della *Commedia*.

L'epistola a Cangrande

Di **argomento letterario** sono l'epistola **III** (1304-1306) all'amico Cino da Pistoia, la **IV** a Moroello Malaspina e, soprattutto, la **XIII, indirizzata a Cangrande della Scala**, che però secondo alcuni critici non sarebbe da attribuire a Dante: l'incertezza deriva soprattutto da un grande divario tra lo stile dei primi capitoli e quello dei successivi. Nella prima parte dell'epistola figura la **dedica del *Paradiso*** al patrono veronese, mentre nella seconda vengono esposti il significato del **titolo** "*Comedìa*", il **fine** dell'opera, il **genere** a cui appartiene, le **partizioni** e l'**interpretazione** dell'esordio del primo canto del *Paradiso*. Qui l'autore riprende l'argomento dei quattro livelli di senso del testo sacro (letterale, allegorico, morale e anagogico) che aveva già esposto nel *Convivio*, ma con una fondamentale differenza: se nel trattato egli mantiene la propria concezione del senso allegorico nei limiti tracciati dalla cultura teologica medievale, cioè considera falso il senso letterale dei testi poetici (➤ **T7**), nell'epistola **applica alla poesia del *Paradiso* lo stesso metodo di interpretazione allegorica della Bibbia**, mostrando così di considerare vero il senso letterale di entrambi i testi.

Alberto Martini, *Ritratto di un angelo del Paradiso*, illustrazione dell'*Album Dantesco*, 1920-1930. Oderzo (Treviso), Fondazione Oderzo Cultura.

T10 *Senso letterale e senso allegorico nella Commedia*

Epistole XIII, 20, 22, 24-25, 77-79, 81-82

Nei passi dell'*Epistola a Cangrande* che riportiamo di seguito sono affrontate due questioni rilevanti (e tra loro connesse) su come sia da leggersi il testo della *Commedia*: secondo quali livelli di senso vada interpretato il poema e quale grado di veridicità debba essere riconosciuto al racconto di Dante.

20. [...] Occorre sapere che il senso di quest'opera non è unico, anzi può essere definito polisemo,[1] ossia di più significati; infatti un primo significato è quello che viene prodotto per mezzo della lettera, un altro è quello che viene prodotto per mezzo delle cose significate dalla lettera. E il primo è chiamato letterale, ma il secondo allegorico, morale o anagogico. [...]

22. E come questi sensi mistici[2] vengono designati con diversi termini, possono tutti essere detti in generale allegorici, dato che divergono dal senso letterale o storico. Infatti si dice allegoria dal greco *alleon*,[3] che in latino suona *alienum* o *diversum*.[4] [...]

24. Dunque soggetto dell'intera opera[5] presa soltanto alla lettera è la condizione delle anime dopo la morte considerata in generale; infatti il corso di tutta l'opera si svolge su di essa e intorno ad essa. **25.** Ma se l'opera è intesa allegoricamente, ne è soggetto l'uomo in quanto acquistando meriti e demeriti per effetto del libero arbitrio è esposto alla giustizia del premio e del castigo. [...]

77. E, dopo aver detto con una perifrasi [...] che fu in quel luogo del Paradiso,[6] [l'autore] continua asserendo di aver visto alcune cose che chi discende di là non è in grado di raccontare.[7] E ne dà il motivo, dicendo che l'intelletto si sprofonda tanto verso l'oggetto del suo desiderio, che è Dio, che la memoria non può tenergli dietro.[8] **78.** Per comprendere queste cose occorre sapere che l'intelletto umano in questa vita, per la connaturalità e l'affinità che ha con la sostanza intellettuale separata, quando si innalza, si innalza tanto che la memoria dopo il ritorno vien meno, perché l'elevazione ha trascorso l'umana misura.[9] **79.** E questa spiegazione ci è suggerita dall'Aposto-

1. **polisemo:** termine modellato sul greco, che, come Dante spiega, significa «di più significati», «polisemico».
2. **mistici:** ossia quelli celati dal senso letterale, cioè l'allegorico, il morale e l'anagogico, per i quali ➤**T7**. Nel paragrafo 21, non riportato, è ripetuto lo stesso esempio addotto nel brano del *Convivio* (**T7**, §§ 6-7), cioè l'uscita del popolo di Israele dall'Egitto.
3. ***alleon*:** Dante intende l'aggettivo greco *àllo* (neutro di *àllos*).
4. ***alienum* o *diversum*:** «diverso».
5. **opera:** la *Commedia*.
6. **perifrasi... Paradiso:** l'autore sta qui procedendo con l'analisi del primo canto del *Paradiso*. La perifrasi cui fa qui riferimento è quella contenuta al v. 4 del canto: *nel ciel che più della sua luce prende* (ovvero nell'Empireo) *fu'io*.
7. **continua... raccontare:** si tratta dei vv. 5 e 6 del primo canto del *Paradiso*: *e vidi* (in Paradiso) *cose che ridire / né sa né può chi di là sù discende*.
8. **E ne dà... tenergli dietro:** parafrasi dei vv. 7-9 del primo canto del *Paradiso*: *perché appressando sé al suo disire* ("al suo desiderio", cioè la visione di Dio) */ nostro intelletto si sprofonda tanto, / che dietro la memoria non può ire* ("andare").
9. **l'intelletto umano... misura:** l'intelletto degli uomini è collegato alla «sostanza intellettuale separata», ovvero gli angeli (definiti «sustanzie separate», per distinguerli dalla «sustantia prima», che è Dio). La ragione umana però è solo affine alla capacità intellettiva degli angeli, non le è pari, per cui, quando assiste alla visione di Dio, si trova impedita nella sua capacità di memorizzazione e al rientro sulla terra non riesce a ricordare la visione a cui ha assistito.

lo nel suo messaggio ai Corinzi,[10] lì dove dice: «Io so che un uomo, non so se col suo corpo o fuori del corpo – lo sa Dio –, è stato rapito fino al terzo cielo ed ha visto gli arcani di Dio, che ad un uomo non è consentito esprimere».[11] Ecco che, dopo aver trasceso l'umana ragione per l'innalzamento dell'intelletto, non ricordava che cosa fosse accaduto intorno a sé. [...]

81. Ma se [i detrattori dell'autore] latrassero obiettando contro la disposizione a una così grande elevazione a causa dello stato di peccatore di colui che racconta, leggano Daniele, dove troveranno che anche Nabucodonosor vide per divina ispirazione certe cose contro i peccatori e le dimenticò.[12] **82.** Infatti «colui che fa sorgere il suo sole sopra i buoni e i cattivi e fa piovere sui giusti e gli ingiusti»,[13] talora misericordiosamente a scopo di conversione, talora severamente a scopo di punizione, manifesta più o meno, come vuole, la sua gloria a certuni, per quanto male essi vivano.[14]

10. **Apostolo... Corinzi:** è la *Seconda lettera di san Paolo ai Corinzi*, XII 2-4. Il viaggio ultramondano di Paolo viene ricordato, insieme a quello di Enea agli Inferi, nel canto II dell'*Inferno* (vv. 13-33).
11. **un uomo... esprimere:** l'uomo asceso al cielo a contemplare i misteri divini è Paolo stesso, che, una volta ridisceso in terra, non ricorda se ci è stato con il corpo o solo in spirito.
12. **Ma se... dimenticò:** episodio riportato in *Daniele* 2, 3: il re dei Babilonesi, Nabucodonosor, risvegliatosi da un sogno profetico, ne dimentica il contenuto, conservandone solo un senso di terrore. A "latrare" sarebbero i detrattori di cui Dante parla nelle righe non riportate, che contesterebbero il racconto di Dante.
13. **colui... ingiusti:** perifrasi evangelica (da *Matteo*, 45) per indicare Dio.
14. **per quanto male vivano:** Nabucodonosor è appunto un re malvagio, nel racconto biblico.

Analisi del testo

Struttura

Significato e veridicità della *Commedia* Dovendo definire il significato della *Commedia*, l'*Epistola* XIII fa riferimento alla consueta suddivisione in senso letterale, allegorico, morale e anagogico di cui Dante aveva parlato nel *Convivio* (➤ p. 237). I quattro sensi vengono però ricondotti ora a uno schema bipartito: il senso letterale e tutti gli altri, definiti collettivamente «allegorici». Viene dunque indicato il significato letterale della *Commedia* (la condizione delle anime dopo la morte) e quello allegorico (la vita umana, orientata dal libero arbitrio, è esposta ai premi o ai castighi della giustizia divina).

Passando poi alla spiegazione dei versi iniziali del *Paradiso*, l'*Epistola* affronta la questione della dimenticanza del protagonista-narratore: Dante, dopo avere contemplato la gloria di Dio, non è in grado di ricordarla una volta tornato dal suo viaggio ultraterreno. Tale fallimento della memoria non può essere addotto, come fanno i detrattori di Dante, a prova del fatto che il racconto del viaggio nell'aldilà sia falso. Alcuni esempi scritturali infatti lo dimostrano: san Paolo, per un verso, conferma l'incapacità della memoria di seguire l'intelletto, quand'esso si eleva a tali altezze; il profeta Daniele, d'altro canto, parlando della visione di Nabucodonosor, non solo conferma questa fisiologica dimenticanza, ma attesta che anche ai peccatori (quale è Dante all'inizio del suo viaggio) può essere concesso il privilegio di visioni ispirate da Dio.

Temi

La lettura allegorica della *Commedia* La teoria dei quattro livelli di senso delle Scritture, enunciata nel *Convivio*, viene riproposta nell'*Epistola* senza lampanti contraddizioni: le variazioni, apparentemente minime, aprono però a un significativo cambio di prospettiva. Nel *Convivio*, infatti, Dante specificava chiaramente due punti che distinguono le Sacre Scritture dai testi poetici: 1. esse sole ammettono la lettura morale e anagogica; 2. esse sole sono vere anche nella lettera del testo (i testi poetici, invece, hanno un senso letterale falso e si prestano solo a una lettura allegorica). Ora, invece, l'*Epistola a Cangrande*, riducendo la quadripartizione dei livelli interpretativi a una sostanziale bipartizione (senso letterale + sensi allegorici *tout court*), equipara di fatto il racconto di Dante, quanto a veridicità, a quello delle Scritture.

La dimenticanza e la verità L'*Epistola* prevede una possibile obiezione alla *Commedia*: può risultare inverosimile, infatti, che un peccatore come Dante abbia ricevuto da Dio lo straordinario privilegio del viaggio ultraterreno. L'accusa, insomma, è che il contenuto del poema, il suo senso letterale, sia falso. La difesa che l'*Epistola* intesse opera, a questo punto, una sottile diversione: adduce infatti alcuni esempi scritturali (dunque inconfutabilmente veri, per la mentalità di allora), ma porta l'attenzione sul tema della dimenticanza. Come san Paolo e come Nabucodonosor, insomma, Dante dimentica quanto ha visto, ed è legittimato a farlo dall'altezza stessa della sua visione: e, se la dimenticanza è credibile, allora è credibile in generale tutto il viaggio raccontato da Dante. L'argomentazione, come si vede, è capziosa, ma quel che conta è che qui Dante sostenga che la *Commedia* va posta sullo stesso piano di verità della Bibbia.

Officina

COMPRENDERE

1. Per l'autore dell'*Epistola* qual è il significato letterale e quale quello allegorico della *Commedia*?
2. Nell'*Epistola* si istituisce un parallelismo tra l'autore della *Commedia*, l'apostolo Paolo e Nabucodonosor: perché?

ANALIZZARE

3. **Lingua e stile** Quale figura retorica è riconoscibile nel verbo «latrassero» (r. 26)?
   - a. Similitudine
   - b. Metonimia
   - c. Antonomasia
   - d. Metafora
4. **Lessico** La preposizione latina *trans* in italiano ha dato origine al prefisso "tra-" che si trova in molti verbi. Completa le frasi con il verbo corretto, scegliendolo tra quelli dati di seguito; poi scrivi accanto a ogni verbo quello da cui deriva (per es., "trapassare" deriva da "passare"):

   A. *trasmettere*; **B.** *trascrivere*; **C.** *trascorrere*; **D.** *trascendere*.
   - **a.** I copisti medievali .... molti testi dell'antichità.
   - **b.** La mia famiglia .... le vacanze in montagna.
   - **c.** Il tuo comportamento .... il buon gusto.
   - **d.** La radio .... un programma di approfondimento politico.

INTERPRETARE

5. L'incapacità di comunicare una visione: nella lettera a Cangrande Dante asserisce che la contemplazione della gloria di Dio, una volta cessata, non permette alla semplice ragione umana di raccontarla. Questo passaggio ne richiama alla mente un altro, contenuto nell'introduzione a ***Tanto gentile e tanto onesta pare*** (➤ **T3**, p. 217): «quelli che la miravano comprendeano in loro una dolcezza onesta e soave, tanto che ridicere non lo sapeano» (rr. 10-11). Di quale visione si tratta in questo caso? Rileggi i due testi (l'*Epistola* e l'introduzione al sonetto) ed evidenziane analogie e differenze.
6. Spiega in che modo viene riformulata la regola interpretativa dei testi poetici espressa nel *Convivio* (➤ **T7**, p. 241).

PERCORSO DI SCRITTURA

Riassunto Assegna un titoletto che ne spieghi il contenuto a ciascuno dei paragrafi numerati dell'*Epistola* e riassumi poi ciascun paragrafo in non più di 2 righe.

COMPETENZE DEL XXI SECOLO

Competenze digitali Schematizza la risposta alla domanda dell'esercizio 6 creando una mappa concettuale con software come Glogster, Padlet o Cmap Tools.

8.2 Le altre opere latine

Le *Egloghe*

Dante compose **due egloghe** in risposta ad altrettante **epistole di Giovanni del Virgilio** (grammatico bolognese che il poeta conobbe probabilmente durante il suo esilio a Ravenna, nel 1319) che l'aveva invitato a scrivere un carme di carattere eroico per conquistarsi la stima dei letterati e la corona d'alloro, che non poteva certo guadagnarsi, a suo giudizio, con un'opera scritta in volgare. Dante replica con un'egloga, rispondendo con garbo ma anche con fermezza che non intende recarsi a Bologna e che spera di essere incoronato con l'alloro sulle rive dell'Arno proprio in ragione della *Commedia*. Questi versi vanno senza dubbio messi in relazione con l'inizio del XXV canto del *Paradiso*, in cui l'affermazione della **novità e** della **superiore dignità del poema in lingua volgare rispetto a ogni imitazione classica** viene rivendicata attraverso l'immagine dell'incoronazione sul fonte battesimale di Firenze, a conferma del valore universale e salvifico di quella poesia (➤ p. 305).

La *Quaestio de aqua et terra*

Vi è infine la cosiddetta *Quaestio de aqua et terra* (*Questione sull'acqua e sulla terra*), la cui attribuzione a Dante è rimasta per molto tempo incerta. La *Quaestio*, esposta a Verona nel 1320 presso la corte scaligera, può essere messa **in relazione con la geografia simbolica della prima cantica** della *Commedia*, disegnata dall'evento della caduta di Lucifero al centro della terra (➤ p. 273), rappresentandone però un approccio tutto centrato sulla **filosofia naturale**. Il testo ha per sfondo la dottrina cosmologica in vigore nel Medioevo: cardine di questo modello è l'identificazione del centro della terra con il centro dell'universo.

8.3 Il *Fiore* e il *Detto d'amore*

Il *Fiore*

L'**attribuzione** a Dante del *Fiore* – titolo assegnato dai moderni editori del testo – è assai **controversa**. Il più convinto assertore della paternità dantesca dell'opera è stato il grande critico Gianfranco Contini, sulla base di prove legate all'analisi dello stile e al fatto che il narratore nomina più volte se stesso come «Durante» (forma abbreviata, come abbiamo detto, di Dante).

Il testo è una **traduzione-parafrasi in 232 sonetti del *Roman de la Rose***, poema allegorico in lingua d'*oïl* risalente alla seconda metà del Duecento che ebbe immensa fortuna nel Medioevo (➤ p. 32). Oggetto dell'originario poema erotico-allegorico è la conquista della rosa indicata nel titolo, che allude all'organo genitale femminile. Il termine "rosa" nel testo italiano è regolarmente sostituito dal più generico "fiore".

Il *Detto d'amore*

Il *Detto d'amore* – titolo ricavato dai moderni editori da un verso dell'opera – è un **poemetto in rime baciate ed equivoche**, cioè con identico suono ma differente significato: si tratta quindi di un vero e proprio *tour de force* di difficoltà tecniche in cui si riconosce l'influenza di Guittone d'Arezzo. Si presenta come un compendio delle questioni legate al tema dell'amor cortese. Sia nel caso del *Fiore* sia in quello del *Detto d'amore*, ammessa pure l'autenticità, saremmo dunque in presenza di una **fase arretrata dell'apprendistato poetico di Dante**.

9. La *Commedia*

9.1 Il libro di tutti

Un'opera-mondo

La *Commedia* non è una semplice testimonianza letteraria di un'epoca e di una civiltà ma, come dimostrano le sue traduzioni in quasi tutte le lingue del mondo, un vero e proprio **patrimonio** dell'umanità che ha superato nel tempo differenze culturali, scientifiche e religiose. Questo **carattere universale** dell'opera si rispecchia sia nella sua fisionomia interna sia nell'impatto che essa provoca nel lettore. La *Commedia* è infatti un'**opera-mondo**, che ha cioè l'ambizione di contenere e affrontare la totalità dell'esperienza umana, varcando i limiti del tempo (c'è la storia e c'è la dimensione dell'eterno), dello spazio (da Firenze ai luoghi ultraterreni) e dell'immaginazione stessa. È, infatti, un grande "ecosistema dell'immaginazione", che presenta al suo interno una serie stupefacente di simmetrie e corrispondenze.

Qualcuno arrivato prima di noi

La **dimensione che** in assoluto **prevale** nella poesia della *Commedia* è quella del **presente**, dell'istantaneità folgorante offerta dalle drammatiche e indimenticabili scene che il lettore vede compiersi davanti ai suoi occhi con tutta la forza della realtà e della vita. La *Commedia* non ha bisogno di essere riesumata da un lontano passato: è la sua poesia, al contrario, che bussa alla nostra porta e ci sollecita a interrogare noi stessi e il nostro tempo. E in questo incontro, come disse un grande critico, Gianfranco Contini, l'impressione che il lettore di ogni tempo prova non è quella «d'imbattersi in un [...] ben conservato sopravvissuto [...], ma di raggiungere qualcuno arrivato prima di lui».

Un principio di movimento incessante

Molti sono stati e continuano a essere i modi di leggere e interpretare la *Commedia*: dalle letture pubbliche, nelle Università, in piazze o teatri, a quelle private; dalle trasposizioni artistiche e musicali alle libere riscritture. Ogni rilettura si presenta come parziale attualizzazione, che non esaurisce affatto il significato dell'opera dantesca, ma ne arricchisce di volta in volta il valore. È quel «principio di movimento incessante» che la critica e scrittrice Jaqueline Risset ha riconosciuto come tratto costitutivo del poema, che ha sempre presentato la **massima apertura nei confronti delle sue riletture e reinterpretazioni**.

9.2 La vicenda narrata e la struttura dell'opera

Un viaggio, tre cantiche, cento canti

Un viaggio ultraterreno

La *Commedia* è la narrazione in prima persona di un **viaggio nell'aldilà compiuto dal personaggio stesso di Dante dopo essersi smarrito nel peccato** (rappresentato da una «selva oscura»). Minacciato dall'apparizione di **tre belve** feroci che rappresentano vizi umani, il poeta incontra l'anima di **Virgilio**, che gli racconta di essere stato inviato da Beatrice ad aiutarlo a percorrere il difficile **cammino che dall'Inferno lo porterà al monte del Purgatorio, per poi approdare al Paradiso**. Ad assumere la funzione di guida di Dante sarà, alla fine della salita purgatoriale, **Beatrice**, a sua volta sostituita, negli ultimi canti del *Paradiso*, da **san Bernardo di Chiaravalle**.

Cantiche, canti, terzine

Tre dunque sono le sezioni in cui il poema dantesco è diviso: ***Inferno***, ***Purgatorio*** e ***Paradiso***. L'autore le chiama **«cantiche»**, mentre nomina «canti» le unità che le formano; ciascuna cantica è divisa in 33 **canti**, ma l'*Inferno* ne presenta uno supplementare, introduttivo rispetto all'intera opera, che dunque arriva a un **totale di 100**, numero perfetto. Ogni canto è composto da un numero più o meno costante di versi (all'incirca 150), che sono **endecasillabi** raggruppati in gruppi di tre (**terzine**) **con rima** che si è soliti chiamare **incatenata**: il primo e il terzo verso rimano tra loro, mentre quello centrale rima con il primo della terzina successiva, creando una successione potenzialmente infinita (ABA BCB CDC...). È evidente, a questo proposito, la volontà dell'autore di presentare una struttura incentrata sul continuo ricorso al **numero tre**, che rimanda esplicitamente alla **Trinità**.

La discesa attraverso l'Inferno

I nove cerchi

Ma veniamo a una descrizione più particolareggiata. L'Inferno, che ha la forma di un imbuto posto al di sotto di Gerusalemme, si divide in **nove cerchi**; in ognuno viene punito uno specifico peccato, via via più grave quanto più si procede verso il basso. Si delinea così una gradazione e una **classificazione dei peccati** ispirata soprattutto dal settimo libro dell'*Etica Nicomachea* di **Aristotele**, in cui si distinguono tre categorie di colpe, che dipendono rispettivamente dall'«incontinenza», dalla «malizia» e dalla «bestialità». Si avverte anche l'influenza delle opere morali di Cicerone, che distingue, tra i peccati contro la giustizia umana e divina (riconducibili alla «malizia»), quelli riconducibili all'uso della «violenza» e quelli che si debbono imputare alla «frode».

Dante interpreta liberamente questi schemi, creando una sintesi altamente originale. Abbiamo dapprima una sorta di anticamera infernale, costituita dagli **ignavi**, ossia da quelle anime che in vita non hanno scelto né il bene né il male; si tratta di una categoria che non trova preciso riscontro né nella filosofia classica né negli scritti dei Padri della Chiesa. Nel primo cerchio si trovano sia i bambini non battezzati sia coloro che, pur essendo uomini virtuosi, vissero prima di Cristo. Qui risiede anche Virgilio, insieme a grandi poeti e filosofi del mondo classico. Seguono poi quattro cerchi, che contengono i peccati di **incontinenza** (lussuria, gola, avarizia e prodigalità, ira), meno gravi perché determinati da una dismisura di attitudini di per sé positive (l'amore, l'assunzione del cibo, l'uso del denaro, il senso della giustizia). Le mura della città infernale vera e propria (Dite) raccolgono poi, nel sesto e settimo cerchio, i peccatori peggiori: gli **eretici** – altra categoria per la quale non è facile trovare precedenti – e i **violenti** (in cui si mostra la bestialità). Un altro confine molto netto, un grande baratro che Dante e Virgilio potranno superare solo grazie all'intervento di una mostruosa creatura volante, Gerione, conduce ai peccati in assoluto più gravi, quelli dei **fraudolenti** (ottavo e nono cerchio), che hanno esercitato un uso perverso della ragione. L'ultimo margine è costituito dal dirupo che conduce al fondo dell'Inferno, il lago ghiacciato di Cocito, circondato dai giganti che si ribellarono a Zeus e da Nembrot, che costruì la Torre di Babele; al centro esatto del lago, imprigionato nel ghiaccio come pure i giganti, **Lucifero**. Accanto a lui, il sommo traditore e superbo, stanno i peccatori peggiori, coloro che hanno ingannato le persone che si fidavano di loro. Lucifero strazia in particolare tre anime: i traditori di Giulio Cesare, Bruto e Cassio, e Giuda Iscariota, traditore di Cristo.

Il contrappasso

Le punizioni eterne inflitte ai dannati riflettono il peccato commesso in vita, secondo la **legge del contrappasso**, che applica a loro, in modo accresciuto, ciò che ha costituito la loro colpa. Il trovatore provenzale Bertrand de Born, per esempio, posto tra i seminatori di scandalo e di scisma, si aggira nella nona bolgia con il capo mozzato, così come aveva contribuito a dividere Enrico II d'Inghilterra e suo figlio Enrico il Giovane. Il contrappasso in questo caso mima **per analogia** il peccato commesso, ma può realizzarsi anche **per contrasto**, come sperimentano per esempio gli ignavi, che scontano l'indifferenza mostrata in vita rincorrendo ora una vana insegna, pungolati continuamente da vespe e mosconi. Il principio del contrappasso è presente anche nel Purgatorio, le cui pene tuttavia fanno parte di un'espiazione che porta alla salvezza.

LUOGHI DELL'INFERNO	PECCATORI	CATEGORIE DI PECCATO
Antinferno	Ignavi	
	ACHERONTE	
Primo cerchio	Spiriti del Limbo (bambini non battezzati e antichi che non conobbero Cristo)	
	CITTÀ DI DITE	
Secondo cerchio	Lussuriosi	Incontinenza
Terzo cerchio	Golosi	
Quarto cerchio	Avari e prodighi	
Quinto cerchio	Iracondi e accidiosi	
	RIPA SCOSCESA	
Sesto cerchio	Eretici	Bestialità
Settimo cerchio	Violenti	
	POZZO DEI GIGANTI	
Ottavo cerchio (Malebolge)	Fraudolenti (divisi in dieci bolge)	Malizia, frode
Nono cerchio	Traditori	

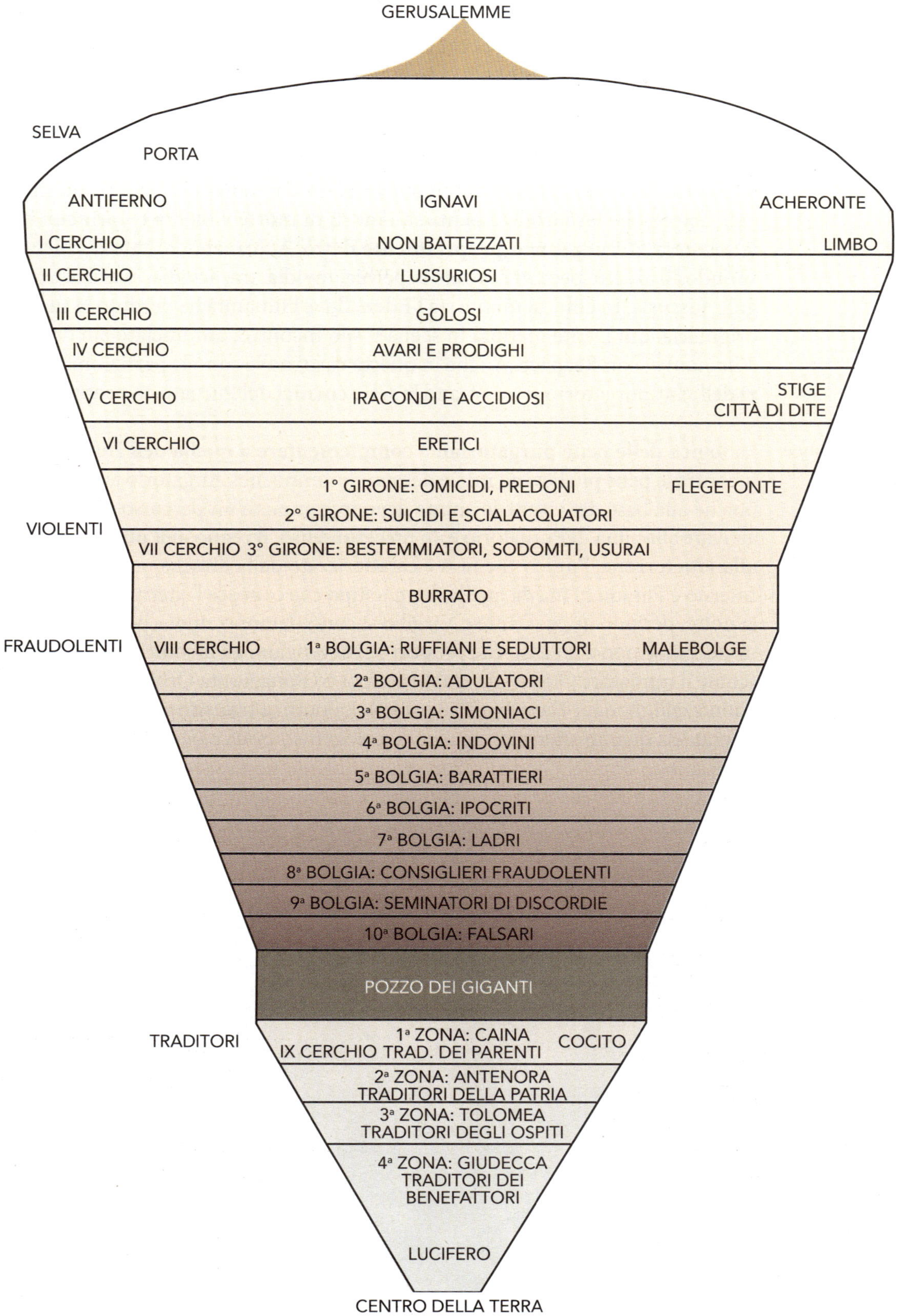
GERUSALEMME
SELVA
PORTA
ANTIFERNO
IGNAVI
ACHERONTE
I CERCHIO
NON BATTEZZATI
LIMBO
II CERCHIO
LUSSURIOSI
III CERCHIO
GOLOSI
IV CERCHIO
AVARI E PRODIGHI
V CERCHIO
IRACONDI E ACCIDIOSI
STIGE
CITTÀ DI DITE
VI CERCHIO
ERETICI
1° GIRONE: OMICIDI, PREDONI
FLEGETONTE
2° GIRONE: SUICIDI E SCIALACQUATORI
VIOLENTI
VII CERCHIO 3° GIRONE: BESTEMMIATORI, SODOMITI, USURAI
BURRATO
FRAUDOLENTI
VIII CERCHIO
1ª BOLGIA: RUFFIANI E SEDUTTORI
MALEBOLGE
2ª BOLGIA: ADULATORI
3ª BOLGIA: SIMONIACI
4ª BOLGIA: INDOVINI
5ª BOLGIA: BARATTIERI
6ª BOLGIA: IPOCRITI
7ª BOLGIA: LADRI
8ª BOLGIA: CONSIGLIERI FRAUDOLENTI
9ª BOLGIA: SEMINATORI DI DISCORDIE
10ª BOLGIA: FALSARI
POZZO DEI GIGANTI
TRADITORI
1ª ZONA: CAINA
IX CERCHIO TRAD. DEI PARENTI
COCITO
2ª ZONA: ANTENORA
TRADITORI DELLA PATRIA
3ª ZONA: TOLOMEA
TRADITORI DEGLI OSPITI
4ª ZONA: GIUDECCA
TRADITORI DEI
BENEFATTORI
LUCIFERO
CENTRO DELLA TERRA

L'ascesa al Purgatorio

Il monte del Purgatorio

Circondato dalle acque dell'oceano, il monte del Purgatorio emerge nell'**emisfero meridionale** del pianeta, che, secondo la geografia medievale, è disabitato. Dante, dopo aver superato Lucifero, percorre una sorta di tunnel («burella») che conduce al lato opposto del pianeta; emerso sulla spiaggia che circonda il Purgatorio, lui e la sua guida intraprendono la salita. Il Purgatorio è formato da due parti: la prima, il cosiddetto **Antipurgatorio**, è suddivisa in due balzi, in cui espiano le loro colpe gli scomunicati, coloro che tardarono a pentirsi, i morti di morte violenta e i principi negligenti; la seconda, il **Purgatorio propriamente detto**, è formata da sette cornici che corrispondono ai sette peccati capitali: superbia, invidia, ira, accidia, avarizia e prodigalità, gola, lussuria. In cima al monte sta l'**Eden**, dove l'umanità ha perduto la sua innocenza originaria: qui Dante metterà in scena il suo incontro, annunciato sin dal finale della *Vita nuova*, con Beatrice. Anche in questo caso, **nove** sono le partizioni, se ai **due balzi** dell'Antipurgatorio si sommano le **sette cornici** del Purgatorio propriamente detto.

Una dimensione transitoria

La **logica delle pene purgatoriali** è **complementare a quella dell'Inferno**: se lì Dante incontra le pene più lievi all'inizio del suo cammino, nel Purgatorio avviene il contrario, poiché alla base del monte le anime devono compiere un percorso più lungo prima di arrivare alla cima. Il Purgatorio è, in un certo senso, **il regno dell'oltretomba più vicino alla vita terrena**, l'unico che non è caratterizzato dalla dimensione dell'eternità (come Inferno e Paradiso) ma da quella di un tempo che conosce l'alternanza del giorno e della notte, periodo in cui Dante e Virgilio si concederanno riposo per la fatica dell'ascensione. Forse non è un caso che proprio qui avvengano gli incontri più intensi con artisti (come il miniatore Oderisi da Gubbio) e poeti (Bonagiunta Orbicciani da Lucca, Guido Guinizzelli, Arnaut Daniel ➤ **T18** e **T19**). La **natura transitoria del Purgatorio** è confermata da quanto affermavano alcuni teologi medievali, cioè che esso resterà totalmente disabitato dopo il Giudizio Universale, quando non esisteranno più nuove anime di defunti e tutte quelle presenti sul monte avranno raggiunto il Paradiso. Il Purgatorio è un regno dell'oltretomba di concezione relativamente recente rispetto alla stesura della *Commedia*: possiamo dunque, anche in questo caso, apprezzare la sorprendente libertà di invenzione dantesca.

Bottega di Alessandro Allori, *Dante e Virgilio sulla strada per il Purgatorio*, XVI secolo. San Pietroburgo, Museo dell'Ermitage.

LUOGHI DEL PURGATORIO	PENITENTI	CATEGORIE DI PECCATO	
Antipurgatorio		Negligenza nel pentirsi	
Spiaggia del Purgatorio	Prima schiera: morti scomunicati		
Primo balzo	Seconda schiera: pentitisi in fin di vita		
Secondo balzo	Terza schiera: morti di morte violenta		
Valletta fiorita (o dei principi)	Quarta schiera: principi negligenti		
Porta del Purgatorio			Peccati capitali
Prima cornice	Superbi	Amore rivolto a un fine erroneo	
Seconda cornice	Invidiosi		
Terza cornice	Iracondi		
Quarta cornice	Accidiosi	Scarso amore del bene	
Quinta cornice	Avari e prodighi	Eccessivo amore dei beni terreni	
Sesta cornice	Golosi		
Settima cornice	Lussuriosi		
Eden (Paradiso terrestre)			

Domenico di Michelino, *Ritratto di Dante che mostra la Commedia*, 1465. Firenze, Cattedrale di Santa Maria del Fiore. Il dipinto rappresenta Dante in piedi, con il libro aperto, che indica con la mano destra la porta del regno dei dannati. Dietro di lui è la montagna del Purgatorio percorsa dai peccatori. In alto, fasce curve indicano i nove cieli del Paradiso. Sebbene Dante compaia in primo piano, cinto di alloro, il dipinto celebra la città di Firenze, riconoscibile per la presenza della cupola del Brunelleschi. L'esaltazione è quindi rivolta alla "gloria terrestre", secondo una tendenza tipicamente rinascimentale.

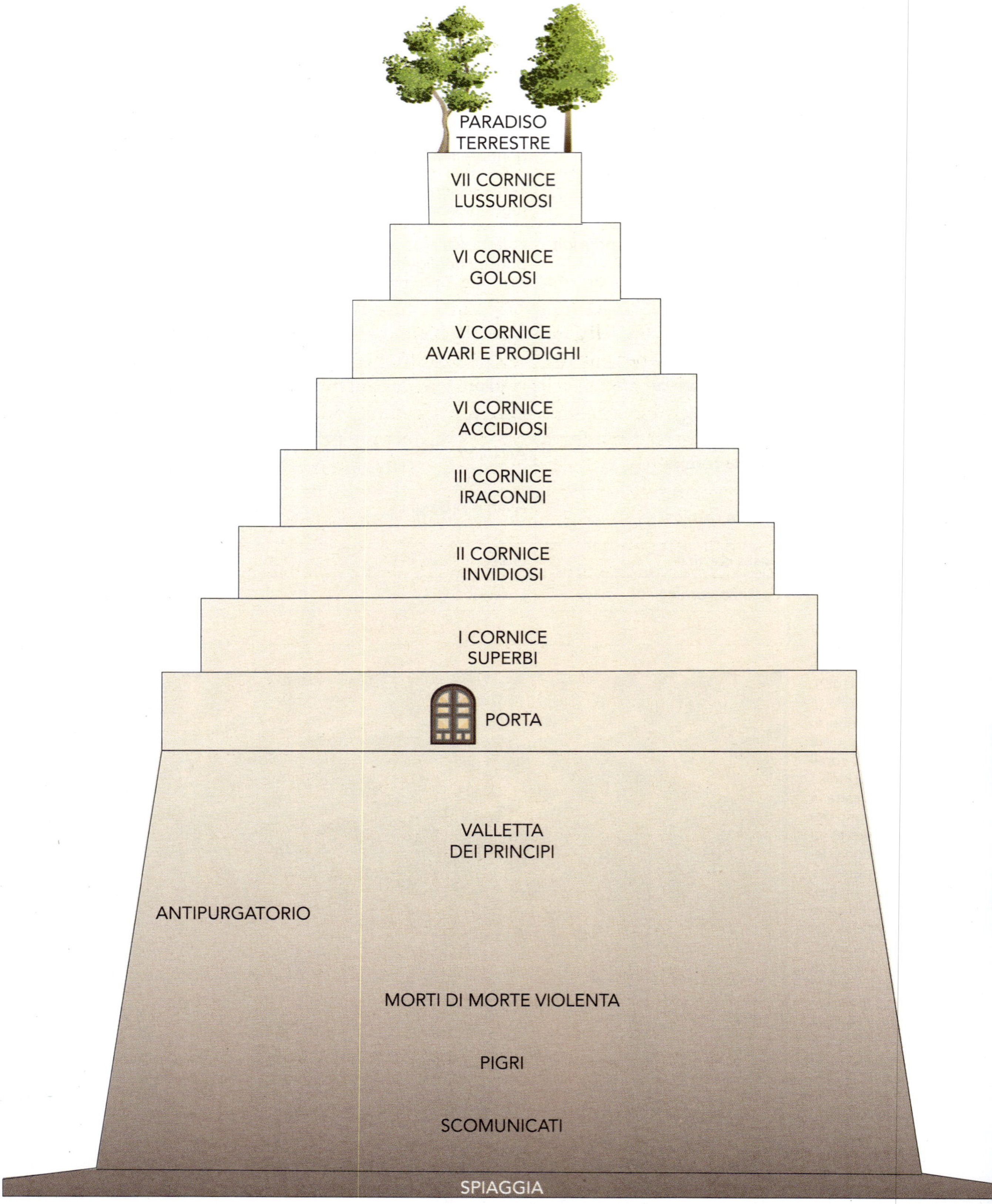
PARADISO
TERRESTRE
VII CORNICE
LUSSURIOSI
VI CORNICE
GOLOSI
V CORNICE
AVARI E PRODIGHI
VI CORNICE
ACCIDIOSI
III CORNICE
IRACONDI
II CORNICE
INVIDIOSI
I CORNICE
SUPERBI
PORTA
VALLETTA
DEI PRINCIPI
ANTIPURGATORIO
MORTI DI MORTE VIOLENTA
PIGRI
SCOMUNICATI
SPIAGGIA

La contemplazione del Paradiso

I nove cieli

Sistema geocentrico
Modello astronomico che pone la Terra al centro dell'universo: gli altri pianeti le ruotano attorno fissati in sfere concentriche. Formulato da Eudosso di Cnido nel III secolo a.C. e condiviso da Aristotele, è detto anche "tolemaico", da Claudio Tolomeo, che lo perfezionò nel II secolo d.C.

La suddivisione del Paradiso, verso il quale Dante ascende con l'aiuto di **Beatrice**, corrisponde ai nove cieli del **sistema geocentrico** tolemaico: il cielo della Luna, quelli di Mercurio, di Venere, del Sole, di Marte, di Giove e di Saturno, seguiti dalla sfera delle Stelle fisse e dal Primo Mobile.
Alle **nove sfere** corrispondono **nove forme di beatitudine**: nella sfera della Luna Dante incontra gli spiriti che mancarono ai voti per ragioni indipendenti dalla loro volontà; in quella di Mercurio coloro che si distinsero nella vita attiva, cioè nell'attività politica o di governo; in quella di Venere le anime che arsero di puro amore; in quella del Sole gli spiriti sapienti; in quella di Marte coloro che combatterono per la fede; in quella di Giove gli spiriti che esercitarono la giustizia; in quella di Saturno, infine, coloro che si consacrarono alla vita contemplativa.
Non si può parlare di gerarchia dei beati negli stessi termini dei dannati e delle anime del Purgatorio per due motivi. Innanzitutto perché **ciascuna anima** è **perfettamente appagata** nello stato in cui si trova; secondariamente, perché le anime non si trovano in realtà distribuite nelle varie sfere, ma, come si dirà tra breve, sono **tutte presenti simultaneamente nell'Empireo**. Sarà soltanto per permettere a Dante di ricordare e di narrare ciò che ha visto che le anime si mostreranno a lui un poco alla volta, secondo la successione delle varie sfere; se da un lato Dante ha il grande privilegio – concesso prima di lui solo a san Paolo – di compiere un viaggio nel regno dei cieli in carne e ossa, dall'altro proprio la sua natura terrena gli impone precisi limiti percettivi, che gli impediscono di sostenere una visione sintetica e simultanea dei beati.

LUOGHI DEL PARADISO	BEATI
Sfera del fuoco	
Primo cielo (Luna)	Spiriti che mancarono ai voti
Secondo cielo (Mercurio)	Spiriti attivi
Terzo cielo (Venere)	Spiriti amanti
Quarto cielo (Sole)	Spiriti sapienti
Quinto cielo (Marte)	Spiriti combattenti per la fede
Sesto cielo (Giove)	Spiriti giusti
Settimo cielo (Saturno)	Spiriti contemplanti
Ottavo cielo (Stelle fisse)	Spiriti trionfanti
Nono cielo (Primo Mobile)	Gerarchie angeliche
Empireo	Rosa dei beati

L'approdo nell'Empireo

Nell'ottavo cielo **Dante sarà esaminato da san Pietro, san Giacomo e san Giovanni**, rispettivamente sulle tre virtù teologali di fede, speranza e carità: una sorta di rito di passaggio che ne prepara l'accesso alle realtà più sublimi che gli appariranno in seguito. Giunto nel Primo Mobile, infatti, di fronte allo sguardo di Dante si manifesterà il grandioso spettacolo delle **gerarchie angeliche**. L'ultimo approdo di Dante e della sua guida sarà l'**Empireo**, dove non esistono le categorie spazio-temporali, perché al qui e ora terreno si sostituiscono l'ubiquità e un eterno presente. Sarà qui che Dante vedrà la totalità dei **beati, disposti come petali di un'immensa rosa** e, dopo che **san Bernardo** di Chiaravalle avrà preso il posto di Beatrice, gli sarà concessa l'estrema, folgorante **visione della Trinità**.

FISSA I CONCETTI

- Perché la *Commedia* è definita un'"opera-mondo"?
- Che cos'è la legge del contrappasso? In quali cantiche è presente?

> Nessuno ha il diritto di privarsi della gioia della *Commedia*. So che questo libro durerà ben oltre la mia veglia e le vostre veglie.
>
> Jorge Luis Borges

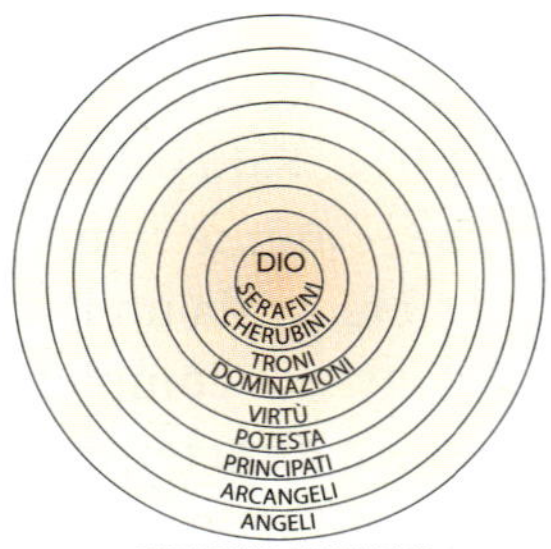

GERARCHIE ANGELICHE

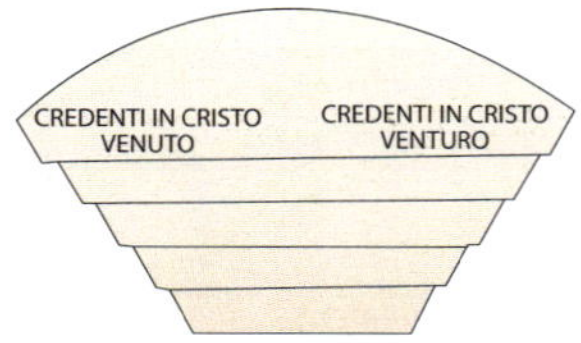

CANDIDA ROSA

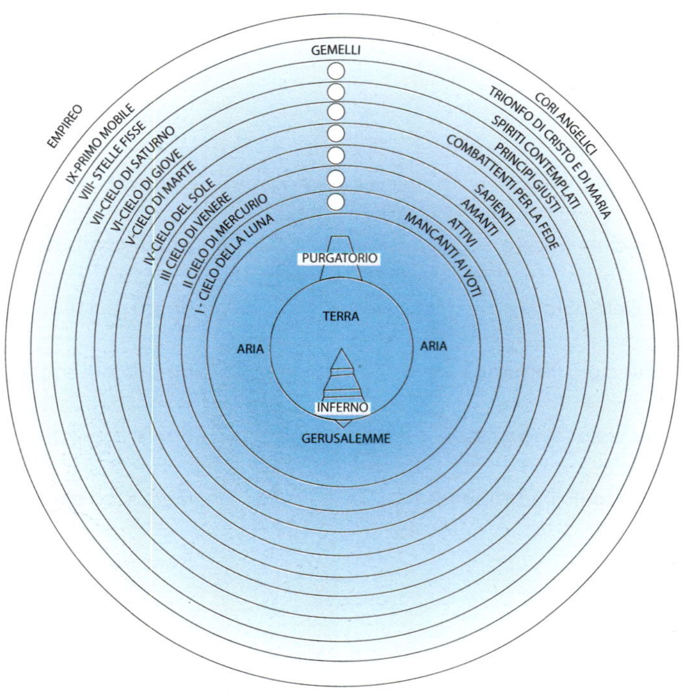

9.3 Il valore simbolico delle coordinate spazio-temporali

Una grandiosa macchina simbolica

Lo scenario che Dante immagina per il suo viaggio straordinario ha l'ambizione di **ricapitolare**, sia sul piano dello spazio sia su quello del tempo, **tutto l'universo nella sua estensione e tutta la storia**. Siamo di fronte a una complessa e raffinata costruzione fantastica in cui ogni elemento ha un significato preso in se stesso e considerato nell'insieme di cui fa parte: la *Commedia* è una grandiosa macchina simbolica, una rete di corrispondenze che rivelano continue sorprese al lettore.

Lo spazio

La formazione dell'Inferno e del Purgatorio

L'Inferno e il Purgatorio si sono formati a partire da un evento originario, che precede la storia umana: la ribellione e poi la sconfitta e la **caduta di Lucifero**. È a seguito di tale caduta che si è formata la **voragine a forma di imbuto che costituisce il regno infernale**, perché la terra ha avuto orrore dell'angelo ribelle e si è ritirata; l'enorme massa di materia così spostata ha formato, **nell'emisfero opposto a quello in cui è precipitato Lucifero, la montagna del Purgatorio**. In cima a essa è situato, come si è detto, l'Eden, che è stato teatro di un secondo gesto di disubbidienza, quello di **Adamo ed Eva**: la loro cacciata dal Paradiso terrestre, dopo che ebbero mangiato il frutto proibito dell'albero della conoscenza del bene e del male, ha segnato l'inizio della storia. Ma c'è un terzo momento, il più importante di tutti, perché costituisce l'intersezione tra l'intervento divino e la storia umana, ed è quello della nascita e poi del sacrificio di Cristo nella **crocefissione**, che conferma la vittoria sul male rappresentato da Lucifero e il riscatto della colpa di Adamo. Non a caso, la «selva» da cui prende le mosse il viaggio dantesco non è lontana da Gerusalemme («ombelico del mondo», come affermavano le Sacre Scritture), che fu appunto teatro della crocefissione.

Joseph Anton Koch, *L'ingresso al monte del Purgatorio*, particolare, 1827-1829. Roma, Casino Massimo. Sulla sinistra due angeli con la spada infuocata colpiscono il serpente nella valletta dei principi. Al centro l'angelo guardiano è seduto in trono, con la spada nella mano destra e le chiavi nella sinistra. Davanti a lui, in ginocchio, sono raffigurati Dante e Virgilio. In basso si intravedono le anime penitenti.

«Nel mezzo del cammin di nostra vita»

La struttura delle prime due cantiche ci presenta, insomma, una **sintesi spazio-temporale dal carattere universale**, che si trova anche rappresentata, a ben vedere, nel primo verso della *Commedia*, «Nel mezzo del cammin di nostra vita»: se la prima parte di esso rimanda a un contesto spaziale, la seconda si riferisce senz'altro al tempo. L'asse del **percorso dantesco ha**, dunque, un **valore simbolico**: da Gerusalemme (luogo della crocefissione), passa attraverso il centro della terra, punto terminale della caduta di Lucifero, e raggiunge, alla sommità del Purgatorio, il giardino dell'Eden, al cui centro cresce l'Albero della conoscenza, simbolo della caduta di Adamo ed Eva nel peccato. La **coppia peccato-redenzione determina**, in definitiva, l'**ordine spaziale dei regni dell'aldilà** descritti da Dante.

Una discesa... verso l'alto

Occorre precisare ulteriormente il **significato simbolico** della struttura del poema anche in rapporto al cammino di Dante. Egli percorre, addentrandosi nell'**Inferno,** un **itinerario in discesa** a spirale prendendo sempre la direzione sinistra (che nel Medioevo simboleggiava l'errore, ben coerentemente con il regno in cui sono puniti i peccati), mentre nell'emisfero opposto, risalendo il Purgatorio, procederà sempre verso destra (la direzione positiva). Ma, nella cavità infernale, Dante sta davvero scendendo? Se consideriamo la cosmologia medievale, ci accorgiamo che non è così: faceva fede infatti la spiegazione di **Aristotele**, che in un'opera intitolata *De coelo* (*Il cielo*) **aveva identificato il nord del cosmo con il sud terrestre e viceversa**. L'emisfero delle terre emerse, dove si trovano la «selva oscura», Gerusalemme e l'Inferno è dunque, in prospettiva cosmica, capovolto: così, quando **il poeta ha l'impressione di scendere**, di spingersi in basso (verso sud), è vittima di un errore prospettico, o meglio ha una percezione limitata alla dimensione terrestre. Se osserviamo il viaggio dal cielo, con uno sguardo cosmico, vediamo invece che egli **sta salendo**, procedendo verso il nord cosmico. Evidentemente, questo errore percettivo (un "sopra" che inizialmente sembra un "sotto") simboleggia un profondo concetto teologico: **l'uomo**, cioè, **non può arrivare alla salvezza, se prima non sperimenta l'errore** (*Inferno*) **e non espia le proprie colpe** (*Purgatorio*).

Il tempo

Al cuore dei tempi

Grande Anno

È il periodo (oggi calcolato in 25 800 anni) in cui si compie la rotazione della Terra intorno al suo asse.

Anche il tempo, nella *Commedia*, ha un valore simbolico. Il viaggio di Dante inizia nell'**anno del Giubileo**, il **1300**, primo Giubileo della storia del cristianesimo, anno della remissione dei peccati, della conversione e della penitenza. Nel canto XXVI del *Paradiso*, inoltre, si legge che il tempo intercorso tra la creazione di Adamo e il 1300 corrisponde a circa 6500 anni, ovvero, secondo i calcoli degli astronomi antichi, la **metà del cosiddetto Grande Anno**. Dunque l'esperienza ultraterrena di Dante si colloca non soltanto «nel mezzo del cammin» della sua vita ma anche di quella del cosmo intero.

Il tempo della redenzione

La durata del viaggio è di **sette giorni**, nei quali è compresa la Pasqua. C'è chi propone di identificarli con la settimana che va da venerdì 25 marzo, anniversario della morte di Cristo, al 31 (con arrivo ai piedi del Purgatorio, dove le anime hanno raggiunto la certezza di essersi salvate, domenica 27); altri invece pensano al periodo che va da venerdì 8 al 14 aprile. In entrambe le ipotesi l'arrivo al Purgatorio corrisponderebbe alla **Pasqua**: il giorno in cui Dante esce dal regno del peccato scampando alla "seconda morte" (la morte dell'anima, la dannazione eterna), coincide così con il giorno in cui l'umanità festeggia la sconfitta della morte nella resurrezione di Cristo.

9.4 Il titolo, la datazione, i modelli

Un titolo programmatico

«*Comedìa*» quanto al contenuto

In due punti dell'*Inferno* Dante si riferisce all'opera che sta scrivendo come a una "commedia", o, come si diceva allora, «comedìa» («questa comedìa», XVI, v. 128 e «la mia comedìa», XXI, v. 2). Nel Medioevo questo termine non designava un genere teatrale, anzi si era persa l'idea precisa di rappresentazione scenica che era alla base delle opere teatrali antiche greche e latine. Perciò, quando Dante parla di commedia e di tragedia («tragedìa») fa riferimento piuttosto a **caratteristiche di contenuto e di stile**. Difatti, proprio alla vicenda narrata rinvia un passo dell'*Epistola a Cangrande* in cui si spiega il titolo del poema: esso «propone all'inizio le difficoltà di un evento», ma in seguito «approda a un esito felice», al contrario di quanto avviene per la tragedia, dapprima altamente positiva e ammirevole ma «nella conclusione [...] rivoltante e terrificante». L'opera dunque s'intitolerebbe ***Comedìa***, perché il suo **inizio** (l'*Inferno*) è **all'insegna del dolore e della degradazione,** mentre la sua **conclusione** è **la più felice che si possa immaginare** (il *Paradiso*), approdando alla beatitudine eterna.

Il confronto con l'*Eneide*

A questa spiegazione l'*Epistola* ne aggiunge però una seconda, fondata sulla **differenza tra «comedìa» e «tragedìa» in termini di stile**: «umile» nella prima, «elevato e sublime» nella seconda. Se teniamo conto che Virgilio nell'*Inferno* definisce la sua *Eneide*, che a rigore sarebbe un poema epico, «l'alta mia tragedìa» (XX, v. 113), risulta evidente che Dante vuole istituire un **confronto con il grande poema latino**, considerato dalla cultura medievale non solo sommo capolavoro letterario ma anche compendio di profonda sapienza. Nel contrapporsi a esso, «la comedìa» di Dante ingaggia una sfida non solo con uno stile più nobile ma, più in generale, con la grande poesia classica, e sarà una sfida vincente: alla fine l'**apparente umiltà della *Commedia*** si mostrerà **superiore allo stile tragico virgiliano**.

Agnolo Bronzino, *Ritratto allegorico di Dante*, 1532-1533. Firenze, Collezione privata. Dante è raffigurato incoronato di lauro, con in mano il suo poema e lo sguardo rivolto verso il monte del Purgatorio. Bronzino vuole così enfatizzare la missione umana, religiosa e letteraria di Dante, che sembra voler indicare la via della salvezza a tutti i lettori della sua opera.

Da commedia a «sacrato poema»

Di questo superamento sono spia le altre espressioni con cui Dante definisce la propria opera: se nell'*Inferno*, come si è visto, egli usa il termine «comedìa», nel *Paradiso* parlerà piuttosto di «sacrato poema» e «poema sacro» (XXIII, 62 e XXV, 1).

> L'*humilitas* del Vangelo è in pari tempo una forma del tutto nuova del sublime [...], più profonda, più vera, più sostanziale.
>
> Erich Auerbach

Non soltanto «poema», dunque, come l'*Eneide*, ma un'opera nobilitata da un contenuto più alto, la rivelazione del messaggio cristiano che Virgilio non ebbe la possibilità di conoscere.
Come ha mostrato il grande studioso Erich Auerbach, Dante si ispirava in questo caso alla tradizione medievale del ***sermo humilis***, del linguaggio semplice e piano della Bibbia, che però poteva narrare vicende alte e drammatiche come le dieci maledizioni che colpiscono il faraone e il popolo d'Egitto (nel libro dell'*Esodo*) o la crocefissione di Cristo.

La compenetrazione degli stili

Dottrina degli stili
Norma della retorica medievale che distingue tre livelli di stile (sublime, mezzano, umile) tra loro separati; a ciascuno corrisponde una materia (dalla più nobile alla più vile), un genere (tragedia, commedia, elegia) e un adeguato repertorio lessicale.

La retorica medievale riteneva, non senza forzature, che la **letteratura classica** si basasse su un **rigido principio di divisione degli stili**, che prescriveva di adeguare lo stile alle situazioni e ai personaggi rappresentati. L'esempio più illustre era indicato nelle **opere di Virgilio** (la **dottrina degli stili** si definisce anche, infatti, *Rota Vergilii*), nelle quali si individuava una scala di dignità discendente che vedeva al primo posto l'***Eneide*** (il cui protagonista è un eroe guerriero), poi le ***Georgiche*** (incentrate sul lavoro dei contadini), infine le ***Bucoliche*** (che parlano di pastori). Nella **letteratura cristiana,** al contrario, gli **stili** sono **concepiti come profondamente compenetrati fra loro**, in base al principio – di cui è caso esemplare la figura di Maria – che la somma umiltà corrisponda alla somma nobiltà.
Perciò, l'opera di Dante è una «comedìa» che, proprio per questa compenetrazione, ammette anche uno stile e un contenuto elevati (ossia non strettamente comici ma tragici) e, viceversa, può ricorrere a registri bassi e persino volgari anche trattando la materia più nobile. Lo confermano alcuni passaggi del *Paradiso*, in cui l'autore non esita a scegliere un lessico plebeo e brutale, quando le necessità espressive lo richiedono: tale è per esempio il caso dell'invettiva che, nel canto XXVII, san Pietro scaglia contro la Chiesa del tempo di Dante, nella quale ritroviamo termini come «cloaca» e «puzza». In questo risiedono il significato e le più profonde motivazioni del cosiddetto **pluristilismo dantesco**, come vedremo poco oltre.

Una «Commedia», ma «Divina»

L'**espressione «Divina Commedia»**, a cui ricorre Boccaccio nel *Trattatello in laude di Dante* e che viene poi utilizzata come titolo a partire dalla metà del Cinquecento, è dunque una **sorta di ossimoro** (cioè un'unione di termini dal significato opposto) che rende perfettamente il **carattere dell'opera, umile ed elevato allo stesso tempo**. Nel Trecento, comunque, il modo più comune di chiamare la *Commedia* era "El Dante" (*Il Dante*): indizio sintomatico che il suo capolavoro veniva riconosciuto come opera che pienamente rappresentava la grande personalità dell'autore.

L'incerta datazione del poema

Le fasi della composizione

Sino ad anni recenti si è ritenuto che la *Commedia* sia stata composta da Dante **durante l'esilio** (probabilmente a partire dal 1306). Ultimamente è stata ripresa l'antica ipotesi di Boccaccio che l'opera sia stata abbozzata da Dante **già prima dell'esilio** per la parte relativa ai primi sette canti dell'*Inferno*, di ambientazione più marcatamente fiorentina. Per certo le prime due cantiche hanno cominciato a circolare quando l'autore era ancora vivo – l'*Inferno* a partire dal 1314 –, mentre il *Paradiso* venne probabilmente diffuso dopo la sua morte. Per l'***Inferno* e** il ***Purgatorio*** si può immaginare una stesura attorno agli anni **1306-12**; il primo sarebbe stato completato entro il **1314**, il secondo entro l'anno successivo; la composizione del ***Paradiso*** cadrebbe invece **tra 1316 e 1321**.

La diffusione

Sembra certo che **Dante diffuse il proprio poema per gruppi di canti**, dati in lettura; e pare anche difficile che, con i continui avventurosi spostamenti a cui fu costretto, egli potesse tenere sotto controllo tutto l'insieme dei versi scritti di volta in volta. Risulta dunque ancor più sorprendente, alla luce di questa considerazione, l'estrema unità e coerenza della sua opera, che tutti i lettori, antichi e moderni, hanno riconosciuto.

CANTICA	STESURA	DIFFUSIONE
Inferno	1306-1314 (ma I-VII forse prima del 1302)	dal 1314
Purgatorio	1306-1315	prima del 1321
Paradiso	1316-1321	dopo il 1321

La problematica appartenenza a un genere e i modelli

Modelli e suggestioni

Prima della *Commedia* nel Medioevo erano già esistite **opere che rappresentavano un viaggio o una visione dell'aldilà** (➤ *Temi e generi*, p. 278). Sarebbe però estremamente riduttivo, dopo quello che si è detto, pensare a una dipendenza della *Commedia* da una simile letteratura, da cui il poema dantesco è lontanissimo per complessità di struttura, raffinatezza stilistica ed efficacia simbolica: del resto, come ha affermato il critico Marco Santagata, «**Dante non inscrive mai le sue opere dentro un genere codificato**».

Al di là dei generi

Gli unici termini di confronto che egli sembra ritenere adeguati per la *Commedia* sono i due più grandi modelli di narrazione di viaggio nell'aldilà: l'***Eneide* di Virgilio**, per il periodo classico, **e** la **seconda *Lettera ai Corinzi* di san Paolo**, per quello cristiano. Nel libro VI dell'*Eneide* Virgilio narra infatti la discesa di Enea nell'Ade per raggiungere l'ombra del padre Anchise, in un racconto che fornisce molti spunti che si ritroveranno nella *Commedia*, mentre san Paolo racconta di essere salito al regno celeste quando ancora era in vita. Sorprendenti somiglianze sono state infine notate con narrazioni popolari islamiche circolanti in Europa all'epoca di Dante, e in particolare con il ***Libro della scala***, che raccontano il viaggio notturno del profeta Maometto attraverso l'Inferno e nei cieli del Paradiso. Queste analogie che la *Commedia* rivela con testi provenienti dalle più disparate tradizioni confermano comunque il suo carattere di opera universale, non la sua dipendenza da esse.

FISSA I CONCETTI

- Perché, secondo Dante, la sua opera per contenuto e stile è una «comedìa»?

9.5 Il sistema dei personaggi

I personaggi, il personaggio

La *Commedia* è **un poema corale** a cui prende parte una folla di personaggi, realmente esistiti o fittizi. L'incontro con loro scandisce, in un continuo succedersi di sorprese e in un flusso ininterrotto di dialoghi, l'intero itinerario dantesco. Non è attraverso il raccoglimento dell'io nella solitudine interiore, come era accaduto nella cultura monastica dei secoli che precedono la *Commedia* e come accadrà per Petrarca, ma attraverso l'**incessante confronto (ma anche scontro) con l'"altro"** che si definisce in modo progressivo la figura principale, che è quella di **Dante-personaggio**. Questi riveste nel poema un ruolo del tutto speciale, a cui possono essere paragonati solo, pur essendo di minore importanza, quelli di Virgilio e di Beatrice.

Dante-personaggio

Un rivelamento progressivo

La fisionomia del personaggio Dante **si rivela gradualmente**, a partire dalla scena del prologo (*Inferno* I): il lettore apprende anzitutto che il protagonista si è smarrito in una selva oscura (cioè nel peccato, vv. 1-6); che è un letterato (v. 87) fiorentino (v. 49) e che una donna, Beatrice, veglia su di lui dall'alto dei cieli e lo soccorre in questo momento di grave pericolo (vv. 61-70). Nelle cantiche successive veniamo a sapere che

TEMI E GENERI

La letteratura delle visioni e la *Commedia*

I viaggi e le visioni

Sin dall'Alto Medioevo si sviluppa un sottogenere della letteratura religiosa e mistica rappresentato dai resoconti di autori che affermano di avere visto luoghi ultraterreni. Sono narrazioni che traggono ispirazione da spunti presenti nei testi sacri (soprattutto l'*Apocalisse*) e talora sono riconducibili anche a modelli classici. All'interno di questa produzione si è soliti distinguere tra "visioni" e "viaggi": nelle visioni solo l'anima varca il confine che separa il mondo dei vivi e quello dei defunti, mentre i viaggi – come quello di Dante – coinvolgono misteriosamente corpo e anima dell'esploratore.

Il *Somnium Scipionis*

Tra i precedenti classici c'è il *Somnium Scipionis*, un ampio brano contenuto nel sesto libro del *De re publica* di Cicerone. Vi si legge di come il vincitore della Seconda guerra punica, Scipione Africano, appaia in sogno al nipote, Scipione Emiliano, pronosticandogli il futuro e mostrandogli il destino delle anime, poste in un aldilà collocato al centro della Via Lattea. Cicerone, razionalisticamente, riduce l'episodio a un vero e proprio sogno, tuttavia rivelatore della verità.

La *Visio sancti Pauli*

In epoca cristiana l'archetipo di queste esperienze è un passo della seconda *Lettera ai Corinzi* in cui san Paolo, riferendosi a sé stesso, scrive:

> Conosco un uomo in Cristo che, quattordici anni fa – se con il corpo o fuori del corpo non lo so, lo sa Dio – fu rapito fino al terzo cielo. E so che quest'uomo fu rapito in Paradiso e udì parole indicibili che non è lecito ad alcuno pronunziare. (12, 2)

L'accenno, quasi reticente (quali saranno state le «parole indicibili»?), viene sviluppato in un testo greco in prosa del V secolo d.C., che il Medioevo credeva scritto dallo stesso san Paolo: la *Visio sancti Pauli* (*La visione di san Paolo*). Tradotta in latino e poi in alcuni volgari romanzi, la *Visio Pauli* ebbe un'enorme diffusione. In essa si racconta di come Paolo venga condotto da un angelo nel luogo dove risiedono i giusti, quindi, attraverso un mare meraviglioso, dove si trova la Città di Dio, giunga a incontrare i patriarchi e i beati; in seguito vede l'Inferno, diviso in cerchi a seconda delle pene; infine arriva alle soglie del Paradiso terrestre. Gli studiosi hanno discusso se e in che misura Dante abbia attinto, per la

il suo nome è Dante (*Purgatorio* XXX, v. 55) e che deve narrare tutto ciò che ha visto nell'aldilà (XXXIII, vv. 52-54) perché ha una missione profetica da compiere (*Paradiso* XVII, vv. 124-129).

Un personaggio, tre identità

È importante innanzitutto sottolineare come la figura di Dante non sia univoca, ma riveli più dimensioni; infatti, a causa della sfasatura tra il tempo degli eventi narrati (che hanno luogo, come si è detto, nel 1300) e il tempo, successivo, del loro racconto, sono individuabili in lui due **identità differenti**: quella del **personaggio** che ha vissuto l'avventura del cammino nell'aldilà (il Dante *agens*, «che agisce» nel racconto), e quella dell'**autore** (l'*auctor*) che deve rappresentarla attraverso la scrittura. Tra queste due figure, una dimensione intermedia è costituita da quella del **protagonista che, ritornato nel mondo dei vivi, deve ricordare** che cosa ha visto e provato: un compito che talvolta (pensiamo al *Paradiso*) si presenta assai arduo. Tutto ciò risulta ben chiaro a partire dai primi versi del poema: il secondo verso, «*mi ritrovai* per una selva oscura», fa senz'altro riferimento a Dante-protagonista; il quarto, «ahi quanto a *dir* qual era è cosa dura», si riferisce a Dante-autore; infine la «selva» «che *nel pensier* rinova la paura» (v. 6) rimanda alla figura di colui che, tornato nella realtà terrena, ricorda ciò che ha sperimentato.

sua *Commedia*, a elementi della *Visio Pauli*. Di sicuro, quando sta per iniziare il suo viaggio, Paolo è l'unico precedente cristiano che egli cita, insieme a Enea, che nel poema virgiliano scende nell'Ade (*Inferno* II, vv. 28-32).

La *Visio Tnugdali*

Tra le numerose visioni d'oltretomba scritte tra VII e XIII secolo, una delle più note, ormai cronologicamente prossima a Dante, è la *Visio Tnugdali* (*La visione di Tnugdalo*) del XII secolo. Il cavaliere irlandese Tnugdalo, come Paolo accompagnato da un angelo, visita l'Inferno e si ferma alle soglie della cinta muraria del Paradiso. È interessante l'organizzazione dell'Inferno, che è diviso in superiore e inferiore. Alla divisione topografica corrispondono (come in Dante) diverse categorie di peccatori. Nella parte inferiore, al fondo di un precipizio, è collocato il principe delle tenebre Lucifero, che, come nella *Commedia*, è al centro di un lago ghiacciato.

Il *Libro della scala*

Tra le visioni (ma in questo caso si potrebbe parlare di viaggio), una occupa un posto particolare: quella contenuta nel *Libro della scala*. Sotto questo titolo si collocano diverse narrazioni arabe composte tra VIII e XIII secolo, ispirate a un passo del Corano in cui si dice che Dio avrebbe rapito Maometto per portarlo – accompagnato dall'Arcangelo Gabriele – alla Gerusalemme celeste. Il *Libro della scala* presenta alcuni punti di contatto con il poema dantesco: la raffigurazione dell'Inferno sotto forma di cono rovesciato che giunge al centro della terra; la distribuzione dei dannati in diverse categorie, poste tanto più in basso quanto più sono gravi i peccati; la legge del contrappasso (presente peraltro anche nell'opera del milanese Bonvesin de la Riva sull'aldilà, la *Scrittura nera*). Eccone un esempio:

> E vidi alcuni di loro [i dannati] ai quali venivano amputate le labbra con forbici infuocate. E allora chiesi a Gabriele chi fossero. E lui mi rispose che erano coloro che seminano parole per mettere discordia fra le genti. E altri, a cui era stata amputata la lingua, erano quelli che testimoniano il falso.

Fonti ispirative della *Commedia*?

Si è molto discusso se questi testi che descrivono l'aldilà, pure tanto modesti dal punto di vista letterario, siano state vere e proprie fonti della *Commedia*. Data la loro diffusione, è certo che Dante ne conobbe alcuni o molti, che erano, come scrive Cesare Segre, «pane quotidiano per i credenti del Medioevo». Queste opere costituivano il retroterra immaginativo a partire dal quale Dante mosse per edificare un oltremondo ben più articolato teologicamente e filosoficamente, e molto più permeato dalle passioni della storia e del suo presente.

Un'inedita complessità

In questo senso la *Commedia* appare profondamente innovativa: **in nessun'altra opera del Medioevo** l'autore allestisce **un'autorappresentazione di sé così ricca e complessa**. Nel *Roman de la rose* (➤ p. 32), per esempio, il personaggio protagonista è un io astratto e senza sfumature, una funzione lirica più che un vero soggetto. Più vicino a Dante è l'io narrante del *Tesoretto* di Brunetto Latini, perché si innesta su una situazione biografica definita («e io presi campagna / e andai in Ispagna», vv. 135-136), ma la deviazione dalla «diritta via» conduce poi a un percorso didattico-allegorico in cui questo io non ha un vero spessore personale e appare un semplice pretesto per l'esposizione degli argomenti.

Evoluzione e ricostruzione di senso

Per la prima identità, quella di **Dante-personaggio**, dobbiamo tenere conto che essa è sottoposta **a una progressiva evoluzione morale e spirituale** via via che dal regno infernale procede verso il Purgatorio per poi giungere infine al Paradiso. Ne consegue che il cammino del personaggio è disseminato, soprattutto all'inizio, nell'*Inferno*, di una serie di **errori di cui solo in seguito egli si renderà conto**: si era già fatto cenno, per esempio, alla falsa percezione dell'orientamento, che nella prima cantica sembra diretto verso il basso e solo dopo si rivela invece una salita. È il processo che un grande studioso dantesco americano, **Charles Singleton**, chiamava **«visione retrospettiva»**. Essa consiste in un continuo adattamento, da parte di Dante (e del lettore), dell'interpretazione del cammino compiuto, a mano a mano che esso si compie: soltanto alla fine dell'itinerario, quando si riveleranno appieno la missione del protagonista e il valore salvifico del suo viaggio ultraterreno, tutto acquisirà un senso compiuto.

Dante-autore

A Dante-autore spetta invece **la regia del viaggio narrato**: è lui il creatore di quel microcosmo che è la *Commedia*; lui che stabilisce un rapporto diretto con il lettore indirizzandogli più volte la parola. Non dobbiamo però credere che l'autore si riveli onnipotente all'interno del poema: ben più stimolante e moderna è la soluzione dantesca. Se all'**inizio del viaggio**, infatti, **Dante-personaggio** appare particolarmente limitato e **inferiore a Dante-autore** sicuro dei suoi mezzi («o mente [cioè "memoria"], che *scrivesti ciò ch'io vidi*», *Inferno* II, v. 8), **alla fine**, nel contesto della suprema bellezza del Paradiso, inarrivabile a qualsiasi intelletto umano, è il **protagonista** a rivelarsi **superiore all'autore**: sarà il secondo a dipendere dal primo, a richiedergli un barlume di ricordo dell'esperienza straordinaria vissuta: «Da quinci innanzi il mio veder fu maggio / che 'l parlar mostra» ("Da qui in poi ciò che vidi fu superiore a quanto le parole possono ora rappresentare", *Paradiso* XXXIII, vv. 55-56).

Le guide: Virgilio, Beatrice, Bernardo

Le guide e Dante

Dante non compie il suo cammino da solo, ma è aiutato da tre figure che gli fanno da guida: **Virgilio**, che lo accompagna lungo le prime due cantiche, fino alla cima del Purgatorio (canto XXX), poi **Beatrice**, infine **Bernardo di Chiaravalle**, che subentra a lei nel terzultimo canto del *Paradiso*. Dante vede dunque al suo fianco nientemeno che il massimo poeta latino, una beata e un santo teologo, dottore della Chiesa. Ancora più elevata, però, è l'origine prima di questa mobilitazione in suo soccorso: è infatti la **Vergine Maria** che, tramite **santa Lucia**, sollecita Beatrice a soccorrerlo, prima pregando Virgilio di assisterlo attraverso i primi due regni, poi sostituendosi a lui.

Figure vive, non solo allegorie

La scelta delle tre guide è, come vedremo, perfettamente coerente e appare leggibile non solo attraverso le relazioni simboliche che il lettore medievale è abituato a cogliere, ma anche e soprattutto in rapporto alle motivazioni più intime dell'ispirazione dantesca. Sarebbe invece **limitante ridurre Virgilio e Beatrice**, come a lungo si è fatto, **a semplici allegorie**, rispettivamente **della Ragione e della Teologia**: non di questi rigidi schematismi vive la poesia della *Commedia*. È vero piuttosto che entrambe le **guide** trovano la **loro compiuta fisionomia solo nella loro relazione con il protagonista**, dunque non sono figure bloccate ma dinamiche e vive.

Virgilio

Apprestandosi a raccontare in versi il proprio viaggio ultraterreno, Dante non può che sentire accanto a sé, come nobile antecedente e modello illustre, la presenza di Virgilio; come abbiamo detto, infatti, egli è autore di un poema epico, l'*Eneide*, il cui momento risolutivo è costituito proprio da un viaggio negli Inferi. Massimo poeta della letteratura latina, Virgilio rappresenta per il Medioevo anche un **modello sommo di sapienza**, capace di prefigurare verità che solo il cristianesimo avrebbe rivelato al mondo: il ruolo di guida iniziale che egli assolve nella *Commedia* è dunque pienamente giustificato. Ma il rapporto tra i personaggi di Dante e Virgilio non si appiattisce, significativamente, sulla deferenza del discepolo al maestro: da un lato, infatti, questo rapporto conosce le tonalità dell'emulazione (abbiamo già visto come la «comedìa» dantesca si contrapponga deliberatamente alla «tragedìa» virgiliana ➤ p. 276); dall'altro, **la figura di Virgilio è colta nella sua complessità, e in un progressivo mutamento**. Infatti, per quanto eccellente in sapienza e virtù, Virgilio è e resta **un poeta pagano**, vissuto prima della Rivelazione cristiana, **escluso** quindi **dalla salvezza**. Se dunque all'inizio del cammino egli si mostra in una posizione di apparente superiorità rispetto a Dante, proprio il fatto di essere vissuto in tempi che precedettero la nascita di Cristo, «al tempo de gli dèi falsi e bugiardi», come dirà egli stesso (*Inferno* I, v. 72), rappresenta il **suo limite**. Ed è un limite che si manifesta ogni volta che Virgilio ha a che fare con i personaggi propri dell'immaginario cristiano, per esempio con i diavoli, che alla fine del canto VIII dell'*Inferno* gli chiudono in faccia le porte della città di Dite, o ancora con il demone Malacoda, che lo fa cadere nei suoi inganni (*Inferno* XXI, vv. 109-114).

Dante e Virgilio incontrano l'angelo mandato da Dio che apre loro le porte della città infernale di Dite; dalla miniatura dell'*Inferno* con il commento di Guiniforte delli Bargigi miniato per il duca di Milano Filippo Maria Visconti, XV secolo. Imola, Biblioteca Comunale.

Paradosso e tragedia di Virgilio

Ma, ancor più, quella di **Virgilio** è una condizione paradossale e tragica: la sua arte infatti è stata in grado di illuminare molti suoi lettori, avviandoli alle verità che conducono alla salvezza, ma, nonostante ciò, lui stesso è irrimediabilmente **escluso dalla beatitudine**. Questo aspetto si evidenzia in particolare **nel confronto con Stazio**, suo illustre discepolo: questi si salva e raggiunge il Paradiso per aver letto la *Bucolica* IV (*Purgatorio* XXII, vv. 67-72) che, secondo i lettori medievali, prediceva inconsapevolmente l'avvento del Messia, mentre Virgilio è destinato a tornare nel Limbo (➤ **T14**).

Stazio
Poeta latino (40-96 d.C.) autore della *Tebaide*, che fa esplicito riferimento al modello dell'*Eneide*.

L'*Eneide* convalidata dalla *Commedia*

A rendere ancora più crudele la sua tragedia sarà il cortocircuito, creato sapientemente da Dante, tra Virgilio-personaggio e Virgilio-autore. Nel **canto XIII dell'*Inferno***, per esempio, Virgilio invita Dante a spezzare un ramo dell'intricata selva dei suicidi: ne esce del sangue e un lamento, quello dell'anima di **Pier delle Vigne**, che racconta la sua storia. Dante sta qui riprendendo fedelmente quello che Virgilio aveva narrato nel libro III dell'*Eneide* a proposito di Polidoro (il suo cadavere trafitto da lance si trasforma in un arbusto, da cui Enea, ignaro, strappa dei rami e ne vede sgorgare sangue). Ma a questo punto Virgilio dice (vv. 46-51) di aver suggerito a Dante di rompere il ramo proprio per dimostrargli che la storia narrata nell'*Eneide* è vera, e non «incredibile», come Dante certo avrebbe creduto. L'***Eneide*** si presenta così come una **narrazione fittizia di cui** solo **la *Commedia* offre la convalida reale**. Le verità prefigurate da Virgilio, dunque, per quanto autentiche, non sono sufficienti: necessitano della conferma che solo un autore illuminato dalla conoscenza di Cristo (come Dante) può sancire.

Un legame d'affetto

Questa limitatezza di Virgilio, del resto, contribuisce a consolidare un **legame con Dante** che diviene **sempre più stretto e affettuoso**: il maestro si rivelerà capace di premure materne, come quando prenderà in braccio Dante per salvarlo dalla vendetta dei diavoli di Malebolge (*Inferno* XXIII, vv. 37-45). È un quadro che trova il suo culmine patetico al momento del congedo, nell'Eden (*Purgatorio* XXX): alla scomparsa di Virgilio Dante reagirà piangendo, prima di fronteggiare i rimproveri di Beatrice.

Il ritorno a Beatrice

Beatrice si presenta a Dante, infatti, non nella veste di figura angelica ma **con il piglio severo** e marziale dell'«ammiraglio» (*Purgatorio* XXX, v. 58). Per meritare di ascendere con lei in Paradiso, **Dante dovrà pentirsi** ed espiare con il pianto i propri errori, che, in parte, riguardano proprio l'atteggiamento che lui ebbe dopo la sua morte. Egli infatti non la tenne al centro dei propri pensieri, ma dedicò la sua poesia ad altre donne e **si rivolse con troppa fiducia alla filosofia** come unica strada per il raggiungimento della felicità. Il **ritorno a Beatrice** sarà **per Dante il ritorno** e il coronamento **alle fonti della propria ispirazione poetica**. Se è vero che siede ormai tra i beati, ella è pur sempre, allo stesso tempo, la donna che Dante amò sin dall'infanzia.

I volti di Beatrice

Anche Beatrice, seppure in misura inferiore a Virgilio, è un **personaggio capace di assumere atteggiamenti differenziati**: può mostrarsi estremamente severa, ma anche rivelare la sua gioia sorridendo di radiosa bellezza; può intercedere piangendo di fronte a Virgilio per la salvezza di Dante; sospirare indulgente di fronte alle difficoltà del poeta nel comprendere la nuova realtà del Paradiso (*Paradiso* I, vv. 100-102); addirittura dare l'impressione di tossire in segno di ironico ammonimento, durante l'incontro con l'avo Cacciaguida, per l'eccessivo orgoglio che Dante mostra per la sua nobile stirpe (*Paradiso* XVI, vv. 13-15). Ma la *Commedia* non è l'apoteosi di Beatrice: anche lei è, in fondo, solo una tappa del percorso che si conclude con la visione di Dio. La sola presenza femminile che il poeta invoca in tale momento culminante è, piuttosto, quella di **Maria**; in un certo senso, con lei il cerchio si chiude, perché era stata proprio la Vergine, la «Donna gentil» di *Inferno* II, a inviare a Dante gli aiuti necessari a compiere il suo percorso ultraterreno di conoscenza e di espiazione.

San Bernardo

Dopo Virgilio e Beatrice, le **guide raggiungono il numero perfetto di tre** con san Bernardo, che entra in scena soltanto per supplicare la Vergine affinché a Dante sia concesso di contemplare i Misteri nella mente di Dio. Bernardo era certamente il **dottore della Chiesa** (➤ p. 240) **più fervente nella devozione a Maria**, a cui aveva dedicato molte opere, dunque si presentava come la figura ideale a questo punto del viaggio. Ma che la terza e ultima guida fosse una **figura fortemente caratterizzata in senso cristiano** era del resto una scelta necessaria, imposta da quel progressivo perfezionamento spirituale che il personaggio Dante attraversa e che le sue guide scandiscono. Infatti, se con Virgilio si attinge all'eccellenza del **mondo classico** e della poesia, con Bernardo si giunge alla pienezza spirituale del **mondo medievale cristiano**; al centro Dante pone **Beatrice**, la donna che egli ha cantato lungo tutto l'arco della sua vita, colei che sin dalla *Vita nuova* gli era apparsa come figura salvifica e che ora, con maggiore pienezza, continua ad assolvere questa funzione.

GUIDA	TRATTO DEL VIAGGIO	VALORE PER DANTE
Virgilio (sollecitato da Beatrice)	Dalla «selva oscura» di *Inferno* I al Paradiso terrestre (*Purgatorio* XXX)	**L'eccellenza del mondo antico**: è il sommo poeta latino, il sapiente che seppe prefigurare le verità cristiane, l'autore dell'*Eneide*, che contiene un viaggio nell'aldilà
Beatrice (sollecitata da santa Lucia, mossa dalla Vergine)	Dal Paradiso terrestre (*Purgatorio* XXX) alla visione della «candida rosa» (*Paradiso* XXX)	La donna amata, capace di rappresentare per Dante una **figura salvifica**, sin dalla *Vita nuova*
San Bernardo	Da *Paradiso* XXXI	**La devozione cristiana**: teologo, dottore della Chiesa, fervente nella devozione mariana

Gli altri personaggi

Una moltitudine eterogenea

Accanto a Dante e alle sue guide, il lettore della *Commedia* incontra una **moltitudine di altre figure**: **illustri** personalità e personaggi ormai **ignoti**, tratti dalle cronache del tempo; **santi** e **figure bibliche** (Adamo, Lucifero, Lia, Rachele, san Pietro ecc...); eroi **pagani** e **musulmani** (Averroè ed Avicenna, oltre che il Saladino, si trovano tra gli «spiriti magni» nel Limbo). Figure della mitologia (custodi infernali, furie, giganti), demoni e angeli, eroi della letteratura, come Achille o Giasone, sono considerati reali tanto quanto le figure storiche, come Federico II o suo figlio Manfredi, Brunetto Latini o Pier delle Vigne. La memoria dantesca **non fa differenza tra letterario e storico, tra biblico e mitologico**.

«Immagini nel bronzo»

Come osservava il grande filosofo tedesco G.W. Friedrich Hegel (1770-1831), Dante ha la capacità di **raffigurare con straordinaria efficacia i suoi personaggi**, anche quelli minori, fissandoli per sempre nella nostra memoria, come «immagini di bronzo». A caratterizzarli può essere il loro peccato, spesso rappresentato da una postura del corpo, come l'ergersi orgoglioso di Farinata «da la cintola in sù» (*Inferno* X, v. 33), oppure anche un solo gesto, come quello, blasfemo, del ladro Vanni Fucci (*Inferno* XXV, v. 3).

L'isolamento dei dannati

Questa plasticità scultorea si osserva in particolare nella prima cantica, dove la punizione del peccato assume forme estremamente concrete (fiamme, ghiaccio, morsi di animali, smembramenti, fustigazioni ecc.). L'orrore di queste punizioni eterne finisce per **bloccare i dannati in un legame inscindibile con il loro peccato**: sono anime chiuse nel rispettivo dramma, ripiegate sulla propria colpa e incapaci, nella grande maggioranza dei casi, di alcuna apertura all'altro. L'Inferno è, né potrebbe essere altrimenti, un luogo di **profonda solitudine**, dove **ogni anima**, anche quando è attorniata da una schiera di altri dannati, è colta nel suo **drammatico isolamento**. Le rare eccezioni si hanno quando l'altro costituisce il compimento della pena: è il caso delle coppie costituite dagli amanti Paolo e Francesca (canto V, ➤ **T21**) o da Ugolino della Gherardesca, che rode il cranio del nemico Ruggiero degli Ubaldini (canto XXXIII). E lo **sguardo limitato delle anime infernali** pare imporsi anche a **Dante**, che nella prima cantica, composta forse nei primi anni dell'esilio, è ancora profondamente concentrato **su un orizzonte ristretto, locale**: i **personaggi toscani** sono molto numerosi e forniscono all'autore una brulicante materia di polemica, politica e personale.

La coralità del *Purgatorio*

A partire dal ***Purgatorio***, invece, questa urgenza polemica in Dante si affievolisce: lo sguardo si distende su un **orizzonte più ampio e** i **toni** si fanno **più pacati e nostalgici**. La seconda cantica, inoltre, guadagna una dimensione corale e una **possibilità di condivisione** che l'***Inferno*** **non ammette**. Anche qui, comunque, la straordinaria capacità di sintesi dantesca riesce a presentarci personaggi indimenticabili, spesso racchiudendo tutta la loro esistenza in un solo verso, come accade per Pia de' Tolomei: fatta uccidere da un marito che voleva disfarsi di lei, dice di sé: «Siena mi fé ["fece"], disfecemi Maremma» (*Purgatorio* V, v. 134).

L'armonia rarefatta dei beati

Nel passaggio alla terza cantica, infine, la materia si fa via via più **universale**, il dato personale tende a perdere la sua fisionomia definita, in funzione di una prospettiva più ampia. Nel *Paradiso* le anime si muovono all'interno di **gruppi ordinati**: cori e movimenti armonici di anime rispondono all'incontro con Dante dando vita a figure che **trascendono l'individualità** (la croce del cielo di Marte nel canto XIV; l'aquila del cielo di Giove nel canto XVIII).

FISSA I CONCETTI

- Quali ruoli incarna Dante nella *Commedia*? Quali sono le loro caratteristiche?
- Chi sono le tre guide di Dante nel viaggio? Perché sono figure sia allegoriche sia vive?
- In che cosa si differenziano i personaggi incontrati da Dante nei tre regni?

9.6 Politica e profezia nella *Commedia*

L'importanza del tema politico

Per quanto sia interamente ambientato in un altrove ultraterreno, il racconto della *Commedia* trae tutta la sua sostanza, com'è evidente, dal mondo dei vivi; in particolare, **l'asprezza degli scontri e delle passioni politiche, così determinante nella biografia del poeta, ha un posto di primo piano** e fornisce alla sua creatività un alimento inesauribile, non meno ricco e appassionato di quello offerto dall'immaginario, con i personaggi e le situazioni tratte dal mito, dalla letteratura e dalle Scritture.

Una vita esemplare

Come di consueto, però, nell'attingere alla propria biografia, Dante le consegna un valore esemplare. **L'esilio stesso** è presentato come una **vicenda paradigmatica**, diviene cioè un **modello di portata universale**. Annunciato a più riprese nelle prime due cantiche (per esempio nell'incontro con Farinata, *Inferno* X, v. 81), questo evento viene **profetizzato compiutamente da Cacciaguida** nel canto XVII del *Paradiso* (➤ **T17**). Siamo in un momento cruciale nell'economia del poema, oltre che nell'elaborazione del **mito biografico dell'esilio**: a colloquio con il suo avo, Dante riceve la conferma non solo del destino di esule che lo attende («Tu proverai sì come sa di sale / lo pane altrui, e come è duro calle / lo scender e 'l salir per l'altrui scale», vv. 58-60), ma anche dell'alto compito che gli spetta, cioè riferire quanto ha visto e udito durante il suo viaggio oltremondano, senza celare nulla («tutta tua visïon fa manifesta», v. 128). Il suo racconto, ma già l'esilio stesso, avrà così un **valore redentivo ed edificante a beneficio dell'umanità intera**; la sofferta condanna a restare lontano dalla patria, letta in questa chiave e ridefinita nei termiti di un mito, trova nella ricerca del bene comune a tutti gli uomini il suo senso e il suo obiettivo finale.

Il profetismo

L'esempio di Cacciaguida ci mostra un altro aspetto importante, ossia la **tendenza del discorso politico a prendere la forma** enfatica, autorevole e suggestiva **della profezia**. In tutto il poema, numerose sono le anime di dannati, penitenti o beati che profetizzano al viaggiatore accadimenti riguardanti la sua vita oppure fatti di carattere più generale. A ben vedere, le due categorie sono strettamente correlate, perché il poema presenta i primi come profondamente legati ai grandi eventi della storia collettiva. Per esempio, si trovano spesso evocati personaggi storici, come Ugo Capeto, avo di Carlo di Valois, o papa Niccolò III, predecessore di Bonifacio VIII, che rimandano all'esilio di Dante. Lo scarto temporale che esiste fra il tempo del viaggio (in cui agisce Dante personaggio) e quello della stesura del poema (il tempo di Dante-autore) fa sì che tutte le profezie colgano infallibilmente nel segno: si tratta, infatti, di **profezie** ***post eventum***, ossia relative a fatti già accaduti per l'autore ma non ancora per il personaggio.

> ***Post eventum***
> «Dopo il fatto»: così si definiscono annunci e profezie di qualcosa che è già accaduto. Per rivelazioni di eventi futuri si usa invece l'espressione *ante eventum*, «prima del fatto».

Modelli scritturali e classici

Il discorso profetico, con la sua intensa carica suggestiva, rinvia a modelli alti, scritturali (in particolare a quello dei **libri profetici** – soprattutto ***Isaia*** e ***Geremia*** – e dell'***Apocalisse***), ma anche **classici**: profezie e oracoli sono consueti nell'epica antica e nell'***Eneide***, in particolare, la missione di Enea è preannunciata in questa forma. Entrambi i modelli ispirano e legittimano aspetti caratterizzanti delle profezie dantesche: la loro **portata universale** e non solo individuale, la **sanzione divina del contenuto profetico del poema** e, per quanto riguarda le formulazioni, quella tipica **oscurità** che, se ne ostacola l'interpretazione, ne accresce però il fascino.

È il caso del «veltro» di *Inferno* I, v. 101, misteriosa figura simboleggiante una forza capace di vincere la «lupa», emblema forse dell'avidità della sua epoca; o ancora dell'enigmatico «cinquecento dieci e cinque» (*Purgatorio* XXXIII, v. 43), numero che indica un «messo di Dio» che avrebbe dovuto risanare la Chiesa.

Un pensiero politico in evoluzione

Naturalmente, anche il pensiero politico di Dante, e con esso le sue profezie, subisce, nel corso delle tre cantiche, un'**evoluzione** che **sembra riflettere** le **alterne vicissitudini biografiche del poeta**. È stato ipotizzato così - supponendo che la composizione della *Commedia* inizi prima dell'esilio (➤ p. 277),- che in quel momento egli abbia una posizione filo guelfa, per poi avvicinarsi, dopo la condanna, ai ghibellini, tornando infine, dopo il 1306, all'epoca del trasferimento in Lunigiana, a essere favorevole alla parte guelfa. Si osserva inoltre un **progressivo ampiamento della prospettiva**, che da un orizzonte iniziale quasi esclusivamente fiorentino e da un forte senso di rivalsa per il torto subito si innalza poi a un piano superiore. Negli ultimi canti del poema, soprattutto dopo l'ascesa all'Empireo, composti quando Arrigo VII è già morto, Dante abbandona la speranza di una soluzione politica e di un rientro a Firenze, ma è ormai consapevole che la sua poesia gli ha garantito una consacrazione più alta, un riconoscimento ultraterreno (➤ **T13**).

> Il viaggio attraverso i tre stadi, o regni, che sono anzitutto momenti della nostra vita spirituale è più che mai attuale, ben oltre gli intendimenti o fraintendimenti della modernità.
>
> Franco Loi

Forza e debolezza dell'utopia

Considerato in questa evoluzione, il discorso politico della *Commedia* non si presenta affatto come un insieme di posizioni frammentarie e incoerenti, ma come una **denuncia di straordinaria efficacia dei mali del suo tempo**. È, peraltro, una **visione politica fortemente improntata a un ideale utopico**: Dante auspica infatti l'affermazione di una monarchia universale che operi in armonia con il potere spirituale della Chiesa, quando ormai i processi storici stanno inesorabilmente ridimensionando l'importanza di Impero e Papato come istituzioni universalistiche. Anche il modello di società cittadina ideale che Dante vagheggia, quello ispirato agli antichi valori del tempo di

Philipp Veit, *Dante nell'Empireo*, 1818-1824. Roma, Casino Massimo Lancillotti.

Cacciaguida, non è più proponibile e non tiene conto del peso determinante che hanno ormai, a Firenze e non solo, forze emergenti come la nascente borghesia mercantile. Quella di Dante è dunque un'utopia che si fonda su una **concezione fondamentalmente anacronistica** e che appare **rivolta al passato più di quanto non riesca a immaginare il futuro**. La **forza** del profetismo dantesco e delle sue implicazioni politiche affonda dunque le sue radici nelle stesse ragioni che ne determinano l'intrinseca **debolezza**.

9.7 Poesia e teologia: la verità della *Commedia*

Dal *Convivio* al poema

Come abbiamo visto, quando Dante nel ***Convivio*** parla dell'allegoria, pone una netta distinzione tra le **Sacre Scritture**, che sono **sempre vere**, e i testi poetici, definiti «favole» che possono esprimere allegoricamente una verità, ma nascosta «sotto bella menzogna» (➤ **T7**). La poesia si mostra dunque inferiore al testo sacro, che non solo ha la possibilità di esprimere una verità allegorica, ma può farlo anche a livello letterale.

Una poesia che non è finzione

Nella *Commedia* tutto questo muta radicalmente, perché, con un atto di straordinario coraggio, **Dante assegna alla poesia**, per la prima volta nel mondo occidentale, **uno statuto di verità paragonabile a quello della Bibbia**. Come ha affermato il critico **Charles Singleton**: «La finzione della *Divina Commedia* è che la *Divina Commedia* non è una finzione». Dante, cioè, immagina che per interpretare correttamente il poema il lettore debba presupporre di trovarsi non di fronte a un'**invenzione letteraria ma** a una **reale esperienza** di cui il protagonista è stato diretto testimone dall'inizio alla fine del viaggio. Ciò spiega come Dante possa "giurare" sulla fortuna del proprio poema (➤ **T20**) o perché, in altro contesto, ardisca addirittura di porsi allo stesso livello di autorità degli autori delle Sacre Scritture (*Purgatorio* XXIX, vv. 100-105).

> La finzione della *Divina Commedia* è di non essere una finzione.
>
> Charles Singleton

La *Commedia* è vera come la Bibbia

Questo mutamento di impostazione rispetto al *Convivio* è evidente anche nell'***Epistola a Cangrande*** (➤ **T10**, p. 260). Questa volta, significativamente, è la ***Commedia* stessa**, e non un testo sacro, a essere presa come **pietra di paragone per mostrare** la **verità** del **senso letterale e** di quello **allegorico**: «Dunque soggetto dell'intera opera presa soltanto alla lettera è la condizione delle anime dopo la morte considerata in generale [...] Ma se l'opera è intesa allegoricamente, ne è soggetto l'uomo in quanto acquistando meriti e demeriti per effetto del libero arbitrio è esposto alla giustizia del premio e del castigo.» (*Epistola* XIII, 24-25, ➤ **T10**). Il poema sarà dunque "polisemico", avrà al suo interno, in piena autonomia, **tutti i livelli di lettura** che il *Convivio* enumerava (letterale, allegorico, morale e anagogico).

FISSA I CONCETTI

- Quale materia occupa un ruolo di primo piano nel poema?
- Quale episodio della vita di Dante assume un valore paradigmatico?
- Qual è l'ideale utopico della visione politica di Dante e perché risulta anacronistico?
- Che cosa, per Dante, differenzia la *Commedia* da tutti gli altri testi poetici?

CROCEVIA

La poesia vista dai filosofi: verità o menzogna?

San Tommaso: la svalutazione della poesia

La straordinaria scommessa di Dante sul valore di verità della poesia risulta ancora più coraggiosa, se si pensa che, al tempo suo, la cultura dominante delle università era quella aristotelica, orientata sulle discipline scientifiche e sulla teologia. Tommaso d'Aquino, il grande dottore della Chiesa che, con un enorme sforzo intellettuale, aveva conciliato la filosofia di Aristotele con il pensiero cristiano, non teneva in gran conto la poesia; all'inizio della sua *Somma teologica* dirà che «procedere per via di similitudini e di figure è proprio dell'arte poetica, che è l'ultima delle discipline».

Il giudizio riduttivo su Platone

Per lo stesso motivo Tommaso dà un giudizio assai limitativo anche su Platone, che ricorse al linguaggio indiretto e poetico del mito. Tommaso rovescia così il grande elogio che i secoli precedenti avevano tributato a Platone, interpretandolo in senso allegorico come filosofo "divino" a partire dall'unica opera conosciuta (e nemmeno integralmente), il dialogo *Timeo*, che trattava, significativamente, della creazione dell'universo.

Dante rivaluta Platone

Dante, pur ricorrendo alla filosofia aristotelica medievale per quanto riguarda la struttura del cosmo della sua *Commedia*, si rivolge a Platone e alla tradizione platonica medievale nel momento in cui deve giustificare le modalità di lettura e di interpretazione del poema. Platone, con la sua scrittura metaforica (cioè allegorica), è citato nell'*Epistola a Cangrande* come autore decisivo per rappresentare i misteri divini che il linguaggio umano fatica a esprimere:

> Noi vediamo con l'intelletto molte cose per le quali ci mancano i segni del linguaggio: un fatto che suggerisce piuttosto bene Platone nei suoi libri col suo ricorrere a metafore; infatti egli vide molte cose grazie alla luce intellettuale, ma non poté esprimerle con termini propri.
>
> (*Epistola* XIII, 84, trad. E. Cecchini)

E ciò accadrà nuovamente nel IV canto del *Paradiso*, dove le opere di Platone saranno accostate, per il concetto di allegoria, addirittura alla Bibbia e alla sua stessa *Commedia*.

La teologia della *Commedia*

Attraverso questa rivalutazione di Platone, Dante non solo restituisce piena dignità alla poesia, ma la pone allo stesso livello delle più nobili discipline. Come intuirà perfettamente Giovanni Boccaccio, la poesia dantesca è, allo stesso tempo, una teologia: non teorica e astratta, ma incarnata nel racconto di un viaggio eccezionale che approderà in un luogo, l'Empireo, in teoria irrappresentabile perché privo di tempo e spazio.

Giovanni di Paolo, *Dante e Beatrice davanti alla luce di Dio, Paradiso*, Canto XXXIII, 1444 circa. Londra, British Library.

9.8 L'invenzione di uno stile

Al culmine di una lunga riflessione teorica

Tra teoria e storia della letteratura

> La *Commedia*, nave portento, esce dal cantiere con lo scafo già incrostato di conchiglie.
>
> Osip Mandel'štam

Se è vero che, come abbiamo visto (➤ pp. 275-276), la ***Commedia*** non si richiama a nessuna poetica precedente, essa **ha** però **alle spalle una lunga storia evolutiva**: tutte le fasi anteriori, anche quelle rinnegate da Dante, contribuiscono in modo sostanziale a creare il composito stile delle tre cantiche. Numerose sono le dichiarazioni di poetica, tanto che l'opera può essere definita anche come una **prolungata riflessione teorica sul fare letteratura** ed è, in effetti, il luogo di un bilancio delle esperienze di scrittura precedenti, personali e collettive. Da questo eterogeneo «cantiere» – come disse un poeta russo del XX secolo, Osip Mandel'štam – la «nave» della *Commedia* «esce con lo scafo già incrostato di conchiglie», ossia assorbendo in sé una storia lunghissima, che spazia dal mondo classico alla poesia nei diversi volgari. È un bilancio critico talmente riuscito, e affidato a un'opera talmente «portentosa», da influenzare sino ai nostri giorni non solo la tradizione critica relativa al suo autore, ma anche quella che concerne l'intero quadro della poesia del suo tempo.

Il canone volgare

Canone

In questa accezione, "canone" indica una rosa di autori o di testi individuati come fondamentali e rappresentativi di un'epoca, di un movimento ecc.

Momento centrale di questa fondazione teorica, già avviato nel *De vulgari eloquentia* (➤ p. 245), è la definizione di un canone della poesia volgare, da affiancare a quello che il Medioevo aveva fissato per la poesia classica. La prospettiva di Dante non si limita al panorama italiano, ma si estende a quello provenzale e antico-francese.
Dell'importanza della **letteratura d'*oïl*** per la cultura dantesca fa fede la presenza, nel girone infernale dei sodomiti, del maestro Brunetto Latini, autore di un'opera enciclopedica in antico francese, il *Tresor*, a cui Dante in certo modo si ispirò componendo il *Convivio* (➤ p. 190). Meglio conosciuta da lui fu però la **poesia provenzale**, che gli offre esempi di tecnica difficile e raffinata con **Arnaut Daniel** (➤ **T19**), le suggestioni di tematiche morali con **Giraut de Bornelh**, l'altezza di stile e di temi con **Folchetto di Marsiglia**, posto tra i beati nel *Paradiso* (l'*Inferno* ospita invece Giraut de Bornelh, cantore di temi guerreschi ma condannato in quanto seminatore di scandalo).

Dante e la poesia italiana

Ma, soprattutto, la *Commedia* porta a compimento e definisce la posizione di Dante in rapporto alla tradizione poetica italiana, con cui si è confrontato sin dagli esordi.

La sintesi realizzata nella *Commedia*

La *Commedia*, infatti, è l'**opera in cui tutte le precedenti fasi dell'evoluzione poetica dantesca vengono ricapitolate e superate**. Elenchiamole in successione.

1. La **fase comico realistica**. Nei canti di Malebolge dell'*Inferno* (canti XVIII-XXX) e nell'incontro con Forese Donati nel XXIII canto del *Purgatorio* Dante fa i conti con la sua esperienza di poeta comico-realistico.
2. La **svolta stilnovista**. Nel canto XXIV del *Purgatorio*, attraverso l'incontro con Bonagiunta Orbicciani da Lucca (➤ **T18**, p. 331), viene definita a posteriori la poetica degli stilnovisti.

3. **Il confronto con Cavalcanti**. Nel canto X dell'*Inferno* (in cui Cavalcante, il padre di Guido, compare tra gli eretici), Dante condanna implicitamente le posizioni filosofiche dell'amico; inoltre, nella digressione scientifica sulla formazione dell'anima umana di *Purgatorio* XXV e nel canto XXVIII della medesima cantica, che descrive l'ingresso nell'Eden, Dante allude di nuovo a Cavalcanti, sfidandolo sul suo stesso terreno (la poesia filosofica).

4. **La ridefinizione della poesia d'amore**. Infine, nei canti XXIV e XXVI del *Purgatorio* (➤ **T18**, **T19**, pp. 331 ss.) Dante definisce compiutamente l'inattualità della precedente poesia (i rimatori della scuola siciliana e Guittone d'Arezzo), superati da una nuova generazione di autori che raggiungono l'eccellenza nella poesia in volgare.

DIALOGHI

La «bella scola»: Dante e i poeti classici

Virgilio

Gran parte degli autori antichi menzionati nel poema è nota a Dante attraverso i filtri del canone medievale. L'influenza più profonda è senza dubbio quella virgiliana, e in particolare dell'*Eneide*, dal punto di vista sia contenutistico sia stilistico. Si potrebbe quasi dire che la *Commedia* costituisca una sorta di completamento cristiano delle vicende del poema virgiliano: d'altra parte, c'era nel Medioevo chi lo aveva letto (Bernardo Silvestre, nel suo commento dell'inizio del XII secolo) come la storia dell'evoluzione di un'anima dalla nascita all'età matura. Virgilio-personaggio dirà, nel canto XX dell'*Inferno*, che Dante sa «tutta quanta» a memoria la sua *Eneide*, e in effetti molti sono i passi che vengono imitati e talvolta letteralmente citati o tradotti, per esempio nel canto XXX del *Purgatorio*, v. 21: «*Manibus*, oh, *date lilïa plenis!*» ("Spargete gigli a piene mani"); o ancora al v. 48: «Conosco i segni dell'antica fiamma», che traduce *adgnosco veteris vestigia flammae*, frase pronunciata da Didone dopo avere scoperto di essersi innamorata di Enea. Anche il paesaggio iniziale dell'*Inferno* deve molto all'*Eneide*: il fiume Acheronte, la presenza di figure di guardiani come Caronte, Cerbero e Minosse.

Ovidio

Notevole è l'importanza di Ovidio (43 a.C.-17 d.C.), e in particolare delle *Metamorfosi*: le «trasformazioni» che il titolo del poema annuncia, sempre straordinarie e spesso orrende, forniscono molteplici spunti a Dante nel concepire le punizioni infernali che infrangono, deformano e devastano i corpi dei dannati. L'opera ovidiana offre inoltre un inesauribile serbatoio di miti; Dante vi attinge ampiamente, senza però affidarsi a quella rigida allegorizzazione cristiana del mito che si stava affermando con la tradizione degli "Ovidi moralizzati", cioè reinterpretati in senso cristiano.

Lucano e Stazio

Viene poi Lucano (39-65 d.C.), la cui *Pharsalia*, un poema che rappresenta quasi il rovescio tragico e pessimistico dell'*Eneide*, narra gli eventi della guerra civile che oppose Giulio Cesare e Pompeo; infine Stazio (40-96 d.C.), imitatore di Virgilio nella sua *Tebaide*, ma anche personaggio che nella *Commedia* affiancherà Virgilio come guida nel cammino purgatoriale (➤ p. 282).

Dante supera la «bella scola»

Virgilio, Ovidio e Lucano, insieme a Omero e Orazio (due autori la cui conoscenza nel Medioevo era piuttosto incerta e nebulosa) costituiscono la «bella scola» che Dante incontra nel «nobile castello» del Limbo, descritto nel canto IV dell'*Inferno*. Se in questo episodio Dante si colloca come «sesto tra cotanto senno» – dunque in subordine rispetto ai poeti antichi –, in seguito, nel canto XXV dell'*Inferno*, descrivendo l'orribile metamorfosi delle anime dei ladri in serpenti, dichiarerà a chiare lettere la propria superiorità («Taccia Lucano [...] Taccia [...] Ovidio»).

Tra questi ultimi, nel canto XI egli definisce una sorta di successione, in un ideale passaggio di testimone da Guinizzelli a Cavalcanti a sé stesso.

FASI	OPERE	NELLA *COMMEDIA*
Guittoniana	*Tenzone* con Dante da Maiano	
Comico-realistica	*Tenzone* con Forese Donati	• Malebolge (*Inferno* XVIII-XXX) • Incontro con Forese Donati (*Purgatorio* XXIII)
Stilnovista	*Vita nuova*	• Incontro con Bonagiunta (*Purgatorio* XXIV)
Dissidio con Cavalcanti		• Incontro con Cavalcante de' Cavalcanti (*Inferno* X) • *Purgatorio* XXV e XXVIII
Ridefinizione della poesia d'amore	Da *Donne ch'avete intelletto d'amore* alla *Commedia*	• Incontro con Guinizzelli (*Purgatorio* XXVI) • *Purgatorio* XI

Creare un mondo con le parole

La lingua: il sublime e il quotidiano

Completato il percorso attraverso le prime due cantiche, affrontati e superati tutti i poeti antichi e contemporanei, Dante si preparerà ad affrontare una sfida che nessuno prima di lui aveva mai tentato: dar voce e corpo alla realtà inafferrabile del Paradiso. La **straordinaria capacità inventiva di Dante** si rivela soprattutto **a livello linguistico**: il caso più evidente è quello dei **neologismi** (come «indiarsi», "assimilarsi a Dio", oppure «trasumanar», "andare oltre i limiti umani"). Ma la novità della lingua di Dante non si rivela solo quando deve cimentarsi con le vette del sublime: al contrario, essa ha la sorprendente capacità di **incorporare nel linguaggio epico**, tradizionalmente "altro" rispetto alla lingua d'uso comune, **espressioni quotidiane**, la cui estrema semplicità nulla toglie all'efficacia e all'elevatezza del discorso poetico. E si tratta, come ha notato il critico Erich Auerbach, di una rivoluzione: molte forme che a noi oggi paiono normali, come «volgiti, che fai?» o «perché sei tu sì smarrito?» erano allora sorprendenti in un poema, per la loro assoluta quotidianità. La lingua della *Commedia* costituì dunque un vero e proprio spartiacque, una **discontinuità rivoluzionaria**, non solo rispetto all'italiano ma anche alle lingue romanze, dando voce per la prima volta a qualcosa «che nelle letterature volgari era rimasto fino ad allora inesprimibile».

Il movimento incessante della terzina

Questa tensione dantesca verso il nuovo si osserva a vari livelli. Nella scelta metrica, prima di tutto, con il ricorso a una **forma completamente nuova**, la **terzina**, che non trova riscontro nell'esperienza lirica del poeta (dove abbiamo, tutt'al più, sequenze di tre endecasillabi nei sonetti e nelle canzoni) e la cui origine rimane ancor oggi misteriosa. La terzina, metro di grande versatilità e varietà di forme in combinazione con la sintassi, è raccolta nella macro-unità del **canto**, a sua volta facente parte delle **(tre) cantiche**; il **numero tre**, che rimanda alla Trinità e a Beatrice (➤ *Lettura critica*, p. 224), è contenuto nella sequenza di endecasillabi incatenati delle terzine (ABA BCB CDC ... XZX) in cui, a eccezione della prima e dell'ultima, le **rime si ripetono** appunto **tre volte**. Una **struttura elicoidale** che torna sempre su sé stessa, come un serpente, per avanzare più innanzi, rappresentando bene quello che un'acuta interprete di Dante, Jacqueline Risset, ha definito «principio di movimento incessante».

Il pluristilismo

Lo sperimentalismo innovativo del poema si misura anche nel completo abbandono di quel criterio di divisione degli stili (tragico, comico ed elegiaco) teorizzato nel *De vulgari eloquentia* in favore di una sorprendente **alternanza e mescolanza dei vari stili** a seconda delle situazioni narrative. La norma tradizionale, che imporrebbe, per esempio, l'uso di uno stile basso nell'*Inferno* e alto nel *Paradiso* viene palesemente e ripetutamente infranta; lo dimostrano, tra gli altri, l'episodio di Paolo e Francesca (*Inferno* V) e l'invettiva di san Pietro (*Paradiso* XXVII, vv. 19-66), il primo di tono sublime, la seconda virulenta, diretta, e non priva di termini bassi e persino volgari, come «cloaca» e «puzza». La *Commedia* si ispira dunque a **un principio** che possiamo chiamare **pluristilistico**. Alla dolcezza del registro stilnovistico e all'asprezza delle rime petrose Dante ora aggiunge tutta una serie di **nuove modalità espressive**, tra cui andranno ricordate almeno quella tragicomica, prevalente nella prima cantica, e quella propria del *Paradiso*, tesa nello sforzo continuo di vincere l'ineffabilità, l'incapacità di dire.

> La lingua di Dante rappresenta la perfezione del linguaggio in sé stesso.
> Thomas S. Eliot

Il plurilinguismo

Equivalente del pluristilismo è il plurilinguismo: **un coro, a volte armonioso a volte dissonante, di voci** che si leva dai regni dell'aldilà. Queste lingue possono rappresentare l'identità locale dei parlanti, come avviene nel caso del dialetto lucchese di Bonagiunta (*Purgatorio* XXIV, v. 37), del provenzale del trovatore Arnaut Daniel (*Purgatorio* XXVI, vv. 140-147) o del greco di Ulisse (*Inferno* XXVI, vv. 73-75), oppure appartenere all'ambito degli idiomi universali come il latino, a cui l'avo Cacciaguida inizialmente ricorre per rivolgersi a Dante (*Paradiso* XV, vv. 28-30) e l'ebraico degli spiriti attivi del Cielo di Mercurio (*Paradiso* VII, vv. 1-3). Ma nell'Inferno Dante ascolta anche linguaggi oscuri e caotici, come quelli di Pluto («Pape Satàn, pape Satàn aleppe!»; *Inferno* VII, v. 1) o del gigante Nembrot («Raphél maì amècc-

Dante e Virgilio parlano con Ulisse condannato a bruciare tra le fiamme con i consiglieri fraudolenti; miniatura dall'Inferno con il commento di Guiniforte delli Bargigi miniato per il duca di Milano Filippo Maria Visconti, XV secolo. Imola, Biblioteca Comunale.

he zabì almi», *Inferno* XXXI, v. 67), e altre forme espressive inarticolate come grida, lamenti, imprecazioni, suppliche. Non va poi dimenticato tutto quel codice silenzioso ma carico di significati, in particolare nella cultura medievale, rappresentato dai **gesti**: da quelli di affetto e deferenza (l'inginocchiarsi di Stazio davanti a Virgilio in *Purgatorio* XXI, vv. 130-132) a quelli di violenta protesta, come il gesto osceno che il ladro Vanni Fucci indirizza a Dio (*Inferno* XXV, vv. 1-3).

Le forme retoriche

Le invettive e gli appelli al lettore

La grande varietà linguistica della Commedia è sostenuta da una serie di forme retoriche che contribuiscono a intensificare la forza drammatica del poema. Tra queste l'invettiva, attraverso cui l'autore sospende la narrazione per formulare un duro giudizio di carattere morale (come nell'episodio di Sordello in Purgatorio VI, vv. 76 ss.: «Ahi serva Italia, di dolore ostello…»). Vi sono poi gli appelli al lettore, che richiamano l'attenzione su un punto di particolare importanza della vicenda (per esempio in Purgatorio VIII, v. 19: «Aguzza qui, lettor, ben li occhi al vero»).

Le perifrasi e le similitudini

Quelle figure retoriche che, per loro natura, rappresentano una realtà in modo indiretto e mediato, la perifrasi e la similitudine, in Dante sono spesso di lampante evidenza e diventano indimenticabili. Sia che indichino persone, come «lo principe d'i novi Farisei», cioè papa Bonifacio VIII (*Inferno* XXVII, v. 85), sia luoghi, come «'l paese ch'Adice ["Adige"] e Po riga», ovvero l'Italia settentrionale (*Purgatorio* XVI, v. 115), le **perifrasi** dantesche non sono affatto un semplice abbellimento del testo, ma una componente che ne esalta l'efficacia espressiva e comunicativa. Lo stesso discorso vale per le oltre seicento **similitudini** del poema, la prima delle quali, centrata sull'immagine del naufrago che si volge verso il mare a vedere lo scampato pericolo (*Inferno* I, vv. 22-27), acquisisce un significato strutturale del tutto particolare perché richiama la **metafora continuata** della navigazione che attraversa tutto il poema.

> Dante, per metterci davanti agli occhi la reale natura delle cose, le rappresenta con parole così vive che le parole sembrano cose piuttosto che parole.
>
> Tommaso Campanella, 1612

Metafora continuata

È una chiave metaforica che si prolunga su un segmento testuale esteso.

Una concretezza tangibile

La forza della poesia dantesca consiste, in definitiva, nel **trasformare** in modo immediato **l'astratto in concreto**. Dante non dice "esprimere", ma «premere [...] il suco» di un concetto (*Inferno* XXXII, v. 4); l'uomo non è definito "desideroso", ma «ghiotto» di vendetta (*Purgatorio* XVII, v. 122); il desiderio è talmente pungente da essere descritto come una «cruna» (*Purgatorio* XXI, vv. 37-38). Persino quando parla della Bibbia il poeta non rinuncia a rendere tangibile l'oggetto del suo discorso: il Vecchio e il Nuovo Testamento sono chiamati «vecchie» e «nuove cuoia» (*Paradiso* XXIV, v. 93), perché scritti sulla pergamena, appunto ricavata dalla pelle di animale. E quando dovrà descrivere l'immenso anfiteatro dell'Empireo, con le sue «mille soglie», Dante ricorrerà all'immagine del monte che si riflette, capovolta, su uno specchio d'acqua (*Paradiso* XXX, vv. 109-114): immagine quanto mai comune e concreta, capace però di trasmettere la vertigine dell'infinito. Che è poi caratteristica, a ben guardare, di tutta la grande poesia.

FISSA I CONCETTI

- Quali autori letterari sono al centro della riflessione teorica e storica della *Commedia*?
- Che cosa si intende per pluristilismo e plurilinguismo della *Commedia*?

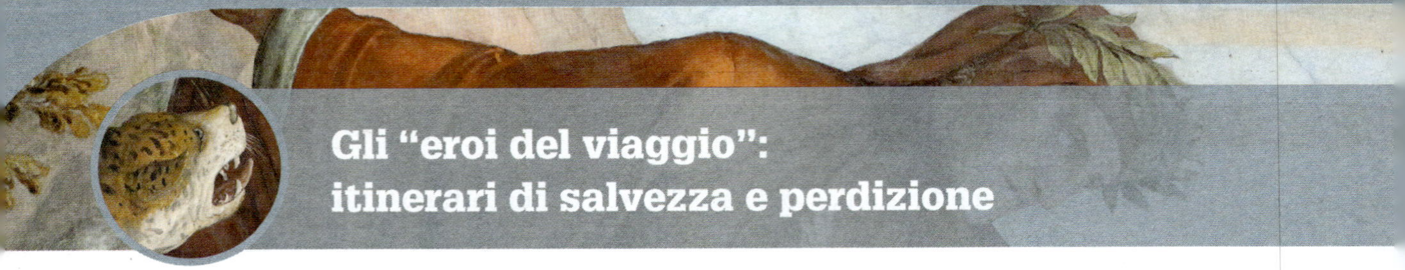

Gli "eroi del viaggio": itinerari di salvezza e perdizione

Nucleo narrativo principale e straordinaria metafora continuata è, nella *Commedia*, il viaggio: a viaggiare è in primo luogo Dante, ma con lui percorrono le vie dei tre regni anche le sue guide, come Virgilio. Capita poi che i viaggiatori si imbattano nel racconto di altri viaggi, come quello di Ulisse oltre le Colonne d'Ercole. A fare la differenza, tra questi viaggiatori, sono la meta e la finalità del viaggio: Dante, destinato all'approdo più sublime, che è la mente stessa di Dio, sente la sproporzione fra la propria condizione di peccatore e il grande onore che il viaggio rappresenta (**T11**), quindi cerca conferma che l'impresa non sia contraria al volere di Dio (**T12**, **T13**). Virgilio, invece, è un viaggiatore virtuoso ma senza meta: il suo paganesimo gli preclude il Paradiso, benché le prefigurazioni cristiane che il Medioevo vedeva nelle sue opere abbiano illuminato a molti la via della salvezza (**T14**). Ulisse, infine, è il viaggiatore incurante del limite, che naviga oltre i confini del mondo conosciuto mosso da un «folle» desiderio di conoscenza (**T15**).

T11 Dante nella «selva oscura»

Inferno I, vv. 1-18

AUDIO

Alle soglie di quella grandiosa cattedrale che è la *Commedia* non troviamo un autore che ci spieghi che cosa ci apprestiamo a leggere o che formuli propositi, dediche o dichiarazioni di intenti: ci troviamo invece accanto a un personaggio perduto in una selva buia, atterrito e in cerca di una via d'uscita. È l'inizio di un viaggio che porterà Dante, e il lettore con lui, attraverso i tre regni ultraterreni e che si definisce, sin da ora, in tutta la sua forza simbolica: è un viaggio di conoscenza, espiazione e purificazione che riguarda non solo il protagonista ma l'umanità intera.

■ METRO terzine

Nel mezzo del cammin di nostra vita[1]
mi ritrovai per una **selva** oscura,[2]
ché la diritta via[3] era smarrita.

Le nostre parole ›

vv. 1-3 A metà del cammino della vita umana (*nostra*, di noi uomini) mi ritrovai in (*per*) una foresta buia, poiché (*ché*) avevo smarrito la via giusta.

1. **Nel mezzo... vita:** a trentacinque anni. In *Convivio* VI, XXIII, 6-10 Dante colloca in questo anno l'apice della vita umana, basandosi sulla Bibbia (*Salmi* 89, v. 10) in cui si parla di 70 anni come età media dell'uomo.
|| possessivo «nostra» amplia la prospettiva dalla vicenda personale di Dante a quella di tutta l'umanità.
2. **una selva oscura:** simboleggia una condizione di traviamento morale, di peccato.
3. **la diritta via:** la via dell'anima verso la salvezza ultraterrena e verso Dio.

Ahi quanto a dir qual era è cosa dura
esta selva selvaggia e aspra e forte
che nel pensier rinova la paura!

Tant'è amara che poco è più morte[4];
ma per trattar del ben[5] ch'i' vi trovai,
dirò de l'altre cose[6] ch'i' v'ho scorte.

Io non so ben ridir com'i' v'intrai,
tant'era pien di sonno[7] a quel punto
che la **verace** via[8] abbandonai.

lessico

Verace

L'aggettivo "verace" deriva dal latino *verācem*, derivato di *verum*, «vero», sul modello di *mendācem* e *fallācem*, due sinonimi che significavano «bugiardo, ingannatore», dei quali *verācem* era il contrario. "Verace", infatti, indica ciò che porta sulla buona strada, che conduce alla verità.

vv. 4-6 Ahi quanto è arduo (*cosa dura*) descrivere (*a dir*) come fosse (*qual era*) questa (*esta*) selva selvaggia, intricata e difficile, che solo a ricordarla (*nel pensier*) mi provoca ancora (*rinova*) paura!

vv. 7-9 (La selva) è tanto angosciosa (*amara*) che la morte lo è (solo) poco di più; ma, per parlare (anche) del bene che io vi trovai, dirò delle altre cose che io ho visto in essa (*vi*).

vv. 10-12 Io non so dire (*ridir*) esattamente come vi entrai (= come abbia potuto entrarvi), tanto ero (*era*) pieno di sonno nel momento (*a quel punto*) in cui (*che*) abbandonai la via giusta (*verace*).

4. **morte:** la morte spirituale, la dannazione eterna. L'angoscia dello sviamento nella «selva oscura» è profonda quasi quanto quella prodotta dalla dannazione.

5. **ben:** lo smarrimento nel peccato, pur angoscioso, è però anche occasione di rinnovamento spirituale, di purificazione ed elevazione a Dio; solo attraverso questa «aspra» esperienza Dante, e ogni uomo con lui, può raggiungere questo «ben».

6. **l'altre cose:** quanto è riferito nel seguito del canto: il vano tentativo di risalire il colle, le tre «fiere» (vv. 31-60) e l'incontro con Virgilio.

7. **sonno:** è il sonno, metaforico, della mente e dell'anima offuscate e intorpidite dal peccato.

8. **verace via:** è la «diritta via» del v. 3, il comportamento retto, modellato sulla verità cristiana («verace» significa "veritiera").

Le nostre parole: Selva

L'origine del termine Il sostantivo "selva" deriva dal latino *silva* o *sylva*, «bosco». Per "selva" si intende una fitta ed estesa boscaglia di piante e di alberi spontanei. Oltre che nella prima terzina dell'*Inferno*, Dante usa la parola "selva" anche nella seconda, al v. 5, accompagnata dall'aggettivo derivato "selvaggio", ricorrendo a una figura retorica, quella etimologica, con lo scopo di rafforzare il significato di "selva" come luogo allegoricamente lontano dalla grazia divina.

La «selva oscura» Nel latino medievale, *silva* rappresentava la materia bruta, priva di ordine: per esempio, la parola è usata in questo senso nel poema *Cosmographia* di Bernardo Silvestre. Proprio per questo essa costituisce lo scenario in cui Dante, smarrito nel peccato, si perde all'inizio del poema. Da ricordare che "selva" era usato nella letteratura antica per intitolare una sorta di zibaldone, raccolta sparsa di appunti o note erudite e miscellanee, nonché di liriche assemblate senza particolare ordine (si pensi alle *Silvae* di Poliziano, una raccolta di poesie latine d'occasione).

Gli usi di «selva» Il termine "selva" nel significato proprio di «bosco, foresta» è poco usato nell'italiano contemporaneo. Oggi il sostantivo "selva" è semmai utilizzato nell'accezione metaforica di moltitudine intricata di cose o di persone ("una selva di informazioni", "una selva di numeri").

Ma poi ch'i' fui al piè d'un colle[9] giunto,
là dove terminava quella valle[10]
che m'avea di paura il cor compunto,

guardai in alto e vidi le sue spalle
vestite già de' raggi del pianeta
che mena dritto[11] altrui per ogne calle.[12]

vv. 13-15 Ma dopo che io (*poi ch'i'*) fui giunto ai piedi (*piè*) di un colle, là dove terminava quella valle che mi aveva trafitto (*compunto*) il cuore di paura,

vv. 16-18 guardai in alto e vidi il pendio (*le spalle*) del colle già illuminato (*vestite*) dai raggi dell'astro (*pianeta*, cioè il sole) che in ogni cammino (*per ogne calle*) guida (*mena*) ciascuno (*altrui*) nella giusta direzione (*dritto*).

9. **colle:** prefigura simbolicamente il monte del Purgatorio, illuminato dai raggi del sole, che rappresentano la grazia di Dio.
10. **quella valle:** corrisponde alla «selva» del v. 2; rappresenta quindi la dolorosa vita nel peccato ed evoca la «valle di lacrime» di reminiscenza biblica (per esempio *Salmi* 83, v. 7).
11. **pianeta... dritto:** il sole (che secondo il sistema tolemaico è un «pianeta») è allegoria per Dio, che illumina i beati del Paradiso e che guida con la sua luce le anime verso la salvezza eterna («dritto»).
12. **per ogne calle:** probabile riferimento al libero arbitrio di cui l'uomo gode e che gli consente di accedere alla salvezza imboccando più di una possibile strada («calle»).

Analisi del testo

Struttura

Un *incipit* innovativo A questi primi versi è affidato il compito di sostenere l'inizio di tutto: del viaggio di Dante, del suo racconto, del poema stesso. Diversi erano i modelli tradizionali a cui il poeta poteva guardare per impostare l'esordio: avrebbe potuto enunciare l'argomento del poema, invocando poi un aiuto divino ed eventualmente dedicando l'opera a un destinatario (seguendo la tipica partizione dei proemi epici in protasi, invocazione e dedica); avrebbe potuto definire la natura dell'esperienza che si apprestava a narrare (un sogno? una visione? un fatto reale?); avrebbe anche potuto dare precisi dati biografici, dettagliate cronologie, antecedenti e cause (come nelle biografie, nelle *visiones* – ➤ *Temi e generi*, p. 278 – o nei resoconti di viaggio).

La soluzione di Dante è invece sorprendentemente nuova, agile ed efficace: il lettore si trova, senza preamboli, *in medias res* («dentro i fatti» narrati) e apprende pochi dati essenziali, che marcano solo alcuni accenti fondamentali:

vv. 1-3: il narratore e protagonista (la cui identità si chiarirà solo in seguito) dice di essersi allontanato, a trentacinque anni, dalla via del bene, trovandosi smarrito in una selva (evidente simbolo del peccato);
vv. 4-9: lo smarrimento nella selva, pur angoscioso e mortalmente rischioso, ha comportato anche risvolti positivi, che saranno quindi narrati (viene dunque anticipato l'esito felice della vicenda);
vv. 10-12: non è chiaro come sia incominciato questo sviamento, favorito o causato da un «sonno» che annebbiò l'animo e la mente del protagonista;
vv. 13-18: si profila subito il luogo della salvezza, un colle illuminato dalla luce del sole.

Nei versi successivi si apprende che il tentativo del protagonista di risalire il colle è, per ora, vano: tre bestie spaventose gli impediscono il passo, ricacciandolo nella selva, e solo l'aiuto di una guida lo potrà salvare, mostrandogli una via ben diversa da quella più rapida e diretta verso il colle.

Lingua e stile

Una lingua piana ma non priva di asprezze L'esordio, pur ricco di figure retoriche e rinvii intertestuali, risulta tuttavia agevole e piano: l'impressione di semplicità è prodotta sia dalla sintassi, scarsamente ipotattica e con periodi contenuti nella singola terzina (solo i vv. 13-18 si sviluppano su due terzine), sia dal lessico, privo di termini che ostacolino una immediata comprensione. Ma, considerando il bagaglio poetico di Dante, potremmo dire che in questi versi iniziali vengono messe a frutto, accanto alla semplicità stilnovistica, anche una certa durezza "petrosa", rilevabile non come difficoltà espressiva ma come asprezza di contenuti («cosa dura», «selvaggia», «aspra», «paura», «amara», «morte») e, a tratti, anche a livello fonetico (per esempio in alcuni dei nessi consonantici: «*smarri*ta», «se*lva* se*lvaggia* e a*spra* e fo*rte*»).

Simboli, metafore, allegorie Pervasiva è la chiave allegorica: si imposta qui, per protrarsi lungo l'intero poema, l'immagine del viaggio («cammin», «intrai», «via», «mena», «calle»), che rinvia alla condotta morale, alle scelte di vita che l'uomo compie. Altrettanto simbolici sono i luoghi: la «selva» e la «valle» del peccato, il «colle» della redenzione. Evidente valore metaforico ha poi la contrapposizione, anch'essa onnipresente nel poema, tra luce e ombre, espressa qui dal buio della selva, «oscura» appunto, e i «raggi» del sole, simbolo della grazia di Dio.

Le altre figure retoriche Varie altre accortezze retoriche amplificano l'efficacia espressiva di questo esordio: l'esclamazione che abbraccia l'intera seconda terzina, l'allitterazione («verace via» e «selva selvaggia», in quest'ultimo caso con anche una figura etimologica), la reticenza («Io non so ben ridir») ecc.

Echi biblici Il verso iniziale richiama un passo dell'Antico Testamento, l'inizio del cantico di Ezechia (*Isaia* 38, 10): «Nel mezzo della mia esistenza andrò alle porte dell'Inferno». Anche l'amarezza mortale della selva (v. 7) rafforza questo riferimento intertestuale, se si considera che il testo di Isaia, poco oltre, recita: «Ripenserò tutti gli anni della mia vita nell'*amarezza* della mia anima. [...] Ecco, persino nella quiete ritrovo la mia *amarissima amarezza*» (38, 15-17). La citazione biblica, immediatamente riconoscibile per il lettore medievale, conferisce all'*incipit* un tono solenne e sacrale, ma, soprattutto, carica il racconto di Dante di un'autorevolezza profetica e lo proietta sul piano dell'eternità: sin da subito siamo indotti a ritenere che il suo messaggio abbia una validità non solo personale, ma universale.

L'"io" e il "noi" L'esperienza che l'autore inizia a raccontarci, all'apparenza così centrata su di lui, rivela dunque una portata che va ben oltre l'autobiografia. Del resto, prima ancora di quell'"io" così fortemente ribadito («i' vi trovai», v. 8; «i' v'ho scorte», v. 9; «Io ... com'i' v'intrai», v. 10 ecc.), è un aggettivo plurale che apre il poema («nostra», v. 1), a indicare che la vita di cui si racconta, sviata nel suo cammino verso il bene, non è la vita del solo Dante ma quella dell'umanità in generale.

Temi

Un viaggio esemplare Il tema portante di questi primi versi, dispiegato poi per l'intero poema, è dunque quello, metaforico, del viaggio. L'immagine del viaggio, come sempre accade quando una chiave simbolica è particolarmente centrata, risulta estremamente duttile e polisemica (capace, cioè, di esprimere diversi significati): il percorso è quello di Dante nella selva, ma soprattutto è quello, lungo e faticoso, che egli si appresta a compiere attraverso i tre regni ultraterreni; è poi anche la strada intrapresa dall'anima che si purifica e si redime e, in senso generale, il «cammin» è la vita dell'uomo, chiamata a perseguire la «diritta» o «verace via» dell'insegnamento di Cristo, libera di dirigersi dove vuole («per ogni calle») per il dono del libero arbitrio e soggetta perciò a "smarrirsi" nel peccato.

Dante entra nella selva oscura; illustrazione di Gustave Doré tratta dal canto I dell'*Inferno* della *Commedia*, 1869.

L'alto e il basso, la luce e le tenebre La direttrice fondamentale di questo percorso si delinea già in questi primi versi, ed è un asse verticale, che dal basso («al piè», v. 13) punta faticosamente verso l'alto («in alto», v. 16): è la stessa direzione, solo apparentemente in discesa (➤ p. 274), che seguirà il tragitto di Dante nell'Inferno, e poi, in modo più chiaro, nel Purgatorio e nel Paradiso. Un'altra chiave simbolica potente ed efficace è quella della luce, che illumina le pendici del colle (vv. 16-17) come a mostrare la destinazione al viaggiatore, e che viene meno nella «selva» del peccato.

I ruoli di Dante Già in queste terzine iniziali è possibile distinguere i tre piani su cui Dante si colloca: egli è il personaggio che compie il viaggio e l'autore che, in seguito, ne parla, ma anche colui che rievoca l'esperienza vissuta, con tutta l'intensità emotiva che il ricordo comporta (v. 6). Questa operazione di recupero e rielaborazione chiama in causa la memoria, che si scontra però sin da subito con la propria limitatezza: le è impossibile, per esempio, gettare luce sui dettagli precisi del momento in cui iniziò lo sviamento (v. 10), così come fallirà nel tentativo di trattenere vari momenti del viaggio, specie nella terza cantica.

Officina

COMPRENDERE

1. Descrivi il luogo nel quale si ritrova Dante all'inizio del poema.
2. Qual è lo stato d'animo di Dante?
3. Con quale giustificazione l'autore insiste nel voler raccontare questa esperienza per lui ancora fonte di angoscia?

ANALIZZARE

4. **Lingua e stile** Nel canto viene impiegato un gran numero di simboli e allegorie. Dopo averle sottolineate, spiegane il significato secondo il modello che ti proponiamo per la prima di esse.

   «Cammin» (v. 1); «diritta via» (v. 3); «verace via» (v. 12): percorso di redenzione e purificazione dal peccato per guadagnare la salvezza dell'anima.
5. Associa a ciascuna figura retorica, nella colonna di sinistra, la corrispondente espressione, nella colonna di destra.

1. climax	**a.** «selva selvaggia»
2. perifrasi	**b.** «selvaggia e aspra e forte»
3. *enjambement*	**c.** «spalle / vestite»:
4. paronomasia	**d.** «pianeta / che mena dritto altrui per ogne calle»

6. **Lessico** In ciascuna delle seguenti frasi "verace" viene utilizzato con un significato diverso; con l'aiuto del dizionario, indica per ogni frase il significato dell'aggettivo "verace".
   a. È un narratore verace e appassionante.
   b. Hanno costruito un'amicizia verace e profonda.
   c. *Segnor mio Iesù Cristo, Dio verace* (*Paradiso* XXXI, 107).
   d. Oggi al mercato vendevano delle ottime vongole veraci.

INTERPRETARE

7. L'alternanza dei tempi verbali svolge un ruolo fondamentale nella costruzione dell'intero poema. Dopo aver individuato le differenti dimensioni temporali presenti nel testo, spiegane le caratteristiche e il modo in cui si rapportano con le tre identità di Dante.
8. Quale osservazione tematica puoi fare sull'uso reiterato della prima persona in relazione alle parole chiave «nostra» e «altrui»?

PERCORSO DI SCRITTURA

Riscrittura Riscrivi il testo (in prosa o in poesia) sostituendo, quando possibile, aggettivi, sostantivi e verbi con sinonimi appropriati.

T12 *I dubbi di Dante*

Inferno II, vv. 1-42

AUDIO

Smarritosi nella «selva oscura» e soccorso da Virgilio (➤ **T14**), Dante sta per intraprendere un lungo viaggio nei regni ultraterreni: inizialmente desideroso di avviarsi, è ora colto da incertezze e paure. Teme di non essere all'altezza di tale esperienza straordinaria, concessa in precedenza solo a Enea (in vista della fondazione di Roma e del suo Impero universale) e a san Paolo (per corroborare la vera fede in Cristo); affidarsi con leggerezza a un proposito tanto ambizioso potrebbe essere «folle», cioè contrario al volere di Dio, quindi sarebbe un atto di superbia e tracotanza imperdonabile. Ma Virgilio rassicurerà Dante, rivelandogli che il suo viaggio è voluto e sollecitato da tre anime del Paradiso: Beatrice, santa Lucia e la Vergine Maria.

▪ Metro terzine

Lo giorno se n'andava, e l'aere bruno
toglieva li animai che sono in terra
3 da le fatiche loro;[1] e io sol uno

m'apparecchiava a sostener la guerra
sì del cammino e sì de la pietate,[2]
6 che ritrarrà la mente che non erra.

O muse, o alto ingegno, or m'aiutate;
o mente[3] che scrivesti ciò ch'io vidi,[4]
9 qui si parrà la tua nobilitate.

vv. 1-3 Il giorno volgeva al termine (*se n'andava*), e l'imbrunire (*l'aere bruno*) sollevava (*toglieva*) dalle loro occupazioni (*fatiche*) gli esseri animati (*animai*) che sono sulla terra; e soltanto io

vv. 4-6 mi apprestavo (*m'apparecchiava*) ad affrontare la fatica (*guerra*) causata sia (*sì*) dal viaggio sia dall'angoscia (*pietate*), che la memoria (*mente*), che non può sbagliarsi (*che non erra*), descriverà (*ritrarrà*).

vv. 7-9 O muse, o alto ingegno, aiutatemi (*m'aiutate*) ora; o memoria (*mente*) che registrasti quello che io vidi, qui verrà messo alla prova (*si parrà*) il tuo valore (*nobilitate*).

1. **Lo giorno... loro:** immagine, di ispirazione virgiliana (vedi *Analisi del testo*) per definire la sera. Gli «animai» (latinismo da *animalia*) sono gli esseri animati, compreso l'uomo.
2. **guerra... pietate:** la «guerra» è il travaglio spirituale, la metaforica guerra interiore della purificazione e dell'espiazione; la «pietate» è la pena, l'afflizione e la compassione che le visioni infernali comporteranno; come vedremo nell'*Analisi del testo*, i due termini però sono da leggersi anche in riferimento alla figura di Enea, di cui si dirà nei versi seguenti.
3. **O muse, o alto ingegno... o mente:** sono invocati i tre presupposti per la creazione di un'opera eccellente: la bellezza e l'ispirazione poetica (le «muse», che nella cultura classica presiedono alle arti), l'eccellenza intellettuale e creativa del poeta (l'«alto ingegno») e la sua memoria (la «mente»), che garantisce la fedeltà del racconto rispetto all'esperienza vissuta.
4. **scrivesti... vidi:** la metafora della scrittura per indicare i ricordi è presente, come abbiamo visto (➤ **T1**), anche all'inizio della *Vita nuova*. Il verso attesta implicitamente la veridicità del racconto di Dante: ciò che egli scrive è quanto effettivamente ebbe modo di vedere nell'aldilà.

Io cominciai: «Poeta[5] che mi guidi,
guarda la mia virtù s'ell' è possente,
prima ch'a l'alto passo[6] tu mi fidi.

Tu dici[7] che di Silvïo il parente,[8]
corruttibile ancora, ad immortale
secolo andò, e fu sensibilmente.[9]

Però, se l'avversario d'ogne male
cortese i fu, pensando[10] l'alto effetto
ch'uscir dovea di lui,[11] e 'l chi e 'l quale,[12]

non pare indegno ad omo d'intelletto;
ch'e' fu de l'alma Roma e di suo impero
ne l'empireo ciel[13] per padre eletto:

vv. 10-12 Io cominciai: «Poeta che mi guidi, valuta (*guarda*) se le mie capacità (*virtù*) sono adeguate (*possente*) (lett.: valuta le mie capacità, per vedere se esse sono adeguate), prima che tu mi affidi (*mi fidi*) al difficile passaggio (*alto passo*)».

vv. 13-15 Tu racconti (nell'*Eneide*) che il padre di Silvio, Enea, mentre era ancora in vita (*corruttibile*), si recò nel mondo ultraterreno (*ad immortale secolo*), e vi fu con il corpo (*sensibilmente*).

vv. 16-18 Perciò (*Però*), se (Dio, che è) il nemico (*avversario*) di ogni male, fu benevolo (*cortese*) con lui (*i*) , considerando l'effetto straordinario (*l'alto effetto*, cioè l'Impero romano) che doveva originarsi (*uscir*) da Enea (*lui*) e la natura e le qualità (*e 'l chi e 'l quale*) (di questo effetto),

vv. 19-21 (questa scelta di Dio) non sembra affatto indegna a un uomo assennato (*ad omo d'intelletto*), poiché Enea (*ch'e'*) fu scelto (*eletto*) nell'empireo come (*per*) padre della nobile (*alma*) Roma e del suo impero:

5. Poeta: è Virgilio, che ha soccorso Dante al limitare della selva e si appresta a guidarlo attraverso l'Inferno e il Purgatorio.
6. alto passo: indica in primo luogo il viaggio ultraterreno, ma anche l'impresa di raccontarlo nel poema.
7. Tu dici: Virgilio affronta la discesa di Enea nell'Ade nel VI canto dell'*Eneide*.
8. di Silvïo il parente: Enea, fuggito da Troia, approda nel Lazio e qui sposa Lavinia, figlia del re Latino; da lei ha Silvio, progenitore dei Romani; «parente» è un latinismo che sta per "genitore".
9. corruttibile... sensibilmente: Enea andò agli Inferi prima della morte («corruttibile ancora») e con tutto il corpo («sensibilmente»), non solo in spirito o attraverso un sogno o una visione; così pure farà Dante; «secolo» vale qui, secondo l'uso scritturale, per "mondo".
10. pensando: il soggetto è Dio, l'«avversario d'ogne male» (una delle perifrasi per indicare Dio cui Dante ricorre nell'*Inferno*, cantica nella quale è proibito pronunciare il nome di Dio). Altri intendono che il soggetto sia *omo* al v. 19. Il senso del periodo è comunque chiaro: "è evidente a tutti che Enea avesse meritato il privilegio di un viaggio ultramondano in virtù del suo straordinario ruolo nel piano provvidenziale di Dio".
11. l'alto... di lui: è l'impero di Roma, città scelta da Dio come sede futura del papato, come si dirà ai vv. 22-24.
12. 'l chi e 'l quale: traduce una formula della filosofia scolastica (*et quis et qualis*) che indica l'essenza di una cosa («'l chi») e i suoi attributi («'l quale»). Qui la intendiamo riferita all'impero («l'alto effetto»), mentre altri la riferisce a Enea.
13. l'empireo ciel: sta a indicare la sede di Dio, quindi Dio stesso.

la quale e ’l quale, a voler dir lo vero,[14]
fu stabilita per lo loco santo
u’ siede il successor del maggior Piero.[15]

Per quest’andata onde li dai tu **vanto**,
intese cose che furon cagione
di sua vittoria e del papale ammanto.[16]

Andovvi poi lo Vas d’elezïone,[17]
per recarne conforto a quella fede
ch’è principio a la via di salvazione.

Ma io, perché venirvi? o chi ’l concede?
Io non Enëa, io non Paulo sono;
me degno a ciò né io né altri ’l crede.

Per che, se del venire io m’abbandono,
temo che la venuta non sia folle.[18]
Se’ savio; intendi me’ ch’i’ non ragiono».

lessico

Vanto

Derivato dal verbo “vantare”, appartiene alla stessa famiglia di parole di “vanità”, che viene dal latino *vanitātem*, «apparenza, falsità», e dall’aggettivo *vanum*, «vano, vuoto, frivolo». In italiano “vanità” ha mantenuto il valore negativo del latino, mentre “vantare” e “vanto” sono usati anche in senso positivo, perché possono riferirsi a un orgoglio motivato.

vv. 22-24 (infatti) Roma (*la quale*) e l’impero (*’l quale*), a dire il vero, furono destinati come luogo santo dove (*u’*, apocope del latino *ubi*, «dove») ha sede (*siede*) (il papa, che è) il successore del sommo (*maggior*) Piero (cioè san Pietro).

vv. 25-27 Grazie a questo viaggio (*andata*), per cui (*onde*) tu gli (*li*) fai onore (*vanto*) (nell’*Eneide*), apprese (*intese*) cose che furono causa (*cagione*) della sua vittoria e della dignità papale (*papale ammanto*).

vv. 28-30 Vi andò (*Andovvi*) poi san Paolo (definito dalle Scritture “il Vaso della scelta”), per riportarne sostegno a quella fede (il cristianesimo) che è l’inizio della via della salvezza.

vv. 31-33 Ma io, per quale motivo (*perché*) dovrei venirci? o chi lo permette? Io non sono Enea, non sono Paolo; né io mi credo degno di questo né altri lo crede.

vv. 34-36 Per questo motivo (*Per che*) ho timore che (*temo che… non*), se mi avventuro (*m’abbandono*) in questa via (*del venire*), il mio viaggio (nell’oltretomba) sia temerario (*folle*). Tu sei saggio (*savio*); capisci meglio (*me’*, apocope di “meglio”) di quanto io riesca a spiegare (*ch’i non ragiono*).

14. a voler dir lo vero: vi si può cogliere un riferimento polemico all’idea che l’Impero romano si fondasse sulla forza e non sul diritto. Dante ribadisce invece che la fondazione e la grandezza di Roma e del suo impero furono volute dalla Provvidenza divina per consentire l’avvento di Gesù in una istituzione sicura e universale, nella quale si potesse diffondere rapidamente il suo messaggio salvifico.
15. maggior Piero: san Pietro, il primo papa.
16. intese… ammanto: nel suo viaggio nell’Ade Enea incontra l’anima del padre Anchise, che gli profetizza la vittoria su Turno, re dei Rutuli, a cui farà seguito nel tempo la fondazione di Roma, sede provvidenziale del papato («del papale ammanto»).
17. Vas d’elezïone: negli *Atti degli Apostoli* (9, 15) san Paolo è definito “Vaso della scelta” (ossia colui in cui si raccolgono, come in un contenitore, la Grazia e la volontà divina), lo strumento scelto da Dio per la diffusione della fede cattolica. Dante trae la notizia del suo viaggio ultraterreno dalla seconda *Lettera ai Corinzi* (12, 2-4), in cui Paolo stesso racconta di essere stato rapito al terzo cielo del Paradiso.
18. folle: nella *Commedia* questo aggettivo, così come il sostantivo “follia”, si riferisce alla presunzione colpevole di voler travalicare i limiti imposti da Dio, come vedremo in particolare a proposito di Ulisse (➤ **T15**).

E qual è quei che disvuol ciò che volle
e per novi pensier cangia proposta,
sì che dal cominciar tutto si tolle,

tal mi fec'io 'n quella oscura costa,
perché, pensando, consumai la 'mpresa
che fu nel cominciar cotanto tosta.[19]

vv. 37-39 E come colui che non vuole più (*disvuol*) ciò che voleva prima (*volle*) e, a causa di nuovi pensieri, cambia proposito (*cangia proposta*), al punto che si distoglie (*si tolle*) del tutto dal fare ciò che aveva iniziato (*dal cominciar*),

vv. 40-42 così divenni io su quel pendio (*costa*) oscuro, perché, avendoci pensato (*pensando*), posi fine (*consumai*) all'impresa che avevo iniziato con tanta sollecitudine (*nel cominciar cotanto tosta*).

19. che fu... tosta: si riferisce alla conclusione del canto I, quando l'apparizione di Virgilio e il suo proporglisi come guida avevano incoraggiato Dante a intraprendere subito il viaggio.

Analisi del testo

Struttura

Se il primo canto costituisce una sorta di prologo *in medias res* all'intero poema (➤ **T11**), il secondo apre la cantica recuperando alcuni elementi strutturali tradizionali del prologo (come l'invocazione) e affronta poi una questione centrale: Dante è degno o no dell'impresa a cui si accinge? La tabella mostra come si articola l'esposizione:

PARTI	TERZINE	CONTENUTO
Proemio	I	Le coordinate temporali (è sera, momento consono a iniziare un viaggio attraverso l'Inferno, mentre il percorso purgatoriale si avvierà al mattino e l'ascesa in cielo a mezzogiorno)
	II	L'argomento della cantica (il penoso percorso attraverso l'Inferno); si tratta di un contenuto vero, registrato fedelmente dalla memoria del poeta
	III	L'invocazione (alle muse, all'ingegno del poeta e alla sua memoria)
I dubbi di Dante	IV	Dante chiede che Virgilio valuti se sia effettivamente degno del viaggio (non ritenendosi all'altezza di coloro che prima di lui ottennero un simile onore)
	V-IX	Nell'*Eneide* Virgilio attesta che Enea andò da vivo nell'Ade, ma ciò avvenne a buon diritto, perché il suo viaggio avrebbe costituito una tappa fondamentale nel processo di creazione dell'Impero romano, istituzione necessaria alla diffusione della religione cristiana
	X	Anche san Paolo andò in Paradiso, ma ciò accadde perché servì a suffragare la fede universale in Cristo
	XI-XII	Dante dichiara di non sentirsi all'altezza di Enea e di san Paolo, e teme che il suo avventurarsi in questa impresa sia contrario al volere divino
	XIII-XIV	Dante sente svanire il desiderio di intraprendere il viaggio

Lingua e stile

Echi virgiliani Il canto si apre su una suggestiva movenza lirica di ascendenza virgiliana: l'immagine della notte che porta riposo ai viventi si ritrova in più punti dell'*Eneide* (III, v. 147; IV, vv. 522-528; VIII, vv. 26-27; IX, vv. 219-220) come marca temporale, serve cioè a scandire due sequenze narrative. Analogamente, qui si trova in apertura di un nuovo canto. Ma l'eco virgiliana si protrae anche, più sottilmente, nei versi successivi: la «guerra» del v. 4 e la «pietate» del v. 5 rinviano infatti ad attributi tipici di Enea, il protagonista del poema di Virgilio che sarà menzionato poco oltre. Dante sembra insomma preparare l'equiparazione, che verrà legittimata a breve, fra sé stesso e l'eroe virgiliano, parzialmente per contrasto (la guerra di Enea è cruenta, quella di Dante metaforica), ma soprattutto per analogia (la "pietà", virtù distintiva di Enea, segnerà anche il viaggio di Dante).

Un'argomentazione appassionata Il Dante-personaggio espone i suoi dubbi al maestro secondo uno stile che ricorda per alcuni aspetti quello delle disquisizioni filosofiche; troviamo, per esempio, formule scolastiche come «'l chi e 'l quale» (v. 18), periodi ampi e ipotattici (vv. 16-24), puntualizzazioni («a voler dir lo vero», v. 22). La lucidità dell'argomentazione non si traduce tuttavia in freddezza e, anzi, la tensione emotiva che rispecchia le preoccupazioni di Dante è denunciata dall'incalzare delle interrogative dirette al v. 31, dalla schietta dichiarazione di modestia dei vv. 31-32 e infine dal disarmato affidarsi all'intuito di Virgilio («intendi me' ch'i' non ragiono», v. 36).

Le figure retoriche Numerose sono le figure retoriche in queste terzine: l'antitesi al v. 3 («e io sol uno») che marca l'eccezionalità della missione di Dante; l'anafora di «o» nell'invocazione dei vv. 7-8; le perifrasi «di Silvïo il parente» (= Enea, v. 13), «immortale secolo» (= l'aldilà, vv. 14-15), «l'avversario d'ogne male» (= Dio, v. 16), «Vas d'elezïone» (= san Paolo, v. 28) ecc.; le strutture binarie ai vv. 31-33; le metafore («guerra» per indicare la tribolazione, al v. 4; «alto passo» per esprimere la rischiosa impresa, al v. 12). Infine, nelle ultime due terzine, abbiamo una similitudine di natura particolare, che si definisce "pseudo-similitudine": lo scarto tra il figurato (ciò che si vuole spiegare con la similitudine) e il figurante (l'immagine a cui è paragonato il figurato) è minimo, in quanto l'atteggiamento di Dante viene spiegato, più che paragonato; corrisponde interamente, di fatto, a quello di «quei che disvuol ciò che volle».

Temi

La legittimazione del viaggio ultraterreno Due pulsioni opposte sembrano animare questi versi: da un lato (vv. 10 ss.) il timore di Dante-personaggio di non essere all'altezza del cimento e dei suoi illustri predecessori (Enea e san Paolo), dall'altro (vv. 1-9) la solida consapevolezza, del Dante che ricorda il viaggio ormai compiuto, di essere stato assolutamente degno dell'impresa; semmai, al momento di accingersi alla stesura del poema, il dubbio riguarda la «virtù» poetica dell'autore. La paura di Dante-personaggio chiama in causa il tema della «follia» umana che travalica i propri limiti; il dubbio di Dante-autore si lega invece al tema, centrale nel poema, della memoria. Vediamo perché.

Che il viaggio non sia «folle» È folle, per Dante, qualunque proposito dell'uomo che, sovrastimando le proprie possibilità, ignori colpevolmente i limiti che Dio gli impone: l'archetipo di tale superbia è, come vedremo, Ulisse (➤ **T15**). I precedenti di Enea e Paolo non confortano Dante, ma aumentano anzi il suo senso di inadeguatezza, perché la loro missione aveva finalità ben chiare. Anche a livello simbolico i due personaggi gli si impongono come insostenibili pietre di paragone: Enea, lontano progenitore dell'istituzione imperiale, rappresenta la regalità; san Paolo, il sacerdozio. Quale invece la giustificazione del viaggio di Dante? Il dubbio è sciolto da Virgilio nel prosieguo del canto: a prendersi a cuore il destino del poeta e del suo pellegrinaggio ultraterreno sono tre donne beate, cioè Beatrice, santa Lucia e la stessa Vergine Maria. Una tale mobilitazione, oltre a dissolvere definitivamente i dubbi di Dante, impone un crisma di necessità al suo viaggio: egli dovrà attraversare l'oltretomba per assolvere a una missione superiore, di natura profetica, che verrà esplicitamente confermata in vetta al Purgatorio, da Beatrice («Tu nota; e sì come da me son porte, / così queste parole segna a' vivi», *Purgatorio* XXXIII, vv. 52-53) e poi nel *Paradiso*, prima da Cacciaguida («tutta tua visïon fa manifesta», XVII, v. 128 ➤ **T17**), quindi da san Pietro («apri la bocca, / e non ascender ["nascondere"] quel ch'io non ascondo», XXVII, vv. 65-66). Dopo il "re" (Enea) e il "sacerdote" (Paolo), Dante è dunque il "profeta", a completare la triade di attribuzioni che, secondo i Padri della Chiesa, Cristo riassume in sé.

La «mente che non erra» Nella terza terzina, che contiene la triplice invocazione, il poeta si appella anche alla propria memoria («mente»), definita infallibile già nel v. 6. Contrariamente al fugace cenno di cedimento contenuto nel primo canto, in cui il protagonista non sa ricordare come gli sia accaduto di smarrirsi nella selva (➤ **T11**, vv. 10-11), qui la fiducia nel valore della propria memoria è piena. In generale, va osservato che nell'Inferno le capacità mnemoniche di Dante sono più affidabili, mentre la facoltà di ricordare sarà invece messa in scacco nel Paradiso.

Officina

COMPRENDERE

1. A chi sono rivolte le invocazioni presenti nel brano?
2. Chi, prima di Dante, ha compiuto in vita un viaggio ultraterreno? Perché il poeta sente di non essere degno di provare un'esperienza simile?
3. Rileggi con attenzione le ultime due terzine: quale decisione prende Dante?

ANALIZZARE

4. **Lingua e stile** Che ruolo svolgono le indicazioni temporali? Evidenzia i versi che si riferiscono al tempo e spiegane il significato simbolico.
5. **Lessico** Completa le frasi scegliendo, tra quelle date, l'espressione di "vanto" corretta, dopo averla opportunamente concordata.

   farsi gran vanto • essere motivo di vanto • essere il vanto

   a. Il nostro vino .... della regione.
   b. Elena .... di essere stata tra le prime dieci ammesse al concorso.
   c. La carriera universitaria di Giulio .... per tutta la famiglia.
6. Individua, sottolinea e trascrivi tutte le parole o le espressioni che si riferiscono a Virgilio. Sulla base di queste informazioni ricavate dal brano, traccia, in un testo di 10 righe, un ritratto del personaggio.
7. **Lingua e stile** L'espressione «non pare indegno» (v. 19) è:
   a. una perifrasi
   b. un'allegoria
   c. un'ipallage
   d. una litote

INTERPRETARE

8. In che modo Dante, nel rievocare i due precedenti illustri al suo viaggio, lega l'elemento classico con l'elemento cristiano? Rispondi con le opportune citazioni dal testo.

Eugène Delacroix, *La barca di Dante*, 1822. Parigi, Museo del Louvre.

T13 La vera incoronazione poetica

Paradiso XXV, vv. 1-12

Un'abissale distanza separa il personaggio smarrito e dubbioso che abbiamo conosciuto all'inizio del poema da quello che incontriamo ora, sul finire della terza cantica. Dante sta subendo (e superando brillantemente) un esame sulle virtù teologali: promosso da san Pietro in materia di fede, sta per essere interrogato da san Giacomo sulla speranza, per poi sottoporsi al vaglio di san Giovanni sulla carità. In apertura di quello che è dunque "il canto della speranza", Dante si concede una digressione personale sulla speranza (remota) di essere riammesso a Firenze. Il lungo cammino di purificazione percorso e la realizzazione (ormai quasi completa) di un poema senza precedenti gli infondono la consapevolezza di meritare, ben oltre il riconoscimento del mondo, la consacrazione poetica e spirituale che questi canti rappresentano.

■ METRO terzine

Se mai continga[1] che 'l poema sacro
al quale ha posto mano e cielo e terra,[2]
sì che m'ha fatto per molti anni macro,[3]

vinca la crudeltà che fuor mi serra
del bello ovile ov' io dormi' agnello,
nimico ai lupi che li danno guerra;[4]

con altra voce omai, con altro vello[5]
ritornerò poeta, e in sul fonte
del mio **battesmo** prenderò 'l cappello;[6]

lessico

Battesimo

Deriva dal verbo greco *baptízein*, «immergere», e nel linguaggio religioso indica il rito di entrata nella comunità della Chiesa attraverso l'immersione in acqua. La parola oggi è usata spesso nel senso figurato di «prima volta che si fa qualcosa o si prende parte a un'impresa difficile» (per es. "battesimo dell'aria" o "battesimo del fuoco").

vv. 1-3 Se mai accadrà (*continga*) che questo poema sacro, a cui hanno contribuito (*ha posto mano*) sia il cielo sia la terra, tanto che mi ha provato duramente (*m'ha fatto... macro*) per molti anni,

vv. 4-6 prevalga sulla crudeltà (dei miei concittadini) che mi ha escluso (*fuor mi serra*) dal bell'ovile (cioè Firenze, la sua città natale) dove io dormii quando ero agnello (cioè nella mia innocenza), odiato (*nemico*) dai lupi che lo perseguitano (*li danno guerra*),

vv. 7-9 ritornerò con ben altra voce ormai, e con ben altra maturità (*con altro vello*) di poeta, e sul fonte dove ricevetti il battesimo riceverò la corona poetica (*cappello*);

1. continga: latinismo (dal verbo *contingit*: «accade») e reminiscenza virgiliana, dal VI libro dell'*Eneide*, vv. 108-109: «che mi sia concesso (*contingat*) di giungere al cospetto del mio caro padre» (Enea esprime la speranza di incontrare il padre Anchise nei Campi Elisi).
2. e cielo e terra: entrambi contribuiscono al «poema sacro» sia perché la *Commedia* tratta di realtà terrene e divine, sia perché alla sua stesura hanno concorso l'ingegno umano di Dante e la Grazia divina.
3. m'ha fatto... macro: riferimento all'enorme sforzo intellettuale e fisico richiesto dalla composizione del poema, aggravato dalle difficoltà dell'esilio.
4. la crudeltà... guerra: la terzina indica metaforicamente l'esilio di Dante da Firenze. Il poeta si rappresenta come «agnello» (simbolo di innocenza) cacciato dall'«ovile» sicuro della città natale dai rivali politici, raffigurati come «lupi» crudeli.
5. con altra... vello: Dante allude alla propria maturazione, artistica («altra voce») e personale («altro vello», ossia, proseguendo la metafora del poeta come agnello, un diverso aspetto fisico), raggiunta durante gli anni dell'esilio.
6. cappello: gallicismo (da *chapel*) per "ghirlanda", "corona poetica". C'è chi però vi vede il coprica-

però che ne la fede, che fa conte[7]
l'anime a Dio, quivi intra' io,[8] e poi
Pietro per lei sì mi girò la fronte.[9]

vv. 10-12 dal momento che (*però che*) lì (*quivi*, nel fonte battesimale), entrai in quella fede che rende le anime degli uomini familiari (*conte*) a Dio, e per la quale (*per lei*), in seguito, san Pietro mi cinse (*girò*) la fronte in quel modo.

po (*pilleus*) attribuito anticamente agli schiavi nel momento della loro emancipazione; in tal caso, sarebbe da cogliere un riferimento al recupero della cittadinanza fiorentina oppure alla liberazione dalla schiavitù del peccato con la conseguente ammissione alla "città celeste".

7. **conte:** altro latinismo, da *cognitus*, «conosciuto, familiare», quindi "care, gradite".

8. **in sul fonte... intra' io:** Dante immagina che la propria incoronazione si svolga nel battistero di Firenze, perché individua nella fede, ricevuta tramite il battesimo, la fonte prima dell'ispirazione per il divino poema che lo rende degno di tale riconoscimento.

9. **Pietro... fronte:** riferimento alla chiusa del canto precedente (*Paradiso* XXIV, vv. 151-154), in cui l'anima di san Pietro, dopo che Dante ha superato l'esame teologale sulla fede a cui l'aveva sottoposto, gira, cantando benedizioni, tre volte intorno a lui, in segno di compiacimento.

Analisi del testo

Struttura

Una digressione personale Il canto XXV del *Paradiso*, incentrato sulla speranza, si apre con un breve *excursus*, cioè una parentesi digressiva, in cui Dante-autore dà voce a una speranza personale mai sopita: ritornare a Firenze. È un desiderio pressoché irrealizzabile, ma che in Dante convive ormai con la consapevolezza matura dei propri meriti poetici, personali e spirituali: l'eccellenza stessa del «poema sacro» dovrebbe riaprire al poeta le porte della città, in cui la sua innocenza («agnello», v. 5) fu vittima della crudeltà dei nemici («lupi», v. 6). Dante sente di meritare non solo la riammissione in patria ma una autentica consacrazione (vv. 7-9); la sede più degna per riceverla sarebbe il battistero di San Giovanni (dove fu battezzato), luogo simbolico dell'incontro fra l'anima e Dio, fra la dimensione terrena e quella celeste, tra Firenze, che bandisce Dante, e la Gerusalemme celeste, che l'ha già accolto.

Lingua e stile

Un desiderio (ir)realizzabile In questo *excursus* Dante formula un desiderio (dal punto di vista retorico, si ha perciò la figura dell'*optatio*), che pare oscillare tra due estremi: la fiducia, pur debole, che il desiderio si compia e, di contro, la consapevolezza che esso resterà deluso. Lo stesso «Se» iniziale, che parrebbe aprire a una possibilità ipotetica, va inteso piuttosto alla latina (*Si*, «Volesse il cielo che...!»), come formula introduttiva di un desiderio irrealizzabile.

Alberto Martini, *Dante, avvolto dalle fiamme del Purgatorio, guarda in alto verso il Paradiso. Ai suoi piedi la città di Firenze e un demone dell'Inferno*, illustrazione dell'*Album Dantesco*, 1920-1930. Oderzo (Treviso), Fondazione Oderzo Cultura.

Un registro alto A innalzare il registro concorrono, oltre ai latinismi («Se», «continga», v. 1; «conte», v. 10), anche i riferimenti intertestuali; lo stesso «continga», come abbiamo indicato in nota, è una memoria virgiliana che, oltre a conferire solennità e nobiltà a questo esordio, suggerisce un parallelo fra Dante ed Enea: l'accostamento all'eroe troiano, che all'inizio del viaggio pareva a Dante improponibile (➤ **T14**), è ora diventato una serena consapevolezza. Elevano la tonalità complessiva del passo anche i simboli e le metafore: il «bello ovile» (= Firenze, v. 5); l'«agnello» (= Dante, nella sua innocenza, v. 5); i «lupi» (= i suoi crudeli avversari politici, v. 6); il «vello» (= la maturità anagrafica e poetica, v. 7). Alcuni tra questi simboli sono carichi di echi intertestuali: biblica e classica è la contrapposizione tra il lupo e l'agnello (simbolo di innocenza che ripropone il *topos* dell'*exul immeritus*, «colui che è ingiustamente esule», «l'esule incolpevole»); anche l'immagine del «vello» può rinviare da un lato al vello d'oro recuperato da Giasone nel mito degli Argonauti, dall'altro all'episodio di Gedeone in *Giudici*, 6, 36-40 (un passo importante e più volte richiamato da Dante, perché contiene la prefigurazione del concepimento da parte della Vergine e del trionfo dei giusti).

Temi

L'incoronazione Molti commentatori hanno colto in questi versi la speranza (più o meno concreta) di ricevere un riconoscimento poetico ufficiale, che Dante effettivamente vagheggiò, poiché ne abbiamo traccia nello scambio poetico con Giovanni del Virgilio (➤ p. 263): questi lo aveva esortato a scrivere in latino per ottenere a Bologna la laurea poetica, come era a successo a Padova nel 1315 al poeta Albertino Mussatto. È più verosimile, tuttavia, che all'altezza di questo canto Dante abbia alzato la posta, ridimensionando gli obiettivi a cui tendere: non il riconoscimento, opinabile, di un'istituzione accademica ma una più alta consacrazione. E in effetti, il «poema sacro / al quale ha posto mano e cielo e terra» dimostra non solo di aver raggiunto un'eccellenza senza paragoni sul piano letterario e artistico, ma soprattutto attesta il profondo rinnovamento spirituale del poeta (da esule a penitente, a messaggero di salvezza) e la portata profetica e salvifica del suo messaggio.

Officina

COMPRENDERE

1. Qual è l'augurio di Dante?
2. A che cosa deve opporsi la *Commedia*?
3. Chi sono l'«agnello» e i «lupi» della seconda terzina?
4. Di quale evento dovrebbe essere scenario il luogo del battesimo di Dante e perché?

ANALIZZARE

5. Spiega il significato del verso 2: «al quale ha posto mano e cielo e terra».

INTERPRETARE

6. Spiega quale significato attribuisce l'autore alla parola «guerra» in questi versi dal canto XXV del *Paradiso*, e confrontalo con il significato che assume la stessa parola nel testo precedente (➤ **T12**, v. 4).
7. Rintraccia tutti i termini riconducibili alla sfera religiosa e chiarisci in che modo entrano in relazione tra loro, tenendo conto del contesto del brano e della poetica alla base dell'opera.

COMPETENZE DEL XXI SECOLO

Comunicazione e collaborazione Il tema dell'esilio e del rimpianto nostalgico per il proprio luogo d'origine ha una lunga tradizione letteraria. Dividete la classe in tre gruppi, ciascuno con un preciso ambito di ricerca:
1. Il tema in Omero
2. Il tema in Virgilio
3. Il tema in Dante

Con l'aiuto dell'insegnante, ciascun gruppo selezioni i contenuti essenziali e prepari una presentazione da realizzarsi in Prezi o PPT. Un rappresentante di ogni gruppo esponga poi i risultati della ricerca comune. Alla fine si prevedano 15 minuti di discussione e confronto.

T14 Virgilio: il viaggiatore privato della meta

Inferno I, vv. 61-93; 112-129

AUDIO

Biblioteca digitale
Il drammatico paradosso di Virgilio (*Purgatorio* XXII, 64-73)

Tra gli "eroi del viaggio" che incontriamo nella *Commedia*, un caso unico è quello di Virgilio: chiamato a soccorrere Dante, incapace di sfuggire con le sue sole forze alla «selva oscura», Virgilio potrà uscire temporaneamente dal Limbo e percorrere l'Inferno e il Purgatorio. È un privilegio eccezionale per un'anima esclusa dalla Salvezza, ma giustificato, se si considera quali altissimi meriti il Medioevo riconosceva al poeta latino: nelle sue opere egli aveva infatti prefigurato, si riteneva, molte verità cristiane e, come cantore di Enea, il progenitore dell'Impero romano, aveva celebrato l'istituzione imperiale, destinata a consentire la diffusione universale della religione cristiana.

■ METRO terzine

Mentre ch'i' rovinava in basso loco,
dinanzi agli occhi mi si fu offerto
chi per lungo silenzio parea fioco.[1]

Quando vidi costui nel gran diserto,[2]
«Miserere di me,»[3] gridai a lui,
«qual che tu sii, od ombra od omo certo!».

Rispuosemi: «Non omo, omo già fui,
e li parenti[4] miei furon lombardi,
mantoani[5] per patrïa ambedui.

vv. 61-63 Mentre (*Mentre ch'*) io precipitavo (*rovinava*) verso il basso (*in basso loco*), davanti agli occhi mi apparve (*mi si fu offerto*) colui che, a causa di un lungo silenzio (*per lungo silenzio*), sembrava avere una voce debole (*fioco*).
vv. 64-66 Quando vidi costui nell'ampio luogo deserto (*nel gran diserto*) gli gridai: «Abbi pietà (*Miserere*) di me, chiunque tu sia, o anima (*ombra*) o uomo ancora in vita».
vv. 67-69 Mi rispose: «Non sono più un uomo (vivo), ma lo fui, e i miei genitori (*parenti*) furono lombardi, ambedue mantovani di origine (*per patrïa*).

1. **chi per... parea fioco:** si tratta di Virgilio. Non è certo se «fioco» debba intendersi in senso acustico ("dalla voce quasi impercettibile"), oppure, per sinestesia, in senso visivo ("sbiadito", "difficile a vedersi"). Sul piano allegorico, si può interpretare come "silenzio" della ragione (rappresentata da Virgilio), che resta inascoltata quando l'uomo si perde nel peccato; diversamente, il "silenzio" si può riferire all'eccellenza della poesia virgiliana, rimasta senza "interlocutori" per più di un millennio (fino al poema di Dante). In senso visivo, «fioco» potrebbe alludere anche all'assenza di luce: come Dante è smarrito nel buio del peccato, così Virgilio è condannato all'ombra, nel Limbo, non raggiunto dalla luce divina.
2. **gran diserto:** il limitare della «selva oscura» è definito, al v. 29, «piaggia diserta»; simbolicamente, rappresenta il mondo terreno.
3. **Miserere di me:** latinismo di uso liturgico.
4. **parenti:** latinismo da *parentes*, «genitori».
5. **lombardi, mantoani:** Virgilio nacque ad Andes, presso Mantova, nel 70 a.C.; «lombardi» è un anacronismo, per quei tempi (i Longobardi, da cui il nome deriva, giunsero nel Nord Italia nel VI secolo).

Nacqui sub Iulio,[6] ancor che fosse tardi,
e vissi a Roma sotto 'l buono Augusto[7]
al tempo de li dèi falsi e bugiardi.[8]

Poeta fui, e cantai di quel giusto
figliuol d'Anchise che venne di Troia
poi che il superbo Ilïón fu combusto.[9]

Ma tu perché ritorni a tanta noia?
perché non sali il dilettoso monte
ch'è principio e cagion di tutta gioia?».[10]

«Or se' tu quel Virgilio e quella fonte
che spandi di parlar sì largo fiume?»,
rispuos'io lui con vergognosa fronte.

O de li altri poeti onore e lume,
vagliami 'l lungo studio e 'l grande amore
che m'ha fatto cercar lo tuo volume.

Tu se' lo mio maestro e 'l mio autore,[11]
tu se' solo colui da cu' io tolsi
lo bello stilo[12] che m'ha fatto onore.

vv. 70-72 Nacqui al tempo di Giulio Cesare (*sub Iulio*), benché (*ancor che*) fosse tardi (per averlo conosciuto), e vissi a Roma sotto il valente (*buono*) Augusto all'epoca degli dèi pagani, falsi e ingannevoli.
vv. 73-75 Fui poeta, e cantai di quel pio figlio di Anchise che giunse da (*venne di*) Troia, dopo che la superba Ilio (*Iliòn*, cioè Troia) fu bruciata (*fu combusto*).
vv. 76-78 Ma tu perché ritorni indietro verso un così grande travaglio (*a tanta noia*, ossia verso la selva del peccato)? perché non risali il colle che dà felicità (*dilettoso*) che è origine (*principio*) e causa (*cagion*) di beatitudine perfetta (*tutta gioia*)?».
vv. 79-81 «Dunque (*Or*) tu sei il celebre (*quel*) Virgilio, quella fonte (di poesia) che sparge (*spandi*) un così ampio (*largo*) fiume di eloquenza (*di parlar*)?» gli risposi io abbassando rispettosamente il capo (*con vergognosa fronte*).
vv. 82-84 O vanto (*onore*) e guida (*lume*) degli altri poeti, mi valga (*vagliami*) (a ottenere la tua benevolenza) lo studio assiduo e il grande amore che mi ha indotto a leggere sempre più a fondo (*cercar*) la tua opera (*lo tuo volume*).
vv. 85-87 Tu sei il mio maestro e la mia massima autorità poetica (*autore*), tu sei il solo da cui ho appreso (*tolsi*) lo stile elevato (*lo bello stilo*) che mi ha procurato la fama poetica (*onore*).

6. sub Iulio: nel 70 Giulio Cesare (100-44 a.C.) era in realtà solo agli inizi della propria carriera politica: con il riferimento a Cesare, Dante intende però associare Virgilio all'idea di Impero, che Cesare contribuì a fondare.
7. Augusto: Ottaviano Augusto, il primo imperatore di Roma, fondatore dell'istituzione imperiale e protettore di poeti e artisti.
8. al tempo... bugiardi: Virgilio morì prima della nascita di Cristo nell'anno 19.
9. quel giusto... combusto: Enea, figlio di Anchise e protagonista dell'*Eneide* virgiliana, fuggì da Troia in fiamme giungendo, dopo varie peregrinazioni, nel Lazio. Ilio (propriamente la rocca di Troia) è sineddoche comune per l'intera città.
10. il dilettoso monte... gioia: è il colle del Purgatorio, verso cui Dante ha cercato vanamente di dirigersi, incontrando però l'ostacolo delle tre fiere. La condizione di «gioia» è quella dell'Eden (collocato in vetta al monte del Purgatorio).
11. autore: il termine ha qui il significato specifico di "autorità, modello autorevole, esempio da imitare", come il latino *auctor*, derivato dal verbo *augeo*, «far crescere, sviluppare, portare a compimento».
12. lo bello stilo: è lo stile tragico, il più sublime secondo la teoria medievale degli stili (➤ p. 247).

Vedi la bestia[13] per cu' io mi volsi;
aiutami da lei, famoso saggio,
90 ch'ella mi fa tremar le vene e i polsi».

«A te convien tenere altro vïaggio,»[14]
rispuose, poi che lagrimar mi vide,
93 «se vuo' campar d'esto loco selvaggio;

[...]

Ond'io per lo tuo me' penso e **discerno**
che tu mi segui, ed io sarò tua guida,
114 e trarrotti di qui per loco etterno,[15]

ove udirai le disperate strida,
vedrai li antichi spiriti dolenti,
117 ch'a la seconda morte[16] ciascun grida;

e vederai color che son contenti
nel foco, perché speran di venire
120 quando che sia a le beate genti.[17]

A le quai poi se tu vorrai salire,
anima fia a ciò di me più degna:
123 con lei ti lascerò nel mio partire;[18]

lessico

Discernere

Derivato del latino *discernĕre*, «separare, distinguere», che viene da *cernĕre*, «passare al setaccio, comprendere», con il prefisso *dis-*. In italiano ha mantenuto il significato latino di «distinguere» in frasi come "discernere il bene dal male", mentre oggi è meno usato quello di «comprendere con chiarezza», utilizzato da Dante.

vv. 88-90 Guarda la bestia a causa della quale (*per cu'*) ritornai indietro (*mi volsi*); salvami (*aiutami*) da lei, famoso saggio, dato che (*ch'*) mi fa tremare di paura (*mi fa tremare le vene e i polsi*)».
vv. 91-93 «È necessario (*convien*) che tu segua un altro percorso (*tenere altro vïaggio*),» rispose, dopo che mi vide piangere (*lagrimar*) «se vuoi salvarti (*campar*) da questo luogo selvaggio;
[...]
vv. 112-114 Per cui (*Ond'*) io penso e giudico opportuno (*discerno*) per il tuo bene (*me'*, apocope di "meglio") che tu mi segua; io sarò la tua guida e ti condurrò via da qui (*trarrotti di qui*) attraverso un luogo eterno (l'Inferno),
vv. 115-117 dove udirai le grida (*strida*) disperate, vedrai i dannati (*li spiriti*) che soffrono (*dolenti*) fin dai tempi antichi (*antichi*), tanto che (*ch'*) ognuno impreca contro (*grida a*) la dannazione (*seconda morte*);
vv. 118-120 vedrai poi (*e*) coloro che sono contenti tra le fiamme (*nel foco* del Purgatorio), perché sperano di andare (*venire*) quando sarà il momento (*quando che sia*) tra i beati in Paradiso.
vv. 121-123 Se tu poi vorrai salire fino a quelle anime (dei beati), ci sarà (*fia*) (come tua guida) un'anima più degna di me per questo compito (*a ciò*); ti lascerò con lei quando dovrò andarmene (*nel mio partire*);

13. la bestia: è la lupa (vv. 49 ss.), la terza delle tre fiere che hanno minacciato Dante nella selva.
14. altro vïaggio: attraverso l'Inferno e il Purgatorio: in termini metaforici, la salvezza si può raggiungere solo attraverso l'espiazione e la purificazione.
15. loco etterno: l'inferno è eterno perché, a differenza del Purgatorio, che si vuoterà dopo il Giudizio universale, ospiterà sempre le pene dei dannati, che non avranno mai fine.
16. la seconda morte: la morte dell'anima (cioè la dannazione eterna), successiva a quella del corpo. Altrimenti, «seconda morte» può designare l'annichilimento totale che reclamerebbero – invano – i dannati, per liberarsi definitivamente dai propri tormenti.
17. color che... beate genti: si tratta delle anime dei purganti, i quali, sebbene siano sottoposti a loro volta a dei castighi (rappresentati metaforicamente dalle fiamme), sono comunque contenti alla prospettiva di completare la propria purificazione e accedere quindi alla beatitudine eterna del Paradiso.
18. anima fia... partire: è Beatrice, che si presenterà a Dante nel Paradiso Terrestre, in cima al Purgatorio – dove Virgilio si congederà – e gli farà da guida in Paradiso.

ché quello imperador che lassù regna,
perch'i' fu' ribellante a la sua legge,[19]
non vuol che 'n sua città[20] per me si vegna.[21]

In tutte parti impera e quivi regge;
quivi è la sua città e l'alto seggio;
oh felice colui cu'[22] ivi elegge!»

vv. 124-126 poiché (*ché*) Dio (*quello imperador*) che regna su in cielo, dato che io in vita restai estraneo (*ribellante*) alla sua legge (in quanto pagano), non vuole che io giunga (*per me si vegna*) fino alla sua città (il Paradiso).
vv. 127-129 (Egli) regna (*impera*) dappertutto, ma lì (*quivi*, in Paradiso) governa direttamente (*regge*); lì (*quivi*) si trova la sua città e il suo alto trono (*seggio*); oh felice colui che (*cu'*) egli sceglie (*elegge*) per star lì (*ivi*).

19. ribellante a la sua legge: non deve intendersi nel senso di "ribelle" ma in quello di "non soggetto" alla legge di Cristo, in quanto pagano.
20. sua città: è il Paradiso, indicato con la metafora della città (la "Gerusalemme celeste"), di derivazione scritturale e patristica.
21. per me si vegna: costrutto latineggiante, con «si vegna» impersonale e «per me» complemento d'agente ("si vada da parte mia").
22. cu': «cui», in apocope, ha qui funzione di complemento oggetto.

Analisi del testo

Struttura

L'incontro con Virgilio Quando Dante si accorge di non potersi allontanare dalla «selva oscura» (➤ **T11**) perché il cammino verso il colle del Purgatorio gli è impedito da tre fiere che lo sospingono verso il basso, vede comparire dinnanzi a sé un'immagine indistinta, a cui chiede aiuto (vv. 61-66). Lo sconosciuto, che dice di essere l'anima di un poeta di origine mantovana, vissuto nell'età di Augusto e autore di un'opera su Enea, chiede perché mai Dante non si diriga verso il monte (vv. 67-78). Queste parole di presentazione bastano a Dante per riconoscere in lui Virgilio, a cui subito rende omaggio: gli esprime ammirazione, devozione e profonda gratitudine per gli insegnamenti ricavati dalla sua opera. Ribadisce quindi la richiesta di aiuto (vv. 79-90). Virgilio gli anticipa allora che l'unica possibilità di salvezza consiste nel seguire un cammino diverso da quello, diretto, verso il colle: Dante dovrà percorrere i tre regni ultraterreni (vv. 91-93; 112-120) e, al momento di ascendere in Paradiso, Virgilio non potrà più fargli da guida, perché a lui, in quanto pagano, è precluso l'accesso (vv. 121-129).

Lingua e stile

Uno stile nobile Il primo dialogo del poema, che coincide anche con il primo incontro di Dante con un'anima dell'aldilà, intona il registro alla nobiltà dell'interlocutore: trattandosi del più eccellente poeta della letteratura latina, abbondano i latinismi e gli echi intertestuali. Per limitarci a qualche esempio soltanto, ricordiamo «Miserere di me» (v. 65, le prime parole pronunciate dal personaggio-Dante nel poema): *miserere* è la parola che Enea rivolge alla Sibilla prima di addentrarsi nell'Ade (*Eneide* VI, v. 117) ed è anche la supplica che Davide nei *Salmi* ripete più volte (30, 10; 50, 3); poco oltre, Enea è definito «giusto» (v. 73) come in *Eneide* I, v. 544 e Ilio «superbo» (v. 75) come in *Eneide* III, v. 2. Numerose anche le perifrasi: «quel giusto / figliuol d'Anchise» (= Enea, vv. 73-74); «il dilettoso monte / ch'è principio e cagion di tutta gioia» (= il Purgatorio, vv. 77-78); «quello imperador che lassù regna» (= Dio, v. 124) e così via.

Una coloritura malinconica Alcune coloriture stilistiche nel discorso di Virgilio lasciano invece trapelare una particolare tonalità sentimentale che caratterizza questa autopresentazione del poeta latino. Al v. 67, per esempio, egli riprende la penultima parola pronunciata da Dante, «omo» (figura retorica detta "diafora") e la ripete, correggendone il senso (figura della *correctio*, «correzione»): «Non omo, omo già fui»;

la triplice ripetizione di questo termine, inadatto a definire la condizione di Virgilio (che è ormai un'«ombra», non più un «omo certo», v. 66), è quasi un tentativo di eludere una triste ammissione, quella cioè di essere un'anima del Limbo, non un vivente dotato ancora della possibilità di abbracciare la vera fede. Questa malinconica consapevolezza pare riflettersi anche a livello fonetico, per il prevalere dei suoni scuri: «Rispuosemi: "Non *omo*, *omo* già fui…». E l'intensità del rimpianto si manifesta poi apertamente nell'esclamazione del v. 129: «oh felice colui cu' ivi elegge!» (formalmente, si tratta di un *makarismòs*, ossia il fatto di definire qualcuno "felice" per qualche motivo).

Temi

Eccellenza e limite di Virgilio L'incontro con la prima guida di Dante è all'insegna di due motivi fondamentali: l'omaggio, profondo e incondizionato, che il poeta toscano tributa al più grande autore dell'antichità (vv. 82-87) e, per converso, la sorda mestizia che si intuisce nell'animo di Virgilio. Egli è infatti consapevole che, a dispetto della propria eccellenza poetica, la sua vita di pagano, «ribellante» alla parola di Cristo, lo esclude per sempre dalla gioia celeste e lo condanna eternamente all'Inferno. Come si dirà nel quarto canto, Virgilio risiede infatti nel Limbo, dove dimorano gli spiriti giusti che non conobbero la vera fede (per essere nati prima di Cristo o per essere morti da piccoli, prima del battesimo); qui una sede privilegiata hanno gli «spiriti magni», tra cui appunto Virgilio, raccolti in un castello illuminato da una luce che, caso unico nell'Inferno, vince le tenebre.

Virgilio, Dante e l'esilio Una rete di relazioni tutt'altro che statiche inizia a delinearsi tra il pellegrino-Dante e la sua guida: entrambi affrontano il viaggio, ma perverranno ad approdi opposti; sono legati da un rapporto discente-maestro inizialmente ben definito, ma destinato a modificarsi progressivamente. I due poeti sono inoltre accomunati, a ben vedere, da una condizione sofferta di esilio: l'uno è bandito da Firenze, l'altro è escluso dalla «città» di Dio (v. 126). Ma, se Dante otterrà una ricompensa ben più alta della riconciliazione con i propri concittadini (➤ **T13**), Virgilio non vedrà mai mitigato il dolore per la distanza, irrimediabile, da Dio.

Officina

COMPRENDERE

1. Quale azione sta compiendo il protagonista prima dell'apparizione di Virgilio?
2. Sotto quale forma Virgilio si presenta a Dante e quali informazioni ne permettono l'identificazione?
3. Che cosa preannuncia Virgilio all'allievo impaurito?

ANALIZZARE

4. Spiega le due possibili interpretazioni dell'espressione «seconda morte» (v. 117).
5. **Lingua e stile** – Indica le figure retoriche presenti nelle seguenti espressioni tratte dal testo:
   a. «largo fiume» (v. 80): ....
   b. «vergognosa fronte» (v. 81): ....
   c. «le vene e i polsi» (v. 90): ....
   d. «color che son contenti / nel foco» (vv. 118-119): ....

INTERPRETARE

6. Spiega perché Virgilio non può fare da guida a Dante anche nel Paradiso e individua, nel dialogo, le parole che lasciano trasparire i suoi sentimenti al riguardo.
7. Dal rapporto sfaccettato che Dante instaura con Virgilio emergono spesso delle corrispondenze che rafforzano il legame fra l'allievo e il suo maestro: per esempio, entrambi sentono di non essere degni di affrontare un'esperienza. Approfondisci l'argomento, illustrando le differenze fra le due figure e facendo sempre riferimenti puntuali anche ai testi precedenti.

PERCORSO DI SCRITTURA

Riscrittura Scrivi un breve dialogo in prosa di circa 10 righe in cui è l'allievo Dante a presentarsi al suo maestro, aiutandoti con le informazioni sulla vita e sulle opere del poeta che trovi nel profilo e tenendo conto che il suo viaggio nell'aldilà si svolge nel 1300.

T15 Ulisse: il viaggio «folle»

Inferno XXVI, vv. 85-142

AUDIO

Nell'ottava bolgia infernale sono relegati i consiglieri fraudolenti, avvolti da fiamme che li divorano eternamente, come la forza delle loro parole ingannevoli, in vita, infiammò gli animi di chi li ascoltò. Avvinti da un'unica fiamma sono due eroi omerici, Ulisse e l'amico Diomede. Il primo, su richiesta di Virgilio, rievoca le circostanze della propria fine, causata da un desiderio di conoscenza in sé nobile ma distruttivo, perché non subordinato al volere divino. Dopo gli esempi di Dante e Virgilio, ecco un altro paradigma di viaggiatore: un eroe che osa perseguire mete straordinarie con le sole forze umane. Il tentativo, ardimentoso e folle, non può che fallire, ma serve al viaggiatore-protagonista per vedere riflesso, in negativo, il proprio stesso viaggio, nato anch'esso dal desiderio di conoscenza, ma guidato da un proposito virtuoso, non da un desiderio di conoscere fine a sé stesso.

■ METRO terzine

Lo maggior corno de la fiamma antica[1]
cominciò a crollarsi mormorando
pur come quella cui[2] vento affatica;

indi la cima qua e là menando,
come fosse la lingua che parlasse,
gittò voce di fuori, e disse: «Quando

mi diparti' da Circe, che sottrasse
me più d'un anno là presso a Gaeta,
prima che sì Enea la nomasse,[3]

né dolcezza di figlio, né la pieta
del vecchio padre, né 'l debito amore
lo qual dovea Penelopè far lieta,

vv. 83-87 La punta più alta (*Lo maggior corno*) dell'antica fiamma cominciò ad agitarsi (*crollarsi*) mormorando, proprio (*pur*) come una fiamma (*quella*) agitata dal vento;
vv. 88-90 poi (*indi*) muovendo (*menando*) da una parte e dall'altra (*qua e là*) la cima, come fosse una lingua che parlava, emise (*gittò di fuori*) la voce e disse: «Quando
vv. 91-93 mi congedai (*mi diparti'*) da Circe, che mi trattenne (*sottrasse me*) per più di un anno là vicino a Gaeta, prima che Enea chiamasse così (*sì... nomasse*) quel luogo,
vv. 94-96 né il dolce affetto per mio figlio (Telemaco) (*dolcezza di figlio*), né l'amore filiale (*pietà*) per il vecchio padre (Laerte), né l'amore coniugale (*debito*), che avrebbe dovuto far felice (mia moglie) Penelope

1. **Lo maggior... antica:** perifrasi che indica Ulisse, avvolto da una fiamma doppia, perché punito insieme a Diomede, che con lui, in vita, agì con inganno, violenza e frode. La fiamma è «antica» perché si tratta di personaggi dell'età mitica, mentre il «corno» di Ulisse è «maggiore», in quanto, dei due, Ulisse è il più illustre ma anche il più colpevole (solo Ulisse, per esempio, escogitò l'inganno del cavallo di legno con cui Troia venne conquistata e distrutta).
2. **cui:** «che», complemento oggetto.
3. **Circe... nomasse:** la maga Circe, figlia del Sole, viveva presso un promontorio nel Lazio meridionale, chiamato Gaeta da Enea in ricordo della nutrice che lì era morta. Dante, che non conosce l'*Odissea*, per l'episodio di Circe si basa sul racconto di Ovidio (in *Metamorfosi* XIV, vv. 436 ss.).

vincer potero dentro a me l'ardore
Le nostre parole ›
ch'i' ebbi a divenir del mondo **esperto**,
e de li vizi umani e del valore;

ma misi me per l'alto mare aperto
sol con un legno e con quella compagna
picciola da la qual non fui diserto.

L'un lito e l'altro vidi infin la Spagna,
fin nel Morrocco, e l'isola d'i Sardi,
e l'altre che quel mare intorno bagna.

Io e ' compagni eravam vecchi e tardi
quando venimmo a quella foce stretta
dov'Ercule segnò li suoi riguardi,[4]

acciò che l'uom più oltre[5] non si metta:
da la man destra mi lasciai Sibilia,
da l'altra già m'avea lasciata Setta.[6]

«O frati», dissi «che per cento milia
perigli siete giunti a l'occidente,
a questa tanto picciola vigilia

d'i nostri sensi ch'è del rimanente,
non vogliate negar l'esperienza,
di retro al sol, del mondo sanza gente.[7]

vv. 97-99 poterono (*potero*) vincere in me il desiderio ardente (*ardore*) che io provai di conoscere (*divenir... esperto*) il mondo e i vizi e le virtù (*valore*) degli uomini;
vv. 100-102 ma mi spinsi (*misi me*) in alto mare, con una sola nave (*con un legno*) e con quel piccolo gruppo di compagni (*compagna picciola*) dal quale non fui mai abbandonato (*diserto*).
vv. 103-105 Vidi l'uno e l'altro litorale (*L'un lito e l'altro*) (del Mediterraneo) fino alla Spagna e al Marocco e vidi la Sardegna (*l'isola d'i Sardi*) e le altre isole che quel mare bagna tutt'intorno.
vv. 106-108 Io e i (*'*) miei compagni eravamo vecchi e lenti (*tardi*) quando arrivammo a quello stretto (*foce stretta*) dove Ercole aveva segnalato (*segnò*) i limiti estremi (del mondo) da lui stabiliti (*i suoi riguardi*),
vv. 109-111 affinché (*acciò che*) l'uomo non li oltrepassi (*più oltre non si metta*): alla mia destra (*man destra*, ossia a nord) lasciai Siviglia (*Sibilia*), a sinistra (a sud) avevo già superato Ceuta (*Setta*).
vv. 112-117 «O fratelli (*frati*) – dissi – che attraverso infiniti (*cento milia*, indefinito) pericoli (*perigli*) siete giunti al limite occidentale del mondo (*a l'occidente*), non vogliate negare a questa parte tanto piccola (*a questa tanto picciola vigilia*) della nostra vita sensibile (*d'i nostri sensi*) che ci rimane (*ch'è del rimanente*), di fare esperienza del mondo disabitato (*sanza gente*), andando dietro al percorso del sole (*di retro al sol*).

4. **foce stretta... suoi riguardi:** secondo gli antichi, Ercole avrebbe posto, al margine occidentale del Mediterraneo, due monti (Calpe sulla costa europea e Abila su quella africana). Si ritiene che Dante collochi le Colonne d'Ercole presso Cadice, non nello Stretto di Gibilterra.
5. **più oltre:** Ercole avrebbe scritto sulle Colonne il monito «*Nec plus ultra*». Si tratta tuttavia di una notizia non attestata dalle fonti antiche, che suscita molte perplessità; a ogni modo, Dante qui mostra di ritenerla vera. Inoltre accetta l'interpretazione, anch'essa tarda, che Ercole avesse formulato il monito a non procedere oltre quei limiti.
6. **Sibilia... Setta:** Siviglia è una città sul versante atlantico dell'Andalusia; Ceuta si trova invece sulla costa nordafricana.
7. **mondo sanza gente:** dirigendosi verso sinistra (v. 126), Ulisse punta verso l'emisfero meridionale, che il Medioevo riteneva disabitato e coperto interamente dalle acque.

Considerate la vostra semenza:
fatti non foste a viver come bruti,[8]
ma per seguir virtute e canoscenza».[9]

Li miei compagni fec'io sì aguti,
con questa orazion picciola, al cammino,
che a pena poscia li avrei ritenuti;

e volta nostra poppa nel mattino,
de' remi facemmo ali al folle volo,
sempre acquistando dal lato mancino.[10]

Tutte le stelle già de l'altro polo
vedea la notte e 'l nostro tanto basso,
che non surgea fuor del marin suolo.[11]

vv. 118-120 Considerate la vostra origine (*semenza*): non foste creati per vivere come animali (*bruti*), ma per conseguire (*seguir*) virtù e conoscenza.
vv. 121-123 Con questo breve discorso (*orazion picciola*) resi i miei compagni così desiderosi (*aguti*) di proseguire il viaggio (*al cammino*), che poi (*poscia*) li avrei potuti trattenere (*ritenuti*) a mala pena (*a pena*);
vv. 124-126 e rivolta la nostra poppa a est (*nel mattino*), trasformammo i remi in ali per il (nostro) volo temerario (*folle*), sempre procedendo (*acquistando*) verso sinistra.
vv. 127-129 La notte faceva vedere (*vedea*) già tutte le stelle dell'altro emisfero (*polo*), mentre quelle del nostro (emisfero) erano così basse (sotto l'orizzonte), che non emergevano dalla superficie del mare (*del marin suolo*).

8. **bruti:** «bruti» sono gli animali, privi dell'intelletto che caratterizza l'essere umano; a uno stato animalesco erano stati ridotti i compagni di Ulisse da Circe, che li aveva trasformati in porci.
9. **virtute e canoscenza:** costituiscono la perfezione morale e intellettuale.
10. **nel mattino... mancino:** la poppa è rivolta a est, quindi la nave si sta muovendo verso ovest, volgendo però anche a sinistra, quindi in direzione sud-ovest.
11. **Tutte le stelle... suolo:** la nave si spinge sempre più verso sud, addentrandosi nell'emisfero meridionale, dove sono visibili nuove stelle, mentre quelle dell'emisfero settentrionale non lo sono più.

Le nostre parole — Esperto/Esperienza

L'origine dei termini Sia il sostantivo "esperienza" sia l'aggettivo e sostantivo "esperto" derivano dal latino, il primo da *experientĭa*, il secondo da *expertus*. Entrambe queste parole latine vengono in ultima analisi dal verbo *experīri*, «provare, ricercare», formato dalla preposizione *ex*, qui con valore intensivo, e da **perīri*, «sperimentare», forma attestata solo indirettamente attraverso il suo participio passato *perītus*, «esperto, pratico». L'esperienza rappresenta l'insieme delle conoscenze, anche pratiche e concrete, che si acquisiscono in un dato campo del sapere.

Esperto L'aggettivo "esperto", riferito all'Ulisse dantesco, indica un'esperienza totale del mondo e quindi dei vizi umani, dei valori, del bene e del male. Nella *Commedia*, il termine ritorna significativamente nel I canto del *Purgatorio* (vv. 130-132), nel momento in cui Dante allude al suo approdo alla spiaggia che circonda il monte, mai raggiunta da uomo in carne e ossa. Le figure di Ulisse e di Dante trovano così un'imprevista associazione.

Esperienza L'esperienza fa leva in genere su un tipo di conoscenza diretta e immediata delle cose; nel lessico della filosofia, si indica in particolare con "esperienza" ciò che è conosciuto attraverso l'uso dei sensi. Espressione comune e tutt'oggi in uso è "parlare per esperienza", parlare cioè di un argomento in base a una conoscenza diretta e non per sentito dire.

Cinque volte racceso e tante casso
lo lume era di sotto da la luna,[12]
poi che 'ntrati eravam ne l'alto passo,

quando n'apparve una montagna,[13] bruna
per la distanza, e parvemi alta tanto
quanto veduta non avëa alcuna.

Noi ci allegrammo, e tosto tornò in pianto,
ché de la nova terra un turbo nacque,
e percosse del legno il primo canto.

Tre volte il fé girar con tutte l'acque;
a la quarta levar la poppa in suso
e la prora ire in giù, com'altrui piacque,

infin che 'l mar fu sovra noi richiuso».

vv. 130-132 Per cinque volte si era accesa e altrettante (*tante*) spenta (*casso*) la luce che proviene dalla luna (*lo lume... di sotto da la luna*) da quando avevamo oltrepassato (*'ntrati eravam*) il passaggio decisivo (*l'alto passo*) (delle Colonne d'Ercole),
vv. 133-135 quando ci (*n'*) apparve una montagna, scura (*bruna*) per la distanza, e mi sembrò (*parvemi*) così alta quanto non ne avevo vista nessun'altra.
vv. 136-138 Noi ci rallegrammo, ma subito (*e tosto*) (la nostra gioia) si trasformò (*tornò*) in pianto, poiché (*ché*) dalla terra appena comparsa (*nova terra*) si formò (*nacque*) un turbine (*turbo*) e travolse (*percosse*) la parte anteriore (*il primo canto*, cioè la prua) della nave (*del legno*).
vv. 139-142 Per tre volte la fece (*il fé*) girare su se stessa insieme alle acque; alla quarta, (fece) sollevare in alto (*levar... in suso*) la poppa e (fece) sprofondare (*ire in giù*) la prora, come volle Dio (*com'altrui piacque*), fino a che il mare si richiuse sopra di noi».

12. **Cinque volte... luna:** perifrasi per indicare che erano passati cinque pleniluni, ovvero quasi cinque mesi, da quando la nave aveva varcato le Colonne d'Ercole.

13. **montagna:** è il monte del Purgatorio, che sorge agli antipodi esatti di Gerusalemme, in mezzo al mare che occupa l'emisfero sud.

Analisi del testo

Struttura

Il racconto di Ulisse Interrogato da Virgilio, Ulisse inizia a narrare il suo ultimo viaggio per mare, traendo faticosamente la voce dall'interno della fiamma (vv. 85-90).

- **L'inizio del viaggio** (vv. 90-102): lasciata Circe, Ulisse seguì il suo ardente desiderio di conoscenza, superiore all'amore per i propri cari, e si mise in mare con pochi compagni.
- **Il viaggio fino alle Colonne d'Ercole** (vv. 103-111): si diresse verso ovest e, dopo un ampio percorso all'interno del Mediterraneo, giunse alle Colonne d'Ercole, limite indicato agli uomini come invalicabile.
- **L'orazione ai compagni** (vv. 112-120): Ulisse esortò i compagni a procedere oltre le Colonne, assecondando l'umana tendenza a perseguire la virtù e la conoscenza; questa tendenza, che distingue l'uomo dagli animali, si basa sull'esercizio della ragione.
- **Il viaggio nell'emisfero meridionale** (vv. 121-135):

infiammati dalle parole del capitano, i compagni lo seguirono nella rotta verso l'emisfero meridionale in cui, dopo cinque mesi di navigazione, giunsero in vista del monte del Purgatorio.

- **La punizione divina** (vv. 136-142): la gioia dei naviganti fu breve, perché dall'isola su cui sorge il Purgatorio si sollevò un turbine (evidentemente mosso dalla volontà divina di punire il «folle volo») che si abbatté sulla nave e la affondò con tutto l'equipaggio.

Lingua e stile

Una sintesi sublime L'episodio di Ulisse, e il discorso dell'eroe in particolare, è uno dei capolavori della letteratura di ogni tempo: in questi pochi versi si dispiega un racconto capace di compendiare *epos* e tragedia, di spaziare con sorprendente rapidità dagli spazi intimi dell'animo (vv. 94-96) alle vastità siderali (vv. 127-129). Navigando a fianco di Ulisse, il lettore non può che sentire, come scritti dentro di sé, la grandezza e il limite della natura umana.

Il movimento "alato" della sintassi È il ritmo sintattico a suggerire lo slancio del «volo» (v. 125), ora dispiegandosi in periodi anche ampi, ma prevalentemente paratattici, come ai vv. 90-102 («Quando...»), ora concentrandosi in versi lapidari ed evocativi come sentenze («fatti non foste a viver come bruti», v. 119; «de' remi facemmo ali al folle volo», v. 125; «infin che 'l mar fu sovra noi richiuso», v. 142). Non numerosi ma suggestivi gli *enjambements*: «Quando / mi diparti' da Circe», vv. 90 ss.; «con quella compagna / picciola», vv. 101 ss.; «cento milia / perigli», vv. 112 ss.; «vigilia / d'i nostri sensi», vv. 114 ss.).

Parole chiave e antitesi Tra le numerose peculiarità stilistiche del brano, come le allitterazioni («*ma* *mi*si *me* per l'alto *mare*», v. 100; «*t*os*t*o *t*ornò... / *t*erra un *t*urbo», vv. 136 ss.), la perifrasi dei vv. 114-115 («questa tanto picciola vigilia / d'i nostri sensi ch'è del rimanente»), le antitesi («né dolcezza di figlio, né la pieta... vincer potero... ma misi me...», vv. 94-100; «fatti non foste... ma...», vv. 119-120; «Noi ci allegrammo, e tosto tornò in pianto», v. 136), osserviamo in particolare la presenza di alcune parole tematiche, che tendono a definire polarità opposte (per i termini «esperto» ed «esperienza» vedi anche ➤ *Le nostre parole*, p. 315).

- **Eccellenza / follia**: alcuni termini esprimono il dispiegarsi di virtù umane, morali o intellettuali: «valore» (v. 99), «semenza» (v. 118), «virtute» (v. 120), «canoscenza» (v. 120), ma anche «esperto» (v. 98) ed «esperienza» (116); in contrasto con questi si pone il campo semantico della follia e dell'eccesso: «folle volo» (v. 125), «alto passo» (v. 132).
- **Desiderare / Trattenere**: «ardore» (v. 97) e «aguti» (v. 121) esprimono il desiderio (rispettivamente ardente e pungente) di conoscere, che agisce come principio di movimento; vi si contrappongono «riguardi» (v. 108) e "ritenere" («li avrei ritenuti», v. 123), che evocano, all'opposto, l'idea di trattenimento, di autocontrollo, di rispetto del limite.
- **Piccolo / Grande**: l'aggettivo «picciola» ricorre per ben tre volte, sempre riferito a Ulisse e ai suoi compagni («compagna / p.», vv. 101-102; «p. vigilia», v. 114; «orazion p.», v. 122); a ridosso di ognuna, troviamo espressioni che evocano spazi sterminati: «l'alto mare aperto» (v. 100); il «mondo» (v. 117); i due emisferi celesti (vv. 127-129), la «montagna» del Purgatorio, «alta tanto / quanto veduta non avëa alcuna» (vv. 134-135).

All'interno di queste polarità si iscrivono l'essenza di Ulisse e il suo errore: da un lato, il desiderio di conoscenza, la percezione della limitatezza e insieme della grandezza umana; dall'altro, il senso del limite posto dalla divinità, l'eccedenza «folle» di un'impresa che sfida le grandezze cosmiche.

Temi

Ulisse: l'«anti-Dante» Tra le righe del racconto di Ulisse si legge, in filigrana, una versione in negativo del viaggio di Dante. Il nesso, non esplicito, si palesa in pochi ma decisivi richiami testuali: il «folle volo» e l'«alto passo» dell'eroe che varca le Colonne d'Ercole rinviano ai timori che il poeta, all'inizio del viaggio, esprimeva nei medesimi termini a Virgilio (➤ **T12**, v. 12 e v. 35). Se Dante in quella circostanza aveva ricevuto una legittimazione di origine divina a procedere nel cammino, Ulisse è consapevole di violare un precetto, sancito dal monito di Ercole (v. 109). Una contrapposizione è tanto più efficace quanto più si innesta su somiglianze: così i punti di contatto fra l'eroe omerico e l'autore della *Commedia* sono significativi. L'ardente amore per la conoscenza che anima Ulisse, come anche il grande valore attribuito alla ragione umana sono condivisi anche da Dante, che però li dispone in una gerarchia di valori ordinata secondo l'insegnamento cristiano, ossia subordinando entrambi al volere di Dio. Simile è poi, nei due personaggi, l'abilità retorica, ossia la capacità di usare efficacemente la parola, ma viene impiegata con fini opposti: ponendola al servizio della Verità, nel caso di Dante; piegandola alla frode e all'inganno, nel caso di Ulisse. I due viaggiatori condividono anche una meta, quel monte del Purgatorio che solo uno dei due raggiungerà, e attraverso un tragitto del tutto diverso (➤ *Lettura critica*, p. 319).

Il superamento del *Convivio* Come incarnazione della fiducia, eccessiva, nella virtù umana, l'Ulisse del XXVI canto si allinea a una fase evolutiva del pensiero dantesco anteriore a quella rappresentata dalla *Commedia*, ossia alla fase del *Convivio*. Il tentativo che allora Dante aveva intrapreso (e, significativamente, interrotto) di perseguire la felicità con gli strumenti della filosofia è per certi versi equiparabile al convincimento di Ulisse di poter raggiungere ogni meta con le sole forze umane. L'espiazione a cui Dante si sottopone nel poema prevede appunto che egli giunga a riconoscere questo errore intellettuale: l'incontro con Ulisse è dunque un momento cruciale in questa progressiva presa di coscienza, che giungerà a compimento nel Paradiso terrestre, quando, di fronte a Beatrice, il poeta dovrà riconoscere questo traviamento. E così, apprestandosi a ricordare e a riferire questo momento decisivo della discesa nell'Inferno, Dante-autore può ammettere: «Allor mi dolsi, e ora mi ridoglio / quando drizzo la mente a ciò ch'io vidi, / e più lo 'ngegno affreno ch'io non soglio / perché non corra che virtù nol guidi» (*Inferno* XXVI, vv. 19-22: "Allora provai dolore, e ancora adesso mi addoloro, pensando a quello che vidi, e tengo a freno l'ingegno più di quanto sia solito fare").

Officina

COMPRENDERE

1. Che cosa spinge Ulisse a mettersi di nuovo in mare e che cosa avrebbe dovuto trattenerlo?
2. Sulla base del racconto di Ulisse, traccia l'itinerario del viaggio da lui compiuto.
3. Qual è l'esito del viaggio in mare di Ulisse e dei suoi compagni?

ANALIZZARE

4. Spiega il significato del discorso rivolto da Ulisse ai suoi compagni di viaggio (vv. 112-120): in che modo è collegato alla pena che l'eroe sconta nella bolgia infernale?
5. **Lingua e stile** Rintraccia e sottolinea tutti i periodi paratattici presenti nel canto.
6. **Lingua e stile** Indica le figure retoriche presenti nei seguenti versi e spiegane il significato dove richiesto:
   a. «a questa tanto picciola vigilia / d'i nostri sensi ch'è del rimanente» (vv. 114-115) è una .... che indica ....
   b. «de' remi facemmo ali al folle volo» (v. 125) è una .... che evidenzia la ....
   c. «percosse del legno il primo canto» (v. 138) contiene sia una .... sia un' ....

INTERPRETARE

7. Il desiderio di conoscenza e il timore di violare i limiti divini: confronta questo canto con il **T12** (➤ p. 299), evidenziando le analogie e le differenze tra i due testi in merito alle figure di Ulisse e di Dante.
8. Il racconto di Ulisse inizia da una prospettiva fortemente soggettiva (di un "io" che si rapporta con un "voi", i compagni di viaggio) e termina con un punto di vista basato sul pronome «noi» (e sui relativi aggettivi "nostro" e "nostra"). Quale particolare momento della narrazione coincide con questo cambio di prospettiva? Secondo te che cosa vuole suggerire Dante al lettore?

PERCORSO DI SCRITTURA

Riscrittura Aiutandoti con la parafrasi e le note in calce al brano, riscrivi il racconto del viaggio fatto da Ulisse come se fosse un articolo di giornale (usa la terza persona e fornisci informazioni in modo da rispondere alle cinque domande: dove?, chi?, che cosa? quando? perché?).

LETTURA CRITICA

Il viaggio speculare di Ulisse e di Dante

Molteplici analogie e sostanziali differenze sussistono fra il viaggio di Ulisse e quello di Dante: il linguista russo Jurij Lotman le indaga, mettendo in luce come l'impresa di Dante rappresenti una correzione, in chiave cristiana, del «folle volo» dell'eroe greco.

A Ulisse come allo stesso Dante, è assegnato un cammino individuale. Nel percorso da loro compiuto [...] c'è un sostanziale elemento di somiglianza: entrambi sono personaggi che si muovono in linea retta. La somiglianza si manifesta anche nel fatto che il loro movimento è aperto, uno slancio verso l'infinito. Partendo da punti esattamente indicati, entrambi si muovono nella direzione scelta, ma non tendono verso una meta fissata in partenza. Nel loro movimento c'è però anche una sostanziale differenza. Se Dante si trova all'interno di un globo cosmico, il cui spazio tridimensionale è passato da parte a parte dall'asse verticale, Ulisse invece viaggia come su una carta. [...] Il senso del viaggio di Dante è dato dallo slancio verso l'alto. Tutto il viaggio di Ulisse si compie invece secondo le coordinate di un movimento su una superficie piana, mentre i segni che sono in rapporto con l'asse «alto-basso» non esistono. Queste caratteristiche cambiano solo al momento del naufragio. Il movimento in linea retta verso occidente si trasforma infatti in un movimento rotatorio («il turbo»), che ripete quelli vorticosi dell'Inferno. La nave passa inoltre dalla posizione orizzontale a quella verticale («a la quarta levar la poppa in suso / e la prora ire in giù, com'altrui piacque / infin che 'l mar fu sovra noi richiuso» [*Inf.* XXVI, 140-142]), momento che si accompagna ad una morte che si compie come una impetuosa discesa. La fine di Ulisse si contrappone così simmetricamente all'ascesa di Dante.

Ulisse è l'originale doppio di Dante. Questo fatto si rivela in due aspetti sostanziali. Prima di tutto, a differenza degli altri personaggi che per i loro peccati o le loro virtù sono stati assegnati a luoghi determinati dell'universo dantesco, Dante e Ulisse sono «eroi del viaggio» sempre in movimento e, fatto che è ancora più importante, superano continuamente i confini di spazi proibiti. La folla degli altri personaggi danteschi o si trova fissa in un luogo o si affretta verso una meta già stabilita [...]. Solo Dante e Ulisse, volontariamente o costretti, spinti da una potente passione, oltrepassano i confini che dividono una regione dell'universo dall'altra. Li unisce inoltre un itinerario comune. Entrambi si muovono infatti nella stessa direzione. Seguendo vie diverse vanno verso il Purgatorio: Dante attraverso l'Inferno e la cavità prodotta dalla caduta del corpo di Lucifero, Ulisse per mare, costeggiando la Spagna, Gibilterra, il Marocco. Benché il viaggio di Dante si compia nel mondo infernale e quello di Ulisse in uno spazio geografico reale, la meta verso la quale si muovono è la stessa. Questo è confermato dal fatto che, nel viaggio attraverso il Purgatorio e il Paradiso, è come se Dante prendesse la staffetta di Ulisse che ha fatto naufragio. [...]

In questo modo è come se il suo viaggio fosse la continuazione di quello di Ulisse dal momento della morte di questi. Da allora è come se l'uno fosse il doppio dell'altro. Tuttavia il senso di ogni doppio sta nella differenza che esiste pur nella somiglianza. Come Dante, Ulisse unisce l'aspirazione alla conoscenza «delli vizi umani e del valore» al desiderio di conoscere le strutture segrete del mondo [*Inf.* XXVI, 115-117]. [...] Dante ha un evidente rispetto per questa nobile sete di conoscenza. [...] La via per giungere alla conoscenza è tuttavia per Dante diversa da quella di Ulisse. La conoscenza dantesca, che si accompagna ad un'ininterrotta ascesa lungo l'asse dei valori morali, è una conoscenza che si sviluppa man mano che cresce il perfezionamento morale di chi aspira a realizzarla. L'elevarsi della propria moralità dà luce all'intelligenza. La sete di conoscenza di Ulisse non è invece legata né alla moralità né all'immoralità, ma si trova su un altro piano. Lo stesso Purgatorio è per lui solo un punto bianco sulla carta e il tentativo di raggiungerlo è un viaggio ispirato dalla sete delle scoperte geografiche. Dante è un pellegrino, Ulisse un esploratore.

(J. Lotman, *Il viaggio di Ulisse nella «Divina Commedia»*, in *Testo e contesto*, Laterza, Roma-Bari 1978)

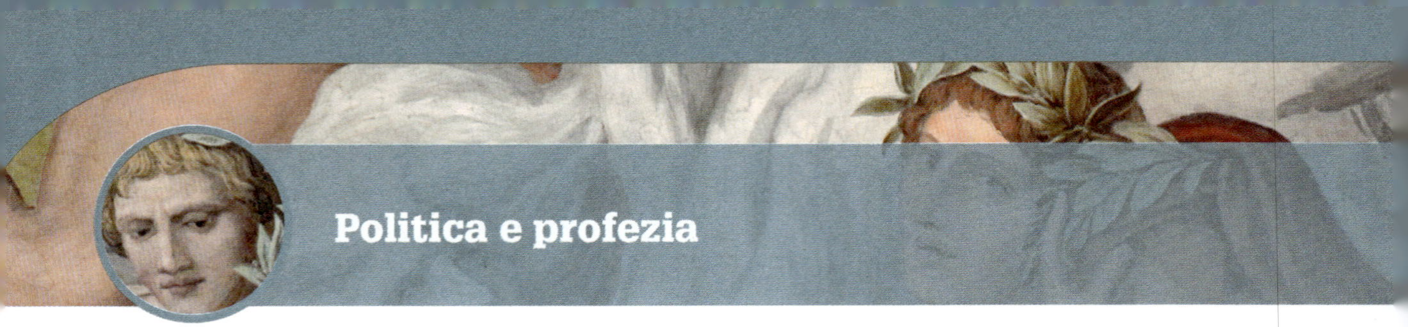

Politica e profezia

Un nucleo fondamentale del pensiero politico di Dante è l'idea che, per una vita associata pacifica e ordinata, l'umanità necessiti di guide: due sono le istituzioni preposte da Dio a questo ruolo, il Papato e l'Impero. Nell'incontro con Marco Lombardo (*Purgatorio* XVI), Dante, da un lato, ribadisce la necessità che tali guide siano autonome e indipendenti tra loro nei rispettivi ambiti di azione (quello spirituale e quello temporale), dall'altro, constata il fallimento di entrambe (**T16**). E a fallire, perciò, sono anche le concrete speranze che Dante aveva concepito, per sé e per il mondo: sul piano collettivo, la speranza di vedere il potere imperiale restaurato in Italia da Arrigo VII e, a livello personale, di essere riaccolto a Firenze, o almeno di vedere riconosciuta la propria eccellenza poetica.

Lo scacco di queste aspirazioni è destinato a comporsi in un quadro di senso più ampio, che il discorso profetico si incarica di delineare: Arrigo VII sarà accolto fra i beati, i suoi traditori puniti all'Inferno e, quanto a Dante, sarà profeta di un messaggio salvifico di portata universale (**T17**).

T16 La confusione dei poteri spirituale e temporale

Purgatorio XVI, vv. 85-114

Nel canto XVI del *Purgatorio*, a metà della salita verso la cima del monte ma anche al centro della cantica e dell'intero poema, Dante incontra Marco Lombardo, nella fumosa e oscura terza cornice, dove si redimono gli iracondi (cioè coloro che in vita si abbandonarono all'ira). La stessa collocazione centrale dell'episodio indica che siamo giunti a una tappa nodale: si affrontano temi cruciali come le cause della corruzione della vita terrena e la responsabilità umana, questioni filosofiche che hanno, in Dante, un evidente risvolto politico. L'origine dei mali che affliggono il mondo è da ricercarsi, spiega Marco, nel fatto che gli uomini non siano adeguatamente guidati da coloro che dovrebbero farlo: l'Impero, che manca del proprio rappresentante, e soprattutto il Papato, che si è indebitamente arrogato il potere temporale (che spetterebbe all'imperatore), trascurando quello spirituale.

▪ Metro terzine

Esce di mano a lui che la **vagheggia**
prima che sia,[1] a guisa di fanciulla
che piangendo e ridendo pargoleggia,

lessico
Vagheggiare
Desiderare, accarezzare con il pensiero; verbo di registro elevato.

vv. 85-90 L'anima ingenua (*semplicetta*), (ancora) ignara di tutto (*che sa nulla*), esce dalle mani di Dio (*lui*), che la contempla (*vagheggia*) già prima che essa esista (*prima che sia*), come (*a guisa di*) una

1. **Esce... prima che sia:** la dottrina tomistica insegna che ogni anima viene creata singolarmente e direttamente da Dio, che la guarda compiaciuto («vagheggia») prima ancora che venga assegnata al corpo; questa teoria contraddice quella di Origene (II secolo d.C.), secondo cui le anime furono create tutte insieme da Dio all'inizio dei tempi e poi di volta in volta assegnate ai loro corpi mortali.

l'anima semplicetta che sa nulla,[2]
salvo che, mossa da lieto fattore,
volontier torna a ciò che la trastulla.[3]

Di picciol bene in pria sente sapore;
quivi s'inganna, e dietro ad esso corre,
se guida o fren non torce suo amore.[4]

Onde convenne legge per fren porre;
convenne rege aver che discernesse
de la vera cittade almen la torre.[5]

Le leggi son, ma chi pon mano ad esse?
Nullo,[6] però che 'l pastor che procede,
rugumar può, ma non ha l'unghie fesse;[7]

fanciulla che piange e ride in modo infantile (*pargoleggia*), salvo che, originata (*mossa*) da un creatore (*fattore*) lieto, si rivolge spontaneamente (*volontier*) a ciò che le dà piacere (*trastulla*).

vv. 91-93 Dapprima (*in pria*) assapora i piccoli beni; a questo punto (*quivi*) cade in inganno e corre dietro a essi, se una guida o un freno non indirizzano sulla giusta via (*non torce*) il suo amore.

vv. 94-96 Per questo (*Onde*) fu necessario (*convenne*) stabilire la legge come freno; fu necessario avere una guida (*rege*) che fosse in grado di vedere almeno la torre della città di Dio (*la vera cittade*).

vv. 97-99 Le leggi ci sono, ma chi le fa rispettare (*chi pon mano ad esse*)? Nessuno (*Nullo*), dal momento che il pastore (il papa) che guida (*che procede*; lungo il cammino verso la salvezza) è in grado di ruminare (= meditare sulle Scritture), ma non ha le unghie separate (*fesse*) (= non sa distinguere il bene dal male;

2. semplicetta… nulla: l'anima nasce del tutto priva di esperienza («semplicetta» ha valore intensivo), secondo la dottrina aristotelica della *tabula rasa*; contro Platone, che sosteneva l'esistenza di idee innate nell'animo umano, Aristotele (*De anima* III, 14) riteneva che alla nascita non si possiedano alcuna conoscenza e informazione, come su una tavoletta di cera in cui non è ancora stato scritto nulla (una *tabula rasa*, appunto).

3. salvo che… trastulla: l'unico istinto di cui è dotata l'anima fin dalla nascita è la tensione a ritornare a Dio. Egli, infatti, l'ha creata a sua immagine affinché essa possa riconoscerlo e amarlo spontaneamente grazie a tale somiglianza. Ma siccome Dio, definito «lieto fattore», è la felicità per eccellenza, l'anima ricerca qualsiasi cosa le provochi un piacere che in qualche misura le ricordi quello perfetto che proviene da Dio.

4. se guida… amore: l'anima umana lasciata a sé stessa, senza guida spirituale («guida»: l'autorità papale) o freno morale («fren»: la forza delle leggi, che vengono fatte rispettare dall'imperatore e mantengono l'ordine sociale), ricerca tutto ciò che le suscita piacere, senza essere in grado di valutarne la convenienza o l'opportunità.

5. convenne… torre: con «rege» Dante intende qui l'autorità imperiale, che stabilisce le leggi come freno agli uomini sulla Terra. La «vera cittade» è la *civitas Dei* di sant'Agostino, lo stato ideale di felicità raggiungibile in terra, immagine e prefigurazione della "Gerusalemme celeste" (la condizione di beatitudine ultraterrena); di questa città Dante dice, metaforicamente, che l'imperatore deve saper distinguere almeno la «torre», ossia deve avere sufficienti competenze teologiche e sufficiente fede per indirizzare verso la giusta direzione gli uomini attraverso le leggi e il mantenimento dell'ordine.

6. ma chi… Nullo: Marco Lombardo denuncia qui l'incapacità degli ultimi imperatori di svolgere il proprio compito di far rispettare le leggi.

7. 'l pastor… fesse: rappresentati metaforicamente come i pastori che dovrebbero guidare il gregge dei fedeli verso la «vera cittade», gli ultimi papi sono stati in grado soltanto di «rugumar» ("ruminare", cioè "meditare", "studiare") le Scritture, ma hanno impropriamente confuso potere temporale e spirituale, cercando di rivendicare entrambi per sé. L'immagine delle «unghie fesse» indica la capacità di distinguere il bene dal male: così veniva interpretato nel Medioevo il passo dell'Antico Testamento (*Deuteronomio* 14, 7) in cui viene proibito agli ebrei di mangiare la carne di animali privi di zoccolo biforcuto.

per che la gente, che sua guida vede
pur a quel ben fedire[8] ond'ella è ghiotta,
di quel si pasce,[9] e più oltre non chiede.

Ben puoi veder che la mala condotta
è la cagion che 'l mondo ha fatto reo,
e non natura che 'n voi sia corrotta.[10]

Soleva Roma, che 'l buon mondo feo,[11]
due soli aver, che l'una e l'altra strada
facean vedere, e del mondo e di Deo.[12]

L'un l'altro ha spento; ed è giunta la spada
col pasturale, e l'un con l'altro insieme
per viva forza mal convien che vada;

però che, giunti, l'un l'altro non teme:[13]
se non mi credi, pon mente a la spiga,
ch'ogn'erba si conosce per lo seme.[14]

vv. 100-102 per cui l'umanità (*la gente*), che vede anche (*pur*) la sua guida (spirituale, il papa) dirigersi (*fedire*) verso i beni materiali di cui essa stessa è desiderosa (*ghiotta*), si nutre (*pasce*) di quelli e non ricerca altro (*più oltre non chiede*).

vv. 103-105 Puoi quindi comprendere (*veder*) come la cattiva guida (*mala condotta*) (del papa) è la causa che ha reso malvagio (*fatto reo*) il mondo, e non (il fatto che) la natura umana sia corrotta in voi (dagli influssi celesti).

vv. 106-108 Roma, che rese (*feo*, forma con epitesi di *-o*) il mondo ben ordinato (*buon*), soleva avere due soli, che indicavano l'una e l'altra strada, quella del mondo (= della felicità terrena) e quella verso Dio (= la beatitudine celeste).

vv. 109-111 Un sole (il potere spirituale) ha spento l'altro (il potere temporale); e la spada è congiunta con il pastorale ed è inevitabile (*convien*) che, uniti arbitrariamente (*per viva forza*), operino male (*mal ... vada*);

vv. 112-114 poiché (*però che*), uniti (*giunti*) (in un'unica persona), l'uno non teme l'altro: se non mi credi, considera (*pon mente*) la spiga (= le conseguenze), perché (*ch'*) ogni pianta si riconosce dal suo frutto (*seme*).

8. **fedire:** forma alternativa di "ferire", che ricorre soprattutto in antichi prosatori toscani. Qui presenta l'accezione, intransitiva, di "dirigersi" verso qualcosa.
9. **ond'ella... si pasce:** Dante connota gli uomini in cerca del bene materiale, forti anche del cattivo esempio del pontefice, come "ghiotti" e usa un verbo proprio delle pecore come "pascere" per indicare la fruizione di questi piaceri terreni.
10. **e non natura... corrotta:** Marco Lombardo ribadisce qui la dottrina del libero arbitrio, per cui la corruzione del mondo dipende dalla cattiva condotta dell'uomo, derivante da scelte sbagliate e non da innata malvagità.
11. **Roma... feo:** l'impero di Roma fu voluto da Dio perché il cristianesimo potesse nascere in un mondo unificato e regolato da un'unica istituzione statale, così da diffondersi rapidamente ovunque.
12. **due soli... e di Deo:** Dante introduce qui una nuova, ardita metafora per indicare il potere spirituale del papa e quello temporale dell'imperatore, accordando loro pari dignità.
13. **L'un... non teme:** il papa (uno dei due soli) ha sopraffatto l'imperatore (l'altro sole), unendo impropriamente il potere temporale («la spada») al potere spirituale (il «pasturale», il bastone dei vescovi, simbolo della loro missione di guida spirituale per il gregge dei fedeli). I due poteri, congiunti tra loro con la forza, non sono compatibili.
14. **pon mente... seme:** Marco Lombardo invita qui Dante, attraverso una metafora evangelica (*Vangelo secondo Luca*, 6, 44), a giudicare la politica temporale perseguita dal papa in base ai suoi frutti, ossia alla tragica situazione socio-politica in cui, ai suoi occhi, versa l'Italia.

Analisi del testo

Struttura

L'argomentazione di Marco Lombardo Per spiegare le cause della corruzione del mondo, Marco Lombardo chiarisce dapprima (in versi non inclusi nella nostra selezione), che gli influssi astrologici orientano, ma non determinano le azioni umane, mosse esclusivamente dal libero arbitrio. Ma, per dirigersi verso il bene, la volontà umana deve essere guidata e questo bisogno si comprende se si considerano le condizioni dell'anima nel momento in cui nasce.

- **«L'anima semplicetta»** (vv. 85-93): appena creata da Dio, l'anima umana non sa nulla, tende naturalmente verso il piacere, perché conosce solo Dio, che è somma gioia; essendo però priva di qualsiasi conoscenza (è infatti come una *tabula rasa* – un foglio bianco, potremmo dire oggi – su cui nulla è ancora stato scritto) non sa orientarsi tra i diversi piaceri che incontra. Ecco perché ogni uomo ha bisogno di essere guidato e frenato.
- **Il potere imperiale** (vv. 94-97): la guida e il freno preposti a questo fine sarebbero, rispettivamente, l'imperatore («rege») in grado di distinguere la direzione giusta, che porta alla felicità terrena, e le leggi («fren»), che il sovrano dovrebbe far rispettare. Benché ci siano le leggi (il *Corpus iuris civilis* di Giustiniano), il soglio imperiale è vacante da diversi decenni (dalla morte di Federico II, nel 1250).
- **Il potere papale** (vv. 98-102): il papa non esercita di fatto la sua funzione di guida spirituale e, rinunciando a distinguere il bene e il male («non ha l'unghie fesse»), si lascia sedurre dalla ricerca di beni mondani, inducendo gli uomini ad abbandonarsi anch'essi a questo comportamento dannoso.
- **I «due soli» di Roma e l'attuale confusione dei poteri** (vv. 103-114): questa è l'origine della corruzione contemporanea. Nell'antica Roma, invece, erano distinti i «due soli», cioè il potere spirituale e quello temporale. Ai tempi di Dante il potere papale ha «spento» quello imperiale, unendo le due funzioni («la spada / col pasturale») in capo a un'unica persona: questa mescolanza produce un disequilibrio che dà i frutti pessimi che ognuno può osservare.

Lingua e stile

Lo stile argomentativo delle *quaestiones* L'esposizione di Marco si modella sulla forma scolastica della *quaestio* («domanda», quindi «questione», «discussione»): è proposto un tema (la causa del male nella vita umana) in forma di interrogazione, con due possibili risposte in contrasto tra loro (l'influenza astrale o la responsabilità umana?); viene data la "soluzione magistrale" (è determinante il libero arbitrio), quindi si dà una trattazione organica (*reponsio*, «risposta») del problema. I nessi logici che costituiscono gli snodi dell'argomentazione sono ben evidenziati («Onde convenne», v. 94; «per che», v. 100; «Ben puoi veder», v. 103; «pon mente», v. 113 ecc.), come lo è la frequenza degli accoppiamenti binari: «guida o fren» (v. 93), «rege / pastor» (vv. 95 e 98), «gente... sua guida» (v. 100), «la mala condotta / e non natura» (vv. 103 e 105), «l'una e l'altra strada» (v. 107), «L'un l'altro» (v. 109), «spada / pasturale» (vv. 109 e 110), «l'un con l'altro» (v. 110), «l'un l'altro» (v. 112).

Immagini e riferimenti biblici Il ricorso a metafore, usuale nei contesti politici, qui si ispira in particolare all'ambito semantico della pastorizia («pastor», v. 98; «rugumar», «unghie fesse» v. 99; «ghiotta», v. 101; «si pasce», v. 102); lo spunto è offerto da un passo biblico che, nell'interpretazione allegorica della Scolastica, veniva connesso con la capacità di distinguere il bene e il male (vedi nota 7). Di origine scritturale è anche la sentenza del v. 114, che parafrasa il celebre «Dai loro frutti li riconoscerete» del *Vangelo secondo Luca* (6, 44). Originale è invece l'equiparazione dell'anima appena creata con una «fanciulla» che «pargoleggia» (vv. 85 ss.), immagine che sviluppa un analogo accostamento già presente nel *Convivio* (IV, XII, 15-16: parlando dei desideri che l'anima appena creata concepisce, Dante commenta: «Onde vedemo li parvuli ["vediamo i bambini"] desiderare massimamente un pomo; e poi, più procedendo ["crescendo"], desiderare un augellino ["uccellino"]; e poi, più oltre, desiderare bel vestimento...»).

Temi

Dante e Marco Lombardo Poco sappiamo di questo personaggio a cui Dante tributa l'onore di essere il portavoce, come diremo tra poco, della teoria politica dei «due soli» (oltre che della fondamentale affermazione che sia il libero arbitrio a determinare le cose umane, non gli astri). Originario del Nord Italia (in questo senso estensivo va inteso all'epoca l'aggettivo "Lombardo"), visse nella seconda metà del Duecento e fu un uomo di corte, noto e apprezzato per la saggezza, l'indipendenza intellettuale rispetto ai potenti (dal cui favore dovette però dipendere), la capacità di essere consigliere non servile e la povertà dignitosa. Si può intuire come Dante, esule ospitato nelle diverse corti dell'Italia settentrionale, debba sentire Marco come simile a sé e consonante per diversi aspetti.

Il tema della luce La cornice in cui si trova Marco Lombardo è pervasa da un denso fumo, che avvolge e punisce gli iracondi (che vissero in terra tra i fumi dell'ira), sottraendoli alla vista. Non a caso, il motivo della visione è centrale nel canto, come segnalano anche le numerose occorrenze del verbo "vedere" (vv. 100, 103, 108 e, al di fuori del brano antologizzato, ai vv. 42, 62, 142): se la visione fisica è impedita dal fumo, l'acutezza dell'intelletto, non più offuscata dall'ira, si dispiega limpida. Contiguo a quello della vista è il tema della luce, che ha un notevole rilievo in rapporto al discorso sulla distinzione dei poteri.

La teoria dei «due Soli» Il Papato e l'Impero, nella loro funzione provvidenziale di guide universali, dovrebbero appunto "illuminare" il cammino dell'umanità verso le due mete, complementari, a cui essa può tendere: la felicità terrena, perseguibile con l'esercizio della ragione e sotto la guida dell'imperatore, e la beatitudine eterna, raggiungibile grazie al magistero del papa. Questa funzione essenziale di indirizzo riconosciuta alle due grandi istituzioni medievali aveva, già ai tempi di Dante, una lunga storia nel pensiero giuridico ecclesiastico: era stata definita da papa Gelasio I nel 494, ma in seguito, con l'inasprirsi dei conflitti fra Papato e Impero, aveva subito una sostanziale ridefinizione. Se Gelasio aveva puntualizzato la necessità di entrambi i poteri e la loro autonomia reciproca, si era affermata progressivamente una lettura in senso teocratico di questo dualismo, che sottolineava piuttosto la diversa importanza dei due poteri; era la teoria dei *duo luminaria magna*, secondo cui i «due grandi astri» non erano di pari dignità, bensì gerarchicamente subordinati: il Sole (ossia il Papato) doveva essere predominante rispetto alla Luna (l'Impero). Il modello dei «due soli», che Dante sostiene nella *Commedia* e nella *Monarchia*, intende dunque ripristinare il principio di pari dignità e indipendenza dei due poteri, contro le pretese teocratiche dei fautori del Papato.

Officina

COMPRENDERE

1. In che cosa consiste la teoria dei «due soli» espressa da Marco Lombardo? Qual è la differenza tra l'antica Roma e la situazione politica del tempo di Dante?
2. Individua e leggi con attenzione la terzina nella quale si fa riferimento al concetto di libero arbitrio. Che cosa sostiene Marco Lombardo?

ANALIZZARE

3. Individua, sottolinea e trascrivi tutte le espressioni con cui l'autore indica Dio: quale aspetto viene posto in evidenza?
4. In quale inganno può cadere la natura umana? Che cosa simboleggia il «fren» e quale importanza riveste nella visione politica di Dante?
5. **Lessico** Quale di queste parole o espressioni non è sinonimo del verbo "vagheggiare"?
   a. Corteggiare
   b. Camminare senza meta
   c. Anelare
   d. Contemplare in modo compiaciuto

INTERPRETARE

6. Spiega in che senso la serie di immagini metaforiche legate alla figura del «pastor» si lega strettamente alle vicende storiche del tempo e alle posizioni politiche assunte da Dante in merito.
7. «Onde convenne legge per fren porre» (v. 94). Dopo aver illustrato il significato del verso nel contesto del brano, approfondisci il tema e mettilo in relazione con le vicende biografiche di Dante.

COMPETENZE DEL XXI SECOLO

Comunicazione e collaborazione L'identità storica di Marco Lombardo, a distanza di secoli, rimane dubbia e incerta. Fai una ricerca (attraverso Wikipedia e altre enciclopedie online come la Treccani, siti di approfondimento letterario o storico ecc.) sulla figura di Marco Lombardo e sulle ipotesi di critici e commentatori della *Commedia*.
In classe, confrontate le informazioni raccolte, quindi tracciate insieme un ritratto del personaggio storico che si cela dietro l'interlocutore di Dante.

T17 La profezia di Cacciaguida

Paradiso XVII, vv. 46-69; 124-142

AUDIO

Biblioteca digitale
Il seggio vuoto di Arrigo VII in Paradiso (*Paradiso* XXX, 118-148)

Per ben quattro canti (*Paradiso* XV-XVIII) si prolunga l'incontro di Dante con il suo avo Cacciaguida: un *unicum* nella *Commedia* (se si escludono, naturalmente, le guide). Si tratta, di fatto, di un momento nodale, in cui la riflessione politica, religiosa e morale di Dante giunge a una sintesi: la profezia abbraccia, a un tempo, il destino individuale di Dante e quello dell'umanità intera. Nel confermargli l'imminente futuro di esule, Cacciaguida preannuncia a Dante, soprattutto, il senso di questo esilio. La sua sofferenza non resterà impunita né sarà fine a sé stessa, perché dalle peregrinazioni terrene e ultraterrene che ne deriveranno il poeta trarrà materia per divenire, a sua volta, profeta: raccontando quanto ha visto, Dante offrirà agli uomini un messaggio universale di salvezza e redenzione.

■ Metro terzine

Qual[1] si partio Ipolito d'Atene
per la spietata e **perfida** noverca,[2]
tal di Fiorenza partir ti convene.

Questo si vuole e questo già si cerca,
e tosto verrà fatto a chi ciò pensa
là dove Cristo tutto dì si merca.[3]

La colpa seguirà la parte offensa
in grido, come suol; ma la vendetta
fia testimonio al ver che la dispensa.[4]

lessico
Perfido
Dal latino *perfĭdus*, «sleale, traditore», derivato di *fides* («fedeltà, lealtà»), preceduto dal prefisso *per-*. In italiano il suo significato è più generico: significa infatti «cattivo, maligno».

vv. 46-48 Come Ippolito si allontanò (*si partio*) da Atene a causa della sua crudele e perfida matrigna (*noverca*), così tu dovrai (*ti convene*) partire da Firenze.

vv. 49-51 Questo è voluto e già si sta tramando (*si cerca*) e presto (*tosto*) verrà realizzato da chi progetta questo nel posto dove si fa commercio (*si merca*) di Cristo continuamente (*tutto dì*) (cioè nella Curia romana).

vv. 52-54 Come accade di solito (*come suol*), la colpa verrà fatta ricadere (*seguirà*), dai più (*in grido*), sulla parte sconfitta (*offensa*); ma la giusta punizione (*vendetta*) sarà testimonianza (*fia testimonio*) della verità divina che la assegna (*dispensa*).

1. **Qual:** a parlare è Cacciaguida, avo di Dante vissuto ai tempi della Seconda crociata (1147-1149), a cui prese parte e dove trovò la morte. Dante lo incontra nel Cielo di Marte, fra gli spiriti militanti, disposti a formare una croce luminosa.

2. **Ipolito:** si tratta del mito di Ippolito e Fedra, che Dante leggeva nelle *Metamorfosi* di Ovidio (XV, vv. 493 ss.): Ippolito, figlio del re ateniese Teseo, dopo aver respinto le *avances* della matrigna Fedra, è da lei accusato ingiustamente di aggressione e viene per questo cacciato dalla città. Gli aggettivi «spietata» e «perfida» riferiti alla «noverca» sottolineano l'ingiustizia subita dal giovane e, di riflesso, tramite la similitudine, quella che Dante esule ha subito dalla città-matrigna Firenze.

3. **a chi... si merca:** il riferimento è a papa Bonifacio VIII, che nel 1301 avrebbe inviato a Firenze Carlo di Valois, ufficialmente per pacificare la città, in realtà per appoggiare i guelfi neri, che avrebbero condannato Dante all'esilio. Il luogo dove «Cristo si merca» è la curia pontificia, presentata qui da Dante come una sorta di mercato delle cariche ecclesiastiche.

4. **ma la vendetta... dispensa:** «vendetta» indica una punizione divina. In questo caso è quella che attende

Tu lascerai ogne cosa diletta
più caramente; e questo è quello strale
che l'arco de lo essilio pria saetta.

Tu proverai sì come sa di sale
lo pane altrui[5], e come è duro calle
lo scendere e 'l salir per l'altrui scale.

E quel che più ti graverà le spalle,
sarà la compagnia malvagia e scempia
con la qual tu cadrai in questa valle;

che tutta ingrata, tutta matta ed empia
si farà contr'a te; ma, poco appresso,
ella, non tu, n'avrà rossa la tempia.[6]

Di sua bestialitate il suo processo
farà la prova; sì ch'a te fia bello
averti fatta parte per te stesso.

[Cacciaguida prosegue la sua profezia annunciando a Dante il soggiorno presso Bartolomeo dalla Scala. Dante chiede quindi consiglio su come comportarsi, una volta tornato sulla terra, riguardo a ciò che ha appreso nel viaggio ultraterreno: dovrà tacere o parlarne, a rischio di suscitare reazioni negative in molti?]

vv. 55-57 Tu lascerai tutto ciò che più ami (*ogne cosa diletta / più caramente*); e questa è la freccia (*strale*) che viene scagliata (*saetta*) per prima dall'arco dell'esilio.

vv. 58-60 Tu proverai quanto è amaro (*sa di sale*) il pane altrui, e come è un duro cammino (*duro calle*) scendere e salire per le scale di altri.

vv. 61-63 Ma (*E*) quello che ti risulterà più gravoso (*più ti graverà le spalle*) saranno i compagni malvagi e stolti (*scempia*) con cui tu cadrai in questa valle (= l'esilio);

vv. 64-66 poiché essi si mostreranno (*si farà*) contro di te del tutto ingrati, folli e malvagi (*empia*); ma, poco dopo (*appresso*), quelli, non tu, ne avranno la testa (*tempia*) insanguinata (*rossa*).

vv. 67-69 Il loro comportamento (*processo*) darà prova della loro condotta insensata (*bestialitate*); così che per te risulterà (*fia*) motivo d'orgoglio essertene tenuto in disparte.

Bonifacio VIII (che finirà nel girone dei simoniaci e, prima ancora, sarà umiliato ad Anagni), e la parte dei Guelfi Neri (con la morte del loro esponente principale, Corso Donati). Proprio questa punizione riparerà l'ingiustizia subita dal poeta e dalla sua fazione.

5. **come... pane altrui:** l'espressione, divenuta proverbiale, esprime la difficoltà e l'amarezza di dover necessariamente dipendere dall'aiuto di altri.

6. **E quel... la tempia:** Cacciaguida prevede in queste due terzine i contrasti che avrebbero diviso Dante dai compagni Bianchi esiliati insieme a lui. Essi cercarono a più riprese (tra il 1302 e il 1306) di rientrare con la forza in città e il poeta partecipò forse ai primi due tentativi, per poi cercare di persuadere gli altri a procedere in modo meglio pianificato. Questa divergenza di posizioni si aggravò sempre più fino alla separazione di Dante dal resto degli esuli, i quali, senza di lui, fecero un ulteriore tentativo, nel 1304, che si concluse con una netta sconfitta presso la località della Lastra, fuori Firenze; a questo episodio probabilmente fa riferimento l'accenno conclusivo alla «tempia» «rossa» (di sangue, evidentemente).

[...] «Coscïenza fusca
o de la propria o de l'altrui vergogna
pur sentirà la tua parola brusca.

Ma nondimen, rimossa ogne menzogna,
tutta tua visïon fa manifesta;
e lascia pur grattar dov'è la rogna.[7]

Ché se la voce tua sarà molesta
nel primo gusto, vital nodrimento
lascerà poi, quando sarà digesta.[8]

vv. 124-126 Una coscienza offuscata (*fusca*) dalle colpe proprie o altrui sentirà senza dubbio (*pur*) come sgradite (*brusca*) le tue parole.

vv. 127-129 Ma non di meno, messa da parte (*rimossa*) ogni menzogna, rivela (*fa manifesta*) tutto ciò che hai visto (*tua visïon*); e lascia pure grattare dove c'è la rogna (= che se ne dolga chi ne ha motivo).

vv. 130-132 Poiché (*Ché*), se le tue parole (*voce*) risulteranno sgradite al primo assaggio (*nel primo gusto*), poi, una volta che saranno state digerite, costituiranno un nutrimento vitale.

7. **e lascia... rogna:** Cacciaguida esorta Dante a non temere le possibili reazioni di chi non ha la coscienza a posto e di farsi tramite invece delle verità divine di cui è stato testimone nel corso del suo viaggio.
8. **Ché se... digesta:** in un primo momento le parole di Dante risulteranno per molti urtanti, ma, una volta che siano state recepite e comprese nel loro significato (metaforicamente "digerite"), saranno portatrici di un messaggio salvifico per i loro destinatari, un «vital nodrimento» che contribuirà alla loro redenzione.

Jean-Léon Gérôme, *Dante*, 1864-1869 circa. Collezione privata.

Questo tuo grido farà come vento,
che le più alte cime più percuote;[9]
e ciò non fa d'onor poco argomento.

Però ti son mostrate in queste rote,
nel monte e ne la valle dolorosa
pur l'anime che son di fama note,

che l'animo di quel ch'ode, non posa
né ferma fede per essempro ch'aia
la sua radice incognita e ascosa,

né per altro argomento che non paia».

vv. 133-135 Questo tuo grido farà come il vento, che colpisce maggiormente le cime più alte; e ciò non è una piccola dimostrazione (*argomento*) d'onore.

vv. 136-138 Proprio per questo motivo (*Però*) ti vengono mostrate in questi cieli (*rote*), nel monte (del Purgatorio) e nella valle piena di dolore (l'Inferno) solo (*pur*) le anime di persone celebri (*di fama note*),

vv. 139-142 dato che l'animo di chi ascolta non si appaga (*posa*) né presta fede (*pone fede*) a esempi che si fondino (*ch'aia / la sua radice*) su persone sconosciute e oscure (*ascosa*), né ad altra prova (*argomento*) che non risulti evidente.

9. **Questo tuo... percuote:** i versi di Dante saranno indirizzati contro personaggi di alto livello, assimilati, tramite una metafora consueta, alle cime più alte di una montagna.

Frederic Leighton, *Dante in esilio*, 1864. Collezione privata.

Analisi del testo

Struttura

La profezia e la sua legittimazione Le parti del lungo confronto con Cacciaguida riguardano la profezia dell'esilio di Dante e la sanzione del suo ruolo profetico.

- **La profezia dell'esilio** (vv. 46-69):
  - vv. 46-54: Dante dovrà lasciare Firenze, ingiustamente accusato da una città "matrigna", a seguito delle trame del papa, ma i responsabili di tale condanna saranno puniti dalla giustizia divina;
  - vv. 55-63: l'esilio comporterà per Dante penose sofferenze: l'abbandono di ogni cosa amata, la perenne condizione di ospite coatto e i rapporti difficili con gli altri fuoriusciti fiorentini;
  - vv. 64-69: questi ultimi agiranno sconsideratamente e giungeranno a una dolorosa rottura con il poeta, ma la loro sconfitta darà ragione a lui.
- **La legittimazione della testimonianza profetica di Dante** (vv. 124-142):
  - vv. 124-129: sicuramente molto di quanto il poeta riferirà di aver visto nei tre regni susciterà reazioni negative, ma ciò dipenderà dalle colpe di chi ascolta, non da lui, che anzi dovrà rivelare tutto;
  - vv. 130-135: le sue parole, aspre all'inizio, riveleranno poi il loro effetto benefico e avranno un impatto maggiore sui personaggi eminenti;
  - vv.: 136-142: Dante ha incontrato solo figure di spicco, appunto perché la loro notorietà attiri l'attenzione degli uomini che ne sentiranno parlare. In questo modo, il contenuto edificante della sua missione profetica sarà più efficace.

Lingua e stile

La sublimità dello stile profetico Nel lungo dialogo con Cacciaguida la lingua e la veste formale hanno – più che mai – un'importanza primaria. Per comunicare con Dante, l'avo percorre un movimento in discesa che è tanto fisico (lungo i bracci della croce in cui sono disposti gli spiriti militanti) quanto espressivo; non a caso il suo esordio è in latino (XV, vv. 28-30) e suona parzialmente incomprensibile al poeta («io non lo 'ntesi, sì parlò profondo», v. 39). Ma poi, calandosi nella dimensione storica e umana di Dante, le sue parole, pur attestandosi su un registro alto, acquistano anche una incisiva, lapidaria definizione: quanto prima era stato profetizzato a Dante in forme frammentarie e oscure (vedi sotto, *Temi*), viene ora indicato con chiarezza.

Parlare per immagini La profezia dell'esilio si apre con una similitudine (quella di Ippolito) a soggetto mitologico, che consente di qualificare Firenze come matrigna («noverca», v. 47), e per di più «spietata e perfida», una coppia di attributi legata etimologicamente dalla negazione delle virtù (civiche e familiari) della *pietas* («devozione, affetto, amore») e della *fides* («fiducia, fede, affidabilità»): "spietato" = senza *pietas*; "perfido" = traditore della *fides*. Amaramente sarcastica è la perifrasi con cui si allude alla curia papale («là dove Cristo tutto dì si merca», v. 51) ed enfatica è l'anafora di «Tu» in apertura di due terzine contigue (vv. 55 e 58). Incisive e immediate sono le metafore (lo «strale», v. 56; il «sale» che guasta il sapore del pane dell'esule, vv. 58-59 e il «duro calle» de «l'altrui scale», v. 59-60; il cibo sgradevole ma salutare del messaggio di Dante, vv. 130-132): in particolare, al v. 129 la metafora attinge a quel registro quotidiano e persino volgare («rogna») che Dante sa integrare anche ai contesti elevati.

Parlare dello stile: evidenza e verità La conclusione del canto è, di fatto, una dichiarazione metaletteraria: esprime cioè in poesia un discorso relativo alla poesia stessa, alle sue strategie retoriche e stilistiche. Gli incontri compiuti da Dante nel suo viaggio ultraterreno hanno coinvolto solo personaggi di spicco, affinché gli uomini che ne leggeranno il resoconto siano maggiormente impressionati e convinti dall'evidenza e dalla concretezza del racconto. È una sorta di teorizzazione in atto di una scelta retorica precisa, che Dante persegue in tutto il poema.

Temi

La figura ideale di Cacciaguida La tetralogia di Cacciaguida deve la sua straordinaria estensione e centralità nella cantica a una ragione fondata: al cospetto del proprio avo, Dante riesamina, riassume e reinterpreta quanto ha vissuto sino a quel momento, nel viaggio oltremondano ma anche nella sua vita terrena. La riflessione investe in particolare la dimensione civile, politica ed etica e, in questo, Cacciaguida è l'interlocutore ideale, essendo al contempo un nobile esponente della Firenze virtuosa e incorrotta dei tempi antichi, un fedele suddito dell'imperatore e un coraggioso difensore della fede, morto appunto da martire nella Seconda crociata.

L'esilio e la missione A lui è dunque affidata la profezia, definitiva dopo i molteplici accenni ricevuti in precedenza (da Farinata, Brunetto, Vanni Fucci, Corrado Malaspina e Oderisi da Gubbio), dell'esilio e delle gravi sofferenze che ne conseguiranno. Dante si rappresenta identificandosi pienamente nel modello dell'*exul immeritus* («l'esule senza colpa»), vittima di nemici crudeli che la Provvidenza si incaricherà di punire. L'esilio assume un valore nuovo e una funzione trascendente. Nell'ideale di rinnovamento politico e religioso che il poeta tratteggia attraverso la figura di Cacciaguida, l'esilio non è più solo una sciagura privata ma una condizione necessaria a raggiungere una superiore comprensione degli eventi, affinché l'esule possa riscattarsi ed espletare un ruolo di portata universale: come chiarisce l'avo, egli dovrà raccontare tutto quanto ha visto, perché le sue parole, per quanto dure e urtanti, potranno salvare l'umanità. Deposta ormai ogni speranza di ristabilire in terra un ordine politico che rispecchi il disegno provvidenziale, Dante non formula più oscure profezie che adombrano, dietro l'immagine enigmatica di un messo divino (il veltro di *Inferno* I, vv. 101-102 o il «cinquecento diece e cinque» di *Purgatorio* XXXIII, v. 43), un personaggio reale: piuttosto, egli si affida ora alla potenza della sua stessa parola, poetica e profetica.

Da esule a profeta La sofferenza dell'esule viene dunque riscattata dal ruolo messianico, che pure non troverà un riconoscimento e una ricompensa terrena, come anche il celebre motto evangelico insegna («Nessuno è profeta nella sua patria»). Il riferimento scritturale non è inopportuno, dal momento che diversi indicatori intertestuali suggeriscono l'accostamento tra la figura di Dante-profeta e quella del Cristo: all'inizio della tetralogia di Cacciaguida, per esempio, questi lo definisce «fronda mia in che io compiacemmi», modellato evidentemente sul *Vangelo secondo Matteo* 3, 17: «il figlio mio [...] nel quale mi sono compiaciuto»; e ancora: in XV, v. 89, l'avo è detto «radice» di Dante, come in *Isaia* 11, 1 si dice che «un germoglio spunterà dal tronco di Iesse, un virgulto germoglierà dalla sua radice», passo in cui si leggeva un riferimento a Cristo (nato dalla stirpe di Davide, figlio di Iesse). Tra i molteplici rispecchiamenti in cui Dante ha voluto proiettarsi (Virgilio, Enea, Paolo, Cacciaguida stesso), questo è sicuramente il più vertiginoso.

Officina

COMPRENDERE

1. Qual è il contenuto della profezia dell'esilio?
2. Quali reazioni potrebbe suscitare il racconto di Dante sui tre regni? Quale consiglio riceve il poeta dal proprio avo?
3. Perché, secondo Cacciaguida, Dante nel suo viaggio nell'aldilà ha incontrato soltanto le anime di personaggi rinomati?

ANALIZZARE

4. **Lingua e stile** Individua nel brano un esempio per ciascuna delle seguenti figure retoriche: *climax*, metafora, perifrasi.
5. **Lingua e stile** Caratteristica peculiare del poema è il pluristilismo. Individua, sottolinea e trascrivi, in una tabella come quella riportata sotto, tutte le parole e le espressioni presenti in qusto testo che attingono a un registro alto e quelle che attingono a un registro quotidiano.

Registro alto	Registro quotidiano
«noverca» (v. 47) ...	«sale» (v. 58) ...

INTERPRETARE

6. Perché Cacciaguida consiglia a Dante di non omettere nulla quando scriverà del viaggio ultraterreno? Rispondi con gli opportuni riferimenti al testo e, approfondendo l'argomento, illustra in che modo il suggerimento dell'avo si collega al desiderio espresso da Dante nel canto XXV del *Paradiso* (➤ **T13**, p. 305) e alla poetica generale della *Commedia*.
7. Spiega il significato dei versi «Ché se la voce tua sarà molesta / nel primo gusto, vital nodrimento / lascerà poi, quando sarà digesta» (vv. 130-132).

PERCORSO DI SCRITTURA

Riassunto Riassumi il contenuto dei versi in non più di 5 righe. Puoi usare le seguenti parole chiave: *Firenze* • *vendetta* • *compagnia* • *vergogna* • *visione* • *anime* • *esilio* • *voce*

L'allievo supera i maestri

Durante il viaggio e i suoi innumerevoli incontri, Dante riesamina e ridefinisce il senso della propria vita: un capitolo fondamentale è, naturalmente, l'esperienza poetica. È in particolare nel *Purgatorio* che si svolgono i confronti più importanti, ed è lì che la stagione stilnovista riceve un nome, una definizione e un riesame, alla luce degli obiettivi più alti che Dante sta perseguendo (**T18** e **T19**).

T18 *Il nodo del «dolce stil novo»*

Purgatorio XXIV, vv. 49-63

AUDIO

Il poeta lucchese Bonagiunta Orbicciani, incontrato nella VI cornice del *Purgatorio*, offre a Dante l'occasione per definire, retrospettivamente, l'esperienza dello Stilnovo. Bonagiunta, che non seguì la nuova maniera, ne riconosce ora la superiorità rispetto alle esperienze poetiche della scuola siciliana e di Guittone d'Arezzo.

■ METRO terzine

«[...] Ma dì s'i'[1] veggio qui colui che fore
trasse le nove rime, cominciando
51 *'Donne ch'avete intelletto d'amore'*».[2]

E io a lui: «I' mi son un che, quando
Amor mi spira, noto, e a quel modo
54 ch'e' **ditta** dentro vo significando».

Le nostre parole › (p. 332)

vv. 49-51 «Ma dimmi se io vedo (*veggio*) qui colui che iniziò (*fore trasse*) la nuova maniera poetica (*le nove rime*), con (la canzone che) inizia con (*cominciando*): *'Donne ch'avete intelletto d'amore'*».

vv. 52-54 E io (risposi) a lui: «Io sono uno (*I' mi son un*) che, quando Amore mi ispira (*mi spira*), scrivo (*noto*), ed esprimo (*vo significando*) fedelmente (*a quel modo*) ciò che esso (*e'*) detta dentro di me».

1. **i'**: a parlare è Bonagiunta Orbicciani da Lucca (➤ p. 81), che riconosce Dante mentre questi sta parlando con un'altra anima, quella dell'amico Forese Donati.
2. **colui che... *d'amore'***: Bonagiunta riconosce in Dante l'iniziatore di un nuovo stile poetico, che verrà definito, al v. 57, come «dolce stil novo». Qui il poeta lucchese identifica nella canzone *Donne ch'avete intelletto d'amore* (nel capitolo XIX della *Vita nuova* ➤ **T2**, p. 210) uno dei primi esempi di questo modo di poetare.

«O frate, issa vegg'io», diss'elli, «il nodo[3]
che 'l Notaro e Guittone[4] e me ritenne
57 di qua dal dolce stil novo ch'i' odo!

Io veggio ben come le vostre penne[5]
di retro al dittator sen vanno strette,
60 che de le nostre certo non avvenne;[6]

e qual più a gradire[7] oltre si mette,
non vede più da l'uno a l'altro stilo»;
63 e, quasi contentato, si tacette.

vv. 55-57 «O fratello, – egli disse – ora (*issa*) io vedo l'ostacolo (*il nodo*) che trattenne (*ritenne*) il Notaio (Giacomo da Lentini), Guittone e me lontani (*di qua*) dal dolce stil novo che io sento!

vv. 58-60 Io comprendo (*veggio*) bene come le vostre penne seguono fedelmente (*di retro... sen vanno strette*) ciò che Amore detta (*dittator*), cosa che (*che*) non avvenne certo alle (*de le*) nostre;

vv. 61-63 e chi va più a fondo nell'analisi (*a gradire oltre si mette*), non vede altra differenza (*più*) tra uno stile e l'altro»; e, come soddisfatto (*quasi contentato*), tacque.

3. **il nodo:** con questo termine Bonagiunta indica il discrimine dello Stilnovo. Alcuni intendono «nodo» in senso generico ("ostacolo, impedimento"); altri identificano questo ostacolo nella lingua; altri ancora ritengono che vada letto nell'ambito di una metafora tratta dal mondo della falconeria (il nodo sarebbe il laccio del falconiere che trattiene il falcone).
4. **'l Notaro e Guittone:** "il Notaio" è il soprannome di Giacomo da Lentini, il maggiore esponente della scuola siciliana; Guittone d'Arezzo fu il massimo rappresentante in Toscana di una poesia di stile provenzale che ispirò anche Bonagiunta.
5. **penne:** strumenti di scrittura, oppure da leggersi all'interno della metafora della falconeria: le penne sarebbero allora quelle dei falconi (= il Notaro, Guittone e Bonagiunta) trattenuti dal «nodo».
6. **che... non avvenne:** le ultime battute di Bonagiunta riprendono la formulazione di Dante ai vv. 52-54. Il poeta lucchese riconosce che solo gli stilnovisti hanno saputo riportare nei loro versi le parole dettate da Amore.
7. **gradire:** il verbo "gradire" va inteso probabilmente nel senso di "approfondire l'analisi, il confronto" tra i due diversi tipi di poesia.

Le nostre parole — Dettare

L'origine del termine Il verbo "dettare" deriva dal latino *dictāre*, frequentativo derivato di *dicĕre*, cioè «dire». In quanto frequentativo, "dettare" significava in latino «dire spesso, comunemente» o anche «pronunciare parola per parola», rivolgendosi a un soggetto scrivente. In senso figurato, invece, il verbo aveva vari significati, tra cui «ispirare» e «suggerire», ma anche «imporre».

Dettare, dettatura, dettato Il verbo "dettare" è oggi impiegato soprattutto in espressioni quali "dettar le regole" o "dettare legge", nel senso di spadroneggiare, imporsi in maniera dispotica.
La "dettatura" è spesso il termine prescelto per indicare la trasmissione di un testo che dovrà essere scritto "sotto dettatura", come il telegramma dettato al telefono o il testo scolastico dettato agli studenti per migliorare la loro competenza scritta.
Oltre a quello linguistico, si definisce "dettato musicale" l'esercizio di trascrizione in cui l'allievo riproduce sulla pagina le note musicali che ascolta.
Infine, "dettato" ha anche il significato di "stile" in espressioni quali "avere un bel dettato", "dimostrare chiarezza del dettato", "avere un dettato pesante".

Analisi del testo

Struttura

Il «dolce stil novo» La definizione della nuova poesia viene scandita in tre momenti.

1. Bonagiunta riconosce una canzone esemplare e il suo autore, Dante (vv. 49-51).
2. Dante dà una definizione riferita al proprio modo di intendere la poesia d'amore (vv. 52-54).
3. Bonagiunta ribadisce i tratti essenziali del nuovo stile: «dolce» e «novo» (v. 57). Sono poi indicati i poeti che non si identificarono nella nuova maniera: Giacomo da Lentini, Guittone e Bonagiunta stesso.

Lingua e stile

"Trarre fore" e «issa» Alcune scelte lessicali servono a connotare la figura di Bonagiunta come contraltare negativo dello Stilnovo. L'espressione «fore / trasse» (vv. 49-50) è un riferimento a un sonetto del poeta lucchese (*Voi ch'avete mutata la mainera*, v. 14), con cui era iniziata una tenzone poetica con Guido Guinizzelli, il precursore dello Stilnovo. Lo scambio polemico con Guinizzelli è appunto il motivo per cui Dante sceglie Bonagiunta come esempio di poeta avverso al nuovo stile. Nella tenzone, infatti, egli aveva rimproverato a Guinizzelli l'eccessiva difficoltà concettuale e i densi rimandi filosofici, a suo parere inopportuni nella poesia d'amore. L'avverbio «issa», invece, è una forma lucchese che significa "adesso", biasimata nel *De vulgari eloquentia* perché pesantemente municipale: qui, «issa» caratterizza Bonagiunta in senso negativo, come poeta che non sa emanciparsi da forme dal sapore sgradevolmente locale.

L'«io» di Dante Fortemente rilevato è il pronome personale con cui Dante conferma a Bonagiunta di essere la persona che ha supposto che fosse (v. 52). L'enfasi marcata lascia supporre che Dante, nel momento di definire l'esperienza stilnovista, voglia però anche ritagliare un posto a parte per sé, come poeta il cui ruolo va ben al di là, effettivamente, del Dolce stil nuovo.

Temi

Il poeta scriba e l'Amore «dittator» L'essenza dello Stilnovo risiede, secondo Dante, in una innovativa fedeltà al dettato d'amore; ciò significa sottrarre la poesia alle forme convenzionali e stereotipate tradizionali, per muoversi alla ricerca di una più profonda verità di rappresentazione del sentimento. Il poeta dovrà porsi come scriba, fedele trascrittore di una verità superiore dettata da Amore nel suo animo.

L'originalità di Dante Dante sembra riservare a sé una posizione autonoma rispetto al resto del gruppo stilnovista. Lo denuncia anche la scelta del testo-modello con cui sceglie di identificarsi, *Donne ch'avete intelletto d'amore* (➤ **T2**), la canzone con cui, nel racconto della *Vita nuova*, Dante risolve una prima fase di *empasse* nella sua esperienza di amante-poeta. Interrogandosi sull'esigenza di attribuire all'amore un senso spiritualmente più ampio, in quel momento il giovane Dante imbocca una strada ben distante da un'idea di amore intesa in senso cortese, una strada che culminerà con l'immagine salvifica di Beatrice che si definirà compiutamente nella *Commedia*.

Officina

COMPRENDERE

1. In che modo l'anima di Bonagiunta identifica Dante?
2. Quale ruolo viene assegnato ad Amore nel dialogo tra i due poeti?

ANALIZZARE

3. Individua le terzine che delineano i tratti distintivi della nuova poesia d'amore.
4. **Lingua e stile** Spiega le varie interpretazioni date dai commentatori al termine «nodo» (v. 55).

INTERPRETARE

5. Che cosa accomuna Bonagiunta, Dante, Giacomo da Lentini e Guittone? Che cosa li differenzia? Rispondi con le opportune citazioni dal testo.
6. Bonagiunta con «le nove rime» (v. 50) si riferisce allo stile della lode elaborato nella *Vita nuova*. Rileggi la canzone ***Donne ch'avete intelletto d'amore*** (➤ **T2**, p. 210) e individuane le caratteristiche formali e tematiche che permettono a Bonagiunta di definire lo stile di Dante «dolce» e «novo».

T19 Guido Guinizzelli e Arnaut Daniel

Purgatorio XXVI, vv. 91-126

AUDIO

Tra i lussuriosi della VII cornice Dante trova Guido Guinizzelli, padre dello Stilnovo, e il provenzale Arnaut Daniel, ispiratore di uno stile poetico di grande ermetismo, il *trobar clus*. Questi incontri si presentano come una riconsiderazione dell'intero percorso poetico di Dante. Le teorie da lui già esposte nel *De vulgari eloquentia*, circa la superiorità dello Stilnovo nei confronti delle esperienze poetiche precedenti e coeve, sono qui sintetizzate. E a Dante è inoltre offerta l'occasione di aggiornare in termini definitivi il canone della poesia volgare.

■ Metro terzine

«[...] Farotti ben di me volere scemo:[1]
son Guido Guinizzelli;[2] e già mi purgo
per ben dolermi prima ch'a lo stremo».

Quali ne la tristizia di Ligurgo
si fer due figli a riveder la madre,
tal mi fec'io, ma non a tanto insurgo,[3]

quand'io odo nomar sé stesso il padre
mio e de li altri miei miglior che mai
rime d'amore usar dolci e leggiadre;[4]

vv. 91-93 Ti soddisferò completamente (*Farotti ben... scemo*) per quanto riguarda il tuo desiderio di sapere chi sono (*di me volere*); sono Guido Guinizzelli, e già mi purifico (*purgo*) per essermi pentito (*ben dolermi*) prima della fine della mia vita (*prima ch'a lo stremo*)».

vv. 94-96 Nello stesso stato d'animo (*Quali*) in cui, nella disgrazia (*tristizia*) di Licurgo, si trovarono (*si fer*) i due figli (Toante ed Euneo) quando rividero la madre (Isifile), così mi trovai (*mi feci*) io, ma non mi spinsi (*insurgo*) a tanto,

vv. 97-99 quando io sentii presentarsi (*nomar sé stesso*) il padre mio e degli altri poeti migliori di me (*miei miglior*) che composero versi (*rime*) d'amore dolci e raffinati (*leggiadre*);

1. scemo: privo.
2. Guido Gunizzelli: è il poeta in cui Dante riconosce il precursore dello Stilnovo, in particolare con la canzone *Al cor gentile rempaira sempre Amore* (➤ p. 112).
3. Quali... insurgo: la similitudine riprende un episodio raccontato dal poeta latino Stazio nella *Tebaide* (V, vv. 720 ss.). Il re di Nemea Licurgo aveva condannato a morte la schiava Isifile per aver lasciato incustodito il figlio di lui, che era stato ucciso dal morso di un serpente (di qui la «tristizia» di Licurgo); al momento dell'esecuzione, però, i figli di Isifile le corsero incontro, la abbracciarono e riuscirono a trarla in salvo. Di fronte a Guinizzelli Dante si trova in una situazione simile: assiste infatti al castigo cui è sottoposto, ma non si spinge fino al punto di cercare di salvarlo, non solo perché sarebbe impossibile, ma soprattutto perché si tratta di una punizione necessaria per farlo accedere al Paradiso.
4. rime... leggiadre: il verso riassume le caratteristiche dello Stilnovo: il contenuto amoroso e la dolcezza e la raffinatezza espressiva.

e sanza udire e dir pensoso andai
lunga fiata rimirando lui,
né, per lo foco,[5] in là più m'appressai.

Poi che di riguardar pasciuto fui,
tutto m'offersi pronto al suo servigio
con l'affermar che fa credere altrui.[6]

Ed elli a me: «Tu lasci tal **vestigio**,
per quel ch'i' odo, in me, e tanto chiaro,
che Letè nol può tòrre né far bigio.[7]

Ma se le tue parole or ver giuraro,
dimmi che è cagion per che dimostri
nel dire e nel guardar d'avermi caro».

E io a lui: «Li dolci detti vostri,[8]
che, quanto durerà l'uso moderno,[9]
faranno cari ancora i loro incostri».

«O frate, disse, «questi[10] ch'io ti cerno
col dito», e additò un spirto innanzi,
«fu miglior fabbro del parlar materno.[11]

lessico

Vestigio

Deriva dal latino *vestīgium*, «impronta, orma», significato che si ritrova spesso in Petrarca. Nell'italiano odierno, si usa quasi esclusivamente il plurale femminile "vestigia" con il significato figurato di «esempio, modello» o di «ricordo, traccia», in espressioni come "seguire le vestigia di qualcuno" o "le vestigia di Roma".

vv. 100-102 e senza sentire né parlare proseguii, pensoso, per lungo tempo (*lunga fiata*), continuando a guardarlo (*rimirando lui*), né però, a causa del fuoco, mi avvicinai (*m'appressai*) di più.

vv. 103-105 Dopo che lo ebbi guardato a sufficienza (*di riguardar pasciuto fui*), mi misi completamente a sua disposizione (*tutto m'offersi pronto al suo servigio*) con quell'affermazione (*l'affermar*) che induce (*fa*) gli altri (*altrui*) a credere in te (cioè con un giuramento).

vv. 106-108 Ed egli mi disse: «In base a quanto ho ascoltato, tu lasci una tale impressione (*tal vestigio*) in me, e tanto nitida, che il fiume Lete non può cancellarla (*tòrre*) né attenuarla (*far bigio*).

vv. 109-111 Ma se le tue parole ora hanno giurato il vero, dimmi il motivo per cui (*che è cagion*) dimostri a parole e con lo sguardo di avermi caro».

vv. 112-114 E io a lui: «I vostri dolci versi (*detti*), che, fino a quando durerà questo modo di poetare in volgare (*l'uso moderno*), renderanno sempre prezioso l'inchiostro con cui sono scritti (*i loro incostri*)».

vv. 115-117 «O fratello, – disse – costui che io ti indico (*cerno*) col dito, – e additò uno spirito davanti a sé (*innanzi*) – fu un artista (*fabbro*) migliore (di me) nella sua lingua volgare (*parlar materno*).

5. **lo foco:** si tratta della barriera di fiamme che la schiera dei lussuriosi deve attraversare.
6. **con l'affermar... altrui:** perifrasi per "giuramento".
7. **Letè... bigio:** secondo la mitologia classica le acque del Lete, fiume dell'Oltretomba, provocavano ai defunti una totale dimenticanza. Guinizzelli intende dire che il ricordo di Dante è talmente forte in lui che nulla può cancellarlo. Nella geografia della *Commedia*, il Lete scorre nel giardino dell'Eden, in cima al Purgatorio, e fa dimenticare i peccati alle anime che hanno completato il processo di purificazione, preparandole così alla definitiva assunzione in Paradiso.
8. **dolci... vostri:** la "dolcezza" è il distintivo dello Stilnovo; «vostri» è riferito al solo Guinizzelli, a cui Dante si rivolge rispettosamente con il "voi".
9. **l'uso moderno:** la scrittura in lingua volgare.
10. **questi:** è l'anima del trovatore provenzale Arnaut Daniel (➤ p. 38). Attivo tra il 1180 e il 1210, fu forse il più celebre dei trovatori: la sua poesia era contraddistinta da uno stile ermetico e difficile, al quale Dante si era ispirato nella composizione delle rime petrose.
11. **parlar materno:** il provenzale di Arnaut Daniel.

Versi d'amore e prose di romanzi[12]
soverchiò tutti; e lascia dir li stolti
che quel di Lemosì[13] credon ch'avanzi.

A voce più ch'al ver drizzan li volti,
e così ferman sua oppinïone
prima ch'arte o ragion per lor s'ascolti.

Così fer molti antichi di Guittone,[14]
di grido in grido pur lui dando pregio,
fin che l'ha vinto il ver con più persone».

vv. 118-120 Superò (*soverchiò*) tutti i poeti d'amore e gli autori di romanzi in prosa; e lascia pure parlare (*dir*) gli stolti che credono che gli sia superiore (*avanzi*) il poeta del Limosino.

vv. 121-123 (Questi stolti) prestano attenzione (*drizzan li volti*) più all'opinione comune (*voce*) che alla verità, e formano così il loro giudizio prima di aver preso in considerazione (*per lor s'ascolti*) la qualità dell'arte o argomenti razionali (*ragion*).

vv. 124-126 Così fecero molti della precedente generazione (*antichi*) nei confronti di Guittone, continuando a elogiarlo (*pur lui dando pregio*) (ripetendo l'opinione comune) di bocca in bocca (*di grido in grido*), fino a quando la verità (*il ver*) lo ha sconfitto per mezzo di (*con*) poeti a lui superiori (*più persone*).

12. **Versi... romanzi:** nel verso si indicano, rispettivamente, la poesia d'amore in lingua d'*oc* e i romanzi in lingua d'*oïl*.

13. **quel di Lemosì:** Giraut de Bornelh, trovatore vissuto tra XII e XIII secolo. Era nato nel Périgord, una regione francese che confina con la regione del Limosino («Lemosì).

14. **Così fer... di Guittone:** Guinizzelli denuncia come superficiale e infondato l'apprezzamento di cui aveva goduto il poeta Guittone d'Arezzo (➤ p. 81) presso la generazione precedente («antichi») a quella stilnovista.

Analisi del testo

Struttura

Il «padre» dello Stilnovo Quando Dante apprende che l'anima di uno dei lussuriosi, con la quale sta parlando, è quella di Guido Guinizzelli, prova un sentimento ambivalente: vorrebbe corrergli incontro, abbracciarlo e salvarlo dal supplizio delle fiamme (come fecero i figli di Isifile) e, al contempo, sa che il fuoco produrrà in lui la purificazione necessaria, quindi si limita a osservarlo lungamente in silenzio. Si mette poi a sua disposizione e Guido, nel confermargli che si ricorda di lui in modo indelebile, lo invita a spiegare le ragioni del suo affetto. Il motivo, spiega Dante, risiede nella qualità altissima della sua poesia, che aprì le porte allo Stilnovo, eccellenza della lingua volgare. Guinizzelli risponde allora indicando a Dante l'anima di Arnaut Daniel, massima espressione della poesia provenzale: egli, a dispetto di quanto credono molti, è superiore a Giraut de Bornelh, la cui fama di poeta sommo è immeritata, come lo è, in Italia, quella di Guittone.

Lingua e stile

I riferimenti intertestuali Il canto XXVI, come anche il XXIV (➤ **T18**), prevede una fittissima rete di riferimenti intertestuali: numerosi sono i rinvii interni ad altri luoghi del poema (per esempio al canto V dell'*Inferno*, quello della passione amorosa di Francesca); ma ancora più numerosi e complessi sono quelli ad altre opere di Dante e a quelle dei poeti che hanno esercitato un influsso sulla sua formazione poetica. I due canti sono una ripresa della discussione sul canone poetico volgare avviata nel *De vulgari eloquentia*, rispetto al quale l'atteggiamento di Dante si dimostra ulteriormente maturato. La maturazione si misura anzitutto su singoli dettagli: per esempio il poeta provenzale Giraut de Bornelh, che nel trattato veniva indicato come il migliore poeta della rettitudine, ora è screditato da Guinizzelli (vv. 118-120), a tutto vantaggio di Arnaut Daniel, mentre il terzo poeta della triade provenzale, Bertran de Born, che in precedenza Dante aveva indicato come campione della poesia d'arme, è relegato nell'Inferno, tra i seminatori di discordie (XXVIII).

Temi

Oltre lo Stilnovo e le esperienze giovanili Il dialogo con Bonagiunta prima (➤ **T18**) e con Guinizzelli poi riporta in vita le polemiche letterarie della gioventù di Dante e, in questa resa dei conti ultraterrena, è lo Stilnovo che primeggia: lo conferma l'omaggio, apparentemente incondizionato, a Guinizzelli, il «padre» suo e di tutti i poeti che scrissero d'amore (vv. 97-99). Parallelamente, il tributo ad Arnaut Daniel recupera quella fase dell'apprendistato poetico di Dante maggiormente influenzata dal *trobar clus*: accanto alla leggerezza programmatica dello Stilnovo, Dante attribuisce ora valore anche a questo bagaglio espressivo segnato dalla complessità e dall'asprezza, bagaglio che difatti viene messo a frutto, come abbiamo più volte osservato, nella *Commedia*. Ma, al di là di questo tributo che potrebbe sembrare senza riserve, Dante mostra però anche la consapevolezza di avere proceduto oltre, di avere insomma superato le fasi rappresentate da questi due poeti: a dimostrarlo è lo stesso peccato di lussuria che Dante individua in loro. La loro fu una poesia segnata da una concezione dell'amore limitata a un orizzonte terreno, sensuale, ancora al di qua della svolta che Dante ha invece saputo imprimere alla tradizione precedente, trasfigurando l'idea cortese di passione amorosa in un'occasione di purificazione e di elevazione spirituale.

Il biasimo per Guittone e il silenzio su Cavalcanti L'omaggio ad Arnaut Daniel, indicato come superiore a Giraut de Bornelh, ribalta la gerarchia che Dante aveva fissato nel *De vulgari eloquentia*; invariata, invece, è la condanna senza appello di Guittone, immeritatamente apprezzato, secondo Dante, fino a che la superiorità dello Stilnovo ne ha dimostrato lo scarso valore. Il deprezzamento di Guittone è motivato, in realtà, dal desiderio di liberarsi di una figura scomoda di precursore, ben più ingombrante di quella, in fondo rassicurante, di Guinizzelli (➤ *Lettura critica*, pp. 111 e 338). Ma soprattutto, in questa resa dei conti con i poeti in volgare delle ultime generazioni, risalta ancora una volta l'assenza di Guido Cavalcanti, sempre che non lo si voglia vedere incluso negli «altri miei miglior» (v. 98). Posto che l'influenza di Cavalcanti sul giovane Dante fu senza dubbio determinante, questo silenzio si può spiegare solo come presa di distanza rispetto alla posizione che Guido tenne rispetto all'idea di amore. Come Dante, anche lui percepì i limiti ideologici della poesia d'amore cortese, ma la risposta teorica che elaborò è, nella prospettiva della *Commedia*, inaccettabile. Se per Dante l'amore è un moto spirituale naturale in sé neutro, per Cavalcanti è un «accidente che sovente è fero» (*Donna me prega*, ➤ p. 134); se per Dante l'amore può e deve essere sottomesso alla ragione, per Guido è una forza incontrollabile e contraria alla razionalità; se, infine, per Dante l'amore può e deve esplicarsi come via che conduce l'uomo a Dio, per Guido è un'esperienza devastante e letale.

Officina

COMPRENDERE

1. A chi appartengono le due anime che Dante incontra nel canto?
2. Nel riconoscere la prima anima, quale azione compie Dante e quale rimane soltanto un desiderio?
3. Quali poeti, secondo Guinizzelli, vengono sopravvalutati rispetto ad altri?

ANALIZZARE

4. Come nel dialogo con Bonagiunta, anche in questo è possibile individuare riferimenti allo Stilnovo. Rintracciali e sottolineali nel testo.
5. Spiega il significato del verso «fu miglior fabbro del parlar materno» (v. 117).
6. **Lessico** Dal latino *vestigĭum* deriva anche una delle parole riportate sotto. Quale? Motiva la tua risposta.
   a. Vestito
   b. Veterano
   c. Vestale
   d. Investigatore

INTERPRETARE

7. Precisa quale percorso storico e poetico (e anche autobiografico) viene tracciato nell'incontro di Dante con i due dannati.

LETTURA CRITICA

Guittone, Guinizzelli e Cavalcanti nella *Commedia*

Il giudizio fortemente negativo su Guittone e il quasi totale silenzio su Guido Cavalcanti nella *Commedia* inducono a credere che entrambi siano determinati dalla volontà di Dante di disfarsi di due figure importanti ma anche, proprio per questo, scomode.

Nonostante la manifesta importanza di Guittone quale primo poeta italiano ad aprire il volgare a temi morali e politici, la critica ha mostrato la tendenza a ribadire il verdetto di Dante su questo suo predecessore toscano. Tuttavia la denuncia dantesca è troppo forte per essere presa alla lettera. [...] Potremmo sottolineare quelle caratteristiche dell'itinerario di Guittone che sembrano particolarmente importanti, in primo luogo il fatto che la tradizione manoscritta lo presenti essenzialmente come due diversi poeti: Guittone prima della conversione, e frate Guittone dopo l'adesione a un nuovo ordine religioso, i *Milites Beatae Virginis Mariae*, nel 1265. Mentre Guittone scrive poesia amorosa [...], frate Guittone scrive versi morali, il cui vigore e la cui energia sono innegabilmente dotati di efficacia. In secondo luogo Guittone è costretto a lasciare Arezzo per motivi politici; sebbene la sua poesia non raggiunga mai la grandezza del dantesco «l'essilio che m'è dato, onor mi tegno» (*Tre donne*, 76), la sua autodifesa in *Gente noiosa e villana* preannuncia il tono di superiorità morale che caratterizza analoghi brani della poesia di Dante. Guittone era anche un poeta politico, e il suo attacco a Firenze nella canzone *Ahi lasso, or è stagion de doler tanto*, composta dopo la sconfitta dei Guelfi a Montaperti, anticipa l'amaro sarcasmo delle invettive fiorentine della *Commedia* [...]. Dovremmo aggiungere che Guittone, attraverso le sue lettere, è l'unico poeta italiano prima di Dante a dare un contributo significativo allo sviluppo di uno stile di prosa volgare. [...] Di tutti i suoi predecessori italiani, è Guittone il solo ad avere tentato ciò che Dante porterà a termine. [...] Se, nella *Commedia*, Guittone è una presenza ripetutamente svilita, Cavalcanti è un'assenza a cui, altrettanto sistematicamente, viene negato il dovuto. [...] L'importanza di Cavalcanti è apertamente riconosciuta in una composizione come il *plazer Guido, i' vorrei che tu e Lapo ed io*, in cui la sua condizione privilegiata di *leader* del gruppo di giovani poeti viene rispecchiata dalla collocazione forte all'inizio del verso. [...]
Un possibile posto adatto a Cavalcanti sarebbe *Purgatorio* XXVI, dove è semmai presente soltanto fra gli anonimi «migliori» che Dante invoca nel suo tributo al «padre» Guinizzelli. Così come Cino prende il posto di Cavalcanti nel *De vulgari eloquentia*, Guinizzelli ne prende il posto nella *Commedia*: si direbbe che l'ordine di usurpazione stabilito in *Purgatorio* XI [vv. 97-98], in cui Cavalcanti 'toglie' a Guinizzelli, venga rovesciato in *Purgatorio* XXVI. Il tributo esibito da quest'ultimo canto conclude una lunga fedeltà dei testi danteschi al poeta bolognese, apparso per la prima volta come il «saggio» del sonetto di *Vita nuova* XX: «Amore e 'l cor gentil sono una cosa, / sì come il saggio in suo dittare pone». Il riferimento a Guinizzelli e alla sua canzone a questo punto della *Vita nuova* è, naturalmente, lungi dall'essere casuale. La *Vita nuova* rappresenta all'inizio la transizione dantesca dal giovanile guittonianismo allo stadio cavalcantiano; in un secondo tempo la transizione da quest'ultimo al momento in cui Dante, in *Donne ch'avete*, trova la propria voce. [...] Tuttavia, dato che questa seconda transizione occorre a uno stadio più avanzato dello sviluppo dantesco, e dato che Dante non assimila la voce guinizzelliana nella stessa misura in cui aveva prima assimilata quella cavalcantiana (sia perché Dante è ora troppo maturo per essere influenzato a tal punto, sia perché si sta deliberatamente avvalendo di un poeta, Guinizzelli, la cui voce è meno marcata), sarebbe più accurato dire che in questa circostanza Dante impiega Guinizzelli al fine di spezzare il giogo cavalcantiano e muovere, quindi, in una direzione più compatibile con i propri obiettivi finali.

(T. Barolini, *Il miglior fabbro. Dante e i poeti della Commedia*, Bollati Boringhieri, Torino 1993)

Verità e menzogna della letteratura

Per l'autore della *Commedia* la poesia può avere, a tutti gli effetti, un valore di verità, anche nella lettera dei contenuti che esprime, non solo sul piano allegorico, perciò, anche di fronte a una rappresentazione che viola ogni credibilità, Dante giura, sulla fortuna del suo stesso poema, che si tratta di un racconto vero! (**T20**). Ciononostante, occorre che il lettore non si lasci sedurre da una letteratura che non veicola la verità ma la menzogna (**T21**). La prova suprema a cui Dante sottopone i suoi versi è quella di dare una descrizione (o meglio di restituirne una pallida traccia) della visione suprema avuta nell'Empireo (**T22**): pur nei limiti delle possibilità espressive umane, in quell'occasione la poesia si mostra specchio della Verità.

T20 Gerione: il vero incredibile della poesia

Inferno XVI, vv. 124-136

Per superare il baratro che separa il settimo e l'ottavo cerchio infernale, Dante e Virgilio dovranno essere trasportati da una creatura mostruosa, Gerione, che emerge dall'abisso alla fine del canto XVI; ancora non sappiamo quali fattezze abbia (sarà descritto nel canto successivo), ma Dante-autore, in un sorprendente appello al lettore, ci anticipa che quanto sta per riferirci ci parrà incredibile e falso: giura, dunque, sulla fortuna del suo stesso poema, che si tratta invece della verità.

■ Metro terzine

Sempre a quel ver c'ha faccia di **menzogna**
de' l'uom chiuder le labbra fin ch'el puote,
però che sanza colpa fa vergogna;[1]

ma qui tacer nol posso; e per le note[2]
di questa comedìa,[3] lettor, ti giuro,
s'elle[4] non sien di lunga grazia vòte

ch'i' vidi per quell'aere grosso e scuro[5]
venir notando una figura[6] in suso,
maravigliosa[7] ad ogne cor sicuro,

sì come torna colui che va giuso
talora a solver l'àncora ch'aggrappa
o scoglio o altro che nel mare è chiuso,

che 'n sù si stende, e da piè si rattrappa.

lessico
Menzogna
Deriva dal verbo latino *mentīri*, «mentire». La menzogna è una bugia, ma caratterizzata da una maggiore malafede e spesso da un fine utilitaristico.

1. **Sempre... fa vergogna:** il senso è che una persona, nel momento in cui riporti delle verità che paiono incredibili, fa fatica a essere creduta e rischia quindi di passare per bugiarda e di ritrovarsi in una situazione imbarazzante, pur essendo stata onesta.
2. **note:** parole ritmate.
3. **comedìa:** è la prima occorrenza del termine con cui Dante designa nell'*Inferno* il poema (➤ p. 275).
4. **s'elle:** «se» qui è una formula augurale, alla latina, corrispondente a «magari», che nei giuramenti viene introdotta come garanzia della sincerità del giuramento (esprime la cosa su cui si giura).
5. **per quell'aere... scuro:** è l'aria buia e spessa dell'«alto burrato» che si trova tra settimo e ottavo cerchio.
6. **una figura:** come si dice nel canto successivo, Gerione ha l'aspetto di un mostruosa creatura ibrida con il volto umano, che simboleggia la frode.
7. **maravigliosa:** qui Dante riprende il senso latino dell'aggettivo, derivante dal verbo *miror*, «osservare con stupore misto a paura».

Costruisci la tua analisi

VERSO IL NUOVO ESAME DI STATO

Parafrasi

1. Completa la parafrasi del testo, aiutandoti con le note al piede e i suggerimenti tra parentesi quadre.

vv. 124-126 L'uomo deve (*de'*) sempre .... [costruisci «chiuder le labbra» con «a quel ver ch'ha faccia di menzogna»] finché ci riesce (*fin ch'el puote*), perché (*però che*) [«fa vergogna» = "(lo) fa sembrare bugiardo"] anche se ....;

vv. 127-129 ma.. [«nol» = "non lo"; il pronome «lo» fa riferimento a «quel ver»]; e ti giuro, lettore, ... [«note» = "versi"] – che essi non siano privi .... [qui «grazia» indica una forma di "apprezzamento"],

vv. 130-132 che .... [sintatticamente «che» introduce una dichiarativa retta da «ti giuro» del v. 128] attraverso .... giungere nuotando verso l'alto .... che suscita meraviglia (*maravigliosa*) ....

vv. 133-135 così come .... in qualche caso («talora») per .... che afferra (*ch'aggrappa*, transitivo) .... che si trova sotto il mare,

v. 136 il quale .... e si piega (*si rattrappa*) dalla parte inferiore (*da pié*).

Struttura

Da un cerchio all'altro

Quando si analizza un brano estrapolato da un'opera complessa come la *Commedia* è importante tenere presente che si tratta di una piccola parte dentro una narrazione molto più ampia. Per questo, oltre ad analizzare la struttura interna del passo, occorre contestualizzarlo, così da comprenderlo correttamente.

2. Completa la seguente tabella, che ti aiuta a contestualizzare il brano e ad analizzarne la struttura interna. Fai riferimento alla mappa dell'Inferno che trovi a p. 267 e al riassunto della cantica a p. 265.

COLLOCAZIONE NELLA TOPOGRAFIA DELL'INFERNO	COLLOCAZIONE ALL'INTERNO DELLA CANTICA	COLLOCAZIONE ALL'INTERNO DEL CANTO	STRUTTURA DEL BRANO
Dante e Virgilio si trovano tra il .... cerchio (dove sono puniti i ....) e l'...................... cerchio (dove sono puniti i ....).	Rispetto alla struttura complessiva della cantica, che è composta da .... canti, il passo si trova circa a	Il brano è alla .... del canto.	1. Una frase sentenziosa (vv. ....)
I due cerchi sono divisi tra loro da un ...., per cui per procedere Dante e Virgilio devono	Si tratta di una posizione: • non particolarmente connotata	A livello narrativo, alla fine del brano, la vicenda è: • conclusa	2. Il giuramento al lettore (vv. ....)
		Questo espediente narrativo crea uno studiato effetto di	3. La «figura maravigliosa»: • l'apparizione (vv. ....) • .... (vv. 134-136)

Comprensione

Il giuramento del poeta

3. Su che cosa giura Dante?
4. Com'è l'atmosfera del luogo in cui si svolge la vicenda?
5. Come attraversa l'«aere» la «creatura maravigliosa»?

Analisi

Lingua e stile

Una similitudine marinara Uno dei temi di questo brano è la difficoltà da parte di Dante di descrivere in modo verosimile una scena invece fantastica e insolita. Per questo fa ricorso a una similitudine molto dettagliata e concreta, tratta dall'ambiente marinaresco.

6. Soffermati sui versi 133-136. Individua i termini che appartengono alla lingua specialistica dei marinai. Analizza, quindi, la "trama fonetica" dei versi, prendendo in considerazione soprattutto le rime. Ti sembra che Dante utilizzi dei suoni aspri o dolci? Quali?

Interpretazione

Il vero poetico

Dal giuramento che Dante rivolge al lettore emerge il bisogno, da parte del poeta, di persuadere il destinatario del fatto che il suo racconto è veridico. Si tratta di un tema affrontato da Dante anche nella celebre *Epistola a Cangrande*.

7. Recupera informazioni sull'*Epistola a Cangrande* a p. 259 e rileggi T10, quindi rispondi alle seguenti domande.
   - In riferimento ai due livelli di lettura del poema (letterale e allegorico), Dante vuole che i lettori credano alla sua descrizione del mostro Gerione solo sul piano allegorico o anche su quello letterale?
   - Perché, se scrivesse il falso, il poeta dovrebbe provare vergogna?

Scrittura

Bestiari medievali

I bestiari sono opere enciclopediche, di età medievale, nelle quali si trovano le descrizioni di animali, reali o immaginari, seguite dalla spiegazione del loro valore simbolico-allegorico (➤ p. 14). Si tratta di un genere letterario che rispecchia la mentalità dell'epoca e che Dante ha ben presente, soprattutto quando tratta di animali e creature mostruose nella *Commedia*.

8. Scrivi la voce dedicata a Gerione da inserire in un bestiario degli animali e dei mostri presenti nella *Commedia*. Per farlo, non basarti sulla descrizione che Dante ne fa nel canto XVII, ma inventalo tu, rispettando queste linee guida:
   - Gerione rappresenta l'idea dell'inganno;
   - è una creatura composta di più parti;
   - ogni parte ha un significato simbolico legato al concetto, appunto, di inganno.

Alla descrizione fisica, fai seguire una breve interpretazione allegorica; usa un massimo di 300 parole.

T21 Paolo e Francesca: lettori ingenui e letteratura falsa

Inferno V, vv. 97-142

AUDIO

Nel girone dei lussuriosi Dante incontra Francesca da Polenta e Paolo Malatesta, che, innamoratisi mentre leggevano un romanzo d'amore del ciclo arturiano, furono uccisi dal marito di lei, fratello di Paolo. Dante è profondamente colpito dalla storia dei due amanti, che dimostra come la letteratura possa condurre a esiti drammatici, quando, come nel caso della letteratura sull'amor cortese, suggestiona il lettore con un'idea di amore falsa.

■ Metro terzine

Siede la terra dove nata fui
su la marina dove 'l Po discende
per aver pace co' seguaci sui.[1]

Amor, ch'al cor gentil ratto s'apprende
prese costui de la bella persona
che mi fu tolta; e 'l modo ancor m'offende.[2]

Amor, ch'a nullo amato amar perdona,[3]
mi prese del costui piacer sì forte,
che, come vedi, ancor non m'abbandona.

Amor condusse noi ad una morte:
Caina attende chi a vita ci spense».[4]
Queste parole da lor ci fuor porte.

vv. 97-99 La terra dove nacqui si trova (*Siede*) sulla costa (*su la marina*) dove il Po sfocia (*discende*) per avere pace insieme ai suoi affluenti (*co' seguaci sui*).

vv. 100-102 Amore, che si accende (*s'apprende*) immediatamente (*ratto*) nel cuore nobile (*gentil*), fece innamorare (*prese*) costui del bel corpo (*della bella persona*) che mi fu tolto (con la morte); e ancora pago (*m'offende*) le conseguenze di questa passione (*'l modo*).

vv. 103-105 Amore, che non consente (*perdona*) a nessuno che sia amato (*a nullo amato*) di non amare a sua volta (*amar*), mi fece innamorare (*mi prese*) della bellezza (*piacer*) di costui in modo così intenso (*sì forte*), che, come vedi, ancora non mi lascia.

vv. 106-108 Amore ci portò a morire insieme. La Caina attende chi ci uccise (*a vita ci spense*)». Queste parole ci furono rivolte (*porte*) da loro.

1. **Siede... seguaci sui:** perifrasi per indicare Ravenna, città natale di Francesca, che all'epoca di Dante sorgeva ancora più vicino di adesso alla Riviera adriatica, nei pressi della foce del fiume Po.
2. **e' l modo... m'offende:** il «modo» può essere inteso come riferito all'amore tra Paolo e Francesca (adultero, quindi punito dalla Giustizia divina) oppure al modo in cui Francesca venne uccisa (in quest'ultimo caso, c'è chi intende che il «modo» sia l'assassinio, e chi che alluda al fatto che la morte, inflitta immediatamente, non lasciò tempo al pentimento).
3. **ch'a nullo... perdona:** è uno dei princìpi dell'amor cortese, esposto per esempio nel *De amore* di Andrea Cappellano (➤ p. 36).
4. **Caina... spense:** la Caina è la zona dell'ultimo girone infernale in cui sono puniti i traditori dei parenti. Francesca profetizza che lì verrà punito il marito di Francesca, e fratello di Paolo, Gianciotto Malatesta.

Quand'io intesi quell'anime offense,
china' il viso e tanto il tenni basso,
fin che 'l poeta mi disse: «Che pense?».

Quando rispuosi, cominciai: «Oh lasso,
quanti dolci pensier, quanto disio
menò costoro al doloroso passo!».[5]

Poi mi rivolsi a loro e parla' io,
e cominciai: «Francesca,[6] i tuoi **martìri**
a lagrimar mi fanno tristo e pio.

Ma dimmi: al tempo d'i dolci sospiri,[7]
a che e come concedette Amore
che conosceste i dubbiosi disiri?».

E quella a me: «Nessun maggior dolore
che ricordarsi del tempo felice
ne la miseria; e ciò sa 'l tuo dottore.[8]

Ma s'a conoscer la prima radice
del nostro amor tu hai cotanto affetto,
dirò come colui che piange e dice.

lessico

Martirio

Deriva dal greco *martýrion*, «testimonianza», che viene da *mártys -yros*, «testimone», passato a indicare in epoca cristiana il testimone della fede, spesso torturato e ucciso durante le persecuzioni. La parola ha quindi sia il significato di «disposizione a morire per un ideale» sia quello di «sofferenza atroce».

vv. 109-111 Quando ebbi ascoltato quegli spiriti tormentati (*anime offense*), chinai il viso e a lungo (*tanto*) lo tenni basso, finché Virgilio mi disse: «A che cosa pensi (*pense*)?».

vv. 112-114 Quando risposi, cominciai io a dire: «Oh povero me (*Oh lasso*), quanti dolci pensieri, quanto desiderio portò (*menò*) costoro verso il peccato e la dannazione (*doloroso passo*)».

vv. 115-117 Poi mi rivolsi verso di loro e parlai, cominciando: «Francesca, le tue pene (*martìri*) mi rendono triste e pietoso (*pio*) fino alle lacrime (*a lagrimar*).

vv. 118-120 Ma dimmi, al tempo dei dolci sospiri, in base a quali segni (*a che*) e in che modo Amore concesse che voi conosceste i desideri che lasciano incerti (*dubbiosi*)?».

vv. 121-123 E quella mi rispose: «Non c'è dolore più grande (*maggior*) che ricordarsi dei momenti felici nella miseria; e ciò lo sa la tua guida Virgilio (*dottore*).

vv. 124-126 Ma se tu hai tanto desiderio (*cotanto affetto*) di conoscere la prima origine (*radice*) del nostro amore, te lo dirò come colui che parla mentre piange».

5. **doloroso passo:** è il momento di trapasso dalla vita alla morte, che porta con sé la dannazione dovuta alle azioni, pur dolci e piacevoli («dolci pensier», «disio») ma peccaminose che Paolo e Francesca hanno commesso.

6. **Francesca:** Dante riconosce, di fama, che si tratta di Francesca da Rimini, benché lei non gli abbia rivelato il suo nome, ma solo la sua provenienza. Il fatto, verificatosi probabilmente nel 1285, aveva avuto grande risonanza e Dante-personaggio se ne ricorda ancora a distanza di quindici anni.

7. **al tempo... sospiri:** all'inizio della passione amorosa, quando gli animi sono ancora incerti (*dubbiosi*) circa la reciprocità del sentimento.

8. **e ciò... dottore:** anche Virgilio, per la sua esperienza di dannato nel Limbo, in una condizione di perenne infelicità, può comprendere quanto sia vera la massima con cui Francesca inizia la sua risposta, ovvero che è sempre doloroso ricordarsi dei momenti belli quando si sta soffrendo.

Noi leggiavamo un giorno per diletto
di Lancialotto[9] come amor lo strinse;
soli eravamo e sanza alcun sospetto.[10]

Per più fiate li occhi ci sospinse
quella lettura, e scolorocci il viso;
ma solo un punto[11] fu quel che ci vinse.

Quando leggemmo il disïato riso
esser basciato da cotanto amante,
questi, che mai da me non fia diviso,

la bocca mi basciò tutto tremante.
Galeotto[12] fu 'l libro e chi lo scrisse:
quel giorno più non vi leggemmo avante».

Mentre che l'uno spirto questo disse,
l'altro piangea; sì che di pietade
io venni men così com'io morisse.

E caddi come corpo morto cade.

vv. 127-129 Noi stavamo leggendo un giorno per divertimento (*diletto*) come amore avvinse (*strinse*) Lancillotto; eravamo soli e senza alcun presentimento (*sospetto*).

vv. 130-132 Quella lettura ci fece incrociare (*ci sospinse*) gli sguardi (*li occhi*) più volte (*Per più fiate*) e ci fece impallidire (*scolorocci il viso*); ma fu solo un passaggio (del libro) (*un punto*) quello che ci fece perdere (*ci vinse*).

vv. 133-135 Quando leggemmo come la bocca sorridente (*riso*) e desiderata (*disïato*) fu baciata (*basciato*) da un tale amante, costui (Paolo), che non sarà (*fia*) mai diviso da me,

vv. 136-138 mi baciò (*basciò*) la bocca tutto tremante. Il libro e il suo autore (*chi lo scrisse*) furono per noi come Galeotto; quel giorno non proseguimmo più la lettura (*più ... avante*).

vv. 139-142 Mentre una delle due anime (Francesca) disse queste cose, l'altra (Paolo) piangeva; così che io svenni per la compassione (*di pietade*) nei loro confronti, quasi come se stessi morendo. E caddi come cade un corpo morto.

9. Lancialotto: Lancillotto del Lago, uno dei cavalieri del "ciclo arturiano", protagonista di un romanzo in prosa francese (*Lancelot du Lac*, 1215-35), in cui si racconta del suo innamoramento per la regina Ginevra, moglie di re Artù.

10. sanza alcun sospetto: Francesca intende dire qui che non avevano nessun presentimento circa l'imminente innamoramento e la conseguente caduta nel peccato.

11. solo un punto: si tratta del momento in cui Lancillotto si risolve a baciare Ginevra; Paolo e Francesca si lasciano coinvolgere a tal punto dalla scena che la riproducono loro stessi nella stanza in cui si trovano a leggere insieme.

12. Galeotto: Galehaut è il siniscalco di Ginevra che la induce a baciare Lancillotto che le sta davanti in ginocchio. Il libro viene metaforicamente accostato da Francesca al personaggio del romanzo per la sua funzione di intermediatore tra lei e Paolo.

Analisi del testo

Struttura

Invitata da Dante, Francesca rievoca la propria storia:

PARTI	VERSI	CONTENUTO
La presentazione di Francesca	vv. 97-108	Visse a Ravenna (vv. 97-99). Il peccato suo e di Paolo fu l'amore, definito in tre momenti: l'attrazione originata dalla bellezza (vv. 100-102), la necessaria reciprocità del sentimento (vv. 103-105), la morte inevitabile (v. 106). Il loro assassino sarà punito nella Caina (v. 107)
L'emozione di Dante	vv. 109-120	Dante si mostra colpito dalle parole di Francesca, come nota Virgilio, e da come la dolcezza dell'amore abbia potuto condurre alla morte (vv. 109-117). Chiede quindi ulteriori dettagli sul momento iniziale dell'amore (vv. 118-120)
La rievocazione dell'innamoramento	vv. 121-138	Premessa (vv. 121-123): ricordare la felicità del passato è doloroso quando si è in una condizione di sofferenza. Tuttavia, Francesca ricorda che l'amore tra lei e Paolo nacque durante la lettura di un libro, il romanzo *Lancillotto del Lago*: leggendo di un bacio, giunsero a scambiarsi a loro volta un bacio. Sospensione del racconto (v. 138): la lettura si interruppe
La commozione e lo svenimento di Dante	vv. 139-142	Mentre Francesca parla, Paolo piange e Dante cade svenuto, come morto.

Lingua e stile

Il registro elegiaco Il racconto di Francesca si apre con una movenza dal sapore elegiaco, venato cioè di una malinconica nostalgia, al rievocare la «pace» (v. 99) dei luoghi natali, ma le tonalità elegiache si accordano anche con una scelta di registro in linea con la retorica dell'epoca, che definiva "elegia" il genere elettivo per esprimere le sofferenze d'amore.

Le tre terzine sull'amore: l'anafora e l'intertestualità Il peccato che segna la condanna di Francesca è definito da tre memorabili terzine legate tra loro dall'anafora di "Amore" (vv. 100, 103, 106), parola chiave del canto, echeggiata anche dalla figura etimologica «amato amar» del v. 103. E nel definire questo amore, che circoscrive ed esaurisce tutto l'orizzonte della donna, entrano in gioco riferimenti intertestuali precisi: l'identità sostanziale tra amore e cuor gentile (v. 100, per cui vedi per esempio Guinizzelli, *Al cor gentil rempaira sempre amore*, ➤ p. 112), la fisiologica reciprocità del sentimento (v. 103) e i suoi segnali fisici (come il pallore, v. 131, e il tremito, v. 136) rinviano a un mondo letterario preciso, quello della letteratura erotica cortese e delle sue teorizzazioni (in particolare il trattato *De amore* di Andrea Cappellano, ➤ p. 36).

Il lessico di Dante-personaggio Se spostiamo l'attenzione dalle parole di Francesca a quelle del suo ascoltatore, profondamente turbato dal racconto (vv. 109-117; 140-142), notiamo il ricorrere di alcuni termini legati alla dolcezza e al desiderio («dolci pensier», v. 113; «dolci sospiri», v. 118; «disio», v. 113; «disiri», v. 120) e, d'altro canto, una parallela insistenza sull'area semantica della morte («così com'io morisse», v. 141; «*c*addi *c*ome *c*orpo morto *c*ade», v. 142, con allitterazione; «doloroso passo», v. 114, metafora appunto della morte, momento del passaggio dal peccato alla dannazione).

Temi

L'amor cortese È evidente che questi aspetti formali orientano la lettura che Dante-autore ci propone in una direzione ben precisa, la stessa che sta compiendo Dante-personaggio, riportandone un contraccolpo emotivo eclatante, fino alla perdita di conoscenza. Ci vengono date delle coordinate molto chiare: tutto rinvia al mondo dell'amor cortese e della ricca e fortunata letteratura che l'ha veicolato. Non si tratta solo di discreti rinvii intertestuali: abbiamo anche un "colpevole", un'opera letteraria precisamente identificata, che ebbe la forza di trasferire i propri contenuti dal testo al piano della realtà, così che Paolo e

Francesca, come Lancillotto e Ginevra, furono indotti a un amore extraconiugale.

Le menzogne della letteratura La prima cosa che provoca stupore in Dante-personaggio è la contraddizione fra la dolcezza e la felicità che dovrebbero essere proprie dell'amore e l'estrema negatività dei suoi esiti (la morte e la dannazione). Al fondo di questo paradosso, suggerisce Dante, c'è un'erronea idea di amore: Paolo e Francesca hanno limitato questo sentimento alla sola dimensione sensuale e umana, che ha ostacolato il vero amore che l'uomo dovrebbe concepire e coltivare, quello per Dio. E a indurli in errore è stata, appunto, la letteratura, una letteratura dunque che veicola una menzogna, un insegnamento falso.

La dannazione di Francesca e la salvezza di Dante La contraddizione tra un amore che non porta alla gioia ma al traviamento ricorda da vicino quella percepita da Dante nella *Vita nuova* (➤ **T2**). Ecco dunque la causa del coinvolgimento che il poeta mostra per le vicende dei due amanti: la possibilità di fraintendere il senso dell'esperienza amorosa è la stessa che lo indusse a ripensare profondamente la propria poesia d'amore negli anni dello Stilnovo (da qui i fitti echi linguistici, che, come abbiamo visto, rinviano a quella stagione). L'incontro con Francesca mette in scena dunque un momento di svolta nella meditazione di Dante sul valore di verità della parola poetica, oltre che sull'amore, e sul tragitto compiuto sin lì come poeta e come uomo.

Officina

COMPRENDERE

1. Perché Paolo e Francesca si trovano all'Inferno nel girone dei lussuriosi?
2. La dolorosa storia dei due amanti viene rievocata attraverso (indica la risposta corretta):
   a. i pensieri di Dante-personaggio
   b. la spiegazione di Virgilio
   c. i ricordi di Francesca
   d. le parole di Paolo
3. Quale richiesta di Dante risulta dolorosa a Francesca? Perché?

ANALIZZARE

4. Qual è l'atteggiamento di Dante nei confronti di Paolo e Francesca? Quale sentimento sembra prevalere in lui? Rispondi, facendo le opportune citazioni tratte dal testo.
5. **Lingua e stile** Individua e sottolinea tutti i termini e le espressioni che rimandano alla letteratura cortese e alla lirica stilnovista.
6. L'espressione «il disïato riso» (v. 133) è:
   a. una metafora
   b. un'iperbole
   c. una metonimia
   d. un'ellissi

INTERPRETARE

7. Con quale significato è usata ancora oggi l'espressione «Galeotto fu 'l libro e chi lo scrisse» (v. 137)?
8. Da che cosa ha origine la «pietade» che il Dante-personaggio prova nei confronti delle due anime? Ritieni che possa collegarsi anche al suo *status* di poeta?
9. «Di picciol bene in pria sente sapore; / quivi s'inganna, e dietro ad esso corre, / se guida o fren non torce suo amore» (vv. 91-93). Instaura un confronto tra questa riflessione di **Marco Lombardo** (➤ **T16**, p. 320) e l'episodio di Paolo e Francesca.

PERCORSO DI SCRITTURA

Riscrittura Cambia i tempi verbali dal passato al futuro e riscrivi il racconto di Francesca non come se fosse un ricordo che fa ancora soffrire la sua anima, ma come una delle numerose profezie presenti nel poema.

TEMI E GENERI

Menzogne del testo e lettori senza «sospetto»

Un dettaglio, nel discorso di Francesca, attira la nostra attenzione in merito al rapporto tra letteratura, verità e menzogna: quel «sospetto» che i due amanti non hanno avuto.

La tradizione esegetica, in merito, offre due interpretazioni. Una che intende «sanza alcun sospetto» con il significato di "senza timore di venir scoperti" e che si ritrova in modo maggioritario nei commentatori antichi; l'altra con il significato di "non sospettavamo che la passione potesse accendersi fra di noi", preferita dalla maggior parte dei commentatori moderni. Ma il contesto libresco e meta-letterario del canto, intessuto cioè di riflessioni sulla letteratura stessa, invita a non fermarci al senso letterale.

Diversamente dalle letture tradizionali, dunque, è possibile coglievi un riferimento al modo in cui il lettore secondo Dante poteva, e doveva, accostarsi a un testo. È stato recentemente dimostrato che «la strategia compositiva di Dante crea spazi vuoti che esigono un lettore capace di riempirli» (M. L. Ardizzone): ebbene, il termine chiave di questa trattazione, che ricorre continuamente nelle discussioni sulla retorica e sulla poetica del XIII secolo, è *suspicio* (la capacità di "fare supposizioni"). Dante ne è a conoscenza, come mostra un passo del *Convivio* (III, 3), dove si parla della necessità di esercitare «provedenza», di «guardare oltre».

Il «sospetto» è dunque una lettura accorta, orientata dalla ragione, non emotiva: l'ingenua empatia di Paolo e Francesca, lettori «sanza sospetto», si precisa allora come mancanza di consapevolezza delle conseguenze concrete dell'atto di lettura, mancanza che impedisce loro di *suspicĕre*, di guardare oltre l'orizzonte del testo, di completarne il senso e percepire il rischio di quella sublime narrazione amorosa che li tiene avvinti.

Il mancato «sospetto» nei confronti dell'ambigua storia di Lancillotto e Ginevra orienta la risoluzione di Paolo e Francesca non verso un esito virtuoso ma verso una scelta morale sbagliata, che li porterà alla dannazione eterna.

Così anche le ultime parole di Francesca, «quel giorno più non vi leggemmo avante», assumono, alla luce di quanto abbiamo detto, un significato ulteriore rispetto all'interpretazione classica che assegna al verso valore di aposiopesi (➤ *Glossario*), che dovrebbe sancire la prevalenza della vita (la passione vissuta pienamente dai due amanti) sulla letteratura (il libro interrotto). Quelle parole denunciano invece un paradosso: il non andare avanti nella lettura sembra infatti azione conseguente a quell'ingenuo abbandono al testo che i due amanti hanno precedentemente mostrato.

Dante Gabriel Rossetti, *Paolo e Francesca da Rimini*, 1855. Londra, Tate Gallery.
Nel primo pannello a sinistra è raffigurato l'amore terreno dei due amanti, intenti a baciarsi. Sotto le figure è scritto il verso dantesco «Quanti dolci pensier, quanto disio», che esprime la reazione commossa del poeta al racconto di Francesca.
Al centro Dante e Virgilio, coronati di alloro, sono nel secondo cerchio dell'Inferno dove si trovano i lussuriosi. Sopra di loro l'iscrizione «O lasso!» che indica la profonda pietà che i due provano davanti ai dannati.
Nel pannello a destra è rappresentata la sorte ultraterrena delle due anime dannate, in balia di una bufera che li trascina e li travolge senza tregua.

T22 La visione finale

Paradiso XXXIII, vv. 55-75; 85-87; 91-96; 115-145

AUDIO

A conclusione del viaggio ultraterreno e del poema, Dante giunge a contemplare le più profonde verità della fede nella mente di Dio. Oltre che un compimento del percorso narrativo, il XXXIII canto del *Paradiso* costituisce un apice in cui convergono e trovano senso tutti i principali nuclei tematici che hanno percorso l'opera. Strumento limitato ma potente di espressione di un contenuto altissimo (la visione della mente di Dio), la poesia di Dante celebra qui il suo trionfo: essa non solo è una poesia di verità, ma, al pari dei testi sacri, è un veicolo per esprimere le Verità ultime.

■ Metro terzine

Da quinci innanzi il mio veder fu maggio
che 'l parlar mostra, ch'a tal vista cede,
e cede la memoria a tanto **oltraggio**.[1] Le nostre parole ›

Qual è colui che sognando vede,
che dopo 'l sogno la passione impressa
rimane, e l'altro a la mente non riede,

vv. 55-57 Da qui (*quinci*) in poi (*innanzi*) la mia visione fu maggiore (*maggio*) di quanto possa esprimere la parola (*'l parlar*), che viene meno di fronte a tale visione e anche la memoria non sostiene un eccesso (*oltraggio*) tanto grande (rispetto alle nostre facoltà).

vv. 58-60 Come è colui che ha una visione (*vede*) in sogno (*sognando*) e al risveglio (*dopo 'l sogno*) gli rimane impressa una sensazione (*passione*), ma il resto non gli torna (*riede*) in mente,

1. **oltraggio:** indica sia il superamento del limite estremo del percepibile (e, ancor più, del dicibile), sia l'effetto quasi traumatico della visione finale sulle limitate capacità umane di Dante.

Le nostre parole — Oltraggio

L'origine del termine Il sostantivo "oltraggio" viene dall'antico francese *oltrage* (*outrage* in francese moderno), derivato dall'avverbio latino *últrā*, «oltre, al di là». Indicava tutto ciò che oltrepassa la misura. L'oltraggio è un eccesso, un disordine che sfocia però nell'atto di offesa.

Il significato nell'italiano antico Nell'italiano antico la parola "oltraggio", inteso come superamento di ogni limite (l'accezione usata anche da Dante), si ritrova anche in espressioni del linguaggio quotidiano, come "mangiare, bere a oltraggio", cioè senza misura.

L'uso contemporaneo Oggi "oltraggio" è usato solo nel suo significato di «grave offesa», anche in senso figurato in espressioni quali "oltraggio del tempo", per indicare il guasto, spesso estetico, causato dal trascorrere degli anni su una persona o su una cosa.

cotal son io, ché quasi tutta cessa
mia visione, e ancor mi distilla
nel core il dolce che nacque da essa.

Così la neve al sol si disigilla;
così al vento ne le foglie levi
si perdea la sentenza di Sibilla.[2]

O somma luce che tanto ti levi
da' concetti mortali, a la mia mente
ripresta un poco di quel che parevi,

e fa la lingua mia tanto possente,
ch'una favilla sol de la tua gloria
possa lasciare a la futura gente;

ché, per tornare alquanto a mia memoria
e per sonare un poco in questi versi,
più si conceperà di tua vittoria.[3]

[...]

vv. 61-63 così sono io, dato che quasi tutta la mia visione è venuta meno (*cessa*), e ancora mi distilla nel cuore la dolcezza (*il dolce*) che ne derivò (*nacque*).

vv. 64-66 Così la neve si scioglie (*si disigilla*) al sole; così il responso oracolare (*sentenza*) della Sibilla, scritto su delle foglie, si disperdeva a causa del vento.

vv. 67-69 O somma luce (Dio), che tanto Ti sollevi (*levi*) rispetto a ciò che è comprensibile agli uomini (*concetti mortali*), presta di nuovo alla mia mente un po' della tua visione (*di quel che parevi*),

vv. 70-72 e rendi la mia lingua tanto potente (*possente*), che possa lasciare ai posteri (*a la futura gente*) anche solo una scintilla (*favilla*) della tua gloria;

vv. 73-75 perché, tornando (*per tornare*) in parte (*alquanto*) alla mia memoria e risuonando (*per sonare*) un poco in questi versi, gli uomini potranno intendere (*si conceperà*) meglio (*più*) il tuo trionfo (*vittoria*).

[...]

2. Così... Sibilla: le due similitudini esprimono il modo in cui la visione di Dio è svanita quasi completamente dalla memoria di Dante. Il verbo «disigilla» indica la neve che, sciogliendosi, perde la forma (il "sigillo") che aveva preso posandosi. La «Sibilla» Cumana era un'indovina che scriveva i propri responsi su foglie che il vento disperdeva, come avviene in un episodio dell'*Eneide* (VI, vv. 74-76) in cui Enea la consulta prima di scendere negli Inferi.

3. ché... vittoria: Dante chiede a Dio di poter riacquistare parzialmente il ricordo della sua visione e di poterla descrivere nei suoi versi in modo da glorificarlo con il suo poema. Con «vittoria» si intende qui un equivalente di «gloria» (v. 71), "onnipotenza, trionfo".

Nel suo profondo vidi che s'interna
legato con amore in un volume,
87 ciò che per l'universo si squaderna:[4]

[...]

La forma universal di questo nodo
credo ch'i' vidi, perché più di largo,
93 dicendo questo, mi sento ch'i' godo.[5]

Un punto solo m'è maggior letargo
che venticinque secoli a la 'mpresa,
96 che fé Nettuno ammirar l'ombra d'Argo.[6]

[...]

Ne la profonda e chiara sussistenza
de l'alto lume parvermi tre giri
117 di tre colori e d'una contenenza;

vv. 85-87 Nella sua profondità (*profondo*) vidi che si trova unito (*s'interna*), legato insieme (*in un volume*) con amore, tutto ciò che si spande e divide (*squaderna*) nell'universo:

[...]

vv. 91-93 Io sono certo (*credo*) di aver visto il principio essenziale (*La forma*) di questa unione (*nodo*) universale, perché, mentre parlo di ciò, percepisco una beatitudine maggiore (*più di largo... i' godo*).

vv. 94-96 Un solo istante (*Un punto solo*) (della visione di Dio) mi ha procurato una dimenticanza (*letargo*) maggiore di quanto hanno fatto venticinque secoli all'impresa (degli Argonauti), che portò (*fé*) Nettuno ad ammirare stupito (*ammirar*) la sagoma (*ombra*) della nave Argo.

[...]

vv. 115-117 Nella profonda e luminosa (*chiara*) essenza (*sussistenza*) dello splendore di Dio (*alto lume*) mi apparvero (*parvermi*) tre cerchi (*giri*) di tre colori diversi e di una stessa (*una*) ampiezza (*contenenza*);

4. **Nel suo... squaderna:** per designare l'unità di tutto in Dio, Dante ricorre alla metafora del libro: tutto quanto esiste nell'Universo in modo separato, come le pagine di un volume squadernato («si squaderna», cioè si divide in quaderni, i fascicoli di cui è composto un libro), e dunque illeggibile, si trova in un unico volume, tenuto insieme dall'amore divino per la sua creazione.

5. **La forma... godo:** Dante dice qui di sapere («credo» non indica dubbio ma certezza) di avere contemplato l'unione in Dio (il «nodo») di tutto l'universo, per via della sensazione di piacere che prova nel parlarne, anche se poi la sua memoria umana non è stata in grado di conservarla.

6. **Un punto... d'Argo:** il senso della terzina è che la visione di Dio è talmente superiore allo sguardo e alla facoltà di percezione dell'uomo da non poter essere poi ricordata neppure per pochi istanti. Nettuno è il dio del mare, che vide con stupore la nave Argo, la prima in assoluto costruita dall'uomo; l'impresa compiuta dagli Argonauti è ancora viva nella memoria degli uomini nonostante siano passati più di due millenni, mentre la visione di Dio da parte di Dante è svanita subito dalla memoria del poeta.

e l'un da l'altro come iri da iri
parea reflesso, e 'l terzo parea foco
120 che quinci e quindi igualmente si spiri.[7]

Oh quanto è corto il dire e come fioco
al mio concetto! e questo, a quel ch'i' vidi,
123 è tanto, che non basta a dicer 'poco'.

O luce etterna che sola in te sidi,
sola t'intendi, e da te intelletta
126 e intendente te ami e arridi![8]

Quella circulazion che sì concetta
pareva in te come lume reflesso,
129 da li occhi miei alquanto circunspetta,

dentro da sé, del suo colore stesso,
mi parve pinta de la nostra effige:
132 per che 'l mio viso in lei tutto era messo.[9]

vv. 118-120 e l'uno sembrava (*parea*) riflesso nell'altro, come un arcobaleno viene riflesso da un altro arcobaleno (*come iri da iri*), e il terzo sembrava un fuoco che si origini (*si spiri*) in egual misura (*igualmente*) dall'uno e dall'altro (*quinci e quindi*).

vv. 121-123 Oh quanto sono inadeguate (*corto*) le mie parole (*dire*) e come sono inefficaci (*fioco*) a esprimere il mio pensiero (*al mio concetto*)! e questo, rispetto a ciò che io vidi, è tanto inadeguato (*tanto*) che non basta definirlo 'poco'.

vv. 124-126 O Dio, luce eterna che solo in te trovi fondamento (*sidi*), tu sola comprendi te stessa (*t'intendi*), e nell'intenderti (*intendente*) e nell'essere da te compresa (*intelletta*) ti ami e gioisci (*arridi*)!

vv. 127-129 Quel cerchio (*circulazion*) che appariva concepito (*concetta*) da te come un raggio riflesso (= il Figlio), contemplato (*circunspetta*) a lungo (*alquanto*) da me,

vv. 130-132 mi apparve aver rappresentata (*pinta*) al suo interno la nostra immagine (umana) (*effige*), con il suo stesso colore; per cui il mio sguardo (*viso*) era concentrato tutto su di essa.

7. **Ne la... si spiri:** i tre cerchi di colore diverso rappresentano le tre persone della Trinità, quale era raffigurata nel *Liber figurarum* di Gioacchino da Fiore: in Dante, il Padre e il Figlio si riflettono l'un l'altro, mentre lo Spirito Santo è il fuoco d'amore che, secondo la dottrina trinitaria espressa nel *Credo* «procede dal Padre e dal Figlio». «Sussistenza» è un termine teologico che indica l'essenza divina; «iri da iri»: nel *Credo*, «luce da luce».

8. **O luce... arridi!:** la terzina descrive i rapporti tra le persone della Trinità, strettamente unite tra loro, tanto da essere contenute in loro stesse in un'unica sede. Il Padre è colui che «t'intendi» ("comprende, intuisce"); il Figlio è l'oggetto di questa comprensione; lo Spirito Santo è invece l'atto stesso di questa comprensione e l'amore e il compiacimento che da essa derivano.

9. **Quella circulazion... messo:** la «circulazion» di cui parla qui Dante è il secondo cerchio della Trinità, il Figlio, che sembra procedere come riflesso dalla luce del Padre. L'immagine che appare a Dante al suo interno simboleggia il mistero dell'incarnazione di Dio in Cristo.

Qual è 'l geomètra che tutto s'affige
per misurar lo cerchio, e non ritrova,
135 pensando, quel principio ond'elli indige,

tal era io a quella vista nova:
veder voleva come si convenne
138 l'imago al cerchio e come vi s'indova;

ma non eran da ciò le proprie penne:
se non che la mia mente fu percossa
141 da un fulgore in che sua voglia venne.[10]

A l'alta fantasia[11] qui mancò possa;
ma già volgeva il mio disio e 'l velle,
144 sì come rota ch'igualmente è mossa,

l'amor che move il sole e l'altre stelle.[12]

vv. 133-135 Come è lo studioso di geometria che si concentra (*s'affige*) tutto per misurare la circonferenza (*lo cerchio*), e, continuando a pensare, non scopre (*ritrova*) il rapporto tra diametro e circonferenza (*principio*) di cui (*ond'*) ha bisogno (*indige*),

vv. 136-138 così ero io dinnanzi a quella visione straordinaria (*vista nova*): volevo capire come l'immagine (umana) si adattasse (*si convenne*) al cerchio divino e come vi si collocasse (*s'indova*);

vv. 139-141 ma le mie sole facoltà intellettive (*le proprie penne*) non erano in grado di comprenderlo (*non eran da ciò*); senonché la mia mente fu colpita da un lampo (*fulgore*) per mezzo del quale (*in che*) il suo desiderio (*voglia*) si compì (*venne*).

vv. 142-145 A questo punto alla mia facoltà immaginativa (*fantasia*), giunta così in alto (*alta*), venne meno la forza (*possa*); ma già Dio, l'amore che muove il sole e le altre stelle, faceva girare (*volgeva*) il mio desiderio (*disio*) e la mia volontà (*velle*), così come una ruota che allo stesso modo (*igualmente*) è mossa.

10. Qual è... venne: la comprensione del mistero dell'incarnazione («vista nova») è irraggiungibile attraverso la ragione umana (metaforicamente, «le proprie penne»), per quanto il poeta compia uno sforzo di concentrazione assoluta simile a quello di chi è alle prese con il problema della quadratura del cerchio. Pertanto, il desiderio di Dante può trovare soddisfazione solo per mezzo di una illuminazione divina, l'improvviso «fulgore» del verso 141.

11. l'alta fantasia: secondo la psicologia aristotelica, la «fantasia» è la capacità umana di elaborare immagini nella propria mente a partire dagli oggetti percepiti con la vista e trattenuti poi nella propria memoria. Qui Dante dice che, dopo la folgorazione, non è più in grado di vedere, esprimere e ricordare.

12. ma già... stelle: nel momento culminante della visione, Dante si trova in perfetta armonia con Dio e l'universo; «il mio disio e 'l velle» sono le facoltà dell'anima razionale: il "desiderio" di conoscere (l'intelletto) e la "volontà" (il «velle»), intesa come amore del bene. Dato che queste facoltà sono ora pienamente appagate, si muovono all'unisono con il resto della creazione e con Dio, che ruota anch'esso. Qui Dante adombra una dottrina neoplatonica (attestata nello Pseudo-Dionigi l'Aeropagita) secondo cui Dio è mosso (dall'amore delle creature per lui), e non è dunque immobile, motore del movimento dell'universo, come voleva la tradizione aristotelico-tomista.

Analisi del testo

Struttura

La contemplazione finale Al culmine del suo viaggio ultraterreno, Dante contempla le Verità che sono contenute nella mente di Dio.

- **L'«oltraggio della visione (vv. 55-75):** la visione di Dante supera le facoltà umane, compresa la memoria: il poeta dunque ne ha trattenuto solo una minima impronta nel ricordo («il dolce che nacque da essa»); invoca ora Dio che gli conceda di parlarne agli uomini.
- **La visione dell'universo in Dio (vv. 85-96):** l'universo è contenuto in Dio come in un volume: non vi appare dunque disordinato e illeggibile come nella comune esperienza terrena (in cui tutto è "squadernato"), ma ordinato in una completezza di senso.
- **La visione della Trinità (vv. 115-126):** le tre persone della Trinità (Padre, Figlio, Spirito Santo) appaiono come tre cerchi di diverso colore.
- **La visione del mistero dell'Incarnazione (vv. 127-139):** l'immagine umana appare raffigurata entro il secondo cerchio (il Figlio), senza che Dante riesca a capire come ciò possa accadere (come non è possibile risolvere il problema della quadratura del cerchio se non per approssimazione infinita).
- **La folgorazione ultima (vv. 140-145):** la comprensione che Dante non può raggiungere con le sue forze gli è concessa per illuminazione: colpito da una folgorazione, vede muoversi, insieme a Dio, il suo desiderio e la sua volontà.

Lingua e stile

Una retorica della sottrazione In quale forma parlare di una visione che va oltre ogni umana possibilità di ricordo e di espressione? Evidentemente, la sfida che Dante affronta va oltre la scelta di singole soluzioni espressive, ma coinvolge, come vedremo, l'idea stessa di poesia che l'autore è andato maturando sin qui. Ciò detto, i segnali stilistici più marcati in questi versi vanno in direzione di una sorta di retorica della sottrazione e del negativo: più che dire direttamente, Dante mette a tema l'impossibilità di dire e, più che osare una poesia dell'indicibile, invoca costantemente l'aiuto divino.

Reticenze, invocazioni e similitudini Ecco allora che le figure retoriche a cui più spesso si affida in questa parte conclusiva sono la reticenza e la *recusatio*, ossia la dichiarata rinuncia a esprimere (vv. 55-57; 121-123 ecc.); le invocazioni (vv. 67-75, 124-126 ecc.); le similitudini (quella del sogno, vv. 58-63; quella della neve, v. 64; della Sibilla, vv. 65-66; del «geomètra», vv. 133-138). A ben vedere, anche la similitudine rappresenta, se confrontata con l'altro strumento elettivo del parlar per immagini, cioè la metafora, una scelta più umile, perché meno sintetica: non è un dato casuale, se si considera che esistevano teorizzazioni in questo senso (riconducibili alla mistica dello Pseudo-Dionigi), che riconoscevano appunto nella più dimessa similitudine, e non nella metafora, una forma adeguata per parlare del divino.

Temi

Nell'ultimo canto convergono tutti i nodi fondamentali che il pellegrino-poeta ha affrontato nel suo viaggio, ricapitolati e ridefiniti in un compiuto orizzonte di senso.

Il rapporto personaggio-autore Nell'*Inferno* la relazione tra Dante-personaggio (*agens*) e Dante-autore (*auctor*) prevedeva l'inferiorità del primo sul secondo (il Dante-personaggio, con la sua capacità interpretativa limitata, era messo continuamente in scacco, veniva meno, come per esempio alla fine del dialogo con Francesca ➤ **T21**). Ora invece, alla prova della contemplazione ultima della Verità, assistiamo a un ribaltamento di questa gerarchia: adesso è l'*auctor* che entra in crisi, incapace di seguire, con la memoria e con i poveri mezzi espressivi umani, il volo dell'*agens* nella mente di Dio. Allo stesso modo, la dichiarazione di insufficienza della «mente», cioè della memoria, si contrappone alla sicurezza con cui, all'inizio del cammino infernale, l'autore si diceva certo di ricordare tutto ciò che aveva visto (*Inferno* II, vv. 8-9: «o mente che scrivesti ciò ch'io vidi, / qui si parrà la tua nobilitate»).

Le precedenti esperienze poetiche Al v. 63 ricompare, poi, il tema della dolcezza («il dolce»), ambito semantico che ha attraversato tutti i momenti in cui Dante ha ragionato sulla propria esperienza poetica, e sul tema, strettamente connesso, dell'amore. Lo ritroviamo infatti nell'incontro con Francesca (➤ **T21**, v. 83: «*dolce* nido»; v. 113: «*dolci* pensier»; v. 118: «*dolci* sospiri»), in quello con Bonagiunta (➤ **T18**, vv. 55-57, dove vediamo comparire anche il «nodo», che qui è ripreso al v. 91), nel dialogo con Guinizzelli (➤ **T19**, v. 99: «rime d'amore [...] *dolci* e leggiadre»; v. 112: «li *dolci* detti») e variamente altrove, ovunque entri in gioco la poesia di Dante (come nella citazione di Casella: «'*Amor che ne la mente mi ragiona*' / cominciò elli allor sì *dolcemente*, / che la *dolcezza* ancor dentro mi suona», *Purgatorio* II, vv. 112-114). Ma in quest'ultimo approdo, il tema si declina in senso teologico e con una venatura mistica: la dolcezza fa ora riferimento all'esperienza del divino condotta non attraverso la via dell'intelletto (come suggeriva la Scolastica) ma quella del cuore, cioè attraverso la *dulcedo*, la «dolcezza».

La poesia come verità e come teologia Questo allargamento di senso ha un'importanza fondamentale perché ci mostra come Dante presenti la sua poesia come mezzo privilegiato per un discorso sul divino: più e meglio della teologia, essa può attingere alla forza espressiva delle immagini, penetrare le ombre e lasciarsi colpire dal «fulgore» (v. 141) dell'illuminazione. Di nuovo, vediamo come Dante si rifaccia a una linea di pensiero neoplatonica, opposta a quella, razionalistica, della Scolastica e del tomismo (che negavano lo statuto di veridicità alla poesia).

Il ricordo di Virgilio Lo svanire della visione dalla memoria di Dante viene rappresentato, significativamente, attraverso il riferimento virgiliano alla Sibilla: la figura di Virgilio torna dunque in filigrana, in un doveroso tributo al poeta il quale per il Medioevo aveva espresso una inconsapevole profezia del messaggio cristiano. La poesia di Virgilio, cioè, si conferma come il viatico del percorso compiuto da Dante.

Il mondo come libro L'immagine del libro in cui l'universo si compone e si riordina nella mente di Dio è anche, nella poesia dantesca, una fondamentale immagine della letteratura: è nel segno del "libro della memoria", per esempio, che si apre la *Vita nuova* (➤ **T1**).

La metafora della navigazione Rientra invece nella metafora continuata della navigazione, in cui si rispecchia nel corso delle tre cantiche il farsi del poema, il riferimento a Nettuno e all'impresa degli Argonauti, che riprende l'inizio del *Paradiso* (II, vv. 16-18). La chiglia della nave Argo, intravista da Nettuno dal fondo del mare, è accostabile alla «navicella» dell'ingegno di Dante (*Purgatorio* I, v. 2), pervenuto con la sua poesia a esplorare territori sconosciuti. E si può aggiungere che l'impresa dantesca era iniziata, con il riferimento al «trasumanar» che ora si compie, proprio con l'evocazione di un umile pescatore che diviene dio marino, Glauco (*Paradiso* I, vv. 67-72).

Officina

COMPRENDERE

1. A chi si rivolge Dante affinché possa narrare ai posteri la sua visione? Quale sarà, per sua stessa ammissione, lo scopo della narrazione?
2. In che modo appare a Dante l'intero universo?
3. Con quale immagine si concludono il canto e l'intero poema?

ANALIZZARE

4. Individua i versi in cui il poeta viene raggiunto dall'illuminazione divina che gli permette di comprendere il mistero della «circulazion che sì concetta / pareva in te come lume reflesso» (vv. 127-128), ovvero dell'incarnazione di Dio in Cristo. Quali sono le dirette conseguenze dell'illuminazione?
5. Dividi le terzine che compongono il testo in base al duplice ruolo incarnato da Dante: quello di autore del poema e quello di personaggio di ritorno dal suo viaggio.
6. Spiega che cosa rappresentano i «tre giri / di tre colori e d'una contenenza» (vv. 116-117).
7. **Lingua e stile** Di quali figure retoriche si serve il poeta per esprimere la fugacità della visione nella propria memoria? Individuale nel testo e spiega il significato di ciascuna.

INTERPRETARE

8. Scegli uno dei cinque temi proposti nella sezione *Struttura dell'Analisi del testo* e scrivi un breve saggio argomentativo di non più di 20 righe nel quale approfondisci l'argomento con gli opportuni rimandi al testo.
9. «Oh quanto è corto il dire e come fioco / al mio concetto!» (vv. 121-122). Illustra, con riferimenti puntuali, in quali altri testi che hai letto Dante confessa il limite dei suoi versi a esprimere degnamente la materia che vorrebbe trattare.

COMPETENZE DEL XXI SECOLO

Pensiero critico Il linguista e letterato Antonio Cesari scrive sul canto XXIII della *Commedia*: «Non c'era immagine di Dio più propria che della luce: *Deus lux est*». Rileggi il brano e riporta i passi che lo studioso potrebbe citare a sostegno della sua affermazione.

TEMI E GENERI

Il motivo dell'ineffabilità negli ultimi canti del *Paradiso*

La vista e la parola

Nell'Empireo, la «luce viva» direttamente emanata da Dio prima acceca il pellegrino, poi lo protegge dall'annientamento e ne potenzia progressivamente le facoltà visive (il campo semantico della vista domina incontrastato negli ultimi canti), consentendogli di superare la propria capacità sensoriale e di acquisire una sovrannaturale «novella vista» (*Paradiso* XXX, 56-60). A tutto ciò non corrisponde tuttavia un analogo innalzamento delle capacità espressive del poeta, il quale accompagna il racconto con frequenti dichiarazioni di indicibilità e di fallimento. Un fallimento che, come annunciato fin dal primo canto del *Paradiso* («e vidi cose che ridire / né sa né può chi di là sù discende», I, 5-6), non riguarda dunque la visione del Dante *agens*, bensì la memoria e la parola dell'*auctor*, paragonate al ricordo vago di un sogno (XXXIII, 58-63), allo sciogliersi della neve al sole o al disperdersi al vento delle sentenze della Sibilla (XXXIII, 64-66).

La bellezza di Beatrice

Il *topos* dell'ineffabilità si applica innanzitutto a Beatrice (XXX, 16 sgg.). La sua sfolgorante bellezza, che «si trasmoda» al punto da essere pienamente goduta solo dal Creatore, costringe il poeta a rinunciare al tentativo di riprodurla in linguaggio poetico. Lo stupefacente spettacolo del fiume di luce (XXX, 61 sgg.) spinge Dante a invocare l'aiuto divino per poter tradurre ciò che vede in precise parole («O isplendor di Dio, per cu' io vidi / l'alto trïunfo del regno verace, / dammi virtù a dir com'ïo il vidi», XXX, 97-99). Le immagini che si offrono ai suoi occhi sono tuttavia «di lor vero umbriferi prefazi», semplici anticipazioni di ciò che Dante vedrà manifestarsi più distintamente: «le corti del ciel», i beati della «candida rosa», attraverso la cui contemplazione si rafforzerà ulteriormente la vista del pellegrino.

La contemplazione di Maria

Di fronte alla bellezza trionfante di Maria (XXXI, 118 sgg.) il poeta si dichiara ancora una volta vinto, affermando che rinuncerebbe a descriverla anche nell'ipotesi che il suo linguaggio fosse pari alla sua memoria («e s'io avessi in dir tanta divizia / quanta ad imaginar, non ardirei / lo minimo tentar di sua delizia», XXXI, 136-138).

La contemplazione della Vergine è determinante per mettere in grado la virtù visiva di Dante di penetrare nel «raggio / de l'alta luce» divina, cosa che avverrà per intercessione di Maria dopo la preghiera di san Bernardo (*Par.* XXXIII, 1 sgg.).

La quadratura del cerchio

Siamo al punto conclusivo della missione compiuta da Dante sia come protagonista dell'*itinerarium mentis* sia come autore, la cui scrittura, giunta qui al limite delle possibilità espressive, viene legittimata nel momento stesso in cui essa è costretta ad arrendersi, riconoscendo l'impossibilità di ricordare («e cede la memoria a tanto oltraggio», XXXIII, 57) e di esprimere in parole ciò che ha visto. Nei confronti delle immagini finali (l'universo, la Trinità, l'Incarnazione e l'umanità di Cristo) il linguaggio non è che «una favilla» (XXXIII, 71), «un semplice lume» (XXXIII, 90), il balbettio «d'un fante / che bagni ancora la lingua a la mammella» (XXXIII, 106-108), un dire «corto» e «fioco» (XXXIII, 121-123). Nonostante lo sforzo, paragonato a quello del «geomètra» alla vana ricerca della quadratura del cerchio, l'estrema visione può compiersi non per via razionale ma solo per intervento folgorante della grazia, che sancisce l'insufficienza delle facoltà umane a comprendere il mistero divino («ma non eran da ciò le proprie penne», XXXIII, 139) e delle possibilità di esprimerlo («A l'alta fantasia qui mancò possa», XXXIII, 142).

VOCI DAL NOVECENTO

Conversazione in Sicilia di Elio Vittorini: la letteratura e l'impegno

Elio Vittorini

LE RAGIONI DI UNA VICINANZA

In crisi, in viaggio

Come Dante, Elio Vittorini crede nell'impegno civile dell'intellettuale e nel potere della letteratura, attività umana capace di raccontare la crisi e dunque di gettare sguardi non compiacenti sulle ingiustizie del mondo. Non a caso nel suo romanzo *Conversazione in Sicilia*, scritto alla fine degli anni Trenta del Novecento, recupera in più punti la lezione della *Commedia*, come narrazione di un'esperienza individuale e allegoria di un più ampio disagio storico e generazionale. Il libro racconta un breve viaggio e soggiorno in Sicilia del trentenne Silvestro, emigrato a Milano, amareggiato tanto dal suo stato di prostrazione quanto dalle vicende politiche in corso e dalla sofferenza delle vittime della Storia (sono gli anni del fascismo e della guerra civile di Spagna che porta alla dittatura di Franco). Grazie a incontri e conversazioni con diversi personaggi, Silvestro ritrova le sue radici e la sua infanzia, ma capisce pure che l'orrore del presente andrebbe corretto con la difficile aspirazione a valori più alti di quelli tradizionali (lavoro, denaro, patria, famiglia), che consentano di riscattare l'umanità offesa, di ritrovare l'uomo nell'uomo.

IL POSTO NEL CANONE

Due volte reale

È lo stesso Vittorini a raccontare i guai passati con la censura fascista a causa di *Conversazione in Sicilia*, un libro che accusa la guerra come carneficina, smaschera la retorica della morte eroica come simbolo di grandezza, eredita la tecnica della ripetizione incalzante e veloce da Hemingway e dalla letteratura americana, guardata con sospetto dal regime fascista e invece presa a modello dall'autore. Il romanzo sigla la rottura definitiva con il partito fascista, con il quale Vittorini aveva inizialmente simpatizzato, ma testimonia anche una presa di posizione rispetto alla scrittura: ogni fatto raccontato, infatti, è due volte reale, perché insieme memoria ed esperienza, caso particolare e simbolo di un problema umano, fatto narrativo e sguardo critico sull'esistente, tensione verso un rinnovamento, un mondo più umano.

Renato Guttuso, *Spes contra Spem*, 1982. Collezione privata. Il dipinto ritrae lo scrittore Elio Vittorini e l'amico pittore Rocco.

RITRATTO DELL'AUTORE

Partivo per scoprire il mondo

L'infanzia di Elio Vittorini, nato il 23 luglio 1908 a Siracusa, in Sicilia, si svolge tra spostamenti al seguito del padre ferroviere e fughe da casa e dall'isola. Le letture (*Robinson Crusoe* a 7 anni, *Le mille e una notte* poco dopo) sono numerose e precoci come le fughe: «Partivo per scoprire il mondo: il più che mi fosse possibile della gente del mondo, allo stesso modo che leggevo per sapere del mondo». Interrotti gli studi al terzo anno dell'istituto tecnico, Vittorini abbandona la Sicilia a 16 anni, nel 1924. Prima lavora vicino a Gorizia, poi, nel 1930 va a Firenze, dove scrive e pubblica a puntate sulla rivista «Solaria» i due romanzi *Il garofano rosso* (1933, ma la pubblicazione viene interrotta per oscenità), storia di un adolescente siciliano e della sua maturazione sentimentale ideologica, e *Conversazione in Sicilia* (1937-39). Nel 1939 si trasferisce a Milano e intensifica l'impegno in ambito editoriale come direttore di collane e progettista di iniziative culturali, soprattutto sul versante della traduzione di letteratura americana. Continuo anche l'impegno politico e civile: all'inizio degli anni Quaranta fa parte del partito comunista clandestino, viene incarcerato nel 1943, partecipa alla Resistenza, dopo la guerra milita nel PCI. Nel 1945 pubblica il primo libro che racconta la lotta partigiana in una città d'Italia, Milano: *Uomini e no*. Fonda anche la rivista «Il Politecnico», per diffondere e sostenere una cultura nuova («non più una cultura che consoli nelle sofferenze, ma una cultura che protegga dalle sofferenze, che le combatta e le elimini»). Entrato in contrasto con il segretario del PCI Palmiro Togliatti, che desiderava leggere sulla rivista testi più semplici e allineati alle posizioni del partito, Vittorini rivendica lo specifico ruolo della letteratura rispetto alla politica. La polemica con Togliatti non spegne il desiderio di progettare e intervenire. Solo per fare alcuni esempi negli anni Sessanta Vittorini raccoglie in volume tutti i suoi scritti su questioni letterarie, civili e politiche a partire dal 1929 (*Diario in pubblico*) e avvia la pubblicazione di una collana-rivista con Italo Calvino, «Il Menabò», particolarmente interessata ai rapporti tra letteratura e scienza. Muore di cancro allo stomaco a 58 anni, nel 1966, nella sua casa milanese.

IL POLITECNICO
1
Una nuova cultura
DISOCCUPAZIONE e caro-vita
L'ITALIA E LA FIAT
Il popolo spagnolo attende la liberazione
NOTIZIE DELLA SETTIMANA

Il primo numero del «Politecnico», 1945.

IL LIBRO DA LEGGERE

Conversazione in Sicilia

Conversazione in Sicilia è un romanzo esemplare e insieme di svolta nella produzione di Vittorini, che lo definirà in seguito «un libro vero e un buon libro». A livello stilistico vi si consuma un originale impasto tra realismo e lirismo, con l'aspirazione a un messaggio universale.

Il romanzo, nato sull'onda del disgusto per l'intervento fascista a favore di Franco nella guerra di Spagna, è costituito di cinque parti: la prima si apre con la partenza del dolorante e spaesato Silvestro per la sua terra natale, la Sicilia. Nella seconda parte Silvestro arriva nell'isola e ritrova la madre Concetta, infermiera, che accompagnerà, nella terza parte, a far visita a una serie di ammalati, attraverso una discesa agli inferi della miseria e della gente senza nome e senza diritti. Nella quarta parte Silvestro incontra una serie di personaggi che incarnano altrettanti rapporti con il mondo. Alla fine di questo percorso, nella quinta parte e nell'epilogo della vicenda, Silvestro incontra al cimitero il fantasma del fratello Liborio, morto in guerra. Con linguaggio oracolare e misterioso, lo spettro del soldato induce il narratore a diffidare della vuota retorica della guerra, della patria che non è più patria e della dittatura mascherata da rivoluzione.

UN ESTRATTO

Credo che l'uomo sia maturo per altro

Durante il suo viaggio Silvestro incontra un siciliano che battezza «Gran Lombardo», in ricordo dell'appellativo che Cacciaguida dà a Bartolomeo della Scala nel XVII canto del *Paradiso*.

[...] Il Gran Lombardo raccontò di sé, veniva da Messina dove si era fatto visitare da uno specialista per una sua speciale malattia dei reni, e tornava a casa, a Leonforte, su nel Val Demone tra Enna e Nicosia, era un padrone di terre con tre belle figlie femmine [...] e aveva un cavallo sul quale andava per le sue terre, e allora credeva, tanto quel cavallo era alto e fiero, allora credeva di essere un re, ma non gli pareva che tutto fosse lì [...] avrebbe voluto acquistare un'altra cognizione, così disse, acquistare un'altra cognizione, e sentirsi diverso, con qualcosa di nuovo nell'anima, avrebbe dato tutto quello che possedeva, e il cavallo anche, le terre, pur di sentirsi più in pace con gli uomini come uno, così disse, come uno che non ha nulla da rimproverarsi. [...]

Avrebbe voluto essere una coscienza fresca, così disse, fresca, e che gli chiedesse di compiere altri doveri, non i soliti, altri, dei nuovi doveri, e più alti, verso gli uomini, perché a compiere i soliti non c'era soddisfazione e si restava come se non si fosse fatto nulla, scontenti di sé, delusi.

– Credo che l'uomo sia maturo per altro, - disse. – Non soltanto per non rubare, non uccidere, eccetera, e per essere un buon cittadino... [...] È questo che si sente, io credo, la mancanza di altri doveri, altre cose, da compiere... Cose da fare per la nostra coscienza in un senso nuovo.

GUIDA AL RIPASSO

AUDIO

Profilo biografico

Dante nasce a Firenze nel 1265, da una famiglia di modeste condizioni economiche appartenente alla piccola nobiltà di parte guelfa. Durante la giovinezza si dedica a studi letterari e filosofici, coltiva amori (per Beatrice) e amicizie (con Guido Cavalcanti), muove i primi passi come poeta. La morte di Beatrice, nel 1290, segna nella vita di Dante una svolta tanto sentimentale-esistenziale quanto poetica, che si traduce in una presa di distanza dallo Stilnovo. Nel 1295, al termine della rivolta popolare di Giano Della Bella, si iscrive all'Arte dei Medici e Speziali, così da poter partecipare alla vita pubblica fiorentina. Il prevalere dei guelfi neri sui bianchi nel 1302 porta all'esilio di Dante, che inizia a viaggiare per il Nord Italia alla ricerca di mecenati che possano offrirgli protezione e sostegno economico. A questi anni risalgono le sue opere maggiori. Nel 1318 ripara a Ravenna, dove muore nel 1321.

La scelta del volgare

A partire dalla *Vita nuova*, Dante scrive per lo più in volgare: ciò gli permette di rivolgersi a un pubblico nuovo e variegato, quello dei laici, che a sua volta lo porta a trattare un argomento nuovo, l'etica. Come si legge nel *De vulgari eloquentia*, diversamente dal latino il volgare è una lingua viva e naturale, capace di svolgere una funzione di mediazione in quanto strumento di conoscenza scientifico-filosofica. Questa teorizzazione trova la sua espressione più compiuta nella *Commedia*, che è scritta in un volgare «illustre» e affronta i contenuti più alti della conoscenza.

Le costanti della poetica

La scrittura di Dante è caratterizzata da elementi eterogenei in continua evoluzione. È tuttavia possibile riconoscere la presenza di alcune tendenze costanti:

- l'uso del volgare;
- la vocazione sperimentale, che porta Dante a utilizzare molteplici stili espressivi e a inventare nuove forme;
- la tensione verso il vero e il buono, che fa della letteratura uno strumento di conoscenza e di evoluzione morale;
- la centralità dell'amore, la cui concezione muta nel corso del tempo (dall'amore cortese delle opere giovanili si passa, in quelle mature, a un amore inteso come forza mistico-teologica);
- l'invenzione di un io poetico protagonista, che si configura come un "arcipersonaggio".

Le fasi della poesia

A dispetto della varietà di stili, forme e generi presenti, la produzione in versi di Dante può essere ricondotta ad alcune fasi:

- fase debitrice di Guittone d'Arezzo e dei poeti provenzali (*Rime*);
- fase comico-realistica (*Rime*);
- fase stilnovista (*Vita nuova*);
- fase del dissidio con Cavalcanti e della ridefinizione della poesia d'amore (*Vita nuova*).

Tali fasi sono ricapitolate e superate nella *Commedia*.

Amore, conoscenza, felicità

A livello tematico, gli scritti di Dante si focalizzano su tre elementi, che si trasformano nel corso del tempo: l'amore, la ricerca della conoscenza, la ricerca della felicità. Oggetto del *Convivio* è l'amore per la conoscenza (di cui la donna amata è allegoria, diversamente dalla *Vita nuova*, dove oggetto d'amore è la donna di per sé stessa), la quale è perseguita attraverso gli strumenti della logica razionale; fine ultimo dell'indagine conoscitiva è il raggiungimento della felicità, che può essere conseguita attraverso l'uso della ragione e la pratica della virtù. Nella *Commedia* l'amore è concepito in senso trascendente e divino, la ragione è subordinata alla grazia della visione di Dio e la felicità è raggiungibile solo per dono divino.

Dante Alighieri

MAPPA

OPERE PRINCIPALI

- ***Vita nuova*** (1292-1294)
  - prosimetro in volgare dalla struttura tripartita
  - autobiografia idealizzata incentrata sull'amore per Beatrice
  - io poetico multiplo e funzione salvifica di Beatrice
- ***Rime***
  - raccolta di liriche in volgare compilata da editori moderni
  - carattere autobiografico dei testi, organizzati in sezioni omogenee (tenzoni, rime petrose, rime dell'esilio)
- ***Convivio*** (1304-1307)
  - 4 trattati in prosa e 3 liriche, in volgare, rivolti a un pubblico aristocratico-cortese
  - riflessione filosofico-morale condotta con il metodo scolastico
- ***De vulgari eloquentia*** (1303-1305)
  - trattato in latino sulla lingua volgare
  - ricerca di un volgare ideale che promuova una unificazione linguistica e politica dell'Italia
- ***De monarchia*** (1308?-1318)
  - trattato in latino sul potere e l'istituzione imperiali
  - universalità, autonomia (dal potere papale) e necessità (per il bene collettivo) dell'Impero, la cui autorità deriva da Dio
- ***Commedia*** (1302?-1321)
  - 3 cantiche, rispettivamente composte da 1 + 33, 33 e 33 canti
  - endecasillabi in volgare, organizzati in terzine con rima incatenata
  - pluristilismo, plurilinguismo e ricerca di forme espressive inedite

  - viaggio nell'aldilà compiuto in sette giorni da Dante-personaggio
  - Dante-personaggio ≠ Dante che ricorda ≠ Dante-autore
  - autobiografia idealizzata e riflessione politica in forma di profezia
  - poema polisemico dotato dello stesso statuto di verità della Bibbia
    - Inferno
      - struttura: antinferno, 9 cerchi
      - guida: Virgilio
      - pene secondo la legge del contrappasso
    - Purgatorio
      - struttura: antipurgatorio (2 balzi), 7 cornici, Eden
      - guida: Virgilio, sostituito nell'Eden da Beatrice
    - Paradiso
      - struttura: 9 cieli, Empireo
      - guide: Beatrice, Bernardo di Chiaravalle
      - ascesa culminante nella visione della Trinità

LA TUA LEZIONE
DANTE

PRIMA DI PREPARARE LA LEZIONE

→ Che cosa non puoi non sapere

1. Alcuni letterati contemporanei di Dante sono stati fondamentali per l'influenza che, a livello diverso, hanno avuto sulla vita e sull'opera del poeta. Tra questi vi sono Guido Cavalcanti e Brunetto Latini: spiega perché ciascuno di loro può dirsi determinante nel percorso biografico e poetico dantesco.
2. Chi era Beatrice e perché la sua figura diventa essenziale nell'opera e nella vita di Dante?
3. Quali sono i motivi politici che sono all'origine dell'esilio di Dante da Firenze?
4. Dante è stato il primo grande promotore della lingua italiana volgare in ambito letterario: ne discute sia nel *Convivio* sia nel *De vulgari eloquentia*. Spiega, in particolare, qual è la visione dantesca del volgare così come emerge da quest'ultimo trattato.
5. Quali sono le grandi fasi che caratterizzano la poesia di Dante?
6. Spiega e descrivi brevemente: significato del titolo, struttura, e temi principali della *Vita nuova*, soffermandoti sul genere letterario del prosimetro e sui modelli a cui Dante si è ispirato nella concezione del libro.
7. Qual è la teoria politica che Dante elabora nella *Monarchia*?
8. Spiega qual è la struttura generale della *Commedia* e che cosa descrivono, in breve, le tre cantiche di *Inferno*, *Purgatorio* e *Paradiso*.
9. Chi sono le tre «guide» che accompagnano Dante nel suo lungo viaggio oltremondano della *Commedia* e che cosa rappresentano in senso allegorico?
10. Perché si parla di "pluristilismo" nella *Commedia*?

→ Impadronirsi dei termini-chiave: le parole dell'autore

Miracolo Nel sonetto *Tanto gentile e tanto onesta pare*, Dante descrive Beatrice come un miracolo divino, concetto ricorrente nell'opera del poeta. Spiega quale significato primario poteva avere per Dante la parola "miracolo", aiutandoti con la scheda *Le nostre parole* a p. 219 e la *Lettura critica* a p. 224.

Selva L'immagine che apre la *Commedia* è quella del personaggio-Dante smarritosi in una «selva oscura»: qual è il significato allegorico di questo luogo selvaggio? Rispondi aiutandoti con la scheda *Le nostre parole* a p. 295.

Esperto Nel XXVI canto dell'*Inferno*, Ulisse dichiara di essere divenuto «del mondo esperto»: spiega che cosa significa questa locuzione e come il termine «esperto» differisca da quel che oggi definiremmo un "esperto tecnico", aiutandoti con la scheda *Le nostre parole* a p. 315.

COSTRUISCI LA TUA LEZIONE

Lezione 1 L'invenzione della «storia d'amore»: la *Vita nuova*

SCALETTA

- Per cominciare, considera la fondazione di un genere memorialistico di "autobiografia settoriale" che Dante compie con la *Vita nuova*: il racconto non dell'intera vita, ma della propria storia d'amore con Beatrice.
- Ricostruisci la vicenda amorosa attraverso un minuzioso assemblaggio di testi nella forma del prosimetro.
- Rifletti sul parallelismo tra storia d'amore esemplare e storia poetico-stilistica dell'autore: amare Beatrice significa anche scrivere di lei e "lodarla" attraverso una raffinatissima poesia.

- Analizza i diversi ruoli (copista, antologizzatore, commentatore e autore) che Dante assume nella scrittura della propria storia d'amore.
- Considera i luoghi in cui si ambienta la *Vita nuova*: quelli esterni di Firenze e quelli interni, come la camera in cui il poeta trova rifugio per confessare a sé stesso il proprio amore per Beatrice.
- Infine, rifletti sul potere miracoloso che la «visione» della donna amata suscita agli occhi del poeta e soffermati sull'emergere di una sintomatologia psicologica ed emotiva.

TESTI DI RIFERIMENTO

- **T1** *L'esordio: il copista d'amore*
- **T2** *Donne ch'avete intelletto d'amore*
- **T3** *Tanto gentile e tanto onesta pare*
- **T4** *La «mirabile visione»*

PAROLE DA USARE

- *amore* • *memoria* • *donna* • *saluto* • *intelletto* • *valore* • *sentire* • *gentile* • *divino* • *angelo* • *madonna* • *spirito* • *umiltà* • *dolcezza* • *cuore* • *visione* • *cortesia* • *gloria*

Lezione 2 Da Ulisse a Dante: il grande viaggio esistenziale della *Commedia*

SCALETTA

- Considera anzitutto l'idea della vita come viaggio quale emerge dalla *Commedia*, storia di una "deviazione" morale ma anche esistenziale che porta Dante alla scoperta e alla conoscenza dei peccati e delle virtù del mondo e delle loro ripercussioni nella dimensione ultraterrena.
- Soffermati sull'incontro di Dante con altri "viaggiatori" storici (come Ulisse) e con le sue tre «guide», anche loro viaggiatori dell'aldilà (Virgilio, Beatrice, san Bernardo).
- Rifletti sulle varie finalità dei viaggiatori della *Commedia*: dall'approdo al Paradiso riservato a Dante al viaggio senza meta cristiana di Virgilio a quello di sfida all'assoluto di Ulisse.
- Considera i meriti di Virgilio come garanzia per compiere un viaggio di fuoriuscita dal Limbo e di esplorazione dell'Inferno e del Purgatorio.
- Infine, analizza il viaggio di estrema conoscenza compiuto da Ulisse e destinato al fallimento come ogni opera folle e sottolinea la differenza tra il proposito non virtuoso di Ulisse e quello morale di Dante.

TESTI DI RIFERIMENTO

- **T11** *Dante nella «selva oscura»*
- **T14** *Virgilio: il viaggiatore privato della meta*
- **T15** *Ulisse: il viaggio «folle»*

PAROLE DA USARE

- *via* • *vita* • *selva* • *guida* • *seguire* • *trarre* • *luogo* • *ardore* • *esperienza* • *vizi* • *valore* • *mare* • *aperto* • *eterno* • *barca* • *smarrimento* • *pensiero* • *discernimento*

LA TUA BACHECA
DANTE

Consulta online la versione della tua bacheca arricchita di tanti altri contenuti: video, testi, link e proposte di attività.

IL TEMA

I volti dell'esilio

Da *exul immeritus*, come lui stesso si definiva, Dante ha avuto il compito di inaugurare il discorso moderno sull'esilio. Molteplici sono gli esiti di questa esperienza umana di allontanamento, che non coincide soltanto con il paradigma giuridico del prescritto distacco dalla patria. Arte, cinema, letteratura e storiografia offrono anzi risorse preziose per indagare i volti alternativi dell'esilio. Lo si ritrova, per esempio, nell'**emarginazione culturale** di grandi scrittori del passato; nel senso di **amara privazione** esperito dai migranti di fine Ottocento e da quelli contemporanei; negli **esodi politici** imposti dai regimi totalitari del Novecento, ma anche nella più generale **condizione di "svuotamento" interiore** alimentata, negli ultimi decenni, da una massiccia quanto pervasiva globalizzazione.

LETTERATURA
Bradbury: i classici esiliati su Marte

La categoria degli scrittori è da sempre una delle più colpite dalla brutalità dell'esilio, punizione impartita per censurare voci originali e controcorrente. Nel 1949, l'autore americano di fantascienza **Ray Bradbury** pubblicava sul tema un celebre racconto, intitolato ***The Mad Wizards of Mars*** (*I maghi folli di Marte*), e successivamente *The Exiles*, ora tradotto nella raccolta *Era una gioia appiccare il fuoco*. I «maghi folli» sono proprio un piccolo gruppo di autori classici, da William Shakespeare a Charles Dickens ed Edgar Allan Poe, immaginati in tragicomico esilio su Marte, dove stanno perendo, mentre i loro libri vengono bruciati sul rogo dagli abitanti della Terra, incapaci di tollerare le idee che vi hanno letto.

BREVE STORIA DELLA CRITICA

La fortuna critica di Dante inizia molto precocemente, già dalle letture pubbliche commentate di **Boccaccio** a Firenze, ma è nel Settecento che Dante viene rivalutato in tutta Europa come maestro di stile altamente tragico con gli scritti del letterato svizzero **Jakob Bodmer** (1698-1783). In Italia, grazie soprattutto agli scritti di **Ugo Foscolo** e alle *Lezioni e saggi su Dante* (1842-1873) di **Francesco De Sanctis**, l'autore della *Commedia* diviene la figura di riferimento per interpretare il riscatto morale dell'Italia che porterà, attraverso il Risorgimento, alla sua unità politica nel 1861.
Nel Novecento, dopo l'infelice lettura di **Benedetto Croce** (*La poesia di Dante*, 1921) decisive furono quelle di **Erich Auerbach** e di **Ernest Robert Curtius**: il primo, nei suoi *Studi su Dante* (1929), elaborò il concetto di «figura», fondamentale per la comprensione profonda della *Commedia*; il secondo, nel volume *Letteratura europea e Medioevo latino* (1948), collocò il capolavoro dantesco all'interno della tradizione latina medievale. Ma è senz'altro **Gianfranco Contini** uno dei massimi dantisti novecenteschi: a lui si devono l'edizione delle *Rime* del 1939 e una serie di saggi che hanno approfondito in modo esemplare aspetti legati sia allo stile di Dante sia alla modernità narrati-

ARTE
Gli esuli «svuotati» di Catalano

L'arte contemporanea indaga spesso gli effetti dell'odierno movimento di viaggiatori, migranti e lavoratori intorno al mondo, che si pone all'origine di importanti scambi culturali ma anche di una nuova forma di esilio quotidiano. I milioni di persone che ogni anno si trasferiscono a vivere in Paesi stranieri sono diventati i soggetti della serie di bronzi intitolati «**Esuli**» e scolpiti nel 2005 dall'artista marsigliese **Bruno Catalano**. Uomini e donne con la valigia sono mostrati in piedi, in perfetto equilibrio, ma con la parte centrale del corpo mancante, simbolo del vuoto incolmabile che la lontananza dalla loro terra e l'estraniamento dalla cultura d'origine hanno prodotto dentro di loro.

STORIA & POLITICA
Antifascisti in esilio: fuoriuscitismo e confino

L'esilio nella sua accezione primaria di espatrio politico è stato un fenomeno caratteristico dei regimi totalitari del Novecento. A partire dall'instaurazione della dittatura fascista in Italia, molti intellettuali antifascisti si videro costretti a una soffocante alternativa: la resistenza passiva in patria o il fuoriuscitismo all'estero. Nomi illustri appartengono a quest'ultima categoria: i fratelli **Carlo** e **Nello Rosselli**, rifugiatisi a Parigi prima di essere uccisi dai sicari di Mussolini; **Ignazio Silone**, riparato in Svizzera; **Gaetano Salvemini**, auto esiliatosi negli Stati Uniti. Ma c'era anche un'altra forma di esilio, quella del confino politico imposto dal regime come misura punitiva verso i dissidenti. Relegati in isole minori italiane, i confinati vi dovevano vivere da uno a cinque anni, sotto sorveglianza.

va della *Commedia*. Nel frattempo, grande sviluppo nell'ambito degli studi danteschi si realizzò in America, a partire dagli anni Cinquanta, grazie a **Charles S. Singleton**, all'interno di una chiave di lettura che privilegia l'interpretazione allegorica del testo attraverso gli scritti dei teologi e dei Padri della Chiesa medievali: una linea interpretativa poi continuata e arricchita dagli studi di John Freccero, Robert Hollander, Zygmunt Baránski, Lino Pertile, Teodolinda Barolini. In Italia, la tradizione critica dantesca si è fondata soprattutto sulle ricerche filologiche: vanno ricordate quelle di **Michele Barbi**, poi quelle che hanno in seguito portato alle edizioni della *Commedia* di **Giorgio Petrocchi** (1967) e di **Federico Sanguineti** (2001); del *Convivio* di **Franca Brambilla Ageno** (1995); della *Vita nuova* di **Guglielmo Gorni** (1996); delle *Rime* di **Domenico De Robertis** (2002).

Un approccio innovativo agli studi danteschi è stato infine offerto, tra gli altri, attraverso il ricorso agli strumenti dello strutturalismo e della semiotica uniti a un'attenta riconsiderazione della cultura filosofica del tempo di Dante, da **Maria Corti** (*Dante a un nuovo crocevia*, 1981; *La felicità mentale*, 1983; *Percorsi dell'invenzione. Il linguaggio poetico e Dante*, 1993) e da **Michelangelo Picone**.

A. ANALISI E INTERPRETAZIONE DI UN TESTO LETTERARIO

Primo Levi
L'inferno del Lager

In *Se questo è un uomo*, romanzo autobiografico di Primo Levi, sopravvissuto al campo di sterminio di Auschwitz, l'ingresso al Lager è descritto come un vero e proprio inferno: i deportati sono vessati dai loro aguzzini nazisti come le anime dannate dai diavoli.

Il viaggio non durò che una ventina di minuti. Poi l'autocarro si è fermato, e si è vista una grande porta, e sopra una scritta vivamente illuminata (il suo ricordo ancora mi percuote nei sogni): ARBEIT MACHT FREI, il lavoro rende liberi.
Siamo scesi, ci hanno fatti entrare in una camera vasta e nuda, debolmente riscaldata. Che sete abbiamo! Il debole fruscio dell'acqua nei radiatori ci rende feroci: sono quattro giorni che non beviamo. Eppure c'è un rubinetto: sopra un cartello, che dice che è proibito bere perché l'acqua è inquinata. Sciocchezze, a me pare ovvio che il cartello è una beffa, «essi» sanno che noi moriamo di sete, e ci mettono in una camera e c'è un rubinetto, e Wassertrinken verboten[1]. Io bevo, e incito i compagni a farlo; ma devo sputare, l'acqua è tiepida e dolciastra, ha odore di palude.
Questo è l'inferno. Oggi, ai nostri giorni, l'inferno deve essere così, una camera grande e vuota, e noi stanchi stare in piedi, e c'è un rubinetto che gocciola e l'acqua non si può bere, e noi aspettiamo qualcosa di certamente terribile e non succede niente e continua a non succedere niente. Come pensare? Non si può più pensare, è come essere già morti. Qualcuno si siede per terra. Il tempo passa goccia a goccia.
Non siamo morti; la porta si è aperta ed è entrata una SS, sta fumando. Ci guarda senza fretta, chiede: – Wer kann Deutsch?[2] – Si fa avanti uno fra noi che non ho mai visto, si chiama Flesch; sarà lui il nostro interprete. La SS fa un lungo discorso pacato: l'interprete traduce. Bisogna mettersi in fila per cinque, a intervalli di due metri fra uomo e uomo; poi bisogna spogliarsi e fare un fagotto degli abiti in un certo modo, gli indumenti di lana da una parte e tutto il resto dall'altra, togliersi le scarpe ma far molta attenzione di non farcele rubare.
Rubare da chi? perché ci dovrebbero rubare le scarpe? e i nostri documenti, il poco che abbiamo in tasca, gli orologi? Tutti guardiamo l'interprete, e l'interprete interrogò il tedesco, e il tedesco fumava e lo guardò da parte a parte come se fosse stato trasparente, come se nessuno avesse parlato.
Non avevo mai visto uomini anziani nudi. Il signor Bergmann portava il cinto erniario[3], e chiese all'interprete se doveva posarlo, e l'interprete esitò. Ma il tedesco com-

1. **Wassertrinken verboten:** «Proibito bere acqua».
2. **Wer kann Deutsch?:** «Chi parla il tedesco?».
3. **cinto erniario:** cintura medica per trattare le ernie.

prese, e parlò seriamente all'interprete indicando qualcuno; abbiamo visto l'interprete trangugiare, e poi ha detto: – Il maresciallo dice di deporre il cinto, e che le sarà dato quello del signor Coen –. Si vedevano le parole uscire amare dalla bocca di Flesch, quello era il modo di ridere del tedesco.

Poi viene un altro tedesco, e dice di mettere le scarpe in un certo angolo, e noi le mettiamo, perché ormai è finito e ci sentiamo fuori del mondo e l'unica cosa è obbedire. Viene uno con la scopa e scopa via tutte le scarpe, via fuori dalla porta in un mucchio. È matto, le mescola tutte, novantasei paia, poi saranno spaiate. La porta dà all'esterno, entra un vento gelido e noi siamo nudi e ci copriamo il ventre con le braccia. Il vento sbatte e richiude la porta; il tedesco la riapre, e sta a vedere con aria assorta come ci contorciamo per ripararci dal vento uno dietro l'altro; poi se ne va e la richiude.

P. Levi, *Se questo è un uomo*, cap. *Sul fondo*, Einaudi, Torino 1958

Primo Levi (Torino, 31 luglio 1919 - Torino, 11 aprile 1987). Chimico, partigiano e scrittore, ha offerto una delle più importanti testimonianze sulla tragica realtà dei *Lager* in *Se questo è un uomo* (1947), dove ha descritto la sua esperienza di ebreo deportato ad Auschwitz. Nelle sue opere successive si concentrò sul suo mestiere di chimico (*Il sistema periodico*, 1975); nel 1978, con *La chiave a stella*, volle omaggiare il lavoro creativo dei tecnici italiani. In seguito tornò ad approfondire il tema delle persecuzioni razziali (*Se non ora, quando?*, 1982; *I sommersi e i salvati*, 1986). Lo stile di Levi è asciutto e sintetico, attento a fare comprendere con poche, ma ben scelte parole, lo sfondo sociale delle sue opere.

---

1. COMPRENSIONE DEL TESTO

Dividi il testo in sequenze e riassumi ciascuna di esse con una breve frase.

2. ANALISI DEL TESTO

2.1 A chi si riferisce il narratore con il pronome «essi» (r. 8)? Perché non utilizza un nome di persona?

2.2 In che cosa consiste la punizione della stanza con il rubinetto?

2.3 Quali sono i primi ordini che l'ufficiale nazista impartisce ai deportati?

2.4 Per descrivere il lento scorrere del tempo, Levi utilizza l'espressione «goccia a goccia» (r. 15): perché proprio questa? Di quale figura retorica si tratta?

2.5 A chi vanno attribuite le domande «Rubare da chi? perché ci dovrebbero rubare le scarpe? e i nostri documenti, il poco che abbiamo in tasca, gli orologi?» (rr. 23-24)? Quale tecnica narrativa viene qui impiegata? Con quale effetto sul lettore?

2.6 A quale registro appartiene lo stile di Levi? Rivela uno scrittore amante dell'oscurità o piuttosto della chiarezza espressiva? Giustifica la tua risposta analizzando una frase del testo.

3. RELAZIONE CON IL CONTESTO STORICO E CULTURALE

Trovi che ci siano delle analogie tra l'inferno di Auschwitz e il regno ultraterreno visitato da Dante? Ripensa ai canti dell'*Inferno*, in particolare alle punizioni dei dannati, ed esponi le tue considerazioni in circa quindici righe. Puoi aiutarti con la tabella proposta.

	Levi	Dante
Descrizione dei deportati/peccatori (lamenti, nudità...)		
Presenza di guardiani e aguzzini		
Punizioni		
Ambientazione e paesaggio		

B. ANALISI E PRODUZIONE DI UN TESTO ARGOMENTATIVO

Erich Auerbach

L'incontro di Dante e Farinata: un esempio di stile sublime

Il filologo tedesco Erich Auerbach (1892-1957), insigne studioso di Dante e delle letterature medievali europee, analizza la concezione dantesca di stile sublime, basato su un'originale «mescolanza» di lingua («forma linguistica») e argomenti («soggetti»). Per farlo, Auerbach parte dall'episodio di Farinata, ghibellino punito come eretico nel sesto cerchio dell'Inferno.

«O Tosco[1] che per la città del foco
vivo ten vai così parlando onesto,
piacciati di restare in questo loco.

La tua loquela ti fa manifesto[2]
di quella nobil patrïa natio,
a la qual forse fui troppo molesto[3]».

Subitamente[4] questo suono uscìo
d'una de l'arche[5]; però[6] m'accostai,
temendo, un poco più al duca[7] mio.

Ed el mi disse: «Volgiti! Che fai?
Vedi là Farinata che s'è dritto[8]:
da la cintola in sù tutto 'l vedrai».

(D. Alighieri, *Inferno* X, vv. 22-33)

1. **Tosco:** Toscano.
2. **La tua... ti fa manifesto:** Il tuo modo di parlare mostra che tu.
3. **fui troppo molesto:** provocai troppi danni (a Firenze).
4. **Subitamente:** Improvvisamente.
5. **arche:** sepolcri (in cui sono puniti gli eretici).
6. **però:** perciò.
7. **duca:** guida.
8. **che s'è dritto:** che si è levato in piedi (fuori dell'arca).

Introduzione e riassunto dei versi precedenti

All'inizio di questo episodio, nel canto decimo dell'*Inferno*, Virgilio e Dante camminano per uno stretto sentiero fra gli avelli ardenti e scoperchiati. Vanno ragionando; Virgilio spiega a Dante come in quelle arche giacciano eretici e atei e gli promette di soddisfare il suo desiderio a mezzo accennato d'entrare in discorso con qualcuno di quei dannati. Mentre Dante gli sta rispondendo, si leva da uno dei sepolcri una voce che incomincia con i cupi suoni di «O Tosco», e Dante indietreggia spaventato. Uno dei dannati s'è drizzato nel suo sepolcro e rivolge la parola ai due; Virgilio ne fa il nome: è Farinata degli Uberti, morto poco innanzi la nascita di Dante, capo dei Ghibellini di Firenze e loro comandante in battaglia. [...]

L'apostrofe di Farinata e i suoi modelli letterari

«O Tosco, che per la città del foco vivo ten vai». È un appello, un vocativo introdotto da «o», seguito poi da una proposizione relativa di gran peso e contenuto riguardo all'appello, a cui soltanto allora segue la frase desiderativa ugualmente carica di solenne e misurata cortesia; non è detto «Tosco, fermati», bensì: «O Tosco, che..., piacciati di restare in questo loco». La formula è sommamente solenne e deriva dallo stile illustre dell'*epos* antico, che risuona all'orecchio di Dante come tante altre reminiscenze di Virgilio, Lucano o Stazio. Io non credo che prima di lui sia già stata usata in un volgare medievale. [...]

Le parole di Virgilio: tono e sintassi

Il discorso incoraggiante di Virgilio dei vv. 31-33 contiene solo proposizioni principali, senza nessun altro legame di congiunzioni: un corto imperativo, una breve domanda, ancora un imperativo con complemento oggetto e con una frase esplicativa relativa, e finalmente una frase al futuro di significato esortativo con una determinazione avverbiale. Ma il rapido susseguirsi, la tagliente formulazione delle singole parti e il loro accordarsi, creano lo slancio d'un discorso vivacissimo: «Volgiti: che fai?» ecc. [...]

Deduzione: lo stile di Dante punta al sublime

In complesso la mira stilistica è rivolta senza dubbio allo stile sublime, e ciò si avverte, anche se già non lo si sapesse dalle precise espressioni di Dante, immediatamente da ogni riga del poema, per quanto comune possa essere il linguaggio nel quale è scritto. La *gravitas* del tono di Dante è mantenuta con tale continuità da non potersi dubitare un solo momento a quale livello stilistico ci si trovi.
Certamente sono stati gli antichi a fornire a Dante il modello dello stile illustre, a lui per primo: egli stesso parla in molti luoghi, nella *Commedia* e nel *De vulgari eloquentia*, di quanto sia debitore ad essi per lo stile illustre della lingua volgare. [...]

Distinzione: «soggetti» e «forma linguistica»

Ma nello stesso tempo è innegabile che il concetto che Dante ha del sublime si distingue essenzialmente da quello dei suoi antichi modelli, non meno nei (1) soggetti che (2) nella forma linguistica. (1) I soggetti che la *Commedia* presenta, offrono una mescolanza di sublime e d'infimo che agli antichi sarebbe sembrata mostruosa [...]. Molto di frequente essi vengono rappresentati realisticamente e senza ritegni nella loro cerchia di vita umile, e in genere, come ogni lettore sa, Dante non conosce limiti nella rappresentazione esatta e schietta del quotidiano, del grottesco e del repellente [...]. (2) In nessun altro autore la mescolanza degli stili talmente s'avvicina alla violazione di ogni stile. [...]

Conclusione: il sublime dantesco non può prescindere dal contenuto del poema

Per quanto triviale, grottesco, orrido e beffardo sia quello che dice, il tono rimane tuttavia illustre; il realismo della *Commedia*, come quello del teatro cristiano, non potrebbe mai cadere nel buffonesco plateale e servire da sollazzo popolaresco. [...] Dante, quantunque tragga il suo materiale dalla lingua più viva, e talvolta perfino dalla più bassa, ha perduto l'ingenuità e costringe ogni espressione nella gravità del suo tono e, se canta il divino ordine universale, impiega per tal compito costruzioni e connessioni sintattiche che dominano gigantesche masse di pensiero e complessi di eventi.

(E. Auerbach, *Mimesis: il realismo nella letteratura occidentale*, Vol. I, Einaudi, Torino 1956)

LE PAROLE DELLA CRITICA LETTERARIA

- **cupi suoni:** sono così definite le vocali *o* ed *u*, che unite a consonanti dure (come qui la *c*) o vibranti (*r*) conferiscono all'espressione un carattere particolare (si parla di fonosimbolismo quando è il suono stesso a veicolare il senso del messaggio).
- **vocativo:** espressione formale di saluto o utile a richiamare l'attenzione, introdotta da *o*.
- **frase desiderativa:** spesso introdotta da *se*, augura qualcosa di buono all'interlocutore; nel passo qui citato è imperniata sul congiuntivo esortativo («piacciati»).
- ***epos*:** si riferisce al genere epico, per Dante rappresentato dai poeti latini Virgilio, Stazio e Lucano, autori, rispettivamente, dell'*Eneide* (I secolo a.C.), della *Tebaide* e della *Farsaglia* (entrambe del I sec. d.C.). Non conoscendo il greco, Dante non aveva accesso a Omero.
- **reminiscenze:** sono i ricordi di un passo poetico del passato che portano un autore successivo a citarlo direttamente o ad alludervi in modo più sottile nella propria opera.
- **stile sublime:** lo stile più nobile, proprio della tragedia e dell'epica (come l'*Eneide*), nella tripartizione medievale, che prevedeva anche quello umile e quello medio. Dante sembra proporsi come seguace del più basso (quello comico), mentre di fatto tende al più alto.
- ***gravitas*:** parola latina che letteralmente indica «pesantezza» e, qui, solennità (come più avanti «gravità»).
- **grottesco:** il deforme, il bizzarro, che può suscitare il riso ma senza rallegrare.

Dopo un'attenta lettura, elabora un testo di analisi e commento, sviluppando i seguenti punti:

1. COMPRENSIONE E ANALISI

1.1 A che punto siamo del viaggio nell'Inferno? Perché Dante si spaventa e si ritrae dalla parte di Virgilio?

1.2 Auerbach fornisce l'analisi del periodo dei vv. 31-33: verifica le corrispondenze tra le rr. 18-23 del saggio e i versi del poema.

Auerbach	Dante
un corto imperativo	Volgiti!
una breve domanda	
ancora un imperativo con complemento oggetto	
e con una frase esplicativa relativa	
e finalmente una frase al futuro di significato esortativo	
con una determinazione avverbiale	in sù

1.3 Auerbach intende dimostrare l'originalità dello stile sublime di Dante, basato su una fondamentale «mescolanza»: quale? Perché «agli antichi sarebbe sembrata mostruosa»?

1.4 Il saggio è diviso in due parti: nella prima Auerbach analizza i versi di Dante, nella seconda elabora la concezione dantesca di stile sublime. Individua le due sezioni e, con l'aiuto dei titoletti posti nel margine, verifica se sia possibile dividerle in sotto-sequenze.

1.5 Che cosa lega le due sezioni del saggio? I versi di Dante servono come esempio di quale categoria letteraria?

2. COMMENTO

Ora che hai ben compreso la tesi di Auerbach, prova ad applicarla a un altro episodio dell'*Inferno*: l'incontro con Ulisse (➤ T15, p. 313). Articola le tue riflessioni in circa quindici righe, seguendo la scaletta proposta.

Sezione	Righe	Argomento	Possibile svolgimento
1. Introduzione	2	Presentazione per riagganciarsi al saggio	*Lo studioso Erich Auerbach presenta lo stile di Dante come sublime.*
2. Tesi	2	Riformulazione della tesi	*Il sublime dantesco è....*
3. Esempio	2	A sostegno della tesi	l'episodio di Ulisse (➤ T15, p. 313)
4. Sviluppo	7	Breve analisi dell'esempio	*Come Farinata, anche Ulisse meriterebbe un trattamento di poco riguardo. Eppure Dante descrive l'episodio con tono solenne. Ad esempio...*
5. Conclusione	2	Conferma della tesi	*Tutto ciò dimostra la generale applicabilità della tesi di Auerbach sullo stile dantesco.*

C. RIFLESSIONE CRITICA DI CARATTERE ESPOSITIVO-ARGOMENTATIVO SU TEMATICHE DI ATTUALITÀ

Secondo le parole del suo avo Cacciaguida, Dante scopre «come sa di sale / lo pane altrui» (*Paradiso*, XVII, vv. 58-59 ➤ T17, p. 325). L'esperienza dell'esilio, della censura, delle minacce ha toccato e tocca molti scrittori perseguitati a causa delle loro opere. Pensi che nel mondo di oggi la parola scritta sia ancora così influente? La cosiddetta letteratura dell'impegno, che denuncia le ingiustizie, fa ancora paura ai potenti? Le condanne e la censura sono strumenti efficaci? Oppure non fanno che aumentare la fama di chi le subisce? Esponi le tue considerazioni in circa tre facciate di foglio protocollo. Assegna un titolo al tuo elaborato e dividilo in paragrafi, come quelli proposti: introduzione / esposizione (tipi di repressione subita dagli scrittori) / analisi (le motivazioni dei potenti, gli effetti delle loro misure sull'opinione pubblica) / esempi (scrittori a te noti che hanno subito l'esilio, l'arresto, la censura...) / opinione personale / conclusioni.

Francesco Petrarca
La voce dell'io diviso

L'ESPONENTE DI UN'ETÀ NUOVA

Con Francesco Petrarca l'età medievale, nei suoi tratti essenziali, si può considerare ormai superata. Le due grandi istituzioni universali, Chiesa e Impero, non rappresentano più un punto di riferimento, vittime di una profonda crisi. Nello stesso tempo Petrarca, primo intellettuale cosmopolita, guarda con scarso interesse il mondo comunale, che ancora era stato fondamentale per Dante: non il particolarismo locale gli interessa ma la grande cultura dei dotti d'Europa, trasmessa dal latino, la lingua universale del tempo. Il suo sguardo sul mondo classico, inoltre, è profondamente diverso da quello di Dante: la conoscenza capillare della letteratura, della filosofia e della storiografia latine lo portano a percepire una netta frattura tra il proprio tempo e il mondo antico e a porre in crisi profonda quel concetto di continuità (*translatio*) tra cultura classica e cultura cristiana, che aveva rappresentato per secoli un termine di paragone.

UN INTELLETTUALE ALLA RICERCA DI SÉ STESSO

Alla fede nelle grandi istituzioni medievali Petrarca sostituisce un ideale individualistico, fondato sulla conoscenza di sé: conoscenza incerta e provvisoria, da verificare ogni volta alla luce dell'esperienza. Questo modo di interpretare la funzione dell'intellettuale comporta alcune importanti conseguenze. Innanzitutto il suo profondo concetto di *humanitas* per la prima volta assegna il posto più importante alla sfera morale, messa alla prova nella vita concreta degli uomini nella storia, rispetto a quella speculativa astratta, che fino al quel momento il Medioevo considerava prerogativa specifica dell'attività intellettuale. In secondo luogo, in lui si manifesta una completa sfiducia nel potere e, implicitamente, la necessità di una completa indipendenza dell'intellettuale da esso.

Inquadra il codice per accedere alla lezione dell'autore.

VIDEO

ELOGIO DELLA MOLTEPLICITÀ

Dagli scritti di Petrarca si può cogliere una decisa scelta di campo per tutto ciò che è particolare e frammentario rispetto a ciò che è universale, per il molteplice rispetto all'unitario. Egli vede il cammino della vita umana non come un percorso lineare ma come un labirinto in cui si può errare (cioè sbagliare o perdersi) in molti modi. La molteplicità e la frammentarietà fanno parte del mondo stesso e, di riflesso, si ritrovano anche nell'io e nella scrittura che cerca di rappresentarlo. È anche per questa consapevolezza che Petrarca può essere considerato il primo intellettuale moderno, il fondatore di una nuova e più sfaccettata idea di interiorità.

IL LIBRO E I FRAMMENTI DELL'IO

I *Rerum vulgarium fragmenta*, il libro che lo ha consacrato come modello lirico assoluto in Europa fino al Novecento, non è una semplice raccolta di testi lirici. Si tratta di un'opera realizzata in una lingua volgare che si è raffinata – acquisendo una purezza «trascendentale», come ha affermato il critico Gianfranco Contini – anche grazie al continuo e parallelo lavoro linguistico sul latino. Petrarca non aveva di fronte a sé un compito facile, trovando come prima pietra di paragone un personaggio come l'Alighieri: ha però vinto la sua sfida, scegliendo per sé proprio quel genere letterario che Dante aveva abbandonato per il suo poema sacro, la lirica.
I *Fragmenta*, infine, se rappresentano in pieno quella molteplicità di cui si parlava, sono allo stesso tempo il primo vero libro della tradizione lirica, percepito in modo unitario, pur tra molti fraintendimenti, dagli interpreti dei secoli a venire. Una raccolta sempreverde per sempre nuove generazioni di lettori, proprio come l'alloro del mito di Apollo e Dafne che ne rappresenta l'emblema centrale.

AVIGNONE

Si trasferisce qui nel 1312, rimanendovi in modo incostante fino al 1352. Ad Avignone Petrarca ha la possibilità di compiere la sua formazione filologica e letteraria. Risale al 1327 il suo incontro con Laura in una chiesa della città.

MILANO

Dal 1353 al 1362 Petrarca si trasferisce a Milano, alla corte dei Visconti, per i quali svolge numerosi incarichi diplomatici.

ARQUÀ

Dopo vari anni trascorsi in diverse città, Petrarca si ritira in questo piccolo centro a partire dal 1370 e vi rimane fino al giorno della sua morte, nel 1374.

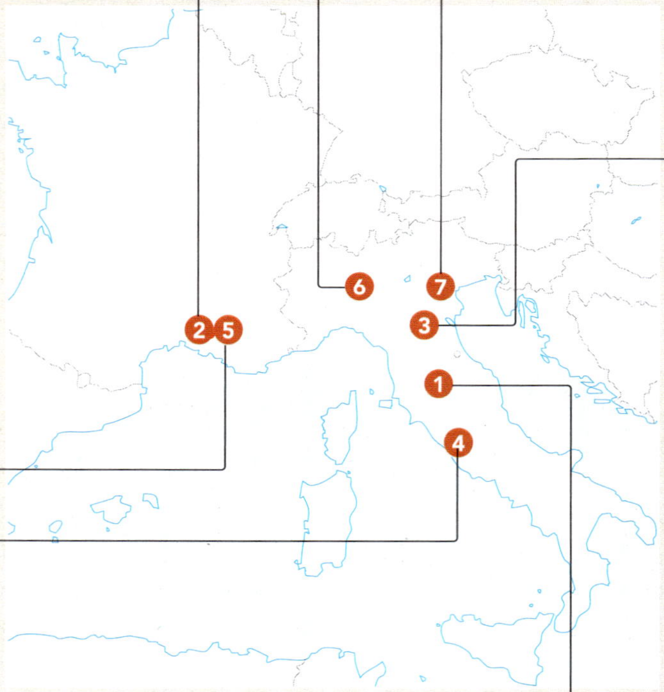

VALCHIUSA

In questo piccolo centro vicino ad Avignone Petrarca acquista una proprietà dove si ritira spesso in cerca di pace e serenità. Qui concepisce gran parte delle sue opere letterarie.

BOLOGNA

Dal 1320 al 1326 prosegue qui gli studi giuridici intrapresi a Montpellier nel 1316. È a Bologna che Petrarca conosce la tradizione della lirica volgare italiana.

ROMA

Petrarca vi giunge nel gennaio del 1337, una volta entrato a servizio della famiglia Colonna. La città rappresenta per Petrarca il mito della classicità. Qui viene incoronato poeta "laureato" nel 1341.

AREZZO

Nasce qui il 20 luglio 1304 da ser Petracco, esule fiorentino, ma pochi anni dopo si trasferisce con la famiglia ad Avignone.

VITA

1304 Francesco Petrarca nasce ad Arezzo

1312 Si trasferisce ad Avignone

1320 Intraprende studi giuridici, prima a Montpellier e poi a Bologna

1326 Ritorna ad Avignone, dopo avere interrotto gli studi di diritto

1327 Il 6 aprile incontra Laura in una chiesa di Avignone

1328 Prende gli ordini minori

1330 Entra al servizio della famiglia dei Colonna

1336-37 Soggiorno a Roma presso i Colonna

1341 È incoronato poeta laureato a Roma

1343 Conosce Cola di Rienzo; il fratello Gherardo entra in monastero

1350 Incontra Boccaccio a Firenze

1353 Si stabilisce a Milano, presso i Visconti

1368 Va a vivere ad Arquà, sui colli Euganei

1374 Muore ad Arquà, nella notte tra il 18 e il 19 luglio

OPERE

1325-74 Raccolte epistolari (*Familiares, Seniles, Sine nomine*)

1331-50 *Epistolae metricae*

1338 Inizia la stesura dell'*Africa* e del *De viris illustribus*

1342 Prima forma del *Canzoniere*

Dal 1346 Inizia la stesura del *Bucolicum carmen*

1346-66 Opere filosofico-morali (*De vita solitaria, De otio religioso, De remediis utriusque Fortunae*)

1347 Inizia a comporre il *Secretum*

1352-55 *Invectivae contra medicum quendam, Invectiva contra eum qui maledixit Italiae*

Dal 1353 Lavora ai *Triumphi*

1367-71 *De sui ipsius et multorum ignorantia*

1374 Ultima redazione del *Canzoniere*

STORIA

1309-77 Cattività avignonese

1313 Nasce Giovanni Boccaccio

1321 Muore Dante Alighieri

1328 Muore Carlo IV di Francia, si estingue la dinastia dei Capetingi

1337 Inizia la Guerra dei Cent'anni tra Inghilterra e Francia

1347-54 Cola di Rienzo istituisce la Repubblica romana

1348 La "peste nera" flagella l'Europa

1351-56 Guerra tra Genova e Venezia

1354 Muore a Milano Giovanni Visconti; gli Angioini sbarcano in Sicilia

1356 Bolla d'oro di Carlo IV

1362 I Turchi sono alle porte di Costantinopoli

1375 Muore Giovanni Boccaccio

LETTERATURA, ARTI E SCIENZE

1319-20 Scambio di egloghe fra Dante e il preumanista e amico di Petrarca Giovanni del Virgilio, che rinfacciava al poeta fiorentino di non aver composto un poema in lingua latina

1323 Il francescano inglese Guglielmo di Ockham compone la sua *Summa logicae*, nella quale manifesta una critica radicale nei confronti dei fondamenti della Scolastica.

1332 Cino da Pistoia, il poeta della "dolcezza" che aveva condiviso l'esperienza stilnovistica con Dante, torna in patria dopo un lungo esilio

1340-44 Simone Martini esegue il frontespizio del codice petrarchesco che contiene il commento a Virgilio

1350 Primo incontro tra Francesco Petrarca e Giovanni Boccaccio

1370 La mistica Caterina da Siena inizia a redigere le sue *Lettere*

AUTORE

1. La vita di un intellettuale cosmopolita

1.1 Da Arezzo ad Avignone

I primi studi: Carpentras e Bologna

VIDEO

Inquadra il codice per accedere alla lezione su Petrarca

Petrarca nasce ad Arezzo il 20 luglio del **1304** da ser Petracco, un notaio esiliato da Firenze nel 1302 per aver militato con i guelfi bianchi. Nel 1312 Francesco, insieme al fratello Gherardo, cui sarà sempre molto legato, si sposta ad **Avignone**, al seguito del padre, impiegato presso la corte pontificia, che vi si era trasferita a partire dal 1309. La famiglia si stabilisce a Carpentras, vicino ad Avignone, e qui Petrarca frequenta la scuola di Convenevole da Prato, dove riceve i primi insegnamenti nelle arti del Trivio (grammatica, dialettica e retorica). Avignone, però, è anche un grande centro culturale che permette a Petrarca di avere accesso a libri e maestri che gli consentono una formazione di tipo storico e filologico, cosa che, a quella data, non sarebbe stata possibile altrove. Si tratta di una formazione non più universitaria ma compiuta da autodidatta, con l'appoggio della potente famiglia dei Colonna. Nel 1316, per volontà del padre, intraprende gli studi giuridici a Montpellier insieme al fratello Gherardo e nel 1320 i due si iscrivono alla facoltà di legge di **Bologna**, dove Petrarca incontra **Giacomo Colonna**, rampollo di una delle più potenti famiglie della nobiltà romana che diverrà uno dei suoi più cari amici. Nella città emiliana egli ha inoltre modo di conoscere a fondo la giovane tradizione della lirica in volgare (bolognese è Guido Guinizzelli, iniziatore dello Stilnovo) e inizia così a delinearsi la sua inclinazione più autentica: gli studi letterari. Ma nel 1326, in seguito alla morte improvvisa del padre, Francesco è costretto a tornare ad Avignone e a interrompere la carriera giuridica.

Avignone, città cosmopolita

Avignone, in quegli anni, è un **grande centro culturale**, «la capitale del XIV secolo», secondo la definizione di Karlheinz Stierle; alla corte papale funzionari e intellettuali provenienti da ogni parte d'Europa si confrontano su temi culturali, sociali e politici di ogni genere e sono protagonisti di un fitto scambio intellettuale. L'ambiente cosmopolita di Avignone si dimostra particolarmente propizio per coltivare **interessi filologici e letterari**, in quanto la biblioteca pontificia è la più grande dell'epoca e la folta presenza di studiosi vi fa affluire opere di ogni disciplina. Grazie all'amicizia con Giacomo Colonna, Petrarca ha accesso alla ricca collezione papale e può così leggere autori e opere altrimenti introvabili, completando una formazione di tipo storico e filologico, orientata verso lo studio della classicità. All'interno di questo stimolante ambiente culturale Petrarca matura il suo interesse per i **manoscritti** e il loro studio, una passione che lo porterà a costituire, nel corso degli anni, una biblioteca privata eccezionale per i tempi. Sede papale dal 1316, Avignone rappresenta bene, in quanto centro di un potere che non si definisce come locale ma universale, la distanza da quel mondo municipale che aveva rappresentato il centro dell'immaginario dantesco e da cui invece il cittadino del mondo Petrarca si allontanerà senza rimpianti. Malgrado il poeta si definisca più volte «*florentinus*», egli non si riconoscerà mai nella città di Dante: si può dire, anzi, che, a parte la parentesi bolognese, la sua formazione avvenga al di fuori dell'Italia. Oltre a dedicarsi agli studi, ad Avignone Petrarca conduce, insieme al fratello Gherardo, una brillante vita mondana e conosce letterati, architetti e pittori. Sono gli anni che in una lettera tarda al fratello ricorderà come interamente dediti alle cose mondane, vane e futili: «Ti ricordi quanto grande e quanto vano fosse in noi il desiderio di splendide vesti ... quale il timore che un capello uscisse dal suo posto e un lieve vento scomponesse il laborioso acconciamento della chioma...?» (*Familiari* X, 3).

L'incontro con Laura e il servizio per i Colonna

Secondo quanto Petrarca stesso scrive, è ad Avignone, nella chiesa di Santa Chiara, che il **6 aprile** del **1327**, Venerdì Santo, Petrarca incontra Laura, la musa ispiratrice della sua poesia in volgare. Della figura storica di questa donna si sa poco, anche se alcuni studiosi la identificano con **Laura de Noves** (1310-1348), nobildonna italiana sposata al marchese Ugo de Sade, dal quale avrà undici figli. L'anno successivo a questo fatidico incontro segna un'altra tappa fondamentale nel percorso biografico di Petrarca: avendo ormai consumato il patrimonio paterno, intraprende la carriera ecclesiastica assumendo la posizione di **chierico**. Tale condizione gli permette di godere di benefici ecclesiastici, cioè di rendite in denaro, senza dover esercitare i compiti legati al suo ufficio. Come molti altri chierici, anzi, Petrarca può vivere in tutto e per tutto come un laico, con il solo obbligo del celibato, anche se ciò non gli impedirà comunque di intrattenere relazioni con alcune donne (due delle quali gli daranno due figli, Giovanni, nel 1337, e Francesca, nel 1343). Proprio in qualità di chierico, a partire dal 1330 entra a servizio del cardinale **Giovanni Colonna**, come **cappellano di famiglia**. È grazie allo stipendio ricevuto dai Colonna che egli si garantisce la possibilità di dedicarsi con serenità ai propri studi.

1.2 Petrarca preumanista: alla ricerca di antichi codici

L'impegno erudito e filologico

Incaricato dai Colonna, Petrarca compie frequenti viaggi nell'Europa del Nord, visita Parigi, le Fiandre e la Germania e, nel suo girovagare per biblioteche e monasteri, scopre e riporta alla luce **testi antichi** che si credevano perduti. A Liegi nel 1333 ritrova l'orazione *Pro Archia* (*In difesa di Archia*) di Cicerone, autore amato e prediletto di cui, più di dieci anni dopo, scoprirà una corposa parte dell'epistolario nella Biblioteca Capitolare di Verona. **Cicerone**, insieme a **Seneca**, sarà per Petrarca un fondamentale modello di prosa: «sin dalla prima fanciullezza – scrive – quando tutti gli altri ammirano Prospero o Esopo, io studiai i libri di Cicerone» (*Senili* XVI, 1). L'entusiasmo con cui Petrarca si dedica alla riscoperta dei classici, la sua «passione insaziabile» per i libri (*Familiari* III, 18) anticipa lo **spirito degli umanisti** del Quattrocento e contribuisce in modo decisivo alla nascita della filologia moderna: egli, infatti, non si limita ad andare in cerca di manoscritti che si ritenevano perduti, ma si preoccupa anche di emendarli dagli errori dei copisti, mettendo a confronto più versioni dello stesso passo per riconoscere i passaggi corrotti e restituire così al testo la sua veste originaria. Fra gli autori classici più letti e frequentati, oltre a Cicerone, spicca **Virgilio**: al codice contenente le sue opere (il cosiddetto "Virgilio ambrosiano"), Petrarca rimarrà particolarmente affezionato e non se ne separerà mai, annotandovi ai margini non solo date importanti ma anche commenti estremamente personali.

> «Vuoi dunque sapere la mia malattia? Non so saziarmi di libri».
> *Lettera a Giovanni dell'Incisa*

L'ascesa al Monte Ventoso

Fra gli autori cristiani, invece, Petrarca sviluppa un particolare amore per **sant'Agostino**, le cui ***Confessioni*** gli sono donate nel 1333 dall'amico monaco agostiniano Dionigi da Borgo Sansepolcro. Proprio questo piccolo libro, che Petrarca portava sempre con sé dato il suo formato tascabile, è protagonista di un altro degli eventi fondamentali della biografia petrarchesca, l'ascesa al Monte Ventoso. Il **24 aprile** del **1336**, ancora un Venerdì Santo, Francesco intraprende, insieme al fratello Gherardo, la scalata del Mont Ventoux, un monte nei pressi di Carpentras: l'episodio, raccontato nella celebre *Familiare* IV, 1 (➤ **T2**), assume una forte valenza simbolica, poiché la faticosa ascesa diventa il **simbolo** di una progressiva ma necessaria **ascesi spirituale**.

Il mito di Roma

Al gennaio del **1337 risale il primo viaggio** di Petrarca **a Roma**, dove è ospite della famiglia Colonna; la visita delle antiche rovine lo commuove profondamente e il soggiorno fa crescere e consolidare in lui il mito di Roma, di cui comincia ad auspicare la rinascita. È Roma la città che meglio rappresenta non solo il centro della cristianità, ruolo ingiustamente usurpatole da Avignone, ma anche l'ideale universale della continuità tra presente e antichità classica. L'Urbe, dunque, deve riproporsi nuovamente come faro di civiltà per tutto il genere umano, la nuova Gerusalemme in cui il pontefice deve tornare a risiedere. L'esaltazione del ruolo di Roma è visto in **contrapposizione a quello di Avignone**, paragonata invece alla biblica Babilonia, luogo dell'antica deportazione ebraica e simbolo della corruzione e della degenerazione. Negli anni Petrarca non mancherà di sollecitare, a questo proposito, i vari papi che si succedono nella curia avignonese.

1.3 Il ritiro di Valchiusa e l'incoronazione poetica

L'inizio dell'attività letteraria

Rientrato ad Avignone, grazie all'aiuto economico dei Colonna Petrarca riesce a comprare una piccola proprietà in campagna, a **Valchiusa**, in Provenza, dove spesso si rifugia per sfuggire al caos cittadino: «Cercavo un rifugio come si cerca un porto, quando trovai una valle piccola ma solitaria e amena... Incantato dal fascino di quel luogo, mi trasferii lì con tutti i miei libri» (*Posteritati*). Nella tranquillità di Valchiusa Petrarca si dedica ai suoi nuovi progetti letterari in latino: il *De viris illustribus* (*Gli uomini illustri*), una raccolta di biografie di grandi personaggi dell'antichità, e l'*Africa*, un poema epico sulla vita del condottiero romano Scipione Africano (vittorioso su Annibale, a Zama, nel 202 a. C.), che spera possa essere il suo capolavoro. Sono questi gli anni in cui probabilmente comincia a costituirsi anche il primo nucleo del canzoniere di liriche in volgare.

> Un Venerdì santo camminavo per quelle colline quando mi venne l'idea imperiosa di scrivere un poema epico su quel primo Scipione Africano.
>
> *Posteritati*

L'alloro poetico

L'intensa attività filologico-letteraria di questo periodo è premiata dalla contemporanea offerta dell'**incoronazione poetica**, nel 1340, dall'università di Parigi e dal senato di Roma: Petrarca sceglie di farsi incoronare a Roma per sottolineare il suo desiderio di riferirsi idealmente alla tradizione classica, della quale vuole essere il degno erede. Prima di accettare l'alloro (*laurus* in latino, la pianta sacra ad Apollo, dio della poesia,

FISSA I CONCETTI

- Come avviene la formazione culturale di Petrarca fra Avignone e Bologna?
- A quali autori si rivolgono per lo più i suoi interessi eruditi e filologici?

simbolicamente posta sul capo del poeta, per questo detto "laureato"), Petrarca si reca a Napoli, dal re Roberto d'Angiò, per farsi esaminare ed essere riconosciuto degno di questo onore. Infine, dopo che il re stesso ha confermato la sua alta cultura, l'**8 aprile** del **1341**, Petrarca è incoronato **poeta laureato a Roma**, in Campidoglio. Il rituale simbolico dell'incoronazione permette a Petrarca, prima di tutto, di vedersi attribuire un riconoscimento a cui lo stesso Dante aveva aspirato invano (*Paradiso* XXV, vv. 7-9); in secondo luogo, gli consente di riattualizzare una cerimonia pienamente rappresentativa dell'antichità.

> L'amore per Roma l'ebbe vinta sulla veneranda insistenza d'un tanto re.
>
> *Posteritati*

1.4 La crisi e la *mutatio vitae*

Il crinale dei quarant'anni

Secondo quanto Petrarca scrive nel dialogo *Secretum* e nella lettera *Posteritati* (*Ai posteri*), nel 1344, alla soglia dei quarant'anni, egli attraversa una profonda **crisi spirituale** che lo costringe a rivedere i suoi valori e la sua condotta morale. La spinta a questa conversione gli viene dalla scelta del fratello Gherardo, con cui aveva condiviso tante esperienze giovanili, dagli studi a Bologna agli anni spensierati di Avignone, che prende i voti monastici nel 1343 ed entra nella certosa di Montrieux. Francesco, profondamente turbato, decide di abbracciare la castità e di rinunciare agli allettamenti terreni: «tosto che fui presso ai quarant'anni, quando ancora avevo parecchia sensibilità e parecchie energie, ripudiai siffattamente non soltanto quell'atto osceno, ma il suo totale ricordo, come se mai avessi visto una donna» (*Posteritati*).
Ciò che Petrarca racconta non va preso alla lettera, in quanto egli si costruisce a posteriori una autobiografia ideale (➤ *Dialoghi*, p. 378) in cui l'idea di ***mutatio vitae*** («mutamento di vita») è ispirata, da un lato, al racconto delle *Confessioni* agostiniane, dall'altro, ai valori dello Stoicismo, assimilati tramite la lettura di Cicerone, Seneca e dello stesso Agostino: saggio è solo chi riesce a dominare i propri istinti e a divenire padrone di sé, disponendosi a una vita virtuosa. Questa scelta, tuttavia, non si traduce in un cambiamento di vita definitivo. Anche se per un breve periodo egli accarezza l'idea di seguire le orme del fratello, alla fine mantiene la sua condizione di chierico e tra il 1343 e il 1345 compie frequenti viaggi in Italia, soggiornando a Napoli, Parma e Verona. Tornato a Valchiusa, Petrarca vive un periodo di profondi ripensamenti: non riesce a portare a termine i suoi grandi progetti letterari e nascono in lui nuovi interessi per temi etici e morali. Si acuisce così la **radicalizzazione del dissidio interiore**, una costante del suo animo, in cui il desiderio di purezza si scontra con l'attrazione per i piaceri mondani.

Il sostegno a Cola di Rienzo

A questa altezza si colloca un evento destinato a stravolgere la vita di Petrarca. Nel 1347 Cola di Rienzo, conosciuto dal poeta quando questi si era recato nel 1343 ad Avignone per supplicare papa Clemente di tornare a Roma, prende il potere nella città eterna e tenta di **dare vita a una repubblica**. Dopo aver esautorato le aristocrazie cittadine ed essersi guadagnato il favore del popolo con una politica antinobiliare e di sostegno agli indigenti, Cola viene eletto tribuno della plebe. Petrarca, affascinato dalla *verve* del personaggio, con il quale condivide la passione per il mondo antico, ne sostiene con entusiasmo il progetto politico, grazie al quale spera che Roma possa tornare alla gloria antica. Ma, proprio mentre è in viaggio verso Roma per portare il suo sostegno a Cola, Petrarca apprende della caduta del tribuno, dichiarato eretico e costretto alla fuga. Il sostegno dato a Cola causa però la traumatica **rottura dei rapporti con i Colonna**, membri di quella nobiltà romana pesantemente avversata dal tribuno.

DIALOGHI

Petrarca e Dante: mitografie personali a confronto

L'invenzione di una vita

Se Dante fornisce solo determinate informazioni biografiche in modo strettamente funzionale alla costruzione dei miti fondativi della propria opera (per esempio quello del proprio esilio), Petrarca, al contrario, offre, specialmente nelle sue lettere, una mole ingente di informazioni. Eppure questo fitto mosaico di notizie viene a formare un autoritratto esemplare attentamente realizzato dall'autore attraverso un continuo ritocco e una reinvenzione dei dati biografici, che hanno lo scopo di ricondurre le esperienze vissute all'interno di modelli ben riconoscibili, in un continuo fondersi e confondersi di vita e letteratura. Petrarca così corregge l'insignificanza di certi eventi spostando ad arte alcune date, inventando alcune circostanze, fino a far sì che la propria biografia assuma un valore simbolico di valore universale, condivisibile da tutti. Per fare un esempio, due esperienze che Petrarca considera decisive, l'ascesa al Monte Ventoso, in Provenza, e il primo incontro con l'amata Laura, saranno entrambe situate, nel racconto che ne fanno, rispettivamente, le *Lettere familiari* (➤ p. 396) e il *Canzoniere* (➤ p. 405), il Venerdì Santo, giorno della morte di Cristo.

Erranza e ricerca di sé

Diversamente da Dante, che costruisce la sua immagine del mondo sull'asse verticale terra-cielo, secondo una visione trascendente, Petrarca concepisce il suo itinerario biografico in senso orizzontale, assumendo come punto di riferimento non il piano celeste ma quello terreno, rappresentato dalla filosofia morale. Come Ulisse, egli desidera più di ogni altra cosa l'esperienza ma, a differenza dell'eroe acheo rappresentato da Dante, non quella che consiste nella scoperta di terre lontane, ma quella che, rappresentata da una realtà complessa e variegata, si riflette nella dimensione interiore. Petrarca confessa in un'altra lettera che la sua vita «è stata un viaggio continuo»: un'erranza non soltanto fisica (tra Provenza e Italia) ma soprattutto intellettuale e spirituale, in cui si può individuare, etimologicamente, l'«errore» che il poeta riconosce come cifra di tutta la sua esistenza, dall'amore per Laura alla ricerca di una gloria poetica che lo hanno distolto dalla Verità e minacciano la salvezza della sua anima. Saranno, per menzionare due casi esemplari, il «primo, giovenile errore» occasione generatrice di poesia (➤ *Canzoniere* **T3**), o la strada sbagliata al bivio fatalmente imboccata di cui parla il *Secretum* (➤ p. 390).

Elogio dell'imperfezione

Il cammino dantesco, così come è rappresentato nella *Commedia*, appare un continuo perfezionamento di sé che comporta la progressiva emendazione dei propri errori, e che potrebbe essere rappresentato da una linea retta; quello di Petrarca, invece, assume l'errore come occasione di esperienza, ne drammatizza le conseguenze nei termini di confronto e conflitto interiore, senza mai poter ricavare una conclusione valida una volta per tutte. Il dominio del pensiero e della poesia petrarchesca è l'imperfezione umana che tende a ripetere gli stessi sbagli, il dubbio, la contraddizione; la sua rappresentazione non è dunque la retta ma il cerchio, all'interno del quale l'io continua incessantemente a cercarsi e a interrogarsi senza mai potersi riconoscere in modo definitivo. Per questo la poesia di Petrarca, che tutto questo rappresenta, appare alle origini della moderna interiorità lirica; non per nulla a essa si sono richiamati poeti come Leopardi, Mallarmé e Ungaretti.

La morte di Laura e la solitudine irrequieta

Il **1348** è, per Petrarca, un anno di lutti: la terribile epidemia di peste che imperversa in Europa si porta via Laura, il 6 aprile, esattamente ventun anni dopo il primo incontro nella chiesa di Santa Chiara ad Avignone; in luglio sarà la volta del cardinale Giovanni Colonna, al cui servizio il poeta era rimasto lunghi anni. Proprio questi eventi danno un impulso decisivo al progetto di *mutatio vitae* avviato alcuni anni prima e segnano uno spartiacque non solo nella biografia ma anche nella produzione letteraria di Petrarca. Agli interessi storici ed eruditi della giovinezza, rappresentati dal *De viris illustribus* e dall'*Africa*, si va sostituendo l'idea di rileggere in senso morale la propria esistenza. Tale progetto assume una forma molteplice: da un lato, la volontà di raccontarsi attraverso l'epistolario, secondo il modello ciceroniano, dall'altro, l'idea di raccogliere le proprie liriche in volgare in un libro organico e ben strutturato che prenderà il nome di ***Canzoniere***, ma il cui titolo d'autore è non a caso *Rerum vulgarium fragmenta*, «Frammenti di scritti in volgare».
Sempre più l'interesse di Petrarca si volge alla meditazione sulla fragilità e la contraddittorietà della vita umana, come testimonia il *Secretum*, l'opera che più di ogni altra esprime il dissidio interiore di Petrarca. La *meditatio mortis* (la «meditazione sulla morte»), la *fuga temporis* (la «fuga del tempo»), la vanità delle cose mondane, il disprezzo per la realtà corrotta che lo circonda diventano temi su cui ritorna con ossessione. Scrive all'amico Socrate nel 1349: «Dove sono i dolci amici, dove i visi amati...? Siamo soli... Troppo caduco animale, e insieme troppo superbo è l'uomo, e troppo alto edifica sopra fragili fondamenta... Ed ecco, mentre parliamo, noi stessi fuggiamo e come ombre ci dissipiamo» (*Familiari* VIII, 7).

1.5 Da Avignone ad Arquà: gli ultimi anni

Il ritorno in Italia

L'inquietudine e l'irrequietezza del biennio 1348-50 è attestata dai **frequenti viaggi** in Italia, che preludono alla decisione di lasciare per sempre la Provenza. Nel 1350, in occasione di un soggiorno a Firenze, di ritorno da Roma dove si era recato per il Giubileo, Petrarca **conosce Giovanni Boccaccio**, con cui stringerà una salda amicizia e condividerà, tra le altre cose, l'interesse per Omero e la letteratura greca.

Il periodo milanese

Alla fine del 1352 Petrarca abbandona definitivamente Avignone. Sia dall'Italia sia dall'estero gli arrivano inviti, ma contro ogni aspettativa egli sceglie di trasferirsi a Milano, alla corte dei Visconti, provocando la sdegnata reazione degli amici fiorentini, che lo accusano di preferire la tirannide alla libertà di Firenze.
Per i Visconti Petrarca svolge numerosi **incarichi diplomatici**, tra cui un celebre viaggio a Parigi nel 1361, dove pronuncia una solenne orazione pubblica sul tema della fortuna per celebrare la liberazione del re Giovanni il Buono, preso prigioniero dagli Inglesi dopo la battaglia di Poitiers (1356). Questo atteggiamento altalenante nei confronti dell'impegno civile e politico, talvolta rifiutato in nome di una superiore condizione intellettuale, talvolta abbracciato convintamente, è la testimonianza evidente del ruolo di transizione che Petrarca rappresenta fra solitudine contemplativa e vita attiva, fra Medioevo e Umanesimo. Egli è ormai diventato una figura di assoluta autorevolezza nel panorama culturale europeo di quegli anni. Nonostante continui a dedicarsi con impegno a varie opere latine, la stesura e l'ordinamento dei componimenti in volgare conquistano una posizione di privilegio.

Gli ultimi anni

Nel 1362 Petrarca si trasferisce a Venezia, dove il governo cittadino gli offre un magnifico palazzo sulla Riva degli Schiavoni, in cambio della promessa di donare, dopo la morte, la sua biblioteca al convento di San Marco. Tuttavia, in seguito a contrasti con alcuni intellettuali veneziani, nel 1368 Petrarca si rimangia la promessa e si sposta a Padova. A partire dal 1370 risiede ad **Arquà**, sui colli Euganei, in una casa che gli viene donata da Francesco da Carrara, signore della città. Qui trascorre gli ultimi anni accudito dalla figlia Francesca e dal genero Francescuolo da Brossano. Prima che la morte lo raggiunga, nella notte tra il 18 e il 19 luglio del **1374**, Petrarca arriva a definire l'ordinamento definitivo del *Canzoniere* e nel *Triumphus Eternitatis* (*Trionfo dell'Eternità*, ➤ **T18**) riafferma ancora una volta che la poesia ha la forza di strappare all'oblio gli uomini e le loro opere, restituendo loro «con immortal bellezza eterna fama» (v. 134).

> L'adolescenza mi illuse,
> la gioventù mi traviò,
> ma la vecchiaia
> mi ha corretto.
>
> *Posteritati*

FISSA I CONCETTI

- Che cosa provoca la crisi spirituale di Petrarca? Con quali conseguenze?
- Quali eventi segnano l'anno 1348 nella sua biografia?

VISUALIZZA I CONCETTI

Un intellettuale eclettico

ECLETTISMO DI PETRARCA

- **vita attiva** *vs* **solitudine contemplativa**
  - ordinazione a chierico (1328)
  - servizio presso i Colonna (1330-47)
  - ritiri a Valchiusa
  - sostegno a Cola di Rienzo (1347)
  - servizio presso i Visconti (1352-62)
  - ritiro ad Arquà (1370-74)
- **interessi storici, filologici** ed **eruditi**
  - studi letterari e filologici
  - ricerca di testi antichi (viaggi in Europa del Nord, 1333)
  - *Africa* e *De viris illustribus* (dal 1338)
- **esperienze** e interessi **etico-esistenziali**
  - incontro con Laura (1327)
  - ascesa al Monte Ventoso (1336)
  - crisi e *mutatio vitae* (1344-48)
  - *Secretum* (dal 1347)
  - redazione finale del *Canzoniere* (1374)

RITRATTO D'AUTORE

«Laura... che fortuna non averti avuta!»

Uno dei maggiori studiosi dell'opera di Petrarca, Marco Santagata, è anche un narratore e in una delle sue prime opere, *Il copista*, il protagonista è proprio Francesco Petrarca, che il breve romanzo segue nel corso di una giornata, verso il termine della sua vita.
Nel brano che qui riportiamo Petrarca, all'apice della sua fama ma vecchio e malato, ripensa a Laura.

Era rientrato nello studio eccitato. Messa da parte la bucolica, aveva preso un foglio bianco. La forma snella e filante di quella nave, l'armoniosità con la quale scivolava sulle acque, la gioia corale che essa suscitava lo avevano colpito. Gli era tornato in mente il progetto, a cui non aveva mai cominciato a lavorare, di una canzone in morte di Laura. Andava alla ricerca di simboli, ed ecco che quella nave gliene suggeriva uno del tutto inatteso. Laura rappresentata in una nave! Gli sembrò un simbolo ardito, una sfida da accettare. L'allegoria prese forma da sola: una nave bella e festosa corre veloce e sicura sull'acqua e all'improvviso una tempesta imprevedibile la fa miseramente naufragare. Non era una cattiva idea. «Evviva la vittoria di Candia» gli era venuto di pensare. «Anche i soldati servono a qualcosa». Ma poi… Poi aveva sentito agitarsi dentro di sé quello spiritello maligno che spesso veniva a visitarlo. Lo odiava, era inutile però tentare di scacciarlo: sarebbe rientrato da un'altra via. Già ne ascoltava i primi discorsi: «Laura una nave da guerra agile e filante!?». Non usava parole, lo spiritello, eppure era come se qualcuno gli stesse sussurrando all'orecchio. «Laura!? Ma via, se l'ultima volta che l'hai vista viva ti era sembrata una botte da vino». Lui assorbiva quel sussurro senza opporre resistenza, e quello incalzava: «Una veloce galea la nostra matrona sfiancata dalle gravidanze? Un affilato vascello quel culone ballonzolante e quella pancia gonfia che neppure si distingue dalle tette? Oddio, ci vuole una bella fede nella poesia. Vai, Francesco, la tua Laura può essere tutt'al più una nave oneraria, un bel barcone da carico». […]
Ma che gran bella donna era stata Laura, da giovane! Che capelli! Una cascata d'oro sino alle caviglie; occhi neri, labbra carnose, denti perfetti. L'aveva amata, oh sì, se l'aveva amata. Ma lui, allora, non era nessuno, il servo di un cardinale. Figurarsi se una nobildonna si concedeva a un mezzo prete spiantato. Onesta? Si era mai vista una figlia di feudatario arrivare illibata al matrimonio? Quelle salivano all'altare dopo avere disperso per la campagna un nugolo di bastardi. E lui, il pretino, si era innamorato come se gli fosse apparso un angelo. Di donne ne aveva possedute, alla faccia della castità, ma una bellezza come quella non l'aveva più incontrata. Se la portava dentro. […] E pensare che era stato proprio lui a rifiutarla. Sì, perché dopo, dopo che lui era diventato un poeta famoso, era stata lei, la gentildonna sdegnosa, a farsi avanti. E lui aveva detto di no. Nessuna ripicca. Figurarsi se avrebbe mai rinunciato a un boccone come quello per una stupida rivincita. È che non avrebbe proprio potuto: quella donna era ormai diventata una parte di lui stesso, una sua creatura, una figlia. «Laura, Laura» ridacchiava «che fortuna non averti avuta!». Ma che brutta fine, poveretta. La Peste! È una maledizione, la Peste! La Peste non passava mai, era sempre lì, in agguato. Un giorno aveva visto Giovannino aggirarsi da solo per le vie di Milano, e zac!, con un colpo l'aveva falciato. Solamente da lui se ne stava lontana. Si divertiva a fargli il vuoto attorno. Lei a mietere, e lui a piangere: ecco il loro patto. A piangere e a scrivere. A mantenere in vita i morti.
Il suo fu un gesto automatico, irriflesso. Aveva intinto la penna e cominciato a scrivere dei versi.

(M. Santagata, *Il copista*, Sellerio, Palermo 2000)

2. Gli «sparsi frammenti» di un'anima

2.1 Petrarca primo intellettuale moderno

L'uomo delle contraddizioni

Petrarca ben rappresenta il momento di **transizione dalla cultura medievale a quella umanistica e moderna**. Per la prima volta nella storia letteraria, uno scrittore elegge sé stesso a tema principale della propria opera, rappresentando una faticosa e spesso tormentata ricerca individuale di felicità, una ricerca continuamente sottoposta alla verifica dell'esperienza quotidiana. Non più l'estasi e l'appagamento nelle verità di fede caratterizzano, come accadeva nella cultura monastica medievale, questo mondo interiore, ma la metamorfosi e il continuo variare delle situazioni e degli stati d'animo. Petrarca ci appare, inoltre, come **l'uomo delle contraddizioni**, del dissidio interiore non ricomposto: proprio per questo lo sentiamo particolarmente vicino alla nostra sensibilità moderna. Professa per tutta la vita la sua volontà di esercitare la propria **attività intellettuale in piena autonomia** e senza alcun tipo di condizionamento esterno, ma prende i voti da chierico; trascorre quasi **vent'anni al servizio della famiglia Colonna** e sceglie poi di vivere a Milano; riceve la laurea poetica per le sue grandi opere latine, ma trascorre la vita a riordinare i componimenti in volgare del *Canzoniere*. Il fulcro del pensiero e dell'opera petrarcheschi è dunque una dimensione interiore che non ha paura di rivelare la propria inclinazione al dubbio, all'incertezza e alla contraddizione.

2.2 L'amore per la classicità e l'Umanesimo cristiano

Il recupero della cultura classica

Nonostante tutte le oscillazioni e i mutamenti che Petrarca affronta nella sua esistenza, c'è qualcosa che in lui rimane inalterato dalla prima giovinezza fino agli ultimi giorni di vita: l'amore per la civiltà classica e per quegli autori e opere che meglio ne incarnano i valori. Nel corso della sua lunga vita Petrarca riscopre autori dimenticati, pone le basi per la rinascita della filologia che caratterizzerà l'Umanesimo quattrocentesco e, soprattutto, diffonde tra amici, conoscenti e ammiratori i testi da lui amati, letti e studiati, ponendosi così come colui che per primo ha sottratto all'oblio la letteratura classica, che giaceva dimenticata da secoli, e ha riportato in auge il culto della latinità. La letteratura latina è il terreno su cui Petrarca conquista la sua peculiare modernità rispetto agli autori medievali. Gli strumenti con cui realizza tale obiettivo sono due: l'applicazione **sistematica** dell'**indagine filologica** (cioè lo studio di più esemplari di un testo al fine di ricostruirne la forma più possibile vicina all'originale) e il ricorso a un **nuovo criterio interpretativo**, che consente di leggere le opere antiche senza conferire loro un'interpretazione cristiana (com'era accaduto, per esempio, con la moralizzazione delle *Metamorfosi* di Ovidio o con la lettura in chiave profetica della *Egloga* IV di Virgilio), ma inquadrandoli nella cultura del loro tempo.

Il concetto di *translatio*

Petrarca è il primo intellettuale che percepisce con chiarezza i caratteri della sua epoca, una fase di transizione che va sotto il nome di ***translatio*** e che era stata immaginata per rappresentare la continuità tra mondo classico ed età cristiana. Si parlava più in particolare di *translatio Imperii* per il passaggio dall'Impero romano al governo degli imperatori tedeschi, di *translatio Ecclesiae* per il trasferimento della sede papale da Roma ad Avignone, infine di *translatio studii* per l'individuazione di Parigi come nuova capitale culturale al posto di Roma.

Petrarca **nega che una vera *translatio* sia avvenuta**, criticando fortemente l'età medievale; annuncia invece una futura fase, di cui egli stesso è anticipatore, in cui i valori della classicità potranno risorgere. Lo afferma chiaramente nei *Rerum memorandarum libri* (*Raccolta di cose degne di essere ricordate* ➤ pp. 402-403), rappresentandosi come un uomo «sul confine» che ha la possibilità di «guardare contemporaneamente innanzi e dietro».

LETTURA CRITICA

La biblioteca di Petrarca

Sul ruolo di Petrarca filologo e appassionato collezionista di libri insiste, in questo brano, Giuseppe Billanovich (1913-2000), illustre studioso del nostro Umanesimo. L'influenza di questo Petrarca sulla cultura posteriore è, secondo il critico, talmente importante che, arriva ad affermare, «se non fosse esistito il Petrarca, noi vivremmo oggi in una società molto diversa».

Il Petrarca filologo e maestro di spirito fu grande e influente quanto il Petrarca poeta. Il Petrarca esercitò tra il Tre e il Cinquecento un'influenza così vasta e così energica sulla cultura e sulla spiritualità europea, che gli stessi eruditi che hanno una familiarità maggiore con le sue vicende e le sue opere e con il periodo nel quale egli visse stentano ancora a immaginarne tutta l'ampiezza e la profondità. Se non fosse sopraggiunto Francesco Petrarca, a nutrirla, a rinforzarla, a guidarla, la rivoluzione che gli italiani iniziarono nella cultura occidentale durante il Trecento sarebbe stata più lenta e molto più debole; e perciò sarebbe stato molto più ristretto e più labile il canone di cultura e d'arte che subito dopo nella loro grande età, tra il Quattrocento e il Cinquecento, essi imposero all'Europa, e che noi posteri lontani usiamo chiamare Umanesimo e Rinascimento. Cioè se non fosse esistito il Petrarca, noi vivremmo oggi in una società molto diversa: perché per esempio scriveremmo e leggeremmo ancora con l'alfabeto della scrittura gotica, anzi che in umanistica – benché, naturalmente, il Petrarca abbia scritto solo in gotica –; e forse non vedremmo alzate nei cieli d'Italia e d'Europa le cupole di Santa Maria del Fiore e di San Pietro. Se si accetta di ridare corso e dignità a un vecchio termine, estendendolo dalla poesia in volgare alla filologia e anche alla spiritualità, il petrarchismo fu nel cinquantennio centrale del Trecento – diciamo dal 1330 al 1380 – il sinonimo esatto di ciò che noi intendiamo per Umanesimo; e in questo secolo e nel successivo esso fu inferiore solo ai movimenti massimi dell'agostinismo, dell'aristotelismo, del platonismo.

Lo strumento con cui il Petrarca educò più efficacemente se stesso, i suoi contemporanei e i posteri immediati, fu la sua biblioteca; un immenso bacino di raccolta e di distribuzione. Già nel Trecento gli intellettuali più aristocratici, chierici secolari o notai, reclutati dal grande stratega Petrarca, convertirono molti vecchi tesori nella nuova moneta: i libri delle biblioteche ecclesiastiche in libri delle loro biblioteche e delle loro scuole; prima i lettori e poi i maestri contaminarono i vari rami delle tradizioni e insistettero a correggere le lezioni.

Il Petrarca si educò a Avignone, sede dei papi e perciò capitale della cristianità, e si spostò tra l'una e l'altra delle due nazioni allora alla testa d'Europa, Francia e Italia; allungò le sue mani robuste fino a riprendere le eredità di grandi eruditi remoti e a raggiungere qualcuna delle biblioteche più illustri; formò e divulgò uno stile nuovo nel costruire i codici, nel correggere i testi e nel postillarli. Fino dalla giovinezza, o forse dall'adolescenza, nutrì la sua intelligenza e raffinò la sua penna tanto con la riflessione morale quanto con l'esercitazione filologica. Sforzandosi di ricomporre le grandi opere classiche, talora con un'addizione amorosa di frammenti, e correggendole a fondo con la collazione e con la congettura, il grammatico precocissimo perfezionò la sua felice intonazione retorica, e crebbe come il poeta più elegante e più fermo di tutta la letteratura italiana.

(G. Billanovich, *Petrarca e i classici*, in «Studi petrarcheschi», VII, 1961)

La continuità tra mondo classico e cristiano

Questo sguardo privilegiato consente a Petrarca di percepire alcuni elementi di continuità tra il mondo antico e quello contemporaneo, grazie anche alla lettura dell'opera di sant'Agostino, autore con il quale ha un'affinità non solo biografica (la *mutatio animae*), ma con il quale condivide il ruolo di ponte tra due epoche. Agostino per primo aveva affermato che il sapere antico (il mito, la filosofia, soprattutto quella platonica) anticipa la rivelazione cristiana, che si pone rispetto al mondo classico in una linea di **sostanziale continuità**. Sulla sua scia, Petrarca rinnega l'interpretazione che il Medioevo aveva dato del mondo classico e rovescia l'atteggiamento di diffidenza verso gli autori pagani, convinto che la classicità costituisca un patrimonio valido e attuale in ogni tempo. Nell'antica Roma, e nell'esempio dei suoi grandi uomini, Petrarca vede infatti la massima espressione della civiltà umana e la massima realizzazione delle discipline umanistiche, le sole in grado di avviare alla conoscenza di sé stessi. D'altra parte, ritiene che la filosofia platonica e lo stoicismo presentino numerosi punti di contatto con il pensiero cristiano, sia per il rigore e la coerenza delle scelte morali sia per il desiderio di trascendenza che deve animare l'esistenza umana. In questo modo Petrarca anticipa le riflessioni che, un se-

> La carta, la penna e l'inchiostro, le notturne veglie mi son più cari del sonno e del riposo.
>
> *Lettera a Pierre d'Auvergne*

Benozzo Gozzoli, *Sant'Agostino insegna legge, retorica e filosofia a Roma*, 1464–1465. San Gimignano, Chiesa di Sant'Agostino.

colo dopo, saranno proprie dell'Umanesimo e dà vita a quello che è stato chiamato **Umanesimo cristiano**, ovvero la conciliazione tra cultura classica e religione cristiana, che egli persegue nelle sue opere morali (*Secretum*, *De vita solitaria*, *De otio religioso*, *De remediis utriusque fortunae*) e che farà di lui l'autore più letto e studiato nell'Europa del Quattrocento.

2.3 Il dissidio interiore e l'accidia

Opposti inconciliabili

Ma non si creda che tutto si componga in modo pacifico: a livello personale, l'impossibile tentativo di conciliare due realtà di fatto agli antipodi provoca in Petrarca un aspro **dissidio interiore**, di cui è testimonianza il *Secretum*, tra l'amore disinteressato per la letteratura e per la poesia (tipico della civiltà classica) e le scelte radicali prescritte dalla **vita cristiana**. Anche se in molti casi la posizione petrarchesca è il frutto di una consapevole rielaborazione intellettuale, si tratta di un tema che tormentò a lungo Francesco, che poteva osservare questa dialettica nel contrasto tra sé stesso e il fratello Gherardo, dapprima suo compagno di studi e di divertimenti, poi monaco agostiniano. Ma il tentativo di conciliare spinte e desideri opposti in una visione coerente e unitaria si scontra anche con la tendenza tipicamente petrarchesca alla **frammentazione** (si ricordi in proposito non solo il titolo del *Canzoniere* ma anche la conclusione del *Secretum*, in cui Francesco si propone di raccogliere «gli sparsi frammenti della mia anima» ➤ **T1**). La ricerca della felicità e della propria realizzazione porta a constatare che l'esistenza è caratterizzata da persistenti conflitti, da un insanabile dissidio: le aspirazioni del cuore, della mente e del corpo si contraddicono e faticano a ricomporsi in unità, l'equilibrio interiore faticosamente conquistato è quotidianamente rimesso in discussione.

L'accidia

Come detto, Petrarca racconta nelle sue opere gli ondeggiamenti e le incertezze del suo animo, lacerato da **intime contraddizioni** che lo rendono spesso confuso e disorientato. Questa forza paralizzante prende il nome di **accidia**, uno stato d'animo di cui Petrarca parla diffusamente nel *Secretum*, dove è definita «una funesta malattia dell'animo». Già nota alla cultura medievale (è uno dei sette peccati capitali e conduce alla seconda morte, quella dell'anima, che esclude dalla salvezza eterna), questo peccato dei monaci svogliati e irrequieti, poco solleciti nelle loro attività e nella preghiera, assume in Petrarca caratteristiche nuove. L'accidia diviene infatti nelle sue opere una malattia – lui stesso la definisce anche «peste» – differente da quella del monaco, poiché si sviluppa in ambito soprattutto morale e si presenta strettamente legata all'attività intellettuale. Da un lato essa si caratterizza per una condizione di profonda insoddisfazione verso se stessi e il mondo circostante, dall'altro provoca un compiacimento negativo della propria infelicità che impedisce la volontà di riscattarsi e mette a repentaglio la salvezza dell'anima. Per questa sua valenza morale e religiosa, l'accidia non può essere confusa con la **malinconia** (➤ p. 391) né, tanto meno, con la moderna depressione.

> Questa peste talvolta mi afferra con sì implacabile tenacia, che interi giorni e intere notti mi tiene incatenato e mi tortura.
>
> *Secretum*

FISSA I CONCETTI

- Quali sono, secondo Petrarca, gli elementi di continuità fra mondo classico e mondo cristiano?
- In che cosa consiste il dissidio interiore dell'animo petrarchesco?

2.4 La libertà dell'intellettuale

Una nuova figura di letterato

Petrarca incarna una nuova figura di letterato, profondamente diversa rispetto agli intellettuali dell'età comunale: egli, infatti, considera la condizione intellettuale come un'attività del tutto **indipendente dalle istituzioni politiche**, dotata di un prestigio universale e di un'autonomia assoluta, in quanto non legata alle necessità materiali della vita attiva. Si tratta di una superiorità che la cultura medievale riservava normalmente ai chierici, cioè agli intellettuali di formazione ecclesiastica consacrati alla vita contemplativa, e che Petrarca intende invece in senso del tutto **laico**, pur essendo paradossalmente egli stesso un chierico. Egli, infatti, collabora variamente con i rappresentanti del potere temporale (l'imperatore Carlo IV, re Roberto d'Angiò, la famiglia Colonna ad Avignone, prìncipi come i Correggio e i Visconti), ma allo stesso tempo rivendica il proprio **ruolo civile** di fronte ai suoi contemporanei: essere la **voce di una libera coscienza morale** che travalica i confini del particolarismo municipale per aspirare a un orizzonte più universale. A Boccaccio, che gli rimproverava la scelta di Milano e dei Visconti, risponderà: «Io sto con loro, non sotto di loro».

La riflessione sul rapporto tra intellettuale e potere

Petrarca non nutre alcuna fiducia nelle istituzioni universali tipiche della cultura medievale, l'Impero e la Chiesa. Il disincantato **scetticismo** con cui guarda al corrotto ambiente avignonese è testimoniato da alcuni componimenti del *Canzoniere* (➤ **T15**), dalle sferzanti epistole *Sine nomine* (*Senza nome*, cioè senza il nome del destinatario a causa del loro contenuto fortemente anticlericale) e dalle egloghe VI e VII del *Bucolicum carmen* (*Carme bucolico*), dove si celebrano le gesta di Cola di Rienzo deplorando la corruzione del clero. Ma Petrarca non guarda con interesse nemmeno i poteri locali: è ormai **estraneo al mondo dei Comuni**, non si sente parte di fazioni politiche come era stato Dante e non sente proprio l'ideale di un Impero universale. Prende atto dell'affermazione del potere signorile in Italia, soggiorna spesso presso le corti dei potenti, ma non è disposto a celebrarli o a riporre in loro alcuna speranza di concordia universale. L'aspetto più rivoluzionario del pensiero politico petrarchesco, che anticipa una riflessione che sarà poi compiutamente sviluppata da Machiavelli, è esposto nel *De remediis utriusque Fortunae* (*I rimedi della cattiva e della buona sorte*); qui Petrarca riconosce nel monopolio della violenza la radice di ogni potere, aggiungendo pure che è solo l'esercizio concreto di quest'ultimo a contare, e non tanto il fatto che sia legittimato dal punto di vista religioso o giuridico. Questo realismo politico di Petrarca costituisce un altro aspetto che lo differenzia dalla concezione medievale, sempre alla ricerca di un fondamento superiore del potere.

Petrarca presenta le sue opere al re Luigi XII di Francia; miniatura dal *De remediis utriusque Fortunae* realizzata da Jean Pichore nel 1503 circa. Parigi, Biblioteca Nazionale.

La polemica anti-medievale

Petrarca non apprezza affatto lo specialismo tipico della cultura medievale, che fa perdere di vista il senso dei problemi legati all'umanità nel suo insieme: nelle *Invectivae contra medicum quendam* (*Invettive contro un certo medico*) lamenta la natura rozzamente empirica di arti come la medicina; nel *De sui ipsius et multorum ignorantia* (*L'ignoranza propria e di molti*) attacca i filosofi **averroisti** che, privilegiando l'importanza delle scienze, hanno tributato un interesse esclusivo ad Aristotele; più volte cita sprezzantemente i giuristi che sanno solo ripetere come pappagalli gli articoli di legge. Secondo Petrarca l'agire dell'uomo è determinato non tanto dalla **conoscenza** astratta (per esempio da ciò che in assoluto è giusto o conveniente) quanto dalle scelte esercitate dalla **volontà**. In altri termini, è la dimensione morale, cioè l'orientamento che si attribuisce alla vita attraverso le proprie decisioni concrete, a muovere l'attività intellettuale e non l'opposto, come sosteneva perlopiù la filosofia medievale. In questo modo Petrarca si ricollega a una questione molto dibattuta: se la libertà dell'uomo sia determinata anzitutto dalla ragione o dalla volontà; il poeta non ha alcun dubbio, propendendo decisamente verso la seconda, in piena continuità con il pensiero di Agostino. Se la scienza non ci offre alcuna risposta sul problema della nostra felicità e della scelta di ciò che è buono e giusto e se la conoscenza astratta del bene non è condizione sufficiente per viverlo concretamente, sarà la volontà a giocare, in quest'ambito, un ruolo decisivo.

Averroismo

Corrente filosofica, sviluppatasi nel XIII secolo, che interpretava il pensiero aristotelico alla luce dei commenti scritti dal filosofo arabo di Spagna Averroè, in parte in contrasto con la dottrina teologica ortodossa.

Il cosmopolitismo

Il mondo nel quale Petrarca si forma è la curia avignonese ed egli è imbevuto di questa **atmosfera cosmopolita** e transnazionale; nella sua ottica, l'intellettuale deve superare i particolarismi municipali e farsi custode di questo tesoro di saggezza che non appartiene a nessuna cultura particolare. Componente essenziale di questo cosmopolitismo è il ricorso al **latino come lingua universale** dei dotti; non si tratta però del latino tecnico di medici e giuristi né di quello astratto della teologia medievale o di quello rozzo dei «barbari Britanni» (cioè degli studiosi di logica dell'università di Oxford), ma di quello ricco e variegato degli autori classici, che apre alla conoscenza dell'uomo.
Emblematica, in tal senso, è la polemica contro la filosofia scolastica, espressione per eccellenza del pensiero medievale, alla quale Petrarca rinfaccia un sapere astratto, che specula sui massimi sistemi, e alla quale contrappone una conoscenza che sappia raccontare le **esperienze concrete** e individuali nelle quali si manifesta l'animo umano e di cui la **letteratura** è l'espressione più alta, lo **strumento d'indagine** capace di scandagliare la realtà interiore e di assecondare le discontinuità e le metamorfosi della realtà.

2.5 Il ruolo della poesia

La poesia come strumento di conoscenza

La letteratura, e in particolare la poesia, non si limita a offrire all'uomo un rifugio nelle tempeste dell'esistenza, ma rappresenta il **punto d'arrivo** e la **chiave** di tutto il pensiero petrarchesco. Solo la parola poetica, geniale frutto della creatività umana piuttosto che dono divino, esalta la **singolarità delle esperienze** individuali e può assecondare il continuo divenire dei moti dell'animo. Il poeta si incarica così di dare forma alle avventure dello spirito umano attraverso la parola, che assume perciò il ruolo di un potente **strumento di conoscenza**, soprattutto sul piano dell'introspezione interiore. Nella sua riflessione Petrarca non attribuisce alla poesia il compito prestabilito di insegnare o dilettare ma, al contrario, le assegna il potere di manifestare le più profonde realtà della coscienza. A questo riguardo gioca un ruolo fondamentale la concezione del **tempo** e il suo depositarsi nella **memoria**, per il quale è ancora una volta decisiva l'influenza di sant'Agostino, il quale aveva affermato nelle *Confessioni* che la memoria è indispensabile all'uomo che voglia davvero comprendere sé stesso. La memoria, riguardando il passato, ciò che non esiste più, non si può afferrare, ed è dunque fondata sull'**assenza**: è tuttavia questa assenza la base su cui si fondano la coscienza dell'individuo e la sua percezione del presente. La grande novità della poesia petrarchesca risiede proprio nella particolare concezione del tempo che essa propone, radicalmente diversa da quella medievale. Se questa considera il tempo un **processo lineare ininterrotto** e diretto a un fine stabilito da Dio (dalla nascita alla morte rispetto al singolo individuo, dalla creazione al Giudizio Universale rispetto all'umanità intera), nella concezione petrarchesca il tempo è percepito nel suo doloroso e inarrestabile consumarsi, come una **perdita progressiva**, attimo dopo attimo, senza uno scopo riconoscibile. È proprio vivendo il **presente** che l'uomo è costretto a misurarsi continuamente con la **morte** e con l'**oblio**. La poesia si presenta dunque come lo strumento che consente alla memoria di lottare contro l'oblio, di strappare alla morte ricordi e immagini che ci sono cari e attraverso cui ci riconosciamo. Così sarà rappresentata, nel *Canzoniere*, la figura di Laura, quasi sempre evocata nelle tracce che ha lasciato nella memoria e nell'immaginazione petrarchesca e assai raramente raffigurata in carne e ossa.

Raccogliere «gli sparsi frammenti» dell'anima

Attraverso una raffinata elaborazione formale, Petrarca nel suo *Canzoniere* ha potuto vincere la propria sfida all'assenza e all'oblio e raccogliere in unità i «frammenti sparsi» dell'anima, come recita il *Secretum*. La sua poesia, in apparenza facile e trasparente sul piano dei significati (a differenza di quella di Dante), richiede in realtà, da parte del lettore, un impegno supplementare perché lo priva di una chiave esplicita di lettura dei testi e di una risoluzione chiara del loro significato morale. A differenza dei grandi modelli di introspezione medievale – le *Confessioni* di Agostino, la *Consolazione della Filosofia* di Boezio e la *Vita nuova* di Dante – che culminavano con una conversione che dava senso a tutte le precedenti esperienze biografiche, l'itinerario interiore di Petrarca non conosce alcuna sintesi definitiva, ma si configura come un percorso circolare in cui l'io non può trovare alcun approdo.

2.6 Petrarca, poeta tra due epoche

L'eredità di Petrarca

Petrarca è il primo intellettuale **compiutamente europeo**: fin da subito gli viene riconosciuto un ruolo fondamentale nel passaggio dalla cultura medievale a un'età nuova che non affida più le sue certezze alla trascendenza, ma trova nell'inquieta interrogazione dell'io il suo ambito più naturale. La cultura di carattere universalistico – l'interesse per i classici, la vocazione etica della riflessione, la scelta del latino come lingua internazionale – porta Petrarca a essere riconosciuto come padre di quel Rinascimento europeo che dagli umanisti italiani, attraverso Erasmo da Rotterdam, arriva fino a Montaigne. Inoltre, la sua concezione del potere e della politica, della realtà e dell'esperienza, del tempo e della storia ne fa uno degli intellettuali più originali della sua epoca e un **grande anticipatore**.

La reinvenzione della lirica

Con Petrarca si assiste, inoltre, alla nascita dell'**individualità letteraria**, fondata sulla rappresentazione del conflitto interiore. L'io, nella poesia così come nelle prose, abbandona i travestimenti per mettersi a nudo con un'intensità assolutamente inedita.

L'opera in volgare di Dante aveva rivalutato la prosa e privilegiato la lunga narrazione in versi, confinando la lirica in puro esercizio letterario. Nel Trecento i sintomi di questa crisi sono evidenti e la lirica è destinata principalmente al diletto delle élite cortigiane. Petrarca reagisce a tutto questo, fingendo di ignorare (con un meccanismo che, prendendo in prestito un termine psicoanalitico, si potrebbe definire di rimozione, come nel caso di Dante) i suoi immediati predecessori e applicando lo stesso rigore che riserva ai suoi scritti in latino ai suoi componimenti in volgare. Il risultato sarà una straordinaria **reinvenzione del genere lirico** che farà del *Canzoniere* un'opera presa a modello in Italia e in Europa, da Bembo a Tasso a Leopardi, fino al Novecento inoltrato.

FISSA I CONCETTI

- Qual è l'atteggiamento di Petrarca verso l'istituzione religiosa e il potere politico?
- Perché nell'opera di Petrarca la poesia è un importante strumento di conoscenza?

VISUALIZZA I CONCETTI

Un intellettuale moderno

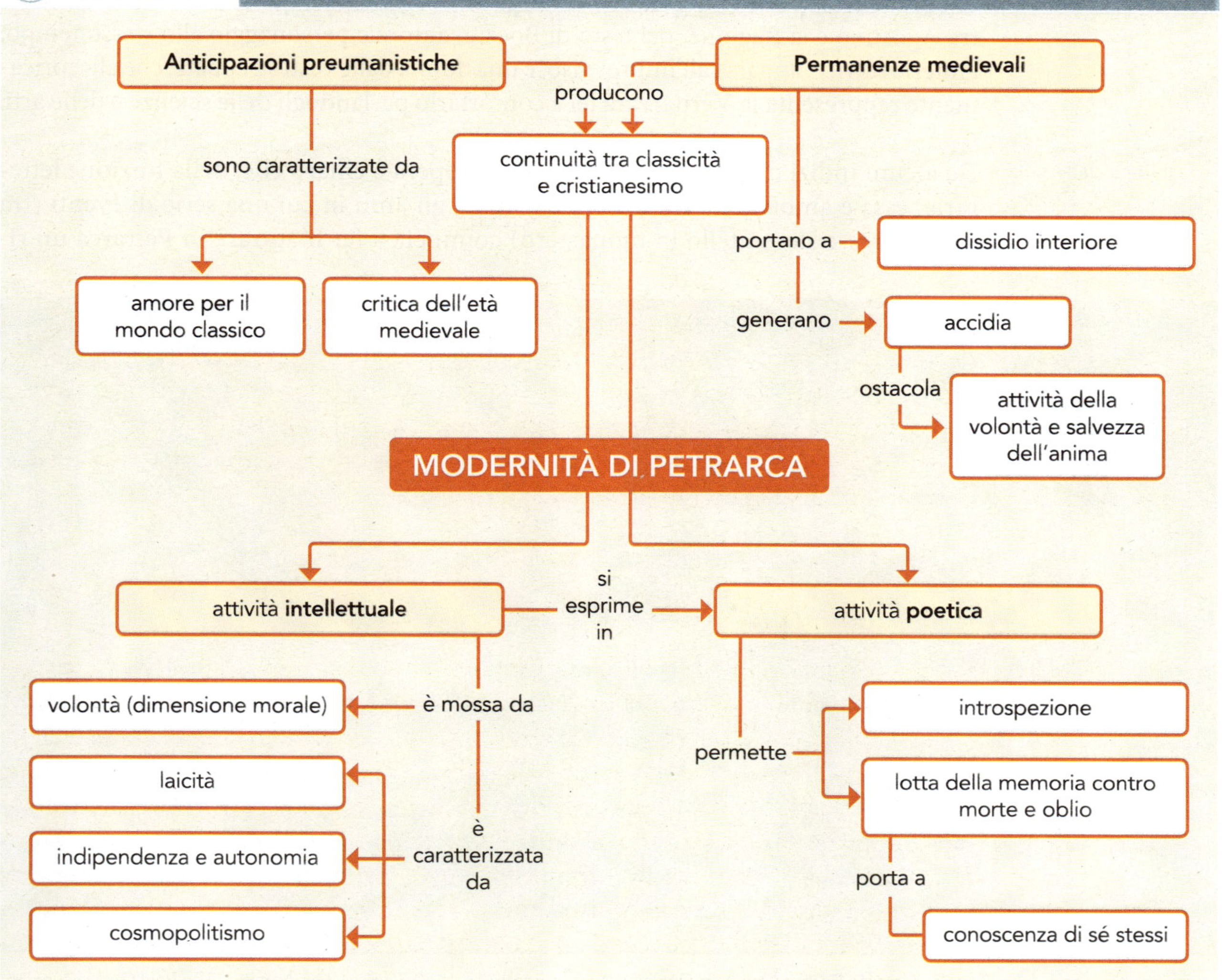

3. In dialogo con sé stesso: il *Secretum*

Il titolo e il genere

Il *Secretum*, un'opera scritta in latino il cui titolo originale è *De secreto conflictu curarum mearum* (*Il segreto conflitto delle mie preoccupazioni*), è un **dialogo in tre libri**, composto tra il 1347 e il 1353. Modello ideale dell'opera, che ha carattere di confessione intima e di autoanalisi, sono gli scritti di sant'Agostino e non a caso gli **interlocutori sono** proprio **Francesco e Agostino**; i due parlano per tre giorni alla presenza della Verità, che resta però sempre muta, poiché ha solo il ruolo di garantire la veridicità di quanto si sta dicendo. La scelta del dialogo si richiama invece alla tradizione del soliloquio o monologo interiore che trova il suo primo esempio appunto nei *Soliloqui* di sant'Agostino e che Petrarca imita attraverso La *Consolazione della Filosofia* di Boezio. Se nei *Soliloqui* il dialogo-monologo (l'autore dichiara di sentire una voce che non sa se provenga da sé stesso o da qualcun altro al di fuori) è tra Agostino e la Ragione, nel testo di Boezio, autore e personaggio allo stesso tempo, l'interlocutrice, apparsa all'improvviso, è una donna dalle vesti strappate, che allegoricamente rappresenta la Verità: sarà lei a confortarlo parlandogli delle scienze e delle arti.

> Tu dunque, libretto,
> evita d'incontrarti con altri,
> e statti contento
> di rimanertene con me...
> Sei infatti *Il mio segreto*,
> e così sarai chiamato.
>
> *Proemio* al *Secretum*

Il libro della crisi

Da alcuni indizi disseminati all'interno dell'opera è chiaro che, nella finzione letteraria, essa è ambientata tra il 1342 e il 1343, gli anni in cui una serie di eventi (tra cui l'ingresso del fratello in monastero) comincia a far maturare in Petrarca un ri-

La personificazione della Filosofia spiega a Boezio il ruolo di Dio; miniatura francese del 1460-70 circa. Los Angeles, The Paul Getty Museum.

pensamento esistenziale. Il *Secretum* diviene così il simbolo della crisi spirituale e della *mutatio vitae* che Petrarca colloca, retrodatando la composizione del dialogo al 1342-43, nella sua autobiografia ideale, a cavallo dei quarant'anni, ma che, come abbiamo visto, avvenne in realtà nel periodo 1347-50. I due interlocutori del dialogo, Francesco e Agostino, rappresentano infatti le due opposte e irrisolte **tensioni dell'animo** di Petrarca: **Francesco** è l'**uomo peccatore**, attratto dalle passioni terrene, in particolare dall'amore per Laura e dal desiderio di gloria, mentre **Agostino** rappresenta la **voce della coscienza** che stimola a rinunciare ai piaceri mondani e a rivolgere il proprio sguardo verso Dio.

Il contenuto dell'opera

Nei tre libri, che corrispondono alle tre giornate in cui è ambientato il dialogo, Agostino cerca di guidare Francesco a rendersi conto che la verità già dimora dentro di lui e che egli l'ha solo dimenticata, confuso e annebbiato dai propri desideri mondani.
Nel **libro I** Francesco cerca inizialmente di trovare delle scusanti per la propria condizione di peccatore, come l'influenza negativa dell'ambiente avignonese, ma Agostino lo mette di fronte alle sue **responsabilità individuali** e a quel punto Francesco arriva a comprendere che l'origine della sua malattia spirituale è la **debolezza della volontà**: pur sapendo ciò che è giusto, Francesco non riesce a trovare in sé la forza per compierlo.
Nel **libro II** si passano in **rassegna i sette peccati capitali** (superbia, avarizia, lussuria, invidia, gola, ira e accidia), per verificare di quale di questi Francesco sia colpevole. Al termine della disamina il protagonista comprende che il suo male non risiede tanto in un singolo peccato quanto in una perenne insoddisfazione, che gli impedisce di raggiungere la felicità. L'animo, spossato da questa continua inquietudine, si piega così verso l'**accidia**, una condizione d'inerzia che rende Francesco incapace di qualsiasi attività e gli procura un senso di sconforto e disgusto per la vita.
Nel **libro III** Agostino individua infine le **due catene** che imprigionano l'animo di Francesco, impedendogli di imboccare con decisione la strada verso la purificazione e verso Dio: l'**amore per Laura** e l'amore per il "lauro", cioè per la **gloria poetica (T1)**. La diagnosi di Agostino è assai netta: Francesco è vittima di un continuo ondeggiamento della volontà che espone l'io a una molteplicità di dubbi e timori. I due principali ostacoli alla conversione di Francesco appaiono strettamente collegati tra loro, dal momento che Laura è la più importante causa ispiratrice della poesia petrarchesca.
Francesco contesta inizialmente Agostino, affermando che proprio in queste due passioni egli ha sempre trovato lo stimolo a innalzare sé stesso e il proprio animo. Al termine del dialogo, tuttavia, riconosce razionalmente la verità delle parole di Agostino, ma ammette di non riuscire ancora a trovare la forza di liberarsi da queste sue catene: le scelte della volontà, infatti, non discendono con naturale e semplice consequenzialità dalla consapevolezza della ragione. Il finale resta così aperto: il conflitto interiore di Francesco non si risolve in una scelta capace di pacificarlo. Anzi, Francesco dichiara apertamente che non rinuncerà alla sua attività letteraria perché, facendo ciò, rinuncerebbe a sé stesso. Solo così potrà tentare di arrivare a riconoscere la propria unità di individuo. Queste le sue parole conclusive: «raccoglierò gli sparsi frammenti della mia anima, resterò a stretto colloquio con me stesso». Nel segno della letteratura Francesco-autore ha scelto la **fedeltà a sé stesso**, nonostante la sua esigenza di conversione.

T1 Due «catene infrangibili»: l'amore e la gloria

Secretum III

Biblioteca digitale
La meditazione sulla morte (*Secretum*, I)

Agostino (A. nel testo) conduce Francesco (F.) alla scoperta dei due principali ostacoli alla sua piena conversione: l'amore per la gloria terrena, cui ambisce attraverso la letteratura, e l'amore per Laura. Queste sono le catene di diamante che lo imprigionano a terra, impedendogli di spiccare il volo. Francesco è sgomento di fronte a tale rivelazione: egli aveva sempre pensato che queste passioni fossero, al contrario, nobili stimoli in grado d'ispirargli grandi imprese intellettuali.

A. Tu sei ancora oppresso, a destra e a sinistra, da due catene infrangibili, che non ti permettono di pensare né alla morte né alla vita. Ho sempre temuto che ti trascinassero alla rovina; e non sono ancora tranquillo, né lo sarò se non quando ti vedrò slegato e libero, dopo che le avrai infrante e gettate via. Penso che sia una cosa non impossibile, ma certo difficile; d'altronde, sarebbe inutile insistere su cose impossibili. Come per spezzare il diamante c'è, dicono, il sangue di capro,[1] così per vincere pene altrettanto aspre c'è quel sangue straordinariamente efficace[2] che, appena toccato il cuore indurito, lo infrange e lo penetra. Ma siccome per far questo è necessario anche il tuo assenso, temo che tu non possa darlo, o, per dir meglio, non voglia; temo fortemente che te lo impedisca il fulgore stesso delle catene che s'irraggia dintorno dilettandoti la vista, e che a volte non succeda quel che penso succederebbe se un avaro fosse tenuto in carcere avvinto con catene d'oro: vorrebbe esser liberato, senza però rinunziare alle catene. Ma a te è stata imposta questa legge del carcere: se non rinunci alle catene, non puoi essere libero.

F. Ahimè! Ero più disgraziato di quanto non pensassi! Il mio spirito è ancora avvinto da due catene che non conosco?

A. Al contrario, le conosci benissimo, senonché, invaghito della loro bellezza, tesori le consideri, non catene; e accade a te – ritorno allo stesso paragone – quel che accadrebbe a uno che, immobilizzato da manette e ceppi d'oro, si rallegrasse alla vista dell'oro e non vedesse che si tratta di vincoli. Tu pure vedi ora con occhi bene aperti quel che ti avvince, ma – o cecità! – godi proprio delle catene che ti trascinano a morte, e – quel che è peggio di tutto – te ne vanti.

F. Quali sono le catene di cui parli?

Le nostre parole ›

A. L'amore e la **gloria**.

F. Per gli Dei, che sento! E tu le chiami catene, queste? e me le strapperesti, se io lo permettessi?

A. Ci provo, ma non son certo di riuscirvi, ché[3] tutte le altre catene che ti avvincevano[4] erano più fragili e meno dolci, e perciò mi hai aiutato a spezzarle; queste invece riescono gradite nel loro nuocerti, e ingannano, con una certa apparenza

1. **sangue di capro:** secondo un'antica credenza sostenuta, tra gli altri, da Plinio il Vecchio nella sua *Storia naturale* e da Isidoro da Siviglia nelle *Etimologie*.
2. **quel sangue... efficace:** intende il sangue di Cristo, capace di redimere anche gli animi più induriti dal peccato.
3. **ché:** dal momento che.
4. **tutte... avvincevano:** cioè gli altri sette peccati capitali.

di dignità, e pertanto ci vuol più fatica. Tu certo resisterai, come se io volessi spogliarti dei beni più preziosi; ma io ti attaccherò.

F. Quand'è che io ho talmente demeritato di te,[5] che tu voglia privarmi degli oggetti più belli delle mie cure,[6] e condannare alle tenebre eterne la parte più serena dell'anima mia? [...]

A. Ma abbiamo discusso abbastanza: perciò, se hai tratto da me qualcosa di buono, non permettere, ti prego, che si perda nella muffa e nell'abbandono;[7] se invece qualcosa di sgradevole, non ti sia duro a sopportarlo.

F. Anzi ti ringrazio molto, sia per i tanti tuoi benefici, sia per questi tre giorni di colloquio, poiché hai pulito i miei occhi offuscati e hai dissipato la fitta nebbia dell'errore che li avvolgeva. [...] Ma ora, poiché la vostra sede[8] è il cielo, mentre il mio soggiorno in terra non è ancora compiuto – non so fino a quando durerà, e in questo pensiero sono sospeso in ansia, come vedi – vi scongiuro di non abbandonarmi, sia pure separato da me da una grande distanza: ché senza di te, padre buono, la mia vita sarebbe triste, ma senza di questa non sarebbe affatto.

A. Fa' conto di averlo già ottenuto,[9] a patto che tu stesso non ti abbandoni: altrimenti, sarai a buon diritto abbandonato da tutti.

F. Mi darò da fare quanto potrò, e raccoglierò gli sparsi frammenti della mia anima, e starò a lungo con me stesso, pieno di attenzioni. Ma ora, mentre stiamo parlando, molte e importanti faccende mi attendono, sia pure ancora terrene.[10]

A. Forse al volgo qualche altra cosa sembrerà più importante, ma certo non c'è niente di più utile, niente di cui si possa pensare con più frutto. Le altre meditazioni infatti possono essere state inutili; ma gl'immancabili risultati dimostrano che queste sono sempre necessarie.

5. **demeritato di te:** sono sceso così in basso nella tua considerazione, non ho più nessun merito ai tuoi occhi.
6. **cure:** pensieri pieni di desiderio, che appassionano e affannano il cuore.
7. **non permettere... abbandono:** Agostino esorta Petrarca a non dimenticare le buone indicazioni di vita che ha compreso grazie al loro dialogo.
8. **vostra sede:** il Paradiso, il luogo dove naturalmente risiede il santo Agostino.
9. **averlo già ottenuto:** il dono dell'accompagnamento spirituale da parte di Agostino, anche una volta tornato in cielo.
10. **molte... terrene:** fra le incombenze mondane del poeta, anche il completamento delle opere letterarie rimaste incompiute.

Le nostre parole — Gloria

L'origine del termine Il sostantivo "gloria" deriva dal latino *glorĭa*, di origine non sicura. In latino significava «fama, rinomanza, successo», ma anche «azione gloriosa, impresa, merito» in frasi come «rammentare le antiche glorie».

La corona d'alloro Nel mondo medievale la gloria era anche associata al raggiungimento più alto della carriera letteraria. La poesia rappresentava un campo di erudita e ardua distinzione e il poeta affermato poteva fregiarsi di una simbolica incoronazione di alloro, come quella di cui fu investito lo stesso Petrarca in Campidoglio, a Roma, nel 1341.

Due accezioni di "gloria" Se il primo significato di "gloria" è, specialmente oggi, associato a un motivo mondano di vanto e di onore, è necessario ricordare che il termine ha anche un valore teologico, nel quale viene a indicare il manifestarsi della potenza divina: lo stesso Dante lo sceglie come attributo di Dio nella *Commedia* («La gloria di Colui che tutto move»). In questo senso la "gloria", per il suo valore eterno, si contrappone alla "fama", unicamente mondana e caduca: alla fama Petrarca dedica uno dei suoi *Trionfi*.

F. È vero; e ora mi affretto con tanta premura alle altre incombenze soltanto per ritornare a queste,[11] sbrigate quelle: non ignoro, come dicevi poco fa, che per me sarà molto più sicuro seguire quest'unico intento e, lasciate le strade fuori mano, imboccare il sentiero diritto della salvezza. Ma non son capace di tenere a freno il mio desiderio.[12]

A. Torniamo all'antica questione: tu definisci incapacità la tua volontà. Ma vada così, dal momento che altrimenti non può andare: io prego supplichevolmente Iddio che ti accompagni durante il viaggio, e permetta ai tuoi passi di arrivare al sicuro, pur se vanno errabondi.

F. Voglia Dio che mi tocchi quel che tu chiedi; che sotto la sua guida io esca incolume da tanti anfratti e, seguendo la sua chiamata, non mi getti io stesso la polvere negli occhi; e si plachino le tempeste dell'animo, taccia il mondo, cessi la fortuna e i suoi strepiti.

11. **queste:** cioè gli sforzi di dominare le passioni e ridare un orientamento virtuoso alla propria esistenza.

12. **il mio desiderio:** allude all'amore per la gloria e per Laura.

Analisi del testo

Struttura

Gli equilibri nel dialogo Nella prima parte del dialogo le battute di Agostino prevalgono, per estensione, sui commenti di Francesco: Agostino è, infatti, il maestro che rivela al discepolo una verità di cui questi non era in alcun modo consapevole («l'amore e la gloria» sono le «catene infrangibili» che lo avvincono, rr. 1-24), reagendo alla rivelazione con esclamazioni di costernazione o di stupore («Ahimé... Per gli Dei, che sento!»). Questo rapporto, tuttavia, cambia nella parte conclusiva del testo, dove le battute dei due personaggi tornano in equilibrio: il poeta ringrazia il suo maestro e annuncia di voler provare a fare ordine dentro di sé, ma ammette di sentire ancora irresistibile l'attrazione verso l'amore e la gloria (rr. 38-58). Agostino, allora, torna a riproporre gli antichi ammonimenti, che non hanno fatto del tutto breccia in Francesco («Torniamo all'antica questione», r. 58), richiamandosi in modo circolare all'apertura del brano. L'equilibrio strutturale tra le battute dei due protagonisti (entrambi voci dell'anima di Petrarca) sembra plasticamente incarnare la condizione dello spirito del poeta, che resta sospeso tra opposti desideri, senza che nessuno prenda definitivamente il sopravvento.

Lingua e stile

Le metafore visive Coerentemente con il suo ruolo di maestro, il linguaggio impiegato da Agostino si caratterizza per la propensione didattica a dare un corpo metaforico a concetti astratti, ricorrendo a similitudini: le resistenze psicologiche di Francesco alla conversione sono «catene» di diamante, «ceppi d'oro» il cui «fulgore» acceca la «vista» della mente di Francesco (rr. 6-22). Il suo lessico, inoltre, attinge abbondantemente al campo semantico della vista: gli amori terreni annebbiano «dilettando la vista», Francesco è un prigioniero che «si rallegra alla vista» dei propri ceppi perché in realtà «non vede» che sono vincoli. Le metafore visive si prolungano anche quando Agostino afferma «Tu... resisterai, come se io volessi spogliarti dei beni più preziosi», ma Francesco obietta che il maestro vuole privarlo «degli oggetti più belli» e «condannare alle tenebre eterne la parte più serena» della sua anima, accusandolo di voler gettare nelle tenebre chi aveva dichiarato, al contrario, di voler portare il suo sguardo alla luce. Francesco, tuttavia, ascoltate le ragioni di Agostino, decide infine di ringraziarlo, rimanendo all'interno della medesima allegoria: «ti ringrazio molto [...] poiché hai pulito i miei occhi offuscati e hai dissipato la fitta nebbia dell'errore che li avvolgeva».

Temi

Laura e il lauro Le «due catene» che imprigionano l'animo di Francesco sono strettamente connesse: l'amore per Laura (in particolare l'attrazione, sottolinea con biasimo Agostino, verso la sua bellezza fisica) esprime infatti il desiderio di appagamento dell'io, mentre la parola poetica, via maestra alla gloria (il lauro), rappresenta il modo per raccontare questo desiderio amoroso. Francesco esprime inizialmente stupore per la rivelazione di Agostino: egli, infatti, aveva sempre ritenuto che il desiderio di gloria individuale fosse, come per gli eroi della tradizione classica, la principale motivazione a compiere gesta straordinarie. Petrarca è sorpreso anche che l'amore per Laura sia un ostacolo, dal momento che questo sentimento, nella concezione cortese e stilnovistica, è capace di raffinare e nobilitare l'animo. Agostino, portavoce dell'etica cristiana, indica invece in queste ricerche individualistiche di appagamento, che «ingannano, con una certa apparenza di dignità», processi che inducono l'animo a ripiegarsi su di sé, impedendogli di aprirsi a beni trascendenti. L'amore umano è occasione di ascesi spirituale quando nell'amore per la creatura vi è «l'amore del Creatore» mentre Francesco si è fermato, in Laura, alla «grazia di una creatura». Si misura qui la distanza ideologica tra Petrarca e Dante, che nella *Vita nuova* aveva voluto appunto sublimare in amore mistico il suo giovanile amore, cortese e stilnovistico, per Beatrice e nel V canto dell'*Inferno* aveva ammonito che, dietro all'apparente veste nobile, queste ideologie d'amore celavano le pulsioni lussuriose della carne.

Officina

COMPRENDERE

1. Quali sono le «due catene infrangibili» e perché Agostino le definisce così?
2. Che cosa ribatte Petrarca quando Agostino lo esorta a liberarsene?
3. Perché è molto difficile, anche se non impossibile, che Francesco riesca a liberarsi dalle catene?

ANALIZZARE

4. **Lingua e stile** Le metafore della vista occupano uno spazio importante nel dialogo, ma anche quelle riferibili al viaggio e alla prigionia. Individuane qualche esempio nel testo e spiegane il significato simbolico.

INTERPRETARE

5. Agostino definisce le sue parole come un attacco a Petrarca («io ti attaccherò», r. 31): spiega perché.
6. Ritraccia nel testo i termini e le perifrasi con cui Petrarca indica le due catene: da che cosa si capisce che sono catene da cui non vuole liberarsi?
7. L'accusa che Agostino rivolge a Petrarca, «tu definisci incapacità la tua volontà» (r. 58), si lega strettamente al peccato dell'accidia, malattia dell'animo da cui Petrarca riconosce di essere affetto. Spiega in che modo, approfondendo l'argomento.

PERCORSO DI SCRITTURA

Argomentazione Aiuta Agostino a convincere Petrarca: quali ulteriori argomenti potresti proporgli? Te ne suggeriamo alcuni. La gloria a cui tu aspiri, e ce lo ha insegnato pure Dante («Non è il mondan rumore altro che un fiato...», *Purg.* XI, v. 100), è effimera, dura poco. Laura, come tutte le cose terrene, si deteriora, invecchia e imbruttisce... Continua tu, immaginando anche le possibili risposte di Petrarca.

COMPETENZE DEL XXI SECOLO

Cittadinanza Che ruolo svolgono nella società di oggi l'amore per le cose terrene e la ricerca di gloria (attraverso, per esempio, il successo nel lavoro e/o nel mondo dello spettacolo)? Pensi che siano due valori da perseguire oppure, come sostiene sant'Agostino, ritieni che impediscano agli uomini di raggiungere la vera felicità? Esprimi le tue riflessioni in proposito argomentando in maniera adeguata le tue posizioni facendo riferimento, se lo ritieni opportuno, anche alla tua esperienza personale.

4. Le raccolte epistolari

La costruzione di un'autobiografia

Le lettere sono un documento fondamentale per comprendere l'autobiografismo petrarchesco. Non si tratta infatti di componimenti privati ma di scritti letterari, rivisti e selezionati in vista della loro diffusione pubblica. Nonostante abbiano origine da avvenimenti reali, il lavoro di riscrittura di Petrarca le trasforma in momenti necessari a giustificare determinate scelte o a spiegare errori e ripensamenti. Coerente con il desiderio di raccontarsi attraverso le proprie opere, Petrarca mette in scena oltre quarant'anni della propria esistenza in cui, accanto alla sua vita pubblica, trovano spazio riflessioni morali e filosofiche e la confessione dei propri momenti di incertezza. Ne viene fuori la volontà di consegnare ai posteri l'**immagine di sé** come un intellettuale desideroso di coltivare soltanto i propri studi letterari, lontano dalle meschinità della vita politica e dai grevi interessi del volgo, circondato dall'affetto degli amici. Il tutto in una complessa costruzione in cui **alla realtà si mescola la finzione**: ancora una volta una vita che si fa letteratura.

Le *Familiari*

I 24 libri delle ***Familiari*** (*Familiares* o *Familiarium rerum libri*, *Libri di cose familiari*) dedicati all'amico Ludwig van Kempen, affettuosamente ribattezzato «Socrate», contengono 350 lettere scritte tra il 1325 e il 1361. Il progetto dell'opera è fortemente ispirato alle *Lettere familiari* di Cicerone (che lo stesso Petrarca aveva scoperto nel 1345), ma si rifà anche alle *Epistole a Lucilio* di Seneca, come dichiarato nell'epistola proemiale: «Nella maggior parte di queste lettere, io seguo piuttosto il modo di Cicerone che quello di Seneca. Seneca stipò infatti nelle lettere quasi tutta la morale dei suoi libri, mentre Cicerone trattò di filosofia nelle sue opere, e nelle lettere si occupò di cose domestiche, di curiosità e di avvenimenti del suo tempo». Il poeta

Ritratto di Francesco Petrarca, XVI secolo. Il dipinto si trova nella Casa del poeta ad Arquà Petrarca, in provincia di Padova. Il paese ospitò il poeta dal 1370 fino al 1374, anno della sua morte. Nel 1868, dopo l'annessione del Veneto al Regno d'Italia, il borgo aggiunse al proprio nome quello dell'ospite illustre.

trae vantaggio, in realtà, da entrambi i modelli: da Seneca per la densità della riflessione filosofica, da Cicerone per l'eleganza stilistica. Il tutto in funzione del racconto di una complessa "storia di un'anima" in cui, accanto alle riflessioni morali e filosofiche, spicca la confessione dei propri errori e dei momenti di incertezza.
Come sempre in Petrarca, però, sono gli eventi biografici a dare l'occasione per ripensare la propria attività intellettuale. La spinta decisiva all'idea già esistente di raccogliere in un'opera organica le centinaia di lettere spedite nei decenni precedenti venne infatti a Petrarca dalla peste del 1348, e non a caso nella lettera che introduce la raccolta egli scriverà: «le nostre antiche speranze sono sepolte con gli amici. È il 1348 che ci ha reso poveri e soli».
Le lettere hanno numerosissimi destinatari, testimoniando l'ampiezza della **rete di contatti** di Petrarca con i dotti e i politici di tutta Europa. Vi si trovano sia lettere realmente spedite sia lettere fittizie: il libro XXIV, per esempio, è costituito da lettere indirizzate «ai più illustri degli antichi», ovvero ai grandi autori della classicità. Altro significativo esempio di questo carattere letterario è la celebre lettera che racconta l'ascesa al Monte Ventoso, che l'autore ci dice avvenuta nel 1336 (anche se la lettera fu composta nei primi anni Cinquanta), con il preciso intento di collocare a quella data l'inizio del percorso di conversione (➤ **T2**).

Le *Senili*

Le ***Senili*** (*Seniles* o *Senilium rerum libri*, *Libri di cose della vecchiaia*) comprendono 128 lettere raccolte in 17 libri e dedicate all'amico Francesco Nelli, chiamato «Simonide», che Petrarca compose tra il 1361 e il 1374, e che rappresentano la naturale prosecuzione delle *Familiari*. La meditazione sulla morte, ispirata da lutti personali, e un crescente senso di distacco dalla vita pubblica le velano talvolta di un tono dolente. L'epistola ***Posteritati*** (*Ai posteri*), che doveva chiudere la raccolta, ma rimase incompiuta, fu divulgata postuma e circolò autonomamente. Si tratta di un autoritratto morale, esplicitamente pensato soprattutto per lasciare un'immagine di sé ai posteri come di un uomo che ha saputo imparare dai propri errori («L'adolescenza mi illuse, la gioventù mi traviò, ma la vecchiaia mi ha corretto»), indifferente al danaro e al lusso della vita mondana e profondamente geloso della propria indipendenza.

Le *Sine nomine*

Le 19 lettere ***Sine nomine*** (*Senza nome*) furono composte tra il 1342 e il 1358. Originariamente parte delle *Familiari* e poi separate in una raccolta autonoma, sviluppano argomenti politici e religiosi (per esempio, la critica alla decadenza della curia avignonese); dal momento che i temi risultavano potenzialmente compromettenti, Petrarca scelse di non rivelare il nome dei destinatari, da cui il titolo della raccolta.

LE PRINCIPALI RACCOLTE EPISTOLARI DI PETRARCA

	COMPOSIZIONE	PERIODO	CARATTERI
Familiares	350 lettere	1325-61	• "storia di un'anima" • realtà e finzione • figura di intellettuale
Seniles	128 lettere	1361-74	• meditazione sulla morte • tono dolente • epistola *Alla posterità*
Sine nomine	19 lettere	1342-58	• politica e religione

T2 L'ascesa al Monte Ventoso: un itinerario spirituale

Familiares IV, 1, a Dionigi da Borgo Sansepolcro

Una delle più celebri epistole delle *Familiari* è la lettera scritta a Dionigi da Borgo Sansepolcro, il monaco e teologo agostiniano che nel 1333 aveva donato a Petrarca le *Confessioni* di sant'Agostino, destinate a diventare il «libro della vita» del poeta. Petrarca desidera raccontare a Dionigi un'escursione, fatta nel 1336 insieme al fratello Gherardo, sul Monte Ventoso (Ventoux), in Provenza, la più alta cima della regione di Valchiusa. Nella lettera la salita sulla cima del monte diviene soprattutto la trasposizione allegorica dell'itinerario interiore del poeta e non va dunque interpretata solo in chiave realistica. Questa breve autobiografia spirituale testimonia i toni intimi e introspettivi di tante pagine dell'epistolario petrarchesco.

Oggi,[1] spinto dal solo desiderio di vedere un luogo celebre per la sua altezza, sono salito sul più alto monte di questa regione, chiamato giustamente Ventoso. Da molti anni mi ero proposto questa gita; come sai, infatti, per quel destino che regola le vicende degli uomini, ho abitato in questi luoghi sino dall'infanzia e questo monte, che a bell'agio[2] si può ammirare da ogni parte, mi è stato quasi sempre negli occhi. [...] Partimmo da casa il giorno stabilito[3] e a sera eravamo giunti a Malaucena,[4] alle falde del monte, verso settentrione. Qui ci fermammo un giorno ed oggi, finalmente, con un servo ciascuno, abbiamo cominciato la salita, e molto a stento. La mole del monte, infatti, tutta sassi, è assai scoscesa e quasi inaccessibile, ma ben disse il poeta che "l'ostinata fatica vince ogni cosa".[5] [...] Avanziamo di nuovo, ma con più lentezza; io soprattutto, che mi arrampicavo per la montagna con passo più faticoso, mentre mio fratello, per una scorciatoia lungo il crinale del monte, saliva sempre più in alto. Io, più fiacco, scendevo giù, e a lui che mi richiamava e mi indicava il cammino più diritto, rispondevo che speravo di trovare un sentiero più agevole dall'altra parte del monte e che non mi dispiaceva di fare una strada più lunga, ma più piana. Pretendevo così di scusare la mia pigrizia e mentre i miei compagni erano già in alto, io vagavo tra le valli, senza scorgere da nessuna parte un sentiero più dolce; la via, invece, cresceva,[6] e l'inutile fatica mi stancava. Annoiatomi e pentito oramai di questo girovagare, decisi di puntare direttamente verso l'alto e quando, stanco e ansimante, riuscii a raggiungere mio fratello, che si era intanto rinfrancato con un lungo riposo, per un poco procedemmo insieme. [...]

Ma ecco entrare in me un nuovo pensiero che dai luoghi mi portò ai tempi. "Oggi – mi dicevo – si compie il decimo anno da quando, lasciati gli studi giovanili, hai abbandonato Bologna. Dio immortale, eterna Saggezza, quanti e quali sono stati nel frattempo i cambiamenti della tua vita! Così tanti che non ne parlo; del resto non sono ancora così sicuro in porto da rievocare le trascorse tempeste. Verrà forse un giorno in cui potrò enumerarle nell'ordine stesso in cui sono avvenute, premettendovi le

1. **Oggi:** Petrarca finge di scrivere la lettera lo stesso giorno in cui ha compiuto l'ascensione.
2. **a bell'agio:** facilmente.
3. **il giorno stabilito:** il 24 aprile 1336.
4. **Malaucena:** Malaucène, un villaggio che si trova ai piedi della zona nord del Monte Ventoso.
5. **l'ostinata... cosa:** la citazione è tratta dalle *Georgiche* di Virgilio (I, 145-146).
6. **la via... cresceva:** Francesco sta allungando la strada inutilmente.

lessico

Impaccio

Dal verbo "impacciare", che viene dal provenzale *empachar*, risalente al latino *impedicāre*, derivato di *pedĭca*, «laccio, corda». Indica qualunque cosa che, con il suo ingombro, renda difficoltoso il movimento di una persona; in senso figurato, «impedimento allo svolgersi di un'azione».

parole di Agostino: «Voglio ricordare le mie passate turpitudini, le carnali corruzioni dell'anima mia, non perché le ami, ma per amare te, Dio mio».[7] Troppi sono ancora gli interessi che mi producono incertezza ed **impaccio**. Ciò che ero solito amare, non amo più; mento: lo amo, ma meno; ecco, ho mentito di nuovo: lo amo, ma con più vergogna, con più tristezza; finalmente ho detto la verità. È proprio così: amo, ma ciò che amerei non amare, ciò che vorrei odiare; amo tuttavia, ma contro voglia, nella costrizione, nel pianto, nella sofferenza". [...]

Questi ed altri simili erano i pensieri, padre mio,[8] che mi ricorrevano nella mente. Gioivo dei miei progressi, piangevo sulle mie imperfezioni, commiseravo la comune instabilità delle azioni umane; e già mi pareva d'aver dimenticato il luogo dove mi trovavo e perché vi ero venuto, quando, lasciate queste riflessioni che altrove sarebbero state più opportune, mi volgo indietro, verso occidente, per guardare ed ammirare ciò che ero venuto a vedere: m'ero accorto infatti, stupito, che era ormai tempo di levarsi,[9] che già il sole declinava e l'ombra del monte s'allungava. [...] Mentre ammiravo questo spettacolo in ogni suo aspetto ed ora pensavo a cose terrene ed ora, invece, come avevo fatto con il corpo, levavo più in alto l'anima, credetti giusto dare uno sguardo alle *Confessioni* di Agostino, dono del tuo affetto, libro che in memoria dell'autore e di chi me l'ha donato io porto sempre con me: libretto di piccola mole ma d'infinita dolcezza. Lo apro per leggere quello che mi cadesse sott'occhio: quale pagina poteva capitarmi che non fosse pia e devota? Era il decimo libro. Mio fratello, che attendeva per mia bocca di udire una parola di Agostino, era attentissimo. Lo chiamo con Dio a testimonio che dove dapprima gettai lo sguardo, vi lessi: «e vanno gli uomini a contemplare le cime dei monti, i vasti flutti del mare, le ampie correnti dei fiumi, l'immensità dell'oceano, il corso degli astri e trascurano se stessi».[10] Stupii, lo confesso; e pregato mio fratello che desiderava udire altro di non disturbarmi, chiusi il libro, sdegnato con me stesso dell'ammirazione che ancora provavo per cose terrene quando già da tempo, dagli stessi filosofi pagani,[11] avrei dovuto imparare che niente è da ammirare tranne l'anima, di fronte alla cui grandezza non c'è nulla di grande.

7. **Voglio... Dio mio:** il passo è tratto dalle *Confessioni* di Agostino (II, 1, 1).
8. **padre mio:** si rivolge a Dionigi da Borgo Sansepolcro, il destinatario della lettera.
9. **levarsi:** per rimettersi in cammino.
10. **e vanno... se stessi:** il passo si trova nel X libro delle *Confessioni* di Agostino (X, 8, 15).
11. **filosofi pagani:** in particolare, Petrarca fa riferimento a Seneca, in una sua lettera a Lucilio (VIII, 8).

Analisi del testo

Struttura

Da viaggio fisico a viaggio spirituale Il viaggio si configura come un percorso che da un luogo reale conduce a mano a mano verso un luogo interiore. La prima sequenza descrive i preparativi all'ascesa e le iniziali motivazioni che spingono i fratelli all'impresa: contemplare il panorama dall'altezza della vetta (rr. 1-5). Si passa poi, nella seconda sequenza («Partimmo...»), a raccontare la salita: si sottolineano la fatica e le difficoltà e, soprattutto, si comincia a distinguere il ritmo di passo di Gherardo da quello di Francesco. Mentre il fratello sceglie di percorrere «il cammino più diritto», Francesco cerca «un sentiero più agevole», «una strada più lunga, ma più piana», per «differire la fatica del salire». L'ascesa, dunque, assume via via l'aspetto di un'allegoria del tormentato percorso spirituale di Petrarca per liberarsi dalle passioni terrene. Dopo aver raggiunto il fratello, i due proseguono insieme verso la cima (rr. 5-20). Nella terza sequenza si consuma il passaggio dal viaggio esteriore al viaggio interiore: Francesco prende in esame gli ultimi dieci anni della sua vita, in un serrato esame di coscienza (rr. 21-33). La disamina è onesta e spietata: egli ammette di amare quelle passioni mondane dalle quali pure vorrebbe liberarsi e questo progressivo chiarimento si traduce in una significativa autocorrezione delle proprie parole (rr. 29-33). L'ultima sequenza, infine, è ambientata sulla vetta del monte, dove la mente di Francesco si proietta dal passato al futuro e, grazie alle parole che legge nelle *Confessioni* di Agostino, comprende qual è la direzione che deve dare alla sua vita: rivolgere dentro di sé le proprie ricerche, poiché «niente è da ammirare tranne l'anima, di fronte alla cui grandezza non c'è nulla di grande» (rr. 34-54).

Lingua e stile

Una datazione simbolica per un viaggio allegorico La lettera, la cui composizione si colloca tra il 1348 e il 1353, è presentata dall'autore come se fosse stata scritta subito dopo il ritorno dal Monte Ventoso, il 26 aprile del 1336. Petrarca, con questa retrodatazione, intendeva includere l'episodio nell'itinerario di progressiva trasformazione interiore testimoniato dal *Secretum* e culminante nella *mutatio vitae* degli anni Quaranta. L'epistolario, infatti, viene riordinato dall'autore dopo la sua crisi spirituale, proprio con l'intento di fornire questa reinterpretazione della propria vita. L'accurata costruzione della lettera, ricca di allusioni classiche e bibliche, non appare, in effetti, il frutto di una scrittura spontanea e immediata subito dopo la discesa, e lo conferma anche lo stile (ricco di poliptoti e antitesi). I critici letterari si sono divisi sull'interpretazione del resoconto: c'è chi ha parlato di «scalata immaginaria», mai avvenuta (Scivoletto), e chi ritiene invece possibile che si tratti di un evento reale, successivamente caricato di significati allegorici (Martinelli).

Temi

L'accidia, male spirituale Francesco, come già nel *Secretum* (➤ **T1**), riconosce il principale ostacolo alla sua ascesi nell'accidia, cioè in quella pigrizia spirituale che gli rende difficile scegliere «il cammino più diritto» e lo spinge, al contrario, a cercare una strada «più piana… un sentiero più dolce». L'inutile «girovagare» dell'animo accidioso è seguito, nella lettera, dall'improvvisa decisione di Francesco «di puntare direttamente verso l'alto»: una prefigurazione della futura scelta di mutare vita. Alla noia subentra il pentimento, che lo spinge all'azione. La conversione, tuttavia, non si realizza appieno e i pensieri di Francesco continuano a ondeggiare (rr. 28-36).

Officina

COMPRENDERE

1. Come inizia e come si conclude il viaggio? Quali sono le tappe principali?
2. Spiega, con precisi riferimenti al testo, in che modo il procedere di Gherardo si discosta da quello del fratello.
3. Nella lettera le *Confessioni* di sant'Agostino rivestono un ruolo duplice e particolare: spiega quale.

ANALIZZARE

4. Quale significato simbolico attribuisci alla frase seguente: «io soprattutto, che mi arrampicavo per la montagna con passo più faticoso, mentre mio fratello, per una scorciatoia lungo il crinale del monte, saliva sempre più in alto» (rr. 10-12)?

   Scegli una tra le opzioni qui sotto proposte:

   a. Gherardo, lasciando la strada maestra, sceglie il modo più facile per arrivare prima a Dio.

   b. Gherardo, non ostacolato da pensieri personali, ma con l'animo tutto rivolto al Signore, raggiunge nel modo più diretto e immediato la salvezza.

   c. Francesco è molto lento e ha un'intelligenza meno pronta di quella del fratello («passo più faticoso»). Gherardo, invece, capisce subito anche le cose più difficili («saliva sempre più in alto»).

INTERPRETARE

5. Il nucleo centrale della lettera risiede nelle affermazioni contraddittorie contenute alle rr. 28-33.

   Qual è la verità dolorosa di Petrarca? In che modo si collega al dissidio interiore che struttura gran parte della sua opera e il *Canzoniere* in particolare?

PERCORSO DI SCRITTURA

Riassunto Dividi il brano proposto in sequenze, secondo la traccia che trovi nell'Analisi, riassumi il contenuto di ciascuna sequenza in 3 righe e assegna a ciascuna un titolo di merito.

5. La lezione degli antichi: le altre opere latine

5.1 Un nuovo approccio alla civiltà classica

Filologia e rinnovamento

L'interesse di Petrarca per il mondo antico non si risolve in un semplice gusto erudito, ma è orientato a promuovere un ambizioso programma di recupero della classicità. Ciò si traduce non solo nella ricerca di testi antichi e nel nuovo approccio filologico con cui essi vengono trattati, ma anche nel rinnovamento di usi e tradizioni dell'antichità (la cerimonia dell'incoronazione poetica in Campidoglio, l'appoggio dato a Cola di Rienzo in nome della comune ammirazione per le istituzioni della Roma repubblicana). In Petrarca, tuttavia, non c'è alcuna rievocazione nostalgica del passato; ciò che lo guida, anche nelle opere apparentemente più erudite come il *De viris illustribus* o i *Rerum memorandarum libri*, è sempre un interesse di carattere universale, una preoccupazione di ordine morale: indagare la storia e gli eventi dell'antichità per esplorare a fondo l'animo umano. Si tratta di una conoscenza sempre attuale, in cui il passato è preso in esame in funzione del presente. Nel *De remediis utriusque Fortunae* (I, VIII), infatti, Petrarca rifiuterà la facile consolazione del ricordo e la tentazione del rimpianto, dimostrando, al contrario, estremo coraggio nell'indagine approfondita del passato e di sé stesso.

5.2 Le opere poetiche

L'Africa

L'***Africa*** è un poema epico in esametri sulla figura di Scipione Africano, che doveva essere dedicato al re di Napoli Roberto d'Angiò. Petrarca si ispira all'***Eneide* di Virgilio** per la struttura (anche l'*Africa* prevedeva dodici libri), ma la fonte delle informazioni storiche sulla guerra tra Scipione e Annibale sono gli ***Ab Urbe condita libri*** dello storico **Tito Livio**. Il disegno complessivo è molto ambizioso. A Scipione appaiono in sogno il padre e lo zio, che gli preannunciano la vittoria su Cartagine e la futura potenza imperiale romana. Seguono le prime battaglie, fino alla vittoria finale di Scipione su Annibale. Petrarca non si limita a raccontare la vittoria di Zama (202 a.C.), ma si sofferma anche su altri episodi, cogliendo così l'occasione per rievocare la storia di Roma fino ad Augusto e per passare in rassegna i grandi poeti dell'antichità, arrivando fino a sé stesso. Nel IX e ultimo libro, infatti, Ennio, che sta tornando a Roma in nave con Scipione, ha una visione notturna in cui compare Omero; questi gli illustra una lunga rassegna di poeti, che si conclude proprio con Petrarca, e menziona il poema stesso.

Un'opera incompiuta

L'*Africa* è l'opera a cui, almeno fino al 1342-43, Petrarca aveva affidato le sue speranze di gloria letteraria, anche perché alcuni brani (il lamento di Magone morente e l'infelice storia d'amore tra Sofonisba e Massinissa), fatti circolare presso una cerchia ristretta di amici, avevano suscitato l'entusiastica ammirazione dei contemporanei. Eppure, nonostante numerose riscritture e revisioni e quasi nove libri già completati, il progetto si arenò e il poema non fu mai divulgato. In parte ciò è dovuto a nuovi interessi e a nuovi progetti, nonché alla morte di Roberto d'Angiò, ma era la natura stessa dell'opera a presentare problemi irrisolvibili: la mancanza di una convincente unità narrativa a cui si contrapponeva una serie di singole scene elaborate con finezza ma isolate dal resto; una ricostruzione filologica delle vicende che finiva per opporsi al libero gioco dell'immaginazione; infine, l'affiorare continuo di una morale cristiana che contrastava palesemente con gli stessi ideali classici che il poema intendeva celebrare.

Le Epistolae

Le *Epistolae* o *Epistolae metricae* sono 66 lettere in esametri, composte tra il 1331 e il 1350, e raccolte in tre libri dedicati a Barbato da Sulmona. Raccontano tutta una serie di **episodi quotidiani** (il suo cane, le malattie, il conforto di un cesto di pere, un improvviso temporale), **riflessioni morali** (sul ripresentarsi della passione amorosa, sul tempo fuggevole, sulla fortuna), **esortazioni civili** (per esempio a papa Benedetto XII affinché riporti la sede pontificia a Roma). L'opera può così essere considerata una sorta di collettore di dati biografici che il poeta, a differenza di quanto accade nelle *Lettere familiari*, non ha inteso armonizzare in un progetto organico e compatto. Particolarmente importante è l'epistola *A se stesso* (I, 14), in cui Petrarca descrive il dissidio interiore causatogli dall'amore per Laura e si accusa di non riuscire a vivere il presente per la sua abitudine di pensare al domani.

Il Bucolicum carmen

Il ***Bucolicum carmen*** è una raccolta di 12 egloghe composte tra il 1346 e il 1348 e rielaborate tra il 1359 e il 1365, sul modello delle ***Bucoliche* di Virgilio**. L'opera, in cui Petrarca sperimenta una scrittura allegorica dalla sottile allusività, si concentra su due temi principali: la **poesia** (I-IV e IX-XII) e la **politica** (V, VI, VII: dedicate alle imprese di Cola di Rienzo; VIII: sul distacco dal cardinale Giovanni Colonna). Petrarca considerava le stesse *Bucoliche* virgiliane come un «dramma allegorico» bisognoso di un'interpretazione che penetrasse, al di sotto della corteccia dei testi, i significati più occulti; lo stesso fece per il proprio *Bucolicum carmen*, offrendo in qualche caso la chiave di lettura di testi che riteneva di difficile comprensione. Il lettore doveva tenere sempre ben distinto il senso letterale – il piano degli eventi riferiti al poeta stesso e ai singoli personaggi – da quello morale – che ha valore universale e riguarda dunque l'intera umanità. Anche il *Bucolicum carmen* appare insomma un singolare esempio di commistione tra un'ispirazione medievale (allegorie e personificazioni) e una umanistica (la fedele ripresa dell'egloga virgiliana).

5.3 Le opere storiche

Il De viris illustribus

Il ***De viris illustribus*** (*Gli uomini illustri*) è una raccolta di biografie di personaggi dell'antichità, sul modello delle *Vite* di Svetonio. Il progetto originario dell'opera prevedeva di limitarsi a personaggi del mondo classico, ma in seguito Petrarca aggiunse una seconda sezione dedicata a figure di spicco del **Vecchio Testamento**. Dopo avervi lavorato a più riprese fino al 1353, Petrarca lasciò incompiuta l'opera, ma vi rimise mano nel 1368 con l'intento di dedicarla a Francesco da Carrara, signore di Padova. A quella data, però, gli interessi storiografici mutati lo spinsero a concentrarsi sulle figure di Scipione e Cesare, ai quali scelse di dedicare non più semplici ritratti ma vere e proprie biografie, il *De gestis Cesaris* (*Le imprese di Cesare*) e la *Vita Scipionis* (*Vita di Scipione*).

I Rerum memorandarum libri

Ai ***Rerum memorandarum libri*** (*Libri di fatti memorabili*) Petrarca lavorò tra il 1343 e il 1345, lasciando però incompiuto il progetto. L'opera, ispirata, da un lato, al precedente classico dei *Factorum et dictorum memorabilium libri* (*Libri di fatti e detti memora-*

bili) dello storico romano Valerio Massimo, dall'altro, alla **tradizione medievale degli *exempla***, propone esempi di virtù e vizi nel corso di una rassegna di aneddoti raccolti attorno al tema dell'ingegno e delle risorse conoscitive umane, trattando argomenti come solitudine, studio, dottrina, memoria, intelligenza, sapienza, arguzia ecc. L'intento non è semplicemente quello di offrire informazioni storiche, ma l'occasione per una migliore conoscenza di sé stessi. Anche in questo caso va osservato che Petrarca non si sottrae a un confronto con il presente, poiché ciascun gruppo tematico comprende, alla fine, anche i *Moderni*, cioè personaggi a lui contemporanei.

5.4 I trattati e i dialoghi filosofico-morali

Il De vita solitaria

Il ***De vita solitaria*** (*La vita solitaria*) è un trattato in due libri composto tra il 1346 e il 1356. Il tema è quello, tipicamente petrarchesco, della **solitudine**, considerata come una condizione privilegiata di libertà dagli affanni quotidiani, che consente all'uomo di dedicarsi all'attività contemplativa e alla conoscenza di sé stesso. I modelli, come sempre, sono sia classici sia cristiani: l'ideale di solitudine petrarchesco non è quello ascetico di un isolamento assoluto dal mondo, ma una più equilibrata scelta, ispirata all'«aurea mediocrità» di scrittori classici come Orazio, che comporta la **quiete operosa** degli studi letterari e la frequentazione degli amici. Da questo punto di vista, si tratta di una solitudine terapeutica, capace di rigenerare l'animo, assai diversa da quella prevalente nel *Canzoniere*, che lascia sovente il protagonista innamorato in preda a sentimenti di conflitto interiore.

Il De otio religioso

Il trattato ***De otio religioso*** (*La vita contemplativa dei religiosi*), composto tra il 1347 e il 1357 dopo una visita al fratello Gherardo presso la Certosa di Montrieux, si rivolge ai **monaci** affinché vivano la loro condizione con serena operosità e si tengano lontani dai due pericoli più grandi a cui sono esposti, ovvero i desideri carnali e l'eccessiva curiosità indagatrice, inopportuna per un religioso. Anche qui il richiamo al mondo classico è evidente fin dal titolo: *otium* è infatti parola tipicamente ciceroniana, che indica la pausa dalle attività pratiche e il tempo riservato a quelle intellettuali.

Il De remediis utriusque Fortunae

In forma di dialogo a due è scritto invece il ***De remediis utriusque Fortunae*** (*I rimedi della buona e della cattiva sorte*), composto tra il 1355 e il 1366. Nei due libri del *De remediis* Petrarca passa in rassegna tutta una minuta casistica di **possibili circostanze della vita**, fortunate e avverse, di fronte alle quali l'uomo deve operare delle scelte. È qui che si rivela il ruolo cruciale di **Ragione**, interlocutore costante in tutti i dialoghi, incaricata di mediare tra gli eccessi a cui spingono le passioni e una più equilibrata saggezza, limitando i danni che una fortuna capricciosa e crudele infligge continuamente all'uomo.

L'opera presenta la vita umana come un conflitto di forze tra loro opposte: amore e odio, desiderio e fuga, ignoranza e sapienza, memoria e oblio, consolazione e inganno. Di fronte a tutto ciò l'animo non può che rimanere vittima di una continua fluttuazione che impedisce lo stabilirsi della quiete. Il *De remediis* non è caratterizzato da un abbandono fiducioso alla provvidenza divina, tipico di uno spirito medievale; al contrario, offre un catalogo di tutte le situazioni possibili sul piano individuale e sociale per offrire, di volta in volta, una **soluzione di compromesso**, mantenendo sempre una profonda consapevolezza di sé stessi e dei propri limiti.

5.5 Polemiche e controversie

La polemica antiaristotelica

In molti dei suoi scritti Petrarca polemizza contro la filosofia aristotelica e contro la cultura dominante in ambito universitario e nelle discipline tecnico-scientifiche. Naturalmente egli non ha nulla contro Aristotele, ma contro l'uso settoriale del sapere da parte di coloro che vorrebbero ergersi presuntuosamente a giudici senza avere alcuna approfondita formazione culturale. L'opera simbolo di tale concezione è il ***De sui ipsius et multorum ignorantia*** (*L'ignoranza propria e di molti*), un trattato composto tra il 1367 e il 1371. Gli avvenimenti da cui prende spunto erano accaduti nel 1366 a Venezia: quattro giovani che erano soliti far visita a Petrarca lo avevano definito «un buon uomo, ma ignorante» (da cui il titolo dell'opera), perché non interessato alle questioni scientifiche della filosofia aristotelica. Contro la pretesa superiorità di una scienza fondata sull'autorità e slegata dalla realtà quotidiana, Petrarca rivendica la necessità di conciliare gli insegnamenti della letteratura pagana e le verità della religione cristiana in un umanesimo cristiano che aiuti l'uomo a essere migliore: «Ho letto, se non m'inganno, tutti i libri morali di Aristotele [...] essi mi hanno forse talvolta reso più dotto, ma non migliore».

Le invettive

Nelle ***Invectivae contra medicum quendam*** (*Invettive contro un medico*), composte tra i 1352 e il 1355, Petrarca replica alle accuse di un medico della curia papale, che aveva attaccato la sua formazione letteraria, ribadendo la superiorità delle discipline umanistiche rispetto a quelle scientifiche. L'***Invectiva contra eum qui maledixit Italiae*** (*Invettiva contro colui che parlò male dell'Italia*, o *Invettiva contro un Gallo*) è rivolta al monaco francese Jean de Hesdin, che all'inizio del 1370 aveva attaccato Petrarca per una sua lettera a Urbano V in cui chiedeva il ritorno a Roma della sede papale (*Seniles* IX, 1). Petrarca rispose nel 1373 con questa invettiva, in cui non solo difende la legittimità di Roma come sede pontificia, ma attacca violentemente il suo avversario e tutta la cultura francese.

VISUALIZZA I CONCETTI

Le altre opere latine

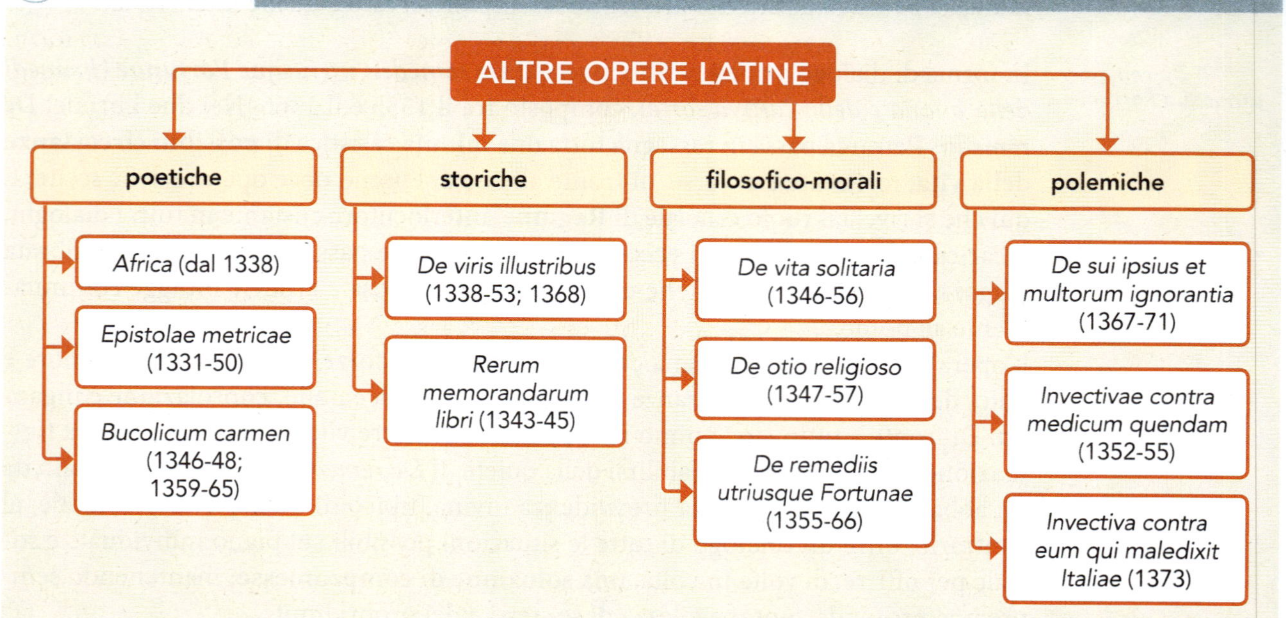

6. Il *Canzoniere*: l'anima e il frammento

6.1 Titolo, struttura e lingua del *Canzoniere*

Il titolo

Malgrado Petrarca chiamasse la raccolta delle sue composizioni in volgare *nugellae* (cioè «cose di poco conto, inezie», imitando la definizione che delle proprie poesie aveva coniato Catullo), dedicò a quest'opera nota come *Canzoniere* tutta la vita, in un continuo sforzo di ampliamento e revisione. Il progetto nasce nel segno di una forte continuità tra poesia latina e volgare, che Petrarca ricerca anche a livello di storia letteraria. Nella prima delle *Lettere familiari* il poeta riprende un'annotazione di Servio, commentatore di Virgilio, in cui si parla del verso saturnio degli antichi coloni italici: un verso, cioè, basato, come quello della poesia moderna in volgare, sull'accentuazione ritmica e non sulla quantità lunga o breve delle vocali, com'era d'uso nella poesia latina. Proprio questa testimonianza offre a Petrarca una legittimazione della dignità delle proprie composizioni in volgare, nel segno di una sostanziale continuità tra antichi e moderni. Anche il *Canzoniere*, in effetti, in gran parte condivide gli intenti delle opere latine, sia per quanto riguarda il recupero delle forme e dei saperi classici (*Africa*, *Rerum memorandarum libri*, *De viris illustribus*), sia per la riflessione morale e religiosa (*De vita solitaria*, *De otio religioso*, *Secretum*), ponendo un accento ancora più marcato sul valore creativo del dissidio interiore.
Canzoniere, in realtà, è un titolo assegnato a partire da un commento del 1438 ed entrato in uso soltanto dall'edizione a stampa del 1516, mentre quello concepito dall'autore – in latino, a testimonianza del suo bilinguismo – è ***Rerum vulgarium fragmenta*** (abbreviato in *Rvf*), cioè *Frammenti di composizioni in volgare*, che trova una precisa corrispondenza con la definizione di «rime sparse» (➤ **T3**) che Petrarca dà nel sonetto proemiale della raccolta.

Il «vario stile» e la struttura

Il *Canzoniere* contiene 366 testi (uno per ogni giorno dell'anno più un sonetto introduttivo) ordinati secondo un criterio prevalentemente cronologico. Anche se la forma metrica più rappresentata è il **sonetto** (ben 317 testi su 366), la raccolta comprende anche 29 canzoni, 9 sestine, 7 ballate e 4 madrigali, a conferma del «vario stile» di cui l'autore parla nel sonetto proemiale. Rispetto a Dante, che nel *De vulgari eloquentia* aveva fatto riferimento solo a canzone, sonetto e ballata, Petrarca opera dunque un **ampliamento di forme metriche**.
La raccolta è divisa in **due grandi sezioni**, che ruotano attorno all'evento centrale della morte di Laura: abbiamo così le rime definite dalla tradizione **"in vita di Laura"** (I-CCLXIII) e le rime **"in morte di Laura"** (CCLXIV-CCCLXVI).

Le novità della raccolta

I *Rerum vulgarium fragmenta* vogliono offrirsi al lettore come un testo poetico profondamente diverso dalle raccolte di lirica del Duecento (per esempio, le rime di Dante, Guinizzelli, Cavalcanti), organizzato come un «canzoniere-romanzo» (Santagata) che presenta numerose novità rispetto alla precedente produzione poetica:

- **unitarietà**, ovvero il *Canzoniere* è concepito come un libro organico di poesia e non, come accadeva in precedenza, come una raccolta di componimenti irrelati tra loro e privi di una struttura d'insieme;

- **omogeneità di temi**, contrapposta alla varietà tematica della poesia duecentesca;
- **autonomia dell'ispirazione**, che si oppone all'occasionalità della precedente produzione lirica (ovvero alla dipendenza delle ragioni compositive dei testi da circostanze esterne ed extra-letterarie).

La lingua del *Canzoniere*

L'impegno di Petrarca fu soprattutto quello di elaborare una lingua volgare assoluta, ideale. Il critico Gianfranco Contini l'ha definita un «fiorentino trascendentale», vale a dire depurato da elementi comunali, elevato dal costante riferimento al **modello del latino classico** e caratterizzato da un **lessico selezionatissimo** (lo stesso Contini parla a tal proposito di «unilinguismo»). Questa omogeneità linguistica e stilistica, che si oppone all'espressionismo e al pluristilismo dantesco, non impedisce però, come studi successivi a Contini hanno mostrato, che il principio di selezione petrarchesco si eserciti a partire da diversi apporti (latino, provenzale, lingua della lirica duecentesca ecc.) che rimangono sempre riconoscibili. Nel volgare di Petrarca, dunque, confluiscono gli **echi di tutta la tradizione romanza** che l'ha preceduto e in questo modo il *Canzoniere* crea un linguaggio lirico in volgare ideale che diventerà il modello di riferimento per generazioni di poeti, ispirando quello che, nel Cinquecento, sarà definito **petrarchismo**. Nel 1501 il tipografo veneziano **Aldo Manuzio** pubblicherà la **prima versione a stampa** del *Canzoniere*, dando un contributo decisivo alla diffusione dell'opera, e nel 1525 **Pietro Bembo**, nelle sue *Prose della volgar lingua*, codificherà la lingua della poesia lirica sulla base del *Canzoniere*.

Philippe-Jacques van Bree, *Laura e Petrarca alla Fonte di Valchiusa*, 1816. Rennes, Museo di Belle Arti.

6.2 Un percorso organico

Il *Canzoniere* tra romanzo e diario

Nel *Canzoniere* Petrarca cerca di ricondurre le sue «rime sparse» all'**unità di un percorso organico**. Se già in alcuni canzonieri provenzali e nella *Vita nuova* di Dante era stata sperimentata l'organizzazione dei testi lirici secondo percorsi narrativi, qui il poeta non solo intesse tra i testi rapporti formali e tematici, ma sfrutta anche la struttura che si fonda sulla successione di testi autonomi, come se fossero **pagine di un diario**. Le poesie della raccolta, in altre parole, possono essere sia interpretate alla luce dell'itinerario complessivo, come un vero e proprio romanzo, sia apprezzate autonomamente, come testi in sé significativi. Il *Canzoniere*, ricomposizione letteraria dei frammenti dell'animo di Petrarca, aspira dunque a un'**unità macrotestuale** che non si realizza mai appieno e, nella dialettica tra elemento singolo e raccolta organica, ripropone le oscillazioni caratteristiche dell'animo del poeta.

Un prologo classico

L'organizzazione della parte introduttiva, formata dai **primi cinque componimenti**, evidenzia in modo chiaro la volontà petrarchesca di differenziarsi dai suoi immediati predecessori. Essa appare strutturata secondo un modello che si richiama alla classicità, e in particolare alla poesia erotica latina (Orazio, Properzio e Ovidio): in *Rvf* I (➤ **T3**), infatti, è offerta una **chiave** complessiva **di interpretazione** morale del libro; *Rvf* II-III espongono la causa e il momento dell'**innamoramento**; *Rvf* IV-V, infine, il **luogo di nascita** e il **nome** della donna amata.

6.3 Un'autobiografia ideale

Il nucleo autobiografico del *Canzoniere*

Anche nel *Canzoniere*, dunque, come nel resto dell'opera petrarchesca, una **rappresentazione autobiografica** che fonde vita e letteratura acquisisce una centralità assoluta. Non è però un autobiografismo ingenuo, referenziale, cioè in relazione diretta con gli eventi reali, bensì trasfigurato a posteriori dall'immaginazione letteraria. Tale autobiografismo si propone come **modello esemplare** per i lettori, sottolineando quegli aspetti che più accomunano l'autore al suo pubblico: la fragilità, il dubbio, l'incostanza, la ricaduta nell'errore.

Idea portante del racconto autobiografico del *Canzoniere* è, sul modello delle *Confessioni* di Agostino, una **conversione** (*mutatio vitae*), sempre attesa e imminente ma mai realizzata compiutamente. È un progetto che matura tra il 1347 e il 1353, gli anni in cui vedono la luce il *Secretum*, il progetto delle *Familiari* e il tentativo di rileggere la propria esistenza in chiave morale. In questa necessità di un cambio di rotta dettato da drammatici eventi (la rottura con i Colonna, la peste che uccide Laura e molti amici) si fa strada l'idea che l'abbandono della passione amorosa sia funzionale a riprendere il controllo della propria vita, secondo quanto enunciato dai precetti della filosofia stoica. Dietro il **tema amoroso** si cela però un altro motivo, che Petrarca sente di dover espiare mediante il pentimento: l'eccessiva aspirazione alla **gloria poetica**. Se il ripensamento comincia prima della morte di Laura, avvenuta il 6 aprile 1348, la scomparsa dell'amata contribuisce naturalmente ad accelerare questo processo interiore. La canzone CCLXIV (*I' vo pensando, et nel penser m'assale*), che apre la seconda sezione, ha dunque una profonda valenza simbolica: è, infatti, la ventunesima del *Canzoniere*, come ventuno sono gli anni trascorsi dal primo incontro alla morte di Laura.

Le opposte tensioni del libro: inizio e fine

Il **sonetto proemiale**, *Voi ch'ascoltate in rime sparse il suono* (➤ **T3**), ben rappresenta la sovrapposizione tra le due differenti tradizioni che animano il percorso autobiografico del *Canzoniere*: da un lato, l'**etica cristiana** con il suo senso del peccato (l'amore per Laura come «giovanil errore», un «vaneggiar» cui necessariamente deve seguire un più maturo e consapevole pentimento); dall'altro, l'**etica classica**, che condanna il mancato controllo delle passioni (la vergogna, «di me medesmo meco mi vergogno», per essere stato oggetto di derisione da parte della gente, proprio a causa della sua passione amorosa). Il dissidio interiore rappresentato nel *Secretum*, ispirato al pensiero agostiniano, si ripropone, all'interno del sonetto, nella discontinuità temporale tra il passato del «vaneggiar» amoroso e il presente dell'annunciato pentimento. Procedendo lungo la raccolta, però, questa linea interpretativa, incentrata sull'idea e sulla necessità dell'abbandono dell'amore per Laura e di una salvifica conversione, viene rettificata in modo sempre più drastico e la donna amata non solo non si rivela un ostacolo rispetto all'amore per Dio, ma ne costituisce una condizione addirittura incentivante.

TEMI E GENERI

Il *Canzoniere*: libro chiuso o aperto?

Libro chiuso

Si è a lungo discusso se occorra considerare il *Canzoniere* un libro chiuso e organico o aperto e incompiuto. Nel primo caso (Wilkins, Santagata) si tende a proporre una lettura calendariale del libro. I 366 componimenti del *Canzoniere* richiamano i giorni dell'anno (se si esclude dal computo il primo sonetto proemiale), a simboleggiare un ciclo di vita e, per estensione, l'itinerario dell'intera vita umana. La data del primo incontro con Laura viene esplicitamente indicata nel 6 aprile 1327: Petrarca afferma che questo giorno corrispondeva al Venerdì Santo, giorno della Passione di Cristo (*Rvf* III), ma in realtà si tratta di un dato falsato ad arte. Assumendo la finzione petrarchesca, il primo componimento "in morte di Laura" della seconda parte del *Canzoniere* (*Rvf* CCLXIV), cade esattamente il 25 dicembre, il giorno della nascita di Cristo (primo giorno dell'anno, nel computo pontificio che il poeta seguiva). La canzone CCCLXVI alla Vergine, che riprende i temi del sonetto incipitario e in cui avviene la rinuncia all'amore per Laura, cade ancora il 6 aprile e chiude in questo modo il cerchio: sovrapponendosi al giorno in cui esso è iniziato, ne costituisce quindi l'espiazione. Precisa così lo stesso Santagata: «l'operazione di raccogliere e di dare un ordine a testi dispersi è fortemente simbolica: se la dispersione materiale poteva essere interpretata come segno del disordine morale e della frammentazione dell'"io", il libro diventa, allora, il segno della riconquistata unità».

Libro aperto

Nell'ipotesi del libro aperto, invece, formulata da Michelangelo Picone, la storia narrata non può essere compiuta perché affidata unicamente all'io e non alla volontà divina: emergerebbe allora necessariamente l'«incapacità dell'io di conoscere la verità ultima della sua storia». Il *Canzoniere* sarebbe insomma caratterizzato da una prospettiva che non è più, come in Dante, trascendente ma, al contrario, unicamente terrena. Petrarca inaugurerebbe così, nel campo della poesia, quell'autonomia della sfera mondana che Boccaccio realizzerà nella prosa con il suo *Decameron*. Il termine e la metafora del libro, a cui Dante era ricorso nella *Commedia* per rappresentare l'*unità* della sua opera, speculare all'unità dell'universo, non è presente nel *Canzoniere*, che ha solo immagini che rimandano alle parti del libro, quindi alla frammentazione: «carte», «penne», «inchiostri» ecc. (o anche «rime», «versi», «note», «voci»). Ciò che appare caratteristico del *Canzoniere* non è quindi la metafora dal valore globalizzante ma la metonimia con il suo potere distintivo, la parte per il tutto.

L'amore per Laura e l'amore per Dio

Il progetto del *Canzoniere* si regge, dunque, su **due nuclei ispirativi** tra loro potenzialmente contraddittori e inconciliabili. É soltanto nella parte finale che il motivo agostiniano della conversione riacquista vigore e che i temi del primo sonetto vengono ripresi in chiave penitenziale, con la figura femminile della Vergine, nel componimento che chiude la raccolta, la quale si sovrappone a quella di Laura e si fa garante della tanto auspicata pace spirituale. Ma, a differenza del finale della *Commedia*, nel *Canzoniere* **nessun approdo appare definitivo** e i rimandi tra sonetto proemiale e canzone alla Vergine fanno intuire al lettore che l'io petrarchesco non potrà uscire dal cerchio chiuso del proprio labirinto interiore.

6.4 Laura, l'inafferrabile ispiratrice

L'amore come immagine della dialettica interiore

Il *Canzoniere* si presenta come una trasposizione letteraria della vita interiore di Petrarca, in cui giocano una parte preponderante le vicende relative al suo innamoramento. Non si tratta della confessione istintiva dei propri sentimenti, come sulla pagina di un diario romantico, ma di una loro **rappresentazione idealizzata** e trasfigurata dal filtro letterario, profondamente influenzata da un contesto morale che nel desiderio amoroso vede una potenziale e dolorosa fonte di dissidio e di irresolutezza interiore. Dell'amore il *Canzoniere* non tenta di dare una definizione filosofica, come invece accadeva nei precedenti rimatori in volgare: Petrarca è interessato, piuttosto, a **raccontarne i riflessi** nella propria esperienza umana. La progressiva trasformazione di questo sentimento, infatti, costituisce lo specchio dei mutamenti spirituali che con il tempo maturano nel poeta: la storia d'amore si fa immagine esemplare e universale della tormentata dialettica fra l'attrazione verso le passioni mondane e l'aspirazione a una pace superiore.

Doppia pagina di un'edizione di *Canzoniere e Trionfi* pubblicata nel 1470 a Venezia da Vindelino da Spira. Brescia, Biblioteca Queriniana.

LETTURA CRITICA

Amore e morte nel *Canzoniere*

Sui temi principali del *Canzoniere* torna in questo brano il critico Roberto Antonelli (1942). Amore e morte non solo costituiscono i nuclei fondanti dell'opera più famosa di Petrarca, ma rappresentano le due direttrici della speculazione e della meditazione nella società medievale, «i due grandi temi che avevano caratterizzato la storia culturale e l'identità dei colti laici ed ecclesiastici».

La proiezione dell'amore per Laura, sulla parabola «esemplare» dell'«io» del «Canzoniere», porta a un'altra innovazione decisiva: l'amore dei *RVF* è un «amore nel tempo», visto cioè nella durata di una vita, non la sublimazione di un periodo biografico limitato o la descrizione di una «vita rinnovata da amore». [...]
La proiezione temporale, uno dei *leit-motiv* del «Canzoniere», sottintende infatti il decorso dell'età, la storia, ma anche, inevitabilmente, l'idea di allontanamento, della separazione, fino al limite estremo, la morte; tutti temi dalla grande tradizione, nella lirica provenzale e italiana, che divengono espliciti e centrali nella seconda parte dei *RVF*, dove non c'è praticamente componimento che non rechi in sé la parola« morte» o la sua ombra.
Nella seconda parte del «Canzoniere», la «morte» sostituisce l'amore. Tempo, spazio e morte sono temi inscindibilmente collegati e analizzabili per molteplici combinazioni; tutti rimandano in realtà a un unico problema archetipico, la separazione, cui è possibile trovare un'unica soluzione, la memoria, come aveva già insegnato Agostino nelle *Confessiones* e (quale personaggio del dialogo) nel *Secretum*, ove invitava appunto Francesco a evitare la dissipazione meditando sulla morte, in quanto «tutta la vita del filosofo è meditazione sulla morte». La memoria infatti «supera» la morte, così come lo spazio e il tempo: supera la *separazione*. [...]
I *RVF* ricomprendono in sé, sia nella struttura che nei singoli componimenti, i due grandi temi che avevano caratterizzato la storia culturale e l'identità dei colti laici ed ecclesiastici, il loro «magistero»; la soluzione petrarchesca del nodo tematico «amore e morte», che aveva segnato, fino allo Stil nuovo, la letteratura romanza, è però diversa da tutte quelle precedenti. La «meditazione sulla morte» (e quindi sul tempo e sull'eternità), di cui è innervata l'intera seconda parte del «Canzoniere», è infatti la risposta massima che Petrarca potesse dare alla richiesta di Agostino di essere «filosofo morale», e cioè alle proprie ambizioni di essere un nuovo intellettuale, «filosofo», capace di coordinare insieme il successo della poesia volgare e l'Ordine dei classici rivisitati in chiave cristiana: alle ambizioni di essere egli stesso, in definitiva, un nuovo classico. Con i *RVF* si compie quindi, a livello ideologico e poetico, una elevatissima operazione egemonica, rinforzata da una straordinaria capacità di innestare i temi e la retorica latina, classica (ma anche biblica e medio-latina), nella nuova letteratura romanza, d'amore: il «trovatore» incontra sulla propria strada il nuovo «umanista » e stringe un accordo strategico, per quanto conflittuale potesse essere al proprio interno.
In fin dei conti, la struttura tematica portante dei *RVF* non appare molto distante da quella dei *Trionfi* (*Trionfo d'Amore, della Castità, della Morte, della Fama, del Tempo, dell'Eternità*), a condizione di tenere ben presente che si vuole rappresentare (pur nella rielaborazione in un libro fortemente a tesi e meditato) un percorso sì lineare (conduce infatti alla preghiera alla Vergine e all'Eternità) ma insieme fortemente contraddittorio e ciclico, mentre i *Trionfi* si dislocano in una struttura ascensionale, più vicina alla *Commedia*, e dunque, ormai, con risultati estetici molto discutibili, certo di gran lunga inferiori al «Canzoniere».

(R. Antonelli, *Introduzione* a F. Petrarca, *Canzoniere*, Einaudi, Torino 1992)

Contraddizioni e significati dell'amore per Laura

A differenza della *Vita nuova* di Dante, per Petrarca l'esperienza amorosa non è soltanto un capitolo giovanile, è il terreno sul quale verificare, nel corso di tutta la vita, sia la fragilità della propria **condizione spirituale** sia la propria **vocazione letteraria**. Così, nel nome stesso di Laura, Petrarca rappresenta emblematicamente tanto la gloria poetica (Laura come figura del "lauro", l'alloro sacro ad Apollo, dio della poesia), quanto, nell'omofonia "Laura / l'aura", l'eco della parola che si disperde lungo tutta la raccolta (➤ **T8**), diffondendo il proprio «suono» dalla soglia del primo sonetto. E, in effetti, Laura, oltre a non essere mai descritta fisicamente, è **inafferrabile**, proprio come la Dafne del mito centrale evocato nel *Canzoniere* (➤ **T4**). Del resto, la sua caratteristica principale sembra essere quella dell'estrema **mutevolezza**. All'inizio della raccolta la donna suscita una passione irrazionale, sensuale e distruttiva (quasi cavalcantiana) e appare «nemica» perché si nega al poeta. A partire dalla canzone LXX, però, la sua figura è oggetto di una **trasformazione**: a volte è ancora la nemica, altre volte è una donna "gentile", dai tratti stilnovistici, perché, rifiutando il poeta, lo esorta a rivolgersi a un amore più spirituale, preservandolo dal disordine dei sensi.

Laura e Beatrice

La morte di Beatrice, nella *Vita nuova*, ispira la sublimazione dell'amore di Dante, orientandolo in senso spirituale e ascetico, fino a farne una via d'accesso al mistero di Dio. La morte di Laura, nel *Canzoniere*, è l'occasione per riconsiderare criticamente il proprio «giovenile errore»: in questo caso, però, e in senso opposto alla trasformazione dantesca, l'amore resta una **passione terrena** che impedisce al poeta di rivolgersi al cielo, continuando a esercitare una potente attrazione sulla sua mente. Sia per Dante sia per Petrarca il sottrarsi della presenza dell'amata, determinato dalla morte, risulta l'**evento chiave**, necessario alla propria evoluzione spirituale; in Petrarca, tuttavia, permane la contraddizione di un desiderio sensuale che continua a sussistere anche dopo la scomparsa di Laura.

Pietro Saltini, *Simone Memmi per incarico del Petrarca sta ritraendo la Laura*, 1863. Firenze, Galleria Palatina di Palazzo Pitti.

IL LAVORO SUL TESTO

Le nove forme del *Canzoniere*

Le "forme" del *Canzoniere*

Il filologo americano Ernest H. Wilkins (il cui lavoro in seguito è stato corretto e precisato da Francisco Rico e Marco Santagata) ha ricostruito per primo le tappe che hanno scandito l'evoluzione del *Canzoniere* petrarchesco, individuandone le redazioni (o "forme") che si sono susseguite. I primi abbozzi del *Canzoniere* risalgono agli anni 1336-1337, ma il vero spartiacque è costituito dalla morte di Laura nel 1348: solo dopo quella data si può parlare di una struttura organizzata in forma di libro, in quanto intorno al 1350 la raccolta viene radicalmente ripensata e comincia ad assumere la forma attuale. Dopo i drammatici eventi del biennio appena trascorso, infatti, Petrarca decide di dedicarsi a un nuovo progetto letterario: la rappresentazione letteraria della propria vita in chiave esistenziale-morale.

Dalla prima alla terza forma

La prima forma del *Canzoniere* è del 1342, come risulta da alcune postille sul cosiddetto "codice degli abbozzi". Il sonetto proemiale era forse *Apollo, s'anchor vive il bel desio* (ipotesi non accettata da tutti). La seconda forma risale al periodo 1347-1350. Il nuovo sonetto proemiale diventa *Voi ch'ascoltate in rime sparse il suono*, con cui si suggerisce una differente interpretazione del *Canzoniere*, che diviene la storia di un'anima. La terza forma (1356-1358) è detta anche "forma Correggio", poiché ne fu mandata una copia ad Azzo di Correggio, amico del poeta. Qui si consolida la struttura della raccolta lungo l'asse narrativo dell'autobiografia, rafforzando i collegamenti tematici tra le sue varie parti. Forse questa redazione è ricostruibile come una sequenza degli attuali testi I-CXLII e CCLXIV-CCXCII, senza bipartizione in vita e in morte di Laura. Di queste prime tre forme non possediamo testimonianze manoscritte, ma solo ricostruzioni ipotetiche formulate da Wilkins, ma il lavoro di redazione e revisione del periodo 1349-1357 è testimoniato dal "Codice degli abbozzi" (Vaticano Latino 3196). Si tratta di un manoscritto autografo, dove sono annotate numerose correzioni e ipotesi di modifiche, che contiene 69 composizioni, intere o parziali, 59 delle quali confluiranno nel *Canzoniere* che oggi leggiamo. Il codice testimonia dunque il profondo lavoro di rielaborazione di cui furono oggetto queste rime e ci permette di osservare «l'evento compositivo in atto» della raccolta (Petrucci).

La quarta forma

La quarta forma, o "forma Chigi", risale al 1359-1363 ed è la prima redazione di cui abbiamo una testimonianza diretta; prende il nome dal codice Chigiano L.V.176, trascritto da Giovanni Boccaccio e oggi conservato alla Biblioteca Vaticana di Roma. Qui il *Canzoniere* risulta per la prima volta bipartito tra rime anteriori e posteriori alla morte di Laura.

La redazione definitiva

Le forme quinta, sesta, settima e ottava definiscono progressivamente l'ultima forma del *Canzoniere*, così come risulta dalla redazione vaticana, vale a dire la nona forma testimoniata dal codice Vaticano Latino 3195. Con una «intuizione improvvisa» (Santagata) il poeta decide di riordinare i 31 testi finali della raccolta, per rendere più coerente il percorso letterario-esistenziale. Quest'ultima versione contiene addirittura interventi autografi dello stesso Petrarca databili tra il 1373 e il 1374, quindi immediatamente precedenti alla sua morte; si tratta di una fortuna filologica rarissima nella storia della nostra letteratura, dal momento che questo manoscritto ci dà la certezza di quale fosse il *Canzoniere* che Petrarca intendeva consegnare come forma definitiva ai posteri.

Pagina del *Canzoniere* con ritratto di Laura, dal codice Ms.392 fol.1, 1470. Carpentras, Bibliotheque Inguimbertine.

6.5 Tempo e paesaggio come dimensioni interiori

La concezione del tempo

Petrarca appare pienamente consapevole di quanto la dimensione temporale (la durata e il trascorrere inesorabile del tempo) sia decisiva per l'esistenza umana. La vita, infatti, gli pare soggetta all'incessante consunzione operata dal **trascorrere del tempo**, nonostante i tentativi di recuperare il passato attraverso la memoria. Anche in questa riflessione Petrarca è debitore sia della cultura classica sia di quella medievale. La filosofia di Seneca ammoniva di fare buon uso del proprio tempo per dare significato alla propria vita terrena, mentre la meditazione medievale della morte esortava a tralasciare le vanità mondane per la salvezza eterna dell'anima.

Dalla coscienza di questa caducità consegue l'importanza del **tempo come misura del vivere**. Il tempo, come insegna Agostino nelle *Confessioni*, non è significativo in termini oggettivi (come potrebbero essere i minuti scanditi da una clessidra) né è un mero contenitore nel quale l'uomo si trova immerso: il suo senso, piuttosto, va ricercato nell'**esperienza interiore** e soggettiva che se ne fa. Il tempo, nel *Canzoniere*, è dunque sempre il tempo dell'io, quello della coscienza del poeta: il passato è rievocato dalla memoria, il futuro anticipato dall'immaginazione.

Una nuova poetica del paesaggio

FISSA I CONCETTI

- Quali sono le novità del *Canzoniere* rispetto alle raccolte di lirica del Duecento?

L'altra profonda innovazione introdotta dal *Canzoniere* riguarda la concezione del paesaggio, che diventa un **riflesso del mondo interiore**, uno spazio immateriale abitato dalle immagini e dai fantasmi della memoria. Proprio per questo il paesaggio nel *Canzoniere* **non è determinato** e non ha precise caratteristiche fisiche o materiali, non è nemmeno, quasi mai, localizzato in senso geografico. Non lo spazio, infatti, ma il tempo appare determinante. Accade spesso che la coincidenza spaziale – il fatto cioè che il poeta si trovi nei luoghi visitati da Laura – apra a un varco temporale in cui prende vita, grazie all'immaginazione e alla scrittura poetica, la presenza della donna amata: lo si può riscontrare in maniera esemplare nella canzone *Chiare fresche et dolci acque* (➤ **T12**).

VISUALIZZA I CONCETTI

Il Canzoniere

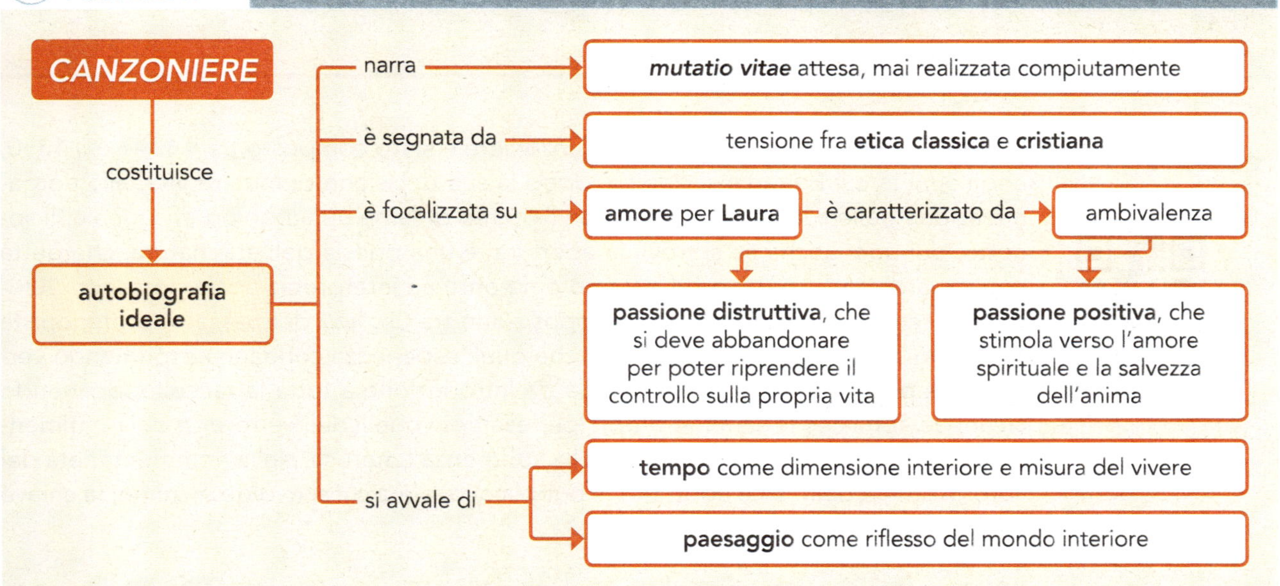

Due esordi (e due diversi progetti di *Canzoniere*)

Il primo testo di un libro di rime comincia ad assumere, proprio grazie a Petrarca, un valore programmatico, in quanto anticipa le scelte di fondo che saranno proprie dell'intera raccolta. Iniziare un libro di poesia come il *Canzoniere* non fu affatto un'impresa facile per l'autore né priva di ripensamenti. In un primo momento, attorno al 1342, Petrarca sceglie di presentare come componimento iniziale della sua raccolta l'attuale sonetto XXXIV (➤ **T4**), in cui la propria esperienza biografica si identifica con quella di un celebre mito classico, quello del dio Apollo innamorato della ninfa Dafne, che gli sfugge trasformandosi in alloro. La scelta del poeta riesce a rappresentare con grande efficacia, da un lato, la natura del proprio desiderio per Laura, mai appagato, dall'altro, lo stretto legame tra il suo amore e la creazione poetica, attraverso cui egli aspira alla gloria letteraria.

Successivamente Petrarca decide di aprire il suo *Canzoniere* con un altro componimento (➤ **T3**) che suggerisce un diverso criterio di lettura della raccolta, non più tematico ma cronologico: le «rime sparse» sono, cioè, momenti di un racconto biografico che riconosce in Laura una figura decisiva, dal momento del suo incontro alla rievocazione dei ricordi che la riguardano, alla sua morte, al dialogo con la sua anima, al finale pentimento. Questa vicenda, però, anche se è raccontata come presente, viene in *Canzoniere* I giudicata come fosse già trascorsa, con una valutazione negativa dal punto di vista morale e religioso. Il testo iniziale rappresenta dunque una sintesi significativa dell'intera raccolta, e ciò vale anche nel passaggio da una redazione all'altra: a variare nel tempo non sono solo i testi che il poeta colloca in questa posizione cruciale, ma è l'idea stessa di libro che egli definisce via via e propone al lettore.

T3 *Voi ch'ascoltate in rime sparse il suono*

Canzoniere I

AUDIO

Il sonetto che funge da proemio al *Canzoniere* è stato composto tra il 1347 e il 1350, negli anni in cui Petrarca si dedicò, dopo la sua decisione di mutare vita, alla riorganizzazione delle sue «rime sparse» con l'intento di farne un'autobiografia ideale. Il sonetto, dunque, anche se si trova in apertura, è una poesia dell'età matura, che getta uno sguardo retrospettivo sul passato e ne offre un'interpretazione a posteriori. Il testo è incentrato, infatti, sulla contrapposizione tra un "io" del passato, protagonista dell'«errore», e un "io" del presente, che quell'esperienza condanna esprimendo vergogna e pentimento. Il sonetto funge da introduzione a tutta la raccolta, definendo alcuni dei temi che le saranno propri (per esempio quelli dell'«errore» e del pentimento, della poesia come espressione della sofferenza amorosa, della frammentarietà del libro di rime e dello stile adottato), il pubblico ideale a cui si rivolge e, infine, la chiave interpretativa per accostarsi all'opera.

- METRO sonetto di endecasillabi piani con schema rimico ABBA ABBA (rime incrociate) CDE CDE (rime ripetute)

Voi ch'ascoltate[1] in rime sparse[2] il suono
di quei sospiri[3] ond'io nudriva 'l core
in sul mio primo giovenile **errore**[4]
quand'era in parte altr'uom da quel ch'i' sono:[5]

del vario stile[6] in ch'io piango et ragiono,
fra le vane speranze e 'l van dolore,
ove sia chi per prova intenda amore,[7]
spero trovar pietà, nonché perdono.

Le nostre parole ›

vv. 1-4 Voi che ascoltate in forma di poesie sparse il suono di quei sospiri con i quali io (*ond'io*) nutrivo il mio cuore, al tempo del (*in sul*) mio errore giovanile, quando ero in parte un uomo diverso (*altr'uom*) da quel che sono oggi: **vv. 5-8** io spero di trovare pietà e perdono fra coloro in cui ci sia chi per esperienza (*per prova*) comprenda l'amore, per il mutevole (*vario*) stile in cui io piango e parlo, tra speranze vane e inutile dolore.

1. **Voi ch'ascoltate:** il «Voi» iniziale non si rivolge a una cerchia determinata di ascoltatori, siano essi una scuola poetica o un particolare gruppo di lettori che ha condiviso le esperienze di chi scrive, ma a un pubblico universale. Ciò appare coerente con le aspirazioni del "cittadino del mondo" Petrarca, intellettuale che si ritiene al di sopra di ogni classificazione sulla base di parametri legati al luogo d'origine e alla professione.
2. **rime sparse:** con «sparse» Petrarca allude sia all'origine eterogenea delle sue rime, composte in diverse occasioni, sia alla natura disomogenea del *Canzoniere* stesso, che ambisce a raccogliere a unità i frammenti della sua produzione. Petrarca, scrivendo a Boccaccio, definisce le sue poesie *sparsa et brevia, iuvenilia atque vulgaria* («rime sparse e brevi, giovanili e in volgare», *Senili* V, 3).
3. **sospiri:** i sospiri divengono, secondo una metafora tradizionale, nutrimento del cuore.
4. **giovenile errore:** cioè l'innamoramento per Laura, avvenuto, come si legge in una postilla autografa sul Virgilio ambrosiano, *sub primum adolescentiae meae tempus* («al tempo della mia prima giovinezza»).
5. **quand'era... sono:** è una precisazione importante. L'autore dichiara di essere cambiato, ma non del tutto. Una traccia segreta collega ancora il Petrarca di un tempo, innamorato di Laura, a quello attuale, ed è grazie a questa continuità che può esistere la poesia del *Canzoniere*, in cui risuona l'eco dei giovanili «sospiri». Cade qui il primo dei riferimenti classici del sonetto: Orazio, *Carmina* IV, 1, 3: «non sono più quello che ero in precedenza» (*non sum qualis eram*). Tali riferimenti sono importanti perché ci suggeriscono che l'autore ricerca i suoi modelli non nella lirica volgare che lo ha preceduto bensì nella più illustre tradizione classica.
6. **vario stile:** il complemento di causa «del vario stile» è retto a distanza dal «perdono» del v. 8. Con «vario stile» Petrarca allude sia alla varietà di stili e di forme sia alla varietà dei toni delle sue rime, che manifestano una complessità di sentimenti ambivalenti, spesso contrastanti.
7. **ove sia... amore:** Petrarca si appella a coloro che comprendono la natura dell'amore per averne avuto esperienza diretta. Si tratta della ripresa di un luogo comune della lirica che ritroviamo anche in Dante («'ntender no la può chi no la prova», *Vita nuova* XXVI, v. 11 ➤ p. 218) e Cavalcanti («imaginar nol pote om che nol prova», *Donna me prega*, v. 53, p. 134).

Le nostre parole Errore

L'origine del termine Il sostantivo "errore" deriva dal verbo latino *erro*, che aveva sia il significato di «vagare, uscire dalla giusta strada, smarrirsi» sia quello figurato di «sbagliare».
L'errore è dunque il frutto di una deviazione da un percorso giusto e conosciuto che può portare a ingannarsi e a sbagliarsi.

«Il giovenile errore» Petrarca usa la forma verbale corrispondente, "errare", per indicare un traviamento morale e la perdita della dantesca «diritta via».

Errore, errare, erranza Nell'italiano di oggi, "errore" è appunto legato al significato di «sbaglio».
Il verbo "errare", invece, non solo può significare «commettere un errore», ma può anche e soprattutto rimandare all'idea di un itinerario casuale privo di una meta.

Ma ben veggio or sì come al popol tutto
favola fui gran tempo,[8] onde sovente
di me medesmo meco mi vergogno;

et del mio vaneggiar[9] vergogna è 'l frutto,
e 'l pentérsi, e 'l conoscer chiaramente
che quanto piace al mondo è breve sogno.[10]

vv. 9-11 Ma ora davvero comprendo bene come sono stato per lungo tempo motivo di dicerie (*favola*) per il popolo intero, per cui spesso mi vergogno di me stesso (*me medesmo*) dentro di me (*meco*);
vv. 12-14 e il frutto del mio sprecare tempo (*vaneggiar*) è la vergogna, e pentirsi, e comprendere (*conoscer*) chiaramente che ciò che piace al mondo è solo un breve sogno.

8. **Ma ben... gran tempo:** questo riferimento allude contemporaneamente a una fonte classica (ancora Orazio, *Epodi* 11, 10: «Ero lo zimbello di tutti», *Fabula quanta fui*) e a una biblica: la formula ricorre infatti spesso nei *Salmi* e nei libri profetici. È una scelta che testimonia la volontà dell'autore di presentare la propria poesia come una sintesi tra elementi classici e cristiani, caratteristica del suo particolare umanesimo.
9. **vaneggiar:** nel senso di inseguire beni inconsistenti e vani, cioè la passione terrena per Laura. Ritorna, dopo il v. 6 («fra le vane speranze e 'l van dolore»), il tema della vanità del mondo, che era già stato esposto dalla Bibbia (vedi Analisi del testo).
10. **che quanto... sogno:** il discorso del poeta, prima incentrato sul proprio caso particolare, si è generalizzato fino ad abbracciare considerazioni valide per ogni uomo. La conclusione del sonetto, tuttavia, pur riconoscendo la natura caduca del desiderio umano, non indica una precisa volontà dell'autore di cambiare vita (dedicandosi, per esempio, all'ascetismo). Il pianto di pentimento, dunque, si pone in continuità con quello causato dalle sofferenze amorose (v. 5), mantenendo aperta la vicenda che il *Canzoniere* si accinge a narrare.

Edward Burne-Jones, *Canzone d'amore*, 1868-1877. New York, Metropolitan Museum of Art.

Analisi del testo

Struttura

Un'architettura ben meditata Nel sonetto proemiale, Petrarca preannuncia i contenuti della raccolta grazie alla perfetta bipartizione del testo: le quartine, infatti, rievocano il «giovenile errore», anticipando i temi della sezione delle rime in vita di Laura, mentre le terzine si soffermano sul successivo pentimento, anticipando i contenuti della sezione delle rime in morte di Laura. A connettere le due sezioni è la congiunzione avversativa «Ma» (v. 9), che sancisce il momento del ripensamento, della *mutatio vitae*, ispirata anche dalla morte dell'amata nel 1348.

L'architettura del testo è arricchita da ulteriori simmetrie interne. Le due quartine, infatti, sono costruite a chiasmo: nella prima dal vocativo «Voi» dei v. 1 si dipartono le proposizioni subordinate, che invece nella seconda strofa precedono la proposizione principale, «spero trovar pietà, nonché perdono», che chiude l'ultimo verso della prima parte. Questa struttura geometrica ospita al suo interno una sintassi affannata, a tratti tormentata: il vocativo del primo verso, infatti, resta in sospeso perché nella seconda quartina non si trova, come ci si aspetterebbe, una seconda persona plurale ("Voi... perdonate"), ma il testo oscilla tra la terza singolare («chi per prova») e la prima singolare («spero»). In tal modo, le numerose subordinate, che tra il v. 2 e il v. 7 "sospendono" la richiesta ai lettori di riservare comprensione al poeta, sembrano dare forma all'incertezza stessa dell'animo di Petrarca, lungamente sospeso tra opposte aspirazioni.

Lingua e stile

Strumenti al servizio dell'introspezione In questo testo ogni elemento è pensato da Petrarca per esprimere la natura lirica e introspettiva della sua poesia, a partire dallo schema rimico, che procede da rime vocaliche aperte (*-ono*; *-ore*) a rime chiuse con nesso consonantico (*-uttio*; *-ente*; *-ogno*), segnalando l'emergere di una sofferenza che rende più duri anche i suoni delle parole. Petrarca ricorre, inoltre, alle figure di suono, particolarmente alle allitterazioni (vv. 1-2: «sparse il suono / di quei sospiri»; vv. 5-6: «vario... vane... van»; v. 12: «vaneggiar vergogna»). Al v. 11, «di *me* *medesmo* *meco* *mi* vergogno», in particolare, l'allitterazione della *m*, sostenuta anche dal poliptoto del pronome di prima persona («me», «meco», «mi») che rende quasi visibile la dolorosa frammentazione dell'io petrarchesco, sembra riprodurre il balbettio di chi si vergogna e non riesce a rendere conto dei propri errori.

I modelli Il sonetto si richiama senz'altro alla ricca tradizione della lirica amorosa in volgare: l'accenno ai «sospiri» che nutrono il cuore ne rappresenta un omaggio evidente. Tuttavia il poeta scavalca i modelli medievali, cercando di ricollegare la propria poesia alla tradizione classica. L'idea di una poesia che funga da proemio alla raccolta richiama, infatti, analoghi esempi in Orazio e nei poeti elegiaci latini (Properzio e Ovidio). Altra fonte della rima petrarchesca è la Bibbia. La riflessione sulla vanità rimanda al libro di *Qoèlet* (1, 1: «Vanità delle vanità, tutto è vanità») e condiziona le scelte lessicali: l'amore giovanile, infatti, è un «errore», fondato su «vane speranze» e «van dolore», che ha reso l'uomo «favola» sulla bocca del popolo, un «vaneggiar» di cui sono frutto la «vergogna» e il pentimento, e la consapevolezza che gli amori umani sono solo un «breve sogno». L'*incipit*, oltre a essere un *topos* comune già dantesco (*Rime* LXXX) e guittoniano (*Rime* LXIII), si può ricollegare a un versetto delle *Lamentazioni* di Geremia, dove l'autore si rivolge costernato a chiunque sia in grado di partecipare al suo dolore («Voi tutti che...» 1, 12).

Temi

Frammento e unità, tra vita e letteratura Il testo mostra una precisa corrispondenza tra contenuti e forme. Alla turbolenta passione giovanile si accompagna la versatilità irrequieta del «vario stile» (v. 5), che deve esprimere le incertezze e le oscillazioni dell'animo petrarchesco, mentre la ricerca della pace interiore è affidata al progetto di ricomporre i frammenti delle «rime sparse» nell'unità del libro di rime. Il sonetto presuppone una forte continuità tra vita e letteratura; le due quartine rievocano accadimenti presentati come realmente accaduti, mentre le terzine ne offrono un'interpretazione morale e spirituale. La scrittura letteraria è ciò che unifica e dà senso all'esperienza vissuta: il «suono» dei «sospiri» è il verso poetico che si offre all'ascolto, lo «stile» riunisce l'atto del piangere e quello del ragionare. È dunque soltanto grazie alla letteratura che i frammenti dell'anima possono ricomporsi.

Il passato e il presente fra rigore e turbamento La struttura e la sintassi del sonetto, dunque, nella loro dialettica di rigore e turbamento, denunciano il dissidio interiore del poeta. Allo stesso modo anche il tempo del testo oscilla tra il presente dell'uomo pentito, che riconsidera criticamente il proprio amore giovanile, e il passato in cui si muove il giovane Petrarca, pronto a lasciarsi illudere dall'amore di Laura. Petrarca adulto e maturo ha capito che i beni per cui ci si affanna, inseguendo il proprio desiderio («quanto piace»), sono inconsistenti e dunque destinati a dissolversi rapidamente, come un «breve sogno». Degli amori terreni il poeta piange, più ancora della loro corruzione, la caducità. L'assimilazione dei beni terreni a un sogno, tuttavia, evoca anche l'idea di una malinconica dolcezza, quasi di un rimpianto, che il poeta ha ammesso di custodire ancora «in parte» dentro di sé (v. 4).

Una parabola esemplare: l'errore, la vergogna e il pentimento Petrarca eleva la propria vita a paradigma della vita di ogni uomo. La rievocazione della propria esistenza, bipartita tra una gioventù di sviamento e una maturità di pentimento, è un prototipo di vita in cui può riconoscersi chiunque abbia sperimentato il dissidio tra desideri divergenti, tra errori e ripensamenti. La riflessione sulla vanità delle passioni terrene accomuna del resto l'esistenza di ogni essere umano. Non a caso, anche alla fine del sonetto, Petrarca trae una lezione universale dalla propria esperienza individuale: «quanto piace al mondo è breve sogno» (v. 14). Il percorso sembra dunque riprodurre uno schema frequente della letteratura agiografica medievale: smarrimento nel peccato, pentimento e predicazione del proprio esempio a ogni uomo. Nel *Canzoniere* petrarchesco, tuttavia, il dissidio fatica a ricomporsi poiché nell'animo rimane, anche in età matura, la nostalgia di amori caduchi, dei quali ancora si rimpiange il sogno di una impossibile eternità.

Officina

COMPRENDERE

1. Il «giovenile errore», il «vaneggiar» e il «breve sogno» sono tutte espressioni riconducibili a Laura: spiega perché.
2. Rileggi la terzina finale e spiega quale è per il poeta il «frutto» del suo «vaneggiar», cioè dell'avere sprecato tempo inseguendo amori e passioni terrene.

ANALIZZARE

3. **Lingua e stile** Quale figura retorica costituisce la mancata presenza di un predicato verbale concordato con il vocativo iniziale «Voi»?

   a. Anafora **b.** Anastrofe **c.** Iperbato **d.** Anacoluto

INTERPRETARE

4. Nel sonetto l'individualità del poeta, quella che dice io, si contrappone a due dimensioni collettive: il pubblico dei lettori («Voi ch'ascoltate») e il «popol tutto». Spiega le diverse caratteristiche di questi due gruppi e chiarisci il loro rapporto con l'autore.
5. Ai vv. 7-8 Petrarca si riallaccia alla tradizione cortese e poi stilnovista dei fedeli d'amore, quella comunità di spiriti eletti che nell'esperienza amorosa si elevano e nobilitano. Approfondisci l'argomento facendo riferimenti puntuali ai testi (ti suggeriamo, tra gli altri, **Dante**, ***Tanto gentile e tanto onesta pare*** ➤ p. 218 e Guido **Cavalcanti**, ***Donna me prega*** ➤ p. 134).
6. Il sonetto incipitario del *Canzoniere* richiama in parte l'esordio della *Commedia* di Dante. Tuttavia, a differenza di Dante, che aveva menzionato i propri sbagli in modo intertestuale e mediato (la «selva» dell'*Inferno* è metafora di un «errore» innominato), Petrarca usa il termine in modo scoperto, insistendo sul proprio «giovenile errore»: l'amore sensuale per Laura. Rileggi il **primo canto della *Commedia*** e mettilo a confronto con il sonetto, evidenziandone, sulla scorta di quanto appena detto, analogie e differenze.

PERCORSO DI SCRITTURA

Riscrittura Riscrivi il sonetto invertendo il ruolo dei personaggi: a parlare è una collettività che si rapporta ai singoli: "**Tu** ch'ascolti... onde **noi** nudrivamo 'l core".

T4 Apollo, s'anchor vive il bel desio

Canzoniere XXXIV

Il sonetto inaugurava il primo nucleo del *Canzoniere*, risalente al 1342. Questo componimento, in cui la vicenda di Apollo e Dafne s'intreccia e si sovrappone a quella del poeta e di Laura, aveva cioè il compito di indicare al lettore la chiave interpretativa per intendere correttamente il senso delle poesie che seguivano: cogliere, dietro alla rappresentazione della storia d'amore per Laura, la celebrazione della passione di Petrarca per l'alloro (in latino *laurus*), la pianta sacra ad Apollo, e dunque la sua vocazione poetica e il desiderio di raggiungere, tramite la poesia, la gloria. Secondo alcuni studiosi, il testo allude a un episodio preciso della biografia di Laura, probabilmente una malattia: Apollo verrebbe così invocato anche come protettore delle arti mediche (suo figlio sarà infatti Asclepio, che diffonderà la conoscenza della medicina tra gli uomini). È importante sottolineare infine, per comprendere appieno il valore salvifico che Petrarca attribuisce all'amore per Laura, che gli antichi attribuivano alcune proprietà miracolose all'alloro, per esempio quella di proteggere dai fulmini.

- **Metro** sonetto di endecasillabi piani con schema rimico ABBA ABBA (rime incrociate) CDE CDE (rime ripetute)

Apollo[1], s'anchor vive il bel desio[2]
che t'infiammava a le thesaliche onde,[3]
et se non ài[4] l'amate chiome bionde,[5]
volgendo gli anni, già poste in oblio:[6]

vv. 1-4 Oh Apollo, se ancora è vivo il profondo (*bel*) desiderio che ti infiammava presso le onde di Tessaglia, e se, con il passare degli anni, non hai già dimenticato le amate chiome bionde:

1. **Apollo:** a questo vocativo iniziale bisogna riferire il predicato «difendi», che giunge solo al v. 7.
2. **s'anchor... desio:** Petrarca si domanda se ancora sopravviva l'amore di Apollo per la sua ninfa; il dubbio è puramente retorico, dal momento che il poeta più avanti mostra di sapere con certezza che la passione di Apollo è rimasta intatta.
3. **che t'infiammava... onde:** cioè verso i flutti generati dal fiume Peneo, che scorreva in Tessaglia ed era padre di Dafne. Quelle acque rappresentano dunque, per metonimia, proprio la figlia del dio fluviale, cioè Dafne.
4. **ài:** hai; il verbo è da legare a «già poste in oblio», dunque "hai già dimenticato".
5. **l'amate chiome bionde:** il biondo delle chiome rimanda a Laura (i cui capelli «d'oro a l'aura sparsi» sono celebrati nel sonetto XC ➤ **T8**).
6. **oblio:** in rima con «desio» (v. 1), come a sottolineare che la passione amorosa è minacciata dalla dimenticanza, se non fosse per l'intervento della poesia che ne restituisce il ricordo. Il tal modo Petrarca si dimostra degno seguace di Apollo, dio dei poeti.

Francesco Albani, *Apollo e Dafne*, 1660. Parigi, Museo del Louvre.

dal pigro[7] gielo et dal tempo aspro et rio,
che dura quanto 'l tuo viso s'asconde,[8]
difendi or l'onorata et sacra fronde,[9]
ove tu prima, et poi fu' **invescato** io;[10]

Le nostre parole ›

vv. 5-8 difendi l'onorata e sacra fronda, dalla quale tu prima e poi io fummo catturati (*invescato*), dal gelo che tutto immobilizza (*pigro*) e dal tempo inclemente (*aspro et rio*), che dura per tutto il tempo che (*quanto*) il tuo viso si nasconde (*s'asconde*);

7. **pigro:** epiteto classico, in riferimento al gelido inverno, che richiama la fissità della natura congelata: l'immobilità è caratteristica di ciò che non ha vita e dunque l'aggettivo sembra alludere al timore della morte dell'amato lauro.
8. **quanto... s'asconde:** Apollo, dio del Sole, nasconde il suo volto durante i mesi invernali.
9. **l'onorata et sacra fronde:** indica la pianta dell'alloro, degna di onore e sacra ad Apollo e ai suoi seguaci, cioè i poeti. È assai probabile che qui Petrarca voglia indirettamente confrontarsi con Dante, che nel canto I del *Paradiso* invoca Apollo di concedergli l'alloro in riconoscimento della sua grandezza poetica chiamandolo «fronda peneia» (vv. 32-33), in quanto Dafne era figlia del fiume Peneo.
10. **ove... io:** «ove» indica la «sacra fronde» del lauro, alias Dafne alias Laura, dove sono rimasti intrappolati («invescato») sia Petrarca sia Apollo.

Le nostre parole Invischiare

L'origine del termine Il verbo "invischiare" deriva dal termine "vischio".
Il vischio (o visco), dal latino *viscum*, è una pianta parassitaria che cresce sui rami di alcuni alberi e dalle cui bacche si estraeva la pania, un materiale assai colloso con il quale si catturavano gli uccelli di piccole dimensioni.
Dunque, "invischiare" ha il significato di catturare uccelli, ma anche quello oggi più usato di restare intrappolati in situazioni complicate.

La vischiosità dell'inganno Già in uso in età medievale, il senso figurato di "invischiare" rimanda al mettere in difficoltà o in imbarazzo qualcuno, ma anche all'esercizio della compromissione e del raggiro, nonché dell'induzione all'errore.

L'"invescato" Participio passato dell'antico e poco comune verbo "invescare", anch'esso derivato da "visco" forma arcaica per "vischio", la forma aggettivale o predicativa "invescato" è anche sinonimo, al pari di "impaniato", di "innamorato", ovvero intrappolato in una storia d'amore. "Invescato" è dunque chi si è perdutamente innamorato di qualcuno, cadendone vittima inconsapevole.

et per vertú de l'amorosa speme,[11]
che ti sostenne ne la vita acerba,[12]
di queste impressïon' l'aere disgombra;[13]

sì vedrem poi per meraviglia inseme[14]
seder la donna nostra[15] sopra l'erba,
et far de le sue braccia a se stessa ombra.[16]

vv. 9-11 in forza della speranza generata dall'amore (*amorosa speme*), che ti sostenne durante la vita dolorosa (*acerba*), ripulisci (*disgombra*) l'aria da queste nebbie (*impressïon'*);

vv. 12-14 in tal modo poi vedremo, con meraviglia di entrambi (*inseme*), la nostra donna sedere sull'erba e farsi ombra con le sue stesse braccia.

11. per vertú... speme: la speranza di poter conquistare la donna desiderata spinge all'azione, concede l'energia per non demordere di fronte alle difficoltà (per esempio la ritrosia dell'amata).
12. acerba: la vita di Apollo è definita «acerba» forse a causa dell'esilio dall'Olimpo (dopo l'uccisione del serpente Pitone il dio fu costretto a vivere in mezzo ai pastori, dove conobbe Dafne), forse a causa delle stesse sofferenze d'amore per la ninfa.
13. di queste... disgombra: Petrarca ricorre a un termine tecnico della fisica medievale per indicare le nebbie e i vapori («impressïon'»), particolarmente densi durante la stagione invernale, che offuscano la limpidezza del cielo. Petrarca chiede al dio di risanare l'aria affinché il lauro possa tornare a germogliare sano e vigoroso, ovvero, secondo una delle interpretazioni più plausibili del sonetto, affinché Laura possa ristabilirsi in salute.
14. sì vedrem... inseme: riprende il già citato primo canto del *Paradiso*: «O buono Appollo [...] / vedra' mi al piè del tuo diletto legno [l'alloro] / venire, e coronarmi de le foglie» (vv. 13 ss.). La «meraviglia», ancor più grande di quella del mito, è che Laura ripeta quanto già successo a Dafne, si trasformi cioè in alloro.
15. la donna nostra: cioè Dafne-lauro-Laura.
16. et far... ombra: l'ombra evoca l'idea di una dolce frescura dove cercare sollievo dalle calure estive: siamo agli antipodi dell'immagine di gelo invernale, da fuggire, evocato al v. 5.

Analisi del testo

Struttura

Una duplice identificazione Petrarca, che si identifica con Apollo, fonde le immagini delle due donne amate, Laura e Dafne. La figura di Dafne-Laura, tuttavia, sebbene costantemente presente nel sonetto, è sempre soltanto allusa con particolari evocativi, senza che acquisti mai una plastica rotondità. Domina, non a caso, la sineddoche: la ninfa amata da Apollo è evocata dalle «chiome bionde» (v. 3), il lauro in cui si metamorfizzerà dalla «sacra fronde» (v. 7). I contorni delle immagini si sfumano in un sogno sospeso e stilizzato, povero di linee chiare e oggettive, ma denso di suggestioni emotive.

In questo raffinatissimo gioco di specchi, alla metamorfosi di Laura, novella Dafne, in lauro corrisponde la sovrapposizione dell'immagine di Apollo con quella di Petrarca, figure maschili più concrete e meno evanescenti: il poeta ama infatti la poesia, di cui il lauro è simbolo, come la ama Apollo. Tra i due personaggi cresce, via via, la complicità: li vediamo invischiati nella medesima passione (sottolineata dal chiasmo del v. 8, «tu prima, et poi... io»), associati nell'ultima terzina dalla stessa «meraviglia» (v. 12) di fronte alla metamorfosi di una donna che è ormai di entrambi, «nostra» (v. 13).

Lingua e stile

Gli echi danteschi L'invocazione ad Apollo richiama il proemio del *Paradiso*, dove Dante invoca il «buono Appollo» affinché lo renda «vaso» del suo «valor», come il dio stesso richiede per concedere «l'amato alloro» (*Paradiso* I, vv. 13-15); se il divino Apollo concederà al poeta la grazia, egli verrà ai piedi del suo «diletto legno», l'alloro, per coronarsi «de le foglie» di cui sarà ora degno (*Paradiso* I, vv. 25-27). Nel sonetto petrarchesco il dio, in cui s'identifica il poeta, ha sete di Dafne-lauro, a cui allude l'espressione «thesaliche onde» (v. 2), e al termine del sonetto Apollo e Petrarca appaiono ai piedi di Dafne tramutata in alloro. Come Dante, anche Petrarca desidera cingersi delle foglie del lauro, con le quali si usa «trïunfare o cesare o poeta» (*Paradiso* I, v. 29). Il confronto con i versi danteschi permette tuttavia di misurare anche la distanza che separa i due autori: la poesia cui aspira Dante è poesia sacra e mira all'ascesi, mentre la poesia petrarchesca è fine a sé stessa, dall'autonomo valore. Gli echi danteschi, tuttavia, non si limitano al *Paradiso*: il «tempo aspro et rio» del verso 4 richiama la «selva selvaggia e aspra e forte» di *Inferno* I, v. 5 o il «reo tempo» di *Inferno* V, v. 65.

Temi

Un percorso circolare Il continuo cambio di prospettiva e l'intrecciarsi delle diverse figure sono sottolineati dai ripetuti mutamenti di tono. Dalla gioiosa immagine di passione suggerita dai primi tre versi, infatti, si passa ad alludere allo scorrere del tempo, che condanna ogni cosa umana, comprese le passioni, all'oblio (v. 4), tema che torna spesso nel *Canzoniere*. Per scongiurare questa triste eventualità, resa più cupa dall'immagine del gelo invernale e del sole nascosto (vv. 5-6), si contendono la scena timore e speranza: il poeta invoca contro l'aggressione del gelo la protezione del dio Apollo, che già conobbe il conflitto tra «la vita acerba» (v. 10) e la consolazione dell'«amorosa speme» (v. 9). Gli ultimi versi tornano, in un percorso circolare, alla solarità iniziale: l'aria si «disgombra» (v. 11) e i due protagonisti contemplano, con meraviglia, la metamorfosi della donna amata in lauro, ormai rinvigorito e salvo (vv. 13-14).

Officina

COMPRENDERE

1. In che modo l'autore si identifica con Apollo?
2. L'io lirico si rivolge direttamente ad Apollo con due forme verbali alla seconda persona singolare. Dopo averle sottolineate, spiegane il significato: che cosa chiede il poeta ad Apollo e perché?

ANALIZZARE

3. Ricostruisci la struttura argomentativa sottesa al sonetto. Il poeta vuole chiedere qualcosa ad Apollo: in che modo e con quali argomenti cerca di persuaderlo? A quali artifici retorici ricorre? Con quali immagini blandisce la divinità?
4. Attraverso quali particolari fisici viene rievocata l'immagine di Dafne (e, quindi, indirettamente, di Laura)?
5. Spiega quali parallelismi e quali punti di contatto si possono istituire tra i quattro personaggi che compaiono nel sonetto.
6. Individua gli aggettivi positivi (come «bel») e quelli negativi (come «pigro») e, dopo averli sottolineati nel testo, nota a quali termini si riferiscono: quali considerazioni puoi fare in proposito?
7. **Lingua e stile** Individua e sottolinea tutte le subordinate introdotte da «che». Di che tipo sono?
   a. Relative **b.** Soggettive **c.** Oggettive **d.** Dichiarative

INTERPRETARE

8. Secondo alcuni studiosi, in una prima redazione del *Canzoniere* questo avrebbe dovuto essere il sonetto proemiale. Rispetto a *Voi ch'ascoltate in rime sparse il suono*, quale diversa chiave di lettura avrebbe dato all'opera? Quale aspetto sarebbe emerso con maggior forza? Rispondi con opportune citazioni dai due testi.

PERCORSO DI SCRITTURA

Riassunto Assegna un titolo a ogni strofa del sonetto, poi riassumi il contenuto di ognuna in una breve frase.

Le apparizioni di Laura

Assente sulla scena del testo, Laura viene evocata indirettamente dal desiderio del poeta, suscitando in lui sentimenti tra loro contraddittori: talvolta un amaro senso di pentimento (➤ **T5**), talvolta devota riconoscenza (➤ **T7**), talvolta incantata meraviglia (➤ **T8**). L'amata può presentarsi addirittura come un'icona, un'immagine sacra che rispecchia il modello di tutte le bellezze e le virtù femminili (➤ **T6**). Il *Canzoniere* rappresenta Laura più come una figura creata dall'immaginazione dell'io poetico che come una donna reale, ma Petrarca nega che sia una figura fittizia inventata solo per farne un argomento letterario, dichiarando invece la natura reale della propria sofferenza amorosa (*Familiares* II, 9). Certo è che le sue apparizioni nel *Canzoniere* seguono una logica che non appare legata a semplici vicende individuali ma a una storia dal valore universale. Ciò risulta evidente soprattutto ponendo attenzione alle date, che rivestono nella raccolta un valore simbolico. Il primo incontro del poeta con Laura (➤ **T5**) viene infatti situato nel giorno della morte di Cristo, il Venerdì Santo, mentre sempre nello stesso giorno, un 6 aprile (1348), Petrarca colloca la morte dell'amata. Il primo componimento del *Canzoniere* dopo la scomparsa di Laura, invece, la canzone CCLXIV, corrisponde al 25 dicembre, il Natale. Ciò significa che Petrarca identifica la propria speranza di salvezza nel superamento dell'amore per Laura, o meglio nella sublimazione di una passione terrena in un anelito religioso: l'ultimo componimento del libro, la canzone alla Vergine, cade, nella progressione dei testi in base al calendario, ancora il 6 aprile. Le apparizioni di Laura, in conclusione, segnano le tappe della storia dell'anima petrarchesca, dallo smarrimento nel peccato al pentimento all'annunciata redenzione.

T5 *Era il giorno ch'al sol si scoloraro*

Canzoniere III

Nei primi due sonetti del *Canzoniere* Petrarca aveva annunciato l'argomento della sua raccolta: la narrazione di un amore terreno e caduco. Ma la protagonista (e responsabile) di tale passione era rimasta nell'ombra. Dopo che il poeta ha sapientemente creato un senso di aspettativa, la donna entra ora in scena, in una cornice solenne. Petrarca afferma, infatti, di aver incontrato Laura per la prima volta il 6 aprile del 1327, Venerdì Santo, nella chiesa di santa Chiara ad Avignone. L'occasione dell'incontro ha un chiaro valore simbolico: il Venerdì Santo è il giorno in cui si commemora la Passione di Cristo e Petrarca intende presentare la nascita della propria passione tutta terrena in colpevole contrasto con questo momento di dolore collettivo. Un altro 6 aprile, come si è detto, coincide con la morte di Laura, e i due 6 si ritrovano nel numero complessivo dei componimenti del *Canzoniere*, 366 (dove, peraltro, 3 + 6 + 6 = 15 e 1 + 5 = 6). Sono 6 infine le lettere del nome latino di Laura, *Laurea*. Anche il luogo dell'incontro è convenzionale: già Dante, nella *Vita nuova*, aveva collocato in una chiesa il primo incontro con Beatrice, «quando ai miei occhi apparve prima la gloriosa donna» (II, 1). Il sonetto fu forse abbozzato nel 1349 o, secondo altri, composto tra il 1351 e il 1352.

METRO sonetto di endecasillabi piani con schema rimico ABBA ABBA (rime incrociate) CDE DCE (rime ripetute con inversione)

Era il giorno ch'al sol si scoloraro[1]
per la pietà del suo **Factore** i rai,
quando i' fui preso,[2] et non me ne guardai,
ché i be' vostr'occhi, donna, mi legaro.

Tempo non mi parea da far riparo
contra' colpi d'Amor:[3] però m'andai
secur, senza sospetto;[4] onde i miei guai
nel commune dolor s'incominciaro.[5]

Trovòmmi Amor del tutto disarmato
et aperta la via per gli occhi al core,[6]
che di lagrime son fatti uscio et varco:

però, al mio parer, non li fu honore
ferir me de saetta in quello stato,[7]
a voi armata non mostrar pur l'arco.[8]

lessico
Fattore
Dal latino *factor*, «autore, creatore, lavoratore», derivato del verbo *facĕre*, «fare». Oggi la parola indica di solito un elemento capace di agire su una situazione, modificandola in senso positivo o negativo.

vv. 1-4 Era il giorno in cui (*ch'*) al sole impallidirono (*si scoloraro*) i raggi (*rai*) per compassione (*per la pietà*) verso il proprio Creatore (*Factore*), quando io fui catturato, e non me ne preoccupai (*guardai*) perché (*ché*) i vostri begli (*be'*) occhi, mia signora, mi legarono.

vv. 5-8 Non mi sembrava fosse un momento (*Tempo non mi parea*) in cui dovessi difendermi (*da far riparo*) dagli assalti (*contra' colpi*) dell'Amore: perciò (*però*) me ne andavo sicuro e senza timori (*sospetto*); e da quel momento (*onde*) le mie sofferenze (*i miei guai*) incominciarono insieme al dolore di tutta l'umanità (*nel commune dolor*).

vv. 9-11 Amore mi trovò del tutto disarmato e (trovò) aperta la via che (porta) al cuore attraverso (*per*) gli occhi, che sono divenuti (*fatti*) la porta e la via d'uscita (*uscio et varco*) per le lacrime:

vv. 12-14 perciò (*però*), secondo me (*al mio parer*), non fu per lui (*li*, cioè Amore) un motivo d'onore ferirmi con una freccia (*de saetta*) mentre ero in quella condizione, e a voi armata non mostrare neppure (*pur*) l'arco.

1. **Era... scoloraro:** i raggi del sole, impallidendo, producono un oscuramento; è il fenomeno che si ricorda durante il Venerdì Santo nella rievocazione della Passione: «si fece buio su tutta la terra fino alle tre del pomeriggio. E il sole si eclissò» (*Vangelo di Luca*, 23, 44-45).
2. **preso:** dallo sguardo di Laura.
3. **Tempo... d'Amor:** in questa ricorrenza liturgica, il poeta attende di sentirsi ispirati sentimenti di devota e pura contrizione, non certo passioni terrene.
4. **però... sospetto:** il poeta insiste nel dichiarare innocenti le sue intenzioni; egli non cercava l'amore, ma dal dio Amore è stato cercato e aggredito a tradimento (un «innamoramento per sorpresa», lo ha definito Contini). Si tratta di una chiara allusione all'episodio di Paolo e Francesca narrato nella *Commedia*: i due amanti infatti, appena prima del bacio «galeotto», erano «soli [...] e sanza alcun sospetto» (*Inferno* V, 129 ➤ p. 344). Nello stesso verso, inoltre, compare anche un altro termine legato a quell'episodio, ovvero «guai» (v. 48), nella *Commedia* però con il significato di "grida".
5. **onde... s'incominciaro:** il «commune dolor» è quello dovuto alla rievocazione della Passione del Signore; a esso si sovrappone un dolore privato e profano: l'innamoramento di Petrarca per Laura.
6. **et aperta... core:** il poeta non custodisce la "porta" del senso della vista.
7. **però... stato:** cioè indifeso e inconsapevole. L'immagine viene da Ovidio: «non ti sarà motivo di lode avermi sconfitto con le armi mentre ero indifeso» (*Amori* I, 2, 22).
8. **a voi... l'arco:** Laura è «armata», cioè nelle condizioni di difendersi, ma il dio Amore non l'aggredisce.

Analisi del testo

Struttura

L'accusa e la difesa del poeta L'evento-chiave (l'innamoramento per Laura) è anticipato da un'indicazione di tempo, evocata dall'imperfetto «Era», che contribuisce a generare attesa, suspense.
Nella dolorosa compostezza evocata dai primi due versi irrompe, con effetto di studiata sorpresa, l'aggressione dell'Amore, che "prende" e "lega" il poeta. Le tre strofe seguenti articolano una meditazione morale-esistenziale che diviene quasi un'arringa da tribunale, difensiva per sé e accusatoria verso Amore. Petrarca rivendica la propria innocenza sostenendo di essere stato impreparato all'assalto di Amore, in un giorno in cui la mente avrebbe avuto il diritto e il dovere di rivolgersi ad altri pensieri (vv. 5-7). Il poeta argomenta, con rigore logico, che dunque la colpa va imputata ad Amore, sul quale pronuncia infine la sentenza: «però, al mio parer, non li fu honore» (v. 12).
Nel verso finale si fondono il risentimento verso la scorrettezza d'Amore, che ghermisce i disarmati e risparmia chi è armato, e il rammarico per il fatto che Laura, quel giorno, non ha provato nei confronti del poeta il suo stesso sentimento.

Lingua e stile

Echi cortesi e stilnovistici Secondo la tradizione cortese e poi stilnovistica, dal *De amore* di Andrea Cappellano ai sonetti di Giacomo da Lentini a Guido Cavalcanti (*Voi che per li occhi mi passaste 'l core*, ➤ p. 131), la passione passa attraverso gli occhi, porta dell'anima che permette ad Amore di assaltare il cuore dell'uomo. Non a caso i trattati ascetici mettevano in guardia dalla mancata custodia delle porte dei sensi, attraverso le quali s'insinuavano nella mente le tentazioni del mondo.
I raggi, che nella personificazione sono gli occhi del Sole, si velano di compassione per la morte di Cristo (v. 2), proprio nel momento in cui i begli occhi di Laura scintillano, legando nell'amore il poeta (v. 4). La seconda quartina introduce l'allegoria dell'Amore, profano, che assalta con i suoi «colpi» il cuore di Petrarca mentre egli medita sull'amore divino. L'analogia antitetica tra i «guai» individuali della passione profana e il «commune dolor» (vv. 7-8) per la Passione divina rafforzano lo stridore fra il contesto devoto del Venerdì Santo e l'evento mondano dell'innamoramento per Laura. Le porte dell'interiorità, gli occhi, sono spalancate e incustodite: attingendo sempre al vocabolario stilnovistico, Petrarca riconosce che Amore trovò dunque «aperta la via per gli occhi al core» (v. 10).
Tutti questi riferimenti culminano nell'evocazione, al v. 7, della più celebre scena di innamoramento della letteratura cortese, quella di Paolo e Francesca narrata nel canto V dell'*Inferno* dantesco (vedi nota 4): certo, non si tratta di un adulterio, ma il contesto in cui sorge l'amore di Petrarca – una chiesa, e nel giorno della Passione – lo presenta come un'azione colpevole.

Temi

Laura donna angelo? Laura, però, appare subito molto diversa dalle donne della tradizione stilnovistica, che ispirano la mente a volgersi verso il cielo. Nella *Vita nuova*, Beatrice, di cui pure Dante celebra il primo sguardo come origine della passione, diviene figura di Cristo, si fa ispiratrice di un amore che sublima l'anima verso Dio. In questo sonetto, invece, l'attrazione per Laura appare un ostacolo all'ascesi verso il cielo, perché svia il cuore dall'amore per Cristo. La passione di Petrarca è posta in analogia e in antitesi con la Passione del Signore: alla ferita che si apre nel costato di Cristo corrisponde la ferita che si apre nel cuore del poeta. Le due passioni, nonostante le superficiali affinità, possiedono tuttavia un significato opposto: al dolore universale e redentore di Cristo si contrappone il dolore privato di Petrarca, che lo spingerà verso la perdizione. L'accostamento petrarchesco dei due amori risulta, in questo modo, quasi empio e il poeta conferisce valore esemplare al suo «giovenile errore»: un amore mondano costruito come antitesi di quello divino.

Un testo di anniversario Questo sonetto appartiene al nutrito gruppo dei testi di anniversario del *Canzoniere*, che scandiscono le tappe della tormentata storia d'amore per Laura (per esempio *Rvf* LXII).
La prima apparizione di Laura, qui solo evocata, è datata al 6 aprile 1327 nel sonetto CCXI («Mille trecento ventisette, a punto / su l'ora prima, il dí sesto d'aprile, / nel laberinto intrai, né veggio ond'esca», vv. 12-14), mentre nel CCCXXXVI si ha la conferma della corrispondenza di questo giorno con quello della morte di Laura, il 6 aprile 1348 («Sai che 'n mille trecento quarantotto, / il dí sesto d'aprile, in l'ora prima, / del corpo uscío quell'anima beata», vv. 12-14).

VIGURIA AKA POCAHONTAS

Officina

COMPRENDERE

1. Rileggi con attenzione i versi 5-7: «Tempo non mi parea da far riparo / contra' colpi d'Amor: però m'andai / secur, senza sospetto».
Perché il giorno dell'innamoramento il poeta non si aspettava di essere assalito da Amore e, quindi, mostrava un atteggiamento sicuro?
2. In che modo il poeta istituisce una sorta di identificazione fra sé stesso e Gesù Cristo?
3. I protagonisti di questa azione drammatica sono quattro: il poeta, Laura, Amore e Cristo. Precisa, per ciascuno, il ruolo e le azioni che compiono.

ANALIZZARE

4. **Lingua e stile** Individua, sottolinea e trascrivi nella tabella riportata sotto tutte le parole e le espressioni del sonetto che appartengono al lessico cortese e stilnovistico distinguendole da quelle appartenenti al lessico bellico / militare.

lessico cortese e stilnovistico	lessico bellico / militare
i be' vostr'occhi, donna, mi legaro (v. 4)	fui preso (v. 3)
...	...
...	...
...	...
...	...

INTERPRETARE

5. L'espressione «senza sospetto» in un contesto amoroso richiama subito alla mente **il canto V dell'*Inferno***, quando **Francesca da Rimini** racconta a Dante il momento in cui cede alla passione per Paolo: «soli eravamo e senza alcun sospetto» (*Inf.* V, 129).
Rileggi il passo della *Commedia* evidenziando eventuali analogie e differenze con il sonetto di Petrarca e ricorda che, pur diversi il contesto e l'opera, si tratta in tutti e due i casi di un amore condannato: all'inferno, per Dante; come amatissimo errore da correggere, per Petrarca.

PERCORSO DI SCRITTURA

Riscrittura Scrivi un breve testo narrativo di circa 10 righe in cui racconti l'episodio dell'innamoramento di Petrarca dal punto di vista di Laura.

Benozzo Gozzoli, *Cristo in pietà tra la Vergine e san Giovanni*, 1469-1474. Milano, Pinacoteca di Brera.

T6 Movesi il vecchierel canuto et biancho

Canzoniere XVI

Il tema del viaggio, caro a Petrarca, è al centro di questo sonetto, che racconta il pellegrinaggio a Roma di un «vecchierel», desideroso di vedere la "veronica" (dal latino *vera icon*), un'icona bizantina raffigurante il volto di Cristo e conservata in San Pietro. In chiusura, però, con un sorprendente e inaspettato colpo di scena, questo viaggio sacro è paragonato alla ricerca terrena da parte di Petrarca del volto dell'amata. È stata avanzata l'ipotesi che il testo sia stato composto durante il soggiorno del poeta a Roma, nel 1337.

METRO sonetto di endecasillabi piani con schema rimico ABBA ABBA (rime incrociate) CDE CDE (rime ripetute)

Movesi il vecchierel canuto et biancho
del dolce loco ov'à sua età fornita
et da la famigliuola **sbigottita**
che vede il caro padre venir manco;[1]

indi trahendo poi l'antiquo fianco
per l'extreme giornate di sua vita,[2]
quanto più pò, col buon voler[3] s'aita,
rotto dagli anni, et dal camino stanco;

et viene a Roma, seguendo 'l desio,
per mirar la sembianza di Colui
ch'ancor lassù nel ciel vedere spera:

così, lasso, talor vo cerchand'io,
donna, quanto è possibile, in altrui
la disiata vostra forma vera.

lessico
Sbigottito
Profondamente turbato da qualcosa che, al tempo stesso, sorprende.

1. **et da la... manco:** l'espressione allude al distacco dagli affetti parentali, ma potrebbe anche sottintendere la paura, da parte dei famigliari, che il debole e anziano padre "venga meno" durante il viaggio, cioè che muoia.
2. **indi... vita:** altri intendono in «extreme giornate» un riferimento alle ultime tappe del pellegrinaggio prima di giungere a Roma (v. 9). Il gerundio «trahendo» evoca la fatica dell'azione, continuata nel tempo; «fianco» è sineddoche per il corpo.
3. **buon voler:** è la «buona volontà» del *Vangelo di Luca* (2, 14): «pace agli uomini di buona volontà».

Maestro di Santa Veronica, *Santa Veronica con il sudario*, 1420 circa. Londra, National Gallery.

Costruisci la tua analisi

VERSO IL NUOVO ESAME DI STATO

Parafrasi

1. Scrivi la parafrasi del sonetto, aiutandoti con le note al piede e i suggerimenti riportati di seguito.

QUARTINE	TERZINE
v. 2 • «del» indica moto da luogo (come «da» nel verso successivo) • «fornita» = trascorsa	**v. 10** • «mirar» = guardare con ammirazione (latinismo) • «sembianza» = aspetto, immagine (si tratta della "veronica", su cui vedi l'introduzione)
v. 3 • «sbigottita» = profondamente turbata	**v. 11** • costruisci così: «ch' spera vedere ancor lassù nel ciel»
v. 4 • «venir manco» = andarsene	**v. 12** • «lasso» = stanco
v. 5 • «antiquo» = vecchio, anziano	**v. 13** • «donna» = mia signora, vocativo (è Laura)
v. 6 • «extreme» = ultime (latinismo)	**v. 14** • «forma» = aspetto, figura
v. 7 • «s'aita» = si aiuta	
v. 8 • «rotto» = affaticato • «dal camino» = ha valore causale («camino» = "cammino")	

Struttura

Tre viaggi e un accostamento inaspettato

Il sonetto presenta una struttura narrativa piuttosto lineare nelle quartine e nella prima terzina, mentre nella seconda terzina introduce un inaspettato parallelismo, con un effetto di chiusa "a sorpresa".

2. Ricostruisci la struttura del componimento, completando la seguente tabella.

Primo viaggio: il «vecchierel» verso Roma	
vv. 1-4 (I quartina)	il vecchietto si allontana da casa
vv. 5-8 (II quartina)	....
vv. 9-10	L'arrivo a .... per ....
Secondo viaggio: il «vecchierel» verso il	
v. 11	Dopo morto, il vecchio vuole ....
Terzo viaggio: la ricerca da parte di	
vv. 13-15 (II terzina)	.... desidera trovare ....

Comprensione

In cammino

3. Qual è la reazione della famiglia alla partenza del «vecchierel»?

4. In quale punto del sonetto scopriamo la meta finale del vecchio?

5. A chi si rivolge Petrarca nella terzina conclusiva?

Analisi

Lingua e stile

Il lessico della vecchiaia In riferimento al «vecchierel» Petrarca utilizza sia termini che rimandano alla vecchiaia sia termini che rientrano nella sfera semantica degli affetti familiari.

6. Rintraccia nel testo i vocaboli appartenenti a questi due ambiti semantici: in che parte del sonetto sono concentrati, rispettivamente?

Sbigottita, antiquo fianco

Oltre a precise scelte lessicali, Petrarca, nella parte sul pellegrinaggio del vecchio, ricorre ad alcune figure retoriche.

7. Che tipo di figura riscontri al v. 8: «rotto dagli anni, et dal camino stanco»? Quale concetto intende rafforzare Petrarca ricorrendo a questa soluzione stilistica? Chiasmo

Interpretazione

Petrarca e il «vecchierel»

Uno dei problemi interpretativi posti dal sonetto è la natura del parallelismo che Petrarca instaura, nell'ultima terzina, tra sé stesso e il «vecchierel».

8. Per comprendere meglio questo raffronto, completa la seguente tabella. Traendo spunto dalla tabella, scrivi, poi, in massimo 10 righe, un breve testo argomentativo sul confronto tra le due figure, mettendo in evidenza parallelismi e differenze.

	«VECCHIEREL»	PETRARCA
Perché è stanco		
Che cosa desidera		
Come cerca di ottenere ciò che desidera		

Scrittura

La letteratura di pellegrinaggio

Nel Medioevo era diffuso un genere autobiografico di *itineraria*, racconti, in prima persona, di pellegrinaggi verso luoghi santi.

9. Riformula, in massimo 15 righe, la storia del «vecchierel» (vv. 1-11) come se fosse un racconto autobiografico di questo genere, basandoti sulle seguenti linee-guida:

- scrivi in prima persona, immedesimandoti nel «vecchierel»;
- riporta un episodio, di tua invenzione, in cui il «vecchierel» si è trovato in difficoltà durante il cammino, cavandosela grazie a un intervento "miracoloso";
- concludi descrivendo l'emozione provata all'arrivo a Roma.

CROCEVIA

«Il mio Simon»: Petrarca e Simone Martini

L'amicizia tra Petrarca e Simone Martini

Petrarca conosce il senese Simone Martini, all'epoca già pittore affermato, ad Avignone alla corte di Benedetto XII, nel 1336. I due stringono amicizia ed è probabilmente su indicazioni dello stesso Petrarca che l'artista minia il frontespizio del codice più caro al poeta, il Virgilio ambrosiano.
I contatti e le testimonianze di affinità tra i due personaggi non si fermano qui e Petrarca commissiona all'amico un ritratto di Laura, oggi perduto.

Il ritratto di Laura nel *Canzoniere*

È a questo ritratto che Petrarca si riferisce nei sonetti LXXVII e LXXVIII del *Canzoniere* in cui celebra l'opera di Simone, elogiandone la perfezione.
Nel primo sonetto (LXXVII) il poeta si dichiara convinto dell'ispirazione divina di Simone, che ha potuto contemplare direttamente in paradiso la bellezza spirituale di Laura, purificata dal velo delle «membra» di carne mortale. In nessun altro modo il pittore avrebbe potuto cogliere in modo così straordinariamente preciso l'essenza della bellezza di Laura:

> Ma certo il mio Simon fu in paradiso
> (onde questa gentil donna si parte),
> ivi la vide, et la ritrasse in carte
> per far fede qua giu del suo bel viso.
>
> L'opra fu ben di quelle che nel cielo
> si ponno imaginar, non qui tra noi,
> ove le membra fanno a l'alma velo.

Nell'altro sonetto (LXXVIII), il poeta celebra la potenza evocativa del dipinto, che sembra restituire la presenza viva e reale della donna: all'icona manca soltanto la parola perché l'illusione sia perfetta («s'avesse dato a l'opera gentile / colla figura voce ed intellecto»).

Le interpretazioni

Giovanni Paccagnini ha suggerito di ricercare l'origine dell'ammirazione di Petrarca per Simone Martini nel suo stile pittorico non realistico, puro e sublime. Marcello Ciccuto si sofferma invece su un punto della lode di Petrarca, laddove si sostiene che Simone ha senza dubbio contemplato Laura nel paradiso, libera da scorie corporee. Il dipinto di Simone Martini, dando forma visibile all'invisibile bellezza spirituale di Laura, coniugherebbe dunque mirabilmente le due esigenze, corrispondendo alle aspirazioni degli occhi del corpo e degli occhi dell'anima.

Ritratto di Laura; dal codice Ms. Plut. 41, XV-XVI secolo. Firenze, Biblioteca Laurenziana. Il volto di Laura richiama l'iconografia mariana del XIV secolo, come si vede dal confronto con il dipinto a fianco.

Simone Martini, *Vergine Maria*; particolare dall'*Annunciazione con Sant'Ansano e Santa Massima*, 1333. Firenze, Gallerie degli Uffizi.

T7 Benedetto sia 'l giorno, e 'l mese, et l'anno

Canzoniere LXI

Il sonetto, forse composto tra il 1342 e il 1343 dopo il viaggio napoletano e romano del 1341, ricorda il primo incontro con Laura. A differenza del sonetto III (➤ **T5**), tuttavia, qui non si ha una rievocazione narrativa dell'evento ma una solenne benedizione e un fervido ringraziamento per aver conosciuto questa donna: grazie a lei il poeta ha sperimentato la dolorosa gioia dell'amore e ha trovato l'ispirazione, tra le lacrime e i desideri, per le rime che gli hanno permesso di raggiungere la gloria poetica e di ottenere la solenne consacrazione dell'incoronazione in Campidoglio, nel 1341.
L'aspetto più interessante del sonetto consiste nella scelta dell'autore di celebrare una circostanza profana come il proprio amore per Laura (e la poesia che è nata di conseguenza da esso) nei termini e con le parole di un argomento sacro: è infatti dalla Bibbia che egli riprende la formula ricorrente della benedizione.

■ Metro sonetto di endecasillabi piani con rime ABBA ABBA (rime incrociate) CDC DCD (rime alternate)

Benedetto sia 'l giorno, e 'l mese, et l'anno,
et la stagione, e 'l tempo, et l'ora, e 'l punto,[1]
e 'l bel paese,[2] e 'l loco ov'io fui giunto
da' duo begli occhi che legato m'ànno;[3]

et benedetto il primo dolce **affanno**
ch'i'ebbi ad esser con Amor congiunto,[4]
et l'arco, et le saette ond'i' fui punto,
et le piaghe che 'nfin al cor mi vanno.[5]

lessico
Affanno
Difficoltà di respiro dovuta a sforzi eccessivi o a malattie; in senso più esteso indica uno stato di ansia e afflizione.

vv. 1-4 Sia benedetto il giorno, e il mese, e l'anno, e la stagione, e il tempo, e l'ora, e il momento, e il bel paese, e il luogo dove io fui raggiunto dai due begli occhi che mi hanno incatenato;

vv. 5-8 e (sia) benedetto il primo dolce affanno che io provai (*ebbi*) per il fatto di essere (*ad esser*) unito (*congiunto*) ad Amore, e l'arco e le frecce (*saette*) dalle quali sono stato colpito (*punto*), e le ferite (*piaghe*) che mi arrivano fino al cuore.

1. **Benedetto... 'l punto:** l'elenco richiama la data fatale del 6 aprile 1327. Il motivo è ripreso dal *Filostrato* di Boccaccio: «E benedico il tempo, l'anno, e 'l mese, / il giorno, l'ora e 'l punto...» (III, 83). La «stagione» è la primavera, cui appartiene il mese di aprile. Il «tempo» è la parte del giorno, la mattina, in cui avviene l'incontro, mentre il «punto» è l'istante preciso.
2. **bel paese:** Avignone o, più in generale, la Provenza.
3. **che legato m'ànno:** lo sguardo di Laura ha il potere di catturare il poeta, mantenendolo fedele alla sua volontà. La metafora, di carattere venatorio come quella del "laccio" amoroso, ritorna nel sonetto III (➤ **T5**, p. 423). Il tema della caccia sarà poi richiamato anche dal successivo riferimento (v. 7) alle «saette».
4. **ch'i'ebbi... congiunto:** essere «congiunto ad Amore» significa innamorarsi.
5. **che 'nfin... vanno:** la profondità della prima ferita d'amore esprime l'immediato radicamento della passione nel cuore del poeta.

Benedette le voci tante ch'io
chiamando il nome de mia donna ò sparte,[6]
e i sospiri, et le lagrime, e 'l desio;

et benedette sian tutte le carte[7]
ov'io fama l'acquisto,[8] e 'l pensier mio,
ch'è sol di lei, sì ch'altra non v'à parte.

vv. 9-11 (Siano) benedette le tante parole (*voci*) che io ho sparso (*ò sparte*) chiamando il nome della mia donna, e (siano benedetti) i sospiri, le lacrime e il desiderio;

vv. 12-14 e benedette siano tutte le pagine grazie alle quali io le (cioè a Laura) procuro (*l'acquisto*) fama, e (sia benedetto) il mio pensiero, che è (rivolto) solo a lei, così che nessun'altra (donna) vi ha posto (*parte*).

6. **chiamando... sparte:** l'immagine delle parole "sparse" dal poeta per celebrare Laura richiama quella delle «rime sparse» nel verso 1 del sonetto proemiale, che è seguita nel verso successivo dal parallelo riferimento ai «sospiri» (➤ **T3**, p. 415).
7. **le carte:** dove sono scritte le rime del poeta.
8. **ov'io... l'acquisto:** il poeta, cioè, rende celebre il nome della donna amata, cantandola nei propri versi.

Analisi del testo

Struttura

Una benedizione biblica Il sonetto adotta il modulo retorico delle benedizioni (e delle maledizioni) tipico di molti passi biblici, specificando le condizioni e le conseguenze del proprio innamoramento per Laura. Nel libro di *Daniele* del Vecchio Testamento leggiamo infatti: «*Benedetto* sei tu, Signore, Dio dei padri nostri [...] / *Benedetto* il tuo nome glorioso e santo [...] / *Benedetto* sei tu nel tuo tempio santo glorioso...» (3, 52 ss.). Ma il testo allude anche a due celebri episodi del Nuovo Testamento: di Zaccaria, che riprende miracolosamente la parola (*Luca* 1, 68), e dell'ingresso di Cristo a Gerusalemme, la domenica delle Palme, salutato dalla folla con l'acclamazione «Benedetto colui che viene nel nome del Signore!» (*Matteo* 21, 6). Quest'ultimo riferimento è particolarmente importante perché sin dal Medioevo entrò a far parte, con il titolo di *Benedictus*, della liturgia cantata della messa.

Artista anonimo, *Petrarca nel suo studio*, XIV secolo. Padova, Palazzo Liviano, Sala dei Giganti.

Nella prima quartina si indicano le coordinate temporali (con rimando a *Canzoniere* III ➤ **T5**, p. 423) e spaziali (*Canzoniere* IV) in cui è avvenuta la nascita di questo amore; nella seconda quartina si descrivono invece i contraccolpi dell'innamoramento a livello emotivo. Nelle due terzine, invece, le conseguenze dell'amore sono trattate dal punto di vista, per dir così, letterario, cioè considerando la poesia che è sgorgata da questo amore, prima su un piano che fa riferimento all'oralità (vv. 9-11), poi su un altro che allude alla scrittura (12-14).

Lingua e stile

La coesione retorica e stilistica La struttura della benedizione conferisce un'intima coesione al sonetto e una profonda connessione alle strofe, che si richiamano e si completano l'un l'altra, grazie alla potente anafora di «Benedetto» (v. 1), «et benedetto» (v. 5), «Benedette» (v. 9), «et benedette» (v. 12). Le prime due strofe, infatti, celebrano l'ingresso dell'amore, «dolce affanno», nel cuore del poeta, mentre le due terzine si proiettano in avanti, dalla rievocazione di un preciso punto del passato alle conseguenze dell'amore, e si rallegrano della poesia che questo sentimento ha saputo ispirare. Le benedizioni, inoltre, scandite dal polisindeto («e... et... et...»), sono giustapposte con ordine simmetrico: i primi due versi sono dominati dal chiasmo, con il *climax* ascendente in estensione di durata («'l giorno, e 'l mese, et l'anno») e il successivo *climax* discendente («et la stagione, e 'l tempo, et l'ora, e 'l punto»). Il testo specifica, con ordine: il tempo, il luogo e la ragione delle sue benedizioni (prima lo strumento – gli occhi di Laura – e poi l'effetto – il «primo dolce affanno»), posposte al termine per ottenere maggiore sorpresa. L'*explicit* fa sintesi della lode, dichiarando l'esclusività dell'amore per Laura, a cui tutto va ricondotto.
Petrarca ricorre alla consueta allegoria dell'innamoramento come assalto militare alla mente e al cuore del poeta: gli occhi di Laura "legano" (v. 4); Amore fa uso di «arco» e «saette» che "pungono" il cuore, infliggendo «piaghe» profonde (vv. 7-8). L'amore che comincia a signoreggiare Petrarca è definito, con un ossimoro non raro nel *Canzoniere*, «dolce affanno» (v. 5).

Officina

COMPRENDERE

1. La prima quartina ci offre le coordinate temporali per collocare l'evento: di quale evento si tratta?
....
Nella seconda a essere benedetto è ...., in quanto ....
Nella prima terzina a essere benedette sono le voci, ovvero ....
Nell'ultima si benedicono invece ....

2. Quali effetti psicologici provoca nell'animo di Petrarca l'incontro con Laura?

ANALIZZARE

3. **Lingua e stile** Completa la seguente frase sulla struttura sintattica del testo sottolineando l'alternativa corretta fra le due proposte.
Dal punto di vista sintattico, la struttura del testo è prevalentemente *paratattica / ipotattica*, prevalgono cioè le proposizioni *subordinate / coordinate*, legate fra loro da *asindeto / polisindeto*.

4. **Lingua e stile** Quali elementi retorici tipici della lirica cortese riesci a individuare in questo sonetto?

5. **Lessico** Dal sostantivo "affanno" derivano "affannato", "affannosamente" e "affannoso". Scrivi quattro frasi, una per ciascuna parola, e spiega se, in ciascuna frase, la parola è utilizzata con il significato proprio relativo alla difficoltà di respiro o a quello estensivo legato all'ansia e all'afflizione.

INTERPRETARE

6. In che modo l'ultima terzina si può collegare al dialogo con Agostino sulle «due catene infrangibili»? Rileggi il brano tratto dal ***Secretum*** (➤ **T1**, p. 392) e spiega le ragioni di questo accostamento. Per approfondire il tema, puoi utilmente rifarti anche al sonetto ***Apollo, s'anchor vive il bel disio*** (➤ **T4**, p. 419).

7. Anche questo, come il **T5** (p. 423) è un sonetto anniversario: il giorno fatidico, però, è rievocato qui con un'altra disposizione d'animo. Approfondisci il confronto fra i due sonetti, evidenziandone analogie e differenze con opportuni riferimenti ai testi.

T8 Erano i capei d'oro a l'aura sparsi

Canzoniere XC

AUDIO

Il sonetto, composto forse tra il 1338 e il 1342, rievoca ancora, attraverso il filtro della memoria, la prima apparizione di Laura agli occhi di Petrarca, come già i sonetti III (**T5**) e LXI (**T7**). La donna, nel ricordo, è angelica, splendida: si è completata ormai la metamorfosi di Laura, che nella prima parte del *Canzoniere* appariva spietata, indifferente al poeta, ma che a partire dalla canzone LXX ha assunto via via le vesti di una donna gentile, d'«angelica beltade» (LXX, v. 49). A rendere particolare questo sonetto è la comparazione tra l'immagine della giovane Laura, come apparve la prima volta agli occhi del poeta, e quella della Laura presente, sulla cui bellezza il tempo ha impresso i primi segni della sfioritura. Ma se anche la sua bellezza si è offuscata, conclude Petrarca, l'amore per lei è rimasto intatto e perfetto, come fu in quel «benedetto» giorno. Gianfranco Contini definì per questa ragione il sonetto un'«insigne dichiarazione di dedizione oltre il tempo».

■ METRO sonetto di endecasillabi piani con schema rimico ABBA ABBA (rime incrociate) CDE DCE (rime ripetute con inversione)

Erano i capei d'oro a l'aura sparsi[1]
che 'n mille dolci nodi gli avolgea,[2]
e 'l vago lume[3] oltra misura ardea
di quei begli occhi, ch'or ne son sì scarsi;

e 'l viso di pietosi color' farsi,
non so se vero o falso, mi parea:
i' che l'ésca amorosa al petto avea,
qual meraviglia se di sùbito arsi?[4]

vv. 1-4 I capelli biondi (*d'oro*) erano sparsi all'aria (*a l'aura*), che li avvolgeva in mille dolci nodi, e la dolce luce dei begli occhi brillava (*ardea*, lett. "bruciava") oltre i limiti umani (*oltra misura*), (quegli occhi) che ora ne sono tanto privi (*sì scarsi*);

vv. 5-8 e mi sembrava (*mi parea*) che il viso si colorasse di pietà (*di pietosi color' farsi*), non so se fosse vero o se mi ingannassi (*non so se vero o falso*): cosa c'è di strano (*qual meraviglia*) se subito presi fuoco (*arsi*), io che nel cuore (*al petto*) avevo l'esca dell'amore?

1. **Erano... sparsi:** i capelli sono «sparsi» come le «rime» ispirate a Petrarca dalla bellezza di Laura (*Canzoniere* I, 1 ➤ **T3**, p. 414). Il verso allude in modo evidente al nome dell'amata, tanto più se si considera che, nella grafia medievale, «l'aura» si scriveva senza apostrofo: "laura".
2. **che 'n mille... avolgea:** l'immagine dei nodi di capelli evoca la tradizionale metafora dei nodi con i quali l'amore lega l'innamorato.
3. **vago lume:** l'aggettivo «vago» rimanda anche all'atteggiamento mutevole della "luce" degli occhi, che continuamente si muovono.
4. **i' che... arsi?:** l'«esca» è composta di materiale vegetale facilmente infiammabile (in particolare un fungo seccato) che si usa per appiccare il fuoco.

Non era l'andar suo cosa mortale,
ma d'angelica forma;[5] et le parole
sonavan altro che pur voce humana:

uno spirto celeste, un vivo sole
fu quel ch'i' vidi: et se non fosse or tale,
piagha per allentar d'arco non sana.

Le nostre parole ›

vv. 9-11 Il suo incedere (*andar*) non era qualcosa di mortale, ma (era) quello di una creatura (*forma*) angelica, e le parole suonavano diversamente (*altro*) dalla semplice voce umana:

vv. 12-14 uno spirito celeste, un sole luminoso fu quello che io vidi: e se (anche) ora non fosse più tale, una ferita non guarisce (*sana*) per (il fatto che) l'arco si è allentato.

5. **angelica forma:** la «forma» è, nella terminologia filosofica medievale, il principio superiore di ordinamento che si contrappone alla "materia", dunque è la condizione caratteristica delle creature celesti; vedi anche *Canzoniere* CLII, v. 2, in cui Petrarca scrive che Laura «'n vista umana [sotto sembianze umane] e 'n forma d'angel vène [viene]».

Le nostre parole Piaga

L'origine del termine Il sostantivo "piaga" deriva dal latino *plāga*, letteralmente «colpo, percossa». A sua volta, *plāga* deriva dal verbo *plango*, «battere, percuotere».
Pertanto, propriamente una piaga è l'esito di un colpo, cioè una ferita.

Il senso figurato Nell'italiano antico, "piaga" poteva avere diversi significati, molti dei quali metaforici. Nel lessico biblico, per esempio, la "piaga" è in genere sinonimo di flagello o di castigo divino, inviato contro i malvagi (per esempio, "le dieci piaghe d'Egitto", mandate dal Signore al Faraone che non voleva liberare gli Ebrei tenuti in schiavitù).
La "piaga" era però anche termine usato per indicare le colpe collettive di una certa società, come «le piaghe c'hanno Italia morta» rammentate da Dante nel VII canto del *Purgatorio*.

Il significato moderno Nel gergo medico, sia professionale sia colloquiale, il termine "piaga" è ancora impiegato per indicare un particolare tipo di ferita infetta e che cicatrizza con molta difficoltà, come le cosiddette "piaghe da decubito", che affliggono le persone inferme costrette a lunghi periodi di immobilità. Tuttavia, la "piaga" ha assunto progressivamente nell'italiano moderno e contemporaneo diversi significati figurati legati all'idea di difficoltà, sciagura, pericolo sociale ("piaga sociale"), oppure all'immagine di qualcuno di fastidioso, che tuttavia si deve sopportare ("Quel tipo è una vera piaga"). Resta attivo il significato originario e sanitario di "piaga" nell'espressione metaforica "mettere il dito nella piaga" o "rigirare il coltello nella piaga", cioè risollevare una questione dolorosa.

Analisi del testo

Struttura

Opposizioni e simmetrie Il sonetto si struttura secondo una netta bipartizione, che oppone presente e passato e si sviluppa in coppie contrastanti: tra lo splendore degli occhi di Laura il primo giorno in cui il poeta la vide (v. 3) e la scarsità della loro luce di oggi (v. 4), tra l'incedere delle creature mortali e l'«andar [...] d'angelica forma» di Laura (vv. 9-10); come tra la «voce humana» e quella dell'amata (vv. 10-11); tra l'arco teso di quello «spirto celeste» e l'arco allentato della donna presente (v. 14). La fluidità musicale del testo è assicurata da accurate simmetrie strutturali: le strofe corrispondono a singoli periodi e le quartine si suddividono in due proposizioni complesse; nelle terzine, invece, è presente una cesura a metà dei versi centrali (vv. 10 e 13), che le suddivide così in due membri simmetrici.

Lingua e stile

L'indeterminatezza del tempo Il ricordo del poeta è collocato su uno sfondo dorato, come in un'icona: i capelli sono «d'oro» (v. 1), la luce degli occhi "arde" (v. 3), come il cuore del poeta (v. 8), di fronte a Laura «vivo sole» (v. 12), la stessa figura di Laura si sfuma nell'aura. Il tempo della rievocazione è reso indeterminato dal ricorso ai passati imperfetti («Erano, avolgea, ardea», vv. 1-3; «parea, avea» vv. 6-7): un flusso interrotto da due passati remoti («arsi» e «vidi», vv. 8 e 13), che fissano definitivamente l'evento in un punto del passato, irrecuperabile. Si genera così una forte antitesi con il presente: il verbo «son» del verso 4; l'avverbio «or» ripetuto due volte ai vv. 4 e 13.

Rievocazione e visione L'atmosfera sognante del testo è generata anche dalla musicalità dei versi, ottenuta grazie a un'accurata selezione lessicale. Il poeta gioca con i suoni (al v. 2, nel sintagma «dolci nodi» si rincorrono le lettere *d*, *o*, *i*; il v. 4 è costruito sull'allitterazione di *r* e *s*, «*or* ne *son* sì *scarsi*», come il v. 8, «ésca amo*rosa* [...] *se* di *s*ubito *arsi*») e privilegia parole dove ricorrono consonanti liquide come *l* e *r* o le sillabe *or* e *ra*, che evocano il nome dell'amata. L'eccezionalità della visione è sostenuta anche dalle iperboli («mille dolci nodi», v. 2; «oltra misura», v. 3; «Non... cosa mortale, / ma d'angelica forma... altro, che pur voce humana», vv. 9-11), che amplificano la tradizionale allegoria dell'amore come fuoco che consuma (vv. 7-8).

Temi

«Di angelica forma»: echi stilnovistici La sognante rievocazione dell'amata assimila Laura alle donne-angelo dello Stilnovismo. Laura che incede come un angelo (v. 9) richiama la Beatrice del sonetto *Tanto gentile e tanto onesta pare* (vv. 5-8; p. 218). Anche il termine «forma» (v. 10) richiama il tipico lessico filosofico di cui si nutriva il linguaggio stilnovista: «forma» è infatti il termine con cui, in latino, si traduce il concetto platonico di idea. Ma nella figura di Laura si possono rintracciare anche immagini classiche, icone di dee: la donna, infatti, ricorda anche la Venere portatrice di vita rappresentata da Virgilio nell'*Eneide* o la Dafne sfuggente rappresentata da Ovidio nelle sue *Metamorfosi*.

L'amore non invecchia A differenza delle figure stilnovistiche, tuttavia, la figura di Laura non è disincarnata dalla storia: è soggetta al divenire del tempo, condannata a sfiorire (vv. 4 e 13), e non si proietta in un eterno presente, come la Beatrice di Dante, che alla fine della *Vita nuova* si sublima nell'eterna giovinezza degli angeli. Qui il penultimo verso («et se non fosse or tale», v. 13) richiama, come in un doloroso risveglio, il conflitto tra l'immagine di sogno evocata dalla memoria e la realtà presente, quando lo splendore soprannaturale di Laura ha lentamente, e fatalmente, iniziato ad appannarsi (come già alluso al v. 4).
La bellezza di un tempo, che come un arco teso scoccava le frecce infallibili della seduzione, sta sfiorendo: l'arco, dunque, si sta allentando. Ma le ferite generate dalle antiche frecce non per questo guariscono: il sentimento del poeta resta intatto, nonostante non ci sia più la bellezza che l'ha originariamente suscitato.

Officina

COMPRENDERE

1. Quali caratteristiche fisiche di Laura vengono sottolineate e rievocate nel sonetto?
2. Spiega il significato dell'ultimo verso, «piagha per allentar d'arco non sana», mettendolo in relazione al contenuto di tutto il sonetto.

ANALIZZARE

3. **Lingua e stile** Individua, sottolinea e trascrivi sul quaderno tutte le parole e le espressioni che fanno riferimento alle immagini della donna-angelo e al lessico stilnovistico. In che cosa, però, Laura si differenzia dalle donne-angelo?

INTERPRETARE

4. L'amore vince il tempo: torna in questo sonetto lo stesso tema già espresso in ***Apollo, s'anchor vive il bel desio*** (➤ **T4**, p. 419). Confronta i due testi e indica dove è più evidente questa affinità tematica.

Inquietudine e quiete del letterato

Petrarca può essere definito il poeta della solitudine, il primo che ne ha sviluppato il valore in senso moderno. Se per la cultura medievale la solitudine era soprattutto momento di preghiera e di meditazione religiosa, per Petrarca essa è invece lo spazio in cui l'uomo può cercare di ottenere la tranquillità dell'animo e la sua libertà, soprattutto attraverso lo studio e la lettura degli autori antichi. La solitudine non è più, dunque, lo spazio interiore in cui l'uomo incontra Dio, ma quello che gli consente di ritrovare sé stesso. Nell'opera che egli dedica espressamente al tema, *La vita solitaria* (➤ p. 403), Petrarca identifica l'irrequietezza e il bisogno di isolamento con le caratteristiche di un animo nobile, che non può sopportare di vivere in mezzo a una folla distratta da futili occupazioni. Nei testi qui antologizzati questo atteggiamento trova piena espressione. Nel sonetto XXXV (➤ **T9**) egli fugge in territori disabitati per non rivelare ad altri i segni del proprio amore. È appunto l'amore per Laura che viene a turbare e a complicare l'ideale di solitudine tranquilla e operosa del letterato: abbandonato ai propri pensieri, questi cade vittima di un conflitto interiore che lo tiene sospeso tra sentimenti contraddittori, come mostra bene il sonetto CXXXIV (➤ **T10**). La cameretta che un tempo fu rifugio sicuro, luogo di quiete e di studio, ora, a causa del tormentoso desiderio del poeta per l'amata, è divenuta prigione dolorosa, tanto che l'autore sarebbe quasi spinto, contrariamente alla propria natura, a rompere il suo isolamento per cercare l'altrui compagnia (➤ **T11**). In questo modo, il senso di inquietudine e la ricerca di quiete si presentano come le manifestazioni più evidenti delle due forze opposte e complementari che mantengono in precario equilibrio l'animo petrarchesco: l'amore per Laura e l'amore per le lettere.

T9 *Solo et pensoso i più deserti campi*

Canzoniere XXXV

AUDIO

Il sonetto, sicuramente precedente al 1337, è forse tra i più antichi del *Canzoniere*. Nel testo si fondono due motivi centrali delle rime petrarchesche: la ricerca di solitudine e l'invadenza del pensiero amoroso, che s'insinua fatalmente nella mente del poeta nonostante i suoi tentativi di fuggirlo. Lo spunto iniziale è offerto dalla figura dell'eroe omerico Bellerofonte, punito dagli dèi per aver cercato di raggiungere l'Olimpo sul cavallo alato Pegaso; azzoppato, sarà condannato a un malinconico isolamento fino alla morte. Questo illustre precedente conferisce alla solitudine rappresentata nel sonetto un carattere eroico che non rimane circoscritto alla tematica amorosa, ma intende testimoniare la complessa personalità e la statura morale e intellettuale del protagonista.

■ METRO sonetto di endecasillabi piani con schema rimico ABBA ABBA (rime incrociate) CDE CDE (rime ripetute)

Solo et pensoso i più deserti campi
vo mesurando a passi tardi et lenti,
et gli occhi porto per fuggire intenti
ove vestigio human l'arena stampi.[1]

Le nostre parole ›

Altro **schermo** non trovo che mi scampi
dal manifesto accorger de le genti,[2]
perché negli atti[3] d'alegrezza spenti
di fuor si legge com'io dentro **avampi**:

lessico
Avvampare
Accendersi con una rapida e vistosa fiamma; di persona, arrossire o, in senso figurato, bruciare di passione.

vv. 1-4 Solo e pensieroso percorro (*vo mesurando*: lett. "contando i passi") i luoghi più deserti a passi lenti, e ho gli occhi attenti (*intenti*) a evitare (*fuggire*) (i luoghi) dove un'impronta umana (*vestigio human*) si sia impressa nella sabbia (*l'arena stampi*).

vv. 5-8 Non trovo altra protezione (*schermo*) che possa evitarmi (*mi scampi*) che la gente si accorga chiaramente (*manifesto*) (della mia condizione), perché negli atti privi (*spenti*) di allegria si legge da fuori come io dentro stia ardendo (*avampi*, d'amore):

Biblioteca digitale
Di pensier in pensier, di monte in monte

1. **Solo... stampi:** è lo scenario che, nel terzo libro del *Secretum*, accompagna la malinconica solitudine di Bellerofonte. Nella traduzione latina di Cicerone da Omero leggiamo: «il povero [Bellerofonte], che vagava piangendo in campi sperduti [...] (*campis... alienis*) evitando i passi degli altri uomini» («vestigio human»).
2. **dal manifesto... genti:** cioè gli altri si rendono conto della condizione interiore del poeta, cioè del suo doloroso amore. L'interesse indiscreto delle altre persone destabilizza la mente del poeta, che cerca di difendersi fuggendo.
3. **atti:** sia i gesti fisici sia gli atteggiamenti psicologici.

Le nostre parole — Schermo

L'origine del termine Il sostantivo "schermo" non ha origine latina, bensì germanica. Esso infatti deriva dal verbo "schermire", che ha origine nella parola longobarda **skirmjan*, «proteggere, riparare». "Schermo" aveva dunque il significato militare di «scudo», e quindi anche «riparo» (da cui anche «fare schermo»).

Gli "schermi" medievali Era stato Dante il primo poeta italiano a usare il termine "schermo" in un contesto psicologico-letterario e non guerresco. Nella *Vita nuova*, infatti, si allude alla pratica, già tipica della poesia provenzale, di lasciare illudere i maldicenti facendo credere loro che il poeta sia innamorato di un'altra donna, la cosiddetta "donna dello schermo", e non di quella cui è in verità devoto. Ma la corazza difensiva che Dante aveva creato per proteggere sé stesso dagli sguardi maliziosi della gente sembra non essere più sufficiente a Petrarca, che confessa di non sapere più trovare protezione per nascondere la propria interiorità in tumulto.

Gli "schermi" digitali Dalle origini militaresche a quelle letterarie, l'uso del termine "schermo" è stato più volte riadattato nella lingua italiana. Il suo significato generico e concreto di «scudo, riparo» si è prestato a molti usi comuni e tecnici, tra cui quello di «superficie che interrompe un flusso di luce», quindi «superficie per proiezione». Oggi questa parola, assai più comune che nel passato, ha assunto il significato che si dà al nome dell'apparecchio elettronico su cui si guardano le immagini prodotte da un computer, da un telefono cellulare o da un televisore. A seguito della diffusione commerciale degli apparecchi televisivi, dotati appunto di un "piccolo schermo", quello del cinema è diventato, invece, il "grande schermo" per antonomasia.

sì ch'io mi credo omai che monti et piagge
et fiumi et selve sappian di che tempre
sia la mia vita, ch'è celata altrui.[4]

Ma pur sì aspre vie né sì selvagge[5]
cercar non so ch'Amor non venga sempre
ragionando con meco, et io co·llui.[6]

vv. 9-11 al punto (*sì*) che io ormai credo che solo i monti e le pianure (*piagge*), i fiumi e i boschi sappiano di che genere (*tempre*) sia la mia vita, che è celata agli altri.

vv 12-14 Ma neppure così so cercare vie tanto impervie e solitarie che Amore non venga sempre a parlare (*ragionando*) con me, e io con lui.

4. **sì ch'io... altrui:** la natura, indicata qui nella serie dei suoi ambienti più selvaggi e disabitati, si umanizza a tal punto da mostrare di conoscere l'animo del protagonista molto più degli altri («altrui») suoi simili. In questa prima terzina comincia quindi a venir meno l'assoluto isolamento del poeta espresso dalle quartine.

5. **aspre... selvagge:** Petrarca evoca la selva oscura dell'Inferno dantesco: «esta selva selvaggia e aspra e forte» (*Inf.*, v. 5).

6. **non so... co·llui:** il monologo iniziale è divenuto un dialogo, che si svolge però interamente nel teatro interiore dell'animo del protagonista, in modo del tutto simile a quanto accade nel *Secretum*.

Analisi del testo

Struttura

Il fallimento della ricerca Ogni elemento del sonetto concorre a creare l'atmosfera per una dolente poetica della solitudine. Già a livello strutturale, infatti, le quartine ospitano il soliloquio della voce lirica, che confessa la sua aspirazione alla solitudine. Ma piano piano l'isolamento si spezza: già nella prima terzina si allude alla presenza della natura, complice consapevole della passione del poeta. Quando il discorso si sposta sull'amore, il soliloquio diviene definitivamente dialogo interiore con il dio Amore. Una tripla antitesi, dunque, governa la narrazione: fra l'io e il mondo, fra l'interiorità e l'apparenza, fra il desiderio e la realtà. Il poeta cerca di fuggire la folla, poiché non vuole che all'esterno traspaia ciò che prova intimamente, ma l'aspirazione alla solitudine è frustrata dalla persecuzione del dio Amore (personificato), che non permette al poeta di sottrarsi a lui: la ricerca di piena solitudine è fallita.

Lingua e stile

Tempo e paesaggio trasfigurati Tutta l'atmosfera è proiettata in un presente indefinito e sullo sfondo di un paesaggio stilizzato, vago e indeterminato che si trasfigura caricandosi di valore simbolico, forse per alludere al fatto che non si tratta di un evento singolare ma di una condizione abituale, ricorrente. La presenza di polisindeti e di *enjambements* intensifica la durata delle azioni e così pure gli endecasillabi del sonetto, accentati sulla prima sillaba, conferiscono al discorso un incedere lento, quasi «pensoso». Il ritmo del testo, inoltre, è rallentato da ripetute dittologie: avverbi, aggettivi e verbi sono raggruppati a due a due («Solo et pensoso», «tardi e lenti»), a volte in coppie antitetiche («fuor… dentro»; «spenti… avampi»). L'animo meditabondo di Petrarca prende forma nei «deserti campi» del v. 1; l'incedere tumultuoso dei pensieri del poeta trova corrispondenza nell'accumulo dei sostantivi con il polisindeto dei vv. 9-10, «et piagge / et fiumi et selve»; i tormenti dell'animo si rispecchiano nelle vie «aspre» e «selvagge».

Temi

Un autoritratto ideale Il sonetto è una mirabile sintesi di alcuni elementi-chiave della psicologia e della poetica petrarchesche: la ricerca di solitudine (qui per fuggire la vergogna, tema già introdotto nel sonetto proemiale ➤ **T3**, vv. 9-11), la proiezione delle proprie emozioni nel paesaggio esterno (che ne risulta trasfigurato), l'interiorizzazione dell'amore, che origina un'aspra dialettica interna tra l'anima e il dio Amore. La fuga si rivela infatti inutile poiché Petrarca, che fugge il popolo ostile (in quanto pronto a denigrarlo) porta con sé, anzi dentro di sé, il proprio peggior nemico, il dio Amore.

Un eroe malinconico Come si è detto, la figura del protagonista del sonetto si richiama a quella del personaggio omerico di Bellerofonte, che nel libro III del *Secretum* Agostino associa esplicitamente alla figura di Petrarca, mettendo in relazione la malinconia struggente dell'eroe omerico, condannato dagli dèi dell'Olimpo a un esilio perpetuo, alla follia amorosa del cantore di Laura.
All'accusa di accidia, di perenne indecisione nel perseguire il bene, si aggiunge ora dunque quella di malinconia, che si presenta come una tipica "malattia intellettuale". In effetti, in un'opera attribuita ad Aristotele che conobbe una vastissima diffusione, *Problemi*, i malinconici erano descritti come uomini di genio particolarmente inclini alla solitudine né mancava, tra gli esempi citati, lo stesso Bellerofonte.
Attraverso questa tradizione la condizione singolare di Petrarca si eleva a paradigma di una condizione universale.

Officina

COMPRENDERE

1. Oltre al poeta nel sonetto compaiono altri due personaggi: la collettività, rappresentata da «le genti», e un interlocutore solitario, Amore. In che modo questi personaggi si relazionano all'io lirico?

ANALIZZARE

2. In che modo viene definito il paesaggio? Quali sono gli elementi della natura che compaiono nel sonetto e da quali aggettivi sono qualificati? Si tratta di un paesaggio realistico oppure simbolico? Motiva la tua risposta con opportuni riferimenti al testo.
3. **Lingua e stile** Individua le dittologie presenti nella prima quartina e spiega in che modo contribuiscono alla costruzione dell'autoritratto interiore del poeta.
4. **Lessico** Individua la frase in cui il verbo "avvampare" è usato in modo scorretto:
   a. Claudio, scoperto con le mani nel sacco, avvampò.
   b. Se vuoi fare un buon soffritto, ricordati di non avvampare troppo il gas.
5. **Lessico** Quale tra le parole riportate sotto non ha un'origine comune con il verbo "avvampare"?
   a. Divampare
   b. Vampiresco
   c. Svampito
   d. Vampata
6. Il tema del riserbo è presente anche nel sonetto proemiale. Rileggi ***Voi ch'ascoltate in rime sparse il suono*** (➤ **T3**, p. 414) e confrontalo con il sonetto appena letto, evidenziandone analogie e differenze.

PERCORSO DI SCRITTURA

Riassunto Dai un titolo a ciascuna quartina e a ciascuna terzina del sonetto e poi riassumi il contenuto di ognuna in una frase.

Riscrittura Trasforma il sonetto o in una pagina di diario in cui il poeta si confessa oppure in una lettera che Petrarca scrive a un amico, raccontandogli la propria giornata.

T10 Pace non trovo, et non ò da far guerra

Canzoniere CXXXIV

La poesia medievale assume talvolta anche il carattere di un gioco, un gioco raffinato che sfida lo scrittore a un difficile lavoro compositivo e il lettore alla decifrazione dei suoi significati. Di questo spirito ludico si trovano molti esempi: in ambito lirico si può citare il genere, nato all'interno della poesia provenzale, dell'«indovinello» (*devinalh*), che spesso viene formulato attraverso un'elencazione di opposti. Questa tecnica, nella poesia di argomento amoroso, intende esprimere le contraddizioni insanabili e le incongruenze a cui è costretta una mente in preda alla passione. Petrarca riprende questa tradizione portando alle estreme conseguenze il conflitto delle realtà contrapposte che caratterizza l'innamoramento, tra prostrazione ed esaltazione, prigionia e libertà: una condizione che paralizza la volontà e prosciuga le energie dello spirito. Un verso per tutti riassume la situazione complessiva e ne indica la causa: «et ò in odio me stesso, et amo altrui» (v. 11).

- Metro sonetto di endecasillabi piani con schema rimico ABABA ABABA (rime alternate) CDE CDE (rime ripetute)

Pace non trovo, et non ò da far guerra;[1]
e temo, et spero; et ardo, et son un ghiaccio;[2]
et volo sopra 'l cielo, et giaccio in terra;
et nulla stringo, et tutto 'l mondo abbraccio.[3]

vv. 1-4 Non trovo pace e ma non ho (neanche i mezzi) per far guerra; ho paura e spero, brucio e sono (freddo) come ghiaccio; volo sopra al cielo e giaccio a terra; non ottengo (*stringo*) nulla e abbraccio tutto il mondo.

1. **far guerra:** per ottenere che Laura corrisponda la sua passione.
2. **et temo... ghiaccio:** la paura di non essere ricambiato e la speranza di esserlo; il calore offerto dalla passione e il gelo causato dalla perdita della speranza.
3. **et nulla... abbraccio:** l'amore ispira le sensazioni contrarie di impotenza e onnipotenza; la prima era già stata evocata nel primo sonetto del *Canzoniere* (➤ **T3**, p. 414) con il concetto di *vanitas* (v. 6: «vane speranze» e «van dolore»).

Scena cortese, XIV secolo. Londra, British Library.

Tal m'à in pregion, che non m'apre né serra,
né per suo mi riten né scioglie il laccio;
et non m'ancide Amore, et non mi sferra,
né mi vuol vivo, né mi trae d'impaccio.

Veggio senza occhi, et non ò lingua et grido;
et bramo di perir, et cheggio aita;
et ò in odio me stesso, et amo altrui.[4]

Pascomi[5] di dolor, piangendo rido;
egualmente mi spiace morte et vita:
in questo stato son, donna, per voi.

vv. 5-8 Amore (*Tal*) mi tiene prigioniero, e non mi libera (*m'apre*) né mi rinchiude, non mi considera (*riten*) suo ma neppure scioglie la corda (*laccio*); e non mi uccide, né mi libera dai ferri (*sferra*), non mi vuole vivo, né mi trae d'impaccio.

vv. 9-11 Vedo senza occhi, non ho la lingua e grido; desidero morire e chiedo aiuto; odio me stesso e amo un'altra persona.

vv. 12-14 Mi nutro (*Pascomi*) di dolore, rido mentre piango; allo stesso modo mi dispiace sia la morte sia la vita: sono in questa condizione, donna, a causa vostra.

4. **ò in odio... altrui:** in altri componimenti del *Canzoniere* (CLXXV, vv. 1-2; CCVI, v. 43) l'autore scrive esplicitamente che, incontrando Laura, ha perduto sé stesso; «altrui» è naturalmente l'amata.

5. **Pascomi:** l'azione di cibarsi del proprio dolore è tipicamente biblica (per esempio *Giobbe* 3, 24: «al posto del cibo entra il mio gemito») e si ritrova spesso nel *Canzoniere*, per esempio, «Pasco 'l cor di sospir'» (CXXX, v. 5); «l'amaro ond'io mi pasco» (CLXIV, v. 10). È un altro esempio di come Petrarca fonda sistematicamente lessico sacro e profano, linguaggio erotico e religioso.

Analisi del testo

Struttura

Un elenco di antitesi Il sonetto è costruito interamente su un elenco di antitesi, ispirandosi al genere provenzale della canzone *de oppositis* (o *devinalh*, «indovinello»), di cui aveva offerto un celebre esempio il trovatore Raimbaut de Vaqueiras con la rima *Savis e fols, humils et orgulhos* (*Saggio e folle, umile e orgoglioso*), dove aveva cantato le caratteristiche oscillazioni psicologiche di una mente innamorata. Rispetto al modello, che proponeva ai lettori una serie di comportamenti assurdi e paradossali di cui si doveva indovinare il motivo, Petrarca qui non ricorre allo stratagemma di una serie di enigmi da sciogliere, ma pone l'accento sulle antinomie generate dall'esperienza amorosa. Il poeta, tramite l'accumulo di elementi in opposizione, genera una tensione sciolta soltanto in *explicit*, all'ultimo verso, quando si rivela la causa materiale di questa confusione, cioè l'amore per la sua donna: «in questo stato son, donna, per voi».

Temi

Il tormento dell'immobilità Petrarca si descrive come individuo dominato da forze che, trascinandolo in direzioni opposte, lo paralizzano completamente. Il virtuosismo del testo non ha una semplice finalità ludica e non si presenta fine a sé stesso, ma assume il valore di un dramma interiore. Petrarca intende infatti definire la complessità di una condizione spirituale faticosamente tradotta in parole, che richiedono una lettura attenta, un laborioso lavoro di comprensione da parte del lettore.

L'amore che travolge la mente L'amore risulta, dunque, una passione che sconvolge l'animo, poiché lo costringe a sperimentare una condizione paradossale dove convivono pace e guerra, fuoco e gelo, gioia e dolore: un ossimoro che priva di valore la logica della ragione. L'identità del poeta ne è lacerata e trasformata, egli stesso diviene un paradosso vivente: «Veggio senza occhi, et non ò lingua et grido» (v. 9). Petrarca richiama così la poesia di Cavalcanti, che aveva denunciato la *dementia* («follia») dell'amore, capace di sconquassare la mente, ma non ne ripropone le argomentazioni filosofiche, preferendo trattenersi in una dimensione squisitamente psicologica. Egli celebra, piuttosto, la vastità dell'animo umano, che conserva in sé la capacità di accogliere potenti contraddizioni, il terreno prediletto della poesia di ogni tempo: «Forse che mi contraddico? / Benissimo, allora vuol dire che mi contraddico. / (Io sono vasto, contengo moltitudini)» (W. Whitman, *Foglie d'erba. Canto di me stesso*).

Officina

COMPRENDERE

1. Individua, sottolinea e trascrivi sul quaderno, in una tabella come quella seguente, tutte le coppie di elementi in antitesi generate dall'esperienza amorosa presenti nel sonetto. L'esercizio è avviato.

elemento 1	elemento 2
Pace non trovo	non ò da far guerra
temo	spero
...	

2. Quali altri personaggi compaiono nel sonetto, oltre al poeta? Quali azioni compiono?

ANALIZZARE

3. **Lingua e stile** Come definiresti il ritmo della poesia? (2 risposte esatte)
   a. Lento
   b. Incalzante
   c. Veloce
   d. Solenne

4. **Lingua e stile** Individua, sottolinea e trascrivi sul quaderno tutte le parole e le espressioni che appartengono, rispettivamente, al campo semantico del dolore e al campo semantico della prigionia.

5. Nella poesia Laura viene evocata sempre indirettamente, mai in maniera esplicita. Individua e sottolinea tutte le parole e le espressioni che si riferiscono a Laura.

INTERPRETARE

6. Questo sonetto richiama per certi aspetti la poesia di **Cavalcanti**, che aveva sottolineato gli effetti devastanti della follia dell'amore sul poeta-amante. Rileggi il sonetto di Cavalcanti ***Voi che per li occhi mi passaste 'l core*** (➤ **T5**, p. 131). Poi, scrivi un confronto di sufficiente ampiezza fra il sonetto di Petrarca e quello di Cavalcanti mettendone in evidenza analogie e differenze a livello contenutistico, tematico e stilistico e supportando la tua argomentazione con precisi riferimenti ai due testi.

PERCORSO DI SCRITTURA

Riscrittura Aiutandoti con la parafrasi, riscrivi il contenuto del sonetto con parole tue; sostituisci le antitesi e le immagini scelte dal poeta con altre che esprimano le contraddizioni dell'amore, fonte di gioia e dolore insieme. Puoi cominciare così: «Non trovo pace ma non posso fare guerra, rido e piango, sono forte come il ferro e fragile come il vetro...».

T11 O cameretta che già fosti un porto

Canzoniere CCXXXIV

Il poeta innamorato ricerca spesso la solitudine per evitare la vergogna di fronte agli altri uomini (➤ **T9**, p. 437), anche se da Amore è impossibile fuggire. Questo sonetto rimpiange la solitudine della «cameretta», che in Petrarca non rappresenta più lo spazio religioso in cui il monaco si ritira in meditazione e preghiera, ma il più moderno studiolo in cui il letterato si dedica alla lettura e alla scrittura. Questo luogo, che tante volte è stato per il poeta un «porto» sicuro dove rifugiarsi dalle tempeste della vita, non costituisce più un motivo di sollievo: impaurito ora di trovarsi in balia del pensiero ossessivo di Laura, egli cerca infine conforto (e lo constata con grande sorpresa) proprio in mezzo alla gente, cioè a quel «vulgo» che in precedenza aveva sempre fuggito.

■ METRO sonetto di endecasillabi piani con schema rimico ABBA ABBA (rime alternate) CDE CDE (rime ripetute)

O cameretta che già fosti un porto
a le gravi tempeste mie diurne,[1]
fonte se' or di lagrime nocturne,
che 'l dì celate per vergogna porto.[2]

O letticciuol che requie eri et conforto
in tanti affanni, di che dogliose urne[3]
ti bagna Amor, con quelle mani eburne,[4]
solo ver' me crudeli a sì gran torto!

vv. 1-4 Oh piccola stanza che già sei stata (per me) un porto durante le pericolose mie tempeste di giorno, sei adesso fonte di lacrime di notte, (lacrime) che di giorno (*'l dì*) nascondo (*celate... porto*) per vergogna.

vv. 5-8 Oh mio piccolo letto, che eri un luogo di riposo (*requie*) e conforto in mezzo a tante sofferenze (*affanni*), con quali dolorose lacrime (*urne*, occhi pieni di lacrime) ti bagna Amore, con quelle mani bianche come avorio (*eburnee*), soltanto verso di me tanto ingiustamente (*sì gran torto*) crudeli.

1. **O cameretta... diurne:** l'immagine del «porto» in cui trovare finalmente pace dai tormenti amorosi ed esistenziali ricorre spesso nel *Canzoniere*, specialmente dopo la morte di Laura, quando il poeta avverte ormai la stanchezza di vivere (vedi *Canzoniere* CCCXVII, vv. 1-2; CCCXXXII, v. 70; CCCLXV, vv. 9-10).

2. **porto:** 1ª persona singolare del verbo "portare", è in rima equivoca con il nome «porto» al v. 1.

3. **urne:** sono gli occhi che indicano, per metonimia, ciò che dagli occhi scende: le lacrime.

4. **quelle mani eburne:** sono le mani di Laura, qui dette «crudeli» perché negano l'amore tanto sospirato; «eburne» è un latinismo, da *eburneus*.

Le nostre parole ›

Né pur il mio **secreto** e 'l mio riposo
fuggo, ma più me stesso e 'l mio pensero,[5]
che, seguendol, talor levòmmi a volo;[6]

e 'l vulgo a me nemico et odïoso
(chi 'l pensò mai?) per mio refugio chero:
tal paura ò di ritrovarmi solo.

vv. 9-11 E non soltanto (*Né pur*) fuggo dalla mia intimità (*secreto*) e dal mio riposo, ma piuttosto (fuggo) da me stesso e dal mio pensiero, che talvolta, seguendolo, mi sollevò (*levommi*) in volo;

vv. 12-14 e il popolo a me nemico e ostile (*odïoso*) (chi l'avrebbe mai pensato?) lo cerco (*chero*) come rifugio: tanta paura ho di restare solo.

Walter Crane, *Laura che legge*, 1885. Collezione privata.

5. **mio pensiero:** il pensiero ossessivo di Laura.
6. **che... volo:** è l'impressione di essere rapito come in volo dall'estasi amorosa.

Le nostre parole — Segreto

L'origine del termine Il sostantivo "segreto" deriva dal latino *secrētum*, «separato, appartato; remoto, occulto», participio passato sostantivato del verbo *secernĕre*, «mettere da parte», formato dal prefisso *se-* (che indica separazione) e *cernĕre*, «scegliere separando». Pertanto, letteralmente il "segreto" è un qualcosa di appartato, di tenuto nascosto, come una notizia che può essere rivelata solo in assoluta confidenza. Anticamente, il segreto aveva soprattutto il significato di materia occulta e misteriosa.

Segreti e scrittori Nell'italiano medievale, il termine "segreto" aveva anche il significato di parte più interna e sconosciuta dell'animo umano e di frequente era usato dagli scrittori anche per indicare il mistero delle leggi divine (o sia pure infernali, e si ricordi il «mi mise dentro a le segrete cose» che Dante pronuncia una volta introdotto alla catabasi da Virgilio, *Inf.*, III, 21). Ma anche le leggi naturali avevano il loro inconoscibile segreto, quei «profondissimi segreti della natura» di cui parla Boccaccio in un'epistola a Francesco de' Bardi. Ancora nella letteratura del Novecento, «quel nulla / d'inesauribile segreto» è ciò che resta a Ungaretti dell'insondabile natura del proprio poetare.

Segreti tecnici Nell'italiano contemporaneo, al termine "segreto", nell'accezione di riserbo su questioni inerenti al lavoro, ai propri possessi o ad attività, si tende sempre più a preferire l'espressione inglese *privacy*. La parola "segreto" è molto usata oggi in diversi lessici settoriali: per esempio, il "segreto bancario", per cui la banca non diffonde notizie sui beni posseduti dai clienti; il "segreto elettorale", per cui si mantiene ignoto il proprio voto; il "segreto militare" e il "segreto di Stato", che riguardano nozioni di assoluta inconoscibilità per la sicurezza di una nazione.

Analisi del testo

Struttura

Il conflitto tra passato e presente Il sonetto è costruito sul conflitto fra tempo passato e presente: «fosti» (v. 1) luogo di pace, «se' or» (v. 3) luogo di tormento, «requie eri et conforto» (v. 5), ora di lacrime «ti bagna Amor» (v. 7). Passato e presente oppongono anche le quartine e le terzine. Le prime due quartine, introdotte dalle apostrofi alla camera e al letto, annunciano la novità che ispira il lamento: dove il poeta trovava un tempo consolazione, ora prova solo dolore. Dopo aver preso atto dell'inedita situazione, le terzine portano il pensiero più lontano, riflettono sulle cause profonde (il poeta desidererebbe, in fondo, "fuggire se stesso", v. 10) e sulle possibili, nuove soluzioni: distrarsi da sé stessi grazie alla compagnia del «vulgo» (vv. 12-14), cioè nella condizione opposta alla solitudine cercata in precedenza.

Lingua e stile

Diminutivi, metafore e antitesi Petrarca apostrofa con affettuosi diminutivi il suo antico luogo di consolazione e rifugio: «cameretta» (v. 1), «letticciuol» (v. 5). Questa è la cornice delle guerre che l'Amore muove all'autore, ostacolandone il normale procedere nella vita di tutti i giorni, la sua navigazione esistenziale («le gravi tempeste», v. 2). L'Amore che muove guerra al poeta, la vita come un viaggio per mare: si tratta di metafore comuni nel *Canzoniere*. Nel corso del testo l'antitesi iniziale fra compagnia negativa e solitudine positiva (v. 4) si rovescia di segno, con stupore dello stesso poeta, raccolto dalla parentesi dubitativa e interrogativa del v. 13 («chi 'l pensò mai?»): ora il poeta cerca la presenza dell'uomo, un tempo «nemico et odïoso» (v. 12), per non ritrovarsi solo.

Temi

In fuga da sé stesso Rispetto al sonetto *Solo et pensoso i più deserti campi* (➤ **T9**), dove Petrarca credeva di fuggire al dolore evitando la presenza degli altri uomini, ora il poeta si mostra consapevole che la sua sofferenza ha origine dentro di sé. Colui che sperimenta la potenza invadente dei pensieri, che occupano la mente e privano l'uomo dell'autocontrollo, per difendersi non trova altra soluzione che evitarli: anche se fuggire i propri pensieri significa, paradossalmente, cercare di scappare da sé stesso. Infatti, quando l'autoanalisi diventa troppo dolorosa e dilaga la paura di fare i conti con la verità, con suo sommo stupore il poeta si trova a cercare la folla, concentrando la sua mente sul prossimo, nella speranza di dimenticarsi di sé. Petrarca, che nella sua poesia esalta l'instabilità di ogni cosa, riconosce in questo frangente la mutevolezza del suo stesso animo.

Officina

COMPRENDERE

1. Completa la tabella con il contenuto del sonetto.

strofe	contenuto
I quartina	Il poeta afferma che la propria stanzetta, un tempo rifugio sicuro dai suoi tormenti diurni, ora di notte è diventata ....
II quartina	Il piccolo letto del poeta, che era un luogo di riposo in mezzo a tante sofferenze, ...
I terzina	Il poeta fugge la sua intimità, ma soprattutto fugge ....
II terzina	....

ANALIZZARE

2. **Lingua e stile** Individua, sottolinea e trascrivi tutte le dittologie presenti nel sonetto. Specifica, inoltre, quali sono dittologie sinonimiche.

3. **Lingua e stile** Individua, sottolinea e trascrivi tutte le parole e le espressioni appartenenti, rispettivamente, al campo semantico della quiete / pace e al campo semantico del dolore / tormento.

INTERPRETARE

4. Il sonetto è giocato sulla contrapposizione fra passato e presente. Spiega, con precisi e puntuali riferimenti al testo, come si esplicita tale contrapposizione nella poesia e poi approfondisci il tema facendo riferimento ad altri testi del *Canzoniere* che hai letto, per esempio **T9** (p. 437) e **T10** (p. 441).

Memoria e oblio

La poesia petrarchesca si presenta come una lotta contro l'oblio e l'azione distruttiva del tempo condotta seguendo le tracce, talvolta esili, della memoria. Questo vale non soltanto per il tentativo di riportare alla luce e di conservare le testimonianze della civiltà classica attraverso lo studio della storia e della letteratura antiche e l'esercizio della poesia, ma anche per la rievocazione della figura di Laura. Tale rievocazione avviene spesso – è il caso della canzone CXXVI (➤ **T12**) – grazie a un'attenta decifrazione dei segni della sua passata presenza: quello che rimane è solo un'orma invisibile di memoria impressa sulla realtà (il pensiero dell'acqua, del ramo, dell'erba che il suo corpo ha sfiorato), che l'immaginazione petrarchesca riesce a percepire e a salvare dall'oblio grazie alla poesia. Tutto cambia, naturalmente, dopo la morte di Laura, perché il suo ricordo si carica spesso di dolore (➤ **T14**).

Ma se l'amore per Laura acquisisce nel *Canzoniere* un valore ambivalente, perché può essere fonte di gioia e di elevazione spirituale o, al contrario, di perdizione e smarrimento dell'anima nel peccato, anche la rievocazione della sua presenza attraverso la memoria assume significati contrastanti. La già citata canzone CXXVI rappresenta quelli positivi, mentre il sonetto CLXXXIX (➤ **T13**) il loro rovescio negativo: qui è proprio l'amore per Laura a produrre nel poeta l'oblio di sé stesso, rendendo la sua esistenza incontrollabile come una barca in balìa di una tempesta. Anche il tema della memoria, dunque, mantiene le ambiguità e le contraddittorietà di fondo proprie della poesia petrarchesca.

T12 *Chiare, fresche et dolci acque*

Canzoniere CXXVI

AUDIO

Biblioteca digitale
Se lamentar augelli, o verdi fronde

Questa canzone fa parte del ciclo delle "canzoni della lontananza" (CXXV-CXXIX) e fu composta a Valchiusa, forse nell'imminenza di un viaggio in Italia. La datazione è incerta e le varie ipotesi la collocano nell'arco del decennio 1340-1350. Petrarca, rivolgendosi agli elementi che identificano un paesaggio fortemente idealizzato, celebra il mito di Laura, trasfigurata nel ricordo e nel sogno. La visione della donna, che oscilla di continuo tra passato e futuro (dimensioni del ricordo e del sogno), si materializza sulle rive del fiume Sorga nella stagione primaverile.

- METRO canzone di cinque stanze e congedo, con schema rimico (nelle stanze) abCabC (fronte), c (verso di *concatenatio*, dunque con "rima chiave"), deeDfF (sirma)

Chiare, fresche et dolci acque,[1]
ove le belle membra
pose[2] colei che sola a me par donna;

vv. 1-13 Chiare, fresche e dolci acque, dove immerse (*pose*) le sue belle membra colei che sola sembra a me (degna del nome di) donna;

1. **Chiare... acque:** le acque della Sorgue (Sorga), fiume che scorre in Valchiusa. I primi versi della canzone risentono dell'influenza di Orazio, nel celebre carme che canta la fonte di Bandusia: «O fonte di Bandusia, più trasparente del cristallo, / degna di dolce vino puro, non senza fiori» (*O fons Bandusiae, splendidior vitro, / dulci digne mero, non sine floribus*; *Carmina* III, 13).
2. **pose:** alcuni interpretano il «pose», non come "immerse", ma come se Laura si fosse distesa ai bordi del fiume senza immergersi completamente.

gentil ramo ove piacque
(con sospir' mi rimembra)[3]
a lei di fare al bel fiancho[4] colonna;
herba et fior' che la gonna
leggiadra ricoverse
co l'angelico seno;[5]
aere sacro, sereno,
ove Amor co' begli occhi il cor m'aperse:
date udïenzia insieme[6]
a le dolenti mie parole extreme.

S'egli[7] è pur mio destino,
e 'l cielo in ciò s'adopra,
ch'Amor quest'occhi lagrimando chiuda,
qualche gratia il meschino
corpo fra voi[8] ricopra,
et torni l'alma al proprio albergo ignuda.[9]
La morte fia men cruda
se questa spene porto
a quel dubbioso passo;
ché lo spirito lasso
non poria mai in più riposato porto
né in più tranquilla fossa
fuggir[10] la carne travagliata et l'ossa.

lessico
Leggiadro
Pieno di grazia, di eleganza e di armonia.

delicato ramo, dove piacque (me lo ricordo tra i sospiri) darle appoggio (*a lei di fare colonna*) per il suo bel fianco; erba e fiori che la sua bella veste (*gonna leggiadra*) ricoprì con l'angelico petto; aria sacra, serena, dove Amore, per mezzo dei begli occhi (di lei), mi trafisse (*aperse*) il cuore: date ascolto (*udïenza*) insieme alle mie dolenti ultime (*extreme*) parole.

vv. 14-26 Se veramente (*pur*) è mio destino, e il cielo si adopera per questo, che Amore chiuda questi (miei) occhi tra le lacrime, una qualche grazia (divina) faccia in modo che il mio corpo povero (*meschino*) sia sepolto (*ricopra*) tra voi, e l'anima ritorni nuda (*ignuda*) alla propria dimora (*albergo*). La morte sarà meno dolorosa (*cruda*) se porto questa speranza (*spene*; la speranza di essere sepolto *fra voi*) a quel passaggio spaventoso (*dubbioso passo*, cioè la morte); poiché l'anima stanca (*spirito lasso*) non potrebbe mai separarsi dal corpo tormentato (*carne travagliata*) e dalle ossa in un porto più sereno (*riposato*) né in una fossa più tranquilla.

3. **(con sospir'... rimembra):** la parentetica – come accade più avanti al v. 41 – ha la funzione di specificare la prospettiva a partire dalla quale il ricordo viene evocato: situata nel presente, essa si carica di struggente nostalgia.
4. **fiancho:** forse sineddoche dell'intero corpo.
5. **l'angelico seno:** si intende il "petto" o, secondo altri, la "piega" del vestito.
6. **date... insieme:** l'esortazione ha per destinatari gli elementi della natura apostrofati nei vv. 1-10.
7. **egli:** è soggetto, impersonale, della frase.
8. **voi:** si riferisce agli elementi naturali invocati in precedenza.
9. **torni l'alma... ignuda:** questa metafora si fonda sulla concezione del corpo umano come un vestito destinato a essere dismesso, poiché la parte sostanziale dell'uomo non è il corpo ma l'anima. L'immagine, già dantesca, è presente anche nel *Canzoniere*, in cui il corpo di Laura è chiamato «bella vesta» (*Canzoniere* VIII, v. 1).
10. **fuggir:** il verbo è usato qui con valore transitivo.

Tempo verrà anchor forse[11]
ch'a l'usato soggiorno
torni la fera bella et mansueta,[12]
et là 'v'ella mi scorse
nel benedetto giorno,[13]
volga la vista disiosa et lieta,
cercandomi: et, o pieta!,
già terra infra le pietre
vedendo, Amor l'inspiri
in guisa che sospiri
sì dolcemente che mercé m'impetre,
et faccia forza al cielo,
asciugandosi gli occhi col bel velo.

Da' be' rami scendea
(dolce ne la memoria)
una pioggia di fior' sovra 'l suo grembo;[14]
et ella si sedea
humile in tanta gloria,
coverta già de l'amoroso nembo.
Qual fior cadea sul lembo,
qual su le treccie bionde,
ch'oro **forbito** et perle
eran quel dì a vederle;
qual si posava in terra, et qual su l'onde;
qual con un vago errore
girando, parea dir: Qui regna Amore.

lessico
Forbito
In senso proprio, ma poco usato, «pulito, nitido»; più comunemente, «curato, elegante» o anche «educato, compíto».

vv. 27-39 Verrà forse un tempo in cui la belva (*fera*) bella e mansueta torni a questo luogo abituale (*usato soggiorno*), e volga lo sguardo desideroso e felice per cercarmi là dove lei mi vide nel giorno benedetto: e – oh spettacolo compassionevole! – vedendomi già (trasformato in) polvere tra le pietre, Amore la ispiri in modo (*in guisa*) da farla sospirare così dolcemente da invocare per me misericordia (*mercé m'impetre*), e pieghi (*faccia forza*, a mio favore) il volere divino (*cielo*), asciugandosi gli occhi con il bel velo.

vv. 40-52 Dai bei rami scendeva (dolce nel ricordo) una pioggia di fiori sul suo grembo; ed ella sedeva umile in tanta gloria, ormai coperta dalla nube (*nembo*) piena d'amore. Un (*Qual*) fiore cadeva sull'orlo (*lembo*, della veste), un altro (*qual*) sulle trecce bionde, che a vederle quel giorno sembravano oro splendente (*forbito*) e perle; uno (*qual*) si posava a terra e un altro sulle onde (del fiume); un altro (*qual*), girando con un dolce volteggio (*vago errore*) sembrava dire: Qui regna Amore.

11. **Tempo... forse:** in questa strofa Petrarca fantastica che Laura, tornata nel luogo qui descritto, trovi i suoi resti (*l'ossa*) sepolti. La suggestione proviene ancora una volta da un riferimento letterario, ovvero le *Georgiche* (vv. 493 ss.) di Virgilio, in cui viene descritto il reperimento di resti di soldati romani in modo del tutto simile a Petrarca («Verrà certo il tempo in cui...», *Scilicet et tempus venit, cum...*).
12. **la fera bella et mansueta:** Laura; «fera», in quanto crudele perché insensibile all'amore del poeta, nella visione diviene «mansueta».
13. **et là... giorno:** cioè nel giorno in cui la donna e il poeta si incontrarono (➤ **T7**, p. 431).
14. **Da' be' rami... grembo:** L'immagine di Laura che si riaffaccia alla memoria è molto probabilmente suggerita dalla prima apparizione di Beatrice nella *Commedia* tra una pioggia di fiori (*Purg.* XXX, vv. 28-32).

Quante volte diss'io
allor pien di spavento:[15]
Costei per fermo nacque in paradiso.
Così carco d'oblio[16]
il divin **portamento**
e 'l volto e le parole e 'l dolce riso
m'aveano, et sì diviso
da l'imagine vera,
ch'i' dicea sospirando:
Qui come venn'io, o quando?;
credendo esser in ciel, non là dov'era.
Da indi in qua mi piace
questa herba[17] sì, ch'altrove non ò pace.

Le nostre parole ›

Se tu avessi ornamenti quant'ài voglia,
poresti arditamente
uscir del bosco et gir in fra la gente.

vv. 53-65 Quante volte io dissi allora, pieno di spavento: Costei di certo (*per fermo*) è nata in paradiso. L'atteggiamento come di creatura divina (*divin portamento*) e il (suo) volto e le parole e il dolce sorriso (*riso*) mi avevano a tal punto (*Così*) reso immemore (*carco d'oblio*) e così distaccato (*sì diviso*) dall'immagine reale (*vera*, del mondo), che io mi chiedevo (*dicea*, "dicevo"), tra i sospiri: Come sono arrivato qui, o quando?; credendo di essere in cielo, non lì dove ero (realmente). Da allora in poi (*Da indi in qua*) mi piace questo luogo (*herba*) al punto che altrove non ho pace.

vv. 66-68 Se tu fossi scritta in modo tanto raffinato (*avessi ornamenti* retorici) quanto mostri desiderio (*voglia*) [per Laura], potresti coraggiosamente uscire dal bosco e andare tra la gente.

15. **spavento:** quasi uno stupore riverente di fronte a un'apparizione divina.
16. **carco d'oblio:** la visione paradisiaca di Laura causa nel poeta sia la dimenticanza di sé (➤ **T13**, p. 453), sia la perdita della percezione della realtà che lo circonda (vv. 59-60). Anche in questo caso il confronto con Beatrice è inevitabile: sempre nel canto XXX del *Purgatorio*, infatti, ella rimprovera a Dante di aver seguito «imagini... false» del bene (v. 131).
17. **herba:** sineddoche per indicare tutto il contesto naturale.

Le nostre parole — Portamento

L'origine del termine Il sostantivo "portamento" deriva da "portarsi", la forma riflessiva, oggi poco comune, del verbo "portare", che significa «comportarsi, tenere un certo atteggiamento». Dunque, il "portamento" indica l'insieme degli atteggiamenti di una persona: il suo modo di camminare, di muovere il corpo, ma anche di indossare gli abiti.

Il «divin portamento» È nel *Convivio* di Dante che si trova un primo paragone tra l'essenza del divino e l'espressione di un "portamento" raffinatissimo. Dante, infatti, riconosce una forma di divinità nelle azioni dell'«anima razionale, dove la divina luce più espeditamente raggia, cioè nel parlare e negli atti, che reggimenti e portamenti sogliono essere chiamati». Su questa precisa linea si inserisce dunque la canzone petrarchesca, in cui l'atteggiamento angelico di Laura è paragonato a un «divin portamento», cioè a una presenza che, nel modo di atteggiarsi e di muoversi, appare celestiale più che umana.

Il "bel portamento" Fin dal XVII secolo, il "portamento" del corpo è stato influenzato notevolmente dal guardaroba. Nella vita di corte, l'arte dell'apparire informava tutta la vita associata: erano infatti l'abito e gli accessori della moda del tempo (guanti, ventagli...) a costruire il corpo e non viceversa. Oggi, in un clima di forte liberazione dalle costrizioni della moda, l'espressione "bel portamento" è rimasta a indicare l'eleganza naturale di una persona.

Analisi del testo

Struttura

Un itinerario interiore La struttura lirica di *Chiare, fresche et dolci acque* è movimentata da un continuo gioco di cambiamenti temporali. Nella prima stanza, ambientata in un passato rievocato come in un sogno e collocato in un imprecisato giorno di primavera (la stagione è evocata dai fiori, dall'aria serena, dalle acque chiare...), Laura si rivela all'innamorato in tutta la sua bellezza, esaltata dalla dolcezza del paesaggio. Il poeta si rivolge direttamente agli elementi naturali (le acque del fiume Sorga, i rami degli alberi, l'erba e i fiori), che hanno avuto l'onore di testimoniare l'incontro con la donna amata, affinché lo ascoltino. Nella seconda strofa il poeta immagina la propria morte (morte per Amore: «Amor quest'occhi lagrimando chiuda», v. 16) e si augura di venire sepolto proprio in quel luogo, tra quegli elementi naturali resi sacri solo per essere stati scenario al manifestarsi di Laura. Nella terza di nuovo un futuro e una visione: il poeta si augura che la stessa Laura, di solito così altera e indifferente ai sospiri del poeta, torni in quel luogo e addirittura ricerchi la presenza dell'innamorato, commuovendosi profondamente quando, invece, ne scopre la tomba. La quarta e la quinta strofa sono caratterizzate da un tempo passato che si proietta in un eterno presente, con effetto di sospensione. Il ricordo, evocato fin dalla prima strofa, riaffiora e si materializza con l'intensità di un miraggio, precisandosi nella descrizione dei vari elementi (il paesaggio, la donna) e nelle emozioni provate dal poeta: i fiori cadono dolcemente dai rami sulla veste e sulle trecce bionde di Laura, seduta sull'erba; rievocando un simile spettacolo il poeta si smarrisce e trasognato non è più in grado di distinguere la realtà dalla fantasia: «Qui come venn'io, o quando?; / credendo esser in ciel, non là dov'era» (vv. 62-63). Nel congedo, al presente, Petrarca si rivolge alla propria canzone e, con retorica modestia, ne riconosce la bassezza stilistica, ritenendola indegna di andare tra la gente.

Lingua e stile

Un'atmosfera dolce e sognante Nella canzone prevalgono i versi settenari sugli endecasillabi (nove rispetto a quattro in ogni stanza): il pensiero si lascia trasportare dal flusso dei ricordi e delle fantasie, sognante ma dinamico. Il contesto agreste rimanda al genere, francese e provenzale, della pastorella, caratterizzato da uno spiccato erotismo, ma qui Petrarca introduce una sostanziale innovazione rispetto a quella tradizione, perché rimuove qualsiasi riferimento esplicito alla carnalità del desiderio, avvalendosi invece, nel tratteggiare l'ambiente che la canzone descrive, della leggerezza e della vaghezza del madrigale.
Sono frequenti le allitterazioni («*po*ria mai in *p*iù ri*p*osato *p*orto», v. 24), che si prestano ad addolcire l'atmosfera: «ricoverse... *s*eno... *s*acro, *s*ereno... aperse» (vv. 8-11). Ma non manca di cambiare registro stilistico in presenza della morte: in questo caso il pensiero doloroso indurisce il suono dei versi, che si fanno petrosi: «*ter*ra in *fr*a le pie*tr*e... impe*tr*e» (vv. 34-37).
La pioggia di fiori su Laura (definita, con ossimoro, una «fera bella et mansueta», v. 29) è ritmata dall'anafora dell'aggettivo «Qual» (vv. 46-47; 50-51), che scandisce porzioni di periodo accostate per asindeto. All'interno delle strofe si apprezzano curate simmetrie strutturali; nella prima strofa, per esempio, a ogni elemento della natura evocato sono dedicati tre versi, caratterizzati dalla ricorrenza dell'avverbio «ove» (vv. 2, 4, 11). Mentre il chiasmo al v. 63 «esser in cielo, non là dov'era» rafforza l'antitesi fra cielo e terra.

Temi

Il fantasma di Laura: angelo stilnovista e donna pietosa Il tema della memoria, sulla quale, come su cera morbida, s'imprimono le sensazioni è ampiamente sviluppato da Petrarca nel *Canzoniere*. La figura di Laura è quasi sempre presente in assenza, vive nel ricordo, è, appunto, un fantasma della memoria. Anche in questa canzone Laura compare, pur nella sua lontananza fisica, grazie alla capacità rievocativa del poeta. Il suo corpo è oggetto di una trasfigurazione che oscilla tra richiami sensuali (fianco, occhi, seno, trecce bionde) e sublimazione stilnovistica (il seno è «angelico», l'aria che respira "sacra", l'albero a cui si appoggia «gentil», i «begli occhi» attraverso cui Amore entra nel cuore del poeta), anche se privata di riferimenti teologici. Se, infatti, la rievocazione della visione di Laura, seduta umilmente sull'erba sotto una pioggia di fiori, allude, come si è detto, all'apparizione di Beatrice nel trentesimo canto del *Purgatorio*, e gli effetti della visione su Petrarca sono simili a quelli che Beatrice rimprovera, nello stesso contesto, a Dante (vedi note 14 e 16), le somiglianze rendono ancora più vistose le differenze tra le due donne: Beatrice è figura che si caratterizza tramite una simbologia teologica, mentre Laura è soltanto l'illusione di una mente umana e innamorata. Petrarca quindi, proprio attraverso questi riferimenti a Dante, intende sottolineare la propria diversità rispetto a lui e affermare la propria piena originalità poetica. Bellezza di carne e donna-angelo, nella canzone Laura compare anche in un'altra veste. Trasformata dalla potente fantasia del poeta, nella terza strofa Laura si umanizza e Petrarca ce ne presenta un inusuale ritratto. Tornata dopo tanti anni nel luogo dell'incontro, da insensibile e crudele («fera») Laura è diventata «mansueta»: cerca, felice e trepidante, il poeta, fino a quando, non avendolo trovato, ne scorge con sgomento la sepoltura e ne piange commossa la morte.

La stilizzazione del paesaggio Valchiusa, cornice dell'incontro con Laura, pur conformandosi ai tradizionali caratteri del *locus amoenus*, resta un paesaggio indeterminato, stilizzato.
La realtà è connotata da un'aggettivazione generica e indistinta; la natura, priva di connotazioni proprie, è colorata dalle emozioni del poeta, che la carica di significati soggettivi associandole i propri ricordi.
Ciò che conta, per Petrarca, è la rappresentazione del proprio spazio interiore, che si proietta in quello esterno, sovrapponendosene e prendendone il posto.

Officina

COMPRENDERE

1. Qui sotto sono elencate alla rinfusa brevi sintesi delle stanze in cui si articola la canzone. Rimettile in ordine, numerandole da 1 a 6.
   - .... Il poeta si rivolge direttamente alla propria canzone.
   - .... Il poeta ricorda Laura immersa nella natura primaverile: una pioggia di fiori le cade sui capelli e sul vestito.
   - .... Il poeta immagina che Laura torni nel luogo dell'incontro e veda la sua tomba.
   - .... La contemplazione di Laura, bella come un angelo, trasporta il poeta in una dimensione ultraterrena.
   - .... Rivolto agli elementi naturali, il poeta immagina la propria morte e si augura di trovar sepoltura tra questi.
   - .... Invocazione agli elementi naturali (acque del fiume, alberi, erba e fiori), testimoni dell'incontro con la donna amata, perché ascoltino il poeta.
2. Nella canzone si alternano passato, presente e futuro: descrivi che cosa accade in ognuna delle dimensioni temporali.

ANALIZZARE

3. Individua, sottolinea e trascrivi tutte le parole e le espressioni che appartengono al lessico stilnovistico presenti nella prima, quarta e quinta stanza.
4. **Lessico** Quali, tra le parole riportate sotto, potrebbero essere usate come sinonimo o come contrario di "leggiadro" nella frase "Le ragazze leggiadre ridevano bevendo il tè" e quali no?
   Motiva le tue scelte.
   a. leggere **b.** avvenenti **c.** goffe **d.** pesanti
5. **Lessico** A quali, tra i sostantivi indicati sotto, puoi accompagnare l'aggettivo "forbito"?
   a. modo **b.** linguaggio **c.** libro **d.** situazione **e.** piatto

INTERPRETARE

6. Laura, in questa canzone, appare «mansueta»: ti sembra una versione inedita della donna amata dal poeta? Perché? Ci sono altri testi che hai letto in cui Laura si mostra diversa o altri in cui era già apparsa così? Dopo avere trovato qualche esempio, costruisci un possibile ritratto della donna, spiegandone i diversi atteggiamenti nei confronti del poeta e valutando se questi cambiano a seconda delle circostanze.

T13 *Passa la nave mia colma d'oblio*

Canzoniere CLXXXIX

Il testo risale forse al 1342-1343, ma i critici non sono concordi in merito. Petrarca ricorre alla metafora della vita come navigazione; si tratta di una rappresentazione di antica tradizione, già attestata nella letteratura classica, in cui la vita è spesso evocata come un'ardita e avventurosa scoperta di realtà sempre nuove (come mostra l'esempio dell'Ulisse dantesco ➤ p. 313). Petrarca, al contrario, colora l'immagine di toni drammatici: la navigazione diviene, nel suo personale viaggio esistenziale, tempesta e perdizione, in attesa dell'inevitabile naufragio.
Se la nave rappresenta l'intera esistenza, allora il sonetto che la dichiara «colma d'oblio» preannuncia una formidabile minaccia, che si rivolge sia all'amante di Laura, che rischia di soccombere al dolore, sia allo scrittore, che combatte perché le proprie opere non siano dimenticate. In questo senso Petrarca si confronta con un tipico tema della cultura medievale, il pensiero della morte, che incombe di continuo nella vita dell'uomo.

- METRO sonetto di endecasillabi piani con schema rimico ABBA ABBA (rime alternate) CDE CDE (rime ripetute)

Le nostre parole › (p. 454)

Passa la nave mia colma d'**oblio**
per aspro mare, a mezza notte il verno,
enfra Scilla et Caribdi;[1] et al governo
siede 'l signore, anzi 'l nimico mio.[2]

A ciascun remo un penser pronto et rio[3]
che la tempesta e 'l fin[4] par ch'abbi a scherno;
la vela rompe un vento humido eterno
di sospir', di speranze et di desio.

vv. 1-4 La mia nave, carica di dimenticanza (*oblio*), attraversa un mare in tempesta (*aspro*), a mezzanotte di una notte invernale, fra Scilla e Cariddi; e al timone (*governo*) siede il mio signore (Amore), anzi il mio nemico.

vv. 5-8 A ogni remo (siede) un pensiero pronto e malvagio (*rio*), che sembra schernire la tempesta e il suo esito finale (*fin*; il naufragio); un vento carico di pioggia e incessante (*humido eterno*) rompe la vela, (un vento) di sospiri, di speranze e desiderio.

1. **Scilla et Caribdi:** secondo la mitologia classica, sono i due mostri che sorvegliavano lo stretto di Sicilia, rendendone pericolosissimo il passaggio ai naviganti.
2. **per aspro... nimico mio:** le condizioni non potrebbero essere peggiori: il mare agitato, le tenebre notturne, la rischiosissima rotta, infine la presenza, al timone, di un nemico come Amore, che sembra avere intenzione di far colare a picco la nave.
3. **un penser... rio:** il pensiero, cioè, è in grado di volgere rapidamente la mente a ciò che la danneggia, per esempio al pensiero ossessivo dell'amata.
4. **fin:** la morte.

Pioggia di lagrimar, nebbia di sdegni
bagna et rallenta le già stanche sarte,[5]
che son d'error con ignorantia attorto.[6]

Celansi i duo mei dolci usati segni;[7]
morta fra l'onde è la ragion et l'arte,[8]
tal ch'incomincio a desperar del porto.

lessico
Celare / Celarsi
Nascondere, nascondersi.

vv. 9-11 Una pioggia di lacrime e una nebbia di sdegni bagna e allenta le sartie già indebolite (*stanche*), che sono fatte di errore intrecciato (*attorto*) con ignoranza.

vv. 12-14 Le mie due dolci abituali stelle (*usati segni*) si nascondono (*Celansi*): sono morte fra le onde la ragione e l'arte, al punto che io comincio a disperare di (giungere al) porto.

5. **le già stanche sarte:** le sartie sono l'insieme delle spesse funi che contribuiscono lateralmente a mantenere in piedi l'albero, dov'è appesa la vela, qui indebolite a causa dell'imperversare della tempesta.
6. **che son… attorto:** il traviamento amoroso (fatto di errore e ignoranza) rende fiacca e debole l'anima del poeta.
7. **segni:** sono gli occhi di Laura. In latino il vocabolo (*signa*) indicava gli astri che con la loro collocazione segnalavano ai naviganti la rotta da seguire durante la notte.
8. **morta… l'arte:** ragione e arte sono rispettivamente, a livello dell'interpretazione letterale del testo, la conoscenza teorica e la capacità pratica di navigare, cioè di condurre. Tuttavia, il riferimento potrebbe anche essere inteso in un altro senso: la perdita della «ragion» riguarda il Petrarca amante e la sfera morale, mentre la perdita dell'«arte» riguarda il Petrarca scrittore, che vedrebbe minacciata la propria attività compositiva. Sono le due colpe che Agostino rimprovera a Francesco nel *Secretum* (➤ **T1**, p. 392).

Le nostre parole **Oblio**

L'origine del termine Il sostantivo "oblio" (con la sua rara variante "obblio") viene dal verbo "obliare", un prestito dal francese *oublier* che a sua volta deriva dal verbo latino oblivisci, attraverso una forma del latino volgare. *Oblivisci* significava «cancellare, dimenticare» e viene dalla stessa radice del verbo *oblinĕre*, «spalmare, levigare». Gli antichi Romani, infatti, scrivevano incidendo con uno stilo delle tavolette di cera in cui il testo poteva essere cancellato passando la parte piatta dello stile sulla cera. Dall'idea di cancellare a quella di dimenticare, il passaggio è piuttosto intuitivo: si cancella dalla memoria, quindi si dimentica. L'"oblio", dunque, è una forma di globale dimenticanza, spesso accompagnata da un stato di abbandono della facoltà intellettiva o dei sentimenti. Il verbo italiano "obliterare", che vuol dire «cancellare», non condivide la medesima etimologia di "oblio", anche se, semanticamente, gli si avvicina nel significato traslato di «eradicare dalla memoria».

Oblio e accidia Il critico Michelangelo Picone ha notato come nel *Canzoniere* il termine "oblio" ricorra con due contrastanti significati. Se infatti da un lato può indicare l'estasi raggiunta nell'ambito dell'amor cortese, dall'altro esso è espressione della malinconia e dell'accidia che tormentano il poeta. Nel sonetto *Passa la nave mia colma d'oblio*, Petrarca si concentra sull'espressione negativa dell'"oblio", dichiarando il rischio di perdersi e di essere sommerso dal dolore sia come amante di Laura sia come poeta.

Il "diritto all'oblio" Oggi il termine "oblio" resta nel linguaggio come espressione letteraria e arcaica. Tuttavia, il termine è tornato nell'italiano contemporaneo, in un tecnicismo giuridico piuttosto diffuso: il "diritto all'oblio", concetto giurisprudenziale maturato intorno agli anni Novanta del Novecento, nell'ambito della crescente tutela alla *privacy*.

Analisi del testo

Struttura

Un viaggio fisico e psichico «La rappresentazione è in quattro scene e da fisica, come dato dallo statuto di tutti i riferimenti alla nave e alla navigazione, si fa psichica e simbolica per il continuo riproporsi della dimensione soggettiva che mette in scena la vicenda dell'io, caduto in preda all'oblio, che ne sconta drammaticamente le conseguenze [...]. La prima scena è dominata dall'immagine della nave che si muove in alto mare, anzi in un "aspro mare", in piena notte, d'inverno, in un luogo di per sé pieno di pericoli e minacce, secondo la tradizione dell'ulissismo antico e moderno, e al timone siede Amore, suo signore e nemico. La seconda strofa mette in scena dapprima l'equipaggio, ai cui remi siedono i suoi pensieri, pronti sì, ma sconvolti, e che la tempesta che si sta scatenando sembra tenere solo "a scherno"; quindi il ruolo delle vele, squassate da un vento umido e inarrestabile, fatto di speranze, di sospiri e di desideri che muovono l'animo del poeta-nauta. La terza strofa mette in campo la pioggia e la nebbia, che bagnano e rallentano le già inutilizzabili sartie, perché il poeta-nauta non sa come condursi. La quarta strofa riprende il tema della navigazione alla cieca, senza guida, perché gli "usati segni" degli occhi della donna amata più non lo assistono e, tra le onde, ha già fatto naufragio la sua capacità intellettiva, cioè la ragione, e la sua precedente perizia, e il poeta già incomincia a disperare di poter giungere salvo in porto.» (B. Martinelli)

97

el mar tranquillo & laura era ſoaue
el ciel quale è ſe nulla nube il uela
ella carca di riccha merce honeſta
poi repente tempeſta
oriental turbò ſi laere & londe
che lanaue percoſſe aduno ſcoglio
o che graue cordoglio
breue hora oppreſſe et poco ſpatio aſconde
lalte richezze a nullaltre ſeconde
I n un boſchetto nouo i rami ſanti
fiorian dun lauro giouinetto & ſchietto
chun degliarbor parea diparadiſo
& diſua ombra uſcian ſi dolci canti
diuarii augelli & tanto altro dilecto
che dalmondo mauean tutto diuiſo
& mirandol io fiſo
changioſſil cielo intorno & tinto inuiſta
folgorando per coſſe & da radice
quella pianta felice
ſubito ſuelſe onde mia uita è triſta
che ſimile ombra mai non ſi raquiſta
C hiara fontana inquel medeſmo boſco
ſurgea dun ſaxo et acque freſche et dolci
ſpargea ſoauemente mormorando
al bel ſeggio ripoſto ombroſo et foſco
ne paſtori appreſſauan ne biſolci
ma ninfe & muſe a quel tenor cantando
iui maſſiſi & quando piu dolcezza
prendea di tal concento
et di tal uiſta aprir uidi uno ſpeco

La nave affonda, colpita da una violenta tempesta di grandine; dal Folio 97r di *Canzoniere e Trionfi* pubblicato nel 1470 a Venezia da Vindelino da Spira. Brescia, Biblioteca Queriniana.

Lingua e stile

Un duplice livello di significato e di stile Il sonetto è strutturato su una metafora continuata che insiste sul tema della navigazione; tutti i termini chiave appartengono infatti a quest'ambito: «nave» (v. 1), «mare» (v. 2), «governo» (v. 3), «remo» (v. 5), «tempesta» (v. 6), «vela» e «vento» (v. 7), «sarte» (v. 10), «segni» (le stelle che orientano la rotta, v. 12), «onde» (v. 13), «porto» (v. 14). Il testo presenta, a livello di significato, un duplice livello: letterale e metaforico (il viaggio per mare come emblema dell'esistenza terrena); è quest'ultimo a chiamare in causa le più profonde inquietudini dell'animo petrarchesco. Anche lo stile riproduce questa duplicità, che si ritrova quasi a ogni verso: «Scilla et Caribdi» (v. 3); «'l signore, anzi 'l nimico» (v. 4); «la tempesta e 'l fin» (v. 6); «di speranze e di desio» (v. 8); «Pioggia... nebbia» (v. 9); «bagna et rallenta» (v. 10); «dolci usati» (v. 12); «la ragion et l'arte» (v. 13); a cui vanno aggiunte anche le coppie aggettivali «pronto et rio» (v. 5), «humido eterno» (v. 7).

Temi

Un doloroso bilancio esistenziale Nel sonetto Petrarca, pur assimilandosi all'eroe omerico (il riferimento a Scilla e Cariddi, da cui Ulisse riuscì a passare indenne, è segno eloquente e riconosciuto), traccia però un amaro bilancio della propria esistenza: una navigazione che, contrariamente a quanto accade a Ulisse che dopo mille avventure torna alla sua Itaca, ha condotto il poeta alla deriva, alla perdita di ogni punto di riferimento. Il suo animo si è smarrito in un sogno che gli ha fatto perdere il senso della realtà e i punti di riferimento necessari alla navigazione verso la salvezza eterna, condannandolo a giacere in una condizione di incertezza e di impotenza. L'Amore è additato come il vero «nimico» (v. 4); un epiteto, questo, che nel linguaggio biblico è solitamente associato all'antagonista per eccellenza dell'umanità, il diavolo, che conduce l'uomo alla morte spirituale. L'animo di Petrarca è corroso da oscillazioni, dubbi, incertezze, debolezza, smarrimento: una descrizione coerente a quella del *Secretum*. La donna non è più una figura salvifica, come Beatrice per Dante, ma è colei che ha indotto il poeta ad avventurarsi lungo rotte pericolose e lo ha infine privato del proprio sostegno.

Oblio: quale interpretazione? Il concetto di «oblio» all'interno del sonetto è stato interpretato variamente. Michelangelo Picone ritiene che Petrarca alludesse all'incontro, nell'*Odissea*, tra Ulisse e le Sirene, il cui canto stravolgeva la mente facendo dimenticare ogni altra cosa; così accadrebbe per l'irresistibile forza ammaliatrice di Laura, novella sirena. A rafforzare l'ipotesi contribuirebbe tra l'altro il fatto che l'episodio nel poema omerico precede quello dell'attraversamento dello stretto di Messina. Secondo John A. Scott, invece, l'oblio del poeta qui coincide con la dimenticanza di Dio, come confermerebbe un passo del *Secretum* in cui Agostino afferma: «Non c'è nulla che produca l'oblio e la trascuratezza di Dio al pari dell'amore delle cose terrene; di quello specialmente che chiamano per proprio nome Amore».

Officina

COMPRENDERE

1. Rileggi con attenzione la prima quartina del sonetto e poi precisa le coordinate spaziali e temporali della situazione evocata.
2. Completa in maniera opportuna la seguente tabella inserendo le parti riferite all'interiorità del poeta in corrispondenza di quelle riferite alla nave o viceversa.

parti della nave	parti dell'interiorità del poeta
ciascun remo	
la vela	
	una pioggia di lacrime e una nebbia di sdegni

ANALIZZARE

3. **Lingua e stile** Completa la seguente tabella spiegando le immagini metaforiche riportate.

immagine metaforica	significato
nave mia (v. 1)	
'l signore, anzi 'l nimico mio (v. 4)	
fin (v. 6)	
vela (v. 7)	
segni (v. 12)	
ragion (v. 13)	
arte (v. 13)	

4. **Lingua e stile** Individua e sottolinea tutti i termini e le espressioni appartenenti al campo semantico della navigazione.
5. **Lessico** Per ciascuna delle seguenti frasi indica, tra quelli dati, il sinonimo di "celare" o di "celarsi" più adatto anche dal punto di vista del registro.
   1. Celando l'arma del delitto, la donna rischiava la denuncia per favoreggiamento.
   2. Se celi il volto dietro a una maschera, significa che sei insicuro.
   3. L'autore si cela dietro a uno pseudonimo.
   4. Cela da sempre i propri sentimenti nei suoi confronti.

   a. nascondere **b.** occultare
   c. dissimulare **d.** camuffare

INTERPRETARE

6. Aiutandoti con le informazioni contenute nell'Analisi del testo, spiega con parole tue quali interpretazioni è possibile attribuire alla parola «oblio» al verso 1.

PERCORSO DI SCRITTURA

Riscrittura Riscrivete il sonetto (o la parafrasi del sonetto) modificando alcuni aggettivi, nomi, avverbi e verbi in modo da trasformare il significato complessivo della poesia nel suo contrario. Per esempio, la prima stanza potrebbe essere trasformata così: «La mia nave, carica di memoria, attraversa un mare calmo, a mezzogiorno di un giorno estivo, fra Scilla e Cariddi; e al timone siede il mio signore, anzi il mio amico».

T14 La vita fugge, et non s'arresta una hora

Canzoniere CCLXXII

AUDIO

La meditazione sulla caducità della vita umana è uno dei motivi più diffusi della cultura medievale, sia in ambito religioso e filosofico sia in ambito artistico, per esempio attraverso la cosiddetta "danza macabra", in cui i defunti, rappresentati come scheletri, vengono a ricordare ai vivi il loro destino. Petrarca dedica molte pagine a questo tema nel *Secretum*, nel *Trionfo della Morte* e nel *Trionfo del Tempo*, nel *De remediis utriusque Fortunae*, nelle *Familiares* (➤ p. 396) e, naturalmente, nel *Canzoniere*. Il presente sonetto, tra i primi componimenti in morte di Laura che costituiscono la seconda sezione della raccolta, è forse il testo che affronta più esplicitamente la meditazione sul carattere effimero dell'esistenza terrena. Si tratta di una riflessione che estende il suo sguardo pessimistico non solo sul presente ma anche sul passato del ricordo e sul futuro di un'impossibile speranza, privato com'è della presenza dell'amata. La datazione del testo oscilla tra il 1348 e il 1357.

▪ METRO sonetto di endecasillabi piani con schema rimico ABBA ABBA (rime alternate) CDE CDE (rime ripetute)

La vita fugge, et non s'arresta una hora,
et la morte vien dietro a gran giornate,[1]
et le cose presenti et le passate
mi dànno guerra, et le future anchora;

e 'l rimembrare et l'aspettar m'**accora**,
or quinci or quindi, sì che 'n veritate,
se non ch'i' ò di me stesso pietate,
i' sarei già di questi penser' fora.[2]

Tornami avanti, s'alcun dolce[3] mai
ebbe 'l cor tristo; et poi da l'altra parte
veggio al mio navigar turbati i vènti;

veggio fortuna in porto,[4] et stanco omai
il mio nocchier,[5] et rotte àrbore et sarte[6],
e i lumi bei,[7] che mirar soglio, spenti.

lessico

Accorare

Derivato di "còre", toscano per cuore, con il prefisso "ad-", significa «addolorare, angosciare». Altre parole derivano da "cuore", come "coraggio" e i suoi derivati "scoraggiare" e "scoraggiamento", il verbo "rincuorare" e l'aggettivo "cordiale", cioè chi tratta gli altri con cuore, ovvero con gentilezza e affabilità.

1. **et la morte... giornate:** «a gran giornate» richiama l'espressione latina *magnis itineribus*, «a marce forzate». L'affermazione di Petrarca ricalca analoghe osservazioni, comuni nelle meditazioni medievali, sulla caducità della vita.
2. **i' sarei... fora:** ovvero procurandosi la morte.
3. **alcun dolce:** cioè i pochi dolci ricordi; «dolce», è un neutro sostantivato.
4. **porto:** l'ultimo approdo della vita.
5. **mio nocchier:** la ragione, stremata dalla prolungata tempesta delle passioni, ormai incapace di guidare nella giusta rotta l'esistenza del poeta.
6. **et rotte... sarte:** cioè l'insieme dello spesso cordame che contribuisce lateralmente al sostegno dell'albero, dove sono issate le vele. L'albero, infatti, è rotto. All'interno della stessa metafora nautica sia il termine «sarte» sia «porto» (v. 12) compaiono anche nel sonetto CLXXXIX (➤ **T13**), rispettivamente ai versi 10 e 14.
7. **i lumi bei:** i begli occhi di Laura; qui assimilati alle stelle che costituivano per i naviganti gli unici punti di riferimento durante la notte. Anche in questo caso il contesto richiama il sonetto CLXXXIX, con il suo riferimento ai «dolci... segni» (v. 12).

Costruisci la tua analisi → VERSO IL NUOVO ESAME DI STATO

Parafrasi

1. Scrivi la parafrasi del sonetto, aiutandoti con le note al piede e i suggerimenti riportati qui sotto.

QUARTINE	TERZINE
v. 2 • «a gran giornate» = a marce forzate (vedi nota 1)	**vv. 9-10** • costruisci così: «Se mai 'l cor tristo ebbe alcun dolce (= sensazione di dolcezza), [ciò] tornami avanti (= mi si ripresenta alla mente)» • «da l'altra parte» = ossia verso il futuro
v. 4 • «anchora» = anche, a loro volta	**v. 11** • costruisci: «veggio i vènti turbati al (= nei confronti del) mio navigar»
v. 5 • «rimembrare» = ricordare • «m'accora» = mi rattrista	**v. 12** • «fortuna» = tempesta
v. 6 • «or quinci or quindi» = ora da una parte ora dall'altra	**v. 13** • «nocchier» = timoniere
v. 8 • costruisci: «io sarei già fora (= "fuori") da questi pensieri»	**v. 14** • «bei» = belli • «mirar soglio» = sono solito guardare con ammirazione

Struttura

Passato, presente, futuro

2. Analizza la struttura del testo barrando, nella seguente tabella, le opzioni corrette. Fai attenzione: in alcuni casi dovrai indicare più di una risposta.

I quartina (vv. 1-4)	• Si riferisce a: ☐ passato ☐ presente ☐ futuro • Contiene: ☐ una metafora ☐ una frase sentenziosa ☐ una similitudine ☐ un appello al destinatario
II quartina (vv. 5-8)	• Il poeta oppone tra loro: ☐ presente e passato ☐ passato e futuro ☐ presente e futuro • Per liberarsi dal senso di angoscia Petrarca aveva pensato di: ☐ fuggire lontano ☐ trovare un'altra donna ☐ suicidarsi ☐ non pensarci più
I terzina (vv. 9-11)	• Petrarca ricorda: ☐ i momenti dolorosi passati con Laura ☐ i momenti belli • La terzina è equamente divisa tra: ☐ ricordi del passato e aspettative per il futuro ☐ confronto tra il presente e il passato
II terzina (vv. 12-14)	• Tutta la terzina è occupata da una metafora su: ☐ presente ☐ passato ☐ presente e futuro

Comprendere

Un presente insopportabile

3. Per che cosa prova tristezza Petrarca al v. 5?

4. Quale particolare fisico di Laura viene rievocato, attraverso una metafora, al v. 14?

Analizzare

Lingua e stile

Le metafore: guerra e navigazione Per trattare il tema del tempo il poeta ricorre a due metafore di lunga tradizione in letteratura: una legata all'ambito militare, l'altra a quello della navigazione.

5. Analizza la metafora militare che occupa la prima quartina e quella della navigazione che occupa l'ultima terzina: aiutandoti con le note al testo, illustra in massimo 5 righe come ciascun elemento delle metafore possa essere interpretato.

Interpretare

Il poeta «trascinato dalla corrente del tempo»

In questo sonetto, il primo "in morte di Laura", la scomparsa della donna amata induce Petrarca a riflettere sul senso della propria vita e, in generale, sullo scorrere dell'esistenza umana.

6. Commenta, in massimo 5 righe, la seguente osservazione del critico Gianfranco Folena: «[in questo sonetto, Petrarca] si sente immerso e trascinato dalla corrente [del tempo]».
Nel tuo breve testo, prova a rispondere a questa domanda: perché la morte di Laura fa sentire a Petrarca che la vita scorre più velocemente verso la fine?

Scrittura

Sfogare il proprio dolore

Nel componimento, Petrarca, al contrario che in altre sue poesie, non apostrofa direttamente nessun destinatario, conducendo invece un discorso astratto sulla propria condizione di lutto e spiegandolo tramite metafore. Ciononostante, si legge, tra le righe, il bisogno da parte del poeta di comunicare agli altri la malinconia che gli suscita il ricordo del passato e la propria angoscia rispetto al futuro.

7. Riformula il sonetto sotto forma di lettera: Petrarca scrive a un amico per raccontargli del dolore per la morte di Laura, rievoca alcuni ricordi di quando la donna amata era ancora in vita e, infine, esprime le sue nere prospettive per il futuro. Prova a impiegare nel testo, scritto nella lingua quotidiana degli affetti, le metafore che hai individuato nella parte di analisi di lingua e stile. Non superare le 15 righe.

L'invettiva politica e religiosa

Il *Canzoniere* non è solo il libro di Laura, ma è anche espressione del pensiero politico e religioso di Petrarca che, anche se non si impegnò direttamente in attività pubbliche o diplomatiche, ebbe la possibilità di conoscere figure di primo piano della vita politica del suo tempo e di esercitare la sua influenza come autorità intellettuale e morale. Una volta resosi indipendente dalla famiglia Colonna, Petrarca interpreta in pieno la propria autonomia di giudizio rispetto ai potenti, permettendosi per esempio la libertà di parlare da pari a pari con l'imperatore Carlo IV per sollecitarlo a ristabilire l'autorità dell'Impero romano e a liberare il Santo Sepolcro di Gerusalemme. Proprio con Petrarca la parola «patria» (➤ **T15**) viene riferita non al proprio luogo natale, come accade in Dante, ma all'Italia intera, considerata legittima erede dell'antica dominazione romana: nasce proprio grazie a lui quel mito della nazione che arriverà fino al Risorgimento e oltre. A essere presa di mira dalla polemica petrarchesca è soprattutto la tendenza distruttiva dei principi italiani alla lotta fratricida contro gli Stati confinanti, in un conflitto che vede alla fine tutti perdenti.

Anche nei confronti della corruzione della Chiesa del suo tempo Petrarca ricorre a toni di veemente denuncia, che in questo caso ricordano da vicino quelli danteschi della *Commedia*. È in particolare la curia papale di Avignone a essere presa di mira, «dove si disprezza Dio, si adora il danaro, si calpestano le leggi e si irridono i buoni» (*Sine nomine* 11). Giunge quindi naturale l'identificazione di Avignone con la biblica Babilonia, la città del vizio per eccellenza, e l'accusa alla Chiesa di avere tradito la missione che Cristo le aveva affidato, essendosi invece trasformata nella prostituta di cui parla l'*Apocalisse* (➤ **T16**).

T15 *Italia mia, benché 'l parlar sia indarno*

Canzoniere
CXXVIII

Questa canzone, composta tra il 1344 e il 1345, in occasione del soggiorno di Petrarca presso Parma, a Selvapiana, ospite del signore della città Azzo da Correggio, testimonia i vivi interessi politici del poeta. Anche questa poesia figura tra le "canzoni di lontananza" ed è preceduta e seguita da canzoni di argomento amoroso, che rimpiangono l'assenza di Laura. L'accostamento non è stridente, se si considera che qui Petrarca, fortemente impressionato dalla lotta cruenta contro Azzo intrapresa dai Visconti e dai Gonzaga con l'ausilio di truppe mercenarie, lamenta la rovina dell'Italia e dunque la lontananza da una condizione politica ideale, ovvero in sintesi, secondo l'efficace sottotitolo di Carducci, si rivolge «ai Signori d'Italia, riprendendoli delle loro guerre e inimicizie scambievoli, e del loro mal governo». La canzone, che inizia apostrofando l'Italia personificata e prosegue in un appassionato monologo, ebbe grande successo in età risorgimentale, quando i patrioti vi lessero un'espressione del loro spirito e delle loro idee politiche.

- Metro canzone di sette strofe con schema rimico AbCBaC cDEeDdfGfG e congedo con schema rimico aBCcBbdEdE

Italia mia, benché 'l parlar sia indarno
a le piaghe mortali
che nel bel corpo tuo sì spesse veggio,
piacemi almen che' miei sospir' sian quali
spera 'l Tevero et l'Arno,
e 'l Po,[1] dove doglioso et grave or seggio.
Rettor del cielo, io cheggio
che la pietà che Ti condusse in terra
Ti volga al Tuo dilecto almo paese.
Vedi, Segnor cortese,
di che lievi cagion'[2] che crudel guerra;
e i cor', che 'ndura et serra
Marte superbo et fero,
apri Tu, Padre, e 'ntenerisci et snoda;
ivi fa' che 'l Tuo vero,
qual io mi sia, per la mia lingua s'oda.

Voi cui Fortuna à posto in mano il freno[3]
de le belle contrade,
di che nulla pietà par che vi stringa,
che fan qui tante pellegrine spade?
perché 'l verde terreno
del barbarico sangue[4] si depinga?
Vano error vi lusinga:[5]
poco vedete, et parvi veder molto,

vv. 1-16 O mia Italia, sebbene parlare non possa guarire (*sia indarno*) le ferite mortali che vedo così numerose (*spesse*) nel tuo bel corpo, desidero (*piacemi*) almeno che i miei lamenti (*sospir'*) siano come li desiderano il Tevere, l'Arno e il Po, dove ora siedo dolente e pensoso (*grave*). Signore (*Rettor*) del cielo, io chiedo (*cheggio*) che quella compassione che Ti ha condotto sulla terra, ora Ti faccia rivolgere verso il Tuo amato e santo paese. Vedi, o Signore generoso (*cortese*), quale crudele guerra (è sorta) da così futili motivazioni (*lievi cagion'*); e i cuori, che Marte superbo e feroce indurisce e incatena (*'ndura et serra*), apri Tu, Padre, intenerisci e sciogli (*snoda*); fa' che lì (cioè in quei cuori), la Tua verità si possa ascoltare (*s'oda*) per mezzo delle mie parole (*lingua*), per quanto poco io valga (*qual io mi sia*).

vv. 17-32 Voi a cui la sorte ha dato in mano il governo (*freno*) delle belle regioni (dell'Italia), per le quali sembra che non proviate (*stringa*) nessuna pietà: che ci fanno qui tante spade straniere (*pellegrine*)? affinché il verde terreno (dell'Italia) si colori (*depinga*) del sangue degli stranieri? Vi illude (*lusinga*) una falsa speranza (*error*): vedete poco e credete (*parvi*) di veder molto, perché cercate passione (*amor*) o

1. **che'... Po:** i tre fiumi potrebbero indicare l'Italia nel suo complesso. Il verbo «spera» è concordato a uno solo dei tre soggetti, secondo una costruzione latina.
2. **lievi cagion'... guerra:** le ragioni che spingono alla guerra sono la ricerca di potere e di arricchimento. La guerra «crudel» è la guerra per il possesso di Parma, scoppiata tra Estensi e Gonzaga nel 1344-45.
3. **freno:** nel suo primo significato la parola indica qualsiasi dispositivo in grado di arrestare il movimento di un corpo, poi il morso cui sono collegate le redini per dirigere il cavallo; in senso figurato sta per governo, così anche in Dante (*Purg*, VI, vv. 88-89).
4. **barbarico sangue:** il sangue delle milizie mercenarie straniere ("barbare"), in particolare germaniche.
5. **Vano... lusinga:** la falsa speranza è che i mercenari stranieri saranno leali e pronti a dare la vita per la causa di chi li ha assoldati.

ché 'n cor venale amor cercate o fede.
Qual più gente possede,
colui è più da' suoi nemici avolto.[6]
O diluvio raccolto
di che deserti strani
per inondar i nostri dolci campi!
Se da le proprie mani
questo n'avene, or chi fia che ne scampi?

Ben provide Natura al nostro stato,
quando de l'Alpi schermo
pose fra noi et la tedesca rabbia;
ma 'l desir cieco, e 'ncontra 'l suo ben fermo,[7]
s'è poi tanto ingegnato,
ch'al corpo sano à procurato scabbia.[8]
Or dentro ad una gabbia
fiere selvagge et mansuete gregge
s'annidan sì che sempre il miglior geme:
et è questo del seme,
per più dolor, del popol senza legge:
al qual, come si legge,
Mario aperse sì 'l fianco,
che memoria de l'opra ancho non **langue**,[9]
quando assetato et stanco
non più bevve del fiume acqua che sangue.

lessico
Languire
Trovarsi in un particolare stato di abbattimento; consumarsi; perdere d'intensità e di vigore.

fedeltà in un cuore venale. Colui che ha più mercenari (*gente*), costui è maggiormente circondato (*più avolto*) dai suoi nemici. O diluvio (di uomini in armi) raccolto dalle più remote terre (*deserti strani*) per inondare i nostri dolci campi! Se con le nostre stesse mani ci procuriamo (*n'avene*) questo, chi arriverà mai a liberarci (*che ne scampi*)?

vv. 33-48 La Natura provvide con saggezza (*ben*) alla nostra condizione (*stato*), quando pose fra noi e la rabbia tedesca la difesa (*schermo*) delle Alpi; ma la brama (*desir*) cieca, e risoluta (*fermo*) contro il proprio bene, s'è ingegnata tanto, da causare infezione (*scabbia*) al corpo sano. Ora convivono (*s'annidan*) dentro a una gabbia fiere selvagge (i Germani) e greggi mansuete (gli Italiani), cosicché soffre (*geme*) sempre il più buono; e questo viene dalla stirpe (*seme*) del popolo senza legge (i Germani) per incrementare il nostro dolore (*per più dolor*): al quale (cioè al popolo senza legge), come viene tramandato (*si legge*), Mario ferì (*aperse*) in tal maniera il fianco, che il ricordo di quell'impresa (*opra*) non si è ancora spento (*langue*), quando, assetato e stanco, nel fiume bevve più acqua che sangue.

6. **Qual più... avolto:** cioè i mercenari sono pronti a rivoltarsi contro il proprio padrone, se trovano qualcuno disposto a pagarli di più; rappresentano sempre, dunque, dei potenziali nemici in casa.
7. **ma 'l desir... fermo:** cioè la sete di potere dei signori italiani si ritorce contro loro stessi perché, accecati, si dilaniano a vicenda.
8. **s'è poi... scabbia:** il «corpo sano» è l'Italia. Il tono è amaramente ironico. Petrarca torna a paragonare l'Italia a un «corpo» (v. 3) sofferente. La ruvida e dissonante rima «rabbia» / «scabbia» viene dall'Inferno dantesco, nel passo dedicato ai falsari di moneta (Inf. XXIX, vv. 80-82).
9. **al qual... langue:** Petrarca fa riferimento alla vittoria del console Mario sui Teutoni nel 102 a.C. alle Aquae Sextiae (oggi Aix-en-Provence). Il poeta segue, in particolare, il resoconto della battaglia offerto dallo storico Floro, che racconta come, al termine della durissima battaglia, nel fiume scorresse più sangue che acqua (qui al v. 48).

Cesare taccio,[10] che per ogni piaggia
fece l'erbe sanguigne
di lor vene, ove 'l nostro ferro mise.
Or par, non so per che stelle maligne,
che 'l cielo in odio n'aggia:
vostra mercé, cui tanto si commise.[11]
Vostre voglie divise
guastan del mondo la più bella parte.
Qual colpa, qual giudicio o qual destino
fastidire il vicino
povero, et le fortune afflicte et sparte
perseguire, e 'n disparte
cercar gente et gradire,
che sparga 'l sangue et venda l'alma a prezzo?
Io parlo per ver dire,
non per odio d'altrui, né per disprezzo.

Né v'accorgete anchor per tante prove
del bavarico inganno
ch'alzando il dito colla morte scherza?[12]
Peggio è lo strazio, al mio parer, che 'l danno;
ma 'l vostro sangue piove
più largamente, ch'altr'ira vi sferza.[13]

vv. 49-64 E non menziono (*taccio*) Cesare, che in ogni terra (*piaggia*) dove portò (*mise*) le nostre armi (*nostro ferro*) rese l'erba vermiglia (*sanguigne*) (con il sangue) delle loro vene. Ora sembra, non so a causa di quali stelle maligne, che il cielo ci odi (*in odio n'aggia*): grazie a voi (*vostra mercé*), a cui è stato affidata (*si commise*) tanta responsabilità (*tanto*). Le vostre volontà non concordi (*divise*) rovinano (*guastan*) la più bella parte del mondo (cioè l'Italia). Per quale colpa, per quale condanna divina (*giudicio*) o per quale destino aggredire (*fastidire*) il vicino povero, e aggredire (*perseguire*) i suoi averi (*fortune*) compromessi e dispersi (*afflicte et sparte*) e cercare lontano (*'n disparte*) e apprezzare persone (*gente*) che spargono il sangue e che vendono l'anima per soldi (*a prezzo*)? Io parlo per dire la verità, non per odio verso qualcuno (*d'altrui*) né per disprezzo.

vv. 65-80 Non vi accorgete ancora, dopo (*per*) tante prove, dell'inganno bavarese (di coloro che) alzando il dito scherzano con la morte? Il disonore (*strazio*), a mio parere, è ancora peggiore del danno; ma il vostro sangue scorre (*piove*) più copiosamente (*largamente*), perché (*ch'*) siete mossi (*vi sferza*) da un'altra passione (*ira*).

10. Cesare taccio: si tratta di una preterizione, cioè l'annuncio di non voler o di non poter dire qualcosa che poi, in realtà, si esplicita.
11. vostra mercé… commise: il tono è ironico. Petrarca addita i signori italiani, cui fu data la grande responsabilità di governare il Paese e che ne abusano malamente.
12. Né v'accorgete… scherza?: il soggetto di «scherza» è il «bavarico inganno», che indica i mercenari bavaresi, i quali "scherzano con la morte" alzando il dito: si trattava del gesto di resa. Petrarca vuole dire che i mercenari, quando la battaglia si fa cruenta e rischiano la vita, preferiscono subito arrendersi, alzando il dito. Molti dei mercenari tedeschi provenivano dalla Baviera, per questo l'inganno è detto qui «bavarese», sineddoche per "germanico".
13. ma 'l vostro… sferza: cioè gli Italiani combattono per il loro interesse personale e ciò li rende più agguerriti e temerari.

Da la matina a terza
di voi pensate, et vederete come
tien caro altrui che tien sé così vile.[14]
Latin sangue gentile,
sgombra da te queste dannose some;
non far idolo un nome
vano, senza soggetto:[15]
ché 'l furor de lassù, gente **ritrosa**,
vincerne d'intellecto,
peccato è nostro, et non natural cosa.

Non è questo 'l terren ch'i' tocchai pria?
Non è questo il mio nido
ove nudrito fui sì dolcemente?
Non è questa la patria in ch'io mi fido,
madre benigna et pia,
che copre l'un et l'altro mio parente?[16]
Perdio, questo la mente
talor vi mova, et con pietà guardate
le lagrime del popol doloroso,
che sol da voi riposo
dopo Dio spera; et pur che voi mostriate
segno alcun di pietate,
vertù contra furore
prenderà l'arme, et fia 'l combatter corto:
ché l'antiquo valore
ne gli italici cor' non è anchor morto.

lessico
Ritroso
«Che oppone resistenza»; «riservato e schivo»; nel significato arcaico, anche «rivolto all'indietro».

Riflettete sulla vostra condizione (*di voi*) dall'alba alle nove del mattino (*Da la matina a terza*), e vedrete come tiene agli altri (*tien caro altrui*) chi ha così scarsa considerazione di sé (*tien sé così vile*). Nobile stirpe (*sangue gentile*) latina, liberati (*sgombra da te*) di questi fardelli (*some*) dannosi; non fare un feticcio (*idolo*) di una fama (*nome*) vuota (*vano*), senza consistenza (*soggetto*): perché (*ché*) (il fatto che) la furia di lassù (del Nord), gente testarda (*ritrosa*), ci superi in astuzia (*vincerne d'intellecto*), è una nostra colpa (*peccato*) e non un fatto naturale (*natural cosa*).

vv. 81-96 Non è forse questa la terra che ho toccato per prima (*pria*)? Non è questo il mio nido, dove fui allevato (*nudrito*) tanto affettuosamente? Non è questa la patria a cui mi affido, madre benevola e devota (*pia*), nella quale sono sepolti entrambi i miei genitori (*copre l'un et l'altro mio parente*)? In nome di Dio (*Perdio*), che questo almeno (*talor*) vi smuova l'animo, e guardate con compassione (*pietà*) le lacrime del popolo addolorato, che da voi soltanto, dopo che da Dio, spera pace; e basterà che (*pur che*) voi mostriate un segno di compassione, (perché) la virtù (degli italiani) contro il furore (dei mercenari) insorga (*prenderà l'arme*) e il combattimento sarà breve (*corto*): perché l'antico valore non è ancora morto nei cuori italiani.

14. Da la matina... vile: è illusorio attendersi dai mercenari fedeltà, cioè che "abbiano caro" il proprio signore: non hanno caro nemmeno il proprio onore. Le ore del mattino sono quelle nelle quali la mente è più riposata e può dunque ragionare più lucidamente.

15. non far... soggetto: i signori italiani non devono cioè lasciarsi ammaliare dalla fama, immeritata, dei mercenari tedeschi.

16. parente?: deriva da *parens*, «genitore» in latino.

Signor', mirate come 'l tempo vola,
et sì come la vita
fugge, et la morte n'è sovra le spalle.
Voi siete or qui; pensate a la partita:
ché l'alma ignuda et sola
conven ch'arrive a quel dubbioso calle.[17]
Al passar questa valle
piacciavi porre giù l'odio et lo sdegno,
vènti contrari a la vita serena;
et quel che 'n altrui pena
tempo si spende, in qualche acto più degno
o di mano o d'ingegno,
in qualche bella lode,
in qualche honesto studio si converta:
così qua giù si gode,
et la strada del ciel si trova aperta.

Canzone, io t'ammonisco
che tua ragion cortesemente dica,
perché fra gente **altera** ir ti convene,
et le voglie son piene
già de l'usanza pessima et antica,
del ver sempre nemica.[18]
Proverai tua ventura
fra' magnanimi pochi a chi 'l ben piace.
Di' lor: – Chi m'assicura?
I' vo gridando: Pace, pace, pace.

lessico
Altero
«Che ostenta superiorità, altezzoso»; ma anche, sebbene meno comune, «regale, maestoso».

17. dubbioso calle: il momento del trapasso. In *Chiare, fresche et dolci acque* è «dubbioso passo» (v. 22); entrambe le espressioni richiamano il «doloroso passo».

18. et le voglie... nemica: Petrarca intende il vizio dell'adulazione, che la canzone, con una cortese ma ferma schiettezza, dovrà evitare.

vv. 97-112 Signori, riflettete su come il tempo voli, e come la vita fugga via, e che la morte ci sta dietro (*sovra*) le spalle. Ora voi siete qui; pensate alla morte (*partita*): perché l'anima nuda e sola dovrà (*conven*) arrivare a quel passaggio pauroso (*dubbioso calle*). Nel percorrere questa valle (la vita terrena) vogliate mettere da parte l'odio e il risentimento (*sdegno*), venti contrari a una vita serena; e quel tempo che si spende nel (procurare) dolore (*pena*) ad altri, si trasformi (*si converta*) in qualche impresa (*acto*) più degna manuale o intellettuale (*di mano o d'ingegno*), in qualche impresa lodevole (*bella lode*), in qualche atto virtuoso (*honesto studio*): così si sta bene (*si gode*) quaggiù (ossia nella vita terrena), e ci si apre (*si trova aperta*) la strada del cielo.

vv. 113-122 O canzone, io ti raccomando (*ammonisco*) che tu esponga (*dica*) amabilmente (*cortesemente*) il tuo argomento (*ragion*), perché devi andare (*ir ti convene*) tra gente altera, e le loro (cattive) volontà (*voglie*) sono assuefatte (*piene*) ormai all'antica e pessima abitudine (*usanza*), sempre nemica della verità. Tenterai la tua sorte (*Proverai tua ventura*) tra i pochi magnanimi ai quali sta a cuore (*piace*) il bene. Di' loro: – Chi mi protegge (*assicura*)? Io vado gridando: Pace, pace, pace.

Analisi del testo

Struttura

Il gioco delle alternanze Petrarca struttura questa canzone con un punto di vista che procede come dall'alto: all'inizio si contempla il corpo martoriato dell'Italia e Petrarca si rivolge a Dio affinché «volga» i suoi occhi sul suo «dilecto almo paese» (v. 9), in quanto sede della cristianità. Successivamente lo sguardo plana entro le contrade d'Italia, turbate da guerre insensate, aggirandovisi in senso orizzontale, fino a contemplare sul «verde terreno» il «barbarico sangue» (vv. 21-22). Il turbamento dell'animo del poeta dovuto a queste immagini si riflette nei continui cambiamenti di destinatario: il discorso è prima rivolto all'Italia (vv. 1-6), personificata come una bella donna («bel corpo», v. 3), quindi a Dio (vv. 7-16), invocato a soccorrere i suoi sventurati figli, infine ai signori italiani (dal v. 17): «Voi cui Fortuna à posto in mano il freno / de le belle contrade». Anche i piani temporali trascorrono ripetutamente dal presente al passato (vv. 44-51), con gli esempi illustri degli antichi ; (Mario e Cesare); ancora al presente, con la rassegna, e aperta condanna, degli scellerati comportamenti dei signori (vv. 52-80); poi al futuro (vv. 87-96), quando, dopo aver biasimato i signori italiani, il poeta ricorda l'alto prestigio che è stato loro concesso agli occhi del popolo e che sono tenuti a onorare: dall'esortazione in negativo a non compiere ciò che è sbagliato, il discorso passa a quella, in positivo, ad assumere i comportamenti virtuosi che è loro diritto e dovere esercitare; fino a una meditazione astratta dal tempo (vv. 97-112). In conclusione di discorso, infatti, Petrarca ricorre a un argomento ascetico-esistenziale: la morte è imminente («mirate come 'l tempo vola», v. 97; «pensate a la partita», v. 100), la vita è breve e dunque è necessario viverla virtuosamente, per darle un senso, per non sprecarla nello squallore delle piccole ambizioni. I signori dunque sono ancora in tempo per compiere grandi e virtuose imprese, come liberare l'Italia dagli stranieri. Nel congedo (vv. 113-122) si torna al futuro («Proverai tua ventura...», v. 119). La canzone si chiude con una triplice invocazione alla pace che esprime l'intensità del desiderio. L'aspirazione alla pace sociale riflette l'inesausta ricerca esistenziale, da parte del poeta, di pace spirituale.

Lingua e stile

La durezza dei suoni e delle immagini Fin dalla prima stanza Petrarca gioca con i suoni duri delle consonanti *r* e *t*, talvolta unite nel nesso *rt* («indamo», «mortali», «Amo», «terra», «cortese», «guerra», «serra», «fero»), un gioco che si estende anche alla seconda strofa («freno», «contrade», «stringa», «terreno», «strani»), dove la metafora del «diluvio» (vv. 28-30) è associata dall'allitterazione della *d* alla durezza dei «deserti» da cui provengono i soldati, in antitesi ai «dolci campi» d'Italia. I suoni aspri rimandano all'asprezza dei campi di battaglia e alla dolorosa meditazione sulla rovina d'Italia. Il poeta indulge a una retorica del sangue, entro il cui campo semantico si costruisce il lessico della canzone: «piaghe» (v. 2), «barbarico sangue» (v. 22), «Mario aperse sì 'l fianco» (v. 45), «non più bevve del fiume acqua che sangue» (v. 48), « fece l'erbe sanguigne / di lor vene» (vv. 50-51), «sparga 'l sangue» (v. 62), «'l vostro sangue piove» (v. 69), «sangue gentile» (v. 74).

Enfasi e retorica Petrarca invoca con enfatiche apostrofi l'Italia (v. 1), Dio («Rettor del cielo», v. 7), i signori italiani («Voi», v. 17) e il «Latin sangue gentile» (v. 74). L'intera canzone è innervata da un'enfasi che si scioglie in esclamazioni (vv. 28-30) e in domande retoriche (vv. 31-32, 81-83). La contrapposizione tra la condizione desiderata (di pace e di armonia) e il reale stato dei fatti (di guerra e di discordia), si riflette nel ricorso all'antitesi: in chiasmo («piaghe mortali... bel corpo», vv. 2-3) o semplice («'ndura et serra... apri... et snoda», vv. 12 e 14). L'opposizione tra italiani e barbari tedeschi si traduce nell'antitesi «vertù contra furore» al v. 93. L'Italia è personificata in un «bel corpo» straziato dalle «piaghe» (vv. 2-3) e dalla «scabbia» (v. 38). Petrarca anela all'amata Italia («madre benigna et pia» al v. 85) e attinge abbondantemente dal lessico erotico: «sospir'» (v. 4); «doglioso» (v. 6), «desir cieco» (v. 36).

Temi

L'Italia di Petrarca La canzone testimonia come la presa di posizione di Petrarca a livello politico non riguardi soltanto la degenerazione della curia pontificia ad Avignone. In questa canzone, infatti, il biasimo è rivolto ai principi italiani, la cui cattiva politica corrompe «del mondo la più bella parte» (v. 56), vale a dire l'Italia, affettuosamente chiamata «mia» e contemplata con accorata passione. L'Italia cui pensa Petrarca, tuttavia, non è ancora un'entità politica ma culturale: è "Italia" in quanto culla ed erede dell'antica e gloriosa civiltà di Roma. I riferimenti a Mario e a Cesare (vv. 45 e 49) lo dichiarano esplicitamente. In età risorgimentale saranno numerosi gli intellettuali, da Foscolo a Carducci, che riprenderanno quest'idea petrarchesca, riconoscendo l'unità della Penisola e dei suoi abitanti nell'unità della sua tradizione culturale.

La polemica contro le truppe mercenarie Petrarca stigmatizza particolarmente, fra gli errori dei governanti italiani, la loro scelta di affidarsi a truppe mercenarie germaniche (in particolare a quelle della Grande compagnia, fondata nel 1342 da Guarnieri di Urslingen), che furono impiegate anche nella guerra di Parma, da cui questa canzone prende occasione. L'accorata esortazione di Petrarca ai signori italiani (presente anche nelle *Familiares*) perché cambino strada, rifuggendo l'aiuto degli stranieri ed evitando così all'Italia la rovina, ispirerà nel corso dei secoli analoghe pagine di letteratura civile e patriottica. Ne è un chiaro esempio Machiavelli, che inviterà con passione i governanti del suo tempo a non servirsi di milizie mercenarie: l'esortazione finale del *Principe*, non a caso, evoca esplicitamente i vv. 93-96 della canzone di Petrarca.

Tra *iustitia* e *pietas* I sentimenti che Petrarca esprime nella canzone si nutrono di due componenti, in parte antitetiche:

- il desiderio di un aggressivo riscatto dell'Italia, nel nome del suo glorioso passato, quando i condottieri romani sbaragliavano gli eserciti germanici conquistandone le terre (una *iustitia* che andrebbe imposta con un atto di forza: «vertù contra furore / prenderà l'arme, et fia 'l combatter corto», vv. 93-94);
- l'attaccamento amoroso alla propria terra natale, una commossa *pietas* nel senso virgiliano del termine: «Non è questo 'l terren ch'i' tocchai pria? / Non è questo il mio nido / ove nudrito fui sì dolcemente? / Non è questa la patria in ch'io mi fido, / madre benigna et pia, / che copre l'un et l'altro mio parente?» (vv. 81-86).

Officina

COMPRENDERE

1. Con quale perifrasi viene nominato Dio ai versi 7 e 10?
2. A quale guerra si riferisce il poeta al verso 11? Perché le motivazioni da cui nasce sono futili?
3. A chi si riferisce il "Voi" del verso 17?
4. Chi sono le «fiere selvagge» e le «mansuete gregge» al verso 40?
5. Quale compito è affidato alla canzone nel congedo?

ANALIZZARE

6. Individua e sottolinea tutte le espressioni metaforiche con cui viene nominata l'Italia nella poesia. Quali considerazioni puoi fare in proposito?
7. **Lessico** Nelle frasi proposte di seguito sostituisci il verbo "languire" con un sinonimo:
   a. Il fuoco sta languendo.
   b. Andrea languisce d'amore per te.
8. **Lessico** A quale significato dell'aggettivo "ritroso" si rifà l'espressione "a ritroso"?
   Scrivi una frase con questa espressione, dopo averne verificato l'esatto significato sul dizionario.

INTERPRETARE

9. Il lessico del *Canzoniere* è estremamente circoscritto e le stesse parole ritornano nei diversi testi in modo quasi ossessivo. Evidenzia nella canzone di argomento politico lemmi o sintagmi che hai già trovato nelle poesie dedicate a Laura. Confronta poi i passi e il contesto in cui ritrovi parole o perifrasi simili, evidenziando analogie e differenze.

COMPETENZE DEL XXI SECOLO

Pensiero critico A proposito della canzone all'Italia, negli anni Quaranta del secolo scorso **Attilio Momigliano** osservava: «Petrarca rimane un elegiaco, un contemplativo, un solitario anche quando fa poesia politica... Un'aria di solitudine circonda l'Italia su cui egli invoca la pietà dei Signori. Su tutta la canzone getta la sua ombra augusta e romita quella figura piagata dell'inizio, sulla quale il Petrarca sospira meditabondo come sopra l'immagine di Laura lontana. ... C'è un senso d'abbandono, di rovina, di miseria, di tristezza: e questo attira la fantasia del Petrarca assai più che il suo nobile proposito di incoraggiare o di placare dei signori bellicosi... egli è sì, addolorato da quello spettacolo – di Roma devastata, dell'Italia lacerata dalle guerre: ma quello spettacolo lo induce in pensieri malinconici, e i pensieri malinconici sono il pascolo continuo del suo cuore» (A. Momigliano, *Introduzione ai poeti*, Roma, 1946).

Per il critico, in sintesi, *Italia mia...* non è una canzone ma un'elegia. Se sei d'accordo con questa interpretazione, prova a sostenere la tesi del critico, rielaborandola con parole tue e sostanziandola con opportune citazioni tratte dal testo di Petrarca.

T16 Fontana di dolore, albergo d'ira

Canzoniere
CXXXVIII

Questo testo è il terzo dei cosiddetti "sonetti babilonesi", le rime in cui Petrarca si scaglia contro la curia avignonese, definendola una nuova Babilonia. Nella città mesopotamica di Babilonia gli Israeliti più colti e abbienti erano stati deportati a forza dal sovrano Nabucodonosor nel VI secolo a.C., dopo la conquista babilonese della Giudea. Il periodo della deportazione è ricordato come la cattività (prigionia) babilonese: un'età durante la quale, lamentano i profeti dell'Antico Testamento, la fede del popolo israelitico rischiò di contaminarsi con l'idolatria e di corrompersi. Petrarca considera il trasferimento della corte papale da Roma ad Avignone un'analoga deportazione, che allo stesso modo inquina e corrompe la purezza della fede.

- Metro sonetto di endecasillabi piani con schema rimico ABBA ABBA (rime alternate) CDE CDE (rime ripetute)

Fontana di dolore, albergo d'ira,[1]
scola d'errori et templo d'eresia,[2]
già Roma, or Babilonia falsa et ria,
per cui tanto si piange et si sospira;

o fucina d'inganni, o pregion dira,
ove 'l ben more, e 'l mal si nutre et cria,
di vivi inferno, un gran miracol fia
se Cristo teco alfine non **s'adira**.[3]

Fondata in casta et humil povertate,
contra' tuoi fondatori alzi le corna,
putta sfacciata[4]: et dove ài posto spene?

lessico
Adirarsi
Farsi prendere dall'ira, dalla collera.

vv. 1-4 Sorgente (*Fontana*) di dolore, sede di violenza (*ira*), scuola di errori e tempio di eresia, un tempo (santa come) Roma, ora corrotta ed empia (*falsa et ria*) come Babilonia, a causa della quale si piange e si sospira;

vv. 5-8 o fucina d'inganni, o prigione orribile (*dira*), dove il bene muore e il male nasce (*cria*) e si nutre, inferno dei vivi, sarà un gran miracolo se alla fine Cristo non si adirerà con te.

vv. 9-11 Fondata sulla casta ed umile povertà, sollevi il capo cornuto contro i tuoi fondatori, sfacciata puttana (*putta*): in che cosa hai riposto speranza (*spene*)?

1. **Fontana... d'ira:** luogo di sofferenza perché la contemplazione del degrado fa soffrire i buoni cristiani; luogo di violenza perché sede di corruzione.
2. **scola... d'eresia:** invece di essere la custode della verità nella tradizione, la Chiesa di Avignone è divenuta cattiva maestra, che devia dalla retta dottrina.
3. **un gran... s'adira:** Petrarca allude all'ira con cui Cristo nei Vangeli scaccia i mercanti dal tempio di Gerusalemme, poiché facevano della fede un'occasione di guadagno economico, mescolando le cose dello spirito e quelle mondane.
4. **contra'... sfacciata:** la Chiesa corrotta di Avignone alza il capo (cornuto come quello del diavolo) contro i santi apostoli fondatori della prima Chiesa, in segno di sfida. Petrarca qui rievoca un celebre passo dell'*Apocalisse* (cap. 17), in cui una «gran-

negli adulteri tuoi? ne le mal nate
richezze tante? Or Constantin non torna;
ma tolga il mondo tristo che 'l sostene.[5]

vv. 12-14 nelle tue tresche? nelle tante ricchezze accumulate illecitamente (*mal nate*)? Ormai Costantino non tornerà, ma si porti via (*tolga*) il mondo corrotto (*tristo*) che egli sostiene.

de meretrice» (qui «putta sfacciata») siede su una bestia che ha sul capo dieci corna. Sicuramente è presente alla memoria del poeta il celebre episodio rappresentato da Dante nel canto XXXII del *Purgatorio*, in cui, sempre sulla base del citato passo dell'*Apocalisse*, si rievoca la «puttana sciolta», che simboleggia il Papato corrotto.

5. Or Constantin... sostene: si riteneva che l'imperatore Costantino avesse reso possibile il potere temporale della Chiesa concedendo a papa Silvestro I, e ai suoi successori, il diritto di esercitare il potere politico.

I documenti della cosiddetta "donazione di Costantino" furono dimostrati falsi dall'umanista Lorenzo Valla, nel XV secolo. Chi riteneva il potere temporale dannoso per la Chiesa, in quanto fonte di corruzione, accusava dunque l'imperatore Costantino di aver fatto alla Chiesa un dono avvelenato: «Ahi, Costantin, di quanto mal fu matre, non la tua conversion, ma quella dote che da te prese il primo ricco patre!» (Dante, *Inferno* XIX, vv. 115-117). L'interpretazione dei versi di Petrarca risulta però controversa e altri intendono: "Ormai Costantino non torna a constatare i tristi effetti della sua donazione (o a revocare la sua donazione o a elargirne una seconda), ma subisca la punizione infernale dove egli si trova".

Analisi del testo

Struttura

Il confronto tra Avignone e Babilonia Il sonetto è costruito su un doppio confronto, proiettato indietro nel tempo: quello tra la curia di Avignone e Babilonia (luogo della cattività del popolo ebraico), e quello tra la presente Chiesa avignonese e la Chiesa primitiva, apostolica e romana. In entrambi i casi Petrarca costruisce il paragone con coppie di termini (per esempio al v. 1: «Fontana di dolore, albergo d'ira», mentre al v. 6 il confronto si semplifica nell'antitesi tra bene e male). Nelle quartine predomina l'invettiva, che definisce il quadro desolante della Chiesa di Avignone e presagisce la punizione divina (v. 8). Le terzine sono caratterizzate da enfatiche domande retoriche, che intendono smascherare l'arroganza avignonese, priva di solide ragioni e destinata alla dissoluzione. In questa breve rievocazione delle cause della corruzione ecclesiastica, gli ultimi due versi risalgono alla radice della degenerazione, vale a dire la "donazione di Costantino" (nota 5).

Lingua e stile

La crudezza del linguaggio Le rime del sonetto ripropongono insistentemente il suono duro della consonante *r* («ira», «eresia», «ria», «sospira», «dira», «cria», «s'adira», «povertate», «coma», «torna»), per rendere più cruda l'invettiva. Nei versi predominano l'enumerazione («Fontana di dolore, albergo d'ira, / scola d'errori et templo d'eresia», vv. 1-2; «o fucina d'inganni, o pregion dira», v. 5), come pure le domande retoriche (vv. 11-13). Il linguaggio tende alla duplicazione, in dittologie: «falsa et ria», «si piange et si sospira» (vv. 3-4), «si nutre et cria» (v. 6), «casta et humil» (v. 9). La Chiesa è variamente metaforizzata («Fontana, albergo, scola, templo, fucina, pregion») e ai vv. 10-12 è personificata in una «putta sfacciata» per i propri «adulteri» insieme ai principi del mondo.

Temi

Dal destino personale a quello collettivo La decisa presa di posizione di Petrarca (presente anche nella canzone *Italia mia, benché 'l parlar sia indarno* ➤ **T15**), mostra come il suo sguardo talvolta sappia alzarsi dai propri tormenti individuali per rivolgersi alle sorti della collettività. Il poeta concepisce l'idea di un intellettuale che, pur non appartenendo ad alcuna istituzione politica, non si sottrae alla responsabilità civile di schierarsi di fronte alle grandi questioni del suo tempo. L'intellettuale, infatti, si deve porre come coscienza critica della società, in quanto depositario di una saggezza disinteressata e autorevole da offrire agli uomini del suo tempo.

Fra Dante e l'*Apocalisse* Petrarca fa eco a Dante quando contrappone «Roma» e «Babilonia» (vv. 3-4), come nel canto XIV dell'*Inferno*, dove il Veglio della Montagna «tien volte le spalle inver' Dammiata / e Roma guarda come süo speglio» (vv. 104-105). Al verso 10, poi, la curia avignonese «contra' suoi fondatori» alza «le corna», nell'atteggiamento che Dante attribuisce a Lucifero in *Inferno* XXXIV, v. 35. Al verso successivo Petrarca apostrofa la Chiesa come «putta sfacciata», nel ricordo della «puttana sciolta» (curia corrotta) di *Purgatorio* XXXII, v. 149, ma anche memore della meretrice che compare nell'*Apocalisse* (capp. 17-18), solitamente interpretata come immagine di Babilonia (v. 3), corruttrice dei popoli.

Officina

COMPRENDERE

1. A quali città viene paragonata la Chiesa avignonese? Si tratta di modelli positivi o negativi? Motiva la tua risposta.
2. Chi sono i fondatori contro cui la Chiesa alza il capo cornuto?
3. Su quale valore era stata fondata la Chiesa delle origini?
4. Rileggi il sonetto e scrivi quali peccati vengono attribuiti dal poeta alla Chiesa avignonese.

ANALIZZARE

5. **Lingua e stile** Di che tipo è la subordinata «se Cristo teco alfine non s'adira» (v. 8)?
   a. Avversativa
   b. Interrogativa indiretta
   c. Condizionale
   d. Temporale

6. **Lingua e stile** Per collegare i vari elementi della frase nel testo, l'autore ricorre più frequentemente all'asindeto o al polisindeto? Giustifica la tua risposta riportando precisi esempi tratti dal testo.

7. **Lessico** Quale fra i seguenti non è un sinonimo del verbo "adirarsi"?
   a. Arrabbiarsi **b.** Incollerirsi **c.** Infuriarsi **d.** Impuntarsi
   Scrivi una frase di senso compiuto che contenga sia il verbo "adirarsi" sia il verbo che non è un suo sinonimo.

INTERPRETARE

8. Aiutandoti con la nota 5, contestualizza e spiega i diversi significati che può assumere l'espressione: «Or Constantin non torna; / ma tolga il mondo tristo che 'l sostene» (vv. 13-14).

PERCORSO DI SCRITTURA

Argomentazione Se Petrarca vivesse al giorno d'oggi, quale posizione assumerebbe nei confronti della Chiesa? Assumerebbe i toni dell'invettiva, come in questo sonetto, la loderebbe per le sue virtù oppure assumerebbe una posizione neutra evidenziandone pregi e difetti?
Scrivi un testo argomentativo, una lettera indirizzata a un giornale o un articolo di giornale in cui rifletti sulla funzione e sul ruolo della Chiesa come istituzione al giorno d'oggi, mettendone in evidenza eventuali aspetti positivi e negativi. Quali prevalgono? Quali soluzioni adotteresti per risolvere i problemi da te evidenziati? Ricordati di supportare le tue posizioni in merito con adeguate e solide argomentazioni.

L'ultimo approdo

Nella seconda parte del *Canzoniere*, che si immagina scritta dopo la morte di Laura, la figura della donna amata appare sempre più legata al desiderio di pentimento e di redenzione dell'autore, dopo essere stata indicata come la causa principale del suo traviamento spirituale.
La canzone alla Vergine, posta a conclusione del *Canzoniere* per suggestione del modello dantesco della *Commedia* (*Par.* XXXIII, vv. 1-39), è infatti preparata da una sequenza di sonetti (CCCLXI-CCCLXV) nei quali il protagonista prende atto della propria trasformazione fisica (l'invecchiamento) e spirituale (il pentimento per il proprio errore, cioè la passione amorosa) e, ormai stanco, si rivolge a Dio perché lo liberi dai vincoli terreni consentendogli di raggiungere la pace eterna. Anche se nel sonetto CCCLXII (*Volo con l'ali de' pensieri al cielo*) Petrarca immagina che l'anima di Laura lo accompagni al cospetto di Dio, non è lei la figura femminile con cui l'autore si congeda, bensì la Vergine Maria.
La canzone *Vergine bella, che di sol vestita* (➤ **T17**) porta al culmine il carattere di preghiera che già i testi precedenti mostravano, evidenziando, con la rinuncia all'amore per Laura, un progressivo distacco dall'io: nella preghiera, infatti, al contrario di quanto accade in un testo lirico, il soggetto tende ad annullarsi in favore del destinatario divino. Il cerchio si chiude, con un'esplicita allusione al primo componimento della raccolta: le «lagrime e i sospiri» di CCCLXVI, v. 128 non sono più frutto di desiderio amoroso, come in I, vv. 2 e 5 (➤ T3, p. 415) ma di pentimento, e sono indirizzati ora alla Vergine; parallelamente, lo «stile», che di quello sfogo sentimentale è espressione (➤ T3, v. 5) si presenta qui (v. 127) purgato da ogni residuo mondano. Petrarca può così congedarsi dal suo lettore invocando quella «pace» che per tutto il *Canzoniere* ha faticosamente ricercato.

T17 *Vergine bella, che di sol vestita*

Canzoniere
CCCLXVI

Biblioteca digitale
I' vo piangendo i miei passati tempi

Il *Canzoniere* termina con una canzone religiosa, rivolta alla Vergine: una scelta che senza dubbio appare influenzata dal canto conclusivo della *Commedia*, con la preghiera che san Bernardo indirizza a Maria per intercedere a favore di Dante. Se il sonetto proemiale della raccolta fu oggetto di vari ripensamenti, il ruolo del componimento conclusivo fu stabilito presto dal poeta, che a margine di questa canzone aveva subito annotato «*in fine ponatur*» («si metta alla fine»). Giosue Carducci definì questa poesia «lauda, inno ed elegia»: i primi due termini corrispondono alla forma della preghiera, in cui l'io poetico si orienta completamente verso il destinatario, mentre nel terzo l'io rimane concentrato e si ripiega in sé stesso. Dunque la canzone costituisce, da un lato, una sintesi dei motivi biografico-esistenziali sviluppati nell'intero *Canzoniere* e, dall'altro, si presenta come un'estrema forma di dissociazione dell'autore, attraverso il pentimento, dai propri amori mondani. Il poeta, tuttavia, non afferma di essere riuscito a svincolarsi definitivamente dai legami terreni e di essersi pienamente affidato alla grazia divina; descrive, piuttosto, una situazione in cui una profonda aspirazione alla pace interiore ispirata da Dio continua a essere combattuta dal persistente fascino delle passioni terrene. Il testo è stato composto forse nel 1358, oppure tra il 1363 e il 1370: nei suoi ultimi anni di vita, in effetti, Petrarca sposò il culto mariano.

- METRO canzone di dieci stanze con schema rimico ABCBACCddCEf(f[5])E e un congedo con schema rimico AbbACd(d[5])C

Vergine bella,[1] che di sol vestita,
coronata di stelle, al sommo Sole
piacesti sì che 'n te Sua luce ascose,[2]
amor mi spinge a dir di te parole;[3]
ma non so 'ncominciar senza tu' aita,
et di Colui ch'amando in te si pose.
Invoco lei che ben sempre rispose,
chi la chiamò con fede:[4]
Vergine, s'a mercede
miseria extrema de l'humane cose
già mai ti volse, al mio prego t'inchina,
soccorri a la mia guerra,
bench'i' sia terra, et tu del ciel regina.[5]

Vergine saggia, et del bel numero una
de le beate vergini prudenti,[6]
anzi la prima, et con più chiara lampa;[7]
o saldo scudo de l'afflicte genti
contra colpi di Morte et di Fortuna,[8]

vv. 1-13 Vergine bella, che vestita di sole, con una corona di stelle, sei così piaciuta (*piacesti sì*) a Dio (*sommo Sole*) che nascose (*ascose*) in te la Sua luce, l'amore mi spinge a parlare di te, ma non so cominciare senza il tuo aiuto e di Colui (Dio) che tramite l'amore s'incarnò (*pose*) in te. Invoco colei che ha sempre risposto con favore (*ben*) a chi la chiamò con fede: Vergine, se mai l'estrema miseria delle cose umane ti ha mosso a compassione (*a mercede*), chinati ad ascoltare la mia preghiera, porgi aiuto (*soccorri*) alla mia sofferenza (*guerra*), anche se io sono soltanto terra e tu la regina del cielo.

vv. 14-26 Vergine saggia, (che sei) una del felice gruppo (*bel numero*) delle beate vergini lungimiranti (*prudenti*), anzi la prima (tra le vergini sagge), con la lucerna (*lampa*) più luminosa (*chiara*); o sicuro riparo (*saldo scudo*) di chi soffre (*l'afflicte genti*) contro gli agguati (*colpi*) della Morte e del Destino (*Fortuna*),

1. **Vergine bella:** la canzone è inaugurata da un'apostrofe a Maria, appellata con l'epiteto liturgico di Vergine (l'attributo «bella» viene dal *Cantico dei Cantici*).
2. **che di sol... ascose:** Petrarca fa riferimento all'incarnazione di Dio in Maria, che partorirà Cristo. Cristo è detto «luce» nel *Vangelo di Giovanni* («io sono la luce del mondo»; 8, 12), mentre le altre immagini sono ispirate dall'*Apocalisse* («un donna vestita di sole... e in testa una corona di dodici stelle»; 12, 1).
3. **amor... parole:** nei trattati mistici medievali si sottolinea che è lo stesso amore divino a pretendere che si parli di esso, stimolando il cuore del fedele. Anche Dante, nell'*Inferno*, scrive: «amor mi mosse, che mi fa parlare» (II, v. 72).
4. **Invoco... fede:** Maria è colei che sempre risponde a chi le si rivolge con fede.
5. **soccorri... regina:** Petrarca pone in antitesi la sua condizione di creatura terrena e quella di Maria, signora del cielo.
6. **Vergine... prudenti:** Petrarca annovera Maria tra le vergini sapienti della parabola evangelica di *Matteo* 25, 1-13, che attendono lo Sposo con le lampade accese grazie all'olio che si sono saggiamente portate dietro (a differenza delle vergini stolte).
7. **chiara lampa:** la luminosità della lucerna è come riflessa dall'assonanza di vocali chiare: («*chiara lampa*»).
8. **o saldo... Fortuna:** Maria è definita solido rifugio per le genti smarrite, fra le quali si sente il poeta.

sotto 'l qual si triumpha, non pur scampa;[9]
o **refrigerio** al cieco ardor ch'avampa
qui fra i mortali sciocchi:[10]
Vergine, que' belli occhi
che vider tristi la spietata stampa
ne' dolci membri del tuo caro figlio,
volgi al mio dubio stato,
che sconsigliato a te vèn per consiglio.

Vergine pura, d'ogni parte intera,[11]
del tuo parto gentil figliuola et madre,[12]
ch'allumi questa vita et l'altra adorni,[13]
per te il tuo figlio, et quel del sommo Padre,
o fenestra del ciel[14] lucente altera,
venne a salvarne in su li extremi giorni;[15]
et fra tutti terreni altri soggiorni
sola tu fosti electa,
Vergine benedetta,
che 'l pianto d'Eva in allegrezza torni.[16]
Fammi, che puoi, de la Sua gratia degno,
senza fine o beata,
già coronata nel superno regno.[17]

lessico
Refrigerio
Piacevole sensazione di fresco; sollievo fisico o morale.

sotto al quale (scudo) non soltanto ci si salva (*scampa*) ma si trionfa; o sollievo (*refrigerio*) dalle irrazionali passioni (*cieco ardor*) che bruciano (*avampa*) sulla terra (*qui*) tra gli sciocchi mortali: Vergine, quei begli occhi che videro sofferenti (*tristi*) i crudeli segni (*la spietata stampa*) (impressi dalle ferite) nelle dolci membra del tuo amato figlio, volgi alla mia condizione incerta (a me), che incapace di decidere (*sconsigliato*) mi rivolgo a te (*a te vèn*) per ricevere consiglio.

vv. 27-39 Vergine pura, integra (*intera*) in ogni parte, figlia e madre del tuo nobile Figlio (*parto gentil*), che illumini (*allumi*) questa vita (in terra) e adorni l'altra (in cielo), per mezzo tuo il figlio tuo e del sommo Padre (Cristo), o nobile (*altera*) finestra lucente del cielo, scese a salvarci alla fine dei tempi (*in su li extremi giorni*); e fra tutte le altre (possibili) dimore (*soggiorni*, cioè donne) terrene tu soltanto fosti scelta (*electa*), Vergine benedetta, che volgi (*torni*) il pianto di Eva in gioia. Fammi, tu che puoi, degno della Sua grazia, o eternamente (*senza fine*) beata, già incoronata nel Regno dei cieli (*superno*).

9. **sotto... scampa:** poiché ci si sottrae alla caducità della vita mortale guadagnandosi quella eterna.
10. **o refrigerio... sciocchi:** Petrarca pensa, in particolare, alla sua passione irragionevole e vana per Laura.
11. **d'ogni parte intera:** sia nel corpo (verginale) sia nell'anima (priva di peccato).
12. **del tuo parto... madre:** richiama la celebre formula della preghiera di Bernardo alla Vergine nel canto XXXIII del *Paradiso* «Vergine Madre, figlia del tuo figlio» (v. 1).
13. **ch'allumi... adorni:** Maria risplende tra i beati in paradiso.
14. **fenestra del ciel:** nella poesia medievale Maria è chiamata "finestra del cielo" perché ha permesso, accettando di dare alla luce Cristo, che la luce di Dio si diffondesse nel mondo.
15. **extremi giorni:** poiché l'avvento di Cristo inaugura l'ultima delle sei età del mondo, quella del Figlio (dopo quelle di Adamo, Noè, Abramo, Mosè e Davide).
16. **che 'l pianto... torni:** Maria, rende possibile la redenzione della sofferenza, entrata nel mondo a causa di Eva con il peccato originale (il «pianto d'Eva»).
17. **già coronata... regno:** si torna all'icona di Maria "Regina del Cielo".

Vergine santa, d'ogni gratia piena,[18]
che per vera et altissima humiltate
salisti al ciel onde miei preghi ascolti,[19]
tu partoristi il fonte di pietate,
et di giustitia il sol, che rasserena
il secol pien d'errori oscuri et folti;
tre dolci et cari nomi ài in te raccolti,
madre, figliuola et sposa:[20]
Vergina gloriosa,
donna del Re che nostri lacci à sciolti
et fatto 'l mondo libero et felice,
ne le cui sante piaghe
prego ch'appaghe il cor,[21] vera beatrice.[22]

Vergine sola al mondo senza exempio,
che 'l ciel di tue bellezze innamorasti,
cui né prima fu simil né seconda,
santi penseri, atti pietosi et casti
al vero Dio sacrato et vivo tempio
fecero in tua verginità feconda.[23]
Per te pò la mia vita esser ioconda,
s'a' tuoi preghi, o Maria,
Vergine dolce et pia,

vv. 40-52 Vergine santa, piena d'ogni grazia, che per merito della (tua) vera e profondissima (*altissima*) umiltà sei salita al cielo, da dove (*onde*) ascolti le mie preghiere, tu partoristi la sorgente della compassione (*fonte di pietate*) e il sole di giustizia (cioè Cristo), che rasserena il mondo (*secol*) pieno di molti (*folti*) e oscuri errori; hai riunito (*ài... raccolti*) in te i tre dolci e cari nomi di madre, figlia e sposa (di Dio): Vergine gloriosa, sposa del Re (Dio) che ha sciolto dai nostri lacci e reso il mondo libero (dal peccato) e felice, nelle cui (di Cristo) sante ferite (*piaghe*) prego che tu plachi il (mio) cuore, tu che davvero rendi beati (*vera beatrice*).

vv. 53-65 Vergine che sola al mondo non hai pari (*senza exempio*), che facesti innamorare il cielo (Dio) delle tue bellezze (spirituali), rispetto alla quale (*cui*) nessuna (creatura umana) fu migliore (*prima*), uguale (*simil*) o simile (*seconda*), i pensieri santi, gli atti compassionevoli (*pietosi*) e casti fecero della tua verginità feconda un tempio vivo consacrato al vero Dio. Per merito tuo (*Per te*) la mia vita può essere lieta (*ioconda*) se per la tua intercessione (*a' tuoi preghi*), o Maria, Vergine dolce e pia,

18. **d'ogni gratia piena:** eco dal *Vangelo di Luca* («piena di grazia»; 1, 28).
19. **che per vera... ascolti:** la tradizione teologica, in particolare nelle opere di Bernardo da Chiaravalle, aveva identificato nell'umiltà di Maria la virtù che l'aveva resa agli occhi di Dio la donna ideale, fra tutte le altre, per ospitare la sua incarnazione, supremo atto di umiliazione dello stesso Dio. Lo spunto evangelico è ancora in *Luca* («ha guardato all'umiltà della sua serva»; 1, 48). L'espressione ossimorica «altissima humilitate» si richiama ancora all'ultimo canto del *Paradiso* di Dante: «umile e alta più che creatura» (XXXIII, v. 2).
20. **tre dolci... sposa:** in quanto madre di Cristo-Dio, figlia del Padre, sposa dello Spirito Santo, mediatore dell'incarnazione.
21. **ne le cui... cor:** il peccatore trova pace nelle piaghe di Cristo, poiché esse rendono possibile la sua purificazione.
22. **vera beatrice:** a differenza di Laura (e come la Beatrice di Dante).
23. **santi... feconda:** Maria è celebrata come "tempio vivente", che accoglie la divinità in terra. La verginità di Maria è «feconda», secondo l'ossimoro teologico di Maria vergine e madre.

ove 'l fallo abondò, la gratia abonda.[24]
Con le ginocchia de la mente inchine,
prego che sia mia scorta,
et la mia tòrta via drizzi a buon fine.

Vergine chiara et stabile in eterno,
di questo tempestoso mare stella,[25]
d'ogni fedel nocchier fidata guida,
pon' mente in che terribile procella
i' mi ritrovo sol, senza governo,
et ò già da vicin l'ultime strida.[26]
Ma pur in te l'anima mia si fida,
peccatrice, i' nol nego,
Vergine, ma ti prego
che 'l tuo nemico del mio mal non rida:[27]
ricorditi che fece il peccar nostro
prender Dio, per scamparne,
humana carne al tuo virginal **chiostro**.[28]

Vergine, quante lagrime ò già sparte,
quante lusinghe et quanti preghi indarno,
pur per mia pena et per mio grave danno!

lessico

Chiostro

Cortile all'interno di un convento, circondato da porticati; in senso figurato può indicare la vita monastica.

la grazia abbonda laddove è abbondato il peccato (*'l fallo*). Con l'animo inginocchiato (*le ginocchia de la mente inchine*), ti prego d'essere mia guida (*scorta*) e che indirizzi verso la salvezza (*a buon fine*) la mia strada deviata (*tòrta*).

vv. 66-78 Vergine luminosa ed eternamente stabile, stella in questo mare tempestoso, affidabile (*fidata*) guida di ogni devoto timoniere (*fedel nocchier*), considera (*pon' mente*) in che terribile tempesta (*procella*) io mi ritrovo solo, senza guida (*governo*), e sono ormai vicino alle ultime grida (*strida*). Ma tuttavia (*pur*) la mia anima, peccatrice, confida in te (*in te... si fida*), non lo nego, Vergine, ma ti prego che il tuo nemico (il diavolo) non rida della mia rovina (*mal*): ricordati che il nostro peccato indusse Dio, per salvarci (*scamparne*), a incarnarsi (*prender humana carne*) nel tuo grembo virgineo (*virginal chiostro*).

vv. 79-91 Vergine, quante lacrime ho già sparso invano (*indarno*), quante lodi d'amore e quante preghiere, soltanto (*pur*) per mia pena e per mio grave danno!

24. Per te... abonda: Petrarca fa sue le parole di Paolo nella lettera ai Romani: «laddove è abbondato il peccato, è sovrabbondata la grazia» (5, 20). La misericordia divina è tanto grande da eguagliare (e superare) le colpe degli uomini.
25. di questo... stella: Maria è "stella polare" che orienta la rotta degli uomini verso la salvezza, nel mezzo di quel mare tempestoso che è la vita. L'epiteto "stella del mare" compare nel celebre inno (diffuso a partire dal IX secolo) *Ave maris stella*, in cui, peraltro, compare la formula «proteggi il nostro viaggio» (*iter para tutum*), che sembra ispirare il v. 68 della canzone («d'ogni fedel nocchier fidata guida»).
26. et ò già... strida: fuori di metafora, gli ultimi appelli a Dio del moribondo prima del trapasso.
27. ma ti prego... rida: Petrarca esorta a non permettere che il diavolo goda della dannazione eterna in cui rischia di sprofondare il poeta; soltanto Maria, salvandolo, può impedirlo.
28. tuo virginal chiostro: Dante aveva parlato, sempre in *Par.* XXXIII, di «ventre tuo» (v. 7). Da queste scelte lessicali – un termine diretto e immediato in Dante, una raffinata metafora tratta dall'innografia in Petrarca – si misura la grande differenza tra i due autori.

Da poi ch'i' nacqui in su la riva d'Arno,[29]
cercando or questa et or quel'altra parte,
non è stata mia vita altro ch'affanno.
Mortal bellezza, atti et parole m'ànno
tutta ingombrata l'alma.
Vergine sacra et alma,
non tardar, ch'i' son forse a l'ultimo anno.[30]
I dì miei più correnti che saetta
fra miserie et peccati
sonsen' andati, et sol Morte n'aspetta.

Vergine, tale è terra,[31] et posto à in doglia
lo mio cor, che vivendo in pianto il tenne
et de mille miei mali un non sapea:
et per saperlo, pur quel che n'avenne
fôra avenuto,[32] ch'ogni altra sua voglia
era a me morte, et a lei fama rea.
Or tu, Donna del ciel, tu nostra Dea
(se dir lice, et convensi),[33]
Vergine d'alti sensi,
tu vedi il tutto; e quel che non potea
far altri, è nulla a la tua gran vertute:
por fine al mio dolore;
ch'a te honore, et a me fia salute.

Dopo che io nacqui sulla riva dell'Arno, (pur) cercando (pace) in questo o in quell'altro luogo, la mia vita non è stata altro che sofferenza (*affanno*). Bellezza, atti e parole mortali (quelli di Laura) mi hanno assorbito tutta l'anima (*tutta ingombrata l'alma*). Vergine sacra e nobile (*alma*), non tardare perché sono forse (giunto) all'ultimo anno (della mia vita). I miei giorni (*dì*) se ne sono (*sonsen'*) andati più veloci di una freccia (*più correnti che saetta*), fra miserie e peccati, e solo la Morte mi aspetta.

vv. 92-104 Vergine, quella tale (Laura) è ormai terra, e ha riempito (*posto à*) di dolore (*doglia*) il mio cuore, che (Laura) mentre era in vita (*vivendo*) costrinse (*tenne*) nel pianto e non era consapevole (*sapea*) nemmeno di uno dei (miei) mille mali: e anche se l'avesse saputo (*et per saperlo*) sarebbe comunque avvenuto (*pur fòra avenuto*) ciò che avvenne, dal momento che (*ch'*) ogni sua altra decisione (*voglia*; in questo caso quella di ricambiare l'amore del poeta) sarebbe stata per me causa di morte e per lei di pessima (*rea*) fama. Ora tu, Donna del cielo, nostra divinità (se è lecito e conveniente dire così), Vergine di alti sentimenti, tu vedi tutto, e ciò che altri (Laura) non hanno potuto concedere (*fare*) è poca cosa (*nulla*) per la tua potenza (*vertute*): (cioè) porre fine alla mia sofferenza, (cosa) che sarà (*fia*) per te motivo d'onore e per me di salvezza (*salute*).

29. **riva d'Arno:** cioè in Toscana. Il poeta, nato ad Arezzo, amava sottolineare le radici fiorentine della sua famiglia, il riferimento all'Arno potrebbe dunque intendersi in questo senso.
30. **non tardar… anno:** in rima equivoca con «ànno» (verbo) al verso 85.
31. **tale è terra:** Laura, morta, è diventata «terra»; anche Petrarca è divenuto «terra», in quanto creatura mortale: «bench'i' sia terra» (v. 13). Al verso 116 la terra indica l'impurità terrena delle cose caduche, nelle quali il poeta si è invischiato.
32. **et per saperlo… avenuto:** Laura si sarebbe comunque sottratta al corteggiamento del poeta.
33. **(se dir… convensi):** poiché propriamente Maria non è creatura divina ma umana, seppure madre di Dio e mediatrice della sua luce.

Carlo Crivelli,
Madonna Lenti,
particolare,
1472-1473 circa.
New York,
Metropolitan Museum
of Art.

Vergine, in cui ò tutta mia speranza
che possi et vogli al gran bisogno aitarme,
non mi lasciare in su l'extremo passo.
Non guardar me, ma Chi degnò crearme;
no 'l mio valor, ma l'alta Sua sembianza,
ch'è in me, ti mova a curar d'uom sí basso.[34]
Medusa[35] et l'error mio m'àn fatto un sasso
d'umor vano stillante:
Vergine, tu di sante
lagrime et pie adempi 'l meo cor lasso,[36]
ch'almen l'ultimo pianto sia devoto,
senza terrestro limo,[37]
come fu 'l primo non d'insania vòto.[38]

vv. 105-117 Vergine, in cui ho tutta la mia speranza che (tu) possa e voglia aiutarmi nel mio grande bisogno, non mi lasciare nel momento dell'estremo passaggio (*passo*; la morte). Non considerare (*guardar*) me, ma Colui che volle (*degnò*) crearmi; ti muova ad accorrere in aiuto (*curar*) di un uomo così vile (*basso*) non il mio valore, ma la Sua nobile immagine (*l'alta Sua sembianza*) che è (impressa) in me. La (mia) Medusa (cioè Laura) e il mio errore mi hanno trasformato in (*fatto un*) una pietra che stilla inutili lacrime (*d'umor vano stillante*): Vergine, tu riempi (*adempi*) il mio stanco (*lasso*) cuore di lacrime sante e pie, che almeno il (mio) ultimo pianto sia devoto, senza fango terrestre, come (invece) fu il primo (pianto), pieno di follia (*non d'insania vòto*).

34. no 'l mio... basso: in ogni uomo, anche il più infimo peccatore, è impressa l'immagine del Padre, che creò gli esseri umani "a sua immagine" (*Genesi* 1, 27).

35. Medusa: Laura è paragonata alla mitica Medusa, una delle Gorgoni che, per aver giaciuto con il dio Poseidone nel tempio di Atena, fu orrendamente punita: i suoi capelli divennero serpi e chiunque l'avesse guardata si sarebbe tramutato in pietra. In questo contesto diviene allegoria delle tentazioni mondane che "impietriscono" l'animo, cioè lo distolgono dai beni celesti, allontanandolo dalla salvezza. Petrarca appare particolarmente legato al mito di Medusa, rievocandolo altre due volte nel *Canzoniere*, nei sonetti CLXXIX e CXCVII.

36. tu di sante... lasso: l'antitesi tra Laura-Medusa e Maria si riflette nell'antitesi tra il pianto «vano» per Laura, che conduce alla perdizione, e quello "pio" per Maria, un pianto di pentimento che spalanca le porte alla salvezza.

37. terrestro limo: è il fango delle impure passioni terrene, come quella per Laura.

38. 'l primo... vòto: esplicito riferimento al primo sonetto del *Canzoniere* (v. 5: «del vario stile in ch'io piango et ragiono» ➤ **T3**, p. 415), con cui Petrarca intende chiudere il cerchio della sua esperienza esistenziale e poetica. La follia («insania») della passata esperienza amorosa viene espressa in modo attenuato, attraverso una litote.

Vergine humana et nemica d'orgoglio,
del comune principio amor t'induca:
miserere[39] d'un cor contrito humile.
Che se poca mortal terra caduca
amar con sì mirabil fede soglio,
che devrò far di te, cosa gentile?
Se dal mio stato assai misero et vile
per le tue man' resurgo,
Vergine, i' sacro et purgo
al tuo nome et penseri e 'ngegno et stile,
la lingua e 'l cor, le lagrime e i sospiri.[40]
Scorgimi al miglior guado,
et prendi in grado i cangiati desiri.[41]

Il dì s'appressa, et non pote esser lunge,
sì corre il tempo et vola,
Vergine unica et sola,
e 'l cor or conscïentia or morte punge.
Raccomandami al tuo Figliuol, verace
homo et verace Dio,[42]
ch'accolga 'l mïo spirto ultimo in pace.[43]

vv. 118-130 Vergine compassionevole (*humana*) e nemica dell'orgoglio, t'ispiri (*t'induca*, a soccorrermi) l'amore di Dio (*del comune principio*): abbi pietà (*miserere*) di un cuore pentito (*contrito*) e umile. Dal momento che (*Che*) se ero uso (*soglio*) amare con così straordinaria fedeltà (*con sì mirabil fede*) una (creatura fatta di) poca terra mortale e inconsistente (*caduca*), quanto (*che*) dovrò amare te, nobile creatura (*cosa gentile*)? Se dal mio stato miserevole e vile risorgo per mano tua, Vergine, io consacro (*sacro*) e purifico (*purgo*) nel tuo nome i pensieri e l'ingegno e la poesia (*stile*), la lingua e il cuore, le lacrime e i sospiri. Guidami (*Scorgimi*) verso il passaggio (*guado*) e accogli favorevolmente (*prendi in grado*) i miei desideri trasformati (*cangiati desiri*).

vv. 131-137 Il giorno (della morte) si avvicina (*s'appressa*) e non può essere lontano, tanto (*sì*) il tempo corre e vola, Vergine unica e sola (tra gli altri esseri umani), e pungolano (*punge*) il cuore talora (*or*) il rimorso (*conscïentia*, per i peccati) talora (il pensiero della) morte. Raccomandami al tuo Figlio vero uomo e vero Dio, affinché (*ch'*) accolga il mio ultimo respiro (*spirto*) nella pace.

39. *miserere*: l'imperativo latino *miserere* («abbi pietà [di me]») viene dalla Bibbia (in particolare dal più importante dei *Salmi penitenziali*, il 51) e dalla liturgia. Bisogna però aggiungere che *miserere* è la prima parola pronunciata dal personaggio di Dante nella *Commedia*, e indirizzata a Virgilio: «"Miserere di me", gridai a lui» (*Inf.* I, v. 65).

40. i' sacro... sospiri: in cambio della grazia procurata da Maria, il poeta promette di purificarsi. Guglielmo Gorni annota che qui il poeta sancisce l'«abbandono del culto laurano», sostituito dal culto mariano. Ancora un riferimento al primo sonetto del *Canzoniere* (v. 2: «di quei sospiri ond'io nudriva 'l core», ➤ **T3**).

41. cangiati desiri: diversi rispetto a quelli mondani della vita passata.

42. homo et verace Dio: si tratta del dogma cristologico: nell'unica persona di Cristo ci sono due nature, umana e divina.

43. ch'accolga... pace: l'immagine risente del passo evangelico sulle ultime parole di Cristo in croce, prima di spirare («Gesù, gridando a gran voce, disse: "Padre, nelle tue mani consegno il mio spirito". Detto questo spirò»; *Luca* 23, 46). La parola «pace» conclude il *Canzoniere*: la storia di un'anima in perenne, affannosa ricerca di pace.

Analisi del testo

Struttura

Simmetria e simbolismo La canzone è caratterizzata da un'accurata simmetria strutturale e da una profonda architettura simbolica. A livello formale, le singole stanze hanno tutte, in apertura, la lode alla Vergine, mentre la sirma contiene di norma il lamento per la propria vita e l'invocazione di aiuto. In ciascuna stanza, inoltre, l'appellativo «Vergine» ricorre all'inizio del primo e del nono verso. A confermare la cura riservata all'architettura simbolica del testo, bisogna rilevare che il nome della Vergine ricorre 21 volte: tanti quanti furono gli anni dell'amore per Laura finché era stata in vita, dal 1327 al 1348, anno della sua morte. È stato anche notato che le dieci stanze della canzone potrebbero rimandare alle dieci parole che, secondo il *Vangelo di Luca*, l'angelo rivolge a Maria durante l'Annunciazione.

Lingua e stile

Il modello dantesco La lode-supplica di Petrarca richiama la preghiera di san Bernardo a Maria all'inizio del canto XXXIII del *Paradiso* di Dante, dove è chiesta per il poeta pellegrino la grazia di accedere alla visione ultima di Dio. Quando Petrarca afferma che Maria è del suo «parto gentil figliuola et madre» (v. 28), è chiara l'eco dell'*incipit* della preghiera dantesca («Vergine madre, figlia del tuo figlio»). Quando Petrarca indica nell'umiltà la virtù che ha determinato da parte di Dio l'elezione di Maria fra tutte le donne (vv. 41-42), concorda con Dante (e Bernardo), che loda Maria «umile e alta, più che creatura». Ma Petrarca mescola i codici di più tradizioni: attinge, per esempio, anche dall'innologia mariana mediolatina e dalle lodi a Maria in volgare. La canzone di Petrarca si distingue, però, dal tono impersonale di queste preghiere: Petrarca pone l'io lirico al centro della scena, dando voce al dramma di una singola personalità che ricerca la propria salvezza.

La dialettica linguistica tra amore sacro e profano La lode e la supplica a Maria contaminano anche il linguaggio e il vocabolario della poesia amorosa, avvicinandolo a quello liturgico (evocato anche dal ritmo del testo, scandito al primo e al nono verso di ogni strofa da un vocativo, accompagnato da un aggettivo encomiastico). La canzone, d'altronde, celebra proprio la persistente e irrisolta dialettica tra l'amore profano e quello divino, senza che nessuno dei due riesca a prendere definitivamente il sopravvento. A mano a mano che il testo si sviluppa, s'intensifica l'enfasi della palinodia, della censura verso l'amore terreno, tanto lungamente coltivato. L'intera canzone è infatti costruita sulla ricorrente antitesi tra Laura («Medusa» al v. 111) e Maria («vera beatrice» al v. 52), e tra i relativi culti poetici: "laurano" e mariano. La canzone rappresenta uno dei più alti esempi della selezione lessicale, puristica, operata da Petrarca nelle sue rime. Quando occorre evocare il grembo di Maria (che Dante aveva definito «ventre tuo» nel canto XXXIII del *Paradiso*, v. 7), Petrarca ricorre per esempio alla castissima metafora «virginal chiostro» (v. 78): il poeta esprime così, nella rarefazione e nel raffinamento della lingua, la tensione del suo animo verso la piena purificazione delle proprie passioni.

Temi

La divina Maria e l'umano Petrarca La prima strofa introduce i nuclei tematici del testo: la natura divina di Maria, madre di Cristo e regina del Cielo, e la miseria umana del poeta, pugno di «terra» (v. 13); la fiducia di potersi comunque rivolgere a lei per ottenere aiuto (vv. 7-8). La seconda strofa ribadisce la richiesta di aiuto, ancora non specificata, come se il poeta provasse pudore nel rivelare la propria colpa. Poi, nella terza (e nelle sesta e settima) stanza si specifica che al poeta non resta molto tempo per potersi salvare l'anima, mentre la quarta, la quinta e la sesta strofa esaltano il ruolo di Maria mediatrice della grazia divina. Solo nella settima stanza Petrarca inizia a specificare la natura della propria colpa, cioè l'attaccamento affannoso ai beni mondani, alludendo all'amore per Laura (vv. 85-86). Le strofe ottava, nona e decima, infine, confessano finalmente la vergogna di aver amato «poca mortal terra caduca /... con sì mirabil fede» (vv. 121-122) e di aver votato a questo amore la propria arte poetica. Dopo che alla "contrizione" è seguita la "confessione" (i primi due passi necessari alla purificazione secondo la teologia) nel congedo il poeta può finalmente rivolgere a Maria la sua richiesta: essere affidato alle mani misericordiose di suo Figlio, «ch'accolga 'l mïo spirto ultimo in pace» (v. 137).

Una sintesi del *Canzoniere* L'ultimo testo del *Canzoniere* non è solo una supplica accorata, costituisce anche una sintesi dei motivi principali della raccolta, a cui rimandano le numerose memorie interne: l'allegoria della vita come tempesta; l'incertezza della Fortuna; l'incombere della morte; la caducità della bellezza; la metamorfica figura di Laura, un tempo "lauro" e ora Medusa che "pietrifica". In particolare è riper-

corsa la parabola che conduce dal «giovenile errore» al pentimento e alla *mutatio animi*.
La canzone contiene chiare allusioni, infatti, al sonetto proemiale (➤ **T3**, p. 414): entrambe le rime iniziano con la lettera *V* («Voi ch'ascoltate», «Vergine bella»), inoltre le «rime sparse» di I, v. 1 sono qui richiamate dalle «lagrime sparte» al v. 79 e, infine, la nona stanza evoca l'«errore» giovanile e il pianto stolto di I, vv. 4-5. Il richiamo a Cristo, nel congedo della canzone, richiama anche la situazione descritta nel sonetto III (➤ **T5**, p. 423) quando nel giorno della Passione di Cristo nacque l'amore per Laura: la nascita dell'amore peccaminoso e la sua purificazione s'inscrivono, così, all'interno dello stesso orizzonte liturgico, scandito dal calendario delle celebrazioni cristiane.

Un percorso circolare In questo modo risulta evidente la circolarità del percorso del *Canzoniere*, che però non può chiudersi linearmente, come quello dantesco: il poeta, infatti, non approda definitivamente e completamente all'amore divino, poiché resiste in lui l'attaccamento all'amore terreno. In questa canzone, quando il pensiero di Petrarca si rivolge a Maria, non contempla in lei la possibilità di realizzare un incontro, altrimenti impossibile, tra Dio e l'uomo, come nell'ultimo canto del *Paradiso* dantesco. Petrarca, piuttosto, si rivolge a lei come donna divina, rispetto alla quale misura la distanza tra un'umanità fatalmente corrotta e la sfera del divino. Petrarca anela a una beatitudine che ancora non sente prossima, ha accantonato i valori a cui sinora era rimasto legato senza però riuscire a conquistarne di alternativi: egli si trova così in una situazione di attesa e la tensione che ne deriva garantisce la forza drammatica della canzone.

L'aspirazione ascetica Sembra dunque realizzarsi, in questa canzone, l'auspicio che aveva espresso Agostino al termine del *Secretum* (➤ **T1**, p. 392): il ripudio, da parte di Petrarca, delle passioni mondane per rifugiarsi nell'amore divino e nella poesia sacra. Petrarca afferma di voler orientare il proprio itinerario esistenziale in un senso nuovo, verticale, passando dal culto di Laura, donna terrena (che "impietrisce" l'anima, v. 111), alla devozione verso la *Domina* per eccellenza, Maria, che "vivifica" lo spirito. L'antitesi tra cielo e terra è radicale nella prospettiva petrarchesca: l'orientamento dello spirito verso le realtà celesti è possibile solo nel totale disconoscimento degli amori terreni. Ma la persistenza della passione mondana condiziona la piena conversione spirituale del poeta.

Officina

COMPRENDERE

1. Indica, come nell'esempio, le richieste che il poeta rivolge alla Vergine in ciascuna delle dieci stanze e nel congedo della poesia.
   I stanza: Petrarca chiede alla Vergine di ascoltare la sua preghiera e di soccorrerlo nella sua sofferenza.
2. Individua e trascrivi tutti gli appellativi e le espressioni con cui il poeta allude alla figura di Laura.

ANALIZZARE

3. **Lingua e stile** Rileggi con attenzione la sesta stanza e poi individua e trascrivi tutte le parole e le espressioni che appartengono all'area semantica della navigazione.
4. Perché la Vergine e Laura rappresentano due modelli femminili opposti in questa canzone?
5. **Lessico** Scrivi almeno due frasi utilizzando i seguenti verbi da associare al sostantivo "refrigerio".
   a. trovare
   b. cercare
   c. frugare
   d. smarrire
6. **Lessico** Scrivi due frasi di senso compiuto: una in cui la parola "chiostro" sia usata in senso proprio, l'altra in cui sia usata in senso figurato.

INTERPRETARE

7. Rileggi il brano dal ***Secretum*** (➤ **T1**, p. 392) e, prendendo spunto anche dalle informazioni presenti nell'Analisi, confrontalo con questa canzone posta a chiusura del *Canzoniere*. Quali analogie e differenze a livello contenutistico, stilistico e tematico trovi fra i due componimenti? Supporta le tue argomentazioni in un testo di sufficiente ampiezza con opportune esemplificazioni e precisi riferimenti ai due testi.

PERCORSO DI SCRITTURA

Riassunto Dai un titolo coerente a ciascuna stanza della canzone e poi riassumi il contenuto di ognuna in una o due frasi.

7. I *Trionfi*: dal desiderio all'eternità

7.1 Genesi, significato e vicende editoriali dell'opera

Dai *fragmenta* al poema

Oltre al *Canzoniere*, Petrarca compone in volgare anche i *Triumphi* (*Trionfi*), l'opera sua più **medievale** e, allo stesso tempo, più **moderna**. Il titolo richiama la prassi del trionfo romano, in cui un generale vittorioso veniva accompagnato in città e celebrato da un corteo, e si riconnette al genere delle visioni medievali, in cui il narratore immagina di vedere le pene e i premi dell'aldilà o profetizza il futuro dell'umanità tutta. Petrarca si allontana però dalle regole del genere, non sviluppando la narrazione nel senso di una visione profetica, ma rivolgendola alle **proprie vicende biografiche**. I *Trionfi* costituiscono, dunque, un prolungamento e un **completamento del *Canzoniere***: Laura anche qui è figura dominante.

Unitarietà ed esemplarità della vicenda narrata

I *Trionfi*, composti in terzine (il metro della *Commedia*) sono suddivisi in sei parti i cui titoli, in latino, sono: *Triumphus Cupidinis, Triumphus Pudicitiae, Triumphus Mortis, Triumphus Famae, Triumphus Temporis, Triumphus Aeternitatis*. Essi sono pensati come momenti successivi di un sogno fatto da Petrarca all'alba del 6 aprile (anniversario dell'innamoramento per Laura) di un anno imprecisato, dal valore allegorico ed esemplare: nel sogno i vincitori celebrati in ciascun trionfo vengono sconfitti e rimpiazzati in sequenza dai trionfatori di quello successivo. La successione delle visioni si struttura in tre coppie antitetiche, in cui il primo elemento è presentato come negativo e il secondo come positivo: Amore / Pudicizia, Morte / Fama, Tempo / Eternità. Da un lato, dunque, Petrarca mette in scena una successione di forze che dominano le fasi progressive della vita umana, dall'amore giovanile alla saggezza morale e intellettuale della maturità, alla vecchiaia, alla morte e infine alla vita eterna; dall'altro, la narrazione, strutturata sulla base di antitesi, riprende l'idea di fondo della raccolta lirica, ovvero la centralità della contraddizione che caratterizza l'animo umano.

La storia editoriale

La composizione dei *Trionfi* risale forse al soggiorno milanese di Petrarca (1353-61), ma l'opera viene rielaborata dall'autore fino alla sua morte: il *Trionfo del Tempo* è da ascrivere agli anni Settanta, mentre quello dell'*Eternità* all'ultimo anno di vita del poeta. I tentativi di ricostruire la composizione dei *Trionfi* sono stati molti e tutti incerti: pochissime, infatti, sono le parti autografe rimaste, quasi assenti le menzioni dello stesso autore all'opera e le testimonianze di contemporanei. Le varie redazioni del testo non sono mai giunte a una forma definitiva: siamo quindi di fronte a un'**opera aperta**, incompiuta, in cui evidenti sono gli squilibri e le disomogeneità d'insieme.

La trama dell'opera

Nel primo dei *Trionfi* il poeta, che si trova a Valchiusa, si addormenta e osserva in sogno il trionfo di Amore (*Triumphus Cupidinis*), condotto su un carro e seguito da un corteo di personaggi sottomessi al suo giogo. Una misteriosa ombra (che rimarrà nell'anonimato: si è ipotizzato che possa identificarsi con Cino da Pistoia, o con lo stesso Dante) si stacca dalla schiera dei più celebri amanti per offrirsi come guida; nel corteo si trova anche una giovane donna, Laura, di cui il poeta s'innamora perdutamente. Petrarca è così condotto in processione a Cipro, isola di Venere, dove resta prigioniero di Amore.

Nel secondo trionfo, tuttavia, Laura, rimasta libera dalla tirannica autorità di Amore, lo sconfigge con l'aiuto della Pudicizia (*Triumphus Pudicitiae*) e libera il protagonista. Mentre la donna, a Roma, sta celebrando la sua gloria, la Morte la rapisce (*Triumphus Mortis*). Giunge però la Fama a togliere alla morte il suo dominio (*Triumphus Famae*): essa permette, infatti, di perpetuare la memoria oltre i confini della vita. Inizia qui la lunga assenza di Laura, che ricomparirà solo al termine dell'opera. Nel frattempo, l'autore celebra, in questa sezione, il ricordo di grandi eroi e intellettuali dell'antichità. Il Tempo, rappresentato dal sole che scorre in cielo, tenta però di cancellarne il ricordo, accelerando il corso delle stagioni (*Triumphus Temporis*). Ma sul Tempo trionfa in ultimo l'Eternità, dono di Dio, dove ogni bene è finalmente preservato da tempo e morte: anche Laura, beatificata, ricompare nel suo splendore fra gli spiriti eletti (*Triumphus Aeternitatis*).

I *TRIONFI*: CONTENUTI

TITOLO	CONTENUTO
Triumphus Cupidinis (Trionfo dell'Amore)	Al poeta vinto dal sonno si presenta la visione di Amore trionfante, seguito da un corteo di personaggi di tutte le epoche sottomessi al suo giogo. Petrarca vede Laura e se ne innamora, diventa così anche lui schiavo di Amore e viene condotto a Cipro, l'isola di Venere.
Triumphus Pudicitiae (Trionfo della Pudicizia)	Laura resiste alla potenza di Amore e riesce a sconfiggerlo, libera i suoi schiavi e si reca a Roma, dove, vittoriosa, celebra il trionfo della Pudicizia.
Triumphus Mortis (Trionfo della Morte)	Mentre Laura sta tornando in Provenza da Roma la Morte la rapisce.
Triumphus Famae (Trionfo della Fama)	La Fama sconfigge la Morte e, a testimonianza di ciò, si ricordano qui, in una lunga rassegna, i grandi personaggi dell'antichità.
Triumphus Temporis (Trionfo del Tempo)	A cancellare il ricordo arriva però il Tempo, rappresentato dal sole che accelera il suo corso e con il suo rapido passaggio distrugge ogni cosa, condannandola all'oblio.
Triumphus Aeternitatis (Trionfo dell'Eternità)	L'ultimo trionfo spetta all'Eternità, dono di Dio. Laura, beatificata, ricompare fra gli spiriti eletti e Petrarca ne celebra l'apoteosi.

7.2 I modelli letterari e figurativi

Tra Medioevo e Umanesimo

I *Trionfi* costituiscono un'ardita e originale combinazione di **elementi medievali e preumanistici**: sono infatti un poema allegorico in terzine dantesche che si richiama, come si è accennato, al genere delle visioni tardoantiche e medievali, ma si fonda anche sulla costante descrizione di personaggi esemplari della classicità, secondo una consuetudine assai comune nella letteratura latina, ripresa poi nell'Umanesimo.

Il confronto con Dante

La scelta della terzina come forma espressiva denuncia fin da subito la volontà del poeta di **confrontarsi con la *Commedia*** di Dante, ma su basi completamente differenti. Petrarca non intende, infatti, perseguire l'organicità della *Commedia* dantesca, anche perché il mondo, ai suoi occhi, non è riconducibile all'unità in un ordine metafisico superiore, ma è frammentato in un'irriducibile molteplicità. Come la Beatrice dantesca, anche Laura trova la propria celebrazione nel regno celeste nel finale *Trionfo dell'Eternità*, ma il Paradiso dei *Trionfi* non si caratterizza, come la terza cantica della *Commedia*, per la pienezza della gioia e l'appagamento di ogni desiderio; al contrario, il regno dei Cieli, in Petrarca, colpisce e sgomenta per una «sensazione di vuoto» e di «assenza» (Santagata). Nulla di strano: Laura non può essere l'eroina della beatitudine eterna ma quella dell'**inquietudine**, misurata dal continuo dileguarsi del tempo. L'eternità può proporsi solo come desiderio ultimo a cui tendere, da una prospettiva che, però, non riesce a rinunciare mai del tutto all'amore per l'esistenza terrena.

> Se fu beato chi la vide in terra, or che fia dunque a rivederla in cielo?
> *Trionfo dell'Eternità*

Boccaccio e le fonti figurative

Altro testo importante per i *Trionfi* è l'***Amorosa visione*** di **Giovanni Boccaccio** (➤ p. 519), con cui il poema petrarchesco condivide il carattere onirico (anche la vicenda narrata da Boccaccio è un sogno), la contrapposizione tra vizi e virtù, la tecnica della galleria di personaggi illustri, il ricorso allo spunto figurativo, che in Boccaccio assume il carattere di una vera e propria descrizione di affreschi, che si trovano nel castello in cui è ambientata la vicenda. Le proposte critiche di possibili influenze di **cicli figurativi** storicamente attestati sui *Trionfi* sono state numerose: dal *Trionfo di Federico II da Montefeltro e di Battista Sforza* di Piero della Francesca al *Trionfo della Morte* di Buffalmacco nel Camposanto di Pisa, agli affreschi di Giotto nella cappella di Castelnuovo a Napoli o a quelli commissionatigli da Azzone Visconti a Milano, alla Sala dei Giganti della reggia Francesco I da Carrara a Padova.

T18 L'Eternità e il trionfo di Laura

Triumphus Aeternitatis
19-54; 82-99

Dopo che il Tempo ha trionfato sulla Fama, giunge ora l'Eternità a trionfare sul Tempo. Si prefigura così un mondo nuovo, sottratto alla logica implacabile del divenire, trasfigurato nella gloria divina, nella persistente perfezione dell'eternità. Il poeta gioisce per coloro a cui è concesso di contemplare e di vivere questa condizione, auspicando di essere ammesso fra gli eletti e rammaricandosi nel contempo per coloro che ne sono esclusi. Il brano evidenzia in modo palese la difficoltà che Petrarca incontra, nella parte iniziale del testo, nel confrontarsi con la *Commedia* di Dante – e segnatamente con il *Paradiso* – sul piano della rappresentazione delle realtà eterne e incorruttibili; difficoltà che viene riscattata nel momento in cui, nell'ultima parte, il poeta passa a trattare dei temi che più gli sono congeniali (che, peraltro, costituiscono tutto ciò che si deve abbandonare per la vita eterna): la fuga del tempo, la nostalgia della vita terrena e della bellezza di Laura.

- Metro terzine dantesche di endecasillabi piani in rima incatenata (ABA BCB)

Questo pensava;[1] e mentre più s'interna
la mente mia, veder mi parve un mondo
novo, in etate immobile ed eterna,[2]

e 'l sole e tutto 'l ciel disfar a tondo
con le sue stelle, ancor la terra e 'l mare,
e rifarne un più bello e più giocondo.

Qual meraviglia ebb'io, quando ristare
vidi in un punto quel che mai non stette,
ma discorrendo suol tutto cangiare![3]

E le tre parti sue vidi ristrette
ad una sola,[4] e quella una esser ferma
sì che, come **solea**, più non s'affrette,

e quasi in terra d'erbe ignuda et erma,[5]
né «fia» né «fu» né «mai» né «inanzi» o «'ndietro»[6]
ch'umana vita fanno varia e 'nferma.[7]

lessico
Solere
Essere solito, avere l'abitudine.

vv. 19-24 Questo pensavo; e mentre la mia mente più si concentrava (*s'interna*, in questa meditazione), mi parve di veder un mondo nuovo, in una condizione temporale (*etate*) immobile ed eterna, e il sole e tutto il cielo con le sue stelle, nonché (*ancor*) la terra e il mare, disfarsi da ogni parte (*a tondo*) e rinascerne (*rifarsi*) uno più bello e più gioioso (*giocondo*).

vv. 25-27 Che meraviglia provai (*ebb'io*) quando vidi fermarsi (*ristare*) in un punto ciò che era sempre stato in movimento (*mai non stette*) e che al contrario (*ma*) è solito (*suol*), scorrendo (*discorrendo*), cambiare ogni cosa (*tutto cangiare*)!

vv. 28-33 E vidi le sue tre parti riunite (*ristrette*) in una sola, e quell'unica dimensione temporale (l'eterno presente dell'eternità) essere immobile al punto che (*sì che*) non si affretta più, come accadeva solitamente (*come solea*), e come (*quasi*) in una terra spoglia (*ignuda*) d'erbe e deserta (*erma*), (non c'erano) né «sarà» (*fia*) né «fu» né «mai» né «prima» né «dopo» (*inanzi... 'ndietro*), (cose) che fanno la vita umana incerta (*varia*) e sofferente (*'nferma*).

1. **Questo pensava:** il poeta pensava alla fine di ogni cosa terrena, soggetta a perenne mutamento.
2. **veder... eterna:** il mondo nuovo che contempla Petrarca, proiettato verso la perfezione dell'eternità, rievoca l'*Apocalisse* («un nuovo cielo e una nuova terra»; 21, 1) promessa alla fine dei tempi. Ma qui il poeta si confronta anche con i versi finali della *Commedia*: «Nel suo profondo vidi che s'interna / legato con amore in un volume, / ciò che per l'universo si squaderna» (*Paradiso* XXXIII, vv. 85-87 – e al verso 83 la parola in rima «etterna»).
3. **Qual... cangiare!:** Petrarca intende il tempo, per sua natura caratterizzato dal trascorrere, che muta volto alle cose della terra. Anche in questo caso, per evocare il mistero dell'eternità in Dio, Petrarca non può fare a meno di ricorrere alla terminologia dell'ultimo canto del *Paradiso* (vv. 94-96): «Un punto solo m'è maggior letargo / che venticinque secoli a la 'mpresa, / che fé Nettuno ammirar l'ombra d'Argo» (➤ **T22**, p. 350).
4. **E le tre parti... sola:** in quell'"eterno presente" che è l'eternità. Le tre parti del tempo sono il passato, il presente e il futuro.
5. **e quasi... erma:** dove il paesaggio si presenta uniforme, tutto uguale, e non cambia al variare delle stagioni.
6. **né «fia»... «'ndietro»:** non c'era lo scorrere del tempo a definire un passato, un presente e un futuro.
7. **ch'umana... 'nferma:** lo scorrere del tempo rende vani e inconsistenti i desideri umani.

Passa il penser sì come sole in vetro,[8]
anzi più assai, però che nulla il tene:
o qual grazia mi fia, se mai l'impetro,

ch'i' veggia ivi presente il sommo bene,
non alcun mal, che solo il tempo mesce,
e con lui si diparte e con lui vene!

Non avrà albergo il sol Tauro né Pesce,[9]
per lo cui varïar nostro lavoro
or nasce, or more, et or **scema**, or cresce.

lessico
Scemare
Diminuire, calare.

Beat'i spirti che nel sommo coro
si troveranno o trovano in tal grado
che sia in memoria eterna il nome loro![10]

O felice colui che trova il guado
di questo alpestro e rapido torrente
ch'ha nome vita et a molti è sì a grado![11]

vv. 34-39 Il pensiero trapassa (*Passa*, nell'eternità) come (fa) il sole attraverso il vetro, anzi, molto di più, perché (*però che*) nulla lo trattiene (*il tene*): quale grazia sarà per me (*mi fia*), semmai la richiedo (*impetro*), di contemplare nell'Eternità (*ivi*) il sommo bene (Dio), nell'assenza di ogni male (*non alcun mal*), (male) che solo il tempo versa (*mesce*) e con esso viene e va via (*si diparte*).

vv. 40-42 Il sole non si fermerà (*avrà albergo*) né nel Toro né nei Pesci, a causa delle cui variazioni (*per lo cui varïar*) le nostre opere (in terra) ora nascono ora muoiono, vengono meno (*scema*) o crescono.

vv. 43-45 Beati gli spiriti che si troveranno nel supremo coro (dei beati) o che (già) si trovano in tale condizione (*grado*) che il loro nome resti in eterna memoria!

vv. 46-48 O felice colui che trova il modo per attraversare (*il guado*) questo torrente di montagna (*alpestro*) impetuoso (*rapido*) che si chiama vita e che a molti è tanto gradito (*a grado*)!

8. **come sole... vetro:** similitudine ancora tratta dal *Paradiso* dantesco (*Paradiso* XXIX, vv. 25-27).
9. **Non avrà... Pesce:** l'immobilità delle costellazioni in cielo, dove solitamente passa il sole regolando la vita umana nello scorrere del tempo, segnala la condizione di eternità.
10. **Beat'i... loro!:** coloro che possono contemplare il sommo bene nell'eterno presente del cielo sono naturalmente gli spiriti beati; «coro» è altro termine dantesco nella descrizione delle anime del Paradiso (*Paradiso* X, v. 106; XXVII, v. 17 e XXVIII, v. 94).
11. **O felice... grado!:** oltrepassare la condizione mortale è necessario per accedere alla superiore condizione dell'eternità. L'immagine del torrente di montagna, le cui acque scorrono con violenta rapidità, rende in modo efficace la natura effimera e conflittuale della vita umana, in opposizione alla pace e alla beatitudine del Paradiso. Inizia qui la parte dedicata all'esistenza terrena, considerata direttamente (vv. 46-54) e dalla prospettiva oltremondana (vv. 82-99).

Misera la volgare e cieca gente,
che pon qui sue speranze in cose tali
che 'l tempo le ne porta sì repente![12]

O veramente sordi, ignudi e frali,[13]
poveri d'argomenti e di consiglio,
egri del tutto e miseri mortali!

[...]

vv. 49-51 (Quanto è) misera la gente ignorante e insensata (*volgare e cieca*) che ripone (*pon*) le proprie speranze in cose di natura tale che il tempo le porta via tanto velocemente (*repente*)!

vv. 52-54 O veramente sordi, nudi e fragili (*frali*), poveri di risorse mentali (*d'argomento*) e morali (*di consiglio*), completamente infermi (*egri*) e miseri uomini mortali!

12. **Misera... repente!:** il poeta biasima le molte persone che cercano uno stabile appagamento nei beni materiali, per loro natura instabili e insufficienti a saziare il cuore umano.

13. **O veramente... frali:** la condizione umana è difettosa, fragile nella mente e nel corpo.

Jacopo del Sellaio, *Trionfo del Tempo*, 1480-1490. Firenze, Museo Bandini.

O felici quelle anime che 'n via
sono o seranno di venire al fine
di ch'io ragiono, quandunque e' si sia![14]

E tra l'altre leggiadre e pellegrine,
beatissima lei che Morte occise
assai di qua del natural confine!

Parranno allor l'angeliche divise,
e l'oneste parole, e i pensier casti
che nel cor giovenil Natura mise.[15]

Tanti volti, che Morte e 'l Tempo ha guasti,
torneranno al suo più fiorito stato;[16]
e vedrassi ove, Amor, tu mi legasti,

ond'io a dito ne sarò mostrato:[17]
– Ecco chi pianse sempre, e nel suo pianto
sovra 'l riso d'ogni altro fu beato! –[18]

E quella di ch'ancor piangendo canto,[19]
avrà gran maraviglia di se stessa,[20]
vedendosi fra tutte dar il vanto.

vv. 82-84 O felici quelle anime che stanno o staranno per giungere (*'n via sono o seranno*) all'approdo (*al fine*) di cui sto parlando (*ragiono*), qualunque sia!

vv. 85-87 E tra tutte (le anime) belle e rare (*leggiadre e pellegrine*), sarà beatissima colei che la Morte uccise (*occise*) molto prima (*assai di qua*) del termine (*confine*, della vita) naturale!

vv. 88-90 Risplenderanno (*Parranno*) allora gli angelici costumi (*divise*), e le oneste parole, e i pensieri casti che la Natura le instillò (*mise*) nel cuore (sebbene) giovane (*giovenil*).

vv. 91-96 Tanti visi che la Morte e il Tempo hanno guastato (*guasti*), torneranno alla loro condizione più splendente (*al... più fiorito stato*), e si vedrà (*vedrassi*) a quale bellezza (*ove*, in Laura), Amore, mi legasti, motivo per cui (*ond'io*) sarò indicato a dito: – Ecco chi pianse sempre, ma fu più felice (*beato*) nel suo piangere di chiunque altro nel proprio gioire (*riso*)! –

vv. 97-99 E colei che ancora canto tra le lacrime, si meraviglierà molto di se stessa, vedendosi celebrata tra tutte le donne.

14. **quandunque e' si sia:** qualunque sia il momento in cui vi si giunge o il grado di beatitudine in cui vi si dimora.
15. **Parranno... mise:** la bellezza interiore di Laura, cioè la sua onestà e saggezza, è particolarmente esaltata dalla sua giovane età.
16. **Tanti... stato:** grazie alla risurrezione dei corpi, dopo il Giudizio Universale, i beati torneranno come quando erano giovani. Il verbo «ha» ("hanno") è concordato al singolare con uno solo dei soggetti, secondo una costruzione latina.
17. **e vedrassi... mostrato:** tutti contempleranno le virtù straordinarie di Laura che il poeta già in vita aveva colto e che ne avevano suscitato l'amore.
18. **Ecco... beato!:** il pianto di Petrarca era infatti ispirato da un amore nobilissimo; nonostante la sofferenza che gli procurava, ne sublimava intimamente lo spirito.
19. **E quella... canto:** si tratta naturalmente di Laura, che il poeta continua a celebrare in versi, tra le lacrime.
20. **avrà... stessa:** Laura si meraviglia, con un'umiltà che ricorda la Beatrice di Dante, dell'ammirazione che suscita in chi la circonda.

Analisi del testo

Struttura

L'intreccio di pensiero e visione Nel *Trionfo* s'intrecciano e si alternano ripetutamente pensiero e visione: mentre la mente del poeta riflette via via più profondamente sulla caducità di ogni cosa, agli occhi s'impone lo spettacolo straordinario del mondo che si rinnova (vv. 19-33). La narrazione ispira il pensiero (vv. 34-35), che si nutre della contemplazione divina (vv. 36-39) per poi distendersi in una meditazione esistenziale e morale sulla beatitudine di chi accede all'eternità e sulla follia di coloro che si affidano ai beni terreni e quindi caduchi (vv. 43-54). L'Eternità si apre progressivamente allo spettatore prima come rinnovamento estetico di ogni cosa (vv. 20-24), poi nella sua radice ontologica, con la dissoluzione della profondità temporale in un eterno istante (vv. 25-33); da qui traspare il valore teologico-morale dell'eternità, che è la fruizione di Dio al di là di ogni interferenza del male, generato dal tempo (vv. 34-42). A partire dal verso 46 lo sguardo si focalizza sulla fragilità dell'esistenza terrena, per poi passare (vv. 85 ss.) alla rievocazione della figura di Laura e delle sue virtù; tale rievocazione, insieme con il richiamo alla resurrezione dei corpi (vv. 91-92), introduce una giustificazione finale dell'amore del poeta, e un sovrabbondante risarcimento dei dolori che ha sopportato. Così, invece di contrapporre un disprezzo del mondo tipicamente medievale a una lode della perfezione paradisiaca, Petrarca riconferma la forza dei propri miti poetici e la fondatezza del proprio sistema di valori, rimanendo legato alla propria umanità anche nella rarefatta atmosfera dell'eterno.

Lingua e stile

L'ombra di Dante e la risposta di Petrarca La visione del mondo rinnovato è enfaticamente nutrita da figure di intensificazione, come il polisindeto («e 'l sole e tutto 'l ciel… ancor la terra e 'l mare», vv. 22-23), e da esclamazioni («Qual meraviglia…!», vv. 25-27). Petrarca tende alla ripetizione didattica degli stessi concetti, in particolare qui quando vuole porre in evidenza la liberazione dal Tempo, a cui riconduce ogni sofferenza umana (vv. 33; 38-39; 42). L'impressione che questi versi offrono al lettore è quella di un certo disagio dell'autore nell'affrontare un argomento in cui il suo grande e temuto predecessore, Dante, aveva primeggiato. Come mostrano le note 2, 3, 8 e 10, il Dante del *Paradiso* presta ripetutamente a Petrarca il lessico e le immagini per la descrizione del regno dei beati (vv. 19-45). Sono però i versi successivi, che distolgono lo sguardo dall'eterno per posarlo sulle realtà mondane, quelli nei quali Petrarca riafferma l'originalità della propria poetica, in particolare con l'entrata in scena di Laura, celebrata come «beatissima» tra le «leggiadre» (vv. 85-86). Un'epifania che rovescia le precedenti gerarchie di giudizio: la vergogna di Petrarca si trasfigura in invidiabile onore, il suo pianto in una gioia: «Ecco chi pianse sempre, e nel suo pianto / sovra 'l riso d'ogni altro fu beato!» (vv. 95-96).

La visione di Petrarca, miniatura di un'edizione del *Canzoniere*, 1510 circa. Cologny, Fondazione e Museo Martin Bodomer.

Temi

Dalla terra al cielo Nella visione petrarchesca, la novità della vita nell'Eternità è costituita dal rovesciamento della condizione mortale in terra, nel tempo: il mondo nuovo è «più bello e più giocondo» (v. 24) perché allo scorrere del tempo è subentrata la fissità dell'eterno («e quella una esser ferma», v. 29), al «mal» il «sommo bene» (vv. 37-38). Petrarca definisce con un dualismo di sapore ascetico l'antitesi tra terra e cielo, dove il bene, prima represso, finalmente si manifesta. Il corpo dei beati è restituito all'originaria bellezza, uscita dalle mani del Creatore e poi guastata dal peccato: «Tanti volti, che Morte e 'l Tempo ha guasti, / torneranno al suo più fiorito stato» (vv. 91-92). Si tratta del tema teologico del *corpus gloriosum* («corpo glorioso»): san Paolo, nelle sue lettere, spiega infatti che i corpi risorti, salendo in cielo, sono trasfigurati e depurati dalle passate imperfezioni mortali, conformati alla perfezione della gloria divina. Anche le virtù di Laura, a lungo nascoste agli occhi della gente comune, si paleseranno: «Parranno allor l'angeliche divise, / e l'oneste parole, e i pensier casti / che nel cor giovenil Natura mise» (vv. 88-90). È la rivincita del poeta, a lungo «favola» (*Canzoniere* I, 10, ➤ **T3**) sulla bocca del popolo: non si sbagliava ad amare una donna dalle tanto grandi virtù.

La santificazione dell'amore terreno L'*iter* ascensionale dei *Triumphi* petrarcheschi è stato paragonato al percorso della *Commedia* di Dante: anche nel poema dantesco, infatti, il poeta pellegrino "sale alle stelle", ascendendo dal buio della terra alla luce eterna in cielo. Tuttavia l'apoteosi di Dante prevede l'abbandono dei vani amori terreni in favore del superiore Amore divino, nell'eternità del Paradiso, il trionfo petrarchesco dell'Eternità contempla invece una santificazione dell'amore terreno per Laura, creatura mortale. Il poeta non rinuncia dunque alla sua passione terrena, ma vagheggia piuttosto la possibilità che, pur restando sé stessa, questa passione assuma l'immortale perfezione delle cose divine. Un sogno vanificato dalla segreta e dolente consapevolezza, a rileggere il sonetto proemiale del *Canzoniere*, che «quanto piace al mondo è breve sogno» (➤ **T3**, v. 14).

Officina

COMPRENDERE

1. Quale sentimento prova il poeta di fronte allo spettacolo di un mondo nuovo, sottratto alla logica del divenire, trasfigurato nella gloria divina e nella perfezione dell'eternità?
2. A quale immagine ricorre il poeta per rappresentare il pensiero che trapassa nell'eternità?
3. A che cosa viene paragonata la vita ai versi 46-48?

ANALIZZARE

4. Spiega il significato dell'espressione: «E le tre parti sue vidi ristrette / ad una sola» (vv. 28-29).
5. **Lingua e stile** Individua e sottolinea almeno cinque esempi di esclamazioni presenti nel testo.
6. **Lingua e stile** Individua e sottolinea tutti gli aggettivi e le espressioni con cui sono definiti gli uomini mortali ai versi 49-54.
7. **Lessico** In due delle seguenti frasi il verbo "solere" e uno dei suoi sinonimi sono usati in modo sintatticamente scorretto: quali sono? Dopo averle individuate, riscrivile correttamente.
   a. Marta ha l'abitudine di leggere prima di addormentarsi.
   b. Si suole di dire che il riso abbonda sulla bocca degli sciocchi.
   c. Marco è solito ad andare a scuola in treno.
8. **Lessico** Indica quali fra i seguenti sono sinonimi (S) e quali sono contrari (C) del verbo "scemare":
   a. aumentare (...)
   b. decrescere (...)
   c. crescere (...)
   d. ridursi (...)

PERCORSO DI SCRITTURA

Riassunto Suddividi il testo in sequenze, poi riassumi il contenuto di ognuna in una o due frasi.

VOCI
DAL NOVECENTO

Gli indifferenti di Moravia: dall'accidia all'indifferenza

Alberto Moravia in un ritratto di Renato Guttuso del 1982. Roma, Casa Museo Alberto Moravia.

LE RAGIONI DI UNA VICINANZA

Una malattia incurabile dell'anima

Petrarca è il primo autore della nostra letteratura ad aver descritto, in prosa e in versi, le contraddizioni dell'interiorità. Nel *Secretum* fa dialogare l'intransigente Agostino con il dubbioso Francesco, facile vittima di inganni e autoinganni, per svelare vizi e debolezze di un io diviso, che insieme si accusa e si scusa, sa la malattia e la guarigione e tuttavia non riesce completamente a salvarsi. La malattia di Francesco si chiama accidia: un prolungato abbattimento spirituale, un dispiacere di tutte le cose che porta all'inazione e al quale s'accompagna una «disperata voluttà nel pascersi del dolore».
Negli *Indifferenti* (1929) Alberto Moravia indaga un moderno sviluppo della malattia petrarchesca: pur consapevoli della scomparsa dei valori e del falso perbenismo diffusi nella famiglia borghese di cui fanno parte, i fratelli Carla e Michele sentono di voler ritrovare un senso e un centro esistenziali, ma sono impossibilitati a squarciare il velo della recita sociale e delle reciproche menzogne per emergere a una nuova vita, fatta di parole e di gesti veri. In breve, anche loro come Francesco, non riescono a salvarsi.

IL POSTO NEL CANONE

Un titolo storico

«*Gli indifferenti!* Potrebb'essere un titolo storico»: Giuseppe Antonio Borgese, scrittore finissimo e intellettuale lungimirante, si lasciava scappare questa esclamazione sulle pagine del «Corriere della Sera», il 21 luglio 1929, poco dopo l'uscita del romanzo del giovane Moravia, allora poco più che ventenne. Aveva ragione: *Gli indifferenti* fu subito un romanzo di grande successo e ancora oggi è ricordato come un momento di fondamentale innovazione del romanzo italiano del Novecento per lo stile impietoso e scarno, il realismo freddo e raziocinante, la denuncia implicita della corruzione morale della borghesia in epoca fascista e infine la capacità di inchiodare i vizi della comunicazione e della sincerità dell'io con sé stesso e con gli altri, specie dentro le istituzioni della famiglia e della coppia.

RITRATTO DELL'AUTORE

«Per me scrivere è come vivere»

Nato e morto a Roma (1907-1990), Alberto Moravia appartiene a una famiglia borghese e sin da piccolissimo, stando alle sue stesse dichiarazioni, ebbe una gran fame sia di storie che di realtà. Colpito a nove anni da una grave forma di tubercolosi, fu costretto lungamente a letto, in solitudine, e sviluppò in questo periodo una forte propensione per la lettura e la scrittura. Precocissimo il suo esordio come romanziere, segnato dalla pubblicazione a proprie spese degli *Indifferenti* nel 1929, che gli valse la qualifica di *enfant prodige*. Ostile al regime e figlio di madre ebrea (motivo per cui rischiò di essere deportato), continuò tuttavia a pubblicare racconti e romanzi durante il Ventennio e tra questi *Agostino* (1944), storia dell'iniziazione di un ragazzo all'età adulta, dominata dalle spinte oscure del sesso e della gelosia. Nel dopoguerra Moravia diventa un autore affermato e un operatore culturale di spicco; scrive romanzi impegnati, come *Il conformista*, *Il disprezzo*, *La ciociara*, che hanno un grande successo e diventano immediatamente film, e fonda nel 1953 l'importante rivista «Nuovi Argomenti», che raccoglie le firme, tra gli altri, di Pier Paolo Pasolini, Carlo Emilo Gadda ed Elsa Morante (sua moglie dal 1941 al 1962). Fino alla morte Moravia viaggia, scrive articoli su fatti di attualità, reportage da Paesi lontani e ancora moltissimi romanzi (*La noia*, *Io e lui*, *La vita interiore*) dove è ancora visibile la freddezza stilistica pronta a vivisezionare i valori e la vacuità della classe media italiana.

IL LIBRO DA LEGGERE

Gli indifferenti o l'impossibilità della tragedia

Scritto tra il 1925 e il 1928, il romanzo racconta due giornate di una famiglia borghese composta da una madre vedova, Mariagrazia Ardengo, il figlio Michele e la figlia Carla. Leo Merumeci, spregiudicato affarista amante di Mariagrazia, ha dissipato i beni della famiglia, ha condotto all'ipoteca della casa in cui essa vive e si è invaghito di Carla, che seduce. Già consapevole dei raggiri economici di Leo e spesso in scontro con lui, Michele, scoperta la tresca dell'uomo con la sorella, tenta di ucciderlo, ma fallisce goffamente nell'intento. La trama, assai esile, resta sospesa in un'atmosfera rarefatta ed è mossa soprattutto dai dialoghi e dai pensieri dei personaggi, i quali più che agire pensano e congetturano, per ritornare alla fine alla situazione già decisa in partenza. È lo stesso Moravia a fornirci una chiave di lettura per il suo romanzo d'esordio: «Mi ero convinto che l'apice dell'arte fosse la tragedia. [...] Così mi ero messo in mente di scrivere un romanzo che avesse al tempo stesso le qualità di un'opera narrativa e quelle di un dramma. Un romanzo con pochi personaggi, con pochissimi luoghi, con un'azione svolta in poco tempo. Un romanzo in cui non ci fossero che il dialogo e gli sfondi e nel quale tutti i commenti, le analisi e gli interventi dell'autore fossero accuratamente aboliti in una perfetta oggettività [...] ma scrivendo, mi accorsi che i motivi tradizionali della tragedia e insomma di ogni fatto veramente tragico mi sfuggivano proprio nel momento in cui cercavo di formularli. In altre parole dato l'ambiente e i personaggi, la tragedia non era possibile; e se avessi cambiato ambienti e personaggi, avrei voltato le spalle alla realtà. Mi si chiariva insomma l'impossibilità della tragedia in un mondo nel quale i valori non materiali parevano non aver diritto di esistenza e la coscienza morale si era incallita fino al punto in cui gli uomini, muovendosi per solo appetito, tendono più a rassomigliare ad automi».

Antonio e Xavier Bueno, *La carrozza, ovvero Passeggiata alle Cascine*, 1942. Collezione privata.

UN ESTRATTO

Un bisogno lamentoso di acqua pura

Michele ha appena saputo della relazione tra Leo e Carla. Immagina l'incontro tra i due e si sente mancare il fiato. Medita la fuga in un luogo ameno. Ritornato alla realtà, si propone di scegliere: o rimanere nell'inautenticità soffocante oppure cambiare vita, scegliere la sincerità.

Gli parve di soffocare; [...] Ora era veramente arrivato in fondo al suo avvenire [...] Si sentiva addosso tanto disgusto e tanta fatica che ne provava un bisogno istintivo di lavarsi, non sapeva perché, un bisogno lamentoso di acqua pura, come se il fiotto fresco delle abluzioni avesse potuto scorrere per quei meandri della sua anima [...]
Riprese il cammino: ora capiva che una frase: 'Per fortuna non sono che idee', non sarebbe bastata a purificarlo: dal suo animo turbato, dalla sua bocca amara, capiva di aver vissuto quelle fantasie; impossibile rivedere Carla con occhi fraterni, dimenticare di averla immaginata sotto quelle apparenze impudiche che solitamente si attribuiscono alle donne perdute; troppo tardi ora per tornare alle più tranquille visioni: pensare era vivere. Ma aveva veduto, aveva provato quel che sarebbe diventato se non avesse saputo vincere la propria indifferenza: senza fede, senza amore, solo, per salvarsi bisognava o vivere con sincerità e secondo degli schemi tradizionali questa sua intollerabile situazione, o uscirne per sempre; bisognava odiar Leo, amar Lisa, provar del disgusto e della compassione per la madre, e dell'affetto per Carla: tutti sentimenti che non conosceva [...].

GUIDA AL RIPASSO

AUDIO

Profilo biografico

Petrarca nasce ad Arezzo nel 1304, da un padre notaio. Nel 1312 si trasferisce con la famiglia ad Avignone, che abbandona nel 1316 per intraprendere gli studi giuridici prima a Montpellier e poi a Bologna. Rientrato ad Avignone nel 1326, conduce una brillante vita mondana e coltiva interessi letterari e filologici. Nel 1327 conosce Laura, che diventa la musa ispiratrice della sua poesia in volgare, mentre l'anno successivo viene ordinato chierico. Entrato al servizio dei Colonna, compie missioni in Europa del Nord, durante le quali entra in possesso di testi antichi ritenuti perduti. L'attività letteraria cui si dedica nella seconda metà degli anni '30, svolta in gran parte nella sua proprietà a Valchiusa, gli vale nel 1341 l'incoronazione poetica. Tra il 1343 e il 1348, la vita di Petrarca è scossa da alcuni eventi significativi: i voti monastici presi dal fratello, la rottura con i Colonna, la morte di Laura; essi suscitano in lui il desiderio di una *mutatio vitae* che influenza in maniera decisiva la sua produzione letteraria. Nel 1352 si trasferisce a Milano ed entra al servizio dei Visconti; 10 anni più tardi abbandona la città prima per Venezia e poi per Arquà, dove muore nel 1374.

Amore per la classicità e Umanesimo cristiano

Fortemente critico nei confronti del Medioevo, Petrarca è animato da un profondo amore per la classicità, specialmente romano-latina. Fra il mondo antico e quello contemporaneo percepisce una sostanziale continuità: valori e cultura classici, dei quali auspica una riscoperta, presentano numerosi punti di contatto con il pensiero cristiano. Tale concezione non si traduce però in un'interpretazione in chiave forzatamente cristiana degli autori classici: al contrario, Petrarca li legge in modo filologicamente accurato e rispettoso delle loro peculiarità.

Ispirate a modelli classici sono alcune delle sue opere in latino: l'*Africa* (dal 1338) e il *Bucolicum carmen* (1346-1348; 1359-1365) si rifanno a Virgilio; il *De viris illustribus* (1338-1353; 1368), a Svetonio, le raccolte epistolari, a Cicerone e Seneca.

Conflitto interiore e poesia

La vita di Petrarca è caratterizzata da una profonda conflittualità: tra vita attiva e solitudine contemplativa, tra interessi mondani (amore per Laura, aspirazioni letterarie, desiderio di gloria poetica) e tensione cristiana verso Dio e la cura della propria anima. Questo conflitto provoca in Petrarca un dissidio interiore e un'accidia, che gli impediscono di portare a compimento la *mutatio vitae* tanto perseguita. Tale dissidio si trova al centro del *Secretum* e del *Canzoniere*, influenzati dagli scritti di Agostino. In entrambe le opere la parola poetica permette di raccogliere i «frammenti sparsi dell'anima», opponendo alla morte e all'oblio la memoria: ciò conduce l'autore a comprendere meglio sé stesso e il suo itinerario esistenziale.

Modernità intellettuale

Il rapporto con la classicità e il carattere autobiografico-esistenziale delle sue opere maggiori sono solo alcuni degli elementi che fanno di Petrarca il primo intellettuale moderno. A essere moderna è d'altronde la concezione stessa dell'attività intellettuale da lui promossa: un'attività culturale di carattere laico e cosmopolita, indipendente dalle istituzioni politiche, dotata di un prestigio universale e di un'assoluta autonomia. La voce dell'intellettuale è quella di una libera coscienza morale, che indaga le esperienze concrete e individuali nelle quali si manifestano l'animo umano e la volontà che ne orienta il comportamento.

Francesco Petrarca

MAPPA

OPERE PRINCIPALI

- in **latino**
  - ***Secretum*** (1347-1353)
    - dialogo tra Francesco e Agostino alla presenza della Verità
    - • percorso interiore verso la *mutatio vitae*
      • interlocutori simbolo delle tensioni irrisolte dell'animo di Petrarca
      • amore per Laura e per la gloria poetica come catene
  - raccolte **epistolari**
    - • 497 scritti letterari, selezionati e rivisti per una diffusione pubblica
      • autobiografia tra finzione e realtà
    - *Familiares* (1325-1361)
      - • "storia di un'anima"
        • personale ruolo di intellettuale
    - *Seniles* (1361-1374)
      - • distacco dalla vita mondana
        • meditazione sulla morte
    - *Sine nomine* (1342-1358)
      - riflessione su politica e religione
- in **volgare**
  - ***Canzoniere*** (*Rerum vulgarium fragmenta*, redazione finale 1374)
    - • autobiografia ideale che narra la tensione di Petrarca verso una *mutatio vitae* mai realizzata compiutamente
      • etica classica *vs* etica cristiana
      • ambivalenza dell'amore per Laura
      • tempo come dimensione interiore e misura del vivere
      • paesaggio come riflesso del mondo interiore
    - • 366 testi tra sonetti, canzoni, sestine, ballate e madrigali, divisi in due sezioni
      • frammentarietà e organicità dei testi
      • fiorentino "ideale", dal lessico selezionato e con elementi derivati dal latino classico
  - ***Triumphi*** (1353-1361, rielaborati fino al 1374)
    - poema allegorico in terzine incatenate
    - • sogno che vede in successione 6 trionfi: i vincitori di ciascuno sono sconfitti e rimpiazzati dai trionfatori del successivo
      • combinazione di elementi medievali e preumanistici
      • contraddizione e inquietudine come caratteristiche dell'animo umano

LA TUA LEZIONE
PETRARCA

PRIMA DI PREPARARE LA LEZIONE

→ Che cosa non puoi non sapere

1. I luoghi qui sotto elencati sono importanti nell'itinerario biografico dell'autore: spiega perché, precisando anche le date in cui essi assumono rilevanza per Petrarca.
Arezzo • Avignone • Roma • Padova • Arquà

2. Spiega perché Petrarca è definito:
- preumanista
- cosmopolita
- primo intellettuale moderno

3. Che cosa si intende per "bilinguismo" in riferimento all'opera di Petrarca?

4. Si dice che la moderna filologia nasce con Petrarca: spiega perché.

5. Quale valore simbolico assume nel percorso interiore dell'autore l'ascesa al Monte Ventoso?

6. Che cos'è l'*Africa* e quale posto occupa nella produzione letteraria dell'autore?

7. Perché Petrarca etichetta come *nugae* o *nugellae* la sua produzione in volgare?

8. Che cos'è il *Secretum* e quale posto occupa nella riflessione dell'autore?

9. Spiega e descrivi brevemente titolo, struttura, genesi compositiva e temi principali dei *Rerum vulgarium fragmenta*.

10. Perché, a proposito di Petrarca, si parla di "dissidio interiore"?

→ Impadronirsi dei termini-chiave: le parole dell'autore

Errore Questo termine per Petrarca ha un significato particolare e si lega in modo indissolubile a Laura e al suo amore per lei. Spiega quest'affermazione, con riferimento al sonetto proemiale del *Canzoniere* e alla scheda *Le nostre parole*, p. 415.

Accidia Definita dallo stesso Petrarca «peste dell'anima», nel Medioevo era considerata un peccato da punirsi all'Inferno: in che cosa consisteva questa nociva disposizione interiore? Quali danni arrecava a sé stessi e agli altri?

Gloria Insieme al sinonimo "fama", il termine occupa un posto di primo piano nell'opera e nella vita di Petrarca: spiega perché, aiutandoti con la scheda *Le nostre parole* (p. 393), e ponendo il termine in relazione con l'alloro poetico.

COSTRUISCI LA TUA LEZIONE

Lezione 1 Petrarca e il dissidio interiore

SCALETTA

- Innanzitutto, identifica i due principali poli del dissidio: l'amore per i beni terreni (Laura e la gloria) e l'amore per i beni spirituali (la pace interiore, la salvezza dell'anima, Dio).
- Prendi in esame, poi, l'atteggiamento dell'autore nei confronti delle due catene (Laura / lauro) che lo tengono legato e gli effetti che provocano in lui (amore, desiderio, debolezza, accidia, assenza di volontà).
- Analizza il dissidio interiore nel *Secretum*: le accuse di Agostino e la difesa di Francesco.

- Analizza il dissidio interiore nel *Canzoniere*: la perenne inquietudine, l'amore per Laura come ossessione (*La vita fugge, et non s'arresta una hora; O cameretta che già fosti un porto*).
- Spiega, in conclusione, in che senso il conflitto interiore in Petrarca rimane sempre aperto e in che cosa consiste la modernità della sua produzione letteraria.

TESTI DI RIFERIMENTO

- **T1** *Due «catene infrangibili»: l'amore e la gloria*
- **T11** *O cameretta che già fosti un porto*
- **T14** *La vita fugge, et non s'arresta una hora*

PAROLE DA USARE

- *passione* • *amore* • *desiderio* • *ambizione* • *Laura / lauro* • *debolezza* • *assenza di volontà* • *accidia* • *peccato* • *salvezza spirituale* • *introspezione* • *auto-analisi* • *confessione*

Lezione 2 Il sonetto proemiale del *Canzoniere*: un manifesto di poetica

SCALETTA

- Per cominciare, fornisci le coordinate minime del sonetto (data di composizione, genesi, collocazione nell'opera).
- Leggi il testo ad alta voce.
- Individua e spiega i passi e i termini-chiave: «rime sparse», «giovenile errore», «vario stile», «vano-vaneggiar-vergogna».
- Focalizza i temi principali che saranno costanti dell'opera petrarchesca: rapporto con il pubblico, amore per Laura, contrapposizione tra passato e presente, senso del tempo, precarietà dell'esistenza umana.
- Puoi eventualmente fare un confronto con il T4 *Apollo, s'anchor vive il bel desio*, in quanto originario sonetto proemiale, sottolineando analogie e differenze tra i due componimenti.
- Concludi spiegando in che senso il sonetto proemiale introduce la raccolta, ma anche l'intero universo interiore e poetico dell'autore.

TESTI DI RIFERIMENTO

- **T3** *Voi ch'ascolte in rime sparse il suono*
- **T4** *Apollo, s'anchor vive il bel desio*

PAROLE DA USARE

- *analisi interiore* • *introspezione* • *contrapposizione singolare-plurale* • *contrapposizione passato-presente* • *pubblico ideale* • *élite intellettuale* • *io lirico* • *transitorietà e precarietà della vita umana* • *sdoppiamento dell'io* • *dissidio interiore* • *dichiarazione* • *richiesta* • *alternanza tempi verbali* • *senso del peccato* • *vergogna e perdono*

LA TUA BACHECA
PETRARCA

Consulta online la versione della tua bacheca arricchita di tanti altri contenuti: video, testi, link e proposte di attività.

IL TEMA

Le forme dell'autobiografia

Il *Canzoniere* è il grande racconto in versi di un'autobiografia ideale, in cui l'io è continuamente sottoposto a revisioni, sondaggi, negazioni o conferme spirituali. Più ancora di Dante, Petrarca ha cercato di definire sé stesso in un'opera di globale intimismo. Proprio da qui possiamo dunque partire per un percorso nelle forme più originali del genere autobiografico. Scavando nel proprio passato per farvi chiarezza, infatti, scrittori e artisti hanno prodotto espressioni diverse di un'"archeologia personale". Oltre ai mezzi più scontati, come quello del romanzo o delle memorie, si pensi ad altri strumenti possibili per raccontare la propria vita: l'intervista-libro rilasciata in età matura; il trittico pittorico che segna il bilancio di un'esistenza; il *biopic* filmico destinato a un messaggio poetico; il fumetto pensato nella forma di diario o di cronaca militante.

LETTERATURA
Il cuore autobiografico di Baudelaire

Tra le più disincantate e sublimi espressioni dell'autobiografia moderna resta fondamentale l'apporto letterario di **Baudelaire**. In ***Il mio cuore messo a nudo*** (apparso postumo nel 1887), raccolta di aforismi e appunti autobiografici, l'autore-dandy, fiero e pessimista, si ribella contro l'utilitarismo della società del proprio tempo: essere «utili», afferma Baudelaire, equivale a essere «orrendi». E, tuttavia, il poeta non rifiuta il proprio io (anzi «il Dandy deve aspirare a essere sublime senza interruzione; deve vivere e dormire davanti a uno specchio»), né il confronto brutale con la realtà umana: «Io, invece, dico: la voluttà unica e suprema dell'amore sta nella certezza di fare il male».

BREVE STORIA DELLA CRITICA

Il primo intervento moderno sul *Canzoniere* lo si deve a **Ugo Foscolo** nei quattro saggi, scritti in francese poi tradotti in inglese, dedicati alla poesia di Petrarca, stampati a Londra nel 1823 e tradotti in italiano da Camillo Ugoni: il ritratto di Petrarca è di natura storica e traccia già le direttrici fondamentali su cui poi si muoverà la critica successiva.
Giacomo Leopardi, per l'editore Stella di Milano, pubblica, nel 1826, le *Rime* di Petrarca con un'annotazione che si limita sostanzialmente alla parafrasi.
Francesco De Sanctis nel *Saggio critico sul Petrarca* (1869) e nella *Storia della letteratura italiana* (1870-1871) inaugura il confronto tra Dante-poeta e Petrarca-artista, mentre **Pierre de Nolhac**, nel suo *Petrarque et l'Humanisme* (1892), è il primo a indicare il ruolo di Petrarca come precursore della successiva stagione letteraria.
Per le vicende biografiche, si veda E.H. Wilkins, *Vita del Petrarca* (1961).
Sulla lingua di Petrarca ha scritto pagine memorabili, ma di non facile lettura, **Gianfranco Contini**: *Preliminari sulla lingua del Petrarca* (ora raccolte nel volume *Varianti e altra linguistica*, 1970).
Vanno ricordati inoltre **Emilio Bigi**, *Dal Petrarca al Leopardi* (1954); **Fredi Chiappelli**, *Studi sul linguag-*

ARTE
L'autobiografia pop di Rauschenberg

Precursore della Pop art, l'artista americano **Robert Rauschenberg** ultimò, nel 1968, un trittico stampato di grandi dimensioni intitolato ***Autobiography***. A differenza del mezzo verbale, quello visivo deve concentrarsi sulla resa iconografica di momenti-chiave dell'esistenza oppure, come in questo caso, su un accurato assemblaggio di immagini prescelte per il loro valore sentimentale o comunicativo. Infatti, in ognuno dei tre pannelli Rauschenberg ha incluso tracce dirette di sé stesso (fotografie, raggi X ecc.) montate insieme ad altri riferimenti a luoghi, oggetti o emblemi (l'ombrello, la ruota, il segno zodiacale della Bilancia e così via).

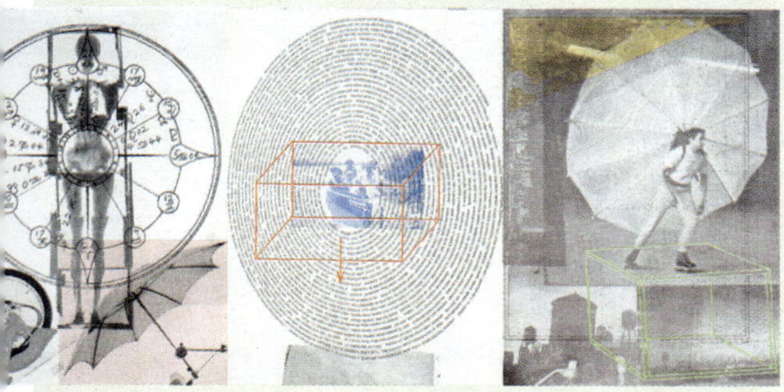

FUMETTI
Marjane Satrapi: guerra e infanzia in Persepolis

La fumettista franco-iraniana **Marjane Satrapi** predilige l'età infantile come massima espressione autobiografica. Nella celebre serie ***Persepolis*** (Rizzoli Lizard, 2007), infatti, racconta la sua esperienza di bambina a Teheran durante gli anni della rivoluzione islamica. Il lettore segue così Marjane attraverso i cambiamenti politici e le traumatiche vicende belliche che sconvolgono l'Iran dalla fine degli anni Settanta fino ai primi anni Novanta, ed è messo di fronte a un Paese lacerato dalla lunga guerra con l'Iraq di Saddam Hussein. Tutti i grandi temi come l'esilio, la guerra, la rivolta politica, sono toccati da questo straordinario fumetto dal quale è stato tratto anche un film.

gio del Petrarca. La canzone delle visioni (1971); **Adelia Noferi**, *L'esperienza poetica del Petrarca* (1962).
Sulla formazione e sulla biblioteca di Petrarca importante è lo studio di **Giuseppe Billanovich**, *Petrarca letterato.* I. *Lo scrittoio del Petrarca* (1947).
Marco Santagata all'autore ha dedicato alcuni fondamentali studi tra cui *Per moderne carte. La biblioteca di Petrarca* (1992) e *I frammenti dell'anima* (1992). Santagata è inoltre autore di un importante commento al *Canzoniere*, edito presso la collana "Meridiani" di Mondadori nel 1996. Altro ricco commento è quello allestito da **Rosanna Bettarini** nel 2005. Infine, **Michelangelo Picone** in *Il* Canzoniere. *Lettura micro e macrotestuale* (2007) propone una lettura della raccolta come «opera aperta».

VERSO IL NUOVO
ESAME DI STATO

A. ANALISI E INTERPRETAZIONE DI UN TESTO LETTERARIO

Francesco Petrarca
Zephiro torna, e 'l bel tempo rimena

Canzoniere, CCCX

Il sonetto fa parte delle rime in morte di Laura ed è stato forse composto – come sonetto d'anniversario – intorno all'aprile 1352.

- METRO sonetto con schema ABAB ABAB CDC DCD

Zephiro torna, e 'l bel tempo rimena,
e i fiori et l'erbe, sua dolce famiglia,
et garrir Progne et pianger Philomena,
et primavera candida et vermiglia.

Ridono i prati, e 'l ciel si rasserena;
Giove s'allegra di mirar sua figlia;
l'aria et l'acqua et la terra è d'amor piena;
ogni animal d'amar si riconsiglia.

Ma per me, lasso, tornano i più gravi
sospiri, che del cor profondo tragge
quella ch'al ciel se ne portò le chiavi;

et cantar augelletti, et fiorir piagge,
e 'n belle donne honeste atti soavi
sono un deserto, et fere aspre et selvagge.

La buca del suggeritore

v. 6 Giove... sua figlia: qui l'allusione è al cielo primaverile, in cui i pianeti Giove e Venere (figlia di Giove) appaiono vicini. Secondo un'altra interpretazione, la figlia di Giove sarebbe in questo caso Proserpina, rapita da Plutone, che ogni anno in primavera riemerge dall'Ade.

v. 11 quella ch'al ciel se ne portò le chiavi: colei che si è portata in cielo le chiavi del cuore del poeta è Laura.

1. COMPRENSIONE DEL TESTO

1.1 Dopo aver fatto l'analisi logica, ricostruisci il testo secondo il comune ordine delle parole: soggetto, verbo, complemento.

1.2 Definisci la funzione grammaticale delle seguenti parole, quindi spiegane il significato, come nell'esempio:

- «rimena» (v. 1): *voce del verbo "rimenare", indicativo presente, 3a persona singolare; «riporta».*
- «lasso» (v. 9): ....
- «tragge» (v. 10): ....
- «augelletti» (v. 12): ....
- «piagge» (v. 12): ....
- «fere» (v. 14): ....

1.3 Con l'aiuto di un'enciclopedia, chiarisci e spiega i riferimenti mitologici: Zefiro, Progne, Philomela.

1.4 Riscrivi in un unico periodo ciascuna strofa e trova un titolo descrittivo per ciascuna di esse.

2. ANALISI DEL TESTO

2.1 Da che cosa si capisce che il sonetto fa parte delle rime composte in morte di Laura?

2.2 La struttura metrica del sonetto (due quartine e due terzine) corrisponde a una precisa bipartizione tematica: spiega questa affermazione facendo riferimenti al testo.

2.3 Nonostante l'avversativa «Ma» (v. 9) e l'evidente cambio di situazione, tra le due parti del componimento esistono alcuni richiami tematici: quali?

2.4 Gli elementi naturali delle due quartine sono personificati: spiega in che modo l'autore raggiunge questo risultato.

2.5 Nelle terzine troviamo suoni duri e aspri che contribuiscono a delineare le sensazioni interiori del poeta: quali sono?

3. RELAZIONE CON IL CONTESTO STORICO E CULTURALE

3.1 Nel sonetto, Petrarca rappresenta il proprio stato d'animo sullo sfondo di uno scenario naturale primaverile. Quali sensazioni vi sono associate? Coincidono o meno con quelle provate dal poeta? Rispondi in 7 righe con puntuali riferimenti al sonetto.

3.2 La primavera rappresenta da sempre, nella letteratura e nell'arte, la stagione favorevole all'amore e alla rigenerazione per tutti gli esseri viventi. Conosci altri testi, miti oppure opere d'arte che affrontano questo tema? Ti suggeriamo come esempi il mito di Adone, la *Primavera* del pittore Sandro Botticelli, le *Quattro stagioni* del compositore Antonio Vivaldi. Istituisci un confronto tra una di queste opere e il sonetto di Petrarca: ci sono somiglianze oppure differenze? Quale delle rappresentazioni ti sembra più efficace?

B. ANALISI E PRODUZIONE DI UN TESTO ARGOMENTATIVO

Petrarca su una nave in tempesta

La studiosa Roberta Morosini analizza il tema della nave in tempesta, che, nell'opera di Petrarca, diventa metafora della condizione del poeta, sdoppiato tra ambizioni terrene e volontà razionale.

Le immagini di mari procellosi, di naufragi, di porti e di navigazioni sono frequentissime in Petrarca, sia nelle opere latine che nel *Canzoniere*. [...] Ci concentreremo dunque su un'immagine meno comune rispetto a quella della semplice navigazione e della nave in balia delle onde. Sembrerebbe anch'essa un'immagine scontata e perfino trita, e invece, dovutamente ricondotta alla sua fonte, può acquistare un senso psicologico e culturale e filosofico. È l'immagine del "nocchiero della sua nave". [...] E appena scorriamo il dossier dei *loci* vediamo presto che quell'immagine è qualcosa di più di una metafora: è una descrizione del suo 'viaggiare' nella vita [...]. In Petrarca esistono entrambe le dimensioni dell'immagine: quella consueta della nave simbolo della vita che passa, ma poi quella insolita e personalissima della nave che diventa la "sua nave" e in cui il *gubernator* non è altri che egli stesso. [...] il numero più consistente di occorrenze si ha nel *Canzoniere* che è costellato di immagini marine, di un mare sempre procelloso, di naufragi, di navi distrutte dai flutti e dai venti, di piloti che reggono con difficoltà il timone con la conseguenza che la nave va dove il pilota non penserebbe mai di condurla [segue rassegna dei passi del *Canzoniere* in cui è presente l'immagine, dal sonetto *Passa la nave mia colma d'oblio* a *La vita fugge e non s'arresta una hora* fino alla canzone alla Vergine, vv. 66-71].

Il nostro dossier ha documentato la presenza frequente dell'immagine in tutta l'opera petrarchesca e proprio per questo vorremmo capirne il significato, il senso e la strategia artistica. In primo luogo dobbiamo constatare che si tratta di un'immagine, almeno nella sua forma 'bimembre', non registrata in alcun altro autore volgare se non in Petrarca. [...] Inoltre nessun altro autore che parli della nave in tempesta o del nocchiero che perde il governo della nave si spinge oltre il limite della similitudine come fa invece Petrarca, il quale stringe la somiglianza fino a farla coincidere con una rappresentazione veridica del suo essere "una nave colta dalla tempesta" e un nocchiero che cerca di salvarla o che naufraga con essa. Insomma, Petrarca assume i segni della similitudine come segni 'autobiografici' che ridicono in termini di immagine lo stato di tumulto spirituale nel quale vive. Di solito la nave e il nocchiero condividono un destino identico, ma a volte non mancano i tentativi da parte del nocchiero di rettificare il corso e comunque di mostrare consapevolezza che il viaggio ha preso una direzione che lui originariamente non intendeva seguire. In entrambi i casi il suo destino è legato a quello della nave, come se questa fosse il suo corpo e il nocchiero fosse la sua volontà. E questo ci fa sospettare o che l'immagine della coppia nave/nocchiero sia un'invenzione di Petrarca o che lui la riprenda da una tradizione che, data la sua inclinazione aristocratica e letteraria, debba offrire garanzie di alta dignità intellettuale. E crediamo di poter far risalire questa immagine ad Aristotele. [...] Aristotele usa l'immagine nel *De anima*, precisamente nel libro II, 1, 413a8-9 [...]. Potremmo citare varie altre attestazioni che proverebbero la diffusione di questa immagine ma in testi che con tutta probabilità non caddero mai sotto gli occhi di Petrarca. È importante, però, accertare due cose: la prima è che l'immagine avesse una certa diffusione perché così aumentano le possibilità che sia arrivata a Petrarca, il quale se ne sarebbe avvalso apprezzandone immediatamente la natura dotta o comunque letteraria, requisito per lui sempre seducente. L'altra cosa è che qualunque fosse la fonte da cui gli veniva, conservasse sempre il significato che fin dalle origini l'aveva sostenuta, ossia che la nave rappresentasse il corpo e il nocchiero l'anima o l'intelletto. Bastava questo significato primario perché Petrarca l'accogliesse fra le sue metafore preferite, anzi addirittura emblematiche: niente come quell'immagine bimembre poteva rappresentare meglio il suo conflitto spirituale e niente poteva raffigurare con maggior efficacia la sua disperata ricerca dell'armonia che avrebbe potuto placarlo. Poteva trascurare i problemi tecnici della dinamica, ma avvalersi della nozione che la nave può muoversi in una direzione che il timoniere non vuole, e che quando ciò accade il rapporto fra i due è disastroso perché chi regge la nave si muove inevitabilmente con essa, e questa si muove senza più seguire la direzione che egli dovrebbe e vorrebbe imporle. [...]

Non sembra necessario dimostrare come quest'immagine cifri benissimo il dramma petrarchesco del suo vedere che le forze o le seduzioni della nave – intendendo per questo le belle cose terrene, l'amore e la gloria – siano quelle che intende porre sotto il governo della ragione (il nocchiero) ma come spesso questo lucido nocchiere sia dotato di scarsa volontà. Egli è costantemente in viaggio, diretto al porto della serenità mentale, della pace spirituale, ma le sirene dei beni mondani lo chiamano con la loro irresistibile voce, per cui finisce per abbandonarsi al rullio della nave, alla seduzione dei venti, alla gioia del desiderio, salvo poi a ribellarsi e decidere di cambiare rotta, di dirigersi verso il porto che gli additano la ragione e la fede. Quindi il suo viaggio si trascrive su un giornale di bordo che è "colmo di oblii", di percorsi accidentati da deviazioni, di ritorni, di slanci in avanti e di inversioni di rotta. Arriverà al porto della salvezza solo quando il nocchiero abbandonerà le nozioni di coordinate e di mappature che ha imparato alla scuola dei grandi maestri, e affiderà la propria navigazione alla fede, alla volontà vera che in essa ha la sua vera radice. È quanto leggiamo nella canzone finale, nella preghiera alla Vergine dove nave e nocchiero si affidano alla Madre di Dio.

(R. Morosini, *Naufragio con spettatore (a bordo). Petrarca "nocchiere della sua nave"*,
«La Rivista di Engramma», n. 147, luglio 2017)

LE PAROLE DELLA CRITICA LETTERARIA

Dopo aver individuato le seguenti parole nel testo, prova a spiegare, con l'aiuto del contesto e del dizionario, il significato di quelle di cui non è dato il significato.

- ***loci*:** dal latino (al singolare *locus*), letteralmente «luoghi», qui indica i passi dei testi in cui si trova l'immagine;
- ***gubernator*:** dal latino, «nocchiere, timoniere della nave, pilota»;
- **immagine bimembre:** immagine costituita da due elementi;
- **emblematico:** ....;
- **cifrare:** siglare, rappresentare in modo significativo i tratti caratteristici di un autore, di un'opera.

Dopo un'attenta lettura, elabora un testo di analisi e commento, sviluppando i seguenti punti:

1. COMPRENSIONE E ANALISI

1.1 La navigazione è metafora e immagine diffusa per rappresentare che cosa?

1.2 In che modo Petrarca sfrutta la metafora della nave in funzione autobiografica?

1.3 In che cosa consiste l'«immagine bimembre» su cui si focalizza l'attenzione della studiosa?

1.4 Individua l'ossatura argomentativa del discorso aggiungendo alle varie sezioni il numero delle righe corrispondenti:

- presentazione dell'argomento del saggio: rr. 1-....;
- precisazione dell'argomento: rr. ...-....;
- documentazione del tema oggetto d'indagine nell'opera di Petrarca: rr. ...-....;
- dichiarazione dello scopo del saggio: rr. ...-....;
- enunciazione della tesi n° 1: l'immagine deriva a Petrarca dalla tradizione (rr. ...-....);
- enunciazione della tesi n° 2: Petrarca riformula l'immagine in senso autobiografico (rr. ...-....);
- conclusione: rr. ...-.....

1.5 Dopo averne individuato la struttura argomentativa, sintetizza il brano in circa mezza pagina, mantenendone tutti gli elementi strutturali.

2. COMMENTO

Rileggi i sonetti *Passa la nave mia colma d'oblio* (➤ **T13**, p. 453) e *La vita fugge, et non s'arresta una hora* (➤ **T14**, p. 457): quali osservazioni puoi fare alla luce del saggio? Ti sembra che la lettura offerta da Roberta Morosini sia convincente? Oppure l'immagine della nave può avere altre spiegazioni? Elabora le tue considerazioni citando almeno un verso da ciascuno dei due sonetti.

Giovanni Boccaccio
Il piacere di raccontare e il racconto del piacere

UN'INEDITA VISIONE LAICA DEL MONDO

Giovanni Boccaccio scrive il primo grande libro di narrativa della letteratura neolatina, il *Decameron*, che diverrà modello della successiva narrativa in lingua volgare, soppiantando i precedenti tentativi, ancora legati all'illustrazione morale caratteristica del genere degli esempi (*exempla*). Esso porta a perfezionamento l'arte del racconto, creando un'opera che non ha nulla da invidiare all'ampiezza e alla complessità della *Commedia* dantesca.

IL PRIMO GRANDE LIBRO DI NARRATIVA IN EUROPA

Il *Decameron* offre uno straordinario affresco della società comunale e cortese trecentesca, dove i valori moderni e propri dell'emergente borghesia mercantile si mescolano a quelli propri dell'antica aristocrazia cavalleresca, ormai in declino. Boccaccio concentra la sua attenzione sulla vita degli uomini, intrecciando storie tragiche e comiche, dominate dalle forze della natura, che gli uomini affrontano con astuzia o con ingenuità, combattendo la fortuna avversa con le sole forze del proprio ingegno più che affidarsi all'aiuto divino. La laicità del *Decameron* si esprime proprio nella sua rappresentazione, senza pregiudizi, delle contraddizioni umane, e affida un grande messaggio di speranza per i lettori di ogni tempo: la felicità, che l'uomo insegue costantemente, può essere raggiunta in questo mondo.

Inquadra il codice per accedere alla lezione dell'autore.

VIDEO

IL *DECAMERON*, ESEMPIO DI LETTERATURA MEDIANA

Il *Decameron* è il frutto di una stagione di sperimentazioni giovanili, di un lungo esercizio di sintesi di modelli classici e romanzi, nonché del patrimonio della letteratura cristiana: un equilibrio originale tra antico e moderno che ha condotto Boccaccio a fondare, con la sua raccolta di novelle, un'opera mediana che costituisce un felice equilibrio tra l'esaltazione del piacere delle opere giovanili e il rigore morale di quelle della vecchiaia. Al suo centro, la natura umana in tutti i suoi aspetti, i suoi pregi e difetti. Né tale scrittura ha un puro fine di evasione, ma acquisisce un valore esemplare come illustrazione di modelli di comportamento in ambito morale.

BOCCACCIO, PRECURSORE DELL'UMANESIMO

Boccaccio risulta una figura profondamente innovatrice anche come interprete dell'antichità classica: è uno dei primi intellettuali italiani ad approfondire la conoscenza del greco, contribuendo assieme a Petrarca alla diffusione dell'*Odissea* di Omero. Propone inoltre un primo approccio scientifico alla mitologia, rifiutando la consueta lettura allegorica medievale.

Ma egli sarà anche il primo ad antologizzare, trascrivendole sui suoi manoscritti, le opere di Dante, Cavalcanti, Petrarca, con una scelta e un ordinamento che presuppongono una visione ben orientata e storicizzata della tradizione. Avrà infine un ruolo fondamentale nella diffusione del testo della *Commedia* dantesca, intervenendo direttamente su di essa con proposte di correzione dettate dalla sua visione interpretativa del poema.

CERTALDO

Nasce probabilmente qui tra giugno e luglio del 1313 da Boccaccino e madre ignota. Si trasferisce quasi subito a Firenze, ma torna a Certaldo nel 1361 dopo le accuse di un suo possibile coinvolgimento in un colpo di Stato e, infine, dopo il 1374, rimanendovi fino al 1375, anno della morte.

FIRENZE

Compie qui i primi studi per essere avviato al commercio sulle orme paterne. Dopo il periodo napoletano, Boccaccio ritorna a Firenze dove, nel 1348, assiste all'arrivo della peste, che ispirerà la cornice del *Decameron*.
Qui viene nominato ambasciatore della città e stringe l'importante amicizia con Petrarca.

NAPOLI

Ancora quattordicenne Boccaccio vi si trasferisce con il padre, con cui lavora presso la Banca de' Bardi, e completa la sua formazione culturale grazie alla frequentazione della corte angioina e della sua ricchissima biblioteca.
Risalgono a questo periodo le prime prove letterarie.

VITA

- **1313** Nasce a Firenze o a Certaldo
- **1327** Si trasferisce a Napoli
- **1340-41** Torna a Firenze
- **1348** È testimone della grande peste
- **1350** Conosce Petrarca
- **1354** Va in missione diplomatica ad Avignone, presso il papa
- **1361** Si ritira a Certaldo, sospettato di aver preso parte a una congiura contro la Repubblica
- **1365** Torna a Firenze
- **1373-74** Tiene letture pubbliche della *Commedia* di Dante
- **1375** Muore a Certaldo il 21 dicembre

OPERE

- **1334** *Caccia di Diana*
- **1335** *Filostrato*
- **1336** *Filocolo*
- **1339-41** *Teseida*
- **1341-42** *Commedia delle ninfe fiorentine*
- **1342-43** *Amorosa visione* (prima redazione)
- **1343-44** *Elegia di Madonna Fiammetta*
- **1345-46** *Ninfale fiesolano*
- **1348-53** *Decameron*
- **1351** *Trattatello in laude di Dante*
- **1362** *De mulieribus claris*
- **1355-1365** *Corbaccio*
- **1373** *De casibus virorum illustrium*
- **1374** *Genealogia deorum gentilium*

STORIA

- **1309-77** Cattività avignonese
- **1321** Muore Dante Alighieri
- **1328** L'imperatore Ludovico il Bavaro marcia su Roma e depone papa Giovanni XXII. Si estingue in Francia la dinastia dei Capetingi
- **1337** Scoppia la Guerra dei cent'anni tra Inghilterra e Francia
- **1341** Petrarca viene incoronato a Roma poeta laureato
- **1347-54** Governo riformatore di Cola di Rienzo a Roma
- **1348** La peste nera
- **1351-56** Guerra tra Genova e Venezia
- **1362** I Turchi arrivano alle porte di Costantinopoli

LETTERATURA, ARTI E SCIENZE

- **1317** Il senese Simone Martini dipinge per il re di Napoli Roberto d'Angiò la tavola *San Ludovico di Tolosa che incorona il fratello Roberto d'Angiò*, primo ritratto di personaggio vivente nell'arte italiana
- **1320 ca.** Il letterato toscano Francesco da Barberino compone il suo *Reggimento e costumi di donna*, un'opera sull'educazione delle fanciulle
- **1336-41** Buonamico Buffalmacco esegue gli affreschi del Camposanto di Pisa raffiguranti il Trionfo della Morte
- **1350** Boccaccio incontra per la prima volta Petrarca
- **1359-62** Petrarca fa trascrivere la quarta forma del suo *Canzoniere* su un manoscritto (ora Chigiano L.V.176 alla Vaticana) che poi sarà ricopiato da Boccaccio
- **1365** Giovanni di Borgogna compone il *Trattato sulla malattia epidemica* dedicato alla peste che aveva flagellato l'Europa dal 1348 al 1350

AUTORE

1. Un letterato tra corte e vita cittadina

1.1 Il periodo napoletano

I primi anni fiorentini

Le notizie intorno alla nascita di Giovanni Boccaccio sono incerte. Figlio illegittimo di Boccaccino di Chellino e di una donna ignota, forse di umili origini, nasce a Firenze o a **Certaldo** (città di origine del padre) tra il giugno e il luglio del **1313**. Boccaccino, agente della banca dei Bardi, una delle più potenti istituzioni bancarie fiorentine del tempo, riconosce il figlio e lo accoglie in casa.

Boccaccio trascorre a **Firenze** l'infanzia e la prima adolescenza. Il padre lo affida al maestro Giovanni Mazzuoli da Strada (padre del poeta Zanobi da Strada, che sarà poi compagno di corte di Boccaccio a Napoli), perché apprenda i rudimenti della grammatica e della matematica, necessari a instradarlo nell'arte della **mercatura**, e poi lo affida a un mercante perché possa compiere l'apprendistato: Boccaccino desidera, infatti, avviare il figlio alla sua professione per impiegarlo poi nella banca dei Bardi.

Mercatura
Con il termine si intende genericamente l'esercizio del commercio, ma la parola è ormai impiegata per indicare l'attività mercantile alla fine del Medioevo.

> Mio padre, fin da quando ero bambino, rivolse ogni suo sforzo a far di me un mercante.
>
> *Genealogia deorum gentilium*

Il periodo napoletano

Nel 1327-28 Boccaccino è inviato a **Napoli** per seguire gli affari dei Bardi presso la corte degli Angioini, di cui i potenti banchieri fiorentini erano tra i principali finanziatori, e vuole il figlio con sé. All'età di quattordici anni Boccaccio si trasferisce dunque a Napoli, dove fa pratica del mestiere di agente di banca, affiancando il padre al banco dove si accolgono i clienti. Qui affina il suo acuto spirito di osservatore dei **caratteri umani**, conosce la varietà delle **classi sociali**: un patrimonio di esperienze che metterà poi a frutto nella creazione della sua raccolta di novelle intitolata *Decameron*.

A Napoli il giovane Boccaccio ha anche il privilegio, visti i favori di cui gode il padre, di frequentare la **corte del re Roberto d'Angiò** e la vita mondana dei giovani aristocratici e dell'alta borghesia, dove conosce Niccolò Acciaiuoli, un fiorentino che diverrà una figura chiave del regno angioino. Può anche accedere alla **ricchissima biblioteca** della corte, dove conosce la letteratura cortese e romanzesca, dai romanzi alle *chansons de geste*, fino alla lirica provenzale, ma anche le opere dei classici latini, sviluppando una grande passione per l'erudizione storica e mitologica.

VIDEO
Inquadra il codice per accedere alla lezione su Boccaccio.

In questo ambiente conosce il bibliotecario Paolo da Perugia, l'astronomo Andalò del Negro, il frate Dionigi da Borgo San Sepolcro, già amico di Petrarca (➤ p. 376), e il monaco Barlaam, che gli insegna i rudimenti della **lingua greca**. Sono anni fondamentali nella formazione di Boccaccio, che s'immerge nell'immaginario della cultura cortese e ne assorbe i valori.

> Amor può troppo più che né voi né io possiamo
>
> *Quarta giornata, novella I*

Gli studi giuridici e le prime esperienze letterarie

Intorno al 1330, dopo aver rinunciato alla carriera bancaria, Boccaccio è indirizzato dal padre a studi di **diritto canonico** (riguardante, cioè, le norme giuridiche che regolano l'organizzazione e le attività della Chiesa cattolica) presso lo Studio, cioè l'Università, di Napoli. Qui incontra l'ultimo grande stilnovista della tradizione toscana, **Cino da Pistoia** (➤ p. 121), che insegnava allo Studio in qualità di insigne giurista. Boccaccio continua però a formarsi, da autodidatta, in campo letterario, affiancando alla lettura dei classici latini e cortesi i testi della recente **tradizione volgare toscana**, dalla *Commedia* di Dante (verso cui maturerà un autentico culto) alle liriche del giovane Petrarca, già poeta affermato. Le letture petrarchesche sono suggerite a Boccaccio da Dionigi da San Sepolcro e da Giovanni Barrili. Tra il 1334 e il 1336 Boccaccio compone le sue prime opere (la *Caccia di Diana*, il *Filostrato* e il *Filocolo*), dove compare il personaggio letterario di **Fiammetta**, un *senhal* («nome fittizio») che forse nasconde l'amore giovanile per Maria d'Aquino, presunta figlia naturale di Roberto d'Angiò.

1.2 Verso il *Decameron*

Il ritorno a Firenze

Nel 1340-41, Boccaccino deve abbandonare Napoli e fare **ritorno a Firenze**, in concomitanza con la crisi della banca dei Bardi (che poi fallirà nel '45), depressa dall'insolvenza di un creditore illustre, re Edoardo III d'Inghilterra, finanziato per la Guerra dei cent'anni contro la Francia. Si tratta di un **trauma** per Boccaccio, che si era profondamente radicato nell'ambiente napoletano e patisce il trasferimento dalla raffinata ed elegante corte angioina alla sobrietà borghese dell'ambiente fiorentino.
Le difficoltà economiche in cui si trova improvvisamente a versare la sua famiglia aggravano la sua inquietudine: Boccaccio cerca di essere introdotto presso le corti di Ro-

Gustaaf Wappers, *Boccaccio legge il Decamerone alla regina Giovanna di Napoli*, 1849. Collezione privata.

magna (prima a Ravenna e poi a Forlì), ma senza successo. Nel **1348**, poi, si abbatte sull'Italia intera la terribile epidemia della **peste nera**, che decima la popolazione, uccidendo anche il padre di Boccaccio e la matrigna, Bice. Proprio all'epoca della peste sarà ambientato il capolavoro di Boccaccio, il *Decameron*, terminato tra il 1351 e il 1353.

Ambasciatore fiorentino

Nonostante la ritrosia ad adattarsi al contesto fiorentino, Boccaccio lentamente viene coinvolto nella **vita della città**. Grazie al prestigio che si è guadagnato con le sue prime opere, il Comune di Firenze lo investe del ruolo di **ambasciatore** in alcune missioni diplomatiche: Boccaccio svolgerà questa mansione presso la corte papale di Avignone, in Romagna, nel Triveneto e in Tirolo. A contatto con gli ambienti letterari toscani, comincia ad assimilare i temi e le forme della letteratura allegorica dell'Italia mediana, che porteranno tra il 1342 e il 1343 alla composizione dell'***Amorosa visione***, un poema in terza rima di ispirazione dantesca.
Nonostante questo progressivo inserimento nell'ambiente fiorentino, Boccaccio continuerà a coltivare la speranza di un ritorno a Napoli, dove aveva lasciato il ricordo degli anni più felici. Nel 1355 e nel 1362 cercherà invano due volte, grazie alla mediazione di Niccolò Acciaiuoli, di trovare casa presso la corte angioina. Boccaccio approfitterà dell'occasione del **primo ritorno a Napoli** per recarsi al monastero di Montecassino e trascrivere lì alcuni codici antichi, di Varrone, Cicerone, Tacito e Apuleio.

L'amicizia con Petrarca

Giubileo
Il Giubileo è un periodo di circa un anno nel quale la Chiesa concede ai fedeli particolari indulgenze che ottengono la remissione delle pene temporali grazie a opere di pietà, di penitenza e di carità.

Risale al 1350 il primo **incontro con Francesco Petrarca**. Petrarca si trova nei pressi di Firenze durante un pellegrinaggio verso Roma, in occasione dell'anno giubilare, o **Giubileo**, e Boccaccio lo attende fuori dalle mura della città: è l'inizio di un **rapporto d'amicizia** e di reciproca stima che si consoliderà negli anni. Nel 1351 Boccaccio è ospite di Petrarca a Padova. Boccaccio guarda inizialmente a Petrarca come a un maestro, nonostante i pochi anni di differenza; quando poi Boccaccio nel 1359 incontrerà ancora di persona Petrarca, a Milano, sarà ormai uno scrittore affermato e i due dialogheranno alla pari, come intellettuali di uguale dignità. S'incontreranno nuovamente nel 1362 a Venezia e, un'ultima volta, nel 1368.
L'amicizia con Petrarca orienta in modo decisivo l'**itinerario intellettuale** di Boccaccio: ne ispira l'amore per i classici latini e forse influenza anche la revisione del *Decameron* operata a Certaldo. All'influenza di Petrarca viene anche ricondotto il desiderio di apprendere il greco, un desiderio che porterà lo scrittore a convincere lo Studio fiorentino a istituire una cattedra di greco, affidata a Leonzio Pilato.

1.3 Gli studi eruditi

Tra Firenze e Certaldo

Da varie relazioni amorose Boccaccio ebbe almeno cinque figli illegittimi, ma proprio come Petrarca nel 1360 decide di prendere gli **ordini minori** e divenire chierico, una scelta che gli garantisce anche una migliore **stabilità economica**. Nel 1361, a seguito di un tentato colpo di Stato in cui sono coinvolti alcuni suoi amici (e in cui si adombra anche un suo possibile coinvolgimento), viene allontanato dalla città e si ritira nella sua casa di **Certaldo**. Lì approfondisce i suoi interessi umanistici, dedicandosi allo studio erudito del patrimonio classico greco-latino, di cui cataloga i miti e l'immaginario in opere come la *Genealogia deorum gentilium*. Intanto procede alla revisione delle opere precedenti e coltiva il suo **culto dantesco**, espresso nel *Trattatello in laude* *di Dante*. Boccaccio si fa anche promotore della conoscenza delle poesie di Petrarca, contribuendo alla costituzione di un gusto petrarchista destinato ad avere un'eco secolare nella tradizione lirica italiana.

La riabilitazione pubblica

Cenacolo

Nell'antica Roma era la sala per la cena. Passa poi a indicare il luogo dove si radunano letterati e artisti con interessi comuni e, in senso figurato, il gruppo stesso di intellettuali.

La repubblica di Firenze, intanto, perdona gli esuli della congiura del 1361 e torna ad affidare a Boccaccio mansioni ufficiali come ambasciatore. Tra il 1373 e il 1374 è incaricato di un ciclo di **pubbliche letture della *Commedia*** dantesca presso la chiesa di Santo Stefano in Badia. La casa di Boccaccio diviene un **cenacolo di intellettuali** (fra i quali il cancelliere della Repubblica Coluccio Salutati), che saranno protagonisti della futura stagione dell'umanesimo civile fiorentino. A differenza di Dante, fiorentino "di fuori", esule legato alla patria da un ambivalente legame di odio-amore, e di Petrarca, cittadino del mondo, la cui identità fiorentina emerge unicamente dalla lingua delle sue poesie, Boccaccio fu in più occasioni eletto dalla città di Firenze a proprio alfiere e rappresentante, nonostante il rapporto fra l'autore e la città non sia sempre stato idilliaco.

Gli ultimi anni

Nel 1370 Boccaccio trascrive, in un **codice autografo**, il suo *Decameron*. Dopo aver interrotto per ragioni di salute (legate all'obesità, o forse a scabbia o diabete) le letture pubbliche della *Commedia*, ferme al canto XVII dell'*Inferno*, si ritira definitivamente a Certaldo, dove muore il 21 dicembre del 1375.

VISUALIZZA I CONCETTI

Le influenze di Napoli e di Firenze sulla produzione di Boccaccio

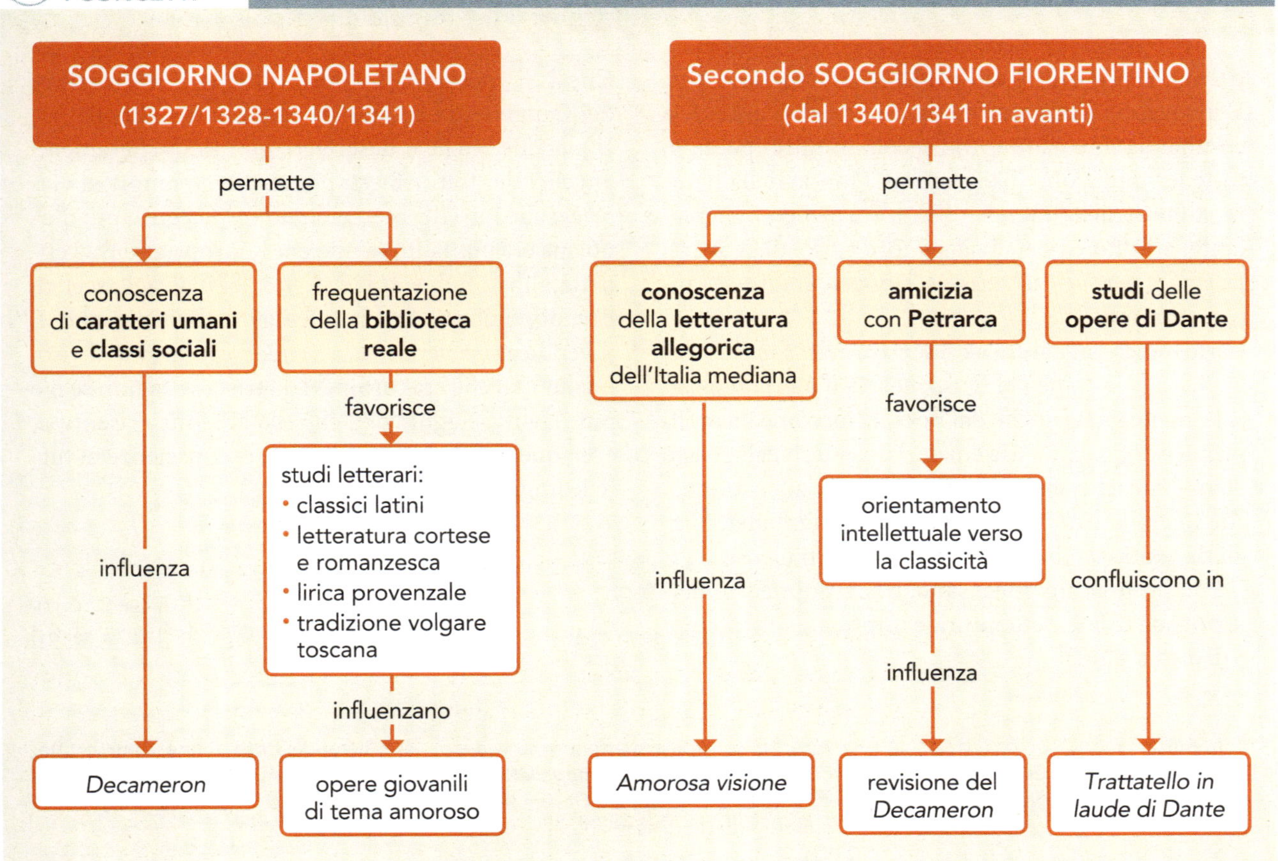

RITRATTO D'AUTORE

Il Boccaccio eroe laico di Carducci

Il poeta e storico della letteratura Giosue Carducci (1835-1907) avvertì sempre un profondo legame con Boccaccio: fu lui a commemorarlo a Certaldo nel 1875, in occasione del quinto centenario della morte. Da questo discorso è tratto il testo che segue, intitolato *Ai parentali* [cioè "Per la commemorazione"] *di Giovanni Boccacci*.
Nelle sue lezioni universitarie di Bologna degli anni 1868-71, raccolte poi sotto il titolo *Dello svolgimento della letteratura nazionale*, Carducci pone le basi della sua visione del Medioevo letterario: Dante, Petrarca e Boccaccio sono considerati i padri non solo della letteratura ma anche della civiltà e della società italiane, perché riuscirono a «parlare al popolo» pur affrontando «alte cose», cioè argomenti impegnativi e profondi. Fu soprattutto Boccaccio, secondo Carducci, che «dal popolo desunse [...] non poco della materia al suo *Decameron*, e delle forme le più belle e durature». Dei tre autori medievali era proprio il Certaldese che suscitava la maggiore ammirazione del critico-poeta, in quanto si era dimostrato, appunto nel *Decameron*, fortemente critico con la Chiesa e ironico rispetto alle forme di devozione che sconfinavano nella superstizione e in una passiva credulità. Tali aspetti si conformavano perfettamente all'ideologia rigorosamente laica di Carducci, che spesso lo spinse ad assumere radicali prese di posizione anticlericali.

Il *Decameron* è anzi tutto una grande opera d'arte. È il rovescio della commedia divina di Dante; è la commedia umana in tutti i secoli, in tutti i paesi, in tutte le condizioni, disegnata su 'l fondo della natura, al lume della ragione. L'autore, plebeo e mercatante, erudito e poeta, viaggiatore e uso alle corti, si trasmuta per tutte le guise[1], si rinnova in tutte le rappresentazioni. [...]
Certo, poiché in natura v'è il senso e nella società i traviamenti e le colpe del senso, così la materia sensuale fu maneggiata anche dal Boccaccio, come da molti prima e dopo di lui. Ma chi declamasse ch'egli guastò il costume, che spogliò di fede e pudicizia la donna, che degrada l'amore, che attenta alla famiglia, quegli dimenticherebbe o dissimulerebbe più cose. [...]
Il Boccaccio fu un poeta sano; e l'avvenimento[2] della pornografia in letteratura è impresa di altri tempi e di altri scrittori.
Che [...] messer Giovanni, oltre le beatificazioni dei Cappelletti e le predicazioni dei fra' Cipolla [...] si piacque anche a descrivere gli immascheramenti angelici dei frati Alberti per recare gli amori di Gabriele alle loro devote[3], ciò può dispiacere a più d'uno; ma era pur tanto tempo che l'Europa gridava vendetta, dibattendosi tra le strette dei malvagi ascetici, che, dopo ubriacatale la intelligenza, la violavano. E il vendicatore venne; e la vendetta fu degna: il riso, ma un riso che era turbine. E la trista sètta non se n'è più riavuta; e ogni volta che ella accenni a risentirsi, ecco quel riso risuonare da tutte le conscienze in tutte le lingue d'Europa, immortale[4].

(Giosue Carducci,
Ai parentali di Giovanni Boccacci)

1. **le guise:** i modi.
2. **avvenimento:** ingresso.
3. **beatificazioni... devote:** si tratta di riferimenti ad alcune novelle del *Decameron*, che, con ironia, mettono in cattiva luce uomini di chiesa: *Ser Ciappelletto* (*Decam.* I, 1), *Frate Cipolla* (*Decam.* VI, 10) e *Frate Alberto* (*Decam.* IV, 2).
4. **E il vendicatore venne... immortale:** Boccaccio fu accusato di avere ridicolizzato la Chiesa e i suoi rituali, mostrandone l'ipocrisia.

2. Letteratura tra diletto e utilità

2.1 Le tre fasi della produzione di Boccaccio

I caratteri comuni

> Io so bene che la natura
> ha impresso in me
> fin dalla nascita
> la vocazione della poesia.
>
> *Genealogia deorum gentilium*

Per la poetica di Boccaccio occorre distinguere **tre fasi**: quella relativa alle opere del **periodo napoletano**, quella del ***Decameron***, e quella delle **opere latine** della maturità. Prima però di soffermarci su queste tre fasi, occorre premettere che è possibile riconoscere alcuni **aspetti comuni** che attraversano l'intera sua opera.

Innanzitutto l'affermazione non soltanto della **funzione consolatoria della poesia**, che lenisce le sofferenze e gli affanni dell'esistenza umana, ma anche, e più, la sua capacità di rappresentare come possibile il **raggiungimento della felicità** in questo mondo. La poesia, inoltre, rappresenta un nutrimento essenziale per l'uomo, capace di sostentare e rafforzare la sua parte migliore, quella che, nella consapevolezza dei propri limiti e nell'accettazione delle altrui debolezze, gli permette una serena **convivenza sociale**. Nella sua mescolanza di diletto e utilità (che Boccaccio deriva da uno dei precetti impartiti da Orazio nell'***Ars poetica***), la poesia percorre una strada profondamente diversa da quella della filosofia: mentre quest'ultima procede in modo scoperto ed esplicito, formulando precetti che indicano ciò che va perseguito e ciò che va evitato, la prima si esprime in modo indiretto, nascondendo sotto il **velo dell'invenzione** le verità di cui parla.

Ars poetica
Trattato in versi in cui Orazio espone la natura, gli scopi e gli strumenti propri della poesia.

Baldassarre Calamai, *Boccaccio rallegra con una sua novella una brigata raccolta a villa di Schifanoia*, 1844. Firenze, Galleria d'Arte Moderna di Palazzo Pitti.

In dialogo con Dante e Petrarca

La poetica di Boccaccio si sviluppa, inoltre, in stretto dialogo con le altre due grandi "corone" della letteratura italiana medievale: il **"padre" Dante**, di cui Boccaccio fu copista (➤ p. 514), interprete e commentatore, e il **"fratello maggiore" Petrarca**, con cui condivise, come vedremo, un progetto di recupero della letteratura classica che lo renderà un anticipatore dell'Umanesimo. Bisogna peraltro guardarsi dall'errore di considerare Boccaccio semplicemente un continuatore di tradizioni inaugurate da altri. Atteggiamento tipico suo fu sempre quello di **presentarsi come un epigono**, quando invece si rivelò, a tutti gli effetti, un **grande sperimentatore** di generi e forme letterarie, risultando, in molti casi, un vero innovatore: questo vale per il suo capolavoro, il *Decameron*, ma anche per altre opere, come il *Teseida*, primo esempio di epica in volgare, il *Filocolo*, primo romanzo in prosa della letteratura italiana, la *Commedia delle ninfe fiorentine*, che inaugura la tradizione bucolica.

La dialettica tra diletto e utilità

La tensione che anima l'evoluzione della poetica di Boccaccio permette di riconoscere una **dialettica** tra una concezione di letteratura come gioco e come fonte di **piacere** da un lato, e una concezione opposta che identifica la funzione della letteratura nella sua capacità di trasmettere **contenuti morali**.

Le opere del periodo napoletano e fiorentino

Nelle opere precedenti al *Decameron* Boccaccio fa coincidere in modo esplicito **ispirazione letteraria e ispirazione amorosa**, per esempio rappresentando sé stesso impegnato «quasi dalla mia puerizia infino a questo tempo ne' servigi d'Amore» (*Proemio* del *Filostrato*). In queste opere Boccaccio si rivolge alle **donne** come a un pubblico privilegiato per sensibilità di lettura e per affinità rispetto al proprio ruolo di autore. La conseguenza di tutto ciò è che il **piacere** assume un **ruolo di primo piano** tra le finalità della scrittura letteraria, che si presenta come un gioco mobilissimo e sperimentale in cui tutta la tradizione – quella classica e quella medievale – viene reinventata e trasposta in volgare «acciò che più dilettasse» (lettera dedicatoria della *Elegia di Madonna Fiammetta* ➤ p. 519). La **letteratura** diviene così lo **specchio** in cui il lettore potrà ritrovare la rappresentazione dei desideri **dell'autore** (fedele adepto di Amore sin dall'infanzia) e dei propri.

Le opere della maturità

> È vera poesia
> ciò che componiamo
> sotto il velo dell'allegoria.
>
> *Genealogia deorum gentilium*

Il contrario accade nelle opere successive al *Decameron*, in cui il legame tra letteratura e pubblico femminile è infranto: nel *Corbaccio* (➤ p. 527), per esempio, le Muse non sono più, come accade nel *Decameron*, identificate con le donne, ma riprendono la loro identità non umana e la loro veste mitica. L'opera più significativa, da questo punto di vista, è la *Genealogia degli dei pagani*, che, con un ritorno a ragioni tipicamente medievali, ripropone la **centralità dell'allegoria** per sottolineare come il fine della letteratura dev'essere individuato nella trasmissione di contenuti da cui trarre **insegnamenti morali**: «la poesia è un certo ardore di trovare, esprimere e poi scrivere pensieri eletti» (*Genealogia* XIV, VII, 1). Allo stesso tempo questo nuovo approccio porta Boccaccio a **rivalutare l'età classica**, greca e latina, a paragone della quale le nuove letterature romanze gli paiono ora quasi frivole. E proprio la finalità morale è il movente principale che porta il Boccaccio della maturità a rivalutare il **mito**.

La sintesi del *Decameron*

La poetica del ***Decameron*** si situa in una posizione mediana tra le due trattegiate finora, e si configura non come un compromesso, ma come una condizione di **equilibrio**. La raccolta di novelle, infatti, ha al suo interno la componente del desiderio e della libertà inventiva che caratterizzava le prime opere: nei temi di molte vicende narrate, nella figura stessa di Dioneo, uno dei giovani novellatori, nella struttura aperta delle dieci giornate che compongono il libro (➤ p. 528). Ma caratteristica del *Decameron* è, allo stesso tempo, la volontà da parte dell'autore di esercitare un fermo **controllo** e una **razionalizzazione della materia** trattata attraverso la **cornice** (➤ p. 530), cioè la narrazione dell'antefatto e del contesto in cui le novelle vengono raccontate, e la struttura stessa del libro. Questa volta l'autore propone ai suoi lettori la propria opera non sotto il segno dell'appassionata autobiografia, come nella precedente produzione, ma distaccandosi dalla materia narrata attraverso l'intermediazione del gruppo dei giovani novellatori. Da un lato il tema centrale del libro è l'**amore**, la forza invincibile del **desiderio**, che viene difeso, nell'introduzione alla IV giornata, sulla base di una illustre tradizione in volgare a cui anche Dante e Guido Cavalcanti si sono inchinati. Dall'altro, però, l'ampissimo ventaglio delle situazioni e delle vicende rappresentato nel testo acquisisce indirettamente un **valore morale**, perché permette al lettore (nel caso specifico alle lettrici) di valutare le conseguenze dei comportamenti umani: «utile consiglio potranno pigliare, in quanto potranno cognoscere quello che sia da fuggire e che sia similmente da seguitare ["seguire"]» (➤ p. 544).

VISUALIZZA I CONCETTI

Il *Decameron*, sintesi della poetica di Boccaccio

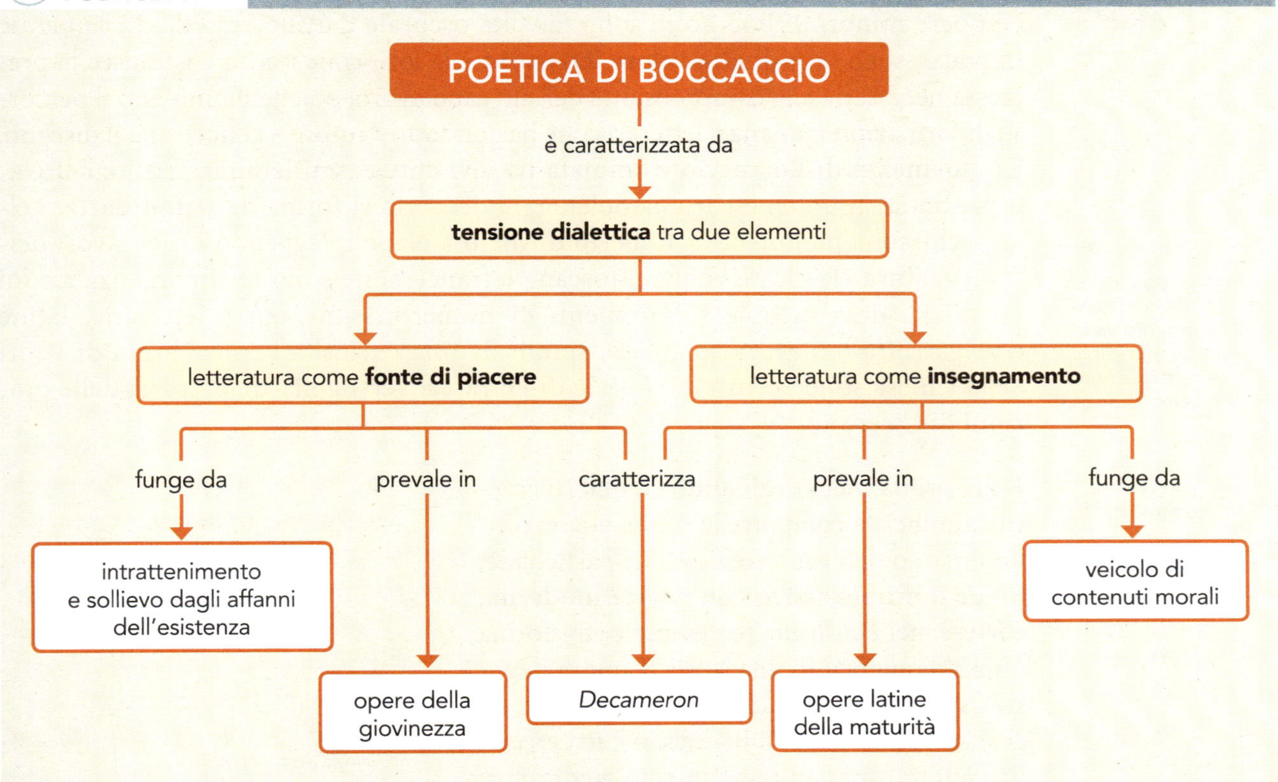

2.2 Boccaccio interprete e storico della letteratura

La nascita del concetto di storia letteraria

La lunga riflessione di Boccaccio sulla letteratura assume anche modalità che solo la critica degli ultimi anni ha messo in luce, e che mostrano la **nascita dell'idea stessa di storia letteraria**. In due codici della Biblioteca Apostolica Vaticana (Chigi L.V.176 e L.VI.213) Boccaccio raccoglie la sua *Vita di Dante*, la *Commedia*, la *Vita nuova* e quindici canzoni del poeta fiorentino; la canzone di Cavalcanti *Donna me prega*, con il commento di Dino del Garbo; infine, la più antica stesura del *Canzoniere* di Petrarca: una scelta esemplare che mostra la volontà di leggere la precedente **tradizione** secondo la prospettiva di una prima storia e antologia della letteratura italiana.

Anche sul versante della letteratura classica Boccaccio rivestì un ruolo critico di primo piano, in particolare per quanto riguarda la **fortuna di Omero**. A lui dobbiamo l'istituzione della prima cattedra di greco all'Università di Firenze, affidata a Leonzio Pilato, un monaco originario della Reggio Calabria bizantina e suo conoscente dai tempi di Napoli. Fu dunque Boccaccio, insieme all'amico Petrarca, a promuovere la prima **traduzione** dal greco al latino dell'*Odissea*, anticipando così l'attività degli umanisti e contribuendo alla prima fortuna del poeta greco in Occidente.

FISSA I CONCETTI

- Quali sono le principali tappe della formazione umana e culturale di Boccaccio nei primi anni fiorentini e nel periodo napoletano?
- Quali sono gli aspetti salienti della sua poetica?

3. Le prime opere

3.1 Passioni, interessi, scelte

La passione dell'autodidatta

Le opere minori di Boccaccio sono talvolta oscurate dal successo del *Decameron*. In realtà, sono testi di **alto valore letterario** e la loro conoscenza costituisce la premessa necessaria alla comprensione del suo capolavoro, poiché illuminano il percorso di formazione umana e letteraria che ha condotto l'autore a concepirne il disegno. La giovinezza di Boccaccio è animata da vivi entusiasmi letterari, nati e coltivati presso la stimolante corte napoletana. Boccaccio si forma da **autodidatta**, nella ricchissima biblioteca di Roberto d'Angiò a Napoli, leggendo i capolavori della letteratura classica e volgare, toscana e francese; ne sono testimonianza alcuni **zibaldoni** dove ricopiò i frammenti di numerosissime opere letterarie, latine e volgari, fra cui aveva spigolato, spinto da una curiosità vorace: brani di Padri della Chiesa sono accostati a poesie di Petrarca, versi goliardici a passi delle orazioni di Cicerone.

Zibaldone
Repertorio o diario che contiene appunti di argomento vario: notizie, riflessioni, estratti di letture, schemi, abbozzi.

Grazia classica e realismo romanzo

Nella prima metà degli anni Trenta, Boccaccio comincia a comporre le prime opere, contaminando diverse tradizioni. In particolare, fonde il **mito classico** con l'**epica moderna, cortese**: nel *Filostrato*, per esempio, trasforma un mito omerico in una storia d'amore di gusto cavalleresco, ispirata a un romanzo del ciclo classico (➤ p. 516). Boccaccio è in cerca di una **letteratura** d'intrattenimento **media**, cioè

> Né spinto da improvviso capriccio il mio animo tendeva alla poesia con ogni sua forza, ma andava verso di lei spinto da una disposizione antichissima.
>
> *Genealogia deorum gentilium*

né sublime né popolaresca, capace di raccontare le passioni dell'essere umano con realismo, ma conservando un linguaggio misurato e composto. Il pubblico di riferimento è rappresentato dalle **donne colte**, sia cortigiane sia borghesi. Il fine di questa letteratura è coltivare la propria curiosità intellettuale e procurare piacere al lettore, e non proporre modelli di carattere morale o educativo. Boccaccio manifesta quindi una vera predilezione per le storie d'invenzione e le favole, e difende l'**autonomia dell'arte** dalle pretese di una giustificazione esterna, per quanto quest'ultima si richiami a valori alti e assoluti: la letteratura ha infatti valore per sé stessa, e parla all'uomo senza aver bisogno di una legittimazione etica o religiosa.

I nuovi generi volgari

Con la sua **contaminazione** e il suo **sperimentalismo**, dunque, Boccaccio non si adegua alle convenzioni dei generi letterari, ma ne fornisce nuove interpretazioni, cimentandosi in diversi ambiti, dal romanzo alla visione allegorica. In questo modo offre un decisivo contributo alla **codificazione** dei generi letterari volgari (il poemetto pastorale, la narrativa romanzesca in ottave, la novella). Dalle cosiddette opere minori, dunque, emerge soprattutto una coraggiosa vocazione di Boccaccio alla sperimentazione, che si esercita sia nell'adattamento dei più disparati generi alla letteratura in volgare, sia nella contaminazione della cultura classica con la letteratura romanza.

3.2 Le opere del periodo napoletano

L'epopea dell'amore

Le prime opere di Boccaccio, come si è detto, sono travagliate **storie d'amore**, tratte dal mito classico o dai romanzi cortesi in lingua d'*oïl*, dietro a cui s'intravede, a volte, il modello dantesco della *Vita nuova* e della *Commedia*. Anche nei testi che s'ispirano a miti di guerra (*Filostrato*, *Teseida*), la componente amorosa prevale decisamente su quella bellica. Boccaccio guarda anche alla **tradizione popolare** dei cantari, come afferma esplicitamente nel *Filocolo*: l'autore intende infatti innalzare il «fabuloso parlare degli ignoranti» all'ordine formale della letteratura classica. In questi testi sono disseminati anche ripetuti accenni autobiografici, sempre filtrati dai modelli letterari.

VISUALIZZA I CONCETTI

Gli esordi letterari di Boccaccio

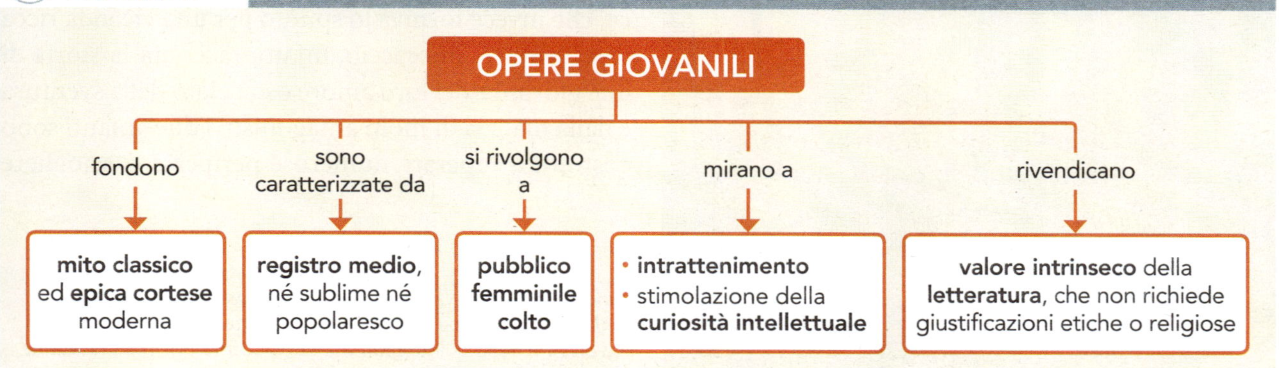

Caccia di Diana (poemetto mitologico in terza rima)

È un poemetto in terzine di endecasillabi in rima incatenata (lo stesso metro della *Commedia* dantesca) forse anteriore al 1334, che racconta la **ribellione delle ninfe** devote a Diana, dea della caccia, che decidono di offrire le loro prede a Venere, dea dell'amore. Venere trasforma dunque le bestie in uomini belli e cordiali: tra di loro si ritrova anche l'autore, ingentilito grazie alla donna amata. Boccaccio richiama l'ideologia dell'**amor cortese**: l'amore per una donna gentile rende più sensibile l'animo dell'uomo che, innamorato, si pone al suo servizio, imparando le virtù dell'autentica cortesia.

Filostrato (poemetto epico in ottava rima)

Biblioteca digitale *Il "malato" d'amore* (*Filostrato*, 60-66)

L'opera, costituita da un proemio in prosa e nove parti in versi, è composta a Napoli nel 1335 (secondo altri viene conclusa nel 1338). Il *Filostrato* è importante anzitutto perché consacra l'**ottava rima** (forse invenzione di Boccaccio) a forma canonica della narrativa italiana in versi. Boccaccio vi recepisce un mito omerico attraverso la mediazione di romanzi cavallereschi come il *Roman de Troie* di Benoît de Sainte-Maure (XII secolo in francese antico). Quando Chaucer (autore dei *Racconti di Canterbury* ➤ p. 664), nel *Troylus and Cryseide* (del 1383-85), e Shakespeare, nel *Troilus and Cressida* (del 1601), riprenderanno la leggenda di Troiolo e Criseide, seguiranno lo schema delle vicende stabilito da Boccaccio.
Filostrato, figlio di Priamo, re di Troia, innamorato di Criseida, è il **vinto d'amore**, che (al contrario di quanto accadrà a Filocolo) è condotto dalla passione a perdere la dignità e infine la vita, una figura che sembra alludere a Boccaccio stesso. La vicenda è narrata a volte da un punto di vista esterno ai personaggi, altre volte assumendo invece la prospettiva soggettiva, interiore dei personaggi. La celebrazione dell'amore come attrazione naturale e irresistibile fra creature terrene tornerà anche nel *Decameron*.

Filocolo (romanzo in prosa)

Composto in cinque libri nel 1336, il *Filocolo* (titolo che evoca la fatica d'amore, secondo un'etimologia grecizzante) è, secondo Salvatore Battaglia, il «primo romanzo della letteratura italiana». Boccaccio si ispira a un poemetto in francese antico, il cantare di *Floire et Blanchefleur* (*Cantare di Florio e Biancifiore*), che suggeriva la materia di un **amore contrastato**, contaminato con il modello del romanzo antico in lingua greca, che invece forniva lo spunto per una vicenda ricca di avventure. Boccaccio, infatti, racconta la storia di due giovani e del loro amore ostacolato dalla sventura e dalla malizia di molti antagonisti: i due amanti sono costretti a superare numerose peripezie, a sciogliere

Sandro Botticelli, *Nastagio degli Onesti assiste all'uccisione della donna nella pineta di Ravenna* (particolare); episodio della novella VIII della quinta giornata del *Decameron*, 1483. Madrid, Museo del Prado.

equivoci imprevisti, a recarsi in luoghi sconosciuti per coronare il loro sogno amore. Questo lungo romanzo, caratterizzato da uno stile sovrabbondante e da una profonda erudizione, esalta l'immaginazione di Boccaccio che, grazie alla **tematica del viaggio**, crea sfondi esotici e variopinti (dove non mancano riferimenti alla vita cortigiana della Napoli angioina): una vocazione che troverà piena maturazione nel *Decameron*.

Teseida (poema epico in ottava rima)

L'opera è composta verosimilmente tra 1339 e il 1341, negli anni del trasferimento da Napoli a Firenze (anche se è stata proposta una retrodatazione al 1334). Si tratta di un poema epico in ottava rima, in dodici libri (lo stesso numero dell'*Eneide* di Virgilio), dedicato a Fiammetta (➤ p. 507), che ha per protagonista l'eroe greco **Teseo**. L'ispirazione di Boccaccio è sempre sospesa tra classicità e modernità: si fondono infatti echi dal poema epico di Stazio (I secolo d.C.) intitolato *Tebaide* e dal *Roman de Thèbes* (*Il romanzo di Tebe*), testo narrativo in lingua d'*oïl*. L'ambizione di Boccaccio è quella di promuovere la **rinascita del poema antico**, elevando l'epica volgare al rango dell'opera virgiliana (come auspicato da Dante nel *De vulgari eloquentia* ➤ p. 245).

Rime

La composizione delle oltre 150 rime di Boccaccio si estende nell'arco di diversi anni. Le sue poesie, ispirate in parte al **modello dantesco-stilnovistico** e caratterizzate da una grande varietà di temi, testimoniano le prospettive della lirica toscana prima dell'affermazione del modello petrarchesco. Nelle rime boccacciane si alternano, accanto alle meditazioni amorose ed esistenziali, considerazioni politiche e riflessioni religiose. L'attenzione alla descrizione degli ambienti e la vivacità realistica di alcuni componimenti trovano corrispondenza nelle sue opere in prosa.

FISSA I CONCETTI

- Quali sono le caratteristiche generali delle opere giovanili di Boccaccio?

VISUALIZZA I CONCETTI

Le opere del periodo napoletano

OPERE "NAPOLETANE"

- ***Caccia di Diana*** →
  - poemetto mitologico in terza rima
  - ideologia dell'amore cortese
- ***Filostrato*** →
  - poemetto epico in ottava rima
  - celebrazione dell'amore come attrazione irresistibile tra creature
- ***Filocolo*** → erudito romanzo in prosa, che narra di un amore contrastato
- ***Teseida*** → poema epico in ottava rima, incentrato sulla figura di Teseo
- ***Rime*** →
  - liriche di tema amoroso, esistenziale, politico e religioso
  - parziale adozione del modello dantesco-stilnovistico

TEMI E GENERI

La nascita dell'ottava

La struttura dell'ottava

I testi narrativi non sempre sono in prosa, come avviene comunemente nel nostro tempo: anticamente, infatti, era particolarmente amato il genere del poema composto in versi.
La narrativa italiana in versi predilesse la forma dell'ottava rima: una strofa di otto versi endecasillabi (il cui ultimo accento corrisponde cioè alla decima sillaba), i cui primi sei versi sono in rima alternata e gli ultimi due in rima baciata.
Lo schema rimico è dunque: ABABABCC.
Ecco, per esempio, la prima strofa del *Filostrato*:

Alcun di Giove sogliono il favore
ne' lor principii pietosi invocare,
altri d'Apollo chiamano il valore;
io di Parnaso le Muse pregare
solea ne' miei bisogni, ma Amore
novellamente m'ha fatto mutare
il mio costume antico e usitato,
po' fui di te, madonna, innamorato.

Scena cortese; miniatura del XV secolo.
Parigi, Biblioteca Nazionale.

I testi in ottave sono spesso caratterizzati da una spiccata fluidità, assicurata dal distendersi dei periodi oltre la misura del singolo verso (dando dunque vita al fenomeno dell'*enjambement*) e della singola strofa. Il respiro del discorso, in questo modo, si distende e si ampia.

Boccaccio inventore dell'ottava?

Il critico Guglielmo Gorni ha ipotizzato che l'inventore dell'ottava sia proprio il Boccaccio del *Filostrato*. In quest'opera, infatti, l'autore riporta una canzone di Cino da Pistoia (suo maestro all'Università di Napoli) adattandone la stanza originaria alla forma dell'ottava. Boccaccio potrebbe dunque aver ideato l'ottava modificando la stanza di canzone e, in particolare, potrebbe essersi ispirato al congedo delle canzoni interamente composte in endecasillabi, un po' come i poeti della scuola siciliana (forse Giacomo da Lentini ➤ p. 64), che trassero probabilmente il sonetto da una stanza di canzone. Ecco per esempio un'ottava del *Filostrato* (IX, 5), incaricata proprio di raggiungere la «donna gentil»:

Poi tu, posata alquanto, te n'andrai
alla donna gentil della mia mente:
oh, te felice che la vederai,
quel ch'io non posso far, lasso dolente!
E come tu nelle sue man sarai
con festa ricevuta, umilemente
mi raccomanda all'alta sua virtute,
la qual sola mi può render salute.

Altri immaginano invece che l'ottava rima abbia un'origine popolare, derivando dalla lauda o dalla ballata. In ottave sono in effetti i *cantari* (➤ p. 21), recitati dai cantastorie nelle strade e nelle piazze, che tramandavano le storie dei paladini di Orlando (derivanti dalle *chansons de geste* francesi) al vasto pubblico.

3.3 Le opere del periodo fiorentino

Tra realismo e allegorismo

Il ritorno a Firenze e l'incontro con la tradizione poetica toscana ispirano nelle opere di Boccaccio di questo periodo un'istanza di **utilità morale**, senza perdere la vocazione al realismo e al racconto e senza un disconoscimento del valore dell'arte in sé, caratteristica che continua a contraddistinguere l'opera di Boccaccio.

Commedia delle ninfe fiorentine

(romanzo pastorale in versi e prosa: prosimetro)

La *Commedia delle ninfe fiorentine* (nota anche con l'impreciso titolo di *Ninfale d'Ameto*) è composta tra il 1341 e il 1342. L'opera è un **prosimetro**, come la *Vita nuova* di Dante, in cui si alternano terzine in endecasillabi e parti in prosa. Boccaccio si ispira all'antica **poesia bucolica** di Teocrito (poeta greco del III secolo a.C.) e di Virgilio, ma decide di spostarne l'ambientazione dalla greca Arcadia alla Toscana, dando così avvio a una tradizione di **poesia pastorale in volgare** che conoscerà grande fortuna soprattutto a partire dall'*Arcadia* di Jacopo Sannazaro (fine del XV secolo).

Poesia bucolica
Genere poetico di ambientazione pastorale, caratterizzato da situazioni e personaggi legati al mondo rurale. Si ritiene che il suo inventore sia stato il poeta greco Teocrito (IV-III secolo a.C.).

In questo **romanzo di formazione**, il rozzo pastore Ameto incontra sui colli fiorentini sette ninfe, che personificano le virtù cardinali (prudenza, giustizia, fortezza, temperanza) e teologali (fede, speranza e carità). Grazie ai loro insegnamenti, illustrati attraverso il racconto di una serie di storie d'amore (una struttura di storia nella storia che rimanda al *Decameron*), il rustico Ameto si civilizza. Il romanzo richiama dunque il tema, già sviluppato nella *Caccia di Diana*, dell'amore che **ingentilisce** e **rende cortesi** gli uomini. L'amore conduce dalla condizione naturale della ferinità alla condizione civile dell'umanità, la cui comunità ideale sembra adombrare la Firenze del tempo. Dietro alla bellezza delle ninfe s'intravede anche un omaggio alle donne fiorentine, alla maniera in cui nella *Caccia di Diana* si erano celebrate le nobildonne napoletane.

Amorosa visione (poemetto allegorico in terza rima)

Questo poemetto di cinquanta canti in terzine è composto nel 1342-43 e il suo modello è forse il *Roman de la Rose* (➤ p. 32). In sogno, guidato da una donna cortese, il protagonista visita un castello dove contempla, in una serie di dipinti, i **trionfi** della Sapienza, della Gloria, dell'Avarizia, dell'Amore e della Fortuna. Al risveglio il protagonista comprende che il sogno è un ammonimento a cercare la virtù piuttosto che il piacere sensuale. L'**itinerario dell'anima** dall'amore mondano alla virtù rimanda all'itinerario dantesco nella *Commedia*, anche se in questo caso si celebra la conquista di una sapienza umana, e l'opera influenzò forse Petrarca per la composizione dei suoi *Trionfi* (➤ p. 481). Il testo nasconde un raffinatissimo **acrostico**: le prime lettere di ogni terzina del testo formano, messe una dopo l'altra, tre sonetti, due dedicati a Fiammetta e uno ai lettori.

Acrostico
Tipo di poesia in cui le iniziali dei singoli versi, lette nell'ordine, formano una parola o frase, e, per estensione, anche una parola formata dalle iniziali di altre parole.

Elegia di Madonna Fiammetta (romanzo in prosa)

Con questo romanzo, scritto nel 1343-44, Boccaccio abbandona l'immaginario, antico o cortese, di mondi esotici e s'immerge nella realtà di un **dramma d'amore contemporaneo**, ambientato a Napoli. Il modello antico sono le *Eroidi* di Ovidio (lettere d'amore in versi inviate da eroine ai loro amanti), ma Boccaccio si lascia ispirare anche dalla vicenda di Didone nel IV libro dell'*Eneide* di Virgilio.

Boccaccio sceglie il genere dell'elegia per esprimere la **sofferenza psicologica** di Fiammetta, una donna sposata che langue per la lontananza dell'amante Panfilo. L'opera, infatti, è costituita da un lungo monologo interiore della protagonista ed è indirizzata alle donne che possono comprenderne il dolore. Boccaccio introduce così una novità profonda nella storia della letteratura d'amore italiana: la donna, da oggetto del desiderio maschile, diviene soggetto della passione amorosa e diviene voce narrante, rivolgendo la sua dolente confessione ad altre donne. La figura femminile acquista passionalità e un inedito **spessore umano**.

Il genere elegiaco permette a Boccaccio di ricondurre il modello dell'amore cortese idealizzato (suggerito dalla situazione di un amore extraconiugale) alla concretezza borghese delle passioni naturali, in questo caso fonti di dolore. Nonostante l'opera sia un'elegia (che prevede un linguaggio umile), Boccaccio adotta una sintassi elegante, latineggiante, ingentilita da un lessico accuratamente scelto e arricchita da reminiscenze letterarie. Il testo risulta narrativamente poco movimentato poiché il resoconto degli eventi è prevaricato dall'introspezione psicologica: l'analisi prevale sul racconto.

Ninfale fiesolano (poemetto mitologico-pastorale in ottava rima)

Biblioteca digitale *La morte di Mensola*

Questo poemetto mitologico di ambientazione pastorale in 473 ottave, composto tra il 1345 e il 1346, narra l'amore del giovane pastore **Africo** e della ninfa **Mensola**, ostacolato dalle imposizioni della dea Diana, che pretende la castità dalle sue ninfe. La vittoria finale della crudeltà di Diana (i due amanti muoiono e sono trasformati in fiumi) è compensata dall'annuncio dell'**istituzione del matrimonio**, che rende finalmente legittimo e possibile l'amore. Boccaccio coglie l'occasione per evocare anche le **origini di Firenze e di Fiesole** (fondata da Pruneo, figlio dei due amanti), a gloria della sua città natale. Boccaccio trae sempre ispirazione dalla letteratura classica (anzitutto le *Metamorfosi* di Ovidio), ma all'erudizione e all'allegorismo sostituisce ora la fresca rappresentazione di un amore innocente, osteggiato da regole crudeli, adottando un linguaggio quasi popolaresco. Il tema ritornerà anche nel *Decameron*.

FISSA I CONCETTI

- Quali sono le opere di Boccaccio del periodo fiorentino e quali caratteri le accomunano?

VISUALIZZA I CONCETTI

Le opere del periodo fiorentino

OPERE "FIORENTINE"

- ***Commedia delle ninfe fiorentine*** →
  - prosimetro di ambientazione pastorale
  - amore come forza capace di rendere cortesi e civili
- ***Amorosa visione*** →
  - poemetto allegorico in terza rima
  - itinerario dell'anima dall'amore mondano alla virtù
- ***Elegia di Madonna Fiammetta*** →
  - romanzo in prosa di genere elegiaco
  - ambientazione contemporanea
  - adozione della forma del monologo
- ***Ninfale fiesolano*** → poemetto mitologico-pastorale in ottava rima, che narra di un amore contrastato

T1 L'Elegia di Madonna Fiammetta

Proemio

Biblioteca digitale *Fiammetta innamorata*

Nella pagina iniziale dell'*Elegia di Madonna Fiammetta* ritroviamo gli elementi tradizionali del proemio di un'opera letteraria: l'anticipazione dei contenuti e l'invocazione alla divinità, perché sostenga lo scrittore nell'impresa a cui si accinge.
La voce narrante di Fiammetta anticipa l'argomento del libro: si tratta di una confessione delle proprie pene d'amore, rivolta specificatamente alle donne. Fiammetta restringe infatti il suo pubblico a chi può comprenderne le pene, escludendo che gli uomini siano in grado di farlo. Così facendo, Boccaccio intende distinguere con chiarezza l'*Elegia di Madonna Fiammetta* dalle opere di ambientazione mitologica: le sue lettrici non devono attendersi di leggere «favole greche» o «troiane battaglie» ma una vicenda d'amore realistica, ambientata nei tempi presenti, a Napoli. Fiammetta spiega che retrocederà con la memoria all'inizio della storia, quando il suo amore era ancora felice. Al termine del proemio Fiammetta invoca Dio affinché sostenga la sua vacillante memoria e la sua tremante mano in questa difficile sfida letteraria.

Incomincia il libro chiamato Elegia di Madonna Fiammetta, da lei alle innamorate donne mandato.

Suole a' miseri crescere di dolersi vaghezza,[1] quando di sé discernono[2] o sentono compassione in alcuno. Adunque, acciò che in me, volonterosa più che altra a dolermi, di ciò per lunga usanza non menomi la cagione, ma s'avanzi,[3] mi piace, o nobili donne, ne' cuori delle quali amore più che nel mio forse felicemente dimora, narrando i casi miei, di farvi, s'io posso, pietose. Né m'è cura perché il mio parlare agli uomini non pervenga,[4] anzi, in quanto io posso, del tutto il niego[5] loro, però che sì miseramente in me l'acerbità d'alcuno si discuopre, che gli altri simili imaginando, piuttosto schernevole riso che pietose lagrime ne vedrei.[6] Voi sole, le quali io per me medesima conosco pieghevoli e agl'infortunii **pie**[7], priego che leggiate; voi, leggendo, non troverete favole greche[8] ornate di molte bugie,[9] né tro-

lessico
Pio
Che o chi dimostra un profondo sentimento di devozione religiosa; che o chi dimostra sentimenti di carità nei confronti degli altri.

1. crescere... vaghezza: crescere il desiderio di esprimere il proprio dolore. La consapevolezza che esiste qualcuno disponibile ad ascoltare i propri patimenti spinge il sofferente a comunicare la sua pena: esprimere il proprio dolore, quando possibile, contribuisce infatti a lenirlo.
2. di sé discernono: riflettono su sé stessi.
3. acciò che... s'avanzi: affinché in me, desiderosa più di chiunque altro di comunicare la mia sofferenza, non si attenui la ragione («cagione») di dolermi per il fatto che dura da lungo tempo («per lunga usanza»), ma si accresca.
4. Né... pervenga: E non mi interessa («m'è cura») che le mie parole giungano agli uomini.
5. il niego: lo nego. Fiammetta non soltanto non è interessata a che gli uomini vengano a conoscenza della sua sofferenza, ma desidera proprio che non lo vengano a sapere, per non esporsi alla loro gratuita crudeltà e derisione.
6. però che... vedrei: dal momento che così miserabilmente si manifesta («si discuopre») la crudeltà («acerbità») di uno di loro nei miei confronti, che immaginando essere gli altri simili a questo, immagino che ne riceverei risate di scherno piuttosto che lacrime di compassione.
7. pieghevoli... pie: comprensive e compassionevoli nei confronti delle sventure altrui.
8. favole greche: fa riferimento ai miti classici, in particolare greci.
9. bugie: sono le invenzioni fantastiche che accompagnano la narrazione dei miti antichi.

iane battaglie[10] sozze[11] per molto sangue, ma amorose, stimolate da molti disiri, nelle quali davanti agli occhi vostri appariranno le misere lagrime, gl'impetuosi sospiri, le dolenti voci e li tempestosi[12] pensieri, li quali, con istimolo[13] continuo molestandomi,[14] insieme il cibo, il sonno, i lieti tempi[15] e l'amata bellezza hanno da me tolta via.[16] Le quali cose, se con quel cuore che sogliono essere le donne vederete,[17] ciascuna per sé e tutte insieme adunate, sono certa che li dilicati visi con lagrime bagnerete, le quali a me, che altro non cerco, di dolore perpetuo fieno cagione.[18] Priegovi che d'averle non rifiutate, pensando che, sì come li miei, così poco sono stabili li vostri casi, li quali se a' miei simili ritornassero, il che cessilo Iddio, care vi sarebbero rendendolevi.[19] E acciò che il tempo più nel parlare che nel piagnere non trascorra, brievemente allo impromesso[20] mi sforzerò di venire, da' miei amori più felici che stabili cominciando, acciò che da quella felicità allo stato presente argomento prendendo, me più che altra conosciate infelice;[21] e quindi a' casi infelici, onde io con ragione piango, con lagrimevole stilo[22] seguirò come io posso. Ma primieramente,[23] se de' miseri sono li prieghi ascoltati, afflitta sì come io sono, bagnata delle mie lagrime, priego, se alcuna deità è nel cielo la cui santa mente per me sia da pietà tocca,[24] che la dolente memoria aiuti, e sostenga la tremante mano alla presente opera, e così le faccia possenti, che quali nella mente io ho sentite e sento l'angoscie, cotali l'una profferi le parole, l'altra, più a tale oficio volonterosa che forte, le scriva.[25]

10. troiane battaglie: riferimento al ciclo di leggende attorno alla guerra di Troia, risalenti all'*Iliade* di Omero, e poi moltiplicatesi in età medievale, tra cui i numerosi romanzi cavallereschi del cosiddetto "ciclo classico" (➤ p. 26).
11. sozze: sporche del sangue (metaforico) degli eroi di cui si racconta la morte sul campo di battaglia.
12. tempestosi: cioè pieni di sofferenze.
13. istimolo: è il doloroso pungolo dei pensieri (in particolare del ricordo di Panfilo), che continuamente vessa la mente della donna innamorata. Il pungolo dell'Amore è metafora diffusa nella poesia amorosa, anche religiosa.
14. molestandomi: tormentandomi.
15. lieti tempi: sono naturalmente i tempi felici di quando l'amore tra Fiammetta e Panfilo era realizzato e reciproco.
16. tolta via: complementi oggetto sono «il cibo, il sonno, i lieti tempi e l'amata bellezza».
17. se con... vederete: se le considererete con quel cuore che sono solite possedere le donne, cioè con un cuore capace di compassione.
18. le quali... cagione: le quali a me, che non cerco altro, saranno motivo («fieno cagione») di dolore continuo. Il pronome «le quali» è riferito alle «lacrime» citate in precedenza, fonte di sofferenza interminabile per Fiammetta, alle quali aggiungeranno le loro lacrime le lettrici.
19. Priegovi... rendendolevi: Vi prego di non rifiutarle (le mie storie), considerando che il vostro destino («vostri casi»), come il mio, è tanto incerto che, se divenisse simile al mio (Dio non lo permetta [«cessilo»]), vi sarebbe caro ricordarle («rendendolevi»).
20. allo impromesso: a quanto ho promesso (di raccontare).
21. da' miei amori... infelice: partendo a raccontare da quando il mio amore era felice, anche se destinato a non durare, in modo tale che ragionando («argomento prendendo») sul passaggio da quella condizione di felicità alla condizione presente, vi rendiate conto («conosciate») che io sono più infelice di ogni altra donna. Fiammetta motiva il suo *flashback* con l'intenzione di rendere più evidente, per antitesi alla felicità perduta, quanto terribile sia l'infelicità presente.
22. lagrimevole stilo: scrittura commossa (e commovente); si tratta appunto della caratteristica saliente dell'elegia, genere che ispira il titolo dell'opera. Anche Francesca, nel canto V dell'*Inferno* della *Commedia* di Dante (➤ p. 342), aveva premesso al racconto della propria sventurata relazione d'amore con Paolo che avrebbe potuto parlarne soltanto mescolando parole e lacrime: «Ma s'a conoscer la prima radice / del nostro amor tu hai cotanto affetto, / dirò come colui che piange e dice» (*Inf.* V, 124-126).
23. primieramente: in primo luogo.
24. se alcuna... tocca: se vi è in cielo qualche divinità il cui spirito sia toccato (*sia tocca*) dalla compassione nei miei confronti.
25. e così... scriva: e così le renda forti («possenti»), in maniera tale che, come io ho sentito e sento le angosce nella mente, allo stesso modo («cotali») l'una (la memoria) le formuli («profferi») in parole, l'altra (la mano) le scriva, sebbene sia più desiderosa che capace di svolgere questa impresa («oficio»).

Analisi del testo

Struttura

La selezione del pubblico L'*Elegia* si apre con la richiesta di Fiammetta di comprensione e di compassione, che rappresenta il cuore del proemio: il desiderio di condividere le proprie sofferenze d'amore è proporzionale alla disponibilità all'ascolto e alla pietà di chi legge (righe 1-20). In questo modo, dunque, si motiva la destinazione esclusiva dell'opera a un pubblico femminile, il solo capace di comprendere il dolore di una donna innamorata e la sua storia d'amore privata, ambientata nei tempi presenti. La voce narrante, poi, aggiunge una ragione in più alla richiesta di pietà: la compassione ricevuta da Fiammetta potrà essere da lei restituita alle sue lettrici, qualora incappassero nelle stesse pene d'amore. Viene infine spiegata la scelta di raccontare la storia partendo dai tempi felici dell'amore ricambiato: servirà a rendere più chiara l'infelicità presente (righe 20-23).

Lingua e stile

Lessico d'amore Il proemio dell'*Elegia* è caratterizzato da un tono sostenuto, come dimostra l'uso iniziale di una *sententia* («frase proverbiale»), uso previsto dai manuali di retorica medievali. Boccaccio ricorre al lessico dell'amor cortese per rappresentare l'intensità della passione di Fiammetta (un'«amorosa battaglia»), che presenta i tradizionali sintomi: ha perso infatti «cibo» e «sonno» (come Dante all'inizio della *Vita nuova* ➤ p. 202).

Le antitesi L'enfasi retorica di Fiammetta non nasconde la struttura logica del testo, costruita su precise antitesi, che intendono rendere chiaro il messaggio: per giustificare la scelta di un pubblico solo femminile si oppongono le «pietose lagrime» attese dalle donne allo «schernevole riso» che s'immagina da parte degli uomini; la guerra amorosa di Fiammetta è contrapposta alle «guerre troiane»; la felicità dell'amore con Panfilo è paragonata allo speculare tormento per la sua perdita.

Temi

La scrittura e la compassione L'esordio dell'*Elegia* trova una puntuale corrispondenza nell'*incipit* del *Decameron*, dove si legge «Umana cosa è aver compassione degli afflitti» (➤ p. 541). Secondo l'autore, dunque, la scrittura permette di condividere la propria vita interiore e suscita compassione, poiché trasmette al destinatario emozioni universali e sollecita il meccanismo del rispecchiamento («mi piace [...] di farvi, s'io posso, pietose»). La scrittura assume quasi un corpo fisico di fronte agli occhi delle donne, destinatarie dell'*Elegia* («davanti agli occhi vostri appariranno le misere lagrime, gl'impetuosi sospiri, le dolenti voci e li tempestosi pensieri»), e al termine dell'opera la voce narrante si rivolgerà al libro addirittura come a una persona fisica (il modello sono le apostrofi alle canzoni dei poeti, per esempio il congedo di *Italia mia* di Petrarca, vv. 113-122 ➤ p. 465): «O piccolo mio libretto, [...] a te si conviene d'andare rabbuffato con isparte chiome, e macchiato e di squallore pieno, là dove io ti mando».

Una storia tutta al femminile La vicenda narrata nell'*Elegia* si discosta sia dalla tradizione mitologica, sia dalla tradizione epica («voi, leggendo, non troverete favole greche ornate di molte bugie, né troiane battaglie sozze per molto sangue»). La modernità di quest'opera risiede nella focalizzazione interna a Fiammetta (cioè secondo il suo punto di vista), nella scelta di una prospettiva psicologica e femminile. La donna, che nella letteratura d'amore solitamente si limitava a essere oggetto del desiderio di un amante uomo, diviene ora soggetto attivo, protagonista della vicenda amorosa.

Il protofemminismo di Boccaccio Il diritto della donna a cedere all'amore al di fuori del matrimonio è giustificato dai numerosi precedenti mitici, in cui gli uomini tradiscono le proprie compagne. Si tratta

Scena cortese; miniatura del XV secolo.
Parigi, Biblioteca Nazionale.

di un atteggiamento protofemminista, che trova corrispondenza nella brillante autodifesa sostenuta da Filippa da Prato, nella settima novella del sesto giorno nel *Decameron*. Filippa, infatti, sorpresa dal marito tra le braccia dell'amante, riesce a evitare la pena capitale sostenendo di aver sempre ottemperato ai propri doveri coniugali verso il marito, cercando nell'amante quanto il marito non voleva o poteva darle.

Una donna intellettuale Il monologo di Fiammetta allude anche allo stato d'inquietudine e di sofferta meditazione che la tradizione medievale associava all'accidia (uno dei sette peccati capitali) e alla malinconia. Le cause di questi due stati erano considerati una prolungata esperienza contemplativa o, più in generale, l'attività intellettuale. Fiammetta sembra dunque assimilarsi alla figura dell'intellettuale, che nel Medioevo era pienamente identificata con il sesso maschile.
L'intera *Elegia*, d'altra parte, gioca con questa fondamentale ambiguità: l'autore, Boccaccio, è infatti un uomo che, con grande coraggio e originalità, cerca di dare voce alla sensibilità dell'animo femminile. Il prologo si chiude con l'invocazione alla «deità», musa dell'elegia di Fiammetta, affinché, mossa anch'essa a compassione, sostenga la memoria e la mano nella difficile impresa di raccontare la dolorosa storia d'amore.

Officina

COMPRENDERE

1. Perché Fiammetta esclude gli uomini dai destinatari dell'opera?
2. Quali conseguenze hanno avuto le sofferenze d'amore su Fiammetta? Che cosa, in particolare, le hanno tolto?
3. Rileggi con attenzione l'ultimo periodo del brano e poi spiega quale compito sono chiamate a svolgere la "memoria" e la "mano" della donna nella composizione dell'opera.

ANALIZZARE

4. Il narratore del brano: (2 risposte esatte)
   a. è esterno
   b. è interno
   c. coincide con l'autore
   d. coincide con Fiammetta, la protagonista
5. **Lingua e stile** Che tipo di subordinata è quella costituita dal solo predicato «leggendo» alla riga 10? (2 risposte esatte)
   a. Esplicita
   b. Implicita
   c. Causale
   d. Finale
   e. Temporale
   f. Concessiva
6. **Lessico** L'aggettivo "pio" può avere diversi significati; eccone alcuni: profondamente religioso (**A**); caritatevole, generoso (**B**); (usato ironicamente) vano, utopistico, irrealizzabile (**C**).
   Abbina a ciascuno di questi significati una delle seguenti espressioni:
   1. persona pia [.......]
   2. pia illusione [.......]
   3. anima pia [.......]
   4. opera pia [.......]

INTERPRETARE

7. Rileggi l'episodio di **Paolo e Francesca** nel **canto V dell'*Inferno*** dantesco (➤**T21**, p. 342). Scrivi un confronto di sufficiente ampiezza tra la Francesca di Dante e la Fiammetta di Boccaccio, evidenziandone analogie e differenze e sviluppando l'argomentazione in base anche ai seguenti spunti: quale diverso atteggiamento mostrano i due autori nei confronti dei propri personaggi e del loro sentimento amoroso? Quale concezione dell'amore, in particolare, emerge dal testo di Boccaccio?

PERCORSO DI SCRITTURA

Riassunto Individua e distingui nel testo le varie parti del proemio (indicazione del destinatario dell'opera, presentazione dell'argomento, invocazione alla divinità); poi riassumi ciascuna di esse con una frase.

4. Le opere posteriori al *Decameron*

4.1 Il fine della letteratura

Una letteratura impegnata

La lunga frequentazione con Petrarca, la prolungata meditazione spirituale che lo porta agli ordini minori e le vicissitudini personali (con il trasferimento forzato da Firenze a Certaldo) contribuiscono a far maturare in Boccaccio, a partire dagli **anni Sessanta**, nuovi interessi culturali. Boccaccio si orienta ora verso una **letteratura più impegnata** e dotta. In gioventù egli aveva difeso il valore autonomo dell'arte fantastica, a prescindere dalla sua utilità morale; ora giustifica il proprio perdurante amore per la poesia (per esempio la letteratura mitologica) solo in quanto se ne possono ricavare, attraverso il procedimento allegorico, lezioni di natura morale. Nel *De genealogiis deorum gentilium* (XIV, 9), infatti, lo scrittore afferma che i poeti sono autorizzati a essere creatori di favole poiché sotto la superficie della finzione e dell'invenzione si possono nascondere **verità universali**. Non diversamente, egli aggiunge, fece Cristo con le sue parabole. Risultano ormai escluse, quindi, le favole del tutto prive di verità e dunque di valore educativo.

L'utile e il dilettevole

Non per questo Boccaccio nega che la letteratura debba mirare **anche al diletto**: essa continua a essere uno spazio ricreativo e consolatorio. L'uomo privo di cultura può accostarsi alla favola e godere solo il piacere della sua superficie. Il dotto, invece, saprà trarre allo stesso tempo consolazione dalla piacevolezza ed edificazione dalla verità: la letteratura, infatti, oltre a *docere* («insegnare»), deve anche *delectare* («procurare piacere») il proprio pubblico. Per questo Boccaccio colora di **aneddoti gustosi** le proprie dotte dissertazioni.

Il suicidio di Sofonisba, episodio del *De mulieribus claris*; incisione di Johannes Zainer, 1474 ca. Sofonisba era una nobile cartaginese, moglie di Massinissa, re dei Numidi. Poiché Scipione voleva farla prigioniera per paura che la donna sobillasse il marito contro i Romani, Massinissa le inviò una coppa contenente del veleno: Sofonisba preferì suicidarsi piuttosto che cadere prigioniera dei Romani.

Le opere umanistiche

Boccaccio si dedica, negli ultimi anni, soprattutto allo scavo erudito del patrimonio classico, componendo opere prevalentemente in **lingua latina**. La sua ultima produzione lo consacra come preumanista, anche se il suo umanesimo continua a essere aperto alle contaminazioni fra letteratura cristiana e pagana, antica e moderna, e non si attiene a un rispetto filologico, rigoroso della singola fonte antica.

VISUALIZZA I CONCETTI

La poetica di Boccaccio nella sua ultima produzione letteraria

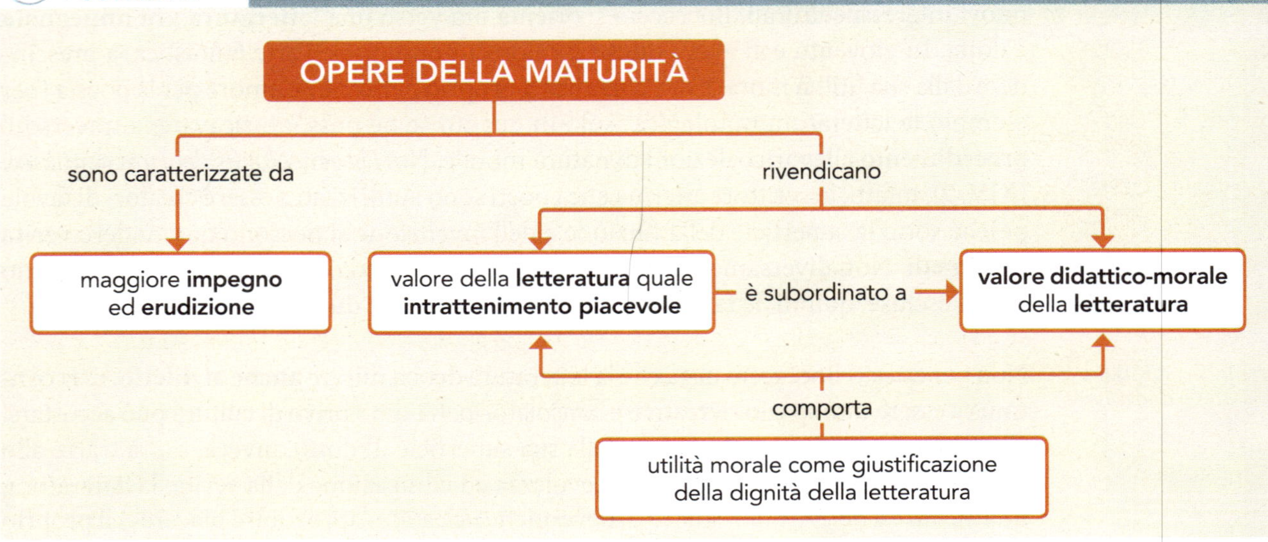

4.2 I testi in lingua latina

Le biografie

Fra le opere erudite in latino troviamo il ***De mulieribus claris*** (*Le donne famose*), un catalogo di storie di celebri donne che risponde, con un'attenzione assai significativa al mondo femminile, al *De viris illustribus* (*Gli uomini illustri*) di Petrarca. Vi sono trattate, a partire dalla progenitrice Eva, le figure più importanti della mitologia (Minerva, Venere, Giunone), della letteratura (Medea, Penelope, Didone) e della storia fino alla contemporaneità (l'ultimo "medaglione" è quello di Giovanna I, regina di Napoli), senza discriminazioni di sangue o di censo. Va inoltre ricordato anche il ***De casibus virorum illustrium*** (*Vicissitudini di uomini illustri*), che presenta un'analoga commistione di personaggi della storia antica sacra e profana, con un'attenzione più spiccata, rispetto al *De mulieribus claris*, per quelli biblici (Sansone, Saul, Roboamo, Erode).

Il mito greco-romano

L'opera in lingua latina più importante di Boccaccio è la ***Genealogia deorum gentilium*** (*Genealogia degli dèi pagani*), cui l'autore lavora per vent'anni. Si tratta di una corposa **enciclopedia dei miti antichi** greco-latini, in quindici libri, per l'interpretazione dei quali Boccaccio offre una triplice chiave di lettura: naturalistica (la divinità come personificazione di forze naturali), **evemeristica** e allegorico-morale (la divinità come personificazione di vizi o virtù). Per la conoscenza dei miti greci Boccaccio si avvale anche della consulenza di Leonzio Pilato, un monaco calabrese che contribuì alla diffusione della conoscenza della lingua greca in Italia e che collaborò anche con Petrarca. Negli ultimi due libri l'autore si produce in un'appassionata difesa della propria opera poetica.

Evemerismo
La dottrina del greco Evemero (IV-III secolo a.C.), secondo cui gli dèi sarebbero personalità eccezionali giunte ad attribuirsi natura e adorazione divina.

4.3 Le opere in volgare

Il *Corbaccio*

Boccaccio non cessa del tutto la produzione in lingua volgare. La più significativa opera in volgare posteriore al *Decameron* è il ***Corbaccio***, satira composta tra il 1355 e il 1365. Il titolo deriva forse dallo spagnolo *corbacho* («frusta»), in quanto ha il tono di un'invettiva, o forse richiama il corvo, uccello del malaugurio secondo i bestiari medievali: "corvaccio" sarebbe allora la crudele vedova vestita di nero, che infierisce sull'autore, o il dio Amore, che acceca l'uomo nello stesso modo in cui il corvo strappa gli occhi al cadavere.

Boccaccio immagina di essersi smarrito in un luogo ostile, che chiama il «porcile di Venere», e di incontrare lì lo spirito di un defunto, cioè il marito della donna di cui s'è invaghito e dalla quale è stato respinto e dileggiato. L'anima del marito lo mette in guardia contro la **malattia dell'amore**, elencando i numerosi difetti fisici e intellettuali della moglie e delle donne in generale.

Boccaccio, da indefesso sperimentatore, decide in questa circostanza di provarsi in un genere in cui ancora non si era cimentato: la **letteratura misogina**. L'opera ripropone i luoghi comuni contro le donne già contenuti nel III libro del *De amore* di Andrea Cappellano. Il viaggio allegorico rimanda anche alla *Commedia* dantesca, mentre i moniti contro le insidie dell'amore femminile richiamano alcune meditazioni di Petrarca e le satire di Giovenale (I secolo d.C.).

Il culto di Dante

Sempre in volgare è il ***Trattatello in laude di Dante***, che consacra l'autore come il primo dantista della storia. In gioventù Boccaccio aveva ricopiato l'intero *corpus* delle opere di Dante, ponendole a confronto con i classici della sua formazione scolastica. In particolare aveva copiato tre volte la *Commedia*, inviando una di queste copie in dono a Petrarca. Boccaccio si dedicò anche alla ricerca di testimoni della vita di Dante, recandosi sui luoghi danteschi per cercare di meglio ricostruirne la vita e la personalità. Nel *Trattatello* traccia un profilo dell'autore che non vuole esserne una biografia puntuale, ma una vera e propria **celebrazione**. Qualcuno attribuisce proprio a Boccaccio l'inizio della consuetudine di definire "divina" la *Commedia* di Dante (definitivamente attestata poi nel Cinquecento a partire da Ludovico Dolce). L'amore di Boccaccio verso Dante è confermato dalle *Eposizioni sopra la* Comedia *di Dante*, il ciclo di letture dantesche, sui primi diciassette canti dell'*Inferno*, tenuto fra il 1373 e il 1374 nella chiesa di Santo Stefano di Badia a Firenze.

FISSA I CONCETTI

- Quale fine si propone Boccaccio nelle opere della maturità?
- In che modo Boccaccio manifesta il proprio culto per Dante?

LE OPERE POSTERIORI AL *DECAMERON*

OPERE	TEMI
De mulieribus claris	biografie di donne del mito e della storia
De casibus virorum illustrium	biografie di uomini della storia sacra e profana
Genealogia deorum gentilium	enciclopedia mitologica
Corbaccio	satira misogina
Trattatello in laude di Dante	biografia celebrativa di Dante

5. Il *Decameron*: l'uomo come fine

5.1 La struttura e il titolo

La nascita della grande narrativa in lingua romanza

La straordinaria fortuna del *Decameron* di Boccaccio, che conosce un'ampia circolazione anche al di fuori dell'Italia, contribuisce in modo decisivo a consolidare la tradizione, ancora giovane, della prosa narrativa neolatina, cioè nelle lingue medievali derivate dalla trasformazione del latino. Il *Decameron*, che è costituito da una raccolta di cento novelle, è il **primo grande libro di narrativa** della letteratura romanza e resterà un **modello di prosa** (non soltanto nell'ambito della novella) per molti secoli.

Una raccolta organica: la funzione della "cornice"

La più nota raccolta di novelle precedente a Boccaccio è il *Novellino*, risalente alla seconda metà del Duecento (➤ p. 171). Rispetto a essa il *Decameron* appare profondamente innovativo: le novelle non sono infatti semplicemente accostate l'una all'altra, senza ordine, ma sono organizzate in ordinati **blocchi tematici** e contenute all'interno di un'unica storia, che funge da **"cornice"** e ne giustifica la disposizione. Boccaccio racconta la fuga di dieci ragazzi da Firenze, durante la peste del 1348, che si rifugiano in campagna e decidono di raccontare delle storie per trascorrere il tempo. Ogni giorno viene nominato un re o una regina della brigata che sceglie un tema (reso esplicito in **rubriche** a inizio di ogni giornata), e ciascuno dei dieci giovani racconta una novella su quel tema.

Rubrica
Nei manoscritti era la lettera iniziale di ogni capitolo, scritta con inchiostro rosso (*ruber* in latino).

Il titolo

Da qui il titolo grecizzante di ***Decameron*** (da *déka*, «dieci», + *heméra*, «giorno», quindi «dieci giornate»), che richiama l'*Hexaemeron* di sant'Ambrogio, cioè il suo commento alle sei giornate della creazione: anche i novellieri di Boccaccio, in effetti, ricreano con le loro narrazioni un variopinto universo umano.
Il libro, come dice Boccaccio nella frase iniziale, è poi «cognominato **prencipe Galeotto**» (➤ **T2**, p. 541): in questo modo l'autore evoca la tradizione cortese (Galeotto favorì l'amore clandestino tra Ginevra, moglie di re Artù, e Lancillotto, cavaliere del re) e richiama l'episodio di Paolo e Francesca, descritto da Dante nel V canto dell'*Inferno*, in cui Francesca condanna come «galeotto» il libro che la spinse all'amore adulterino per Paolo (➤ p. 342).
L'amore, in effetti, è tra i temi principali del *Decameron*: Boccaccio, tuttavia, non intende censurarne i rischi, ma celebrarne la forza.

Francesco Podesti, *I novellatori del Decamerone*; particolare, XIX secolo. Treviso, Museo Civico Luigi Balio.

La dedica alle donne e il tema dell'amore

Esiste anche una seconda cornice più esterna e inclusiva della precedente, costituita dal **proemio** e dalla **conclusione** dell'autore, nella quale Boccaccio giustifica le sue scelte letterarie e la destinazione del *Decameron* a un pubblico femminile: l'opera è infatti **dedicata alle donne** «che amano», e si propone di lenire le loro sofferenze d'amore.

> La pulsante vita germogliata dalla curiosa memoria dello scrittore viene filtrata dal cristallo nitido della cornice, e si trasfigura in poesia dell'umana iniziativa.
>
> Giovanni Getto

I narratori

Nel *Decameron* esistono dunque **più livelli diegetici**, ovvero di racconto: al narratore di primo grado, che racconta la storia di cornice, si affiancano le voci dei giovani, narratori di secondo grado delle cento novelle. Lo schema è trasgredito nell'introduzione alla quarta giornata, quando l'autore torna alla riflessione del proemio, difendendosi dall'accusa di aver concesso troppo spazio al frivolo tema dell'amore (➤ T7). In quest'occasione è narrata anche la cosiddetta "novella delle papere", una sorta di ***mise en abyme*** di carattere narrativo per illustrare in modo concreto la **posizione teorica** dell'autore, che non considera affatto il desiderio umano e il suo appagamento qualcosa di deteriore (➤ p. 536).

Mise en abyme

L'espressione significa «messa in abisso» e in letteratura indica una forma particolare di racconto nel racconto, in cui il racconto stesso e il suo autore divengono un argomento della narrazione.

Boccaccio, in questo modo, presenta le cento novelle entro un percorso coerente, offrendo già un'**interpretazione** del proprio testo. Questo non impedisce al lettore di costruire e seguire, all'interno del *Decameron*, altri percorsi tematici, che attraversano trasversalmente le dieci giornate in cui è suddiviso il libro. Una caratteristica della letteratura boccacciana è infatti la ricerca di un **equilibrio** tra la tendenza a frammentarsi in una molteplicità di storie indipendenti e la vocazione a ricomporre questi frammenti in un quadro d'insieme macrotestuale, considerando le novelle come parti di un unico testo.

VISUALIZZA I CONCETTI

I livelli narrativi del *Decameron*

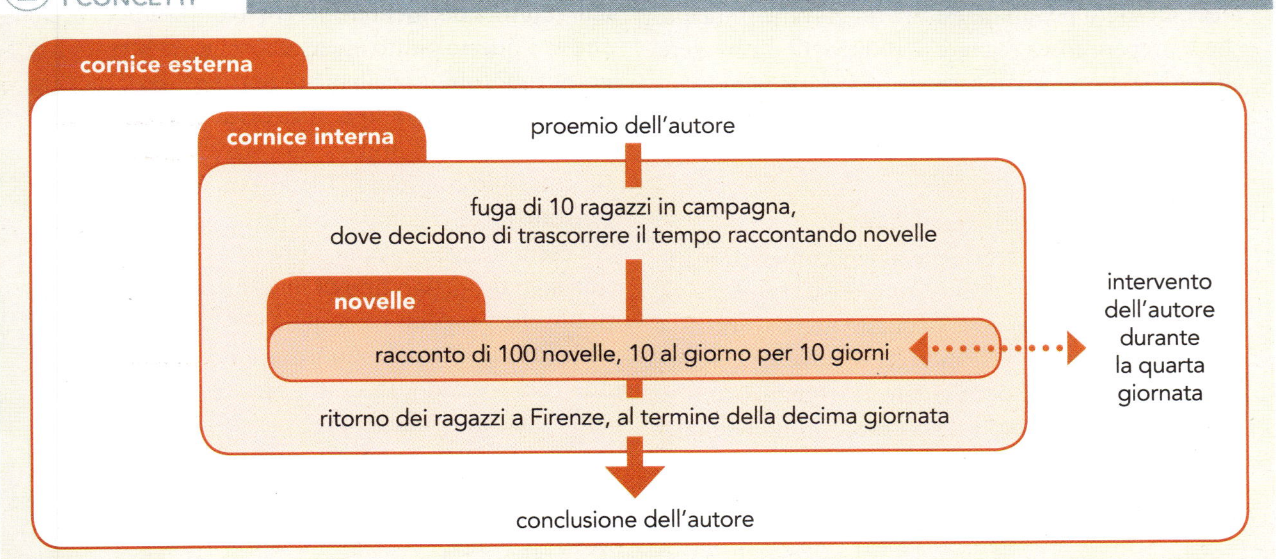

LETTURA CRITICA

La funzione narrativa della cornice

L'espediente di inquadrare una narrazione all'interno di una struttura portante che contenga e, allo stesso tempo, regga una raccolta di racconti è diffusa in molte letterature. La cornice può assolvere diverse funzioni, che vengono tutte impiegate nel *Decameron*, in cui si intrecciano in modo indissolubile l'intento di alleviare la malinconia d'amore, quello di offrire utili consigli e quello di meglio percorrere il cammino della vita.

Cornice come "ritardo all'azione"

Il primo tipo di cornice è quello esemplificato dalle *Mille e una notte*: in questo caso i racconti servono «a ritardare il compimento di un'azione», spesso per rinviare e possibilmente annullare una sentenza di morte, che può riguardare la persona stessa che fa i racconti, il protagonista della storia portante. La giovane principessa Sherazad racconta ogni notte al re suo marito una storia che interrompe all'alba; è così, raccontando delle storie notte dopo notte, che riesce a salvare la propria vita, dato che il re (convinto che tutte le donne siano infedeli) uccide le sue mogli dopo la prima notte di matrimonio. [...]

Cornice come "ammaestramento"

Il secondo tipo di cornice trova il suo esempio più famoso nel *Panchatantra* e nei suoi numerosi derivati persiani e semitici (come il *Calila e Dimna*): in questo caso i racconti vengono funzionalizzati «a provare una certa idea», di solito per ammaestrare un giovane principe, che si prepara così a regnare. L'incarico di trasmettere all'erede al trono le conoscenze necessarie per governare il suo popolo è affidato all'uomo più sapiente del regno, che diventa così il perno della narrazione. [...]

Cornice come "intrattenimento"

Il terzo tipo di cornice è quello dei racconti fatti *in itinere*, con lo scopo sia di interrompere il viaggio sia di alleviarne la fatica e la noia. In questo tipo di cornice la tradizione orientale delle raccolte di novelle si incontra con la tradizione occidentale del romanzo antico o alessandrino: a tenere uniti i racconti non è tanto una storia (come nei due tipi precedenti) quanto un personaggio, di cui viene affabulato il cammino che lo porta a scoprire la verità del mondo e di se stesso. Una tale iniziazione non solo è occasione di incontri con altri personaggi (e quindi di altre storie), ma serve anche a introdurre dei racconti che i personaggi della cornice si narrano per divertimento o per ammaestramento reciproco. La costruzione romanzesca dell'*Asino d'oro* di Apuleio o del *Satyricon* di Petronio mostra in effetti la sua affinità con la struttura portante di alcune raccolte di racconti orientali, in particolare quelle che appartengono al genere, codificato nella letteratura araba, delle *maqâmât* o «sessioni». [...] Naturalmente l'opera che nell'Occidente medievale meglio emblematizza questo tipo di incorniciamento novellistico sono i *Canterbury Tales* di Geoffrey Chaucer (➤ p. 664); ma non va dimenticato il meno illustre ma altrettanto significativo precedente delle *Novelle* di Giovanni Sercambi.

La cornice del *Decameron*

Questi sono in breve i tre tipi di cornice ereditati dalla cultura occidentale nel corso del Medioevo; ciò che va a questo punto osservato è che, mentre le altre grandi raccolte novellistiche europee del Trecento riprendono un solo tipo di cornice [...], il *Decameron* al contrario li utilizza tutti e tre. Richiami ai tre schemi sono continui nel capolavoro boccacciano, e possono talvolta comparire intrecciati l'uno all'altro. Ad esempio nel *Proemio*, dove si scopre la presenza non solo del primo tipo di incorniciamento (le cento novelle vengono raccontate per liberare le donne dalla loro malinconia amorosa) ma anche degli altri due (del secondo, in quanto le novelle offriranno «utile consiglio» alle donne; e del terzo, perché le aiuteranno ad attraversare il «cupo pelago» della vita).

(M. Picone, *Il macrotesto*, in *Introduzione al* Decameron, a cura di M. Picone e M. Mesirca, F. Cesati, Firenze 2004)

5.2 La composizione del *Decameron*

Una datazione controversa

La data di composizione del *Decameron* non trova tutti gli studiosi concordi. A lungo si è indicato l'arco temporale del **1348-53** come periodo di stesura dell'opera, dal momento che la storia di cornice è ambientata durante la grande peste del 1348. Oggi si tende perlopiù a credere che alcune novelle siano state scritte da Boccaccio già in precedenza, dopo il ritorno a Firenze nel 1340, e che siano circolate autonomamente prima di essere sistemate in un'unica raccolta, all'interno della storia di cornice.

Del *Decameron* è sopravvissuto, tra i numerosi codici che ne riportano il testo, anche un autografo, cioè scritto di pugno dall'autore.

5.3 I modelli della tradizione

Le "storie di storie"

Il *Novellino*, che pure è il precedente più immediato dell'opera di Boccaccio, non costituisce un confronto soddisfacente per il *Decameron* poiché è privo dell'organicità e dell'ordine del testo boccacciano. Appare più vicino al *Decameron* il ***Libro dei sette savi***, di probabile origine orientale, in cui le storie (di contenuto morale) sono organizzate entro il quadro di una cornice. In quest'opera sette saggi riescono a posticipare la condanna a morte di un principe, falsamente accusato dalla matrigna, raccontando storie edificanti al re che ha comminato la pena, finché alla fine trionfa la verità. Il *Libro dei sette savi*, dunque, condivide con il *Decameron* anche il tema del racconto come strumento per allontanare da sé la morte: i ragazzi della lieta brigata del *Decameron*, infatti, esorcizzano il pensiero della peste e della morte raccontandosi novelle piene di vita.

In Oriente si trova inoltre l'illustre precedente delle ***Mille e una notte***, raccolta di novelle arabe. Sherazade è destinata a diventare moglie del sultano e a morire dopo la prima notte di nozze, secondo una crudele usanza del sultano, adirato verso il genere femminile a causa del tradimento della prima moglie. Sherazade riesce però a guadagnare tempo sollecitando la curiosità dell'uomo: all'alba del nuovo giorno comincia a raccontargli una storia e il sultano, incuriosito, la risparmia per scoprire come va a finire. L'espediente viene riproposto per molte notti, raccontando storie sempre diverse. Il sultano, alla fine, la grazierà. Anche in questo caso il racconto risulta un efficace antidoto contro la morte incombente.

Modelli cortesi e modelli classici

Boccaccio, che da sempre ama **contaminare** i suoi modelli, non si richiama soltanto al modello della novella, ma fonde con libertà spunti provenienti da altri ambiti, per esempio dalle tradizioni romanze: nel *Decameron* si trovano echi della **letteratura religiosa**, come gli *exempla* (narrazioni dall'intento educativo) o le **agiografie**, e di quella **laica**, come le *vidas* provenzali (➤ p. 38), i *lais* (brevi narrazioni d'amore), o i *fabliaux* (divertenti storie brevi, di ambientazione borghese), senza dimenticare le **cronache locali** fiorentine.

Agiografia
Letteratura che ha per oggetto la vita e le azioni dei santi, caratterizzata da intenti edificanti.

Nel contempo Boccaccio attinge, benché in misura minore, anche alle **tradizioni classiche**, per esempio alle *fabulae milesiae*, racconti salaci che erano tra i modelli dei romanzi di Petronio e Apuleio.

5.4 La vicenda narrata

La grande peste

Dopo il proemio dell'autore, il testo esordisce rievocando la più grande tragedia collettiva della storia recente d'Europa: la **peste nera** del 1348, che sterminò forse un terzo della popolazione continentale. Boccaccio descrive le terribili **conseguenze del contagio** all'interno della città di Firenze: alla morte fisica di numerosissimi cittadini si accompagna l'eclisse di ogni legame sociale e di solidarietà fra gli uomini. I cittadini si dividono l'uno dall'altro nella lotta feroce per la sopravvivenza, abbandonando i malati al loro destino: «nacquero diverse paure e immaginazioni in quegli che rimanevano vivi, e tutti quasi a un fine tiravano [tendevano] assai crudele, ciò era di schifare [evitare] e di fuggire gl'infermi e le loro cose; e così faccendo, si credeva ciascuno medesimo salute [salvezza] acquistare» (*Introduzione*, 48). Gli uomini regrediscono dunque dalla condizione civile alla ferinità, in un itinerario opposto a quello raccontato in opere giovanili come la *Caccia di Diana* o la *Commedia delle ninfe fiorentine* (➤ p. 519). È la morte dell'amore e della compassione, i sentimenti dai quali si genera la società umana.

> Boccaccio per presentare in un disegno unitario quella materia lungamente elaborata sentì l'esigenza di ancorarla in un'occasione storica veramente eccezionale, quale la terribile peste del 1348.
>
> Vittore Branca

I precedenti letterari

Questa drammatica rappresentazione della pestilenza trova numerosi precedenti letterari: dal racconto della peste di Atene del V secolo a.C. nell'opera dello storico greco **Tucidide**, ripreso da **Lucrezio** nel VI libro del *De rerum natura* (I secolo a.C.), alla peste del VI secolo d.C. descritta da **Paolo Diacono** nell'*Historia Langobardorum*, in età altomedievale (VIII secolo d.C.), un'opera conosciuta da Boccaccio, come dimostra la scoperta di un autografo boccacciano proprio dell'opera di Paolo Diacono. Va ricordato che anche la *Commedia* dantesca, modello sempre presente alla mente di Boccaccio, comincia all'insegna del buio, in una situazione di cupa perdizione e perdita di speranza: il cammino di Dante verso la luce si avvia infatti dalla selva oscura dove il poeta si trova smarrito, alla mercé di tre belve feroci.

La «lieta brigata» e il "farmaco" della parola

Sette ragazze e tre ragazzi fiorentini, su suggerimento di una di loro, Pampinea, fuggono dalla città e si rifugiano in un *locus amoenus*, sulle colline fiesolane circostanti Firenze, dove cominciano a raccontarsi storie, per esorcizzare l'ombra della morte. Il piacere della narrazione costituisce un **"farmaco" spirituale** contro la sofferenza e una forma di resistenza dell'umanità alla tentazione di abbandonarsi ai bassi istinti della mera sopravvivenza biologica.

Attraverso l'esercizio della parola, i giovani tentano di **rifondare l'armonia** delle relazioni umane, base della civiltà. La conversazione non si esaurisce soltanto in un intrattenimento piacevole: è l'esperienza che permette di restituire l'uomo alla consapevolezza e alla responsabilità del mondo, di restituire un senso umano alle gioie e alle tragedie della vita. Il flagello della peste, infatti, ha reso manifesta la fragilità dell'uomo: Boccaccio è convinto della **necessità di narrare** questa fragilità, riscriverla quotidianamente, ribadendo i legami della civiltà e conservando ordine nel caos sempre incombente.

TEMI E GENERI

Il giardino tra sacro e profano

Locus amoenus e di raccoglimento

Il giardino è un luogo speciale: si distingue dall'*hortus* dedicato alla coltivazione perché non ha un'immediata funzione pratica, ma anche dalla natura spontanea e selvatica perché si conforma a un ordine razionale. È al tempo stesso sia uno spazio profano, un *locus amoenus* creato dall'uomo per puro piacere, adatto al riposo e alle attività ricreative, sia un luogo di raccoglimento spirituale, in cui meditare approfittando della presenza rasserenante degli elementi naturali. Nel corso dei secoli, quasi tutte le culture hanno riflettuto sulla sua valenza simbolica. E in molte tradizioni letterarie – compresa quella dell'Occidente medievale – l'immagine del giardino è stata usata per tematizzare una serie di contrapposizioni: non solo tra sacro e profano, ma anche tra interiorità ed esteriorità, natura e cultura, mondo terreno e mondo soprannaturale.

Il giardino nell'interpretazione cristiana

Dopo la caduta dell'Impero romano e la conseguente scomparsa delle grandi ville patrizie, in Europa l'idea del giardino si ridefinisce sul modello dell'*hortus conclusus* monastico, che mira a riprodurre l'Eden della *Genesi* (II, 8-15). Il chiostro dei monasteri diviene un microcosmo intimo e protettivo, recintato o chiuso da mura, e caratterizzato da una forma e un ordine rigorosi, in netto contrasto con la caoticità del mondo esterno: lo spazio è suddiviso in quattro parti da vialetti che si intersecano in una radura centrale, occupata da un albero o da una fontana. Nell'immaginario cristiano relativo al giardino è presente anche un altro riferimento biblico: il giardino della sposa descritto nel *Cantico dei Cantici*. A partire dal XII secolo, esso viene associato alla Madonna e poi, per estensione, al grembo materno e alla femminilità. Il giardino diventa così anche lo spazio privilegiato delle dame, e quindi un elemento fondamentale della letteratura cortese. Non a caso, il *Romanzo della Rosa* di Guillaume de Lorris inizia con il sogno del giardino al cui interno risiede la donna amata, il Fiore che il protagonista deve conquistare. Nel *Tristano e Isotta* (ca. 1210) di Goffredo di Strasburgo, i due amanti si incontrano segretamente proprio in un giardino (➤ p. 170): motivo di larga fortuna letteraria che verrà utilizzato anche da Shakespeare in *Romeo e Giulietta*. Ma ci sono anche giardini connotati diversamente: come quello simile a una prigione descritto in Guigemar, uno dei *Lais* di Maria di Francia (XII secolo), o quello incantato presente nel romanzo di Chrétien de Troyes *Erec et Enide* (ca. 1170), poi ripreso spesso dalla letteratura rinascimentale.

Il giardino nella *Commedia*

Con Dante il rimpianto dell'Eden si affianca alla sua riconquista: negli ultimi canti del *Purgatorio* il pellegrino, sulle ali del desiderio, fa ritorno alla patria originaria perduta, all'«eccelso giardino» (*Par.* XXVI, 110) dove «fu innocente l'umana radice» (*Purg.* XXVIII, 142). E nella descrizione del Paradiso ricorrono le metafore vegetali, tipiche del linguaggio mistico, della Chiesa militante come «fronde onde s'infronda tutto l'orto / de l'ortolano etterno» (*Par.* XXVI, 64-65), delle schiere di Cristo come «bel giardino / che sotto i raggi di Cristo s'infiora» (*Par.* XXIII, 71-72), dei beati come «giardino» dell'Empireo (*Par.* XXXI, 97 e XXXII, 39).

Barthélémy d'Eyck, *Emilia nel giardino*; miniatura di una copia della *Teseida*, 1460-1465. Vienna, Österreichische Nationalbibliothek.

Le dieci giornate

La «lieta brigata» trascorre dunque dieci giorni fuori Firenze, raccontandosi ogni giorno dieci novelle, per un totale di **cento storie**. Ogni giorno viene nominato un re (o una regina) che stabilisce il tema cui dovranno attenersi i dieci novellatori della giornata. Al solo Dioneo è riservato il diritto anche di non seguire il tema prescelto.
I nomi scelti da Boccaccio per i giovani contengono **allusioni autobiografiche** (come Fiammetta) e **letterarie** (Lauretta richiama la Laura di Petrarca). La sequenza di re e regine non è casuale, ma segue un'equilibrata alternanza: a tre donne segue un uomo, poi si alternano gruppi di due donne e di un uomo.

LA STRUTTURA DELLE GIORNATE			
giornata	**tema**	**re/regina**	**novelle più celebri**
I	tema libero	Pampinea	Ser Ciappelletto da Prato Melchisedech
II	avventure a lieto fine per fortuna	Filomena	Landolfo Rufolo Andreuccio da Perugia
III	avventure a lieto fine per ingegno	Neifile	Re Agilulfo Alibech
IV	amori dall'esito infelice	Filostrato	Tancredi e Ghismunda Lisabetta da Messina
V	amori dall'esito felice	Fiammetta	Nastagio degli Onesti Federigo degli Alberighi
VI	motti di spirito, facezie	Elissa	Madonna Oretta Cisti fornaio Chichibio e la gru Giotto e Forese Madonna Filippa Guido Cavalcanti Frate Cipolla
VII	beffe di mogli ai mariti	Dioneo	Peronella
VIII	beffe	Lauretta	Calandrino e l'elitropia
IX	tema libero	Emilia	La Badessa e le brache Calandrino innamorato
X	magnanimità di spirito	Panfilo	Griselda

Possibili itinerari nel testo

Alcuni critici hanno proposto, partendo dall'interpretazione di Ferdinando Neri del 1934, una suddivisione delle giornate in **due blocchi tematici**:

- il primo blocco (fino alla V giornata), introdotto da una giornata celebrativa dell'arte della parola, sarebbe dedicato alla dialettica tra l'uomo e le forze della natura, cioè la fortuna (subìta o corretta dall'ingegno) e l'amore (felice o infelice);
- il secondo blocco (dalla VI giornata), sempre inaugurato da una giornata che loda la forza delle parole, verterebbe sulla dialettica tra l'uomo e i suoi simili, all'interno della società dove cerca, in vari modi, di affermarsi.

È stato anche inteso, nella successione delle giornate, un **percorso liberatorio** di purificazione dalle sofferenze, che procede da temi angosciosi a temi lieti, giovando così alle donne afflitte per amore. A tal proposito, bisogna anche notare che la raccolta si apre con l'esempio negativo di ser Ciappelletto (➤ **T4**) per chiudersi con quello edificante di Griselda (➤ *Biblioteca europea*, p. 664).

Il numero cento

Il numero complessivo di cento novelle richiama la **sacralità** del numero dieci, già al centro della simbologia numerica della *Commedia*, costituita peraltro proprio da cento canti.

5.5 Lo spazio e il tempo

Una geografia orizzontale

Il mondo rappresentato nel *Decameron* è complesso e variegato: la geografia che fa da sfondo alle novelle spazia dall'ambiente borghese e cittadino di Firenze al contado, dai paesaggi familiari dell'Italia fino alle regioni esotiche dell'Oriente, al di là del mar Mediterraneo. Lo spazio del *Decameron* è essenzialmente **orizzontale**: il panorama delle vicende boccacciane è terreno, umano. Raramente l'autore apre prospettive verticali, verso il cielo, alla maniera della *Commedia* di Dante. Le novelle narrano **vicende umane**, interpretate alla luce della ragione delle passioni naturali, con ironia o con pietà.

Tra passato e presente

I racconti non sono collocati in un unico periodo storico ma sono variamente **disseminati tra passato e presente**. La contestualizzazione delle vicende, cioè la loro relazione con lo spazio e con il tempo in cui sono ambientate, assume nel *Decameron* un peso rilevante: Boccaccio, a differenza di quanto accadeva nella novellistica a lui precedente, non rappresenta storie esemplari sullo sfondo di paesaggi stilizzati, ma le adatta al **contesto storico** in cui sono calate, esprimendo un'istanza di maggior realismo.

5.6 I temi delle dieci giornate

Il caso

Dopo la prima giornata a tema libero, la seconda giornata ha per protagonista la **fortuna**, intesa nell'accezione neutra di "caso, sorte", secondo la valenza che ha in latino la parola *fortuna*. Le novelle dedicate a questo argomento mettono in evidenza che l'universo non è un meccanismo ordinato e sempre prevedibile: l'imprevisto è perennemente in agguato, pronto a disordinare i progetti dell'uomo.

A differenza degli Umanisti, Boccaccio **non esprime una fiducia incondizionata** nella capacità dell'uomo di dominare la propria sorte. Il destino, tuttavia, non rappresenta una forza necessariamente ostile all'uomo: può anche essere la causa di inattese e immeritate fortune, come accade ai personaggi delle novelle di questa giornata.

L'ingegno

La terza giornata celebra l'**"industria"**, cioè lo spirito d'iniziativa dell'uomo. Il tema è così centrale in Boccaccio che alcuni critici hanno definito il *Decameron* il «poema dell'intelligenza». Queste novelle si pongono in dialogo con quelle della giornata precedente, perché suggeriscono che la vita dell'uomo non è interamente dominata dalla sorte: l'uomo ha la **facoltà di intervenire** per cercare di correggere la fortuna, attingendo alle risorse del suo ingegno. L'importanza riconosciuta all'industriosità umana conferma l'assimilazione, da parte di Boccaccio, dei valori etici della borghesia mercantile, cui l'autore appartiene per nascita e nei cui ambienti è cresciuto.

Il desiderio

La quarta e la quinta giornata sono dedicate agli **amori, infelici e felici**. Il tema dell'amore, dominante nelle opere della giovinezza, trova anche nel *Decameron* ampio spazio, tanto che l'autore si sente in dovere di difendere tale scelta nell'introduzione alla quarta giornata, come si è visto. Boccaccio si richiama ai modelli antichi e cortesi (dal *De amore* di Andrea Cappellano allo Stilnovismo) per rappresentare **tutte le tipologie** di questa passione, spingendosi al cuore della psicologia umana, in particolare femminile: d'altra parte l'opera è dedicata proprio alle donne, Muse terrene e sensuali del realismo letterario boccacciano.
A differenza di Dante nella *Commedia*, dove l'ideologia dell'amore cortese è risemantizzata in senso mistico, l'amore di cui parla Boccaccio è un sentimento del **tutto umano**, che l'autore non censura: anzi, un motivo ricorrente in queste novelle è proprio la forza irresistibile del desiderio, dipinto come una passione naturale che travolge ogni resistenza umana e ogni convenienza sociale. È un sentimento **democratico**, che accomuna tutti gli esseri umani, a prescindere dalle classi sociali, nascendo anche fra persone di ceto differente (come nel caso di Ghismunda o di Lisabetta). Quando gli uomini ne accettano la supremazia su ogni altra legge, allora l'amore può esprimersi gioiosamente (è il caso delle novelle della quinta giornata); quando, al contrario, cercano di piegarlo alle regole della convenienza economico-sociale, spesso l'amore si trasforma in tragedia, come nelle novelle della quarta giornata.

> Amore è sempre, all'origine, impulso erotico: è questa una convinzione fondamentale di Boccaccio.
>
> Mario Baratto

La forza delle parole

La sesta giornata è riservata ai **motti di spirito**, cioè alla capacità di trovare le giuste, tempestive parole che possono trarre d'impaccio in situazioni difficili, perché conquistano con il loro intelligente umorismo la simpatia del proprio potenziale aggressore.
La letteratura delle facezie (come le aveva definite Cicerone nel *De oratore*, uno dei testi classici di riferimento per la regolamentazione della conversazione spiritosa) godette anticamente di grande fortuna. Nelle corti medievali e umanistiche la conversazione brillante era particolarmente apprezzata e i cortigiani amavano le letture capaci di educarli alla battuta di spirito. Nel Medioevo condividono il gusto per la battuta folgorante predicatori e novellieri.
Boccaccio, con la sesta giornata, s'inserisce in questa tradizione, celebrando la **forza straordinaria delle parole** a garanzia dei rapporti civili: un tema fondamentale in tutto il *Decameron*.
Per Boccaccio la battuta di spirito deve dar prova di arguzia e misura ed esprimere, in questo modo, l'ingegno dell'uomo, già celebrato nella terza giornata. Nelle storie della sesta giornata il motto ha la funzione di **rispondere a una sfida** (una contestazione, un impaccio, una canzonatura, una scommessa...) difendendo spiritosamente le ragioni dell'interessato, scansando con astuzia il pericolo, rovesciando rapidamente a proprio favore la disputa dialettica con gli avversari. L'arguzia non ha mai, tuttavia, un tono aggressivo, non è il morso di un lupo ma di una pecora: è un **esercizio giocoso dell'intelligenza** che si genera in risposta a pericoli di lieve entità. Più in generale, Boccaccio affida al riso, anche grazie ad alcune riflessioni tratte dalla filosofia di Epicuro e dalle sue rielaborazioni di Seneca, non soltanto la

funzione di alleviare i dolori e i fastidi della vita umana, ma anche quella di renderli meno sottoposti alle proprie paure.

La beffa e il gioco

Le giornate settima e ottava sono dedicate al tema della **beffa**, intrecciato nuovamente a quello dell'amore. Queste novelle di **derisione**, per esempio ai danni di mariti sciocchi, richiamano il modello dei *fabliaux* (➤ p. 531), giocando con i risvolti comici di una fisicità e di una sessualità ritratte senza alcuna riserva di carattere morale.

La generosità

Il *Decameron* si conclude con la celebrazione della **magnanimità d'animo**, virtù per eccellenza dell'etica cavalleresca, a conferma che Boccaccio cerca una sintesi tra la morale borghese e quella cortese. Lo sfondo dei racconti non è più la città ma la corte dei signori; il registro linguistico si eleva a toni epici e tragici. Di questo risente talvolta il realismo della narrazione: la collocazione spazio-temporale delle vicende appare meno concreta, più sfumata. Va anche ricordato che in occasione dell'ultima giornata i novellieri entrano in competizione l'uno con l'altro e dunque il loro linguaggio tende a farsi più sostenuto e retorico.

5.7 Il realismo e l'orizzonte morale del *Decameron*

La «commedia umana», tra ragione e passione

> I cardini sono essenzialmente due: Fortuna e Natura, «le due ministre del mondo».
> Mario Baratto

Il *Decameron* offre un catalogo variopinto di **caratteri umani**: dall'eroe al miserabile, dal sapiente allo sciocco. I personaggi boccacciani provengono da tutte le classi sociali, dal proletariato e dal basso clero come dall'alta aristocrazia o dal ceto medio dei mercanti.
Questo universo multiforme e sfaccettato appare dominato dalle forze della **Natura**, «ministra del mondo», spesso trascendenti il volere dell'uomo: Boccaccio non indulge, infatti, all'idea che i suoi personaggi possano essere onnipotenti, sempre padroni del proprio destino. Spesso, anzi, i protagonisti delle novelle appaiono in balia della **Fortuna** (cioè del caso, non della Provvidenza) o della propria natura, in cui agisce per esempio il potente **istinto dell'*eros***, che trabocca impetuoso anche quando le regole sociali lo sconsiglierebbero, poiché spinge verso relazioni pericolose, sconvenienti. Boccaccio non esprime un giudizio censorio nei confronti di questa realtà ma sembra prenderne atto: la sua scrittura s'incarica di dare rilievo plastico alle conseguenze, a volte comiche, a volte tragiche, degli eventi che coinvolgono i personaggi.
L'ingegno umano, tuttavia, ha grandi risorse e può intervenire con la sua **Ragione** per cercare di guidare le forze della Natura: governarle non significa però negarne l'esistenza o pretenderne il dominio assoluto. L'uomo del *Decameron* accetta la realtà delle forze naturali e, a partire da questa constatazione, prova con la sua intelligenza a orientarle a suo favore; quando invece finge di non vederle e prova a ignorarle le conseguenze sono spesso dolorose.
Il realismo boccacciano, dunque, ha la sua cifra caratteristica nel tentativo di illustrare questa **dialettica tra Natura e Ragione**, entrambe reali, in perpetua ricerca di un difficile equilibrio.

Un equilibrio relativo

Questa difficoltosa, laica aspirazione a una **sintesi tra le opposte forze** di dovere e piacere, tra ragioni del cuore e della coscienza costituisce la morale di fondo del *Decameron*. L'uomo oscilla tra il tentativo di soddisfare le pulsioni naturali (spesso egoistiche) e la necessità di ascoltare la voce della ragione, che stabilisce le regole dell'onestà. La morale boccacciana si costruisce, dunque, nella ricerca e nella pratica di delicati equilibri, cercando anche di conciliare i **valori dell'etica borghese**, come l'industria (lo spirito d'intraprendenza) o la masserizia (l'accortezza nell'amministrazione dei beni), e le **virtù cavalleresche**, come la liberalità (la generosità) e lo spirito di sacrificio.

> Accanto al mondo solenne e dorato dei re e dei cavalieri, Boccaccio pone senza alcuna esitazione la società operosa e avventurosa dei borghesi della sua età.
>
> Vittore Branca

Un "relativismo etico"

L'etica del *Decameron* è stata anche definita **"relativista"**, nel senso che il personaggio boccacciano cerca l'equilibrio di volta in volta migliore, a seconda delle circostanze in cui si trova, cioè relativamente al contesto in cui opera. Boccaccio non intende per questo negare valore alla dimensione della trascendenza religiosa e alla sua etica: nel *Decameron*, tuttavia, compie la scelta di focalizzare la sua attenzione sulle dinamiche tra gli uomini, sul mondo della natura, sull'esercizio della ragione nel caos dell'esistenza terrena, **senza rimandi alla sfera del divino**. I giudizi espressi sui personaggi, compresi i rappresentanti della Chiesa, sono giudizi sulla ragionevolezza e sulla coerenza sociale del loro comportamento, prescindono da considerazioni di natura metafisica: un campo nel quale Boccaccio non intende spingersi.

Banchetto in onore di Alatiel, figlia del sultano di Babilonia; episodio della settima novella della seconda giornata del *Decameron*, XV secolo. Venezia, Musei Civici Veneziani - Museo Correr.

Il realismo boccacciano

> Rotti i legami con Dio, gli uomini cercano di affermarsi con le proprie forze sulla realtà.
>
> Mario Baratto

La visione boccacciana è dunque realista nella misura in cui concede cittadinanza alle molteplici manifestazioni della vita, senza negarne (o censurarne) le contraddizioni dialettiche. Non è tuttavia realista nel senso odierno del termine: non intende cioè offrire una rappresentazione oggettiva e neutrale della realtà. Il *Decameron*, infatti, intende essere **vera letteratura**, ovvero filtrare la rappresentazione del mondo attraverso i modelli letterari cari a Boccaccio fin dalla sua giovinezza, dalla letteratura classica a quella cortese. La realtà, così composita e talvolta indecifrabile, viene pertanto trasportata in un affascinante affresco letterario, in cui l'intelligenza dell'uomo di lettere contribuisce a restituire ordine al caos del mondo: non lo nega ma lo racconta, attribuendovi un senso umano. Questa **trasposizione del mondo in parole** non è infatti un'operazione neutra, ma comporta l'ambizioso tentativo di restituire armonia al disordine, di rendere nuovamente abitabile e civile lo spazio della vita. Non a caso la brigata dei dieci giovani riesce, nel microcosmo del proprio rifugio campestre, a ricostituire i legami sociali del vivere civile, spezzati in città dal terrore della pestilenza, che aveva travolto ogni razionalità.

FISSA I CONCETTI

- Che rapporto si crea fra «industria» e «fortuna» nelle novelle del *Decameron*?
- In che modo nell'opera si conciliano tra loro Ragione e Natura?

VISUALIZZA I CONCETTI

Il relativismo etico e la dialettica fra Natura e Ragione del *Decameron*

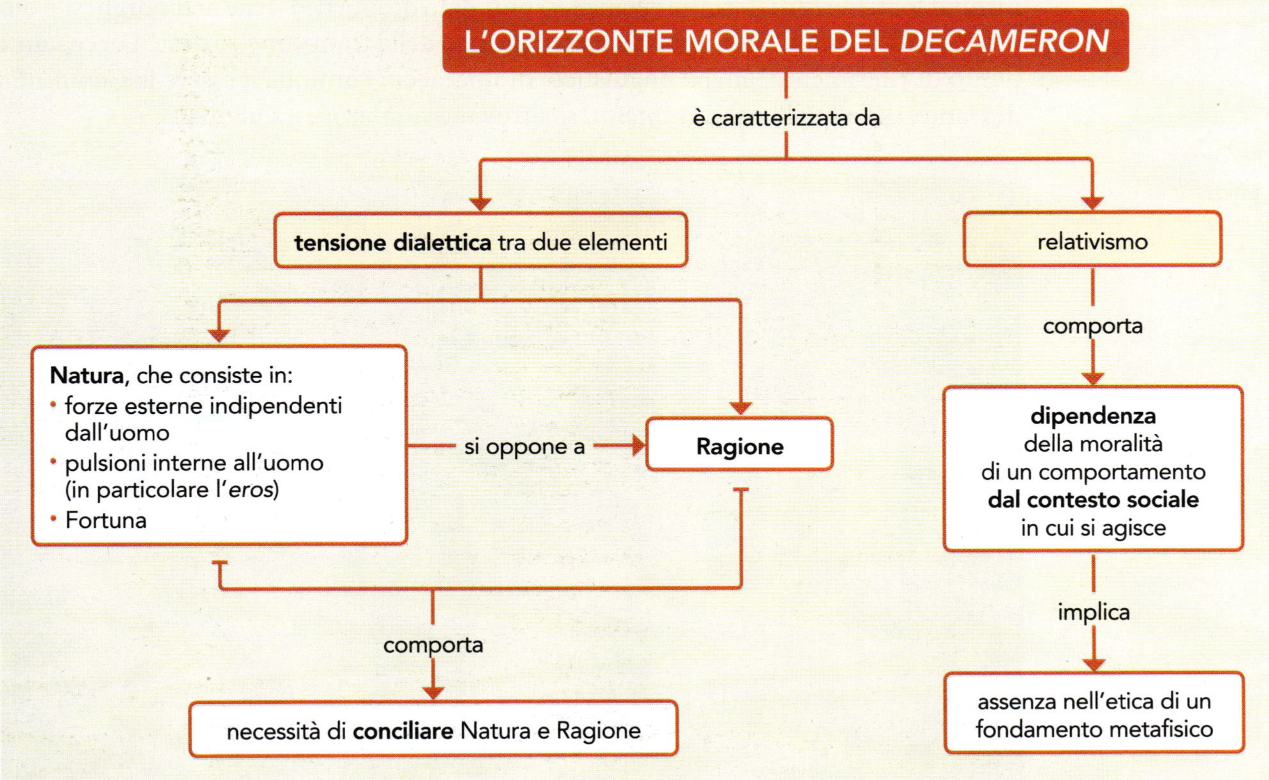

5.8 Il linguaggio e lo stile

La polifonia

Alla varietà tematica del realismo boccacciano corrisponde una vivace **pluralità di linguaggi**. L'autore mescola con raffinata disinvoltura registri stilistici differenti: i narratori adottano, di volta in volta, toni tragici e toni elegiaci, solenni e dimessi, comici e commossi, in ragione dell'argomento trattato. Si è parlato, per questo, di **polifonia** del linguaggio di Boccaccio che, almeno in questo senso, appare un ideale continuatore delle scelte stilistiche di Dante.

Uno «stile medio elegante»

Lo stile di Boccaccio, tuttavia, si sostiene sempre, nelle pagine comiche, al di sopra della farsa e, nelle pagine tragiche, al di sotto del sublime. L'impasto è sapientemente equilibrato: un grande studioso del Medioevo come Erich Auerbach ha affermato che il *Decameron* consegna al lettore la piacevole sensazione di uno «stile medio elegante», di una garbata e civile conversazione. L'aspirazione boccacciana, d'altra parte, era di codificare una narrativa "mezzana", distinta sia dalla letteratura illustre, sia dalla letteratura plebea.

> Boccaccio sembra realizzare nel *Decameron* una geografia linguistica dell'Italia trecentesca.
>
> Vittore Branca

La ricerca dell'espressività

La lingua del *Decameron* si arricchisce, soprattutto quando adotta lo stile comico, di echi del fiorentino parlato nella Firenze del Trecento e di tonalità regionali, che intendono accrescerne l'**espressività**. Boccaccio, in particolare, cerca di adattare mimeticamente il linguaggio al grado sociale del personaggio parlante. Nelle scelte lessicali convivono allora latinismi e forestierismi, termini tecnici assunti dal vocabolario delle arti borghesi e aulicismi, cioè termini dotti appartenenti al lessico della tradizione cortese. Un costante punto di riferimento, anche linguistico, di Boccaccio continua a essere la *Commedia* di Dante, della quale nel *Decameron* si ritrovano numerose risonanze.

Marie Spartali Stillman, *Fiammetta che canta*, 1879. Collezione privata.

T2 La dedica alle donne e la consolazione alle pene d'amore

Decameron, Proemio

Il proemio, insieme alla conclusione (➤ **T13**), appartiene alla cornice più esterna del *Decameron*, luogo in cui l'autore spiega perché e per chi ha deciso di comporre la sua raccolta di novelle. Boccaccio specifica cioè a quale destinatario si rivolge, quale intento vuole perseguire, cosa l'ha spinto a prediligere un certo stile e un certo contenuto. Nel proemio dedica il *Decameron* alle donne e auspica di poterle distrarre e consolare, attraverso l'ascolto delle cento novelle, dalle sofferenze d'amore. Egli stesso, afferma, ha avuto modo di ricevere consolazione, quando soffriva per amore, dai «piacevoli ragionamenti» fatti con gli amici.

Comincia il libro chiamato Decameron, *cognominato*[1] *prencipe Galeotto*[2], *nel quale si contengono cento novelle, in diece dì dette da sette donne e da tre giovani uomini.*

Le nostre parole ›

Umana cosa è aver **compassione** degli afflitti; e come che a ciascuna persona stea bene,[3] a coloro è massimamente richiesto, li quali già hanno di conforto avuto mestiere,[4] et hannol trovato in alcuni: fra' quali, se alcuno mai n'ebbe bisogno, o gli fu

1. **cognominato:** che ha il soprannome di.
2. **Galeotto:** riferimento al personaggio di Galehaut, che favorì, come raccontano i romanzi del ciclo bretone, l'amore clandestino di Ginevra, moglie di re Artù, e Lancillotto, cavaliere del re. Al personaggio si allude anche nel canto V dell'*Inferno*, quando Francesca, rievocando il primo bacio tra lei e Paolo, inizio della relazione fedifraga che li porterà alla morte, definisce «galeotto» (con valore di aggettivo) il libro che, mentre leggevano insieme, li suggestionò al punto da indurli ad abbandonarsi alla reciproca attrazione: «Galeotto fu 'l libro e chi lo scrisse» (*Inf.* V, 137). Boccaccio anticipa così che il tema dell'amore sarà particolarmente rilevante all'interno della raccolta di novelle.
3. **come... bene:** benché sia opportuno per ciascuno.
4. **mestiere:** esperienza. L'esperienza nel *Decameron* appare sempre l'autentica *magistra vitae* («maestra di vita») per gli uomini in terra.

Le nostre parole — Compassione

L'origine del termine Il sostantivo "compassione" viene da *compassiōnem*, accusativo di *compassio*, parola del latino cristiano derivata dal verbo *compatior*, che significava «soffrire insieme», perché composto dalla preposizione *cum*, «con, insieme», e dal verbo *patior*, «soffrire».
Il modello per eccellenza del patimento sofferto per il bene altrui è naturalmente Cristo, la cui "passione" ha redento l'umanità.
La "compassione", dunque, indica in origine una pena condivisa, un soffrire per i dolori o i dispiaceri degli altri.

Una virtù femminile Nel *Decameron*, opera indirizzata a un pubblico per lo più di donne consapevoli della sofferenza d'amore, la "compassione" ha un ruolo centrale fin dall'*incipit*, dove la si collega alla sua origine, cioè a un istintivo atto di umanità. Nel saggio *Compassione. Storia di un sentimento* (2013), il critico Antonio Prete ricostruisce la tradizione semantica della parola, che storicamente coincide con l'idea di un'esperienza piuttosto rara, spesso intesa come manifestazione di una delicatezza del tutto femminile.

Gli usi moderni La "compassione" ha assunto in seguito anche il significato di "clemenza", cioè di sentita benevolenza verso gli errori altrui, nella fiducia di vederli correggere.
Tuttavia, «avere compassione di qualcuno» acquisisce spesso anche un significato negativo e presuppone un senso di superiorità in colui che prova tale sentimento.
È questa l'accezione oggi usata in espressioni come «fare compassione» o «fare pietà», dette di cose disdicevoli, di lavori mal finiti, di persone incapaci.

caro, o già ne ricevette piacere, io son uno di quegli. Per ciò che,[5] dalla mia prima giovanezza infino a questo tempo oltre modo essendo acceso stato[6] d'altissimo e nobile amore, forse più assai che alla mia bassa condizione non parrebbe, narrandolo, si richiedesse,[7] quantunque appo coloro che discreti erano[8] e alla cui notizia pervenne io ne fossi lodato, e da molto più reputato, nondimeno mi fu egli[9] di grandissima fatica a sofferire, certo non per crudeltà della donna amata, ma per soverchio fuoco nella mente concetto da poco regolato appetito:[10] il quale, per ciò che a niuno convenevole termine mi lasciava contento stare, più di noia che bisogno non m'era spesse volte sentir mi facea.[11] Nella qual noia tanto rifrigerio[12] già mi porsero i piacevoli ragionamenti d'alcuno amico e le sue laudevoli consolazioni, che io porto fermissima opinione per quelle[13] essere avvenuto che io non sia morto.

Ma sì come a Colui[14] piacque il quale, essendo Egli infinito, diede per legge incommutabile a tutte le cose mondane aver fine, il mio amore, oltre a ogn'altro fervente e il quale niuna forza di proponimento o di consiglio o di vergogna evidente, o pericolo che seguir ne potesse, aveva potuto né rompere né piegare, per se medesimo in processo di tempo si diminuì[15] in guisa, che[16] sol di sé nella mente m'ha al presente lasciato quel piacere che egli è usato di porgere a chi troppo non si mette ne' suoi più cupi pelaghi navigando; per che, dove faticoso esser solea, ogni affanno togliendo via, dilettevole il sento esser rimaso.[17]

Ma quantunque cessata sia la pena, non per ciò è la memoria fuggita de' benefici già ricevuti, datimi da coloro a' quali per benivolenza da loro a me portata erano gravi le mie fatiche;[18] né passerà[19] mai, sì come io credo, se non per morte. E per ciò che la gratitudine, secondo che io credo, tra l'altre virtù è sommamente da commendare[20] e il contrario da biasimare, per non parere ingrato ho meco stesso proposto di volere, in quel poco che per me[21] si può, in cambio di ciò che io ricevetti, ora che libero[22]

5. Per… che: Dal momento che.
6. acceso stato: stato acceso.
7. forse… richiedesse: forse più di quanto sarebbe conveniente alla mia bassa condizione, se lo raccontassi. Boccaccio fa riferimento al suo amore giovanile per la donna nota sotto lo pseudonimo di Fiammetta e identificata tradizionalmente in Maria d'Aquino, figlia naturale di Roberto d'Angiò. Il mito letterario di Fiammetta è costruito sul modello degli amori cortesi per una donna di condizione sociale superiore, cui il poeta si mette al servizio, imparando la gentilezza e raffinando il suo animo.
8. appo… erano: presso coloro che erano assennati.
9. egli: cioè l'amore.
10. per soverchio… appetito: per un eccessivo fuoco concepito nella mente da una passione sregolata. L'amore viene subito connotato come una forza irresistibile: si tratta di un tema che tornerà insistentemente nel *Decameron*, dove si raccontano i fallimenti e le tragedie di chi ha cercato di opporvisi.
11. per ciò… facea: dal momento che non tollerava alcun limite, mi procurava dolore («noia») più di quanto fosse opportuno. Il termine "noia", nell'italiano antico, indica una sofferenza e non una condizione di fastidio.
12. rifrigerio: consolazione.
13. per quelle: grazie a quelle (consolazioni).
14. Colui: Dio. Le forze della natura, celebrate nel *Decameron*, sono ricondotte all'originaria azione creatrice di Dio, che ne ha stabilito leggi e potenza.
15. per sé… diminuì: spontaneamente diminuì con il tempo.
16. in guisa, che: in maniera tale che. Nessuna forza umana ha potuto trattenere l'irruenza dell'amore.
17. che egli… rimaso: che egli è solito concedere (l'amore) a chi non naviga nei suoi mari più scuri; motivo per cui, mentre prima era faticoso, adesso che non ci sono più gli affanni, sento che è rimasto qualcosa di piacevole. «Pelaghi» è un latinismo. La metafora dell'amore come mare in cui si può anche naufragare è ampiamente attestata nella lirica d'amore.
18. da coloro… fatiche: da coloro che soffrivano le mie stesse pene a causa della compassione che nutrivano nei miei confronti. Boccaccio esprime gratitudine nei confronti degli amici che l'hanno saputo consolare.
19. passerà: soggetto è «la memoria».
20. commendare: elogiare.
21. per me: da parte mia. In sede di proemio l'autore professa, con retorica modestia, la sua inadeguatezza al compito di scrittore che si è prefisso.
22. libero: dall'amore. La dominazione dell'amore nell'animo dell'essere umano travolge la sua ragio-

dir mi posso, e se non a coloro che me atarono, alli quali per avventura per lo lor senno o per la loro buona ventura non abbisogna, a quegli almeno a' qual fa luogo, alcuno alleggiamento prestare.[23] E quantunque il mio sostentamento, o conforto che vogliam dire, possa essere e sia a' bisognosi assai poco, nondimeno parmi quello doversi più tosto porgere dove il bisogno apparisce maggiore, sì perché più utilità vi farà e sì ancora perché più vi fia caro avuto.[24]

E chi negherà questo, quantunque egli si sia,[25] non molto più alle vaghe[26] donne che agli uomini convenirsi donare? Esse dentro a' dilicati petti, temendo e vergognando, tengono l'amorose fiamme nascose, le quali quanto più di forza abbian che le **palesi** coloro il sanno che l'hanno provate:[27] e oltre a ciò, ristrette da' voleri, da' piaceri, da' comandamenti[28] de' padri, delle madri, de' fratelli e de' mariti, il più del tempo nel piccolo circuito[29] delle loro camere racchiuse dimorano e quasi oziose sedendosi, volendo e non volendo in una medesima ora, seco rivolgendo diversi pensieri, li quali non è possibile che sempre sieno allegri. E se per quegli alcuna malinconia, mossa da focoso disio, sopravviene nelle lor menti, in quelle conviene che con grave noia si dimori, se da nuovi ragionamenti non è rimossa:[30] senza che[31] elle sono molto men forti che gli uomini a sostenere;[32] il che degli innamorati uomini non avviene, sì come noi possiamo apertamente vedere. Essi, se alcuna malinconia o gravezza di pensieri gli affligge, hanno molti modi da alleggiare o da passar[33] quello, per ciò che a loro, volendo essi, non manca l'andare a torno, udire e veder molte cose, uccellare, cacciare, pescare, cavalcare, giucare o mercatare:[34] de' quali modi ciascuno ha forza di trarre, o in tutto o in parte, l'animo a sé e dal noioso[35] pensiero rimuoverlo almeno per alcuno spazio di tempo, appresso[36] il quale, con un modo o con altro, o consolazion sopravviene o diventa la noia minore.

Adunque, acciò che in parte per me s'ammendi il peccato della fortuna, la quale dove meno era di forza, sì come noi nelle dilicate donne veggiamo, quivi più avara fu

lessico

Palese

Che appare e si manifesta in modo chiaro ed evidente (dal latino *palam*, «manifestamente»).

ne al punto da ostacolarne le attività intellettuali, compresa la stessa scrittura. Per questo Boccaccio scrive che per potersi dedicare alla stesura del suo *Decameron* è stata necessaria, anzitutto, la "liberazione" del suo spirito dall'amore.

23. se non a coloro... prestare: se non a coloro che mi aiutarono, ai quali grazie alla loro assennatezza o alla buona fortuna probabilmente non serve, almeno a coloro cui è utile offrire qualche sollievo. Boccaccio, cioè, offre la consolazione della sua scrittura a coloro che soffrono per amore.

24. sì perché... avuto: sia perché nei loro confronti sarà più utile, sia perché sarà loro più gradito aver ricevuto aiuto.

25. E chi... sia: E chi negherà questo (aiuto), di qualunque entità esso sia.

26. vaghe: gentili.

27. le quali... provate: le quali quanto siano più forti rispetto a quelle palesi lo sa chi ne ha fatto esperienza. Si sta facendo riferimento alle fiamme dell'amore.

28. ristrette... comandamenti: costrette dalla volontà, dai capricci, dai comandi. Dalla rappresentazione boccacciana traspare la compassione per la condizione di costrizione alla volontà maschile cui sono subordinate le donne nella società contemporanea all'autore.

29. circuito: ambito.

30. E se... rimossa: E se, attraverso quei pensieri, si genera nelle loro menti un umore cupo, causato dal fuoco ardente dell'amore, è fatale che la donna viva in una grande sofferenza, se questa sofferenza non è cacciata da nuovi discorsi. La malinconia generata dall'amore è al centro dell'*Elegia di Madonna Fiammetta* (➤ **T1**, p. 521), la cui sofferenza era acuita proprio dall'impossibilità di ricevere conforto da altri, dal momento che soffriva per un'inconfessabile passione adulterina.

31. senza che: senza considerare che.

32. sostenere: sopportare (il dolore).

33. da alleggiare o da passar: per alleggerire o per far passare.

34. per ciò che... mercatare: dal momento che a loro, se vogliono, non manca la possibilità di andare in giro, ascoltare e vedere molte cose, cacciare uccelli, cacciare, pescare, andare a cavallo, giocare o dedicarsi al commercio. La rassegna delle occupazioni possibili agli uomini apre una finestra sulla vivace società comunale del pieno Trecento, brulicante di uomini dediti ai commerci o agli svaghi.

35. noioso: doloroso.

36. appresso: dopo.

di sostegno,[37] in soccorso e rifugio di quelle che amano, per ciò che all'altre è assai[38] l'ago e 'l fuso e l'arcolaio, intendo di raccontare cento novelle, o favole o parabole o istorie[39] che dire le vogliamo, raccontate in diece giorni da una onesta brigata di sette donne e di tre giovani nel pistelenzioso tempo della passata mortalità fatta,[40] e alcune canzonette[41] dalle predette donne cantate al lor diletto.

Nelle quali novelle piacevoli e aspri casi d'amore e altri fortunati[42] avvenimenti si vederanno così ne' moderni tempi avvenuti come negli antichi; delle quali le già dette donne, che queste leggeranno, parimente diletto delle sollazzevoli cose in quelle mostrate e utile consiglio potranno pigliare,[43] in quanto potranno cognoscere quello che sia da fuggire[44] e che sia similmente da seguitare: le quali cose senza passamento di noia[45] non credo che possano intervenire. Il che se avviene, che voglia Idio che così sia; a Amore ne rendano grazie, il quale liberandomi da' suoi legami m'ha conceduto il potere attendere[46] a' lor piaceri.

37. **Adunque... sostegno:** Dunque, affinché grazie a me in parte si rimedi all'ingiustizia perpetrata dalla fortuna avversa, che è stata più avara di aiuto nei confronti di coloro che erano meno forti, come noi vediamo essere le donne delicate. La condizione di subordinazione delle donne non è imputata a una loro colpa ma è presentata come un «peccato» della «fortuna», cioè un'ingiustizia della cattiva sorte. La propensione di Boccaccio a guardare con simpatia alle donne, già evidente nelle opere giovanili, si conferma anche nel *Decameron*.
38. **è assai:** basta e avanza.
39. **novelle, o favole o parabole o istorie:** questa distinzione è stata lungamente discussa, e ha introdotto distinzioni non sempre chiaramente comprensibili; se «favola» sembra rimandare a una narrazione completamente inventata, «istoria» potrebbe alludere a un racconto la cui ambientazione è storicamente accertata, mentre «parabola» fare riferimento a una narrazione che intende trasmettere un significato morale sottinteso. Al tempo di Boccaccio, comunque, tali distinzioni erano divenute più sfumate, e non è da escludere che qui i quattro termini siano in rapporto di semplice equivalenza.
40. **nel pistelenzioso... fatta:** costituita durante la passata moria a causa della peste.
41. **canzonette:** sono le ballate che concludono le singole giornate.
42. **fortunati:** avventurosi.
43. **parimente... pigliare:** dalle divertenti vicende narrate potranno trarre allo stesso tempo piacere e utili consigli. È un passaggio molto importante: la letteratura non è soltanto utile a evitare la «noia», ma serve a prendere importanti decisioni che riguardano l'ambito morale; in effetti la conoscenza offerta dalla lettura delle novelle risulta assai simile alle osservazioni che Aristotele aveva esposto nella sua *Etica Nicomachea*, un testo che Boccaccio conosceva e aveva annotato, consistendo nella scelta opportuna tra «quello che sia da fuggire e che sia similmente da seguitare». Il *Decameron* si configurerebbe dunque come la messa in forma narrativa di una morale pratica (Flasch).
44. **fuggire:** evitare. Il *Decameron* contiene, tra l'altro, numerose novelle che celebrano l'ingegno umano, capace di correggere gli imprevisti del destino, o che stigmatizzano l'avventatezza che può condurre alla rovina.
45. **passamento di noia:** liberazione dalle sofferenze. S'intendono sempre le sofferenze d'amore.
46. **il potere attendere:** di potermi dedicare. Il dio Amore è ringraziato per aver liberato Boccaccio dalle sue catene («legami») quanto necessario a permettergli di dedicarsi alla scrittura.

Analisi del testo

Struttura

Intento dell'opera Nel proemio è possibile distinguere tre momenti, che mettono progressivamente a fuoco le intenzioni dell'autore. Boccaccio esordisce con una dichiarazione di principio universale: il sentimento della compassione è caratteristico dell'uomo degno di questo nome. Chi è stato beneficiato dalla pietà altrui conosce per esperienza quanto sia preziosa (rr. 1-4). L'autore fa riferimento, in questo contesto, all'amore provato in gioventù per Fiammetta e per le sue sofferenze, da cui gli amici lo hanno distratto con «laudevoli consolazioni». Ora, poiché l'amore ha attenuato i suoi effetti più violenti («soverchio fuoco», «poco regolato appetito»), Boccaccio si sente pronto a offrire a sua volta a chi soffre per amore il dono che ha ricevuto, cioè alcuni «piacevoli ragionamenti», espressi stavolta in forma di novella.

Pubblico e argomento Nella seconda parte del proemio si specifica il destinatario cui l'autore intende rivolgere la sua compassione: le donne (rr. 35-45). A differenza degli uomini, infatti, cui sono concessi numerosi svaghi fuori casa, le donne sono costrette a tenere «l'amorose fiamme nascose», macerando le loro sofferenze interiori nel chiuso delle loro stanzette, dove le costringono i «comandamenti de' padri, delle madri, de' fratelli e de' mariti». Nell'ultima sezione del proemio Boccaccio specifica ulteriormente le forme della sua consolazione: attraverso cento novelle di argomento vario, dalla lettura delle quali potranno trarre «diletto» e utile consiglio, garantendo il «passamento di noia» (rr. 53-65).

Lingua e stile

Echi d'amor cortese Il proemio esordisce con un'intonazione alta, caratterizzata dal ricorso al lessico dell'amore cortese. L'uomo è chiamato ad aver compassione degli «afflitti», a offrire «rifrigerio» a chi soffre per un «altissimo e nobile amore» ed è travolto dal suo «soverchio fuoco», perso nei suoi «cupi pelaghi». Tuttavia, a ridimensionare la potenza dell'amore concorre l'antitesi tra il Creatore di ogni cosa, il solo a essere «infinito», e la realtà naturale dell'amore, che come tutte le «cose mondane» è limitata nello spazio e nel tempo. Successivamente il tono si fa più disteso e argomentativo, quando Boccaccio giustifica razionalmente la sua scelta di offrire consolazione alle donne innamorate. L'evocazione delle pene d'amore femminili si nutre nuovamente della tropologia dell'amore cortese: le «vaghe donne» nei loro «dilicati petti» tengono nascoste l'«amorose fiamme», patiscono la «malinconia» indotta dal «focoso disio». È netto il contrasto tra l'area semantica della sofferenza interiore, a cui appartiene questa connotazione delle donne, e l'area semantica degli svaghi fuori casa, esclusivo appannaggio maschile.

Temi

La consolazione delle pene d'amore Il proemio, in ossequio ai dettami della retorica medievale, è inaugurato da una *sententia* di contenuto morale, che ricorda l'esordio dell'*Elegia di Madonna Fiammetta* (➤ **T1**): chi è stato beneficiato dalla compassione altrui, è in dovere di ricambiare, offrendo la sua compassione al prossimo. Boccaccio dice infatti di essere un innamorato salvato dalla generosità degli amici, che l'hanno consolato, quando soffriva per un intenso amore, attraverso «piacevoli ragionamenti»: solo grazie a questi, è sua «fermissima opinione», non è «morto» (rr. 12-14). Il proemio anticipa così il tema della narrazione come antidoto alla morte, centrale nella storia di cornice.

Il tema dell'amore L'autore celebra dunque la forza dell'amore, un «cupo pelago», spesso «soverchiante». Ma l'amore per Boccaccio non è una divinità trascendente: è una forza naturale e dunque, come ogni altra realtà terrena, soggetta al divenire. Non la liberazione dall'amore, ma la sua narrazione nella forma della novella, disciplinata dalle regole dell'arte, gli ha concesso di compiere il passaggio dal caos all'ordine, dalla schiavitù della passione incontrollata alla libertà dell'atto creativo.

Le donne, gli intellettuali e la letteratura Boccaccio, dando prova di grande realismo, rappresenta e compatisce la condizione delle donne nella società del tempo, nella quale sono escluse da molte attività, concesse soltanto agli uomini: «l'andare a torno, udire e veder molte cose, uccellare, cacciare, pescare, cavalcare, giucare o mercatare». S'intravede uno scorcio della vivace società borghese del Trecento in cui Boccaccio era cresciuto. La marginalità sociale delle donne non appare tuttavia la conseguenza di una loro intrinseca minorità, come volevano molti stereotipi misogini: per Boccaccio, al contrario, è un «peccato della fortuna», cioè un'ingiustizia causata da ragioni accidentali (rr. 53-55). L'ingegno umano deve allora intervenire per correggere la Fortuna, cioè per tentare di rimediare agli effetti più negativi e volgerli a proprio favore. In questo caso è l'intelligenza dell'artista, che oppone alla sofferenza il farmaco della letteratura, come faranno anche i novellatori del *Decameron*. Si crea, dunque, una sorta di affinità tra la condizione della donna e quella dell'intellettuale, accomunati nella fiducia concessa alla letteratura non come semplice spazio di evasione, ma come strumento di «consiglio» e guida affidabile di un'esistenza consapevole dei propri limiti.

Un intrattenimento alto Boccaccio, come si è detto, destina l'opera a un pubblico femminile. Il *Decameron* intende essere una letteratura media, d'intrattenimento elegante: non a caso è paragonato alle forme di distrazione concesse agli uomini. Ma l'opera vuole essere anche una forma di evasione alta: è riservato alle donne che sanno amare (come Fiammetta, verso cui

Boccaccio dichiara di aver nutrito un «altissimo e nobile amore»), dunque agli spiriti nobili. Non è letteratura per le donne comuni, alle quali bastano l'«ago», il «fuso» e l'«arcolaio». Il proemio anticipa, inoltre, la varietà della raccolta, dove si trovano «novelle», «favole», «parabole» (storie esemplari) o «istorie» (i cui protagonisti sono protagonisti illustri), dai temi più disparati: «novelle piacevoli e aspri casi d'amore e altri fortunati avvenimenti» (rr. 56-60). Boccaccio non esclude neppure una loro possibile funzione educativa: le lettrici, infatti, potranno trarre «parimente diletto delle sollazzevoli cose in quelle mostrate e utile consiglio potranno pigliare», secondo il principio oraziano del *miscere utile dulci* («mescolare l'utile al dolce»).

Officina

COMPRENDERE

1. Nelle righe iniziali del brano Boccaccio afferma di avere molto sofferto per amore in passato. Per quale motivo?
   a. Per l'eccessiva crudeltà della donna amata verso di lui.
   b. Per l'indifferenza della donna amata nei suoi confronti.
   c. Perché la forza della passione amorosa lo ha condotto alla pazzia.
   d. Per l'eccessiva sregolatezza e forza della passione amorosa.
2. Quale sensazione ha lasciato nell'animo del poeta l'attenuarsi del sentimento amoroso?
   a. Piacere **b.** Rabbia **c.** Invidia **d.** Gioia
3. Spiega, facendo precisi riferimenti al testo, per quali motivi Boccaccio decide di dedicare l'opera alle donne e non agli uomini che soffrono per amore.
4. Rileggi con attenzione le righe finali del brano (61-65): quale duplice scopo conseguiranno le donne dalla lettura delle novelle della raccolta?

ANALIZZARE

5. **Lingua e stile** Individua e sottolinea tutte le parole e le espressioni che appartengono rispettivamente al lessico dell'amor cortese e della sofferenza interiore.
6. **Lessico** Da "palese", con l'aggiunta di un suffisso, deriva un avverbio di modo. Di quale avverbio si tratta? Secondo te, quale fra i seguenti avverbi di modo è sinonimo di quello che hai individuato? Quale ne è il contrario?
   a. Apertamente
   b. Sicuramente
   c. Nascostamente
   d. Francamente

INTERPRETARE

7. Boccaccio afferma che la marginalità sociale delle donne nella società del Trecento è determinata da un «peccato della Fortuna» (r. 53). Spiega che cosa intende l'autore con questa espressione e in che modo l'ingegno umano possa contrastare la Fortuna. Specifica, infine, quale rapporto si instaura tra fortuna e ingegno fin dalle prime righe dell'opera.
8. Dopo aver letto e analizzato con attenzione i due brani, scrivi un testo di sufficiente ampiezza in cui metti a confronto il ***Proemio* dell'*Elegia di Madonna Fiammetta*** (➤ **T1**) con il *Proemio* del *Decameron*, evidenziandone analogie e differenze dal punto di vista contenutistico, tematico e stilistico e facendo precisi riferimenti ai testi.

PERCORSO DI SCRITTURA

Argomentazione Immagina che Boccaccio, invece che alle donne che soffrono per amore, abbia deciso di dedicare la sua opera a un pubblico maschile: con quali motivi potrebbe giustificare tale scelta? Scrivi un testo di sufficiente ampiezza sostenendo in maniera argomentata le posizioni dell'autore al riguardo.

COMPETENZE DEL XXI SECOLO

Cittadinanza Nel brano che hai letto Boccaccio illustra alcuni aspetti della condizione della donna nella società borghese e comunale del Trecento nella penisola italiana. Ritieni che, al giorno d'oggi, il ruolo e la posizione della donna siano cambiati? Pensi che la parità dei sessi sia stata completamente raggiunta? Esponi le tue riflessioni e le tue argomentazioni in proposito facendo riferimento, se lo ritieni opportuno, anche alla tua esperienza personale.

T3 La peste e la «lieta brigata»

Decameron I, Introduzione

Nonostante Boccaccio avesse promesso alle sue lettrici, nel proemio, di consolarne le pene d'amore con «piacevoli ragionamenti», il *Decameron* prende il via da un evento drammatico: l'arrivo della peste a Firenze nell'aprile del 1348. La rievocazione della pestilenza (un ricordo dolorosamente prossimo, quando Boccaccio scrive il suo *Decameron*) rappresenta la premessa necessaria per la storia di cornice della raccolta, cioè per la vicenda dei dieci giovani che, proprio per sfuggire alla malattia, decidono di ritirarsi in campagna, dove trascorrono il tempo raccontandosi novelle. Boccaccio, ispirandosi a numerosi precedenti letterari (➤ p. 532), offre un quadro desolante della città appestata: gli uomini appaiono impotenti di fronte alla morte e si disgregano tutti i vincoli sociali, non si officiano neppure più le esequie per i morti. In questo contesto di disperazione, la giovane Pampinea convince nove ragazzi a scappare con lei dalla città, rifugiandosi in collina e opponendo al disordine distruttivo di Firenze in preda alla peste una serie di giornate regolate sobriamente tra riposo, danze e narrazione di novelle capaci di ricreare lo spirito.

Comincia la prima giornata del Decameron, nella quale, dopo la dimostrazione fatta dall'autore per che cagione avvenisse di doversi quelle persone, che appresso si mostrano, ragunare a ragionare insieme[1]*, sotto il reggimento di Pampinea si ragiona di quello che più aggrada*[2] *a ciascheduno.*

Quantunque volte, graziosissime donne, meco pensando riguardo quanto voi naturalmente tutte siete pietose, tante conosco che la presente opera al vostro iudicio avrà grave e noioso principio, sì come è la dolorosa ricordazione della pestifera mortalità trapassata, universalmente a ciascuno che quella vide o altramenti conobbe dannosa, la quale essa porta nella sua fronte.[3] Ma non voglio per ciò che questo di più avanti leggere vi spaventi,[4] quasi[5] sempre tra' sospiri e tralle lagrime leggendo dobbiate trapassare. Questo orrido cominciamento vi fia non altramenti che a' camminanti

1. per che... insieme: per quale ragione (sia accaduto che) quelle persone, che dopo si presentano, si siano dovute radunare a parlare insieme.
Si anticipa la storia dell'epidemia di peste a Firenze, che costringe i dieci giovani a lasciare la città per rifugiarsi in campagna.

2. aggrada: piace. La prima giornata sarà a tema libero: ognuno («ciascheduno») potrà parlare di ciò che preferisce.

3. Quantunque... nella sua fronte: Ogni volta che, o gentilissime donne, rifletto tra me e me quanto voi siate per natura inclini alla compassione, mi rendo sempre conto che quest'opera per voi avrà un inizio triste e sofferente, quanto lo è il doloroso ricordo della pestilenza passata, la quale recò danno in generale a tutti coloro che la videro o che la conobbero in altro modo, il quale (ricordo) questo libro porta nel suo principio.
La naturale propensione delle donne alla compassione è affermata già nel proemio dell'*Elegia di Madonna Fiammetta* (➤ **T1**). Boccaccio sembra quasi scusarsi del fatto che la rievocazione della tragedia della pestilenza potrà forse urtare la delicata sensibilità del suo pubblico femminile. Il Decameron è personificato dal momento che se ne immagina una «fronte» dove campeggia il ricordo dell'epidemia.

4. di più... spaventi: vi dissuada dal proseguire la lettura.

5. quasi: come se.

una montagna aspra e erta, presso alla quale un bellissimo piano e dilettevole sia reposto, il quale tanto più viene lor piacevole quanto maggiore è stata del salire e dello smontare la gravezza.[6] E sì come la estremità della allegrezza il dolore occupa, così le miserie da sopravegnente **letizia** sono terminate.[7] A questa brieve noia[8] (dico brieve in quanto in poche lettere si contiene) seguita prestamente[9] la dolcezza e il piacere il quale io v'ho davanti promesso e che forse non sarebbe da così fatto inizio, se non si dicesse, aspettato.[10] E nel vero, se io potuto avessi onestamente per altra parte menarvi a quello che io desidero che per così aspro sentiero come fia questo,[11] io l'avrei volentier fatto: ma per ciò che, qual fosse la cagione per che le cose che appresso si leggeranno avvenissero, non si poteva senza questa ramemorazion dimostrare, quasi da necessità constretto a scriverle mi conduco.[12]

Dico adunque che già erano gli anni della fruttifera[13] incarnazione del Figliuolo di Dio al numero pervenuti di milletrecentoquarantotto,[14] quando nella egregia città di Fiorenza, oltre a ogn'altra italica bellissima,[15] pervenne la mortifera pestilenza [...]

lessico
Letizia
Il nome viene dal latino *laetitia*, a sua volta derivato dall'aggettivo *laetus* che significava «lieto, allegro», ma anche «florido, rigoglioso» se riferito a piante e terreni, dato che in origine voleva dire «fertile» e ha dato vita anche al sostantivo *laetamen*, «letame»: ciò che è *laetus* produce frutto e quindi letizia.

[*La peste giunge a Firenze nella primavera del 1348 dall'Oriente. La malattia si manifesta con bubboni che divengono poi macchie nere diffuse su tutto il corpo. Le cure mediche risultano inefficaci: quasi tutti i malati muoiono entro il terzo giorno dal contagio. Per contagiarsi non è necessario frequentare i malati: è sufficiente entrare in contatto con i loro vestiti o con i loro oggetti personali. Persino gli animali ne restano vittime.*]

Dalle quali cose e da assai altre a queste simigliianti o maggiori nacquero diverse paure e imaginazioni[16] in quegli che rimanevano vivi, e tutti quasi a un fine tiravano[17] assai crudele, ciò era di schifare[18] e di fuggire gl'infermi e le lor cose; e così faccendo, si credeva ciascuno a se medesimo salute acquistare. E erano alcuni, li quali avvisavano che il viver moderatamente e il guardarsi da ogni superfluità avesse molto a così fatto ac-

6. Questo orrido... gravezza: Questo inizio doloroso sarà per voi ciò che per i viandanti è una montagna impervia e ripida, dopo la quale si trova una pianura bellissima e piacevole, che tanto risulta più piacevole quanto maggiore è stata la fatica di salire e scendere dalla montagna. La fatica di sopportare il ricordo terribile della pestilenza sarà compensata dalla piacevolezza delle novelle che verranno dopo. Il sintagma «aspra e erta» richiama alla memoria la selva oscura, «aspra e forte», in cui Dante si smarrisce all'inizio della sua *Commedia* (*Inf.* I, 5).

7. E sì come... terminate: E così come il dolore compare al termine dell'allegria, così le sofferenze sono terminate dal sopraggiungere della gioia. La sintassi è ricca di anastrofi, a testimoniare la volontà di adottare un tono alto.

8. brieve noia: breve turbamento.

9. seguita prestamente: viene subito dietro.

10. e che forse... aspettato: e che forse, considerato un tale inizio, non ci si aspetterebbe, se non fosse preannunciato.

11. onestamente... questo: condurvi in modo conveniente attraverso un'altra via dove io desidero anziché per un sentiero così accidentato, cioè attraverso una più piacevole narrazione iniziale.

12. ma per ciò... conduco: ma dal momento che non si poteva spiegare senza questa rievocazione la ragione per cui sono avvenute le cose che dopo si leggeranno, mi appresto a scriverle quasi costretto dalla necessità. Boccaccio continua a scusarsi di disturbare la sensibilità delle sue lettrici rievocando la cruda immagine del morbo, ma spiega che è indispensabile per poter comprendere le ragioni della storia iniziale.

13. fruttifera: poiché attraverso l'Incarnazione Dio salva l'uomo dalla dannazione.

14. al numero... milletrecentoquarantotto: l'epidemia di peste raggiunse Firenze nell'aprile del 1348.

15. Fiorenza... bellissima: Firenze, la più bella tra tutte le città d'Italia. «Fiorenza» è il nome latineggiante di Firenze.

16. imaginazioni: terrori, in endiadi con «paure».

17. tiravano: tendevano. La scelta di questi uomini è crudele perché implica l'abbandono dei malati al loro destino.

18. schifare: evitare.

cidente resistere:[19] e fatta lor brigata,[20] da ogni altro separati viveano, e in quelle case ricogliendosi e racchiudendosi,[21] dove niuno infermo fosse e da viver meglio, dilicatissimi cibi e ottimi vini temperatissimamente usando e ogni lussuria fuggendo, senza lasciarsi parlare a alcuno o volere di fuori, di morte o d'infermi, alcuna novella sentire, con suoni e con quegli piaceri che aver poteano si dimoravano.[22] Altri, in contraria opinion tratti, affermavano il bere assai e il godere e l'andar cantando a torno e sollazzando e il sodisfare d'ogni cosa all'appetito che si potesse e di ciò che avveniva ridersi e beffarsi esser medicina certissima a tanto male:[23] e così come il dicevano il mettevano in opera a lor potere, il giorno e la notte ora a quella taverna ora a quella altra andando, bevendo senza modo e senza misura, e molto più ciò per l'altrui case faccendo, solamente che cose vi sentissero che lor venissero a grado o in piacere.[24] E ciò potevan far di leggiere,[25] per ciò che ciascun, quasi non più viver dovesse, aveva, sì come sé, le sue cose messe in abandono:[26] di che le più delle case erano divenute comuni, e così l'usava lo straniere, pure che a esse s'avvenisse, come l'avrebbe il propio signore usate;[27] e con tutto questo proponimento bestiale sempre gl'infermi fuggivano a lor potere.[28] E in tanta afflizione e miseria della nostra città era la reverenda auttorità delle leggi, così divine come umane, quasi caduta e dissoluta tutta per li ministri e essecutori di quelle,[29] li quali, sì come gli altri uomini, erano tutti o morti o infermi o sì di famiglie rimasi stremi,[30] che uficio alcuno non potean fare; per la qual cosa era a ciascun licito quanto a grado gli era d'adoperare.[31] Molti altri servavano,[32] tra questi due di sopra detti, una mezzana via,[33] non strignendosi[34] nelle vivande quanto i primi né nel bere e nell'altre dissoluzioni allargandosi[35] quanto i secondi, ma a sofficienza secondo gli

19. avvisavano... resistere: credevano che vivere sobriamente ed evitare ogni eccesso rendesse molto resistenti a questa particolare malattia.

20. brigata: compagnia. Questi uomini scelgono cioè di vivere separatamente dal resto della popolazione.

21. ricogliendosi e racchiudendosi: raccogliendosi e rinchiudendosi. La scelta "monastica" assume valore penitenziale: questi uomini scelgono una vita ascetica e virtuosa non solo per garantire la salute al corpo ma anche per restituire salute all'anima e dunque ovviare al castigo divino rappresentato dalla peste.

22. dilicatissimi cibi... dimoravano: assumendo con grande sobrietà cibi assai leggeri e vini gentili ed evitando ogni forma di lussuria, senza parlare a nessuno e senza voler sentire alcuna notizia, di morte o di malati, proveniente dall'esterno, vivevano in mezzo alla musica e agli altri piaceri che si potevano permettere.

23. Altri... a tanto male: Altri, persuasi dell'opposta opinione, affermavano che bere molto e godere e andare in giro cantando e spassandosela e soddisfacendo ogni possibile desiderio e ridere di ciò che accadeva era la più sicura medicina a una malattia tanto grave. Questi uomini esorcizzano la morte con uno stile di vita opposto al precedente, abbandonandosi ai suoi aspetti più fisici ed edonistici.

24. solamente... piacere: solo nel caso in cui avessero notizia che ci fossero cose a loro gradite o apprezzate.

25. di leggiere: facilmente.

26. sì come sé... abandono: così come aveva abbandonato se stesso (cioè aveva abbandonato i costumi di uomo civile), aveva abbandonate le sue cose. Le brigate di gaudenti non faticano a trovare case vuote dove abbandonarsi ai piaceri.

27. così l'usava... usate: vi dimorava lo straniero, se vi giungeva per caso, come vi avrebbe dimorato il proprio padrone.

28. e con tutto... potere: e con questa condotta di vita non più umana evitavano sempre gli ammalati quanto possibile.

29. E in tanta... di quelle: E in tanta desolazione e rovina della nostra città la venerabile autorità delle leggi, tanto divine quanto umane, era venuta meno e quasi dissolta a causa del fatto che i governanti e gli esecutori di quelle... La mancanza di uomini in grado di far rispettare le leggi determina il collasso del sistema di convivenza civile, abbandonando gli uomini alla semplice legge dell'istinto naturale egoistico, che mira alla propria sopravvivenza.

30. di famiglie rimasi stremi: rimasti privi di dipendenti.

31. a ciascuno... d'adoperare: a ciascuno era permesso fare tutto ciò che desiderava.

32. servavano: conservavano, cioè preferivano.

33. una mezzana via: una via di mezzo, cioè alternativa alle due appena descritte.

34. strignendosi: limitandosi.

35. allargandosi: esagerando.

appetiti le cose usavano e senza rinchiudersi andavano a torno,[36] portando nelle mani chi fiori, chi erbe odorifere e chi diverse maniere di spezierie,[37] quelle al naso ponendosi spesso, estimando essere ottima cosa il cerebro con cotali odori confortare, con ciò fosse cosa che l'aere tutto paresse dal puzzo de' morti corpi e delle infermità e delle medicine compreso e puzzolente.[38] Alcuni erano di più crudel sentimento, come che per avventura più fosse sicuro, dicendo niuna altra medicina essere contro alle pistilenze migliore né così buona come il fuggir loro davanti:[39] e da questo argomento mossi,[40] non curando d'alcuna cosa se non di sé, assai e uomini e donne abbandonarono la propia città, le proprie case, i lor luoghi e i lor parenti e le lor cose, e cercarono l'altrui o almeno il lor contado, quasi l'ira di Dio a punire le iniquità degli uomini con quella pistolenza non dove fossero procedesse, ma solamente a coloro opprimere li quali dentro alle mura della lor città si trovassero, commossa intendesse, o quasi avvisando niuna persona in quella dover rimanere e la sua ultima ora esser venuta.[41]

E come che questi così variamente oppinanti non morissero tutti, non per ciò tutti campavano:[42] anzi, infermandone di ciascuna molti[43] e in ogni luogo, avendo essi stessi, quando sani erano, essemplo dato a coloro che sani rimanevano, quasi abbandonati per tutto languieno.[44] E lasciamo stare che l'uno cittadino l'altro schifasse[45] e quasi niuno vicino avesse dell'altro cura e i parenti insieme rade volte o non mai si visitassero e di lontano: era con sì fatto spavento questa tribulazione entrata ne' petti[46] degli uomini e delle donne, che l'un fratello l'altro abbandonava e il zio il nepote e la sorella il fratello e spesse volte la donna il suo marito; e, che maggior cosa è e quasi non credibile, li padri e le madri i figliuoli, quasi loro non fossero,[47] di visitare e di servire[48] schifavano. [...]

[*La peste sconvolge soltanto la vita civile, al punto da far perdere del tutto il senso del decoro. Si perdono anche i sentimenti religiosi. Non si piangono neppure più i mor-*

36. a torno: in giro.
37. maniere di spezierie: tipi di erbe aromatiche.
38. il cerebro... puzzolente: ristorare il cervello con tali profumi, poiché sembrava che tutta l'aria fosse impregnata e puzzolente per il puzzo dei morti, delle piaghe e delle medicine. Era diffusa convinzione che fosse possibile proteggersi dal contagio respirando profumi salutari, capaci di impedire alla malattia, come una barriera, di introdursi nel corpo.
39. Alcuni... davanti: Alcuni erano di un'opinione più crudele, nella convinzione che probabilmente fosse più sicuro, dicendo che non ci fosse nessun'altra medicina migliore contro le malattie che cercare di fuggirle.
40. mossi: ispirati.
41. cercarono... venuta: cercarono di raggiungere il contado di altre città o almeno il proprio (quello di Firenze), come se l'ira di Dio per punire le iniquità dell'uomo attraverso quella pestilenza non agisse ovunque si trovassero ma si indirizzasse a punire, una volta suscitata, soltanto coloro che si trovavano all'interno delle mura della loro città, quasi credendo che non dovesse rimanere in quella nessuna persona e che fosse giunta la sua ultima ora. Se la pestilenza era una punizione divina, fuggire lontano da Firenze non sarebbe servito a risparmiare ai peccatori la loro giusta punizione, che li avrebbe comunque raggiunti.
42. come che... campavano: sebbene non morissero tutti costoro, distinti da differenti opinioni, tuttavia nemmeno tutti sopravvivevano. Dunque morivano sia coloro che fingevano di ignorare l'esistenza del morbo (separandosi dal mondo oppure nascondendolo dietro una forzata allegria), sia coloro che cercavano disperatamente di evitarlo rifuggendo da ogni contatto con gli ammalati.
43. infermandone... molti: ammalandosi molti (sostenitori) di ciascuna (opinione).
44. avendo... languieno: avendo loro stessi, quando erano sani, dato l'esempio ai non contagiati, languivano quasi del tutto abbandonati. La crudeltà di questi uomini si ritorce ora contro di loro: come hanno abbandonato i malati al loro destino, così sono ora abbandonati, dopo il contagio, alla morte in solitudine.
45. schifasse: evitasse.
46. petti: cuori.
47. quasi loro non fossero: come se non fossero loro (figli).
48. servire: cioè assistere durante la malattia.

ti, come era usanza fare. Le cerimonie funebri si riducono a riti frettolosi, finalizzati a seppellire il prima possibile il defunto.]

Della minuta gente, e forse in gran parte della mezzana, era il raguardamento di molto maggior miseria pieno:[49] per ciò che essi, il più o da speranza o da povertà ritenuti nelle lor case,[50] nelle lor vicinanze standosi a migliaia per giorno infermavano, e non essendo né serviti né atati[51] d'alcuna cosa, quasi senza alcuna redenzione,[52] tutti morivano. E assai n'erano che nella strada publica o di dì o di notte finivano,[53] e molti, ancora che nelle case finissero, prima col puzzo de' lor corpi corrotti che altramenti facevano a' vicini sentire sé esser morti:[54] e di questi e degli altri che per tutto morivano, tutto pieno.[55] Era il più da' vicini una medesima maniera servata, mossi non meno da tema che la corruzione de' morti non gli offendesse, che da carità la quale avessero a' trapassati.[56] Essi, e per se medesimi e con l'aiuto d'alcuni portatori,[57] quando aver ne potevano, traevano delle lor case li corpi de' già passati, e quegli davanti alli loro usci[58] ponevano, dove, la mattina spezialmente, n'avrebbe potuti veder senza numero chi fosse attorno andato: e quindi fatte venir bare, e tali furono che per difetto di quelle sopra alcuna tavola, ne ponieno.[59] Né fu una bara sola quella che due o tre ne portò insiememente, né avvenne pure una volta, ma se ne sarieno assai potute annoverare[60] di quelle che la moglie e 'l marito, di due o tre fratelli, o il padre e il figliuolo, o così fattamente[61] ne contenieno. E infinite volte avvenne che, andando due preti con una croce per alcuno, si misero tre o quatro bare, da' portatori portate, di dietro a quella: e, dove un morto credevano avere i preti a sepellire, n'avevano sei o otto e tal fiata più.[62] Né erano per ciò questi da alcuna lagrima o lume[63] o compagnia onorati, anzi era la cosa pervenuta a tanto, che non altramenti si curava degli uomini che morivano, che ora si curerebbe di capre:[64] per che assai manifestamente apparve che quello che il naturale corso delle cose non avea potuto con piccoli e radi danni a' savi mostrare doversi con pazienza passare, la grandezza

49. Della minuta... pieno: La visione della povera gente e forse di gran parte di quella di medie condizioni era più miserevole. Con l'espressione «minuta gente» si indica il popolo dei salariati e dei proletari urbani, con gente «mezzana» si intendono probabilmente i borghesi, mercanti e artigiani.
50. il più... case: trattenuti spesso all'interno delle loro case dalla speranza o dalla povertà.
51. atati: aiutati.
52. senza... redenzione: senza speranza.
53. finivano: morivano.
54. e molti... morti: e molti, benché morissero nelle loro case, facevano sapere ai loro vicini di essere morti prima con il lezzo dei loro corpi in decomposizione che in altra maniera. Sono cioè lasciati a morire soli e dunque avvisano della loro morte solo attraverso l'odore del loro corpo in putrefazione.
55. tutto pieno: sottinteso "era".
56. Era... trapassati: La maggior parte delle volte i vicini osservavano la stessa usanza, ispirati dalla paura che la decomposizione dei corpi li esponesse al contagio più che dalla carità nei confronti dei morti. «Non meno» è una litote.
57. per se medesimi... portatori: da soli e con l'aiuto di alcuni portantini.
58. alli loro usci: alle loro porte.
59. e tali... ponieno: e ve ne furono alcuni che, per la mancanza di bare, furono posti sopra ad alcune tavole. Anche la rinuncia a deporre tutti i defunti in bare decorose segnala il venire meno del rispetto nei confronti dei trapassati.
60. Né fu... annoverare: E non mancò il caso di una sola bara che ne portò due o tre insieme, e non accadde solo una volta, ma se ne sarebbero potute contare molte. Furono numerosi cioè i casi in cui una bara sola accolse più cadaveri, soprattutto quando morivano insieme più membri della stessa famiglia, come specificato in seguito.
61. così fattamente: in questo modo.
62. tal fiata più: talvolta di più.
Quando un corteo funebre attraversa la città, i beccamorti ne approfittano per accodarsi con le bare di altri defunti.
63. lume: candela.
64. anzi... capre: anzi la cosa era degenerata a tal punto che non ci si prendeva cura degli uomini che morivano più di quanto oggi ci si curerebbe delle capre. Il processo di corruzione dell'umanità in bestialità è completato.

de' mali eziandio i semplici far di ciò scorti e non curanti.[65] Alla gran moltitudine de' corpi mostrata,[66] che a ogni chiesa ogni dì e quasi ogn'ora concorreva[67] portata, non bastando la terra sacra alle sepolture, e massimamente volendo dare a ciascun luogo proprio secondo l'antico costume,[68] si facevano per gli[69] cimiterii delle chiese, poi che ogni parte era piena, fosse grandissime nelle quali a centinaia si mettevano i sopravegnenti:[70] e in quelle stivati, come si mettono le mercatantie nelle navi a suolo a suolo,[71] con poca terra si ricoprieno infino a tanto che della fossa al sommo si pervenia. [...]

[*La peste imperversa anche nelle campagne, dove i contadini e le loro famiglie non si curano più dei campi e degli allevamenti. Nella sola città di Firenze muoiono, tra marzo e luglio, oltre centomila persone: molti palazzi della città restano vuoti.*]

A me medesimo incresce andarmi tanto tra tante miserie ravolgendo:[72] per che, volendo omai lasciare star quella parte di quelle che io acconciamente posso schifare,[73] dico che, stando in questi termini la nostra città, d'abitatori quasi vota, addivenne, sì come io poi da persona degna di fede sentii, che nella venerabile chiesa di Santa Maria Novella,[74] un martedì mattina, non essendovi quasi alcuna altra persona, uditi li divini **ufici** in abito lugubre quale a sì fatta stagione si richiedea,[75] si ritrovarono sette[76] giovani donne tutte l'una all'altra o per amistà o per vicinanza o per parentado congiunte, delle quali niuna il venti e ottesimo anno passato avea né era minor di diciotto,[77] savia ciascuna e di sangue nobile e bella di forma e ornata di costumi e di leggiadra onestà. Li nomi delle quali io in propria forma[78] racconterei, se giusta cagione da dirlo non mi togliesse,[79] la quale è questa: che io non voglio che per le raccontate cose da loro, che seguono, e per l'ascoltate nel tempo avvenire alcuna di loro possa prender vergogna, essendo oggi alquanto ristrette le leggi al piacere che allora,

lessico

Ufficio

Deriva dal latino *officĭum*, composto di *opus*, «lavoro», e della radice di *facĕre*, «fare», quindi «lavoro da eseguire», poi «obbligo, dovere», «carica, funzione». In italiano, oltre a questi significati ha quello più comune di «locale destinato a svolgere attività professionali» e quelli meno noti di «preghiere quotidiane» e «funzione religiosa».

65. per che assai... curanti: per cui apparve con chiarezza che ciò che la naturale condizione della vita, attraverso piccoli e rari mali, non aveva potuto insegnare ai saggi a tollerare pazientemente, la gravità dei mali insegnò anche agli ignoranti a esserne consapevoli e rassegnati. La fragilità della vita, di cui neppure i saggi riescono a essere pienamente consapevoli quando le cose vanno bene (quando i mali sono «piccoli» e «radi»), divenne improvvisamente evidente a tutti, anche agli ignoranti, di fronte all'evidenza della morte trionfante nella pestilenza.

66. mostrata: descritta precedentemente.

67. concorreva: affluiva.

68. massimamente... costume: volendo soprattutto dare a ciascuno adeguata sepoltura secondo le antiche usanze.

69. per gli: all'interno dei.

70. sopravegnienti: i cadaveri che sopraggiungevano.

71. a suolo a suolo: a strati. Boccaccio insiste sulla disumanizzazione di cui sono vittime gli uomini, soprattutto i defunti, trattati come semplici oggetti da stipare nelle fosse comuni.

72. A me... ravolgendo: Mi spiace di inoltrarmi in tante miserie. Le allitterazioni («me medesimo; tanto tra tante») esprimono l'impaccio dello scrittore che fatica a muoversi tra argomenti così dolorosi.

73. per che... schifare: motivo per cui, volendo ormai lasciar perdere quei particolari delle disgrazie che posso tacere senza compromettere (la chiarezza del racconto). Boccaccio sembra ansioso di terminare la descrizione della città appestata, che certo doveva risultare dolorosa ai suoi lettori fiorentini, dopo averne illustrato i termini essenziali.

74. Santa Maria Novella: la basilica, ampliata dai Domenicani nel Duecento, era stata inclusa entro la terza cerchia di mura della città.

75. uditi... richiedea: seguita la Messa in abito da lutto, come si conveniva a una tale stagione. Si tratta, infatti, di un periodo tragico per la città, a causa della pestilenza.

76. sette: il numero, nella simbologia antica e medievale, ricorre spesso: dai sette vizi capitali (superbia, avarizia, invidia, ira, lussuria, accidia, gola) alle sette virtù (prudenza, giustizia, fortezza, temperanza, fede, speranza, carità), fino ai sette giorni della settimana e alle sette arti liberali (grammatica, retorica, dialettica, aritmetica, geometria, musica, astronomia).

77. delle quali... diciotto: delle quali nessuna superava i ventotto anni né era minore di diciotto.

78. in propria forma: in modo autentico.

79. giusta cagione... togliesse: se non mi distogliesse dal dirlo un buon motivo.

per le cagioni di sopra mostrate, erano non che alla loro età ma a troppo più matura larghissime;[80] né ancora dar materia agl'invidiosi, presti a mordere[81] ogni laudevole vita, di diminuire in niuno atto l'onestà delle valorose donne con isconci parlari.[82] E però, acciò che quello che ciascuna dicesse senza confusione si possa comprendere appresso, per nomi alle qualità di ciascuna convenienti o in tutto o in parte intendo di nominarle:[83] delle quali la prima, e quella che di più età era, Pampinea chiameremo e la seconda Fiammetta, Filomena la terza e la quarta Emilia, e appresso Lauretta diremo alla quinta e alla sesta Neifile, e l'ultima Elissa[84] non senza cagion nomeremo. Le quali, non già da alcuno proponimento tirate ma per caso in una delle parti della chiesa adunatesi, quasi in cerchio a seder postesi, dopo più sospiri lasciato stare il dir[85] de' paternostri, seco della qualità del tempo molte e varie cose cominciarono a ragionare.[86] E dopo alcuno spazio,[87] tacendo l'altre, così Pampinea cominciò a parlare:

– Donne mie care, voi potete, così come io, molte volte avere udito che a niuna persona fa ingiuria chi onestamente usa la sua ragione.[88] Natural ragione è, di ciascuno che ci nasce,[89] la sua vita quanto può aiutare e conservare e difendere: e concedesi[90] questo tanto, che alcuna volta è già addivenuto che, per guardar[91] quella, senza colpa alcuna si sono uccisi degli uomini. E se questo concedono le leggi, nelle sollecitudini delle quali è il ben vivere d'ogni mortale,[92] quanto maggiormente, senza offesa d'alcuno, è a noi e a qualunque altro onesto alla conservazione della nostra vita prendere quegli rimedii che noi possiamo?[93] Ognora che io vengo ben raguardando[94] alli nostri modi di questa mattina e ancora a quegli di più altre passate e pensando chenti e quali[95] li nostri

80. essendo... larghissime: dal momento che oggi sono più restrittive le regole che limitano il piacere, che allora, per le ragioni sopra illustrate, erano molto permissive non solo verso le donne della loro età ma anche verso quelle più anziane. La pestilenza aveva determinato, come si è visto, un allentamento dei costumi morali, irrigiditisi nuovamente dopo la fine del contagio.

81. dar materia... mordere: dare argomento agli invidiosi, pronti a criticare. La metafora del «morso» degli invidiosi compare anche nell'Introduzione alla quarta giornata (➤ T7).

82. di diminuire... parlari: di sminuire in alcun aspetto l'onestà delle valenti donne con chiacchiere vergognose.

83. però... nominarle: perciò, affinché dopo si possa chiaramente comprendere quello che ciascuna disse, intendo chiamarle con nomi corrispondenti in tutto o in parte alle loro caratteristiche. Boccaccio spiega che i nomi dei dieci giovani alludono ai loro tratti caratteriali, secondo il principio, comunemente accettato nel Medioevo, che *nomina sunt consequentia rerum* («i nomi sono conseguenti alle cose», cioè ne esprimono l'essenza intima).

84. Pampinea... Elissa: Pampinea, ossia "la rigogliosa", è presente anche nella *Commedia delle ninfe fiorentine*. Fiammetta e Filomena compaiono nelle opere giovanili di Boccaccio: Fiammetta è protagonista dell'*Elegia di Madonna Fiammetta*; a Filomena ("l'amante della forza", anticamente confusa con Filomela, "l'amante del canto") è rivolto il *Filostrato*. Emilia, ossia "l'affabile" ("la lusinghiera" secondo altri), compare nel *Teseida*. Lauretta, probabilmente in onore della Laura di Petrarca, è allegoria della gloria poetica. Neifile, ossia "la nuova innamorata" o "l'amante dell'amor nuovo", è un personaggio caratterizzato da pudore e ritrosia, forse allusivo della poesia stilnovistica. Elissa, altro nome per Didone, la regina cartaginese protagonista del IV libro dell'*Eneide* di Virgilio, simboleggia l'abbandono all'amore.

85. il dir: la recita. Molti fedeli, che non sapevano il latino, partecipavano alla Messa recitando preghiere comuni.

86. seco... ragionare: cominciarono a parlare tra di loro delle circostanze dei tempi presenti e di molte altre cose.

87. spazio: tempo.

88. a niuna... ragione: a nessuna persona reca offesa chi tutela con onestà il suo diritto. Pampinea sostiene cioè che difendere con mezzi leciti i propri diritti non può essere motivo di danno a nessuno.

89. Natural... nasce: È diritto naturale di chiunque nasce in questo mondo («ci»).

90. concedesi: si ritiene legittimo.

91. guardar: proteggere.

92. nelle sollecitudini... mortale: alle cui cure è affidato il buon vivere di ogni uomo mortale.

93. quanto... possiamo?: quanto di più è onesto nei confronti nostri e di chiunque altro dotarci dei rimedi che possiamo per salvaguardare la nostra vita?

94. Ognora... raguardando: Ogni volta che io considero.

95. chenti e quali... sieno: di che tipo... siano. Si tratta di una dittologia sinonimica.

ragionamenti sieno, io comprendo, e voi similemente il potete comprendere, ciascuna di noi di se medesima dubitare:[96] né di ciò mi maraviglio niente, ma maravigliomi forte, avvedendomi ciascuna di noi aver sentimento di donna,[97] non prendersi per voi a quello di che ciascuna di voi meritamente teme alcun compenso.[98] Noi dimoriamo qui, al parer mio, non altramente che se essere volessimo o dovessimo testimonie di quanti corpi morti ci sieno alla sepoltura recati[99] o d'ascoltare se i frati di qua entro, de' quali il numero è quasi venuto al niente, alle debite ore cantino i loro ufici,[100] o a dimostrare a qualunque ci apparisce, ne' nostri abiti, la qualità e la quantità delle nostre miserie. [...]

[*La vita in città è divenuta intollerabile: chi è scampato alla peste è circondato, sia fuori che in casa, dal ricordo costante dei morti. I cittadini, privati di ogni regola sociale, si abbandonano al semplice soddisfacimento dei bisogni elementari e seguono spesso gli istinti più bassi e brutali.*]

E per ciò, acciò che noi per ischifaltà o per traccutaggine non cadessimo in quello di che noi per avventura per alcuna maniera volendo potremmo scampare, non so se a voi quello se ne parrà che a me ne parrebbe:[101] io giudicherei ottimamente fatto che noi, sì come noi siamo,[102] sì come molti innanzi a noi hanno fatto e fanno, di questa terra uscissimo, e fuggendo come la morte i disonesti essempli degli altri onestamente a' nostri luoghi in contado, de' quali a ciascuna di noi è gran copia,[103] ce ne andassimo a stare, e quivi quella festa, quella allegrezza, quello piacere che noi potessimo, senza trapassare in alcuno atto il segno della ragione, prendessimo.[104] Quivi s'odono gli uccelletti cantare, veggionvisi verdeggiare i colli e le pianure, e i campi pieni di biade non altramenti ondeggiare che il mare,[105] e d'alberi ben mille maniere,[106] e il cielo più apertamente, il quale, ancora che crucciato ne sia,[107] non per ciò le sue bellezze eterne ne nega, le quali molto più belle sono a riguardare che le mura vote della nostra città; e èvvi,[108] oltre a questo, l'aere assai più fresco, e di quelle cose che alla vita bisognano in questi tempi v'è la copia maggiore e minore il numero delle noie.[109] [...]

96. ciascuna... dubitare: ciascuna di noi teme a riguardo di se stessa.
97. sentimento di donna: temperamento femminile, dunque prudenza e sagacia.
98. non prendersi... compenso: non prendere per voi alcun rimedio per ciò che ognuna di voi con ragione teme. Pampinea, lodando indirettamente il genio femminile, si stupisce del fatto che quel gruppo di donne non abbia ancora preso provvedimenti a tutela della propria salute.
99. Noi dimoriamo... recati: Noi viviamo qui, secondo me, non diversamente che se volessimo o dovessimo essere testimoni di quanti cadaveri siano recati alla sepoltura. In altre parole Pampinea ritiene che non ci sia ragione per trattenersi a Firenze.
100. alle debite... ufici: alle ore giuste cantino le loro preghiere; seguano cioè scrupolosamente il cosiddetto "ufficio" (o liturgia) delle ore, che prevede in dati momenti della giornata precise letture e specifici inni.
101. acciò che... parrebbe: affinché anche noi per ritrosia o per negligenza non cadiamo in ciò che forse noi potremmo in qualche modo evitare, non so se a voi sembrerà bene ciò che a me sembra, **cioè una buona idea.**
102. sì come noi siamo: nella condizione in cui ci troviamo.
103. copia: abbondanza. È un latinismo.
104. e quivi... prendessimo: e qui ci concedessimo quella gioia, quella allegria, quel piacere che ci è possibile, senza oltrepassare in alcun caso il limite della decenza. Pampinea specifica che non sta proponendo di abbandonarsi ai piaceri della carne, come fanno altri.
105. i campi... mare: i campi pieni di messi ondeggiare non diversamente dal mare. Pampinea descrive il rifugio dove la «lieta brigata» deve ritirarsi secondo i luoghi comuni del *locus amoenus* letterario, cioè di un luogo dov'è possibile trovare refrigerio dai tormenti della vita quotidiana.
106. maniere: forme.
107. ancora... sia: anche quando è tempestoso.
108. èvvi: c'è.
109. di quelle cose... noie: vi è abbondanza di quelle cose che servono alla vita in questi tempi e sono in numero minore i motivi di sofferenza.

[Pampinea conclude che non c'è dunque alcun motivo di vergogna nel recarsi fuori città. Le donne concordano però che è opportuna la presenza anche di alcuni uomini. Entrano in quel momento tre ragazzi, Panfilo (l'"amante di ogni cosa"), Filostrato (il "vinto d'amore") e Dioneo (il "dissoluto"), che aderiscono al progetto di Pampinea. La mattina seguente, mercoledì, i giovani escono dalla città per recarsi nel luogo prescelto, in campagna.]

Era il detto luogo sopra una piccola montagnetta, da ogni parte lontano alquanto alle nostre strade, di varii arbuscelli e piante tutte di verdi fronde ripiene piacevoli a riguardare; in sul colmo della quale era un palagio con bello e gran cortile nel mezzo, e con logge e con sale e con camere, tutte ciascuna verso di sé bellissima e di liete dipinture raguardevole[110] e ornata, con pratelli da torno e con giardini maravigliosi e con pozzi d'acque freschissime e con volte di preziosi vini:[111] cose più atte a curiosi bevitori che a sobrie e oneste donne. Il quale tutto spazzato, e nelle camere i letti fatti, e ogni cosa di fiori quali nella stagione si potevano avere piena e di giunchi giuncata[112] la vegnente brigata trovò con suo non poco piacere.

E postisi nella prima giunta[113] a sedere, disse Dioneo, il quale oltre a ogni altro era piacevole giovane e pieno di motti:[114]

– Donne, il vostro senno più che il nostro avvedimento ci ha qui guidati; io non so quello che de' vostri pensieri[115] voi v'intendete di fare: li miei lasciai io dentro dalla porta della città allora che io con voi poco fa me ne usci' fuori: e per ciò o voi a sollazzare e a ridere e a cantare con meco insieme vi disponete (tanto, dico, quanto alla vostra dignità s'appartiene[116]), o voi mi licenziate che io per li miei pensier mi ritorni e steami nella città tribolata.[117]

A cui Pampinea, non d'altra maniera che se similmente tutti i suoi[118] avesse da sé cacciati, lieta rispose:

– Dioneo, ottimamente parli: festevolmente[119] viver si vuole, né altra cagione dalle tristizie ci ha fatte fuggire. Ma per ciò che le cose che sono senza modo[120] non possono lungamente durare, io, che cominciatrice fui de' ragionamenti da' quali questa così bella compagnia è stata fatta,[121] pensando al continuar della nostra letizia, estimo che di necessità sia convenire esser tra noi alcuno principale,[122] il quale noi e onoriamo e ubidiamo come maggiore, nel quale ogni pensiero stea di doverci a lietamente vivere disporre.[123] E acciò che ciascun pruovi il peso della sollecitudine insieme col piacere della maggioranza e, per conseguente da una parte e d'altra tratti, non possa chi nol pruova invidia avere

110. raguardevole: elegantemente fregiata.
111. volte di preziosi vini: cantine col soffitto a volta dove sono conservati preziosi vini.
112. ogni cosa... giuncata: piena di ogni sorta di fiori di stagione e adornata di giunchi. Si noti la figura etimologica «di giunchi giuncata».
113. nella prima giunta: appena arrivati.
114. pieno di motti: di piacevole eloquio.
115. pensieri: preoccupazioni.
116. tanto... s'appartiene: tanto quanto è conveniente al vostro decoro. Pampinea aveva anticipato che in campagna non si sarebbero abbandonati a piaceri sregolati ma avrebbero conservato il senso del limite e della decenza.
117. mi licenziate... tribolata: congedatemi, in maniera che io torni alle mie preoccupazioni e resti nella città piena di sofferenze. Dioneo incalza i presenti: o si comincia a esprimere la gioia che si intendeva trovare in quel luogo o tanto vale tornare indietro.
118. i suoi: sottintesi «pensieri», preoccupazioni.
119. festevolmente: gioiosamente.
120. senza modo: senza regole.
121. cominciatrice... fatta: Pampinea, cioè, è stata colei che ha concepito l'idea iniziale, in conseguenza della quale si è formata la brigata di giovani che hanno lasciato Firenze.
122. estimo... principale: ritengo sia necessario che ci sia fra noi un capo.
123. nel quale... disporre: la cui unica preoccupazione sia di farci vivere lietamente.

alcuna,[124] dico che a ciascuno per un giorno s'attribuisca e il peso e l'onore; e chi il primo di noi esser debba nella elezion[125] di noi tutti sia: di quegli che seguiranno, come l'ora del vespro s'avicinerà, quegli o quella che a colui o a colei piacerà che quel giorno avrà avuta la signoria;[126] e questo cotale, secondo il suo arbitrio, del tempo che la sua signoria dee bastare, del luogo e del modo nel quale a vivere abbiamo ordini e disponga.

[*Pampinea è incoronata prima regina: assegna a ciascun servitore un incarico e decide che è bene, per rinfrancare gli spiriti afflitti, dividere la giornata tra i pasti, il riposo e le danze. All'ora nona convoca la compagnia e propone di trascorrere il tempo raccontandosi novelle, che il primo giorno saranno a tema libero.*]

124. E acciò che... alcuna: E affinché ognuno di noi provi il peso della responsabilità insieme al piacere di far parte della maggioranza e, in conseguenza del fatto di cambiare ruoli, non ci possa essere chi prova invidia verso un altro. Pampinea propone cioè che tutti i dieci ragazzi siano a rotazione re o regina della brigata, con equanime distribuzione di onori e responsabilità. Il "piacere della maggioranza" è quello di chi può abbandonarsi con piacere alla narrazione delle novelle.

125. nella elezion: in base alla scelta.

126. quegli... signoria: chi è stato re o regina del giorno precedente sceglierà chi debba essere re o regina del giorno seguente.

Analisi del testo

Struttura

L'«orrido cominciamento» L'introduzione al *Decameron* è chiaramente distinta in tre macrosequenze. Nella prima Boccaccio si scusa con le sue lettrici, a cui aveva promesso nel proemio «piacevoli ragionamenti», per l'«orrido cominciamento» del libro, cioè per la rievocazione della pestilenza terminata da pochi anni, il cui ricordo doveva essere ancora vivissimo nella mente di tutti i fiorentini. Boccaccio spiega che questa «brieve noia» è necessaria per spiegare la ragione per cui dieci giovani hanno deciso di ritrovarsi in campagna a raccontarsi novelle (rr. 5-25).

La descrizione della peste La seconda macrosequenza è dedicata alla descrizione di due importanti effetti provocati dalla peste: la disgregazione di ogni norma di convivenza civile e la degradazione degli uomini alla condizione di bestie (32-115).

La formazione della brigata La terza macrosequenza è costituita dal racconto dell'incontro, a Santa Maria Novella, tra Pampinea e gli altri giovani, che costituiranno la «lieta brigata» decisa a fuggire dalla città. Boccaccio indica subito in Pampinea la promotrice dell'iniziativa di allontanarsi da Firenze. Segue il racconto di come i giovani si organizzano, una volta giunti in campagna, stabilendo la regola che ogni giorno si elegga un re o una regina. Pampinea è la prima regina: decide che avrebbero trascorso il tempo «novellando» e concede, per il primo giorno, tema libero (rr. 119-216).

Lingua e stile

Una prova di stile alto Per giustificare la dolorosa rievocazione della pestilenza, Boccaccio ricorre allo stile alto: con una metafora, paragona la descrizione dell'epidemia alla salita su «una montagna aspra e erta» (che ricorda la «selva selvaggia e aspra e forte» del primo canto dell'*Inferno* di Dante), necessaria a raggiungere «un bellissimo piano e dilettevole» nascostovi dietro. Nella descrizione della pestilenza il linguaggio è volutamente crudo: emerge nitidamente la violenza del morbo e l'incrudelimento degli uomini, che non riservano più alcun rispetto per i malati e per i defunti, «stivati, come si mettono le mercatantie nelle navi a suolo a suolo».
Il discorso di Pampinea agli altri giovani è infine caratterizzato da una sintassi ricercata, latineggiante: le inversioni e le posposizioni del verbo a fine frase sono comuni (per esempio «Natural ragione è, di ciascuno che ci nasce, la sua vita quanto può aiutare e conservare e difendere»). La descrizione del «palagio» nel contado dove si rifugiano i ragazzi è in chiara antitesi con la cruda descrizione della città e impiega i luoghi comuni letterari del *locus amoenus*: «sopra una piccola montagnetta», con «varii arbuscelli e piante tutte di verdi fronde ripiene piacevoli a riguardare».

Temi

Non una semplice storia di cornice La storia che introduce il *Decameron* non è semplicemente un contenitore delle cento novelle successive: ha la funzione di contestualizzare le molteplici storie del *Decameron* all'interno della storia reale, colta in un suo momento particolarmente drammatico (l'epidemia di peste). La letteratura boccacciana, infatti, non intende essere un'evasione fantastica dal reale, in mondi immaginari, ma vuole rappresentare e celebrare la vita terrena. La parola riconduce alla realtà e ne fronteggia anche il caos, cercando di restituirvi ordine quando prevalgono terrore e morte: per questo i dieci giovani fuggono dalla pestilenza raccontandosi novelle che restituiscono loro il piacere della vita.

La ricostruzione della convivenza civile La compagnia dei giovani guidata da Pampinea, non a caso, tenta di ricostituire le regole di convivenza civile, travolte dal terrore del contagio. Sarà opportuno che gli uomini e le donne vivano insieme, ma sarà scrupolosamente garantito il rispetto delle regole di buona decenza: i giovani vivranno onestamente, «fuggendo come la morte i disonesti essempli degli altri» (r. 169). Il rispetto della norma, tuttavia, è equilibrato dalla concessione delle libertà di cui godono i giovani, ai quali è permesso di esprimere liberamente la propria gioia, danzando e cantando. Il novellare accuratamente regolato contribuisce a ripristinare la socialità perduta, poiché rappresenta un'occasione di relazione ordinata e di reciproco sostegno, che contribuisce a far dimenticare gli orrori dell'epidemia.

Il racconto della peste tra letteratura e realismo Boccaccio, nel rappresentare la peste fiorentina, s'ispira a numerosi precedenti letterari (➤ p. 532): dal *De rerum natura* di Lucrezio (a sua volta ispirato dalla descrizione delle peste di Atene di Tucidide) all'*Historia Langobardorum* di Paolo Diacono. Ma Boccaccio offre anche una descrizione medica, realistica del contagio, partendo dall'osservazione dei particolari della sintomatologia (il bubbone, le macchie scure ecc.) per poi allargare lo sguardo all'intera comunità, annotandone la fatale, progressiva disgregazione.

Officina

COMPRENDERE

1. Spiega le quattro modalità che adottano i cittadini di Firenze per sfuggire al contagio della peste.
2. Per quale motivo Boccaccio decide di non rivelare i veri nomi delle sette fanciulle che si ritrovano nella chiesa di Santa Maria Novella?
3. Scrivi una breve descrizione della campagna fiorentina e del palazzo in cui si rifugia la «lieta brigata».

ANALIZZARE

4. **Lingua e stile** Individua, sottolinea e trascrivi tutti i termini e le espressioni tecniche anatomiche e mediche presenti nella descrizione della pestilenza.
5. **Lessico** Nel passo di Boccaccio, «dolore» e «miserie» sono contrapposti ad «allegrezza» e «letizia». Con l'aiuto del dizionario, trova due sinonimi e due contrari di «letizia». Poi, scrivi due frasi di senso compiuto che contengano ognuna sia uno dei sinonimi sia uno dei contrari trovati.

INTERPRETARE

6. Quali funzioni narrative svolge la cornice all'interno del *Decameron*? Giustifica la tua risposta facendo precisi riferimenti al testo e aiutandoti con le informazioni contenute nella lettura critica di p. 530.
7. La descrizione del «palagio» e del giardino nel contado dove si rifugiano i ragazzi asseconda i luoghi comuni letterari del *locus amoenus*: quali valenze simboliche assume il giardino? Come è stato interpretato nella tradizione culturale cristiana e nella *Commedia* dantesca? Quali sono i modelli letterari che influenzano maggiormente Boccaccio relativamente a questa tematica?
Giustifica la tua risposta in un commento di sufficiente ampiezza, facendo precisi riferimenti al testo e aiutandoti anche con le informazioni contenute nella lettura a p. 533.

T4 Ser Ciappelletto

Decameron I, I

La collocazione privilegiata di questa novella all'interno del *Decameron* (è la prima) la mette in particolare evidenza. Boccaccio era consapevole che questo testo avrebbe costituito un biglietto da visita dell'intera opera. Insieme alla novella di Abraam giudeo (la seconda), che si converte al cristianesimo dopo avere visitato la corte del papa a Roma non per aver riscontrato santità e virtù ma, al contrario, corruzione e vizio, e alla novella di Melchisedech (terza novella ➤ **T5**), la storia di Ciappelletto costituisce un prologo dell'opera consapevolmente dedicato alla dimensione religiosa, vista tuttavia da una prospettiva disincantata, pronta a sottolinearne i limiti.
Ciappelletto riassume in sé ogni sorta di vizio. Per togliere dai guai gli amici usurai che l'hanno ospitato in Francia, sul letto di morte Ciappelletto inventa per il proprio confessore un'autobiografia di perfetta santità, rovesciando completamente la realtà. Ciappelletto è un vero maestro della parola, una sorta di doppio inquietante del narratore, tanto più audace in quanto decide di mettere in scena la propria finzione di fronte alla morte, certa e imminente. L'inganno ha tanto successo che il popolo, dando frettolosamente credito alle parole del confessore, eleva addirittura Ciappelletto all'onore degli altari, lo venera cioè come un santo. Il narratore è Panfilo.

Ser Cepperello con una falsa confessione inganna uno santo frate, e muorsi[1]; ed essendo stato un pessimo uomo in vita, è morto[2] reputato per santo e chiamato san Ciappelletto.

Convenevole cosa è, carissime donne, che ciascheduna cosa la quale l'uomo fa, dallo ammirabile e santo nome di Colui il quale di tutte fu facitore le dea principio.[3] Per che, dovendo io al nostro novellare, sì come primo, dare cominciamento, intendo da una delle sue maravigliose cose incominciare, acciò che, quella udita, la nostra speranza in lui, sì come in cosa impermutabile, si fermi[4] e sempre sia da noi il suo nome lodato. Manifesta cosa è che, sì come le cose temporali tutte sono transitorie e mortali, così in sé e fuor di sé essere piene di noia[5] e d'angoscia e di fatica e ad infiniti pericoli soggiacere; alle quali senza niuno fallo[6] né potremmo noi, che viviamo mescolati in esse e che siamo parte d'esse, durare né ripararci,[7] se spezial grazia di Dio forza e avvedimento[8] non ci prestasse. La quale a noi e in noi non è da credere che per alcuno nostro merito discenda, ma dalla sua propia benignità mossa e da prieghi di coloro[9] impetrata[10] che, sì come

1. **muorsi:** muore.
2. **morto:** dopo la sua morte.
3. **le dea principio:** dia loro inizio. L'avvio della novella nel nome di Dio potrebbe risultare ironico dal momento che l'argomento sarà proprio la beffarda dissacrazione di un sacramento e dell'onesto sentimento religioso di un frate. In realtà Boccaccio, come chiarisce nelle righe successive, non intende mettere in discussione la santità dei valori religiosi, ma semplicemente raccontare le debolezze (morali o intellettuali) degli uomini.
4. **acciò... fermi:** in maniera tale che, udita quella, si riponga in lui la nostra speranza, come cosa che non è soggetta a cambiamenti. Proprio la consapevolezza che gli uomini, vittime della propria ignoranza o ingenuità, possono facilmente essere tratti in inganno e agire ingiustamente dovrebbe esortare gli uomini a riporre le loro speranze in Dio, garante di verità e di giustizia.
5. **in sé... noia:** in se stesse e in ragione delle circostanze in cui si trovano sono piene di sofferenza.
6. **senza niuno fallo:** senza alcun dubbio.
7. **durare né ripararci:** resistere né sottrarci ad esse.
8. **avvedimento:** prudenza.
9. **coloro:** si tratta dei santi.
10. **impetrata:** chiesta per noi.

noi siamo, furon mortali, e bene i suoi piaceri[11] mentre furono in vita seguendo, ora con lui etterni sono divenuti e beati; alli quali noi medesimi, sì come a procuratori[12] informati per esperienza della nostra fragilità, forse non audaci di porgere i prieghi nostri nel cospetto di tanto giudice, delle cose le quali a noi reputiamo opportune[13] gli porgiamo. E ancora più in questo lui verso noi di pietosa liberalità pieno discerniamo,[14] che, non potendo l'acume dell'occhio mortale nel segreto della divina mente trapassare in alcun modo, avvien forse tal volta che, da oppinione ingannati, tale dinanzi alla sua maestà facciamo procuratore, che da quella con etterno essilio è iscacciato;[15] e nondimeno esso, al quale niuna cosa è occulta, più alla purità del pregator riguardando che alla sua ignoranza o allo essilio del pregato,[16] così come se quegli fosse nel suo conspetto beato, esaudisce coloro che 'l priegano. Il che manifestamente potrà apparire nella novella la quale di raccontare intendo; manifestamente dico, non il giudicio di Dio, ma quel degli uomini seguitando.[17] [...]

[*Il mercante francese Musciatto Franzesi, dovendo trasferirsi in Italia, decide di affidare la riscossione dei suoi crediti dai Borgognoni, uomini infidi e litigiosi, all'unico uomo in grado di trattare con loro, il pratese Ser Ciappelletto.*]

Era questo Ciappelletto di questa vita: egli, essendo notaio, avea grandissima vergogna quando uno de' suoi strumenti (come che pochi ne facesse) fosse altro che falso trovato;[18] de' quali[19] tanti avrebbe fatti di quanti fosse stato richiesto, e quelli più volentieri in dono che alcun altro grandemente salariato.[20] Testimonianze false con sommo diletto diceva, richiesto e non richiesto; e dandosi a que' tempi in Francia a' saramenti[21] grandissima fede, non curandosi fargli falsi, tante quistioni malvagiamente vincea a quante a giurare di dire il vero sopra la sua fede era chiamato. Aveva oltre modo piacere, e forte vi studiava, in commettere[22] tra amici e parenti e qualunque altra persona mali e inimicizie e scandali, de' quali quanto maggiori mali vedeva seguire tanto più d'allegrezza prendea. Invitato ad un omicidio o a qualunque altra rea cosa, senza negarlo mai, volenterosamente v'andava; e più volte a fedire[23] e ad uccidere uomini colle propie mani

11. i suoi piaceri: cioè le cose che a Dio piacciono.

12. procuratori: difensori, consapevoli della fragilità umana in quanto anch'essi, un tempo, uomini mortali. Boccaccio non mette in discussione l'intercessione dei santi a beneficio dei viventi.

13. forse... opportune: non osando forse rivolgere direttamente a Dio le preghiere per le cose che riteniamo necessarie.

14. discerniamo: vediamo.

15. non potendo... iscacciato: non potendo in alcun modo la forza dello sguardo umano penetrare nel mistero della mente di Dio, talvolta forse accade che, ingannati da un'opinione fallace, scegliamo come nostro difensore («procuratore») dinanzi alla sua maestà qualcuno che è stato allontanato dalla sua maestà all'inferno («etterno essilio»), cioè un peccatore. Boccaccio non ritiene impossibile che qualche uomo che riteniamo santo in realtà non lo sia, poiché in quanto uomini siamo soggetti a errori di valutazione. Boccaccio precisa però che Dio invece conosce l'effettiva santità di ognuno e che accetta anche le preghiere fatte dai devoti nel nome di finti santi poiché Egli, garante di giustizia, considera la buona fede della preghiera.

16. più alla purità... pregato: guardando più alla purezza delle intenzioni di chi prega che alla sua ignoranza o alla dannazione di chi viene pregato, cioè del santo intercessore.

17. seguitando: seguendo.

18. avea... trovato: provava grandissima vergogna quando uno solo dei suoi pochi atti notarili era riconosciuto autentico. Ciappelletto è la caricatura in negativo dell'uomo onesto: devoto a ogni forma di male, prova paradossalmente vergogna ogniqualvolta, per errore, si trova a compiere un'azione onesta.

19. de' quali: cioè di quelli falsi.

20. e quelli... salariato: e quelli li avrebbe donati più volentieri che se fosse stato lautamente pagato («salariato»).

21. saramenti: giuramenti.

22. vi... commettere: si impegnava, nel suscitare.

23. fedire: ferire. Ciappelletto è anche un violento. Boccaccio sta alludendo all'intero spettro dei peccati, in ognuno dei quali eccelle Ciappelletto.

si trovò volentieri. Bestemmiatore di Dio e de' santi era grandissimo; e per ogni piccola cosa, sì come colui che più che alcun altro era iracundo. A chiesa non usava[24] giammai; e i sacramenti di quella tutti, come vil cosa, con abominevoli parole scherniva; e così in contrario le taverne e gli altri disonesti luoghi visitava volentieri e usavagli.[25] Delle femine era così vago come sono i cani de' bastoni;[26] del contrario[27] più che alcun altro tristo uomo si dilettava. Imbolato avrebbe e rubato con quella conscienzia che un santo uomo offerrebbe.[28] Gulosissimo e bevitore grande, tanto che alcuna volta sconciamente gli facea noia.[29] Giuocatore e mettitor[30] di malvagi dadi era solenne. Perché mi distendo io in tante parole? Egli era il piggiore uomo forse che mai nascesse. La cui malizia lungo tempo sostenne[31] la potenzia e lo stato di messer Musciatto, per cui molte volte e dalle private persone, alle quali assai sovente faceva ingiuria, e dalla corte, a cui tuttavia la facea, fu riguardato.[32]

Venuto adunque questo ser Cepperello nell'animo a messer Musciatto, il quale ottimamente la sua vita conosceva, si pensò il detto messer Musciatto costui dovere essere tale quale la malvagità de' borgognoni il richiedea; e perciò, fattolsi chiamare, gli disse così:

– Ser Ciappelletto, come tu sai, io sono per ritrarmi del tutto di qui, e avendo tra gli altri a fare co' borgognoni, uomini pieni d'inganni, non so cui io mi possa lasciare a riscuotere il mio da loro più convenevole[33] di te; e perciò, con ciò sia cosa che[34] tu niente facci al presente, ove[35] a questo vogli intendere, io intendo di farti avere il favore della corte[36] e di donarti quella parte di ciò che tu riscoterai che convenevole sia.

Ser Ciappelletto, che scioperato si vedea e male agitato delle cose del mondo e lui ne vedeva andare che suo sostegno e ritegno era lungamente stato,[37] senza niuno indugio e quasi da necessità costretto si diliberò,[38] e disse che volea volentieri.

Per che, convenutisi insieme, ricevuta ser Ciappelletto la procura e le lettere favorevoli del re, partitosi messer Musciatto, n'andò in Borgogna dove quasi niuno il conoscea; e quivi, fuor di sua natura,[39] benignamente e mansuetamente cominciò a voler riscuotere e fare quello per che andato v'era, quasi si riserbasse l'adirarsi al da sezzo.[40] E così faccendo, riparandosi[41] in casa di due fratelli fiorentini, li quali quivi ad **usura** prestavano e lui per amor di messer Musciatto onoravano molto, avvenne che egli

lessico

Usura

Derivato dal verbo *uti*, «usare», il termine "usura" già in latino indicava l'uso di un capitale dato in prestito e, dunque, l'interesse prodotto dal denaro. In seguito la parola si è riferita all'interesse eccessivo, al di sopra di un limite legale o abituale, richiesto per un mutuo o per un prestito.

24. non usava: non era solito entrare.
25. usavagli: era solito frequentare. Il tempio della religione cui Ciappelletto è devoto è l'osteria: laddove si adorano i beni materiali e, in particolare, il proprio stomaco.
26. delle femine... bastoni: amava le donne quanto i cani amano i bastoni.
27. del contrario: cioè dei rapporti con gli uomini.
28. Imbolato... offerrebbe: Avrebbe rubato e rapinato con lo stesso candore d'animo con cui un sant'uomo avrebbe fatto l'elemosina. L'ironica iperbole concorre a rendere Ciappelletto la perfetta antitesi del santo: proprio la figura cui alla fine, paradossalmente, sarà assimilato dall'ingenuità popolare.
29. sconciamente... noia: gli procurava conseguenze dolorose e sgradevoli.
30. mettitor: cioè giocava d'azzardo, puntando denaro.
31. sostenne: protesse. Soggetti del verbo sono la «potenzia» e lo «stato» di messer Musciatto.
32. riguardato: risparmiato.
33. convenevole: adeguato.
34. con ciò sia cosa che: dal momento che.
35. ove: nel caso in cui.
36. corte: si intende la corte del re di Francia Filippo il Bello, di cui Musciatto era consigliere. Questa corte doveva autorizzare Ciappelletto a riscuotere le tasse per conto di Musciatto.
37. che scioperato... stato: constatando di essere senza nulla da fare e in cattive condizioni economiche, e vedendo che veniva meno colui che a lungo era stato il suo sostegno e la sua protezione. Il ragionamento che convince Ciappelletto a offrire il proprio aiuto a Musciatto è meramente utilitaristico.
38. si diliberò: decise.
39. fuor di sua natura: al contrario di quanto la sua natura solitamente lo induceva a fare.
40. al da sezzo: per la fine.
41. riparandosi: prendendo dimora.

infermò;[42] al quale i due fratelli fecero prestamente venire medici e fanti[43] che il servissero e ogni cosa opportuna alla sua santà racquistare.
Ma ogni aiuto era nullo, per ciò che 'l buono uomo, il quale già era vecchio e disordinatamente vivuto, secondo che i medici dicevano, andava di giorno in giorno di male in peggio, come colui ch'aveva il male della morte;[44] di che li due fratelli si dolevan forte. [...]

[*I due fratelli, preoccupati per l'imminente morte di Ciappelletto, si consultano su come debbano comportarsi. Ciappelletto, dopo aver ascoltato il loro dialogo, promette che li trarrà d'impaccio e li persuade a chiamare un santo frate che possa ascoltare l'ultima confessione del moribondo.*]

Il quale, giunto nella camera dove ser Ciappelletto giacea e allato postoglisi a sedere, prima benignamente il cominciò a confortare, e appresso il domandò quanto tempo era che egli altra volta confessato si fosse. Al quale ser Ciappelletto, che mai confessato non s'era, rispose:
– Padre mio, la mia usanza suole essere di confessarmi ogni settimana almeno una volta, senza che[45] assai sono di quelle che io mi confesso più; è il vero che poi ch'io infermai, che son presso a otto dì, io non mi confessai, tanta è stata la noia[46] che la infermità m'ha data.
Disse allora il frate:
– Figliuol mio, bene hai fatto, e così si vuol fare[47] per innanzi; e veggio che, poi[48] sì spesso ti confessi, poca fatica avrò d'udire o di domandare.
Disse ser Ciappelletto:
– Messer lo frate, non dite così; io non mi confessai mai tante volte né sì spesso, che io sempre non mi volessi confessare generalmente[49] di tutti i miei peccati che io mi ricordassi dal dì ch'i' nacqui infino a quello che confessato mi sono; e per ciò vi priego, padre mio buono, che così puntualmente[50] d'ogni cosa mi domandiate come se mai confessato non mi fossi. E non mi riguardate[51] perch'io infermo sia, ché io amo molto meglio di dispiacere a queste mie carni che, faccendo agio loro,[52] io facessi cosa che potesse essere perdizione della anima mia, la quale il mio Salvatore ricomperò[53] col suo prezioso sangue.
Queste parole piacquero molto al santo uomo e parvongli argomento di bene disposta mente;[54] e poi che a ser Ciappelletto ebbe molto commendato[55] questa sua usanza, il cominciò a domandare se egli mai in lussuria con alcuna femina peccato avesse.
Al qual ser Ciappelletto sospirando rispose:
– Padre mio, di questa parte mi vergogno io di dirvene il vero, temendo di non peccare in vanagloria.
Al quale il santo frate disse:
– Dì sicuramente, ché il ver dicendo né in confessione né in altro atto si peccò giammai.

42. **infermò:** si ammalò.
43. **fanti:** servi.
44. **il male della morte:** un male destinato a portarlo alla morte.
45. **senza che:** senza considerare che.
46. **noia:** sofferenza.
47. **si vuol fare:** si deve fare.
48. **poi:** dal momento che.
49. **generalmente:** la confessione generale è quella in cui si confessano i peccati di tutta la vita.
50. **puntualmente:** punto per punto, peccato per peccato.
51. **mi riguardate:** usatemi riguardo.
52. **faccendo agio loro:** assecondando i loro comodi, cioè esattamente quanto ha fatto Ciappelletto nell'intero corso della sua vita.
53. **ricomperò:** riscattò.
54. **parvongli... mente:** gli parvero la prova di un animo ben disposto (alla confessione).
55. **commendato:** lodato.

Disse allora ser Ciappelletto:

– Poiché voi di questo mi fate sicuro, e io il vi[56] dirò: io son così vergine come io uscì del corpo della mamma mia.[57]

– Oh benedetto sia tu da Dio! – disse il frate – come bene hai fatto! e, faccendolo, hai tanto più meritato, quanto, volendo, avevi più d'arbitrio di fare il contrario che non abbiam noi e qualunque altri son quegli che sotto alcuna regola sono costretti.[58]

E appresso questo il domandò se nel peccato della gola aveva a Dio dispiaciuto; al quale, sospirando forte, ser Ciappelletto rispose del sì, e molte volte; perciò che con ciò fosse cosa che[59] egli, oltre a' digiuni delle quaresime che nell'anno si fanno dalle divote persone, ogni settimana almeno tre dì fosse uso di digiunare in pane e in acqua, con quello **diletto** e con quello appetito l'acqua bevuta avea, e spezialmente quando avesse alcuna fatica durata o adorando o andando in pellegrinaggio, che fanno i gran bevitori il vino;[60] e molte volte aveva disiderato d'avere cotali insalatuzze d'erbucce, come le donne fanno quando vanno in villa;[61] e alcuna volta gli era paruto migliore il mangiare che non pareva a lui che dovesse parere a chi digiuna per divozione, come digiunava egli.[62]

Al quale il frate disse:

– Figliuol mio, questi peccati sono naturali e sono assai leggieri; e per ciò io non voglio che tu ne gravi più la conscienzia tua che bisogni.[63] Ad ogni uomo addiviene, quantunque santissimo sia, il parergli dopo lungo digiuno buono il manicare,[64] e dopo la fatica il bere.

– Oh! – disse ser Ciappelletto – padre mio, non mi dite questo per confortarmi; ben sapete che io so che le cose che al servigio di Dio si fanno, si deono fare tutte nettamente e senza alcuna ruggine[65] d'animo; e chiunque altri menti le fa, pecca.

Il frate contentissimo disse:

– E io son contento che così ti cappia nell'animo,[66] e piacemi forte la tua pura e buona conscienzia in ciò. Ma, dimmi: in avarizia hai tu peccato, disiderando più che il convenevole,[67] o tenendo quello che tu tener non dovesti?

Al quale ser Ciappelletto disse:

– Padre mio, io non vorrei che voi guardaste[68] perché io sia in casa di questi usurieri:[69] io non ci ho a far nulla; anzi ci era venuto per dovergli ammonire e gastigare e torgli[70] da questo abbominevole guadagno; e credo mi sarebbe venuto fatto, se

lessico

Diletto

Il sostantivo viene dal verbo italiano "dilettare", derivato del latino *delectāre*, «attirare, intrattenere piacevolmente»; il "diletto", quindi, indica un «sentimento di compiacimento e soddisfazione» e «ciò che dà piacere». Invece, in frasi come «la mia diletta» viene utilizzata con funzione di aggettivo un'altra parola, derivata del verbo latino *diligĕre*, che significava «avere caro, amare».

56. il vi: ve lo.
57. io son... mamma mia: allude alla sua omosessualità, che lo ha indotto a non avere alcuna relazione sessuale con le donne. È forse l'unica volta, nel corso della confessione, in cui Ciappelletto non mente.
58. quanto... costretti: dal momento che avevi la libertà di fare il contrario a differenza nostra e di tutti coloro che sono vincolati ad una regola, cioè dei consacrati, che hanno fatto voto di castità perpetua.
59. con ciò fosse cosa che: sebbene.
60. con quello diletto... il vino: aveva bevuto l'acqua, soprattutto dopo essersi affaticato in adorazione o per un pellegrinaggio, con lo stesso piacere e con la stessa voglia con cui i bevitori inghiottono il vino. Come nel caso precedente, Ciappelletto si atteggia a uomo virtuoso oltre il necessario e il dovuto: considera infatti peccaminoso anche il piacere legittimo, naturale.
61. in villa: in campagna.
62. gli era paruto... digiunava egli: il mangiare gli era parso più desiderabile di quanto, secondo lui, dovrebbe apparire a chi digiuna per devozione, come faceva lui.
63. che bisogni: di quanto sia necessario.
64. manicare: mangiare. Il frate si trova nell'inatteso ruolo di difensore delle esigenze legittime del corpo di fronte a un uomo di un ascetismo straordinario.
65. ruggine: imperfezione.
66. così... nell'animo: che la pensi in questo modo.
67. convenevole: giusto.
68. guardaste: sospettaste di me.
69. usurieri: usurai. La parola è pronunciata con ipocrito disprezzo da chi, per tutta la vita, ha praticato quel mestiere.
70. gastigare e torgli: indurre a penitenza e allontanare. È l'apoteosi della sfacciataggine di Ciappelletto.

Iddio non m'avesse così visitato.[71] Ma voi dovete sapere che mio padre mi lasciò ricco uomo, del cui avere, come egli fu morto, diedi la maggior parte per Dio;[72] e poi, per sostentare la vita mia e per potere aiutare i poveri di Cristo, ho fatte mie picciole mercatantie,[73] e in quelle ho desiderato di guadagnare, e sempre co' poveri di Dio quello che ho guadagnato ho partito per mezzo,[74] l'una metà convertendo ne' miei bisogni, l'altra metà dando loro; e di ciò m'ha sì bene il mio Creatore aiutato che io ho sempre di bene in meglio fatti i fatti miei.

– Bene hai fatto, – disse il frate – ma come ti se' tu spesso adirato?

– Oh! – disse ser Ciappelletto – cotesto vi dico io bene che io ho molto spesso fatto. E chi se ne potrebbe tenere,[75] veggendo tutto il dì gli uomini fare le sconce cose, non servare[76] i comandamenti di Dio, non temere i suoi giudicii?[77] Egli[78] sono state assai volte il dì che io vorrei più tosto essere stato morto che vivo, veggendo i giovani andare dietro alle vanità e vedendogli giurare e spergiurare, andare alle taverne, non visitare le chiese e seguir più tosto le vie del mondo che quella di Dio.

Disse allora il frate:

– Figliuol mio, cotesta è buona ira, né io per me te ne saprei penitenzia imporre. Ma, per alcuno caso, avrebbeti l'ira potuto inducere a fare alcuno omicidio o a dire villania[79] a persona o a fare alcun'altra ingiuria[80]?

A cui ser Ciappelletto rispose:

– Ohimè, messere, o[81] voi mi parete uom di Dio: come dite voi coteste parole? o[82] s'io avessi avuto pure un pensieruzzo di fare qualunque s'è l'una[83] delle cose che voi dite, credete voi che io creda che Iddio m'avesse tanto sostenuto? Coteste son cose da farle gli scherani[84] e i rei uomini, de' quali qualunque ora io n'ho mai veduto alcuno,[85] sempre ho detto: – Va che Dio ti converta.

Allora disse il frate:

– Or mi dì, figliuol mio, che benedetto sia tu da Dio: hai tu mai testimonianza niuna falsa detta contro alcuno o detto mal d'altrui o tolte dell'altrui cose senza piacer di colui di cui sono[86]?

– Mai,[87] messere, sì, – rispose ser Ciappelletto – che io ho detto male d'altrui; per ciò che[88] io ebbi già un mio vicino che, al maggior torto del mondo, non faceva altro che battere la moglie, sì che io dissi una volta mal di lui alli parenti della moglie, sì gran pietà mi venne di quella cattivella,[89] la quale egli, ogni volta che bevuto avea troppo, conciava come Dio vel dica.[90]

Disse allora il frate:

– Or bene, tu mi di' che se' stato mercatante: ingannasti tu mai persona così come fanno i mercatanti?

71. visitato: la malattia viene spiegata da Ciappelletto come una grazia di Dio.
72. per Dio: cioè in beneficenza ai poveri.
73. mercatantie: commerci.
74. partito per mezzo: spartito a metà.
75. tenere: astenere.
76. servare: rispettare.
77. giudicii: giudizi.
78. Egli: Ci.
79. villania: offesa.
80. ingiuria: violenza.
81. o: eppure.
82. o: forse che.
83. qualunque s'è l'una: una qualunque.
84. scherani: uomini indegni.
85. qualunque ora io n'ho mai veduto alcuno: ogni volta che ne ho visto uno.
86. senza piacer… sono: senza l'autorizzazione del legittimo proprietario. Settimo e ottavo comandamento: non rubare e non dire falsa testimonianza.
87. Mai: rafforza il «sì» che viene dopo.
88. per ciò che: dal momento che.
89. cattivella: poveretta.
90. come… dica: come solo Dio sa.

– Gnaffé,[91] – disse ser Ciappelletto – messer sì; ma io non so chi egli si fu, se non che uno, avendomi recati danari che egli mi dovea dare di panno[92] che io gli avea venduto, e io messogli in una mia cassa senza annoverare,[93] ivi bene ad un mese[94] trovai ch'egli erano quattro piccioli[95] più che essere non doveano; per che, non rivedendo colui e avendogli serbati bene uno anno per rendergliele, io gli diedi per l'amor di Dio.[96]

Disse il frate:

– Cotesta fu piccola cosa; e facesti bene a farne quello che ne facesti.

E, oltre a questo, il domandò il santo frate di molte altre cose, delle quali di tutte rispose a questo modo. E volendo egli già procedere all'assoluzione, disse ser Ciappelletto:

– Messere, io ho ancora alcun peccato che io non v'ho detto.

Il frate il domandò quale; ed egli disse:

– Io mi ricordo che io feci al fante[97] mio un sabato dopo nona[98] spazzare la casa, e non ebbi alla santa domenica quella reverenza che io dovea.

– Oh! – disse il frate – figliuol mio, cotesta è leggier cosa.

– Non,[99] – disse ser Ciappelletto – non dite leggier cosa, ché la domenica è troppo da onorare, però che in così fatto dì risuscitò da morte a vita il nostro Signore.

Disse allora il frate: – O altro hai tu fatto?

– Messer sì, – rispose ser Ciappelletto – ché io, non avvedendomene, sputai una volta nella chiesa di Dio.

Il frate cominciò a sorridere e disse:

– Figliuol mio, cotesta non è cosa da curarsene: noi, che siamo religiosi, tutto il dì vi sputiamo.

Disse allora ser Ciappelletto:

– E voi fate gran villania, per ciò che niuna cosa si convien tener netta[100] come il santo tempio, nel quale si rende sacrificio a Dio.

E in brieve de' così fatti ne gli disse molti, e ultimamente[101] cominciò a sospirare, e appresso a piagner forte, come colui che il sapeva troppo ben fare quando volea.

Disse il santo frate:

– Figliuol mio, che hai tu?

Rispose ser Ciappelletto:

Le nostre parole ›

– Ohimè, messere, ché un **peccato** m'è rimaso, del quale io non mi confessai mai, sì gran vergogna ho di doverlo dire; e ogni volta ch'io me ne ricordo piango come voi vedete, e parmi essere molto certo che Iddio mai non avrà misericordia di me per questo peccato.

Allora il santo frate disse:

– Va via,[102] figliuol, che è ciò che tu di'? Se tutti i peccati che furon mai fatti da tutti gli uomini, o che si debbon fare da tutti gli uomini mentre che il mondo durerà, fos-

91. Gnaffé: In fede mia.
92. di panno: per un panno.
93. annoverare: contarli.
94. bene ad un mese: dopo un mese.
95. piccioli: soldi.
96. gli diedi... Dio: li diedi in beneficenza.
97. fante: servo.
98. dopo nona: dopo l'ora nona, cioè subito prima del vespro che sancisce l'inizio del giorno di festa, quando non si deve lavorare in onore di Dio. Ciappelletto si rammarica di aver indotto il suo servitore a lavorare alle soglie della domenica (nemmeno durante la domenica).
99. Non: No. Ancora una volta Ciappelletto vuole dimostrare di superare, in severità verso se stesso, le stesse norme etiche indicate dalla Chiesa.
100. netta: pulita.
101. ultimamente: alla fine.
102. Va via: Suvvia.

ser tutti in uno uom solo, ed egli ne fosse pentuto e contrito[103] come io veggio te, si è tanta la benignità e la misericordia di Dio che, confessandogli egli,[104] gliele perdonerebbe liberamente; e per ciò dillo sicuramente.[105]

Disse allora ser Ciappelletto, sempre piagnendo forte:

– Ohimè, padre mio, il mio è troppo gran peccato, e appena posso credere, se i vostri prieghi non ci si adoperano, che egli mi debba[106] mai da Dio esser perdonato.

A cui il frate disse:

– Dillo sicuramente, ché io ti prometto di pregare Iddio per te.

Ser Ciappelletto pur piagnea e nol dicea, e il frate pur[107] il confortava a dire. Ma poi che ser Ciappelletto piagnendo ebbe un grandissimo pezzo tenuto il frate così sospeso, ed egli gittò un gran sospiro e disse:

– Padre mio, poscia che[108] voi mi promettete di pregare Iddio per me, e io il vi dirò. Sappiate che, quando io era piccolino, io bestemmiai[109] una volta la mamma mia –; e così detto ricominciò a piagnere forte.

Disse il frate:

– O figliuol mio, or parti[110] questo così grande peccato? Oh! Gli uomini bestemmiano tutto 'l giorno Iddio, e sì[111] perdona egli volentieri a chi si pente d'averlo bestemmiato; e tu non credi che egli perdoni a te questo? Non piagner, confortati, ché fermamente, se tu fossi stato un di quegli che il posero in croce, avendo la contrizione ch'io ti veggio, sì ti perdonerebbe egli.

Disse allora ser Ciappelletto:

– Ohimè, padre mio, che dite voi? La mamma mia dolce, che mi portò in corpo nove mesi il dì e la notte e portommi in collo più di cento volte! troppo feci male a bestemmiarla e troppo è gran peccato; e se voi non pregate Iddio per me, egli non mi sarà perdonato.

103. pentuto e contrito: pentito e rammaricato.
104. confessandogli egli: se egli si confessasse.
105. liberamente... sicuramente: volentieri, e dunque confessalo con tranquillità.
106. debba: possa.
107. pur: tuttavia.
108. poscia che: dal momento che.
109. bestemmiai: ingiuriai.
110. parti: ti sembra.
111. sì: nonostante ciò.

Le nostre parole — Peccato

L'origine del termine Il sostantivo "peccato" si è formato sul participio passato latino *peccātum* del verbo *peccāre*, «commettere un errore, cadere in fallo». Con l'avvento del cristianesimo, il termine acquisisce un significato prevalentemente religioso, dove indica una violazione volontaria di ordine morale della legge divina.

Il peccato medievale La cultura medievale è pervasa dal concetto del peccato originario, quello del primo uomo narrato dal libro della *Genesi*. Ma è l'invenzione del sistema dei sette vizi capitali (superbia, avarizia, lussuria, accidia, gola, ira, invidia), perfezionato tra V e VI secolo in ambito monastico, a emergere come discorso portante del pensiero medievale sul peccato, che è visto come l'effetto diretto di tali vizi. La teologia iniziò a distinguere poi, a partire da Agostino (IV secolo) e poi con la Scolastica (XIII secolo), i peccati mortali, che separavano l'anima da Dio, da quelli veniali, che ne indebolivano il rapporto.

I significati laici Il peccato ha assunto progressivamente significati più generici, come quello di «errore», «mancanza», «difetto», «rinuncia». L'espressione "essere un peccato" oggi indica cosa o circostanza inopportuna e infelice ("è un peccato che tu non conosca la lingua inglese"). L'uso ellittico della stessa espressione, nel quale si omette il verbo "essere", è preferito per trasmettere un maggiore senso di rammarico ("il film era molto bello, peccato che sia durato così poco").

Veggendo il frate non essere altro restato a dire a ser Ciappelletto, gli fece l'assoluzione e diedegli la sua benedizione, avendolo per santissimo uomo,[112] sì come colui che pienamente credeva esser vero ciò che ser Ciappelletto avea detto.
E chi sarebbe colui che nol credesse, veggendo uno uomo in caso[113] di morte dir così?
E poi, dopo tutto questo, gli disse:
– Ser Ciappelletto, coll'aiuto di Dio voi[114] sarete tosto[115] sano; ma se pure avvenisse che Iddio la vostra benedetta e ben disposta anima chiamasse a sé, piacev'egli[116] che 'l vostro corpo sia sepellito al nostro luogo?
Al quale ser Ciappelletto rispose:
– Messer sì; anzi non vorre' io essere altrove, poscia che voi mi avete promesso di pregare Iddio per me; senza che[117] io ho avuta sempre spezial divozione al vostro ordine. E per ciò vi priego che, come voi al vostro luogo sarete, facciate che a me vegna quel veracissimo corpo di Cristo, il qual voi la mattina sopra l'altare consecrate; per ciò che (come che[118] io degno non ne sia) io intendo colla vostra licenzia di prenderlo, e appresso la santa e ultima unzione,[119] acciò che io, se vivuto son come peccatore, almeno muoia come cristiano.
Il santo uomo disse che molto gli piacea e che egli dicea bene, e farebbe che di presente[120] gli sarebbe apportato; e così fu. [...]

[*I due fratelli intanto ascoltano la confessione di Ciappelletto, meravigliandosi del suo atteggiamento blasfemo anche in fin di vita. Il mercante pratese, tuttavia, ottiene di essere sepolto in chiesa e, dopo aver preso gli ultimi sacramenti, muore.*]

Il santo frate che confessato l'avea, udendo che egli era trapassato, fu insieme[121] col priore del luogo, e fatto sonare a capitolo,[122] alli frati ragunati[123] in quello mostrò ser Ciappelletto essere stato santo uomo, secondo che per la sua confessione conceputo[124] avea; e sperando per lui Domenedio dover molti miracoli dimostrare, persuadette loro che con grandissima reverenzia e divozione quello corpo si dovesse ricevere. Alla qual cosa il priore e gli altri frati creduli s'accordarono; e la sera, andati tutti là dove il corpo di ser Ciappelletto giaceva, sopr'esso fecero una grande e solenne vigilia; e la mattina, tutti vestiti co' camici e co' pieviali,[125] con libri in mano e con le croci innanzi, cantando, andaron per questo corpo e con grandissima festa e solennità il recarono alla lor chiesa, seguendo[126] quasi tutto il popolo della città, uomini e donne. E nella chiesa postolo, il santo frate che confessato l'avea, salito in sul pergamo,[127] di lui cominciò e della sua vita, de' suoi digiuni, della sua virginità, della sua simplicità e innocenzia e santità maravigliose cose a predicare, tra l'altre cose narrando quello

112. avendolo per santissimo uomo: ritenendolo un santo.
113. in caso: in punto.
114. voi: si noti che il santo frate è passato dal confidenziale "tu" a un rispettoso "voi", impressionato dalla finta santità di Ciappelletto.
115. tosto: presto.
116. piacev'egli: vi piacerebbe.
117. senza che: senza contare che. Naturalmente la "speciale devozione" di Ciappelletto verso l'ordine del frate è una nuova menzogna ma è lo studiato tocco finale per conquistare la simpatia del suo confessore, onorato dalla stima di un tale "sant'uomo".
118. come che: anche se.
119. unzione: si tratta dell'unzione degli infermi, impartita anche a chi è in punto di morte.
120. di presente: subito.
121. fu insieme: prese accordi.
122. a capitolo: per richiamare i frati al capitolo, cioè alla riunione.
123. ragunati: radunati.
124. conceputo: immaginato.
125. co' camici e co' pieviali: indumenti sacri indossati per le liturgie.
126. seguendo: soggetto è «il popolo della città».
127. pergamo: pulpito.

che ser Ciappelletto per[128] lo suo maggior peccato piagnendo gli avea confessato, e come esso appena gli avea potuto mettere nel capo che Iddio gliele dovesse perdonare, da questo volgendosi a riprendere il popolo[129] che ascoltava, dicendo:

– E voi, maledetti da Dio, per ogni fuscello di paglia che vi si volge tra' piedi bestemmiate Iddio e la Madre, e tutta la corte[130] di paradiso.

E oltre a queste, molte altre cose disse della sua lealtà e della sua purità; e in brieve colle sue parole, alle quali era dalla gente della contrada data intera fede, sì il[131] mise nel capo e nella divozion di tutti coloro che v'erano che, poi che fornito fu l'uficio,[132] colla maggior calca del mondo da tutti fu andato[133] a baciargli i piedi e le mani, e tutti i panni gli furono in dosso stracciati,[134] tenendosi[135] beato chi pure un poco di quegli potesse avere; e convenne che tutto il giorno così fosse tenuto, acciò che da tutti potesse essere veduto e visitato. Poi, la vegnente[136] notte, in una arca di marmo sepellito fu onorevolmente in una cappella, e a mano a mano il dì seguente vi cominciarono le genti ad andare e ad accender lumi e ad adorarlo, e per conseguente a botarsi[137] e ad appiccarvi le imagini della cera[138] secondo la promession fatta.

E in tanto[139] crebbe la fama della sua santità e divozione a lui, che quasi niuno era, che in alcuna avversità fosse, che ad altro santo che a lui si botasse,[140] e chiamaronlo e chiamano san Ciappelletto; e affermano molti miracoli Iddio aver mostrati per lui[141] e mostrare tutto giorno[142] a chi divotamente si raccomanda a lui.

Così adunque visse e morì ser Cepperello da Prato e santo divenne come avete udito. Il quale negar non voglio essere possibile lui essere beato nella presenza di Dio, per ciò che, come che[143] la sua vita fosse scelerata e malvagia, egli potè in su l'estremo aver sì fatta contrizione, che per avventura[144] Iddio ebbe misericordia di lui e nel suo regno il ricevette; ma, per ciò che questo n'è occulto,[145] secondo quello che ne può apparire ragiono, e dico costui più tosto dovere essere nelle mani del diavolo in perdizione che in paradiso. E se così è, grandissima si può la benignità di Dio cognoscere verso noi, la quale non al nostro errore, ma alla purità della fede riguardando, così faccendo noi nostro mezzano[146] un suo nemico, amico credendolo, ci esaudisce, come se ad uno veramente santo per mezzano della sua grazia ricorressimo. E per ciò, acciò che noi per la sua grazia nelle presenti avversità[147] e in questa compagnia così lieta siamo sani e salvi servati, lodando il suo nome nel quale cominciata l'abbiamo, lui in reverenza avendo, né nostri bisogni gli ci raccomandiamo, sicurissimi d'essere uditi.

E qui si tacque.

128. per: come.
129. da questo... popolo: prendendo spunto da questo per rimproverare il popolo.
130. la corte: cioè l'insieme dei santi.
131. il: lo.
132. fornito fu l'uficio: fu terminata la celebrazione.
133. da tutti fu andato: tutti andarono.
134. stracciati: per portarsi a casa una reliquia del santo.
135. tenendosi: ritenendosi.
136. vegnente: successiva.
137. botarsi: far voti, chiedendo grazie tramite l'intercessione di "san" Ciappelletto.
138. imagini della cera: sono gli ex voto, in riconoscenza delle grazie ricevute.
139. in tanto: tanto.
140. che in alcuna... botasse: che si votasse a un santo diverso da lui, trovandosi in qualche avversità.
141. per lui: grazie a lui. Boccaccio spiega che Dio esaudisce anche le preghiere di coloro che lo hanno pregato "in nome di san Ciappelletto" perché considera la sincerità della loro intenzione.
142. tutto giorno: tuttora.
143. come che: nonostante.
144. per avventura: forse.
145. per ciò... occulto: siccome questo ci è negato saperlo.
146. mezzano: intercessore.
147. nelle presenti avversità: cioè durante la pestilenza.

Analisi del testo

Struttura

La cornice teologica Panfilo dà avvio alla novella con una riflessione teologica e precisa subito che la storia non intende essere blasfema, ma semplicemente far sorridere della stoltezza degli uomini (dell'ingenuità del frate confessore e della folla che adora Ciappelletto come un santo; rr. 3-26). Panfilo spiega che giustamente gli uomini si affidano a Dio, unica speranza dell'uomo, attraverso la mediazione di uomini assunti in cielo come santi. Può accadere però che gli uomini sbaglino nei loro giudizi, credendo santi uomini che in realtà non lo sono stati.

La narrazione della storia vera e propria è distinta in quattro macrosequenze:

- la vita dissoluta di Ciappelletto (rr. 30-52);
- la sua avventura in Borgogna con la malattia (rr. 65-75);
- la confessione al frate (rr. 80-251);
- la "canonizzazione" a furor di popolo (rr. 255-287).

Panfilo ritorna, poi, alla riflessione iniziale sulla debolezza dei giudizi umani: il narratore non può con certezza affermare che Ciappelletto sia finito all'inferno, perché solo Dio sa se, nel suo cuore, prima di morire si sia realmente pentito. La meditazione iniziale e finale di Panfilo costituisce una sorte di cornice alla novella vera e propria, che fornisce alcuni importanti elementi ideologici per l'interpretazione del testo.

Lingua e stile

Il linguaggio teologico Coerentemente con il clima carnevalesco della novella, Boccaccio tende a esasperare la connotazione dei personaggi: Ciappelletto, perfetto mascalzone, è posto in totale antitesi al virtuoso ma ingenuo frate. A questo scopo l'autore ricorre ampiamente al vocabolario tecnico della teologia morale, per illustrare la puntuale trasgressione di ogni virtù da parte del vero Ciappelletto, e la costruzione menzognera del perfetto uomo di fede nella confessione al frate (rr. 30-251). Le numerose citazioni bibliche che Ciappelletto dissemina nella sua confessione contribuiscono a rendere ancora più raffinata la propria falsa narrazione.

Antitesi e iperboli Più in particolare, la tecnica di Ciappelletto consiste, quasi sempre, non tanto nel negare i peccati richiesti dal frate, ma nel dichiararli in prima battuta gravissimi, mentre poi questi, una volta confessati, risultano di fatto irrisori (come le «insalatuzze d'erbucce» per il peccato di gola), con un effetto evidente di sorpresa. Ai superlativi con cui è presentata la vita dissoluta di Ciappelletto, questi risponde con tutta una serie di forme diminutive («picciole mercatantie», «pensieruzzo», «quattro piccioli», «piccolino») che in realtà non sono valutate dal frate come peccati da scontare ma, al contrario, come segni indubbi della sua santità.

Temi

L'iperbole della beffa Al centro della novella è posto il motivo della beffa, portata alle estreme conseguenze, fino a un esito surreale, che va forse al di là delle stesse aspettative del protagonista. Ciappelletto non solo è riuscito a irridere la sacralità della confessione (di cui compie una sacrilega parodia), ma è addirittura divenuto oggetto di venerazione da parte del popolo.

Giustizia terrena e giustizia divina Boccaccio sembrerebbe mettere in scena, in questa novella, un *exemplum* («storia edificante») rovesciato: i malvagi trionfano mentre i giusti appaiono ingenui destinati a essere raggirati e beffati. La novella però si conclude, in continuità con quanto detto in apertura, celebrando la misericordia divina, che prevale sulle astuzie degli uomini malvagi. Dio ascolta infatti le preghiere dei fedeli che hanno chiesto in buona fede l'intercessione di "san Ciappelletto", in quanto considera la pura e onesta intenzione di chi prega, e non la corruzione del mediatore, che il fedele ignora (rr. 293-296). Colui che in terra ha fatto trionfare l'ingiustizia è trasformato da Dio, al di là delle sue intenzioni, in uno strumento di salvezza: la giustizia trionfa in cielo. Questa, tuttavia, resta una conclusione accessibile soltanto a interpreti che si orientano nella prospettiva della fede: per tutti gli altri il vero vincitore è Ciappelletto.

Un'esegesi problematica La novella di ser Ciappelletto si presta, dunque, a divergenti interpretazioni. Alcuni critici, tra cui Benedetto Croce, hanno visto in Ciappelletto il campione della malvagità gratuita e nella sua santificazione la parodia del modello di santità proposto dalla Chiesa dopo il pontificato di Innocenzo III (1198-1216). Altri, come Giovanni Getto, hanno invece sottolineato che Ciappelletto, pur a fini malvagi, dà dimostrazione di astuzia, in particolare nell'arte della parola: la novella conterrebbe dunque una celebrazione della sua "industria" (cioè la capacità di trarre vantaggio dalle circostanze), la virtù cardine dell'etica borghese. Ciappelletto, non a caso, organizza la falsa confessione per solidarietà di classe nei confronti dei fratelli mercanti che l'hanno ospitato. Altri ancora, come Guido Almansi, hanno proposto che nella straordinaria abilità retorica di Ciappelletto e nel suo interesse esclusivamente mondano (non certo nella sua scelleratezza) possa rispecchiarsi addirittura il profilo di Boccaccio stesso.

La «commedia umana» L'autore sembra dunque delimitare, con questa novella proemiale, lo spazio della sua letteratura: nel *Decameron* non si racconterà la vita degli uomini alla luce di un'etica religiosa (come in molta novellistica precedente), ma si narrerà la vita terrena nella realtà dei suoi multiformi valori morali. Questi valori sono sempre relativi ai punti di vista umani, sospesi tra il richiamo all'onestà, spesso perdente, e l'astuzia dell'egoismo naturale, spesso vincente.
La «commedia» inscenata da Ciappelletto (così l'ha definita Giovanni Getto), infatti, è il capolavoro del rovesciamento comico e carnevalesco del reale, poiché ne ribalta le prospettive, Ciappelletto, di cui conosciamo tutti i reali peccati, rappresenta sé stesso come un uomo irreprensibile e agli occhi del popolo ingenuo diviene infine un santo. In terra tutto è relativo, in base alla prospettiva che si assume: solo lo sguardo di Dio, ci informa Boccaccio all'inizio della novella, è assoluto, cioè coglie la verità in se stessa, senza deformazioni.

Officina

COMPRENDERE

1. Rileggi con attenzione il ritratto di ser Ciappelletto alle righe 30-52 e poi scrivi con precisione quali peccati ha commesso.

2. Completa la seguente tabella con il contenuto delle domande o delle risposte della confessione di ser Ciappelletto al frate confessore.

Righe	Domande del frate	Risposte di ser Ciappelletto
100-108	Gli chiede se ha mai commesso peccati di lussuria con una donna.	
112-120		Ha sempre digiunato a pane e acqua, non solo nel periodo di Quaresima, per tre volte alla settimana, e ha bevuto molta acqua dopo le fatiche.
130-142	Gli chiede se ha commesso peccati di avarizia.	
144-150	Gli chiede se ha commesso peccati d'ira.	
151-159		Non ha mai commesso simili azioni, che si addicono solamente a uomini malvagi.
162-164	Gli chiede se ha pronunciato falsa testimonianza o sottratto qualcosa a qualcuno.	
171-177		Una volta, si è reso conto che un cliente gli aveva dato più soldi per l'acquisto di una merce: non vedendo più il cliente, ha dato i soldi in beneficenza.

ANALIZZARE

3. **Lingua e stile** Perché il frate confessore, che si è sempre rivolto a ser Ciappelletto dandogli del "tu", alla riga 239 si rivolge all'uomo dandogli del "voi"?
4. La descrizione di Ciappelletto all'inizio della novella è statica o dinamica? Come si giustifica, secondo te, tale scelta da parte dell'autore?
5. **Lessico** Dalla parola "usura" deriva, attraverso l'aggiunta di un suffisso, il nome che indica chi dà il denaro a usura o chi esercita l'usura. Di quale nome si tratta? Alla riga 134 del testo, Boccaccio utilizza un altro nome, oggi non più diffuso, per indicare chi esercita l'usura, che però termina con un altro suffisso: qual è questo nome? Conosci al-

tri nomi che finiscono con il suffisso usato da Boccaccio e che indichino chi svolge una certa attività?

INTERPRETARE

6. Quali sono i temi principali di questa novella? (4 risposte esatte)
   a. Il ruolo della fortuna nelle vicende umane
   b. L'amore come forza naturale e irresistibile
   c. L'esaltazione dell'ingegno che si manifesta attraverso l'uso intelligente della parola
   d. L'esaltazione dell'ingegno che si manifesta attraverso azioni scaltre
   e. Il contrasto tra apparenza e realtà
   f. Il gusto per la beffa

Giustifica la tua risposta in un commento di sufficiente ampiezza, facendo precisi e puntuali riferimenti al testo.

PERCORSO DI SCRITTURA

Riscrittura Riscrivi il dialogo fra Ciappelletto e il frate confessore trasformandolo in un copione teatrale. Se vuoi, puoi arricchire il testo con didascalie che indichino i gesti, i movimenti, il tono della voce dei due personaggi e altre indicazioni di scena (costumi, scenografie), per rendere più realistica la tua versione teatrale del dialogo.

T5 Melchisedech giudeo e il Saladino

Decameron I, III

Questa novella raccontata da Filomena mostra come una saggia risposta permetta a chi l'ha data di sottrarsi all'insidia di una domanda non innocente: quale sia la vera religione, se musulmana, ebraica o cristiana.
Molto diffusa in Europa e già presente in una forma pressoché identica in un racconto del *Novellino* (secolo XIII), la parabola del padre (Dio) che lascia i figli (i suoi popoli) nell'incertezza su quale sia la vera fede è stata letta come un invito alla tolleranza e ritorna in età illuministica in un celebre dramma dello scrittore tedesco G.E. Lessing, *Nathan il saggio* (1749).

Melchisedech giudeo, con una novella di tre anella, cessa un gran pericolo dal Saladino apparecchiatogli.

Poiché, commendata[1] da tutti la novella di Neifile, ella si tacque, come alla reina piacque, Filomena così cominciò a parlare.
La novella da Neifile detta mi ritorna a memoria il dubbioso[2] caso già avvenuto ad un giudeo. Per ciò che già e di Dio e della verità della nostra fede è assai bene stato detto, il discendere oggimai agli avvenimenti e agli atti degli uomini non si dovrà disdire;[3] e a narrarvi quella verrò, la quale udita, forse più caute diverrete nelle risposte alle quistioni che fatte vi fossero. Voi dovete, amorose compagne, sapere che, sì come la sciocchezza spesse volte trae altrui[4] di felice stato e mette in grandissima miseria,

1. **commendata:** lodata.
2. **dubbioso:** pericoloso.
3. **il discendere... disdire:** potrebbe essere dunque conveniente passare a trattare degli avvenimenti degli uomini.
4. **altrui:** qualcuno.

così il senno di grandissimi pericoli trae il savio e ponlo in grande e in sicuro riposo. E che vero sia che la sciocchezza di buono stato in miseria altrui conduca, per molti essempli si vede, li quali non fia al presente nostra cura di raccontare, avendo riguardo che tutto 'l dì mille essempli n'appaiano manifesti.[5] Ma che il senno di consolazione sia cagione, come promisi, per una novelletta mosterrò brievemente.

Il Saladino,[6] il valore del qual fu tanto che non solamente di piccolo uomo il fe' di Babillonia soldano, ma ancora molte vittorie sopra li re saracini e cristiani gli fece avere, avendo in diverse guerre e in grandissime sue magnificenze speso tutto il suo tesoro, e, per alcuno accidente sopravvenutogli bisognandogli una buona quantità di danari, né veggendo donde così prestamente come gli bisognavano aver gli potesse, gli venne a memoria un ricco giudeo, il cui nome era Melchisedech, il quale prestava ad usura in Alessandria. E pensossi costui avere da poterlo servire quando volesse;[7] ma sì era avaro che di sua volontà non l'avrebbe mai fatto, e forza non gli voleva fare; per che, strignendolo il bisogno, rivoltosi tutto a dover trovar modo come il giudeo il servisse, s'avvisò di fargli una forza da alcuna ragion colorata.[8]

5. E che... manifesti: E che sia vero che la stupidità conduca da una buona condizione alla rovina, si vede da molti esempi che ora non ci interessa raccontare, considerando appunto che a ogni momento mille esempi di ciò si rendono evidenti.

6. Il Saladino: Salah ad-din (1138-1193) fu sultano del Cairo, allora chiamata Babilonia d'Egitto. Fu celebre per il suo valore militare: riconquistò Gerusalemme nel 1187. Pur essendo un sovrano musulmano, godette di ottima fama anche in Occidente: Dante ne celebra la liberalità nel *Convivio* e nella *Commedia* (*Inferno* IV) lo pone nel "nobile Castello" del Limbo. Anche Petrarca lo loda nei *Trionfi*. Boccaccio, che del Saladino fa il protagonista anche di un'altra novella (X, IX), riprende qui la notizia, in realtà non vera storicamente, che il Saladino fosse un uomo giunto al potere da umili natali, cioè un «piccolo uomo» che il «valore» aveva reso sultano.

7. E pensossi... volesse: E pensò che costui (Melchisedech) aveva denaro da potergli prestare se l'avesse voluto. Il verbo "servire" veniva usato normalmente come sinonimo di "prestare denaro".

8. s'avvisò... colorata: gli venne l'idea di ottenere il prestito con una forma di violenza mascherata da ragione.

Ritratto del Saladino; miniatura araba del XII secolo.

E fattolsi chiamare e familiarmente ricevutolo, seco il fece sedere e appresso gli disse: – Valente uomo, io ho da più persone inteso che tu se' savissimo e nelle cose di Dio senti molto avanti;[9] e per ciò io saprei volentieri da te quale delle tre leggi tu reputi la verace, o la giudaica o la saracina o la cristiana.
Il giudeo, il quale veramente era savio uomo, s'avvisò troppo bene che il Saladino guardava di pigliarlo nelle parole per dovergli muovere alcuna quistione,[10] e pensò non potere alcuna di queste tre più l'una che l'altra lodare, che il Saladino non avesse la sua intenzione. Per che, come colui al qual pareva d'aver bisogno di risposta per la quale preso non potesse essere, aguzzato lo 'ngegno, gli venne prestamente avanti quello che dir dovesse, e disse: – Signor mio, la quistione la qual voi mi fate è bella, e a volervene dire ciò che io ne sento, mi vi convien dire una novelletta, qual voi udirete. Se io non erro, io mi ricordo aver molte volte udito dire che un grande uomo e ricco fu già, il quale, intra l'altre gioie più care che nel suo tesoro avesse, era uno anello bellissimo e prezioso; al quale per lo suo valore e per la sua bellezza volendo fare onore e in perpetuo lasciarlo né suoi discendenti, ordinò che colui de' suoi figliuoli appo il quale,[11] sì come lasciatogli da lui, fosse questo anello trovato, che colui s'intendesse essere il suo erede e dovesse da tutti gli altri essere come maggiore onorato e reverito. E colui al quale da costui fu lasciato il simigliante ordinò né suoi discendenti e così fece come fatto avea il suo predecessore; e in brieve andò questo anello di mano in mano a molti successori; e ultimamente pervenne alle mani ad uno, il quale avea tre figliuoli belli e virtuosi e molto al padre loro obedienti, per la qual cosa tutti e tre parimente gli amava. E i giovani, li quali la consuetudine dello anello sapevano, sì come vaghi d'essere ciascuno il più onorato tra' suoi ciascuno per sé, come meglio sapeva, pregava il padre,[12] il quale era già vecchio, che, quando a morte venisse, a lui quello anello lasciasse. Il valente uomo, che parimente tutti gli amava, né sapeva esso medesimo eleggere[13] a qual più tosto lasciar lo dovesse, pensò, avendolo a ciascun promesso, di volergli tutti e tre sodisfare; e segretamente ad uno buono maestro[14] ne fece fare due altri, li quali sì furono simiglianti al primiero, che esso medesimo che fatti gli avea fare appena conosceva qual si fosse il vero. E venendo a morte, segretamente diede il suo a ciascun de' figliuoli. Li quali, dopo la morte del padre, volendo ciascuno la eredità e l'onore[15] occupare, e l'uno negandolo all'altro, in testimonianza di dover ciò ragionevolmente fare ciascuno produsse fuori il suo anello.[16] E trovatisi gli anelli sì simili l'uno all'altro che qual di costoro fosse il vero non si sapeva conoscere, si rimase la quistione, qual fosse il vero erede del padre, in pendente,[17] e ancor pende. E così vi dico, signor mio, delle tre leggi alli tre popoli date da Dio padre, delle quali la quistion proponeste: ciascuno la sua eredità, la sua vera legge e i suoi comandamenti dirittamente[18] si crede avere e fare; ma chi se l'abbia, come degli anelli, ancora ne pende la quistione.

9. senti molto avanti: sei molto addentro, molto competente.
10. il Saladino... quistione: il Saladino pensava di coglierlo in fallo (nelle sue parole di risposta) per muovergli poi un'accusa.
11. appo il quale: presso il quale.
12. sì come... padre: essendo ciascuno (di essi) desideroso di essere il più onorato, pregava in ogni modo il padre.
13. eleggere: scegliere.
14. ad uno buono maestro: a un abile artigiano.
15. l'onore: il primo posto nella gerarchia familiare.
16. in testimonianza... anello: a sostegno che (ciascuno) faceva ciò a giusta ragione, ciascuno tirò fuori il suo anello.
17. si rimase... pendente: la questione su chi fosse il vero erede del padre rimase sospesa.
18. dirittamente: potrebbe significare solo "a buon diritto", ma Branca propone di interpretare "in linea diretta" da Dio.

Il Saladino conobbe costui ottimamente essere saputo uscire del laccio il quale davanti a' piedi teso gli aveva; e per ciò dispose d'aprirgli[19] il suo bisogno e vedere se servire il volesse; e così fece, aprendogli ciò che in animo avesse avuto di fare, se così discretamente,[20] come fatto avea, non gli avesse risposto. Il giudeo liberamente d'ogni quantità[21] che il Saladino richiese il servì; e il Saladino poi interamente il soddisfece;[22] e oltre a ciò gli donò grandissimi doni e sempre per suo amico l'ebbe e in grande e onorevole stato appresso di sé il mantenne.

19. d'aprirgli: di rendergli manifesto.
20. discretamente: saggiamente.
21. d'ogni quantità: di ogni somma di denaro.
22. interamente il soddisfece: lo rimborsò completamente (con gli interessi). La notazione non è superflua: uno dei rischi di chi prestava denaro a personaggi potenti (in questo caso addirittura un sovrano) era quello di non riavere indietro le somme, data la disparità di potere contrattuale tra le parti. È assai probabile che Boccaccio avesse ben presente il drammatico fallimento (1345) dei banchieri fiorentini Bardi e Peruzzi, che avevano prestato ingenti somme ai sovrani europei.

Costruisci la tua analisi

VERSO IL NUOVO ESAME DI STATO

Parafrasi

Il racconto nel racconto nel racconto

1. Completa la seguente tabella, suddivisa nei tre livelli narrativi presenti nel testo. Otterrai così una scaletta, che potrai usare per scrivere il riassunto della novella (massimo 10 righe).

I livello: .... (righe: ....)		
1. Prologo • Chi prende la parola:	• Morale del racconto:	
II livello: .... (righe: ....)		
2. Difficoltà iniziale	• I personaggi: .... • Il «tranello»:	
	III livello: .... (righe: ....)	
	3. Un racconto esemplare • I personaggi:	• L'oggetto in palio: .... • Lo stratagemma: ....
4. Scioglimento finale	• L'interpretazione della «novelletta»: .... • La conclusione positiva:	

Comprensione

Il Saladino a corto di denaro

2. Chi è il Saladino? Perché ha bisogno di Melchisedec?
3. Per quale motivo il Saladino ricorre a un tranello?
4. Nella «novelletta», perché il padre commissiona alcune copie dell'anello?

Analisi

Lingua e stile

Il linguaggio della "finanza" Dal momento che si racconta di una richiesta di denaro in prestito, nella novella Boccaccio impiega diverse espressioni del linguaggio finanziario dell'epoca.

5. Elenca tutti i termini di ambito economico-finanziario che ricorrono nel testo. In particolare, con quali verbi Boccaccio indica le due operazioni principali, il "prestito" e la "restituzione del debito"? Sono verbi usati tuttora in questa accezione?

Interpretazione

Il punto di vista mercantile sulle questioni religiose

L'uso di termini economico-finanziari testimonia come in questa novella Boccaccio assuma il punto di vista del ceto mercantile. Ciò vale anche per il tema-chiave del racconto, il rapporto tra cristianesimo, islam ed ebraismo.

6. Ti sembra che l'approccio "mercantile" al rapporto fra le tre grandi religioni monoteiste, presentato in questa novella, sia tollerante o intransigente? Motiva la tua risposta (di massimo 10 righe) tenendo presente il contesto socio-economico in cui agiscono i mercanti trecenteschi italiani (➤ *Quadro storico*, p. 95).

Scrittura

Le parabole: argomentare raccontando

La «novelletta» di Melchisedec rientra nel genere narrativo della "parabola", o "apologo", un racconto di natura allegorica che mira a dimostrare una tesi, di solito di carattere morale, o religioso.

7. Scrivi ora tu una parabola (massimo 500 parole), inserendola in un breve racconto articolato in tre livelli narrativi, come la novella di Melchisedec.
   Prova a raccontare in terza persona la storia di Giovanna, una giovane donna, che, dopo un colloquio di lavoro, chiama la madre per dirle come è andata. La ragazza si sofferma su una domanda molto insidiosa del selezionatore: «Che cosa faresti se il tuo datore di lavoro ti chiedesse di riferirgli le opinioni personali che un collega ti ha comunicato in confidenza?». Per rispondere, Giovanna ha raccontato una storia che le sembrava avere una rilevanza allegorica rispetto alla situazione prospettata dalla domanda. Inventati questa storia e riporta le conclusioni che la ragazza ne trae per rispondere al selezionatore.

T6 Andreuccio da Perugia

Decameron II, v

Biblioteca digitale
Don Felice; Madonna Filippa

La seconda giornata, presieduta da Filomena, raccoglie vicende concluse positivamente soprattutto per merito della buona fortuna. Nella quinta novella Fiammetta narra la storia di Andreuccio da Perugia, di ambientazione napoletana. Andreuccio è un giovane mercante di cavalli che si lascia ingenuamente ingannare e derubare da una scaltra prostituta siciliana. Si trova, a un certo punto, nudo e coperto di escrementi in mezzo alla strada, senza più un soldo. Il caso lo mette poi sulla strada di alcuni ladri, che lo prendono con sé per andare a derubare il cadavere di un vescovo dei suoi paramenti preziosi. È l'inizio delle avventure che, grazie nuovamente alla fortuna ma anche all'istintiva prontezza di Andreuccio (che ha imparato dai suoi errori), lo condurranno a recuperare il danno subìto. Fortuna e capacità di reagire alle avversità sono dunque le due forze contrapposte di questa novella. Non è forse casuale che sia Fiammetta a narrare la storia: anche lo sfondo dell'*Elegia di Madonna Fiammetta* è Napoli (➤ **T1**) e dietro allo pseudonimo di Fiammetta si è immaginato un amore giovanile di Boccaccio proprio nella città partenopea.

Andreuccio da Perugia, venuto a Napoli a comperar cavalli, in una notte da tre gravi accidenti soprapreso[1]*, da tutti scampato con un rubino si torna a casa sua.*

Le nostre parole › (p. 576)

[…] Fu, secondo che io già intesi, in Perugia un giovane il cui nome era Andreuccio di Pietro, cozzone[2] di cavalli; il quale, avendo inteso che a Napoli era buon **mercato** di cavalli, messisi in borsa cinquecento fiorin d'oro, non essendo mai più[3] fuori di casa stato, con altri mercatanti là se n'andò: dove giunto una domenica sera in sul vespro, dall'oste suo informato la seguente mattina fu in sul Mercato, e molti ne vide e assai ne gli piacquero e di più e più mercato tenne, né di niuno potendosi accordare, per mostrare che per comperar fosse,[4] sì come rozzo[5] e poco cauto più volte in presenza di chi andava e di chi veniva trasse fuori questa sua borsa de' fiorini che aveva. E in questi trattati[6] stando, avendo esso la sua borsa mostrata, avvenne che una giovane ciciliana[7] bellissima, ma disposta per piccol pregio a compiacere a qualunque uomo,[8] senza vederla egli,[9] passò appresso di lui e la sua borsa vide e subito seco disse: – Chi starebbe meglio di me se quegli denari fosser miei? – e passò oltre.

Era con questa giovane una vecchia similmente ciciliana, la quale, come vide Andreuccio, lasciata oltre la giovane andare, affettuosamente corse a abbracciarlo: il che la giovane veggendo,[10] senza dire alcuna cosa, da una delle parti la cominciò a at-

1. **da tre… soprapreso:** sorpreso da tre eventi imprevisti.
2. **cozzone:** mediatore, sensale. Andreuccio, in particolare, è un mercante di cavalli, che compra e rivende per trarne profitto.
3. **più:** prima.
4. **per comperar fosse:** aveva intenzione di comprare.
5. **rozzo:** inesperto, della vita.
6. **trattati:** trattative.
7. **ciciliana:** siciliana.
8. **ma disposta… uomo:** è cioè una prostituta che si vende per pochi denari.
9. **senza vederla egli:** senza che egli la vedesse. La siciliana dimostra subito di essere più scaltra di Andreuccio, che continuerà a "non vederne" (cioè a non riconoscerne) la vera natura a lungo.
10. **veggendo:** vedendo.

tendere.[11] Andreuccio, alla vecchia rivoltosi e conosciutala, le fece gran festa, e promettendogli essa di venire a lui all'albergo, senza quivi tenere troppo lungo sermone,[12] si partì: e Andreuccio si tornò a mercatare ma niente comperò la mattina. [...]

[*La giovane si informa dalla vecchia su Andreuccio, poi invia una sua serva alla locanda dove soggiorna Andreuccio per invitarlo la sera stessa a casa sua. Andreuccio, lusingato, accetta senza indugio e segue la serva fino al quartiere di Malpertugio nella casa della giovane siciliana, che lo sta aspettando.*]

Ella era ancora assai giovane, di persona grande[13] e con bellissimo viso, vestita e ornata assai orrevolemente;[14] alla quale come Andreuccio fu presso, essa incontrogli da tre gradi[15] discese con le braccia aperte, e avvinghiatogli il collo alquanto stette senza alcuna cosa dire, quasi da soperchia tenerezza impedita;[16] poi lagrimando gli basciò la fronte e con voce alquanto rotta[17] disse:
– O Andreuccio mio, tu sii il ben venuto!
Esso, maravigliandosi di così tenere carezze, tutto stupefatto rispose:
– Madonna, voi siate la ben trovata!

11. **da una delle parti... attendere:** restò a osservarla rimanendo in disparte.
12. **senza... sermone:** senza fermarsi lì a parlare più a lungo.
13. **grande:** alta.
14. **orrevolemente:** con dignità.
15. **gradi:** gradini. Gesto di famigliarità: la "nobile" scende all'altezza del suo ospite poiché si tratta di un suo "fratello", dunque di un suo pari grado nella gerarchia sociale.
16. **da soperchia... impedita:** sopraffatta da un'emozione travolgente.
17. **rotta:** turbata dalla commozione.

Le nostre parole — Mercato

L'origine del termine Il sostantivo "mercato" viene dal latino *mercatus*, «commercio, traffico», «fiera, mercato», derivato dal verbo *mercāri*, «comprare», «commerciare». Il termine può indicare sia l'atto del mercanteggiare, cioè del vendere e comprare prodotti, sia il luogo in cui avvengono tali attività, appunto il "mercato".

Il "mercato" come luogo di vendita Nelle città tardomedievali, come nel caso della Napoli di Boccaccio, la piazza diviene il luogo prediletto per l'attività mercantile, sostituendo la grande strada cittadina dotata di portici, che fino ad allora serviva, con le sue botteghe, al commercio quotidiano. Ancora oggi in molte città italiane il mercato ha luogo nelle piazze («piazza del mercato») o comunque all'aperto. La parola ha avuto grande fortuna in tutta Europa, entrando molto presto nelle lingue germaniche attraverso l'antico alto tedesco (in inglese è *market*, in tedesco è *Markt*).
Nella poesia volgare medievale il termine indica uno scambio o un commercio di natura soprattutto metaforica, riferendosi o alla sfera amorosa o a quella sacra (come nel trattatello che parla del «*sacrum commercium*» di Francesco con la Povertà).

Altri usi del "mercato" In ambito economico, viene spesso usata l'espressione "analisi (o ricerca) di mercato", attività svolta da o per conto di un'azienda produttrice al fine di valutare le potenzialità redditizie di un prodotto destinato alla vendita; si usa anche "mercato del lavoro" per indicare la relazione che c'è tra offerta e domanda di lavoro in un dato contesto economico.
L'espressione "mercato nero" è invece entrata in uso durante la Seconda guerra mondiale, per indicare il baratto clandestino di cibo e di beni primari, perché avveniva di notte allo scuro.
Talvolta, "mercato" acquisisce anche significati spregiativi per definire traffici illeciti o immorali di cose che non potrebbero o non dovrebbero essere oggetto di commercio, in espressioni come "fare mercato delle proprie idee", "mercato dei voti".

Ella appresso, per la man presolo, suso nella sua sala il menò e di quella, senza alcuna cosa parlare, con lui nella sua camera se n'entrò, la quale di rose, di fiori d'aranci e d'altri odori tutta oliva,[18] là dove egli un bellissimo letto incortinato[19] e molte robe su per le stanghe,[20] secondo il costume di là, e altri assai belli e ricchi arnesi[21] vide; per le quali cose, sì come nuovo, fermamente credette lei dovesse essere non men che gran donna.[22] E postisi a sedere insieme sopra una cassa che appiè[23] del suo letto era, così gli cominciò a parlare:

– Andreuccio, io sono molto certa che tu ti maravigli e delle carezze le quali io ti fo e delle mie lagrime, sì come colui che[24] non mi conosci e per avventura[25] mai ricordar non m'udisti. Ma tu udirai tosto cosa la quale più ti farà forse maravigliare, sì come è[26] che io sia tua sorella; e dicoti che, poi che Idio m'ha fatta tanta grazia che io anzi la mia morte ho veduto alcuno de' miei fratelli, come che[27] io disideri di vedervi tutti, io non morrò a quella ora che io consolata non muoia.[28] E se tu forse questo mai più[29] non udisti, io tel vo'dire. Pietro, mio padre e tuo, come io credo che tu abbi potuto sapere, dimorò lungamente in Palermo, e per la sua bontà e piacevolezza vi fu e è ancora da quegli che il conobbero amato assai. Ma tra gli altri che molto l'amarono, mia madre, che gentil donna fu e allora era vedova, fu quella che più l'amò, tanto che, posta giù la paura del padre e de' fratelli e il suo onore, in tal guisa con lui si dimesticò,[30] che io ne nacqui e sonne[31] qual tu mi vedi.

Poi, sopravenuta cagione[32] a Pietro di partirsi di Palermo e tornare in Perugia, me con la mia madre piccola fanciulla lasciò, né mai, per quello che io sentissi, più né di me né di lei si ricordò: di che io, se mio padre stato non fosse, forte il riprenderei avendo riguardo alla[33] ingratitudine di lui verso mia madre mostrata (lasciamo stare allo amore che a me come a sua figliola non nata d'una fante né di vil femina dovea portare[34]), la quale le sue cose e sé parimente, senza sapere altrimenti chi egli si fosse, da fedelissimo amor mossa rimise nelle sue mani.[35] [...]

[*La giovane rievoca il suo passato: viene data in sposa a un nobile di Agrigento, che stringe accordi col re Carlo d'Angiò prima che questi siano vanificati da Federico II. La giovane e il marito sono costretti a fuggire dalla Sicilia e riparano a Napoli, dove vengono risarciti per le loro perdite da re Carlo stesso.*]

18. **oliva:** profumava.
19. **incortinato:** cinto da cortine; è dunque un giaciglio sontuoso.
20. **molte robe... stanghe:** molte vesti appese su pertiche.
21. **arnesi:** oggetti d'arredamento.
22. **non men... donna:** niente di meno che una grande signora.
23. **cassa... appiè... era:** cassapanca che era ai piedi.
24. **sì come colui che:** dal momento che.
25. **per avventura:** probabilmente.
26. **sì come è:** cioè.
27. **come che:** nonostante.
28. **io non morrò... muoia:** in qualsiasi momento morirò, morirò consolata.
29. **mai più:** mai.
30. **in tal... si dimesticò:** in tal modo entrò in intimità con lui, eufemismo per intendere l'inizio di una relazione anche fisica. La siciliana, se intende risultare credibile come nobildonna, deve adeguare anche il suo linguaggio.
31. **sonne:** sono.
32. **cagione:** necessità.
33. **il riprenderei... alla:** lo rimprovererei, tenendo conto della.
34. **lasciamo stare... portare:** senza considerare l'amore che doveva a me, nata non da una serva né da una donna di bassa condizione.
35. **la quale... sue mani:** la quale, ispirata da un fedelissimo amore, affidò se stessa e i suoi beni nelle sue mani, senza nemmeno sapere chi fosse. La madre, cioè, si mette nelle mani del loro comune padre con piena fiducia.

E così detto, da capo il rabbracciò e ancora teneramente lagrimando gli basciò la fronte. Andreuccio, udendo questa favola così ordinatamente, così compostamente[36] detta da costei, alla quale in niuno atto[37] moriva la parola tra'denti né balbettava la lingua, e ricordandosi esser vero che il padre era stato in Palermo e per se medesimo[38] de' giovani conoscendo i costumi, che volentieri amano nella giovanezza, e veggendo le tenere lagrime, gli abbracciari e gli onesti basci,[39] ebbe[40] ciò che ella diceva più che per vero: e poscia che ella tacque, le rispose:

– Madonna, egli non vi dee parer gran cosa se io mi maraviglio: per ciò che nel vero, o che mio padre, per che che egli sel facesse, di vostra madre e di voi non ragionasse giammai, o che, se egli ne ragionò, a mia notizia venuto non sia, io per me niuna coscienza aveva di voi se non come se non foste;[41] e emmi[42] tanto più caro l'avervi qui mia sorella trovata, quanto io ci[43] sono più solo e meno questo sperava. E nel vero io non conosco uomo di sì alto affare[44] al quale voi non doveste esser cara, non che a me che un picciolo mercatante sono. Ma d'una cosa vi priego mi facciate chiaro: come sapeste voi che io qui fossi?

Al quale ella rispose: – Questa mattina mel fè sapere una povera femina la qual molto meco si ritiene,[45] per ciò che con nostro padre, per quello che ella mi dica, lungamente e in Palermo e in Perugia stette, e se non fosse che più onesta cosa mi parea che tu a me venissi in casa tua[46] che io a te nell'altrui, egli ha gran pezza[47] che io a te venuta sarei.

Appresso queste parole ella cominciò distintamente a domandare di tutti i suoi parenti nominatamente,[48] alla quale di tutti Andreuccio rispose, per questo ancora più credendo quello che meno di creder gli bisognava.[49]

Essendo stati i ragionamenti lunghi e il caldo grande, ella fece venire greco e confetti[50] e fè dar bere a Andreuccio; il quale dopo questo partir volendosi, per ciò che ora di cena era, in niuna guisa il sostenne,[51] ma sembiante fatto[52] di forte **turbarsi** abbracciandol disse:

– Ahi lassa me,[53] ché assai chiaro conosco come io ti sia poco cara! Che è a pensare che tu sii con una tua sorella mai più da te non veduta, e in casa sua, dove, qui venendo, smontato esser dovresti, e vogli di quella uscire per andare a cenare all'albergo?[54]

lessico

Turbare

Il verbo significa in senso proprio «interrompere bruscamente e in modo molesto una certa situazione» e in senso figurato «mettere in agitazione qualcuno, sconvolgerlo». Viene dal latino *turbāre*, derivato di *turba*, «disordine, tumulto» e «folla, moltitudine».

36. compostamente: con un ordine credibile.
37. in niuno atto: in nessun passaggio (del discorso).
38. per se medesimo: per propria esperienza.
39. onesti basci: onesti baci, da fratello a sorella.
40. ebbe: ritenne.
41. per ciò... foste: dal momento che, in verità, o perché mio padre, qualsiasi fosse il motivo per cui si comportava così, non parlava mai di vostra madre e di voi, o perché, se egli ne parlò, la cosa non giunse a mia conoscenza, io, per quanto mi riguarda, non sapevo nulla di voi, come se non esisteste. Il tentativo della prostituta di provocare in Andreuccio un senso di colpa è andato perfettamente a segno.
42. emmi: mi è.
43. ci: qui, a Napoli.
44. alto affare: alta condizione sociale.
45. ritiene: intrattiene.
46. tua: di Andreuccio, in quanto "fratello" della proprietaria.
47. egli... pezza: è da molto tempo.
48. nominatamente: per nome. La siciliana, infatti, ha appreso i nomi dei familiari di Andreuccio dalla vecchia. È il colpo di scena finale, che convince definitivamente Andreuccio.
49. quello che... bisognava: quello che meno avrebbe avuto bisogno di credere (poiché credendolo si metterà nei guai).
50. venire greco e confetti: portare vino bianco e biscotti. Il vino «greco» è un vino pregiato, diffuso nel Meridione.
51. in niuna... sostenne: in nessun modo gli permise.
52. sembiante fatto: facendo finta.
53. lassa me: ahimè.
54. Che è... albergo?: Com'è possibile pensare che tu ti trovi con una tua sorella da te mai vista prima, e in casa sua, (cioè) dove dovresti essere alloggiato venendo a Napoli, e tu voglia andartene da quella (casa) per andare a cenare in albergo?

Di vero tu cenerai con esso meco:[55] e perché mio marito non ci sia, di che forte mi grava, io ti saprò bene secondo donna fare un poco d'onore.[56]

Alla quale Andreuccio, non sappiendo altro che rispondersi, disse:

– Io v'ho cara quanto sorella si dee avere, ma se io non ne vado, io sarò tutta sera aspettato a cena e farò villania.[57]

Ed ella allora disse:

– Lodato sia Idio, se io non ho in casa per cui mandare a dire che tu non sii aspettato![58] Benché tu faresti assai maggior cortesia, e tuo dovere, mandare[59] a dire a' tuoi compagni che qui venissero a cenare, e poi, se pure andare te ne volessi, ve ne potresti tutti andar di brigata.[60]

Andreuccio rispose che de' suoi compagni non volea quella sera, ma, poi che pure a grado l'era, di lui facesse il piacer suo.[61] Ella allora fè vista[62] di mandare a dire all'albergo che egli non fosse atteso a cena; e poi, dopo molti altri ragionamenti, postisi a cena e splendidamente di più vivande serviti, astutamente quella menò per lunga infino alla notte obscura; ed essendo da tavola levati e Andreuccio partir volendosi, ella disse che ciò in niuna guisa sofferrebbe,[63] per ciò che Napoli non era terra da andarvi per entro di notte, e massimamente un forestiere;[64] e che come che egli a cena non fosse atteso aveva mandato a dire, così aveva dello albergo fatto il somigliante.[65] Egli, questo credendo e dilettandogli, da falsa credenza ingannato, d'esser con costei, stette.[66] Furono adunque dopo cena i ragionamenti molti e lunghi non senza cagione[67] tenuti; e essendo della notte una parte passata, ella, lasciato Andreuccio a dormire nella sua camera con un piccol fanciullo che gli mostrasse se egli volesse nulla,[68] con le sue femine[69] in un'altra camera se n'andò.

Era il caldo grande: per la qual cosa Andreuccio, veggendosi solo rimasto, subitamente si spogliò in farsetto e trassesi i panni di gamba[70] e al capo del letto gli si pose; e richiedendo il naturale uso di dovere diporre il superfluo peso del ventre,[71] dove ciò si facesse domandò quel fanciullo, il quale nell'uno de' canti[72] della camera gli mostrò uno uscio e disse:

– Andate là entro.

55. con esso meco: con me.
56. e perché... onore: e benché mio marito non ci sia, cosa di cui molto mi dispiace, io ti saprò ben riservare un poco d'onore, quanto può fare una donna. La donna non perde occasione per dimostrare la propria virtuosità: fa professione d'umiltà ed esprime fedele e intatto amore verso il marito.
57. farò villania: sarò scortese.
58. Lodato... aspettato: Ci mancherebbe che io non abbia qualcuno attraverso cui avvisare che non ti aspettino.
59. mandare: se mandassi.
60. di brigata: insieme.
61. poi che... piacer suo: dal momento che le faceva piacere, disponesse di lui come preferiva. Andreuccio si dispone cavallerescamente al servizio della gentildonna che crede di avere di fronte.
62. fè vista: fece finta.
63. in niuna... sofferrebbe: in nessun modo l'avrebbe permesso.
64. per ciò... forestiere: perché Napoli non era una città dove fosse consigliabile andare in giro di notte, soprattutto un forestiero.
65. e come che... somigliante: e, come aveva mandato ad avvisare (all'albergo dove era ospitato) che Andreuccio non sarebbe rientrato a cena, così aveva avvisato che Andreuccio avrebbe pernottato fuori.
66. dilettandogli... stette: trovando piacere a rimanere con lei, ingannato da una fiducia malposta, rimase, cioè accettò l'offerta di fermarsi a dormire lì.
67. non senza cagione: non senza ragione; l'astuta siciliana vuole trattenere il più possibile Andreuccio perché poi si addormenti profondamente e possa essere più agevolmente derubato.
68. nulla: qualcosa.
69. femine: serve, accompagnatrici.
70. subitamente... gamba: immediatamente si tolse il panciotto e si levò pantaloni e calze.
71. e richiedendo... ventre: cioè deve andare in bagno a fare i suoi bisogni prima di coricarsi.
72. canti: angoli.

Andreuccio dentro sicuramente passato, gli venne per ventura[73] posto il piè sopra una tavola, la quale dalla contraposta parte sconfitta dal travicello sopra il quale era; per la qual cosa capolevando questa tavola con lui insieme se n'andò quindi giuso:[74] e di tanto l'amò Idio, che niuno male si fece nella caduta, quantunque alquanto cadesse da alto, ma tutto della bruttura,[75] della quale il luogo era pieno, s'imbrattò. Il quale luogo, acciò che meglio intendiate e quello che è detto e ciò che segue, come stesse vi mostrerò. Egli era in un chiassetto stretto,[76] come spesso tra due case veggiamo: sopra due travicelli, tra l'una casa e l'altra posti, alcune tavole eran confitte[77] e il luogo da seder posto, delle quali tavole quella che con lui cadde era l'una.

Ritrovandosi adunque là giù nel chiassetto Andreuccio, dolente del caso,[78] cominciò a chiamare il fanciullo; ma il fanciullo, come sentito l'ebbe cadere, così corse a dirlo alla donna. La quale, corsa alla sua camera, prestamente cercò se i suoi panni v'erano; e trovati i panni e con essi i denari, li quali esso non fidandosi mattamente[79] sempre portava addosso, avendo quello a che ella di Palermo, sirocchia d'un perugin faccendosi, aveva teso il lacciuolo, più di lui non curandosi prestamente andò a chiuder l'uscio[80] del quale egli era uscito quando cadde.

Andreuccio, non rispondendogli il fanciullo, cominciò più forte a chiamare: ma ciò era niente.[81] Per che egli, già sospettando e tardi dello inganno cominciandosi a accorgere salito sopra un muretto che quello chiassolino dalla strada chiudea e nella via disceso, all'uscio della casa, il quale egli molto ben riconobbe, se n'andò, e quivi invano lungamente chiamò e molto il dimenò e percosse. Di che egli piagnendo, come colui che chiara vedea la sua disavventura, cominciò a dire:

– Oimè lasso,[82] in come piccol tempo ho io perduti cinquecento fiorini e una sorella! [...]

[*Andreuccio cerca invano di rientrare in casa bussando con forza all'ingresso. I rumori e il battibecco di Andreuccio con la serva che finge di non riconoscerlo svegliano i vicini; questi, dopo che Andreuccio è stato minacciato dal protettore della giovane siciliana, suggeriscono al giovane di andarsene.*]

Laonde Andreuccio, spaventato dalla voce di colui e dalla vista e sospinto da' conforti[83] di coloro li quali gli pareva che da carità mossi parlassero, doloroso quanto mai alcuno altro e de' suoi denar disperato,[84] verso quella parte onde il dì[85] aveva la fanticella seguita, senza saper dove s'andasse, prese la via per tornarsi all'albergo. E a se medesimo dispiacendo per lo puzzo che a lui di lui veniva,[86] disideroso di volgersi

73. **per ventura:** per caso. Di nuovo il caso recita il ruolo di protagonista, di motore autentico dell'azione.
74. **la quale... giuso:** la quale, schiodata dalla trave opposta sulla quale poggiava, a causa di ciò, capovolgendosi («capolevando»), cadde giù insieme a lui, cioè ad Andreuccio. Uomo e tavola di legno cadono cioè sul mucchio di escrementi collocati sotto alla latrina, in mezzo alla via. È la prima "discesa agli inferi" di Andreuccio.
75. **bruttura:** feci.
76. **Egli... stretto:** Quel luogo era collocato sopra uno stretto vicolo.
77. **confitte:** conficcate, inchiodate.
78. **dolente del caso:** dolorante per la caduta.
79. **mattamente:** scioccamente.
80. **avendo... uscio:** poiché la palermitana, che si era finta sorella di un perugino, aveva ottenuto ciò per cui aveva ordito l'inganno senza curarsi più di Andreuccio andò rapidamente a chiudere la porta.
81. **ma ciò era niente:** ma non serviva a niente.
82. **Oimè lasso:** Ahimè sventurato.
83. **conforti:** consigli.
84. **de' suoi denar disperato:** senza la speranza di recuperare i suoi denari.
85. **onde il dì:** dove durante il giorno.
86. **E a se medesimo... veniva:** E disgustando

al mare per lavarsi, si torse a man sinistra e su per una via chiamata la Ruga Catalana[87] si mise. E verso l'alto della città andando, per ventura[88] davanti si vide due che verso di lui con una lanterna in mano venieno li quali temendo non fosser della famiglia della corte[89] o altri uomini a mal far disposti, per fuggirli, in un casolare, il qual si vide vicino, pianamente ricoverò.[90] Ma costoro, quasi come[91] a quello proprio luogo inviati andassero, in quel medesimo casolare se n'entrarono; e quivi l'un di loro, scaricati certi ferramenti[92] che in collo avea, con l'altro insieme gl'incominciò a guardare, varie cose sopra quegli ragionando. E mentre parlavano, disse l'uno:

– Che vuol dir questo? Io sento il maggior puzzo che mai mi paresse sentire; – e questo detto alzata alquanto la lanterna, ebbe veduto il cattivel[93] d'Andreuccio, e stupefatti domandar: – Chi è là?

Andreuccio taceva, ma essi avvicinatiglisi con lume il domandarono che quivi così brutto[94] facesse: alli quali Andreuccio ciò che avvenuto gli era narrò interamente. Costoro, imaginando dove ciò gli potesse essere avvenuto, dissero fra sé:[95] – Veramente in casa lo scarabone Buttafuoco[96] fia stato questo. – E a lui rivolti, disse l'uno:

– Buono uomo, come che[97] tu abbi perduti i tuoi denari, tu molto a lodare Idio che quel caso ti venne che[98] tu cadesti né potesti poi in casa rientrare: per ciò che, se caduto non fossi, vivi[99] sicuro che, come prima[100] adormentato ti fossi, saresti stato amazzato e co' denari avresti la persona[101] perduta. Ma che giova oggimai[102] di piagnere? Tu ne potresti così riavere un denaio come avere delle stelle del cielo:[103] ucciso ne potrai tu bene essere, se colui sente che tu mai ne facci parola.

E detto questo, consigliatisi[104] alquanto, gli dissero:

– Vedi, a noi è presa compassion di te: e per ciò, dove tu vogli con noi essere a fare alcuna[105] cosa la quale a fare andiamo, egli ci pare esser molto certi che in parte ti toccherà il valere di troppo più che perduto non hai.[106]

Andreuccio, sì come[107] disperato, rispuose ch'era presto.[108]

Era quel dì sepellito uno arcivescovo di Napoli, chiamato messer Filippo Minutolo,[109] era stato sepellito con ricchissimi ornamenti e con uno rubino in dito il quale valeva oltre cinquecento fiorin d'oro, il quale costoro volevano andare a spogliare;[110] e così

se stesso, a causa della puzza di escrementi che emanava a lui da sé.

87. Ruga Catalana: conduceva dalla zona del porto alle parti alte della città. La via è così detta perché popolata da mercanti di origine catalana.

88. per ventura: per caso. Di nuovo è il caso a guidare la storia di Andreuccio.

89. della famiglia della corte: dei servitori del re, cioè le guardie.

90. pianamente ricoverò: in silenzio si nascose. Andreuccio sta diventando più accorto e prudente, rispetto a prima.

91. quasi come: come se.

92. ferramenti: attrezzi.

93. il cattivel: quel poveretto.

94. quivi così brutto: qui così sporco.

95. fra sé: fra di loro.

96. scarabone Buttafuoco: scarafaggio (nel senso di delinquente). Forse il Francesco Buttafuoco di cui parla un documento napoletano del 1336, stipendiato dal re Roberto d'Angiò. Il nome evoca un carattere pericoloso.

97. come che: anche se.

98. quel caso di venne che: ti è accaduto che.

99. vivi: stai.

100. come prima: non appena.

101. la persona: la vita.

102. oggimai: ormai.

103. Tu ne potresti... cielo: Tu potresti riavere indietro i soldi tanto quanto potresti avere le stelle del cielo; cioè disperarsi non serve a niente. Il denaio è la dodicesima parte di un soldo.

104. consigliatisi: consultatisi tra di loro.

105. dove... cosa: se vorrai venire con noi a fare la cosa.

106. egli ci pare... hai: siamo sicurissimi che quanto ti spetterà sarà molto di più di quanto hai perduto.

107. sì come: per come era.

108. presto: pronto.

109. Filippo Minutolo: arcivescovo napoletano realmente esistito, morto nel 1301.

110. spogliare: depredare dei paramenti preziosi.

lessico
Cùpido
Derivato dal verbo latino *cupĕre* «bramare», l'aggettivo è oggi utilizzato soprattutto nel linguaggio elevato, con il significato di «avido» o «lussurioso, concupiscente». Da "cùpido" deriva "cupidigia", che significa «smodata avidità» o «bramosia peccaminosa»; appartiene alla stessa famiglia di parole anche "cupidità" con il significato attenuato di «desiderio intenso», non necessariamente biasimevole o peccaminoso.

a Andreuccio fecer veduto.[111] Laonde[112] Andreuccio, più **cupido** che consigliato,[113] con loro si mise in via; e andando verso la chiesa maggiore,[114] e Andreuccio putendo[115] forte, disse l'uno:
– Non potremmo noi trovar modo che costui si lavasse un poco dove che sia,[116] che egli non putisse così fieramente?[117]
Disse l'altro:
– Sì, noi siam qui presso a un pozzo al quale suole sempre esser la carrucola e un gran secchione; andianne là e laverenlo spacciatamente.[118]
Giunti a questo pozzo trovarono che la fune v'era ma il secchione n'era stato levato: per che insieme diliberarono di legarlo alla fune e di collarlo[119] nel pozzo, e egli là giù si lavasse e, come lavato fosse, crollasse[120] la fune e essi il tirerebber suso; e così fecero. Avvenne che, avendol costor nel pozzo collato, alcuni della famiglia della signoria,[121] li quali e per lo caldo e perché corsi erano dietro a alcuno avendo sete, a quel pozzo venieno a bere: li quali come quegli due videro,[122] incontanente[123] cominciarono a fuggire, li famigliari che quivi venivano a bere non avendogli veduti.
Essendo già nel fondo del pozzo Andreuccio lavato, dimenò la fune. Costoro assetati, posti giù lor tavolacci[124] e loro armi e lor gonnelle,[125] cominciarono la fune a tirare credendo a quella il secchion pien d'acqua essere appicato.[126]
Come Andreuccio si vide alla sponda del pozzo vicino così, lasciata la fune, con le mani si gittò sopra quella. La qual cosa costoro vedendo, da subita paura presi, senza altro dir lasciaron la fune e cominciarono quanto più poterono a fuggire: di che Andreuccio si maravigliò forte, e se egli non si fosse bene attenuto,[127] egli sarebbe infin nel fondo caduto forse non senza suo gran danno o morte; ma pure uscitone e queste arme trovate, le quali egli sapeva che i suoi compagni non avean portate, ancora più s'incominciò a maravigliare. Ma dubitando e non sappiendo che,[128] della sua fortuna dolendosi, senza alcuna cosa toccar quindi diliberò di partirsi: e andava senza saper dove.
Così andando si venne scontrato[129] in que'due suoi compagni, li quali a trarlo del pozzo venivano; e come il videro, maravigliandosi forte, il domandarono chi del pozzo l'avesse tratto. Andreuccio rispose che non sapea, e loro ordinatamente disse come era avvenuto e quello che trovato aveva fuori del pozzo. Di che costoro, avvisatisi come[130] stato era, ridendo gli contarono perché s'eran fuggiti e chi stati eran coloro che su l'avean tirato. E senza più parole fare, essendo già mezzanotte, n'andarono alla chiesa maggiore, e in

111. **fecer veduto:** rivelarono.
112. **Laonde:** Motivo per cui.
113. **più... consigliato:** più smanioso (di recuperare il danno subìto) che accorto.
114. **chiesa maggiore:** il duomo.
115. **putendo:** puzzando.
116. **dove che sia:** da qualche parte.
117. **fieramente:** fortemente.
118. **spacciatamente:** in fretta.
119. **collarlo:** calarlo. Questa seconda discesa, dopo la caduta nel «chiassetto», anticipa la terza e definitiva: quando i ladri costringeranno Andreuccio a scendere nel sarcofago del vescovo.
120. **crollasse:** scuotesse.
121. **della famiglia della signoria:** i gendarmi.
122. **li quali... videro:** non appena i due ladri videro i gendarmi.
123. **incontanente:** immediatamente.
124. **tavolacci:** scudi di legno.
125. **gonnelle:** sopravvesti.
126. **appicato:** attaccato.
127. **attenuto:** tenuto.
128. **dubitando e non sappiendo che:** temendo, senza ben sapere cosa fare.
129. **si venne scontrato:** si imbatté casualmente. La casualità determina ancora il corso degli eventi: la sventura iniziale si sta però via via trasformando in buona sorte.
130. **avvisatisi come:** capito che cosa.

quella assai leggiermente[131] entrarono e furono all'arca,[132] la quale era di marmo e molto grande; e con lor ferro[133] il coperchio, ch'era gravissimo,[134] sollevaron tanto quanto uno uomo vi potesse entrare, e puntellaronlo. E fatto questo, cominciò l'uno a dire:

– Chi entrerà dentro?

A cui l'altro rispose:

– Non io.

– Nè io – disse colui – ma entrivi[135] Andreuccio.

– Questo non farò io – disse Andreuccio. Verso il quale ammenduni[136] costoro rivolti dissero:

– Come non v'enterrai? In fè di Dio, se tu non v'entri, noi ti darem tante[137] d'uno di questi pali di ferro sopra la testa, che noi ti farem cader morto.

Andreuccio temendo v'entrò, e entrandovi pensò seco: – Costoro mi ci fanno entrare per ingannarmi, per ciò che, come io avrò loro ogni cosa dato, mentre che io penerò a uscir dall'arca, essi se ne andranno pe' fatti loro e io rimarrò senza cosa alcuna. – E per ciò s'avisò di farsi innanzi tratto la parte sua;[138] e ricordatosi del caro[139] anello che aveva loro udito dire, come fu giù disceso così di dito il trasse all'arcivescovo e miselo a sé; e poi dato il pasturale e la mitra[140] e' guanti e spogliatolo infino alla camiscia, ogni cosa diè loro dicendo che più niente v'avea.[141]

Costoro, affermando che esser vi doveva l'anello, gli dissero che cercasse per tutto: ma esso rispondendo che non trovava e sembiante facendo[142] di cercarne, alquanto li tenne ad aspettare. Costoro che d'altra parte eran sì come lui maliziosi,[143] dicendo pur[144] che ben cercasse, preso tempo,[145] tirarono via il puntello che il coperchio dell'arca sostenea, e fuggendosi lui dentro dall'arca lasciaron racchiuso.[146]

La qual cosa sentendo Andreuccio, qual egli allor divenisse ciascun sel può pensare.[147] Egli tentò più volte e col capo e con le spalle se alzare potesse il coperchio, ma invano si faticava: per che da grave dolor vinto, venendo meno[148] cadde sopra il morto corpo dell'arcivescovo; e chi allora veduti gli avesse malagevolmente avrebbe conosciuto chi più si fosse morto, o l'arcivescovo o egli. Ma poi che in sé fu ritornato, dirottissimamente[149] cominciò a piagnere, veggendosi quivi senza dubbio all'un de' due fini[150] dover pervenire: o in quella arca, non venendovi alcuni più a aprirla, di fame e di puzzo tra' vermini del morto corpo convenirlo morire, o vegnendovi alcuni e trovandovi lui dentro, sì come ladro dovere essere appiccato.[151]

131. leggiermente: senza fare rumore. Il silenzio domina l'intera seconda parte della novella: Andreuccio si muove silenziosamente di notte per le vie di Napoli, i ladri entrano furtivamente nel duomo e Andreuccio, una volta rinchiuso nel sarcofago, resterà in perfetto silenzio per riuscire a fuggire grazie al fortunato arrivo di una seconda compagnia di ladri.

132. arca: sarcofago.

133. con lor ferro: usando uno dei loro arnesi di ferro.

134. gravissimo: pesantissimo.

135. entrivi: vi entri.

136. ammenduni: entrambi.

137. tante: sottinteso "percosse".

138. s'avisò... sua: si decise a garantirsi anzitutto la sua parte (di bottino).

139. caro: prezioso.

140. il pasturale e la mitra: sono il bastone ricurvo e il copricapo tipici dei vescovi.

141. v'avea: c'era.

142. sembiante facendo: facendo finta. Anche Andreuccio ha imparato l'arte della finzione.

143. maliziosi: sospettosi, verso Andreuccio.

144. dicendo pur: continuando a dire.

145. preso tempo: approfittando del momento adatto.

146. racchiuso: rinchiuso.

147. sel può pensare: se lo può immaginare.

148. da grave... meno: sviene per la fatica.

149. dirottissimamente: a dirotto.

150. all'un de' due fini: a uno dei due destini.

151. appiccato: impiccato.

E in così fatti pensieri e doloroso molto stando, sentì per la chiesa andar genti e parlar molte persone, le quali sì come gli avvisava,[152] quello andavano a fare che esso co' suoi compagni avean già fatto:[153] di che[154] la paura gli crebbe forte. Ma poi che costoro ebbero l'arca aperta e puntellata, in quistion caddero[155] chi vi dovesse entrare, e niuno il voleva fare; pur dopo lunga tencione[156] un prete disse:

– Che paura avete voi? Credete voi che egli vi manuchi?[157] Li morti non mangian uomini: io v'entrerò dentro io.

E così detto, posto il petto sopra l'orlo dell'arca, volse il capo in fuori e dentro mandò le gambe per doversi giuso calare.

Andreuccio, questo vedendo, in piè levatosi prese il prete per l'una delle gambe e fè sembiante di volerlo giù tirare. La qual cosa sentendo il prete mise uno strido grandissimo e presto dell'arca si gittò fuori; della qual cosa tutti gli altri spaventati, lasciata l'arca aperta, non altramente a fuggir cominciarono che se da centomilia diavoli fosser perseguitati.[158]

La qual cosa veggendo Andreuccio, lieto oltre a quello che sperava, subito si gittò fuori e per quella via onde era venuto se ne uscì dalla chiesa; e già avvicinandosi al giorno, con quello anello in dito andando all'avventura,[159] pervenne alla marina e quindi al suo albergo si abbattè;[160] dove li suoi compagni e l'albergatore trovò tutta la notte stati in sollecitudine de' fatti suoi.[161] A' quali ciò che avvenuto gli era raccontato, parve per lo consiglio dell'oste loro che costui incontanente[162] si dovesse di Napoli partire; la qual cosa egli fece prestamente e a Perugia tornossi,[163] avendo il suo investito in uno anello, dove per comperare cavalli era andato.

152. gli avvisava: gli sembrava.
153. quello... fatto: cioè anche loro vogliono spogliare il cadavere del vescovo.
154. di che: per cui.
155. in quistion caddero: cominciarono a litigare.
156. tencione: discussione.
157. manuchi: mangi.
158. perseguitati: inseguiti.
159. all'avventura: a caso. Ultimo, decisivo intervento del caso.
160. abbatté: imbatté.
161. in sollecitudine de' fatti suoi: in ansia per quello che poteva essergli capitato.
162. incontanente: immediatamente.
163. tornossi: se ne tornò.

Analisi del testo

Struttura

Il «meraviglioso della realtà» La storia di Andreuccio è calata in un contesto molto realistico: la toponomastica della città è richiamata fedelmente (Ruga Catalana, Malpertugio ecc.) e appare plausibile la circostanza di un mercante di cavalli in trasferta a Napoli, visto che nella città partenopea ne esisteva un fiorente commercio. Tuttavia le disavventure di Andreuccio ricalcano anche gli stereotipi e le situazioni tipiche di una fiaba: a tal proposito il critico Mario Baratto ha coniato la formula «meraviglioso della realtà». Sono un esempio di questa commistione tra realismo e ritmo fiabesco i ripetuti movimenti di discesa e di risalita di Andreuccio: cade nel «chiassetto» e cerca di risalire in casa; scende nel pozzo e torna in superficie; si cala nel sarcofago e infine ne riemerge. A questi tre momenti corrispondono le tre macrosequenze in cui si divide la vicenda:

- l'inganno della siciliana, fino alla caduta in strada (rr. 11-144);
- l'incontro con i ladri e l'episodio del pozzo (rr. 155-209);
- il furto dell'anello del vescovo e la fuga (rr. 215-268).

Del resto anche l'elemento dell'anello prezioso come premio e simbolo della maturità raggiunta è presente in molte fiabe: la circolarità della trama (il protagonista parte da Perugia e lì torna), infatti, sottolinea un'evoluzione del protagonista, che ha sicuramente appreso da quanto gli è accaduto alcuni insegnamenti importanti.

Lingua e stile

Le parole ingannevoli Il ritmo della narrazione, in questa novella, è particolarmente sostenuto: dopo un breve preambolo, le vicende precipitano rapidamente, travolgendo il malcapitato protagonista. Le sue disavventure sono determinate dagli inganni orditi ai suoi danni da una serie di antagonisti. Il giovane perugino, in particolare, si lascia abbindolare dalle loro parole, che non sono strumenti di rivelazione della verità ma che, al contrario, la nascondono: con la sua parlantina la prostituta riesce a spacciarsi per ciò che non è, cioè una nobildonna; i ladri lasciano credere ad Andreuccio di volerlo aiutare. Se ser Ciappelletto non aveva avuto remore a dissacrare il lessico religioso, la giovane siciliana non esita a fare la parodia del linguaggio cortese, da nobildonna, che prelude al brusco risveglio di Andreuccio nella realtà, quando cade dall'atmosfera sognante e rarefatta della camera nel «chiassetto», dove è risvegliato dallo sgradevole odore della realtà. L'ironia boccacciana si presta qui a sottolineare il più crudo realismo.

Temi

Sfruttare la paura La vicenda si consuma praticamente nell'arco di una notte. La città che fa da sfondo alla vicenda è una Napoli labirintica, pericolosa (che Boccaccio conosce bene), dove Andreuccio si perde e rischia ripetutamente di trovare la morte, salvo riemergerne vincitore. La narrazione adotta il punto di vista di Andreuccio, che non sa come si evolverà la situazione, creando in questo modo maggiore *suspense*. Il protagonista sperimenta ripetutamente la paura. La paura, come l'amore, è un sentimento universale, una delle "forze della natura" con la quale gli uomini devono fare i conti. Ma può essere anche volta a proprio vantaggio dall'ingegno umano, come tutte le circostanze del caso: il protettore della siciliana con la paura domina il prossimo; Andreuccio suscitando ad arte paura nel ladro che si stava calando nell'«arca» riesce infine a liberarsi.

Una lettura simbolica Nelle fiabe che richiamano gli antichi riti d'iniziazione, che segnavano il passaggio all'età adulta, la situazione della caduta e della redenzione è piuttosto frequente: il giovane si cala nel buio, si degrada a livello infimo (Andreuccio cade negli escrementi), prova il suo coraggio, riemerge vincitore, purificato, e diviene uomo. Se lo sterco rappresenta la forma più elementare e brutale della condizione di Andreuccio, la sua totale inconsapevolezza, e l'acqua del pozzo simboleggia la sua purificazione, la riemersione dalla tomba rende evidente la nascita di un uomo nuovo, temprato e maturato dalle avversità. Non bisogna dimenticare che nel Medioevo il rituale battesimale dell'immersione del neonato nell'acqua a testa in giù voleva rendere evidente la morte dell'uomo vecchio (quello ancora compromesso dal peccato di Adamo ed Eva) e la nascita di quello nuovo (quello liberato dal peccato). La novella di Andreuccio sembra dunque trasporre questa simbologia su un piano terreno, legato all'esperienza del mondo maturata dal protagonista.

Un'avventura di formazione Questa novella, dunque, è anche un piccolo romanzo di formazione: siccome Andreuccio non è Calandrino (lo sciocco per natura, dunque irrecuperabile; ➤ **T12**), ma il suo peccato è l'ingenuità («essendo mai più fuori di casa stato»; «rozzo e poco cauto»), egli può crescere e migliorare. Impara dai propri errori e diviene, via via, più scaltro. Inizialmente la siciliana riesce senza problemi a raggirarlo, quando invece i ladri cercano nuovamente di farlo Andreuccio non si lascia più ingannare: ha imparato la lezione.

La forza dell'ingegno I reali rapporti di forza sono stabiliti proprio dall'astuzia, al servizio dell'utile personale. Nella novella, infatti, la morale è spregiudicatamente laica, mercantile: non trionfa l'onestà ma la scaltrezza, ognuno bada al proprio esclusivo interesse. Andreuccio si arricchisce derubando i ladri, intascando l'anello depredato da un cadavere. Ma l'astuzia genera anche e ribalta le gerarchie sociali: è la donna a gabbare l'uomo, la prostituta a ingannare il borghese. È la siciliana, infatti, a manipolare Andreuccio facendo astutamente leva sui suoi affetti, suscitando in lui l'amore fraterno, l'orgoglio da borghese che si scopre imparentato con una nobildonna («a me che un picciolo mercatante sono»). La sola virtù è la furbizia, il solo vizio l'ingenuità, qui determinata non dal candore, come per il santo frate di ser Ciappelletto (➤ **T4**), ma dall'inesperienza e dall'avventatezza.

Officina

COMPRENDERE

1. All'inizio della novella, qual è il primo gesto compiuto da Andreuccio che rivela la sua ingenuità?
2. Rileggi con attenzione le righe 40-85 e poi spiega con quali argomentazioni la donna siciliana riesce a convincere Andreuccio di essere sua sorella.
3. Perché Andreuccio, una volta obbligato a entrare nel sarcofago in cui è sepolto l'arcivescovo, non consegna l'anello ai ladri?
4. Quali pensieri e sentimenti prova Andreuccio nel momento in cui si trova chiuso nell'arca con il cadavere dell'arcivescovo?

ANALIZZARE

5. **Lingua e stile** Alcuni critici hanno ravvisato in questa novella diversi richiami ed elementi della narrazione fiabesca. Associa in maniera opportuna ciascun evento della novella alle funzioni della fiaba individuate da Propp, elencate qui sotto in ordine sparso.

   adempimento • *tranello* • *partenza* • *danneggiamento* • *lieto fine* • *compito difficile*

   a. Andreuccio lascia Perugia e va a Napoli per fare commercio di cavalli.
   b. La giovane siciliana inganna Andreuccio convincendolo di essere sua sorella.
   c. Andreuccio cade nel chiassetto e viene derubato dei suoi soldi dalla finta sorella.
   d. Andreuccio viene obbligato dai ladri a entrare nell'arca per derubare il cadavere dell'arcivescovo.
   e. Andreuccio, dopo aver spaventato e messo in fuga un altro gruppo di ladri che si è recato al sarcofago in cui è rinchiuso, riesce a uscire dall'arca con il prezioso rubino sfilato all'arcivescovo.
   f. Andreuccio ritorna a Perugia con un bottino che lo risarcisce della perdita dei soldi che gli sono stati sottratti.
6. Scrivi un breve ritratto fisico e morale della giovane siciliana, scegliendo gli aggettivi che le si addicono fra quelli elencati di seguito in ordine sparso.

   a. accogliente; **b.** maleducata; **c.** scaltra; **d.** astuta; **e.** ingenua; **f.** elegante; **g.** brutta; **h.** violenta; **i.** bugiarda; **l.** sincera.

INTERPRETARE

7. La novella è stata interpretata da diversi critici come una sorta di romanzo di formazione: quali sono le tappe della formazione di Andreuccio che lo portano da una situazione iniziale di ingenuità e presunzione a una condizione di scaltrezza alla fine della vicenda? Giustifica e supporta le tue argomentazioni con precisi e puntuali riferimenti al testo.
8. In che modo si manifesta l'ingegno in questa novella? Attraverso le azioni o l'uso intelligente della parola o in entrambi i modi? Giustifica e supporta le tue argomentazioni al riguardo con precisi riferimenti al testo, specificando, in particolare, quali personaggi manifestano il loro ingegno prevalentemente con le azioni e quali invece con un uso spregiudicato della parola.
9. Quale spazio occupano e quale ruolo svolgono nella novella l'ingegno e la fortuna? Quale delle due forze è prevalente nel determinare il destino di Andreuccio? Giustifica la tua risposta e le tue argomentazioni con precisi e puntuali riferimenti al testo.

COMPETENZE DEL XXI SECOLO

Comunicazione e collaborazione Nel 1971 il regista e intellettuale italiano **Pier Paolo Pasolini** ha diretto una trasposizione cinematografica di alcune novelle del ***Decameron***: la novella che apre il film è proprio quella di Andreuccio da Perugia. Dopo averla vista (potete trovare facilmente il film su Youtube), dividetevi a coppie o a gruppi e scrivete un testo multimediale in cui mettete in evidenza somiglianze e differenze fra il testo della novella di Boccaccio e la trasposizione cinematografica di Pasolini. Il testo multimediale dovrà avere le seguenti caratteristiche:

- la presentazione non dovrà contenere più di 10 slide;
- la prima sarà una slide introduttiva con il nome e il cognome degli studenti che hanno realizzato il lavoro, la classe e la scuola di appartenenza, il titolo, una o due immagini (dipinti, fotografie…) significative riferite all'argomento trattato;
- le altre slide saranno dedicate al confronto fra il testo e la pellicola.

Cercate di presentare le informazioni in maniera sintetica, unendo brevi testi, schemi, mappe, immagini e/o brevi video.
Al termine del lavoro, preparate un'esposizione orale della durata massima di dieci minuti.

TEMI E GENERI

Il concetto di Fortuna nel Medioevo

La Fortuna nel mondo antico

Nel mondo greco la Fortuna (*Tyche*, personificata nella omonima divinità) rappresenta un destino cieco e indifferente, che vanifica la libertà d'azione degli uomini e li assoggetta al proprio arbitrio con effetti di rovesciamento imprevedibili e paradossali. Il mondo romano tende ad accentuare la connotazione negativa della Fortuna: una forza instabile e dannosa, onnipotente e ingiusta, nemica della virtù, sempre pronta a ostacolare le iniziative degli uomini. Le sue immagini ricorrenti sul piano iconografico sono quelle di una donna associata a una cornucopia (simbolo di abbondanza), a un timone o a una vela (con rimando ai cambi continui di direzione), dotata di ali oppure bendata, in equilibrio precario su una sfera (simbolo di massima instabilità, in opposizione al cubo, su cui è invece rappresentata la Virtù) o intenta ad azionare una ruota.

La Fortuna nel cristianesimo

Quest'ultima immagine avrà in seguito una larghissima diffusione. Il concetto viene quindi adattato alla visione cristiana, che da san'Agostino a san Tommaso d'Aquino concepisce la Fortuna come uno strumento della Provvidenza, delegata a gestire la distribuzione dei beni terreni secondo piani divini imperscrutabili. Tale concezione è sviluppata soprattutto nella *Consolazione della Filosofia* di Severino Boezio (composta in carcere prima della morte, avvenuta nel 525). Qui la Fortuna viene presentata come un «mostro» che inganna e illude («Questa è la forza e potenza nostra. Questo è il giuoco che sempre giochiamo: io giro una ruota, che si volge quasi da sé a sé: il piacere nostro è inchinare l'altezze, e le cose basse innalzare», libro II, prosa II), ma che in ogni caso rimane sotto il controllo della Provvidenza divina. Soprattutto la sorte avversa, come Filosofia sostiene nel dialogo di Boezio, può agire sugli uomini come un farmaco e può quindi fornire loro occasione di riscatto e consolazione, portandoli a riconoscere la propria condizione di fragilità e ad accettarla con fermezza, e a distaccarsi dagli interessi materiali (ricchezza, potere, gloria, onore, piaceri) per inseguire la vera felicità in Dio, sommo bene e fine ultimo di tutte le cose.

Petrarca e Boccaccio

Sulla scia di Boezio, Petrarca scrive il *De remediis utriusque Fortunae* (1354-66), una sorta di manuale a difesa dalle minacce e dalle false attrattive della buona e della cattiva sorte. Dante nella *Commedia* eleva invece la Fortuna al rango di una intelligenza celeste, un ministro di Dio al pari degli angeli, preposta a ridistribuire continuamente i beni terreni in base a fini inaccessibili all'intelletto degli uomini, che infatti spesso la denigrano; essa però «s'è beata e ciò non ode: / con l'altre prime creature lieta / volve sua spera e beata si gode» (*Inferno* VII, 94-96).

Una svolta decisiva si ha con Boccaccio, che riporta il concetto di Fortuna sul piano laico, attenuandone sia la funzione oppositiva sia quella provvidenziale. Essa non è più un nemico invincibile per gli uomini, i quali, come in tante occasioni descritte nelle novelle del *Decameron*, possono affrontarla e vincerla con la propria intelligenza e le proprie capacità. La strada è ormai aperta verso la nuova concezione umanistico-rinascimentale, secondo cui la Fortuna «tiene gioco [...] solo a chi se gli sottomette» (L.B. Alberti, *Libri della famiglia*, *Prologo*, 4).

La Ruota della Fortuna in una miniatura del *Codex Latinus Monacensis* o *Codex Buranus* (XIII secolo). Monaco di Baviera, Biblioteca Nazionale.
Il codice contiene i *Carmina Burana*, testi poetici goliardici del XIII secolo.

T7 Introduzione alla quarta giornata

Decameron IV, *Introduzione*

Le introduzioni alle singole giornate, solitamente, descrivono gli svaghi dei giovani quando non sono impegnati nella narrazione dei racconti. L'introduzione alla quarta giornata, invece, contiene una chiara infrazione della struttura a cornici del *Decameron*. Boccaccio, infatti, torna al tema della cornice esterna, cioè alla giustificazione delle sue scelte letterarie, in particolare del contenuto amoroso di molte sue novelle. Per meglio difendersi dalle accuse dei detrattori «invidiosi», che rimproverano la frivolezza della sua letteratura, l'autore racconta una novella: l'unica storia, insieme a quella di cornice, che non viene narrata da un membro della brigata. Si tratta della cosiddetta "novella delle papere", che porta il numero complessivo delle novelle del *Decameron* a centouno.

Incomincia la quarta giornata nella quale, sotto il reggimento[1] di Filostrato, si ragiona di coloro li cui amori ebbero infelice fine.

Carissime donne, sì per[2] le parole de' savi uomini udite e sì per[2] le cose da me molte volte e vedute e lette, estimava[3] io che lo 'mpetuoso vento e ardente della **invidia** non dovesse percuotere se non l'alte torri o le più levate cime degli alberi; ma io mi truovo dalla mia estimazione ingannato. Per ciò che,[4] fuggendo io e sempre essendomi di fuggire ingegnato il fiero impeto di questo rabbioso spirito,[5] non solamente pe' piani,[6] ma ancora per le profondissime valli tacito e nascoso mi sono ingegnato d'andare. Il che assai manifesto può apparire a chi le presenti novellette riguarda, le quali, non solamente in fiorentin volgare e in prosa scritte per me[7] sono e senza titolo, ma ancora in istilo umilissimo e rimesso quanto il più possono.[8] Né per tutto ciò l'essere da cotal vento fieramente scrollato, anzi presso che diradicato e tutto da' morsi della invidia esser lacerato, non ho potuto cessare.[9] Per che assai manifestamente posso comprendere quel lo esser vero[10] che sogliono i savi dire, che sola la miseria è senza invidia nelle cose presenti.

Sono adunque, discrete[11] donne, stati alcuni che, queste novellette leggendo, hanno detto che voi mi piacete troppo e che onesta cosa non è che io tanto diletto prenda di piacervi e di consolarvi,[12] e alcuni han detto peggio, di commendarvi,[13] come io fo.

lessico

Invidia

Viene dal sostantivo latino *invidĭa*, derivato del verbo *invidēre*, da *vidēre*, «vedere», preceduto dal prefisso *in-*. Propriamente significava «gettare il malocchio», «guardare con occhio malevolo», poi passato a indicare l'"invidia", lo stato d'animo malevolo e molto ostile tipicamente provocato dalla constatazione del benessere e del successo altrui. Dal verbo latino *invidēre*, «invidiare», deriva anche "inviso", parola elevata per dire «malvisto, antipatico».

1. **il reggimento:** la signoria; cioè Filostrato è il re del giorno.
2. **sì per:** sia per.
3. **estimava:** ritenevo.
4. **Per ciò che:** Dal momento che.
5. **spirito:** vento, cioè l'invidia.
6. **pe' piani:** per le pianure. Fuor di metafora, Boccaccio afferma di essersi finora dedicato a una letteratura umile, lontana dalle "alte vette" della letteratura sublime, e dunque di essersi sempre ritenuto immune dalle critiche pretestuose, che dovrebbero rivolgersi a un oggetto artistico degno di maggiore considerazione (e di più comprensibile invidia). Indirettamente Boccaccio sta allora rivendicando il valore della sua arte: ora l'autore finge di scoprire con stupore che essa è tanto raffinata da suscitare invidia.
7. **per me:** da me.
8. **in istilo... possono:** nello stile il più possibile umile e dimesso. È lo stile umile che si addice a materie volgari, come per esempio l'amore.
9. **l'essere... cessare:** non ho potuto evitare che fosse da questo vento violentemente scosso, anzi quasi sradicato e tutto lacerato dai morsi dell'invidia.
10. **quel lo esser vero:** la verità di ciò.
11. **discrete:** gentili.
12. **mi piacete... consolarvi:** mostro troppa attenzione nei vostri confronti e che non è dignitoso che io mi compiaccia di divertirvi e di consolarvi.
13. **commendarvi:** elogiarvi, apprezzarvi.

Altri, più maturamente mostrando di voler dire, hanno detto che alla mia età non sta bene l'andare omai dietro a queste cose, cioè a ragionar di donne o a compiacer loro. E molti, molto teneri della[14] mia fama mostrandosi, dicono che io farei più saviamente a starmi con le Muse in Parnaso[15] che con queste ciance mescolarmi tra voi.[16] E son di quegli ancora che, più dispettosamente che saviamente parlando, hanno detto che io farei più discretamente a pensare dond'io dovessi aver del pane che dietro a queste frasche andarmi pascendo di vento.[17] E certi altri in altra guisa essere state le cose da me raccontate che come io le vi porgo, s'ingegnano, in detrimento della mia fatica, di dimostrare.[18] [...]

[*Boccaccio sostiene con mitezza le critiche, anche se feroci. Tuttavia è intenzionato a rispondere ai suoi detrattori per evitare che questi si moltiplichino di numero prima che egli giunga alla fine della sua opera.*]

Ma avanti[19] che io venga a far la risposta ad alcuno, mi piace in favor di me raccontare non una novella intera (acciò che non paia che io voglia le mie novelle con quelle di così laudevole compagnia, qual fu quella che dimostrata[20] v'ho, mescolare), ma parte d'una, acciò che il suo difetto stesso sé mostri non esser di quelle; e a' miei assalitori favellando,[21] dico che nella nostra città, già è buon tempo passato, fu un cittadino, il qual fu nominato Filippo Balducci,[22] uomo di condizione assai leggiere,[23] ma ricco e bene inviato[24] ed esperto nelle cose quanto lo stato suo richiedea; e aveva una sua donna moglie, la quale egli sommamente amava, ed ella lui, e insieme in riposata[25] vita si stavano, a niun'altra cosa tanto studio[26] ponendo quanto in piacere interamente l'uno all'altro. Ora avvenne, sì come di tutti avviene, che la buona donna passò di questa vita, né altro di sé a Filippo lasciò che un solo figliuolo di lui conceputo, il quale forse d'età di due anni era.

Costui per la morte della sua donna tanto sconsolato rimase, quanto mai alcuno altro amata cosa perdendo rimanesse.[27] E veggendosi di quella compagnia la quale egli più amava rimaso solo, del tutto si dispose[28] di non volere più essere al mondo, ma di darsi al servigio di Dio, e il simigliante[29] fare del suo piccol figliuolo. Per che, data ogni sua cosa per Dio,[30] senza indugio se n'andò sopra Monte Asinaio,[31] e quivi in una piccola celletta si mise col suo figliuolo, col quale di limosine[32] in digiuni e in orazioni vivendo, sommamente si guardava di non ragionare là dove egli fosse d'alcuna

14. teneri della: sensibili alla. Il tono è ironico.
15. con le Muse in Parnaso: cioè a coltivare un'arte più seria e sublime. Le Muse secondo la mitologia classica vivono sul monte Parnaso, sopra la città di Delfi.
16. con queste... voi: con queste chiacchiere rivolgermi a voi, cioè alle donne.
17. farei... vento: farei meglio a cercare come procurarmi il pane piuttosto che a nutrirmi di niente («vento») dietro a queste sciocchezze («frasche»).
18. altri... dimostrare: altri si sforzano di dimostrare che le cose da me raccontate sono andate diversamente da come ve le ho narrate, a biasimo della mia fatica. La critica, in questo caso, riguarda la veridicità di alcune storie riportate da Boccaccio.
19. avanti: prima.
20. dimostrata: illustrata.
21. favellando: parlando.
22. Filippo Balducci: i Balducci erano una famiglia borghese fiorentina, socia della banca dei Bardi.
23. di condizione assai leggiere: di estrazione non nobile.
24. inviato: avviato. È la figura, consueta nella Firenze del tempo, di un borghese agiato.
25. riposata: serena.
26. studio: cura.
27. rimanesse: fosse rimasto (sconsolato).
28. si dispose: si convinse.
29. il simigliante: la stessa cosa.
30. per Dio: in beneficenza.
31. Monte Asinaio: nei pressi del convento fondato nel 1233 dai Serviti sul monte Senario, nel Mugello, esistevano alcune celle di eremiti.
32. limosine: elemosine.

temporal cosa[33] né di lasciarnegli alcuna vedere, acciò che esse da così fatto servigio nol traessero,[34] ma sempre della gloria di vita etterna e di Dio e de' santi gli ragionava, nulla altro che sante orazioni insegnandoli; e in questa vita molti anni il tenne, mai della cella non lasciandolo uscire, né alcuna altra cosa che sé dimostrandogli.[35]

Era usato[36] il valente uomo di venire alcuna volta a Firenze, e quivi secondo le sue opportunità[37] dagli amici di Dio sovvenuto,[38] alla sua cella tornava.

Ora avvenne che, essendo già il garzone[39] d'età di diciotto anni e Filippo vecchio, un dì il domandò ov'egli andava. Filippo gliele disse. Al quale il garzon disse:

– Padre mio, voi siete oggimai vecchio e potete male durare[40] fatica; perché non mi menate[41] voi una volta a Firenze, acciò che, faccendomi cognoscere gli amici e divoti di Dio e vostri, io che son giovane e posso meglio faticar di voi, possa poscia[42] pe' nostri bisogni a Firenze andare quando vi piacerà, e voi rimanervi qui?

Il valente uomo, pensando che già questo suo figliuolo era grande, ed era sì abituato al servigio di Dio che malagevolmente[43] le cose del mondo a sé il dovrebbono omai poter trarre, seco[44] stesso disse: – Costui dice bene –. Per che, avendovi ad andare, seco il menò.

Quivi il giovane veggendo i palagi, le case, le chiese e tutte l'altre cose delle quali tutta la città piena si vede, sì come colui che mai più per ricordanza vedute non n'avea, si cominciò forte a maravigliare,[45] e di molte[46] domandava il padre che fossero e come si chiamassero.

Il padre gliele diceva; ed egli, avendolo udito, rimaneva contento e domandava d'una altra. E così domandando il figliuolo e il padre rispondendo, per avventura si scontrarono in una brigata di belle giovani donne e ornate,[47] che da un paio di nozze venieno;[48] le quali come il giovane vide, così domandò il padre che cosa quelle fossero.

A cui il padre disse:

– Figliuol mio, bassa gli occhi in terra, non le guatare,[49] ch'elle son mala cosa.

Disse allora il figliuolo:

– O come si chiamano?

Il padre, per non destare nel concupiscibile appetito[50] del giovane alcuno inchinevole disiderio[51] men che utile, non le volle nominare per lo proprio nome, cioè femine, ma disse:

– Elle si chiamano papere.

Maravigliosa cosa a udire! Colui che mai più alcuna[52] veduta non n'avea, non curatosi de' palagi, non del bue, non del cavallo, non dell'asino, non de' danari né d'altra cosa che veduta avesse, subitamente disse:

33. **si guardava... cosa:** evitava di parlare delle cose di questo mondo.
34. **da così... traessero:** non lo distogliessero da quella vita al servizio di Dio.
35. **dimostrandogli:** mostrandogli.
36. **usato:** solito.
37. **opportunità:** necessità.
38. **sovvenuto:** sostenuto, con donazioni.
39. **garzone:** ragazzo, cioè il figlio.
40. **durare:** sopportare.
41. **menate:** conducete.
42. **poscia:** successivamente.
43. **malagevolmente:** difficilmente.
44. **seco:** tra sé.
45. **come colui... maravigliare:** come chi non ricordasse di averne mai viste, cominciò a meravigliarsi fortemente.
46. **di molte:** più volte.
47. **ornate:** adornate, eleganti.
48. **paio di nozze:** l'espressione, pleonastica, indica una festa nuziale.
49. **guatare:** guardare.
50. **concupiscibile appetito:** attrazione istintiva al piacere, desiderio.
51. **inchinevole disiderio:** inclinazione.
52. **mai più alcuna:** mai nessuna.

– Padre mio, io vi priego che voi facciate che io abbia una di quelle papere.

– Ohimè, figliuol mio, – disse il padre – taci: elle son mala cosa.

A cui il giovane domandando disse:

– O son così fatte le male cose?

– Sì – disse il padre.

Ed egli allora disse:

– Io non so che voi vi dite, né perché queste siano mala cosa; quanto è a me, non m'è ancora paruta[53] vedere alcuna così bella né così piacevole, come queste sono. Elle son più belle che gli agnoli dipinti che voi m'avete più volte mostrati. Deh! se vi cal[54] di me, fate che noi ce ne meniamo una colà su di queste papere, e io le darò beccare.[55]

Disse il padre:

– Io non voglio; tu non sai donde[56] elle s'imbeccano –; e sentì incontanente[57] più aver di forza la natura che il suo ingegno; e pentessi[58] d'averlo menato a Firenze.

Ma avere infino a qui detto della presente novella voglio che mi basti, e a coloro rivolgermi alli quali l'ho raccontata.

Dicono adunque alquanti de' miei riprensori[59] che io fo male, o giovani donne, troppo ingegnandomi di piacervi, e che voi troppo piacete a me. Le quali cose io apertissimamente confesso, cioè che voi mi piacete e che io m'ingegno di piacere a voi; e domandogli se di questo essi si maravigliano, riguardando,[60] lasciamo stare l'aver conosciuti gli amorosi baciari e i piacevoli abbracciari[61] e i congiugnimenti dilettevoli[62] che di voi, dolcissime donne, sovente si prendono; ma solamente ad aver veduto e veder continuamente gli ornati costumi e la vaga bellezza e l'ornata leggiadria e oltre a ciò la vostra donnesca onestà,[63] quando colui che nutrito, allevato, accresciuto sopra un monte salvatico e solitario, infra li termini[64] di una piccola cella, senza altra compagnia che del padre, come vi vide, sole da lui disiderate foste, sole addomandate,[65] sole con l'affezion[66] seguitate.

Riprenderannomi, morderannomi, lacerrannomi[67] costoro se io, il corpo del quale il ciel produsse tutto atto ad amarvi, e io dalla mia puerizia l'anima vi disposi sentendo la virtù[68] della luce degli occhi vostri, la soavità delle parole melliflue[69] e la fiamma accesa da' pietosi sospiri, se voi mi piacete o se io di piacervi m'ingegno, e spezialmente guardando che voi prima che altro piaceste ad un romitello,[70] ad un giovinetto senza sentimento, anzi ad uno animal salvatico? Per certo chi non v'ama, e da voi non disidera d'essere amato, sì come persona che i piaceri né la virtù della naturale affezione[71] né sente né conosce, così mi ripiglia,[72] e io poco me ne curo. [...]

53. paruta: capitato.
54. vi cal: vi preme.
55. le darò beccare: darò loro di che beccare. Allusioni alla pratica sessuale.
56. donde: da dove.
57. incontanente: immediatamente.
58. pentessi: si pentì.
59. riprensori: accusatori. I «riprensori» di Boccaccio sono implicitamente associati all'ingenuo padre, a chi crede di poter negare la realtà delle forze naturali.
60. riguardando: considerando.
61. baciari... abbracciari: baci, abbracci.
62. congiugnimenti dilettevoli: unioni piacevoli, con riferimento all'atto sessuale.
63. donnesca onestà: femminile compostezza, decoro.
64. li termini: i confini.
65. addomandate: bramate.
66. affezion: desiderio. L'anafora di «sole... sole... sole» ritma questo inno alle donne.
67. Riprenderannomi, morderannomi, lacerrannomi: Forse che mi biasimeranno, aggrediranno, feriranno.
68. vi disposi... virtù: rivolsi a voi sentendo la forza.
69. melliflue: dolci come il miele. Boccaccio sta attingendo alla tropologia dell'amor cortese per esprimere il suo entusiasmo verso le bellezze femminili.
70. romitello: giovane eremita.
71. la virtù... affezione: la forza dell'istinto naturale.
72. ripiglia: riprende.

[Non è indecoroso che un uomo maturo si interessi di questioni d'amore (gli esempi di Cavalcanti e Dante dovrebbero bastare). Inoltre, chi conosce la bellezza e il valore delle donne non può ritenere indegna un'arte ispirata da cotali "muse". Quanto all'invito a guadagnarsi altrimenti il pane, Boccaccio liquida l'esortazione con la constatazione che non ha bisogno di mendicare il pane di nessuno. Quanto all'affermazione che le storie da lui raccontate sono in realtà andate diversamente, Boccaccio risponde provocatoriamente di attendere le prove di queste affermazioni e che, nel frattempo, proseguirà il suo racconto.]

E se mai con tutta la mia forza a dovervi in cosa alcuna compiacere mi disposi, ora più che mai mi vi disporrò; per ciò che io conosco che altra cosa dir non potrà alcuno con ragione, se non che gli altri e io, che vi amiamo, naturalmente[73] operiamo. Alle cui leggi, cioè della natura, voler contrastare, troppe gran forze bisognano, e spesse volte non solamente in vano ma con grandissimo danno del faticante s'adoperano. Le quali forze io confesso che io non l'ho né d'averle disidero in questo; e se io l'avessi, più tosto ad altrui le presterrei che io per me l'adoperassi. Per che tacciansi i morditori,[74] e se essi riscaldar non si possono, assiderati si vivano,[75] e n'e' lori diletti, anzi appetiti[76] corrotti standosi, me nel mio, questa brieve vita che posta[77] ne', lascino stare. Ma da ritornare è, per ciò che assai vagati[78] siamo, o belle donne, là onde ci dipartimmo, e l'ordine cominciato seguire.

73. naturalmente: ragionevolmente, assecondando le leggi della natura.
74. morditori: critici feroci.
75. assiderati si vivano: vivano nel loro gelo.
76. appetiti: desideri.
77. posta: donataci.
78. vagati: divagati. L'introduzione alla IV giornata si è infatti discostata dalla narrazione degli svaghi della «lieta brigata» dei giovani.

Analisi del testo

Struttura

Una risposta alle critiche In questa Introduzione eccezionalmente lunga, Boccaccio si rivolge alle «carissime donne» e quasi si scusa per dover difendere le proprie scelte letterarie; poi elenca le critiche mossegli da alcuni aggressivi detrattori, che l'autore ritiene mossi da invidia:

- Boccaccio è stato biasimato per l'eccessiva attenzione che riserva alle donne (poco dignitosa per la sua età), alle quali rivolge una letteratura a prevalente tema amoroso (rr. 16-21);
- è stato invitato a coltivare un'arte più impegnata e sublime (rr. 21-22);
- gli è stato consigliato di pensare a come procurarsi il pane invece di coltivare astratte favole (righe 23-25);
- è stata messa in discussione la veridicità di alcune sue storie (rr. 25-27).

A queste critiche Boccaccio ribatte punto per punto alla fine dell'Introduzione (non riportata). Tuttavia la prima risposta ai suoi detrattori è affidata proprio a una novella (rr. 31-99), con la quale Boccaccio vuole dimostrare che il tema dell'amore non può essere trascurato da una letteratura che intenda essere realistica, poiché l'amore è una forza profondamente intrinseca alla natura dell'uomo.

Lingua e stile

Boccaccio soldato d'amore Secondo Boccaccio, la critica di fondo che gli è stata mossa è di aver composto «ciance», «frasche» (r. 22 e r. 25): il lessico colorito e popolaresco a cui ricorre qui l'autore tradisce il fastidio (e forse l'offesa) per le accuse ricevute. Egli reagisce con vigore, ritenendo le obiezioni mosse solo da invidia per la sua arte («sola la miseria è senza invidia nelle cose presenti»), e dà battaglia a coloro da cui si è sentito "ripreso, morso, lacerato". Boccaccio attinge proprio al vocabolario cortese per elogiare la grazia dell'amore, «la virtù della luce degli occhi vostri, la soavità delle parole melliflue e la fiamma accesa da' pietosi sospiri» (rr. 112-113). Con le stesse ragioni egli condanna l'insensibilità dei suoi detrattori, che se «riscaldar non si possono, assiderati si vivano».

Temi

La natura vince l'ingegno Nella "novella delle papere", quando il padre del giovane si rende conto che è impossibile negare l'esistenza dell'istinto amoroso in quanto intrinseco alla natura dell'essere umano, l'autore esclama: «sentì incontanente più aver di forza la natura che il suo ingegno» (rr. 96-97). Chi ha conosciuto l'amore delle donne, ma anche chi ne ha semplicemente contemplato la bellezza, non può non riconoscere la forza della naturale «affezione» verso di loro. Boccaccio sottolinea, in particolare, la componente erotica dell'amore; l'uomo, fatto di carne, è fatalmente attratto dalla bellezza delle cose terrene, una bellezza che non può essere eguagliata da nessuna creazione artificiale: le donne, dice il giovane, sono «più belle che gli agnoli dipinti».

Un'arte naturalistica La letteratura deve dunque incaricarsi di raccontare la realtà della natura umana, anche se ciò significa ricorrere a un «istilo umilissimo». Le donne sono Muse in carne e ossa, davanti a cui è impossibile non estasiarsi: esse divengono le ispiratrici di un'arte consapevolmente nuova, un'arte che trova nella realtà maggiori motivi di interesse che nei mondi immaginari del mito. Se questa letteratura racconta anche amori licenziosi è solo perché ne riconosce l'esistenza e tutela così la propria coerenza ideologica e artistica (concetto ribadito anche nella Conclusione del *Decameron*, ➤ **T13**). Boccaccio tuttavia non aspira a una rappresentazione oggettiva del reale: il filtro della letteratura, come confermano i riecheggiamenti classici disseminati nel *Decameron*, non smette di agire. Ma l'oggetto della rappresentazione vuole essere la realtà della vita terrena, nelle sue molteplici sfaccettature, di tragedia o di commedia, di amori dal finale tragico o lieto. In definitiva, Boccaccio rifiuta di considerare le bellezze fisiche «male cose» (come le chiama il padre del ragazzo): ne constata la forza attrattiva e s'incarica, laicamente, di raccontarle.

Officina

COMPRENDERE

1. Rileggi con attenzione le righe 16-27 e poi riassumi con parole tue quali critiche vengono mosse a Boccaccio e alla sua opera.
2. Che cosa fa Filippo Balducci alla morte della moglie? Perché?
3. Come reagisce il figlio di Filippo nel momento in cui vede per la prima volta le donne? Che cosa fa il padre per distogliere la sua attenzione? Ci riesce? Motiva la tua risposta.

ANALIZZARE

4. **Lingua e stile** Individua e sottolinea tutte le parole e le espressioni presenti nel testo che appartengono al lessico della tradizione della poesia amorosa cortese e stilnovista.

INTERPRETARE

5. Il realismo boccacciano tenta di conciliare il conflitto fra Natura e Ragione. In che modo questo conflitto emerge all'interno della "novella delle papere"? Quale personaggio, tra Filippo Balducci e il figlio, rappresenta la Ragione e quale, invece, le forze della Natura? Approfondisci questa tematica aiutandoti con le informazioni contenute nell'Analisi e nel profilo e facendo riferimento, se lo ritieni opportuno, ad altre novelle da te lette.

PERCORSO DI SCRITTURA

Riassunto Rileggi nel testo la "novella delle papere" dalla riga 35 alla riga 97. Poi, suddividila in sequenze e scrivine il riassunto.

Riscrittura Boccaccio ha lasciato volutamente interrotta la "novella delle papere". Continuala tu immaginando uno svolgimento e una conclusione coerenti con le premesse dell'*Introduzione* alla quarta giornata e con la poetica dell'autore.

T8 Tancredi e Ghismonda

Decameron IV, I

La prima novella della quarta giornata prosegue idealmente la riflessione avviata da Boccaccio nell'*Introduzione* all'intera giornata (➤ **T7**). La novella del principe Tancredi e di sua figlia Ghismonda, ambientata a Salerno al tempo del dominio dei Normanni, ribadisce infatti l'inutilità di qualsiasi sforzo repressivo nei confronti del desiderio amoroso, dal momento che rappresenta un istinto costitutivo dell'essere umano e, se troppo a lungo represso, trova comunque il modo di farsi strada. L'amore, inoltre, non è necessariamente frivolezza, come testimoniano gli eroi tragici di questa giornata, che in nome della loro passione si sono dimostrati pronti al sacrificio più alto: quello della propria vita. Il principe Tancredi, dopo essere rimasto precocemente vedovo, si è morbosamente legato alla figlia Ghismonda. La giovane, anche lei rimasta presto vedova, non è subito destinata dal padre a nuove nozze. S'invaghisce allora di Guiscardo, un giovane valletto di bassa estrazione sociale, con cui intreccia una relazione clandestina. La scoperta casuale della relazione da parte di Tancredi condurrà alla tragedia, non senza una lunga difesa delle proprie ragioni da parte di Ghismonda. La novella è narrata da Fiammetta.

Tancredi prenze di Salerno[1] *uccide l'amante della figliuola e mandale il cuore in una coppa d'oro; la quale, messa sopr'esso acqua avvelenata, quella si bee*[2]*, e così muore.*

lessico

Gagliardo

Entrato in italiano dal provenzale proprio nella prima metà del Trecento, l'aggettivo è costruito a partire dalla radice celtica **gal-*, «forza», che sta alla base dell'etnico "Galli". Il suo significato, quindi, è associato all'idea di forza, vitalità ed energia.

[...] Tancredi principe di Salerno fu signore assai umano e di benigno ingegno;[3] se egli nello amoroso sangue nella sua vecchiezza non s'avesse le mani bruttate;[4] il quale in tutto lo spazio della sua vita non ebbe che una figliuola, e più felice sarebbe stato se quella avuta non avesse.

Costei fu dal padre tanto teneramente amata, quanto alcuna altra figliuola da padre fosse giammai; e per questo tenero amore, avendo ella di molti anni avanzata l'età del dovere avere avuto marito, non sappiendola da sé partire,[5] non la maritava; poi alla fine ad un figliuolo del duca di Capova[6] datala, poco tempo dimorata con lui, rimase vedova e al padre tornossi. Era costei bellissima del corpo e del viso quanto alcun'altra femina fosse mai, e giovane e **gagliarda** e savia più che a donna per avventura non si richiedea.[7] E dimorando col tenero padre, sì come gran donna,[8] in molte dilicatezze,[9] e veggendo che il padre, per l'amor che egli le portava, poca cura si dava di più maritarla, né a lei onesta cosa pareva il richiedernelo, si pensò di volere avere, se esser potesse, occultamente un valoroso amante.

E veggendo molti uomini nella corte del padre usare,[10] gentili e altri, sì come noi veggiamo nelle corti, e considerate le maniere e i costumi di molti, tra gli altri un giovane

1. Tancredi prenze di Salerno: non si hanno notizie a Salerno di un principe normanno con questo nome.
2. bee: beve.
3. umano e di benigno ingegno: generoso e d'indole gentile.
4. se egli... bruttate: se egli non si fosse sporcato le mani, in età avanzata, con il sangue sparso per amore. L'amore di Tancredi per la figlia assume connotati quasi incestuosi.
5. partire: allontanare.
6. Capova: Capua.
7. e gargliarda... richiedea: e vitale e colta più di quanto fosse di solito richiesto a una donna.
8. gran donna: donna aristocratica, dunque ricca.
9. dilicatezze: comodità.
10. usare: frequentare.

Le nostre parole ›

valletto del padre, il cui nome era Guiscardo, uom di nazione assai umile ma per virtù e per costumi **nobile**,[11] più che altro le piacque, e di lui tacitamente, spesso vedendolo, fieramente s'accese,[12] ogn'ora più lodando i modi suoi. E il giovane, il quale ancora non era poco avveduto,[13] essendosi di lei accorto, l'aveva per sì fatta maniera nel cuore ricevuta,[14] che da ogni altra cosa quasi che da amar lei aveva la mente rimossa.[15] In cotal guisa adunque amando l'un l'altro segretamente, niuna altra cosa tanto disiderando la giovane quanto di ritrovarsi con lui, né volendosi di questo amore in alcuna persona fidare,[16] a dovergli significare il modo seco pensò una nuova malizia.[17] Essa scrisse una lettera, e in quella ciò che a fare il dì seguente avesse per esser con lei gli mostrò; e poi quella messa in un bucciuol di canna,[18] sollazzando[19] la diede a Guiscardo, dicendo:

– Fara'ne questa sera un soffione alla tua servente, col quale ella raccenda il fuoco.[20]

Guiscardo il prese, e avvisando[21] costei non senza cagione dovergliele aver donato

11. uom di nazione... nobile: uomo di nascita assai umile ma nobile in quanto a virtù e comportamento. Questa distinzione tra le due nobiltà viene ampiamente ripresa da Ghismonda nel suo discorso al padre.

12. fieramente s'accese: si innamorò appassionatamente.

13. poco avveduto: sprovveduto.

14. l'aveva... ricevuta: si era a tal punto innamorato di lei.

15. che da ogni... rimossa: aveva distolto la mente da quasi ogni altro pensiero che non fosse amare lei.

16. in alcuna persona fidare: confidare con alcuna persona.

17. a dovergli... malizia: escogitò fra sé e sé un originale stratagemma per comunicargli il modo, di incontrarsi segretamente.

18. bucciuol di canna: indica il punto della canna compresa tra due nodi.

19. sollazzando: scherzando.

20. Fara'ne... fuoco: Ne farai questa sera un soffione per la tua serva, con la quale accenda il fuoco. Il «soffione» è una canna forata internamente con la quale soffiare nelle braci e attizzare così il fuoco. Ghismonda allude alla fiamma dell'amore che sarà attizzata quando Guiscardo guarderà cosa c'è all'interno della canna.

21. avvisando: comprendendo che.

Le nostre parole — Nobile/Nobiltà

L'origine del termine L'aggettivo "nobile", da cui deriva il sostantivo "nobiltà", viene dal latino *nobĭlem*, legato al verbo *nōscō*, «conoscere»; *nobĭlem*, infatti, significava «noto, conosciuto», «celebre, illustre».

In italiano, originariamente la qualificazione di "nobile" veniva attribuita esclusivamente a persone di nascita aristocratica; in seguito, per estensione, l'aggettivo è passato a indicare anche coloro che si distinguono per l'elevatezza, la bontà e la generosità d'animo.

Dall'antichità al Medioevo Nell'antica Roma, i "nobili" in genere occupavano le più alte cariche dello Stato. Sebbene nel Medioevo la nobiltà di sangue sia un criterio di selezione sociale, si fa strada, specie in ambito letterario, la nozione secondo cui "nobile" è solo chi sia dotato anche di gentilezza d'animo. Per Dante, la vera nobiltà non deriva dall'appartenenza a una classe sociale aristocratica ("nobiltà per nascita"), ma dal merito personale e dalle azioni virtuose compiute da un individuo ("nobiltà per virtù").

Usi e disusi della "nobiltà" La "nobiltà" in quanto privilegio di nascita e classe sociale dominante è stata abolita dall'Assemblea Nazionale, durante la Rivoluzione francese, il 4 agosto 1789. Nell'italiano contemporaneo, la parola "nobiltà" continua a indicare una categoria sociale che ha ormai perso rilevanza e non ha più un ruolo all'interno della società, ma viene anche usata nell'altra accezione, quella di eleganza e signorilità. Frequenti sono espressioni quali "nobiltà d'animo", "nobiltà di pensiero", o "nobiltà di sentimenti".

e così detto, partitosi, con esso se ne tornò alla sua casa, e guardando la canna e quella veggendo fessa,[22] l'aperse, e dentro trovata la lettera di lei e lettala, e ben compreso ciò che a fare avea, il più contento uom fu che fosse giammai, e diedesi a dare opera di dovere a lei andare,[23] secondo il modo da lei dimostratogli.

Era allato al palagio del prenze una grotta cavata nel monte, di lunghissimi tempi davanti fatta,[24] nella qual grotta dava alquanto lume uno spiraglio fatto per forza[25] nel monte, il quale, per ciò che[26] abbandonata era la grotta, quasi da pruni e da erbe di sopra natevi era riturato;[27] e in questa grotta per una segreta scala, la quale era in una delle camere terrene del palagio, la quale la donna teneva,[28] si poteva andare, come che da un fortissimo uscio serrata fosse.[29] Ed era sì fuori delle menti di tutti questa scala, per ciò che di grandissimi tempi davanti usata non s'era, che quasi niuno che ella vi fosse si ricordava; ma Amore, agli occhi del quale niuna cosa è sì segreta che non pervenga, l'aveva nella memoria tornata alla innamorata donna.

La quale, acciò che niuno di ciò accorger si potesse, molti dì con suoi ingegni penato avea, anzi che[30] venir fatto le potesse d'aprir quell'uscio; il quale aperto, e sola nella grotta discesa e lo spiraglio veduto, per quello aveva a Guiscardo mandato a dire che di venire s'ingegnasse, avendogli disegnata l'altezza che da quello infino in terra esser poteva.[31] Alla qual cosa fornire[32] Guiscardo, prestamente ordinata[33] una fune con certi nodi e cappi da potere scendere e salire per essa, e sé vestito d'un cuoio che da' pruni il difendesse, senza farne alcuna cosa sentire ad alcuno, la seguente notte allo spiraglio n'andò, e accomandato[34] ben l'uno de' capi della fune ad un forte bronco[35] che nella bocca dello spiraglio era nato, per quello si collò[36] nella grotta ed attese la donna.

La quale il seguente dì, faccendo sembianti[37] di voler dormire, mandate via le sue damigelle e sola serratasi nella camera, aperto l'uscio, nella grotta discese, dove trovato Guiscardo, insieme maravigliosa festa si fecero;[38] e nella sua camera insieme venutine, con grandissimo piacere gran parte di quel giorno si dimorarono; e, dato discreto ordine alli loro amori acciò che segreti fossero,[39] tornatosi nella grotta Guiscardo ed ella serrato l'uscio, alle sue damigelle se ne venne fuori.

Guiscardo poi, la notte vegnente[40] su per la sua fune salendo, per lo spiraglio donde era entrato se n'uscì fuori e tornossi a casa. E avendo questo cammino appreso, più volte poi in processo di tempo[41] vi ritornò.

22. **fessa:** forata.
23. **diedesi... andare:** cominciò a darsi da fare per giungere da lei.
24. **Era... fatta:** C'era a fianco del palazzo del principe una grotta scavata nella montagna, prodottasi moltissimi anni prima.
25. **dava... forza:** lasciava passare un po' di luce uno spiraglio fatto artificialmente.
26. **per ciò che:** dal momento che.
27. **quasi... riturato:** era stato quasi nuovamente occluso da cespugli e da erbe cresciute di sopra.
28. **teneva:** abitava.
29. **come che... fosse:** anche se l'accesso vi era impedito da una porta strettamente chiusa.
30. **molti dì... che:** aveva faticato molti giorni con i suoi attrezzi, prima di.
31. **disegnata... poteva:** fatta sapere l'altezza che poteva esserci da quello spiraglio fino a terra.
32. **Alla qual cosa fornire:** Per realizzare la quale impresa, cioè calarsi dallo spiraglio fino a terra, da dove risalire, attraverso la scala, fino alla camera di Ghismonda, la cui porta d'accesso è stata scassinata dalla giovane.
33. **prestamente ordinata:** subito preparata.
34. **accomandato:** assicurato.
35. **bronco:** sterpo.
36. **collò:** calò.
37. **faccendo sembianti:** fingendo.
38. **maravigliosa festa si fecero:** si salutarono con grande gioia.
39. **dato... fossero:** stabilite precise regole per i loro incontri amorosi, affinché rimanessero segreti.
40. **vegnente:** successiva.
41. **in processo di tempo:** nei tempi a venire.

Ma la fortuna, invidiosa[42] di così lungo e di così gran diletto, con doloroso avvenimento[43] la letizia dei due amanti rivolse in tristo pianto.
Era usato[44] Tancredi di venirsene alcuna volta tutto solo nella camera della figliuola, e quivi con lei dimorarsi e ragionare alquanto, e poi partirsi. Il quale un giorno dietro mangiare[45] laggiù venutone essendo la donna, la quale Ghismonda aveva nome, in un suo giardino con tutte le sue damigelle, in quella, senza essere stato da alcuno veduto o sentito, entratosene, non volendo lei torre[46] dal suo diletto, trovando le finestre della camera chiuse e le cortine[47] del letto abbattute, a piè di quello in un canto sopra un carello[48] si pose a sedere; e appoggiato il capo al letto e tirata sopra sé la cortina quasi come se studiosamente[49] si fosse nascoso quivi, s'addormentò.
E così dormendo egli, Ghismonda, che per isventura[50] quel dì fatto aveva venir Guiscardo, lasciate le sue damigelle nel giardino, pianamente[51] se n'entrò nella camera, e quella serrata, senza accorgersi che alcuna persona vi fosse, aperto l'uscio a Guiscardo che l'attendeva e andatisene in su 'l letto, sì come usati erano, e insieme scherzando e **sollazzandosi**, avvenne che Tancredi si svegliò e sentì e vide ciò che Guiscardo e la figliuola facevano; e dolente di ciò oltre modo, prima gli volle sgridare, poi prese partito[52] di tacersi e di starsi nascoso, se egli potesse, per potere più cautamente fare e con minore sua vergogna quello che già gli era caduto nell'animo di dover fare.
I due amanti stettero per lungo spazio insieme, sì come usati erano, senza accorgersi di Tancredi; e quando tempo lor parve, discesi del letto, Guiscardo se ne tornò nella grotta ed ella s'uscì della camera. Della quale Tancredi, ancora che vecchio fosse, da una finestra di quella si calò nel giardino, e senza essere da alcuno veduto, dolente a morte, alla sua camera si tornò.
E per ordine da lui dato, all'uscir dello spiraglio la seguente notte in su 'l primo sonno,[53] Guiscardo, così come era nel vestimento del cuoio impacciato, fu preso da due, e segretamente a Tancredi menato.[54] Il quale, come il vide, quasi piagnendo disse:
– Guiscardo, la mia benignità verso te non avea meritato l'oltraggio e la vergogna la quale nelle mie cose[55] fatta m'hai, sì come io oggi vidi con gli occhi miei.
Al quale Guiscardo niuna altra cosa disse se non questo:
– Amor può troppo più che né voi né io possiamo.[56]
Comandò adunque Tancredi che egli chetamente[57] in alcuna camera di là entro guardato fosse, e così fu fatto.
Venuto il dì seguente, non sappiendo Ghismonda nulla di queste cose, avendo seco[58] Tancredi varie e diverse novità[59] pensate, appresso mangiare, secondo la sua usanza,

lessico
Sollazzare
Il verbo deriva da "sollazzo", entrato in italiano nel Trecento dal provenzale *solatz*, «gioia, piacere», che viene dal latino *solacĭum*, «consolazione, conforto». Significa quindi «far divertire, suscitare allegria», mentre "sollazzarsi" ha il senso più ironico e scherzoso di «spassarsela».

42. invidiosa: personificazione della Fortuna (il caso), che si sarebbe messa di traverso alla felicità dei due giovani per "invidia" della loro condizione beata.
43. avvenimento: imprevisto.
44. Era usato Tancredi: Era abitudine di Tancredi.
45. Il quale... mangiare: Il quale un giorno dopo pranzo. «Il quale» è Tancredi.
46. torre: distogliere.
47. le cortine: le tende del letto a baldacchino, chiudendo le quali si isola il letto dal resto della stanza.
48. in un canto sopra un carello: in un angolo sopra una piccola cassa.
49. studiosamente: intenzionalmente.
50. per isventura: sfortunatamente.
51. pianamente: senza far rumore.
52. prese partito: decise.
53. in su 'l primo sonno: all'inizio della notte.
54. menato: condotto.
55. nelle mie cose: all'onore della mia famiglia.
56. Amor... possiamo: Amore ha una forza contro la quale né voi né io possiamo far nulla. La brevissima difesa di Guiscardo è contenuta in questa massima, che riassume uno dei temi fondamentali della novella e dell'intero *Decameron*.
57. chetamente: senza fare rumore.
58. seco: fra sé e sé.
59. novità: cose insolite.

nella camera n'andò della figliuola, dove fattalasi chiamare e serratosi dentro con lei, piagnendo le cominciò a dire:

– Ghismonda, parendomi conoscere la tua virtù e la tua onestà, mai non mi sarebbe potuto cader nell'animo, quantunque mi fosse stato detto, se io co' miei occhi non lo avessi veduto, che tu di sottoporti ad alcuno uomo, se tuo marito stato non fosse,[60] avessi, non che fatto, ma pur pensato;[61] di che io in questo poco di rimanente di vita che la mia vecchiezza mi serba sempre sarò dolente,[62] di ciò ricordandomi. E or volesse Iddio che, poi che a tanta disonestà conducere ti dovevi avessi preso uomo che alla tua nobiltà decevole[63] fosse stato; ma tra tanti che nella mia corte n'usano,[64] eleggesti Guiscardo, giovane di vilissima condizione, nella nostra corte quasi come per Dio[65] da picciol fanciullo infino a questo dì allevato; di che tu in grandissimo affanno d'animo messo m'hai, non sappiendo io che partito di te mi pigliare.[66] Di Guiscardo, il quale io feci stanotte prendere quando dello spiraglio usciva, e hollo[67] in prigione, ho io già meco[68] preso partito che farne; ma di te, sallo Iddio che io non so che farmi. Dall'una parte mi trae l'amore, il quale io t'ho sempre più portato che alcun padre portasse a figliuola, e d'altra mi trae giustissimo sdegno, preso per la tua gran follia;[69] quegli vuole che io ti perdoni, e questi vuole che contro a mia natura in te incrudelisca; ma prima che io partito prenda, disidero d'udire quello che tu a questo dei dire. – E questo detto bassò il viso, piagnendo sì forte come farebbe un fanciul ben battuto.[70]

Ghismonda, udendo il padre e conoscendo non solamente il suo segreto amore esser discoperto, ma ancora esser preso Guiscardo, dolore inestimabile[71] sentì, e a mostrarlo con romore e con lagrime, come il più le femine fanno, fu assai volte vicina; ma pur, questa viltà vincendo il suo animo altiero, il viso suo con maravigliosa forza fermò, e seco, avanti che a dovere alcun priego per sé porgere, di più non stare in vita dispose, avvisando già esser morto il suo Guiscardo.[72]

Per che, non come dolente femina o ripresa del suo fallo, ma come non curante e valorosa,[73] con asciutto viso e aperto e da niuna parte turbato,[74] così al padre disse:

60. sottoporti... fosse: concederti ad alcun uomo se non fosse tuo marito. Il verbo "sottoporre" esprime la svalutazione dell'amore di Ghismonda agli occhi del padre, che lo riduce a un semplice appetito sessuale.
61. avessi... pensato: non dico l'avessi fatto, ma neppure pensato.
62. di che... dolente: motivo per cui io, nel poco di vita restante che la mia vecchiaia mi riserva, sempre sarò addolorato.
63. decevole: degno, adeguato.
64. n'usano: frequentano.
65. per Dio: per carità di Dio.
66. che partito... pigliare: che decisione prendere a tuo riguardo.
67. hollo: lo trattengo.
68. meco: tra me e me.
69. e d'altra... follia: e dall'altra parte mi sollecita il risentimento giustificato che ho maturato a causa della tua azione scellerata.
70. ben battuto: picchiato con forza.
71. inestimabile: inesprimibile.
72. ma pur... Guiscardo: ma, vincendo il suo spirito orgoglioso su questa tentazione di debolezza, trattenne composto il suo viso con straordinaria forza e decise fra sé e sé di non voler più vivere, piuttosto che dover supplicare qualche preghiera per se stessa, ritenendo che il suo Guiscardo fosse già morto. La debolezza solitamente attribuita al sesso femminile si dimostra uno stereotipo: è Tancredi, al contrario, a dimostrare di non saper dominare i propri sentimenti e di scivolare in un atteggiamento irrazionale. Boccaccio dà prova, nel *Decameron*, di profonda filoginia (amore per le donne): celebra il genio femminile e ritiene che la loro subordinazione sociale sia un «peccato della Fortuna» (un'ingiustizia della sorte) e non la conseguenza di una qualche loro naturale inferiorità.
73. Per che... valorosa: Motivo per cui, non come una donna addolorata o rimproverata, ma come una donna incurante della propria sorte e coraggiosa.
74. con asciutto... turbato: con viso franco e sereno, senza lacrime.

– Tancredi, né a negare né a pregare son disposta, per ciò che né l'un mi varrebbe né l'altro voglio che mi vaglia;[75] e oltre a ciò in niuno atto intendo di rendermi benivola la tua **mansuetudine**[76] e 'l tuo amore; ma, il ver confessando, prima con vere ragioni difender la fama[77] mia e poi con fatti fortissimamente seguire la grandezza dello animo mio.[78] Egli è il vero che io ho amato e amo Guiscardo, e quanto io viverò, che sarà poco, l'amerò; e se appresso la morte s'ama, non mi rimarrò d'amarlo; ma a questo non mi indusse tanto la mia feminile fragilità, quanto la tua poca sollecitudine[79] del maritarmi e la virtù di lui.

lessico

Mansuetudine

Dal latino *mansuetūdo*, derivato di *mansuētus*, composto di *manus*, «mano», e di un derivato della radice di *suescĕre*, «abituarsi, assuefarsi»; propriamente, quindi, *mansuētus* significava «assuefatto alla mano, addomesticato». Il suo significato, dunque, è associato alla docilità e all'inclinazione ad accettare l'altrui volontà e a soddisfare le richieste degli altri.

Esser ti dovea, Tancredi, manifesto, essendo tu di carne, aver generata figliuola di carne e non di pietra o di ferro; e ricordarti dovevi e dei, quantunque tu ora sia vecchio, chenti e quali[80] e con che forza vengano le leggi della giovanezza; e, come che tu uomo[81] in parte ne' tuoi migliori anni nell'armi esercitato ti sii, non dovevi di meno conoscere quello che gli ozi e le dilicatezze possano ne' vecchi non che ne'giovani.

Sono adunque, sì come[82] da te generata, di carne, e sì poco vivuta, che ancor son giovane; e per l'una cosa e per l'altra piena di concupiscibile disidero, al quale maravigliosissime forze hanno date l'aver già, per essere stata maritata, conosciuto qual piacer sia a così fatto disidero dar compimento.[83] Alle quali forze non potendo io resistere, a seguir quello a che elle mi tiravano, sì come giovane e femina, mi disposi[84] e innamora'mi. E certo in questo opposi ogni mia virtù di non volere né a te né a me di quello a che natural peccato mi tirava, in quanto per me si potesse operare, vergogna fare.[85] Alla qual cosa e pietoso Amore e benigna Fortuna assai occulta via m'avean trovata e mostrata, per la quale, senza sentirlo alcuno, io a' miei disideri perveniva; e questo, chi che ti se l'abbi mostrato o come che tu il sappi,[86] io nol nego.

Guiscardo non per accidente tolsi, come molte fanno, ma con diliberato consiglio elessi innanzi ad ogn'altro,[87] e con avveduto[88] pensiero a me lo' ntrodussi, e con savia perseveranza[89] di me e di lui lungamente goduta sono del mio disio. Di che egli pare, oltre allo amorosamente aver peccato, che tu, più la volgare oppinione che la verità seguitando, con più amaritudine mi riprenda, dicendo (quasi turbato esser

75. né a negare... vaglia: non sono intenzionata a negare (quanto dici) né a supplicare, dal momento che una cosa non mi servirebbe e l'altra non voglio che mi serva.

76. e oltre... mansuetudine: e con nessuna azione cercherò di rendermi benevola la tua generosità.

77. la fama: l'onore.

78. con fatti... mio: con le azioni dimostrarmi coraggiosamente coerente alla dignità del mio animo.

79. sollecitudine: solerzia.

80. chenti e quali: quanti e di che natura.

81. come... uomo: anche se tu, in quanto uomo.

82. sì come: in quanto.

83. per l'una... compimento: per l'uno e l'altro motivo (cioè essere di carne ed essere giovane) sono piena di attrazione verso il piacere al quale ha conferito straordinaria forza il fatto di aver già scoperto qual è il piacere che si prova ad appagarlo, per il fatto di essere già stata sposata.

84. a seguir quello... disposi: mi rivolsi verso colui al quale, in quanto giovane e donna, mi attiravano. Soggetto del verbo «tiravano» sono le «forze» della natura.

85. E certo... fare: E senza dubbio cercai, per quanto mi era possibile, di impiegare tutte le mie forze per non procurare vergogna né a te né a me compiendo ciò a cui l'istinto naturale mi portava, cioè l'amore ("peccaminoso" perché fuori dal matrimonio). Come spiega successivamente, Ghismonda cerca infatti di tenere nascosta questa relazione, per non creare scandalo a nessuno.

86. chi che ti... sappi: chiunque te l'abbia rivelato o in qualunque modo tu lo conosca.

87. non per accidente... ogn'altro: non lo scelsi per caso, come molte (donne) fanno, ma lo preferii a tutti dopo una consapevole riflessione.

88. avveduto: accorto.

89. savia perseveranza: saggia costanza. L'aggettivazione prediletta da Ghismonda nella sua perorazione enfatizza la razionalità nelle sue scelte («diliberato», «avveduto», «savia»): la tesi fondamentale della sua difesa.

non ti dovessi, se io nobile uomo avessi a questo eletto) che io con uom di bassa condizione mi son posta.[90] In che non ti accorgi che non il mio peccato ma quello della Fortuna riprendi, la quale assai sovente li non degni ad alto leva, a basso lasciando i dignissimi.[91]

Ma lasciamo or questo, e riguarda alquanto a' principii[92] delle cose: tu vedrai noi d'una massa di carne tutti la carne avere, e da uno medesimo creatore tutte l'anime con iguali forze, con iguali potenzie, con iguali virtù create. La virtù primieramente noi, che tutti nascemmo e nasciamo iguali, ne distinse; e quegli che di lei maggior parte avevano e adoperavano[93] nobili furon detti, e il rimanente rimase non nobile. E benché contraria usanza poi abbia questa legge nascosa, ella non è ancor tolta via né guasta[94] dalla natura né da' buon costumi; e per ciò colui che virtuosamente adopera apertamente si mostra gentile, e chi altramenti il chiama, non colui che è chiamato ma colui che chiama, commette difetto.[95]

Raguarda[96] tra tutti i tuoi nobili uomini ed esamina la lor virtù, i lor costumi e le loro maniere, e d'altra parte quelle di Guiscardo raguarda: se tu vorrai senza animosità giudicare, tu dirai lui nobilissimo e questi tuoi nobili tutti esser villani. Delle virtù e del valore di Guiscardo io non credetti al giudicio d'alcuna altra persona che a quello delle tue parole e de' miei occhi. Chi il commendò[97] mai tanto, quanto tu 'l commendavi in tutte quelle cose laudevoli che valoroso uomo dee essere commendato?[98] E certo non a torto; ché se i miei occhi non m'ingannarono, niuna laude da te data gli fu, che io lui operarla, e più mirabilmente che le tue parole non potevano esprimere, non vedessi;[99] e se pure in ciò alcuno inganno ricevuto avessi, da te sarei stata ingannata.

Dirai dunque che io con uomo di bassa condizione mi sia posta? Tu non dirai il vero; ma per avventura, se tu dicessi con povero, con tua vergogna si potrebbe concedere,

90. Di che... posta: Della qual cosa mi sembra che tu mi rimproveri più aspramente, oltre che di aver peccato sessualmente, per il fatto che io mi sono concessa a un uomo di bassa condizione sociale (quasi a dire che tu non saresti stato turbato se io avessi scelto come amante un uomo nobile), assecondando l'opinione comune piuttosto che la verità. Ghismonda, dopo aver rivendicato il suo amore come diritto di natura e di ragione, passa a contestare la seconda accusa del padre: essersi concessa, in particolare, a un uomo di bassa condizione sociale. La posizione della donna è ancor più netta: questa è opinione «volgare», indegna dell'intelligenza e della nobiltà d'animo del padre.

91. la quale... dignissimi: la quale (Fortuna) spesso solleva a ruoli di grande onore uomini indegni, lasciando in basse condizioni sociali uomini degnissimi. Il caso non è sempre giusto: spesso premia gli immeritevoli e punisce gli uomini migliori. Dunque non può essere eletto a metro di giudizio per valutare il valore degli uomini. La famiglia in cui si nasce è assegnata dal caso, non è infatti un merito nascere in una famiglia aristocratica né un demerito nascere in una famiglia di bassa condizione sociale (questo concetto era già in Dante, *Convivio* IV, I).

92. riguarda... a' principii: considera le origini, per comprendere meglio la vera natura delle cose. Il discorso si eleva a considerazioni filosofiche: la statura della perorazione di Ghismonda supera largamente quella del discorso recriminatorio di Tancredi.

93. adoperavano: mettevano in pratica.

94. E benché... guasta: E benché un'abitudine diversa abbia poi fatto dimenticare questa legge, essa non è ancora abrogata né compromessa, cioè che la nobiltà dipende dal merito e non dalla nascita.

95. e per ciò... difetto: e perciò colui che agisce virtuosamente dimostra in modo chiaro di essere nobile e sbaglia chi lo definisce in altro modo (non nobile), non lui che è definito tale (non nobile). Tutto questo passo riecheggia il libro IV del *Convivio* dantesco (per esempio la *sententia* «dovunque è vertude, quivi è nobilitade», IV, XIX).

96. Raguarda: Considera.

97. commendò: lodò.

98. in tutte... commendato?: per tutte quelle azioni meritevoli per le quali un uomo di valore deve essere lodato?

99. niuna laude... vedessi: non lo lodasti per nessuna virtù che io non gli vedessi mettere in pratica, ancor più straordinariamente di quanto le tue parole potessero raccontare.

che così hai saputo un valente uomo tuo servidore mettere in buono stato;[100] ma la povertà non toglie gentilezza ad alcuno, ma sì avere.[101] Molti re, molti gran principi furon già poveri; e molti di quegli che la terra zappano e guardan le pecore già ricchissimi furono e sonne.[102]

L'ultimo dubbio che tu movevi, cioè che di me far ti dovessi,[103] caccial del tutto via. Se tu nella tua estrema vecchiezza a far quello che giovane non usasti, cioè ad incrudelir, se' disposto, usa in me la tua crudeltà, la quale ad alcun priego[104] porgerti disposta non sono, sì come in prima cagion di questo peccato, se peccato è; per ciò che io t'accerto che quello che di Guiscardo fatto avrai o farai, se di me non fai il simigliante, le mie mani medesime il faranno.[105]

Or via, va con le femine a spander le tue lagrime, e incrudelendo con un medesimo colpo altrui e me, se così ti par che meritato abbiamo, uccidi.

Conobbe il prenze la grandezza dell'animo della sua figliuola; ma non credette per ciò in tutto lei sì fortemente disposta a quello che le parole sue sonavano, come diceva.[106]

Per che, da lei partitosi e da sé rimosso di volere in alcuna cosa nella persona di lei incrudelire, pensò con gli altrui danni raffreddare il suo fervente amore,[107] e comandò a' due che Guiscardo guardavano che senza alcun romore[108] lui la seguente notte strangolassono, e, trattogli il cuore, a lui il recassero; li quali, così come loro era stato comandato, così operarono.

Laonde, venuto il dì seguente, fattasi il prenze venire una grande e bella coppa d'oro e messo in quella il cuor di Guiscardo, per un suo segretissimo famigliare[109] il mandò alla figliuola e imposegli che, quando gliele desse, dicesse: – Il tuo padre ti manda questo, per consolarti di quella cosa che tu più ami, come tu hai lui consolato di ciò che egli più amava.

Ghismonda, non smossa dal suo fiero proponimento, fattesi venire erbe e radici velenose, poi che partito fu il padre, quelle stillò e in acqua ridusse,[110] per presta averla se quello di che elle temeva avvenisse.[111] Alla quale venuto il famigliare e col presente[112] e con le parole del prenze, con forte viso[113] la coppa prese, e quella scoperchiata, come il cuor vide e le parole intese, così ebbe per certissimo quello essere il cuor di Guiscardo.

100. per avventura... stato: ma se per caso tu dicessi che io mi sono concessa a un uomo povero, ti si potrebbe dar ragione solo con tua vergogna poiché significherebbe che non hai saputo elevare un uomo virtuoso, al tuo servizio, a una migliore condizione. Altra sottile argomentazione di Ghismonda: l'essere povero di Guiscardo non è una colpa poiché non significa che sia poco virtuoso, potrebbe semmai essere colpa di Tancredi, che non ha adeguatamente ricompensato un uomo di valore presso la sua corte. Le parole di Ghismonda contengono anche una tagliente ironia.

101. ma sì avere: ma solo gli averi, le ricchezze.

102. sonne: sono.

103. cioè... dovessi: cioè quale decisione dovessi prendere a mio riguardo.

104. la quale... priego: per la quale alcuna supplica.

105. sì come... faranno: poiché (la tua crudeltà) è la prima causa di questo peccato, se di peccato si tratta; per cui ti comunico che ciò che avrai fatto o farai di Guiscardo, io stessa lo procurerò a me con le mie mani, se non farai lo stesso di me.

106. Conobbe... diceva: Il principe si rese conto della grandezza d'animo della figlia ma non credette per questo che fosse davvero pronta a fare ciò che le sue parole proclamavano, come sosteneva.

107. pensò... amore: pensò cioè che uccidendo Guiscardo avrebbe potuto farlo dimenticare a Ghismonda, raffreddare il suo amore.

108. senza alcun romore: in totale segretezza.

109. per un suo segretissimo famigliare: attraverso un servitore assai discreto.

110. stillò... ridusse: cioè trasformò in pozione, ovviamente mortale.

111. per presta... avvenisse: per averla subito a disposizione se fosse avvenuto ciò che temeva, cioè se fosse stato ucciso Guiscardo.

112. presente: dono.

113. forte viso: viso impassibile.

Per che, levato il viso verso il famigliare, disse:

– Non si conveniva sepoltura men degna che d'oro a così fatto cuore chente[114] questo è; discretamente[115] in ciò ha il mio padre adoperato.

E così detto, appressatoselo alla bocca, il baciò, e poi disse:

– In ogni cosa sempre e infino a questo estremo[116] della vita mia ho verso me trovato tenerissimo del mio padre l'amore, ma ora più che giammai; e per ciò l'ultime grazie, le quali render gli debbo giammai, di così gran presente da mia parte gli renderai.[117]

Questo detto, rivolta sopra la coppa la quale stretta teneva, il cuor riguardando disse:

– Ahi! dolcissimo albergo[118] di tutti i miei piaceri, maladetta sia la crudeltà di colui che con gli occhi della fronte or mi ti fa vedere![119] Assai m'era con quegli della mente

114. chente: quale.
115. discretamente: con accortezza.
116. estremo: momento finale.
117. e per ciò... renderai: e dunque l'ultimo ringraziamento, che gli devo mai, gli porgerai da parte mia per un dono così prezioso.
118. albergo: luogo in cui riponevo.
119. maladetta... vedere: sia maledetta la crudeltà di colui che mi ti fa vedere con gli occhi carnali, cioè di Tancredi.

TEMI E GENERI

Perché una giornata tragica nel *Decameron*?

Amori tragici e a lieto fine

Andare contro la natura umana è sempre una scelta perdente.

Nel *Decameron* sono riservate al tema dell'amore due giornate (come accadrà poi alle beffe), a testimonianza dell'importanza di questo motivo, appassionatamente difeso da Boccaccio nell'*Introduzione* alla IV giornata. Se la letteratura ha il compito di raccontare la vita, deve riconoscere il giusto spazio a una passione dirompente come l'amore (che non accetta costrizioni, come racconta Boccaccio nella novella delle papere; ➤ **T7**) e non può escludere l'amore tragico, la cui realtà s'impone con altrettanta evidenza. Boccaccio, in particolare, dedica la IV giornata agli amori tragici e la successiva agli amori dal lieto fine. L'alternanza di vicende a conclusione infausta e felice caratterizza fin dagli inizi la letteratura d'amore di Boccaccio, che esordisce con la tragedia del *Filostrato* e con la commedia del *Filocolo*. Il *Decameron*, in questo senso, rappresenta una *summa* di narrazioni di argomento amoroso e come tale comprende storie di amori drammatici e felici, ispirati sia alla tradizione classica (per esempio il mito tragico di Didone nell'*Eneide* di Virgilio o la variegata rassegna fatta da Ovidio nelle *Heroides*) sia a quella cortese medievale (come nel ciclo dell'amore rovinoso di Tristano e Isotta, di cui esistono numerosi *lais*).

Il farmaco contro la morte

L'importanza attribuita al momento tragico, poi, esalta per contrasto la pulsione di vita sottesa all'intero *Decameron*: il gioco della narrazione cui si affidano i giovani, come si è visto, funge infatti da farmaco contro la morte e contro la disgregazione delle relazioni sociali determinata dalla pestilenza. Inoltre l'esito tragico rende ancora più evidente a quali gravi conseguenze (divisioni insanabili tra familiari, rovina economica e persino la morte) possa condurre la negazione forzata del desiderio, in nome di astratti precetti di convenienza sociale o del mantenimento dell'onore: segno che andare contro la natura umana è sempre una scelta perdente.

riguardarti a ciascuna ora.[120] Tu hai il tuo corso fornito, e di tale chente la fortuna tel concedette ti se' spacciato;[121] venuto se'alla fine alla qual ciascun corre; lasciate hai le miserie del mondo e le fatiche, e dal tuo nemico medesimo quella sepoltura hai che il tuo valore ha meritata. Niuna cosa ti mancava ad aver compiute esequie,[122] se non le lagrime di colei la qual tu vivendo cotanto amasti; le quali acciò che tu l'avessi, pose Iddio nel l'animo al mio dispietato padre che a me ti mandasse, e io le ti darò, come che di morire con gli occhi asciutti e con viso da niuna cosa spaventato proposto avessi;[123] e dateleti,[124] senza alcuno indugio farò che la mia anima si congiugnerà con quella, adoperandol tu, che tu già cotanto cara guardasti.[125] E con qual compagnia ne potre' io andar più contenta o meglio sicura ai luoghi non conosciuti che con lei? Io son certa che ella è ancora quincentro[126] e riguarda i luoghi de' suoi diletti e de' miei; e come colei che ancor son certa che m'ama, aspetta la mia, dalla quale sommamente è amata.

E così detto, non altramenti che se una fonte d'acqua nella testa avuta avesse, senza fare alcun feminil romore, sopra la coppa chinatasi, piagnendo cominciò a versare tante lagrime, che mirabile cosa furono a riguardare, baciando infinite volte il morto cuore.

Le sue damigelle, che dattorno le stavano, che cuore questo si fosse o che volesson[127] dire le parole di lei non intendevano; ma da compassion vinte tutte piagnevano e lei pietosamente della cagion del suo pianto domandavano invano, e molto più, come meglio sapevano e potevano, s'ingegnavano di confortarla.

La qual, poi che quanto le parve ebbe pianto, alzato il capo e rasciuttosi[128] gli occhi, disse:

– O molto amato cuore, ogni mio uficio verso te è fornito;[129] né più altro mi resta a fare se non di venire con la mia anima a fare alla tua compagnia.

E questo detto, si fe' dare l'orcioletto[130] nel quale era l'acqua che il dì avanti aveva fatta, la qual mise nella coppa ove il cuore era da molte delle sue lagrime lavato, e senza alcuna paura postavi la bocca, tutta la bevve, e bevutala, con la coppa in mano se ne salì sopra il suo letto, e quanto più onestamente seppe compose il corpo suo sopra quello,[131] e al suo cuore accostò quello del morto amante, e senza dire alcuna cosa aspettava la morte.

Le damigelle sue, avendo queste cose e vedute e udite, come che[132] esse non sapessero che acqua quella fosse la quale ella bevuta aveva, a Tancredi ogni cosa avean mandata a dire; il quale, temendo di quello che sopravvenne,[133] presto nella camera scese della

120. **Assai... ora:** Mi era sufficiente guardarti in ogni momento con gli occhi della mente. Tancredi la costringe invece a contemplare l'amato in uno stato in cui non avrebbe mai voluto vederlo.
121. **Tu hai... spacciato:** Tu hai terminato il corso della tua vita e ti sei liberato di quella vita che il destino ti ha concesso.
122. **compiute esequie:** onorevole sepoltura.
123. **le quali... avessi:** le quali (lacrime), affinché tu le avessi, Dio suggerì al mio spietato padre di mandarti a me, e io te le concederò, nonostante mi fossi riproposta di morire senza pianto e senza provare paura di niente.
124. **dateleti:** dopo avertele date, le lacrime.
125. **farò... guardasti:** farò in modo che la mia anima si unisca, col tuo aiuto, a quella che tu (cuore) tanto amorevolmente custodisti. Nel Medioevo si riteneva che la sede dell'anima fosse il cuore, in quanto scrigno dove risiede il sangue, fonte della vita.
126. **quincentro:** nelle vicinanze.
127. **volesson:** volessero.
128. **rasciuttosi:** asciugatasi.
129. **ogni mio... fornito:** ho compiuto ogni mio dovere nei tuoi confronti.
130. **orcioletto:** il contenitore in cui era posta la pozione velenosa preparata il giorno prima.
131. **quanto... quello:** distese il proprio corpo sopra al letto con quanta più dignitosa compostezza seppe.
132. **come che:** benché.
133. **di quello che sopravvenne:** ciò che poi avvenne.

figliuola, nella qual giunse in quella ora che essa sopra il suo letto si pose; e tardi con dolci parole levatosi a suo conforto, veggendo i termini ne'quali era,[134] cominciò dolorosamente a piagnere.

Al quale la donna disse:

– Tancredi, serbati coteste lagrime a meno disiderata fortuna che questa,[135] né a me le dare, che non le disidero. Chi vide mai alcuno, altro che te, piagnere di quello che egli ha voluto? Ma pure, se niente[136] di quello amore che già mi portasti ancora in te vive, per ultimo dono mi concedi che, poi che a grado non ti fu[137] che io tacitamente e di nascoso con Guiscardo vivessi, che 'l mio corpo col suo, dove che tu te l'abbi fatto gittar morto, palese stea.[138]

L'angoscia del pianto non lasciò rispondere al prenze. Laonde la giovane, al suo fine esser venuta sentendosi strignendosi al petto il morto cuore, disse:

– Rimanete con Dio,[139] ché io mi parto.

E velati gli occhi, e ogni senso perduto, di questa dolente vita si dipartì.

Così doloroso fine ebbe l'amor di Guiscardo e di Ghismonda, come udito avete; li quali Tancredi dopo molto pianto, e tardi pentuto della sua crudeltà, con general dolore di tutti i salernetani, onorevolmente amenduni[140] in un medesimo sepolcro gli fe' sepellire.

134. veggendo... era: vedendo in che condizioni si trovasse.
135. serbati... questa: conservati queste lacrime per una sorte meno desiderata di questa.
136. niente: la più piccola parte.
137. a grado non ti fu: non ti piacque.
138. che 'l mio corpo... stea: che il mio corpo sia sepolto in modo visibile insieme al suo, laddove tu l'hai fatto gettare morto. Dopo tanta segretezza, che ha coperto ogni fase della vicenda fino all'epilogo tragico, Ghismonda desidera ora che il suo sfortunato amore per Guiscardo venga rivelato a tutti.
139. Rimanete con Dio: formula di congedo estrema del moribondo.
140. onorevolmente amenduni: entrambi con tutti gli onori.

Analisi del testo

Struttura

Un amore tragico Come nel caso di Andreuccio da Perugia (➤ **T6**), Fiammetta racconta una storia ambientata in Campania, questa volta a Salerno, proiettata in un passato indeterminato, coerentemente all'atmosfera fiabesca che domina buona parte della novella. Nella prima parte si trovano sequenze narrative in cui prevale l'azione (gli antefatti, cioè la precoce vedovanza di Tancredi e di Ghismonda, la storia d'amore tra Ghismonda e Guiscardo, lo stratagemma escogitato per gli incontri e la scoperta casuale della relazione da parte di Tancredi; rr. 3-86), mentre la sezione seguente contiene i dialoghi tra i protagonisti della vicenda: il breve incontro fra Tancredi e Guiscardo (rr. 90-95), le accuse che il padre rivolge a Ghismonda (rr. 100-117) e l'appassionata e magistrale orazione difensiva della fanciulla (rr. 126-191), che per quantità e complessità retorica predomina decisamente sui discorsi degli altri personaggi. L'ultima parte della novella ritorna all'azione, con l'epilogo tragico della vicenda e il tardivo pentimento di Tancredi (rr. 194-270). Il cuore del racconto è dunque costituito dalla riflessione di Ghismonda, che sviluppa filosoficamente la difesa della legittimità e dell'innocenza dell'amore già abbozzata da Boccaccio nell'*Introduzione* alla giornata.

Lingua e stile

Lo stile oratorio di Ghismonda Il tono fiabesco e romanzesco della novella cede il passo a un sostenuto stile oratorio nel lungo discorso di Ghismonda, dove Boccaccio dà il massimo rilievo alla struttura dialettica (l'argomentazione che parte dai principi generali per poi scendere nei dettagli) e all'armamentario retorico. Da questo punto di vista, il discorso è caratterizzato da un lessico ricercato (non mancano i gallicismi, come «usanza» e «oltraggio») ed è caratterizzato da molte anastrofi, parallelismi, antitesi e paronomasie («né a negare né a pregare son disposta, per ciò che né l'un mi varrebbe né l'altro voglio che mi vaglia»). È frequente anche il ricorso al chiasmo, per enfatizzare le antitesi («li non degni ad alto leva, abasso lasciando i dignissimi»). Le domande retoriche ritmano l'orazione di Ghismonda («Chi il commendò mai tanto, quanto tu 'l commendavi in tutte quelle cose laudevoli che valoroso uomo dee essere commendato?»; «Dirai dunque che io con uomo di bassa condizione mi sia posta?»). Il discorso è reso anche autorevole dal ricorso alla *sententia*: «Molti re, molti gran principi furon già poveri; e molti di quegli che la terra zappano e guardan le pecore già ricchissimi furono e sonne».

Temi

I modelli La novella contamina elementi fiabeschi (l'indeterminatezza spazio-temporale; l'infrazione di un divieto; la grotta come alcova di un amore clandestino; la punizione dei trasgressori) ed elementi tipici dei romanzi cortesi (come, per esempio, la comune sepoltura di Tristano e Isotta nel ciclo a loro dedicato). Il tema del "cuore mangiato" rimanda, invece, ad alcuni *lais* franco-provenzali (➤ *Temi e generi*, p. 602), dove il gesto, tuttavia, è finalizzato ad acquisire la forza dall'uomo divorato.

I diritti dell'amore Ghismonda pronuncia un'appassionata perorazione in difesa dei diritti dell'amore. Ha di fronte a sé il padre Tancredi, assimilato qui ai detrattori dell'amore ricordati nell'*Introduzione* alla quarta giornata (➤ **T7**).
Il primo argomento difensivo di Ghismonda è proprio la naturalezza dell'amore, un «concupiscibile disidero» inscritto in profondità nell'uomo. Ma Ghismonda difende anche i diritti del corpo: «Sono adunque, sì come da te generata, di carne», rivendica senza vergogna (r. 140).
È dunque vano cercare di impedire l'amore, come affermano prima Guiscardo e poi Ghismonda stessa: questo sentimento piega i più riottosi. Il fuoco naturale dell'amore divampa dove vuole, prescindendo dalle gerarchie sociali, delle quali mette a nudo l'ipocrisia, e di fronte a esso tutti gli uomini sono uguali.
Per Ghismonda, inoltre, l'amore, oltre a essere inevitabile, non è intrinsecamente peccaminoso, ma dipende dal valore di chi lo sperimenta: se vissuto da integri amanti con innocente naturalezza ne enfatizza le virtù. Così è accaduto, sostiene Ghismonda, nel caso suo e del virtuosissimo Guiscardo.

La nobiltà del cuore Se la legittimità e la bontà di un amore dipendono dalle qualità di chi lo vive, il discorso si sposta naturalmente sui criteri in base ai quali misurare la virtù degli esseri umani. Ghismonda contesta l'etica aristocratica del padre, che misura il valore di un uomo in base alla famiglia di provenienza. L'omicidio di Guiscardo, in quest'ottica, si configura in effetti come un delitto d'onore da parte di Tancredi, che ritiene l'amante della figlia inferiore per nascita («di vilissima condizione», r. 107). Ghismonda sposa invece la tesi della nobiltà per virtù, che ai tempi di Boccaccio era l'idea più diffusa tra i borghesi, fatta propria anche dagli stilnovisti come Dante Alighieri.
Essere nobili non significa appartenere a una famiglia blasonata e potente. Secondo Ghismonda, del resto, gli uomini nascono tutti uguali nella dignità del corpo, poiché figli del medesimo padre (Adamo), e uguali nella dignità dello spirito, poiché figli del medesimo Padre, cioè di Dio (rr. 159-161): gli uomini, se discendono dalla stessa origine, o sono tutti nobili o tutti villani, cioè non nascono diversi in dignità. Ciò che successivamente li differenzia è il merito personale, che ciascun individuo può acquisire agendo virtuosamente, spiega Ghismonda (rr. 161-163). Questo è il criterio stabilito originariamente dalla natura, dimenticato poi nei secoli e sostituito da un assurdo criterio di nobiltà per nascita.
Il discorso della protagonista segue fedelmente la riflessione dantesca, che, nella canzone introduttiva al libro IV del *Convivio* (*Le dolci rime d'amor ch'i' solia*), aveva concluso: «È gentilezza dovunqu'è vertute, / ma non vertute ov'ella» (vv. 101-102), cioè essere virtuosi significa essere nobili sempre, mentre essere nobili (ovvero nascere in una famiglia aristocratica) non significa sempre essere virtuosi.

Un'eroina della parola Boccaccio affida dunque a una donna il compito di difendere filosoficamente la dignità dell'essere umano: i diritti del suo corpo, l'intrinseca dignità della sua anima, il potenziale universale delle sue virtù. Ghismonda si dimostra un'oratrice colta e brillante: una vera e propria eroina della parola, che fa corrispondere al pensiero azioni coerenti. La giovane dimostra un animo virile e fermo, mentre Tancredi, che sembra disprezzare l'amore di

Ghismonda come segno di «feminile fragilità», manifesta quella debolezza emotiva e razionale solitamente attribuita alle donne. Del resto la figlia, al termine della sua perorazione, può ironicamente invitare il padre a mescolarsi al pianto delle donne: «va con le femine a spander le tue lagrime» (r. 190).
Si rovesciano le gerarchie fondate sui luoghi comuni (uomini forti/donne fragili) e la protagonista diviene l'uomo della situazione, che parla di fronte al padre «non come dolente femina o ripresa del suo fallo, ma come non curante e valorosa, con asciutto viso e aperto e da niuna parte turbato» (rr. 124-125). Si conferma in tal modo quanto era stato detto poco prima: ciò che distingue gli esseri umani non è la condizione di nascita (dunque nemmeno il genere sessuale), ma il valore individuale e il coraggio. Nell'*Introduzione* alla giornata Boccaccio aveva risposto a chi lo accusava di rivolgere troppa attenzione alle donne: un'attenzione ritenuta indegna per un uomo maturo e serio. La prima novella della quarta giornata, in questo senso, rappresenta anche un'ulteriore e indiretta risposta a quell'obiezione, celebrando la dignità del genio femminile.

Officina

COMPRENDERE

1. Perché Ghismonda scrive una lettera a Guiscardo e che cosa gli comunica? Dove e in che modo i due giovani innamorati possono incontrarsi di nascosto?
2. In che modo Tancredi scopre la relazione amorosa clandestina tra la figlia Ghismonda e Guiscardo?
3. Quali sono i sentimenti contrapposti che turbano il padre Tancredi dopo che ha scoperto la relazione tra la figlia Ghismonda e Guiscardo?
4. Qual è la reazione di Ghismonda quando vede il cuore di Guiscardo nella coppa d'oro?
5. Che cosa chiede Ghismonda al padre prima di morire?

ANALIZZARE

6. **Lingua e stile** Nel discorso di Ghismonda ci sono numerose figure retoriche. Individua nel testo e trascrivi almeno un esempio di ognuna delle seguenti figure di stile: anastrofe, parallelismo, antitesi, domanda retorica.
7. **Lessico**
   a. Fra i tre seguenti sinonimi dell'aggettivo "gagliardo", qual è quello stilisticamente equivalente, quale invece è più formale e qual è quello più colloquiale?
   1. Forzuto **2.** Robusto **3.** Gladiatorio
   b. Fra i tre seguenti contrari dell'aggettivo "gagliardo", qual è quello stilisticamente equivalente, quale invece è più formale e qual è quello più colloquiale?
   1. Pavido **2.** Coniglio **3.** Codardo

INTERPRETARE

8. La novella pone al centro della vicenda il tema dell'amore inteso come forza irresistibile e naturale alla quale è vano opporsi, così come l'autore stesso aveva affermato nell'***Introduzione* alla quarta giornata** attraverso la novella delle papere (➤ **T7**).
   Scrivi un commento di sufficiente ampiezza in cui metti a confronto i due testi, relativamente alla tematica proposta, sottolineandone analogie e differenze e supportando le tue argomentazioni con precisi e puntuali riferimenti ai testi.
9. In questa novella si contrappongono due idee di nobiltà: Tancredi sostiene la nobiltà per nascita, Ghismonda sposa invece la tesi della nobiltà per virtù, per merito personale, che ciascun individuo può acquisire agendo virtuosamente.
   In che modo tali concezioni si contrappongono nella novella e, secondo te, quale idea di nobiltà sostiene l'autore? Giustifica le tue risposte e le tue argomentazioni facendo precisi e puntuali riferimenti al testo.

PERCORSO DI SCRITTURA

Riassunto Suddividi la novella in sequenze, poi attribuisci un titolo a ognuna di esse. Infine, scrivi un riassunto della novella che non sia più lungo di 10 righe.

T9 Federigo degli Alberighi

Decameron V, IX

Biblioteca digitale
Ghino di Tacco e l'abate di Clignì

La quinta giornata è dedicata agli amori a lieto fine. Il tema è proposto da Fiammetta, che è anche la narratrice della storia di Federigo. In questa novella l'amore non è celebrato soltanto come una forza naturale irresistibile ma anche come un'occasione di affinamento morale, secondo la tradizionale concezione cortese. Il protagonista della novella, il nobile Federigo degli Alberighi, è mosso dall'amore verso la borghese Giovanna alla più alta forma di generosità: dopo essersi impoverito cercando inutilmente di corteggiarla, è disposto a offrirle anche l'ultimo segno della sua antica nobiltà, il proprio falcone. La donna, inizialmente restia all'amore di Federigo, sarà infine colpita dalla nobiltà d'animo di Federigo, che accetterà di sposare.

Federigo degli Alberighi ama e non è amato e in cortesia spendendo si consuma[1] *e rimangli un sol falcone, il quale, non avendo altro dà a mangiare alla sua donna venutagli a casa; la quale, ciò sappiendo, mutata d'animo, il prende per marito e fallo ricco.*

[...] Dovete adunque sapere che Coppo di Borghese Domenichi,[2] il quale fu nella nostra città, e forse ancora è,[3] uomo di grande e di reverenda autorità né dì nostri, e per costumi e per vertù molto più che per nobiltà di sangue chiarissimo e degno d'eterna fama,[4] essendo già d'anni pieno, spesse volte delle cose passate co' suoi vicini e con altri si dilettava di ragionare: la qual cosa egli meglio e con più ordine e con maggior memoria e ornato parlare[5] che altro uomo seppe fare. Era usato[6] di dire, tra l'altre sue belle cose, che in Firenze fu già un giovane chiamato Federigo di messer Filippo Alberighi,[7] in opera d'arme e in cortesia pregiato sopra ogni altro donzel di Toscana.[8] Il quale, sì come il più de' gentili uomini avviene,[9] d'una gentil donna chiamata monna Giovanna s'innamorò, né suoi tempi tenuta[10] delle più belle donne e delle più leggiadre che in Firenze fossero; e acciò che egli l'amor di lei acquistar potesse, giostrava, armeggiava, faceva feste e donava, e il suo senza alcun ritegno spen-

1. ***si consuma:*** *si riduce in povertà*.
2. **Coppo di Borghese Domenichi:** priore di Firenze realmente esistito, appartenente a una famiglia altolocata.
3. **e forse ancora è:** i giovani, isolati dalla città a causa della pestilenza, non possono essere certi del destino di Coppo.
4. **e per costumi... fama:** famoso e degno di essere eternamente ricordato per il suo buon comportamento e per la sua virtù ancor più che per la sua origine aristocratica. Boccaccio ribadisce, come nella novella di Tancredi e Ghismonda (➤ **T8**), che la vera nobiltà dipende dalla virtù dei comportamenti piuttosto che dalla famiglia in cui si nasce.
5. **con più ordine... parlare:** cioè Coppo è un brillante retore. Boccaccio fa riferimento alle caratteristiche necessarie alla buona orazione: la *dispositio* («disposizione», qui l'«ordine», cioè l'organizzazione del discorso), la *memoria* (cioè la «memorizzazione» del discorso) e l'*elocutio*, fondata sull'*ornatus* («la formulazione linguistica», qui «l'ornato parlare», cioè la capacità di adottare un linguaggio elegante e persuasivo, ricorrendo agli artifici retorici).
6. **usato:** solito.
7. **Federigo di messer Filippo Alberighi:** gli Alberighi erano tra le famiglie aristocratiche più note della città, e sono citati anche da Dante nel *Paradiso* (XVI, 89).
8. **in opera... Toscana:** apprezzato fra tutti i giovani nobili della Toscana per il suo valore nelle armi e per la sua gentilezza di costumi.
9. **sì come... avviene:** come il più delle volte accade agli uomini nobili.
10. **tenuta:** ritenuta.

deva;[11] ma ella, non meno onesta che bella, niente di queste cose per lei fatte né di colui si curava che le faceva.[12]

Spendendo adunque Federigo oltre a ogni suo potere molto e niente acquistando,[13] sì come di leggiere adiviene, le ricchezze mancarono[14] e esso rimase povero, senza altra cosa che un suo poderetto piccolo essergli rimasa, delle rendite del quale strettissimamente[15] vivea, e oltre a questo un suo falcone[16] de' miglior del mondo. Per che, amando più che mai né parendo gli più potere essere cittadino come disiderava,[17] a Campi,[18] là dove il suo poderetto era, se n'andò a stare. Quivi, quando poteva uccellando[19] e senza alcuna persona richiedere, pazientemente la sua povertà comportava.[20]

Ora avvenne un dì che, essendo così Federigo divenuto allo **stremo**,[21] che il marito di monna Giovanna infermò,[22] e veggendosi alla morte venire fece testamento, e essendo ricchissimo, in quello lasciò suo erede un suo figliuolo già grandicello e appresso questo, avendo molto amata monna Giovanna, lei, se avvenisse che il figliuolo senza erede legittimo morisse, suo erede substituì,[23] e morissi.

lessico

Stremo

Derivato da "estremo", con caduta della vocale iniziale, nei significati arcaici di «scarso, povero» ha funzione di aggettivo, mentre il sostantivo è ancora utilizzato, soprattutto nella locuzione "allo stremo" che significa «al limite» oltre il quale appare imminente l'esaurirsi delle forze.

Rimasa adunque vedova monna Giovanna, come usanza è delle nostre donne, l'anno di state[24] con questo suo figliuolo se n'andava in contado a una sua possessione[25] assai vicina a quella di Federigo. Per che avvenne che questo garzoncello s'incominciò a dimesticare con Federigo[26] e a dilettarsi d'uccelli e di cani; e avendo veduto molte volte il falcon di Federigo volare e stranamente[27] piacendogli, forte disiderava d'averlo ma pure non s'attentava[28] di domandarlo, veggendolo a lui esser cotanto caro.

E così stando la cosa, avvenne che il garzoncello infermò: di che la madre dolorosa molto, come colei che più non n'avea e lui amava quanto più si poteva,[29] tutto il dì standogli dintorno non restava[30] di confortarlo e spesse volte il domandava se alcuna cosa era la quale egli disiderasse, pregandolo gliele dicesse, che per certo, se possibile fosse a avere, procaccerebbe come l'avesse.[31]

Il giovanetto, udite molte volte queste proferte, disse:

– Madre mia, se voi fa che io abbia il falcone di Federigo, io mi credo prestamente guerire.[32]

11. e acciò che… spendeva: e per conquistare l'amore di lei, partecipava a tornei, maneggiava le armi, organizzava feste e spendeva generosamente denari, sperperando senza alcuna cura il suo patrimonio.
12. non meno… faceva: onesta quanto bella, non prestava attenzione a nessuna di questa cose fatte per lei né a colui che le faceva.
13. niente acquistando: non ottenendo niente.
14. sì come… mancarono: come facilmente può succedere, si esaurirono i denari.
15. strettissimamente: ottenendone solo lo stretto necessario per vivere. La dignità mantenuta da Federigo nella povertà dimostrerà che egli è nobile non solo nel sangue ma, soprattutto, nell'animo.
16. falcone: ultimo *status symbol* della sua antica ricchezza nobiliare. Gli aristocratici amavano infatti andare a caccia con falconi ammaestrati.
17. Per che… disiderava: Motivo per cui, continuando ad amare (Giovanna) ma non sembrandogli più di poter vivere in città nel modo in cui desiderava, cioè con un tenore di vita elevato.
18. Campi: Campi Bisenzio, tra Firenze e Prato.
19. uccellando: cacciando uccelli, con il suo falcone.
20. senza… comportava: senza chiedere aiuti a nessuno sopportava con pazienza la sua povertà.
21. divenuto allo stremo: ridotto in estrema povertà.
22. infermò: s'ammalò.
23. suo erede substituì: nominò erede in sostituzione del figlio. Se il figlio cioè fosse morto senza un suo erede, il patrimonio sarebbe passato a sua madre.
24. l'anno di state: ogni anno d'estate.
25. in contado a una sua possessione: in campagna in un podere di suo possesso.
26. questo… Federigo: questo ragazzino cominciò a familiarizzare con Federigo.
27. stranamente: in modo straordinario.
28. non s'attentava: non osava.
29. come… poteva: non avendo altri che lui e amandolo con tutto il cuore.
30. restava: cessava.
31. che per certo… l'avesse: che senz'altro, se fosse stato possibile ottenerla, avrebbe fatto in modo di procurargliela.
32. se voi… guerire: se voi farete in modo che io abbia il falcone di Federigo, credo che rapidamente guarirò.

La donna, udendo questo, alquanto sopra sé stette[33] e cominciò a pensar quello che far dovesse. Ella sapeva che Federigo lungamente l'aveva amata, né mai da lei una sola guatatura[34] aveva avuta, per che ella diceva: – Come manderò io o andrò a domandargli questo falcone che è, per quel che io oda, il migliore che mai volasse e oltre a ciò il mantien nel mondo?[35] E come sarò io sì sconoscente,[36] che a un gentile uomo al quale niuno altro diletto è più rimaso, io questo gli voglia torre?[37]
E in così fatto pensiero impacciata, come che ella fosse certissima d'averlo se 'l domandasse,[38] senza sapere che dover dire, non rispondeva al figliuolo ma si stava.[39]
Ultimamente tanto la vinse l'amor del figliuolo, che ella seco dispose, per contentarlo che che esser ne dovesse,[40] di non mandare ma d'andare ella medesima per esso e di recargliele[41] e risposegli:
– Figliuol mio, confortati e pensa di guerire di forza, ché io ti prometto che la prima cosa che io farò domattina, io andrò per esso e sì il ti recherò.
Di che il fanciullo lieto il dì medesimo mostrò alcun miglioramento.
La donna la mattina seguente, presa un'altra donna in compagnia, per modo di diporto[42] se n'andò alla piccola casetta di Federigo e fecelo adimandare.[43] Egli, per ciò che non era tempo, né era stato a quei dì, d'uccellare, era in un suo orto e faceva certi suoi lavorietti acconciare;[44] il quale, udendo che monna Giovanna il domandava alla porta, maravigliandosi forte, lieto là corse.
La quale vedendol venire, con una donnesca piacevolezza levataglisi incontro,[45] avendola già Federigo reverentemente salutata, disse:
– Bene stea[46] Federigo! – e seguitò: – Io sono venuta a ristorarti de' danni li quali tu hai già avuti per me amandomi più che stato non ti sarebbe bisogno: e il ristoro è cotale che io intendo con questa mia compagna insieme desinar teco dimesticamente stamane.[47]
Alla qual Federigo umilmente rispose:
– Madonna, niun danno mi ricorda mai avere ricevuto per voi ma tanto di bene che, se io mai alcuna cosa valsi, per lo vostro valore e per l'amore che portato v'ho adivenne.[48]

33. alquanto... stette: rimase a lungo pensierosa.
34. guatatura: sguardo.
35. il mantien nel mondo: gli dà di che vivere, sia poiché gli permette di cacciare e di procurarsi il cibo, sia perché mantiene vivo il ricordo del glorioso passato di Federigo, consentendogli di non abdicare del tutto alla propria antica dignità.
36. sconoscente: ingrata. Giovanna si pone un comprensibile problema etico: approfitterà dell'amore di Federigo per spogliarlo dell'ultimo bene che gli resta? Oppure deluderà il figlio morente?
37. torre: togliere.
38. come che... domandasse: benché fosse certa che l'avrebbe ottenuto se glielo avesse domandato.
39. si stava: tentennava.
40. che che esser ne dovesse: qualunque fossero le conseguenze.
41. di non mandare... recargliele: di non mandare qualcun altro, ma di andare lei stessa e riportargli (il falcone).
42. per modo di diporto: come se andasse a fare una gita di piacere.
43. fecelo adimandare: fece chiedere di lui.
44. per ciò che... acconciare: dal momento che non era stagione (di caccia) e non era stato in quei giorni a caccia di uccelli, era in un suo orto e faceva eseguire alcuni piccoli lavori ai suoi contadini.
45. con una donnesca... incontro: andandogli incontro con femminile grazia.
46. Bene stea: Che tu stia bene; è una formula di saluto.
47. Io son venuta... stamane: Io sono venuta a ricompensarti dei danni che hai subito amandomi più di quanto avresti dovuto fare: e il risarcimento consiste nel fatto che stamattina intendo, con questa mia compagna, pranzare insieme a te, come tra persone famigliari, cioè con semplicità.
48. niun danno... adivenne: non ricordo di aver mai subito alcun danno a causa vostra ma tanto bene che, se mai io ho avuto qualche pregio, è dipeso dalla vostra virtù e dall'amore nei vostri confronti. Federigo rinnova la sua cavalleria nei confronti di Giovanna alla quale riferisce il merito delle proprie virtù: la cultura cortese e stilnovistica, infatti, celebra la donna come donatrice di grazia.

Le nostre parole ›

E per certo questa vostra **liberale**[49] venuta m'è troppo più cara che non sarebbe se da capo mi fosse dato da spendere quanto per adietro ho già speso, come che a povero oste siate venuta.[50]

E così detto, vergognosamente[51] dentro alla sua casa la ricevette e di quella nel suo giardino la condusse, e quivi non avendo a cui farle tenere compagnia a altrui,[52] disse: – Madonna, poi che altri non c'è, questa buona donna moglie di questo lavoratore vi terrà compagnia tanto che io vada a far metter la tavola.

Egli, con tutto che la sua povertà fosse strema, non s'era ancor tanto avveduto quanto bisogno gli facea che egli avesse fuor d'ordine spese le sue ricchezze,[53] ma questa mattina niuna cosa trovandosi di che potere onorar la donna, per amor della quale egli già infiniti uomini onorati avea, il fé ravedere.[54] E oltre modo angoscioso,[55] seco stesso maledicendo la sua fortuna, come uomo che fuor di sé fosse or qua e or là trascorrendo,[56] né denari né pegno[57] trovandosi, essendo l'ora tarda e il disiderio grande di pure onorar d'alcuna cosa la gentil donna e non volendo, non che altrui, ma il lavorator suo stesso richiedere[58] gli corse agli occhi il suo buon falcone, il quale nella sua saletta vide sopra la stanga[59] per che, non avendo a che altro ricorrere, presolo e trovatolo grasso, pensò lui esser degna vivanda di cotal donna. E però,[60] senza più pen-

49. liberale: generosa.
50. m'è troppo... venuta: mi è assai più gradita di quanto lo sarebbe se mi fosse concessa la possibilità di spendere di nuovo quanto ho già speso in passato, nonostante siate venuta nella casa di un povero ospite. Federigo sostiene che per lui è più preziosa la visita di Giovanna che tutto il denaro speso in passato: non lo vorrebbe indietro al posto della visita dell'amata.
51. vergognosamente: con vergogna, per la sua povertà.
52. non avendo... altrui: non avendo nessuno che potesse tenerle compagnia.
53. con tutto... ricchezze: nonostante la sua povertà fosse estrema, non si era ancora reso ben conto di aver dissipato le sue ricchezze.
54. il fé ravedere: lo fece ravvedere, cioè per la prima volta si rese conto della povertà in cui si era ridotto.
55. angoscioso: angosciato.
56. or qua e or là trascorrendo: aggirandosi qua e là.
57. pegno: oggetto da impegnare, per ottenere denaro.
58. non volendo... richiedere: non volendo chiedere nulla non solo a un estraneo ma nemmeno al suo stesso contadino.
59. stanga: l'asta sulla quale è appollaiato il falcone.
60. però: perciò.

Le nostre parole — Liberale

L'origine del termine L'aggettivo "liberale" deriva dal latino *liberalem*, che indicava un'attitudine o un comportamento tipici di una persona libera. Per estensione, l'aggettivo indica dunque persone o atteggiamenti improntati a generosità (anche economica), magnanimità e disinteresse.

La liberalità è una delle più importanti virtù della cortesia cavalleresca, e consiste nella larga condivisione di beni con i propri pari in occasioni di svago (banchetti, cacce...).

Le arti liberali Nel corso del Medioevo, oltre che nel significato di generosità d'animo che traspare dalla novella boccacciana, l'aggettivo "liberale" si usava anche per indicare l'insegnamento scolastico delle cosiddette tre arti liberali, che componevano il Trivio (Grammatica, Retorica e Dialettica) e il Quadrivio (Aritmetica, Geometria, Astronomia e Musica).

Liberismo / Liberalismo Nel contesto politico, il termine "liberale" ha assunto nel tempo il significato di «appartenente o improntato al liberalismo», quando è aggettivo, e di «sostenitore del liberalismo», quando ha funzione di sostantivo. Il "liberalismo" è una dottrina politica, affermatasi soprattutto nel Novecento ma di origine illuministica, che difende la proprietà privata e la libertà degli individui. Questo movimento politico non va confuso con il "liberismo", una teoria economica che prende le mosse nel XVIII secolo a partire dalle teorie del filosofo Adam Smith.

sare, tiratogli il collo, a una sua fanticella il fé prestamente, pelato e acconcio, mettere in uno schedone[61] e arrostir diligentemente; e messa la tavola con tovaglie bianchissime, delle quali alcuna ancora avea, con lieto viso ritornò alla donna nel suo giardino e il desinare, che per lui far si potea, disse essere apparecchiato.

Laonde la donna con la sua compagna levatasi andarono a tavola e, senza saper che si mangiassero, insieme con Federigo, il quale con somma fede[62] le serviva, mangiarono il buon falcone. E levate da tavola e alquanto con piacevoli ragionamenti con lui dimorate,[63] parendo alla donna tempo di dire quello per che andata era, così benignamente verso Federigo cominciò a parlare:

– Federigo, ricordandoti tu della tua preterita[64] vita e della mia onestà, la quale per avventura[65] tu hai reputata durezza e crudeltà, io non dubito punto che tu non ti debbi maravigliare della mia presunzione sentendo quello per che principalmente qui venuta sono; ma se figliuoli avessi o avessi avuti, per li quali potessi conoscere di quanta forza sia l'amor che lor si porta, mi parrebbe esser certa che in parte m'avresti per iscusata.[66] Ma come che[67] tu non n'abbia, io che n'ho uno, non posso però le leggi comuni[68] d'altre madri fuggire; le cui forze seguir convenendomi,[69] mi conviene, oltre al piacer mio e oltre a ogni convenevolezza e dovere,[70] chiederti un dono il quale io so che sommamente t'è caro: e è ragione,[71] per ciò che niuno altro diletto, niuno altro diporto,[72] niuna consolazione lasciata t'ha la tua strema fortuna,[73] e questo dono è il falcon tuo, del quale il fanciul mio è sì forte invaghito, che, se io non gliene porto, io temo che egli non aggravi tanto nella infermità la quale ha, che poi ne segua cosa per la quale io il perda.[74] E per ciò ti priego, non per l'amore che tu mi porti, al quale tu di niente sé tenuto,[75] ma per la tua nobiltà, la quale in usar cortesia s'è maggiore che in alcuno altro mostrata,[76] che ti debba piacere di donarlomi, acciò che io per questo dono possa dire d'avere ritenuto in vita il mio figliuolo e per quello averloti sempre obligato.[77]

Federigo, udendo ciò che la donna adomandava e sentendo che servir non ne la potea[78] per ciò che mangiar gliele avea dato, cominciò in presenza di lei a piagnere anzi che[79] alcuna parola risponder potesse. Il quale pianto la donna prima credette che da dolore di dover da sé di partire il buon falcone divenisse più che d'altro,[80] e quasi fu per dire che nol volesse; ma pur sostenutasi,[81] aspettò dopo il pianto la risposta di Federigo, il qual così disse:

61. il fé... schedone: lo fece subito mettere, pelato e preparato, in un grosso spiedo.
62. con somma fede: con molta devozione.
63. e alquanto... dimorate: dopo essersi lungamente intrattenute con lui in piacevoli conversazioni.
64. preterita: passata.
65. per avventura: forse.
66. m'avresti per iscusata: mi scuseresti.
67. Ma come che: Ma sebbene.
68. le leggi comuni: l'istinto comune, l'amore materno verso il figlio.
69. le cui... convenendomi: essendo necessario che io mi conformi alla sua forza, dell'amore materno.
70. oltre al piacere... dovere: contro il mio desiderio e oltre il limite di quanto sarebbe decente e giusto.
71. è ragione: è giusto, da parte di Federigo.
72. diporto: piacere.
73. strema fortuna: infelice condizione di miseria.
74. io temo... perda: temo che si aggravi nella malattia che l'ha colpito al punto che succeda poi qualcosa tale da farmelo perdere.
75. al quale... tenuto: per il quale non sei tenuto a fare niente.
76. la quale... mostrata: la quale, in quanto a generosità, si è dimostrata maggiore di quella di chiunque altro.
77. averloti sempre obligato: ti sia sempre riconoscente.
78. sentendo... potea: capendo che non poteva accontentarla.
79. anzi che: senza che.
80. da dolore... d'altro: dipendesse, più che altro, dal dolore di doversi separare dal buon falcone.
81. che nol... sostenutasi: che non lo voleva; ma trattenutasi.

– Madonna poscia che a Dio piacque che io in voi ponessi il mio amore, in assai cose m'ho reputata la fortuna contraria e sonmi di lei doluto;[82] ma tutte sono state leggieri a rispetto[83] di quello che ella mi fa al presente, di che[84] io mai pace con lei aver non debbo, pensando che voi qui alla mia povera casa venuta siete, dove, mentre che ricca fu, venir non degnaste, e da me un picciol don vogliate, e ella[85] abbia sì fatto, che io donar nol vi possa: e perché questo esser non possa vi dirò brievemente.

Come io udii che voi, la vostra mercé,[86] meco **desinar** volavate, avendo riguardo alla vostra eccellenza e al vostro valore, reputai degna e convenevole cosa che con più cara vivanda secondo la mia possibilità io vi dovessi onorare, che con quelle che generalmente per l'altre persone s'usano:[87] per che, ricordandomi del falcon che mi domandate e della sua bontà, degno cibo da voi il reputai, e questa mattina arrostito l'avete avuto in sul tagliere, il quale io per ottimamente allogato avea;[88] ma vedendo ora che in altra maniera il disideravate, m'è sì gran duolo che servire non ve ne posso, che mai pace non me ne credo dare.[89]

lessico

Desinare

Propriamente significa «consumare il pasto» principale della giornata, ma letteralmente indica il momento in cui si interrompe il "digiuno": viene, infatti, dal francese antico *disner*, derivato a sua volta dal latino volgare **disieiunare*, composto dal prefisso negativo *dis-* + *ieiunare*, «digiunare».

E questo detto, le penne e i piedi e 'l becco le fe'in testimonianza di ciò gittare davanti. La qual cosa la donna vedendo e udendo, prima il biasimò d'aver per dar mangiare a una femina ucciso un tal falcone, e poi la grandezza dell'animo suo, la quale la povertà non avea potuto né potea rintuzzare,[90] molto seco medesima commendò.[91] Poi, rimasa fuori dalla speranza[92] d'avere il falcone e per quello della salute del figliuolo entrata in forse,[93] tutta malinconosa[94] si dipartì e tornossi al figliuolo. Il quale, o per malinconia che il falcone aver non potea o per la 'nfermità che pure a ciò il dovesse aver condotto, non trapassar molti giorni che egli con grandissimo dolor della madre di questa vita passò.[95]

La quale, poi che piena di lagrime e d'amaritudine fu stata alquanto, essendo rimasa ricchissima e ancora giovane, più volte fu dà fratelli costretta[96] a rimaritarsi. La quale, come che voluto non avesse, pur veggendosi infestare,[97] ricordatasi del valore di Federigo e della sua magnificenzia ultima,[98] cioè d'avere ucciso un così fatto[99] falcone per onorarla, disse a' fratelli:

82. in assai... doluto: in molte cose ho ritenuto il destino avverso e mi sono lamentato di lui.
83. leggieri a rispetto: poca cosa in confronto.
84. di che: motivo per cui.
85. ella: sempre la malasorte.
86. la vostra mercé: per vostra grazia, cioè generosamente.
87. avendo... s'usano: portando rispetto alla vostra dignità e al vostro valore, ritenni fosse giusto e adeguato onorarvi con un cibo migliore, fra quelli a mia disposizione, di quelli che solitamente si servono alle altre persone.
88. il quale... avea: del quale ritenevo di aver fatto l'uso migliore, offrendolo come pietanza a Giovanna.
89. m'è gran... dare: mi provoca un dolore tanto grande il fatto di non potervene fare dono che credo non potrò mai darmi pace.
90. rintuzzare: sminuire.
91. seco medesima commendò: lodò tra sé e sé. Il gesto di Federigo ha colpito Giovanna.
92. rimasa fuori dalla speranza: delusa nella speranza.
93. entrata in forse: divenuta dubbiosa.
94. malinconosa: delusa e pensierosa.
95. o per malinconia... passò: il quale o per la delusione di non poter avere il falcone o a causa della malattia che lo avrebbe comunque condotto a quel punto, non passarono molti giorni che, con grandissima pena della madre, morì.
96. costretta: esortata con forza.
97. come... infestare: anche se non l'avrebbe voluto, sentendosi incalzare, dai fratelli, che spingono perché si risposi.
98. magnificenzia ultima: ultimo atto di generosità, cioè il dono del falcone.
99. così fatto: tanto prezioso.

– Io volentieri, quando vi piacesse, mi starei;[100] ma se a voi pur piace che io marito prenda, per certo io non ne prenderò mai alcuno altro, se io non ho Federigo degli Alberighi.
Alla quale i fratelli, faccendosi beffe di lei, dissero:
– Sciocca, che è ciò che tu di'?[101] Come vuoi tu lui che non ha cosa al mondo?
A'quali ella rispose:
– Fratelli miei, io so bene che così è come voi dite, ma io voglio avanti uomo che abbia bisogno di ricchezza che ricchezza che abbia bisogno d'uomo.[102]
Li fratelli, udendo l'animo di lei e conoscendo Federigo da molto,[103] quantunque povero fosse, sì come ella volle, lei con tutte le sue ricchezze gli donarono. Il quale così fatta donna e cui egli cotanto amata avea per moglie vedendosi,[104] e oltre a ciò ricchissima, in letizia con lei, miglior massaio[105] fatto, terminò gli anni suoi.

100. Io volentieri... starei: volentieri, se me lo permetteste, mi asterrei, dal risposarmi.
101. di': dici.
102. ma io voglio... d'uomo: ma io preferisco un uomo (virtuoso) privo di ricchezze materiali piuttosto che un uomo abbiente e privo di virtù, cioè di ricchezze spirituali. Giovanna sostiene dunque che è meglio un uomo povero di beni materiali ma ricco di virtù spirituali piuttosto che il contrario. È richiamata l'idea che il valore dell'uomo non risiede nei suoi beni materiali (o nella sua famiglia di origine) ma nella nobiltà del suo animo, cioè nella sua virtù personale, come afferma Ghismonda nella prima novella della quarta giornata (➤ **T8**).
103. da molto: come uomo di molto valore.
104. Il quale... vedendosi: Il quale Federigo, trovandosi sposato a una donna di tale valore, che egli aveva tanto amato.
105. massaio: amministratore.

Artista lombardo, *Cavaliere con falco e dame*, 1450. Milano, Casino di caccia Borromeo.

Analisi del testo

Struttura

La parabola di Federigo La novella è strutturata in modo piuttosto semplice in tre grandi sequenze.
La prima è dedicata agli antefatti: la rovina di Federigo, che dissipa i suoi averi tentando invano di corteggiare Giovanna, il suo trasferimento in un «poderetto», la morte del marito di Giovanna e il soggiorno estivo della donna con il figlio nel contado, vicino al podere di Federigo (rr. 4-35).
La seconda lunga sequenza contiene il cuore della vicenda: la malattia del figlio, il desiderio del falcone, la "missione" di Giovanna a casa di Federigo, la sventurata decisione di cucinare il falcone, svelata al termine del pranzo (rr. 36-142).
In conclusione, l'ultimo quadro è dedicato a illustrare, sinteticamente, gli eventi posteriori: la pressione dei fratelli su Giovanna perché si risposi, la sua scelta di Federigo e la trasformazione dell'aristocratico in «buon massaio» delle sue ritrovate ricchezze (rr. 143-159).

Lingua e stile

La mistione di linguaggio aristocratico e borghese
Boccaccio adotta per questa novella un linguaggio elevato, coerente alla dignità del tema, cioè celebrare la nobiltà d'animo e la generosità ispirata dall'amore. È questo uno dei valori fondativi nell'ideologia cortese, a cui si richiama costantemente il lessico. Tuttavia, nell'incontro e nel dialogo tra Federigo e Giovanna si assiste a un significativo mescolamento del linguaggio aristocratico della cortesia e del servizio («umilmente; onorar; diporto; servir; vostra mercé») e del vocabolario borghese del pragmatismo e del lavoro, che prevale quando si descrive la preparazione del falcone («tiratogli il collo; pelato e acconcio; mettere in uno schedone e arrostir»).
Giovanna si sforza di adeguare il suo eloquio alla raffinatezza dell'interlocutore, costruendo un discorso armonioso e adornato: gli annuncia subito di volerlo «ristorare» dai «danni» causatigli dal troppo «amore» e Federigo risponde, in una gara di reciproche cortesie, che ogni suo pregio è tale solo «per lo vostro valore e per l'amore che portato v'ho». Il matrimonio tra l'aristocratico Federigo e la borghese Giovanna sancirà infine la fusione dei due rispettivi immaginari, con Federigo, uomo «da molto», che diviene «miglior massaio» delle sue ricchezze.

Temi

Il rimpianto dell'antica cortesia Nella malinconia che domina molti passaggi della novella (segnata dalla decadenza della famiglia di Federigo prima e dal duplice lutto di Giovanna poi) è stata avvertita l'eco di un rammarico per il declino dell'antica aristocrazia, scalzata dalla borghesia in ascesa. In effetti, pur essendo di estrazione borghese, Boccaccio aveva assorbito profondamente il sistema dei valori cortesi, soprattutto negli anni napoletani di frequentazione della corte angioina. L'immaginario cavalleresco, infatti, è un'importante fonte d'ispirazione per Boccaccio, nelle opere giovanili (in particolare nella *Caccia di Diana* e nella *Commedia delle ninfe fiorentine*) come nel *Decameron*. Ma Boccaccio, con consueto realismo (rafforzato dall'attenzione borghese ai risvolti economici), non nasconde i limiti dello stile di vita aristocratico, anzitutto la tendenza alla dissipazione dei patrimoni, spesi per onorare pubblicamente la propria grandezza nobiliare. L'autore non si rammarica dunque che i valori economici dell'antica aristocrazia siano stati superati, ma lamenta che sia stata dimenticata l'etica di quel mondo, anzitutto la generosità e lo spirito di leale servizio verso chi merita la propria fedeltà. Questi valori, secondo Boccaccio, dovrebbero essere integrati dai nuovi padroni della città, i borghesi, nel loro spirito.

Una visione pragmatica Molti critici hanno dunque ritenuto che la novella, terminando con il matrimonio di Federigo e Giovanna, sottintenda l'auspicio di Boccaccio alla fusione dell'ideologia aristocratica con lo spirito dell'etica borghese, e in effetti l'autore accarezza l'utopia di una società laboriosa, intraprendente, generosa e cortese.
La storia dell'amore tra Federigo e Giovanna nasconde, tuttavia, anche una storia di formazione. L'algida Giovanna, inizialmente insensibile alla liberalità di Federigo, impara da lui il valore della generosità per amore. Federigo, inizialmente incapace di amministrare oculatamente i suoi beni, come avrebbe fatto un buon borghese, impara infine a esserne «miglior massaio». Le ideologie aristocratica e borghese sembrano allora correggere i rispettivi eccessi, temperandosi l'una con l'altra. Boccaccio idealizza i valori cavallereschi, pur consapevole che l'aristocrazia è una «società al tramonto», perché constata l'affievolirsi a Firenze della «spinta progressista della classe mercantile» (Sergio Zatti). Le energie nuove della borghesia in ascesa dovevano dunque arricchire la propria visione del mondo con i valori dell'ideologia cortese.

Officina

COMPRENDERE

1. Per quale motivo Federigo decide di lasciare Firenze e di andare ad abitare a Campi Bisenzio?
   a. Perché monna Giovanna non ricambia il suo amore
   b. Perché non riesce più a mantenere il tenore di vita elevato che la vita di città richiede
   c. Perché glielo consigliano gli amici e i parenti più stretti
   d. Perché vuole dimenticare monna Giovanna nella solitudine della campagna
2. Come reagisce Federigo quando monna Giovanna gli chiede di donarle il suo falcone? Motiva la tua risposta.
3. Come reagiscono i fratelli quando monna Giovanna comunica loro che non vuole sposare nessun altro se non Federigo? Perché successivamente i fratelli cambiano idea?

ANALIZZARE

4. Rileggi con attenzione il discorso di monna Giovanna a Federigo alle righe 98-113. Su quali sentimenti fa leva la donna durante il suo discorso affinché Federigo le dia il suo falcone?
5. Spiega il significato della seguente frase pronunciata da monna Giovanna: «io voglio avanti uomo che abbia bisogno di ricchezza che ricchezza che abbia bisogno d'uomo» (rr. 154-155).
6. **Lessico** "Desinare" si usa ormai soltanto in toscano, sia come verbo intransitivo sia come nome con il significato di «pasto principale della giornata». Qual è il nome utilizzato normalmente in italiano per indicare "il pasto principale della giornata"? E qual è invece il verbo che indica l'azione di "consumare il pasto principale della giornata"? Scrivi due frasi di senso compiuto con questo nome e con questo verbo.

INTERPRETARE

7. Spiega perché la novella può essere interpretata come un racconto di formazione e in che modo, alla fine, nel personaggio di Federigo si realizzi il perfetto equilibrio fra i valori dell'aristocrazia cortese-cavalleresca al tramonto e i nuovi ideali della borghesia mercantile cittadina. Secondo te, anche monna Giovanna compie un percorso di formazione durante il corso della novella? Giustifica le tue argomentazioni con opportuni riferimenti al testo.
8. Quale ruolo svolge la Fortuna in questa novella? In quali punti è evidente il suo intervento? Rispondi in un testo di sufficiente ampiezza supportando le tue argomentazioni con precisi e puntuali riferimenti al testo.

PERCORSO DI SCRITTURA

Riscrittura Che cosa sarebbe successo se Federigo non avesse cucinato il falcone per il pranzo con monna Giovanna? Dopo la richiesta della donna, glielo avrebbe donato oppure no? E, nel caso in cui glielo avesse donato, il figlio di monna Giovanna sarebbe morto ugualmente? Come immagini si sarebbe conclusa la vicenda?
Prova a riscrivere la seconda parte della novella, modificandola in base ai suggerimenti proposti.

COMPETENZE DEL XXI SECOLO

Pensiero critico / Comunicazione e collaborazione
Nel 2015 **i registi italiani Paolo e Vittorio Taviani** hanno diretto una trasposizione cinematografica di alcune novelle del *Decameron* nel **film *Maraviglioso Boccaccio***: fra queste c'è anche la novella di Federigo degli Alberighi. Dopo averla vista (potete trovarla facilmente in dvd), dividetevi a coppie o a gruppi e scrivete un testo multimediale in cui mettete in evidenza somiglianze e differenze fra il testo della novella di Boccaccio e la trasposizione cinematografica dei fratelli Taviani. Il testo multimediale dovrà avere le seguenti caratteristiche:
- la presentazione non dovrà contenere più di 10 slide;
- la prima sarà una slide introduttiva con il nome e il cognome degli studenti che hanno realizzato il lavoro, la classe e la scuola di appartenenza, il titolo, una o due immagini (dipinti, opere d'arte, fotografie…) significative riferite all'argomento trattato;
- le altre slide saranno dedicate al confronto fra il testo e la pellicola.

Cercate di presentare le informazioni in maniera sintetica, unendo brevi testi, schemi, mappe, tabelle, immagini e/o brevi video.
Al termine del lavoro, preparate un'esposizione orale da esporre alla classe della durata massima di dieci minuti.

T10 *Guido Cavalcanti*

Decameron VI, IX

Siamo nella sesta giornata, dedicata ai motti di spirito. Il protagonista della novella è un noto poeta: si tratta di Guido Cavalcanti, il più celebre tra quelli della generazione successiva a Guido Guinizzelli, l'iniziatore dello Stilnovo (➤ p. 126). Cavalcanti fu un personaggio noto, oltre che per la sua opera poetica, per gli interessi filosofici e la fama, diffusa tra il popolo, di essere un epicureo, cioè di negare l'esistenza dell'anima e di Dio. Anche Boccaccio nella novella ci presenta il personaggio di Guido ammantato da questo pregiudizio: Cavalcanti, irriso da una brigata di giovani perditempo per il suo atteggiamento schivo e pensieroso, risponde con penetrante sarcasmo, mostrando loro che la vera morte, per l'uomo, è l'assenza totale di una dimensione speculativa in chi vive alienandosi nei piaceri e nei divertimenti più superficiali (cioè proprio come le persone che stanno cercando di prendersi gioco di lui). La narratrice è Elissa.

Guido Cavalcanti dice con un motto onestamente villania[1] a certi cavalier fiorentini li quali soprappresso l'aveano[2].

[...] Dovete adunque sapere che ne' tempi passati furono nella nostra città assai belle e laudevoli usanze,[3] delle quali oggi niuna ve n'è rimasa, mercé[4] dell'avarizia che in quella[5] con le ricchezze è cresciuta, la quale tutte l'ha discacciate.[6] Tra le quali n'era una cotale, che in diversi luoghi per Firenze si ragunavano insieme i gentili uomini delle contrade e facevano lor brigate di certo numero, guardando di mettervi tali che comportar potessono acconciamente le spese,[7] e oggi l'uno, doman l'altro, e così per ordine tutti mettevan tavola,[8] ciascuno il suo dì, a tutta la brigata; e in quella spesse volte onoravano e gentili uomini forestieri, quando ve ne capitavano, e ancora de' cittadini;[9] e similmente si vestivano insieme almeno una volta l'anno, e insieme i dì più notabili[10] cavalcavano per la città, e talora armeggiavano,[11] e massimamente per le feste principali o quando alcuna lieta novella[12] di vittoria o d'altro fosse venuta nella città.
Tra le quali brigate n'era una di messer Betto Brunelleschi,[13] nella quale messer Betto è compagni s'eran molto ingegnati di tirare[14] Guido di messer Cavalcante de' Cavalcan-

1. **dice... villania:** nasconde una frecciata («villania») attraverso una battuta di spirito («motto»). Cavalcanti rimette in riga i suoi detrattori con una risposta potenzialmente aggressiva, ma ingentilita e depotenziata dall'arguzia del motto.
2. **soprappresso l'aveano:** l'avevano colto di sorpresa.
3. **usanze:** abitudini.
4. **mercé:** a causa.
5. **in quella:** cioè nella città di Firenze.
6. **la quale... discacciate:** l'avarizia ha fatto scomparire le buone abitudini, abbandonate perché ritenute troppo costose.
7. **Tra le quali... spese:** Tra queste (usanze) ce n'era una per la quale a Firenze in diversi luoghi si radunavano i nobili dei quartieri e costituivano compagnie di un certo numero, prestando attenzione a includervi (solo) coloro che fossero in grado di provvedere adeguatamente alle spese, per le dispendiose attività che organizzavano, pagate a turno da un membro della compagnia.
8. **mettevan tavola:** offrivano un banchetto.
9. **e in quella... cittadini:** e in quei banchetti venivano onorati sia i nobili stranieri, quando ve ne capitavano, sia quelli della città.
10. **insieme... notabili:** allo stesso modo i giorni delle ricorrenze solenni.
11. **armeggiavano:** organizzavano tornei d'armi.
12. **novella:** notizia.
13. **Betto Brunelleschi:** membro di un'agiata famiglia fiorentina, esponente dei guelfi neri, fu ucciso dai Donati nel 1311.
14. **s'eran... tirare:** avevano cercato in ogni modo di coinvolgere.

ti, e non senza cagione;[15] per ciò che, oltre a quello che egli fu un de' migliori loici[16] che avesse il mondo e ottimo filosofo naturale[17] (delle quali cose poco la brigata curava),[18] sì fu egli leggiadrissimo e costumato e parlante uomo molto, e ogni cosa che far volle e a gentile uom pertenente, seppe meglio che altro uom fare;[19] e con questo era ricchissimo, e a chiedere a lingua[20] sapeva onorare cui nell'animo gli capeva che il valesse.[21] Ma a messer Betto non era mai potuto venir fatto d'averlo,[22] e credeva egli co' suoi compagni che ciò avvenisse per ciò che Guido alcuna volta **speculando** molto astratto dagli uomini diveniva.[23] E per ciò che egli alquanto tenea della oppinione degli epicuri,[24] si diceva tra la gente volgare[25] che queste sue speculazioni eran solo in cercare se trovar si potesse che Iddio non fosse.[26]

Ora avvenne un giorno che, essendo Guido partito d'Orto San Michele[27] e venutosene per lo corso degli Adimari infino a San Giovanni,[28] il quale spesse volte era suo cammino, essendo quelle arche[29] grandi di marmo, che oggi sono in Santa Reparata, e molte altre dintorno a San Giovanni, ed egli essendo tra le colonne del porfido che vi sono e quelle arche e la porta di San Giovanni, che serrata era, messer Betto con sua brigata a caval venendo su per la piazza di Santa Reparata, veggendo Guido là tra quelle sepolture, dissero: – Andiamo a dargli briga;[30] – e spronati i cavalli a guisa d'uno assalto sollazzevole gli furono, quasi prima che egli se ne avvedesse, sopra,[31] e cominciarongli a dire: – Guido tu rifiuti d'esser di nostra **brigata**; ma ecco, quando tu avrai trovato che Iddio non sia, che avrai fatto?[32]

A' quali Guido, da lor veggendosi chiuso,[33] prestamente[34] disse:

– Signori,[35] voi mi potete dire a casa vostra ciò che vi piace; – e posta la mano sopra una di quelle arche, che grandi erano, sì come colui che leggerissimo era, prese un salto e fussi gittato dall'altra parte, e sviluppatosi da loro se n'andò.[36]

lessico

Speculare

Deriva dal latino *speculari*, «osservare, esaminare», che probabilmente viene da *specula*, «vedetta»; «altura». Uno dei significati arcaici di "speculare", infatti, è «osservare da una posizione elevata». Il termine è poi passato a indicare, più genericamente, l'attività di meditare su un dato argomento.

Le nostre parole › (p. 618)

15. cagione: motivo.
16. loici: filosofi.
17. filosofo naturale: conoscitore delle scienze naturali.
18. delle quali... curava: la brigata di Betto è poco interessata alla cultura filosofica o scientifica.
19. leggiadrissimo... fare: uomo tanto elegante, di modi così garbati e di tale piacevole conversazione che tutto ciò che volle fare, consono a un uomo gentile, lo seppe fare meglio di chiunque altro. Cavalcanti incarna dunque virtù apprezzate dalla brigata di giovani nobili, perché rallegrano il tempo trascorso assieme.
20. a chiedere a lingua: quanto più si può immaginare.
21. cui nell'animo... valesse: chi riteneva dentro di sé che ne fosse degno.
22. Ma a messer... d'averlo: Ma Betto non era mai riuscito ad averlo, nella sua compagnia. Il rifiuto di Cavalcanti, interpretabile come atto di scortesia, potrebbe nascondere anche ragioni politiche: Betto è un esponente dei guelfi neri mentre Cavalcanti dei guelfi bianchi.
23. speculando... diveniva: immerso in profondi pensieri, si estraniava dalla compagnia degli altri uomini.
24. E per ciò... epicuri: E dal momento che egli inclinava fortemente verso l'opinione degli epicurei, cioè era seguace delle dottrine (genericamente riferite, nel Medioevo, a Epicuro, filosofo greco del IV-III secolo a.C.) che negavano l'esistenza dell'anima e di ogni principio spirituale, incluso Dio.
25. gente volgare: cioè il popolo.
26. eran solo... fosse: erano tutte finalizzate a dimostrare che Dio non esistesse.
27. Orto San Michele: presso la chiesa di San Michele in Orto (Orsanmichele), vicino a piazza della Signoria, c'era l'abitazione di Cavalcanti. La chiesa venne demolita all'inizio del XIV secolo.
28. San Giovanni: il battistero di Firenze, attorno al quale erano collocate le tombe di marmo dove si riteneva fossero sepolti i primi abitanti della città. Successivamente furono trasferite nella cattedrale di Santa Reparata (di fronte al battistero, oggi Santa Maria del Fiore).
29. arche: sepolcri.
30. dargli briga: infastidirlo, punzecchiarlo.
31. a guisa... sopra: come in uno scherzoso assalto gli furono addosso prima che egli se ne potesse rendere conto.
32. quando... fatto?: quando avrai dimostrato che Dio non esiste, cosa avrai ottenuto?
33. chiuso: bloccato.
34. prestamente: immediatamente.
35. Signori: Cavalcanti con questo appellativo li indica come i padroni di casa, fra le tombe del cimitero.
36. sì come... se n'andò: da uomo agilissimo qual era, saltò e si gettò dall'altra parte, e liberatosi da loro se ne andò.

Costoro rimaser tutti guatando[37] l'un l'altro, e cominciarono a dire che egli era uno smemorato[38] e che quello che egli aveva risposto non veniva a dir nulla, con ciò fosse cosa che quivi dove erano non avevano essi a far più che tutti gli altri cittadini, né Guido meno che alcun di loro.[39]

Alli quali messer Betto rivolto disse:

– Gli smemorati siete voi, se voi non l'avete inteso. Egli ci ha detta onestamente[40] in poche parole la maggior villania[41] del mondo; per ciò che, se voi riguardate bene, queste arche sono le case de' morti, per ciò che in esse si pongono e dimorano i morti; le quali egli dice che sono nostra casa, a dimostrarci che noi e gli altri uomini idioti e non litterati[42] siamo, a comparazion di lui e degli altri uomini scienziati,[43] peggio che uomini morti, e per ciò, qui essendo, noi siamo a casa nostra.

Allora ciascuno intese quello che Guido aveva voluto dire e vergognossi né mai più gli diedero briga, e tennero per innanzi messer Betto sottile e intendente cavaliere.[44]

37. guatando: guardando.
38. uno smemorato: un folle.
39. non veniva... loro: non significava nulla, dal momento che nel luogo in cui si trovavano non erano più di casa di quanto non lo fossero tutti gli altri cittadini, compreso Guido.
40. onestamente: con elegante arguzia.
41. villania: offesa.
42. idioti e non letterati: ignoranti e incolti.
43. scienziati: uomini sapienti.
44. tennero... cavaliere: e da quel giorno in poi considerarono Betto un gentiluomo arguto e intelligente, poiché aveva capito cosa intendesse dire Cavalcanti.

Le nostre parole Brigata

L'origine del termine Il sostantivo "brigata" viene dal verbo *brigare*, derivato da *briga*, «noia, fastidio, molestia», parola dall'etimologia discussa. Secondo una teoria accreditata, *briga* deriva dal gallico **briga*, voce di origine celtica che significava «forza, lena», forse in seguito passata a indicare «prepotenza». Per questo, con "brigata" probabilmente in origine si intendeva una compagnia di amici scapestrati, e successivamente anche un gruppo di persone che trascorrono insieme del tempo in modo spensierato. In Dante (*Purg.* XIV, 106) il termine indica una cerchia di persone che hanno interessi comuni, con una sfumatura prevalentemente negativa.

La «brigata spendereccia» Tra le "brigate" comuni nella Toscana medievale merita di essere menzionata la cosiddetta "brigata spendereccia", formata da un gruppo di giovani di Siena, provenienti da famiglie assai benestanti. La fama di questa compagnia fu tale che alcuni tra i maggiori scrittori italiani vi allusero nelle loro opere, da Dante a Cavalcanti, fino allo stesso Boccaccio nella presente novella.

Le brigate politiche Nella storia contemporanea, il termine "brigata", per influenza del significato militare di «unità tattica di fanteria» e del suo significato estensivo in espressioni come "brigate partigiane", ha assunto una connotazione politica e viene usato per indicare una formazione combattente di natura sovversiva. Ben noto è il movimento terroristico delle Brigate Rosse, gruppo d'azione di estrema sinistra formatosi nel 1970.

Analisi del testo

Struttura

Uno spaccato della società fiorentina La vicenda di Cavalcanti è introdotta da una nota di costume: un tempo a Firenze era usanza che i giovani benestanti si organizzassero in brigate dedite a "metter tavola, cavalcare e armeggiare", ospitando i gentiluomini forestieri e, talvolta, burlandosi di chi non condivideva i loro costumi (rr. 3-13). Si tratta del necessario sfondo sul quale collocare, per affinità, la figura di Cavalcanti, uomo di squisita cortesia. La cornice della gaudente brigata di Betto Brunelleschi, tuttavia, è anche funzionale a mettere in risalto per antitesi l'originalità di Cavalcanti, che si distingue dagli altri in quanto è «un de' migliori loici che avesse il mondo», un «ottimo filosofo naturale» dedito ad attività intellettuali di cui la brigata di Betto poco si curava (rr. 15-17).

L'ambientazione Viene poi definito il contesto ambientale della vicenda: l'antico cimitero attorno al battistero di San Giovanni. Qui Betto punzecchia Cavalcanti, ricevendone l'arguta e pronta risposta, che è poi costretto a spiegare ai compagni (rr. 26-50): la spiegazione si rende necessaria in considerazione della sottigliezza del motto, frutto di una mente sofisticata e intellettuale come quella di Cavalcanti.

Lingua e stile

Il linguaggio cortese Nell'ambientare la novella, quando rievoca le usanze della Firenze antica, Elissa ricorre spontaneamente al vocabolario della cortesia: i «gentili uomini» fiorentini si riuniscono in «brigata», «mettono tavola», «onorano gli altri nobili», «cavalcano» e «armeggiano». Di Guido Cavalcanti si sottolinea che fu un «leggiadrissimo e costumato», eccellente in ogni attività «pertenente» a un «gentile uom». L'ambientazione fiorentina è rafforzata dal ricorso a riferimenti geografici (Orto San Michele, corso degli Adimari, San Giovanni, Santa Reparata), famigliari per i membri della brigata (e per i primi lettori del *Decameron*).

Dopo una così articolata e ampia introduzione, l'incontro tra Cavalcanti e la brigata di Betto si esaurisce in un brevissimo movimento. Il ritmo è rapido, come anche lo scambio di battute che costituisce l'epilogo dell'incontro. Betto esorta con poche parole i compagni a raggiungere Cavalcanti («Andiamo a dargli briga»); questi subito gli sono addosso («quasi prima che egli se ne avvedesse»); Betto provoca Guido che risponde con concisione («Signori, voi mi potete dire a casa vostra ciò che vi piace»). Alla rapidità dell'incontro corrisponde quella del congedo, quando Guido salta «leggerissimo» i sepolcri. I membri della brigata sono comprensibilmente spiazzati dalla velocità degli eventi: occorrerà che Betto, nell'ultima sequenza dialogica, ne spieghi il senso ai compagni della brigata e ai lettori della novella.

Temi

L'arguzia fiorentina Lo scontro politico tra il guelfo bianco Guido Cavalcanti e il guelfo nero Betto Brunelleschi si trasforma in una gara d'arguzia. In questo contesto una terribile offesa («la maggior villania del mondo», che implica l'accusa di essere «idioti» e «non litterati») risulta accettabile quando se ne riconosce e se ne apprezza la sottigliezza, poiché non è una grossolana aggressione ma un'elegante (e dunque rispettosa) replica: Cavalcanti ha saputo dir ciò «onestamente in poche parole». E i suoi avversari riconoscono con cavalleresca civiltà la sconfitta: si vergognano, smettono di «dar briga» a Cavalcanti e ammirano in Betto, che ha saputo cogliere la sottigliezza di Cavalcanti, un «sottile e intendente cavaliere» (rr. 45-52).

La lode dell'uomo integrale A differenza dei giovani scapestrati, Cavalcanti incarna le «belle e laudevoli usanze» della Firenze antica e padroneggia le virtù della cortesia, ma la sua ricchezza umana non si esaurisce soltanto in questi eleganti costumi. Esprime anche l'industria di chi sa trarsi d'impaccio dalle difficoltà con intelligenza, una virtù molto amata dai borghesi. Eccelle inoltre nelle doti intellettuali, unisce cioè all'eleganza e all'astuzia una profonda capacità speculativa. Se a queste qualità interiori si aggiunge la prestanza fisica (dimostrata dal salto dell'arca), si comprende come Cavalcanti divenga prototipo di uomo integrale, completo, che anticipa in parte l'ideale dell'*humanitas* quattrocentesca. I gaudenti amici della compagnia di Betto, invece, incarnano soltanto le virtù dell'eleganza cortese: ma vivere da eleganti «idioti» non è vivere appieno. Ecco perché l'accusa a Cavalcanti di essere «astratto» dalla realtà viene ribaltata da Guido sui suoi detrattori: i veri morti siete voi, che vi limitate alla superficie della vita.

Officina

COMPRENDERE

1. A quali attività si dedicavano le compagnie di nobili nella Firenze antica?
2. Per quali motivi la brigata di Betto Brunelleschi vorrebbe Guido Cavalcanti fra i suoi membri?
3. Per quali motivi, invece, secondo Betto Brunelleschi e i suoi compagni, Guido Cavalcanti ha sempre declinato l'invito?

ANALIZZARE

4. **Lingua e stile** Individua e trascrivi in una tabella tutte le parole e le espressioni della novella che fanno riferimento ai valori e al mondo rispettivamente dell'antica aristocrazia cortese e della moderna borghesia mercantile.
5. **Lessico** Oltre al significato di «meditare, analizzare a fondo», "speculare" ha anche altri significati. Trovane almeno altri due sul dizionario e scrivi una frase di senso compiuto per ciascun significato.

INTERPRETARE

6. Fra i temi della novella compare sicuramente l'intelligenza umana: in che modo si manifesta questa dote? Attraverso le azioni o attraverso un uso accorto delle parole? Giustifica la tua risposta in un testo di sufficiente ampiezza, argomentando adeguatamente le tue tesi con puntuali e precisi riferimenti al testo.

PERCORSO DI SCRITTURA

Riscrittura Riscrivi la novella invertendo le parti: in questo caso, è Guido Cavalcanti che vuole entrare a far parte della brigata di Betto Brunelleschi che, invece, lo rifiuta. Per quali motivi Cavalcanti è rifiutato dalla brigata e per quali motivi, invece, il poeta vuole esserne parte? Con quali stratagemmi e argomentazioni Cavalcanti cerca di convincere la brigata ad ammetterlo fra loro? I suoi tentativi sono fallimentari o hanno successo?

CROCEVIA

La figura di Cavalcanti poeta-filosofo

Cavalcanti e i contemporanei

Il profilo biografico di Guido Cavalcanti delineato dagli scrittori del Trecento pone in evidenza, più che l'impegno politico, soprattutto le sue qualità intellettuali ed umane. Dino Compagni lo definisce infatti «giovane gentile», «nobile cavaliere», «cortese e ardito ma sdegnoso e solitario e intento allo studio» (*Cronica* I, XXI) e Giovanni Villani parla di lui come di un «filosafo, virtudioso uomo in più cose, se non ch'era troppo tenero [instabile] e stizzoso» (*Nuova Cronica* IX, XLII). Così anche Boccaccio, nel *Decameron* (VI, 9: «un de' miglior loici che avesse il mondo e ottimo filosofo naturale») come nelle *Esposizioni sopra la Comedia di Dante* («fu nel suo tempo reputato ottimo loico e buon filosofo»), e Franco Sacchetti nel *Trecentonovelle* (LXVIII: «valentissimo uomo e filosofo»). Gentilezza e bizzarria compaiono inoltre in un sonetto di Guido Orlandi, in cui l'autore riconosce a Guido le capacità «di palo in frasca come uccel volare, / con grande ingegno gir per loco stretto, / e largamente prendere e donare» (*Amico i' saccio ben*). Il carattere impetuoso è testimoniato

Antonio Maria Crespi (attr.), *Guido Cavalcanti*, 1615 circa. Milano, Pinacoteca Ambrosiana.

dalla sua rivalità con Corso Donati, capo della avversa fazione dei neri. Come già si legge nella *Cronica* del Compagni (I, XX), Corso temeva molto Guido «perché lo conosceva di grande animo», e cercò quindi di farlo assassinare mentre egli era in viaggio verso il santuario di San Giacomo di Compostela; al suo ritorno, Guido tentò a sua volta, senza riuscirci, di eliminare Corso assalendolo apertamente in città. La fama di filosofo è legata soprattutto alla canzone *Donna me prega*, le cui tesi averroistiche (l'amore come passione che ottenebra la mente e impedisce all'uomo la padronanza di sé) segnano la separazione intellettuale di Guido da Dante, il quale un tempo, considerandolo suo «primo amico», gli aveva dedicato la *Vita nuova*.

Le accuse di ateismo ed epicureismo

A queste componenti della personalità di Guido si aggiunse inoltre la fama di ateo ed epicureo, dovuta probabilmente a una arbitraria associazione con il padre Cavalcante, che Dante nella *Commedia* aveva posto nel sesto cerchio, tra gli eretici che appunto «l'anima col corpo morta fanno» (*Inferno* X, 15). Anche la novella di Boccaccio riporta l'opinione vulgata di un Cavalcanti ateo ed epicureo, i cui ragionamenti erano tesi a «cercare se trovar si potesse che Iddio non fosse», contribuendo così a fissare un luogo comune che si manterrà a lungo, dai commentatori danteschi fino a molta parte della critica moderna, propensa a contrapporre un Cavalcanti laico a un Dante devoto e credente. Alcuni studiosi però, a cominciare dal Parodi, hanno rilevato l'arbitrarietà di tale visione. Nella novella, infatti, Boccaccio pone l'epicureismo di Guido non come dato di fatto, bensì come una diceria popolare, alimentata da pregiudizi e diffusa «tra la gente volgare» e che l'autore, secondo Guglielmo Gorni, intenderebbe ora rettificare. A tal fine concorrono il motto e il gesto di Guido. Il motto è lo stesso che Petrarca, nei *Rerum memorandarum* II, 60, aveva attribuito al medico fiorentino Dino del Garbo, il cui commento alla canzone cavalcantiana *Donna me prega* era conservato proprio da Boccaccio nel codice autografo Chigiano L.v.176: non è quindi un caso che il motto venga ora trasferito dal commentatore all'autore del testo, poiché ne risulta in tal modo confermato, seppur velatamente, l'averroismo di Guido. Del tutto originale è poi l'azione che accompagna la battuta, il salto al di là delle arche: gesto memorabile che Italo Calvino assumerà nelle *Lezioni americane* (1980) come emblema della leggerezza.

L'interpretazione boccacciana

Il senso della novella viene spiegato dallo stesso Brunelleschi, il quale comprende che gli «uomini idioti e non litterati», rispetto agli «scienziati» come Guido, sono come uomini morti. Si tratta però di una interpretazione parziale, che può accontentare i «non letterati». In realtà, a un livello più profondo, il motto e il gesto di Guido ristabiliscono la corretta posizione intellettuale degli interlocutori, dimostrando in pratica che i veri epicurei, dediti ai piaceri mondani, sono proprio Betto e compagni, che hanno cercato inutilmente di trarre dalla loro parte un epicureo presunto. Ma Guido si è dissociato da loro in modo elegante e inequivocabile. Del resto Boccaccio, commentando nelle *Esposizioni* l'episodio di Cavalcante, non farà alcun riferimento all'epicureismo di Guido.

Guido Cavalcanti e la brigata godereccia; miniatura del codice MS. 5070, XV secolo. Parigi, Biblioteca dell'Arsenale.

T11 Frate Cipolla

Decameron VI, x

La sesta giornata raccoglie novelle in cui la situazione narrativa viene risolta da un motto di spirito o da una facezia. Il motivo ispiratore è dunque l'arte di trarre vantaggio dalle situazioni attraverso un sapiente uso della parola. In questo caso tanto il contesto – una chiesa di campagna popolata da contadini ignoranti – quanto l'artefice e il suo assistente – un allegro frate imbroglione e una specie di animalesco buffone – si collocano a un livello sociale molto basso, consentendo a Boccaccio di spaziare senza riserve attraverso tutte le risorse del registro comico. Il narratore è Dioneo.

Frate Cipolla promette a certi contadini di mostrar loro la penna dell'agnolo Gabriello; in luogo della quale trovando carboni, quegli dice esser di quegli che arrostirono san Lorenzo.

[...] Certaldo,[1] come voi forse avete potuto udire, è un castel di Val d'Elsa posto nel nostro contado, il quale, quantunque piccol sia, già di nobili uomini e d'agiati fu abitato; nel quale, per ciò che buona pastura[2] vi trovava, usò un lungo tempo d'andare ogni anno una volta a ricoglier le limosine fatte loro dagli sciocchi un de' frati di santo Antonio, il cui nome era frate Cipolla, forse non meno per lo nome che per altra divozione vedutovi volontieri, con ciò sia cosa che quel terreno produca cipolle famose per tutta Toscana.[3] Era questo frate Cipolla di persona piccolo, di pelo rosso e lieto nel viso e il miglior brigante [4] del mondo:e oltre a questo, niuna scienzia avendo, sì ottimo parlatore e pronto era,[5] che chi conosciuto non l'avesse, non solamente un gran rettorico l'avrebbe stimato, ma avrebbe detto esser Tulio medesimo o forse Quintiliano:[6] e quasi di tutti quegli della contrada era compare o amico o benivogliente.[7]
Il quale, secondo la sua usanza, del mese d'agosto tra l'altre v'andò una volta, e una domenica mattina, essendo tutti i buoni uomini e le femine delle ville da torno venuti alla messa nella calonica,[8] quando tempo gli parve,[9] fattosi innanzi disse: «Signori e donne, come voi sapete, vostra usanza è di mandare ogni anno à poveri del baron messer santo Antonio del vostro grano e delle vostre biade, chi poco e chi assai, secondo il podere e la divozion sua, acciò ché il beato santo Antonio vi sia guardia de'

1. **Certaldo:** era il paese della famiglia di Boccaccio.
2. **buona pastura:** buon terreno di pascolo; in senso ironico, buone offerte. I frati di sant'Antonio si guadagnarono nel Basso Medioevo la fama assai negativa di imbroglioni senza scrupoli, pur di raccogliere dagli ingenui quanto più era possibile. Dante (*Par.* XXIX, 124 ss.) scaglia contro di loro una violenta invettiva. Nel 1240 papa Gregorio IX ne punì alcuni.
3. **il cui nome... Toscana:** il cui nome era frate Cipolla, ben visto (da quelle parti) più perché si chiamava così che per altre ragioni di devozione, poiché quel terreno produce cipolle famose in tutta la Toscana. Il cognome Cipolla è attestato realmente nella Toscana del Medioevo.
4. **il miglior brigante:** che fa parte di una brigata di amici, un compagnone sempre pronto a fare baldoria.
5. **niuna... pronto era:** pur non avendo alcuna istruzione, era ottimo e pronto parlatore. Cipolla ha il dono dell'eloquenza, al punto che, dice Boccaccio con comica esagerazione, chi non lo conosceva l'avrebbe scambiato per un oratore professionista.
6. **Tulio... Quintiliano:** «Tulio» è Marco Tullio Cicerone (106-43 a.C.), considerato il più grande oratore romano, Quintiliano è Fabio Quintiliano (39-95 d.C.), autore del più importante trattato sull'oratoria (*Institutio oratoria*).
7. **benivogliente:** amico, benevolo.
8. **delle ville... calonica:** dai paesi vicini venuti alla messa nella canonica, cioè la chiesa parrocchiale.
9. **quando tempo gli parve:** quando il momento gli sembrò opportuno.

buoi e degli asini e de' porci e delle pecore vostre;[10] e oltre a ciò solete pagare, e spezialmente quegli che alla nostra compagnia scritti sono,[11] quel poco debito[12] che ogni anno si paga una volta. Alle quali cose ricogliere io sono dal mio maggiore, cioè da messer l'abate, stato mandato,[13] e per ciò, con la benedizion di Dio, dopo nona, quando udirete sonare le campanelle, verrete qui di fuori della chiesa là dove io al modo usato vi farò la predicazione, e bacerete la croce; e oltre a ciò, per ciò che divotissimi tutti vi conosco del barone messer santo Antonio, di spezial grazia vi mostrerò una santissima e bella reliquia,[14] la quale io medesimo già recai dalle sante terre d'oltremare: e questa è una delle penne dell'agnol Gabriello,[15] la quale nella camera della Vergine Maria rimase quando egli la venne a annunziare in Nazarette». E questo detto, si tacque e ritornossi alla messa.

Erano, quando frate Cipolla queste cose diceva, tra gli altri molti nella chiesa due giovani astuti molto, chiamato l'uno Giovanni del Bragoniera e l'altro Biagio Pizzini li quali, poi che alquanto tra sé ebbero riso della reliquia di frate Cipolla, ancora che molto fossero suoi amici e di sua brigata, seco proposero di fargli di questa penna

10. santo Antonio... vostre: sant'Antonio abate (egiziano, da non confondere con l'omonimo santo di Padova) fu uno dei fondatori del monachesimo; la sua festa ricorre il 17 gennaio. È un santo particolarmente legato al mondo contadino perché protettore degli animali. Viene raffigurato con un porcellino ai suoi piedi, simbolo forse del suo potere sul demonio, che sempre tentava il santo durante i suoi eremitaggi nel deserto.

11. spezialmente... sono: specialmente quelli che sono iscritti alla nostra confraternita.

12. quel poco debito: quel piccolo contributo.

13. Alle quali... mandato: A riscuotere queste cose io sono stato mandato dal mio superiore, cioè il signor abate.

14. per ciò che... reliquia: siccome so che siete tutti devotissimi del nobile sant'Antonio, per speciale concessione vi mostrerò una santissima e bella reliquia. Le reliquie – in genere parti del corpo o oggetti appartenuti ai santi o addirittura a Gesù o alla Vergine – suscitavano nel Medioevo un interesse spasmodico: chiese, monasteri, borghi, città cercavano di accaparrarsi le più preziose e miracolose. Tale era la richiesta di questi oggetti che molte reliquie erano palesemente false e diventavano occasione di truffa per i più creduli.

15. una... Gabriello: la reliquia che frate Cipolla intende mostrare ai suoi fedeli e donatori è delle più improbabili e tale da suscitare il buonumore: addirittura una penna che l'angelo Gabriele avrebbe perso nel dare l'annuncio del concepimento miracoloso a Maria.

Scuola italiana, *Angelo*, prima metà del XIV secolo. New York, Metropolitan Museum of Art.

alcuna beffa.[16] E avendo saputo che frate Cipolla la mattina desinava nel castello con un suo amico, come a tavola il sentirono così se ne scesero alla strada e all'albergo dove il frate era smontato se n'andarono con questo proponimento: che Biagio dovesse tenere a parole il fante[17] di frate Cipolla e Giovanni dovesse tralle cose del frate cercare di questa penna, chente che ella si fosse,[18] e torgliele, per vedere come egli di questo fatto poi dovesse al popol dire.[19] Aveva frate Cipolla un suo fante, il quale alcuni chiamavano Guccio Balena e altri Guccio Imbratta, e chi gli diceva Guccio Porco: il quale era tanto cattivo, che egli non è vero che mai Lippo Topo ne facesse alcun cotanto.[20] Di cui spesse volte frate Cipolla era usato di motteggiare con la sua brigata e di dire: «Il fante mio ha in sé nove cose tali che, se qualunque è l'una di quelle fosse in Salamone o in Aristotile o in Seneca, avrebbe forza di guastare ogni lor vertù, ogni lor senno, ogni lor santità.[21] Pensate adunque che uom dee essere egli, nel quale né vertù né senno né santità alcuna è, avendone nove!»; e essendo alcuna volta domandato quali fossero queste nove cose, e egli, avendole in rima messe, rispondeva: «Dirolvi: egli è tardo, sugliardo e bugiardo; negligente, disubidente e maldicente; trascutato, smemorato e scostumato;[22] senza che egli ha alcune altre taccherelle con queste, che si taccion per lo migliore.[23] E quel che sommamente è da rider de' fatti suoi è che egli in ogni luogo vuol pigliar moglie e tor casa a pigione;[24] e avendo la barba grande e nera e unta, gli par sì forte esser bello e piacevole, che egli s'avisa[25] che quante femine il veggano tutte di lui s'innamorino, ed essendo lasciato,[26] a tutte andrebbe dietro perdendo la coreggia.[27] È il vero che egli m'è d'un grande aiuto, per ciò che mai niun non mi vuol sì segreto parlare, che egli non voglia la sua parte udire; e se avviene che io d'alcuna cosa sia domandato, ha sì gran paura che io non sappia rispondere, che prestamente risponde egli e sì e no, come giudica si convenga».

A costui, lasciandolo all'albergo, aveva frate Cipolla comandato che ben guardasse che alcuna persona non toccasse le cose sue, e spezialmente le sue bisacce, per ciò che in quelle erano le cose sacre. Ma Guccio Imbratta, il quale era più vago di stare in cucina che sopra i verdi rami l'usignolo, e massimamente se fante vi sentiva niuna,[28] avendone in quella dell'oste una veduta, grassa e grossa e piccola e mal fatta, con un

16. seco... beffa: si riproposero di fargli una beffa servendosi di questa penna.
17. tenere... il fante: intrattenere con delle chiacchiere il servitore.
18. chente che ella si fosse: quale che fosse, di qualsiasi tipo essa fosse (la piuma).
19. e torgliele... dire: e portargliela via, per vedere come poi il frate avrebbe giustificato il fatto davanti al popolo.
20. Guccio... cotanto: Guccio Porco: il quale era tanto inetto che nemmeno Lippo Topo si sarebbe comportato come lui. I soprannomi di questo Guccio (a quanto pare, un personaggio effettivamente vissuto a Certaldo) alludono alla sua grassezza («Balena») o alla sua scarsa pulizia («Imbratta» e «Porco»). Lippo Topo era un personaggio, stavolta di fantasia, celebre per fare cose strane.
21. ha... santità: ha in sé nove caratteristiche tali che, se anche solo una di esse si trovasse in Salomone o in Aristotele o in Seneca, avrebbe il potere di rovinare ogni loro virtù, senno e sensibilità morale. Il re biblico Salomone, il filosofo greco Aristotele e il filosofo latino Seneca sono portati come esempi di grandi virtù.
22. tardo... scostumato: pigro, sudicio, bugiardo, scansafatiche, disubbidiente, pettegolo, negligente o accidioso (cioè che non pensa a nulla), smemorato e scostumato. La serie di cattive qualità di Guccio è una iperbole comica.
23. senza che... migliore: a parte questo, lui ha altri difettucci che per pudore si tacciono.
24. tor casa a pigione: affittare una casa.
25. s'avisa: crede.
26. ed essendo lasciato: e se lo si lascia fare.
27. a tutte... coreggia: farebbe la corte a tutte senza ritegno. L'espressione "perdere la coreggia", cioè la cintura dei pantaloni, indica modo di agire non controllato.
28. il quale... niuna: il quale aveva più voglia di stare in cucina di quanto un usignolo non ami stare sui verdi rami, e specialmente se si accorgeva di qualche cameriera.

paio di poppe che parean due ceston da letame e con un viso che parea de' Baronci,[29] tutta sudata, unta e affumicata, non altramenti che si gitti l'avoltoio alla carogna, lasciata la camera di frate Cipolla aperta e tutte le sue cose in abbandono, là si calò;[30] e ancora che d'agosto fosse, postosi presso al fuoco a sedere, cominciò con costei, che Nuta aveva nome, a entrare in parole[31] e dirle che egli era gentile uomo per procuratore[32] e che egli aveva de' fiorini più di millantanove,[33] senza quegli che egli aveva a dare altrui, che erano anzi più che meno, e che egli sapeva tante cose fare e dire, che domine pure unquanche.[34] E senza riguardare[35] a un suo cappuccio sopra il quale era tanto untume, che avrebbe condito il calderon d'Altopascio,[36] e a un suo farsetto rotto e ripezzato e intorno al collo e sotto le ditella[37] smaltato di sucidume, con più macchie e di più colori che mai drappi fossero tartereschi o indiani, e alle sue scarpette tutte rotte e alle calze sdrucite, le disse, quasi stato fosse il siri di Ciastiglione,[38] che rivestir la voleva e rimetterla in arnese, e trarla di quella cattività di star con altrui e senza gran possession d'avere ridurla in isperanza di miglior fortuna[39] e altre cose assai: le quali

29. de' Baronci: la famiglia Baronci era nota per la bruttezza dei suoi componenti.
30. si calò: dopo la similitudine poetica dell'usignolo, segue una similitudine repellente: Guccio si cala sulla bruttissima cameriera come un avvoltoio sulla carogna.
31. a entrare in parole: a conversare.
32. era gentile uomo per procuratore: letteralmente: gentiluomo per procura; è un'espressione altisonante, ma che non vuol dire nulla di preciso. Anche Guccio, come più avanti il suo padrone, usa tanti paroloni per incantare il suo interlocutore.
33. più di millantanove: un numero inventato ma alto.
34. che domine pure unquanche: che nemmeno il suo padrone (o: che nemmeno il Signore Iddio).
35. E senza riguardare: E senza fare caso.
36. il calderon d'Altopascio: un pentolone che ad Altopascio (Lucca) due volte alla settimana cuoceva una gran quantità di minestra per i poveri.
37. un suo... ditella: un suo panciotto rotto e rappezzato intorno al collo e sotto le ascelle.
38. il siri di Ciastiglione: espressione proverbiale per indicare un gran signore.
39. che rivestir... fortuna: che voleva rivestirla e rimetterla in sesto, e portarla via da quella prigionia che la costringeva a stare a servizio di qualcuno e senza grandi ricchezze («senza gran possession d'avere») ricondurla alla speranza di una migliore sorte.

Sandro Botticelli, *Annunciazione*, 1485-1492 circa. New York, Metropolitan Museum of Art.

quantunque molto affettuosamente le dicesse, tutte in vento convertite, come le più delle sue imprese facevano, tornarono in niente.[40]
Trovarono adunque i due giovani Guccio Porco intorno alla Nuta occupato; della qual cosa contenti, per ciò che mezza la lor fatica era cessata,[41] non contradicendolo alcuno[42] nella camera di frate Cipolla, la quale aperta trovarono, entrati, la prima cosa che venne lor presa per cercare fu la bisaccia nella quale era la penna; la quale aperta, trovarono in un gran viluppo di zendado fasciata[43] una piccola cassettina; la quale aperta, trovarono in essa una penna di quelle della coda d'un pappagallo, la quale avvisarono dovere esser quella che egli promessa avea di mostrare a' certaldesi. E certo egli il poteva a quei tempi leggiermente[44] far credere, per ciò che ancora non erano le morbidezze d'Egitto, se non in piccola quantità, trapassate in Toscana, come poi in grandissima copia con disfacimento di tutta Italia son trapassate:[45] e dove che elle poco conosciute fossero, in quella contrada quasi in niente erano dagli abitanti sapute; anzi, durandovi ancora la rozza onestà degli antichi, non che veduti avessero pappagalli ma di gran lunga la maggior parte mai uditi non gli avean ricordare.[46] Contenti adunque i giovani d'aver la penna trovata, quella tolsero e, per non lasciare la cassetta vota, vedendo carboni in un canto della camera, di quegli la cassetta empierono; e richiusala e ogni cosa racconcia come trovata avevano, senza essere stati veduti, lieti se ne vennero con la penna e cominciarono a aspettare quello che frate Cipolla, in luogo della penna trovando carboni, dovesse dire.
Gli uomini e le femine semplici che nella chiesa erano, udendo che veder dovevano la penna dell'agnol Gabriello dopo nona,[47] detta la messa, si tornarono a casa; e dettolo l'un vicino all'altro e l'una comare all'altra, come desinato ebbero ogni uomo, tanti uomini e tante femine concorsono[48] nel castello, che appena vi capeano,[49] con desiderio aspettando di veder questa penna. Frate Cipolla, avendo ben desinato e poi alquanto dormito, un poco dopo nona levatosi e sentendo la moltitudine grande esser venuta di contadini per dovere la penna vedere, mandò a Guccio Imbratta che lassù con le campanelle[50] venisse e recasse le sua bisacce. Il quale, poi che con fatica dalla cucina e dalla Nuta si fu divelto, con le cose addimandate con fatica lassù n'andò: dove ansando giunto, per ciò che il ber dell'acqua gli avea molto fatto crescere il corpo, per comandamento di frate Cipolla andatone in su la porta della chiesa, forte incominciò le campanelle a sonare.
Dove, poi che tutto il popolo fu ragunato, frate Cipolla, senza essersi avveduto che niuna sua cosa fosse stata mossa, cominciò la sua predica, e in acconcio de' fatti suoi disse molte parole; e dovendo venire al mostrar della penna dell'agnolo Gabriello, fat-

40. tornarono in niente: non approdarono a nulla.
41. per ciò che… cessata: per il fatto che metà della fatica era stata risparmiata (la necessità di intrattenere Guccio).
42. non contradicendolo alcuno: dato che nessuno lo impediva.
43. in un gran… fasciata: avvolta in un grande panno di seta.
44. leggiermente: facilmente.
45. per ciò che… trapassate: per il fatto che le raffinatezze d'Oriente non erano ancora arrivate in Toscana, se non in piccola quantità, come sono invece arrivate abbondantemente in seguito, portando corruzione in tutta Italia. Una lode per "il buon tempo antico", come quella che Dante fa pronunciare a Cacciaguida in Paradiso.
46. e dove… ricordare: e se mai altrove erano poco conosciute (le raffinatezze), in quella contrada erano quasi del tutto ignote agli abitanti, anzi poiché vi resisteva ancora la rustica onestà degli antichi, non solo non avevano mai visto pappagalli, ma la maggior parte nemmeno li aveva mai sentiti nominare.
47. dopo nona: dopo le tre del pomeriggio circa.
48. concorsono: convennero, si radunarono.
49. che appena vi capeano: che a mala pena ci entravano tutti.
50. con le campanelle: le campanelle che si suonavano quando si esponevano le reliquie.

ta prima con grande solennità la confessione,[51] fece accender due torchi,[52] e soavemente sviluppando il zendado, avendosi prima tratto il cappuccio,[53] fuori la cassetta ne trasse. E dette primieramente alcune parolette a laude e a commendazione dell'agnolo Gabriello e della sua reliquia, la cassetta aperse. La quale come piena di carboni vide, non sospicò[54] che ciò che Guccio Balena gli avesse fatto, per ciò che nol conosceva da tanto, né il maladisse del male aver guardato che altri ciò non facesse, ma bestemmiò tacitamente sé, che a lui la guardia delle sue cose aveva commessa, conoscendol, come faceva, negligente, disubbidente, trascutato e smemorato. Ma non per tanto, senza mutar colore, alzato il viso e le mani al cielo, disse sì che da tutti fu udito: «O Iddio, lodata sia sempre la tua potenzia!».

Poi richiusa la cassetta e al popolo rivolto disse:[55] «Signori e donne, voi dovete sapere che, essendo io ancora molto giovane, io fui mandato dal mio superiore in quelle parti dove apparisce il sole, e fummi commesso con espresso comandamento che io cercassi tanto che io trovassi i privilegi del Porcellana, li quali, ancora che a bollar niente costassero, molto più utili sono a altrui che a noi. Per la qual cosa messom' io cammino, di Vinegia partendomi e andandomene per lo Borgo de' Greci e di quindi per lo reame del Garbo cavalcando e per Baldacca, pervenni in Parione, donde, non senza sete, dopo alquanto per venni in Sardigna.[56] Ma perché vi vo io tutti i paesi cerchi da me divisando?[57] Io capitai, passato il braccio di San Giorgio, in Truffia e in Buffia,[58] paesi molto abitati e con gran popoli; e di quindi pervenni in terra di Menzogna, dove molti de' nostri frati e d'altre religioni trovai assai, li quali tutti il disagio andavan per l'amor di Dio schifando, poco dell'altrui fatiche curandosi, dove la loro utilità vedessero seguitare,[59] nulla altra moneta spendendo che senza conio per quei paesi: e quindi passai in terra d'Abruzzi, dove gli uomini e le femine vanno in zoccoli su pe' monti, rivestendo i porci delle lor busecchie medesime; e poco più là trovai gente che portano il pan nelle mazze e 'l vin nelle sacca: da' quali alle montagne de' bachi pervenni, dove tutte le acque corrono alla 'ngiù.[60] E in brieve tanto andai adentro, che io

51. la confessione: la recita della preghiera del *confiteor* («confesso»).

52. due torchi: due grossi ceri.

53. avendosi prima tratto il cappuccio: essendosi prima tolto il cappuccio; cioè, essendosi scoperto il capo in segno di rispetto.

54. non sospicò: non sospettò. Frate Cipolla non pensa che possa essere stato Guccio, troppo inetto, né lo accusa di aver male sorvegliato. Cipolla, realisticamente, maledice se stesso per non aver badato personalmente alle sue cose.

55. disse: frate Cipolla usa un tono roboante e sostenuto per dire numerose ovvietà. Il sole «apparisce» ovunque; il Porcellana era semplicemente un ospedale di Firenze; dire che «bollare» i suoi «privilegi» non aveva un costo non significa quasi nulla.

56. Vinegia... Sardigna: la lista delle località è ingannevole. Vinegia (Venezia), Borgo de' Greci, Parione, Sardigna, braccio di San Giorgio, Baldacca (Bagdad?) sono, sotto l'apparenza esotica, anche nomi di strade fiorentine.

57. Ma perché... divisando?: Ma perché io vi vado descrivendo tutti i paesi visitati da me?

58. in Truffia e in Buffia: nomi inventati che alludono ai truffatori e agli imbroglioni.

59. in terra... seguitare: in terra di Menzogna, dove si trovano molti nostri frati e (frati) di altre religioni, i quali evitavano tutti la fatica per l'amore di Dio, curandosi poco delle fatiche altrui, dove vedevano di poter ottenere il proprio utile. Una violenta frecciata alle abitudini dei frati, ritenuti bugiardi e scansafatiche.

60. dove... alla 'ngiù: niente di realmente originale: rivestire i porci delle proprie budella («busecchie») è un modo astruso per indicare la preparazione degli insaccati; così come l'abitudine di portare le ciambelle infilate in un bastone o il vino negli otri o il fatto che l'acqua dei fiumi scorra verso il basso.

pervenni mei infino in India Pastinaca,[61] là dove io vi giuro, per l'abito che io porto addosso che io vidi volare i pennati,[62] cosa incredibile a chi non gli avesse veduti; ma di ciò non mi lasci mentire Maso del Saggio, il quale gran mercante io trovai là, che schiacciava noci e vendeva gusci a ritaglio. Ma non potendo quello che io andava cercando trovare, perciò che da indi in là si va per acqua, indietro tornandomene, arrivai in quelle sante terre dove l'anno di state vi vale il pan freddo quattro denari, e il caldo v'è per niente.[63] E quivi trovai il venerabile padre messer Nonmiblasmete Sevoipiace,[64] degnissimo patriarca di Jerusalem. Il quale, per reverenzia dell'abito che io ho sempre portato del baron messer santo Antonio, volle che io vedessi tutte le sante reliquie le quali egli appresso di sé aveva; e furon tante che, se io ve le volessi tutte contare, io non ne verrei a capo in parecchie miglia, ma pure, per non lasciarvi sconsolate, ve ne dirò alquante. Egli primieramente mi mostrò il dito dello Spirito Santo così intero e saldo come fu mai, e il ciuffetto del serafino che apparve a san Francesco, e una dell'unghie de' Gherubini, e una delle coste del Verbum-caro-fatti-alle-finestre,[65] e de' vestimenti della Santa Fé catolica, e alquanti de' raggi della stella che apparve a' tre Magi in oriente, e una ampolla del sudore di san Michele quando combatté col diavole, e la mascella della Morte di san Lazzaro e altre. E per ciò che io liberamente gli feci copia delle piagge di Monte Morello in volgare e d'alquanti capitoli del Caprezio,[66] li quali egli lungamente era andati cercando, mi fece egli partefice delle sue sante reliquie: e donommi uno de' denti della santa Croce, e in una ampolletta alquanto del suono delle campane del tempio di Salomone e la penna dell'agnol Gabriello, della quale già detto v'ho, e l'un de' zoccoli di san Gherardo da Villamagna (il quale io, non ha molto, a Firenze donai a Gherardo di Bonsi,[67] il quale in lui ha grandissima divozione) e diedemi de' carboni, co' quali fu il beatissimo martire san Lorenzo arrostito;[68] le quali cose io tutte di qua con meco divotamente le recai, e holle[69] tutte. È il vero che il mio maggiore non ha mai sofferto che io l'abbia mostrate infino a tanto che certificato non s'è se desse sono o no;[70] ma ora che per certi miracoli fatti da esse e

61. mei… India Pastinaca: addirittura fino all'India Pastinaca. La pastinaca era una radice dolciastra. Usato come attributo o apposizione di India potrebbe alludere ai dolciumi d'Oriente, ma più verosimilmente è solo un modo per inserire la parola nel discorso.

62. pennati: è equivoco tra "uccelli" e "coltelli per potare".

63. dove… niente: altro equivoco: in quelle terre dove nel corso dell'anno d'estate il pane freddo vale quattro denari e il caldo (non il pane caldo) non costa nulla.

64. messer Nonmiblasmete Sevoipiace: nome immaginario dal significato di "non mi biasimate, per piacere".

65. una delle coste del Verbum-caro-fatti-alle-finestre: buffonesca storpiatura dell'espressione evangelica *Verbum caro factum est* («il Verbo si è fatto carne»); l'idea della "carne" porta con sé l'immagine delle "coste". La lista delle reliquie è fantasiosa; si va dal dito dello Spirito Santo al «ciuffetto» del serafino, agli abiti della Santa Fede (personificata) fino alla più bizzarra di tutte: una mascella della Morte (raffigurata di solito come uno scheletro) che colpì Lazzaro, poi risuscitato da Gesù (rr. 153-155).

66. E per ciò… Caprezio: il frate dice di avere fatto dono di una copia «in volgare», come se fosse un libro, dei pendii («piagge») di Monte Morello, che è invece una collina attorno a Firenze, e di un ancora più buffo «Caprezio», nome che ricorda, giocando sull'accostamento capra / bue, Boezio, cioè il filosofo tardolatino (➤ p. 204).

67. Gherardo di Bonsi: personaggio storico, esponente fiorentino dell'Arte della Lana e priore nel 1317.

68. il beatissimo… arrostito: san Lorenzo fu martirizzato sul rogo e bruciò vivo sui carboni ardenti. L'uso del termine «arrostito» appare ben poco rispettoso.

69. holle: le ho.

70. È il vero… sono o no: È pur vero che il mio superiore non ha mai voluto che io le facessi vedere (queste reliquie) finché non fosse certificato se erano vere (lett.: quelle) o no. Frate Cipolla rassicura l'uditorio ipotizzando la necessità di una certificazione, aggiungendo che alcune lettere e soprattutto i miracoli fatti ne garantiscono l'autenticità.

per lettere ricevute dal Patriarca fatto n'è certo m'ha conceduta licenzia che io le mostri; ma io, temendo di fidarle altrui, sempre le porto meco. Vera cosa è che io porto la penna dell'agnol Gabriello, acciò che non si guasti, in una cassetta e i carboni co' quali fu arrostito san Lorenzo in un'altra; le quali son sì simiglianti l'una all'altra, che spesse volte mi vien presa l'una per l'altra, e al presente m'è avvenuto;[71] per ciò che, credendomi io qui avere **arrecata** la cassetta dove era la penna, io ho arrecata quella dove sono i carboni. Il quale io non reputo che stato sia errore, anzi mi pare esser certo che volontà sia stata di Dio e che Egli stesso la cassetta de' carboni ponesse nelle mie mani, ricordandom' io pur testé che la festa di san Lorenzo sia di qui a due dì. E per ciò, volendo Iddio che io, col mostrarvi i carboni co'quali esso fu arrostito, raccenda nelle vostre anime la divozione che in lui aver dovete, non la penna che io voleva, ma i benedetti carboni spenti dall'omor[72] di quel santissimo corpo mi fe' pigliare. E per ciò, figliuoli benedetti, trarretevi i cappucci e qua divotamente v'appresserete a vedergli. Ma prima voglio che voi sappiate che chiunque da questi carboni in segno di croce è tocco, tutto quello anno può viver sicuro che fuoco nol cocerà che non si senta».[73] E poi che così detto ebbe, cantando una laude di san Lorenzo, aperse la cassetta e mostrò i carboni; li quali poi che alquanto la stolta moltitudine ebbe con ammirazione reverentemente guardati, con grandissima calca tutti s'appressarono a frate Cipolla e, migliori offerte dando che usati non erano,[74] che con essi gli dovesse toccare il pregava ciascuno. Per la qual cosa frate Cipolla, recatisi questi carboni in mano, sopra li lor camisciotti bianchi e sopra i farsetti e sopra li veli delle donne cominciò a fare le maggior croci che vi capevano,[75] affermando che tanto quanto essi scemavano a far quelle croci, poi ricrescevano nella cassetta, sì come egli molte volte aveva provato.[76] E in cotal guisa, non senza sua grandissima utilità avendo tutti crociati i certaldesi, per presto accorgimento fece coloro rimanere scherniti, che lui, togliendogli la penna, avevan creduto schernire.[77] Li quali stati alla sua predica[78] e avendo udito il nuovo riparo preso da lui e quanto da lungi fatto si fosse e con che parole, avevan tanto riso che eran creduti smascellare. E poi che partito si fu il vulgo, a lui andatisene, con la maggior festa del mondo ciò che fatto avevan gli discoprirono, e appresso gli renderono la sua penna; la quale l'anno seguente gli valse non meno che quel giorno gli fosser valuti i carboni.

lessico

Arrecare

Derivato di "recare", con il prefisso *ad-*, che viene dal gotico *rikan*, «ammucchiare», il verbo significa propriamente «portare a qualcuno», significato oggi poco comune, a differenza di quello figurato di «causare, procurare, provocare», utilizzato in espressioni come "arrecare danno, danni".

71. e al presente m'è avvenuto: e stavolta mi è successo (lo scambio delle cassette).

72. dall'omor: dall'umore, che è colato dal corpo bruciato.

73. Ma prima... senta: Ma prima voglio che sappiate che chi viene toccato da questi carboni facendo il segno della croce, può stare certo che per tutto l'anno se il fuoco lo toccherà lo sentirà. Ultimo gioco di parole per dire un'ovvietà, ma che con la doppia negazione sembra suggerire il contrario, cioè che i carboni hanno il potere di difendere dalle scottature.

74. migliori... erano: dando offerte migliori di quelle che erano soliti dare.

75. le maggior croci che vi capevano: le croci più grandi che i vestiti potessero contenere.

76. aveva provato: i carboni sarebbero dunque inesauribili: a mano a mano che si consumano disegnando croci, ricrescono miracolosamente nella cassetta.

77. per presto... schernire: con questo abile stratagemma beffò coloro che avevano voluto beffare lui, togliendogli la penna.

78. Li quali... predica: I quali (i due beffatori) avendo assistito alla sua predica. I due buontemponi accettano di buon grado che il loro tranello sia stato brillantemente evitato dall'astuto frate e si divertono pazzamente, anzi si «smascellano» dalle risate e gli restituiscono la penna, che servirà per la prossima questua.

Analisi del testo

Struttura

L'articolazione della trama Nella novella è possibile distinguere una serie di sequenze:
- la presentazione dei luoghi e del personaggio di frate Cipolla (rr. 3-13);
- l'annuncio di frate Cipolla dell'esibizione, nel pomeriggio, della sua reliquia: la penna dell'angelo Gabriele (rr. 14-30);
- la preparazione da parte dei due burloni della beffa: rubare la penna distraendo il servo di frate Cipolla, Guccio (rr. 31-40);
- l'ampia digressione su Guccio, che non sorveglia gli averi del padrone per corteggiare senza costrutto una cameriera (rr. 40-79);
- l'esecuzione della beffa: la penna viene sostituita, nella cassetta che la contiene, con dei carboni (rr. 80-97);
- la preparazione dell'esibizione da parte di frate Cipolla e la scoperta della sostituzione. Con la scoperta, la novella raggiunge il punto culminante della tensione narrativa (rr. 98-121);
- la predica di frate Cipolla. Con le parole il frate rovescia a suo vantaggio la situazione difficile e trionfa: la sua reliquia ora sono i carboni del rogo di san Lorenzo (rr. 122-188);
- la conclusione: il divertimento dei due giovani e il riconoscimento da parte loro della bravura del frate (rr. 189-195).

Lingua e stile

Il comico: la situazione e la parola La novella di frate Cipolla è interamente calata nella dimensione del comico. In senso medievale, il comico esigeva personaggi e contesto bassi, e quelli della novella indubbiamente lo sono: un frate senza cultura, intelligente ma imbroglione; un suo aiutante (Guccio) che ne è il doppio se possibile ancora più degradato, sia per aspetto e modi, sia perché inetto; una località campagnola e un pubblico di contadini ignoranti e creduloni. Ma, secondo una distinzione che non è più medievale, bensì moderna, la comicità si articola anche sul doppio piano della situazione e della parola. Sul piano della situazione, la comicità viene dal meccanismo della beffa: i due giovani tentano di mettere in difficoltà il frate ponendolo a sorpresa in una situazione insostenibile, cercando cioè di procurargli «scorno». La beffa nella situazione viene però annullata dal frate, trasferendo l'azione sul piano della parola. Anzi, il beffato si trasforma in beffatore.

Ciò avviene nel corso della lunga orazione che egli riesce a produrre, una volta constatata e compresa la beffa ai suoi danni. Nessuna risorsa della comicità di parola viene trascurata: dall'equivoco sui nomi dei luoghi alla deformazione buffonesca delle parole, dalla parodia del sacro a quella del racconto di viaggio (frate Cipolla sciorina immagini che richiamano le narrazioni di un Oriente favoloso), dall'allusione oscena alla mistificazione della realtà di fatto. L'effetto comico è potenziato dal fatto che Boccaccio fa in modo che la stessa orazione venga percepita in due modi diversi:
- in modo ingenuo dai contadini a cui il frate spaccia per preziose reliquie i volgari carboni del camino;
- in modo consapevole dai lettori e dai due giovani che hanno ordito la beffa.

In un certo senso, il lettore viene posto nella condizione di assistere a una partita a carte (in cui le carte sono truccate) alle spalle del baro, e può ammirare la sua abilità nel condurre in porto la truffa.

Temi

Polemica anticlericale o satira di costume? Nella novella diventa occasione di riso la credulità popolare circa le reliquie, di cui frate Cipolla fornisce un catalogo tanto inesauribile quanto ridicolo: un catalogo che può essere accostato a certe pagine degli illuministi o al romanzo novecentesco scandaloso *Le chiavi di San Pietro* di R. Peyrefitte, che a Boccaccio potrebbe essere debitore. Pure oggetto di riso diventa l'avidità dei frati e i frati in genere (gli abitatori scansafatiche del «paese di Menzogna» citato nella predica). In realtà Boccaccio non è antireligioso. La sua ridicolizzazione dell'ignoranza e dell'avidità dei frati – non certo della Chiesa o della religione in quanto tale – è un elemento quasi normale per la raffinata cultura cittadina del tempo: più che di polemica anticlericale si tratta forse di satira di costume, ma bonaria. È infatti vero che in Boccaccio non c'è nulla di quella indignazione morale contro certi eccessi dei religiosi che animava i suoi quasi contemporanei Dante o Petrarca, che coltivavano interessi anche di tipo politico. Boccaccio al contrario fa del frate (pessimo dal punto di vista morale) proprio il suo eroe positivo, ammirandone le virtù: l'astuzia e l'abilità retorica.

Officina

COMPRENDERE

1. Rileggi con attenzione il ritratto di frate Cipolla alle righe 9-13: poi, riassumi le sue caratteristiche fisiche e morali.
2. In che modo i due amici di frate Cipolla, Giovanni del Bragoniera e Biagio Pizzini, hanno intenzione di sottrarre al frate la penna dell'angelo Gabriele?
3. Che cosa ordina frate Cipolla al suo fante Guccio Imbratta? Perché Guccio non rispetta l'ordine ricevuto?
4. In che modo, durante la sua orazione, frate Cipolla giustifica il fatto di non poter mostrare ai fedeli la penna dell'angelo Gabriele, come aveva promesso? Che cosa mostra al posto della penna?

ANALIZZARE

5. **Lingua e stile** Questa novella è interamente calata in una dimensione comica realizzata anche mediante espedienti retorici e stilistici. Individua e classifica i casi di usi ambigui, allusivi o distorti delle parole o delle espressioni e spiega in che modo contribuiscano a creare l'effetto di comicità della narrazione.

INTERPRETARE

6. Confronta il discorso di Guccio Imbratta e quello di frate Cipolla: quali somiglianze e differenze presentano? Sono entrambi efficaci, riescono cioè entrambi a raggiungere lo scopo prefissato, oppure no? Per quale motivo? Giustifica le tue risposte in un commento di sufficiente ampiezza, supportando le tue argomentazioni con precisi e puntuali riferimenti al testo.

PERCORSO DI SCRITTURA

Riscrittura Scrivi un testo in cui immagini un modo diverso con cui Giovanni del Bragoniera e Biagio Pizzini avrebbero potuto architettare la beffa ai danni di frate Cipolla, e altre motivazioni e argomentazioni con cui frate Cipolla avrebbe giustificato il fatto di non poter mostrare ai fedeli la penna dell'angelo Gabriele, come aveva promesso.

Ambrogio Lorenzetti, *Gruppo di astanti*; particolare della *Professione pubblica di san Ludovico davanti a Papa Bonifacio VIII*, XIV secolo. Siena, Chiesa di San Francesco.

T12 Calandrino e l'elitropia

Decameron VIII, III

Biblioteca digitale *Arriguccio e monna Sismonda*

Siamo nella ottava giornata, dove si raccontano novelle che hanno per tema beffe di ogni tipo. Il pittore Calandrino è il protagonista di ben quattro novelle del *Decameron*, tutte ambientate a Firenze e tutte centrate sul tema della beffa, di cui è vittima per mano degli amici Bruno e Buffalmacco, anch'essi pittori. Calandrino incarna lo stereotipo dello sciocco, dello sprovveduto che abbocca a qualsiasi inganno perché crede a tutto ciò che gli viene detto e, dunque, diviene la vittima ideale di ogni scherzo, anche crudele. La novella è raccontata da Elissa.

Calandrino, Bruno e Buffalmacco giù per lo Mugnone[1] *vanno cercando di trovar l'elitropia*[2]*, e Calandrino se la crede aver trovata; tornasi a casa carico di pietre; la moglie il proverbia*[3]*, ed egli turbato*[4] *la batte, e a' suoi compagni racconta ciò che essi sanno meglio di lui.*

[...] Nella nostra città, la qual sempre di varie maniere e di nuove genti è stata abondevole,[5] fu, ancora non è gran tempo, un dipintore chiamato Calandrino, uom semplice e di nuovi costumi,[6] il quale il più del tempo con due altri dipintori usava,[7] chiamati l'un Bruno e l'altro Buffalmacco,[8] uomini sollazzevoli[9] molto, ma per altro avveduti e sagaci, li quali con Calandrino usavan per ciò che de' modi suoi e della sua simplicità sovente gran festa prendevano.[10]

Era similmente allora in Firenze un giovane di maravigliosa piacevolezza, in ciascuna cosa che far voleva astuto e avvenevole,[11] chiamato Maso del Saggio;[12] il quale, udendo alcune cose della simplicità di Calandrino, propose di voler prender diletto de' fatti suoi col fargli alcuna **beffa**, o fargli credere alcuna nuova cosa.[13]

Le nostre parole ›

E per avventura trovandolo un dì nella chiesa di San Giovanni,[14] e vedendolo stare attento a riguardar le dipinture e gl'intagli[15] del tabernacolo il quale è sopra l'altare della detta chiesa, non molto tempo davanti postovi,[16] pensò essergli dato luogo e tempo alla sua intenzione; e informato un suo compagno di ciò che fare intendeva, insieme

1. **Mugnone:** affluente dell'Arno che scorre nei pressi di Firenze.
2. **elitropia:** questa mitica pietra si credeva avesse la proprietà straordinaria di rendere invisibile chi ne restava a contatto.
3. **il proverbia:** lo rimprovera.
4. **turbato:** irato.
5. **la qual... abondevole:** che è sempre stata ricca di svariati modi di vivere e di personaggi stravaganti.
6. **nuovi costumi:** bizzarri atteggiamenti.
7. **usava:** era solito trascorrere.
8. **Bruno... Buffalmacco:** anche loro sono pittori, poco rinomati.
9. **sollazzevoli:** amanti del divertimento.
10. **li quali... prendevano:** che erano soliti frequentare Calandrino perché spesso si divertivano molto per i suoi comportamenti e per la sua ingenuità.
11. **avvenevole:** affascinante, capace di ottenere ciò che voleva.
12. **Maso del Saggio:** il personaggio (realmente esistito: fu un mediatore di professione) è citato anche in altre novelle del *Decameron* come amante delle beffe.
13. **propose... cosa:** propose di divertirsi alle sue spalle attraverso uno scherzo, facendogli credere una cosa impossibile.
14. **chiesa di San Giovanni:** cioè il battistero di Firenze, nei pressi del quale è ambientata anche la novella di Guido Cavalcanti (➤ **T10**).
15. **intagli:** cioè i bassorilievi nel legno. Il tabernacolo custodisce le ostie consacrate.
16. **non molto... postovi:** posto in quel luogo da non molto tempo.

s'accostarono là dove Calandrino solo si sedeva, e faccendo vista[17] di non vederlo, insieme cominciarono a ragionare delle virtù di diverse pietre, delle quali Maso così efficacemente parlava come se stato fosse un solenne e gran lapidario.[18]

A' quali ragionamenti Calandrino posto orecchie, e dopo alquanto levatosi in piè, sentendo che non era credenza,[19] si congiunse con loro; il che forte piacque a Maso; il quale, seguendo le sue parole,[20] fu da Calandrin domandato dove queste pietre così virtuose[21] si trovassero.

Maso rispose che le più si trovavano in Berlinzone,[22] terra de' Baschi, in una contrada che si chiamava Bengodi,[23] nella quale si legano le vigne con le salsicce, e avevasi un'oca a denaio e un papero giunta,[24] ed eravi una montagna tutta di formaggio parmigiano grattugiato, sopra la quale stavan genti che niuna altra cosa facevan che far maccheroni[25] e raviuoli, e cuocergli in brodo di capponi,[26] e poi gli gittavan quindi[27] giù, e chi più ne pigliava più se n'aveva; e ivi presso correva un fiumicel di vernaccia,[28] della migliore che mai si bevve, senza avervi entro gocciol d'acqua.

– Oh! – disse Calandrino – cotesto è buon paese; ma dimmi, che si fa de' capponi che cuocon coloro?

17. faccendo vista: fingendo.
18. lapidario: esperto conoscitore di pietre.
19. non era credenza: non c'era segreto.
20. seguendo le sue parole: proseguendo nel suo discorso.
21. virtuose: cioè dotate di poteri straordinari. Nel Medioevo era comune convinzione che alcune pietre possedessero proprietà speciali, come la capacità di guarire da certe malattie.
22. Berlinzone: località inventata da Maso. L'etimologia del finto toponimo rimanda ai termini "berlingaio" («goloso»), "berlingare" («chiacchierare») e "berlingaccio" («il giovedì grasso»). La località è collocata nella «terra de' Baschi» (propriamente la regione pirenaica tra Spagna e Francia attuale, abitata dal popolo dei Baschi): qui è un'indicazione generica per indicare una terra lontana, dal sapore esotico.
23. Bengodi: altro luogo immaginario, preso però questa volta dalla tradizione popolare. Il paese di Bengodi, come il paese della Cuccagna, è il luogo dove si prospera grassamente senza dover fare alcuna fatica, dove «si legano le vigne con le salsicce».
24. avevasi… giunta: si poteva acquistare un'oca con un denaro, e avere un papero in aggiunta. Il «denaio» è un soldo di poco valore.
25. maccheroni: gnocchi.
26. capponi: galli castrati, dalla carne morbida, buoni anche per fare il brodo.
27. quindi: di qui.
28. vernaccia: un vino bianco toscano, di pregio.

Le nostre parole **Beffa**

L'origine del termine Il sostantivo "beffa", da cui derivano anche il verbo "beffare" e l'aggettivo "beffardo", è parola italiana che risale al XIII secolo, di origine onomatopeica, spiegabile con il gesto di fare smorfie con le labbra per schernire qualcuno. Una "beffa" dunque è «un'azione o una parola diretta a deridere qualcuno, umiliandolo davanti a tutti», dove per "azione" si può anche intendere un pesante scherzo organizzato alle sue spalle. L'espressione proverbiale "oltre al danno, la beffa" trova la sua origine già in Dante, che nel canto XXIII dell'*Inferno*, parlando dello scherzo ordito da Ciampolo nei confronti dei due diavoli, dice: «Questi per noi / sono scherniti con danno e con beffa». Nella lingua del Duecento sono presenti le espressioni "avere a beffa" (Cecco Angiolieri), nel senso di «disprezzare», e "farsi beffa" (Iacopone da Todi), nel senso di «deridere».

La beffa letteraria Nel Medioevo, e ancora in tutto il Rinascimento (si pensi alla *Novella del grasso legnaiuolo* di Antonio Manetti), la "beffa" diventa *topos* letterario. La burla realizzata ad arte consente allo scrittore di creare un'irresistibile *suspense* per il lettore, che si identifica nella vittima dello scherzo, talora crudelissimo.

Le espressioni della beffa Nell'italiano contemporaneo, il termine "beffa" è caduto quasi in disuso. Restano tuttavia alcune espressioni, usate sporadicamente, che impiegano il termine: si pensi, per esempio, alla definizione di un fatto come deludente rispetto alle aspettative ("questa riforma è una beffa").

Rispose Maso: – Mangiansegli i Baschi tutti.

Disse allora Calandrino: – Fostivi[29] tu mai?

A cui Maso rispose: – Di' tu se io vi fu' mai? Sì vi sono stato così una volta come mille.[30]

Disse allora Calandrino: – E quante miglia ci ha?[31]

Maso rispose: – Haccene più di millanta, che tutta notte canta.[32]

Disse Calandrino: – Dunque dee egli essere più là che Abruzzi.[33]

– Sì bene, – rispose Maso – si è cavelle.[34]

Calandrino semplice, veggendo Maso dir queste parole con un viso fermo[35] e senza ridere, quella fede vi dava che dar si può a qualunque verità più manifesta, e così l'aveva per vere, e disse: – Troppo ci è di lungi a' fatti miei,[36] ma se più presso ci fosse, ben ti dico che io vi verrei una volta con essoteco,[37] pur per veder fare il tomo a quei maccheroni, e tormene una satolla.[38] Ma dimmi, che lieto sie tu, in queste contrade non se ne truova niuna di queste pietre così virtuose?

A cui Maso rispose: – Sì, due maniere di pietre ci si truovano di grandissima virtù: l'una sono i macigni da Settignano e da Montici,[39] per virtù de' quali, quando son macine fatti, se ne fa la farina;[40] e per ciò si dice egli in que' paesi di là, che da Dio vengono le grazie e da Montici le macine; ma ecci[41] di questi macigni sì gran quantità, che appo noi[42] è poco prezzata, come appo loro gli smeraldi, de' quali v'ha maggior montagne che monte Morello[43] che rilucon di mezza notte vatti con Dio.[44] E sappi che chi facesse le macine belle e fatte legare in anella, prima che elle si forassero,[45] e portassele al soldano,[46] n'avrebbe ciò che volesse. L'altra si è una pietra, la quale noi altri lapidari appelliamo elitropia, pietra di troppo gran virtù, per ciò che qualunque persona la porta sopra di sé, mentre la tiene, non è da alcuna altra persona veduto dove non è.[47]

Allora Calandrin disse: – Gran virtù son queste; ma questa seconda dove si truova?

A cui Maso rispose, che nel Mugnone se ne solevan trovare.

29. Fostivi: Vi fosti.

30. vi sono... mille: Maso sta in realtà negando di esserci mai stato ma la risposta, volutamente ambigua, confonde ad arte lo sciocco Calandrino, che capisce quel che vuol capire, cioè che Maso ci è stato.

31. ci ha: ci sono, di distanza.

32. Haccene... canta: Ce ne sono più di mille. L'espressione è volutamente confusa: mescola termini aulici («millanta»), che devono impressionare Calandrino, e una rima senza senso («che tutta notte canta»), messa lì soltanto per colpire, con il suo suono suadente, l'immaginazione credula dello sciocco.

33. Dunque... Abruzzi: Dunque deve essere più lontano degli Abruzzi, regione che rappresenta nella geografia mentale di Calandrino il confine delle terre conosciute.

34. Sì bene... cavelle: Certo, rispose Maso, è un nonnulla. Altra affermazione senza senso logico.

35. viso fermo: volto impassibile.

36. Troppo... miei: È troppo lontano da me, troppo lontana da raggiungere.

37. con essoteco: con te.

38. pur per veder... satolla: solo per vedere rotolare quei maccheroni e farmene una scorpacciata.

39. Settignano... Montici: piccoli centri nei pressi di Firenze, posti sulle colline, celebri per le loro cave di pietra.

40. per virtù... farina: la virtù di queste pietre consisterebbe nel fatto che, utilizzate come macine, possono produrre dal grano la farina, cioè un impiego comunissimo e per nulla prodigioso delle pietre.

41. ecci: c'è.

42. appo noi: presso di noi.

43. monte Morello: altra località nei pressi della città.

44. vatti con Dio: formula di congedo (potenzialmente anche un insulto per dire "togliti di torno") che assume il significato di «non chiedermi di dire altro».

45. chi facesse... forassero: chi unisse ad anello le macine appena fatte, prima di forarle. L'affermazione è senza senso ma Calandrino non se ne accorge.

46. soldano: sultano, esotica figura di ricco e potente sovrano orientale.

47. non è... dove non è: non è vista nel luogo dove non si trova. È ovvio non essere visti nel luogo dove *non* si è. Ma Calandrino, confuso dal gioco di parole di Maso (che contiene una tortuosa doppia negazione) capisce quello che vuole capire, cioè che l'elitropia non ti fa vedere dove sei.

Disse Calandrino: – Di che grossezza è questa pietra? O che colore è il suo?

Rispose Maso: – Ella è di varie grossezze, ché alcuna n'è più e alcuna meno,[48] ma tutte son di colore quasi come nero.

Calandrino, avendo tutte queste cose seco notate,[49] fatto sembiante d'avere altro a fare, si partì da Maso, e seco propose di voler cercare di questa pietra; ma diliberò di non volerlo fare senza saputa[50] di Bruno e di Buffalmacco, li quali spezialissimamente[51] amava. Diessi[52] adunque a cercar di costoro, acciò che senza indugio e prima che alcuno altro n'andassero a cercare,[53] e tutto il rimanente di quella mattina consumò in cercargli.

[*Calandrino trova i due amici e confida loro quanto ha scoperto riguardo l'elitropia e il suo proposito di coinvolgerli nella ricerca della pietra miracolosa. Bruno e Buffalmacco capiscono subito la beffa e stanno al gioco: propongono a Calandrino di rimandare la ricerca al mattino di un giorno di festa. In tal modo nessuno li vedrà cercare e inoltre i tre potranno più facilmente riconoscere le pietre nere da quelle bianche.*]

Buffalmacco lodò il consiglio di Bruno, e Calandrino vi s'accordò, e ordinarono[54] che la domenica mattina vegnente tutti e tre fossero insieme a cercar di questa pietra; ma sopra ogn'altra cosa gli pregò Calandrino che essi non dovesser questa cosa con persona del mondo ragionare, per ciò che a lui era stata posta in credenza.[55] E ragionato

48. ché alcuna... meno: il discorso di Maso è volutamente fumoso: di elitropie ne esistono d'ogni misura.
49. notate: annotate.
50. ma diliberò... saputa: ma decise di non volerlo fare senza prima farlo sapere.
51. spezialissimamente: in modo particolare.
52. Diessi: Si diede.
53. n'andassero a cercare: sottinteso "l'elitropia".
54. ordinarono: stabilirono.
55. posta in credenza: detta in segreto.

Il paese della cuccagna; stampa del XVIII secolo. Milano, Collezione Bertarelli.

questo, disse loro ciò che udito avea della contrada di Bengodi, con saramenti[56] affermando che così era. Partito Calandrino da loro, essi quello che intorno a questo avessero a fare ordinarono fra sé medesimi.[57]

Calandrino con disidero[58] aspettò la domenica mattina; la qual venuta, in sul far del dì si levò, e chiamati i compagni, per la porta a San Gallo usciti e nel Mugnon discesi, cominciarono ad andare in giù, della pietra cercando. Calandrino andava, come più volenteroso, avanti, e prestamente[59] or qua e or là saltando, dovunque alcuna pietra nera vedeva, si gittava, e quella ricogliendo si metteva in seno. I compagni andavano appresso, e quando una e quando un'altra ne ricoglievano; ma Calandrino non fu guari di via andato,[60] che egli il seno se n'ebbe pieno; per che, alzandosi i gheroni della gonnella,[61] che all'analda non era,[62] e faccendo di quegli ampio grembo, bene avendogli alla correggia[63] attaccati d'ogni parte, non molto dopo gli empié,[64] e similmente, dopo alquanto spazio, fatto del mantello grembo, quello di pietre empiè.

Per che, veggendo Buffalmacco e Bruno che Calandrino era carico e l'ora del mangiare s'avvicinava, secondo l'ordine da sé posto,[65] disse Bruno a Buffalmacco: – Calandrino dove è?

Buffalmacco, che ivi presso sel vedeva,[66] volgendosi intorno e or qua e or là riguardando, rispose: – Io non so, ma egli era pur poco fa qui dinanzi da noi.

Disse Bruno: – Ben che fa poco![67] a me par egli esser certo che egli è ora a casa a desinare, e noi ha lasciati nel farnetico d'andar cercando le[68] pietre nere giù per lo Mugnone.

– Deh come egli ha ben fatto, – disse allora Buffalmacco – d'averci beffati e lasciati qui, poscia[69] che noi fummo sì sciocchi che noi gli credemmo. Sappi![70] chi sarebbe stato sì stolto che avesse creduto che in Mugnone si dovesse trovare una così virtuosa pietra, altri che noi?

Calandrino, queste parole udendo, imaginò che quella pietra alle mani gli fosse venuta e che per la virtù d'essa coloro, ancor che lor fosse presente,[71] nol vedessero. Lieto adunque oltre modo di tal ventura,[72] senza dir loro alcuna cosa, pensò di tornarsi a casa; e volti i passi indietro, se ne cominciò a venire.

Vedendo ciò, Buffalmacco disse a Bruno: – Noi che faremo? Ché non ce ne andiam noi?

A cui Bruno rispose: – Andianne;[73] ma io giuro a Dio che mai Calandrino non me ne farà più niuna; e se io gli fossi presso, come stato sono tutta mattina, io gli darei tale di questo ciotto nelle calcagna,[74] che egli si ricorderebbe forse un mese di questa

56. saramenti: giuramenti.
57. essi... medesimi: (Bruno e Buffalmacco) decisero fra di loro come si sarebbero dovuti comportare in questa circostanza.
58. con disidero: ansiosamente.
59. prestamente: rapidamente.
60. non fu... andato: non era andato molto avanti nella strada.
61. per che... gonnella: per cui, alzandosi i lembi della veste.
62. all'analda non era: che non era del modello corto, come quella tipica dell'Hainaut («all'analda»), centro tessile ora in Belgio.
63. alla correggia: alla cintura.
64. gli empié: li riempì.
65. secondo... posto: secondo il piano che avevano predisposto.
66. che ivi... vedeva: che se lo vedeva lì accanto, ma fa finta di non vederlo più. Inizia la messinscena.
67. Ben che fa poco: Altro che poco fa.
68. nel farnetico... le: nella folle ricerca delle.
69. poscia che: dal momento che.
70. Sappi!: Figurati!
71. ancor che lor fosse presente: benché fosse davanti a loro.
72. ventura: fortuna.
73. Andianne: Andiamocene.
74. io gli darei... calcagna: lo picchierei con questa pietra sui calcagni così violentemente.

beffa; – e il dir le parole e l'aprirsi e 'l dar del ciotto nel calcagna a Calandrino fu tutto uno.[75] Calandrino, sentendo il duolo, levò alto il piè e cominciò a soffiare, ma pur si tacque e andò oltre.

Buffalmacco, recatosi in mano uno de' codoli[76] che raccolti avea, disse a Bruno: – Deh! vedi bel codolo, così giugnesse egli testé nelle reni a Calandrino! – e lasciato andare, gli diè con esso nelle reni una gran percossa. E in brieve in cotal guisa or con una parola, e or con una altra su per lo Mugnone infino alla porta a San Gallo il vennero lapidando. Quindi, in terra gittate le pietre che ricolte aveano, alquanto con le guardie de' gabellieri[77] si ristettero; le quali, prima da loro informate, faccendo vista di non vedere, lasciarono andar Calandrino con le maggior risa del mondo.

Il quale senza arrestarsi se ne venne a casa sua, la quale era vicina al Canto alla Macina; e in tanto fu la fortuna piacevole[78] alla beffa, che, mentre Calandrino per lo fiume ne venne e poi per la città, niuna persona gli fece motto, come che pochi ne scontrasse, per ciò che quasi a desinare era ciascuno. Entrossene adunque Calandrino così carico in casa sua.

Era per avventura la moglie di lui, la quale ebbe nome monna Tessa, bella e valente[79] donna, in capo della scala;[80] e alquanto turbata della sua lunga dimora,[81] veggendol venire, cominciò proverbiando[82] a dire: – Mai, frate, il diavol ti ci reca![83] Ogni gente ha già desinato quando tu torni a desinare.

Il che udendo Calandrino, e veggendo che veduto era, pieno di **cruccio** e di dolore cominciò a gridare: – Ohimè, malvagia femina, o eri tu costì? Tu m'hai diserto;[84] ma in fè di Dio io te ne pagherò;[85] – e salito in una sua saletta e quivi scaricate le molte pietre che recate avea, niquitoso[86] corse verso la moglie, e presala per le treccie la si gittò a' piedi, e quivi, quanto egli poté menar le braccia e' piedi, tanto le diè per tutta la persona pugna e calci, senza lasciarle in capo capello o osso addosso che macero non fosse, niuna cosa valendole il chieder mercé con le mani in croce.[87]

> **lessico**
> **Cruccio**
> Il termine deriva dal verbo "crucciare", che a sua volta viene da "corrucciare", forse dal latino volgare **corruptiare*, derivato di *corruptus*, «guastato, danneggiato». Il "cruccio" è un tormento persistente, una preoccupazione che traspare sul viso di chi ne soffre.

Buffalmacco e Bruno, poi che co' guardiani della porta ebbero alquanto riso, con lento passo cominciarono alquanto lontani a seguitar Calandrino, e giunti a piè dell'uscio di lui, sentirono la fiera battitura[88] la quale alla moglie dava, e faccendo vista di giugnere pure allora, il chiamarono. Calandrino tutto sudato, rosso e affannato si fece alla finestra, e pregogli che suso a lui dovessero andare. Essi, mostrandosi alquanto turbati,[89] andaron suso e videro la sala piena di pietre, e nell'un de' canti[90] la donna scapigliata, stracciata, tutta livida e rotta nel viso dolorosamente piagnere, e d'altra parte Calandrino scinto e ansando a guisa d'uom lasso sedersi.[91]

75. **e il dir... uno:** e il pronunciare tali parole e lo stendere il braccio e il colpire con la pietra nei calcagni di Calandrino accaddero nel medesimo istante.
76. **codoli:** ciottoli.
77. **guardie de' gabellieri:** le guardie che raccolgono i dazi sulle merci all'ingresso della città.
78. **piacevole:** favorevole.
79. **valente:** intelligente.
80. **in capo... scala:** in cima alla scala.
81. **dimora:** assenza.
82. **proverbiando:** rimproverandolo.
83. **Mai... reca:** Alla buon' ora il diavolo ti riporta a casa. Il tono della donna è di ironico rimprovero per la lunga assenza non giustificata.
84. **m'hai diserto:** m'hai rovinato.
85. **ma... pagherò:** ma, ti giuro, te la farò pagare.
86. **niquitoso:** rabbioso.
87. **tanto... croce:** la bersagliò con calci e pugni in tutto il corpo al punto che non le rimase un capello in testa o un osso che non fossero pesti, dal momento che non le servì a nulla chiedere perdono con le mani in croce.
88. **fiera battitura:** feroce pestaggio.
89. **turbati:** indispettiti, nei confronti di Calandrino, che avrebbe tirato loro un brutto scherzo.
90. **canti:** angoli.
91. **scinto... sedersi:** sedersi, scompigliato e ansimante, come un uomo stanco.

Dove come alquanto ebbero riguardato, dissero: – Che è questo, Calandrino? Vuoi tu murare, ché noi veggiamo qui tante pietre? – E oltre a questo soggiunsero: – E monna Tessa che ha? E' par che tu l'abbi battuta; che novelle[92] son queste?

Calandrino, faticato dal peso delle pietre e dalla rabbia con la quale la donna aveva battuta, e dal dolore della ventura la quale perduta gli pareva avere,[93] non poteva raccogliere lo spirito a formare intera la parola alla risposta.[94] Per che soprastando,[95] Buffalmacco ricominciò: – Calandrino, se tu aveva altra ira, tu non ci dovevi perciò straziare come fatto hai; ché, poi sodotti ci avesti a cercar teco della pietra preziosa, senza dirci a Dio né a diavolo, a guisa di due becconi nel Mugnon ci lasciasti,[96] e venistitene,[97] il che noi abbiamo forte per male; ma per certo questa fia la sezzaia[98] che tu ci farai mai.

A queste parole Calandrino sforzandosi rispose: – Compagni, non vi turbate, l'opera sta altramenti che voi non pensate.[99] Io, sventurato! avea quella pietra trovata; e volete udire se io dico il vero? Quando voi primieramente di me domandaste l'un l'altro, io v'era presso a men di diece braccia; e veggendo che voi ve ne venavate e non mi vedavate, v'entrai innanzi,[100] e continuamente poco innanzi a voi me ne son venuto. E, cominciandosi dall'un de' capi, infino la fine raccontò loro ciò che essi fatto e detto aveano, e mostrò loro il dosso e le calcagna come i ciotti conci gliel'avessero,[101] e poi seguitò: – E dicovi che, entrando alla porta con tutte queste pietre in seno che voi vedete qui, niuna cosa mi fu detta, ché sapete quanto esser sogliano spiacevoli e noiosi que' guardiani a volere ogni cosa vedere; e oltre a questo ho trovati per la via più miei compari e amici, li quali sempre mi soglion far motto[102] e invitarmi a bere, né alcun fu che parola mi dicesse né mezza,[103] sì come quegli che non mi vedeano. Alla fine, giunto qui a casa, questo diavolo di questa femina maladetta mi si parò dinanzi ed ebbemi veduto, per ciò che, come voi sapete, le femine fanno perder la virtù ad ogni cosa: di che[104] io, che mi poteva dire il più avventurato[105] uom di Firenze, sono rimaso il più sventurato; e per questo l'ho tanto battuta quant'io ho potuto menar le mani, e non so a quello che io mi tengo che io non le sego le veni;[106] che maladetta sia l'ora che io prima la vidi e quand'ella mi venne in questa casa!

E raccesosi nell'ira, si voleva levar per tornare a batterla da capo. Buffalmacco e Bruno, queste cose udendo, facevan vista di maravigliarsi forte e spesso affermavano quello che Calandrino diceva, e avevano sì gran voglia di ridere che qua-

92. **novelle:** novità.
93. **ventura... avere:** fortuna che gli sembrava di aver perso.
94. **non poteva... risposta:** non riusciva a riprendere sufficiente fiato per formulare una risposta.
95. **Per che soprastando:** Calandrino infatti indugia nel dare una risposta.
96. **se tu aveva... lasciasti:** se avevi qualche altra ragione di risentimento verso di noi, non ci dovevi per questo straziare come hai fatto; dal momento che, dopo averci ingannevolmente convinti a cercare con te quella pietra preziosa, senza nemmeno salutarci, ci hai lasciati nel Mugnone come due sciocchi bestioni.
97. **venistitene:** te ne sei tornato a casa.
98. **fia la sezzaia:** sarà l'ultima, sottinteso "beffa".
99. **non vi turbate... pensate:** non vi adirate, la faccenda è andata diversamente da come voi pensate.
100. **Quando voi... innanzi:** Quando voi avete cominciato a chiedervi per la prima volta dove fossi, io ero vicino a voi, a meno di dieci braccia; e vedendo che voi ve ne andavate senza vedermi, vi precedetti. Il "braccio" equivale a circa mezzo metro.
101. **come... avessero:** come i sassi glieli avessero conciati.
102. **mi soglion far motto:** sono soliti rivolgermi la parola.
103. **mezza:** sottinteso "parola".
104. **di che:** per cui.
105. **avventurato:** fortunato.
106. **e non so... veni:** e non so perché mi trattenga dal tagliarle le vene.

si scoppiavano; ma, vedendolo furioso levare per battere un'altra volta la moglie, levatiglisi allo 'ncontro il ritennero,[107] dicendo di queste cose niuna colpa aver la donna, ma egli che sapeva che le femine facevano perdere la virtù alle cose e non le aveva detto che ella si guardasse d'apparirgli innanzi quel giorno: il quale avvedimento Iddio gli aveva tolto[108] o per ciò che la ventura non doveva esser sua, o perch'egli aveva in animo d'ingannare i suoi compagni, a' quali, come s'avvedeva d'averla trovata, il doveva palesare.[109]

E dopo molte parole, non senza gran fatica, la dolente donna riconciliata con essolui,[110] e lasciandol malinconoso[111] colla casa piena di pietre, si partirono.

107. levatiglisi... ritennero: andatigli incontro lo trattennero.
108. il quale... tolto: la quale precauzione Dio gli aveva fatto dimenticare.
109. o perch'egli... palesare: o perché egli aveva intenzione di ingannare i suoi compagni, ai quali, non appena si era accorto di aver trovato l'elitropia, avrebbe dovuto rivelarlo.
110. essolui: lui.
111. malinconoso: pieno di rammarico.

Analisi del testo

Struttura

Le sequenze del racconto La novella si può suddividere in tre ampie sequenze:

- la prima, dove prevale il dialogo in ambienti interni, contiene i preparativi della beffa, orchestrati da Maso del Saggio nella chiesa di San Giovanni (righe 11-69);
- la seconda, ambientata prevalentemente all'esterno, è soprattutto narrativa, poiché l'azione prevale sul dialogo: racconta infatti l'esecuzione della burla, con l'improbabile ricerca dell'elitropia lungo il torrente Mugnone e le percosse inflitte a Calandrino da Bruno e Buffalmacco lungo la via del ritorno (righe 82-121);
- l'ultima sezione torna a spazi interni e alla prevalenza del dialogo. Contiene la scena domestica, da commedia, di Calandrino e monna Tessa, con la rottura dell'"incantesimo", le botte alla povera moglie e l'epilogo determinato dall'arrivo di Bruno e Buffalmacco, che traggono per Calandrino la morale della storia: tutto ciò che è accaduto è colpa sua (righe 127-184).

Lingua e stile

La semplicità della sintassi La sintassi di questa novella è decisamente più semplice rispetto a quella di molte altre: prevale la paratassi e i periodi sono insolitamente brevi, spesso congiunti per coordinazione («Calandrino con disidero aspettò la domenica mattina; la qual venuta, in sul far del dì si levò, e chiamati i compagni, per la porta a San Gallo usciti e nel Mugnon discesi, cominciarono ad andare in giù, della pietra cercando»). Il piacere della narrazione è infatti affidato al ritmo dell'azione, che deve fluire agilmente, senza impegnare la mente dell'ascoltatore. La materia comica della novella richiede infatti uno stile più informale.

La rappresentazione del Bengodi Tutto il racconto è caratterizzato da un lessico attinto dal vocabolario della quotidianità più materiale, che emerge in particolare dalla rappresentazione del favoloso paese di Bengodi (rr. 26-32), colorata da numerosi riferimenti gastronomici, veri e propri *topoi* del mito popolare del regno di Cuccagna, che incarna le aspirazioni di un popolo spesso affamato. Ecco che nel paese di Bengodi «si legano le vigne con le salsicce», e con un «denaio» si comprano «oca» e «papero». L'iperbole del cibo (stilema della letteratura comica, dalla poesia toscana comico-realistica del XIII secolo alle narrazioni epico-comiche, come il *Morgante* di Pulci e il *Gargantua* di Rabelais del XV e XVI secolo) connota il racconto di Maso del Saggio: a Bengodi vi è «una montagna tutta di formaggio parmigiano grattugiato», da dove piovono maccheroni e ravioli cotti in brodo di capponi e dove scorrono fiumi di vernaccia. La rappresentazione di questa terra promessa per tutti gli affamati rilegge in chiave popolaresca il modello biblico della terra di Canaan, promessa agli Ebrei affrancati dalla schiavitù d'Egitto, dove scorrono «latte e miele» (*Esodo* 3, 7).

Il gioco delle parole Nella novella emerge un uso veramente disinvolto e giocoso delle parole, soprattutto nel discorso di Maso del Saggio a Calandrino, nella chiesa di San Giovanni. Il dialogo tra i due è costituito da veloci botta e risposta. Maso imbroglia Calandrino con le parole, complicandone il senso al punto tale da confondere la mente ottusa di Calandrino, che comincia a capire quello che vuole: quando egli chiede a Maso se sia mai stato nel paese di Bengodi, questi risponde «vi sono stato così una volta come mille» e Calandrino lo prende per un sì. Quando Calandrino chiede quanto disti il paese di Bengodi, Maso si diverte a rispondere con una rima senza senso («Haccene più di millanta, che tutta notte canta»), immediatamente trasformata nella mente di Calandrino in una coerente indicazione geografica di distanza. Calandrino crede non al senso delle parole, ma al tono e all'espressione di Maso, che le pronuncia «con un viso fermo e senza ridere». L'elitropia, afferma Maso, ha il magico potere di non far vedere chi la indossa nel luogo in cui non è (di nuovo un'ovvietà spacciata per straordinarietà: è scontato non essere visti dove *non* si è), ma Calandrino intende che l'elitropia renda invisibili.

Temi

Una novella senza eroi A differenza di moltre altre novelle, quella di Calandrino non presenta alcun eroe. L'unica figura innocente è monna Tessa, ingiustamente percossa dallo sciocco marito. Né la vittima della beffa, né i suoi carnefici, infatti, risultano personaggi positivi: Maso, Bruno e Buffalmacco ordiscono uno scherzo crudele e violento, divertendosi della stupidità di uno sciocco. Calandrino non riesce a guadagnarsi la compassione del lettore perché, al di là della sua ingenuità, appare disonesto (cerca di tenersi l'elitropia per sé non dicendo nulla agli amici) e violento (picchia la moglie).

Calandrino, antieroe fuori dal mondo Il personaggio di Calandrino è tra i meglio definiti dell'intero *Decameron* (grazie anche alla sua presenza in altre novelle): è un «dipintore» che qualcuno ha identificato con il pregiottesco Nozzo di Pierino, morto prima del 1318. Calandrino incarna il prototipo dello sciocco, la cui esagerata ingenuità è aggravata dalla presunzione di essere astuto. Anche Andreuccio da Perugia manifesta inizialmente sprovvedutezza e supponenza (➤ **T6**). A differenza di Andreuccio, però, che impara dai propri errori e cresce, Calandrino appare geneticamente sciocco e non c'è per lui alcuna possibilità di apprendere dai propri sbagli. In questa figura è stata vista l'immagine del contadino da poco inurbato a Firenze, oggetto di scherno da parte dei più sofisticati abitanti della città. Calandrino vorrebbe dominare con l'ingegno la realtà per trarne un profitto (come un intraprendente borghese), ma dimostra di non esserne in grado. A Calandrino sfugge il senso di quanto sta accadendo, a partire dal significato proprio delle parole di Maso, che si diverte a confonderlo. L'industria degli eroi boccacciani, al contrario, si fonda anzitutto su una percezione lucida e realistica della vita, alla luce della quale sanno escogitare, con astuzia, strategie realmente efficaci.

L'arte dell'inganno Calandrino resta dunque vittima della messinscena di attori più scaltri di lui. Nella novella, dove tutti cercano d'ingannare tutti, domina il vocabolario della dissimulazione, caratterizzato dal ricorrere delle stesse espressioni: Bruno e Buffalmacco «fanno sembianti» di meravigliarsi alle parole di Calandrino, che aveva «fatto sembianti» di doversene andare, dopo il discorso di Maso. Quest'ultimo «fa vista» di non accorgersi della presenza di Calandrino nella chiesa di San Giovanni; Bruno e Buffalmacco «fanno vista» di non vedere più Calandrino, sul Mugnone, e poi «fanno vista» di giungere casualmente a casa del beffato.
Calandrino è la vittima ideale poiché si rende disponibile a credere l'inverosimile, più allettante della faticosa realtà. Maso, Bruno e Buffalmacco, al contrario, padroneggiano con perfetta consapevolezza il senso delle parole. Per questo decidono di approfittarsi di questa superiorità intellettuale su Calandrino, per confezionargli uno scherzo sadico ma altamente elaborato, che non è motivato dalla prospettiva di un guadagno pratico, ma solo dal compiacimento per un inganno ben riuscito. Lo scherzo dei tre amici rappresenta una sorta di omaggio all'astuzia: il capolavoro di un gruppo di artisti della beffa.

Il potere delle parole L'opera d'arte è portata a termine da Maso, Bruno e Buffalmacco solo attraverso la forza delle parole. Le parole possono raccontare il mondo con realismo (l'arte di un novelliere come Boccaccio), ma possono anche alienare dalla realtà quando sono usate per ingannare, in bocca a personaggi scaltri e amorali, come i numerosi beffatori del *Decameron*. In bocca a Maso, le parole si riducono a puro suono, dove il significante prevale sul significato: Maso dice una cosa, ma il tono della sua voce e l'espressione del suo volto lasciano intendere altro. Lo sciocco Calandrino, che non riesce a padroneggiare il senso delle parole, cioè ad andare oltre la realtà del loro significato, se ne lascia docilmente traviare.

Calandrino finisce per essere il martire tragicomico della sua stessa stupidità. L'autentica gerarchia dei rapporti di forza, ripete Boccaccio nel suo *Decameron*, è stabilita dall'astuzia.

Officina

COMPRENDERE

1. Perché Calandrino, nonostante sia continuamente colpito con delle pietre dagli amici Bruno e Buffalmacco sulla strada verso casa, soffre in silenzio e non manifesta il proprio dolore?

2. Perché le guardie che raccolgono i dazi sulle merci all'ingresso e tutti gli altri abitanti della città non rivolgono la parola a Calandrino?

- **a.** Perché l'elitropia che ha in mano lo ha reso invisibile
- **b.** Perché sono stati informati e resi complici della beffa da Bruno e Buffalmacco
- **c.** Perché non lo riconoscono
- **d.** Perché sono indaffarati nelle proprie occupazioni e non si accorgono della sua presenza

3. Perché Calandrino malmena ferocemente la moglie nel momento in cui la donna gli rivolge la parola, vedendolo rientrare in casa?

ANALIZZARE

4. **Lingua e stile** Nella novella l'autore fa largo uso del vocabolario della dissimulazione: indica qual è il soggetto (singolare o plurale) dei predicati verbali di seguito elencati.

«faccendo vista» (r. 19) • «fatto sembiante» (r. 64) • «faccendo vista» (r. 120) • «faccendo vista» (r. 140) • «facevan vista» (r. 176)

5. **Lessico** Indica quali fra i seguenti termini sono sinonimi (S) e quali contrari (C) di "cruccio":

- **a.** afflizione (...)
- **b.** gioia (...)
- **c.** pena (...)
- **d.** tormento (...)
- **e.** consolazione (...)
- **f.** rammarico (...)
- **g.** piacere (...)

INTERPRETARE

6. Il personaggio di Calandrino compare in altre tre novelle del *Decameron* (ottava giornata novella VI, nona giornata novelle III e V). Dopo averne cercata e letta una a tua scelta (puoi trovarle facilmente su diversi siti Internet), scrivi un confronto di sufficiente ampiezza fra questa e la novella da te scelta, mettendone in evidenza analogie e differenze e supportando le tue argomentazioni con precisi e puntuali riferimenti ai testi.

7. Il tema della beffa è al centro di altre novelle del *Decameron*, come, per esempio, la novella di ***Ser Ciappelletto*** **(T4)**, di ***Andreuccio da Perugia*** **(T6)** e di ***Frate Cipolla*** **(T11)**. Scrivi un commento di sufficiente ampiezza in cui metti a confronto questo tema nelle novelle da te lette, riflettendo sui mezzi e sugli scopi delle beffe, a danno di chi vengono architettate, sottolineando analogie e differenze fra le varie novelle e supportando le tue argomentazioni con precisi e puntuali riferimenti ai testi.

PERCORSO DI SCRITTURA

Riscrittura Dopo aver riletto il dialogo fra Calandrino e Maso alle righe 33-63, riscrivilo trasformandolo in un copione teatrale in italiano standard: puoi variare e rielaborare le espressioni e le parole delle battute, ma fai attenzione a mantenere inalterato il senso e lo spirito del dialogo originale. Se vuoi, puoi arricchire il testo con didascalie che indichino i gesti, i movimenti, il tono della voce dei due personaggi, e altre indicazioni di scena (costumi, scenografie) per rendere più realistica la tua versione teatrale del dialogo.

T13 La conclusione dell'autore

Decameron, Conclusione

Dopo aver narrato il ritorno della brigata dei dieci giovani a Firenze, che sono rientrati in città per evitare pettegolezzi sul loro conto e per impedire al piacere della novità di tramutarsi a lungo andare in noia, Boccaccio torna alle considerazioni del *Proemio* (➤ **T2**) e dell'*Introduzione alla quarta giornata* (➤ **T7**), cioè alla difesa delle sue scelte letterarie, oggetto di critiche. Boccaccio difende anzitutto la legittimità dei temi trattati nelle sue novelle, realistiche e talvolta a sfondo erotico. Rivendica il diritto di rappresentare la realtà così com'è e difende la libertà dell'artista di scegliere la propria materia letteraria prescindendo da considerazioni di natura etica, sostenendo l'autonomia dell'arte dalla morale. Boccaccio, come sempre, non contesta la validità dei principi etici in se stessi; sostiene però che l'arte si attiene a regole differenti. L'accusa alle sue novelle di essere moralmente disimpegnate non ha dunque senso. Le passioni naturali narrate nel *Decameron*, precisa l'autore, non intendevano essere licenziose né edificanti: appariranno lascive solo agli occhi di un lettore maldisposto, malizioso. La riflessione è arricchita da numerose reminiscenze classiche, celate dietro all'apparente semplicità del linguaggio, comprensibile alla vasta platea di lettrici cui si rivolge.

Saranno per avventura alcune di voi[1] che diranno che io abbia nello scriver queste novelle troppa licenzia[2] usata, sì come fare alcuna volta dire alle donne e molte spesso ascoltare cose non assai convenienti né a dire né ad ascoltare ad oneste donne. La qual cosa io nego, per ciò che niuna sì disonesta n'è, che, con onesti vocaboli dicendola, si disdica ad alcuno;[3] il che qui mi pare assai convenevolmente[4] bene aver fatto. Ma presupponiamo che così sia (ché non intendo di piatir[5] con voi, che mi vincereste), dico, a rispondere perché io abbia ciò fatto, assai ragioni vengon prontissime. Primieramente se alcuna cosa[6] in alcuna n'è, la qualità delle novelle l'hanno richesta, le quali se con ragionevole occhio da intendente persona fien riguardate, assai aperto sarà conosciuto (se io quelle della lor forma trar non avessi voluto) altramenti raccontar non poterle.[7] E se forse pure alcuna particella è in quella,[8] alcuna paroletta più liberale che forse a spigolistra[9] donna non si conviene, le quali più le parole pesano che' fatti e più d'apparer s'ingegnano che d'esser buone, dico che più non si dee a me esser disdetto[10] d'averle scritte, che generalmente[11] si disdica agli uomini e alle donne di dir tutto dì "foro e caviglia e mortaio e pestello e salciccia e mortadello",[12] e tutto pieno di simiglianti cose. Senza che alla mia penna non dee essere meno d'autorità[13]

1. **alcune di voi:** Boccaccio si rivolge alle «nobilissime giovani» a cui è dedicata l'opera.
2. **licenzia:** libertà.
3. **per ciò che... alcuno:** dal momento che non esiste alcun argomento così disonesto che, se esposto con parole oneste, risulti disdicevole ad alcuno.
4. **convenevolmente:** opportunamente.
5. **piatir:** discutere, litigare.
6. **se alcuna cosa:** se qualche licenziosità.
7. **le quali... poterle:** le quali, se saranno considerate con sguardo attento da una persona intelligente, chiaramente sarà riconosciuto che io (se non volevo snaturarle) non potevo raccontarle diversamente.
8. **in quella:** riferito alla «forma».
9. **spigolistra:** bigotta.
10. **disdetto:** attribuito a colpa.
11. **che generalmente:** più di quanto solitamente.
12. **foro... mortadello:** tutti termini che possono risultare ambigui, sottintendendo un doppio senso osceno. La «caviglia» è il cilindro su cui si arrotola la seta.
13. **d'autorità:** di libertà.

conceduta che sia al pennello del dipintore, il quale senza alcuna riprensione, o almen giusta, lasciamo stare che egli faccia a san Michele ferire il serpente con la spada o con la lancia, e a san Giorgio il dragone dove gli piace; ma egli fa Cristo maschio ed Eva femina, e a Lui medesimo che volle per la salute[14] della umana generazione sopra la croce morire, quando con un chiovo[15] e quando con due i piè gli conficca in quella.[16] Appresso assai ben si può cognoscere queste cose[17] non nella chiesa, delle cui cose e con animi e con vocaboli onestissimi si convien dire (quantunque nelle sue istorie d'altramenti fatte, che le scritte da me, si truovino assai),[18] né ancora nelle scuole de' filosofanti,[19] dove l'onestà non meno che in altra parte è richesta, dette sono, né tra' cherici né tra' filosofi in alcun luogo, ma ne' giardini, in luogo di sollazzo, tra persone giovani, benché mature e non pieghevoli per[20] novelle, in tempo nel quale andar con le brache in capo per iscampo di sé era alli più onesti non disdicevole,[21] dette sono. Le quali, chenti che[22] elle si sieno, e nuocere e giovar possono, sì come possono tutte l'altre cose, avendo riguardo allo ascoltatore.[23] Chi non sa ch'è il vino ottima cosa a' viventi, secondo Cinciglione e Scolaio[24] e assai altri, e a colui che ha la febbre è nocivo? Direm noi, per ciò che nuoce a' febricitanti, che sia malvagio? Chi non sa che 'l fuoco è utilissimo, anzi necessario a' mortali? Direm noi, per ciò che egli arde le case e le ville[25] e le città, che sia malvagio? L'arme similmente la salute difendon di coloro che pacificamente di viver disiderano, e anche uccidon gli uomini molte volte, non per malizia di loro,[26] ma di coloro che malvagiamente l'adoperano. Niuna corrotta mente intese mai sanamente parola;[27] e così come le oneste a quella[28] non giovano, così quelle che tanto oneste non sono la ben disposta non posson contaminare, se non come il loto[29] i solari raggi o le terrene brutture le bellezze del cielo. Quali libri, quali parole, quali lettere son più sante, più degne, più riverende, che quelle della divina Scrittura? E sì sono egli stati assai che, quelle perversamente intendendo, sé e altrui a perdizione hanno tratto.[30] Ciascuna cosa in sé medesima è buona

14. per la salute: per la salvezza.
15. chiovo: chiodo.
16. in quella: cioè nella croce.
17. queste cose: da collegarsi al successivo «dette sono». Boccaccio spiega che il contesto in cui sono state narrate le novelle ne autorizzava la libertà, non trattandosi di una chiesa né di una scuola filosofica, ma di un giardino popolato di giovani impegnati in conversazioni piacevoli.
18. quantunque… assai: benché nelle sue storie si trovino molte cose ben più scandalose di quelle scritte da me. Boccaccio fa riferimento alle storie ecclesiastiche e afferma che riportino eventi, realmente accaduti, più scabrosi di quelli da lui solo raccontati.
19. filosofanti: filosofi.
20. pieghevoli per: corruttibili a causa di.
21. in un tempo… disdicevole: in un tempo in cui non era ritenuto disdicevole dai più onesti neppure andarsene in giro con i pantaloni in testa, se questo poteva permettere di salvarsi. Boccaccio si riferisce al periodo della peste, in cui, come racconta nell'*Introduzione* (➤ **T3**), si ricorreva ai mezzi più improbabili (talvolta venendo ampiamente meno alle regole della decenza) per sfuggire al contagio. Il rimedio dei dieci giovani, in confronto, appare quanto di più casto, nonostante le novelle salaci.
22. chenti che: quali che.
23. avendo… ascoltatore: in rapporto all'ascoltatore.
24. Cinciglione e Scolaio: soprannomi di noti beoni.
25. le ville: i villaggi.
26. non per malizia di loro: non per loro intrinseca malvagità, delle armi.
27. Niuna… parola: Nessuna mente corrotta ascoltò mai in modo innocente una parola.
28. a quella: cioè alla mente impura.
29. il loto: il fango. L'immagine del sole che non viene contaminato quando i suoi raggi toccano il fango terreno richiama l'immagine di Guido Guinizzelli nella canzone *Al cor gentil rempaira sempre amore*, 31-32: «Fere lo sol lo fango tutto 'l giorno: / vile reman, né 'l sol perde calore» ("Il sole colpisce il fango tutto il giorno: resta vile, né il sole perde virtù" ➤ p. 114), dove si specifica che anche il fango, colpito dal sole, non ne viene nobilitato.
30. E sì… tratto: Eppure ci sono stati molti che, intendendo quelle scorrettamente, hanno condotto sé e altri nella perdizione. Il riferimento è agli eretici che, travisando il senso della Scrittura, hanno allontanato molti dalla fede e dunque dalla salvezza.

ad alcuna cosa, e male adoperata può essere nociva di molte; e così dico delle mie novelle. Chi vorrà da quelle malvagio consiglio o malvagia operazion trarre, elle nol vieteranno ad alcuno, se forse in sé l'hanno, e torte e tirate fieno ad averlo;[31] e chi utilità e frutto ne vorrà,[32] elle nol negheranno, né sarà mai che altro che utili e oneste sien dette o tenute,[33] se a que' tempi o a quelle persone si leggeranno, per cui e pe' quali state sono raccontate.[34] Chi ha a dir[35] paternostri o a fare il migliaccio[36] o la torta al suo divoto,[37] lascile stare: elle non correranno di dietro a niuna a farsi leggere; benché e le pinzochere altressì dicono e anche fanno delle cosette otta per vicenda.[38] [...]

[*A chi lo rimprovera di aver incluso novelle non adeguate, Boccaccio risponde che sono stati i narratori a scegliere quali storie raccontare e che è umano essere imperfetti. Bisogna poi ricordare, sottolinea Boccaccio, che si tratta di narrazioni di puro intrattenimento, rivolte a «semplici giovinette». A chi lo rimprovera che alcune novelle sono troppo lunghe, risponde di essersi rivolto, fin da principio, alle donne 'oziose', cioè con molto tempo a disposizione, non a studenti desiderosi di leggere e di apprendere in fretta.*]

Né dubito punto che non sien di quelle ancor che diranno le cose dette esser troppo piene e di motti e di ciance e mal convenirsi ad uno uom pesato e grave[39] aver così fattamente scritto. A queste son io tenuto di render grazie e rendo, per ciò che, da buon zelo movendosi, tenere son della mia fama.[40]

Ma così alla loro opposizione vo' rispondere: io confesso d'esser pesato, e molte volte de' miei dì essere stato; e per ciò, parlando a quelle che pesato non m'hanno, affermo che io non son grave, anzi son io sì lieve che io sto a galla nell'acqua; e considerato che le prediche fatte da' frati, per rimorder[41] delle lor colpe gli uomini, il più oggi piene di motti e di ciance e di scede,[42] estimai che quegli medesimi non stesser male nelle mie novelle, scritte per cacciar la malinconia delle femine. Tuttavia, se troppo per questo ridessero, il lamento di Geremia, la passione del Salvatore e il ramarichio della Maddalena ne le potrà agevolmente guerire.[43]

31. se forse... averlo: se per caso contengono in sé qualche cattivo consiglio, o se travisate e stiracchiate finiranno per contenerlo.
32. chi... vorrà: a chi cercherà in esse qualcosa di utile e fruttuoso.
33. né sarà... tenute: e non capiterà mai che siano intese e considerate altro che utili e oneste.
34. se... raccontate: se si rivolgeranno a quei contesti e a quelle persone per i quali e per le quali sono state raccontate. Se intese nel senso giusto, cioè nell'ambito adeguato e dai destinatari voluti da Boccaccio, le novelle non risulteranno immorali.
35. ha a dir: è sempre dietro a dire.
36. migliaccio: torta fatta a volte con sangue di maiale, altre volte con miglio o con castagne.
37. divoto: direttore spirituale e confessore. Boccaccio intende dire: chi è bigotto.
38. e le pinzochere... vicenda: sebbene le bigotte dicano e facciano cosette simili, di quando in quando.
39. pesato e grave: maturo e serio.
40. A queste... fama: Boccaccio ringrazia ironicamente le lettrici che ritengono disdicevole che un uomo serio e misurato si sia abbassato a scrivere sciocchezze perché sottolinea che sono premurose («tenere») nel preoccuparsi del suo buon nome.
41. rimorder: biasimare.
42. piene... scede: anche Dante, nel *Paradiso*, sottolinea questa tendenza nella predicazione contemporanea: «Ora si va con motti e con iscede / a predicare, e pur che ben si rida, / gonfia il cappuccio e più non si richiede» (*Par.* XXIX, 115-117). Le «scede» sono le beffe, gli scherni; le «ciance» sono le chiacchiere, i «motti» le battute a effetto.
43. Tuttavia... guerire: Tuttavia, se ritenessero di ridere troppo a causa di ciò, la lettura delle *Lamentazioni di Geremia*, della passione del Salvatore e del pianto di Maddalena le potrà agevolmente guarire. Boccaccio suggerisce ironicamente alle lettrici che si scandalizzano (pur divertendosi) per le novelle anticlericali il modo in cui guarire dalla loro contrarietà: dedicandosi alla letteratura devota. Le *Lamentazioni di Geremia* è il titolo di un libro dell'Antico Testamento che spesso fungeva da modello per le laude che raccontavano la passione di Cristo e il pianto di Maria (e talvolta della Maddalena) ai piedi della croce.

E chi starà in pensiero che di quelle ancor non si truovino che diranno che io abbia mala lingua e velenosa, per ciò che in alcun luogo scrivo il ver de' frati?[44] A queste che così diranno si vuol perdonare, per ciò che non è da credere che altra che giusta cagione le muova,[45] per ciò che i frati son buone persone e fuggono il disagio per l'amor di Dio,[46] e macinano a raccolta[47] e nol ridicono; e se non che di tutti un poco viene del caprino, troppo sarebbe più piacevole il piato loro.[48]

Confesso nondimeno le cose di questo mondo non avere stabilità alcuna, ma sempre essere in mutamento, e così potrebbe della mia lingua esser intervenuto;[49] la quale, non credendo io al mio giudicio (il quale a mio potere io fuggo nelle mie cose) non ha guari[50] mi disse una mia vicina che io l'aveva la migliore e la più dolce del mondo; e in verità, quando questo fu, egli erano poche a scrivere delle soprascritte novelle.[51] E per ciò che animosamente ragionan quelle cotali,[52] voglio che quello che è detto basti lor per risposta.

E lasciando omai a ciascheduna e dire e credere come le pare, tempo è da por fine alle parole, Colui[53] umilmente ringraziando che dopo sì lunga fatica col suo aiuto n'ha al desiderato fine condotto. E voi, piacevoli donne, con la sua grazia in pace vi rimanete, di me ricordandovi, se ad alcuna forse alcuna cosa[54] giova l'averle lette.

Qui finisce la decima e ultima giornata del libro chiamato Decameron, cognominato prencipe galeotto[55].

44. E chi... frati?: E chi si preoccuperà che qualcuna mi dirà che ho una lingua malvagia e velenosa, perché talvolta dico la verità intorno ai frati?

45. che altra... muova: che siano ispirate da qualcosa di diverso da una buona ragione.

46. fuggono... Dio: scansano le fatiche per amor di Dio.

47. macinano a raccolta: allusione ironica alle pratiche sessuali, forse con particolare riferimento a quelle omosessuali (come potrebbe sottintendere anche la successiva espressione «di tutti un poco viene del caprino»). Alcuni mulini ad acqua, quando c'era siccità, funzionavano soltanto quando si raccoglieva nella gora sufficiente acqua a far muovere la ruota: l'immagine alluderebbe allora alla condizione di quei frati che fanno l'amore solo di tanto in tanto (occasionalmente, quando "si raccoglie abbastanza acqua nella gora") e dunque con particolare foga.

48. e se non... loro: e se non odorassero tutti un po' di capra, sarebbe più piacevole stare con loro. L'allusione è, oltre che alla scarsa pulizia, ai rapporti omoerotici.

49. intervenuto: accaduto.

50. non ha guari: non molto tempo or sono.

51. gli erano... novelle: restavano poche delle suddette novelle da scrivere.

52. quelle cotali: cioè l'ultima categoria di accusatrici.

53. Colui: il libro termina nel nome di Dio, così come ogni opera è giusto che si apra, aveva scritto Boccaccio all'inizio della novella di ser Ciappelletto (➤ **T4**).

54. alcuna cosa: un po'.

55. Galeotto: su questo personaggio vedi la nota 2 a p. 541.

Analisi del testo

Struttura

Un'orazione giudiziaria La *Conclusione* dell'autore appartiene alla cornice esterna del *Decameron*: richiama e conclude il discorso avviato nel *Proemio*. Il testo, dopo una breve introduzione (non riportata) in cui Boccaccio annuncia la conclusione dell'opera, è suddiviso in sequenze sulla base delle critiche che l'autore immagina gli possano rivolgere le sue lettrici. La *Conclusione* assume in questo modo una struttura ordinata, che la fa assomigliare a un'orazione giudiziaria difensiva. L'efficacia dialettica è affidata al rigoroso ordine (*dispositio*) degli argomenti. Nel testo si possono riconoscere:

- un esordio (*exordium*), con l'apostrofe alle lettrici, nel contempo accusatrici e giudici del "processo" (rr. 1-50);

- l'esposizione (*narratio*) degli argomenti d'accusa e di difesa, con l'*argumentatio*, cioè la discussione, del loro valore (rr. 57-80);
- la perorazione (*peroratio*) finale, che torna a rivolgersi alle lettrici per implorarne la benevolenza (rr. 83-84).

Le obiezioni al *Decameron* Una delle obiezioni rivolte all'autore riguarda l'eccessiva licenziosità di alcune novelle: Boccaccio si dilunga nel confutare questa accusa e taccia di malizia le proprie accusatrici.
Egli, inoltre, non nega ma rivendica la possibile "leggerezza" di molte sue novelle, affermando di essere uomo «lieve», che sa "galleggiare sull'acqua". A chi si scandalizza per le novelle anticlericali suggerisce infine di dedicarsi alla letteratura devota.
L'ultima sequenza è caratterizzata da una retorica modestia: una sua vicina poco tempo fa gli ha detto di avere una lingua dolce, ma tutto al mondo cambia, forse anche la dolcezza del suo eloquio. Lasciando dunque ogni lettrice alle sue convinzioni, chiede a chi abbia gradito la sua opera di ricordarsi dell'autore.

Lingua e stile

La cura per la conclusione L'apparente semplicità della *Conclusione* nasconde una raffinata cura formale. A livello lessicale, prevale il vocabolario della quotidianità («foro e caviglia e mortaio e pestello e salciccia e mortadello») quando il tono dell'autore si fa ironico, soprattutto nei confronti di donne «spigolistre» e «pinzochere». Nell'esordio e nella conclusione del testo, dove il tono è più sostenuto, il lessico invece si raffina. Anche la struttura sintattica del discorso segue questo schema: all'inizio la sintassi è ispirata al latino, mentre la restante argomentazione presenta una sintassi più distesa, con parallelismi e anafore, per esempio quando l'autore pone una serie di domande retoriche per dimostrare che il cattivo utilizzo di strumenti buoni non li rende malvagi («Chi non sa...? Direm noi...? Chi non sa...? Direm noi...?», rr. 30-33).

Temi

In dialogo con il suo pubblico Boccaccio si rivolge al pubblico femminile e ne immagina le diverse reazioni: alcune lettrici saranno compiaciute, altre contrariate. L'autore si pone in dialogo con il pubblico, difendendo con passione le sue scelte letterarie, ma non rinunciando a un'aspra ironia verso le sue ipotetiche accusatrici (come nell'*Introduzione* alla quarta giornata ➤ **T7**). In particolare, ribalta l'accusa di malizia sulle «pinzochere», che ritengono alcune novelle troppo licenziose o si scandalizzano per le storie anticlericali: la malizia sta nelle orecchie di chi ascolta, non nella penna di chi scrive. Nessuno del resto è obbligato a leggere queste novelle: chi vuole, può dedicarsi alla letteratura devota.

La responsabilità del lettore Questo dialogo è funzionale anche a chiarire le responsabilità di autore e lettore riguardo la funzione educativa o diseducativa del testo. Dante nel canto di Paolo e Francesca (*Inferno* V) aveva messo l'accento sulla responsabilità dello scrittore: è l'anonimo autore della storia di Ginevra e Lancillotto a spingere i due amanti al primo bacio e per questo è «galeotto», poiché si è disinteressato della possibilità che la sua storia inducesse o meno al peccato, ma si è preoccupato solo che fosse dilettevole (➤ p. 541). Boccaccio sposta invece l'attenzione sul lettore: un uomo virtuoso non si mostrerà «pieghevole» alla semplice lettura di una storia, e chi afferma di esserne stato traviato sta cercando un alibi per giustificare la propria inclinazione al vizio.

Pagina miniata di un'edizione francese del *Decameron*, XV secolo. Parigi, Biblioteca de l'Arsenal.

Per questo, secondo Boccaccio, una letteratura di puro diletto non può essere imputata di alcuna colpa: è legittima. Ciò che alla fine conta è la virtù del singolo individuo, in questo caso del singolo lettore: la «corrotta mente» trae il male da qualsiasi lettura, mentre le menti oneste ne traggono il bene, poiché il fango non diviene sole se colpito dai suoi raggi, né il sole fango dopo averlo colpito. Boccaccio richiama, in queste righe, la nota canzone *Al cor gentil* di Guido Guinizzelli (➤ p. 112).

Una letteratura leggera Boccaccio difende, in questo modo, la legittimità di una letteratura di evasione, moralmente disimpegnata, e loda dunque una letteratura leggera, efficace per allontanare le piccole malinconie del mal d'amore, non per speculare intorno alle grandi questioni dei «filosofanti». Le novelle del *Decameron*, spiega l'autore, non intendevano dunque essere né edificanti né immorali, neppure avallare o giustificare i comportamenti spregiudicati di quei personaggi che con l'astuzia frodano il prossimo. Boccaccio spiega che si è limitato a raccontare ciò che spesso realmente accade, senza giudizi di condanna o di lode. La valenza morale delle novelle è dunque neutra: ne potrà cogliere insegnamenti edificanti il lettore ben intenzionato, mentre ne potrà desumere cattivi consigli il lettore malizioso. Così il vino, il fuoco o le armi possono essere utilizzati per conservare la vita o per distruggerla, a seconda del fine a cui li si piega.

L'autonomia dell'arte L'imperativo a cui l'arte si deve assoggettare, dunque, non è di natura etica ma estetica. Quando accade di dover scegliere tra l'armonia artistica o il valore educativo della propria arte, Boccaccio non ha dubbi: preservare le regole formali ed estetiche prevale su esigenze di natura etica. Per questo l'autore sostiene di aver dovuto ricorrere a un linguaggio licenzioso quando lo richiedeva la materia della narrazione.
L'arte è vincolata al rispetto solo delle proprie leggi.

Officina

COMPRENDERE

1. La prima obiezione che Boccaccio immagina gli venga mossa è l'eccessiva licenziosità di alcune novelle della raccolta. Rileggi con attenzione le prime 50 righe del brano e poi spiega con precisione con quali argomentazioni e motivazioni Boccaccio confuta questa prima obiezione.
2. Come risponde Boccaccio a coloro che criticano alcune sue novelle perché eccessivamente leggere o perché contengono una tematica anticlericale?
3. A chi va il ringraziamento dell'autore alla fine dell'opera e a chi si rivolge in chiusura?

ANALIZZARE

4. Come definiresti il rapporto che l'autore instaura con il suo pubblico?
   a. Didattico
   b. Distaccato
   c. Complice
   d. D'immedesimazione

INTERPRETARE

5. Rileggi con attenzione l'***Introduzione alla quarta giornata*** (➤ T7) e scrivi un commento di sufficiente ampiezza in cui metti a confronto le critiche che vengono mosse all'opera di Boccaccio e le relative confutazioni dell'autore nei due brani, evidenziandone somiglianze e differenze e supportando le tue argomentazioni con precisi e puntuali riferimenti ai testi.

PERCORSO DI SCRITTURA

Riscrittura Immagina che Boccaccio scriva e pubblichi il *Decameron* al giorno d'oggi: pensi che le critiche che gli sono state mosse all'epoca sarebbero valide ancora oggi? Oppure che sarebbero altri i motivi o i temi delle novelle per cui potrebbe essere ferocemente criticato dai lettori? Fingi di essere Boccaccio e scrivi una conclusione dell'opera in cui devi rispondere e difendere la tua opera da ipotetiche critiche per gli argomenti trattati, per lo stile usato o per altre caratteristiche della tua raccolta di novelle. Immagina di pubblicare il tuo testo su un social network, sul tuo blog personale o su un blog a tema (per esempio, di letteratura contemporanea).

Libera nos a Malo di Luigi Meneghello: l'arte di raccontare storie

Luigi Meneghello.

LE RAGIONI DI UNA VICINANZA

Storie di ordinaria umanità

Il *Decameron* è una vivida rappresentazione di un mondo e dei suoi abitanti (dai più poveri ai più ricchi). Nella novella di Ser Ciappelletto, per esempio, Boccaccio fa incontrare l'amoralità diabolica del mondo degli appaltatori fiorentini d'oltralpe con lo spesso ingenuo formalismo dei ministri della Chiesa, rappresentati dal frate confessore. A causa delle bugie di Ser Ciappelletto, i ruoli si invertono: i grandi peccati confessati da Ciappelletto sembrano poca cosa al frate, e il più incallito peccatore diventa un santo.

Nel Novecento, lo scrittore Luigi Meneghello (1922-2007) riprende il *topos* della confessione nel suo primo romanzo, *Libera nos a Malo* (1963), proponendo uno schema in parte rovesciato rispetto a quello proposto da Boccaccio: il peccato percepito come più grave da chi si confessa è in realtà motivo di riso per uno smaliziato prete confessore. Il formalismo della Chiesa e dei suoi ministri, la critica a riti e credenze è uno dei temi centrali del romanzo, che può essere accostato al *Decameron* anche per il fatto di essere composto da una serie di brevi racconti dedicati a oggetti e temi-simbolo (le automobili, le biciclette, il sesso, l'adulterio, i preti, la religione) e per l'uso assai insistito del meccanismo dell'arguzia, con il passaggio inatteso da un sistema di riferimento logico o linguistico a un altro (il titolo stesso del romanzo si può tradurre: *Liberaci dal male* o *Liberaci da Malo*).

IL POSTO NEL CANONE

Dialetto e umorismo: una lezione di civiltà

Libera nos a Malo, racconto autobiografico di un'infanzia nel paesino di Malo (Vicenza) durante gli anni Venti e Trenta del Novecento, è il primo libro di Luigi Meneghello e lo impone subito come autore dotato di grande maestria letteraria, di humour e di spessore civile. Storia di una "diseducazione" culturale e religiosa in epoca fascista ma anche di un paese, delle sue parole-mito e dei suoi cittadini (bambini e adulti), il libro intreccia ricordi e racconti in maniera apparentemente slegata, in verità avvertitissima, per ricostruire un mondo perduto con il boom economico degli anni Sessanta ma anche per proporre una lezione importante sul tema del rapporto tra dialetto e italiano. Come scrive Cesare Segre, acuto prefatore del volume, «il dialetto, per Meneghello, si identifica con la prima lingua che ha parlato; è, insomma, *la lingua*. L'italiano è stato appreso a scuola e in modo catechistico, è intriso del linguaggio politico del tempo (fascista) e di preconcetti religiosi. Il dialetto è dunque la lingua della mamma, dei compagni di giochi; l'italiano è la lingua dei maestri e del potere.

Felice Casorati, *Gli scolari*, 1927-1928. Palermo, Galleria Civica d'Arte Moderna.

RITRATTO DELL'AUTORE

Un piccolo maestro

«Sono nato e cresciuto a Malo, nel Vicentino, e lì ho imparato alcune cose interessanti. Ho fatto studi assurdamente brillanti ma inutili e in parte nocivi a Vicenza e a Padova; sono stato esposto da ragazzo agli effetti dell'educazione fascista, e poi rieducato alla meglio durante la guerra civile, sotto le piccole ali del Partito d'Azione. Mi sono espatriato nel 1947-48, e mi sono ristabilito in Inghilterra con mia moglie Katia. Non abbiamo figli». Si racconta così Luigi Meneghello nel testo *Il dispatrio*, del 1993. In poche righe, accenna a quasi tutto quel che c'è da sapere su di lui: la scuola elementare a Malo, il liceo classico a Vicenza durante il Ventennio, l'iscrizione a Lettere e filosofia e a Padova quindi al GUF (Gruppo Universitario Fascista); la conoscenza del giovane professore antifascista Antonio Giuriolo e il rifiuto del fascismo; la composizione, dopo l'8 settembre del 1943, di un gruppo che organizza la Resistenza armata in provincia, tra Malo e Vicenza. Nel 1944 Meneghello sarà comandante di un reparto del Partito d'Azione nel Bellunese, nell'Altipiano di Asiago; nel 1945 inizierà l'attività politica nel Partito d'Azione. Dopo la laurea vince una borsa di studio in Inghilterra, torna brevemente in Italia e sposa Katia Bleier, ebrea jugoslava di madrelingua inglese scampata ad Auschwitz; ritorna infine in Inghilterra, all'Università di Reading, dove fonda un Dipartimento di studi italiani che dirige fino al 1980, quando abbandona l'Università e vive tra Londra e Thiene fino alla morte nel 2007.

Nel corso di questa vita lungamente passata lontano dall'Italia, Meneghello pubblica numerosi libri dove intreccia autobiografismo, invenzione, ricerca linguistica e interrogazione civile: l'anno dell'esordio è il 1963, con *Libera nos a Malo*, che esce nuovamente con ritocchi nel 1975. Del 1964 è *I piccoli maestri*, dove racconta la propria esperienza partigiana in chiave antieroica e antiretorica. A partire dalla fine degli anni Settanta, scrive una serie di libri e articoli su che cosa sia una vera educazione (*Fiori italiani*, 1974), sull'esperienza dell'immediato dopoguerra (*Bau-sète*, 1988), sul confronto con la vita inglese (*Il dispatrio*, 1993), su questioni relative alla lingua e ai dialetti.

IL LIBRO DA LEGGERE

Libera nos a Malo

Narrazione autobiografica di un'infanzia, raccolta di racconti, saggio sociologico, riflessione sulla scomparsa del mondo contadino, saggio sul potere della lingua scritta e parlata, sul rapporto tra la lingua delle cose e dei sensi (il dialetto, la poesia) e quella del potere (l'italiano della scuola, della burocrazia, il *latinorum* della Chiesa): *Libera nos a Malo* è tutto questo e molto di più. È un romanzo, infatti, che chiede a tutti i generi di scrittura di prestare parole e saperi per capire meglio le cose accadute nel passato prossimo d'Italia (il fascismo) e quelle che accadono nel presente (il boom economico degli anni Sessanta). La narrazione non segue un filo cronologico, ma procede per temi, luoghi, personaggi d'interesse. Su tutto, si libra la cultura raffinatissima di un grande scrittore e il suo umorismo teso a smitizzare e a sdrammatizzare per restituire fatti e gesti al loro universo d'appartenenza: quello misterioso e fragile, tanto spesso buio e tanto spesso lieve, di tutto ciò che è umano.

UN ESTRATTO

La confessione

Meneghello riflette sull'educazione scolastica e religiosa ricevuta a Malo. Seguendo l'esempio di Boccaccio nella novella di Ser Ciappelletto, racconta e ragiona delle tecniche del pentimento e di quelle della confessione considerandole come cose fatte e gestite da uomini e tra uomini.

“ Ci veniva impressa nella mente l'opportunità di cominciare la confessione dai peccati più grossi. È come il contadino che ha da far passare per una siepe spinosa un pulcino, e la chioccia, e il cane, e la capra, e il maiale, e la vacca; [...] se manda avanti la vacca, che sfondi ben bene la siepe, gli altri passano poi comodamente.
La vacca era per lo più la stessa, la solita Binda delle brutte cose, che non sempre però trovavamo il coraggio di mandare avanti per prima. [...] Quella di Mino, un sabato, era grossissima; [...] Di farla passare per prima però, non ci pensava nemmeno. Così confessò tutti gli altri suoi peccati, uno per uno; [...] Fu lodato del suo zelo ed esortato a non cadere negli scrupoli: adesso restava la Bisa. [...]"Ho anche un altro peccato, un peccato grosso. Ho detto male dei preti."
Il tono angosciato allarmò il confessore che volle sapere esattamente cosa aveva detto dei preti; ma Mino resisteva. [...] Infine dovette riferire le parole precise. Aveva detto che i preti sono bai da tabacco. Anziché indignarsi alla vista della Bisa, il confessore fu preso da una violenta convulsione di riso, e Mino sfibrato e quasi deluso, dovette aspettare ancora qualche minuto per l'assoluzione.

GUIDA AL RIPASSO

AUDIO

Profilo biografico

Nato nel 1313 a Firenze o a Certaldo, Boccaccio nel 1327-28 si trasferisce con il padre a Napoli, dove svolge il mestiere di agente di banca. Qui frequenta la corte angioina, si inserisce nella vita mondana cittadina e diventa un acuto osservatore di caratteri umani e classi sociali. L'accesso alla biblioteca reale gli permette di dedicarsi a **studi letterari**, che influenzano la sua prima produzione: *Caccia di Diana*, *Filostrato*, *Filocolo*, *Teseida*, *Rime*. Abbandonata la carriera bancaria, nel 1340-41 torna a Firenze, dove alterna l'attività diplomatica per conto della città alla composizione di nuove opere: *Commedia delle ninfe fiorentine*, *Amorosa visione*, *Elegia di Madonna Fiammetta*, *Ninfale fiesolano*. A Firenze assimila temi e forme della letteratura allegorica toscana, stringe un'**amicizia con Petrarca** e approfondisce lo **studio** delle **opere di Dante**: tali esperienze influenzano il suo capolavoro, il *Decameron*, e le opere della maturità (*Genealogia deorum gentilium*, *Corbaccio*, *Trattatello in laude di Dante*). Nel 1360 prende gli ordini minori, mentre nel 1361 viene esiliato da Firenze. Al suo rientro in città, tiene tra il 1373 e il 1374 un ciclo di letture pubbliche della *Divina Commedia*. Muore a Certaldo nel 1375.

La dialettica tra diletto e utilità

La poetica di Boccaccio è caratterizzata da una tensione dialettica tra letteratura come gioco e fonte di piacere e letteratura come veicolo di contenuti morali. Entrambi gli aspetti contraddistinguono tutte le opere di Boccaccio, anche se in misura diversa. Negli scritti della giovinezza prevale l'elemento del diletto: attraverso il rispecchiamento dei desideri di autore e lettore e la reinvenzione in volgare della tradizione classica e medievale, la letteratura intende intrattenere piacevolmente il proprio pubblico e consolarlo dagli affanni dell'esistenza. Negli scritti della maturità prevale invece l'elemento dell'utilità: attraverso la rivalutazione della classicità a discapito della cultura romanza, la letteratura funge da veicolo di insegnamenti morali. Queste due tendenze trovano un'equilibrata sintesi nel *Decameron*.

La morale del *Decameron*

La concezione morale presente nel *Decameron* è strutturata intorno a tre elementi principali.
Il primo è la dialettica tra Natura (le forze esterne indipendenti dall'uomo, le forze a lui interne e la Fortuna) e Ragione: tramite quest'ultima, l'uomo tenta di opporsi alla Natura, in modo da conciliare istanze della mente e pulsioni del cuore e da rivendicare la propria capacità di agire.
Il secondo è il carattere relativo dell'etica, priva di fondamento metafisico: la moralità di un comportamento dipende dal contesto sociale in cui si agisce.
Il terzo è l'aspetto realistico della morale, che tiene conto delle molteplici manifestazioni della vita, senza negarne le contraddizioni.

La funzione sociale

La letteratura svolge per Boccaccio anche un ruolo sociale: nel sollecitare l'uomo a diventare consapevole dei propri limiti e ad accettare le debolezze altrui, essa favorisce la costruzione di una serena convivenza tra le persone.

Sperimentazione e innovazione

Sin dalle opere giovanili, Boccaccio sperimenta e innova generi e forme letterarie: il *Teseida* è il primo esempio di epica in volgare; il *Filostrato* consacra l'ottava rima a forma canonica della narrativa italiana in versi; il *Filocolo* inaugura il romanzo in prosa, mentre la *Commedia delle ninfe fiorentine* la tradizione bucolica; l'*Elegia di Madonna Fiammetta* è strutturata come un monologo interiore della protagonista; il *Corbaccio* si cimenta con la letteratura misogina; il *Decameron* fonde con libertà spunti provenienti da molteplici modelli e li organizza in un'architettura complessa e raffinata.

Giovanni Boccaccio

MAPPA

OPERE PRINCIPALI

opere della **giovinezza**

- lingua volgare, in versi o in prosa, e registro medio
- fusione tra mito classico ed epica cortese moderna
- codificazione dei generi letterari in volgare

- amore cortese (*Caccia di Diana*; *Commedia delle ninfe fiorentine*; *Elegia di Madonna Fiammetta*)
- amore contrastato (*Filostrato*, *Ninfale fiesolano*)
- amore come attrazione irresistibile tra creature (*Filostrato*)
- itinerario dell'anima dall'amore mondano alla virtù (*Amorosa visione*)
- psicologia della sofferenza amorosa femminile in un contesto borghese (*Elegia di Madonna Fiammetta*)

- pubblico femminile colto come destinatario
- intrattenimento e stimolazione della curiosità intellettuale come scopo
- valore intrinseco della letteratura, che non richiede giustificazioni etiche o religiose

Decameron (1340/1348-1353)

- polifonia linguistica in volgare, secondo uno stile medio elegante
- echi del linguaggio parlato e tonalità regionali
- latinismi, forestierismi, tecnicismi e termini "cortesi"

pluralità di narratori e livelli diegetici:
- livello dell'autore (narratore di primo grado)
- livello dei 10 ragazzi (narratori di secondo grado)
  - rievocazione della peste a Firenze nel 1348
  - parola come farmaco spirituale contro la sofferenza e capace di rifondare l'armonia delle relazioni umane
- livello delle novelle (10 al giorno per 10 giorni)
  - collocazione di ogni novella in un preciso contesto storico
  - varietà di temi trattati, uno per giornata

dimensione morale dell'opera, caratterizzata da relativismo, realismo e dialettica tra Natura e Ragione

opere della **maturità**

- lingua latina (*Genealogia deorum gentilium*, *De mulieribus claris*, *De casibus virorum illustrium*) o volgare (*Corbaccio*, *Trattatello in laude di Dante*)
- impegno ed erudizione

- interpretazione dei miti antichi secondo una triplice chiave di lettura (*Genealogia deorum gentilium*)
- malattia d'amore e invettiva contro la donna (*Corbaccio*)

utilità morale come giustificazione della dignità della letteratura

LA TUA LEZIONE
BOCCACCIO

PRIMA DI PREPARARE LA LEZIONE

→ Che cosa non puoi non sapere

1. Nella vita di Boccaccio è stato fondamentale l'incontro con Petrarca: spiega in che senso i due scrittori erano in reciproco contatto e come l'influenza petrarchesca abbia agito sull'opera e sull'attività intellettuale di Boccaccio.
2. Descrivi in breve le tre fasi in cui può suddividersi la poetica di Boccaccio.
3. Descrivi la forma, i temi e il contenuto dell'*Elegia di Madonna Fiammetta*.
4. In che modo si caratterizza il culto di Dante cui Boccaccio dà avvio negli ultimi anni della sua vita? Quali sono le opere e le attività che vi si collegano?
5. Illustra in breve la struttura e il significato del titolo e le circostanze della composizione del *Decameron*.
6. Quali sono i modelli e le fonti del *Decameron*?
7. Qual è la vicenda generale narrata nella cornice del *Decameron*?
8. Presenta i grandi temi delle dieci giornate del *Decameron*.
9. L'etica che agisce alla base del *Decameron* è stata definita «relativista»: in che senso? Perché questo può aiutarci a capire la visione «realista» che Boccaccio adotta nella sua opera?
10. La lingua del *Decameron* è lontana da un'idea di monolinguismo petrarchesco. Infatti, l'opera è piuttosto un capolavoro di polifonia linguistica e stilistica: spiega perché.

→ Impadronirsi dei termini chiave: le parole dell'autore

Compassione Sul tema della "compassione" si apre il *Decameron*, rimarcando la necessità etica di mostrare umanità verso gli afflitti. Spiega perché questo concetto può anche funzionare da latente richiamo all'esempio dantesco, aiutandoti con la scheda *Le nostre parole* a p. 541.

Brigata Perché la "brigata" può ritenersi un termine chiave non soltanto del *Decameron*, ma di tutta una civiltà medievale, specialmente attiva nell'area geografica toscana? Rispondi aiutandoti con la scheda *Le nostre parole* a p. 618.

Beffa Nella novella di Calandrino, gli amici del pittore protagonista intessono nei suoi confronti una crudele beffa. Al pari di ogni scherzo riferito dalla letteratura medievale, anche questa beffa può essere letta come una sorta di rito sacrificale: perché? Rispondi aiutandoti con la scheda *Le nostre parole* a p. 633.

COSTRUISCI LA TUA LEZIONE

Lezione 1 Introduzione al *Decameron*: la novella di *Ser Ciappelletto*

SCALETTA

- Considera innanzitutto la consapevole collocazione da parte dell'autore della novella di *Ser Ciappelletto* all'inizio del *Decameron*, per offrire una visione provocatoria e disincantata dell'esperienza religiosa.
- Rifletti sulla posizione centrale, nella cultura e nella società medievali, dell'esperienza religiosa, con conseguente accrescimento del valore di questa novella: non solo un'introduzione al *Decameron*, ma anche un prospetto integrale della visione di Boccaccio sulla vita umana.
- Analizza quindi i temi centrali nella novella, così come in tutto il libro: critica alla credulità e alla superstizione, limitazione della dimensione trascendente che agiva nella *Commedia* dantesca, illustrazione cinica del trionfo del vizio e del male nella società.

- Dai rilievo al fatto che viene presentato un protagonista borghese (un notaio), figura tipologica dell'intero libro.
- Soffermati sulla dimostrazione di come il principio dell'inganno, pur eticamente discutibile, porti al successo e all'affermazione personale nel mondo umano.
- Rifletti anche sul fatto che questa è la prima presentazione di un tema cardine di tutto il *Decameron*, ovvero quello della «beffa», qui portata alle più estreme, quasi surreali, conseguenze: la presentazione grottesca di tale tema serve appunto a confermarlo come imprescindibile in tutta l'opera.
- Spiega in che cosa consiste il ribaltamento del genere dell'*exemplum* medievale (ovvero di una storia edificante scritta allo scopo di educare al bene): la parabola del male trionfante di Ser Ciappelletto serve anche a presentare le intrinseche innovazioni del *Decameron*, in cui Boccaccio riusa, rielabora e spesso ribalta i modelli della tradizione.
- Concludi analizzando la funzione della novella come tramite per introdurre il lettore alla «commedia umana» dell'intero *Decameron*: una multiforme rappresentazione della vita associata in cui trionfano tanto i principi morali dell'onestà, quanto quelli immorali dell'astuzia e dell'egoismo.

TESTI DI RIFERIMENTO

- **T4** *Ser Ciappelletto*

PAROLE DA USARE

- *convenevole • beato • liberalità • pietoso • notaio • bevitore • disonesto • usura • confessione • vino • animo • benignamente • ira • Dio • villania • morire • cristiano*

Lezione 2 Un aspetto del comico nel *Decameron*: ironia, beffa e motto di spirito

SCALETTA

- Per cominciare, sottolinea la centralità della sesta giornata, dedicata ai «motti di spirito», con cui si dimostra il valore dell'intelligenza umana nel riuscire vincente, partendo da una situazione inizialmente sfavorevole, grazie all'impiego di una battuta risolutiva.
- Descrivi poi brevemente la figura di Cavalcanti che emerge come portatore emblematico del valore dell'arguzia fiorentina, espressione di civiltà e di alto intelletto.
- Fai un confronto con la presentazione del comico e dell'ironia sotto forma di facezia popolare nella novella di Frate Cipolla e rifletti sulla versatilità di Boccaccio nell'indagare non soltanto le forme, ma anche i diversi esiti sociologici del motto di spirito.
- Illustra quindi l'importanza dell'ottava giornata come serbatoio di beffe, prendendo come esempio anche la simbolica discesa nell'inganno da parte del pittore Calandrino (➤ **T12**).
- Considera, infine, l'assenza, nella novella di Calandrino, di eroi positivi: analizza la conclusione amara sul potere assoluto che può ricoprire una beffa, specialmente se la vittima è di natura ingenua (a differenza dell'eroismo positivo, emerso a risposta di una beffa, dimostrato dall'intellettuale Cavalcanti).

TESTI DI RIFERIMENTO

- **T10** *Guido Cavalcanti*
- **T11** *Frate Cipolla*
- **T12** *Calandrino e l'elitropia*

PAROLE DA USARE

- *usanze • avarizia • brigata • costumato • smemorato • messa • reliquia • chiesa • motteggiare • predica • dipintore • rabbia • dolorosamente • piangere • credenza • ventura • beffa*

LA TUA BACHECA
BOCCACCIO

Consulta online la versione della tua bacheca arricchita di tanti altri contenuti: video, testi, link e proposte di attività.

IL TEMA

La peste: declinazioni di un contagio

L'epidemia della **Morte Nera** del 1348 è l'espediente che garantisce ai dieci novellatori del *Decameron* di incontrarsi in campagna, lontani dalla città afflitta dalla peste e dall'orrorosa disgregazione morale che ne è seguita. Da qui possiamo partire per una riflessione interdisciplinare sul significato e sulle diramazioni della **peste, *topos* letterario e storico** per eccellenza **fin dall'antichità**. Nel mondo moderno e contemporaneo, molti scrittori e artisti si sono interrogati sia sulle cause sia sugli effetti dell'epidemia, leggendola spesso in **termini allegorici**, come monito o messaggio sul male assoluto e sulla fragilità del destino umano. Di qui nascono romanzi su metaforiche invasioni pestilenziali, film che indagano la paura stessa del contagio, raffigurazioni artistiche di un mondo post apocalittico, ma anche grandiose rappresentazioni teatrali sull'AIDS, l'ultima "peste" del Novecento.

LETTERATURA
Un'epidemia esistenziale: *La peste* di Albert Camus

Nel 1947 lo scrittore esistenzialista **Albert Camus** pubblica ***La peste***, romanzo su un'immaginaria epidemia che scoppia nella cittadina algerina di Orano a metà degli anni Quaranta. Allegoria di un male assoluto che potrebbe identificarsi con l'esperimento totalitario del nazismo, la peste è l'emblema letterario utilizzato da Camus per interrogarsi sulla fragilità dell'essere umano, ma anche sulla necessità di una risposta comunitaria alle calamità e alle oppressioni dell'esistenza: l'unica possibilità di uscita dall'epidemia, infatti, può trovarsi nella solidarietà umana.

BREVE STORIA DELLA CRITICA

La fama di Boccaccio si diffuse ben presto durante la vita stessa dell'autore, grazie soprattutto al *Decameron* che, come testimoniò lo scrittore trecentesco **Francesco Sacchetti**, «è tanto divulgato e richiesto che fino in Francia e in Inghilterra l'hanno ridotto alla loro lingua». Il modello boccacciano si diffuse rapidamente nel XV secolo con le raccolte di **Masuccio Salernitano**, Sabbadino degli Arienti, Giovanni Gherardi. Nel secolo successivo sarà **Pietro Bembo**, nelle sue *Prose della volgar lingua* (1525), a proporre il *Decameron* come più alto esempio di prosa in volgare. Nella seconda metà del Cinquecento, per influenza della Chiesa, si apre però la fase delle edizioni "purgate" – cioè censurate – della raccolta, e una parziale eclissi della fortuna del Boccaccio.

Essa conosce una sua significativa ripresa nel momento in cui, nel XIX secolo, si impone una lettura laica della storia letteraria, e sarà **Francesco De Sanctis** a valorizzare il *Decameron* come «Commedia umana», da contrapporsi a quella divina di Dante, ovvero come il trionfo dell'autonomia e dell'intraprendenza dell'individuo nella sua sola dimensione terrena.

Nel Novecento è stato **Vittore Branca** a dare l'impulso decisivo agli studi boccacciani, da una prospettiva filologica – dimostrando l'autogra-

CINEMA
Fobia da contatto: *Contagion* di Steven Soderbergh

Girato nel 2011 con un cast di fama internazionale (da Jude Law a Kate Winslet, da Gwyneth Paltrow a Marion Cotillard), ***Contagion* di Soderbergh** affronta il pericolo di una nuova epidemia, scaturita da un virus diffusosi globalmente. Il film, che segue un team di ricercatori intenti a trovare una cura, indaga l'effetto di psicosi collettiva che una serie di notizie sbagliate fa presto nascere e diffondere. Più che il declino morale evidenziato da Boccaccio, si mostra qui la condizione pregressa di un'epidemia agli albori: la fobia del contatto umano.

STORIA E POLITICA
L'altra peste: *Angels in America* di Tony Kushner

Più volte paragonata, per pregiudizio popolare, a una forma di peste punitiva, l'epidemia di HIV/AIDS (responsabile, solo negli Stati Uniti, di oltre mezzo milione di morti tra gli anni Ottanta e i primi Duemila) ha colpito specialmente la popolazione omosessuale. ***Angels in America*** (1991) **di Tony Kushner** è il più alto testo letterario dedicato al tema: un'epica *pièce* teatrale che ruota intorno al protagonista Prior Walter, giovane malato di AIDS a New York, che viene visitato da un angelo e dai fantasmi dei suoi antenati uccisi dalla peste medievale. Attraverso l'intreccio con altri personaggi rappresentativi, il dramma di Kushner intesse una brillante denuncia al governo di Reagan, che aveva lungamente ignorato la realtà dell'epidemia.

fia dell'importante codice Hamilton del *Decameron* – e più generalmente interpretativa, mostrando come l'autore non potesse essere interpretato prescindendo dai valori, anche spirituali, del mondo a lui contemporaneo (*Boccaccio medievale*, 1956). Successivamente gli sforzi degli interpreti si sono focalizzati sull'analisi della struttura della raccolta (**Franco Fido**, *Il regime delle simmetrie imperfette*, 1988); sui rapporti con la tradizione figurativa (**Lucia Battaglia Ricci**, *Ragionare nel giardino: Boccaccio e i cicli pittorici del Trionfo della morte*, 1987); sulla lettura del *Decameron* come momento di equilibrio all'interno dell'intera produzione boccacciana (**Francesco Bruni**, *Boccaccio e l'invenzione della letteratura mezzana*, 1990); infine, sull'attività di Boccaccio copista ed editore (**Marco Cursi**, *La scrittura e i libri di Giovanni Boccaccio*, 2013). Una nuova edizione del *Decameron* è stata nel frattempo allestita a cura di **Maurizio Fiorilla** (2011).

VERSO IL NUOVO ESAME DI STATO

A. ANALISI E INTERPRETAZIONE DI UN TESTO LETTERARIO

Giovanni Boccaccio

Lisabetta da Messina

La novella, raccontata da Filomena, appartiene alla quarta giornata del *Decameron*, dedicata agli amori «con infelice fine».

I fratelli d'Ellisabetta uccidon l'amante di lei; egli l'apparisce in sogno e mostrale dove sia sotterrato; ella occultamente disotterra la testa e mettela in un testo di bassilico, e quivi sù piagnendo ogni dì per una grande ora, i fratelli gliele tolgono, e ella se ne muore di dolor poco appresso.

Erano adunque in Messina tre giovani fratelli e mercatanti,[1] e assai ricchi uomini rimasi dopo la morte del padre loro, il quale fu da San Gimignano; e avevano una loro sorella chiamata Elisabetta, giovane assai bella e costumata, la quale, che che se ne fosse cagione, ancora maritata non aveano. E avevano oltre a ciò questi tre fratelli in un lor fondaco un giovinetto pisano chiamato Lorenzo, che tutti i lor fatti guidava e faceva; il quale, essendo assai bello della persona e leggiadro molto, avendolo più volte Lisabetta guatato,[2] avvenne che egli le incominciò stranamente[3] a piacere. Di che Lorenzo accortosi e una volta e altra, similmente, lasciati suoi altri innamoramenti di fuori, incominciò a porre l'animo a lei; e sì andò la bisogna[4] che, piacendo l'uno all'altro igualmente, non passò gran tempo che, assicuratisi, fecero di quello che più disiderava ciascuno.

E in questo continuando e avendo insieme assai di buon tempo e di piacere, non seppero sì segretamente fare, che una notte, andando Lisabetta là dove Lorenzo dormiva, che il maggior de' fratelli, senza accorgersene ella, non se ne accorgesse. Il quale, per ciò che savio giovane era, quantunque molto noioso gli fosse a ciò sapere, pur mosso da più onesto consiglio, senza far motto o dir cosa alcuna, varie cose fra sé rivolgendo intorno a questo fatto, infino alla mattina seguente trapassò. Poi, venuto il giorno, a' suoi fratelli ciò che veduto aveva la passata notte d'Elisabetta e di Lorenzo raccontò; e con loro insieme, dopo lungo consiglio, diliberò di questa cosa, acciò che né a loro né alla sirocchia[5] alcuna infamia ne seguisse, di passarsene tacitamente e d'infignersi[6] del tutto d'averne alcuna cosa veduta o saputa infino a tanto che tempo venisse nel quale essi, senza danno o sconcio di loro, questa vergogna, avanti che più andasse innanzi, si potessero torre[7] dal viso.

1. **mercatanti:** mercanti.
2. **guatato:** guardato con interesse.
3. **stranamente:** in modo straordinario.
4. **bisogna:** faccenda.
5. **sirocchia:** sorella.
6. **di passarsene tacitamente e d'infignersi:** di lasciar stare la faccenda senza parlarne e di far finta di niente.
7. **torre:** togliere.

E in tal disposizion dimorando, così cianciando e ridendo con Lorenzo come usati erano, avvenne che, sembianti faccendo d'andare fuori della città a diletto tutti e tre, seco menaron Lorenzo; e pervenuti in un luogo molto solitario e rimoto, veggendosi il destro, Lorenzo, che di ciò niuna guardia prendeva, uccisono e sotterrarono in guisa che niuna persona se n'accorse. E in Messina tornatisi dieder voce d'averlo per loro bisogne mandato in alcun luogo; il che leggiermente creduto fu, per ciò che spesse volte eran di mandarlo da torno, usati.

Non tornando Lorenzo, e Lisabetta molto spesso e sollecitamente i fratei domandandone, sì come colei a cui la dimora lunga gravava, avvenne un giorno che, domandandone ella molto instantemente,[8] che l'uno de' fratelli disse: "Che vuol dir questo? che hai tu a far di Lorenzo, che tu ne domandi così spesso? Se tu ne domanderai più, noi ti faremo quella risposta che ti si conviene". Per che la giovane dolente e trista, temendo e non sappiendo che, senza più domandarne si stava e assai volte la notte pietosamente il chiamava e pregava che ne venisse; e alcuna volta con molte lagrime della sua lunga dimora si doleva e senza punto rallegrarsi sempre aspettando si stava.

Avvenne una notte che, avendo costei molto pianto Lorenzo che non tornava e essendosi alla fine piagnendo adormentata, Lorenzo l'apparve nel sonno, pallido e tutto rabbuffato e co' panni tutti stracciati e fracidi: e parvele che egli dicesse: "O Lisabetta, tu non mi fai altro che chiamare e della mia lunga dimora t'atristi e me con le tue lagrime fieramente accusi; e per ciò sappi che io non posso più ritornarci, per ciò che l'ultimo dì che tu mi vedesti i tuoi fratelli m'uccisono". E disegnatole il luogo dove sotterato l'aveano, le disse che più nol chiamasse né l'aspettasse, e disparve.

La giovane, destatasi e dando fede alla visione, amaramente pianse. Poi la mattina levata, non avendo ardire di dire alcuna cosa a' fratelli, propose di volere andare al mostrato luogo e di vedere se ciò fosse vero che nel sonno l'era paruto. E avuta la licenzia d'andare alquanto fuor della terra[9] a diporto, in compagnia d'una che altra volta con loro era stata e tutti i suoi fatti sapeva, quanto più tosto poté là se n'andò; e tolte via foglie secche che nel luogo erano, dove men dura le parve la terra quivi cavò; né ebbe guari cavato, che ella trovò il corpo del suo misero amante in niuna cosa ancora guasto né corrotto: per che manifestamente conobbe essere stata vera la sua visione. Di che più che altra femina dolorosa, conoscendo che quivi non era da piagnere, se avesse potuto volentier tutto il corpo n'avrebbe portato per dargli più convenevole sepoltura; ma veggendo che ciò esser non poteva, con un coltello il meglio che poté gli spiccò dallo 'mbusto[10] la testa, e quella in uno asciugatoio inviluppata, e la terra sopra l'altro corpo gittata, messala in grembo alla fante, senza essere stata da alcun veduta, quindi si dipartì e tornossene a casa sua.

Quivi con questa testa nella sua camera rinchiusasi, sopra essa lungamente e amaramente pianse, tanto che tutta con le sue lagrime la lavò, mille basci dandole in ogni parte. Poi prese un grande e un bel testo, di questi ne' quali si pianta la persa[11] o il basilico, e dentro la vi mise fasciata in un bel drappo; e poi messavi sù la terra, sù vi piantò parecchi piedi[12] di bellissimo bassilico salernetano, e quegli da niuna altra acqua che o rosata o di fior d'arancio o delle sue lagrime non innaffiava giammai. E

8. **instantemente:** con molta insistenza e preoccupazione.
9. **terra:** città.
10. **gli spiccò dallo 'mbusto:** gli staccò dal busto.
11. **persa:** maggiorana (erba).
12. **piedi:** piantine.

per usanza aveva preso di sedersi sempre a questo testo vicina e quello con tutto il suo disidero vagheggiare, sì come quello che il suo Lorenzo teneva nascoso: e poi che molto vagheggiato l'avea, sopr'esso andatasene cominciava a piagnere, e per lungo spazio, tanto che tutto il basilico bagnava, piagnea.

Il basilico, sì per lo lungo e continuo studio, sì per la grassezza della terra procedente dalla testa corrotta che dentro v'era, divenne bellissimo e odorifero molto; e servando la giovane questa maniera del continuo, più volte da' suoi vicin fu veduta. Li quali, maravigliandosi i fratelli della sua guasta bellezza e di ciò che gli occhi le parevano della testa fuggiti, il disser loro: "Noi ci siamo accorti che ella ogni dì tiene la cotal maniera". Il che udendo i fratelli e accorgendosene, avendonela alcuna volta ripresa e non giovando, nascosamente da lei fecero portar via questo testo; il quale non ritrovando ella con grandissima instanzia molte volte richiese, e non essendole renduto, non cessando il pianto e le lagrime, infermò, né altro che il testo suo nella infermità domandava. I giovani si maravigliavan forte di questo adimandare, e per ciò vollero vedere che dentro vi fosse; e versata la terra, videro il drappo e in quello la testa non ancora sì consumata, che essi alla capellatura crespa non conoscessero lei essere quella di Lorenzo. Di che essi si maravigliaron forte e temettero non questa cosa si risapesse: e sotterrata quella, senza altro dire, cautamente di Messina uscitisi e ordinato come di quindi si ritraessono, se n'andarono a Napoli.

La giovane non restando di piagnere e pure il suo testo adimandando, piagnendo si morì, e così il suo disaventurato amore ebbe termine. Ma poi a certo tempo divenuta questa cosa manifesta a molti, fu alcun che compuose quella canzone la quale ancora oggi si canta, cioè:

Qual esso fu lo malo cristiano,
che mi furò la grasta, et cetera.

(G. Boccaccio, *Decameron* IV, 5)

John Everett Millais, *Lorenzo e Lisabetta*, 1849. Liverpool, Walker Art Gallery.

La buca del suggeritore

rr. 62 e 90: il «testo» e la «grasta» erano vasi da fiori in terracotta.
r. 4 («ancora maritata non aveano»): all'epoca, in mancanza dei genitori, erano i parenti maschi adulti a concordare il matrimonio delle figlie femmine, che, se avevano relazioni non riconosciute ufficialmente, portavano disonore all'intera famiglia.

rr. 49-50 e 58 («una che altra volta con loro era stata e tutti i suoi fatti sapeva»; «fante»): in casa le donne benestanti erano aiutate da domestiche e persone di servizio, che ne diventavano le intime confidenti. Il personaggio della «fante» è spesso presente nelle tragedie antiche e moderne accanto alla protagonista.

1. COMPRENSIONE DEL TESTO

1.1 Dopo aver letto attentamente il testo, suddividilo in sequenze e di ciascuna fornisci un breve riassunto, completando la tabella.

Sequenze	Riassunto
1. rr. 1-......: «Erano adunque... disiderava ciascuno»	Presentazione dei personaggi e innamoramento tra Lisabetta e Lorenzo.
2. rr. ......-......: «E in questo continuando... da torno usati»	
3. rr. ......-......: «Non tornando... e disparve»	A Lisabetta, afflitta per l'assenza dell'amato, appare in sogno Lorenzo, che le rivela l'omicidio.
4. rr. ......-......: «La giovane... piagnea»	
5. rr. ......-......: «Il basilico... *et cetera*»	I fratelli, imbeccati dai vicini, tolgono a Lisabetta il vaso e scoprono il contenuto; spaventati, lasciano Messina, mentre la sorella muore di dolore. Dal fatto nasce una canzone.

1.2 Con l'aiuto del dizionario spiega il significato delle seguenti parole e indicane la funzione grammaticale, come nell'esempio.

- **cagione:** «motivo» (nome);
- **fondaco:** .... (..................................);
- **sconcio:** .... (..................................);
- **dimorando / dimora:** ..../.................. .... (................................../..................................);
- **rabbuffato:** .... (..................................);
- **disegnatole:** .... (.................................. + ...);
- **guari:** .... (..................................);
- **furò:** .... (..................................).

1.3 Ricostruisci l'esatta successione delle parole nelle seguenti frasi, che contengono i punti di svolta della vicenda; poi fanne la parafrasi, come nell'esempio. Considera che Boccaccio, seguendo un uso della lingua latina, tende a mettere il verbo in fondo alle frasi:

a. «e sì andò la bisogna che, piacendo l'uno all'altro igualmente, non passò gran tempo che, assicuratisi, fecero di quello che più disiderava ciascuno»; *e la faccenda procedette fino al punto che i due giovani, attratti l'uno dall'altra allo stesso modo, dopo non molto tempo consumarono il loro amore, convinti di poter essere tranquilli.*

b. «E in questo continuando e avendo insieme assai di buon tempo e di piacere, non seppero sì segretamente fare, che una notte, andando Lisabetta là dove Lorenzo dormiva, che il maggior de' fratelli, senza accorgersene ella, non se ne accorgesse».

....

....

c. «con un coltello il meglio che poté gli spiccò dallo 'mbusto la testa, e quella in uno asciugatoio inviluppata, e la terra sopra l'altro corpo gittata, messala in grembo alla fante, senza essere stata da alcun veduta, quindi si dipartì e tornossene a casa sua».

....

....

d. «Di che essi si maravigliaron forte e temettero non questa cosa si risapesse: e sotterrata quella, senza altro dire, cautamente di Messina uscitisi e ordinato come di quindi si ritraessono, se n'andarono a Napoli».

....

....

2. ANALISI DEL TESTO

2.1 I fratelli di Lisabetta, esperti uomini d'affari, trattano la faccenda del suo possibile matrimonio, la sua relazione segreta con Lorenzo e infine la loro fuga come una questione commerciale: da che cosa lo si capisce?

2.2 Nella novella è quasi del tutto assente il discorso diretto, sostituito dal silenzio e soprattutto dal pianto della protagonista: quale caratterizzazione emerge di Lisabetta, unica donna (a parte la sua fante), in un mondo dominato dagli uomini?

2.3 La vicenda del vaso ha un risvolto macabro, ma né la visione notturna né il cadavere di Lorenzo sembrano spaventare Lisabetta. Come reagisce la donna?

2.4 Considera le seguenti frasi: «[...] fecero di quello che più disiderava ciascuno» (rr. 10-11); «E in questo continuando e avendo insieme assai di buon tempo e di piacere» (r. 12). Quale strategia retorica adotta qui Boccaccio per alludere all'amore consumato tra Lisabetta e Lorenzo?

2.5 Come si possono definire le espressioni «bello della persona e leggiadro molto» (r. 6), «dolente e trista» (r. 35), «il pianto e le lagrime» (r. 78)? Quale effetto conferiscono al testo? Individua altri esempi simili.

3. RELAZIONE CON IL CONTESTO STORICO E CULTURALE

3.1 Descrivi l'ambientazione della novella nel suo contesto storico-geografico, e il sistema dei personaggi: quale ti sembra il più riuscito? Trovi che la trama della novella sia verosimile oppure che rielabori una leggenda popolare, come lascia intuire la versione in musica citata nel finale? Motiva la tua risposta in 7 righe.

3.2 L'apparizione di Lorenzo introduce nella narrazione un elemento soprannaturale, da film horror. Come lo spieghi in un'opera che viene considerata realistica? Trovi che il racconto notturno sia in contrasto con il resto della novella? Oppure Boccaccio si compiace di trasformare in sogno quella che poteva essere descritta come un'intuizione della protagonista? Rispondi in 5 righe, motivando la tua opinione.

3.3 La reazione di Lisabetta all'omicidio di Lorenzo è mossa da commozione ma anche da un certo senso pratico. Si può vedere in questo un riflesso delle abitudini dei fratelli mercanti? La prontezza d'ingegno nelle difficoltà, la capacità di calcolo, il sangue freddo sono doti che ritrovi in altri personaggi-mercanti del *Decameron*? Esponi le tue considerazioni in circa 10 righe con puntuali riferimenti ad altre novelle (come quella di Andreuccio da Perugia ➤ **T6**, p. 575).

B. ANALISI E PRODUZIONE DI UN TESTO ARGOMENTATIVO

La sorella di Shakespeare e il talento

La scrittrice britannica Virginia Woolf (1882-1941) riflette sulla carenza di scrittrici nella storia della letteratura: si tratta di una questione di geni, ovvero di predisposizione, oppure di genere, a causa del predominio maschile in ogni aspetto della vita?

Pensai a quell'anziano gentiluomo, che oggi è morto ma credo fosse un vescovo, il quale dichiarò che sarebbe stato impossibile per qualsiasi donna, passata, presente o a venire, possedere il genio di Shakespeare. [...]

Consentitemi di immaginare, dal momento che i fatti sono così difficili a ottenersi, che cosa sarebbe accaduto se Shakespeare avesse avuto una sorella meravigliosamente dotata, chiamata Judith, poniamo. Molto probabilmente Shakespeare frequentò – poiché sua madre era un'ereditiera – la scuola secondaria [...]. Nel frattempo quella sua sorella straordinariamente dotata, immaginiamo, rimaneva in casa. Era altrettanto desiderosa di avventura, altrettanto ricca di fantasia, altrettanto impaziente di vedere il mondo quanto lo era lui. Ma non venne mandata a scuola. Non ebbe la possibilità di imparare la grammatica e la logica, men che mai quella di leggere Orazio e Virgilio. Di tanto in tanto prendeva in mano un libro, magari uno di quelli di suo fratello, e ne leggeva alcune pagine. Ma a quel punto arrivavano i genitori e le dicevano di rammendare le calze o badare allo stufato e smetterla di fantasticare fra libri e fogli di carta. Avranno certo parlato con tono brusco gentile, perché erano gente concreta che sapeva come debbono vivere le donne e amavano la loro figlia – anzi, più facilmente di quanto non si creda, lei era la prediletta di suo padre. È possibile che scrivesse di nascosto qualche pagina, su in soffitta, ma stava bene attenta a nasconderla o bruciarla. Molto presto, però, ancor prima che fosse uscita dall'adolescenza, dovette essere promessa in moglie al figlio di un vicino mercante di lane. La ragazza gridò che il matrimonio le era odioso, e per averlo detto venne picchiata con violenza dal padre. Ma poi l'uomo smise di rimproverarla. Piuttosto la supplicò di non dargli questo dolore, di non disonorarlo rifiutando il matrimonio. Disse che le avrebbe regalato una collana o una bella sottogonna; e aveva gli occhi pieni di lacrime. Come faceva a disobbedirgli? Come faceva a spezzargli il cuore? [...]

Così, più o meno, sarebbe andata la storia, io credo, se una donna, ai tempi di Shakespeare, avesse avuto il genio di Shakespeare. Per quanto mi riguarda, sono d'accordo con il defunto vescovo, ammesso che lo fosse: era impensabile che una donna ai tempi di Shakespeare potesse avere il genio di Shakespeare. Perché un genio come quello di Shakespeare non nasce tra gente ignorante, asservita, costretta a fare lavori pesanti. Non era nato in Inghilterra tra i Sassoni e i Britanni. Non nasce oggi tra il proletariato. E dunque come avrebbe potuto nascere tra donne che [...] cominciavano a lavorare quasi prima di lasciare la tutela della balia, le quali a questo venivano costrette dai loro genitori e poi dal peso della legge e della tradizione? Eppure una qualche specie di genio deve essere esistito tra le donne, così come deve essere esistito nel proletariato. Di tanto in tanto una Emily Brontë[1] o un Robert Burns[2] esce fuori, splendente, a te-

1. **Emily Brontë:** scrittrice (1818-1848), figlia di un sacerdote irlandese e autrice di *Cime tempestose*, il suo unico romanzo.

2. **Robert Burns:** poeta scozzese (1759-1796), era figlio di contadini.

stimoniare la sua esistenza. Ma certamente quel talento non riuscì mai a raggiungere l'espressione letteraria. Eppure, ogni qualvolta leggiamo di una strega che è stata affogata, di una donna posseduta dal demonio, di una levatrice che vende piante medicinali, o persino dell'esistenza della madre di qualche personaggio straordinario, allora io credo che siamo sulle tracce di un romanziere mancato, di un poeta condannato al silenzio, di una Jane Austen[3] muta e senza gloria, di una Emily Brontë che doveva essersi bruciata il cervello nella brughiera[4] o si aggirava gemendo per le strade, resa folle dalla tortura che il suo stesso talento le infliggeva. E a dire il vero mi arrischierei a sostenere che Anonimo, che tante poesie ha scritto senza mai firmarle, spesso era una donna. Ed era stata una donna – credo fosse Edward Fitzgerald[5] a dirlo – a creare ballate e canti popolari, mentre li canticchiava ai suoi bambini o se ne serviva per ingannare la noia della filatura o delle lunghe sere d'inverno.

(V. Woolf, *Una stanza tutta per sé*, trad. it. M.A. Saracino, in *Saggi, prose, racconti*, Mondadori, Milano 1998)

3. **Jane Austen:** romanziera e poetessa (1775-1817), figlia di un pastore anglicano, è autrice di *Ragione e sentimento* e *Orgoglio e pregiudizio*.
4. **brughiera:** il tipico paesaggio del Nord dell'Inghilterra che fa da sfondo a *Cime tempestose*.
5. **Edward Fitzgerald:** traduttore inglese (1809-1883), lavorò alla *Rub'ayyāt*, poema persiano medievale.

Dopo un'attenta lettura, elabora un testo di analisi e commento, sviluppando i seguenti punti:

LE PAROLE DELLA CRITICA LETTERARIA

Dopo avere rintracciato nel testo le seguenti espressioni, spiega il significato di «ballate e canti popolari»:
- **genio:** secondo il Romanticismo, energia, forza soggettiva che produce creazioni artistiche originali, quasi senza il bisogno di essere affinata da tecniche;
- **Anonimo:** l'ignoto autore di un'opera;
- **ballate e canti popolari:** ....

1. COMPRENSIONE E ANALISI

1.1 Perché l'immaginaria Judith e il fratello poeta William Shakespeare (1564-1616), pur potendo contare su analoghe disponibilità economiche, non seguirono lo stesso percorso scolastico?

1.2 Quali attività distraevano Judith dalla lettura?

1.3 Perché le donne sono paragonate ai proletari? Quali aspetti dell'istruzione condividevano?

1.4 Quale talento potevano nascondere le presunte streghe e le vagabonde?

1.5 Chi ha scritto, secondo Virginia Woolf, molte delle poesie tramandate prive dell'indicazione dell'autore?

1.6 Qual è la tesi dell'«anziano gentiluomo» (r. 1)?

1.7 Qual è la tesi dell'autrice? Coincide o meno con quella enunciata in apertura?

1.8 Esamina la struttura argomentativa del saggio e completa il seguente schema con le righe delle rispettive sezioni:
- rr. 1-......: enunciazione di una tesi altrui;
- rr. ......-......: l'esempio della talentuosa Judith Shakespeare;
- rr. ......-......: la tesi iniziale diventa antitesi (i suoi presupposti sono rovesciati);
- rr. ......-......: ampliamento della tesi (donne e proletariato) e argomenti a favore;
- rr. ......-......: nuovi esempi veri (Brontë, Burns, Austen) e verosimili (streghe, vagabonde, Anonimo, canti popolari) a favore della tesi.

2. COMMENTO

Nelle righe finali del saggio, Virginia Woolf ritiene di poter attribuire alla mano di una donna molte poesie e canti popolari rimasti senza nome. Ritieni che questa ricostruzione sia storicamente valida? Oppure si tratta di una semplice ipotesi? Articola le tue osservazioni in un testo argomentativo di circa 20 righe servendoti della scaletta proposta.

Sezione	Righe	Argomento	Possibile svolgimento
1. Introduzione	2	Presentazione per riagganciarsi al saggio	*Secondo la scrittrice Virginia Woolf i componimenti rimasti anonimi potrebbero essere attribuiti a donne che, per il loro talento, venivano emarginate.*
2. Tesi	2	Enunciazione della tesi	*È / Non è verosimile vedere una donna dietro le poesie anonime del passato.*
3. Esempio	7-8	A sostegno della tesi	La dedica del *Decameron* (➤ **T3**, p. 547) è attendibile (le donne leggevano e scrivevano) oppure trasfigura la situazione storica (le donne sono le destinatarie puramente ideali)?
4. Sviluppo	5-6	Deduzioni a partire dall'esempio	Il *Decameron* dimostra che in Toscana, nel Trecento…
5. Conclusione	2	Conferma della tesi	*Le osservazioni di Virginia Woolf sono pertinenti / non vanno generalizzate.*

C. RIFLESSIONE CRITICA DI CARATTERE ESPOSITIVO-ARGOMENTATIVO SU TEMATICHE DI ATTUALITÀ

[…] Viviamo ancora in una società patriarcale, dove gli uomini hanno privilegi che le donne non hanno. La violenza si annida in una società di questo tipo, caratterizzata dal dominio maschile. Un aspetto correlato è quello della totale assenza di formazione di tipo affettivo. Chi insegna ai bambini e alle bambine come si esprimono le emozioni, il dissenso, la solitudine, la noia? Alla radice della violenza, ci sono spesso una grande sofferenza e una incapacità di esprimerla se non con la violenza stessa. […]

(da Marta Buonadonna, intervista a Giacomo Grifoni, www.panorama.it, 22 marzo 2018)

La cronaca riporta spesso episodi di uomini e soprattutto di donne punite, o addirittura uccise, dai famigliari per essersi legate sentimentalmente a persone che, per motivi diversi (provenienza, religione, abitudini…), non risultavano gradite.

Concordi con l'opinione espressa nella citazione riportata sopra? Noti affinità con gli amori tragici del *Decameron* (➤ Lisabetta, p. 656; Ghismonda ➤ T8, p. 594)? Che cosa è cambiato oggi rispetto al Medioevo? Che cosa invece sembra difficile da estirpare? Elabora le tue considerazioni in tre facciate di foglio protocollo; dai un titolo al tuo elaborato e dividilo in paragrafi sull'esempio della scaletta proposta:
- introduzione;
- esposizione (fatto di cronaca);
- riflessione (motivazioni alla base dell'episodio);
- confronto (società moderna, mentalità antica?)
- conclusioni.

BIBLIOTECA EUROPEA

Chaucer, i *Canterbury Tales* e la *Griselda*

L'autore e l'opera Geoffrey Chaucer (1340 ca.–1400) è il maggiore scrittore inglese del Medioevo. Uomo di grande cultura e di esperienza internazionale – svolge missioni diplomatiche per la corona inglese –, conoscitore delle lingue (francese, italiano, latino) e dei Paesi europei, Chaucer ama in particolare i padri della letteratura italiana: Dante, Petrarca e Boccaccio sono modelli e fonte di ispirazione di molte sue opere. Proprio da Boccaccio, per esempio, sono ripresi molti motivi, nonché la struttura del suo capolavoro: i *Racconti di Canterbury* (*Canterbury Tales*), una raccolta di novelle inserite, come quelle del *Decameron*, in una cornice narrativa. A differenza di queste, però, la maggior parte dei racconti di Chaucer sono in versi (distici di pentametri giambici).

La trama Trentadue pellegrini in viaggio verso la Cattedrale di Canterbury si incontrano, durante una sosta, nella Taverna del Tabarro (*Tabard Inn*) di Southwark, borgo nei pressi di Londra. Qui l'oste li invita a narrare ciascuno quattro novelle, due nel viaggio di andata e due in quello di ritorno, per un totale di centoventotto (Chaucer ne scrive solo ventiquattro). La comitiva è ampiamente rappresentativa della variegata società inglese dell'epoca: ne fanno parte un cavaliere, un mugnaio, un fattore, un uomo di legge, una drappiera di Bath, uno studente di Oxford, un mercante, un tessitore, un medico, una madre priora, un contadino, un monaco, un curato ecc. In pratica sono rappresentate tutte le classi che vivono di un lavoro: mancano infatti la nobiltà e i mendicanti. Attraverso la voce di tali narratori i *Racconti di Canterbury* offrono quindi un grande affresco della vita e della cultura inglese nel periodo di affermazione della nuova classe borghese, con i suoi valori e la sua mentalità che contrastano con la vecchia ideologia feudale ed ecclesiastica in nome della natura e della razionalità. La materia e i toni dei *Racconti* sono assai vari: le novelle spaziano dal patetico al sarcastico, dal comico al drammatico al moraleggiante, lasciando presagire il grande teatro shakespeariano.

T1 *Il racconto dello Studente: un omaggio a Petrarca (e Boccaccio)*

I racconti di Canterbury

Biblioteca digitale *Griselda* (*Decameron*)

Invitato dall'oste a intrattenere l'uditorio, lo Studente (o Chierico: Clerk) di Oxford narra una storia ripresa dalla novella della Griselda di Boccaccio (*Decameron*, X, 10), di cui Chaucer conosceva la traduzione latina di Petrarca. La novella narra la parabola esemplare della bella e onesta, ma di umili origini, Griselda che il marchese di Saluzzo sposa e poi sottopone a una serie di durissime prove per testarne la fedeltà e la bontà d'animo. Di questo chiaro omaggio alla letteratura italiana, riportiamo il prologo e le considerazioni finali.

«Messer Chierico di Oxford!» disse il nostro Oste «voi cavalcate così peritoso[1] e zitto, che sembrate una verginella appena sposata seduta al banchetto. Oggi non ho ancora sentito una parola dalla vostra bocca: scommetto che state almanaccando dietro a qualche sofisma;[2] ma ogni cosa a suo tempo, dice Salomone.[3] Per amor di Dio, via quella faccia seria, non è questo il momento di studiare! Narrateci qualche racconto allegro: diamine, quando si è in ballo bisogna ballare! E non mettetevi

1. **peritoso:** *timoroso*, *esitante*.
2. **qualche sofisma:** qualche ragionamento complicato ma sbagliato.
3. **Salomone:** l'Oste si riferisce probabilmente al libro biblico *Ecclesiaste* (3, 1 ss.).

a predicare, come i frati in tempo di quaresima, per farci piangere sui nostri vecchi peccati; e cercate anche di non farci venir sonno col vostro racconto... Narrateci qualcosa di avventuroso, ma i paroloni, le coloriture e le immagini, tenetevelli per quando avrete bisogno d'uno stile elevato per scrivere a qualche re! Parlate alla buona per questa volta, vi prego, in modo che si possa capire quello che dite.»

Il bravo Studente rispose affabilmente e disse: «Oste, sono ai vostri ordini, come del resto qui lo siamo tutti, e perciò eccomi pronto ad obbedirvi, entro i limiti della ragione, naturalmente. Vi narrerò una storia che appresi a Padova da un letterato illustre, che tale si dimostrò a parole e a fatti... Adesso, pace all'anima sua, è morto e inchiodato nella bara... Il suo nome era Francesco Petrarca, il poeta laureato che con la sua dolce retorica illuminò l'Italia intera di poesia, come fece il Legnano[4] con la filosofia, il diritto ed altre speciali discipline. Ma ormai la morte, che non ci lascia star qui per più d'un batter d'occhio, li ha portati via tutt'e due, come un giorno farà con noi... Però per ritornare, già che ho cominciato, a quell'uomo illustre dal quale appresi questa storia, vi dirò che, prima d'attaccare il racconto vero e proprio, egli stende in uno stile elevato un proemio, nel quale descrive il Piemonte e la terra di Saluzzo, e parla delle alte cime degli Appennini[5] che segnano il confine occidentale della Lombardia,[6] soffermandosi particolarmente sul Monviso, di dove, sgorgando da una piccola sorgente, prende origine e corso il Po, che si dirige quindi sempre più ingrossandosi verso levante, verso l'Emilia, fino a Ferrara e a Venezia... Ma forse sarebbe troppo lungo parlare di questo. E veramente, a mio giudizio, mi pare che la cosa qui non c'entri, mentre a lui serviva per introdurre l'argomento. Ma ecco il suo racconto, se volete ascoltarlo». [...]

Non è che si racconti questa storia perché le mogli imitino l'umiltà di Griselda (ché intanto, pur con tutta la buona volontà, non vi riuscirebbero), ma perché tutti, a seconda del grado, imparino da Griselda a esser forti nella sventura. [...] Se riuscì una donna ad essere tanto paziente con un comune mortale, tanto più dovremmo noi saper accettare di buon grado quel che ci manda Dio, che ha tutte le ragioni per mettere alla prova le sue creature. Non è che egli tenti l'uomo che ha redento (lo dice San Giacomo, leggete la sua "Epistola"),[7] ma certamente ogni giorno lo mette alla prova... Egli ci affligge coi più aspri flagelli per esercitarci alla pazienza e per renderci, in qualche modo, migliori; non lo fa di sicuro per conoscere il nostro volere, perché sa già quanto siamo fragili prima ancora che nasciamo, ma tutto compie per il nostro bene. Viviamo dunque in virtù e rassegnazione! Ma ancora una parola, signori, poi ho finito. Sarebbe al giorno d'oggi assai difficile trovare, pur girando una città intera, due o tre donne come Griselda, perché l'oro di cui queste son fatte è di così cattiva lega, che, sebbene la moneta sembri bella a prima vista, messa alla prova, si spezzerebbe piuttosto che piegarsi... Se dunque

4. **il Legnano:** Giovanni da Legnano fu professore di diritto canonico all'Università di Bologna dal 1363 al 1383, anno in cui morì.

5. **Appennini:** si tratta evidentemente delle Alpi. Qui «Appennini» è usato in senso generico per "montagne".

6. **il confine occidentale della Lombardia:** nel Medioevo, con «Lombardia» si indicava talvolta tutta l'Italia centro-settentrionale e il termine «Lombardi» era spesso usato come sinonimo di abitanti della Penisola (perlomeno del Centro-Nord).

7. **la sua "Epistola":** i passi dell'*Epistola di san Giacomo* sono probabilmente questi: «Beato l'uomo che sopporta la tentazione, perché una volta superata la prova riceverà la corona della vita che il Signore ha promesso a quelli che lo amano». (I, 12) «Nessuno, quando è tentato, dica: "Sono tentato da Dio"; perché Dio non può essere tentato dal male e non tenta nessuno al male» (I, 13).

è così, permettete almeno che in onore della Comare di Bath (Dio la mantenga sempre al comando con tutte quelle della sua risma, che altrimenti sarebbe una rovina!), io vi reciti, fresca e allegra, una canzone che forse vi metterà di buon umore. Lasciamo stare le cose tristi, e ascoltate la mia canzone che fa:

L'Envoy[8] *di Chaucer*

Griselda è morta con la sua pazienza,
entrambe in Italia giaccion sepolte;
lo dico a tutti, datemi udienza,
come Griselda non esiston molte,
e pur tralasci ogni sua speranza
chi vuole una moglie d'ugual costanza.
O nobili mogli, siate prudenti,
d'umiltà la lingua non v'inchiodate,
non dimostratevi troppo pazienti,
se no... una favola poi diventate!
Come Griselda non fate la sciocca,
o a Chichevache[9] finirete in bocca!
Seguite Eco che mai non si tace,
ma punto per punto sempre risponde.
Non siate vittime pur di far pace,
ma rimanete su in cresta alle onde.
Imparate a mente questa lezione,
potrebbe servirvi all'occasione!
Voi arcimogli, restate in difesa,
giacché siete forti come cammelli,
e da nessun uomo tollerate offesa!
E voi che deboli siete nei duelli,
qual tigri d'India mostrate i denti
e pur strepitate ai quattro venti!
Di tuo marito non aver rispetto,
pur se sia chiuso nell'armatura;
scaglia le frecce del tuo dispetto,
straziagli il cuore con la tortura;
di gelosia intreccia una maglia,
fallo star quieto come una quaglia!
Se poi sei bella, fatti guardare,
mostra il tuo viso e i vezzi tuoi;
se brutta sei, non ti crucciare,
e fatti amicizie quante più puoi.
Leggera sii come una foglia,
e che tuo marito crepi di doglia!

(G. Chaucer, *I racconti di Canterbury*, a cura di E. Barisone, UTET, Torino 1981)

8. ***Envoy:*** *Congedo*.
9. **Chichevache:** mostro leggendario che si nutriva solo di mogli pazienti e che perciò era sempre magro e affamato. Nelle favole francesi veniva spesso messo a contrasto con Bicorne che era invece sempre grasso, poiché si nutriva di mariti pazienti, assai più numerosi.

CHIAVI DI LETTURA

La fortuna della storia: da Petrarca a Chaucer La vicenda di Griselda si presta a essere letta anche come un *exemplum*, dato che vi si può riconoscere un'allegoria delle virtù umane della costanza e della fedeltà, e, in senso più strettamente religioso, l'accondiscendenza assoluta che ogni fedele dovrebbe mostrare di fronte ai voleri di Dio anche quando essi impongono il martirio (Griselda come Giobbe o come Gesù). Non sorprende perciò che questa novella abbia ispirato dei continuatori che in certa misura sono stati anche interpreti e rielaboratori della storia. Il primo è stato Petrarca, che in Griselda ha subito colto qualcosa che la staccava dal resto di un libro al quale sosteneva – nelle *Seniles* – di non prestare troppa attenzione perché, con i suoi lazzi, lo sottraeva a occupazioni più serie. Per Griselda invece Petrarca fa un'eccezione: la parafrasa in un elegante latino e dichiara che ha ripreso e tradotto la novella per «spronare i lettori a prendere esempio almeno dalla costanza di questa donna, perché abbiano il coraggio di dare a Dio ciò che lei ha dato a suo marito».

Il punto di vista di Chaucer: dalla parte di Griselda Anche se i *Tales* sono un insieme di narrazioni inserite in una cornice e i narratori sono singolarmente ben caratterizzati, secondo diversi critici è verosimile che lo Studente di Oxford rispecchi in buona misura la visione di Chaucer stesso. Se questo è vero, l'elemento più caratteristico di Caucher sta nella sua spiccata simpatia per Griselda e viceversa nell'ostilità per Gualtieri. A ogni prova cui Gualtieri sottopone Griselda, egli commenta per esempio: «Ma certi mariti non conoscono misura, appena trovano una poveretta che sopporta» o «Ma ora ditemi voi (mi rivolgo alle donne) se queste prove non potevano bastare!». In Chaucer si avverte poi che qualcosa sta cambiando nel rapporto che lega uomini e donne e nelle stesse regole che conducono al matrimonio. Nessuno dei tre scrittori riferisce di un consenso della donna alle nozze, ma Chaucer mostra almeno un Gualtieri meno indifferente. Chaucer è poi l'unico scrittore che riporti anche i pensieri di Griselda e non solo le sue battute di dialogo, chiaro segno di empatia nei confronti del personaggio, che non è solo ammirato dall'esterno come un'eroina delle virtù morali, ma anche compreso nella sua disperazione e nel suo smarrimento di fronte alla brutalità del marito. In chiusura, nel congedo, l'invito alle donne a non essere remissive con i mariti come Griselda spezza con il riso la serietà del messaggio morale.

PER APPROFONDIRE

INTERTESTUALITÀ

Secondo alcuni studiosi la versione di Chaucer, pur con le sfumature e le differenze che abbiamo sottolineato, è una traduzione fedele della versione latina di Petrarca. E Boccaccio? Leggi l'ultima novella del *Decameron* e confrontane prologo e finale con quelli qui riportati. Quali considerazioni puoi fare?

INTERDISCIPLINARITÀ

La storia di Griselda ebbe molta fortuna, non solo in letteratura, ma anche nel campo delle arti visive: miniature, affreschi, quadri, tavole, cassoni nuziali.
Il soggetto, ovviamente, ben si prestava a decorare dimensioni intime e domestiche, per ricordare alle mogli un comportamento esemplare. Svolgi una ricerca sull'argomento, facendo attenzione a identificare qual è la fonte precisa per l'iconografia: Boccaccio, Petrarca o Chaucer?

CITTADINANZA E *DEBATE*

La crudeltà di Gualtieri rispecchia la mentalità misogina medievale. Secondo te la storia di Griselda oggi, in Italia, sarebbe possibile? Conosci tra le tue amiche o conoscenti una potenziale Griselda? Discutine in classe con i compagni, dopo aver letto per intero la novella nella versione di Boccaccio.

COMUNICAZIONE E COLLABORAZIONE

Chichevache e Bicorne: su queste mostruose creature partorite dalla fantasia misogina medievale, esistono anche raffigurazioni in incisioni e miniature. Per visualizzarle fai una ricerca in rete, poi, divisi in squadre, inventate dei possibili mostri moderni e personalissimi, date loro un nome e descriveteli (aspetto, abitudini, habitat naturale). Ogni squadra legga il risultato del proprio lavoro. Create poi un bestiario di classe da presentare all'insegnante.

LINGUA MADRE

Lezione 2 Le "tre corone" e la tradizione della lingua letteraria italiana

1. Il volgare toscano si diffonde nel resto d'Italia grazie agli scrittori

Nel *De vulgari eloquentia* (I, xv), al termine della sua disamina dei principali volgari della «selva italica», Dante aveva escluso che una delle quattordici varietà locali individuate potesse – nella forma parlata quotidianamente – imporsi sulle altre, diventando la lingua italiana per eccellenza. Se in seguito il **toscano-fiorentino** ha conquistato la supremazia, almeno in ambito letterario, costituendo di fatto la **matrice** dell'**italiano standard** (la lingua considerata corretta, quella che si insegna a scuola), lo si deve soprattutto a tre scrittori di straordinario talento e successo: Dante, Petrarca e Boccaccio.

La veduta più antica di Firenze nell'affresco della *Madonna della Misericordia*; scuola di Bernardo Daddi, 1342. Firenze, Loggia del Bigallo.

2. Firenze: un contesto socio-culturale favorevole al volgare

Senza dubbio, a far sì che le **"tre corone"** divenissero molto precocemente **modelli di lingua e di stile** per quanti nutrivano ambizioni letterarie, anche al di fuori della Toscana, furono le altissime qualità artistiche di questi tre autori. Ad assicurare al loro volgare materno, il fiorentino, la necessaria capacità propulsiva concorsero tuttavia ulteriori elementi, di natura linguistica ed extralinguistica. Nell'ambito della civiltà comunale, che **a Firenze** era molto radicata e sopravvisse più a lungo rispetto ad altre parti d'Italia, **il volgare** – espressione del ceto mercantile su cui si fondava la prosperità cittadina – godeva infatti di **particolare dignità** e risentiva meno del confronto con il latino in termini di prestigio. D'altro canto, la maggiore somiglianza al latino, anche dal punto di vista fonetico, e il fatto di configurarsi come una varietà mediana nel quadro linguistico italiano, resero più agevole la penetrazione del fiorentino, già favorita dalla grande mobilità dei mercanti, sia nelle regioni del Nord sia in quelle meridionali.

3. Dante, il "padre" della lingua

Per giustificare l'attribuzione di questo epiteto all'Alighieri, sarebbe forse sufficiente la constatazione che il 90% del vocabolario fondamentale dell'italiano tutt'ora in uso è già presente nella ***Commedia***, l'opera che più di ogni altra, con l'ampiezza e il respiro universale del suo disegno, **ha contribuito ad arricchire la nostra lingua** mostrandone al contempo le potenzialità. Nel poema, in una trama schiettamente fiorentina per quanto riguarda la fonetica, la morfologia, la sintassi e il lessico principale, vengono **accolte parole di provenienza e registri molto diversi**, che rispecchiano la varietà di temi e scenari rappresentati, nel rispetto del principio retorico classico della *convenientia*, l'«adeguatezza» di lingua e contenuti. Da termini assai concreti quali *lezzo*, *sterco*, *tigna*, o municipali (come l'*issa*, lucchese, che caratterizza Bonagiunta), si passa, con l'innalzarsi della materia, ai sempre più frequenti gallicismi (*amanza*, *possanza*, *augello*, *periglio*) e sicilianismi (*disio*), mutuati dalla tradizione lirica. Forte è l'immissione di latinismi, tratti dai classici, dalla Bibbia, dalla filosofia tomistica, dai testi scientifici medievali, alcuni dei quali sono poi entrati nell'uso comune: per esempio, *mesto* e *molesto*, sia pure con un significato un po' attenuato, mentre altri, in parte già presenti nel *Convivio*, hanno alimentato i linguaggi specialistici:

orbita, *orizzonte*, *circunferenza*, *triangolo*, *complessione*, *idropico*, *coagulare*, come pure i grecismi (*epa*) e gli arabismi (*nuca*, con il significato di «colonna vertebrale»), sempre derivati da tramiti latini. Laddove nemmeno le risorse lessicali offerte dalle altre lingue fossero sufficienti a colmare le lacune, Dante, specie nel *Paradiso*, testa la duttilità del volgare forgiando parole nuove (per esempio la serie dei composti con prefisso *in*-: *imparadisare*, *indiarsi*, *insemprarsi*, *intuarsi* ecc.). Né il suo contributo si riduce al lessico: consistente, fin dalle prose del *Convivio*, è l'opera di consolidamento della sintassi, a sostegno della capacità argomentativa senza la quale il volgare non poteva ambire a diventare una vera lingua di cultura, come auspicato da Dante anche in sede teorica (➤ p. 245).

4. La *Commedia*: un successo senza precedenti

Opera dell'esilio, la *Commedia* divenne precocemente **oggetto di un vero e proprio culto**: se ne trascrissero moltissime copie (800 sono i manoscritti arrivati fino a noi, inferiori nel numero soltanto alla Bibbia), che in poco tempo si diffusero nel resto d'Italia, specialmente in area padana e veneta; si organizzarono letture pubbliche; si allestirono commenti. L'ammirazione suscitata dal poema incoraggiò l'imitazione spontanea, anche da parte di letterati minori e minimi che, pur non essendo toscani d'origine, cercarono, nei loro scritti, di discostarsi dal proprio volgare locale per emulare Dante. Moltissime le citazioni puntuali, le reminiscenze, le locuzioni riprese e rimaste sino a oggi proverbiali: dal *fiero pasto* al *disiato riso*, il *risurger per li rami*, il *far tremar le vene e i polsi*.
Altrettanto decisiva per le sorti dell'italiano letterario fu inoltre l'influenza esercitata dalla *Commedia* e dall'opera dantesca in generale, sia pure in misura e maniera diverse, sui due più grandi autori della generazione successiva, Petrarca e Boccaccio. Essi, divenuti in seguito a loro volta oggetto di imitazione, costituirono con Dante il canone trecentesco volgare eletto a modello dai grammatici cinquecenteschi, che convertirono in grammatica le loro scelte linguistiche: compilando elenchi di parole tratte dalle loro opere e deducendo le regole dai loro usi.

5. Un modello per la poesia: Petrarca

Nato da genitori fiorentini ma presto trapiantato in Provenza, Petrarca, nei suoi soggiorni in Italia, frequenta soprattutto centri settentrionali (Bologna, Parma, Padova) e annota di norma i suoi manoscritti in latino. Per lui dunque il **fiorentino** è una **lingua di uso sostanzialmente letterario**. Due sole, a fronte di un ben più cospicuo numero di testi in latino, in prosa e in versi, sono le sue opere in volgare: i *Trionfi*, poema allegorico incompiuto in cui è più esplicito il debito, anche linguistico, nei confronti della *Commedia*, e il *Canzoniere*, in cui, insieme alla tradizione lirica precedente, dai siciliani allo Stilnovo, è tangibile, se pure dissimulata, anche l'influenza del Dante petroso e comico. Mentre tuttavia al nome di Dante, e alla *Commedia* in particolare, associamo l'idea di uno sperimentalismo volto a sondare e dispiegare al massimo le possibilità del volgare in termini di ampliamento del lessico ed escursione stili-

Copia miniata della *Commedia* di Dante Alighieri, XIV secolo. Napoli, Biblioteca dei Girolamini.

stica, il contributo di Petrarca al consolidamento dell'italiano letterario si può sintetizzare, almeno in apparenza, nel segno opposto: quello della **selettività**. La sua si configura in primo luogo come un'esplorazione profonda del potenziale semantico, letterale e figurato, di un numero limitato di termini (come *core*, *amore*, *occhio*, *viso*) e sintagmi (*begli occhi*, *bel viso*, *dolce vista*, *aura soave*) che ricorrono ossessivamente e ruotano intorno all'esperienza amorosa e ai suoi echi sull'interiorità del poeta. In realtà, non mancano nel *Canzoniere* parole che designano oggetti concreti, piante e animali, assenti o rari nella tradizione lirica precedente (*fune*, *martello*, *chiovi*; *lappole*, *olmi*, *quercie*; *cornice*, ovvero «cornacchia», *passero*, *vermi*), come pure neologismi che ricordano quelli danteschi (*inalbare*, *incischiare*, *scorzare*). La peculiarità di Petrarca è di attenuarne l'asprezza grazie a sapienti accorgimenti sintattici, retorici e metrici e di integrarle armoniosamente nel verso, senza pregiudicare la sensazione complessiva di grande musicalità e perfetta unità di tono. Caratteristiche, queste, che a partire dal Quattrocento in particolare alimenteranno la diffusa e sistematica imitazione del *Canzoniere* da parte dei poeti non toscani, finché nel Cinquecento, nelle *Prose della volgar lingua* di Pietro Bembo, la più importante grammatica del volgare, Petrarca non sarà indicato come "il" modello per la poesia, addirittura a scapito di Dante.

6. Un modello per la prosa: Boccaccio

L'opera di Boccaccio che più conta per l'affermazione e il consolidamento dell'uso del volgare toscano in letteratura è il ***Decameron***, promosso a **testo di riferimento per coloro che desideravano scrivere in prosa**. Grande è la **ricchezza di toni**, **registri**, **accenti** che caratterizzano la raccolta nel suo complesso, modellata – anche dal punto di vista linguistico – per aderire a una realtà socialmente e geograficamente molto sfaccettata: con l'inserimento di latinismi e gallicismi nei momenti più alti, ma anche – specie nei dialoghi – di voci gergali e dialettali, modi di dire, termini tecnici del linguaggio mercantile, bancario, navale ecc. Ciò che tuttavia i grammatici dei secoli successivi privilegiano dello stile dell'autore, e di cui incoraggiano l'imitazione, è piuttosto la sintassi latineggiante delle cornici e delle introduzioni alle giornate: l'accumulo di subordinate, le inversioni, la collocazione del verbo alla fine della frase.

7. Il culto di Dante e Petrarca e la fondazione del canone trecentesco

L'apporto di **Boccaccio** alla promozione del volgare e della letteratura in volgare non si esaurisce nella produzione artistica. Fondamentali sono anche la sua **attività** in campo **editoriale** e il **culto tributato a Dante e Petrarca**, di cui redige le biografie, trascrive personalmente le opere, dandone inoltre – almeno nel caso di Dante – pubblica lettura (➤ p. 514). Un suo manoscritto autografo, poi smembrato in due parti (Roma, Biblioteca Apostolica Vaticana, mss. Chigiano L V 176 e Chigiano L VI 213), riunisce già emblematicamente le "tre corone", rappresentate da: *Vita nuova*, *Commedia* e altre quindici canzoni dantesche; il *Canzoniere* di Petrarca in una redazione anteriore a quella definitiva; il *Trattatello in laude di Dante* e il carme *Ytalie iam certus honos* (Boccaccio). La triade dei "padri" della lingua risulta così precocemente canonizzata da uno dei suoi membri.

Boccaccio e Petrarca; miniatura dal *De casibus virorum illustrium* di Giovanni Boccaccio, 1480 circa. Londra, British Library.

Glossario
Indice dei nomi

accento elevazione della voce su una vocale. L'accento può cadere sull'ultima, sulla penultima, sulla terzultima o sulla quartultima sillaba di una parola: nel primo caso, la parola sarà tronca; nel secondo, piana; nel terzo, sdrucciola; nel quarto, bisdrucciola.

accumulazione → *figura retorica* di tipo sintattico che consiste nell'elencare, per → *coordinazione* mediante → *asindeto* o → *polisindeto*, cose, immagini... Vedi anche → *enumerazione*. Esempio: "L'odore caldo del pane ... / il canto del gallo ... / il gorgheggio dei canarini ... / l'urto dei secchi contro il pozzo e il cigolìo della puleggia" (Govoni).

adynaton particolare tipo di → *iperbole* che introduce un esempio impossibile per dare risalto a un'idea data come irrealizzabile. Consiste nel dire che un concetto è impossibile in quanto subordinato a un altro impossibile di per sé. Esempio: "Smetterei di amarti se tutte le stelle cadessero dal cielo".

aferesi soppressione di vocale o sillaba all'inizio di una parola. Esempio: "S'io dico 'l ver" (Dante).

alessandrino → *verso* di dodici sillabe tipico della poesia classica francese. In Italia fu introdotto nel Settecento da Pier Iacopo Martello.

allegoria → *figura retorica* del significato che consiste nel creare una serie di metafore (→ *metafora*) tra loro collegate. Essa affida a un elemento del testo, oltre al senso letterale, un valore simbolico, che rinvia a un senso nascosto e più profondo. Vedi anche → *simbolo*. Esempi: Poe, *La maschera della Morte Rossa*; Kafka, *La metamorfosi*.

allitterazione → *figura retorica* che consiste nell'usare a distanza ravvicinata parole contenenti i medesimi suoni. Esempio: "dai solchi bagnati di servo sudor" (Manzoni).

amplificazione procedimento espressivo che consiste nel ripetere un'idea in modo diverso, al fine di accentuarla. Esempio: "L'Italia, la nostra patria, la nostra terra, il sacro suolo in cui siamo nati".

anacoluto costrutto sintattico irregolare che si ha quando un elemento della frase dovrebbe svolgere la funzione di soggetto, ma resta in sospeso poiché non è seguito dal verbo corrispondente. Esempio: "E io, quando mi svegliai, loro non c'erano più" (Collodi).

anadiplosi → *figura retorica* che consiste nella → *ripetizione*, all'inizio di un → *verso* o di una frase, della parola o dell'espressione che conclude il verso o la frase precedente. Esempio: "tra un lungo dei fanciulli urlo s'innalza. / S'innalza; e ruba il filo dalla mano" (Pascoli).

anafora → *figura retorica* che consiste nella → *ripetizione* di parole o gruppi di parole all'inizio di → *versi*, → *strofe* o frasi successive, allo scopo di insistere su una determinata idea. Vedi anche → *epifora*. Esempio: "Per me si va nella città dolente, / per me si va nell'etterno dolore, / per me si va tra la perduta gente" (Dante).

analessi → *figura retorica* che consiste nel ripetere insistentemente la medesima parola. Può indicare anche una costruzione sintattica in cui si inseriscono avvenimenti che precedono il tempo della narrazione: in tale accezione è sinonimo di → *flashback*.

analogia → *figura retorica* che si ottiene quando, tra due immagini fra loro differenti e apparentemente prive di legami logici, si instaurano rapporti di somiglianza. Si distingue dalla → *similitudine* per l'assenza di nessi comparativi (ad es. "come"), che porta all'identificazione delle due immagini. Esempio: "Le mani del pastore erano un vetro levigato da fioca febbre" (Ungaretti).

anapesto nella → *metrica* classica, → *piede* costituito da due sillabe brevi e una lunga; nella metrica italiana, successione di due sillabe atone e una tonica. È detto → *verso* anapestico il verso costituito dalla successione di più anapesti.

anastrofe → *inversione*.

anfibologia espressione di significato ambiguo, che può essere interpretata in due o più modi diversi. Esempio: "L'ufficiale ha ordinato di sparare al plotone di esecuzione"; per evitare ambiguità di significato, sarebbe meglio dire: "L'ufficiale ha ordinato al plotone di esecuzione di sparare".

annominazione → *paronomasia*.

anticlimax → *climax*.

antifrasi figura logica che consiste nell'usare espressioni o frasi in senso opposto a quello normale, spesso con valore ironico (→ *ironia*). Esempio: "Bella scoperta!", per dire "Che ovvietà!".

antitesi → *figura retorica* del significato che consiste nell'accostamento di due immagini di significato opposto. Da non confondersi con l'→ *ossimoro*, che consiste invece nell'unione di due termini di significato opposto nella stessa immagine. Esempio: "del ritornar ti vanti / e procedere il chiami" (Leopardi).

antonomasia → *figura retorica* del significato che consiste nell'indicare un luogo o una persona, anziché con il nome proprio, con un altro nome al primo strettamente collegato. Da non confondersi con la → *perifrasi*. Esempi: "l'Assisiate" (= Francesco d'Assisi); "il Poeta" (= Dante).

apocope caduta di vocale o sillaba alla fine di una parola. Esempio: "vuo'" (= "vuoi").

aposiopesi → *reticenza*.

apostrofe → *figura retorica* che consiste nel rivolgere il discorso a persona o cosa inanimata generalmente assente dalla scena. Da non confondersi con l'apostrofo, segno grafico dell'→ *elisione* o del troncamento. Esempio: "te beata, gridai, per le felici / aure...", parole rivolte a Firenze (Foscolo).

aprosdóketon dal greco, "inaspettato"; → *figura retorica* che consiste nella sostituzione di un elemento del discorso atteso con un elemento del discorso inaspettato.

asindeto → *figura retorica* di tipo sintattico che consiste nel giustapporre due o più frasi o elementi di frase, tra loro coordinati (→ *coordinazione*), senza l'utilizzo di congiunzioni. È il contrario di → *polisindeto*. Esempio: "corre via, corre, anela, / varca torrenti e stagni, / cade, risorge, e più e più s'affretta..." (Leopardi).

assonanza → *rima* imperfetta ottenuta tra due parole nelle quali coincidano le vocali accentate (→ *accento*) e quelle finali, mentre le consonanti sono diverse. Esempi: "rupi – nubi"; "buca – fuga"; "profondo – mondo".

ballata forma poetica basata su una serie di strofe (→ *strofa*) precedute, intercalate e concluse da una → *ripresa* sempre uguale. Se la ripresa è di un → *verso*, si parla di ballata minima; se è di due versi, di ballata minore; se è di tre versi, di ballata media; se è di quattro versi, di ballata grande. I più celebri esempi di ballata risalgono ai primi secoli della letteratura italiana, ma tale forma è stata utilizzata anche nel Novecento da poeti come Pascoli.

barbarismo parola, forma lessicale o locuzione proveniente da una lingua straniera. Originariamente era caratterizzato da una → *connotazione* negativa, che si è però persa nel corso del tempo.

bisillabo → *verso* caratterizzato dalla presenza di un solo → *accento* sulla prima sillaba metrica.

brachilogia forma di → *ellissi* consistente nell'eliminare alcuni elementi di una proposizione che si trovano anche in un'altra proposizione vicina, allo scopo di abbreviare il discorso. Esempio: "li uomini si vendicano delle leggiere offese, delle gravi non possono" (Machiavelli).

bucolica → *ecloga*.

cacofonia effetto fonico sgradevole, determinato dall'accostamento di suoni uguali o contrastanti. Talora viene ricercata per effetti espressivi e stilistici (→ *stile*) particolari. Esempio: "Huisc... Huiusc... / Sciu sciu sciu / koku koku koku" (Palazzeschi).

calco prestito di elementi formali o semantici da una lingua a un'altra. Si hanno calchi formali quando si introducono all'interno di una lingua vocaboli, locuzioni o strutture sintattiche tradotti dalle rispettive forme esistenti in un'altra lingua; si hanno calchi semantici quando le parole di una lingua assumono una nuova accezione per imitazione delle analoghe di un'altra lingua, con le quali hanno in comune uno o più significati.

canzone forma metrica basata su strofe (→ *strofa*) di endecasillabi (→ *endecasillabo*) e settenari (→ *settenario*) variamente alternati e rimati (→ *rima*) tra loro. Le canzoni si possono distinguere in:
petrarchesca: utilizzata dal Duecento all'Ottocento, tale forma prevede che ciascuna strofa sia divisa in due parti (fronte e sirma), a loro volta articolate in sezioni più brevi. L'ultima strofa, più breve, è detta → *congedo* perché in essa il poeta si rivolge direttamente al proprio componimento, inviandolo ai lettori;
libera o leopardiana: in tale forma le strofe sono di lunghezza variabile e non presentano tutte lo stesso schema metrico.

canzonetta forma metrica costituita da versi (→ *verso*) di varia misura e perlopiù brevi, e da strofe (→ *strofa*) anch'esse brevi. Ha solitamente un → *ritmo* mosso e cantabile e tratta temi leggeri, amorosi o conviviali. Introdotta nella letteratura italiana da Gabriello Chiabrera, ha avuto grande fortuna nel Seicento e nel Settecento.

capitolo componimento formato da una serie di terzine (→ *terzina*) di endecasillabi (→ *endecasillabo*) a → *rima* incatenata. Esempi: Petrarca divise i *Trionfi* in sei quadri, ciascuno di diversi capitoli; Berni ricorse ai capitoli nella poesia burlesca.

captatio benevolentiae procedimento retorico attraverso cui, di solito all'inizio di un componimento, si cerca di attirare l'attenzione e la benevolenza dell'interlocutore.

catacresi → *figura retorica* che consiste nell'estendere una parola o una locuzione oltre i limiti del suo significato proprio. Esempio: "il Sol tace", per significare l'assenza del Sole (Dante).

cesura piccola pausa che divide un → *verso* lungo in due parti o emistichi (→ *emistichio*). Esempio: "Dolce e chiara è la notte – e senza vento" (Leopardi).

centone testo che raccoglie versi (→ *verso*) di poeti famosi, a volte con intenti scherzosi. Esempio: centone di versi petrarcheschi realizzato da Jacopo Sannazaro.

chiasmo → *figura retorica* di tipo sintattico che consiste nella disposizione incrociata di due o più elementi di una frase o di un verso, secondo gli schemi ABBA, ABCCBA... I chiasmi si possono distinguere in:
grammaticali: riguardano l'aspetto grammaticale delle parole. Esempio: "Dai guardi dubbiosi, dai pavidi volti" (sostantivo-aggettivo/aggettivo-sostantivo) (Manzoni);
semantici: riguardano il significato delle parole. Esempio: "la fuga e la vittoria, / la reggia e il tristo esiglio" ("fuga" si collega logicamente a "tristo esiglio", "vittoria" a "reggia") (Manzoni).

circonlocuzione → *perifrasi*.

clausola parte finale di un → *verso* o di un periodo, tradizionalmente caratterizzata da artifici ritmici (→ *ritmo*) e fonici particolari.

climax dal greco, "gradazione"; → *figura retorica* che consiste nella disposizione di una serie di termini in ordine di intensità crescente o decrescente (in quest'ultimo caso si parla anche di *anticlimax*). Esempio: "rimbombò, rimbalzò, rotolò cupo" (Pascoli).

cobla termine provenzale che indica la → *stanza* di una → *canzone*. La più diffusa nella letteratura italiana è la *cobla capfinidas*, stanza in cui la prima parola è identica all'ultima parola della stanza precedente.

commiato → *congedo*.

congedo → *strofa* finale di una → *canzone* o di una → *sestina*.

connotazione significato (allusivo, affettivo, evocativo...) di una parola o di un'espressione aggiunto o secondario rispetto al significato primario, codificato (vedi → *denotazione*). Il significato connotativo, tipico del linguaggio poetico, implica sempre il significato denotativo. Esempio: "micio" denota l'animale cui si riferisce e connota un sentimento di tenera affettività domestica.

consonanza → *figura retorica* del suono che consiste in una coincidenza di consonanti nelle sillabe finali di una parola a partire da quella accentata (→ *accento*). Vedi anche → *rima* e → *assonanza*. Esempi: "piante" – "acanti"; "ragazzi" – "ricchezza"; "azzurro" – "terra" (Montale).

contaminazione fusione di elementi di diversa provenienza nella composizione di un'opera letteraria.

contrasto componimento in versi (→ *verso*), in parte o completamente dialogato, tipico della letteratura medievale latina e italiana, in cui due personaggi (solitamente il corteggiatore e la donna amata) disputano tra loro sostenendo posizioni divergenti. Esempi: Cielo d'Alcamo *Rosa fresca aulentissima*; i contrasti di Cecco Angiolieri con Becchina.

coordinazione costruzione sintattica basata sull'accostamento di frasi indipendenti l'una dall'altra; tali frasi possono essere collegate per → *asindeto*, cioè semplicemente accostate, oppure mediante una congiunzione coordinante, nel qual caso si parla di → *polisindeto*. È il contrario della → *subordinazione*.

coppia sinonimica coppia di termini dal significato affine, uniti dalla congiunzione "e". Da non confondersi con l'→ *endiadi*, nella quale i due termini non sono sinonimi ma vengono a costituire un unico concetto. Esempio: "forte e robusto" (= molto forte).

cornice in un testo narrativo, racconto di primo grado che introduce un racconto di secondo grado. Esempio: Boccaccio, *Decameron*, dove un racconto (la vicenda della "lieta brigata") serve a inquadrare altri racconti (le cento novelle).

corpus termine latino con cui si indica un insieme di opere letterarie collegate tra loro da rapporti tematici e formali, o dal fatto di essere attribuite al medesimo autore.

correctio → *epanartosi*.

dattilo nella → *metrica* classica, → *piede* costituito da una sillaba lunga e due brevi; nella metrica italiana, successione di una sillaba tonica e due atone. È detto → *verso* dattilico il verso costituito dalla successione di più dattili.

decasillabo → *verso* parisillabo caratterizzato dalla presenza dell'→ *accento* metrico sulla terza, sesta e nona sillaba.

deissi ricorso a elementi linguistici che servono a situare l'enunciato nello spazio e nel tempo.

denotazione significato letterale e primario di una parola o di un'espressione, fissato dal codice della lingua in una determinata fase del suo sviluppo. Il significato denotativo non implica quello connotativo (→ *connotazione*).

diacronico che segue l'andamento cronologico, cioè l'asse temporale. Una lingua può essere oggetto di uno studio diacronico, ossia concernente la sua evoluzione storica, oppure → *sincronico*, ossia concernente un suo stadio particolare.

diafora → *figura retorica* che consiste nel ripetere una stessa espressione attribuendole però un significato differente (più positivo/negativo, ironico, amplificato...). Esempio: "La mattina seguente Don Rodrigo si svegliò Don Rodrigo" (Manzoni).

dialefe figura metrica che si ha quando due vocali vicine, appartenenti a parole diverse, costituiscono due diverse sillabe metriche. È il contrario della → *sinalefe*. Esempio: "t'illuse, che oggi m'illude" (D'Annunzio).

diastole fenomeno metrico che consiste nello spostamento dell'→ *accento* per ragioni metrico-prosodiche. Esempio: "Euclide geométra e Tolomeo" (Dante).

diegesi insieme dei fatti narrati. In relazione al termine diegesi sono sorti termini come extradiegesi (il → *narratore* extradiegetico non è un personaggio) o intradiegesi (il narratore intradiegetico è un personaggio).

dieresi figura metrica che si ha quando due vocali vicine, pur formando un → *dittongo*, costituiscono due diverse sillabe metriche. Solitamente la dieresi si indica con due puntini posti sulla semivocale del dittongo. È il contrario della → *sineresi*; vedi anche → *dialefe*. Esempio: "Forse perché della fatal quïete" (Foscolo).

digressione sequenza in cui l'autore abbandona il filo della narrazione o del discorso per approfondire un argomento secondario. Esempio: biografia del cardinale Borromeo nei *Promessi sposi* di Manzoni.

distico → *strofa* di due versi (→ *verso*), spesso rimati (→ *rima*) tra loro. Esempio: "Nella Torre il silenzio era già alto. / Sussurravano i pioppi del Rio Salto. // I cavalli normanni alle lor poste / frangean la biada con rumor di croste" (Pascoli).

distico elegiaco nella → *metrica* classica, → *strofa* formata da due versi (→ *verso*), un → *esametro* e un → *pentametro*. Il suo → *ritmo* è imitato nella metrica barbara carducciana. Esempio: "Surge nel chiaro inverno la fosca turrita Bologna, / e il colle sopra bianco di neve ride. // È l'ora soave che il sol morituro saluta / le torri e 'l tempio, divo Petronio, tuo" (Carducci).

dittologia sinonimica → *coppia sinonimica*.

dittongo gruppo fonetico che si ha quando una vocale ("a", "e", "o") e una semivocale ("i", "u") si trovano vicine all'interno di una stessa parola e vengono a costituire un'unica sillaba. Se il dittongo è accentato, l'→ *accento* cade sempre sulla vocale, che può precedere o seguire la semivocale. Esempi: "fiato"; "ieri"; "piove"; "mai"; "potei"; "poi"; "puerile"; "cuore".

dodecasillabo → *doppio senario*.

doppia negazione → *litote*.

doppio senario → *verso* doppio, costituito da due senari (→ *senario*). Esempio: "Dagli atrii muscosi – dai Fori cadenti" (Manzoni).

doppio settenario → *verso* doppio, composto da due settenari (→ *settenario*) piani divisi dalla → *cesura* e corrispondente all'→ *alessandrino*. Noto anche come "martelliano", deve il suo nome al letterato settecentesco Pier Iacopo Martello, che lo utilizzò nelle sue tragedie. Esempio: "dai nomi poco usati: – bossi ligustri o acanti. / Io, per me, amo le strade – che riescono agli erbosi..." (Montale).

duplicazione → *figura retorica* che consiste nel ripetere (→ *ripetizione*) due volte una parola o un gruppo di parole. Esempio: "O Nerina, Nerina..." (Leopardi).

ecfrasi procedimento proprio della → *retorica* greca che consisteva nel descrivere oggetti, luoghi, eventi o persone rilevanti con → *stile* virtuosistico ed elaborato, in modo da gareggiare per forza espressiva con la cosa descritta.

ecloga componimento poetico, spesso dialogato, di origine classica. Di ambientazione pastorale, tratta temi campestri, amorosi e autobiografici; talvolta può riferirsi ad avvenimenti storici contemporanei, spesso in modo allegorico. Si scrissero ecloghe in latino nel Trecento (Dante, Petrarca, Boccaccio) e nel Quattrocento (Pontano, Boiardo, Sannazaro); nel Quattrocento fiorirono anche ecloghe in volgare, su modello dell'*Arcadia* di Sannazaro. Il metro adottato fu perlopiù la → *terzina* di endecasillabi (→ *endecasillabo*).

egloga → *ecloga*.

elegia componimento letterario di argomento prevalentemente autobiografico e sentimentale; la forma metrica è generalmente quella del → *distico elegiaco*. Nella → *retorica* medievale, l'espressione "→ *stile* elegiaco" equivale a "stile medio".

elisione scomparsa della vocale finale di una parola davanti alla vocale iniziale della parola successiva. Il segno che indica l'elisione è l'apostrofo. Esempio: "sì ch'io rilevi / le lor figure com'io l'ho concette" (Dante).

ellissi dal punto di vista sintattico, consiste nel tralasciare una o più parole che possono facilmente essere desunte dal contesto della frase; dal punto di vista narratologico, è la tecnica narrativa utilizzata quando il → *narratore* tralascia di raccontare una parte degli avvenimenti, provocando un salto temporale. Vedi anche → *reticenza*. Esempi: "Amaro e noia / la vita, altro mai nulla" (livello sintattico) (Leopardi); concludendo la vicenda della monaca di Monza con le parole "La sventurata rispose", Manzoni nei *Promessi sposi* non racconta le conseguenze della relazione di Gertrude con Egidio (livello narratologico).

emistichio ciascuna delle due parti in cui un → *verso* lungo viene suddiviso dalla → *cesura*. Esempio: "Né più mai toccherò – le sacre sponde / ove il mio corpo – fanciulletto giacque" (Foscolo).

enallage figura grammaticale che consiste nello scambio funzionale di una parte del discorso con un'altra (tra modi o tempi verbali, tra aggettivo e verbo...). Esempi: "domani vado via" (= "domani andrò via"); "parla chiaro" (= "parla chiaramente").

enclitica parola priva di → *accento* proprio, che si appoggia sulla parola accentata precedente. Esempi: "esserci"; "vendesi"; "vedilo".

endecasillabo → *verso* imparisillabo caratterizzato dalla presenza dell'ultimo → *accento* sulla decima sillaba metrica. Esempi: Parini, *Il giorno*; Foscolo, *A Zacinto*, *Dei sepolcri*; Leopardi, *L'infinito*, *La sera del dì di festa*.

endiadi → *figura retorica* che esprime un'immagine o un concetto unico con due termini coordinati (→ *coordinazione*) o correlati tramite la congiunzione "e". Da non confondersi con la → *coppia sinonimica*, basata sull'accostamento di due termini di significato simile. Esempio: "e giustizia e speranza" (= "speranza di giustizia") (Dante).

enfasi artificio espressivo mediante il quale si mette in rilievo un elemento del verso o della frase rispetto agli altri. L'enfasi può ricorrere alla punteggiatura, isolando il termine, o alla sintassi, invertendo l'ordine delle parole, o alle varie forme di →

ripetizione. Esempio: "L'armi, qua l'armi: io solo / combatterò, procomberò sol io" (Leopardi).

enjambement dal francese, "scavalcamento"; fenomeno in virtù del quale l'unità logica e sintattica tra due elementi del discorso viene spezzata dalla fine del → *verso*, così che le componenti risultino distribuite tra la fine di un verso e l'inizio di quello successivo. Esempio: "da cui vergine nacque / Venere", con *enjambement* tra predicato e soggetto (Foscolo).

entrelacement dal francese, "intreccio" o "incastro"; tecnica narrativa che consiste nello sviluppare in parallelo più vicende narrative, che coinvolgono differenti gruppi di personaggi in tempi e luoghi variabili, in un complesso gioco di interruzioni e riprese. Utilizzato per lo più nelle rielaborazioni francesi del ciclo bretone di età medioevale, l'*entrelacement* viene successivamente adottato anche in Italia, nei poemi epico-cavallereschi rinascimentali. Esempio: Ariosto, *Orlando furioso*.

enumerazione → *figura retorica* di tipo sintattico che consiste nell'esprimere in sequenza, per → *coordinazione* mediante → *asindeto* o → *polisindeto*, cose, immagini... Assume generalmente il valore di riepilogo degli argomenti già trattati o da trattare. Vedi anche → *accumulazione*. Esempio: "Addio, monti ... cime ... torrenti ... ville" (Manzoni).

epanalessi → *figura retorica* che consiste nella → *ripetizione* di una o più parole per dare intensità enfatica a un'affermazione. Esempio: "Dilla, dilla / la nota d'oro" (Pascoli).

epanartosi → *figura retorica* che consiste nel riprendere quanto già detto per attenuarlo, modificarlo, ritrattarlo.

epentesi inserimento di un fonema all'interno di una parola, spesso per ragioni metriche. Esempio: "Da la mattina a terza / di voi pensate e vederete come" (Petrarca).

epifora → *figura retorica* che consiste nella → *ripetizione* di una o più parole alla fine di versi (→ *verso*), strofe (→ *strofa*) o periodi successivi. Vedi anche → *anafora*. Esempi: "Aspettò due minuti, e nulla; cinque minuti, e nulla; dieci minuti, e nulla!" (Collodi); irridere pareva al grande mio / dolore, al disperato dolor mio" (Saba).

epifrasi → *inversione*.

epigramma breve componimento poetico di contenuto vario (morale, politico, amoroso...), fiorito soprattutto in Grecia e a Roma ma testimoniato anche nella poesia italiana, specialmente dal Cinquecento al Settecento. Vario nella forma metrica, adotta spesso quella del → *distico* di endecasillabi (→ *endecasillabo*).

epistola lettera. Nella letteratura moderna, il termine indica soprattutto le lettere in versi (→ *verso*) sul modello di quelle del poeta latino Orazio, che vi affrontava in chiave dimessa e colloquiale impegnativi argomenti filosofici e letterari.

epitesi aggiunta alla fine di una parola di una vocale o di una sillaba non connesse alla sua etimologia. Nella lirica delle origini, si ricorre spesso all'epitesi di "-e" o "-ne" per evitare la → *rima* tronca. Esempio: "die" (= "di").

epiteto nome, aggettivo o locuzione che si aggiunge a un nome per meglio determinarlo o più spesso per ragioni puramente accessorie ed esornative. Esempi: Achille piè veloce; Lorenzo il Magnifico.

esagerazione → *iperbole*.

esametro → *verso* della poesia greca e latina costituito da sei piedi (→ *piede*), utilizzato specialmente nella poesia epica e nell'→ *elegia* (insieme al → *pentametro*, con il quale forma il → *distico elegiaco*).

eufemismo → *figura retorica* del significato che consiste nel sostituire un'espressione troppo cruda o spiacevole con un'altra dal significato attenuato. Da non confondersi con la → *reticenza*. Esempio: "don Leopoldo fece segno che il vecchio se n'era andato", per indicare che era morto (Verga).

excursus → *digressione*.

exemplum dal latino, "esempio"; designa una breve narrazione che vuole esemplificare un insegnamento morale o religioso.

fabula in un testo narrativo, successione logica e cronologica degli avvenimenti narrati. Da non confondersi con l'→ *intreccio*, che indica l'ordine di esposizione scelto dal → *narratore*.

figura retorica artificio stilistico (→ *stile*) utilizzato per ottenere particolari effetti espressivi. Le figure retoriche si distinguono in:
etimologiche: consistono nell'usare, all'interno dello stesso verso o della stessa frase, parole diverse con la stessa etimologia, cioè con la stessa origine. Esempio: "i figli pensosi pensose guatar" (Manzoni);
del suono: si basano sui rapporti fonetici che è possibile instaurare tra le parole;
del significato (→ *tropo*): si basano sul significato delle parole;
sintattiche: si basano sulla disposizione delle parole all'interno della frase e del testo.

flashback tecnica narrativa che consiste nell'interrompere il racconto di eventi attuali secondo l'andamento cronologico per inserire un episodio cronologicamente anteriore, più o meno strettamente connesso a quegli eventi.

flusso di coscienza tecnica narrativa (*stream of consciousness* in lingua inglese) che consiste nel riprodurre il libero succedere di pensieri, immagini e sensazioni, così come si forma e fluisce nell'interiorità quando è ancora debole l'azione riflessiva e organizzativa dell'intelletto razionale. Da qui la rinuncia alla punteggiatura e il ricorso a invenzioni linguistiche, neologismi, libere associazioni concettuali. Ispirata alla psicoanalisi di Sigmund Freud e ai suoi studi sull'inconscio e sui sogni, questa tecnica deve in particolare la sua notorietà allo scrittore irlandese James Joyce (i romanzi *Ulisse* e *Finnegans Wake* [*La veglia di Finnegan*]). Sebbene si realizzi generalmente portando in primissimo piano un personaggio monologante, il flusso di coscienza non va confuso con il → *monologo interiore*.

focalizzazione → *punto di vista*.

fonosimbolismo → *figura retorica* che consiste nello sfruttare il suono delle parole per evocare sentimenti e sensazioni particolari. Casi particolari di fonosimbolismo sono alcune esclamazioni e la → *onomatopea*.

fronte → *canzone*.

geminazione → *epanalessi*.

giambo nella → *metrica* classica → *piede* costituito da una sillaba breve e una sillaba lunga; nella metrica italiana, successione di due sillabe con → *accento* sulla seconda. È detto → *verso* giambico il verso costituito dalla successione di più giambi. Esempio: "Di quéi sospíri ond'ío nudríva 'l córe" (Petrarca).

gradazione → *climax*.

hysteron proteron → *figura retorica* di tipo sintattico per la quale l'ordine logico risulta invertito rispetto al succedersi naturale delle azioni. Esempio: "Tu non avresti in tanto tratto e messo / nel foco il dito" (Dante).

GLOSSARIO di retorica, linguistica, stilistica e metrica

iato gruppo fonetico che si ha quando due vocali vicine all'interno della stessa parola, non formando → ***dittongo***, costituiscono due sillabe differenti. Spesso gli iati all'interno del → ***verso*** formano una sola sillaba metrica per il fenomeno della → ***sineresi***. Esempi: "mia", "mio", "faìna", "gioì", "tue", "tuo".

idillio componimento breve di origine alessandrina che tratta vari temi, in particolare quello amoroso, con ambientazione georgica o pastorale.

idiotismo locuzione propria delle varietà geografico-sociali di una lingua.

incipit dal latino, "inizia"; prima parola o parole iniziali di un testo.

interrogazione retorica proposizione interrogativa di cui si prevede già la risposta. Viene formulata non per sapere ciò che non si conosce, ma per sottolineare ciò che si sa. Esempio: "Sei arrivato solo adesso?".

intertestualità insieme dei rapporti che un testo intrattiene con altri testi. In teoria della letteratura, si distinguono due tipi di intertestualità:
interna: rete di relazioni che un testo intrattiene con altri testi dello stesso autore;
esterna: rete di relazioni che un testo intrattiene con modelli letterari coevi o precedenti.

intreccio in una narrazione, successione dei fatti così come vengono presentati dal → ***narratore***. Da non confondersi con la → ***fabula***, che indica l'ordine logico e cronologico degli avvenimenti narrati.

inversione → ***figura retorica*** di tipo sintattico che si ha quando l'ordine delle parole non coincide con quello normale del discorso. Casi particolari di inversione sono:
anastrofe: consiste nell'inversione dell'ordine normale delle parole. Si ha anastrofe per esempio quando l'aggettivo precede il sostantivo a cui si riferisce, o quando il verbo precede il proprio soggetto. Esempio: "Sempre caro mi fu quest'ermo colle" (= "Quest'ermo colle mi fu sempre caro") (Leopardi).
epifrasi: consiste nel posporre un termine o un segmento discorsivo rispetto alla posizione che normalmente occuperebbe, collegandolo a quanto precede attraverso la congiunzione "e". L'epifrasi è una variante dell'iperbato.
iperbato: consiste nel separare due elementi della frase strettamente legati tra loro (come aggettivo e sostantivo, o sostantivo e complemento di specificazione), inserendo tra di essi un terzo elemento. Esempio: "Dolce e chiara è la notte e senza vento", dove "e senza vento" è separato da "dolce e chiara" dall'inserimento di "è la notte" (Leopardi).

io narrante → ***narratore***.

ipallage → ***figura retorica*** che consiste nell'attribuire a un termine proprietà che logicamente andrebbero attribuite a un altro termine a esso vicino. Esempio: "le mura dell'alta Roma", in luogo di "le alte mura di Roma" (Virgilio).

iperbato → ***inversione***.

iperbole → ***figura retorica*** del significato che consiste nell'esprimere un concetto in maniera esagerata e inverosimile, spesso in funzione ironica (→ ***ironia***). Esempio: "le coperte gli parvero una montagna" (Manzoni).

ipermetro → ***verso*** irregolare, più lungo di quanto lo schema metrico prescelto comporterebbe. Esempio: "che al quartiere in penombra si rapprende. / E lo sommuove. Lo fa più grande, vuoto, / intorno, e, più lontano, lo riaccende", dove il primo e il terzo verso sono endecasillabi (→ ***endecasillabo***) regolari mentre il secondo è ipermetro (Pasolini).

ipometro → ***verso*** irregolare, più corto di quanto lo schema metrico prescelto comporterebbe.

ipotassi → ***subordinazione***.

ipotiposi → ***figura retorica*** che consiste nel rappresentare le cose in modo così vivo da mostrarne quasi la figura, suscitando nel lettore o nell'ascoltatore l'impressione di averle sotto gli occhi.

ironia → ***figura retorica*** del significato che consiste nell'affermare il contrario di quanto si intende dire.

iterazione → ***ripetizione***.

lassa tipo di → ***strofa*** proprio della poesia epica medievale, in particolare di quella francese e spagnola; è costituita da un numero variabile di versi (→ ***verso***) uguali, solitamente decasillabi (→ ***decasillabo***), legati dall'→ ***assonanza*** o dalla → ***rima***. È stata ripresa da Carducci e D'Annunzio per la trattazione di argomenti storici.

lauda componimento poetico in origine musicato, di tema religioso, proprio della letteratura medievale latina e volgare. Inizialmente costituita di lasse (→ ***lassa***) monorime (→ ***rima***) o di strofe (→ ***strofa***) di sei versi (→ ***verso***), la lauda adottò in seguito la struttura della → ***ballata***, non senza influssi dalla poesia profana. Importanti furono nel XIII secolo le laudi di Guittone d'Arezzo e Jacopone da Todi, nel XV secolo quelle di Lorenzo de' Medici e Girolamo Savonarola.

leitmotiv in un testo letterario, motivo dominante, che torna periodicamente a scandire e improntare l'intera narrazione.

litote → ***figura retorica*** del significato corrispondente a un'affermazione attenuata, che nega il contrario di ciò che si intende dire. Esempio: "non è un cattivo ragazzo", vale a dire che è un bravo ragazzo.

locus amoenus dal latino, "luogo piacevole"; → ***topos*** letterario che indica uno scenario ameno e idillico, dove la serenità della natura allontana i problemi della società e della storia.

luogo comune → ***topos***.

maccheronico linguaggio che applica grammatica e → ***metrica*** latine al volgare dalle tinte dialettali, con un effetto di deformazione linguistica, comica → ***ironia*** e → ***straniamento*** espressionistico. Nato come → ***parodia*** del latino dalla poesia goliardica medievale e dai *Carmina burana*, trova la sua espressione più compiuta nell'opera di Teofilo Folengo. In seguito il termine "maccheronico" è passato a designare ogni lingua letteraria fortemente mescidata e deformante, con vistosi scarti tra registri (→ ***registro***) alti e bassi, come talvolta avviene nell'opera di Gadda.

madrigale forma metrica medievale e rinascimentale in endecasillabi (→ ***endecasillabo***), basata su una o più terzine (→ ***terzina***) seguite da uno o due distici (→ ***distico***). Di argomento spesso amoroso, è stato ripreso in epoca moderna da Pascoli e D'Annunzio. Esempi: Pascoli, *Arano* e *Lavandare*, in *Myricae*.

martelliano → ***doppio settenario***.

meta- prefisso di origine greca che indica autoreferenzialità. Per esempio un metalinguaggio è un linguaggio che ha lo scopo di descrivere e analizzare il linguaggio stesso; una metapoesia è una poesia in cui l'argomento è la poesia stessa o la poetica del suo autore; un metaromanzo è un romanzo in cui l'autore riflette sul valore del romanzo come genere letterario, sulle possibili tecniche da adottare, sulla struttura e sulle scelte stilistiche; un testo metateatrale è un testo teatrale in cui si discute del teatro.

Esempi: Montale, *I limoni*, *Non chiederci la parola che squadri da ogni lato* (due metapoesie da *Ossi di seppia*); Pirandello, *Sei personaggi in cerca d'autore* (testo metateatrale); Calvino, *Se una notte d'inverno un viaggiatore* (metaromanzo).

metafonesi processo fonetico in virtù del quale una vocale su cui cade l'→ ***accento*** cambia di timbro per assimilazione a distanza con un'altra vocale o con una semivocale. Esempio: nel dialetto bolognese, il singolare "fiàur" (= "fiore") diventa al plurale "fiùr".

metafonia → ***metafonesi***.

metafora → ***figura retorica*** del significato che consiste nel trasferimento di significato da una realtà a un'altra che abbia con la prima un rapporto di somiglianza. Da non confondersi con la → ***similitudine***: quest'ultima nasce da un procedimento logico di analisi, mentre la metafora da un procedimento logico di sintesi. Nell'ambito della metafora, rientra l'→ ***allegoria***. Esempio: "cotesta età fiorita", cioè la giovinezza (Leopardi).

metonimia → ***figura retorica*** del significato che consiste nell'indicare una realtà per mezzo di un'altra che abbia con la prima un rapporto di contiguità logica (l'autore per l'opera, i mezzi per il risultato, il contenente per il contenuto, il luogo per gli abitanti, la materia per l'oggetto...). Spesso la metonimia è difficilmente distinguibile dalla → ***sineddoche***. Esempio: "ci lascerai le ossa", cioè la vita; "bere un bicchiere", in luogo di bere una bevanda.

metrica insieme delle regole che presiedono alla scrittura in versi (→ ***verso***). La metrica si può distinguere in:
quantitativa: metrica greca e latina, che si basava sull'alternanza di sillabe lunghe e brevi. Le sillabe – combinandosi tra loro – venivano a formare i piedi (→ ***piede***), i quali – combinandosi a loro volta – formavano i versi;
accentuativa: metrica italiana e delle altre lingue europee moderne, che si basa sugli accenti (→ ***accento***) delle parole e sulla collocazione di tali accenti all'interno del verso;
barbara: metrica reinventata nella seconda metà dell'Ottocento da Carducci e da altri poeti, che tentavano di riprodurre in lingua italiana i versi della metrica classica, con un effetto che sarebbe suonato "barbaro" (strano, esotico) alle orecchie degli antichi.

mise en abîme/abyme tecnica narrativa (in francese "messa in abisso") che prevede all'interno di un testo la duplicazione di una sequenza di eventi che condensi in sé il senso ultimo della vicenda raccontata. Una forma particolare di *mise en abîme* è l'espediente della storia nella storia.

monologo interiore tecnica narrativa, sperimentata dallo scrittore francese Édouard Dujardin alla fine dell'Ottocento e largamente impiegata nella letteratura del Novecento (Joyce, Woolf, Svevo), mediante la quale il lettore viene introdotto direttamente nella vita interiore del personaggio, di cui sono registrati in prima persona, e senza alcun commento dell'autore, pensieri, reazioni, impressioni, ricordi. Spesso assimilato al → ***flusso di coscienza***, si differenzia per il carattere meno alogico, che si traduce in un maggiore controllo linguistico e sintattico.

monorima → ***rima***.

narratore in un testo narrativo, personaggio che racconta la storia in prima o in terza persona; da non confondersi con l'autore, del quale però spesso interpreta il → ***punto di vista***.

neologismo parola o locuzione di recente introduzione in una lingua. In alcuni casi il neologismo è coniato da uno scrittore per ragioni espressive, in altri è frutto dell'evoluzione della lingua oppure di un adattamento da altra lingua.

nonsense tipico della letteratura inglese, breve componimento in versi (→ ***verso***) di carattere fantastico e umoristico, che presenta temi, azioni e personaggi strani, grotteschi e surreali allo scopo di divertire con l'assurdo. Esempio: Carroll, *Alice nel Paese delle Meraviglie*.

novenario → ***verso*** imparisillabo, caratterizzato nella maggior parte dei casi dalla presenza di accenti (→ ***accento***) metrici sulla seconda, quinta e ottava sillaba metrica.

ode forma metrica classica, basata su schemi molto vari. L'ode moderna, nata nel Rinascimento su modelli classici, si basa su strofe (→ ***strofa***) di sei o sette endecasillabi (→ ***endecasillabo***) e settenari (→ ***settenario***); nell'Ottocento, si ricordano le *Odi barbare* di Carducci, basate su una → ***metrica*** barbara. Esempi: Parini, *La salubrità dell'aria*; Foscolo, *Alla amica risanata*; Manzoni, *Il cinque maggio*; Carducci, *Sulla piazza di san Petronio*.

omoteleuto → ***figura retorica*** che si ha quando due parole terminano con gli stessi suoni. Un caso particolare di omoteleuto è la → ***rima***. Esempi: "cuore" – "andare"; "abile" – "miele".

onomatopea figura fonosimbolica (→ ***fonosimbolismo***) consistente nell'impiegare parole che imitano suoni o rumori naturali, come l'espressione "din don" in riferimento al suono delle campane. Accanto a simili voci puramente mimetiche (*onomatopea propria*), l'onomatopea può essere semantizzata in parole contenenti suoni che richiamano suggestivamente il significato, come "tintinnio", "sussurro", "ululato" e "scroscio" (*onomatopea impropria*).

ossimoro → ***figura retorica*** del significato basata sull'accostamento di due parole di significato contraddittorio. Si distingue dall'→ ***antitesi*** perché l'ossimoro fonde i due elementi contrastanti in un'unica espressione o immagine, mentre l'antitesi li contrappone esplicitamente. Esempio: "O viva morte, o dilettoso male" (Petrarca).

ottava → ***strofa*** di otto endecasillabi (→ ***endecasillabo***), di cui i primi sei a → ***rima*** alternata mentre gli ultimi due a rima baciata. Fu probabilmente usata per la prima volta da Boccaccio, per poi essere perfezionata da Ariosto nell'*Orlando furioso*; detta anche "ottava rima", è la strofa per eccellenza del poema cavalleresco.

ottonario → ***verso*** parisillabo, caratterizzato da accenti (→ ***accento***) metrici sulla terza, quinta e settima sillaba metrica.

palinodia ritrattazione di un comportamento o di un'opinione precedentemente espressa.

paradosso → ***figura retorica*** che consiste in una formulazione apparentemente assurda e in contraddizione con logica e buon senso, ma in realtà provvista di una sua sostanziale validità. Si usa per colpire o sorprendere il lettore o l'ascoltatore. Si può presentare sotto forma di → ***ossimoro***. Esempio: "Sono solo i superficiali a non giudicare dalle apparenze".

paragoge → ***epitesi***.

paragone → ***similitudine***.

parallelismo → ***figura retorica*** di tipo sintattico basata sulla disposizione parallela di due o più elementi della frase, del periodo o del testo. È il contrario del → ***chiasmo***. Esempio: "Dagli atrii muscosi, dai Fori cadenti..." (Manzoni).

paratassi → ***coordinazione***.

GLOSSARIO di retorica, linguistica, stilistica e metrica

paraverbalità modalità nella quale una parola, una frase o un testo viene espresso. Nel linguaggio orale riguarda il tono, la velocità, il timbro, l'altezza della voce; in quello scritto l'uso della punteggiatura, la suddivisione del testo in paragrafi, l'inserimento dei capoversi.

parodia imitazione di uno → *stile*, una lingua, un testo o un autore fatta a scopo ironico (→ *ironia*) o satirico (→ *satira*) Esempio: l'*Introduzione* ai *Promessi sposi* di Manzoni, dove si imita lo stile retorico e artificioso degli scrittori seicenteschi. Lo stesso romanzo di Manzoni ha poi avuto numerose trasposizioni in chiave parodistica dall'Ottocento ai giorni nostri, non solo letterarie ma anche musicali, iconografiche, cinematografiche.

paronomasia → *figura retorica* basata su un bisticcio tra due parole di suono simile, ma di significato diverso. Esempio: "la luce si fa avara – amara l'anima" (Montale).

pastiche opera in cui l'autore imita deliberatamente stili e linguaggi altrui anche molto diversi tra loro, con intenti spesso dissacratori. Esempio: Gadda, *Quer pasticciaccio brutto de via Merulana*.

pastorella forma poetica di origine provenzale, che veniva musicata e cantata e che consisteva nel dialogo tra una giovane pastora e un cavaliere-trovatore innamorato.

pentametro → *verso* della poesia greca e latina costituito da cinque piedi (→ *piede*), utilizzato specialmente nell'→ *elegia* (insieme all'→ *esametro*, con il quale forma il → *distico elegiaco*).

perifrasi → *figura retorica* del significato che consiste nel designare un oggetto, un luogo o una persona mediante un giro di parole anziché con il semplice nome. In alcuni casi è utilizzata in funzione analoga all'→ *eufemismo*. Da non confondersi con l'→ *antonomasia*. Esempio: "di Faon la fanciulla", per indicare Saffo (Foscolo).

personificazione → *figura retorica* che consiste nell'attribuire carattere di personaggio a entità astratte (sentimenti, sensazioni, idee, cose inanimate). È spesso all'origine dell'→ *allegoria* e della → *prosopopea*. Esempio: "a te d'intorno volano / invidïate l'Ore" (Foscolo).

piede nella poesia classica, minimo elemento metrico, cioè l'unità di misura del → *verso*; nella → *metrica* italiana, ciascuno dei due membri – di uguale struttura metrica – in cui è suddivisa la → *fronte* della → *strofa* nella → *canzone* petrarchesca.

pleonasmo elemento linguistico o stilistico (→ *stile*) sovrabbondante, grammaticalmente non necessario, cui si ricorre per ottenere particolari effetti espressivi. Esempio: "La c'è, la c'è" (Manzoni).

poemetto opera in versi (→ *verso*) di carattere narrativo, didascalico, satirico (→ *satira*) o lirico, in genere suddivisa in più parti; simile al poema per impostazione e temi, se ne distingue per la minore ampiezza e complessità. Esempi: Parini, *Il giorno*; Eliot, *La terra desolata*.

polimetro componimento poetico con versi (→ *verso*) o strofe (→ *strofa*) diversi.

poliptoto → *figura retorica* di tipo sintattico che consiste nel riprendere una parola a breve distanza con flessione differente. Esempio: "Cred'ìo ch'ei credette ch'io credesse" (Dante).

polisemia proprietà di una parola, una frase o un testo letterario di possedere più significati divergenti.

polisindeto → *figura retorica* di tipo sintattico che consiste nel collegare due frasi o elementi di frase tra loro coordinati (→ *coordinazione*) mediante congiunzioni. È il contrario di → *asindeto*. Esempio: "E ripensò le mobili / tende, e i percossi valli, / e il lampo de' manipoli, / e l'onda dei cavalli, / e il concitato imperio, / e il celere ubbidir" (Manzoni).

posizione sillaba metrica, ossia unità minima del → *verso*.

preterizione → *figura retorica* del significato mediante la quale si afferma di voler tacere ciò che invece si dice esplicitamente. Da non confondersi con la → *reticenza*, nella quale invece si tace effettivamente qualcosa. Esempio: "Cesare taccio, che per ogni piaggia / Fece l'erbe sanguigne" (Petrarca).

prolessi tipo particolare di → *inversione* che consiste nell'anticipare un elemento del discorso rispetto alla sua posizione regolare, spesso per ottenere effetti di → *enfasi*. Esempio: "Bene non seppi", con prolessi di "bene" (Montale).

prosimetro componimento in parte in prosa e in parte in versi (→ *verso*).

prosodia nella → *metrica* classica, insieme di regole della metrica quantitativa; nella metrica moderna, studio della versificazione (→ *verso*) accentuativa e della relazione tra i suoni.

prosopopea tecnica espositiva che consiste nel dare la parola a un personaggio già defunto oppure a una cosa inanimata come se fosse viva (→ *personificazione*, → *allegoria*). Serve a vivacizzare il discorso in testi saggistici e filosofici, ma viene utilizzata anche in testi narrativi. Da non confondere con l'→ *apostrofe*, in cui invece è l'autore a rivolgersi a un'entità astratta personificata. Esempio: "... A te la speme / nego, mi disse, anche la speme; e d'altro / non brillin gli occhi tuoi se non di pianto", dove a parlare è la Natura, che si rivolge direttamente al poeta (Leopardi).

punto di vista in una narrazione, rapporto tra il → *narratore* e la vicenda narrata. Si danno tre casi di narrazione:
focalizzazione interna: il narratore assume il punto di vista di un personaggio, cioè rappresenta la realtà dal punto di vista di quest'ultimo. Esempio: Svevo, *La coscienza di Zeno*;
focalizzazione esterna: il narratore assume il punto di vista di un osservatore esterno e si finge ignaro dei pensieri e delle motivazioni profonde dei personaggi. Esempio: Verga, *I Malavoglia*;
focalizzazione zero: il narratore assume un punto di vista onnisciente. Esempio: Manzoni, *I promessi sposi*.

quadrisillabo → *verso* parisillabo, caratterizzato dalla presenza di accenti (→ *accento*) sulla prima e sulla terza sillaba metrica.

quartina → *strofa* di quattro versi (→ *verso*). A seconda dello schema su cui si basa, può essere a → *rima* baciata (AABB, di uso raro), alternata (ABAB) o incrociata (ABBA).

quinario → *verso* imparisillabo, caratterizzato dalla presenza di accenti (→ *accento*) sulla prima o sulla seconda e sulla quarta sillaba metrica.

referente nella teoria linguistica, oggetto designato da una parola o da un'espressione. Vedi anche → *significante* e → *significato*.

registro tono linguistico e stilistico (→ *stile*) di un'opera. Si parla di *registro basso*, se l'autore ricorre a un lessico popolare, dialettale oppure di tipo familiare e colloquiale; *medio*, se ricorre a una lingua simile a quella parlata dalle persone colte; *alto o sublime*, se ricorre a un linguaggio ricercato, raffinato, arcaizzante, difficile o retoricamente molto elaborato.

reticenza → *figura retorica* che consiste nel tacere qualcosa, lasciando intendere al lettore che si potrebbe parlarne ma si preferisce non farlo. Da non confondersi con l'→ *ellissi*, l'→

eufemismo o la → *preterizione*. Esempio: "Garzoncello scherzoso, /.../ Altro dirti non vo'; ma la tua festa / ch'anco tardi a venir non ti sia grave" (Leopardi).

retorica in senso lato, arte del parlare e dello scrivere. Intesa in modo più specifico come arte del parlare al fine di persuadere un uditorio, cioè come oratoria, la retorica classica era suddivisa solitamente in cinque parti:
- *inventio*: ricerca preliminare di argomenti e contenuti da affrontare;
- *dispositio*: sistemazione delle varie parti del discorso, a partire dalla → *captatio benevolentiae*;
- *elocutio*: scelta delle modalità espressive e delle → *figure retoriche*;
- *memoria*: memorizzazione del discorso;
- *actio*: recitazione del discorso.

Così come la si intende oggi, la retorica coincide grosso modo con l'*elocutio*. La retorica è stata fondamentale nell'educazione letteraria e culturale dall'antichità fino all'inizio dell'età moderna, esercitando una funzione e un'influenza determinanti. Al fervore delle ricerche storico-linguistiche e delle nuove metodologie formalistico-stilistiche si deve la ripresa della retorica nell'età contemporanea, ripresa che avviene in un'ottica differente rispetto al passato, più descrittiva che normativa.

riassunto → *sommario*.

ridondanza elementi presenti in un messaggio non strettamente indispensabili alla sua comprensione. Vedi anche → *pleonasmo*.

rima → *figura retorica* del suono che si ha quando due o più parole terminano in modo identico a partire dalla vocale accentata (→ *accento*). Le rime si indicano con le lettere dell'alfabeto, minuscole per i versi (→ *verso*) dal → *bisillabo* al → *settenario* e maiuscole per i versi dall'→ *ottonario* all'→ *endecasillabo*: a lettere uguali corrispondono rime uguali. Vedi anche → *assonanza*, → *consonanza* e → *omoteleuto*. A seconda della collocazione dell'accento tonico delle parole in rima, la rima può essere:
tronca: l'accento cade sull'ultima sillaba;
piana: l'accento cade sulla penultima sillaba;
sdrucciola: l'accento cade sulla terzultima sillaba.
A seconda della disposizione delle rime all'interno del testo, la rima può essere:
baciata o accoppiata: AA;
alternata: ABAB;
incatenata: ABA, BCB, CDC;
incrociata o chiusa: ABBA;
sciolta: la rima è svincolata da schemi prestabiliti;
monorima: quando si è in presenza di una → *strofa* caratterizzata da una sola rima che si ripete.
A seconda della tipologia, la rima può essere:
identica: una parola rima con sé stessa;
perfetta: l'identità di suono delle parole in rima è totale ("vita" – "smarrita", Dante);
imperfetta: le parole in rima hanno identiche vocali ma differenti consonanti, o viceversa ("rison<u>ando</u>" – "<u>alto</u>", Rebora);
ricca: le parole in rima condividono altri fonemi prima della rima ("pietate" – "beltate", Petrarca);
povera: la rima consiste solo in vocali identiche ("avvolg<u>ea</u>" – "ard<u>ea</u>", Petrarca);
equivoca: le parole in rima hanno suono uguale ma significato differente;
composta o spezzata: una parola rima con l'insieme di due o più parole ("sco<u>ncia</u>" – "<u>non ci ha</u>", Dante);
etimologica o derivativa: le parole in rima sono caratterizzate da una relazione etimologica ("<u>fredda</u> – "raf<u>fredda</u>", Petrarca);
grammaticale o desinenziale: le parole in rima hanno identica desinenza ("ment<u>ire</u>" – "d<u>ire</u>", Petrarca);
inclusiva: una delle due parole in rima è contenuta nell'altra ("assalto" – "alto", Cammarano);
ipermetra: una delle due parole in rima è considerata senza la sillaba finale ("am<u>ico</u>" – "can<u>ico</u>la", Montale);
interna: le parole in rima si trovano all'interno del verso;
rimalmezzo: una parola all'interno di un verso rima con la parola finale del verso precedente;
per l'occhio: le rime sono identiche a livello grafico, ma diverse a livello del suono ("<u>mando</u>" – co<u>mandò</u>", Francesco da Barberino);
per l'orecchio: le rime sono identiche a livello del suono, ma diverse a livello grafico ("ca<u>micie</u>" – "<u>Nietzsche</u>", Gozzano);
rara: le parole in rima sono rare o appartengono a lingue straniere.
La traduzione in toscano dei testi della Scuola siciliana (XII-XIII secolo) ha dato origine a un tipo di rima detta "siciliana": essa consiste nella rima di "i" con "e" chiusa ("morire" – "cadere") e di "u" con "o" chiusa ("distrutto" – "sotto").

ripetizione → *figura retorica* di tipo sintattico basata sulla ripetizione di una o più parole a distanza ravvicinata. Si distinguono vari casi di ripetizione: → *anadiplosi* → *anafora* → *duplicazione* → *epanalessi* → *epifora*.

ripresa parte iniziale della → *ballata* che viene ripetuta alla fine di ogni → *strofa*.

rispetto variante toscana dello → *strambotto*; è formato da una → *strofa* di otto versi (→ *verso*) con schema ABABCCDD. Diffuso nel XIV secolo, deve il suo nome al fatto che veniva recitato alla donna amata.

ritmo elemento musicale per eccellenza. In prosa è determinato dalla successione degli accenti (→ *accento*) di frase, secondo regole fisse o la sensibilità dell'autore; in poesia, è dato nella → *metrica* quantitativa dall'alternarsi di sillabe lunghe e brevi, mentre in quella accentuativa di sillabe toniche e atone. Con il termine "ritmo" si indica anche un tipo di componimento in lasse (→ *lassa*) monorime (→ *rima*), tipico della letteratura italiana delle origini, che testimonia il passaggio dalla metrica quantitativa tardo-latina a quella accentuativa italiana.

ritornello → *ripresa*.

satira genere letterario in versi (→ *verso*) o in prosa che critica costumi, atteggiamenti e idee con tono ironico (→ *ironia*) e umoristico. Di origine antica, ha avuto grande sviluppo a partire dal Settecento ed è spesso utilizzata all'interno di romanzi e *pamphlet*.

semantica parte della linguistica che si occupa del → *significato* delle parole.

senario → *verso* parisillabo caratterizzato dalla presenza di accenti (→ *accento*) sulla seconda e sulla quinta sillaba metrica.

senhal termine provenzale indicante lo pseudonimo con cui il poeta si riferisce a un personaggio.

sermocinatio → *figura retorica* che consiste nell'oggettivizzazione del pensiero dell'autore in un discorso diretto, un monologo o un dialogo attribuito a un personaggio, imitandone eventualmente il carattere. Esempio: "Così questo si addormenta dicendo 'Amore, aiuta lo tuo fedele'" (Dante).

serventese → *sirventese*.

sestina → *strofa* di sei endecasillabi (→ *endecasillabo*), dei quali i primi quattro a → *rima* alternata e gli ultimi due a rima baciata, secondo lo schema ABABCC. Usata nella poesia religiosa antica (vedi → ***lauda***), fu adottata poi come schema della poesia satirica (→ ***satira***).

settenario → ***verso*** imparisillabo caratterizzato dalla presenza di un → ***accento*** sulla sesta sillaba metrica; un altro accento può inoltre cadere su una qualsiasi delle prime quattro sillabe metriche. Esempio: Manzoni, *La Pentecoste*.

significante nella teoria linguistica, il suono di una parola, che ne veicola il → ***significato*** ma è da esso indipendente: lo stesso significato può infatti essere veicolato da significanti diversi in lingue diverse ("tre", "trois", "tres", "three", "drei" veicolano tutti il significato "3"). Vedi anche → ***referente***.

significato nella teoria linguistica, il concetto indicato da una parola. Esistono parole prive di significato, come le congiunzioni o le preposizioni. Vedi anche → ***significante*** e → ***referente***.

sillogismo forma di argomentazione elaborata da Aristotele costituita da tre proposizioni dichiarative, connesse in modo tale che dalle prime due (assunte come premesse) derivi necessariamente la terza (che vale come conclusione). Delle due premesse, la prima – definita "maggiore" – ha carattere generale, mentre la seconda – definita "minore" – ha carattere particolare. Esempio:
premessa maggiore: "tutti gli uomini sono mortali";
premessa minore: "Socrate è un uomo";
conclusione: "Socrate è mortale".

simbolo luogo, oggetto o personaggio che incarna qualità o entità astratte. Il simbolo si distingue dall'→ ***allegoria*** perché la sua interpretazione non è univoca, bensì ambigua e polivalente; si distingue inoltre dalla → ***metafora*** perché non nasce sulla base di un rapporto di somiglianza. Sull'uso di simboli si basa gran parte della poesia moderna e in particolare l'opera dei poeti detti "simbolisti". Esempio: *L'assiuolo* di Pascoli, dove l'uccello rapace è simbolo della morte.

similitudine → ***figura retorica*** del significato basata sul confronto fra due realtà, immagini o personaggi; può avere diverse funzioni: eroicizzante, didascalica, ironica (→ ***ironia***)... Nella sua forma classica, è facilmente riconoscibile per la presenza dei correlativi che la introducono ("come ... così", "quale ... tale"...). Da non confondersi con l'→ ***analogia*** o la → ***metafora***. Esempio: "Tu sei come una giovane, / una bianca pollastra" (Saba).

sinalefe figura metrica che si ha quando due vocali vicine, appartenenti a parole diverse, costituiscono una sola sillaba metrica. È il contrario della → ***dialefe***. Esempio: "Dolce e chiara è la notte e senza vento" (Leopardi).

sincope in linguistica, caduta di suono o gruppo di suoni all'interno di una parola. Esempio: "verde", dal latino *viridis*, con sincope della "i".

sincronico che è situato sullo stesso piano temporale. Una lingua può essere oggetto di uno studio sincronico, ossia concernente un suo stadio particolare, oppure → ***diacronico***, ossia concernente la sua evoluzione storica.

sineddoche → ***figura retorica*** del significato che sostituisce un termine con un altro che ha con il primo un rapporto di maggiore o minore estensione (la parte per il tutto o viceversa, il genere per la specie...). Esempio: "i tetti", per indicare la casa (Foscolo).

sineresi figura metrica che si ha quando due vocali vicine, pur non formando un → ***dittongo***, costituiscono una sola sillaba metrica. È il contrario della → ***dieresi***. Esempio: "il Dio che atterra e suscita" (Manzoni).

sinestesia → ***figura retorica*** del significato che si basa sulla commistione di ambiti sensoriali diversi. Nota fin dall'antichità, ha acquisito importanza particolare nell'Ottocento grazie a Charles Baudelaire e ai poeti simbolisti. Esempi: "Profumi freschi come la carne d'un bambino, dolci come l'oboe, verdi come i prati", dove il profumo viene definito mediante termini che fanno riferimento al tatto, al gusto e alla vista (Baudelaire).

sirma → ***canzone***.

sirventese componimento di origine provenzale, talvolta musicato, in cui il cortigiano celebrava il proprio signore. Il nome ("sirventès", da "sirven" = "servente") si riferiva probabilmente al fatto che le parole dovevano "servire" a una musica preesistente. Introdotto nella tradizione italiana nel XIII secolo, viene utilizzato per trattare argomenti politici contemporanei, spesso con toni polemici e satirici (→ ***satira***), didascalici e religiosi, mai amorosi. Variamente congegnato dal punto di vista della → ***metrica***, è perlopiù formato da strofe (→ ***strofa***) composte da tre endecasillabi (→ ***endecasillabo***) monorimi (→ ***rima***) e un → ***quinario***, che rima con i tre versi (→ ***verso***) successivi (AAAb, BBBc, CCCd...). Probabilmente dal sirventese delle origini è derivata per trasformazioni la → ***terzina*** incatenata o dantesca.

sommario tecnica narrativa che permette di sintetizzare brevemente una serie di fatti che si svolgono in un lungo arco di tempo. Da non confondersi con l'→ ***ellissi***, che consiste invece nel tacere del tutto un fatto o nel saltare un periodo della vicenda. Esempio: "Venne la dispensa, venne l'assolutoria, venne quel benedetto giorno: i due promessi andarono, con sicurezza trionfale, proprio a quella chiesa, dove, proprio per bocca di don Abbondio, furono sposi" (Manzoni).

sonetto forma metrica basata su quattordici versi (→ ***verso***) endecasillabi (→ ***endecasillabo***) suddivisi in due quartine (→ ***quartina***) e due terzine (→ ***terzina***). È il più importante degli schemi metrici della poesia italiana. Esempi: Alfieri, *Sublime specchio di veraci detti*; Foscolo, *A Zacinto*.

stanza → ***strofa***.

stereotipo → ***topos***.

stile modalità dell'espressione letteraria caratterizzata da aspetti costanti tipici di un autore, un movimento, un'epoca. La → ***retorica*** antica ne individuava tre, che dovevano essere applicati solo a determinati tipi di opere: il grave o sublime, per argomenti filosofici, tragici, eroici; il mediocre o medio, per temi amorosi e pastorali; l'umile o basso, per argomenti banali e realistici. In Dante questa distinzione si ripresenta nella tripartizione tra stile tragico, elegiaco e comico. Mentre anticamente non si accettavano commistioni tra gli stili, a partire dalla *Divina Commedia* essi si alternano continuamente.

stilema elemento stilistico (→ ***stile***) caratteristico di un autore, un movimento, un'epoca.

stile nominale → ***stile*** in cui la scelta del nome, insieme a quella dell'aggettivo e dei verbi nei modi non finiti (gerundio, participio, infinito), prevale sulla scelta dei verbi di modo finito (indicativo, condizionale, congiuntivo, imperativo). Esempio: "L'odore della prima pioggia notturna, sotto il cielo chiaro. Stagione aperta, ritorno. Nella vita non c'è ritorno. Bellezza di questo ritmo discorde – sul ritorno periodico delle stagioni il progredire degli anni che colorano in modo sempre diverso un tema eguale – misura e invenzione, costanza e scoperta – l'età è accumulo di cose uguali che si arricchisce e approfondisce sempre di più" (Pavese).

stornello forma di canto popolare italiano breve e semplice, generalmente composta da strofe (→ ***strofa***) di tre versi (→ ***verso***) di varia figura metrica, utilizzata per esprimere argomenti amorosi o satirici (→ ***satira***). Nato probabilmente in Toscana nel XVII secolo, si presta facilmente all'improvvisazione e ha il suo contesto più usuale nelle tenzoni (→ *tenzone*) tra contadini al lavoro o durante il riposo.

strambotto breve componimento di origine popolare e d'argomento perlopiù amoroso. Nella sua forma primitiva consiste in otto o sei endecasillabi (→ *endecasillabo*), con schema metrico che presenta tre forme principali: ABABABAB, ABABCCDD, ABABABCC. Lo strambotto incontra una rapida fortuna fra Quattro e Cinquecento, per poi rapidamente decadere, sopraffatto dal → *madrigale*.

straniamento tecnica narrativa che consiste nel descrivere fatti e avvenimenti da un → *punto di vista* diverso dal solito, in modo da mostrarli in una luce nuova e inaspettata. Esempio: Montesquieu, *Lettere persiane*, dove si descrive l'Europa del tempo dal punto di vista di due stranieri provenienti dalla Persia.

stream of consciousness → *flusso di coscienza*.

strofa ("strofe", variante del singolare) gruppo di versi (→ *verso*) che costituiscono un'unità metrica; l'unione di più strofe è alla base di numerose forme metriche, come il → *sonetto*, la → *canzone*, l'→ *ode*, la → *ballata*, il → *madrigale*. Le strofe più importanti della poesia italiana sono il → *distico*, la → *terzina*, la → *quartina* e l'→ *ottava*.

subordinazione rapporto di dipendenza di una frase da un'altra; l'uso di una sintassi ricca o povera di subordinazioni è un tratto stilistico (→ *stile*) particolarmente importante. È il contrario della → *coordinazione*.

tenzone disputa poetica consistente nello scambio di strofe (→ *strofa*) o poesie tra due poeti che dibattono su argomenti amorosi, morali o dottrinali. Solitamente uno dei due propone una tesi o un'opinione alla quale l'altro "risponde per le rime", ossia utilizzando lo stesso schema metrico e le medesime rime (→ *rima*).

terzina → *strofa* di tre versi (→ *verso*). La terzina dantesca, a → *rima* incatenata (ABA, BCB, CDC...), è uno degli schemi metrici più importanti della poesia narrativa, ripreso da Giovanni Pascoli e da altri poeti del Novecento. Con schemi ritmici diversi, è usata anche all'interno di forme liriche come il → *sonetto*. Esempi: Dante, *Divina Commedia*; Pascoli, *Digitale purpurea*.

tmesi divisione, tramite l'interposizione di altri termini, di una parola composta o di un'espressione normalmente unita. Nella → *metrica* italiana, la → *rima* in tmesi è quel fenomeno per cui una parola risulta divisa fra la fine di un → *verso* e l'inizio di quello successivo. Esempio: "Così quelle carole <u>differente- / mente</u> danzando" (Dante).

topos (plurale, *topoi*) dal greco, "luogo comune"; immagine o concetto convenzionali e frequentemente usati. I *topoi* sono spesso utilizzati anche in chiave ironica (→ *ironia*) o metaletteraria.

trisillabo → *verso* imparisillabo caratterizzato da un unico → *accento* sulla seconda sillaba metrica.

trobar verbo di origine provenzale che significa "comporre", da cui deriva la parola "trovatore". Si distinguono il *trobar clus*, tipo di scrittura complessa ed ermetica, e il *trobar leu*, tipo di scrittura semplice, basata su termini usati nel loro significato letterale.

trocheo nella → *metrica* classica, → *piede* costituito da una sillaba lunga e una breve; nella metrica italiana, successione di coppie sillabiche con → *accento* sulla seconda sillaba. È detto → *verso* trocaico il verso costituito dalla successione di più trochei.

tropo → *figura retorica* che consiste nell'estendere o mutare il significato di una parola.

tropologia discorso che ricorre a tropi (→ *tropo*) e figure retoriche (→ *figura retorica*) del significato quali → *metafora*, → *allegoria*, → *metonimia*, → *sineddoche*.

unità aristoteliche regole desunte dalle opere di Aristotele e seguite dagli scrittori classicisti nella composizione delle opere teatrali. Si distinguono tre tipi di unità:
unità di tempo: la vicenda deve svolgersi nell'ambito di ventiquattro ore;
unità di luogo: la vicenda deve svolgersi nello stesso luogo;
unità di azione: la vicenda non deve presentare episodi secondari e divaganti.
Contro le unità aristoteliche polemizzarono i romantici, che nelle loro opere non le rispettarono, difendendo tale scelta in base al criterio della verosimiglianza. Esempio: Alfieri, *Saul*.

variante in filologia, parola o frase che in due o più esemplari (manoscritti o a stampa) dello stesso testo è riportata in modo differente; scopo degli studi filologici è individuare le varianti e ripristinare la lezione testuale più vicina all'originale. Il termine è usato anche per designare le differenze fra il testo considerato definitivo dal suo autore e gli abbozzi preparatori: in questo caso, le varianti (definite più propriamente come "varianti d'autore") sono rivelate da correzioni e cancellature a mano dell'autore su fogli manoscritti o dattiloscritti (se conservati e reperibili). La critica delle varianti, il cui massimo esponente italiano è stato Gianfranco Contini, si occupa di ricostruire il percorso creativo dell'autore, le sue intenzioni, la sua poetica...

variatio procedimento stilistico (→ *stile*) che consiste nel cambiare – all'interno di un breve contesto – termini o costrutti per esprimere un medesimo contenuto, al fine di evitare monotonia e ripetizioni. Forme di *variatio* sono la → *paronomasia* e il → *poliptoto*.

verso unità metrica e ritmica (→ *ritmo*) che distingue il testo poetico da quello prosastico. I versi italiani, caratterizzati dal numero di sillabe metriche e dalla collocazione degli accenti (→ *accento*), sono i seguenti: → *bisillabo* → *trisillabo* → *quadrisillabo* → *quinario* → *senario* → *settenario* → *ottonario* → *novenario* → *decasillabo* → *endecasillabo*. I versi si possono distinguere in:
doppi: sono formati dall'unione di due versi brevi (tra il quadrisillabo e il novenario). Vedi anche → *doppio senario* e → *doppio settenario*;
sciolti: non rimano (→ *rima*) con nessun altro verso della stessa → *strofa* o della stessa poesia. Quando si parla di "versi sciolti", al plurale, si intendono gli endecasillabi sciolti, utilizzati a partire dal Cinquecento nelle traduzioni dal latino o dal greco e nella poesia settecentesca e ottocentesca. Esempi: Parini, *Il giorno*; Foscolo, *Dei sepolcri*; Saba, *Ulisse*.
sdruccioli: terminano con parole sdrucciole, cioè accentate sulla terzultima sillaba.
tronchi: terminano con parole tronche, cioè prive di sillaba dopo l'ultima tonica.

voce narrante → *narratore*.

zeugma → *figura retorica* di tipo sintattico che lega un termine – generalmente un verbo – a due o più parole che richiederebbero altrettanti termini specifici. Esempio: "parlare e lagrimar vedrai insieme", dove "parlare" avrebbe dovuto essere retto da un verbo differente da "vedrai", come "sentirai" (Dante).

INDICE DEI NOMI

In neretto sono indicate le pagine in cui ciascun autore è trattato in modo specifico.

INDICE DEI NOMI

Augurandoti che gli anni della scuola
siano per te solo l'inizio di un'avventura di lettrice o lettore
che durerà tutta la vita, ti diamo un piccolo suggerimento:
comincia a tenere memoria delle tue letture fin da ora
e negli anni vedrai crescere il tuo patrimonio culturale.

Nelle pagine che seguono trovi delle schede
che potrai usare a questo scopo, raccogliendole in un quaderno,
fotocopiandole e aggiungendone a tuo piacimento.

Titolo		Data di lettura inizio .... Data di lettura fine ....
Autore	Nazionalità	Data prima edizione
Editore	Anno	Lingua originale
Genere		
Note		
Citazioni da ricordare		

Titolo		Data di lettura inizio .... Data di lettura fine ....
Autore	Nazionalità	Data prima edizione
Editore	Anno	Lingua originale
Genere		
Note		
Citazioni da ricordare		

<table>
<tr><td colspan="2" rowspan="2">Titolo</td><td>Data di lettura
inizio ....</td></tr>
<tr><td>Data di lettura
fine ....</td></tr>
<tr><td>Autore</td><td>Nazionalità</td><td>Data prima edizione</td></tr>
<tr><td>Editore</td><td>Anno</td><td>Lingua originale</td></tr>
<tr><td colspan="3">Genere</td></tr>
<tr><td colspan="3">Note</td></tr>
<tr><td colspan="3">Citazioni da ricordare</td></tr>
</table>

<table>
<tr><td colspan="2" rowspan="2">Titolo</td><td>Data di lettura
inizio ....</td></tr>
<tr><td>Data di lettura
fine ....</td></tr>
<tr><td>Autore</td><td>Nazionalità</td><td>Data prima edizione</td></tr>
<tr><td>Editore</td><td>Anno</td><td>Lingua originale</td></tr>
<tr><td colspan="3">Genere</td></tr>
<tr><td colspan="3">Note</td></tr>
<tr><td colspan="3">Citazioni da ricordare</td></tr>
</table>

Titolo		Data di lettura inizio .... Data di lettura fine ....
Autore	Nazionalità	Data prima edizione
Editore	Anno	Lingua originale
Genere		
Note		
Citazioni da ricordare		

Titolo		Data di lettura inizio ....
		Data di lettura fine ....
Autore	Nazionalità	Data prima edizione
Editore	Anno	Lingua originale
Genere		
Note		
Citazioni da ricordare		

Titolo		Data di lettura inizio ....
		Data di lettura fine ....
Autore	Nazionalità	Data prima edizione
Editore	Anno	Lingua originale
Genere		
Note		
Citazioni da ricordare		

<table>
<tr><td colspan="2" rowspan="2">Titolo</td><td>Data di lettura
inizio ....</td></tr>
<tr><td>Data di lettura
fine ....</td></tr>
<tr><td>Autore</td><td>Nazionalità</td><td>Data prima edizione</td></tr>
<tr><td>Editore</td><td>Anno</td><td>Lingua originale</td></tr>
<tr><td colspan="3">Genere</td></tr>
<tr><td colspan="3">Note</td></tr>
<tr><td colspan="3">Citazioni da ricordare</td></tr>
</table>

Titolo		Data di lettura inizio .... Data di lettura fine ....
Autore	Nazionalità	Data prima edizione
Editore	Anno	Lingua originale
Genere		
Note		
Citazioni da ricordare		

Titolo		Data di lettura inizio ....
		Data di lettura fine ....
Autore	Nazionalità	Data prima edizione
Editore	Anno	Lingua originale
Genere		
Note		
Citazioni da ricordare		

Titolo		Data di lettura inizio .... Data di lettura fine ....
Autore	Nazionalità	Data prima edizione
Editore	Anno	Lingua originale
Genere		
Note		
Citazioni da ricordare		